Dicionário do Pensamento Social do Século XX

Dicionário do Pensamento Social do Século XX

EDITADO POR

William Outhwaite
Tom Bottomore

COM A CONSULTORIA DE

Ernest Gellner
Robert Nisbet
AlainTouraine

EDITORIA DA VERSÃO BRASILEIRA:

Renato Lessa
Professor e diretor-executivo/Iuperj
Professor-titular de ciência política/UFF

Wanderley Guilherme dos Santos
Professor e pesquisador/Iuperj
Pesquisador do Laboratório de Estudos Experimentais (LEEX/Faculdades Cândido Mendes)

Jorge Zahar Editor
Rio de Janeiro

Título original:
The Blackwell Dictionary of Twentieth-Century Social Thought

Tradução autorizada da primeira edição inglesa
publicada em 1993 por Blackwell Publishers,
de Oxford, Inglaterra

rua México 31 sobreloja
20031-144 Rio de Janeiro, RJ
tel.: (21) 240-0226 / fax: (21) 262-5123
e-mail:jze@zahar.com.br

Tradução:
Álvaro Cabral e
Eduardo Francisco Alves

Capa:
Carol Sá e Sérgio Campante

CIP-Brasil. Catalogação-na-fonte
Sindicato Nacional dos Editores de Livros, RJ

D546 Dicionário do pensamento social do Século XX / editado por William Outhwaite, Tom Bottomore; com a consultoria de Ernest Gellner, Robert Nisbet, Alain Touraine; editoria da versão brasileira, Renato Lessa, Wanderley Guilherme dos Santos; tradução de Eduardo Francisco Alves, Álvaro Cabral. — Rio de Janeiro: Jorge Zahar Ed., 1996

Tradução de: The Blackwell dictionary of Twentieth-Century social thought
Inclui apêndice e bibliografia
ISBN 85-7110-345-3

1. Ciências sociais — Dicionários. 2. Sociologia — Dicionários. I. Outhwaite, William. II. Bottomore, Tom, 1920-1992.

CDD 300.3
96-1102 CDU 3(038)

Sumário

PREFÁCIO

UM DICIONÁRIO do pensamento social do século XX deve necessariamente cobrir um amplo espectro, das ciência sociais à filosofia, às teorias e doutrinas políticas, às idéias e aos movimentos culturais, além de considerar a influência das ciências naturais. Foi esse vasto domínio que procuramos abranger ao convidar especialistas de diversas áreas para elaborar os verbetes da presente obra: em primeiro lugar, os conceitos fundamentais representados no pensamento social; em segundo, as principais escolas e movimentos; e, em terceiro, aquelas instituições e organizações que se revelaram objetos privilegiados da análise social ou que forjaram doutrinas e idéias significativas.

Boa parte do dicionário é dedicada a determinados universos conceituais que exerceram influência neste século: ciências sociais específicas, escolas filosóficas, doutrinas políticas, estilos marcantes na arte e literatura. Em cada um desses casos, um extenso verbete geral é complementado por outros verbetes que desenvolvem certos aspectos das idéias e teorias envolvidas; assim, por exemplo, o verbete sobre ciência econômica desdobra-se em verbetes sobre as diversas concepções e escolas que se destacaram no pensamento econômico e, analogamente, o verbete sobre marxismo é complementado por verbetes sobre as várias formas que esse *corpus* teórico e doutrinário assumiu. Na verdade, todas as principais esferas do pensamento social desenvolveram-se e proliferaram ao longo do tempo, e foi nossa pretensão incorporar à obra esse aspecto histórico, remontando em muitos casos às concepções de séculos anteriores.

Isolamos do corpo principal do dicionário informações biográficas relativas aos grandes teóricos do pensamento social — já que cobririam, com freqüência, o mesmo terreno explorado nos verbetes sobre conceitos e teorias —, mas acrescentamos em apêndice uma seção de sucintas biografias sobre aqueles que deram importante contribuição ao pensamento social, ou que sobre ele tiveram influência duradoura. Encerrando o volume, encontra-se um índice geral para auxiliar o leitor a localizar conceitos, escolas e pensadores específicos.

Cada verbete deste dicionário é seguido de uma lista de leituras sugeridas, e além disso, no final da obra, há uma bibliografia geral compilando todos os livros e artigos mencionados no texto. As referências bibliográficas (autor-data) no texto referem-se geralmente às primeiras edições das obras em questão; as datas de edições subseqüentes são assinaladas entre parênteses, em *itálico*, sempre que oportuno.

Embora intrinsecamente cada verbete se pretenda auto-suficiente, as remissões a outros verbetes capazes de enriquecer o assunto em exame são assinaladas em VERSALETES no texto.

WILLIAM OUTHWAITE
TOM BOTTOMORE

Prefácio à Edição Brasileira

Tom Bottomore faleceu subitamente em 9 de dezembro de 1992 aos 72 anos de idade, justo no momento em que a impressão da edição inglesa deste dicionário estava sendo concluída; não pôde ver o resultado final desse projeto no qual viéramos trabalhando anos a fio. Pouco antes de morrer, começara a escrever um livro há muito planejado sobre democracia socialista, mas este dicionário, para todos os efeitos, é sua última obra concluída durante quarenta anos de uma fecunda carreira como escritor.

Os inúmeros livros e artigos de Tom serviram, e ainda servem, como um guia de confiabilidade ímpar para sucessivas gerações de estudantes e professores de sociologia e das demais ciências sociais; sua clara e convincente concepção da sociologia e do marxismo, e da relação entre ambos, é um marco na sociologia da segunda metade do século XX. Como editor deste dicionário, Tom acabou contribuindo com mais verbetes do que o planejado à medida que a obra se aproximava da conclusão. A meu ver, e espero que os leitores concordem comigo, os verbetes assinados por Tom constituem um dos sólidos esteios deste dicionário, revelando em microcosmo a raríssima combinação de alcance intelectual, clareza, racionalidade e bom senso que caracterizou toda sua obra.

W.O.

William Outhwaite leciona sociologia na School of European Studies, Universidade de Sussex, Inglaterra. É autor de *Understanding Social Life: the Method Called "Verstehen"* (2ª ed., 1986), *Concept Formation in Social Science* (1983), *New Philosophies of Social Science: Realism, Hermeneutics and Critical Theory* (1987) e *Habermas: a Critical Introduction* (1994). Organizou, com Michael Mulkey, o livro *Social Theory and Social Criticism: Essays for Tom Bottomore* (1987).

Tom Bottomore (1920-92) foi autor de vasta e importante obra, sendo mais conhecido do leitor brasileiro pelas diversas edições publicadas pela Zahar Editores a partir da década de 60: *Introdução à sociologia*; *As classes na sociedade moderna*; *Críticos da sociedade moderna: o pensamento radical na América Latina*; *As elites e a sociedade*; *Karl Marx* (org.); *A sociologia como crítica social*; *Sociologia política*; *História da análise sociológica* (org.). Grande sucesso editorial desfruta hoje o seu *Dicionário do pensamento marxista*, publicado no Brasil por Jorge Zahar Editor. Bottomore lecionou na London School of Economics, nas Universidades Simon Fraser e Dalhousie, ambas no Canadá, e na Universidade de Sussex, Inglaterra, de 1968 a 1985, quando deixou o magistério.

INTRODUÇÃO

NO FINAL DO SÉCULO XIX, o termo "social" ainda era relativamente recente, assim como o era, de modo geral, a noção de "ciências sociais" distintas. As primeiras associações e publicações profissionais estavam apenas despontando e, enquanto novas ciências sociais, como a sociologia, vinham conquistando reconhecimento, a ciência econômica, como disciplina mais antiga, passava por um intenso desenvolvimento, tanto sob a forma neoclássica que lhe conferiram Carl Menger, Léon Walras, Alfred Marshall e outros, como na vertente que dava peculiar ênfase aos trabalhos da escola histórica alemã. Todas as ciências sociais sentiam-se no direito de reivindicar precursores nos séculos XVIII e XIX, ou ainda mais remotos no caso da ciência política e da história, e as idéias de alguns desses pioneiros permaneceram influentes. No século XX, contudo, as ciências sociais adquiriram maior consistência e autonomia, exercendo maior impacto sobre o pensamento social como um todo. As doutrinas políticas em geral e a crítica social em particular tornaram-se mais tributárias das teorias da sociedade, e muitas idéias do século XIX vieram a encontrar um substrato institucional. O positivismo, de forma ligeiramente distinta da versão comtiana original, consolidou-se como uma filosofia da ciência com notável influência entre os cientistas sociais. O evolucionismo sobreviveu a todo tipo de ataques e assegurou seu lugar no pensamento social, assumindo novas formas depois da II Guerra Mundial, tanto no que diz respeito a concepções de modernização, subdesenvolvimento e desenvolvimento, quanto, mais recentemente, em relação a teorias sobre a evolução da condição moral e do pensamento humano como um todo. A influência do marxismo — como uma crítica da economia política, uma teoria da sociedade e uma doutrina política — intensificou-se com regularidade durante a maior parte do século, embora por caminhos cada vez mais ramificados; isso se refletiu, depois da Revolução Russa e mais ainda depois de 1945, na acentuada divisão entre o marxismo-leninismo e o que veio a ser designado como marxismo ocidental, este último extremamente diversificado em si mesmo. Os dramáticos acontecimentos de 1989 puseram fim às ditaduras comunistas da Europa oriental e à influência mundial do leninismo mas, embora o marxismo e, em certa medida, o socialismo encontrem-se atualmente em declínio na Europa pós-comunista, a questão não é assim tão evidente em outras regiões do mundo.

Por toda a parte, entretanto, observa-se uma grande tendência a repensar as doutrinas sociais e políticas que tiveram suas origens nos séculos XVIII e XIX, florescendo no século atual em meio a um fundo de drásticas e bruscas mudanças na estrutura e na cultura das sociedades humanas. A Revolução Industrial e as revoluções políticas na França e nos Estados Unidos haviam iniciado essa transformação ao inaugurar o movimento democrático e, mais tarde, o socialismo e as contradoutrinas do conservadorismo e do liberalismo, mas as novas sociedades capitalistas industriais também se caracterizaram pelo nacionalismo e pela expansão imperialista. Por conseguinte, o século XX, ao contrário das expectativas de Auguste Comte e Herbert

Spencer, revelou-se como um dos mais violentos da história humana, com duas guerras mundiais extremamente destrutivas e bárbaras, e inúmeros conflitos menores porém não menos brutais, como perseguições e genocídios em grande escala. Surgiram novas formas de expansionismo agressivo com os regimes fascistas na Europa, que além disso instauraram ditaduras totalitárias de uma nova espécie (embora tivessem um paralelo, ou mesmo um precursor, na Rússia stalinista) e, num estilo distinto, mais militarista, no Japão.

Subjacente à destrutividade da guerra moderna deu-se o avanço sem precedentes, durante o século passado, das ciências naturais e da tecnologia, que tranformou as condições e as formas de vida social. Incessantes inovações tecnológicas nos países industrializados constituíram fator determinante no crescimento econômico e aspecto importante no surgimento de gigantescas empresas (*corporations*), entre elas as multinacionais que cada vez mais dominam a economia mundial, sobretudo nas últimas quatro décadas. Ao mesmo tempo, inovação e crescimento possuem um efeito desintegrador que não opera de maneira uniforme, mas num ciclo de expansão e depressão, marcado por períodos de desemprego em larga escala, como na década de 1930 e, novamente, na de 1980. Tais circunstâncias colocaram em pauta o debate sobre métodos de regulamentação da economia para fins sociais, um debate que até 1989 envolveu, com freqüência, o contraste entre economias capitalistas de (relativamente) livre comércio e as economias centralmente planejadas, o que ainda suscita interrogações sobre o papel do planejamento parcial, prescritivo, na gestão do sistema econômico.

O próprio desenvolvimento econômico gerou novas questões para os pensadores sociais: em primeiro lugar, o contraste entre a crescente riqueza dos países industrializados, no interior dos quais persistem, contudo, densas áreas empobrecidas, e a miséria absoluta — em certos casos crescente, como em vastas regiões da África — de grande parte do Terceiro Mundo; em segundo lugar, o impacto ambiental causado pelo próprio desenvolvimento. No tocante à primeira questão, não se mediram esforços no sentido de formular modelos de desenvolvimento para os países mais pobres, além de planos de ação prática que superasssem a divisão Norte/Sul, mas as políticas efetivamente implementadas até agora não lograram o êxito esperado e, no final da década de 1980, a transferência de recursos de países ricos para pobres, através de programas de auxílio e outros meios, havia se convertido, em virtude da dívida acumulada, num fluxo inverso dos pobres para os ricos. Por conseguinte, um contingente cada vez maior de pensadores sociais vem confluindo para um debate crítico sobre como avaliar o desenvolvimento num contexto mundial, ou para a concepção de uma "nova ordem econômica internacional", o que em grande parte permanece por ora um mero estereótipo. Esse debate estendeu-se a uma área suplementar, cuja atenção está voltada para o meio ambiente. De fato, é a essa questão, e aos movimentos ecológicos em franca expansão, que uma considerável parcela do pensamento social tem se dedicado em décadas recentes. A poluição e a destruição do habitat humano, resultado da produção industrial e da demanda aparentemente insaciável de matérias-primas, afetaram não só as próprias sociedades industriais, mas também os países do Terceiro Mundo, onde é, freqüentemente, ainda mais devastadora, podendo ainda ser agravada pelos efeitos da explosão demográfica.

É contra um pano de fundo de convulsões sociais, conflitos, rupturas e dos novos problemas do século XX que o pensamento social — seja o produzido pelos próprios ativistas sociais e políticos, seja pelo crescente exército de *scholars* profissionais — deve ser entendido. Entretanto, muitos de seus temas centrais permanecem os mesmos do início do século: a natureza do trabalho, o papel da nação-estado, a relação entre indivíduo e sociedade, o efeito do dinheiro sobre as relações sociais, o contraste entre *Gemeinschaft* (comunidade) e *Geselschaft* (sociedade, associação), estratificação e igualdade, a tensão entre sectarismo e liberdade de valores nas ciências sociais, e até mesmo alguns rótulos como o próprio *fin de siècle*. As mais recentes análises sobre a pós-modernidade ou sobre o pós-industrialismo assemelham-se incrivelmente às primeiras descrições da modernidade e do industrialismo, e a moderna futurologia, apesar da disponibilidade dos modelos informatizados, não difere muito das previsões dos pensadores sociais do século XIX e do início do atual.

Entretanto, esses antigos temas adquiriram, em muitos casos, um novo conteúdo. A natureza e o significado do trabalho têm agora de ser examinados no contexto de uma estrutura ocupacional radicalmente alterada em função da redução das horas de trabalho e da expansão do tempo disponível para atividades livremente escolhidas. O estado tornou-se, de forma mais direta, o provedor de serviços sociais vitais e da infra-estrutura econômica essencial, mas a experiência do fascismo e do stalinismo mostrou que o seu poder, em certas circunstâncias, pode ser usado para instaurar um sistema totalitário. A democracia, que no início do século era um produto relativamente recente e limitado, vigorando em apenas uma escassa minoria de países — em alguns deles para logo ser derrubada —, tornou-se (ao menos em teoria) um parâmetro político quase universal, embora seu efetivo campo de ação ainda seja ferrenhamente discutido entre os defensores da democracia liberal ou participativa, e no contexto dos recentes debates em torno do significado de cidadania. Estratificação e igualdade, temas que ocuparam lugar central nos conflitos políticos entre esquerda e direita ao longo de todo este século, tornaram-se questões mais complexas nas últimas décadas, quando outras formas de desigualdade — de gênero, raça e nacionalidade — passaram a merecer ênfase mais forte por parte de novos movimentos sociais, e quando as alegações das sociedades comunistas de que haviam eliminado as desigualdades de classe foram mais incisivamente contestadas por críticos, internos e externos, de suas rígidas estruturas hierárquicas.

Este dicionário pretende fornecer uma visão abalizada e abrangente dos principais temas do pensamento social e de seu desenvolvimento — desde o início do século (ou mesmo antes) até bem perto de seu fim — à luz do vasto e instável panorama social desta turbulenta era. Provará ser, assim esperamos, uma valiosa fonte de referência para todos aqueles que, de diferentes modos, preocupam-se com o desenvolvimento futuro da sociedade humana quando nos preparamos para ingressar num novo século e num novo milênio.

W.O.
T.B.

Colaboradores

Philip Abbott
Wayne State University

Nicholas Abercrombie
Universidade de Lancaster

Hugh G.J. Aitken
Amherst College

Martin Albrow
Roechampton Institute, Londres

David E. Apter
Universidade Yale

Anthony Arblaster
Universidade de Sheffield

David Armstrong
Guy's Hospital, Universidade de Londres

Giovanni Arrighi
State University of New York at Binghamton

Michael Bacharach
Christ Church, Oxford

Peter Baehr
Memorial University of Newfoundland

Paul Bailey
Universidade de Edimburgo

E. Digby Baltzell
Universidade da Pensilvânia

Lorraine F. Baric
Information Technology Institute, Universidade de Salford

Clive Barker
Universidade de Warwick

Rodney Barker
London School of Economics

Alan Barnard
Universidade de Edimburgo

Michèle Barrett
City University, Londres

D.J. Bartholomew
London School of Economics

Kaushik Basu
Delhi School of Economics

Patrick Bateson
Universidade de Cambridge

James A. Beckford
Universidade de Warwick

Leonard Beeghley
Universidade da Flórida

Reinhard Bendix

Geoffrey Bennington
School of European Studies, Universidade de Sussex

Ted Benton
Universidade de Essex

Henry Bernstein
Institute for Development Policy and Management, Universidade de Manchester

Christopher J. Berry
Universidade de Glasgow

Roy Bhaskar
Linacre College, Oxford

Michael Billig
Loughborough University

Ken Binmore
Universidade de Michigan

Mildred Blaxter
School of Economic and Social Studies, Universidade de East Anglia

Josef Bleicher
Queen's University, Glasgow

J. Blondel
European University Institute, Florença

Stephan Boehm
Universidade de Graz

Peter J. Boettke
New York University

Tom Bottomore

Gerhard Botz
Institut für Geschichte, Universität Salzburg

Raymond Boudon
Groupe d'Étude des Méthodes de l'Analyse Sociologique, Universidade de Paris-Sorbonne

Margaret M. Braungart
State University of New York

Richard G. Braungart
Syracuse University

E.A. Brett
Institute of Development Studies, Universidade de Sussex

Asa Briggs
Sussex

George W. Brown
Royal Holloway and Bedford New College

Rogers Brubaker
Universidade da Califórnia, Los Angeles

Hauke Brunkhorst
Institut für Grundlagen der Politik, Freie Universität Berlin

W. Brus
Wolfson College, Oxford

Alan Bryman
Loughborough University

Tom Burden
Leeds Polytechnic

Colin Campbell
Universidade de York

Tom D. Campbell
Australian National University

Julius Carlebach
Hochschule für Jüdische Studien, Heidelberg

Allan C. Carlson
Rockford Institute, Illinois

Elwood Carlson
Universidade da Carolina do Sul

Terrell Carver
Universidade de Bristol

Alan Cawson
School of Social Sciences, Universidade de Sussex

Gérard Chaliand
Paris

Simon Clarke
Universidade de Warwick

Ira J. Cohen
Rutgers University

Selma Jeanne Cohen
Nova York

David E. Cooper
Universidade de Durham

Lewis A. Coser
Cambridge, Massachusetts

Bernard Crick
Birkbeck College, Universidade de Londres

Roger Crisp
St. Anne's College, Oxford

Ian Crowther
Editor literário, The Salisbury Review

Fred D'Agostino
Universidade da Nova Inglaterra

R.W. Davies
Centre for Russian and East European Studies, Universidade de Birmingham

Meghnad J. Desai
London School of Economics

Torcuato S. Di Tella
Buenos Aires

Marco Diani
Centre d'Analyse et d'Intervention Sociologiques, Paris

James Donald
Media Studies, Universidade de Sussex

François Dubet
École des Hautes Études en Science Sociale, Paris

Bohdan Dziemidok
Universidade de Gdansk

Andrew Edgar
College of Cardiff, Universidade do País de Gales

S. Eilon
Imperial College of Science and Technology, Londres

Peter P. Ekeh
Universidade de Buffalo

Pascal Engel
Centre de Recherche en Épistémologie, Paris

Helen Fein
Institute for the Study of Genocide, Nova York

Joseph V. Femia
School of Politics and Communication Studies, Universidade de Liverpool

Zsuzsa Ferge
Instituto de Sociologia e Política Social, Universidade Eötvos Loránd, Budapeste

Rubem César Fernandes
Instituto de Estudos da Religião, Rio de Janeiro

Robert A. Foley
Universidade de Cambridge

Tom Forester
School of Computing and Information Technology, Griffith University, Queensland

Murray F. Foss
American Enterprise Institute for Public Policy Research, Washington DC

Lawrence Freedman
King's College, Londres

Christopher Freeman
Science Policy Research Unit, Universidade de Sussex

R.G. Frey
Bowling Green State University

Diego Gambetta
Universidade de Oxford

David Garland
Universidade de Edimburgo

Ernest Gellner

Norman Geras
Universidade de Manchester

Naomi R. Gerstel
Department of Sociology, and Social and Demographic Research Unit, Universidade de Amherst

Margaret Gilbert
Universidade de Connecticut, Storrs

Hannes H. Gissurarson
Universidade de Reykjavik

Peter E. Glasner
University of the West of England

Frank Gloversmith
Universidade de Sussex

Jack A. Goldstone
Center for Comparative Research in History, Society and Culture, Universidade da Califórnia, Davis

Stanislaw Gomulka
London School of Economics

Peter Goodrich
Birkbeck College, Universidade de Londres

Robert Grant
Universidade de Glasgow

S.J.D. Green
School of History, Universidade de Leeds

Roger Griffin
Brooke University, Oxford

David B. Grusky
Stanford University

Anne-Marie Guillemard
Universidade de Paris IV (Panthéon-Sorbonne)

Peter Gurney
Universidade de Glamorgan

Peter Halfpenny
Universidade de Manchester

John A. Hall
McGill University, Montreal

Charles Hallisey
Committee on Tte Study of Religion, Universidade Harvard

Norman Hampson
Professor Emeritus, Universidade de York

Shaun P. Hargreaves Heap
Universidade de East Anglia

Gwyn Harries-Jenkins
Universidade de Hull

Laurence Harris
School of Oriental and African Studies, Universidade de Londres

David M. Heer
Universidade da Califórnia do Sul

Arnold Heertje
Universiteit van Amsterdam

András Hegedüs
Budapeste

Adrian Henri
Liverpool

John Heritage
Universidade da Califórnia, Los Angeles

J.H. Hexter
John M. Olin Professor Emeritus of the History of Freedom, Washington University

Susan Himmelweit
Open University

Barry Hindess
Australian National University

Paul Quentin Hirst
Birkbeck College, Universidade de Londres

Barry Holden
Universidade de Reading

Martin Hollis
Universidade de East Anglia

Axel Honneth
Universität Konstanz

Leo Howe
Universidade de Cambridge

T.W. Hutchison
Professor Emeritus, Universidade de Birmingham

Richard Hyman
Industrial Relations Research Unit, Universidade de Warwick

Marie Jahoda
Sussex

Hans Joas
John F. Kennedy Institut, Freie Universität Berlin

Terry Johnson
Universidade de Leicester

Kay Junge
Instituto de Sociologia, Justus-Liebig-Universität Giessen

Mary Kaldor
Graduate Institute for Contemporary European Studies, Universidade de Sussex

Haider Ali Khan
Graduate School of International Studies, Universidade de Denver

V.G. Kiernan
Professor Emeritus, Universidade de Edimburgo

Richard Kilminster
Universidade de Leeds

Alden S. Klovdahl
Australian National University

I.S. Kon
Insitituto de Etnografia e Antropologia, Academia da Rússia, Moscou

Krishan Kumar
Universidade de Kent, Canterbury

Jorge Larrain
Universidade de Birmingham

Gerhard Lenski
Universidade da Carolina do Norte

Charles T. Lindholm
Universidade de Boston

Alain Lipietz
Centre d'Études Prospectives d'Économie Mathématique Appliquées à la Planification, Paris

Peter Lloyd
Universidade de Sussex

Eero Loone
Universidade de Tartu, Estônia

Alfred Louch
Claremont Graduate School, Califórnia

Terry Lovell
Universidade de Warwick

Steven Lukes
European University Institute, Florença

Francis P. McHugh
St. Edmund's College,
Universidade de Cambridge

John Spencer Madden
The Countess of Chester Hospital, Chester

Michel Maffesoli
Universidade de Paris V (René Descartes)

Peter T. Manicas
Universidade do Havaí, Manoa

Patrice Mann
Universidade de Bordeaux

Peter Marsh
MCM Research

David A. Martin
London School of Economics

Ali A. Mazrui
State University of New York at Binghamton

Ulrike Meinhof
Universidade de Manchester

Volker Meja
Memorial University of Newfoundland

José Guilherme Merquior

Ian Miles
Programme of Policy Research in
Engineering, Science and Technology,
Universidade de Manchester

David Miller
Nuffield College, Oxford

Enzo Mingione
Universidade de Messina, Milão

Kenneth R. Minogue
London School of Economics

Simon Mohun
Queen Mary and Westfield College,
Universidade de Londres

Maxine Molyneux
Birkbeck College, Universidade de Londres

Raymond A. Morrow
Universidade de Alberta

Michael Mulkay
Universidade de York

Eleanor M. Nesbitt
Religious Education and Community Project,
Universidade de Warwick

Robert Nisbet
Albert Schweitzer Professor Emeritus,
Columbia University

Peter Nolan
School of Business and Economic Studies,
Universidade de Leeds

Roderick C. Ogley
Emeritus Reader, Universidade de Sussex

John O'Neill
School of Social Sciences,
Universidade de Sussex

Geoffrey Ostergaard

William Outhwaite
School of European Studies,
Universidade de Sussex

John E. Owens
School of Social and Policy Sciences,
Universidade de Westminster

Trevor Pateman
Institute of Continuing and Professional
Education, Universidade de Sussex

Geoff Payne
Universidade de Plymouth

Donald Peterson
Cognitive Science,
Universidade de Birmingham

Tony Pinkney
Universidade de Lancaster

Jennifer Platt
School of Social Sciences,
Universidade de Sussex

Ken Plummer
Universidade de Essex

Jonathan Powis
Balliol College, Oxford

Vernon Pratt
School of Independent Studies, Universidade de Lancaster

Allan Pred
Universidade da Califórnia

David L. Prychitko
State University of New York, Oswego

Derek Pugh
School of Management, The Open University

Terence H. Qualter
Universidade de Waterloo, Ontário

Ali Rattansi
City University, Londres

L.J. Ray
Universidade de Lancaster

Gavin C. Reid
Universidade de St. Andrews

Karin Renon
Centre d'Analyse et d'Intervention Sociologiques, Paris

John Rex
Professor Emeritus, Universidade de Warwick

Adrian D. Rifkin
Universidade de Leeds

Paul Rock
London School of Economics

C.A. Rootes
Universidade de Kent, Canterbury

Steven P.R. Rose
The Open University

W.D. Rubinstein
School of Social Sciences, Deakin University

Anne Showstack Sassoon
School of Social Science, Kingston University

Werner Sauer
Instituto de Filosofia, Karl-Franzens-Universität Graz

Johann F. Schneider
Universität des Saarlandes

John Scott
Universidade de Leicester

Teodor Shanin
Universidade de Manchester

A.M. Sharakiya
State University of New York at Binghamton

Andrew Sherratt
Ashmolean Museum, Universidade de Oxford

Cris Shore
Goldsmiths' College, Universidade de Londres

Kazimierz M. Slomczynski
Instituto de Sociologia, Universidade de Varsóvia

Peter Sluglett
Universidade de Durham

Andrew Spencer
Universidade de Essex

Patricia M. Springborg
Universidade de Sydney

Nico Stehr
Universidade de Alberta

Herbert Stein
American Enterprise Institute for Public Policy Research, Washington DC

Rudi Supek
Zagreb

György Széll
Fachbereich Sozialwissenschaften, Universität Osnabrück

Steve Taylor
London School of Economics

John B. Thompson
Jesus College, Cambridge

J.K.J. Thomson
School of Social Sciences, Universidade de Sussex

Alan Tomlinson
Universidade de Brighton

Alain Touraine
Centre d'Analyse et d'Intervention Sociologiques, Paris

Peter Townsend
Universidade de Bristol

Keith Tribe
Keele University

Sylvaine Trinh
Centre d'Analyse et d'Intervention Sociologiques, Paris

Bryan S. Turner
Universidade de Essex

Jonathan H. Turner
Universidade da Califórnia, Riverside

Ernest Tuveson
Universidade da Califórnia, Berkeley

John Urry
Universidade de Lancaster

Ivan Varga
Kingston, Ontário

Loic J.D. Wacquant
Society of Fellows, Universidade Harvard

Sylvia Walby
London School of Economics

Nigel Walker
Professor Emeritus, Instituto de Criminologia, Universidade de Cambridge

Immanuel Wallerstein
State University of New York at Binghamton, e Maison des Sciences de l'Homme, Paris

J.W.N. Watkins
London School of Economics

Carolyn Webber
Survey Research Center, Universidade da Califórnia, Berkeley

Wlodzimierz Wesolowski
Instituto de Filosofia e Sociologia, Academia Polonesa de Ciências, Varsóvia

Michel Wievorka
Centre d'Analyse et d'Intervention Sociologiques, Paris

Aaron Wildavsky
Survey Research Center, Universidade da Califórnia, Berkeley

R.A. Wilford
The Queen's University of Belfast

Robin M. Williams Jr.
Cornell University

Christopher Wilson
London School of Economics

Charles R.M. Wilson
Portsmouth Polytechnic

H.T. Wilson
York University, Toronto

Peter Worsley
Londres

Dennis H. Wrong
New York University

Lucia Zedner
London School of Economics

Sami Zubaida
Birkbeck College, Universidade de Londres

A

aberta, sociedade Ver SOCIEDADE ABERTA.

aburguesamento A expressão refere-se ao suposto processo segundo o qual setores da classe operária são incorporados à classe média (ou burguesia). O aburguesamento representa, na verdade, um conjunto de idéias e pode ser avaliado comparando-se as situações da classe operária com as da baixa classe média, de acordo com as três seguintes dimensões:

1. Situação de mercado. Como operam comparativamente níveis de pagamento, horas de trabalho, perspectivas de promoção, bem como direitos de pensão e férias?
2. Situação de trabalho. Por exemplo, os trabalhores manuais dispõem de um grau de autonomia semelhante ao de que desfrutam, digamos, os empregados de escritório?
3. Aspirações, status, política e costumes. Os membros da classe operária estão adotando valores da classe média, por exemplo?

Historicamente, a última dessas dimensões é que tem despertado maior interesse. Engels, por exemplo, referiu-se ao modo pelo qual os operários ingleses aspiravam à respeitabilidade e pensavam politicamente da mesma forma que a burguesia. Mais tarde, nos anos 30, Max Adler deplorou a presença de ideais pequeno-burgueses que faziam com que os operários abandonassem a perspectiva da transformação revolucionária, preferindo uma melhoria social gradual. Nesse mesmo sentido, Theodor Geiger sustentou que a estrutura de classes do século XX estava mudando, na medida em que os operários se tornavam cada vez mais pequeno-burgueses em seus hábitos.

Mais recentemente, a idéia de aburguesamento foi discutida de modo amplo pela sociologia britânica, no período posterior à Segunda Guerra Mundial, sobretudo sob a influência do importante estudo *The Affluent Worker* (Goldthorpe, Lockwood, Bechhofer e Platt, 1969). Goldthorpe e seus companheiros resolveram pôr à prova a alegação de que, à medida que os padrões de vida de muitos trabalhadores manuais melhoravam, estes iam adotando cada vez mais hábitos e estilos de vida de classe média. De um modo geral, os autores não detectaram exatamente tal processo, mas sim importantes áreas de experiência social em comum, que eram caracteristicamente operárias. Não obstante, o estudo também revelou um processo de convergência normativa entre certos grupos manuais e não-manuais, que significava para os primeiros um desvio de uma forma de vida social orientada para a comunidade, conferindo maior importância à família conjugal, uma definição do trabalho em termos de recompensa material e uma certa retração da consciência de classe.

Apesar de o conceito de aburguesamento referir-se especificamente à erosão dos limites entre os estratos superiores da classe operária e os elementos inferiores da classe média, ele também é parte nítida de um debate mais amplo sobre o significado das fronteiras e da luta de classes nas sociedades avançadas. Dessa forma, o debate sobre aburguesamento está relacionado com o argumento paralelo, que diz respeito à suposta proletarização de certas profissões de classe média, tais como os trabalhos de escritório e de vendas no varejo. Ironicamente, alguns sociólogos marxistas, ao afirmarem que a situação dos funcionários dos escritórios está se tornando mais semelhante à da classe operária, estão na verdade dizendo que as fronteiras de classe começam a se tornar menos bem definidas.

Ver também CLASSE.

Leitura sugerida: Goldthorpe, J.H., Lockwood, D., Bechhofer, F. e Platt, J. 1969: *The Affluent Worker in the Class Structure* • Marshall, G., Newby, H., Rose,

D. e Vogler, C. 1988: *Social Class in Modern Britain* • Wright, E.O. 1985: *Classes*.

NICHOLAS ABERCROMBIE

ação coletiva A literatura especializada preocupou-se em determinar sob que condições indivíduos isolados admitem engajar-se numa ação conjunta para fortalecer ou defender sua situação. Apesar de muitos cientistas sociais terem discutido esta questão — especialmente Karl Marx e Max Weber —, a referência básica no debate moderno é o texto de Olson (1965) e o conceito do "aproveitador" (*free rider*). Em conexão com essa obra, inúmeras outras contribuições têm examinado como é possível chegar a resultados subótimos, assumindo como ponto de partida indivíduos que buscam seus próprios interesses, e não o que seria do interesse coletivo.

Olson emprega o jogo do dilema do prisioneiro, com a finalidade de analisar a natureza da ação coletiva. A contradição do jogo é que, se cada prisioneiro busca seu auto-interesse isolado, então todos terminam com um resultado menos satisfatório do que se lhes tivesse sido possível colaborar uns com os outros e sacrificar esses interesses individuais. Olson generaliza essa situação para toda e qualquer organização que tente mobilizar um grande número de indivíduos movidos por interesse próprio. Em situações nas quais o grupo a ser organizado é amplo e os benefícios são coletivos ou públicos, não podendo ser limitados a indivíduos específicos, não haverá união ou cooperação entre os indivíduos, a não ser que benefícios não-coletivos sejam proporcionados. Sem esses benefícios seletivos, os indivíduos podem "aproveitar-se", obtendo vantagens coletivas da organização, caso alguma se concretize, mas não incorrendo em nenhum dos custos de filiação ou engajamento.

Grandes grupos, tais como SINDICATOS ou partidos políticos, são mais vulneráveis ao "aproveitador". Neles, a contribuição de cada indivíduo faz pouca diferença para o resultado, e as intensas pressões que operam nos pequenos grupos — que com probabilidade induzem o compromisso de seus membros — estão ausentes. Olson afirma que os membros de uma classe social estão particularmente propensos a "tirar proveito", uma vez que se beneficiarão com as ações da classe, quer ou não participem de maneira efetiva. Segundo Olson, é perfeitamente racional furtar-se a essas ações.

Vários requintes e aperfeiçoamentos têm sido acrescentados às afirmações um tanto ingênuas de Olson. Primeiro, muitas organizações existentes são de fato de natureza altruísta e não se baseiam absolutamente num interesse próprio tão óbvio. Em segundo lugar, é duvidoso que "benefícios seletivos", como os proporcionados por sindicatos a membros isolados, possam explicar a enorme diversidade e escala de organizações nas quais as pessoas ingressam na maioria das sociedades industrializadas. Em terceiro lugar, a vida social deveria ser encarada como interativa. Em conseqüência, indivíduos que racionalmente deveriam não cooperar, podem vir a aprender que existem benefícios coletivos que resultarão da busca de situações que aparecem como soluções não-racionais do ponto de vista estritamente individual. Através da interação contínua, em determinados contextos as pessoas podem vir a se envolver e estar informadas umas sobre as outras, transformando seus padrões de preferência. Em quarto lugar, é preciso dar atenção às ideologias presentes em diferentes sociedades ou em partes de uma mesma sociedade. Onde estas enfatizam o INDIVIDUALISMO, como nos Estados Unidos, o problema do "aproveitador" tem probabilidade de ser mais agudo. Por fim, devem ser desenvolvidas análises sobre como diferentes posições estruturais, tais como capital e trabalho assalariado, têm distintas possibilidades de ação coletiva com um sentido próprio a cada uma delas. O mundo social não compreende apenas indivíduos isolados, mas também estruturas e recursos, línguas e discursos, e estes também são relevantes para as possibilidades de ação coletiva, contrabalançando ou transcendendo o problema do "aproveitador".

Leitura sugerida: Barry, B. e Hardin, R., orgs. 1982: *Rational Man and Irrational Society* • Elster, J. 1978: *Logic and Society* • Harding, R. 1982: *Collective Action* • Lasch, S. e Urry, J. 1984: "The new Marxism of collective action: a critical analysis". *Sociology* 18, 33-50 • Offe, C. e Wiesenthal, H. 1980: "Two logics of collective action: theoretical notes on social class and organizational form". *Political Power and Social Theory* 1, 67-115 • Olson, M. 1965: *The Logic of Collective Action*.

JOHN URRY

ação e mediação Alguém executa uma ação quando o que faz pode ser descrito como intencional (ver Davidson, 1977). Ações são conclusões práticas derivadas de intenções e crenças; "ação" e "racionalidade" são, portanto, conceitos inter-relacionados. As teorias sociológicas da ação, desde o tempo de Max Weber, basearam-se nessa relação para analisar a ação, seus componentes e seus tipos. Ações sociais são sempre parte de sistemas mais amplos e de processos de compreensão intersubjetiva, o que introduz a questão do papel do agente ("mediação humana") nos processos através dos quais as ações são coordenadas.

Racionalidade da ação

Aristóteles, em sua *Ética a Nicômaco*, observou que a racionalidade de uma ação residia na conclusão oriunda de intenções ou normas, e de avaliações tanto da situação quanto dos meios disponíveis, para conseqüências imediatas em termos de ação. A ação é racional na medida em que segue premissas que sustentam e justificam sua realização. Uma racionalidade mínima, portanto, deve ser pressuposta em qualquer ação, em qualquer movimento corporal que se enquadre nessa definição. Aristóteles enfatizou que até mesmo ações indisciplinadas, que escapam ao controle racional, tais como o consumo excessivo de doces, podem ser pelo menos formalmente encaixadas no modelo da justificativa racional (cf. Davidson, 1980; Wright, 1971).

Formação da vontade

Um exemplo simples de formação intencional-racional da vontade é fornecido pelo imperativo técnico de Kant, o "imperativo de capacitação", em que as intenções se estendem dos fins aos meios (cf. Wright, 1971). Alguém que deseja fazer algo e sabe como isso pode ser obtido deve querer obtê-lo através desses meios. Mesmo os processos complexos de formação da vontade social, que chegam a uma decisão como conseqüência de deliberação coletiva, podem ser descritos como um processo de inferência prática. Isso implica a união de muitos (pelo menos dois e no máximo todos) agentes envolvidos com um propósito ou problema comum. Se essa união não for promovida através de força, ameaça ou propaganda, deve sê-lo através da livre compulsão da inferência argumentativa, ou seja, através de razões convincentes (cf. Habermas, 1971; Apel, 1973, 1979). Discursos práticos não dizem respeito ao alcance das intenções, dos fins para os meios, explicando ao agente por que é racional para *ele* tomar certas decisões, mas sim se é possível generalizar os fins e deixar claro para todos por que *eles* deveriam seguir normas particulares (ver NORMA). O que Hegel (*Lógica*) chamou de "conclusão do bom", em que meios e fim são idênticos e a ação é boa em si mesma, é uma questão a respeito do que é legítimo e justificável, à luz de princípios compartilhados e livremente aceitos (Wellmer, 1979, p.25ss).

Conseqüências das ações

A conclusão de uma inferência prática é uma ação. Do ponto de vista do observador, a escolha de meios disponíveis para determinados fins *explica* a ação. Essa explicação tem também relevância prospectiva, uma vez que contextos institucionais e normativos garantem que intenções e crenças permaneçam estáveis e sejam regularmente reproduzidas (cf. Wright, 1971). Mas, desde que jamais se pode excluir a possibilidade de os agentes mudarem suas intenções, esquecendo o melhor meio de fazer as coisas ou encontrando inesperadamente novos meios de resolver um problema, a ligação entre intenções, crenças e comportamento futuro é contingente. Só podemos, porém, identificar um dado comportamento *como* uma ação específica se conseguirmos interpretá-lo, com a perspectiva de um participante, como a conseqüência de intenções e crenças racionalmente compreensíveis. "Interpretar um comportamento como uma ação intencional é compreendê-lo à luz de uma intenção" (Wellmer, 1979, p.13).

A perspectiva do participante, e somente ela, revela uma relação lógico-semântica semelhante entre intenções e ações. Para o agente, a conclusão prática *significa* uma obrigação de executar uma ação futura. Não há garantia empírica de que alguém que promete chegar na hora o fará de fato, mas alguém que assumiu esse compromisso precisará apresentar uma desculpa caso não venha a ser pontual. A expectativa de que em circunstâncias normais alguém que prometeu chegar na hora muito provavelmente o fará não é apenas apoiada indutivamente por regularidades comportamentais observadas. Essa expectativa baseia-se ainda mais no fato de que geralmente podemos confiar uns nos outros. O Outro provavelmente chegará na hora porque o acordo tem validade recíproca (cf. Apel, 1979). Essa não é uma relação empírica e contigente entre intenções e atividades, mas uma relação lógico-pragmática. Reconhecemos a seriedade da intenção através de suas conseqüências para a ação. A pessoa que não faz aquilo que quer, podendo fazê-lo, chamamos de inconsistente. Isso não é diferente do caso de alguém que afirma que a neve é toda branca *e* toda preta. Assim como suspeitamos de fraqueza de vontade como sendo a causa de uma ação inconsistente, podemos inferir que uma pessoa que de modo involuntário expressa contradições é cognitivamente débil. Tal como as afirmações evidentemente contraditórias, a ação evidentemente inconsistente tem em si "algo irracional em sua essência", de forma que tais agentes podem achar difícil reconhecerem a si mesmos em suas ações (cf. Davidson, 1980).

Tipos de ação

Os transtornos da ação, através de inconsistências tão possantes que não conseguimos compreender nossa própria ação ("Não sei como pude fazer isso"), coloca-nos diante da conexão interna entre ação e auto-entendimento. Max Weber e Sigmund Freud tiraram conclusões opostas dessa relação. Enquanto Freud se interessa pelas causas inconscientes do auto-engano, Weber baseia sua sociologia em um TIPO IDEAL de ação significativamente orientada, inteligível para o agente. Sua conhecida tipologia da ação fundamenta-se nessa relação de auto-evidência.

A ação social é um "comportamento significativamente voltado para o comportamento de outros" (Weber, 1921-22). Um caso limite de ação social é a linha de ação tradicional completamente auto-evidente, convencional, habitual e quase mecânica, baseada no "hábito internalizado". Essa "ação cotidiana tediosamente habitual", adaptada de modo plácido ao ambiente normativo do mundo da vida, é levada à condição de reação emocional quando o ambiente convencionalmente significativo da ação cotidiana desaba de súbito e confronta o agente com exigências, problemas e conflitos excepcionais com os quais não está familiarizado. Esse é o outro caso limite de ação social. Falar de *ação* que é governada por "afetos e emoções presentes" significa que, mesmo em reação desinibida a um estímulo excepcional, o agente conserva um âmbito de decisão sobre como reagir, ou sobre se não deve reagir em absoluto e engolir sua emoção. Mas Weber reserva a descrição "racionalmente inteligível" para o comportamento social que é plenamente consciente e baseado apenas em razões que o agente considere válidas e conclusivas. Isso corresponde aos tipos ideais de ação racional referida a intenções e ação racional referida a valores. Com essa distinção, Weber remonta, através do NEOKANTISMO, à teoria aristotélica da ação. Enquanto uma ação racional referida a valores segue aquilo que Hegel chamou de "conclusão do bom", identificando meios e fins no "valor em si mesmo, não condicionado, de um comportamento específico", na ação racional referida a intenções só o que conta é a eficácia dos meios para um determinado fim. Na concepção de Weber, apenas esse tipo de ação pode ser plenamente racionalizado. É, portanto, o verdadeiro tipo ideal de comportamento significativamente orientado que expressa a "conclusão de ação" de Hegel. Somente aqui é possível dizer "que *se* alguém fosse agir de maneira rigidamente racional referida a intenções, poderia fazê-lo *apenas* dessa maneira, e de nenhuma outra" (Weber, 1921-22).

Para Weber, o entendimento racional (ver VERSTEHEN) da ação avança metodicamente a partir dessa pressuposição de racionalidade universal e contrafactual. Isso torna possível explicar as ações concretas como um desvio de um padrão ideal. O interesse de Freud em explicar a ação irracional é portanto complementar ao interesse de Weber em compreender a racionalidade da ação consistente. Em um mundo formado pelo raciocínio causal, a ação racional desse tipo só é possível quando os motivos do agente para uma ação em particular são causalmente eficazes como *intenções* e *causam* a ação (cf. Davidson, 1980). Se uma ação real deve ser compreendida como a conseqüência de uma inferência racional (por exemplo, a argumentação racional), os motivos devem ter uma força causal, isto é, racionalmente motivadora, enquanto causas da ação-evento. A força causal que uma vontade fundamentada, transformando razões em intenções, dá a nossas ações é, evidentemente, conforme Davidson (1980) e Apel (1979, p.189) demonstraram em suas críticas de C.G. Hempel, uma causalidade sem leis causais. O que Kant chamou de "causalidade da liberdade", na qual a vontade ou intenção que causa a ação conta com uma justificativa válida para ela, não envolve leis causais, mas princípios de racionalidade normativo-universais (Apel, 1979). O caso do auto-engano inconsciente, de que Freud se ocupa, é aquele no qual uma ação, ou um ato verbal, é causada como um evento sem ser justificada por suas causas (cf. Löw-Beer, 1990). Nesse caso, a ação ou ato verbal não é racionalmente motivada, por uma seqüência válida de símbolos, mas apenas empiricamente por meio de "símbolos fendidos" (cf. Habermas, 1968, p.246ss; 1981, p.8ss). Mas, como essa explicação em termos de motivos apenas empiricamente efetivos pressupõe a possibilidade de ação racional, Freud consegue reunir seu interesse metodológico a um interesse terapêutico na emancipação e na crítica da ação que não é provocada por razões.

Esse interesse, é claro, está longe de satisfazer os critérios de Weber a respeito de uma racionalidade intencional ideal. A ação irracional de que Freud se ocupa é causada pela força latente de uma comunicação distorcida, compulsivamente integrada. Explicá-la como uma ação que já não é mais inteligível para o agente não basta nem para postular um tipo ideal de ação racional referida a intenções, nem para medir sua divergência. O que se deve pressupor é antes um critério ideal de *comunicação não-distorcida* (cf. Habermas, 1968; Apel, 1979). O que o agente necessitado da ajuda de um terapeuta acha ininteligível a respeito de sua própria ação são as rupturas no sistema de razões que pareceriam aceitáveis a uma comunidade de sujeitos autônomos. Os motivos que causam a ação e a fala do neurótico, sem justificá-la nem fundamentá-la, são causas que não podem contar como razões, pois uma comunidade de comunicação livre não poderia aceitá-las como tal.

Ação, sistema e sujeito

A teoria da ação de Weber parece inadequada num outro aspecto bastante diferente. Ela subestima desde o princípio a complexidade da *dupla contingência* (cf. Parsons e Shils, 1951, p.14ss) nas perspectivas recíprocas significativamente orientadas de ego e alter, bem como a hipercomplexidade de qualquer orientação significativa. A improbabilidade de um ato significativamente guiado, relacionado a uma multiplicidade ilimitada e inconcebível de possibilidades alternativas que podiam ter sido materializadas, aumenta mais ainda com a improbabilidade de que, em ação *social*, cada um saiba que pode agir ou não agir conforme o esperado. Sem mecanismos para a redução dessa complexidade monstruosa e, em princípio, incompreensível de ações significativamente orientadas, e sem mecanismos que integrem de modo funcional as ações individuais, independentemente da vontade e da consciência dos sujeitos, a ordem social parece impossível (cf. Luhmann, 1970-90, vol.2, p.204ss; 1981, p.195ss). A questão é, então, saber se a ordem social pode ser concebida inteiramente sem a formação de vontade coletiva, e se ações sociais podem ser separadas de uma noção de mediação produzida pelos próprios sujeitos, por meio de razões aceitáveis.

Leitura sugerida: Brubaker, Rogers 1984: *The Limits of Rationality: an Essay on the Social and Moral Thought of Max Weber* • Davidson, D. 1980: *Essays on Actions and Events* • Parsons, T. 1937: *The Structure of Social Action.*

HAUKE BRUNKHORST

administração, ciência da Ver CIÊNCIA DA ADMINISTRAÇÃO.

administração científica Ver FORDISMO E PÓS-FORDISMO; RELAÇÕES INDUSTRIAIS.

afluente, sociedade Ver SOCIEDADE AFLUENTE.

agressão Enquanto quase todas as teorias em vigor sobre a agressão se desenvolveram no século XX, as questões conceituais básicas e os debates importantes têm raízes bem mais antigas. Discussões recentes sobre até que ponto a agressão está biologicamente enraizada na natureza humana fazem reviver temas do *Leviatã*, de Thomas Hobbes, e da filosofia liberal de Jean-Jacques Rousseau. Freud (1920), por exemplo, restaura muitas das idéias originais de Hobbes sobre a brutalidade inerente do homem para com seus companheiros, em uma moldura psicanalítica, fornecendo um modelo posteriormente emulado em um campo bastante distinto — o da etologia — por Konrad Lorenz (1966) e os neodarwinistas.

Essas abordagens, concentrando-se em pressuposições bastante simplistas sobre mecanismos instintivos, ao mesmo tempo em que são extensamente revistas em obras didáticas mais importantes, estão amplamente excluídas das tentativas correntes de exlicar a agressão. O aspecto da obra de Freud que se concentra na agressão é encarado, com a vantagem do exame em retrospectiva, como uma tentativa um tanto apressada de preencher lacunas evidentes em sua abordagem teórica, que se apoiava excessivamente no *princípio do prazer* para explicar os processos psicológicos e o comportamento humano. A catástrofe sangrenta da Primeira Guerra Mundial exigia um modelo bastante diferente, e assim surgiu *thanatos*, ou o instinto de morte: "Como resultado de um pouco de especulação, viemos a supor que esse instinto está em ação dentro de cada criatura viva, lutando para levá-la à ruína e para reduzir a vida à sua condição original de matéria inanimada".

Uma dificuldade particular com essas antigas teorias do instinto era a idéia central de "espontaneidade". A agressão não apenas seria geneticamente pré-programada, e portanto inerradicável, como também assumiria a forma de um impulso que devia ser consumado, canalizado ou deslocado. Expressões de agressão, quer na forma de VIOLÊNCIA interpessoal ou em alguma forma menos direta, eram portanto inevitáveis. O que se enfatizava era a necessidade de direcionar essa força hidráulica, em vez dos meios de reduzi-la. Esportes vigorosos e competição física eram encarados como ingredientes essenciais no controle da agressão máscula (natural), fornecendo boa parte das bases racionais do sistema de ensino público britânico.

Embora essas perspectivas, tal como aspectos de muitas das primeiras teorias psicológicas, tenham sido incorporadas a "representações sociais" leigas da agressão e da violência, as modernas explicações da agressão nas ciências sociais evitam praticamente todas as noções de fatores genéticos e substratos biológicos. A ampla maioria dos trabalhos publicados a partir dos anos 50 dá ênfase ao papel do aprendizado, das condições sociais e da privação. O que se presume essencialmente é que a agressão seja uma forma de *comportamento*, em vez de uma força psicológica primária, e que, como qualquer outro comportamento, pode ser modificada, controlada e até mesmo erradicada. Isso também fica patente na obra, com base em trabalhos de laboratório, de psicólogos como Bandura (1973) e nas abordagens sociológicas de autores tão variados quanto Wolfgang e Weiner (1982) e Downes e Rock (1979). Encontramos semelhante ênfase na compreensão "liberal" da agressão na antropologia social do pós-guerra, com um grande esforço sendo dedicado à descoberta de sociedades totalmente pacíficas em que a agressão não existe, ou não existiu — desse modo desmascarando com firmeza a falsa presunção de um determinante genético. Essas tentativas foram, de modo geral, inconvincentes. De fato, conforme destacou Fox (1968), as visões ingênuas dos bosquímanos do Kalahari como um povo livre de agressão erraram o alvo, uma vez que foi provado que eles tinham uma taxa de homicídios mais elevada que a de Chicago.

Até certo ponto, a rejeição das teorias biológicas da agressão deve-se não apenas à manifesta inadequação dessa teorias, mas também à gradual introdução do conceito de "politicamente correto" nos debates acadêmicos e nas ciências sociais. Não se pode dizer que as pessoas são naturalmente agressivas porque isso significaria assumir que a violência e a destruição jamais poderiam ser erradicadas. Isso, ao contrário do que acontecia nas primeiras décadas do século, não se enquadra absolutamente no *Zeitgeist* intelectual contemporâneo.

Essa nova polarização, e o acalorado debate natureza-educação que ocupou a maior parte do século, provavelmente depreciou, mais do que qualquer outra coisa, uma compreensão "sensata" da agressão. Marsh (1978, 1982) sustentou que a discussão sobre se a agressão tem uma raiz biológica ou é aprendida é eminentemente irrelevante, uma vez que (a) ela é indubitavelmente ambas as coisas e (b) os prognósticos de modificação de comportamento não são muito diferentes em ambos os casos. Pode-se fazer aqui uma analogia com o comportamento sexual. Seria tolice supor que a sexualidade humana não tem bases genéticas, biológicas e hormonais. Mas o comportamento sexual é, em grande parte, controlado por meio de quadros de regras culturais e sociais. As pessoas, no geral, não consumam seus impulsos sexuais de forma aleatória e espontânea — são obrigadas a seguir convenções sociais e a observar exigências rituais. Todas as culturas desenvolvem "soluções" que maximizam as vantagens da sexualidade e inibem suas conseqüências potencialmente negativas.

Tornou-se cada vez mais fora de moda nas ciências sociais sugerir que a agressão tenha qualquer valor positivo. De fato, muitas definições correntes da agressão excluem tal possibilidade. Em psicologia, a definição predominante é a de "comportamento intencional destinado a ferir outra pessoa que está motivada a evitá-lo". Em outros campos das ciências sociais, a agressão é com maior freqüência encarada como um comportamento "inadaptado", ou como uma reação infeliz a condições sociais patológicas (ver também CRIME E TRANSGRESSÃO). Somente em campos como a sociologia marxista podemos encontrar o ponto de vista de que a agressão é uma forma de conduta racional e justificada.

No discurso ordinário, no entanto, fica claro que a agressão é encarada como tendo conotações tanto positivas quanto pejorativas. No mundo dos esportes, é comum elogiarmos o atleta por fazer uma corrida agressiva, ou termos em grande estima o zagueiro valente e agressivo. Nessas arenas, a agressão não é apenas permissível. Ela é um ingrediente essencial para a distinção. Da mesma forma, no mundo dos negócios a agressão é a marca do empreendedor altamente considerado, sem o qual tanto a Grã-Bretanha pós-Thatcher quanto o Estilo Americano do século XX poderiam definhar e morrer.

Não surpreende que autores como Bandura (1973) tenham classificado o campo da agressão como uma "selva semântica". Com muitas centenas de definições da agressão permeando as ciências sociais, é inevitável que reine a confusão e que discussões desnecessárias dominem o debate. As abordagens mais promissoras são as que deixaram para trás o debate natureza-educação e se concentraram na compreensão de formas específicas de comportamento agressivo e nos fatores que o influenciam. A análise dos quadros sociais que estimulam ou inibem exibições de agressão também se mostrou fértil na explicação de fenômenos sociais como o vandalismo das torcidas de futebol (Marsh, 1978), a violência feminina (Campbell, 1982), a violência política extremista (Billig, 1978) etc. Trabalhos voltados para o papel de mecanismos fisiológicos específicos (como Brain, 1986) também têm contribuído para um debate mais racional, em que existem bem menos obstáculos para se examinar a interação complexa entre fatores biológicos e sociais. Quer encaremos a agressão como uma patologia evitável ou como um componente inevitável da condição humana, nossa compreensão dos fenômenos só irá aumentar se o foco se concentrar em tentar saber por que certos indivíduos em certos contextos sociais demonstram extrema antipatia uns para com os outros a fim de atingirem metas específicas, quer essas metas sejam causar dano a outrem ou desenvolver prestígio e status social.

Leitura sugerida: Berkowitz, L. 1962: *Aggression: a Social Psychological Analysis* • Fromm, Erich 1973: *The Anatomy of Human Destructiveness* • Geen, R.G. e Donnerstein, E.I., orgs. 1983: *Aggression: Theoretical and Empirical Reviews*, vol.2: *Issues in Research* • Sian, G. 1985: *Accounting for Aggression.*

PETER MARSH

alienação Nos textos de Marx, é o processo histórico por meio do qual os seres humanos vieram sucessivamente a se afastar da Natureza e dos produtos de sua atividade (bens e capital, instituições sociais e cultura), que a partir de então se impõem às gerações posteriores como uma força independente, coisificada, ou seja, como uma realidade alienada. Marx concentrou-se particularmente nos efeitos deletérios do trabalho alienado na produção industrial capitalista (ver TRABALHO, PROCESSO DE). Em segundo lugar, o termo refere-se a uma sensação de estranhamento da sociedade, grupo, cultura ou do eu individual, que as pessoas comumente experimentam quando vivem em sociedades industriais complexas, em particular nas grandes cidades. A alienação evoca experiências como a despersonalização diante da burocracia, sensações de impotência para influir nos eventos e processos sociais e um senso de falta de coesão nas vidas pessoais. O fato de a alienação nesse sentido geral constituir um problema recorrente nas sociedades contemporâneas, como a nossa própria, é tema proeminente na sociologia da moderna experiência urbana (ver SOCIEDADE DE MASSA; URBANISMO; ANOMIA).

Na Europa do entre-guerras, a dilemática situação da humanidade nas modernas sociedades seculares foi amplamente discutida por filósofos existencialistas, psicanalistas, teólogos e marxistas, como sendo o problema da alienação. O debate foi ainda mais estimulado pela publicação, em 1932, da análise de Marx sobre a alienação, em seus *Manuscritos (de Paris) econômicos e filosóficos* (1844). A palavra está geralmente ligada a REIFICAÇÃO, que não foi usada por Marx, mas pelo autor marxista György Lukács, em seu influente *História e consciência de classe* (1923), que antecipava o tema da "coisificação" humana discutida nos *Manuscritos*. Para Lukács, a reificação é o ponto extremo de alienação dos seres humanos de seus produtos, que surge do fetichismo da mercadoria (ver MERCADORIA, FETICHISMO DA) nas sociedades capitalistas desenvolvidas.

Na Grã-Bretanha, o conceito de alienação tornou-se, através do marxismo, corrente na sociologia e em campos adjacentes nos anos 60 e 70. Posteriormente se difundiu uma controvérsia a respeito do significado dos primeiros textos de Marx sobre esse tema para a nossa compreensão de sua obra como um todo. Alguns marxistas como Louis Althusser (1965), afirmaram que Marx abandonou o conceito humanista de alienação, de seus primeiros textos, em favor de uma análise científica dos modos de produção, enquanto outros, como István Mészáros (1970) e David McLellan (1980), sustentavam que o conceito era integral a todas as suas obras, tanto as primeiras quanto as tardias.

Em Marx, o processo histórico de alienação transformou cada vez mais os seres humanos de sujeitos criativos em objetos passivos de processos sociais. Hegel já havia descrito, dentro de uma moldura metafísica, semelhante processo, mas Marx insistia em que o fim da alienação devia ser alcançado na prática por pessoas reais e não apenas de modo aparente no reino da consciência ou da autopercepção, tal como em Hegel (ver PRAXIS). O humanismo secular de Marx apoiava-se fortemente na teoria materialista da religião, de Ludwig Feuerbach, na qual este alegava que os seres humanos haviam projetado sua própria essência e suas potencialidades em Deus, que em seguida os confronta em uma forma alienada. Nos *Manuscritos*, Marx sustentava que a alienação religiosa é apenas um aspecto da propensão dos seres humanos a se alienarem em seus próprios produtos, todos eles explicáveis como aspectos da alienação econômica.

Essa análise fundiu-se em seguida com a política do comunismo, em cuja sociedade futura Marx projetou o "retorno completo do próprio homem como um ser *social* (isto é, humano) — um retorno tornado consciente e alcançado dentro de toda a riqueza do desenvolvimento anterior" (Marx, 1844). A história é, assim, a simultânea perda dos seres humanos em seus próprios produtos e sua posterior recuperação de si próprios. Um processo real que Hegel havia simplesmente percebido de maneira mistificada. Na teoria de Marx sobre a história, as forças de produção em desenvolvimento (conteúdo) superam progressivamente suas relações (formas) numa série de modos históricos de produção, como realização desse processo. Com a formação social do capitalismo, "a pré-história da sociedade humana, congruentemente, se encerra" (Marx, 1859). A teoria social-científica de Marx sobre a gênese histórica da alienação e sua superação prática via-se então sob o peso da mesma teleologia que pesava sobre a teoria metafísica que ela tentava suplantar.

Em comum com Feuerbach e com ecos de Jean-Jacques Rousseau, Marx assume que a essência ou "gênero de ser" da humanidade é — ao contrário do que acontece com os animais — inerentemente sociável e cooperativa. E, além disso, sustenta que o trabalho também deveria ter um caráter comunal, como a vida produtiva e criativa da espécie como um todo, em sua necessária apropriação da Natureza. O trabalho não apenas cria riqueza, mas é também sua própria recompensa e o meio pelo qual a humanidade se ergueu acima do mundo animal e criou a história humana. Para Marx, portanto, a organização da produção de bens em grande escala e o contrato de trabalho assalariado individualista das primeiras fábricas capitalistas de sua época constituíam uma paródia grotesca do caráter do gênero humano que o trabalho deveria ter se fosse organizado de modo realmente congruente com a assumida natureza do homem. A alienação é, assim, um conceito "crítico", usado como um instrumento de mensuração para aferir os custos humanos da civilização capitalista.

O trabalho alienado alienava os operários de (1) seu produto, que não lhes pertencia; (2) do próprio trabalho, pois que passava a ser apenas um meio de sobrevivência, algo que lhes era forçado a fim de poderem viver; (3) de si próprios, pois que sua atividade não era deles mesmos, resultando em sentimentos de auto-incompatibilidade; (4) das outras pessoas da fábrica, pois que cada uma estava lá vendendo isoladamente sua força de trabalho como uma mercadoria. Para Marx, o egoísmo humano era produto do trabalho alienado, tal como também o era a propriedade privada, que não se fundamentava numa relação coletiva dos seres humanos com a natureza. Daí, nenhum dos dois representava características duradouras dos seres humanos e de suas vidas em comum, sendo produtos apenas de sociedades de classe na fase capitalista. A abolição do trabalho alienado significaria que o trabalho iria adquirir seu autêntico caráter humano.

Duas ordens de problemas têm dominado as discussões sobre alienação. Em primeiro lugar, o status do modelo de seres humanos no cerne da teoria. Na terminologia contemporânea, a análise de Marx é um exemplo de antropologia filosófica, pois ele postula, *a priori*, uma imagem atemporal da NATUREZA HUMANA. Seu modelo de *Homo laborans* isola o trabalho da experiência da atividade fabril dominante de sua época e o coloca como a característica humana definidora universal. Em torno dessa idéia, colocam-se então inúmeras outras pressuposições a respeito da sociabilidade, liberdade e controle humanos, da auto-realização e do trabalho coletivo como sua própria recompensa. Como todos os modelos do seu tipo, este está aberto à acusação de arbitrariedade.

Em segundo lugar, não cessou a controvérsia sobre a viabilidade da desalienação. Os existencialistas apontaram que, se a alienação podia ser exacerbada sob a produção capitalista, ela era basicamente sintomática de algo perene na condição social-natural humana. Marx pensou que a alienação econômica era a base de todos os outros aspectos, de forma que a supressão da propriedade privada marcaria o fim da expropriação pelos capitalistas, e daí o fim de todas as alienações. Mas, como diz Axelos, "Marx não foi capaz de reconhecer a vontade de poder" (1976, p.305), e por isso não previu o surgimento de novas formas de expropriação, a exploração das pessoas umas pelas outras e, daí, mais alienação. A existência de poderosos sistemas comunistas nas sociedades socialistas da Europa Oriental e da ex-União Soviética, onde a propriedade privada foi efetivamente abolida, parecia corroborar isso. E também eliminar a alienação na ponta da produção, através da autogestão operária (como na ex-Iugoslávia) deixa intocadas as esferas da distribuição e da troca como novas fontes de alienação.

A questão de até que ponto a alienação pode ser, em última análise, eliminada depende da viabilidade de se abolir a DIVISÃO DO TRABALHO numa sociedade complexa. Em *A Ideologia alemã*, Marx prevê sua abolição utópica sob o comunismo, que também elimina a distinção entre trabalho físico e mental. Dessa forma, surgiria o ser humano universal, capaz de "caçar de manhã, pescar de tarde, cuidar do gado antes do anoitecer e fazer crítica após o jantar (...) sem jamais se tornar caçador, pescador, pastor ou crítico" (Marx e Engels, 1845-46). Mais tarde, nos *Grundrisse* e no *Capital*, de forma mais cautelosa, Marx afirma que em qualquer sociedade, mesmo numa sociedade socialista, a natureza como "reino da necessidade" não pode ser eliminada, nem tampouco a superintendência, a coordenação e a regulamentação do trabalho. Em suma, há que existir algum tipo de divisão do trabalho e, portanto, de alienação.

Para Émile Durkheim (1858-1917), em *Da divisão do trabalho social* e outros textos, os aspectos negativos, alienantes da divisão do trabalho são compensados, em certo grau, pelas crescentes oportunidades de auto-realização individual que sua extensão torna possíveis. Ele defendeu o desenvolvimento de associações ocupacionais para promover a solidariedade e uma nova moralidade, que reconhecesse a crescente interdependência das pessoas, também presente nesse processo. Robert Blauner (1964) dividiu o conceito de alienação em quatro dimensões, possíveis de serem testadas: impotência, falta de sentido, isolamento e auto-incompatibilidade no local de trabalho. Em um estudo de vários estabelecimentos industriais nos Estados Unidos, ele descobriu que alienação e liberdade eram distribuídas desigualmente no moderno processo produtivo. A alienação atingiu seu máximo na produção em massa e seu mínimo na produção artesanal. Alguns têm argumentado que a esse tipo de abordagem empírica falta a intenção crítico-filosófica do conceito de Marx, enquanto outros têm dito que esse é o único meio de dar algum tipo de precisão a um conceito que é quase metafísico e inerentemente indeterminado. O interesse por esse conceito, tal como utilizado por Marx, tem decaído nos últimos anos.

Leitura sugerida: Althusser, Louis 1965 (*1969*): *Pour Marx* • Axelos, K. 1976: *Alienation, Praxis and Techne in the Thought of Karl Marx* • Blauner, Robert 1964: *Alienation and Freedom* • Durkheim, Émile 1893 *(1984)*: *The Division of Labour in Society* • Elster, John 1985: *Making Sense of Marx* o *Karl Marx: an Introduction* • Gianotti, José Artur *Origens da dialética do trabalho* • Lukács, György 1923 *(1971)*: *History and Class Consciousness* • McLellan, David 1980: *The Thought of Karl Marx*, 2ªed. • Mészáros, István 1970: *Marx's Theory of Alienation*.

RICHARD KILMINSTER

ambientalismo Em seu sentido mais amplo, ambientalismo pode ser definido como qualquer perspectiva que enfatize ou valorize o papel das condições e forças externas, em oposição a processos e estruturas internos, no crescimento, no desenvolvimento, nas capacidades e nas atividades dos seres — especialmente dos seres humanos. As teorias biológicas da evolução, por exemplo, podem ser divididas entre as que representam o surgimento histórico de novas espécies como um desdobrar de potenciais já presentes nas formas mais primitivas de vida, em oposição às que (como a de Darwin) explicam a formação de novas espécies como um efeito de condições externas de vida sobre populações de organismos. A história da embriologia marcou-se por uma oposição relacionada entre as teorias pré-formacionistas e epigenéticas. A preocupação pós-darwiniana com o mecanismo de herança biológica levou, nas décadas em torno da virada do século atual, a um intenso debate entre os defensores da "natureza" e os da "educação" na formação dos atributos individuais humanos. Os pontos de vista hereditários, defendidos por Francis Galton e Karl Pearson na Grã-Bretanha e por C.B. Davenport nos Estados Unidos, foram fortalecidos pelo surgimento da moderna teoria genética da herança e rapidamente transformados em movimento popular em favor de programas eugênicos de "melhoria da raça". Desigualdades econômicas e sociais que causavam muita controvérsia eram explicadas e implicitamente justificadas em termos da inferioridade biológica das classes baixas, das mulheres e das raças não-européias, enquanto os talentos e o gênio das elites dominantes eram de modo idêntico atribuídos à superioridade hereditária. Medidas para aumentar as taxas de reprodução da melhor cepa humana, e reduzir as da inferior, junto com um apoio aberto ao genocídio, foram defendidas por muitos desses hereditaristas do início do século XX.

Manifestos ambientalistas mais ou menos simultâneos surgiram na antropologia, na psicologia e na filosofia, na forma da antropologia cultural de Franz Boas, G.H. Mead, R.H. Lowie e A.L. Kroeber, do behaviorismo de W.B. Watson e da filosofia pragmática de John Dewey. A filosofia de Dewey dá continuidade, em sua ênfase na maleabilidade humana, à ampla tradição ocidental oriunda do Iluminismo. Watson e os behavioristas concentraram suas baterias contra o conceito de "instintos", afirmando vigorosamente o papel do aprendizado e do ambiente no desenvolvimento individual, enquanto os antropólogos culturais escolhiam processos especificamente sócio-culturais como o foco de interesse ambiental pertinente na formação de crenças, valores e personalidade.

Apesar de essas controvérsias terem persistido durante todo o decorrer de nosso século, a palavra "ambientalismo" adquiriu conotações mais específicas a partir da Segunda Guerra Mundial. Nesse sentido, "ambientalismo" cobre todo um âmbito de movimentos sociais e políticos e de perspectivas de valor que partilham da preocupação em proteger ou melhorar a qualidade dos contextos rural, urbano, doméstico ou de trabalho da moderna vida social. A moderna angústia com a deterioração do meio ambiente pode ser relacionada aos processos históricos de industrialização e urbanização, e, em particular, a sucessivas ondas de repugnância cultural romântica pelos seus efeitos. Afirma-se com freqüência que o fluxo e refluxo do apoio popular aos movimentos ambientalistas está estreitamente ligado a padrões de expansão econômica. Com níveis relativamente elevados de riqueza material, a atenção volta-se para questões — tais como a preservação dos ambientes selvagens, o apelo estético do campo e a sordidez física do meio ambiente urbano — que refletem nosso interesse pela qualidade de vida. Essa hierarquia de prioridades políticas, segundo a qual a riqueza material, a segurança racional e assim por diante devem ser garantidas, antes que questões não-prioritárias de política ambiental possam entrar na agenda pública, está ela própria ligada de modo estreito a uma visão bastante disseminada das necessidades humanas como algo que também segue uma ordem hierárquica. Somente quando as necessidades físicas, e em seguida as emocionais ou de relacionamento, são satisfeitas é que se busca a auto-realização através da estética e da experiência espiritual.

A valorização estética e espiritual da natureza e a preferência por uma vida rural arcadiana em harmonia com o campo informou boa parte do ambientalismo do século XX. Pelo menos até os anos 60, isso determinou um abismo profundo entre os conservacionistas ambientais, por um lado, e um amplo espectro de opinião favorável ao "progresso", que advogava o avanço tecnológico, o crescimento e desenvolvimento econômico e uma abordagem científico-racional da política, por outro. O ambientalismo era encarado por muitos como uma tentativa de proteger tanto um estilo de vida privilegiado quanto um conjunto de valores culturais elitistas. Mas, contra esse ponto de vista unilateral, foi necessário estabelecer a contribuição de um ambientalismo "progressista", o qual, desde o século XIX, denunciava a degradação ambiental das áreas residenciais da classe operária, destacava as ligações entre poluição ambiental, pobreza e falta de saúde, e pugnava por abordagens ambientalmente informadas para a arquitetura e o planejamento urbano.

A partir dos anos 60 os termos do debate sobre o meio ambiente têm sido radicalmente transformados por dois desdobramentos principais: a integração da ECOLOGIA científica ao pensamento social e político e o reconhecimento do impacto global da atividade econômica e social humana como ameaça à sobrevivência. Vários textos altamente influentes do início dos anos 70 fizeram com que essas questões ocupassem um lugar proeminente na agenda do debate público. Tentou-se mostrar que as taxas atualmente predominantes de esgotamento de recursos, o impacto da poluição e o crescimento da população eram insustentáveis a longo prazo, dada a finitude da capacidade de sustento global. A "saturação" econômica e populacional em todo o mundo e a conseqüente catástrofe seriam, mais cedo ou mais tarde, inevitáveis, a não ser que fossem urgentemente implementadas mudanças radicais. "Ambientalismo" passara a significar não apenas a preocupação com a perda das cercas vivas ou da tranqüilidade rural, mas um pânico generalizado diante da perspectiva da aniquilação global.

Apesar da crítica metodológica a respeito dessa onda de tratados ambientalistas e de uma certa reafirmação de uma fé otimista em "remédios" tecnológicos para os efeitos colaterais do contínuo crescimento econômico global sobre o meio ambiente, as questões ambientais não andam longe das manchetes desde o início dos anos 70, e os protestos ambientais e os grupos de pressão continuaram a crescer em tamanho, influência e diversidade por todo o mundo.

Como força social organizada, o ambientalismo assumiu três formas principais: a de tendências ou grupos de pressão pugnando por reformas ambientais dentro de um ou outro dos partidos políticos dominantes; a de partidos políticos por sua própria conta, dando um papel fundamental à regulamentação e preservação ambiental através de todo o âmbito das questões políticas; e como grupos de pressão não-alinhados politicamente. Estes últimos são muito diversificados, alguns concentrando-se em ações que chamam muito a atenção, para despertar consciências e mobilizar oposição aos abusos ambientais, alguns buscando posições "privilegiadas" como conselheiros abalizados e "especialistas" em processos de planejamento oficial, outros tentando impor uma perspectiva ambientalista a todo o espectro da atividade política, como a agricultura, a alimentação, a saúde, a energia, o transporte e o desenvolvimento industrial, e alguns concentrando-se em "questões isoladas", tais como os problemas de acesso ao campo, a preservação da vida selvagem ou a saúde ambiental.

Essa continuada presença do ambientalismo na agenda política vem sendo sustentada por três condições principais. Primeiro, uma série de desastres ambientais específicos extremamente conspícuos — nas usinas de Bhopal e Seveso, nos reatores nucleares de 3-Mile Island e Chernobil, bem como no vazamento do petroleiro *Valdez* da Exxon —, ao lado de uma crescente compreensão ambientalista de desastres "naturais" tais como fome e inundações ligadas à desertificação e ao desmatamento. Segundo, o efeito sobre a qualidade de vida, sentido por setores influentes, cultos e articulados da população nas sociedades ocidentais, do impacto de um desenvolvimento industrial rápido e desregulado (industrialização e urbanização do "idílio rural", adulteração, contaminação e envenenamento químico dos alimentos, barulho, poluição e congestionamento pelo uso generalizado do carro particular; e assim por diante). A distribuição espacial e social desses custos é tal que eles não podem ser facilmente evitados com subterfúgios pelos ricos ou influentes, tal como podia acontecer com subprodutos de fases anteriores do desenvolvimento econômico. Terceiro, indícios cada vez mais divulgados de impactos ambientais globais da atividade humana presente ou previsível — o "inverno nuclear", o buraco de ozônio, o aquecimento global e a chuva ácida. Essas condições em geral não são percebidas por experiência direta, mas são cada vez mais *inteligíveis* para públicos cultos.

Pode-se estabelecer um elo entre todas essas formas de ambientalismo no seu reconhecimento comum da dependência dos seres humanos, para sua realização pessoal, seu desenvolvimento físico, moral, intelectual e estético, bem como sua mera sobrevivência, de uma rede complexa de condições e processos sociais, econômicos e biofísicos inter-relacionados. Os ambientalistas, no sentido mais específico e recente do termo, vêm-se concentrando na necessidade de, conscientemente, regulamentar a atividade humana, tendo em vista a sustentação de suas condições de existência, com ênfase nas condições biofísicas. Dependendo das outras perspectivas morais e políticas às quais o ambientalismo se associa, a percepção dessa necessidade pode estar relacionada tanto a uma análise de condições para a mera sobrevivência quanto ao objetivo de se levar uma vida realizada, emancipada e de convívio comunitário, ou a um engajamento "ecológico profundo" com o bem-estar da biosfera como um valor em si mesmo.

Ver também MOVIMENTO ECOLÓGICO.

Leitura sugerida: Carson, R. 1972: *Silent Spring* • Cotgrove, S. 1982: *Catastrophe or Cornucopia: the Environment, Politics and the Future* • Harrison, R.P. 1992: *Forests: The Shadow of Civilization* • Meadows, D.H. et al. 1972: *Limits to Growth* • Nash, R. *Wilderness and the American Mind* o *The Rights of Nature* • O'Riordan, T. 1981: *Environmentalism*, 2ªed. • Passmore, J. 1974: *Man's Responsability for Nature* • Pepper, D. 1986: *The Roots of Modern Environmentalism* • Rose, S., Kumin, L.J. e Lewontin, R.C. 1984: *Not in Our Genes* • Stocking, G.W. 1968: *Race, Culture and Evolution.*

TED BENTON

amostra social Na primeira metade do século XX, essa expressão referia-se a um levantamento de dados sociais em grande escala, por vários meios, geralmente a respeito de uma comunidade isolada, tratada como uma unidade. Estava especialmente ligada a estudos sobre os pobres e ao desejo de melhorar as condições sociais. Hoje em dia, a expressão passou a significar a coletânea de dados padronizados sobre um número relativamente amplo de casos, através de perguntas, seja em entrevistas diretas, ou por meio de um questionário que o entrevistado preenche. Em geral, não incide mais sobre uma comunidade, e o método não está mais associado a qualquer tópico particular. Se por um lado essa mudança não ocorreu em um ponto único do tempo, a Segunda Guerra Mundial pode ser tratada, em termos práticos, como a linha divisória.

De início a amostra social era parte integrante de movimentos anglo-americanos por reformas sociais. Nos Estados Unidos, era parte do movimento progressista e do evangelho social, enquanto na Grã-Bretanha alimentava a discussão sobre "o estado da questão inglesa". As contribuições britânicas mais importantes foram feitas pelos grandes estudos sobre a pobreza: o maciço *Life and Labour of the People of London* (1892-97), de Charles Booth, e os estudos de York (1901, 1941), de B.S. Rowntree. A.L. Bowley, especialista em estatística social, também realizou um trabalho importante na aplicação da teoria da amostragem às pesquisas, e demonstrando que informações sobre um número menor de pessoas, se fossem escolhidas sistematicamente de acordo com um método apropriado, poderiam dar uma boa estimativa dos números para toda uma população (Bowley e Bennet-Hurst, 1915). Nos Estados Unidos, desenvolveu-se um "movimento de amostra social" no qual o modelo prescrevia que as comunidades estudassem a si próprias, a fim de elaborar um plano de melhorias municipais coletivas (ver Elmer, 1917). Nos anos 30, esse movimento perde a importância, apesar de sociólogos rurais das universidades subvencionadas pelo governo federal, de acordo com a Lei Morrill, e do Ministério da Agricultura daquele país ainda continuarem a levar a efeito estudos semelhantes em áreas rurais.

Àquela altura, porém, esse já se havia tornado um dos elementos em desenvolvimento que acabariam por se combinar para produzir a amostra moderna. Entre esses elementos incluíam-se pesquisas políticas, pesquisas de mercado, o censo e outros levantamentos de dados pelo governo (Converse, 1987). Começaram a surgir os institutos de pesquisas por amostragem, dispostos a executar essas pesquisas para quem quer que pudesse pagá-las. Como quer que se chamasse, a amostra estava assim se profissionalizando. Durante a Segunda Guerra Mundial, os governos britânico e norte-americano acharam oportuno coletar dados de amostra sobre suas populações civis, a respeito de tópicos como a reação ao racionamento. Nos Estados Unidos, houve também estudos em grande escala das forças armadas, e alguns resultados desses estudos foram mais tarde publicados nos famosos volumes de *The American Soldier* (Stouffer et al., 1949-50).

Como resultado de toda essa atividade, obtiveram-se significativos avanços técnicos, muitos deles ligados ao programa de desenvolvimento e codificação de métodos de Paul Lazarsfeld. A expansão das ciências sociais no pós-guerra significou que a amostra podia tornar-se, como de fato se tornou, institucionalizada nas universidades, onde é usada na maioria das disciplinas ligadas às ciências sociais, assim como a governo e comércio.O estereótipo da amostra social moderna baseia-se numa amostragem grande e representativa de indivíduos e coleta seus dados através de questionário com umas poucas perguntas "em aberto" (que os entrevistados respondem com suas próprias palavras) e outras mais restritas (com um elenco fixo de alternativas entre as quais escolher). O questionário é completado por um entrevistador, que terá recebido algum treinamento na técnica das entrevistas. As respostas serão quantificadas, com as que foram dadas às perguntas "em aberto" sendo "codificadas" (classificadas em categorias) para tornar isso possível, e analisadas em computador. Na prática, existem muitas variações desse estereótipo. Uma população inteira pode ser estudada, e freqüentemente as amostras não se destinam a ser representativas de áreas. As unidades podem ser organizações ou famílias, em vez de indivíduos. O "questionário" pode ter tantas perguntas em aberto, a ponto de fazer com que resulte em uma entrevista intensa e não estruturada. O questionário pode ser preenchido inteiramente pelo entrevistado, com ou sem ajuda, e a entrevista por telefone está se tornando mais comum.

Não existe, é claro, resposta certa para a pergunta a respeito de onde a "amostra" termina e outros tipos de pesquisa começam. C. Marsh (1982, p.6) redefiniu "amostra", como qualquer investigação social em que se tomam medidas sistemáticas num conjunto de casos e se analisa a co-variação através dos casos, em busca de padrões. A função dessa redefinição é dirigir a atenção para a estrutura dos dados e o modo pelo qual estes podem ser analisados, e afastá-la dos meios pelos quais foram coletados, que são encarados como menos importantes. Isso estimula a eficácia do pensamento, mas é pouco convencional.

O método tem sido muito criticado. Uma crítica fundamental é que a maioria das amostras fornece relatórios sobre o comportamento, em vez de uma observação direta desse comportamento. No entanto não é provável que esse fato crie problemas sérios para todos os tópicos. Deve-se ter em mente também que um relatório pode ser melhor do que nenhuma informação, e que a observação direta — especialmente de uma amostragem ampla — é, em geral, impraticável. As amostras também têm sido criticadas como "positivistas", muitas vezes como parte de um ataque geral, de um tipo que entrou em moda no final dos anos 60, a todo e qualquer tipo de quantificação. Marsh (1982, cap.3) respondeu a essas críticas. Registre-se aqui apenas que as amostras diferem tão consideravelmente umas das outras que não é útil tratá-las todas como iguais. Além disso, foram feitos avanços técnicos enormes em aspectos que vão das técnicas de estatística às nuanças qualitativas do enunciado das perguntas. Em geral, os críticos do método raramente têm levado em conta esse âmbito ou demonstrado estar familiarizados com os padrões recentes de boa prática da amostra.

Ver também ESTATÍSTICA SOCIAL.

Leitura sugerida: Converse, J.M. 1987: *Survey Research in the United States: Roots and Emergence, 1890-1960* • Marsh, C. 1982: *The Survey Method: The Contribution of Surveys to Sociological Explanation* • Moser, C.A. e Kalton, G. 1971: *Survey Methods in Social Investigation* • Rossi, P., Wright, J. e Andersen, A., orgs. 1983: *Handbook of Survey Research.*

JENNIFER PLATT

analítica, filosofia Ver FILOSOFIA; FILOSOFIA DA LINGUAGEM.

anarco-sindicalismo Conforme o prefixo sugere, trata-se da variante anarquista do sindicalismo — o sindicalismo *revolucionário.* A idéia central deste é que as organizações desenvolvidas por operários, para defender seus interesses *vis-à-vis* seus empregadores, deveriam tornar-se os instrumentos para a derrubada do capitalismo e, em seguida, constituir as unidades básicas da sociedade socialista. Através de "ação direta", principalmente na forma de greves culminando na greve geral social, os sindicatos assumiriam o controle dos meios de produção e de todas as outras funções sociais necessárias, expropriariam os proprietários capitalistas e destituiriam todas as instituições burguesas, estabelecendo dessa forma o autêntico "socialismo da classe operária". No movimento trabalhista francês, em que essas idéias tiveram ampla aceitação no período 1895-1914, os anarquistas, em especial Fernand Pelloutier (1867-1901), foram os pioneiros na sua propagação. Mas na França e em outros países, como Itália, Rússia, Estados Unidos, Reino Unido, Suécia e Argentina, onde o sindicalismo se tornou uma ativa tendência dos movimentos trabalhistas, nem todos os sindicalistas aceitaram as idéias anarquistas — a abolição do estado e uma organização radicalmente descentralizada baseada no "princípio federativo". Os sindicalistas "puros" encaravam seu movimento como suficiente em si mesmo, viam o anarquismo como uma das várias ideologias políticas concorrentes e deixavam em aberto a questão sobre se uma sociedade sindicalista deveria ser organizada como uma entidade política. Por outro lado, os anarquistas adotaram uma das três atitudes seguintes com relação ao sindicalismo. Alguns encaravam as concepções sindicalistas como excessivamente limitadas ou equivocadas, e portanto se mantiveram à parte. Outros, encarando o sindicalismo como essencialmente um *meio* de atingir uma sociedade anarquista, estimularam a participação no movimento, embora prevenindo contra a possibilidade de se identificar o anarquismo com ele. Outros ainda — os anarco-sindicalistas — assumiram o ponto de vista de que o sindicalismo era essencialmente a expressão de um anarquismo maduro na sociedade capitalista contemporânea. Foi na Espanha, com sua forte tradição anarquista, que o anarco-sindicalismo se tornou uma força significativa na formação da CNT (Confederación Nacional de Trabajo), organização que em 1936 reunia 1 milhão de membros e na qual militantes da FAI (Federación Anarquista Ibérica) exerciam influência preponderante. Foi na Espanha também, na região da Catalunha, que anarco-sindicalistas, durante os primeiros meses da guerra civil de 1936-39, tentaram, com algum sucesso inicial, mas de curta duração, estabelecer um sistema de "controle dos operários" sobre a indústria.

Com exceção da Espanha, as tendências sindicalistas nos movimentos trabalhistas ocidentais foram enfraquecidas pelo fervor nacionalista desencadeado com a deflagração da guerra em 1914. Enfraqueceram-se de forma ainda mais séria em seguida ao sucesso dos bolcheviques na Rússia, em 1917, o que levou muitos sindicalistas a abandonar sua concepção de revolução centrada nos sindicatos em favor do modelo leninista, com sua ênfase no papel de "vanguarda" dos partidos comunistas. Os sindicatos e grupos com orientação sindicalista que se recusaram a seguir o caminho comunista formaram então, em 1922, a Associação Internacional dos Trabalhadores, na qual a CNT espanhola, até 1939, era a maior seção nacional. Suas 14 seções nacionais (incluindo uma CNT renascida, porém fraca e dividida) continuam a ser, nos anos 90, os veículos para a promoção das idéias anarco-sindicalistas — mas expressas agora somente à margem de movimentos trabalhistas que são esmagadoramente reformistas.

Ver também ANARQUISMO e SINDICALISMO.

Leitura sugerida: Brenan, G. 1950: *The Spanish Labyrinth*, 2ªed. • Richards, V. 1983: *Lessons of the Spanish Revolution*, 3ªed. • Rocker, R. 1989: *Anarcho-Syndicalism.*

GEOFFREY OSTERGAARD

anarquismo O repúdio aos governantes é o cerne do anarquismo. Ao desenvolver essa noção negativa, os anarquistas modernos, classificáveis de modo mais amplo como individualistas ou socialistas, rejeitam o Estado, afirmam que a ordem social é possível na ausência deste e advogam a passagem direta para a "sociedade sem Estado". O primeiro a elaborar uma teoria do anarquismo foi Godwin (1793), mas Proudhon (1840) foi o primeiro a se intitular, desafiadoramente, anarquista. Como movimento social, o anarquismo, numa forma revolucionária, cristalizou-se em oposição ao marxismo, no período da Primeira Internacional (1864-72), em parte no que diz respeito à questão de se os socialistas deveriam buscar a imediata "abolição do estado". No século XX, com o socialismo tornando-se cada vez mais estatista, o movimento anarquista declinou. Mas suas idéias influenciaram outros movimentos e contribuíram para a crítica das teorias e práticas estatizantes. O anarquismo também continuou a ter interesse porque levanta questões fundamentais para a teoria social e política.

Uma dessas questões diz respeito à autoridade. O "anarquismo filosófico", componente específico da vertente individualista, rejeita a idéia de autoridade legítima, particularmente o direito que qualquer um tem (funcionário do

Estado ou não) de exigir a obediência de outro. A autonomia individual, concebida moralmente, como o foi por Godwin e por Wolf (1970) exige que os indivíduos ajam de acordo com seus próprios juízos. Concebida de forma egoísta, como por Stirner (1845), essa idéia implica que "o ser único" que realmente "é dono de si mesmo" não reconhece nenhum dever para com outros. Dentro dos limites de seu poder, ele faz o que é certo *para ele mesmo*.

Uma vez que o "anarquismo filosófico" torna problemáticas a colaboração e a organização formal, os anarquistas são, com freqüência, menos radicais. Apesar de geralmente desconfiados da autoridade, podem reconhecer a autoridade racional de especialistas dentro de seus campos de competência e a autoridade moral de normas sociais básicas, tais como "contratos devem ser honrados". E no sentido em que a "política" ocorre em todos os grupos organizados, à falta de unanimidade podem reconhecer até mesmo a autoridade política (mas não de estado). Assim, decisões tomadas de modo participativo por membros de uma comuna ou cooperativa de trabalhadores podem ser consideradas moralmente impositivas. Mas eles rejeitam a autoridade apoiada na força coercitiva — institucionalizada, de modo proeminente, mas não exclusivo no ESTADO.

Os anarquistas rejeitam o estado moderno porque, dentro de seu território, ele divide as pessoas em governantes e governados, monopoliza os principais meios de coerção física, reivindica soberania sobre todas as pessoas e toda a propriedade, promulga leis visando suprimir todas as outras leis e costumes, pune os que infrigem suas leis e apropria-se à força, através de impostos e de outras maneiras, daquilo que é propriedade de seus subordinados. Mais ainda: com outros estados, divide a sociedade humana contra si mesma em sociedades nacionais e periodicamente trava a guerra, autorizando com isso o assassinato em massa. Para os anarquistas, nem mesmo um estado democrático tem legitimidade, uma vez que não se baseia em nenhum sentido rigoroso de consenso, e o relacionamento governante-governado é apenas disfarçado. Os anarquistas podem admitir que às vezes o estado exerça funções úteis, tais como proteger — mas também violar — os direitos humanos, mas afirmam que essas funções poderiam e deveriam ser executadas por organizações voluntárias.

Ao rejeitar o estado, os anarquistas negam o ponto de vista amplamente aceito, e classicamente expresso por Thomas Hobbes (1651), de que na ausência de estado não há sociedade e a vida é solitária, medíocre, desagradável, brutal e curta. Os seres humanos, acreditam eles, são naturalmente sociais e não associais. Até os primeiros estados se desenvolverem, cerca de 5 mil anos atrás, todos os seres humanos viviam em sociedades sem estado. Os anarquistas assumem o ponto de vista de John Locke de que "a condição natural da humanidade" na qual todos são livres e iguais, ninguém tendo o direito de exigir obediência dos outros, constitui de fato uma sociedade. Mas não aceitam a justificativa de Locke da aceitação do estado limitado como um artifício para a proteção dos direitos naturais — especialmente o direito à propriedade —, uma visão do estado como sentinela associada a um liberalismo de *laissez-faire* que ressurge na obra libertária de Nozick (1974). Mas, apesar disso, endossam o ponto de vista de Locke, vividamente expresso mais tarde por Paine (1791-2, parte 2, cap.1) e recentemente reafirmado por Hayek (1973, cap.2), de que a ordem social existe independentemente do estado — uma ordem gerada de forma espontânea, um produto da sociabilidade humana. O que distingue os anarquistas desses liberais é sua crença de que essa ordem natural não necessita ser suplementada por qualquer tipo de ordem imposta a partir de cima. Na linguagem da teoria da escolha racional, apesar de a ordem social ser um "bem público", um bem caracterizado pela indivisibilidade e pela não-exclusão, as pessoas — nas condições previstas pelos anarquistas — colaborarão voluntariamente para a provisão desse bem (Taylor, 1982). Para os anarquistas, ao contrário dos liberais clássicos, o estado não é um mal "necessário", mas sim um mal "positivo" — uma grande fonte, como na guerra, de desordem na sociedade humana. Eles defendem, portanto, a idéia de "sociedade natural", uma sociedade auto-regulada, pluralista, na qual poder e autoridade estão radicalmente descentralizados.

Ao estabelecer uma distinção nítida entre sociedade e estado, o anarquismo — tanto individualista quanto socialista — apóia-se em fundamentos liberais. O anarquismo individualista pode ser encarado como um liberalismo elevado a uma conclusão extrema, ou lógica. O indivíduo é a unidade básica, "sociedade" é uma palavra coletiva para um agregado de indivíduos, a LIBERDADE é definida negativamente como ausência de coerção e o objetivo é maximizar a liberdade individual de modos compatíveis com a igual liberdade de outros. Contra a reivindicação de soberania do estado, opõem o princípio da "soberania do indivíduo". Do lado econômico, a vertente individualista geralmente insiste na importância da propriedade ou posse privada, favorece a produção individual, condena todos os monopólios e louva o livre mercado. Na crença de que suas propostas garantiriam às pessoas os frutos de seu próprio trabalho e não levariam à acumulação de posses através da exploração do trabalho alheio, os anarquistas individualistas do século XIX às vezes se consideraram socialistas. Mas seus sucessores atuais, como Murray Rothbard (1973), tendo abandonado a teoria do valor-trabalho descrevem-se como "anarco-capitalistas". Seu programa implica a privatização completa. Afirmam que o livre mercado é capaz de fornecer todos os bens e serviços, inclusive a proteção de pessoas e da propriedade, ora supostamente fornecidos pelo monopólio político chamado estado.

O anarquismo socialista pode ser visto como uma fusão de liberalismo e socialismo. Um valor muito grande é atribuído à liberdade individual, mas esta é definida não apenas negativamente, mas também como a capacidade de satisfazer as necessidades. Insistindo na igualdade social e econômica como condição necessária para a liberdade máxima de todos, o anarquismo socialista rejeita a propriedade privada capitalista junto com o estado. A solidariedade social, expressa em ações de auxílio mútuo, é enfatizada. A sociedade é considerada uma rede de associações voluntárias, mas, o que é mais importante, composta de comunidades locais. A individualidade comunal é o ideal.

O anarquismo socialista foi em grande parte moldado pelas idéias de Proudhon: a liberdade é a mãe, e não filha, da ordem; todos os partidos políticos são variedades de despotismo; o poder do estado e o do capital são sinônimos; o proletariado, portanto, não tem como se emancipar através do uso do poder de estado, apenas através de ação direta (pacífica); a sociedade deveria ser organizada na forma de comunidades locais autônomas e de associações de produtores, unidas pelo "princípio federativo". Não obstante, seus sucessores, Michael A. Bakunin e Peter A. Kropotkin, na Rússia, substituíram o "mutualismo" de Proudhon primeiro pelo "coletivismo", e depois pelo "comunismo:" — este último implicando o "tudo pertence a todos" e a distribuição de acordo com as necessidades.

Também, sob a inspiração de Bakunin, os anarquistas adotaram a estratégia de estimular insurreições populares, no decorrer das quais, previa-se, a propriedade capitalista e fundiária seria expropriada e coletivizada, e o estado, abolido. Em seu lugar surgiriam comunas autônomas, porém unidas federativamente: uma sociedade socialista organizada de baixo para cima, e não ao contrário. Para fomentar o espírito de revolta entre os oprimidos, os anarquistas adotaram a tática de "propaganda através de ações", na forma de, primeiro, insurreições locais exemplares e, depois, atos de assassinato e terrorismo. Defrontados com a conseqüente repressão a seu movimento, outros anarquistas adotaram uma estratégia alternativa associada ao SINDICALISMO. A idéia era transformar os sindicatos em instrumentos revolucionários da luta de classes e fazer deles, em vez das comunas, as unidades básicas de uma nova sociedade. Foi através do sindicalismo que os anarquistas exerceram sua maior influência sobre os movimentos socialistas no período 1895-1920. Essa influência durou mais tempo na Espanha, onde, durante a guerra civil de 1936-9, os anarco-sindicalistas, com algum sucesso, embora de pouca duração, tentaram levar a termo sua concepção de revolução.

Na Espanha, como antes na Rússia revolucionária, o anarquismo manteve sua rixa com o marxismo, ainda que os anarquistas geralmente aceitassem boa parte da análise econômica de Marx, enquanto os marxistas concordavam em que a iminente sociedade comunista sem classes seria desprovida de estado. As diferenças diziam respeito, em parte, aos meios para se chegar a esse fim. Os anarquistas opunham-se à idéia marxista de que os operários deveriam organizar-se em um partido político específico a fim de conseguir concessões do estado burguês como um prelúdio à sua derrubada. E opunham-se à idéia de um estado dos operários — "a ditadura do proletariado" — que, supostamente, se "dissolveria" à medida que as relações de propriedade capitalistas fossem sendo abolidas. Os anarquistas afirmavam que a primeira idéia levaria à degeneração do movimento dos trabalhadores e à sua cooptação pelo estado burguês, e que, ainda que isso não acontecesse, a segunda idéia levaria a uma ditadura *sobre* o proletariado e, daí, a uma nova forma de domínio de classe. Mas, subjacentes a essas diferenças, existem outras, especialmente quanto à natureza do estado. Se, por um lado, os anarquistas concordam em que as classes econômicas dominantes usam o estado para manter seu domínio, por outro lado acham que o estado incorpora um poder político que não pode ser reduzido, mesmo "em última análise", a poder econômico. Como o poder político tem raízes independentes, o estado é uma organização com sua própria dinâmica e "lógica". A não ser que sofra resistência, essa lógica leva ao domínio completo da sociedade pelo estado: O TOTALITARISMO.

Em agudo contraste com o anarquismo revolucionário em seus métodos, mas não em sua visão de uma nova sociedade socialista, encontra-se o anarquismo que deriva da tradição pacifista (ver PACIFISMO). "A lei do amor", expressa no Sermão da Montanha, levou Leon Tolstoi, o romancista russo, a denunciar o estado como "violência organizada" e a conclamar as pessoas a desobedecerem suas exigências imorais. Esse apelo influenciou Gandhi no desenvolvimento de sua filosofia de não-violência na Índia. Ele popularizou a técnica da resistência não-violenta de massa e deu origem à idéia-chave do anarco-pacifismo: a "revolução não-violenta", descrita como um programa não para a tomada do poder, mas para a transformação dos relacionamentos. Para ele, a independência nacional era apenas o primeiro passo de tal revolução, que Vinoba Bhave, em campanha por um aldeamento voluntário da terra, continuou em um esforço no sentido de concretizar o sonho de Gandhi de uma Índia composta de repúblicas-aldeias auto-suficientes e autogovernadas (Ostergaard, 1982).

Em um século que testemunhou por toda parte um vasto aumento do poder do estado, sua militarização ainda maior e sua aceitação geral como a organização política normal das sociedades nacionais, o anarquismo esteve nitidamente "contra a corrente". Mas ainda existe e demonstra uma notável capacidade de sobreviver a movimentos anarquistas específicos. Uma geração depois do eclipse do ANARCO-SINDICALISMO, as idéias anarquistas ressurgiram, às vezes de forma espetacular, no contexto dos movimentos da Nova Esquerda dos anos 60. Sua influência ainda pode ser observada hoje, em especial nos movimentos pela paz, pelo feminismo, pela libertação lésbica e gay, pela ecologia social radical, pela libertação animal e pelo autogerenciamento dos trabalhadores. A ação direta, a alternativa anarquista clássica à ação política convencional, também se tornou popular. No outro extremo do espectro político, o anarquismo individualista, renascido como anarco-capitalismo, é uma tendência significativa na Nova Direita libertária.

O anarquismo que sobrevive e fertiliza outros movimentos não pede, como fez Bakunin, a abolição imediata do estado. Pede, em vez disso, "anarquia em ação", aqui e agora, e mudanças que promovam a "anarquização" e não a "estatização" da sociedade humana. Além disso, ele sobrevive como um protesto permanente contra todos os relacionamentos de poder coercitivos, por mais disfarçados que sejam, e contra todas as teorias que neguem a percepção fundamental do liberalismo: os seres humanos são naturalmente livres e iguais.

Ver também LIBERTARIANISMO.

Leitura sugerida: Apter, D.E. e Joll, J., orgs. 1971: *Anarchism Today* • Bookchin, M. 1982: *The Ecology of Freedom* • Guérin, D. 1970: *Anarchism* • Miller, D. 1984: *Anarchism* • Pennock, J.R. e Chapman, J.W., orgs. 1978: *Anarchism* • Ritter, A. 1980: *Anarchism* • Ward, C. 1982: *Anarchy in Action* • Woodcock, G. 1963 *(1986)*: *Anarchism*, 2ª ed.

GEOFFREY OSTERGAARD

Annales Esta "escola" de historiografia, se de escola puder ser chamada, pode com justiça reivindicar ser a mais destacada contribuição do século XX à historiografia. Considera-se em geral que suas origens remontam à fundação da *Revue de Synthèse Historique*, por Henri Berr em 1900. Surgiu como resultado de um desconforto com — na verdade, um protesto contra — o impulso ideográfico que veio a dominar a historiografia européia desde a "revolução" rankeana — o apelo a se escrever a história empiricamente, "como ela de fato aconteceu", com base em fontes primárias — e que em particular se institucionalizou na França, mais especificamente na Sorbonne e na *Revue Historique* (fundada na década de 1870). Bem mais tarde, em 1953, Lucien Febvre sugeriria que essa historiografia francesa, tal como exemplificada por figuras como Gabriel Monod e Émile Bourgeois, era "a história tal como escrita pelos derrotados em 1870". Ele afirmava que a ênfase na história diplomática era sustentada por um tipo de subtexto que dizia: "Ah, se a tivéssemos estudado mais atentamente, não estaríamos onde estamos hoje" (Febvre, 1953, p.VII).

Não que houvesse objeção à busca de dados empíricos nas chamadas fontes primárias. O que se afirmava era a noção de que não havia história que valesse a pena ser escrita se não fosse "sintética" — daí o título da publicação de Berr — ou, na formulação posterior de Febvre, se não fosse *histoire pensée* ou *histoire-problème*, em oposição a *histoire historisante*.

Henri Berr buscou romper os limites estreitos de uma suposta "disciplina" abrindo seu periódico a outras "disciplinas", especialmente as novas ciências sociais. Essa tradição foi renovada, reenfatizada e aprofundada quando, em 1929, Lucien Febvre e Marc Bloch se juntaram para fundar a publicação que deu nome ao grupo. Existem duas coisas principais a observar quanto a essa publicação. Antes de tudo, o nome. Chamava-se *Annales d'histoire économique et sociale*, uma tradução direta (e deliberada) do título da revista alemã que encarnava a escola de história "institucional" de Schmoller, a *Vierteljahrschrift für Sozial- und Wirtschaftsgeschichte*. (Ver também METHODENSTREIT.) O título não era apenas um meio de identificação com uma corrente antiidiográfica paralela na Alemanha; era também um programa. Esse título evidenciava que aquela publicação enfatizaria o econômico e o social, implicitamente por serem mais duradouros, mais importantes e mais fundamentais que o político e o diplomático, foco normal da maior parte dos textos históricos.

O segundo aspecto a observar quanto à revista é sua localização, bem como a de seus autores e leitores. Ela não ficava em Paris, mas em Estrasburgo, onde Febvre e Bloch estavam então ensinando. Isso simbolizava sua marginalidade institucional, que continuou mesmo quando Febvre foi nomeado para o Collège de France e Bloch, para a Sorbonne. O número de assinantes era pequeno, apenas umas poucas centenas. Mas os autores e leitores eram internacionais desde o princípio, da mesma forma que os temas da revista. Havia fortes laços, particularmente, com a Itália e a Espanha.

Depois da Segunda Guerra Mundial, a influência do movimento dos *Annales* cresceu de forma impressionante, com uma importante expansão institucional. Bloch fora assassinado pelos nazistas, mas Febvre continuou a liderar o movimento até morrer em 1956. Febvre associou-se, no entanto, a um historiador mais jovem, Fernand Braudel, que viria a simbolizar a chamada "segunda geração" do movimento. Febvre iria derramar-se em louvores à grande obra de Braudel, publicada em 1949, *La Méditerranée et le monde méditerranéen à l'époque de Philippe II*. Chamou-a de a "imagem da história", exatamente como o movimento vinha pleiteando, e disse que ela marcava a "alvorada de uma nova era" (Febvre, 1950, p.24).

Apesar de Braudel ter sido recusado pela Sorbonne, foi indicado para o Collège de France, tal como já havia acontecido com Febvre, o que, na política do sistema universitário francês, era honroso mas não significava real poder. Febvre e Braudel estavam determinados a criar uma base alternativa de poder e, com a ajuda de um funcionário público de alto escalão, Gaston Berger, puderam incrementar uma idéia da década de 1870, a criação de uma VIe Section (6ª Seção: de ciências econômicas e sociais) da École Pratique des Hautes Études. A École era uma instituição peculiar, inventada no século XIX para oferecer "educação adulta" fora do sistema universitário. Mas, com bastante rapidez, Febvre e Braudel conseguiram transformar a VIe Section em um vibrante centro de estudos de pós-graduação e de pesquisa erudita sobre história e ciências sociais. A revista também foi revitalizada em 1946, sob novo nome, *Annales: Economies, sociétés, civilisations*.

Foi Braudel quem desenvolveu mais explícita e teoricamente a posição do movimento dos *Annales* na construção social do tempo e das temporalidades. Ele dividiu seu livro sobre o Mediterrâneo em três partes, correspondentes ao que considerava os três tempos sociais de *structure, conjoncture* e *événement*. Em *La Méditerranée*, ele fez sua famosa *boutade*: "Eventos são poeira" (Braudel, 1949, [*1973*] vol.1, p.901). Em 1958 publicou o que é provavelmente a peça teórica central do movimento dos *Annales*, "A história e as ciências sociais". Foi nesse artigo que se fez a exposição do terceiro grande tema que caracterizou o movimento dos *Annales*. Além de "síntese" e de "história econômica e social", existe a ênfase na *longue durée*, o tempo das estruturas em lenta evolução da vida social. Braudel, no entanto, tem o cuidado de deixar bem claro nesse ensaio que a *longue durée* não é o eterno e o universal imutável. Ele chama esse último tempo de "muito *longue durée*" e diz a respeito dele: "Se existe, só pode ser o tempo dos sábios (...)" (Braudel, 1958).

Repentinamente, isto é, entre 1945 e 1970, época da segunda geração, o movimento dos *Annales* saiu dos bastidores e ocupou o centro do palco, e não apenas na França. Em 1975, quando a VIe Section foi rebatizada como École des Hautes Études en Sciences Sociales, já era motivo de maior prestígio ser nomeado para lá do que para as agora múltiplas universidades parisienses. *Annales ESC* transformara-se em uma das mais importantes publicações eruditas em todo o mundo. Parecia que quase todos os eruditos, ou pelo menos um número muito grande deles, estavam se proclamando *Annalistes.*

Para o movimento dos *Annales*, como para tantas outras correntes de pensamento, 1968 foi um momento decisivo. Só depois de 1968 é que a influência do movimento dos *Annales* ultrapassou o que poderia ser chamado de zona cultural francesa "ampliada" — Europa latina, Québec, Polônia, Hungria e Turquia. (Para uma análise desse fenômeno, ver o número especial de *Review*, 1978, que também inclui artigos explicando igualmente por que a Grã-Bretanha demonstrou certa receptividade precoce.) O movimento começou a exercer uma influência importante em zonas que se vinham mostrando até então resistentes — os Estados Unidos, a Alemanha e finalmente a União Soviética. (Durante muitos anos a posição oficial soviética foi de condenação ao movimento dos *Annales*. Havia, no entanto, muitos *annalistes* enrustidos na União Soviética. Foi somente em 1989, com a *glasnost*, que o Instituto Universal da Academia de Ciências pôde promover um colóquio internacional sobre "Les Annales — hier et aujourd'hui".)

Em 1972, Braudel aposentou-se tanto como editor de *Annales ESC* quanto como presidente da VIe Section, para ser substituído pela chamada "terceira geração". O ano de 1970 marcou o lançamento oficial da última grande construção institucional do movimento dos *Annales*, a Maison des Sciences de l'Homme, da qual Braudel seria administrador até morrer, em 1985. A Maison tinha como sua *raison d'être* a colaboração intelectual de eruditos franceses com eruditos de todas as partes do mundo, para a consecução da mesma esperança de síntese que inspirara Henri Berr em 1900.

Os acontecimentos de 1968 abriram novos horizontes intelectuais por toda a parte. Em alguns pontos do mundo, esses eventos fizeram com que eruditos (e estudantes) se mostrassem pela primeira vez receptivos à *via media* dos *Annales*, lutando simultaneamente contra o método idiográfico (ver IDIOGRÁFICO, MÉTODO) na história e a ciência social universalizante. Por outro lado, foi precisamente nas partes do mundo nas quais a influência de *Annales* já havia sido forte que a comunidade erudita estava entrando em um estado de espírito "pós-marxista", mostrando-se a partir de então um tanto reticente com relação à grande ênfase atribuída à história econômica pela "segunda geração".

A "terceira geração" mudou claramente a ênfase do econômico para o social (chegando a incluir neste último a cultura política). Isso traduziu-se em uma preocupação renovada com as *mentalités*, uma extraordinária expansão da pesquisa empírica sobre um vasto âmbito de fenômenos sócio-culturais e uma importante fusão de interesses com os antropólogos que estavam, por sua vez, dando nova ênfase à esfera simbólica.

O movimento dos *Annales*, em sua "terceira geração", buscou o espírito de "inclusividade", do estudo de todo e qualquer aspecto da realidade social, o que era parte central do *ethos* dos *Annales* desde o princípio. A terceira geração usou o social para expandir o econômico, da mesma forma que a geração anterior havia usado o econômico para expandir o político. Mas se, por um lado, está claro que foram mais "inclusivos", é menos seguro que tenham sido tão holísticos, tão "sintéticos".

A terceira geração tentou recuperar a importância da arena política, encarando-a como parte central das *mentalités*. Ao fazê-lo, tiveram de se aproximar mais de uma consideração de "evento", ainda que sob o disfarce de ocorrências simbólicas.

Na medida em que a "terceira geração" passou a ocupar cada vez mais espaço no mundo do conhecimento — no duplo sentido de ser mais numerosa e de se preocupar com questões mais empíricas —, inevitavelmente começou a perder o sentido de movimento. A maior parte dos *annalistes* recusa hoje, inteiramente, a expressão "a escola dos *Annales*".

Existirá então um espírito dos *annales* que tenha permanecido? Parece que sim, no sentido de que os extremos da narrativa ideográfica e da generalização a-histórica ainda são rejeitados. O que se poderia dizer é que enquanto, para a primeira e a segunda gerações, a *via media* era uma passagem muito estreita entre duas altamente ameaçadoras e muito amplas escolas de Cila e Caribdes, para a terceira a *via media* tornou-se uma passagem larga entre duas posições extremistas grandemente reduzidas. É a diferença entre ter a auto-imagem de Davi contra Golias e ter a sensação de que aquilo que se faz é não apenas normal e respeitável, mas encarado como tal.

Virá realmente a existir uma "quarta geração" do movimento *Annales*? A questão permanece em aberto.

Leitura sugerida: Braudel, Fernand 1958 *(1972)*: "Histoire et sciences sociales: *la longue durée*". In *Annales ESC* • Review 1978: "The annales school and the social sciences". Número especial, 1.3-4 (inverno-primavera) • Wallerstein, Immanuel 1991: "Beyond *Annales*?". *Radical History Review* 49, 7-15.

IMMANUEL WALLERSTEIN

anomia Esta palavra deriva do grego *anomia*, que significa sem lei e conota iniqüidade, impiedade, injustiça e desordem (Orru, 1987). Ressurgiu em inglês (*anomie*) no século XVI e foi usada no século XVII para significar desconsideração pela lei divina. Reapareceu em francês, nos textos de Jean-Marie Guyau (1854-1888), que lhe deu conotação positiva. Antikantiano, Guyau tinha a esperança de um futuro ideal de *anomia moral* — isto é, a ausência de regras absolutas, fixas, universais — e *anomia religiosa*, libertando o julgamento individual de qualquer fé dogmática.

A carreira sociológica da anomia começou com Émile Durkheim, que criticou as idéias de Guyau, mas se apropriou da palavra, dando-lhe mais uma vez conotação negativa, primeiro em *Da divisão do trabalho social* (1893) e depois em *O suicídio* (1897). Foi posteriormente recolhida por Robert Merton, nos anos 30, depois do que alcançou sua máxima difusão nos anos 50 e 60 entre sociólogos norte-americanos que estudavam o SUICÍDIO, a delinqüência e a transgressão (ver CRIME E TRANSGRESSÃO). A partir daí, anomia passou a significar um traço de personalidade ou conjunto de atitudes (cada vez mais indistinguível de ALIENAÇÃO), para cuja mensuração foram criadas várias escalas. Posteriormente seu significado foi se tornando cada vez mais indeterminado, conforme o uso se expandia entre os sociólogos ou se estendia aos psicólogos. Nesse processo, anomia tornou-se uma palavra "psicologizada" e afastada de qualquer teoria mais ampla da sociedade. A história de sua transmutação, do uso inicial de Durkheim àquele feito por Merton e seus sucessores, é interessante. Conforme observa Besnard, anomia, que para Durkheim "caracterizava uma condição do sistema social, foi mais tarde aplicada à situação do agente individual, ou até mesmo às suas atitudes, a seu estado de espírito". Além disso, o "conceito [de Durkheim] crítico da sociedade industrial foi transformado numa noção conservadora, designando desadaptação à ordem social" (Besnard, 1987, p.13).

Em *Da divisão do trabalho social,* de Durkheim, a "forma anômica" da divisão do trabalho é "anormal". Isso consistia na ausência de um corpo de regras governando as relações entre as funções sociais, podendo ser detectado nas crises industriais e comerciais e no conflito entre trabalho e capital. Sua causa principal estava na rapidez com que ocorria a INDUSTRIALIZAÇÃO, rapidez tal que "os interesses em conflito não tiveram tempo de atingir um ponto de equilíbrio". À medida que o mercado se amplia e surge a indústria de grande escala, o efeito é "transformar o relacionamento entre empregadores e empregados". A urbanização provocou "um aumento nas necessidades dos trabalhadores". Com a mecanização e a substituição de pequenas oficinas pelo trabalho de manufatura, "o operário é arregimentado" e afastado tanto de sua família quanto de seu empregador. Finalmente, o trabalho torna-se menos significativo, reduzindo o operário "ao papel de máquina", ignorante "quanto a onde as operações dele exigidas estão levando" (Durkheim, 1893 [1984], p.305-6).

Em *O suicídio*, a anomia constitui uma das causas sociais do suicídio, uma condição do ambiente social em função da qual aumentam as taxas de suicídio. É uma situação de desregulação, que deixa "as paixões individuais (...) sem um freio para discipliná-las". Durkheim distinguiu dois tipos de anomia, a econômica e a conjugal. A primeira consistia no colapso de um quadro normativo consagrado que estabilizava as expectativas e se manifestava em crises econômicas, fossem estas explosões de crescimento repentino ou quedas bruscas. Mas também sustentava que essa anomia era crônica nas sociedades contemporâneas, no mundo industrial e comercial, resultando do declínio dos controles religioso, político e profissional, bem como do crescimento do mercado e de ideologias que promovem a sede de aquisição, uma doença de aspiração infinita, "pregada diariamente como marco de distinção moral", elevando "à condição de regra a falta de regra de que sofrem [suas vítimas]" (Durkheim, 1897 [1963], p.258, 256, 257). A anomia conjugal, em sua opinião, era também crônica, consistindo em um "enfraquecimento da regra matrimonial" de um quadro normativo consagrado que freava o desejo e controlava as paixões, do qual o divórcio era ao mesmo tempo expressão e poderosa causa contributiva (ibid., p.271).

A anomia de Robert Merton não compartilha nem da visão de Durkheim da natureza humana, nem seu projeto de diagnosticar os males sociais e, em conseqüência, pessoais de um capitalismo em rápido processo de industrialização. Merton concebia a anomia "como um colapso na estrutura cultural, ocorrendo particularmente onde há uma bifurcação aguda entre as normas e objetivos culturais e as capacidades, socialmente estruturadas, dos membros do grupo de agir de acordo com essas normas e objetivos" (1949, p.162). Merton achava que as aspirações a "vencer" (principal, mas não inteiramente, em termos materiais) eram recomendadas a absolutamente todos na sociedade norte-americana contemporânea. Uma distorção, ou anomia, socialmente estruturada resultaria sempre que os meios institucionalmente admitidos para vencer não estivessem disponíveis. Havia quatro meios de se adaptar à essa disjunção, fora o conformismo tanto com os objetivos quanto com os meios institucionalizados — todos eles formas de transgressão:

> Os inovadores (por exemplo, ladrões profissionais, criminosos de colarinho branco, os que colam em provas) aceitam os objetivos, mas rejeitam os meios normativamente prescritos. Os ritualistas (por exemplo, burocratas que seguem servilmente as regras, sem consideração pelos fins para os quais elas foram criadas) transformam em virtude o ultraconformismo com as normas institucionalizadas, ao preço de um subconformismo com os objetivos culturalmente recomendados. Os desistentes (por exemplo, vagabundos, bêbados crônicos e viciados em drogas) recuam da "corrida competitiva", abandonando tanto os objetivos quanto os meios. Os rebeldes (por exemplo, membros de movimentos revolucionários) negam obediência a um sistema cultural e social que julgam injusto e buscam reconstituir a sociedade de forma totalmente nova, com um novo conjunto de objetivos e de prescrições para atingi-los (Cohen, 1966, p.77).

Essa ênfase nas normas e objetivos culturais compartilhados e nas possibilidades bloqueadas de realizá-los de forma legítima estabeleceu uma agenda para a pesquisa da transgressão que durou várias décadas. Porém, como observou Besnard, foi na verdade uma inversão da idéia de Durkheim, pois "onde Durkheim descreveu indivíduos inseguros quanto ao que deviam fazer, à medida que o horizonte de possibilidades se expandia, Merton propõe agentes seguros quanto aos objetivos a serem atingidos, mas cujas aspirações são bloqueadas por uma situação de fechamento com respeito às possibilidades de sucesso" (1987, p.262).

Leitura sugerida: Besnard, P. 1987: *L'anomie: ses usages et ses fonctions dans la discipline sociologique depuis Durkheim* • Durkheim, Émile 1897 (*1969*): *Le suicide, étude de sociologie* • Merton, R.K. 1949 (*1968*): *Social Theory and Social Structure*, ed. rev., caps.4 e 5.

STEVENS LUKES

anti-semitismo Originalmente popularizada por movimentos políticos na Alemanha nas décadas de 1870 e 1880, que faziam campanha pela revogação da recém-alcançada emancipação social e política dos judeus, essa expressão é, rigorosamente falando, imprecisa, pois não diz respeito a uma oposição aos "semitas", limitando-se a todas as formas de hostilidade aos judeus. Como tal, tem uma longa história que remonta à era pré-cristã, quando o monoteísmo e o exclusivismo judaicos levavam a suspeitas e desconfianças. Com o advento do cristianismo, os judeus tornaram-se um "problema", no sentido de que a continuação de sua existência parecia desmentir os conceitos cristãos de uma "nova aliança" e da rejeição dos judeus por Deus. No decorrer da história da Europa, à medida que o cristianismo se disseminou, os judeus foram segregados, convertidos à força ou expulsos. No correr do tempo, foram sendo cada vez mais restringidos a atividades comerciais e de empréstimo de dinheiro, o que acrescentou o medo do usurário às imagens já bem firmadas de deicídio e outros crimes contra o cristianismo. À medida que o poder do "estado cristão" foi declinando, a hostilidade econômica contra os judeus tornou-se a preocupação maior e, com a ascensão da filosofia idealista alemã, foi associada à "essência" (*Wesen*) do judaísmo, que se dizia ser inimiga dos interesses dos estados europeus. Do conceito de uma "essência" à idéia dos judeus como "raça" foi apenas um passo. Enquanto Christian Wilhelm Dohm abria o debate (em 1781) sobre a emancipação dos judeus, argumentando que suas características "ruins" eram resultado da perseguição, seus contemporâneos assumiam o ponto de vista de que o contrário seria bem mais provável — as características judaicas eram as "causas" da perseguição que sofriam. Nem Dohm nem os filósofos aprovavam a perseguição aos judeus, mas suas conceituações lançaram as bases para um debate sobre, e na maior parte contra, eles, concentrado nas *razões* da hostilidade aos judeus, elevando-o assim à condição de questão racional. Isso levou à identificação de diferentes formas de anti-semitismo — social, econômico, religioso e racial, de acordo com as idéias dos que o exerciam. Todas se unem, no entanto, nos fundamentos básicos do anti-semitismo, que propõe "teorias" sobre uma permanente tentativa judaica de dominação do mundo e sobre a culpa coletiva dos judeus.

As imoderadas expressões de hostilidade aos judeus que marcaram as primeiras décadas deste século levaram a uma aceitação deliberada ou contida das doutrinas sociais do NACIONAL-SOCIALISMO na Alemanha, e culminaram no aniquilamento sistemático de 6 milhões de judeus durante a Segunda Guerra Mundial. Esse "holocausto" foi seguido por uma considerável redução na "perseguição aos judeus", mas foi ele próprio trazido ao debate a respeito dos judeus pelos que desejam minimizar a extensão desse crime, ou pelos que negam que o crime tenha sequer ocorrido. A questão mais destacada do período do pós-guerra, no entanto, foi o surgimento do estado de Israel e, com ele, do lobby "anti-sionista", que insiste numa nítida divisão entre anti-semitismo e anti-sionismo. Não obstante, a verdadeira divisão no campo anti-sionista, tal como no campo anti-semita, se dá entre os que se opõem aos judeus e ao estado de Israel *per se* e os que se opõem a ações e políticas específicas de alguns judeus e alguns políticos israelenses. A literatura sobre o anti-semitismo é extensa e continua a crescer, em paralelo ao desenvolvimento de literaturas substanciais sobre o holocausto e o estado de Israel. Um ponto de partida útil poderia ser a bibliografia da *Encyclopedia Judaica* (1971, coluna 160). Para um levantamento histórico detalhado, ver Leon Poliakov (1965-85). Uma história conceitual é proposta por Jacob Katz (1980) e uma análise política, por Paul W. Massing (1967). Dois estudos recentes são *Antisemitism in the Contemporary World* (Curtis, 1986) e *Because they were Jews* (Weinberg, 1986).

Ver também JUDAÍSMO; NACIONAL-SOCIALISMO; RAÇA; RACISMO.

Leitura sugerida: Arendt, H. 1958 (*1966*): *The Origins of Totalitarianism* • Curtis, Michael, org. 1986: *Antisemitism in the Contemporary World. Encyclopedia Judaica*, 1971 • Katz, Jacob 1980: *From Prejudice to Destruction: Antisemitism 1700-1933* • Massing, Paul W. 1967: *Rehearsal for Destruction* • Poliakov, Leon 1965-85: *History of Antisemitism*, 4 vols. • Weinberg, Meyer 1986: *Because They Were Jews: a History of Antisemitism* • Wistrich, Robert 1991: *Antisemitism: The Longest Hatred.*

JULIUS CARLEBACH

antropologia Considerada de maneira ampla como o estudo científico do homem, esta definição ortodoxa destaca inúmeros problemas que ajudam a ilustrar tanto a diversidade da antropologia hoje quanto seus aspectos unificadores. O primeiro deses problemas é que, se as origens da antropologia como disciplina coerente encontram-se na revolução darwiniana de meados do século XIX, e em conseqüência eram parte do interesse geral pela EVOLUÇÃO, boa parte do seu desenvolvimento posterior foi uma reação às idéias evolucionistas e, em particular, "progressionistas" sobre sociedade e comportamento humanos. A fragmentação da antropologia em ramos diferenciadamente *sociais* e *biológicos* reflete não apenas diferentes reações ao desenvolvimento das idéias evolucionistas, mas também uma rejeição, por grande parte da antropologia social em particular, à viabilidade de uma abordagem puramente científica dos problemas inerentes ao estudo dos seres humanos. Em segundo lugar, o surgimento de críticas feministas levou a uma precaução com o uso da palavra "homem" para designar a espécie humana como um todo — se não a uma rejeição total desse termo. Apesar de ser possível encarar a palavra "homem" como uma referência abrangente da espécie como um todo, isso serve pelo menos para lembrar que a maior parte da reconstrução da evolução e da diversidade dos seres humanos vem sendo historicamente encarada a partir de uma perspectiva predominantemente masculina.

Dada essa fragmentação em elementos sociais e biológicos, para não mencionar ainda outras subdivisões, é questionável se ainda resta alguma coerência na palavra antropologia, e, mais ainda, se o crescimento de todo um âmbito de ciências da vida, humanas e sociais, sem falar em abordagens mais humanistas, não teria levado a uma redundância, na qual não existe um lugar nítido para a antropologia, nem um caráter específico da abordagem antropológica. É possível dar uma resposta positiva, considerando-se o que é ímpar ou predominante nas investigações antropológicas. Mais que qualquer outra parte das ciências humanas ou sociais, a antropologia se caracteriza por uma ênfase nas abordagens comparativas, nas variações mais do que nas normas do comportamento das sociedades, e numa rejeição das sociedades ou populações ocidentais como modelo para a humanidade. Esse quadro comparativo é de importância capital. Tradicionalmente, os antropólogos sociais concentravam-se nas sociedades não-ocidentais e, apesar de ter havido um aumento de interesse pela aplicação de métodos e conceitos semelhantes a sociedades que se encontram dentro da esfera européia, o que sempre se considerou é que a experiência social humana é mais bem encarada como uma série de variações, cada qual com sua própria lógica cultural, e em particular que a sociedade ocidental não representa um padrão de comparação pelo qual essas outras culturas devam ser avaliadas. O âmbito de variações culturais fornece esse quadro nitidamente comparativo para os antropólogos sociais.

Da mesma forma, os antropólogos biológicos, ou antropólogos físicos, como eram antes conhecidos, utilizam princípios e métodos biológicos para fornecer outro quadro comparativo. Este pode ser explicitamente evolucionista, comparando os seres humanos com outros primatas, ou pode ser um exame da extensão e natureza da variação biológica do homem hoje. Se, seguindo o uso norte-americano da palavra antropologia, nela se inclui a arqueologia, então o quadro comparativo é fornecido pelo tempo — o modo como as sociedades humanas têm variado através da pré-história e da história. Na base de todos os ramos da antropologia existe essa preocupação com o mapeamento da criação humana — biológica, comportamental e cultural — e com a tentativa de explicar, interpretar e compreender os padrões de maneiras que não façam qualquer pressuposição injustificada sobre direções de desenvolvimento ou sobre uma singularidade do ser humano. O projeto antropológico caracteriza-se, em última análise, por essas perspectivas globais.

Esse quadro comparativo forneceu as bases para o impacto da antropologia sobre o pensamento do século XX.

Sociedades primitivas

A descoberta pelos europeus da enorme variação nas sociedades humanas ocorreu basicamente durante o período de 1500 a 1900, e acarretou a necessidade de compreender como e por que essa diversidade ocorreu. A adoção de perspectivas evolucionistas (apesar de não necessariamente darwinianas) durante o final do século XIX forneceu a primeira base coerente para tal perspectiva. A evolução foi encarada, por muitos pensadores que haviam sofrido a influência de Darwin, como Herbert Spencer, como uma progressiva escalada de mudanças, de organismos primitivos até os seres humanos (ver DARWINISMO SOCIAL). Outras espécies representavam casos de desenvolvimento interrompido em uma *scala naturae*. Num espírito semelhante, as sociedades humanas poderiam ser classificadas numa escalada de progresso, do primitivo ao avançado. A sociedade européia, ou particularmente a industrial, ficava no patamar mais elevado. As sociedades primitivas, portanto, podiam ser encaradas tanto como estágios através dos quais os seres humanos e suas sociedades haviam passado quanto como exemplos da falta de progresso evolutivo. As primeiras sínteses antropológicas, como as desenvolvidas por E.B. Tylor e L.H. Morgan, forneceram esse modelo, com vários estágios de desenvolvimentos identificados — hordas primitivas, barbarismo, civilização, por exemplo, ou matriarcado e patriarcado, ou através de conceitos econômicos como caçar e lavrar a terra.

Apesar de esse paradigma evolucionista ter fornecido a base da antropologia moderna, a contribuição essencial dos antropólogos às idéias do século XX originaram-se, paradoxalmente, na rejeição desse ponto de vista. Por inúmeros motivos, que variam da busca do exótico à necessidade de dar conta de impérios, a antropologia preparou o caminho para a observação direta e para a interação entre os observadores europeus e as sociedades envolvidas. Foi esse contato direto e íntimo, levando ao desenvolvimento dos métodos de observação participante, por antropólogos como B. Malinowski, A. R. Radcliffe-Brown e E.E. Evans-Pritchard, que derrubou a perspectiva evolucionista e levou a uma rejeição das idéias de progresso nas sociedades humanas. A experiência com o funcionamento detalhado das sociedades não-européias mostrou pela primeira vez que elas estavam longe de ser simples e não podiam ser corretamente classificadas em termos evolucionistas. Por exemplo, apesar de economicamente simples, as sociedades aborígenes australianas possuíam alguns dos sistemas de parentesco e cosmologias mais complexos de que se tem conhecimento entre os seres humanos. Mais ainda, ao substituir os conceitos evolucionistas por conceitos funcionais, ficou claro que as sociedades não-européias não eram tentativas primitivas de organização econômica e estrutura social, mas funcionavam bem como sistemas integrados em formações sociais e ambientais particulares. Por exemplo, a sociedade acéfala dos Nuer do sul do Sudão, estudada por Evans-Pritchard, longe de ser um sistema primitivo e anárquico, era uma sociedade organizada em camadas múltiplas, na qual as instituições das linhagens de parentesco, dos padrões de casamento e da criação do gado se encaixavam num ajuste perfeito.

Embora muitos dogmas do FUNCIONALISMO tenham sido abandonados desde então, a idéia de que a variedade da organização social e econômica humana deveria ser encarada em termos de circunstâncias ecológicas e tradições culturais específicas, assim como reações alternativas a condições singulares, continua a ser de importância capital. Além do âmbito da antropologia, a idéia conduziu ao abandono das noções de hierarquia evolucionista entre as sociedades humanas. Em seu lugar, passou a existir uma sensibilidade maior para com tradições culturais independentes e estratégias sociais alternativas. Isso teve conseqüências práticas nas atitudes a respeito do desenvolvimento, resultando em menos disposição para se impor a mudança só pela mudança e em uma atenção para com os perigos da mudança econômica independente de considerações culturais. A idéia revolucionou também as opiniões a respeito da estética e da arte, o que se tornou patente no intercâmbio de ícones entre a arte ocidental e outras formas artísticas.

Cultura

O conceito antropológico crucial na base dessas mudanças foi o de CULTURA. Essa palavra compõe-se ela própria de múltiplas camadas e tem mudado de significado no decorrer dos anos. Em um nível, refere-se às características de comportamento que são exclusivas dos seres humanos, em relação a outras espécies. Também traz consigo a noção de comportamento aprendido e ensinado, em vez de instintivo. Os desenvolvimentos da ETOLOGIA, de certa forma, minaram esse aspecto, e ficou claro que a dicotomia aprendizado/instinto no comportamento animal não é válida e que outras espécies partilham de características que antes se achava serem unicamente humanas (tais como a fabricação de ferramentas). Um outro nível é o da capacidade humana para gerar comportamento. Apesar de comportamentos específicos poderem não ser exclusivos dos seres humanos, mesmo assim a capacidade da mente humana de gerar uma quase infinita flexibilidade de reações, através de seu potencial simbólico e lingüístico, os coloca numa categoria à parte. Recentes interpretações de cultura enfatizam a fonte cognitiva do comportamento humano. Em outro nível, encontra-se o ponto de vista de que tal comportamento está profundamente enraizado nas relações sociais e em outras características da sociedade. E finalmente o resultado de todos esses processos é o fenômeno, empiricamente observável, das culturas humanas — as identidades isoladas de sociedades humanas distintas, caracterizadas por tradições culturais específicas.

O reconhecimento da diversidade de culturas e subculturas humanas é um importante passo conceitual surgido da prática da antropologia social — o estudo detalhado de sociedades específicas (etnografia). Entre tudo que os estudos dos povos em unidades e contextos culturais implica, o principal é o reconhecimento de que eles se encontram unidos, não por identidade genética ou biológica, mas por tradições sociais, e que a ETNICIDADE é um fator de grande importância nos relacionamentos entre povos e sociedade.

Mais ainda, cultura não é apenas a acumulação de tradições sociais. Ela está tão profundamente entrelaçada com todo o sistema cognitivo que a visão do mundo, em cada indivíduo, é construída pela experiência cultural e a ela está sujeita. Dada a independência das tradições culturais, isso teve imensas implicações para a intercomunicação de conceitos e valores entre as sociedades.

Relativismo cultural

O problema da incomensurabilidade das culturas levou, numa determinada direção, ao relativismo cultural. Em certo sentido, trata-se de uma reação extrema às noções de progresso das abordagens evolucionistas, segundo as quais sociedades e culturas podiam ser classificadas das primitivas às avançadas. O relativismo cultural desenvolveu-se na antropologia social como um meio de enfatizar tanto a dificuldade de se fazer comparações entre culturas quanto a ausência de quaisquer critérios independentes para se formar juízos sobre os méritos relativos de diferentes tradições sociais. Em seu ponto mais extremo, o relativismo cultural adota o ponto de vista de que uma cultura só pode ser considerada dentro do contexto de suas próprias tradições e lógicas culturais. Num plano prático, isso teve conseqüências importantes e positivas para o modo pelo qual os problemas raciais e étnicos passaram a ser considerados, e levou também a uma compreensão muito mais profunda de valores, sistemas de conhecimento e cosmologias por todo o mundo. Efeitos mais negativos foram o abandono das abordagens comparativas que servem de base à antropologia, uma tendência ao particularismo histórico e uma ambigüidade quanto à universalidade dos direitos humanos.

A unidade da espécie humana

Se a antropologia social rejeitou as abordagens evolucionistas que se baseiam numa visão progressiva da sociedade humana, uma tendência bem diferente pode ser encontrada na antropologia biológica. Obras recentes sobre a história do darwinismo têm revelado que, ao mesmo tempo em que muitos dos seguidores de Darwin se mostravam ansiosos por encontrar um elemento de progresso, ele próprio estava consciente de não ser esse o caso, e que seus argumentos fortemente seletivistas (ver SELEÇÃO NATURAL) prognosticavam a diversidade adaptativa em vez da mudança unilinear. De fato, foi por esse motivo que a maioria dos evolucionistas do final do século XIX e início do século XX abandonaram a teoria da seleção, ao mesmo tempo em que mantinham uma perspectiva evolucionista. No entanto o conceito evolucionista capital de Darwin — descendência com modificação — fornecia de fato uma solução simples para um problema complexo, o da monogenia ou poligenia. A descoberta de diversos povos nas Américas e em outras partes do mundo levantou a questão, para os cientistas pré-darwinianos, de esses povos todos terem uma única origem ou criação ou serem o produto de vários atos diferentes de criação. A monogenia implicava uma unidade de todos os seres humanos, a poligenia abria a possibilidade de algumas formas humanas não fazerem realmente parte da criação especificamente humana ou da história bíblica. A fundamentação do fato da evolução, independente do mecanismo de mudança, significou que os antropólogos estavam capacitados a demonstrar que todos os seres humanos descendiam de um único ancestral comum, e de que todos eles pertenciam a uma única espécie. O trabalho biológico posterior demonstrou a interfertilidade de todos os seres humanos. Assim, as abordagens biológicas da antropologia abriram caminho para a visão, predominante neste século, de que a humanidade é unificada, unida por uma herança biológica, imensamente maior do que qualquer uma das diferenças. A aceitação da unidade da espécie humana é hoje um consenso fundamental, formando a base de muitas idéias que vão além do estritamente biológico.

A diversidade humana

Do mesmo modo que os antropólogos sociais se concentraram na diversidade das formas culturais humanas, os antropólogos biológicos também se voltaram para a diversidade biológica. Uma implicação da estrutura da árvore do processo evolutivo, quando se encaram os seres humanos, era que as populações humanas podiam ser divididas em unidades distintas, representando ou exemplares geográficos isolados ou estágios de evolução. A diversidade de aparência dos seres humanos, particularmente em aspectos como a cor da pele e a forma do rosto, deram crédito a esse ponto de vista e se tornaram a base da análise da variação humana em termos de RAÇA. Durante a maior parte do século XIX e início do século XX, raça foi o conceito central no estudo da diversidade biológica humana. A maior parte dos antropólogos assumiu o ponto de vista de que as raças humanas apresentavam divisões antigas dentro da humanidade, que podiam ser encaradas também como estágios de desenvolvimento, e de que a raça biológica estava ligada a outras características sociais e culturais. As raças forneceram uma categorização dos seres humanos tanto horizontal (ou seja, geográfica) quanto vertical (ou seja, através do tempo). Um dos objetivos mais importantes foi, portanto, documentar esse processo historicamente, através do estudo de amostras arqueológicas e de fósseis. Mais ainda, o conceito de raça foi usado também como explicação para as diferenças em termos de padrões de desenvolvimento. Na primeira parte deste século, a antropologia física conferiu um fundamento biológico a idéias mais difundidas a respeito de raça, e serviu de base às teorias da ciência da eugenia (ver EUGENIA, CIÊNCIA DA) e do NACIONAL-SOCIALISMO. Até a Segunda Guerra Mundial, raça foi conceito capital no estudo da biologia humana, a partir de uma perspectiva antropológica e evolucionista.

Essa situação transformou-se por completo depois da guerra. Mesmo antes dela, biólogos como A.C. Haddon e Julian Huxley já se haviam mostrado fortemente críticos. Na antropologia recente, raça foi completamente rejeitada como noção biológica e analítica de alguma utilidade. Parte do motivo disso foi, sem dúvida, uma reação ao modo como a biologia foi usada para justificar ações políticas. Igualmente importante foi o desenvolvimento do NEODARWINISMO, que demonstrou não haver base biológica para se tratar a variação dentro de uma espécie como estágios evolutivos ou como categorias distintas. Além disso, o crescente estudo direto da genética, em lugar da variação física, revelou que a variação geográfica era contínua e extremamente complexa, demonstrando assim que aspectos seletivos, tais como a pigmentação, não forneciam critérios para se diferenciar as raças. Como resultado, trabalhos recentes de antropologia biológica têm mostrado que raça não é um conceito biológico útil. Os antropólogos biológicos voltaram-se, em vez disso, para o problema de elucidar a base funcional e adaptativa (doença, clima, ecologia) da variação humana.

A evolução humana

O desenvolvimento da genética moderna tem revelado acima de tudo que a espécie humana é extremamente jovem, que todos os seres humanos modernos têm um ancestral recente e comum, e portanto que nenhum padrão geográfico que se possa encontrar significa uma divisão profunda entre eles, mas sim o produto recente e superficial da migração e da adaptação local. A contribuição da antropologia às idéias deste século, assim, retorna a sua preocupação original com a evolução, mas dentro de uma ênfase bastante diferente. A evolução não mostra uma escalada de progresso, mas uma fonte de diversidade; em vez de fazer com que os humanos remontem cada vez mais no tempo, ela enfatiza o quanto nossa espécie é jovem e, assim, a unidade das populações humanas. Contra esse pano de fundo, porém, os especialistas em evolução humana também têm documentado a antigüidade (mais de 5 milhões de anos) e a complexidade das diversas linhagens que levaram ao surgimento dos seres humanos modernos nos últimos 100 mil anos.

A antropologia moderna

Com o crescimento da antropologia no decorrer do século e o afastamento de um programa de documentação de padrões históricos, os antropólogos voltaram-se para questões de abrangência muito maior e com aplicações práticas crescentes. Entre os antropólogos sociais, houve maior concentração nos laços entre processos culturais e processos econômicos, políticos ou sociológicos, conduzindo a uma crescente ênfase nos aspectos culturais da cognição. Além disso, as mudanças marcantes nas sociedades tradicionais estudadas pelos antropólogos levaram-nos a se envolver de forma cada vez mais profunda com os problemas do desenvolvimento e da sobrevivência, dessas mesmas sociedades. A antropologia, assim, contribuiu para uma atenção bem maior para com os elos indivisíveis que operam entre a cultura e outros aspectos do desenvolvimento. Da mesma forma, os antropólogos biológicos vêm trabalhando cada vez mais com os problemas de doença e nutrição no Terceiro Mundo, e fornecendo especialmente uma compreensão maior dos aspectos populacionais que revestem os problemas ecológicos com os quais se defrontam vastos setores da população humana.

Ver também OBSERVAÇÃO PARTICIPANTE.

Leitura sugerida: Bowler, P.J. 1987: *Theories of Human Evolution: Century of Debate* • Gould, S.J. 1980: *Ever since Darwin* • Harris, M. 1968: *The Rise of Anthropological Theory: a History of Theories of Culture* • Harrison, G.A., Tanner, J.M., Pilbeam, D.R. e Baker, P.T. 1988: *Human Biology: an Introduction to Human Evolution, Variation, Growth and Adaptability* • Kuper, A. 1982: *Anthropology and Anthropologists* • Leach, E.R. 1982: *Social Anthropology* • Spencer, F., org. 1982: *A History of American Physical Anthropology*.

ROBERT A. FOLEY

aristocracia Em seu sentido mais antigo, a palavra aristocracia denotava um sistema político. Os gregos antigos usavam essa palavra para identificar um regime em que poder e mérito andavam juntos. Esse uso predominou no Ocidente durante dois milênios. Mas na época da Revolução Francesa a palavra aristocracia e uma outra recém-cunhada, "aristocrata", passaram para o reino da análise social (e da polêmica). Agora o foco se concentrava na aristocracia como uma elite dentro da comunidade: uma elite em que se concentrava o acúmulo de riqueza e de autoridade política, marcada pelo privilégio e transmitida por hereditariedade. É nesses termos que "aristocracia" tem hoje maiores probabilidades de ser usada por historiadores e cientistas sociais.

O estudo de um vasto âmbito de contextos e de problemas levou essencialmente a uma compreensão mais precisa desses aspectos característicos da aristocracia. A *transmissão hereditária* da posição social aristocrática raramente esteve sequer perto da total exclusão de recém-chegados devido, entre outras coisas, aos acasos da extinção natural. A escala e o caráter do recrutamento para o status de aristocrata já permitem perceber os valores e condições materiais de uma sociedade. Nas sociedades tradicionais, a *riqueza* aristocrática baseava-se, com maior probabilidade, na posse de recursos fundiários, e analistas marxistas em particular relacionaram a transição de uma economia agrária a um concomitante enfraquecimento do poder aristocrático. Mas a fonte da riqueza pode ter sido menos importante do que o lazer que isso permitia para o exercício de uma preeminência geral na comunidade. É possível, de fato, haver circunstâncias nas quais novas formas de criação de riqueza proliferem tão rapidamente que uma elite hereditária perca a sua capacidade de influência econômica decisiva. Estudiosos do desenvolvimento comercial ou industrial da Europa, não obstante, forneceram surpreendentes indícios da adaptação aristocrática lado a lado com as classes comerciais ou fabris emergentes. Uma adaptação geralmente facilitada por ligações financeiras (familiares) entre a riqueza nova e a antiga. Nas sociedades tradicionais, mais uma vez, o papel *político* da aristocracia tornou-a mais ou menos coextensiva da classe governante, ou pelo menos da classe da qual os líderes civis e militares eram mais ou menos exclusivamente retirados. Sistemas mais complexos e impessoais contribuíram de alguma forma para deslocar esse relacionamento entre a autoridade pública e uma elite governante hereditária, com o poder sendo exercido cada vez mais em nome do rei, do estado ou do povo. Aqui mais uma vez, porém, a adaptação aristocrática mostrou-se inaudita e surpreendentemente duradoura. Fosse como ministros do rei, agentes parlamentares ou poderosos locais.

Alguns cientistas sociais são de opinião que as elites no mundo contemporâneo exibem ainda novos estágios na evolução dessas características aristocráticas: a *nomenklatura* da Europa Oriental, por exemplo, ou os bostonianos ilustres da Nova Inglaterra. Aqui, poder e interesses familiares são, com toda certeza, encontrados de forma concentrada e reveladora: o privilégio campeia. Mas o privilégio das aristocracias tradicionais foi definido e proclamado como um status distintivo, em geral formalmente "nobre"; e essas pretensões foram, em certo sentido, reconhecidas pela comunidade em geral. Onde podemos traduzir "privilégio" meramente como "vantagem", aí podemos dizer que a aristocracia já não existe mais.

Ver também ELITES, TEORIA DAS; DIFERENCIAÇÃO SOCIAL.

Leitura sugerida: Bottomore, Tom 1964 *(1966)*: *Elites and Society* • Bush, Michael 1983: *Noble Privilege* o 1988: *Rich Noble, Poor Noble* • Powis, Jonathan 1984: *Aristocracy*.

JONATHAN POWIS

arqueologia e pré-história Essas duas disciplinas — o estudo do passado humano através de suas ruínas materiais e a parte da matéria que diz respeito ao período anterior aos registros escritos — são relativamente recentes. A palavra "arqueologia" entrou em uso no século XVIII para descrever o estudo da cultura material do mundo antigo, especialmente o da Grécia e o de Roma. Denotava uma forma de erudição artístico-histórica que estava intimamente ligada à especialização e à prática de colecionar, e dependia em grande parte da existência de provas textuais para esclarecimento e interpretação. A extensão do tempo coberto pela cronologia bíblica deixava muito pouco espaço para um período extenso anterior aos registros escritos. Apesar de os filósofos do Iluminismo discutirem questões mais amplas a respeito do passado remoto, tais como a origem da agricultura e da civilização, faziam-no em grande parte com base na etnografia comparativa e sem referência à arqueologia. Foi só com o movimento romântico que as ruínas das culturas pré-letradas passaram a despertar interesse por si mesmas, em geral no contexto de preocupações nacionalistas com as origens das nações do Norte europeu. O acúmulo de indícios materiais permitiu que estudiosos da Antigüidade escandinavos postulassem uma sucessão de estágios tecnológicos caracterizados pelo uso de ferramentas de pedra, bronze e ferro — embora se acreditasse que essas "três idades" fossem, em grande parte, contemporâneas das civilizações cultas do Mediterrâneo.

O âmbito da arqueologia tornou-se óbvio no final do século XIX, com o desenvolvimento da geologia e a rejeição da cronologia bíblica, e com a respeitabilidade das idéias evolucionistas em biologia (ver EVOLUÇÃO). A idéia de pré-história é, portanto, um desdobramento relativamente recente e ligado de forma estreita ao crescimento da ANTROPOLOGIA. A arqueologia clássica continuou como uma disciplina, no geral, distinta, apesar de escavações na Grécia e na Turquia (em sítios arqueológicos como Micenas e Tróia, famosas na mitologia antiga) revelarem a existência de antecessoras da Idade do Bronze para as civilizações clássicas daquela região. A Idade da Pedra era reconhecida como um período de duração considerável, correspondendo às fases mais antigas da evolução humana, durante a qual a humanidade fora dependente da caça (o paleolítico, ou Idade da Pedra Lascada), e aos primeiros estágios da agricultura (o neolítico, ou Idade da Pedra Polida). A etnografia comparativa podia agora ser relacionada ao registro material, e a nova matéria foi chamada (com alguma infelicidade) de "pré-história", com expressões equivalentes em outras línguas européias (*prehistory; préhistoire; Vorgeschichte*). Do ponto de vista da aplicação, seus métodos eram potencialmente globais, mas a matéria encontrava-se dominada por evidências européias.

No entanto, a interpretação liberal da história humana antiga, com base em premissas científicas e evolucionistas deu lugar no início do século XX a uma renovada ênfase nacionalista, acompanhada por um divórcio entre os pensamentos arqueológico e antropológico. A pré-história (em alemão geralmente chamada *Urgeschichte*, para enfatizar sua continuidade com os povos históricos) era interpretada em termos das migrações de povos em particular ou da divisão da cultura a partir de centros como o Egito. A antropologia voltou-se da reconstrução histórica para a observação e descrição em primeira mão, com um interesse pelas interpretações funcionalistas. Apesar de a exploração arqueológica de outros continentes ter produzido grande riqueza de novas evidências, o estudo de cada área isolada tendia a se desenvolver como especialização introvertida. Um dos poucos arqueólogos a manter uma visão mais ampla foi o pré-historiador V. Gordon Childe (1892-1957), cujos estudos sobre a pré-história européia e do Oriente Próximo foram motivados pelo desejo de fugir à ênfase nacionalista de boa parte da erudição alemã contemporânea, através da exploração de modelos marxistas. Ele reviveu o interesse do século XIX (e, na verdade, do Iluminismo) pelas origens da agricultura e da civilização, que encarava como revoluções econômicas comparáveis em importância à Revolução Industrial, e que chamou respectivamente de Neolítico e Revolução Urbana. Essas idéias foram expostas em duas obras clássicas, *Man Makes Himself* (em 1936) e *What Happened in History* (em 1941), que foram alguns dos poucos livros que conseguiram chamar a atenção dos teóricos sociais fora da matéria nessa ocasião para as evidências arqueológicas.

Apesar do engajamento político de Childe com o marxismo e de sua ênfase no materialismo histórico, suas teorias diferiam das dos historiadores marxistas britânicos contemporâneos em sua interpretação mais consensual do que conflitual desses acontecimentos. Childe concebeu um papel de gerenciamento para as primeiras elites seculares, com a religião como força maior impedindo o progresso tecnológico. Ele combinou uma visão hegeliana dos papéis sucessivos das civilizações oriental, clássica e ocidental com uma visão difusionista da história da tecnologia para produzir um modelo social sofisticado, no qual as inovações que produziram as primeiras sociedades urbanas eram sufocadas pela centralização política nelas próprias, mas apesar disso serviram de base para novos desenvolvimentos em sociedades que adquiriram essas técnicas sem que incorressem no mesmo custo social. Esse modelo (que foi influenciado por exemplos mais recentes, como a industrialização do Japão) explicava para Childe as características ímpares das sociedades européias ocidentais. A divergência entre cultura "ocidental" e "oriental" passa a remontar à Idade do Bronze. Apesar de muitos aspectos dessas idéias terem um sabor de século passado, elas representaram não obstante um grande avanço nas explicações inerentemente metafísicas do talento nacional ou racial, que abundavam no discurso arqueológico da época. Além disso, foram uma realização notável por parte do único intelectual voltado para esse tema.

Um fator que inibiu a arqueologia de explorar o potencial de suas evidências contribuírem com corpos mais amplos da teoria social foi a sua posição marginal nas universidades. A maior parte dos praticantes dessa matéria na primeira metade do século era ou de elementos ligados a museus e organismos que se ocupavam com monumentos antigos ou de escavadores independentes tentando levantar recursos para suas expedições. A expansão da educação superior a partir da Segunda Guerra Mundial, portanto, teve um efeito decisivo sobre a natureza do discurso arqueológico, o qual, pela primeira vez, incluiu um substancial componente metodológico e teórico, além dos relatórios sobre escavações e das discussões sobre o material primário. Uma vez que a arqueologia daquelas áreas e períodos, para os quais havia disponibilidade de evidência textual, era amplamente conduzida a partir de departamentos de história e de estudos clássicos ou orientais, o ímpeto maior para a análise comparativa veio inicialmente da pré-história, que era em geral (e nos Estados Unidos quase que inteiramente) conduzida sob a égide da antropologia. O movimento do final dos anos 60 que veio a ser conhecido como a "nova arqueologia" foi, assim, em grande parte, um fenômeno norte-americano e britânico, com ecos em outras partes do mundo de língua inglesa e do Norte da Europa, apesar de conspicuamente ausente na Alemanha (e no Japão), onde as aventuras intelectuais estavam inibidas pela experiência da guerra; e mal se refletiu, durante pelo menos uma década, na arqueologia clássica. Algumas inovações semelhantes ocorreram na União Soviética, ainda que restringidas pelas necessidades sempre cambiantes da ortodoxia política; e um novo pensamento comparável na França assumiu forma bastante diversa, inicialmente menos simpática para com o movimento mais amplo.

A nova arqueologia caracterizava-se por uma abertura a um maior âmbito de interesses oriundos de disciplinas vizinhas e por uma ânsia de participar de seus debates internos. Se por um lado estava ligada a importantes avanços metodológicos (geralmente vindos de áreas de nova tecnologia exteriores à disciplina, como foi o caso da datação por meio de radiocarbono e da física nuclear), por outro tendia a absorver e reproduzir teorias, em vez de gerar as suas próprias. Além disso, repartia muitos de seus entusiasmos com movimentos contemporâneos na história e na economia — por exemplo, sua preocupação com a ECOLOGIA e a DEMOGRAFIA. Os computadores e a teoria de sistemas (ver SISTEMAS, TEORIA DE) forneciam sua *lingua franca*. Tal como a história braudeliana (ver ANNALES), concentrava-se mais no processo que no evento — daí o nome alternativo de arqueologia processual. Evitando o singular e o particular (e especialmente a produção de "pseudo-história"), sustentava que métodos mais rigorosos — e especialmente quantitativos — eram capazes de reconstruir tanto as informações sociais quanto as simplesmente tecnológicas ou estilísticas, a respeito da pré-história. Entre suas inovações metodológicas e conceituais estavam as idéias de taxonomia numérica para classificação de artefatos; a amostragem espacial para reconstituir padrões de povoamento a partir de um levantamento de campo de dispersão de material de superfície; a reconstituição do meio ambiente e da dieta a partir de restos animais e vegetais; padrões de troca e comércio a partir da identificação de matérias-primas; e estruturas sociais a partir dos diferentes tipos de artefatos depositados em túmulos.

Embora cada um desses esforços produzisse novas e copiosas informações, sua interpretação era geralmente ingênua e fortemente circunscrita pelos paradigmas predominantes da antropologia neo-evolucionista, que devia muito a Herbert Spencer (1820-1903). Era típico que as explicações enfatizassem a pressão demográfica e a intensificação da agricultura (fazendo eco às idéias de Esther Boserup sobre economia de desenvolvimento), colonização e expansão de povoamentos, especialização econômica e a formação de hierarquias sociais e o surgimento de locais centrais (ecoando temas da "nova geografia" — ver também GEOGRAFIA HUMANA). Esses temas comuns foram descobertos na base do surgimento de estabelecimentos agrícolas e cidades e do desenvolvimento geral de sociedades humanas por todo o mundo — uma sucessão evolucionista de bandos a tribos, feudos e estados.

Apesar de sua alta tecnologia, das novidades em matéria de sofisticação estatística e da riqueza de novas informações, essas interpretações mostram grande semelhança com os pontos de vista de autores do Iluminismo, tais como Adam Smith (que absolutamente não conhecia arqueologia). Ao esposar um modelo comparativo, baseado na idéia da evolução, esse esforço produziu uma série de análises de casos isolados que assumiram uma autonomia de desenvolvimento local e se mostraram insensíveis a estruturas mais amplas do tipo postulado por Gordon Childe. O difusionismo, dentro desse quadro, estava efetivamente banido, uma vez que era difícil de quantificar e não tinha lugar no paradigma. Nesse particular, a nova arqueologia parecia-se muito com a economia de desenvolvimento dos anos 60. Durante a década de 70 esse trabalho foi criticado de modo semelhante àquele em que a teoria da modernização foi desafiada pelas teorias marxistas do subdesenvolvimento e dos sistemas mundiais, ligadas aos nomes de Andre Gunder Frank e Immanuel Wallerstein (ver DESENVOLVIMENTO E SUBDESENVOLVIMENTO). Apesar de o conceito de subdesenvolvimento mostrar-se inaplicável a contextos mais antigos, a idéia de centro e periferia deu nova vida ao estudo dos relacionamentos entre as populações urbanas e suas hinterlândias incultas, e especialmente das relações comerciais assimétricas entre elas — por exemplo, o comércio de vinho entre Roma e seus vizinhos celtas. O próprio conceito de "pré-história" era visto como enganoso para as idades de metal tardias, de vez que as sociedades "civilizadas" e "bárbaras" formavam partes do mesmo sistema econômico. Feudos, até mesmo tribos, podiam ser fenômenos de contacto, em vez de estágios na evolução.

Mais fundamentalmente, a própria cultura material passou a ser vista, durante os anos 80, como importante em si mesma, em vez de simplesmente refletir diferenças ecológicas subjacentes e estruturas sociais abstratas. O desejo de possuir bens pode ser uma motivação de mudança tão forte quanto a pressão demográfica ou a deterioração do solo. Os "bens de prestígio", de origem européia, que circulavam na África subsaariana eram um componente ativo do poder dos chefes nativos que monopolizavam seu estoque e os usavam para legitimar sua autoridade. Assim, talvez a intensificação da produção agrária na Europa pré-histórica tardia também possa ter sido estimulada pela disponibilidade de artigos comerciais mediterrâneos. Longe de serem provedores benevolentes ou gerentes econômicos, os chefes podiam ser encarados como exploradores e monopolizadores. E não apenas em situação de contato, mas na gênese de ofícios como a metalurgia, que envolve o suprimento de materiais raros e custosos. No entanto, se as estruturas sociais não são hierarquias abstratas, consistem em vários tipos de ilusões que minorias conseguem convencer seus seguidores a aceitar, como é possível um estudo comparativo? É certo que cada "estrutura" seja única, tanto em seus relacionamentos, quanto em seus símbolos e materiais? Se as interpretações são tão transitórias e contextualmente dependentes, que certeza é possível? As teorias arqueológicas dizem mais a respeito do presente do que do passado? Assim, a arqueologia percorreu o ciclo das ciências sociais, do comparativismo e determinismo confiantes dos anos 60 ao relativismo e à desconstruída introversão pós-modernista do final dos anos 80 (ver MODERNISMO E PÓS-MODERNISMO).

Tal *Angst* não é de forma alguma universal. Em todo o mundo, homens e mulheres enfiam-se em escavações, registrando estratigrafias e recuperando artefatos e evidências ambientais para exames de laboratório, aprimorando datações, observando correlações, tendo idéias para ajudar a dar sentido àquilo que encontram. Algumas dessas idéias são novas, algumas são velhas: os arqueólogos clássicos agora descobriram a teoria do lugar central e estão jogando os mesmos jogos dos pré-historiadores nos anos 60. Se não pode haver uma compreensão definitiva do presente, com toda certeza não pode haver uma compreensão definitiva do passado.

Leitura sugerida: Binford, L.R. 1983: *In Pursuit of the Past* • Daniel, G. e Renfrew, A.C. 1988: *The Idea of Prehistory* • Hodder, I. 1990: *Reading the Past* • Scarre, C., org. 1988: *Past Worlds: the Times Atlas of World Archaeology* • Sherratt, A.G., org. 1980: *The Cambridge Encyclopedia of Archaeology* • Wenke, R. 1989: *Pattern of the Past.*

ANDREW G. SHERRATT

arte, sociologia da Ver SOCIOLOGIA DA ARTE.

artes dramáticas Ver CINEMA; DANÇA; MÚSICA; TEATRO.

austríaca, escola de economia Ver ESCOLA AUSTRÍACA DE ECONOMIA.

austromarxismo Uma das primeiras escolas independentes de pensamento marxista, desenvolvida a partir do trabalho de um grupo de pensadores em Viena no final do século XIX, sendo os mais destacados Max Adler, Otto Bauer, Rudolf Hilferding e Karl Renner. Essa nova modalidade de MARXISMO, segundo Bauer (1927), foi uma reação a novas doutrinas filosóficas (neokantianismo e positivismo), a desenvolvimentos na teoria econômica (marginalismo austríaco) e às questões levantadas pelo problema das nacionalidades no império multinacional dos Habsburgo. Mas foi igualmente influenciada pela controvérsia revisionista na Alemanha (ver REVISIONISMO) e pelo extraordinário florescer da vida cultural e intelectual vienense na virada do século. Como resultado dessa combinação, a escola foi inovadora em muitos campos diferentes.

A primeira manifestação pública da nova escola de pensamento foi a criação, em 1904, dos *Marx-Studien*, uma coletânea de monografias organizada por Adler e Hilferding e publicada irregularmente até 1923. Foi sucedida pela publicação, a partir de 1907, de um periódico teórico, *Der Kampf*, que logo veio a rivalizar com *Die Neue Zeit*, de Kautsky, como a principal revista marxista européia. Os austromarxistas eram todos ativos na liderança do crescente Partido Social-Democrata (SPÖ) e se dedicavam particularmente a promover a educação dos operários.

Os fundamentos filosóficos e teóricos do austromarxismo foram desenvolvidos principalmente por Adler, que concebia o marxismo como "um sistema de conhecimento sociológico (...) a ciência das leis da vida social e de seu desenvolvimento causal" (1925, p.136). Em sua primeira obra importante (1904) ele analisou a relação entre causalidade e teleologia, enfatizando que são formas diversas de causalidade e que a relação causal na vida social não é mecânica, mas mediada pela consciência. Este foi um ponto de vista que Adler expressou posteriormente, afirmando que mesmo "os próprios fenômenos econômicos nunca são 'materiais' no sentido materialista, mas têm precisamente um caráter 'mental'" (1930, p.118). Adler encarava como conceito básico na teoria da sociedade de Marx o de "humanidade socializada" ou "associação social" e o considerou, de forma neokantiana, como sendo "dado transcendentalmente como categoria de conhecimento" (1925). Ou seja, como um conceito fornecido pela razão, e não derivado da experiência, o que é um pré-requisito de uma ciência empírica.

Essa concepção do marxismo como sistema sociológico forneceu o quadro de idéias que direcionou os estudos de toda a escola austromarxista, o que fica particularmente claro nas análises econômicas de Hilferding. Em sua crítica da teoria econômica marginalista (1904), Hilferding contrapôs à individualista "escola psicológica de economia política" a teoria marxista do valor, que se baseia em uma composição de "sociedade" e "relações sociais", já que a teoria marxista como um todo "busca revelar o determinismo social dos fenômenos econômicos", sendo o seu ponto de partida "a sociedade e não o indivíduo". Em outro texto, o prefácio a *Finance Capital* (1910), Hilferding referiu-se diretamente a Adler, afirmando que "o único objetivo de qualquer indagação [marxista] — mesmo em questões de política — é a descoberta de relações causais", e prosseguiu com uma investigação dos principais fatores causais no mais recente estágio do desenvolvimento capitalista, concluindo com uma análise do imperialismo que serviu de base a estudos posteriores de Bukharin e Lenin.

Outro campo de grande importância para a investigação sociológica foi o da nacionalidade e do nacionalismo. O estudo clássico de Bauer (1907) buscou fornecer uma análise teórica e histórica abrangente, a partir da qual concluiu:

> Para mim, a história já não mais reflete as lutas das nações. Em vez disso, a própria nação surge como o reflexo de lutas históricas. Pois a nação só se manifesta no caráter nacional, na nacionalidade do indivíduo (...) [a qual] (...) é apenas um aspecto da sua determinação pela história da sociedade, pelo desenvolvimento das condições e técnicas do trabalho.

A partir de uma perspectiva distinta, concentrando-se nos problemas jurídicos e constitucionais das diferentes nacionalidades do império dos Habsburgo, Renner (1899, 1902) também contribuiu com estudos importantes, no decorrer dos quais propôs a idéia — original na época e não sem relevância para o atual desenvolvimento da Europa — de uma transformação do Império Austro-Húngaro em um "estado de nacionalidades" que poderia tornar-se o modelo da organização socialista de uma futura comunidade mundial.

Renner é mais conhecido, contudo, por sua contribuição pioneira a uma sociologia marxista do direito. Em seu estudo (1904) sobre as funções sociais do direito, ele buscou demonstrar como as normas jurídicas existentes mudam suas funções reagindo a mudanças na sociedade e, mais particularmente, a transformações em sua estrutura econômica. Em seguida sugeriu, como problemas de importância capital para uma sociologia do direito, questões a respeito de como mudam as normas jurídicas e das causas fundamentais de tais mudanças. Nessa discussão, como em outros textos, é evidente que Renner atribui um papel ativo ao direito na manutenção ou modificação das relações sociais, e de forma alguma o trata simplesmente como uma ideologia que reflete condições econômicas, mencionando como compatíveis com esse ponto de vista os comentários de Marx sobre o direito na introdução aos *Grundrisse*. Outra importante contribuição para a formulação de princípios de uma sociologia marxista do direito foi feita por Adler (1922), o que no decorrer de sua crítica à "teoria pura do direito" de Hans Kelsen, a qual exclui qualquer indagação sobre a base ética do direito ou sobre seu contexto social, examinou em detalhes as diferenças entre uma teoria formal e uma teoria sociológica do direito.

Os austromarxistas também se dedicaram a estudos de importância em outros campos. Foram dos primeiros marxistas a examinar sistematicamente o envolvimento crescente do "estado intervencionista" na economia. Renner (1916), ao escrever sobre os efeitos do desenvolvimento capitalista do pré-guerra e a "economia de guerra", observou "a penetração da economia privada pelo estado, até as suas células mais elementares: não a nacionalização de umas poucas fábricas, mas o controle de todo o setor privado da economia por uma regulamentação deliberada e consciente", e continuou: "o poder do estado e a economia começam a se fundir (...) a economia nacional é concebida como um meio de poder de estado, e o poder de estado como um meio de fortalecer a economia nacional (...). É a época do imperialismo." De forma semelhante, em ensaios publicados entre 1915 e 1924, Hilferding desenvolveu, com base em sua análise constante de *Finance Capital*, uma teoria do "capitalismo organizado", em que a ação do estado começa a assumir o caráter de uma estruturação consciente e racional da sociedade como um todo (ver SOCIALIZAÇÃO DA ECONOMIA). A partir dessa situação, duas linhas de desenvolvimento se tornam possíveis: rumo ao socialismo, se a classe operária viesse a conquistar o poder de estado, ou rumo ao estado corporativo, se os monopólios capitalistas mantivessem o domínio político. Na Itália e na Alemanha, essa última possibilidade concretizou-se na forma do FASCISMO, e Bauer (1936) nos proporcionou uma das mais sistemáticas explicações marxistas das condições econômicas e sociais nas quais os movimentos fascistas eram capazes de surgir e triunfar. Posteriormente Hilferding (1941) deu início a uma revisão radical da teoria marxista da historia, na qual atribuiu ao estado-nação moderno um papel mais independente na formação da sociedade, afirmando que no século XX houvera uma profunda "mudança na relação do estado com a sociedade, provocada pela subordinação da economia ao poder coercitivo do estado", e que "o estado se transforma num estado totalitário na medida em que ocorre essa subordinação" (ver TOTALITARISMO).

As mudanças na estrutra de classes e suas conseqüências políticas foram outros temas a que os austromarxistas dedicaram muita atenção. Bauer fez uma contribuição importante em sua explicação comparativa da situação de operários e camponeses nas revoluções russa e alemã, em sua detalhada análise (1923) da revolução austríaca, e em seus textos críticos sobre o surgimento de uma nova classe dominante na União Soviética, na medida em que a ditadura do proletariado fora transformada na ditadura de um aparato partidário onipotente (ver especialmente Bauer, 1936). Adler (1933), escrevendo no contexto da derrota e destruição do movimento operário na Alemanha, analisou as mudanças na composição da classe operária na sociedade capitalista. Ao mesmo tempo em que observava que "já na obra de Marx o conceito de proletariado demonstra certa diferenciação", afirmou que mudanças mais recentes haviam sido tão extensas a ponto de produzirem um "novo fenômeno", de forma que "é duvidoso podermos falar de uma única classe". Nesse novo proletariado havia vários estratos distintos que fizeram surgir três orientações políticas básicas, geralmente conflitantes: a da aristocracia do trabalho, compreendendo os operários especializados e os empregados de escritório; a dos operários organizados na cidade e no campo; e a dos desempregados permanentes em longo prazo. Mas ele afirmou (de uma forma que faz lembrar a explicação de Roberto Michels sobre OLIGARQUIA), que mesmo no segmento principal do movimento operário o desenvolvimento de organizações partidárias e sindicais criou uma divisão fatal entre o estrato crescente de representantes e funcionários assalariados e o quadro de associados, em grande parte passivo. A fraqueza da classe operária diante dos movimentos fascistas deveu-se em grande parte, concluiu ele, a essa diferenciação das condições socio-econômicas e das atitudes políticas (ver CLASSE OPERÁRIA). Depois da Segunda Guerra Mundial, como a estrutura de classes continuasse a mudar de forma ainda mais rápida, Renner (1953) concentrou sua atenção no crescimento de um novo estrato social — os funcionários públicos e empregados particulares — a que se referiu como compondo coletivamente uma "classe de serviços", de empregados remunerados cujos contratos de emprego não criavam "um relacionamento de trabalho assalariado". Muitos marxistas, segundo Renner, haviam adotado uma abordagem superficial do "real estudo da formação de classes na sociedade e acima de tudo da contínua reestruturação das classes". Em particular, haviam deixado de reconhecer que "a classe operária, conforme se apresenta (e cientificamente não poderia deixar de se apresentar) em *O capital*, de Marx, já não existe mais".

A "idade de ouro" do austromarxismo foi o período do final do século XIX até 1914, quando foram publicados os textos mais fecundos desses pensadores e a obra da escola como um todo exerceu ampla influência no movimento socialista europeu. Depois da Revolução Russa, porém, ela foi eclipsada, primeiro pela versão leninista e em seguida pela versão stalinista do marxismo. O caminho que ela seguiu "entre o reformismo e o bolchevismo", expondo um marxismo não-dogmático, aberto à revisão e ao desenvolvimento, em resposta a novas experiências históricas e a questões críticas colocadas por outras abordagens da análise social, teve pouca influência internacional. Mas em Viena, onde a SPÖ esteve continuamente no poder de 1918 a 1934, o austromarxismo ainda fornecia um quadro coerente de idéias para uma política ambiciosa e eficaz de reforma social, até ser finalmente derrubado pela ascensão do fascismo austríaco e pela incorporação da Áustria ao Terceiro Reich. A partir do final dos anos 60 houve uma notável renovação de interesse pelos austromarxistas, não somente na Áustria, onde suas idéias ainda exercem significativa influência no desenvolvimento do socialismo, mas também em outros países europeus. Nas condições criadas pela desintegração do "marxismo oficial" em toda a Europa Oriental, é possível que essas idéias, assim como novas elaborações a partir delas, venham a exercer um impacto ainda maior na organização da economia, na construção de instituições democráticas e em atitudes diante do persistente problema das nacionalidades em um novo sistema europeu.

Leitura sugerida: Bottomore, Tom 1989: "Austro-Marxist conceptions of the transition from capitalism to socialism". *International Journal of Comparative Sociology* 30, 1-2 • Bottomore, Tom e Goode, Patrick, orgs. 1978: *Austro-Marxism* • Kolakowski, L. 1978: *Main Currents of Marxism*, vol.2, cap.12 • Leser, Norbert 1966: "Austro-Marxism: a reappraisal". *Journal of Contemporary History*, 1, 2 o 1968 *(1985)*: *Zwischen Reformismus und Bolchewismus. Der Austromarxismus als Theorie und Praxis*, 2ªed. resumida • Mosetic, Gerald 1987: *Die Gesellschaftstheorie des Austromarxismus*.

TOM BOTTOMORE

autogestão Equivalente ao alemão *Selbstverwaltung* e ao inglês *self-management*, trata-se de uma forma de autodeterminação dos seres humanos como seres autônomos e conscientes, dependentes de condições sociais concretas. Entre tais condições incluem-se uma dada estrutura de produção, a divisão social e tecnológica do trabalho, instituições políticas, o nível de cultura e as tradições e hábitos de comportamento humano predominantes. A autogestão deveria ser considerada, do ponto de vista filosófico, como um processo que vise superar a alienação das capacidades humanas no contexto das relações sociais.

Autogestão é uma idéia capital para a teoria e a práxis da "democracia econômica", ou DEMOCRACIA INDUSTRIAL. Aplicada de forma mais ampla a uma sociedade em seu conjunto, a autogestão é a base da "democracia participativa" (ver PARTICIPAÇÃO) ou do "socialismo autogerido". No primeiro caso, estamos falando usualmente de autogestão operária; no segundo, de autogestão social. Mas em ambas as esferas, a produtiva e a política, existe uma crescente demanda popular por mais controle e poder dentro de organizações sociais, principalmente sob a forma de CONSELHO DE TRABALHADORES ou conselho de cidadãos.

Autogestão operária

Significa a plena participação dos produtores (operários e empregados) na gestão de todas as funções essenciais do processo de produção dentro da empresa (planejamento, execução, controle e disposição dos produtos). As idéias básicas da autogestão operária foram elaboradas pelos socialistas utópicos (Robert Owen, François-Charles Fourier, Pierre-Joseph Proudhon), por Karl Marx, por anarquistas, socialistas das guildas, os "comunistas de conselho" e outros, concentrando-se nos seguintes temas:

1. a idéia da dissolução do estado e sua substituição por uma "livre associação dos produtores"; donde, descentralização das organizações produtivas e políticas;
2. a idéia da "expropriação dos expropriadores", os detentores dos meios de produção (proprietários particulares bem como capitalismo de estado), e o controle direto dos conselhos de trabalhadores sobre o trabalho excedente ou a mais-valia produzida;
3. a idéia de abolição da divisão tecnológica do trabalho, ou "trabalho fragmentado", e da destituição da personalidade dos operários. Em oposição ao taylorismo e ao fordismo, as teorias democráticas e socialistas enfatizam o crescimento da personalidade, o desenvolvimento do potencial e da eficiência individuais e a saúde mental no contexto de uma comunidade de trabalho.

Participação e democracia industrial

Na literatura sociológica e política recente, a expressão "democracia industrial" passou a ser usada como padrão para todas as formas de gerenciamento de empresa nas quais os empregados conferem maior importância a "relações humanas", "clima social" ou "gerenciamento humano", ainda que, em geral, sem afetar o sistema de relações baseado na hierarquia e na distribuição de poder. A expressão diz respeito essencialmente a um comportamento mais democrático em uma dada estrutura organizacional formal. Porém, usada com maior precisão, abrange muitas formas diferentes de participação de operários e empregados em tomadas de decisão dentro da firma.

Em 1967 uma comissão do Gabinete Internacional do Trabalho, em Genebra, observou que era extremamente difícil chegar a uma definição de participação que fosse universalmente aceitável. De modo objetivo, essa idéia torna possível avaliar:

> a influência dos operários na preparação, tomada e acompanhamento de decisões produzidos no plano da execução sobre várias questões (tais como (...) salários e condições de trabalho, disciplina e emprego, treinamento vocacional (...) mudança tecnológica e organização de produção, bem como suas conseqüências sociais, investimento e planejamento etc.), através de métodos tão diversos quanto reuniões e comunicações entre as partes, negociação coletiva, representação dos operários nos organismos administrativos e autogestão dos operários (...) (GIT, 1981, p.6).

Muitas tipologias foram elaboradas, dizendo respeito a diferentes sistemas de participação, levando particularmente em conta:

1. o mecanismo de decisões (a preparação, tomada e implementação de decisões);
2. os arranjos organizacionais (nos níveis do trabalho individual, da oficina, da firma, do setor industrial e da economia);
3. as relações de produção (questões gerais, questões sociais, assuntos organiza-

cionais e técnicos, assuntos econômicos etc.);

4. a dimensão jurídica (contratos coletivos, leis, constituição). Por exemplo, a co-determinação (*Mitbestimmung*) alemã foi estabelecida legalmente na constituição, mas em geral existem leis especiais ou acordos coletivos.

É importante compreender que todas as tipologias fundamentam-se num processo histórico que vai da participação parcial à plena. Em outras palavras, ao pleno controle do processo produtivo pelos conselhos de trabalhadores. Mas, do ponto de vista de pensadores radicais ou reformistas, o próprio processo é controvertido. Os radicais afirmam que qualquer sorte de "participação" é uma forma de conciliação com a classe inimiga e propõem sua substituição pela expressão "controle operário", mais de acordo com o sentido de luta de classe. Na prática, contudo, não propõem a abolição dos níveis de participação já alcançados. Parece que o novo sindicalismo (Coates e Topham, 1975) se adequa de forma melhor ao movimento geral da classe operária quando fala de meios reformistas com um objetivo radical, alcançando a autogestão através de diferentes formas de participação, ou por meio de um "reformismo revolucionário" (Gorz, 1980).

É possível haver alguma confusão no uso da expressão "democracia industrial", se ela for interpretada no sentido de co-determinação, de direitos iguais para os diferentes partidos organizados ou fatores produtivos — empregadores, operários e o estado — e não como direitos iguais de cada indivíduo envolvido no processo produtivo. Só então — quando o direito de decisão se estende a todos que estão comprometidos na produção, como um de seus direitos humanos básicos, e não simplesmente em resultado da luta de classes entre trabalho e capital — se pode falar de autogestão. Portanto, G.D. H. Cole (1917) estava certo quando insistia que a democracia industrial é uma forma de democracia direta com participação ativa de todos os membros de uma comunidade social na tomada de decisões, enquanto a democracia indireta é apenas mais uma forma de escravidão.

Nacionalização e socialização

A descentralização é um meio de alcançar a democracia direta e substituir a hierarquia de controle por uma hierarquia na coordenação. A propriedade privada é uma causa de organização hierarquizada, mas a nacionalização dos meios de produção nem sempre está ligada à abolição de uma ordem hierárquica. Ao contrário, pode fortalecê-la, como é o caso da propriedade estatal no socialismo de estado, altamente centralizado e hierárquico. A nacionalização dos meios de produção pelo estado, burguês ou proletário, significa apenas a transformação deste em um "estado geral capitalista" e, como observou Engels em carta a August Bebel em 1891, ainda pior, a concentração da "repressão política e da exploração econômica dos operários nas mesmas mãos". Conseqüentemente, os teóricos da autogestão operária enfatizam a socialização dos meios de produção, e não a sua nacionalização. A propriedade particular ou estatal seria substituída pela propriedade social, o que significa que os meios de produção pertencem à sociedade como um todo, a todos e a ninguém. A comunidade operária e o conselho de trabalhadores estão obrigados a gerir a produção como "bons gerentes", desfrutando do direito de uso e de apropriação dos benefícios, mas não do direito de abuso (*ius abutendi*). A propriedade social representa um tipo especial de propriedade, com distintas características legais, sociais e econômicas, destinadas a tornar impossível a exploração, mas, à luz da experiência na ex-Iugoslávia, vem sendo amplamente discutida como ambígua e insuficientemente precisa em termos legais.

Democracia participativa

A democracia industrial, como qualquer outro tipo de democracia, é uma forma constitucional de garantia dos direitos humanos. Nesse caso, os direitos daquele que produz. A constituição, ao conferir um direito ao indivíduo, protege-o do abuso de outrem, mas não garante a ninguém, é claro, a capacidade de exercer esse direito. Ela estabelece padrões formais e ideais de comportamento, mas fica adstrito à esfera de liberdade dos próprios indivíduos transformar isso em realidade. Os indivíduos devem, de alguma forma, ser educados para a democracia, e essa é a tarefa da democracia participativa. Trata-se de um conceito mais amplo, enraizado em um âmbito maior de correntes e tradições intelectuais que incluem a democratização de pequenos grupos, os conceitos de terapia grupal e de participação e auto-educação individual, movimentos religiosos (como o dos quacres), movimentos inspirados por Gandhi e diversos movimentos socialistas, libertários e anarquistas. É uma idéia a ser implementada através da participação grupal ou comunitária de indivíduos autônomos, e de forma espontânea. A motivação para projetos coletivos deve ser endógena, significando, pois, uma identificação livre e um envolvimento pessoal. Assim, essa forma de participação transcende qualquer tipo de organização particular, uma vez que organização e instituições tendem a fomentar relações funcionais e despersonalizadas. A democracia participativa poderia ser considerada como um método e uma base mais profunda de comportamento democrático. É um ideal e uma doutrina que visa preparar os indivíduos para um modo de vida democrático, sem limitações ou repressões exógenas.

Leitura sugerida: Horvat, B., Markovic, M. e Supek, R. 1975: *Self-Governing Socialism* • Szell, György 1988: *Participation, Workers' Control and Self-Management* • Unesco 1986: *Participate in Development.*

RUDI SUPEK

automação Ao descrever um sistema no qual máquinas são usadas para controlar processos e realizar seqüências de tarefas que antes exigiam a atenção, a atividade e a intervenção humanas, a palavra não se refere meramente ao emprego de artefatos para executar tarefas simples (mecanização), capacidade de que os humanos há muito dispõem, mas aos métodos de utilizar mecanismos eletrônicos, sensoriais e de controle a fim de reproduzir e substituir os sentidos, mentes e mãos humanas em uma operação repetida.

Todos os sistemas automatizados têm aspectos característicos:

1. ação, por exemplo: perfuração, aquecimento, borrifação, tratamento com produtos químicos;
2. posicionamento, o que pode implicar mover, virar, alinhar, transferir, passar de um lugar para outro;
3. controle, a respeito dos meios de executar decisões — por exemplo, uma válvula que pode ser aberta e fechada;
4. um programa de computação com instruções para execução de um processo, como em (1) a (3) acima;
5. um programa de computação no comando de toda a operação, isto é, da seqüência de processos;
6. um meio de captar (identificar e medir) e reportar as qualidades do que está sendo processado, como tamanho, propriedades ópticas, peso e calor;
7. elementos de tomadas de decisão, que cotejam informações fornecidas com uma condição desejada e fazem as correções adequadas nos desvios.

Esses aspectos, operando de modo combinado, formam um sistema de *feedback* capaz de ser operado com um mínimo de intervenção humana.

A automação é adotada para aumentar a produção e a produtividade, padronizar produtos, aumentar a eficiência, liberar os seres humanos de tarefas desagradáveis ou perigosas, reduzir custos operacionais e executar procedimentos que estão acima das capacidades humanas.

Os primeiros sistemas industriais automatizados começaram a surgir nos anos 50. Nas décadas de 60 e 70, a previsão de expansão desses sistemas suscitou especulações quanto às suas prováveis conseqüências econômicas, sociais e culturais para as sociedades industriais e a natureza do trabalho industrial em particular. Algumas conclusões sobre tendências foram extraídas do precursor da automação na produção industrial — a mecanização de linhas de produção — no qual o processo de produção era dividido em subprocessos, cada qual com a ajuda de uma máquina. Uma vez que os operários eram tratados como acessórios da máquina, o efeito foi degradar e limitar suas qualificações. No que diz respeito ao plano do operário individual, previa-se a sua desqualificação, envolvendo uma redução de conhecimento do ofício e uma perda da liberdade, como grave conseqüência direta da automação. No plano da organização, imaginava-se que surgiriam operários com novas qualificações, como projetistas, fabricantes de ferramentas, assim como construtores de máquinas, técnicos de manutenção e novos tipos de operadores e supervisores de máquinas. As organizações industriais, à medida que fossem aumentando em tamanho e complexidade, exigiriam novas habilidades gerenciais, enfatizando a informação e o controle. No plano da sociedade e da economia, esperava-se que a desigualdade e o desemprego crescessem, e se previu a mudança geral da produção industrial de bens para as indústrias de serviços.

Dois fatores tornaram difícil prever as conseqüências com algum nível de precisão: a falta de uma estreita relação causal entre a tecnologia e a natureza das sociedades e organizações; e o fato de a automação não ser apenas um processo mais complexo que a mecanização, mas um processo qualitativamente diferente.

A noção de desqualificação é demasiado rudimentar para se aplicar à automação, partindo do pressuposto de que os indivíduos têm qualificações fixas específicas, quando na verdade o seu reconhecimento é social e culturalmente determinado, sendo pois sensível a situações cambiantes. Mais ainda, a rotatividade de operários que supostamente acompanharia a desqualificação foi de menor importância na automação, uma vez que lidar com sistemas automatizados em geral exige mais habilidade e treinamento, e não menos.

O impacto da automação na passagem das indústrias fabris para as de serviços tampouco foi muito claro. Duas coisas estão implicadas: a mudança nos dimensionamentos da produção e/ou a mudança na proporção da força de trabalho empregada no processo fabril. A produção fabril sofreu enorme expansão nos países com indústrias altamente automatizadas. Mesmo em países em aparente declínio, a atividade fabril, ligada como está ao crescimento das indústrias de serviços, bem como à demanda de exportações, sofre uma flutuação, de forma que a ligação entre a passagem fabril/serviços e a automação não fica demonstrada. De qualquer forma, essa alteração foi determinada antes de a automação assumir sua forma moderna. Ainda mais, apesar de a automação ter afetado primeiro as indústrias fabris, ela está exercendo impactos disseminados por todas as atividades, incluindo os serviços de escritórios, comunicações, transportes, distribuição, trabalho secretarial e administrativo, bancos e serviços financeiros, vendas a varejo, impressão e edição, saúde e serviços públicos, desenho industrial e a própria indústria de tecnologia de informação. À medida que o uso de sistemas "inteligentes", com base no conhecimento, se disseminar pela atividade profissional, a automação afetará o trabalho e a tomada de decisões em praticamente todas as ocupações não-fabris.

A correlação entre automação e desemprego é igualmente complexa. Os argumentos ditados pelo bom senso, que percebiam os efeitos óbvios da substituição de operários por robôs, levaram a conclusões simplistas sobre o desaparecimento de empregos em geral e de empregos industriais em particular. Apesar da evidente destruição de empregos tradicionais, devastadora para velhas comunidades industriais, houve um aumento em novos tipos de empregos não-repetitivos e especializados. Se as tendências no desemprego se devem à automação como tal, ou se refletem o deslocamento de mercados de trabalho cambiantes em uma economia mundial igualmente cambiante, é questão aberta ao debate.

Atualmente a palavra "automação" é menos usada na indústria do que algumas expressões mais precisas, como CIM (*computer-integrated manufacturing*/fabricação integrada por computadores), AMT (*advanced manufactoring technology*/tecnologia fabril avançada) e CDCAM (*computer-aided design, computer-aided manufacture*/desenho industrial com ajuda de computador, fabricação com ajuda de computador). A palavra "robótica" refere-se ao estudo cada vez mais sofisticado de complexas máquinas automatizadas, capazes de sentir, decidir e manipular de um modo reconhecivelmente semelhante ao humano.

Ver também TEORIA E TECNOLOGIA DA INFORMAÇÃO; MUDANÇA TECNOLÓGICA; TRABALHO.

Leitura sugerida: Adler, F. et al., orgs. 1986: *Automation and Industrial Workers: a Fifteen Nation Study*, vol.2 • Braverman, H. 1974: *Labor and Monopoly Capital: the Degradation of Work in the Twentieth Century* • Forester, Tom, org. 1985: *The Information Technology Revolution* • Forslin, J., Sarapata, A. e Whitehill, A.M., orgs. 1979: *Automation and Industrial Workers: a Fifteen Nation Study*, vol.1 • Granovetter, M. e Tilly, C. 1988: "Inequality and labor process". In *Handbook of Sociology*, org. por N. Smelser • Handy, C.B. 1984: *The Future of Work: a Guide to Changing Society* • Hyman, R. e Streeck W., orgs. 1988: *New Technology and Industrial Relations.*

LORRAINE F. BARIC

autoridade Embora autoridade possa ser convenientemente definida como o direito, quase sempre por reconhecimento mútuo, de exigir e receber submissão, há um desacordo endêmico entre os teóricos sociais a respeito de sua natureza. Isso não surpreende, já que as diferentes concepções de autoridade tendem a refletir distintas visões de mundo e teorias sociais e políticas. Não obstante, as diversas concepções de autoridade parecem ter dois componentes em comum. Um deles é o não-exercício do juízo privado. O outro é a identificação das autoridades a serem reconhecidas.

Isso conduz a algumas distinções úteis. Se alguém se submete ao julgamento das autoridades por referência a um conjunto de regras predominante em uma sociedade, falamos de uma autoridade *de jure*. No entanto, se alguém se submete ao julgamento de outros porque aceita as pretensões desses outros a serem as autoridades legítimas, trata-se de um caso de autoridade *de facto*. Os pais, como é típico, têm tanto autoridade *de jure* quanto *de facto* sobre os filhos. É concebível, porém, que tenham o primeiro tipo de autoridade sem terem o segundo, e vice-versa. Se a autoridade é identificada e reconhecida em termos de confiança, falamos de uma autoridade *per se* (como no caso de um médico aconselhando um paciente). Se, por outro lado, ela é identificada e reconhecida com relação à conduta, trata-se então de um caso de alguém que está *em* (no exercício da) autoridade (como um policial conduzindo o tráfego).

Talvez a melhor maneira de elucidar o conceito de autoridade seja descrever diferentes soluções para três problemas que ela apresenta.

Em primeiro lugar, por que há necessidade desse conceito? Se Hannah Arendt e Bertrand de Jouvenel, por um lado, dão explicações diferentes da autoridade, por outro concordam (e com a maioria dos outros teóricos sociais) em que a coesão e a continuidade da vida social não podem ser adequadamente explicadas em termos de coerção, LIDERANÇA ou discussão racional. Arendt (1960) acredita que autoridade implica uma obediência na qual as pessoas conservam sua liberdade, distinguindo-a de PODER, força e violência, e também de persuasão, pois nesta as pessoas são iguais. A ascensão do totalitarismo no século XX foi precedida, segundo Hannah Arendt, da perda de autoridade: a multidão solitária busca conforto em movimentos políticos de massa e sente a necessidade de líderes.

De acordo com Jouvenel (1947) autoridade é a capacidade de alguém fazer com que suas propostas sejam aceitas. É diferente de poder, pois é exercida apenas sobre os que voluntariamente a aceitam. No entanto as pessoas em exercício da autoridade, ou governantes, podem ter autoridade apenas sobre uma parte de seus governados, mas sobre um número suficiente para que possam coagir os demais. Isso seria poder sobre todos por meio de autoridade sobre uma parte, ou um estado autoritário. É um equívoco, acredita Jouvenel, opor autoridade a liberdade, pois a autoridade termina onde o consentimento voluntário também termina: a dissolução de agregados humanos é o pior de todos os males, diz ele, e os regimes policiais entram em cena quando o prestígio se esvai.

Em segundo lugar, como é que as pessoas no exercício da autoridade chegam a obtê-la? Max Weber (1921-2) estabeleceu uma diferença entre três tipos de autoridade, ou "dominação legítima". A autoridade legal, apoiada numa crença na legalidade de regras decretadas e no direito daqueles elevados à autoridade, sob essas regras, de emitirem ordens. Os policiais são obedecidos porque a autoridade que lhes foi conferida pela ordem jurídica e política é aceita. A autoridade tradicional é baseada numa crença estabelecida na inviolabilidade de tradições imemoriais e na legitimidade daqueles que exercem autoridade sob elas. Esse tipo de autoridade é também definido em termos de um conjunto de regras, mas as regras são, na maior parte, expressas em tradições e costumes. Finalmente, a autoridade carismática é baseada na devoção ao caráter exemplar, heroísmo ou santidade excepcionais de uma pessoa isolada, e das ordens ou padrões normativos revelados ou ordenados por essa pessoa (ver CARISMA). O melhor exemplo é Jesus, que falou "com autoridade" no Templo, apesar de ter apenas 12 anos de idade, e cujas elocuções tinham a forma "está escrito (...) mas eu vos digo".

Segundo Weber, esses três tipos de autoridade são "tipos ideais". Eles quase sempre existem de forma mista. Peter Winch (1967) destacou que, em última análise, todos os três apóiam-se na tradição. Até mesmo a autoridade carismática pressupõe tradição, de vez que o líder carismático sempre reforma uma tradição existente e suas ações não são inteligíveis isoladas disso. De fato, Jesus disse que viera, não para infringir a lei, mas para cumpri-la. Também se deveria destacar que a diferença entre autoridade legal e tradicional, por um lado, e autoridade carismática, por outro, na teoria de Weber, é de algum modo semelhante à diferença, descrita por Jouvenel, entre o árbitro de pretensões e objetivos existentes e conflitantes, *o rex*, e o líder ou originador de novas políticas, *o dux*.

A terceira questão é por que as pessoas deveriam acatar a autoridade. Os pensadores políticos radicais, especialmente os anarquistas e os marxistas, acreditam que não deveriam. Os marxistas objetam que a autoridade é assimétrica, mascarando a natureza de classe do estado capitalista e a imposição de uma ideologia legitimadora. Jürgen Habermas (1973) acredita, por exemplo, que o estado no "capitalismo tardio" enfrenta uma crise de legitimidade. Os anarquistas modernos, como Robert Paul Wolff (1970), fixam os olhos no que vêem como um conflito entre autonomia individual e autoridade. Segundo eles, a autoridade necessariamente implica a capitulação do juízo.

Conservadores e liberais replicam que uma extensa divisão intelectual do trabalho é necessária na complexa ordem social contemporânea. Destacam também que um certo tipo de lei estrutura, em vez de restringir, a liberdade individual, e que portanto serve como uma condição, e não restrição, da autonomia.

Os liberais modernos, como lhes é comum, diferenciam entre a autoridade da lei, que encaram como necessária para facilitar a cooperação social, e o poder dos indivíduos, no qual tendem a não confiar. Divergem, porém, a respeito de como derivar a autoridade da lei. Para John Rawls (1971) e James M. Buchanan (1975), ela deriva de um CONTRATO SOCIAL. As pessoas acatam a autoridade porque isso é de seu interesse. Elas escolheriam (certo tipo de) autoridade caso munidas da informação relevante ou colocadas no cenário apropriado. Para Friedrich A. Hayek (1979), a autoridade surge de um longo processo histórico de adaptação mútua de indivíduos, conforme expresso em estatutos, tradições, convenções e costumes. Exceto onde a unidade política é criada por conquista, afirma ele, as pessoas se submetem à autoridade, não para permitir que ela faça o que lhe agrada, mas porque confiam em que alguém aja em conformidade com certas concepções comuns sobre o que é justo. Para Robert Nozick (1974), a autoridade do estado repousa em sua não-violação dos direitos individuais.

Por outro lado, alguns pensadores modernos, Michael Oakeshott (1962), Hannah Arendt e outros, com inspiração em Aristóteles, Rousseau e Hegel, não se referem a interesses ou direitos, mas a identidades sociais. Substituem as individualidades desimpedidas (e, para eles, debilitadas) da teoria liberal por individualidades situadas, parcialmente constituídas por seus papéis, práticas, locais e tempos sociais. O motivo pelo qual aceitamos a autoridade, contrapõem esses teóricos "comunitários", é que ela expressa nossa vontade comum, ou reflete nossa identidade comum, nossos valores e crenças compartilhados. Ao mesmo tempo em que alguns argumentos comunitários contra o liberalismo são semelhantes aos apresentados por conservadores (especialmente os Tóris britânicos) no início do século XIX, eles comumente conduzem a políticas mais igualitárias. Mas quando as individualidades estão situadas em uma cultura individualista os comunitários podem tornar-se bastante libertários, sendo Oakeshott um exemplo.

Finalmente, os "realistas" políticos acreditam que a autoridade não passa a existir por meio de crenças compartilhadas ou por convenção, mas por imposição. Vilfredo Pareto descreveu a política como a competição entre as elites que buscam seus próprios objetivos através da manipulação do apoio da massa: "Todos os governos usam a força e todos afirmam que se fundamentam na razão" (Pareto, 1916-19, seção 2.183). De acordo com Gaetano Mosca (1896), a classe governante dominou a maioria desorganizada, legitimando seu poder através de uma "fórmula política". Marxistas e anarquistas concordam em certa medida com os realistas políticos no que diz respeito à natureza da autoridade, apesar de dois grupos, ao contrário dos realistas, acharem-na inaceitável e desejarem substituí-la por alguma outra coisa a respeito de cuja natureza, porém, não entram em acordo. Mas a maioria tanto dos filósofos políticos quanto dos sociológos políticos acredita que a autoridade é um aspecto inevitável e inerradicável da vida social.

Leitura sugerida: Arendt, Hannah 1960: "What is authority?". In *Between Past and Future: Eight Exercises in Political Thought* • Jouvenel, Bertrand de 1947: *De la souveraineté: à la recherche du bien pratique* • Lukes, S. 1978: "Power and authority". In *A History of Sociological Analysis*, org. por T. Bottomore e R. Nisbet • Peters, R. 1967: "Authority". In *Political Philosophy*, org. por A. Quinton • Weber, Max 1921-2 *(1978)*: *Economy and Society: an Outline of Interpretative Sociology*, org. por Günther Roth e Claus Wittich • Winch, P. 1967: "Authority". In *Political Philosophy*, org. por A. Quinton.

HANNES H. GISSURARSON

avant-garde Ver VANGUARDA.

B

base e superestrutura Estas são metáforas marxistas para descrever as relações entre a economia (relações de produção) e o governo, a política e a ideologia. Marx e Engels nunca desenvolveram suas idéias a respeito da base e da superestrutura em um tratado específico, nem de maneira sistemática, mas é possível discernir pelo menos três características básicas de seu pensamento a esse respeito: compatibilidade, *feedback* e não-reducionismo.

1. Uma sociedade existe se houver compatibilidade entre seu governo (política, leis), suas idéias e suas estruturas econômicas. Nem tudo é possível: se a economia muda, o governo e as idéias terão de mudar. Marx provavelmente pensou que poderia haver um, e apenas um, tipo de superestrutura compatível com uma dada base. G.V. Plekhanov, Lenin e Stalin, com toda certeza, assumiram ponto de vista semelhante. A compatibilidade também foi interpretada como indicando a inevitabilidade de mudança na superestrutura em seguida a uma transformação da base. Essa é a interpretação *forte* de compatibilidade. De acordo com a interpretação *fraca*, o número de superestruturas compatíveis tem de ser menor que o número de todas as (possíveis) superestruturas. A correspondência é de uma para muitas. Assim, afirmações a respeito da superestrutura ainda podem ser explicadas recorrendo-se a afirmações a respeito da base, mas sua descrição não tem como ser inferida a partir da descrição da base. A tese da inevitabilidade também pode ser reduzida à tese composta de que, (a) se uma base muda, então ou a superestrutura muda para restaurar a compatibilidade ou a base retorna ao tipo anterior, para que a sociedade não seja destruída por um conflito interno; e (b) se uma superestrutura muda, então ou a base muda para restaurar a compatibilidade ou a superestrutura retorna ao tipo anterior, para que a sociedade não seja destruída.

2. Há uma relação de *feedback* entre base e superestrutura. A palavra *"feedback"* foi usada pela primeira vez de forma sistemática, e neste contexto, por um filósofo alemão, Georg Klaus, depois de 1960. A idéia está implícita nos textos de Marx e explícita nos de Engels. *Feedback* explica o aspecto de funcionalidade de uma superestrutura com relação a sua base. Afirmações a respeito das funções do governo ou das idéias podem ser traduzidas em frases condicionais aceitáveis dentro do modo científico de explicação. A tese do *feedback* é compatível com as interpretações tanto forte quanto fraca da tese da compatibilidade.

3. Nem todas as propriedades da superestrutura são dependentes de algumas propriedades da base. Há dimensões e propriedades das esferas do governo e do pensamento que não podem ser explicadas recorrendo-se a afirmações a respeito da base (suas descrições não podem ser reduzidas às descrições da base). Uma superestrutura desenvolve-se a partir de outra que a antecedeu e resulta de uma livre escolha ou de ações ao acaso dentro das restrições estruturais impostas pelas condições de compatibilidade e *feedback*. A superestrutura é considerada um componente necessário de qualquer sociedade humana. Não é puramente uma serva ou escrava da base.

Feedback e não-reducionismo são abrangidos pelo rótulo composto de "autonomia relativa da superestrutura". O conceito de base e superestrutura, assim, torna-se um conceito de restrições e condições de capacitação de ações e atividades humanas. Nos textos marxistas, não se encontra um método geral para se afirmar *ante factum* que propriedades e entidades dentro de algumas instituições superestruturais são dependentes da base e que outras não são. Dessa forma, não temos uma teoria sociológica geral, apesar de efetivamente dispormos de um útil esboço de teoria que destaca algumas importantes relações na sociedade que podem ser usadas como núcleo de um programa de pesquisa em história, sociologia, antropologia social, direito e ciência política.

A expressão "base e superestrutura" é amplamente aplicada às relações entre instituições da sociedade. É também aplicável às relações entre os níveis no interior das instituições compostas (famílias, bandos de caça e coleta, unidades étnicas e assim por diante).

As palavras "base e superestrutura" foram introduzidas por Marx (1859). Ele afirmava que estado, política e formas ideológicas compunham uma superestrutura construída sobre a base de relações de produção, sendo esta última compatível com um nível definido dos meios de produção. Assim, a superestrutura não foi descrita por Marx como diretamente dependente da tecnologia. A dependência era mediada pelas estruturas econômicas. Já em 1844 Marx escreveu nos manuscritos parisienses que alguns valores humanos eram dependentes de condições econômicas (em particular, atitudes alienadas para com o trabalho e a liberdade foram descritas como dependentes da presença de alienação na economia). A afirmação de que pensamento e governo baseiam-se no MODO DE PRODUÇÃO permeia todo o texto de *A ideologia alemã* (Marx e Engels, 1845-6). Engels discutiu as relações entre base e superestrutura em inúmeras cartas escritas entre 1890 e 1895. Ele introduziu a descrição de *feedback* dos relacionamentos entre base e superestrutura, destacando que as instituições pertencentes à superestrutura têm algumas características não-determinadas por sua base. Às vezes ele usou a palavra *base* de forma um tanto indefinida para incluir o ambiente natural e todo o modo de produção (Engels, 1894).

Nos anos 20 alguns autores soviéticos começaram a fazer distinções entre a base tecnológica (partes dos meios de produção) e a base econômica. Esta última consistia nas relações de produção, câmbio e distribuição. Os autores econômicos ocidentais desde 1870 eram praticamente desconhecidos dos filósofos e economistas soviéticos. Assim, não há investigações detalhadas das relações de produção por parte da maioria dos marxistas. Não obstante, a expressão "base" (ou "base econômica") não é usada por autores soviéticos para indicar o conjunto do modo de produção. Eles também encaram a superestrutura como sendo exterior ao modo de produção e nele baseada. Seu ponto de vista predominante passou a ser que, apesar de as relações de produção serem o fator determinante mais importante para a superestrutura, também podem existir relações determinantes diretas dos meios de produção para a superestrutura. Afirma-se que uma formação sócio-econômica combina um modo de produção e uma superestrutura. Esse uso soviético (e europeu oriental) difere do de alguns autores ocidentais influenciados por uma tradição marxista francesa, segundo a qual a palavra "base" é usada para indicar tanto os meios quanto as relações de produção. O uso padrão soviético entrava em bom acordo com Marx (1859) e parecia, do ponto de vista da exegese, mais próximo do corpo completo dos textos de Marx e Engels. J. Plamenatz afirmou que Marx interpretava as relações de produção como relações de propriedade jurídica. Esse ponto de vista foi rejeitado por G.A. Cohen, que também forneceu análises das microfundações das relações base-superestrutura. Os pontos de vista de Cohen apoiavam-se em boas evidências textuais (Marx, 1859).

Há uma tendência nos textos ocidentais modernos sobre MARXISMO a encarar as idéias a respeito de base e superestrutura como princípios explanatórios. G.A. Cohen insiste em que as relações entre superestrutura e base são funcionais, e em que essa explicação funcional é uma forma válida de explanação. Isso levou a controvérsias nos estudos analíticos do marxismo sobre a natureza das relações funcionais e o papel das explicações funcionais. Na ciência social do século XIX, EXPLICAÇÃO ainda não se havia tornado uma palavra em voga. Marx e Engels estavam essencialmente interessados em descobrir o que julgavam ser relacionamentos reais entre entidades reais. Apesar de terem desenvolvido conceitos e terminologias para fins de compreensão e explicação, seu interesse não se centrava nos conceitos, mas na realidade social e em revolucionar essa realidade.

O uso simplista e não-metafórico dos conceitos "base e superestrutura" por alguns marxistas e antimarxistas é essencialmente uma realização do século XX. O marxismo foi transformado num sistema teórico fechado e irrefutável, que tudo abrange, por alguns pensadores da Segunda Internacional, por Lenin e pelos intérpretes stalinistas de Marx.

Leitura sugerida: Cohen, G.A. 1978: *Karl Marx's Theory of History: a Defence* • Collins, H. 1982: *Marxism and Law* • Elster, J. 1985: *Making Sense of Marx* • Newman, K.S. 1983: *Law and Economic Organization: a Comparative Study of Preindustrial Societies* • Plamenatz, J. 1954: *German Marxism and Russiam Communism* • Plekhanov, G.V. 1895 *(1975)*: "The development of the monist view of history". In *Selected Philosophical Works in Five Volumes*, vol.1 • Therborn, G. 1980: *What Does the Ruling Class Do When It Rules? State Apparatuses and State Power under Feudalism, Capitalism and Socialism.*

EERO LOONE

behaviorismo Ver COMPORTAMENTALISMO.

bem-estar, estado de Ver ESTADO DE BEM-ESTAR; QUALIDADE DE VIDA.

bem-estar, teoria econômica do No processo de escolha entre opções políticas mutuamente excludentes, os juízos de valor são inescapáveis. A teoria econômica do bem-estar é a análise dos juízos de valor no contexto de tomadas de decisão econômicas.

Na gestão de uma economia, é preciso fazer escolhas o tempo todo. É natural, portanto, tentar garantir que essas escolhas se originem do mesmo e consistente conjunto de juízos a respeito de VALORES ou critérios de BEM-ESTAR SOCIAL. Durante a maior parte deste século o critério de bem-estar a que a economia deu preferência foi o ligado ao nome de Vilfredo Pareto (Pareto, 1897). Para a sociedade, uma *melhora de Pareto* é uma mudança que deixa todo mundo pelo menos tão bem quanto antes e uma ou mais pessoas na verdade em melhor situação. Uma condição *Pareto-ótima* é aquela a partir da qual não há mais melhoras de Pareto possíveis.

Uma vantagem do critério de Pareto é que ele não depende de comparações interpessoais. De acordo com esse critério, nenhum julgamento depende de o ganho da pessoa A ser maior ou menor que o ganho da pessoa B. Essa vantagem é, no entanto, conseguida à custa de uma reticência amplamente difundida. Uma medida política que dê 100 dólares a um carente e deixe um milionário um dólar mais pobre não é algo que possa ser recomendado ou rejeitado em bases paretianas (presumindo-se que o milionário de fato perceba a perda de um dólar, não importa com que exatidão).

Não surpreende, portanto, que grande parte da teoria econômica do bem-estar se tenha ocupado em desenvolver abordagens mais sofisticadas para classificar as condições sociais. Um trabalho fecundo nesse sentido foi um ensaio publicado por Abram Bergson (1938) e mais tarde desenvolvido por Paul Samuelson (1947). A abordagem Bergson-Samuelson exige que o bem-estar social de uma sociedade seja função do nível de proveito desfrutado por cada indivíduo dentro dela. Dependendo de nossas inclinações normativas, poderíamos insistir em dizer que a função satisfaz certas propriedades. Por exemplo, poderíamos exigir dela que fosse de Pareto-*inclusiva*. Isto é, se o proveito de alguém aumenta e o de ninguém cai, o nível de bem-estar social deve registrar um aumento. Poder-se-ia ser mais exigente e fazer questão de que o bem-estar social fosse a soma do nível de proveito de cada indivíduo. Isso seria equivalente ao utilitarismo defendido no século XVIII por Jeremy Bentham.

Uma linha intermediária, defendida por John Hicks, Nicholas Kaldor e outros, descreve uma mudança como melhora caso seus beneficiários sejam capazes de compensar os perdedores e ainda conservar alguns benefícios positivos. Essa regra foi amplamente usada para comparações de renda real nacional e análises de custos-benefícios, mas sua base conceitual tem sofrido sérios ataques. Se os beneficiários, conforme se argumentou, não vierem a compensar de fato os perdedores, em que ajuda saber, nesse caso, que eles *podem* fazê-lo? E se de fato os compensam, o próprio critério de Pareto descreverá a mudança como desejável. Por que motivo precisaríamos de outra regra?

Em tempos mais recentes a teoria econômica do bem-estar recebeu grande impulso com a descoberta de um teorema de proporções gigantescas — o teorema da impossibilidade geral (1951) de Kenneth Arrow (ver ESCOLHA SOCIAL). Em vez de fixar uma função de bem-estar social, particular, Arrow anotou alguns axiomas que parecem extremamente razoáveis, que poderíamos desejar que uma função social satisfizesse. O teorema da impossibilidade geral afirma que esses axiomas não podem ser satisfeitos simultaneamente.

Uma ampla literatura surgiu para "resolver" o problema. Mas, no momento mesmo em que essa literatura vinha aparecendo, outros teoremas de impossibilidade, tais como o influente teorema do paradoxo da liberdade (1970) de Amartya Sen, continuavam a surgir. Ainda mais importante, a teoria econômica do bem-estar pós-arrowiana tornou-se um ponto de encontro para a economia e a filosofia moral. Questões de direitos e liberdades individuais podiam ser tratadas agora pela economia. A obra de Amartya Sen, por exemplo, vacilava entre o quadro formal usado pelos teóricos econômicos do bem-estar e o outro, conceitual, dos filósofos morais, como John Rawls e Robert Nozick. A teoria econômica do bem-estar também enriqueceu atividades mais terra-a-terra, como a análise de custos-benefícios, a mensuração da pobreza e da desigualdade e a elaboração de políticas públicas.

Leitura sugerida: Atkinson, A.B. 1983: *Social Justice and Public Policy* • Graaf, J. de V. 1957: *Theoretical Welfare Economics* • Nozick, R. 1974: *Anarchy, State and Utopia* • Rawls, J. 1971: *A Theory of Justice* • Sen, A. 1982: *Choice, Welfare and Measurement.*

KAUSHIK BASU

bem-estar social A expressão define o bem-estar da sociedade como um todo. Como tal, é um conceito que assume (ainda que fragilmente) a possibilidade de se medir o bem-estar pessoal, de se compararem escalas individuais de bem-estar e de se estabelecerem as relações entre essas escalas individuais (comparáveis) e a soma de bem-estar da sociedade como um todo. Em sua forma mais ambiciosa, assumiu a capa de uma *função de bem-estar social*, idéia mais estreitamente associada a dois economistas, Bergson (1938) e Samuelson (1947). Seu modelo — na verdade um exercício de transposição das chamadas "escalas de preferência individual" para uma "escala de preferência social" (que se presume ser a soma das preferências individuais) — buscava definir o bem-estar total da sociedade como uma função de sua alocação de recursos. Esse modelo foi criticado por Arrow, o qual afirmou que qualquer função ou regra que procurasse levantar ordenações de preferência individual para formar uma escala de preferência social, e que obedecesse a condições mínimas de Aplicabilidade Universal (que todas as variações logicamente possíveis de preferências individuais fossem conciliadas), de Independência de Alternativas Irrelevantes (que não exigisse nenhuma informação desnecessariamente detalhada violando a privacidade pessoal) e de um Princípio Pareto Fraco (que pelo menos alguém se saísse melhor e ninguém ficasse pior; ver BEM-ESTAR, TEORIA ECONÔMICA DO), tinha de admitir um ditador, isto é, um indivíduo cujas preferências estritas fossem impostas à sociedade.

Vários esforços para transcender o chamado "teorema da impossibilidade" de Arrow levaram à moderna disciplina da *teoria da escolha social*, ou a busca de um fundamento racional normativo das decisões sociais em sociedades nas quais os indivíduos têm preferências diferentes quanto ao uso dos recursos disponíveis. Com esse fim, tal disciplina ocupa-se da agregação de interesses, preferências ou bem-estar individual em agregados nacionais de interesse, preferência ou bem-estar social. E isso levou a que se desenvolvessem pelo menos métodos teóricos de mensuração e comparação, cuja sutileza e engenhosidade são dignas de serem admiradas; eles não podem sequer ser resumidos aqui (para uma breve exposição, ver Sen, 1987; ver também ESCOLHA SOCIAL). No entanto, apesar de toda a sua indubitável sofisticação, a teoria da escolha social permanece imobilizada pela possibilidade lógica de diferentes exercícios de agregação, dependendo do que exatamente é agregado (interesse, preferências, bem-estar, ou mesmo julgamento moral a respeito desses três), e do que se considera ser uma conclusão adequada do exercício em si mesmo, se uma simples mensuração ou uma alteração ativa (por exemplo, no sentido de uma igualdade de bem-estar), como resultado desse exercício (ver Sen, 1977 e 1986).

De forma semelhante, os modelos de escolha social, como modelos axiomáticos de preferência e alocação de recursos, tendem a assumir (na maior parte) a possibilidade de informação completa, mas não implicando intrusão, em benefício daquele que toma as decisões, e a legitimidade de métodos ditatoriais de tomada de decisão, na busca da maximização do bem-estar social, como um resultado de todos esses cálculos. A esse respeito, talvez os desenvolvimentos mais instigantes nessa disciplina tenham resultado do estudo sistemático dos procedimentos de votação, não apenas como modelos para o cálculo teórico de preferências sociais agregadas, mas como indicadores da possibilidade de seu cálculo prático em algum momento futuro. Alternativamente, talvez haja algo que se possa dizer em favor do apelo de Barry (1991) para se retirar por completo a noção de bem-estar social (e individual) do pressuposto de provisão coletiva.

Ver também ESTADO DE BEM-ESTAR.

Leitura sugerida: Arrow, K.J. 1951: *Social Choice and Individual Values* • Barry, Norman 1991: *Welfare* • Bergson, A. 1938: "A reformulation of certain aspects of welfare economics". *Quarterly Journal of Economics* 52, 310-34 • Samuelson, P.A. 1947: *Foundations of Economic Analysis* • Sen, A.K. 1977: "Social choice theory: a re-examination". *Econometrica* 45, 58-89 o 1986: "Social choice theory". In *Handbook of Mathematical Economics*, vol.3, org. por K.J. Arrow e M. Intriligator o 1987: "Social choice". In *The New Palgrave: Dictionary of Economics*, vol.4, org. por John Eatwell, Murray Milgate e Peter Newman.

S.J.D. GREEN

Bloomsbury, grupo de Essa expressão há muito é usada para indicar um vínculo informal de estetas e INTELECTUAIS influentes, ou pelo menos proeminentes, na primeira metade deste século e, ainda, por conta de suas opiniões e (especialmente) vidas sexuais pouco convencionais, de interesse ao que tudo indica inesgotável para os biógrafos populares. A expressão deriva da circunstância de que, por ocasião da morte do homem de letras vitoriano e primeiro editor do *Dictionary of National Biography*, sir Leslie Stephen (1832-1904), suas quatro filhas, entre as quais se incluíam a pintora Vanessa (Bell) e a romancista Virginia (Woolf), mudaram-se de Hyde Park Gate para o número 46 da Gordon Square, no bairro então altamente fora de moda de Bloomsbury, no centro de Londres. Lá, elas e seus amigos se reuniam regularmente para *soirées* e discussões, e daí se desenvolveu um núcleo de pessoas com interesses semelhantes que sobreviveu por muito tempo à dissolução do núcleo familiar original.

O grupo nunca teve uma identidade oficial, apesar de muitos de seus membros terem pertencido à elitista Society of Apostles, da Universidade de Cambridge. O grupo de Bloomsbury, na verdade, era quase que exclusivamente composto por pessoas educadas em Cambridge e (mais tarde) de outras que tinham em Cambridge a sua base de atividades: os filósofos G. E. Moore e (perifericamente) Bertrand Russell (ambos do Trinity College), o historiador G. Lowes Dickinson, o crítico de arte Roger Fry, o biógrafo e crítico literário Lytton Strachey, o romancista E.M. Forster e o economista J.M. Keynes (todos graduados por ou Fellows do King's College). Entre os membros menos importantes estavam o crítico Clive Bell (marido de Vanessa), o pintor Duncan Grant e o administrador colonial e pensador fabiano Leonard Woolf (marido de Virginia e também fundador, com ela, da Hogarth Press). A influência do grupo perdurou pelos anos 50 e mais além, em parte através de seus filhos, mas também de recrutas mais jovens como o crítico de jornal dominical Raymond Mortimer (de quem se diz ter sido modelo para o depravado príncipe Daniyal na mais vigorosa de todas as sátiras sobre Bloomsbury, o romance *The Root and the Flower*, 1935, de L.H. Myers).

Bloomsbury foi essencialmente o fruto boêmio de uma Cambridge esclarecida, de classe média alta e vitorianamente tardia. De Cambridge, o grupo tirou o racionalismo, o ceticismo e o agnosticismo religioso, mas rejeitou, de seus antecessores, o UTILITARISMO, o puritanismo e o espírito público (exemplificado pelos clãs Stephen e Strachey, que se gabavam, além de antigas ligações evangélicas, da presença de inúmeras figuras de destaque, jurídicas, militares e administrativas, entre seus membros). A perspectiva de Bloomsbury era epicurista, hedonista, pacifista, subjetivista e (exceto no que dizia respeito a artes e "relações pessoais") um tanto monotonamente irreverente. "Nada importava", observou Keynes numa famosa *Memoir* (1949), "exceto estados de espírito, os nossos próprios e os de outras pessoas, é claro, mas principalmente os nossos próprios.(...) Repudiávamos inteiramente a moral e as convenções habituais e a sabedoria tradicional."

A única dívida de Bloomsbury para com Oxford foi em ESTÉTICA. Nesse campo, o grupo seguiu a influência de Fry, que por sua vez havia sido influenciado pelo FORMALISMO e por uma aversão ao NATURALISMO do movimento dos estetas, do qual são exemplos Walter Pater e Oscar Wilde. Para Fry, como para J.A. McNeill Whistler, o valor de uma pintura se localizava nos "estados estéticos" abstratos, desinteressados, supostamente induzidos no espectador sensível apenas por sua forma, textura e cor independente de qualquer conteúdo descritivo. Fry foi encontrar essas qualidades da Forma Significativa (como Bell a chamava) exemplificadas com destaque na obra de Paul Cézanne, a quem introduziu no mundo anglo-saxão, através de duas exposições "pós-impressionistas" que organizou em Londres em 1910 e 1912.

Essa idéia — em si mesma longe de ser novidade — de que o valor era essencialmente *sui generis* encontrava eco substancial, se não efetiva inspiração, na visão da vida moral de G.E. Moore, tal como exposta em seus *Princi-*

pia Ethica (1903), obra que foi chamada "a Bíblia de Bloomsbury". Pois o Bem era igualmente irredutível, exceto para os "estados de espírito" subjetivos provocados pelos estímulos estéticos, por um lado, e pela amizade (ou "relações pessoais"), por outro.

A metafísica de Moore, como ele próprio o disse, era a do "senso comum". As coisas tinham uma existência real independente da nossa percepção a seu respeito, ponto de vista rejeitado com desprezo pela geração anterior de idealistas, contra os quais Moore reagia. Não osbtante, a perspectiva de Bloomsbury fazia poucas concessões a qualquer mundo objetivo, ou externo, no sentido vulgar. Era essencialmente uma "torre de marfim". Os valores podiam, teoricamente, ser "objetivos", mas na prática o indivíduo era livre para criar os seus próprios, uma vez que, sendo personificados apenas em sensações particulares inefáveis, eram opacos à inspeção ou à crítica pública. (Nisso, estranhamente, assemelhavam-se à desprezada "consciência" puritana.) Resumiam-se, no final, a pouco mais que gostos ou preferências para os quais não se achava que qualquer desculpa fosse necessária além do tradicional apelo liberal à soberania do indivíduo (ver LIBERALISMO; INDIVIDUALISMO).

Em conformidade com isso, a maioria dos críticos do grupo de Bloomsbury (incluindo um dos mais ferozes, o escritor D.H. Lawrence, ele próprio extraordinariamente excêntrico) o acusava de uma mentalidade trivial e amoral, possível apenas pela independência financeira com que a maioria deles nascera, e que lhes permitia um insulamento das pressões do cotidiano, que o trabalho e a vida social ordinária e indesejável impõem aos menos afortunados.

Há alguma verdade nessas restrições. Na maior parte do pensamento de Bloomsbury ocorre de fato uma "fragilidade" difusa, até mesmo certa complacência paroquial autocongratulatória. Mas é evidentemente extravagância, e até mesmo obscurantismo, responsabilizar (como já foi feito) pela crise inflacionária dos anos 70, anos economicamente keynesianos, o homossexualismo de Keynes e, de maneira geral, os *mores* de Bloomsbury. A suposta ligação é que a economia keynesiana (conforme exemplificada pelo aumento da demanda através dos aumentos dos meios circulantes e pelas concessões de empréstimos colossais para financiar governos), o homossexualismo e a busca da mera "sensação" estética têm uma perspectiva voltada apenas para o "curto prazo". Mas hoje se sabe que (por publicação dele próprio) Keynes estava fazendo recomendações principalmente para as condições peculiares dos anos 30, ainda que ele também tenha dito, de forma suficientemente incontroversa, que "a longo prazo estaremos todos mortos".

Sem dúvida, elementos de segunda ou terceira linha, como Strachey e Bell, só sobreviveram porque o grupo de Bloomsbury, como um todo, conquistou a imaginação do público (apesar de uma obra da juventude de Strachey, *Landmarks in French Literature*, e uma obra póstuma, *Books and Characters*, ainda serem dignas da atenção de qualquer pessoa culta, ao contrário do esnobe e pretensioso *Civilization* de Bell). Mas pessoas como Keynes, Russell e mesmo Moore com toda certeza teriam sido notáveis em qualquer período ou meio, enquanto escritores como Forster e (acima de todos) Virginia Woolf exibem não apenas inventividade técnica, mas uma espiritualidade delicada, preciosa e genuína que nenhuma época poderia ou pode dar-se ao luxo de dispensar.

Leitura sugerida: Bell, Quentin 1972: *Virginia Woolf: a Biography*, 2 vols. • Forster, E.M. 1947: *Howards End* • Fry, Roger 1920: *Vision and Design* • Harrod, R.F. 1951: *The Life of John Maynard Keynes* • Johnstone, J.K. 1954: *The Bloomsbury Group* • Keynes, J.M. 1949: *Two Memoirs* • Moore, G.E. 1903b: *Principia Ethica* • Myers, L.H. 1935 *(1984)*: *The Root and the Flower* • Strachey, G. Lyttom 1948: *Eminent Victorians* • Woolf, Virginia 1966: *Collected Essays*, 4 vols. o 1927 *(1977)*: *To the Lighthouse*.

ROBERT GRANT

bolchevismo Ver LENINISMO.

bonapartismo Tipo de governo, que tem como epítomes os regimes de Napoleão I e III, no qual a SOCIEDADE CIVIL e as instituições políticas representativas se encontram subordinadas ao poder policial-militar. O regime bonapartista é instalado por meio de golpe de estado, como conseqüência de anterior deterioração das instituições republicanas e de tumulto social. O líder à frente de tal governo pretende expressar diretamente a vontade indivisível do Povo soberano e tenta, mas não consegue, fundar uma dinastia. Medidas de exceção legitimam-se através de plebiscitos de massa. Essa definição elementar, porém, não consegue transmitir toda a gama de inflexões da palavra, nem tampouco a sofisticação conceitual que ela já recebeu, em particular no pensamento marxista.

O termo bonapartismo já estava em uso por volta de 1815-16 (*OED*, 1971, p.245; Robert, 1966, p.510), mas sua familiaridade nos círculos cultos europeus foi em grande parte um fenômeno das décadas de 1850 e 1860. Nesse período a palavra descrevia, criticava ou louvava o governo de Luís Bonaparte. Seu comando, primeiro como presidente, depois como imperador (1852-70) da França, era encarado como a encarnação de uma mutação política inédita: simultaneamente populista (ver POPULISMO), autoritária, patriótica e aventureira em termos militares. A palavra era geralmente usada como sinônimo de CESARISMO, apesar da polêmica de alguns autores contra essa equiparação, acusando-a de anacronismo (Marx, 1852; Mommsen, 1901, p.325), ou até mesmo de irreverência (Mommsen, p.326-7).

Sua utilização no século XX pode ser dividida, grosso modo, em duas categorias que se sobrepõem. A primeira oferece uma explicação sócio-política, marxista, do bonapartismo e busca aplicar a palavra a condições "modernas". Segundo a análise multifacetada (nem sempre consistente: ver Rubel, 1960; Wippermann, 1983) de Marx e Engels, o regime de Napoleão III tornou-se possível tanto pela burocratização disseminada por toda a sociedade francesa quanto por uma conjuntura específica: o equilíbrio das forças de classe, que proporcionou ao Executivo um espaço substancial para manobras políticas. A significação histórica do bonapartismo reside em sua capacidade de promover um vigoroso desenvolvimento capitalista em condições nas quais a burguesia exigiu intervenção maciça do estado em seu favor (Marx, 1852 e 1871; Engels, 1871).

O próprio Marx raramente empregou a palavra bonapart*ismo*, provavelmente por relutar em promover a experiência napoleônica à condição de categoria política geral — algo que o sufixo "ismo", do grego *ismos*, passou a significar (Koeber e Schmidt, 1965, p.XIV). Marxistas posteriores mostraram-se menos cautelosos. Assim, alegou-se haver bonapartismo evidente no governo provisório de Kerensky (Lenin, "O início do bonapartismo" e "Eles confundem a floresta com as árvores", in *Obras completas*, vol.25; Trotsky, 1932, p.663-8), no "regime de Stalin" (Trotsky, 1937, p.277-9) e nas administrações pré-nazistas de Brüning e Hindenburg-Papen-Schleicher (Trotsky, 1932; ver também Kitchen, 1974, sobre Talheimer). Neses casos, o bonapartismo assume variadas nuanças de significado, mas a idéia de relativa autonomia do estado, surgindo de um equilíbrio, ou impasse, nas classes sociais, permanece fundamental, da mesma forma que o opróbrio que acompanha a palavra. Estudos marxistas mais recentes sobre o bonapartismo reenfatizaram seu caráter militar (Hobsbawn, 1977, p.177-91), suas semelhanças e diferenças com relação ao FASCISMO (Kitchen, 1976, p.71-82), sua existência como forma de regime (entre outras, incluem-se o bismarckismo, o fascismo e as juntas militares) que o "estado capitalista de exceção" é capaz de assumir (Poulantzas, 1974, p.313-30: cf. Engels, 1884).

A segunda utilização do conceito localiza-o convencionalmente em sua própria época: "bonapartismo" torna-se um meio de interpretar e reconstruir elementos da história européia do século XIX. Com freqüência esse uso avançou ele próprio dentro de um quadro de influência marxista: descrevendo por exemplo o "bonapartismo" do Segundo Império francês como uma "ditadura modernizante" (Magraw, 1983, p.159-205), ou como um regime "burocrático autoritário" (Perez-Diaz, 1978), ou ampliando o conceito para abranger a "revolução pelo alto", de Bismarck, na Prússia do século XIX (Wehler, 1970, e 1985, p.55-62; mas ver também Mitchell, 1977, e Eley, 1984, p.149-53). No entanto autores não-marxistas também têm encontrado utilização para o conceito. Alguns o têm empregado para indicar os paralelos e contrastes entre os regimes de Napoleão I e III (por exemplo, Fischer, 1928). Outros têm utilizado a palavra para mapear a complexidade histórica do fenômeno que ela denota: por exemplo, a qualidade evolutiva do governo de Napoleão III, a distribuição geográfica desigual de sua base de massa, seus laços com o orleanismo — o movimento político que defendia a idéia e a instituição de uma monarquia constitucional — e com o republicanismo, sua relação com a populaça rural e urbana, as origens e variedades de seu apoio de direita — digamos, por parte dos notáveis e do clero (Zeldin, 1979, p.140-205: Rémond, 1966, p.125-65, 366-84, que também compara o gaulismo na França do século XX ao bonapartismo; Bluché, 1980). Finalmente, o bonapartismo despertou interesse como uma palavra do discurso político do século XIX e foi estudado como pertencendo a uma família de conceitos — que inclui o despotismo, a tirania, a usurpação, o cesarismo e a DITADURA — que denotam formas cambiantes de "dominação ilegítima" (Richter, 1982 e 1988).

Leitura sugerida: Draper, H. 1977: *Karl Marx's Theory of Revolution*, 2 vols. Vol.1: *State and Bureaucracy* • Groh, D. 1972: "Cäsarismus, Napoleanismus, Bonapartismus, Führer, Chef, Imperialismus". In *Geschichtliche Grundbegriffe*, 7 vols. Vol.1, org. por O. Brunner, W. Conze e R. Koselleck, p.726-71 • Hammer, K. e Hartmann, P.C. 1977: *Der Bonapartismus: Historisches Phänomen und politischer Mythos* • Wehler, H-U. 1985: *The German Empire 1871-1918* • Zeldin, T. 1958: *The Political System of Napoleon III* o 1979: *France 1848-1945: Politics and Anger*.

PETER BAEHR

budismo No decorrer de 25 séculos o budismo evoluiu no sentido de uma civilização e uma tradição religiosa pan-asiáticas características, mas ao mesmo tempo sempre se acomodou prontamente às variações locais. Tal foi especialmente o caso das formas de vida social aceitas pelos budistas. A vida social budista na China tinha mais em comum com os valores confucianos (ver CONFUCIONISMO) do que com os esposados pelos budistas do Sul da Ásia, que partilhavam muitos dos valores sociais com os hindus (ver HINDUÍSMO E TEORIA SOCIAL HINDU). Como resultado, as configurações e práticas sociais da tradição budista foram, historicamente, de uma diversidade extraordinária, em uma dimensão tal que os primeiros observadores ocidentais do budismo acharam difícil reconhecer que a religião que encontraram no Japão tinha alguma relação com a que havia sido encontrada na Tailândia. Ao mesmo tempo, os pensadores budistas geralmente despendiam muito pouco esforço em tentativas de dar sentido a essa diversidade, através de uma definição da natureza da sociedade ideal, especialmente em comparação com intelectuais de outras tradições religiosas, como o islã e o hinduísmo. Isso mudou no século XX, e o interesse em articular conhecimento e valores sociais que são caracteristicamente budistas é um aspecto notável do budismo contemporâneo em todo o mundo.

Tradicionalmente, o pensamento normativo budista era bastante ambivalente a respeito da vida social. Por exemplo, o *Aggañña Sutta*, mito canônico sobre as origens da comunidade, retrata o surgimento dos elementos básicos da vida social, como a família, como reação à imoralidade e à ambição. Mais ainda, as estruturas sociais institucionalizadas eram retratadas como inerentemente desacreditadas e moralmente suspeitas, pois em geral abrigavam, e às vezes favoreciam, as propensões para o mal encontradas nos seres humanos. Outras descrições autorizadas retratam a vida social como fonte inevitável de sofrimento, por causa da natural inconstância das relações entre os seres humanos, nas quais a conduta ambígua chega a ser lugar-comum. A vida social efetiva fornecia abundantes confirmações dessa visão sombria. Em contraste, a vida budista ideal tinha a intenção de arrancar pela raiz a inclinação para o mal e pôr fim ao sofrimento. Era retratada com freqüência como altamente individualizada, livre de responsabilidades sociais, com a interação social limitada a relações consensuais entre seres diferenciados apenas pelo nível espiritual atingido. Esse ideal era institucionalizado na ordem monástica budista (*sangha*), na qual se rejeitavam os padrões de dependência e hierarquia típicos de todas as comunidades humanas. Em suma, os pensadores budistas normalmente encaravam a vida em sociedade como irredimível e concluíam que o melhor que um indivíduo podia fazer era deixar de participar de suas preocupações e expectativas. Essa atitude negativa diante da vida social foi uma fonte da crítica e do desprezo dirigidos contra o budismo por pensadores de comunidades rivais na Índia e na China.

Embora o pensamento tradicional budista veja poucas possibilidades de autêntica reforma na sociedade humana, certas virtudes sociais eram recomendadas como meios de minimizar as crueldades habituais da vida social. Entre elas se incluíam a devoção filial, a generosidade, a gratidão, a paciência e um senso de proporção. A definição exata de tais virtudes e a especificação de outras virtudes sociais variavam de sociedade para sociedade no mundo budista. De forma semelhante, o ensino budista tradicional recomendava a monarquia como uma estrutura política aceitável. Na teoria política budista tradicional, era responsabilidade do rei fazer cumprir a lei e promover o bem-estar geral, embora mais uma vez não houvesse acordo no mundo budista a respeito do que constitui a lei ou a boa sociedade que um rei devia promover.

Alguns aspectos do pensamento budista foram freqüentemente usados para legitimar estruturas sociais existentes. Um aspecto central do pensamento budista é a doutrina do carma, que explica como certos aspectos da existência atual são o resultado de ações anteriores, especialmente ações em uma vida prévia. No pensamento budista tradicional, os efeitos do carma estavam relacionados com a hierarquia existencial encontrada na cosmologia budista, que incluía uma variedade de céus e infernos, bem como de seres humanos, animais e fantasmas. O futuro nascimento de alguém em um desses reinos era determinado pelo bem ou pelo mal que agora praticava, tal como as atuais condições de uma pessoa eram o resultado de ações anteriores. A hierarquia social existente entre os seres humanos numa dada comunidade situava-se no interior dessa hierarquia cósmica, e as desigualdades sociais eram então justificadas como conseqüências justas de ações morais ou imorais. O impulso básico dessa visão de mundo religioso era conservador. Os indivíduos podiam ser capazes de mudar sua própria posição dentro da hierarquia social e cósmica, mas a hierarquia em si mesma era fixa.

No século XX cosmologia, renascimento e carma geralmente não se encontram mais no centro do pensamento budista, em grande parte porque essas idéias muita vezes parecem suspeitas à luz do conhecimento científico moderno. Outros aspectos do pensamento budista têm recebido, em conseqüencia, maior ênfase do que tradicionalmente, ainda que esse repensar em geral tenha assumido o disfarce de um retorno aos pensamentos originais do Buda, o mestre indiano do século V a.C. que foi o fundador do budismo. Nesse repensar, o indivíduo, em vez da comunidade, ainda ocupa o centro da cena, mas no lugar da explicação tradicional do carma se dá uma ênfase especial à capacidade humana para o pensamento crítico, para a autodisciplina mental e moral, para mudar à luz da melhor compreensão da natureza humana e do mundo natural. Esse repensar também indicava a possibilidade de reformar, se não mudar, as estruturas da sociedade à luz de um conhecimento melhorado, em vez de aceitá-las como um dado cosmológico.

A possibilidade de mudança social inspirou os budistas a reconsiderar as soluções de sua tradição, em busca de novos modelos para sociedades melhores. Alguns budistas encararam a representação idealizada da ordem monástica nas estruturas budistas como um modelo de inspiração para uma sociedade perfeita. Essa sociedade voluntária baseia-se em espírito na rejeição de males básicos, tais como a autogratificação e a cobiça, conforme indicado pela proibição do uso de dinheiro pelos monges, e na afirmação de virtudes como a humildade e a disciplina, que controlam os perigos do individualismo. Suas estruturas de governo dão preferência ao consenso, visto pelos budistas contemporâneos como uma forma perfeita de democracia. Ao mesmo tempo sua orientação econômica seria socialista, com os recursos divididos em comum, de acordo com a ética de suficiência. A sociedade organiza-se em torno do interesse comum na promoção do avanço espiritual, de acordo com o esquema da soteriologia budista, e todos os seus membros obtêm benefícios por sua participação. Houve alguns passos preliminares no sentido de efetivamente implementar esse modelo, tal como o programa de U Nu para o socialismo budista na Birmânia, mas essas tentativas não se mostraram promissoras.

Outra tendência importante no budismo contemporâneo foi o surgimento de uma nova ênfase no ativismo social. Quando surgiu pela primeira vez, no início deste século, essa nova orientação em geral não era motivada diretamente pelos valores sociais ou éticos encontrados na tradição budista, mas era antes uma tentativa de garantir que o budismo não se tornasse irrelevante no mundo moderno e, com isso, desaparecesse. A ênfase no ativismo social inspirou uma reconsideração dos recursos éticos da tradição budista, na busca de garantias caracteristicamente budistas para tal comportamento. Essas atividades, assim, são agora estimuladas como meios efetivos de cultivar e expressar virtudes budistas tradicionais, como a compaixão e a generosidade. Os monges são hoje comumente estimulados a suplementar suas práticas tradicionais — se não efetivamente substituí-las — com serviços sociais, como meio de abordar o sofrimento causado pelas rápidas mudanças típicas da vida moderna em termos globais. De modo semelhante, leigos em todo o mundo budista têm apoiado a fundação de escolas, hospitais e outras instituições de caridade. Dada a magnitude dos problemas que essas atividades abordam, os budistas freqüentemente se descobrem como parte de uma comunidade que transcende os grupos individuais de que eles normalmente participam.

Na busca de uma base sistemática para o pensamento social distintamente budista, muitos pensadores budistas têm-se voltado para a doutrina central da "origem co-dependente" (*pratocca samuppada*), que articula a interconexão fundamental de toda a realidade. Essa doutrina define o mundo como um lugar onde nada pode existir de forma independente, com cada ente ocorrendo necessariamente em um relacionamento causal com outros entes. A doutrina da interdependência demonstra a ligação de um indivíduo com toda a raça humana e restabelece as bases da responsabilidade moral para com os demais. Essa responsabilidade moral existe ao mesmo tempo em um nível pessoal e em um plano social, obrigando cada indivíduo ou grupo a trabalhar na busca da solução dos problemas globais, tais como o desarmamento nuclear e a crise ambiental. É claro que essa mudança em direção a um bem comum mais inclusivo não se limita à humanidade, mas abrange também o mundo natural, uma vez que este e os seres humanos não se distinguem nos termos da doutrina da origem co-dependente. Assim, ironicamente, mais um tipo de ambivalência a respeito da sociedade surgiu no pensamento budista do século XX. Mesmo com os pensadores budistas modernos preocupando-se mais em especificar a natureza de uma boa sociedade, e com budistas contemporâneos tentando melhorar as condições sociais e propiciar a existência de sociedades mais morais, os aspectos do pensamento budista para os quais se voltaram na busca de justificar suas preocupações e ações tenderam a minar a legitimidade de se dividir a humanidade em sociedades distintas, com estruturas particulares, ou mesmo de pensar a respeito da comunidade humana em isolamento do mundo mais amplo e interdependente.

Leitura sugerida: Dharmasiri, Guanapala 1989: *Fundamentals of Buddhist Ethics* • Dumoulin, Heinrich, org. 1976: *Buddhism in the Modern World* • Keyes, Charles F. 1989: "Buddhist politics and their revolutionary origins in Thailand". *International Political Science Review* 10, 121-42 • Swearer, Donald K. 1981: *Buddhism and Society in Southeast Asia* • Welch, Holmes 1968: *The Buddhist Revival in China*.

CHARLES HALLISEY

burguesia Palavra que data do século XIII e que (tal como os termos equivalentes burgueses e *Bürgertum*) indicava originalmente uma categoria de habitantes das cidades da Europa medieval, particularmente mercadores e artesãos, que desfrutavam de status e de direitos especiais dentro da sociedade feudal. Com o desenvolvimento do capitalismo, e especialmente a partir do século XVIII, o significado da palavra mudou de forma gradual, passando a se referir de modo mais específico aos ricos empregadores que exerciam atividades na manufatura, no comércio e nas finanças — uso que se reflete parcialmente na concepção hegeliana de *bürgerliche Gesellschaft* (sociedade civil) como a esfera dos interesses econômicos privados. Marx, principal responsável por dar à palavra sua ampla difusão no pensamento social posterior, partiu da distinção de Hegel entre burguês e cidadão, mas logo desenvolveu, a partir de seu estudo crítico da filosofia de Hegel e mais ainda de sua leitura voraz da economia política, uma concepção inteiramente diferente da burguesia como a classe dominante em um modo específico (capitalista) de produção. Conforme Engels (1847) resumiu esse ponto de vista, a burguesia "é a classe dos grandes capitalistas que, em todos os países desenvolvidos, estão hoje quase que exclusivamente na posse de todos os meios de consumo, e das matérias-primas e instrumentos (máquinas, fábricas) necessários para sua produção". Mais tarde (1888), Engels diria que a burguesia é "a classe dos capitalistas modernos, donos dos meios de produção social e empregadores do trabalho assalariado".

A concepção de Marx (e de marxistas posteriores) abrigou vários aspectos próprios. Fazia parte de uma teoria geral da história que a percebia como sucessão de modos de produção e formas de sociedade, cada qual caracterizado por um determinado nível de desenvolvimento das forças produtivas (basicamente tecnologia) e uma estrutura de classe particular (ou relações de produção) dentro da qual há um conflito endêmico. Na sociedade capitalista, que surgiu, de acordo com o ponto de vista marxista, do crescimento de novas forças produtivas e da luta de classe da burguesia contra o sistema feudal, a mudança histórica é mais rápida do que jamais havia sido: "A burguesia, durante seu domínio que mal alcança 100 anos, criou forças produtivas mais impressionantes e colossais do que todas as gerações precedentes juntas" (Marx e Engels, 1848). Mas, ao mesmo tempo, promoveu a existência de uma nova classe, o proletariado, que com ela trava um conflito cada vez mais difundido e intenso.

Dois processos distintos, portanto, estão em curso na sociedade capitalista. A burguesia continua a revolucionar o sistema de produção, provocando uma crescente centralização do capital em grandes empresas, facilitado pela expansão do crédito fornecido pelos bancos (Hilferding, 1910) e, particularmente no século XX, pela maciça internacionalização do capital (Mandel, 1975). Mas o domínio burguês também se vê cada vez mais desafiado pelo proletariado industrial (ver CLASSE OPERÁRIA), cuja luta, segundo Marx, acabaria fazendo surgir uma sociedade nova, socialista e sem classes. As expectativas de Marx dependiam em parte de sua visão de que a sociedade deveria polarizar-se cada vez mais entre as duas classes principais — uma burguesia reduzida, formada em resultado da "expropriação de muitos capitalistas por poucos", e um amplo proletariado, constituindo a "imensa maioria" da população. Apesar disso, Marx também reconheceu que havia estratos intermediários significativos, os quais incluíam a pequena burguesia, composta de pequenos produtores independentes, comerciantes e profissionais, tendo chegado mesmo a esperar que a classe média, como um todo, crescesse em tamanho (a julgar por duas passagens nos originais de *Teorias da mais-valia*).

Marxistas posteriores, no século XX, tiveram de enfrentar problemas mais complexos que surgiam do rápido crescimento da "nova classe média" de funcionários de escritório, empregados técnicos e profissionais e pessoal de serviços de todos os tipos (ver CLASSE MÉDIA), padrões de vida mais elevados e bem-estar social mais extenso — fatores que, quase por toda parte, diminuíram a intensidade do conflito de classes em tempos recentes. A burguesia dos tempos atuais, ainda imensamente rica e controlando empresas gigantescas está, não obstante, mais contida em vários aspectos do que seus predecessores do século XIX, por meio de graus variados de propriedade pública e planejamento econômico por parte dos governos, e por uma limitada redistribuição do lucro e da riqueza. Dessa forma, seu estilo de vida e seu prestígio social já não representam um contraste tão gritante com os de parte substancial do restante da sociedade.

Diversos pensadores sociais sempre enfatizaram outros aspectos do papel social da burguesia. Tais aspectos tornaram-se mais destacados em debates recentes. Max Weber (1904-5) associava o espírito capitalista à ética protestante, e percebia a burguesia como animada por idéias de racionalidade e empreendimento, liberdade individual e responsabilidade, o que a capacitava para a liderança exigida para manter uma sociedade dinâmica e democrática. J.A. Schumpeter (1942) enfatizou de forma semelhante a importância do empreendimento e relacionou o desenvolvimento da democracia moderna à ascensão do capitalismo. Mas, ao contrário de Weber, Schumpeter via no socialismo uma continuação da perspectiva burguesa: "A ideologia do socialismo clássico é um rebento da ideologia burguesa. Em particular, partilha com esta última a formação racionalista e utilitarista e muitas das idéias e ideais que ingressaram na doutrina clássica da democracia" (p.298-9). Um historiador, Henri Pirenne, também achou que a burguesia (ou classe média, como as vezes a chama), nas cidades medievais, "difunde amplamente a idéia de liberdade" (1925, p.154), apesar de muitas cidades do medievo tardio terem sido na verdade dominadas por um pequeno número de famílias aristocráticas (Holton, 1986, p.79-83). Mais recentemente, nos textos de Hayek (1973-9) e de alguns pensadores da NOVA DIREITA, a existência de uma sociedade livre e democrática está rigorosamente relacionada à propriedade privada dos recursos produtivos (apesar de o conceito de burguesia em geral não ser usado) e a mercados livres que, associados à propriedade privada, são considerados promotores de um alto nível de eficiência na economia.

Leitura sugerida: Bottomore, Tom e Brym, Robert J., orgs. 1989: *The Capitalist Class: International Study* • Holton, R.J. 1986: *Cities, Capitalism and Civilization* • Pirenne, Henri 1925: *Medieval Cities* • Riedel, M. 1975: "Bürger, Staatsbürger, Bürgertum". In *Geschichtliche Grundbegriffe*, org. por O. Brunner et al., vol.1. • Sombart, Werner 1913 *(1967)*: *Der Bourgeois*, traduzido em inglês como *The Quintessence of Capitalism*.

TOM BOTTOMORE

burocracia Uma das categorias centrais da ciência social moderna, referindo-se a um tipo de administração no qual o poder de tomar decisões está concentrado em um gabinete ou função, mais do que em um indivíduo em particular. No decorrer da história a burocracia surge em formações sociais e econômicas extremamente diferentes, mas ao mesmo tempo exibe vários aspectos em comum, dos quais os mais importantes são os que se seguem.

A burocracia separa-se da sociedade, tanto da classe governante quanto das massas. Organiza-se dentro de um sistema institucional particular, no qual se desenvolvem variados procedimentos formais, um *ethos* e uma ideologia especiais. Tudo isso mostra-se como uma espécie de subcultura. A fonte de seu poder reside no fato de terem surgido funções de orientação e controle que as classes básicas da sociedade não podem preencher. Geralmente, porém, a burocracia acrescenta novas tarefas às funções historicamente necessárias (por exemplo, irrigação nas sociedades antigas), o que garante o aumento de seu poder sobre a sociedade.

É um aspecto característico da burocracia que a administração seja exercida não por leigos, mas por especialistas que encaram esse trabalho como suas carreiras de vida, e não como uma atividade temporária exercida durante certos períodos. No sistema burocrático institucional, passa a existir um conjunto padronizado de exigências, tais como os exames para os funcionários públicos chineses de antigamente, e os de todos os estados modernos. Tais exames, a um só tempo, são uma das bases da estabilidade do poder burocrático e envolvem alguma exclusividade.

A palavra burocracia, tal como definida nas ciências sociais, difere de seu uso cotidiano. Em muitas línguas, esta última utilização funde-se com o chamado burocratismo de funcionários incompetentes, cujo trabalho se caracteriza por um formalismo ineficaz, desanimado, lento e geralmente irracional. Em contraste com isso, a administração burocrática, tal como Max Weber (1921-22, parte 3, cap.6) asseverou, mostrou-se mais eficiente, rápida e competente do que outras formas históricas de administração. Isso explica por que nas sociedades modernas a administração burocrática está se expandindo, não apenas em organizações estatais, mas em praticamente todos os campos da vida social. O fenômeno é especialmente visível no campo econômico, onde o gerenciamento de médias e grandes empresas está sendo totalmente burocratizado (ver os comentários de Schumpeter, 1942, p.205-7). Confrontados com essa tendência, muitos cientistas sociais (como W. Mommsen, 1974) referem-se a uma total burocratização da vida.

As diferentes escolas de ciência social têm abordagens variadas para o problema da burocracia. A abordagem teórica dos marxistas clássicos é incoerente em muitos aspectos. Na obra de juventude de Marx, está evidente uma postura definidamente antiburocrática. Sua experiência com a crise de fome coletiva no distrito de Moselle o fez compreender que, além da classe governante e dos grupos sociais subordinados, existia uma burocracia de estado com seus próprios interesses particulares, representados por esses aparatos como interesses de estado ou sociais gerais. O espírito especial da burocracia é o segredo e o mistério que protegem os seus interesses particulares contra a sociedade externa e interpretam todas as questões internas como um segredo de estado. Mas nas obras posteriores de Marx e Engels o problema da burocracia foi relegado ao pano de fundo e a luta entre operários e capitalistas assumiu o proscênio. Eles deixaram de prever duas circunstâncias. A primeira foi a expansão da burocracia para a economia e outras áreas da sociedade. Não previram que a liderança da indústria e da economia em geral passaria para as mãos de certos organismos separados dos proprietários e que exerciam diretamente o poder sobre os operários, apesar de sua existência continuar a depender desses proprietários que, como acionistas ou como donos em família, esperavam que trabalhassem com eficiência e aumentassem o lucro. Também nesse caso, o sistema burocrático de instituições luta para expandir seu poder e, assim, o lucro torna-se motivação secundária em suas decisões.

Na época do capitalismo clássico, a burocratização da economia ainda estava *in statu nascendi*. O gerenciamento das empresas ainda era, em grande parte, executado pelos próprios donos. Quanto a isto, uma transformação importante ocorreu na virada do século, tal como analisada com maior clareza por vários pensadores, com destaque especial para Max Weber, cuja obra demonstra sua atitude antiburocrática específica e sua abordagem científica peculiar — esta última no espírito de uma sociologia *verstehende* (interpretativa).

Desde o início do século, a vida econômica e outras áreas da sociedade foram ficando cada vez mais burocratizadas. Nesse processo, um aspecto particularmente importante foi a burocratização dos partidos políticos, com influência sempre crescente sobre toda a sociedade devido ao surgimento do parlamentarismo democrático ocidental, processo analisado por Robert Michels (1911).

Os sindicatos, cuja formação era dominada por tendências anticapitalistas, enfrentavam um novo "inimigo" — a burocracia industrial —, ao mesmo tempo em que também produziam seus próprios órgãos burocráticos. O conflito de interesses entre operários e capitalistas passou a assumir a forma de confronto e consenso entre burocracias industriais e sindicais, processo descrito por Sidney e Beatrice Webb.

Nas sociedades ocidentais, o processo de burocratização continuou pelos períodos pós-capitalista e pós-industrial, tendo vários de seus aspectos característicos alterados. Na economia, os aparelhos de estado desempenham um papel sempre crescente, mas não controlam a vida econômica de forma independente, como no período do feudalismo tardio e do início do capitalismo, mas sim em associação com as burocracias industriais, financeiras e sindicais. Isso produziu uma tessitura de poder econômico altamente intricada, que J.K. Galbraith chama de tecnoestrutura (ver também TECNOCRACIA). Principalmente na economia, mas também em outras áreas, as burocracias nos países ocidentais ultrapassam as fronteiras nacionais e assumem um caráter internacional. Em certos aspectos, isso torna a luta por independência que caracteriza os estados nacionais uma coisa ilusória. Pode-se afirmar que o significado de anticapitalismo foi exagerado por Marx e Engels, em prejuízo do de antiburocracia. Na prática atual, está bastante claro que a emancipação da humanidade no mundo moderno exige mais antiburocratismo do que anticapitalismo.

O segundo erro dos autores marxistas clássicos é que, em sua visão socialista, deixaram de perceber o perigo da burocratização da sociedade. Postularam a rápida "dissolução" do estado e a socialização de todos os tipos de administração. Mas as experiências da ex-União Soviética e dos países da Europa Oriental mostraram que toda uma série de instituições burocráticas entrelaçadas passa a existir para executar as funções administrativas, e que no centro dessa rede institucional se encontrava o sistema do partido único, monoliticamente dominante, e seus órgãos principais. Estes desempenhavam uma função de integração entre várias instituições burocráticas (industrial, econômica, militar, cultural) e exerciam o controle sobre as organizações de massa (sindicatos, movimentos de juventude, movimentos oficiais de paz e assim por diante) e sobre os *mass media* organizados de modo vertical. O rígido controle partidário sobre as instituições democráticas debilitou as formas de existência da SOCIEDADE CIVIL, incluindo movimentos políticos e culturais e organizações étnicas e religiosas. Esse mundo burocratizado não apenas caracterizou o socialismo de gestão estatal, o chamado stalinismo, mas também o sistema de autogestão iugoslavo, em que, na prática, vários órgãos burocráticos preservaram seu papel dominante. A atividade social, porém, afirmou-se cada vez mais contra a burocratização da administração, e se desenvolveram aspirações por um mundo no qual a burocracia, como tal, já não existisse mais e o poder estivesse diretamente nas mãos do povo.

O mundo moderno não consegue passar sem as instituições burocráticas. Uma realista meta antiburocrática só pode ser o controle do poder burocrático pela sociedade civil. Isso sublinha a importância das reformas dos sistemas políticos institucionais na Europa Oriental e na ex-União Soviética, precisamente pelas razões seguintes: como resultado das reformas, o sistema monolítico foi transformado num sistema pluralista e isso destruiu a hegemonia da burocracia dominada pelo sistema de partido único. No decorrer das reformas, a sociedade civil foi como que ressuscitada. Surgiram partidos políticos, organizações e movimentos sobre os quais a burocracia já não tinha mais controle algum, ao mesmo tempo em que o objetivo principal da sociedade civil era controlar essa própria burocracia.

O socialismo reformista (ou SOCIAL-DEMOCRACIA), em contraste com o sistema de gestão estatal, é uma formação sócio-econômica na qual, apesar de várias instituições burocráticas sobreviverem, seu domínio monolítico deixa de existir e elas operam sob efetivo controle da sociedade civil. Assim, também se podem observar movimentos antiburocráticos em sociedades ocidentais, que podem ser chamados de movimentos alternativos. Especialmente significativos entre estes são a formulação e a introdução de uma estrutura designada como de empresa alternativa, não governada por uma burocracia hierárquica, mas por cooperação entre várias associações de trabalhadores (ver MOVIMENTO COOPERATIVO; MOVIMENTO SOCIAL). Se os movimentos antiburocráticos também são capazes de produzir sua própria burocracia, conforme experiências históricas têm revelado, já é outra questão. Apesar disso, o mundo dos fenômenos burocráticos e a luta contra ele estão entre os aspectos mais importantes da nossa época.

Ver também DIVISÃO DO TRABALHO.

Leitura sugerida: Galbraith, J.K. 1967: *The New Industrial State* • Hegedüs, A. 1976: *Socialism and Bureaucracy* • Michels, Robert 1911 *(1962)*: *Political Parties* • Mommsen, Wolfgang J. 1974: *The Age of Bureaucracy* • Mouzelis, N.P. 1967: *Organization and Bureaucracy* • Rizzi, B. 1985: *The Bureaucratization of the World* • Webb, Sidney e Webb, Beatrice 1897: *Industrial Democracy* • Weber, M. 1921-2 *(1967, 1978)*: *Economy and Society*, parte 3, cap.6. Também in Weber, M. 1920 (*1946, 1970*): *From Max Weber*, org. por H. Gerth e C.W. Mills.

ANDRÁS HEGEDÜS

C

campesinato A atitude para com os camponeses no mundo pré-industrial combinava hostilidade e silêncio. A palavra "camponês" significa "homem do campo" (do latim *campus*). Mas ela sempre teve uma conotação negativa, ainda mais forte em outras línguas européias, como o inglês e o francês. Servindo de sinônimo para rusticidade, era geralmente usada como palavra ofensiva. No inglês do século XVI, o verbo *to peasant* significava "subjugar", e essa palavra, tal como "paisano", encontrada em português, espanhol e italiano, tem origem no francês *paysan* ("camponês", mas com os mesmos significados de rude e grosseiro), enquanto em outras línguas européias a mensagem tácita da palavra era semelhante (em russo, *smerd*, do verbo "feder"; em polonês, *cham*, presumindo para todos os camponeses as origens raciais inferiores atribuídas na Bíblia aos "filhos de Cam" etc.). O *Declinatio Rustico* da Europa medieval definia "seis declinações da palavra camponês", como "patife, rústico, mendigo, ladrão, bandido e saqueador". Mas, como regra geral, as crônicas simplesmente não os mencionavam. Mais tarde, no mundo moderno da industrialização e da ciência, os camponeses passaram a ser tratados como um anacronismo em todos os sentidos básicos dessa palavra e, portanto, uma irrelevância. Com a importante exceção da Europa Oriental, os camponeses ficaram quase que completamente ausentes do discurso erudito.

Isso tudo mudou de forma significativa com a descolonização dos anos 50 e a consciência das "sociedades em desenvolvimento" nas quais os camponeses formavam a parte maior da população (ver também DESENVOLVIMENTO E SUBDESENVOLVIMENTO). Os problemas de planejamento do desenvolvimento, o reconhecimento das crescentes crises sociais e a fome colocaram a questão do campesinato no centro das atenções. A partir dos anos 60 ocorreu por todo o mundo um rápido desenvolvimento dos estudos sobre o campesinato, introduzindo a questão das características e da delimitação analítica desse grupo social. Esse esforço analítico teve um significado mais amplo onde tópicos como economias "informais", história ecológica, cultura oral e sociedade civil são de grande interesse.

Como primeira aproximação, podemos descrever os camponeses como pequenos produtores agrícolas que, com a ajuda de equipamentos simples e o trabalho de suas famílias, produzem na maior parte para seu próprio consumo, direto ou indireto, e para o cumprimento de obrigações com detentores do poder político e econômico. Um tipo geral mais desenvolvido deveria incluir quatro facetas interdependentes:

A roça da família camponesa como a unidade multidimensional básica da organização social. É a família, principalmente, que realiza o trabalho na roça. Esta é que fornece a maior parte das necessidades de consumo da família e o pagamento de suas dívidas. Tais unidades não são autárquicas; os camponeses, universalmente, estão envolvidos no intercâmbio diário de bens e nos mercados de trabalho. Sua ação econômica, contudo, está estreitamente entrelaçada a relações sociais extramercado. A divisão familiar do trabalho e as necessidades de consumo da família fizeram surgir estratégias particulares de sobrevivência e de uso de recursos. A roça da família funciona como a unidade mais importante de propriedade, produção, consumo, reprodução social, identidade, prestígio, sociabilidade e bem-estar dos camponeses. Nela, o indivíduo tende a se submeter a um comportamento-desempenho familiar formalizado e à autoridade patriarcal.

O trato da terra como principal meio de vida. O trabalho camponês na lavoura inclui uma combinação específica, tradicionalmente definida, de tarefas em um nível relativamente baixo de especialização. O que em outras partes seria considerado como ocupações diferentes, nas atividades produtivas camponesas se combina. Relacionado a isso existe um treinamento vocacional informal e com base na família. O impacto da natureza é particularmente importante para a vida de pequenas unidades de produção com recursos limitados, definindo seu ritmo: os ciclos sazonais influenciam profundamente a vida da família e os acontecimentos familiares refletem-se na dinâmica da lavoura. Das forças/fatores de produção, terra e trabalho familiar são fundamentais — uma "licença" para entrar nesse trabalho e um meio importantíssimo com que se define o status local das famílias.

Padrões culturais específicos ligados ao modo de vida de uma pequena comunidade/vizinhança rural. O contexto característico é uma comunidade pequena e localizada, dentro da qual a maior parte das necessidades camponesas de vida social e reprodução social pode ser atendida. Particularidades de residência, envolvimento social e consciência social são coisas ligadas e interdependentes. Os aspectos culturais do campesinato, no sentido de normas e cognições socialmente determinadas, mostram algumas tendências características, tais como a importância das atitudes tradicionais dos conformistas (como a justificação de uma ação em termos da experiência passada e dos pontos de vista da comunidade), normas particulares de herança, de solidariedade, de exclusão etc. (ver também TRADIÇÃO E TRADICIONALISMO). A cultura camponesa tanto reflete quanto reforça as características e a experiência de vida de uma pequena comunidade de aldeia, com sua falta de anonimato e suas relações cara a cara estando relacionadas a fortes controles normativos, e a experiência comum de crescer em um ambiente físico e social semelhante influenciando as atitudes para com "os de fora".

A posição de "subalterno" — o domínio do campesinato por elementos de fora. Os camponeses, como regra, vêm sendo mantidos afastados das fontes sociais do poder. Sua subjugação política está interligada à subordinação cultural e a uma exploração econômica através de imposto, arrendamento, corvéia, juros e relações comerciais a eles desfavoráveis. A subordinação também tem acarretado repetidas tentativas, por parte dos camponeses, de autodefesa pelo uso extensivo das "armas dos fracos", como sabotagem econômica, absenteísmo, boicote etc. E, em certas condições, de revoltas maciças que transformaram os camponeses numa das mais importantes forças revolucionárias de nosso século.

As quatro "facetas" indicadas devem ser tratadas como uma Gestalt cujos elementos se reforçam mutuamente. Quando alguma dessas características principais é removida do conjunto, a natureza de cada um de seus outros componentes se altera. Diferentes escolas de pensamento com respeito ao campesinato geralmente têm manifestado sua diversidade de visão através da acentuação de uma das características sugeridas — tratando-a como o aspecto decisivo da definição. Na visão deste autor, a roça da família é a característica mais significativa do campesinato como entidade social e econômica.

O próximo passo na evolução do conceito seria considerar suas "margens" analíticas, isto é, examinar os grupos sociais que têm em comum com os camponeses "de verdade" a maior parte de suas características principais, mas não todas. A marginalidade analítica não implica aqui insignificância numérica ou "instabilidade" particular. Além disso, esses grupos dividem os ambientes rurais com os camponeses "de verdade" e podem estar suplementando-os, ou sendo suplementados por eles, no interior de um processo histórico. Muitos deles são coloquialmente chamados de camponeses.

Os mais significativos desses grupos (em ordem do tipo de característica que não compartilham com os camponeses "de verdade") são:

1. Trabalhadores agrícolas assalariados (e também camponeses-operários que adotam uma divisão de trabalho do tipo "o homem na cidade, o resto da família na terra").
2. Famílias camponesas que fazem investimento intensivo em capital e equipamento, transformando com isso a natureza da agricultura a que se dedicam. Logo voltaremos a essa categoria.
3. Camponeses sem aldeia — como, por exemplo, alguns favelados das fronteiras agrícolas latino-americanas e os "gaúchos".
4. Camponeses "não-incorporados", comunidades camponesas penetradas e

controladas apenas em grau limitado pelos sistemas "nacionais" do estado, do mercado e da aculturação (no passado, geralmente um "campesinato das fronteiras", armado e independente).

Como toda entidade social, o campesinato existe apenas como um processo. A tipologia indicada deve ser usada como padrão de comparação em análise histórica, por exemplo, para "medir" a extensão de campesinagem ou descampesinagem. É preciso ter cuidado, no entanto, para não forçar mudanças multidirecionais em esquemas que pressupõem um desenvolvimento necessário em uma via única. Diferenças consideráveis entre camponeses, tanto ecológicas quanto históricas, refletem-se em diversos campesinatos regionais.

No que diz respeito à dinâmica social, é preciso ter em mente os ritmos cíclicos que não levam a mudanças de estrutura social, mas antes reforçam sua estabilidade. Quanto a mudanças estruturais, estas podem ser relacionadas em cinco categorias analíticas que, na vida social efetiva, podem ser paralelas ou inter-relacionadas. São elas:

1. Diferenciação sócio-econômica, como a polarização de riqueza rural seguida da transformação de alguns camponeses em agricultores capitalistas ou trabalhadores assalariados.
2. Pauperização, quando o crescimento da população rural em relação à terra, sem fontes alternativas de renda, leva a um declínio econômico coletivo da massa de camponeses.
3. "Afazendamento", quando o trabalho da família continua a ser a principal unidade de produção agrícola, ao mesmo tempo em que seu caráter altera. Essa evolução de "camponês para fazendeiro" está ligada a investimentos maciços, o que amarra a agricultura em família a uma economia capitalista, através de crédito, implementos e vendas, em geral organizados por empresas agrícolas. Esse "afazendamento" também está relacionado à especialização e ao "estreitamento" do perfil ocupacional dos agricultores, tornando-os mais afins com as populações urbanas.
4. Coletivização/estatização, quando o estado assume a responsabilidade pela agricultura, estruturando-a em amplas unidades de produção sob controle governamental. (Não se deve exagerar aqui o caráter excepcional dessa forma de organização rural. A diferença entre a coletivização em um país e o monopólio de juntas comerciais controladas pelo estado sobre a produção dos pequenos proprietários em outro é geralmente apenas de grau.)
5. Campesinagem através de uma reforma agrária igualitária, e às vezes recampesinagem, na medida em que os filhos dos camponeses retornam à terra devido a indução do estado, pressão política, ou, alternativamente, a novas oportunidades de fazê-lo de forma lucrativa. A atual privatização e redivisão de terra "coletivizada" na ex-União Soviética etc., também se encaixaria aqui.

Os camponeses formam parte de sociedades mais amplas e de suas histórias. A rápida extensão desses laços durante as últimas décadas tornou essa questão crucial para qualquer esforço de compreensão do campesinato. É freqüentemente mencionado como uma questão de "inserção" ou de "subsunção" dos camponeses. No entanto a particularidade camponesa não reside simplesmente no que eles "são", em oposição a pressões transformadoras de "mudança" ou "sociedade", "capitalismo" ou "plano de desenvolvimento". Expressa-se também nos modos como os camponeses reagem a essas forças. Tais reações características refletem-se na particularidade dos métodos de análise expressos nos estudos camponeses contemporâneos. E também a experiência e a agenda camponesas particulares ligam-se claramente a diversos movimentos políticos e sociais, como o *narodnichestvo* (o movimento "para o povo" da Rússia), as estratégias de guerrilha do MAOÍSMO, movimentos cooperativos e organizações não-governamentais contemporâneas.

Finalmente, as muitas definições de campesinato que o encaram como representando um aspecto do passado e do presente são válidas, mas devem ser tratadas com cautela. Mesmo em nossa época "dinâmica", vivemos em um presente que está enraizado no passado, e é aí que o nosso futuro se forma. Portanto, vale a pena lembrar que — assim no passado, como no presente — os camponeses e sua descendência são a maioria da humanidade e continuarão a sê-lo ainda pelo século XXI adentro.

Leitura sugerida: Chyanov, A.V., 1987: *The Theory of Peasant Economy* o 1991: *The Theory of Peasant Co-operatives* • Galeski, B. 1972: *Basic Concepts of Rural Sociology* • Harris, J., org. 1982: *Rural Development* • Kautsky, K. 1899 *(1987)*: *The Agrarian Question* • Ladurie, E. Le Roy, 1980: "Peasants". In *The Cambridge Modern History*, vol.13 • Scott, J. 1986: *The Weapons of the Weak* • Sen, A. 1981: *Poverty and Famines* • Shanin, T. 1990: *Defining Peasants* o org. 1987: *Peasants and Peasant Societies*, 2ªed. • Sorokin, P.A., Zimerman, E.F. e Golpin, C.J., orgs. 1965: *Systematic Source Book in Rural Sociology* • Wolf, E.R. 1966: *Peasants.*

THEODOR SHANIN

capitalismo Tipo de economia e de sociedade que, em sua forma desenvolvida, surgiu a partir da Revolução Industrial do século XVIII na Europa Ocidental, o capitalismo foi posteriormente conceituado de variadas maneiras por economistas, historiadores e sociólogos (a palavra em si mesma só veio a ser amplamente utilizada no final do século XIX, particularmente por pensadores marxistas). Marx (*O capital*, 1867, vol.1) definiu-a como uma "sociedade produtora de mercadorias", na qual os principais meios de produção estão nas mãos de uma classe particular, a BURGUESIA, e a força de trabalho também se torna uma mercadoria que é comprada e vendida. Essa concepção foi elaborada no quadro da teoria de Marx sobre a história — sua "interpretação econômica" — e o capitalismo encarado como o mais recente estágio em um novo processo de evolução dos modos de produção e formas de sociedade humanos. Seus aspectos característicos, segundo Marx, eram a capacidade de auto-expansão através da acumulação incessante (a centralização e a concentração de capital), a revolução contínua dos métodos de produção (fortemente enfatizada em *O manifesto comunista*), intimamente ligada ao avanço da ciência e da tecnologia como uma força produtiva de importância maior, e ainda o caráter cíclico de seu processo de desenvolvimento, marcado por fases de prosperidade e depressão, e também uma divisão mais claramente articulada, ao lado de crescente conflito entre as duas classes mais importantes (ver CLASSE) — a burguesia e o proletariado (ver CLASSE OPERÁRIA).

A teoria marxista exerceu uma influência profunda sobre a maior parte dos estudos posteriores. Max Weber, ao mesmo tempo em que rejeitava a teoria de Marx como um todo e construía um modelo bem diferente, ou "tipo ideal" de capitalismo, não obstante incorporou a ele importantes elementos derivados do pensamento marxista. Em particular, especificou, entre as condições básicas de uma economia capitalista, a "apropriação de todos os meios físicos de produção (...) como propriedade disponível de empresas industriais, autônomas e privadas", e a existência de "trabalhadores livres", isto é, pessoas "que se encontram não apenas legalmente na posição de, mas se vêem também economicamente levadas a vender seu trabalho no mercado sem restrição". Ao mesmo tempo, introduziu outros elementos; o "método empresarial" como característica básica e outros pré-requisitos como "liberdade do mercado", "contas de capital racionais", "tecnologia racional (...) o que implica mecanização", "leis confiáveis" e a "comercialização da vida econômica" (1923, p.207-9).

Mas o interesse de Weber como historiador dirigiu-se mais à questão das origens do capitalismo, que ele explicou por meio de fatores tanto sociológicos quanto econômicos — a influência de uma nova ética religiosa (Weber, 1904-5), o crescimento das cidades e a formação de uma "classe nacional de cidadãos" no moderno estado-nação (Weber, 1923, p.249) —, do que aos aspectos dinâmicos do capitalismo e seu contínuo desenvolvimento, que preocupam os pensadores marxistas e também Schumpeter. Este último dedicou seus textos mais importantes à exposição de uma teoria do desenvolvimento econômico (Schumpeter, 1911), analisando as flutuações da economia capitalista no ciclo econômico (1939) e examinando as tendências no desenvolvimento do capitalismo que, consideradas, levariam à superação da ordem social capitalista pelo SOCIALISMO (1942). No primeiro desses livros, ele enfatizou o papel do empreendedor como o inovador que continuamente empurra a economia em novos rumos, num turbulento processo de transformação e expansão. O segundo livro analisava em detalhes as fases de crescimento econômico e de posterior recessão nesse processo, dando destaque particular aos CICLOS DE LONGO PRAZO de aproximadamente 50 anos de duração. Finalmente, ao discutir capitalismo e socialismo, atribuiu importância fundamental à SOCIALIZAÇÃO DA ECONOMIA, por meio da qual grandes corporações passaram a dominar o sistema econômico em um novo período de capitalismo "cartelizado", que ele contrastou com um anterior capitalismo "competitivo".

Grande parte da argumentação de Schumpeter aproxima-se muito da de teóricos marxistas posteriores, e em particular dos austromarxistas (ver AUSTROMARXISMO), que também perceberam uma nova fase de capitalismo que surgira claramente por volta do início do século XX, caracterizada pela formação de trustes e cartéis, protecionismo e expansão imperialista (ver IMPERIALISMO). Ao mesmo tempo, enfatizaram o papel dos bancos na formação de grandes corporações e cartéis (Hilferding, 1910), e essa concepção também foi incorporada, ainda que de forma mais estreita, à definição posterior de capitalismo dada por Schumpeter (1946), como envolvendo não apenas a propriedade particular dos meios de produção e a produção para o lucro particular, mas também o fornecimento de crédito bancário como um aspecto essencial. Os austromarxistas, e Hilferding em especial (Bottomore, 1985, p.66-7), foram mais além, no entanto, percebendo um novo estágio de "capitalismo organizado" depois da Segunda Guerra Mundial, caracterizado pelo crescimento contínuo de grandes corporações e, além disso, pela crescente intervenção do estado na economia e pela introdução do "planejamento parcial".

Essas concepções são importantes na análise da evolução mais recente do capitalismo a partir de 1945. Nesse período do pós-guerra, a estrutura da sociedade capitalista mais uma vez mudou de forma significativa, com o novo crescimento das corporações gigantes, cada vez mais transnacionais em suas operações, e um envolvimento ainda maior no estado e na economia (particularmente na Europa Ocidental), através da ampliação dos serviços de bem-estar, da propriedade pública de alguns setores da economia e de um papel mais destacado para o planejamento econômico e social, de tal forma que os gastos públicos atingiram novos níveis, de cerca de 40% ou até mais em alguns países, do produto interno bruto (PIB). Esse novo tipo de capitalismo foi conceituado por marxistas-leninistas ortodoxos como CAPITALISMO MONOPOLISTA, e posteriormente como "capitalismo monopolista de estado", mas a exposição de Hilferding sobre o "capitalismo organizado" continua sendo mais esclarecedora, tendo afinidades não apenas com a idéia de Schumpeter (1950) de uma "experiência intermediária" entre capitalismo e socialismo, mas também com análises mais recentes, por alguns teóricos sociais ocidentais, do capitalismo de bem-estar, da economia mista, da economia de mercado social e do CORPORATIVISMO. Uma importante contribuição ao conceito de capitalismo de bem-estar foi dada antes por Keynes (1936), o qual, ainda que não se tenha dedicado a uma análise do sistema capitalista como um todo, rejeitou o ponto de vista da corrente principal dos economistas neoclássicos de que o capitalismo, através da operação de mecanismos de MERCADO, tendia espontaneamente a um equilíbrio e a um crescimento constante e uniforme. Ao contrário, escrevendo durante a depressão dos anos 30, ele afirmou que políticas governamentais específicas em variados campos — taxação, meio circulante, taxas de juros, obras públicas, déficits orçamentários — eram essenciais para se conseguir o pleno emprego e o crescimento econômico. A obra de Keynes e seus seguidores, dessa forma, estimulou a intervenção governamental na economia e a regulamentação, se não o planejamento econômico num sentido mais amplo, e exerceu influência significativa sobre as políticas econômicas durante três décadas depois da guerra.

As mudanças econômicas foram acompanhadas por importantes transformações sociais, especialmente na estrutura ocupacional e de classe, com o declínio da atividade fabril tradicional, a expansão dos trabalhos de escritório, técnicos e de serviços, e, de maneira mais geral, o movimento no sentido de uma economia baseada no conhecimento, em que a tecnologia da informação desempenha um papel cada vez mais importante (ver INFORMAÇÃO, TEORIA E TECNOLOGIA DA). Ocorreu também uma mudança significativa nas atitudes sociais, em comparação com o período do pré-guerra, evidente na ampla difusão do engajamento nas políticas sociais do estado de bem-estar e na propriedade pública na esfera de serviços básicos de infra-estrutura, apesar de haver diferenças importantes entre países a esse respeito.

Não obstante, essa experiência intermediária, ou capitalismo do bem-estar, não parece ter a estabilidade de longo prazo que lhe foi atribuída por alguns teóricos sociais nos anos 60 e 70. Em primeiro lugar, ainda era predominantemente capitalista e, daí, sujeito às flutuações do ciclo econômico, apesar das políticas anticíclicas governamentais, como ficou claro com o começo de recessão em meados dos anos 70 e, depois de uma modesta recuperação, uma recessão renovada e mais profunda no final dos anos 80. Taxas bem mais baixas de crescimento econômico, desemprego crescente e populações cada vez mais idosas, então, criaram problemas fiscais para o estado de bem-estar e geraram crescentes tensões sociais. Ao mesmo tempo, o crescimento econômico em si mesmo, em alguns de seus aspectos mais importantes, passou a ser mais amplamente questionado em termos de seus efeitos sobre o meio ambiente global, e isso estimulou a discussão de uma "economia alternativa".

Uma resposta aos problemas com que se defrontou o capitalismo de bem-estar foi uma retomada da economia neoclássica em sua versão austríaca (ver ESCOLA AUSTRÍACA DE ECONOMIA). A partir desse ponto de vista, o estado de bem-estar é criticado por criar uma "cultura da dependência", em contraposição a uma "cultura do empreendimento", e as virtudes e realizações de um tipo de capitalismo mais *laissez-faire*, definido como sistema de livre mercado e livre empresa (ver EMPRESARIAL, FUNÇÃO), são vigorosamente reafirmadas. Em alguns países, incluindo alguns antigos países comunistas da Europa Oriental, essas idéias têm sido traduzidas em políticas governamentais de privatização de empresas de propriedade pública, uma redução do planejamento da regulamentação e, na medida do possível, uma restrição aos gastos em serviços públicos.

O desenvolvimento futuro do capitalismo é incerto. Na medida em que se buscar seguir políticas neoclássicas da escola austríaca, uma renovação do crescimento econômico pareceria depender de uma reviravolta na onda larga, e isso, se seguirmos a análise de Schumpeter, exige uma nova arrancada de inovação, como as que no passado produziram uma "ferroviarização", uma "motorização" ou uma "computadorização" do mundo. Mas há poucos indícios, no momento, de novas oportunidades empresariais desse tipo, e além disso existem recentes restrições impostas por preocupações ambientais, bem como problemas resultantes da mudança no poder econômico dos Estados Unidos para o Japão e a comunidade européia (liderada economicamente pela Alemanha) e da crescente rivalidade entre esses três centros. Mais ainda, o sucesso a longo prazo do capitalismo na promoção do crescimento econômico teve seu lado sombrio de instabilidade econômica, injustiça social, desemprego e pobreza, de forma que, como um sistema social, e não simplesmente econômico, ele vem sendo continuamente criticado por pensadores e movimentos sociais que defendem um tipo alternativo de sociedade.

Deveria ser observado ainda, neste contexto, que o período mais bem-sucedido de desenvolvimento econômico capitalista, nos anos 50 e 60, esteve associado a uma grande expansão das atividades econômicas do estado, envolvendo em muitos países a ampliação da propriedade pública e do planejamento econômico, visando mitigar as conseqüências danosas — tanto econômicas quanto sociais — de uma economia de livre empresa e livre mercado inadequadamente regulamentada. A experiência de recessão nos anos 90 pode, portanto, acabar levando a um abandono dessas políticas econômicas e sociais associadas à NOVA DIREITA, e a uma retomada de políticas mais intervencionistas. Nesse sentido, a oposição entre capitalismo e socialismo, que foi um ponto central de confronto ideológico e político durante todo o decorrer do século XX, parece ter probabilidades de persistir. Mas isso acontecerá em novas circunstâncias, de complexidade muito maior, em que os princípios e elementos básicos de um sistema econômico e social alternativo são bem mais difíceis de especificar com precisão; e qualquer movimento no sentido dessa sociedade alternativa parece ter grandes probabilidades de implicar uma modificação contínua e gradual do capitalismo, do tipo que vinha ocorrendo no decorrer do último século, muito mais que quaisquer mudanças abruptas.

Leitura sugerida: Bottomore, Tom, 1985: *Theories of Modern Capitalism* • Braudel, Fernand, 1967 *(1979)*: *Civilization matérielle, économie et capitalisme (XV-XVIII)* • Maddison, A. 1991: *Dynamic Forces in Capitalist Development* • Mandel, Ernest, 1975: *Late Capitalism* • Schumpeter, J.A. 1942 *(1987)*: *Capitalism, Socialism and Democracy* • Weber, Max, 1923 *(1961)*: *General Economic History*, parte 4.

TOM BOTTOMORE

capitalismo monopolista Esta expressão foi usada por Lenin para definir um novo estágio no desenvolvimento do CAPITALISMO no final do século XIX, em que a vida econômica era dominada por grandes corporações, o capital bancário fundira-se com o capital industrial para formar oligarquias financeiras e as principais nações capitalistas estavam engajadas na expansão imperialista. Lenin ficou devendo muito ao *Capital financeiro* (1910) de Hilferding para suas concepções básicas, mas ele as expôs no contexto de uma doutrina política inteiramente diferente, que encarava as revoluções socialistas como resultado da guerra entre as potências imperialistas. Mais tarde Lenin e marxistas-leninistas posteriores elaboraram uma concepção de "capitalismo monopolista de estado" (ver Hardach e Karras, 1978, p.47-50, 63-8) para explicar o crescente envolvimento do estado na economia capitalista. Também essas idéias tinham afinidades com a concepção tardia de Hilferding de um "capitalismo organizado" (ver Bottomore, 1981, p.14-5), mas divergiam profundamente pelo fato de estarem embutidas em uma ideologia bolchevique cada vez mais dogmática e intelectualmente estéril.

O capitalismo monopolista recebeu um sentido diferente, no entanto, no livro de Baran e Sweezy (1966), em que se afirmava que novas "contradições do capitalismo" haviam tomado o lugar das analisadas por Marx. As elevadas taxas de crescimento econômico e uma aparentemente maior estabilidade do capitalismo no pós-guerra refletiam uma mudança significativa no caráter da economia capitalista, da competição ao monopólio. Isso resulta em um aumento contínuo e uniforme nos lucros das firmas monopolistas, avizinhando-se do "superávit econômico" da sociedade, de acordo com Baran e Sweezy, que vão mais além, afirmando que esse crescente superávit econômico leva necessariamente à estagnação, a não ser que seja neutralizado de alguma forma (ver Hardach e Karras, 1978, p.61-3). Mas essa concepção, como as elaboradas por pensadores marxistas-leninistas, na verdade deu pouca atenção a várias e importantes influências neutralizantes, tais como o desenvolvimento do capitalismo de bem-estar e inúmeras mudanças mais socializantes na economia. No futuro é provável que os teóricos sociais se preocupem menos com o que é chamado — geralmente de maneira enganosa — de "monopólio", e mais com o estudo da estrutura e influência das grandes corporações no contexto do capitalismo de bem-estar, e da regulamentação estatal extensiva em suas diversas formas.

Leitura sugerida: Baran, Paul e Sweezy, Paul 1966: *Monopoly Capitalism* • Hardach, Gerd e Karras, D. 1978: *A Short History of Socialist Economic Thought* • Lenin, V.I. 1916 *(1964)*: *Imperialism: the Highest Stage of Capitalism.*

TOM BOTTOMORE

carências Ver NECESSIDADES.

carisma A história dessa palavra, hoje em dia empregada principalmente para descrever uma qualidade heróica ou extraordinária de um indivíduo isolado, é curiosa e complexa. De origens obscuras no antigo uso cristão, em que significava "o dom da graça", carisma é hoje uma palavra popular, cheia de apelo tanto para os jornalistas quanto para os leigos. Suas conotações no século XX e o debate que ela ocasionou são inseparáveis do pensamento de Max Weber (1864-1920).

Weber adaptou a palavra a partir do teólogo Rudolph Sohm, que a empregara para interpretar o desenvolvimento da antiga igreja cristã (ver Bendix, 1966, p.325). Ampliado para abranger fenômenos tanto seculares quanto religiosos, o conceito assumiu papel axial na análise de Weber da história e da dominação (ver especialmente Weber, 1904-5 (*1930*), p.178; 1951, p.30-42, 119-29; Weber, 1921-2, vol.1, p.241-71 e vol.2, p.1.111-57).

Na análise de Weber, carisma indica uma qualidade excepcional (real ou imaginária) possuída por um indivíduo isolado, que é capaz a partir daí de exercer influência e LIDERANÇA sobre um grupo de admiradores. Os devotos do líder carismático encaram como seu dever obedecer-lhe os ditames, e fazem isso voluntariamente e com uma entrega arrebatada. O carisma é capaz de assumir toda uma variedade de aparências, correspondendo às esferas de sua influência (militar, política, ética, religiosa, artística), mas em todos os casos sua conseqüência é afetar de forma impressionante as vidas dos que ficam sob o seu efeito. O carisma é uma força interiormente revolucionária, com o poder, portanto, de mobilizar o esforço humano e transformar o mundo material empedernido com que ele se defronta. Na terminologia de Weber, carisma é uma forma particular de "dominação" ou autoridade.

Weber contrasta essa forma de dominação não-ortodoxa, de forte carga emocional e revolucionária, com duas outras: a tradicional (em que a obediência se baseia no costume e na reverência ao precedente: típica das sociedades pré-industriais) e a jurídico-racional (característica do mundo moderno, onde a conformidade a regras e procedimentos juridicamente estabelecidos e burocraticamente executados é a norma, e onde a submissão é, tipicamente, devida mais à posição do que à pessoa). Os modos de dominação tradicional e jurídico-racional são marcadamente diferentes em muitos aspectos. Mesmo assim, ambos compartilham a mesma qualidade tediosa de serem estruturas estáveis, rotineiras e relativamente previsíveis da vida do dia-a-dia. O carisma, por outro lado, é explosivo — desafia abertamente os modos tradicionais, despreza a frieza rígida da legalidade impessoal — e, em sua forma pura, volúvel e efêmero.

Quatro aspectos adicionais da discussão de Weber são dignos de nota. Primeiro, as qualidades éticas do líder carismático são irrelevantes para o conceito. Seu dinamismo como indivíduo é que é crucial. Segundo, o carisma é um fenômeno contingente. Apesar de tender a despertar em certas circunstâncias propícias, em especial em condições de agitação, o entusiasmo ou a inquietação, não há nenhuma indicação nos textos de Weber de que seu surgimento esteja socialmente destinado a ocorrer. Terceiro, a existência e a duração do encanto do carisma dependem, acima de tudo, da reação dos outros. Para manter seu fascínio sobre corações e mentes, o carisma de uma pessoa deve ser continuamente exibido e provado, por exemplo, com milagres (Jesus) ou campanhas militares brilhantes (Napoleão). Quando a devoção se transforma em indiferença, a mágica do carisma se evapora. Finalmente, o carisma, em sua forma pura, só chega a existir de modo efêmero. Devido ao seu caráter personalizado, o carisma enfrenta dificuldades de transmissão quando, por exemplo, quem o porta morre. Existem várias soluções para esse problema. Mas em todos os casos o carisma se extingue ou se torna "rotinizado", isto é, canalizado em instituições de orientação tradicional ou jurídica, com isso perdendo sua quintessência heróica e se tornando, ao contrário, um atributo, digamos, da hereditariedade (por exemplo, um monarca) ou do cargo (por exemplo, o de primeiro-ministro ou o de presidente).

Embora a análise de Weber do carisma seja amplamente encarada como seminal, ela também atraiu críticas ou restrições. Alguns afirmaram que sua ênfase na liderança pessoal carece de uma explicação coerente de *por que* as pessoas encaram determinada liderança como inspiradora ou instigante, e subestima "o significado social do líder como símbolo, catalisador e portador de mensagem" (Worsley, 1957, p.293). Pois se o carisma depende do reconhecimento social, como Weber insiste em dizer que acontece, então a cultura e as sensibilidades dos que vêm legitimá-lo exigem maior especificação (Baehr, 1990). Além disso, a exposição de Weber sobre a aura do carisma tende a deixá-lo numa espécie de condição mística. Em contraste, recentes estudos sociológicos de oratória política e linguagem corporal (em especial por Atkinson, 1984, por exemplo) têm demonstrado que o que geralmente passa por carisma é, em boa parte, uma *técnica* — uma série de habilidades, práticas e mensagens aprendidas e orquestradas por políticos.

A contribuição do carisma à estabilidade social, diferentemente da revolução, é outra área que Weber pode ter subestimado (apesar de não a ter desprezado: ver a exposição anterior sobre rotinização). Shils, por exemplo, escreve a respeito de uma "propensão carismática" que pode ser encontrada em todas as sociedades, revelada no "temor e reverência" com que certos objetos são encarados. De acordo com isso, o carisma não apenas é algo possuído por líderes exemplares mas pode estar inerente em "papéis, instituições, símbolos e estratos ou compostos seculares comuns" (Shils, 1965, p.200). Objetos e pessoas que a sociedade acredita possuírem carisma assim são porque encarnam os valores essenciais da sociedade e, portanto, se relacionam com as questões extremas com as quais essa sociedade se preocupa, de forma que o carisma diz respeito à necessidade de coerência social. Assim, nas mãos de Shils, o carisma se transforma em uma força que é útil na manutenção da ordem social, enquanto Weber enfatizava seus atributos revolucionários.

Mais recentemente cientistas sociais têm utilizado o conceito de carisma em inúmeras esferas. Primeiro, e de maneira mais óbvia, ele foi empregado em relação a seitas e cultos religiosos cujos líderes são capazes de atrair seguidores devotos (por exemplo, Wallis, 1982). Segundo, foi usado para descrever e explicar o apelo de muitos líderes políticos (Apter, 1968; Schweitzer, 1984; Willner, 1984). Entre estes, encontramos líderes nacionais que foram capazes de desenvolver uma missão que tanto prometia a liberdade do domínio colonial quanto superava as implicações conservadoras da submissão à autoridade tradicional (Gandhi, Nkrumah); líderes revolucionários marxistas (Lenin, Castro); líderes de ditaduras modernas (Hitler, Mussolini); e líderes que alcançaram poder no contexto de democracias modernas (F. D. Roosevelt). Terceiro, existe um uso crescente da palavra para descrever alguns líderes de organizações comerciais (ver, por exemplo, Conger, 1989), cujos esforços notórios produzem uma transformação radical no destino de uma organização em dificuldades (por exemplo, Iacocca, da Chrysler), ou cuja liderança resulta na fundação de organizações novas e vitais (por exemplo, Burr, da People Express).

Apesar de ser atraente tentar identificar tipos de carisma, essas tentativas correm o risco de gerar listas excessivamente longas: Schweitzer (1984), por exemplo, cataloga mais de 50 tipos! Duas dicotomias básicas, porém, tendem a ser empregadas com alguma freqüência na literatura especializada. Primeiro, existe a diferenciação entre carisma original e rotinizado. Nesse ponto, pesquisas mostram que líderes carismáticos às vezes desenvolvem estratégias elaboradas para resistir às incursões da rotinização, como no caso de David "Mo" Berg e os Filhos de Deus (Wallis, 1982). Por outro lado, a rotinização nem sempre tem sucesso: assim, o estudo realizado por Trice e Beyer (1986) sobre duas organizações dedicadas ao alcoolismo mostra como a rotinização do carisma do fundador pode ser frustrada por estruturas inadequadas ou por acontecimentos inesperados.

Uma segunda distinção, às vezes proposta, é entre carisma real e fabricado (ou pseudocarisma). Isso destaca o contraste entre o apelo legítimo de um indivíduo verdadeiramente carismático e a encenação e o trabalho de mídia que geralmente penetram na geração do carisma moderno (Bensman e Givant, 1975). Com plausibilidade, porém, essa distinção é ela própria problemática, pois deixa de reconhecer que todo carisma é, em certo sentido, fabricado, isto é, depende da apresentação de uma imagem atraente o bastante para recrutar um bando de seguidores que, por sua vez, agirão como emissários da causa ou missão em questão.

Ver também MESSIANISMO.

Leitura sugerida: Bendix, R. 1971: "Charismatic leadership". In *Scholarship and Partisanship: Essays on Max Weber*, org. por R. Bendix e G. Roth, p.170-87 • Berger, P.L., 1963: "Charisma and religious innovation: the social location of Israelite prophecy". *American Sociological Review* 28, 940-50 • Conger, J.A. e Kanungo, R.N., orgs. 1988: *Charismatic Leadership: the Elusive Factor in Organizational Effectiveness* • Friedland, W.H. 1964: "For a sociological concept of charisma". *Social Forces* 43, 18-26 • Haley, P. 1980: "Rudolph Sohm on charisma". *Journal of Religion* 60, 185-97 • Lindholm, C. 1990: *Charisma* • Roth, G. 1979: "Charisma and the counterculture". In *Max Weber's Vision of History: Ethics and Methods*, org. por G. Roth e W. Scluchter, p.119-43 • Schram, S.R. 1967: "Mao Tse-tung as a charismastic leader". *Asian Survey* 7, 383-4 • Spencer, M.E. 1973: "What is charisma?" *British Journal of Sociology* 24, 341-54 • Tucker, R.C. 1968: "The theory of charismatic leadership". *Daedalus* 97, 731-56 • Weber, Max 1921-2 *(1978): Economy and Society*, org. por G. Roth e C. Wittich (ed. em 2 vols.) • Willner, A.R. 1984: *The Spellbinders: Charismatic Political Leadership*.

ALAN BRYMAN e PETER BAEHR

casamento O casamento é encarado como a ligação socialmente aprovada de um homem e uma mulher para fins de comunhão sexual, procriação e colaboração econômica. Porém, curiosamente, a orientação do pensamento social do século XX tem sido documentar e estimular a disjunção dessas funções da instituição matrimonial, o que põe em questão a utilidade futura da palavra.

Os pontos de vista tradicionais, evidentemente, têm continuado em vigor. No Ocidente, a afirmação religiosa do casamento como ordem divina encontrou seu paladino mais forte no papado católico romano. A encíclica *Casti Connubii* (1933), de Pio XI, reafirmava a natureza sacramental e irrevogável do matrimônio, enfatizava seu monopólio sexual, celebrava a função procriativa como uma colaboração com Deus e defendia a economia doméstica.

Correntes filosóficas de influência bem maior, contudo, tomavam um rumo diferente. A redefinição básica do matrimônio, dada por John Locke, como "um pacto voluntário" (1812, vol.5, p.383-5), necessário somente na medida em que crianças pequenas precisavam de proteção, surgiu no final do século XVII.

Duzentos anos depois essa mudança de uma compreensão espiritual para uma compreensão contratual do matrimônio ganhava um ímpeto vigoroso. Ao mesmo tempo teóricos marxistas colocavam o matrimônio no contexto da luta de classes, enquanto as primeiras feministas enfatizavam a exploração das mulheres inerente a essa instituição (ver FEMINISMO).

A abordagem crítica das funções específicas do matrimônio ganhou força particular depois de 1900. Ellis questionou o monopólio sexual pretendido pelo casamento legal (1912, p.53-66), o que mais tarde ganharia credibilidade estatística através dos trabalhos de Kinsey (Kinsey, Pomeroy e Martin, 1948) e de Masters e Johnson (1982, p.249). Key afirmava que o fator econômico no matrimônio havia degradado as mulheres (1911, p.367-8). Mesmo no casamento, homens e mulheres deveriam ser economicamente independentes, e todas as mães recentes deveriam receber apoio do estado, em vez dos maridos. Ao mesmo tempo o monopólio criativo do matrimônio enfrentou uma crítica crescente por sua cruel categorização dos filhos. A legislação reformada da nova União Soviética estabeleceu o modelo, ao eliminar as distinções legais entre nascimentos legítimos e ilegítimos.

Ironicamente, enquanto o casamento enfrentava essa forma de desestruturação, os antropólogos modernos afirmavam a universalidade da instituição. Em seu levantamento cultural comparado, Murdock definiu o matrimônio como existindo apenas quando o econômico e o sexual estão unidos em uma relação (1949, p.7-8), e em seguida afirmou encontrar essa instituição "em toda sociedade humana conhecida". Igualmente universal, disse ele, era "uma divisão do trabalho por sexo", enraizada nas diferenças naturais e indiscutíveis nas funções reprodutoras. Malinowski reconheceu as forças que interferiam na união matrimonial, mas concluiu haver "algo maior no casamento humano" enraizado "nas necessidades mais profundas da natureza e da sociedade humanas" (Briffault e Malinowski, 1956, p.27-8).

Os sociólogos, por sua vez, projetaram a evolução de novos padrões matrimoniais. Westermarck encarava o casamento como um instinto humano formado pela seleção natural (1936, p.20). Já não mais necessário no ambiente moderno, o casamento sobreviveria apenas como impulso individual. Groves (1928) concentrou-se na perda de funções da família, na medida em que tarefas isoladas, como cooperação econômica e criação de filhos, passassem para entidades profissionais. Em meados do século, Talcott Parsons (1951) deu uma interpretação positiva a essa mudança, enfatizando a nova importância do casamento no ajustamento da personalidade adulta. Nos anos 70 o ressurgimento das idéias feministas levou muitos sociólogos a verem um casamento puramente igualitário como o modelo para o futuro (Bernard, 1972).

Observadores recentes, porém, apontam que o matrimônio pode estar desaparecendo, em vez de meramente mudando, nas sociedades avançadas. Observando particularmente a Suécia, Poponoe (1988, p.188-94) registra uma reduzida propensão ao matrimônio, seu adiamento para uma idade mais avançada, um volume menor de vidas individuais passadas dentro dos laços do matrimônio, uma duração menor dos matrimônios e uma crescente preferência por tipos alternativos de união sexual.

Ver também FAMÍLIA; DIVÓRCIO.

Leitura sugerida: Key, E., 1911 *(1949)*: *Love and Marriage* • Murdock, G.P. 1949: *Social Structure* • Parsons, T. 1951: *The Social System* • Poponoe, D. 1988: *Disturbing the Nest: Family Change and Decline in Modern Societies* • Westermarck, E. 1936: *The Future of Marriage in Western Civilization.*

ALLAN C. CARLSON

casta Esta palavra indica um grupo hereditário, endógamo, associado a uma ocupação tradicional e classificado, de acordo com isso, segundo uma escala de pureza ritual. Apesar de mudanças e muitas críticas, a casta sobrevive como estrutura e ideologia no século XX.

Foram os portugueses que usaram a palavra, derivada do latim *castus* (puro), para se referir às diferentes comunidades que encontraram na Índia. Apesar de a ESTRATIFICAÇÃO SOCIAL ser um fenômeno humano universal e de a palavra "casta" ser usada livremente para grupos de pessoas em outras partes, este verbete concentra-se em casta no contexto do hinduísmo no Sul da Ásia — particularmente na Índia — e na diáspora de comunidades hindus por todo o mundo (ver também HINDUÍSMO E TEORIA SOCIAL HINDU).

No discurso acadêmico sobre comunidades sul-asiáticas, casta significa *"jati"* (palavra com a mesma raiz de nascimento), um grupo hereditário endogâmico. Cada *jati* consiste em linhagens exôgamicas (*gotra*). Regras matrimoniais complexas determinam em que *gotras* uma pessoa em particular pode ser aceita em casamento.

O número total de *jatis* chega aos milhares, e cada região da Índia tem sua hierarquia específica. Não obstante, os hindus classificam seu próprio *jati* e o de outras pessoas de acordo com uma escala de quatro *varnas* (classes), reconhecida em todo o mundo hindu. Há com freqüência uma discrepância entre a *varna* a que membros de um *jati* alegam pertencer e a *varna* inferior que outros lhes imputam.

As quatro classes são, respectivamente, as *varnas brahmin*, *kshatriya*, *vaishya* e *shudra*. No Rig Veda, texto sagrado composto por volta de 1000 a.C., Purusha, a entidade cósmica, uma imagem da sociedade, é desmembrado. Sua boca é relacionada ao *brahmin* (sacerdote), seus braços ao *kshatriya* (guerreiro), suas coxas ao *vaishya* (comerciante) e seus pés ao *shudra* (servo ou lacaio). Os membros das três primeiras classes são encarados como nascidos duas vezes, pois que sua investidura com o cordão sagrado significa renascer dentro da sociedade hindu. No Código de Manu (Manu-smriti ou Manava dharma shastra), de aproximadamente 2 mil anos, o comportamento permitido para cada *varna* é claramente definido, bem como as penalidades para os desvios.

No Bhagavad Gita, escritura preferida dos hindus, Krishna, a encarnação de Vishnu (divindade de primeira importância), exorta o príncipe relutante, Arjun, a combater porque esse é o seu *dharma* (dever sagrado) como *kshatriya*.

No decorrer de muitos séculos cada *jati* desenvolveu um código tácito de práticas. Os membros não devem casar-se nem se sentar para comer com membros de outro *jati*, apesar de ambas as regras, particularmente a última, terem sido consideravelmente relaxadas em alguns contextos. Detalhes de costumes domésticos e cerimônias religiosas distinguem um *jati* de outro na mesma localidade.

Na sociedade aldeã tradicional, antes do predomínio do dinheiro como meio de troca, os membros de todas as castas forneciam aos outros aldeães os serviços específicos de cada casta, numa base de reciprocidade. Esse sistema é conhecido como *jaimani*. As castas mais baixas na escala de pureza recebiam menos em troca de seu trabalho. Aspectos dessa interdependência ainda sobrevivem, como quando um *brahmin* executa um ritual e recebe roupas ou outros presentes dos que o empregam. Em cada aldeia, uma ou mais castas exercem o poder sobre as outras. O poder econômico não tem obrigatoriamente que corresponder a uma *varna* elevada.

O sistema de castas é orgânico e está constantemente se adaptando a circunstâncias cambiantes. Antropólogos do século XX têm conceitualizado de várias maneiras os processos subjacentes. M.N. Srinivas (1967) postulou a sanscritização, processo por meio do qual membros de uma casta inferior trocam seus costumes, rituais, ideologia e modo de vida, na direção de uma casta mais elevada (por exemplo, adotando uma dieta rigorosamente vegetariana, adequada aos *brahmins*). Recusando-se a dar as filhas em casamento a famílias que não se adaptaram dessa forma, criam na realidade um novo *jati*. A palavra kshatriyzação refere-se a uma emulação de riqueza e status, mais do que a pureza ritual. Durante o século XX as castas menos privilegiadas tenderam a lutar pelo poder e pela riqueza através da educação. Mobilizaram-se também como movimentos religiosos, dando um novo significado aos mitos e símbolos antigos e construindo o auto-respeito (Juergensmeyer, 1982).

Entre não-hindus de origem sul-asiática, as castas geralmente persistem como um fator na interação social, mesmo quando os mestres religiosos de uma comunidade investem contra elas. Assim, por exemplo, os cristãos locais podem prestar culto em congregações distintas que por acaso têm respectivamente uma origem de casta elevada e inferior. Os *sikhs* continuaram a se casar dentro da casta, apesar de seus gurus enfatizarem a igualdade de todos e a irrelevância da casta de uma pessoa para a reunião da alma com Deus.

Com a educação em estilo ocidental e a crescente mobilidade social e industrialização, o elo entre ocupação hereditária e *jati* viu-se enfraquecido no século XX, apesar da associação persistir nas mentes das pessoas. Trabalhar como piloto, professor ou programador de computação não faz com que um indivíduo consiga alterar ou fugir às conotações do seu *jati*.

Algumas ocupações *shudra*, tais como a coleta de excrementos ou o curtume do couro, eram encaradas como altamente contamináveis para todo aquele com o qual membros desses *jatis* entrassem em contato. Como resultado, esses *jatis* eram segregados do resto da sociedade. Além das proibições relativas ao casamento e às refeições, eram também proibidos de entrar em muitas escolas e templos, e até de pegar água na mesma fonte que os demais. Viviam, como muitos ainda vivem, fora da aldeia. Se a sombra de um "intocável" pousasse sobre um brahmin, este tinha de voltar para casa a fim de se purificar.

Em grande parte devido à degradação dos intocáveis, os reformadores dos séculos XIX e XX atacaram as iniqüidades do sistema de castas. Swami Dayananda Saraswati (1824-83) pregava que, segundo o Veda, a sociedade devia ser dividida, não em inúmeras castas, mas em quatro *varnas*, nas quais a participação dependeria mais do mérito que de nascimento. Mohandas Karamchand Ghandi (Mahatma Gandhi, 1869-1948) valorizava alguns aspectos do sistema de castas para a construção de uma sociedade harmoniosa, mas defendia apaixonadamente o ponto de vista de que "a intocabilidade não é uma sanção da religião, é uma invenção de Satã" (Gandhi, 1951). As vítimas da discriminação de castas hoje encaram a abordagem de Gandhi como paternalista. Rejeitam a expressão *"harijans"* (filhos de Deus), que ele popularizou, preferindo o uso de "Castas ordenadas" — na Índia, designação oficial desde 1935 — e *"dalit"* (oprimidos). Seu herói é o Babasaheb Ambedkar (1891-1956), o advogado que emergiu de uma família de intocáveis para criar a constituição da Índia. Esta foi promulgada em 1950 e não reconhece castas, apenas cidadãos iguais. Ambedkar afirmava que a casta era uma ideologia que só poderia ser abolida se as sanções religiosas hindus em seu favor fossem retiradas. Exortou seus seguidores a trocarem o hinduísmo pelo budismo.

Existem atualmente na Índia cerca de 120 milhões de pessoas (1/7 da população) que carregam o estigma da intocabilidade. Apesar da legislação, especialmente a Lei sobre a Intocabilidade (Crimes de), de 1955, bem como de políticas de discriminação positiva na educação e na reserva de certos empregos, o preconceito existe. De fato, com a implementação dessas políticas, a tolerância das castas mais elevadas às vezes se transforma em rígida hostilidade.

Tal como o advento do trem no século XIX, o crescente acesso à educação, a rápida urbanização e a industrialização fizeram com que membros de diferentes castas entrassem em contato como nunca acontecera antes. Esse desenrolar dos fatos, somados ao saneamento moderno e ao fornecimento de água encanada, beneficiou as Castas Ordenadas, com a remoção de algumas causas de óbvia discriminação. Alguns membros das castas inferiores se tornaram ricos ou chegaram a altos cargos. Não obstante, o sistema de castas não foi substituído por um sistema de classes do tipo ocidental. O que acontece é uma interação de aspectos de ambos os sistemas. O sistema político democrático permite que a casta exerça uma influência poderosa. Os candidatos jogam com as sensibilidades de casta para obterem apoio. Muitos políticos dependem das castas que funcionam como currais eleitorais.

A casta sobrevive em comunidades hindus fora da Índia, apesar de a história de sociedades específicas ter dado a cada uma um caráter peculiar. Em Bali, Indonésia, sobrevive uma diferença entre a maioria *shudra* e as classes *brahmin, kshatriya* e *vaishya*. As comunidades hindus de Fiji, ilhas Maurício, Trinidad e Suriname remontam a meados do século XIX, quando trabalhadores contratados como colonos chegaram com poucas esperanças de voltar à Índia. Nesses países, as diferenças de casta em grande parte desapareceram, exceto pelo fato de apenas os *brahmins* exercerem funções sacerdotais. No Leste da África, porém, onde os colonos chegaram da Índia no início do século XX, o contato com aquele país foi mantido, as castas permaneceram endogâmicas e se estabeleceram associações de casta.

Na Grã-Bretanha, os casamentos hindus e *sikhs* ainda são celebrados geralmente entre membros da mesma casta. Muitos locais de cultos públicos são dirigidos por membros de castas particulares, como os *gurdwaras* Ramgarthia, Bhatra e Ravidasi (locais de culto *sikh*). Hindus de origem *gujatari* têm organizações de casta que organizam eventos sociais e religiosos, especialmente durante o Festival de Navaratri.

Leitura sugerida: Dumont, L. 1970: *Homo hierarchicus* • Juergensmeyer, M. 1982: *Religion as Social Vision* • Mahar, J.M., org. 1972: *The Untouchables in Contemporary India* • Nesbitt, E.M. 1991: *'My Dad's Hindu, My Mum's Side are Sikhs': Issues in Religion Identity* • Schwartz, B.M., org. 1967: *Caste in Over-*

seas Indian Communities • Srinivas, M.N. 1962: *Caste in Modern India.*

ELEANOR M. NESBITT

causalidade Nas palavras memoráveis de Hume, a causalidade é "o cimento do universo", a relação pela qual um evento se liga a outro, um tipo de ocorrência provoca outro. É uma noção que desempenha um papel central em nossas explicações do mundo que nos cerca (ver EXPLICAÇÃO), por exemplo, quando respondemos a perguntas com "por quê?" através de frases que começam com "por causa de...", identificando os antecedentes em virtude dos quais a coisa a ser explicada ocorreu.

O conceito de causalidade, porém, mostrou-se difícil de analisar. O problema é como compreender o cimento que liga causa a efeito, a necessidade com a qual pensamos nos efeitos seguindo-se a suas causas. As explicações do século XX geralmente começam com a análise empirista de Hume. (EMPIRISMO é a idéia de que todo o conhecimento deve basear-se na experiência.) Segundo Hume, as conexões causais não são necessárias no sentido de serem relações lógicas, pois, afirma ele com base em seu empirismo, a descrição de um evento não acarreta (não necessita logicamente) a ocorrência de quaisquer outros eventos. Nem a ligação de um efeito a sua causa é uma relação que exista no mundo, pois não temos nenhuma experiência de elo assim necessário entre um evento (uma causa) e outro (seu efeito), mas apenas dos dois eventos em si mesmos. Conseqüentemente, do ponto de vista de Hume, ainda que possamos, através do hábito, vir a *pensar* em causalidade como trazendo em si necessidade, *no mundo* as conexões causais não são mais que conjunções constantes de eventos contíguos e consecutivos, porém lógica e materialmente independentes. Como hoje em dia em geral aceita-se que causas podem agir a distância, e que causas e efeitos podem ocorrer simultaneamente, o que resta do ponto de vista humano é que a causalidade está incorporada em regularidades que expressam conjunções constantes entre tipos de eventos.

A noção de conjunção constante pode ser elaborada em termos de condições necessárias e suficientes. (Trata-se aqui de um sentido de necessário diverso do acima apresentado.) Uma condição necessária para um evento é a que sempre ocorre quando o evento ocorre, enquanto uma condição suficiente é a que quando ocorre, o evento ocorre também. Isso permite levar em conta algumas complicações: por exemplo, que um efeito possa estar ligado a uma conjunção de causas ou a diferentes causas independentes, e só possa ocorrer se certas causas contrapostas estiverem ausentes. Essas complicações são reunidas em conjunções constantes da fórmula "todos $LM\overline{N}$ ou $PQ\overline{R}$ ou $ST\overline{W}$ são seguidos pelo evento E", em que $\overline{N}$ simboliza a ausência de uma condição de tipo N e em que cada letra representa uma condição "inos" para E, ou seja, uma parte insuficiente, mas não-redundante de uma condição conjunta (p. ex., LMN) que é em si mesma não necessária, porém suficiente, para o resultado E (Mackie, 1965). Um exemplo é uma teoria da revolução que combina idéias do marxismo e da teoria da privação relativa e afirma que a atividade revolucionária (E) segue-se *ou* a partir da ocorrência conjunta da polarização da sociedade capitalista em duas classes, a burguesia e o proletariado (L), o empobrecimento do proletariado (M) e a ausência de falsa consciência proletária (N), *ou* da ocorrência conjunta da divisão da sociedade numa hierarquia de grupos (P), da conformidade dos membros de um grupo às normas de outro grupo mais superior (Q) e da ausência de caminhos legítimos de ascensão do grupo inferior para o superior (R). Outras teorias da revolução podem ser acrescentadas, como conjuntos extras de condições inos (p. ex., STW).

Até mesmo essa versão elaborada da versão humeana parece sofrer, como as versões mais simples, do problema de não conseguir distinguir regularidades causais daquilo que os filósofos chamam de generalizações acidentais, e que os pesquisadores sociais chamam de relações espúrias ou co-sintomáticas. Alguns exemplos são o dia seguindo-se à noite e o nível dos prejuízos aumentando com o número de bombeiros que combatem um incêndio, que são conjunções constantes, mas sem o cimento da causalidade conectando a ocorrência antecedente à conseqüente. Os humeanos buscaram resolver esse problema acrescentando critérios lógicos ou epistemológicos para diferenciar leis causais de generalizações acidentais, mas os críticos continuam afirmando que nenhuma dessas tentativas funciona. As dificuldades para se produzir uma adequada análise humeana da causalidade levaram alguns filósofos empiristas a apontar que a causalidade não tem lugar nas ciências maduras (Russell, 1917).

As análises não-humeanas da causalidade vão além das restrições do empirismo. Uma das mais interessantes, o ponto de vista realista, afirma que a necessidade que caracteriza a causalidade é a necessidade física (ver REALISMO). Os acontecimentos de causa e efeito não são independentes, como insistem os humeanos, mas intrinsecamente relacionados. As causas têm o poder de provocar seus efeitos, existindo uma relação real entre ambos, um mecanismo gerador ligando fisicamente causa a efeito, ainda que essa ligação esteja, em geral, acima da nossa experiência. De acordo com esse ponto de vista, a conjunção constante poderia ser prova de uma conexão causal, mas não lhe exaure o significado, que deriva do mecanismo natural conectando causa e efeito. De fato, conexões causais reais podem não se manifestar como regularidades, pois causas contrapostas podem intervir entre a operação de uma causa e o surgimento de seu efeito. Por exemplo, apertar um interruptor de luz pode não ter o efeito de iluminar o aposento, caso um fusível queime e impeça a lâmpada de brilhar. Nessa ocasião a falha — a refutação de uma conjunção constante — não nos leva a rejeitar como causal a conexão real entre apertar o interruptor e a lâmpada acender-se através do mecanismo subjacente de um fluxo de corrente elétrica. A dificuldade com essa visão realista é que, tendo violado o empirismo humeano, ao afirmar a existência de mecanismos imputados e forças invisíveis acima do controle epistemológico da experiência, que restrições se exercem sobre os mecanismos que possam ser invocadas como explicações causais? Se devemos admitir a existência de vírus, por que não demônios ou feitiços?

Dada a existência de problemas com todas as tentativas de se analisar a causalidade, alguns afirmaram tratar-se de um primitivo não analisável (Anscombe, 1971). Ainda que fosse possível chegar a uma análise satisfatória da causalidade no mundo natural, continua a haver questões sobre seu lugar no mundo social: será que as ações humanas são causadas e, se o forem, que o livre-arbítrio é uma ilusão? (Ver DETERMINISMO.)

Leitura sugerida: Davidson, D. 1980: *Essays on Actions and Events* • Harré, R. e Madden, E.H. 1975: *Causal Powers: a Theory of Natural Necessity* • Hume, D. 1748 (1975): *An Enquiry Concerning Human Understanding*, org. por L.A. Selby Bigge • Mackie, J.L. 1974: *The Clement of the Universe* • Sosa, E., org. 1975: *Causation and Conditionals* • Wright, G.H. von 1971: *Explanation and Understanding.*

PETER HALFPENNY

cesarismo Palavra que indica uma forma de ditadura livremente modelada pela carreira de Caio Júlio Cesar (100-44 a.C.), general e autocrata populista que tomou o poder da oligarquia senatorial romana em 49 a.C. e cujo regime acelerou a queda da república romana. Não obstante, essa definição exige uma imediata restrição. Pois não é só o caso de a palavra ter sido empregada para incluir figuras que *antecedem* Caio Júlio — como os atenienses Pisístrato (c.600-527 a.C.) e Péricles (c.495-429 a.C.) e o espartano Cleomenes III (c.260-219 a.C.) (Neumann, 1957, p.237-8; Weber, 1921-22). Há também o fato de Augusto Cesar (63 a.C.-14 d.C.), e não Caio Júlio, às vezes ser dado como o modelo de cesarismo (Riencourt, 1958). Além disso, apesar de muitas utilizações no século XX buscarem analogia com a Roma antiga, outras não o fazem, de forma que hoje em dia, cesarismo é um conceito mergulhado na mais profunda confusão.

Cunhada provavelmente por J.F. Böhmer em 1845 (Böhmer, 1868, p.277-9), a palavra recebeu seu primeiro tratamento sistemático por parte do francês A. Romieu (1850). A partir daí cesarismo se tornou uma palavra amplamente empregada em círculos cultos europeus — particularmente na França e na Alemanha — para descrever o regime de Napoleão III (de 1851 a 1870) e suas implicações para a política moderna (Momigliano, 1956, 1962; Groh, 1972; Richter, 1981, 1982; Gollwitzer, 1987). Em 1920 já não estava mais em uso popular, sobrevivendo apenas como ferramenta de análise acadêmica.

Falando em termos gerais, existem três campos claros no pensamento do século XX sobre o tema. O primeiro dá continuidade à tradição de ligar explicitamente o cesarismo ao BONAPARTISMO de Napoleão III, e também de Napoleão I. Nesse caso, o cesarismo é descrito como uma forma de liderança altamente personalizada e militarista, nascida da ilegalidade (tal como um golpe de estado), caracterizada por uma retórica populista (o líder alega encarnar e defender "o povo" *en bloc*, contra o interesse estreito e divisor de elites ou classes), que despreza as instituições políticas representativas estabelecidas (o autocrata cesarista governa por imposição, empregando medidas policiais para reprimir a oposição) e é legitimado por apelos diretos às massas, através do recurso dos plebiscitos. Esse tipo de utilização pode ser encontrado, com modificações, em Thody (1989) e Namier (1958), em que o panteão cesarista se amplia para incluir figuras como Pétain e de Gaulle, Mussolini e Hitler.

Em contraste, o segundo campo de pensamento sobre o cesarismo desenvolve a noção de forma muito mais arbitrária e com apenas a referência mais superficial possível aos dois Napoleões. Assim, cesarismo é a palavra empregada para designar: as manipulações eleitorais, a impressionante envergadura e a "ilegitimidade" de Bismarck (Weber, 1921-2; Baehr, 1988); a natureza da política britânica moderna, de dominação por um líder (Ostrogorski, 1902, p.607-8; Tönnies, 1917, p.49-53; Weber, "Politics as a vocation", in Weber, Gerth e Mills, orgs., 1970, p.106-7, e 1978, p.1452); um retorno cíclico à "ausência de forma" e ao "primitivismo" (Spengler, 1918-22, vol.1); um tipo teocrático-militarista de "despotismo oriental", exemplificado pelo império de Diocleciano sobre os romanos (Gerth e Mills, 1954, p.210); uma DITADURA "populista" ou "democrática", comparável ao, ou manifestada no, peronismo na América do Sul, entre outros regimes (respectivamente, Canovan, 1081, p.137, Neumann, 1957, p.236-43); o acréscimo de poder evidente no sistema presidencial norte-americano (Riencourt, 1958).

Finalmente, existe uma utilização do termo cesarismo que tanto se vale do exemplo napoleônico quanto também dele diverge de modos fundamentais. De proveniência marxista, essa posição relaciona o cesarismo ao bonapartismo (Gramsci, 1929-35, p.215, 219); faz distinção entre cesarismo "progressista" e "reacionário", dependendo de ele ajudar ou entravar a luta de classe revolucionária (Gramsci, p.219); e amplia a noção para descrever a coalisão, as alianças políticas centristas ou os governos cuja presença marca um estágio intermediário entre uma crise social e sua solução (Gramsci, p.220; Hall, 1983, p.309-21; Schwartz, 1985, p.33-62).

Na maioria das utilizações acadêmicas, é preciso que se diga, o "cesarismo" tem pouca semelhança com a carreira e a biografia daquele que serviu de inspiração para o nome (ver Gelzer, 1969). Muito plausivelmente, apenas os aspectos militares e populistas atribuídos ao cesarismo são convincentes em termos históricos. Pois Júlio Cesar tanto foi um estrategista brilhante (e um comandante de batalhas altamente inspirador) como também foi chamado por seus contemporâneos de classe, em tom derrisório, de um *popularis*, isto é, um demagogo, ou paladino do povo (Croix, 1981, p.352-5, 362; Taylor, 1949, p.15; cf. Cícero, *Pro Sestio* e *In Vatinium*, tradução de Gardner, *1958*, p.167-79).

Leitura sugerida: Baehr, P. 1987: "Accounting for Caesarism". *Economy and Society* 16, 341-56 • Brantlinger, P. 1983: *Bread and Circuses: Theories of Mass Culture as Social Decay* • Mosse, George L. 1971: "Caesarism, circuses and monuments". *Journal of Contemporary History* 6, 167-82 • Thody, P. 1989: *French Caesarism: from Napoleon I to Charles de Gaulle* • Yavetz, Z. 1983: *Julius Caesar and his Public Image.*

PETER BAEHR

Chicago, escola econômica de Ver ESCOLA ECONÔMICA DE CHICAGO.

Chicago, escola sociológica de Ver ESCOLA SOCIOLÓGICA DE CHICAGO.

ciclo econômico Como flutuações recorrentes na atividade econômica de economias industriais, os ciclos econômicos podem ser observados estatisticamente quando se examina o registro histórico do desempenho econômico geral de uma nação — digamos, as estatísticas anuais do produto interno bruto corrigidas de acordo com as mudanças nos preços (PIB real). Caracteristicamente, o que surge é um padrão de crescimento a longo prazo, marcado por alternâncias de expansão e contração. Essas alternâncias recorrentes, acima e abaixo da tendência de longo prazo, são os ciclos econômicos. A palavra ciclo sugere padrões de tempo fixo e talvez até simétricos, mas os economistas há muito rejeitaram essa idéia. Apesar de alguns economistas atualmente preferirem descrever esses fenômenos como "flutuações econômicas", a expressão ciclo econômico continua em uso corrente.

Os movimentos cíclicos numa economia difundem-se de forma abrangente. Quando o PIB real aumenta (ou diminui), o mesmo acontece com o emprego, a renda real, os lucros e outros aspectos amplos de atividade. Relativamente poucas indústrias divergem do padrão geral, apesar de as indústrias que produzem bens duráveis estarem sujeitas a flutuações maiores que a média. Além disso, os movimentos, primeiro em uma direção, depois em outra, tendem a persistir por períodos extensos de tempo — ao contrário das flutuações sazonais, por exemplo, que ocorrem dentro do âmbito de um ano. No jargão do ciclo econômico, a atividade crescente ou a expansão culmina em um auge, ou pico e em seguida dá lugar a uma recessão (também chamada de queda ou contração), cujo ponto extremo é chamado de baixa. A isso segue-se a retomada, ou recuperação, que é a fase inicial da expansão. Nos Estados Unidos, o meio século a partir de 1949 testemunhou oito expansões, variando em duração de um ano a cerca de nove, com duração média de cerca 3-5 anos. As retrações, muito menos variáveis, tiveram uma média de pouco menos de um ano. Tanto as expansões quanto as retrações demonstraram grande variação de intensidade. A Grande Depressão dos anos 30 exerceu um efeito profundo sobre a posterior política econômica dos governos, mas sua severidade e duração foram únicas nos registros dos ciclos econômicos do século XX (ver também DEPRESSÃO ECONÔMICA).

As teorias do ciclo econômico têm sido abundantes, embora o interesse por parte dos economistas tenha estado sujeito aos seus altos e baixos. O interesse nos anos 20, estimulado pelos problemas econômicos da Grã-Bretanha, foi grandemente intensificado na década seguinte devido à Grande Depressão. A *General Theory of Employment, Interest and Money* (1936), de Keynes, não se ocupava basicamente do cerne tradicional da teoria do ciclo econômico — explicar as flutuações decorrentes na atividade econômica geral —, mas, não muito tempo depois do surgimento da *General Theory*, tornou-se razoavelmente comum a crença de que políticas governamentais de estabilização poderiam tornar o ciclo econômico uma coisa do passado. Os economistas transferiram sua atenção para o novo campo da macroeconomia, que se tornou o interesse predominante para os que se preocupavam com a atividade geral. A prosperidade da década ou duas depois do final da Segunda Guerra Mundial estimulou o ponto de vista de que o ciclo econômico estava superado. Uma conferência internacional com especialistas em ciclo econômico, no final dos anos 60, produziu um volume intitulado *Is the Business Cycle Obsolete? (O ciclo econômico está obsoleto?*, Bronfenbrenner, 1969). A maior parte dos economistas não achava que estivesse, mas quaisquer dúvidas sobre se o ciclo poderia ter desaparecido foi desfeita nos anos 70 e 80, que testemunharam graves quedas econômicas e taxas elevadas tanto de desemprego quanto de inflação. Os anos 70 também assistiram ao surgimento de novos desenvolvimentos teóricos e a um renovado interesse por parte dos economistas no ciclo econômico, interesse que persistiu durante todos os anos 80.

Na busca de causas para o ciclo econômico, os economistas estabeleceram uma distinção entre fatores externos ao sistema econômico e fatores que estavam no seu interior. Guerras, invenções de grande importância ou mudanças nas políticas monetária e fiscal dos governos são exemplos de causas externas que foram chamadas, variadamente, de "distúrbios", "choques", "impulsos" ou fatores "exógenos". São diferentes do funcionamento interno da economia em si mesma e de sua tendência à flutuação por períodos extensos. Estes últimos são fatores "endógenos", mais do que "exógenos", ou "mecanismos de propagação", diferentemente de choques, distúrbios ou impulsos. Alguns autores reconheceram essas diferenças antes da Segunda Guerra Mundial, mas geralmente davam maior ênfase ao funcionamento do sistema econômico em si mesmo, isto é, à tendência da economia para a instabilidade, mesmo na ausência de distúrbios externos.

Em seu famoso estudo de 1937 para a Liga das Nações, *Prosperity and Depression*, a análise de Gottfried Haberler das modernas teorias do ciclo econômico levaram-no a agrupá-las em várias classes amplas, embora ele observasse que as diferenças entre as classes eram principalmente questão de ênfase. Ele destacou que a maioria das teorias modernas encarava o ciclo econômico como resultado não de nenhum fator isolado, mas de vários, muitos dos quais eram comuns a diferentes teorias, e que os fatores que faziam surgir um ciclo em um período não eram necessariamente os mesmos que provocavam um ciclo em outro período. Esses julgamentos de meio século atrás continuam válidos. Não obstante, essas primeiras teorias, ao contrário das posteriores à Segunda Guerra Mundial, tendiam a enfatizar mais os fatores endógenos do que as influências externas como causas do ciclo econômico. Entre as categorias mais importantes na classificação de Habeler das teorias estão: as que ele descreve como puramente monetárias; excesso de investimentos; retração do consumo; as chamadas psicológicas; e as que atribuem os ciclos a desajustes de preço-custo.

Várias teorias são abrangidas sob a rubrica da teoria do excesso de investimento, que enfatiza o papel-chave dos gastos com investimentos em novas construções e equipamento durável. Como esses bens de investimento são duradouros e comprados visando o futuro, não é difícil ver, intuitivamente, como erros nas estimativas de empresários podem causar excessos nos investimentos e suas inevitáveis correções. F.A. Hayek foi um de vários autores que deram uma explicação monetária para o excesso de investimentos (ver também MONETARISMO). Explicações não-monetárias foram apresentadas por economistas como Joseph Schumpeter, que enfatizou o papel especial das inovações, a abertura de novos mercados e sua posterior retração. Uma variante importante da teoria do excesso de investimentos atribuía um papel crucial ao princípio de "aceleração", de acordo com o qual um mero declínio na taxa de crescimento das vendas comerciais — digamos, a consumidores — poderia provocar um declínio absoluto na produção de bens de investimento. Essas idéias contrastam com as teorias da retração do consumo, apresentadas por autores como J.A. Hobson, os quais afirmavam que, à medida que a expansão avança, os consumidores tendem a "poupar em excesso", com o resultado de um declínio na demanda do consumo.

Há várias teorias que são classificadas de psicológicas. O aspecto característico destas, nas palavras de Haberler, é que a resposta de investimento total a fatores objetivos é mais forte do que indicariam as considerações econômicas racionais (Haberler, 1937, p.147). Durante um surto de crescimento, os empresários estão sujeitos a "erros de otimismo", que levam a erros na direção oposta assim que os empresários percebem que suas expectativas não poderão realizar-se. A teoria de Keynes sobre o ciclo econômico (um capítulo da *General Theory*, p.313-32) dava maior ênfase às previsões dos empresários e ao papel-chave que essas previsões desempenhavam nas decisões empresariais de investimentos (ver KEYNESIANISMO).

A perda de interesse pela teoria do ciclo econômico nas aproximadamente duas décadas que se seguiram ao final da Segunda Guerra Mundial não se deveu apenas a Keynes e à prosperidade geral. Vários fatores estimularam o interesse pela pesquisa empírica: o desenvolvimento da renda nacional e das estatísticas de produção, os avanços na construção de modelos econométricos e o advento dos computadores eletrônicos para a solução de grandes modelos complexos. A construção de modelos proliferou e alguns pareciam "funcionar", isto é, dados certos pressupostos a respeito de política, seguiam razoavelmente de perto o comportamento da economia. Dessa forma, pareciam dar validade aos princípios econômicos sobre os quais se baseavam. Esse período testemunhou uma mudança de ênfase, dos modelos endógenos para os modelos em que as influências exógenas eram predominantes, em especial os gastos governamentais e as políticas fiscais, bem como os investimentos do setor privado. Nesses modelos essencialmente keynesianos, a política monetária não parecia ser muito importante. Além disso, eles incorporavam uma alternância entre a taxa de inflação e a taxa de desemprego a curto prazo.

Em seu discurso de posse na American Economic Association, Milton Friedman (1968) desfechou um contra-ataque monetarista ao sistema keynesiano e aos modelos nele baseados. Ao contrário de Keynes, Friedman encarava a economia privada como fundamentalmente estável. Como R.G. Hawtrey, no início do século, Friedman atribuía a instabilidade na economia a mudanças na política monetária. Mudanças na política monetária por parte do Banco Central — para estimular ou frear a economia — constituíram os principais choques externos no sistema econômico, e foi por esse motivo que Friedman recomendou que o Federal Reserve Bank dos Estados Unidos seguisse uma política em que o meio circulante crescesse a uma taxa estável. O início dos anos 70 assistiu aos primeiros passos de uma nova teoria, que pode ser atribuída a Robert Lucas (1977), Thomas Sargent e outros, a qual revivia o interesse acadêmico pelo ciclo econômico. Era a teoria macroeconômica das expectativas racionais-equilíbrio, principalmente uma crítica da visão macroeconômica do mundo, keynesiana, mas que tinha também aplicações no círculo econômico (ver EXPECTATIVAS RACIONAIS, HIPÓTESE DAS).

Desde o surgimento da *General Theory* de Keynes, o ponto de vista macroeconômico dominante tem afirmado que preços e salários são rígidos ou muito lerdos na reação a mudanças na demanda geral e, dessa forma, não conseguem executar suas funções tradicionais de saneamento do mercado. Na visão keynesiana, aumentos ou reduções na demanda geral a curto prazo, como as que ocorrem na expansão ou retração de um ciclo econômico, refletem-se principalmente em mudanças na economia real, isto é, na produção e no emprego. Não obstante, os que propõem a teoria do equilíbrio das expectativas racionais afirmam que oferta e demanda, mesmo no âmbito da economia geral, estão sendo constantemente equilibradas através de ajustes nos preços e salários. De acordo com esses pontos de vista mais recentes, que retornam aos economistas pré-keynesianos, a economia real não é fundamentalmente instável. Como, então, explicar as pronunciadas flutuações na atividade econômica, que se mostram tão evidentes? Uma resposta (e várias foram apresentadas, testadas e consideradas insuficientes) é que operários e empresários, apesar de racionais a respeito de mercados onde eles próprios operam, são ignorantes a respeito de todos os outros mercados e, conseqüentemente, propensos a cometer erros — sobre quanto produzir ou quanto trabalho fornecer em resposta a uma mudança na demanda. Cometer esses erros e em seguida corrigi-los faz com que surjam os movimentos cíclicos. Uma teoria mais recente no gênero do equilíbrio é a do ciclo econômico real, que atribui flutuações aos "choques de produtividade", cujas reações, por parte das empresas e do trabalho, ocorrem com pronunciada demora. Se essas teorias não forem inteiramente convincentes (Okun, 1980; Gordon, 1986, p.8-9), sua persistência de formas variadas, até agora, deve-se em grande parte ao colapso dos modelos macroeconômicos keynesianos nos anos 70, quando desapareceu a alternância inflação-desemprego em curto prazo, e taxas elevadas de inflação coexistiram com taxas elevadas de desemprego. Além disso, a nova teoria das expectativas racionais enfatiza um antigo dogma fundamental da análise econômica, ou seja, o de que os agentes econômicos são elementos otimizadores racionais.

Outra corrente do ciclo econômico digna de nota é a abordagem empírica, associada a Wesley Mitchell no início do século e mais tarde a seus colegas do National Bureau of Economic Research. Eles examinaram milhares de séries econômicas históricas, buscando padrões e regularidades recorrentes dos quais fosse possível derivar generalizações que descrevessem e, em última análise, explicassem o comportamento cíclico da economia. Isso deu início a um trabalho, que continua até o presente momento, de medir expansões e retrações, datar pontos críticos, picos e quedas, classificar séries estatísticas particulares como adiantadas ou defasadas nos pontos críticos do ciclo econômico e coisas do gênero. Apesar de *Measuring Business Cycles* (Burns e Mitchell, 1946) ter sido recebido com desprezo pela corrente principal dos economistas por não se submeter à nova macroeconomia keynesiana (Koopmans, 1947), a abordagem tem demonstrado certo vigor, em parte porque os ciclos econômicos persistiram, em parte porque os indicadores principais se transformaram em um mecanismo de previsão.

Em que pé estamos hoje, com referência ao ciclo econômico, que é parte tão integrante da vida econômica moderna? É muito provável que economistas e governos já tenham aprendido o bastante para impedir uma repetição da Grande Depressão, mas fora isso não há nenhuma teoria isolada predominante que conte com a aprovação da maioria dos economistas, conforme Victor Zarnowitz deixou claro em seu abrangente artigo de 1985. Provavelmente a maioria haverá de concordar em que o ciclo econômico tem muitas causas, algumas oriundas de fora do sistema econômico, outras sendo um reflexo do modo como o próprio sistema funciona. Qualquer dessas fontes pode ser, em sua natureza, real ou monetária. É possível que o próprio econômico seja de tal complexidade em uma economia industrial moderna que grande parte de sua natureza essencial nunca possa vir a ser captada por um modelo econométrico, não importa sua sofisticação ou seu grau de novidade. Talvez seja um comentário sobre a situação insatisfatória que existe hoje com modelos de previsão o fato de os instrumentos de previsão empírica encontrarem prontamente mercado.

A previsão caminha de mãos dadas com o ciclo econômico. É uma atividade florescente na maior parte dos grandes países industrializados com orientação de mercado, na qual se engajam empresas, governos e organizações internacionais, e que fez surgir, ela própria, uma substancial indústria de previsão. Orientados pela experiência dos Estados Unidos, os economistas têm tido razoável grau de sucesso na previsão da atividade econômica (PIB real) com mais ou menos um ano de antecedência, mas com notável falta de sucesso na previsão dos pontos críticos (McNees, 1988). Saem-se claramente melhor que os "modelos ingênuos", que prevêem que a mudança no PIB real do ano seguinte será a mesma do ano anterior. De acordo com esse padrão, saem-se menos bem, no entanto, na previsão da taxa de inflação. Parte desse sucesso, nessas circunstâncias, pode ser atribuído ao que os economistas aprenderam a respeito de macroeconomia, embora o quanto seja difícil quantificar.

Ver também CICLOS DE LONGO PRAZO.

Leitura sugerida: Bronfenbrenner, M., org. 1969: *Is the Business Cycle Obsolete?* • Gordon, R.J., org. 1986: *The American Business Cycle* • Haberler, G. 1937 *(1958)*: *Prosperity and Depression* • Moore, G.H. 1983: *Business Cycles, Inflation and Forecasting*, 2ªed. • Santos, W.G. dos 1989: "Modelos endógenos de decadência liberal" • Sheffrin, S.M. 1983: "Inflation and unemployment". In *Rational Expectations*, p.27-70 • Zarnowitz, V. 1985: "Recent work on business cycles in historical perspective: a review of theories and evidence". *Journal of Economic Literature* 23, 523-80.

MURRAY F. FOSS

ciclos de longo prazo A popularidade dos ciclos de longo prazo como tópico em teoria econômica exibe um padrão cíclico. A partir do começo dos anos 80 mais estudos empíricos e análises teóricas têm sido dedicados aos ciclos do que em todos os outros anos desde a Segunda Guerra Mundial. Isso implica não só um retorno aos aspectos da economia do lado da oferta, em parte como reação à ênfase de longa data nas concepções keynesianas orientadas para a demanda, mas expressa também a extraordinária reviravolta na atividade econômica, na iniciativa empresarial e na mudança técnica.

O papel que a teoria dos ciclos desempenha hoje em dia nas discussões econômicas também coincide com o que pode ser chamado a revalidação de Schumpeter. Enquanto que a maior parte do século atual viu Keynes no pedestal da ciência econômica, a última parte trouxe uma reavaliação e compreensão mais profunda dos escritos de J.A. Schumpeter e de suas contribuições para a ciência econômica. Em particular, a sua ênfase no papel do empresário, combinado com o processo de inovação, tem recebido muito mais atenção e elogios do que no passado. Em sua opinião, a idéia de ciclos econômicos com periodicidade de 40 ou 50 anos está relacionada com a ocorrência de um surto de importantes inovações que estão no início de um demorado movimento ascendente na vida econômica. Atualmente se poderia pensar a esse respeito sobre a tecnologia da informação como fonte do duradouro movimento ascendente, através dos processos interligados de difusão, inovação adicional e imitação (ver também INFORMAÇÃO, TEORIA E TECNOLOGIA DA).

Schumpeter reanimou a discussão dos ciclos na década de 30, mas ela não começou com ele. Dois economistas holandeses, J. van Gelderen e S. de Wolff, são muito conhecidos por seus trabalhos teóricos e estatísticos sobre ciclos. Foram eles, na realidade, que descobriram o fenômeno, mas, na literatura, é principalmente ao economista russo N.D. Kondratiev que se credita a descoberta. A principal questão consiste, é claro, em saber se é possível descrever uma causa que produz os ciclos longos. No começo, as flutuações de preços estavam relacionadas com mudanças no estoque total de ouro. Entretanto, como novas descobertas de campos auríferos são uma questão aleatória, essa não pode ser uma abordagem muito convincente. Um enfoque mais avançado pode ser apreciado nas teorias que relacionam ondas a movimentos no investimento e, em particular, no investimento para substituição. S. de Wolff apresentou pela primeira vez, a esse respeito, o chamado princípio de eco.

Uma cronologia dos ciclos

1º Kondratiev	2º Kondratiev	3º Kondratiev	4º Kondratiev
prosperidade 1782-1792	prosperidade 1845-1857	prosperidade 1892-1903	prosperidade 1948-1957
prosperidade 1792-1802	prosperidade 1857-1866	prosperidade 1903-1913	prosperidade 1957-1966
(guerra 1802-1815)		(guerra 1913-1920)	
recessão 1815-1825	recessão 1866-1873	recessão 1920-1929	recessão 1966-1973
depressão 1825-1836	depressão 1873-1883	depressão 1929-1937	
recuperação 1836-1845	recuperação 1883-1892	recuperação 1937-1948	

Fonte: J.J. Van Duijn, cap.20, in S.K. Kuipers e G.J. Lanjouw (orgs.), *Prospects of Economic Growth* (Amsterdam, Merth-Holland, 1980), p.223-33.

Hoje em dia a mais importante teoria acerca dos ciclos é formulada em termos de inovações. Os autores modernos que estão propensos a relacionar as flutuações de ondas largas com as inovações ao longo do tempo são J.J. van Duijn e C. Freeman. Van Duijn apresenta em seu livro (1983) o programa aqui reproduzido para os ciclos. De acordo com esse esquema, temos estado, desde o começo da década de 80, em um período de recuperação. A esse respeito, a tecnologia de informação desempenhou e ainda está desempenhando um importante papel. Freeman sublinhou por várias vezes a interação entre a difusão de novas tecnologias e as mudanças institucionais na sociedade. A idéia, que remonta a Schumpeter, é que as inovações chegam em "rajadas" e se espalham por toda a economia, provocando imitação e preparando o terreno para um *boom* econômico.

Em conclusão, de todas as possíveis explicações dos ciclos, o padrão cíclico de inovações parece a mais promissora, mas subsiste a dúvida sobre se esse fator estará na base de um padrão sistemático ao longo de um período de tempo tão longo.

Ver também CICLO ECONÔMICO.

Leitura sugerida: Freeman, C. org. 1984: *Long Waves in the World Economy* • Van Duijn, J.J. 1983: *The Long Wave in Economic Life*.

ARNOLD HEERTJE

cidadania Idéias de cidadania floresceram em diversos períodos históricos — na Grécia e na Roma antigas, nos burgos da Europa medieval, nas cidades do Renascimento. Mas a cidadania moderna, embora influenciada por essas concepções antigas, possui um caráter próprio. Primeiro, a cidadania *formal* é hoje quase universalmente definida como a condição de membro de um estado-nação. Em segundo lugar, porém, a cidadania *substantiva*, definida como a posse de um corpo de civis (ver LEI), políticos e especialmente sociais, tem-se tornado cada vez mais importante.

Em ambos esses aspectos, houve um processo de desenvolvimento durante o século XX, e mais marcadamente a partir da Segunda Guerra Mundial, que coloca alguma questões novas. A cidadania formal tornou-se uma questão mais importante, em conseqüência da maciça imigração, no pós-guerra, para a Europa Ocidental e a América do Norte, o que resultou numa nova política de cidadania (Brubaker, 1992). Ao mesmo tempo houve um crescimento da chamada "dupla cidadania", apesar dos esforços internacionais para reduzi-la, na qual os imigrantes conservam a cidadania em seu país de origem (Hammar, em Brubaker, 1989), e sob forma diferente na Comunidade Européia, onde os cidadãos dos estados-membros poderão vir a ter uma segunda cidadania na CE.

O desenvolvimento da cidadania substantiva foi analisado em um estudo clássico de T.H. Marshall, em 1950 (republicado in Marshall, 1992), que descrevia um desenrolar da extensão de direitos civis, políticos e sociais para toda a população de uma nação. Na Europa Ocidental depois de 1945, foi o aumento dos direitos sociais — a criação de um ESTADO DE BEM-ESTAR — que produziu as maiores mudanças, estabelecendo princípios mais coletivistas e igualitários, e políticas que contrabalançavam, em certa medida, as tendências não-igualitárias da economia capitalista. A situação foi diferente, porém, na Europa Oriental, onde as ditaduras comunistas restringiram gravemente os direitos civis e políticos, ao mesmo tempo em que proporcionavam um âmbito considerável de importantes direitos sociais. Os movimentos de oposição que finalmente provocaram a queda desses regimes na verdade enfatizaram muito fortemente a idéia de cidadania como incorporando direitos básicos, civis e políticos, e também a concepção correlata de uma necessária independência das instituições da SOCIEDADE CIVIL em relação ao estado.

Outra questão geral diz respeito à relação entre os direitos e deveres dos cidadãos. A retomada das idéias de cidadania durante o Renascimento europeu valeu-se em grande medida do exemplo da cidadania romana, enfatizando a autodisciplina, o patriotismo e a preocupação com o bem comum; e tais concepções, patentemente, ainda são importantes para o novo desenvolvimento da cidadania no século XX, com o "patriotismo" possivelmente transformado na idéia de maior participação popular nos negócios do governo, não apenas de uma comunidade nacional, mas também de associações regionais mais amplas. Uma participação desse tipo, porém, depende de forma crucial do aumento dos direitos sociais para proporcionar um nível geral suficiente de bem-estar econômico, lazer e educação, e sem dúvida também de novas formulações do que venha a ser o "bem comum" (ver ÉTICA).

Leitura sugerida: Brubaker, W. Rogers, org. 1989: *Immigration and the Politics of Citizenship in Europe and North America* o 1992: *Citizenship and Nationhood in France and Germany* • King, D. 1987: *The New Right: Politics, Markets and Citizenship* • Marshall, T.H. e Bottomore, Tom 1950 (*1992*): *Citizenship and Social Class* • Turner, Bryan S. 1986: *Citizenship and Capitalism: the Debate over Reformism.*

TOM BOTTOMORE

ciência, filosofia da Ver FILOSOFIA DA CIÊNCIA.

ciência, sociologia da Ver SOCIOLOGIA DA CIÊNCIA.

ciência da administração A ciência da administração pode ser definida como a aplicação do método científico e do raciocínio analítico ao processo de tomada de decisões dos executivos no controle de sistemas comerciais e industriais pelos quais são responsáveis. Esses sistemas podem compreender manufaturas específicas, operações administrativas ou de serviços, departamentos ou fábricas inteiras, ou mesmo empresas completas.

Uma característica importante dos cientistas da administração é seu esforço para abordar os problemas gerenciais com o mesmo tipo de objetividade que se espera dos cientistas puros em seus estudos dos fenômenos físicos. A aplicação de métodos científicos implica a necessidade da coleta de dados, a análise crítica dos indícios reunidos, a formulação de hipóteses usadas para a construção de modelos de comportamento dos sistemas que estão sendo examinados, a especificação de critérios para a mensuração de variáveis que afetam o desempenho desses sistemas, a criação de projetos experimentais (quando apropriada), a previsão de resultados futuros e o teste da validade e da solidez dos modelos e hipóteses propostos. No contexto da ciência da administração (referida comumente pelas iniciais da expressão em inglês, *management science*, MS), esse processo também implica a recomendação de linhas de ação a serem consideradas pelos executivos para implementação e finalmente a análise do efeito das decisões gerenciais, através de mensuração e *feedback*, com o fim de modificar e refinar modelos existentes (ou substituí-los) e ajudar a melhorar as futuras tomadas de decisão e o desempenho do sistema.

É difícil destacar algum dado para a primeira aplicação dessa metodologia no campo gerencial. O conselho de Jetro a Moisés, de que delegasse autoridade através de uma estrutura hierárquica para tratar de casos que exigiam decisões, pode ser citado como um dos primeiríssimos exemplos de aplicação da lógica a problemas administrativos (Êxodo, 18). Alguns destacam uma investigação feita por Lanchester, publicada em 1916, sobre o efeito das forças militares lançadas em combate, como o primeiro exercício de criação de um modelo matemático no estudo do esforço de guerra. De fato, uma vez que problemas de organização, estratégia e logística sempre figuraram de forma proeminente na gestão da guerra, é possível defender a tese de que a ciência da administração, ainda que não sob esse nome, existe há praticamente tanto tempo quanto a humanidade.

A maior parte dos estudiosos do tema, no entanto, atribui a ascensão da ciência da administração ao surgimento da Pesquisa Operacional (em inglês, *Operational Research* — OR), e a expressão OR/MS foi então cunhada para abranger a ambas. A OR teve início na Grã-Bretanha, no final dos anos 30, logo experimentando rápida expansão, durante a Segunda Guerra Mundial, tanto na Grã-Bretanha quanto nos Estados Unidos (onde essa atividade é chamada de *Operations Research*), a fim de ajudar na gestão de operações militares (daí o nome). Depois da guerra muitos cientistas envolvidos na OR militar voltaram a atenção para suas aplicações no mundo civil, e muitos grupos de OR foram formados, em departamentos da indústria e do governo, em ambos os lados do Atlântico, nos anos 50 e 60.

As aplicações industriais da OR/MS concentraram-se a princípio no controle da produção e dos inventários na indústria fabril, mas nos últimos 25 anos essas atividades se difundiram, abrangendo muitas outras funções empresariais, como marketing, distribuição, finanças, recursos humanos, gerência de projetos e qualquer outra atividade que envolva a alocação de recursos escassos. Atualmente a OR/MS já se infiltrou em praticamente todos os setores da indústria e da economia em geral, incluindo indústrias de serviços como bancos, administração de fundos, seguros, saúde, educação, transporte, comércio e muitos outros.

Essencialmente, não há diferença entre as definições de OR e MS, e as duas expressões desenvolveram-se lado a lado através do acidente da história. A primeira OR Society (ORS) formou-se no Reino Unido, em 1950, seguida pela Operations Research Society of America (ORSA), em 1952. A OR foi então desenvolvida e testada em muitas universidades, primeiro em cursos de pós-graduação, tanto como um complemento da engenharia industrial e de outras disciplinas acadêmicas quanto como uma disciplina em si mesma, levando ao mestrado, e em seguida começou a se infiltrar por vários programas de faculdade. A natureza altamente matemática da OR acadêmica e o desenvolvimento de suas técnicas analíticas levaram a que a literatura sobre o assunto fosse dominada por exposições teóricas, e muitos temeram que as aplicações e a contribuição potencial da OR para o mundo real, na solução de problemas de gerenciamento, ficasse assim inibida (temor ainda hoje muito difundido). É em parte por esse motivo que o Institute of Management Sciences (TIMS) foi fundado em 1953, na tentativa de enfatizar a necessidade de aplicação e implementação. Seus objetivos declarados são "identificar, ampliar e unificar o conhecimento científico que contribua para a compreensão e a prática do gerenciamento".

Na prática, porém, não há muita distinção entre a ORSA e o TIMS, em cujos quadros os nomes dos membros se repetem de forma conspícua. A expressão OR e MS tornou-se amplamente usada para indicar a afinidade e o relacionamento estreitos ente as duas sociedades, e para indicar que OR/MS podem ser encarados como rótulos intercambiáveis, embora muitos analistas ainda achem que a literatura da OR, particularmente nos Estados Unidos, continua obcecada com a teoria, e que se abriu um abismo entre a teoria da OR e a prática da MS.

A literatura e muitos programas acadêmicos em geral destacam certos instrumentos analíticos que se diz serem marcos da OR, tais como a teoria da probabilidade e métodos estatísticos, cálculos de variações, programações lineares e não-lineares, programação dinâmica, análises e escalas combinatórias, teoria da variação, teoria dos jogos, análise de redes e técnicas correlatas. Os que fazem essas descrições tendem a caracterizar a OR como uma ocupação altamente matemática (alguns acadêmicos nos Estados Unidos até apontam que a OR é apenas um ramo da matemática aplicada). Esse quadro é uma infeliz distorção da realidade. Na prática, as técnicas formais desempenham um papel muito pequeno nas investigações de OR/MS, que por sua natureza têm de começar com problemas reais que exigem soluções, e não com um arsenal de ferramentas em busca de situações às quais este possa ser aplicado. Até mesmo técnicas como a programação linear e matemática, que domina a literatura, não podem ser consideradas em uso comum na economia e na indústria (com a notável exceção das indústrias química e do petróleo), e quanto à teoria da variação seus modelos elaborados e complicados foram em grande parte superados pelo uso da simulação em computador.

A natureza complexa das empresas industriais e de negócios, que têm de operar debaixo de severa concorrência e sob muitas restrições, exige que as decisões gerenciais se apóiem cada vez mais numa análise de informações e numa formulação de estratégia baseada em modelos científicos. É aí que a MS, com a ajuda do crescimento fenomenal do poder da computação em anos recentes, tem uma importante contribuição a dar.

Ver também DECISÃO, TEORIA DA; JOGOS, TEORIA DOS; COMPORTAMENTO ORGANIZACIONAL.

Leitura sugerida: Dennis, T.L. e Dennis, L.B. 1991: *Management Science* • Eilon, S. 1985: *Management Assertions and Aversions* o 1992: *Management Practice and Mispractice* • Hillier, F.S. e Lieberman, G.J. 1986: *Introduction to Operation Research*.

SAMUEL EILON

ciência econômica Descrita como uma ciência social que diz respeito à produção e alocação de bens de serviço e a seu conseqüente impacto sobre o bem-estar material dos seres humanos, a economia, como era de se esperar de uma definição sucinta, é isso e muito mais. Além de tudo, seus contornos estão em contínua expansão, em reação a novas pesquisas e a mudanças em nossos interesses e preocupações.

No século XX o progresso da ciência econômica foi fenomenal. Ela saiu dos recessos acadêmicos para o mundo das leis, dos programas e planos de ações nacionais e das organizações internacionais.

John Maynard Keynes, um dos economistas mais influentes deste século, certa vez afirmou que a ciência econômica se tornaria redundante a longo prazo, pois resolveria os problemas mais importantes com que se defronta a economia. Isso não aconteceu; seu sucesso não foi tão espetacular assim. Houve outros que acharam que a ciência econômica (de que, curiosamente, é sinônimo em inglês *the dismal science*, literalmente "a ciência desolada") iria desaparecer, pois seus fracassos seriam marcantes demais. Isso tampouco aconteceu. Felizmente para a ciência econômica, e mais ainda, suponho, para os economistas, o desempenho dessa matéria ficou em algum ponto entre as duas previsões; e com a crescente complexidade do mundo — crises da dívida internacional, uniões monetárias e muito mais —, a economia chegou para ficar. Ainda há motivos para introspecção e crítica, mas os avanços neste século estabeleceram a ciência econômica como uma disciplina indispensável, com um imenso atrativo intelectual.

As poucas páginas que se seguem percorrem a cronologia da matéria durante o decorrer deste século, descrevem as realizações mais importantes e tentam demonstrar que o modo marginalista de análise se encontra no processo de ser substituído pelo que se poderia chamar de "análise estratégica". Este é um terreno difícil porque, para a análise marginalista, podemos pegar emprestadas técnicas das ciências naturais, enquanto que para a análise estratégica não há precursores; o recurso da pirataria intelectual infelizmente não está disponível.

Olhando em retrospecto todos esses anos, percebe-se que uma importante realização da economia foi a sua coerência intelectual interna. Os exercícios de lógica abstrata na teoria econômica (e faço uma diferença entre esta e a economia matemática, que quase sempre demonstrou a tendência a se atolar em tecnicalidades) são hoje conduzidos em um nível de excelência comparável ao de qualquer outra disciplina. Seus fracassos mais retumbantes têm sido pelo lado prático.

Antecedentes

Na virada do século os economistas haviam herdado uma nova técnica: a análise marginalista (ver ESCOLA AUSTRÍACA DE ECONOMIA; ESCOLA ECONÔMICA MARGINALISTA). Para eles, a análise marginalista logo se tornaria um *leitmotiv*, o marco diferencial entre "a economia e sua ancestral, a economia política". A pedra fundamental do marginalismo foi a obra de, entre outros, Leon Walras (1834-1910), Stanley Jevons (1835-82) e Carl Menger (1840-1921). Se fosse preciso escolher uma data de fundação para essa nova abordagem que, como fundamento da "economia neoclássica", viria a exercer uma influência imensa, a mais provável seria 19 de fevereiro de 1860, com base em um registro eufórico no diário de Jevons (La Nauze, 1953). A idéia capital que ocorreu a Jevons foi que o valor de um bem não é o volume de recursos que entra em sua produção. O valor é o preço que as pessoas estão dispostas a pagar por ele. É claro, isso *dependeria* dos recursos necessários para produzir o bem, mas dependeria também da demanda e da utilidade. Assim, para o mesmo bem, digamos, camisas de seda, o valor cresceria se, por algum motivo, a oferta caísse, ou a moda as favorecesse, pois isso garantiria que, para os consumidores, a utilidade de cada camisa de seda seria maior. Isso seria válido mesmo que o conteúdo de recursos de cada camisa de seda permanecesse inalterado.

Com essa descoberta, a pesquisa de Jevons concentrou-se (um tanto desproporcionalmente) na teoria do consumo. O cerne dessa teoria era a lei da utilidade marginal decrescente, a qual afirma que, na medida em que um consumidor obtém cada vez mais de um bem, a utilidade extraída da última unidade torna-se cada vez menor. A lei da utilidade marginal decrescente e sua contrapartida na análise da produção, a lei da produtividade marginal decrescente, com sua concentração naquilo que acontecesse à utilidade ou *output* à medida que, respectivamente, o consumo ou *input* sofre um pequeno aumento, tornaram a economia extremamente receptiva ao uso do cálculo e, em particular, da diferenciação. Os físicos já estavam usando muito o cálculo. Isso pareceu extremamente vantajoso, e boa parte da teoria econômica inicial cresceu imitando os métodos das ciências físicas.

Primeiros interesses

Tendo a atenção passada para os preços, era natural perguntar: como se determina o preço? Se para cada bem, considerado isoladamente, a resposta pode ser fácil, revelou-se que, se quiséssemos saber como os preços de todos os bens são determinados em um sistema no qual o desempenho de um bem no mercado influencia o de outro, o problema é bem mais difícil e exige métodos muitos diferentes. Esse foi o cerne da análise do *equilíbrio geral*, iniciada por Walras. A obra de Walras levantava questões suficientemente difíceis e importantes para se tornarem um tema da maior relevância na pesquisa durante o século XX.

Resumidamente, o problema era o seguinte. Sabia-se há muito tempo que o preço de um bem dependia de sua demanda e oferta. Assim, se a demanda de gasolina viesse a exceder a oferta, era de se esperar que o preço em equilíbrio fosse maior. Mas isso pode causar um problema em outro ponto. Se o preço da gasolina sobe, é natural esperar que a demanda por querosene (ou qualquer outro substituto da gasolina) aumente. Daí, é possível que, à medida que o preço da gasolina rume para um nível de equilíbrio, o mercado do petróleo venha a ser lançado no desequilíbrio. Uma configuração de preços tal que, em todos os mercados, a demanda iguale a oferta é conhecida como um *equilíbrio geral*. Mas em que circunstâncias poderá existir um equilíbrio geral? Quais são suas propriedades? Essas perguntas foram investigadas por Walras, mas as respostas definitivas só foram possíveis já bem avançado o século XX, devido à falta de um instrumento matemático — o teorema do ponto fixo. Os teoremas do ponto fixo de Brouwer e Kakutani, que posteriormente se tornariam onipresentes em diversas áreas da economia, foram usados por Kenneth Arrow e Gerard Debreu para demonstrar as condições em que o equilíbrio geral existiria (ver Debreu, 1959).

Mas, à medida que foi crescendo o refinamento da teoria abstrata, o mesmo foi acontecendo com a ambição do economista de resolver os problemas do mundo. O âmbito da análise marginalista para abordar questões práticas de taxação, política industrial e propriedade da terra foi destacado nas obras de diversos economistas, como Alfred Marshall (1842-1924) e Francis Edgeworth (1845-1926). Os *Princípios* de Marshall, em particular, que foram publicados em 1890 e tiveram várias edições (ver Marshall, 1890), aumentaram a confiança dos economistas no confronto com o mundo. De fato, Marshall, que desprezava abertamente abstrações como a do sistema walsariano estava, de forma consciente, tentando atrelar a economia às necessidades do mundo. Mas, desavisadamente, tendo exibido a força total da análise econômica, Marshall estava abrindo uma nova agenda teórica. Uma queixa que muitos observadores tinham contra a economia neoclássica, e que era motivo de certo constrangimento até mesmo entre alguns dos economistas das correntes principais, era a de que muitos dos seus teoremas dependiam da capacidade de medir numericamente fenômenos que não eram receptivos a tais quantificações. A utilidade e o bem-estar eram candidatos óbvios. Mas a quantificação da utilidade era essencial? A resposta acabou sendo não. John Hicks (1905-89), valendo-se da obra anterior de Vilfredo Pareto (1848-1923), determinou-se a demonstrar que os teoremas da ciência econômica baseavam-se em menos pressupostos (e, portanto, eram mais sólidos) do que os que surgiam no projeto de Marshall (ver Blaug, 1962).

De fato, estabeleceu-se uma agenda para basear a economia — e não apenas a teoria do consumo — em cada vez menos pressupostos. As leis da margem estavam sendo substituídas por exigências de convexidade; a utilidade cardinal estava sendo deposta pela ordinalidade; e, finalmente, a obra influente de Paul Samuelson levou a própria utilidade a ser substituída pelas relações de preferência e pelos axiomas de consistência.

Por volta da mesma época em que tudo isso acontecia, ocorria uma revolução mais dramática que iria arrancar a ciência econômica de sua quietude para lançá-la no mundo da política e dos negócios públicos. Refiro-me à obra de John Maynard Keynes (1883-1946).

A revolução keynesiana

A obra de Keynes tem sido mais analisada, diagnosticada e desenvolvida do que a de qualquer outro economista deste século (ver KEYNESIANISMO. Mas ninguém foi capaz de se sair melhor em propagandeá-la do que o próprio Keynes. Utilizando seu brilho literário, sua imensa reputação intelectual, que já se estabelecera bem antes do surgimento da *Teoria geral*, e até mesmo certa dose de ofuscação, Keynes projetou sua obra econômica bem além da torre de marfim (ver BLOOMSBURY, GRUPO DE). Os tempos o ajudaram. No final dos anos 20 estabeleceu-se a Grande Depressão. Com a produção industrial em processo de estagnação, o desemprego subiu muito. Em 1931, na Alemanha, 5 milhões de pessoas, de uma força de trabalho de 21 milhões, estavam desempregadas; nos Estados Unidos, o desemprego era de 25%; e esses países não eram exceções. Em 1932, o volume de produção industrial dos Estados Unidos ficou pouca coisa acima de 50% do nível de 1929 (Routh, 1975, p.263-4).

A reação inicial do governo a isso foi a mais natural, ou seja, estimulou as pessoas a poupar, como se deve fazer em tempos difíceis, e a viver de modo mais frugal. Mas, segundo Keynes, esse era exatamente o oposto da receita certa. Se todos economizassem, todo mundo ficaria bem pior, pois a demanda efetiva na economia iria cair, e isso provocaria uma retração da produção total, o que por sua vez causaria uma demanda ainda menor, e assim por diante. Era o "paradoxo da parcimônia". Significava que a cura do problema estava no fomento à demanda efetiva. Algo que o governo poderia conseguir através de um déficit fiscal maior. Isso, revertendo o argumento acima, provocaria várias rodadas de impactos de crescimento — o chamado "efeito multiplicador".

É verdade que a "política certa" havia sido posta em prática antes mesmo de a obra econômica de Keynes ter sido devidamente ingerida. Mas, diferentemente das políticas *ad hoc*, criadas às pressas por burocratas e políticos, Keynes havia fornecido todo um quadro, um quadro de intervenção planejada pelo governo para manter o livre mercado em bom funcionamento. A economia de Keynes garantia que não voltaríamos a ter uma depressão tão profunda — pelo menos, não do mesmo tipo.

Keynes não era um teórico; e, acredito, sua obra não teria causado um efeito tão grande sobre a teoria se não fosse por alguns de seus posteriores elucidadores. A obra mais influente foi um artigo clássico de John Hicks (Hicks, 1937). Este deu origem às famosas curvas IS-LM e, através destas, à moderna macroeconomia e aos modelos macroeconômicos. Estes são hoje em dia um instrumento básico para que a maioria dos governos planeje suas políticas de ação e preveja o futuro.

Reavaliando a mão invisível

A antiga descoberta, atribuída a Adam Smith (1723-90), de que o comportamento individual egoísta, agindo através da "mão invisível" do mecanismo de mercado, pode resultar no bem social adquiriu certo significado especial à luz da obra de Keynes. Esta era uma análise da falha do mercado, algo que a racionalidade individual não conseguia impedir. O que levou a lei da mão invisível a ser examinada mais minuciosamente foram, também, os recém-surgidos modelos de competição imperfeita, por um lado, e a pesquisa sobre as propriedades do equilíbrio geral para o bem-estar, por outro. Em que condições a racionalidade individual poderia resultar na otimização social? Para responder a esta pergunta, os economistas usaram a definição de otimização dada por Pareto (ver BEM-ESTAR, TEORIA ECONÔMICA DO) e nos deram a relação precisa entre o equilíbrio de mercado livre e a otimização. Isso era teoria econômica em sua melhor forma. Havia se resumido em dois teoremas claros — conhecidos como os teoremas fundamentais da teoria do bem-estar — uma relação que tinha sido fonte de debates e especulações desde Smith (1776). O primeiro teorema afirmava que, *dadas certas condições* (tais como continuidade e nenhuma externalidade), um equilíbrio de mercado competitivo seria realmente ótimo dentro dos padrões de Pareto. O segundo teorema afirmava que *dadas certas condições*, toda situação ótima, dentro dos padrões de Pareto, podia ser alcançada, como um equilíbrio de mercado competitivo, caso se pudesse efetuar uma adequada redistribuição dos dotes iniciais dos agentes.

Estes devem ser os teoremas mais erroneamente utilizados na economia. Fiéis incuráveis do livre mercado ignoraram a cláusula "dadas certas condições" e trataram o teorema como um veredicto de intervenção zero. Intervencionistas empedernidos viram pouca coisa além dessas condições. Na realidade, os teoremas demonstravam que as virtudes do mercado não podiam ser nem ignoradas nem dadas como pressupostas.

Os interesses macroeconômicos de Keynes e alguns autores posteriores e os teoremas microeconômicos do equilíbrio geral estavam numa rota convergente. Era absolutamente inevitável que essas duas pesquisas se encontrassem e começássemos a estabelecer as bases da macroeconomia sobre uma microteoria rigorosa. Isso aconteceu com maior clareza nos modelos de preço fixo da "escola francesa", que tentaram categorizar as descrições da economia keynesiana e clássica com diferentes tipos de equilíbrio de preço fixo (e, nesse sentido, não-walrasiano).

Temas convergentes

Se é verdade que em todas as matérias os avanços teóricos andam à frente do trabalho empírico, na economia isso indubitavelmente foi elevado ao nível de uma arte sofisticada. Se por um lado era comum a utilização das provas fornecidas pelos fatos e de dados fragmentados, por outro a econometria, isto é, a análise estatística sistemática de dados, estava ficando para trás. Isso não era de surpreender, pois alguns dos principais luminares da época, incluindo Keynes, mostravam-se pessimistas quanto ao valor da econometria. Mas se a economia queria assumir seu lugar no panteão das disciplinas científicas, precisava testar formalmente suas leis. Dada a grande importância da econometria nos dias de hoje, esse tópico deve ter crescido mais depressa do que todo o resto da ciência econômica.

A econometria levou a mensagem da economia para o mundo exterior. Ao lado das análises de *input-output*, ela se tornou o principal veículo para que as grandes corporações e os governos nacionais pudessem prever mudanças nas variáveis e assim planejar suas atividades. A econometria precisou encarar importantes desafios intelectuais, pois essa era a primeira vez em que métodos estatísticos altamente sofisticados estavam sendo usados no estudo da sociedade. Entre outras coisas, isso significava que, se quiséssemos saber como *x* havia influenciado *y*, não tínhamos como gerar os dados relevantes através de experiências criadas especialmente para essa averiguação. Em vez disso, tínhamos de usar os dados que surgissem naturalmente através do tempo e selecionar a relação entre *x* e *y* a partir de um emaranhado de indícios disponíveis (ver ECONOMETRIA).

Outro tipo muito diferente de "interesse prático" também surgiu no final dos anos 40 e durante os anos 50. À medida que as nações do Terceiro Mundo foram emergindo das sombras do colonialismo, os economistas foram tomando consciência de que uma maioria de seres humanos vivia cronicamente em condições que, se as nações industrializadas tivessem de suportá-las por uns poucos meses, seriam consideradas como uma crise. Condições crônicas não dão notícias nos jornais e, portanto, têm grandes possibilidades de serem menosprezadas. Além disso, para que cientistas se interessem por um problema, não basta que o problema seja sério. É essencial que o problema coloque um desafio intelectual.

Mas o sofrimento de nações na Ásia, África, América Latina e até mesmo parte da Europa representava efetivamente um quebra-cabeças. Essas nações viviam totalmente recolhidas dentro de suas fronteiras de possibilidade de produção, isto é, dentro do que seria exeqüível da plena utilização de recursos. Se o sistema de mercado walrasiano despencou das alturas nos países desenvolvidos, nos anos 30, nunca havia sequer chegado a decolar em mais da metade do mundo. Por quê? Essa pergunta estava no cerne de investigações feitas, entre vários outros, por Ragnar Nurkse (1907-59), Maurice Dobb e Arthur Lewis (1915-91).

A investigação estabeleceu ligações com experiências que estavam sendo efetivamente conduzidas e em processo de serem registradas no Terceiro Mundo. A Índia iniciara experiências com planejamento, e Praxanta Mahalanobis (1893-1972) e outros estavam escrevendo a respeito. Na América Latina, surgia uma literatura sobre inflação e termos de troca, sendo Raul Prebisch (1901-86) o principal porta-voz para o mundo industrializado. Em décadas recentes a economia do desenvolvimento, que fora deixada de lado durante o apogeu da revolução neoclássica, era puxada para a corrente principal da pesquisa teórica e econométrica.

Outra pesquisa convergente, que ocorreu nos anos 50, resultou naquilo que é, na minha opinião, o documento isolado (foi publicado como uma pequena brochura) mais significativo que a ciência econômica produziu. Teve conseqüências tremendas para os cientistas políticos, os economistas do bem-estar e os teóricos das tomadas de decisões. Foi o teorema da impossibilidade, de Arrow, publicado em 1951; ele deu ensejo a uma enorme literatura e à nova subdisciplina da economia do bem-estar (ver também ESCOLHA SOCIAL).

Progressos atuais

É perfeitamente plausível dizer que estamos vivendo em meio a uma mudança de paradigmas tão dramática quanto a que ocorreu no final do século XIX. Desde o início a análise marginalista foi alvo de ataques vindos de vários lados. Algumas das críticas mais convincentes vieram de economistas marxistas ou neokeynesianos como Piero Sraffa (1898-1983) e Joan Robinson (1903-83). A análise do modo como o resultado da atividade econômica é distribuído — por exemplo, entre empresários, senhores de terras e operários — sempre foi um ponto fraco da ciência econômica predominante, e a crítica dita "de Cambridge" dirigiu-se principalmente contra isso. A mensurabilidade do capital como fator de produção foi questionada, e se fizeram perguntas críticas a respeito dos fundamentos da teoria da produtividade marginal. O que o trabalho de Sraffa tentava demonstrar era, nas palavras um tanto imoderadas de Joan Robinson (1961, p.13), "que a teoria da produtividade marginal da distribuição era uma grande asneira". Em resposta, a teoria marginalista teve de abandonar algumas de suas pretensões ao realismo; mas, ao refinar seus teoremas e criar um quadro mais esparso, ela saiu-se muito bem em termos de consistência abstrata.

Em tempos mais recentes, porém, o marginalismo vem começando a ceder espaço, mas como uma conseqüência do que pode ser melhor descrito como pesquisa interna. Ele está sendo substituído pela análise estratégica, baseado nos métodos da teoria dos jogos (ver JOGOS, TEORIA DOS). Apesar de a teoria dos jogos ter-se iniciado nos anos 40 (Von Neumann e Morgenstern, 1944), seu impacto sobre a economia foi, durante muitos anos, apenas marginal. Isso tem mudado drasticamente nas duas últimas décadas. Mesmo que a teoria pura dos jogos ainda possa cair no abismo entre a elegância abstrata da matemática e os interesses práticos das ciências sociais, o *modo* de análise da teoria dos jogos continuará conosco por algum tempo.

Um dos motivos para o longo hiato entre o nascimento da teoria dos jogos e suas aplicações é que a teoria dos jogos extensos (isto é, que são jogados no decorrer do tempo) estava ficando para trás. Na teoria da organização industrial, em que a aplicação da teoria dos jogos foi mais ampla, as interações estratégicas não ocorrem a um piscar de olhos. Estes são "jogos" executados no decorrer de longos períodos de tempo, e pode valer apenas para os "jogadores" sacrificar o lucro imediato em troca da reputação. Para isso, precisamos de jogos extensos. Apesar de sua origem remontar à obra de Harold Kuhn no início dos anos 50, foi somente nos anos 60 e 70 que a análise dos jogos extensos emergiu como tema plenamente desenvolvido.

Existe um risco de que a pesquisa se veja presa no labirinto de descobertas matemáticas e técnicas de menor monta, enquanto os grandes problemas conceituais que nos confrontam ficam à espera. Mas essas tendências já surgiram no passado e invariavelmente, a longo prazo, as obras que trataram de preocupações sociais mais amplas, misturando lógica e realismo econômico, sobreviveram e predominaram. Com a ascensão da análise estratégica, a economia está armada para fazer reviver algumas das questões de maior importância da economia política que foram levantadas no decorrer de sua longa história, mas que tiveram de ser abandonadas por falta de instrumentos de análise mais adequados. As normas sociais e políticas, por exemplo, desempenham papéis críticos no funcionamento das economias. Mas de onde vêm as normas e como exatamente elas interagem com o nosso funcionamento econômico? Encontramo-nos num estágio em que podemos tentar a sério responder essas questões. E isso, por sua vez, pode enriquecer nossa compreensão do papel do estado, da *raison d'être* das empresas e da natureza das relações econômicas internacionais.

Ver também ESCOLA ECONÔMICA DE CHICAGO; ECONOMIA NEOCLÁSSICA; NOVA ECONOMIA CLÁSSICA; EXPECTATIVAS RACIONAIS, HIPÓTESE DAS.

Leitura sugerida: Arrow, K.J. 1951: *Social Choice and Individual Values* • Hicks, J.R. 1939: *Value and Capital* • Keynes, J.M. 1936: *The General Theory of Employment, Interest and Money* • Samuelson, P.A. 1947: *Foundations of Economic Analysis* • Schumpeter, J.A. 1954: *A History of Economic Analysis* • Sraffa, P. 1960: *Production of Commodities by Means of Commodities.*

KAUSHIK BASU

ciência política Esta disciplina dedica-se ao estudo dos fenômenos políticos. Esses fenômenos são com freqüência encarados como caracterizando exclusivamente o governo nacional, junto com autoridades locais e regionais. De fato, é aí que a política se torna mais visível. Mas na realidade a atividade política é geral. Ela ocorre em todas as organizações, sejam elas empresas, sindicatos, igrejas ou organizações sociais. A política, assim, pode ser descrita de várias maneiras: como dizendo respeito ao poder, lidando com a resolução de conflitos ou fornecendo mecanismos para a tomada de decisões. Na verdade, a política abrange todas essas coisas, uma vez que é o mecanismo através do qual uma ação coletiva pode ser exercida em qualquer comunidade, na medida em que nela não há unanimidade e enquanto a comunidade continua a existir. Se o caráter geral da atividade política é hoje amplamente reconhecido, essa atividade ainda é analisada principalmente em relação a organismos públicos, em parte por motivos históricos, em parte porque a política dentro desses organismos afeta diretamente todos os que vivem em uma dada área, em parte porque os organismos públicos e o estado, em particular, têm formalmente o direito de controlar a estrutura das outras organizações existentes dentro de seus limites geográficos.

Alguns encaram o uso da palavra "ciência" aplicada ao estudo da política como controverso, pelo menos se lhe dermos um significado verdadeiramente rigoroso. Esse caráter controvertido origina-se de diferenças profundas entre os eruditos a respeito tanto da natureza dos fenômenos políticos quanto da capacidade dos observadores de analisarem esses fenômenos "objetivamente". Essas diferenças também se refletem na distinção aguda, geralmente feita pelos próprios cientistas políticos, entre a ciência como tal e um ramo da TEORIA POLÍTICA que é próximo da filosofia política e é normativo: se a ciência política é o estudo de fenômenos políticos, a teoria política normativa diz respeito às características dos valores políticos.

Apesar de uma genealogia muito antiga, a ciência política tal como é hoje conhecida só se desenvolveu recentemente. Em parte como conseqüência disso, a profissão de cientista político ainda tem muito poucos praticantes, especialmente fora dos Estados Unidos. Todos concordam em que o estudo da política remonta aos gregos, sendo Platão e Aristóteles os criadores da disciplina. O contraste entre as abordagens desses dois autores efetivamente ilustra a idéia de que a linha divisória entre uma ênfase na observação dos fenômenos e uma ênfase na análise dos valores sempre existiu, desde o começo. No entanto o desenvolvimento da ciência política através da Idade Média, do Renascimento e do período moderno foi, na melhor das hipóteses, muito desigual. Houve vários autores brilhantes, basicamente Maquiavel, Bodin, Hobbes, Locke, Montesquieu, Rousseau e Tocqueville, cujo interesse pela vida política tal como ela efetivamente ocorre era amplo, em parte porque queriam melhorar um *status quo* que achavam altamente insatisfatório. Mas se por um lado esses autores exerceram grande influência, por outro não desenvolveram um ramo acadêmico de aprendizado que pudesse ser encarado como ciência, mesmo em estado embrionário.

A ciência política, portanto, só surgiu como disciplina depois da primeira metade do século XIX. No entanto, mesmo então, e durante várias décadas, o crescimento da disciplina permaneceu lento. Direito constitucional, filosofia política e história política tomaram parte, de forma variada, nesse crescimento, com a filosofia e a história desempenhando um papel de relevo na Grã-Bretanha, enquanto a filosofia e até mesmo o direito tiveram um papel mais importante no continente europeu. Na verdade, perto do final do século XX a ciência política ainda não adquiriu um status totalmente independente em muitas partes do mundo. Na realidade, somente nos Estados Unidos, bem como talvez na Escandinávia e em algum países da Comunidade Britânica, a ciência política pode ser encarada como tendo se tornado verdadeiramente instituída.

Essa falta de autonomia disciplinar afetou o desenvolvimento da ciência política. Também exerceu efeito sobre a natureza e a vitalidade da teoria política, especialmente sobre seus aspectos não-normativos. Como em todas as disciplinas, a ciência política precisa desenvolver uma teoria, caso deseje compreender os fenômenos que observa. Reconhecidamente, já se destacou que alguns acreditam ser impossível uma teoria autenticamente científica da política, dada a natureza do comportamento humano, tanto individualmente quanto em grupos. Os motivos para tal ponto de vista vão desde a visão de que as ações humanas são basicamente imprevisíveis até a idéia de que as situações políticas são demasiado complexas para que alguma análise científica seja capaz de descobrir, quanto mais de medir, todas as variáveis envolvidas no processo. Já se afirmou ainda que as idiossincrasias dos observadores são inevitáveis e que o que passa por "observação" é, em geral, apenas um reflexo dessas mesmas idiossincrasias.

Se esses pontos de vista, inegavelmente, são em parte corretos, há também uma necessidade de compreender melhor a política e especialmente de descobrir amplas regularidades, mesmo que estas acabem não constituindo "leis" verdadeiramente científicas. Para dar apenas alguns exemplos: houve grande interesse em se examinar o relacionamento entre sistemas eleitorais e sistemas partidários, ou as condições sócio-econômicas sob as quais a democracia liberal tem probabilidades de surgir e se estabilizar, ou que sistema, parlamentar ou presidencial, tem probabilidades de resultar em um governo mais eficaz. As regularidades que podem ser descobertas dessa maneira precisam basear-se em, e ser guiadas por, uma teoria que possa explicar essas tendências tão amplas.

Um movimento nesse sentido começou de fato a ocorrer nos anos 50. Numa primeira fase, o objetivo era excessivamente ambicioso: achou-se que era possível descobrir modelos gerais verdadeiramente explanatórios. Esses modelos eram retirados basicamente da filosofia da história ou da sociologia (ver SOCIOLOGIA POLÍTICA), como foi o caso de dois dos mais bem-sucedidos dentre eles, o MARXISMO e o FUNCIONALISMO. Houve posteriormente uma mudança de ênfase para abordagens mais próximas das que predominavam na economia, tais como a escolha racional (ver ESCOLHA RACIONAL, TEORIA DA). De maneira geral, os esforços feitos nesse nível de generalidade forneceram quadros de análise, mais do que autênticas explicações das características da vida política. Não obstante, constituíram um estímulo ao ajudarem a estruturar a pesquisa.

Enquanto isso, o debate sobre a viabilidade de uma ciência da política continuou, apesar desses modelos gerais e em certo sentido por causa deles — pois, bem no fundo, a origem desse debate pode ser encontrada no papel desempenhado pelos "acidentes" históricos e pelo contexto idiossincrásico em que os fenômenos políticos geralmente ocorrem. Dois campos, ou pelo menos duas tendências, dividem inevitavelmente os cientistas políticos. Os que acham que os "acidentes" e idiossincrasias desempenham um papel realmente importante na vida política tenderam a recuar das generalizações amplas e a sustentar que o estudo da política devia proporcionar lições em vez de tentar dar explicações científicas.

Um dos motivos pelos quais tal debate provavelmente deverá continuar sem sequer abrandar-se, é que a vida política, e em particular a vida política no plano dos responsáveis pelas tomadas de decisão nacionais, é formada marcantemente pela CULTURA POLÍTICA dos países e, em muitos casos, até das regiões. As tradições políticas e sociais são os mecanismos pelos quais as especificidades históricas desempenham seu papel. Outro motivo que também joga em favor de se enfatizar o papel dos "acidentes" é a parte destacada que alguns grandes líderes políticos parecem ter na formação do destino de seus países. É claro, nem tudo é acidente no contexto da LIDERANÇA. É possível descobrir regularidades, por exemplo, na formação ou no desenvolvimento da carreira dos que estão no alto, sejam ministros de governo, líderes de partidos ou funcionários públicos de alta hierarquia. Mas o modo como esses homens e mulheres têm probabilidade de se comportar dependerá de outros fatores além dessas características e de outros fatores além do ambiente político: a personalidade também desempenha um papel, e a personalidade é, antes de qualquer outra coisa, uma característica individual. Algumas pessoas tendem a minimizar o papel dos líderes — existe de fato um grande debate a esse respeito —, mas a maior parte dos cientistas políticos acha difícil e, em casos extremos, impossível negar que os líderes "fazem diferença". Pois, nesse caso, terão ao mesmo tempo de negar qualquer tipo de influência a um dos elementos mais visíveis da vida política e, assim, reduzir marcadamente o papel dos fatores políticos. Generalizações em ampla escala podem, portanto, levar a armadilhas: muito provavelmente, deixarão inexplicada grande parte da realidade concreta. É preciso, portanto, que às generalizações se combine o reconhecimento da importância do contexto particular e dos que desempenham papéis particulares. Esse talvez seja o problema mais difícil e o maior de todos os desafios com que se defrontam os cientistas políticos: mais do que os cientistas sociais, eles precisam combinar o geral com o particular.

Semelhante situação naturalmente afeta a metodologia da ciência política: os cientistas políticos têm de usar grande variedade de instrumentos e técnicas se quiserem obter alguma compreensão da realidade. Não existe nenhuma metodologia isolada, nenhuma metodologia comum. Os que se ocupam com o estudo da liderança devem coletar indícios à maneira dos historiadores, isto é, principalmente a partir de documentos, embora entrevistas também desempenhem um papel importante e crescente. A análise intensiva de eventos importantes — por exemplo, decisões de grande significado em questões domésticas ou internacionais — também precisa basear-se em documentos e entrevistas, ainda que os esforços se encaminhem geralmente para a realização de análises dentro de um quadro estruturado. Por outro lado, quando se examinam acontecimentos que se repetem com regularidade, como no caso da análise das carreiras de políticos ou quando está em pauta o comportamento de grande número de indivíduos, como nos estudos eleitorais, as técnicas quantitativas não apenas são mais adequadas como precisam ser usadas caso se deseje descobrir tendências gerais e identificar associações entre variáveis. Na verdade, os estudos dos processos de tomada de decisão vêm cada vez mais se baseando também em modelos matemáticos formais, especialmente os desenvolvidos em tempos relativamente recentes tais como a teoria dos jogos. (Ver JOGOS, TEORIA DOS). Por fim, os argumentos diretos, emprestados do direito e da filosofia, prevalecem nos aspectos da ciência política que se ocupam basicamente das disposições constitucionais e administrativas, bem como na teoria política normativa e em grande parte da analítica.

A ciência política, assim, apresenta grande diversidade. Não é um ramo do saber verdadeiramente unido. Conforme vimos, nunca o foi. Isso não constitui necessariamente uma desvantagem. Nem essa característica é exclusiva da ciência política: outros ramos do saber não parecem mais unidos de forma apreciável. Como resultado dessas divisões, atualmente é possível encontrar não apenas a velha distinção entre o estudo de valores e as investigações empíricas, mas cinco aspectos de estudos empíricos que se tornaram campos de investigação cada vez mais distintos: o estudo do governo *stricto sensu*, da administração pública, das relações internacionais e, mais recentemente, do comportamento político e da análise de políticas públicas.

O estudo do *governo* é o ramo mais antigo do estudo empírico da política. Em sua forma moderna, está em geral intimamente ligado ao direito constitucional (em alguns países originou-se dele), em particular no continente europeu. Ocupa-se com o estudo das instituições e procedimentos que caracterizam os sistemas políticos através do mundo: as instituições e procedimentos que estão sendo estudados podem ser constitucionalmente estabelecidos (como legislaturas ou poderes executivos) ou surgir *de facto* (partidos políticos, por exemplo). O estudo do governo também se ocupa, na verdade cada vez mais, com o estudo de padrões comportamentais, e especialmente em saber de que modo, e até que ponto, instituições e procedimentos influenciam o comportamento. Do ponto de vista geográfico, muitos estudos do governo estão se concentrando em uma instituição ou em um país: as observações feitas anteriormente a respeito do caráter idiossincrásico de cada sistema político são válidas aqui e em geral são vigorosamente propostas por especialistas de áreas particulares. No entanto existem também (e cada vez mais) estudos transnacionais, ou envolvendo os governos de uma região (como a Europa), ou abrangendo governos em diferentes regiões (industrializadas e em desenvolvimento), ou tentando ser autenticamente gerais. Esse ramo da disciplina, conhecido como *governo comparativo*, é portanto um elemento central no estudo da política.

A *administração pública* analisa a estrutura e as características dos organismos públicos, bem como as condições de emprego dos que dirigem esses organismos. De essencialmente descritiva (na Grã-Bretanha e nos Estados Unidos) ou preocupada com disposições legais (no continente europeu), ela passou a se dedicar basicamente à análise dos tipos de relacionamentos que surgem dentro e entre organismos públicos, bem como entre esses organismos e o público. A administração pública, assim, esforça-se por descobrir as condições amplas em que são tomadas as decisões públicas. Tenta determinar quais dessas condições são as mais eficazes e mais eficientes na obtenção de objetivos particulares. Com a expansão do setor público, a crescente variedade de organismos públicos, bem como a tendência a uma redução na diferenciação entre organizações públicas e privadas, a especificidade da administração pública diminuiu e esse ramo da disciplina se aproximou do estado das organizações (e pode até ser encarado por alguns como parte dele), que é um ramo bastante ativo da SOCIOLOGIA.

Os estudos de RELAÇÕES INTERNACIONAIS também têm mudado de forma marcante, deixando de ser um ramo totalmente distinto da história para se tornar um setor da ciência política. Isso ocorre, em parte, devido ao reconhecimento de que seu interesse maior é pela política entre nações e, em parte, porque a diferença entre assuntos internos de estado e relações entre estados se tornou menos pronunciada. Em resultado do número e variedade crescentes de tipos de associações entre estados e do crescimento de organizações internacionais não-governamentais, as questões internacionais e nacionais têm tendido a estar quase sempre ligadas. Enquanto isso, em nível mais teórico, os estudiosos das relações internacionais têm buscado modelos gerais para estruturar suas análises. Isso também trouxe esse campo de estudos mais para perto do que se pode encarar como a corrente dominante da ciência política. Apesar de esses modelos gerais não terem conseguido até agora fornecer mais que uma orientação em termos amplos, têm tendido a apontar quadros de análise, como ocorre em outro aspectos da ciência política. Conseqüentemente, também como em outros ramos da ciência política, o debate entre o papel dos fatores estruturais e o papel do contexto específico de determinados eventos continua acirrado.

Os dois últimos subsetores importantes da análise política empírica desenvolveram-se mais recentemente, pelo menos como ramos plenamente florescentes da disciplina. O estudo do *comportamento político* é, em muitos sentidos, um subproduto da erupção da política de massa na sociedade moderna, em particular no Ocidente. Tem havido naturalmente um interesse crescente em compreender as bases sobre as quais as pessoas fazem suas escolhas políticas, acima de tudo no contexto de eleições. Esse tipo de investigação precisa valer-se de abordagens e métodos diferentes dos convencionalmente adotados no estudo do governo ou da administração pública. A sociologia e a psicologia têm dado uma ajuda marcante ao desenvolvimento das análises de comportamento político, ao fornecer a conceitualização e as técnicas, enquanto a economia, mais recentemente, também tem desempenhado um papel significativo na avaliação das escolhas eleitorais. Nesse meio tempo, os estudos do comportamento político ampliaram-se para a análise das elites, em particular com respeito a membros de partidos, legisladores e funcionários públicos. O objetivo é descobrir as motivações dos que pertencem a esses grupos e ver como tais motivações se traduzem em comportamento.

O estudo de *análise de políticas públicas* é o mais recente subsetor da ciência política. Tem origem na administração pública, mas dela difere de um modelo que não é totalmente diverso daquele com que os estudos do comportamento político tiveram origem, e se mostrou diferente também do estudo do governo. A análise de políticas públicas diz respeito ao modo pelo qual o comportamento dos agentes políticos pode afetar as decisões, enquanto a administração pública diz respeito basicamente às estruturas e aos efeitos dessas estruturas. Esse ramo de estudos surgiu porque os especialistas queriam compreender melhor como as decisões eram tomadas em termos concretos, em particular até que ponto elas eram (e na verdade poderiam ser) tomadas "racionalmente". Assim, a origem da análise de política pública pode ser encontrada na descrição de casos específicos. Ela passou rapidamente a um segundo estágio mais sistemático, contudo, no qual recebeu a ajuda decisiva do desenvolvimento de inúmeros instrumentos matemáticos, tirados especialmente da ciência econômica. Esses instrumentos tornaram possível seguir as ramificações das decisões e classificar os tipos de resultados. Dada a complexidade das decisões públicas nos níveis nacionais e até mesmo subnacionais, o estudo da formulação de políticas públicas é encarado por muitos como de importância capital para os responsáveis pelas tomadas de decisão, na medida em que os ajuda a analisar melhor os problemas com os quais se defrontam.

Com a ciência política passando assim por uma expansão de vulto no decorrer das últimas décadas do século XX, sua influência naturalmente tem crescido de forma apreciável. Ela ainda tem dificuldades importantes na previsão de resultados, sejam resultados de eleições ou de problemas de decisão de alto nível, mas outras ciências sociais também passam por dificuldades para fazer previsões precisas. Ao mesmo tempo, a necessidade de se dedicar a um estudo sistemático das tendências políticas e, assim, compreender os acontecimentos políticos é algo cada vez mais reconhecido tanto pelo público em geral quanto pelos próprios responsáveis pelas tomadas de decisão, sejam estes políticos ou funcionários públicos de carreira. Talvez seja natural que estes últimos, em geral, se tenham mostrado relutantes em dar grande importância à análise das estruturas em que operam, bem como ao estudo de seu próprio comportamento dentro dessas organizações. No entanto esses sentimentos estão sendo gradualmente superados, à medida que padrões de vida política vão sendo identificados com mais precisão em vários níveis. Dessa forma, a ciência política preenche uma função essencial, que é a de ajudar os cidadãos a adquirir melhor compreensão dos fenômenos políticos e, assim, exercerem maior influência sobre sua comunidade e sobre a sociedade como um todo.

Leitura sugerida: Almond, G.A. e Powell, G.B. 1976: *Comparative Politics* • Barry, B. 1965: *Political Argument* • Blondel, J. 1981: *The Discipline of Politics* • Dahl, R.A. 1963: *Modern Political Analysis* • Downs, A. 1957: *An Economic Theory of Democracy* • Easton, D. 1953: *The Political System* • Harrop, M. e Miller, W.L. 1987: *Elections and Voters* • Inglehart, R.F. 1977: *The Silent Revolution* • Morgenthau, H.J. 1968: *Politics among Nations* • Simon, H.A. 1947: *Administrative Behavior.*

J. BLONDEL

ciências cognitivas Uma investigação recém-formada e interdisciplinar da cognição e do conhecimento, esta área da ciência vale-se principalmente da psicologia cognitiva, da inteligência artificial, da filosofia da mente, da lingüística e da neurociência.

O computador desempenha um papel vital e duplo nesse empreendimento. Por um lado, a crença de que a cognição tem um caráter de computação, de processamento de informação, comportando semelhanças importantes com as atividades de um computador, constitui o centro conceitual da ciência cognitiva. Por outro lado, a criação e o estudo de programas de computador visando servir como modelos funcionais de processos cognitivos fornece um método crucial de investigação.

A influência e o caráter da perspectiva computacional da mente podem ser vistos na terminologia de "algoritmos", "dado", "informação", "mecanismos", "módulos", "processos", "representações", "sintaxe" e assim por diante que permeia a literatura da ciência cognitiva.

A abordagem computacional da cognição surgiu em meados dos anos 50, o Harvard Center for Cognitive Studies foi inaugurado em 1960, o periódico *Cognitive Science* surgiu em 1977 e a Cognitive Science Society foi fundada em 1979. Os anos 80 viram cursos universitários de ciência cognitiva surgirem nos Estados Unidos e na Europa, e, entre muitas publicações uma história completa do campo em Gardner (1985), o primeiro manual de estudos em Stillings et al. (1987), uma introdução para os leigos em Johnson-Laird (1988) e uma importante coletânea de dissertações em Posner (1989).

A variedade do trabalho feito nesse campo é considerável, mas grande parte dele se encaixa em dois paradigmas gerais. Durante a primeira fase de desenvolvimento o paradigma predominante foi uma visão simbólico-processadora da mente, que passou a ser conhecida como a "hipótese do sistema de símbolos físicos" (Newell e Simon, 1976), ou "cognitivismo clássico" (Clark, 1989). Segundo esse ponto de vista, a cognição consiste na manipulação, por algoritmos ou regras, de dados que são simbólicos, explícitos, precisos, estáticos e de caráter passivo.

Um paradigma alternativo, conexionista, surgiu originalmente do trabalho com simulações computadorizadas de redes neurais. O "conhecimento" de uma rede de conexões de um computador consiste não em dados simbólicos e instruções para sua manipulação, mas no padrão dos "valores de ativação" das unidades individuais que formam a rede e nos "pesos" ou forças de conexão entre elas. Acredita-se que as capacidades dessas redes para o aprendizado, a degradação decorosa (degradação gradual no desempenho, dado um *input* impreciso), a generalização e a complementação de informações parciais indiquem fidelidade ao processo cognitivo natural (Rumelhart e McClelland et al., 1986; Smolensky, 1988; Clark, 1989). A visão correlata da cognição é a de uma atividade não-baseada em regras, na qual os dados são representados de modo dinâmico e, em alguns casos, distribuído, implícito e impreciso. É relevante também que a implementação de uma rede conexionista com hardware corra paralelamente, e com isso se acredita que reproduza a atividade do cérebro melhor do que a habitual arquitetura computadorizada seqüencial de von Neumann.

As diferenças e oposições entre essas duas abordagens gerais da construção de modelos cognitivos podem, porém, ser exageradas, e alguns trabalhos recentes têm afirmado que elas são, na verdade, complementares e têm tentado combiná-las em sistemas híbridos.

Na filosofia da mente, vem sendo dada uma atenção considerável à plausibilidade da visão computacional da mente e a tópicos correlatos tais como a "hipótese da linguagem do pensamento", a etnopsicologia e a resposta "funcionalista" ao problema mente-corpo (Lycan, 1990; Said et al., 1990).

Em sua breve história, a "nova ciência da mente" produziu um conjunto de obras substantivo e além disso uma intensa interação entre suas disciplinas componentes. A ciência cognitiva, no momento, tem um caráter distintamente mecanicista e "racionalista" (Winograd e Flores, 1986) e não está interessada basicamente em fatores como subjetividade, sentimento ou cultura. Não obstante, a atribuição de uma natureza computacional particular a *alguns* aspectos da mente não implica que *toda* atividade mental seja desse tipo, e o futuro da ciência cognitiva pode vir a confirmar uma pluralidade de abordagens das muitas mansões da mente.

Ver também INTELIGÊNCIA ARTIFICIAL; LINGÜÍSTICA.

Leitura sugerida: Clark, A. 1989: *Microcognition: Philosophy, Cognitive Science, and Parallel Distributed Processing* • Gardner, H. 1985: *The Mind's New Science* • Johnson-Laird, P.N. 1988: *The Computer and the Mind* • Posner, M. 1989: *Foundations of Cognitive Science* • Rumelhart, D.E., McClelland, J.L. e PDP Research Group 1986: *Parallel Distributed Processing: Explorations in the Microstructure of Cognition*, 2 vols. • Smolensky, P. 1988: "On the proper treatment of connectionism". *Behavioural and Brain Sciences* 11, 1-74 • Stillings, N.A. et al. 1987: *Cognitive Science: an Introduction*.

DONALD PETERSON

ciência social, filosofia da Ver FILOSOFIA DA CIÊNCIA SOCIAL.

cientificismo Desde o surgimento da ciência moderna, nos séculos XVI e XVII, seus defensores têm reivindicado um status especialmente autorizado para os seus julgamentos e um resultado universalmente benéfico para suas aplicações técnicas potenciais. Uma primeira expressão desse entusiasmado otimismo quanto à ciência foi um texto utópico de Francis Bacon, *The New Atlantis*. A posterior integração da ciência com o desenvolvimento da tecnologia industrial e militar levou a sucessivas ondas de hostilidade desiludida, em que a visão científica da natureza era desacreditada como empobrecida e seu projeto prático denunciado como uma busca de domínio exploradora, destrutiva e autofrustrante.

A palavra "cientificismo" faz parte do arsenal verbal dos herdeiros modernos dessa crítica da ciência, mas não lhes é exclusiva. Em seu uso mais difundido, a palavra reprova qualquer ampliação da ciência ou do método científico além do seu âmbito científico. Mas exatamente o que constitui esse "âmbito legítimo" é, evidentemente, uma questão controvertida ao extremo. Para alguns, a ciência ocidental como um todo é profundamente suspeita, incorporando uma forma de racionalidade e uma orientação com relação à natureza que são intrinsecamente destrutivas e opressivas com respeito a suas vítimas tanto naturais quanto humanas. Por esse ponto de vista, os padrões predominantes de opressão social e cultural estão enraizados num projeto de dominação da natureza que é implícito à própria racionalidade da ciência. Uma outra abordagem (característica dos autores neomarxistas da ESCOLA DE FRANKFURT de Teoria Crítica) reconhece uma esfera de aplicação legítima para os métodos empírico-analíticos da ciência, mas denuncia como "cientificismo" as tentativas de subordinar disciplinas tais como a psicologia, a sociologia e a análise cultural a esse regime metodológico. A pertinência política mais ampla dessa crítica ao "cientificismo" deriva da visão, também amplamente compartilhada pelos Teóricos Críticos, de que as formas da razão ligadas à ciência e a autoridade cognitiva a ela conferida transformaram-se nas fontes básicas de legitimidade nas sociedades industriais modernas. O apelo à especialização e a representação cientificista de tópicos morais e políticos inerentemente controvertidos como questões de cálculo técnico estão associados a uma esfera pública cada vez mais estreita e à redução da participação democrática. Ao mesmo tempo, a capacidade técnica das sociedades industriais modernas de "cumprir suas promessas" *e* manipular os desejos dos consumidores de massa tende a tornar toda e qualquer oposição aparentemente irracional e sem valor.

A oposição à ciência como forma intrinsecamente totalitária de domínio social é também um tema difundido no pensamento pós-estruturalista, em especial na obra de Foucault, que liga a formação das ciências humanas a formas caracteristicamente modernas de poder social em instituições tais como a prisão, o asilo e o hospital. É plausível dizer que as críticas ao "cientificismo" montadas tanto por Foucault quanto pelos Teóricos Críticos não conseguem diferenciar entre a ciência, por um lado, e os projetos utópicos ou distópicos de seus propagandistas, por outro. Se a ciência é empregada de modo predominantemente opressivo e destrutivo, isso pode dever-se ao fato de ser ela empregada em uma *sociedade* que é, ela sim, opressiva e destrutiva.

Ver também REVOLUÇÃO CIENTÍFICO-TECNOLÓGICA.

TED BENTON

científico-tecnológica, revolução Ver REVOLUÇÃO CIENTÍFICO-TECNOLÓGICA.

cinema Este termo refere-se às tecnologias e práticas institucionalizadas através das quais os filmes, e especialmente os filmes narrativos ficcionais são produzidos, distribuídos, exibidos e consumidos. Embora as técnicas capazes de produzir a ilusão da imagem em movimento sejam há muito conhecidas, o cinema como tal só começa a existir no apagar das luzes do século XIX. Thomas Edison registrou patentes do Kinetograpf e do Kinetoscope em 1891, e foi em meados da década de 1890 que companhias como a Mutoscope, nos Estados Unidos, e Irmãos Lumière, na França, começaram a exibir filmes para platéias em teatros de vaudeville e outros espaços públicos.

Nos primeiros anos do novo século o cinema começou a surgir como veículo de massa nos Estados Unidos, onde lojas transformadas em salas de exibição — os *nickelodeons* — proporcionavam divertimento barato para uma platéia proletária, urbana e em grande parte composta de imigrantes. Em 1908 dez dos principais produtores de filmes e fabricantes de câmaras e projetores formaram um cartel, a Motion Picture Patents Company, a fim de arrancar lucro da jovem indústria através da exploração de suas patentes de tecnologias das câmaras, matrizes e projetores. Conseguiram convencer banqueiros a investir no cinema e a criar um mercado nacional de distribuição. Não obstante, não conseguiram fazer frente ao desafio de produtores independentes que, longe da base nova-iorquina do truste, estavam fazendo filmes nos arredores de Los Angeles, especialmente em Hollywood.

Esses produtores, os arquitetos do sistema de estúdio, aproveitaram as vantagens da Costa Oeste: terra barata, clima ameno, paisagens temperadas para serem usadas como locações e mão-de-obra não-sindicalizada. Em vez de vender filmes a metro, ofereciam para aluguel narrativas mais longas, apresentando figuras ficcionais familiares e depois, cada vez mais, astros famosos como intérpretes. Também conseguiram o controle da distribuição de filmes no âmbito doméstico e — graças à devastação da indústria européia pela Primeira Guerra Mundial — global.

Foi também durante a segunda década do século que se estabeleceram as normas do estilo clássico de Hollywood. Desenvolveram-se técnicas para reproduzir as convenções de motivação de personagens e desenvolvimento narrativo, familiares em função de formas populares existentes. Montagem, iluminação, enquadramento de planos e uso de *close-ups*, tudo isso foi utilizado a fim de produzir uma história coerente e plausível para o espectador, uma ilusão de ações desenrolando-se dentro de um espaço unificado no decorrer de um tempo contínuo.

Esse estilo de realização cinematográfica prestava-se à eficiência industrial, com um produtor supervisionando a utilização mais econômica da mão-de-obra, dos estúdios de filmagem e do equipamento em diversos filmes ao mesmo tempo. Esse sistema taylorista de trabalho foi pouco afetado pelo advento do som e do diálogo gravados no final dos anos 20. A essa altura os cinco principais estúdios de Hollywood (Paramount, MGM, Fox, Warner Bros. e RKO) já haviam alcançado um grau extraordinário de integração vertical da produção, distribuição e exibição. Este só foi rompido, ao menos parcialmente, pelo impacto conjunto da legislação antitruste e do surgimento da televisão, depois da Segunda Guerra Mundial. A partir de então Hollywood conheceu um crescimento econômico extraordinário. Para competir com a hegemonia global de Hollywood, outras indústrias cinematográficas tiveram ou de imitar sua produção ou de oferecer gêneros e estilos alternativos.O expressionismo de diretores como Fritz Lang, Georg Wilhelm Pabst e Friedrich Murnau, nos anos 20, foi em parte uma tentativa dos estúdios alemães de abrir uma brecha no mercado internacional. E mesmo quando Sergei Eisenstein, Lev Kuleshov e Dziga Vertov estavam realizando suas inovações radicais, a grande maioria dos filmes efetivamente exibidos na União Soviética era importada de Hollywood. Ainda assim, a idéia de um "cinema nacional", a voz autêntica através da qual um país supostamente se exprime, sempre teve um significado cultural maior do que o sucesso marginal de bilheteria dos filmes produzidos indicaria. Entre outros exemplos, poderiam incluir-se o movimento britânico de documentários, nos anos 30, o cinema neo-realista, que tentou articular uma nova identidade italiana na esteira do fascismo e da derrota, e, cada vez mais, nos anos recentes, uma variedade de cinemas do Terceiro Mundo. (Ver também SOCIOLOGIA DA ARTE.) Sempre houve formas de realização cinematográfica menos preocupadas com a popularidade de bilheteria do que com o potencial do filme como meio de experiência de vanguarda ou como ferramenta de política radical.

As teorias sobre as possibilidades estéticas do cinema e suas funções sociais começaram a surgir umas duas décadas depois da primeira exibição comercial de um filme. Em 1916, por exemplo, o poeta Vachel Lindsay propôs uma sociologia whitmaniana do cinema como um elemento de uma emergente democracia "hieroglífica" norte-americana, e um filósofo de Harvard, Hugo Münsterberg, propôs a primeira explicação da dinâmica mental do espectador no ato de assistir ao filme. Desde então teóricos tentam definir a natureza ímpar do cinema como meio estético e também especificar suas funções sociais concretas e potenciais. Com freqüência os dois aspectos estão ligados, como nos teóricos e cineastas soviéticos dos anos 20. Contra as teorias de Eisenstein, que definiam a montagem como a chave da experiência cinematográfica, André Bazin construiu uma antologia do cinema altamente influente. Ele afirmava que o filme é (ou deveria ser) acima de tudo uma arte da realidade, um meio com capacidade única de reproduzir a experiência de uma realidade inerentemente ambígua.

Nos anos 60 e 70 o cinema tornou-se o foco de um conjunto extremamente animado de debates que se apoiavam na SEMIÓTICA, no estruturalismo e no pós-estruturalismo, no marxismo authusseriano e na psicanálise lacaniana. O cinema foi teorizado como um aparato: isto é, como tecnologia usada para fins culturais e ideológicos, e ao mesmo tempo como uma disposição específica de técnicas semióticas que apelam à dinâmica do desejo e da fantasia. A platéia cinematográfica era encarada tanto como determinante quanto como conseqüência desse aparato. Téoricos como Jean-Louis Comolli, Jean-Louis Baudray, Christian Metz, Stephen Heath e Laura Mulvey tentaram demonstrar de que modo os códigos simbólicos do cinema predominante simultaneamente acionam e disfarçam estratégias de manipulação da mente do espectador. As técnicas de narrativa "invisíveis" de Hollywood, afirmavam, ofereciam ao espectador uma posição de coerência e onipotência imaginárias, a ilusão de uma subjetividade unificada, transcendental. É por isso que o cinema pode ser encarado como um paradigma para os mecanismos da IDEOLOGIA, particularmente quando se relacionam a questões de identificação e diferenciação sexual. Esse modelo desde então vem sendo contestado, com base tanto histórica quanto teórica. Não obstante, ele conseguiu identificar com sucesso a importância dual do cinema. É uma indústria global imensamente importante. Acima de tudo, porém, através da disseminação em massa de roteiros fantasiosos, o cinema tem sido o arquiteto decisivo do imaginário popular no século XX.

Ver também CULTURA DE MASSA; COMUNICAÇÃO DE MASSA.

Leitura sugerida: Andrew, J.D. 1976: *The Major Film Theories* • Bordwell, D., Staiger, J. e Thompson, K. 1985: *The Classical Hollywood Cinema* • Hansen, M. 1991: *Babel and Babylon: Spectatorship in American Silent Film* • Penley, C., org. 1988: *Feminism and Film Theory* • Rosen, P., org. 1986: *Narrative, Apparatus, Ideology* • Sitney, P.A. 1974: *Visionary Film: the American Avant-Garde Film.*

JAMES DONALD

civil, sociedade Ver SOCIEDADE CIVIL.

civilização Do latim *civis*, cidade, a palavra civilização diz respeito explicitamente à CULTURA das cidades, algo que Karl Marx nos lembrou ao afirmar que a sede da civilização antiga era a cidade (*Grundrisse*, 1857-58) e que o que Aristóteles queria dizer com *zoon politikon* era simplesmente que o homem é um habitante das cidades (*O capital*, vol.1). Max Weber, seguindo a percepção de Marx, analisou a cidade sob quatro aspectos: a cidade como uma entidade ou local geográfico ou espacial; a cidade como mercado, ou cidade mercantil para *produtores*; a cidade fortificada; e a cidade consumidora, que se mantém à custa da corte. A antiga cidade grega do soldado hoplita caracterizava-se por direitos civis conferidos como o *quid pro quo* para o serviço militar, mas a cidade medieval desfrutou dos direitos de auto-regulamentação municipal e comercial precisamente em virtude da isenção do serviço militar (Weber, 1921-2, cap."The city").

A civilização antiga literalmente controlava o interior a partir da cidade. As cidades antigas da Mesopotâmia, por exemplo, chegavam a incluir campos e plantações de tâmaras que eram cultivados por empresários urbanos, com capital de risco e escravos, dentro dos muros da cidade, motivo pelo qual eram tão extensos. Essa situação só se reverteria na Idade Média européia, quando, como nos conta Max Weber, a sede da propriedade fundiária coincidia com o *locus* do poder — no campo — e as cidades existiam principalmente como mercados para a troca do excedente produzido pelos nobres em suas imensas propriedades.

A distinção feita por Weber entre a economia antiga e o modo burguês de produção, tal como a feita por Marx, apóia-se portanto em uma distinção tanto regional quanto cronológica entre as culturas urbanas densamente populosas, empresariais, litorais ou ribeirinhas da bacia do Mediterrâneo e a vida agrária descentralizada das tribos germânicas e célticas, organizadas em famílias patriarcais. A primeira era uma civilização com base na cidade, *política* no sentido literal da palavra, pois fundamentada na *pólis*, ou cidade. A segunda, econômica no sentido literal, de *oikos*, ou família, a economia de núcleos familiares amplos. A distinção weberiana entre homem econômico e político, feita dessa maneira, é assumida pela filósofa política Hannah Arendt, que compara desfavoravelmente a sociedade moderna, baseada na economia de gerenciamento doméstico generalizado, com o ideal do cidadão clássico, e por Gunnar Myrdal (1953), que fez um estudo do desenvolvimento dessa forma moderna de economia.

Na Alemanha, a partir do final do século XIX, floresceu uma tradição de crítica pós-moderna, incluindo obras sobre a decadência do Ocidente de Oswald Spengler (que teve um equivalente britânico em Arnold Toynbee) e, mais tarde, membros da Escola de Frankfurt, especialmente Theodor Adorno, Max Horkheimer e Herbert Marcuse. *O mal-estar na civilização* (1930), de Sigmund Freud, também pode ser lido de modo mais preciso como uma obra sobre a cultura ou civilização urbana no sentido literal, sendo sua a idéia de que a civilização vive da repressão, canalizando a energia sexual sublimada para projetos culturais, tal como atestam os grandes monumentos artísticos e as culturas requintadamente construídas da cidade antiga e moderna. Em alguns aspectos, a crítica da civilização feita por Freud — em termos do que ela custa à gratificação individual, da divisão desigual do excedente econômico, das psicoses e neuroses produzidas pela propensão à comparação e da concorrência econômica e social que a civilização faz surgir — apóia-se em uma longa tradição da crítica da civilização que encontramos na teoria dos "quatro estágios" civilizatórios. Tem suas raízes no pensamento estóico e foi desenvolvida durante o Iluminismo por Rousseau, Diderot e os membros do Iluminismo escocês, Adam Smith e Adam Ferguson.

Através de várias disciplinas, os estudiosos têm observado atualmente certas insuficiências no cânone histórico normalmente aceito, que postula um esquema evolucionista, do primitivismo à *pólis* e à civilização (ocidental) moderna, com os estados do Oriente constituindo uma categoria residual. Estudos de assiriologia, iranologia e egiptologia, entre outras áreas de especialização, revelam civilizações antigas altamente desenvolvidas que exibiam considerável competência tecnológica. Mais inquietante ainda é o fato de as capacitações econômicas e técnicas serem acompanhadas por todo o elenco de características sociais e culturais que costumamos associar ao "desenvolvimento" tal como atualmente concebido (ver também DESENVOLVIMENTO E SUBDESENVOLVIMENTO). A capacidade de as chamadas "sociedades de irrigação" da antiga Suméria, mais geralmente da Mesopotâmia, e do Egito e da China realizarem a transição de cidade-estado a império, transição que a *pólis* grega, por exemplo, nunca realizou (Mann, 1986), foi precisamente uma função das seguintes capacitações desenvolvimentistas:

1. governo impessoal administrado por uma burocracia;
2. concepção do homem como cidadão;
3. formas de representação política;
4. criação de um excedente econômico;
5. economia monetarizada, acompanhada pelas instituições do crédito, do direito comercial, dos tratados comerciais e de leis regendo os contratos internacionais;
6. exército permanente, equipado com avançada tecnologia militar;
7. estratificação social segundo linhas funcionais, compreendendo classes de agricultores, artesãos, mercadores, uma elite administrativa e uma casta sacerdotal;
8. conceito da natureza como sendo governada por leis racionais;

9. instituições para a aquisição, organização e disseminação do conhecimento;
10. desenvolvimento da escrita e das ciências básicas da matemática, geometria, astronomia, navegação, arquitetura, engenharia e habilidades altamente desenvolvidas na construção, metalurgia, cerâmica, tecelagem, escultura e pintura (Drucker, 1979; Mann, 1986.)

No século XX têm ocorrido inúmeras reinterpretações desse tipo. Para usarmos o exemplo da Suméria, estudiosos (Diakonoff, 1974; Jacobsen, 1976; Kramer, 1963; Oppenheim, 1969) apontam hoje em dia que cidades-estados como as de Lagash eram administradas por burocracias paralelas, religiosas e palacianas, cujos agentes exigiam a mútua ratificação de assinaturas nos carregamentos que entravam e saíam dos celeiros do estado, por exemplo (Oppenheim, 1969, p.7ss). As terras consideráveis da cidade compreendiam os complexos do palácio e do templo assim como seus bens; as propriedades da nobreza e as terras dos plebeus eram organizadas em "clãs patriarcais e comunidades municipais", cuja propriedade podia ser comprada e vendida por representantes escolhidos pela família em transações para as quais, por volta de 2400 a.C. já dispomos de indícios documentais (Kramer, 1963, p.75-7). Correspondendo a essas hoje clássicas divisões da propriedade, havia uma divisão surpreendentemente convencional do poder político. Por volta de 2300 a.C., existem indícios de uma assembléia bicameral, em Lagash, sendo a câmara alta controlada pela nobreza e a inferior, restrita aos plebeus, com o acesso garantido por meio de qualificações de base fundiária. As magistraturas, nomeadas em base anual, cumpriam um rodízio entre uma elite isonômica constituída pelas classes judiciária, administrativa e mercantil (Oppenheim, 1969). Lagash tem a honra de registrar em seus anais o primeiro uso conhecido da palavra "liberdade" (Kramer, 1963, p.79), celebrada no documento da reforma de Urukagina, de c.2350 a.C., em termos espantosamente reminiscentes da *seisachtheia* de Solon, quase 1.800 anos depois. Liberdade significava precisamente a proteção contra espoliações por parte do coletor de impostos do palácio, bem como a reparação de abusos administrativos por parte da "burocracia ubíqua e detestável" do templo, e Urukagina (como mais tarde Solon) prometeu libertar os que estivessem presos por dívidas.

Alguns dos melhores indícios de que dispomos do governo exercido por uma burocracia impessoal são exibidos por um sítio arqueológico trimilenar, o de Ebla, na Mesopotâmia, na forma de aproximadamente 20 mil tabuinhas de barro. Cidade próspera com cerca de 260 mil habitantes, Ebla era governada por um rei, um conselho de anciãos e cerca de 11.700 burocratas, cujos livros-razão, diários e inventários respondem por aproximadamente 13 mil tabuinhas de barro (Bermant e Weitzman, 1979; Matthiae, 1980). Outros indícios de uma supremacia da lei (ver também LEI) administrada burocraticamente vão ser encontrados nos dispositivos de uma série de codificações do direito consuetudinário da região, desde o Código de Ur-Namu, de 2050 a.C., até e inclusive o famoso Código de Hamurábi. O Código de Ur-Namu defendia os direitos de órfãos, viúvas e pequenos proprietários de terras contra os poderosos "tomadores de propriedades". Promovia a regulamentação do mercado, através da introdução de pesos e medidas padrão, instituindo uma tabela de multas por infrações das leis de amparo ao comércio, em harmonia com outros códigos da região, incluindo o hitita. As atas dos tribunais relativas a esse período registram litígios com respeito a "contratos de casamento, divórcios, herança, escravos, aluguel de barcos, reivindicações de todos os tipos, cauções e hipotecas, e questões variadas, tais como investigações para a informação de processos, intimações, furto, danos à propriedade e malversação no exercício do cargo" (Kramer, 1963, p.84-5).

Também no antigo Egito, embora fosse talvez uma sociedade menos litigiosa, as transações envolvendo propriedades eram uma questão carregada de documentos, com inventários incluindo cada documento ligado a determinada propriedade (Lloyd, 1983, p.314; Pestman, 1983). O antigo Egito é geralmente descrito como o estado centralizado arquetípico, com base, de acordo com a teoria marxista do "modo de produção asiático" ou teorias posteriores sobre o "despotismo oriental", por exemplo, no controle da água. Mas, ao contrário dessas pressuposições, o antigo Egito, no início de sua história também se caracterizou por um desenvolvimento independente da cidade (Bietak, 1979; Triegger, 1983, p.40, 48), sistemas de patrocínio privado e da nobreza (Kemp, 1983, p.83-5) e um alto nível de individualismo, como fica atestado pelas assinaturas pessoais de artistas já em obras tão antigas quanto as pirâmides de Gizé (Drucker, 1979, p.44).

Não é necessário relacionar em detalhes as realizações tecnológicas da Mesopotâmia e do Egito antigos. Vale a pena destacar, no entanto, que cada um dos exemplos que Max Weber oferece em seu prefácio a *A ética protestante e o espírito do capitalismo* (1904-5), para demonstrar a superioridade administrativa, científica e técnica do Ocidente sobre o Oriente, é errado. A pressuposição do desenvolvimento ocidental e do subdesenvolvimento oriental é tão onipresente que um pensador que passou boa parte da vida escrevendo a respeito de sistemas orientais não sentiu a menor necessidade de conferir os fatos. Ele alega que à astronomia babilônica faltava base matemática, deixando de mencionar também a invenção da geometria como sendo egípcia (cf. King, 1978, 1980). Afirma que às tradições jurídicas do Oriente faltavam a qualidade sistemática do direito romano e canônico — enquanto que, na verdade, o direito romano deriva dos estatutos das províncias orientais, codificados por dois jurisconsultos orientais, Papiniano e Ulpiano, da escola de direito de Beirute (cf. Cumont, 1911; Driver e Miles, 1952-5). Weber (1904-5) afirma ainda que, "embora a base técnica de nossa arquitetura tenha vindo do Oriente (...) ao Oriente faltava a solução para os problemas da abóbada" — muito ao contrário, o Oriente forneceu a solução não só para o problema da abóbada, mas também do arco. Sobre o tema da compilação e disseminação do conhecimento, Weber afirma que as universidades ocidentais são superiores às da China e do islã, "superficialmente semelhantes", mas a elas faltando "o exercício racional, sistemático e especializado das ciências, com pessoal treinado e especializado" — ele deixa de destacar que universidades islâmicas, como a de al-Ajar, eram mais antigas que as do Ocidente, que tampouco começaram a vida como institutos científicos. Indícios da existência em tempos remotos de escolas de medicina e de direito nas quais as mulheres também eram admitidas datam na verdade do sítio arqueológico trimilenar de Ebla, que também fornece listas de metais preciosos, minerais e outras informações científicas (Bermant e Weitzman, 1979, p.153-5). Weber continua alegando — o que é surpreendente, uma vez que se trata de seu assunto especial — que é uma realização do Ocidente dotar as suas burocracias de uma *organização* de funcionários especialmente treinados. Mais surpreendente ainda é sua afirmação de que a organização do trabalho baseada na liberdade de contrato é um triunfo do Ocidente. Mas estipulações com respeito à liberdade de contrato podem ser encontradas nos mais antigos códigos mesopotâmicos conhecidos — no Código de Hamurábi, por exemplo —, incluindo um extenso tratamento dos contratos de trabalho tanto agrícolas quanto comerciais, no que diz respeito a taxas de salário, delitos e responsabilidades envolvendo gado, agricultores, implementos agrícolas, pastores e carroças, bem como mão-de-obra e salários sazonais, ao lado de taxas de salário para artesãos (Driver e Miles, 1962-5).

Se a divisão e a especialização do trabalho são índices do nível de desenvolvimento de civilizações, as sociedades pré-modernas tiram notas altas, com a Roma antiga registrando cerca de 150 corporações profissionais, o Cairo medieval umas 265 ocupações manuais, 90 tipos de especializações bancárias e comerciais, e por volta do mesmo números de diferentes "profissionais, funcionários, funcionários religiosos e educadores" (Goitein, 1967, p.99). Em 1801 o Cairo tinha 278 corporações profissionais e em 1901 Damasco registrava 435 ocupações reconhecidas.

Essas provas colocam em questão os pressupostos evolucionistas e desenvolvimentistas a respeito do PROGRESSO econômico e da seqüência de modos de produção subjacente aos esquemas macro-históricos dos séculos XIX e XX, incluindo os de Marx e Weber.

O interesse pelo fenômeno da civilização e sua dinâmica não se limita ao Ocidente e, na verdade, o primeiro grande analista pré-moderno, Ibn Khaldun (1332-1406), descreveu não apenas os ciclos de vida endogâmicos das civilizações, mas também a fecundação exogâmica cruzada das culturas nômades do deserto e das civilizações sedentárias das antigas cidades. O estudo da cidade e de toda a série de características que associamos ao URBANISMO — povoamento concentrado; diferenciação interna em bairros correspondentes às divisões das profissões; divisão especializada do trabalho; funções como centros industriais e de mercado; funções religiosas e de defesa — surgiu no século XX como um dos grandes temas da investigação sociológica e histórica, com a obra dos franceses Henri Pirenne, Henri Lefebvre, Gabriel Bae e Fernand Braudel. A relação entre a civilização e os costumes e a corte, para tomarmos uma linha diferente, foi o tema de um estudo fascinante de Norbert Elias (1939).

Leitura sugerida: Braudel, Fernand 1967 (*1979*): *Civilization matérielle, économie et capitalisme*, vol.2 • Elias, Norbert 1939 (*1978-82*): *The Civilizing Process*, 2 vols. Vol.1: *The History of Manners*; vol.2: *Power and Civility* • Mann, M. 1986: *Sources of Social Player*, vol.1: *A History of Power from the Beginning to AD 1760* • Oppenheim, Adolf L. 1969: "Mesopotamia: land of many cities". In *Middle Eastern Cities: A Symposium on Ancient Islamic and Contemporary Middle Eastern Urbanism*, org. por Ira M. Lapidus • Trigger, Brian J. 1983: "The rise of Egyptian civilization". In *Ancient Egypt: a Social History*, org. por B.J. Trigger e B. Kemp • Weber, Max 1921-2: *Economy and Society: An Outline of Interpretative Sociology*, cap."The city".

PATRICIA SPRINGBORG

classe Em seu sentido social, a palavra indica grupos amplos, entre os quais a distribuição desigual de bens econômicos e/ou a divisão preferencial de prerrogativas políticas e/ou a diferenciação discriminatória de valores culturais resultam respectivamente da exploração econômica, da opressão política e da dominação cultural. Tudo isso, potencialmente, leva ao conflito social pelo controle de recursos escassos. Na tradição do pensamento social, classe social é um conceito genérico utilizado no estudo da dinâmica do sistema social, enfatizando mais o aspecto de *relação* do que o de *distribuição* da estrutura social. Nesse sentido, as classes são consideradas não apenas como agregados de indivíduos, mas como *grupos sociais* reais, com sua própria história e lugar identificável na organização da sociedade. Não obstante, a idéia de que as classes sociais podem ser equiparadas a agregados de indivíduos determinados por nível semelhante de educação, renda ou outras características de desigualdade social ainda persiste, e leva à confusão desse conceito com o de ESTRATIFICAÇÃO SOCIAL. Portanto, os sentidos ligados à expressão classe social variam e se referem a tipos diferentes de ESTRUTURAÇÃO da sociedade. Na sociologia teórica e histórica surgem vários tipos de estruturação em discussões substantivas sobre classes econômicas, classes políticas e classes culturais.

Classes econômicas

Em sua teoria geral da evolução da sociedade, Karl Marx destacou pares de classes antagônicas específicas de cada período: escravos e senhores nas sociedades antigas, servos e senhores feudais no feudalismo, capitalistas e operários no capitalismo. Ele elaborou em detalhes o conceito de EXPLORAÇÃO econômica dos operários pelos capitalistas, expresso em termos de extração de mais-valia. Em seu ponto de vista, as relações de exploração econômica formam a base da "superestrutura" da sociedade, a saber, ordem política e ordem ideológica: "O poder executivo do estado moderno não passa de um comitê para gerenciar os assuntos comuns de toda a burguesia". A IDEOLOGIA dominante na sociedade capitalista justifica e sanciona a totalidade das relações sociais que surgiram sobre o fundamento da exploração econômica e é funcional no sentido de reproduzi-las. Marx acreditava que as classes são conjuntos de indivíduos que, ao adquirirem a consciência de uma posição social comum e de um destino comum, se transformam em agrupamentos sociais reais, ativos no cenário político. Ele esperava que a exploração econômica levasse os operários à revolução política, derrubando a sociedade capitalista e limpando o terreno para uma sociedade nova e socialista, sem classes.

Max Weber apontou uma distinção, pelo menos analiticamente, entre duas ordens distintas de classes econômicas: classes de proprietários e classes comerciais. Na primeira, os proprietários e os que vivem de rendas são a "classe positivamente privilegiada" e os devedores — pessoas *déclassées* e sem propriedades, em geral — são a "classe negativamente privilegiada". Na segunda, os industriais pertencem à classe positivamente privilegiada, enquanto os operários pertencem à classe negativamente privilegiada. Weber assumiu que o sistema econômico capitalista representa o pano de fundo mais favorável para a existência de "classes comerciais". Ele define a "condição de classe" de um indivíduo como determinada pelas oportunidades de vender bens e habilidades profissionais. Apesar de não o declarar de forma explícita, sua abordagem da estruturação das classes comerciais permite aos investigadores elaborar várias agregações de indivíduos em grupos com as mesmas oportunidades. Nesse sentido, as fronteiras ente eles parecem arbitrárias.

As idéias gerais de Marx e de Weber têm sido continuamente refinadas, ampliadas e modificadas. Bottomore (1965) apontou a validade duradoura das premissas fundamentais da teoria de classes marxista, enquanto Dahrendorf (1957) postulou sua revisão crítica. Roemer (1982) propôs uma ampliação do conceito marxista de exploração econômica, a qual foi utilizada por Wright (1985) para construir um novo sistema de classes na sociedade capitalista. Poulantzas (1974) e Wesolowski (1966) apresentaram teorias integradas de "dominação de classe". Giddens (1973) e Parkin (1979) propuseram várias elaborações e ampliações da abordagem das classes por Weber; Lockwood (1958), Goldthorpe (1980) e Runciman (1972) realizaram pesquisas empíricas informadas por idéias de Weber.

Classes políticas

Gaetano Mosca (1896) formulou uma teoria das classes "governantes" e "governadas", como grupos que surgem em qualquer sociedade que atinja um nível acima do primitivo. A distribuição desigual de prerrogativas do poder é uma exigência funcional e uma necessidade estrutural. A existência do estado leva à existência da classe governante. Essa classe compõe-se de todos os que desempenham um papel importante na política e preenchem funções de estado. As pessoas que efetivamente governam vêm de um meio, em cada período histórico, que dispõe dos recursos adequados à aquisição dos conhecimentos necessários para governar. Mosca admitia que, em sua sociedade, a riqueza era essencial para uma carreira política.

Normalmente, além da classe dominante, existe um segundo segmento da sociedade, "inferior", do qual depende um domínio eficiente. Esse segmento pode ser uma classe média ou uma BUROCRACIA. Além disso, dentro de uma estrutura política moderna surgem diversas "forças sociais". Mosca escreve que o segmento militar deseja governar, tal como os intelectuais, os advogados, os professores, os empresários e os operários. Ele expressa a opinião de que um bom governo deveria incorporar a todos no processo de governar.

Em paralelo com Mosca, Pareto (1916-19) apresentou seu conceito de "elite", que pode ser interpretado em termos de classe. Segundo ele, a "elite governante" compõe-se dos que se demonstraram mais capacitados a governar — isto é, a tomar o poder e conservá-lo. A "circulação" das elites governantes é um processo de mudança da composição das classes políticas, ou pela força ou pela infiltração e cooptação pacíficas (ver ELITES, TEORIA DAS).

O conceito de classe dominante aparece com menos freqüência nas discussões sobre as sociedades ocidentais contemporâneas, com seus sistemas políticos democráticos, do que nas discussões sobre sociedades contemporâneas sob um poder autoritário. No primeiro caso, o conceito aparece nas teorias sobre novas tendências no desenvolvimento da sociedade e novos grupos estratégicos considerados como os agentes dessas tendências. Nessas teorias, espera-se que novas classes venham a privar o sistema democrático de suas funções reais, assumindo a liderança e controlando a sociedade. Essas classes podem ser compostas de administradores (Burnham, 1941; Gurvitch, 1949), burocratas governamentais (Geiger, 1949) ou certos profissionais — como organizadores, planejadores, cientistas — que venham a formar alianças com políticos e empresários no velho estilo (Bell, 1974).

As teorias sobre governo totalitário e ex-totalitário na antiga União Soviética e na Europa Oriental (cf. TOTALITARISMO) invocam o conceito de classe dominante em relação aos líderes principais do Partido Comunista e a altos funcionários do governo, que eram indicados para seu cargos pelo partido e detinham um poder monopolista, ilimitado e arbitrário (Djilas, 1957; Hegedüs, 1976). Uma vez que tanto o partido quanto o governo eram organizados de acordo com princípios burocráticos, esse domínio pode ser chamado de domínio burocrático de partido único. No sistema totalitário, a estrutura de poder controla e dirige as instituições econômicas e culturais. Muitos autores afirmam que o controle burocrático e administrativo dos processos econômicos serve de instrumento para a exploração dos operários pelos dirigentes políticos.

Classes culturais

Jan Waclae Machajski (1904) delineou uma teoria da sociedade do futuro na qual a "classe culta" ou "*intelligentsia*" da sociedade burguesa dá origem a uma nova classe que domina os trabalhadores manuais. Escrevendo de uma perspectiva anarquista, ele disse que a eliminação dos capitalistas não é suficiente para mudar a sociedade. Lendo *O capital*, de Marx (1867, 1885, 1894), ele descobre a tese de que o trabalho mais especializado, e que portanto exige mais estudo, deveria ser mais bem pago do que o trabalho que exige menos estudo. Machajski enfatiza que os programas marxista e social-democrático para a futura sociedade socialista implicam a sobrevivência da desigualdade educacional e, conseqüentemente da desigualdade econômica.

Max Weber influenciou indiretamente a formação do conceito de classe cultural. Ele propôs que investigássemos os "grupos de *status*" que tenham desenvolvido um estilo de vida específico. Alguns grupos de status evidentemente não se caracterizam como fenômenos de classe, mas outros sim, surgindo a partir de uma base de situação econômica ou situação comum dentro da estrutura de poder, ou ambas (como os senhores feudais): "Os grupos de status são geralmente criados por classes de proprietários". Dos textos de Weber é possível inferir que as classes sociais demonstram uma afinidade com os grupos de status, pois ambos desenvolvem sua própria cultura ou estilo de vida. Weber considerava a burguesia das cidades modernas que iam surgindo como uma "classe social" e lhe atribuía três características: propriedade, direitos de cidadão e "cultura". Na perspectiva weberiana, a cultura pode ser vista como uma força ativa e de integração nos processos de formação de classes.

Alvin Gouldner (1979), inspirado diretamente por Machajski, formulou uma teoria segundo a qual a "nova classe" de intelectuais humanistas e da *intelligentsia* técnica, a classe dos detentores do conhecimento, está a caminho do domínio social. Os membros da nova classe são proprietários de "capital cultural", que existe basicamente na forma de educação mais elevada. Começaram a substituir a "velha classe endinheirada" no processo de desenvolvimento social, bem como no funcionamento do sistema de sociedade pós-industrial. De acordo com Gouldner, o futuro pertence a eles, e não à "classe operária", como supôs Marx. Os membros dessa nova classe defenderão seus próprios interesses materiais e não-materiais — maior renda e prestígio para os que detêm conhecimento —, mas, simultaneamente, representarão e promoverão os interesses da sociedade como um todo em um nível muito mais alto do que qualquer outra classe até então conhecida na história. A nova classe subverte a hierarquia do tipo antigo e promove a cultura do discurso crítico, mas ao mesmo tempo introduz uma nova hierarquia social de conhecimento. Uma vez que é ao mesmo tempo emancipadora e elitista, diz ele, trata-se de uma "classe universal imperfeita".

Abordagem integradora versus *abordagem analítica*

Classes econômicas, classes políticas e classes culturais podem ser concebidas como ordens de classe distintas ou como uma ordem integrada compreendendo três aspectos. Se um teórico encara a estrutura de classes como uma ordem integrada, então o problema importante para ele é saber como os três aspectos produzem um todo integrado. Marx propôs a cadeia causal a partir da base, isto é, das relações econômicas até a "superestrutura" das relações políticas e ideológicas. Assim, a classe econômica produz outros aspectos de classe. Ele não ignorou a influência sobre a base do *feedback* dos aspectos político e cultural. Não obstante, a estrutura econômica, "em última instância", determina todos os aspectos de classe (ver DETERMINISMO).

Mosca parece menos preocupado com as relações causais entre os três aspectos de classe do que com o problema do significado do aspecto de poder para a totalidade das relações sociais. A divisão em governantes e governados é o fenômeno crítico em todas as sociedades civilizadas, não-primitivas e diferenciadas. Portanto, ela explica mais sobre o sistema global de sociedade. Entre as abordagens contemporâneas, Lenski (1966) segue a tradição de Mosca, apesar de não ignorar Marx. Para Lenski, existem duas formas principais de poder: o poder político e o poder da propriedade. O que ele enfatiza é que em toda a história da civilização o poder político exerce uma influência formativa no sistema distributivo, isto é, na distribuição de prestígio e privilégios econômicos.

Bourdieu (1987; Bourdieu e Passeron, 1970) visa uma abordagem integradora ao sugerir a multicausalidade e as interações na informação do "poder social" como a característica globalizada de classe. Esse poder é uma trajetória do capital financeiro, cultural e social possuído pelos indivíduos. A interação entre essas três formas não é predeterminada por nenhum valor petrificado de cada capital, nem por nenhuma relação estável entre formas de capital. Recentemente ele elaborou o conceito de "capital simbólico", que integra todos os outros capitais e reforça o poder social da classe dominante no cenário público.

A abordagem analítica enfatiza a autonomia da classe econômica, da classe política e da classe cultural. A premissa sobre a qual se baseia essa abordagem é a de que existem esferas autônomas da vida —economia, política e cultura — dentro das quais os grupos emergentes não se sobrepõem. Afirma-se também que uma abordagem analítica é mais adequada do que a integradora para o estudo da sociedade moderna, em contraste com a pré-moderna. Essa abordagem tem suas raízes nas idéias de Weber, apesar de as sugestões de Sorokin (1927) sobre canais autônomos de mobilidade social também terem exercido algum impacto sobre sua formulação. Entre os autores contemporâneos, Lipset e Zetterberg (1966) defenderam essa abordagem e propuseram o estudo separado de classe consumidora, classe social e classe de poder. Essa abordagem, porém, e também a abordagem analítica foram criticadas e seu conceito de classe contestado com bases teóricas (Calvert, 1982).

Classe social na sociologia empírica

O "paradigma de classe" é uma das abordagens mais bem-estabelecidas para a análise de dados sobre estrutura social. Dentro desse paradigma, a pesquisa concentra-se em detectar diferenças entre classes sociais com relação a: (a) a quota, de cada uma, de bens distribuídos desigualmente; (b) as atitudes e opiniões variadas; (c) o comportamento político e as ações de grupos comuns; e (d) os padrões de mobilidade social. Na prática da pesquisa, os esquemas de classe baseados em grupos de critérios envolvendo controles sobre os meios de produção e a força de trabalho são tratados como variáveis explicativas independentes. O paradigma de classe demonstra a sua utilidade se uma aplicação de um esquema de classe a uma população em particular leva à conclusão de que as diferenças *inter*classes com relação a variáveis especificadas são significativamente maiores do que as diferenças *intra*classes.

Se classe social e estratificação social são consideradas categorizações autônomas da estrutura social, uma das questões empíricas é o grau da sua interdependência. As classes sociais seriam organizadas de forma consistente com respeito à instrução formal, ao nível profissional e à renda total de seus membros? Estatísticas descritivas de vários países demonstram a validade do argumento dos teóricos de classe de que, embora classe social e estratificação social tenham muito em comum, estão *longe de ser idênticas*. Nos países industrializados do Ocidente, a ligação da classe social dos indivíduos com os componentes de sua posição de estratificação social — instrução, profissão e renda — é forte, ainda que deixando um espaço substancial para determinantes de desigualdades sociais extraclasse. Além disso, a ordenação das classes sociais em dimensões variadas de desigualdade social não é a mesma. Os detentores dos meios de produção estão com toda a certeza no topo da dimensão econômica, enquanto os intelectuais se situam em posição mais elevada na dimensão cultural. No meio da hierarquia, funcionários de colarinho branco geralmente obtêm mais prestígio de seus empregos do que os produtores de pequenos bens. Esses tipos de mudanças de categoria confirmam que as classes sociais representam *categorias discretas*, em vez de categorias consistentemente organizadas ao longo de um *continuum* de estratificação multidimensional (Wright, 1978 e 1985).

O interesse pela consciência social das classes deriva da tradicional diferenciação marxista entre *Klasse an sich* (classe em si mesma, isto é, sem uma consciência comum) e *Klasse für sich* (classe para si mesma, isto é, com uma consciência comum). Durante muitos anos se observou que os membros das classes privilegiadas tendem a ter a mente mais aberta, maior flexibilidade intelectual e maior autodirecionamento em seus valores do que os membros das classes espoliadas. As diferenças de classes são substanciais não apenas com respeito ao conteúdo das questões econômicas e políticas, mas também com relação aos meios com os quais as pessoas pensam, em termos de nível de abstração. Kohn (1969; Kohn et al, 1900) apresentou a hipótese de que essas diferenças de classes podiam ser atribuídas às condições de vida, especificamente na situação de trabalho. Os que se encontram localizados com mais vantagem na estrutura de classe têm maiores oportunidades de exercer o autodirecionamento profissional; sua experiência na situação de trabalho generaliza-se para outros campos de suas vidas, incluindo o funcionamento psicológico. Essencialmente, as diferenças de classe no funcionamento psicológico são explicadas pelo mecanismo de generalização do aprendizado. Deve-se observar, no entanto, que essa interpretação, apesar de psicológica na sua essência, está longe de uma chamada "interpretação subjetiva das classes". Nesse último caso, a pressuposição de que pessoas em circunstâncias semelhantes desenvolvem um senso semelhante da realidade leva ao conceito de classes sociais "como grupamentos de base psicológica ou subjetiva, definidos pela fidelidade de seus membros" (Centers, 1949, p.210). No caso anterior, as variáveis psicológicas são tratadas apenas como *correlatas das classes*. No entanto, independentemente da interpretação, as diferenças na "psicologia de classe" sustentam as diferenças no "comportamento de classe" e no comportamento político em particular.

A relação entre classe social e comportamento político concentra-se em interesses de classe diferenciados, definidos com respeito à situação material. Na prática, os partidos políticos das democracias ocidentais apelam a certos segmentos da sociedade e buscam o seu apoio. Estudos do comportamento eleitoral encontram rotineiramente uma correlação entre a posição dos eleitores em termos de classe social e o partido no qual tipicamente votam. Pessoas que pertencem às classes proprietárias e gerenciais têm mais probabilidades de votar num partido que defende a proteção dos interesses empresariais e menos legislação visando o bem-estar do que pessoas pertencentes à classe operária. Historicamente, os partidos políticos passaram a representar coalizões específicas de interesses de classe. Não obstante, existem alguns indícios de que nas democracias ocidentais o voto classista se reduziu substancialmente nas últimas décadas (Franklin, 1985).

Greves e revoltas, evidentemente, têm maior base de classe do que o comportamento eleitoral tanto nos países industrializados do Ocidente quanto nos países não-socialistas e em desenvolvimento. Nos países da Europa Oriental, alguns aspectos das revoltas políticas de 1953 (Alemanha Oriental), 1956 (Hungria e Polônia), 1968 (Tchecoslováquia), 1970 e 1980 (Polônia) e as de 1989 podem ser interpretadas em termos de *conflitos de classe* não somente entre os economicamente espoliados e os economicamente privilegiados, mas também entre governados e governantes. Uma vez que nesses países o poder econômico e o poder político se confundem em grande medida, os conflitos de classe tornaram-se muito generalizados e envolveram questões que iam desde reivindicações salariais até a liberdade de expressão (Touraine et al., 1982; Staniszkis, 1981). Em sua formulação extrema, os conflitos de classe nesses países foram descritos como ocorrendo entre "proprietários" (os que decidem sobre o uso dos meios de produção), governantes (os que controlam os meios de administração e coerção) e ideólogos (os que controlam os meios de interpretação e inculcação de valores), de um lado, e as massas, do outro. Por causa desses conflitos de classes generalizados, Nowak (1983) chama o socialismo de *formação supra-classe*.

Do ponto de vista teórico, o grau de MOBILIDADE SOCIAL entre as gerações é de importância crucial para formação de classe, uma vez que influencia tanto a composição das classes quanto a continuidade ou a mudança da experiência de vida. Por esses motivos, entre os neomarxistas (Westergaard e Resler, 1975; Bottomore, 1965) e os neoweberianos (Parkin, 1979; Giddens, 1973) realizaram-se sérios esforços para dar à idéia de mobilidade um papel importante na teoria de classe. Goldthorpe e seus companheiros (1980) examinaram e rejeitaram parcialmente três teses com respeito à mobilidade de classe: (1) a tese do fechamento, segundo a qual, a fim de manter sua posição vantajosa na estrutura social, as classes privilegiadas utilizam estratégias de fechamento/exclusão social contra as classes inferiores; (2) a tese da zona-tampão, propondo a divisão entre profissões manuais e não-manuais como linha divisória fundamental dentro da estrutura de classe; e (3) a tese do contrabalanceamento, a qual afirma que a mobilidade na vida profissional — em comparação com origem social — está se tornando menos provável porque o acesso às posições medianas e mais elevadas depende cada vez mais de instrução formal e cada vez menos de treinamento no trabalho. A crítica a essas teses teoricamente avançadas levou os sociólogos a buscar padrões complexos de mobilidade de classe com base em dados de vários países. Descobriram que o padrão de mobilidade de classe é essencialmente o mesmo em todos os países industrializados do Ocidente. Além disso, o padrão de endogamia de classe — isto é, o grau em que as pessoas tendem a escolher cônjuges em classes sociais semelhantes à sua própria — mostra pouca variação de país para país. A mobilidade de classe e a endogamia de classe — bem como os entrecruzamentos de amizades — revelam o mesmo padrão de barreiras de classe nas dimensões econômica, política e cultural da estrutura social.

Leitura sugerida: Bottomore, T.B. 1965 *(1991)*: *Classes in Modern Society* • Calvert, P. 1982: *The Concept of Class* • Giddens, A. 1973: *The Class Structure of the Advanced Societies* • Marshall, G. et al. 1988: *Social Class in Modern Britain* • Ossowski, S. 1957 *(1963)*: *Class Structure in the Social Consciousness* • Wright, E.O. 1985: *Classes.*

WLODZIMIERZ WESOLOWSKI
e KAZIMIERZ M. SLOMCZYNSKI

classe média Há muito existe uma série de controvérsias sobre o lugar da classe média no sistema geral de classes das sociedades industriais avançadas. Essas controvérsias incluem saber se existe uma classe média ou várias; se tal CLASSE (ou classes) se encontra, em algum sentido, no "meio" da sociedade; se a posição da(s) classe(s) vem sendo mudada através de um processo de "proletarização"; e se essa(s) classe(s) desenvolverá(ão) formas de política e de consciência alinhadas com a CLASSE OPERÁRIA, ou com a classe capitalista, ou se será(ão) relativamente independente(s) de ambas.

A expressão "classe média" parece ter sido usada pela primeira vez pelo reverendo Thomas Gisborne, em 1785, para se referir à classe empresarial e proprietária (*middle class*) localizada entre senhores de terras, por um lado, e trabalhadores agrícolas e urbanos, por outro. Essa utilização permaneceu corrente durante o século XIX, mas neste século a expressão "classe média" passou a se referir a "profissões de colarinho branco". Estas incluem desde os profissionais liberais, como médicos, contadores, advogados, acadêmicos e assim por diante, a pessoas ocupando empregos relativamente rotineiros e menos especializados. Às vezes classe média é interpretada como se referindo a todos aqueles envolvidos com trabalhos "não-manuais". Em outras ocasiões, os donos de fábricas e os que trabalham por conta própria são excluídos.

Qualquer que seja a definição usada, não há dúvida de que esses grupos têm crescido em números absolutos e também como proporção da população empregada em todos os países importantes do Ocidente. Na Grã-Bretanha, por exemplo, a proporção de empregados não-manuais cresceu de 19%, em 1911 para 47% em 1981. Esse aumento foi particularmente marcante entre as mulheres. Em 1981 aproximadamente 3/5 das mulheres trabalhadoras, mas somente cerca de 2/5 dos homens, tinham empregos não-manuais. Não obstante, existem nítidas diferenças na composição por sexo dos diferentes serviços não-manuais. A maioria dos profissionais liberais é masculina e a maioria dos trabalhadores de colarinho branco de nível mais baixo é feminina.

Há muitas teorias que tentam enquadrar essa classe ou classes dentro do sistema geral de classe das sociedades capitalistas avançadas. Podem dividir-se entre teorias marxistas e teorias weberianas. Nas primeiras, afirma-se que são as relações de *produção* que geram diferentes classes sociais, enquanto que na última se sustenta que as classes são produzidas através dos diferentes meios com os quais as recompensas por trabalhos distintos são adquiridas e distribuídas através do *mercado.*

Os pontos de vista do próprio Marx eram contraditórios. Por um lado, ele afirmava que haveria uma crescente polarização entre os "dois grandes campos hostis" das classes burguesa e operária. Em resultado, as classes médias seriam espremidas e forçadas a entrar para um ou outro dos campos hostis (ver também BURGUESIA). Por outro lado, Marx sustentava que a classe média na verdade iria crescer em tamanho, à medida que uma proporção menor da força de trabalho precisasse desempenhar um papel direto na produção de bens materiais — em particular, haveria um aumento de importância dos "trabalhadores assalariados comerciais".

Muitos marxistas têm afirmado, no entanto, que esses trabalhadores de escritório são um grupo fundamentalmente instável. De fato, alguns autores têm sustentado não haver nenhuma *classe* média como tal, mas apenas um certo número de estratos intermediários. Em resultado da insegurança do emprego e da "desespecialização" de seu trabalho, com a ampliação e a mecanização do escritório, esses estratos iriam passar pela "proletarização" de sua posição de classe (Braverman, 1974). E afirma-se que, no decorrer do tempo, o estrato médio acabará por adotar formas proletárias de política e de consciência de classe, incluindo a organização sindical e o voto em partidos de esquerda.

Outros autores marxistas têm sustentado, em contraste, que não existe nenhum processo geral de proletarização. Poulantzas (1974), por exemplo, afirma que existe uma "nova pequena burguesia" substancial, determinada por estruturas não apenas econômicas, mas também políticas e ideológicas, e com uma posição de classe diferente tanto da do capital quanto da do trabalho. Johnson (1972) afirmou que certas profissões não serão proletarizadas se o seu poder residir em formas de conhecimento que não podem ser facilmente expressas e codificadas em termos técnicos. Nos Estados Unidos, Ehrenreich e Ehrenreich (1979) afirmam que existe uma nítida "classe profissional liberal-gerencial", baseada na posse de um diploma universitário, que funciona para reproduzir a cultura e as relações capitalistas. Essa nova classe deu origem a novas formas de política que rompem a política previamente estruturada entre capital e trabalho. Finalmente, Wright (1985) sustenta que nem todas as posições na divisão do trabalho devem ser encaradas de fato como posições de *classe* como tais — deveriam antes serem vistas como "posições de classe contraditórias".

Autores weberianos têm elaborado vários e diversos argumentos em parcial oposição a afirmações marxistas. Lockwood (1958), por exemplo, afirmou que os funcionários não estavam sendo proletarizados pois ocupavam uma situação de trabalho que ainda lhes dava um status superior em comparação com os trabalhadores manuais. Giddens (1973) sustentou que as teorias dicotômicas sobre classe social estavam destinadas ao fracasso por não serem capazes de reconhecer como a capacidade do mercado em proporcionar qualificações educacionais e técnicas gerava empregos de classe média que tinham considerável vantagem econômica sobre os trabalhos manuais. Outros autores afirmavam que não há uma entidade isolada chamada *a* classe média. Em vez disso, existe um fragmentado sistema de classe composto de vários grupos sociais, com diferentes imagens e concepções de como é esse sistema. De fato, afirma-se ainda que uma investigação das experiências de trabalho das pessoas, no decorrer de suas vidas, demonstra que existe uma enorme diversidade. Muitos funcionários do sexo masculino, por exemplo, não devem ser encarados como "proletarizados", pois passam pela experiência de subir na carreira e se tornam gerentes. São as funcionárias de colarinho branco que têm maior probabilidade de se encontrar em empregos proletarizantes, apesar de haver alguns indícios de que as jovens estão cada vez mais conseguindo as credenciais educativas necessárias para as promoções. Finalmente, parece de fato que muitos trabalhadores de colarinho branco estão dispostos a entrar para sindicatos profissionais que com freqüência assumem posições "proletárias" a respeito das questões discutidas. De fato, os trabalhadores de colarinho branco do setor público é que se mostraram mais militantes, nos anos 80, em muitos países europeus.

Em anos recentes, os pesquisadores têm enfatizado vários aspectos. Primeiro, a distinção entre as teorias marxista e weberiana tornou-se bem menos nítida nos anos 80. Isso porque, por um lado, os autores marxistas hoje analisam com muito mais detalhes as diferenças no mercado de trabalho, particularmente as que resultam de diferenças nas credenciais de instrução. E, por outro lado, os weberianos passaram a perceber que, por trás das diferenças de empregos no mercado de trabalho, há toda uma série de transformações estruturais da produção. Em particular, a internacionalização da produção significa que existem grandes diferenças no tamanho e importância relativos das classes médias entre sociedades diferentes, particularmente dependendo de onde se localizam as sedes das companhias principais.

Em segundo lugar, um exemplo dessa aproximação das abordagens marxista e weberiana pode ser visto na literatura recente sobre a "classe de serviços". Esse conceito foi desenvolvido pelo austromarxista Karl Renner, o qual afirmou que, à medida que o capitalismo amplia sua escala de operações, os capitalistas empregam cada vez mais pessoas para executar as funções que eles não podem mais desempenhar pessoalmente. Essa classe serve ao capital, diretamente, dentro de organizações capitalistas, ou indiretamente, nas profissões liberais e no estado. Goldthorpe (1980) desenvolveu esse conceito, tanto demonstrando suas origens relativamente heterogêneas quanto enfatizando a importância da carreira e da confiança para a classe de serviços. Mais recentemente, pesquisas realizadas na Grã-Bretanha têm indicado que estão sendo criados novos tipos de emprego para a classe de serviços, que não implicam uma vida inteira de trabalho dentro de uma única organização. O desenvolvimento de uma chamada cultura *yuppie* foi atribuído ao número crescente de pessoas que possuem habilidades profissionais liberais e gerenciais de alto nível, que lhes permite movimentarem-se *entre* as organizações.

Finalmente, tem-se afirmado com veemência que não existe um simples "proletariado", cujos interesses possam ser estabelecidos sem problemas e para o qual alguns setores da classe média possam estar migrando. O surgimento de uma política "proletária" depende de uma avaliação por parte dos operários sobre se tal política lhes traria algum benefício. Além disso, apontou-se que a sociedade contemporânea está sendo profundamente afetada pelo crescimento de uma poderosa classe de serviços que está alterando o perfil da vida social e política e afetando, em particular, o "proletariado" e sua capacidade de desenvolver suas formas próprias e características de política. Nas sociedades modernas, as pessoas não são todas "classe média", mas, à medida que a classe média se transforma, o mesmo ocorre com os efeitos profundos que ela exerce sobre todos os demais.

Leitura sugerida: Abercrombie, N. e Urry, J. 1983: *Capital, Labour and the Middle Classes* • Bourdieu, Pierre 1979: *La distinction* • Hyman, R. e Price, R., orgs. 1983: *The New Working Class? White Collar Workers and their Organizations: a Reader.*

JOHN URRY

classe operária Grupo social que compreende trabalhadores de minas, fábricas, transportes e tarefas correlatas, reunidos nas cidades industriais em rápido crescimento em função do desenvolvimento da produção capitalista no século XIX, e que se tornou uma força política de importância crescente, como fonte dos sindicatos, cooperativas e partidos políticos, inspirados por idéias socialistas (ver SOCIALISMO). No início do século XX partidos da classe operária já se haviam firmado por toda a Europa — onde alguns deles, em especial na Alemanha e na Áustria, já eram bastante grandes. E também, em escala menor, na América do Norte. Dessa época até os dias atuais, a política interna dos países europeus e, em um estágio posterior, a de outras sociedades têm sido dominada pelo conflito entre os partidos da classe operária e os que defendem o sistema econômico e a hierarquia social existentes. Isto é, entre partidos de "esquerda" e de "direita".

No decorrer deste século, porém, as condições de existência e a política da classe operária têm sofrido muitas mudanças. Já na década de 1890 a ampliação do sufrágio na Europa Ocidental, conseguida em grande parte por pressão da classe operária, tornou possível o surgimento de partidos socialistas parlamentares e a introdução de reformas sociais que gradualmente melhoraram as condições de vida dos operários, enquanto a crescente produtividade da indústria moderna elevou o padrão geral de vida e ao mesmo tempo tendeu a ampliar o âmbito da classe média, empregada em trabalhos de escritório, em ocupações técnicas e nas profissões liberais. Os partidos operários, dessa maneira, envolveram-se mais profundamente em questões específicas de reforma social, e surgiram fortes divergências sobre política "reformista" *versus* política "revolucionária" (ver REFORMISMO; REVISIONISMO). Na Europa Oriental, e especialmente na Rússia, onde o movimento da classe operária enfrentou um regime autocrático, com o agravante de se tratar de um país predominantemente camponês, prevaleceu a política mais nitidamente revolucionária. E essa divisão entre dois tipos de orientação política culminou, depois da Revolução Russa, em uma divisão formal ente partidos comunistas (bolcheviques) e partidos socialistas. Em contraste com a Europa, o movimento da classe operária nos Estados Unidos, depois da primeira década do século, quando o socialismo parecia ser uma força crescente, jamais conseguiu firmar um partido operário independente e bem caracterizado, de importância nacional, diante de várias influências concorrentes dentre as quais as mais freqüentemente apresentadas eram o padrão de vida relativamente alto, o estilo de vida democrático, as oportunidades de mobilidade social e a imigração em grande escala (Sombart, 1906; Laslett e Lipset, 1974).

A oposição entre partidos com base na classe chegou ao auge na depressão econômica dos anos 30. Embora essa oposição tenha sido agravada por antagonismos entre comunistas e socialistas, e não obstante muitas derrotas sofridas durante esse período, os partidos da classe operária ressurgiram depois de 1945 mais fortes do que nunca em termos de filiação e apoio eleitoral. Nas décadas que se seguiram, no entanto, mudanças econômicas e sociais modificaram profundamente a situação da classe operária. Seu tamanho reduziu-se relativamente ao da CLASSE MÉDIA. Sua situação econômica melhorou substancialmente em conseqüência de um crescimento econômico prolongado e a uma taxa excepcionalmente alta, do pleno emprego e de serviços sociais mais adequados nos novos "estados de bem-estar". Além disso, a expressão político-ideológica dos antagonismos de classe foi gradualmente se moderando. Alguns dos partidos europeus deixaram de se designar como partidos de classe, ou de enfatizar com muita veemência seus objetivos socialistas, concentrando-se, em vez disso, em seu compromisso com a ampliação do bem-estar social e com a redução, por vários meios, das desigualdades de riqueza e renda.

Um fator importante nessa situação foi a reação crítica da maioria dos partidos de classe operária à ditadura política na União Soviética, que se estendeu depois da guerra a outros países da Europa Oriental, e ao estabelecimento do que foi descrito como sociedades de "socialismo real". No decorrer dos anos 50 e 60 a repressão aos levantes populares contra esses regimes produziu internamente crises e crescentes movimentos de dissidência. Em outros países observou-se um declínio cada vez mais rápido dos partidos comunistas, culminando na transformação maciça do Leste europeu, no final dos anos 80, e no virtual desaparecimento do comunismo como orientação ideológica ou política de maior importância para a classe operária.

Nos países industriais avançados, a classe operária, conforme tradicionalmente concebida, não é mais o que Marx descreveu como a "imensa maioria", constituindo no máximo 50% da população. Alguns cientistas sociais têm afirmado que esses países estão se transformando, ou já se transformaram em grande medida, em sociedades de "classe média", nas quais surgem novos interesses e movimentos sociais e políticos — preocupados com questões de sexo, raça e meio ambiente —, que cada vez mais vão eclipsando as antigas divisões e conflitos. Contra esse ponto de vista, no entanto, afirma-se que ainda existe nos países capitalistas uma nítida estrutura de classes (ressurgindo no momento em alguns países do Leste europeu), que a classe operária continua a ser um amplo e importante elemento nessa estrutura, e que as divisões e conflitos de classe, por mais que tenham sido modificados em sua expressão, continuam a exercer uma influência preponderante nas doutrinas sociais e na ação política.

Ver também CLASSE.

Leitura sugerida: Bottomore, Tom 1965 *(1991)*: *Classes in Modern Society* • Goldthorpe, J. et al. 1969: *The Affluent Worker in the Class Structure* • Mallet, Serge 1963: *La nouvelle classe ouvrière* • Mann, M. 1973: *Consciousness and Action among the Western Working Class* • Thompson, E.P. 1963: *The Making of the English Working Class.*

TOM BOTTOMORE

coerção Sempre que um sujeito controla o comportamento de outro por meio da ameaça ou efetiva imposição de dor, dano ou perda intolerável, existe coerção. Um meio de compreender a coerção, portanto, é através da análise das ameaças.

Uma ameaça pode ser definida como a criação ou manutenção, por um sujeito (a "fonte"), de um incentivo negativo para que algum outro sujeito (o "alvo") se comporte tal como a fonte deseja. Conforme assinalou Schelling (1960), contra um alvo "racional", uma ameaça, para ter sucesso, precisa ser ao mesmo tempo adequada (as ameaçadas conseqüências da não-submissão precisam ser sérias o bastante para superar, para o alvo, a perspectiva de ganhos com ela) e verossímil (o alvo precisa ter bons motivos para acreditar que, no caso de não-submissão, as conseqüências ameaçadas irão seguir-se). A questão é ilustrada nas matrizes de teoria dos jogos (ver JOGOS, TEORIA DOS) constantes da ilustração deste verbete.

Em cada matriz, um jogador, X, escolhe entre as fileiras do Alto (A) e de Baixo (B), e o outro, Y, entre as colunas da Esquerda (E) e da Direita (D). Para cada "resultado" (combinação de escolhas), as recompensas de X estão no canto inferior esquerdo e as de Y, no alto à direita. A ordem de jogo é que primeiro X pode "ameaçar", depois Y deve escolher e, finalmente, X deve escolher. Presume-se que ambos os jogadores tenham pleno conhecimento dos fatos expostos na matriz.

Em G1, se Y puder ser induzido a escolher E, X pode ganhar três unidades escolhendo A. A ameaça de X de escolher B caso Y escolha D seria ao mesmo tempo adequada (uma vez que a recompensa de Y por BD é menor que por AE) e verossímil (uma vez que a recompensa de X por BD é maior do que por AD). Schelling chama isso de "advertência". Em G2, no entanto, apesar de a ameaça de X continuar sendo adequada (Y continua saindo-se melhor em AE do que em BD), sua credibilidade fica em dúvida, uma vez que X agora faria melhor não implementando (em AD) do que implementando (em BD).

Schelling aponta três expedientes através dos quais, numa situação G2, uma fonte pode ter a esperança de firmar a credibilidade de uma ameaça: colocando a implementação fora do seu controle (por exemplo, "ameaçar" ladrões com danos físicos, instalando um cão de guarda feroz); cultivando a fama de irresponsável ("a racionalidade da irracionalidade"), ou de sempre cumprir suas ameaças de qualquer maneira; e reduzindo sua própria recompensa pela não-implementação (neste caso a recompensa de X para AD de 1 para, digamos, -1), ou assumindo o compromisso jurídico de pagar uma soma a um terceiro, nesse caso, ou maximizando o descrédito resultante.

		Y: E (Esquerda)	Y: D (Direita)
X	A (Alto)	1 (AE) 3	3 (AD) 1
X	B (Baixo)	0 (BE) 2	0 (BD) 2

G1

		Y: E (Esquerda)	Y: D (Direita)
X	A (Alto)	1 (AE) 3	3 (AD) 1
X	B (Baixo)	0 (BE) 0	0 (BD) 0

G2

O preço dessa credibilidade, no entanto, é a rigidez. X agora tem menos capacidade de se ajustar a circunstâncias imprevistas. Na vida real, conforme destacou Lieberman (1964), uma ameaça pode ser ao mesmo tempo adequada e verossímil, e mesmo assim desaconselhada por dois tipos de motivos. Primeiro, os alvos de ameaças podem não conseguir reagir racionalmente, devido ao estresse, à falta de informação ou à incompetência burocrática, e ao fato de a coerção poder provocar ressentimentos ou tornar mais atraente o fruto proibido.

Em segundo lugar, se o poder pode ser encarado, como definiu Deutsch (1963, p.111), como "a possibilidade de se permitir não aprender", a coerção do ponto de vista da fonte é a recusa a aprender. Ao impor toda a carga de ajuste e de mudança de objetivos ao alvo, a fonte coerciva pode estar, com isso, negando-se uma informação que, por revelar como ela precisa ajustar suas metas ou programas de ação, pode em última análise ser essencial a sua sobrevivência. Assim, como conclui Gurr (1970), baseado em um importante estudo das rebeliões, os incrementos da VIOLÊNCIA política não são geralmente atribuíveis ao enfraquecimento do controle coercivo. Além disso, mesmo que a implacável repressão à dissidência evitasse a rebelião, um governo poderia com isso perder a legitimidade e, com ela, a capacidade de mobilizar o espírito comunitário de seus súditos.

De acordo com recentes estudos feitos por Robert Axerold (1984) e Michael Taylor (1987), com a aplicação da teoria dos jogos, a coerção pode não ser necessária para garantir a paz e manter um mínimo de cooperação entre os membros de um grupo social, mesmo presumindo-se que eles sejam, e continuem sendo, totalmente voltados para seus próprios interesses. Se esses estudos se confirmassem, o aparato coercivo doméstico em que praticamente todos os estados em alguma medida se apóiam poderia, em princípio, ser abolido.

Ver também PODER.

Leitura sugerida: Gurr, T.R. 1970: *Why Men Rebel* • Liebermann, E.J. 1964: "Threat and assurance in the conduct of conflict". In *International Conflict and Behavioural Science*, org. por R. Fisher • Pennock, J.R. e Chapman, J.W., orgs. 1972: *Coercion* • Schelling, T.C. 1960: *The Strategy of Conflict* • Taylor, M. 1987: *The Possibility of Cooperation*.

RODERICK C. OGLEY

cognição Ver CIÊNCIAS COGNITIVAS.

colonialismo Esta palavra veio a designar a ocupação, pela força e a longo prazo, por parte de um país metropolitano, de qualquer território fora da Europa (ou dos Estados Unidos).

A conquista territorial, inspirada por uma grande variedade de motivos, parece atravessar toda a história, onde quer que tenha havido povos acima de um nível mínimo de sofisticação. Mas foram os modernos europeus que levaram mais longe essa prática. Em meados do século XIX, a maior parte do Novo Mundo já se desvencilhara do seu domínio. Este, contudo, havia sido imposto a grande parte da Ásia: acima de tudo sobre a Índia, a maior de todas as colônias; e, em segundo lugar, sobre as Filipinas, pela Espanha, sobre a Indonésia, pela Holanda, e sobre a Sibéria, pela Rússia.

O período de 1870 a 1914 costuma ser chamado de "era do imperialismo". Nele a busca de colônias atingiu o clímax. Exemplo a destacar foi "a disputa ferrenha pela África", dentro das orientações ajustadas na Conferência de Berlim em 1884. Entre os antigos caçadores de tesouros, a Grã-Bretanha ocupou a Malásia e o que restou da Birmânia, além de grande parte da África. O entusiasmo pelo império atingiu o seu auge histérico na Guerra dos Bôeres, de 1899-1902. O poder da França expandiu-se no Norte da África e na Indochina. Expedições portuguesas forçavam para o interior seus antigos domínios coloniais nas costas de Angola e Moçambique. Entre os recém-chegados estavam a Alemanha, em atividade na África e no Pacífico, e a Itália, no Leste e Norte da África. A modernização japonesa foi acompanhada por uma emulação precoce do colonialismo ocidental: em 1894-5 a China foi derrotada e Taiwan, anexada. Os Estados Unidos, ampliados por guerras contínuas contra os ameríndios e pela tomada de amplos territórios ao México, em 1899 armaram uma disputa com a Espanha e entraram no cenário mundial anexando as Filipinas e Porto Rico, e transformando Cuba em protetorado.

A competição por colônias havia sido a causa de muitas guerras nos séculos XVII e XVIII, e começou mais uma vez a se intensificar de forma perigosa. Em 1904-5 o Japão derrotou a Rússia numa guerra pela Mandchúria. A tomada da Líbia pela Itália, em 1911, levou a uma guerra com a Turquia. Em 1914 a Primeira Guerra Mundial foi deflagrada, em parte devido a ambições coloniais. Ela proporcionou novas aquisições aos vencedores, que tomaram as possessões alemãs e turcas nominalmente como "mandatos" a serem supervisionados pela nova Liga das Nações. Nos anos 30 a Itália invadiu a Etiópia e o Japão, tendo ocupado a Mandchúria, lançou-se numa tentativa maciça de subjugar todo o resto da China.

Foram apresentadas inúmeras teorias, na época e posteriormente, buscando explicar por que as nações industrializadas buscavam colônias de forma tão febril. A mais famosa foi a proposta por Lenin durante a Primeira Guerra Mundial. Boa parte dessa teoria foi extraída do economista liberal inglês J.A. Hobson, que escrevera sob as impressões recentes da Guerra dos Bôeres. Muito do restante foi tirado do livro *Capital financeiro*, do economista austríaco Rudolf Hilferding, publicado em 1910. Segundo o pensamento desses homens, nesse estágio tardio da evolução capitalista, o controle do capital estava se concentrando cada vez mais em poucas mãos, o que deixava muito pouco poder de compra no mercado interno para os bens que podiam ser produzidos. Devido a essa baixa de consumo, o capital começava a ser exportado, em vez de investido no seu próprio país, e em regiões subdesenvolvidas, que podiam conter valiosas matérias-primas, esse capital precisava da proteção de um governo colonial. Na verdade, porém, a maior parte do capital, mesmo no caso do maior de todos os exportadores, a Grã-Bretanha, se dirigia, não para as colônias, mas para outros países industriais, principalmente os Estados Unidos.

Na realidade, não pode haver uma única explicação. Em casos particulares, grande parte do expansionismo pode remontar ao desejo de destaque de funcionários de fronteira ou de gente do exército, ou a interesses comerciais especiais. Os governos podiam sempre contar com os sucessos coloniais a fim de impressionar tanto os estrangeiros quanto seus próprios eleitores. Território era algo que geralmente considerava-se útil possuir por motivos estratégicos. Nesse ponto os britânicos, com suas possessões e suas "esferas de interesses" em todo o mundo, chegaram primeiro. Quiseram o Egito, em parte, para proteger seu caminho para a Índia e o Afeganistão, a fim de fechar uma porta para a Índia contra os russos. Os custos militares podiam ser elevados, mas, uma vez na posição de ocupação, os invasores poderiam ampliar seus efetivos militares a baixo custo, recrutando soldados nativos, de classes ou grupos étnicos convenientes, e empregando-os em tarefas policiais ou para novas conquistas. O enorme exército indiano, comandado por oficiais britânicos, foi utilizado em grande número de campanhas fora da Índia, à custa do contribuinte indiano. Alguns governos coloniais recorreram, ao contrário dos britânicos, ao recrutamento, em suas próprias fileiras, de tropas nativas. De fato, para os franceses, intensamente conscientes, depois de 1870, de sua inferioridade numérica frente aos alemães, uma reserva de efetivos humanos coloniais à sua disposição podia ser encarada como uma das recompensas principais do império.

No fundo, os motivos do colonialismo eram econômicos. As fábricas precisavam de matérias-primas e os produtos, de mercados. O comércio ampliou-se principalmente entre países industriais, mas houve uma intensificação da competição à medida que a industrialização se disseminou e as pesadas tarifas protecionistas ameaçavam fechar muitos mercados compradores. Em suas próprias colônias, uma companhia britânica podia esperar uma posição preferencial e uma companhia francesa, uma posição monopolista. A maioria das colônias pode ter significado uma perda líquida para as economias nacionais, mas havia sempre alguém que lucrava. O imenso império da Grã-Bretanha sem dúvida proporcionou lucros gigantescos, em grande parte de um tipo parasitário, que pode ter tido o efeito negativo de desviar a economia da atividade produtiva. As exportações indianas de ópio, chá e juta proporcionaram à Grã-Bretanha uma posição favorável na balança comercial, em vez de um déficit.

Na Grã-Bretanha, como em outros centros, os lucros iam principalmente para a bolsa de valores, as empresas, o serviço público e o serviço militar. Outra afirmativa de Lenin foi que algumas "migalhas" do banquete acabavam chegando aos estratos mais privilegiados das classes operárias e, ao aumentar-lhes o padrão de vida, reconciliava-as com o domínio capitalista. O que pode ter sido mais importante foi a capacidade dos empregadores de dizer aos operários que estavam vivendo melhor porque dispunham de colônias, e não porque dispunham de sindicatos. O Império Britânico, além disso, era singular (se descontarmos a Sibéria) na posse de vastas áreas, como o Canadá e a Austrália, adequadas à colonização branca. Elas ofereciam uma vida melhor a emigrantes pobres, e esse foi com certeza um forte motivo para a popularidade do império. Muito pouca gente do povo ligava para a Índia ou a África negra. A propaganda italiana valorizou muito as oportunidades de colonização, pelos camponeses pobres, que a Etiópia era capaz de oferecer.

Até uma fase bem avançada deste século, a estrutura social da Europa, e a da Grã-Bretanha em particular, ainda produzia inúmeros homens para quem a administração colonial era uma atividade natural. Eram recrutados especialmente entre os filhos mais jovens da pequena nobreza fundiária, uma classe que podia alegar um dom natural para governar nativos, pois sempre estivera acostumada a governar seus próprios camponeses. A Inglaterra entrou no século XX com o seu campo ainda surpreendentemente feudal, embora economicamente capitalista. Não havia uma classe análoga a essa nos Estados Unidos, e por conseqüência era menor a disposição para o domínio colonial direto. Os oficiais dos exércitos europeus que conquistavam e ocupavam as colônias com suas guarnições eram recrutados nas mesmas fontes. Em países com a Índia, com razoável grau de alfabetização, era fácil encontrar os assistentes indispensáveis para dirigir a administração, tanto quanto recrutar soldados.

Muito se ouviu falar sobre a "missão civilizadora" do homem branco, e houve certa determinação intermitente de varrer os métodos antigos e ruins, bem como de modernizar tudo. Não demorou muito e isso deu lugar à preferência pelo "governo indireto", através de instituições nativas e métodos familiares ao povo. Inovação demais era algo que podia ser julgado desestabilizador e arriscado. Na Índia, o "motim" de 1857 poderia, de forma plausível, ser atribuído a isso, e depois dele foi abandonada a exploração de governantes nativos: em vez disso, passaram a ser tratados como sócios minoritários, sujeitos a um mínimo de inspeção. Um quarto da população foi deixado ao critério desses governantes, geralmente nada esclarecidos. As relações com as classes fundiárias semifeudais reminiscentes de épocas anteriores ao domínio britânico, ou com as que em algumas províncias foram por ele criadas, tornou-se cada vez mais cordial, em detrimento dos que lavravam o solo, mantidos sob forte pressão. Em Java, os holandeses também entraram em sociedade com os herdeiros da antiga aristocracia. Nas Filipinas, os norte-americanos fizeram mais ou menos a mesma coisa. Um defensor francês de métodos semelhantes foi o marechal L.H. Lyautey, governador-geral do Marrocos de 1912 a 1925. Católico conservador, sabia dar valor à conveniência do conservadorismo islâmico e entendia os riscos que poderia correr por perturbá-lo. No Marrocos, na Indochina, na Ásia central russa, as velhas monarquias eram apoiadas e mantidas como testas-de-ferro. Na África, todos os regimes europeus utilizaram "chefes" tribais, muitos deles sem nenhum direito autêntico a semelhante posto, mas apenas colocados nessa posição pelos funcionários distritais a fim de desempenhar o papel adequado.

Essa estratégia foi muito mal recebida pelos africanos e asiáticos inteligentes, que em vez disso queriam modernização, e pelos europeus que esperavam por mudanças benéficas. Um deles foi Karl Marx. Este afirmou que a tomada de colônias originava-se de nada mais que uma ganância brutal, mas poderia causar um choque necessário, ainda que doloroso, a sociedades mergulhadas durante muito tempo num absoluto torpor, e impulsioná-las ao progresso. O sentimento nacionalista leva muitos asiáticos e africanos, hoje em dia, a negar essa necessidade e a afirmar — de forma questionável — que seus países teriam sido perfeitamente capazes de progredir por conta própria, com pequenos empréstimos da Europa, exatamente como fez o Japão. Um rebento tardio do marxismo, a "teoria da dependência" vai bem mais além, afirmando de forma (ainda menos convincente) que os países afro-asiáticos só se tornaram "atrasados" e pobres quando se viram reduzidos a colônias. Foi saqueando-os que a Europa conseguiu acumular capital, industrializar-se e forjar seu progresso.

Exceto em momentos de entusiasmo, geralmente durante uma campanha de conquista, poucos europeus se interessavam pelas questões das colônias, e os funcionários e empresários ficavam livres para agir. Católicos e socialistas uniram-se, certa ocasião, para promover algumas melhorias nas colônias africanas da Alemanha. Um protesto internacional contra as atrocidades perpetradas no Congo, colônia particular do rei Leopoldo, levaram a sua tomada, em 1908, pelo governo belga. Em termos políticos gerais, o imperialismo era firmemente apoiado pelos partidos de direita e, com menos fervor, pelos liberais. Os comunistas eram fortemente contrários. Outros socialistas vacilavam e, como o Partido Trabalhista na Grã-Bretanha, criticavam-no, sem muito entusiasmo, quando o faziam.

Os efeitos do colonialismo variavam de acordo com circunstâncias locais e antecedentes históricos. Os governos coloniais encerravam o tumulto que às vezes predominava e se orgulhavam de seu papel de guardiães da ordem. Essa ordem em geral podia não significar muito mais que um governo policial, especialmente para as populações mais pobres, e as leis ocidentais não eram adequadas às sociedades sobre as quais eram impostas. Ainda assim, o princípio da justiça imparcial, da supremacia impessoal da lei, foi uma inovação valiosa. O mesmo (ainda que não em todos os aspectos) pode ser dito com relação ao advento, pela primeira vez na história não européia, de um corpo de advogados profissionais, dispostos e capazes de assumir processos contra o governo.

Com maior freqüência, o desenvolvimento econômico era deixado de lado. Isso era previsível no caso da Grã-Bretanha, cujo governo sentia igualmente pouca responsabilidade por esse aspecto em seu próprio país. Na Índia (e no Egito), sua melhor realização foi a irrigação, o que afinal de contas foi feito em causa própria, pois a renda fundiária representou, durante muito tempo, o seu principal esteio. A Grã-Bretanha construiu uma considerável infra-estrutura de estradas, ferrovias e meios de comunicação. Fez pela saúde o suficiente para dar início à redução das epidemias que antes mantinham o crescimento da população dentro de limites rígidos. Só muito tarde pensou em organizar algum sistema eficaz de combate à fome. Os nacionalistas podiam acusá-la de empobrecer os camponeses e de atrasar a indústria, em vez de fomentá-la, em favor das exportações britânicas. As importações fabris também eram culpadas por paralisar o artesanato nativo e disseminar o desemprego.

A Segunda Guerra Mundial representou um golpe mortal para o colonialismo. A Itália e o Japão foram postos fora de combate. A Grã-Bretanha ficou desgastada pelo esforço excessivo e seu povo, sem a menor disposição para continuar lutando. Com uma obstinação insensata, a Holanda, a França e Portugal continuaram durante anos tentando agarrar-se a suas possessões, sob o capcioso pretexto da Guerra Fria, da luta contra o comunismo. No que dizia respeito aos reais interesses econômicos, os soldados e oficiais brancos haviam-se tornado supérfluos. Os povos coloniais, ou de qualquer maneira as elites que vinham surgindo, foram se acostumando ao seu novo lugar em um mundo que pertencia, na maior parte, a um grande e único complexo, e queriam aproveitar isso ao máximo. A descolonização era a escolha racional, e foi calorosamente apoiada pelos Estados Unidos. Desde que entrou no mercado mundial como exportador de produtos industriais, na década de 1890, a América do Norte pregava a idéia das "portas abertas". Agora achava que chegara o momento de desmantelar os impérios, com suas barreiras e restrições, deixando todos os mercados livres para serem tomados pelo competidor mais forte — ela própria.

A descolonização deixou a verdadeira independência como um objetivo ainda distante. Na economia mundial em que as ex-colônias se viram tragadas, a maior parte delas não poderia ter senão uma posição fraca e vulnerável. O domínio imperial foi substituído por um "neocolonialismo" que sujeitava o mais fraco ao mais forte através de relações econômicas desiguais. Essas relações sempre existiram, de braços dados com o controle político e militar direto. Boa parte da América Latina no século XIX fora dominada financeiramente pela Europa, cujo "império informal" naquele continente agora estava sendo tomado pelos Estados Unidos. A China foi apenas o maior de um grande número de países geralmente chamados de "semicolônias", até que a revolução comunista pôs fim à sua subserviência ao Ocidente. As semicolônias — e a Pérsia era uma — às vezes se saíam pior do que as colônias, na opinião de muitos observadores.

Poucos dos países agora nominalmente livres possuíam uma liderança respeitável. Muitos deles não demoraram a cair sob o controle de ditadores, facilmente manipulados de fora. O capitalismo mundial, ao contrário, tornou-se mais poderosamente organizado com o surgimento das "corporações multinacionais" e da hegemonia norte-americana do que em seu passado dividido. Todos os novos países, mesmo sendo ricos em recursos, como a Indonésia, precisavam de empréstimos, investimentos, ajuda de todos os tipos. A "Ajuda", direta ou através de instituições como o Banco Mundial e o Fundo Monetário Internacional, era algo que podia ser usado para ditar as políticas econômicas. Os governos que não se mostravam dispostos a um alinhamento podiam, como regra, ser afastados ou, na linguagem oficial norte-americana, "desestabilizados" sem muita dificuldade. Dois exemplos foram o de Mossadeque, no Irã, em 1953, e o de Allende, no Chile, em 1973. Esses dois líderes pagaram com a vida por sua atitude recalcitrante. No "quintal" caribenho dos Estados Unidos, continuava o que fora chamado de "diplomacia das canhoneiras".

Em alguns poucos países, em especial na Coréia do Sul e em Taiwan, e durante alguns anos no Brasil, a tecnologia e os investimentos estrangeiros, associados ao governo de ditadores apoiados pelos Estados Unidos, proporcionaram um crescimento industrial notável, embora a parte dos trabalhadores nos lucros tenha sido pequena. Em toda parte, os bancos ocidentais fizeram empréstimos em escala prodigiosa a países "em desenvolvimento". A maioria dos tomadores descobriu ser difícil — alguns descobriram ser impossível — manter os pagamentos dos juros, e certos empréstimos tiveram de ser anulados. O abismo entre países avançados e atrasados está se ampliando, em vez de se estreitar. O neocolonialismo é danoso aos países pobres: se beneficia os países ricos de alguma forma real, é algo sujeito a grande dúvida. Não faz muito tempo que os impérios eram considerados vitais para a prosperidade dos que os detinham, e no entanto a Europa, apesar de os ter perdido, está mais próspera do que nunca.

Ver também MOVIMENTO DE LIBERTAÇÃO COLONIAL; PAN-AFRICANISMO; PAN-ARABISMO.

Leitura sugerida: Bull, Hedley e Watson, Adam, orgs. 1984: *The Expansion of International Society* • Etherington, Norman 1984: *Theories of Imperialism: War, Conquest and Capital* • Fieldhouse, D.K. 1966: *The Colonial Empires: a Comparative Survey from the Eighteenth Century* • Gopal, S. 1965: *British Policy in*

India 1858-1905 • Hobsbawn, E.J. 1987: *The Age of Empire 1875-1914* • Hobson, J.A. 1902 *(1968)*: *Imperialism: a Study* • Magnus, Philip 1958 *(1968)*: *Kitchener, Portrait of an Imperialist* • Mommsen, Wolfgang J. e Osterhammel, Jürgen, orgs. 1986: *Imperialism and After: Continuities and Discontinuities* • Pomeroy, W.J. 1970: *American Neo-Colonialism: its Emergence in the Philippines and Asia* • Thornton, A.P. 1978: *Imperialism in the Twentieth Century.*

V.G. KIERNAM

comparada, sociologia Ver SOCIOLOGIA COMPARADA.

competição O verbo "competir" indica atividade rival ente dois ou mais indivíduos ou grupos. Competir significa superar o outro, como em um evento esportivo.

Na terminologia econômica, no entanto, competição é uma palavra que não pode ser definida de forma tão pouco ambígua. O corpo predominante do pensamento econômico no século XX veio a definir a competição, não como uma atividade, mas como um estado de coisas existente em um mercado idealizado — o modelo da concorrência perfeita. Por outro lado, tem havido por todo o decorrer do século XX vozes dissidentes (abrangendo todo o espectro ideológico) insatisfeitas com essa definição estática e idealizada, e que buscam explorar melhor os processos efetivos de competição dinâmica que ocorrem no mercado.

Escassez e racionamento

A competição é um resultado inevitável da escassez. Isso não foi bem compreendido na história das idéias porque o conceito de escassez foi mesclado com o de riqueza ou abundância material pela maior parte dos pensadores do século XIX. Escassez, de fato, significa simplesmente a falta do suprimento adequado de um bem, mas também algo mais fundamental. Escassez é um conceito lógico, não relacionado à riqueza, que diz respeito à passagem do tempo e à necessidade de escolha. Não podemos fazer tudo de uma só vez, por isso devemos escolher. A análise econômica ocupa-se das conseqüências dessas escolhas.

Em resultado da escassez, os indivíduos precisam estabelecer prioridades e racionar o seu tempo de forma correspondente a poder realizá-las. Da mesma forma, o sistema social de produção e distribuição deve ter como premissa algum mecanismo de racionamento para enfrentar a escassez inexorável que nos confronta — seja esse mecanismo preços, voto, beleza ou qualquer outro — e para ajudar na alocação de recursos. A competição não pode ser eliminada, pode ser apenas transformada.

Numa economia pura de mercado, a competição coordena as decisões econômicas pelo racionamento através dos preços. Um preço alto demais para o mercado atual leva a excessos de estoque indesejáveis e a uma pressão para baixo, enquanto um preço baixo demais produz filas e pressão para cima. A subida ativa do preço quando a demanda supera a oferta, bem como a descida quando a oferta supera a demanda, serve para alocar recursos de maneira efetiva, através do ajuste dos mercados. A concorrência de preços coloca em coordenação os fornecedores e os consumidores mais bem dispostos de determinado bem.

Os preços coordenam a multidão de planos isolados que formam o mercado, ao informar os agentes econômicos sobre a situação das condições de mercado existentes e o sucesso ou fracasso de seus planos anteriores. Os preços executam essa tarefa fornecendo incentivos e conhecimento aos participantes do mercado. O preço de qualquer bem é o reflexo da relativa escassez desse bem em relação a outros. Se o preço é alto, isso representa para os participantes do mercado um sinal de que o bem particular em questão está relativamente escasso e deve ser economizado. Por outro lado, o preço baixo de um bem indica sua relativa abundância. Dessa maneira, os que são responsáveis pela tomada de decisões na economia recebem informações a respeito das atuais condições do mercado a partir dos sinais representados pelos preços, e isso os ajuda em suas escolhas.

Os preços também fornecem informações a respeito da justificativa econômica de decisões passadas. Comprar barato e vender caro é recompensado, enquanto comprar caro e vender barato é penalizado. O sistema de perdas e ganhos é um mecanismo de aprendizado através do qual o erro sistemático pode vir a ser eliminado. Além dessas funções, os preços servem também como pano de fundo contra o qual os indivíduos descobrem meios de dispor ou redispor os recursos de modos mais eficazes para a satisfação de objetivos. A discrepância entre a atual formação dos preços e sua imaginada formação futura estimula a busca empresarial do lucro puro.

Essas percepções do modo como funcionam os processos do mercado competitivo foi obscurecida na economia do século XX com o desenvolvimento do conceito de concorrência perfeita e de equilíbrio geral.

Concorrência perfeita

Os economistas neoclássicos, encantados com os métodos da física, desenvolveram um modelo altamente refinado de competição idealizada, chamado de concorrência perfeita. Os pressupostos cruciais desse modelo de competição "sem fricção" incluem: um número infinito de compradores e vendedores (de forma a que nenhum comprador ou vendedor possua qualquer grau significativo de força de mercado), informação completa a respeito de utilizações alternativas, mobilidade de recursos sem custos e produto homogêneo. A conseqüência de semelhante estado de coisas seria: o preço de qualquer bem é considerado como dado e não como uma decisão variável por parte dos produtores (tomada de preço); o preço refletiria plenamente o custo de oportunidade de produção (custo marginal dos preços) e lucros econômicos zero (levar a produção a um nível de resultados que minimize o seu custo médio). Nessas condições e com esses resultados, afirmou-se, a alocação de recursos poderia ser chamada de ótima, isto é, seria alcançada a eficiência de alocação. Nenhuma das partes poderia sair-se melhor sem simultaneamente deixar alguma outra pior. Em outras palavras, todos os lucros a serem obtidos do intercâmbio seriam exauridos em um equilíbrio competitivo.

Esse modelo levou ao desenvolvimento do paradigma estrutura-conduta-desempenho na economia industrial. Presumia-se que a estrutura de mercado fosse perfeitamente competitiva ou monopolista. Se uma empresa estava em situação competitiva ou monopolista era algo que podia ser medido pela participação no mercado, uma vez que sob concorrência perfeita nenhuma empresa possuiria qualquer poder significativo no mercado. Os índices de concentração poderiam ser usados para medir a extensão de poder de mercado. Uma firma que possuísse uma quota muito grande do mercado poderia ser considerada monopolista.

Ademais, a conduta de preços da firma poderia ser deduzida a partir da estrutura do mercado. Em uma indústria competitiva, uma firma seria forçada pela lógica do modelo a estabelecer preço igual ao custo marginal. Por outro lado, numa situação monopolista, a firma seria capaz de restringir a produção e elevar o preço acima do custo marginal. Por conseqüência, em uma situação competitiva, o desempenho da indústria poderia ser designado de ótimo, enquanto que, em condições monopolistas, o desempenho seria subótimo. Esse paradigma de economia industrial justificou grande parte do ajuste econômico da indústria pelo governo, como a lei antitrustes, no século XX.

O paradigma predominante, porém, apresentava sérias desvantagens. Desde confusões básicas sobre definição do mercado relevante (nacional ou internacional) até sérias dificuldades analíticas para explicar os modos de funcionamento do processo de mercado competitivo, em tudo isso o paradigma estrutura-conduta-desempenho foi considerado insuficiente. Por exemplo, se todos tratassem o preço como parâmetro, como os preços mudariam para regular o mercado? Além disso, o modelo continha o sério dilema de que, numa situação de conhecimento perfeito, uma oportunidade de lucro conhecida de todos é na verdade conhecida por ninguém, de forma que ninguém teria estímulo algum a buscar oportunidade de lucro — e assim a lógica do modelo de ajuste no mercado desaparece. O modelo básico de equilíbrio competitivo, descobriu-se, não podia sequer explicar a existência de empresas ou o uso do dinheiro, quanto mais esclarecer fenômenos como publicidade, diferenciação de produtos, fidelidade à marca, práticas contratuais e assim por diante. Como recurso analítico positivo para explicar o funcionamento de uma economia pura de mercado, o modelo do equilíbrio competitivo geral não foi de muita ajuda.

Esse modelo de concorrência perfeita, na melhor das hipóteses, poderia servir apenas como construção imaginária que, pelo método do contraste, poderia ajudar-nos a lançar alguma luz sobre o mundo real da incerteza e do tempo. Em outras palavras, estudando um mundo sem mudança, podemos conseguir compreender as dificuldades que a mudança introduz na vida econômica. Infelizmente, a corrente predominante do pensamento econômico encarou esse modelo de maneira muito mais concreta e descritiva.

A contra-revolução

O desenvolvimento do modelo de concorrência monopolista forneceu a primeira crítica iminente do modelo de concorrência perfeita. O modelo de concorrência perfeita não era capaz de explicar a existência da diferenciação de produtos que efetivamente se encontra nos mercados. O modelo de competição monopolista conseguia. Mas outras questões persistiam, tais como o papel dos direitos de propriedade e das instituições de contrato. Os economistas começaram a reconhecer que o problema essencial com o monopólio não era a capacidade de estabelecer preço acima do custo marginal, mas a barreira ao acesso, o que permitia essas práticas artificialmente restritivas. Os economistas não possuem uma teoria positiva do monopólio, mas sim uma teoria normativa dos direitos de propriedade.

O desenvolvimento de uma abordagem de direitos de propriedade para a economia industrial mudou o foco da análise, retirando-o das condições de equilíbrio competitivo e devolvendo-o à discussão dos economistas clássicos sobre o processo do mercado dinâmico dentro de diferentes contextos institucionais. Em resultado, o comportamento rival de indivíduos e firmas dentro dos processos econômicos voltou a receber atenção. A competição, em vez de ser um estado de coisas mensurado pela participação do mercado e por supostas condições de equilíbrio, é um processo ativo de aprender como melhor dispor e redispor recursos para satisfazer de forma mais eficiente os fins procurados.

A competição, dentro de um ambiente institucional de propriedade privada, é um procedimento de descoberta que gera tanto incentivos quanto conhecimento para a efetiva alocação de recursos. Talvez a propriedade mais importante do processo do mercado competitivo seja a sua capacidade de revelar erros e fornecer o incentivo e o conhecimento para que os indivíduos corrijam equívocos passados. Essa propriedade de detectar e corrigir erros do mercado competitivo é a característica vital do sistema para a promoção da prosperidade econômica.

Ver também EMPRESARIAL, FUNÇÃO; ESCOLA AUSTRÍACA DE ECONOMIA; ESCOLA ECONÔMICA DE CHICAGO; SOCIALISTA, CÁLCULO e SOCIEDADE DE CONSUMO.

Leitura sugerida: Armentano, D.T. 1982: *Antitrust and Monopoly* • Brozen, Y. 1982: *Concentration, Mergers and Public Policy* • Demsetz, H. 1982: "Barries to entry". *American Economic Review* 72, 47-57 • Hayeck, F.A. 1948: "The meaning of competition". In *Individualism and Economic Order* o 1978: "Competition as a discovery procedure". In *New Studies in Philosophy, Politics, Economics and the History of Ideas* • Kirzner, I. 1973: *Competition and Entrepreneurship* • McNaulty, P. 1967: "A note on the history of perfect competition". *Journal of Political Economy* 75, 395-9 o 1968: "Economic theory and the meaning of competition". *Quarterly Journal of Economics* 82, 639-56 • Stigler, G.J. 1965: *Essays in the History of Economics* o 1968: *The Organization of Industry*.

PETER J. BOETTKE

comportamentalismo Conhecida mundialmente pelo seu nome mundial, *behaviourism*, essa tem sido a escola de pensamento predominante na PSICOLOGIA acadêmica desde a publicação da obras clássica de J.B. Watson, *Behaviourism*, em 1924. Poucos psicólogos, desde essa época, têm-se mostrado dispostos a aceitar sua teoria sem reservas. A maioria, no entanto, sempre concordou com os aspectos gerais da sua posição. Ele afirma que:

1. os eventos mentais não podem constituir os dados de uma ciência respeitável, sendo o objeto adequado do estudo psicológico o comportamento, e não o pensamento ou o sentimento;
2. todo comportamento é o efeito de um reforço ou consolidação, isto é, a reação a um estímulo é a conseqüência da repetida coincidência da reação com uma recompensa (ou castigo);
3. as técnicas experimentais em psicologia permitem-nos manipular o comportamento no sentido de fins socialmente aprovados. Uma vez que todo comportamento é de qualquer forma condicionado, a objeção ao condicionamento, em oposição à persuasão racional, não procede.

A escola comportamentalista surgiu em primeiro lugar como protesto contra a situação insatisfatória da psicologia na virada do século. Wilhelm Wundt, Edward Tiechener e William James supunham que a psicologia estudava os eventos mentais por meio da introspecção. Esse processo era notoriamente destituído de fidedignidade, faltando-lhe os meios de replicar as descobertas relatadas. Era anátema para uma geração orientada por uma concepção da ciência extraída de Ernst Mach e que sentia inveja de cientistas mundialmente aclamados por seus sucessos na previsão de eventos no mundo físico. Os movimentos corporais, em contraste, pareciam satisfazer a exigência científica de dados confiáveis. A pressuposição de que o comportamento é sempre uma reação a estímulos reforçados forneceu as condições para experiências controladas. Até agora, portanto, o comportamentalismo é o ponto de vista da própria psicologia experimental.

Watson, no entanto, foi mais longe. Em Chicago, estudara com Jacques Loeb, famoso por sua afirmação de ter criado vida num tubo de ensaio e que pensava a ciência como um meio de controlar e mudar a natureza. Watson participava desse ponto de vista e, com seu aluno B.F. Skinner (1938; 1959; 1971), tornou popular uma imagem do comportamentalismo como receita para resolver as ansiedades individuais e o males do mundo. Onde psicólogos como Clark L. Hull e E.C. Tolman encaravam o estímulo-reação (E-R) como técnica para refinar nossa concepção do aparato mental ou fisiológico que, eles supunham, devia mediar entre um estímulo e uma reação, Skinner encara o reforço como recurso utilizado pelo experimentador para induzir comportamento.

Esse ponto de vista poderia ser chamado de comportamentalismo ideológico, de vez que acarreta uma concepção de comportamento formada a partir de fins escolhidos para a ação. Tal concepção exige a linguagem do desempenho bem ou malsucedido, e não apenas a descrição neutra de movimentos corporais, normalmente encarada como o fundamento científico da teoria psicológica. Definir o comportamento para atender à exigência de dados é um problema para o comportamentalismo em geral. A experiência clássica do labirinto constrói-se sobre a pressuposição de que um sujeito há de se sentir gratificado por chegar à recompensa e resolverá o labirinto com maior rapidez em novas tentativas. O comportamento do sujeito não será descrito de forma mais exata se for analisado em suas unidades. A estratégia experimental sempre presume que o sujeito está buscando a recompensa. Mas, nesse ponto, não fica evidente por que não podemos dizer diretamente que o sujeito *quer* a recompensa e *sabe* como encontrá-la.

Grande parte da energia dedicada a experiências de labirinto teve o objetivo menos ambicioso de chegar a um registro de números. Por exemplo, a taxa de aprendizado. Se esses resultados têm implicações importantes para nossa compreensão do comportamento e da estrutura dos organismos é algo que pode, em si, ser questionado. As experiências de taxa de aprendizado nem implicam nem excluem eventos íntimos. Nem exigem descrição em termos de movimentos corporais. Aprender é uma realização; é dado experimental. Comportamento, nesse contexto, é o que organismos *fazem*, e não meramente como se *movem*. As fortes alegações de Skinner sobre a eficiência na mudança de comportamento com o emprego de métodos expurgados de conteúdo mental parecem entrar em confronto com sua igualmente forte alegação de que, dado um controle suficiente sobre um organismo, podemos levá-lo a fazer praticamente tudo que *quisermos*. Cães caminhando sobre as patas traseiras, golfinhos pulando através de anéis de fogo, soldados marchando para a batalha atestam a possibilidade do controle. Mas uma descrição dos métodos de condicionamento parece acarretar certa referência aos fins, intenções e motivos, pelo menos do experimentador. Se assim for, elas acarretam também uma descrição dos organismos como executando, e não meramente exibindo, movimentos físicos.

Muitos dos críticos de Skinner têm-se oposto a seus pontos de vista por motivos morais e políticos. Ele reduz a motivação humana, segundo dizem, à forma mais simplista de hedonismo. Defende o reforço positivo (recompensas, em vez de castigos), não porque seja melhor ser bom, mas porque, de acordo com seu ponto de vista, esse é um método de manipulação mais eficaz. Suas alegações de eficiência são, além do mais, exageradas. As reações vão sumindo com o decorrer do tempo (extinção) e assim requerem freqüentes sessões de recondicionamento. É claro que hábitos que se extinguem podem ser explicados teoricamente, mas, como método de política social, o condicionamento iria onerar a sociedade com custos tremendos.

Críticas desses tipos são importantes, apesar de se concentrarem, talvez de modo demasiado exclusivo, na obra polêmica de Skinner. Não obstante, elas revelam que grande parte da psicologia experimental é voltada para os fins, o que invalida a alegação de haver descrito o comportamento sem recorrer à linguagem do motivo, do propósito e da ação.

Expurgar a linguagem psicológica da linguagem intencional e mentalista foi, conforme vimos, uma reação às afirmações inverificáveis dos introspeccionistas. Essa reação assumiu duas formas. Comportamentalistas radicais, como Watson e Skinner, negavam a existência, ou pelo menos a significação, de eventos descobertos através da introspecção. Assumindo que qualquer uso de conversa intencional ou mental envolvia o que falava no processo desacreditado da introspecção, foram levados a negar que alguma coisa intervenha entre o estímulo e a reação. Qualquer referência a impulsos, motivos ou percepção consciente é redutível à linguagem E-R. Skinner, assim, é levado a excluir a explicação fisiológica, a qual, desde os tempos de Pavlov (1927), forneceu um ímpeto importante ao desenvolvimento de métodos comportamentalistas. A obra de Hebb (1949) é um exemplo instrutivo. Os fisiólogos requerem meios refinados para descrever o movimento corporal a fim de extrair inferências a respeito da estrutura e função do sistema nervoso.

Outros psicólogos, como Hull (1943) e Tolman (1958), supunham que a identificação precisa de estímulo e reação era necessária para chegar aos processos interiores que os introspeccionistas observaram de modo imperfeito. Seus pontos de vista receberam estímulo da visão predominante de que em ciência se postulam "construtos hipotéticos" ou "variáveis intervenientes", a partir dos quais a prova experimental se segue logicamente e por meios dos quais novos eventos podem ser previstos. Para alguns, os modelos não se referem a eventos ou estruturas reais, mas são apenas recursos heurísticos para fazer previsões. Para outros, a descrição exata do processo de aprendizado era justificada com o argumento de que nos pode dar mapas mais precisos da mente (por exemplo, Tolman). O conceito de impulso desempenha um papel central em todas as teorias desse tipo. A força impulsionadora, segundo se diz, facilita a previsão (Skinner, é claro, argumentaria que não existe diferença entre o impulso e a súmula de respostas). Ele também apóia as afirmações a respeito de processos interiores, cuja natureza, porém, permanece problemática.

Já não é mais tão claro quanto pode ter parecido por volta de 1950 que o comportamentalismo psicológico contribuiu muito para a nossa compreensão do comportamento dos organismos. Alguns dos motivos de ceticismo se destacaram. A crítica de alcance mais profundo baseia-se na obra de Wittgenstein (1953) e Ryle (1949), que foram eles próprios descritos como comportamentalistas, uma vez que concordam em que a introspecção não é o meio apropriado de acesso à mente. Wittgenstein afirma que não podemos ter certeza de estarmos aplicando corretamente um termo a experiências particulares. Assim, nossa conversa sobre pensamentos e sentimentos não pode, logicamente, representar uma suposição de dados particulares. Ryle ataca a concepção da mente como um lugar onde os eventos mentais ocorrem. Nós não observamos nossos pensamentos e os relatamos; nossos pensamentos são o nosso discurso. Não descrevemos nossos sentimentos, na mesma medida em que os expressamos. A atividade mental, ou grande parte dela, é aquilo que fazemos.

Em Wittgenstein e Ryle, porém, a externalização da mente não é motivada pela tentativa de definir comportamento em termos científicos. Essa pesquisa leva, em vez disso, de volta à vida comum e à linguagem do dia-a-dia que usamos para facilitá-la. Nesse cenário, é inadequado falar dos movimentos dos organismos como a base para inferência sobre pensamentos, intenções, sentimentos e objetivos. Nossas descrições básicas do comportamento consistem em conversas sobre ações bem ou malsucedidas, e não sobre movimentos.

As implicações do "comportamentalismo" filosófico para a psicologia empírica são importantes. Se seus argumentos são sólidos, o inflado universo mental do introspeccionista é expurgado sem deixar um vácuo a ser preenchido pela pesquisa científica. Já vimos até que nível o projeto experimental em psicologia está implicado no ponto de vista da vida diária. O labirinto é construído visando descobrir com que rapidez o sujeito o *resolve*. A bolinha de comida é chamada de *recompensa* e horas de privação de alimentos são chamadas de estímulo ou excitação do impulso, linguagem que é difícil distinguir conceitualmente de observações a respeito da fome do sujeito, de suas preferências, estratégias e descobertas. Essa é uma linguagem na qual está implícita uma compreensão do comportamento. "Em psicologia", diz Wittgenstein, "há método experimental e *confusão conceitual*" (*Investigações filosóficas*, II, p.XIV). A redução que o comportamentalista faz da ação para movimento tem sucesso caso concentre sua atenção em problemas psicológicos. Em caso contrário ela busca sua justificativa, não nos enigmas a respeito do que fazemos, mas em receitas positivistas para se fazer ciência.

Tem havido, nos últimos anos, uma retração marcante, na teoria comportamentalista, embora isso tenha sido acompanhado de novas defesas do modelo E-R por parte de epistemólogos e filósofos da LINGUAGEM. *Word and Object* (1960), de Quine, é um bom exemplo. Mas na psicologia, concebida como disciplina científica autônoma, pouco tem sido feito desde as tentativas de Spence (1956) de levar avante o trabalho de Hull. Durante os últimos 15 anos a idéia de que o estudo experimental das reações de organismos sob condições controladas poderia levar a uma ciência do comportamento passou a sofrer um ataque cada vez mais constante por parte dos que acreditam não ser possível nenhuma explicação legítima do comportamento, exceto no contexto de uma compreensão biológica e evolucionista dos organismos. Os comportamentalistas clássicos observam o que fazem os organismos estritamente dentro da perspectiva fornecida por recompensas explícitas ou estímulos de aversão. São, assim, incapazes de reconhecer o significado do comportamento altruísta. Essa é uma reação, dizem os sociobiólogos, explicável apenas com o pressuposto de que o altruísmo maximiza a possibilidade de o material genético ser passado adiante para a próxima geração. O desenvolvimento da SOCIOBIOLOGIA tem semelhanças marcantes com o comportamentalismo psicológico e tem sido criticado mais ou menos da mesma forma. É de interesse aqui por chamar a atenção para o que é fundamental na estratégia comportamentalista e para suas deficiências. O comportamentalismo será melhor encarado como tentativa de separar a psicologia, como ciência, de outras disciplinas.

Leitura sugerida: Austin, John 1961 *(1970)*: "A plea for excuses". In *Philosophical Papers* • Chomsky, N. 1959: "Review of B.F. Skinner's Verbal Behaviour", Language 35, 26-58 • Hebb, D.O. 1949: *The Organization of Behaviour* • Hull, Clark L. 1943: *Principles of Behaviour* • MacCorquodale, K. e Meehl, P.E. 1948: "On a distinction between hypothetical constructs e intervening variables". *Psychological Review* 85, 95-107 • Melden, A.I. 1961: *Free Action* • Pavlov, Ivan 1927: *Conditioned Reflexes* • Peters, R.S. 1958: *The Concept of Motivation* • Ryle, Gilbert 1949 *(1963)*: *The Concept of Mind* • Scriven, Michael 1958: "A study of radical behaviourism". In *Minnesota Studies in the Philosophy of Science*, org. por H. Feigl e M. Scriven • Skinner, B.F. 1938: *The Behaviour of Organisms* o 1959: *Verbal Behaviour* o 1971: *Beyond Freedom and Dignity* • Spence, Kenneth 1956: *Behaviour Theory and Conditioning* • Tolman, E.C. 1958: *Behaviour and Psychological Man* • Watson, J.B. 1924: *Behaviourism* • Wilson, E.O. 1975: *Sociobiology: the New Synthesis* • Wittgenstein, Ludwig 1953 (*1967*): *Philosophical Investigations.*

ALFRED LOUCH

comportamento organizacional Este estudo interdisciplinar concentra-se nos aspectos humano e social do gerenciamento em organizações formais como um problema "técnico". Vale-se basicamente da sociologia e da psicologia, mas também da economia, da CIÊNCIA DA ADMINISTRAÇÃO e da engenharia de produção para estudar a estrutura e o funcionamento das organizações e o comportamento de grupos e indivíduos dentro delas. A aplicação desse tema a problemas práticos de mudança gerencial em organizações é chamada de desenvolvimento organizacional. No século XX o impacto da ciência social sobre o pensamento gerencial cresceu a ponto de se tornar a força mais importante.

Do ponto de vista do comportamento organizacional, a tarefa do gerenciamento pode ser considerada como a organização do comportamento dos indivíduos em relação aos meios e recursos físicos a fim de se alcançarem objetivos desejados. Apresenta-se, então, um problema básico: que quantidade de organização e de controle de comportamento é necessária para um funcionamento eficiente e que forma isso deveria assumir? É na resposta implícita a essa pergunta que podemos distinguir os dois lados de um debate contínuo — caracterizados por Pugh (1990) como os "organizadores" e os "comportamentistas".

Os organizadores baseiam-se na obra de Henri Fayol, Frederick W. Taylor e Max Weber. Afirmam que estruturas, planos e programas mais precisamente determinados, com melhor especificação, monitoração e controle do comportamento exigido para realizá-los, são necessários para a eficiência. Destacam as vantagens, para uma eficiente realização de objetivos, da especialização de funções e tarefas, de definições claras dos serviços, de procedimentos padronizados e de linhas nítidas de autoridade, isto é, a forma de organização para a qual Weber (1922) usou a palavra BUROCRACIA.

A definição de Fayol (1916) do que é gerenciamento e a abordagem de Taylor (1947) da extrema subdivisão e controle das tarefas dos trabalhadores diretos (chamada "gerenciamento científico") tiveram e continuam a ter um impacto considerável sobre o pensamento e a prática gerenciais. Enquanto Fayol e Taylor foram defensores entusiastas do pleno controle gerencial, Weber expressou considerável preocupação quanto às implicações sociais da difusão da burocracia, em termos da capacidade dos burocratas de usurpar funções democráticas. Uma vez, porém, que essa preocupação se baseava na sua crença na irresistível eficiência técnica da abordagem burocrática, seu impacto no campo do comportamento organizacional viria a sublinhar os argumentos dos organizadores.

Essas idéias foram desenvolvidas, por exemplo, através da explicação detalhada das características mínimas exigidas de uma estrutura burocrática eficaz (Jaques, 1976).

Os comportamentistas baseiam-se na obra de Elton Mayo, Kurt Lewin e Abraham Maslow. Mayo (1933), nas "experiências Hawthorne", estudou grupos de trabalhadores diretos e desenvolveu a abordagem de "relações humanas", que enfatiza as necessidades humanas e sociais dos trabalhadores (ver também RELAÇÕES INDUSTRIAIS). Lewin estudou as forças da liderança democrática, em oposição à liderança autocrática (Lewin et al., 1939). Maslow (1968) identificou a "auto-realização" — a necessidade de crescer e desenvolver-se como indivíduo — como um motivador importante. Os três afirmam que a contínua tentativa de aumentar o controle sobre o comportamento dos membros da organização está destinado ao fracasso. O controle gerencial leva à rigidez onde se precisa de flexibilidade e à apatia no desempenho dos membros quando se exigem engajamento e alta motivação. Um controle crescente gera esforços dedicados ao contracontrole, através de relações informais para derrubar os objetivos da organização. Em geral, não leva a um aumento da eficiência e, quando o faz, é apenas a curto prazo e à custa de conflito interno. Os subordinados precisam receber considerável autonomia quanto a decisões e oportunidades de autodesenvolvimento, caso a organização queira funcionar de forma eficiente.

Estudos sobre tomadas de decisão também indicaram que não é possível assumir uma abordagem completamente racional do gerenciamento (Simon, 1947). Normalmente ocorre uma abordagem em etapas, parcialmente racional (Lindblom, 1959). Mesmo as abordagens não racionais da tomada de decisões são estimuladas como um impulso à inovação (March, 1976).

Novas evoluções baseiam-se nos que assumem uma "abordagem de contingência", afirmando que se deve manter um equilíbrio entre as preocupações dos organizadores e as dos comportamentistas. Esse equilíbrio será contingente à situação contextual particular da organização, que provocará diferenças em sua estrutura (Burns e Stalker, 1961; Pugh e Hickson, 1976), tanto quanto a tecnologia utilizada na produção, conforme demonstrado na abordagem de sistema sociotécnica (Emery e Trist, 1960). Da mesma forma, diferentes tarefas de um grupo de trabalho, bem como as necessidades de seus membros, exigirão diferenças na liderança (Fiedler, 1967).

A abordagem marxista (Braverman, 1974) tem sido a de afirmar que os organizadores extremados serão sempre preferidos pelas gerências, uma vez que seu objetivo não é a eficiência no desempenho, mas a eficiência no controle da classe operária, em nome dos interesses do capital.

Uma evolução recente e importante, com a expansão do comércio internacional e a ascensão das corporações multinacionais, foi a identificação sistemática das diferenças interculturais no comportamento organizacional, com respeito a valores de trabalho, estilo de liderança e controle de estruturas (Hofstede, 1980).

Leitura sugerida: Morgan, G. 1986: *Images of Organization* • Pugh, D.S. e Hickson, D.J. 1989: *Writers on Organizations*, 4ªed.

DEREK PUGH

compreensão Ver VERSTEHEN.

computação Ver INTELIGÊNCIA ARTIFICIAL.

comunicação Tal como os processos comunicativos específicos estudados em lingüística, SOCIOLINGÜÍSTICA e psicologia social, um conceito mais amplo de comunicação vem sendo um dos temas mais importantes do pensamento social. Aristóteles encarava o Estado como uma comunidade envolvendo a comunicação entre uma multiplicidade de perspectivas individuais. Enquanto isso diz respeito à ação individual deliberada na esfera política, Tomás de Aquino introduziu no pensamento cristão medieval um conceito teórico mais amplo, no qual a natureza de Deus é comunicada na criação de suas criaturas. Esse modelo levou à generalização do conceito de comunicação a todos os seres humanos e, ao mesmo tempo, a uma diferenciação, que se tornou crucial para a modernidade, entre a comunidade de comunicação particular (política) e a universal (social).

Essa extensão idealizante do conceito de comunicação a todos os seres humanos, bem como sua simultânea diferenciação em comunicação política e social, fez dele um ponto de referência preferido da sociologia e da filosofia social modernas. Marx, nos *Grundrisse*, usa a diferenciação entre comunicação política e social para transformar o *zoon politikon* de Aristóteles em uma "sociedade" de indivíduos "agindo e falando juntos". C.S. Peirce analisa a comunidade científica a partir da perspectiva de uma comunidade de comunicação (idealizada) e G.H. Mead leva os processos sociais de individualização por meio de socialização para o quadro de um "discurso universal". O principal aspecto dessa universalização teórica da comunidade de comunicação é a afirmativa de que, conforme as palavras de Jürgen Habermas (1981, p.105), "o processo de vida social tem uma relação com a verdade que lhe é integrante". Essa *universalização*, junto com a *socialização* (incluindo a "despolitização" ou diferenciação interna) do conceito de comunicação é um aspecto característico do pensamento pós-metafísico da MODERNIDADE, marcando um rompimento radical entre o pensamento científico e social e o pensamento político do mundo antigo e dos clássicos da filosofia política.

Pode-se compreender a comunicação como um meio de resolver o problema "hobbesiano" da ordem social. Como é possível que os planos de ação de vários agentes possam ser coordenados uns com os outros? Se seguirmos Talcott Parsons na análise das situações de *dupla contingência*, logo nos ocorrerá a extrema improbabilidade das seqüências ordenadas de interação e dos acordos comunicativos. Mesmo em uma situação de laboratório extremamente simplificada, com dois agentes e três orientações possíveis (por exemplo, "egoísta", "generosa" e "hostil"), as expectativas recíprocas de expectativas apresentam 97 combinações possíveis. Daí toda comunicação basear-se em mecanismos de redução da complexidade, tais como "confiança mútua", expectativas de normalidade etc. Os agentes podem manter ou modificar essa ordem comunicativa *estabilizada* pelo exercício de *influência* externa sobre os *efeitos* das ações dos outros, ou reproduzi-la e reconstruí-la por meio de um *acordo* interno em bases generalizáveis.

A comunicação, portanto, deve ser vista como uma forma de ação. Enquanto o conceito clássico de ação se baseia na diferenciação entre sujeito e objeto e entre meios e fins, o mais recente conceito social e científico de comunicação baseia-se na diferenciação entre ego e alter. A ação comunicativa, na teoria de Habermas, visa, em última análise, um acordo racional entre ego e alter. Enquanto ações racionais-deliberadas, ou racionais-valorativas formam um sistema engatando-se a *outras ações*, as ações comunicativas formam um sistema social ligando-se às ações *de outros*. A essa distinção correspondem diferentes concepções de RACIONALIDADE E RAZÃO. Enquanto as teorias clássicas aristotélicas de ação, em linha direta até Max Weber, ligam a estrutura de meios-fins ao conceito de racionalidade deliberada ou orientada para o sucesso, a teoria de Habermas sobre ação social ou intersubjetiva, que ele chama também de "ação orientada para a compreensão mútua", baseia-se no conceito de *racionalidade comunicativa*. Esse conceito comunicativo-pragmático de racionalidade, remontando a Peirce, Mead e à hermenêutica de Hans-Georg Gadamer, não apenas estabelece limites à possibilidade de generalização do esquema meios-fins, mas também ultrapassa os limites do pensamento europeu tradicional, até uma metafísica reflexiva de sujeito e objeto (comparar Rorty, 1980).

Uma maior diferenciação do conceito de comunicação abre ampla variedade de perspectivas teóricas e empíricas. A diferenciação entre comunicação verbal e não-verbal mostra que a comunicação entre os que estão presentes é inevitável (Watzlawick et al., 1967). Correspondendo à distinção de comunicação direta e indireta está a importante diferença entre sistemas sociais simples envolvendo comunicação face a face e sistemas sociais complexos baseados na comunicação mediada entre participantes fisicamente distantes (ver Luhmann,

1972). A oposição entre simetria e assimetria é capital não apenas para a teoria do papel social, mas também para as teorias sobre as condições ideais de comunicação (ver Habermas, 1971). A diferenciação entre condições simétricas e assimétricas de comunicação é importante para se distinguir entre comunicação distorcida ou perturbada e comunicação não-distorcida. Essa distinção, por sua vez, é básica para várias teorias sobre patologias da comunicação (Watzlawick et al., 1967; Habermas, 1988) e sobre a reconstrução e crítica das ideologias (Apel, 1973).

Ver também COMUNICAÇÃO DE MASSA; DISCURSO.

Leitura sugerida: Apel, K.O. 1973 *(1980)*: *Toward a Transformation of Philosophy* • Cashdan, Asher e Jordan, Martin 1987: *Studies in Communication* • Habermas, Jürgen 1981 *(1984)*: *The Theory of Communicative Action*, vol.1 • Mellor, D.H., org. 1990: *Ways of Communicating* • Rorty, R. 1980: *Philosophy and the Mirror of Nature.*

HAUKE BRUNKHORST

comunicação de massa A expressão "comunicação de massa" (*mass media*) é comumente usada para se referir a uma série de instituições ocupadas com a produção em grande escala e a difusão generalizada de formas simbólicas. Entre essas formas se incluem livros, jornais, revistas, filmes, programas de rádio e televisão, gravações, discos laser e assim por diante.

As origens da comunicação de massa podem remontar à segunda metade do século XV. Por volta de 1440 Johann Gutenberg, ourives que trabalhava em Mainz, começou a fazer experiências com impressão e, em torno de 1450, já havia desenvolvido suas técnicas o suficiente para explorá-las de forma comercial. Gutenberg desenvolveu um método para a moldagem múltipla de letras metálicas, de modo a ser possível produzir grandes quantidades de tipos para a composição de textos extensos. Ele também adaptou a prensa tradicional, de rosca, para os fins de fabricação de obras impressas. Durante a segunda metade do século XV essas técnicas difundiram-se rapidamente, e máquinas de impressão já se encontravam instaladas nos principais centros comerciais de toda a Europa.

As primeiras oficinas de impressão eram, em geral, empreendimentos comerciais preocupados com a reprodução de manuscritos de caráter religioso ou literário e com a produção de textos para uso em direito, medicina e comércio. No início do século XVI essas oficinas começaram a imprimir periódicos e folhas noticiosas de várias espécies, e no início do século XVII começaram a surgir os jornais regulares. As indústrias do livro e do jornal expandiram-se rapidamente no século XIX, quando técnicas ligadas à Revolução Industrial foram aplicadas à produção de textos impressos. A circulação aumentou de forma significativa e, com o declínio do analfabetismo, livros e jornais tornaram-se acessíveis a uma proporção cada vez maior da população das sociedades industrializadas (ou em processo de industrialização).

As transmissões de rádio e televisão são um fenômeno do século XX. A base técnica de transmissão foi desenvolvida por Marconi e outros, na década de 1890 e início deste século, e os primeiros passos para a transmissão radiofônica em grande escala foram dados nos anos 20. A transmissão televisiva foi introduzida em grande escala no final dos anos 40 e se tornou rapidamente um dos meios de comunicação mais populares. Em muitas sociedades industriais do Ocidente, hoje em dia, os adultos passam uma média de 25 a 30 horas por semana assistindo à televisão, e esta transformou-se na mais importante fonte de informação com respeito a eventos nacionais e internacionais.

Dada a sua significação no mundo moderno, seria possível afirmar que a comunicação de massa não tem recebido a atenção que merece por parte dos teóricos sociais e políticos. Foram desenvolvidas, porém, várias e distintas abordagens teóricas da comunicação de massa. Entre os primeiros pensadores sociais a estudar a comunicação de massa de forma sistemática estavam os antigos "teóricos críticos" associados ao Instituto de Pesquisa Social de Frankfurt. Esses teóricos, incluindo Max Horkheimer (1895-1971) e Theodor Adorno (1903-69), estavam interessados na natureza e no impacto do que chamaram de "indústria da cultura" (Horkheimer e Adorno, 1947). Escreveram nos anos 30 e 40, afirmando que a comunicação de massa fizera surgir uma nova forma de IDEOLOGIA nas sociedades modernas. Ao produzir grandes quantidades de bens culturais padronizados e estereotipados, a comunicação de massa estava fornecendo aos indivíduos meios imaginários de escape das duras realidades da vida social e, com isso, debilitando sua capacidade de pensar de forma crítica e autônoma. Horkheimer e Adorno apontaram que essas evoluções, entre outras, haviam tornado os indivíduos mais vulneráveis à retórica do nazismo e do fascismo.

Uma avaliação em geral negativa da comunicação de massa e de seu impacto pode ser encontrada nos textos de outros teóricos sociais e políticos, particularmente os influenciados pelo marxismo. Para muitos teóricos marxistas, a comunicação de massa é encarada basicamente como um meio de ideologia. Isto é, como um mecanismo em virtude do qual grupos ou classes dominantes são capazes de difundir idéias que promovem seus próprios interesses e que servem, assim, para manter o status quo. Um exemplo desse ponto de vista é a abordagem desenvolvida pelo marxista francês Louis Althusser, que trata a comunicação de massa como parte integrante do que ele chama de "aparelhos ideológicos de estado" (Althusser, 1970).

Uma explicação diferente sobre a natureza e o significado da comunicação de massa foi desenvolvida nos anos 50 e 60 pelos autores canadenses Harold Innis (1894-1952) e Marshall McLuhan (1911-81). Às vezes chamados de "teóricos da mídia", Innis e McLuhan afirmaram que a própria forma do meio de COMUNICAÇÃO pode influenciar a natureza da organização social e da sensibilidade humana. Innis introduziu a idéia de que todo meio de comunicação tem certa "inclinação" para a durabilidade no tempo ou a mobilidade no espaço. Ele apontou que as sociedades nas quais o meio dominante se inclina para a durabilidade temporal (por exemplo, pedra ou argila) tenderão a ser pequenas e descentralizadas, enquanto as sociedades com um meio inclinado para a mobilidade espacial (por exemplo, papiro ou papel) tenderão a ser amplas e imperiais, como o império romano (Innis, 1950 e 1951). A obra de Innis foi desbravadora no sentido de ter ligado o desenvolvimento dos meios de comunicação a considerações mais amplas de tempo, espaço e poder.

McLuhan apontou que as tecnologias de comunicação tiveram um impacto fundamental sobre os sentidos e as faculdades cognitivas dos seres humanos. Em contraste com as sociedades orais tradicionais, o desenvolvimento da escrita e da impressão criou uma cultura que foi dominada pelo sentido da visão e por uma abordagem analítica e seqüencial da solução de problemas. Ela permitiu que os indivíduos se tornassem mais independentes, racionais e especializados. Mas o desenvolvimento da moderna mídia eletrônica, de acordo com McLuhan, criou um novo ambiente cultural em que o primado da visão foi deslocado por uma interação unificadora dos sentidos e na qual os indivíduos são unidos em redes globais de comunicação instantânea (ver MODERNIDADE). Em outras palavras, a mídia eletrônica criou uma "aldeia global" (McLuhan, 1964) (ver GLOBALIZAÇÃO).

Os pontos de vista apresentados por Innis e McLuhan são bastante idiossincrásicos e tratados com cautela pela maior parte dos teóricos e analistas da comunicação. Grande número de estudos mais detalhados foi executado com a finalidade de examinar o papel da comunicação de massa nas sociedades modernas e seus possíveis efeitos sobre a vida política e social. (Para um exame dessa literatura, ver McQuail, 1987.) Não obstante, o trabalho dos teóricos da comunicação, entre outros, ajudou a ressaltar o fato de que o desenvolvimento da comunicação de massa deu forma, de um modo profundo e irreversível, à natureza da interação social e da experiência cultural no mundo moderno.

Leitura sugerida: Curran, James e Seaton, Jean 1988 *(1991)*: *Power Without Responsability*, 4ªed. • Eisenstein, Elizabeth L. 1979: *The Printing Press as an Agent of Change* • Golding, Peter 1974: *The Mass Media* • Habermas, Jürgen 1962 *(1989)*: *The Structural Transformation of the Public Sphere* • Meyrowitz, Joshua 1985: *No Sense of Place* • Poster, Mark 1990: *The Mode of Information* • Thompson, John B. 1990: *Ideology and Modern Culture*.

JOHN B. THOMSON

comunidade Um dos conceitos mais vagos e evasivos em ciência social, a idéia de comunidade continua a desafiar uma definição precisa. Parte do problema tem origem na diversidade de sentidos atribuída à palavra e às conotações emotivas que ela geralmente evoca. Tornou-se uma palavra *passepartout*, usada para descrever unidades sociais que variam de aldeias, conjuntos habitacionais e vizinhanças locais até grupos étnicos, nações e organizações internacionais. No mínimo, comunidade geralmente indica um grupo de pessoas dentro de uma área geográfica limitada que interagem dentro de instituições comuns e que possuem um senso comum de interdependência e integração. Não obstante, conjuntos de indivíduos vivendo ou interagindo dentro de um mesmo território não constituem em si mesmos comunidades — particularmente se esses indivíduos não se consideram como tal. O que une uma comunidade não é a sua estrutura, mas um estado de espírito — um *sentimento* de comunidade. Essa dimensão subjetiva torna comunidade algo problemático como instrumento de análise sociológica, pois os limites de qualquer grupo com auto-identificação, da perspectiva do que está dentro, são geralmente fluidos e intangíveis, em vez de fixos e finitos.

Os estudos empíricos de comunidade geralmente confundem descrição com as pressuposições preconcebidas do sociólogo a respeito do que comunidade *deveria ser* (Bell e Newby, 1971, p.21). Outra confusão surge da combinação de comunidade como unidade ou coletividade social (clube, aldeia, subúrbio, município) com comunidade como um tipo de relacionamento social (baseado em laços de sentimento ou econômicos). Essa confusão pode remontar a Tönnies (1887) e seu conceito original de *Gemeinschaft*, que representava a comunidade integrada, pré-industrial, em pequena escala, baseada em parentesco, amizade e vizinhança, em que as relações sociais são íntimas, duradouras e multiintegradas. De acordo com a formulação de Tönnies, a comunidade contrastava com sua contrapartida, a não-comunidade, o *Gesellschaft* ("associação") — simbolizando os laços impessoais, anônimos, contratuais e amorais característicos da sociedade industrial moderna.

Seguindo Weber e Tönnies, sociólogos norte-americanos, particularmente Talcott Parsons, Robert E. Park, Louis Wirth e Robert Redfield, continuaram a usar comunidade como um tipo ideal em um *continuum* entre dois pólos, como tradição-modernidade, rural-urbano e sagrado-secular. Havia implícita nessa abordagem uma visão nostálgica e romântica do passado: a pressuposta coesão emocional e a "vida boa" da comunidade tradicional foram usadas para fazer comparações desfavoráveis ao anonimato, isolamento e alienação da moderna SOCIEDADE DE MASSA.

Apesar da proliferação dos estudos sobre comunidade na sociologia, essa abordagem empírica "manteve-se quase que inteiramente estéril no plano teórico" (Elias, 1974, p.XVI). Nos anos 60 foram feitas tentativas, em especial na obra de Clyde Mitchell e Jeremy Boissevain, de desenvolver uma abordagem mais dinâmica, com uma mudança de ênfase para as redes, facções, rodas e não-grupos sociais. No entanto abordagens antropológicas recentes, exemplificadas por Cohen (1985), têm evitado o problema de definição de tentar formular um modelo estrutural de comunidade, concentrando-se em vez disso no *significado*. Para Cohen, comunidade é uma entidade simbólica, sem parâmetros fixos, pois existe em relação e oposição a outras comunidades observadas; um sistema de VALORES e um código de moral que proporcionam a seus membros um senso de IDENTIDADE. A idéia de comunidade como entidade "imaginada" e "idéia-força" simbólica também foi usada com sucesso na obra de Anderson (1983) sobre as origens do NACIONALISMO moderno. Com suas associações de companheirismo e vida comunal, comunidade é há muito um conceito-chave no pensamento político e religioso. Recebe ênfase especial na tradição socialista e anarquista. A dicotomia comunidade-associação pode ser ligada a contrastantes concepções políticas de sociedade — como uma livre associação de indivíduos em competição (visão liberal/hobbesiana) ou como um coletivo que é mais que a soma de suas partes, um corpo edificante através do qual é possível concretizar a autêntica cidadania (visão socialista/rousseauniana).

Como conceito analítico, comunidade tem pouco valor, apesar de sua permanente importância como uma realidade nas vidas da maioria das pessoas. Tornou-se uma palavra de ordem carregada de associações emotivas de inteireza, coesão, comunhão, interesse público e tudo que é bom. Como observou Raymond Williams (1976, p.76), "diferentemente de todas as outras palavras que indicam organização social (estado, nação, sociedade etc.), esta parece nunca ser usada de forma desfavorável". Em resultado, comunidade aparece como um complemento de toda uma série de instituições, sempre que está implícita uma camaradagem profunda, horizontal e natural (assistência comunitária, centro comunitário, comunidade local, Comunidade Européia), por mais tênues que sejam os laços. A palavra também foi apropriada por políticos, planejadores e arquitetos para legitimar planos de ação em nome do interesse público, por mais implausível que possa ser a realidade.

Leitura sugerida: Anderson, Benedict 1983: *Imagined Communities* • Bell, Colin e Newby, Howard 1971: *Community Studies* • Cohen, Anthony 1985: *The Symbolic Construction of Community* • Elias, Norbert 1974: "Towards a theory of communities". In *The Sociology of Community*, org. por C. Bell e H. Newby • Williams, Raymond 1976: *Keywords*.

CRIS SHORE

comunismo Palavra que abrange uma família de conceitos intimamente relacionados, designando (1) um tipo de sociedade humana, (2) teorias que descrevem e justificam uma sociedade comunista e (3) movimentos políticos que tentam criar uma sociedade comunista. A expressão "comunismo primitivo" é usada por muitos marxistas para designar os primeiros estágios da sociedade humana. Autores soviéticos e do Leste europeu, no entanto, em geral preferem expressões como "sociedade primitiva", "sociedade comunalista primitiva" ou "sociedade tribal".

Uma relação mínima de qualidades necessárias para que uma sociedade seja chamada de *comunista* inclui a propriedade comum dos meios de produção (mas não necessariamente dos meios de consumo), a autogestão em todas as áreas da vida e liberdade. As teorias comunistas alegam que essas qualidades também proporcionam as condições necessárias para a felicidade humana (apesar de poderem não ser suficientes para garantir a felicidade de todas as pessoas). As teorias sobre comunismo geralmente enfatizam a ausência, nessa sociedade, de algumas características das sociedades contemporâneas, como a exploração de classe (Lenin fazia uma concessão à exploração de pessoas de vontade fraca por pessoas de vontade forte), dinheiro, bens de consumo, funcionários públicos profissionais e exércitos permanentes.

Engels usou as expressões "propriedade privada" e "propriedade comum" para designar a propriedade por uma pessoa e a propriedade por mais de uma pessoa, respectivamente. Uma cooperativa e uma empresa acionária eram casos de propriedade comum. Às vezes se faz uma distinção entre a propriedade comum capitalista (os acionistas da firma não são os empregados desta) e a propriedade comum comunista (os acionistas são os empregados da firma). Lenin afirmava que, no capitalismo, qualquer forma de propriedade é capitalista. Ele considerava as cooperativas como empresas capitalistas no capitalismo e empresas comunistas em um sistema comunista.

As teorias comunistas geralmente contrastam o comunismo com o capitalismo, uma sociedade com propriedade privada, produção de bens para a venda em mercados livres e com trabalhadores livres e mercados de capital. Para os primeiros autores (T. More, T. Campanella), o comunismo era provavelmente uma alternativa ao capitalismo. Mais tarde passou a ser tratado como uma sociedade pós-capitalista. Alguns o encararam como uma condição natural da sociedade, enquanto outros autores (Saint-Simon, Fourier, Marx) colocaram-no dentro de uma seqüência necessária de tipos de sociedade a se sucederem imediatamente depois do capitalismo. Estava em geral implícito nos textos dos autores do século XIX que existe apenas uma seqüência de tipos possíveis de sociedade. Esse ponto de vista foi aceito pelos bolcheviques russos e seus seguidores. Para a maioria dos teóricos, o comunismo era o estágio final de desenvolvimento. Marx apoiou esse ponto de vista escatológico em seus *Manuscritos de 1844*. Depois de 1845 Marx e Engels abandonaram a escatologia, aceitaram a idéia de outros tipos de sociedade seguindo-se ao comunismo, mas afirmaram que a especulação a respeito de evoluções ulteriores não tinha sentido porque as provas necessárias só se fariam presentes quando os últimos estágios do comunismo tivessem sido atingidos. Esse ponto de vista foi rejeitado pela maioria dos autores soviéticos nos anos 60, mas veio a ser aceito por vários deles.

Nunca ficou provado, acima de qualquer dúvida razoável, que sociedades capazes de satisfazer as condições de aplicabilidade da palavra "comunista" tenham efetivamente existido. Sem democracia na União Soviética, a alegação de que seu povo possuía os meios de produção é evidentemente falsa. A escravidão em massa, a servidão feudal para os camponeses e a ditadura totalitária na União Soviética de Stalin não tinham relação alguma com qualquer coisa que se pudesse chamar de "comunista" no sentido tradicional do século XIX. Depois de 1953 surgiu uma forma dual de propriedade dos meios de produção, consistindo em um proprietário coletivo de nível mais alto (o Politburo hierarquicamente organizado, na cúpula do Partido Comunista da União Soviética) e dois proprietários coletivos paralelos de nível mais baixo (as hierarquias do partido e do governo). Os empregados definitivamente não eram os proprietários de suas empresas. O sistema chinês e a maioria dos europeus orientais eram basicamente semelhantes aos da União Soviética.

A forma predominante das primeiras teorias comunistas era um esquema de uma sociedade futura projetada para a felicidade geral que às vezes usava a ficção utópica como recurso literário. Acrescentava-se geralmente uma crítica penetrante da sociedade contemporânea. Nos *Manuscritos de 1844* Marx forneceu uma justificativa filosófica do comunismo. Este era visto como o meio de realizar um valor essencial (o humanismo, alcançado através da superação da ALIENAÇÃO do trabalho). Depois de 1845 Marx e Engels começaram a se opor a teorias de esquemas, alegando que era impossível fornecer um projeto completo para uma atividade futura livre e criativa. Assim, recusaram-se a desenvolver um tratamento ou descrição sistemáticos das propriedades da sociedade comunista. Justificavam o comunismo, agora, como o meio de superar os conflitos básicos no interior do capitalismo, libertando a classe operária e garantindo o progresso humano. O comunismo só viria a ser possível depois que todas as opções disponíveis para o desenvolvimento dos meios de produção no interior do capitalismo fossem exauridas. Marx nunca forneceu uma análise a respeito do nível de forças produtivas que ele considerava incompatível com a existência futura do capitalismo. Na década de 1840 ele achava que o capitalismo já havia atingido seu ponto de saturação, porém mais tarde admitiu ter cometido um equívoco. Marx (1867) parecia pensar que o momento de mudança do capitalismo para o comunismo chegaria quando a maioria esmagadora da humanidade se tornasse assalariada (ou da classe operária). Lenin, em suas obras posteriores, afirmou que um governo da classe operária pode usar o poder político para elevar as forças de produção ao nível necessário para a sobrevivência do comunismo, mas não forneceu nenhuma descrição articulada desse nível.

A literatura comunista do século XX trata basicamente da transição do capitalismo para o comunismo e evita uma exposição detalhada do conceito em si mesmo. A. Nove afirmou que o comunismo de Marx (e, por implicação, o de Lenin) não é factível. Assim, Marx seria um utópico, tal como o foram seus antecessores. M. Conforth rejeitou a idéia de que o comunismo fosse um estágio de desenvolvimento (ou um modo de produção) e afirma que é um meio de vida moral e político baseado nos direitos dos indivíduos em seu estado consumado de desenvolvimento e liberdade.

Lenin insistiu, em 1917, em afirmar que Marx usou "socialismo" para se referir ao primeiro estágio do comunismo, caracterizado pela propriedade comum dos meios de produção, a retenção do Estado, a ausência de classes econômicas, mas também a ausência da capacidade de satisfazer plenamente as necessidades (materiais) do povo. O socialismo deveria ser antecedido pela ditadura do proletariado (Lenin, 1917). Alguns autores trataram o SOCIALISMO como um estágio distinto que seria possivelmente paralelo ao comunismo.

Marx usou a palavra "comunista" para designar o movimento político que aceitava suas idéias, ou qualquer movimento da classe operária visando criar a sociedade comunista. Com toda a certeza, ele apoiou a revolução violenta e a ditadura do proletariado, mas pressupôs que, no capitalismo, um governo não-democrático, combinado com um oficialato permanente e um exército profissional, iria de qualquer forma usar a violência para se opor à decisão da maioria de introduzir o comunismo, e achou que seria o caso de uma grande maioria (provavelmente 80-95%) exercendo coerção sobre uma pequena minoria. Os partidos da classe operária, no final do século XIX, geralmente chamavam-se socialistas ou social-democratas. Depois de 1917 a palavra "comunista" foi usada para descrever os partidos que aceitavam a revolução violenta e a ditadura do proletariado como os meios de transição para o comunismo, e "socialismo" descrevia os que as rejeitavam. Lenin insistiu em que somente um partido marxista poderia ser chamado de "comunista" e que o governo por um único partido comunista era uma característica essencial da ditadura do proletariado. Deixou de lado a exigência de uma sociedade predominantemente de classe operária como ponto de partida de uma transição para o comunismo. (Mais tarde, admitiu que a ditadura do proletariado na Rússia havia degenerado em uma ditadura do Partido Comunista e do Exército Vermelho sobre todas as classes da sociedade.) Os partidos comunistas ocidentais aceitaram as alegações soviéticas sobre a natureza da sociedade na URSS, na maioria dos casos, até o final dos anos 60. Hoje estão abandonando a idéia de ditadura do proletariado e até mesmo a designação "comunista".

Leitura sugerida: Cornforth, M. 1980: *Communism and Philosophy: Contemporary Dogmas and Revisions of Marxism* • Marx, K. e Engels, F. 1848 (*1981*): *O manifesto comunista* • Moore, S. 1980: *Marx on the Choice between Socialism and Communism* • Nove, A. 1977: *The Soviet Economic System* o 1983: *The Economics of Feasible Socialism* • Roemer, J., org. 1986: *Analytical Marxism*.

EERO LOONE

confiança e cooperação "Pode-se dizer que dois ou mais agentes *cooperam* quando se empenham num empreendimento conjunto para cujo resultado são necessárias as ações de ambos" (Williams, 1988, p.5). Numa definição ampla, a cooperação é, portanto, relevante para a maior parte dos empreendimentos humanos, do jogo ao matrimônio, das transações de mercado às relações internacionais, da produção industrial à educação. Até mesmo a competição, em vez de ser o oposto da cooperação, muitas vezes se apóia em acordos cooperativos.

A cooperação exige que os agentes — tais como indivíduos, firmas e governos — estejam de acordo com respeito a um conjunto de regras, um "contrato", que deve ser então observado no decorrer de sua atividade conjunta (Binmore e Dasgupta, 1986, p.3). Acordos e regras, no entanto, não precisam ser o resultado de uma comunicação, nem mesmo de uma intenção, explícita. Pode-se desenvolver no decorrer da própria interação, por tradição, experiência anterior com sucesso, tentativa e erro ou processos evolutivos (Axelrod, 1984; Sugden, 1986). Nesse sentido, o *comportamento cooperativo* pode surgir também entre espécies não-humanas, nas quais, na verdade, costuma ser encontrado — em contraste com a visão tradicional e hoje desacreditada de "competição para a sobrevivência" representaria o aspecto central do mundo animal (Hinde, 1982; Bateson, 1986).

A cooperação coloca problemas de interesse particular para as ciências sociais sempre que os agentes não são capazes de monitorar as ações uns dos outros sem o dispêndio de esforço. Tanto sua significação social quanto sua sofisticação conceitual, exigidas para sua compreensão, são realçadas de forma expressiva "quando uma ação necessária por parte de pelo menos um dos envolvidos não se encontra sob o controle imediato do outro envolvido. (...) Sob essa definição, uma situação em que dois agentes cooperam envolve necessariamente pelo menos um deles *dependendo do outro*" (Williams, 1988, p.5).

A partir daí, a cooperação torna-se ao mesmo tempo frágil e objeto de uma tomada de decisão incerta, em particular para a parte dependente. Quando a monitoração é difícil, a decisão de aderir a um empreendimento cooperativo — que é geralmente suscetível a custos — torna-se particularmente passível do risco relacionado à potencial deserção de outros. Nesse ponto, a cooperação aproxima-nos mais da noção de *confiança*, que representa um ingrediente destacado, mas pouco estudado, da interação social.

O objeto da *confiança* pode referir-se à capacidade técnica de certos indivíduos dos quais às vezes depende o nosso bem-estar (tais como médicos ou pilotos). Ou pode dizer respeito à fidedignidade e eficácia de certos grupos (digamos, os gurkhas, soldados hindus do Nepal que servem no exército britânico) e até mesmo de entidades abstratas (um exemplo seria o sistema de transportes) (Luchmann, 1979, 1988; Barber, 1983). No entanto é a confiança na disposição de outros agentes de cumprir suas obrigações "contratuais" que é crucial para a cooperação. Nesse sentido, a confiança (ou, simetricamente, a desconfiança) pode ser descrita como um nível particular da probabilidade subjetiva com que um agente avalia se um ou mais dos outros agentes (A) com quem se planeja a cooperação irá também cooperar (ou não) ("Can we trust?", in Gambetta, 1988, p.217). Quando dizemos que confiamos em A (ou que A é digno de confiança), estamos querendo dizer implicitamente que a probabilidade de que A venha a executar uma ação benéfica (ou, pelo menos, não prejudicial) para nós é suficientemente alta para que nos envolvamos na cooperação com A. Do mesmo modo, quando dizemos que não confiamos em A deixamos implícito que essa probabilidade está abaixo do limite crucial, isto é, abaixo o suficiente para que evitemos a cooperação.

A confiança representa um problema nada trivial quando pelo menos quatro condições se apresentam.

1. A confiança em A deve ter uma relação com a *nossa própria* ação, quando essa ação deve ser decidida ou *antes* de podermos monitorar a ação relevante de A ou independentemente da nossa capacidade de sequer virmos a conseguir monitorá-la (Dasgupta, 1988, p.15).
2. A deve ser livre, livre especialmente para frustrar as nossas expectativas (já se disse que a confiança representa "um expediente para lidar com a liberdade dos outros", Luhmann, 1979; Dunn, 1984). Mas a confiança não se relaciona apenas à liberdade de outros.
3. Nós também precisamos ser livres para nos furtar à cooperação, caso não confiemos, pois sem alternativa poderíamos, na melhor das hipóteses, ter esperança, ou contar com, mas não confiar.
4. Finalmente, se nos fosse possível obter uma informação perfeita a respeito de outros agentes, a confiança não seria problema. Assim pode-se também dizer que a confiança representa uma reação experimental e intrinsecamente frágil a nossa ignorância, um meio de enfrentar "os limites da nossa previsão" (Shklar, 1985, p.151).

Uma tradição importante no pensamento ocidental — compreendendo Maquiavel, Hume e Smith, e ainda comum hoje em dia, especialmente no campo das ciências econômicas — equipara a confiança a um recurso que não apenas seria escasso, como o são todos os outros recursos, mas que, como o amor, o altruísmo e a solidariedade, é impossível produzir à vontade. Em conseqüência, a confiança deve ser dispensada com parcimônia, e não seria sensato nos fiarmos nela para promover a cooperação (Elster e Moene, 1988). Albert Hirschmann (1984) e Dasgupta (1988), porém, contestaram esse ponto de vista e demonstraram que a confiança não é um recurso como outros, que se esgotam sendo usados, mas que se esgota *não* sendo usado. Além disso, vários exemplos históricos apontam com plausibilidade que a confiança pode ser intencionalmente "produzida" (ver Velez-Ibanez, 1983) e, com toda a certeza, intencionalmente destruída (ver Pagden, 1988).

A confiança e a cooperação interagem em toda uma variedade de modos sutis. Por exemplo, não apenas é relevante resolver confiar ou não em A, mas pode ser igualmente relevante A confiar em nós. A cooperação pode fracassar em resultado de A furtar-se a agir em cooperação, simplesmente porque A não confia em que *nós* venhamos a cooperar. Além disso, conforme mostra a teoria dos jogos (ver JOGOS, TEORIA DOS), a cooperação pode fracassar de todo se os outros agentes não confiarem no fato de que nós confiamos neles: A pode furtar-se a agir de forma cooperativa porque acredita que não confiamos em que ele vá cooperar, e que, em virtude disso, *nós* não iremos cooperar. Para se conseguir a cooperação, a confiança precisa ser *mútua* e os agentes precisam saber que assim é.

Apesar de a desconfiança incondicional tornar impossível a cooperação entre agentes livres (Gambetta, 1988, p.224-9), esta não depende necessariamente de níveis elevados de confiança. Na verdade, uma cooperação bem-sucedida pode ocorrer independentemente de confiança e influenciar de modo positivo o próprio nível de confiança (Axelrod, 1984). Quando se pondera sobre a possibilidade de cooperar, há outros fatores a serem levados em consideração, dentre os quais se incluem o volume de perda caso a cooperação fracasse, a perspectiva de interações futuras, os interesses de A e a possibilidade de A infligir golpes fatais.

Ver também CONSENSO.

Leitura sugerida: Akerlof, G. 1970: "The market for 'lemons': qualitative uncertainty and the market mechanism", *Quarterly Journal of Economics* 84, 488-500 • Axelrod, R. 1984: *The Evolution of Cooperation* • Barber, B. 1983: *The Logic and Limits of Trust* • Gambetta, D., org. 1988: *Trust: Making and Breaking Cooperative Relations* • Hirschmann, A.O. 1984: "Against parsimony: three easy ways of complicating some categories of economic discourse". *American Economic Review Proceedings* 74, 88-96 • Lyhmann, N. 1979: *Trust and Power*.

DIEGO GAMBETTA

conflito Definido como uma contenda a respeito de valores, ou por reivindicações de status, poder e recursos escassos, na qual os objetivos das partes conflitantes são não apenas obter os valores desejados mas também neutralizar seus rivais, causar-lhes dano ou eliminá-los, o conflito pode ocorrer entre indivíduos ou entre coletividades. Esses conflitos intergrupos, bem como intragrupos, são aspectos perenes da vida social. São componentes essenciais da interação social em qualquer sociedade. Os conflitos não são sempre, de forma alguma, "fatores negativos" a minar a vida coletiva. Em geral contribuem para a manutenção e o crescimento de grupos e coletividades, bem como para reforçar relações interpessoais.

Conflito e COMPETIÇÃO são fenômenos sociais relacionados, mas distintos. A competição concentra-se na obtenção de objetivos específicos frente a agentes concorrentes, enquanto o conflito visa sempre não apenas obter valores desejados, mas ferir ou eliminar agentes que se coloquem no caminho. A competição pode ser concebida como semelhante a uma corrida, enquanto o conflito pode ser visto como análogo a uma luta de boxe.

Filósofos e cientistas sociais sempre se mostraram divididos na avaliação do conflito, desde a Antigüidade. Nos tempos modernos, os pontos de vista a respeito das funções, causas e efeitos dos conflitos nas estruturas sociais dividem-se, grosso modo, em dois campos: os que afirmam que os conflitos deveriam ser encarados como fenômenos patológicos, como sintomas de doença no corpo social; e os que defendem a idéia de que os conflitos são formas normais de interação social que podem contribuir para a manutenção, o desenvolvimento, a mudança e a estabilidade geral de entidades sociais. Na sociologia moderna, o primeiro ponto de vista é representado, entre outros, por Émile Durkheim e Talcott Parsons, e o segundo pode ser encontrado no pensamento hegeliano e marxista, mas também no DARWINISMO SOCIAL e entre os teóricos da elite, como Vilfredo Pareto e Gaetano Mosca.

Hoje em dia, em sociologia — embora nem sempre tenha sido esse o caso — existe uma tendência do pensamento conservador a enfatizar as funções negativas do conflito e dos radicais, a celebrá-lo como um veículo de transformação social.

Conflito e estrutura social

O impacto dos conflitos sobre as estruturas sociais varia com o caráter dessas estruturas. Em sociedades abertas, pluralistas, é provável que os conflitos tenham conseqüências estabilizadoras. Se existirem canais viáveis para a expressão de pretensões rivais, os conflitos em sociedades flexíveis e abertas podem levar a novas e estáveis formas de interação entre agentes componentes, assim como permitir novos ajustes. Nas estruturas rígidas, em contraste, os conflitos tendem a ser suprimidos, mas têm probabilidades de ser altamente desagregadores, se e quando ocorrem.

Em sociedades abertas e flexíveis, os conflitos múltiplos muito provavelmente se entrecruzam, impedindo com isso rupturas ao longo de uma única linha. Em sociedades desse tipo surge toda uma variedade de conflitos em diferentes esferas. Disso resulta que o envolvimento múltiplo dos indivíduos em vários conflitos une firmemente a sociedade ao fomentar diferentes alianças para diferentes questões. Agentes que são antagonistas em um conflito podem ser aliados em outro. Isso impede a polarização característica de uma sociedade rígida, onde todos os conflitos tendem a incidir sobre uma única linha.

Desde o pensamento clássico grego faz-se uma distinção entre conflitos que se desenvolvem sobre a base de um CONSENSO da sociedade e conflitos que, ao contrário, envolvem dissenso com respeito aos valores básicos sobre os quais uma sociedade se apóia. Existem conflitos dentro das regras do jogo e conflitos a respeito das regras do jogo. O primeiro tipo de conflitos pode levar a novos ajustes e a reformas, enquanto o segundo provavelmente levará a uma ruptura ou mudança revolucionária.

Toda sociedade contém elementos de tensão e fontes potenciais de conflito. Em estruturas flexíveis, esses conflitos fornecem a dinâmica da transformação social. Elementos que fogem e resistem às estruturas padronizadas de valores e normas e ao habitual equilíbrio de poder e interesses em tais estruturas podem ser considerados arautos de padrões alternativos. Em estruturas flexíveis, os conflitos evitam a fossilização e reduzem a probabilidade de tipos de ação puramente rotineiros. A mudança em geral e a inovação e a criatividade em particular neutralizam os ajustes habituais que paralisam a vida social dentro de moldes rígidos.

O choque de valores e interesses, as tensões entre o que é e o que, de acordo com alguns grupos ou indivíduos, devia ser, o conflito entre capitais investidos e novas demandas de acesso à riqueza, ao poder ou ao status estão longe de ser fenômenos patológicos — são estimulantes da vitalidade social em sociedades suficientemente flexíveis para permitir ou até mesmo estimular a expressão, sem obstáculos, de interesses e valores conflitantes.

Uma apreciação da teoria do conflito

Paz social e hostilidades sociais, conflito e ordem são fenômenos correlatos. Tanto a solidificação quanto a quebra de um costume e dos sistemas de hábitos dominantes são parte da dialética integrante da vida social. É portanto de mal alvitre fazer distinção entre uma sociologia da ordem e uma sociologia do conflito, ou ver uma contradição entre um modelo de harmonia e um modelo de conflito da sociedade. As teorias sobre o conflito ou sobre a integração não deveriam ser encaradas como sistemas explicativos rivais, tais como a astrologia ptolemaica *versus* a copernicana, mas sim como componentes antes parciais do que globais da teoria sociológica geral. Em última análise, só pode existir uma teoria sociológica geral, ainda que esta possa consistir em grupos de teorias parciais de nível médio. Assim como a moderna teoria política abandonou a discussão infrutífera a respeito de coerção ou a persuasão ser a *verdadeira* base das estruturas políticas, e assim também como a maior parte da psicologia moderna abandonou a busca vã de resolver se é a natureza ou a criação que se encontra na raiz da personalidade, da mesma forma a teoria sociológica deveria abster-se de estimular dicotomias igualmente infrutíferas. Sempre que um analista depara com o que parece ser um equilíbrio temporário, deveria prestar atenção às forças conflitantes que levaram ao seu estabelecimento, antes de qualquer coisa. E, inversamente, o analista deveria ser sensível à probabilidade de que onde existe conflito e divisão haverá também forças pressionando para o estabelecimento de novos tipos de equilíbrio. Uma preocupação preponderante com um ou outro grupo de fenônemos impede o caminho da análise geral das estruturas e processos sociais. A sociologia do conflito busca explicar variáveis negligenciadas por outras abordagens teóricas; ela não pode suplantar a análise de outros processos sociais.

Fatores objetivos e subjetivos

A base objetiva de conflitos a respeito de valores e bens escassos, como renda, status ou poder, precisa ser diferenciada de predisposições e atitudes subjetivas, tais como hostilidade, agressividade e fenômenos semelhantes. Conflitos e sentimentos hostis são fenômenos diferentes e podem nem sempre coincidir. Não é necessário que o comportamento discriminatório, por exemplo, esteja sempre associado a atitudes preconceituosas. Atitudes hostis não resultam necessariamente em comportamento de conflito.

Tampouco precisamos ter a expectativa de que discrepâncias objetivas de poder, status, posição de classe ou renda conduzam necessariamente à deflagração de um conflito, embora devam ser concebidas como fontes potenciais deste. O modo como as pessoas definem uma situação, mais que os aspectos objetivos desta, deve ser o centro da atenção analítica. Os rivais potenciais por uma mudança de status, respeito ou poder e riqueza podem abster-se de recorrer ao conflito, seja devido a uma avaliação realista de suas possibilidades de sucesso, seja porque consideram legítima a atual distribuição das entidades valorizadas. Quando, como no tradicional sistema de CASTAS indiano, distribuições desiguais de itens valorizados são consideradas legítimas não apenas pelos privilegiados mas também pelos desprivilegiados, o conflito entre ricos e pobres não será ameaça ao sistema. Só quando os desprivilegiados negam legitimidade a uma ideologia, ao perder a fé que nela depositavam, como ocorre quando as relações entre suas necessidades e os privilégios dos de posição mais elevada se tornam transparentes para eles, é possível esperar-se a irrupção de conflito entre ricos e pobres.

Conflito realista e não-realista

A distinção entre tipos de conflitos realistas e não-realistas demonstrou recentemente alguns resultados valiosos na análise concreta. O conflito realista surge quando grupos ou indivíduos se chocam na busca de direitos rivais e na expectativa de lucro econômico, poder ou status. Os participantes entendem que o conflito pode ser abandonado ou substituído por outros meios, caso esses pareçam mais eficientes. Por outro lado, em confitos não-realistas, que geralmente brotam apenas de sentimentos hostis, os meios de conduzir o conflito não podem ser substituídos porque o que está em jogo é a agressão em si mesma. O sistema do bode expiatório fornece um bom exemplo. O que pode ser substituído nesse caso não são os meios, mas o objeto. Em tais conflitos, o alvo é secundário à necessidade da disposição ao ataque. Assim, num conflito não-realista existem alternativas quanto ao alvo, enquanto no conflito realista existem alternativas quanto aos meios utilizados. No caso do bode expiatório, por exemplo, o objeto atacado pode vir a se tornar vítima devido a uma questão de grupo étnico, de crenças, sexo ou outras características, dependendo da situação específica. No conflito realista, em contraste, uma das partes numa relação industrial pode resolver que o arbítrio, e não uma ação de ataque, tem maiores probabilidades de trazer resultados.

Conflito, autovalorização e força coletiva

Sentimentos de valor, força e dignidade pessoal entre pessoas ou extratos até então desprezados e desprivilegiados têm probabilidades de ser fomentados e fortalecidos, caso os desprivilegiados tenham demonstrado seu ânimo em controvérsias com os que até então os vinham reprimindo e oprimindo. As lutas pelos direitos civis no Sul dos Estados Unidos, por exemplo, intensificaram de tal forma o senso de capacitação e valor entre a população negra que esta podia agora proclamar, triunfalmente, que "*Black is Beautiful*" (negro é lindo). A classe operária em todos os países industriais do Ocidente transformou-se lentamente de objeto em sujeito da história, em uma classe *para si*, com um senso de poder para transformar seu status de pária. O moderno movimento feminista transformou milhões de mulheres de objetos sexuais quase totalmente passivos em agentes conscientes dentro do cenário público, em sua busca de plena igualdade com os homens.

O conflito entre agentes antagônicos pode não apenas intensificar o senso de valor, poder e dignidade de um deles, ou de ambos, como também levar a um reforço dos laços recíprocos. Seja nas relações raciais ou no matrimônio, os conflitos podem permitir o surgimento de laços mais fortes, em vez da destruição desses laços. Os laços matrimoniais podem ser fortalecidos, ou as relações entre raças podem melhorar, depois de os agentes relevantes terem ganhado uma força autoconfiante, depois de se terem confrontado na busca de interesses inicialmente divergentes.

Canalização de conflitos

A busca da eliminação do conflito na sociedade humana está destinada ao fracasso. O conflito é parte inerradicável da vida conjunta dos seres humanos; é um componente tão fundamental da associação humana quanto a cooperação. O que é factível, porém, é transformar tipos específicos de comportamento de conflito quando estes são entendidos como antifuncionais ou nocivos. Os duelos, que um dia foram um componente vital do estilo de vida aristocrático, desapareceram por completo. A vendeta só sobrevive em remanescentes isolados de sociedades ocidentais. As greves violentas nos conflitos entre trabalho e direção industrial, no século XIX e início do século XX, são hoje coisa do passado, com muito poucas exceções. Como esses pequenos exemplos demonstram, é possível reduzir a violência ou intensidade do conflito através da canalização dos confrontos antagônicos, de tal forma que sejam minimizados o sofrimento e os custos impostos aos seres humanos. Se hoje a guerra nuclear tornou-se impensável, da mesma forma amanhã outras formas odiosas de guerra, mesmo que nem todas o sejam, podem não vir mais a custar vidas humanas.

Ver também AGRESSÃO; VIOLÊNCIA.

Leitura sugerida: Collins, Randall 1975: *Conflict Sociology: Toward an Explanatory Science* • Coser, Lewis A. 1956: *The Functions of Social Conflict* o 1967: *Continuities in the Study of Social Conflict* • Dahrendorf, R. 1957 *(1959)*: *Class and Class Conflict in Industrial Society* • Gluckman, Max 1956: *Custom and Conflict in Africa* • Himes, Joseph S. 1980: *Conflict and Conflict Management* • Kriesberg, Louis 1982: *Social Conflicts*, 2ªed. • Rex, J. 1961: *Key Problems of Sociological Theory* • Simmel, Georg 1908 *(1955)*: *Conflict and the Web of Group Affiliations.*

LEWIS A. COSER

confucionismo Como tradição intelectual e ética, o confucionismo tem mais de 25 séculos. Seus valores básicos foram abraçados não apenas na China propriamente dita, mas também no Japão, Coréia e Vietnã, e ajudaram a dar forma à autoconsciência do Leste Asiático como região cultural distinta. Conforme seria de se esperar, não existe um confucionismo essencial que tenha persistido durante todo o decorrer dessa longa história. Em vez disso, a tradição confuciana, como outras tradições intelectuais e religiosas de idade e significação comparáveis, evoluiu e se transformou, ainda que algumas continuidades reais tenham sido mantidas. Essa herança cultural variada proporcionou recursos abundantes para que os habitantes do Leste Asiático do século XX refletissem sobre a vida social contemporânea, embora o confucionismo também tenha tido de enfrentar inúmeros desafios com respeito a sua compatibilidade com novos conhecimentos e valores sociais.

O nome ocidental "confucionismo" pode indicar que Confúcio (forma latinizada de *Kung Fu-Tzu* — Mestre Kung), filósofo e professor chinês que viveu no século VI a.C., tenha sido o fundador dessa tradição intelectual e ética. Na verdade, ele se encarava apenas como transmissor de uma herança que se formara séculos antes de sua época, e "confucionismo" é conhecido geralmente no Leste da Ásia como a "tradição erudita". Confúcio viveu num período de grande agitação política e cultural. Suas preocupações em restaurar a ordem e a harmonia na sociedade e em cultivar a MORALIDADE individual dentro de uma ordem social definida pela tradição tornaram-se valores que motivaram e orientaram o posterior desenvolvimento do pensamento social confuciano. Como modo de vida, o confucionismo notabilizou-se por sua preocupação com o bem-estar social, a harmonia e a solidariedade sociais, a estabilidade política e a paz social, que devem todos ser buscados dentro de estruturas de significado herdadas do passado. (Ver também TRADIÇÃO E TRADICIONALISMO.)

O pensamento social confuciano tem sido em geral corporativista, presumindo que a sociedade ideal é uma ordem hierarquicamente diferenciada e que relações humanas estruturadas de forma ritual são essenciais para esse ideal. Essa ênfase nas relações humanas expressou-se num interesse conjunto pela distinção entre os indivíduos e pela diferenciação dos tipos de relações posssíveis entre eles. Tradicionalmente, os confucianos admitiam a possibilidade de muitos tipos de relações entre indivíduos, mas davam ênfase especial a "cinco relações cardeais" como fundamentais a uma ordem social adequada: as relações entre pai e filho, governante e súdito, marido e mulher, irmão mais velho e irmão mais moço, e entre amigos. A preocupação confuciana com as relações dentro da família, especialmente entre pais e filhos, levou alguns observadores a descrever a teoria social confuciana como orientada de forma restritiva para o grupo, mas essa preocupação confuciana com a possibilidade e a significação de relações construídas voluntariamente, tais como as que existem entre amigos, não deveria ser subestimada. Cada uma dessas relações cardeais determina papéis, bem como responsabilidades; assim, obrigação corresponde a direito. Todos essas relações variadas e recíprocas são melhor estabelecidas e cultivadas através de uma etiqueta e um ritual formalizados (*li*), que foram recebidos do passado.

Um comportamento adequado dentro dessas relações tradicionalmente definidas é não apenas crucial para o estabelecimento de uma sociedade bem ordenada, mas também essencial ao desenvolvimento necessário de um indivíduo, pois de acordo com a perspectiva confucionista, as pessoas só se tornam *humanas* através de um processo de aprendizado cultural e ético que dura uma vida inteira. "Para se tornar plenamente humano, o eu deve entrar em diálogo contínuo com outros dentro das estruturas de relações humanas" (Tu, 1984, p.5).

A tradição confuciana foi institucionalizada em padrões de vida de família, num sistema educacional sofisticado e no governo. O sistema educacional confuciano, em princípio, era aberto a qualquer um, e é um dos poucos exemplos de aspiração à educação universal no mundo pré-moderno. No passado o pensamento social confuciano dedicou lugar especial ao papel do governante no estabelecimento da sociedade ideal e no estímulo à perfeição moral dos indivíduos. Alguns ensinamentos do próprio Confúcio, reunidos nos *Aforismos*, postulavam o governo através do comportamento exemplar, em vez da correção e do castigo. Ele aconselhava os governantes a liderar o povo de acordo com os ritos apropriados (*li*), o que motivaria outros a cumprir com seus próprios papéis dentro da sociedade. Segundo a teoria política confuciana, um governante não será capaz de exercer o governo de forma eficaz sem uma conduta pessoal adequada. A comunidade de elite dos eruditos confucianos em geral aspirava a desempenhar um papel no governo, como conselheiros do governante. Confúcio e seus sucessores insistiram em que os governantes deveriam dar posições de autoridade a "pessoas de virtude e capacidade", isto é, aos que tivessem obtido sucesso na educação confuciana, e a tradição confuciana geralmente dava preferência à meritocracia em relação a qualquer sistema de governo que privilegiasse o direito de nascença.

No século XX muitos dos valores centrais do pensamento social confuciano foram sujeitos a críticas extensas e inteira rejeição. É o caso particular das dimensões políticas do pensamento confuciano, uma vez que raros governantes atingiam o status moral necessário para governar de acordo com as instruções da teoria política de Confúcio. Na virada do século o confucionismo foi identificado, de forma bastante realista, com o autoritarismo e a corrupção política, uma vez que seus ideais podiam ser facilmente manipulados para ampliar o poder de indivíduos ou grupos particulares. Essa crítica interna da prática do confucionismo, que teve muitos precedentes na história chinesa, foi acompanhada do desafio representado pelos ideais sociais alternativos aprendidos em contato com o Ocidente no século XIX. Os valores e instituições confucianos eram encarados cada vez mais como incompatíveis com os ideais democráticos ou socialistas, ou simplesmente com a MODERNIDADE em geral. Grande parte do pensamento social confuciano no século XX tem sido, portanto, necessariamente defensivo, tentando demonstrar que a tradição confuciana tem valores análogos aos desses novos contestadores ou é capaz de promover a concepção de novos ideais.

Mais recentemente tem havido uma retomada dos valores confucianos por todo o Leste da Ásia, como parte das atuais reconsiderações de identidade cultural no mundo moderno. Essa retomada tem enfatizado a tradicional insistência confuciana em que a vida social deve ser formada pelos recursos morais e simbólicos do passado. Ao mesmo tempo em que se mostra crítica da tradição confuciana que herdou, essa retomada também começa a repensar se a modernidade deve necessariamente ser definida com ênfase na autonomia do indivíduo. O exemplo do Leste Asiático industrial sugere que os valores confucianos de respeito à autoridade, solidariedade social baseada na família e preferência pelo consenso, em vez do pensamento independente, podem trazer contribuições positivas para uma sociedade moderna.

Leitura sugerida: King, Ambrose Yeo-Chi 1991: "Kuan-hsi and network building: a sociological interpretation". In *The Living Tree: the Changing Meaning of Being Chinese Today,* número especial de *Daedalus*, 120, 63-84 • Levenson, Joseph R. 1958-65: *Confucian China and its Modern Fate*, 3 vols. • Rozman, Gilbert, org. 1991: *The East Asian Region: Confucian Heritage and its Modern Adaptation* • Tu Wei-ming 1984: *Confucian Ethics Today: the Singapore Challenge* o 1985: *Confucian Throught: Selfhood as Creative Transformation* o 1991: "The search for roots in industrial East Asia: the case of the Confucian revival". In *Fundamentalisms Observed*, org. por Martin E. Marty e R. Scott Appleby.

CHARLES HALLISEY

conhecimento, sociologia do Ver SOCIOLOGIA DO CONHECIMENTO.

conhecimento, teoria do A teoria filosófica do conhecimento — ou epistemologia — diz respeito à sua natureza, sua variedade, suas origens, seus objetos e seus limites. Platão diferenciou o conhecimento (*episteme*) da mera crença (*doxa*). Tradicionalmente, o conhecimento foi definido como uma crença de legitimidade justificada. Entre as questões com as quais a epistemologia se ocupou estão: (1) o conhecimento é possível? (2) Em caso positivo, seus objetos são reais ou ideais? (3) Sua fonte é a experiência ou a razão? (4) O conhecimento é unitário? Desde o seu nascimento, a epistemologia é (5) *aporética*: ou seja, suas soluções foram forjadas na preocupação com certos problemas ou conjunto de problemas. Assim, neste artigo, examinarei rapidamente um desses conjuntos, o que cerca o problema da indução, chamado de "o escândalo da filosofia" por C.D. Broad em 1926.

(a) Os céticos duvidavam que fosse possível a justificação das pretensões ao conhecimento, enquanto os falibilistas, como C.S. Peirce e K.R. Popper, argumentavam que o melhor que se pode conseguir são conjecturas não-falsificadas e submetidas a exame crítico. Mas a falsificação de uma conjectura parece implicar o reconhecimento, e com isso a aceitação, de um engano. Não obstante, a apreensão da relatividade do conhecimento levou tanto os convencionalistas do século XX quanto alguns sociólogos do conhecimento a querer colocar a palavra entre aspas de advertência.

(b) O início do século testemunhou uma reação realista aos idealismos subjetivo e objetivo do século XIX predominantes, nos quais a realidade, em particular os objetos da percepção e o conhecimento de maneira mais geral, era encarada como consistindo de mentes (finitas ou infinitas) ou idéias (particulares ou transcendentes), ou de qualquer forma dependendo delas. G.E. Moore propôs um REALISMO perceptual baseado no senso comum, mas nem este nem o realismo representativo mais habitual, cartesiano-lockeano, em que alguns produtos da percepção eram como os seus objetos, conseguiu fornecer uma proposição à altura do fenomenalismo, em que os objetos eram analisados como dados dos sentidos, efetivos ou possíveis, e no qual o empirismo lógico dominante no segundo quartel do século geralmente se abrigava. (Os empiristas lógicos, no entanto, de modo característico, tenderam também a descartar toda a questão realista/idealista como uma questão "metafísica", tipicamente insolúvel e, portanto, sem sentido.) Nos anos 70 e 80 a questão do realismo — mas agora principalmente do realismo científico — veio mais uma vez para o primeiro plano, nos Estados Unidos principalmente nas formas de orientação epistemológica propostas por H. Putnam e W. Boyd, e na Inglaterra nas variedades mais ontológicas propostas por Harré e Bhaskar. Este último afirma que os objetos do conhecimento científico não são os eventos e suas conjunções, mas sim (1) as estruturas causais, mecanismos geradores e fatores semelhantes que existem e agem, em sua maior parte, de forma bastante independente da atividade humana, e (2) em particular a atividade da experimentação que nos permite um acesso empírico a eles. De forma mais geral, parece importante distinguir, pelo menos no que diz respeito à ciência, dois tipos de objetos do conhecimento: os objetos (intransitivos) de investigação científica (tais como o mecanismo da condução eletrônica ou a propagação da luz) e os objetos cognitivos (transitivos) — recursos, e não tópicos — usados na produção ou transformação de seu conhecimento (ver MODELO).

(c) Pelo menos desde Leibniz e Hume, o conhecimento analítico tem sido nitidamente diferenciado do conhecimento empírico, apesar de essa distinção ter sofrido ataques no terceiro quartel do século por parte de W.V.O. Quine (e, numa direção diferente, Friedrich Waismann). Uma disputa histórica capital dentro da epistemologia foi a ocorrida entre os racionalistas, como Platão e Descartes, que encaravam a razão, e os empiristas, como Aristóteles e Locke, que encaravam a experiência como fonte primária (ou mesmo única) do conhecimento. De forma típica, os racionalistas conceberam o conhecimento, dentro do paradigma da geometria euclideana, como derivado aprioristicamente de axiomas auto-evidentes ou racionalmente demonstráveis. Os empiristas, em contraste, presumiram que o conhecimento era determinado por indução a partir de (ou testado por referência a) afirmações oriundas da observação, irrefutáveis ou convencionalmente ajustadas, mas não inferidas. Kant tentou reconciliar as posições rivais de razão e experiência em seu sistema de idealismo transcendental, encarando a razão como fornecedora de princípios sintéticos *a priori*, impondo forma à matéria recebida através dos sentidos.

Na primeira metade do século, o EMPIRISMO, particularmente numa forma lógica promulgada pelo círculo vienense de M. Schlick, R. Carnap e O. Neurath, era praticamente hegemônico — embora fora da corrente predominante analítica florescessem exemplos de racionalismo como a FENOMENOLOGIA, de Husserl, e até mesmo dentro dela sobrevivessem figuras como R.G. Collingwood. Vale a pena examinar com um pouco mais de detalhe o desaparecimento do empirismo lógico. O círculo de Viena empregava a dicotomia analítico-empírico na forma de um critério de significação (inicialmente afirmado por Schlick como "o significado de uma proposição é o método da sua verificação") e de um critério de demarcação (de um discurso científico para um não-científico). Mas logo surgiram dificuldades. Primeiro, o princípio de verificabilidade não era nem analítico nem empírico, e portanto deveria ser desprovido de sentido. Em segundo lugar, nele tanto as proposições históricas quanto as leis científicas (as quais, sendo universais, nunca poderiam ser verificadas de forma conclusiva) revelaram-se sem sentido. Para enfrentar essa dificuldade, Carnap afrouxou o critério a fim de admitir uma proposição que fizesse sentido, para o caso de alguma prova empírica poder contar a favor ou contra ele, isto é, de ser testável. A reação de Popper foi admitir proposições não-científicas como significativas, mas usando a falsificabilidade como critério de demarcação substituto. Finalmente, o princípio parecia acarretar solipsismo ou, caso recebesse uma interpretação realista, perda de irrefutabilidade e, com isso, de decisões singulares.

De forma mais geral, toda uma idéia de fatos independentes de teoria constituindo os fundamentos irrefutáveis do conhecimento foi colocada sob suspeita a partir de variadas esferas. A crítica de Wittgenstein da sua própria filosofia inicial, e em particular da necessidade de uma linguagem particular, minou de modo fatal o individualismo sociológico implícito no modelo. Uma crescente consciência da mutabilidade do conhecimento científico (e da magnitude das efetivas mudanças científicas), pela qual a obra de Karl Popper, T.S. Kuhn, I. Lakatos e P.K. Feyerabend foi principalmente responsável, comprometeu o argumento do fundamentalismo. Além disso, ficou evidente que palavras-chaves tais como "experiência" eram subanalisadas e usadas de forma equívoca, por exemplo, pela impossibilidade de distinguir prática social, por um lado, e investigação experimentalmente controlada, por outro — ambas, além do mais, profundamente implicadas na teoria. Finalmente, o caráter holístico tanto dos resultados experimentais quanto das linguagens de observação tornou-se claro. (Assim, no primeiro caso, qualquer resultado é, primeiro, um teste de uma multiplicidade de hipóteses — qualquer uma das quais pode ser preservada —, segundo, consistente com uma pluralidade — geralmente infinita — de novos grupos de hipóteses e, terceiro, sujeito a subseqüente revisão ou redescrição na história da ciência.)

A obra do segundo Wittgenstein e a linguagem comum, depois a FILOSOFIA DA LINGUAGEM centrada em Oxford (liderada por Gilbert Ryle e J.L. Austin), junto com a análise conceitual também praticada ao mesmo tempo, abriram caminho para o ressurgimento de temas neokantianos, especialmente na obra de P. Strawson e S.N. Hampshire e nas filosofias da ciência propostas por W. Sellars, S.E. Toulmin, N.R. Hanson e Rom Harré. Mais recentemente, uma combinação não-kantiana do empirismo e do racionalismo foi tentada por Bhaskar em seu sistema de realismo transcendental ou crítico, no qual a teoria científica é encarada como geradora, sob a disciplina do controle experimental, de conhecimento de necessidade natural *a posteriori*. Nesse sistema, os critérios humeanos de causalidade e lei, bem como os critérios hempelianos de explicação, não são nem necessários nem suficientes. A ontologia é rejustificada e o erro da análise de proposições, sobre serem proposições a respeito do nosso conhecimento do ser — a falácia epistêmica —, é encarado como encobrindo a geração de uma ontologia implícita, no caso padrão a do realismo empírico, incorporando a redução do real ao factual (factualismo) e daí ao empírico. A partir dessa perspectiva, sem a retematização e a crítica da ontologia empirista, o empirismo deve sofrer uma mutação para alguma forma de convencionalismo, pragmatismo conforme representado pelo influente *Philosophy and the Mirror of Nature* (1980), de Rorty, ou mesmo superidealismo, acarretando um hiperrelativismo subjetivo, no qual os critérios de objetividade e verdade são completamente perdidos.

(d) De forma tradicional, a FILOSOFIA DA CIÊNCIA tem sido tratada como pouco mais que um exemplo substitutivo da teoria do conhecimento mais geral. A FILOSOFIA DA CIÊNCIA SOCIAL foi anexada, por sua vez, como nada além de um exemplo da filosofia geral da ciência (natural). Essas elisões têm sido cada vez mais questionadas no decorrer do século XX. Assim, fizeram-se discriminações entre conhecimento comum e conhecimento científico, com este último exigindo uma socialização própria, e entre conhecimento nas ciências naturais e nas ciências humanas (ao que voltarei em breve). Além do mais, seguindo Ryle, costuma-se hoje fazer uma distinção entre o conhecimento-de-como prático e o conhecimento-de-que proposítivo (e o mais genérico conhecimento-de); segundo Polanyi, entre conhecimento tácito e explícito; segundo Wittgenstein, entre consciência prática e discursiva (ou entre forma de vida e teoria); e, segundo Noam Chomsky, entre competência e desempenho. Todas essas distinções ajudaram a demolir o antigo conceito unitário e indiferenciado de conhecimento.

(e) Quero agora considerar brevemente o campo-problema da indução. O problema da indução, de saber que garantia temos para supor que o curso da natureza não irá mudar. Na ontologia realista transcendental, a estratificação da natureza proporciona a cada ciência sua própria garantia indutiva interna. Se existe uma razão real, localizada na natureza da matéria, e independente da disposição envolvida, tal como sua estrutura molecular ou atômica, então a água *deve* tender a ferver quando é aquecida. Seria inconsistente com essa razão (explanação) que ela tendesse a congelar, ou a ruborizar timidamente, ou a se transformar num sapo. Mas continua a ser verdadeiro que, num mundo aberto, qualquer previsão particular pode ser derrubada. Assim, o realismo transcendental permite-nos sustentar a transfactualidade (universalidade) das leis à luz da complexidade e diferenciação do mundo, de forma a nos permitir, por exemplo, inferir tendências no contexto extra-experimental, resolvendo dessa forma o problema do que poderia ser chamado de "transdução". Uma ontologia de sistemas fechados e eventos de atomização é uma condição da inteligibilidade do problema tradicional da indução. Estreitamente ligados a esta questão estão os problemas de distinguir uma seqüência de eventos necessária de outra acidental, dos condicionais subjetivos e dos paradoxos de N. Goodman e C.G. Hempel. Todos estes giram em torno da ausência de uma razão real (não-convencional), localizada na natureza das coisas, para que predicados sejam ligados da maneira como são. Em virtude de sua constituição genética, se Sócrates é um ser humano, ele deve morrer.

Gravitando também em torno da ausência de um princípio de estrutura encontra-se o tradicional problema dos universais. Se existe alguma coisa, tal como a posse de uma estrutura atômica ou eletrônica comum, que a grafita, o carbono e os diamantes possuem em comum, então os químicos têm razão ao classificá-los juntos. Por outro lado, nada existe de algum significado científico (estrutural) que, digamos, todas as hortaliças possuam em comum — nesse último contexto classificatório, uma teoria da semelhança, em vez de uma teoria realista, funciona melhor. A ciência só se preocupa com que tipos de coisas existem na medida em que isso esclarece seus motivos para agir (os mecanismos geradores da natureza); e só se preocupa com o que as coisas fazem na medida em que isso esclarece o que elas são (as entidades estruturadas do mundo). Existe uma dialética de conhecimento explanatório e taxonômico na ciência (Bhaskar, 1975, especialmente cap.3, seções 3-6). Na ontologia realista transcendental, outros *aporiai* tradicionais da epistemologia — dos paradoxos platônicos de auto-asserção aos paradoxos de auto-referência de grupos teóricos do século XX e aos paradoxos contemporâneos de implicação material — se dissolvem. Assim, é possível ver que Platão, por exemplo, tenta explicar a razão de algum exemplo da qualidade de azul em termos de sua participação na Forma "azul" — em vez, digamos (como ele, é claro, não poderia dizer), de sua reflexão luminosa de comprimento de onda 4.400 Å — invocando um novo nível ou ordem de estrutura. É fácil descobrir outros homólogos do problema da indução — por exemplo, na interpretação e generalização de Kripke, 1981, do argumento de Wittgenstein sobre a linguagem particular; ou análogos dele — como no papel desempenhado na teoria sociológica pelo problema hobbesiano da ordem.

O campo das humanidades e das ciências sociais tem sido dominado no século XX pela disputa entre os defensores de um POSITIVISMO naturalista irrestrito e os de uma HERMENÊUTICA antinaturalista. De modo plausível, essa disputa é resolvida pelo novo naturalismo crítico, com base na filosofia da ciência realista transcendental. Neste, a VERSTEHEN surge como ponto de partida para a pesquisa social, que busca descobrir mecanismos geradores em funcionamento na sociedade, pelo menos parcialmente análogos aos que se encontram na natureza, o que pode tornar as próprias compreensões iniciais dos agentes sujeitas a crítica. No novo naturalismo restrito, surge toda uma série de diferenças ontológicas, epistemológicas, relacionais e críticas entre as ciências da natureza e da sociedade (ver NATURALISMO). A estrutura social surge como condição sempre presente *e* como o resultado continuamente reproduzido da mediação intencional humana (esta é uma dualidade de estrutura na terminologia da "teoria de estruturação" de Giddens e do "modelo transformacional de atividade social" de Bhaskar). A mediação aparece como um poder da matéria, sincronicamente emergente (ver MATERIALISMO). A ciência social, por sua parte, surge como, ao mesmo tempo, mais fácil de se iniciar e mais difícil de se desenvolver do que a ciência natural.

Estreitamente ligada a esse novo realismo crítico, encontra-se uma reavaliação de Marx como, pelo menos em *O capital*, um realismo científico. Mas a natureza de sua *Ausgang* da filosofia em ciência sócio-histórica substantiva levou ao subdesenvolvimento da sua crítica do empirismo, em comparação com a sua crítica do idealismo; de seu realismo científico, como distinto do simples objeto material; e de sua concepção da dimensão intransitiva (tematizada em torno de "objetividade"), em comparação com a dimensão transitiva (tematizada em torno de "trabalho"). Isso resultou numa tendência da epistemologia marxista a oscilar, no século XX, entre um idealismo sofisticado (seja no neokantismo de Max Adler e os austromarxistas, no marxismo estóico de G. Lukács, K. Korsch e A. Gramsci, no antiobjetivismo da teoria crítica da Escola de Frankfurt, nos marxismos humanista e existencialista no período do pós-guerra — mais especialmente o de Jean-Paul Sartre — ou no racionalismo científico de Louis Althusser) e um materialismo cru (seja no "diamat" — materialismo dialético — engelsiano-leninista-stalinista, ou no positivismo mais sofisticado porém cientificista de G. Della Volpe).

Fora da corrente analítica predominante, a fenomenologia de Husserl, especialmente depois de 1907, tornou-se cada vez mais racionalista em seu teor, praticando uma *epoché* ou suspensão transcendental da realidade ou, se não dos objetos, dos atos da consciência, a fim de investigar suas formas puras. Heidegger reagiu a isso perguntando como a existência dos atos se relacionava à existência dos *objetos* dos atos, abrindo assim o caminho para a sua ontologia fundamental do *Dasein* em *O ser e o tempo* (1927) e mais tarde para sua influente metaontologia e meta-história das épocas do ser, culminando na era contemporânea de tecnologia e niilismo. Nietzsche e Heidegger são os principais progenitores da escola chamada pós-estruturalista (depois do ESTRUTURALISMO de Claude Lévi-Strauss e Althusser). Os principais membros dessa escola são Jacques Derrida, Michel Foucault e o metapsicólogo Jacques Lacan. A obra de Derrida continua a crítica heideggeriana da metafísica da presença — logocentrismo —, que ele encara como informadora da epistemologia tradicional, e se apóia na desconstrução das oposições características, tais como universal/particular, da filosofia. O pós-estruturalismo está normalmente associado ao motivo da pós-modernidade, recentemente submetido a uma crítica devastadora por Jürgen Habermas em *O discurso filosófico da modernidade* (1985). No mundo anglo-saxão, Richard Rorty seguiu sua abordagem pragmatista, invocando cada vez mais (embora questionavelmente) J. Dewey como seu mentor, contrapondo que o pragmatismo público é compatível com a ironia privada.

Nesse meio tempo a SOCIOLOGIA DO CONHECIMENTO, que em geral se apresenta como rival da epistemologia, é um empreendimento próspero. Parece que a filosofia, se quer analisar as condições de possibilidade do conhecimento, precisa dar as mãos ao estudo empiricamente fundamentado de suas causas e efeitos, numa pesquisa que deve, logicamente, incluir as questões tanto de seu próprio status epistemológico quanto de seu próprio papel causal como parte da totalidade que ela busca descrever e explicar.

Leitura sugerida: Bhaskar, Roy 1991: *Philosophy and the Idea of Freedom* • Dews, Peter 1987: *Logics of Desintegration* • Giddens, A. 1979: *Central Problems of Social Theory* • Harré, R. 1970: *The Principles of Scientific Thinking* • Kripke, Saul 1981: "Wittgenstein on rules and private language". In *Perspectives on the Philosophy of Wittgenstein*, org. por I. Block • Outhwaite, William 1987: *New Philosophies of Social Science* • Polanyi, M. 1967: *The Tacit Dimension* • Rorty, Richard 1980: *Philosophy and the Mirror of Nature* • Ryle, Gilbert 1949 *(1963)*: *The Concept of Mind* • Wittgenstein, Ludwig 1953 *(1967)*: *Philosophical Investigations*.

ROY BHASKAR

conselho de trabalhadores Esta instituição, no contexto da DEMOCRACIA INDUSTRIAL, pode ser descrita também como conselho de trabalho, conselho de fábrica, conselho de empresa (*comité d'entreprise*) ou soviete. Segundo Gottschalch (1968, p.32), podemos diferenciar entre três tipos de conselhos: (1) como organizações de luta; (2) como formas de representação de interesses; (3) como órgãos diretores da comunidade política. Os conselhos de trabalhadores foram concebidos e praticados em todas essas três formas.

Conselhos locais e municipais existem há longo tempo como a expressão dos movimentos de cidadãos para dirigir os assuntos de uma comunidade local ou de uma cidade. No século XIX os trabalhadores começaram a se organizar em grêmios, sindicatos, clubes e outras formas de associação. Os conselhos de trabalhadores no sentido moderno foram concebidos inicialmente no contexto do ANARCO-SINDICALISMO, no final do século XIX. Opunham-se aos partidos socialistas centralizados, aos sindicatos e outras organizações operárias.

Os sovietes tornaram-se provavelmente a forma mais famosa de conselho no século XX. Já na Revolução de 1905, na Rússia, os conselhos de trabalhadores, camponeses e soldados desempenharam um papel proeminente (Anweiler, 1958). Lenin, em seus primeiros textos, foi um protagonista dessa forma de organização social, e "Todo o poder aos sovietes!" foi o slogan da primeira revolução (fevereiro) em 1917. Anna Pankratova (1923) descreveu a estrutura e o funcionamento precisos dos conselhos de trabalhadores até 1923, mas seu livro teve a publicação proibida em todos os países socialistas estatais até recentemente.

O conflito entre o "centralismo democrático" (e a ditadura do proletariado exercida através do monopólio de poder do partido comunista) e a autodeterminação básica democrática na forma de sovietes chegou às vias de fato na revolta de Kronstadt, em 1921. Trotsky — mais tarde um defensor do controle operário — esmagou o levante pela força militar. Esse foi o início do domínio stalinista e da aniquilação de toda e qualquer oposição na União Soviética, de que a região ainda não se recuperou (Ferro, 1980).

Democracia de conselho

O conceito de democracia de conselho desenvolveu-se principalmente fora da União Soviética e em oposição ao que lá era praticado. Rosa Luxemburgo criticou de forma bastante áspera, e desde muito cedo, a degeneração do sistema soviético, e apoiou os conselhos de trabalhadores e de soldados formados na revolução alemã de novembro de 1918. Esses conselhos derrubaram o Kaiser e levaram à primeira república alemã (Oertzen, 1963), mas em 1920, como uma concessão histórica, uma lei sobre os conselhos de trabalhadores, que lhes reduzia o poder, foi aprovada em Berlim (Crusius, 1978). Os social-democratas e os sindicatos tinham quase tanto medo dessas organizações básicas democráticas quanto os conservadores.

Em 1918-19 houve também uma república de conselho húngara que durou seis meses, e em 1919 uma república de conselho em Munique, de vida breve. Os conselhos de trabalhadores também desempenharam um papel predominante no Conselho da República espanhola, entre 1936 e 1939.

O pensador mais destacado do grupo de comunistas "de conselho" que se constituiu na República de Weimar foi Anton Pannekoek. Para ele, o conselho de trabalhadores não significava uma forma de organização específica, precisamente concebida, que tivesse de ser elaborada em maiores detalhes, mas o princípio de controle pelos próprios trabalhadores da empresa e da produção (Pannekoek, 1950). Karl Korsch — outro comunista de conselho — escreveu um manual de direito trabalhista (1922) para ajudar os conselheiros operários a colocarem em prática o controle operário.

Os conselhos de fábrica, como forma específica de conselho de trabalhadores, ficaram conhecidos basicamente na Itália, através dos textos de Antonio Gramsci (1910-20, 1921-6), que os descreveu tal como foram organizados de 1919 a 1921, principalmente em Turim. Segundo Gramsci, escrevendo em 1920, os conselhos de fábrica são a expressão de uma democracia produtora:

> em todas as fábricas, em todas as oficinas é formado um órgão de base representativa (...) que materializa o poder do proletariado, luta contra a ordem capitalista ou exerce o controle sobre a produção e educa todas as massas de trabalhadores para a luta revolucionária e para o estabelecimento do estado operário. (Citado por Széll, 1988, p.37).

Os *kibbutzim*, em Israel, podem ser encarados como uma forma específica de conselho de trabalhadores, e apesar de seu mandato ser muito mais amplo, uma vez que eles abrangem todas as esferas da vida social e econômica, sua base é a comunidade de produção, que está organizada de modo democrático direto (Rosner, 1976).

Os conselhos de trabalhadores são hoje a forma mais difundida de controle operário na empresa e foram institucionalizados em inúmeros países depois da Segunda Guerra Mundial. Foram tornados obrigatórios em nove países da Europa Ocidental: Áustria, Bélgica, França, Alemanha Ocidental, Grécia, Luxemburgo, Holanda, Portugal e Espanha. Em alguns dos casos, o conselho de trabalhadores consiste apenas em representantes operários, em outros incluem também representantes da gerência (Müller-Jentsch, 1990). (Ver também PARTICIPAÇÃO; AUTOGESTÃO.) O modelo alemão tornou-se o mais conhecido. Pode parecer que essa instituição é específica da Europa Ocidental, mas pode ser encontrada hoje também no Burundi, no Paquistão, na Tanzânia e em Zâmbia, enquanto instituições semelhantes existem, sob outras denominações, em Bangladesh, no Brasil, na Dinamarca, no Gabão, no Iraque, na Mauritânia, nas Ilhas Maurício, no México, nas Filipinas, em Sri Lanka, na Suíça, na Tunísia e no Zaire (International Labour Office, 1981, p.205-24; Monat e Sarfate, 1986, p.109-208). Naturalmente, é difícil comparar instituições em países onde as condições econômicas, culturais e políticas são completamente diferentes. Qual pode ser o papel de um conselho de trabalhadores numa sociedade onde o desemprego chega a 50% e a economia informal envolve 90%? Não obstante, os conselhos de trabalhadores podem ser encarados como uma forma mais fraca, ou como um protótipo, de controle por parte dos operários.

Com a queda do socialismo estatal, as profundas crises ecológica, cultural, social e política das sociedades capitalistas e o ressurgimento de organizações regionalistas e locais, um novo debate sobre a organização democrática da produção e da reprodução parece ser historicamente necessário. Nesse contexto, os ideais de controle por parte dos trabalhadores, através de conselhos, podem dar uma resposta às crises no Leste e no Oeste, no Norte e no Sul. O problema da democratização da sociedade é ainda praticamente o mesmo que existia no início do século: quem decide o que é produzido, como, onde e para quem? A reestruturação democrática (*perestroika*) na União Soviética estava ligada à introdução de conselhos de trabalhadores diretos e à *glasnost* (transparência), e os efeitos se fizeram sentir no mundo inteiro. Em muitos dos antigos países de socialismo estatal, conselhos de trabalhadores foram criados espontaneamente. Do outro lado da antiga Cortina de Ferro (Sturmthal, 1964), os movimentos de cidadãos, bem como os estudantes, mulheres e desempregados, geralmente se organizavam em conselhos. Mas os movimentos feministas e os verdes, como novos movimentos sociais, normalmente não se ocupam muito com questões econômicas. Talvez para eles — bem como para o pensamento conservador — já estejamos vivendo numa sociedade pós-industrial, onde o trabalho já não desempenha um papel central na vida. Não obstante, para o futuro da DEMOCRACIA, parece importante encontrar algum equilíbrio entre espontaneidade e organização (Mattick, 1975), e os conselhos de trabalhadores deram uma importante contribuição nesse sentido.

Ver também SINDICATOS.

Leitura sugerida: Bouvier, Pierre 1980: *Travail et expression ouvrière: pouvoirs et contraintes des comités d'entreprise* • Garson, G. David, org. 1977: *Worker Self-Management in Industry — the West European Experience* • Jain, Hem Chand e Giles, Anthony 1985: "Worker's participation in Western Europe: implications for North America". *Relations Industrielles* 40.4, 747-74 • Jenkins, David 1973: *Job Power* • Mandel, E. 1970 *(1973)*: *Contrôle ouvrier, conseils ouvriers, autogestion*, 3 vols. • Széll, György 1988: *Participation, Worker's Control and Self-Management* • Williams, G. A. 1975: *Proletarian Order: Antonio Gramsci, Factory Councils and the Origins of Italian Communism, 1911-1921*.

GYÖRGY SZÉLL

consenso Como expressão de um acordo geral entre indivíduos ou grupos, não apenas em pensamento, mas também em sentimento, essa palavra não se refere apenas a acordos nacionais, mas implica também sentimentos comuns — um sentir conjunto. O consenso existe quando uma ampla proporção dos membros adultos de uma sociedade, ou de seus subgrupos, em particular uma ampla proporção dos que tomam decisões, encontra-se em acordo geral quanto a que decisões são exigidas e que questões devem ser abordadas. Pessoas ou grupos que agem em consenso têm um senso de afinidade mútuo e se encontram unidos por laços afetivos e preocupações ou interesses comuns. Essa definição, é claro, aplica-se apenas a um grupo ideal. Em qualquer situação concreta, o consenso entre alguns será acompanhado pelo DISSENSO, ou recuo apático, entre outros. Consenso e dissenso são correlativos.

A palavra consenso foi introduzida na linguagem das ciências sociais por Auguste Comte, no século XIX. Ele concebeu o conceito como o cimento indispensável sobre o qual qualquer estrutura social deve repousar. Acreditava que, para que a sociedade não se transformasse num amontoado de indivíduos, devia basear-se no consenso de uma comunidade moral de indivíduos de igual pensamento e igual sentimento. Cientistas sociais posteriores tenderam a seguir os passos de Comte, tentando ao mesmo tempo tornar a sua rigidez analítica mais flexível. Enfatizaram, por exemplo, que em nenhuma sociedade, por mais consensual que seja, tal consenso será igualmente compartilhado por todos os membros componentes. Nem é possível esperar que todos os membros de um grupo ou sociedade venham efetivamente a desejar participar das tomadas de decisões. Nem, por outro lado, todos os grupos ou indivíduos são sempre capazes de fazer com que suas vozes sejam ouvidas no debate público. Pode ocorrer que o que se apresenta como consenso geral seja apenas o consenso daqueles a quem é permitido participar do jogo político.

Consenso precisa ser diferenciado de COERÇÃO, isto é, a imposição pela força de normas de comportamento sobre a população em geral por parte dos senhores políticos e dos que tomam as decisões. O conformismo sem reflexão e a aceitação habitual das ordens sociais não podem ser encarados tampouco como o equivalente de um consenso. Este último conceito em geral implica um processo através do qual se promove o acordo entre agentes participantes. Deve ser concebido como um processo ativo e, portanto, ser distinguido da aquiescência, da aceitação resignada ou do simples conformismo. O regime nazista na Alemanha, por exemplo, provavelmente pôde contar com o consenso de grande parte dos agentes políticos do país nos primeiros anos do regime; mais para o final, porém, a maioria dos cidadãos parece ter sido motivada apenas pelo conformismo passivo às injunções dos líderes.

As regras do jogo, como acabamos de ver, podem ser impostas de forma coercitiva por superiores poderosos a subordinados desprovidos de poder. No entanto, conforme teóricos políticos vêm argumentando desde os grandes filósofos gregos, a coerção por si não pode proporcionar fundamento suficiente para uma ordem social. Se é verdade que policiais podem erguer o cassetete contra potenciais violadores de uma ordem imposta, essa ordem não tem como resolver o problema de quem policia e ergue um cassetete contra os policiais. Uma medida de consenso, ainda que possa envolver apenas uma fração da população, deve inspirar alguns agentes a seguir as diretivas dos que tomam as decisões por motivos outros que não o medo da represália.

O consenso não implica o vínculo permanente a padrões fixos que guiem a conduta. Ao contrário, uma reflexão histórica demonstrará que o que numa época fez parte do consenso em outra já não mais determina o comportamento. Os partidos políticos, pelo menos na política democrática moderna, estão continuamente envolvidos em conflitos que visam transformar o consenso parcial em dissenso parcial ou vice-versa. Por exemplo, as crenças a respeito da necessidade de uma certa medida de segurança social durante períodos de desemprego, ou na velhice, são hoje reconhecidas e aceitas, ainda que às vezes de má vontade, por defensores do livre mercado, enquanto em um período anterior eram encaradas como fantasias utópicas. Com muita freqüência os excêntricos de uma geração tornam-se os inovadores venerados da geração seguinte.

Não apenas um dado consenso pode existir hoje e desaparecer amanhã, devido ao fluxo e às mudanças históricas, como também os agentes que desenvolvem o consenso e o acordo podem mudar no decorrer do tempo, dependendo da relativa abertura ou do relativo fechamento do acesso ao campo de debate político. O consenso origina-se de um processo no qual até mesmo alguns agentes inicialmente recalcitrantes, sejam indivíduos ou grupos, se tornam motivados, pelo menos em alguns contextos, a deixar de lado padrões egocêntricos de comportamento por meio da união através de um "nós" coletivo. Nessas situações, discordâncias iniciais podem tornar-se parte de crenças consensuais comuns no momento mesmo em que novas áreas emergentes de dissenso já começam a dar indícios de uma nova virada.

Leitura sugerida: Comte, Auguste 1974: *The Essential Comte*, org. por Stanislav Andreski • Key, Jr., V.O. 1961: *Public Opinion and American Democracy* • Lipset, S.M. 1960: *Political Man: the Social Bases of Politics* • Shils, Edward 1975: *"Consensus" in Center and Periphery: Essays in Macrosociology*.

LEWIS A. COSER

conservadorismo Esta é uma perspectiva política universal de um modo que as grandes ideologias modernas do LIBERALISMO, do SOCIALISMO e do FASCISMO não são. A aversão instintiva à mudança e a correspondente ligação às coisas tais como elas são, constituem sentimentos dos quais poucos seres humanos já estiveram totalmente isentos. E sentimentos foi tudo que o conservadorismo reuniu, durante boa parte da história humana. Nas sociedades avançadas, não menos que nas primitivas, qualquer outra disposição que não a conservadora em geral sempre pareceu aberrante. Costumes, rituais e maneiras inalteráveis governaram o comportamento humano de geração a geração. O conservadorismo só desperta de seu torpor instintivo quando incitado a fazê-lo pela deflagração de uma mudança rápida e turbulenta. E, mesmo então, o conservadorismo acha difícil dar voz a instintos aos quais durante tanto tempo ele não deu o menor valor e que (de forma bastante literal) ele não tinha nenhum *motivo* para definir ou defender. Para cada Edmund Burke, que foi "levado pelo alarme à reflexão", devido à Revolução Francesa, havia mil aristocratas e camponeses de boca calada, que sabiam o que lhes agradava, mas não sabiam por quê.

Por isso, o "alarme" sentido pelos conservadores diante da mudança presta-se à "reflexão", mais do que leva a ela. Não obstante, é correto buscar a origem do pensamento conservador no sentimento conservador. Esse senso do concreto e do imediato, que é tão característico do primeiro, tem suas origens no último. Pode remontar, mais especificamente, aos laços e práticas pré-modernos da velha Europa, aos quais os *philosophes* do ILUMINISMO do século XVIII dedicaram tanto desprezo. Contra o impulso destes últimos de reorganizar a sociedade segundo linhas "racionais" e de valorizar os indivíduos que se soltavam da teia de ligações em que viviam presos, os tradicionalistas conservadores se uniram na defesa de sua própria espécie (ver RACIONALIDADE E RAZÃO). Elevaram lentamente ao plano da reflexão sua experiência de instituições e costumes, tão inseparáveis dos fins da vida humana. E isso formou forte contraste com a então emergente ênfase liberal em fins e interesses totalmente individuais, com relação aos quais as instituições e formas de vida se colocam num relacionamento meramente utilitário. Quanto a instituições há muito estabelecidas, para o individualista liberal elas sempre pareceram muletas sem as quais as pessoas "adultas" podem viver perfeitamente (ver INDIVIDUALISMO). O conservador é, no geral, menos otimista: no caminho da liberdade, diz o pensamento conservador, fica o atalho da libertinagem. A sociedade, tal como o conservador a descreve, não é um amontoado de átomos individuais, desconectados. É antes uma *communitas communitatum*, em que o indivíduo socialmente isolado — o "homem rebelde" de Shakespeare — é a exceção, não a regra.

O que começou como oposição instintiva a idéias modernizantes desabrochou num "contra-Iluminismo" maduro quando os conservadores entenderam que os radicais burgueses queriam racionalizar e atomizar toda a sociedade. Parte da oposição conservadora aos modos abstratos de pensamento era despolitizada, uma vez que perdera o contato com o mundo tal como estava passando a ser e se refugiara na experiência internalizada que reconhecemos como romantismo, e isso ao ponto de os objetivos dos radicais burgueses terem tido sucesso. Porém um elemento mais durável no campo conservador surgiu com o HISTORICISMO. A escola histórica reagiu à dissolução do mundo tradicional estático, reinterpretando a ligação conservadora com o concreto como uma ligação com o orgânico, isto é, com o que vive e está sempre evoluindo. O lugar que fora ocupado no antigo pensamento conservador pelo estado e pela comunidade local foi preenchido, em vez disso, pela comunidade orgânica do "povo" (*Volk*).

A mudança, no entanto, pode ser tão vertiginosa que uma reação historicista a ela termine não em adaptação, mas em capitulação. Tanto a história quanto a experiência, então, tornam-se um terreno traiçoeiro para se montar uma oposição eficaz à mudança radical, pelo simples motivo de que — para tomar emprestada a linguagem do MARXISMO — ambas estão do lado da mudança. É por isso que no século XX muitos conservadores têm sentido a necessidade de um modo de pensar mais discriminador que apele menos à tradição em si mesma do que às verdades que uma tradição saudável incorpora. Era uma norma da tradição judaico-cristã que todos os membros da sociedade a aceitassem como imposição unificadora sobre eles próprios. Mas o homem ocidental moderno perdeu qualquer senso de ordem moral objetiva. A "privatização" dos valores morais, que é inevitável e boa do ponto de vista liberal, sob o ângulo conservador é idêntica ao niilismo próspero da sociedade contemporânea. Se os valores não repousam em nada mais sólido que a nossa escolha arbitrária, como gostaria o RELATIVISMO, então não podemos ter nenhum bom motivo para acreditar neles. A crítica conservadora ao individualismo liberal adquire aqui uma perspectiva cultural e metafísica — e não apenas social e política. A sociedade e suas obrigações não se fundam sobre as vontades e desejos cambiantes dos indivíduos, mas, em última análise, sobre a natureza dos seres humanos. Em outras palavras, antes dos acordos que fazemos uns com os outros, na busca de nossos interesses, temos certos deveres e direitos que são, por assim dizer, inegociáveis ou "dados", pois inscritos em nossas próprias naturezas.

Os limites atribuídos à mudança ou ao "progresso" pelas idéias gêmeas de natureza humana e lei natural são obviamente bastante consideráveis. Liberais e radicais, em graus variados, assumem a plasticidade infinita da natureza humana. Os conservadores adeptos da lei natural afirmam, ao contrário, que ela manifesta aspectos imutáveis, que por sua vez implicam normas imutáveis. Alguns têm encarado esse ponto de vista como sinal de uma possível incoerência na teoria conservadora: como pode a crença em uma lei natural universal — que é por definição aplicável a todos os seres humanos em todos os lugares e em todos os tempos

— ser compatível com a ligação com tradições e costumes particulares e locais? Nem todos os conservadores, é claro, apóiam esses dois pontos de vista. Mas os que o fazem são geralmente forçados a admitir que uma cultura existente, ou tradicional, pode de fato não corresponder nem de longe a certos princípios morais universais, caso em que essa cultura deve submeter-se ao julgamento de tais princípios.

Ainda é verdade que, desde que a Ilustração usou sua própria idéia de natureza humana para demonstrar a irracionalidade de todas as sociedades existentes, muitos conservadores rejeitaram a própria idéia como sendo, no todo, demasiado abstrata. Mas é importante compreender o grande abismo que separa a idéia conservadora de natureza humana — como só se tornando aquilo que ela essencialmente é, como só se completando na sociedade — da idéia liberal moderna da natureza humana como essencialmente a-social. Conservadores britânicos e norte-americanos às vezes chegam perto de abraçar esse ponto de vista liberal na sua adesão entusiástica ao CAPITALISMO. No entanto, na prática, normalmente conservam alguns vestígios da velha crença conservadora de que a liberdade, incluindo a liberdade econômica, é ao mesmo tempo inoperável e intolerável fora de uma forte estrutura social e moral. Resta ver até onde o conservadorismo, em alguma coisa mais que o mero nome, pode sobreviver numa sociedade que está mais inclinada a fundir do que a relacionar liberdade com virtude.

Leitura sugerida: Burke, E. 1790 *(1968)*: *Reflections on the Revolution in France* • Eliot, T.S. 1939: *The Idea of a Christian Society* o 1948: *Notes Towards the Definition of Culture* • Kirk, Russel 1954 *(1986)*: *The Conservative Mind*, 7ª ed. • Nisbet, Robert 1966: *The Sociological Tradition* • Oakeshott, Michael 1962: *Rationalism in Politics and Other Essays* • Scruton, Roger 1980: *The Meaning of Conservatism* o org. 1988: *Conservative Thinkers* o org. 1988: *Conservative Thoughts* • Strauss, L. 1949: *Natural Right and History* • Voegelin, E. 1952: *The New Science of Politics*.

IAN CROWTHER

consumo, sociedade de Ver SOCIEDADE DE CONSUMO; ver também SOCIEDADE AFLUENTE.

contracultura Uma cultura minoritária caracterizada por um conjunto de valores, normas e padrões de comportamento que contradizem diretamente os da sociedade dominante. De acordo com o *Oxford English Dictionary*, a palavra *counterculture* foi acrescentada à língua inglesa no final dos anos 60 e início dos anos 70, referindo-se aos valores e comportamento da mais jovem geração norte-americana dos anos 60, que se revoltava contra as instituições culturais dominantes de seus pais, na maior parte, afluentes (ver SOCIEDADE AFLUENTE). Embora a palavra tivesse entrado para a língua a fim de identificar esse conflito de gerações em particular na América do Norte, a idéia é tão antiga quanto a história judaico-cristã do Ocidente; a própria cristandade foi uma contracultura na Jerusalém judaica e mais tarde na Roma pagã. Tanto J. Milton Yinger, importante sociólogo de contraculturas norte-americano (1982), quanto Christopher Hill, um dos principais historiadores britânicos da Revolução Inglesa (1975), se reportam à Bíblia em seus livros sobre contraculturas:

> Esses homens que têm
> alvoroçado o mundo
> chegaram aqui também.
>
> Atos, 17:6.

A força motriz da cristandade construiu-se sobre a tensão dialética entre o Velho e o Novo Testamentos, entre a lei e o Evangelho, entre os Dez Mandamentos e o Sermão da Montanha. Perfeccionistas de todas as gerações geralmente têm apelado ao Evangelho universal do amor, em contraposição às leis culturalmente enraizadas que eram simbolizadas pelos Dez Mandamentos. Assim, entre a multidão de seguidores gerada pela Revolução Inglesa das décadas de 1640 e 1650, os que se ligaram a seitas como "A Família do Amor" não eram diferentes dos "Flower People" e dos hippies da "Geração do Amor" dos Estados Unidos nos anos 60.

Os movimentos sectários e contraculturais têm tido geralmente dois aspectos, o ativismo radical dos que buscam revolucionar politicamente a sociedade e a boêmia dos que a abandonam para viver em isolamento. Dessa forma, John Lillburne, o homem mais popular na Inglaterra de Cromwell, liderou seus Niveladores na revolta política, mas acabou se retirando do ativismo político e se tornando um quacre. Staughton Lynd, um guru da Nova Esquerda Estudantil, que foi a Hanói demonstrar sua solidariedade para com o inimigo quando os Estados Unidos ainda lutavam na Guerra do Vietnã, também se tornou quacre. Theodore Roszak, num trabalho excelente, um dos primeiros livros sobre a contracultura (1969), inclui tanto "a boêmia drogada dos beats e hippies" quanto o "ativismo político tenaz da Nova Esquerda Estudantil" dentro da contracultura.

No final da Segunda Guerra Mundial, os norte-americanos estavam confiantes e orgulhosos em relação a suas instituições, que tinham raízes em valores culturais calvinistas. Entre estes se incluíam a fé na razão, na ciência e na tecnologia, uma ética puritana de empenho no trabalho e auto-aperfeiçoamento, a democracia representativa limitada pela lei e pela Constituição e, finalmente, uma família moderadamente patriarcal em que o divórcio ainda era relativo tabu, se admitia a autoridade paterna e o comparecimento da família à igreja era mais elevado do que em qualquer outra nação ocidental. Nessa sociedade confiante, ordem e autoridade eram formadas por um sistema de classes hierárquico, porém cada vez mais aberto e incentivador do aproveitamento das oportunidades, liderado por elites extraídas de um sistema ("*establishment*") WASP ("*white anglo-saxon protestant*" ou seja, "branco, protestante e anglo-saxão") seguro e hegemônico, ou a ele assimiladas.

Essa sociedade otimista desencadeou o mais longo *boom* econômico da história norte-americana, que produziu um "*baby-boom*" (surto de bebês) que durou até boa parte dos anos 60. Os filhos dessa geração entraram para a faculdade, passando daí a cursos de mestrado e doutorado em números cada vez maiores. Nesse meio tempo, uma minoria profética (Newfield, 1967) entre eles foi-se desencantando com os valores materialistas da América branca e tentou subvertê-los nos anos 60, a década mais antiautoritária, antielitista e anti-sistema em toda a história dos Estados Unidos. No decorrer dessa década a hegemonia do sistema WASP numa sociedade de classes aberta foi substituída por uma burocracia governamental inclinada a nivelar por baixo, e não por cima, criando uma sociedade sem classes, de posições sociais baseadas em credenciais (como títulos acadêmicos avançados de instituições prestigiosas), em lugar da habilidade e do esforço.

Tornando-se adultos à sombra do Holocausto e de Hiroxima, e confrontados com os aspectos desumanizantes de instituições cada vez mais racionalizadas e impessoais, como as multiversidades de Berkeley e Michigan, muitos membros dessa geração achavam inaceitáveis todas as formas de racismo e preconceito étnico, bem como a guerra. A razão, o cientificismo e o culto à tecnologia eram partes importantes do problema, em vez de solução. O empenho no trabalho e a mobilidade social transformaram-se na "corrida" que deveria ser evitada a qualquer custo (melhor um carpinteiro ou bombeiro independente e honesto do que um burocrata conformista e conivente). O auto-aperfeiçoamento através da renúncia e do desprendimento deu lugar à ética de auto-indulgência da *Playboy*, os rituais do namoro para fazer amor foram deixados de lado em favor de "fazer sexo". Maridos e esposas foram substituídos por "companheiros" mais ou menos permanentes (os relacionamentos duradouros eram honestamente temidos). O comparecimento às sinagogas e igrejas, bem como os rituais de jogo nos clubes de golfe dos subúrbios, foram deixados para pais rígidos e convencionais, enquanto os filhos iam embora, em busca de vidas mais cheias de significado no movimento estudantil pelos direitos civis no Sul, na política da Nova Esquerda nos melhores campi da nação e no escape através das drogas e dos variados cultos religiosos orientais em cenários boêmios urbanos como os do East Village, em Nova York, ou Haight-Ashbury, em São Francisco, além das periferias boêmias de seus campi preferidos, de Berkeley ao Harvard Yard. Os quacres (que um dia foram chamados de anabatistas antinômicos da Revolução Inglesa, que ainda acreditam na democracia participativa) passaram por um declínio lento, porém constante, nos Estados Unidos do pós-guerra, para em seguida estourarem nos anos 60, quando novas Assembléias foram criadas em torno das comunidades dos campi. A maior assembléia de Massachusetts foi logo ao lado de Harvard Square.

Um aspecto importante a respeito da contracultura foi a sua perda na fé da democracia representativa, com preferência por uma democracia participativa ou manifestante. A Nova Esquerda Estudantil, liderada por Tom Hayden e outros fundadores dos Students for a Democratic Society (SDS) — Estudantes por uma Sociedade Democrática —, estava determinada a arrancar a tomada de decisões políticas das assembléias legislativas para as ruas tomadas pelas multidões. O voto foi substituído pelo megafone, a privacidade da cabine eleitoral por grupos solitários entoando soluções simplistas para problemas políticos complexos. A eficácia da política de multidões dependia da televisão, que logo transmitia fortes imagens audiovisuais por toda a "Aldeia Global" mundial, dramatizando o comportamento da multidão de 3 mil estudantes reunidos (para o Movimento do Livre Discurso) na Sproul Plaza, no campus da Universidade da Califórnia em Berkeley em 1964; a multidão de 20 mil na marcha sobre Washington contra a guerra do Vietnã, em 1965; de 25 mil hippies e novos-esquerdistas marchando sobre o Pentágono em 1967; e finalmente as multidões de estudantes enfurecidos e assustados combatendo os "porcos" (policiais) em Grant Park e nas ruas em torno da Convenção Democrática, em Chicago, no verão de 1968, o que desmoralizou os liberais (inimigos desprezados dos SDS). James Miller (1987, p.304) descreveu o final desse dia em Chicago, da seguinte maneira:

> O sol se pôs. Refletores de luzes de Klieg foram ligados. As câmaras de televisão registravam a ação (...) De repente, sem aviso, a polícia atacou (...) Incitada pelo pânico, a fúria e o orgulho, a multidão começou a entoar um cântico: "O Mundo Inteiro Está Olhando! O Mundo Inteiro Está Olhando! O Mundo Inteiro Está Olhando!"

Depois de Chicago, os SDS se desfizeram, deixando um pequeno remanescente chamado The Weathermen, agora dedicado à violência. Seu fim foi simbolizado por dois acontecimentos em 1970. Em maio uma esplêndida casa na cidade de Nova York, na Rua 11, bem perto da Quinta Avenida, no Village, explodiu acidentalmente, matando três Weathermen. Os sobreviventes, incluindo a filha do proprietário, fugiram para a clandestinidade. Em maio membros da Guarda Nacional abriram fogo sobre estudantes numa manifestação, matando quatro deles.

A ascensão e queda da cultura da droga foi paralela à dos ativistas estudantis. No ano seguinte ao Movimento do Livre Discurso em Berkeley, dois hippies abriram uma loja psicodélica no bairro de Haight-Ashbury, em São Francisco. No "Verão do Amor", em 1967, esse bairro já se havia tornado a meca das tribos hippies da nação inteira, que se haviam ligado no movimento, largado tudo e entrado para a religião da droga de Timothy Leary, um professor de Harvard que abandonara a cátedra, e de Ken Kesey, o romancista com a mensagem de "deixa tudo rolar", autor de *One Flew over the Cuckoo's Nest*, que se tornou romance e filme *cult* [*Um estranho no ninho*] da geração dos anos 60. Nesse verão triste "o amor se fixara num lugar de excrementos" (Wolfe, 1968, p.XVIII). Esse "love people", que havia deixado lares de prosperidade e de conforto paralisante, não fazia a menor idéia de como tomar conta de si mesmo. Descalços, cabelos compridos, vestindo trapos encontrados em brechós e nos sótãos das avós, viviam de drogas e comida enlatada, sofriam de problemas nos dentes, má digestão e falta de sono, e estavam constantemente pisando em pregos enferrujados e vidros quebrados; a doença venérea prosperou lado a lado com a liberdade sexual. Uma clínica médica gratuita tratou de cerca de 3 mil pacientes em um mês nesse verão.

O maior acontecimento em toda a história da contracultura foi o Festival da Vida de Woodstock (Woodstock Festival of Life), quando cerca de 500 mil jovens, ativistas de esquerda, *drop-outs* e meros curiosos, rumaram para um gigantesco concerto de rock realizado no meio de uma fazenda lamacenta, no interior do Estado de Nova York, em agosto de 1968, apenas um mês depois da tragédia da Convenção Democrática em Chicago. Durante três dias, a multidão desnuda, drogada e contente mostrou-se ordeira e amigável, impressionando até a polícia e os fazendeiros locais. Se Woodstock foi um sucesso, o Festival Let it Bleed of Angels and Death, organizado pelos Rolling Stones de Mick Jagger, "a maior banda de rock and roll do mundo", no autódromo de Altamont, perto de São Francisco, em dezembro, foi um desastre. Os Stones, para economizar dinheiro, alugaram um bando de Hell's Angels (uma gangue de motociclistas da Califórnia), por 500 dólares em cerveja, para manter a ordem (O'Neil, 1971, p.261). A multidão de cerca de 300 mil pessoas estava de longe muito mais drogada do que em Woodstock. A revista *Rolling Stone*, maior autoridade em rock, fotografou Mick Jagger observando os Angels matar a pancadas um jovem negro de Berkeley, sobre o palco, diante da multidão ensandecida. Todd Gitlin, obcecado com o fedor de morte na multidão drogada, perguntou-se: "Quem ainda podia acalentar a ilusão de que essas centenas e milhares de filhos da Multidão Solitária, mimados, sequiosos de astros, eram o arauto de uma boa sociedade?" (1987, p.407).

Ver também CULTURA DA JUVENTUDE; MOVIMENTO ESTUDANTIL.

Leitura sugerida: Feuer, Lewis S. 1969: *The Conflict of Generations: the Character and Significance of Student Movements* • Fraser, Ronald 1988 *(1968)*: *A Student Generation in Revolt* • Kenann, George F. 1968: *Democracy and the Student Left* • Mailer, Norman 1968: *Miami and the Siege of Chicago* • Rothman, Stanley e Lichter, S. Robert 1982: *Roots of Radicalism: Jews, Christians and the New Left* • Wolfe, Tom 1968: *The Purple Decade: a Reader.*

E. DIGBY BATZELL

contradição Ver DIALÉTICA.

contra-revolução Ver REVOLUÇÃO.

contrato social Qualquer acordo entre indivíduos independentes com respeito a disposições institucionais básicas que deverão determinar seus relacionamentos sociais ou políticos constitui um contrato social. O acordo pode ser feito entre todas as pessoas relevantes, ou entre uma pessoa (o soberano potencial) e todas as outras, podendo ainda implicar acordos entre grupos preexistentes. O conceito é utilizado para explicar, justificar ou deduzir os direitos ou obrigações positivos que indivíduos naturalmente autônomos têm uns para com os outros dentro de uma sociedade e/ou estado.

A idéia de contrato social exemplifica muitas das pressuposições da teoria política liberal tradicional. Assim, um comentarista recente aponta que a teoria do contrato social é *voluntarista* (no sentido de que a autoridade política "depende de atos da vontade humana"), *consensual* ("a teoria postula um consenso de vontades entre todos aqueles sujeitos a uma dada autoridade legítima"), *individualista* ("fundamentando a autoridade política legítima na sua aceitação por parte dos indivíduos") e *racionalista* (no sentido de que as vontades individuais que chegam a um consenso são racionais, e não produto de caprichos voluntariosos) (Lessnoff, 1986, p.6ss).

No início do século XX, assumiu-se que a teoria do contrato social havia sido posta de lado, e com justiça, devido a suas pressuposições históricas e sociológicas errôneas e a sua incapacidade filosófica de explicar a base da obrigação fundamental de se agir de acordo com o contrato social original. Recentemente, porém, a abordagem de contrato social tem sido retomada de várias formas.

Numa tradição que tem origem em Thomas Hobbes, filósofo político do século XVII (1651), a abordagem do contrato social está sendo mais uma vez utilizada como um modo de conciliar o individualismo egoísta (segundo o qual a pessoa racional busca, ou deveria buscar, somente o seu próprio bem-estar) com a aceitação de obrigações de sociedade definidas e limitadas (como sendo no interesse de longo prazo de todos os envolvidos). Isso transfere para a esfera social e política geral modelos econômicos relacionados ao livre mercado, em que as relações contratuais entre indivíduos são de importância capital. Na chamada teoria da escolha coletiva, Buchanan e Tullock (1962) examinam os procedimentos decisórios relevantes para a determinação de quando é racional para indivíduos agindo egoisticamente aceitar as restrições implícitas à ação coletiva.

Numa veia menos egoísta, derivada das teorias de Locke (1690), Rousseau (1762) e Kant (1977), com origem no Iluminismo, a metodologia do contrato social tem sido usada também para servir de base a uma teoria liberal moderna da JUSTIÇA que combina o compromisso com fortes direitos individuais a amplos mecanismos redistributivos (Rawls, 1971).

Os teóricos modernos do contrato social aceitam não ter existido nenhum contrato histórico efetivo que antecedesse as origens da vida social ou política, e em vez disso se apóiam na idéia de um contrato hipotético explicado em termos do que pessoas racionais (e possivelmente bem-informadas e imparciais) teriam ajustado entre si em circunstâncias devidamente especificadas. Rawls, por exemplo, postula uma "posição original" imaginária, na qual indivíduos em geral cultos, livres e iguais concordam a respeito das instituições básicas da sociedade, sem conhecer suas próprias características sociais e sem saber que lugar virão a ocupar numa sociedade assim (o "véu da ignorância") (Rawls, 1971, p.118-94). Essa formulação abandona a idéia de que os indivíduos só têm obrigações políticas e de sociedade se efetivamente assumiram certos compromissos, e substituem-na pela idéia mais nebulosa de que aquilo sobre o que se *chegaria* a um acordo, em certas circunstâncias, determina ou explica o que é obrigatório, independentemente de todos ou alguns indivíduos efetivos terem chegado a tais acordos. Desse modo, a moralidade é analisada como uma combinação entre interesse próprio a longo prazo e imparcialidade ou eqüidade. Pode ser difícil distinguir as implicações práticas dessa abordagem das do utilitarismo clássico (com o qual normalmente se contrasta a teoria do contrato como dando mais proteção a indivíduos e minorias). Além disso, a abordagem do contrato hipotético não pode explicar com facilidade por que as pessoas se submetem às exigências dessa moralidade quando não é de seu interesse (mesmo a longo prazo) fazê-lo (Gauthier, 1977), embora possa explicar por que as pessoas às vezes têm bons motivos para fazê-lo.

Uma forma de contrato hipotético, de orientação mais histórica, é a exposta por Robert Nozick (1974), que segue Locke ao aceitar que os indivíduos têm alguns direitos naturais pré-sociais, tais como o direito à vida, e constrói uma história conjectural, descrevendo como tais indivíduos poderiam aderir sem estar violando os direitos uns dos outros. Ele conclui que esses indivíduos concordariam com um estado libertário ou mínimo, mas nada além disso. Nenhuma justificativa ou explicação de contrato (ou outra) é apresentada para os pressupostos direitos naturais.

A teoria de Nozick é característica da teoria contemporânea do contrato social por ser justificativa ou normativa, e não descritiva ou explicativa, embora geralmente se presuma existir às vezes uma justaposição empírica entre as situações associais em que se diz que o contrato ocorre e as realidades da vida social e política efetiva. As teorias do contrato hipotético não evitam os problemas epistemológicos que surgem com respeito ao nosso suposto conhecimento do conteúdo dos contratos em questão, e os resultados prescritivos de se aplicar a metodologia do contrato social tendem a refletir os valores de seus usuários.

Leitura sugerida: Barker, E. 1947: *Social Contract* • Lessnoff, M. 1986: *Social Contract* • Macpherson, C.B. 1962: *The Political Theory of Possessive Individualism* • Rawls, John 1971: *A Theory of Justice* • Scanlon, T.M. 1982: "Contractualism and utilitarianism". In *Utilitarianism and Beyond*, org. por A. Sen e B. Williams.

TOM D. CAMPBELL

controle social Esse conceito descreve a capacidade da sociedade de se auto-regular, bem como os meios que ela utiliza para induzir a submissão a seus próprios padrões. Repousa na crença de que a ordem não é mantida apenas, nem sequer principalmente, por sistemas jurídicos ou sanções formais, mas é, sim, o produto de instituições, relações e processos sociais mais amplos.

O controle social sempre foi, historicamente, uma preocupação crucial da sociologia, sendo até plausível afirmar que é difícil separá-lo da própria palavra sociologia. A questão principal para os teóricos do controle social tem sido como alcançar uma ordem social compatível com princípios morais, sem impor um grau excessivo de controle pela coerção. De acordo com esse ponto de vista, todos os problemas sociais eram, na base, problemas de controle social. Essa visão foi desenvolvida nos anos 50 por sociólogos como Paul Landis, cujo conceito de controle social se originava de uma visão altamente conservadora da sociedade. Tradicionalmente, a ordem na sociedade era o produto de um consenso profundamente enraizado, mantido sem nenhum esforço consciente por parte de qualquer grupo particular da sociedade. Na medida em que os elos da sociedade tradicional, tais como igreja e família, foram se enfraquecendo e as forças desintegradoras da vida urbana e industrial moderna foram proliferando, o consenso foi se tornando cada vez mais frágil. Manter uma estabilidade contínua através do controle social tornou-se, do ponto de vista de Landis, "o problema crucial da nossa época". Visto assim, o controle social mal pode ser diferenciado da SOCIALIZAÇÃO.

Se a socialização é o processo informal através do qual os indivíduos chegam a aprender e a aceitar as normas sociais (ver NORMA), o controle social entra em jogo quando esses meios não conseguem garantir a conformação. Para ilustrar: a socialização pode acarretar a internalização de normas através da opinião de grupos paritários, da pressão social ou das expectativas familiares. O controle social também pode operar informalmente, através de família, da igreja ou da escola, ou formalmente, através do estado, do sistema jurídico, da polícia ou de outros instrumentos de força. Os mecanismos de controle social, segundo Talcott Parsons, funcionam como "defesas secundárias" para combater os desvios que, se deixados sem controle, podem romper o equilíbrio social (ver também CRIME E TRANSGRESSÃO).

Nos anos 60 sociólogos radicais adotaram um uso mais negativo dessa expressão, buscando explicar como se mantém a autoridade numa sociedade assolada por conflitos. Os novos sociólogos da transgressão inverteram a premissa de Parsons de que o controle social era uma reação à transgressão, afirmando, em vez disso, que "a idéia contrária, isto é, que o controle social leva à transgressão, é de igual modo sustentável e a premissa, potencialmente mais rica" (E. Lemmert, cit. in Donajgrodzki, 1977, p.13). O controle social não era apenas uma força reativa ou reparadora que entrava em jogo quando outros mecanismos fracassavam, mas sim uma força que, ativamente, criava a transgressão. Howard Becker, por exemplo, usando o conceito de solidariedade social de Émile Durkheim, afirmou em *Outsiders* que as instituições de controle social criam "*outsiders*", "indivíduos à margem", sejam eles criminosos, doentes mentais ou minorias religiosas e raciais, que servem de bodes expiatórios sociais e também como última fronteira da "sociedade respeitável". Essa visão radical foi prontamente adotada por movimentos como a antipsiquiatria, a antimedicalização e a desescolarização.

Os historiadores sociais também se mostraram ávidos por adotar o conceito como um meio de compreender os mecanismos através dos quais as classes operárias eram condicionadas a aceitar e adotar as normas e condutas necessárias à sustentação de uma rápida industrialização da sociedade. F.M.L. Thompson, por exemplo, caracteriza a maneira como os historiadores compreendem essa expressão como o meio através do qual "um grupo ou classe impõem sobre outra classe suas idéias a respeito do que são os hábitos e atitudes adequados a essa classe" (Thompson, 1981, p.190-1). Segundo os historiadores marxistas, o objetivo das classes média e alta era produzir membros obedientes e submissos da classe operária, adequadamente equipados para seu papel inferior na sociedade, condicionados a respeitar a lei e a ordem, bem como a autoridade, a propriedade e as pessoas de seus superiores.

Numa posição extrema, a teoria do controle social coloca todas as atividades de estado, por mais benévolas ou progressistas que possam parecer, como mecanismos camuflados de controle e repressão. As políticas de bem-estar, educação e saúde são denunciadas como sendo "na verdade" mecanismos de controle social, semelhantes, em seus objetivos, à polícia, aos tribunais e às prisões. Definido dessa maneira, o controle social tem limites como instrumento explanatório. "A utilização circunstancial de metáforas de controle social", afirma o historiador social Gareth Stedman Jones, "leva à não-explicação e à incoerência" (1983, p.42). Promove a tendência a encarar aqueles que estão sujeitos ao controle como recipientes passivos, desprezando sua capacidade (ainda que coagida) de rejeitar, adaptar, distorcer ou contrapor-se às forças do conformismo. Assume uma idéia monolítica do poder, uma unanimidade de propósitos entre os "controladores", ou simplesmente abafa a questão de suas identidades objetivas dentro da "hegemonia burguesa". Finalmente, essa utilização deixa sem repto a eficácia dos mecanismos de controle social, desprezando a possibilidade de muitos terem efeitos bem diversos dos pretendidos.

Uma crescente desilusão a respeito do controle social como pouco mais que "um conceito fácil" (Cohen, 1985, p.2) tem levado à rejeição de sua utilização mais ampla. Sociólogos como Stanley Cohen preferem restringir sua compreensão do controle social aos "modos organizados com que a sociedade reage a comportamentos e pessoas que encara como transgressores, problemáticos, preocupantes, ameaçadores, perturbadores ou indesejáveis" (Cohen, 1985, p.1). Nesse sentido mais estreito e específico, o controle social continua a ser um instrumento capital para a sociologia da transgressão.

Leitura sugerida: Becker, H. 1963: *Outsiders* • Cohen, S. 1985: *Visions of Social Control* • Cohen, S. e Scull, A., orgs. 1983 *(1985)*: *Social Control and the State* • Donajgrodzki, A.P. org. 1977: *Social Control in Nineteenth-Century Britain* • Landis, P.A. 1956: *Social Control: Social Organization and Disorganization in Process* • Ross, E.A. 1929: *Social Control: a Survey of the Foundations of Order.*

LUCIA ZEDNER

controvérsia Ver DISSENSO.

controvérsia metodológica Ver METHODENSTREIT.

conversacional, análise Esse campo da sociologia (que costuma ser chamado de CA, iniciais da denominação original inglesa, *conversation analysis*) diz respeito à organização da interação social em contextos cotidianos e em ambientes institucionais mais especializados. Com origem na pesquisa de Harvey Sacks e seus colaboradores, Emanuel Schegloff e Gail Jefferson, esse campo surgiu como produto das influências da ETNOMETODOLOGIA e da análise interativa de Erving Goffmann. Tendo começado com palestras de Sacks (1964-72), que tiveram circulação privada, a CA cresceu até se transformar num campo de pesquisa praticado no mundo inteiro.

O objetivo básico de pesquisa da CA é descrever e analisar as competências sociais subjacentes à produção e ao reconhecimento de ações sociais comuns. Muitas dessas competências têm uma dimensão normativa. A CA participa da visão etnometodológica de que um corpo comum de práticas normativas informa tanto a produção quanto a interpretação da ação, e de que são implementadas em um contexto social dinâmico que é alterado, em maior ou menor extensão, a cada sucessiva contribuição à interação. A análise dessas práticas torna-se possível pelo fato de que, no decorrer da interação, cada participante (conscientemente ou não) exibe uma compreensão e uma análise da conduta do outro através da produção da ação seguinte em uma seqüência. A CA incorpora uma estrutura analítica que se baseia neste fato. Assim, em vez de se concentrar nos interlocutores e em suas intenções individuais, a CA começa com as práticas normativas que dão formas a seqüências de interação entre interlocutores e com o esquema de ações ou elocuções dentro dessas seqüências. A utilização dessa abordagem resultou num grande âmbito de descobertas a respeito da organização da ação, da compreensão mútua dentro da organização e, cada vez mais, da medida em que descobertas derivadas de dados interativos de uma cultura particular são universais ou culturalmente específicas.

A abordagem empírica da CA é naturalista e realiza mais pela observação do que pela experimentação. Baseia-se em dados recolhidos de situações naturais de interação por fitas de áudio, ou fitas de vídeo ou filmes. Grande parte desses dados é tirada de conversas informais entre amigos e conhecidos. Esse tipo de conversa representa a forma mais básica de interação na maioria das culturas, ainda que não em todas. É, como observou Schegloff, o local primordial da sociabilidade humana, de significado fundamental no estudo da ação social e do raciocínio prático. Ademais, a conversa comum é a primeira forma de interação a que os seres humanos são expostos no decorrer da SOCIALIZAÇÃO e através da qual a própria socialização continua. A análise de sua organização subjacente está proporcionando uma coordenada básica para se documentar e analisar a conduta que é característica de formas mais especializadas de interação, por exemplo, em tribunais, entrevistas a jornais, consultas médicas e assim por diante.

As pesquisas e descobertas da CA incorporam uma fusão inovadora de abordagens sociológicas da natureza da ação e interação social com perspectivas analíticas associadas ao pragmatismo lingüístico. Os detalhes e resultados cumulativos dessas descobertas estão criando novas oportunidades de estudos precisamente enfocados do funcionamento de instituições sociais específicas e vêm exercendo um impacto significativo sobre as disciplinas adjacentes da antropologia, lingüística, psicologia social e ciência cognitiva.

Leitura sugerida: Atkinson, J.M. e Drew, P. 1979: *Order in Court: The Organization of Verbal Interaction in Judicial Settings* • Atkinson, J.M. e Heritage, J.C., orgs. 1984: *Structures of Social Action: Studies in Conversation Analysis* • Drew, P. e Heritage J.C., orgs. 1991: *Talk at Work* • Goodwin, C. 1981: *Conversational Organization: Interaction between Speakers and Hearers* • Levinson, S.C. 1983: *Pragmatics* • Sacks, Harvey 1964-72 *(1992)*: *Lectures on Conversation*, org. por G. Jefferson, 2 vols.

JOHN HERITAGE

cooperação Ver CONFIANÇA E COOPERAÇÃO.

cooperativismo Ver MOVIMENTO COOPERATIVO.

corpo, sociologia do Ver SOCIOLOGIA DO CORPO.

corporativismo Em uso recente nas ciências sociais, o conceito de corporativismo livrou-se de sua ligação anterior com regimes autoritários e fascistas e passou a ser utilizado como um meio para se analisar o papel dos interesses organizados nas democracias liberais da atualidade. O corporativismo também entrou no uso político comum como uma espécie de referência abreviada ao envolvimento de sindicatos, junto com organizações que representam os interesses do capital, em negociações com os governos a respeito de políticas econômicas. No debate público, o corporativismo passou a ser visto como a antítese do neoliberalismo, no qual os governos buscam usar a competição, em vez da negociação, como o elemento dinâmico da tomada de decisões sobre políticas e programas.

Grande parte dos primeiros textos normativos sobre o corporativismo refletia a doutrina social católica e a busca de uma alternativa ideológica para o liberalismo e o socialismo. Os autores corporativistas defendiam teorias orgânicas da sociedade e pleiteavam grupamentos funcionais de corporações baseados num conjunto comum de interesses que transcendia as divisões de classe. Essa idéia do corporativismo como planta baixa de um sistema social ideal baseado na acomodação harmônica de diferentes grupos sociais não se realizou, na prática, em parte alguma, embora alguns de seus elementos encontrassem expressão no projeto de ESTADO corporativo na Itália de Mussolini.

Entre os autores acadêmicos contemporâneos, o corporativismo é encarado em geral como a antítese do PLURALISMO, e de fato o principal expoente da teoria corporativista nos anos 70, Philippe Schmitter (1974), apontou o corporativismo como uma crítica do que encarava como a ortodoxia pluralista predominante na SOCIOLOGIA POLÍTICA. Os pluralistas interpretavam o extraordinário alcance e diversidade das organizações de defesa de interesses nas sociedades modernas como um indício da abertura dos governos democráticos a um vasto âmbito de influências, e propunham uma visão benevolente da política dos grupos de interesses (ver INTERESSE, GRUPO DE) como uma complementação dos mecanismos eleitorais para garantir a responsabilidade democrática. Em contraste, a teoria corporativista enfatizava um número limitado de organizações politicamente influentes e a tendência desses grupos a alcançar uma posição monopolista na representação de interesses dentro de categorias sociais particulares. Esses desdobramentos tendiam a suplantar, em vez de complementar os processos parlamentares. Os governos tendiam a preferir o desenvolvimento de monopólios de interesses porque isso tornava mais fácil alinhar os interesses de grupos com as políticas públicas, com menos consumo de tempo. Ao conferir um status público privilegiado aos grupos cuja cooperação era considerada importante para se realizarem objetivos de política pública, os governos de fato excluíam da mesa de negociações um número bastante grande de grupos menos poderosos (Offe in Berger, 1981).

Houve um debate acalorado sobre qual deveria ser o foco da teoria corporativista, o que levou alguns críticos a duvidar de seu caráter específico. A utilização moderna mais difundida da palavra identifica o cerne do corporativismo como sendo o papel das organizações de interesses como intermediário entre o estado e a SOCIEDADE CIVIL. A teoria pluralista enfatizou o papel dos grupos como representantes dos interesses de seus membros, buscando influenciar a direção de políticas e programas públicos implementados através das instituições do estado. A teoria corporativista colocou igual ênfase à delegação de funções públicas a grupos e em sua responsabilidade pela implementação de políticas públicas. Assim, os grupos não se limitavam a representar interesses, mas interpretavam um duplo papel, que fundia a representação de interesses com a implementação de políticas. O teste crucial para a eficácia de um grupo corporativo, afirmou-se então, seria sua capacidade de disciplinar seus membros para aceitar e implementar acordos fechados com o estado. Relacionamentos relativamente estáveis desse tipo também foram chamados de "governo do interesse privado" (Streeck e Schmitter, 1985).

A diferença entre as sociedades capitalistas avançadas, onde o corporativismo se desenvolve cada vez mais em conseqüência do crescente poder monopolista das organizações de interesses, e aquelas onde há um plano corporativista imposto pelo estado é bem captada na distinção entre corporativismo societal (ou liberal) e corporativismo de estado (Schmitter, 1974). O corporativismo societal desenvolve-se onde o estado reconhece o aumento do poder autônomo por parte de organizações que representam os interesses de categorias sociais e entra num processo de intercâmbio político com essas organizações. O corporativismo societal tornou-se mais fortemente institucionalizado em países como a Áustria ou a Suécia, onde um poderoso movimento trabalhista se tornou um "parceiro social" da associação de cúpula dos empregadores e do estado na negociação de políticas econômicas e sociais. O corporativismo de estado, em contraste, ocorre em sociedades com grupos de interesses de organização relativamente fraca, onde o estado busca legitimar seu domínio e alcançar seus objetivos mobilizando a população dentro de organizações subordinadas. O corporativismo de estado tende a estar ligado a regimes capitalistas periféricos ou dependentes, como os da América Latina (Malloy, 1977).

O desenvolvimento do corporativismo nas democracias liberais está geralmente associado à redução do âmbito de decisões que estão sujeitas a determinação através de processos eleitorais e parlamentares. Muitas da primeiras avaliações assumiram um processo evolutivo do desenvolvimento corporativista, com advertências de que as democracias parlamentares estavam se tornando cada vez mais "estados corporativos". Mas, com a crescente sofisticação da teoria corporativista, o surgimento de estudos empíricos de processos corporativos e a rejeição consciente das práticas corporativas em alguns países, veio também uma avaliação dos limites do corporativismo e de sua coexistência com os processos parlamentares e pluralistas. Isso levou ao desenvolvimento da tese do "estado dual" ou da "política dual", a qual sugere que o corporativismo se limita à intermediação com respeito a um âmbito de questões relativas à produção e implicando interesses dos produtores, e que ele sempre coexistirá com um processo político competitivo ou pluralista para a determinação das questões de consumo envolvendo indivíduos e organizações de interesses dos consumidores (Cawson e Saunders, 1983).

Onde o corporativismo ficou fortemente entrincheirado no nível mais elevado, as políticas econômicas e sociais têm sido determinadas com base numa negociação tríplice. Afirmou-se que a capacidade de certos países de suportar a recessão econômica sem recorrer à deflação e à criação de desemprego pode ser explicada pelo grau em que o corporativismo facilita as negociações entre capital e trabalho a respeito da distribuição do produto social (Goldthorpe, 1984). Nesses casos, os processos corporativistas envolvem a colaboração de classes e por esse motivo muitos críticos marxistas (ver Panitch in Schmitter e Lehmbruch, 1979) aduziram que o corporativismo pode ser compreendido como uma estratégia adotada por estados capitalistas a fim de manter a subordinação da classe operária. Existe, relacionado ao corporativismo como processo de decisão em política macroeconômica, um trabalho recente de estudiosos escandinavos que introduziu a idéia da "economia negociada" como meio de descrever a tomada de decisões em termos de política econômica, regulamentada por uma série de negociações entre instituições autônomas (Nielsen e Pedersen, 1988).

Uma parte importante dos primeiros textos sobre corporativismo liberal concentrou-se na análise comparativa de estados-nações, e foram feitas várias tentativas de relacionar países de acordo com seu nível de conformidade a um tipo ideal de corporativismo. A maioria dos autores parecia concordar em que o país a alcançar a marca mais elevada era a Áustria, que os Estados Unidos eram o país menos corporativista e que na Grã-Bretanha o corporativismo era relativamente fraco. Fizeram-se algumas tentativas (discutidas em Cawson, 1986) de mensurar o corporativismo e correlacionar sua incidência com outros fatores presentes nos sistemas políticos nacionais. Os resultados são mais sugestivos que conclusivos, havendo porém indícios de que o corporativismo está ligado a baixos níveis de represália contra impostos elevados e gastos públicos. Outros estudos apontaram que os países mais "governáveis" são os fortemente corporativistas e que estes tendem também a ter menos desemprego. A maioria dos que estudam o corporativismo estão de acordo em que o caso típico de macrocorporativismo é a Áustria, seguida pelos países escandinavos, especialmente a Suécia. A Áustria tem um sistema de filiação compulsória em câmaras de comércio, trabalho, agricultura e profissões liberais, e cada cidadão trabalhador é membro de pelo menos uma destas. Cada uma delas é uma organização altamente centralizada, em que a liderança nacional mantém um controle efetivo sobre as subdivisões setoriais e territoriais. A principal organização sindical monopoliza a representação do trabalho, e os sindicatos isolados são subunidades que dependem da unidade central para seus recursos financeiros. A paridade de representação é garantida pelo estado nas negociações sobre controle de preços e planejamento econômico, e a negociação sócio-econômica coletiva concentra-se num organismo não-burocrático altamente informal, a Comissão de Paridade. Assim, o exemplo austríaco demonstra a efetiva institucionalização das precondições do macrocorporativismo: organizações de interesses monopolistas e centralizadas, paridade na representação de classes e processos informais de ajuste. Todas essas precondições surgiram no decorrer de um considerável período histórico e, se nenhuma delas é exclusiva da Áustria, a combinação de todas certamente o é (Marin in Grant, 1985).

Exemplos menos estáveis e bem-sucedidos de instituições corporativistas podem ser encontrados em vários países. Durante cerca de duas décadas depois da Segunda Guerra Mundial o Conselho Social e Econômico Holandês produziu com eficiência um consenso interclasses sobre política econômica, mas sua influência se reduziu a partir dos anos 60, quando as organizações de interesses se tornaram mais fragmentadas e o sistema formalizado de representação funcional não conseguiu adaptar-se. Em outros casos, como o da ex-Alemanha Ocidental, instituições corporativas sofreram pressões em conseqüência de crises econômicas, quando empregados e às vezes sindicatos isolados buscaram escapar aos procedimentos centralizados de negociação. Em geral, o ressurgimento de estratégias econômicas neoliberais desde os anos 70 tendeu a minar as precondições para o macrocorporativismo (Goldthorpe, 1984).

O uso moderno aponta, como definição concisa do conceito, o seguinte: o corporativismo é um processo sócio-político específico no qual organizações que representam interesses funcionais monopolistas dedicam-se ao intercâmbio político com agências do estado a respeito dos rendimentos das políticas públicas, o que envolve essas organizações em um papel que combina a representação de interesses com a implementação de políticas através da capacidade de realizar decisões, delegada pelo estado.

Três aspectos-chaves do corporativismo distinguem-no dos processos pluralistas da política de grupos de interesses. O primeiro é o papel de monopólio desempenhado pelos organismos corporativos; o segundo é a fusão do papel representativo com o de implementação; e o terceiro é a presença do estado tanto no licenciamento da representação monopolista quanto na co-determinação de políticas. Enquanto na teoria pluralista os interesses são identificados como anteriores à organização e à mobilização política, na teoria corporativista o estado é identificado como agente crucial na formação de interesses e influenciando o resultado dos processos de grupo (Cawson, 1986).

As organizações de interesse que têm maior probabilidade de alcançar o status de monopólio e participar de um intercâmbio corporativo com organismos do estado são as que representam os interesses de produtores, mais que as dos consumidores, e que dominam os recursos de informação ou a obediência necessários para a implementação de políticas de estado. Estudos empíricos indicam que as associações comerciais e de empregados, os sindicatos e os organismos das profissões liberais são os interlocutores mais comuns. A forma que o corporativismo assume é a negociação, com alto grau de delegação de autoridade pública a organismos nominalmente particulares. Como um modo de política, o corporativismo pode ser contrastado com as formas de regulamentação jurídico-burocrática e de mercado, as quais implicam uma forma nitidamente diversa de relacionamento entre estado e organizações de interesses.

Além do nível macro, que envolve associações mais importantes em negociações a respeito de políticas públicas, o corporativismo pode ser identificado em um nível setorial ou intermediário no relacionamento entre organismos e organizações estatais que atingiram representação monopolista de categorias particulares de interesse setorial. Mesmo em países como os Estados Unidos e o Canadá, que são fracos em termos corporativos, usando-se indicadores nacionais, em áreas particulares de política, tais como a agricultura, podem-se encontrar formas vigorosamente entrincheiradas de mediação corporativa.

A teoria corporativista tem representado um forte desafio ao pluralismo como modelo de política de grupos de interesses, mas, à medida que os indícios empíricos vão alimentando sucessivos refinamentos da teoria, vai ficando claro que corporativismo e pluralismo não deveriam ser encarados como paradigmas alternativos para o estudo de políticas de interesses, e sim como extremidades de um *continuum* de acordo com o nível dos relacionamentos monopolistas e interdependentes entre organizações de interesses e de estado que vieram a se estabelecer (Cawson, 1986).

Leitura sugerida: Cawson, A. 1986: *Corporatism and Political Theory* o org. 1985: *Organized Interest and the State: Studies in Meso-Corporatism* • Grant, W., org. 1985: *The Political Economy of Corporatism* • Malloy, I., org. 1977: *Authoritarianism and Corporatism in Latin America* • Schmitter, P.C. e Lehmbruch, G. orgs. 1979: *Trends Toward Corporatist Intermediation* • Williamson, P. 1989: *Corporatism in Perspective.*

ALAN CAWSON

cotidiano Na tentativa, que herdamos do século XIX, de subordinar tudo à razão e de encontrar uma razão para tudo, parece que nos esquecemos, conforme a bela expressão de Silesius, de que "a rosa não tem uma razão". Em termos epistemológicos ao insistirmos no que é "dito" nas relações sociais, esquecemo-nos de que elas também dependem do que "não é dito" — um espaço vazio transbordando de possibilidades. Explorar o cotidiano dessa maneira pode levar-nos à própria formulação de um modo concreto de sociabilidade que tenha uma coerência própria e não deve ser encarada simplesmente como um reflexo de nossas idéias. Trata-se aqui de um exemplo de bom senso básico (e que o intelecto discursivo acha difícil reconhecer, em parte por se sentir relativizado por ela), que retorna com regularidade tanto na vida cotidiana quanto no debate intelectual. Seria possível até dizer que, se existe um descontentamento geral com ideologias excessivamente abrangentes e confusas, isso se deve a estarmos testemunhando o surgimento de toda uma multiplicidade de novas ideologias vivenciadas dia após dia e baseadas em valores familiares. Essa sensibilidade para a concretude da existência pode, portanto, ser interpretada como a expressão de uma vitalidade saudável e robusta. Esse vitalismo engendra um modo orgânico de pensar, com todas as características desse tipo de pensamento, ou seja, uma insistência na percepção intuitiva como meio de captar as coisas a partir de dentro, na compreensão como noção totalmente abrangente, holística, dos diferentes elementos das situações, e na experiência como algo que, vivenciado em comum com outros, é considerado como constituindo o conhecimento empírico.

Alguns autores, ainda que muito poucos, insistiram na primazia desse modo orgânico de pensar: W. Dilthey, é claro, mas também os pensadores inspirados por Nietzsche, que dão prioridade ao cotidiano e seus aspectos tácteis, emocionais, coletivos e unificadores. *Defense of common-sense* (1925), de G.E. Moore, também enfatiza as verdades que se escondem na vida cotidiana. Moore observou com elegância que "a maioria dos filósofos (...) se coloca contra o próprio senso comum de que eles também participam em sua vida cotidiana". Outros autores concentram-se igualmente em tópicos mais à mão, por exemplo, sociólogos, fenomenólogos como Alfred Schütz, Peter Berger e Thomas Luckmann, que examinaram todo um âmbito de importantes questões epistemológicas a partir dessa perspectiva (ver FENOMENOLOGIA). Na verdade, o que podemos chamar de vitalismo e essa "bom-sensologia" são coisas estreitamente relacionadas, e combiná-las permite-nos enfatizar a qualidade intrínseca do "aqui e agora", o valor de viver no presente, um "presentismo" cujo pleno potencial ainda está por ser explorado.

A existência social jamais é unidimensional; ela é, em muitos aspectos, monstruosa, fragmentada, e nunca se enquadra onde se pensa que foi definida. É animada por um pluralismo cuja exposição e exame devem ser a tarefa da sociologia do cotidiano. Além das racionalizações e legitimações a que nos acostumamos, a existência social é formada por sentimentos e emoções mal-definidos, pelos "momentos nebulosos" que não podemos ignorar e cujo impacto sobre nossas vidas cresce de maneira palpável.

É preciso ter em mente que o que sustenta todas as construções intelectuais é, acima de tudo, o que damos como certo (conforme A. Schütz destacou), o que é auto-evidente. Como exemplo, basta pensar nos ditados e provérbios populares, que Émile Durkheim encarava como "a expressão condensada de uma idéia ou sentimento coletivo" (Durkheim, 1893), ou na conversa do cotidiano, que às vezes contém uma filosofia de vida mais elaborada e um senso mais elevado dos problemas que o futuro reserva do que muitas discussões acadêmicas. Esses são fenômenos culturais quintessenciais, no sentido de serem aquilo sobre o que se constrói a sociedade. Segue-se daí que a vida cotidiana é uma questão epistemológica que se encontra na linha de frente do debate sociológico.

Leitura sugerida: Heller, A. 1970 *(1984)*: *Everyday Life* • Lefebvre, H. 1968: *La vie quotidienne dans le monde moderne* • Maffesoli, M. 1979: *La conquête du présent: pour une sociologie de la vie quotidienne* o 1985: *La connaissance ordinaire: précis de sociologie compréhensive* o 1989: "The sociology of everyday life". *Current Sociology*, 37.1 • Moore, G.E. 1925 *(1959)*: "A defense of common-sense". In *Contemporary British Philosophical Papers*, org. por J.H. Muirhead.

MICHEL MAFFESOLI

crescimento econômico A experiência e a perspectiva de crescimento econômico têm moldado de forma profunda o discurso do século XX. Seu efeito sobre a cultura e o raciocínio foi bem diferente dos efeitos exercidos em outras épocas, embora já se houvesse anteriormente experimentado períodos de extraordinário crescimento. De 1820 a 1980 o produto total das 16 principais economias capitalistas de hoje cresceu 60 vezes; sua produção per capita cresceu 13 vezes. Um período notável, de 1950 a 1973, é encarado como uma Idade de Ouro, uma vez que a taxa de crescimento de sua produção, nesse anos, foi mais de duas vezes superior à das décadas anteriores. No século XX o sistema socialista, dirigido pelo estado, da União Soviética também experimentou níveis elevados de crescimento de produção, tal como aconteceu com alguns países do Terceiro Mundo, especialmente depois de 1960. No decorrer dessa experiência, as idéias referentes ao crescimento econômico e aquelas por ele moldadas desempenharam um papel-chave nas estruturas conceituais modernas. Essas idéias podem ser, de forma não exaustiva, resumidas em cinco categorias — o crescimento conceitualizado em relação a: política nacional; transformação social; expansão da produção; desenvolvimento do Terceiro Mundo; e seu custo ambiental, entre outros mais.

Política nacional

O sistema europeu de política nacional, construído no século XIX, desenvolveu desde o início uma dinâmica expansionista. Esse expansionismo político derivava, em parte, da adoção do crescimento econômico como característica da nacionalidade. Caracterizou-se pela expansão externa na forma de imperialismo, com suas rivalidades nacionais, e por ideais de alargamento da produção doméstica e da riqueza para fortalecer o estado-nação e justificar as ambições da "grande potência". A Alemanha de Bismarck exibiu ambas as características de maneira extremamente clara, mas não foi a única a fazê-lo.

As idéias políticas então germinando tornaram-se, um século depois, uma característica universal da política oficial nos estados capitalistas e socialistas. No discurso das democracias ocidentais, a principal medida da força nacional é a taxa relativa de crescimento do país. O nível absoluto de sua riqueza é tratado como sendo de pouca relevância em comparação com o dinamismo do crescimento da produção (ou a falta desse dinamismo). Embora os Estados Unidos sejam o mais importante e mais rico país do mundo, sua identidade e seu direcionamento político têm sido moldados nos últimos anos por dúvidas quanto a sua taxa de crescimento (comparada particularmente com a do Japão), e as disputas entre os partidos políticos nas democracias européias vêm sendo determinadas por comparações de crescimento econômico sob diferentes governos.

As ambições políticas da União Soviética foram, desde a época de Lenin, definidas, em parte, com relação ao crescimento econômico. Nos tempos modernos o papel do crescimento econômico na rivalidade entre superpotências foi representado de forma mais nítida pela afirmação de Krushev de que o crescimento soviético permitiria a seu país vencer a Guerra Fria ao superar os níveis de renda dos Estados Unidos em duas décadas (Halliday, 1983). Por outro lado, a crise política que acabou derrubando o sistema soviético nos anos 80 é amplamente concebida como o resultado de uma redução da taxa de crescimento (mais que da pobreza absoluta).

O crescimento como transformação social

Existe, ligada ao realce político do crescimento econômico, uma concepção desse crescimento como mais do que uma categoria quantitativa de aumento de produção. No século XX cientistas e historiadores sociais estabeleceram o crescimento econômico como o principal objeto de investigação. A partir dessa perspectiva, o crescimento econômico é concebido como um processo de transformação social fundamental. Os pontos de vista modernos sobre o crescimento como um processo contínuo de transformação social foram iniciados efetivamente pelas análises de Karl Marx da gênese e do progresso do capitalismo, e as idéias derivadas de sua obra deram forma aos debates sobre o crescimento tanto capitalista quanto socialista.

Crescimento capitalista A compreensão que o século XX tem do crescimento, ou acumulação capitalista, a partir dessa perspectiva tem girado em torno de três problemas centrais: a natureza da transformação do feudalismo para o crescimento capitalista, o papel das crises no crescimento capitalista e as transformações históricas do próprio sistema capitalista. As análises marxistas da transformação histórica do feudalismo para o capitalismo na Inglaterra serviram de base para importantes análises do crescimento econômico moderno nas circunstâncias específicas de duas sociedades capitalistas: o Japão e a Inglaterra. No Japão, os debates desde os anos 20 concentram-se em saber se o crescimento a partir da restauração Meiji, de 1868, foi capitalista, ou se a plena transição do feudalismo ocorreu mais tarde, talvez mesmo tão tarde quanto a reforma agrária imposta nos anos 40. Está em questão uma compreensão do caráter específico do crescimento capitalista no Japão e, nesse aspecto, o debate é semelhante ao iniciado por Anderson (1964), que buscava explicar o caráter específico do crescimento britânico no decorrer dos últimos séculos por meio do caráter da transição do feudalismo.

O crescimento econômico sob o capitalismo tem-se caracterizado por crises regulares, que Marx afirmava poder explicar. A crise econômica identificada com os anos 30 penetrou nas consciências como exemplar, uma crise que estimulou análises divergentes quanto ao caráter do crescimento capitalista. Um ponto de vista muito difundido foi que isso era um indício de que o capitalismo havia exaurido seu potencial de crescimento econômico e estava condenado à estagnação ou a um levante social que instalaria o socialismo (Strachey, 1935). Outro ponto de vista que se tornou predominante foi o keynesiano, o qual sustentava de que as crises até então endêmicas ao capitalismo podiam ser eliminadas através de estruturas sociais e políticas transformadas (ver KEYNESIANISMO). Uma terceira interpretação, fornecida por Joseph Schumpeter, foi de que as crises são um "processo de destruição criativa", um processo de transformação que, em vez de anunciar a estagnação, seria a precondição para um crescimento econômico renovado sob o capitalismo (Schumpeter, 1942). Essa linha de raciocínio tinha paralelos com a teoria de Marx sobre a relação entre crescimento e crise, pois a desvalorização do capital que ela acarretava pode estabelecer as condições para uma acumulação renovada, não obstante a visão de Marx de que a acumulação capitalista tem seus limites definitivos. Não há dúvida de que a visão marxista e schumpeteriana de que as crises globais são ajustes em geral funcionais para o crescimento econômico capitalista encontra apoio na experiência. Ela hoje está embutida no ponto de vista predominante de que, por mais profunda que seja uma recessão, esta será seguida de uma grande expansão.

A idéia de que as crises são períodos de ajuste no processo de crescimento está ligada à visão de que o crescimento econômico sob o capitalismo caracteriza-se por transformações deste — fases distintas, em cada uma das quais predomina uma diferente estrutura sócio-econômica (por exemplo, um estágio de *laissez-faire*, um estágio de capital monopolista e um estágio de capitalismo monopolista de estado) (Fine e Harris, 1979; Mandel, 1975; Uno, 1980). Kondratiev deu origem à ideia, adotada por Schumpeter, de que o crescimento econômico sob o capitalismo segue numa sucessão de CICLOS DE LONGO PRAZO, cada uma das quais pode ser encarada como uma "era" distinta. Em seu desenvolvimento posterior, a teoria enfatiza o papel das inovações tecnológicas no crescimento e o papel das crises em promovê-las, e ela ganhou um destaque renovado durante a instabilidade e a redução do crescimento no Ocidente depois de 1973. Como teoria, reflete o ponto de vista geral e amplamente difundido de que o crescimento é um reflexo do desenvolvimento científico e tecnológico, embora na maioria das versões ela localize esses desenvolvimentos em condições sociais definidas (Kondratiev, 1926, Kondratiev, 1935; van Duijin, 1983).

A instabilidade do último quartel do século XX também estimulou o desenvolvimento de uma nova perspectiva marxista sobre os estágios do crescimento capitalista. Dentro da estrutura geral dessa "escola de regulação", os autores concentraram-se na análise da transformação do capitalismo no final do século XX, de um regime de acumulação "fordista" para "pós-fordista". A instabilidade marca uma crise da acumulação fordista, e as bases para o renovado crescimento capitalista pós-fordista serão encontradas nas mudanças na divisão internacional do trabalho e no próprio processo de trabalho capitalista (Aglietta, 1979; Lipietz, 1987).

Crescimento socialista A idéia de que o crescimento é um processo de transformação social recebeu seu maior destaque no fecundo debate sobre o planejamento do crescimento na sociedade socialista da União Soviética. Trata-se do grande debate sobre a INDUSTRIALIZAÇÃO dos anos 20. A transformação social considerada necessária deveria ser a industrialização, a construção de um setor industrial dinâmico, de propriedade do estado e regulamentado por um planejamento central. Não obstante, promoveram-se caminhos diferentes para a industrialização, que correspondiam a diferenças no caráter da mudança social. Sob foco especial encontrava-se a questão do ritmo e do caráter da transformação rural, das relações entre o estado e outros setores e, indiretamente, das medidas políticas adequadas à industrialização.

Os argumentos principais de N. Bukharin e E. Preobrajensky divergiam quanto ao ritmo da industrialização e ao grau de desequilíbrio no desenvolvimento da agricultura, da indústria leve e da indústria pesada. Em termos do equilíbrio da produção, as discussões diziam respeito à alocação de recursos para a produção de bens de consumo e de bens de capital, respectivamente. Também divergiam quanto aos mecanismos através dos quais o setor estatal devia relacionar-se com os outros setores e quanto à medida que os recursos deveriam ser forçosamente transferidos de outros setores para financiar a industrialização estatal (Bukharin, 1982; Preobrajensky, 1926). Esse debate exerceu imensa influência sobre o pensamento do século XX, em parte devido a sua importância para se compreender a gênese do stalinismo, mas também porque influenciou a concepção de crescimento econômico implementada na China e em outras economias de planejamento central nos anos 50. (Ver também PLANEJAMENTO ECONÔMICO NACIONAL.)

O crescimento como expansão da produção

Os autores que escreveram sobre o crescimento econômico como processo de transformação social não fizeram parte da corrente predominante na teoria econômica ocidental. Desde os ensaios originais de Roy Harrod (1939) e Evsey Domar (1946), uma profusão de artigos sobre a teoria econômica pura do crescimento se ocupou de inúmeras questões relacionadas com o problema de saber se um crescimento econômico estável é possível. Os modelos usados afastam-se das estruturas sociais, concebendo os agentes econômicos como indivíduos indiferenciados e tratando o crescimento simplesmente como uma expansão da produção de bens. O modelo de Harrod-Domar é mais conhecido devido a sua preocupação em saber se as economias capitalistas podem atingir uma taxa de crescimento na qual o aumento da demanda por produção se equipare à expansão da propriedade produtiva. A questão gira em torno do equilíbrio entre poupança agregada e investimento agregado numa economia em crescimento, e da diferença entre a taxa de crescimento garantida por esse equilíbrio e a taxa de crescimento da capacidade produtiva. O modelo criou pessimismo quanto à possibilidade de o crescimento do emprego pleno e estável ser atingido automaticamente, e funcionou como estímulo à adoção de idéias keynesianas quanto à necessidade de intervenção do estado para promover investimentos.

O modelo de Harrod-Domar baseava-se em pressupostos simplificadores especiais: que poupança era uma proporção constante da renda e que o coeficiente do capital para o produto era também constante. A substituição desses dois axiomas por pressupostos alternativos levou a duas escolas diretamente opostas: a neoclássica e a de Cambridge.

Os modelos neoclássicos, segundo as exposições simplificadas de Solow e Swan (Solow, 1956; Swan, 1956), demonstraram que, mudando-se a premissa de uma taxa fixa entre capital e produção — através da postulação de que, com um dado nível de tecnologia, a economia pode avançar fluentemente no sentido de técnicas de produção mais intensivas em capital ou mais intensivas em trabalho — e presumindo-se que poupar é igual a investir, a economia capitalista estará num caminho de crescimento com equilíbrio estável. A não ser que ocorram mudanças tecnológicas, a produção crescerá na mesma medida da força de trabalho. Esse modelo neoclássico básico foi expandido em inúmeras direções para dar conta dos problemas que as suas simplificações deixam sem resposta. Um deles é o de como a inovação técnica pode ser introduzida no modelo: que tipos de progresso técnico são compatíveis com o caminho do crescimento equilibrado e como ocorre a mudança (aprendizado) técnica? Outra simplificação no modelo de Solow-Swan, a de ser um modelo unissetorial que não distingue entre o setor que produz bens de consumo e o que produz bens de capital, foi respondida com o desenvolvimento de modelos de crescimento bissetoriais, segundo especialmente a contribuição de Uzawa (1961). (Ver também ECONOMIA NEOCLÁSSICA.)

Os autores da escola de Cambridge substituem a suposição de Harrod-Domar de uma proporção fixa de poupança pela que afirma que as mudanças na distribuição da renda total entre salários e lucros causam mudanças na taxa de poupança da sociedade, uma vez que capitalistas e trabalhadores têm diferentes taxas de poupança (Kaldor, 1955-56; Pasinetti, 1961-62). Em conseqüência, a taxa de crescimento econômico está diretamente ligada ao equilíbrio entre salários e lucros, e o modelo, com isso, responde a um dos problemas-chaves do crescimento nas economias de hoje. A análise que esse modelo faz da distribuição de renda contrasta fortemente com a do modelo neoclássico, e o debate sobre essa diferença acarretou uma crítica substancial a respeito de base lógica do conceito de capital social agregado utilizado em modelos unissetoriais como o de Solow (Robinson, 1956).

Desenvolvimento no Terceiro Mundo

O problema de se alcançar altas taxas de crescimento econômico no Terceiro Mundo a fim de superar a pobreza absoluta e transpor o abismo entre esses países e os países industrializados está firmemente enraizado no discurso do final do século XX. Os conceitos criados para analisar o crescimento em economias capitalistas ou de planejamento central não abordam diretamente o problema de se atingir elevadas taxas de crescimento em economias do Terceiro Mundo que têm uma abordagem de "economia mista" para a política e uma base econômica com diferentes condições tecnológicas e sociais em diferentes setores. A exceção é o modelo de Harrod-Domar, que forneceu a base para planos de desenvolvimento nacional (em grande parte não-realizados) de recentes nações independentes no rastro da onda de descolonização de meados do século, e com base no qual se desenvolveram técnicas para estimar as necessidades de ajuda externa. Inúmeros modelos de "economia de desenvolvimento" foram formulados para abordar o problema do crescimento nas circunstâncias especiais do Terceiro Mundo. A inovação teórica mais influente foi o modelo de trabalho excedente de W. Arthur Lewis (1954). Lewis descreveu uma economia dual simples caracterizada por um setor tradicional e moderno e, numa tradição clássica, derivada de Ricardo, demonstrou o caráter crucial, para o desenvolvimento, da distribuição do excedente econômico. (Ver também DESENVOLVIMENTO E SUBDESENVOLVIMENTO; DEPRESSÃO ECONÔMICA).

Custos do crescimento

O conceito de crescimento econômico predominante no século XX é benévolo, mas uma subcorrente de pensamento articulou o lado negativo do crescimento e estimulou um sentimento anticrescimento (ou pelo menos um sentimento favorável a um crescimento mais modesto e menos intensivo em capital), com apelo popular considerável. Uma corrente é a que sustenta o argumento de que o crescimento da produção material implica custos sociais de grande monta que não oneram totalmente o produtor ou o consumidor isolados. Em um argumento essencialmente conservador contra o crescimento, Mishan (1967) demonstrou o poder que têm deseconomias externas, como o congestionamento, de minar a afirmação de que o crescimento da produção incrementa o bem-estar. Uma segunda corrente manifesta-se no ponto de vista de que o crescimento econômico implica um insustentável esgotamento dos recursos da terra que, além de produzir custos externos (tais como os efeitos que o desmatamento exerce sobre as chuvas e a erosão do solo), produzirá rapidamente um limite insuperável ao crescimento, na medida em que esses recursos se forem exaurindo (Meadows, 1972).

No entanto os proponentes do ponto de vista de que os mercados são capazes de fornecer a fonte do crescimento, que se tornou hegemônico no último quartel do século XX, contrapuseram a essas visões anticrescimento o argumento de que os ajustes de preços (ou as políticas para fazer com que os sinais do mercado funcionem melhor) podem garantir um caminho de crescimento que leva em conta eses custos de maneira ótima (Pearce e Turner, 1990).

Um custo mais incontrolável e inaceitável do crescimento econômico pode ser o dos direitos humanos. Em sua forma mais aguda, o debate a respeito de que o crescimento econômico "exigia" uma supressão profunda dos direitos humanos em certos estágios concentrou-se nesta pergunta: "Stalin era necessário?" (Nove, 1964). De forma mais geral, a supressão de direitos humanos em regimes de crescimento com orientação tanto capitalista quanto socialista tem servido de base a movimentos sociais que rejeitam o crescimento econômico.

Leitura sugerida: Maddison, A 1982: *Phases of Capitalist Development* • Polanyi, K. 1944: *The Great Transformation* • Schumpeter, J.A. 1942 *(1987)*: *Capitalism, Socialism and Democracy* • Sen, A. 1970: *Growth Economics*.

LAURENCE HARRIS

crime e transgressão A definição convencional mais sucinta de crime o descreveria de maneira um tanto tautológica como uma infração do direito penal (ver LEI). Definições mais generosas provavelmente acrescentariam que a infração é considerada lesiva ao bem público e punível pelo estado. Alguns, como o criminologista Paul Tappan, ainda acrescentariam uma referência à mente culposa, mas a intenção, em direito, não é um requisito. William Blackstone, em 1778, criou uma definição clássica de crime: "delitos públicos ou crimes e contravenções são uma infração e violação dos direitos e deveres públicos devidos a toda a comunidade, em sua condição social coletiva (...) traição, assassinato e roubo são corretamente classificados entre os crimes, uma vez que, além do mal feito ao indivíduo, atingem a própria substância da sociedade".

A definição convencional não é universalmente aceita. Por exemplo, um pequeno número de criminologistas de orientação positivista certa vez declarou que confiar a determinação do que é crime a advogados e legisladores produz um sistema de classificação que é culturalmente relativo, difícil de generalizar e cientificamente impraticável. (Ver CRIMINOLOGIA.) Em vez de "crime", Sellin (1938) propôs "norma de conduta" como expressão mais rigorosa e frutífera. "Normas de conduta" são coisas coerentes e consistentes, da natureza do crime, que podem ser estudadas pela criminologia. Não obstante, isso não foi muito bem acolhido pela disciplina.

Mais uma vez, um pequeno grupo de criminologistas radicais atribuiu particular importância à política envolvida na identificação de crime e criminosos. Em 1976 Chambliss e Mankoff declararam simplesmente que "certos atos são definidos como criminosos porque é do interesse da classe dominante assim defini-los (...)". Achavam que as implicações políticas, sociais e morais da palavra "crime" eram tão profundas que membros desse grupo se mostravam relutantes em admitir que sua definição permanecesse sob o controle de um estado ou classe com que discordavam. O "crime", então, poderia tornar-se elástico e metafórico, um erro cujo significado seria independente do que advogados, leis e estado pudessem dizer, não muito diferente, na sua utilização, da condenação pretendida nas frases intercambiáveis "é uma lástima", "é um pecado" e "é um crime". A própria criminologia seria transformada para estudar problemas estabelecidos por uma visão radical do mundo. Schwendinger e Schwendinger (1975), por exemplo, deploraram a apropriação da palavra "crime" por estados capitalistas e decidiram exercer sua independência preferindo descrever como crimes problemas como racismo, imperialismo e sexismo. O próprio título de "crime", afirmaram, faz parte de um sistema hegemônico, totalmente voltado para uma política de denominação e condenação que deveria ser objeto de resistência.

O corpo mais amplo dos criminologistas e pensadores sociais ocupados com o crime não se deixou abalar por Sellin nem pelos Schwendinger. Eles preferiram evitar o questionamento de processos jurídicos e legislativos ou aceitar o que esses processos engendram como fatos sociais sólidos e indiscutíveis. Mantiveram certa versão da definição convencional. Mas é uma definição que se defronta com dificuldades, a não ser que o crime seja tratado como um atributo especial de apenas um número muito limitado de sociedades ocidentais contemporâneas.

Há o problema posto pela exigência de que o crime seja encarado como transgressão da lei punível pelo estado. O estado não existe em toda parte e, com toda a certeza, nem sempre sob uma forma familiar aos criminologistas e advogados criminalistas ocidentais. No passado o estado podia ser apenas uma entre várias potências inter-relacionadas, armadas com força legítima e com capacidade de penalizar. Sharpe (1988), historiador social, destacou as dificuldades concentuais estabelecidas pelos muitos delitos julgados em tribunais eclesiásticos e de herdades locais antes do século XIX. Antropólogos sociais têm chamado a atenção para as muitas sociedades pré-alfabetizadas que possuem dispositivos capazes de cumprir a maior parte das atribuições de um sistema de justiça penal, mas aos quais faltam algumas de suas estruturas formais. Assim, Llewellyn e Hoebel (1941) descreveram o trabalho policial entre os cheyennes e Gluckman (1965) escreveu a respeito do sistema de jurisprudência de um povo banto da Rodésia, os Barotse. Malinowski ficou muito satisfeito por intitular um de seus estudos sobre a Melanésia de *Crime e costume na sociedade selvagem* (1932). Algo muito próximo do crime pode existir em comunidades que não possuem leis escritas ou um estado formal. De fato, Reckless propôs em 1940 uma definição de crime conciliadora: "nas chamadas sociedades primitivas, ou pré-alfabetizadas, que não possuem um código escrito ou legislado de direito penal, um crime é uma violação dos preciosos hábitos e costumes". Essa definição introduz uma qualificação extremamente importante.

Há um segundo problema. Existem estados estruturalmente elaborados sem um direito penal organizado, previsível e preciso. O Antigo Egito não possuía leis escritas, pois uma legislação iria privar o faraó da liberdade absoluta de declarar sua vontade. Em um exemplo não muito diverso, as sociedades totalitárias conservam os crimes por analogia. O crime deixa de ser unicamente uma transgressão específica de um código, podendo ocasionalmente ser um comportamento julgado razoavelmente semelhante à dita transgressão. O artigo 79 do Código Penal da República Popular da China, por exemplo, diz: "um crime não especificamente previsto sob as provisões especiais da presente lei pode ser ratificado como crime e a sentença pronunciada à luz do artigo mais análogo sob as provisões especiais da presente lei". A Alemanha nazista e a Rússia soviética dispunham de estipulações semelhantes. O crime torna-se aquilo que as autoridades governantes quiserem que o seja, a qualquer momento. Em casos assim, o atrativo de uma outra versão da definição mínima fica evidente. Clinard (1963), por exemplo, representou o crime meramente como "qualquer ato punível pelo estado".

A identificação de crime pode ser facilitada em estados como o Canadá, onde existe um código penal sob o escrutínio periódico de juristas, buscando consistência e racionalidade. Muitos estados não dispõem de um código assim, e neles os crimes não constituem uma classe simples e característica de eventos. Dessa forma, o sistema jurídico da Inglatera e País de Gales contém tamanha abundância de leis, com respeito a tantas áreas da vida política, social e econômica, que se tornou difícil discernir um simples princípio coerente, subjacente à definição ou aplicação das idéias de crime. Existem "crimes" que não se amoldam a nenhuma noção convencional do que seja criminoso. Existem atos, particularmente no campo dos delitos contra o bem-estar público que causam mal social, mas não são criminalizados. Em 1980 uma comissão de justiça, a seção britânica da Comissão Internacional de Juristas, relatou em *Breaking the Rules* não ter sido capaz de descobrir quantos crimes diferentes estão previstos no direito inglês, nem o que transformava certos delitos em crimes em vez de "meras" contravenções. Existem hoje muitos atos criminosos que antes não o eram. Clarke afirmou, em *Fallen Idols* (1981), que o aumento das fraudes financeiras e comerciais deve-se, em grande parte, à pura expansão da regulamentação, e Tench defendeu a idéia, em *Towards a Middle System of Law* (1981), de que "hoje em dia praticamente tudo pode ser crime".

Seria possível acrescentar que praticamente todo mundo pode ser criminoso. De acordo com o *Home Office Statical Bulletin 7/85* (Boletim Estatístico do Ministério do Interior), ao chegarem aos 28 anos, cerca de 30% dos homens da Inglaterra e País de Gales terão tido de comparecer diante de algum tribunal, e 40% o terão feito até o final de suas vidas.

Uma conseqüência da proliferação de leis, crimes e criminosos é que os significados de crime parecem ter-se bifurcado na vida cotidiana. Por um lado, existem muitas transgressões do código penal cujo significado se tornou um tanto diluído: são, por assim dizer, "meros crimes". A criminalidade incorporou-se a áreas da sociedade: "comer de baixo do pano" e "levar vantagem" são rotina e, na verdade, feitos admirados em grande parte do East End e do Sul de Londres. Negociar artigos roubados e praticar suborno são coisas normais e esperadas. O crime pode, na verdade, constituir um apoio estável em muitas sociedades organizadas.

Por outro lado, existe um segundo significado de "crime" que ainda incorpora sentimentos de ultraje com relação ao dano causado a uma comunidade, e este às vezes é diferenciado da versão diluída através da denominação de "crime real". "Crime real" tornou-se uma espécie de metonímia, desligada de sua definição rigorosa na lei e muito dependente da moral habitual. Tende, tipicamente, a ser encarado como inaceitável, ação de pessoa à margem da sociedade, ou que o próprio cidadão só compete em momentos de perda momentânea da razão.

Esses dois significados são continuamente jogados um contra o outro, demarcando os limites do tolerável e do permissível em qualquer situação. De fato, o caráter e as relações precisas desses significados são de grande importância política e moral. Eles colocam questões a respeito da legitimidade de legisladores, da legislação, da polícia, das leis, de agressores e de vítimas. Foi por esse motivo, em parte, que os criminologistas radicais tentaram, sem sucesso, obter o controle da sua utilização.

O que fica bastante claro é que crime e PODER são inseparáveis. W. Tallack, S. Schafer, N. Christie e outros optaram por atribuir importância especial à associação histórica entre a idéia de crime e o surgimento de uma organização central capaz de fazer e executar a lei. Eles destacam o modo com que o estado organiza os papéis e relações das vítimas, dos agressores e da sociedade. O próprio surgimento do crime é tratado como equivalente à apropriação de conflitos pessoais por um governo usurpador. Afirmam que, no que foi chamado de "Idade de Ouro da vítima", antes da presença de um estado criminalizante, as pessoas desfrutavam de algum controle sobre suas próprias desavenças. O conflito era pessoal: resultava em vítimas e agressores reconhecíveis, cujas disputas podiam ser mediadas e cujas perdas podiam ser compensadas. À medida que o poder de intervir nas disputas se foi concentrando em um número de mãos cada vez menor, à medida que vítimas, agressores e conflitos começaram a se separar uns dos outros e o estado começou a adquirir uma identidade jurídica distinta, as vítimas pessoais, bem como seus parentes e amigos, começaram a perder relevância. Perderam "propriedade" em seus conflitos: a idéia de vítima tornou-se cada vez mais metafísica, já não exigindo um ferimento visível ou uma pessoa tangível. Havia, em vez disso, uma entidade abstrata, o bem público ou a sociedade, naquilo que Blackstone chamou de sua condição social coletiva, que exigia proteção: o que se rompia não era a paz particular de um indivíduo, mas a Paz do Reino. Surgiu até a possibilidade do que Edwin Schur descreveu como "crimes sem vítimas", crimes envolvendo drogas, prostituição, jogo, homossexualismo, aborto e outras práticas, que não produziam nenhuma outra vítima além de uma representação do estado ou comunidade abstrata ou afrontado.

Evidentemente, seria possível também afirmar que a idade de ouro pode não ter sido absolutamente dourada para a vítima solitária, impopular ou fraca em confronto com um agressor poderoso. Existem alguns conflitos que a vítima podia muito bem ter querido abandonar e, como Georg Simmel certa vez observou, terceiros podem fazer muito para liquidar uma disputa que, de outra forma, poderia continuar interminavelmente.

"Transgressão" traduz o inglês *deviance*, neologismo introduzido no pensamento social no início dos anos 60, principalmente como reação às idéias estimuladas pela publicação de *Outsiders*, de Howard Becker, em 1963. É uma das mais recentes de toda uma série de expressões criadas pelos que queriam ir além do estudo do crime para abranger uma área mais ampla de problemas que não são nitidamente regulamentados pelo sistema de justiça penal. As primeiras a chegar foram "desorganização social", "problemas sociais" e "patologia social", mas foram postas de lado ou porque eram consideradas não exatamente capazes de captar o caráter especial dessa área mais ampla, ou porque já não soavam de acordo com discurso intelectual em voga na época. *"Deviance"* foi uma palavra adotada, em parte, porque se achou que ela permitia uma útil ampliação de foco: fenômenos novos, interessantes e até então ignorados podiam ser trazidos à luz com fins de exploração e comparação. O direito e o sistema de justiça penal podiam eles próprios ser inspecionados a partir de fora e com novos olhos.

Acima de tudo, a mudança de palavra significou uma transição intelectual. O uso da palavra *"deviance"* simbolizava o afastamento de uma preocupação com o crime e a criminologia, que alguns consideravam intelectualmente paralisante. Nos Estados Unidos, essa transição esteve ligada ao surgimento da Sociedade para o Estudo dos Problemas Sociais. Na Grã-Bretanha, um pouco depois, esteve ligada ao York Deviancy Symposium. Difundiu-se em *Social Pathology*, de Lemert, em *Outsiders*, de Becker, e em *Images of Deviance*, de Cohen. A palavra *"deviance"* é não apenas denotativa, mas conotativa. Marca a adoção tanto de um método distinto quanto de um tema especial, sendo usada caracteristicamente pelos então "novos" interacionistas simbólicos e sociólogos fenomenológicos, interessados nos significados que as pessoas atribuem ao seu comportamento, na qualidade interativa e dialética da vida social e nos detalhes de cenas pequenas, fechadas e observadas. Em nossa língua, a palavra "desvio" está muito ligada a questões de comportamento sexual, sendo por isso preferível a tradução "transgressão". A "abordagem da transgressão" tem sido com freqüência ampliada e aplicada a problemas não-convencionais porque os pensadores sociais a consideram esclarecedora, e não porque os eventos ou pessoas estudados fossem em si mesmos indubitavelmente transgressores. E. Freidson, por exemplo, empregou-a em estudos de medicina e saúde.

"Transgressão" inclui crime (e é mais geralmente o crime que os sociológos da transgressão efetivamente estudam), mas evidentemente foi escolhida com a intenção de se ampliar a qualquer outro afastamento, passível de sanção, do caminho convencional. Tem sido aplicada de forma extremamente liberal a um grande âmbito de pessoas e atividades. Gagos, gigantes, anões, prostitutas, doentes, ladrões, estelionatários, imbecilizados, homossexuais e viciados em drogas têm sido analisados como transgressores. Aqueles como A. Liazos, que depreciam imensamente as deficiências de um grupo tão mal sortido, referiram-se aos transgressores como "birutas, marafonas e pervertidos".

Transgressão provavelmente não é, como *"deviance"*, uma palavra muito boa. Não chega a ser um termo jurídico ou clínico. Nem é empregada comumente na vida cotidiana. É uma palavra peculiarmente sociológica e seu significado reflete as preocupações cambiantes dos que a usam, não havendo um acordo muito grande quanto à sua definição exata. Alguns a descreveram como atividade estatisticamente infreqüente, mas é óbvio que existe um comportamento freqüente que poderia, ao contrário, ser encarado de forma profícua como transgressão: violações do tráfego e mentiras são dois exemplos. Talcott Parsons encarou a transgressão como uma quebra, ou articulação incompleta, de relações entre pessoas e instituições em transformação, embora essa descrição não inclua a transgresssão estável que parece estar embutida em boa parte da vida social. Lofland (1969), Duster (1970) e outros compreendem a transgressão como a posição desacreditada ou desvalorizada dos perdedores na política competitiva da imputação moral. E. Erikson, Daniel Bell (1961) e Robert Merton (1949) retrataram a transgressão como a face obscura da sociedade, que dá apoio involuntário à ordem social: a prostituição escorando o casamento, a bastardia garantindo a primogenitura e o mal produzindo o bem. Essa idéia é antiga e interessante, mas efetivamente se apóia numa teleologia incômoda e na chamada mão invisível, e demonstrar isso não é fácil.

A transgressão é descrita, talvez de forma mais comum e livre, como uma violação das regras, normas ou expectativas sociais, passível de punição. Tende a haver pouca hesitação em definir e reconhecer suas formas essenciais mais exuberantes. Além disso, Newman (1976) demonstrou que parece haver um amplo acordo dentro e através das sociedades a respeito das principais regras de conduta. Mas existe em "transgressão" uma intenção, também importante, de abranger as violações menos espetaculares, que parecem fundir-se de forma ambígua com as atividades à sua volta. É a própria marginalidade de muitas transgressões que se admite ter ampliado e melhorado o alcance intelectual da sociologia. E marginalidade e ambigüidade são marcantes. Numa sociedade heterogênea, existe tamanha dispersão de regras contraditórias que os tipos mais insignificantes de transgressão são eles próprios correspondentemente diversos e políticos. São localizados e limitados no tempo, ligados a pessoas, lugares e ocasiões. Nem sempre pode ser possível para os de dentro, ou os observadores, determinar que regras predominam num cenário particular, quão coerentes ou sistemáticas elas são, como devem ser comparadas com outras regras, se devem ser aplicadas, por quem, em relação a quem e em que medida. *Deviance in Classrooms*, de Hargreaves, é um ensaio longo e revelador sobre o emaranhado de problemas de obediência e aplicação das regras em um local, as escolas: cada regra tem regras secundárias e terciárias regulando sua aplicação, cada regra pode ser revogada em certas situações e alunos e professores são obrigados a realizar julgamentos sofisticados na gestão de seus problemas cotidianos. Os próprios transgressores geralmente têm um interesse considerável em promover confusão, em falsear e esconder o que fazem, em passar por normais e em confundir o observador. Nas palavras de Matza, os transgressores geralmente se tornam trapaceiros. Os fenômenos das regras e de sua violação são de tal modo desnorteantes que Matza (1969) e Douglas e Scott (1972) representaram a contradição e o absurdo como constitutivos do próprio caráter da transgressão. A transgressão tem o poder de estimular um senso facilmente identificável de confusão e embaraço.

Uma vez que a transgressão ocorre em abundância, que causa confusão e que grande parte dela é bastante insignificante, "mera" violação de regras — o que Lemert chamou de "transgressões primárias", que não acarretam qualquer reavaliação do próprio eu ou de sua ações —, a atenção intelectual foi desviada para as reações sociais provocadas pela transgressão. Não existe um foro conceitual para o estudo das transgressões primárias: Becker (1963) o fez no caso dos fumantes de maconha. Mas são essas reações, e as reações às reações, que conferem maior ordem, conseqüência, interesse e visibilidade. A significação de atos e agentes pode ser transformada, sendo às vezes associada a outros significados putativos, avaliada e classificada. A transgressão deixa de ser particular e se torna um fenômeno social mais prontamente suscetível à análise. Esse processo de reorganização simbólica foi chamado por Lemert de "transgressões secundárias". Faz parte do trabalho de ROTULAÇÃO, que convidou os sociólogos a voltar o olhar para instituições e práticas de controle social que eram anteriormente desprezadas. Em conseqüência, amplas parcelas da sociologia da transgressão foram chamadas, com certa infelicidade, de "teoria da rotulação".

Leitura sugerida: Becker, H. 1963: *Outsiders* • Chambliss, W. e Mankoff, M. 1976: *Whose Law? What Order?* • Cohen, S., org. 1971: *Images of Deviance* • Downes, D. e Rock, P. 1988: *Understanding Deviance* • Justice 1980: *Breaking the Rules* • Lemert, E. 1951: *Social Pathology* • Schwendinger, H. e Schwendinger, J. 1975: "Defenders of order or guardians of human rights". In *Critical Criminology*, org. por I. Taylor et al. • Sellin, T. 1938: *Culture, Conflict and Crime* • Sharpe, J. 1988: "The history of crime in England". In *A History of British Criminology*, org. por P. Rock • Sutherland, E. e Cressey, D. 1974: *Principles of Criminology*.

PAUL ROCK

criminologia Este é um nome genérico para um grupo de temas estreitamente ligados: o estudo e a explicação da infração da lei; os meios formais e informais que a sociedade usa para lidar com a infração (penalística); e a natureza e necessidades de suas vítimas (vitimologia). O uso popular da palavra por romancistas e jornalistas para designar a descoberta e o estudo de provas que podem inculpar ou inocentar suspeitos (ciência forense ou criminalística) é um solecismo.

O estudo dos criminosos e seu comportamento é hoje em dia campo dos psicólogos e sociólogos. No passado, psiquiatras como Cesare Lombroso e Henry Maudsley, e psicanalistas como Edward Glover, escreveram a respeito de comportamento anti-social como se este fosse sempre, ou em geral, atribuível a anormalidades da personalidade, constitutivas ou adquiridas. Hoje em dia o psiquiatra sensato limita suas generalizações a infratores que sofrem de distúrbios com sintomas inequívocos. Estes são uma minoria, ainda que se incluam os "distúrbios anti-sociais da personalidade".

História natural

As primeiras tentativas de explicar a infração da lei sofreram da ignorância de sua "história natural" — dos fatos sobre a vida criminosa. Alguns observadores do século XIX, em especial Henry Mathew (1851-62), descreveram com realismo a violência e as ações desonestas dos pobres urbanos, mas o comportamento social dos mais bem postos na vida foi deixado aos romancistas e aos repórteres da corte. Foi só já bem avançado o século XX que criminólogos, em especial Sutherland (1973), conseguiram descrições mais detalhadas do estilo de vida dos criminosos, e que os editores descobriram um mercado na classe média para as memórias de criminosos bem alfabetizados e articulados (para um exemplo moderno, ver Curtis, 1973). Essas narrativas não deixavam de ser tendenciosas, mas trouxeram um pouco de vida autêntica para estatísticas que registravam pouco mais do que idades, condenações anteriores e, às vezes, empregos oficiais.

Explicação

A abordagem mencionada resultou em uma explicação mais sofisticada. A ubiqüidade e a diversidade da infração da lei começaram a ser mais bem avaliadas. Uns poucos sociólogos e psicanalistas agarraram-se a "teorias gerais" que pretendiam explicar todo tipo de crime, ou a maioria, e até mesmo também a transgressão (ver também CRIME E TRANSGRESSÃO). Os historiadores naturais, por sua vez, entenderam que isso não era mais sensato do que oferecer uma única explicação para a "doença". Mesmo tipos bastante específicos de infração, como o furto em lojas ou o infanticídio, são cometidos por pessoas de personalidades, modos de vida e, acima de tudo, motivações absolutamente diferentes. Percebeu-se também que uma coisa é tentar explicar por que este ou aquele país, cultura, distrito ou escola tem uma predominância particularmente elevada (ou baixa) de certos tipos de comportamento infrator e outra coisa, bem diferente, é explicar por que este ou aquele indivíduo tende a isso. Mais uma vez, explicar as propensões de um indivíduo é lógica e cientificamente distinto de dar conta de uma única infração da lei, não repetida, para a qual uma "explicação narrativa" pode ser muito mais plausível (ver Walker, 1977).

A contribuição do POSITIVISMO, porém, foi volumosa e valiosa, ainda que por vezes de modo negativo. As pesquisas descobriram ligações estatísticas entre a infração da lei (ou, mais precisamente, uma história de desonestidades ou violências) e um número enorme de variáveis: sexo, idade, infrações por parte dos pais, desarmonia no lar paterno, condições e locais de habitação, inteligência, nível educacional, vadiagem, desemprego, natureza do emprego, filiações religiosas e étnicas, constituição física ("tipo somático"), alcoolismo ou vício de outras drogas, filiação a quadrilhas e até mesmo, no caso da violência, temperaturas elevadas. Algumas dessas variáveis, porém, como baixo nível educacional e vadiagem, podem muito bem ser efeitos em vez de causas. De qualquer forma, as ligações raramente são muito marcadas (sendo sexo a única exceção). Mesmo quando combinadas matematicamente, o máximo que oferecem é um meio de discriminar entre categorias com respeito à probabilidade de que um dado membro venha a cometer infrações da lei (específicas ou não-específicas). Por exemplo, uma jovem de um lar harmonioso, com bom nível educacional e um emprego em escritório tem muito menos probabilidades de ser uma infratora da lei do que um rapaz com pais separados, instrução mínima e sem emprego fixo. Do ponto de vista explicativo, esse é um quebra-cabeça incompleto. Há um número muito grande de indivíduos que preenchem as condições mas cujas vidas pautadas dentro da lei só podem ser explicadas por histórias mais pessoais.

Alguns criminologistas preferem a abordagem "situacional". A principal determinante é encarada como sendo situações que oferecem oportunidades tentadoras ou estímulos provocadores. Presume-se que a vasta maioria das pessoas aproveitará a oportunidade — digamos, de furto — se houver certeza de impunidade. As pessoas variam com relação ao que as tenta e à sua confiança quanto às possibilidades de serem condenadas; mas onde existe um "alvo" atraente mais cedo ou mais tarde ele será atingido. A existência de pessoas com fortes inibições morais não pode ser negada, mas é relativamente pouco importante no que diz respeito à predominância de infrações desonestas. Como a maioria das novas contribuições para o tema, esta exagera em suas afirmações; mas tem valor, como veremos na seção sobre prevenção (ver, por exemplo, Laycock e Heal, 1986).

Penalística

Esta subdivisão do tema preocupa-se principalmente com os modos oficiais como se tratam infratores identificados: pena capital, deportação, prisão, multa, *sursis* ou suspensão condicional de pena e outros expedientes de não-aprisionamento; mas alguns penalistas interessam-se pelas reações não-oficiais da sociedade, tais como o estigma e o ostracismo. Entre as realizações da pesquisa penalística está a prova de que a pena de morte não impede a ação de assassinos mais do que a pena em "vida" (isto é, prisão prolongada e por tempo indeterminado); que meios gerais de repressão não se mostram muito eficazes quando são baixas as taxas de detecção (investigações bem-sucedidas); que os infratores receptivos a medidas reformadoras constituem minoria e não são facilmente identificados no estágio de decisão da sentença; e que muitos infratores detidos por longos períodos em prisões ou hospitais para proteção dos outros na verdade não seriam perigosos caso libertados sob supervisão. Os penalistas também têm-se preocupado com os efeitos indesejáveis de medidas como o encarceramento, e corrigiram alguns exageros, como, por exemplo, a respeito de seus efeitos psicológicos. O debate sobre justificativas para punição, ou sobre o âmbito adequado do direito penal, pertence mais à filosofia moral do que à penalística, mas a familiaridade com a penalística é essencial para os que tomam parte nesses debates.

Prevenção

Apesar de a repressão ser, estritamente falando, um tipo de tentativa de impedir o crime (e ser assim classificada por criminologistas do continente europeu), "prevenção" na criminologia anglo-americana tende a significar medidas que se concentram nos alvos potenciais, mais do que nos infratores potenciais, que são menos facilmente identificados quando à solta. A abordagem situacional antes descrita e as descobertas um tanto desestimulantes sobre a eficácia das medidas voltadas contra infratores indicam que se deveriam dedicar mais recursos ao alvos mais vulneráveis. Estes podem ser indivíduos ou propriedades, ou mesmo "o meio ambiente". Os indivíduos podem tornar-se menos vulneráveis se conscientizados dos perigos inerentes de se freqüentarem certos lugares em certas horas e se forem ensinados a se precaver com os estranhos que os abordam. As mulheres podem ser aconselhadas a não carregar bolsas ou sacolas. Em alguns países, os cidadãos podem armar-se com pistolas, embora o resultado seja provavelmente mais vítimas do que ocorreria se assim não fosse. A propriedade pode tornar-se um pouco mais segura através de mecanismos de segurança e sinais de identificação. Ladrões e assaltantes podem se tornar mais visíveis com melhor iluminação das ruas, menos passagens cobertas (por exemplo, debaixo de ruas) e uma arquitetura previdente. As vizinhanças mostram-se cada vez mais dispostas a organizar "rondas da vizinhança" e até mesmo "grupos de vigilantes", embora estes últimos sejam malvistos pelos agentes da lei, pois suas atividades podem tender a ultrapassar os limites do aceitável (ver POLÍCIA). Essas são "medidas centradas". Já se fizeram sugestões de programas não-centrados, tais como melhorar os níveis de habitação e escolaridade, e também as perspectivas de emprego. As provas de que esse tipo de medidas exerce efeitos de valor sobre as taxas de criminalidade são insuficientes, e não é fácil interpretá-las com confiança; mas esses programas têm outros méritos que os recomendam.

Vitimologia

O pensamento preventivo recebe certa ajuda da vitimologia. No início deste século, os historiadores naturais do crime perceberam que este não atinge suas vítimas de forma inteiramente aleatória, e que certos empregos, atividades e comportamentos sofrem riscos maiores de se tornar alvos ou vítimas. Prostitutas, motoristas de táxi, guardas de segurança e, hoje em dia, professores e assistentes sociais estão perfeitamente cônscios disso. Nos anos 50 um estudo de homicídios feito por Marvin Wolfgang (1958) chamou a atenção para os modos pelos quais muitos deles haviam sido provocados ou incitados pela conduta da vítima, e ele cunhou a expressão *"victim-precipitation"*. A maior parte da violência contra mulheres é cometida por maridos ou amantes. A maior parte dos maus-tratos contra crianças é cometida por pais ou membros da casa. Pode até haver, como já se apontou, tipos de personalidades que, especialmente entre os jovens, convidam à violência ou ao atentado ao decoro sexual. As vítimas de fraudes e contos-do-vigário são geralmente pessoas cuja ambição as deixou cegas para a implausibilidade do que lhes estava sendo oferecido. No caso de brigas, em geral é difícil para a polícia ou para os tribunais ter certeza sobre quem é a vítima e quem é o agressor.

As vítimas podem nem sempre estar totalmente isentas de culpa. Mas isso não reduz suas necessidades. Vítimas de violências necessitam de cuidados médicos, mas também de tratamento humano no interrogatório, especialmente se a violência for sexual. O confronto com atacantes no tribunal pode aumentar o trauma, especialmente no caso de crianças. Foram criados procedimentos especiais para a obtenção e apresentação de provas por parte de crianças. Muitas jurisdições hoje permitem que vítimas de violência sexual, tanto adultas quanto menores de idade, permaneçam anônimas no que diz respeito à mídia. "Centros de apoio" para os casos de crises em razão de estupros oferecem aconselhamento e socorro psiquiátrico grátis. Tem havido até experiências que reúnem perpetrantes e vítimas de crimes como assalto a residência e estupro, na esperança de algum tipo de benefício para ambas as partes. Os resultados não se mostram de fácil avaliação.

Indenização

Uma necessidade mais material de muitas vítimas é a indenização, especialmente quando elas são pobres. Em muitos países ocidentais, as vítimas podem requerer compensação financeira durante o processo criminal, em vez de serem obrigadas a encarar a perspectiva desanimadora de uma ação cível. Isso, porém, não ataca o problema básico — a incapacidade de muitos infratores de pagar mais do que uma fração daquilo que os tribunais determinam, especialmente se também têm de cumprir pena de prisão. Os planos de indenização por parte do Estado restringem-se a um âmbito limitado de infrações, em geral as que envolvem ferimentos violentos ou danos psicológicos. Nenhum país ainda instituiu um plano de seguro compulsório para crimes contra a propriedade. Esse é um problema que só foi atacado parcialmente (ver, por exemplo, Hodgson, 1984).

Levantamentos de vítimas

Uma valiosa evolução das décadas recentes foi o "levantamento de vítimas", em que amostras representativas do público são questionadas a respeito de delitos que elas ou seus filhos possam ter sofrido no decorrer do último ano (ou outro período especificado). Esses levantamentos têm defeitos de menor monta. Algumas categorias de vítimas são pessoas ocupadas demais, ou nômades, ou sofrem de distúrbios mentais, o que dificulta o acesso dos entrevistadores. Os homens jovens que sofrem muita violência estão em geral na rua bebendo ou, de alguma outra forma, se expondo à violência, e não sendo entrevistados a esse respeito. Alguns tipos de delitos não têm vítimas específicas e provavelmente não serão notificados: a poluição ilegal é um exemplo.

O valor desses levantamentos, por exemplo, é que eles corrigem a séria tendência à baixa estimativa das taxas de criminalidade resultante da "subnotificação" e do "sub-registro". Muitos delitos não são notificados à polícia (ou outra autoridade responsável) porque os que poderiam notificá-los estão assustados ou constrangidos demais (como no caso de violência sexual), ou consideram o delito excessivamente trivial, ou com poucas probabilidades de vir a ser alvo de alguma ação efetiva. Alguns preferem lidar com os infratores à sua própria maneira, especialmente se estes são menores de idade. Ainda que notificados, alguns delitos não são registrados, pelo menos para fins estatísticos. Os que os notificam podem ter a sua palavra colocada em dúvida, por exemplo, porque se pode pensar que estejam agindo por malícia. O incidente pode parecer excessivamente trivial. Um número excessivo de registros de crimes sem solução faz com que a força policial pareça ineficiente. O resultado final da subnotificação e do sub-registro é uma séria subestimativa que os levantamentos de vítimas, em certa medida, corrigem. É concebível que estes acabem vindo a substituir as estatísticas baseadas na informação policial, pelo menos no que diz respeito a crimes comuns como roubo, furto e assaltos de menor monta (ver Mayhew et al., 1989).

Reforma penal

Na teoria, o criminologista é um cientista, não um reformador penal ou social, e se limita a fornecer e interpretar as descobertas de pesquisas que militantes ou ativistas podem dar a público, se lhes for adequado fazê-lo. Na prática, a distinção é geralmente um pouco confusa. A escolha por parte do criminologista do objeto da pesquisa — digamos, os efeitos psicológicos danosos do encarceramento — é, em geral, ditada pelos objetivos do organismo que patrocina essa pesquisa e, mesmo quando a escolha cabe ao pesquisador, esta provavelmente deve alguma coisa à ideologia deste. Felizmente, existem criminologistas cuja integridade os leva a relatar descobertas inesperadas ou inconvenientes — por exemplo, no caso de terem descoberto que os efeitos danosos do encarceramento foram na verdade exagerados pelos reformadores penais (ver Bottoms e Light, 1987, cap.8).

Leitura sugerida: Bottomley, K. e Pease K. 1986: *Crime and Punishment: Interpreting the Data* • Box, S. 1981: *Deviance, Reality and Society* • Freeman, J. e Sebba, L., orgs. 1989: *International Review of Victimology*, vol.1 • Morris, A. 1987: *Women, Crime and Criminal Justice* • Radzinowicz, Leon e Hood, R.G. 1986: *The Emergence of Penal Policy* • Rutter, M. e Giller, H. 1983: *Juvenile Delinquency* • Ten, C.L. 1988: *Crime, Guilt and Punishment* • Tonry, M. e Morris, N. 1979: *Crime and Justice* • Walker, N. 1988: *Crime and Criminology* • Wilson, J.Q. e Herrnstein, R.J. 1985: *Crime and Human Nature*.

NIGEL WALKER

crise Falamos de "crise" em relação a sujeitos, a uma vida ou uma forma de vida, a um sistema ou uma "esfera" de ação. As crises decidem se uma coisa perdura ou não. O caso paradigmático de crise é a crise de vida, na qual, se levada ao extremo, está se tratando de uma questão de vida ou morte. Em toda crise os envolvidos confrontam-se com a questão hamletiana: ser ou não ser. As crises em geral têm causas objetivas, mas devem também poder ser *vivenciadas* como crises pelos sujeitos ou entidades sociais envolvidos. Elas também sempre afetam a autocompreensão e a autodefinição de agentes, sistemas ou esferas, uma vez que sempre afetam sua "identidade", isto é, uma vida ou situação de vida *como um todo*.

Aqui, a história da palavra é importante e esclarecedora. O grego *krisis* não distingue entre crise e crítica, cobrindo "diferença e conflito, mas também decisão no sentido de resultado definitivo, decisão judicial ou, de fato, qualquer julgamento — algo que hoje se encaixaria na esfera da crítica" (Koselleck, 1973: p.197). Essa ligação original entre os aspectos subjetivo e objetivo da crise subsiste quando criticar entra em moda na modernidade. Na época do Iluminismo esses dois usos divergem, ao mesmo tempo em que continuam sobrepostos. Com essa separação, porém, as palavras crítica e crise, usadas basicamente na Idade Média no sentido médico, tornam-se altamente politizadas. Sir B. Rudyard aplicou o conceito médico de crise ao corpo político: "Esta é a Crise dos Parlamentos: através disso saberemos se os Parlamentos vivem ou morrem." Mesmo depois do século XVIII, porém, "crise" é um título comum para textos críticos e polêmicos. Thomas Paine deu o nome *The Crisis* ao diário em que comentava os eventos da revolução norte-americana. Aqui, o sentido grego de crise como julgamento permanece predominante como um conceito polêmico de crise. O significado de "crise" como julgamento, referindo-se a uma decisão judicial, e o significado médico, diagnóstico, combinam-se quando falamos, ainda hoje, de uma situação crítica.

Na antiga Atenas, eram as atividades de julgar (*krisis*) e governar (*kratein*) que transformavam um indivíduo em cidadão (Aristóteles). A lei é um produto da crise e da divisão da vida ética. Quando recebe expressão efetiva num julgamento, promove-se o fim da divisão ou CONFLITO. (A palavra alemã *Ent-scheidung* [decisão] indica esse processo.) O elo aristotélico entre julgamento legal e crise e o status de cidadão político é ele próprio resultado de uma divisão, separação ou diferenciação das esferas de *oikos* e *polis* — uma divisão em que a lei desempenha um papel fundamental. A separação do político (e portanto o status de cidadão) acompanha a superação e substituição do antigo sistema legal (justiça de família, vingança de sangue, *oikos* ou justiça doméstica) por um sistema judicial político-burguês (ver Meier, 1983). Hegel ainda tem em mente essa ligação entre lei e crise na sua teoria da tragédia. Ele descreve a queda do herói na crise do conflito trágico como um "destino racional" que se concretiza em nome de uma justiça nova, trágica e urbana, a qual substitui a "justiça antiga, épica", hoje vista como um "destino cego" pré-legal.

Do Iluminismo até Marx, a época presente é compreendida como uma crise, e a crise como crítica prática, revolucionária, como uma causa levantada pela nova sociedade burguesa contra o antigo estado, ou pelas classes excluídas da sociedade burguesa contra as que estão incluídas. Mas Marx se encontra também na raiz das teorias sociais científicas sobre crise. À medida que estas se desenvolvem, a separação entre teoria e crítica é ressaltada de forma ainda mais aguda do que na filosofia da história do próprio Marx. Mas o que foi separado na teoria ainda se une na prática política: não pode haver crise sem diagnóstico de crise. Um diagnóstico de crise representa uma vigorosa posição explicativa. Ele não visa um fim da história, mas constrói hipoteticamente *uma* história capaz de funcionar como justificativa por ações políticas para os que vivenciam a crise. Nesse sentido, a filosofia de Kant já era uma filosofia da história, pressupondo que o tribunal da razão crítica julga argumentações e não pessoas. De agora em diante, crise e crítica encaixam-se em diferentes categorias. Embora a crítica possa tornar uma pessoa consciente de uma crise, e uma crise possa provocar crítica ou transformar a própria crítica em crise, a crise decide outras questões que não as da crítica. Enquanto a crise diz respeito a se uma forma de vida social pode ser ou não ser, a crítica só se preocupa com a validade dos argumentos; se são "verdadeiros ou falsos", "precisos ou imprecisos". Essa distinção (*krisis*) é notoriamente ignorada pela metacrítica conservadora do Iluminismo. Essa crítica fundamental, presente em Nietzsche, Carl Schmitt e Michel Foucault, concebe a argumentação e a crítica como guerra (*polemos*), como luta por existência e poder. Tal como a filosofia da história que critica, ela combina crítica e crise e, assim, vê na crítica a verdadeira crise dos tempos modernos. "A crise está disfarçada de crítica" (Kosellek, 1973).

O conceito social científico de crise tem raízes profundas na filosofia da história, mas no século XX deitou raízes novas, pós-metafísicas. O conceito de crise baseado na filosofia da história desenvolveu-se no sentido de um conceito evolutivo, à luz do qual a filosofia da história se vê ela própria relegada ao status de "elo perdido" na transição do antigo conceito de crise para o moderno. A ligação mais importante é, sem dúvida, sua temporalização na cristandade. Esta transforma a decisão judicial na crise extrema do Juízo Final. O todo da história é assim dominado pela contradição de que a decisão final já ocorreu com a encarnação do Messias, mas deve ainda assim ser deixada em aberto para ser ratificada no Juízo Final. Isso estende a crise a todo o processo entre a Revelação, ou vinda de Cristo, e o Fim dos Tempos; a crise permanente transforma, segundo as palavras de Hegel, a história mundial num tribunal mundial. "Desse modo, a modernidade assiste à ascensão de um modelo processual de crise que impregnou inúmeras filosofias da história" (Kosellek, 1976: p.1236).

Um aspecto característico do diagnóstico de crise da filosofia da história é a maneira como a época é tratada como um todo. A crise é sempre a crise de uma totalidade histórica. O conceito social e científico de crise, em contraste, baseia-se sempre apenas em uma esfera ou aspecto parcial de uma totalidade de vida, por exemplo, o sistema econômico, programas de pesquisa, estágios de desenvolvimento ou princípios organizacionais. Não se pode mais fazer afirmações a respeito de crises extremas ou de progresso e retrocesso com relação ao Bem e à felicidade do Todo. A perspectiva da filosofia da história sobre a totalidade de uma "forma de vida" (Hegel) permanece constitutiva para a experiência subjetiva e intersubjetiva de crise por parte dos afetados por elas, mas isso se transforma em mero componente subjetivo de análise social científica. O que permanece da filosofia da história é um discurso de autocompreensão típico das crises — geralmente com características terapêuticas. Isso diz respeito aos problemas de identidade individuais ou coletivos. Os discursos globais da filosofia da história só têm lugar *dentro* desses discursos, nos quais os envolvidos devem deixar claro quem desejam ou não desejam ser (cf. Tugendhat, 1979). Mas já não têm uma significação prognóstica. Inversamente, as teorias sociais e científicas sobre a crise já não produzem conhecimento a respeito do resultado das conseqüências das crises. Na crise, o número que os dados vão dar fica em aberto. "Toda crise furta-se ao planejamento (...) com base na crença e no progresso" (Kosellek, 1973). Livros como *História e consciência de classe* (1923), de Lucáks, ou *A decadência do Ocidente* (1918-22), de Spengler, representam um lado da distinção entre um conceito de crise baseado na filosofia da história e uma concepção de crise social científica. *A legitimação da crise* (1973), de Habermas, ou *As contradições culturais do capitalismo* (1976), de Daniel Bell, marcam o outro lado. Outro exemplo de conceito social científico de crise é *A estrutura das revoluções científicas* (1962), de Thomas Kuhn (ver SOCIOLOGIA DA CIÊNCIA). Aqui também se trata da vida, como um todo, de uma comunidade particular, concreta, de pesquisadores, ligada a um paradigma holístico, mas não do destino *das* ciências européias, como no famoso diagnóstico de Husserl (1937), que ainda não abandonou os caminhos de uma filosofia metafísica da história em cima do muro que separa a Queda da Salvação.

No centro da concepção social científica de crise encontra-se o conceito de crise de sistema, que Marx foi o primeiro a exprimir com clareza, ligando-se tanto às teorias de circulação da economia clássica e do Iluminismo francês quanto ao conceito hegeliano de uma *contradição* entre esferas que não pode ser resolvida dentro de um sistema fechado. A teoria da tragédia de Hegel desenvolve um modelo de crise que retorna em crises de sistema e em conflitos que arrasam, do ponto do vista social, o mundo concreto ou uma imagem do mundo. A validade abrangente de pretensões legais mutuamente exclusivas é o que diferencia as crises das guerras e também das revoluções e das guerras civis. Na lenda grega, Creonte e Antígona não se relacionam um com o outro como amigo e inimigo em guerra; eles trazem *em si mesmos* a oposição que destrói o seu mundo.

O significado social científico desse modelo de crise ultrapassa em muito a sua interpretação nas filosofias da história de Hegel e de Marx (cf. Kojève, 1947). Marx já havia combinado esse modelo de uma crise orientada para as pretensões à validade de grupos sociais antagônicos (classes) com o da crise de sistema *objetiva* identificável em problemas de rumo, de orientação e dos imperativos da manutenção do sistema. Mas, mesmo nos diagnósticos dos termos que a modernidade vem oferecendo desde pelo menos a época de Max Weber o modelo trágico de uma esfera ética dividida em si mesma continuou a ser crucial. Ele se estende do "mundo de desintegração" do primeiro Lukács ao diagnóstico de Weber sobre o esmagamento da liberdade e o significado no conflito insolúvel das esferas de valor mutuamente alienadas do racionalismo moderno, até a teoria de Jürgen Habermas sobre as "patologias do mundo concreto" e diagnósticos semelhantes apresentados por pensadores neocomunitários. Robert N. Bellah e seus colaboradores (1985), seguindo Alasdair MacIntyre (1981), vêem a cultura norte-americana estendida entre os pólos de individualismo utilitário e expressivo. Michael Walzer (1983) descreve com perspicácia o modo como esferas da vida moderna justificadas e geralmente aceitas (divididas "corretamente") desenvolvem tendências críticas, na verdade autênticas ameaças à vida, a superar e "dominar" umas às outras. Charles Taylor (1989) localiza a contradição mais profunda dos tempos modernos entre bens igualmente constitutivos: universalismo e pluralismo, cientificismo (utilitarismo) e romantismo, moralismo e ceticismo desconstrutivo. Os herdeiros científico-sociais do modelo de crise hegeliano e marxista não apenas dissolveram sua ligação desagradável com a filosofia da história como também substituíram o paradigma da reflexão pelo da linguagem, dissolvendo ainda a perspectiva unificada numa pluralidade de tendências de crise. As contradições que fazem surgir as crises e as abrem à experiência não precisam mais ser entendidas na linha de antinomias lógicas, produzidas pela ascensão do Espírito, através de estágios infinitos de reflexão, mas podem ser trazidas de volta ao seu lugar na linguagem as contradições entre afirmações e acima de tudo no diálogo.

As crises de maturidade e as de desenvolvimento cognitivo e moral, tal como outras crises, são geralmente deflagradas por circunstâncias externas contingentes, mas também têm um aspecto interior, racional. Este se expressa, *inter alia*, nas tentativas dos agentes de reconciliar suas experiências com sua imagem do mundo. As experiências que entram em conflito da imagem que se tem do mundo podem proporcionar um motivo racional para a busca de soluções coerentes. As crises ocorrem quando experiências conflitantes se acumulam e, no final, não podem mais ser integradas, conforme ocorre com as "anomalias" sofridas pelos "cientistas normais" de Kuhn. O sofrimento em geral inspira a busca de soluções novas e radicais, fazendo surgir uma imagem do mundo de nível mais elevado, que reúne experiências antigas e novas em uma relação inteligível e coerente. As contradições comunicativas ocorrem quando imagens do mundo variadas e incompatíveis se superpõem e entram em disputa na interpretação das mesmas, ou semelhantes, experiências. Quando agentes com imagens do mundo divergentes ou concorrentes são obrigados a debater e a entrar num acordo, precisam usar a linguagem comum da vida do dia-a-dia para articular suas variadas perspectivas e imagens do mundo. A articulação de sua própria imagem do mundo, com sua perspectiva sempre egocêntrica, em linguagem comum e com uma orientação voltada para a compreensão mútua resulta em algo que empurra os agentes no sentido de uma descentralização do seu egocentrismo. Os processos de aprendizado que levam a descentração de perspectivas no mundo podem, portanto, ser explicados pelas contradições entre visões do mundo idiossincrásicas e sua articulação numa linguagem comum. Essas contradições obrigam os agentes a transcender o seu próprio horizonte e a "fundi-lo" com o de outros agentes na linguagem comum da compreensão mútua (ver Gadamer, 1960). Dessa forma, torna-se possível vivenciar o conflito entre visões do mundo, ou "esferas de valor", como um conflito entre articulações contraditórias da sua própria visão do mundo ou esfera de valores. Uma crise, caso ocorra, resolverá se essas antinomias são produtivas ou destrutivas (ver Kesselring, 1981; 1984). Se são produtivas e fonte de motivação racional, é algo que pode depender na prática das possibilidades institucionais para uma discussão objetiva e a resolução de conflitos. Isso vale tanto para a evolução individual e social, e para o resultado das crises individuais da adolescência, quanto para o auto-esclarecimento de grupos sociais (ver Döbert e Nunner-Winkler, 1978; Eder, 1985).

O que vai ser decidido numa crise depende em geral de toda uma constelação de tendências de crise complexas e que se superpõem. A conjuntura de crises de identidade e crises de sistema produz limiares críticos, mas a expectativa de uma ligação sistemática entre os dois tipos de crise que inspiraram Marx e o marxismo demonstrou ser demasiado especulativa. Na prática, parecemos estar antes vivenciando uma dissociação ou desacoplamento dos mais variados fenômenos de crise cultural, econômica, ecológica, científica, administrativa e outras. A tentativa de sistematizar possíveis tendências de crise pode, portanto, ser ligada ao processo de diferenciação e centramento de subsistemas sociais; é possível observar uma tendência ainda rudimentar de afastamento das crises sócio-econômicas no sentido das crises de motivação, legitimação e cultura. O alto grau de interdependência e a crescente interpenetração de subsistemas, porém, e acima de tudo a mutabilidade e a reversibilidade de tendências evolutivas tornam quase impossível fazer afirmações categóricas.

Leitura sugerida: Habermas, J. 1973 *(1976)*: *Legitimation Crisis* • Husserl, E. 1938 *(1970)*: *The Crisis of the European Sciences and Transcendental Phenomenology* • O'Connor, J. 1973: *The Fiscal Crisis of the State.*

HAUKE BRUNKHORST

cristã, teoria social Essa teoria abrange afirmações sistemáticas ou conjuntos de conhecimento sobre o relacionamento do cristianismo com a sociedade. Em um nível, essas afirmações sistemáticas são "teorias" no sentido estrito de "visão geral" da natureza da sociedade, isto é, equiparando "teoria social" secular e "teoria política", mas incluindo uma perspectiva transcendente. Em outro nível, a teoria social cristã pode ser encarada como uma práxis, no sentido aristotélico de um estudo da sociedade como um fim, a saber, o de facilitar o florescimento de uma vida boa e justa na pólis.

A perspectiva específica a que nos referimos pode ser chamada de "personalismo", palavra usada para indicar que "o fundamento, a causa e o propósito de todas as instituições sociais são os seres humanos individualmente tomados, isto é, pessoas, que são sociais por natureza e elevadas a uma ordem de coisas que ultrapassa e sujeita a natureza" (papa João XXIII, *Mater et magistra*, n.219). Os sistemas sociais, em outras palavras, não têm propósitos, motivos ou necessidades; rigorosamente falando, apenas as pessoas humanas, individualmente, os têm. Na teoria social cristã, portanto, o voluntarismo e o caráter intencional da conduta humana são enfatizados, bem como a capacidade dos agentes de escolher entre diferentes objetivos e projetos. Isso não exclui a análise e discussão de estruturas, mas significa que a teoria social cristã é, basicamente, uma teoria de ação.

O aspecto, apresentando-se sob diferentes formas, que caracterizou a teoria social cristã durante todo o decorrer de sua história foi a tensão. Talvez somente na doutrina social do Velho Testamento não tenha sido esse o caso. No Velho Testamento, que é a fonte básica da teoria social cristã, o pensamento hebraico conservou elos éticos e teológicos inseparáveis entre criação e salvação. Não havia separação entre as atividades deste mundo e a do outro. Esse senso da unidade dos atos divinos de criação e salvação, e de nossa reação a essas áreas, pode ser observado no amplo âmbito de sentido para as palavras "retidão", "justificação" e "fé", bem como na importância da noção hebraica de *tiqqun ha-olam*, restauração do mundo. O contexto dessas palavras é geralmente social e político.

No Novo Testamento, porém, e especialmente nos textos de São Paulo, "salvação" está mais freqüentemente ligada à "justificação" do indivíduo que chega à fé em Jesus. Assim, as palavras cristãs que refletem as palavras hebraicas com conotação de "justiça" afastaram-se de seu contexto social e da ordem e harmonia na natureza e em todo o cosmo da criação de Deus. Essa visão excessivamente antropocêntrica da criação e da salvação no pensamento cristão primitivo estreitou a visão da graça de Deus no mundo e restringiu o desenvolvimento, na teoria social cristã, de uma ética de obrigação responsável para com a criação e de deveres para com a ecologia, o meio ambiente e as outras criaturas.

A tensão entre as exigências do outro mundo e deste mundo, que entrou no pensamento cristão com o Novo Testamento, e o desenvolvimento de uma TEOLOGIA sistemática, vieram a exercer forte influência sobre a teoria social cristã no período patrístico, que cobriu os oito primeiros séculos de cristianismo. Mesmo sendo possível demonstrar que, às vezes, em especial depois da convenção do imperador Constantino, alguns dos Padres da Igreja assumiram um discurso mais voltado para o mundo, pode-se afirmar que o "sobrenatural" foi um elemento dominante e fundamental em seu pensamento.

Conforme a igreja cristã foi crescendo em números, riqueza e poder político, e o próprio estado finalmente se tornou cristão, no primeiro quartel do século IV, cresceu também a tensão entre a preocupação vital com a vida depois da morte e as exigências da vida aqui na terra. Na esfera econômica, a principal preocupação dos Padres era com o abismo gritante entre ricos e pobres, para o que a sua solução foi a doação de esmolas. Não era função da esmola eliminar a pobreza, apenas aliviar um nível extremo de necessidade. Nesse sentido, não existe solução econômica no conjunto dos textos patrísticos. Eles aceitavam o direito à propriedade privada, embora atribuindo a sua origem ao pecado original e afirmando que, no início da sociedade humana, todas as coisas eram possuídas em comum. Em termos do desenvolvimento da teoria social cristã, é possível destacar que Santo Agostinho se opunha ao individualismo, mesmo ao individualismo possessivo que se tornou a característica do liberalismo moderno. Em conseqüência dessa compreensão da destinação comum dos bens humanos, os Padres da Igreja enfatizaram as obrigações dos ricos de partilhar e defenderam o uso comum das riquezas como o ideal. Muitos autores modernos comentaram esse aspecto "socialista" da doutrina patrística, e é certo que houve uma tensão contínua na teoria social cristã entre a defesa da propriedade privada e o ideal da propriedade social.

Em sua apresentação geral do pensamento social, os escolásticos do período medieval permaneceram fiéis à ênfase mais antiga que tanto o Novo Testamento quanto a doutrina patrística atribuíam ao primado do "espiritual" sobre o "temporal". Nessa forma, a teoria social cristã permaneceu, sem dúvida, como uma doutrina social radicalmente teológica. A influência do pensamento estóico e aristotélico, porém, deu origem a evoluções que transformaram a doutrina social cristã, como um todo, numa ciência filosófica com certos "acréscimos" de gênero teológico. Essa nova tensão entre fundamentos morais-filosóficos ou teológicos permaneceu como característica na teoria social cristã até o período moderno. As tradições católica romana e católica anglicana conservaram o estilo da filosofia moral, enquanto as tradições da Reforma adotaram abordagens radicalmente teológicas. Na teoria social católica, um fundamento na "lei natural" (uma apreensão quase instintiva de uma regra de comportamento sensato adequado a seres humanos racionais) ajudou no desenvolvimento do "bem comum" (uma coincidência, impelida pela justiça, entre o bem individual e o bem da comunidade), da "justiça distributiva" (proporcionalidade do status dos membros para com a comunidade), do "princípio de função subsidiária" (o de que o poder do estado deve ser usado, não para deslocar a iniciativa, mas para permitir a comunidades e indivíduos menores serem eles próprios) e do "direito à propriedade privada".

A elaboração da teoria social cristã nessa forma filosófica, ao mesmo tempo em que tirava da teologia os motivos para a ação, teve a vantagem prática de tornar esse ensino acessível aos que não partilham das crenças cristãs, mostrando-se adequado na sociedade pluralista dos dias atuais. Isso explica a insistência, na prática social papal recente, de que os textos são para todas as pessoas, e não apenas para os católicos.

Se o princípio unificador da lei natural tornou possível, no estilo católico de teoria social cristã, exercer mediação entre o mundo da religião e o cenário sócio-político, por outro lado também levou a uma confusão pelo fato de as autoridades eclesiásticas, em nome da Igreja, se tornarem governantes terrenos, ao mesmo tempo em que poderes seculares se arrogavam autoridade em questões espirituais. A solução de Lutero foi propor, seguindo o estilo das *Duas Cidades*, de Santo Agostinho, uma doutrina dos Dois Reinos, que se tornou a primeira interpretação protestante de uma ética política. Os dois reinos são a Igreja e o Estado, este último tornado necessário apenas devido à descrença. Essa é uma teoria social diferente da antiga teoria católica, que reconhecia a necessidade de *potestas coactiva* (poder político), como conseqüência do pecado original, ao mesmo tempo em que aceitava a necessidade de uma *potestas directiva* (um estado administrativo), mesmo antes da Queda. Em toda essa questão, Lutero afirmou que, qualquer que fosse a qualidade do governo secular, bom ou mau, os dois reinos nunca deveriam ser confundidos, princípio adotado por Karl Barth, o qual insistiu em que "o divino não deve ser politizado e o político não deve ser divinizado".

O dualismo de responsabilidades "particular" e "pública" derivado da doutrina luterana dos Dois Reinos passou a ser usado para justificar as pretensões absolutistas do poder político. A forma particular de sua teoria social cristã preparou o caminho (de forma totalmente não-intencional) para essa interpretação. Cada

Reino era governado por Deus verticalmente, porém de modo distinto, mas não havia meio óbvio pelo qual o Evangelho pudesse penetrar horizontalmente no reino secular.

No período moderno

Na cristandade não havia nenhum campo secular, apenas uma única comunidade de sacerdócio e reino. Mas, uma vez que o secular como domínio foi instituído pela racionalidade científica e pela pretensão política, e em seguida reconhecido pela religião cristã, o sacro tornou-se privatizado e espiritualizado. Em relação à teoria social cristã a SECULARIZAÇÃO criou as condições dentro das quais Grotius, Hobbes e Spinoza estabeleceram a teoria social autônoma — isto é, independente de justificativas teológicas.

O desafio foi sério, uma vez que (como diz John Milbank) a teoria social cristã deve ser a aplicação de uma teologia ou de uma ética social, a qual, como um metadiscurso, propõe disciplinas seculares; ou então ela própria é proposta pela razão secular. Diante desse desafio, a teoria social cristã tendeu a aceitar que as ciências sociais executam leituras fundamentais da realidade que podem ser passadas para a teologia ou para a ética social. A agenda é determinada pela razão secular. Ernst Troeltsch, em sua obra monumental intitulada *A doutrina social das igrejas cristãs* (1911) afirmou que essa experiência teria de ser aceita e que a teoria social cristã deveria buscar estabelecer alguma coerência com a racionalidade secular. Na conclusão de sua obra, destacou que a aplicação do ideal espiritual do Evangelho "não pode ser realizada dentro deste mundo isolada de uma conciliação". Seguiu daí à conclusão de que

> não existe em parte alguma uma ética cristã absoluta, que só espera ser descoberta; tudo que podemos fazer é controlar a situação mundial em suas fases sucessivas, tal como fez a ética cristã primitiva, ao seu próprio modo. Não existe uma transformação absoluta da natureza material ou da natureza humana. Tudo que existe é um confronto constante com os problemas que elas levantam.

Os termos de conciliação da teoria social cristã foram, no caso do desafio por parte da teoria política secular, aceitar a autonomia da política e, no caso da economia política, admitir um mercado racional. As conseqüências para a teoria social cristã foram, em primeira instância, incorporar uma teoria política submissa, que aceitava um equilíbrio de poder entre ordens autônomas; e, em segundo lugar, abraçar um consenso benévolo a respeito do livre mercado como um tipo de forma econômica final.

Duas formas recentes de teoria social cristã desenvolveram-se na tentativa de romper com os estilos consagrados de pensamento político e econômico. A "teologia política", que pode ser definida como um corretivo crítico à tendência da teologia contemporânea de se concentrar no indivíduo particular, desafiou a tendência política da modernidade a erigir uma relação direta entre o estado soberano e o indivíduo "particular", cortando assim todas as ligações intermediárias. Os elementos comunitários da teoria social cristã, apresentados sob a forma de subsidiariedade (no ensino social católico) e de "soberania de esfera" (na tradição da Reforma), defendem a devolução do poder a níveis intermediários adequados. A segunda forma contemporânea é a TEOLOGIA DA LIBERTAÇÃO, que tentou recuperar o sentido do Evangelho para os países do Terceiro Mundo engajados na luta por justiça. Valeu-se seletivamente da análise marxista, mas muitos comentaristas duvidam que essa análise possa ser utilizada sem que também se aceite a interpretação marxista da história. Em geral, pode-se dizer a respeito das teologias políticas e de libertação que elas têm, segundo o estilo restrito recomendado por Troeltsch, de se apropriar de alguma forma existente de teoria social (de Marx, digamos, ou Habermas), juntamente com a secularização que estas em geral acarretam, e com isso, em sua ética social ou teologia social, elas se limitam a interpretações do que resta.

Um desafio radical a todas as formas existentes de teoria social cristã foi colocado recentemente por John Milbank (1990), o qual afirma que a própria teologia é uma sociologia. A teoria social cristã, sustenta ele, colocou-se numa posição de fraqueza ao se tornar dependente de teorias seculares fracamente corroboradas e ao abandonar sua própria força como teoria social específica. Ela pode ter a pretensão legítima a ser uma sociologia no sentido de que é uma descrição de toda a PRÁXIS (conteúdo, narrativa, prática e doutrina) de uma comunidade particular, e no de que proporciona uma explicação específica das causas finais em ação na história humana. Com respeito à metodologia, essa teoria deveria dar mais atenção às interpretações das implicações sociais da práxis cristã por parte dos que estão "dentro" dela e ser menos dependente das noções dos que estão "de fora". Isso não significa excluir a importância das interpretações vindas de fora, apenas enfatizar que a teoria social cristã não pode ser reduzida a nenhuma leitura exata e rigorosa do contexto histórico e social, mas sim incluir um "momento especulativo" (como Milbank o chama) que apreende elementos doutrinários e conseqüentes propostas de uma natureza especificamente sócio-teológica.

Em conclusão, a teoria social cristã, de um ponto de vista, deve manter a continuidade com certos aspectos da ética antiga. De outro ponto de vista, deve superar a ética antiga devido à necessidade de um conteúdo de virtudes específicas e ao fato de ser uma teoria a respeito de uma comunidade específica, com uma práxis particular.

Leitura sugerida: Bonino, J. 1983: *Towards a Christian Political Ethics* • Boswell, J. 1990: *Community and the Economy: a Theory of Public Co-operation* • Milbank, J. 1990: *Theology and Social Theory: Beyond Secular Reason* • Phan, P.C. 1984: *Social Thought: Message of the Fathers of the Church* • Troeltsch, E. 1911 *(1981)*: *The Social Teaching of the Christian Churches* • Viner, J. 1978: *Religious Thought and Economic Society*.

FRANCIS P. MCHUGH

cultura O fato isolado mais notável a respeito da história da humanidade é a extraordinária diversidade de formas sociais produzidas por seres do mesmo, ou praticamente do mesmo, tipo genético. Em outras palavras, enquanto a maioria das espécies tem uma forma de organização social embutida nos genes, o animal humano parece ser programado, em vez disso, para dar atenção à cultura. A diversidade é possível porque os seres humanos aprendem a partir de meios culturais. Viver em acordo com a natureza é uma idéia atraente, mas no caso humano isso na verdade significa viver com cultura.

A ciência social destacou dois papéis capitais que a cultura cumpre na vida social. Primeiro, a cultura proporciona significado — durante a maior parte da história humana, por meio da religião organizada. Se Marx pode ser visto, com alguma liberdade, como um pensador que insistia em que a produção de alimentos é básica para a vida humana, Max Weber, por sua vez, insistia com exatamente a mesma veemência em afirmar que o problema crucial encarado pelas sociedades humanas era o da teodicéia, ou seja, a necessidade de apresentar uma explicação para o nascimento, o sofrimento e a morte. Essa formulação não é feliz, na medida em que indica haver uma adequação natural entre necessidades humanas e significado social. Em vez disso, a vida social organizada depende da repressão de muitos de nossos impulsos geneticamente codificados, em especial, como Freud enfatizou corretamente, os que dizem respeito à sexualidade. Em segundo lugar, a cultura fornece regras de ação social sem as quais seria impossível para os seres humanos dentro de uma sociedade chegar a compreender uns aos outros. É extremamente importante observar que as religiões do mundo, em grande contraste com sua suposta referência a um "outro mundo", são, natural e inevitavelmente, em grande parte compêndios de regras para lidar com a vida do dia-a-dia. Até mesmo um rápido exame dos estudos de Max Weber sobre as religiões do mundo mostra que ele trabalhou dentro desse espírito, tentando tanto explicar a criação, o conteúdo, a difusão e a manutenção de sistemas de crença quanto analisar os modos pelos quais elas influenciam a ordem social de que fazem parte — a insignificância do impacto do budismo sendo, o que é muito interessante, atribuída a sua pura referência ao outro mundo, ou seja, a sua incapacidade de fornecer um simples serviço matrimonial até o século XX.

A inevitável interpenetração de crença e circunstância — o fato de elas tenderem a não ter, para usar a expressão de David Hume, "existências distintas" — cria tremendas dificuldades para os cientistas sociais. Uma teoria vigorosa depende de ser capaz de distinguir os momentos nos quais uma fonte de poder social influencia outra e é, de acordo com isso, de importância vital descobrir esses momentos em que as fontes de poder podem ser diferenciadas. Boa parte do pensamento social moderno *não foi* de grande vitalidade, uma vez que seguiu uma trilha falsa; isso é descrito primeiro como uma preliminar para se especificarem os três modos pelos quais se pode dizer que as idéias têm um impacto autônomo sobre a sociedade.

e/ou

Grande parte do pensamento social moderno sofreu uma bifurcação profunda na sua abordagem da cultura. Pensadores "idealistas", de

Antonio Gramsci a Clifford Geertz e de Talcott Parsons a Louis Althusser, insistiram em dizer que uma sociedade se mantém coesa porque as normas são compartilhadas (ver NORMA). Essa posição tende ao relativismo, isto é, à doutrina de que, na expressão de Pascal, "a verdade é diferente do outro lado dos Pireneus". Isso leva um pensador rigoroso como Peter Winch a insistir em que as pretensões da ciência social a criar leis universais são absurdas. Podemos não gostar de mágica, mas ela "funciona" para os Azande da África Oriental, da mesma forma como a ciência funciona para nós: tudo que a investigação social pode fazer é traduzir e servir de mediadora entre mundos separados, mas iguais. Em violento contraste, os "materialistas" vêem as ideologias como véus ou máscaras para grupos de interesses; ainda mais importante, tendem a acreditar que a maioria dos agentes tem plena consciência dos seus próprios interesses e, de acordo com isso, não têm probabilidades de engolir crenças que os poderosos tentam impingir-lhes. A ordem social, desse ponto de vista, depende do poder nu e cru ou de uma harmonia natural de interesses entre agentes racionais e auto-interessados — sendo o marxismo um exemplo do primeiro caso e a economia neoclássica, do último.

Nenhuma dessas posições faz muito sentido. Os materialistas deixam implícito, de forma implausível, que a história teria seguido o mesmo curso, ainda que paganismo, religiões do mundo e marxismo nunca tivessem sido inventados. Mais ainda, isso impõe a questão de por que alguém *se dá ao trabalho* de inventar uma crença. No caso do marxismo, ou as forças produtivas são irresistíveis, caso em que não existe necessidade de justificá-las, ou precisam ser justificadas, caso em que não são irresistíveis. Caso ainda mais importante é a efetiva falta de energia que se esconde por trás da visão de indivíduos buscando calcular seus interesses materiais "reais". Isso fica claro quando pensamos tentar "calcular" se casamos ou não com alguém. Precisamos de um *coup de foudre* para esse tipo de acontecimento da vida, pelo simples motivo de nossas identidades estarem envolvidas: o cálculo presume um eu solidário e isolado, e é praticamente inútil quando uma decisão envolve aquilo que somos ou que podemos vir a ser — como os romances de Dostoievsky demonstram de maneira brilhante. A maioria de nós não é "desfibrada", como Hamlet, por excesso de pensamentos, pois possuímos valores que nos dão um senso de IDENTIDADE; dizendo de outra forma, é impossível especificar interesses que não contenham componentes culturais. Dizer isso, no entanto, não implica aceitar indiscriminadamente o idealismo. Para sermos específicos, há tudo o que se dizer contra o deslize entre afirmar que os seres humanos têm valores (perfeitamente verdadeiro) e aceitar a visão de que as sociedades são mantidas coesas/sujeitadas por um conjunto de valores (extremamente falso). Podemos, em outras palavras, aprender através da cultura, mas isso não significa que a cultura seja a única força capaz de explicar a mudança ou a coesão na sociedade. Um volume bastante grande de indícios empíricos está hoje disponível para demonstrar que classes perigosas ou inferiores raramente compartilham os valores da cultura oficial (ver também CONTRACULTURA). Esses indícios não devem, é claro, ser encarados como significando que os interesses "reais" e "materiais" são a única preocupação dos agentes sociais. O que está realmente em questão é a natureza da ideologia. Para que um idealismo sem barreiras faça sentido, é necessário que as ideologias sejam claras e consistentes, isto é, capazes de dirigir a vida social. A maior parte das ideologias simplesmente não é assim: são sacos de gatos, cheios de diferentes opções, utilizáveis à vontade por diferentes grupos. Os aldeães medievais achavam-se em oposição à hierarquia eclesiástica, mas em nome da pobreza de Cristo. Se é verdade que temos valores, continua então a ser o caso de sermos mais do que mera forragem para alimentar conceitos. E se um pensador como Winch está absolutamente certo ao enfatizar a realidade da magia para os Azande, é a mais pura afetação intelectual querer fazer crer que a mágica se encontra no mesmo nível das práticas cognitivas da ciência moderna. A ciência social depende crucialmente dessas práticas cognitivas: no mínimo, incluímos na mesma categoria as crenças locais (ignorando, por exemplo, a pretensão de que o islã se difundiu porque era verdadeiro, de forma a investigar as condições às quais ele correspondeu), enquanto no máximo investigamos questões — tais como a capacidade de um sistema de crença como a magia de se manter em face da contradição — precisamente porque sabemos que as práticas locais são equivocadas.

O impacto das idéias

A libertação da falsa antítese entre idealismo e materialismo permite-nos ver três meios pelos quais as idéias têm ocasionalmente exercido um impacto autônomo sobre a sociedade. Esses três meios podem ser mais bem descritos, tendo-se em mente a preocupação de Max Weber com a "racionalização" do Ocidente. Se por um lado algumas de suas percepções permanecem válidas, os estudiosos contemporâneos, por sua parte, também complementaram de maneira útil essas percepções.

Weber é mais conhecido por seu *A ética protestante e o espírito do capitalismo* (1904-05). Esse livro não dizia que o capitalismo surgiu simplesmente como resultado do protestantismo; ao contrário, e em sintonia com sua noção de "afinidades eletivas", Weber insistia em que novas idéias deram sentido à vida dos membros ordeiros das cidades singularmente autônomas do Noroeste da Europa. O fato de a circunstância estar tão envolvida com a cultura significa que o primeiro meio com que as idéias exercem impacto é o menos autônomo dos três. Não obstante, existe tudo a ser dito no sentido de que isso seja especificado como uma força social característica. O que está realmente em questão aqui é a *moral*. Se um marxista pudesse aceitar a explicação de Weber, continua a ser o caso de que o marxismo imagina, efetivamente no espírito de B.F. Skinner, existir uma virtual correspondência entre circunstância e idéia, de tal forma que o estímulo da circunstância irá provocar *automaticamente* uma reação ideológica. Não há nenhum motivo pelo qual devamos aceitar tal coisa. Uma classe ou grupo necessita acreditar no seu destino moral para ser capaz de grandes ações coletivas. De maneira geral, à classe operária faltou precisamente esse tipo de força. E foi um marxista, Lucien Goldmann, que mostrou como um grupo de elite podia ser prejudicado pela sua falta de moral. No final do século XVII e início do século XVIII, a falta de confiança da *noblesse de robe* francesa foi extremamente exacerbada pelo mundo mental tortuoso e trágico criado por Pascal e Racine, seus representantes ideológicos.

Os idealistas equivocam-se, conforme se observou, ao imaginar que a maioria das ideologias é tão inflexível que ficamos presos aos termos de seus discursos. A cristandade foi capaz, para tomarmos um exemplo óbvio, de se acomodar ao império, depois à sua ausência e a um sistema de estados, e igualmente conseguiu primeiro endossar a escravidão e em seguida opor-se a ela. Não obstante, existem ocasiões em que o *discurso* não afeta de forma autônoma o registro histórico. Pode haver de fato uma afinidade eletiva entre idéia e circunstância, mas o repertório de opções dentro de uma ideologia particular, em termos do qual a circunstância pode ser compreendida e justificada, pode ser ocasionalmente limitado. Esse ponto de vista provavelmente nos ajuda a compreender a ascensão do Ocidente, ainda que não de formas tradicionais. O desenvolvimento da ciência moderna — como John Milton, muito no espírito de Weber, destacou — efetivamente parece depender dos termos particulares de discurso embutidos no legado do Ocidente. O conceito fundamental de "lei da natureza" repousa na combinação da investigação grega da natureza com uma concepção judaica de uma divindade oculta, austera e ordenada, que não revela nem seus desígnios, nem a ordem das coisas, mas força a humanidade a interpretar a aparência superficial das coisas como pistas para o seu desígnio maior. A pobreza da ciência muçulmana pode muito bem ser explicada pelos termos muito diferentes em que a divindade foi concebida: tão onipotente quanto a divindade do Ocidente, mas diferindo dela por ser propensa a interferir, em base meramente ocasional, no funcionamento do mundo. De maneira mais geral, o que é digno de nota a respeito do islã é a sua intransigência, a sua dificuldade em se adaptar a novas circunstâncias, dado que "os portões da interpretação" foram tidos como finalmente fechados logo depois da morte de Maomé.

O terceiro e último meio pelo qual as idéias podem exercer um impacto sobre a sociedade é o mais importante. O que está em questão é algo bem mais forte do que a alegação de Weber de que as idéias podem determinar os caminhos pelos quais o interesse orienta a ação. Isso é de pouca ajuda em algumas circunstâncias, na medida em que indica que os caminhos já foram abertos e que uma ordem social já se encontra no lugar. Pois os maiores momentos de força ideológica foram aqueles em que os intelectuais serviram — para usar o melhoramento de Michael Mann à idéia de Weber — como "assentadores de trilhos" ou "cavadores de caminhos", ou seja, como os fabricantes da sociedade. O poder ideológico pode levar à *criação* da sociedade. A mesma idéia pode ser mais bem ilustrada se pensarmos em Durkheim. Se aceitamos o ponto de vista de que a presença de normas define uma sociedade, então a sociedade do Noroeste da Europa entre, digamos, 800 e 1199 d.C. foi a cristandade latina. Ora, dizer isso é, na verdade, melhorar a idéia de Durkheim. Exatamente tal como o marxismo cru, Durkheim encarava a crença como um reflexo de outros processos sociais. Mas no início da Idade Média a cristandade não era o reflexo da sociedade. Era a sociedade. Pois foi a Igreja que estabeleceu as regras sobre guerra externa e paz interna. Mas, se formos investigar a gênese dessa força ideológica, seremos forçados a reconhecer que, num outro sentido, Durkheim ainda tem muito a nos dizer a respeito de crença. A sociedade cristã foi inicialmente criada no Império Romano pelo envio de mensagens, as epístolas, entre comunidades de habitantes urbanos — artesãos, mulheres, escravos libertados — que não podiam tomar parte alguma na cultura oficial, porém ficavam acima do mundo minimalizado do campesinato. Poderemos compreender melhor o nascimento dessa religião mundial se nos lembrarmos que religião, segundo Durkheim, é "a sociedade adorando a si mesma". A cristandade transformou pessoas, que de outra forma eram marginalizadas, numa comunidade. Se o poder das idéias às vezes depende do seu efetivo conteúdo, o que pode importar ainda mais é a capacidade de unir pessoas em comunidade.

As coisas "mais elevadas"

Até este momento, a ênfase foi no significado mais importante de cultura, isto é, o sentido antropológico de cultura como meio de vida. Mas cultura também pode referir-se à arte — a cujo respeito duas considerações merecem ser feitas.

Muitos pensadores modernos acreditam que a arte une a sociedade ou a divide: Daniel Bell consegue combinar essas posições ao afirmar que a arte burguesa apoiou o capitalismo, enquanto as exigências da arte modernista por uma gratificação instantânea são uma ameaça ao mundo moderno (ver também SOCIOLOGIA DA ARTE). É o caso de se duvidar da precisão descritiva desse quadro: o desencanto e a alienação vistos pelo modernismo como características no mundo moderno provavelmente dizem mais a respeito da posição dos artistas, presos nas frestas do mercado, do que a respeito de sentimentos de setores inteiros da população. Mas o que é mais digno de nota nessa visão da arte é o seu idealismo. O funcionamento da sociedade é tido mais uma vez, e de maneira ingênua, como dependente *unicamente* do fator ideológico.

Se a relação da arte com a ordem/desordem social preocupou muito o pensamento social moderno, o mesmo efeito também produziu a relação entre cultura "elevada" e "baixa" cultura. Esses termos podem ser utilizados com proveito: o grau em que a cultura oficial é compartilhada através da sociedade, na história e em circunstâncias contemporâneas, é uma questão adequada à investigação empírica — uma abordagem que nos permite reconhecer que as categorias consensuais de um Parsons não deixam de ter mérito na análise dos Estados Unidos, sendo o conjunto de categorias, claro, um reflexo dessa formação social extraordinariamente durkheimiana. Uma abordagem semelhante poderia ser proveitosamente adotada para um debate correlato — quanto a se os padrões artísticos são "diluídos" pela arte popular. Às vezes, a arte popular enriqueceu a arte "elevada", o que foi certamente o caso no momento shakespeareano; mas do mesmo modo a organização da comunicação de massa — que difere de forma tão grande de um estado-nação para outro — pode ser tal que venha a acarretar a homogeneização e a limitação. No campo da cultura, há muito o que dizer a favor de um afastamento de pressuposições a respeito de coisas mais elevadas, de forma a se investigar, em vez disso, os funcionamentos sociais dos mundos artísticos.

Leitura sugerida: Abercrombie, N., Hill, S., e Turner, B. 1980: *The Dominant Ideology Thesis* • Bell, Daniel 1976 *(1979)*: *The Cultural Contradictions of Capitalism* • Crone, Patricia 1989: *Pre-Industrial Societies* • Elster, J. 1989: *The Cement of Society* • Gellner, Ernest 1973: *Cause and Meaning in the Social Sciences* • Goldmann, Lucien 1956: *The Hidden God* • Mann, M. 1986: *Sources of Social Power*. Vol.1: *A History of Power from the Beginning to AD 1760* • Milton, John 1981: "The origins and development of the concept 'law of nature'". *European Journal of Sociology* 23 • Weber, Max 1904-5 *(1976)*: *The Protestant Ethic and the Spirit of Capitalism* • Winch, Peter 1958 *(1976)*: *The Idea of a Social Science and its Relation to Philosophy.*

JOHN A. HALL

cultura da juventude Considerada distinta da cultura dominante, a cultura da juventude refere-se a símbolos, crenças e comportamentos singulares dos jovens da sociedade. A expressão tem dois usos. Primeiro, representa os valores e normas da população jovem em geral na sociedade; e segundo, inclui os ideais e práticas de subgrupos juvenis específicos, tais como grupos subculturais ou contraculturais (ver CONTRACULTURA). As discussões e estudos sobre a cultura da juventude resultaram em literaturas um tanto distintas, tratando dos anos de adolescência (início e meados da adolescência) e do estágio de juventude (fim da adolescência e início da vida adulta). Está em questão em que medida as atitudes e comportamentos dos jovens se desviam das normas da sociedade (adultas ou juvenis) e o apoio relativo dado pela juventude a tipos particulares de atividades relacionadas a seus pares.

Tendências históricas como a modernização, a industrialização, a urbanização, a ascensão da classe média e a ampliação da educação pública fomentaram a segregação com base na idade e a estratificação da juventude, o que por sua vez promoveu o desenvolvimento da cultura da juventude (Parsons, 1964). A formação de culturas jovens recebeu ímpeto no século XIX. Na Europa, com a glorificação e romantização dos jovens por filósofos, escritores, artistas e os "combatentes pela liberdade da juventude" em atividade durante a Era da Revolução (Gillis, 1974). Culturas jovens continuaram a se formar através da história moderna — às vezes em separado e às vezes em ligação com movimentos jovens por mudanças políticas (ver MOVIMENTO DA JUVENTUDE). Na última metade do século XX, os avanços tecnológicos, as comunicações rápidas e a comercialização têm facilitado a difusão de atividades relacionadas à juventude numa escala mundial.

A cultura jovem mais ampla — às vezes chamada de cultura jovem "generalizada", "de massa" ou "pop" — não representa um rompimento marcante com a sociedade adulta, mas gira em torno da adoção de certas ondas, modas, buscas de lazer e estilos de vida por amplos segmentos da população jovem (Douglas, 1970). Por exemplo, os anos 20 ("anos loucos", "era do jazz") e os anos 60 ("era de aquário", "pós-materialismo") foram períodos extraordinários em que os jovens criaram seus próprios estilos de roupa, linguagem, expressão artística, práticas sexuais e comunidades. Em qualquer era, porém, nem todos os jovens apóiam a cultura da juventude mais ampla. Considerações importantes para a identificação de uma cultura da juventude incluem até que medida os jovens endossam e expressam um conjunto comum de valores e normas.

Uma orientação antagônica para a sociedade adulta reflete-se nas contraculturas ou subculturas desviantes, de números relativamente pequenos de jovens (Brake, 1985). As subculturas aceitam certos aspectos dos sistemas de valores predominantes, mas também expressam sentimentos e crenças exclusivas de seu próprio grupo, enquanto contracultura é uma subcultura que desafia a cultura e a sociedade dominantes. Um meio de distinguir entre as duas formas de cultura da juventude é notar que os grupos subculturais se retiram da sociedade convencional, enquanto os grupos contraculturais são mais contestadores e confrontadores. Entre os exemplos de grupos subculturais incluem-se os artistas e escritores de vanguarda, os delinqüentes juvenis, as gangues, os boêmios e os centros de jovens autônomos (comunidades de "espaço livre"). A juventude contracultural pode ser grandemente expressiva (*cults*, hippies, skinheads, punks), ou seus membros podem participar de atividades políticas rebeldes, tais como grupos radicais utópico-ideológicos e dissidentes políticos agressivos (ver também NOVA ESQUERDA; NOVA DIREITA). A classe social é um fator significativo na diferenciação de grupos subculturais na sociedade. Por exemplo, certas subculturas de juventude apelam amplamente a jovens das classes mais baixas e da classe operária (vândalos nos estádios esportivos, punks, roqueiros), enquanto outras subculturas e contraculturas atraem jovens de classe média (boêmios, hippies e yuppies).

Compreender a cultura da juventude (seja ela de massa, subcultural ou contracultural) implica considerações tanto sócio-históricas quanto psicológicas. De uma perspectiva sócio-história, estrutural-funcional, o conflito de gerações e as teorias interacionistas simbólicas foram empregados para explicar a ascensão das culturas jovens. Tomadas em conjunto, essas teorias indicam que as culturas de juventude têm probabilidade de se formar quando o tamanho da coorte jovem é relativamente grande; quando as sociedades estão passando por rápidas mudanças, são pluralistas e têm problemas para integrar seus jovens nas instituições da corrente predominante (devido a fatores como desemprego, lares rompidos, alta mobilidade, alienação, segregação, conflitos de classe e de status social); e quando membros da geração mais jovem cresceram sob condições diferentes das dos mais velhos e expressam insatisfação com a sociedade convencional, criando seus próprios valores e estilos de vida.

De uma perspectiva psicológica, as explicações sobre as culturas da juventude têm-se baseado nas teorias psicodinâmica, desenvolvimentista, cognitiva, de personalidade, behaviorista e sócio-psicológica. As alegações são de que esses jovens que apóiam algum tipo de cultura de juventude podem ser motivados pelas necessidades dos ciclos de vida do jovem (formação da identidade, autodeterminação, experiências psicossociais, associação e ligação de obrigação com seus pares); por traços da personalidade (o desejo de romper os limites do convencional, o engajamento num comportamento de risco elevado, pouco controle dos impulsos, controles pessoais); e pela conclusão de que existe mais a ganhar do que a perder envolvendo-se em alguma forma de atividade ligada a seus pares e, por aí, entrando em grupos de referência que apóiam seus valores e objetivos.

As conclusões obtidas no estudo de culturas de juventude podem ser parcialmente influenciadas pelos procedimentos de pesquisa empregados. Por exemplo, levantamentos de cultura comparada de jovens indicam que a maioria deles apóia os valores de sua sociedade, enquanto estudos de observação e entrevistas com grupos juvenis específicos provavelmente indicarão a existência de insatisfação acoplada a exigências altamente ativas e intensas por mudanças na sociedade por parte dos jovens (Braungart e Braungart, 1986; Dornbusch, 1989). Investigações empíricas da cultura de juventude podem beneficiar-se de uma estratégia múltipla de pesquisa: o emprego de metodologias quantitativas *e* qualitativas, incluindo níveis de análises histórica, de sociedade, de grupo e individual; e o uso de planejamentos comparativos (de cultura, históricos, intergrupos e intragrupos).

Ao mesmo tempo em que alguns cientistas sociais têm interpretado a formação de culturas de juventude como indicativas de uma "falha na socialização adulta", outros têm afirmado que as várias formas de cultura de juventude significam o descontentamento dos jovens com o status quo e seu desejo de criar um mundo melhor (ou pelo menos diferente) para a sua geração. Qualquer que seja a interpretação, existe um acordo generalizado em que as culturas de juventude representam uma força para a mudança e são influenciadas pela sociedade moderna, bem como exercem um impacto significativo sobre ela.

Leitura sugerida: Bernard, J., org. 1961: "Teen-age culture". *Annals of the American Academy of Political and Social Science* 338 • Frith, S. 1984: *The Sociology of Youth* • Mannheim, K. 1952: "The problem of generations". In *Essays on the Sociology of Knowledge*, org. por P. Kecskemeti, p.226-322 • Smith, D.M. 1985: "Perceived peer and parental influences on youths' social world". *Youth and Society* 17, 131-56 • Yinger, J.M. 1982: *Countercultures*.

RICHARD G. BRAUNGART e
MARGARET M. BRAUNGART

cultura de massa Usada em geral de modo pejorativo, para identificar a cultura da SOCIEDADE DE MASSA ou, de maneira mais ampla, da massa da população nas sociedades modernas, a cultura de massa é assim caracterizada não apenas por se tratar da cultura das massas, ou porque é produzida para o consumo das massas, mas porque dela se diz que lhe faltam tanto o caráter reflexivo quanto a sofisticação da "cultura elevada" das elites sociais, culturais ou educacionais, tanto quanto o caráter direto e a simplicidade das culturas populares das sociedades tradicionais (ver também CIVILIZAÇÃO).

Embora originalmente uma reação elitista às conseqüências culturais, reais e imaginárias, da democratização política, e à aplicação da tecnologia à reprodução e difusão de produtos culturais, o pessimismo dos críticos da cultura de massa refletiu-se na obra de críticos esquerdistas das sociedades capitalistas de consumo, mais notoriamente no marxismo da ESCOLA DE FRANKFURT.

Existem versões tanto elitistas quanto amplamente democráticas da crítica da cultura de massa, embora elementos das duas estejam em geral associados. Aos olhos de seus críticos elitistas, o que põe a perder a cultura de massa é que, para ser facilmente acessível às massas iletradas, ela busca agradar seus sentimentos e emoções menos nobres, porém praticamente ubíquos. A cultura de massa é, de acordo com isso, superficial e sentimental: dessa forma, um colaborador da *New York Review* descreveu a música popular como algo que expressa "os sentimentos mais profundos dos homens mais superficiais". A crítica democrática da cultura de massa contrasta-a com a cultura popular autônoma e enfatiza o nível em que sua produção e distribuição se encontram nas mãos das elites capitalistas.

A posição do artista como criador de cultura é um tema recorrente. A caracterização, feita por Matthew Arnold, dos artistas "alienígenas" encontra eco na concepção de Karl Mannheim da *intelligentsia* produtora de cultura como um estrato relativamente distanciado das classes da sociedade moderna. (Ver também SOCIOLOGIA DA ARTE.) A partir dessa perspectiva, a cultura de massa representa a ameaça de que a comercialização impenitente de todos os aspectos da vida moderna venha a integrar o intelectual excessivamente na vida econômica da sociedade de classes.

O poeta e crítico T.S. Eliot rejeitou explicitamente o diagnóstico de Mannheim. Representada em geral como aristocrática ou elitista, até nietzscheana, a crítica de Eliot à cultura de massa pode ser descrita de maneira mais precisa como conservadora. Eliot acreditava que a melhor garantia contra o rebaixamento de nível e a homogeneização da cultura era a manutenção de uma sociedade estratificada, na qual a criatividade cultural de cada classe pudesse ser protegida e a herança cultural comum preservada.

Em geral incluído na mesma categoria de Eliot encontra-se o crítico literário F.R. Leavis. No entanto, se Leavis participava do alarme de Eliot contra o que ambos acreditavam ser o declínio dos padrões artísticos e do gosto popular, e se, como Eliot, ele colocava a maior parte da culpa no desenvolvimento da produção mecânica da cultura, fosse na forma do cinema, dos discos ou da ficção em brochuras, a crítica de Leavis à cultura de massa era, não obstante, mais democrática. Leavis lamentava a perda de uma "cultura comum", cuja destruição começara com a chegada da máquina e fora acelerada pelo desenvolvimento do automóvel, o qual, devido à mobilidade que proporcionava, tendia a desenraizar os indivíduos da família e da comunidade. No cerne da crítica de Leavis havia o mito romântico da sociedade pré-industrial como um reino de comunidades autênticas, orgânicas, ignorantes do conflito entre capital e trabalho. A moderna produção de massa, em contraste, padronizava a experiência emocional do trabalhador, tão garantidamente quanto padronizava seus produtos físicos. O resultado era o empobrecimento espiritual das massas e uma indústria do entretenimento montada para a diversão passiva.

Apesar do papel exaltado que ele propunha para os críticos literários, Leavis não era simplesmente elitista. Acreditava, diferentemente de Eliot, que a verdadeira ameaça à vitalidade cultural vinha da alienação dos pensadores criativos com relação à cultura comum. As edições em massa, os clubes de livros, os jornais e a COMUNICAÇÃO DE MASSA em geral minavam o relacionamento orgânico entre as elites criativas e um público leitor mais amplo. A ameaça da cultura de massa não vinha de baixo, na forma de erosão das diferenciações de classe, mas de cima, na forma de uma cultura de massa capitalista, orientada para o lucro.

Temas semelhantes poderão ser encontrados na obra do sociólogo C. Wright Mills. Mills afirmava que, na sociedade norte-americana dos anos 50, a crescente especialização das funções e o colapso do pluralismo levaram a uma sociedade de massa em que o poder se encontrava cada vez mais concentrado e a cultura era uma questão de manipulação pela elite. A educação de massa, longe de elevar o nível cultural geral, produz apenas um "analfabetismo educado", na medida em que a educação perde a sua função crítica e se torna integrada com as exigências da economia, deixando apenas a cultura amena, pouco exigente e conformista dos subúrbios dos colarinhos- brancos.

A crítica social norte-americana foi combinada com o marxismo da Escola de Frankfurt em *O homem unidimensional* (1964), de Herbert Marcuse. Marcuse via a cultura de massa como o principal agente de um consenso social manipulado que negava os reais interesses humanos. Os comentaristas apontaram até que a disponibilidade da obra de Marcuse nas bancas dos livros nos supermercados era uma prova de que a cultura se havia transformado em mera mercadoria.

Marcuse proporcionou uma versão menos hermética da crítica à cultura de massa proposta pelos principais teóricos da Escola de Frankfurt, T.W. Adorno e Max Horkheimer. Estes afirmavam que a "arte elevada", ao contrário da cultura de massa, não busca reconciliar o público com a ordem econômica e política predominante, mas tem uma função transcendente, crítica. Como as obras da cultura de massa devem apelar a um público vasto e homogêneo, não deixam espaço para a imaginação e não empenham o leitor numa dialética autêntica, mas em vez disso o tratam como objeto passivo. A indústria da cultura de massa remove qualquer oposição genuína às tendências reificantes do capitalismo e constitui, assim, a base do capitalismo moderno.

Os defensores da cultura de massa afirmam que, como resultado da alfabetização quase universal, da difusão do conhecimento pela cultura de massa, incluindo a televisão, e de um crescente tempo de lazer, a "arte elevada" hoje desfruta de um público mais amplo do que jamais teve. As culturas populares podem ser "contaminadas", mas a diversidade cultural não desapareceu, o impacto da cultura de massa é pelo menos ambíguo, e a inovação cultural continua. Talvez, mas quando obras de arte são adquiridas como investimentos por fundos de pensão e são as perspectivas de sucesso comercial que determinam se um filme será feito ou um livro publicado, a crítica à cultura de massa e à "indústria cultural" conserva um pouco da sua força.

Leitura sugerida: Giner, S. 1976: *Mass Society* • Swingewood, A. 1977: *The Myth of Mass Culture.*

C.A. ROOTES

cultura política Esse conceito data dos anos 50, quando se tornou um instrumento analítico da ciência política. Gabriel Almond, um dos pioneiros dessa nova abordagem, definiu a cultura política como "um padrão particular de orientações para a ação política", um "conjunto de significados e propósitos" dentro do qual cada sistema político está embutido (1956, p.396). A cultura política, portanto, refere-se às crenças, valores e símbolos expressivos (a "bandeira", a monarquia e assim por diante) que compreendem o contexto emocional e de atitudes da atividade política. A análise de sistemas políticos em termos de seus atributos culturais tem antecedentes distantes. Já no século XVIII, Montesquieu achou adequado relacionar os princípios constitucionais de uma nação aos seus "costumes ou moral". O ressurgimento e o desenvolvimento sistemático dessa abordagem durante os últimos 30 ou 40 anos devem ser compreendidos contra o pano de fundo da "revolução comportamental", que rejeitava o estudo formal, jurídico-institucional, da política e, em vez disso, enfatizava o comportamento empiricamente observável (ver COMPORTAMENTALISMO). Por esse motivo, a maior parte das análises tem a cautela de estabelecer uma diferença conceitual entre *cultura* política e *comportamento* político, uma vez que a primeira pretende explicar — ao menos em parte — o segundo. Em particular, os cientistas políticos têm-se preocupado em explorar as ligações entre democracia estável e certos tipos de culturas políticas. O conceito é encarado como poderosa variável explicativa, que dá conta do fracasso da democracia ao estilo ocidental em firmar raízes nos países menos desenvolvidos do Terceiro Mundo, onde a fragmentação cultural e os hábitos tradicionais de passividade, ao que se supõe, minam os padrões constitucionais (Almond, 1965, p.400-3). Também se afirmou que uma abordagem cultural pode ajudar a explicar a diversidade de sistemas comunistas, na medida em que os revolucionários precisam inevitavelmente adaptar seu modelo marxista para se adequar à herança éticopolítica específica do país em questão (Tucker, 1973).

Se a cultura política efetivamente consegue explicar alguma coisa, é uma questão aberta a dúvidas. Em primeiro lugar, é difícil determinar os componentes precisos da cultura política de uma nação. Os primeiros estudos eram "impressionistas" e pareciam inferir orientações subjetivas do comportamento prático que essas orientações pretendiam ter causado. Assim, no primeiro tratamento dado por Almond ao tema, as jogadas de barganha dos políticos norte-americanos eram encaradas como demonstração de que a América do Norte possuía "uma cultura política racional, calculista, negociadora e experimental", enquanto — ao mesmo tempo — essas jogadas eram explicadas pela "cultura" (1956, p.398). O caráter circular desse raciocínio não fugiu à observação crítica, e nos anos 60 se fizeram tentativas de descobrir atitudes de massa através de métodos rigorosos de observação (Almond e Verba, 1963). Mas não é de maneira alguma óbvio que VALORES e crenças populares possam ser inferidos através de técnicas de levantamento e análise de dados. Como os críticos têm demonstrado, é notoriamente difícil formular perguntas inequívocas a serem feitas aos que estão sendo pesquisados, e essas perguntas podem, de qualquer modo, ser demasiado precisas para captar as atitudes ambivalentes e cambiantes das pessoas comuns (Femia, 1979). De qualquer forma, dados "concretos" não anulam a necessidade de intuição e interpretação por parte do analista. Por exemplo, o quanto uma atitude precisa ser difundida para poder ser incluída na cultura política de um país? Se, digamos, 51% da população adulta são classificados como "condescendentes", isso significa que a cultura política é condescendente? Não surpreende que a literatura tenha uma abundância de observações vagas e até banais (tais como "a cultura política britânica é uma mistura de tradição e modernidade").

Mesmo que pudéssemos determinar uma cultura política em particular com precisão matemática, não se seguiria daí, necessariamente, que as orientações culturais assim determinadas tenham qualquer eficácia causal. Alguns críticos afirmam que o que passa por cultura política é, em grande parte, criação do sistema político que essa cultura supostamente deveria explicar. Se, para tomarmos um exemplo, os italianos são alienados de suas instituições políticas, esse estranhamento deve, em certo grau, resultar do desempenho inadequado dessas instituições. A maneira como um sistema se desempenha, além do mais, será influenciada por seus próprios traços característicos. Na Itália, o imobilismo político pode ser visto como um efeito da representação proporcional, a qual — dada a natureza das divisões sociais do país — propicia governos de coalizão instável (Sartori, 1969).

Os marxistas ortodoxos também têm questionado a validade das explicações culturais. Na sua perspectiva, idéias e crenças são meramente derivadas da estrutura social e econômica. O comportamento político é, portanto, explicável, em última análise, em termos de conflito de classe ou outras pressões materiais. Sob a influência de Antonio Gramsci, no entanto, alguns marxistas atuais têm admitido o potencial explicativo dos fenômenos culturais. Já não é considerado "burguês" explicar a persistência da democracia liberal fazendo referência a conceitos e normas amplamente compartilhados. No entanto marxista algum assumiria que esse CONSENSO surge plenamente formado do solo nacional; seria sua obrigação tentar fazer remontar a perspectiva cultural predominante a suas raízes sócio-econômicas.

Isso leva-nos à deficiência crucial da análise da cultura política, como normalmente praticada. Seus praticantes parecem esquecer que a cultura é o produto de muitas e muitas influências, e que seu uso como uma variável explicativa nunca deveria ir além de um fator interveniente. A efetiva relação entre a ordem normativa e estruturas políticas, sociais ou econômicas deve ser provavelmente de reforço mútuo no decorrer do tempo, e essa interação torna difícil decidir qual fator, se algum, é mais importante. A cultura política deve fazer *parte* de uma explicação do desempenho dos sistemas políticos, mas ao final precisaremos examinar como as orientações culturais vieram a se formar. E, ainda, o homem é um animal simbólico vivendo uma vida mental. Suas ações refletirão o modo como interpreta o seu meio ambiente, e essa interpretação será moldada pelo seu "mapa cognitivo" (Almond, 1956, p.402), por suas crenças e atitudes. Tendo em mente esse truísmo, podemos concluir que o conceito de cultura política pode, ao menos potencialmente, aumentar a nossa compreensão da vida política.

Leitura sugerida: Kavanagh, D. 1972: *Political Culture* • Nordlinger, E. 1967: *The Working-Class Tories: Authority, Defence, and Stable Democracy* • Pye, L. e Verba, S., orgs. 1965: *Political Culture and Political Development* • Rosenbaum, W.A. 1975: *Political Culture* • White, S. 1979: *Political Culture and Soviet Politics.*

JOSEPH V. FEMIA

D

dança A crença de que a dança é uma arte trivial, adequada apenas para diversão e entretenimento, era comum no final do século XIX. No início do século XX os pioneiros da dança moderna deram início a sua revolta contra o que consideravam a decadência do balé contemporâneo. Aquilo por que lutavam era um retorno da dança à sua função original na sociedade, ou seja, de instrumento para reforçar o senso de comunidade. O instrumento podia funcionar para reiterar crenças tradicionais, enfatizando sua contínua relevância, ou podia despertar idéias de protesto contra valores existentes. O primeiro rumo caracterizou, de maneira geral, o gênero da dança folclórica. A dança teatral tendeu para o segundo, embora os balés abstratos, mais que as danças de significado social, tenham predominado no decorrer deste século.

Com poucas exceções, os ensaístas sobre a dança têm concentrado seus esforços na análise das estruturas formais da dança, em vez de procurar o seu conteúdo social. A natureza da dança em si mesma orientou esse caminho. O movimento pode, de fato, ser expressivo, mas o que melhor pode ser expresso através de movimentos do corpo são sentimentos, emoções, e não idéias intelectuais. Quando uma sociedade tradicional usa a dança para fomentar suas crenças ou para demonstrar sua rebelião contra estas, ela cria uma imagem. Um grupo movimenta-se junto, firmando sua solidariedade. Ou escolhe um formato narrativo, transmitindo sua mensagem com um exemplo de como é trágico o abuso do poder ou com a glorificação do triunfo do bem.

Embora as danças de significado social não tenham dominado o panorama da dança teatral neste século, é possível destacar algumas exceções notáveis. Entre os primeiros bailarinos modernos, Ruth St. Denis e Ted Shawn voltaram-se para o misticismo do Oriente, para os valores atemporais dos mitos e lendas antigos, em obras como *Radha* (1906) e *White Jade* (1926). Isadora Duncan abraçou as idéias da recém-fundada União Soviética em *Marcha eslava*, que descrevia a opressão das massas e o triunfante rompimento final de suas cadeias.

Um marco na história da dança no século XX foi *The Green Table* (de 1932), do alemão Kurt Jooss. Seu brado pela paz começava e terminava com cenas de diplomatas discutindo em seus respectivos lados na mesa de negociações. Entre eles, Jooss traçava trágicos retratos dos desastres da guerra nas vidas de paz, amantes e amigos.

Os personagens de *The Green Table* são abstrações generalizadas de tipos. O pensamento social na União Soviética, porém, utilizou narrativas envolvendo personagens específicos, em geral com incidentes tirados da história. Uma das primeiras obras, *A papoula vermelha* (1927), falava sobre um bravo capitão soviético que é ameaçado por um conspirador chinês, mas salvo pelo sacrifício de uma bailarina chinesa. Mais recentemente Yuri Grivorovich, do Balé Bolshoi, de Moscou, condenou a crueldade da Rússia czarista em *Ivan, o Terrível*, de 1975, e louvou os trabalhadores da Sibéria em *Angara*, de 1976.

Nos Estados Unidos, o pensamento social explícito tem desempenhado um papel insistente, embora em geral de menor importância. Durante os anos da Depressão do início da década de 30, a Worker's Dance League patrocinou concertos que promoviam o protesto social. Suas danças tinham títulos como "Despejo" (*Eviction*), "Fome" (*Hunger*), "Desemprego" (*Unemployment*). Em 1955 Anna Sokolow lamentou o vazio da vida urbana em *Rooms*, no qual as pessoas vivem fisicamente juntas, porém emocionalmente isoladas. Em 1984 *Nine Short Pieces about Defense Budget and Other Military Matters ("Nove peças curtas sobre o orçamento da defesa e outros as-*

suntos militares"), Liz Lerman, assumiu uma posição mais especificamente política.

A celebração da herança negra começou com o trabalho de Katherine Dunham e Pearl Primus, seguido pelo grande sucesso da companhia de Alvin Ailey, cujo *Revelations*, de 1960, com música de negros spirituals, tornou-se um tremendo sucesso popular. Nessa década, também, jovens coreógrafos começaram a trabalhar com a improvisação e a expressão individual. Anna Halprin formou a sua Dancers' Workshop (Oficina de bailarinos), de São Francisco, um grupo multiétnico, dedicado à harmonia racial e ao bem-estar da terra.

Na Alemanha, Pina Bausch expôs problemas que as pessoas enfrentam na sociedade contemporânea. Os personagens das suas obras de teatro dançado executam como que mecanicamente rituais arraigados; ao seu comportamento faltam sentimentos, falta motivação. Em *1980*, os bailarinos oscilam entre o exibicionismo agressivo e a solidão irremediável, entre a letargia e a histeria.

Na China, uma canção das plantações de arroz, "yang-ko", tornou-se o tema da vitória dos comunistas em 1949. Os bailarinos usavam os movimentos do trabalho, além da maneira de andar, de bater palmas e deixar oscilar o corpo, para acompanhar a melodia. Seguiram-se narrativas políticas. Em *A moça de cabelos brancos* (de 1964), a heroína sofre nas mãos de um cruel senhor feudal, até que seus cabelos negros ficam brancos, mas acaba sendo libertada pelo Oitavo Exército Vermelho, quando este toma sua aldeia.

No Japão, o tratamento tem sido mais abstrato. Tendo começado como um protesto contra os horrores da guerra, o gênero conhecido como Bu-tô apresenta bailarinos com cabeças raspadas e corpos pintados de branco, habitando uma paisagem de desespero. Com passos lentos e movimentos que mal se distinguem, o Bu-tô mostra ao seu público um mundo perturbado, conseqüência da brutalidade global.

No momento as danças não teatrais enfrentam problemas sérios. Danças que brotaram de experiências e das necessidades comuns de uma comunidade estão hoje desaparecendo, junto com o modo de vida que as gerou. Com a mudança das áreas rurais para as urbanas, os jovens passam boa parte do seu tempo de lazer assistindo à televisão. Quando dançam, preferem formas que lhes ofereçam a oportunidade para a expressão individual, em vez das que refletem valores coletivos. Os tradicionalistas que ainda restam acham difícil interessá-los nas danças de seus antepassados. Pequenos grupos estão tentando, porém, e alguns ávidos educadores europeus estão ensinando, nas escolas primárias, danças folclóricas a aprendizes interessados. Em algumas aldeias africanas, estão sendo feitos esforços para manter festivais com danças nativas que reafirmam os valores e costumes da comunidade.

Outro tipo de solução é apresentado pela companhia de dança teatral folclórica, que pega o espírito e os motivos orientadores básicos dos gêneros nativos e os coreografam para apresentação por intérpretes hábeis em cenários teatrais. Enquanto muitos afirmam que essas danças já não representam de maneira autêntica suas fontes nativas, outros sustentam que elas ainda servem para promover sentimentos de identidade e orgulho étnicos. O sucesso de grupos como o conjunto de dança folclórica Moisseyevm da União Soviética, e da Companhia Nacional de Dança do Senegal certamente serve a esse propósito.

Mas às vezes uma crise social é capaz de provocar a retomada de interesse pela dança comunitária. Quando Nelson Mandela foi libertado, em 1990, jovens sul-africanos foram para as ruas dançar o Toyi-Toyi como expressão de sua alegria.

Já se afirmou muitas vezes que a dança é uma linguagem universal. À medida que este século se aproxima do fim, essa afirmação vem sendo substanciada. Há professores trabalhando nas escolas de vários países para familiarizar jovens bailarinos com diferentes técnicas e estilos. Com freqüência cada vez maior, coreógrafos estão criando suas obras em companhias de danças de outras nações. Os intercâmbios não param. Enquanto esses movimentos contribuem para a compreensão internacional, o mundo da dança espera que as nações também continuem a respeitar e a executar as danças que simbolizam a sua própria identidade.

Ver também SOCIOLOGIA DA ARTE; TEATRO.

Leitura sugerida: Boaz, Franziska, org. 1972: *The Function of Dance in Human Society* • Brinson, Peter 1983: "Scholastic tasks of a sociology of dance". *Dance Research Journal* 1, 100-7; 2, 59-68 • Katz, Ruth 1973: "The egalitarian waltz". *Comparative Studies in Society and History* 15,3 • Rust, France 1969: *Dance in Society* • Spencer, Paul, org. 1985: *Society and the Dance*.

SELMA JEANNE COHEN

darwinismo Ver EVOLUÇÃO; NEODARWINISMO; DARWINISMO SOCIAL.

darwinismo social Em meados do século XIX surgiram teorias que sustentavam que a organização social é, ou se assemelha, a um organismo vivo, que as sociedades sofrem mudanças evolutivas e que essas seqüências de EVOLUÇÃO são, ou podem ser, progressivas. As conseqüências involuntárias, ou até biologicamente determinadas, das ações individuais, sua agregação em mecanismos tais como o comportamento competitivo e o mercado, e intenções por parte do analista de tirar conclusões normativas e voltadas para programas de ação distinguiram as continuações dessa tendência no século XX.

As teorias evolucionistas da transformação, em termos de constituição biológica e comportamento observável, e da transformação humana em sentidos semelhantes precederam em muito Charles Darwin (1859). Não obstante, o darwinismo social e as teorias dele descendentes entram em contradição, em vários aspectos, com os pontos de vista originais de Darwin. Este rejeitava qualquer noção de progresso na transformação de indivíduos e na origem das espécies, e sentia fortes suspeitas das tentativas de se tirarem conclusões de sua obra que fossem aplicáveis à sociedade humana. A SELEÇÃO NATURAL referia-se à variação não-padronizada, à interação com o meio ambiente e ao mero sucesso reprodutivo, e não a conceitos normativos como "sobrevivência dos mais aptos". Essa expressão foi popularizada por Herbert Spencer, o principal teórico do darwinismo social, e ironizada por Karl Marx.

A teoria de Marx era evolucionista e progressista, vagamente enraizada em uma história natural das exigências biológicas humanas, mas crucialmente dependente de premissas relativas a habilidades lingüísticas e de raciocínio. Friederich Engels, porém, mais tarde comparou a teoria de Marx à de Darwin, em método e importância, e se esforçou para ligar a seleção natural ao desenvolvimento das habilidades produtivas humanas. Isso resultou numa pletora de tentativas formuladas de maneira imprecisa, dentro do MARXISMO, de reconciliar a luta de classes como caminho para o progresso histórico, com mecanismos biológicos de sobrevivência e extinção. No entanto o abismo entre a premissa teórica darwinista de comportamento individual autocentrado e o ponto de vista marxista de que os indivíduos devem agir com deliberação em uma entidade coletiva, como uma classe social, mostrou-se muito difícil de ser superado.

Como premissa teórica, o organismo individual autocentrado, batalhando competitivamente pela existência e pelo aperfeiçoamento, representa uma noção aparentada àquela subjacente às filosofias antimarxistas de Friedrich Hayek e Karl Popper. Porém, como teóricos que exaltam as virtudes do mercado no que diz respeito a bens e idéias, seus argumentos funcionam em um nível muito acima dos simples mecanismos biológicos que uma teoria darwiniana da sociedade exigiria. No final do século XX a SOCIOBIOLOGIA surgiu como sucessora do darwinismo social. As conseqüências para a coletividade humana de um comportamento involuntário, tal como a AGRESSÃO geneticamente determinada, são conceitualizadas teoricamente, embora os sociobiólogos de forma alguma concordem quanto ao nível em que uma ação abalizada pode ou deva interferir nesses supostos processos dentro da sociedade.

Leitura sugerida: Hayek, F.A. 1983: *Knowledge, Evolution and Society* • Holbrook, D. 1987: *Evolution and the Humanities* • Jones, G. 1980: *Social Darwinism and English Thought* • Peel, J.D.Y. 1971: *Herbert Spencer* • Ruse, M. 1985: *Sociobiology*, 2ªed.

TERRELL CARVER

decadência Os períodos da história que foram classificados como "decadentes" compartilham a convicção de que "a vida recomeça, sempre e sempre". Essa visão cíclica das coisas é a pedra fundamental de dois vastos complexos de temas, o primeiro dos quais se relaciona a "correspondências" com o mundo externo, com nosso meio ambiente imediato, com a natureza e assim por diante, enquanto o outro abrange os elementos variados do COTIDIANO, do hedonismo, do ceticismo, em suma, a valorização da experiência vivida. A premissa básica de ambas as variantes é o reconhecimento da vida social tal como ela efetivamente é, e não como "deveria ser". Ela implica uma conciliação com o fato de que, gostemos ou não, existe uma aceitação da existência que se expressa em incontáveis formas de repetições. Este é, com toda certeza, o marco característico da decadência. Essa repetição, quase obsessiva, é um meio tanto de afirmar quanto de negar a passagem do tempo.

E, nesse sentido, a repetição cíclica é um eficiente mecanismo de defesa. O surgimento da "tira de história em quadrinhos" pode, assim, ser considerado um sintoma extraordinário de uma forma de narrativa que não pode ser aprisionada dentro do tempo linear.

O que se pode observar na conversação estereotipada ou nas paródias gratuitas que são características básicas da "história em quadrinhos" é que, talvez inadvertidamente, ou no mínimo não-explicitamente, elas afirmam, através de sua crítica intrínseca aos discursos dogmáticos, uma certa qualidade invariável do homem e da sociedade e um retorno "do mesmo". Seja de forma puramente lúdica ou mais sardônica, elas servem de reserva de um tipo de anomia agnóstica cuja implicação é que nada de novo jamais acontece na história humana. Seja o seu alvo a Igreja ou o Estado, a repetição lembra-nos o fato de que apenas o presente, que é infalivelmente idêntico a si mesmo, merece a nossa atenção. Nesse sentido, "decadência" indica uma "ética do momento" que não está preocupada com um paraíso celestial, nem com alguma utopia futura, mas que pretende obstinadamente, *assim mesmo*, levar a cabo esta existência que, apesar de todas as muitas provações e atribulações que proporciona, ainda é cativante, apesar delas ou talvez por causa delas.

Um elemento que destaca a importância do RELATIVISMO cíclico e decadente na consciência coletiva é a atitude para com a política. Mais uma vez, a conversação cotidiana tem muito a nos ensinar; seria preciso uma pesquisa especializada nessa área para analisar todas as nuanças de suspeita com relação à política implícitas nessas conversações. Seria mais exato dizer que elas mostram que a política é o centro de um intenso interesse, mas em geral encarada como uma arte, uma arte com suas próprias regras. Nos países mediterrâneos, por exemplo, o discurso político visa, à maneira do *bel canto*, agitar as paixões, apelar mais ao coração do que à cabeça. À luz do conceito de decadência, tornamo-nos conscientes de exatamente o quanto o pensamento social deve a essa visão cíclica do mundo, segundo a qual "não há nada de novo sob do sol". Em última análise, *a imposição* do poder é uma constante imutável da vida, algo que as pessoas conhecem bem, pelo menos intuitivamente. Os "príncipes" podem ir e vir, mas suas ações serão sempre impostas a partir de fora e, dessa maneira, permanecem "abstratas", e mesmo quando eles pretendem falar e agir em favor dos menos privilegiados, é sempre para exigir submissão ou conformismo às ordens.

A decadência manifesta-se não apenas nessa forma popular de relativismo, como também em expressões mais eruditas. Antes de tudo, de um ponto de vista weberiano, fica claro que o reconhecimento de sistemas de valor antinômicos dentro de diferentes sociedades, bem como dentro de cada sociedade — simplificado na expressão "guerra dos deuses" —, nos leva, se não a uma absoluta "neutralidade axiológica", pelo menos a um certo ceticismo quanto ao conceito da própria Verdade (Weber, 1904). De forma deliberadamente paradoxal, Max Weber tenta pensar rigorosamente e generalizar, ao mesmo tempo reconhecendo o caráter frívolo e efêmero das paixões humanas. Uma coisa é certa, ou seja, que várias de suas análises são realizadas contra um pano de fundo de decadência. A "antinomia de valores" nunca será resolvida e, em última análise, é devido a essa antinomia que as sociedades perduram. Colocando a coisa de maneira um tanto irreverente, podemos dizer que, "enquanto os deuses estão em guerra uns com os outros, os homens estão em paz".

Uma perspectiva semelhante pode ser encontrada na sociologia de Vilfredo Pareto. Assim com Claude Lévi-Strauss afirmou que "o homem sempre foi capaz de pensar igualmente bem", Pareto estava convencido de que "o homem é sempre o mesmo". É possível encontrar mostras dessa convicção no seu *Tratado de sociologia geral* (1916-19). Várias de suas análises são informadas por esse ceticismo, que pode ter origem nas muitas decepções que marcaram sua carreira. O economista consciencioso, que mais tarde se tornou um professor de sociologia um tanto desencantado, estava cônscio da "vaidade da ação" que se origina do senso de que o eterno retorno e a repetição dominam a história das sociedades humanas. A esse respeito, seria possível dizer que ele está imbuído do senso trágico da existência. Excelente observador da política contemporânea, tinha perfeita consciência do fato de que esta não se baseia em argumentos racionais, qualquer que seja o seu mito a respeito de si própria, e parte para tirar da compreensão desse fato todas as conclusões necessárias. É de fato característico da decadência demonstrar que essa razão, no reino da política, mas *a fortiori* mesmo em atividades humanas que não pretendem ser uma manifestação dela, não passa daquilo que Pareto chama de "derivação", uma legitimação que mascara todas as incoerências, delírios e interesses da paixão. Nesse ponto, não se pode deixar de pensar em Maquiavel e suas *Histórias florentinas*, nas quais ele coloca em relevo tão agudo a ambigüidade e a ambivalência da ação humana.

Em outras palavras, sempre que o futuro predomina, a consciência coletiva volta-se para ele. Quando, em vez disso, prevalece o presente, ressurgirá uma visão do mundo cíclica e decadente. Mas por quê? Talvez devido ao mecanismo de "saturação" tão bem descrito por Pitirim Sorokin, que leva os valores, bem como as coisas, a se tornarem gastos e exauridos. Isso também explicaria a saturação de uma concepção linear do tempo e o desejo de recuperar o "aqui e agora" que impregna a vida cotidiana. E o presente sempre é mais bem apreendido quando comparado com alguns grandes momentos do passado. Isso fica bem expresso na metáfora de Proust sobre o tempo ser "einsteinizado". A vida cíclica leva-nos de volta ao tempo da paixão, que invalida qualquer construção racionalizante. Certamente não é possível falar de decadência sem se referir, ou pelo menos aludir ao efeito colateral que ela exerce sobre os modos como compreendemos a realidade. Assim que o "pro-jeto" pára de ser a força motora da sociedade, os sociólogos têm de recorrer a um modo diferente de avaliar a vida social. A aceitação relativista *daquilo que é*, essa afirmação da vida em toda a sua contingência, é o reconhecimento de que todos os seres e todas as situações são marcados pela incompletude. Isso é algo que a lógica do "tem de ser" não consegue tolerar.

Em desafio aos intelectuais que confundem a erosão de certos VALORES com a morte trágica e melancólica de todas as coisas, e aos que pensam que o fim de *um* mundo significa o fim *do* mundo, a decadência lembra-nos que analisar o papel da repetição na vida cotidiana e reconhecer o prazer hedonista a ser obtido de uma liberação dos sentidos abre um amplo campo de pesquisa. Com base nessa convicção profundamente enraizada, podemos contestar as declarações dos apologistas do futuro ou dos que sentem a nostalgia do tempo perdido, afirmando que a decadência nos permite vislumbrar a serenidade do *kairos* grego, em outras palavras, os momentos de oportunidade oferecidos dentro do fluxo da vida cotidiana.

Ver também PROGRESSO.

Leitura sugerida: Durand, G. 1979: *Figures mythiques et visages de l'oeuvre* • Freund, J. 1984: *La décadence* • Maffesoli, M. 1979: *La cônquete du présent: pour une sociologie de la vie quotidienne* • Pareto, V. 1916-19 *(1963)*: *The Mind and Society: a Treatise on General Sociology* • Spengler, O. 1918-22 *(1926-8)*: *The Decline of the West*, 2 vols. • Weber, Max 1904 *(1949)*: *The Methodology of the Social Sciences.*

MICHEL MAFFESOLI

decisão, teoria da Teoria da decisão é o estudo de como os agentes racionais decidem agir, dados os seus objetivos, suas opções e suas opiniões a respeito dos efeitos de suas opções sobre seus objetivos. Mesmo dado tudo isso, resolver o que fazer pode ser extremamente problemático, quer devido à pura complexidade dos cálculos necessários (como nos problemas de decisão estudados em análise operacional), quer porque há incerteza nas opiniões. Essa incerteza habitual pode ser a respeito do estado de "natureza", como na teoria da utilidade, ou das escolhas de outros agentes cujos problemas de escolha se entrechocam com os deles, como na teoria dos jogos.

A teoria da decisão desenvolveu-se, em sua forma clássica como uma teoria axiomática, na qual axiomas estabelecem *a priori* princípios de escolha racional. Como o núcleo da explicação psicológica cotidiana é que a ação está racionalmente relacionada com as opiniões e objetivos do agente, a teoria da decisão pode ser vista como algo que proporciona, entre outras coisas, o modelo formal desse núcleo (ver Lewis, 1983). Para uma série de situações definidas, a teoria da decisão clássica aspira a deduzir as decisões dos agentes unicamente a partir e dos princípios *a priori*. É, assim, uma teoria idealizada, que descreve o agente como alguém que jamais viola os princípios *a priori* e que sempre age logicamente conforme estes determinam, por mais difícil de computar que isso possa ser. Mas em torno desse cerne clássico publicado da teoria também houve muito trabalho dedicado a testar empiricamente a adequação dos sujeitos humanos aos axiomas e, em anos recentes, com teorias em desenvolvimento que recolhem, explicam e estudam as conseqüências, nos casos observados, desses axiomas tomados como ponto de partida.

As duas maiores realizações teóricas da teoria da decisão foram a *teoria da utilidade* e a *teoria dos jogos* (ver JOGOS, TEORIA DOS). Esta é a teoria da decisão do indivíduo em cenários sociais. É assim chamada porque von Neumann e Morgenstern encararam os jogos de salão como sendo isomórficos com, e paradigmas para, as interações econômicas e outras interações sociais a que a teoria se dedicava. Ela se preocupa e tenta lidar, em estilo axiomático, com os problemas de decisão que duas ou mais pessoas enfrentam quando o resultado das ações de cada uma delas — e, portanto, sua conveniência — depende das ações dos outros. Presume-se que cada qual conheça as opções e os desejos de todos; e, além disso, que os outros tenham esse conhecimento. A maior parte da literatura preocupa-se com os jogos *não-cooperativos*, em que os que jogam não podem ficar sabendo das intenções dos outros pela comunicação com eles, mas devem inferi-las a partir do conhecimento apenas de sua própria situação (suas opções, desejos e conhecimento) e de sua racionalidade.

A teoria da utilidade ocupa-se dos problemas de um agente individual que precisa escolher entre duas ou mais ações que dão oportunidade a "perspectivas de risco". Perspectiva de risco, para um agente, é um conjunto de resultados alternativos associado a uma probabilidade para cada resultado, a ele atribuída pelo agente; eu, por exemplo, encaro a perspectiva de risco (25 libras com probabilidade 1/10; menos uma libra com probabilidade de 9/10), se aposto uma libra num cavalo com chances de 25 por 1 contra aqueles a cuja vitória atribuo uma probabilidade de 1 em 10.

A teoria da utilidade teve seu ponto de partida no relatório de Daniel Bernoulli, em 1738, sobre o *curiosum* "de S. Petersburgo", o fato de ninguém estar disposto a pagar mais que umas poucas libras para participar de um certo jogo de azar, embora o *valor* de ganho *esperado* de um jogador fosse infinito. (O "valor esperado" de uma perspectiva monetária arriscada é a média ponderada dos diferentes ganhos possíveis, sendo os pesos as suas probabilidades.) Como explicação, Bernoulli conjecturou que o jogador racional é alguém que maximiza o valor esperado não de lucro, mas de sua utilidade. Von Neumann e Morgenstern (1944) axiomatizam essa "hipótese da utilidade esperada". Eles mostram que, se uma pessoa classifica as perspectivas de risco de uma forma que atende a certos cânones óbvios de racionalidade, expressos nos axiomas da teoria, então nesse caso existe uma magnitude numérica associada a cada resultado, e que é chamada de sua *utilidade*, de tal forma que a pessoa só classifica uma perspectiva de risco acima de outra se der um valor esperado maior dessa magnitude. Por exemplo, vou preferir fazer a aposta acima se, e somente se, (1/10)*u*(£25)+(9/1o)*u*(£ – 1>–0, onde *u*(£*x*) indica utilidade de ganhar £*x*. Alguns dos axiomas são indiscutivelmente consistentes com a preferência racional: por exemplo, o Axioma de Monotonicidade, o qual diz, *grosso modo*, que, dados dois resultados, um (A) preferível a outro (B), aumentar a probabilidade de A dá uma perspectiva preferível. Outros são mais controvertidos, em especial o Axioma de Independência, o qual diz: se um resultado A é pelo menos tão desejável quanto um resultado B, então uma dada oportunidade de A é pelo menos tão desejável quanto a mesma oportunidade de B.

Tanto a teoria dos jogos quanto a teoria da utilidade dizem respeito a decisões racionais tomadas em condições de incerteza, mas a incerteza é de tipos radicalmente diversos nas duas teorias. Na teoria da utilidade, incerteza é o "risco" — representável por probabilidade. Estas se ligam, na teoria da utilidade clássica, ao "estado de natureza". Na teoria dos jogos, porém, a incerteza é a respeito das decisões de outros agentes racionais, que se presume derivarem, através de razão pura, dos dados dos seus problemas. Aqui, não se trata de nada ao acaso, e é difícil ver que base o primeiro jogador poderia ter para lhes atribuir probabilidades. (A teoria da decisão também se preocupou com a incerteza que resiste a uma probabilização por outro motivo — porque o agente se encontra em "completa ignorância" a respeito de que possibilidade é ou será realizada.)

Que tipo de coisas são as probabilidades do agente numa decisão sob "risco"? Von Neumann e Morgenstern supuseram que fossem possibilidades objetivas, como as dos jogos de azar, conhecidas do agente. Mas essa não é a única possibilidade. Dentro da teoria da decisão desenvolveu-se um ponto de vista das probabilidades como "graus de opinião" subjetivos, revelados na "disposição de apostar". Fica claro que um agente que prefere uma loteria que dá um prêmio se transpira um estado S e uma penalidade no caso de não-S a uma outra que dá o prêmio se não-S e a penalidade no caso de S, em algum sentido, acredita mais fortemente em S do que em não-S. Tal como von Neumann e Morgenstern "constroem" utilidades a partir do padrão da escolha do agente entre loterias, quando estas obedecem a certos axiomas, também Ramsey (1926), Savage (1954) e outros subjetivistas constroem graus numéricos de opinião a partir desse padrão. Eles conseguem demonstrar, para o caso de agentes que obedecem aos seus axiomas, tanto que essas magnitudes são probabilidades (matematicamente) quanto que os agentes escolhem como se maximizar a utilidade esperada resultasse de acordo com elas. Esses resultados levaram ao chamado ponto de vista bayesiano de que todas as incertezas que os agentes enfrentam são probabilidades e que a hipótese da utilidade esperada fornece uma teoria abrangente da tomada de decisão racional.

A hipótese da utilidade esperada tem sido desconfirmada repetidas vezes em estudos de laboratório. A mais famosa violação experimental é o chamado paradoxo de Allais. Outra é o "efeito do coeficiente comum", demonstrado por Kahneman e Tversky (1979): se uma pessoa prefere um prêmio moderado M com uma possibilidade de 50% a um prêmio maior L, de acordo com a teoria essa pessoa deve também preferir uma probabilidade de 10% de M a uma probabilidade de 5% de L; mas os sujeitos estudados, de maneira padrão, demonstram a primeira preferência e o reverso da segunda. Essas descobertas provocaram diversas reações: alguns, que encaram a teoria da utilidade como normativa e acham seus axiomas inteiramente convincentes, concluem que os sujeitos estão errados e necessitam de instrução! Outros, porém, acham que a teoria normativa deveria refletir a força dos julgamentos intuitivos que provocam tais "reversões", ou então encarar a teoria da utilidade como basicamente explicativa ou prognosticante. Essas atitudes levaram ao desenvolvimento de teorias da "utilidade não-esperada", um tanto mais complexas e/ou mais fracas que a teoria da utilidade, e que são consistentes com as observações recalcitrantes.

Apesar destas "arestas" empíricas, a teoria da utilidade tem sido amplamente utilizada num trabalho explicativo e de prognóstico nas ciências sociais, e com sucesso considerável. Na ciência política, ela gerou a teoria de escolha racional (ver ESCOLHA RACIONAL, TEORIA DA); na economia, estende-se por toda parte, proporcionando um modo simples e poderoso de ampliar a cenários incertos a pressuposição central da disciplina da busca eficiente do auto-interesse. Desempenha um papel-chave na explicação de fenômenos tão diversos quanto seguros, jogos de azar, o entesouramento de dinheiro e a insegurança dos salários nas recessões. Em muitos desses casos ela se conjuga com a hipótese empírica de que os agentes econômicos são *avessos a risco*, isto é, preferem uma soma £ x garantida a uma perspectiva arriscada cujo valor esperado é £ x.

A teoria da decisão completou um brilhante meio século no qual tem contribuído com poderosos e esclarecedores instrumentos de pensamento para as ciências sociais. No entanto ela continua em um estado não totalmente satisfatório. Como uma teoria da escolha racional humana, ela é, em sua forma clássica, ao mesmo tempo muito forte e muito fraca: muito forte no sentido de que seus axiomas — às vezes por estabelecerem padrões impossíveis, às vezes por não conseguirem captar as sutilezas das preocupações humanas — são consistentemente violados por sujeitos inteligentes. Muito fraca por ignorar restrições sobre o que conta como opiniões, desejos e ações racionais nos cenários culturais específicos a que deve ser aplicada. Ainda resta ver até que ponto essas deficiências podem ser reparadas sem danos ao poder e à luminosidade da teoria clássica.

Leitura sugerida: Bacharach, M.O.L. e Hurley, S.L., orgs. 1991: *Foundations of Decision Theory: Issues and Advances* • Gardenförs, P. e Sahlin, N.-E., orgs. 1988: *Decision, Probability and Utility* • Jeffrey, R.C. 1965 *(1983)*: *The Logic of Decision*, 2ª ed. • Luce, R.D. e Raiffa, H. 1957: *Games and Decisions: Introduction and Critical Survey* • Nozick, R. 1969: "Newcomb's problem and two principles of choice". In *Essays in Honor of Carl Hempel*, org. por N. Rescher • Reznik, M. 1987: *Choices: an Introduction to Decision Theory.*

MICHAEL BACHARACH

definição Os teóricos sociais têm tendido a assumir que a definição estipulativa ou verbal de termos ("com x quero dizer abc") é uma prática sem problemas e desejável, que nada exige além de clareza e consistência de uso. Esse ponto de vista, expresso no final do século

XIX e início do século XX por Émile Durkheim (1895) e Ferdinand Tönnies (1899-1900), é ainda aceito como um lugar-comum pela maioria dos cientistas sociais (ver POSITIVISMO).

Um ponto de vista mais complexo pode ser encontrado na afirmação de Max Weber de que, por exemplo, uma definição de religião só pode vir ao *fim* de uma investigação, e não no início. Aqui, Weber parece estar seguindo a máxima de Nietzsche de que conceitos que expressam um processo histórico inteiro resistem a definições. Esse ponto de vista, vigorosamente sustentado por Theodor Adorno (ver ESCOLA DE FRANKFURT), tende a ser acompanhado por uma ênfase na complexidade hermenêutica dos fenômenos sociais e sua relação íntima com os VALORES. Isso, por sua vez, foi fortalecido a partir de meados do século, no mundo de língua inglesa, pela crítica de Wittgenstein ao positivismo, fazendo surgir na obra de Winch (1958) e de outros um modelo alternativo de ciências sociais (ver VERSTEHEN). A relevância normativa da definição foi ainda mais destacada pela noção de Gallie de "conceitos essencialmente contestados" em pensamento social e político (Gallie, 1955-6).

O declínio do positivismo para um convencionalismo e as conseqüentes inquietações a respeito do RELATIVISMO levaram defensores do racionalismo e do REALISMO a reviver a noção de "definição real", na qual as definições pretendem expressar a natureza essencial de uma entidade — como na definição de substâncias químicas por meio de sua estrutura molecular. Em que medida isso é possível para objetos sociais é algo que ainda suscita controvérsias, mas está claro que a concepção mais sofisticada a respeito da natureza da teoria científico-social que passou a predominar em décadas recentes trouxe consigo maior sensibilidade para os problemas da formação de conceitos científico-sociais.

Leitura sugerida: Durkheim, Émile 1895: *Les règles de la méthode sociologique* • Gallie, Duncan 1955-56: "Essentially contested concepts". *Proceedings of the Aristotelian Society*, NS, 56 • Hollis, Ma. 1977: *Models of Man* • Outhwaite, William 1983: *Concept Formation in Social Science* • Tönnies, Ferdinand 1899-1900: "Philosophical terminology". *Mind* 8 e 9 • Winch, Peter 1958: *The Idea of a Social Science and its Relation to Philosophy.*

WILLIAM OUTHWAITE

democracia O significado da palavra "democracia" é "governo do povo". Ela foi usada pela primeira vez no século V a.C. pelo historiador grego Heródoto, combinando as palavras gregas *demos*, que significa "o povo", e *kratein*, que significa "governar". A definição famosa de Abraão Lincoln era "governo do povo, pelo povo, para o povo". Desenvolvendo-se a noção de governo ou domínio, o significado pode ser transmitido de forma mais precisa: democracia é um sistema político no qual o povo inteiro toma, e tem o direito de tomar, as decisões básicas determinantes a respeito de questões importantes de políticas públicas. A noção de ter "o direito de tomar" as decisões básicas distingue a democracia de outros sistemas nos quais essas decisões são determinadas de fato pelo povo — por exemplo, onde um ditador fraco ou enfermo cede aos desejos do povo devido à ameaça de levante ou insurreição. Numa democracia, é *devido* ao seu direito de fazê-lo que o povo pode tomar as decisões; esse direito origina-se de um sistema de regras básicas, tais como a constituição.

A idéia de o povo tomar decisões levanta a dificuldade a respeito de *quantas* decisões isoladas *diferentes* podem ser combinadas em *uma* decisão coletiva. Uma resposta comum é conceber a democracia como o domínio da maioria. A idéia aqui é de que, onde falta unanimidade, isto é, onde as preferências expressas pelas decisões dos indivíduos se encontram divididas, o que deve prevalecer é o número maior de preferências, e não o menor. O número maior está mais perto de ser o todo: a decisão da maioria deve então *contar* como decisão de todo o povo. Existem, no entanto, muitas dificuldades com semelhante idéia. Uma decisão por parte de *todo* o povo implica algo mais que uma decisão por parte da maioria, e precisa envolver conciliação e consenso; e democracia é algo que não pode ser adequadamente equacionado com domínio da maioria (Holden, 1988; Spitz, 1984).

O significado básico de "democracia" acaba de ser enunciado, mas existe também um significado secundário que brota do caráter estreito da conexão entre as idéias de democracia e igualdade (ver IGUALDADE E DESIGUALDADE). Essa conexão existe porque, além de qualquer outra coisa, a idéia de o povo inteiro tomar uma decisão implica a noção — resumida no slogan "um homem, um voto" — de cada indivíduo ter voz igual. Sem isso, haveria uma decisão apenas de parte do povo, em vez de todo ele. Mas a conexão é tão estreita que a igualdade às vezes se torna crucial para o próprio sentido de democracia: isso nos dá o significado secundário, no qual "democracia" significa, grosso modo, "uma sociedade na qual existe igualdade". Esse sentido subsidiário também pode ver-se envolvido em concepções tais como "democracia social" e "democracia econômica", em que a idéia de um sistema caracterizado por igualdade social e/ou econômica é crucial (para um sentido diferente de "democracia econômica", ver mais adiante).

O significado de "democracia" está razoavelmente claro, mas esse fato tende a ser obscurecido devido à diversidade de sistemas que foram chamados de democracias. De fato, às vezes pode até parecer que o único aspecto comum dentro de tamanha diversidade é a expressão de aprovação. Como a aprovação à democracia é hoje expressa de modo quase universal, isso pelo menos fica claramente implícito com o uso da palavra, ainda que exatamente *o que* está sendo aprovado não seja assim tão claro. Na verdade, para alguns parece que "democracia" é meramente uma "palavra de aclamação" (como "hurra!" ou "viva!"), esvaziada de qualquer conteúdo descritivo, nada significando além de "viva esse sistema político!". Uma confusão desse tipo pode ser evitada, porém, estando-se atento às distinções entre o *significado admitido* de "democracia" — "governo do povo" — e julgamentos discordantes a respeito do que é necessário para que tal governo exista, e, daí, quais sistemas políticos de fato a exemplificam. Assim, a discordância a respeito da aplicação da palavra "democracia" — discordância quanto aonde existe um governo do povo — na verdade não implica que a palavra signifique meramente aprovação e que lhe falte um significado admitido (Holden, 1974, 1988).

Essa quase universalidade da aprovação é um aspecto destacado da democracia hoje. O outro aspecto fundamental é que as democracias modernas são *indiretas* ou *representativas*, em vez de *diretas*. São também hoje, predominantemente, democracias liberais. Isso, porém, é uma evolução muito recente (ver adiante), antes da qual houve discordâncias importantes, do tipo que acabamos de mencionar, com respeito à aplicação de "democracia" a diferentes tipos de sistemas políticos.

Embora tão importante hoje, do ponto de vista histórico a democracia foi relativamente pouco importante. Durante muitos séculos ela simplesmente não existiu. "Tanto como idéia quanto como prática, no decorrer da história documentada, a hierarquia tem sido a regra, a democracia, a exceção" (Dahl, 1989, p.52) — embora essa situação hoje talvez esteja sendo revertida. Durante um período, na Grécia clássica, a democracia foi importante, em especial em Atenas nos séculos V e IV a.C. Depois disso, porém, foi só no final do século XVIII e no século XIX que a idéia voltou a se tornar importante; e só no século XX é que ela se viu devidamente firmada na prática. E foi somente depois da Primeira Guerra Mundial que a *des*aprovação geral da democracia foi substituída pela aprovação generalizada.

A democracia da Grécia antiga era uma democracia *direta*: o povo governava de modo efetivo, reunindo-se, e tomando diretamente as decisões políticas básicas (Held, 1987; Sinclair, 1988). Essa forma mais consumada de democracia nunca perdeu sua influência sobre o pensamento democrático; na verdade, até o final do século XVIII "democracia" só se referia a essa forma direta. No entanto a *pólis* ou cidade-estado grega era muito menos que um estado moderno, onde não é possível reunir o povo (em Atenas havia de 30 mil a 40 mil cidadãos, e o quorum para a Assembléia era de 6 mil). O aumento no tamanho e na complexidade dos estados, portanto, significou que no mundo moderno a democracia tem de ser *indireta*. Nesse caso, o povo só toma diretamente algumas poucas decisões muito básicas, em eleições, e o resto é feito por seus representantes eleitos: a democracia indireta é uma democracia *representativa*. Existem idéias divergentes a respeito da natureza e do papel dos representantes numa democracia (Pitkin, 1967; Holden, 1988). No entanto a noção básica é que os representantes tomam decisões pelo povo que os elege, ou em nome dele, mas assim fazendo eles estão, pelo menos em última análise, subordinados às decisões do próprio povo, expressas nas eleições. Votar em eleições é, portanto, o processo democrático essencial, e é necessário que praticamente todos os adultos tenham direito de voto para que um sistema seja uma democracia (ver também PARTICIPAÇÃO POLÍTICA).

A forma predominante de democracia nos dias de hoje é a *democracia liberal*. Os defensores da democracia liberal acreditam que ela é o único tipo de democracia. Mas pelo menos até bem recentemente se afirmava que havia formas rivais (ver adiante). A palavra "liberal", aplicada a sistemas de governo, costuma implicar uma preocupação com a proteção das liberdades individuais através da limitação do poder do governo (ver LIBERALISMO). A idéia típica é que o poder de um governo deveria ser limitado, sujeitando-se a regulamentação através de uma constituição ou carta de direitos. Numa democracia liberal, portanto, o governo eleito expressa a vontade do povo, mas seu poder é, não obstante, limitado. Daí existir, em certa medida, uma forma de democracia condicional, na qual o poder do povo — conforme expresso através de seu governo — é limitado. Por outro lado, os defensores da democracia liberal afirmam que as liberdades liberais essenciais são necessárias para que se possa dizer que existe democracia. Sem liberdade de expressão, de associação e assim por diante, o povo, nas eleições, não poderia dispor das escolhas que lhe permitem tomar as decisões políticas básicas. Em suma, as eleições livres são encaradas como condição necessária para a democracia — e a democracia liberal como sua única forma possível.

A noção de democracia liberal costuma estar ligada a idéias importantes a respeito dos outros tipos de estruturas e processos políticos necessários para a limitação do poder governamental e a provisão de escolhas eleitorais. Destaque-se entre estes o conceito de um sistema multipartidário e a idéia associada de partidos cuja função é opor-se ao governo. Estes podem ser encarados como os componentes da idéia geral de PLURALISMO. Concentra-se este no conceito de pluralidade de grupos políticos (ver INTERESSE, GRUPO DE), bem como de partidos, como importante tanto para fornecer fontes de poder alternativo ao governo, e limitadora deste, quanto para criar escolhas para o eleitorado.

Até bem recentemente a democracia liberal era contestada por sistemas alternativos a respeito dos quais seus defensores diziam ter um direito superior a formas de democracia. Estes eram os sistemas unipartidários do mundo comunista e de muitos países do Terceiro Mundo: a "variante comunista" e a "variante subdesenvolvida" de "democracia não-liberal" (Macpherson, 1966). No primeiro caso, os sistemas eram chamados de *democracias populares*, e em certa medida serviram de modelo para os do segundo. A pretensão a serem democráticos repousava sobre a idéia de que o partido governante único expressava a *real* vontade do povo melhor do que este próprio poderia fazê-lo. Isso tinha semelhanças com a idéia de "vontade geral", formulada por Jean-Jacques Rousseau (1712-78), o famoso filósofo político francês. No caso das democracias populares, fazia parte também a noção leninista do partido comunista de vanguarda como capaz de discernir o real interesse de classe — e daí inferindo a vontade real — do proletariado (ver LENINISMO). Parte das alegações em favor das democracias populares era o argumento de que nas "democracias" liberais o poder do povo era corrompido pelas maquinações do capitalismo.

Depois da Segunda Guerra Mundial a democracia unipartidária representou um poderoso desafio à democracia liberal, até os acontecimentos dramáticos de 1989-90. Então, a derrubada dos sistemas comunistas na Europa oriental implicou a rejeição geral da idéia de democracia unipartidária em favor da de democracia liberal e as democracias unipartidárias do Terceiro Mundo estão sendo afetadas também: hoje são amplamente rejeitadas na teoria e, com bastante freqüência, na prática. Isso se nota particularmente na África, onde a democracia unipartidária foi amplamente adotada no período pós-colonial. É verdade que ainda existem alguns regimes unipartidários ao estilo antigo — o caso mais notável é o da China — e que ainda não está muito claro o que irá acontecer na ex-União Soviética. No entanto está, sim, bastante claro que a teoria da democracia unipartidária sofreu um golpe mortal e que, pelo menos por enquanto, a democracia liberal emergiu como a única forma reconhecível de democracia.

Desenvolveram-se teorias de democracia liberal no final do século XVIII e no sécuo XIX, embora elas fossem muito influenciadas pela filosofia política de John Locke (1632-1704). Essas teorias costumam ser reunidas num só bloco e chamadas de "teoria democrática tradicional", embora existam, na verdade, algumas diferenças importantes entre elas. Podemos usar um grupo fundamental dessas diferenças para distinguir dois tipos principais de teoria tradicional: a "teoria democrática convencional" e a "teoria democrática radical". No tipo de sistema apoiado pela primeira, o povo desempenha um papel passivo e se limita a escolher "negativamente" entre o que os candidatos têm a oferecer. E os representantes, uma vez eleitos, têm um grande volume de arbítrio, embora a exigência de eleições subseqüentes signifique que eles se encontram subordinados, em última análise, aos eleitores. Os teóricos democratas convencionais mais importantes foram James Madison (1751-1836), na América do Norte, e John Stuart Mill (1806-73), na Grã-Bretanha. Em contraste, no modelo de democracia da teoria radical o povo tem um papel positivo, propulsor: os candidatos respondem a iniciativas políticas do povo, e não ao contrário. Além disso, não se espera dos representantes eleitos que usem o arbítrio, mas apenas que executem as instruções de seus eleitores; em suma, eles não passam de *delegados*. Entre os principais teóricos democráticos radicais contam-se Tom Paine (1737-1809) e Thomas Jefferson (1743-1826), e os utilitaristas ingleses (ver UTILITARISMO) Jeremy Bentham (1748-1832) e James Mill (1773-1836). Rousseau também tem um lugar importante, embora tenha sido o teórico da democracia "continental", e não da teoria democrática liberal da corrente predominante (Holden, 1988).

Neste século se afirmou que a teoria tradicional (ou, mais precisamente, a radical) deveria ser superada por teorias mais realistas e modernas de democracia que reconhecessem a complexidade dos sistemas políticos modernos e a falta de conhecimento e de interesse dos eleitores. A "teoria democrática elitista", incorporando aspectos da teoria das elites (ver ELITES, TEORIA DAS), destaca-se nesse aspecto. É importante, ainda, a "teoria democrática pluralista". Em algumas das obras do mais conhecido teórico moderno, Robert Dahl, as duas se combinam (por exemplo, Dahl, 1956, 1961). Os teóricos democráticos elitistas, porém, viram-se eles próprios sujeitos a crítica da parte dos *teóricos participativos*, os quais afirmam que os primeiros não são, em absoluto, teóricos realmente democráticos, e aquilo de que a democracia precisa para existir é uma ampla PARTICIPAÇÃO por parte de todo o povo (Pateman, 1970). Há aqui, bem nítidos, ecos da teoria democrática radical, mas existe a dimensão adicional de uma crença na DEMOCRACIA INDUSTRIAL: a participação de massa deveria ampliar-se para além do sistema político como se concebe habitualmente, chegando ao local de trabalho e à economia de maneira geral. Até mesmo Robert Dahl hoje defende essa "democracia econômica" (1985).

Se pode ou não haver um fundamento racional para o julgamento — hoje tão amplamente referendado — de que a democracia é o melhor sistema de governo, essa é uma questão controvertida; não obstante, argumentos que muitos encaram como irrefutáveis vêm sendo tradicionalmente apresentados em apoio a essa idéia (Holden, 1988; Dahl, 1989). E hoje a democracia está sendo mais amplamente constituída na prática, bem como aprovada na teoria; ainda existem muitos sistemas não-democráticos no mundo, mas o recente ressurgimento da democracia parece ter tornado obsoleta a afirmação de Dahl de que ela é a exceção ao longo da história documentada.

Leitura sugerida Dahl, R.A. 1989: *Democracy and its Critics* • Gould, C.C. 1988: *Rethinking Democracy* • Holden, B. 1988: *Understanding Liberal Democracy* • Macpherson, C.B. 1977: *The Life and Times of Liberal Democracy* • Pennock, J.R. 1979: *Democratic Political Theory* • Sartori, G. 1987: *The Theory of Democracy Revisited.*

BARRY HOLDEN

democracia industrial Este conceito designa a idéia e a prática da cooperação entre o capital e o trabalho para funcionarem em empreendimentos comuns. A democracia industrial visa superar a divisão social do trabalho, isto é, as diferenças hierárquicas no processo de produção. Num sentido mais amplo, tem de estar ligada ao processo geral de PARTICIPAÇÃO e democratização da sociedade (Lauck, 1926). A expressão também tem de estar associada a "democracia econômica", e às vezes tem sentido idêntico a esse (Naphtali, 1928; Carnoy e Shearer, 1980).

A idéia de democracia industrial remonta aos socialistas pioneiros, ou utópicos, do início do século XIX, sendo o protagonista mais famoso Robert Owen, que fundou em 1800 uma comunidade industrial em New Lanark, na Escócia (Owen, 1812-16). É fruto das sociedades industriais que criaram a moderna divisão entre capital e trabalho, assim como a classe dos assalariados. Desde o início duas escolas de pensamento social tentaram superar os conflitos e infortúnios que acompanharam a infância dessa sociedade. A primeira é dos pensadores e praticantes humanistas, religiosos e filantrópicos que tentaram integrar o proletariado à sociedade para evitar revoluções e insurreições. As duas igrejas — protestante e católica — estimularam muitos debates e atividades. Na Alemanha, o padre católico Adolf Kolping criou, na segunda metade do século XIX, um amplo movimento social que resultou num documento de fundo social, a encíclica *Rerum Novarum*, do papa Leão XIII, de 1891. A segunda escola está ligada ao movimento operário em suas diferentes expressões, como SOCIALISMO, SINDICALISMO e SINDICATOS. Nesta, a democracia industrial pode ser compreendida como parte de um processo que vai da alienação, passando pela participação, até a autodeterminação. O MOVIMENTO COOPERATIVO é uma forma específica de democracia industrial, na medida em que abrange cooperativas de produtores.

Em 1916 a Inglaterra introduziu o gerenciamento conjunto sob a forma dos conselhos de Whitley. Certamente, como em outros países, a situação de guerra facilitou uma abertura democrática no que vinham sendo até então estruturas decisórias predominantemente autoritárias, quase militares, na economia. O gerenciamento conjunto também foi reintroduzido na economia norte-americana durante a Segunda Guerra Mundial.

Depois da Segunda Guerra Mundial a legislação trabalhista baseada em conceitos de democracia industrial foi introduzida em muitos países. A OCDE e a Organização Internacional do Trabalho também entraram em atividade. A própria OIT pode ser encarada como o órgão internacional da democracia industrial. Sob seus auspícios, foram publicados inúmeros relatórios e bibliografias, e seu Instituto Internacional de Pesquisa Trabalhista realizou ele próprio inúmeros estudos (OIT, 1981; Monat e Sarfate, 1986). A democracia industrial pode ser, como foi, interpretada como um movimento contra o "gerenciamento científico", que alienava as pessoas ainda mais do seu produto do que o capitalismo já havia feito antes.

Os tipos principais de democracia industrial podem ser diferenciados de várias maneiras (OIT, 1981; King e van de Vall, 1978), mas as formas que se seguem podem ser apontadas como tendo se desenvolvido histórica e geograficamente.

Gerenciamento participativo é uma forma que se desenvolveu com o movimento de "relações humanas", desde os anos 30, e a partir dessa ocasião foram introduzidas novas formas de organização do trabalho. Ela em geral assume a forma de democracia industrial, mas continua a ser unilateral e limita a participação, quase sempre, ao nível do local de trabaho, com a palavra final reservada à gerência. Não obstante, pode ser encarada como uma resposta gerencial às crescentes demandas de mais democracia no local do trabalho por parte da força de trabalho, portanto como promissora para o futuro da democracia. "Desenvolvimento organizacional", "sistemas sócio-técnicos" (Emery e Thorsrud, 1969) e "círculos de qualidade" são alguns dos métodos usados.

Negociação coletiva é a forma mais difundida de participação industrial. Consiste em negociações regulares sobre salários, condições de trabalho, benefícios sociais e assim por diante, que podem ocorrer no nível de escritório ou departamento, empresa, indústria ou até nacional. Nos países anglo-saxões, essa é em geral a única forma de democracia industrial aceita e praticada. No final do século passado Sidney e Beatrice Webb (1897) desenvolveram a estrutura geral dessa abordagem (ver SOCIALISMO FABIANO). Embora exista uma compreensão pluralista dos interesses econômicos divergentes na base do modelo da negociação coletiva, este tende a nunca questionar o sistema econômico como tal e, portanto, não é revolucionário (Derber, 1970; Okamoto, 1981).

A presença de delegados sindicais como uma forma de democracia industrial desenvolve-se na Inglaterra. Essa é uma estrutura democrática de origem popular, em que o representante eleito de um serviço negocia diretamente com a direção sobre diferentes questões da vida profissional. Pode ser encarada como um complemento do sistema de negociação coletiva (Coates e Topham, 1975).

Propriedade operária é uma forma que sempre teve certa importância. O capitalismo popular tentou integrar os operários à companhia e/ou à economia através de projetos de participação acionária e participação nos lucros. Recentemente o chamado Employee Stock Holding Programme (ESOP — Programa de Participação Acionária dos Empregados), nos Estados Unidos, foi muito discutido e cientificamente estudado. Mas em geral esses projetos de participação não incluem o direito de voto e ainda não mudaram fundamentalmente as relações de trabalho (*International*

Handbook of Participation in Organizations, vol.1, 1989 e vol.2, 1991).

O socialismo gremial é uma forma que está ligada ao nome de G.D.H. Cole, o qual formulou esse conceito da Primeira Guerra Mundial em diante. Em *Self-government in Industry* (1917), ele desenvolveu os princípios básicos que podem ser resumidos da seguinte maneira: em primeiro lugar, as constituições das agremiações têm de alcançar uma autêntica autonomia individual; em segundo lugar, devem combinar eficiência e liberdade. O meio é a descentralização ao ponto máximo, isto é, a democracia industrial. Ele abriu polêmica contra os coletivistas — isto é, os comunistas —, afirmando que a utopia destes era um mundo de cartéis públicos, enquanto a utopia das agremiações era um mundo de uniões de produtores, todos trabalhando pelo interesse comum. As cooperativas de consumidores, para ele, nunca foram democráticas, uma vez que a democracia direta era a única DEMOCRACIA autêntica. Desenvolveu um sistema que ainda garante a unidade em toda uma confederação de agremiações, com um escritório central.

A co-determinação foi caracterizada como a forma alemã típica de democracia industrial. É o resultado da conciliação histórica entre capital e trabalho, em 1920, depois do fracasso da Revolução do Conselho, de 1918-19, e se baseia no CONSELHO DE TRABALHADORES, que é geralmente controlado pelos sindicatos. Mas existe uma divisão de tarefas ente o conselho fabril — como é chamado na Alemanha — e os sindicatos. Os sindicatos são responsáveis por negociações coletivas, enquanto os conselhos fabris são voltados para a companhia. Desde 1951 têm-se introduzido diferentes esquemas de participação no quadro diretor das companhias ou na nomeação do diretor de cada fábrica — responsável pelas questões pessoais e sociais (Bruegmann, 1981). É, na maior parte, um sistema de democracia industrial codificado legalmente, e existem vários graus, dependendo da indústria e do tamanho da empresa. Estendeu-se também ao setor público. Para muitos, o relativo sucesso da economia alemã depois da Segunda Guerra Mundial, seu *Wirtschaftswunder* (milagre econômico), depende em grande parte do seu sistema de participação, também chamado de *Sozialpartnerschaft* (parceria social). Esse conceito, elaborado em 1928 por Fritz Naphtali, foi visto como algo que poderia levar a um sistema geral de democracia econômica, que incluiria um sistema de conselho para todas as indústrias, até o nível nacional. Embora esse aspecto tenha sido incorporado à Constituição de Weimar a partir de 1919 e no Programa Fundamental da Federação dos Sindicatos Alemães (DGB), de 1949, ainda não foi aplicado. Naphtali emigrou para a Palestina e lá realizou a maior parte de suas idéias na *Histadrut* (Federação Sindical).

O controle operário foi algo muito discutido nos anos 60 e 70 na Grã-Bretanha e também no continente europeu (Coates e Topham, 1975; Mandel, 1970). Nessa concepção, a colaboração com o capital em todas as formas de esquemas de participação, tais como a co-determinação, foi radicalmente rejeitada como colaboração com a economia capitalista.

A autogestão tem dois significados diferentes no debate teórico e na prática (ver AUTOGESTÃO). Um deles está ligado à teoria e prática na Iugoslávia, conforme foi formulado em oposição ao stalinismo, a partir de 1950, principalmente por Edvard Kardelj (1978), e é geralmente concebida como autogestão *dos operários*. A pesquisa empírica demonstrou — pelo menos até os anos 70 — que o sistema iugoslavo dava aos operários a maior parte dos direitos de gerenciamento, não apenas *de jure*, mas também *de facto* (Adizes, 1971; IDE, 1981; King e van de Vall, 1978). O outro sentido foi desenvolvido especialmente na França como "autogestão geral" (Bourdet, 1970). A introdução da democracia industrial na França é encarada como secundária diante de uma transformação geral da sociedade, onde todos os setores são autodeterminados. As experiências polonesas e outras parecem ter demonstrado que tentativas isoladas de democracia industrial plena não conseguem sobreviver. É preciso que exista uma estrutura *política* geral, em nível nacional ou até mesmo internacional.

Não há dúvida nenhuma de que a democracia industrial tem sido uma das principais idéias e práticas sociais no século XX em praticamente todos os países industrializados, e esses projetos também foram introduzidos em muitos países do Terceiro Mundo. Um relatório da OIT relaciona grande número deles (Monat e Sarfate, 1986). Com a *perestroika*, os países socialistas da Europa Oriental também começaram a democratizar a economia depois de um longo período de gerenciamento centralizado e posterior estagnação. O futuro da democracia industrial no início do século XXI parece estar em aberto. Existe um amplo debate a respeito do final da sociedade industrial e o início da pós-modernidade. O gerenciamento participativo tem-se difundido cada vez mais.

Slater e Bennis declararam em 1964 (na *Harvard Business Review*) que a democracia é inevitável; e que aquilo que os socialistas afirmaram durante mais de 100 anos, ou seja, que a democracia política deve ser complementada pela democracia econômica para a realização da democracia plena, parece ter recebido apoio também das gerências. Com a dissolução final do stalinismo, os últimos defensores do taylorismo foram expulsos também. "Novos conceitos de produção" (Kern e Schumann, 1984), baseados numa conciliação histórica entre gerenciamento e trabalho, parecem garantir produtividade e redução de custos. A parceria social sob a liderança capitalista, por um lado, e o socialismo democrático, de outro, incorporam ambos a democracia industrial como a base social da economia.

Leitura sugerida: Cole, G.D.H. 1917 *(1972)*: *Self-government in Industry* • IDE (Industrial Democracy in Europe International Research Group) 1981: *Industrial Democracy in Europe* • *International Handbook of Participation in Organizations,* 1989-92, 4 vols. • King, Charles D. e van de Vall, Mark 1978: *Models of Industrial Democracy: Consultation, Co-Determination and Workers' Management* • Monat, Jacques e Sarfate, Hedva 1986: *Workers' Participation: a Voice in Decisions, 1981-85* • Széll, György 1988: *Participation, Worker's Control and Self-Management* o org. 1992: *Concise Encyclopedia of Participation and Co-Management* • Unesco 1984: "Industrial democracy: participation, labour relations and motivation". *International Social Science Journal* 36, 196-402 • Webb Sidney e Webb Beatrice 1897: *Industrial Democracy* • Woodworth, Warner, Meek, Charles e Whyte, William F. orgs. 1985: *Industrial Democracy: Strategies for Community Revitalization.*

GYÖRGY SZÉLL

demografia Descrevendo o estudo das populações humanas, essa palavra abrange um volume muito grande de trabalho, mas em seu cerne existem três preocupações maiores:

1. O tamanho e a composição das populações, de acordo com diversos critérios (idade, sexo, estado civil, educação e assim por diante). Em suma, os perfis cruzados de uma população em um momento fixo no tempo.
2. Os diferentes processos que influenciam diretamente a composição das populações (fertilidade, mortalidade, nupcialidade, MIGRAÇÃO e assim por diante).
3. A relação entre esses elementos estáticos e dinâmicos e o ambiente social, econômico e cultural dentro do qual eles existem.

Embora não exista uma divisão rigorosa, costuma-se estabelecer um contraste entre demografia formal ou técnica, por um lado, e demografia social ou estudos populacionais, por outro. A primeira preocupa-se principalmente com a coleta e análise de dados, enquanto a última implica um quadro mais amplo de referência, valendo-se de trabalhos de campo relacionados.

Desde suas origens nos estudos atuariais, a demografia tem sido impulsionada por toda uma variedade de motivações. Grande parte da pesquisa realizada no início do século XX tinha elos estreitos com a eugenia (ver EUGENIA, CIÊNCIA DA), com os estudiosos buscando descobrir as dimensões quantitativas da diferenciação social e racial. No rastro da Segunda Guerra Mundial e do abuso da pesquisa eugênica pelo nazismo, a motivação caiu muito. No entanto a ascensão da SOCIOBIOLOGIA nos anos 70 levou a uma retomada de interesse pelos estudos demográficos da biologia humana.

Durante os anos 30 a fertilidade, em muitas sociedades desenvolvidas, caiu a níveis sem precedentes. Isso inspirou tanto desenvolvimentos técnico-analíticos, tais como o cálculo das taxas brutas e líquidas de reprodução, visando quantificar de forma precisa a escala do declínio da fertilidade, quanto tentativas de compreensão mais ampla do fenômeno, tais como a Real Comissão Britânica sobre População nos anos 40 (Glass, 1956). Mas os temores de despovoamento nos países ocidentais tornaram-se obsoletos nos anos 50, quando a fertilidade cresceu substancialmente durante o chamado "*baby boom*".

Dos anos 50 em diante a atenção dos demógrafos passou para a população do Terceiro Mundo, onde o progresso acelerado na questão da mortalidade e uma fertilidade elevada persistente produziram taxas extremamente altas de crescimento populacional. A preocupação com o rápido crescimento da população, e em particular o desejo de promover a redução da fertilidade nos países em desenvolvimento, tem sido uma importante subcorrente da pesquisa demográfica na segunda metade do século. A controvérsia tem reinado de maneira geral entre teorias rivais sobre a mudança social e demográfica, com os teóricos disputando a atenção dos governos e dos organismos provedores de fundos (Hodgson, 1988).

O *baby boom* não durou muito e, no mundo desenvolvido, a atenção novamente se concentrou na questão da baixa fertilidade em seguida a rápidas quedas nas taxas de nascimentos, desde o final dos anos 60. A preocupação tem-se concentrado particularmente no fenômeno do envelhecimento da população, à medida que as sociedades enfrentam o crescimento das populações idosas.

Tanto a demografia formal quanto a social têm desenvolvido várias idéias ou modelos de importância fundamental no decorrer do século XX. Na demografia formal, uma idéia crucial vem sendo a busca da análise em termos de grupos em vez de períodos. A análise de grupos, que considera a experiência dos indivíduos no decorrer do tempo, tem muitas vantagens teóricas sobre a análise de eventos ocorrendo num dado período. Isso é particularmente válido onde os eventos em questão se encontram em grande parte sob controle individual, como acontece com a fertilidade e a nupcialidade, e onde a experiência passada desempenha um papel na determinação do comportamento corrente (Ryder, 1968).

Sem dúvida, a principal contribuição da demografia à ciência social quantitativa foi o quadro estatístico das médias de vida (*life table*), uma descrição detalhada da mortalidade de uma população, dando a probabilidade de morte e várias outras estatísticas a cada idade. Esse quadro é um instrumento poderoso para a análise da mortalidade ou qualquer outro fenômeno sem possibilidades de recorrência. Ele tem encontrado aplicações difundidas em muitas áreas das ciências sociais, bem como nas ciências naturais e na estatística (Shryock e Siegel, 1976).

As técnicas estatísticas empregadas pelos demógrafos são relativamente poucas em número e em geral muito diretas, embora, com o advento dos computadores, se tenha passado a utilizar métodos estatisticamente mais sofisticados. Para a maioria dos demógrafos, o cerne da questão reside na análise da mortalidade, da fertilidade e da nupcialidade, com a migração sendo encarada como subdisciplina distinta. Isso pode ser parcialmente atribuído a diferenças no material de pesquisa e consulta, e parcialmente ao papel bem maior dos geógrafos em qualquer forma de análise espacial.

A demografia matemática tem sido uma subdivisão muito ativa da disciplina, desenvolvendo vários modelos que combinam elegância formal com considerável utilidade prática. Dentre estes, o mais importante é a teoria das populações estáveis. Formulada pela primeira vez no século XVIII por Leonard Euler, a teoria da população estável foi reinventada e popularizada pelo demógrafo norte-americano Alfred Lotka (1939). Essa teoria permite que se calcule a estrutura etária da população em consonância com qualquer dada combinação de mortalidade e fertilidade, um aspecto inestimável para a compreensão da dinâmica de uma população. Por exemplo, vem sendo possível demonstrar que o envelhecimento demográfico é resultado principalmente de baixa fertilidade, mais que da maior sobrevivência individual (Coale, 1972).

O conceito mais influente em demografia social é o de transição demográfica. Conforme as palavras de Demeny (1972), "em sociedades tradicionais, a mortalidade e a fertilidade são elevadas. Em sociedades modernas, a fertilidade e a mortalidade são baixas. No meio destas se encontra a transição demográfica." A teoria da transição demográfica foi desenvolvida pela primeira vez por demógrafos norte-americanos nos anos em torno da Segunda Guerra Mundial e era uma forma das teorias de modernização mais gerais, então correntes (Notestein, 1945; Davis, 1945). De maneira geral, a teoria pode ser divida em três partes:

1. uma descrição de mudanças na fertilidade e na mortalidade no decorrer do tempo;
2. a construção de modelos teóricos causais explicando essas mudanças;
3. previsões de tendências futuras, especialmente no Terceiro Mundo.

A atenção tem-se concentrado especialmente nos fatores responsáveis pelo declínio da fertilidade, com diferentes teóricos defendendo diferentes mecanismos causais. Os primeiros trabalhos enfatizavam a urbanização e a industrialização como motivos básicos, mas isso passou a ser questionado em seguida à descoberta de que mudanças nesses fatores não tinham correlação estreita com a mudança na fertilidade em populações européias históricas. Além do mais, muitos países asiáticos e latino-americanos haviam passado por significativas quedas de fertilidade com um desenvolvimento sócio-econômico concorrente apenas limitado (Freedman, 1982). Como resultado, o trabalho recente tem tendido a enfatizar os fatores culturais como desempenhando um papel social (Cleland e Wilson, 1987).

Muitas outras áreas do pensamento social foram influenciadas por idéias demográficas. A pesquisa da FAMÍLIA teve de levar em conta as restrições demográficas dentro das quais ocorrem todos os relacionamentos de família e parentesco, enquanto análises do casamento e do divórcio buscam apoio na demografia para suas bases quantitativas. A demografia histórica tem tido muita influência no desenvolvimento da história social e econômica, e a utilização de métodos demográficos na ANTROPOLOGIA tem crescido rapidamente nos anos recentes.

Leitura sugerida: Pressat, R. 1985: *The Dictionary of Demography*, org. por C. Wilson • Ross, J.A., org. 1982: *International Encyclopedia of Population* • Woods, R. 1979: *Population Analysis in Geography.*

CHRISTOPHER WILSON

dependência A teoria da dependência é uma matriz intelectual neomarxista que surgiu na ciência social latino-americana em finais dos anos 60. Segundo Theotonio dos Santos (1970), "uma relação de interdependência (...) torna-se uma relação dependente quando alguns países são capazes de se expandir através do auto-impulso, enquanto outros. (...) só podem expandir-se como reflexo da expansão dos países dominantes". Embora a palavra possa ser encontrada em textos marxistas anteriores a Lenin (como em Otto Bauer), foi Lenin quem lhe deu destaque, especialmente depois de seu panfleto de 1916 sobre o imperialismo como "o último estágio do capitalismo". Na verdade, a teoria da dependência é basicamente uma retomada do conceito leninista de imperialismo, transferindo o foco para os seus efeitos (aos quais Lenin deu muito pouca atenção) sobre as economias subdesenvolvidas. Kwane Nkrumah, o líder ganense, ecoou Lenin conscientemente quando disse que o "*neocolonialismo* é o último estágio do capitalismo".

A idéia de dependência nasceu como reação às interpretações *dualistas* do atraso latino-americano. Tendo origem na teoria da MODERNIZAÇÃO, o dualismo costumava distinguir entre um setor moderno e progressista da economia e da sociedade e divisões ou regiões estagnadas e tradicionais, que eram rotuladas de pré-capitalistas. Os teóricos da dependência, em contraste, viam DESENVOLVIMENTO E SUBDESENVOLVIMENTO como posições funcionais dentro da economia mundial, em vez de estágios ao longo de uma escala de evolução. Anteriormente, o pensamento econômico latino-americano era dominado por uma perspectiva identificada com a CEPAL (Comissão Econômica das Nações Unidas para a América Latina). Seu mentor, o economista argentino Raul Prebisch, acreditava que o subdesenvolvimento da América Latina refletia sua posição periférica na economia mundial e resultava da adoção de políticas de livre comércio enquanto as exportações de bens da região sofriam um declínio secular em seus preços. Os produtores primários do Terceiro Mundo, ao contrário dos produtores de grãos em áreas de colonização branca no século XIX, não estavam, a longo prazo, colhendo grandes lucros do livre comércio. A teoria da dependência concordava com o diagnóstico de Prebisch, mas rejeitava sua receita keynesiana: uma "industrialização de substituição de importações" (ISI), protecionista, fomentada pelo estado, que se tornou a ideologia desenvolvimentista predominante. Os primeiros trabalhos de um economista da CEPAL, o brasileiro Celso Furtado (1964), serviram de transição conceitual a partir de Prebisch, ao enfatizar que nos países subdesenvolvidos o tamanho reduzido do mercado doméstico restringe a formação de capital e ao perceber o estado como um meio de combater engarrafamentos estruturais. Um golpe severo nas crenças dualistas e no reformismo nacionalista foi desferido quando um sociólogo mexicano, Rodolfo Stavenhagen, denunciou as várias "teses equivocadas sobre a América Latina" (1968), atacou a idéia do "pinga-pinga", de que a industrialização difunde um progresso geral, afirmando que, ao contrário, se algum progresso existia, este ocorrera à custa das áreas atrasadas, e negou (a) que as burguesias nacionais fossem inimigas dos senhores de terras, (b) que os operários tivessem interesses comuns com os camponeses e (c) que as classes médias fossem empreendedoras e progressistas.

A teoria da dependência também transformou os pontos de vista latino-americanos sobre o imperialismo. Até o período entreguerras (como no pensamento de Haya de la Torre) a posição antiimperialista predominante ao sul dos Estados Unidos atribuía o subdesenvolvimento à exploração estrangeira, *mas não ao capitalismo* como tal. A teoria da dependência, porém, preferiu seguir a importante reversão feita por Lenin da concepção marxista do capitalismo. Enquanto Marx o encarava como uma tendência histórica fundamentalmente progressista (ainda que condenada), Lenin passou a encarar o capitalismo, em seu estágio imperialista, como um processo decadente, parasitário, que se havia tornado um *obstáculo* ao progresso econômico e social. Esse ponto de vista foi adotado também por teóricos "linha-dura" da dependência, como André Gunder Frank (1969), Theotonio dos Santos, Rui M. Marini e Samir Amin (1970). Uma abordagem mais "*soft*", ao estilo de Gramsci, foi logo desenvolvida por um sociólogo de São Paulo, Fernando Henrique Cardoso, com uma linha estruturalista mais moderada, reformista, liderada por Furtado e o economista chileno Osvaldo Sunkel.

Gunder Frank iniciou a escola da dependência propriamente dita, em 1967, assumindo a tese de Paul Baran em *A economia política do desenvolvimento* (1957) de que a exploração do Terceiro Mundo não só continuou firme depois do fim do domínio colonial como se tornou bem mais eficiente, sendo o subdesenvolvimento o resultado da tomada econômica de áreas atrasadas por um capitalismo metropolitano avançado. Frank cunhou uma frase capciosa para esse processo: "O desenvolvimento do subdesenvolvimento." Para ele, desenvolvimento e subdesenvolvimento não são apenas relativos e quantitativos, mas "relacionais e qualitativos", porque "estruturalmente diferentes"; os mesmos mecanismos capitalistas geram tanto o desenvolvimento no centro quanto o subdesenvolvimento na periferia. Áreas "feudais", no jargão dualista, são apenas as que mais sofreram nesse processo. Assim, as partes mais "arcaicas" da América Latina, como as terras altas do Peru ou o Nordeste brasileiro, tinham sido anteriormente os centros da dinâmica econômica e comercial da região.

A análise de Frank foi rapidamente contestada. E. Laclau (1977) criticou-o por definir modos de produção, tal como Paul Sweezy e os dualistas, em termos de sua relação com o mercado, em vez de se ater à ênfase marxista clássica na estrutura de classes e nas relações sociais. O mesmo argumento foi mais tarde apresentado por Robert Brenner (1977) em sua crítica a Immanuel Wallerstein, um historiador neomarxista do capitalismo, que fundiu habilmente a perspectiva de Frank com a explicação de teor geográfico dada por Fernand Braudel para a "economia mundial" moldada pelo capital moderno inicial (ver Wallerstein, 1974). Frank e Wallerstein tornaram-se as fontes mais conhecidas da teorização da dependência (ver também SISTEMA-MUNDO).

A teoria da dependência na ciência política (ver O'Donnell, 1973) tentou relacionar a ascensão do autoritarismo à exaustão da ISI. Enquanto a primeira ISI se concentrava na indústria leve, de trabalho intensivo, com baixo nível de tecnologia e custos de investimentos e uma produção visando consumidores de baixa renda, a ISI *posterior* produz bens de capital ou bens de consumo duráveis e caros, que exigem alta tecnologia e investimentos custosos. Conseqüentemente, o crescimento do consumo passa a estar engrenado com as classes médias superiores e a repressão política é convocada para impedir as classes inferiores de impor um padrão mais distributivo através do voto. A dependência entrou em cena por meios das companhias multinacionais, as maiores fornecedoras de capital e tecnologia na ISI posterior. A obra de Cardoso e Enzo Faletto (1969) foi principalmente uma tipologia germinal das burguesias, classificadas segundo seu grau de autonomia *vis-à-vis* a economia de exportação e as multinacionais, em vários contextos nacionais. Cardoso fez restrições severas às doutrinas originais de Frank, enfatizando a dialética entre forças de mercado, estruturas de classe e tradições políticas nacionais. Mas o resultado final de sua reformulação penetrante da teoria da dependência foi confundir-lhe os contornos como hipótese causal; o que se ganhou no sentido de contexto foi perdido em poder explanatório (cf. Jaguaribe, 1973).

A grande pergunta sem resposta da teoria da dependência é: como é possível que alguns países "dependentes" possam ser tão afluentes? A economia canadense é tão dependente do comércio com os Estados Unidos quanto a do México, e muito mais impregnada do que este pelo capital norte-americano, e no entanto o

Canadá é um país desenvolvido e o México, um país em penoso desenvolvimento. É claro que o atoleiro da dívida externa lançou muitas nações em desenvolvimento nas garras de uma aguda dependência *financeira*. Não obstante, enquanto a causa imediata da dívida foram as taxas de juros estratosféricas da era Reagan nos Estados Unidos, sua causa mais profunda foram os empréstimos maciços e livres ditados pela decisão de manter economias em desenvolvimento, como as do Brasil e do México, o mais autárquicas possíveis (uma vez que a saída alternativa de atrair mais investimentos estrangeiros poderia ter mantido suas dívidas externas num nível significativamente mais baixo). Em certa medida, portanto, o atual problema da dívida, longe de refletir uma situação original de dependência, pode ser considerado como a nêmese da vocação autárquica.

Leitura sugerida: Amin, Samir 1970: *L'accumulation à l'échelle mondiale* • Cardoso, Fernando Henrique e Faletto, Enzo 1969: *Dependência e desenvolvimento na América Latina* • Frank, André Gunder 1969 *(1971)*: *Capitalism and Underdevelopment in Latin America: Historical Studies of Chile and Brazil* • Furtado, Celso 1964: *Dialética do desenvolvimento* • Larrain, Jorge 1989: *Theories of Development* • Santos, Theotonio dos 1970: "The structure of dependence". *American Economic Review* 60, maio.

JOSÉ GUILHERME MERQUIOR

depressão clínica Um diagnóstico desse estado clínico envolve mais que um estado de espírito deprimido, por mais persistente e grave que este seja: é preciso que esteja presente um certo número de sintomas característicos, tais como perda de interesse, sentimentos de culpa, perturbações do sono e do apetite, planos suicidas, lentidão de movimentos e incapacidade de sentir prazer. Mas a depressão não é um fenômeno unitário. A depressão maníaca (ou estado bipolar), por exemplo, pode ser distinguida por implicação genética, recorrência clínica (em geral implicando episódios maníacos) e reações a tratamentos específicos. No entanto outras divisões diagnósticas mostraram-se mais difíceis de fazer, e palavras como "reativa" e "neurótica", em contraste com "endógena" ou "psicótica", podem confundir, se tomadas literalmente. Está claro hoje, por exemplo, que estados "endógenos" (definidos pelo que se acredita serem sintomas característicos e que alguns crêem surgir espontaneamente dentro do indivíduo) podem, na verdade, ser provocados por crises tais como um aborto ou separação conjugal.

As explicações biológicas recentemente têm tido destaque — em especial variações sobre formulações com respeito a deficiências nas aminas neurotransmissoras do cérebro. Também ficou claro que situações psicossociais tensionantes, particularmente com respeito a perdas e decepções, parecem estar freqüentemente envolvidas na provocação de todas as formas de depressão (deixando de lado o relativamente raro estado bipolar), e que fatores como o apoio psicossocial oferecem certa proteção. Com base nos indícios atuais, se tomarmos o âmbito amplo dos estados depressivos, incluindo os que não chegam a ser examinados por um psiquiatra nem diagnosticados por um clínico geral, os fatores psicossociais provavelmente desempenham um papel muito importante no começo e no decorrer desses estados, e ajudam muito a explicar as grandes diferenças de classe social geralmente presentes nos cenários urbanos. Mais ainda, certos tipos de experiências adversas prematuras, particularmente implicando rejeição e abuso por parte de um dos pais, também podem levar a um risco mais elevado de depressão na vida adulta. Felizmente, nada existe de inevitável nesses efeitos, de vez que uma experiência "positiva" posterior, particularmente em termos de um casamento incentivador ou de uma nova oportunidade, pode reduzir enormemente os riscos.

Os psiquiatras atendem relativamente poucos dos membros da população geral que vivenciam um episódio depressivo, e a tarefa de se ajustar intelectualmente àquilo que examinam é complicada de várias maneiras. Boa parte da disfunção indubitavelmente biológica que se torna presente uma vez que a pessoa está deprimida poderia ser conseqüência de eventos externos, embora possa haver pouca dúvida de que alguma depressão tem origem essencialmente biológica. O mais comum é os psiquiatras atenderem pacientes que se encontram em estado de depressão particularmente profundo, o que é bastante compreensível. Além disso, os pacientes em geral têm mais do que uma depressão pura e simples. Os que apresentam um comportamento "teatral", como gestos suicidas, têm mais probabilidades de serem levados a psiquiatras, bem como os que apresentam alcoolismo, abuso de substâncias químicas e doenças físicas, da mesma forma que os casos em que o paciente ajudou a provocar a crise imediatamente responsável por sua depressão. De fato, com o uso crescente de drogas antidepressivas na medicina geral, os psiquiatras podem muito bem atender relativamente poucas depressões "comuns". Dada a natureza seletiva da depressão atendida por psiquiatras, é compreensível um certo ceticismo por parte destes em reação a simples explicações etiológicas. Ao mesmo tempo, cabe a eles reconhecer a possibilidade de que o fenômeno depressivo como um todo pode não se mostrar tão complexo em suas origens quanto pareceria a partir da perspectiva da prática psiquiátrica.

Ver também PSIQUIATRIA E DOENÇA MENTAL.

Leitura sugerida: Goldberg, D. e Huxley, P. 1992: *Common Mental Disorders: a Biosocial Model* • Herbst, K. e Paykel, E. 1989: *Depression: an Integrative Approach.*

GEORGE W. BROWN

depressão econômica Há muito tempo se admite que as flutuações na atividade econômica das economias capitalistas são de caráter cíclico, mas as explicações apresentadas para os ciclos econômicos, contrariamente a sua descrição, continuam a ser áreas de grande controvérsia. A expressão "depressão econômica" é correspondentemente imprecisa, referindo-se em geral ao ponto mais baixo dos ciclos, que, por algum motivo, são de âmbito mais grave e internacional, ao contrário das "recessões econômicas", que são mais localizadas, menos graves e de duração mais curta. Outra utilização comum distingue a recessão, na qual a taxa de crescimento cai a um nível mais baixo do que a tendência normal, mas permanece positivo, da depressão, em que a taxa de crescimento cai abaixo de zero, provocando uma queda na produção real.

Os ciclos econômicos nas economias capitalistas são todos qualitativamente semelhantes, mas quantitativamente diferentes. O primeiro aspecto inicia a possibilidade de uma teoria geral, sem restrição alguma a tempo ou lugar em particular e sem necessidade alguma de se apoiar em características políticas ou institucionais particulares; o segundo aspecto indica que qualquer teoria precisa estar capacitada a levar em conta eventos históricos exclusivos. Dividem-se as explicações sobre o que enfatizar: se as depressões econômicas deveriam ser incorporadas a uma teoria do ciclo de longo prazo ou se são o resultado contingente de acontecimentos únicos e aleatórios. Dividem-se também quanto à ênfase atribuída às causas reais *versus* as causas monetárias da depressão.

Em uma investigação empírica feita nos anos 20, N.D. Kondratiev sugeriu a possibilidade de ciclos longos, de aproximadamente 50 anos de duração, nos quais ele situava as depressões de cerca de 1815 a 1850 e da década de 1870 à de 1890. Ao mesmo tempo em que chamava a atenção para a qualidade deficiente dos dados anteriores a 1850 e para o pequeno número de ciclos sugeria com cautela uma explicação endógena em termos da provisão de capital fixo, de custo muito elevado e de longa duração, cujas substituição e expansão se faziam de forma acumulada e descontínua. Suas sugestões foram incorporadas à explicação elaborada por J.A. Schumpeter no final dos anos 30, mas a causalidade de Schumpeter seguia no sentido oposto: ênfase no papel da inovação tecnológica exógena, que ele supunha ocorrer em acúmulos determinados pelas avaliações empresariais de risco e retorno. Os acúmulos de inovação fazem subir o investimento, o que acelera o crescimento, e as depressões ocorrem quando o crescimento se desacelera pela falta de investimento em função da exaustão de um surto de inovação. Entre os exemplos de investimento devido a surtos de inovação em épocas variadas, incluem-se o estabelecimento das indústrias ferroviária, do aço e da eletricidade. Com o longo surto de desenvolvimento do pós-guerra, a teoria do ciclo saiu de moda, mas a idéia de ciclos longos ressurgiu durante a recessão internacional que teve início no princípio dos anos 70. Houve também quem destacasse uma nova onda de inovação na microeletrônica, a qual, previa-se, lançaria as bases para um surto de investimentos e uma nova subida no ciclo longo, por volta do final do século XX, embora as implicações da tecnologia microeletrônica no que se refere a emprego continuem a ser controvertidas.

Muitos negam, porém, que os ciclos longos sequer existam. As provas empíricas são, na melhor das hipóteses, apenas indicativas, e as ligações causais nas explicações teóricas são especificadas de forma bastante frouxa. À luz de tamanha imprecisão, as depressões econômicas são, para alguns, não parte de um padrão endógeno de desenvolvimento capitalista, mas meramente o resultado de acontecimentos casuais. Uma posição extrema é o peso atribuído pelos economistas norte-americanos Milton Friedman e A. Schwartz à morte fortuita de Benjamin Strong, do Federal Reserve Bank, de Nova York, em 1928, a cuja ausência talvez se pudessem atribuir os erros do Fed. em política de investimentos entre 1929 e 1933. Existe também a questão de se a palavra "depressão" tem algum sentido. Por exemplo, o período 1933-7, nos Estados Unidos, marcou a mais longa expansão em tempos de paz registrada até os anos 60; os ganhos dos trabalhadores cresceram sem interrupção, pelo qual era difícil falar em depressão; mas o desemprego esteve sempre acima de 14%, pelo qual por isso era difícil falar de surto. História semelhante poderia ser narrada a respeito do Reino Unido nos anos 80.

É difícil para teorias que se fundamentam numa noção de equilíbrio econômico assimilar flutuações econômicas, a não ser encarando essas flutuações como parte do próprio processo de equilíbrio. (Ver ECONOMIA NEOCLÁSSICA.) Por outro lado, existem variedades na teoria marxista, todas as quais enfatizam o caráter endógeno e funcional dos ciclos para o desenvolvimento capitalista. (Ver, por exemplo, REGULAÇÃO.) Para ambas permanece o desafio: explicar teoricamente como a queda de um ciclo leva às vezes a uma depressão econômica, mas somente às vezes.

Ver também CICLOS DE LONGO PRAZO; CICLO ECONÔMICO; CRESCIMENTO.

Leitura sugerida: Bernstein, M.A. 1987: *The Great Depression: Delayed Recovery and Economic Change in America, 1929-1939* • Brunner, K., org. 1981: *The Great Depression Revisited* • Day, R.D. 1976: "The theory of long waves: Kondratiev, Trotsky, Mandel". *New Left Review* 99, 67-82 • Fearon, P. 1987: *War, Prosperity and Depression: the US Economy 1917-45* • Mandel, E. 1980: *Long Waves of Capitalist Development: the Marxist Interpretation* • Rosenberg, N. e Frischtak, C.R. 1984: "Technological innovation and long waves". *Cambridge Journal of Economics* 8, 7-24.

SIMON MOHUM

desacordo Ver DISSENSO.

desconstrução Este tornou-se o termo de uso mais corrente para descrever o trabalho do filósofo francês Jacques Derrida (nascido em 1930) e dos que se descrevem, ou são encarados, como seus seguidores (apesar das reservas do próprio Derrida a respeito dessa palavra), enquanto "desconstrucionismo" é usado exclusivamente por críticos desse trabalho. Na verdade, não existe nenhuma "escola" ou instituição unificada de pensamento derridiano, embora este tenha inspirado um grande volume de obras, especialmente na teoria literária e na filosofia. A desconstrução ainda é uma área de pensamento em violenta disputa, e Derrida se viu envolvido em inúmeras polêmicas, especialmente com Michel Foucault, Hans-Georg Gadamer, Jürgen Habermas, Jacques Lacan e John Searle.

Pode-se demonstrar que grande parte do material crítico escrito a respeito de Derrida se apóia em uma compreensão inadequada. Mas sua obra é suficientemente difícil para inspirar diferenças de interpretação muito básicas até mesmo entre supostos especialistas. Está em moda, e é muito conveniente, apontar que existem duas recepções opostas a Derrida, sejam estas favoráveis ou críticas: uma como essencialmente um filósofo que pode, de modo apenas incidental, ter algumas coisas a dizer a respeito de estudos literários (Jonathan Culler, Rodolphe Gasché, Christopher Norris), e a outra, como quase um antifilósofo, atacando a filosofia a partir do ponto de vista de algo semelhante à literatura (Habermas, Geoffrey Hartman, Richard Rorty). Esse tipo de caracterização pode ser exposto como fundamentalmente equivocado (Bennington), no mínimo porque se apóia numa representação binária (ver adiante) em um contexto em que o binarismo é possivelmente o objeto básico de suspeita.

Derrida toma como seu objeto nada menos que a totalidade daquilo a que ele se refere como, no rastro de Heidegger, metafísica ou ontoteologia ocidental. Sua afirmação, ainda seguindo Heidegger, é de que essa tradição, pelo menos desde Platão, tentou determinar o ser como *presença*, mas que tal determinação é dogmática, apoiando-se em uma "decisão ético-teórica", e não em alguma demonstração teórica, e sempre pode ser exposta como falha em toda uma variedade de maneiras. No ponto de vista de Derrida, o pensamento ocidental tem avançado habitualmente num sentido de oposição, propondo pares binários de conceitos (dos quais alguns dos mais difundidos e gerais talvez sejam dentro/fora, bom/mau, puro/impuro, presença/ausência). Ao mesmo tempo em que apresenta esses pares como neutros e descritivos, o pensamento ocidental está na verdade determinando um desses termos como primário ou privilegiado e o outro como secundário, derivado, inferior, ou parasitário, com respeito ao primeiro. Os primeiros trabalhos de Derrida tentam demonstrar isso, de forma improvável, seguindo a orientação fornecida pela compreensão tradicional da relação entre fala e escrita (em Husserl, Platão, Rousseau, Saussure, Hegel entre outros). Derrida demonstra, num primeiro momento de exegese, como a fala é tradicionalmente valorizada em relação à escrita, fazendo reverter para si mesma todos os valores de presença, enquanto a escrita é (des)qualificada como corporificando exterioridade, materialidade, morte e ausência. Em um segundo momento, Derrida afirma que, mesmo em seus próprios termos, os autores em questão não conseguem deixar de expor, apesar de seus argumentos mais patentes, que os predicados habitualmente usados na descrição da escrita são, na verdade, predicados essenciais da linguagem em geral e, portanto, também da fala. Os filósofos parecem querer demonstrar que a fala é básica e a escrita, derivativa: terminam demonstrando, contra sua própria vontade, que a fala é ela própria, na verdade, uma espécie de "escrita".

O cerne da argumentação é o seguinte: a escrita é tradicionalmente representada como implicando o funcionamento repetível de um signo na ausência da minha intenção animadora (por exemplo, depois de minha morte); mas, sem a possibilidade (a possibilidade *essencial*) da repetição descontextualizada (se necessário, depois de minha morte) mesmo das coisas que eu *falo* e que tenho a plena intenção de dizer, a linguagem não funcionaria em absoluto. A possibilidade da repetição (como o *mesmo*, mas repetido e, nessa medida, não *idêntico*) é definidora da linguagem como um todo e não pode ser confinada à escrita. A desconstrução da oposição clássica (aqui, fala/escrita) implica a retenção polêmica do termo previamente desvalorizado (aqui, escrita) para nomear uma estrutura mais geral que inclui o termo previamente valorizado (aqui, fala). Esse termo (escrita) sofreu um deslocamento (ou "reinscrição") nesse processo e rompeu a oposição binária em que era tradicionalmente definido. Esse deslocamento imediatamente desqualifica todo um âmbito de reações "textualistas" a Derrida (sejam elas de apoio ou de crítica), as quais assumem que o termo conserva o seu sentido antigo. Além disso, o conceito deslocado de "escrita", assim elaborado, funciona ao mesmo tempo como a condição da possibilidade da LINGUAGEM e como a condição de impossibilidade de ela jamais alcançar seu tradicional *telos* de auto-obliteração no interesse do pensamento.

Esse "exemplo" de desconstrução indica imediatamente inúmeras e importantes conseqüências "metodológicas":

1. textos (até mesmos os textos filosóficos) não são simples e unificados, mas habitualmente implicam, ao lado do conteúdo ou doutrina mais obviamente proposto, recursos mais ou menos óbvios que funcionam contra esse conteúdo ou doutrina;
2. o funcionamento desses recursos pode ser demonstrado, independentemente de qualquer alegação quanto ao que o autor pretendia;
3. a desconstrução não é essencialmente uma atividade crítica posta em ação pelo leitor, a partir de uma posição de fora do texto, mas em certo sentido já está "no" texto;
4. na medida em que os textos fogem ao controle de qualquer leitura internamente proposta (item 1 acima), então eles tampouco "se desconstroem" simplesmente (isso mais uma vez desqualifica todo um âmbito de reações a Derrida, tanto elogiosas quanto críticas). A desconstrução ocorre em algum ponto "entre", digamos, Derrida e Platão, mas não pode ser localizada dentro dos esquemas históricos de nenhuma história da filosofia ou das idéias.

Essas conseqüências talvez fossem de importância apenas limitada (afetando, por exemplo, o historiador ou leitor de filosofia, mas não o que "faz" filosofia), não fosse por uma nova afirmativa extraída dessa descrição sobre como a linguagem em geral pode funcionar. A desconstrução tende a demonstrar como é incoerente qualquer tentativa de definir conceitos ou significados como auto-suficientes, e como desaba qualquer tentativa de determinar as conseqüentes relações entre conceitos como opositivas (ou, por extensão, dialéticas). Uma das afirmações mais significativas da desconstrução é que as explicações binárias e dialéticas ainda funcionam no sentido de uma unidade indiferenciada (a "presença" da metafísica, para sermos precisos). Numa interpretação desconstrutiva, esse relação deve ser concebida como *diferencial*, mas não *opositiva*, ou como implicando uma diferença que (contrariamente a Hegel) não precisa tornar-se oposição (ver DIALÉTICA). Significados ou efeitos disso (pois Derrida acredita tão pouco em "significados" quanto Quine ou Wittgenstein) resultam da rede multiplamente diferencial em que os termos são definidos *unicamente* por suas inter-relações. Essa rede é intrinsecamente *histórica,* na medida em que os termos só estão "presentes" através de sua repetibilidade como o mesmo (mas não idêntico), e portanto é inerentemente *tradicionalista*. Os únicos meios para o pensamento são herdados com essa rede, e é ingenuidade esperar que alguém seja capaz de pensar sem recorrer a ela. No campo da conceitualidade filosófica, essa historicidade da rede implica que *qualquer* uso de um conceito filosófico (e, na verdade, de qualquer conceito) envolve uma "leitura" pelo menos implícita da tradição, que assim não pode ser ignorada.

Essa dívida ambivalente e inevitável para com a tradição é também o motivo pelo qual Derrida conserva o nome do antigo conceito (aqui, "escrita"), em vez de tentar simplesmente introduzir um nome novo para aquilo que ele está tentando pensar. Em outros pontos, a lógica desse argumento traduz-se nos hábitos de Derrida de tomar emprestados os operadores lógicos de seus argumentos dos textos sob discussão, negando assim a possibilidade de qualquer demarcação clara de objeto-linguagem e metalinguagem. Essa recusa da tradicional fantasia filosófica de se obter um ponto de observação fora do ponto do campo da investigação, no entanto, não obriga Derrida a uma posição de pura imanência: certos termos (*pharmakon*, suplemento, *parergon* e até mesmo o notório neologismo "différance" — tentativa de dar nome ao "tornar-se diferente" da rede diferencial; ver ESTRUTURALISMO — através de uma modificação jocosa da noção-chave de diferença) ganham um valor sempre limitado nos textos dentro dos quais, não obstante, permanecem embutidos: esse status "quase transcendental" (tal como formalizado especialmente por Rodolphe Gasché) implica um estágio intermediário entre o imanente e o transcendente que talvez capte melhor a posição desconstrutiva.

Uma das conseqüências dessa situação, que já não é mais filosófica no sentido tradicional da palavra, é que nada existe fora da rede assim radicalmente histórica de diferenças inter-relacionadas multiestratificadas, ou, no que se tornou uma formulação notória, que "nada existe fora do texto". *Différance* significa que as diferenças nunca são absolutas (uma leitura errônea comum de Derrida implica a assimilação de sua *différance* à diferença absoluta de Hegel, na tentativa de mostrar como ela deve reverter a identidade absoluta), e nem o são, portanto, as identidades. Essa situação radicalmente não-teleológica é uma ofensiva ao racionalismo (ver RACIONALIDADE E RAZÃO), mas não significa que a desconstrução seja, por isso, irracionalista ou niilista: as razões precisam ser apresentadas, e Derrida escreve muita coisa que pode ser reconhecida dentro das normas da argumentação filosófica (*pace* Habermas), mas seu valor nunca é estabelecido. A desconstrução não diz que tudo é de valor igual, mas que estabelecer valores como iguais ou desiguais permanece sendo sempre uma questão; ela não diz que existe um número infinito de interpretações ou significados, mas sim que não existe *uma* interpretação ou *um* significado (ver HERMENÊUTICA). Ao contrário do pensamento binário, a desconstrução, assim, abre-se para uma multiplicidade, ou "disseminação", radical, que permanecerá sendo sempre desorganizada ou caótica. Essa multiplicidade implica que a desconstrução tenta conceder aos eventos uma singularidade que lhes é negada na filosofia metafísica. Devido a essa multiplicidade, os eventos, em sua singularidade, são *indecidíveis* (nunca absolutamente classificáveis ao modo binário clássico), e portanto, segundo Derrida, exigem decisões infundadas que são da ordem do que se encara tradicionalmente como política. Mas, se a filosofia política tradicional tenta domesticar essa dimensão *indecidível*, a desconstrução a afirma e, nessa medida, não pode ser anexada a programas ou teorias políticas reconhecíveis. A *indecidibilidade* torna possível a tomada responsável de decisões (sem ela, a ética e a política seriam reduzidas a administração e burocracia), mas torna impossível sua fundamentação teórica ou doutrinária segura. Nessa medida, ela é ao mesmo tempo o recurso e o desespero da política em geral.

Leitura sugerida: Bennington, Geoffrey e Derrida, Jacques 1991: *Jacques Derrida* • Culler, J. 1982: *On Deconstruction: Theory and Criticism after Structuralism* • Derrida, Jacques 1967: *De la grammatologie* o

1967: *L'écriture et la différence* o 1972: *Positions* • Gasché, Rodolphe 1986: *The Tain of the Mirror: Deconstruction and the Philosophy of Reflection.*

GEOFFREY BENNINGTON

desemprego Desemprego indica a existência, dentro de uma sociedade, área geográfica ou grupo social, de quantidades significativas de adultos buscando trabalho remunerado, assim como a permanência dessa situação. Vem sendo uma característica crônica das sociedades modernas que se baseiam no emprego remunerado. Com exceção do período de 30 anos que se seguiu à Segunda Guerra Mundial, essas sociedades normalmente não têm fornecido suficiente trabalho remunerado para a população adulta. O desemprego tem sido a causa de freqüentes conflitos sociais e políticos, bem como de considerável inquietação social e psicológica. A controvérsia social e política a respeito das causas e efeitos do desemprego, e dos remédios contra ele, foi especialmente intensa nos anos 20 e 30, bem como nas décadas de 70 e 80, ambos períodos de alto desemprego. No decorrer das últimas décadas a atenção tem-se transferido para considerações sobre todo o futuro do trabalho remunerado.

O desemprego não era problema nas sociedades baseadas na caça e na coleta; nem era admitido como problema em regimes do tipo soviético, onde sua existência não era oficialmente reconhecida. Em sociedades tribais, o desempenho das atividades de subsistência requeria relativamente pouco tempo, não proporcionava status ou remuneração especial e não era encarado como uma esfera isolada da vida. Estados do tipo soviético também não reconheciam uma área distinta da sociedade civil, uma "economia", em que os trabalhadores são empregados, distintamente do estado. Daí não reconhecerem a existência de desemprego, embora várias formas de "desemprego oculto" (ver adiante) fossem muito difundidas. Somente com o surgimento de sociedades "de emprego", baseadas no TRABALHO remunerado — organizado em grande escala, com base no MERCADO DE TRABALHO e ligado à produção agrícola, fabril e de serviços —, é que o desemprego assume o significado social, econômico e político que tem hoje (ver SOCIEDADE INDUSTRIAL). Sob pressões de uma atividade fabril e do rápido desenvolvimento, novas e mais rigorosas formas de especialização no trabalho e de disciplina na fábrica, urbanização acelerada, ensino compulsório para as crianças e exclusão das mulheres do mercado de trabalho, a capacidade dos indivíduos de subsistir através da movimentação, geralmente em base sazonal, entre o mercado de trabalho formal e o setor informal, compreendendo instituições não de mercado (tais como o lar) declinou rapidamente. Em conseqüência, nas últimas décadas do século XIX, encontrar e manter trabalho remunerado regular — e o seu inverso, o desemprego — tornaram-se um aspecto crucial das vidas da maioria das pessoas e uma condição necessária à manutenção das rendas domésticas.

Os efeitos de estar desempregado são em geral traumáticos, profundamente pessoais e não se restringem à perda de rendimentos e do poder de consumo. São também altamente variáveis de acordo com personalidade, sexo, idade, classe, tipo de ocupação anterior, histórico de vida e grau de desemprego dentro da localidade imediata e/ou da família. Não obstante, vários estudos (ver Pilgrim Trust, 1938; Jahoda et al., 1932; Kelvin e Jarrett, 1985) têm destacado os aspectos gerais de grave perturbação psicológica, social e física vivenciada por pessoas que ficam desempregadas. Entre os efeitos psicológicos identificados como ligados ao desemprego incluem-se resignação, autoestima negativa, desespero, vergonha, apatia, depressão, desesperança, sensação de futilidade, perda de objetivo, passividade, letargia e indiferença. Entre os efeitos sociais incluem-se pobreza, perda de status, perda de disciplina temporal e rotina diária, isolamento social, desagregação da vida em família, incluindo o divórcio, mudanças na divisão sexual do trabalho e várias formas de comportamento anti-social, incluindo roubo e vandalismo. Entre os efeitos físicos incluem-se várias formas de doença, insônia, tensão e ansiedade, resultando às vezes em tentativa de suicídio, embriaguez intermitente e de curto prazo, violência intrafamiliar e maus-tratos a crianças.

A filosofia pública predominante no século XIX, e que permaneceu na verdade até os anos 40 deste século, dizia que o desemprego era inevitável, basicamente de curto prazo e resultante, de maneira característica, das inadequações pessoais dos desempregados — ou da sua falta de esforço e iniciativa ou (seguindo Malthus) de sua tendência a produzir famílias grandes. Essa visão refletiu-se no pensamento econômico clássico e neoclássico: que as economias capitalistas tinham uma tendência "natural" ao pleno emprego porque, segundo a Lei de Say, a oferta cria sua própria demanda, isto é, criar produção vai gerar automaticamente a demanda. À medida que crescesse o desemprego, produzindo uma oferta excessiva de mão-de-obra "ociosa", os salários cairiam, permitindo que mais trabalhadores fossem empregados.

Marx, porém, contestou de maneira explícita a idéia de que o desemprego nas sociedades capitalistas era um fenômeno temporário. Em *O capital*, ele afirma tratar-se de um problema estrutural básico, ligado aos processos de acumulação de capital e exploração capitalista do trabalho. Em uma sociedade capitalista, sujeita a crises recorrentes e cada vez mais graves, não havia nenhuma tendência automática garantindo o equilíbrio do pleno emprego, conforme afirmavam os economistas clássicos e neoclássicos. As sociedades capitalistas precisam de um "exército de trabalho industrial de reserva" que mantenha a força de trabalho sob pressão permanente. Quando se expande a demanda econômica, a demanda por trabalho aumenta, reduzindo com isso o exército de reserva e inflacionando o preço da mão-de-obra. Quando os salários sobem, tanto a taxa de lucro da acumulação de capital quanto o próprio nível de acumulação caem, reduzindo a demanda agregada, retraindo a atividade econômica e aumentando o exército de reserva. A existência contínua de um exército de reserva garante assim que os salários, mesmo quando em aguda ascensão, não ameacem os lucros. Marx diferenciou três elementos no exército de trabalho de reserva: trabalhadores industriais *flutuantes*, que passam de um emprego a outro; um bolsão *latente* de trabalhadores em áreas agrícolas; e uma população *estagnada* de trabalhadores eventuais, que estão muito perto da miséria. Autores marxistas recentes (como Braverman, 1974) demonstraram que esse tradicional exército de reserva vinha sendo crescentemente suplementado, no decorrer das últimas décadas, por mulheres e imigrantes que entravam para o mercado de trabalho em base temporária (como era o caso dos *Gastarbeiter*, os "operários hóspedes", na Alemanha).

Com as recorrentes recessões econômicas depois da década de 1870, e sob a pressão dos SINDICATOS emergentes, o desemprego logo se tornou uma importante questão pública. Por volta do final do século XIX, um corpo crescente de opinião social e política reformista reclamava garantias de pleno emprego por parte do estado, ao mesmo tempo em que rejeitava explicitamente as interpretações tanto ortodoxa quanto marxista do problema. As soluções propostas variavam consideravelmente. Muitos defendiam o protecionismo ou o recrutamento naval e militar; outros, garantias públicas do direito ao trabalho, criação direta de empregos pelo estado e taxação progressiva combinada com obras públicas contracíclicas. Mas nenhuma teoria geral alternativa para o desemprego se mostrou disponível até os anos 30 e 40 deste século.

Impelido pelo desemprego maciço dos anos 20 e 30, J.M. Keynes desenvolveu os conceitos de demanda econômica agregada e deficiência de demanda (ver KEYNESIANISMO), e sua teoria do desemprego foi habilmente sintetizada em um programa social-democrata para um estado de bem-estar e de pleno emprego por William Beveridge em *Full Employement in a Free Society* (1944). Nesse influente relatório, Beveridge defendia garantias governamentais de pleno emprego do trabalho e do capital através da regulamentação do mercado de trabalho pelo ESTADO DE BEM-ESTAR, como parte de um programa social e político bem mais amplo para a criação de uma sociedade que garantisse justiça e liberdade para todos. A argumentação de Beveridge em favor de um estado de bem-estar e de pleno emprego estabeleceu efetivamente os parâmetros para a discussão pública do desemprego nas sociedades capitalistas durante os 30 anos que se seguiram.

A criação de estados de bem-estar e de pleno emprego em muitos países capitalistas coincidiu com um período, depois da Segunda Guerra Mundial, de prolongado crescimento econômico, pleno emprego (masculino), crescimento dos salários e baixa inflação. Sempre que parecia necessário, os governos desses países — às vezes dentro do quadro de um planejamento econômico indicativo e de extensa propriedade por parte do estado, como na França — controlavam seus próprios gastos e impostos para garantir um nível consistentemente elevado de demanda econômica e de emprego. A maioria dos comentaristas e dos implementadores de programas econômicos chegou à conclusão de que, uma vez que os governos, usando as técnicas keynesianas de administração da demanda, eram capazes de manter o desemprego em níveis baixos e conservar a prosperidade, esses programas deviam, portanto, garantir tais condições favoráveis. Vários autores afirmaram, com o benefício da visão em retrospecto, que o pleno emprego do pós-guerra dependeu de uma conjuntura de muitos outros fatores econômicos, sociais e políticos mais importantes: políticas de livre comércio nas finanças e no comércio internacional; estabilidade de preços; reserva de crescimento e de desenvolvimento tecnológico potencial que economias mais bem-sucedidas podiam explorar; e também as políticas keynesianas (ver, por exemplo, Matthews, 1968).

O pleno emprego era também a política oficial de estados do tipo soviético, como parte de estratégias econômicas socialistas criadas para se atingir uma rápida industrialização e lançar as bases de uma sociedade socialista. Era típico desses estados que tais estratégias — abandonadas por muitos deles no início dos anos 90 — sacrificassem deliberadamente a eficiência econômica, não reconhecessem a existência do desemprego ou de um mercado de trabalho e alocassem os números excessivos de trabalhadores em projetos e indústrias (dirigidos pelo estado), escondendo assim diversas formas de desemprego "oculto".

Com o retorno do desemprego em massa na maioria dos países da Europa Ocidental e na América do Norte nos anos 70, a visão social-democrata de Beveridge passou a sofrer um ataque contínuo por parte da Nova Direita, cujo pensador mais destacado na questão das causas do desemprego é o economista Milton Friedman (ver ESCOLA ECONÔMICA DE CHICAGO). Desenvolvendo uma linha de pensamento que remonta a Herbert Spencer e outros autores do ultimo quartel do século XIX, Friedman insiste em que o apoio no estado burocrático para garantir o bem-estar dos indivíduos tornou-se um fim em si mesmo, contradizendo com isso o objetivo original de maximizar a liberdade individual e a igualdade de oportunidades. O pleno emprego não pode ser alcançado através dos meios de um estado de bem-estar devido ao tipo de planejamento e regulamentação estatais recomendados por Beveridge e Keynes, os quais distorcem os mecanismos de mercado para a determinação de salários, preços, investimentos e a distribuição do trabalho remunerado. Especificamente, Friedman afirma que qualquer política monetária ou fiscal que tente colocar a taxa de desemprego abaixo do que eles chamam de taxa "natural" só conseguirá, em última análise, acelerar a taxa de inflação. Em vez disso, os governos deveriam dar um passo decisivo no sentido de estabelecer e manter um controle rigoroso sobre o meio circulante (a fim de controlar a inflação); deviam seguir uma estratégia de emprego de livre mercado, visando reduzir a "rigidez estrutural" dentro da economia e no comércio internacional, reduzindo drasticamente a intervenção estatal na economia e cortando o tamanho e o custo do estado de bem-estar burocrático. Assim, a livre concorrência garantirá um nível elevado e prolongado de emprego. (Ver Friedman, 1977; Friedman e Friedman, 1962 e 1980.)

As abordagens de livre mercado para o desemprego exerceram substancial influência sobre as políticas governamentais nos anos 80, especialmente na Grã-Bretanha e nos Estados Unidos, mas, tal como o estado de bem-estar e de desemprego, esses países enfrentaram muitos problemas para reduzir os altos níveis de desemprego. Importantes fatores econômicos que explicam essas dificuldades foram a DESINDUSTRIALIZAÇÃO e a nova divisão internacional do trabalho, que aumentou o desemprego "essencial" ou "estrutural" (diferente do desemprego "cíclico" ou keynesiano); e tendências demográficas que aumentaram o número de trabalhadores, particularmente mulheres e imigrantes, na demanda por emprego.

Os altos níveis de desemprego nos anos 70 e 80 levaram muitos autores a questionar a viabilidade de se retornar ao pleno emprego, assim como todo o futuro do trabalho remunerado. Segundo André Gorz, em seus *Farewell to the Working Class* (1980, 1982) e *Paths to Paradise* (1984), as últimas décadas do século XX estão testemunhando o surgimento de sociedades de desemprego de massa permanente. À medida que o trabalho remunerado vem sendo cada vez mais substituído por sistemas microeletrônicos e de telecomunicações, na "revolução da robótica", bens e serviços podem ser produzidos com menos investimento, menos matérias-primas e menos mão-de-obra. É provável, portanto, que essas sociedades venham a passar por um "crescimento sem emprego", isto é, o crescimento econômico pode ocorrer, mas não estará associado a expansões equivalentes do emprego. Esse desenrolar dos acontecimentos não só virá a gerar desemprego em massa, conclui Gorz, como também alterará a estrutura de classes sócio-econômicas das sociedades de emprego. Sob a pressão de acelerar a MUDANÇA TECNOLÓGICA, os trabalhadores se verão divididos em três substratos: uma aristocracia privilegiada de "trabalhadores com estabilidade", fortemente sindicalizados, com emprego integral; e dois substratos formando uma "não-classe de não-trabalhadores", compreendendo os permanentemente desempregados, condenados à pobreza e à ociosidade, e um número crescente de trabalhadores "temporariamente empregados", em ocupações de baixa especialização, sem nenhuma segurança no emprego e nenhuma identidade de classe definida (ver CLASSE OPERÁRIA). O único meio desejável de se evitarem essas divisões sociais agudas e o desemprego em massa permanente é separar o ter o emprego do receber uma renda; e desenvolver uma sociedade democrática, pós-emprego, na qual o trabalho socialmente necessário se veja reduzido a um mínimo e seja distribuído eqüitativamente, a fim de "fazermos mais coisas por nós próprios em nosso tempo livre" (Gorz, 1984).

Leitura sugerida: Bottomore, Tom 1990: *The Socialist Economy: Theory and Practice* • Harris, J. 1982: *Unemployement and politics: a study in English Social Policy, 1886-1914* • Hawkins, K. 1984: *Unemployment* • Jahoda, M. 1982: *Employment and Unemployment: A Social-Psychological Analysis* • Keane, J. e Owens, J. 1986: *After Full Employment* • Kumar, K. 1984: "Unemployment as a problem in the development of industrial societies: the English experience". *Sociological Review* 32, 185-233 • Moggridge, D.E. 1976: *Keynes* • Pahl, R.E. 1984: *Divisions of Labour* • Stewart, M. 1967: *Keynes and After* • Warr, P. 1987: *Work, Unemployement and Mental Health* • Winch, D. 1969: *Economics and Policy: a Historical Study.*

JOHN E. OWENS

desenvolvimento e subdesenvolvimento

Esta expressão indica a conquista do progresso econômico e social (desenvolvimento) através da transformação do estado de subdesenvolvimento (baixa produção, estagnação, pobreza) em países designados de forma variada como "pobres", "subdesenvolvidos", "menos desenvolvidos" ou "em desenvolvimento". O CRESCIMENTO ECONÔMICO é uma condição necessária, ainda que insuficiente, para o progresso social, representado pela satisfação de necessidades básicas, tais como nutrição, saúde e habitação adequadas (superação da pobreza absoluta), ao que se podem acrescentar ainda outras condições de uma existência humana plena, tais como o acesso universal à educação, liberdades civis e participação política (superação da pobreza ou privação relativa).

Depois de 1945 o mapa internacional foi redesenhado por movimentos anti-colonialistas e pelo fim do império colonial, bem como pela hegemonia dos Estados Unidos no mundo capitalista e sua rivalidade com a União Soviética na busca de aliados entre os estados independentes da Ásia e da África. Nesse contexto global, o desenvolvimento no sentido transformador e transitivo acima sublinhado tornou-se um objetivo maior de governos e de organismos internacionais como as Nações Unidas e o International Bank for Reconstruction and Development (Banco Internacional para a Reconstrução e o Desenvolvimento, o chamado World Bank, Banco Mundial), e surgiu, nas ciências sociais, como um campo de especialização.

Uma intensa controvérsia continua a cercar as causas do subdesenvolvimento e os modos de alcançar o desenvolvimento, refletindo pontos de vista radicalmente diferentes sobre a natureza do desenvolvimento ocidental e japonês (capitalista industrial), sobre a economia internacional que ele criou e sobre como esse desenvolvimento condiciona as perspectivas de desenvolvimento no TERCEIRO MUNDO, bem como a respeito das pretensões rivais das soluções capitalista, socialista e nacionalista para os problemas do desenvolvimento. A teoria social dedicada ao desenvolvimento e subdesenvolvimento tem, portanto, âmbito "histórico mundial" em sua abrangência e complexidade, mas vários temas capitais são abordados nos muitos debates que ela tem gerado.

Fatores globais e societais

Um dos conjuntos de questões que permeiam todos os debates diz respeito à natureza e à avaliação dos fatores internos (societais) e externos (globais) na explicação da estagnação e da mudança. Nas teorias da MODERNIZAÇÃO dos cientistas sociais norte-americanos em particular, sociedade ou cultura "tradicional" é, na verdade, sinônimo de subdesenvolvimento (ver também TRADIÇÃO E TRADICIONALISMO). Abstratamente, tradição e modernidade são delineadas pelas "variáveis padrão" de Talcott Parsons (1951), que descrevem a modernização como a evolução de sistemas sociais com alto grau de diferenciação funcional e estrutural e mecanismos correspondentes de integração. A diferenciação abrange uma complexa divisão social do trabalho e uma racionalidade que produz inovação e crescimento, enquanto a integração e seu sistema normativo garantem a estabilidade social.

Os países subdesenvolvidos caracterizam-se por uma estrutura dual de setores sociais, crenças e práticas tradicionais e modernas. O motor da transformação é psicocultural — uma "revolução de expectativas crescentes", promovendo a difusão da modernidade, dos países desenvolvidos para os subdesenvolvidos e, dentro destes últimos, dos setores modernos para os tradicionais. A mensagem subjacente é "sigam os passos do Ocidente" e "nós os auxiliaremos" através da ajuda e dos investimentos externos, da transferência de tecnologia e assim por diante. Os problemas surgem quando uma mudança sócio-econômica não consegue satisfazer as expectativas crescentes, dando lugar a frustrações cada vez maiores que exigem fortes "elites modernizantes" capazes de, simultaneamente, induzir um desenvolvimento acelerado e manter a ordem.

As teorias da modernização, dessa maneira, formulam o desenvolvimento como um processo de difusão, adoção e adaptação, a partir de um ambiente externo favorável, e explicam o subdesenvolvimento através das barreiras da tradição que são intrínsecas aos países pobres. As pressuposições e receitas da modernização — etnocêntricas, às vezes implicitamente racistas, em geral explicitamente anticomunistas — têm sofrido um desafio vigoroso por parte das posições que enfatizam os fatores globais na explicação do subdesenvolvimento.

Um lema histórico desse desafio foi "o desenvolvimento do subdesenvolvimento", cunhado por André Gunder Frank (1969) para sustentar seu ponto de vista de que o subdesenvolvimento não é uma situação original ou residual (tradição), mas foi ativamente criado pela incorporação do Terceiro Mundo à economia mundial formada pela expansão européia a partir do final do século XV.

Essa economia capitalista mundial consiste em uma cadeia de relações "metrópole-satélite" entre países, e entre regiões dentro deles, através das quais as metrópoles dominantes se apropriam do excedente econômico dos satélites subordinados, enriquecendo as primeiras e empobrecendo os últimos, criando e reproduzindo com isso o seu subdesenvolvimento. Ao que tudo indica, formas sociais tradicionais ou pré-capitalistas em países e regiões satélites são, portanto, na realidade, capitalistas, em conseqüência de sua integração ao mercado mundial. Os principais mecanismos de "escoamento de excedentes" são uma troca desigual no comércio internacional, a expatriação de lucros por parte de um investimento estrangeiro e de juros sobre empréstimos no exterior, dentro de uma divisão internacional do trabalho que sistematicamente favorece as metrópoles.

Esse retrato de um sistema global gerando o desenvolvimento e o subdesenvolvimento como dois lados da mesma moeda tem exercido uma influência enorme. Também tem sido contestado e modificado de várias formas, conforme aconteceu com a receita principal de Frank, que era de autarquia para os países do Terceiro Mundo, seu "desengajamento" da economia mundial, como uma condição necessária ao desenvolvimento.

Transcendendo o modelo estagnacionista de Frank, as possibilidades e restrições do "desenvolvimento dependente" foram formuladas por intelectuais latino-americanos (Cardoso e Faletto, 1969) e em seguida generalizadas para todo o Terceiro Mundo. Tal como acontece com muitas palavras associadas ao desenvolvimento, "dependência" é uma noção elástica, mas que reconhece a possibilidade de crescimento econômico rápido, cujos padrões e limites ainda são determinados principalmente pela dependência externa, em especial a dependência das corporações multinacionais para a tecnologia, e dos bancos internacionais para os financiamentos, dramatizada na atual crise da dívida do Terceiro Mundo.

Outra abordagem para a teorização da relação entre fatores internos e externos é a articulação dos modos de produção. Aqui, a idéia-chave é que, em vez de destruir outros modos de produção, o capitalismo em geral os conserva (ou até mesmo os cria), articulando-os ou combinando-os com o seu próprio funcionamento a fim de obter bens "baratos" para sustentar a acumulação. Esses bens compreendem tanto os da produção camponesa e artesanal quanto os da força de trabalho, que são baratos porque seu valor de troca é "subsidiado" por uma produção de subsistência não-paga. Formas sociais contemporâneas pré ou não-capitalistas, portanto, nem representam uma tradição residual nem se tornam "capitalistas" simplesmente por suas ligações com a economia mundial (Frank).

Essa abordagem teórica foi desenvolvida de forma mais sistemática por antropólogos franceses que trabalhavam na África, em especial Rey (1976) e Meillassoux (1975), embora debates independentes sobre "modos de produção", com agendas um tanto diversas e concentrados na questão agrária, também tenham ocorrido na América Latina (Bartra et al., 1976) e na Índia (Patnaik, 1990). Formulada no âmbito de uma análise marxista do capitalismo, particularmente conforme interpretado na teoria de Rosa Luxemburgo sobre o imperialismo (1913), a articulação explica o subdesenvolvimento através da necessária reprodução, dentro do capitalismo global, de formas pré-capitalistas servindo de base a um exército de trabalho de reserva em áreas e classes empobrecidas.

Essa idéia também se destaca no projeto eclético de um "sistema mundial" de Wallerstein (1979), que por sua vez também deve muito a Frank e até mesmo a Parsons, segundo críticos da explicação funcionalista de Wallerstein para "sistema". Ao contrário de Frank, Wallerstein contrapõe-se explicitamente ao marxismo com o argumento de que a proletarização, crucial à sua explicação do desenvolvimento capitalista, foi excepcional, e não universal, no sistema mundial moderno, que atrela toda uma variedade de formas de trabalho, nem totalmente transformadas em mercadoria, nem "livres", aos imperativos do acúmulo de capital. Adicionalmente, Wallerstein substitui o dualismo estático da estrutura metrópole-satélite de Frank por uma hierarquia de localizações centrais, semiperiféricas e periféricas no sistema mundial, indicando que os países podem alterar sua localização em momentos particulares de mudança da DIVISÃO INTERNACIONAL DO TRABALHO.

Outra reação ao rápido crescimento econômico em partes da América Latina e dos PRJs (países recém-industrializados) do Leste asiático, foi virar de cabeça para baixo os argumentos das abordagens globais radicais em nome de se reviver um marxismo "ortodoxo". Numa polêmica importante, Bill Warren (1980) afirmou que o capitalismo desenvolve de fato o Terceiro Mundo pós-colonial, exceto onde isso é inibido por políticas socialistas, nacionalistas ou populistas, derivadas de noções equivocadas de imperialismo (originárias de Lenin, 1916) e dependência. Warren promoveu a volta completa a uma explicação interna do fraco desempenho econômico, apontando que a integração no mercado mundial deve ser estimulada, em vez de reprimida, e que a construção socialista é "prematura" enquanto o estágio de transformação capitalista não estiver completo.

Estados, planos, mercados

A posição de Warren converge em parte com o atual neoliberalismo, que destaca um outro conjunto de questões a permear os debates: o que diz respeito a estados, planos e mercados na promoção do desenvolvimento. Desenvolvimento capitalista e estados economicamente ativos são claramente compatíveis. Gerschenkron (1962) sugeriu que, para os "retardatários" relativos do desenvolvimento, o estado desempenha um papel central no estabelecimento das condições de acúmulo de capital ou adotando-o em setores estratégicos, o que faz lembrar a tese da "infância da indústria" do "economista nacional" alemão do século XIX Friedrich List (1841).

O desenvolvimento econômico do pós-guerra foi sem dúvida encarado como responsabilidade dos estados, sob influência do planejamento abrangente inaugurado na União Soviética e do gerenciamento econômico ocidental em tempo de guerra seguido pela reconstrução européia como o Plano Marshall e por políticas influenciadas pelo KEYNESIANISMO. O próprio J.M. Keynes participou do estabelecimento, em Bretton Woods, do sistema de instituições destinado a regulamentar a economia internacional, incluindo o Banco Mundial, que teve um envolvimento crucial na promoção do planejamento (Waterston, 1965), até sua conversão a uma estratégia neoliberal, igualmente ambiciosa, de "reforma" estrutural nos anos 80.

A extensão e a natureza do papel do estado no investimento, no gerenciamento econômico e na provisão social, e suas relações com as atividades do capital privado, nacional e internacional, é tema amplo e complexo em si mesmo, que se manifesta na própria variedade de resultados do desenvolvimento conduzido pelo estado em países tanto capitalistas quanto socialistas do Terceiro Mundo. As complexidades dessas diferentes experiências e do que é exigido para analisá-las foram reduzidas pelos sucessos ideológicos (ainda que não práticos) da doutrina neoliberal de "reduzir o estado". Isso combina um núcleo seletivo de idéias da economia neoclássica com uma política agressiva que inclui a rejeição da disciplina da "economia desenvolvimentista" com base no keynesianismo e no estatismo intrínsecos (Lal, 1983). Além disso, o neoliberalismo apropriou-se em parte da bandeira do amplo descontentamento popular com a ineficiência econômica do estado, sua incapacidade de satisfazer necessidades básicas, sua corrupção e seu autoritarismo em muitos países do Terceiro Mundo, e ganhou novo ímpeto com o dramático colapso do socialismo estatal do Leste Europeu, considerado alternativa ao capitalismo.

As atuais condições e perspectivas, bem como a história econômica, lançam dúvida sobre a simplista explicação neoliberal de mercados virtuosos e estados viciosos. Ainda que o planejamento seja reduzido, que as empresas e funções do estado sejam privatizadas e desregulamentadas e que o comércio externo e interno seja liberalizado, o estado "mais magro" prescrito tem de ser muito mais eficiente, tanto como tecnocracia quanto como agente de controle social, do que vem acontecendo até então no Terceiro Mundo. Isso levanta questões a respeito da constituição e das condições dos estados em relação às divisões profundas de classe, sexo, região e cultura das sociedades cujo desenvolvimento eles tentam orientar, bem como em relação às poderosas "forças externas" do sistema mundial.

Nação, classe e sociedade civil

Um terceiro conjunto de questões que permeiam o debate, portanto, diz respeito aos processos sociais e políticos de nação, classe e sociedade civil que exercem um efeito crítico sobre a forma como as variáveis macroeconômicas padrão dos programas de desenvolvimento funcionam na prática, sejam elas regimes de taxas cambiais e comércio exterior, níveis de poupança, prioridades de investimento setorial ou papel do setor público.

As razões iniciais no Terceiro Mundo para a primazia do estado no desenvolvimento foram a experiência do colonialismo e o temor da dominação "neocolonial" depois da independência. "Estado" e "nação" eram quase sinônimos no momento profundamente nacional(ista) da descolonização. A criação de uma nação coesa, ou "soerguimento nacional", era encarado como tarefa vital para o estado na promoção do desenvolvimento, ou inseparável dele.

Na medida em que as contradições herdadas do subdesenvolvimento foram persistindo depois do momento triunfal da independência e em que surgiram novas contradições de desenvolvimento desigual, a análise de classe tornou-se mais crucial, em geral concebendo a estrutura de classe no capitalismo periférico por meio de seus desvios do capitalismo "clássico" ou central: burguesias dependentes ou burocráticas, em vez de "nacionais"; massas semiproletarizadas ou marginais, em vez de classes operárias. Outras abordagens visam transcender essa concepção um tanto mecanicista, abordando as especificidades e complexidades históricas da formação de classes e o modo como esta se entrelaça com outras divisões da sociedade civil, em especial as divisões de gênero.

O feminismo tem exercido um impacto substancial na análise do desenvolvimento e subdesenvolvimento, investigando e demonstrando os modos pelos quais seus processos constituintes — incluindo a formação e reprodução de classes — são influenciados pela diferença de gênero (Agarwal, 1988). Tem contribuído também para um repensar geral, por parte de alguns estudiosos, da agenda da teoria e prática do desenvolvimento, provocado *inter alia* pela crítica convergente ao estado, de esquerda e de direita. A agenda que surge centraliza-se em questões de agenciamento social que transcendem o dualismo convencional de orientação por parte do estado (desacreditada) e a alternativa neoliberal do individualismo de mercado, para explorar formas de "habilitação" e de "ação pública" que expressem e desenvolvam as capacidades de classes e grupos oprimidos. Assim, há indícios de uma busca de novas soluções para problemas persistentes de desenvolvimento e subdesenvolvimento enraizados nas estruturas patentemente desiguais da economia mundial capitalista e dos diferentes tipos de sociedades que ela abrange.

Leitura sugerida: Cardoso, F.H. e Faletto, E. 1969: *Desenvolvimento e subdesenvolvimento na América Latina* • Drèze, J. e Sen A., 1989: *Hunger and Public Action* • Edwards, C. 1985: *The Fragmented World* • Elson, D., org. 1991: *Male Bias in the Development Process* • Kay, C. 1989: *Latin American Theories of Development and Underdevelopment* • Patnaik, P., org.

1986: *Lenin and Imperialism* • Post, K. e Wright, P. 1989: *Socialism and Underdevelopment* • Sklair, L. 1991: *Sociology of the Global System* • Toye, J. 1987: *Dilemmas of Development: Reflections on the Counter-revolution in Development Theory and Policy* • Wolpe, H., org. 1980: *The Articulation of Modes of Production*.

HENRY BERNSTEIN

desigualdade Ver IGUALDADE E DESIGUALDADE.

desindustrialização Referindo-se à retração da produção e/ou do emprego no setor fabril da economia, esse fenômeno tem recebido atenção particular no Reino Unido a partir do final dos anos 70, embora um debate mais recente nos Estados Unidos aborde as mesmas questões. Ainda não se deu o valor suficiente à existência de uma literatura bastante diversa sobre os efeitos desindustrializantes da incorporação dentro dos grandes impérios europeus dos séculos XIX e XX. Deixando isso de lado, a principal característica da recente discussão sobre desindustrialização tem sido uma confusão generalizada. Isso resulta do fato de dois significados serem negligentemente superpostos.

De um lado, a desindustrialização é encarada como conseqüência natural da mudança de uma sociedade industrial inicial para outra tardia (ou talvez pós-industrial) (ver SOCIEDADE PÓS-INDUSTRIAL). O setor terciário deve crescer, caso as economias avançadas queiram conservar sua margem competitiva, fazendo com que suas indústrias avancem no ciclo de produtos, isto é, orientando-se para bens de tecnologia cada vez mais elevada. Nada existe de "errado" nesse movimento. Uma fatia menor do Produto Interno Bruto fornecida pela indústria fabril representa um declínio relativo, e não absoluto; ou seja, a desindustrialização não significa perda de afluência. De forma semelhante, não há motivo, em princípio, para que uma redução do emprego no setor secundário não possa ser compensada no setor terciário.

Por outro lado, a desindustrialização refere-se a economias que estão se saindo pior do que poderiam devido a causas estruturais variadas. A economia britânica sofreu um declínio absoluto na atividade fabril de 1979 a 1987, e existem amplos indícios demonstrando que seu declínio relativo se deveu a outros fatores que não uma industrialização bem-sucedida em outros centros. Se a Grã-Bretanha tinha de decair, a questão então passa a ser se ela tinha de decair tão abaixo do nível da França, da Alemanha e da Itália; questões semelhantes estão sendo hoje colocadas a respeito dos Estados Unidos. Em geral, a explicação para esse mau desempenho resulta de uma combinação de fatores: às vezes a criação de vantagem comparativa por meio de ação do estado em outras partes recebe a culpa; o mais freqüente é que se dê atenção ao problema de tipos variados de rigidez social interna. Provavelmente, não é por acidente que o declínio na Grã-Bretanha e na América do Norte tenha sido tão agudo: ambas as nações têm a mesma aversão anglo-saxônica pela política industrial e ambas tendem a favorecer as finanças acima da indústria.

A esquerda política tem-se mostrado particularmente preocupada com a desindustrialização. O que tampouco é de surpreender: qualquer das formas aqui identificadas reduz a importância da classe operária manual, em cujas atividades tendem a repousar as esperanças progressistas. A maioria dos planos para reverter a desindustrialização, porém, é imperfeita por não distinguir entre os dois sentidos aqui destacados — isto é, fazem-se em geral planos para reconduzir a indústria fabril ao seu antigo auge de glória, sem tomar consciência do fato de que um pouco de desindustrialização é inevitável — talvez até seja desejável.

Ver também MUDANÇA TECNOLÓGICA.

Leitura sugerida: Bell, D. 1974: *The Coming of Post-Industrial Society* • Blackaby, F., org. 1979: *De-industrialization* • Gershuny, R. e Rowthorn, R. orgs., 1986: *The Geography of De-industrialization* • Singh, A. 1977: "UK industry and the world economy: a case of de-industrialization?". *Cambridge Journal of Economics* 1.2, 113-6.

JOHN A. HALL

despotismo oriental Referindo-se a uma forma de organização política na qual uma burocracia centralizada controla o fornecimento de água e os sistemas de irrigação, esse conceito tornou-se famoso através de Karl Wittfogel, que escreveu um livro exatamente com esse título (1957), mas sua história é complexa e sua referência, bem mais ampla.

A palavra despotismo é muito antiga, mas em geral se considera que Montesquieu (1749) foi o primeiro a usá-la sistematicamente para traçar uma diferença entre monarquia e despotismo. Enquanto o primeiro sistema de governo compreendia certo número de níveis hierárquicos, este último, que se acredita característico da Ásia, apresentava um abismo entre o déspota governante e o povo, cujos componentes eram todos semelhantes no fato de serem "nada".

Muitos outros autores do século XVIII mostraram-se interessados pelas sociedades asiáticas. Adam Smith (1776), por exemplo, afirmou que o despotismo ligado mais à agricultura do que ao comércio era um tipo de sociedade em estágio inferior de evolução e, em grande parte, em situação estacionária. No século XIX o centro da atenção passou do governo e do governante para as comunidades aldeãs, supostamente auto-suficientes e em grande parte isoladas, que constituíam as unidades individuais da sociedade oriental.

Com Karl Marx, a sociedade oriental tornou-se o sistema asiático. É difícil reconstituir o desenvolvimento desse conceito dentro da tradição do marxismo, tanto porque as idéias de Marx sobre a evolução das formações sociais mudaram ao longo do tempo quanto porque seus próprios textos sobre esse tópico só se foram tornando disponíveis gradualmente e, mesmo assim, aos pedaços. Em um raciocínio inicial, Marx e Engels (1845-6) propuseram o ponto de vista de que existem vários estágios na divisão social do trabalho que correspondem a formas específicas de propriedade. O primeiro estágio é a comuna primitiva, na qual toda e qualquer propriedade é possuída comunalmente. Disso brota o desenvolvimento de idéias sobre propriedade privada e o contraste entre cidade e campo (e entre homem livre e escravo), que está ligado à distinção entre o trabalho industrial e comercial e o trabalho agrícola, e daí ao surgimento da antiga cidade-estado. O terceiro estágio da propriedade é a posse feudal. Como isso não implica a concentração da população em cidades, porém, é discutível se o feudalismo sucede a antiga cidade-estado ou se é um caminho alternativo de saída da comuna primitiva. O próximo estágio é o capitalismo, emergindo das contradições econômicas do feudalismo.

Depois de dez anos de novas e intensas pesquisas, Marx modificou essa versão de periodização histórica. Em uma parte dos *Grundrisse* (1857-8, publicados pela primeira vez somente em 1953, e publicados em inglês como *Pre-capitalist Economic Formations*, 1964), Marx estabeleceu um tratamento mais elaborado dessa questão. Nele, o sistema asiático, não mencionado no esquema anterior, tornou-se um dos três caminhos de saída alternativos da comuna primitiva, ao lado dos sistemas antigo e germânico. Aqui, Marx também chamou a atenção para uma diferença entre as formações sociais "que resistem e as que favorecem a evolução histórica" (Hobsbawn, 1964, p.33), sendo a sociedade oriental um exemplo claro do primeiro caso. A essa altura, portanto, é evidente que Marx já não nutria uma simples teoria unilinear da evolução.

Na comuna primitiva, "a terra fornece os meios e os materiais do trabalho" e os homens "encaram-se como seus *proprietários comunais*" (Marx, *Grundrisse*, p.69). Em semelhante forma social, os frutos da natureza constituem uma precondição da existência, mas não são eles próprios o produto do trabalho; antes, afiguram-se como uma precondição natural e divina concebida como uma espécie de unidade sobre e acima do grupo. O sistema asiático, encarado como a forma mais elementar de estado, está apenas um passo além da comuna primitiva, pois a unidade divina assume a forma substancial de um déspota governante, tido como representante ou reencarnação do divino. A unidade mais elevada, assim, assume o lugar do "pai" das comunidades menores e se revela como o único proprietário, a quem o excedente do trabalho é doado como tributo. Objetivamente, na medida em que a propriedade ainda é possuída comunalmente, a forma asiática é um estado sem classes (ou pelo menos sem o efeito corrosivo das classes, ver Bloch, 1985, p.112), e daí, estagnado. Os estados asiáticos podem decair e reformar-se no nível mais elevado, mas a organização social das comunidades de aldeia permanece imune à turbulência das mudanças nas dinastias governantes.

Com a adoção, na União Soviética, de um materialismo histórico simplista e unilinear, no qual as várias formas de sociedade eram tidas como sucedendo umas às outras através da dinâmica da luta de classes, a noção de um despotismo oriental estagnado (sociedade asiática) colocava um importante problema teórico e político. Boa parte dos primeiros trabalhos dos pensadores soviéticos foi dedicada à reinterpretação dessa forma social como realmente uma versão do feudalismo, e o fato de Engels não haver mencionado a sociedade asiática em

A origem da família, da propriedade privada e do estado (1884) tornou a tarefa desses pensadores um pouco mais fácil.

Despotismo oriental, de Karl Wittfogel, como uma teoria da "sociedade hidráulica", afirma que as condições ecológicas especiais da Ásia tornam a irrigação em grande escala, por meio de canais, e os sistemas de água a basc necessária da agricultura, o que também exige a interferência de uma burocracia centralizada para coordenar o controle da água. Isso se consolida em sistemas políticos despóticos nos quais a elite governante se apropria de um excedente dos produtores primários e possui o monopólio do poder militar. Nesses sistemas, as comunidades aldeãs locais permanecem atomizadas e culturalmente distantes de seus suseranos.

Despotismo oriental também é digno de nota por sua ampla polêmica contra a Rússia stalinista. Segundo Wittfogel, tanto Lenin quanto Stalin ignoraram e suprimiram o conceito do sistema asiático, mesmo Marx o tendo enfatizado, pois tinham consciência de que a Rússia se encontrava ela própria em semelhante estágio de evolução e não queriam dar destaque à possibilidade de que um estado comunista pudesse assumir o caráter de despotismo. No que dizia respeito a Wittfogel, Stalin não passava de mais um na longa linhagem de déspotas orientais.

Embora muito influente, o trabalho de Wittfogel tem sido amplamente criticado. Um problema óbvio é que existem muitos estados do Sudeste Asiático baseados na produção do arroz por irrigação, mas aos quais faltam burocracias efetivas e centralizadas. Outra crítica é que a ligação de uma forma específica de sociedade a uma área geográfica particular (e a um tipo de cenário ecológico) parece limitar a aplicação universal da teoria marxista sobre a evolução das formações sócio-econômicas.

Com a recente publicação dos *Grundrisse* e outras das obras tardias de Marx, o debate no Ocidente concentra-se hoje em dia nas questões a respeito das condições para o surgimento de estados, a natureza das classes nas sociedades pré-capitalistas e o simbolismo do poder do estado. Mais recentemente, a idéia de que a sociedade oriental constitui um objeto de estudo específico e coerente passou a sofrer um questionamento intenso (Said, 1978).

Ver também ESTADO; MODO DE PRODUÇÃO.

Leitura sugerida: Bailey, A.M. e Llobera, J.R. 1974-5: "The Asiatic mode of production". *Critique of Anthropology* 2, 95-103; 4-5, 165-76 o 1979: "Karl Wittfogel and the Asiatic mode of production: a reppraisal". *Sociological Review* 27, 541-59 • Geertz, G. 1980: Negara: *The Theatre State in Nineteenth-Century Bali* • Hindess, B. e Hirst, P. 1975: *Pre-capitalist Modes of Production* • Krader, L. 1975: *The Asiatic Mode of Production* • Mitchell, W. 1973: "The hydraulic hypothesis: a reappraisal". *Current Anthropology* 14, 532-4 • Service, E. 1975: *The Origins of the State and Civilization* • Steward, J. 1977: *Evolution and Ecology* • Winzeler, R. 1976: "Ecology, culture, social organization and state formation in Southeast Asia". *Current Anthropology* 17, 623-40.

LEO HOWE

determinismo Esta noção é normalmente compreendida como a tese de que para tudo que acontece existem condições tais que, uma vez dadas, nenhuma outra coisa poderia ter acontecido. Na influente formulação filosófica articulada por David Hume e J.S. Mill, isso aparece como *teoria da regularidade determinista*, ou seja, de que para cada evento x existe um conjunto de eventos $y_1 \ldots y_n$, tais que se conjugam regularmente sob algum conjunto de descrições.

Neste século, pelo menos até bem recentemente, assumiu-se de maneira geral que isso continua sendo válido na natureza, com exceção da mecânica dos *quanta* (onde tudo indica ser impossível determinar simultaneamente a posição e o *momentum* de partículas elementares). No entanto P.T. Geach e G.E.M. Anscombe, nos anos 60, expressaram reservas a esse respeito. Nos anos 70, de forma mais sistemática, o mesmo foi feito por R. Bhaskar. Este afirmou que uma reflexão sobre as condições em que os resultados deterministas são efetivamente possíveis (a partir do que o determinismo, como tese metafísica, deriva a sua plausibilidade) indica que, com exceção de uns poucos contextos fechados especiais — estabelecidos de forma experimental ou ocorrendo naturalmente —, as leis estabelecem limites, impõem restrições ou funcionam como tendências, em vez de prescreverem resultados fixados de forma única. Em particular, têm um caráter não-empírico e de norma; e são consistentes com situações de controle dual e múltiplo, determinação múltipla e plural, complexidade, surgimento e intermediação humana (por exemplo, na atividade experimental). A partir dessa perspectiva, as leis não são efetivas ou contingentes, mas necessárias e reais — propriedades de mecanismos e não conjunções de eventos. E o único sentido no qual a ciência pressupõe o determinismo é o sentido (não-humeano, não-laplaciano) de *determinismo da ubiqüidade*, isto é, a ubiqüidade de causas reais (mas talvez não necessariamente inteligíveis), incluindo causas de diferenças, e daí a possibilidade (por mais remota que seja) de explicações estratificadas. O "determinismo", como normalmente compreendido, pode portanto ser considerado uma noção que repousa em uma ontologia ingênua e factualista de leis, e em particular no erro de se supor que um evento, porque foi levado a acontecer, estava destinado a acontecer antes de ter sido causado — uma confusão entre determinação (ontológica) e predeterminação (epistemológica)). Nem é o caso de dizer que as relações de geração natural são (logicamente) transitivas. Assim, não é o caso de se dizer que, porque S_1 produziu S_2, e S_2 produziu S_3, S_1 produziu S_3 — se, por exemplo, S_2 possui poderes emergentes, ou o sistema em que S_3 se formou é aberto, ou o processo é estocástico. O desenvolvimento da teoria da catástrofe e do caos representou mais um golpe no determinismo de regularidade, ilustrando que sistemas dinâmicos não-lineares podem produzir resultados altamente irregulares (caóticos e imprevisíveis). (Ver também PREVISÃO.)

A relativa raridade de resultados deterministas e a complexidade de agentes têm implicações para a questão do livre-arbítrio. A posição predominante na primeira metade do século era a "compatibilista", segundo a qual o livre-arbítrio pressupõe o determinismo. Sob a influência de Gilbert Ryle, John Austin, o último Wittgenstein, F. Waismann, P. Strawson e S. Hampshire, a visão do senso comum de que o determinismo representa uma ameaça aos nossos conceitos normais de mediação (ver AÇÃO E MEDIAÇÃO), escolha e responsabilidade costumava, de maneira geral, reconciliar-se com um contínuo compromisso com o determinismo no nível físico, na doutrina de que os conceitos anteriores funcionavam em um nível lógico, estrato lingüístico ou jogo lingüístico diferente. Mas uma vez descartado o factualismo, a possibilidade de uma rejustificação naturalista da mediação humana, da CAUSALIDADE de motivos e a potencial aplicabilidade do atributo "livre" aos agentes, suas ações e situações está mais uma vez aberta.

Tem havido muita controvérsia no século XX a respeito de o marxismo ser uma teoria determinista no sentido de que toma os resultados como sendo (a) inevitáveis e/ou (b) previsíveis e/ou (c) predestinados. Isso não tem como ser discutido aqui (ver o verbete "determinismo" em Bottomore et al., 1983) — a não ser para observar que existem bons motivos filosóficos e históricos para não se tratar o programa de pesquisa marxista como determinista em nenhum desses sentidos.

Leitura sugerida: Anscombe, G.E.M. 1971: *Causality and Determination* • Bhaskar, Roy 1975 *(1978)*: *A Realist Theory of Science*, 2ªed. • Kamminga, H. 1990: "Understanding chaos". *New Left Review* 181 • Melden, A.I 1961: *Free Action* • Polanyi, M. 1967: *The Tacit Dimension*.

ROY BHASKAR

dialética Em seu sentido mais geral, dialética passou a significar qualquer processo mais ou menos intricado de conflito, interconexão e transformação conceitual ou social, no qual a geração, interpenetração e conflito de oposições, levando à sua transcendência em um modo mais pleno ou mais adequado de pensamento ou forma de vida, desempenha um papel crucial. Mas a dialética é um dos conceitos mais antigos, complexos e contestados em todo o pensamento filosófico e social. A controvérsia no século XX, contudo, tem girado em torno de duas figuras do século XIX, Hegel e Marx.

Existem duas inflexões da dialética em Hegel: (a) como processo lógico; (b) em sentido mais restrito, como o dínamo desse processo.

(a) Em Hegel, o princípio do idealismo, a compreensão especulativa da realidade como espírito (absoluto), une duas antigas correntes de dialética, a idéia eleática de dialética como *razão* e a idéia jônica de dialética como *processo,* na noção de dialética como *processo da razão* autogerador, autodiferenciador e autoparticularizante. Esse processo se efetiva alienando-se e restaura sua auto-unidade através do reconhecimento dessa alienação como nada além de sua própria livre expressão ou manifestação — processo que é recapitulado e completado no próprio Sistema Hegeliano.

(b) O motor desse processo é a dialética concebida de maneira mais restrita, o segundo momento, essencialmente negativo, de "pensamento efetivo", a que Hegel chama "a apreensão de opostos em sua unidade ou do positivo no negativo". Esse é o método que permite ao comentarista dialético observar o processo através do qual categorias, noções ou formas de consciência brotam umas das outras para formar totalidades cada vez mais inclusivas, até que o sistema como um todo esteja completo. Para Hegel, a verdade é o todo e o erro reside na unilateralidade, na incompletude e na abstração; seu sintoma são as contradições que ele gera e sua cura é a incorporação dessas tradições a formas mais plenas, mais ricas, mais concretas e altamente mediadas. No decorrer desse processo, observa-se o famoso princípio de *sublação*: à medida que a dialética se desdobra, nenhuma percepção parcial jamais se perde. De fato, a dialética hegeliana avança de dois modos básicos: trazendo à luz o que está implícito, mas não explicitamente articulado, em alguma noção; ou remediando alguma falta, insuficiência ou inadequação dessa noção. O pensamento "dialético", em contraste com o "reflexivo" (ou analítico), apreende formas conceituais em suas interconexões sistemáticas, e não apenas em suas diferenças determinadas, e concebe cada desenvolvimento como o produto de uma fase prévia, menos desenvolvida, da qual ele é a necessária verdade ou o necessário cumprimento; de forma que existe sempre alguma tensão, ironia latente ou surpresa incipiente entre qualquer forma e o que se encontra no processo de vir a ser.

No início do século os idealismos absolutos de F.H. Brandley e J. McYaggart, na Grã-Bretanha, e de J. Royce, nos Estados Unidos, exerceram grande influência. Benedetto Croce desenvolveu uma forma de hegelianismo na Itália durante os anos do entreguerras. As leituras humanísticas de A. Kojève e Jean Hyppolite, especialmente da *Fenomenologia do espírito* de Hegel, nos anos 30, ajudaram a formar toda uma geração de intelectuais, franceses em particular, incluindo Jean-Paul Sartre. J. Findlay, nos anos 50, e Charles Taylor, na década de 70, foram importantes na preparação do caminho para uma re-recepção de Hegel no apogeu e na seqüência da hegemonia filosófica positivista no mundo de língua inglesa.

Quatro grandes questões têm dominado a controvérsia intelectual a respeito da dialética na tradição marxista: (1) a diferença entre as dialéticas de Marx (materialista) e de Hegel; (2) o papel da dialética na obra de Marx e, de forma mais ampla, em qualquer ciência social marxista; (3) a compatibilidade da dialética com a LÓGICA formal, o materialismo, a prática científica e a racionalidade de modo geral; e (4) o status da tentativa de Engels de estender a dialética de Marx para além do âmbito social a fim de abranger a natureza e a totalidade do ser de maneira geral.

As três ênfases mais comuns do conceito, na tradição marxista, são quanto a: (a) o método, de maneira mais geral o método científico, ilustrando a dialética *epistemológica*; (b) um conjunto de leis ou princípios governando algum setor ou o todo da realidade, a dialética *ontológica*; e (c) o movimento da história, dialética *relacional*. Todas as três podem ser encontradas em Marx. Mas seus paradigmas são os comentários metodológicos de Marx em *O capital*, a filosofia da natureza exposta por Engels no *Anti-Dühring* e o "hegelianismo superando Hegel" do primeiro György Lukács em *História e consciência de classe* — textos que podem ser encarados como os documentos fundadores da ciência social marxista, do MATERIALISMO DIALÉTICO e do marxismo ocidental, respectivamente.

Existe uma consistência notável nas críticas de Marx a Hegel de 1843 e 1873. Essas voltam-se, formalmente, contra as "inversões" sujeito-predicado de Hegel, seu princípio de identidade (implicando a redução do ser a pensamento) e seu misticismo lógico (implicando a redução da ciência a FILOSOFIA); e, substantivamente, contra a impossibilidade de Hegel de sancionar a autonomia da natureza e a historicidade das formas sociais. Mas uma reavaliação positiva definida da dialética hegeliana ocorre a partir do momento dos *Grundrisse* (1857-58). Infelizmente, Marx nunca realizou o seu desejo de "tornar acessível à inteligência humana comum, em duas ou três folhas impressas, aquilo que é *racional* no método que Hegel descobriu e ao mesmo tempo mistificou". Todos os indícios, no entanto, parecem deixar claro que Marx achava possível extrair *parte* da dialética hegeliana sem ser comprometida pelo idealismo de Hegel — contrariando tanto a visão neofichteana dos Jovens Hegelianos e de Engels, de que uma extração completa de método a partir de sistema é viável, quanto a posição de críticos de orientação positivista, de Eduard Bernstein a Lucio Colletti, de que a dialética é inseparável do idealismo.

Marx compreendia a sua dialética como *científica*, pois ela se determinava a explicar as contradições no pensamento e as crises da vida sócio-econômica em termos das relações essenciais, particulares e contraditórias que as geravam; como *histórica*, pois estava ao mesmo tempo enraizada em mudanças nas próprias relações e circunstâncias que descrevia e era um agente delas (de forma condicional); como *crítica*, pois demonstrava as condições históricas de validade e os limites de adequação das categorias, doutrinas e práticas que explicava; e como *sistemática*, pois buscava reconstituir as variadas tendências e contradições históricas do capitalismo, até certas contradições, estruturalmente constitutivas, do seu modo de produção. Dentre estas, as mais importantes são as contradições entre o valor de uso e o valor de mercado, e entre os aspectos útil e concreto e social e abstrato do trabalho que a mercadoria incorpora. Essas contradições, junto com as outras contradições estruturais e históricas que elas fundamentam, são tanto (a) *oposições inclusivas reais*, no sentido de que os termos ou pólos das contradições pressupõem existencialmente uns aos outros, quanto (b) *relacionadas internamente* a uma forma mistificadora de *aparência*. Essas *contradições dialéticas* não violam o princípio de não-contradição, pois podem ser *descritas de forma consistente*; nem tampouco são cientificamente absurdas, pois a noção de representação errônea e invertida — ou mistificadora — de um objeto real, gerada pelo objeto em questão, é prontamente acomodada dentro de uma ontologia não-empirista, *estratificada*, na qual o pensamento é incluído dentro da realidade, e não hipostasiado.

As três posições mais comuns sobre a dialética são a de que ela é uma tolice ininteligível, de que é universalmente aplicável e de que é aplicável ao domínio natural e/ou social, mas não ao domínio natural. Engels imprimiu sua autoridade à segunda posição, a universalista. Não existe problema a esse respeito para Hegel, para quem a realidade é pensamento e a lógica dialética, onto-lógica. Mas parece que qualquer equação desse tipo deve ser problemática para um realista comprometido com a noção da existência da natureza independente do pensamento e para um materialista comprometido com a noção de sua primazia causal. No entanto Engels, sobrescrevendo ambos esses compromissos, conseguiu levar a dialética em seu sentido essencialmente hegeliano e buscou aplicá-la ao ser como um todo. Se Marx, por um lado, nunca repudiou a cosmologia de Engels, sua própria crítica da economia política não pressupõe nem acarreta uma dialética da natureza, e sua crítica do apriorismo implica o caráter a posteriori e específico do sujeito das afirmações a respeito da existência de processos dialéticos, bem como de outros tipos de processos na realidade.

A própria suposição de uma dialética da natureza pareceu a toda uma linha de críticos, de Lukács a Sartre, categoricamente equivocada, na medida em que implica antropomorficamente (e portanto idealisticamente) uma retrojeção na natureza de categorias tais como contradição e negação, que só fazem sentido no âmbito humano. Tais críticas não negam que a *ciência natural*, como parte do mundo sócio-histórico, possa ser dialética; o que está em questão é se pode haver uma dialética da *natureza* por si só. Obviamente, existem diferenças entre as esferas natural e social. Mas seriam essas diferenças específicas mais ou menos importantes do que suas semelhanças genéricas? Na verdade, o problema da dialética da natureza reduz-se a uma variante do problema geral do NATURALISMO, o modo como esse problema é resolvido dependendo de a dialética ser concebida de forma suficientemente ampla e o mundo humano de forma suficientemente naturalista para tornar plausível sua extensão à natureza. Mesmo então, não se deve esperar necessariamente uma resposta unitária — pode haver polaridades dialéticas e oposições inclusivas na natureza, mas não inteligibilidade ou razão dialéticas.

Tanto em Engels quanto em Lukács, a "história" foi efetivamente esvaziada de substância — em Engels, ao ser interpretada de forma "objetivista", em termos das categorias de um processo universal; em Lucáks, ao ser concebida de forma "subjetivista" como tantos momentos ou mediações de um ato de auto-realização finalizante e incondicionado, que era o seu fundamento lógico. Apesar dessas falhas originais, as tradições tanto do materialismo dialético quanto do marxismo ocidental têm produzido, no século XX, algumas figuras dialéticas notáveis. Dentro do marxismo ocidental, além da própria dialética de Lucáks, de autoconsciência histórica ou dialética sujeito-objeto, existem as contradições teoria/prática de Antonio Gramsci, essência/existência de Herbert Marcuse e aparência/realidade de Colletti, todas de proveniência mais ou menos diretamente hegeliana. Em Walter Benjamin, a dialética representa a descontinuidade e o aspecto catastrófico da história; em Marc Bloch, é concebida como fantasia objetiva; em Sartre, está enraizada na inteligibilidade da atividade totalizante do próprio indivíduo; em Henri Lefèbvre, significa o objetivo da humanidade desalienada. Entre os marxistas ocidentais mais anti-hegelianos (incluindo Colletti), a dialética de Della Volpe consiste essencialmente em um pensamento não-rígido, não-hipostasiado, enquanto a dialética de Althusser representa a complexidade, pré-formação ou sobredeterminação das totalidades. Equilibrado entre os dois campos, Theodor Adorno enfatiza, por um lado, a imanência de toda a crítica e, por outro, o pensamento de não-identidade.

Enquanto isso, dentro da tradição materialista dialética, a terceira lei de Engels (a negação da negação) foi retirada sem a menor cerimônia por Stalin da ideologia oficial da União Soviética, e a primeira lei (a transformação de quantidade em qualidade e vice-versa) foi relegada por Mao Tsé-tung, na China, a um caso especial da segunda (a interdependência de opostos), a qual, a partir de Lenin, aliviou propriamente a maior parte da carga da dialética. É certo que havia boas credenciais materialistas (bem como motivos políticos) para esses movimentos. A negação da negação é o meio pelo qual Hegel dissolve um ser determinado na infinidade. Por outro lado, como destacou Maurice Godelier, os materialistas dialéticos raramente apreciaram as diferenças entre a *unidade* de Marx e a *identidade* de opostos hegeliana. Dentro dessa tradição, Mao é digno de nota por uma série potencialmente frutífera de distinções — entre contradições antagônicas e não-antagônicas, contradições principais e secundárias, aspectos principais e secundários de uma contradição e assim por diante — e por enfatizar, como Lenin e Trotsky, a natureza "combinada e desigual" de seu desenvolvimento.

Através de sua história longa e complexa, cinco correntes básicas de significado se destacam na dialética, todas ocupando o primeiro plano em diferentes ocasiões no século XX:

1. *contradições dialéticas*, implicando oposições inclusivas ou forças de origens não-independentes;
2. *argumentação dialética*, orientada para a busca de ideais fundamentáveis;
3. *razão dialética*, que abrange todo um leque de conotações, indo do pensamento imaginoso e conceitualmente flexível que, sob a disciplina de restrições empíricas, lógicas e contextuais, desempenha um papel tão crucial no desenvolvimento científico através do esclarecimento e da desmistificação até a racionalidade profunda da PRÁXIS emancipatória;
4. *processo dialético*, implicando um esquema de unidade original, disjunção histórica e eventual retorno que é um motivo recorrente e profundamente enraizado no pensamento ocidental;
5. *inteligibilidade dialética*, compreendendo a apresentação de origem tanto teleológica (em Hegel) quanto causal (em Marx) de formas sociais e culturais (incluindo crenças) e sua crítica explanatória.

Leitura sugerida: Adorno, Theodor 1966 *(1973)*: *Negative Dialetics* • Althusser, Louis 1965 *(1969)*: *Pour Marx* • Anderson, Perry 1976: *Considerations on Western Marxism* • Bhaskar, Roy 1992: *Dialetic* • Colletti, Lucio 1975: "Marxism and the dialetic". *New Left Review* 93 • Lukács, György 1923 *(1971)*: *History and Class Consciousness* • Rosen, Michael 1982: *Hegel's Dialetic and its Criticism* • Stedman Jones, Gareth 1973: "Engels and the end of classic German philosophy". *New Left Review* 79 • Taylor, Charles 1975: *Hegel.*

ROY BHASKAR

dialético, materialismo Ver MATERIALISMO DIALÉTICO.

diferenciação social O conceito refere-se ao reconhecimento e à constituição como fatos sociais de diferenças entre grupos ou categorias particulares de indivíduos. Nem todas as características individuais são diferenciadas dessa maneira, mas muitas o são, de diversos modos, em diferentes sociedades e com variados graus de rigor, às vezes codificados em lei. Entre os tipos mais significativos de diferenciação encontram-se aqueles entre os sexos, entre grupos etários (especialmente importantes nas sociedades tribais primitivas), entre grupos étnicos e lingüísticos, entre categorias profissionais e entre classes e grupos de status. Em escala mundial, através da história, as distinções entre grupos tribais, comunidades políticas distintas, impérios e estados-nações modernos, bem como entre adeptos das principais religiões mundiais ou das inúmeras crenças menores que delas brotaram, têm sido uma força poderosa na união dos grupos humanos e ao mesmo tempo em separá-los de outros grupos, freqüentemente levando-os a conflitos entre si.

Embora a diferenciação social dentro de sociedades ou tipos de sociedades particulares seja há muito tempo tema de comentário por parte de filósofos, mestres religiosos (por exemplo, em explicações das origens do sistema de castas hindu ou da hierarquia feudal) e pensadores políticos, ela só foi estudada sistematicamente a partir do final do século XVIII e mais particularmente no século XIX, quando passou a estar cada vez mais ligada ao desenvolvimento econômico e à especialização das profissões. Assim, Adam Smith expôs não apenas as conseqüências econômicas da expansão da divisão do trabalho, mas também os seus efeitos na determinação das características dos estilos de vida dos indivíduos; e Herbert Spencer, posteriormente, concebeu a divisão do trabalho como o elemento básico na diferenciação social, fazendo remontar seu desenvolvimento à especialização de funções em todas as áreas da vida social. De forma semelhante, Karl Marx baseou sua teoria das classes em uma análise da divisão do trabalho em diferentes modos de produção, ao mesmo tempo distinguindo entre uma divisão social do trabalho, implicando a propriedade ou a não-propriedade dos meios de produção, e uma divisão técnica do trabalho dentro do processo produtivo (ver MARXISMO). Por um outro aspecto, Émile Durkheim (1893) enfatizou a importância da divisão do trabalho como a fonte do individualismo que caracteriza as sociedades modernas.

Sem dúvida, o tipo de sistema econômico e a divisão do trabalho são fatores importantes na criação da diferenciação social dentro de sociedades e, em muitos casos, entre elas (como, por exemplo, na atual relação entre os países industriais avançados e o Terceiro Mundo), mas se reconhece de maneira geral que estão longe de ser os únicos fatores. O autor que destacou de maneira mais clara a complexidade da diferenciação social nas sociedades modernas foi Georg Simmel. Em seu volume de ensaios *über soziale Differenzierung* (1890) e em outras obras, ele examinou a grande variedade de influências que contribuíram para o crescimento do individualismo e a diversificação de grupos sociais nos países da Europa Ocidental durante o século XIX: o rápido desenvolvimento de uma economia monetária, o crescimento das cidades, a mobilidade dos indivíduos e o surgimento de novos interesses sociais e culturais. Em particular, a vida na cidade fornecia o estímulo de perspectivas intelectuais e culturais diversas e competitivas, das quais novos tipos de diferenciação podiam novamente surgir, enquanto o crescimento do número de associações e "círculos sociais" de todos os tipos permitia aos indivíduos desenvolver aspectos específicos de seu caráter e propósitos.

No século XX esses processos têm tido continuidade, ainda que sendo afetados em certo grau por tendências opostas surgidas a partir do desenvolvimento da SOCIEDADE DE MASSA. Ao mesmo tempo dois outros tipos de diferenciação social — os de sexo e os de raça, origem étnica ou nacionalidade — têm adquirido proeminência bem maior no pensamento social. Em todas as sociedades humanas, homens e mulheres têm sido tratados de forma diferente (em geral sem eqüidade), e muitos cientistas sociais do século XIX (entre eles Marx e Spencer) apontaram que a divisão econômica do trabalho começou com a divisão de tarefas entre os sexos, fonte de muitas diferenças sociais e culturais posteriores, incluindo o domínio masculino na vida política. Nas novas sociedades industriais do século XIX, ainda eram negados às mulheres muitos direitos sociais e políticos básicos; embora esses direitos fossem sendo lentamente adquiridos em sociedades mais modernas, persistem formas variadas de diferenciação injusta (ver GÊNERO).

A diferenciação por raça ou origem étnica é também uma característica importante das sociedades modernas, e distinções semelhantes ocorrem em muitas sociedades pós-coloniais e multitribais do Terceiro Mundo. Nos países industriais, porém, em parte como legado do colonialismo, mais particularmente no período do pós-guerra, como conseqüência da imigração em grande escala, essa diferenciação está freqüentemente associada a uma substancial desigualdade econômica e social e a manifestações de RACISMO. A diferenciação em termos de sexo ou raça está ligada a diferenças biológicas (como acontece com a diferenciação por grupo etário), mas as distinções sociais que são feitas surgem de forma independente e, onde se enfatizam os fatores biológicos, isso visa sempre estabelecer ou reforçar algum tipo de desigualdade. Nacionalidade, no sentido de língua e cultura características, é um importante fator de diferenciação nos estados-nações que incorporam minorias nacionais, e também nesse caso isso em geral implica desigualdade de tratamento, mas é igualmente uma fonte de movimentos separatistas.

Os casos que acabamos de considerar revelam como importante aspecto da diferenciação social o fato de ela estar quase que invariavelmente associada à ESTRATIFICAÇÃO SOCIAL. As desigualdades de poder, riqueza e prestígio social, em suas diversas formas, são aspectos fundamentais do processo de diferenciação (ver ELITES, TEORIA DAS) e precisam ser considerados em relação ao "individualismo" das sociedades modernas. A esse respeito, a análise da diferenciação social contribui grandemente para a compreensão da relação entre indivíduo e sociedade. Os indivíduos, com toda a sua série de qualidades pessoais, não ocupam posições neutras e desestruturadas na sociedade, mas nascem dentro de grupos e categorias particulares e distintos que em muito contribuem para determinar seu caráter e perspectiva, ou suas oportunidades e realizações. O grau em que cada indivíduo é capaz de moldar um estilo de vida pessoal e satisfatório depende em grande parte — como Simmel, Durkheim e Marx afirmaram, cada qual à sua maneira — do sistema de diferenciação social e de suas mudanças, especialmente na esfera econômica.

Leitura sugerida: Durkheim, Émile 1893 *(1984)*: *The Division of Labour in Society* • North, C.C. 1926: *Social Differentiation* • Simmel, Georg 1890: *Über soziale Differenzierung: soziologische und psychologische Untersuchungen* • Tönnies, Ferdinand 1887 *(1955)*: *Community and Association.*

TOM BOTTOMORE

dinheiro Este fenômeno cotidiano é o fato social supremo da sociedade moderna. Apesar disso, a teoria social do dinheiro é negligenciada pela maior parte dos cientistas sociais. Esse descaso ocorre porque o dinheiro foi reduzido a um instrumento racional, visto alternadamente como meio de *troca* (ver ECONOMIA NEOCLÁSSICA) ou como meio de *comunicação* (ver ESCOLA AUSTRÍACA DE ECONOMIA). O desenvolvimento histórico, as formas de existência e os modos de operação do dinheiro foram reduzidos às suas *funções* econômicas e sociais, sendo a sua função básica identificada convencionalmente com o seu papel como meio de troca. Embora divirjam na especificação dessas funções e no relacionamento hierárquico proposto entre elas, as várias teorias sobre o dinheiro têm em comum a dissolução da especificidade deste como fenômeno social, reduzindo-o a um meio de representação de fenômenos não-monetários. No entanto, ao enfatizar a simetria de relações de *troca* como base da racionalidade instrumental do dinheiro, essas teorias deixam de lado a assimetria social das relações de *dominação* através das quais o dinheiro se afirma, não como mero *símbolo*, mas como *força social* autônoma.

A concepção predominante do dinheiro remonta pelo menos a Aristóteles, que explicou seu surgimento em termos da inconveniência do escambo ou da permuta, definindo sua função básica pelo seu papel como *meio de troca*, mas reconhecendo também suas funções derivativas como a *medida de valor* e, pelo menos implicitamente também, como *reserva de valor*. O desenvolvimento posterior da teoria monetária acrescentou notavelmente pouco à análise de Aristóteles. O debate principal foi travado entre os que insistiam em que o dinheiro devia ter ele próprio um valor e os que afirmavam que as formas primitivas de dinheiro como mercadoria podiam ser substituídas por formas puramente simbólicas, cujo valor seria determinado por convenção e, para alguns, endossado pelo estado. Esse debate superpôs-se àquele entre os que seguem Aristóteles, encarando a função dos meios de troca como básica, e os hereges, que atribuíam primazia a outras funções do dinheiro. O significado político do debate concentra-se na "teoria quantitativa do dinheiro": se a função básica do dinheiro é como meio de troca, um aumento em sua oferta levará a preços mais elevados. Se sua função básica é como valor de reserva, um aumento na sua oferta levará a uma queda nas taxas de juros.

Adam Smith (1776), seguindo David Hume (1752), lançou as bases da economia moderna ao reafirmar a ortodoxia aristotélica contra a heresia "mercantilista", que encarava a função básica do dinheiro no seu papel como reserva de valor. A "teoria estatal do dinheiro", de Knapp (1905), enfatizava a primazia da função deste como meio de pagamento, validada por seu status de moeda legal. Keynes (1930) seguiu Knapp, enfatizando a primazia da "moeda de cálculo" sobre o dinheiro como meio de troca. No entanto nem os mercantilistas nem Knapp desenvolveram uma teoria sistemática do dinheiro que contestasse a ortodoxia clássica, enquanto Keynes não desenvolveu as implicações de suas percepções indubitáveis, restringindo-se à análise dos motivos para se ter o dinheiro como a base da sua teoria dos juros e do emprego (1936). Assim, a teoria de Keynes foi logo reabsorvida na ortodoxia clássica, sob a forma da "síntese neoclássica", a primazia da função do dinheiro como valor de reserva, expressa na teoria keynesiana da preferência pela liquidez, sendo reduzida a um desvio irracional do funcionamento normal do sistema monetário, baseado na primazia do dinheiro como meio de troca.

Os economistas não foram tão ingênuos ao ponto de acreditar que sua teoria é adequada à realidade cotidiana de uma sociedade em que o dinheiro é, de forma transparente, não apenas um instrumento racional, mas também tanto substância quanto o símbolo de riqueza, de status e de poder. Não obstante, a irracionalidade associada a um sistema monetário desenvolvido é tratada como fenômeno patológico distinguível em princípio da normalidade incorporada no sistema ideal das teorias dos economistas, a ser explicado por sociólogos e psicólogos sociais, ou até mesmo por teólogos e filósofos morais. Tal irracionalidade explica-se, não em termos da irracionalidade objetiva da sociedade capitalista, mas em termos da irracionalidade subjetiva dos agentes sociais, que é convocada a explicar todos os males da sociedade moderna: o "ciclo comercial", o desemprego em massa, a pobreza persistente, a desigualdade crescente, o "abuso" de poder, o conflito industrial e a decadência urbana, tudo isso resulta da impossibilidade dos seres humanos de viverem à altura dos ideais de racionalidade incorporados nas teorias dos economistas.

A sociologia, apesar de toda a sua preocupação com as dimensões não-racionais da ação social, não representou um desafio efetivo à ortodoxia dos economistas. Weber (1921-22) concordou sem questionamentos com a concepção dos economistas do dinheiro como o instrumento e meio de expressão da racionalidade econômica. Parsons (1967) foi além, encarando a concepção do dinheiro pelos economistas como um modelo para a análise de outros subsistemas sociais, considerados como sistemas de troca simbólica, abordagem que foi ainda mais desenvolvida na concepção pós-modernista da sociedade como rede de comunicações (Habermas, 1981; Luhmann, 1983, 1984; cf. Ganssmann, 1988: ver MODERNISMO E PÓS-MODERNISMO), na qual dinheiro é análogo ao signo lingüístico (concepção que leva a teoria do dinheiro a dar a volta completa, uma vez que a teoria do signo de Saussure [1916] inspirou-se na concepção do dinheiro apresentada pelos economistas).

Os sociólogos não têm ignorado os aspectos irracionais do dinheiro, nem se contentado com a concepção psicológica dos economistas sobre tal irracionalidade. Não obstante, os sociólogos seguiram os economistas ao encarar tal irracionalidade como fenômeno patológico, como instituição social cuja função básica de servir como instrumento racional adquire significados secundários que podem subverter seu propósito original. A *Filosofia do dinheiro* (1907), de Simmel, a única contribuição sociológica séria à teoria do dinheiro, é um estudo brilhante da influência permeadora do dinheiro na vida social, mas a irracionalidade de uma sociedade dominada pelo dinheiro é atribuída a uma metafísica universal, o processo psicológico através do qual meios e fins acabam sendo invertidos. Assim, o aspecto essencial do dinheiro numa sociedade capitalista, o de poder servir como um meio apenas por ser o fim supremo, é atribuído a um processo psicológico misterioso que precisa ser invocado devido à designação original e errônea do dinheiro como o instrumento da razão.

O único teórico social a contestar sistematicamente a concepção ortodoxa do dinheiro foi Karl Marx. Até recentemente as interpretações da teoria do dinheiro estabelecida por Marx permaneceram dentro do quadro funcionalista, insistindo em geral em que a função básica do dinheiro reside em seu papel como a forma de valor independente, e portanto como *capital*. Essa concepção do dinheiro está de acordo com a concepção marxista do capitalismo como uma sociedade baseada, não na troca e na comunicação, mas na EXPLORAÇÃO e no domínio, cujo desenvolvimento é determinado, não pelas necessidades e aspirações humanas, mas pela acumulação de capital. Essa teoria leva os marxistas a afirmar que a "irracionalidade substantiva" da sociedade capitalista é inseparável de sua "racionalidade formal" e mais fundamental do que esta. No entanto isso não define uma teoria do dinheiro caracteristicamente marxista, validando a visão ortodoxa de Marx como um herege menor, cujas teorias monetárias eram derivativas e cheias de falhas.

Dentro da interpretação funcionalista de Marx, o dinheiro permanece sendo um instrumento, não um instrumento da razão, mas do capital. A irracionalidade do dinheiro não é inerente ao dinheiro, mas reside fora de si mesma, nas relações sociais que o dinheiro serve para simbolizar. O que fica implícito — e nisto se agarrou o movimento reformista no bloco soviético — é que o dinheiro é socialmente neutro e pode servir como instrumento de planejamento socialista da mesma forma como serve de instrumento de exploração capitalista.

A publicação das primeiras obras de Marx e dos *Grundrisse* abriu o caminho para uma interpretação alternativa e mais radical da teoria marxista que atribui um papel crucial à sua crítica do dinheiro. Essa abordagem representa uma convergência da análise da "forma-valor", que teve como pioneira a Alemanha, e do dinheiro como modo de dominação, que teve como pioneiro o movimento italiano de *autonomia* no início dos anos 70 (Backhaus, 1969; Negri, 1972). Essa interpretação reverte a relação convencional entre forma e função, encarando as *funções* do dinheiro como derivadas das propriedades do dinheiro enquanto *forma social* particular. Essa abordagem rejeita a distinção analítica entre o sistema "real" e o sistema monetário, a qual marca tanto a economia ortodoxa quanto o marxismo ortodoxo, e que surge de forma invertida nas teorias pós-modernistas. O dinheiro não simboliza uma relação real que esteja por trás dele. E menos ainda constitui a "economia" como um campo puramente simbólico. É somente com o desenvolvimento do capitalismo que o dinheiro dissolve todos os "laços pré-históricos", de forma que as relações entre os indivíduos só podem constituir-se como relações *sociais*, e assim adquirir um determinado caráter social, através da forma do dinheiro. Em uma sociedade capitalista desenvolvida, o dinheiro não é, portanto, meramente um símbolo, mas é o elemento mediador básico entre o indivíduo e a sociedade. Essa observação aparentemente banal tem conseqüências bastante fundamentais, pois implica que a teoria do dinheiro, longe de ser uma economia técnica, tem de estar no próprio cerne da teoria da sociedade capitalista (Merrington e Marazzi, 1977; Negri, 1979, Lição 2; Clarke, 1982, Capítulos 3 e 4; Clarke, 1988, Capítulos 4 e 5; Ganssmann, 1988; cf. Aglietta e Orlean, 1982, que desenvolvem uma teoria antropológica do dinheiro comparável, mas não-marxista).

Leitura sugerida: Aglietta, M. e Orlean, A. 1982: *La violence de la monnaie* • Backhaus. H.G. 1969 *(1980)*: "On the dialectics of the value-form". *Thesis XI* 1, 94-120 • Clarke, S., Simon, 1982 *(1991)*: *Marx, Marginalism and Modern Sociology* • Ganssmann, H. 1988: "Money: a symbolically generalized medium of communication?". *Economy and Society* 17.3, 185-316 • Knapp, G.F. 1905 *(1924)*: *The State Theory of Money*, ed. resumida • Luhmann, N. 1983: "Das sind Preise: ein soziologisch-systemtheoretischer Klärungsversuch". *Soziale Welt*, 34.2, 153-70 o 1984: "Die Wirtschaft der Gesellschaft als autopoietisches System". *Zeitschrift für Soziologie*, 13.4, 308-27 • Merrington, J. e Marazzi, C. 1977: "Notes on money, crisis and the state". *CSE Conference Papers* • Negri, A. 1979 *(1984)*: *Marx Beyond Marx* • Simmel, Georg 1907 *(1990)*: *The Philosophy of Money*.

SIMON CLARKE

direita, nova Ver NOVA DIREITA.

direito Ver LEI; POSITIVISMO JURÍDICO.

direitos e deveres Para que alguém tenha um direito, um dever correspondente deve caber a um outro ou outros, específicos ou genéricos. O direito pode ser o de fazer algo, de conservar a posse de algo ou de receber algo (incluindo uma abstração, como o respeito). O dever respectivo seria tolerar a atividade, não interferir com a posse do bem ou oferecer o benefício ou a reação. Os direitos legais, isto é, aqueles reconhecidos pelo direito (ver LEI), servem de modelo para os direitos extralegais, ou "morais". Os que invocam estes últimos em apoio a suas pretensões deixam implícito que estas seriam apoiadas por um tribunal moral imaginário e, de forma típica, buscam mudar a lei de forma a efetivá-las.

Coloca-se então a questão das justificativas com que os direitos podem ser postulados. A resposta tradicional é que os seres humanos têm "direitos naturais". John Locke afirmou que, mesmo em um "estado natural", os indivíduos são seres morais e, ao abandonarem esse estado natural, concederam apenas limitados poderes de coerção ao governo que então estabelecera. Quando este ultrapassa tais limites, viola os "direitos naturais" de seus súditos. A Carta de Direitos anexada à Constituição dos Estados Unidos exemplifica com limpidez esse modo de pensar. Em meados do século XX, porém, as alegações quanto à existência de tais direitos sofreram ataques das mais variadas procedências. Alguns, refletindo uma perspectiva positivista lógica, a qual nega que os julgamentos morais possam ser verdadeiros ou falsos, encaram essas alegações mais como "decisões", ou como uma "tomada de posição" (MacDonald, 1947-8, p.49). Outros, ao mesmo tempo em que aceitam serem válidos os julgamentos morais, encaram as entidades coletivas — a nação, a classe — como os únicos repositórios de valor. Em uma veia mais prática, Mabbott (1958) ao mesmo tempo em que encara as entidades coletivas com extremo ceticismo e propõe o "banimento [da palavra] 'sociedade', a fim de que seja possível pensar com lucidez" (p.83), rejeita os direitos naturais como "indeterminados e caprichosos" (p.58) e como uma arma política invariavelmente utilizada pelos oponentes de reformas (p.62).

Na parte final do século "os direitos" voltaram a se impor no pensamento político, embora, em seguida à Segunda Guerra Mundial e à posterior denúncia do holocausto nazista, grande parte da ênfase em todo mundo se tenha concentrado no que foi chamado de "direitos humanos". Ao se delinearem esses direitos, o debate não foi tanto a respeito de que direitos os indivíduos um dia tiveram, ou teriam, em um "estado natural", mas sim quanto a que direitos todos deveriam ter no mundo tal como ele é hoje. Além disso, enquanto os direitos naturais tendem a ser encarados como "ativos", isto é, opções que os que os detêm poderiam escolher exercer, ou não, em qualquer dada situação, os "direitos humanos" ampliam o conceito para abranger igualmente os direitos "passivos", isto é, os direitos que impõem deveres sobre outros, independentemente da escolha daquele que tem os direitos. Assim, é possível dizer que uma criança tem "direito à educação" sem estar implícito que ela deveria ter a opção de se recusar a receber educação.

Os direitos podem ser específicos ou universais. Enquanto um direito universal é aquele que todos deveriam reconhecer, um direito específico só é devido por parte de um outro, ou conjunto de outros, específico e surge ou de compromissos explícitos que estes últimos tenham assumido, ou do relacionamento entre eles. Assim, Melden (1959) sustenta que um pai tem o direito de esperar respeito do filho e, por analogia, alguns avançam até a reivindicação de que um grupo tem um direito específico à lealdade de seus membros e um estado à dos seus cidadãos.

No entanto não é característico dos teóricos dos "direitos naturais" defender os direitos de coletividades contra indivíduos. Ao contrário, os "direitos" são encarados como baseados na liberdade (Hart), e a liberdade é definida negativamente como a ausência de coerção (Cranston, 1953; Berlin, 1958). A afirmação de Jean-Jacques Rousseau de que somos "forçados a ser livres" é tida como um abuso de linguagem. Nas palavras de Hart,

> se existe algum direito moral, segue-se que deve existir pelo menos um direito natural, o direito igual, de todos os homens, a ser livre. (...) [pelo que] qualquer ser humano adulto capaz de fazer uma escolha (1) tem o direito de estar livre, por parte de todos os outros, do uso da coerção ou da repressão contra ele, salvo para impedir a coerção ou repressão, e (2) tem a liberdade de exercer (isto é, não estar sob a obrigação de se abster de) qualquer ação que não seja coercitiva, repressiva, ou que vise a causar mal a outras pessoas (Hart, 1955, p.154).

Esse não é, do ponto de vista de Hart, um direito absoluto, mas seria preciso que se apresentassem motivos muito bons para suprimi-lo.

Milne, em contraste, seguindo Green (1941) e Bosanquet (1951), encara a liberdade como positiva. Concorda com Hart em que "o direito a estar livre de coerção arbitrária é uma condição necessária para se terem quaisquer outros direitos", mas sustenta que isso só é possível numa sociedade livre, cujos membros "estejam substancialmente de acordo a respeito do caráter fundamental do seu modo de vida" (Milne, 1968, p.177). Ele considera que a moralidade estabelecida de uma tal sociedade poderia autorizar restrições por outros motivos que não os mencionados por Hart (a segurança nas estradas poderia ser um exemplo). O que distingue uma sociedade livre é que cada membro participa da responsabilidade de mantê-la e determinar-lhe o rumo, e deve portanto ser autônomo aos olhos da lei. Os direitos, afirma, têm um caráter essencialmente social. Ao pressupor a autonomia de cada membro, a sociedade livre depende de que cada um aja no espírito, mais do que apenas na letra, de sua MORALIDADE estabelecida. Deve, portanto, conferir a cada pessoa a oportunidade de exprimir suas próprias percepções quanto às questões públicas e, assim, preservar a liberdade de expressão de todos. Além disso, naquilo que chama de perspectiva "humanista crítica", os membros de uma sociedade podem avaliar o nível de compreensão que predomina em sua sociedade e buscar melhorá-lo. Os direitos de associação, de participação política e de ação política não-violenta, tenderão a facilitar esse processo.

De acordo com Mabbott (1948, p.57), os "direitos naturais devem ser auto-evidentes e também absolutos para poderem ser considerados como direitos". Milne, ao ligar os "direitos naturais" à concepção de uma sociedade livre, demonstrou que eles não precisam ser auto-evidentes; e tanto ele quanto Hart reconhecem que eles às vezes têm de ser suprimidos.

Esse último reconhecimento, porém, lança os teóricos dos "direitos naturais" numa ladeira escorregadia. Se os direitos pudessem ser suprimidos apenas por motivos utilitários, isto é, sempre que a sua supressão viesse a promover a "maior felicidade (ou maior bem) do maior número", eles seriam destituídos de valor. De acordo com Waldron, seguindo Dworkin,

> um indivíduo tem um direito quando existe um motivo para lhe atribuir algum recurso, liberdade ou oportunidade, mesmo apesar do fato de que, normalmente, as considerações decisivas sobre o interesse geral (ou outros objetivos coletivos) falariam contra essa concessão (Waldron, 1984, p.17).

Os utilitaristas, em contraste, "estão necessária e profundamente comprometidos em (...) trocar os interesses de vida e liberdade de um pequeno número de pessoas por uma soma maior de interesses menores de outros" (ibid., p.18-9).

Para preservar essa diferenciação, os defensores dos direitos naturais contestariam em primeiro lugar que, mesmo que um direito não fosse absoluto, seria preciso apresentar um argumento extremamente convincente para que ele pudesse ser suprimido, o que poderia significar exigir que os que buscassem suprimi-lo não poderiam agir simplesmente segundo seu próprio critério, mas teriam de convencer um tribunal independente da necessidade de fazê-lo; e em segundo lugar que, ao suprimir um direito, a infringência seria mantida em nível mínimo, o direito seria restaurado assim que a necessidade de suprimi-lo houvesse passado e se pagaria uma indenização por essa transgressão.

Também se tem afirmado que alguns direitos são absolutos. Gewirth (1984) propõe que o direito de uma mãe de não ser torturada até a morte pelo próprio filho seria um desses. Assim, mesmo que terroristas fizessem a ameaça verossímil de destruir uma grande cidade com armas nucleares, a não ser que essa tortura acontecesse, seria errado o filho fazê-lo. O filho seria responsável pela tortura que estaria infligindo, mas não pelas ações letais dos terroristas em represália a sua recusa a infligir a tortura.

O pensamento de Gewirth, porém, parece preocupado basicamente com o direito do filho, mais que com os direitos da mãe. Desta última dificilmente se poderia dizer que teria sido menos violentada caso tivesse sido torturada até a morte por alguma outra pessoa. Para fazer eco a Hart, se é que existem "direitos naturais", o direito de não ser torturado, ou de não ser abandonado a uma perspectiva de tortura, é com toda certeza absoluto.

As teorias do direito (especialmente dos direitos "naturais" ou ativos) em geral representam o indivíduo como tudo e a sociedade como nada. Conforme demonstra Milner, isso é um exagero que o conceito mais amplo de direitos humanos — incorporando direitos "passivos", tais como os direitos a alimentação, abrigo, cuidados médicos e educação — em certa medida corrige, pelo menos em princípio. Afirmar que existem limites além dos quais a liberdade e o bem-estar do indivíduo possam não estar subordinados àquilo que um governo encara como o bem comum dificilmente seria discutível hoje em dia, embora a consideração contrária, apresentada pelo argumento de Mabbott, indique que também deveria haver limites quanto ao grau em que um governo deveria ser impedido de promover fins autenticamente comuns por indivíduos que invocam seus direitos. Não obstante, é difícil discordar da afirmação de que, neste século, e particularmente desde o ápice do LAISSEZ-FAIRE, da Grande Depressão de 1929 em diante, os ultrajes mais terríveis contra a humanidade se originaram, levando-se tudo em conta, mais do excesso que da deficiência de poder dos governos. Admitido isto, a retomada da ênfase na questão dos direitos e deveres representa uma tendência salutar.

Ver também JUSTIÇA.

Leitura sugerida: • Dworkin, R. 1978 *(1990)*: *Taking Rights Seriously*, ed. rev. • Gostin, L. org. 1988: *Civil Liberties in Conflict* • Hart, H.L.A. 1955: "Are there any natural rights?". *Philosophical Review* 64, 175-91 • MacDonald, M. 1947-48: "Natural rights". *Proceedings of the Aristotelian Society*, 35-55 • Melden, A.I. 1977: *Rights and Persons* • Milne, A.J.M. 1968: *Freedom and Rights* • Waldron, J., org. 1984: *Theories of Rights*.

RODERICK C. OGLEY

discurso Com grande freqüência, este conceito é associado a linguagem "em uso", levando em consideração o texto/textos que ocorrem efetivamente em um contexto comunicativo genuíno. O discurso, assim, tem desempenhado um papel em várias disciplinas e subdisciplinas da LINGÜÍSTICA: na lingüística textual, como um meio de descrever o modo como as proposições se unem para formar uma unidade lingüística coesa maior que uma sentença (ver Beaugrande e Dressler, 1981; Halliday e Hasan, 1976); na lingüística sistêmica (ver SEMIÓTICA), como um meio de ligar a organização lingüística do discurso a componentes sistemáticos particulares de tipos situacionais; na psicolingüística, para dar conta das estratégias cognitivas que os usuários da linguagem empregam em COMUNICAÇÃO, incluindo a ativação do conhecimento ordinário (ver Van Dijk e Kintsch, 1983). Uma vez que o discurso se ocupa do significado do que se "expressa", mais que da "sentença", ele está relacionado à pragmática, embora a pragmática lingüística não possa explicar todos os aspectos do discurso em seu sentido mais amplo. Assim, os conceitos de discurso vão da mais estrita descrição lingüística-textual, em que discurso é simplesmente "um período contínuo de (...) linguagem maior do que a sentença" (Crystal, 1985, p.96), que pode ser falado ou escrito, ou ambos, e é de autoria única ou dialógico, até macroconceitos que tentam definir teoricamente formações ideológicas ou "discursivas" que organizam sistematicamente o conhecimento e a experiência e reprimem alternativas através de seu domínio (ver Foucault, 1969). Nesse contexto, surgem questões a respeito de como os discursos podem ser contestados a partir de dentro e de como emergem discursos alternativos. Esses debates continuam em muitos campos, incluindo o feminismo e o pós-estruturalismo.

Discurso tornou-se uma das palavras mais amplas e, em geral, mais confusamente utilizadas em teorias recentes no âmbito das artes e nas ciências sociais, sem um único conceito unificador claramente definível. Discurso e texto costumam ser usados alternadamente. Onde se faz uma distinção, esta é às vezes de perspectiva metodológica (texto = produto material; discurso = processo comunicativo), ou então para explicar a interligação de textos no diálogo. Beaugrande e Dressler (1981) tornam o texto coincidente com o discurso na medida em que seja produzido por um único indivíduo, mas se referem igualmente ao discurso como a soma de textos interligados. Para definir o texto como ocorrência comunicativa, eles propõem sete padrões de textualidade. Coesão e coerência são os chamados critérios "textocentrados". Ambos referem-se a formas gramaticais que marcam as ligações entre sentenças dentro de um texto e aos elos conceituais através de proposições conexas, que não surgem necessariamente em formas gramaticais específicas. Além disso, existem critérios "usuário-centrados": intencionalidade, aceitabilidade, informatividade, situacionalidade e intertextualidade. Juntos, esses sete padrões são constitutivos da comunicação textual. Os padrões "usuário-centrados" têm de explicar o fato de o "significado" do discurso não estar contido dentro das formas lingüísticas como tais, mas os leitores ou ouvintes terem de construir ativamente o significado através de inferências.

Levinson (1983, cap.6) limita a análise do discurso à formulação de regras para a estrutura do discurso, conforme expresso em gramáticas de textos (ver Van Dijk, 1972) e em teorias baseadas no discurso-ação (Labov e Fanshel, 1977; Coultrard e Montmogery, 1979), e opõem isso à análise conversacional praticada por etnometodologia de forma estritamente empírica (Sacks et al., 1974; Schenkein, 1978). Um conceito de discurso de base mais ampla, porém, subordinaria a ANÁLISE CONVERSACIONAL (ver CONVERSACIONAL, ANÁLISE) e outras abordagens sociológicas à interação comunicativa como um dos métodos de abordagem do discurso (ver Gumperz 1982).

Na teoria literária, o conceito de discurso representa um meio de romper as divisões entre textos literários e não-literários. O status especial do texto poético é substituído por um *continuum* de práticas lingüísticas que são mais ou menos dependentes de contexto. A diferença entre "discurso na vida e discurso na poesia"

(Volosinov, 1926) torna-se, assim, uma questão de grau, e não um absoluto. Segundo Volosinov, o discurso é ideológico no sentido de que surge entre indivíduos socialmente organizados e não pode ser compreendido fora do seu contexto. "O discurso, tomado (...) como fenômeno de comunicação cultural (...) não pode ser compreendido independentemente da situação social que lhe deu origem" (ibid., p.8). A natureza ideológica do discurso fica mais transparente no

> discurso autoritário [o qual] exige nossa submissão incondicional. O discurso autoritário, portanto, não permite que se jogue com o contexto que o enquadra (...). Está indissoluvelmente fundido com sua autoridade — com um poder político, uma instituição, uma pessoa — e tanto se mantém quanto cai junto com essa autoridade (Bakhtin, 1934-5, p.343).

O conceito de discurso de Volosinov, Bakhtin e outros autores do círculo de Bakhtin, bem como conceitos relacionados em textos recentes de semiótica social, fornece assim um elo com macroversões de discurso encontradas na definição de Bourdieu de "capital lingüístico" (1977), e especialmente com as "formações discursivas" de Foucault (1969).

Leitura sugerida: Beaugrande, R. de e Dressler, W. 1981: *Introduction to Textlinguistics* • Foucault, M. 1969: *L'archeólogie du savoir* • Gumperz, J. 1982: *Discourse Strategies* • Halliday, M.A.K. e Hasan, R. 1976: *Cohesion in English* • Schenkein, J., org. 1978: *Studies in the Organization of Conversational Interaction* • Van Dijk, T. e Kintsch, W. 1983: *Strategics of Discourse Comprehension* • Volosinov, V.N. 1926 *(1983)*: "Discourse in life and discourse in poetry". In *Bakhtin School Papers: Russian Poetics in Translation*, vol.10, org. por Ann Shukman.

ULRIKE MEINHOF

dissenso O verbo "dissentir" refere-se a atividades que divergem ou discordam da maioria em termos de crença e opinião. A palavra "dissidente" refere-se a uma pessoa que adota tal comportamento e sustenta pontos de vista dissentâneos.

O verbo e a palavra foram usados originalmente para designar organizações religiosas e seus adeptos que divergiam da doutrina e dos ensinamentos da Igreja Anglicana. Batistas, metodistas, quacres e seitas e denominações protestantes similares, fora da Igreja Anglicana, foram historicamente discriminados depois da Restauração de 1660, sendo-lhes recusado o acesso a posições estratégicas na Grã-Bretanha. A maior parte dessas restrições foi abolida no século XIX, mas a longa história de discriminação levou membros de seitas dissidentes a assumirem posições impopulares em campos não-religiosos, tanto quanto no domínio especificamente religioso. Foi nesse espírito que Edmund Burke se referiu aos colonizadores norte-americanos, às vésperas da revolução, como os protestantes do protestantismo, ou seja, os dissidentes do dissenso.

O outro contexto importante em que a palavra dissenso aparece com freqüência é o do direito, especialmente o do direito consuetudinário. Nesse caso, a palavra refere-se aos membros de um júri ou aos juízes, num processo jurídico, que divergem da opinião de seus colegas. Uma vez que as opiniões dissentâneas são freqüentemente formuladas com muito cuidado e exibem um elevado grau de sofisticação jurídica, têm em geral a orientação de advogados ou juízes, em processos mais recentes, e sua influência sobre decisões judiciais posteriores pode ser tão grande ou maior do que a decisão majoritária à qual inicialmente se dirigiam. Os dissensos de ontem podem muito bem tornar-se as verdades estabelecidas de hoje. (Ver também CONSENSO.)

Exceto no contexto religioso ou jurídico, a palavra é usada com infreqüência nas ciências sociais; mas outras, quase sinônimas, aparecem com regularidade. Robert K. Merton, por exemplo, faz uma diferença entre o comportamento desviante assumido com vistas ao lucro pessoal, que ele chama de "comportamento aberrante", e o "comportamento não-conformista" assumido por indivíduos ou grupos que rejeitam as normas e valores predominantes em nome de orientações alternativas de conduta para melhorar a qualidade de vida e o bem comum. Ele afirma que a freqüente falta de diferenciação entre essas categorias de atividades, todas elas classificadas simplesmente como "desviantes", leva à impossibilidade de se distingüir analiticamente entre um ladrão de estradas comum e Jesus Cristo (Merton e Nisbet, 1961, cap.1).

Enquanto analistas conservadores tendem a considerar o dissenso como uma doença do corpo social, liberais e radicais têm mais probabilidades de concebê-lo como um motor fundamental da mudança social. Afirmam que estruturas sociais que dependem do precedente e do hábito estão destinadas a se fossilizar e a não conseguir responder ao desafio do novo. Sem as virtudes do dissenso, afirmam, as modernas sociedades burocráticas provavelmente seguirão o caminho do antigo Egito e da China imperial.

Leitura sugerida: Coser, Lewis A. 1988: "The functions of dissent". In *A Handful of Thistles: Collected Papers in Moral Conviction* • Erikson, Kai T. 1966: *Wayward Puritans: a Study in the Sociology of Deviance* • Merton, Robert K. e Nisbet, Robert, orgs. 1961 *(1976)*: *Contemporary Social Problems*, 4ªed. • Morison, Samuel Eliot et al. 1970: *Dissent in Three American Wars.*

LEWIS A. COSER

ditadura A ditadura costuma ser compreendida hoje em dia como uma forma altamente opressora e arbitrária de governo, estabelecida por meio da força ou da intimidação e que permite a uma pessoa ou grupo monopolizar o poder político em detrimento da sociedade em geral. No entanto essa definição muito geral, quase coloquial, capta apenas um dos significados-chave da palavra. É verdade que "ditadura" ressoa com idéias de ilegalidade, domínio, governo de MILITARES e totalitarismo. Mas também tem sido empregada com freqüência em cenários "democráticos" para caracterizar, por exemplo, a ascendência e a força do Poder Executivo e a incapacidade do Congresso em controlá-la. Para que esse duplo significado seja compreendido, é necessário entender as raízes e o contexto histórico da palavra.

Na constituição da República Romana (c.509-31 a.C.), uma ditadura não era algo a quem alguém se arrogasse, mas era conferida a essa pessoa como função extraordinária, embora perfeitamente legal (Jolowicz, 1967, p.53-5). A ditadura era uma magistratura cujo titular (em geral um ex-cônsul) era nomeado pelo Senado para fins de administração de crises — particularmente em períodos de guerra no estrangeiro ou de luta civil, quando se exigia uma ação decisiva e quando o governo de uma pessoa era encarado como mais bem adaptado para enfrentar a emergência do que um sistema de governo colegiado, de movimentos mais tolhidos (cf. Maquiavel, 1531 *(1965)*, p.189-90). O ditador recebia um poder temporário acompanhado de um vasto âmbito de prerrogativas civis e militares (Rossiter, 1948, p.15-28). Por exemplo, ele estava liberado das restrições representadas pelo veto tribunício; podia, por sua própria autoridade, levantar mais de quatro legiões — direito negado, em tempos normais, a um comandante militar sem a autorização expressa do Senado; e tinha em geral imensos direitos de prisão e execução.

No entanto os poderes investidos na ditadura nunca eram absolutos ou incondicionais. O *imperium* do ditador — autoridade militar e jurisdicional, com amplo poder discricionário de suspensão ou reiteração de penas (Brunt e Moore, 1967, p.83-5) — era normalmente limitado a um período de seis meses de duração; ele não tinha nenhuma autoridade para interferir em questões civis, declarar guerra ou alterar a constituição; ao mesmo tempo em que, por volta de 300 a.C., os poderes do ditador se haviam tornado sujeitos ao *provocatio* — o direito de um cidadão "de apelar contra uma sentença capital" (*Oxford Classical Dictionary*, 1970, p.892-3).

A legalidade constitucional da ditadura romana, junto com sua duração e jurisdição claramente definidas, levou alguns autores a serem cautelosos ao aplicar o conceito a condições incidentes no século XX. Assim, Roy Medvedev (1981, p.41) observou que os

> regimes variados de Mussolini, Hitler, Salazar, Franco, Somoza, Duvalier e Stroessner não recebem o nome de tirania, despotismo, ou fascismo, mas o de "ditaduras". Todos eles, incidentalmente, evitaram qualquer limitação temporal. Alguns eram transferíveis hereditariamente de pai para filho e, embora as ditaduras de Hitler, Mussolini, Salazar-Caetano e Somoza não tenham continuado para sempre, chegaram ao fim, não porque o próprio ditador tenha abdicado "na expiração do período especificado", mas porque este foi derrubado por guerra ou revolução.

No entanto, como Medvedev diz em seguida, a fusão dessas palavras (tirania, despotismo, fascismo) não surpreende, dada a violência e os poderes excepcionais que acompanhavam o governo ditatorial romano. Da mesma forma, é importante lembrar que, em 202 a.C., a ditadura em sua forma original já estava efetivamente morta (Jolowicz, 1967, p.55). Figuras posteriores — como Sulla (c.138-78 a.C.) e César (100-44 a.C.) — podem ter assumido o título de ditador por motivos de legitimação ou conveniência, mas governaram como autocratas *de facto*. Nos anos finais da República o cargo de ditador era uma impostura constitucional, empregada para disfarçar a ambição excessiva e sancionar a virtual onipotência de soberanos militares. (É esclarecedor observar que, segundo Plínio, o Velho — cit. por Gelzer, 1969, p.284—, 1.192 mil pessoas morreram nas guerras travadas por César — e esse número *exclui* os cidadãos romanos que tombaram.)

Esse pano de fundo histórico permite-nos localizar e tornar compreensíveis as duas correntes principais (e um tanto entrelaçadas) da utilização da palavra no século XX, uma valendo-se da dimensão usurpatória, coercitiva e militarista da ditadura, conforme se encontra, por exemplo, no período quase ininterrupto de César no cargo, de 49 a.C. até seu assassinato em 44 a.C.; a outra referindo-se ao sentido e à substância mais antigos de ditadura, implicando legalidade ou legitimidade, mesmo que combinadas com o exercício de poderes considerados, de certa forma, extraordinários em seu âmbito e intensidade.

O primeiro uso é evidente nas correntes de pensamento social que *contrastam* ditadura com democracia e que associam enfaticamente ditadura a militarismo, politização da SOCIEDADE CIVIL, extirpação do império da lei e subordinação do indivíduo ao princípio de liderança. A partir dessa perspectiva, a ditadura pode ser estudada como um dos caminhos históricos para a modernidade manifestada no, digamos, FASCISMO alemão e japonês (Barrington Moore, 1967, especialmente p.433-52); ou o conceito pode ser aplicado aos regimes militares do pós-Segunda Guerra da "semiperiferia parlamentar", emergentes na Argentina (em 1967), na Grécia (em 1967) e no Chile (em 1973)(Mouzelis, 1986, especialmente p.97; ver também Poulantzas, 1976). As sociedades do tipo soviético também têm recebido o rótulo de ditadura ou, em conjunção com o fascismo/nazismo, "ditadura totalitária" (Neumann, 1957, p.243-56; cf. Arendt, 1958 e Shapiro, 1972). No entanto ambas as designações são controvertidas (ver TOTALITARISMO), e assim foram até o programa de liberalização de Gorbachov e as revoluções de 1989 na Europa Centro-Oriental. Dessa forma, vários autores têm insistido que as sociedades de tipo soviético deviam ser encaradas como um modo de dominação único na história humana: por exemplo, como uma "ditadura sobre as necessidades" (Fehér, Heller e Márkus, 1983), ou como um sistema "pós-totalitário" — conformista, atomizado, mecânico, manipulativo e construído sobre o auto-engano e a má-fé sistemáticos — que a noção clássica de ditadura é demasiado insuficiente para exprimir (Havel, 1987).

Na segunda principal corrente de pensamento sobre nosso tema, a ditadura é retratada como *compatível* com a democracia (definida de várias maneiras contestadas), até mesmo como uma parte integrante ou condição necessária desta última. Essa variante tem pelo menos quatro permutações. Uma delas fica evidente nas descrições de regimes bonapartistas e cesaristas, os quais, embora repressores em certos aspectos, não obstante alegam extrair sua autoridade diretamente do Povo soberano e buscam a aclamação deste através de plebiscitos de massa (ver BONAPARTISMO; CESARISMO; POPULISMO; e também Weber sobre "democracia plebiscitária", 1978, p.268). Outra é a leitura leninista da idéia de Marx de "ditadura do proletariado" — com a diferença de que o conceito de democracia, importante para Marx, tende a ser tragado pelo de ditadura (de classe), tornando ilusória a própria distinção (Marx, 1850, p.123; carta de Marx a Weydemeyer in Marx e Engels, *Selected Correspondence*, 1975, p.64; Lenin, 1918, p.44-67; ver também Medvedev, 1981).

Uma terceira permutação sobre o tema democracia-ditadura, mais próxima do clássico sentido romano, surge da análise de "ditaduras constitucionais" (Rossiter, 1948). Enquanto a "ditadura do proletariado" — seja sua concepção marxista ou leninista — sempre foi encarada como instrumento de transformação revolucionária, este terceiro sentido de ditadura concentra-se nos atributos potencialmente restauradores, reconstituintes, das crises de regime particulares. Nessa utilização do termo "ditaduras constitucionais" surgem durante períodos de rebelião, guerra e depressão econômica, para conduzir a legítima ordem social e política durante a emergência. Os drásticos poderes assumidos por esses regimes para enfrentar situações extremas são, na maioria, abandonados uma vez passada a crise. (Cf. o contraste de Schmitt entre ditaduras "soberanas" e "comissionárias", in Schmitt, 1928, especialmente p.2, 137-9).

Os três usos de ditadura que acabamos de citar em um contexto "democrático" dividem uma característica notável: todos eles descrevem sociedades que se estão confrontando com circunstâncias excepcionais. Em contraste, nosso quarto e último sentido de ditadura refere-se ao funcionamento mais normal e rotineiro de um governo "democrático". Nunca esse uso foi mais evidente do que nas descrições da "autocracia de gabinete" britânica (Hobson, 1909, p.12), com o gabinete do primeiro-ministro no ápice. Os extensos poderes do primeiro-ministro no que se refere à nomeação para cargos públicos, a possibilidade de reduzir o Parlamento a um carimbo de aprovação de políticas decididas em outros lugares e a relação plebiscitária com as massas, através da "máquina" partidária, muitas vezes, no nosso século, foram identificados como "ditatoriais". De fato, esse epíteto liga o pensamento político de autores do início do século XX, como Low (1904, p.156-8), Hintze (1975, p.266) e Weber ("Política como Vocação", in Weber, Gerth e Mills, orgs., *1970*, p.106-7), ao comentário mais recente sobre "ditadura eletiva" (Hailsham, 1976; cf. Ash, 1989, p.288, e Hirst, 1989, p.82).

Correspondendo aos dois principais tratamentos analíticos divergentes de ditadura acima destacados, existe também uma diferença na força de locução exercida pela palavra. No primeiro caso, "ditadura" geralmente se exprime com aversão e horror. No segundo, o tom pode ser de condensação, porém, com a mesma freqüência, de resignação ou aprovação.

Leitura sugerida: Baehr, P. 1989: "Weber and Weimar: the 'Reich President' proposals". *Politics* 9, 20-5 • Birch, A.H. 1964: *Representative and Responsible Government: an Essay on the British Constitution* • Bobbio, N. 1989: *Democracy and Dictatorship: the Nature and Limits of State Power* • Bracher, K.D. 1971: *The German Dictatorship: the Origins, Structure and Effects of National Socialism* • Cobban, A. 1939: *Dictatorship: its History and Theory* • Conquest, R. 1971: *The Great Terror: Stalin's Purge of the Thirties* • Crossmann, R.H.S. 1963: "Introduction". In W. Bagehot, *The English Constitution*, p.1-57 • Keane, J. 1988: "Dictatorship and the decline of parliament. Carl Schmitt's theory of political sovereignty". In *Democracy and Civil Society*, p.153-89 • Medvedev, R. 1981: "The dictatorship of the proletariat". In *Leninism and Western Socialism* • Neumann, Franz 1957: "Notes on the theory of dictatorship". In *The Democratic and the Authoritarian State*, org. por H. Marcuse, p.233-56 • Schmitt, C. 1928: *Die Diktatur.*

PETER BAEHR

divisão do trabalho Basicamente, esta expressão refere-se à diferenciação de tarefas implícita na produção de bens e serviços e à alocação de indivíduos e de grupos para realizá-las. Uma distinção comumente empregada é aquela entre a divisão técnica e a divisão social do trabalho, a primeira referindo-se a tarefas especializadas no processo de produção, a última à diferenciação na sociedade como um todo.

No decorrer do século XX tem havido uma preocupação particular, no pensamento social, com a análise do impacto da crescente especialização sobre

1. a experiência de trabalho e as reações dos trabalhadores manuais, confinados a tarefas repetitivas, que não necessitam de habilidade, e privados da oportunidade de conhecimento e controle relacionados ao processo de trabalho, tema geralmente designado como ALIENAÇÃO do operário;
2. as formas em que o trabalho dividido e especialmente o desenvolvimento da profissionalização se relacionam com a distribuição social do conhecimento e, assim, contribuem para relações de poder e dominação (ver PROFISSÕES LIBERAIS);
3. a estrutura de classes, especialmente por meio da crescente importância da distinção entre trabalho "mental" e "manual" (Sohn-Rethel, 1978) e do crescimento de uma "nova classe média" de trabalhadores de colarinho branco, profissionais liberais e administrativos (ver CLASSE);
4. a crescente burocratização da administração econômica e política, processo que surge, em parte, da necessidade de coordenar e administrar sociedades e organizações caracterizadas por complexidade e interdependência cada vez maiores (ver BUROCRACIA);
5. as possibilidades de autogestão e controle dos trabalhadores sobre o processo de produção (ver CONSELHO DE TRABALHADORES);
6. a divisão sexual do trabalho e as relações de dominação e subordinação entre homens e mulheres (ver GÊNERO).

Na Grã-Bretanha desde a Segunda Guerra Mundial tem havido uma crescente concentração nos processos através dos quais as práticas racistas exclusivistas contra imigrantes e operários da segunda geração de minorias étnicas vêm levando a uma "racialização" da divisão do trabalho (ver RACISMO) e à formação de uma "subclasse" distinta e de "frações" racializadas de outras classes (Miles, 1982). A questão do impacto específico da racialização sobre as operárias das minorias étnicas também tem sido abordada (Phizacklea, 1983), e continuam os debates sobre como esses processos se relacionam à articulação de "raça", classe e gênero (Anthias e Yuval-Davis, 1983). Ultimamente debates importantes têm-se concentrado na recomposição da classe operária em uma fase "pós-industrial" do capitalismo, nas possibilidades de uma nova divisão do trabalho baseada na minimização do tempo despendido no trabalho, num socialismo "pós-industrial" (Gorz, 1980, 1982; Hyman, 1983) e em novas formas da DIVISÃO INTERNACIONAL DO TRABALHO.

No entanto existe confusão no uso da expressão porque ela combina variadamente tarefas divididas, trabalhadores especializados, hierarquias de autoridade no local de trabalho, setores diferenciados na economia e complexidade estrutural geral nas sociedades industriais. A isso se sobrepõem divergências quanto a até que ponto a subdivisão de tarefas e a diferenciação de estruturas de controle relacionadas é basicamente resultado de processos "neutros" de desenvolvimento tecnológico (ou de características biológicas, no caso da divisão sexual do trabalho), e ao grau em que eles resultam do planejamento dos processos de trabalho com vistas a perpetuar relações de dominação social e política que são suscetíveis de transformação, em especial sob condições de produção socialista.

As principais contribuições do século XX para a compreensão da divisão do trabalho estão relacionadas, de modos complexos, aos textos dos antigos gregos, dos autores da Ilustração escocesa do século XVIII, especialmente Adam Smith e Adam Ferguson, e a figuras do século XIX, como Karl Marx e Auguste Comte (Rattansi, 1982). Neste século as principais contribuições têm vindo (1) do marxismo, (2) de Émile Durkheim, (3) da sociologia funcionalista e (4) do feminismo.

Marxismo

O conceito de divisão do trabalho é crucial no marxismo devido à importância atribuída ao trabalho como categoria, sublinhando a significação da atividade produtiva transformadora da natureza como fundamento sobre o qual repousa a criação de riqueza, a existência de classes sociais e do estado, o funcionamento das ideologias e a promessa futura de abolição da escassez. O trabalho dividido aumenta a produtividade e disso surgiriam os excedentes que são apropriados por uma classe dominante que possui e controla os meios de produção. No entanto, tendo origem em parte nas diferenças entre os primeiros e os últimos textos do próprio Marx sobre o assunto (Rattansi, 1982), e também no desenvolvimento estrutural de sociedades capitalistas e socialistas de estado, o pensamento social marxista tem-se caracterizado por significativas divisões de pontos de vista quanto aos efeitos do desenvolvimento da divisão do trabalho. Alguns a encaram basicamente em termos de uma tendência a polarizar a estrutura de classes do capitalismo entre uma massa de trabalhadores manuais em grande parte não-habilitados e uma pequena classe de proprietários e o modo como a transformação capitalista da divisão do trabalho faz surgir uma nova classe média mais ou menos permanente (Carter, 1985); outros a encaram basicamente como resultado do desenvolvimento tecnológico, em lugar de processos de dominação de classe, a visão mais tecnologicamente determinista vindo à tona, por exemplo, na tentativa de Lenin, na Rússia dos anos 20, de importar aquilo que ele encarava como técnicas, neutras em termos de classe, de "gerenciamento científico" para aumentar a produtividade, enquanto um ponto de vista contrário está incluído na influente análise de Braverman (1974), dando continuidade a noções vislumbradas pela primeira vez em *O capital*, de Marx, segundo a qual o gerenciamento científico é um epítome da tendência da classe capitalista a estruturar os processos de trabalho de uma forma que nega à maioria dos operários a capacidade de exercer controle ou de possuir habilidades intelectuais (ver TRABALHO, PROCESSO DE). Os marxistas também discordam a respeito do grau em que é possível abolir a divisão de trabalho, no que a confusão a respeito dos vários significados da expressão se torna particularmente evidente (Rattansi, 1982). Não obstante, o marxismo ocidental, em particular, tem-se unido na preocupação de contestar a perda de controle dos operários, que é endêmica no planejamento e operação de processos fragmentados de trabalho, dominados por pequenos grupos de trabalhadores técnicos e de nível gerencial, seja em sociedades capitalistas ou socialistas estatais. Em comum com a maioria dos modos não-feministas de pensamento, a teorização marxista tem-se mostrado especialmente débil na captação do significado da dominação masculina na divisão do trabalho, embora se tenham feito várias tentativas de fornecer explicações marxistas-feministas da divisão sexual do trabalho (Barrett, 1988).

Émile Durkheim (1858-1917)

O primeiro livro de Durkheim, *Da divisão do trabalho social (1893),* que se valeu de temas constantes na obra de Comte, continuou a ser crucial para o seu pensamento e tem sido uma fonte influente para a análise sociológica da divisão do trabalho, em especial para as análises funcionalistas da diferenciação estrutural (ver ESCOLA SOCIOLÓGICA DE DURKHEIM). Ele utilizou a expressão para incluir todas as formas de especialização de função social, ampliando assim o seu significado para muito além da esfera econômica. Durkheim via as formas de divisão do trabalho como intrinsecamente relacionadas a tipos de ordem social, ou "solidariedade". Contrapôs à "solidariedade mecânica" baseada na simples divisão do trabalho das sociedades mais elementares, a "solidariedade orgânica" das sociedades industriais, baseada no individualismo e em laços de dependência e de troca criados por uma complexa diferenciação funcional, na qual um número muito grande de instituições econômicas, políticas e culturais especializadas estavam envolvidas. O crescimento da população e o contato intersocial foram identificados como os principais motores da mudança rumo a formas mais complexas. Durkheim lutou continuamente com o problema do que chamou formas "anormais" da divisão do trabalho, relacionadas à falta de solidariedade e de regulação moral para orientar o comportamento. Em especial, escreveu sobre as divisões "anômica" e "forçada" do trabalho, estados de transição conseqüentes da rápida industrialização nos quais, devido à falta de uma regulamentação econômica, política e moral adequada para a divisão do trabalho e as relações de troca, a economia se viu sujeita a flutuações, o conflito de classes se intensificou, a especialização e as desigualdades não estavam relacionadas aos talentos naturais e os operários envolvidos em tarefas especializadas eram incapazes de compreender como seu trabalho era essencial à manutenção da sociedade como um todo. Durkheim prescreveu a intervenção do estado na economia e a abolição de privilégios herdados no acesso a posições na divisão do trabalho, ou aquilo que agora seria chamado de igualdade de oportunidades. Ele enfatizou cada vez mais o papel das "corporações" ou associações profissionais como mediadoras entre o indivíduo e o estado e na criação de tipos de regulamentação econômica e moral exigidos por uma divisão do trabalho técnica e social muito complexa. No entanto existem divergências quanto ao grau em que Durkheim vislumbrou a possibilidade de uma transformação fundamental da divisão do trabalho em alguma forma de sociedade socialista. Gane (1984) e Pearce (1989) enfatizaram o radicalismo potencial de sua visão política, enquanto outros (Gouldner, 1962) interpretaram seus pontos de vista como permitindo apenas possibilidades limitadas.

Sociologia funcionalista

Seguindo Comte, Durkheim e outros, a ênfase nessa tradição sociológica se dá na divisão do trabalho como DIFERENCIAÇÃO SOCIAL ligada à especialização evolutiva de função, em especial como conseqüência da industrialização. Um número limitado de funções exigidas para a reprodução da sociedade — tais como a socialização e a produção de bens de serviço — é tido como sendo realizado por um âmbito crescente de instituições especializadas, enquanto instituições antes multifuncionais, como a família, que nas sociedades pré-industriais executava as funções tanto de socialização quanto de produção econômica, se viram confinadas à socialização dos filhos. Uma importante fraqueza das explicações funcionalistas da divisão do trabalho é seu determinismo tecnológico, aliado a um descaso quanto às relações entre a divisão do trabalho, a dominação de classe e a subordinação das mulheres.

Feminismo

Aqui, uma alegação crucial é a de que grande parte do pensamento social, ao se concentrar no domínio público e ao definir "trabalho" como emprego pago, deu como certas as desigualdades sexuais na divisão do trabalho (Stacey, 1981), não conseguindo analisar o TRABALHO DOMÉSTICO das mulheres e sua relação com a subordinação destas na ordem econômica e política. Algumas análises feministas encaram a dominação masculina como tendo raízes basicamente nas relações familiares, enquanto outras afirmam que as práticas exclusivistas masculinas no local de trabalho fornecem a chave para a compreensão sexual do trabalho (Walby,

1986). Outros debates têm-se concentrado nos benefícios para a acumulação privada de capital, para o estado e para os homens, individualmente, do trabalho feminino de cuidado das crianças e de reprodução do trabalho no lar, e na segregação das mulheres em empregos de meio expediente e baixa remuneração, bem como no grau em que a divisão sexual do trabalho é um efeito das relações de dominação de classe e, portanto, exige a abolição das classes sociais antes de permitir uma transformação maior nas desigualdades sexuais. Os reducionismos biológicos, feministas e não-feministas, que retratam a divisão sexual do trabalho como uma ramificação "natural" das diferenças homem-mulher têm sido um alvo importante dentro da maioria dos feminismos, os quais vêm sustentando ser a dominação masculina dentro da divisão sexual do trabalho basicamente o resultado de relações *sociais* de controle masculino sobre a fertilidade e a força de trabalho das mulheres.

Leitura sugerida: Abercrombie, N. e Urry, J. 1983: *Capital, Labour and the Middle Classes* • Beechey, V. 1987: *Unequal Work* • Giddens, A. e Mackenzie, G., orgs. 1982: *Social Class and the Division of Labour* • Gorz, A., org. 1973: *Critique de la division du travail* • Horton, J. 1964: "The dehumanization of alienation and anomie: a problem in the ideology of sociology". *British Journal of Sociology* 15, 283-300 • Larson, Magali Sarfatti 1977: *The Rise of Professionalism* • Littler, C. e Salaman, G. 1984: *Class at Work: the Design, Allocation and Control of Jobs* • Lukes, S. 1967: "Alienation and anomie". In *Philosophy, Politics and Society*, org. por P. Laslett e W.G. Runciman o 1973: *Émile Durkheim* • Rueschemeyer, D. 1986: *Power and the Division of Labour* • Westwood, S. e Bhachu, P., orgs. 1988: *Enterprising Women: Ethnicity, Economy and Gender Relations* • Wilson, W. 1980: *The Declining Significance of Race: Blacks and Changing American Institutions*, 2ª ed.

ALI RATTANSI

divisão internacional do trabalho Nesta escala, os princípios da DIVISÃO DO TRABALHO se ampliam do nível nacional para o nível global. O desenvolvimento das comunicações internacionais reduz o custo das trocas e permite que muitas atividades sejam controladas a partir de um único centro. Isso significa interdependência crescente, primeiro entre comunidades locais para criar estados-nações, e depois entre estados-nações para criar sistemas internacionais.

Em sociedades baseadas na divisão do trabalho, os bens e serviços são produzidos e distribuídos por meio da especialização e da troca. Em sociedades baseadas na auto-suficiência, eles são produzidos dentro da família, de forma que a especialização é muito limitada. As diferenças entre essas sociedades são de importância fundamental para se explicarem aspectos básicos da estrutura social e da capacidade econômica e política.

Dessa forma, muitos teóricos têm associado o surgimento de sistemas econômicos e sociais baseados na divisão do trabalho ao próprio processo de modernização. As sociedades "tradicionais" eram vistas como altamente auto-suficientes, de forma que cada indivíduo ou família produzia sua própria comida, suas roupas e sua habitação, educava os próprios filhos e tomava parte diretamente nos processos políticos, culturais e outros implícitos na vida em comunidade. Nessas sociedades, atividades econômicas complexas são impossíveis e o grau de interação e cooperação entre os indivíduos só pode ser muito limitado.

Diz-se então que as sociedades modernas se baseiam em uma complexa e ampliada divisão do trabalho na qual os indivíduos executam papéis cada vez mais especializados e instituições diferenciadas surgem para realizar as funções necessárias à manutenção da cooperação social. Assim, na esfera econômica, os indivíduos se especializam na produção de bens em particular e os trocam por todas as outras coisas necessárias à vida; muitos indivíduos podem então ser reunidos para produzir cada bem, cada um deles sendo responsável por apenas um aspecto do processo de produção. Assim, diferenciação de funções e especialização de tarefas caminham lado a lado com a necessidade de níveis de troca cada vez mais elevados e formas de organização cada vez mais complexas.

Nessas comunidades o princípio é aplicado não apenas aos processos econômicos, mas também a todos os outros. As organizações políticas, culturais, religiosas e de todos os outros tipos são criadas e dirigidas por especialistas que dedicam suas vidas profissionais à execução das tarefas necessárias em benefício do restante da comunidade, que então passam a depender deles para a satisfação de suas necessidades sociais. Assim, sociedades baseadas na divisão do trabalho exigem níveis mais elevados de capacitação, autonomia e cooperação do que as baseadas na subsistência e na auto-suficiência.

No nível internacional, a expressão costuma ser aplicada com mais freqüência na esfera econômica para descrever o processo pelo qual produtores em países particulares decidem — ou podem ser obrigados a decidir — especializar-se na produção de bens particulares para os quais seu meio ambiente ou seus recursos se mostrem mais adequados — aqueles nos quais eles têm uma "vantagem comparativa". Assim, alguns países estão envolvidos principalmente na exportação de bens manufaturados, outros de produtos primários, enquanto os mais desenvolvidos estão agora passando a se especializar na troca de serviços de vários tipos.

Esse processo implica a troca de bens e serviços através de fronteiras nacionais, por parte de produtores independentes, mas também veio a envolver uma crescente tendência entre os próprios produtores a se organizarem como companhias globais e a operarem em escala internacional. Todos os de maior porte operam entre fronteiras nacionais, com subsidiárias em muitos países. Eles exercem um impacto poderoso sobre os níveis de atividade econômica nos países que os recebem e são em geral capazes de dominar mercados estrangeiros e eliminar a competição no plano doméstico. Está associada a isso uma GLOBALIZAÇÃO de processos e possibilidades tecnológicos. Em um mercado mundial cada vez mais unificado, todos os produtores devem adotar a nova tecnologia mais eficiente a fim de sobreviver, enquanto os produtores maiores são capazes de promover seus produtos internacionalmente, levando à homogeneização de padrões de consumo, bem como de processos de produção.

O lado econômico da divisão do trabalho é predominante no plano internacional devido à facilidade com que bens e dinheiro podem atravessar fronteiras, mas está também associado ao desenvolvimento de organismos culturais e políticos especializados desse nível. O início do capitalismo esteve ligado a uma extensão global do controle político por parte dos principais países, responsável pelo sistema imperial. Mais recentemente a autoridade política foi devolvida a antigas possessões, mas houve uma proliferação de organismos internacionais especializados, criados para permitir que um sistema de intercâmbio local, cada vez mais denso e interdependente, fosse administrado.

A existência de uma divisão do trabalho pode ser identificada nas mais antigas crônicas sobre a interação social da humanidade, mas está ligada especialmente à rápida expansão da produção e do comércio induzida pela revolução capitalista a partir do século XVI. Isso levou a uma grande desigualdade em nível global (os 12 países mais ricos controlam mais de 80% do comércio mundial), e a uma intensa concorrência entre companhias, países e regiões. Isso, por sua vez, produziu fortes resistências locais à penetração econômica e política estrangeira, bem como tentativas, por parte de estados-nações, de limitar a liberdade de comércio e de afirmar os direitos soberanos em oposição aos de outros países ou organismos internacionais.

Foi gerada, ainda, uma revolta política contra a forma capitalista predominante assumida pela divisão internacional do trabalho, manifesta no desenvolvimento do bloco socialista, a começar com a Revolução Russa em 1917 e cobrindo a Europa Oriental, a China e vários países menos desenvolvidos. Mas o intercâmbio internacional continuou entre ambos os blocos, de forma que isso limitou e alterou essa tendência, sem no entanto bloqueá-la por completo. Esses países não foram capazes de produzir bens de qualidade comparável aos produzidos no Ocidente, nem de gerar níveis equivalentes de produção e de consumo. Essa falha desempenhou um papel importante no recente colapso desses sistemas estatizantes, e também na atual tentativa de integrar plenamente essas economias na divisão internacional do trabalho.

Assim, apesar dessas tendências cruzadas, o período do pós-guerra tem testemunhado um imenso crescimento na interdependência global, uma ampliação da influência de organizações internacionais como o Fundo Monetário Internacional, o Banco Mundial e a Comunidade Européia, bem como um correspondente enfraquecimento da capacidade de países ou comunidades em particular de se isolarem do poderoso impacto da divisão internacional do trabalho.

Ver também RELAÇÕES INTERNACIONAIS; DESENVOLVIMENTO E SUBDESENVOLVIMENTO.

Leitura sugerida: Brett, E.A. 1985: *The World Economy since the War* • Grubel, H.G. 1981: *International Economics* • Mill, J.S. 1900: *Principles of Political Economy*, livro 3, cap.17.

E.A. BRETT

divórcio Como um dos vários e diferentes meios pelos quais o CASAMENTO pode acabar, o divórcio difere de suas alternativas — abandono e morte — no sentido de ser a dissolução legal dos laços matrimoniais: como uma anulação, nenhuma das partes tem obrigações, a não ser, talvez, financeiras, para com o adulto deixado para trás. Embora o divórcio tenha sido permitido em vários tempos e locais, foi só no século XX que ele se tornou o meio comum de se dissolver um casamento na maior parte do Ocidente (a Irlanda é uma exceção; ainda não permite o divórcio). Em contraste, Murdock (1950) encontrou em seu estudo clássico de sociedades não-ocidentais — a maioria delas pequenas e ágrafas — que as taxas de divórcio superavam historicamente as do Ocidente. Na maioria dos cenários pré-industriais, o divórcio é disponível igualmente para mulheres e homens (Whyte, 1978). Em muitas comunidades tribais da Índia, o divórcio é comum, sendo realizado simplesmente pelo ato de um indivíduo caminhar publicamente em direção a um homem ou mulher que não o seu próprio cônjuge. Hoje, nas sociedades muçulmanas, onde as taxas de divórcio eram extremamente altas, um homem pode divorciar-se de uma de suas esposas simplesmente repetindo três vezes "Eu me divorcio de você", diante de testemunhas fidedignas (a lei islâmica não concede à mulher o mesmo direito ao divórcio). Mas, em muitos cenários fora dos Estados Unidos e da Europa Ocidental, seja em Bangladesh ou na Indonésia, na Colômbia ou no México, na ex-União Soviética ou na China, o divórcio está em ascensão.

Pela primeira vez na história do Ocidente, em meados dos anos 70, nos Estados Unidos e na Inglaterra, o número de casamentos que terminaram em divórcios superou os que terminaram na viuvez. Se por um lado sempre aconteceu de cônjuges viverem separados, só recentemente essa separação foi legitimada através do aparato legal do divórcio. O divórcio, diferentemente da separação, significa que os que o obtêm podem legalmente assumir outro cônjuge. Hoje isso se tornou fácil na maior parte do mundo. Andrew Cherlin (1982), demógrafo americano especializado em família, avalia que, se as tendências recentes persistirem, cerca de metade das pessoas que estão se casando hoje verá esses casamentos terminarem em divórcio. Lawrence Stone (1977), historiador da família, estima que na Inglaterra mais de 1/3 dos atuais casamentos vai "terminar nos tribunais de divórcio, e não na casa funerária". (A Inglaterra e os Estados Unidos têm as mais elevadas taxas de divórcio do mundo ocidental, com exceção da Escandinávia.) A partir dos anos 70, nos Estados Unidos, os cônjuges obtiveram o direito de declarar mutuamente "*no-fault*" ("nenhuma culpa") no tribunal e, ao fazê-lo, encerrar seus laços matrimoniais (embora não os de família).

Muitos afirmam que essa nova fundamentação de "nenhuma culpa" não só tornou o divórcio mais fácil como criou maiores dificuldades para as mulheres deixadas para trás. Os maridos que as deixaram tinham agora sua inocência declarada pelo estado, a cujos olhos a ausência de erro moral está ligada à ausência de obrigação financeira. Os maridos divorciados podiam agora buscar uma nova esposa, sem qualquer obrigação financeira para com a antiga. Isso deixou muitas mulheres em situação de pobreza, contribuindo para o que alguns chamaram de uma nova "feminização da pobreza". Ao criar tanto empobrecimento de mulheres e filhos, o divórcio ressaltou a permanência da base econômica do casamento, que muitos acreditavam ter perdido a força.

Essa situação tem levado vários analistas a afirmar que, de fato, o casamento finalmente se tornara um contrato voluntário, a ser abandonado de acordo com a vontade de um dos cônjuges. Por sua vez, afirmam, o divórcio já não é mais estigmatizado, mas uma experiência bastante comum, que tem muito a ver com o próprio ato do casamento. O divórcio, porém, ainda é estigmatizado, se por "estigmatização" queremos dizer que seus participantes podem ser excluídos de atividades comunitárias e levados a se sentirem acusados por viverem separados. Além disso, tal como a morte, o divórcio ainda provoca muitas vezes um trauma psicológico. Esse trauma é ainda mais intenso para os que se divorciam, pois muitas vezes é inesperado e privado, em vez de previsto e público. Ao contrário da morte, o divórcio não tem ritual, nenhum evento comunitário para confirmá-lo. Ocorre nos tribunais e nas mentes dos participantes, e não no palco mais amplo da vida social. Tanto o ex-marido quanto a ex-esposa buscam uma explicação — uma história — para justificar a si mesmos e aos outros o que aconteceu e por quê. Ao fazê-lo, tendem a descobrir que o que em geral se acredita ser um conjunto de problemas particulares acaba se revelando como tendo sido sempre um assunto público.

A experiência do divórcio, tal como a do próprio matrimônio, é moldada tanto pelas diferenças de gênero quanto pelas de raça. Tal como existe um "dele" e um "dela" no casamento, o mesmo existe também no divórcio. As mulheres brancas tendem a sofrer economicamente quando perdem o cônjuge; as mulheres negras, menos, ainda que isso se deva ao fato de dependerem menos dos maridos para a renda familiar. Porém os homens brancos e negros sofrem da mesma forma, social e emocionalmente. Enquanto as mulheres que perdem os maridos em geral perdem o provedor do pão diário, que tornava possível seu modo de vida material, os homens que perdem a esposa perdem não apenas uma parceira numa divisão do trabalho, mas também uma companheira e confidente que os liga a outros amigos e parentes.

Com a crescente onda de divórcios, alguns afirmam hoje que o casamento está chegando ao fim, que os indivíduos já não buscam o apoio da Igreja para legitimar suas ligações pessoais, que estamos finalmente assistindo à extinção da FAMÍLIA — pelo menos como a conhecíamos até agora. Está certo que família e casamento são hoje diferentes daquilo que foram durante o século anterior. De fato, essas instituições estão mudando mais rapidamente do que qualquer um havia previsto. Permanece, porém, a pergunta: estão desaparecendo? Pelo menos por enquanto, poucos dariam uma resposta afirmativa. Ao contrário, demógrafos, sociólogos, psicólogos e economistas — ainda que por motivos muito diferentes — apontam que os indivíduos já não buscam necessariamente o apoio da Igreja para legitimar seus compromissos, obrigações ou laços pessoais. Mas buscam, e devem buscar, o apoio do estado. Sem o apoio do estado, não há casamento; sem casamento, não há divórcio. E o divórcio, como o casamento, ainda está bem perto de nós. Nas palavras de um crítico: "Na saúde ou na doença, ele chegou para ficar."

Leitura sugerida: Cherlin, Andrew 1982: *Marriage, Divorce, Remarriage* • Murdock, George 1950: "Family stability in non-European cultures". *Annals of the American Academy of Political and Social Science* 5.227, 195-201 • Stone, Lawrence 1977: *The Family, Sex and Marriage* • Whyte, Martin Kin 1978: *The Status of Women in Preindustrial Societies.*

NAOMI R. GERSTEL

doença Ver SAÚDE; PSIQUIATRIA E DOENÇA MENTAL.

doença mental Ver PSIQUIATRIA E DOENÇA MENTAL.

doméstico, trabalho Ver TRABALHO DOMÉSTICO.

dominação Ver AUTORIDADE.

Durkheim, escola sociológica de Ver ESCOLA SOCIOLÓGICA DE DURKHEIM.

E

ecologia Tendo sua origem etimológica, tal como a palavra "economia", no grego *oikos*, ou "habitação", "morada", a palavra "ecologia" tem seu uso moderno creditado em geral a Ernst Haeckel, evolucionista alemão do século XIX. Esse conceito, no entanto, já estava presente, no século XVIII, na idéia de uma "economia da natureza". Segundo esse ponto de vista, cada espécie viva tinha determinado seu lugar próprio na natureza — seu próprio tipo específico de alimento, âmbito geográfico e população, ou seja, seu habitat, dentro de um padrão harmonioso de interdependência entre as diferentes espécies. O reconhecimento do difundido fenômeno da extinção levou, no século XIX, a um enfraquecimento da idéia de desígnio da providência e de harmonia racional, enquanto o conceito de Darwin de seleção natural apoiava-se no pressuposto de uma luta competitiva pela existência, tanto entre os organismos quanto entre eles e suas condições físicas de vida. Não obstante, a idéia de uma economia harmoniosa da natureza não estava inteiramente perdida em Darwin, uma vez que o mecanismo de seleção natural tinha, como resultado, uma adequação ou adaptação ainda mais estreita entre os organismos e suas condições de vida. Embora Darwin e outros biólogos evolucionistas do século XIX tenham efetivamente realizado detalhados estudos das associações entre espécies interdependentes (os estudos do próprio Darwin sobre a polinização das orquídeas por insetos são um exemplo famoso), houve poucas tentativas de integrar sistematicamente esses estudos numa especialização disciplinar antes dos anos 1890.

O trabalho pioneiro de E. Warming, A. Schimper e outros na sintetização da geografia vegetal com a fisiologia levou a uma concentração na ecologia das comunidades vegetais e sua sucessão através do tempo. Entre os primeiros trabalhos notáveis sobre ecologia vegetal incluíram-se os estudos da ecologia das pradarias por grupos de Nebraska e Chicago, nos Estados Unidos, e a ecologia botânica de A.G. Tansley, na Grã-Bretanha. Apesar de a ecologia fisiológica animal ter sido criada antes (1881) pelo alemão K.C. Semper, e da concentração ainda mais antiga da polinização pelos insetos, o desenvolvimento geral da economia animal avançou a passos mais lentos do que a ecologia vegetal. O reconhecimento, como uma percepção capital da ecologia, de padrões mais ou menos estáveis de associação entre populações de diferentes espécies de animais e plantas, junto com condições geológicas, topográficas e climáticas, obrigou a uma abordagem holística tanto dos estudos de campo quanto das explicações teóricas. O controvertido conceito de F.E. Clements de um ecossistema como um "superorganismo" não é defendido hoje em dia dentro da ecologia científica, mas várias formas de abordagens holísticas de "sistemas" foram conservadas. A ecologia moderna está preocupada principalmente com os ciclos dos nutrientes através dos ecossistemas, e com padrões de fluxo e intercâmbio de energia. A metáfora econômica, de acordo com a qual são classificadas as "funções" de diferentes grupos de organismos dentro de um ecossistema — "produtores" (principalmente os vegetais), consumidores (herbívoros e seus predadores) e degradantes (principalmente microorganismos) —, tem uma clara ressonância da noção mais antiga de "economia da natureza". Tem-se desenvolvido cada vez mais o reconhecimento de que os diferentes ecossistemas estão eles próprios inter-relacionados. De importância fundamental para o pensamento social contemporâneo a respeito da ecologia humana foi a síntese (Cole, 1958) do conceito da biosfera (a totalidade de todos os seres vivos sobre a Terra) com o de ecossistema para transmitir o conceito de "ecosfera": o planeta considerado como um sistema global, imensamente complexo, de ecossistemas. Esse conceito fornece a base para um estudo da atividade social e econômica humana do ponto de vista de suas condições e de seus impactos ecológicos globais.

A ênfase, nos séculos XVIII e XIX, na maleabilidade e "perfectibilidade" humanas permitiu influências reconhecidamente ecológicas no pensamento social e político europeu. Montesquieu atribuiu um papel significativo aos fatores geográficos e climáticos na formação da diversidade social e cultural e da variedade de formas de governo, enquanto Malthus utilizou a idéia de uma carência de meios de subsistência relativa à "força" de crescimento populacional como uma arma contra propostas de mudança social radical. O industrialismo ocidental do século XIX e início do século XX fez surgirem sucessivas ondas de nostalgia romântica por uma harmonia com a natureza que se havia perdido, e muitos autores socialistas encaravam a transformação das relações com a natureza como crucial para o futuro pós-capitalista.

As tradições predominantes no pensamento social ocidental no século XX têm-se fundamentado numa oposição dualista entre natureza e sociedade ou cultura. Mas, buscando resistir ao DARWINISMO SOCIAL e a outras formas de determinismo biológico, essas tradições de pensamento também se isolaram de um confronto potencialmente produtivo com os desdobramentos mais recentes nas ciências da vida, especialmente a ecologia. Uma antiga e importante exceção foi a sociologia da Escola de Chicago nos anos 20 e 30. A obra de R.E. Park e E.W. Burgess, em especial, tinha como premissa uma oposição entre as forças em funcionamento na e sobre a vida social, independente da consciência e mediação de agentes sociais, e o significado atribuído a essas forças e processos pelos agentes envolvidos. Valendo-se explicitamente do trabalho de Warming e Clements com a ecologia vegetal e o do ecologista animal pioneiro C. Elton, Park e Burgess referiram-se à antiga classe de forças sociais como uma ordem "ecológica". Essa analogia entre ecologia vegetal e animal e a dimensão inintencional de vida social humana foi mais plenamente desenvolvida e aplicada no campo da sociologia urbana, em que Park e Burgess analisaram os efeitos da competição por recursos escassos entre indivíduos e grupos, bem como as resultantes pressões "seletivas", as reações de adaptação e as diversificações do trabalho. Nesses termos, puderam ser compreendidos os padrões e distribuições cambiantes de "sucessão" temporal de grupos étnicos, subculturas, atividades especializadas e assim por diante, como entre áreas ou "zonas" naturais, geograficamente definidas, na cidade.

A mudança de uma aplicação metafórica para uma aplicação direta, literal, dos conceitos ecológicos à vida social humana só foi estabelecida nos anos 60, em seguida à globalização da perspectiva ecológica na forma do conceito de "ecosfera". As advertências dramáticas de "vigília ecológica" de Paul Ehrlich, Edward Goldsmith, autores de *Limits to Growth* e outros textos do final dos anos 60 e início da década de 70, foram resultado de tentativas de extrapolar as tendências globais então correntes no que dizia respeito a população, poluição e esgotamentos de recursos para o futuro, contrastando-as com o reconhecimento ecológico de uma capacidade de sustento global finita.

A primeira onda de "política ecológica", em geral designada de forma um tanto enganosa como "neomalthusianismo", logo deu lugar a uma multiplicidade de tentativas de incorporar uma perspectiva ecológica à teoria social e política. B. Commoner, A. Gorz e outros tentaram reconstruir a crítica marxista do capitalismo em termos de suas conseqüências ecologicamente destrutivas, enquanto feministas como C. Merchant ligaram a ciência moderna, o patriarcado e a destruição ecológica em uma tradição peculiar de "ecofeminismo". Na filosofia social ambiental, traçou-se uma diferenciação entre ecologia "superficial" e "profunda" (Naess, 1989). No primeiro caso, a preocupação com o ambiente baseia-se num reconhecimento esclarecido da sua importância para o bem-estar humano, enquanto no segundo se atribui um valor intrínseco ao meio ambiente, independente de quaisquer interesses humanos específicos. Movimentos sociais presumivelmente reacionários e misantrópicos podem ser ligados à ecologia profunda.

Ver também AMBIENTALISMO; MOVIMENTO ECOLÓGICO.

Leitura sugerida: Bahro, R. 1982: *Socialism and Survival* • Bramwell, A. 1989: *Ecology in the 20th Century: a History* • Enzenberger, H.M. 1988: "A critique of political ecology". In *Dreamers of the Absolute* • Gorz, A. 1980: *Ecology as Politics* • Lowe, P.D. e Rudig, W. 1986: "Political ecology and the social sciences: the state of the art". *British Journal of Political Science* 16, 513-50 • Matthews, Fred H. 1977: *Quest for an American Sociology: Robert E. Park and the Chicago School* • Meadows, D.H. et al. 1972: *The Limits to Growth* • Merchant, C. 1980: *The Death of Nature: Women, Ecology and the Scientific Revolution* • Ryle, M. 1988: *Ecology and Socialism.*

TED BENTON

econometria Encarada normalmente como a aplicação de técnicas estatísticas a dados econômicos a fim de investigar problemas econômicos, a econometria, numa definição mais inclusiva, abrangeria todo o rol de problemas de mensuração em economia. Essa definição poderia incluir problemas de operacionalização de um conceito, de teste de uma teoria, de coleta de dados e de construção de modelos específicos (ver MODELO). Embora a palavra tenha sido usada pela primeira vez no século XX por praticantes pioneiros, como Ragner Frisch, a tradição de uma abordagem estatístico-matemática para os fenômenos sociais remonta à aritmética política do século XVII. A origem da econometria neste século está ligada a esforços para resolver as discussões teóricas entre os marginalistas e seus críticos, recorrendo ao teste empírico da teoria de produtividade marginal da distribuição, por economistas como H.L. Moore. Este tentou demonstrar a validade da teoria dos salários de J.B. Clark, usando os métodos de correlação.

Desses primeiros passos ainda toscos, a econometria evoluiu para uma disciplina rigorosa, através dos esforços de pioneiros como R. Frisch e J. Tinbergen, na Europa, e pesquisadores da Cowles Foundation, nos Estados Unidos. Depois da Segunda Guerra Mundial, o campo se expandiu rapidamente com a invenção do computador de alta velocidade. Hoje em dia é mais adequado falar dos vários ramos da econometria do que da econometria como um único campo.

A econometria teórica, tradicionalmente, tem-se concentrado na construção de modelos estatísticos adequados ao teste de teorias econômicas. O modelo de regressão linear clássico foi ampliado através da investigação da violação dos vários pressupostos com respeito ao *error term*. Contribuição específica dos econometristas foi o desenvolvimento de modelos simultâneos de equação. Um trabalho mais recente sobre variáveis qualitativas dependentes, atrasos distribuídos, modelos dinâmicos e vários outros tópicos ampliou o repertório da econometria teórica.

Usando esses instrumentos em contínua evolução, muitas propostas teóricas em todas as áreas da CIÊNCIA ECONÔMICA têm sido submetidas a testes empíricos. Estes vão da teoria de demanda do consumidor e de hipóteses eficientes de mercado, em macroeconomia, até o teste das teorias sobre a determinação da taxa de câmbio na economia internacional.

Outra área importante no desenvolvimento da econometria foi a formulação e a corroboração de modelos macroeconométricos. Começando com o trabalho pioneiro de Elmer Working na identificação das curvas de demanda e oferta a partir de dados econômicos, o trabalho de Frisch e Tinbergen, na Europa, fez avançar consideravelmente as fronteiras da econometria. Um trabalho posterior, na Cowles Foundation, dirigido por J. Marschak e T.C. Koopmans, resultou num sólido fundamento analítico para a avaliação de modelos de equação simultânea. A efetiva apreciação desses modelos para uma economia real teve como pioneiros Klein e Goldberger (1955), e continua de formas cada vez mais sofisticadas, com grande número de equações, em muitos países. Internacionalmente, essa abordagem resultou no projeto LINK, um grupo de estudos internacional e cooperativo iniciado em 1968 com a finalidade de criar um sistema de modelos. Os modelos LINK consistem em modelos de comércio nacional, regional e mundial.

Recentemente R.E. Lucas destacou que os parâmetros desses modelos sempre mudarão em conseqüência de declarações ou anúncios de programas e políticas. Teoricamente, o argumento é bastante válido, embora sua relevância para um modelo macroeconométrico na prática continue a ser uma questão empírica. Muitos modelos recentes incorporam a pressuposição de expectativas racionais introduzida por J.F. Muth e R.E. Lucas. Uma abordagem diferente, defendida por C.A. Sims, é usar técnicas empiristas, tais como métodos de auto-regressão vetora.

De forma diferente, econometristas ingleses como D.F. Hendry reconhecem os problemas dos pressupostos de exogeneidade na solução das questões de identificação de modelos macroeconométricos. No entanto Hendry ainda reconhece o valor da econometria para testar teorias econômicas. Seu trabalho nessa área enquadra-se na rubrica dos procedimentos de seleção de modelos.

Na área da seleção de modelos e na abordagem da econometria em geral, a bayesiana vem sendo uma contendora das abordagens clássicas descritas acima. Em contraste com a abordagem clássica freqüentista, a proposta bayesiana preocupa-se com o modo como uma nova informação modifica as crenças do pesquisador a respeito dos valores dos parâmetros. Ela também foge da necessidade de justificar os procedimentos de avaliação, apelando para o desastrado conceito clássico de desempenho do avaliador em amostras hipotéticas repetidas. Filosoficamente, porém, a aceitação da abordagem bayesiana implica uma visão subjetivista de probabilidade que se choca com a visão objetivista, tal como esta emerge de aspectos do mundo independentes do observador. Portanto, as abordagens clássica e bayesiana têm compromissos ontológicos distintos e opostos.

Dada a diversidade de contribuições e pontos de vista na econometria moderna, qualquer visão sumária está sujeita a ser enganosa. No momento, vários novos desdobramentos têm começado a reconhecer a necessidade de maior geração de dados, mais testes de diagnóstico, inclusão de graus de crença e uso de modelos que reconheçam limitações de dados. Ao mesmo tempo, está sendo dada mais ênfase a uma construção de modelos não-linear e dinâmica.

Leitura sugerida: Aigner, D. e Zellner, A., orgs. 1988: "Causality". *Journal of Econometrics* 39, 1-2 • Hendry, D.F. 1987: "Econometrics methodology: a personal perspective". In *Advances in Econometrics, Fifth World Congress*, vol.2, org. por T.F. Bewley • Klein, L. e Goldberger, A. 1955: *An Econometric Model of the United States: 1929-1952* • Leamer, E.E. 1987: "Econometric metaphors". In *Advances in Econometrics, Fifth World Congress*, vol.2, org. por T.F. Bewley • Pesaran, M.H. 1987: *The Limits to Rational Expectations* • Sims, C.A. 1987: "Making economics credible". In *Advances in Econometrics, Fifth World Congress*, vol.2, org. por T.F. Bewley • Tinbergen, J. 1939: *Statistical Testing of Business Cycle Theories*, 2 vols. • Zellner, A. 1983: "Statistical theory and econometrics". In *Handbook of Econometrics*, vol.1, org. por Z. Griliches e M.D. Intriligator.

HAIDER ALI KHAN

economia Ver CIÊNCIA ECONÔMICA.

economia, processos evolucionários na Ver PROCESSOS EVOLUCIONÁRIOS NA ECONOMIA.

economia, socialização da Ver SOCIALIZAÇÃO DA ECONOMIA.

economia neoclássica O desenvolvimento da economia neoclássica data do rompimento com a economia clássica ocorrido no último terço do século XIX. Todas as escolas de economia (ver CIÊNCIA ECONÔMICA) buscam explicar, a seus diferentes modos, a disjunção entre o valor de uso e o valor de troca. A escola clássica teve a teoria de valor do trabalho como seu principal modo de explicar o valor de diferentes bens — as taxas às quais eles são trocados. Houve muitas anomalias com essa teoria, especialmente no que diz respeito à dificuldade de valorizar coisas raras — "obras-primas" — e bens em cuja produção o capital durável desempenhava um papel importante. A teoria do trabalho apoiava-se no papel do tempo de trabalho despendido na produção de um bem para explicar sua taxa de troca por outro bem. O valor de uso — a utilidade do bem — não desempenhava nenhum papel ativo nessa explicação.

Quase que simultaneamente, embora de modos diferentes, três autores defenderam a substituição da teoria clássica por uma teoria baseada em considerações tanto subjetivas como objetivas, ou de custo de recursos. O valor de uso, ou utilidade, tornou-se um lado da equação que explica o valor de troca. Leon Walras (1834-1910), William Stanley Jevons (1835-1882) e Carl Menger (1840-1921), a espaços de três anos um do outro, propuseram uma abordagem anticlássica. O trabalho deles passou a ser conhecido como a "revolução marginal", pois usaram a noção de utilidade marginal como explicação para os valores de troca (ver ESCOLA ECONÔMICA MARGINALISTA). A revolução marginal é geralmente encarada como sinônimo de economia neoclássica, mas essa é uma concepção equivocada. Os pioneiros marginalistas, em especial Jevons e Menger, eram explicitamente anticlássicos.

Foi Alfred Marshall (1842-1924) que conscientemente buscou enfatizar a continuidade, em vez da ruptura, com os antigos economistas ingleses e que criou a economia *neoclássica* como a sucessora legítima da economia clássica. Ele incorporou o marginalismo ao corpo principal da economia, mas também o integrou com teorias clássicas de renda e de comércio internacional.

A economia neoclássica surge, assim, como um resultado consciente dos esforços de Marshall para propagar uma mistura sintética e bem-acabada de economia clássica (embora sem a teoria do valor trabalho) e marginalismo. Mas a economia moderna, especialmente nos anos 60 e a partir de então, tem uma diferença importante com relação à economia marshalliana. Marshall pensou em mercados distintos em equilíbrio parcial; Walras propusera anteriormente um equilíbrio geral simultâneo como modo de teorizar a respeito de economia. A economia moderna seguiu muito mais as linhas walrasianas.

Proposições básicas

(1) Individualismo metodológico. O consumidor, isoladamente, é o ponto de partida e de chegada da economia neoclássica. Ele (encaremos a realidade, é *ele*) maximiza sua utilidade, e sua obtenção de um *optimum* fornece o critério para a avaliação de alternativas econômicas. O produtor ou a firma, tomado isoladamente, só infere sua base racional como, em última análise, consumidor ou propriedade de consumidores.

(2) Racionalidade econômica. O consumidor busca otimizar. A otimização envolve maximizar uma função objetiva (utilidade) sujeita a restrições. A renda, ou os recursos em geral, funciona como uma restrição. O consumidor encara toda uma multiplicidade de fins, porém com meios escassos, o que o leva a otimizar.

(3) Escolha e substituição. Defrontado com a otimização como tarefa, o indivíduo é ajudado pelo fato de ter uma escolha. Fora a restrição dos recursos, não há outras restrições que ele deva, idealmente, enfrentar. Assim, o âmbito de bens e de oportunidades disponíveis em geral é tal que ele pode escolher um em vez de outro bem. Os bens substituem-se uns aos outros: ou na satisfação de uma única necessidade ou porque as necessidades estão concorrendo e, se não uma, outra pode ser satisfeita. Em geral, não existe hierarquia de preferência ou necessidades. Do lado da produção, do mesmo modo, a tecnologia é tal que os meios alternativos de produzir um bem ou, se não, de substituir elementos que são colocados nos bens, ou ainda de substituir bens finais, estão sempre disponíveis. Se por algum motivo essas substituições não estão disponíveis e o bem escasso é único, então um aumento suficiente do seu preço estimulará uma busca de substitutos, e essas buscas terão sucesso.

(4) Equilíbrio. A otimização por um consumidor é bem-sucedida e define para ele um equilíbrio. O equilíbrio é uma situação tal que, na ausência de novas informações, o indivíduo não tem motivo para mudar o seu comportamento. O mesmo aplica-se aos produtores.

(5) Concorrência. Ao chegar à sua decisão, o consumidor individual encara o preço de um bem como um dado; o consumidor é parte muito pequena da economia total para exercer algum poder em virtude de suas ações, por exemplo, para influenciar o preço. Os produtores só se encontram em situação semelhante em estruturas industriais perfeitamente competitivas. Estas são desejáveis, mas não universais. Em situações não-competitivas, os produtores individuais (e muito raramente os consumidores) exercem poder no mercado e influenciam o preço ao qual vendem ou compram. A situação competitiva é a norma.

(6) Desobstrução do mercado. Na ausência de restrições arbitrárias externas, um mundo de consumidores e produtores individuais irá agir de tal forma que o mercado para a mercadoria em questão (em equilíbrio parcial) e para todas as mercadorias (em equilíbrio geral) será desobstruído, isto é, as demandas igualarão as ofertas. Não haverá, portanto, nem excesso de demanda nem excesso de oferta de natureza involuntária.

(7) Máximo de bem-estar. Em situações de equilíbrio geral competitivo, o bem-estar do consumidor chegará ao máximo. Isso pode ocorrer sobre bases utilitaristas, que permitirão a soma das utilidades dos diversos consumidores, ou pelo critério de Pareto, o qual afirma que uma situação é ótima, no sentido de que ninguém pode sair-se melhor sem que pelo menos uma pessoa se saia pior. Em qualquer dos cálculos, um equilíbrio competitivo é uma situação de máximo de bem-estar.

Em torno dessas proposições básicas, a economia neoclássica ampliou e enriqueceu sua capacidade de modelar um número crescente de atividades humanas dentro da sua estrutura. Assim, crime, casamento, criação de filhos e escolha do tamanho da família foram todos estudados, bem como as atividades econômicas mais estreitamente definidas, tais como escolha de profissão, investimento, consumo, produção e assim por diante. Dado o ponto de partida metodológico individualista, a economia neoclássica tem dificuldade em teorizar sobre relacionamentos agregados, macroeconômicos. A agregação sobre indivíduos, firmas ou mercadorias leva a problemas internos de coerência. A busca de microfundamentos da macroeconomia é, portanto, endêmica, e parte insolúvel da economia neoclássica.

Seus detratores criticam a economia neoclássica por ser estática, excessivamente orientada para o equilíbrio, fazendo pressuposições irreais, ignorando dados institucionais e culturais, e também por desprezar o poder ou o conflito (de classe). Seu predomínio contínuo na economia, no entanto, sustenta-se não apenas por sua hegemonia institucional nas universidades, mas também pelo compromisso de seus praticantes com uma adesão vigorosa ao pequeno número de proposições básicas, e a ativos e ferozes mecanismos críticos internos, que tentam garantir que, pelo menos por seus próprios padrões internos, só sejam aprovados trabalhos rigorosos e de alta qualidade.

Leitura sugerida: Blaug, M. 1962 *(1985): Economic Theory in Retrospect*, 4ªed. • Boland, L.A. 1985: *The Foundations of Economic Method* • Hahn, F. 1984: *Equilibrium and Macroeconomics* • Hey, J. e Winch, D., orgs. 1990: *A Century of Economics* • Stigler, G.J. 1965: *Essays in the History of Economics.*

MEGHNAD DESAI

economia política Esta designação adquiriu uma variedade de significados, dos quais nem todos são mutuamente compatíveis. Em termos históricos, a palavra "economia" referia-se à administração do orçamento doméstico. Quando a residência era a do monarca, essas preocupações econômicas eram evidentemente políticas. Daí a "economia política" ter-se originado como o estudo dos problemas relativos às rendas (oriundas de impostos e empréstimos) e despesas (com a corte, a administração civil, o exército e a marinha) do monarca, numa época em que os estados-nações estavam começando a se consolidar e o enfraquecimento da moeda era comum. Em particular, a inflação européia no século XVI, ligada ao influxo de prata do Novo Mundo, inspirou questões relativas aos determinantes da balança entre rendas e despesas e sua ligação com o comércio, a produção e, de maneira mais geral, a riqueza da nação. Os mercantilistas do século XVII localizavam as origens da riqueza na aquisição de metais preciosos, através de excedentes comerciais, refletindo o capitalismo mercantilista predominante na época. Essa doutrina foi superada no século seguinte pela dos fisiocratas, que localizavam a fonte de toda riqueza na agricultura (refletindo o lento crescimento do capitalismo agrícola). Mais tarde ainda, as origens da riqueza foram buscadas (por Adam Smith na década de 1770) na ampliação da divisão do trabalho, refletindo o incremento da atividade econômica que levaria à Revolução Industrial. No início do século XIX, durante a Revolução Industrial (David Ricardo) e um pouco depois (Karl Marx), há o reconhecimento de que as origens da riqueza se encontram, de maneira mais geral, na produção. O foco concentra-se em particular no modo como um excedente econômico (isto é, o que excede a reprodução de uma situação estacionária de subsistência) é produzido e distribuído; o que a relação dessa produção e distribuição representa para o crescimento econômico e o conflito de classes (entre senhores de terras e capitalistas, para Ricardo, entre capitalistas e operários, para Marx); e quais são as implicações para preços, lucros, salários e empregos.

Marx fez distinção, ainda, entre a economia política "clássica", que "investigava a real estrutura interna das relações burguesas de produção", e que ele encarava, portanto, como científica, e as atividades de economistas "vulgares", que "se confundem com a estrutura aparente dessas relações (...) sistematizando de forma pedante e proclamando como verdades eternas as idéias banais e complacentes que os agentes de produção burgueses têm sobre seu próprio mundo, que para eles é o melhor mundo possível" (*O capital*, vol.I, 1867 (*1976*), p.174, n.34). Para Marx, a ruptura ocorreu em 1830: a conquista do poder político pela burguesia, na França e na Inglaterra, e seu conflito de classe com um proletariado em rápido crescimento marcaram o fim de qualquer possibilidade de novos desenvolvimentos da economia política científica; depois disso só seriam possíveis uma apologética do *status quo* (economia política vulgar) ou uma crítica científica (sua própria obra).

Sucessores mais convencionais de Ricardo passaram cada vez mais a achar insatisfatória a fundamentação da teoria deste numa teoria do valor trabalho, e na década de 1870 sua teoria da renda fora generalizada com sucesso para outros chamados fatores de produção tais que, em equilíbrio competitivo, cada fator recebe o equivalente monetário de sua contribuição para a produção. Seguiram-se imediatamente várias conseqüências. Primeiro, questões de crescimento e de atividade econômica agregada foram substituídas por preocupações com a alocação de recursos. Segundo, o conflito de classes foi substituído por uma concentração do interesse na maximização promovida pelos indivíduos (consumidores maximizando a utilidade e produtores maximizando o lucro), com dadas dotações iniciais e dadas tecnologias de produção (ambas questões de história) e dadas preferências (questão de psicologia). Terceiro, desapareceu a própria noção de excedente econômico. E, quarto, a expressão "economia política" foi substituída pela palavra "economia". (Ver VALOR.) Enquanto os marxistas achavam esses desdobramentos "vulgares" e continuavam a usar a expressão "economia política clássica" para descrever a obra de Ricardo e seus antecessores, cada vez mais outros economistas seguiam o uso de J.M. Keynes da expressão "economia clássica" para descrever a ortodoxia econômica no século posterior a Ricardo (tratando Marx como um seguidor de Ricardo) e anterior à *Teoria geral* do próprio Keynes, de 1936. A expressão economia política só sobreviveu na ortodoxia não-marxista em dois sentidos. Primeiro, ocorre como expressão ocasional na teoria das finanças públicas — óbvia referência a suas origens históricas. Segundo, foi apropriada por um crescente conjunto de trabalhos — com origem em grande parte nos Estados Unidos, nos anos 70 — que investigam a interação de processos políticos democráticos e as relações econômicas de troca de mercadorias em mercados livres. Os primeiros são encarados como estorvos às segundas, exigindo reestruturação e subordinação a elas. Mais uma vez, fica clara a referência às origens históricas da expressão.

Ao mesmo tempo em que economistas como Paul Baran e Paul Sweezy, nos Estados Unidos, e Maurice Dobb e Ronald Meek, no Reino Unido, mantinham uma tradição marxista no século XX, foi a conjunção do movimento de direitos civis nos Estados Unidos com o maciço envolvimento norte-americano no Vietnã que levou a uma retomada das preocupações da economia política clássica. Hymer e Roosevelt (in Lindbeck, 1977) descrevem as conseqüências do uso da "razão, do conhecimento técnico, de manobras jurídicas e de políticas de reforma eleitoral" por ativistas estudantis nos anos 60 e início dos anos 70:

> Eles descobriram pessoalmente a violência, apoiada pela lei e pelo governo, que era usada contra os negros; em países subdesenvolvidos, viram as elites governantes colaborando com os negócios internacionais para obstruir as reformas mais obviamente necessárias; viram que os administradores de suas universidades resistiam a exigências mínimas com incrível tenacidade; viram como os programas de bem-estar social e as prisões aterrorizavam e degradavam as pessoas as quais deveriam promover e melhorar; e, na política, os jovens descobriram que, mesmo conseguindo levantar uma onda gigantesca contra a guerra e forçar um presidente a renunciar, isso não fez a guerra parar. A partir dessa experiência, começaram a se perguntar se não existe algo fundamentalmente errado no próprio sistema. (p.121)

Esse questionamento levou à construção de uma visão de mundo alternativa à da ortodoxia econômica predominante, rejeitando a concentração desta última em padrões eficientes de alocação de recursos produzidos pelas atividades otimizadoras de indivíduos racionais (e em geral oniscientes), em favor de muitas das preocupações da tradição da economia política clássica, que havia culminado na obra de Marx. Em particular, os economistas da Nova Esquerda (como vieram a ser chamados) não negaram a ênfase na concorrência e na troca voluntária nos mercados, tão cruciais para a ortodoxia econômica; mas afirmaram que essa concentração de foco era unidimensional demais para representar a realidade do capitalismo de uma forma que não fosse enganadora. O que seria necessário acrescentar era, primeiro, um reconhecimento das relações de poder, coerção e hierarquia, características tanto do local de trabalho quanto do mercado numa sociedade capitalista; e, segundo, o reconhecimento de que as sociedades capitalistas não se encontram em equilíbrio estático, e nem sequer dinâmico, mas sim em constante mudança, sendo essa mudança produzida por sua existência sistêmica.

A ênfase no aspecto do poder é particularmente importante. A explicação das desigualdades da sociedade capitalista em termos do comportamento otimizador dos indivíduos é, para os economistas políticos radicais, particularmente ociosa, uma vez que constrói representações da sociedade capitalista que são, na melhor das hipóteses, enganadoras e, o que é mais típico, totalmente míticas. A economia política, em vez disso, concentra-se em agregados de indivíduos, em como as relações de poder distribuem recursos entre esses agregados e em como essas distribuições de recursos mantêm relações de dominação e subordinação. Esse tipo de análise de relações distributivas tem sido amplamente utilizado em análises da pobreza em sociedades com estratificação de classes, em análises das diferenças entre os sexos e das relações patriarcais entre homens e mulheres, em análises de conflitos raciais nos países capitalistas mais ricos e numa ampla variedade de análises da situação com que se defrontam os países subdesenvolvidos, em termos tanto de seu meio ambiente doméstico quanto de sua entrada num mercado mundial dominado pelos países capitalistas mais ricos.

Mas não é somente no que diz respeito a relações de poder entre agregados na distribuição que a economia política radical se diferencia da ortodoxia econômica. O próprio Marx achava que as relações de dominação e subordinação no processo de produção em si mesmo eram particularmente importantes para a análise do capitalismo. Mas os escritos de Marx desenvolveram pouco esse setor e, no século XX, essas preocupações marxistas foram bastante negligenciadas. Foram, porém, revividas e na verdade atingiram um público muito mais amplo com a publicação, em 1974, da obra de Braverman sobre o processo de trabalho capitalista (ver TRABALHO, PROCESSO DE), que tentava aplicar a análise de Marx ao local de trabalho moderno e a sua evolução no século XX. Grande número de estudos empíricos foi buscar sua inspiração na obra de Braverman, tentando entender a evolução de uma ampla variedade de situações no local de trabalho. Nisso existe certa ligação com as preocupações da teoria da REGULAÇÃO. Um foco de atenção relacionado, ainda que distinto, foi uma análise das corporações do século XX; uma linha de análise apóia-se na escola institucionalista norte-americana, de Thorstein Veblen a J.K. Galbraith; outra relaciona a evolução da corporação multinacional às teorias marxistas sobre imperialismo.

Esse itinerário da redescoberta das preocupações teóricas do passado descobriu simultaneamente como a obra de muitos economistas influentes pode ser lida e interpretada sob uma luz diversa de como essas obras foram apropriadas pela ortodoxia econômica. Um exemplo de destaque é a obra de Keynes: enquanto a interpretação ortodoxa encara a economia keynesiana em termos de situações de equilíbrio, Joan Robinson e seus colegas sempre insistiram em afirmar que isso significa distorcer os processos de desequilíbrio com os quais Keynes se preocupava. Assim, Nell, por exemplo, afirma que a ortodoxia econômica "deturpa a natureza da circulação e da distribuição" (1980, p.XI); uma compreensão mais precisa, no caso, exige um retorno à teoria keynesiana sobre demanda efetiva e sua ampliação para ligar decisões sobre preços e investimentos (ver PÓS-KEYNESIANISMO). Entre outros exemplos incluem-se a interpretação de Piero Sraffa da economia de Ricardo e a redescoberta da economia marxista como algo mais que uma variante menor na tradição ricardiana.

As preocupações da economia política radical são, assim, heterogêneas; unidas pela hostilidade à ortodoxia econômica predominante, elas continuam ecléticas, em parte complementares e em parte competitivas entre si. Nos Estados Unidos, a Union for Radical Political Economics (URPE), que publica a *Review of Radical Political Economics*, é a principal organização a abrigar economistas dissidentes; no Reino Unido existe uma análoga Conference of Socialist Economists (CSE), com sua publicação *Capital & Class*, mas as preocupações da economia política permeiam inúmeras outras publicações, incluindo *Cambridge Journal of Economics*, *Critical Social Policy* e *Race and Class*, num testemunho de sua influência na contestação da ortodoxia econômica.

Leitura sugerida: Bowles, S. e Edwards, R. 1985: *Understanding Capitalism: Competition, Command and Change in the US Economy* • Edwards, R.C., Reich, M. e Weisskopf, T.E. 1978: *The Capitalist System*, 2ªed. • Green, F. e Sutcliffe, B. 1987: *The Profit System* • Lindbeck, A. 1977: *The Political Economy of the New Left: An Outsider's View*, 2ªed. • Nell, E.J., org. 1980: *Growth, Profits and Property: Essays in the Revival of Political Economy.*

SIMON MOHUN

economia socialista Ver SOCIALISTA, TEORIA ECONÔMICA; SOCIALISTA, CÁLCULO; SOCIALISMO DE MERCADO.

econômica, história Ver HISTÓRIA ECONÔMICA.

educação e teoria social Se usarmos SOCIALIZAÇÃO para nos referirmos à soma de práticas pelas quais novos indivíduos são transformados em membros de sociedades existentes, então "educação" é o subconjunto de práticas que têm como resultado pretendido tipos particulares de formação. De forma ainda mais estrita, a palavra "educação" é usada como sinônimo de escolaridade, medida institucional específica para a transmissão de conhecimentos e habilidades, o desenvolvimento de competências e crenças.

Há uma pressuposição básica que permeia o pensamento social do século XX, de que a socialização *é* o meio certo de caracterizar o que transpira entre novos indivíduos e suas sociedades, e de que os indivíduos são maleáveis a um número indefinido de tipos de formação. Contra esse pano de fundo, os sociólogos parecem ter a tarefa descritiva direta de caracterizar *como* diferentes sociedades socializam os indivíduos e em que elas os socializam. Mas se existem falhas de socialização, e elas existem, fica (mais) difícil sustentar a idéia de plasticidade (cf. Hollis, 1977; Wrong, 1977). Por exemplo, se os indivíduos de fato diferem biologicamente em termos de inteligência, isso limitará o possível sucesso de qualquer sistema de escolaridade que proporcione a igualdade de tratamento na expectativa de que este venha a produzir uma igualdade de resultados.

Os compromissos políticos de conseguir a igualdade de oportunidades, de tratamento e/ou de resultados têm inspirado (e fundado) inúmeros programas e projetos de pesquisas na sociologia do século XX (ver também IGUALDADE E DESIGUALDADE). Por exemplo, em um compromisso com a idéia de que a escolaridade deveria permitir a mobilidade social, identificando talento e/ou esforço independentemente de origens sociais — dessa forma tornando talento e esforço disponíveis (como "mérito") como discriminadores identificáveis para a seleção profissional —, tem havido grande número de estudos sobre o motivo por que origens e destinos continuam obstinadamente ligados, apesar dos compromissos meritocráticos, pelo menos formais. É possível distinguir três tipos de explicações resultantes, que podem ser rotuladas de determinista, desmistificadora e voluntarista. Essas explicações não são mutuamente exclusivas, ainda que geralmente sejam apresentadas como tal.

Explicações deterministas Há dois tipos de deterministas. Primeiro, os que afirmam que os indivíduos diferem biologicamente em inteligência e/ou que grupos (negros, mulheres, em contraste com brancos, homens) diferem na média em termos de inteligência biologicamente determinada, e que isso explica as diferenças nos resultados. A literatura sobre esse tipo de determinismo é ao mesmo tempo ampla e amplamente superestimada, uma vez que muito poucas (se é que alguma) conclusões quanto a políticas e programas podem ser dela derivadas com clareza, qualquer que seja a verdade nessa questão. Por exemplo, suponhamos que algumas crianças simplesmente sejam mais espertas do que outras. O que se segue a respeito de sua educação e da educação das que são menos espertas? Absolutamente nada, uma vez que a questão conseqüente mais óbvia é esta: as que são mais espertas deveriam receber mais/melhor educação (para beneficiar indiretamente os restantes), ou menos (uma vez que não precisam)? E nada no mero fato das diferenças ajuda a resolver essa questão. A maioria dos sistemas educacionais reconhece tacitamente a diferença e gasta mais *tanto* com as que são mais espertas *como* com as que são particularmente menos capazes e identificadas como tendo necessidades educacionais especiais.

O segundo tipo de determinista fala a partir da sociedade, e não da biologia, demonstrando como as crianças chegam à escola com a vantagem ou com o peso de sua formação social (classe, educação, status). Conseqüentemente, o sucesso e o fracasso relativos na escola são determinados pelos trunfos ou cargas que as crianças trazem consigo, e a escolaridade em si mesma não pode contrabalançar a sociedade — a escola é um agente menos possante, do ponto de vista causal, do que o lar ou a comunidade (ver Halsey et al., 1980).

Os mecanismos efetivos de determinação social são muitos e variados. Se em casa não há livros, não há lugar para estudar nem processador de texto para produzir trabalhos elegantes, mamãe e papai estão sempre discutindo, o bebê não dorme e seus colegas estão sempre batendo à porta chamando para jogar futebol — bem, quais são as chances de a criança fazer uma boa prova de história? (Ver também PRIVAÇÃO RELATIVA.)

Explicações desmistificadoras As próprias escolas são instituições sociais, contando com professores cuja classe ou status social precisos têm sido objeto de considerável debate (ver Ozga e Lawn, 1981). A realidade das escolas pode divergir, e de fato diverge, de sua retórica. Assim, por exemplo, um compromisso formal com a igualdade de oportunidades não garante que um professor trate meninas e meninos de modo tal que ambos tenham iguais oportunidades de sucesso na sala de aula desse professor. Na verdade, os indícios apontam, de forma surpreendente, que os professores — homens e mulheres — são discriminadores, no tratamento que dedicam a meninos e meninas, de modos educativamente significativos (Stanworth, 1983). Além disso, as escolas são moldadas como instituições através das exigências formais dos governos nacionais e locais, e informalmente pelas pressões exercidas por pais, diretores e o comércio e indústria locais. A conjunção de exigências formais e pressões informais na verdade conspira para garantir que o reconhecimento e a recompensa do mérito individual sejam apenas um dos vários objetivos conflitantes perseguidos pelas escolas. As escolas também têm um "currículo oculto" (Snyder, 1971), o qual reconhece e recompensa o conformismo a suas normas de bom comportamento e de auto-apresentação aceitável (ver Ball, 1990). Essas normas não são neutras no que se refere aos grupos, mas, ao contrário, discriminam de forma sistemática por classe e sexo. Assim, para usarmos um exemplo menos que óbvio, no nível secundário a norma da caligrafia clara indicaria um favorecimento sistemático das meninas, embora a "recompensa" seja na verdade a capacitação para funções de baixas recompensas e status moderado, tais como empregos de funcionárias e secretárias. Nenhuma menina com a cabeça no lugar deveria permitir-se ter uma bela caligrafia.

Em geral, diz o sociólogo desmistificador, as escolas não são locais sociais "neutros", impotentes diante de determinações sociais "externas". Suas próprias práticas institucionalmente embutidas formam resultados diferenciados por classe, sexo e outros discriminadores irrelevantes, como etnia.

Explicações voluntaristas Tanto o determinista quanto o desmistificador estão, na verdade, assumindo não apenas a plasticidade, como também a passividade do aluno de escola. Mas é possível que as próprias crianças se mostrem ativas na formação de seus próprios destinos, e desde a tenra idade. Elas têm suas próprias percepções quanto a suas origens e aspirações por distinção social: querem ser médicos, enfermeiras e estrelas pop. Querem ou não querem seguir o papai ladeira abaixo. Nesse contexto, os professores podem ou não representar um status ou conjunto de valores com os quais os alunos podem identificar-se, ou aos quais possam vir a aspirar. E isso é importante porque pode formar uma orientação para todo o processo de aprendizado. Em um estudo influente, Paul Willis (1977) afirmou que parte da explicação para o fato de filhos da classe operária conseguirem empregos de classe operária é simplesmente que eles *querem* esses empregos; rejeitam decididamente a CULTURA mais "colarinho branco" da escola, que não é a de suas famílias de origem. O modo como os professores se comportam e vivem (objeto de certo fascínio para a maioria dos alunos) não os impressiona como algo a ser copiado ou buscado.

Qualquer que seja a mistura de explicações certa, os filhos da classe operária conseguem empregos de classe operária e as meninas acabam realizando trabalho "de mulher". A mobilidade social e sexual é sempre muito menor do que aquilo que satisfaria qualquer pessoa comprometida com a igualdade de oportunidades. Trabalhos sociológicos detalhados sobre a reprodução de uma força de trabalho estratificada podem ser encontrados, dentro da tradição britânica, em Halsey et al. (1980) e, numa perspectiva marxista norte-americana, em Bowles e Gintis (1976).

Alguns têm procurado garantir que a escolaridade se torne uma influência mais poderosa do que a origem; por exemplo, ampliando o período de escolaridade compulsória, cuidando para que cada escola receba alguns alunos com todos os níveis de habilidade e rebaixando a cultura de conhecimento "inútil" (latim e grego, por exemplo), para cuja aquisição o principal motivo é, ou deveria ser, o desejo de marcar uma distinção social (ver Bourdieu, 1979).

Outros tornaram-se críticos da própria instituição da escolaridade. Na NOVA ESQUERDA, Ivan Illich afirmou, numa obra muito influente, *Deschooling Society* (*Sociedade desescolarizante*, 1971), que as escolas privilegiam o diploma sobre a efetiva competência, restringem irracionalmente o domínio daquilo que conta como valendo a pena aprender e prescrevem modos de aprendizado restritivos e inúteis — enquanto escrevo esta última frase, ocorre-me que amanhã minha filha colocará um colarinho e uma gravatinha novos, sem os quais jamais lhe será permitido aprender coisa alguma. É seu primeiro dia numa escola inglesa comum.

A NOVA DIREITA adaptou a seus próprios objetivos alguns dos temas da crítica da Nova Esquerda à escolaridade, expressa como a idéia de controle exercido pelo produtor: os professores prepararam suas próprias agendas para as escolas, quando deveriam ser os pais a prepararem agendas para os professores. A Nova Direita, então, manifesta-se a favor do rompimento dos monopólios escolares e da libertação do consumidor.

Tanto o pensamento da Nova Esquerda quanto o da Nova Direita conflitam com as concepções centrais, social-democratas e liberal-democratas — como a de John Dewey (1966) —, que encaram a escolaridade como uma instituição com um papel de liderança na criação de uma sociedade justa, democrática e unificada. E, dentro da tradição marxista, Antonio Gramsci expressa uma aprovação decidida ao tipo de sistema escolar tradicional de que ele foi um beneficiário individual (Entwistle, 1979). O caso de Gramsci também deveria servir para nos tornar conscientes de que, se os sociólogos em geral têm-se ocupado em explicar por que as crianças fracassam na escola, existe também outra interessante questão de pesquisa, que deseja saber por que certas crianças que deveriam, por todos os padrões sociológicos, efetivamente fracassar tiveram sucesso nas circunstâncias mais improváveis. Existem muito poucos sistemas de escolaridade que não tenham como se orgulhar de seus meninos pobres que obtiveram sucesso, e uma abordagem biográfica do estudo do seu sucesso pode fazer ressaltar fatores desprezados nas abordagens macrossociológicas do estudo da educação. (Para usos bem diferentes de uma abordagem biográfica, ver Hoggart, 1957, e Lacey, 1970.)

Leitura sugerida: Bowles, Samuel e Gintis, Herbert 1976: *Schooling in Capitalist America* • Halsey, A.H., Heath, A. e Ridge, J.M. 1980: *Origins and Destinations: Family, Class and Education in Modern Britain* • Illich, Ivan 1971: *Deschooling Society* • Willis, Paul 1977: *Learning to Labour.*

TREVOR PATEMAN

elites, teoria das A palavra *élite* foi usada na França, no século XVII, para descrever bens de qualidade particularmente superior. Um pouco mais tarde foi aplicada a grupos sociais superiores de vários tipos, mas só viria a ser amplamente empregada no pensamento social e político por volta do final do século XIX, quando começou a ser difundida pelas teorias sociológicas das elites, propostas por Vilfredo Pareto (1916-19) e, de forma um pouco diferente, por Gaetano Mosca (1896). Pareto começou com uma definição muito geral de elite, como as de pessoas que têm os índices mais elevados de capacidade em seu ramo de atividade, qualquer que seja a sua natureza, mas em seguida concentrou sua atenção naquilo que chamou de "elite governante", em contraste com as massas não-governantes. Essa concepção devia algo a Mosca — o primeiro a tentar a construção de uma nova ciência da política baseada na distinção entre elite e massas —, que resumiu sua concepção geral dizendo que, em todas as sociedades, um fato óbvio se destaca; o de surgirem "duas classes de pessoas — uma classe que governa e uma classe que é governada".

As teorias das elites eram dirigidas contra o socialismo (especialmente o socialismo marxista) e, em certa medida, muito em especial no caso de Pareto, contra as idéias democráticas. Contestavam o conceito marxista de "classe dominante", cujo poder político se concentrava na propriedade dos meios de produção, afirmando que os grupos dominantes se caracterizavam por terem capacidades superiores e por serem "minorias organizadas", cujo "domínio (...) sobre a maioria desorganizada é inevitável" (Mosca, 1896, p.50). Essa argumentação foi levada mais adiante com a negação de que uma "sociedade sem classes", conforme prefigurada pela maioria dos socialistas, ou uma democracia no sentido de "governo *exercido pelo* povo", pudesse vir a ser atingida um dia. Mosca, porém, acabou desenvolvendo uma teoria mais complexa, na qual reconhecia a importância da posse da propriedade na constituição da minoria organizada (ou "classe política"); a influência sobre o governo de "forças sociais" diversas, representando diferentes interesses na sociedade; a importância, para a estabilidade política, de uma subelite compreendendo, na prática, a "nova classe média"; e a possibilidade, numa democracia parlamentar, de que a maioria desorganizada, através de seus representantes, viesse a exercer algum controle sobre a política governamental.

As obras de Pareto e Mosca tiveram uma influência penetrante. Max Weber, de modo parecido, rejeitou a idéia de governo *exercido pelo* povo e redefiniu a democracia como a "competição pela liderança política", no que foi mais tarde seguido por J.A. Schumpeter (1942). Em seus argumentos contra o socialismo, Weber enfatizou a independência relativa do poder político, afirmando ser mais provável que uma revolução socialista estabelecesse a ditadura do funcionalismo do que a ditadura do proletariado (Weber, 1918). A partir de outro aspecto, Robert Michels, que trabalhava numa ligação muito estreita com Weber, em seu estudo sobre os partidos políticos, afirmou que todos eles (incluindo os partidos socialistas) inevitavelmente desenvolviam uma estrutura oligárquica, resultando na dominação por parte dos líderes partidários. Tanto Weber quanto Michels atribuíam importância capital, na liderança política, às elites, bem como aos indivíduos "carismáticos" (Beetham, 1981; Mommsen, 1981), e suas idéias exerceram considerável influência sobre o pensamento social posterior. Raymond Aron (1950) tentou uma síntese da teoria de "classes" com a teoria das "elites" através da análise da relação entre DIFERENCIAÇÃO SOCIAL e hierarquia política nas sociedades modernas, e seguiu Weber ao afirmar que a "desigualdade em termos de poder político não é de forma alguma eliminada ou reduzida pela abolição das classes, pois é absolutamente impossível que o governo de uma sociedade esteja nas mãos senão de uns poucos". Nesse texto e em outros (Aron, 1964), ele também usou o conceito de elite para estabelecer uma distinção entre a "pluralidade de elites" nas sociedades capitalistas democráticas e a "elite unificada" nas sociedades "sem classes" (mais especificamente, na União Soviética). Esses textos foram uma importante contribuição para as controvérsias a respeito do surgimento de uma nova classe governante, ou elite dominante, nos países socialistas. C. Wright Mills (1956), muito influenciado por Weber, também usou a expressão "elite do poder" preferencialmente a "classe governante", que ele achava implicar com excessiva facilidade que uma classe econômica tem o domínio político, mas, ao contrário de Aron, concebeu essa elite como unindo três grupos distintos na sociedade norte-americana (os chefes das corporações empresariais, os líderes políticos e os chefes militares), e sua análise parecia levar à reafirmação, de forma limitada, da força determinante definitiva que era a posse da propriedade.

Grande parte da extensa pesquisa sobre as elites desde a Segunda Guerra Mundial tem-se preocupado com a arregimentação e o papel social de grupos elitistas particulares — líderes políticos, executivos de empresas (especialmente em grandes corporações), funcionários de alta hierarquia, chefes militares e intelectuais — em sociedades diferentes, e esse tem sido um elemento importante nos estudos sobre a mobilidade social (Heath, 1981). De maneira mais geral, as teorias das elites têm ocupado o centro das controvérsias a respeito da relação entre elites e democracia. Karl Mannheim, que originalmente ligara as teorias das elites ao fascismo e às doutrinas antiintelectualistas de "ação direta", afirmou mais tarde que democracia e elites não eram necessariamente incompatíveis: numa sociedade democrática, haveria "um novo modo de seleção da elite e uma nova autointerpretação desta", juntamente com uma redução da distância entre a elite e a massa (Mannheim, 1956, p.200). Nos anos 60, porém, os movimentos esquerdistas radicais renovaram o ataque ao elitismo em sua defesa da "democracia participativa" e, embora alguns desses movimentos tenham declinado no decorrer da última década, suas críticas ao domínio da elite ainda exercem influência sobre os partidos verdes e entre os defensores da autogestão.

No pensamento social do pós-guerra, a teoria das elites tornou-se menos uma alternativa à teoria de classe do que um complemento a essa teoria, em especial na análise da natureza do domínio político nos países socialistas (eles próprios envolvidos, desde o final dos anos 80, em um processo de mudança radical em que tanto as classes quanto as elites desempenham um papel). O que hoje parece mais importante é a relação das elites com a democracia, assim como as novas questões colocadas por versões mais recentes da teoria das elites para concepções da ulterior evolução da democracia nas sociedades industriais avançadas (Albertoni, 1987, parte 2).

Leitura sugerida: Albertoni, Ettore A. 1987: *Mosca and the Theory of Elitism* • Aron, Raymond 1950 *(1988):* "Social structure and the ruling class". In *Power, Modernity and Sociology* • Bottomore, Tom 1964

(1966): Elites and Society • Mannheim, K. 1956: *Essays on the Sociology of Culture* • Michels, Robert, 1911 *(1949, 1962): Political Parties* • Mills, C.W. 1956: *The Power Elite* • Mosca, Gaetano 1986 *(1939): Elementi di scienza politica*, 2ªed. rev. e ampl., 1983. A versão inglesa organizada por Arthur Livingston, sob o título *The Ruling Class*, reúne essas duas edições • Pareto, V. 1916-19 *(1963): The Mind and Society: a Treatise on General Sociology*, 2 vols. • Schumpeter, Joseph A. 1942 *(1987): Capitalism, Socialism and Democracy*, 6ªed.

TOM BOTTOMORE

emancipação Usadas no século XIX para se referir à abolição de restrições jurídicas aos judeus europeus, aos servos russos e aos escravos americanos, as palavras "emancipação" e "libertação" mantiveram seus laços com a imagística da escravidão. Ao lado de motivos tirados da Revolução Francesa e dos movimentos operários, essas palavras formaram a retórica dos "movimentos de libertação nacional" anticolonialistas (ver Fanon, 1961).

Mary Wollstonecraft (1792) chamou a atenção para as semelhanças entre a condição das mulheres e a dos escravos, e os movimentos feministas têm usado tradicionalmente as palavras emancipação e libertação. (Fora desses movimentos, também, a mulher "emancipada" era associada a um estilo de vida anticonvencional.) Ver também MOVIMENTO DE MULHERES.

Em outras áreas do pensamento radical, essas palavras costumam ser usadas como alternativas ou complementos de um vocabulário da revolução social, especialmente na teoria crítica (ver ESCOLA DE FRANKFURT). O *Ensaio sobre a libertação* (1969), de Herbert Marcuse, ampliou as tradicionais concepções socialistas de libertação para poder incorporar idéias dos movimentos estudantil e hippie, bem como dos movimentos de libertação feminina e gay.

O conceito, mais austero, de Jürgen Habermas, de um interesse na emancipação orientado pelo conhecimento, caracterizando ciências "críticas" como a psicanálise e a crítica marxista da ideologia, exerceu também extrema influência como alternativa ao ideal de liberdade de valores (ver VALORES). No modelo de Habermas, as ciências emancipatórias combinam o estudo de processos causais a serem encontrados na ciência empírica com a transformação de nossa compreensão de nós próprios a ser obtida a partir da HERMENÊUTICA; eles envolvem a identificação e remoção de obstáculos causais para a compreensão, como blocos psicológicos e ideologias sociais dominantes. Os vínculos existentes entre ciência e dominação e a possível contribuição da ciência (incluindo a ciência social) para a emancipação humana têm sido um importante tema nas teorias críticas da ciência da LIBERDADE.

Leitura sugerida: Bhaskar, Roy 1986: *Scientific Realism and Human Emancipation* • Marcuse, Herbert 1969: *An Essay on Liberation.*

WILLIAM OUTHWAITE

empirismo Esta palavra indica um conjunto de teorias de explicação, definição e justificação de nossos conceitos e/ou conhecimento, no sentido de que estes são derivados dos sentidos (ou da introspecção) e/ou podem ser explicados (e/ou justificados) em termos da experiência destes. É típico dos empiristas terem assumido que o conhecimento deve ser estabelecido por indução a partir de (ou testado em oposição a) relatos de observações incorrigíveis, ou pelo menos não-deduzidos. Isso sempre levantou problemas a respeito do status das proposições matemáticas (questionado por J.S. Mille, no final do século XX, por David Bloor, para sermos empíricos), princípios a priori aparentemente sintéticos, tais como a uniformidade da natureza (que Bertrand Russell admitiu ser um limite ao empirismo) e do próprio empirismo (seria ele analítico e, portanto, na expressão de John Locke, "trivial", como Wittgenstein estava disposto a admitir, ou meramente empírico e, portanto, sujeito à dúvida indutiva?). Além do mais, em sua forma canônica humeana, o empirismo leva prontamente a um ceticismo a respeito (a) dos objetos independentemente da nossa percepção a seu respeito e (b) da necessidade natural (isto é, conexões necessárias na natureza — e daí a um problema a respeito do status das leis). Característico do POSITIVISMO em geral, o empirismo tem sido a epistemologia e a teoria da ciência predominantes durante a maior parte deste século; mas também estendeu sua influência à ética (como emotivismo), à lingüística, à psicologia (como comportamentalismo) e à ciência social de maneira geral. Em sua fase possivelmente mais influente, assumiu a forma do empirismo lógico do círculo de Viena dos anos 20 e 30, que inicialmente uniu a epistemologia sensacionalista de Ernst Mach com o atomismo lógico de Russell e Wittgenstein, e cujos membros mais importantes foram M. Schlick, R. Carnap e Otto Neurath.

A estrutura da epistemologia empirista no século XX baseia-se substancialmente em:

P_1, o princípio de *invariância-empírica*, isto é, que as leis são ou dependem de regularidades empíricas; e

P_2, o princípio de *confirmação* (ou refutação) *pelo evento*, ou seja, de que as leis são confirmadas (ou refutadas) por seus eventos.

A definição dos eventos pode ser ostensiva ou operacional (P.W. Bridgman); e, se ostensiva, fisicalista (Neurath) ou fenomenalista — a resposta predominante ao problema (a) no qual objetos eram analisados como dados dos sentidos, efetivos ou possíveis, mas que sofreu muito com as críticas dos wittgensteinianos e da escola oxfordiana da FILOSOFIA DA LINGUAGEM, liderada por John Austin e Gilbert Ryle, depois de meados do século. P_1 é suscetível às interpretações descritivista e instrumentalista (Ryle); e à interpretação idealista transcendental, bem como à estritamente empirista. P_2 é suscetível às interpretações indutivista (Carnap) e refutacionista (Karl Popper); e à convencionalista, bem como à positivista. De P_1 e P_2 brotam teorias sobre a explicação de eventos, leis, teorias e ciências — dedutivismo —, sobre a simetria de explicação e precisão, sobre o desenvolvimento da ciência como monista, sobre confirmação, ou corroboração, e refutação, e sobre racionalidade científica (ver Bhaskar, 1975, apêndice ao cap.2). A filosofia da ciência, durante o terceiro quartel do século, colocou em questão a suficiência de P_1 e P_2; enquanto que, no último quartel do século, o trabalho de Bhaskar questionou igualmente a necessidade de P_1 e P_2, substituindo a subjacente ontologia do realismo empírico pela ontologia estratificada e diferenciada do realismo transcendental, e proporcionando uma contraposição realista ao problema empirista (b), numa defesa da idéia da necessidade e universalidade (analisada como transfactualidade não-empírica) das leis. O realismo transcendental tornou possível uma supressão não-kantiana do empirismo e do racionalismo, na qual ficava demonstrado o modo como, no desenvolvimento da ciência, se podia chegar a ter um conhecimento de necessidade natural a posteriori.

Vale a pena examinar com um pouco mais de detalhe a extinção do empirismo no século XX. Em certa medida, o empirismo lógico desabou sob o peso de sua própria dúvida sistemática interna (ver CONHECIMENTO, TEORIA DO). N.R. Campbell, nos anos 20, já se havia manifestado contra a suficiência da teoria dedutivista da explicação, sustentando que os modelos eram indispensáveis à inteligibilidade da ciência. Seu legado foi assumido por filósofos como Scriven — que lançou um importante ataque à idéia da simetria de explicação e previsão —, S.E. Toulmin, M.B. Hesse e, em especial, Rom Harré, o qual afirmou que os modelos eram capazes de indicar mecanismos geradores e estruturas causais que poderiam vir a ser empiricamente estabelecidos — por um critério perceptual direto ou causal indireto — como reais, suposição prontamente apoiada pela história de ciências como a física e a química. Ao mesmo tempo, o trabalho de Popper, Thomas Kuhn, I. Lakatos e P. Feyerabend minou a credibilidade da correlata teoria monista do desenvolvimento científico, registrando a magnitude das mudanças científicas que haviam ocorrido no século XX. O reducionismo e o atomismo implícitos na teoria da linguagem científica que necessariamente se seguiu sofreram ataques de W.V.O. Quine, W. Sellars, N.R. Hanson e outros. Estes afirmaram haver predicados de observação ligados ao mundo prático de um modo muito mais complicado, não-isomórfico e dependente da teoria do que os empiristas haviam, tipicamente, presumido.

Nesse meio tempo, os paladinos da hermenêutica — de maneira especial, talvez, H.-G. Gadamer e P. Winch — questionavam a aplicabilidade do modelo empirista ao domínio social. Tanto a teoria quanto a prática da ciência social empirista foram criticadas por autores antinaturalistas e naturalistas antiempiristas preocupados em enfatizar a especificidade das ciências humanas. Nesse ponto, exerceu influência particular a argumentação de Jürgen Habermas de que o positivismo, em sua preocupação com o observável e o manipulável, refletia uma forma de prática técnico-instrumental que incorporava apenas um interesse humano limitado. Ao mesmo tempo, naturalistas críticos como Bhaskar afirmaram que o modelo empirista havia levado hermeneutas e dualistas (como Habermas) a exagerar as diferenças entre as ciências sociais e naturais. Deu-se particular atenção aos limites da mensuração e das investigações quantitativas nas ciências sociais e aos efeitos do empirismo (por exemplo, ao gerar retrocessos interacionistas e reducionistas na busca de um término) sobre as ciências sociais. A psicologia comportamentalista viu-se debaixo de fogo de variadas procedências, incluindo Erving Goffman, a etnometodologia de Harold Garfinkel e a psicologia social formada dentro de um molde wittgensteiniano e vygotskiano. O modelo empirista de aprendizado da linguagem, associado particularmente a B.F. Skinner, e a linguagem em geral sofreram um ataque pesado da lingüística racionalista e profundamente estruturalista de Noam Chomsky. A recepção internacional, nos anos 70, às idéias de Volosinov e Bakhtin (formuladas pela primeira vez nos anos 20) e o desenvolvimento do estruturalismo, de Ferdinand de Saussure a Claude Lévi-Strauss, levaram ao surgimento da semiótica — ou ciência estrutural dos signos —, nas mãos de praticantes tão variados quanto Roland Barthes e M. Pêcheux. Tudo isso foi observado como envolvendo uma crítica da identidade sujeito-objeto, do isomorfismo ou da correspondência assumida pelo empirismo.

Nos anos 80 houve um ressurgimento parcial do empirismo nas obras de autores como B. van Frassen e N. Cartwright. De maneira mais geral, o empirismo tendeu a sofrer uma mutação (Outhwaite, 1987a, Cap.2) para certa forma de convencionalismo, de pragmatismo, conforme representado por Richard Rorty, ou mesmo de superidealismo, como nas variedades de pós-estruturalismo e pós-modernismo em geral, em cujos critérios de objetividade, verdade e necessidade humana tendeu a se perder por completo. Nesse meio tempo, um produto da análise realista-crítica do empirismo foi a reavaliação da obra de Marx como antiempirista, mas não (contrariamente à característica interpretação marxista ocidental) antiempírica, e do materialismo dialético como implicando ele próprio uma forma de empirismo objetivista. À medida que o século se aproxima do final, entre os tópicos sob investigação encontram-se as condições da possibilidade e os efeitos do empirismo em si mesmo (com sua reificação dos fatos e sua tácita personificação — humanização — das coisas); a quebra das distinções fato-valor e teoria-prática (pelo menos no domínio social) com que o empirismo, de forma característica, sempre foi associado; e a renovada possibilidade de realismo na ética.

Leitura sugerida: Bhaskar, Roy 1975 *(1978): A Realist Theory of Science*, 2ªed. • Bloor, David 1976: *Knowledge and Social Imagery* • Chomsky, Noam, 1959: "Review of B.F. Skinner's Verbal Behaviour", *Language* 35 • Habermas, Jürgen 1968 *(1971): Knowledge and Human Interests* • Harré, R. e Madden, E. 1975: *Causal Powers: a Theory of Natural Necessity* • Lovibond, Sabina 1983: *Realism and Imagination in Ethics* • Scriven, M. 1962: "Explanation, prediction and laws". In *Minnesota Studies in the Philosophy of Science*, vol.3, org. por H. Feigl e G. Maxwell • Volosinov, V.N. 1929 *(1973): Marxism and the Philosophy of Language.*

ROY BHASKAR

empresarial, função Uma consciência alerta às oportunidades de puro lucro é a essência da função empresarial. Ao falar de função empresarial, não nos estamos referindo a indivíduos específicos, isto é, empresários, mas antes à função do empresariado e sua importância analítica na compreensão da natureza do processo do mercado competitivo.

O homem econômico e o homo agens

A ação humana consiste na tentativa contínua de substituir o atual estado de coisas insatisfatório por um imaginado estado futuro melhor. Os seres humanos precisam ajustar e reajustar, de maneira mais eficaz, seus meios de alcançar os fins a que perseguem. A noção de economia, isto é, a alocação de meios escassos entre fins concorrentes, capta apenas um pequeno aspecto da ação humana. Há um elemento de ação humana que não pode ser analisado dentro do modo econômico e maximizante e que foge à nossa compreensão quando o analisamos dessa forma. Esse elemento é o aspecto empresarial de toda ação humana.

Dentro do modelo padrão de comportamento econômico, o homem econômico racional (*homo oeconomicus*) maximiza sua utilidade dentro de um quadro de fins e meios dados. Essa racionalidade instrumental mecânica, porém, limita a análise ao problema de alocação que se segue à justaposição de meios escassos e fins concorrentes. Dentro dessa perspectiva, o processo da realização de escolhas é simplesmente um problema de matemática aplicada. A ação humana, porém, abrange muito mais que a computação da solução de um problema de maximização. Abrange também a percepção do quadro de fins e meios dentro do qual a atividade econômica vem a surgir. O *homo agens* (o "agente humano") não apenas tem a propensão a perseguir objetivos de forma eficaz, uma vez claramente identificados fins e meios, como possui também a consciência alerta, ou perspicácia, para identificar que fins devem ser perseguidos e que meios estão disponíveis.

Só dentro de um quadro de meios e fins em aberto é que podemos começar a compreender a natureza do elemento empresarial evidente em toda ação humana, bem como o processo de mercado empresarial que se segue. Por outro lado, se encaramos as escolhas humanas simplesmente dentro de um dado quadro de meios e fins, como grande parte da economia neoclássica no século XX tendeu a fazer, então o papel empresarial não é tanto incompreendido quanto simplesmente ignorado, e a visão do mercado é de um estado de equilíbrio estático, e não a do processo de mercado dinâmico que, em primeiro lugar, buscávamos compreender e explicar. Num equilíbrio competitivo geral, não existe, por definição, papel para a função empresarial.

Na medida em que os economistas concentram sua atenção na alocação mecânica de meios escassos entre fins concorrentes dentro de um quadro dado, a natureza dinâmica da atividade de mercado lhes fugirá à compreensão. O papel empresarial só se torna importante para nossa compreensão da vida econômica num mundo de incerteza e mudança contínua, um mundo fora do equilíbrio.

Duas visões da função empresarial

Existem basicamente duas visões da função empresarial na atividade econômica. Uma delas, ligada a Joseph Schumpeter, afirma que a função empresarial é catalisadora da inovação na vida econômica. O empresário inovador perturba o equilíbrio existente, dá início à mudança e cria novas oportunidades. Embora o sistema se estabeleça em um novo equilíbrio depois de cada explosão de inovação empresarial, o empreendedor schumpeteriano é fundamentalmente uma força *desequilibradora* na atividade econômica. Assim, na análise de Schumpeter, o empreendedor é introduzido como uma força exógena de mudança para estimular a passagem da economia de um equilíbrio a outro.

A outra visão, ligada a Ludwig von Mises e seu aluno Israel Kirzner, enfatiza o papel *equilibrador* do empresário na vida econômica. O mundo real de ignorância disseminada, incerteza e mudança é incapaz de se estabelecer numa posição de equilíbrio. Qualquer análise da competição de mercado não deve presumir o que se determinou a explicar — a saber, a tendência ao equilíbrio. A análise econômica padrão do equilíbrio competitivo, porém, faz exatamente isso ao postular um estado de equilíbrio que uma explanação adequada do processo competitivo deveria explicar como conseqüência desse processo. Se, por outro lado, estudarmos o mercado dinâmico como um processo competitivo de aprendizado e descoberta, então o papel crucial da função empresarial na coordenação econômica poderá ser compreendido. O empresário reage à atual situação de desequilíbrio, caracterizada pela perda de oportunidades, de uma forma que estimula o sistema ao ajuste e coordenação mútuos de elementos previamente discordantes. Dessa maneira, o empresário exercita a perspicácia para as oportunidades de puro lucro e, ao fazê-lo, empurra o sistema em direção ao hipotético estado de equilíbrio. É claro que, antes que o sistema atinja esse estado de equilíbrio, mudanças na realidade econômica subjacente revelam novas ineficácias. Mas somente por reconhecer a propensão humana a aprender com a experiência do mercado, a ajustar expectativas e a alterar planos de acordo com isso é que podemos começar a responder às perguntas cruciais com respeito às forças que provocam mudanças nas decisões de compra, venda, produção e consumo, que compelem a multidão de indivíduos dentro da sociedade econômica a agir de comum acordo uns com os outros.

A própria existência de ineficácias atuais motiva o processo de mercado empresarial. Estando alerta para possíveis oportunidades de melhor ajustar ou reajustar recursos para satisfação dos fins, o empresário coordena a atividade econômica. O empresário é uma força endógena dentro do mercado que elimina a ineficiência. A discrepância entre o elenco existente de preços ineficazes e o imaginado elenco futuro motiva agentes econômicos alertas, na busca de puro lucro, a descobrir meios melhores e mais eficientes de satisfazer consumidores (ou alcançar fins). O processo de mercado competitivo é um processo de aprendizado e descoberta, e sua lógica depende, de forma crucial, da compreensão do papel coordenador da função empresarial.

Ver também COMPETIÇÃO; ESCOLA AUSTRÍACA DE ECONOMIA; SOCIALISTA, CÁLCULO.

Leitura sugerida: Baumol, W.J. 1968: "Entrepreneurship in economic theory", *American Economic Review* 58 • Buchanan, J.M. 1979: *What Should Economists Do?* • Kirzner, I. 1973: *Competition and Entrepreneurship* o 1979: *Perception, Opportunity and Profit* o 1985: *Discovery and the Capitalist Process* • Schumpeter, J.A. 1911 *(1961)*: *The Theory of Economic Development* o 1942: *(1987)*: *Capitalism, Socialism and Democracy* • Von Mises, Ludwig 1949 *(1966)*: *Human Action: a Treatise on Economics*, 3ªed. rev.

PETER J. BOETTKE

Escola Austríaca de Economia Este título indica um modo característico de raciocínio econômico ou agenda de pesquisa. Durante as décadas de 70 e 80, a escola austríaca de economia ganhou destaque como uma entre várias escolas rivais de pensamento econômico desconfiadas da corrente econômica predominante (ver PÓS-KEYNESIANISMO). Chama-se "austríaca" porque sua linhagem remonta ao triunvirato original constituído por Carl Menger, Eugen Bohm von Mawerk e Friedrich von Wieser, que ensinavam na Universidade de Viena durante o crepúsculo do Império Habsburgo.

A escola austríaca, ou vienense, constituiu uma corrente importante — ao lado das tradições britânica (marshalliana) e de Lausanne (walsariana) — do que se tornou conhecido mais tarde como economia neoclássica (em oposição à economia política clássica), ou ESCOLA ECONÔMICA MARGINALISTA. Se por um lado estavam em amplo acordo com essas outras correntes de pensamento no que diz respeito à perspectiva geral, os austríacos destacaram-se, desde o princípio, por uma elaboração mais inflexível do ponto de vista subjetivista na economia. A teoria austríaca do valor é um exemplo: em contraste com as idéias clássicas, "valor" não era algo que se pudesse objetivamente medir, como o comprimento de uma mesa; não se apoiava em uma quantidade física inerente aos bens, mas antes era visto como estando no cerne de uma relação entre os tomadores de decisões de avaliação e o objeto dessa avaliação. Conceber o valor como um conceito subjetivista abriu o caminho para um redirecionamento no foco de atenção da economia. Em concordância com um afastamento geral da atenção dos problemas de produção (tecnologia), isto é, criação de riqueza, rumo às questões de demanda, o indivíduo que escolhe (que faz economia) começou a ocupar o centro do palco na análise econômica. Essa mudança acarretou uma preocupação com (a) os processos de decisão individual envolvidos nas incertezas do tempo e da ignorância; e (b) a ligação dessas decisões com uma explicação do surgimento de uma complexa rede de relações de troca interligadas, constituindo a ordem do mercado.

A identidade da contribuição austríaca passou a receber maior atenção em resultado de várias controvérsias ferozes: com a escola histórica alemã, no chamado METHODENSTREIT; com os teóricos do AUSTROMARXISMO; no debate sobre cálculo socialista (ver SOCIALISTA, CÁLCULO) com os defensores do socialismo de mercado; e com os adeptos do novo KEYNESIANISMO.

No início dos anos 40 a ascendência intelectual e política da revolução keynesiana, em particular, havia desacreditado a escola austríaca de economia a tal ponto que ela parecia haver-se tornado um capítulo encerrado na história do pensamento. À parte Ludwig von Mises e Ludwig Lachmann, não havia praticamente ninguém que abraçasse uma posição explicitamente austríaca (F.A. Hayek abandonara a teoria econômica pela filosofia social). A situação mudou de forma drástica, porém, quando a ampla insatisfação com a deriva generalizada da economia, que começara a se afirmar no final dos anos 60 e início da década de 70, estimulou uma grande atividade introspectiva entre os economistas e o ressurgimento de idéias e tradições antes desacreditadas. A retomada do interesse pela escola austríaca de economia começou gradualmente como um gênero muito reduzido nos Estados Unidos; em seguida difundiu-se para partes do Reino Unido e do continente europeu, e até para a América do Sul. Hoje em dia encontra-se na vanguarda das idéias sobre reforma econômica em países do Leste Europeu, como a Polônia.

Os que estão comprometidos com a escola austríaca de economia professam sua adesão ao INDIVIDUALISMO metodológico e político; sua preocupação maior é com a natureza dos processos de mercado impulsionados pela função empresarial e pela rivalidade, e não com a análise dos estados de equilíbrio desprovidos desses processos (ver COMPETIÇÃO e EMPRESARIAL, FUNÇÃO); enfatizam os aspectos de descoberta de mercados; e subscrevem uma teoria sobre o surgimento de instituições econômicas, políticas e culturais como fruto de uma evolução espontânea, resultados imprevistos de buscas individuais não-guiadas pelo "bem comum".

Leitura sugerida: Kizner, I. 1973: *Competition and Entrepreneurship* • Lachmann, Ludwig M. 1986: *The Market as an Economic Process* • Lavoie, Don 1985: *Rivalry and Central Planning: the Socialist Calculation Debate Reconsidered* • Littlechild, Stephen, org. 1990: *Austrian Economics*, 3 vols. • O'Driscoll Jr., Gerald P. e Rizzo, Mario, J. 1985: *The Economics of Time and Ignorance.*

STEPHAN BOEHM

Escola de Frankfurt A teoria crítica da escola de Frankfurt ocupa lugar de destaque em meio às tentativas feitas entre as duas guerras mundiais de desenvolver o pensamento marxista. O que inicialmente a distinguia não eram tanto os seus princípios teóricos, mas os seus objetivos metodológicos, que foram resultado de um reconhecimento sem reservas das ciências empíricas. Uma de suas metas básicas era a incorporação sistemática de todas as disciplinas de *pesquisa* social científica em uma teoria materialista da sociedade, facilitando assim a mútua fertilização entre a ciência social acadêmica e a teoria marxista.

A idéia de uma extensão interdisciplinar do marxismo amadureceu durante os anos 20 no pensamento de Max Horkheimer, que reconhecia o valor das ciências empíricas (Korthals, 1985). Quando sucedeu a Carl Grünberg como diretor do Instituto de Pesquisa Social de Frankfurt, em 1930, utilizou seu discurso de posse para introduzir publicamente um programa de teoria crítica da sociedade (Horkheimer, org. por Brede, *1972*). Nos anos que se seguiram, veio a elaborar essa abordagem, com Herbert Marcuse, no *Zeitschrift für Sozialforschung*, periódico fundado em 1932 que veio a formar o foco intelectual do trabalho do Instituto até 1941. A idéia fundamental da teoria crítica era lançar uma ponte sobre o abismo que separava a pesquisa substantiva e a filosofia, fundindo esses dois ramos do conhecimento em uma única forma de reflexão modelada na filosofia hegeliana da história. Para que isso pudesse ser alcançado, era evidentemente necessário dispor de uma teoria da história capaz de determinar os efetivos poderes da razão que residem no próprio processo histórico. As pressuposições básicas de tal concepção da filosofia da história foram extraídas, tanto por Horkheimer quanto por Herbert Marcuse, da tradição do pensamento marxista (ver MARXISMO).

Já nos anos 30, Horkheimer e Marcuse ainda defendiam a versão clássica da teoria marxista da história, segundo a qual se pressupõe que o desenvolvimento das forças produtivas seja o mecanismo central do progresso social (Horkheimer, 1932) e que a teoria crítica deveria ser agora incorporada a essa sucessão histórica de eventos como uma medida do conhecimento da sociedade a respeito de si mesma. Conforme as palavras de Marcuse, inspirando-se em Horkheimer, a teoria crítica deveria tornar evidentes "as possibilidades para as quais a própria situação histórica havia amadurecido" (1937, p.647). Ao mesmo tempo, porém, Horkheimer e Marcuse não acreditavam mais que a racionalidade corporificada nas forças de produção, na sociedade contemporânea, também se expressasse na consciência revolucionária do proletariado. Suas obras estavam impregnadas da consciência do fato de que, devido à crescente integração da classe operária ao sistema capitalista tardio, uma teoria baseada em Marx havia perdido o seu grupo social alvo. Para Horkheimer, o ponto de referência de toda a atividade de pesquisa do Instituto era a questão de "como ocorrem os mecanismos psíquicos que tornam possível que as tensões entre as classes sociais, que são forçadas a se transformar em conflitos devido à situação econômica, permaneçam latentes" (1932, p.136). A realização particular de Horkheimer foi determinar o programa de pesquisa do Instituto ao exprimir a questão abrangente das novas formas de integração do capitalismo em termos de sua relevância específica para as disciplinas empíricas. O programa que orientou o trabalho do Instituto baseava-se num nexo de três disciplinas: uma *análise econômica* da fase pós-liberal do capitalismo (realizada por Friedrich Pollock); uma *investigação sociopsicológica* da integração de indivíduos através da socialização (por Erich Fromm); e uma *análise cultural* dos efeitos da cultura de massa que vieram a se concentrar na recém-surgida indústria cultural (por Theodor W. Adorno e Leo Lowenthal).

No entanto a idéia de pesquisa social interdisciplinar só exerceu uma influência vital e formativa sobre o Instituto até o início dos anos 40. Os sinais de mudança geral de orientação já estavam patentes nos ensaios que Horkheimer escreveu para o volume final do *Zeitschrift für Sozialforschung* (Horkheimer, 1941a e 1941b). Essa mudança afetou não apenas as premissas da teoria crítica baseadas na filosofia da história, mas também sua percepção a respeito de seu próprio papel e objetivos políticos. Durante os anos 30, apesar da resignação diante do fascismo, o Instituto conservou a esperança de progresso inerente à concepção marxista da história e, ainda que a idéia de um proletariado necessariamente revolucionário tivesse sido há muito abandonada, a idéia de revolução continuou a fornecer um vago pano de fundo para a compreensão política, por parte da teoria crítica, de seu papel e de suas metas (Dubiel, 1978 (*1985*), A.1). Horkheimer ainda concebia o trabalho de pesquisa do Instituto como uma forma intelectual de reflexão ligada ao movimento operário, pois se agarrava a uma concepção positiva do domínio da natureza como uma condição para a emancipação, permitindo que as forças de produção fossem liberadas da forma capitalista de sua organização. No final dos anos 30 esse mundo idealizado veio final e definitivamente abaixo: em termos de política prática, através da experiência do fascismo, do stalinismo e da cultura de massa do capitalismo, juntando forças para formar um todo totalitário; em termos de teoria, através da mudança de um modelo positivo para um outro, negativo, de trabalho social. A visão produtivista do progresso abriu caminho a uma crítica da razão que criticava o progresso e colocava em questão a própria possibilidade de se mudarem as relações sociais por meio de uma revolução política.

Foi Theodor Adorno quem se tornou o representante mais destacado dessa nova concepção da teoria crítica. Seu pensamento fora profundamente marcado pela experiência histórica do fascismo como um produto catastrófico da civilização, o que desde o princípio o tornara cético quanto às idéias de progresso do materialismo histórico. Além disso, seu desenvolvimento intelectual fora tão fortemente moldado por interesses artísticos que ele não poderia deixar de vir a ter dúvidas a respeito do nacionalismo estreito da tradição teórica marxista; sob a influência de Walter Benjamin, fez suas primeiras tentativas de tornar os métodos estéticos de interpretação frutíferos para a filosofia materialista da história (Buck-Morss, 1977, p.43-80). *Dialética do esclarecimento,* que ele escreveu com Horkheimer no início dos anos 40 (Horkheimer e Adorno, 1947), é uma expressão desse novo motivo intelectual em uma filosofia negativa da história. O totalitarismo não podia ser explicado como o resultado do conflito entre forças de produção e relações de produção, mas foi concebido como surgindo da dinâmica interna de formação da consciência humana. Horkheimer e Adorno partiram da estrutura fornecida pela teoria do capitalismo e agora pressupunham o processo civilizatório, em sua totalidade, como o sistema de referência que servia de apoio a sua argumentação. Nesse contexto, o fascismo surgia como o estágio histórico final de uma "lógica de decadência" que é inerente à forma original de existência da própria espécie. O processo civilizatório assumiu a forma de uma espiral de crescente REIFICAÇÃO que era posta em movimento pelos atos originais da natureza subjugante e atingia sua conclusão lógica no fascismo. Uma conclusão a que nos força *Dialética do esclarecimento* (Habermas, 1985, cap.5) é a negação de qualquer dimensão de progresso na civilização que não seja o que fica manifesto numa intensificação das forças de produção. Uma segunda conclusão é que toda forma de práxis política é ação orientada para o controle, de modo que era preciso excluí-la, em princípio, do rol de alternativas positivas. O círculo básico de pesquisadores do Instituto viu-se, assim, privado de uma vez por todas da possibilidade de situar sua própria atividade de pesquisa numa política real.

Uma alternativa a esses modelos teóricos negativistas teria sido a abordagem de Franz Neumann e Otto Kirchheimer, que pertenciam, com Walter Benjamin e mais tarde Erich Fromm, a um grupo que esteve apenas temporária ou indiretamente ligado ao Instituto. Essa abordagem poderia ter colocado em questão a imagem de uma "sociedade totalmente administrada" que levava necessariamente ao beco sem saída da abstenção política. Durante seu período de exílio em Nova York, Neumann e Kirchheimer colaboraram com o trabalho do Instituto, realizando pesquisas sobre a teoria jurídica e as teorias do Estado, e propuseram uma análise do fascismo cuja força explanatória era superior à da teoria do capitalismo de estado (Wilson, 1982). Reconheciam que a integração social não ocorre apenas através do cumprimento persistentemente inconsciente dos imperativos funcionais da sociedade, mas antes através da comunicação política entre grupos sociais. A participação ativa nos conflitos de classe que caracterizaram a República de Weimar levou-os a uma avaliação realista do "coeficiente de poder dos interesses sociais"; viram que o potencial do poder que evoluiu a partir do controle capitalista privado dos meios de produção não tinha como ser superestimado. Finalmente, o contato com o AUSTROMARXISMO deu-lhes consciência de que as ordens sociais como um todo são caracterizadas pelo compromisso. As estruturas institucionais de uma sociedade devem ser compreendidas como fixações momentâneas de acordos realizados dentro dela pelos vários grupos de interesses, em consonância com seus respectivos potenciais de poder. Tudo isso formava um modelo de sociedade em cujo centro ficava o processo abrangente de comunicação entre os grupos sociais.

Quando o Instituto foi reaberto em Frankfurt, no ano de 1950, retomou sua atividade de pesquisa sem qualquer continuação direta da perspectiva sociofilosófica dos anos 30 e 40 (Wiggershaus, 1986, p.479-520). Foi nesse ponto que a teoria crítica deixou de ser uma escola de pensamento unificada e filosoficamente homogênea. No entanto a idéia de um "mundo totalmente administrado" inicialmente ainda representou um ponto de referência para o seu trabalho em filosofia social. Essa idéia percorre, como um *leitmotif*, toda a crítica da civilização nos estudos de Horkheimer, Adorno e Marcuse. Nada partiu das premissas filosóficas desse diagnóstico da sociedade contemporânea até uma nova abordagem vir a ser formulada por Jürgen Habermas, o qual, embora fosse um produto do Instituto, tinha formação e orientação teóricas muito diferentes. No desenvolvimento do pensamento de Habermas, a antropologia filosófica, a HERMENÊUTICA, o PRAGMATISMO e finalmente a análise lingüística trouxeram ao primeiro plano correntes teóricas que sempre haviam sido encaradas como estranhas, na verdade até mesmo hostis, pela geração mais velha em torno de Adorno e Horkheimer. Não obstante, os trabalhos de Habermas levaram gradualmente à formação de uma teoria que era inequivocamente motivada pelos objetivos originais da teoria crítica e se fundamentava numa percepção da intersubjetividade lingüística da ação social. Habermas chegou a essa premissa central através de sua preocupação com a filosofia hermenêutica e com a análise da linguagem feita por Wittgenstein, com a qual aprendeu que os sujeitos humanos sempre estiveram ligados uns aos outros pelo nível de compreensão através da linguagem. Esta é, portanto, um pré-requisito fundamental e inescapável para a reprodução da vida social.

Foi através desse caminho que ele chegou também a uma crítica do marxismo, cujo resultado foi uma concepção da história que se ampliou para incluir a dimensão de uma teoria de ação. Se a forma de vida do ser humano se distingue pelo nível de compreensão através da linguagem, então a reprodução social não pode ser reduzida à dimensão isolada do trabalho, conforme fizera Marx em seus textos teóricos. Em vez disso, além da atividade de dominar a natureza, a prática de uma interação lingüisticamente mediada deve ser encarada como uma dimensão igualmente fundamental do desenvolvimento histórico (Habermas, 1968).

O passo decisivo que levou à teoria da sociedade do próprio Habermas, porém, só seria tomado quando "trabalho" e "interação", os dois conceitos de ação, foram associados a diferentes categorias de racionalidade. Nos subsistemas de ação intencional-racional em que se organizam as tarefas de trabalho social e administração política, a espécie evolui através do acúmulo de conhecimento técnico e estratégico, enquanto que, dentro da estrutura institucional em que se reproduzem as normas socialmente integradoras, a espécie evolui através da libertação de todas as coerções que inibem a comunicação (Habermas, 1968). Todas as ampliações dessa teoria que Habermas realizou no decorrer dos anos 70 seguem as linhas desse modelo de sociedade, no qual os sistemas de ação organizados de acordo com critérios intencional-racionais se distinguem de uma esfera de prática comunicativa cotidiana. Em *Theory of Communicative Action* (1981), esse programa era pela primeira vez apresentado de forma sistemática. Nele, os frutos dos vários estudos são consolidados em uma única teoria na qual a racionalidade da ação comunicativa é reconstruída na estrutura de uma teoria do ato da fala, ainda mais desenvolvida como base para uma teoria da sociedade através da revisão da história da teoria sociológica, de Max Weber a Talcott Parsons, e finalmente transformada no ponto de referência de um diagnóstico crítico da sociedade contemporânea. Os resultados da discussão que esse trabalho provocou decidirão o futuro da teoria crítica (Honneth e Joas, 1991).

Leitura sugerida: Arato, A. e Gebhardt, E., orgs. 1978: *The Essential Frankfurt School Reader* • Benhabib, S.

1986: *Critique, Norm and Utopia* • Bottomore, Tom 1984: *The Frankfurt School* • Buck-Morss, S. 1977: *The Origin of Negative Dialetics* • Held, D. 1980: *Introduction to Critical Theory* • Horkheimer, Max 1968 *(1972)*: *Critical Theory: Horkheimer to Haberms* • Jay, Martin 1973: *The Dialectical Imagination: a History of the Frankfurt School and the Institute of Social Research 1923-50* • Wellmer, Albrecht 1969 *(1974)*: *Critical Theory of Society.*

AXEL HONNETH

escola econômica de Chicago Essa "escola" representa um modo próprio de encarar a economia e a política econômica — dando grande ênfase aos mercados livres como descrição e prescrição — que tem sido associado à Universidade de Chicago desde pelo menos os anos 30. Nem todos os economistas relacionados à Universidade de Chicago foram membros da "escola econômica de Chicago". Nem todos os membros dessa escola tiveram relação com a Universidade de Chicago. Mas Chicago é sem dúvida a igreja matriz de um modo de pensar cujos fundadores ensinaram em Chicago e cujos posteriores sumos-sacerdotes lá estudaram e/ou ensinaram.

A doutrina não foi constante no decorrer do tempo nem houve um momento em que todos os membros se encontrassem em posição igualmente ortodoxa. No entanto os dogmas comuns, até 1989, podem ser resumidos da seguinte forma:

1. A economia diz respeito ao comportamento de indivíduos plenamente informados buscando maximizar sua utilidade em mercados de troca competitivos (ver também MERCADO). Outras explicações do comportamento humano não são "econômicas". Além disso, provavelmente não existe outra teoria geral útil.
2. Se o mundo fosse organizado do modo como a economia o descreve, certos resultados benéficos importantes se seguiriam. Num mundo assim, cada indivíduo conseguiria de seus recursos tanto quanto pudesse obter sem forçosamente privar a outrem.
3. O mundo real funciona dentro de uma aproximação razoavelmente satisfatória do MODELO dos economistas e concretiza os benefícios que o modelo prevê.
4. As decisões governamentais, tal como as decisões no âmbito da economia privada, são tomadas por indivíduos que buscam maximizar seus próprios ganhos. Não se pode, portanto, contar com o governo para alcançar qualquer objetivo em particular — tal como eficiência ou eqüidade —, a não ser os objetivos dos funcionários envolvidos.
5. A quantidade de dinheiro é o fator chave que influencia o comportamento do nível de preços e a estabilidade da produção agregada (ver também MONETARISMO).

Os fundadores da escola econômica de Chicago nos anos 30 foram os professores Frank H. Knight, Lloyd Monts, Henry C. Simons e Jacob Viner — embora Viner negasse ser membro dessa escola. Através de seus ensinamentos, os alunos adquiriram grande respeito pelo livre mercado como método de organização econômica. O ensino da economia nos anos 30, porém, dava grande atenção a aspectos nos quais o mundo real podia divergir do modelo e não seria ideal mesmo que se conformasse a este. Não se poderia dizer que os anos 30 tenham sido uma época para se pensar que o sistema econômico, tal como existia, estivesse dando resultados ideais.

As implicações políticas da lacuna entre o modelo de bom funcionamento e o mundo claramente visível foram expressas principalmente nos textos de Henry Simons. Três aspectos eram básicos:

1. Um mercado adequadamente competitivo, com participantes bem-informados, podia não existir, e não era possível contar com que viesse a existir espontaneamente. O governo tinha, portanto, um papel na promoção da concorrência e do fluxo de informações.
2. O mercado privado podia gerar um grau inaceitável de desigualdade na distribuição da renda e o governo tinha um papel adequado na correção disso.
3. Os mercados privados não garantiam a estabilidade da demanda agregada, significando basicamente estabilidade do nível de preços. Era responsabilidade do governo utilizar suas políticas fiscais e monetárias para estabilizar a economia.

Assim, digamos, até 1940, o pensamento "de Chicago" dava um espaço considerável, embora limitado, para a ação do governo.

Depois da Segunda Guerra Mundial a liderança da escola econômica de Chicago passou para uma nova geração, na qual Milton Friedman e George Stigler ganharam maior destaque e Aaron Director e Ronald Coase foram também muito importantes. Já nos anos 70 era possível identificar uma terceira geração, com Gary Becker e Robert Lucas entre seus líderes.

Depois da Segunda Guerra Mundial a escola econômica de Chicago evoluiu de três formas principais. Primeiro, tal como a economia na maioria dos lugares, tornou-se mais empírica e quantitativa, apoiando-se menos em deduções lógicas a partir de proposições auto-evidentes e observações banais, e mais em dados históricos e estatísticos coletados de forma sistemática. Segundo, tornou-se "mais pura". Descobriu que muitas das qualificações para a eficiência dos mercados livres até então aceitas não eram válidas ou não tinham importância. O número de competidores necessário para se alcançarem os resultados benéficos da concorrência foi determinado como sendo pequeno. O que antes se encarava como ineficácias causadas por informações inadequadas passou a ser visto como adaptações eficientes ao custo da obtenção da informação. Descobriu-se que as falhas de mercado que se alegava existir, em casos nos quais agentes particulares não tinham qualquer incentivo para levar em consideração os efeitos sobre outros, eram corrigíveis por meio de contratos entre as partes.

Na abordagem da macroeconomia também entrava em cena um processo de purificação. Descobriu-se que o mercado privado era menos inerentemente estável do que se achava nos anos 30. O papel positivo do governo na estabilização da economia foi depurado, de uma combinação *ad hoc* de medidas fiscais e monetárias, para a manutenção de uma taxa constante de crescimento do meio circulante. Calculou-se que os possíveis efeitos benéficos até mesmo da política monetária sobre o emprego e a produção reais eram muito temporários e, em algumas versões, inexistentes.

Em terceiro lugar, a escola econômica de Chicago tornou-se, na expressão de George Stigler, "imperialista". Ela chegou a aplicar suas hipóteses e métodos à sociologia, ao direito e à ciência política. Essa aplicação ao direito e à ciência política tendem particularmente a apoiar a argumentação em favor de mercados livres através da demonstração de que uma interpretação correta de direitos legais aumentaria a eficiência dos mercados, bem como da inconfiabilidade do processo político como corretor das falhas do mercado, caso estas existissem.

É provável que apenas uma minoria dos economistas norte-americanos tenha um dia se considerado membro de uma escola de Chicago. Mas a influência de Chicago sobre o pensamento econômico foi profunda. Até mesmo economistas que não foram tão longe quanto os de Chicago sentiram a necessidade de uma análise mais aberta e mais sutil do modelo de mercado como explicação e prescrição do que a que se praticava até então. Da mesma forma, economistas que não eram "monetaristas" vieram a concordar com a importância do dinheiro e com a necessidade de buscar melhores estratégias para administrá-lo.

Alguns membros da escola de Chicago vêem-se impedidos de alegar qualquer influência sobre políticas e programas públicos, uma vez que acreditam que a política é feita por indivíduos ou grupos movidos pelo auto-interesse, que possuem, todos, a informação que desejam. Mas, dentro de uma visão menos restritiva, seria possível observar uma importante influência do pensamento de Chicago, durante os anos 70 e 80, na redução da regulamentação governamental, na flutuação do dólar, em novos rumos da política antitrustes e na política monetária.

Leitura sugerida: Friedman, M. 1953: *Essays in Positive Economics* • Knight, F.H. 1935: *The Ethics of Competition* • Patinkin, D. 1981: *Essays on and in the Chicago Tradition* • Reder, M.W. 1987: "Chicago School". In *The New Palgrave Dictionary of Economics*, vol.1, org. por J. Eatwell, M. Milgate e P. Newman, p.413-8 • Simons, H.C. 1948: *Economic Policy for a Free Society* • Stigler, G.J. 1988: *Memories of an Unregulated Economist.*

HERBERT STEIN

escola econômica marginalista Esta expressão é usada para descrever o tipo de análise econômica que, depois de 1870, superou gradualmente as doutrinas dos economistas clássicos ingleses. A análise marginalista e, em particular, os conceitos de utilidade marginal e custo marginal dedicaram-se basicamente às questões da alocação eficiente de recursos por parte de consumidores e empresas isolados.

Utilidade marginal (ou custo marginal) é o acréscimo à utilidade total (ou custo total) de se consumir (ou produzir) mais uma unidade de um bem. A necessidade de um conceito do fenômeno marginalista pode ser encontrada nos dois princípios — ou "leis" — fundamentais do retorno decrescente e da utilidade decrescente. O princípio de retorno decrescente, ou da produtividade marginal decrescente, como seria mais tarde redescrito de forma mais precisa, foi formulado explicitamente pela primeira vez pelo grande economista e administrador francês A.R.J. Turgot (1727-1781) e desempenhou papel importante no sistema teórico dos economistas clássicos ingleses, que dominaram o tema nos dois primeiros terços do século XIX. Em sua forma original, o princípio de retorno decrescente foi aplicado apenas à produção agrícola, quando sucessivas unidades de trabalho eram empregadas em uma área de terra fixa. O princípio exprimia então que o produto ou retorno adicional de cada sucessiva unidade de trabalho iria declinando à medida que unidades adicionais fossem sendo aplicadas. Era necessário, portanto, distinguir entre a produção *média* de uma unidade de trabalho e a produção *marginal* de uma unidade adicional.

À parte, porém, a produção agrícola, havia pouco âmbito para os conceitos marginalistas na teoria clássica inglesa. A utilidade e o princípio de utilidade decrescente desempenhavam um papel bastante reduzido, ao mesmo tempo em que, no que diz respeito à produção industrial, presumia-se em geral que os custos eram constantes e os mercados, competitivos. Não havia, portanto, papel para os conceitos de custo marginal ou receita marginal, uma vez que estes eram necessariamente iguais ao custo médio e à receita média. A necessidade dos conceitos marginalistas surgiu quando foi preciso distinguir entre custo médio e custo marginal, ou entre utilidade média e utilidade marginal, ou entre receita média e receita marginal de vendas. Um papel parcial para os conceitos marginalistas começou a surgir nas décadas centrais do século XIX, quando os problemas de produção e preços de monopólios de utilidades públicas, como as estradas de ferro, vieram para o primeiro plano, com seus custos médios caindo de forma marcante — e caindo, portanto, de forma ainda mais marcante os custos marginais. Foi com esses problemas que se preocuparam pioneiros importantes da análise marginal como A.A. Cournot (1801-1877) e J. Dupuit (1804-1866).

A concepção marginalista assumiu pela primeira vez um papel geral, central e fundamental com o desenvolvimento da teoria neoclássica do valor baseada na utilidade marginal, no início da década de 1870, seguindo as obras seminais de W.S. Jevons (1835-1882), na Inglaterra, C. Menger (1840-1921), na Áustria, e L. Walras (1834-1910), em Lausanne. Estes autores abordaram o problema do valor e do preço pelo ângulo da utilidade e da demanda de bens, e não pelo ângulo dos custos ou do trabalho, como haviam feito seus antecessores, os economistas clássicos ingleses. Havia agora, portanto, um papel vital para o princípio de utilidade decrescente e, daí, para o de utilidade marginal. De acordo com o princípio de utilidade decrescente, a utilidade esperada de cada sucessiva unidade de um bem consumível (digamos, a utilidade marginal do consumo de sucessivas fatias de pão) cai a cada fatia adicional consumida, embora a utilidade total de *todas* as fatias consumidas deva continuar a crescer até se atingir o ponto de saturação, quando o consumo de ainda mais uma fatia não traz nenhuma utilidade e o de fatias subseqüentes traz uma *des*utilidade. O consumidor racional, preocupado em conseguir o máximo de utilidade possível de recursos limitados, buscará igualar a utilidade marginal de consumir uma fatia adicional ao custo que lhe cabe, ou ao preço, dessa fatia, ou à utilidade que foi antecipada pagando o preço dessa fatia marginal.

A análise das decisões do consumidor, desenvolvida a partir do início da década de 1870, foi complementada nos anos 80 deste século pela análise da produtividade marginal das decisões das empresas com respeito a quanto dos diferentes fatores de produção (terra, trabalho e capital) se devia empregar. Foi proposta a fórmula de que a empresa, buscando minimizar seus custos e maximizar os lucros, contrataria unidades dos variados fatores de produção até o ponto em que o acréscimo a sua receita oriundo da produção de mais uma unidade de um fator igualasse o custo de se empregar essa unidade adicional.

É possível observar que o adjetivo "marginal" só entrou em uso geral depois do final da década de 1880 e no início da de 1890, seguindo-se sua adoção por P. Wicksteed (1844-1927) e A. Marshall (1842-1924) e, na Alemanha (*Grenznutzen*), por F. von Wieser (1851-1926). Por volta da década de 1890, com o marginalismo desempenhando um papel capital, essencial mesmo, construiu-se uma análise da lógica da escolha e da alocação racional de recursos escassos por lares e empresas, a qual, embora às vezes tenha início a partir da análise altamente simplificada de um indivíduo isolado, tal como Robinson Crusoé, possuía uma aplicabilidade bastante ampla. Embora baseada em abstrações e simplificações extremas, e de conteúdo muito tênue, essa análise marginal podia ser aplicada à valorização e alocação de recursos escassos por consumidores e produtores isoladamente, bem como por entidades de utilidade pública e planejadores do governo.

Posteriormente, com o desenvolvimento sistemático, por Keynes e outros, da economia monetária e da macroeconomia — isto é, a análise da economia como um todo e da renda e nível de emprego nacionais —, a concepção marginalista foi aplicada à análise de agregados, como tendo a propensão marginal a consumir (medida pela percentagem de uma unidade adicional de renda nacional gasta em consumo), ou como tendo a propensão marginal a importar de uma economia nacional. Agora, portanto, seria ilusório aplicar a expressão "marginalista" simplesmente à análise neoclássica e microeconômica de lares e empresas individuais. Seria ainda mais errôneo deixar implícito que o uso da teoria necessariamente, ou geralmente, implica a aprovação de quaisquer pressupostos éticos ou políticos em particular.

Ver também ECONOMIA NEOCLÁSSICA.

Leitura sugerida: Howey, R.S. 1960: *The Rise of the Marginal Utility School 1870-1889* • Hutchison, T.W. 1953: *A Review of Economics Doctrines 1870-1929* • Marshall, A. 1890 *(1920): Principles of Economics* • Schumpeter, J.A. 1954: *A History of Economics Analysis* • Stigler, G.J. 1941: *Production and Distribution Theories: the Formative Period* • Wicksteed, P.H. 1933: *The Common Sense of Political Economy and Selected Papers and Reviews on Economic Theory*, org. por Lionel Robbins.

T.W. HUTCHISON

escola sociológica de Chicago Lançando as fundações sobre as quais se construiu grande parte da sociologia norte-americana no século XX, o Departamento de Sociologia da Universidade de Chicago foi criado por Albion W. Small, historiador e sociólogo que antes fora diretor de um pequeno ginásio no Maine. A nova Universidade de Chicago, amplamente financiada por John D. Rockefeller, encarava como missão competir com as universidades mais antigas da Costa Leste dos Estados Unidos e demonstrar que o Meio-Oeste era capaz de nutrir e promover um centro de ensino que nada ficasse devendo a qualquer outro. O Departamento de Sociologia participava das ambições da Universidade e Small o construiu num nível de primeira classe.

O departamento de Chicago não era o primeiro a ensinar sociologia — já havia cursos sendo oferecidos nas Universidades Brown, Yale e Columbia, mas foi a primeira iniciativa cuja oferta de cursos e cujo programa de pesquisa não refletiam a visão pessoal de uma figura central, sendo antes um empreendimento coletivo. Os membros mais destacados do departamento, antes e depois da Primeira Guerra Mundial, além de Albion Small, o presidente, eram W.I. Thomas, Robert Park e Ernest Burgess. O novo departamento também mantinha relações estreitas com o Departamento de Filosofia, no qual John Dewey e George Herbert Mead desenvolveram uma filosofia pragmática com inclinação reformista que era simpática aos membros do Departamento de Sociologia e permitia a seus alunos fácil acesso à filosofia pragmática em geral e à psicologia social em particular.

Conforme observou Martin Blumer, "a escola de Chicago apresentou o primeiro programa norte-americano bem-sucedido de pesquisa sociológica coletiva" (1984, p.XV).

Nos primeiros anos o Departamento de Sociologia ainda oferecia cursos e aceitava teses de doutoramento inspirados pelo pensamento social cristão reformista ou pelos impulsos mais seculares de reformadores como Jane Addams. Nesses primeiros anos, dissertações como *The Influence of Modern Social Relations upon Ethical Concepts*, de Cecil North, não eram de forma alguma atípicas. Mas, imediatamente antes da Primeira Guerra Mundial e novamente depois dela, o departamento abandonou um pouco do seu zelo reformista e, sob a orientação de W.I. Thomas, e mais tarde de Robert Park, voltou-se para a investigação empírica em cenários urbanos. Encarava a cidade de Chicago como seu laboratório.

O departamento de Chicago foi muitas vezes acusado de negligenciar a teoria sociológica e defender um empirismo intelectualmente vazio. Mas não era esse o caso. Tanto Thomas quanto Park haviam estudado na Alemanha com alguns dos eruditos mais famosos daquele país. Park escreveu sua tese sob a orientação do destacado filósofo neokantiano Wilhelm Windelband. Mas é um fato que os sociólogos de Chicago, em contraste com a maioria de seus colegas de outros centros, enfatizavam que a sociologia só poderia desenvolver-se na América do Norte caso se dedicasse ao estudo dos muitos problemas sociais que confrontavam a América urbana na rápida onda de urbanização, industrialização e expansão capitalista subseqüentemente à Guerra Civil. Os membros do departamento estudaram os *dancings* da cidade, garçonetes, vagabundos, os valores dos terrenos locais, delinqüentes juvenis, ladrões e as relações raciais em Chicago. Esperava-se dos alunos de Chicago que lidassem com problemas e questões sociais concretos não apenas em suas teses, mas também em suas carreiras posteriores. E, à medida que ex-alunos começaram a dominar novos departamentos de sociologia no Meio-Oeste e em outros locais, foram dando a estes o colorido característico de Chicago.

A orientação de Chicago dominou a sociologia norte-americana até os anos 30. O departamento publicava o *American Journal of Sociology*, que durante muito tempo manteve uma posição de monopólio entre as publicações sociológicas, e colonizou departamentos mais novos da mesma forma como a antiga Atenas, no período clássico, havia colonizado novas cidades no Mediterrâneo oriental. O domínio de Chicago foi derrubado nos anos 30, quando Harvard, Columbia e outras universidades do Leste começaram a institucionalizar a sociologia, mas fora exercido durante tanto tempo que mesmo depois disso ainda costumava ser visto como o próprio epítome da pesquisa sociológica empírica norte-americana.

Leitura sugerida: Blumer, Martin 1984: *The Chicago School of Sociology: Institutionalization, Diversity, and the Rise of Sociological Research* • Faris, Robert E.L. 1967: *Chicago Sociology: 1920-1932* • Kurtz, Lester R. 1984: *Evaluating Chicago Sociology: a Guide to the Literature with an Annotated Bibliography* • Matthews, Fred H. 1977: *Quest for an American Sociology: Robert E. Park and the Chicago School.*

LEWIS A. COSER

escola sociológica de Durkheim Este é o nome atribuído aos colaboradores e discípulos de Emile Durkheim, cujas atividades floresceram na França entre o final da década de 1890 e a Segunda Guerra Mundial. Começaram como um grupo de pesquisa de uma eficiência extraordinária, aplicando, refinando, desenvolvendo e às vezes modificando as idéias de Durkheim, ao longo de uma ampla variedade de disciplinas. Organizavam-se em torno de um periódico notável, o *Année Sociologique*, do qual foram editados 12 volumes entre 1898 e 1913. Este publicava resenhas, monografias e notas editoriais, cobrindo um âmbito bastante amplo, todo esse material escrito na maior parte pelos durkheimianos, mas não de forma exclusiva: o *Année* também publicava Georg Simmel. Conforme Marcel Mauss um dia viria a relembrar:

> Um bom laboratório depende não apenas da pessoa encarregada, mas também da existência de participantes confiáveis, ou seja, antigos e novos amigos, cheios de idéias, com conhecimentos extensos e hipóteses viáveis e que, ainda mais importante, estejam prontos a compartilhar teses uns com os outros, participar do trabalho dos membros mais antigos e promover as obras dos recém-chegados. Éramos um grupo assim. (In Besnard, 1983, p.140.)

O *Année Sociologique* consolidou o que veio a ser chamado de "escola sociológica francesa". Depois da Primeira Guerra Mundial, que dizimou os durkheimianos, e da morte do próprio Durkheim em 1917, os sobreviventes continuaram a produzir muitas obras individuais significativas, embora já não mais como um grupo de trabalho (apesar de o *Année* ter sido publicado duas vezes nos anos 20 e os *Annales Sociologiques*, por breve período nos anos 30). Vieram a ocupar posições importantes na educação superior francesa — na Sorbonne (Célestin Bouglé, Paul Fauconnet, Maurice Halbwachs, Georges Davy), no Collège de France (Mauss, François Simiand, Halbwachs), na École Normale Supérieure (Bouglé) e na Académie de Paris (Paul Lapie). Influenciaram toda uma geração de especialistas em diversas disciplinas e, por algum tempo, conseguiram exercer alguma influência sobre o treinamento de professores para as escolas secundárias de toda a França. Em 1920 Paul Lapie, editor e colaborador do *Année* e diretor de educação primária na França, introduziu como parte de um novo programa para as Écoles Normales Primaires um curso intitulado "sociologia aplicada à moral e à educação". Sua meta era introduzir os professores ao "estudo objetivo dos fatos sociais", o que, afirmava Lapie, "indica uma apreciação de seu valor e, conseqüentemente, longe de levar a uma forma de indiferença, termina por justificar com solidez as nossas práticas morais" (cit. in Besnard, 1983, p.121). Mas o curso veio a ser muito atacado e seu conteúdo foi diluído. Em 1930 a ideologia dos durkheimianos já estava fora de moda. Além disso, eles não sobreviveram como "escola". Outras influências intelectuais incompatíveis, como o marxismo, a fenomenologia e o existencialismo, predominaram na França depois da Segunda Guerra Mundial (embora houvesse uma continuidade marcante dentro da antropologia social), ao mesmo tempo em que as idéias durkheimianas eram adotadas em outros centros, em especial na antropologia social e na SOCIOLOGIA anglo-saxônica.

A preocupação motora de Durkheim era estudar a vida social como realidade objetiva, em todos os seus aspectos, na época dividida em disciplinas acadêmicas, embora todas fossem abordáveis, ele achava, pelo modo sociológico de investigação. Isso exigia um método comparativo, implicando a classificação de sociedades em tipos, e uma insistência na busca de causas sociais (em oposição às individuais, psicológicas ou materiais), até mesmo — na verdade, talvez especialmente — para o que poderia parecer menos suscetível de tal explicação: daí seu famoso estudo do suicídio e seu interesse na sociologia da religião, do conhecimento e da moral. Implicava também uma concentração no que ele chamou de *répresentations collectives* — crenças e sentimentos coletivos que predominam num dado meio social. De acordo com isso, o segundo volume do *Année* declara, em seu prefácio, o princípio geral de que fenômenos religiosos, jurídicos, morais e econômicos devem estar sempre ligados a um meio social em particular, devendo suas causas ser sempre buscadas nos aspectos constitutivos do tipo de sociedade a que pertence esse meio (Durkheim, 1858-1917, p.348).

Os durkheimianos buscaram seguir esse programa imperialista, ao longo das disciplinas das ciências sociais, incluindo a história, "incorporando", conforme as palavras de Marcel Mauss, "fatos dentro de uma estrutura sociológica e, simultaneamente, organizando-os e dissecando os dados brutos fornecidos pelos ramos descritivos das nossas ciências" (in Besnard, 1983, p.143), mas sempre através de um intenso engajamento com a erudição então corrente, e em geral em combate com as tradições acadêmicas predominantes. Seu objetivo era dissolver barreiras arbitrárias entre campos acadêmicos e fundar uma nova perspectiva sobre sua matéria. Quem, perguntou Durkheim, até recentemente haveria de supor "que existem relações entre fenômenos econômicos e religiosos, entre adaptações demográficas e idéias morais, entre formas geográficas e manifestações coletivas, e assim por diante?" (Durkheim, 1960, p.348). Eram racionalistas e positivistas: acreditavam no poder explicativo de idéias claras e distintas aplicadas metodicamente através da divisão do trabalho acadêmico. Defendiam uma visão, inspirada pela Ilustração, da reorganização de todos os variados ramos especializados do conhecimento cientificamente estabelecido, que forneceria então uma sólida base para o progresso social, o que eles interpretavam como significando um movimento no sentido de uma ordem social industrial planejada, ancorada em crenças e sentimentos comuns esclarecidos pela ciência social.

Eram na maior parte socialistas (simpáticos a Jean Jaurès, não-revolucionários e certamente não-marxistas), mas traçaram uma nítida linha divisória entre seu trabalho científico e seu trabalho político. Tal como os comteanos e os saint-simonianos antes destes, os durkheimianos achavam que as religiões propunham uma explicação mistificadora do mundo social, que a ciência social transmitiria de maneira clara, mas não se encaravam nem como os sacerdotes de uma nova religião secular nem como os empreendedores práticos de um novo industrialismo. Eram antes, e acima de tudo, cientistas sociais praticantes que buscavam, através de sua pesquisa e de seus ensinamentos, fortalecer a ideologia secular e reformista da Terceira República francesa. Como o próprio Durkheim, eram na maioria evolucionistas caracterizados pelo otimismo, relativamente cegos aos elementos da vida social que weberianos e marxistas enfatizavam — acima de tudo os mecanismos de dominação e os conflitos de interesses. Tampouco se mostraram atentos às forças demoníacas, irracionais, que uma sociedade moderna podia abrigar e que entraram em erupção na Alemanha nazista.

Três figuras centrais contribuíram de forma mais importante com o *Année Sociologique*, tanto como editores quanto como colaboradores: Durkheim, Marcel Mauss e Henri Hubert. Mauss era sobrinho de Durkheim e o mais próximo a ele, tendo dado uma contribuição importante para *O suicídio* (1897) e *As formas elementares da vida religiosa* (1912) deste último. Especialista em etnologia e história das religiões, editou, com Hubert, a seção de "sociologia religiosa" e escreveu importantes estudos de sistemas classificatórios primitivos (com Durkheim: Durkheim e Mauss, 1903), sacrifício e magia (com Hubert: Hubert e Mauss, 1899; Mauss e Hubert, 1904), um estudo notável sobre a prece, a reciprocidade e a doação de presentes (Mauss, 1925), e também sobre a própria noção da pessoa, ou "eu" (em 1938: ver Carrithers et al., 1985). De todos os durkheimianos, Mauss foi sem dúvida a figura mais importante e influente. Seu trabalho passou pela prova do tempo e continua fundamental — acima de tudo, o *Essai sur le don*. Além disso, foi um professor que transmitia inspiração e do qual se dizia que, a partir de suas idéias, outros escreviam teses e livros. Dedicou grande parte de sua energia cheia de vivacidade à colaboração e à publicação dos trabalhos de colegas que morreram na Primeira Guerra Mundial. Tragicamente, depois da Segunda Guerra Mundial, Mauss perdeu a saúde mental.

Hubert, além da sua colaboração com Mauss, publicou um importante estudo sobre a representação do tempo na religião e na magia, tendo escrito também sobre a teoria da religião popular e sobre arqueologia histórica. Stefan Czarnowski, aluno polonês de Hubert, também fez importantes contribuições à sociologia das religiões populares, em especial seu estudo sobre São Patrício e o culto dos heróis nas lendas celtas. Robert Hertz escreveu estudos brilhantes sobre a concepção coletiva da morte em sociedades primitivas (1907) e sobre o dualismo simbólico de direita e esquerda (1909) que exerceram considerável influência posterior, mas investigou também o culto alpino de Saint-Besse (numa obra que é, de todos esses estudos durkheimianos, a mais próxima do campo de trabalho da etnografia), bem como histórias folclóricas recolhidas de soldados da infantaria na Primeira Guerra Mundial (que lhe tirou a vida). Maurice Halbwachs não somente ampliou a teoria de Durkheim sobre o suicídio de modos muito interessantes, como também investigou a estrutura social da memória (Halbwachs, 1980) e examinou os determinantes sociais de padrões de vida diferenciados e das variadas definições de "necessidades" em relação à classe social, bem como padrões de orçamento e de consumo.

Célestin Bouglé era o encarregado da seção de "sociologia geral" e mostrou particular interesse pelo lugar da psicologia no estudo dos fenômenos sociais. Estudou também as precondições sociais do crescimento das idéias igualitárias, a evolução dos valores e o sistema indiano de castas (Bouglé, 1908). Paul Fauconnet (o qual, com Durkheim, editou as seções de "sociologia criminal e estatística moral" e "o estudo de regras morais e jurídicas") realizou um exame das formas de responsabilidade como socialmente determinadas, analisando suas condições, natureza e funções. Os irmãos Hubert e Georges Bourgin editaram a seção de "sociologia econômica". François Simiand, o economista do grupo, investigou as determinantes de salários e preços, flutuações econômicas e valor do dinheiro, bem como a origem, evolução e papel do dinheiro, além de ter escrito extensamente sobre a metodologia das ciências sociais. Henri Beuchat, que trabalhou com arqueologia e filologia americana, também colaborou com Mauss no importante estudo de ambos a respeito do impacto da "morfologia (ou estrutura) social" sobre a vida jurídica, moral, doméstica e religiosa dos esquimós, que variava sazonalmente (Mauss e Beuchat, 1906), enquanto Georges Davy estudou o surgimento e a evolução do contrato e, com o egiptólogo Alexandre Moret, publicou um estudo das origens da civilização egípcia, "dos clãs aos impérios". Houve também Gaston Richard, cujos primeiros trabalhos foram sobre as origens sociais da idéia de direito, mas que acabou se tornando um crítico virulento da sociologia durkheimiana, e Paul Lapie, cujo trabalho sobre sociologia educacional — e em particular sobre as determinantes do sucesso na educação —, escolaridade e delinqüência e educação e mobilidade social foi pioneiro e estava muito adiante do seu próprio tempo (ver Besnard, 1983).

Depois da dissolução efetiva do grupo, indivíduos do círculo de Durkheim e próximos a ele transportaram a influência desse círculo para os seus respectivos campos. Entre eles, o grande lingüista comparativo Antoine Meillet, o eminente sinólogo Marcel Granet (Granet, 1922), os juristas Emmanuel Lévy e Paul Huvelin, o estudioso pioneiro do direito grego antigo Louis Gernet, o arabista Eduard Doutté, os historiadores Georges Bourgin, George Lefebvre, Albert Mathiez, Marc Bloch e Lucien Febvre (através de Bloch e Febvre, os durkheimianos influenciaram de maneira poderosa a escola dos *Annales* — ver ANNALES), os psicólogos Charles Blondel, Georges Dumas e Henri Wallon, o geógrafo econômico e social Albert Demangeon, o filósofo-sociólogo Lucien Lévy-Bruhl e toda uma geração de etnólogos franceses que estudaram com Marcel Mauss ou por ele foram influenciados, especialmente Claude Lévi-Strauss e Louis Dumont.

Leitura sugerida: Besnard, P., org. 1983: *The Sociological Domain: the Durkheimians and the Founding of French Sociology* • Durkheim, Emile 1960: *Emile Durkheim 1858-1917: A Collection of Essays, with Translations and a Bibliography*, org. por K. Wolf • Durkheim, Emile e Mauss, M. 1903. "De quelques formes primitives de classification" In *Textes*. • Hertz, R. 1907 *(1960)*: "Contribution à une étude sur la répresentation collective de la mort" • Hubert, H. e Mauss, M. 1899 *(1964): Sacrifice: Its Nature and Function* • Mauss, M. 1925: *Essai sur le don* • Mauss, M. e Hubert H. 1904 *(1972): A General Theory of Magic.*

STEVEN LUKES

escolha pública As pessoas comportam-se de modo praticamente idêntico, quer estejam agindo nos mercados, em um cargo político ou no serviço público: elas buscam seus próprios interesses. Essa é a premissa contundente de uma teoria que tenta unir política e economia, proporcionando o que às vezes também se conhece como uma teoria econômica da política. Essa aplicação do modelo da escolha racional tem exercido poderoso impacto tanto sobre a teoria quanto sobre a prática da política moderna. Em especial, tem estimulado discussões sobre a ampliação dos limites constitucionais dos governos através de sua análise da "falha do governo".

A teoria da escolha pública começou com uma retomada do interesse pelos sistemas eleitorais (ver Downs, 1957; Black, 1958). Duas percepções, em particular, tornaram-se pedras fundamentais da escola da escolha pública. Primeiro, a possibilidade de ciclos em sistemas eleitorais foi (re)descoberta e isso ajudou a minar a idéia tradicional de que a ação do governo refletia "a vontade do povo" (ver ESCOLHA SOCIAL e a exposição sobre o Teorema da Impossibilidade de Arrow). Em parte como conseqüência disso, os teóricos da escolha pública hoje adotam uma versão da abordagem contratualista dos governos (Buchanan, 1974). Assim, afirmam haver apenas indivíduos (diferentemente de uma "mentalidade de grupo" ou de um "bem geral" que um governo poderia refletir); e a autoridade do governo ocorre quando indivíduos se determinam a resolver suas diferenças como parte de um ajuste constitucional que lhes permita viver juntos de forma vantajosa.

Em segundo lugar, reconheceu-se que o custo da aquisição da informação é elevado. Essa percepção combina-se significativamente com o pressuposto de que os agentes políticos buscam os seus próprios interesses, produzindo a perspectiva de "falha do governo" — isto é, o governo não consegue comportar-se como uma instituição de vantagem mútua. Por exemplo, os políticos tentam maximizar suas possibilidades de reeleição mostrando-se sensíveis a eleitores que, dados os custos de aquisição de informação, estão mais conscientes de questões diretamente relevantes aos seus interesses (como programas de gastos em particular e níveis de impostos) do que de questões de interesse mais indireto e menos imediato (como a situação das finanças públicas e o futuro serviço da dívida). O resultado, na ausência de um freio constitucional, é a inclinação para os gastos elevados, os baixos impostos e os déficits públicos (ver Buchanan e Wagner, 1977). Da mesma forma, o fraco conhecimento que os políticos têm das ações de seus burocratas deixa espaço para a busca dos auto-interesses destes, que têm grande probabilidade de se verem bem servidos dentro dos sistemas de remuneração da maioria dos serviços públicos através do crescimento de seus departamentos (ver Tullock, 1965). Daí que a informação inadequada, nesse caso, estimula um crescimento burocrático excessivo e isso, por sua vez, interage com o fenômeno antes observado para criar uma crescente clientela de eleitores cujos interesses imediatos também favorecem um amplo setor público.

Assim, está montado o cenário para um moderno Leviatã, que não tem nem a capacidade nem a inclinação para satisfazer as necessidades de seus cidadãos; encontra-se fora de controle, e a necessidade de controle é ainda mais premente, uma vez que o crescimento do governo também estimula a atividade de busca de receita. (As receitas, nesse sentido, são criadas, por exemplo, através de ações governamentais, que por sua vez criam monopólios de um tipo ou de outro, tal como quando certas atividades são licenciadas pelo governo ou quando o pagamento público excede o equivalente privado. Essas receitas estimulam os indivíduos a investir recursos perdulariamente em ações projetadas para aumentar suas chances de adquirir os títulos a elas.) Existe uma solução óbvia: a restrição constitucional das ações do governo. Especificamente, por exemplo, deveria haver exigências para o equilíbrio do orçamento, assim como uma constituição monetária, e as burocracias deveriam ser submetidas às forças da concorrência através de menor interferência do estado, privatização e outros processos semelhantes.

Alguns podem mostrar-se relutantes quanto a pressuposições de informação muito precisas e ao apoio no modelo de indivíduos que maximizam a "utilidade" (ver também UTILITARISMO). Mas poucos duvidam de que o reconhecimento da "falha do governo" se mostrou um importante corretivo de uma visão comum (pelo menos em economia), a qual simplesmente afirmava que o governo agiria no sentido de compensar qualquer "falha de mercado", uma vez identificada. Não obstante, não se deve esquecer de que os mercados efetivamente falham, de modo que as perguntas reais na teoria da escolha pública hoje em dia se relacionam a como diferentes regimes constitucionais afetam a incidência relativa e as proporções das falhas "do mercado" e "do governo".

Leitura sugerida: Black, D. 1958: *The Theory of Commitees and Elections* • Buchanan, J.M. 1975: *The Limits of Liberty: Between Anarchy and Leviathan* • Buchanan, J.M. e Wagner, R. 1977: *Democracy in Deficit: The Political Legacy of Lord Keynes* • Downs, A. 1957: *An Economic Theory of Democracy* • Tullock, G. 1965: *The Politics of Bureaucracy.*

SHAUN P. HARGREAVES HEAP

escolha racional, teoria da O aspecto característico desta abordagem é a visão de que a vida social deve ser explicada por meio de modelos de ação individual racional. Racionalidade pode significar muitas coisas diferentes no pensamento social moderno (ver RACIONALIDADE E RAZÃO). Neste caso, é compreendida, em termos utilitários, como uma questão de maximizar a satisfação das preferências do indivíduo (ver UTILITARISMO). Modelos de comportamento maximizante são amplamente utilizados na economia contemporânea, e a teoria da escolha racional pode ser compreendida como uma proposta de ampliação dessa "abordagem econômica" a outras áreas da vida social. Ela pretende ser rigorosa e capaz de gerar explicações convincentes com base em poucos e relativamente simples pressupostos. Fora da economia propriamente dita, é possível encontrar exemplos influentes na literatura sobre escolha pública e cada vez mais na ciência política e sociologia contemporâneas, e até mesmo dentro do marxismo acadêmico.

O pressuposto da racionalidade individual não implica a racionalidade do comportamento coletivo. Em primeiro lugar, Arrow (1951) demonstrou que preferências individuais não podem ser normalmente agregadas em uma estrutura de preferência coletiva bem definida. Nesse caso, pode não haver nenhum resultado do qual seja possível dizer que maximiza preferências coletivas. Em segundo lugar, o comportamento coletivo implica a interação estratégica de indivíduos racionais (ver JOGOS, TEORIA DOS). Cada qual agirá com base nos cálculos dos efeitos das ações posssíveis dos outros. Em uma situação de "dilema do prisioneiro", caracterizada pela ausência de comunicação efetiva (imaginem-se dois prisioneiros interrogados em separado por um crime que cometeram juntos), o agente racional teme o pior dos outros e age no sentido de minimizar os danos. Cada qual, portanto, evita o pior resultado possível, mas coletivamente eles não conseguem obter o melhor.

O problema do *free rider* (carona) é outro exemplo. A não ser que exista algum mecanismo (como a taxação compulsória) para fazer com que os indivíduos contribuam para a provisão de um bem coletivo, os indivíduos racionais deixarão a contribuição para os outros. O *free rider* obtém os benefícios de um bem coletivo sem incorrer nos custos da sua provisão. Se existirem *free riders* em excesso, o bem coletivo não poderá ser absolutamente alcançado. Olson (1965) desenvolveu esse argumento para indicar que só porque todos os membros de um grupo partilham um interesse comum não se segue necessariamente que eles se organizarão na busca desse interesse. Uma ação coletiva por parte de grandes grupos depende da existência de incentivos seletivos para os ativistas, e às vezes de um elemento compulsório. Grupos com poucos membros (como no caso de um oligopólio) normalmente se encontram em melhor posição para organizar e chegar a um acordo sobre uma linha de ação ótima.

A teoria da escolha racional não exige que seus modelos de ação racional sejam inteiramente realistas. Sua pretensão, antes de tudo, é fornecer previsões com sucesso em muitos casos e, na possibilidade de falha na previsão, fornecer meios de identificar o lugar de elementos não-racionais na ação humana. O comportamento eleitoral é um exemplo citado com freqüência. Na maioria dos casos, o voto de uma pessoa pouco efeito terá sobre o resultado, e a diferença que o resultado fará para essa pessoa será igualmente pequena. O pressuposto de um comportamento racional orientado para o auto-interesse, portanto, "exibe uma explicação notoriamente frágil para o comportamento eleitoral, uma vez que indica que praticamente ninguém iria votar voluntariamente nas, digamos, eleições nacionais norte-americanas. Isso ajuda-nos a compreender por que metade dos americanos qualificados não votam, mas pouco adianta no sentido de nos ajudar a compreender a outra metade" (Hardin, 1982, p.11).

Provas de irracionalidade significativa no comportamento humano, portanto, pouco prejuízo causam às pretensões da teoria da escolha racional. Questões críticas mais sérias relacionam-se, primeiro, ao caráter e localização da racionalidade e, segundo, ao seu papel na explicação. Críticos têm afirmado que a teoria da escolha racional tem uma visão excessivamente simples do agente: por exemplo, que não leva na devida conta o altruísmo e outros engajamentos, que a racionalidade humana é uma questão de projetos de auto-edificação a longo prazo, e não apenas de maximização a curto prazo, e que as capacidades cognitivas dos seres humanos são demasiado limitadas para que suas decisões sejam totalmente racionais em todos os casos.

Essas posições críticas apontam uma questão mais geral para o individualismo metodológico da teoria da escolha racional. Existem dois sentidos bastante diferentes em que a racionalidade pode ser atribuída aos indivíduos humanos. Ela pode referir-se ao que se costumava chamar de faculdade da razão, a generalizada capacidade de desenvolver uma cadeia bem ligada de raciocínio ou argumentação. Pode referir-se também à consistência das próprias cadeias de raciocínio e aos conceitos e outros mecanismos intelectuais (horóscopos, jogos de dados, análises de custos-benefícios) empregados em sua construção — e, por extensão, a linhas de ação e tipos de comportamento particulares. A suposição de que os indivíduos humanos são normalmente dotados da faculdade da razão e que são, portanto, capazes de desenvolver cadeias de raciocínio nada nos diz sobre o caráter dos mecanismos conceituais que eles podem empregar nesse processo. Uma vez que a maior parte dos mecanismos conceituais disponíveis para um agente será culturalmente adquirida, existe um sentido importante no qual a racionalidade ou não da ação individual dependerá de condições culturais e sociais externas ao agente em pauta.

Por fim, existe a questão do papel explicativo da suposição de racionalidade. Ela nos leva a esperar certa consistência no comportamento dos indivíduos, mas nada nos diz a respeito de suas motivações. As explicações de aspectos significativos da vida social como resultantes das ações racionais de indivíduos, portanto, dependem de suposições auxiliares com respeito ao conteúdo de suas explicações — outro aspecto em que o individualismo patente da teoria da escolha racional em geral implica uma referência disfarçada a condições culturais e sociais supra-individuais. Existem aqui mais duas questões. Primeiro, a validade dessas suposições quanto a motivos pode muito bem ser questionada. A explicação acima quanto à razão por que tantos norte-americanos não votam nas eleições nacionais simplesmente lhes atribui uma motivação presumida, da qual se segue então a decisão de não votar. Mas não é compatível com os resultados de um recente estudo de seus motivos para não votar (Fox-Piven e Cloward, 1988). Em segundo lugar, é discutível que a suposição rigorosa da racionalidade acrescente muita coisa à força explanatória das próprias suposições auxiliares (Simon, 1986).

Ver também ESCOLHA SOCIAL.

Leitura sugerida: Barry, B. e Hardin, R., orgs. 1982: *Rational Man and Irrational Society* • Elster, J., org. 1986: *Rational Choice* • Hardin, R. 1982: *Collective Action* • Hindess, B. 1988: *Choice, Rationality and Social Theory* • Hollis, M. 1987: *The Rise of Reason* • *Journal of Business* 59 (1986), 4, Parte 2: "The behavioural foundations of economics theory" • Olson, M. 1965: *The Logic of Collective Action* • Sen, A. 1987: *On Ethics and Economics.*

BARRY HINDESS

escolha social Como os governos e outros organismos públicos decidem, e como deveriam decidir, suas ações? Existem várias explicações sobre o modo como os governos tomam decisões (ver, por exemplo, DEMOCRACIA; ELITES, TEORIA DAS), mas é um pressuposto básico da democracia liberal que os governos devem agir no interesse dos seus cidadãos. O interesse público, por assim dizer, não pode ser definido independentemente dos interesses dos indivíduos dos quais os governos recebem sua autoridade. Essa fórmula democrática funciona bastante bem quando a ação pública é no interesse de todos. Mas existem inevitavelmente situações em que a escolha da ação a ser tomada implica um conflito com o interesse de um ou outro indivíduo ou grupo. São esses casos difíceis que determinam a agenda para a discussão sobre escolha social. Não é de surpreender que, com a ascensão da democracia e o crescimento do setor público sob várias formas, essas discussões raramente tenham estado longe dos centros do debate tanto na política quanto na economia.

Há duas importantes abordagens modernas para a questão da origem dos princípios que deveriam ser utilizados nos casos difíceis. Uma implica o apelo às urnas. Constitui uma extensão natural da política das idéias de escolha individual encontradas na economia (ver ECONOMIA NEOCLÁSSICA; ESCOLHA RACIONAL, TEORIA DA). E também tem sido muito influente no caso de algumas discussões sobre a forma como os governos efetivamente tomam decisões (ver, por exemplo, Downs, 1957; Riker, 1982; e ESCOLHA PÚBLICA). Presume-se que os indivíduos tenham preferências quanto aos resultados possíveis (às vezes chamadas de preferências éticas, na medida em que se referem aos resultados para a sociedade e podem implicar um juízo ético a respeito de que interesses, e de quem, devem ser favorecidos). Uma constituição então agrega essas preferências, através de algum mecanismo de voto, para produzir um ordenamento social dos resultados possíveis. Assim, tal como consumidores agindo de acordo com suas preferências sobre bens em mercados produzem uma valorização social de diferentes mercadorias na forma de um grupo de preços relativos, também os indivíduos votam de acordo com preferências (éticas) e as urnas produzem um ordenamento social de resultados e com isso um julgamento a respeito de que interesses favorecer.

Isso é atraente porque oferece uma solução de procedimento que evita qualquer compromisso com a forma moral da boa vida. Arrow (1951), porém, demonstrou um resultado de impossibilidade que lança dúvidas sobre a coerência dessa abordagem. Quando as preferências individuais satisfazem os axiomas regulares da teoria da escolha, nenhum sistema de agregação dessas preferências pode garantir a produção de um ordenamento social que satisfaça um conjunto de condições aparentemente mínimas. Especificamente, não pode evitar inconsistências do tipo "x é preferido a y, e y é preferido a z, mas z é preferido a x", e ao mesmo tempo satisfazer condições simples como a não-ditadura e a condição ótima de Pareto (o princípio de Pareto, neste contexto, implica que, se todos os indivíduos preferem a a b, então a deve ser preferido a b no ordenamento social). A mais simples intuição por trás desse resultado de impossibilidade é que Arrow está generalizando o famoso paradoxo de votos de Condorcet. (Para entender esse paradoxo, suponha-se que existam três indivíduos com a seguinte ordem de preferência em relação a três resultados {x,y,z}: [x,y,z]; [y,z,x]; [z,x,y]. Então, o uso de um simples sistema de voto da maioria para decidir entre comparações aos pares de {x,y,z} resultará em que x é preferido a y (uma vez que o primeiro e o terceiro indivíduos superam o voto do segundo), y é preferido a z, mas a maioria também prefere z a x.)

Esse resultado foi imensamente influente para a teoria democrática, mas também tem sido objeto de ásperas críticas a sua fundamentação utilitária da economia (Sen, 1982). Embora a abordagem de Arrow rejeite explicitamente as comparações interpessoais de utilidade que possam exigir uma escolha social utilitária para apoiar a tortura, caso esta resulte em mais utilidade para o torturador do que em desutilidade para a vítima, ela ainda assim se baseia em uma representação ordinal de utilidade dos indivíduos e é capaz de gerar um tipo semelhante de problema porque, notoriamente, a maioria poderá sempre votar para impor a tirania sobre grupos minoritários. O que parece estar faltando é um reconhecimento de que os indivíduos são mais do que feixes de preferências: minimamente, que eles têm direitos que precisam ser respeitados.

Esses direitos são cruciais para a abordagem alternativa contratualista da escolha social. A marca característica do contratualismo é um argumento que justifica um resultado através da demonstração de como indivíduos dotados de direitos tais como liberdades básicas teriam concordado com esse arranjo caso tivessem partido de alguma posição hipotética original de contrato. É um argumento atraente porque parece que haveria pouco motivo de queixa quanto a ações do governo quando se pudesse demonstrar que indivíduos dotados da oportunidade de negociar teriam concordado com elas. Não obstante, seu apelo pode ser enganoso. Ele não resolve muitas das controvérsias fundamentais nessa área, pois existem vários meios de especificar a posição original de contrato e os posteriores acordos hipotéticos são extremamente sensíveis a essas especificações (ver também CONTRATO SOCIAL).

Por exemplo, os que seguem Rawls (1971) podem supor que a escolha social nos casos difíceis em que conflitos de interesses envolvem uma questão de justiça, e uma vez que a justiça deve ser imparcial, a posição original para a derivação desses princípios de justiça deveria ser caracterizada por um "véu de ignorância". Os indivíduos deveriam decidir que resultado social preferem sem saber, entre outras coisas, a posição individual que virão a ocupar. Formalmente, os indivíduos devem decidir sob essas condições de incerteza, e Rawls afirma que a regra adequada de decisão é max-min, uma vez satisfeita uma condição de liberdades básicas iguais. Isso significa que os resultados sociais são julgados de acordo com o bem-estar da pessoa menos favorecida, com um conseqüente pressuposto a favor da igualdade. De fato, indivíduos sob essa regra só escolhem um resultado social em que haja desigualdade quando o membro mais desfavorecido sob essa disposição é levado a ficar melhor do que seria o caso sob um resultado com maior igualdade. Assim, uma abordagem rawlsiana da justiça, quando aplicada à escolha social, parece sancionar em geral atividades intervencionistas do estado destinadas a promover a igualdade.

Essa é uma implicação controvertida. Em primeiro lugar, não é óbvio que o princípio de maxi-min se recomende como a regra apropriada de decisão para condições de incerteza. Há uma forte alegação na literatura econômica ou na teoria da escolha racional para uma regra de maximização da utilidade esperada, e seu uso poderia restaurar uma espécie de utilitarismo (Harsanyi, 1955). Em segundo lugar, ela presume que os governos devam decidir que interesses favorecer quando surgem conflitos. Em outras palavras, presume que a justiça exija algum tipo de intervenção do estado, quando foi notoriamente sustentado por Robert Nozick (1974) que um sistema de justiça baseado em direitos não exige nada desse tipo.

A posição original de Nozick é definida por um estado lockeano de natureza (*grosso modo*, um estado em que os indivíduos podem fazer valer os seus direitos a sua propriedade, incluindo o seu trabalho, na medida em que isso não infrinja os direitos de outrem); e ele afirma que os indivíduos farão contratos uns com os outros para formar um estado que sustente os direitos à propriedade, porém não mais do que isso. Especificamente, qualquer tentativa por parte do governo de seguir um programa redistributivo irá contrariar o direito fundamental dos indivíduos de disporem de seu tempo e propriedade conforme acharem adequado. Isso seria subverter ou desfazer as ações que os indivíduos tomaram livremente e, assim, constitui uma infringência dos direitos desses indivíduos.

Dessa forma, a abordagem contratualista não resolveu as diferenças na escolha social, uma vez que seus argumentos podem permitir tanto um estado intervencionista quanto um estado mínimo. Não obstante, o que ficou revelado pela recente mudança contratualista de argumento é a sensibilidade da escolha social tanto ao pressuposto modelo de tomada de decisão individual quanto ao que é encarado como a relação relevante entre indivíduos em alguma posição original.

Leitura sugerida: Arrow, K. 1951 *(1963): Social Choice and Individual Values* • Buchanan, J.M. 1986: *Liberty, Market and the State* • Downs, A. 1957: *An Economic Theory of Democracy* • Hamlin, A. 1986: *Ethics, Economics and the State* • Harsanyi, J.C. 1955: "Cardinal welfare, individualistic ethics and interpersonal comparisons of welfare". *Journal of Political Economy* 63, 309-21 • Nozick, R. 1974: *Anarchy, State* *and Utopia* • Rawls, J. 1971: *A Theory of Justice* • Riker, W.H. 1982: *Liberalism against Populism* • Sen, A. 1982: *Choice, Welfare and Measurement* • Sugden, R. 1981: *The Political Economy of Public Choice.*

SHAUN P. HARGREAVES HEAP

esfera pública Embora as diferenças entre público e privado remontem aos tempos da Grécia e da Roma antigas, os conceitos de esfera pública e de publicidade estão intimamente ligados a concepções do século XVIII a respeito de SOCIEDADE CIVIL. O pensamento social do século XX continuou a se preocupar com o que é encarado como "privatismo" excessivo (ver PRIVACIDADE) e um correspondente declínio da vida pública. Jürgen Habermas (1962) afirmou que a publicidade como princípio crítico, a abertura das questões públicas à discussão por cidadãos interessados, deu lugar a uma opinião pública manipulada, enquanto Richard Sennett (1978) diagnosticou *O declínio do homem público.*

O FEMINISMO tanto tem documentado o viés de gênero na distinção entre "homem público" e "mulher privada" (Elshtain, 1981) quanto questionado a própria distinção público/privado. O *lema* feminista de que "o pessoal é político" tem sido complementado por pesquisas demonstrando, por exemplo, que não apenas faltava privacidade à "esfera privada" do século XIX como esta era também uma área importante de atividade econômica (Davidoff, 1979) e que as mulheres não são tão desinteressadas pela vida "pública" ou política quanto excluídas dela e, quando estão presentes, negligenciadas (Siltanen e Stanworth, 1984). Tal como Marx deixou implícito na sua crítica a Hegel, as patologias das esferas pública e privada podem mais reforçar do que abrandar uma à outra, como quando uma esfera privada politizada que é transformada em objeto de "pânicos morais" e legislação (Donzelot, 1977) coexiste com uma esfera política personalizada e degradada cujas insatisfações são, por sua vez, aliviadas nos "nichos" da vida privada. Esses modos de pensar sobre a relação entre público e privado são influenciados também por um reconhecimento tardio da importância da COMUNICAÇÃO DE MASSA (Thompson, 1990, sobretudo p.238-48).

Leitura sugerida: Elshtain, J. 1981: *Public Man, Private Woman* • Habermas, J. 1962 *(1989): The Structural Transformation of the Public Sphere* • Keane, J. 1984: *Public Life and Late Capitalism* • Sennett, Richard 1978: *The Fall of Public Man* • Siltanen, J. e Stanworth, M. 1984: *Women and the Public Sphere.*

WILLIAM OUTHWAITE

esquerda, nova Ver NOVA ESQUERDA.

estado Há uma grande concordância entre os cientistas sociais quanto a como o estado deve ser definido. Uma definição composta incluiria três elementos. Primeiro, um estado é um conjunto de instituições; estas são definidas pelos próprios agentes do estado. A instituição mais importante do estado é a dos meios de violência e COERÇÃO. Segundo, essas instituições encontram-se no centro de um território geograficamente limitado a que geralmente nos referimos como SOCIEDADE. De modo crucial, o estado olha para dentro de si mesmo, no caso de sua sociedade nacional, e para fora, no caso de sociedades mais amplas entre as quais ele precisa abrir seu caminho; seu comportamento em uma área, em geral, só pode ser explicado pelas suas atividades na outra. Terceiro, o estado monopoliza a criação das regras dentro do seu território. Isso tende à criação de uma CULTURA política comum, partilhada por todos os cidadãos.

É preciso enfatizar que a condição de estado é em geral mais uma aspiração do que uma realização efetiva. Por um lado, a maioria dos estados históricos teve grande dificuldade em controlar suas sociedades civis e, em particular, em estabelecer seus próprios monopólios dos meios de violência; e o que era válido no caso dos estados feudais é igualmente válido no caso do Líbano nos dias de hoje. Por outro lado, a busca por parte de um estado da sua meta principal, a da segurança, fica normal e necessariamente incompleta devido à presença de sociedades maiores que ele não pode controlar. Uma dessas sociedades é o sistema de estados, presente durante mil anos na história européia e hoje característica daquilo que é genuinamente uma sociedade mundial organizada. Uma segunda sociedade desse tipo é a do CAPITALISMO, que tem nitidamente suas próprias leis de movimento. Um trabalho muito interessante e importante está sendo realizado atualmente na ciência social a respeito das inter-relações entre capital e estado, tanto no nível doméstico quanto no internacional.

A contestação do estado

A natureza do estado tem sido tema de debate intelectual e da política de poder no século

XX. É possível identificar dois campos opostos principais, a saber, o do liberalismo anglo-saxão e o de uma escola menos nítida, mais referida como a do realismo germânico.

Ao mesmo tempo em que existem muitas versões de liberalismo, a maioria demonstra suspeitas com relação às atividades do estado. Tudo que é virtuoso é encarado como fazendo parte da sociedade, com as forças do estado sendo vistas como obstáculos que precisam ser reduzidos. O papel mais ativo para o estado, na visão de alguns liberais, é o de um vigia noturno, protegendo uma estrutura dentro da qual as forças de mercado podem então operar de acordo com a sua própria lógica. Essa é a filosofia do LAISSEZ-FAIRE; suas explicações são mais baseadas na sociedade do que centradas no estado, pois não se atribui uma realidade fundamental ao estado como corporificação da sociedade organizada. A visão que o liberalismo tem das relações internacionais é de um desprezo surpreendente pelo poder do estado. A "escola de Manchester" do liberalismo de *laissez-faire* tinha a esperança de que nada menos que a paz pudesse ser garantida pela crescente interdependência da economia mundial; de forma igualmente importante, considerava-se agora o comércio, e não a conquista territorial, como o caminho do progresso e da prosperidade. Outros liberais, seguindo o exemplo de Immanuel Kant, apontaram que a era da paz dependerá não apenas do comércio, mas de outros estados reconhecerem os princípios do nacionalismo e da democracia.

A Alemanha foi criada como resultado das ações do seu estado, e não surpreende que tenha demonstrado o maior apreço para com a realidade do PODER do estado. Internamente, essa tradição encara o estado como um agente por direito próprio, capaz de representar o direito geral. Externamente, o estado é visto como aquele que garante a sobrevivência. Esse reconhecimento da lógica de um mundo "a-social" de competição entre estados foi especialmente fácil para os alemães. O pensamento social em geral foi maciçamente influenciado pela longa paz entre 1815 e 1914, na qual a brusca transformação social da industrialização parecia sumamente importante. Mas os alemães alcançaram a condição de estado em parte devido à guerra, e também não surpreende descobrir que pensadores como Max Weber, Ludwig Gumplowicz, Gustav Ratzenhofer, Otto Hintze e Franz Oppenheimer tenham, todos, atribuído grande peso ao impacto da transformação geopolítica sobre a vida social.

A Alemanha começou duas guerras mundiais e as potências anglo-saxãs saíram vitoriosas. Isso significou, em conseqüência, que durante um longo período ela foi considerada indigna de consideração. Desde os anos 70, porém, isso felizmente tem mudado. Uma fonte dessa mudança foi o moderno MARXISMO OCIDENTAL. Combater um inimigo é algo que influencia a sua própria mente, e o marxismo, em última análise, se parece com o liberalismo — com o qual tem em comum, embora tendo em mente uma escala de tempo bastante diversa, as esperanças tanto de paz universal quanto de "desaparecimento" do estado, ao apresentar explicações baseadas na sociedade, em vez de centradas no estado. Não obstante, a tentativa de especificar o modo como um estado "relativamente" autônomo poderia servir aos interesses do capital, proporcionando-lhe a infra-estrutura necessária, levou a que se fizessem perguntas que rapidamente fugiram ao próprio paradigma dos marxistas. De maneira mais geral, a perspectiva histórica é hoje tal que ninguém pode negar que a história do desenvolvimento econômico, tão amada pelos liberais, foi rudemente interrompida por conflitos geopolíticos entre 1914 e 1945, nem que esse período transformou profundamente a vida social. A diferente organização da estrutura de classes nas então Alemanha Oriental e Ocidental, para dar apenas um exemplo, foi resultado mais de um arranjo geopolítico do que de qualquer lógica interna às classes por si mesmas.

Tudo considerado, não há dúvida de que o "estado" está de volta. A ciência social tem, no entanto, o hábito lamentável de se encantar com novas abordagens, em vez de garantir que elas realmente nos ajudem a compreender o mundo. Felizmente, o interesse renovado no estado tem levado a avanços no nosso conhecimento; a especificação de alguns desses avanços compreende o restante deste verbete.

O paradoxo do poder do estado

Chegamos a uma compreensão, em parte devido ao trabalho de Michael Mann (1988), de que existem duas faces ou dimensões no poder do estado. A teoria tradicional preocupava-se com o alcance dos poderes discricionários do estado — na verdade foi estabelecida por ele

—, isto é, a oposição polarizadora entre regimes despóticos e constitucionais. No entanto estudos de estados agrários mostram que as alegações de poder universal eram mais pretensão do que realidade, uma vez que o estado tinha poucos servidores para poder penetrar na vida social e organizá-la. Daí, uma segunda dimensão de poder do estado merece ser chamada de infra-estrutural.

Disso resulta um paradoxo. A força do estado é, em geral, resultado de até que ponto ele pode colaborar com agrupamentos da sociedade civil, e essa colaboração é normalmente garantida por alguma limitação dos poderes despóticos do estado. Assim, no século XVII, o estado absolutista francês pode ter sido autônomo no sentido de ser "livre de" restrições parlamentares, mas não obstante era mais fraco — conforme ficou demonstrado no teste da guerra — do que sua rival constitucional, a Grã-Bretanha. Nesse estado, o acordo entre as classes superiores e os agentes do estado permitia níveis mais elevados de taxação e maior eficiência geral: o estado britânico era "livre" para fazer muito mais. Esse paradoxo aplica-se igualmente bem ao mundo moderno: a mobilização de guerra da Grã-Bretanha na Segunda Guerra Mundial superou a da Alemanha, enquanto recentes estudiosos do estado japonês têm enfatizado que sua grande força resulta de uma "política de aquiescência recíproca".

Estados e mercados

Está hoje disponível, traçado em perspectiva comparativa, um quadro bem mais nítido do papel do estado no surgimento do dinamismo econômico capitalista do Nordeste da Europa, o qual permitiu que esta dominasse o mundo. Dois aspectos teóricos são de especial importância.

Primeiro, é necessário distinguir entre os diferentes tipos de estado no mundo pré-industrial. Falando de maneira bastante grosseira, as civilizações orientais tinham estados que eram a um tempo poderosos demais e fracos demais — isto é, despoticamente poderosos, mas infra-estruturalmente fracos — para permitir o surgimento de qualquer dinâmica capitalista. Tais estados buscavam controlar todas as forças sociais que tinham a capacidade de mobilizar as pessoas, com o argumento de que qualquer força independente poderia rapidamente minar seu próprio domínio; isso levou repetidas vezes ao bloqueio de forças capitalistas. Por outro lado, tais estados tendiam a não colaborar com as suas próprias classes superiores, sendo por isso impedidos de receber uma significativa renda em impostos; isso demonstrava que dispunham de fundos insuficientes para poder proporcionar um quadro de expectativas racionais em questões de dinheiro e justiça do qual um capitalismo emergente se teria beneficiado. Em contraste, a civilização ocidental viu surgirem estados que eram poderosos e fracos nos lugares "certos" para o surgimento do capitalismo. Os limites à discricionariedade significavam que o estado não podia controlar de maneira definitiva os agentes capitalistas, enquanto que o aumento da receita do estado, resultante da colaboração com as classes superiores funcionando através dos parlamentos, permitiu que se proporcionasse uma justiça regularizada e, com o tempo, dinheiro decente.

Esse padrão europeu é parcialmente explicável, em segundo lugar, como resultado de forças externas a qualquer estado isolado. Os estados europeus eram duradouros e, em conseqüência, envolvidos em incessante concorrência uns com os outros. Nessas circunstâncias, tornou-se racional não matar a galinha dos ovos de ouro — isto é, os governantes acabaram entendendo que um comportamento predatório para com os seus capitalistas levaria à fuga destes e, conseqüentemente, a um aumento na receita de seus rivais geopolíticos. Em grande medida, o comportamento decente para com o capitalismo que então nascia explica-se pela simples afirmação de que o capitalismo tinha estados: houvesse a Europa revertido ao domínio imperial depois de queda de Roma e nada teria havido que impedisse os governantes de mais uma vez exercerem controle sobre a mobilização social que resultava de se conceder à sociedade civil uma certa autonomia.

Esses padrões de poder do estado são igualmente úteis para se compreenderem os modos como o estado prospera economicamente na era industrial. Parece ser cada vez mais o caso de se dizer que a capacidade de um estado-nação de se inserir nas sociedades capitalistas está relacionada com a sua capacidade de colaborar com os capitalistas nacionais e de fornecer uma maciça infra-estrutura social de educação e de conciliação de classes que permita flexibilidade diante dos padrões cambiantes do comércio internacional. Assim, o estado em muitos países do Leste Asiático é relativamente (e cada vez mais) fraco do ponto de vista despótico, mas muito poderoso do ponto de vista infra-estrutural: o fato de o oposto tender a ser válido no caso da América Latina ajuda a explicar seus fraquíssimos resultados em termos de desenvolvimento econômico. Além disso, está hoje bastante evidente que o planejamento socialista só funciona no estágio de industrialização inicial; a continuação do sucesso econômico das sociedades socialistas parece depender da mudança que elas possam vir a promover em seus padrões de controle estatal.

Vale a pena levantar uma última questão a respeito dos mercados internacionais. Esses mercados são criados geopoliticamente. E isso foi particularmente válido depois da Segunda Guerra Mundial, quando foi criado um "sistema norte-americano" cujas instituições estabilizaram o mundo avançado ao custo provável do desenvolvimento do Terceiro Mundo. Uma teoria importante a respeito desses assuntos, sobre a qual a história ainda não estabeleceu um julgamento definitivo, indica que a sociedade capitalista necessita de um estado em posição de liderança para organizar o capitalismo como um todo — isto é, para fornecer uma moeda fundamental e para insistir no livre mercado. Com toda a certeza, os Estados Unidos têm desempenhado esse papel, embora seja duvidoso que a Grã-Bretanha um dia o tenha feito. Mas uma questão tão importante para o final do século XX quanto a da liberalização das sociedades socialistas de estado (ver SOCIALISMO) é saber até que ponto um declínio norte-americano pode levar a um conflito renovado entre as principais potências capitalistas.

Estados e política

Conforme se observou, os desenvolvimentos políticos internos às sociedades nacionais resultam em geral de forças geopolíticas. O que foi válido para as mudanças no comportamento de classe é igualmente válido para a revolução social. As revoluções tendem a ocorrer em regimes que foram debilitados por participação excessiva ou por efetiva derrota na guerra. As derrocadas do estado dão às elites revolucionárias a sua oportunidade.

Além disso, os cientistas sociais cada vez mais percebem que a forma dos "movimentos sociais" resulta em geral das características do estado com o qual eles interagem. Dois exemplos merecem ser observados: primeiro, as classes operárias tendem a se tornar militantes quando um estado as exclui de participação na sociedade civil, isto é, os operários enfrentam o estado quando são impedidos de se organizar industrialmente e de discutir com seus oponentes capitalistas imediatos. Assim, um estado liberal com plena cidadania não assiste a nenhum movimento revolucionário da classe operária, enquanto regimes autoritários e autocráticos assistem ao surgimento de movimentos operários de inspiração marxista: esse princípio ajuda a explicar a diferença no comportamento das classes operárias nos Estados Unidos e na Rússia czarista no final do século XIX. O mesmo princípio — de que a exclusão política provoca a militância — parece, em segundo lugar, explicar a incidência de revoluções no Terceiro Mundo desde 1945. As sociedades centro-americanas dividem um determinado modo de produção, mas somente umas poucas testemunham revoluções. A possibilidade de participação na Costa Rica desacelera o conflito social; sua ausência na Nicarágua de Somoza levou à criação de uma elite revolucionária com apoio popular.

Leitura sugerida: Aron, Raymond 1962: *Paix et guerre entre les nations* • Gilpin, R. 1981: *War and Change in World Politics* • Hall, J. e Ikenberry, J. 1989: *The State* • Katzenstein, P. 1985: *Small States in World Markets* • Maier, C. 1988: *In Search of Stability* • Mann, M. 1988: *States, War and Capitalism* • Poggi, G. 1978: *The Development of the Modern State* • Skocpol, T. 1979: *States and Social Revolutions* • Tilly, C., org. 1975: *The Formation of National States in Western Europe* • Waltz, K. 1959: *Man, the State and War.*

JOHN A. HALL

estado de bem-estar Tendo origem na Grã-Bretanha e sendo usada em geral de maneira livre, esta expressão tornou-se amplamente difundida tanto nos círculos jornalísticos quanto acadêmicos depois da Segunda Guerra Mundial. Visava descrever um estado que, em contraste com o "estado do vigia noturno" do século XIX, preocupado basicamente com a proteção da propriedade, ou com o "estado-potência" do século XX, preocupado basicamente, durante a Segunda Guerra Mundial, com a vitória total, utilizaria o aparato do governo para conceber, implementar e financiar programas e planos de ação destinados a promover os interesses sociais coletivos de seus membros. Destruiria aquilo que William Beveridge, que não gostava da expressão, chama de os cinco males gigantes: a escassez, a doença, a ignorância, a miséria e a ociosidade. O estado, no futuro, interviria deliberadamente para limitar ou modificar as conseqüências da livre operação das forças de mercado em circunstâncias nas quais indivíduos e famílias fossem confrontados com contingências sociais consideradas como demasiadamente fora de seu controle, em especial o desemprego, a doença e a velhice. Seria mais, porém, do que o que passara a ser chamado, antes da Segunda Guerra Mundial, de um "estado de serviço social", pois em relação a todo um rol convencionado de serviços sociais, em particular os que diziam respeito a saúde e educação, esse estado ofereceria de forma abrangente, a todos os cidadãos, os melhores serviços que estivessem disponíveis, sem distinção de status ou classe. Através dos impostos, haveria nisso, portanto, um aspecto redistributivo.

As origens do estado de bem-estar podem remontar à criação de "serviços sociais", fornecidos pelo estado, na esteira da industrialização do século XIX, sendo dada ênfase particular à Alemanha de Bismarck e à Grã-Bretanha do início do século XX. Havia obviamente muitas tendências diversas, até contrastantes, na história, incluindo o paternalismo conservador, o "novo liberalismo", o fabianismo e algumas outras qualidades de socialismo e ainda, não menos importante, o feminismo. No entanto foi quando se mobilizaram cidadãos, durante a Segunda Guerra Mundial, e quando houve uma estreita ligação entre o esforço de guerra e a preocupação com o bem-estar, que os serviços sociais deixaram de ser considerados como uma forma de ajuda aos pobres. Havia também um elevado grau de consenso potencial — então e depois da guerra — quanto ao fato de que a mudança era para melhor, de forma que em 1949 um manifesto do Partido Conservador britânico, *The Right Road for Britain*, afirmava que os serviços constituíam "um sistema cooperativo de ajuda mútua e de auto-ajuda proporcionado pelo todo da nação e destinado a proporcionar a todos o mínimo básico de segurança, habitação, oportunidade, emprego e padrões de vida abaixo dos quais somos impedidos pelo nosso dever uns para com os outros de permitir que alguém desça".

A defesa acadêmica do estado de bem-estar foi feita de modo mais incisivo pelo sociólogo T.H. Marshall, o qual afirmou que, enquanto as políticas de serviço social haviam sido encaradas até então como programas remediadores para tratar aos poucos dos problemas da sociedade, e não dos seus andares superiores, o estado de bem-estar havia agora começado a remodelar o edifício inteiro. O estado de bem-estar era a culminação de um longo processo que havia começado com a afirmação dos direitos civis, passando pela luta pelos direitos políticos e terminando com a identificação e o estabelecimento de direitos sociais. Marshall acreditava que, ao explicar a ascensão do estado de bem-estar, era mais importante a ampliação do ideal de *cidadania* do que o aumento do âmbito de poder do estado.

Essa era uma perspectiva britânica, e a expressão "estado de bem-estar" nem inspirou consenso em todos os outros países, especialmente nos Estados Unidos, nem sempre trouxe consigo ressonâncias históricas agradáveis, em especial na Alemanha com sua longa história de *sozialpolitik*. A expressão podia sempre ser usada de forma tanto pejorativa quanto favorável, tal como acontecia com as palavras isoladas que a compunham — "bem-estar" e "estado". O conceito, no entanto, passou a ser encarado como universal fora dos países comunistas, até mesmo em regiões que não haviam passado pelo processo de industrialização em grande escala. Se por um lado o "estado de completo bem-estar" não existia, escreveu Piet Thoenes, sociólogo holandês, em 1962, "elementos dele" podiam ser encontrados em "uma forma mais isolada" na França, na Itália, na Alemanha Ocidental e nos Estados Unidos contemporâneos. Uma lista um pouco mais completa teria incluído a Suécia e a Nova Zelândia.

Durante a Segunda Guerra Mundial uma Conferência Internacional do Trabalho realizada em Filadélfia observou o "desejo profundo" dos povos de toda parte "de se libertarem do medo da escassez", e afirmou que, depois da guerra, a relevância da expressão "sociedade internacional" seria julgada "em termos de benefício e bem-estar humanos". E, seis anos depois, em 1950, a Organização Internacional do Trabalho registrou que àquela altura já havia "um movimento por toda parte" a fim de criar "uma nova organização para a segurança social, que só pode ser descrita como um serviço público para os cidadãos no seu todo".

Já no final dos anos 50, porém, havia amplos indícios dos problemas ligados à economia e à política do estado de bem-estar, bem como dos princípios de críticas acadêmicas ao próprio conceito, da esquerda e da direita. Em 1951 o governo trabalhista britânico estabeleceu tetos para os gastos com o bem-estar e embutiu tributos nos preços de óculos e dentaduras; e, em uma coletânea de ensaios publicados em 1958, Richard Titmuss, que fizera um estudo detalhado sobre mudanças na política social britânica na Segunda Guerra Mundial, afirmou que os programas do pós-guerra, que não haviam chegado a um ponto decisivo, tinham beneficiado as classes médias mais do que qualquer outro setor da sociedade.

Durante os dez anos que se seguiram, a crítica tanto ao conceito quanto à prática foi aguçada, à medida que se destacavam questões gerenciais e a base econômica de gastos com um bem-estar abrangente era ameaçada. A ameaça transformou-se em reação durante os anos 70, quando a inflação fez subir as despesas e se realizaram esforços para cortar os gastos públicos. O resultado foi a chamada "crise do estado de bem-estar", uma crise tanto de valores quanto de finanças ou gerenciamento. Nas palavras de um documento do governo britânico sobre segurança social (1988), "o suprimento por parte do estado desempenhou um papel importante em apoiar e sustentar o indivíduo; mas não deve desestimular a autoconfiança ou colocar-se no caminho do suprimento ou da responsabilidade individuais".

Ver também PLANEJAMENTO SOCIAL.

Leitura sugerida: Beveridge, W.H. 1943: *The Pillars of Security* • Birch, R.C. 1974: *The Shaping of the Welfare State* • Clarke, J., Cochrane, A. e Smart, C., orgs. 1987: *Ideologies of Welfare: From Dreams to Disillusion* • Jallade, J.P., org. 1988: *The Crisis of Redistribution in European Welfare States* • Marshall, T.H. 1950 *(1992): Citizenship and Social Class* • Mishra, R. 1984: *The Welfare State in Crisis: Social Thought and Action* • Mommsen Wolfgang. J., org. 1981: *The Emergence of the Welfare State in Britain and Germany* • Thoenes, P. 1962 *(1966): The Elite in the Welfare State* • Titmuss, R.M. 1958: *Essays on the Welfare State.*

ASA BRIGGS

estatística Estatística é a ciência de operar informações quantitativas. Preocupa-se com o modo de como os dados devem ser coletados e analisados, e com a maneira como conclusões podem ser legitimamente tiradas dessa análise. É especialmente relevante em contextos nos quais os padrões básicos dos dados são obscurecidos por variações externas que surgem de fatores fora de controle, instrumentos insuficientes de mensuração ou efeitos de amostragem. Os métodos estatísticos, assim, encontram um papel a desempenhar em praticamente todos os ramos da pesquisa humana, embora sua importância varie consideravelmente de acordo com o grau de quantificação que é possível.

A própria palavra "estatística" tem vários outros significados específicos. É usada com freqüência, por exemplo, como sinônimo um tanto pretensioso de "números". No singular, refere-se a qualquer número, tal como uma média calculada a partir dos membros de uma amostra. Também está ligada a uma grande série de adjetivos indicando campos de aplicação, dos quais o agrícola, o biológico, o atuarial, o comercial e o médico são exemplos típicos. A estatística matemática é o ramo da matemática que formaliza idéias e procedimentos estatísticos e se preocupa particularmente com a determinação dos "melhores" procedimentos.

Estatística, no sentido moderno, é uma palavra que não surgiu pronta, mas foi gerada a partir de inúmeras correntes diferentes que começaram a se unir por volta do século XIX e início do século XX. Uma delas remonta às primeiras tentativas, nos tempos bíblicos, de "contar o povo" para fins militares, ou outros. À medida que as funções de governo se foram tornando mais centralizadas e complicadas, a necessidade de uma boa informação quantitativa a respeito da "condição do povo" tornou-se mais premente. No século XIX isso levou à formação de sociedades estatísticas, em especial, em 1834, a Statistical Society of London, que se tornaria mais tarde a Royal Statistical Society. Entre seus fundadores incluíam-se pessoas eminentes na vida pública, como o marquês de Lansdowne, o bispo de Londres e pensadores como Charles Babbage e T.R. Malthus. Estavam unidos em sua preocupação de conseguir fornecer informações factuais fidedignas a respeito de todos os aspectos da sociedade. Esse movimento cresceu, passando a incluir estudos públicos e privados de assuntos como a situação dos pobres, conforme descrito em Bartholomew (1988). (Ver também ESTATÍSTICA SOCIAL.)

A maior parte desses primeiros estudos seria hoje qualificada de estatística descritiva, seu objetivo principal tendo sido condensar e apresentar os aspectos destacados de uma grande massa de números em uma forma — geralmente quadros ou mapas — em que seu significado pudesse ser prontamente apreendido. Essa continuou sendo a espinha dorsal da estatística oficial, mas os aspectos metodológicos se arrastaram até o advento de computadores possantes. Estes permitiram que quantidades muito grandes de dados fossem manipuladas e tornaram possível pela primeira vez explorar o inter-relacionamento de muitas variáveis diferentes. Isso é hoje encarado, às vezes, como uma atividade distinta, chamada de análise de dados.

A segunda corrente principal da estatística moderna tem sua origem em problemas de jogos, de dados e outros, que deram origem à teoria da probabilidade no século XVII (ver também JOGOS, TEORIA DOS). Sua relevância para a interpretação de dados é que dá expressão formal à inevitável incerteza que acompanha qualquer tentativa de generalização. Um exemplo simples e familiar do que isso significa é fornecido pela pesquisa de opinião. Suponhamos que nos digam que uma pesquisa feita entre cerca de 1.500 pessoas mostra que 48%, digamos, dos pesquisados votariam pela volta do atual governo, caso houvesse uma eleição. Estamos sendo implicitamente convidados a acreditar que exatamente a mesma percentagem de toda a população de eleitores se comportaria como essa amostra. O propósito da estatística inferencial é fornecer um quadro dentro do qual essas generalizações possam ser feitas e justificadas. É o equivalente formal do jogo de dados e do sorteio de membros de uma amostra, o qual permite que a descrição matemática de um processo seja aplicado ao outro (ver também AMOSTRA SOCIAL).

O reconhecimento de que a teoria da probabilidade era a chave para a dedução ou inferência concretizou o elo entre a tradição descritiva e a inferência, transformando a primeira em um instrumento de inferência científica. Sir Ronald Fisher (1890-1962), talvez o maior estatístico de todos os tempos, exemplifica essa síntese. Ele pôde ampliar o trabalho dos que, como sir Francis Galton (1822-1911) e Karl Pearson (1857-1936), buscavam quantificar os processos biológicos da seleção natural e da hereditariedade, os quais haviam sido postos em destaque pela teoria evolucionista de Charles Darwin. Esse trabalho exerceu uma influência importante sobre o movimento de eugenia no entre-guerras.

A maior parte do século XX, no que se refere à estatística, foi tomada pela elaboração das implicações dessas idéias seminais, num âmbito de aplicações sempre em expansão. Uma mudança de ênfase, ligada especialmente a Abraham Wald (1902-50) e Jerzy Neyman (1894-1981), passou a encarar a inferência como uma questão de tomada de decisão diante da incerteza e buscou incorporar as conseqüências da ação a ser tomada na avaliação de estratégias de inferência. (Ver também DECISÃO, TEORIA DA.) L.J. Savage (1917-71), em seu *Foundations of Statistics*, mais uma vez mudou o campo, das probabilidades objetivas expressas como freqüências, para probabilidades pessoais vistas como guias para um comportamento coerente diante da incerteza. Seu trabalho foi descobrir inspiração em um teorema de Thomas Bayes (1702-61), ministro presbiteriano do século XVIII cujo nome hoje se dá a essa escola de inferência.

Se a introdução de idéias de probabilidade na estatística marcou a primeira revolução no tema, a segunda é inquestionavelmente o resultado do poder do computador. Este não se limitou simplesmente a permitir que conjuntos de dados muito mais amplos fossem manipulados mais rapidamente, mas tem exercido um efeito de longo alcance sobre que análise é feita e quem a faz. Permitiu que pesquisadores investigassem a interdependência de muitas variáveis e, daí, construíssem modelos mais realistas de fenômenos reais, especialmente nas ciências sociais. Hoje, quando bibliotecas de softwares de computação se encontram amplamente disponíveis, os pesquisadores podem executar suas próprias análises sem ter de recorrer aos conselhos de especialistas. Isso acabou sendo um benefício ambíguo, uma vez que não apenas leva a que se façam análises inadequadas como também estimula a proliferação de estudos mediocremente concebidos e um conseqüente desperdício de recursos escassos.

Muitos sistemas biológicos e sociais evoluem no tempo com um grau acentuado de acaso interno. Coisas como a mutação e a competição em populações de organismos, ou a livre escolha de indivíduos em questões como compras ou eleições, tornam a evolução desses sistemas uma questão altamente incerta. A teoria dos processos aleatórios foi desenvolvida para lidar com sistemas desse tipo e o fornecimento de métodos estatísticos para tais sistemas é uma das áreas mais difíceis e desafiadoras da pesquisa atual.

Apesar da ubiqüidade da incerteza e da variabilidade e do grau em que as idéias estatísticas impregnaram trabalhos científicos de todos os tipos, a influência do pensamento estatístico na cultura ocidental, de maneira mais geral, ainda é limitada. As escolas ensinam estatística elementar, mas em geral de uma forma técnica estreita que não consegue inculcar os modos de pensar necessários para a vida num mundo altamente incerto. O desejo de certeza e a crença profundamente enraizada em um modo determinístico de operação no mundo são difíceis de erradicar. Não obstante, já se pode discernir alguma mudança. É raro atualmente que alguém diga, como certa vez disse Malcolm Muggeridge, jornalista de TV, que é absurdo supor que as respostas de umas poucas centenas de pessoas possam dizer-nos o que milhões pensam. A experiência, se não a teoria, nos tem ensinado que existe um elo mensurável entre o que descobrimos numa amostra, feita de forma adequada, e a população da qual provém essa amostra. Os cientistas lamentam com freqüência que, embora os frutos da pesquisa científica estejam sendo desfrutados por toda parte, a maneira de pensar que lhes dá origem ainda é estranha para a vasta maioria — conforme demonstra a predominância da superstição e do interesse pelo oculto. Os estatísticos não estão numa situação melhor, e a sociedade é que mais se prejudica por não conseguir apreender e divulgar as percepções que a estatística proporciona.

Leitura sugerida: Clogg, C.C. 1992: "The impact of sociological methodology on statistical methodology". *Statistical Science* 7 • Federer, W.T. 1991: *Statistics and Society*, 2ªed. • Kotz, S., Johnson, N.L. e Read, C.B., orgs. 1988: *Encyclopedia of Statistical Sciences*, 9 vols. • Pearson, E.S, org. 1978: *The History of Statistics in the 17th and 18th Centuries* • Sprent, P. 1988: *Taking Risks: the Science of Uncertainty* o 1988: *Understanding Data* • Stigler, S.M. 1986: *The History of Statistics: the Measurement of Uncertainty before 1900*.

D.J. BARTHOLOMEU

estatística social Essas compilações de informação quantificada a respeito de pessoas, populações, propriedades e assim por diante têm origem muito recuada no tempo. Os aspectos de contagem e registro do mundo social começaram na Antigüidade e existem exemplos notáveis através da história. Na Idade Média havia o Domesday Book, um catálogo da propriedade de terras na Inglaterra feito para fins de impostos por ordem de Guilherme, o Conquistador, em 1086. No século XVI a estatística demográfica, descrevendo batismos e enterros, começou a ser registrada nas igrejas paroquiais da Grã-Bretanha e da França. No início do século XVII a difusão do capitalismo mercantil favoreceu a pesquisa empírica sistemática e estimulou a reunião de fatos demográficos e econômicos a fim de informar programas governamentais, por exemplo, determinando recursos humanos e materiais disponíveis para as forças militares e avaliando os custos do auxílio aos pobres. No início do século XIX na Grã-Bretanha e na França, e no final desse mesmo século na Alemanha e na América do Norte, o advento do capitalismo industrial fez brotar um interesse renovado na coleta sistemática de estatísticas econômicas e demográficas a fim de orientar as políticas de governo. Foram estabelecidas agências governamentais centralizadas para coordenar a coleta do que hoje é conhecido como estatística oficial. Por exemplo, o General Register Office, para o registro civil de estatísticas demográficas, foi criado em Londres em 1836 (Nissel, 1987). (É hoje conhecido como Office of Population Censuses and Surveys, OPCS.) Outros países ocidentais instituíram agências semelhantes durante o século XIX, e os censos nacionais por decênios tiveram início mais ou menos no mesmo período.

Além dos registros do estado, a estatística social pode ser coletada por meio de uma AMOSTRA SOCIAL. Essas amostras foram muitas vezes os instrumentos dos reformadores sociais. Por exemplo, a burguesia do século XIX, em diversos países, preocupada com o destino da recém-urbanizada classe operária industrial e com sua própria posição na sociedade, formou sociedades estatísticas. Seus propósitos eram organizar amostragens em grande escala e publicar periódicos eruditos em apoio às reformas que, acreditavam, estabilizariam a sociedade. Uma segunda fase de amostras sociais patrocinadas pelo setor privado teve início na Inglaterra durante a depressão econômica do final do século XIX, com o fim de documentar os níveis de pobreza entre os habitantes das cidades. A amostragem feita por Charles Booth dos pobres de Londres na virada do século é de todas essas a mais conhecida (Booth, 1892-97). A ela se seguiram muitas mais que se foram tornando pouco a pouco tecnicamente mais sofisticadas tanto no uso de amostragens quanto de ESTATÍSTICA inferencial, a fim de generalizar os resultados para as populações mais amplas das quais eram tiradas as amostragens, bem como no uso de técnicas multivariadas para determinar as magnitudes das relações entre os fatores investigados, como a influência de idade e sexo sobre o voto. Na Grã-Bretanha, o estado também começou a realizar amostras sociais de amplo alcance, com o que é hoje a Social Survey Division da OPCS surgindo da Amostra Social de Guerra estabelecida durante a Primeira Guerra Mundial.

As críticas à estatística social são de dois tipos. Primeiro, críticas técnicas sobre a qualidade dos dados registrados e o modo com que estes são apresentados. Por exemplo, a mensuração da renda das pessoas deveria basear-se em suas declarações para o imposto, quando se sabe que existe uma substancial economia paralela de ganhos não-declarados, e deveria a média de renda ser apresentada utilizando-se o modo ou a média?

Segundo, há críticas dizendo que um status espúrio, científico ou objetivo, é atribuído à estatística social simplesmente porque se trata de números (Irvine, Miles e Evans, 1979). Essas críticas afirmam que, só porque a estatística social é quantitativa, não se deve esquecer que é um produto, sendo influenciada pelos métodos de produção e pelos interesses dos que a produzem, tal como qualquer outra criação social. A informação numérica não é mais neutra nem livre da opinião política do que as explicações mais qualitativas do mundo social.

A lição a se tirar dessas críticas é que é fácil mentir com estatísticas sociais (Huff, 1954), e elas devem portanto ser avaliadas com cautela, perguntando-se como os aspectos do mundo social que elas registram foram definidos e medidos.

Leitura sugerida: Abrams, P. 1968: *The Origins of British Sociology* • Bulmer, M., org. 1985: *Essays on the History of British Sociological Research* • Lazarsfeld, P.F. 1961: "Notes on the history of quantification in sociology: trends, sources and problems". *Isis* 52, 277-333 • Oberschall, A, org. 1972: *The Establishment of Empirical Sociology: Studies in Continuity, Discontinuity and Institutionalization* • Shaw, M. e Miles, I. 1979: "The social roots of statistical knowledge". In *Demystifying Social Statistics*, org. por J. Irvine, I. Miles e J. Evans • Slattery, M. 1986: *Official Statistics*.

PETER HALFPENNY

estereótipo Ver ROTULAÇÃO.

estética Em seu sentido moderno, a estética é mais freqüentemente compreendida como uma disciplina filosófica que é uma filosofia dos fenômenos estéticos (objetos, qualidade, experiências e valores), uma filosofia da arte (da criatividade, da obra de arte e da sua percepção), uma filosofia da crítica da arte tomada de maneira ampla (metacrítica) ou, por fim, uma disciplina que tem uma preocupação filosófica com todas essas três esferas conjuntamente.

A reflexão estética é muito mais antiga do que a expressão em si mesma. A história da estética ocidental começa geralmente com Platão, cujos textos contêm uma reflexão sistemática sobre a arte e uma teoria especulativa sobre o belo. Nem Platão nem seu grande discípulo Aristóteles, porém, trataram conjuntamente desses dois grandes temas da estética.

A palavra "estética" foi introduzida na filosofia apenas em meados do século XVIII por um filósofo alemão, Alexander Gottlieb Baumgarten (1714-62). Discípulo de Christian Wolff (1679-1754), seguidor de Leibniz, Baumgarten concluiu que o sistema de disciplinas filosóficas estava incompleto e exigia uma ciência paralela à lógica, a qual era uma ciência de cognição clara e organizada atingida pelo intelecto. A nova ciência deveria ser a estética, uma ciência da cognição clara e confusa, realizada pelos sentidos. Esse ponto de vista foi expresso pela primeira vez por Baumgarten em sua tese *Meditationes philosophicae de nonnulis ad poema pertinentibus* (de 1735) e, de forma conclusiva, 15 anos depois, em sua *Aesthetica*.

Contrariando as expectativas que a palavra *aesthetica* poderia indicar (do grego *aistheticos* = perceptivo), essa obra não se ocupava da teoria da cognição sensorial, tratando em vez disso da teoria da poesia (e, indiretamente, de todas as artes) como uma forma de cognição sensorial para a qual o principal objeto da percepção é o belo. A combinação das duas — a reflexão sobre a arte e a reflexão sobre o belo — definiu o posterior desenvolvimento desse recém-surgido ramo da filosofia, mas isso acabou se tornando a fonte tanto de suas realizações quanto de suas incessantes dificuldades teóricas e metodológicas. Sem dúvida foi um acontecimento de significação histórica, marcando o início de um novo período no desenvolvimento da filosofia da arte, em particular por ter coincidido com a conclusão da antiga busca pelo denominador comum de todas as artes, alcançada por um teórico da arte francês, Charles Batteux, em seu *Traité des beaux arts réduit à un même principe* (em 1746). Batteux reconheceu o aspecto comum das artes e a beleza própria a todas elas que, portanto, podiam ser chamadas de *beaux arts* (belas-artes).

O nome estética levou algum tempo para ser aceito. Immanuel Kant (1724-1804) começou com uma crítica a Baumgarten por sua falta de consistência e, na sua *Crítica da razão pura* (de 1781 e 1787), utilizou a expressão "estética transcendental", significando uma ciência filosófica da percepção sensorial. No entanto, em sua *Crítica do juízo* (de 1790), ele utilizou a palavra estética para definir a reflexão sobre beleza e juízos de GOSTO. O significado tradicional de estética tornou-se popular no século XIX pela influência de Hegel (1770-1831), cujas palestras sobre a filosofia das belas-artes, em 1820-9, foram publicadas postumamente como *Vorlesungen über die Ästhetik* (em 1835).

Kant, Schelling e Hegel foram os primeiros filósofos de destaque para os quais a estética constituía uma parte inerente de seus sistemas filosóficos. Para Kant, estética era antes de tudo a teoria do belo, do sublime e dos juízos estéticos. Para Hegel, estética era principalmente a filosofia das belas-artes. Os dois modelos de plasmar a estética, ou como uma filosofia do belo (mais tarde dos valores estéticos) e da experiência estética, ou como uma filosofia da arte, tornaram-se predominantes na estética do século XIX e do início do século XX. O mais freqüente era as duas variantes serem reunidas, sendo os resultados bastante diversificados.

No decorrer dos anos, porém, a idéia da estética como filosofia da arte pareceu tornar-se mais popular. No século XIX houve a primeira tentativa de se ir além da filosofia nas considerações estéticas e criar uma estética científica. Em seu *Vorschule der Aesthetik*, de 1876, o psicólogo alemão Gustav Theodor Fechner tentou criar uma estética experimental sobre a base da psicologia, e o século XX também testemunhou uma tentativa de se criar uma estética psicológica pelos representantes da psicologia da Gestalt (Rudolf Arnheim e Leonard Meyer) e da psicologia profunda (Ernst Kris e Simon Lesser). Entre outras evoluções, incluíram-se a estética matemática (George Birkhoff e Max Bense), a estética da informática (Abraham Moles), a estética semiótica e semiológica (Charles Morris, Umberto Eco, Yuri Lotman) e a estética sociológica (J.M. Guyau, P. Francastel, Pierre Bourdieu, Janet Wolff). No domínio filosófico, o projeto de criar uma estética científica foi introduzido por Etienne Souriau e Thomas Munro. A estética, porém, não deixou de ser um ramo da filosofia.

Desde a virada do século tem havido um interesse crescente nas dificuldades metodológicas da estética, a qual começou a levar em conta dúvidas e argumentos dirigidos contra seu status científico e o próprio sentido de se criarem teorias estéticas. Nesse ponto, são de relevância particular as idéias ainda populares de Max Dessoir (1906) e Emil Utitz (1914-20). Esses pensadores introduziram uma distinção entre estética e uma ciência geral da arte, enfatizando que as duas disciplinas se cruzam, mas não se sobrepõem: as funções da arte não podem ser reduzidas a funções estéticas apenas, enquanto que os méritos estéticos podem ser encontrados em objetos que não são absolutamente obras de arte, tais como fenômenos naturais e produtos extra-artísticos feitos pelo homem. Eles afirmam também que a ciência geral da arte difere metodologicamente da estética e deveria evoluir para um ramo independente, fora da filosofia. A estética também deveria ultrapassar as fronteiras da filosofia e utilizar bem mais os resultados produzidos por outras ciências, em particular a psicologia e a sociologia (ver também SOCIOLOGIA DA ARTE).

O primeiro esteta que não apenas sistematizou as objeções contra a estética, mas também tentou superá-las, foi Edward Bullough em suas palestras de 1907 sobre "*a concepção moderna de estética*" (in Bullough, 1957). Ele organizou as objeções levantadas contra a estética em dois grupos: populares e teóricas, ambos os tipos sendo redutíveis às afirmativas de que:

1. As tentativas de se criar uma teoria de fenômenos tão específicos, relativos, subjetivos e mutáveis quanto beleza, efeitos estéticos e o prazer e desprazer a eles relacionados, são fúteis. Esses fenômenos não podem ser racionalizados e verbalizados, só podem ser vivenciados.

2. As definições de belo e outros fenômenos estéticos são excessivamente abstratas e gerais e, assim, completamente inúteis e praticamente desnecessárias. Não ajudam ninguém a desfrutar da beleza e da arte.
3. Tanto os artistas quanto os entusiastas da arte ficam preocupados e aborrecidos com o fato de regras de criação e percepção serem definidas e impostas aos artistas e ao público, e ainda por cima apresentadas com um pedantismo absurdo e insolente.

A obra de Bullough foi a primeira autocrítica que resumiu as efetivas dificuldades metodológicas internas da estética e as objeções vindas de fora, as quais, embora nem sempre plenamente justificadas, não deixavam de ter alguma razão.

Segundo Stefan Morawski (1987), a obra de Bullough deu início ao terceiro período na história da estética, o período de autoconhecimento crítico do seu status de pesquisa e do desenvolvimento da sua auto-reflexão metodológica. Esse processo atingiu o auge em 1954, com a publicação da famosa antologia de W. Elton, *Aesthetics and Language*, e dos igualmente famosos ensaios de M. Weitz, "The role of theory in aesthetics" (1956), e de W.E. Kennick, "Does traditional aesthetics rest on a mistake?" (1958), que continuaram e desenvolveram as idéias lançadas na coletânea de Elton. Essas três obras foram, por sua vez, inspiradas pelas idéias de Wittgenstein em *Investigações filosóficas* (1953), e criticavam a estética filosófica tradicional, de maneira penetrante e profunda, por sua falta de precisão lingüística, vacilação conceitual e pressupostos teóricos e metodológicos errôneos, que ficavam mais evidentes nas tentativas fracassadas de criar uma teoria filosófica da arte. Pressupostos errôneos levavam naturalmente ao fracasso das teorias filosóficas da arte até então propostas.

O primeiro pressuposto errôneo identificado foi a alegação essencialista de que a arte possui uma natureza universal, ou uma essência absoluta, que é tarefa da estética entender e definir. A arte, afirmava-se agora, é um fenômeno incessantemente mutável, ao qual falta uma essência universal, e as noções de "arte", "obra de arte", "experiência estética" e assim por diante são, portanto, conceitos abertos (Weitz, 1959), que não podem ser definidos. Em segundo lugar, os representantes da estética tradicional deixaram escapar uma outra verdade básica, de que toda obra de arte é valorizada em seu caráter único e por sua originalidade irrepetível, não havendo lugar, portanto, para nenhuma regra geral de criação e avaliação de tal obra. Os estetas, porém, foram persistentes nas suas tentativas de descobrir ou de estabelecer essas regras gerais, ainda que qualquer generalização a respeito de arte seja dúbia e injustificada. Os argumentos dos estetas eram análogos aos da ética, mas qualquer analogia demonstrava ser enganosa. Na ética, as generalizações são possíveis e necessárias, enquanto que na estética a situação é bem diversa. "Quando, em estética, se passa do particular para o geral, o que se está fazendo é viajar na direção errada" (S. Hampshire in Elton, 1954). Em terceiro lugar, a estética seguiu a filosofia no pressuposto errôneo de que os fatos podem ser desvendados e interpretados, enquanto que, na verdade, sua tarefa adequada não é desvendar os fatos, mas esclarecer os significados das palavras. Palavras, conceitos e expressões são usados de inúmeras maneiras, nem sempre apropriadas. Uma solução de problemas filosóficos consiste em reconhecer como certas palavras são usadas apropriadamente. O problema básico da estética não é responder à pergunta "O que é a arte?", mas "Que tipo de conceito é 'arte'?" (Weitz).

A crítica da estética pela filosofia analítica, porém, não resultou na morte da estética nem numa vitória duradoura do minimalismo cognitivo ou no abandono de novas tentativas de criar uma teoria da arte. Seria possível até defender o ponto de vista de que a crítica antiessencialista da estética resultou em sua recuperação e retomada de interesse nos anos 70 e 80. Ao mesmo tempo, porém, a estética continuou a ser criticada de fora e os estetas continuaram com sua auto-reflexão metodológica, o que em parte respondia à crítica externa e em parte resultava das necessidades inerentes da estética. Não obstante, os estetas rejeitaram todas as objeções básicas articuladas pelos filósofos analíticos. A estética deve e na verdade pode ser praticada com maior precisão lógica e lingüística, mas ao mesmo tempo não pode ser reduzida à análise de conceitos e dos modos como estes são usados. Nesse respeito, a situação da estética não diverge substancialmente da de outros ramos das humanidades. É um equívoco aplicar à estética as exigências aplicadas à ciência ou à matemática. Além disso, mesmo nas ciências naturais não existe nenhum paradigma único e universal de exatidão científica.

É preciso dar-se conta de que quaisquer generalizações com respeito a fenômenos tão diversos e mutáveis quanto a arte e a experiência estética são muito arriscadas, mas não há necessidade de abandonar por completo essas generalizações. Evitar definições essencialistas e anti-históricas da estética tradicional não significa abandonar as tentativas de criar uma teoria da arte e dos fenômenos estéticos. Considerações normativas que ameaçam a liberdade de criação e que são notoriamente atribuídas à estética não são de forma alguma características da estética, ocorrendo com muito maior freqüência na crítica da arte. É verdade, porém, que a maioria das teorias estéticas efetivamente contém elementos de avaliação. Também aí, porém, os aspectos axiológicos são típicos de qualquer disciplina e formam uma parte orgânica da cognição; não podem nem devem ser eliminados da ciência. Ao mesmo tempo é possível criar teorias da arte puramente descritivas (Dickie, 1971).

Ao rejeitar a crítica abrangente da estética por parte dos filósofos analíticos, os próprios estetas periodicamente tomam nota de críticas e reservas dirigidas contra sua disciplina e expressam suas próprias dúvidas quanto a seu status de pesquisa. Na maioria dos casos, porém, eles defendem seu valor, embora alguns prefiram buscá-lo de uma forma total ou parcialmente modificada. Vale a pena destacar pelo menos três tentativas de equilibrar os argumentos pró e contra apresentados pelos próprios estetas nas três últimas décadas.

A primeira foi feita em 1960 por Jerome Stolnitz em *Aesthetics and Philosophy of Art Criticism* (p.7-19). A segunda, por Stefan Morawski em duas obras publicadas em polonês (1973, 1987). As conclusões de Morawski, porém, divergem nas duas obras; na primeira, ele defende a relevância da estética, enquanto na outra abandona essa defesa e afirma que ela hoje se encontra em declínio. O terceiro autor que relacionou as objeções levantadas e defendeu a estética contra elas é Göran Hermeren, que dedicou o último capítulo de seu *Aspects of Aesthetics* (1983, p.224-60) a essa questão.

Um número considerável de dúvidas e reservas a respeito da estética se repete. Existem também novas críticas surgidas no decorrer do desenvolvimento da cultura moderna e em particular da arte de vanguarda, da cultura de massa e da comunicação de massa. A crítica recente tem dois aspectos principais. Em primeiro lugar, as reservas maiores ainda dizem respeito ao status da estética como campo de pesquisa. Os críticos afirmam que a estética é cognitivamente fútil, anacrônica e inadequada, e seus métodos antiquados e baseados em princípios metodológicos inadequados. Conseqüentemente, mesmo que tenha feito algum sentido no passado, a estética parece ser completamente impotente diante das mais recentes manifestações de vanguarda na arte e dos fenômenos mais significativos de cultura de massa. Ela então os ignora (uma atitude desqualificante), ou tenta descrevê-los, interpretá-los e avaliá-los usando seus métodos e categorias tradicionais e absolutamente irrelevantes, o que leva a seu fracasso e humilhação.

Esse modo de crítica pode ser encontrado nos ensaios de T. Binkley, em *The Art of Time* (1969), de Michael Kirby, e nas obras mais recentes de Stefan Morawski. Kirby afirma que a estética filosófica tradicional deveria ser deixada de lado em favor de uma estética histórica ou situacional. Binkley alega que a estética poderia sobreviver se reduzisse o âmbito de seus interesses a uma reflexão sobre os fenômenos estéticos e abandonasse a criação de teorias da arte, uma vez que a estética não pode explicar a arte de vanguarda, a qual, como tal, rejeita o paradigma estético de arte, caso continue presumindo que a natureza da arte é estética. Morawski afirma que a estética está em declínio não somente devido à arte de vanguarda, mas também porque a arte "perdeu parte da sua relevância e a continuação de sua existência está ameaçada". A estética, então, deveria dar lugar ou a uma "poiética", como a teoria da criatividade, ou à antiestética, compreendida em termos de "uma reflexão crítica sobre a crise da cultura e da arte do nosso tempo" (1987, p.77). Não é a metodologia a responsável pelo declínio da estética; é a desintegração do seu principal objeto: a arte.

A estética, porém, é criticada não apenas por sua impotência diante da arte de vanguarda, mas também devido às atitudes *a*-históricas, às "aspirações à totalidade" (Werckmeister,

1971), ao essencialismo e à criação de regras abstratas, independente do fato de que a "arte é uma síndrome dinâmica" (Adorno, 1984) e de que a própria arte e sua percepção são produzidas por um processo histórico (Bourdieu, 1979). Se a estética quer sobreviver, tem de se transformar e tornar-se uma estética dialética (Adorno) ou uma estética sociológica (Bourdieu).

O outro tipo de argumento contra a estética consiste em afirmar que ninguém precisa realmente dela. A estética não ajuda os receptores comuns da arte moderna a encontrarem seu caminho no caos dos fenômenos artísticos mais recentes. Alguém que tenha um interesse sério em estética faria melhor reportando-se a obras sobre a história e a teoria de esferas particulares da arte, ou sobre a psicologia da arte, a sociologia da arte, a filosofia da CULTURA, a teoria da comunicação de massa, a semiótica e assim por diante.

É difícil prever o futuro da estética. As teses a respeito de sua morte ou declínio, porém, são tão frágeis quanto as teses sobre a morte ou o declínio da arte. Mas a estética tem de mudar, levando em conta as transformações do seu objeto e as realizações de outras disciplinas preocupadas com a arte e com os fenômenos estéticos. Talvez se devesse retornar à idéia de duas disciplinas, na veia de Dessoir e Utitz: a filosofia da arte e a filosofia dos valores e experiências estéticos. Não há dúvida, porém, de que o desenvolvimento da psicologia, da sociologia, da semiótica e de outras disciplinas que se ocupam da arte não erradica os problemas estritamente filosóficos (axiológicos, metodológicos, cognitivos e ontológicos) da arte e dos fenômenos estéticos. Essa é a inquestionável *raison d'être* da estética.

Ver também FILOSOFIA DA LINGUAGEM; MODERNISMO E PÓS-MODERNISMO.

Leitura sugerida: Adorno, Theodor W. 1984: *Aesthetics Theory* • Barrett, Cyril, org. 1965: *Collected Papers on Aesthetics* • Beardsley, Monroe 1958: *Aesthetics: Problems in the Philosophy of Criticism* • Elton, William, org. 1954: *Aesthetics and Language* • Ingarden, Roman 1985: *Selected Papers in Aesthetics* • Margolis, Joseph, org. 1987: *Philosophy Looks at the Arts* • Shusterman, Richard, org. 1989: *Analytic Aesthetics* • Sparshott, Francis 1963: *The Structure of Aesthetics* • Tatarkiewicz, W. 1970-4: *History of Aesthetics*, 3 vols. • Werckmeister, Otto 1971: *Ende der Ästhetik* • Wolff, Janet 1983: *Aesthetics and the Sociology of Art*.

BOHDAN DZIEMIDOK

estratégicos, estudos Dedicados ao papel do poder militar na política internacional, os estudos estratégicos podem concentrar-se em microquestões relacionadas ao desenvolvimento das forças armadas, sua escolha e obtenção de equipamento, e também em macroquestões, tais como a eficiência do poder militar, em comparação com os meios econômicos e diplomáticos, na consecução dos objetivos dos estados. A ênfase principal é na distribuição e emprego de meios militares para alcançar os fins da política. Isso inclui a dissuasão da guerra, o reforço de alianças e o envolvimento em negociações de controle armamentista, tanto quanto a condução da guerra. O que implica examinar não apenas que atividades militares poderiam apoiar naturalmente objetivos particulares, mas também como os fins podem precisar ser alterados para estar de acordo com os meios militares disponíveis, além de examinar as conseqüências inesperadas.

Os estudos estratégicos têm um caráter interdisciplinar e, no período do pós-guerra, se beneficiaram das contribuições tanto da economia quanto da engenharia, bem como das contribuições mais previsíveis da história e da política. Têm também um caráter inevitavelmente aplicado, no sentido de que grande parte, ainda que não a totalidade, do trabalho nesse campo tenha sido realizada de forma deliberada para influenciar ou apoiar políticas nacionais.

O ponto de partida intelectual para a maior parte do pensamento sobre estratégia é a obra clássica de Carl von Clausewitz, *Sobre a guerra*, que enfatizava a importância de se encarar a guerra como uma continuação da política. Desde então muitos o seguiram na tentativa de desenvolver uma teoria sistemática que servisse de apoio ao desenvolvimento da estratégia na prática. No século XX um teórico predominante foi Basil Liddell Hart. Até a era nuclear, houve pouco trabalho erudito nessa área. O desafio colocado aos conceitos tradicionais de poder militar com o advento de meios de destruição maciça, numa época de grave antagonismo Leste–Oeste, acabou sendo um estímulo ao desenvolvimento intelectual da teoria estratégica. Grande parte disso se realizou nos Estados Unidos, incluindo o trabalho em *think tanks* como a Rand Corporation; houve trabalhos no International Institute of Strategic Studies, na Grã-Bretanha, e também estudos importantes por parte de eruditos isolados, entre eles Raymond Aron (1962).

Considerada a necessidade de se evitar a catástrofe de uma guerra total, "dissuasão" tornou-se o conceito crítico. As teorias sobre dissuasão abordaram questões tais como se seria possível dissuadir através da mera ameaça de que um conflito pudesse fugir completamente ao controle, através do fenômeno da "escalada", ou se quaisquer ameaças visando à dissuasão deveriam ser secundadas por opções militares verossímeis, e ainda, se fosse esse o caso, se ataques nucleares punitivos poderiam de alguma forma ser factíveis se o inimigo tivesse a capacidade de retaliar à altura. A análise dessas questões inicialmente fez uso substancial de metodologias como a TEORIA DOS JOGOS. Os anos mais recentes têm testemunhado uma ênfase maior na análise política, à medida que foi ficando mais patente que não existem remédios técnicos para os dilemas básicos da dissuasão nuclear e que os levantes nos antigos países do Pacto de Varsóvia, na Europa Oriental, alteraram as questões básicas da segurança européia.

Os conceitos inicialmente desenvolvidos para a consideração da estratégia nuclear também foram aplicados à estratégia convencional. Isso não teve pleno sucesso, na medida em que os conflitos em questão tenderam a ser muito mais complexos do que se supunha na esfera nuclear. Há também uma tradição vigorosa e distinta de teorização sobre a guerra de GUERRILHA, incluindo o estudo de figuras como T.E. Lawrence e Mao Tsé-tung.

Ver também GUERRA.

Leitura sugerida: Aron, Raymond 1962: *Paix et guerre entre les nations* • Baylis, John et al. 1987: *Contemporary Strategy*, 2 vols. • Clausewitz, Carl von 1832 (*1976*): *On War* • Freedman, Lawrence 1989: *The Evolution of Nuclear Strategy*, 2ªed. • Liddell Hart, B.H. 1967: *Strategy: The Indirect Approach* • Paret, Peter, org. 1986: *Makers of Modern Strategy: from Machiavelli to the Nuclear Age.*

LAWRENCE FREEDMAN

estratificação social Em todas as sociedades complexas, o suprimento total de recursos valorizados é distribuído desigualmente, com os indivíduos ou famílias mais privilegiados desfrutando de um volume desproporcional de propriedade, poder ou prestígio. Embora fosse possível construir uma exaustiva ordenação graduada dos indivíduos com base no controle que têm sobre esses recursos, a abordagem escolhida pela maioria dos estudiosos é identificar um conjunto de "classes sociais", ou "estratos sociais", que reflita as divisões mais importantes da população. A função da pesquisa de estratificação é especificar a forma e os contornos desses grupamentos sociais, descrever os processos através dos quais se faz a alocação dos indivíduos em diferentes resultados sociais (ver MOBILIDADE SOCIAL) e revelar os mecanismos institucionais por meio dos quais são geradas e mantidas as desigualdades sociais.

Formas de estratificação

Tornou-se convencional entre os teóricos contemporâneos estabelecer uma diferenciação entre os "sistemas de classe" modernos e as "posições", ou "castas", originalmente encontradas em sociedades agrícolas adiantadas (ver Mayer e Buckley, 1970; Svalastoga, 1965). Neste verbete, o quadro apresentado adiante define essas formas de estratificação em termos de suas vantagens fundamentais (coluna 1), de seus grupamentos sociais mais importantes (coluna 2) e da estrutura de suas oportunidades de mobilidade (coluna 3). Deve-se ter sempre em mente, é claro, que os sistemas acima serão mais bem encarados como "tipos ideais" do que como descrições de sociedades existentes (Weber, 1921-22). De fato, os sistemas de estratificação das sociedades humanas são complexos e multidimensionais, no mínimo porque as formas institucionais de seu passado tendem a "sobreviver" em conjunção com formas novas e emergentes (ver Wright, 1985, para uma tipologia relacionada; ver também Lenski, 1966; Runciman, 1974).

A primeira linha do quadro relaciona alguns dos princípios básicos subjacentes às castas étnicas (ver CASTA). Como se indica na coluna 1, as castas da Índia podem ser classificadas de acordo com um *continuum* de pureza étnica, ficando as posições mais elevadas dentro do sistema reservadas às castas que proíbem atividades ou comportamentos considerados "conspurcadores" (tais como comer carne ou varrer ruas). Em sua forma típica-ideal, um sistema de castas *não* dá espaço a qualquer tipo de mobilidade individual (ver linha 1, coluna 3); a criança recém-nascida recebe em caráter permanente a filiação de casta de seus pais. Embora um sistema de castas desse tipo seja visto geralmente como o "caso limite" de estratificação, é preciso observar que os sistemas feudais (ver FEUDALISMO) também se baseiam em um rígido sistema de grupos quase hereditários (ver linha 2, coluna 3). O aspecto distintivo do feudalismo é a instituição da servidão pessoal (Bloch, 1940); isto é, os servos eram obrigados a viver em uma propriedade feudal e a pagar aluguéis de vários tipos (por exemplo, a "corvéia"), uma vez que o senhor feudal detinha os direitos legais à sua força de trabalho. Se um servo fugia para a cidade, isso não passava de uma forma de roubo; o servo estava roubando uma porção de força de trabalho que pertencia a seu senhor (Wright, 1985, p.78). Seria possível dizer, então, que a "força de trabalho" era uma das vantagens principais em um sistema feudal (ver linha 2, coluna 1).

A evolução de maior impacto da era moderna foi o surgimento das ideologias igualitárias (ver linha 3). Isso pode ser observado, por exemplo, nas revoluções dos séculos XVIII e XIX, em que os ideais da Ilustração foram dirigidos contra os privilégios hierárquicos e o poder político da aristocracia. No final, essas lutas eliminaram os últimos resíduos de privilégio feudal, mas também tornaram possível o surgimento de nova formas de desigualdade e estratificação. Costuma-se afirmar que no primeiro período industrial se desenvolveu um "sistema de classes", sendo os estratos principais desse sistema definidos em termos predominantemente econômicos. Existe, é claro, uma controvérsia considerável quanto aos contornos e fronteiras dessas classes econômicas (ver adiante). Conforme indicado na linha 3, um modelo simples ao estilo de Marx poderia concentrar-se na divisão entre capitalistas e operários, enquanto outros modelos representam a estrutura de classes como uma gradação contínua de "riqueza e renda monetárias" (Mayer e Buckley, 1970, p.15). A questão importante, porém, é que essas posições em um sistema de classes são distribuídas de maneira *formalmente* competitiva (ver linha 3, coluna 3). Embora os resultados de levantamentos contemporâneos indiquem que as profissões são freqüentemente "passadas adiante" de pais para filhos (Goldthorpe, 1980), isso reflete a operação de mecanismos indiretos de herança (socialização, treinamento no trabalho e assim por diante), em vez de sanções legais que proíbam diretamente a mobilidade.

Fontes de estratificação

O anteriormente esboçado deixa claro que surgiu, no decorrer da história humana, toda uma série de sistemas de estratificação. Naturalmente, então, a questão que se coloca é se alguma forma de estratificação seria uma característica inevitável das sociedades humanas. Ao abordar essa questão, é útil começar com a análise funcional de Davis e Moore (1945), uma vez que nela vamos encontrar um esforço explícito para compreender "a necessidade universal que provoca estratificação em qualquer sistema social" (p.242; ver também Davis, 1953; Moore, 1963). O ponto de partida para essa abordagem é a premissa de que todas as sociedades devem criar alguns meios de motivar seus trabalhadores mais competentes a preencher as funções mais difíceis e importantes. Esse "problema de motivação" pode ser abordado em toda uma variedade de formas, mas a solução mais simples é criar uma hierarquia de recompensas (tais como prestígio, propriedade, poder) que privilegie os encarregados de tarefas funcionalmente importantes. Conforme observado por Davis e Moore (1945, p.243), isso representa estabelecer um sistema de desigualdade institucionalizada (um "sistema de estratificação"), com a estrutura de tarefas servindo como um conduto através do qual se distribuem recompensas e privilégios. Segue-se que o sistema de estratificação pode ser encarado como um "mecanismo que evoluiu inconscientemente e por meio do qual as sociedades garantem que as posições importantes sejam conscientemente preenchidas pelos indivíduos mais qualificados" (ibid.).

Vantagens maiores, estratos principais e processo de mobilidade para três formas de estratificação social

Sistema de estratificação	Vantagens maiores (1)	Estratos principais (2)	Processo de mobilidade (3)
1 Sistema de castas	Pureza étnica	Castas	Hereditário
2 Sistema feudal	Terra e força de trabalho	Reis, senhores e servos	Hereditário
3 Sistema de classes	Meios de produção	Capitalistas e operários	Competitivo

Essa abordagem tem sido criticada por negligenciar o "elemento de poder" nos sistemas de estratificação (Wrong, 1959, p.774; ver também Huaco, 1966, para uma recensão abrangente). Há muito se afirma que Davis e Moore deixaram "de observar que (...) os encarregados [de tarefas funcionalmente importantes] têm o poder não apenas de insistir no pagamento de recompensas esperadas, como também de exigir recompensas ainda maiores" (Wrong, 1959, p.774; ver também Dahrendorf, 1957). Nesse particular, o sistema de estratificação pode ser encarado como auto-reprodutor: os trabalhadores em funções importantes podem utilizar seu poder para influenciar a distribuição de recursos e preservar ou ampliar seus próprios privilégios. Seria difícil, por exemplo, explicar plenamente as vantagens dos senhores feudais sem referência à sua possibilidade de *fazer valer* suas pretensões por meio de sanções morais, jurídicas ou econômicas. De acordo com essa linha de raciocínio, a distribuição de recompensas reflete não apenas as "necessidades latentes" da sociedade mais ampla como também o equilíbrio de poder entre grupos rivais e seus membros (Collins, 1975).

A estrutura da estratificação moderna

A história recente da teorização sobre estratificação é em grande parte uma história de debates sobre os contornos da desigualdade em sociedades industriais avançadas. Embora esses debates venham sendo travados numa ampla variedade de frentes, para os nossos objetivos bastará distinguir entre modelos "marxistas" e "weberianos" de desigualdade. É provavelmente justo dizer que a maioria dos teóricos contemporâneos tem suas raízes intelectuais em alguma combinação dessas duas tradições.

Marxistas e neomarxistas Os debates nos campos marxista e neomarxista têm sido especialmente acirrados, não apenas porque freqüentemente se encontram embutidos em disputas políticas mais amplas, mas também porque a discussão de classe em *O capital* (Marx, 1894) revela-se fragmentária e assistemática. No final do terceiro volume de *O capital* vamos encontrar o hoje famoso fragmento sobre "as classes" (Marx, 1894, p.885-6), mas este é interrompido exatamente no ponto em que Marx parecia pronto a propor uma definição formal da expressão. Fica claro, não obstante, que seu modelo abstrato de capitalismo era decididamente dicotômico, com o conflito entre capitalistas e operários constituindo a força motriz por trás de novos desenvolvimentos sociais. O modelo simples de duas classes pretendia captar as "tendências de desenvolvimento" do capitalismo; no entanto, sempre que Marx efetuava uma análise concreta dos sistemas capitalistas existentes, reconhecia que a estrutura de classes era complicada pela persistência de classes transicionais (como os senhores de terras), grupamentos formando quase classes (camponeses) e fragmentos de classe (o "lumpemproletariado"). Era somente com o progressivo amadurecimento do capitalismo que Marx esperava que essas complicações desaparecessem, à medida que as "forças centrífugas da crise e da luta de classes lançassem todas as *dritte Personen* em um ou outro campo" (Parkin, 1979, p.16).

A história recente do capitalismo moderno indica que a estrutura de classes não evoluirá de maneira tão precisa e metódica. A velha classe média de artesãos e lojistas decresceu em tamanho relativo, é claro, mas ao mesmo tempo uma "nova classe média" de administradores, profissionais liberais e trabalhadores não-manuais se expandiu, ocupando o espaço recém-vago. Os últimos 50 anos de teorização neomarxista podem ser encarados como a "debandada intelectual" dessa evolução, com alguns comentaristas buscando minimizar suas implicações e outros propondo uma revisão do mapeamento da estrutura de classes que acomode a nova classe média em termos explícitos. No primeiro campo, a tendência principal é alegar que os setores inferiores da nova classe média se encontram num processo de proletarização, uma vez que "o capital sujeita [os trabalhadores não-manuais] às formas de racionalização características do modo de produção capitalista" (Braverman, 1974, p.408). Essa linha de raciocínio indica que a classe operária pode gradualmente expandir-se em tamanho numérico e com isso reconquistar seu antigo poder. Na outra extremidade, Poulantzas (1974) afirmou que a maioria dos membros do novo estrato intermediário se enquadra *fora* da classe operária propriamente dita, uma vez que está envolvida em "trabalho improdutivo" de vários tipos (ver Wright, 1985, para um levantamento abrangente dessas posições).

Weberianos e neoweberianos A ascensão da "nova classe média" revela-se menos problemática para os estudiosos que trabalham dentro de uma perspectiva weberiana. De fato, o modelo de classe proposto por Weber sugere uma *multiplicidade* de divisões de classe, pois equipara a classe econômica dos operários a sua "situação de mercado" (Weber, 1921-2, p.926-40). Esse modelo implica que os ricos proprietários se encontram numa situação de classe privilegiada; de fato, membros dessa classe podem superar os operários na obtenção de mercadorias de valor no mercado de bens, tal como podem também converter sua riqueza em capital e com isso monopolizar as oportunidades empresariais. Entretanto Weber enfatizou que os operários especializados também são privilegiados no capitalismo moderno, uma vez que os serviços que executam têm alta demanda no mercado de trabalho. O resultado final, então, é que uma nova classe média de operários especializados intervém entre a classe capitalista "positivamente privilegiada" e a massa de operários desqualificados, "negativamente privilegiada" (ibid., p.927-8). Ao mesmo tempo, o sistema de estratificação é complicado ainda mais pela existência de *grupos de status*, encarados por Weber como formas de filiação social que geralmente competiam com formas de organização baseadas em classe. Embora uma classe econômica seja meramente um agregado de indivíduos em uma situação de mercado semelhante, Weber definiu um grupo de status como uma comunidade de indivíduos que partilham do mesmo "estilo de vida" e que interagem como iguais em termos de status (a nobreza, uma casta étnica e assim por diante). Em algumas circunstâncias, as fronteiras de um grupo de status podem ser determinadas por critérios puramente econômicos, mas Weber observa que "a honra do status não precisa estar necessariamente ligada a uma situação de classe" (ibid., p.932). Os *nouveaux riches*, por exemplo, nunca são imediatamente aceitos na "alta sociedade", mesmo quando sua riqueza os coloca claramente na classe econômica mais elevada (p.936-7). O que fica implícito, então, é que os sistemas de classe e status são formas potencialmente independentes de estratificação.

Essa abordagem foi refinada e ampliada por sociólogos que buscavam compreender a "forma norte-americana" de estratificação. Durante as décadas do pós-guerra o modelo de classe marxista foi tipicamente desprezado pelos sociólogos norte-americanos como patentemente simplista e unidimensional, enquanto o modelo weberiano era encarado como estabelecendo a distinção adequada entre as inúmeras variáveis que Marx fundira em sua definição de classe (ver, por exemplo, Barber, 1968). Nas versões mais extremas dessa abordagem, as dimensões identificadas por Weber são desagregadas em uma multiplicidade de variáveis de estratificação (tais como renda, educação, etnia), e então se demonstrou que as correlações entre essas variáveis eram fracas o suficiente para gerar várias formas de "inconsistência de status" (isto é, um milionário de pouca instrução, um médico negro e assim por diante). O quadro geral que surgiu indicava um "modelo pluralista" de estratificação; isto é, o sistema de classes era representado como intrinsecamente multidimensional, com grande número de filiações que se entrecruzam, produzindo uma complexa miscelânea de divisões internas de classe. É bom observar que as forças concorrentes de ETNICIDADE e GÊNERO parecem especialmente importantes na ação de minar formas de solidariedade baseadas em classe (ver Hechter, 1975; Firestone, 1970). De fato, dada a ascensão dos movimentos feministas e nacionalistas em todo o mundo moderno, seria possível argumentar que grupos baseados em etnia e gênero se tornaram *mais* eficazes do que as classes econômicas na mobilização de seus membros para a busca de objetivos coletivos.

Leitura sugerida: Bendix, Reinhard e Lipset, Seymour M., orgs. 1966: *Class, Status and Power* • Bottomore, Tom 1965 *(1991)*: *Classes in Modern Society* • Dahrendorf, R. 1957 *(1959)*: *Class and Class Conflict in Industrial Society* • Giddens, Anthony 1973: *The Class Structure of the Advanced Societies* • Goldthorpe, J. 1980 *(1987)*: *Social Mobility and Class Structure in Modern Britain*, 2ªed. rev. • Lenski, G. 1966: *Power and Privilege: a Theory of Stratification* • Ossowski, S. 1957 *(1963)*: *Class Structure in the Social Consciousness* • Parkin, Frank 1979: *Marxism and Class Theory: A Bourgeois Critique* • Weber, Max 1921-2 *(1978)*: *Economy and Society*, vol.2 (ed. em 2 vols.) o 1946 "Class, status and party". In *From Max Weber: Essays in Sociology*, org. por H.H. Gerth e C.W. Mills • Wright, E.O. 1985: *Classes*.

DAVID B. GRUSKY

estruturação Referências à estruturação aparecem na ciência social em língua inglesa já em

1927 e, em um esquema teórico mais abrangente, na obra de Georges Gurvitch (1955; 1962, parte 2, cap.4), que também introduziu os conceitos úteis de "desestruturação" e "reestruturação"; mas a palavra hoje se refere principalmente à teoria ontológica da vida social exposta por Anthony Giddens (1976, 1979, 1984), que se desenvolve sobre a percepção de que todos os elementos da vida social estão constituídos no hábil desempenho de práticas sociais.

A ONTOLOGIA estruturacionista proporciona pressupostos genéricos com respeito ao tema da ciência social, mas, contrariamente a suposições identificáveis em ontologias clássicas (Thomas Hobbes, Adam Smith, Jean-Jacques Rousseau), teorias funcionalistas (Talcott Parsons) e teorias teleológicas de evolução (Emile Durkheim, Karl Marx), ela não postula inevitabilidades, necessidades ou mecanismos de mudança trans-históricos. Em vez disso, aborda as capacidades ímpares que permitem aos agentes sociais instituir, manter e alterar a vida social de variadas formas. As restrições e capacitações sociais, bem como a forma e a direção da mudança social, estão constituídas nas práticas sociais que podem diferir, em execução e resultado, de um domínio histórico para outro. A teoria da estruturação, portanto, proporciona à ciência social uma ontologia de potenciais, em vez de uma ontologia de traços sociais fixos (ver Cohen, 1989). Como esses potenciais podem ser realizados em toda uma variedade de modos, não há conceitos ou explicações historicamente específicos que possam ser deduzidos da ontologia estruturacionista. Os estudos de Giddens sobre a modernidade (ver, por exemplo, 1990) ilustram a utilidade propedêutica de postulados na teoria da estruturação.

Como a teoria da estruturação atribui um papel central, na constituição da vida social, ao desempenho das práticas sociais, ela questiona a validade ontológica da divisão profundamente arraigada entre as tradições coletivista e individualista no pensamento social. Diferentemente das teorias coletivistas, ela trata os padrões e propriedades dos grupos sociais como realidades produzidas através de práticas rotinizadas, e não como realidades *sui generis*. Diferentemente das explicações individualistas, o exercício da intermediação é por ela tratado como logicamente anterior a uma preocupação com as escolhas subjetivas ou com as interpretações de práticas sociais do agente. Segue-se que exemplos amplamente semelhantes de uma prática institucionalizada podem ser reproduzidos pela intermediação de muitos agentes diferentes, estendendo-se além de um dado grupo ou geração. Segue-se também que os agentes não precisam (embora possam) reconhecer que seu exercício de intermediação reproduz ou altera uma prática institucionalizada.

A teoria de Giddens sobre o sujeito agente é talhada para complementar a centralidade da PRÁXIS na teoria da estruturação. Embora não se despreze a consciência reflexiva (discursiva), muitas práticas sociais podem ser reproduzidas na base da consciência tácita (prática) dos agentes quanto às habilidades envolvidas. Giddens fundamenta uma motivação difusa para participar da vida social, junto com elementos de desenvolvimento da personalidade humana, em um sentido inconsciente de segurança ontológica mantido no desempenho de rotinas familiares. No entanto resta-lhe ainda abordar a constituição da vontade humana, bem como questões importantes com respeito às necessidades e aos interesses humanos.

Embora a teoria da estruturação conceba o desempenho hábil de práticas sociais mais ou menos à maneira de Erving Goffman e Harold Garfinkel (ver Giddens, 1977, cap.4; 1987), uma ênfase nos aspectos transituacionais dessas práticas é introduzida na explicação inovadora de Giddens sobre a dualidade da estrutura. Nessa explicação, o conhecimento com respeito ao desempenho de práticas, em companhia de outros sujeitos apropriados em cenários adequados, é tratado como condição necessária à reprodução dessas práticas. Por sua vez, o desempenho dessas práticas reforça a consciência dos participantes quanto à constituição de suas circunstâncias sociais. O conhecimento assim regenerado serve para estruturar a reprodução continuada de modos de vida rotineiros. As propriedades estruturais das práticas sociais podem ser analiticamente decompostas em regras e recursos. Ambas, porém, estão inextricavelmente inter-relacionadas na realidade concreta dos modos de vida institucionalizados.

Inspirada por desenvolvimentos na geografia temporal, a teoria da estruturação altera substancialmente explicações correntes sobre padrões sistêmicos na vida social ao concebê-los como interações institucionalizadas e relações articuladas através do tempo e do espaço (ver Giddens, 1987, cap.6). A força e a permeabilidade das fronteiras sistêmicas dependem de como se produzem as articulações na práxis social. As interações entre agentes co-presentes são institucionalizadas em sistemas de todos os tipos, mas os sistemas extensos (que têm um alto grau de distanciamento espaço-temporal) também implicam relações institucionalizadsa entre agentes em cenários remotos. Articulações de todos os tipos comunicam, transmitem ou transportam resultados a várias práticas.

A estruturação (isto é, reprodução ou alteração) de relações sistêmicas através do tempo e do espaço pode ocorrer exclusivamente através de conseqüências não-intencionais da práxis, ou implicar a administração intencional através de tempo e espaço. Diferentemente de teorias políticas pluralistas e elitistas, a teoria da estruturação postula uma dialética de controle em sistemas de todos os tipos. Enquanto grupos dominantes têm acesso a recursos superiores para alcançar resultados através dos feitos de outrem, aos grupos subordinados nunca faltam de todo recursos para resistir ao controle dominante ou redirecioná-lo. As relações sistêmicas de poder, portanto, estão constituídas em equilíbrios institucionalizados ou disputados de autonomia e controle (Giddens, 1981, cap.2; 1985, cap.1).

Leitura sugerida: Bryant, C.G.A. e Jary, D. 1990: *Anthony Giddens* • Clark, J., Modgil, S. e Modgil, C., orgs. 1990: *Anthony Giddens: Consensus and Controversy* • Cohen, Ira J. 1989: *Structuration Theory: Anthony Giddens and the Constitution of Social Life* • Held, D. e Thompson, J., orgs. 1990: *Social Theory of Modern Societies: Anthony Giddens and his Critics* • Kiessling, B. 1988: *Kritik der giddensschen Sozialtheorie: ein Beitrag zur theoretisch-methodischen Grundlegung der Sozialwissenschaften.*

IRA J. COHEN

estruturalismo Este método de indagação, ou paradigma, tornou-se proeminente e influente durante os anos 60 e 70, embora tenha tido vários antecedentes em períodos anteriores. Na análise sociológica, o conceito de estrutura, em variadas formulações, durante muito tempo ocupou um lugar central (Bottomore e Nisbet, 1978, cap.14), e vários comentaristas (Piaget, 1968; Kolakowski, 1971; Schaff, 1974) observaram que esse conceito foi um elemento de importância maior na perspectiva filosófica e científica geral dos anos 30, importância essa refletida na influência que o conceito adquiriu em campos como a matemática, a biologia, a lingüística e a psicologia da Gestalt. O movimento estruturalista mais recente, porém, teve pretensões mais amplas, enfatizando a importância fundamental de identificar e analisar as "estruturas profundas" que estão na base e que geram os fenômenos observáveis — e a esse respeito o movimento tem afinidades com a moderna filosofia realista da ciência (Bhaskar, 1975) — e ampliando a abordagem estruturalista mais amplamente para as ciências sociais e humanas. Tendo origem na lingüística, onde seus princípios podem ser encontrados nas teses delineadas pelo Círculo Lingüístico de Praga em 1929 (Robey, 1973, Introdução), o estruturalismo penetrou em seguida na crítica literária, na teoria estética e em algumas das ciências sociais — particularmente na antropologia, através da obra de Claude Lévi-Strauss, na sociologia, principalmente sob a forma do marxismo estruturalista de Louis Althusser, e na história, onde a idéia de "história estrutural" na obra da escola dos ANNALES estava relacionada, em certos aspectos, a concepções estruturalistas mais gerais (*Review*, 1.3-4, 1978).

Como ampla abordagem teórica nas ciências sociais, o estruturalismo pode ser distinguido por sua oposição ao humanismo, ao historicismo e ao empirismo. É anti-humanista no sentido de que as ações conscientes e deliberadas de indivíduos e grupos sociais são amplamente excluídas da análise e suas próprias proposições explanatórias são concebidas em termos de "causalidade estrutural". Esse ponto de vista foi expresso com clareza por Maurice Godelier (1966) quando este diferenciou dois tipos de condições para o surgimento, funcionamento e evolução de qualquer sistema social — atividade intencional e propriedades não-intencionais inerentes às relações sociais — e atribuiu uma importância decisiva a estas últimas, afirmando que a razão ou base extrema para as transformações sociais será encontrada na compatibilidade ou incompatibilidade entre estruturas e no desenvolvimento de contradições dentro de estruturas. A oposição humanista/estruturalista fica evidente também na discussão contrastante de razão "dialética" e "analítica" travada por Claude Lévi-Strauss (1962, cap.9) e por Jean-Paul Sartre (1960). As investigações metodológicas de Sartre visavam esclarecer a relação entre condições estruturais e ações intencionais — os "projetos" — de indivíduos, bem como a introduzir num marxismo esclerosado algo da perspectiva individualista e humanista do existencialismo.

O anti-historicismo fica manifesto na obra de Lévi-Strauss por meio de uma preferência geral pelas investigações sincrônicas, em vez das diacrônicas, com o objetivo de descobrir as características estruturais universais da sociedade humana e, mais remotamente, relacionar essas características às estruturas universais da mente humana. Nesse ponto, o estruturalismo demonstra sua afinidade muito estreita com a moderna teoria lingüística (Lyons, 1970, p.99). Alguns estruturalistas marxistas, em especial Hindess e Hirst (1975, Conclusão), expressaram uma visão anti-historicista com particular energia, negando que o marxismo seja, ou pudesse ser, uma ciência da história, uma vez que todas as tentativas de formular explicações históricas surgem como doutrinas teleológicas e não como teorias científicas. O estruturalismo é também antiempirista, no mesmo sentido da filosofia realista da ciência, em virtude de sua insistência na eficácia causal de uma estrutura profunda subjacente à aparência superficial, imediatamente dada, dos eventos. Esse aspecto foi exposto claramente por Godelier (1973, 1977, p.35) em sua crítica do "funcionalismo empírico clássico", o qual, ele afirmava, "ao confundir estrutura social com relações sociais externas (...), está condenado a permanecer prisioneiro das aparências dentro do sistema social estudado, não havendo possibilidade alguma de se revelar uma lógica sob a superfície".

Um dos aspectos destacados do movimento estruturalista foi sua estrita conexão com o marxismo. Lévi-Strauss considerava Marx como o ponto de partida para o seu próprio pensamento, e o estruturalismo tornou-se o principal veículo para transmitir uma orientação marxista significativa à antropologia (Godelier, 1973; Bloch, 1975; Seddon, 1978). Em sociologia, bem como em antropologia, o marxismo estruturalista de Althusser, muito próximo da orientação geral do pensamento estruturalista, mas concentrando a atenção nos elementos que eram essenciais na teoria de Marx — os modos e as relações de produção, as relações entre diferentes níveis de vida social (econômica, política e ideológica) e contradições estruturais —, exerceu ampla influência, em especial sobre os estudos de diferentes formas de sociedade, estado e classes sociais.

A abordagem estruturalista foi criticada num primeiro estágio por adeptos de outros pontos de vista metodológicos nas ciências sociais (por exemplo, Leach, 1967) e, em sua forma marxista, por pensadores de outras escolas de pensamento marxista. No final dos anos 70 sua influência começou a diminuir e, na década seguinte, foi eclipsado pela ascensão do pós-estruturalismo, ou pós-modernismo (ver MODERNIDADE), em que a idéia de uma estrutura fixa e objetiva de significado ou relações sociais é abandonada (Eagleton, 1983, cap.4). De modo menos extremo, outros teóricos sociais têm reintroduzido na discussão metodológica essas questões a respeito da relação entre estrutura e mediação humana, ou estrutura e mudança histórica, que são temas recorrentes do pensamento social.

Leitura sugerida: Bottomore, Tom e Nisbet, Roberts, orgs. 1978: *A History of Sociological Analysis* • Eagleton, Terry 1983: *Literary Theory: an Introduction* • Leach, E.R., org. 1967: *The Structural Study of Myth and Totemism* • Lévi-Strauss, Claude 1958: *Anthropologie structurale* • Lyons, J. 1970: *Chomsky* • Piaget, Jean 1968: *Estruturalisme* • Robey, David, org. 1973: *Structuralism: An Introduction* • Schaff, Adam 1974: *Structuralisme et marxisme*.

TOM BOTTOMORE

estrutura social Embora este seja um dos conceitos mais importantes nas ciências sociais, em geral é difícil, uma vez que a maioria dos cientistas sociais não define os termos de maneira precisa, diferenciá-lo, em sua utilização, de expressões alternativas como organização social e sistema social. A primeira utilização explícita da expressão estrutura social foi feita provavelmente por Herbert Spencer (1858). No entanto o conceito de estrutura social data de um período muito mais antigo, e é capital para Ibn Khaldun em seu livro *Muqadimmah*, escrito no final do século XIV.

Estrutura pode ser definida como um corpo organizado de partes mutuamente ligadas. Na estrutura social, as partes são relações entre pessoas e o corpo organizado das partes pode ser considerado coincidente com a sociedade como um todo. Está também implícito no conceito de estrutura social que existe um certo grau de permanência no decorrer do tempo. Nesse ponto, a ênfase será dada aos teóricos cujas carreiras profissionais começaram ou terminaram no século XX. O pensamento no século XX, porém, tem uma dívida para com a reflexão de pessoas que viveram nos séculos anteriores. A contribuição destas não pode ser ignorada. Na seqüência deste verbete, vou concentrar-me em duas questões básicas a respeito da natureza da estrutura social que têm sido de importância extrema para os teóricos sociais. No que diz respeito a cada uma das duas, ainda não se conseguiu chegar a um acordo acadêmico.

A primeira questão diz respeito ao grau em que a estrutura social se baseia primordialmente no consentimento ou na coerção. Em 1858 Herbert Spencer uniu a palavra estrutura à palavra função. Ao fazê-lo, invocou uma metáfora da sociedade como semelhante ao organismo humano. Essa analogia implica que todas as partes da sociedade são integradas e que cada uma delas serve para sustentar o todo existente. Uma vez que não há espaço para o conflito em tal analogia, segue-se também que a base da existência de sociedade é o CONSENSO e não a COERÇÃO. A teoria de Karl Marx (1845-46; 1848), proposta em meados do século XIX, opõe-se diretamente a essa visão da sociedade. Para Marx, cada forma existente de sociedade (como feudalismo ou capitalismo) se baseava na coerção exercida pela classe dominante sobre as classes subordinadas. Não obstante, o conflito, na teoria de Marx, desapareceria depois da revolução proletária e do estabelecimento do socialismo. Entre os teóricos do século XX, a importância do consenso foi enfatizada energicamente por Emile Durkheim (1893), A.R. Radcliffe-Brown (1952) e Talcott Parsons (1951). Por outro lado, uma visão de conflito da sociedade é apresentada na obra de Ralf Dahrendorf (1957). Diversamente de Marx, Dahrendorf enfatizou que o conflito estará presente tanto na sociedade capitalista quanto na socialista. A maior parte dos teóricos sociais acreditava que a estrutura social se baseia em parte no consenso e em parte na coerção. No século XX, entre os teóricos dessa linha, incluíram-se Max Weber (1922), Vilfredo Pareto (1916-19) e Robert Merton (1949). Uma palavra de Merton, disfunção, denota explicitamente que certos elementos da estrutura social podem funcionar contra a manutenção dos outros.

Todos os teóricos sociais têm reconhecido que, no decorrer do tempo, ocorrem mudanças na estrutura social. No entanto, a natureza de tais mudanças tem sido motivo de debate. Alguns teóricos encararam a mudança na estrutura social como cíclica. Outros afirmaram que a mudança social ocorre numa direção linear, e abraçaram teorias evolucionistas.

Ibn Khaldun (1377) foi o primeiro dos teóricos cíclicos. Com base em suas observações empíricas das sociedades árabes no Norte da África medieval, ele postulou a existência de dois tipos de sociedade: uma sociedade pastoril nômade, em que era forte a solidariedade social; e uma sociedade urbana, com um nível relativamente baixo dessa solidariedade. Ele descreveu um ciclo em que a sociedade pastoril conquistava a urbana e estabelecia um novo estado. No entanto a solidariedade social decrescente na sociedade urbana levava gradualmente a sua desintegração e, finalmente, a sua conquista por outra sociedade pastoril. No século XX os dois teóricos cíclicos mais destacados foram Oswald Spengler (1918-22) e P.A. Sorokin (1937-41). Spengler, em uma obra publicada pouco depois do final da Primeira Guerra Mundial, rejeitava a idéia de progresso e via a civilização como um ciclo contínuo de crescimento, decadência e morte; a civilização ocidental contemporânea, particularmente, era encarada como moribunda. Sorokin, numa obra publicada pouco antes da Segunda Guerra Mundial, encarava a sociedade como passando por um ciclo com três estágios: o ideacional (religioso), o idealista e o sensato. De acordo com seu princípio de mudança imanente, cada tipo lançava as sementes de sua própria destruição, e a transição de um estágio a outro era acompanhada pela guerra e pela crise social.

A idéia de que a mudança na estrutura social ocorre em uma direção única foi apresentada pela primeira vez por Henri de Saint-Simon, no início do século XIX, e foi elaborada por seu *protégé*, Comte (1830-42), que postulou três estágios no desenvolvimento da estrutura social: o teológico, o metafísico e o positivo. Marx também acreditava que a mudança na estrutura social evoluía em uma única direção, e atribuiu ao modo econômico de produção o papel de força propulsora dessa mudança. Spencer também se interessou bastante pelos estágios da evolução humana, particularmente no que dizia respeito à família, ao estado e à religião (Spencer, 1876-96).

Em 1911 Franz Boas criticou as tentativas de se fazerem descrições excessivamente precisas sobre a evolução da estrutura social (Boas, 1911). Talvez devido a sua influência, durante o restante da primeira metade do século se reduziu o interesse entre os estudiosos pelo modo como a estrutura social poderia vir a evoluir no tempo. Esse interesse renasceu depois da Segunda Guerra Mundial, particularmente em seguida à publicação de um livro de Walter Goldschmidt (1959), detalhando cinco estágios da sociedade como dependentes de níveis de tecnologia. Parsons (1966), em uma de suas últimas obras, examinou a evolução da estrutura social em termos do processo de diferenciação, tanto da estrutura quanto da função, de uma forma que fazia lembrar Spencer.

Ver também ESTRUTURALISMO.

Leitura sugerida: Leach, E.R. 1968: "Social structure: the history of the concept." In *International Encyclopedia of the Social Sciences*, org. por D.L. Sills, vol.14. • Moore, W.E. 1963: *Social Change* • Moseley, K.P. e Wallerstein, I. 1978: "Precapitalist social structures". *Annual Review of Sociology* 4, 259-90 • Smelser, N.J. 1988: "Social structure." In *Handbook of Sociology*, org. por N.J. Smelser • Udy, S.H. 1968: "Social structure: social structural analysis." In *International Encyclopedia of the Social Sciences*, org. por D.L. Sills, vol.14.

DAVID M. HEER

ética Em seu sentido mais amplo, ética refere-se à avaliação normativa das ações e do caráter de indivíduos e grupos sociais. É em geral usada alternadamente com MORALIDADE para se referir às obrigações e deveres que governam a ação individual. No entanto há motivos para afirmar que a moralidade, nesse sentido, é uma instituição peculiarmente moderna, e que a palavra "ética" deveria ser compreendida de maneira mais ampla (Williams, 1985). A ética pode surgir na teoria social em três níveis diferentes: (1) diferentes sistemas de crença e conduta éticas podem formar o objeto de estudo da teoria social; (2) as teorias sociais podem fazer alegações *metaéticas* quanto ao status lógico e epistemológico de manifestações éticas; e (3) as teorias sociais podem comprometer-se com pontos de vista éticos substantivos. (Ver VALORES.)

Os debates metaéticos em teoria social têm-se concentrado na relação entre asserções éticas e descritivas. Os defensores da liberdade de valor afirmam que as asserções descritivas e éticas são logicamente independentes e se comprometem com a posição de valor de que, ao mesmo tempo em que faz ciência social, o teórico social não deve fazer alegações éticas (Weber, 1904). Os críticos da liberdade de valor ou rejeitam essa posição de valor (Gouldner, 1964) ou negam a independência lógica de fato e valor (Strauss, 1953).

A discussão ética substantiva dentro da teoria social tem sido dominada por duas amplas perspectivas éticas: a ética utilitarista (Glover, 1990; Sen e Williams, 1972; Smart e Williams, 1973); e a ética baseada em direitos (ver LEI), com fundamentos kantianos ou contratualistas.

O utilitarismo clássico tem dois componentes: o conseqüencialismo — a justeza de uma ação deve ser julgada por suas conseqüências; e o hedonismo — a única coisa boa em si mesma é a felicidade, concebida como prazer e ausência de dor. A melhor ação é aquela cujas conseqüências maximizam a felicidade. Algumas variedades posteriores de utilitarismo rejeitaram o componente hedonista da doutrina clássica. A variedade mais influente é o utilitarismo de preferência, de acordo com o qual a melhor ação é a que maximiza a satisfação de preferência das partes envolvidas. Esse princípio ético surge à guisa de um princípio de eficiência na moderna Teoria econômica do bem-estar (ver BEM-ESTAR, TEORIA ECONÔMICA DO). Tanto na economia neoclássica quanto na economia austríaca os valores são tratados como expressões de preferências subjetivas (ver VALOR). Numa análise de custos-benefícios, os pesos dessas preferências são tidos como mensuráveis pela disposição de uma pessoa de pagar pela sua satisfação. O critério padrão de eficiência empregado é o critério *potencial* de melhoria de Pareto: uma proposta é eficiente se a satisfação de preferência é maior que a insatisfação de preferência, de forma que os que ganham ficam em posição de compensar os que perdem e ainda se saem melhor (Kaldor, 1939; Hicks, 1939). Esse critério de "eficiência" corporifica uma posição ética substantiva, o utilitarismo de preferência: a mais "eficiente" de um grupo de propostas é a que maximiza a satisfação de preferência sobre a insatisfação. No entanto afirma-se que ele é compatível com uma doutrina central de boa parte da recente teoria política liberal — a de que o estado deveria ser neutro entre diferentes concepções do que é bom. Uma vez que toma os valores como expressões de preferências, e toma estas como dadas, ele permanece neutro entre valores diferentes.

Embora o utilitarismo permaneça crucial para a teoria econômica liberal, na teoria política o liberalismo tendeu a ser de uma variedade deontológica. Afirmar uma ética deontológica é negar o conseqüencialismo e pretender que as razões morais estão fundamentadas em certos deveres, como o dever de não torturar. Onde o utilitarista permite que o bem-estar de um indivíduo seja posto de lado, caso isso leve à maximização da felicidade ou da satisfação de preferência, o liberal deontológico afirma que os indivíduos têm direitos que incorporam exigências morais, as quais não podem ser, assim, postas de lado. Os direitos individuais são trunfos na argumentação ética e política (Dworkin, 1977, p.XI). Uma ética baseada em direitos dá primazia a princípios de JUSTIÇA que o utilitarismo, como princípio agregador, trata como derivativos. O conflito entre as perspectivas éticas utilitária e baseada em direitos domina os debates tanto teóricos quanto de políticas de ação. (Para um bom exemplo deste último, ver Glover et al., 1989.)

A ética baseada em direitos apela, para sua fundamentação, ou a uma concepção kantiana de respeito pelas pessoas, de acordo com a qual as pessoas devem ser tratadas "sempre como fins em si mesmas e nunca meramente como meios", ou a uma explicação contratualista dos princípios éticos, de acordo com a qual princípios éticos defensáveis são aqueles com que indivíduos movidos pelo auto-interesse concordariam em condições ideais, ou, como é o caso com John Rawls, a ambas as fundamentações. Para Rawls (1971), princípios de justiça defensáveis são aqueles com que indivíduos movidos pelo auto-interesse concordariam em condições de ignorância com relação a sua posição social, características, capacidades e concepções particulares sobre o que é bom. Os agentes, sob um véu de ignorância, chegariam a dois princípios básicos: o princípio de Igualdade, de acordo com o qual cada um tem direitos iguais a liberdades básicas, e o princípio de Diferença, segundo o qual as desigualdades sociais e econômicas só são justificadas se os que estão em pior condição se encontram melhor do que estariam em condições de igualdade. O primeiro princípio tem prioridade sobre o segundo. Outro influente proponente de um liberalismo baseado em direitos é Nozick (1974), que simplesmente parte do pressuposto de que os indivíduos têm certos direitos e segue defendendo um estado minimalista dentro de uma economia de livre mercado. (Ver também Gauthier, 1986.)

Uma explicação da ética que não utiliza a idéia de contrato, mas divide com Rawls uma herança kantiana e um engajamento com princípios de justiça neutra entre diferentes concepções do bom, é a de Jürgen Habermas (1986, p.170). Este tenta fundamentar a ética na "razão comunicativa". Ao executar um *ato discursivo*, aquele que fala se empenha, com a significatividade de sua expressão e com as asserções de que ela é verdadeira, em que está sendo sincero e em que tem o direito de falar como fala. Enquanto atos discursivos particulares geralmente não se mostram à altura das asserções que implicitamente fazem, estas devem ser em princípio justificáveis ou "redimíveis". Invocam, afirma Habermas, uma "situação discursiva ideal", caracterizada como aquela em que indivíduos chegam ao consenso sem força ou trapaça e onde cada um tem os meios e a oportunidade de participar do diálogo pelo qual se chega ao consenso. Os princípios normativos pressupostos pelos atos comunicativos fornecem a Habermas a base de uma ética kantiana reconstituída. (Ver Habermas, 1981 e 1983; Benhabib e Dallmayr, 1990.)

Tanto os utilitaristas quanto os kantianos partilham da suposição comum de que a avaliação ética se fundamenta em princípios que são universais, isto é, se aplicam a todos, e imparciais, ou seja, se baseiam no preceito de que os indivíduos ou seus interesses devem receber igual respeito. Essa suposição tem sido questionada por concepções particularistas da ética, as quais afirmam que tais princípios são incapazes de explicar a avaliação ética que ocorre no contexto de relações particulares com outros. Essa questão está no cerne da crítica *comunitária* do liberalismo, a qual afirma que o liberalismo pressupõe uma visão do eu como desembaraçado de compromissos particulares com outros indivíduos, tradições, práticas e concepções do que é bom. Contra essa visão, o comunitarista afirma que a identidade de um agente é constituída por esses compromissos específicos que formam o ponto de partida para a avaliação e o debate éticos. (MacIntyre, 1981; Sandel, 1982; Taylor, 1975, parte 4). Crítica semelhante surgiu a partir de uma direção diversa, na obra de Gilligan sobre uma *ética feminina* (Gilligan, 1982; Kitay e Meyers, 1987). A obra de Gilligan origina-se de uma crítica à explicação piagetiana de Lawrence Kohlberg para o desenvolvimento moral, que concebe a criança como rumando para um estágio "pós-convencional" de maturidade moral caracterizada em termos kantianos. A maturidade moral é compreendida em termos de uma "perspectiva de justiça" na qual a moralidade consiste na aplicação de princípios universais, imparciais e abstratos. Gilligan afirma que a obra de Kohlberg descreve um caminho especificamente "masculino" de desenvolvimento ético e indica haver um padrão caracteristicamente "feminino" de desenvolvimento, no qual a maturidade moral é compreendida em termos de uma "perspectiva de zelo", em que a ética consiste no cuidado com indivíduos específicos em relação aos quais o agente se encontra em relação particular, por exemplo, como amigo, filho, pai.

Alguns defensores de uma concepção particularista da ética, de forma mais destacada MacIntyre, também rejeitaram uma segunda suposição partilhada tanto por utilitaristas quanto por kantianos, a de que a ética se preocupa basicamente com as *ações* dos agentes e responde à pergunta "como devo agir?". Contra essa suposição, os proponentes de uma *ética das virtudes* fizeram reviver a clássica visão aristotélica da ética, segundo a qual a avaliação ética se preocupa basicamente com o *caráter* dos agentes e responde à pergunta "que tipo de pessoa devo ser?". As virtudes, compreendidas como disposições de caráter que são condições necessárias a uma vida boa para os indivíduos, substituem os deveres como os conceitos avaliadores centrais do vocabulário ético. A questão do que seja levar uma vida boa ou próspera, que em boa parte dos discursos liberais é tratada como questão de preferência pessoal, reconquista o centro das atenções no debate ético.

Pontos semelhantes podem ser encontrados em trabalhos recentes sobre a ética marxista. Estes abordam um paradoxo crucial nos textos de Marx sobre a moralidade — o de que, por um lado, ele condena a moralidade como ideológica e ilusória, afirmando que os comunistas não pregam nenhuma moralidade, enquanto, por outro lado, sua obra é abundante em críticas éticas ao capitalismo. A solução mais promissora desse paradoxo é o argumento de que, quando Marx critica a moralidade, não está rejeitando todas as asserções éticas sobre a vida humana, mas sim uma forma característica de argumentação e avaliação ética que apela para os conceitos morais quase legais de direitos e deveres. Seus próprios argumentos éticos contra o capitalismo, em especial o da alienação e exploração que o capitalismo implica, apelam para um conjunto de bens não-morais que são necessários para que os indivíduos levem uma vida humana próspera. (Versões diferentes desse argumento são defendidas por Lukes, 1985; Miller, 1984; Skillen, 1977; ver também Nielsen e Patten, 1981; Geras, 1985.)

Um trabalho recente sobre ética *ambiental* lançou mais um desafio às visões utilitarista, kantiana e contratualista da ética. Cada uma dessas perspectivas pressupõe um argumento particular a respeito do limite da classe de ser à qual se deve uma consideração ética direta. Os adeptos das visões kantiana e contratualista estendem a considerabilidade ética às pessoas. O utilitarismo clássico estende-a ainda mais a todos os seres capazes de sentir dor e prazer e, portanto, inclui em seu contingente ético os animais sensíveis não-humanos (Singer, 1977). Os proponentes de uma ética ambiental afirmam que os seres não-humanos têm valor intrínseco e ampliaram as fronteiras da consideração ética a fim de incluir, por exemplo, coisas vivas não-sensíveis e ecossistemas (Goodpaster, 1978; Naess, 1973; Routley e Routley, 1979). Essa ampliação do contingente da preocupação ética exigiria uma revisão radical da teoria ética existente.

Leitura sugerida: Gilligan, C. 1982: *In a Different Voice* • Goodpaster, K. 1978: "On being morally considerable". *Journal of Philosophy* 75 • Gouldner, A. 1964: "Anti-minotaur: the myth of value-free sociology". In *The New Sociology*, org. por I. Horowitz • Habermas, Jürgen 1981 *(1984, 1989)*: *The Theory of Communicative Action*, vol.I • Hicks, J.R. 1939: "The foundations of welfare economics". *Economic Journal* 49 • Kaldor, N. 1939: "Welfare comparisons of economics and interpersonal comparisons of utility". *Economic Journal* 49 • Lukes, S. 1985: *Marxism and Morality* • MacIntyre, A. 1981 *(1985)*: *After Virtue*, 2ªed. • Naess, A. 1973: "The shallow and the deep, long-range ecology movement: a summary". *Inquiry* 16 • Nash, R. 1989 (1990): *The Rights of Nature* • Nielsen, K. e Patten, S. orgs. 1981: *Marx and Morality. Canadian Journal of Philosophy*, Supp. vol.7 • Rawls, John 1971: *A Theory of Justice* • Smart, J. e Williams, B., orgs. 1973: *Utilitarism: For and Against* • Taylor, C. 1975: *Hegel* • Weber, M. 1904 *(1949)*: *The Methodology of the Social Sciences* • Williams, B. 1985: *Ethics and the Limits of Philosophy.*

JOHN O'NEILL

ética protestante, tese da A tese de Max Weber sobre a relação entre o puritanismo e o "espírito do capitalismo", publicada pela primeira vez em 1904, gerou uma discussão entre os estudiosos que continua até o dia de hoje. No entanto grande parte da controvérsia sempre disse respeito à compreensão correta da tese e, em particular, a se Weber pretendia alegar que O CAPITALISMO era efeito do puritanismo (ou, mais especificamente, do calvinismo). Esse debate deveria ser compreendido em termos da preocupação constante do século XX com as questões de método histórico e com a gênese da MODERNIDADE.

A tese deriva de três textos: os ensaios de Weber em *A ética protestante e o espírito do capitalismo* (1904-5), seu ensaio sobre as seitas protestantes na América do Norte (1906) e suas réplicas de 1910 a Karl Fischer e Felix Rachfahl (in Winckelmann, 1968). O primeiro livro desenvolve três observações. Em primeiro lugar, que, nos séculos XVI e XVII, a maior parte dos países economicamente desenvolvidos era protestante, e dentro deles as burguesias economicamente mais avançadas estavam associadas à Reforma. Em segundo lugar, que o novo espírito do capitalismo diferia do mero enriquecimento ou da ganância em geral (que são ubíquos) no sentido de que o espírito capitalista era definido por uma conduta de vida eticamente regulada e pela busca do acúmulo de capital como um fim em si mesmo. (Ver também ÉTICA.) Em terceiro lugar, que havia uma afinidade entre a teologia do puritanismo, especialmente seu conceito de "chamamento", e o espírito secular do capitalismo, conforme proposto por autores como o moralista norte-americano Benjamin Franklin.

A essência do argumento de Weber é que um movimento teológico fundamentado na Reforma teve a conseqüência não pretendida de contribuir para o *ethos* mundano e materialista do capitalismo. O elo entre os dois é reconstruído através da doutrina calvinista da predestinação. Se Deus determinou o padrão da Criação pela eternidade, então os salvos (os eleitos) e os condenados já estavam também predeterminados. Isso deve ter criado para os calvinistas uma solidão íntima sem precedentes, uma vez que a salvação não podia ser alcançada, por exemplo, através dos sacramentos ou das "boas obras". Weber afirma que essa "questão — serei eu um dos eleitos? — devia surgir mais cedo ou mais tarde para cada crente, forçando todos os outros interesses para um segundo plano" (Weber, 1904-5 *(1974)*, p.110). Os calvinistas buscaram a prova da eleição pelo sucesso na atividade mundana, pois ser próspero na vida era ter sido escolhido como um dos "intendentes" de Deus. No entanto os calvinistas condenavam o gozo relaxado da vida, e isso impedia que os lucros fossem gastos num consumo conspícuo. Assim, o comércio veio a ser regulado por disposições motivacionais que nunca antes haviam existido. Seja prudente, diligente, nunca ocioso (pois tempo é dinheiro), cultive um bom nome no crédito, seja pontual no pagamento de empréstimos e frugal no consumo. A recompensa do esforço tornou-se "a sensação irracional de ter cumprido bem o [seu] dever" (p.71).

Essa tese oferece uma explicação do motivo por que o capitalismo se desenvolveu especificamente no Noroeste da Europa, ainda que precondições (tais como trabalho assalariado, mercados, tecnologia ou distinção entre o lar e a produção) tenham existido em outras partes. No entanto isso também representa uma afirmação sobre modernidade, racionalidade e história. O capitalismo é "racional" como sistema de contabilidade e planejamento, mas seu valor central — a acumulação como um fim em si mesma — é tão irracional quanto qualquer outra meta. Assim: "Se este ensaio vier a representar alguma contribuição, que seja a de destacar a complexidade do conceito apenas superficialmente simples do racional" (Weber, 1904-5 *(1974)*, p.194). Além disso, Weber afirmou que a transposição da idéia de "chamamento" de um âmbito religioso para um âmbito secular foi *totalmente imprevista* para a teologia. A história segue uma lógica de conseqüências involuntárias, governada por afinidades acidentais, e não poderia, portanto, seguir o tipo de leis de desenvolvimento proposto pelo materialismo histórico.

Questões como a gênese do capitalismo e a natureza da explicação histórica também preocupavam contemporâneos de Weber, como Werner Sombart, Karl Fischer, Felix Rachfahl e Ernst Troetsch, e a publicação de *A ética protestante* incitou um debate que continuou durante todo o século XX. Weber foi, em geral, (mal) compreendido como tendo afirmado que o capitalismo (em oposição ao *ethos* capitalista) era efeito do puritanismo. Assim, R.H. Tawney, em *Religion and the Rise of Capitalism*, que em alguns sentidos fazia eco à crítica de Rachfahl de 1909, afirmou que o capitalismo em Veneza e Florença no século XV foi anterior ao puritanismo, que teóricos políticos como Maquiavel deram ímpeto ao espírito capitalista e que o calvinismo em si mesmo era anticapitalista. O protestantismo, concluiu Tawney, foi o terreno ideológico no qual o capitalismo se afirmou. Em *The Quintessence of Capitalism* (1913), Sombart afirmou que o catolicismo não impedia a atividade lucrativa e que o ímpeto para o capitalismo havia derivado de grupos marginalizados, como os judeus, e de comerciantes aventureiros. Esses argumentos sobre cronologia e influência causal não se limitaram ao debate no início do século XX, mas surgem ainda hoje, como indica a obra de Pellicani (1988).

A resposta de Weber a críticos como Rachfahl, Sombart ou Fischer, na qual ele teve o apoio de Troetsch, foi reafirmar que não havia alegado mais que uma "afinidade eletiva" entre o puritanismo e o espírito do capitalismo. É evidente que havia comerciantes aventureiros alheios à teologia puritana. No entanto era o espírito da acumulação, como parte de um estilo de vida ascético, que diferenciava a atividade capitalista nos séculos XVI e XVII do enriquecimento em geral. Era esse espírito que corporificava a congruência entre a teologia da Reforma e as motivações econômicas do capitalismo (Weber, 1910). Além do mais, Weber já previra as acusações de "idealismo" quando observou: "(...) é claro que não é minha intenção substituir uma interpretação causal da cultura e da história unilateral e espiritualista por uma outra, igualmente unilateral materialista. Ambas são igualmente possíveis (...)" (Weber, 1904-5 *(1974)*, p.183).

No entanto, esse desmentido já é uma sugestão do tipo de ambigüidades da tese que têm alimentado sete décadas de debates. Será que Weber realmente só queria sugerir uma afinidade eletiva entre o puritanismo e o *ethos* capitalista? Se for esse o caso, então a alegação é sugestiva (impelindo C.P. Hill e Robert Merton a examinar os elos entre puritanismo e ciência natural, por exemplo), mas não é forte. Além do mais, que é que ela significa em termos de se escrever a história, se cada explicação é igualmente possível? Karl Löwith, um marxista simpático ao projeto de Weber, interpretou como querendo dizer que "ambas são igualmente impossíveis" (Löwith, 1932, p.103); daí, as explicações históricas deverem ser "multilaterais" (p.104). No entanto a tese da ética protestante também implica uma renúncia da história como narrativa estruturada, tal como expõe o materialismo histórico, em favor de conexões múltiplas em meio ao caos das conseqüências inesperadas. Os valores puritanos descobriram afinidades com um sistema materialista que, em sua forma desenvolvida, teria horrorizado os teólogos da Reforma. É possível detectar aqui uma idéia da história e da modernidade com fenômenos trágicos, no sentido também apontado por um colega de Weber, Georg Simmel. A cultura moderna é "trágica" quando as forças que a destroem são conseqüências necessárias de propriedades essenciais ao fenômeno em si mesmo. No entanto isso não está explicitamente afirmado na obra de Weber. Apenas indica o tipo de inferência mais ampla que a tese admite e que tem ocupado estudiosos em todo o decorrer deste século.

Leitura sugerida: Eldridge, J.E.T., org. 1972: *Max Weber* • Fischoff, E. 1944: "The Protestant ethic and the spirit of capitalism: the history of a controversy". *Social Research* 11, 61-77 • Green, R.W., org. 1959: *Protestantism and Capitalism: the Weber Thesis and its Critics* • Hennis, W. 1988: *Max Weber: Essays in Reconstruction* • Marshall, G. 1982: *In Search of the Spirit of Capitalism: An Essay on Max Weber's Protestant Ethic Thesis* • Mommsen, Wofgang J. 1977: "Max Weber as critic of Marxism". *Canadian Journal of Sociology* 2, 373-98 • Poggi, G. 1983: *Calvinism and the Capitalist Spirit* • Ray, L.J. 1987: "The Protestant ethic debate". In *Classic Disputes in Sociology*, org. por R.J. Anderson, J.A. Hughes e W.W. Sharrock • Schluchter, W. 1981: *The Rise of Western Rationalism: Max Weber's Developmental History* • Sprinzak, E. 1972: "Weber's thesis as an historical explanation". *History and Theory* 11, 294-320.

L.J. RAY

etnicidade Esta é uma das principais características socialmente relevantes dos seres humanos. Para compreendê-la, precisamos demonstrar como ela deve ser distinguida de RAÇA, classe, status (ver ESTRATIFICAÇÃO SOCIAL) e posição, mas também como interage com estes na formação de grupos e sistemas sociais.

É importante distinguir a etnicidade de diferenciação racial. Enquanto esta última ocorre em termos de diferenças físicas que se acredita serem biologicamente herdadas, a diferenciação étnica se dá em termos de diferenças culturais que têm de ser aprendidas. Essa distinção é confundida na teoria racista não-científica, a qual presume que o comportamento cultural, tanto quanto as características físicas, é biologicamente herdado. Uma das características da etnicidade e dos grupos étnicos para cuja formação ela contribui é, porém, que as peculiaridades étnicas são comuns aos que são parentes biológicos. O processo de aprendizagem através do qual se adquire a cultura ocorre entre pais e filhos biológicos; portanto, não surpreende que raças e grupos étnicos às vezes se sobreponham. Uma raça pode ser também um grupo étnico e um grupo étnico pode constituir-se exclusivamente de indivíduos da mesma raça. Não obstante, as raças são grupos bem mais amplos e os grupos étnicos implicam diferenças sutis de comportamento, de forma que dentro de qualquer uma das principais raças ou sub-raças do mundo pode haver grande número de diferenças étnicas internas. É também possível que indivíduos de raças diferentes se tornem membros do mesmo grupo étnico, na medida em que o comportamento cultural de um grupo étnico pode, em princípio, ser aprendido, não dependendo da herança biológica. Os judeus na Alemanha foram erroneamente representados pelos ideólogos nazistas como constituindo uma raça, enquanto na verdade eram um grupo étnico com uma cultura característica, de base religiosa.

As classes sociais são coletividades cujos membros individuais estão unidos em primeiro lugar por interesses comuns. Nesse aspecto, são diferentes dos grupos étnicos, para os quais um interesse comum não é uma característica definidora básica. Para que as classes se tornem agentes coletivos, porém, é necessário que se tornem unidas pelos elos de uma organização comum, de uma cultura comum e de uma consciência comum. Pode acontecer de uma "classe" capaz de contar com o vínculo étnico vir a ser mais forte e mais capaz de ação coletiva do que uma outra que desenvolve uma nova organização e uma nova consciência em torno de um interesse comum. Por outro lado, os grupos étnicos podem ser transformados por sua interação com um sistema de interesses. Com freqüência, os laços de etnicidade estão latentes e podem até não levar à formação de um grupo, a não ser que os indivíduos sejam ativados pela existência de interesses comuns.

Os grupos de status, tal como os grupos étnicos, baseiam-se nas características culturais comuns de seus membros. Ao contrário dos grupos étnicos, porém, é na natureza dos grupos de status que as características culturais definidoras do grupo se baseiam, numa distinção hostil entre um grupo e outro. Como diz Weber em *Economia e sociedade*, os grupos de status baseiam-se na "distribuição diferencial da honra". Um único grupo de status não pode existir por si próprio — tem de fazer parte de um sistema hierárquico de grupos. Embora os grupos étnicos possam tornar-se grupos de status quando os indivíduos comparam e avaliam suas próprias características culturais em contraposição às de outros grupos, e embora a etnicidade possa ser uma das características avaliadas em um sistema de status, esse tipo de ordenação de status não é da essência da etnicidade. Na prática, o que em geral encontramos, porém, é o funcionamento combinado de uma ordem étnica e de status. Deve observar-se também que tanto etnicidade quanto status podem ser transmitidos, em grupos de parentesco, de pais para filhos. Contudo, não são tão vigorosamente determinados por herança quanto os grupos raciais. É possível que indivíduos de parentescos diversos sejam unidos pela etnia e, em um sistema de status, é possível a mobilidade de um grupo de status para outro.

Um sistema de ordens é uma forma mais complexa de organização social, uma forma com a qual a etnicidade pode estar envolvida. Tal como um sistema de status, implica a distribuição diferencial da honra, mas tem os aspectos adicionais da especialização funcional pelas diferentes ordens e da desigualdade jurídica e política entre elas, tal como no sistema clássico de ordens da Europa medieval e nas sociedades coloniais. No caso colonial, os grupos diferencialmente incorporados podem muito bem ser grupos étnicos. Sociedades desse tipo, caracterizadas pela incorporação diferencial de diferentes grupos étnicos, são o que sociólogos chamam de sociedades plurais (Smith, 1963 e 1974). De acordo com a terminologia aqui adotada, sociedade plural é aquela em que diversos grupos étnicos estão organizados em um sistema de ordens.

Etnicidade e constituição de grupos étnicos, ao que parece, baseiam-se na diferenciação cultural dos indivíduos e na criação de laços sociais entre os que partilham de uma CULTURA comum. Num sentido típico ideal, é possível pressupor uma sociedade que consista em tais grupos, e somente neles. Na prática, porém, a etnicidade torna-se envolvida na interação de raças, classes, grupos de status e ordens, e se evidencia através deles. Portanto, não surpreende que, ao se fazerem tentativas de definir etnicidade, se tenha feito referência não às características de etnicidade em si, mas aos grupos e diferenciações estruturais dentro dos quais ela se expressa.

As tentativas clássicas dos antropólogos de definir a etnicidade dividiram-na em teorias "primordiais", associadas ao nome Clifford Geertz (1963), e teorias "situacionais", associadas ao nome de Frederick Barth (1969). Segundo Geertz, a etnicidade e a constituição de grupos étnicos são fatores "primordiais" no sentido de serem dados nas próprias condições da existência humana. Esses dados incluem aquilo que ele chama de "contigüidade" e "ligação de vida" (isto é, ligações derivadas da proximidade territorial ou do parentesco), mas, além desses, "o dado que se origina de se ter nascido em uma comunidade religiosa particular, falando uma língua particular, ou mesmo um dialeto de uma língua, e seguindo práticas sociais particulares". Geertz continua:

> Essas continuidades de sangue, fala, costumes e assim por diante exercem uma conseqüência inexprimível e às vezes esmagadora sobre e a partir deles mesmos. Uma pessoa está ligada a um parente, a um vizinho, a um companheiro de crença, *ipso facto*, como resultado não apenas da atração pessoal, da necessidade tática, do interesse comum ou da obrigação moral contraída, mas, ao menos em grande parte, em virtude de alguma significação absoluta e inexplicável atribuída ao próprio elo em si. (1963, p.109)

Aqui, Geertz desenvolve um tipo ideal de etnicidade em si mesma. Ele a diferencia com bastante clareza de classe e de grupos ao estilo de classe, que se baseiam na "necessidade tática" e no "interesse comum"; do gosto e da aversão, e talvez da honra e da desonra, característicos dos sistemas de status; e das obrigações intergrupais que talvez caracterizem os sistemas de ordem. Mas inclui o parentesco biológico em sua lista de fatores primordiais, e parecia a princípio estar confundindo raça e etnicidade. Pode-se argumentar, porém, que os aspectos físicos passam a ser valorizados ao lado dos puramente culturais e, assim, se tornam parte da cultura. O que é mais interessante a respeito da definição de Geertz, no entanto, e o que acrescenta alguma coisa ao que já foi dito acima, é que certas características valorizadas do aspecto e do comportamento humanos o são, não como questão de escolha arbitrária, mas como parte das próprias condições de existência.

As teorias situacionais sobre a etnicidade relacionam-na estreitamente à busca de interesses. Os fatores primordiais a que Geertz se refere são encarados como permanecendo latentes, a não ser que a situação os torne relevantes para a consecução de fins. Nesse caso, podem ser recursos importantes para a cooperação necessária à consecução de fins. Por outro lado, os vários fatores envolvidos na etnicidade podem constituir um estigma e um risco em relação à consecução de fins. Nesse ponto, parece que os teóricos situacionais estão chamando a atenção para as necessidades táticas e os interessses comuns que Geertz exclui. Eu também os excluí do tipo ideal de etnicidade, embora observando que no mundo real os grupos étnicos vêm a se entrelaçar profundamente com as formações de classe social. Ao mesmo tempo, a noção de estigma chama a atenção para o desenvolvimento de distinções hostis à medida que um sistema de grupos étnicos se vai entrelaçando com a ordem de status.

Tudo somado, podemos ver que a etnicidade, compreendida como primordial no sentido de Geertz, é um fator entre os vários envolvidos na ordenação e na estrutura básicas da sociedade humana. Dito de outra maneira, podemos afirmar que etnicidade pura é um tipo ideal, uma abstração analítica dos cientistas sociais. Esses tipos ideais, porém, são essenciais à ciência social, e não há como uma explicação completa da estrutura social possa ser apresentada ignorando-se o elemento da etnicidade.

Leitura sugerida: Barth, Frederick 1969: *Ethnic Groups and Boundaries* • Geertz, Clifford 1963: *Old Societies and New States: the Quest for Modernity in Asia and Africa* • Smith, Michael Garfield 1963: *The Plural Society in the British West Indies* o 1974: *Corporations and Society* • Warner, W. Lloyd 1936: "American class and caste". *American Journal of Sociology*, 42 (setembro) • Weber, Max 1921-22 *(1967)*: *Economy and Society*, vol.2, cap.9.

JOHN REX

etnometodologia Este campo da sociologia investiga o funcionamento do conhecimento produzido pelo senso comum e do raciocínio prático em contextos sociais. Em contraste com as perspectivas que encaram o comportamento humano em termos de fatores causais externos ou de motivações internalizadas, a etnometodologia enfatiza o caráter ativo, racional e cognitivo da conduta humana. Seu fundador e principal teórico, Harold Garfinkel, afirmou que uma teoria da ação e da organização sociais estaria incompleta sem uma análise do modo como os agentes sociais compartilham o conhecimento e o raciocínio produzidos pelo senso comum na condução de seus assuntos comuns. Pois sem tal análise seria impossível demonstrar como os membros do mundo social se comprometem com linhas de ação realistas e pactuadas. Sua inovação crucial foi estabelecer uma explicação das propriedades do conhecimento produzido pelo senso comum, das compreensões compartilhadas e da ação social ordinária que pode ser desenvolvida em um programa coerente de pesquisa empírica.

A etnometodologia desenvolveu-se nos anos 60 a partir dos textos fenomenológicos de Alfred Schutz (1962-66), o qual afirmava que o conhecimento produzido pelo senso comum é fragmentado e incompleto, articulado de uma forma tipificada, aproximada e corrigível, e que as compreensões partilhadas entre pessoas são realizações contingentes baseadas nesse conhecimento. Utilizando uma série de procedimentos semi-experimentais (conhecidos como "experiências de ruptura") para criar desvios básicos a partir de expectativas sociais tidas como certas, Garfinkel (1967) foi capaz de demonstrar o alcance dessas idéias. Os desvios experimentais criaram profunda confusão e indignação moral nos objetos da experiência. Indicaram que as compreensões partilhadas, as ações sociais e, em última análise, as instituições sociais são sustentadas por um complexo corpo de suposições, admissões tácitas e métodos de inferência — em suma, um conjunto de métodos, ou metodologia — que informa a produção de objetos e ações culturalmente significativos, e também a compreensão destes. São esses métodos de raciocínio do senso comum e suas propriedades que constituem o objeto de pesquisa da etnometodologia.

Os métodos de raciocínio do senso comum são fundamentalmente adaptados ao reconhecimento e à compreensão de eventos-em-contexto. Na análise de Garfinkel, as compreensões comuns são o produto de um processo circular no qual um evento e seu pano de fundo são dinamicamente ajustados um ao outro para formar uma Gestalt coerente. Garfinkel descreveu esse processo, seguindo Karl Mannheim, como "o método documental de interpretação", e afirmou que ele é um aspecto ubíquo do reconhecimento de todos os objetos e eventos, desde os aspectos mais mundanos da existência cotidiana até as mais recônditas realizações artísticas ou científicas. Nesse processo, reúnem-se as ligações entre um evento e seu pano de fundo físico e social usando-se uma série variada de suposições e procedimentos inferenciais. O método documental incorpora a propriedade da reflexividade: mudanças na compreensão do contexto de um evento provocarão alguma mudança ou elaboração da apreensão do evento central e vice-versa. Quando empregado num contexto temporalmente dinâmico, que é uma característica de todas as situações de ação e interação social, ele forma a base para compreensões de ações e eventos, entre os participantes, compartilhadas e atualizadas.

A inerente contextualidade do método documental está associada a outras propriedades do raciocínio e da ação práticos. Uma proposição fundamental da etnometodologia é que todos os objetos e produtos do raciocínio prático — conceitos, descrições, ações e assim por diante — têm propriedades *de indexação*. Isso significa que o sentido desses objetos é elaborado e particularizado pelos contextos em que eles aparecem. Embora essa propriedade seja um obstáculo reconhecido para a análise formal da linguagem e da ação (e seja assim tratada na literatura sobre lógica, da qual deriva a noção de "indexação"), não é um obstáculo à condução da ação prática. De fato, os agentes sociais planejam regularmente sua conduta de forma a utilizar contextos locais para elaborar e particularizar o sentido daquilo que dizem e de suas ações. Assim, exploram as propriedades de indexação da ação e do raciocínio prático. Inversamente, porém, essas particularidades não podem sustentar-se fora de contexto. Existe uma adequação inerentemente aproximada entre eventos particulares e suas representações mais gerais em descrições e em formulações matemáticas, e essa adequação só pode ser avançada através de uma série de atividades interpretativas aproximadoras, que Garfinkel chama de "práticas *ad hoc*". Essas práticas são, portanto, cruciais para o processo pelo qual os agentes sociais sustentam a coerência, a normalidade e a sensatez de suas circunstâncias e atividades cotidianas.

O programa etnometodológico de pesquisa baseia-se nessas observações essenciais. Sua dinâmica fundamental tem origem no ponto de vista de que as compreensões compartilhadas de todos os aspectos do mundo social se apóiam em um corpo altamente complexo de métodos tácitos de raciocínio que são socialmente partilhados e que têm caráter de procedimento. Tal como esses métodos de raciocínio são utilizados para *reconhecer* objetos, eventos e pessoas, e para compreender descrições de todos estes, também são igualmente usados para *produzir* aspectos do mundo social que são reconhecíveis e descritíveis ou, para usar a palavra de Garfinkel, *responsáveis*. O fato de o mesmo conjunto de procedimentos de raciocínio ser empregado tanto para reconhecer eventos sociais quanto para produzi-los é a base elementar sobre a qual os membros de uma cultura podem vir a habitar um mundo social fundamentalmente compartilhado.

A teorização fundamental de Garfinkel tem sido empregada num corpo diferente de estudos sociológicos empíricos. Entre estes, foi importante uma série de investigações da construção simbólica e prática de mundos sociais particulares e circunscritos (Wieder, 1974), bem como do raciocínio básico pelo qual se obtém e se sustenta o senso conjunto das pessoas de uma realidade compartilhada (Pollner, 1987). Outros estudos têm-se voltado para o tema da adequação aproximada entre descrições e eventos do mundo real. De destaque nesse contexto têm sido as investigações sobre a criação organizacional dos dados estatísticos nos quais muitos estudos sociológicos se apóiam. Nesse caso, tem-se afirmado — particularmente em relação a estatísticas sobre crime, transgressão, suicídio e assim por diante — que o raciocínio prático das equipes de organizações construiu pressupostos teóricos sobre as causas desses fenômenos tão mergulhados em dados estatísticos que os resultados são inúteis para a pesquisa sociológica (Cicourel, 1968; Atkinson, 1978). Outros produtos significativos do programa etnometodológico têm abrangido estudos de interação social (mais destacadamente a análise conversacional [ver CONVERSACIONAL, ANÁLISE]) e iniciativas importantes na sociologia da ciência (Lynch, 1985).

No decorrer do seu desenvolvimento, a etnometodologia tem-se alternado entre tendências "construtivas" e "desconstrutivas". Nesse processo, criaram-se novos campos de pesquisa na sociologia e em disciplinas correlatas e surgiram novas perspectivas sobre áreas tradicionais de problemas. Além, contudo, das áreas específicas nas quais a etnometodologia tem sido uma importante fonte de inovação, está claro que ela também vem exercendo um impacto importante e contínuo tanto sobre a teoria sociológica básica quanto sobre os modos pelos quais se abordam muitos tipos de problemas de pesquisa empírica. Essa influência ampliou-se para os campos adjacentes da PSICOLOGIA SOCIAL, da LINGÜÍSTICA e da INTELIGÊNCIA ARTIFICIAL. Em todas essas direções, a influência da etnometodologia é uma força dinâmica no pensamento social contemporâneo.

Leitura sugerida: Atkinson, J.M. 1978: *Discovering Suicide: Studies in the Social Organization of Sudden Death* • Cicourel, A.V. 1968: *The Social Organization of Juvenile Justice* • Garfinkel, H. 1967: *Studies in Ethnomethodology* • Heritage, J. 1984: *Garfinkel and Ethnomethodology* • Lynch, M. 1985: *Art and Artifact in Laboratory Science* • Pollner, M. 1987: *Mundane Reason: Reality in Everyday and Sociological Discourse* • Schutz, Alfred 1962-66: *Collected Papers*, 3 vols. • Wieder, D.L. 1974: *Language and Social Reality*.

JOHN HERITAGE

etologia Konrad Lorenz e Niko Tinbergen são normalmente encarados como os fundadores da moderna etologia, a abordagem biológica do estudo do comportamento. Por suas realizações pioneiras, eles dividiram o Prêmio Nobel com Karl von Frisch em 1973. Lorenz e Tinbergen trataram o comportamento do mesmo modo que qualquer outro aspecto de um animal, no sentido de que os padrões de comportamento em geral têm uma regularidade e uma consistência que se relacionam com necessidades óbvias do animal. Além disso, o comportamento de uma espécie geralmente difere de forma marcante do de outra. Essa percepção foi um passo crucial para fazer com que o estudo do comportamento entrasse na síntese darwiniana que estava sendo forjada nos anos 30. Uma vez que seu pensamento estava impregnado da teoria darwiniana da evolução, os etologistas especularam repetidas vezes sobre a relevância, em termos de adaptação, das diferenças entre as espécies.

O interesse pela função biológica levou a muitos estudos excelentes de animais em condições naturais. Um animal em cativeiro geralmente se encontra demasiado constrangido por seu ambiente artificial para fornecer uma compreensão completa das funções da grande variedade de atividades que a maior parte dos animais é capaz de executar. Os estudos, em condições naturais, de animais e cada vez mais de seres humanos têm sido um aspecto importante da etologia e desempenhado papel de destaque no desenvolvimento de métodos característicos e eficazes de observação e mensuração do comportamento. Mesmo assim, seria um engano descrever os etólogos como não-experimentais e preocupados meramente com a descrição.

Tinbergen foi um mestre em elegantes experiências de campo e a excelente tradição que ele firmou continua até os dias de hoje. Gravações em fita de predadores ou congêneres (tais como filhotes ou companheiros/as potenciais) são tocadas para animais livres a fim de descobrir como estes reagem. Da mesma forma, foram usados bonecos e imitações de diferentes formatos para medir a reação a uma forma ou cor em particular, tais como as bicadas que filhotes de gaivotas dão em diferentes objetos mais ou menos parecidos com os bicos de seus pais. Esses e muitos outros exemplos demonstram que até mesmo o campo predominante da etologia implica muito mais que a mera observação passiva. Além disso, muitos etólogos têm dedicado a maior parte de suas vidas profissionais a estudos de laboratório do controle e desenvolvimento do comportamento. Na verdade, algumas das descobertas etológicas mais impressionantes, tais como o *imprinting* em pássaros, foram feitas em condições artificiais e influenciaram de modo marcante a forma como o comportamento vem sendo interpretado.

Quando observada em pássaros em cativeiro, a elaborada seqüência envolvida na construção de um ninho não é facilmente explicada em termos de uma série de ações aprendidas, cada qual desencadeada por um estímulo particular do meio ambiente. Não obstante, a disposição a considerar qual poderia ser um padrão de comportamento particular no ambiente natural sempre foi característica dessa matéria. Quando essa abordagem era associada a comparações entre animais, a fácil suposição de que todos os animais resolvem o mesmo problema da mesma forma foi rapidamente revelada como falsa. A abordagem comparativa continua a ser uma característica importante da etologia em geral.

Tinbergen destacou quatro problemas amplos, porém isolados, levantados pelo estudo biológico do comportamento. A questão de como um padrão de comportamento é controlado tem a ver com os fatores internos e externos que regulam sua ocorrência, e com o modo como funcionam os processos básicos. O estudo do desenvolvimento do comportamento ocupa-se das influências genéticas e ambientais sobre a montagem de um padrão de comportamento no período de vida do indivíduo e com o modo como funcionam os processos de desenvolvimento. O problema da função comportamental diz respeito ao modo como o padrão de comportamento ajuda a manter o animal vivo e a propagar seus genes na geração seguinte. Finalmente, os estudos evolucionistas do comportamento dizem respeito à história ancestral e aos modos pelos quais um padrão de comportamento evoluiu. Essas quatro áreas de pesquisa são distintas. No entanto a posição etológica é a de que não devem ser severamente divorciadas umas das outras. Ao colocar uma questão em particular num contexto conceitual mais amplo, alcança-se maior compreensão, qualquer que possa ter sido a questão central. A abordagem funcional, com toda a certeza, tem ajudado os que se interessam pelo estudo do mecanismo, e o estudo do desenvolvimento e da integração de comportamento tem proporcionado importantes percepções das pressões e coerções que vêm funcionando no decorrer da evolução.

Certos conceitos e teorias fundamentais estiveram ligados em certo momento à etologia. Já não formam uma parte tão central do pensamento etológico, embora tenham sido importantes em seu desenvolvimento. Dois conceitos básicos foram o "estímulo do sinal" e o "padrão fixo de ação". A idéia de estímulo do sinal, tal como o peito vermelho de um tordo norte-americano desencadeando um ataque por parte de um oponente, foi produtiva por levar à análise dos caracteres de estímulo que incitam seletivamente fragmentos particulares de comportamento. Os padrões fixos de ação (ou padrões modais de ação, como talvez seja sua melhor descrição) proporcionaram unidades úteis para a descrição e a comparação entre espécies. Caracteres comportamentais têm sido usados na taxonomia, e a preocupação zoológica com a evolução levou a tentativas de se formularem princípios para a derivação e a ritualização de movimentos que servem como sinais.

Tanto o conceito de estímulo do sinal, ou desencadeador, quanto o padrão fixo de ação desempenharam papéis importantes nas primeiras tentativas etológicas de desenvolver modelos de sistemas de comportamento. O modelo do reservatório (*lavatory cistern*) de Lorenz era um fluxograma em mais de um sentido e forneceu a toda uma geração de etólogos um meio de integrar seu pensamento sobre a causalidade múltipla do comportamento a partir tanto de dentro quanto de fora. No entanto esse modelo era seriamente enganoso e, em alguns sistemas de comportamento, especialmente a agressão, o desempenho do comportamento torna a repetição *mais* provável, e não menos, como prevê o modelo. Outro modelo de sistemas saiu-se bem melhor na prova do tempo. Foi desenvolvido por Tinbergen e dizia respeito à organização hierárquica do comportamento. Aqui porém, mais uma vez, seu papel mais importante não foi tanto o poder de previsão quanto ajudar os etólogos a reunir indícios que de outra forma poderiam parecer desconectados.

Uma preocupação etológica clássica foi com o caráter inato de grande parte do comportamento, e esse tema esteve fortemente ligado ao desenvolvimento de uma teoria do instinto. No entanto até mesmo os fundadores dessa temática não negaram a importância do aprendizado. Ao contrário, deram destaque a processos de desenvolvimento, tal como o *imprinting*, o qual especifica o que um animal trata como mãe ou companheiro/a, e o aprendizado do canto, que especifica o modo como um pássaro macho canta um dialeto diferente do de outro macho da sua própria espécie. Ainda assim, Lorenz encarava o comportamento adulto como implicando a intercalação de elementos "aprendidos" e "instintivos" distintos e discerníveis. Poucas pessoas ainda compartilham desse ponto de vista e o trabalho dos etólogos orientados para o desenvolvimento tem sido importante por ilustrar como os processos de desenvolvimento implicam uma interação entre fatores internos e externos. Depois das primeiras e fracassadas tentativas de classificar o comportamento em termos de instintos, a atenção concentrou-se cada vez mais nas faculdades ou propriedades de comportamento que unem as categorias funcionais convencionais, tais como alimentação, namoro, cuidado com os filhotes e assim por diante. Conseqüentemente, atribui-se uma ênfase cada vez maior aos mecanismos comuns de percepção, armazenamento de informação e controle de *output*. À medida que isso ocorre, os interesses de muitos etólogos estão coincidindo em medida cada vez maior com as preocupações tradicionais da PSICOLOGIA.

O trabalho moderno também destruiu outra crença dos etólogos clássicos, a de que todos os membros da mesma espécie e da mesma idade e sexo hão de se comportar do mesmo modo. Já se foi o tempo em que uma pessoa em trabalho de campo podia supor com confiança que uma boa descrição de uma espécie, obtida em um habitat, podia ser generalizada para a mesma espécie em outro conjunto de condições ambientais. As variações de comportamento dentro de uma espécie podem, é claro, refletir a penetração e difusão dos processos de aprendizado. No entanto alguns modos alternativos de comportamento são provavelmente mais desencadeados do que aprendidos pelas condições ambientais predominantes. No caso do babuíno "gelada", por exemplo, muitos machos adultos são bem maiores que as fêmeas e, uma vez que assumem um grupo de fêmeas, defendem-nas das atenções de outros machos. Outros machos, por sua vez, são do mesmo tamanho das fêmeas e conseguem surrupiar uma cópula quando um macho grande não está olhando. O benefício compensatório para os machos pequenos é que eles têm vidas reprodutivas bem mais longas do que os machos grandes. Parece provável que qualquer macho pode seguir qualquer um desses dois caminhos, e o caminho particular em que cada um deles se desenvolve depende das circunstâncias. Exemplos como esse estão levando a um crescente interesse por táticas alternativas, sua relevância funcional e a natureza dos princípios de desenvolvimento nelas implícitos.

A etologia moderna reúne tantas disciplinas diferentes que desafia uma definição simples em termos de um problema comum ou de uma literatura comum. Ela se sobrepõe extensamente aos campos conhecidos como ecologia comportamental e SOCIOBIOLOGIA. Além disso, os que hoje em dia se dizem etólogos vão ser encontrados trabalhando ao lado de neurobiólogos, psicólogos, antropólogos e psiquiatras sociais e desenvolvimentistas, entre muitos outros. Os etólogos estão acostumados a pensar de maneiras que refletem sua experiência com sistemas de livre funcionamento que ao mesmo tempo influenciam muitas coisas à sua volta e por elas são influenciados. Essas habilidades permitiram-lhes compreender a dinâmica dos processos comportamentais e são valorizadas pelos que com eles colaboram. Houve época em que a etologia parecia prestes a sucumbir a suas disciplinas irmãs. No entanto ela ressurgiu como matéria importante que continuará a desempenhar um papel integrador igualmente significativo no impulso de compreender para que servem os padrões de comportamento, como evoluíram e como são controlados.

Leitura sugerida: Alcock, J. 1989: *Animal Behaviour*, 4ªed. • Hinde, R.A. 1982: *Ethology* • Immelmann, K. e Beer, C. 1989: *A Dictionary of Ethology* • Jaynes, J. 1969: "The historical origins of 'ethology' and 'comparative psychology'". *Animal Behaviour* 17, 601-6 • McFarland, D. 1985: *Animal Behaviour* • Manning, A. e Dawkins, M. 1992: *An Introduction to Animal Behaviour* • Martin, P. e Bateson, P. 1986: *Measuring Behaviour* • Slater, P.J.B. 1985: *An Introduction to Ethology* • Slater, P.J.B., org. 1986: *The Collins Encyclopedia of Animal Behaviour.*

PATRICK BATESON

eugenia, ciência da Descrevendo uma ciência aplicada que busca melhorar a herança genética da raça humana, essa expressão refere-se também a um movimento social que busca popularizar os princípios e práticas dessa ciência. A palavra foi adaptada do grego, no final do século XIX, pelo cientista inglês Francis Galton (1883, p.17).

Antes de sua apropriação pelos nazistas, nos anos 30, a idéia de eugenia desfrutou de amplo apoio, em círculos tanto liberais quanto conservadores, em muitos países. Isso refletia uma complexa mistura de influências e preocupações. Em parte, era reflexo do crescimento do pensamento racionalista e do interesse cada vez maior pelo planejamento social. Refletia também a consciência de que certas formas de incapacidade social tinham base hereditária. E, finalmente, era um reflexo da influência das teorias raciais (ver RACISMO).

Nas primeiras décadas do século os proponentes da eugenia concentravam sua preocupação nos custos que representavam para a sociedade o retardo e a doença mentais e a degeneração moral. Isso levou à defesa da esterilização como meio de impedir que os portadores dessas características as transmitissem às gerações futuras. Nos Estados Unidos, mais de 60 mil indivíduos foram esterilizados de acordo com leis estaduais que estipulavam a esterilização compulsória dos mentalmente insanos ou retardados. Na Alemanha nazista, um sistema de tribunais especiais de saúde e eugenia ordenou a esterilização de mais de meio milhão de indivíduos considerados portadores de deformidades físicas, retardos mentais, esquizofrenia, epilepsia e outras doenças. Como a ciência da genética, na época, mal dava os primeiros passos, e como as teorias raciais pareciam manifestamente legítimas para muitos defensores da eugenia, as minorias raciais e étnicas foram desproporcionadamente visadas para a esterilização.

Em seguida às revelações da enormidade dos crimes cometidos sob a influência da ideologia nazista, as teorias raciais foram repudiadas pela maioria dos intelectuais do Ocidente, e o movimento da eugenia, devido a sua ligação com essas teorias, entrou em eclipse. As leis de esterilização compulsória foram repelidas e os esforços para melhorar a raça humana através do princípio da procriação seletiva foram praticamente abandonados. Hoje em dia essas leis só estão em vigor em umas poucas áreas isoladas, como, por exemplo, partes da China.

Apesar do desaparecimento do movimento da eugenia em sua forma original, os esforços para melhorar a herança genética da raça humana têm sido retomados de uma forma radicalmente diversa. Durante a segunda metade do século XX, a ciência da genética tem feito avanços extraordinários, e uma conseqüência disso foi a descoberta de que muitas doenças humanas graves são geneticamente transmitidas (por exemplo, diabetes e anemia falciforme). Casais de risco são hoje estimulados a fazer exames genéticos e a levar em consideração a possibilidade de permanecer sem filhos ou de abortar um feto que tenha tido o diagnóstico de alguma falha genética séria.

Comparando-se as fases antiga e recente do movimento da eugenia, observa-se uma mudança de ações involuntárias para voluntárias, com relação aos indivíduos afetados, e de uma preocupação com incapacidades mentais mal compreendidas para um grupo limitado de incapacidades físicas claramente entendidas. Devido a essas mudança, o apoio público ao novo movimento de eugenia tem crescido nos últimos anos, mas muitos continuam cautelosos, e alguns são até mesmo ativamente hostis a quaisquer esforços para alterar a herança genética de nossa espécie.

Ver também DARWINISMO SOCIAL.

Leitura sugerida: Haller, M. 1963: *Eugenics: Hereditarian Attitudes in American Thought* • Kelves, D.J. 1985: *In the Name of Eugenics: Genetics and the Use of Human Heredity* • Ludmerer, K.M. 1972: *Genetics and American Society: a Historical Appraisal* • Osborn, F. 1951: *Preface to Eugenics* • Pickens, D.K. 1968: *Eugenics and the Progressives* • Searle, G.R. 1976: *Eugenics and Politics in Britain 1900-1914.*

GERHARD LENSKI

evolução No sentido mais geral, evolução é um processo ampliado de mudança ou transformação de populações ou sistemas, em que estágios posteriores de uma entidade se desenvolvem gradualmente a partir de estágios anteriores. As evoluções social e cultural, portanto, são casos especiais de um fenômeno muito mais geral. Em todas as suas variadas manifestações, a evolução é geralmente concebida como um processo irreversível, embora raras exceções possam ocorrer.

O conceito de evolução é hoje em dia a base de importantes paradigmas em ciências que vão da astrofísica à zoologia, e é aplicado a entidades que vão desde o próprio cosmo até populações de organismos microscópicos. O astrofísico I.D. Novikov (1983, p.XIII), por exemplo, define a cosmologia como "o estudo da estrutura e evolução do universo".

No uso pré-darwiniano, evolução significava um processo de desdobramento, ou de desenvolvimento, por meio do qual os sucessivos estágios de uma entidade eram predeterminados por atributos ou potencialidades inerentes, como quando uma flor desabrocha ou um organismo se desenvolve do feto à condição adulta. Os biólogos hoje em dia, porém, referem-se a tal processo como desenvolvimento, reservando a palavra evolução para processos que envolvem populações de organismos e nos quais o resultado é produto de uma interação entre uma população e seu meio ambiente, como nas transformações intergeracionais de populações de plantas e animais. Nas ciências sociais, porém, as palavras evolução e desenvolvimento costumam ser usadas alternativamente. A primeira tende a ser usada quando se faz referência a mudanças no decorrer de séculos ou milênios, envolvendo a população humana inteira, e a última no decorrer de períodos mais curtos, envolvendo sociedades tomadas isoladamente.

Embora o conceito de evolução se refira basicamente a um processo de mudança, ele incorpora um reconhecimento do fato da continuidade. Isso porque se baseia na suposição de que as entidades que mudam são populações ou sistemas feitos de múltiplos componentes. Assim, embora tais entidades possam ser drasticamente alteradas a longo prazo (como os mamíferos, que são descendentes de organismos unicelulares), muitos componentes persistem imutáveis durante períodos extensos (por exemplo, os códigos genéticos de todas as espécies, ao que tudo indica, empregam pares dos mesmos quatro nucleotídeos há bilhões de anos). A curto prazo, ademais, a continuidade é, em geral, bem mais evidente do que a mudança. Essa capacidade de sintetizar dois aspectos do mundo empírico tão fundamentais, mas aparentemente tão contraditórios, é obviamente um dos grandes atrativos do conceito evolucionista nas várias ciências.

O conceito evolucionista é atraente também porque dirige a atenção para os elos importantes entre passado, presente e futuro. René Dubois (1968, p.270), destacado biólogo, expressou isso muito bem quando escreveu: "O passado não é história morta; é matéria viva com a qual o homem forja a si mesmo e constrói o futuro."

Apesar de seus atrativos, o conceito de evolução não deixou de ter críticos. Entre estes se incluem não apenas os criacionistas, que rejeitam a evolução com bases teológicas, mas também muitos cientistas sociais.

Os cientistas sociais apresentaram pelo menos quatro motivos para justificar sua rejeição ao evolucionismo. Primeiro, muitos presumem que o conceito implique a crença em um progresso moral e em uma inevitável melhoria da condição humana. Segundo, muitos rejeitam a idéia de evolução com base em que ela implica certa forma de reducionismo biológico. Terceiro, os cientistas sociais com pendor humanista rejeitam qualquer explicação generalizante da história humana e insistem na importância dos fatores contingentes na formação das conseqüências de qualquer evento. Finalmente, muitos rejeitam o evolucionismo devido a sua eventual associação com o DARWINISMO SOCIAL.

Embora tenha havido uma justificativa social para essas objeções no passado, o pensamento evolucionista mais recente vem respondendo de maneira geral aos problemas levantados. Assim, o evolucionismo mais recente nega explicitamente tanto a inevitabilidade quanto a universalidade do progresso moral e da melhoria da condição humana (Lenski e Lenski, 1987, p.399-406). O progresso (ou direcionalidade) é visto na história humana apenas em questões moralmente neutras, tais como o crescimento da armazenagem de informações culturais úteis, da escala de organização, da diferenciação inter e intra-organizacional, do poder do ser humano de manipular o meio ambiente biofísico. Mesmo nessas questões, o progresso só é evidente na população humana considerada como um todo, não em cada sociedade tomada isoladamente.

Em segundo lugar, o evolucionismo mais recente rejeita explicitamente o determinismo biológico, identificando a cultura como o mecanismo dinâmico na mudança social. Embora o novo evolucionismo afirme que todas as culturas refletem a herança genética de nossa espécie, ele encara essa herança como capaz de explicar apenas as características mais básicas do processo evolutivo (tais como o uso universal de sistemas de símbolos), e não as específicas. Isso é muito diferente do reducionismo simplista de parte do antigo evolucionismo e de boa parte da sociobiologia contemporânea.

Em terceiro lugar, as teorias evolucionistas mais recentes são formuladas em termos de probabilidades, e não do modo determinista a que os críticos humanistas se opõem. Seu objetivo é definir e descrever a natureza do campo das forças que influenciam as ações de indivíduos e sociedades sob condições específicas, e com isso fornecer uma base para estimativas da probabilidade de vários resultados — não previsões nem explicações de resultados em casos individuais.

Finalmente, apesar da associação do pensamento evolucionista com o darwinismo social, a ligação parece, em grande parte, fortuita. Basta lembrar o grande apreço de Marx pela obra de Darwin ou o panegírico feito por Engels à beira do túmulo do amigo para entender a natureza diversificada das implicações políticas do evolucionismo (Berlim, 1939, p.247-8; Harris, 1968, p.68). Seria de supor que seus críticos acabarão por entender que o evolucionismo social não fornece base firme para qualquer agenda política isolada.

Ver também NEODARWINISMO; PROCESSOS EVOLUCIONÁRIOS NA ECONOMIA; PROCESSOS EVOLUCIONÁRIOS NA SOCIEDADE; SELEÇÃO NATURAL.

Leitura sugerida: Calvin, M. 1969: *Chemical Evolution: Molecular Evolution towards the Origin of Living Systems on the Earth* • Dobzhansky, T. 1962: *Mankind Evolving: the Evolution of the Human Species* • Harris, M. 1968: *The Rise of Anthropological Theory* • Holland, H. 1984: *The Chemical Evolution of the Atmosphere and Oceans* • Laszlo, E. 1987: *Evolution: the Grand Synthesis* • Lenski, G. e Lenski, J. 1987: *Human Societies: an Introduction to Macrosociology*, 5ªed. • Lewontin, R.C. 1968: "The concept of evolution". In *International Encyclopedia of the Social Sciences*, org. por D.L. Sills, vol.5, p.202-10 • Mayr, E. 1982: *The Growth of Biological Thought* • Novikov, I.D. 1983: *Evolution of the Universe* • Simpson, G.G. 1949: *The Meaning of Evolution: a Study of the History of Life and of its Significance for Man* • Tax, S., org. 1960: *Evolution After Darwin: the University of Chicago Centennial*, vol.1: *The Evolution of Life*; vol.2: *The Evolution of Man* • Tax, S. e Callender, C., orgs. 1960: *Evolution After Darwin: the University of Chicago Centennial*, vol.3: *Issues in Evolution.*

GERHARD LENSKI

evolucionário, processo Ver PROCESSOS EVOLUCIONÁRIOS NA ECONOMIA; PROCESSOS EVOLUCIONÁRIOS NA SOCIEDADE.

existencialismo Influente filosofia européia do século XX, derivada da FENOMENOLOGIA, a doutrina característica do existencialismo é de liberdade humana radical. A palavra foi cunhada durante a Segunda Guerra Mundial para as idéias, então em surgimento, de Jean-Paul Sartre e Simone de Beauvoir. O rótulo estendeu-se primeiro a amigos do casal, como Maurice Merleau-Ponty, sendo em seguida aplicada à obra de outros filósofos, em especial Martin Heidegger e Karl Jaspers, que haviam influenciado Sartre. Poucos dos que foram chamados de "existencialistas" gostaram disso, ficando preocupados, o que é compreensível, em serem associados de modo excessivamente estreito com os pontos de vista particulares de Sartre. O existencialismo como filosofia deve ser distinguido do culto disseminado entre a juventude parisiense nos anos 40 e 50 que tomou emprestado o título. Esse "existencialismo de café" pode ter sido apenas uma manifestação da "desordem espiritual" do pós-guerra (usando a expressão criada por *The Oxford Companion to*

French Literature, 1959, p.261), enquanto as pretensões filosóficas são de relevância perene.

O existencialismo é uma fusão de dois temas: a idéia, que remonta a Kierkegaard, de que a existência humana é de natureza ímpar e as percepções essenciais da fenomenologia. A existência humana se distingue, primeiro, pela capacidade singular das pessoas para a auto-consciência e o auto-interesse. O ser humano é uma "questão" para si mesmo (Heidegger, 1927, p.67); ele é um ser "para si mesmo", em oposição ao ser "em si mesmo" das meras coisas (Sartre, 1943, p.LXIII). Em segundo lugar, e de modo relacionado, o que uma pessoa se torna não pode ser explicado por uma dada constituição ou por características essenciais, mas somente pelas escolhas que a pessoa faz para resolver a "questão" da sua vida. Assim, "a existência [de uma pessoa] precede a [sua] essência" (Sartre, 1946, p.28); ou, na colocação de Ortega, "existência é o processo de realizar as aspirações que somos" (1941, p.113).

Uma importante percepção herdada da fenomenologia diz respeito à prioridade do que Edmund Husserl chamou de *Lebenswelt*, "o mundo para todos nós", sobre os "mundos" especializados abstraídos pelos cientistas. Nós nos relacionamos com o mundo, fundamentalmente, não como objetos naturais interagindo com outros de forma causal, mas "intencionalmente" — isto é, encarando-o como uma rede de sentido e significado, somente através da qual as coisas podem sobressair para nós. Os existencialistas, porém, afastam-se essencialmente de Husserl ao insistirem em que não somos egos puros, desincorporados, mas ativos "seres no mundo" que vivenciam esse mundo como um "equipamento" (Heidegger, 1927, p.97), como um "mundo de tarefas" e "projetos" (Sartre, 1943, p.199).

Os dois temas estão intimamente relacionados. É porque estamos sempre "a caminho" de realizar aspirações que o mundo se revela como um campo de sentidos — como obstáculos e oportunidades, digamos. E é porque nos relacionamos com as coisas "intencionalmente", e não estamos "no" mundo da maneira natural das pedras ou dos peixes, que nos devemos reconhecer como criaturas para as quais as coisas importam e cuja existência pode tornar-se uma "questão".

Esses temas convergem para produzir a exposição radical que Sartre faz de LIBERDADE, que é um conceito ao mesmo tempo metafísico e moral. Ela denota, primeiro, a independência absoluta da escolha com relação a restrições causais; uma liberdade diretamente vivenciada, ao que ele alega, num estado de espírito de *Angst*. Meu caráter, meus motivos e minha situação não podem forçar minhas escolhas, uma vez que são parcialmente constituídos por escolhas e interpretações. Minha fadiga, por exemplo, é um motivo para parar, e não para me forçar à frente, com um esforço extra, apenas à luz de ambições que eu tenha ou não adotado. Uma vez que os valores que uso para justificar minhas ações são também "projetados" através de minhas aspirações, não sendo fornecidos nem pela Natureza nem por Deus, então minha liberdade é também moral. Minhas decisões não levam em conta quaisquer "fundamentos" objetivos, conclusivos; daí o senso de "absurdo" a que Sartre se refere (1943, p.479). Liberdade, nesses aspectos, significa que uma pessoa é totalmente responsável por suas ações. Não pode desculpar-se delas alegando compulsão, nem tentar impingir os valores que informam suas escolhas como qualquer outra coisa além de seus próprios comprometimentos. Resta, porém, um imperativo moral de *autenticidade*: o reconhecimento pleno, vivenciado, da própria responsabilidade, cuja antítese é a "má-fé" que a maioria de nós se permite na maior parte do tempo, como quando, por exemplo, atribuímos nossas falhas a alguma força inexorável chamada "caráter".

O existencialismo penetra no pensamento social em diversos pontos. Em primeiro lugar, fornece uma importante versão da visão de que, *pace* O FUNCIONALISMO, o comportamento social só é inteligível em termos da percepção e compreensão, pelas próprias pessoas, de suas situações. Em segundo lugar, ele se envolve com questões de ALIENAÇÃO. A sensação que as pessoas têm de um mundo estranho, "desencantado", deve-se basicamente à incapacidade de entender a percepção fenomenológica de que o nosso é um "mundo humano", do qual o universo neutro do cientista é uma abstração artificial. Os existencialistas têm uma consciência nítida, no entanto, de que a ênfase na liberdade de "escolher e recusar" ameaça alienar o indivíduo de seus companheiros: pois, como diz Jaspers, posso e devo levantar "resistência íntima" ao "social que impus a mim mesmo" (1932, vol.2, p.30). Isso leva, em terceiro lugar, a discussões das relações com "o Outro", que são encaradas pela maioria dos existencialistas como potencialmente inimigas do alcance da autenticidade. Para Heidegger, o anônimo "Eles" (*Das Man*) seduz ou "tranqüiliza" o indivíduo à aceitação passiva dos hábitos e opiniões "medianos" "Deles" (1927, p.222), enquanto para Sartre o perigo vem do "Olhar" (*le regard*) do Outro, seu poder de me categorizar e reificar (1943, p.263; cf. a exposição de Simone de Beauvoir em *O segundo sexo*, 1949, de como o Outro, na forma de homens, consegue constituir a compreensão que as mulheres têm de si mesmas). "O inferno são os outros", escreve Sartre — não porque sejam o mal, mas porque podem privar-me do sentido de minha liberdade (1947, p.182). As relações pessoais, portanto, tendem inerentemente ao agônico, com cada pessoa tentando reduzir a liberdade da outra por meio de um ataque preventivo contra a ameaça que esta representa. Em seus momentos mais otimistas, porém, Sartre concebe uma comunidade em que as pessoas entendem que "o opressor oprime a si próprio" e que o único caminho para um autêntico autoconhecimento é o do firme reconhecimento do caráter recíproco da liberdade entre os seres humanos (1983, p.443). Sua *Critique de la raison dialectique* (1960, 1986) também se engaja fundamentalmente com o marxismo, ao desenvolver uma teoria da ação política.

Leitura sugerida: Baldwin, Thomas 1986: "Sartre, *Existentialism and Humanism*". In *Philosophers Ancient and Modern*, org. por G. Vesey, p.287-307 • Cooper, David E. 1990: *Existentialism: a Reconstruction* • Heidegger, Martin 1927 *(1962, 1970)*: *Being and Time* • Jaspers, Karl 1932 *(1969-71)*: *Philosophy*, 3 vols. • Merleau-Ponty, Maurice 1945: *La phénoménologie de la perception* • Sartre, Jean-Paul 1943: *L'être et le néant* o 1946: *L'existencialisme est un humanisme* o 1983: *Cahiers pour une morale* • Sprigge, T.L.S. 1984: *Theories of Existence* • Warnock, Mary 1970: *Existentialism*.

DAVID E. COOPER

expectativas racionais, hipótese das De acordo com esta hipótese, as expectativas de um indivíduo com relação a eventos futuros não deveriam sofrer de erros sistemáticos. O motivo é simples: a pessoa tem de ser capaz de aprender os componentes sistemáticos dos seus erros, e existem todos os incentivos para fazê-lo, uma vez que ela só lucrará com a sua eliminação. Assim, é a tendência do agente proficuamente racional a "tirar o melhor partido das oportunidades" (ver ESCOLHA RACIONAL, TEORIA DA) que é responsável pela geração de expectativas racionais. E não surpreende que tenha sido louvada como a hipótese natural a se usar na ECONOMIA NEOCLÁSSICA. De fato, junto com a chamada hipótese da taxa natural de desemprego, ela constituiu um dos principais esteios da NOVA ECONOMIA CLÁSSICA, extremamente influente. Além disso, simplificou enormemente a estimativa de relações em econometria.

A formulação original de Muth (1961) sobre a hipótese das expectativas racionais tinha um enunciado ligeiramente diverso. As expectativas seriam as de que "previsões da teoria econômica relevante", ou, de maneira mais geral, a "distribuição subjetiva de probabilidades de resultados", devem tender à "distribuição objetiva de probabilidade e resultados". Esse modo de colocar a hipótese possivelmente revela bem mais sobre as dificuldades que vieram a estar associadas a ela. Os indivíduos podem querer evitar cometer erros sistemáticos, mas atravessar o abismo entre o "subjetivo" e o "objetivo" não é um exercício simples no mundo social. Não é apenas uma questão de deixar o tempo passar, como seria para alguém fazendo expectativas a respeito da paisagem quando a neblina desaparecer. Não há resultados "objetivos" nesse sentido, pois os resultados no mundo social dependem das expectativas "subjetivas" que fazemos quanto a eles. Essa interdependência gera dois problemas principais para a hipótese, e eles se combinam para indicar que essa explicação da formação de expectativas permanecerá incompleta a não ser que seja suplementada por algum sentido adicional de intermediação individual.

O primeiro problema diz respeito à caracterização do processo de aprendizagem à medida que um indivíduo passa de expectativas não-racionais para racionais. Formalmente, uma vez que a recompensa de uma pessoa em particular por se ater a um conjunto de expectativas em vez de outro depende dos resultados efetivos, e uma vez que esses resultados dependem das expectativas de outros, uma pessoa encontra-se, na verdade, em um jogo com outros (ver JOGOS, TEORIA DOS). Nesse jogo, um equilíbrio de Nash constitui uma expectativa racional e é o comportamento fora de equilíbrio de agentes nesse jogo que corresponde a um processo de aprendizado. No entanto hoje se aceita, de maneira geral, que a análise desse comportamento fora de equilíbrio tem de recorrer a uma noção de intermediação racional, que difere do simples senso de utilidade normalmente presumido na economia neoclássica.

Em segundo lugar, há toda uma variedade de cenários sociais nos quais essa dependência dos resultados em relação às expectativas produz múltiplos equilíbrios de expectativas racionais. Isto é, existem muitas expectativas que, se amplamente nutridas, se reproduziriam, exceto pela ação de interferências geradas por erros aleatórios (os erros têm um valor esperado de zero e não são serialmente correlatos). Mais uma vez, isso levanta um problema para o senso útil normal de racionalidade: que expectativa deve ser nutrida quando muitas satisfazem potencialmente essa condição de ser uma expectativa racional? Esse dilema é característico de situações em que existe autêntica incerteza (ver DECISÃO, TEORIA DA).

Assim, a hipótese das expectativas racionais tem contribuído enormemente para nossa compreensão de como os indivíduos formam expectativas quanto ao futuro. Em particular, se ela um dia prometeu preencher o hiato de informações na explicação instrumental da racionalidade, na verdade serviu para sublinhar a necessidade de suposições adicionais de racionalidade, caso desejemos compreender a ação em condições de incerteza.

Leitura sugerida: Attfield, C.L.F., Demery, D. e Duck, N.W. 1985: *Rational Expectations in Macroeconomics* • Begg, D.K.H. 1982: *The Rational Expectations Revolution in Macroeconomics* • Bray, M. 1985: "Rational expectations, information and asset pricing". *Oxford Economic Papers* 37, 161-95 • Frydman, R. e Phelps, E.S. 1983: *Individual Forecasting and Aggregate Outcomes* • Hahn, F. 1980: *Money and Inflation* • Haltiwanger, J. e Waldman, M. 1985: "Rational expectations and the limits of rationality". *American Economic Review* 75, 326-40 • Hargreaves Heap, S.P. 1989: *Rationality in Economics* • Muth, J.F. 1961: "Rational expectations and the theory of price movements". *Econometrica* 29, 315-35.

SHAUN O. HARGREAVES HEAP

explicação Este conceito implica relacionar o que deve ser explicado (o *explanandum*) a alguma outra coisa (o *explanans*) — mas é improvável que até mesmo uma definição tão geral como essa possa abranger a ampla variedade de explicações que achamos aceitáveis em nossas buscas cotidianas e científicas. Em parte, a variedade surge das visões alternativas a respeito da natureza do *explanans* e da natureza da relação que liga o *explanans* e o *explanandum*.

Os pontos de vista a respeito do *explanans* se encaixam de maneira ampla em dois tipos: primeiro, algumas exigências psicológicas articuladas, por exemplo, de que o *explanans* seja conhecido ou familiar, ou previamente admitido pelo recipiente da explicação. O que é comum aqui é que o *explanans* seja selecionado de forma a eliminar a perplexidade entre os que recebem a explicação: o sucesso explanatório é relativo aos seus recipientes, que devem ver a explicação antes que se possa considerar que eles a tenham. Em segundo lugar, existem pontos de vista a respeito do *explanans* que enfatizam as exigências lógicas, por exemplo, de que ele inclua um axioma ou uma verdade patente, ou uma descrição empiricamente verdadeira de uma seqüência invariável de eventos. Aqui, a ênfase é nas condições formais para o sucesso explanatório e, conseqüentemente, os recipientes podem ser considerados como tendo uma explicação, ainda que não possam vê-la.

Entre os pontos de vista a respeito da relação que liga o *explanans* e o *explanandum* também se incluem alguns que enfatizam exigências formais, por exemplo, que a relação seja de vínculo, em que seria autocontraditório aceitar a verdade do *explanans* mas rejeitar a do *explanandum*. Outros insistem em que a relação deva ser causal; isso introduz ainda mais diversidade na noção de explicação, devido à variedade de caracterizações da conexão causal (ver CAUSALIDADE).

No século XX as tentativas de analisar a explicação têm-se concentrado amplamente nas condições formais a serem atribuídas ao *explanans* e à relação de ligação, especialmente quando se consideram as explicações nas ciências naturais, que atraíram muita atenção porque parecem ser especialmente abalizadas. O modelo dedutivo-nomológico, ou baseado em uma lei abrangente, de Hempel e Oppenheim (1948), exerceu influência particular. Segundo este, um fenômeno é explicado quando sua descrição se deduz de um *explanans* que contém a expressão de um conjunto de condições iniciais junto com uma lei ou leis (*nomos* sendo a palavra grega para lei). Para usar um dos exemplos de Hempel (1965), o motivo pelo qual a parte de um remo reto que fica debaixo d'água parece quebrada para cima se explica com referência às leis de refração e à condição inicial de que a água é oticamente mais densa que o ar.

O esquema dedutivo-nomológico enfrenta críticas consideráveis, de três tipos. Primeiro, dificuldades internas; por exemplo, as leis no *explanans* devem ser universais, caso queiram garantir a explicação, mas existem dificuldades tanto práticas quanto lógicas para se estabelecerem verdades empíricas universais. Segundo, argumentos no sentido de que o esquema não pode dar conta de todos os tipos de explicação nas ciências naturais; por exemplo, explicações estatísticas, em que existe apenas probabilidade e não certeza de que o evento descrito no *explanandum* venha a ocorrer, tal como a probabilidade de que um fumante realmente inveterado venha a contrair câncer do pulmão, e explicações realistas, em que as ocorrências se explicam pela identificação dos mecanismos básicos que têm a responsabilidade causal por elas, tal como o movimento dos ponteiros em torno do mostrador de um relógio é explicado revelando-se a mola e as engrenagens que o impulsionam (ver REALISMO). Terceiro, críticas afirmando que o esquema não pode ser estendido às ciências sociais e mais além, em que as explicações intencionais, que explicam ações apelando a intenções, razões, motivos, e assim por diante, dos agentes envolvidos, são em geral mais apropriadas, e em que as explicações funcionais, que explicam ações e instituições pela identificação do papel que desempenham na manutenção de toda a sociedade, são também importantes. Se as explicações realistas podem ser estendidas das ciências naturais para as ciências sociais e se as explicações intencionais e racionais são diferentes das explicações causais, continua a ser motivo de discussão na FILOSOFIA DA CIÊNCIA SOCIAL. Se o esquema dedutivo-nomológico pode abranger as explicações causais, incluindo as realistas, continua a ser questão de debate na FILOSOFIA DA CIÊNCIA.

Leitura sugerida: Halfpenny, P. 1982: *Positivism and Sociology: Explaining Social Life* • Harré, R. 1970: *The Principles of Scientific Thinking* • Taylor, C. 1964: *The Explanation of Behaviour* • Van Parijs, P. 1981: *Evolutionary Explanation in the Social Sciences* • Wright, G.H. von 1971: *Explanation and Understanding.*

PETER HALFPENNY

exploração Embora se possa referir também ao modo como as pessoas usam os recursos naturais, as situações políticas ou os argumentos morais, "exploração" é uma palavra aplicada com mais freqüência a relações entre pessoas, ou grupos de pessoas, nas quais um grupo ou indivíduo se encontra estruturalmente numa posição que lhe permite tirar vantagem de outros. Exploração tem sempre alguma conotação de injustiça; no entanto as escolas de pensamento variam quanto ao que constitui uma vantagem injusta e sob que condições estruturais esta ocorre.

Para o marxismo, exploração é uma relação entre classes. Em qualquer sociedade em que nem todo o tempo de trabalho disponível é necessário para o provimento das necessidades diretas de consumo da população, as classes se desenvolvem em torno da produção e do controle do tempo de trabalho excedente. Uma classe é "explorada" porque produz mais do que consome, enquanto uma outra, "exploradora" ou dominante, mantém o seu poder através do controle desse produto excedente. Os diferentes modos de produção e as classes dentro deles são definidos pelo modo específico como ocorre a exploração. Assim, para o marxismo, exploração é a relação básica de qualquer época histórica, em torno da qual as próprias classes são definidas (ver MODO DE PRODUÇÃO).

Sob o capitalismo, a exploração é ocultada pela liberdade e igualdade aparentes do processo de troca no qual os trabalhadores vendem livremente sua capacidade de trabalho, sua força de trabalho, por um salário de valor equivalente (Marx, 1867). Não obstante, os trabalhadores são explorados porque a jornada de trabalho é mais longa do que o necessário para produzir seus salários, e o restante de seu dia é passado produzindo um excedente como lucro para o seu empregador capitalista. Isso ocorre porque a liberdade de troca é uma faca de dois gumes; uma vez que os trabalhadores não têm nenhum outro acesso aos meios de produção, só podem escolher entre a liberdade de vender sua força de trabalho a algum empregador ou a liberdade de morrer de fome. No entanto não é a relação de troca que é exploradora sob o capitalismo, pois os trabalhadores recebem o valor de sua força de trabalho, mas sim o fato de que, tendo comprado essa força de trabalho, os empregadores podem então utilizá-la para produzir mais do que têm de pagar por ela. De fato, esse é o motivo para que sejam empregados, pois sem a exploração os empregadores não teriam lucros. Assim, para Marx, a exploração ocorre na produção, e é a condição comum de todos os trabalhadores empregados por firmas capitalistas.

Em contraste, na ECONOMIA NEOCLÁSSICA a exploração só ocorre se os trabalhadores recebem menos do seu empregador do que a sua produção de renda marginal, o acréscimo marginal em lucros que o seu emprego torna possível. Uma firma buscando maximizar os lucros empregará trabalhadores até o ponto em que o custo marginal de seu emprego iguale sua produção de renda marginal. Uma firma enfrentando um mercado de trabalho competitivo não poderá influenciar os níveis de salários, por isso seu custo marginal para empregar um trabalhador extra será exatamente igual ao salário, e a maximização do lucro implica simplesmente garantir que os trabalhadores produzam uma renda marginal igual ao seu salário. A exploração no sentido neoclássico é, portanto, uma impossibilidade para uma firma plenamente competitiva (ver, por exemplo, Gravelle e Rees, 1981, p.382).

No entanto, uma firma com poder monopolista de compra no mercado de trabalho será capaz de influenciar os níveis de salários; seu nível de emprego maximizador dos lucros será, portanto, aquele no qual os trabalhadores são contratados por salários mais baixos do que a sua produção de renda marginal, resultando em sua exploração. Assim, para a economia neoclássica, exploração não é a situação comum de toda a classe operária, mas uma característica específica de alguns trabalhadores tomados isoladamente, os que trabalham para firmas com poder monopolista de compra no mercado de trabalho. Além disso, em vez de ser uma característica das relações capitalistas de produção, é um atributo de condições particulares de mercado.

Mais recentemente a escola do marxismo analítico tem utilizado alguns dos métodos da economia neoclássica para investigar um pouco mais as condições sob as quais pode ocorrer a exploração. Roemer (1988) mostra que a exploração "marxista" é um resultado da distribuição desigual de recursos produtivos, mais que das relações específicas de produção. Para ele, isso significa que o marxismo deveria encarar a desigualdade, mais que a exploração, como sua crítica básica do capitalismo. Suas críticas (ver, por exemplo, Lebowitz, 1988), porém, usam esse resultado, em vez de demonstrar como seus métodos não conseguem captar as diferenças essenciais entre as abordagens marxista e neoclássica: que para a primeira a exploração depende de relações de produção e está intimamente ligada à existência das duas classes principais do capitalismo, enquanto que para a outra é uma relação contingente entre indivíduos dependentes de condições específicas de mercado.

A exploração também tem sido usada em várias críticas sociais radicais para se referir às relações entre outros grupos na sociedade. Por exemplo, algumas feministas descrevem as relações entre homens e mulheres como de exploração. Pode ser que, por analogia direta com o conceito marxista, os maridos, seus empregadores ou até mesmo o sistema capitalista como um todo se beneficiem das mulheres que trabalham mais do que é necessário para prover o seu próprio consumo, ou, em sentido mais nebuloso, as práticas sexuais ou reprodutivas podem ser encaradas como de exploração.

Leitura sugerida: Braverman, H. 1974: *Labor and Monopoly Capital: the Degradation of Work in the Twentieth Century* • Lebowitz, M. 1988: "Analytical Marxism". *Science and Society* 52.2 • Marglin, S.A. 1974-75: "What do bosses do? The origins and function of hierarchy in capitalist production". *Review of Radical Political Economics* 6.2, 60-112; 7.1, 20-37 • Marx, K. 1867 *(1976): O capital*, vol.1 • Roemer, J. 1988: *Free to Lose; an Introduction to Marxist Economic Philosophy.*

SUSAN F. HIMMELWEIT

F

fabianismo Ver SOCIALISMO FABIANO.

família Embora muitos historiadores e antropólogos tenham chamado a atenção para a notável variação entre as formas de família, outros têm buscado, não obstante, identificar as suas características universais. Em 1949 o antropólogo George Murdock arriscou uma definição assim universal (baseada em sua análise de cerca de 500 sociedades) e afirmou que "a família" era "um grupo social caracterizado pela residência, a cooperação econômica e a reprodução. Ela inclui adultos de ambos os sexos, pelo menos dois dos quais mantêm um relacionamento sexual socialmente aprovado, e um ou mais filhos, próprios ou adotivos, dos adultos que coabitam sexualmente" (Murdock, 1949, p.1). Durante muitos anos a definição de Murdock foi a padrão — citada em inúmeros manuais e ensaios eruditos —, aplaudida por ser aplicável tanto a países em desenvolvimento quanto ao Ocidente moderno. Ironicamente, essa definição já não pode mais ser aplicada com precisão sequer ao Ocidente.

Hoje em dia, embora Murdock ainda seja amplamente citado, existem novos indícios — tanto sobre normas de família quanto formas de lares — para contestá-lo com relação a cada critério que ele propôs. Pelo menos desde os anos 60, em grande parte do Ocidente moderno e no mundo em desenvolvimento, a forma de família de Murdock dá conta apenas de uma minoria dos lares. A família, alegam os críticos de Murdock, em geral consiste em um único genitor (o típico é que seja a mãe) e filho, ou adultos coabitando sem filhos. (Ver também DIVÓRCIO.) Ou os casais se privam voluntariamente da paternidade, em geral para buscar outros objetivos. São, conforme se costuma dizer, "sem filhos".

Não há dúvida de que, tanto para mulheres quanto para homens e filhos, a família continua a ser uma instituição baseada na dependência econômica. Apesar da entrada mundial e sem precedentes de esposas na força de trabalho, a maioria das mulheres continua a depender financeiramente dos maridos. A despeito da aparente independência financeira dos maridos, a maioria depende das esposas não apenas para o trabalho "invisível" e sem pagamento no lar, mas também pela renda proporcionada pelo contracheque da esposa. Apesar da crescente afirmação de independência dos filhos, a maior parte deles ainda depende dos pais para a atual e a futura posição de classe, uma vez que cada vez mais conseguem empregos em dois setores da economia que se encontram em expansão, o de serviços e o informal, e dividem sua renda em casa. No entanto, embora a divisão do trabalho ligue marido a mulher e filhos a pais, as ideologias transformam e mistificam a relevância econômica desses intercâmbios, moldando-os em termos de amor e companheirismo. Nessa ideologia, a cooperação econômica tornou-se voluntária e a divisão de trabalho, trivializada. Assim, o adesivo econômico sobre o qual Murdock escreveu parece estar em processo de dissolução.

Outros indicam que, ao aplicar sua definição, aplicamos uma ideologia claramente tendenciosa, que não caracteriza nem a função das famílias modernas nem a sua estrutura. Um grande corpo de pesquisa nos Estados Unidos e na Grã-Bretanha, no final dos anos 50 e durante a década de 60, mostrou que até mesmo a classe média já vivia, de forma atípica, em "famílias ampliadas e modificadas" (Litwak, 1965), e não na família nuclear isolada que Talcott Parsons havia proposto (Parsons e Bales, 1955). Em todo o mundo, indivíduos modernos, de maneira geral, se mantêm em contato com parentes, mesmo com os que vivem a alguma distância. A moderna tecnologia proporciona-lhes a oportunidade de fazê-lo. Geralmente, devido a suas carreiras independentes, algumas esposas — seja nos Estados Unidos, no Japão ou na China — até passam boa parte de seu tempo em residências separadas, em vez de dividirem um único lar. Deixam de lado as reivindicações não apenas a uma "família" residencialmente intacta, mas também à proximidade geográfica de uma mesma "comunidade" e "vizinhança". Mesmo então, contudo, valem-se das novas tecnologias que tornam possíveis novas definições e compreensões a respeito da família. Cônjuges geograficamente próximos já não são mais *sine qua non* para a vida em família.

Da mesma forma como os cônjuges de classe média geograficamente afastados transformam as nossas noções de família, também os pobres urbanos o fazem. Tanto Liebow quanto Stack descrevem como negros pobres nos Estados Unidos transformam amigos em "parentes fictícios", pois se supõe que a família seja mais confiável do que a amizade (ver também PARENTESCO). Amigos tornam-se parentes porque é possível contar com eles para a troca de dinheiro, bens e serviços, e não simplesmente de amor. A partir de sua pesquisa etnográfica em uma grande cidade norte-americana, Stack desenvolve uma nova definição de família:

> Por fim, defini família como a menor rede organizada e durável de parentes e não-parentes que interagem diariamente, provendo as necessidades domésticas dos filhos e garantindo-lhes a sobrevivência. A rede familiar difunde-se por vários lares com base no parentesco (...). Uma imposição arbitrária de definições amplamente aceitas sobre a família, a família nuclear, ou a família matrilocal bloqueia o caminho para se compreender como as pessoas em suas casas descrevem e organizam seu mundo (Stack, 1974, p.31).

Aqui, família torna-se uma rede local — não um lar, nem uma vizinhança. Mais importante ainda, a família torna-se subjetiva: é a unidade que permite a sobrevivência e que organiza o mundo da pessoa (Gerstel e Gross, 1987). No todo, portanto, os laços econômicos das famílias negras, pelo menos entre os pobres, diferem dos das famílias brancas, pelo menos entre a classe média. Os homens negros desprivilegiados são, por quaisquer que sejam os motivos, incapazes de proporcionar segurança econômica às mulheres (Wilson, 1988). No entanto isso não equivale a dizer que os laços econômicos entre as famílias negras desaparecem totalmente. Em vez disso, reconstituem-se em sentidos diferentes, enfatizando parentescos ampliados e fictícios, em vez de laços conjugais. Esses padrões de ampliação dos laços familiares têm muito em comum com estratégias de sobrevivência fora do Ocidente moderno. Conforme Pine (1982) descobriu a respeito da área urbana de Gana, os membros dos casais de baixa renda tendem muito mais do que as classes alta e média a viver separadamente, em geral com parentes, e a se envolver em relacionamentos recíprocos do dia-a-dia com estes. Conforme ela escreve sobre a África Ocidental:

> Pode-se muito bem dizer que em muitas sociedades complexas, com desenvolvimento econômico desigual, a família nuclear, como unidade econômica e doméstica na qual os membros são interdependentes, é uma alternativa viável, ou pelo menos desejável, basicamente para as classes média e alta (...). Para as mulheres, especialmente as que têm filhos, um homem desempregado, ou com emprego apenas esporádico, pode ser muito mais um problema do que uma vantagem, enquanto as parentes podem oferecer umas às outras ajuda mútua, companheirismo e trabalho (...). Em termos de família e parentesco, é mais útil examinar as relações de parentesco mais amplas ente os povos urbanos do que se concentrar em variações de unidades conjugais ou na falta destas. (p.401)

Assim, como indicou Rapp, o debate a respeito do valor e do futuro da família baseia-se em experiências que variam com raça e classe. A feminista do Terceiro Mundo que defende a família e a feminista da classe média que é de opinião de que esta deveria ser abolida "não estão falando sobre as mesmas famílias" (Rapp, 1978, p.278).

É lógico que uma direita politicamente poderosa em muitas sociedades industriais avançadas busca restaurar a hegemonia do casal heterossexual, permanentemente unido pelo matrimônio, no qual o marido é o principal (ou, melhor ainda, o único) ganha-pão e cabeça da família, a esposa é mãe e dona-de-casa (ver também TRABALHO DOMÉSTICO) e os filhos (sempre há alguns) estão sujeitos ao controle dos pais (especialmente o paterno). Mas o programa da direita é pouco mais que reativo; nem representa a visão majoritária nem aborda as tendências estruturais predominantes e mundiais na vida da família.

A transformação de realidades empíricas e políticas, porém, não foi o único desafio ao conceito monolítico de família. Igualmente importante foi o fato de estudiosas feministas terem contestado a crença de que "qualquer arranjo familiar específico é natural, biológico ou funcional de uma forma atemporal" (Thorne e Yalom, 1982, p.2). Mais importante ainda, estudos recentes apontam que a busca de uma "família" universal esconde mudanças históricas ao estabelecer uma ideologia "da família" que obscurece a diversidade e a realidade da experiência familiar em qualquer tempo e local particulares.

Por exemplo, na América do Norte colonial, a participação na família era definida em termos de contribuição produtiva e filiação ao lar. Assim, empregados que viviam e trabalhavam em uma casa, mas não tinham parentesco de sangue, eram em geral encarados e tratados como membros da família pelos com que eles dividiam esse lar. Forneciam seu trabalho tal como aprendiam habilidades produtivas, doutrinas religiosas e valores morais. Eram membros da família porque partilhavam um lar e estavam sujeitos à autoridade do chefe desse lar, não porque fossem tratados com proteção, afeição ou amor. Inversamente, como indica um crítico recente, já no final da Idade Média a língua alemã não tinha nenhuma palavra para designar os grupos particulares de pais e filhos que eram então compreendidos como família (Mitterauer e Sieder, 1982). Muitos estudiosos afirmam que as características definidoras da "família moderna" no Ocidente (com raízes no século XIX) são totalmente diferentes: essa família moderna é formada na base da afeição e do amor; funciona em benefício da personalidade, para fornecer segurança psicológica e capacidade de lidar com tensões; e seus cônjuges são companheiros, da mesma forma que seus genitores (especialmente as mães) são protetores e se auto-sacrificam. Mais ainda, enquanto a família colonial (um pouco comunitária) era quase indistinguível da comunidade, os estudiosos apontam que a família moderna se tornou cada vez mais privatizada, silenciosa e reclusa. As relações dentro da família tornam-se mais íntimas e valorizadas na mesma medida em que as relações fora dela ficam mais remotas, especializadas e tênues. Conforme escreve um analista recente:

> De fato, tornou-se cada vez mais claro que "família" e conceitos "domésticos" relacionados, tais como os conhecemos, são desenvolvimentos relativamente recentes. Muitos dos aspectos característicos do discurso familiar contemporâneo — em particular, as noções de privacidade e sentimentos — eram, antes dos últimos séculos, ausentes do discurso de relações sociais primárias ou sem importância para ele. (Gubrum e Holstein, 1990, p.17.)

Alguns estudiosos respeitados chegam a indicar que somente a partir do século XV é que podemos encontrar o surgimento de um novo conceito: o conceito de família. O arranjo estava presente, afirmou Ariès, em seu trabalho pioneiro, mas "a família existia em silêncio; não despertava sentimentos fortes o bastante para inspirar o poeta ou o artista. Temos de reconhecer a importância desse silêncio: não se dava muito valor à família" (1960, 1962, p.342).

Dados esses novos significados, muitos pretendem hoje em dia o direito ao título de "família". Gays e lésbicas, por exemplo, exigem que o Estado e a Igreja legitimem suas uniões porque eles também dividem esses laços emocionais modernos. Genitores solteiros afirmam que eles e seus filhos são "família" porque estão ligados não apenas pelo sangue, porém, mais importante ainda, pela emoção. Casais que coabitam, com e sem filhos, exigem os direitos do matrimônio porque partilham as emoções de cônjuges. Ao mesmo tempo, a retórica da direita utiliza os laços protetores e íntimos que passamos a associar à "família". Mas esses grupos — quer à esquerda ou à direita — obscurecem as efetivas condições das famílias modernas. Afirmam que família é uma questão de amor. Enquanto o Ocidente moderno passou a enfatizar o significado emocional da família, podemos ter mudado as condições que poderiam sustentar tal ênfase. O próprio conceito — a família —, portanto, não pode captar a extensão e a diversidade de experiência que muitos hoje definem como sua. A família — na realidade, muitas famílias diferentes — veio "para ficar". A família é uma elaboração ideológica e social. Quaisquer tentativas de defini-la como uma instituição delimitada, com características universais em qualquer local ou tempo, necessariamente fracassarão.

Leitura sugerida: Ariès, Philippe 1960: *Historie sociale de l'enfant et de la famille* • Gerstel, Naomi e Gross, Harriet, orgs. 1987: *Families and Work* • Gubrum, Jaber e Holstein, James, A. 1990: *What is Family?* • Litwak, Eugene 1965: "Extended family relations in an industrial society". In *Social Structure and the Family: Generational Relations*, org. por S. Shanas e G. Strieb • Mitterauer, Michael e Sieder, Reinhard, 1982: *The European Family* • Murdock, George 1967:

Ethnografic Atlas • Parsons, T. e Bales, R. 1955: *Family Socialization and Interaction Patterns* • Pine, Frances 1982: "Family structure and the division of labor: female roles in urban Ghana". In *Introduction to the Sociology of Developing Societies*, org. por Hamza Alavi e Teodor Shanin • Rapp, Rayna 1978: "Family and class in contemporary America: notes toward an understanding of ideology". *Science and Society* 5.42, 278-300 • Stack, Carol 1974: *All our Kin* • Thorne, Barrie e Yalom, Marilyn, orgs. 1982: *Rethinking the Family* • Wilson, W. 1987: *The Truly Disadvantaged.*

NAOMI R. GERSTEL

fascismo Usado de maneira genérica, fascismo é uma palavra que designa um gênero singularmente multiforme de política moderna, inspirado pela convicção de que um processo de renascimento nacional (palingênese) se tornou essencial para pôr fim a um prolongado período de DECADÊNCIA social e cultural, e expressando-se ideologicamente em uma forma revolucionária de NACIONALISMO integral (ultranacionalismo). Restrito a textos de divulgação e a grupos de ativistas à margem da vida política antes da deflagração da Primeira Guerra Mundial e depois do final da Segunda, o fascismo proporcionou a base racional para as formações e partidos políticos de ultradireita que surgiram para combater o liberalismo, o socialismo e o conservadorismo em praticamente todos os países europeus entre 1918 e 1945. Registraram-se movimentos fascistas de destaque na Áustria, Bélgica, Grã-Bretanha, Finlândia, França, Alemanha, Hungria, Itália, Romênia e Espanha, bem como, fora da Europa, na África do Sul e no Brasil. Embora alguns destes tenham temporariamente conseguido abrir caminho e se tornar núcleos de movimentos populares, ou desempenhar um papel em regimes colaboracionistas sob o NACIONAL-SOCIALISMO, somente na Itália e na Alemanha conjunções particulares de eventos permitiram que o fascismo tomasse o poder de forma autônoma, através de uma combinação de legalidade e violência, fazendo surgir o Estado Fascista de Mussolini (1925-43) e o Terceiro Reich de Hitler (1933-45).

Esses dois regimes exibiam os contrastes marcantes, tanto na ideologia de superfície quanto no potencial para uma brutalidade impiedosa na busca de implementar suas políticas interna e externa, que distinguem diferentes tipos de fascismo. No entanto seu ímpeto de regenerar a nação inteira através de um despertar popular colocou ambos à parte, genericamente, dos muitos estados contemporâneos autoritários de ultradireita que, embora adotando muitas das exterioridades da Itália e da Alemanha nazista, se opunham essencialmente à revolução social imaginada pelo fascismo, pelo que são mais bem definidos como regimes "fascistóides" ou "parafascistas" (por exemplo, a Áustria social-cristã de Dolfuss ou o Estado Novo de Salazar, em Portugal). A dimensão anticonservadora do fascismo torna-se particularmente obscurecida pela ampla conivência com elites de poder tradicionais (como o exército, a Igreja, indústria), que tanto o fascismo quanto o nazismo foram forçados a exercitar por motivos pragmáticos (ver Blinkhorn, 1990). Da mesma forma o populismo autêntico e intrínseco a sua ideologia se perde facilmente de vista devido à extensa manipulação social (implicando propaganda intensa e terror de estado) necessária na prática quanto à promessa de transformar em realidade a utopia de uma comunidade nacional homogênea e revitalizada. Qualquer revolução fascista está destinada ao fracasso, uma vez que é o exemplo mais notável de um movimento político moderno palingenético ou regeneracionista, com um pequeno contingente natural buscando funcionar como o exclusivo sistema de verdade para toda uma sociedade pluralista. Quando tal ideologia se torna a base de um regime, leva inevitavelmente à desumanidade e ao TOTALITARISMO sistemáticos.

A definição de fascismo é inevitavelmente controvertida, uma vez que se trata de um TIPO IDEAL que até agora tem resistido às tentativas dos acadêmicos de transformá-lo em categoria social científica a cujo respeito prevaleça um consenso viável (comparar as definições em Bottomore, 1983; Sternhell, 1987; Wilkinson, 1987). O que distingue a presente abordagem é que ela localiza o "*minimum* fascista" num mito central da nação renascida que se pode expressar em um vasto âmbito de racionalizações e transformações. Historicamente, houve um alto nível de acordos entre diferentes fascismos quanto a que forças ameaçam o bem-estar da nação, a saber, o marxismo-leninismo, o materialismo, o internacionalismo, o liberalismo e o individualismo, porém houve também considerável variação quanto a detectar que forças são apresentadas como remédio e ao grau de violência imperialista e racista proposta a fim de impô-lo. Sendo de inspiração ultranacionalista, cada fascismo irá inevitavelmente beber na história e na cultura do país em que surge, de forma a legitimar sua investida contra o *status quo*, conforme exemplificado na visão nazista da Alemanha como um Terceiro Reich arianizado, ou na pretensão fascista de que a Itália estaria renovando sua herança romana. No passado os fascismos incorporaram elementos do militarismo, da tecnocracia, do ruralismo, do imperialismo, do neoclassicismo, da arte de vanguarda, do sindicalismo, do nacional-socialismo, do neo-romantismo, do cristianismo politizado, do paganismo, do ocultismo, do racismo biológico, do ANTI-SEMITISMO, do voluntarismo, do DARWINISMO SOCIAL ou, mais recentemente, elementos da "cultura alternativa" (por exemplo, da New Age e do movimento verde). Nos anos 80 houve uma convenção de neofascistas italianos em Camp Hobbit, e um neofascista britânico apresentou-se como candidato da "Onda Verde".

Embora o caráter excessivamente eclético do fascismo torne arriscadas quaisquer generalizações a respeito de seu conteúdo ideológico específico, o teor geral de todas as suas manifestações colocam-no na tradição da revolta do fim do século XIX contra o liberalismo e o positivismo, o que o leva a atribuir uma ênfase muito forte à primazia do vitalismo e da ação sobre o intelecto e a teoria. Em coerência com a complexidade ideológica do fascismo, a base social desses movimentos, tomados isoladamente, é altamente heterogênea, e de forma alguma restrita às classes média baixa ou capitalista (ver Mühlberger, 1987), apesar de se pressupor persistentemente o contrário. O fascismo também se vale da tradição da Teoria das elites (ver ELITES, TEORIA DAS), embora as autonomeadas vanguardas ativista e paramilitar de suas variantes no período entre as duas grandes guerras estivessem convencidas de sua missão de revolucionar a sociedade não apenas "a partir de cima", mas também a partir de baixo, através de um movimento de massa capaz de transformar os pretensos caos e degeneração da sociedade moderna em uma COMUNIDADE nacional coordenada e saudável.

Desde a guerra praticamente todos os países ocidentalizados assistiram ao surgimento de grupos pequenos e em geral efêmeros que tomavam por modelo o nazismo ou o fascismo a fim de atrair a atenção pública para versões grosseiras do racismo e do chauvinismo, no que se poderia chamar de fascismo "mimético". Talvez de forma ainda mais significativa, surgiram inúmeros partidos que, mesmo quando oficialmente dissociados do fascismo do período entre as duas guerras mundiais, fazem campanha por uma versão palingenética do ultranacionalismo adaptado às condições do pós-guerra, como por exemplo o MSI (Movimento Sociale Italiano) e os Republicanos Alemães. Na França, a Frente Nacional de Le Pen, com seu sucesso espetacular, tem alguns seguidores fascistas, mas sua plataforma oficial é uma perversão racista do liberalismo conservador, mais do que um credo revolucionário. Em termos do seu impacto direto sobre a corrente predominante da política, talvez a formação fascista mais significativa dos anos 90 tenha sido a Afrikaner Weerstandsbeweging, na África do Sul.

O período do pós-guerra também testemunhou o surgimento de novas bases nacionais para o ultranacionalismo palingenético. Ente estas, as mais influentes são a visão pós-nietzschiana de uma "revolução conservadora", pregada por De Benoist em nome da "Nova Direita" francesa (que não deve ser confundida com o neoliberalismo anglo-americano), e a fusão "tradicionalista" de pseudociência hinduísta e ocultista proposta por Jullius Evola e adotada por muitas correntes da "Direita Radical" italiana (ver Sheehan, 1981), ambas as quais exerceram influência sobre o neofascismo contemporâneo na Grã-Bretanha (ver, por exemplo, o periódico *Scorpion*). Uma característica de boa parte do neofascismo europeu é o tema de uma nova Europa, construída por uma liga de nações regeneradas agindo como um bastião contra as duas superpotências decadentes, a América do Norte e (até 1990) a Rússia, tema já explorado por alguns elementos do fascismo do entreguerras. A tenacidade do nacionalismo não-liberal, mesmo nas democracias liberais mais estáveis (ver Maoláin, 1987, e exemplares atuais de *Searchlight*), torna provável que o fascismo e o neofascismo venham a ser um ingrediente perene da política moderna, e era de se esperar que, depois do outono de 1989, minúsculos movimentos neonazistas e neofascistas viessem à tona em várias das "novas democracias" (por exemplo, o Pamyat, na Rússia). Não obstante, a conjuntura de forças estruturais que permitiu ao fascismo e ao nazismo conquistar poder de estado já não existe mais, e está condenada a levar uma existência altamente marginalizada dentro de um futuro previsível (ver Cheles, 1991).

Em termos da contribuição do fascismo ao pensamento social, alguns de seus teóricos, em especial na Alemanha, Itália e França, introduziram teorias relativamente elaboradas a respeito de temas como o conceito orgânico do estado, o princípio da liderança, economia, corporativismo, estética, direito, educação, tecnologia, raça, história, moralidade e o papel da Igreja. Embora todos negligenciem princípios metodológicos liberais (e marxistas) fundamentais, oferecem importantes estudos conjunturais na aplicação do mito nacionalista irracional a discursos acadêmicos como uma contribuição à legitimação e à normalização de políticas revolucionárias. Quanto à luz que o pensamento social ortodoxo lança sobre o fascismo, o conceito durkheimiano de ANOMIA, o conceito weberiano de política e liderança carismáticas, a pesquisa em sociologia, antropologia social e psicologia social sobre a dinâmica complexa das revoluções, ditaduras pessoais, movimentos de juventude e autoritarismo, tudo isso tem alguma relação com o fascismo. Da mesma forma, os estudos que investigam a dimensão mítica do nacionalismo e o componente utópico em todas as ideologias revolucionárias, sem confundi-las com o milenarismo religioso.

Leitura sugerida: Griffin, R.D. 1991: *The Nature of Fascism* • Laqueur, W., org. 1979: *Fascism: a Reader's Guide* • Mosse, George L., org. 1979: *International Fascism: New Thoughts and Approaches* • Payne, S.G. 1980: *Fascism: Comparison and Definition.*

ROGER GRIFFIN

favelas O deslocamento de pessoas para as cidades, nas primeiras décadas da Revolução Industrial, levou à criação de grande áreas habitacionais de construção inferior, com falta de serviços essenciais e imensamente populosas. Essas favelas contrastavam com os bairros das cidades pré-industriais e com as aldeias rurais no fato de ricos e pobres serem rigorosamente segregados. Como resultado, as conotações pejorativas do termo foram transpostas para os habitantes dessas favelas. Eram retratados pelos mais ricos como pessoas que haviam rejeitado as normas e valores dominantes de sua sociedade, em vez de haver lutado para preservá-los.

Assim, surgiu a distinção entre pobres "dignos" e "indignos" — estes últimos sendo chamados também de "pobres desonrosos" (Matza, 1966), "classes perigosas" (Chevalier, 1973) e, na literatura marxista, "lumpenproletariat". Entre as características estereotípicas dos habitantes das favelas incluíam-se o rompimento da estrutura familiar e a falta de organização comunitária. A conseqüente apatia levou a altos níveis de criminalidade e violência desestruturada. As explicações desse comportamento têm variado das atribuições de fraqueza moral individual — a ser corrigida por meio de educação e/ou punição — até imperfeições na situação da sociedade a serem remediadas pela reforma social (Waxman, 1977). A inevitabilidade da transmissão dessas características comportamentais entre gerações foi popularizada no conceito de Lewis (1967) da "subcultura da pobreza". Ele afirmou que, na maioria das condições de POBREZA, as crianças eram socializadas, em tenra idade, dentro dos valores de seus pais; o conceito de "ciclos de privação" indicava que a multidão de problemas interligados que os muito pobres encaravam tornava sua fuga da pobreza quase que impossível. Ambas as abordagens têm sido amplamente criticadas (ver Leacock, 1970; Coffield et al., 1980).

Quando os bairros favelados do século XIX foram limpos e reconstruídos, foram também substituídos por outras formas de habitação de baixo custo, prédios de apartamentos e assim por diante, que por sua vez foram rotulados com as mesmas características estigmatizantes.

Essa imagem da favela, gerada pelo desenvolvimento industrial ocidental do século XIX, não se mostrou inteiramente adequada ao crescimento do Terceiro Mundo na segunda metade do século XX. Lá, taxas de crescimento anuais de 10% se mostraram comuns devido tanto à migração maciça das áreas rurais quanto a uma elevada taxa de natalidade em conseqüência da juventude dos migrantes. Alguns desses migrantes encontram residência em imóveis dilapidados em áreas centrais das cidades, outros em casas de cômodos construídas exatamente para esse fim. Mas a oferta desse tipo de habitação é de longe superada pela demanda; a vasta maioria dos migrantes recentes viu-se obrigada a construir suas próprias casas nas periferias das cidades. Essas áreas, chamadas de favelas, cidades-satélites ou toda uma multidão de expressões de acordo com o local, hoje abrigam metade da população total de muitas cidades.

A população favelada tende a ser caracterizada pelos mais ricos de sua sociedade com os mesmos atributos pejorativos acima citados. Estudos dessas áreas revelaram, no entanto, atributos muitos diversos e levaram à diferenciação entre "favelas de esperança" e "favelas de desespero" (Stokes, 1962). Típicos das primeiras são os imigrantes rurais que aspiram a uma vida melhor, aderindo o mais possível aos valores sociais dominantes, em geral envolvidos em vigorosa atividade comunitária; em contraste encontram-se as últimas, lares dos que se encaram como em decadência social, não tendo conseguido enfrentar os problemas da vida urbana, e que demonstram as características de apatia associadas a essa forma de pobreza extrema. A equiparação de cidades-satélites com favelas de esperança e de áreas centrais das cidades com favelas de desespero não é necessariamente válida; pois, conforme Turner (1967) demonstrou para o caso de algumas cidades latino-americanas, o imigrante típico se estabelece primeiro em acomodações alugadas no interior das cidades, a fim de estabelecer uma "cabeça-de-ponte", e em seguida "consolida" sua posição construindo sua própria habitação em uma cidade-satélite em desenvolvimento.

O contraste agudo entre a degradação da favela clássica e a orientação para o progresso encontrada na cidade-satélite é sem dúvida exagerado. Tal como há muitos habitantes da primeira que não tinham os atributos associados de forma estereotipada à extrema pobreza, assim também existem muitos habitantes das cidades-satélites que os possuem de fato. As extremas variações no sucesso em encontrar emprego urbano contribuem para diferentes padrões de vida e atitudes sociais. Dentro da cidade-satélite, a diferenciação social resulta da comercialização do mercado habitacional, na medida em que os primeiros residentes que tiveram sucesso se tornam pequenos senhorios, com seus inquilinos, então, ficando incapazes de acumular economias suficientes para a construção de suas próprias casas.

As favelas não se tornaram os "pontos de eclosão" de inquietação civil, conforme foi tão amplamente previsto no final dos anos 60. Mas as tensões que brotam da pobreza, esta própria manifesta na habitação inferior, certamente existem, embora sejam freqüentemente diluídas pelo clientelismo político, a organização comunitária e os laços de etnia, tornando inadequado o rótulo da maioria dos pobres urbanos como "desonrosos" ou "classes perigosas".

Ver também URBANISMO.

Leitura sugerida: Chevalier, L. 1973: *Labouring Classes and Dangerous Classes* • Lloyd, P. 1979: *Slums of Hope?* • Rutter, M. e Madge, N. 1976: *Cycles of Disadvantage* • Waxman, C.I. 1977: *The Stigma of Poverty*.

PETER LLOYD

federalismo Esta palavra designa a divisão de poderes, dentro de uma estrutura legal, entre governos central e subsidiários, e de tal forma que, diferentemente do que acontece no caso da delegação, o centro não pode mudar a divisão sem procedimentos especiais e difíceis. Todos os pensadores políticos modernos enfrentam o dilema de que, se um estado é forte demais, virá a ameaçar as liberdades de seu povo; mas, se é fraco, pode não ser capaz de ajudá-lo e protegê-lo. Jean-Jacques Rousseau (1762) afirmou que o poder soberano só podia ser exercido com justiça em um estado pequeno, "mas, se for muito pequeno, não virá a ser subjugado? Não; mostrarei em seguida como a força externa de um grande povo pode combinar com o governo livre e a boa ordem de um pequeno estado." E uma nota de pé de página prometia uma continuação (que ele nunca escreveu) sobre "o tema das confederações. Esse tema é inteiramente novo e seus princípios ainda estão por ser estabelecidos."

A constituição federal norte-americana de 1787 estabeleceu esses princípios, expostos com clareza no polêmico arrazoado para a sua adoção, *The Federalist Papers* (Hamilton e Madison, 1787-8). O governo federal era um novo governo central, estabelecido sobre 13 estados existentes, ex-colônias reais, todos com constituição; mas os poderes desse organismo central eram limitados por lei e sujeitos a revisão judicial. Os tóris ingleses da época zombaram dessas propostas como inerentemente instáveis, tão profundamente acreditavam que um estado soberano era essencial à ordem política. Mas o jovem Jeremy Bentham devolveu a ironia: "Vocês acham que os suíços não têm governo?" (1776).

Os governos federais hoje em dia são comuns. Até mesmo a constituição de Stalin proclamava a União Soviética como uma federação, embora os elementos nacionais parecessem apenas uma fachada. Mas, com a derrocada do poder comunista no final dos anos 80, revelou-se uma realidade de poderes divididos. E é preciso lembrar que as colônias americanas haviam desfrutado de um grau considerável de autogestão, antes da federação. Não há exemplo no mundo de um estado unitário escolhendo transformar-se em federação; o federalismo altamente bem-sucedido da Alemanha Ocidental no pós-guerra, por exemplo, foi imposto pela conquista.

Por trás desses diversos arranjos institucionais, encontram-se diferenças profundas de teoria política. Pensadores modernos tão diversos quanto Lenin, Sidney e Beatrice Webb, bem como apologistas da soberania do Parlamento na Grã-Bretanha, fazem fila atrás de Thomas Hobbes, na crença de que, sem um estado central e soberano, na melhor das hipóteses a ineficácia irá grassar e, na pior, a guerra civil se torna latente. Olhem o que aconteceu com a queda do poder soviético! Mas outros contestam o próprio conceito de soberania. Para John Adams (1774), "soberania é a própria tirania". E pensadores pluralistas modernos afirmam que o próprio conceito de soberania é uma ilusão perigosa: todos os poderes se apóiam em um consenso de algum tipo e têm diferentes limitações que se originam na sociologia, na cultura e nas tradições das diferentes sociedades (ver PLURALISMO). O federalismo então se torna uma teoria geral de sociedades complexas, e não simplesmente um conjunto escolhido de instituições. Harold Laski certa vez disse que "todo poder é federal" (1925).

Ver também REGIONALISMO.

Leitura sugerida: Forsyth, M. 1989: *Federalism and Nationalism* • King, P. 1982: *Federalism and Federation* • Vile, M.J.C. 1967: *Constitutionalism and the Separation of Powers.*

BERNARD CRICK

feminismo O feminismo pode ser definido como a defesa de direitos iguais para mulheres e homens, acompanhada do compromisso de melhorar a posição das mulheres na sociedade. Ele pressupõe, portanto, uma condição básica de desigualdade, seja esta concebida como dominação masculina, patriarcado (ver PATRIARQUIA), desigualdade de gênero ou os efeitos sociais da diferença sexual. Em 1938 Virginia Woolf descreveu de forma provocadora a palavra "feminista" como "um termo vicioso e corrupto que causou muitos males no seu tempo e hoje está obsoleto": uma manifestação extremada que ilustra as desavenças sobre política que ocorrem até mesmo entre os que apóiam a causa das mulheres.

Na Grã-Bretanha e nos Estados Unidos, a tradição feminista mais antiga é a do feminismo democrático, liberal, dirigido à obtenção de direitos e oportunidades iguais para as mulheres. Os textos básicos dessa tradição são *A Vindication of the Rights of Women*, de Mary Wollstonecraft, publicado em 1792, e o ensaio de John Stuart Mill, *The Subjection of Woman*, de 1869. Uma útil discussão moderna sobre essa tradição pode ser encontrada em Phillips (1987). No século XIX boa parte desse trabalho se concentrou na remoção de barreiras educacionais e profissionais, e o ímpeto por trás dessas campanhas reformistas era em geral de forte militância. O auge dessa militância por "direitos iguais" ocorreu com a luta violenta das sufragistas do início do século XX pelo direito de voto, documentada no contexto britânico por Ray Strachey em *The Cause* (1928). Áreas mais recentes de contestação nos contextos norte-americano e europeu têm sido os direitos de emprego, o pagamento igual e a igualdade em termos de benefícios sociais, impostos e assim por diante.

As sociedades ocidentais, desde o final dos anos 60, têm testemunhado a ascensão (e o declínio) de movimentos feministas com um cunho mais radical, propondo algum tipo de estremecimento político revolucionário da sociedade, mais que uma redistribuição de direitos e recursos, e insistindo em afirmar que a opressão das mulheres está enraizada em processos psíquicos e culturais profundos, e que os objetivos feministas, a partir daí, exigem uma mudança fundamental, e não superficial. Um foco particular dessas campanhas tem sido a luta pelo controle das mulheres sobre seus próprios corpos — especialmente na questão do direito da mulher de escolher a respeito do aborto — e a rede de grupos e refúgios organizados para proteger as mulheres e seus filhos de homens violentos. Embora a ascensão dessa chamada "segunda onda" do feminismo esteja em geral ligada à política que surge do movimento norte-americano pelos direitos civis nos anos 60, as raízes dessas idéias mais radicais encontram-se mais obviamente em tradições políticas nativas da Europa: socialismo utópico, anarquismo, libertarianismo, marxismo e assim por diante. Outras importantes fontes de idéias foram a obra de Frantz Fanon sobre a internalização do colonialismo e a abordagem da consciência política por Mao Tsé-tung. Durante os anos 80 e nos anos 90 esse tipo de feminismo — voltado para uma ampla mudança cultural — tem estado ativo em torno de questões que dizem respeito à masculinidade e à guerra (por exemplo, a campanha de paz em Greenham Common, Grã-Bretanha, contra armas nucleares), assim como ao florescente "ecofeminismo", que liga as mulheres a uma preocupação particular com a preservação do planeta. Entre os textos básicos dessa "segunda onda" feminista ocidental estão *O segundo sexo* (1949), de Simone de Beauvoir, *Three Guineas* (1938), de Virginia Woolf, *Sexual Politics*, de Kate Millett, *A dialética do sexo*, de Shulamith Firestone, e *A mulher eunuco*, de Germaine Greer (todos de 1970). No contexto britânico, seria o caso de apresentar *Hidden from History* (1975), de Sheila Rowbotham e *Women: The Longest Revolution* (1974), de Juliet Mitchell.

A segunda onda feminista ocidental tem colocado muitas questões em discussão e pode ajudar, ao localizar seu contexto no pensamento social e político do século XX, na abordagem de duas dessas questões: (1) o "separatismo" feminista e (2) o relacionamento do feminismo com o pensamento e a política socialistas.

(1) As utopias feministas em geral têm descrito comunidades de mulheres onde as características violentas, militaristas, hierárquicas e autoritárias atribuídas aos homens se encontram graciosamente ausentes. Essa corrente do pensamento feminista inclina-se ao pessimismo na questão de melhorar a brutalidade masculina e aconselha o estabelecimento de comunidades femininas e o fortalecimento dos laços das mulheres entre si. Historicamente, essa tradição tendeu a implicar uma sentimentalização, mais que uma erotização dos relacionamentos entre as mulheres. Na segunda onda feminista, a articulação política do lesbianismo como opção tem sido marcante, embora de forma alguma necessariamente separatista. O Movimento de Libertação das Mulheres ocidentais dos anos 70 e 80, em certos pontos, ligou-se a uma política liberacionista mais geral em torno da sexualidade, particularmente na defesa dos direitos dos gays.

(2) A relação do feminismo com as idéias e com a política socialistas tem sido tema de muitas discussões (ver Barrett, 1988). Com a derrocada do bloco soviético e com o declínio do marxismo como força intelectual no Ocidente, é provável que essa relação venha a se erodir. Vale a pena observar que as sociedades que tentaram implementar uma transição para o socialismo conseguiram, embora possam ter fracassado no geral, atribuir um peso considerável à emancipação das mulheres. Daí, por exemplo, a reunificação da Alemanha (em 1991) ter implicado uma perda de direitos e de recursos para as mulheres da antiga RDA. Da mesma forma, seria possível observar que os regimes socialistas de estado ofereceram às mulheres oportunidades infinitamente superiores às de regimes inspirados por programas islâmicos ou de outras religiões fundamentalistas.

É possível afirmar que o feminismo no Ocidente, em suas formas tanto do século XIX quanto do século XX, tendeu a oscilar entre fazer pressão pela igualdade, e daí talvez por uma "uniformidade" de mulheres e homens (androginia), ou partir da posição de que mulheres e homens são essencialmente "diferentes" uns dos outros (quer se compreenda isso biológica, cultural ou socialmente) e, portanto, forçar uma reavaliação da contribuição específica das mulheres. Evidentemente que existe tensão no pensamento e na política feministas do Ocidente quanto a essa questão, que tem surgido em muitos contextos específicos. A "legislação protetora" do século XIX, proibindo que as mulheres fossem expostas a certas condições de trabalho (tais como o trabalho subterrâneo em minas ou os turnos da noite), pode, por exemplo, ser interpretada a partir de uma posição de "diferença", como proteção adequada à reprodução da espécie, ou de uma posição de "igualdade", como providência cínica destinada a excluir as mulheres de posições vantajosas na força de trabalho. Decisões quanto a lutar para repelir tal legislação ou deixá-la em vigor têm implicado assumir uma posição nesse debate sobre "igualdade ou diferença". Dilemas semelhantes surgem com respeito a provisões para a maternidade, políticas de ação afirmativa, disposições para manutenção e custódia de filhos depois do divórcio, para não mencionar questões mais polêmicas como a maternidade de aluguel ou as novas tecnologias de reprodução. Os debates políticos sobre essas questões na Grã-Bretanha, nos Estados Unidos e na Austrália são discutidos em Bacchi (1990). De forma mais profunda, afirmou-se (Scott, 1990) que a tradicional oposição binária entre "igualdade" e "diferença" é desqualificante, e que o feminismo contemporâneo deveria rejeitá-la, em vez de continuar a trabalhar com ela. A igualdade não precisa implicar a eliminação da diferença.

Os pressupostos teóricos característicos da segunda onda feminista ocidental, de grande influência nos anos 70, abriram caminho hoje em dia a um conjunto de idéias mais dispersas e heterogêneas. O que se poderia chamar de "feminismo dos anos 70" presumia ser possível especificar uma "causa" da opressão das mulheres, embora muitas feministas divergissem quanto ao que poderia ser essa causa (controle masculino sobre a fertilidade feminina, necessidade do capitalismo de uma força de trabalho dócil e assim por diante). Nas taxonomias tão apreciadas nesse período, havia vários pacotes de respostas (feministas "liberais", "socialistas" ou "radicais") a essas questões; um exame em retrospecto permite ver que a diversidade dessas respostas acabou escondendo um elevado grau de consenso quanto a quais eram as questões certas a serem colocadas. Assumiu-se também que todas as mulheres eram oprimidas ou subordinadas, e que a dinâmica dessa opressão se encontrava nas estruturas sociais determinantes. Os argumentos enfatizando a importância da biologia, da natureza, dos hormônios ou da genética foram todos postos de lado, confiantemente, como "biologismo", enquanto se afirmavam as causas sociais e culturais das atitudes sexistas. A diferença social e a especial relevância de ter e criar filhos para as vidas tanto de mulheres quanto de homens foram amplamente ignoradas.

O rompimento desse consenso poderia ser atribuído a três fontes principais: (1) a crítica ao feminismo ocidental por tentar universalizar a experiência de mulheres brancas (em geral, de classe média) em países capitalistas avançados; (2) a perda de confiança no modelo sociológico de GÊNERO implícito nessa abordagem e a concomitante reafirmação da "diferença sexual" como um importante fenômeno psíquico e cultural; e (3) a incorporação de idéias desestabilizantes de proveniência pós-estruturalista e pós-modernista.

(1) É importante observar aqui que as feministas negras lançaram uma crítica eloqüente ao fracasso do feminismo branco em se engajar nas questões do racismo e do etnocentrismo. Enquanto esse problema era imputado ao feminismo ocidental, afirmava-se também que o caráter conspícuo do feminismo ocidental havia, ele próprio, reduzido a consideração das lutas das mulheres em outros lugares do mundo (ver MOVIMENTO DE MULHERES). É evidentemente válido dizer que as prioridades políticas variam significativamente e que a agenda feminista é muito diferente em sociedades não-ocidentais. As tentativas de feministas ocidentais de abordar essas questões em um contexto comparativo (por exemplo, *Sisterhood in Global* [1984], de Robin Morgan) foram compreensivelmente criticadas por reproduzir essas diferenças de poder subjacentes.

(2) A diferença sexual passou a ser encarada como mais intransigente, mas também mais positiva, do que fora permitido no auge da segunda onda feminista, a qual tendeu a fazer eco à visão de Beauvoir (1949) de que a feminilidade era não apenas uma "realização" cultural, mas também uma redução, ou distorção, do potencial humano das mulheres. Essa mudança ficou marcada no crescente interesse pelas explorações psicanalíticas da diferença e da identidade sociais, sendo um texto influente *Psychoanalysis and Feminism* (1975), de Juliet Mitchell, e pela análise da maternidade, maciçamente desenvolvida após a publicação, em 1978, de *The Reproduction of Mothering*, de Nancy Chodorow. Um aspecto importante desse processo foi a reapropriação pelo feminismo da identidade da mulher e uma percepção de que o impulso para a "androginia" ou "igualdade" era apenas mais uma capitulação à norma masculina de negar a relevância de sexo e gênero.

(3) A relação do pensamento feminista com as correntes teóricas do pós-estruturalismo e do pós-modernismo é complexa, e deve sê-lo necessariamente, se forem consideradas as raízes históricas do feminismo como doutrina liberal humanista. Vários autores que abordaram esse tema (Hekman, 1990; Pollock, 1992; Barrett, 1992) concluem que o feminismo se localiza em ambos os lados da divisão modernidade/pós-modernidade (ver MODERNISMO E PÓS-MODERNISMO). É, assim, difícil ligar o feminismo como movimento político histórico, de qualquer maneira óbvia, a posições pós-estruturalistas, embora tenham sido muitas as ten-

tativas nesse sentido (por exemplo, Weedom, 1987). Riley (1988) examina as implicações problemáticas, para o feminismo, de uma "desconstrução" pós-estruturalista da categoria de "mulher". A teoria feminista na Europa, América do Norte e Austrália enfatiza atualmente as implicações das idéias pós-estruturalistas para a conceitualização de qualquer projeto feminista, e daí as possibilidades de uma política feminista.

Uma questão final pode ser apresentada com respeito à idéia de "pós-feminismo", que desfruta atualmente de alguma popularidade no Ocidente. Muitos jovens em sociedades ocidentais avançadas parecem ter uma visão mais progressista e aberta das escolhas de vida disponíveis às mulheres do que a geração de seus pais, e em certa medida isso pode ser corretamente atribuído ao trabalho do movimento feminista ativo dos anos 70 e 80. Não obstante, a idéia de que o feminismo é hoje obsoleto e de que predomina uma cultura de escolha "pós-feminista" simplesmente não é corroborada por nenhuma investigação sociológica ou política de desigualdade de gênero e poder nas sociedades contemporâneas.

Leitura sugerida: Bacchi, Carol Lee 1990: *Same Difference: Feminism and Sexual Difference* • Barrett, M. e Phillips, A., org. 1992: *Destabilizing Theory: Contemporary Feminist Debates* • Beauvoir, Simone de 1949: *Le deuxième sexe* • Hirsh, M. e Keller, Evelyn Fox, orgs. 1990: *Conflicts in Feminism* • Millett, Kate 1970: *Sexual Politics* • Morgan, Robin 1984: *Sisterhood is Global: the International Women's Movement Anthology* • Phillips, Anne, org. 1987: *Women and Equality* • Rowbotham, Sheila 1973: *Hidden from History* • Woolf, Virginia 1938: *Three Guineas.*

MICHÈLE BARRETT

fenomenologia Em filosofia, trata-se (a) da pura descrição dos "fenômenos" da experiência humana, tal como se apresentam em direta consideração, independente da história, da particularidade, da causalidade e do contexto social dessas experiências; e (b) do movimento filosófico europeu do século XX, associado em particular a Edmund Husserl (1859-1938), defendendo esse método de investigação em várias formas. Em segundo lugar, em sociologia — e em particular com inspiração nos textos de fenomenologia social de Alfred Schutz (1899-1959) —, é o estudo dos modos como as pessoas vivenciam diretamente o COTIDIANO e imbuem de significado as suas atividades. Em terceiro lugar, na psicologia da percepção, é uma escola influenciada pelo filósofo Maurice Merleau-Ponty (1908-1961), a qual afirma que o corpo e o comportamento são portadores imediatos e pré-lingüísticos de significado na experiência (Shapiro, 1985) (ver PSICOLOGIA). Este verbete concentra-se na fenomenologia em filosofia e sociologia.

A fenomenologia é um ramo abstrato, rigoroso e especializado da filosofia, com várias escolas e tradições nacionais. No entanto não é incorreto dizer, em oposição ao REALISMO científico, que todos os fenomenólogos têm dado prioridade à descrição da experiência de vida (*Erlebnis*) no mundo da vida humana cotidiana (*Lebenswelt*). Os membros do movimento influenciados pelo EXISTENCIALISMO (como Jean-Paul Sartre ou Maurice Merleau-Ponty) enfatizaram mais a experiência de sujeitos humanos localizados, concretos, vivendo juntos, enquanto os que estavam na tradição do racionalismo cartesiano (como Husserl) partiram da experiência do Ego individual e tentaram descobrir os fundamentos essenciais do conhecimento.

As pesquisas fenomenológicas, em geral, não têm a intenção de produzir afirmações factuais, mas sim reflexões filosóficas não-empíricas, ou "transcendentais", sobre conhecimento e percepção e sobre atividades humanas como a ciência e a cultura. Husserl visava estabelecer nada menos que a pura VERDADE, independente de tempo, lugar, cultura ou psicologia individual. Não estava interessado na percepção de objetos particulares, concretos, mas sim no "percebido como tal", que ele chamou de *noema*. Para chegar a tais essências abstratas dos objetos, Husserl defendeu um procedimento que chamou de "redução transcendental", ou *epoché*, por meio do qual as questões de ONTOLOGIA eram mantidas em estado de suspensão. Através de uma mudança de atitude, a crença no mundo efetivo da existência humana em qualquer sociedade, comunidade ou período histórico foi suspensa, ou "posta entre colchetes". Colocando-se assim os objetos sociais ou naturais concretos e individuais entre colchetes, era possível, acreditava ele, variar muitos exemplos de coisas para descobrir os aspectos essenciais que qualquer coisa dada deve possuir a fim de ser reconhecida como um exemplo dessa coisa. Em fenomenologia, esse método é conhecido como a abordagem *eidética* (Husserl, *Ideas*, 1931).

A doutrina da *intencionalidade* é importante em Husserl e na fenomenologia em geral, e deriva de Franz Brentano, professor de Husserl. A característica mais fundamental da consciência é tida como sendo o fato de ela ser sempre consciência *de* alguma coisa. Independente do status existencial do objeto em questão, a consciência é "dirigida". Os indivíduos destacam entidades em sua experiência para a sua atenção e, assim, as constituem em objetos. Mas do fato de um ato consciente ser dirigido a alguma coisa não se pode inferir que essa coisa exista. Para Husserl, todo ato é "dirigido" porque, mesmo que não tenha um objeto óbvio, será dirigido a um *noema*. Durante o procedimento artificial da *epoché*, atos "intencionais" como esperança, expectativa ou temor tornam-se importantes para se estabelecer a essência da percepção como tal (Husserl, *Cartesian Meditations*, 1931).

Husserl, seguindo esse raciocínio e usando o método da *epoché,* esperava demonstrar que era possível atingir uma esfera de consciência purificada, ou "subjetividade transcendental", tida como sendo uma esfera auto-suficiente de experiência fora do tempo e do espaço. O método produziria verdades não-empíricas, apodíticas, *a priori*, que seriam universalmente válidas e livres de pressupostos. Estas proporcionariam um sólido baluarte contra a dúvida céptica, o historicismo, o relativismo e o irracionalismo político. A esse respeito, a fenomenologia era também uma WELTANSCHAUUNG humanista, cuja natureza Husserl explicitou em sua última obra, *The Crisis of European Sciences and Transcendental Phenomenology* (1937).

A fenomenologia social de Alfred Schutz deixa de lado o projeto de uma filosofia sem pressupostos e evita o resultante problema husserliano de como o "Ego transcendental" (que ele foi forçado a postular para evitar o idealismo subjetivo) se constitui no "Ego empírico" individual. Schutz pressupõe de saída que as pessoas se defrontam umas com as outras em um *Lebenswelt* já constituído, significativo e intersubjetivo, que é a "realidade suprema" para os seres humanos, e defende o estudo dos modos como as pessoas vivenciam esse *Lebenswelt* cotidiano. A característica postura de senso comum que as pessoas assumem nessa esfera é chamada por Schutz de "atitude natural". A existência de outros é dada como certa na vida cotidiana, uma vez que assumimos uma "reciprocidade de perspectivas". O conceito de "simultaneidade" descreve a idéia de que nossa experiência do Outro ocorre no mesmo presente em que o Outro está tendo a experiência de nós. As pessoas orientam-se usando "tipificações", tais como concorrente comercial, norte-americano, tipo jovial, através das quais se efetua uma interação significativa (Schutz, 1932).

Schutz participava da crença humanística de Husserl, que ele havia estabelecido em *Crisis*, no primado do *Lebenswelt* como ponto de referência extremo e base de significado para toda a experiência, bem como para as teorias científicas que os seres humanos constroem. Altamente influente para a ETNOMETODOLOGIA e a metodologia sociológica foi a insistência de Schutz, de acordo com aquele princípio, em evitar a REIFICAÇÃO: os constructos de "segunda ordem" criados em ciência social deveriam basear-se nos de "primeira ordem" já em uso no *Lebenswelt* cotidiano. A ciência social como um "contexto de significado" só era possível e humanamente legítima se efetuasse uma tradução de ida e volta entre si própria e o "cabedal de conhecimento" disponível e em uso nos contextos de significado do *Lebenswelt.* (Uma versão dessa idéia aparece como a "dupla hermenêutica" nos influentes textos de teoria sociológica de Anthony Giddens [1976] — ver HERMENÊUTICA.) Schutz disse que se deviam observar ações e eventos significativos típicos e coordená-los com modelos construídos de agentes típicos, ou "*homunculi*". Em ciência social, era assim possível construir, como todas as ciências o fazem, sistemas conceituais analíticos (nesse caso, de ação social) de anonimidade máxima, mas baseados em experiências reais e, por meio do diálogo de ida e volta, mantendo laços com a singularidade dos indivíduos comuns.

A controvérsia continua dentro e em torno da fenomenologia. Dois focos recorrentes de debate são os seguintes:

1. Problemas que surgem do status transcendental das reflexões fenomenológicas. Nas versões sociológicas, existe uma relação ambígua entre as categorias transcendentais e o mundo real descrito pela ciência social empírica. Essa relação é sempre o calcanhar-de-aquiles de qualquer pesquisa transcendentalmente in-

formada, incluindo a fenomenologia (Kilminster, 1989). (Ver NEOKANTISMO.) Rigorosamente falando, Schutz estava delineando apenas as precondições para a pesquisa na ciência social humanista, e não tentando uma descrição empírica de qualquer sociedade nem fornecendo conceitos para uso direto em pesquisa social. Conforme as palavras de Thomas Luckmann (1983, p.viii-ix), a fenomenologia social é uma "proto-sociologia" que "revela as estruturas universais e invariáveis da existência humana em todos os tempos e lugares". Mas essa pretensão à universalidade, baseada como era unicamente no raciocínio filosófico, sempre foi contestável. De onde deriva o catálogo abstrato de estruturas básicas do *Lebenswelt*? Que evidência empírica, se é que existe, poderia mudá-las? Estarão sendo sub-repticiamente introduzidos valores e preconceitos a respeito da natureza humana?

Além do mais, a natureza esclarecedora, *a priori,* do empreendimento que os fenomenólogos haviam reunido para si próprios significava que — como eles mesmos reconheceram — não eram competentes para fazer quaisquer afirmações concretas, sistemáticas, a respeito das urgentes questões de poder e dominação social em sociedades específicas. Tal tarefa científico-social estava fora de sua esfera. Sua principal pretensão à fama, portanto, tornou-se a crítica humanista do objetivismo e do POSITIVISMO onde estes existiam na corrente dominante da ciência social. Uma vez que os sociólogos absorveram esse corretivo, a fenomenologia foi gradualmente perdendo o seu apelo.

2. O foco "egológico" da fenomenologia teve importantes repercussões para as variantes tanto social quanto filosófica. Esse molde individualista é óbvio em Husserl, mas também fica claro na visão que Schutz tem da sociedade como consistindo em círculos concêntricos em torno de si próprio.

> Com referência a Nós, cujo centro sou eu, outros se destacam como "Você", e com referência a Você, que se refere de volta a mim, terceiros se destacam como "Eles". Meu mundo social, com os *alter egos* nele incluídos, está arrumado, em torno de mim como centro, em associados (*Unwelt*), contemporâneos (*Mitwelt*), predecessores (*Vorwelt*) e sucessores *(Folgewelt*), com o que eu e minhas diferentes atitudes para com outros instituímos esses relacionamentos múltiplos. Tudo isso é feito em variados graus de *intimidade* e *anonimidade.* (Schutz, 1940, p.181.)

Esse ponto de partida nominalista para a ciência social tem sido alvo de consideráveis críticas em sociologia, de Karl Marx e Emile Durkheim em diante e, recentemente, de forma notável, no trabalho teórico e empírico de Norbert Elias, em que foi encarado como uma forma inaceitável de *monadologia* (Elias, 1978 e 1991).

O mesmo egoísmo significou que as versões filosóficas, particularmente a de Husserl, sempre foram assoladas pelo fantasma do *solipcismo.* Sua solução — a auto-experiência universal do "ego transcendental" — foi atacada pelos fenomenólogos existenciais (Sartre, 1936-7; Merleau-Ponty, 1945). Estes tentaram evitar tal perigo mudando a ênfase para a ontologia. Criaram conceitos como o "estar-no-mundo" da humanidade para tentar descrever a união pré-teórica das pessoas em sociedade. O movimento anti-subjetivista e anti-humanista do ESTRUTURALISMO no pensamento social europeu, nos anos 50 e 60, foi também, em parte, uma reação às formas mais individualistas de fenomenologia.

Em fenomenologia, o sujeito individual, ou Ego empírico, sempre teve um status analítico, embora explicitamente se assumisse ser ele um indivíduo adulto. A referência ao desenvolvimento desse indivíduo era feita de maneira formal, por exemplo, na distinção de Husserl entre gênese "ativa" e "passiva" do Ego (*Cartesian Meditations*, 1931, seção 38). Em suas primeiras obras, Schutz descreveu explicitamente o agente individual, tido em suas análises como o "adulto plenamente consciente". Essa suposição estatística é corrigida em sua obra póstuma *The Structures of the Lifeworld* (Schutz e Luckmann, 1974), que contribuiu para desenvolver o que ficou conhecido como "fenomenologia genética". Nessa obra, foi plenamente reconhecido o fato de os adultos terem sido crianças que aprenderam a partir de uma cultura preexistente através da socialização. Esse ponto de vista pode ser encontrado, de forma sofisticada, na influente obra de metateoria de Berger e Luckmann intitulada *The Social Construction of Reality* (1961). No entanto, de acordo com o caráter transcendental da análise fenomenológica em geral, a gênese é inevitavelmente tratada, aqui também, de modo formal, abstrato, como parte de uma estrutura universal de orientação subjetiva para as ciências sociais, com o mundo de gênese real, empírica, colocado entre colchetes.

Os sociólogos têm chamado a atenção para o fato de a fenomenologia ser um produto proeminente do egocentrismo da filosofia européia tradicional de Descartes a Kant e Husserl. Essa tendência foi convincentemente explicada pelo desenvolvimento de complexos estados-nações ocidentais, com paz interna. Pode ser vista como expressão da auto-experiência do indivíduo moderno, eminentemente autocontrolado, característico dessas sociedades (Elias, 1939). A direção predominante que surge nas pesquisas contemporâneas da sociologia da individualidade afasta-se do transcendental rumo às investigações empíricas, de forma simultânea, nas duas frentes do que Norbert Elias chamou de *psicogênese* e *sociogênese* (Burkitt, 1991).

Leitura sugerida: Elliston, Frederick e McCormick, Peter, orgs. 1977: *Husserl: Expositions e Appraisals* • Hammond, Michael, Howard, Jane e Keat, Russell 1991: *Understanding Phenomenology* • Landgrebe, Ludwing 1966: *Major Problems in Contemporary European Philosophy, from Dilthey to Heidegger* • Luckmann, T., org. 1978: *Phenomenology and Sociology* • Natanson, Maurice, org. 1970: *Phenomenology and Social Reality: Essays in Memory of Alfred Schutz* • Pivcevic, Edo 1970: *Husserl and Phenomenology* • Spiegelberg, Herbert 1970: *The Phenomenological Movement*, 2 vols., 3ªed. rev. e amp. • Thomason, Burke C. 1982: *Making Sense of Reification: Alfred Schutz and Constructivist Theory.*

RICHARD KILMINSTER

fetiche Ver MERCADORIA, FETICHISMO DA.

feudalismo O interesse moderno por esse antigo sistema de organização social não ocorre apenas por si próprio. A combinação de individualismo e hierarquia encontrada no feudalismo europeu foi fonte da liberdade política, do capitalismo e da ciência — todos os três baseados na competição, seja de governantes, recursos ou idéias. Duas condições da competição, a ausência de capacidade coercitiva central e a independência dos participantes, fornecem chaves para o contexto e o conteúdo do feudalismo.

Podemos encontrar governos não-centralizados ao longo de toda a história: na antiga Mesopotâmia, durante o período cassita; no Egito, durante o Médio Império; em Bizâncio, entre os séculos X e XII; na China, durante as dinastias Xu, Han tardia e Tang tardia; no Japão, entre os séculos IX e XVIII; e muitos mais. No decorrer do tempo a autoridade governamental foi fragmentada entre jurisdições locais com mais freqüência e durante períodos mais longos do que foi centralizada. Somente na Europa medieval, porém, é que uma economia e uma sociedade não-centralizadas geram elementos competitivos suficientemente fortes para sobreviverem à recentralização.

Foi nessa Europa que surgiu, durante o século X d.C., um sistema eclético de governo e organização econômica, em grande parte a partir da necessidade mútua de defesa contra invasores da Escandinávia. Sob o feudalismo europeu, o coletivismo (subordinação do interesse individual ao interesse do grupo), associado a antigas formações políticas hierárquicas, combinou-se com rudimentos de individualismo político, oriundos das relações entre os líderes tribais germânicos e seus seguidores, entre os séculos VI e IX.

Por volta do século VI d.C., quando todos os vestígios da administração imperial romana do Ocidente haviam desaparecido no Norte da Europa, um governo limitado como o que ainda existia se tornou privatizado. A defesa comum e a manutenção da lei e da ordem cabiam aos bispos locais e aos proprietários de terras que eram descendentes de invasores germânicos.

Os guerreiros (vassalos) das forças de defesa dos chefes locais prestavam serviço voluntário em troca apenas da camaradagem diária e da subsistência perpétua na casa de seus senhores. Os fracos reis merovíngios e carolíngios, descendentes desses chefes, recompensavam seus vassalos com extensas doações de terras, em troca de 40 dias de serviço armado por ano; e, com a situação instável que se seguiu às invasões do século IX, a vassalagem adquiriu função política. Uma relação entre quase iguais, fruto da obrigação mútua, evoluiu para uma hierarquia adaptada às necessidades de governo e defesa militar locais.

No vácuo criado pela queda da monarquia carolíngia, no século IX, cada vassalo assumiu autoridade para governar todos os que viviam em seu feudo. Ele exercia a justiça, recolhia impostos, construía estradas e pontes e mobilizava um exército particular formado entre os residentes. Podia exigir trabalho dos camponeses e tinha direito a todo o produto agrícola. Assim, praticamente sem distinção entre autoridade particular e pública, a administração dos serviços e instalações públicos tornou-se indiferençável da administração da propriedade feudal privada.

Por mais independente que cada vassalo pudesse ter sido de fato, a obrigação tradicional de fornecer forças de defesa sustentou os laços simbólicos com o doador das terras. Por volta do século X, quando os títulos de propriedade, o poder político e o status social correspondente à escala de posses podiam ser herdados, as mútuas obrigações defensivas de sucessivas gerações de proprietários de terras foram sendo formalizadas em um contrato feudal. Os herdeiros dos feudos maiores ficavam perto do ápice da pirâmide social, superiores em uma nobreza feudal emergente.

Em uma cerimônia conduzida pela Igreja, o vassalo jurava fidelidade ao seu senhor, prometendo fornecer cavaleiros armados para uma força de defesa em tempo de guerra e guardar o castelo do senhor em tempo de paz. (O senhor, por sua vez, resolveria as disputas entre os vassalos e forneceria ajuda militar caso as terras de um vassalo fossem atacadas.) Para cumprir sua obrigação de fornecer cavaleiros armados, um vassalo de amplas posses as dividia, entregando o uso da terra a associados de posição inferior, e estes por sua vez subdividiam ainda mais suas propriedades, até que, depois de uma sucessão de partilhas, a propriedade menor pertencia a um cavaleiro. Com a subenfeudação, como esse processo é hoje chamado, cada nível da hierarquia jurava fidelidade, prometendo fornecer cavaleiros armados ao suserano diretamente acima dele, até que, nos níveis mais elevados, os principais vassalos deviam direitos feudais à coroa.

A subenfeudação estabilizou o relacionamento feudal: um vassalo principal hesitaria em violar seu contrato feudal com o rei, pois suas ações serviriam de exemplo desfavorável aos homens que lhe deviam serviço feudal.

A lei consuetudinária feudal então emergente estabilizou ainda mais as relações hierárquicas, protegendo os direitos dos senhores nas transferências entre gerações. A regra da primogenitura (a herança para o filho mais velho) garantia que terra, títulos e posição na sociedade feudal passassem intactos aos herdeiros. Se o herdeiro do vassalo era incompetente, o poder de reversão do senhor feudal permitia-lhe confiscar um feudo e redistribuí-lo. Através do exercício do poder de tutelagem, quando uma criança herdava um feudo um senhor podia exercer o controle até que a criança tivesse idade suficiente para fazer o juramento de fidelidade. O senhor tinha o direito de aprovar o novo casamento de uma viúva e de aprovar os noivos para as filhas de seus vassalos. Finalmente, o poder em aberto delegado permitia a um doador retomar um feudo, caso seu detentor não conseguisse atender suas exigências. Talvez esses poderes indicassem meios pelos quais os vassalos tentavam fugir às suas obrigações.

O poder individual sob o feudalismo era limitado em dois aspectos importantes. Nenhum notável local em exercício do governo poderia controlar todos ou a maioria dos outros, assim como nenhum senhor isolado poderia manter sua autoridade sem os recursos fornecidos pelos subordinados, cada um dos quais governava independentemente sua terra dentro do domínio mais amplo do suserano.

Embora as relações hierárquicas sociais e econômicas persistissem dentro de cada domínio individual, onde a terra podia ser trabalhada por escravos e arrendatários vinculados (servos), completamente dependentes do senhor das terras para a sobrevivência, umas poucas famílias camponesas, em especial no continente, possuíam terras em propriedade livre e alodial, e estavam isentas dos deveres feudais. Por volta do século XII, com o desaparecimento da escravidão e a compra da liberdade pelos servos, que se mudavam para as cidades, as regras da hierarquia passaram a controlar áreas cada vez mais reduzidas da vida.

Não existiu nenhuma autoridade temporal forte ao longo da Idade Média; os monarcas feudais do medievo tardio governavam reinos descentralizados. No final da Idade Média, porém, elementos de interdependência permeavam as relações entre os senhores feudais. À medida que coalizões entre quase iguais se formavam, eram dissolvidas e depois reiniciadas para se obterem vantagens mútuas, o processo de barganha que passou a se desenrolar enfraqueceu o coletivismo. A barganha, em que a auto-regulamentação substituía a autoridade, é característica do individualismo comumente associado ao capitalismo.

Lentamente, à medida que senhores feudais fracos assumiram a autoridade dos notáveis locais de ministrar a justiça e administrar a defesa, foi-se negociando uma combinação viável de individualismo e coletivismo. A hierarquia acabou dominando a formação política. No entanto sua estrutura formal coexistia com elementos de individualismo e, no decorrer do tempo, esses elementos foram se tornando cada vez mais fortes.

Ver também ESTADO.

Leitura sugerida: Bloch, Marc 1940: *La societé féodale* o 1974: "The rise of dependent cultivation and seignorial institutions". In *Cambridge Economic History of Europe*, vol.1, cap.4 • Duby, Georges 1973: *Guerriers et paysans: essai sur la première croissance économique de l'Europe* • Lyon, Bruce 1972: *The Origins of the Middle Ages: Pirenne's Challenge to Gibbon* • Stephenson, Carl 1969: *Medieval Feudalism*, caps. 1, 2 e 5 • Strayer, Joseph R. 1971: "The two levels of feudalism". In *Medieval Statecraft and the Perspectives of History* • Webber, Carolyn e Wildavsky, Aaron 1986: "Finance in private governments of medieval Europe: poor kings". In *A History of Taxation and Expenditure in the Western World.*

CAROLYN WEBBER E AARON WILDAVSKY

filosofia No século XIX foi impossível para o pensamento filosófico do *fin de siècle* evitar as conseqüências do desenvolvimento da ciência moderna. As reações de Nietzsche, dos neokantianos, naturalistas e evolucionistas, marxistas, pragmatistas e idealistas, cada qual a seu modo, obtiveram sucessos desiguais. Os menos bem-sucedidos foram os idealistas, cujos esforços para compreender o mundo como constituído por um sistema de idéias já não eram mais convincentes.

Na Alemanha, o hegelianismo já havia sido superado. Não tanto nos Estados Unidos e na Grã-Bretanha. Nos Estados Unidos, Josiah Royce e, na Grã-Bretanha, T.H. Green, F.H. Bradley e Bernard Bosanquet estavam proporcionando fortes bases metafísicas para o cristianismo liberal. Embora variedades de idealismo "personalista", promovidas pelo norte-americano G.H. Howinson e pelos filósofos de Cambridge J.E. Mctaggart e James Ward, rejeitassem o "absolutismo" como "oriental", todos esses filósofos idealistas tinham em comum a rejeição aos compromissos empiristas com o nominalismo, o atomismo e as "relações externas" — a idéia de que as "coisas" conservam suas identidades independentemente das relações em que se encontram.

Pelo menos desde Parmênides os filósofos têm-se confrontado com o duplo problema da relação entre o um e o múltiplo e entre pensamento e realidade. Bradley (1846-1924), caracteristicamente, tentou uma solução que começava com a "experiência imediata" e afirmava que todos os julgamentos, incluindo os da ciência, são "cheios de contradições". Para Bradley, o pensamento só pode ser verdadeiro quando o intelecto se encontra *plenamente* satisfeito — e este não pode estar plenamente satisfeito enquanto o pensamento contiver contradições. Conforme escreve John Passmore (1957): "Em parte alguma, a não ser no Absoluto (...) essa autoconsistência pode ser encontrada." Para os idealistas, o mundo, em sua infinita complexidade, era, em última análise, uma unidade.

O idealismo praticamente desapareceu com a Primeira Guerra Mundial. De fato, todas as elaborações de maior sucesso no século XX, incluindo o marxismo, a ele se opunham. Na América do Norte, o PRAGMATISMO e uma série de "realismos" — os "novos" realismos, por exemplo, de E.B. Holt e R.B. Perry (Holt, 1912) e os realismos "críticos" de A.O. Lovejoy e R.W. Sellers (Drake, 1920) — eram reações diretas ao idealismo. O mesmo acontecia na Grã-Bretanha com as figuras predominantes de Bertrand Russell e G.E. Moore. Na Alemanha e na Áustria, a FENOMENOLOGIA de Husserl, a filosofia da existência de Heidegger e o POSITIVISMO de Viena, também movimentos de imenso sucesso, foram esforços para superar o impasse do final do século XIX entre idealistas e realistas.

Em resposta aos ataques materialistas ao "socialismo científico", Engels tentou, um tanto tardiamente, fornecer uma filosofia da ciência para o marxismo. Seguindo-o, o livro *Materialismo e empírio-criticismo* (1908), de Lenin, tornou-se a fonte do que se transformaria, com Stalin, no MATERIALISMO DIALÉTICO, a filosofia "oficial" do marxismo. O chamado "marxismo ocidental", a cujo respeito mais se dirá em seguida, seria uma reação recente a isso.

O pragmatismo não era uma coisa única. Os textos de Charles S. Peirce, William James, Georges Herbert Mead e John Dewey talvez sejam tão diferentes quanto semelhantes. Todos são corretamente pragmatistas na aceitação da crítica de Kant à metafísica, mas também na rejeição de seu móvel transcendental.

Peirce (1829-1914) chegou mais próximo do "realismo" tradicional. Havia um mundo externo, de existência independente, que era não apenas dotado de leis próprias, mas também inteligível. Peirce (1877) reagiu à inquietação cartesiana, afirmando que o problema era encontrar o modo preferido de estabelecer a crença na comunidade. Este era, claro, o "método científico" preferido porque, como público e falível, somente ele era autocorrigível.

A famosa "máxima pragmática" de Peirce (1878) de que nossa concepção dos efeitos práticos de uma idéia dá a ela todo o seu significado foi mal utilizada por posteriores teorias verificacionistas do significado. Sua obra sobre semiótica e lógica continua atual, especialmente considerando-se que proporciona uma alternativa radical aos pontos de vista predominantes de Frege/Russell.

O pragmatismo de James (1842-1910) tinha a intenção de colher benefícios tanto dos "idealistas" quanto dos "realistas", a fim de incluir não apenas "fatos" e "princípios", mas ciência *e* religião. Para conseguir isso, James desmitificou ambas. Ciência e religião brotam do "sentimento de racionalidade" (1878) e ambas visam "relações ideais e interiores" que não podem, "em nenhum sentido inteligível que seja, ser reproduções da ordem da experiência externa". A definição de James para verdade (1908) escandalizou os epistemólogos, uma vez que parecia conceder que uma condição *suficiente* para verdade era que uma crença fosse útil. De forma semelhante, seu "empirismo radical" caiu nas graças de defensores de pontos de vista mais recentes amplamente opostos. Por um lado magnífico autor de obras em prosa, James tinha pouco interesse tanto em problemas "filosóficos" estritamente concebidos quanto em atender aos padrões da recente filosofia técnica. Sua característica principal era insistir em que o mundo é plural, relacional e "em produção". De acordo com isso, as crenças só têm valor como afirmações da verdade na medida em que atendam a necessidades, carências, objetivos e interesses específicos.

O "instrumentalismo" de Dewey era um naturalismo que implicava dessencializar Aristóteles e ignorar a epistemologia tradicional em favor de uma franca admissão do método científico. Mas, embora Dewey (1859-1952) mostrasse-se confortavelmente abstrato a respeito do que isso significava, ele não era "científico". Ao contrário, buscou "humanizar" a ciência e trazer seus métodos para as questões cotidianas, incluindo uma política democrática. Uma vez que a democracia era "a própria idéia de comunidade" e comunidade exige que "relacionamentos face a face tenham conseqüências que geram uma comunidade de interesses, uma participação nos mesmos valores" (1927), o problema da democracia era precisamente estabelecer as condições em que é possível identificar conseqüências e estabelecer valores conjuntamente.

Superar uma série de dualismos — corpo e mente, experiência e natureza e, muito importante, fato e valor — era crucial para o projeto de Dewey. No seu ponto de vista, esses dualismos, e com eles as "principais divisões" da filosofia moderna, "cresceram em torno do problema epistemológico da relação geral de sujeito e objeto" (1917). A indagação era a idéia central da sua teoria do conhecimento, e sua abordagem, em muitos sentidos comparável à de Marx, era começar com a prática concreta, levantar questões quanto à "autenticidade, sob as atuais condições da ciência e da vida social, dos problemas [da filosofia]" e então articular os "problemas dos homens" em termos passíveis de indagação. Dewey está passando atualmente por um renascimento, tanto como pensador pós-moderno prematuro, ao modo de Richard Rorty, *quanto* como um pensador cuja filosofia continua viável para a reconstrução modernista.

Enquanto Dewey se furtava a muitos dos problemas tradicionais da filosofia, G.E. Moore (1873-1958) insistia em que estes resultavam da falta de clareza. Seu ensaio "The refutation of idealism" (1903a) demonstra isso e dá o tom para a concepção (posterior) da filosofia como análise lingüística. Para Moore, o conceito de uma coisa existente exigia que ela estivesse externamente relacionada a uma outra coisa. O idealismo, comprometido com relações internas, não podia ser expresso de forma coerente. Moore (1903b) usou essa mesma tática contra a "ética naturalista", afirmando que os pontos de vista que tentavam definir o que era bom em termos de alguma "propriedade natural", tal como a utilidade, cometem uma "falácia". Mesmo que seja certo — ele insistiu — que algo é útil, ainda podemos perguntar: "Mas é bom?"

Russell (1872-1970), um gigante da lógica moderna, não se contentou em buscar soluções para problemas na teoria lógica e na matemática. Em vez disso, ao empregar técnicas geradas no seu esforço de construir a matemática a partir da lógica ("logicismo"), ele pôde afirmar que "todo problema filosófico, quando submetido à análise e à purificação necessárias, demonstra não ser realmente filosófico, de forma alguma, ou então ser, no sentido em que estamos usando a palavra, lógico" (1941a).

Ele deveu a sua metafísica platônica inicial a Moore. Mas, dada a noção dúbia de Moore de que percebemos "dados dos sentidos" que eram, presumivelmente, as *superfícies* das coisas, Russell foi forçado a concluir que os objetos comuns eram *inferências* a partir dos dados dos sentidos. Com o princípio de que "sempre que possível as construções lógicas devem substituir as entidades inferidas" (1914b), ele pôde afirmar que objetos comuns, como números, podiam tornar-se "construções lógicas". Mas, ao mesmo tempo em que defendia o "atomismo lógico", ele admitiu que "fatos gerais" não podiam ser analisados como "fatos moleculares" (Russell, 1918). Por exemplo, todos os cisnes são brancos não se "reduzia a" este cisne é branco *e* aquele cisne é branco etc. Em 1948 seu otimismo já havia desaparecido. Com toda a engenhosidade do mundo, o empirismo não podia sustentar-se. A ciência não apenas exigia "o princípio indutivo", que ele não conseguia encontrar meio de fundamentar, como precisava do "postulado de quase permanência" — "coisas".

À medida que a ciência se industrializava, vários cientistas físicos do século XIX se tornaram filósofos da ciência (ver FILOSOFIA DA CIÊNCIA). Tinham em comum a rejeição à metafísica e, como parte disso, insistiam em que a ciência não visava explicar por que as coisas acontecem de determinada maneira. Explicação, se é que era possível, significava dedução, subsunção à lei. Havia, no entanto, algumas diferenças importantes entre eles.

G.R. Kirchhoff (1874), Ernst Mach (1886) e Karl Pearson (1892) ofereceram uma versão fenomenalista e descritivista da ciência. Henri Poincaré (1902) e Pierre Duhem (1906) insistiram numa posição mais "convencionalista", afirmando que leis e teorias eram definições disfarçadas. Finalmente, Heinrich Hertz (1894), aluno de um pensador de inclinação mais realista, Herman Helmholtz, forneceu uma resposta neokantiana na qual as teorias eram "representações" do mundo na forma de modelos matemáticos (*Bilder*).

Esses filósofos estabeleceram o *Weltanschauung* para o "positivismo lógico", talvez o movimento mais influente do século. Os *Principia Mathematica* (1910-11), de Russell e Whitehead, e o *Tractatus Logico-Philosophicus* (1921), de Ludwig Wittgenstein, foram, porém, os recursos imediatos. Wittgenstein (1889-1951) parece ter seguido Hertz ao afirmar que a linguagem precisava de um "modelo" abrangente. Ele voltou-se, de acordo com isso, para a obra de G. Frege e Russell. Mas o esforço de Wittgenstein parece ter se destinado a *não* demonstrar que o discurso não-científico era cognitivamente destituído de sentido. No seu ponto de vista, é precisamente aquilo a cujo respeito precisamos calar que constitui tudo que realmente importa na vida! De qualquer maneira, a filosofia se havia colocado contra a parede. Aliviados da responsabilidade de dizer o que deveria ser, os filósofos voltaram-se para a "metaética". *A Theory of Justice* (1971), de John Rawls, seria o primeiro tratado filosófico significativo, dentro da corrente principal, sobre ética normativa e filosofia política em possivelmente duas gerações.

A história do positivismo mais recente já está um pouco batida, não apenas com respeito às frustrações do programa, mas também, hoje, quanto ao esclarecimento sobre o que ele era. Por exemplo, W.V.O. Quine, ele próprio profundamente envolvido no movimento e um de seus críticos mais atentos, afirmou que *The Logical Structure of the World* (1928), de Rudolf Carnap, foi um esforço rigoroso, porém fracassado, de executar o programa de Russell de 1914, que visava explicar o mundo externo como um "constructo lógico de dados dos sentidos". Carnap mais tarde afirmaria que a obra tinha um objetivo mais geral, ou seja, demonstrar a possibilidade de traduzir afirmações científicas em um "sistema construcional" ontologicamente neutro, no qual a linguagem fenomenalista não era a privilegiada. Nesse ponto de vista, Carnap já estava comprometido com a idéia de estruturas lingüísticas pragmaticamente justificadas, com a verdade definida relativamente a estas. Isso viria a se tornar um tema da filosofia analítica posterior, como, por exemplo, na obra de Donald Davidson.

A "redução" fenomenalista foi um tema principal do influente *Language, Truth and Logic* (1936), de A.J. Ayer, cuja formulação do famoso "princípio da verificabilidade" introduziu-o a um número incontável de leitores. Em seus termos, o significado de uma proposição é dado pelo seu método de verificação.

Esse princípio teve problemas instantaneamente. Assim, se não era uma tautologia nem uma generalização empírica verificável, qual era então o seu estatuto? Em 1936, pelo menos, a verificabilidade tinha se transformado em "confirmabilidade" e já não havia esperança alguma para a redução fenomenalista (Carnap, 1936). Assumindo um realismo ingênuo, o problema tornou-se o estatuto dos termos teóricos. Estes eram dotados de significado parcial por meio de "sentenças de redução"; por exemplo, "caso desafiado, se alguém está apreensivo, fica irrequieto". É clara a relação com "definição operacional" e "comportamentalismo". Mas, sem receber muita atenção por parte dos cientistas sociais, cuja afeição por essas idéias não se deixava perturbar com facilidade, logo ficou claro para Carnap que "sentenças de redução" não seriam suficientes. Em 1956 ele havia passado para "regras de correspondência", libertando-se consideravelmente do apoio no "empírico" (Carnap, 1956).

Houve também o problema persistente de uma "lógica de confirmação", o esqueleto no armário do empirismo lógico. Carnap e C.G. Hempel reconheceram que o que se precisava era de uma lógica indutiva que, como os *Principia*, nos permitisse discriminar entre prognósticos "válidos" e "sem validade". Outros foram menos confiantes, incluindo Karl Popper (1934). Este mordeu a isca humeana e insistiu na "falsificabilidade", baseado na regra dedutiva do *modus tollens*. "Conjecturas arrojadas" são a essência da ciência, conjecturas que são em seguida testadas tentando-se falsificá-las. De acordo com isso, a não-falsificabilidade definiria a não-ciência. Mas, conforme já observado por Duhem, ficou muito pouco claro, dado o caráter holístico das teorias, se a falsificação foi possível em algum momento.

Por volta dos anos 50 a crítica interna já havia corroído todos os pilares principais do positivismo. Goodman (1947) demonstrou que nenhuma análise extensional podia enfrentar satisfatoriamente os problemas intimamente relacionados de indução, confirmação e análise da lei científica; Quine (1951) demonstrou que tanto a verificabilidade quanto a distinção analítica/sintética não podiam ser sustentadas; Hempel (1958) reconheceu que, se os termos teóricos fossem compreendidos à maneira dos positivistas, não poderiam desempenhar o papel que se esperava que desempenhassem. Hanson (1950) afirmou que era impossível estabelecer a distinção entre termos na linguagem de observação e na linguagem teórica. Seria possível continuar, mas talvez tenha sido *Structure of Scientific Revolutions* (1962), de T.S. Kuhn, que levou essas questões ao extremo. A conclusão principal foi que, se Kuhn estivesse no mínimo aproximadamente correto, a ciência efetiva não se conformava, em nenhum sentido, à "reconstrução" que era promovida pela filosofia empirista da ciência.

Deixando de lado autores mais antigos e marginalizados, como Cassirer (1923), Whitehead (1925) e Bachelard (1934), surgiram duas alternativas para o "ponto de vista padrão", a saber, o "anarquismo metodológico" de Paul Feyerabend (1971) e o "realismo" de Rom Harré (1970) e outros. Para Feyerabend, Kuhn era insuficientemente radical; para Harré, uma vez eliminado o "mito do dedutivismo", seria possível entender a prática científica de formas despercebidas pelas filosofias anteriores.

O empirismo lógico foi uma corrente na postura predominantemente "analítica" da filosofia anglo-americana. A outra, com Moore ao fundo e o Wittgenstein tardio no primeiro plano, foi a "análise da linguagem ordinária" (ver FILOSOFIA DA LINGUAGEM). Conseguir acompanhar o Wittgenstein das *Philosophical Investigations* (1953) não é fácil. Mas o slogan "o significado é o uso" rapidamente passou a caracterizar análises que, até mesmo para a velha-guarda wittgensteiniana, pareciam ser exercícios aos quais faltava conseqüência filosófica, até mesmo conseqüências do tipo "terapêutico", antimetafísico, que presumivelmente motivara a obra tardia de Wittgenstein.

Dois dos mais conhecidos analistas da "linguagem ordinária" foram os filósofos de Oxford Gilbert Ryle (1900-76) e J.J. Austin (1911-60). Ryle (1949) analisou os "conceitos mentais" e concluiu que a "mente" não era um "fantasma na máquina". Ryle, que deu início à "filosofia da mente", estava, no entanto, próximo a Carnap (e a B.F. Skinner!) ao sustentar que os conceitos mentais eram mais bem analisados de modo disposicional, como proposições hipotéticas que fazem referência ao comportamento. Austin juntou-se ao ataque ao fenomenalismo (1962) e identificou (1962) uma diferença crítica entre "enunciados preformáticos", por exemplo, "eu os declaro marido e mulher", e "enunciado de constatação", como "hoje é segunda-feira". Somente este último tem condições de verdade. A análise "discurso-ação" de Austin levou a filosofia analítica a um repensar da relevância do social.

Mas precisamos voltar aqui a uma resposta totalmente diversa ao amadurecimento da ciência. Edmund Husserl (1859-1938), como Frege, Russell, Peirce e Dewey, considerava a lógica como uma teoria da ciência, mas que precisava ser considerada "transcendentalmente". A lógica deveria fornecer uma elucidação *a priori* sobre as condições de possibilidades da ciência (Husserl, 1900). Com essa finalidade, desenvolveu uma FENOMENOLOGIA "sem pressupostos". A idéia era começar com "a situação cognitiva total, não analisada", conforme vivenciada, e então, através de descrição rigorosa, "explicar a igualdade de significados e sua referência a uma objetividade, seja real ou fictícia em seu caráter". Dessa maneira, questões sobre a existência de objetos comuns, como sobre espaço e tempo, são postas "entre parênteses", de forma que o método é ostensivamente neutro entre realismo e idealismo. A objetividade, então, "não é constituída nos conteúdos 'primários' (ou seja, conteúdos dos sentidos), mas sim nos caracteres de apreensão significativa e nas leis que pertencem à essência desses caracteres". Mas Husserl continuou, afirmando que os objetos "só podem ser 'no' sistema de conhecimento". Isso, claro, é idealismo.

As filosofias da "existência" de Martin Heidegger (1889-1976) e Jean-Paul Sartre (1905-80) (ver EXISTENCIALISMO) devem muito à fenomenologia, mas não apenas a ela. Kierkegaard (1813-55) e Nietzsche (1844-1900), cada qual reagindo a Hegel, viam a razão como algo que ameaçava engolir a humanidade. O tema central de Heidegger tornou-se "o estranhamento do homem em relação ao Ser" (1927). Ele buscou, então, descrever sem pressupostos o que é a existência humana. Tentando solapar a subjetividade cartesiana, o *Dasein* é o "campo" da existência humana, o nome para pessoas em relação a outras e seu ambiente. Para Heidegger, a verdade não diz respeito a proposições, mas, seguindo a etimologia grega, *a-lethea*, ou desvelamento, diz respeito a "compreender", numa condição primordial da existência. Esse é um tema de abordagens "hermenêuticas", por exemplo, a de Georg Gadamer (1960). (Ver HERMENÊUTICA.)

Ao mesmo tempo em que Hitler atraía Heidegger, também espantava incontáveis filósofos dignos de nota para a Inglaterra e a América do Norte, entre eles membros da ESCOLA DE FRANKFURT. Herbert Marcuse, Theodor Adorno e Max Horkheimer tentaram uma revisão do projeto de Iluminismo de Hegel/Marx, de encontrar razão na história. Se a classe operária não proporcionava uma perspectiva privilegiada, então a razão estava "sem a sua condição de possibilidade". Jürgen Habermas continua a ser uma voz poderosa nesse esforço.

De fato, o "acontecimento filosófico decisivo" na França do pós-guerra foi a redescoberta da DIALÉTICA de Hegel. Isso deveu muito a Alexander Kojève e Jean Hypollite. Juntos, ensinaram a toda uma série de intelectuais franceses, incluindo Raymond Aron, Maurice Merleau-Ponty, Jacques Lacan, Michel Foucault, Gilles Deleuze, Louis Althusser e Jacques Derrida. Conforme informou Simone de Beauvoir, falando tanto por si mesma quanto por Sartre, "nós havíamos descoberto a realidade e o peso da história".

No primeiro romance de Sartre, "a náusea é a existência revelando a si mesma" (1938). *O ser e o nada* (1943) desenvolveu um existencialismo radical que se concentrava na liberdade, mas que naufragou "no rochedo do solipsismo". Em 1947 Sarte já havia confrontado o marxismo e o stalinismo (Sartre, 1947). O resultado, a *Crítica da razão dialética*, concluída em 1960, foi uma assimilação que recebeu críticas tanto dos "estruturalistas", incluindo Claude Lévi-Strauss (1962), quanto de colegas íntimos, como Albert Camus (1951) e Maurice Merleau-Ponty (1955), que nos deram a expressão MARXISMO OCIDENTAL.

Como Herbert Marcuse, François Lefèbvre e G. Della Volpe, Sartre enfatizou os textos recentemente "descobertos" do jovem Marx. Para os "estruturalistas", isso reintroduzia a metafísica, a *bête noire* da filosofia do século XX. Assim, Lévi-Strauss defendeu um "kantismo sem objeto" e Louis Althusser (1965), embora comprometido com uma forma vigorosa de realismo, defendeu a história sem agentes. No seu ponto de vista, Marx havia efetuado um "corte epistemológico", rejeitando seus antigos "humanismo" e "historicismo". Mas Althusser partilhava com Sartre a rejeição do "diamat" e a busca de redefinir a filosofia para o MARXISMO.

A reação ao estruturalismo, o "pós-estruturalismo", caracteriza-se por um anti-realismo ontológico e por uma ansiedade nietzschiana quanto à vontade de poder. Embora Foucault (1966) rejeitasse a idéia de Sartre de que a "totalização" podia responder à crítica nietzschiana do conhecimento objetivo, ele parecia admitir um tipo de crítica imanente, expondo, através de "genealogias", compreensões alternativas de práticas atuais. Ao mesmo tempo em que é improvável que Derrida (1967) viesse a aprová-lo, epígonos do "desconstrucionismo" tenderam a reduzir a filosofia a gêneros retóricos, obliterando, no caminho, a própria idéia de verdade. Mas o "pós-modernismo" (ver MODERNISMO E PÓS-MODERNISMO) é possivelmente um fenômeno demasiado difuso para ser caracterizado em breves linhas.

A filosofia, então, encontra-se numa condição bastante diversa daquela em que estava quando o século começou. Não tanto pelo fato de o debate idealismo/realismo ter desaparecido. Trata-se, antes, de seus termos terem mudado. Possivelmente tão importante quanto isso, a incapacidade dos empirismos antimetafísicos de extrair sentido da ciência, e menos ainda do nosso mundo, tem forçado a filosofia recente a rejeitar tanto as soluções fáceis quanto suas aspirações "fundacionistas". O resultado ainda não ficou claro.

Leitura sugerida: Ayer, A. J. org. 1959: *Logical Positivism* • Barrett, William 1958 *(1962): Irrational Man: a Study in Existential Philosophy* • Callinicos, A. 1990: *Against Postmodernism* • Caton, Charles, E., org. 1963: *Philosophy and Ordinary Language* • Farber, Marvin 1943 *(1967)*: *Foundation of Phenomenology* • Flower, Elizabeth e Murphey, Murray, G. 1987: *A History of Philosophy in America*, vol.2 • Passmore, John 1957: *A Hundred Years of Philosophy* • Poster, Mark 1975: *Existential Marxism in Postwar France: from Sartre to Althusser* • Suppe, Frederick, org. 1974: *The Structure of Scientific Theories* • Tiles, J.E. 1988: *Dewey* • Tiles, Mary 1991: *Mathematics and the Image of Reason* • Toulmin, S. e Janik, A. 1973: *Wittgenstein's Vienna* • Urmson, J.O. 1956: *Philosophical Analysis: Its Development Between the Two World Wars.*

PETER T. MANICAS

filosofia analítica Ver FILOSOFIA; FILOSOFIA DA LINGUAGEM.

filosofia da ciência Este ramo de investigação abrange questões a respeito de ciência em geral (tais como: será que pelo menos algumas entidades teóricas seriam reais?), de grupos particulares de ciências (tais como, os objetos sociais podem ser estudados da mesma forma que os objetos naturais? — o problema do NATURALISMO) e de ciências isoladas (tais como: quais são as implicações da teoria da relatividade para os nossos conceitos de espaço e tempo?). A filosofia da ciência surgiu como disciplina distinta da Teoria do conhecimento (ver CONHECIMENTO, TEORIA DO), de caráter mais geral, em meados do século XIX — mais ou menos na mesma época em que diferentes ciências, com nomes como "física", "química" e "biologia", estavam se "profissionalizando". As principais figuras de sua primeira geração foram Auguste Comte, inventor do rótulo "positivismo" (bem como de "sociologia"), o ultra-empirista J.S. Mill (o qual achava que até as proposições matemáticas eram empíricas) e o historiador kantiano da ciência William Whewell. Boa parte da história posterior da filosofia da ciência pode ser encarada como uma continuação da controvérsia entre Mill e Comte, por um lado, e Whewell, por outro, com hegemonia dos primeiros, até cerca de 1970. A visão predominante da ciência baseava-se firmemente no empirismo humeano, que tinha sua epítome na alegação de E. Mach (1844, p.192) de que as leis naturais não passavam da "reprodução mimética de fatos no pensamento, cujo propósito é substituir e poupar o incômodo da experiência nova". Assim, o final do século XIX assistiu a triunfos tão espetaculares para o campo empirista quanto a construção, por Benjamin Brodie, de uma química sem átomos, que foram amplamente encarados como sendo, nas palavras de Alexander Bain, meras "ficções representativas".

O POSITIVISMO lógico do círculo de Viena dos anos 20 e 30 uniu-se ao reducionismo e ao empirismo epistemológico de Mach, Pearson e Duhem, com as inovações lógicas de Frege, Russell e Wittgenstein, para formar a espinha dorsal da visão predominante da ciência em meados do século. Seus membros originais foram M. Schlick, R. Carnap, O. Neurath, F. Waismann e H. Reichenbach. C.G. Hempel, E. Nagel e A.J. Ayer estavam intelectualmente próximos. Ludwig Wittgenstein e Karl Popper circulavam na periferia. O formalismo e o lingüisticismo eram características do círculo. Este partilhava as idiossincrasias do lingüisticismo com o convencionalismo, que crescera na França sob a influência de H. Poincaré e E. Le Roy, na primeira década do século, e que viria a ser radicalmente historicizado por G. Bachelard e G. Canguilhem a partir dos anos 30. Contra a corrente, o legado de Whewell foi assumido por N.R. Campbell, nos anos 20, defendendo a necessidade de modelos na ciência. Fora da corrente principal estavam as cosmologias de inspiração biológica produzidas por H.L. Bergson, S. Alexander e A.N. Whitehead, mais ou menos na mesma época; e o materialismo dialético que estava sendo sistematicamente codificado e disseminado na União Soviética sob Stalin.

A visão positivista da ciência girava em torno do eixo de uma teoria *monista* do desenvolvimento científico e de uma teoria *dedutivista* da estrutura científica. A primeira sofreu ataques de três fontes principais. Primeiro, de Popper e de (ex-)popperianos como I. Lakatos e P. Feyerabend. Estes afirmavam que era a falsificabilidade, e não a verificabilidade, o marco da ciência, e que era precisamente nos avanços revolucionários como os associados a Galileu ou Einstein que residia a sua relevância epistemológica. Segundo, de Kuhn e outros historiadores (como A. Koyré) e sociólogos (como L. Fleck) da ciência. Eles concederam escrupulosa atenção aos processos sociais reais implícitos na reprodução e transformação do conhecimento científico — no que viria a ser chamado de dimensão transitiva, epistemológica ou histórico-sociológica da filosofia da ciência. Finalmente, de wittgensteinianos, como N.R. Hanson, S.E. Toulmin e W. Sellars, que se agarraram ao caráter não-atomista, dependente de teorias e mutável dos "fatos" em ciência.

Um problema que surgiu nos primeiros tempos do debate sobre a transformação científica dizia respeito à possibilidade e, na verdade, segundo gente como Kuhn e Feyerabend, ao caráter efetivo da variação de significado, bem como da inconsistência da mudança científica. Kuhn e Feyerabend apontaram que podia vir a suceder que não houvesse nenhum sentido comum entre uma teoria e a sua sucessora. Isso parecia tornar problemática a idéia de uma escolha racional entre tais teorias "incomensuráveis", e até estimulava um ceticismo (superidealista) quanto à existência de um mundo independente de teoria. No entanto, se a relação ente as teorias é mais de conflito que meramente de diferença, isso pressupõe que sejam explicações alternativas do *mesmo* mundo; e se uma teoria pode explicar fenômenos mais significativos em termos de suas descrições do que a outra o pode em termos das *suas*, então existe um critério racional para a escolha da teoria e, *a fortiori*, um possível sentido para a idéia de desenvolvimento científico ao longo do tempo.

A teoria dedutivista da estrutura científica inicialmente sofreu ataques de Michael Scriven, Mary Hesse e Rom Harré, pela falta de *suficiência* dos critérios humeanos para a causalidade e a lei, dos critérios hempelianos para a explicação e dos critérios nagelianos para a redução de uma ciência a outra mais básica. Sua crítica foi então generalizada por Roy Bhaskar para incorporar também a falta de *necessidade* para eles. Bhaskar afirmou que o positivismo não podia confirmar a necessidade ou a universalidade — e, em particular, a transfactualidade (tanto em sistemas abertos quanto fechados) — das leis. Nem uma ontologia — no que caracterizou como a dimensão intransitiva da filosofia da ciência — que não identificasse os domínios do real, do efetivo e do empírico. É de certa relevância que o ataque ao dedutivismo tenha sido tanto iniciado quanto levado a cabo por filósofos com forte interesse nas ciências humanas, onde o que um autor chamou de "ortodoxia da explicação da lei" (Outhwaite, 1987b) nunca foi sequer remotamente plausível (Donagan, 1966).

A trava de segurança do dedutivismo era a teoria da explicação de Popper-Hempel, segundo a qual a explicação seguia por meio de subsunção dedutiva, sob leis universais (interpretadas como regularidades empíricas). Destacou-se, porém, que é típico da subsunção dedutiva não explicar, mas meramente generalizar o problema (por exemplo, de "por que este x faz ϕ" para "por que todo x faz ϕ"). O que se exige para uma explicação genuína é, conforme insistiram Whewell e Campbell, a introdução de novos conceitos que não estivessem contidos no *explanandum*, modelos descrevendo mecanismos geradores plausíveis e coisas do gênero. Mas os novos realistas — críticos ou transcendentais — romperam com o kantismo de Campbell, admitindo que, sob certas condições, esses conceitos ou modelos poderiam indicar níveis novos e mais profundos de realidade; e a ciência era encarada como algo que seguia por meio de um processo de movimento contínuo e reiterado, partindo dos fenômenos manifestos, através de modelos e experiências criativos, até a identificação de suas causas geradoras, que se tornavam então os novos fenômenos. Além do mais, afirmou-se que as leis que a ciência identificou sob condições experimentalmente fechadas continuavam a valer (porém transfactualmente, não como regularidades empíricas) de modo extra-experimental, fornecendo assim uma base racional para um trabalho prático e aplicado, seja explicatório, diagnóstico, exploratório etc.

Nos anos 80 I. Hacking, A. Chalmers e outros aduziram novos argumentos em favor do realismo científico. Mas houve também um parcial ressurgimento do positivismo no "empirismo construtivo" de B. van Fraasen, que mais uma vez restringiria a imputação de realidade aos observáveis, e no "atualismo" de N. Cartwright, no qual as leis da física, na medida em que não são empiricamente verdadeiras, literalmente jazem. Ao mesmo tempo, realistas críticos começaram a explorar a questão — no que foi chamado de "dimensão metacrítica" — das condições da possibilidade tanto do positivismo quanto do REALISMO (por exemplo, a identificação empírica, permitida pela tecnologia do século XX, das novas entidades e estratos identificados por palavras como "átomos", "elétrons", "radiação estelar", "genes"). Dessa forma, eles estabeleceram um elo com o "programa forte na sociologia do conhecimento" associada a Barry Barnes, David Bloor e a escola de Edimburgo. A partir daqui, o século parece pronto a se encerrar, na filosofia da ciência, com uma nota pluralista e ecumênica, ficando (plausivelmente) as grandes questões do realismo e do naturalismo resolvidas e dando-se talvez mais atenção aos problemas metacríticos, metateóricos e conceituais colocados por ciências em particular.

Leitura sugerida: Bhaskar, Roy 1975 *(1978)*: *A Realist Theory of Science*, 2ªed. • Chalmers, Alan F. 1982: *What is this Thing called "Science"?*, 2ªed. • Feyerabend, P. 1971: *Against Method* • Hacking, I. 1983: *Representing and Intervening* • Harré, R. e Madden, E. 1975: *Causal Powers* • Kuhn, Thomas S. 1962 *(1970)*: *The Structure of Scientific Revolution*, 2ªed. • Nagel, E. 1961: *The Structure of Science* • Popper, Karl 1959: *Conjectures and Refutations*.

ROY BHASKAR

filosofia da ciência social As ciências sociais sempre existiram em relação mais íntima com suas metateorias ou filosofias do que as ciências naturais — quer dizer, recorrendo à útil distinção de G. Bachelard, a filosofia diurna dos cientistas esteve, nesse ponto, mais impregnada da filosofia noturna produzida por seus filósofos. Além disso, cada ciência social e cada escola dentro dela tem tido problemas ontológicos, epistemológicos, metodológicos e conceituais que lhe são peculiares. Mas um importante contraste pode ser traçado entre um positivismo naturalista, forte em ciência econômica, psicologia e sociologia nos moldes de Emile Durkheim e Talcott Parsons, e proeminente nos países anglófonos, e a hermenêutica antinaturalista, forte nas ciências sociais e na sociologia de orientação mais humanista, na veia de Max Weber e proeminente no mundo germânico. Esse contraste supera a linha divisória marxista/não-marxista. Assim, o tradicional materialismo dialético da espécie de Friedrich Engels, G. Della Volpe e Louis Althusser pode ser colocado de um lado, György Lukács, Jean-Paul Sartre e a ESCOLA DE FRANKFURT do outro. Só em data relativamente recente ganhou destaque uma terceira alternativa, um naturalismo crítico ou limitado, baseado em uma descrição realista não-positivista da ciência. Este verbete vai interessar-se principalmente por algumas das questões que têm surgido na filosofia das ciências sociais no século XX.

Explicação e previsão

O modelo positivista canônico de EXPLICAÇÃO sustenta que explicar um acontecimento etc., é deduzi-lo de um conjunto de leis universais somado a condições iniciais. Infelizmente, exemplos de explicações em conformidade com esse modelo estão completamente ausentes nas ciências sociais. Isso fornece o mais forte argumento negativo para a hermenêutica. O modelo dedutivista postula uma simetria entre explicação e PREVISÃO, mas a ciência social, funcionando como deve ser em sistemas abertos, tem uma ficha preditiva notoriamente ruim. E, por estranho que pareça, foi um dos principais expoentes do modelo dedutivo-nomológico de explicação, Karl Popper, quem se mostrou mais virulento em seu ataque ao que chamou de historicismo, isto é, a elaboração de profecias históricas incondicionais. É evidente que a falsidade disso não quer dizer que as ciências sociais não possam fazer previsões condicionais, sujeitas a uma cláusula *ceteris paribus*. Mas a ausência de sistemas fechados significa que situações de teste decisivas são, em princípio, impossíveis, pelo que as ciências sociais devem confiar em critérios exclusivamente explicativos para confirmação e refutação. Quanto à explicação, os novos critérios realistas postulam uma distinção entre explicações teóricas e aplicadas. As primeiras procedem por *des*crição de características significantes, *re*trodução para causas possíveis, *e*liminação de alternativas e *i*dentificação dos mecanismos geradores ou da estrutura causal em ação (a qual se torna agora a nova explicação a ser explicada) (DREI); as segundas, por *re*solução de um evento complexo (etc.) em seus componentes, *re*descrição teórica desses componentes, *re*trodicção de possíveis antecedentes e *e*liminação de causas alternativas (RRRE).

Entendimento

O mais forte argumento positivo em favor da hermenêutica é que, sendo os fenômenos sociais singularmente significativos ou governados por regras, a ciência social deve estar precisamente interessada na elucidação do significado do seu objeto de estudo — ou por imersão nele, como na inspirada explicação de Wittegenstein por P. Winch, ou pela dialógica fusão de horizontes ou estruturas de significado, como na explicação heideggeriana de H.G. Gadamer. Pode-se objetar a isso que a conceitualidade da vida social é suscetível de ser reconhecida sem se admitir:

1. que tais conceitualizações esgotam o objeto de estudo da ciência social (considerem-se os estados sociais de fome, guerra ou prisão, ou os psicológicos de ira, coragem ou isolamento);
2. que tais conceitualizações são incorrigíveis (pelo contrário, sabemos desde Marx e Freud que elas podem mascarar, reprimir, mistificar, racionalizar, obscurecer ou, de alguma outra forma, obliterar a natureza das atividades em que estão implicadas); ou
3. que o reconhecimento da conceitualidade do ser social exclui a sua compreensão científica (pelo menos, uma vez que se abandone a restritiva ontologia empirista de *esse est percipi*).

O paradigma hermenêutico é coerente, porém, com a metateoria realista da ciência. Além disso, os realistas críticos insistem tipicamente em que a *Verstehen* deve ser o ponto de partida para a investigação social.

Razões e causas

A posição hermenêutica é freqüentemente reforçada pelo argumento de que as ciências humanas estão interessadas nas razões do comportamento dos agentes e de que tais razões não podem ser analisadas como causas. Com efeito, em primeiro lugar, as razões não são logicamente independentes do comportamento que explicam. Além disso, em segundo lugar, operam em um diferente nível de linguagem (F. Waismann) ou pertencem a um jogo de linguagem (*Sprachspiel*) (Wittgenstein) que é diferente das causas. Mas os eventos naturais podem, do mesmo modo, ser redescritos em função de suas causas (por exemplo, *toast as burnt* = torrado como queimado). Além disso, a menos que as razões sejam causalmente eficazes na produção de uma e não de outra seqüência de movimentos corporais, sons ou sinais, fica difícil ver como pode haver bases para se preferir uma explicação da razão a uma outra e, na verdade, toda a prática de dar explicações da razão deve, finalmente, acabar parecendo desprovida de fundamento lógico (ver também MATERIALISMO).

Estrutura e mediação

Tanto o positivismo como a hermenêutica foram ligados ao individualismo e coletivismo ou ao holismo; e os positivistas, pelo menos, acentuaram ou a mediação humana ou a estrutura social. Mas os novos realistas apontam um paradigma relacional para, sobretudo, a sociologia; e uma resolução da antinomia de estrutura e mediação na "teoria da estruturação" (Anthony Giddens) ou no "modelo transformacional de atividade social" (Roy Bhaskar). De acordo com isso, a estrutura social é a condição onipresente e o resultado continuamente reproduzido da mediação humana intencional. Assim, as pessoas não se casam para reproduzir a família nuclear nem trabalham para sustentar a economia capitalista. No entanto é essa a conseqüência não-premeditada (e o resultado inexorável) da atividade delas, assim como também é uma condição necessária dessa atividade. Relacionada com isso está a controvérsia acerca de tipos ideais. Para os realistas críticos, a base da abstração reside na estratificação real (e na profundidade ontológica) da natureza e da sociedade. Não são classificações subjetivas de uma realidade empírica não-diferenciada, mas tentativas de apreender (por exemplo, em definições reais de formas de vida social já entendidas de modo pré-científico) precisamente os mecanismos geradores e as estruturas causais que explicam, em todas as suas complexas e múltiplas determinações, os fenômenos concretos da história humana. Estreitamente ligado a isso está uma reavaliação de Marx como, pelo menos em *O capital*, realista científico — ao contrário das interpretações marxistas e não-marxistas existentes. Também na sua esteira ocorre uma reavaliação de outras figuras maiores nas ciências sociais (como Durkheim e Weber), na medida em que combinam aspectos de um método realista e de um ou outro método e ontologia não-realistas.

Fatos e valores

O positivismo sustenta a existência de um abismo intransponível entre o fato e os enunciados de valor. A impregnação de valor do discurso factual social-científico parece fato patente. Está claramente vinculado ao caráter impregnado de valor da realidade social que as ciências sociais estão procurando descrever e explicar. (Marx e Engels estavam simplesmente errados ao não ver isso.) De modo menos óbvio, Bhaskar apontou que a ciência social tem implicações de valor. Na medida em que podemos explicar essa necessidade de consciência sistematicamente falsa (comunicação distorcida etc.) acerca dos fenômenos sociais, então podemos passar, *ceteris paribus*, às avaliações negativas dos objetos que tornam essa consciência necessária e às avaliações positivas das ações racionalmente planejadas para transformá-las. A "crítica de economia política" de Marx é, neste ponto, um óbvio paradigma. Essa concepção de ciência social como crítica explicativa e, por conseguinte, emancipadora está ligada aos primeiros trabalhos de Jürgen Habermas sobre o "interesse cognitivo emancipador", bem como ao seu mais recente projeto de uma ciência reconstrutiva *necessariamente* (cf. Outhwaite, 1987) realista de competência comunicativa.

Naturalismo

Os novos realistas postulam uma série de diferenças ontológicas, epistemológicas, relacionais e críticas entre ciências sociais e naturais (ver NATURALISMO). O pano de fundo natural para esse contraste tem sido a física e a química (suas concepções clássicas). Mais recentemente, porém, vários autores recomendaram com insistência diferentes disciplinas para comparação — por exemplo, biologia (Ted Benton), teatro (Rom Harré e P.F. Secord, dando seguimento à obra de Erving Goffman e Harold Garfinkel). Quando o século se avizinha de seu término, parece haver mais que o suficiente para manter os cientistas sociais falando.

Leitura sugerida: Benton, T. 1977: *Philosophical Foundations of the Three Sociologies* • Bhaskar, Roy 1979 *(1989): The Possibility of Naturalism*, 2ªed. • Giddens, A. 1984: *The Constitution of Society* • Habermas, Jürgen 1968 *(1971): Knowledge and Human Interests* • Harré, R. 1979: *Social Being* • Keat, R. e Urry, J. 1981: *Social Theory as Science* • Manicas, Peter 1987: *A History and Philosophy of the Social Sciences* • Outhwaite, William 1987: *New Philosophies of Social Science* • Sayer, D. 1979: *Marx's Method.*

ROY BHASKAR

filosofia da história Ver HISTÓRIA; HISTORICISMO; TELEOLOGIA.

filosofia da linguagem Esta é uma expressão um tanto enganosa, dando a entender que se trata de uma filosofia *lingüística*. Na verdade, a expressão é usada na maioria das vezes, e melhor, com relação a um certo movimento filosófico que se cristalizou em Cambridge sob a liderança de Ludwig Wittgenstein (1889-1951) durante os anos imediatamente anteriores à Segunda Guerra Mundial. Esse movimento veio a dominar o cenário filosófico da Inglaterra e, em menor extensão, outros países de língua inglesa durante as décadas imediatamente posteriores à guerra. Embora tendo origem em Cambridge, seu quartel-general depois da guerra localizou-se em Oxford, sob a liderança de Gilbert Ryle (1900-76) e J.L. Austin (1911-60). Era às vezes chamada de "filosofia de Oxford".

A idéia central do movimento não era a de que a filosofia poderia iluminar a linguagem, mas sim que a linguagem poderia iluminar a filosofia. Os problemas filosóficos eram tidos como sendo, num sentido importante, espúrios: surgiam, não porque houvesse realmente um problema a resolver ou uma pergunta a responder, mas porque pessoas acometidas pela "perplexidade filosófica" (expressão muito utilizada) eram tomadas, sem percebê-lo de forma clara ou consciente, por idéias equivocadas a respeito da natureza da linguagem. Essas idéias equivocadas manifestavam-se para elas sob a forma de uma inquietação conceitual, a qual levava os tomados por essa inquietação a fazer perguntas caracteristicamente filosóficas. Dizia-se desse diagnóstico que era aplicável a *toda* a filosofia.

A tentativa de responder a perguntas filosóficas e, pior ainda, de tentar substanciar essas respostas era inerentemente desorientada. O procedimento correto, de acordo com esse ponto de vista, era *descrever* o costume lingüístico que comanda o uso das expressões cruciais relacionadas ao alegado "problema". Isso levaria a pessoa tomada pela perplexidade a compreender o real funcionamento das palavras relevantes e, a partir disso, a se libertar da tentação de fazer, e de responder, a pergunta espúria. Foi essa receita para lidar com problemas filosóficos que levou todos os que abraçaram tal posição à prática de observações detalhadas — embora um tanto impressionistas — do uso das palavras, acompanhadas da convicção de que esse é o *único* método adequado de fazer filosofia.

O movimento garantiu uma influência possante sobre a geração mais jovem de filósofos, que entrou na profissão depois da guerra, influência que não sofreu nenhum desafio sério até cerca de 1960. O movimento, na época, não se encarava como uma posição entre outras, mas sim como uma revelação definitiva, revogando todo pensamento anterior, e como o ápice de toda a filosofia até então existente. Seus adeptos tinham de "curar" os rivais de seus auto-enganos tácitos em vez de discutir com eles como iguais. Tudo isso estava destinado a levar ou à eutanásia final da filosofia ou ao nascimento de uma disciplina totalmente nova.

Quais eram os pressupostos errôneos, com respeito à linguagem, que tiveram o poder de assolar a humanidade durante tanto tempo e, na verdade, de engendrar toda uma disciplina e uma profissão cultas? O(s) erro(s) pode(m) ser dividido(s) em um grande erro genérico, por um lado, e erros específicos, por outro. O erro genérico era achar que a linguagem não faz senão uma coisa, e esse único papel ou função é de *referência ao mundo*. As anteriores teorias empíricas da linguagem em geral davam isso como certo, e em particular o *Tractatus Logico-Philisophicus* (1921), obra juvenil do próprio Wittgenstein, se baseara nesse pressuposto. (Foi a derrubada desse pressuposto que fez surgir a nova revelação.) Tais visões da linguagem não negavam, evidentemente, que ela também é usada para toda uma variedade de outros fins sociais, tais como o ritual, mas eles descartavam implicitamente esses papéis, tratando-os como irrelevâncias e excrescências de menor monta, que não modificavam a real essência da linguagem. Esse era *o* grande erro.

Os erros específicos eram, em certo sentido, apenas exemplos concretos especiais do erro geral. Por exemplo, existe a interpretação errônea da avaliação como a atribuição de traços característicos, ou "disposicionais", como aspectos diretamente observáveis. (Dizer que algo é frágil significa dizer que está sujeito a se quebrar, e não que tenha alguma característica perceptível neste exato momento.)

A hipótese subjacente à filosofia da linguagem de Wittgenstein era a de que, sempre que se formulam problemas ou teorias filosóficos, o que está realmente acontecendo é que o pensador não se deu conta dessa verdade geral a respeito da diversidade de função da linguagem e está tentando impor um modelo homogêneo sobre o material lingüístico que é inerentemente heterogêneo. Sem esse pressuposto errôneo, a questão não se colocaria. Por exemplo, os teóricos morais tentam assimilar o discurso moral ao discurso descritivo ou científico; os que propõem teorias sobre a mente não conseguem ver que o discurso com respeito a um desempenho inteligente se refere a uma ampla variedade de capacidades, e não a uma única zona distinta e observável; e assim por diante. Durante o auge do movimento, essa hipótese era encarada como uma revelação devidamente estabelecida; na prática, era usada como uma *definição*.

Era uma parte inerente e central da posição "madura" de Wittgenstein que a teorização, a explicação e a justificação não tinham lugar na filosofia e deveriam ser substituídas pela *descrição* do costume lingüístico. "Formas de vida", com o que ele parecia querer referir-se ao costume lingüístico efetivo de comunidades dotadas de um discurso concreto, estavam acima tanto da explicação quanto da justificação. Essa estratégia, portanto, se autojustificava. Dessa maneira estranha, uma filosofia que negava o papel tradicional da justificação ou da validação para a filosofia acabava praticando-a, ela própria, de uma forma oblíqua. E, de maneira curiosamente nova, indiscriminada e generalizada, foi o que ela fez: *todos* os estilos de pensamento atualmente em existência eram válidos. Apenas a tentativa de buscar um ponto de vista externo e de justificar, ou condenar, a prática existente não era válida. Essa filosofia ignora o fato de que a busca transcendente do costume de qualquer comunidade dada é ela própria um aspecto importante e difundido da história intelectual humana: todos os tipos de platonismo, a religião transcendente, a Reforma, a Ilustração, a tradição filosófica cartesiana buscando um fundamento para o conhecimento, tudo isso o exemplifica. O relativismo indiscriminado e o imanentismo lingüístico de Wittgenstein condenariam todos à desgraça.

A primeira onda de filósofos da linguagem profundamente convictos e não-críticos não praticou esse relativismo implícito de nenhum modo consistente ou, por assim dizer, generalizante: eles se concentraram no *seu próprio* costume conceitual, a "linguagem ordinária", esforçando-se por demonstrar que as teorias filosóficas eram leituras equivocadas *disso* e podiam ser "curadas" prestando-se a devida atenção às suas nuanças. A tentativa mais determinada e célebre de pôr em prática essa estratégia foi *The Concept of Mind* (1949), de Gilbert Ryle, que alegava resolver, ou "dissolver", o problema mente-corpo (e, no pacote, o problema das "outras mentes"). Provavelmente o praticante mais influente desse método tenha sido J.L. Austin, o qual tentou demonstrar em *Sense and Sensibilia* que o problema do conhecimento, conforme previamente apresentado pelos teóricos do conhecimento, era mal-orientado (ver também CONHECIMENTO, TEORIA DO). Quando nossa pretensão ao conhecimento se via submetida a uma dúvida geral, não havia, segundo ele, nada o que responder.

Esse tipo de filosofia wittgensteiniana clássica, posta em prática dentro da filosofia e em um espírito marcadamente insular — o uso do "inglês ordinário" para demonstrar que as antigas filosofias não passavam de feixes de confusão —, acabou fenecendo depois de duas ou três décadas de entusiasmo. A posterior influência de Wittgenstein tendeu a se dar mais entre pensadores com uma consciência mais clara de seu relativismo cultural. Esses homens sentiam-se positivamente atraídos pelo relativismo geral. A formulação notável dessa posição é *The Idea of a Social Science* (1958), de Peter Winch. Tais pensadores já não a encaravam como o diagnóstico e o auge terminal de toda a filosofia, mas como uma filosofia entre outras, porém melhor e mais generosa em seu endosso de todas as culturas. Neste tipo de interpretação, o que se valoriza em Wittgenstein não é tanto a sua revogação da filosofia anterior (como uma presumida incompreensão da linguagem), mas sua defesa do igual valor, dignidade e autonomia de todas as visões culturais. Sob essa forma, Wittgenstein continua a exercer grande influência em campos mais amplos, tais como os estudos literários ou a antropologia cultural.

Leitura sugerida: Austin, J.L. 1962: *Sense and Sensibilia: How To Do Things with Words* • Gellner, Ernest 1959: *Words and Things* • Magge, Bryan 1971: *Modern Britsh Philosophy* • Ryle, Gilbert 1949: *The Concept of Mind* • Winch, Peter 1958 *(1976)*: *The Idea of a Social Science and its Relation to Philosophy* • Wittgenstein, Ludwig 1953 *(1967)*: *Philosophical Investigations.*

ERNEST GELLNER

forças armadas Ver MILITARES.

fordismo e pós-fordismo A palavra fordismo foi cunhada nos anos 30 pelo marxista italiano Antonio Gramsci e pelo socialista belga Henri de Man para se referir a uma interpretação dos textos de Henry Ford, o fabricante de automóveis, como formuladores das premissas para uma importante transformação da civilização capitalista. Nos anos 60 a palavra foi redescoberta por inúmeros marxistas italianos (R. Panzieri, M. Tronti, A. Negri) e em seguida pela escola francesa da regulação (M. Aglietta, R. Boyer, B. Coriat, A. Lipietz), como o nome para o modelo de desenvolvimento econômico *efetivamente* estabelecido nos países capitalistas avançados depois da Segunda Guerra Mundial. Ford havia insistido em duas questões importantes. Primeiro, enfatizou o paradigma industrial que havia implementado em sua fábrica, onde não apenas desenvolveu os princípios do "gerenciamento científico" inicialmente propostos por F. Taylor — a sistematização, através da criação de métodos, do que fosse o melhor meio de se executar cada tarefa produtiva elementar, a divisão nítida entre essas tarefas elementares e a especialização de cada função de modo padronizado —, como também acrescentou a busca da automação através de uma mecanização cada vez mais intensa (ver também RACIONALIZAÇÃO). O outro aspecto do "fordismo" de Ford era a defesa dos salários mais elevados (cinco dólares por dia), para o que apresentou dois motivos. Salários elevados eram a recompensa pela disciplina e a estabilidade da força de trabalho em uma empresa racionalmente organizada. Mas também (caso essa prática se tornasse generalizada) forneceriam o mercado comprador necessário para a produção em massa. Em ambos os casos, a classe operária era convidada a se beneficiar da sua própria submissão à autoridade gerencial dentro da firma. Gramsci enfatizou o aspecto "microcorporativista" desse tipo de concessão mútua (dentro de cada empresa), enquanto Henri de Man concentrou-se na possibilidade de um "macrocorporativismo" no nível da sociedade (ver também CORPORATIVISMO).

Era a época da Grande Depressão, quando fascistas, social-democratas e comunistas criticavam a "anarquia do mercado capitalista" ou, como disse Karl Polányi, "o domínio de um mercado auto-regulado sobre a sociedade". O macrocorporativismo estava na agenda de todas essas tendências antiliberais, e na verdade Henri de Man terminou como fascista. Mas, depois da Segunda Guerra Mundial, a "solução social democrática" e o "modo de vida americano" tornaram-se hegemônicos no Ocidente, sob o domínio dos exércitos de libertação do presidente Roosevelt. Através do New Deal nos Estados Unidos, do Front Populaire na França, da implementação do Relatório XX na Grã-Bretanha, dos sucessos da social-democracia na Escandinávia, o macrocorporativismo foi estabilizado pela formalização da mútua concessão fordista entre gerência e sindicatos, sob os auspícios do estado. A legislação social foi sistematizada, o estado de bem-estar, ampliado, a negociação coletiva generalizada. Essa conciliação resultou em 20 anos de forte expansão da produtividade, do investimento e do poder de compra.

O fordismo é, assim, uma espécie de "holismo hierárquico". A sociedade garante a todos a participação no trabalho coletivo e divide os benefícios entre todos. Mas essa "sociedade" é organizada por "gerentes" particulares ou públicos, construindo o mundo de acordo com sua "ciência". Nesse aspecto, o fordismo liga-se à "modernidade" como um estilo burocrático em termos de governo e como um estilo racionalista em termos de urbanismo. No entanto, ao contrário do stalinismo ou do fascismo, a glória do fordismo não reside em suas realizações coletivas, mas no acesso geral ao consumo particular de massas. Donde ele abriu o caminho para a SOCIEDADE AFLUENTE, uma forma de individualismo generalizado controlado pela propaganda e pela regulamentação.

Nos anos 70 a crise econômica do fordismo teve origem tanto em seu aspecto "taylorista" quanto em seu aspecto "regulado". Os princípios tayloristas mostraram-se menos eficazes com as novas tecnologias de informação, e a internacionalização da economia tornou mais difícil para o estado exercer o seu papel regulador. Daí, nos anos 80, a busca de um "pós-fordismo", concebido a princípio como inversão do fordismo: especialização por tarefa em vez de taylorismo e produção em massa, flexibilidade em vez de regulamentação rigorosa. Essa é a concepção da "especialização flexível" (Piore e Sabel, 1984) do pós-fordismo, que inspira alguns pensadores de esquerda no mundo anglo-saxão, e também os estilos e ideologias "pós-modernistas" (ver também MODERNISMO E PÓS-MODERNISMO). Mas isso é veementemente criticado por abandonar os direitos que o trabalho havia conquistado sob o fordismo. No continente europeu, enfatiza-se que as "tarefas especializadas" implicam rigidez do contrato salarial e que a "flexibilidade" fomenta a desqualificação. Assim, existem concepções opostas quanto à saída para a crise do fordismo, vários "pós-fordismos". A história ainda está em aberto no final do século XX, mas os países capitalistas mais "flexíveis" (Grã-Bretanha, Estados Unidos) parecem ser industrialmente dominados pelos mais "organizados" e "habilitados" (Japão, Alemanha).

Ver também CAPITALISMO.

Leitura sugerida: Hall, S. e Jacques, M., orgs. 1991: *The Changing Face of Politics in the 1990s* • Harvey, D. 1989: *The Condition of Postmodernity: an Enquiry into the Origins of Cultural Change* • Lipietz, A. 1987: *Mirages and Miracles: the Crises of Global Fordism* o 1991: *Choosing Audacity: an Alternative for the XXIst Century* • Piore, M. e Sabel, C. 1984: *The Second Industrial Divide: Possibilities for Prosperity* • Polányi, K. 1944: *The Great Transformation; the Political and Economic Origin of our Time.*

ALAIN LIPIETZ

formalismo Os grupos de jovens escritores, artistas e críticos russos progressistas que começaram a desafiar os valores culturais e as teorias estéticas dos realistas e românticos tradicionais tornaram-se conhecidos, pejorativamente, como formalistas. O Círculo Lingüístico de Moscou foi formado em 1915, e incluía Roman Jakobson, Osip Brik e Boris Tomashevsky. O grupo complementar de São Petersburgo, que fundou a Sociedade para o Estudo da Linguagem Poética (Opoiyaz) em 1916, tinha entre seus membros Viktor Chklovsky, Boris Eichenbaum e Vladimir Maiakóvsky. Os grupos formalistas participavam do projeto maior de estabelecer uma poética rigorosamente científica, começando pela demolição de alguns princípios e abordagens críticos padronizados. Não podia haver mais lugar para o conceito do artista-como-gênio, para noções de controle, expressividade ou presença intuitiva autoral. Os estudos biográficos e psicológicos, bem como os filosóficos e impressionistas, tornaram-se irrelevantes. As obras não podiam ser identificadas em termos de idéias, pensamentos, proposições ou temas.

A tarefa que os formalistas se auto-estabeleceram era especificar, através de análise detalhada, o que exatamente vinha a constituir um "fato literário", distinguindo a literatura de qualquer linguagem falada ou não-literária, encarada como automatizada, cheia de clichês, embotada e rígida. Não propunham uma única posição ou doutrina fixa, mas todos partilhavam esse pressuposto básico a respeito da linguagem poética. Ela é bem diferente da linguagem "natural", da fala do dia-a-dia, e não deve ser tomada como mera variação. É um sistema auto-suficiente, completo em si mesmo, com suas próprias formas, códigos e leis de auto-regulação. Uma qualidade característica excepcional é sua auto-referencialidade, seu poder de chamar a atenção sobre si mesma. Todos os componentes da escrita poética, suas unidades, padrões, formas e técnicas, se dirigem para esse jogo de linguagem, uma consciência de expressão que se autodeleita e à qual todos os outros aspectos estão subordinados. A função estética não se identifica com a função comunicativa, sendo prioritária e superior a esta. (O comentário de Jakobson sobre o Soneto 129 de Shakespeare exemplifica de forma brilhante essa abordagem.)

A pesquisa da "literalidade" havia produzido alguns belos resultados na poesia. Formulando uma estilística a partir desse trabalho, os críticos de Moscou e Petersburgo passaram, ousadamente, a aplicar seus princípios à prosa. A *Teoria da prosa*, de Chklovsky, publicado em 1929, foi o manifesto. O ataque de toda a crítica da linguagem dirigira-se, é claro, contra a mimese, contra todas as noções de representação da linguagem como transparente, como mediadora direta de uma realidade externa. A aplicação dos princípios formalistas à prosa narrativa pode ser vista na obra de Eichenbaum e Shklovsky. Contos de Gogol, como *O capote*, são tratados como um sofisticado jogo de estilos discrepantes, um desnudamento dos recursos que entram em função no processo artístico. A extensa análise de *Tristam Shandy*, de Laurence Sterne, e do *Don Quixote*, de Cervantes, feita por Viktor Shklovsky, leva o método de Eichenbaum aos seus limites. Paradoxalmente, Sterne é dado como tendo composto "o romance mais típico da literatura mundial", uma vez que "literatura sem tema" é a definição dos formalistas para o que se qualifica como literatura. De forma semelhante, o humor, os contrastes de personagens, os acontecimentos divertidos, o patético e as soluções dos romances de Cervantes têm de ser vistos como produzidos quase que inadvertidamente, como incidentais à denúncia parodista do romance de cavalaria.

A explicação dos formalistas para a evolução literária atribui a mudança a tendências em desenvolvimento dentro da própria LITERATURA, bem como à passagem do tempo. Nessa explicação, a sucessão não é particularmente causal, uma vez que formas iniciais, mais antigas, podiam retornar com o mesmo efeito de perturbar as formas estabelecidas ou canônicas. O que é válido para a evolução do gênero também o é para a criação formal interna do texto particular. Do processo de desfamiliarização, surge a consciência peculiar e incomparavelmente nova que rompe com as reações e hábitos convencionais de percepção. Os textos que causam esse choque do novo têm a qualidade de "literalidade". Chklovsky conclui: "Arte é um meio de revivenciar a criação de objetos, mas objetos já prontos não têm importância para a arte." O caráter fugidio do "objeto" (coisa, conteúdo ou tema) nas explicações formalistas é semelhante ao do não-objeto, da literalidade, a qualidade extrema que precisa ser definida. Na medida em que as convenções e as formas literárias são o alvo, o conceito tende a se estetizar (ver ESTÉTICA), a se confinar a construções literárias. Na medida em que são idéias, atitudes e valores, os alvos são objetos extraliterários, ideologias, a própria compreensão; o conteúdo volta para se vingar e a forma é restituída ao social, ao cultural, ao histórico e ao imediatamente contemporâneo. A desfamiliarização, mesmo quando limitada a códigos e convenções literárias, demonstra ter paradoxos semelhantes. Na medida em que normas e cânones literários têm de ser necessariamente subvertidos, o próprio conceito é essencialmente relativo ao que será "tornado estranho". Na medida em que a nova produção se transforma, por sua vez, na norma aceita, não há nenhum grupo ou série de formas estáveis em equilíbrio histórico a partir das quais as qualidades que definem a literalidade possam ser inferidas e articuladas. O objetivo extremo recua e o processo é auto-invalidante.

Leitura sugerida: Bann, S. e Boult, J.E., orgs. 1973: *Russian Formalism* • Bennet, Tony 1979: *Formalism and Marxism* • Jameson, Fredric 1972: *The Prison-House of Language: a Critical Account of Structuralism and Russian Formalism* • Lemon, L.T. e Reis, M.J., orgs. 1965: *Russian Formalist Criticism: Four Essays* • Matejka, L. e Pomorska, K., orgs. 1971: *Readings in Russian Poetics: Formalist and Structuralist Views* • Pike, Chris, org. 1979: *The Futurists, the Formalists and the Marxist Critique.*

FRANK GLOVERSMITH

Frankfurt, escola de Ver ESCOLA DE FRANKFURT.

funcionalismo Este ramo de análise em ciências sociais refere-se a uma orientação metodológica e teórica em que as conseqüências de um dado conjunto de fenômenos empíricos, em vez de suas causas, constituem o centro da atenção analítica. A palavra tem sido aplicada a toda uma variedade de abordagens divergentes, mas o elemento que estas têm em comum é a concentração nas relações de uma parte da sociedade com outra e, talvez com maior freqüência, de uma parte da sociedade com a sociedade inteira. Análise causal e análise funcional são duas abordagens distintas que não precisam competir uma com a outra.

A análise funcional surgiu da tentativa de usar em análise social noções desenvolvidas inicialmente na esfera biológica. Esse modo de raciocínio metodológico teve como pioneiros Emile Durkheim, na França, e Herbert Spencer, na Grã-Bretanha. A corrente durkheimiana foi desenvolvida pelos antropólogos A.R. Radcliffe-Brown e Bronislaw Malinowski, na Grã-Bretanha, e por Talcott Parsons, Robert K. Merton e seus discípulos, nos Estados Unidos. O funcionalismo dominou a sociologia norte-americana dos anos da guerra até meados da década de 60, mas desde então se viu submetido a variados ataques que levaram à perda de seu anterior predomínio, nunca mais tendo assumido uma importância maior na Europa.

Uns poucos exemplos demonstrarão a natureza dessa abordagem. Se alguém deseja analisar os padrões conjugais na sociedade ocidental, é possível tentar explicá-los através de uma análise, digamos, das idéias cristãs de matrimônio, tal como se desenvolveram desde o tempo de São Paulo até os pronunciamentos do atual papa. Mas é possível também levantar um tipo diferente de questão: por que sistemas de casamento monogâmico têm predominado no mundo ocidental durante tão longo tempo? Nesse caso, uma resposta satisfatória deve não apenas concentrar sua atenção na história do sistema familiar ocidental moderno, mas além disso explicar sua persistência durante um longo período da história ocidental. Essa questão será mais bem abordada comparando-se esse sistema familiar com outros e investigando suas conseqüências para a estrutura mais ampla da sociedade ocidental e para elementos específicos dentro dela.

A busca sistemática das conseqüências sociais de um dado conjunto de fenômenos deve ser distinguida de outra noção "prospectiva" nas ciências sociais: a de propósito. Enquanto esta última se refere a motivações conscientes de um ou mais agentes, a primeira é usada para investigar conseqüências das quais o ator pode não ter consciência. Tal distinção foi formulada pela primeira vez por Robert K. Merton, quando apresentou uma distinção entre funções manifestas e latentes (isto é, inconscientes), como nos exemplos que se seguem. Todas as sociedades têm regras de herança que determinam quem deve herdar o quê. A análise funcional não está interessada no desenvolvimento histórico dessas regras, mas volta o foco de sua indagação para uma consideração sobre o impacto societal diferencial dos diferentes sistemas de herança. Investiga, por exemplo, as conseqüências patentes do sistema de primogenitura e dos sistemas que favorecem a partilha igual entre filhos e filhas; ou de sistemas que prevêem a sucessão através da linhagem paterna, ou da linhagem materna, ou da vontade do testante. Cada um desses diferentes sistemas de herança tem fortes conseqüências estruturais, na medida em que leva, por exemplo, à concentração ou à dispersão da riqueza familiar. O conceito de função latente leva a atenção para além do problema de saber se o comportamento atinge o propósito dos agentes, dirigindo-a para séries de conseqüências do comportamento das quais os agentes não têm consciência e que não haviam previsto. Em particular, comportamentos que dão ao observador a impressão de irracionais e sem sentido podem resultar, à luz da análise funcional, como tendo importantes conseqüências. Se as danças da chuva não têm probabilidade de mudar o tempo, podem muito bem contribuir para elevar o moral de um grupo que está desmoralizado por um longo período de seca.

Muitos cientistas sociais, antropólogos em particular, têm concentrado suas maiores atenções nas conseqüências de um fato social particular para a estrutura mais ampla no qual ele está embutido. Parece, no entanto, que uma estratégia analítica igualmente frutífera seria fazer remontar as conseqüências de uma dada instância para outra instância como essa, dentro de um todo mais amplo. Essa perspectiva indica, por exemplo, haver probabilidades de que seja frutífero analisar o impacto de uma depressão sobre a taxa de natalidade, ou as conseqüências do uso de drogas para os padrões de mobilidade de uma minoria em particular.

Tem havido entre alguns analistas funcionais a tendência infeliz a presumir que qualquer instância que contribua para a manutenção de um todo mais amplo é, por isso mesmo, um fator positivo. Mas somente aqueles com uma inclinação conservadora presumem que o que existe é necessariamente desejável. Essa inclinação conservadora pode ser evitada se for destacado que é possível concentrar-se em alternativas que podem ter funções positivas para uma instância e, no entanto, não estarem amarradas a um conjunto de conseqüências indesejáveis. Assim, se a magia pode dar aos agentes uma sensação de segurança em um ambiente imprevisível, também é verdade que apólices de seguro podem ter as mesmas conseqüências quando a pessoa passa de uma sociedade tribal para uma sociedade moderna. A atenção a *funções alternativas* impede que a análise seja amarrada a uma ideologia conservadora.

Outra inclinação conservadora pode ser introduzida na análise funcional caso a atenção analítica se limite a funções positivas. Merton distingue entre funções e disfunções. Ele demonstra, além disso, que determinados itens sob análise podem ter conseqüências funcionais ou disfuncionais para diferentes partes de um sistema social. Por exemplo, os padrões de mobilidade individual em uma sociedade industrial podem ser reforçados pela assistência financeira a jovens promissores das classes inferiores, permitindo-lhes atingir os cursos secundários ou a faculdade. Mas essa "extração do melhor" ente os estudantes promissores das classes inferiores provavelmente esvaziará as reservas de líderes capazes para um partido operário ou um sindicato. Quando a disfunção de uma instância em particular torna-se óbvia, isso pode estimular cientistas sociais voltados para as reformas, bem como leigos, a imaginar modos alternativos de organização.

Como costuma ser o caso na história da ciência, quando uma nova abordagem, método ou teoria é publicado, os que a ela são introduzidos parecem sentir que a nova coisa é capaz de explicar tudo que existe sob o sol. Os primeiros freudianos tendiam a ver simbolismo sexual nos zepelins ou nos charutos havana, e os primeiros analistas funcionais acreditavam que tudo devia ter necessariamente uma função. Essa fé tão simples tem hoje poucos seguidores. Tal como a medicina está consciente de que existem partes da anatomia, tais como o apêndice, que não possuem quaisquer funções discerníveis, também a maioria dos funcionalistas hoje sabe que existem partes do organismo social que não parecem ter mais uma função, ou que podem até nunca haver tido uma.

Outra abordagem da análise funcional, a noção de pré-requisitos funcionais, desfrutou de bastante atenção uma década ou duas atrás, mas desde então parece ter sido deixada de lado. A noção de pré-requisito sugere que qualquer sistema social precisa atender a certas funções indispensáveis, caso queira sobreviver. A atenção aqui se concentra nas precondições e pré-requisitos funcionais para uma sociedade. Essa parece ser uma noção valiosa. Infelizmente, porém, tal proposição irrepreensível foi seguida em geral pela idéia de que um item particular existente é um pré-requisito funcional, e essa é uma noção altamente questionável. Não somente se desvia a atenção das estruturas alternativas como também se afirma que itens culturais específicos devem ser operantes, caso o sistema queira sobreviver. Assim, por exemplo, afirmou-se que a religião era um requisito funcional para a manutenção da solidariedade numa sociedade. Tal proposição só pode ser mantida afirmando-se que instituições culturais formalmente não-religiosas são na verdade de caráter religioso (por exemplo, que o comunismo é na verdade uma religião) ou que a religião é de fato uma instituição indispensável, insubstituível, o que até hoje não se demonstrou ser o caso. Os analistas que raciocinam segundo essa linha de pensamento nunca estabeleceram de forma convincente que a religião é o cimento insubstituível que une a sociedade. Além do mais, muitas listas compiladas por autores que afirmam esse ponto de vista acabam, depois de um exame, demonstrando não serem muito mais do que listas de itens tais como a produção de alimentos e a regulação sexual, que de fato são parte da sociedade por definição. Parece de valor limitado insistir em que as pessoas devem realmente ter algo para comer, caso a sociedade queira sobreviver.

A análise funcional encontra-se no presente momento muito na defensiva nos Estados Unidos e também na Europa. No entanto também é um fato que muitos textos sociológicos continuam a usar a lógica e o raciocínio funcionais, embora não explicitamente. Monsieur Jourdain, o personagem de Molière, não sabia que estivera sempre falando em prosa, e muitos membros da corporação sociológica não sabem, ou não querem que seus leitores saibam, que na realidade estão usando a análise funcional.

Somente o futuro dirá se a análise funcional é de fato um requisito de uma sociologia sofisticada.

Ver também ESTRUTURALISMO; TELEOLOGIA.

Leitura sugerida: Davis, Kingsley 1949: *Human Society* • Demerath, N.J. e Peterson, R.A., orgs. 1967: *System, Change and Conflict* • Durkheim, E. 1895: *Le régles de la méthode sociologique* • Giddens, A. 1977: "Functionalism: après la lutte". *In Studies in Social and Political Theory* • Kluckhohn, Clyde 1944: *Navaho Witchcraft* • Malinowski, B. 1944: "The functional theory". In *A Scientific Theory of Culture and Other Essays* • Merton, Robert K. 1949 *(1968): Social Theory and Social Structure*, ed. rev. • Parsons, T. 1951: *The Social System* • Radcliffe-Brown, A.R. 1952: "On the concept of function in social science". In *Structure and Function in Primitive Society* • Stinchcombe, Arthur 1968: *Constructing Social Theories.*

LEWIS A. COSER

fundamentalismo Tendo começado a existir com referência a uma variedade de protestantismo conservador, mais particularmente nos Estados Unidos, essa palavra teve seu uso contemporâneo ampliado um tanto livremente para incluir variedades do islamismo e do judaísmo conservadores, e deveria abranger o tipo de catolicismo militante e dogmático encontrado no movimento Opus Dei.

O fundamentalismo cristão originalmente tinha a ver com fundamentos de crença especificamente designados que incluíam a infalibilidade da Bíblia, bem como a concepção imaculada do Filho pela Virgem e a expiação dos pecados. Como movimento, o fundamentalismo representa uma importante reação ao protestantismo liberal. Os protestantes liberais aceitavam uma abordagem altamente crítica da Bíblia e adotavam uma hermenêutica flexível, com tudo que isso implica a respeito de modernização e relativização. Do ponto de vista liberal, a cristandade havia deixado de ser uma revelação única e final entregue à humanidade na Bíblia, sendo antes uma consciência do divino em evolução, lado a lado com outras fontes espirituais geradas por outras modalidades de fé. Um liberalismo desse tipo estava necessariamente em movimento, em geral numa direção cada vez mais afastada da ortodoxia enquanto o fundamentalismo se via como um defensor da "fé revelada de uma vez por todas aos santos".

Era típico dos fundamentalistas ater-se à verdade literal e à historicidade precisa da Bíblia, e bem assim à autoria mosaica do Pentateuco como de certa forma indissoluvelmente ligado ao literalismo. Rejeitavam Darwin, bem como as modernas explicações científicas sobre as origens do cosmo e a compreensão habitual dos registros dos fósseis. Boa parte do protestantismo inglês, mesmo o de tipo conservador, absorveu a evolução e a moderna cosmologia, ainda que tenha havido algumas tragédias intelectuais, como por exemplo a do destacado biólogo marinho Philip Gosse, que teve de derrubar, com o uso de astúcia, suas próprias provas. Mas nos Estados Unidos se desenvolveu uma interpenetração mais estreita, especialmente no Sul, de conservadorismo moral, fundamentalismo e defesa da moralidade. Talvez isso se devesse, em parte, a haver mais espaço nos Estados Unidos para a criação de redes de instituições fora dos centros educacionais importantes, controlados pela *intelligentsia* liberal (e seus aliados no clero liberal). Assim, embora a causa fundamentalista tenha sofrido um revés em 1925, devido à publicidade adversa que se seguiu ao julgamento de John Scopes por ensinar ilegalmente a teoria da evolução, ela conseguiu reforçar suas defesas institucionais e ressurgiu mais ou menos uma geração depois, em aliança com diversas variedades de conservadorismo moral, teológico, cultural e político. Em algumas áreas, os fundamentalistas ganharam influência suficiente para garantir que o "criacionismo" fosse ensinado nas escolas, ao lado de outras explicações. (O próprio criacionismo é muito variado, indo desde a visão padrão de Deus como Criador até uma periodização baseada no Livro do Gênese, chegando a uma adesão rigorosa às narrativas do Gênese I e II.) Vale a pena enfatizar que o perfil do público e a coesão interna do fundamentalismo têm sido reforçados por transmissões religiosas em televisão e rádio e por escolas "cristãs" que ajudam a criar uma "estrutura de plausibilidade" capaz de tudo abranger. Uma influência como a que os fundamentalistas alcançaram através da participação na Maioria Moral implicou alianças inéditas com conservadores de outros tipos de fé.

Muitos comentaristas encaram o fundamentalismo como apenas uma reação e como uma instância daquilo que Steve Bruce chamou de "calças curtas culturais" (1990). No entanto essa visão é excessivamente parcial para com a compreensão liberal da questão. Os conservadores religiosos podem estar engajados em uma forma de luta cultural, mas operam com facilidade no mundo comercial e técnico sem que seus vizinhos notem qualquer estranheza ou atraso marcante. De qualquer forma, a principal denominação conservadora, os Southern Baptistes (Batistas Sulistas dos Estados Unidos), está se expandindo onde as denominações mais liberais estão diminuindo, e o pentecostalismo é parte de um movimento universal que faz um progresso espantoso na América Latina (compare-se, aqui, TEOLOGIA DA LIBERTAÇÃO), no Caribe, em partes da África, na Coréia do Sul e na chamada Faixa do Pacífico. É interessante que o pentecostalismo seja apenas incidentalmente fundamentalista, em vez de partir da premissa fundamentalista. Os pentecostais tratam a Bíblia de maneira conservadora, mas sua *raison d'être* gira em torno dos dons do Espírito Santo, da cura e do exorcismo.

O fundamentalismo na Europa também parece ser apenas incidental, quer seja parte do pentecostalismo ou de formas mais antigas de pietismo, evangelismo e revivalismo. Isso significa haver camadas de conservadorismo religioso — por exemplo, no Oeste da Noruega, no Nordeste da Holanda, no Norte da Jutlândia, no Norte da Escócia e na Irlanda do Norte — que não colocam o fundamentalismo na linha de frente de sua luta cultural. Existe um centro intelectual, com ramificações internacionais, na Universidade Livre de Amsterdam; e existem partidos políticos pequenos em boa parte do Norte da Europa dedicados à MORALIDADE religiosa tradicional. Movimentos paralelos de conservadorismo religioso têm surgido em anos recentes dentro da maioria das igrejas estabelecidas, e alguns destes têm ênfase carismática. Mais uma vez, porém, seu conservadorismo está mais ligado à atitude devocional e à disciplina moral do que a um ponto de vista da Bíblia rigidamente conservador.

Evidentemente, o fundamentalismo cristão é apenas um elemento em um movimento maciço no sentido das versões conservadora e evangélica da fé. Corre paralelo a um movimento comparável no mundo islâmico, mais particularmente entre os xiitas. Em um certo sentido, o ISLAMISMO é inerentemente fundamentalista, dada a ênfase na perfeição da Palavra da Deus, corporificada de forma definitiva no Corão. Ao lado disso, como um dos "fundamentos" do islamismo, encontra-se a promoção do islã e da lei islâmica como um modo de vida completo, abrangendo o estado, onde quer que o poder e os números o permitam. As ambições teocráticas do islã formam um contraste agudo com a modesta atividade dos grupos de pressão dos protestantes conservadores. No uso contemporâneo, um muçulmano "fundamentalista" ou está ligado a um dos movimentos conservadores ou então se caracteriza simplesmente pela militância e o fanatismo. Com toda certeza, esse tipo de militância é parte de uma reação à libertação de muitas sociedades cristãs em relação ao colonialismo muçulmano (principalmente otomano) e ao avanço da cultura e do colonialismo ocidentais, incluindo-se nesse avanço a secularidade e o pluralismo, através das fronteiras do mundo islâmico.

Leitura sugerida: Bruce, S. 1990: *A House Divided: Protestantism, Schism and Secularization* • Marsden, George 1982: *Fundamentalism and American Culture: the Shaping of Twentieth-century Evangelicalism, 1870-1925* • Martin, David A. 1990: *Tongues of Fire: the Explosion of Conservative Protestantism in Latin America.*

DAVID A. MARTIN

futurologia No início do século XX estava evidente que uma rápida mudança nas capacidades e nos modos de vida humanos tinha todas as probabilidades de continuar. Inúmeros analistas influentes insistiram em que se fizessem esforços para sistematizar a nossa maneira de pensar a respeito do futuro. Especialmente H.G. Wells, que havia usado a ficção científica tanto para provocar questões a respeito de perspectivas sociais quanto para fornecer uma plataforma para a apresentação da ciência popular, conclamou à criação de uma nova disciplina acadêmica que tivesse em seu cerne esses esforços.

Esses apelos tiveram pouca resposta imediata, e boa parte da especulação a respeito do futuro, nas primeiras décadas do século, pode hoje ser vista como um ensaio da Primeira Guerra Mundial e como visando alertar líderes e populações para a suposta ameaça representada por outras potências mundiais. O período entre as duas guerras mundiais testemunhou desdobramentos de fatos importantes, tais como uma série de livros publicados pela editora Kegan Paul no Reino Unido, que convidavam intelectuais famosos a especular sobre o futuro. Nos Estados Unidos, os relatórios de William F. Ogburn sobre tendências sociais e suas conseqüências lançaram grande parte das bases para o trabalho posterior sobre extrapolação de tendências, indicadores sociais e avaliação de tecnologia — tudo isso associado a estudos mais recentes sobre o futuro. Mas foi só nos anos 60 que começou a surgir um corpo de trabalho em harmonia.

Boa parte desse trabalho derivou dos estudos realizados em vários "think tanks" dos Estados Unidos. O Exército norte-americano, quase que na própria conclusão da Segunda Guerra Mundial, estabeleceu uma série de previsões tecnológicas de longo alcance que levaram organizações multidisciplinares, como a RAND Corporation, a se tornarem centros onde acadêmicos podiam trocar idéias com membros do complexo industrial-militar. Os esforços para avaliar contingências militares e geopolíticas levaram ao desenvolvimento de inúmeras e influentes abordagens da previsão — tais como o método Delphi e a análise de impacto cruzado, métodos mais sofisticados de extrapolação de tendências, debate de idéias em grupo e análise de seqüências imaginárias de eventos. (Provavelmente o único acréscimo substancial, desde os anos 60, a esse arsenal de métodos é a simulação por computador.) Descobriu-se que essas abordagens eram úteis para grandes empresas e, de fato, para uma ampla série de outros organismos preocupados com a incerteza sobre os ambientes futuros em que poderiam estar operando. Foram popularizadas também através de livros de grande vendagem escritos pelo controvertido Herman Kahn e outros pesquisadores. Ecos mais acadêmicos viriam a ser encontrados nos trabalhos de Daniel Bell e outros autores que escreveram sobre a SOCIEDADE PÓS-INDUSTRIAL. (De fato, a sondagem do futuro através de métodos futurológicos e da aplicação de instrumentos de planejamento, tais como análises de sistemas, era encarado como um dos meios com que as sociedades pós-industriais orientariam seu próprio progresso e evitariam as crises econômicas e políticas de formações sociais mais antigas.)

Na Europa, esse período foi igualmente marcado por esforços para a consolidação do pensamento sobre o futuro, com a criação de grande número de novos organismos e a preparação de relatórios importantes. Em contraste com o trabalho da corrente predominante nos Estados Unidos, o "movimento futurológico" europeu era bem mais questionador quanto à forma que o futuro poderia assumir — por exemplo, os autores europeus que escreviam sobre a sociedade pós-industrial tendiam a ter bem menos confiança na ausência de conflitos sócio-econômicos e no fim das ideologias. A palavra "futurologia" foi introduzida por Ossip Flechtheim, pesquisador alemão que se preocupava em criar visões de um futuro diferente dos representados pelo capitalismo norte-americano e pelo socialismo soviético. Ironicamente, os estudos futurológicos que vieram da antiga União Soviética são, em muitos aspectos, um verdadeiro espelho dos que foram feitos nos Estados Unidos nos anos 60, partilhando seu otimismo social e tecnológico, mas invertendo os papéis das superpotências como forças progressistas e reacionárias. Os estudos do Leste

Europeu, em contraste, tendiam a uma atitude mais comedidamente crítica.

A palavra "futurologia" foi amplamente utilizada para descrever os esforços pioneiros no sentido de se pensar sistematicamente a respeito do futuro a longo prazo, e foi essa palavra que entrou na consciência do público. Outras expressões são "estudos futuros" e "pesquisas futuras", enquanto nas tradições francesas geralmente se usam as expressões "futuríveis" e "estudos prospectivos", e a literatura alemã em geral se refere a "prognósticos". A palavra "futurologia", apesar de ser a mais conhecida do público em geral, costuma ser rejeitada pelos que trabalham nesse campo. É encarada como um termo que transmite pretensões espúrias a uma compreensão científica do futuro — expressões como "estudos futuros", em contraste, dão mais o sentido de haver futuros alternativos, de as questões não estarem prontas e embrulhadas, meramente à espera de serem descobertas por meios racionais ou técnicos, de um campo que está aberto a não-cientistas. Talvez, também, futurologia seja encarada como excessivamente ligada aos pesquisadores norte-americanos dos anos 60, que estabeleceram esse campo. Vale a pena notar que os dois principais organismos profissionais atuando na área — a World Futures Society e a World Futures Studies Federation — não usam a expressão "futurologia"; as publicações principais são *Futures, Futures Research Quarterly* e *Futuribles*, juntamente com o mais popular, *The Futurist*.

Qualquer que seja o rótulo que lhes seja aplicado, no entanto, normalmente se faz uma distinção entre essas abordagens e as previsões mais convencionais. A previsão é encarada como tipicamente de curto prazo, preocupada com a extrapolação de tendências e outros desdobramentos "livres de surpresas", tentando prever ou planejar algum aspecto do futuro. Talvez, ainda mais importante, seja vista como limitada a observar aspectos específicos e reduzidos do desenvolvimento econômico, ambiental, social ou tecnológico. Um dos elementos-chave dos estudos futuros, em contraste, é tido como sendo o seu esforço para fornecer avaliações mais holísticas, reunindo o conhecimento sobre desenvolvimentos de muitos tipos diferentes e levando em conta sua interação. Assim, a análise de eventos futuros hipotéticos, a descrição de futuros alternativos em termos de grande números de características, é uma das principais ferramentas desse trabalho.

A onda de entusiasmo pela futurologia nos anos 60 e início da década de 70, época durante a qual se estabeleceram muitos grupos e associações de pesquisa, recuou um pouco durante as décadas seguintes. O campo do futuro tornou-se um centro de debates em que pontos de vista opostos discutem com crescente sofisticação, mas poucos sinais de concordância, a respeito de tópicos como a degradação do meio ambiente global e as implicações libertadoras ou opressoras das novas tecnologias. A importância de buscar pontos de vista de longo prazo e de relacionar dimensões de mudança (ver também MUDANÇA SOCIAL) que tendem a ser compartimentalizadas umas em relação às outras nas tradicionais especializações acadêmicas e de elaboração de políticas públicas no entanto não diminuiu. À medida que se aproxima o milênio, fica evidente um renovado interesse pela pesquisa do futuro — às vezes chamada de "Estudos do Século XXI".

Leitura sugerida: Coates, J.F. e Jarrat, J., orgs. 1992: *The Future: Trends into the Twenty-First Century*. Número especial de *Annals of the American Academy of Political and Social Science* 552, julho • Fowles, J., org. 1978: *Handbook of Futures Research*.

IAN D. MILES

G

gênero Representando o aspecto social das relações entre os sexos, gênero é um conceito que se distingue do conceito biológico de sexo. A questão de se, e até que ponto, os aspectos biológicos dos sexos são pertinentes à compreensão do gênero é popularmente controvertida, mas dentro das ciências sociais a questão é encarada, de maneira ampla, como resolvida — a organização social é considerada o fator esmagadoramente preponderante.

O gênero se constrói e se expressa em muitas áreas da vida social. Inclui a cultura, a ideologia e as práticas discursivas, mas não se restringe a elas. A divisão do trabalho por gênero, no lar e no trabalho assalariado, a organização do estado, a sexualidade, a estruturação da violência e muitos outros aspectos da organização social contribuem para a construção das relações de gênero. As teorias sociais variam em suas explicações sobre a importância relativa atribuída a várias instituições sociais na construção das relações de gênero.

As relações de gênero assumem formas diferentes em diferentes sociedades, períodos históricos, grupos étnicos, classes sociais e gerações. Não obstante, têm em comum a diferenciação entre homens e mulheres, apesar da imensa variabilidade social da natureza da diferença. Um aspecto muito comum é que a diferença de gêneros se associa à desigualdade de gênero, com os homens exercendo poder sobre as mulheres — alguns afirmam que universalmente, outros que quase universalmente.

Uma palavra relacionada é PATRIARCADO, que conceitualiza a desigualdade de gênero como socialmente estruturada.

Teorias de gênero

O pensamento social costuma identificar três perspectivas principais para se abordar a questão de gênero, embora haja muitas mais, especialmente se forem incluídas subcategorias e sínteses parciais entre as perspectivas do FEMINISMO. As três tradicionais são o feminismo radical, o feminismo socialista e o liberalismo. Entre as categorias adicionais incluem-se o conservadorismo (por exemplo, a SOCIOBIOLOGIA), o pensamento feminino negro, o pós-modernismo, a teoria dos sistemas duais, o ecofeminismo e o feminismo materialista. Alguns dividem a categoria do feminismo socialista, separando as correntes marxistas mais ortodoxas das que se valem mais do feminismo radical, como em uma divisão entre marxismo e feminismo socialista. Algumas perspectivas dentro do pensamento social, é claro, abstêm-se na área de gênero.

O que se segue representa um resumo de algumas das principais divergências teóricas. No entanto deve-se observar que esta visão geral, por sua própria natureza, é esquemática e muitos textos isolados desafiam uma categorização tão simples.

Feminismo radical

As análises feministas radicais indicam que a diferenciação de gênero é basicamente uma questão de desigualdade entre os gêneros, sendo o masculino o dominante. Os homens são encarados como os principais beneficiários da opressão das mulheres. A subordinação das mulheres é tida como autônoma em relação a outras formas de desigualdade social.

Enquanto todos os aspectos de vida das mulheres são encarados como influenciados pelo domínio masculino, as feministas radicais têm analisado com mais freqüência as questões da violência masculina para com as mulheres e do abuso, por parte dos homens, da sexualidade das mulheres, bem como temas relacionados ao problema da reprodução.

Essa perspectiva é em geral criticada por não levar suficientemente em conta outras formas de desigualdade social, mas essa falha é um aspecto mais contingente do que necessário desse tipo de análise, e algumas feministas radicais têm-se mostrado sensíveis à questão. Outra crítica comum é que o feminismo radical tem uma tendência ao reducionismo biológico. Mais uma vez, se essa é uma característica de algumas pensadoras, não é um aspecto universal dessa escola de pensamento.

Feminismo socialista

A análise feminista socialista também se concentra na desigualdade de gênero como um aspecto importante da diferenciação de gênero. No entanto a desigualdade de gênero é encarada, não como um sistema autônomo de relações sociais, mas como intimamente ligada às relações de classe. Isso significa que o capital, tanto quanto os homens — e às vezes com a exclusão dos homens —, é tido como o beneficiário da subordinação das mulheres.

As feministas socialistas freqüentemente se têm concentrado mais nos diferentes aspectos da subordinação das mulheres do que as feministas radicais. Em particular, desenvolveram análises do trabalho, tanto do trabalho assalariado quanto do TRABALHO DOMÉSTICO, embora questões de cultura e sexualidade também tenham sido abordadas (a última geralmente em combinação com a psicanálise).

O debate entre feminismo socialista e feminismo radical tem-se concentrado com freqüência na importância relativa dos homens como agentes ativos na opressão das mulheres, as feministas radicais considerando que isso é subestimado pelas socialistas. Também existe divergência sobre a relevância relativa dos diferentes locais de desigualdade de gênero.

Liberalismo

Em comparação com as duas primeiras perspectivas, os pontos de vista liberais sobre gênero são em geral menos estruturais. As análises dentro dessa perspectiva tendem a incluir alguns fenômenos de menor escala e a não se integrar a uma macroteoria das relações entre os gêneros. Entre os tópicos aqui abrangidos, incluem-se em geral questões como educação e representação nos campos políticos normais, como parlamentos, por exemplo. A crítica a essa abordagem concentra-se na falta de considerações sistemáticas sobre a inter-relação de aspectos das relações de gênero.

Estruturas

O patriarcado pode ser considerado como constituído pelas seis estruturas seguintes:

O lar

O lar familiar é a instituição que vem sendo mais freqüentemente analisada por seu papel na produção tanto da diferenciação quanto da desigualdade de gênero. No entanto a própria e considerável variação de formas de lar entre diferentes culturas e épocas torna a generalização arriscada. As análises funcionalistas sustentavam tradicionalmente que a família era um local de diferenciação — mais que de desigualdade — de papéis entre homens e mulheres. Muitas análises feministas têm afirmado que, ao contrário, as mulheres são subordinadas aos homens na família e que isso é crucial para outros aspectos de sua opressão (Barrett, 1980). A expropriação do trabalho doméstico das mulheres é um aspecto central das teorias de muitas feministas socialistas e materialistas, como Delphy (1984). Essa desigualdade no tempo despendido no trabalho doméstico foi confirmada por análises de orçamento de tempo (Gershuny, 1983). No entanto o modelo da família como composta de um marido/provedor do sustento e de uma esposa/dona-de-casa em tempo integral, mais os filhos, é um fenômeno não tão comum hoje em dia. Em parte, porque isso é etnicamente específico; por exemplo, essa forma foi raramente encontrada entre os povos de ascendência africana. De fato, essa variação étnica é crucial para a análise de algumas feministas negras, tais como Hooks (1984), a qual afirma que grande parte da teoria feminista partiu para uma generalização ilegítima das experiências das mulheres brancas para todas as mulheres. A forma do lar familiar "tradicional" é incomum também entre as famílias brancas hoje em dia, em parte devido ao aumento na proporção de mulheres casadas em empregos assalariados no período do pós-guerra e ao aumento dos lares chefiados por um único genitor. Não obstante, a entrada das mulheres na força de trabalho assalariada não produz, como resultado típico, uma divisão igualitária do trabalho doméstico. O aumento do número de lares chefiados por mulheres resulta em parte da crescente taxa de DIVÓRCIO e em parte do aumento da natalidade fora do casamento. Essa última tendência, contudo, tem sido acompanhada por um crescimento da proporção de casais não-casados e vivendo em coabitação (ver CASAMENTO).

Emprego

O emprego das mulheres difere do dos homens em dois aspectos principais. Primeiramente, é típico que as mulheres recebam pagamento inferior ao dos homens (cerca de 3/4 do salário/hora dos homens na Grã-Bretanha). Em segundo lugar, as mulheres, em muitas sociedades, estão menos integradas do que os homens no trabalho assalariado e mais no trabalho doméstico não-remunerado.

Uma divisão importante nas explicações dessas diferenças e desigualdades é a que se formou entre, por um lado, os que enfatizam a importância dos compromissos domésticos da mulher na redução de sua capacidade de participar efetivamente do trabalho assalariado e, por outro, os que enfatizam as estruturas discriminatórias dentro do mercado de trabalho e do estado.

Teóricos sociais mais próximos do marxismo tendem a enfatizar o papel do capital e da família na subordinação das mulheres no mercado de trabalho (Beechey, 1977). Os economistas das correntes predominantes também tendem a se concentrar na relevância das condições domésticas da mulher, mas, diferentemente dos marxistas, articulam isso como resultado da opção livre e racional das mulheres de se engajarem no trabalho doméstico.

A ênfase nas estruturas discriminatórias do mercado de trabalho e do estado origina-se, caracteristicamente, dos teóricos dos sistemas duais e das feministas liberais. Os autores de textos sobre sistemas duais combinam uma análise feminista radical das tentativas dos homens de subordinar as mulheres com uma análise socialista do capital. Aqui, a estruturação do mercado de trabalho, representada na segregação empregatícia por sexo, é encarada como o resultado de uma luta entre capital, trabalhadores (homens) organizados e mulheres (Hartmann, 1979). As feministas liberais, de maneira típica, concentram-se nos problemas da cultura masculina no local de trabalho e nas dificuldades em obter a igualdade de direitos.

Sexualidade

A relevância da sexualidade para as relações de gênero tem sido tema de muitos debates. Algumas feministas radicais encaram a sexualidade como o terreno mais importante da dominação das mulheres pelos homens. As mulheres às vezes sofrem violentos abusos sexuais por parte dos homens e outras vezes são cooptadas por projetos patriarcais, através de construções particulares da heterossexualidade. Por um lado, os homens violentam e representam as mulheres pornograficamente como objetos dos desejos masculinos e, por outro, a ideologia do amor romântico seduz as mulheres para o que é efetivamente uma heterossexualidade compulsória. A sexualidade é encarada como um espaço onde os homens forçam ou manipulam as mulheres a ter relações íntimas com homens. O lesbianismo é encarado com freqüência como uma alternativa desejável.

A psicanálise forneceu os conceitos que algumas feministas marxistas desejavam para coadjuvá-las na análise da sexualidade. Elas têm tentado descartar-se das partes sexistas da análise de Freud e utilizar conceitos centrais, como o do inconsciente (Mitchell, 1975). A sexualidade é vista como intimamente ligada à identidade de gênero e como crucialmente formada por experiências da primeira infância. Outras têm usado uma crítica de Freud como base de explicações radicalmente diferentes da sexualidade particular das mulheres (Irigaray, 1985).

Os conceitos que Foucault (1976) introduz são outro caminho pelo qual os teóricos sociais têm buscado fornecer uma explicação da sexualidade. Esta é mais uma vez encarada como socialmente construída, agora como um discurso.

Violência

A consciência da extensão e do significado da violência masculina contra as mulheres é um dos produtos da recente onda feminista. Feministas radicais têm analisado essa violência como uma forma de controle social sobre as mulheres. Destacam, de forma típica, o significado e a crescente incidência desses atos. As feministas socialistas têm tido muito menos a dizer sobre essa violência. As análises liberais têm destacado as falhas do estado na "proteção" das mulheres e levantado questões sobre como reformar esse estado de coisas.

Cultura

A cultura tem sido encarada tradicionalmente como de importância capital na construção das diferenças de gênero. A teoria da socialização tem sido popular em suas explicações de como meninos e meninas são tratados de forma diferente desde a tenra idade e conseqüentemente crescem com diferentes características sociopsicológicas. A educação é encarada como parte importante desse progresso, atraindo meninos e meninas para diferentes atividades e realizações.

Análises mais recentes de gênero e cultura têm-se valido extensamente da teoria literária, com o desconstrucionismo de Derrida (1967) (ver DESCONSTRUÇÃO), e também da análise do DISCURSO de Michel Foucault. A ênfase passou da experiência de aprendizado do indivíduo para a criação dos textos, representações ou discursos que constroem nossas noções de gênero (Weedon, 1987). Essa obra fala com freqüência da diferença, tanto entre homens e mulheres quanto também entre as mulheres. De fato, alguns trabalhos que enfatizam as diferenças entre as mulheres chegaram a problematizar o próprio conceito de "mulher" como categoria unitária.

Estado

O estado costuma ser analisado como elemento contribuinte para a diferenciação e desigualdade de gênero. Por exemplo, as feministas radicais têm analisado a falta de intervenção do estado quando os homens cometem atos de violência criminosa contra mulheres (Hanmer e Saunders, 1984), enquanto as feministas socialistas têm examinado o modo como o estado de bem-estar reproduz a forma tradicional de lar familiar (McIntosh, 1978).

As mulheres têm buscado com freqüência mudar sua posição no mundo, e temos tido inúmeras ondas de atividade feminista. As duas mais conhecidas são as de 1850-1918 e a atual, que começou no final dos anos 60 nos Estados Unidos e um pouco mais tarde na Grã-Bretanha (ver MOVIMENTO DE MULHERES). Não existe um movimento monolítico, mas antes uma multiplicidade de estratégias feministas e uma correspondente complexidade nas reações antifeministas motivadas por gênero. Por exemplo, às vezes as feministas afirmam que o melhor caminho para o progresso das mulheres é lutar pelos mesmos direitos e privilégios e por serem tratadas do mesmo modo que os homens, enquanto outras afirmam que as mulheres devem exigir atenção especial às especificidades de sua condição, devendo reconhecer, em vez de negar, a diferença.

Leitura sugerida: Cockburn, C. 1983: *Brothers* • Eisenstein, H. 1984: *Contemporary Feminist Thought* • Hooks, B. 1984: *Feminist Theory: From Margin to Center* • Jaggar, A. e Rothenberg, P.S., orgs. 1978 *(1984)*: *Feminist Framework*, 2ª ed. • Kelly, L. 1988: *Surviving Sexual Violence* • Oakley, A. 1985: *Subject Woman* • Spender, D. 1983: *Women of Ideas* • Stanworth, M., org. 1986: *Reproductive Technologies* • Walby, S. 1990: *Theorizing Patriarchy* • Weedon, C. 1987: *Feminist Pratice and Poststructuralist Theory.*

SYLVIA WALBY

genocídio Este conceito foi cunhado por Raphael Lemkin (1944) para se referir ao objetivo principal da política populacional alemã na Segunda Guerra Mundial: exterminar completamente os judeus — o principal alvo de perseguição durante todo o domínio alemão — e os ciganos, além de dizimar e reduzir seletivamente algumas nações eslavas. Embora o genocídio tenha ocorrido no decorrer da história, ele chamou a atenção contemporânea devido à (a) sua utilização calculada e repetida no século XX e à sua justificação por meio de ideologias totalitárias; (b) à racionalização de sua utilização; e (c) ao crescimento e à especificação de normas de direitos humanos.

O crime de genocídio foi uma especificação dos crimes contra a humanidade — um crime internacional de acordo com a Convenção de Haia de 1907 — que constituiu uma das acusações contra os líderes nazistas no Tribunal Militar Internacional de Nurembergue em 1946. Genocídio e conspiração para cometê-lo são hoje um crime de acordo com a lei internacional, em tempo de paz ou de guerra, em prática doméstica ou entre nações, sob a Convenção da ONU sobre a Prevenção e Punição do Crime de Genocídio (UNGC), que entrou em vigor em 1951. No entanto nenhum genocídio foi julgado de acordo com a UNGC, apesar da citação de mais de 18 casos por estudiosos, advogados e organizações de direitos humanos (ver Fein, 1990; Harff e Gurr, 1990). A impossibilidade de as Nações Unidas e de nações isoladas abrirem processos por genocídio tem-se relacionado: (a) a falhas estruturais da ONU; (b) ao paradoxo jurídico da convenção; e (c) às muitas utilizações políticas que os estados encontraram para o genocídio no século XX. Conforme escreveu um observador em relação a (a) e (c): "O estado territorialmente soberano arvora-se, como parte integrante de sua soberania, o direito de cometer genocídio ou de se envolver em massacres genocidas contra povos sob o seu domínio, e (...) as Nações Unidas, para todos os fins práticos, defende esses direitos" (Kuper, 1981, p.161). A ONU nunca instalou uma corte penal internacional, e a imposição de sanções depende do consenso entre as grandes potências. Assim — e este é um exemplo de (b) —, embora exista a possibilidade teórica de tal corte penal, a UNGC conta principalmente com os estados signatários para abrir processos por genocídio, apesar do fato de o estado ser, com maior freqüência, aquele que perpetra o genocídio.

O estudo de genocídios específicos — principalmente a "Solução Final da Questão Judaica" de 1939-45 (ver ANTI-SEMITISMO) e o genocídio armênio de 1915 —, juntamente com o estudo comparativo de genocídios que começou nos anos 70, sofreu um crescimento exponencial nos anos 80. Existe discordância entre os estudiosos a respeito da definição e dos melhores métodos de explicação e análise. As discordâncias quanto à definição concentram-se na utilidade e justificativa da definição de genocídio da UNGC, especialmente a noção de intenção e a inclusividade de grupos de vítimas estipuladas. De acordo com a UNGC, genocídio é "qualquer dos seguintes atos [começando com o assassinato de membros de grupos] cometido com a intenção de destruir, no todo ou em parte, um grupo nacional, étnico, racial ou religioso, como tal".

Muitos estudiosos hoje utilizam o termo genocídio para se referir ao extermínio deliberado de qualquer grupo, incluindo grupos políticos (e não-violentos) e classes sociais. Uma nova definição pretende seguir paralela aos termos da definição da UNGC: "Genocídio é a ação sistemática e intencional por parte de um perpetrante para destruir uma coletividade, direta ou indiretamente, através da interdição da reprodução biológica e social de membros do grupo, mantida independentemente da rendição ou falta de ameaça oferecida pelas vítimas" (Fein, 1990).

As explicações de genocídio recorrem a vários tipos de análise: histórica, estrutural e sociopsicológica. O genocídio é encarado por Chalk e Jonassohn (1990) como surgindo primeiramente da prática de impérios buscando (a) eliminar uma ameaça real ou potencial; (b) difundir o terror entre inimigos reais ou potenciais; e (c) conseguir riqueza econômica. Sintetizando a formulação desses dois autores e as tipologias de outros, podemos distinguir quatro tipos: retaliatório, despótico, desenvolvimentista e ideológico.

Tanto os teóricos estruturais quanto os sociopsicológicos em geral concordam em que uma precondição necessária, mas não suficiente, para a vitimização é a preexistente "definição da vítima como fora do universo da obrigação ou responsabilidade" (Fein, 1979, cap.1): um estranho ou estrangeiro, um inimigo ou intruso, um grupo de párias ou uma comunidade nacional identificada como estrangeira, sem nenhum estado-nação estrangeiro protetor para apoiá-la, e povos indígenas que nunca foram concebidos como fazendo parte da sociedade organizada. Os estruturalistas concentram-se na interação de condições prévias que fazem do genocídio um resultado provável. Entre estas incluem-se crises de declínio e de legitimidade do estado, a subida ao poder de regimes revolucionários e totalitários, as implicações de ideologias exclusivas nacionalistas, fascistas e comunistas, a disputa pelo poder entre grupos em novos estados e a abertura de novas terras para o desenvolvimento ou a mera pilhagem. Finalmente, existem em geral condições comuns que facilitam ou permitem o genocídio: guerras que tornam as vítimas menos visíveis e improvável, se não impossível, que outros estados tentem protegê-las; e o apoio de importantes potências mundiais e regionais aos perpetradores. Fein concebe o cálculo do genocídio como uma escolha racional (depois de levar em conta todas as outras precondições), encarando o fator precipitador como sendo a mudança nos custos e benefícios previstos do genocídio: isso brota de "uma crise ou oportunidade considerada como causada ou impedida pela vítima" (Fein, 1990).

As teorias sociopsicológicas concentram-se nos estados e nos motivos íntimos dos perpetrantes, que interagem com os eventos externos para levá-los a culpar os grupos de vítimas pelos seus problemas, a seguir líderes autoritários e a matar sem culpa nem pudor (para uma análise em níveis múltiplos, ver Staub, 1989).

O genocídio tem tido maior incidência, no mundo do pós-guerra, nos novos estados, especialmente estados com governos comunistas ou autoritários. Antes de 1950 a maior parte dos perpetrantes no século XX foi composta de estados totalitários, incluindo importantes potências européias: principalmente a Alemanha nazista e a União Soviética. É possível relacionar padrões recentes de genocídio tanto ao âmbito das opções dos estados multiétnicos no sentido de reestruturar suas sociedades — expulsão e eliminação são um modo radical de evitar a resolução de um conflito — quanto ao uso crescente da repressão e do terror como meio de controle social em estados da Ásia, África e Américas Central e Latina.

Dois interesses recorrentes unem muitos cientistas sociais que se preocupam com a questão do genocídio: o reconhecimento dos genocídios passados e a prevenção dos futuros. Em anos recentes, cientistas sociais começaram a ponderar sobre como medir e monitorar indicadores de graves violações dos direitos humanos (incluindo assassinatos políticos e padrões de discriminação que possam ser um prefácio ao genocídio), a propor "sistemas de alarme antecipados" e a avaliar os estados e as "minorias em risco" (Gurr e Scarritt, 1989). Ver também EUGENIA.

Leitura sugerida: Chalk, F. e Jonassohn K. 1990: *The History and Sociology of Genocide* • Charny, I.W., org. 1988: *Genocide: a Critical Bibliographic Review* • Fein, H. 1979: *Accouting for Genocide* o 1990: "Genocide: a sociological perspective". *Current Sociology* 38,1 • Gurr, T. e Scarrit, J. 1989: "Minorities at risk: a global survey". *Human Rights Quarterly* 11, 3, 375-405. • Harff, B. e Gurr, T. 1990: "Victims of the state: genocides, politicides and group repression since 1945". *International Review of Victimology* 1, 1-19 • Kuper, Leo 1981: *Genocide: its Political Use in the Twentieth Century* • Lemkin, R. 1944: *Axis Rule in Occupied Europe* • Staub, E. 1989: *The Roots of Evil.*

HELEN FEIN

geografia humana Em seu estudo da ocupação humana da superfície da Terra, os esforços empíricos dos geógrafos humanos no decorrer do século XX têm sido extremamente heterogêneos, mas quase sempre estiveram associados a três temas subjacentes e que freqüentemente se sobrepõem: o papel dos seres humanos na transformação da natureza, na modificação física da superfície da Terra; a organização do espaço por unidades societais e o impacto da organização espacial sobre a interação social e econômica; e as atividades humanas ou aspectos da paisagem construída que caracterizam cidades, regiões ou outras áreas delimitadas. Uma característica comum crucial a esses temas — a conduta *situada* da prática por agentes humanos operando dentro de constelações específicas de relações sociais — ficou muito tempo sem ser reconhecida e ajudou a resultar em um discurso disciplinar que, em sua maior parte, se esquecia da teoria social; ainda que Vidal de la Blache e seus companheiros praticantes de *la géographie humaine* encarassem os *genres de vie*, os modos de vida, característicos de regiões, junto com as interações de seres humanos com seu meio físico, como fenômenos, antes de tudo, sociais.

Os adeptos do determinismo ambiental, o ponto de vista mais amplamente predominante durante o século XX, ignoraram a existência de relações sociais e insistiram em que as práticas de vida, as características culturais, os atributos físicos e as habilidades mentais humanas variavam geograficamente devido a diferenças no ambiente natural (e, ao fazê-lo, legitimaram a persistência do imperialismo europeu e norte-americano). A "geografia cultural", tal como desenvolvida por Carl Sauer e seus seguidores a partir de meados dos anos 20, evitava o social adotando a visão superorgânica de CULTURA proposta por Alfred Kroeber e outros antropólogos, atribuindo à cultura um status ontológico e determinativo independente, removendo-a do âmbito da intervenção e do conflito humano e permitindo-lhe gerar magicamente suas próprias formas. Nos anos 40 e 50 os que buscaram o que Richard Hartshorne chamou de "diferenciação a-real" abandonaram a teoria social através de uma concentração na a-realmente *ímpar* inter-relação de fenômenos direta ou indiretamente ligados à terra, embora enfatizando o variável e o diferente, e também através de uma desatenção a estruturas e processos sociais geograficamente extensos. Finalmente, a "revolução" quantitativa do final dos anos 50 e dos anos 60 trouxe consigo um novo e rigoroso empirismo — agora concentrando-se no estatisticamente mensurável, em vez do que podia ser observado em campo; uma preocupação considerável com modelos originada na clássica teoria da locação e na economia neoclássica; a busca de uma ordem geométrica; a preocupação com a forma espacial, mais que com o processo; um desprezo positivista por teorias que lidavam com relações inquantificáveis; e, como resultado de tudo isso, pouca atenção a questões teóricas de caráter cultural e social.

No contexto da Guerra do Vietnã e da cascata de movimentos sociais populares em países capitalistas altamente industrializados, surgiu uma crítica interna da geografia humana predominante que finalmente veio a enfrentar a dimensão social teórica da temática dessa disciplina através da introdução de uma perspectiva marxista. Durante os anos 70, seguindo os esforços pioneiros de David Harvey, uma crescente minoria de geógrafos humanos começou, teórica e empiricamente, a reinterrogar o mundo da organização espacial e da diferenciação regional em termos da economia política, do desenvolvimento desigual e da "lógica do capital". Começaram a explorar o impacto do capitalismo contemporâneo sobre muitos dos fenômenos urbanos e rurais, muitas das relações homem-terra que eram tradicionalmente objeto de escrutínio disciplinar, e começaram — de forma em geral combativa — a examinar a dimensão geográfica das questões de justiça social que anteriormente estavam acima do âmbito de uma indagação aceitável.

Na medida em que os estudiosos inspirados em Marx se tornaram alvo de crítica na disciplina e se abriram ao debate interno, e em que o próprio Harvey (1982), se expandiu ele próprio até os "limites do capital", indo além de Marx ao enfatizar a espacialidade do capital e conclamar um "materialismo histórico-geográfico", inúmeros geógrafos humanos tornaram-se diretamente engajados em desenvolvimentos sociais teóricos mais amplos. Eles embarcaram na reformulação da teoria social e um novo discurso começou a tomar forma, especialmente nas páginas das revistas *Antípode* e *Society and Space* e em uma onda de livros importantes, dos quais apenas uns poucos aparecem na leitura sugerida abaixo. Às vezes apelando para figuras disseminadas tão populares quanto Pierre Bourdieu, Michel Foucault e Anthony Giddens, os geógrafos humanos críticos que participam desse discurso têm, de várias formas, afirmado que a história não deve mais ser privilegiada nas análises sociais; que a geografia e a história têm igual status ontológico; que o espacial, o temporal e o social são sempre inseparáveis; que tudo que é social está situado em chão firme e dentro de um contexto dependente; que a dinâmica histórica dos sistemas sociais deve ser vista em um contexto geográfico concreto; que as condições, ou estruturas, sociais que capacitam e restringem a atividade humana são elas próprias produtos sociais; que, no desenrolar da história, as estruturas sociais e espaciais interagem mutuamente de forma constante. Ao fazê-lo, e quando de um modo ou de outro reconhecem a interação transformadora de intermediação e estrutura, proporcionaram um novo conjunto de significados para a famosa frase de Marx de que as pessoas "fazem sua própria história, mas não exatamente como lhes agrada; não a fazem sob circunstâncias escolhidas por si mesmas, mas sob circunstâncias diretamente encontradas, dadas e transmitidas do passado".

Com sensibilidades epistemológicas despertadas pela postura céptica dos filósofos pós-modernistas para com padrões absolutos de verdade, muitos dos que contribuem para o novo discurso geográfico humano em questão — seguindo as posições de Keat e Urry (1975) e Sayer (1984) — tornaram-se adeptos do REALISMO devido à sua afirmação de que a ciência é possível e necessária; à sua alegação de que as estruturas, com suas relações e forças causais impalpáveis, existem para serem identificadas; e às indicações que o realismo fornece para evitar conclusões causais injustificadas no estudo empírico de sistemas sociais abertos e complexos.

O novo discurso resultou em inúmeros estudos teoricamente informados e elegantes. Alguns dos mais importantes examinam as articulações cambiantes do local e do global sob o capitalismo do final do século XX e os modos como as relações entre os sexos, as relações de classe, outras relações de poder, os detalhes da vida cotidiana e elementos da cultura são reestruturados localmente na medida em que diferentes formas de capital são inexoravelmente reestruturadas em termos globais. Avanços particularmente significativos foram feitos no âmbito da geografia industrial, em que houve uma nova concentração na reestruturação e nos mercados de trabalho regionais, nos complexos de produção concentrados resultantes da acumulação flexível e no papel central de uma industrialização geograficamente específica em crescimento sob o capitalismo (Massey, 1984; Scott e Storper, 1986; Storper e Walker, 1989). Através de todas essas evoluções, a geografia humana crítica não tem escapado ao questionamento pós-modernista da linguagem e representação como resultado de questões repetidamente levantadas por Gunnar Olsson desde 1980 (Olsson, 1980).

Leitura sugerida: Cosgrove, D. 1985: *Social Formation and Symbolic Landscape* • Gregory, D. e Urry, J., orgs. 1985: *Social Relations and Spatial Structures* • Gregory, D. e Walford, R., orgs. 1989: *Horizons in Human Geography* • Harvey, D. 1985: *Consciouness and the Urban Experience* • Harvey, D. 1989: *The Condition of Postmodernity: an Enquiry into the Origins of Cultural Change* • Peet, R. e Thrift, N., orgs. 1989: *New Models in Geography: the Political-Economy Perspective*, 2 vols. • Pred, A. 1990: *Making Histories and Producing Human Geographies: the Local Transformation of Pratice, Power Relations and Consciousness* • Soja, Edward E.W. 1989: *Postmodern Geographies: The Reassertion of Space in Critical Social Theory* • Thrift, N. 1983: "On the determination of social action in space and time". *Society and Space* 1, 23-57 • Watts, M.J. 1985: *Silent Violence: Food, Famine and Peasantry in Northern Nigeria.*

ALLAN PRED

gerência Ver ADMINISTRAÇÃO, CIÊNCIA DA; REVOLUÇÃO GERENCIAL.

gestalt, psicologia da O movimento de gestalt em psicologia teve origem na Alemanha, na primeira parte do século. Os psicólogos da gestalt afirmavam que o todo psicológico é maior que a soma de suas partes: os psicólogos deveriam analisar a experiência em termos de padrões totais de estímulos, ou gestalts, em vez de buscar dividi-los em partes componentes. Embora muitas de suas idéias fossem contestadas pelos comportamentalistas, elas atualmente estão integradas à moderna ciência cognitiva.

As três figuras mais importantes no movimento da gestalt foram Max Wertheimer (1880-1943), Kurt Koffka (1884-1941) e Wolfgang Köhler (1887-1967). Köhler explicou o termo teórico básico, "gestalt": "além da conotação de forma, como atributo das coisas, a palavra tem o significado de uma entidade concreta *per se*, que tem, ou pode ter, uma forma como uma de suas características" (Köhler, 1947, p.104). A teoria da gestalt indicava que o sistema de percepção registra as formas inteiras dos objetos, em vez de seus elementos. Os gestaltistas freqüentemente ilustravam esse princípio com o exemplo da música. É possível reconhecer uma melodia ainda que tocada numa tonalidade pouco familiar. As notas separadas não podem ser reconhecidas, pois não foram ouvidas antes. Portanto, é o padrão geral, ou gestalt, que é reconhecido.

Os gestaltistas atribuíram-se a tarefa de formular as "leis da percepção", através das quais séries de estímulos são espontaneamente agrupadas em padrões significativos. Essas leis incluem princípios como "construção fechada e boa gestalt", por meio dos quais as partes que faltam em uma série de estímulos são automaticamente "preenchidas" por aquele que percebe. Os gestaltistas afirmavam que essas leis da percepção não são aprendidas e, a esse respeito, suas idéias entravam em conflito com os dogmas do COMPORTAMENTALISMO.

As teorias de aprendizado da gestalt também diferiam das dos comportamentalistas. Os gestaltistas enfatizavam o papel da percepção, afirmando que os problemas são resolvidos quando captados em sua totalidade. Köhler ilustrou essas idéias em seu clássico estudo dos chimpanzés. Colocavam-se bananas imediatamente fora de alcance, mas os chimpanzés repentinamente apreendiam o problema ou viam a gestalt total; eles então usavam varetas para alcançar os objetos distantes (Köhler, 1925).

Embora as noções básicas da psicologia da gestalt tenham sido formuladas na Alemanha, os três principais gestaltistas iriam terminar suas carreiras nos Estados Unidos. Wertheimer e Koffka, como judeus, fugiram da Alemanha nazista. Köhler foi um dos pouquíssimos psicólogos alemães não-judeus a se oporem publicamente ao nazismo. Em 1935 ele pediu demissão de seu cargo no Instituto de Psicologia da Universidade de Berlim e partiu para a América.

As idéias gestaltistas têm exercido um efeito direto sobre o desenvolvimento da PSICOLOGIA SOCIAL. Idéias a respeito da estrutura das atitudes e da influência destas sobre a percepção tornaram-se influentes no estudo psicológico do PRECONCEITO e da dinâmica de grupo. Em anos recentes, as noções de gestalt foram retomadas por cientistas cognitivos. Existe uma afinidade entre as idéias dos gestaltistas e as de David Marr (1945-1980), que analisou o modo como os que percebem selecionam séries de estímulos em "esboços primários" (Marr, 1982). Há uma conexão lingüística entre a psicologia da gestalt e uma forma de terapia conhecida como "terapia gestáltica". No entanto os conceitos frouxamente definidos da terapia gestáltica, com seus temas anticientíficos, pouca relação têm com as idéias da psicologia da gestalt (Henle, 1986).

Ver também PSICOLOGIA.

Leitura sugerida: Ellis, W.D., org. 1938: *A Sourcebook of Gestalt Psychology* • Koffka, K. 1935: *Principles of Gestalt Psychology* • Köhler, W. 1967: *The Task of Gestalt Psychology*.

MICHAEL BILLIG

globalização Este é o processo pelo qual a população do mundo se torna cada vez mais unida em uma única sociedade. A palavra só entrou em uso geral nos anos 80. As mudanças a que ela se refere têm alta carga política e o conceito é controvertido, pois indica que a criação de uma sociedade mundial já não é o projeto de um estado-nação hegemônico, e sim o resultado não-direcionado da interação social em escala global. Desse modo, ela enquadra na mesma discussão os temas da SOCIEDADE PÓS-INDUSTRIAL e do DESENVOLVIMENTO E SUBDESENVOLVIMENTO. A palavra firmou-se em campos tão diversos quanto a economia, a geografia, o marketing e a sociologia, o que indica que seu uso é mais que uma questão de moda passageira.

Críticos desse conceito destacam o fato de que as idéias de seres humanos pertencendo a uma única espécie, habitando um único mundo ou compartilhando princípios universais não são novas. Temos à nossa disposição os registros de milhares de anos de contato entre os grandes impérios da história, e um sistema econômico envolvendo a maior parte da população do mundo pode remontar a várias centenas de anos. Ao mesmo tempo em que aceitam esses fatos, os preponentes do conceito afirmam que ocorreu uma mudança qualitativa nos últimos 30 anos de história do mundo. O universalismo no pensamento social, o INTERNACIONALISMO no pensamento político, o comércio mundial, o imperialismo, as guerras mundiais podem ser encarados como preliminares a um processo que é mais abrangente e penetrante.

O uso da palavra "global" é um indicador da mudança ocorrida. Nos anos 60 ela passou a ser usada para significar "pertencente ao mundo", ou "mundial". O *Dictionary of Modern English Usage*, de Fowler (1965), considerou-a um neologismo desnecessário, sugerindo "mundial" como alternativa. Mas o dicionário Webster, o Oxford English e o Larousse francês aceitaram-na já no início dos anos 70. O Oxford cita sua utilização mais famosa, feita por Marshall McLuhan (1962) num conceito que se tornou emblemático, o de "aldeia global". A perspicácia de MacLuhan foi captar uma propriedade da cultura moderna, ou seja, a possibilidade de comunicação global, e afirmar que a recepção instantânea de imagens e vozes distantes mudava o conteúdo da cultura. Sua idéia pressagiou uma nova concentração de interesse na comunicação mundial como um fator transformador da vida local, de relevância semelhante ao impacto dos mercados capitalistas. A teoria marxista do desenvolvimento do capitalismo, tal como desdobrada por Immanuel Wallerstein (1974) em sua teoria do SISTEMA MUNDO, teve como imagem fundamental um centro ou cerne estendendo seu poder sobre regiões periféricas, e ao mesmo tempo ligando-as. A imagem de influência na idéia de cultura global parece-se muito mais com a da precipitação decorrente de uma explosão. Ela dá um ímpeto extra aos que encaram a cultura como um fator independente na criação de um mundo único (Robertson, 1990).

Cultura e mercado juntaram-se nos anos 70, nas atividades das corporações multinacionais que buscavam maximizar as vendas mundiais de seus produtos através da publicidade global. No caso talvez mais famoso, a Coca-Cola ofereceu a imagem de uma reunião de pessoas de todas as nações e de todas as cores, cantando uma música que falava de "perfeita harmonia". A "globalização" tornou-se conhecida como estratégia de mercado logo depois, embora continue a haver controvérsia quanto a exatamente até que ponto uma estratégia global leva em conta as diferenças culturais. Ao nível de corporação, a multinacional, com seu centro (geralmente nos Estados Unidos) e suas filiais em todo o mundo, dá lugar à transnacional, em que expatriados de muitos países dedicam-se às atividades de uma única corporação em toda a Terra.

Para os economistas, globalização é uma palavra que ficou associada à dissolução das barreiras nacionais à operação de mercados de capital que teve início no começo dos anos 80. Isso resultou em negócios simultâneos nos principais mercados de Nova York, Londres, Tóquio e Frankfurt, de tal forma que o movimento dos mercados se encontra evidentemente fora do âmbito do controle de qualquer agência nacional. O futuro do sistema capitalista já não pode ser visto como ligado ao destino de uma nação modernizante em particular, os Estados Unidos. Isso indica uma mudança qualitativa a partir de um processo encarado, de forma variada, como MODERNIZAÇÃO ou imperialismo, rumo a uma transformação abrangente na qual novos agentes da mudança social global estão potencialmente ativos em qualquer parte do mundo. Os países do Extremo Oriente, o mundo islâmico ou a Europa podem ocupar o centro do palco a qualquer momento, produzindo repercussões para as vidas das pessoas em áreas do mundo totalmente distantes.

Em última análise, são os efeitos transformadores da globalização sobre as vidas dos indivíduos e suas relações entre si que constituem o teste de utilidade do conceito. Esses efeitos, por sua vez, estão diretamente relacionados aos argumentos sobre o pós-modernismo e a possibilidade de se compreender a idéia de cultura pós-moderna. Um dos aspectos freqüentemente observados no pós-modernismo é a justaposição de fragmentos de várias fontes étnicas e históricas dentro de uma mesma estrutura cultural, seja em arquitetura, música, moda ou culinária, mas ainda se discute se esse tipo de colagem cultural deve ser visto como uma reação ao caráter racional da modernidade ou como um estágio em direção a uma nova síntese global. (Ver também MODERNISMO E PÓS-MODERNISMO.)

A globalização é atacada pelos que a encaram como uma nova forma de homogeneização da cultura, uma extensão da CULTURA DE MASSA que aplainou a variedade de culturas locais européias do século XIX. Ela está ligada claramente, contudo, ao avanço do multiculturalismo, à demanda por pluralismo cultural em estados unitários e a movimentos de autodeterminação nacional. O processo que resultou em estados-nações trabalhando no sentido da formação de agências supranacionais, como as Nações Unidas, e de acordos intergovernamentais, como o Acordo Geral sobre tarifas e Comércio (General Agreement on Tariffs and Trade — GATT) ou os acordos da Eco 92, no Rio de Janeiro, facilitou as viagens por todo o mundo, ajudou os fluxos migratórios e colocou em destaque questões sobre direitos de minorias. A sensação de um destino comum para a humanidade é aumentada pelo reconhecimento de questões sobre o meio ambiente global, e o ativismo político cada vez mais cruza as fronteiras nacionais com a mobilização mundial de movimentos sociais. O supranacionalismo, portanto, opera no plano do engajamento individual com valores globalistas, em um extremo, e na formação de uma classe internacional de capitalistas, gerentes, burocratas, astros da mídia e dos esportes, no outro. Todos esses fatores levam ao reconhecimento de que temos que ultrapassar a interação do econômico, do cultural e até mesmo do político, e visualizar claramente a globalização como um processo de transformação social no mais amplo sentido possível. O tratamento mais substancial do tema, até o momento, foi dado por Anthony Giddens (1990).

Leitura sugerida: Albrow, M. e King, E., orgs. 1990: *Globalization, Knowledge and Society* • Featherstone, M., org. 1990: *Global Culture: Nationalism, Globalization and Modernity* • Giddens, A. 1990: *The Consequences of Modernity* • King, A. 1990: *Global Cities: Post-imperalism and the Internationalization of London* • Sklair, L. 1991: *Sociology of the Global System.*

MARTIN ALBROW

golpe de estado Definido de forma restrita por Henry R. Spencer como "uma mudança de governo efetuada pelos detentores do poder governamental em desafio à constituição legal do estado" (1963, p.508), o conceito de golpe de estado tenderia, assim, a abranger apenas a categoria dos golpes executivos. Conforme sublinhado por M.N. Hagopian (1975, p.6), a desvantagem de tal definição é excluir os golpes fomentados por grupos não-pertencentes à elite do poder (golpes paramilitares) ou que, apesar de serem parte do aparelho do estado, não detêm necessariamente o poder político (golpes militares).

Diferentemente das revoluções ou das insurreições militarizadas, que também visam a mudança do governo (ver REVOLUÇÃO), um golpe de estado jamais convoca a mobilização das massas. Essa característica básica não exclui uma "eventual interdependência empírica dos fenômenos", um golpe que pode muito bem ocorrer "no início de uma revolução ou durante ela" (Chazel, 1985, p.637). A segunda característica reside na sua forma de execução: preparado e executado por um número pequeno de pessoas, um golpe de estado exige acima de tudo segredo e ação rápida. Dessa forma, ocorre "a infiltração de um segmento pequeno, porém crítico, do aparelho de estado, que é usado para afastar o governo do controle do restante" (Luttwak, 1969, p.12). A ênfase colocada na mudança institucional limitada nem sempre é um fator pertinente. O que é válido para as sociedades tradicionais, onde os golpes em geral são centrados em rivalidades pessoais — estes não são tanto golpes executivos, mas antes revoluções palacianas —, não o é necessariamente para outras sociedades: o golpe de estado no Chile em 1973 foi acompanhado por um significativo estreitamento da arena política. Em outros locais, ainda que a habilidade estratégica (segredo e ação rápida) do sedicioso seja essencial para o deslocamento dos detentores do poder, ela não é suficiente em si mesma para garantir o sucesso do golpe de estado; o *putsch* de Kapp na Alemanha, em 1920, fracassou em resultado de uma greve geral. No entanto, o elo entre os golpes de estado e a capacidade civil de mobilização continua a ser muito complexo, uma vez que não é raro que golpes militares ponham freio a situações violentas imputáveis, em países em desenvolvimento, a um súbito ímpeto na participação das massas. Neste caso, a ideologia e a organização dos militares contrastam em geral com o baixo nível de institucionalização dos regimes políticos que caracterizam as sociedades pretorianas — devido à ausência ou fraqueza de instituições políticas efetivas, forças sociais defrontam-se abertamente e cada qual emprega meios que refletem as suas capacidades: "os ricos subornam; os estudantes se amotinam; os operários fazem greve; a turba faz manifestações de protesto e *os militares golpeiam*" (Huntington, 1968, p.196). No entanto seria exagero dizer que os golpes militares levam apenas a regimes autoritários: o golpe de 1974 em Portugal é testemunha do fato de que um *putsch* pode às vezes abrir o caminho para a democracia.

Leitura sugerida: Chazel, F. 1985: "Les ruptures révolutionnaires". In *Traité de science politique*, org. por J. Leca e M. Grawitz • Hagopian, M.N. 1975: *The Phenomenon of Revolution* • Huntington, S.P. 1968: *Political Order in Changing Societies* • Luttwak, E. 1969: *Coup d'État: a Pratical Handbook* • Spencer, H.R. 1963: "Coup d'État". In *Encyclopedia of the Social Sciences*, org. por Edwin R.A. Seligman e Alvin Johnson, vol.3-4, 508-10 • Touraine, Alain, 1988: *La parole et le sang*.

PATRICE MANN

gosto A *capacidade* de julgar e apreciar o que é belo, excelente, bom ou perfeito e a *propensão* a produzir ou consumir objetos (como, por exemplo, obras de arte) que materializam essa capacidade constituem os dois aspectos do gosto. Embora a noção tenha um extenso e ilustre passado no pensamento social ocidental, que de Kant remonta a Platão, passando por Hume, ela tem sido surpreendentemente negligenciada pelas ciências sociais. Com efeito, até data recente, salvo pelas considerações de Max Weber sobre estilização da vida e pela teoria do consumo conspícuo de Thorstein Veblen, o gosto era a província quase exclusiva de filósofos e especialistas em história ou crítica de arte (Osborne, 1970), para não mencionar os biólogos — em suma, era relegado ao domínio da alta cultura ou da natureza. Assim, o verbete sobre gosto na *International Encyclopedia of the Social Sciences* (Wenzel, 1968) trata o gosto, a par do cheiro, exclusivamente como um fenômeno físico-químico e não contém uma só linha a respeito de suas dimensões sociais.

A atitude da moderna ciência econômica é típica do tradicional desprezo social-científico pelo gosto. Ao atribuir às preferências o status de variável "exógena", a teoria neoclássica evita a necessidade de estudar sua gênese social, estrutura e mudança, e reduz o gosto ao resultado de um processo inteiramente individual de aprendizagem interna, como na hipótese de "cultivação" de Tibor Scitovsky. Em seu célebre artigo "De gustibus non est disputandum" [Gosto não se discute] Stigler e Becker (1977) chegam ao ponto de sustentar a irrelevância total do gosto para a análise social de toda a conduta humana, afirmando que as diferenças em comportamento se explicam melhor em termos estritamente de variações em preços e rendas. Até mesmo fenômenos "baseados no gosto", como o vício, o comportamento habitual, a publicidade e a moda, dizem esses autores, podem ser mais bem estudados à luz da "hipótese das preferências estáveis e uniformes".

Incumbia à filosofia e à ESTÉTICA, portanto, explorar o gosto e seus contornos. O pensamento filosófico do século XX sobre o tópico está apoiado no tratamento de Kant e pode ser caracterizado como uma busca da essência trans-histórica do gosto. Na primeira metade de sua *Crítica do juízo* (1790), dedicada ao juízo estético, Kant formulou assim o "problema do gosto": como podemos emitir juízos que pretendam ter "validade universal" quando "sua base determinante" é essa resposta estritamente privada aos objetos do mundo que se chama prazer? Ou é possível ao gosto, brotando espontaneamente de nossos sentimentos subjetivos, excluir "a decisão mediante prova" e, ainda assim, obter a "necessária concordância de outros"? A resposta de Kant foi separar o "gosto puro" do "prazer vulgar", de modo a isolar a disposição desinteressada para "diferençar" e "apreciar" a beleza (Cohen e Guyer, 1982); esta última rejeita a fácil submissão dos sentidos ao comum e ao vulgar (*das Vulgäre*) para celebrar a finalidade da forma. É certo que nem todos os filósofos adotaram a noção kantiana de uma faculdade pura de apreciação e distinção. Wittgenstein (*Lectures and conversations*, s.d., p.8), por exemplo, assinalou claramente uma concepção antropológica de gosto, por oposição a uma carismática, quando insistiu em que, "para descrever o que se entende por gosto cultural, deve-se descrever uma cultura".

Somente nas duas últimas décadas a pesquisa na área da sociologia da CULTURA quebrou o monopólio da estética filosófica e literária, substituindo a noção *essencialista* de gosto desta última por uma concepção *relacional* que vincula firmemente o gosto à dinâmica da desigualdade de CLASSE. Enquanto o propósito básico da estética pura foi *ontologizar* o gosto na busca de uma entidade platônica com história própria, a sociologia esforça-se por *historicizá-lo*. Para Norbert Elias (1939), os nossos padrões de gosto são o produto histórico de um secular "processo civilizatório" que envolve a progressiva multiplicação de restrições e proibições impostas às funções físicas do corpo (comer e evacuar, dormir, sexo e violência). A transformação da sensibilidade européia registrada por esses padrões ocorreu primeiro nas cortes reais, antes de vazar aos poucos da aristocracia para as classes média e trabalhadora em virtude do estabelecimento de fortes estados unificados e da conseqüente pacificação física da sociedade. Corbin (1982) desenvolveu argumento análogo no domínio do cheiro ao revelar como as modificações nos padrões olfativos — o que é considerado fétido e aromático, que odores são considerados toleráveis, que grupos são considerados "repugnantes" — na França do século XIX expressaram o crescente conflito entre classes na apropriação e adaptação do espaço na cidade em processo de industrialização.

De fato, as próprias categorias que usamos para estabelecer hierarquias de gosto, como "intelectual" *versus* "simplório", têm sua origem no processo histórico de *sacralização da cultura*, pelo qual os assuntos e hábitos artísticos das classes privilegiadas foram instituídos em cânone universal de juízo estético. Levine relata em detalhe a demorada luta que se travou nos Estados Unidos "para estabelecer padrões estéticos, para separar a verdadeira arte da puramente vulgar", de modo que, na virada deste século,

> o gosto que (...) prevalecia era o de um segmento do espectro social e econômico que se convenceu, e convenceu a nação em geral, de que o seu modo de ver, entender e apreciar música, teatro e arte era o único legítimo. (Levine, 1988, p.231.)

Criar consumidores culturais como uma coleção de pessoas que reagem *individualmente* ao desempenho com discreto "bom gosto" exigia um trabalho ativo de fragmentação, sujeição e segregação de públicos, atores, estilos e gêneros, o que redundou no sistemático descrédito do entretenimento e da diversão "populares". O gosto em arte convertera-se em um meio de separação social ligado à ascensão das novas classes média e superior.

Mas é em *La distinction: critique sociale du jugement* que encontramos uma resposta radicalmente sociológica ao enigma kantiano do gosto. Pierre Bourdieu (1979) efetua nessa obra uma revolução copernicana na ciência do gosto ao romper com três princípios centrais da perspectiva dominante. Em primeiro lugar, aboliu a fronteira sagrada que faz da cultura legítima um universo distinto ao repatriar o consumo estético para a esfera dos consumos cotidianos: o mesmo conjunto de disposições — a que Bourdieu chama *habitus* — determina a escolha de cada um em matéria de música e esporte, pintura e penteado, teatro e alimento. Em segundo lugar, contra a ideologia carismática, Bourdieu observa não só que as necessidades e capacidades culturais são um produto de criação e educação de classe, mas também que existe uma *homologia* entre a hierarquia de bens e a hierarquia de consumidores, de tal modo que as preferências estéticas refletem em sua organização a estrutura do espaço social. Por conseguinte, o gosto só pode ser apreendido relacionalmente, dentro de um sistema de oposições e complementaridades entre estilos de vida e entre correspondentes posições sociais na estrutura de classes.

> Em questões de gosto, mais do que em qualquer outra área, qualquer determinação é negação: os gostos são, sem a menor dúvida, acima de tudo, aversões, repugnância provocada por horror ou intolerância visceral do gosto de outros. (Bourdieu, 1979, p.56.)

Assim, o "gosto de liberdade" da classe alta, que confere primazia à maneira sobre a matéria com base em uma distância eletiva da necessidade econômica, define-se pela recusa em se entregar a impulsos primários, que ela considera ser o gosto das classes trabalhadoras. Estas evidenciam um "gosto de necessidade", o qual expressa um *ethos* de classe e não constitui, propriamente falando, uma estética, na medida em que se recusa a separar arte e vida e a subordinar a função à forma. Entre eles, o gosto da pequena burguesia é manifestação de boa vontade cultural determinada pelo hiato entre seu elevado reconhecimento da legitimidade da cultura burguesa e sua baixa capacidade de se apropriar dela. A terceira inovação de Bourdieu consiste em mostrar que a maneira como o código específico necessário para decifrar obras culturais é adquirido — através da imersão imperceptível no meio ambiente familiar ou via ensino explícito na escola — sobrevive no modo como é usada e afeta profundamente todas as práticas culturais. De suma importância, quando assume a forma de categorias cognitivas que parecem individuais e no entanto são desigualmente distribuídas entre grupos, esse código fornece automaticamente lucros de distinção social: funciona como *capital cultural* ao naturalizar diferenças de classe.

Portanto, longe de ser o repositório final da individualidade espontânea, o gosto resulta ser a forma por excelência do destino social (*amor fati*), "uma cultura de classe convertida em natureza, isto é, *corporificada*" (Bourdieu, 1979, p.190) e destinada a operar como código de poder. Ao revelar o gosto como simultaneamente arma e prêmio nas lutas de classificação pelas quais os grupos procuram manter ou melhorar suas posições na sociedade impondo seu estilo de vida como a única legítima *art de vivre*, Bourdieu traz o *Homo aestheticus* de volta ao mundo do lugar-comum, do cotidiano e do contestado, ou seja, de volta ao âmago da ciência social.

Ver SOCIOLOGIA DA ARTE.

Leitura sugerida: Bourdieu, Pierre et al. 1966: *L'amour de l'art* ○ 1987: "The historical genesis of a pure aesthetics", *Journal of Aesthetics and Art Criticism*, edição especial sobre estética analítica, 201-10 • Gamboni, Dario 1983: "Méprises et mépris: éléments por une étude de l'iconoclasme contemporain". *Actes de la Recherche en Sciences Sociales*, 49, 2-28 • Gans, Herbert 1974: *Popular Culture and High Culture: an Analysis and Evaluation of Taste* • Gombrich, E.H. 1963: *Meditations on a Hobby Horse and other Essays on the Theory of Art* • Schusterman, Richard, org. 1989: *Analytic Aesthetics*.

LOÏC J. D. WACQUANT

governo Ver ESTADO.

grupo Um grupo social pode ser definido como um agregado de seres humanos no qual (1) existem relações específicas entre os indivíduos que o compreendem e (2) cada indivíduo tem consciência do próprio grupo e de seus símbolos. Em suma, um grupo tem pelo menos uma estrutura e organização rudimentares (incluindo regras e rituais) e uma base psicológica na consciência de seus membros. Uma família, uma aldeia, uma associação esportiva, um sindicato ou um partido político são, cada qual, um grupo nesse sentido. No entanto existem também grupamentos mais amplos de indivíduos — uma tribo, uma nação ou um império — e os sociólogos em geral sempre fizeram distinção entre essas entidades, concebidas como "sociedades inclusivas", e os grupos menores existentes dentro delas. Alguns autores também identificaram uma terceira categoria de "quase grupos", caracterizada por relações mais tênues entre os membros, menor consciência de grupo e talvez uma existência mais fugaz, indicando, como exemplos desse fenômeno, multidões ou turbas, agregados por idade ou sexo e classes sociais. Mas a fronteira entre grupos e quase grupos não é uma coisa fixa ou claramente marcada, e a observação de Max Weber sobre as classes — de que, embora em si mesmas não sejam comunidades, são com freqüência uma base para a ação comunal — pode ser aplicada de forma mais ampla. Assim, as multidões podem evoluir para movimentos de protesto, as diferenças etárias às vezes se cristalizam em movimentos de grupos etários ou de juventude, a diferença entre os sexos fez surgir os movimentos femininos e as distinções de status social, que produzem quase grupos tais como as "profissões liberais" ou as "intelectuais", podem tornar-se a fonte de grupos mais organizados, na forma de associações profissionais ou de elites especializadas.

Os grupos sociais, em sentido estrito, são extremamente variados no seu caráter. Tönnies (1887), em obra que exerceu influência considerável sobre o pensamento social posterior, estabeleceu uma ampla distinção entre dois tipos de grupo, *Gemeinschaft* (comunidade) e

Gesellschaft (sociedade ou associação), em termos da natureza da relação entre os membros. Em uma comunidade, os indivíduos encontram-se envolvidos como pessoas integrais e estão unidos por um acordo de sentimento ou idéia, e Tönnies dá como exemplos a família ou o grupo de parentes, a vizinhança (a aldeia rural) e o grupo de amigos. Os membros de uma associação, por outro lado, entram na relação de uma forma mais calculada e deliberada, visando satisfazer objetivos específicos e parciais, e estão unidos por um acordo racional de interesses; os principais exemplos dados são os dos grupos preocupados com interesses econômicos. Tönnies, deve se observar de passagem, também aplicou essa tipologia a sociedades inclusivas, basicamente num contraste entre o feudalismo e o capitalismo moderno. No que diz respeito a grupos dentro da sociedade, a sua distinção tem algumas semelhanças com a que fez Cooley (1909) entre "grupos primários" e outros (freqüentemente chamados "grupos secundários" por sociólogos posteriores), sendo grupos primários os "caracterizados pela associação íntima, face a face e pela cooperação", o que resulta em "uma certa fusão de individualidades em um todo comum".

Muitos estudos posteriores sobre grupos (Homans, 1948, e as pesquisas sociométricas de Moreno, 1934) concentraram-se nesses grupos "primários" ou "pequenos", e embora se tenha reconhecido, de maneira geral, que eles são apenas um elemento na estrutura social, alguns autores tenderam a adotar a visão do próprio Cooley de que tais grupos são primários acima de tudo pelo fato de serem fundamentais para a formação da natureza social e dos ideais do indivíduo. Contra isso pode-se afirmar de forma convincente que os grupos pequenos são formados pela sociedade inclusiva, muito mais do que a formam, conforme fica bastante evidente no impacto da moderna sociedade industrial sobre os grupos, a família e a aldeia rural. Redfield (1955), em seu estudo da "pequena comunidade", reconheceu a importância dessa questão e a estudou minuciosamente, sobretudo com referência às sociedades tribais, às relações (diversas) que existem entre pequenos grupos e à sociedade mais ampla em que eles funcionam.

Uma tipologia de grupos muito mais elaborada foi esboçada por Gurvitch (1958, vol.1, seção 2, cap.1), que propôs 15 critérios de classificação: conteúdo, tamanho, duração, ritmo, proximidade dos membros, base de formação (voluntária e assim por diante), acesso (aberto, semifechado, fechado), grau de organização, função, orientação, relação com a sociedade inclusiva, relação com outros grupos, tipo de controle social, tipo de autoridade, grau de unidade. Isso leva em conta todas as principais diferenças entre os grupos e a diversidade de suas relações entre si e com a sociedade inclusiva. Assim, abrange, por exemplo, questões como as levantadas por Georg Simmel em um conhecido ensaio (1902) que examinou o relacionamento entre o número de membros de um grupo e a sua estrutura, e em outro estudo (1903) que mostrava como a concentração de população em cidades transformava a natureza das relações sociais.

De maneira mais geral, a tipologia de Gurvitch proporciona um ponto de partida mais adequado para uma investigação sistemática das maneiras pelas quais os grupos sociais formam uma rede de relações na SOCIEDADE CIVIL que interagem com essas tendências e as modificam no sentido da criação de uma SOCIEDADE DE MASSA onde indivíduos relativamente isolados se defrontam com um estado cada vez mais poderoso. Por outro lado, também torna possível uma análise das condições em que grupos sociais específicos, tais como elites ou classes dominantes organizadas (ver ELITES, TEORIA DAS), podem eles próprios adquirir um poder descomedido. A partir de variados pontos de vista, portanto, o estudo de grupos pode lançar luz sobre algumas questões fundamentais do pensamento social, com respeito à relação entre indivíduo e sociedade, às fontes de solidariedade e estabilidade social e aos pré-requisitos de uma ordem democrática.

Ver também PSICOLOGIA SOCIAL.

Leitura sugerida: Homans, G.C. 1948: *The Human Group* • Redfield, R. 1955: *The Little Community* • Tönnies, Ferdnand 1887 *(1955)*: *Community and Association*.

TOM BOTTOMORE

guerra O confronto violento de unidades sociais organizadas, que é a guerra, pode ser abordado a partir de várias e diferentes perspectivas. Anatol Rapoport (1968, p.14) identifica três delas: a política, a cataclísmica e a escatológica. A primeira, exemplificada por Clausewitz e ainda corrente no século XX, especialmente entre os estrategistas, trata a guerra como um modo de COERÇÃO, "um ato de violência com a intenção de forçar nosso oponente a cumprir nossa vontade". Numa perspectiva escatológica, em contraste, a própria guerra (incluindo a revolução violenta) torna-se o desdobrar de algum desígnio grandioso: o enfraquecimento e derrubada do capitalismo (para os marxistas); a inauguração do domínio de mil anos sobre o mundo pelo Terceiro Reich (pelos nazistas); ou, mais tarde, o redespertar do Jihad, ou Guerra Santa islâmica, particularmente conforme pregada pelo aiatolá Khomeini do Irã. Os adeptos desses "desígnios grandiosos" tendem a não se deter diante dos custos, em geral dando como privilégio morrer pela causa e, assim, tornar-se parte de um dos momentos decisivos da história.

A filosofia de guerra mais característica do século foi a cataclísmica. Desde a Primeira Guerra Mundial, em que 9 milhões de homens morreram em batalha, a guerra vem sendo encarada amplamente como uma desgraça da sociedade humana, análoga aos acidentes de estrada ou às epidemias. Nessa perspectiva, a tarefa é compreender suas causas, de forma a aboli-la, ou pelo menos reduzir sua incidência e gravidade. Para muitos expoentes desse ponto de vista, o modelo é a ciência e seus dois pioneiros foram Lewis Fry Richardson (1960a e 1960b) e Quincy Wright (1942). As investigações de Richardson sobre a guerra, só publicadas em forma de livro postumamente, fizeram extenso uso da matemática. Um dos seus objetivos foi mapear a incidência da guerra de maneira objetiva. Ele não via nenhuma base firme para se distinguir entre guerra e guerra civil, rebelião, motim, tumulto ou até mesmo assassinato, encarando tudo isso como sendo, essencialmente, "contendas fatais", que ele classificou por magnitude, conforme o número de mortos ficasse geometricamente mais perto de 1, 10, 100, 1.000, 10.000, 100.000, 1.000.000 ou 10.000.000. Limitando-se aos de magnitude 4 e acima (317 ou mais mortes), relacionou 289 dessas contendas entre 1820 e 1949.

A contribuição de Wright foi ver a guerra moderna em perspectiva como um fenômeno, relacionando-o à guerra entre os animais, entre as sociedades pré-cultas e à guerra histórica conforme manifesta nas civilizações cultas até o Renascimento. Também fez a crônica de suas flutuações em termos de freqüência e intensidade. No geral, enfatizou a defasagem, em plano global e continental, entre os efeitos do progresso tecnológico e os ajustes políticos, sociais e psicológicos que a raça humana faz com relação a eles.

A Segunda Guerra Mundial, bem como a rapidez com que foi seguida pela confrontação de alianças nuclearmente armadas conhecida como Guerra Fria, estimulou muitas pesquisas inspiradas pela filosofia cataclísmica, para o que o *Journal of Conflict Resolution*, lançado em 1957, tornou-se um centro proeminente. Waltz (1959) classificou proveitosamente todos esses esforços de acordo com uma das três imagens de relações internacionais que eles pressupunham, isto é, se localizavam as raízes da guerra na "natureza e comportamento do homem" (p.17), na "organização interna dos estados" (p.81) ou no "caráter anárquico do sistema de estados" (p.160). Uma vez que qualquer grupo de estados ou de outros agentes podia, para fins analíticos, ser encarado como um "sistema", essa terceira imagem podia ser ampliada a fim de incluir todas as influências para a guerra emanando de fora do par beligerante; e uma quarta imagem, a diádica, podia ser observada em explicações da guerra que enfatizavam as características e padrões de interação exibidos pelo próprio par beligerante (a "díade") *como um par*.

As explicações da guerra pela primeira imagem tendem a vir de psicólogos, psiquiatras, etólogos e, numa veia mais pessimista, teólogos. A guerra tem sido encarada como um reflexo da necessidade dos indivíduos de AGRESSÃO, ou de sua inclinação a ela, como manifestação de territorialidade; como conseqüência de suas atitudes etnocêntricas e percepções distorcidas (Klineberg, 1957), ou de sua obediência incondicional à autoridade (Milgram, 1974). Destas, somente a última contribui diretamente para explicar a guerra e a perpetração de atrocidades, em cumprimento a ordens, na guerra e na paz; nem mesmo ela, porém, explica as decisões de ir à guerra ou de dar tais ordens, caso devam ser dadas. As outras repousam no pressuposto de que populações menos agressivas e menos tipologicamente imaturas tendem a produzir menos governos inclinados à guerra, ou pelo menos a controlar as propensões belicosas de seus governos, de forma mais eficaz do que as mais agressivas e imaturas. Levando-se em consideração o papel menor e em geral pouco direto que a política externa tende a desempenhar nas eleições nacionais, é possível duvidar da veracidade desse pressuposto. Além do mais, como demonstra Waltz, as percepções das explicações da primeira imagem não são facilmente aplicadas. Tornar a população de um país, ou pelo menos um segmento substancial dela, menos agressiva ou chauvinista em geral exige ação do governo, e assim leva a análise para a esfera da política; o desarmamento psicológico unilateral, ele afirma, é análogo ao PACIFISMO e pode ser arriscado em seus efeitos. Embora Waltz aqui ignore em que medida até mesmo sociedades cujos governos deveriam desejar mantê-las fechadas podem ainda estar abertas à influência transnacional, isso não invalida totalmente sua objeção.

As personalidades dos líderes isolados geralmente parecem exercer influência sobre a gênese da guerra, como sem dúvida foi o caso de Hitler na Segunda Guerra Mundial; mas, sem analisar as forças políticas e sociais que proporcionam a essas personalidades o campo de ação e o apoio de que precisam para ganhar o poder, dificilmente seria possível prevenir-se contra o surgimento de líderes igualmente perturbados no futuro. É evidente que existe um elo entre a guerra e a natureza humana, mas este é tênue e é apenas parte da história.

Os pensadores da segunda imagem divergem radicalmente entre si quanto a que tipos de estado são mais inclinados à guerra do que outros. Os marxistas atribuíam a guerra, e na verdade a própria divisão do mundo em estados, à natureza essencialmente competitiva do capitalismo; ambos desapareceriam uma vez alcançado o sucesso da Revolução. Quando as revoluções marxistas, em vez de unir, produziram regimes distintos, e às vezes mutuamente antagônicos, em diferentes estados, essa alegação tornou-se insustentável.

Os indícios históricos apóiam de maneira enfática uma visão alternativa para a segunda imagem, a de que os estados democráticos liberais são menos inclinados à guerra do que as ditaduras, pelo menos em suas relações uns com os outros. Doyle (1983) observa que não houve um único exemplo de guerra entre quaisquer dois estados liberais, embora o uso da força por parte dos Estados Unidos, ainda que indiretamente, para depor o governo marxista de Allende, democraticamente eleito no Chile, em 1973, esteja perto de constituir o único exemplo. Estados liberais, no entanto, certamente usaram a força para criar e manter impérios ou uma dominação quase colonial, para resistir a mudanças revolucionárias e para impor sua vontade sobre os vizinhos, justificando amplamente a restrição de Doyle de que, apesar de seu impressionante sucesso na criação de uma zona de paz, o liberalismo "foi um fracasso igualmente impressionante na orientação da política externa fora do mundo liberal" (p.323).

A inclinação para a guerra também pode ser vista como conseqüência de características do sistema de tomada de decisões de um estado, e particularmente da parcela desse sistema que se ocupa com a política externa. A abordagem cibernética de Karl Deutsch é o exemplo notável disso (ver RELAÇÕES INTERNACIONAIS). Outros afirmaram que, sob condições de depressão econômica ou de disputas políticas domésticas, os governos precisam, e buscam, inimigos externos para manter o seu poder. Embora boa parte da investigação estatística não tenha conseguido corroborar o elo implícito entre conflito interno e externo, Patrick James (1988) demonstrou que se um estado houvesse passado recentemente pelo agravamento de um conflito doméstico e em seguida se envolvido numa crise com um estado mais fraco, tinha mais probabilidades de entrar em guerra com esse outro estado do que um que não tivesse essa experiência recente de conflito interno.

A terceira imagem, conforme Waltz originalmente a concebeu, concentrava-se na anarquia internacional — a ausência de governo e de uma lei aplicável entre estados — como uma causa permissiva da guerra. Conforme Claude (1962) demonstrou, essa é uma visão desmasiado simplista. A existência de um governo não deu paz à Etiópia, ao Líbano ou ao Sudão; nem a ausência de um governo comum colocou as relações entre Canadá e Estados Unidos, ou entre Noruega e Suécia, sob perpétua ameaça de guerra.

As explicações posteriores para a guerra de acordo com a "terceira imagem" foram mais sutis, visando delinear características dos sistemas internacionais que influenciam a incidência da guerra, em geral como parte de um exame mais amplo das propriedades desses sistemas. O substancial projeto de David Singer, "Correlatos da Guerra", na Universidade de Michigan (Ann Arbor), permitiu hipóteses a respeito dos efeitos sobre a guerra de aspectos sistêmicos tais como a polarização, o nível de concentração de poder e o grau em que os estados que formam o sistema se agregam em alianças a fim de serem rigorosamente testados contra dados para todas as guerras enquadrando-se em sua definição entre 1816 e 1965. E.H. Carr (1939) propôs outra explicação plausível da guerra pela terceira imagem (embora menos rigorosamente testada), contrapondo que o sistema econômico internacional de *laissez-faire* e o multilateralismo dos anos 20, ao acentuar a debilidade dos economicamente mais fracos, ajudou a criar o nacionalismo belicoso dos anos 30, que veio a deflagrar a Segunda Guerra Mundial.

Os principais tipos de explicações da guerra pela "quarta imagem" são adequadamente resumidos no título de outra obra de Rapoport, *Fights, Games and Debates* (1960). Numa "luta", a ação de A para se defender de B é vista por B como ameaçadora e vice-versa. Richardson demonstrou que esse processo pode, dentro de certos pressupostos, explodir numa corrida armamentista desenfreada em que a primeira parte, achando-se incapaz de aumentar suas defesas de maneira "adequada", provavelmente se decidirá pela guerra antes que a correlação de forças se volte irrevogavelmente contra ela. Uma escalada com "probabilidade de luta" também pode ocorrer numa disputa em que ambas as partes tenham feito "investimento demais para desistir" (ver Teger, 1980).

Analisar a guerra em termos de um "jogo" implica que ela seja encarada como uma opção a sangue frio, escolhida quando vantajosa. Embora utilizada de maneira geral, e às vezes de forma falaciosa, a serviço da filosofia política de guerra ou da coerção militar, a Teoria dos jogos pode contribuir para a compreensão da guerra, ajudando a demonstrar por que, numa dada situação, ela parece vantajosa a uma ou ambas as partes. (Ver JOGOS, TEORIA DOS.)

"Debates", isto é, situações em que as partes divergem marcantemente a respeito de como é o mundo ou do que deveria ser feito, e em que não se chega a um acordo sobre procedimentos para uma resolução ou administração do conflito, podem facilmente levar à guerra; a seletividade da percepção implícita em todo e qualquer aprendizado tende a ser reforçada, em geral mutuamente, pela "cegueira do envolvimento".

Aspectos da primeira, segunda e quarta imagens podem ser incorporados a uma fórmula sugerida por Rosen (1970), o qual, no espírito da Teoria dos jogos, caracterizou a guerra como um instrumento de decisão; uma parte defrontada com a escolha entre ter de ceder numa questão ou ir à guerra por isso escolherá a última hipótese caso Ct vezes p ultrapasse C, sendo Ct o "custo da tolerância " da parte envolvida para o tópico em questão — em outras palavras, o quanto a parte envolvida estaria preparada para perder ou sofrer a fim de fazer valer a sua posição —, p é uma fração representando sua probabilidade subjetiva de ganhar uma guerra, caso esta venha a ocorrer, e C é o custo que a parte envolvida, no caso de guerra, efetivamente esperaria ter. Assim, para partes "racionais", os valores subjetivos de p serão compatíveis (chegando a somar 1) e as estimativas de C, realistas. A guerra será mais provável se o tópico for de elevado valor para ambas as partes e inerentemente refratário a uma conciliação (como, por exemplo, o regime a ser instalado em um terceiro estado, importante para ambas), os custos da guerra relativamente baixos ou o resultado incerto (um perdedor garantido, caso seja racional, cederá sem luta). A fórmula de Rosen pode então ser ligada à primeira e segunda imagens, supondo-se que determinadas atitudes ou estados de espírito populares, ou uma dada estrutura política interna, possam dispor um ou ambos os lados ao excesso de confiança (superestimando p), à supervalorização de um objetivo periférico (Ct incomumente elevado) ou um descaso incomum pelo custo de uma guerra, por exemplo, quando a parte envolvida se vê pagando dividendos políticos em nível doméstico. O que o modelo de Rosen não prevê é a guerra por acidente ou por má interpretação das intenções de um oponente.

A introdução de armas nucleares e outros meios de destruição total na guerra e nos preparativos de guerra liquidou em grande parte a glorificação da guerra total entre estados avançados. Não eliminou — na verdade aumentou muito — as duas possibilidades omitidas no modelo de Rosen. E hoje em dia a guerra, quase universalmente repudiada como instrumento político, assumiu formas mais sub-reptícias, tais como a guerra "por procuração", ou a ajuda externa a movimentos de guerrilha (ver GUERRILHA). Ironicamente, enquanto nas explicações para a guerra do início do século XX a soberania nacional era encarada em geral como a responsável, na era nuclear grande parte da guerra contemporânea é vista como oriunda da fraqueza dos estados, mais que de suas forças.

Leitura sugerida: Aron, Raymond 1962: *Paix et guerre entre les nations* • Blainey, G. 1971: *The Causes of War* • Doyle, M.W. 1983; "Kant, liberal legacies, and foreign affairs". *Philosophy and Public Affairs* 12, 205-34, 323-52 • James, P. 1988: *Crisis and War* • Ogley, R.C. 1991: *Conflict under the Microscope* • Rapoport, A. 1960: *Fights, Games and Debates* • Rosen, S. 1970: "A model of war and alliance". In *Alliance in International Politics*, org. por J.R. Friedman, C. Bladen e S. Rosen • Singer, J.D. 1981: "Accouting for International war: the state of the discipline". *Journal of Peace Research* 18,1-18 • Singer, J.D. e Small, M. 1972: *The Wages of War* • Waltz, K.N. 1959: *Man, the State and War* • Wright, Q. 1942: *A Study of War*.

RODERICK C. OGLEY

guerrilha A origem da palavra, no seu sentido de "guerra pequena", remonta à intervenção de Napoleão na Espanha (1808-12). Mas suas táticas são tão antigas quanto a própria história. A guerra de guerrilha é usada por tropas irregulares (cujos componentes costumam chamar a si próprios de guerrilheiros) e se baseia na surpresa e no tormento de hostilidades sucessivas para enfraquecer um exército regular. A guerra de guerrilha foi geralmente usada como forma de resistência à ocupação estrangeira (romana, otomana, napoleônica); mais tarde foi amplamente praticada contra a expansão colonial européia na Ásia e na África.

A guerra de guerrilha mais uma vez ocupou um papel importante durante e após a Segunda Guerra Mundial (Grécia, Iugoslávia, China). Com Mao Tsé-tung, as táticas de guerrilha transformaram-se em esforço de guerra revolucionário, instrumento militar visando à tomada do poder político (ver MAOÍSMO). A inovação de Mao não foi militar, mas política. Ele usou o partido de vanguarda originalmente criado por Lenin para organizar o proletariado urbano a fim de mobilizar o campesinato. Esse modo, baseado em propaganda amplamente difundida, organização e uso do terrorismo seletivo, visa construir o apoio popular e, acima de tudo, uma infra-estrutura subterrânea. Foi usado com sucesso pelo Viet Minh, na luta contra o colonialismo francês, e as tropas vietnamitas conseguiram vencer a batalha de Dien Bien Phu. Mais tarde o mesmo modelo foi também adotado por movimentos não-marxistas de libertação nacional. Quadros médios são uma ajuda essencial para a conquista do apoio de segmentos da população, através da agitação e da propaganda, sendo o objetivo criar uma nova ordem que conteste a legitimidade do estado. Do início ao fim, os problemas militares encontram-se estreitamente relacionados e subordinados a objetivos políticos.

Embora diversas insurreições tenham sido derrotadas (na Grécia, nas Filipinas, na Malásia, no Quênia), muitas conseguiram, depois de longas guerras de atrito — às vezes com a simpatia da opinião pública no país colonial —, ganhar a independência através de uma vitória política. As democracias concordaram em negociar, uma vez que para elas nada havia de vital em jogo. As ditaduras, por outro lado, não negociam e somente uma vitória militar (na maior parte das vezes contra um estado fraco) consegue pôr fim ao conflito. Este foi o caso em Cuba (1959) e, 20 anos depois, na Nicarágua. A Guerra do Vietnã (1965-73) confirmou a capacidade dos fracos de resistirem aos fortes. Mas nos anos 60 todas as guerrilhas latino-americanas a que faltava o apoio popular foram derrotadas (Guevara na Bolívia, 1967).

Hoje em dia há uma variedade cada vez maior de guerrilhas:

— guerrilhas marxistas visando à tomada do poder para efetuar a mudança social (como no Peru, El Salvador, Filipinas);

— contra a ocupação estrangeira, como no Afeganistão, onde as tropas soviéticas, depois de nove anos de intervenção (1979-88), recuaram;

— guerrilheiros lutando pela autonomia ou a independência de uma minoria étnica ou religiosa (Eritréia, Sri Lanka, os curdos no Oriente Médio);

— guerrilhas antimarxistas, ajudadas primeiro pela África do Sul (UNITA em Angola e Renamo em Moçambique), em seguida pelos Estados Unidos (Contras na Nicarágua).

A guerra de guerrilha não vai desaparecer, pois as condições que a deflagram ainda se encontram presentes. Mas, com a inquietação urbana, a megalópole cada vez mais populosa está se tornando mais e mais o epicentro de tumultos e insurreições.

Ver também GUERRA.

Leitura sugerida: Beaufre, André 1972: *La guerre revolutionnaire: les forces nouvelles de la guerre* • Chaliand, Gérad 1979 *(1984)*: *Stratégies de la guérilla* • Ellis, John 1975: *A Short History of Guerrilla Warfare* • Laqueur, W. 1977: *Guerrillas: a Historical and Critical Study* • Sarkissian, Sam S., org. 1975: *Revolutionary Guerrilla Warfare*.

GÉRARD CHALIAND

H

hegemonia O uso desta palavra no século XX reúne e amplia utilizações anteriores. Ela tradicionalmente indicava o domínio de um país ou governantes sobre outros. Em segundo lugar, também significava o princípio em torno do qual um grupo de elementos era organizado. Hoje em dia ela se aplica não apenas às relações internacionais, em que ainda significa domínio, mas — principalmente sob a influência do pensador marxista italiano Antonio Gramsci, que desenvolveu o conceito de forma significativa (1929-35) — também passou a indicar o princípio organizador de uma sociedade na qual uma classe se impõe sobre as outras, não apenas através da força, mas também mantendo a sujeição da massa da população. Essa sujeição é conseguida tanto por meio de reformas e concessões, nas quais se levam em conta os interesses de diferentes grupos, como também pela influência sobre o modo como as pessoas pensam. Se a princípio Gramsci (1921-26) utilizou a palavra do mesmo modo que outros marxistas, como Lenin, Bukharin e Stalin, com respeito à liderança de uma classe sobre outras em um sistema de alianças, ao ampliar o termo ele ultrapassou o conceito marxista habitual de PODER do estado como o instrumento de uma classe que empregava um monopólio da força, afirmando que o estado no período moderno só podia ser compreendido como força mais aquiescência.

Esse enriquecimento do significado de hegemonia está relacionado à crescente complexidade da sociedade moderna, na qual o terreno da política mudou fundamentalmente. Na era das organizações de massa, como partidos políticos e grupos de pressão, quando a expansão do sufrágio exige de qualquer estado, por mais restritas que sejam as liberdades democráticas, que tente manter a aquiescência dos governados — e com o desenvolvimento do nível educacional e cultural da população, suas idéias, práticas e instituições —, a área da ação do estado se amplia e as esferas pública e privada da sociedade se entrelaçam cada vez mais. Nesse contexto, o próprio sentido de liderança ou domínio político mudou, na medida em que os governantes precisam alegar que estão governando no interesse dos governados a fim de permanecerem no poder. Cada vez mais as exigências e necessidades da sociedade passaram a ser consideradas como responsabilidade dos governos, quando antes podiam ser relegadas à esfera privada definida como exterior à política. As idéias, a cultura e o modo como as pessoas vêem a si mesmas e suas relações com as outras e com as instituições são de importância capital para a forma como uma sociedade é governada e organizada, e justificam a natureza do poder — quem o detém e de que maneiras. Assim, na medida em que a própria natureza da política mudou, o significado de hegemonia, como liderança, domínio ou influência, por sua vez também evoluiu. A palavra hoje implica liderança intelectual e moral e se relaciona à função de sistemas de idéias ou ideologias na manutenção ou contestação da estrutura de uma sociedade em particular. Conseqüentemente, é útil não apenas na continuação do *status quo*, mas na maneira como uma sociedade se transforma.

Leitura sugerida: Anderson P. 1976-7: "The antinomies of Antonio Gramsci". *New Left Review* 100 • Bocock, R. 1986: *Hegemony* • Buci-Glucksmann, C. 1982: "Hegemony and consent". In *Approaches to Gramsci*, org. por A.S. Sassoon • Femia, J.V. 1981: *Gramsci's Political Thought: Hegemony, Consciousness and the Revolutionary Process* • Mouffe, C. 1979: "Hegemony and ideology in Gramsci". In *Gramsci and Marxism Theory*, org. por C. Mouffe • Sassoon, A.S. 1980 *(1987)*: *Gramsci's Politics*, 2ªed.

ANNE SHOWSTACK SASSOON

hermenêutica Esta área da atividade e da indagação filosófica diz respeito à teoria e à prática da compreensão em geral, e à interpretação do significado de textos e ações em particular.

Visão geral

Nas duas décadas que se seguiram à publicação de *Verdade e método*, de Hans Georg Gadamer, em 1960, a hermenêutica passou a representar um tópico central na filosofia e na análise cultural, justificando com isso a afirmação contida nessa obra seminal com respeito à "universalidade do problema hermenêutico". A posição de Gadamer é axial na hermenêutica contemporânea. Trabalhando a partir de dentro da tradição da ontologia de Heidegger, ele pôde apreender e desenvolver criticamente formulações anteriores do "problema hermenêutico" e fornecer as bases para a posterior aplicação das percepções hermenêuticas a um amplo campo.

Nas ciências sociais, a influência da hermenêutica tem sido penetrante. Debates com respeito, por exemplo, ao status científico das ciências sociais, à relação de sujeito e objeto, ao significado de "objetividade", à formulação de métodos apropriados, à constituição significativa do objeto foram todos crucialmente moldados pela hermenêutica e hoje continuam, em grande parte, no seu terreno. A influência seminal da obra de Gadamer também pode ser detectada num amplo âmbito de disciplinas fora da filosofia e das ciências sociais, indo da medicina aos estudos de administração e à arquitetura — na verdade, onde quer que se reflita sobre a constituição dialógica do significado.

Como metodologia

A hermenêutica, encarada como a metodologia das ciências humanas (*Geisteswissenshaften*), aplicava-se às disciplinas ancilares da teologia, da jurisprudência e da filologia, que tentavam conhecer regras e linhas mestras para a interpretação de textos. A palavra seria cunhada apenas no século XVII, mas seu campo, a *ars interpretandi*, remonta ao início do pensamento ocidental. Foi, em particular, em épocas de convulsão social e cultural que a hermenêutica se viu incumbida da tarefa de esclarecer o autoentendimento de uma época em relação à estrutura de significados tradicionais. É quando concepções tidas como certas são abaladas que entra em jogo a interpretação do significado como sua apropriação metodicamente orientada.

A teoria hermenêutica, conforme se desenvolveu antes do século XIX, isto é, como um conjunto de regras práticas, é, em princípio, incapaz de proporcionar uma base teórica para a interpretação do significado. O que se exige para esse fim é nada menos que a contribuição que Kant deu à fundamentação e justificação das ciências naturais. A esse respeito, a "Crítica da razão histórica" de Wilhelm Dilthey (ver Dilthey, 1927) representa uma ampliação da *Crítica da razão pura* de Kant, ao levar em conta a dimensão histórica no desenvolvimento do pensamento humano.

A tentativa de Dilthey de fornecer a base para as ciências humanas prosseguiu neste século com Emilio Betti, que se atribuiu a tarefa de recolher a abundância de pensamento hermenêutico até então acumulada e fazer dela um bom uso metodológico.

Uma importante atração da perspectiva *objetivo-idealista* de Emilio Betti no estudo do significado reside na promessa de se obter uma exposição da possibilidade de *verstehen*, aqui usada no sentido de uma forma de compreensão baseada em métodos que levam a resultados objetivos.

Betti introduz a sua teoria geral da interpretação através de uma consideração da relação sujeito-objeto na interpretação de formas significativas. O objeto das ciências humanas é constituído por valores éticos e estéticos. Eles "representam uma objetividade ideal que segue infalivelmente sua própria legitimidade" (Betti, 1955, p.9). A objetividade ideal dos "valores espirituais" só pode ser compreendida, contudo, através da "real objetividade" das "formas significativas". Essas formas contêm valores que Betti encara como algo absoluto, isto é, como contendo dentro delas mesmas a base de sua própria validade. Estão, portanto, afastadas da arbitrariedade subjetiva do que as percebe e, como existentes objetivamente, são acessíveis à verificação intersubjetiva.

Filosofia hermenêutica

A obra de Betti representa uma exposição sofisticada da teoria hermenêutica como a metodologia da interpretação da mente objetiva. A filosofia hermenêutica, em contraste, muda o foco da atenção da hermenêutica do problema de *verstehen* para a constituição existencial de uma compreensão possível a partir do ponto de vista da existência ativa, especialmente em referência a nosso embebimento na tradição e na linguagem.

Heidegger

Na obra tardia de Edmund Husserl, a figura central no desenvolvimento da FENOMENOLOGIA, o *Lebenswelt* — o mundo da vida cotidiana, que aceitamos sem crítica como "nosso mundo" — fornecia a base ontológica para qualquer experiência possível (Husserl, 1937).

A fenomenologia *hermenêutica* de Martin Heidegger desenvolve esse tema no sentido de uma análise do *Dasein*, o "ser-aí" humano no mundo, caracterizado pela busca de significado e por uma existência significativa (Heidegger, 1927).

O significado de *Dasein* só pode ser abordado por um esforço de interpretação: "hermenêutico", portanto, torna-se o conceito central em análises existenciais. A teoria hermenêutica, sobre essa base, não pode ser mais que um derivativo da hermenêutica mais fundamental do *Dasein*, em que nos engajamos no esclarecimento de uma forma já existente de compreensão do nosso mundo da vida cotidiana.

Mas o *verstehen* metodicamente disciplinado não apenas é um derivativo da compreensão existencial, como é também dirigido por esta última. A interpretação de algo *como* algo, isto é, "como estrutura de compreensão", baseia-se na *ante-estrutura* de compreensão. A circularidade de argumento patente na concepção da interpretação como um elemento dentro da ante-estrutura de compreensão é a do *Círculo hermenêutico* ou existencial-ontológico.

A teoria hermenêutica enfatizou o movimento da parte para o todo, e vice-versa, no processo de compreensão. Esse procedimento interpretativo metodologicamente orientado é hoje visto como um derivativo da estrutura existencial de nosso Ser-no-mundo. Na explicação de Heidegger, não é uma questão de sair desse Círculo (como na busca de descobertas "objetivas"), mas de entrar nele adequadamente, uma vez que ele contém a possibilidade de uma percepção original.

Gadamer

A teoria hermenêutica concebe a compreensão como um ato que reside na capacidade do intérprete de se envolver com formas significativas. Na visão de Gadamer, porém, a compreensão não deve ser concebida tanto como um ato da subjetividade, mas como o colocar-se dentro de uma tradição na qual passado e presente estão constantemente fundidos. A reunião de passado e presente no ato da compreensão é descrita por Gadamer como a "fusão de horizontes". Com a compreensão, o horizonte do intérprete se amplia para abranger o objeto a princípio pouco familiar, e nesse processo forma um horizonte novo, ampliado. É nesse ponto, no convergir de posições inicialmente divergentes, que pode surgir o verdadeiro significado. O significado constitui-se na formação dialógica de um acordo. Somente nessa experiência comunicativa é que chegamos a compreender e a conhecer mais plenamente aquilo que antes permanecia como uma parte obscura do nosso pré-entendimento, do nosso horizonte inicial.

A ênfase na historicidade da compreensão, na localização do intérprete dentro de uma tradição ativa, já foi qualificada em termos da "ante-estrutura" do conhecimento. Gadamer leva esse raciocínio ainda mais longe, nos termos de uma "pré-compreensão" e na inevitabilidade do *Vorurteile* (que pode significar tanto preconceito quanto prejulgamento).

Esse aspecto tem sido encarado por hermeneutas críticos como uma "reabilitação do preconceito" e, como tal, um retrocesso em relação ao questionamento de pressupostos injustificados que caracteriza a tradição do Iluminismo. Nesse ponto, porém, essa percepção da estrutura pré-ajuizadora da compreensão pode ser desenvolvida ainda mais, na forma de um argumento em favor da "universalidade do problema hermenêutico", com base na ênfase de Gadamer quanto à condição niilista do nosso Ser.

A linguagem não é meramente um instrumento do pensamento, mas ela própria trabalha para nos revelar um mundo; nós nos movimentamos dentro dele e com base nele. Em última análise, é a linguagem que forma a "tradição", a "pré-compreensão", que gera nossa compreensão de nós mesmos e de nosso mundo.

Pós-estruturalismo

A ênfase de Gadamer mais na natureza produtiva do que na meramente reprodutiva da interpretação forma um paralelo com uma mudança no pensamento filosófico literário francês no sentido de uma posição "pós-estruturalista". Uma corrente, em geral chamada de "textualista", é de particular interesse aqui, em especial considerando-se que seu principal representante, Jacques Derrida, entabulou um diálogo com Gadamer (ver, por exemplo, Derrida, 1967). (Ver também DESCONSTRUÇÃO.)

A figura da "fusão de horizontes" que representa a constituição dialógica do significado surge no pensamento pós-estruturalista como "intertextualidade". Essas palavras referem-se também a uma relação ativa entre leitor e texto, a uma interação e um desempenho, em vez de um consumo passivo ou de uma análise distanciada de um significado fixo. Esse movimento, ao mesmo tempo, forma o ponto central de partida do ESTRUTURALISMO e da semiologia (ver SEMIÓTICA), com sua ênfase no "signo" como construção fechada.

O pós-estruturalismo afasta-se da hermenêutica, porém, em sua negativa radical de qualquer fundamento de conhecimento no sentido de pressupostos funcionais no que diz respeito a uma base auto-evidente de pretensões ao conhecimento. Por essa tradição, é impossível usar noções como "chegar a um consenso" ou "chegar a uma verdade" sem se ver preso a um movimento circular e autocontraditório de pensamento.

A hermenêutica como crítica

A figura do *círculo hermenêutico* foi usada por Gadamer para rejeitar o objetivismo inerente na *Geisteswissenschaften* hermenêutica. Quando desafiado por Betti a julgar a exatidão ou verdade de interpretações apresentadas, Gadamer respondeu que só se preocupava em mostrar o que estava sempre acontecendo quando compreendemos.

A referência de Gadamer ao embebimento da interpretação numa tradição foi vista por Betti como uma recaída no subjetivismo. Para a *hermenêutica crítica,* isso não apenas impede a hermenêutica de adquirir qualquer relevância metodológica, mas também, e talvez ainda mais importante, representa a perda de um grau de autonomia, conquistado com dificuldade em relação às forças da tradição, que o pensamento do Iluminismo havia garantido.

Na obra de filósofos sociais trabalhando dentro da órbita mais ampla da ESCOLA DE FRANKFURT, como Karl-Otto Apel e Jürgen Habermas, tenta-se uma integração da filosofia hermenêutica com outras tradições, como a fenomenologia, o pragmatismo, a filosofia lingüística e a análise freudiana. Ambas visam uma integração das análises de Gadamer com preocupações sociopolíticas e com a formulação de uma ciência social que possa ajudar a libertar uma prática social reprimida.

Aderindo ao "projeto do Iluminismo", Habermas busca desenvolver uma ciência social crítica que reconstrói possibilidades de emancipação suprimidas. Como uma ciência social crítico-dialética, a *hermenêutica profunda* de Habermas tenta ser mediadora entre a objetividade das forças históricas e a subjetividade dos agentes. Uma vez que seu objetivo é liberar o potencial de emancipação através da reconstrução de processos de repressão, não surpreende que Habermas usasse a psicanálise como modelo.

Como a repressão ocorre na e através da linguagem, a estrutura teórica exigida por tal programa assume a forma de uma cogitada "teoria da competência comunicativa". As ideologias fornecem uma explicação ilusória das sociedades que se caracteriza pelo domínio de uma seção sobre outra. O consenso, em tais condições, tem todas as possibilidades de ser falso ou distorcido, isto é, o resultado de uma "comunicação sistematicamente deformada". Em condições de desigualdade, o consenso só pode ser um pressuposto "contrafactual", o objetivo previsto da interação social, em vez de sua inquestionada precondição.

Pós-modernismo

A *ética discursiva* de Habermas, centrada na idéia de diálogo livre de domínio, tem sido rejeitada pelos filósofos que buscam sua inspiração em Heidegger e, mais longe ainda, em Nietzsche.

A intenção universalista do pensamento do Iluminismo, bem como seu programa emancipador, é hoje encarada, na melhor das hipóteses, como ilusória, porém mais provavelmente como repressora ela própria. Tal projeto implica uma justificação filosófica, na expressão de Jean-François Lyotard, uma "grande narrativa" ou "metanarrativa" (1979), cuja função é impor uma concepção unilinear, monológica, do objeto e legitimar suas próprias regras de procedimento.

Esta grande narrativa é representada pela "hermenêutica de significado", e caracteriza a posição pós-moderna de nos termos tornado "incrédulos" com relação a ela. Essa atitude tem origem no reconhecimento valorizado da heterogeneidade, da pluralidade e da determinação local, e leva Lyotard a rejeitar a unanimidade de mentes buscada na formação do consenso como não apenas irrealista, mas até perigosa, "terrorista".

No que diz respeito à preocupação filosófica e prático-política com a formação do consenso, é necessário afirmar que a constituição dialógica do significado e o esforço por um acordo racional, alcançado comunicativamente, não tem relação com a imposição monológica de um jogo de linguagem particular. Mais pertinente ainda, a hermenêutica crítica preocupa-se com a formulação das condições da possibilidade de pluralidade. É só com base em normas consensuais que posições divergentes podem ser livremente desenvolvidas e receber uma atenção imparcial. A hermenêutica crítica busca ampliar esse espaço através da ajuda a se iniciar uma prática emancipadora que remova obstáculos no caminho da formação de um consenso autêntico.

Conclusão

O pensamento hermenêutico destaca a localização de toda atividade dentro de uma estrutura particular de interpretação. Como tal, chama nossa atenção para os pressupostos e limitações de todas as formas de pensamento e prática social. O objetivo dos que o propõem tem sido fomentar a interação comunicativa e, com isso, facilitar o desenvolvimento de formas humanitárias e autenticamente racionais de coexistência social.

Ver também CONHECIMENTO, TEORIA DO.

Leitura sugerida: Bauman, Z. 1978: *Hermeneutics and Social Science* • Bleicher, J. 1980: *Contemporary Hermeneutics* o 1982: *The Hermeneutic Imagination* • Dallmayr, F. e McCarthy, T., orgs. 1977: *Understanding and Social Inquiry* • Gadamer, Hans-Georg 1960 *(1975)*: *Truth and Method* • Habermas, Jürgen 1967 *(1988)*: *On the Logic of the Social Sciences* • Hekman, S.J. 1986: *Hermeneutics and the Sociology of Knowledge* • Hoy, D.C. 1982: *The Critical Circle: Literature, History and Philosophical Hermeneutics* • Ricoeur, P. 1969: *Le conflit des interprétations. Essais d'herméneutique* • Wachterhauser, B.R. 1986: *Hermeneutics and Modern Philosophy* • Warnke, G. 1987: *Gadamer: Hermeneutics, Tradition and Reason.*

JOSEF BLEICHER

hinduísmo e teoria social hindu Hinduísmo é o nome geralmente atribuído às crenças e práticas que se desenvolveram no decorrer de muitos séculos no subcontinente indiano. Essas crenças e práticas são variadas, mas se assemelham umas às outras como uma família. Três tradições — BUDISMO, jainismo e sikhismo — surgiram como religiões distintas, porém cognatas. A palavra ocidental "hinduísmo" deriva de uma palavra sânscrita para o rio Indo, e variantes da palavra "hindu" foram usadas por mais de 2 mil anos por estrangeiros que queriam descrever o povo da Índia. Os hindus chamam o seu modo de vida de "darma sanatana" (eterno).

O darma, em geral traduzido como "religião", é um conceito fundamental que não tem equivalente em nossa língua, e inclui a noção de moralidade. Designa a conduta apropriada à casta, ao sexo e à idade de um indivíduo. A vida humana é encarada como uma oportunidade para se atingir a *moksha* (libertação) do ciclo de nascimento e renascimento da alma. Os hindus acreditam que o sofrimento e a boa fortuna podem ser explicados através do carma, a lei cósmica de causa e efeito, operando no decorrer de muitas vidas.

A teoria social hindu é a visão da sociedade que surge da análise da história e da cultura hindu, conforme articulada por pensadores hindus e por analistas da sociedade hindu. O hinduísmo não tem um único fundador, nem um único livro que seja encarado como uma Escritura. Suas raízes podem provavelmente remontar ao período da civilização do vale do Indo (2500-1500 AEC — antes da Era Cristã) e às muitas religiões tribais locais do subcontinente. Os textos mais antigos, os Vedas, provavelmente escritos por volta de 1.000 AEC no Norte da Índia, registram os hinos de sacrifícios dos arianos (palavra que adquiriu conotações de pureza racial ou de hinduísmo puro, porém que, mais precisamente, indica os falantes de uma língua indo-européia que provavelmente teve origem mais ao Ocidente). Os arianos adoravam deuses masculinos, como Indra.

Nos Upanixades, compostos cerca de 500 anos depois, surge a crença caracteristicamente hindu na transmigração da alma e na unidade da atimã (a alma individual) com o bramã (o absoluto impessoal que a tudo permeia). A experiência mística assumia grande importância e posteriormente surgiram sistemas de controle físico e mental para favorecê-los (ioga), que são prefigurados no Bhagavad Gita.

O propósito da Artaxastra, uma exposição do século IV AEC sobre as relações sociais, é a preservação do poder de um rei. *Realpolitik* combina-se com princípios.

Subjacente à sociedade hindu encontram-se os conceitos gêmeos de Varna (ver CASTA) e ashrama (estágio de vida). A sociedade é compreendida como uma hierarquia de elementos interdependentes, porém desiguais, caracterizados mais pela harmonia do que pela competição. A vida de um homem das castas "duas vezes nascidas" era encarada como uma seqüência de estágios. O bramachari (estudante celibatário) casava-se, tornando-se um grihasta (chefe de família, casado). Quando lhe nascia um neto (e sua linhagem ficava assegurada), ele podia tornar-se um eremita da floresta (varnaprasta) antes de renunciar a todos os laços com o mundo como saniasi (renunciante). Esse padrão persiste na sociedade hindu como um ideal básico da vida de família, dando lugar a uma preocupação sem obstáculos com as ocupações religiosas. Do Rig Veda, das epopéias (Mahabarata e Ramaiana) e dos códigos de leis (Darmachastra), surge uma visão elaborada da sociedade.

A principal preocupação dos teólogos e filósofos não era a teoria social, mas a compreensão da derradeira realidade. Shankara (c.800 E.C.) pregou o advaita (não-dualismo). Em outras palavras, todas as aparências de dualidade (por exemplo, entre Deus e a matéria) eram ilusórias. Para os místicos medievais, como Kabir e Ravidas, a experiência mística não deixava lugar para a divisão em castas, mas seria um anacronismo descrevê-los como reformadores sociais ou teóricos no sentido moderno.

A Índia do século XIX, governada pelos ingleses e sensível tanto ao pensamento oriental quanto ao pensamento cristão, pôs de lado os pensadores hindus com programas para a transformação da sociedade. Em Bengala, a Brahma Samaj (Sociedade Brâmane), fundada por Ram Mohan Roy (1772-1833), promoveu reformas sociais especialmente no campo dos direitos das mulheres. Em seu pensamento, uma forma de monismo teísta era defendida pelo raciocínio filosófico de tipo ocidental. Um asceta de Gujurati, Swami Daiananda Saraswati (1824-83) exortou os hindus a voltarem à sua concepção de uma pura sociedade védica, expurgada das camadas supersticiosas dos séculos posteriores. Ele e o movimento que criou (Arya Samaj) enfatizaram a filosofia hindu em lugar da ocidental, lutaram para eliminar a intocabilidade, estimularam a educação das mulheres e permitiram às viúvas que voltassem a se casar. Swami Vivekananda (1862-1902) pregou um monismo místico acoplado a reformas sociais, sem eliminar as castas ou a adoração de imagens.

Bal Gangdhar Tilak (1856-1920) promoveu a consciência social e o nacionalismo político. Ele defendia a antigüidade da cultura ariana e afirmava que o Bhagavad Gita devia ser compreendido como exortação ao serviço desprendido. Mahatma Gandhi (1869-1948) lutou para concretizar uma sociedade livre da dominação estrangeira e caracterizada pela não-violência, na qual todos os indivíduos fossem igualmente valorizados. Ele não via justificativa no hinduísmo para a intocabilidade. Seu princípio de sarvodaia (elevação universal), esposado por Vinoba Bave (1895-1982) e outros gandhianos, significa uma ação prática para melhorar a qualidade de vida dos mais necessitados. Na filosofia do ex-ativista político Sri Aurobindo Ghose (1872-1950), a evolução substitui maya (ilusão) como princípio fundamental da sociedade e do universo.

Para Jawaharlal Nheru (1889-1964), primeira pessoa a ocupar o cargo de primeiro-ministro da Índia, a sociedade deve corporificar a democracia, o socialismo e o secularismo — isto é, lealdade à unidade básica da Índia —, em vez do comunalismo (o auto-interesse de comunidades divididas segundo linhas religiosas). Sarvapelli Radakrishnan (1888-1975), filósofo e presidente da Índia, viu um Idealismo indiano como potencial salvador da civilização em vista da exploração pela tecnologia comercial do Ocidente. Conforme definido por Radakrishnan, o secularismo não significa a falta de religião nem o ateísmo, mas enfatiza valores espirituais que podem ser alcançados de toda uma variedade de modos. A harmonia, mais que a competição, era o ideal incorporado no sistema de castas, tal como ele o expôs (Radakrishnan, 1927).

O pensamento social hindu no século XX tem-se caracterizado por uma crescente tensão entre os princípios do secularismo e do Hindutva (revivalismo hindu), no qual Bharat (a Índia) é emotivamente identificada com o hinduísmo. Isso desenvolveu-se em conjugação com o movimento para unir os hindus de todas seitas, castas e regiões. O objetivo da Rashtriya Swayamsevak Sanch (União Voluntária Nacional), fundada em 1925 pelo Dr. Keshav Baliram Hedgevar (1889-1940), era fazer renascer a autoconfiança dos hindus e seu senso de obrigação civil, em grande parte através do envolvimento dos jovens num serviço social disciplinado. Em 1964 era fundada a Vishwa Hindu Parishad (Organização Hindu Mundial), com o mesmo espírito de unificação dos hindus. Muitos hindus, enfurecidos ao perceberem que o governo indiano estava buscando satisfazer as minorias, resolveram afirmar-se de modo mais militante, unidos na luta por um templo, em vez de uma mesquita, para marcar o lugar do nascimento de Rama, em Aiodia. Esse ativismo, inspirado pela idealização do passado hindu, é representado politicamente pelo Partido Bharatiya Janata.

Analistas da sociedade hindu compreendem-na em termos de uma variedade de processos, por exemplo, a relação interativa entre a Grande e a Pequena Tradição (Pan-Índia e formas locais de hinduísmo). Srinivas postulou a sanscritização (o processo pelo qual as castas inferiores mudam seu comportamento para fazê-lo assemelhar-se ao que é característico das castas brâmanes). Entre outros processos, inclui-se a secularização (pela qual o que é identificavelmente religioso, tal como a crença no sobrenatural, desempenha um papel menos significativo nas vidas das pessoas), a modernização, a industrialização, a urbanização (na medida em que milhões se mudam das aldeias para a cidade, num movimento sem precedentes) e a ocidentalização (indicando uma mudança no sentido, por exemplo, do consumo de carne e álcool, comportamento incompatível com a sanscritização).

Leitura sugerida: Basham, A.L. 1954: *The Wonder that was India* • Beteille, A. 1966: *Caste, Class and Power: Changing Patterns of Stratification in a Tanjore Village* • Dumont, L. 1967: *Homo hierarchicus* • Dumont, L. e Pocock, D., orgs. 1957-69: *Contributions to Indian Sociology*, vols.1-9 • Lannoy, R. 1971: *The Speaking Tree: a Study of Indian Culture and Society* • Radakrishnan, S. 1927: *The Hindu View of Life* • Srinivas, M.N. 1967: *Social Change in Modern India.*

ELEANOR M. NESBITT

história O convite a escrever um breve ensaio sobre história para um dicionário do pensamento social no século XX é igualmente um convite a chegar a uma decisão, visando esse ensaio, sobre o que é o século XX. Para esse fim, ele será aqui um século XX curto — *os 75 anos entre 1914 e 1989*, do início da Primeira Guerra Mundial ao múltiplo colapso do comunismo, como realidade objetiva e como ideologia, em todo o mundo. Nesse "século" de 75 anos, a escrita da história sofreu três tipos de mudança de importância capital, diferençáveis entre si, mas também mutuamente inter-relacionados. As fontes às quais os historiadores dedicaram sua atenção profissional mudaram; o tema sobre o qual os membros da profissão escreveram mudou; e a estrutura na qual definiram sua disciplina mudou.

Nesse "século" passado os historiadores ganharam acesso a todo um repertório de informações até então fora do seu alcance, por falta de tecnologia ou de técnicas para explorá-las, ou por falta da perspectiva que lhes desse sentido histórico. Pela primeira vez os historiadores usaram sistematicamente fontes tais como levantamentos aéreos (fotográficos ou fotogramétricos) de terrenos, registros de nascimentos, batismos, casamentos e óbitos, mensurações físicas de homens recrutados para os exércitos, catálogos de empresas de vendas pelo correio, registros de matrículas em escolas e universidades, listas telefônicas. Esses detritos da vida humana haviam sido reunidos pelos povos e moldados em forma manuseável em algum momento, em algum lugar, para algum propósito. Esses propósitos eram outros que não os dos historiadores do século XX, os quais, em última análise, remodelaram os dados sobreviventes para seu próprio uso. A característica comum a esses tipos de dados era só terem relevância para os historiadores quando agregados. Era da própria natureza das coisas que os tipos de avanço do conhecimento histórico a que essas fontes se prestavam fossem quantitativos.

Um segundo tipo de dados que atraiu a atenção dos historiadores profissionais com formação acadêmica no século XX foi a massa de informação que, durante 250 anos ou mais, antiquários locais vinham reunindo assistematicamente nas publicações de sociedades eruditas do mesmo âmbito. Os historiadores profissionais durante muito tempo tiveram desprezo por essas atividades de antiquariato. Esse desprezo era bem merecido, dada a inépcia de alguns desses esforços e a trivialidade ou mediocridade de boa parte do resto. No século XX os historiadores profissionais remexeram as latas de lixo da história local e, em meio a muitos detritos sem significado, descobriram artefatos preciosos de um passado até então inexplorado. Aos novos dados quantitativos, acrescentaram as cartas (diários, registros de casamento e testamentos, aluguéis e arrendamentos) de homens e mulheres obscuros; e em ambos os casos a história se viu enriquecida por esse incremento.

Ambas as espécies de novas fontes históricas forneceram dados sobre os tipos de pessoas a quem os historiadores profissionais só haviam dedicado até aquele momento uma atenção muito passageira: trabalhadores agrícolas, camponeses, operários, soldados, servidores domésticos, mulheres, crianças — com efeito, a maior parte da humanidade, desde que a vida humana começou a existir. Assim, no século XX pela primeira vez se tornou possível — e logo depois já se tornara prática comum — para os historiadores profissionais escrever de forma coerente a respeito de fenômenos com os quais os antigos historiadores tiveram poucos meios e ainda menos disposição para se preocupar: dieta, saúde, força hidráulica, fontes e aplicações de energia, alfabetização, população, produtividade, epidemias. (Ver também HISTÓRIA SOCIAL.) Os historiadores que se dedicaram a abrir novos campos de investigação fizeram acompanhar seus esforços pioneiros do clangor adequadamente alto de trompetes e, com menos felicidade, de pretensões territoriais que fizeram com que as dos 13 estados originais dos Estados Unidos, em comparação, parecessem modestas.

A transferência do interesse para pessoas que os historiadores das gerações anteriores haviam negligenciado ou desprezado fez implodir uma complacência que os membros da profissão tinham até então cultivado. A reconcepção do histórico, às vezes multifacetada a ponto de parecer caótica, havia alterado a prática visível dos historiadores profissionais com uma série de choques sísmicos cuja força máxima foi difícil de mensurar quando o "século" terminou, em 1989.

No período de fundação de sua profissão, de cerca de 1815 até 1914, os historiadores com formação acadêmica haviam dedicado a maior parte de sua atenção aos feitos passados de líderes dos homens brancos adultos, uma ínfima minoria das pessoas que haviam até então vivido sobre a Terra. A intensidade de sua dedicação pode ter sido subestimada e seus motivos para essa dedicação mal compreendidos por muitos de seus sucessores no século XX. Ainda assim, a generalidade com que os historiadores do século XIX, todos homens brancos e adultos, se dedicaram ao estudo das lutas pelo poder, na guerra e na paz, de homens adultos, brancos especialmente, é conspícua. A revelação de indícios sobre como a maioria esmagadora dos seres humanos, que não era nem branca, nem masculina, nem adulta, havia vivido e morrido no passado humano resultou em um amplo e confuso tumulto a respeito do que conta como o passado significativo e de como contá-lo. É evidente que no decorrer dos quatro séculos e meio entre 1492 e 1942 os homens brancos adultos vieram a dominar, a ter hegemonia sobre a Terra. Para alguns historiadores no século XX, até para alguns que não se pode acusar com facilidade de visão paroquial ou limitada por antolhos, era óbvio que a ascensão do Ocidente era *A História* desses 450 anos, no mesmo sentido em que a Segunda Guerra Mundial foi *A Historia* dos seis anos de 1939 a 1945; era a história ou texto coerente em que a maioria dos outros feitos humanos dentro desse intervalo podia ser encarada como contexto ou pano de fundo. Esse modo de olhar para o passado é, evidentemente, mais antigo que o Ocidente moderno. Teve suas origens nas literaturas de duas culturas antigas — a greco-romana e a judaico-cristã —, as quais os governantes e autores do Ocidente haviam considerado conveniente e adequada bem antes da descoberta da América. A história da ascensão do Ocidente, assim, acomoda confortavelmente as duas tradições narrativas com as quais os homens de letras do Ocidente estavam mais familiarizados antes de 1492 e que praticamente todos os fundadores da profissão histórica, no século XIX, aceitavam como um dado.

Não surpreende que muitos dos historiadores do século XX que tomaram parte na descoberta da história "de baixo para cima" considerassem essa "velha" história narrativa uma prova da anterior sujeição de outras raças, outras classes, outros grupos etários e do outro sexo à hegemonia dos homens brancos. E ela foi também um instrumento dessa servidão.

A desvalorização das pessoas, individualmente, como os centros das histórias históricas e a desvalorização das histórias como a forma natural da história, portanto, acomodam com conforto os tipos de provas que os novos gêneros de fontes forneceram no século XX. Todo esse conjunto de provas proporcionou respostas a muitas perguntas históricas que nenhum historiador até então havia feito. Não proporcionou respostas aos tipos de perguntas que haviam sido a preocupação maior dos historiadores do século XIX e de seus sucessores que continuaram a partilhar de suas preocupações. Numa cultura que durante 200 anos havia atribuído um valor honorífico sem precedentes à inovação, era de se esperar que os inovadores do século XX viessem a menosprezar o valor dos tipos de história narrativa que suas práticas não estavam mais aptas a produzir do que um bate-estacas estava apto a produzir uma gravura. (Isso não é dito com a intenção de comparar invejosamente o valor de um com o do outro; não são comparáveis.)

Assim, o tipo inovador de trabalho histórico do século XX marginalizou os autores de história narrativa. Marginalizou também as pessoas humanas, ou efetivamente as desintegrou, transformando em não-entidades históricas os efetivos atores dessas histórias multifacetadas do passado, que haviam sido a maior parte do que a maioria dos historiadores escrevera a respeito durante os 100 anos anteriores.

No século XXI (começando em 1989), os historiadores podem vir a querer examinar a confluência das novas fontes da escrita histórica do século XXI, seus novos temas e as concepções, na verdade as *idées fixes*, que haviam conquistado as mentes dos historiadores mais influentes da época. Quanto mais tempo esperarem, mais a passagem do tempo reduzirá sua capacidade de empatia com o fascínio duradouro — feito tanto de atração quanto de repulsa —, para os historiadores do século XX, desse conjunto particular de idéias ao qual em breve retornaremos.

A confluência de fontes, idéias e eventos ocorreu entre 1914 e 1945. Seu cenário foram duas guerras terríveis, geradas na Europa, que em 30 anos deixaram desolada aquela civilização violenta em meio às cinzas de sua própria loucura. Os primeiros anos do século XX, portanto, testemunharam um holocausto das expectativas, esperanças e aspirações do século XIX — expectativas da difusão por todo o planeta da civilização dos estados da Europa mais avançados em termos de ciência, tecnologia e alfabetização, esperanças de PROGRESSO contínuo no caminho da liberdade e da democracia, aspiração pela paz universal. Na Europa, desde Waterloo tinha havido ocasionais e curtos episódios de luta armada. Mas dos Urais ao Atlântico, ao norte do Danúbio, pela primeira vez desde que os estados da Europa alcançaram a coesão necessária para conflitos entre estados, não tinha havido nenhuma guerra longa e importante entre as grandes potências. É preciso lembrar que, pelo menos com a vantagem da visão em retrospecto, atribuímos aos historiadores que oscilam à beira do século mais odioso da história a qualidade da idiotice — moral, política ou ambas.

No conflito armado da Primeira Guerra Mundial, o maior conflito de recursos humanos da história da Europa, esse fácil otimismo de um século afundou. Deixou apenas, como carga lançada ao mar, o sorriso idiotizado do ingênuo gigante transatlântico, os Estados Unidos, que fez o seu vôo de besouro sobre o campo de batalha apenas por tempo necessário para determinar o resultado militar imediato, tartamudeou uma fórmula ritual — "Garantam um mundo seguro para a democracia" — e em seguida se retirou para seu habitual isolamento, tanto espiritual quanto geográfico.

Nos anos do pós-guerra, numa situação de dificuldade e de abandono, os melhores intelectos da Europa voltaram-se para os poucos profetas do infortúnio, os quais, em meio à promessa do século XIX, haviam percebido sinais de desgraça iminente. Muitos voltaram-se especialmente para aquela sucessão de profetas que, embora percebendo em seu próprio tempo a ameaça de catástrofe mundial, enxergaram vagamente no horizonte os sinais de uma aurora vermelha que surgiu no início dos anos 20 — uma nova luz no Leste, a primeira sociedade socialista.

Um após outro, os objetivos socialistas proclamados por Karl Marx em 1848 foram alcançados na União Soviética — a abolição da propriedade privada, a liquidação de uma estrutura de classes arcaica, a ditadura do proletariado, a destruição daquele ópio do povo, a religião organizada, e — com apenas 12 anos da fase russa da revolução mundial — a introdução do planejamento econômico e assim, finalmente, uma sociedade organizada de modo racional para atingir seu objetivo declarado. Nunca a capacidade persuasiva do fazer foi mais eficaz do que naqueles primeiros anos da experiência comunista na Rússia. Essa capacidade criava um contraste agudo com os cegos tropeços do Ocidente nos dez anos anteriores à Segunda Guerra Mundial. De um lado, a marcha firme através do socialismo rumo a uma sociedade comunista na União Soviética. De outro, a Grande Depressão, o desemprego maciço, o colapso dos regimes pseudodemocráticos da Itália e da Alemanha do pré-guerra no fascismo e no nazismo, a paralisia das economias capitalistas e a aparente agonia do imperialismo e da ordem mundial burguesa.

Antes da Primeira Guerra Mundial, a palavra marxista fora aplicada a um conjunto policêntrico de seitas e facções políticas com dois traços em comum. O primeiro era uma aversão às estruturas políticas, econômicas ou sociais em meio as quais viviam, e a convicção de que essas estruturas eram tão exploradoras e opressoras da maior parte da humanidade que deveriam ser substituídas através de quaisquer meios viáveis. O segundo era a convicção de que Karl Marx havia efetivamente analisado o modo como a humanidade tinha chegado ao transe por que passou em 1914; ele havia descoberto também o caminho que ela iria e deveria seguir no futuro, o caminho chamado socialismo rumo ao objetivo chamado comunismo. Em 1914 os seguidores dos ensinamentos de Marx, da Rússia à península Ibérica, viviam em múltiplo desacordo a respeito do que era a verdadeira filosofia marxista e da linha de ação que deles se exigia naquele momento. Todos os marxistas concordavam, porém, em que os ensinamentos de Marx exigiam que seus seguidores aplicassem sua doutrina, fosse ela qual fosse, na esfera da ação; ela fornecia uma lei científica da vida.

Especialmente através de seu impacto sobre o marxismo, os acontecimentos da Primeira Guerra Mundial produziram um efeito de distorção nas percepções dos historiadores, o qual, até quase o final desse breve século XX, viria a formar ou distorcer a história escrita durante suas sete décadas e meia. Nos últimos anos da Primeira Guerra Mundial a Musa da História pregou uma peça amarga no marxismo e em todas, menos uma, de suas principais seitas. No início mesmo de sua *magnum opus, O capital* (1867), Karl Marx determinava a condição prévia básica para uma sociedade comunista, o tipo de sociedade que ele havia prefigurado no *Manifesto comunista* de 1848. Essa condição era a abolição da propriedade privada. Tendo a sociedade capitalista passado da maturidade para uma decadência senil, o proletariado, numa revolução socialista, derrotaria uma burguesia obsoleta e colocaria a sociedade no rumo de sua meta comunista. Isso deveria ser atingido através da exploração capitalista da classe operária pela burguesia antes que uma sociedade estivesse pronta para a revolução socialista. No final de 1917, porém, sob a liderança de Lenin, uma pequena facção comunista tomou o poder na Rússia. Nos cinco anos que se seguiram o Partido Comunista russo conseguiu, pela primeira vez na história, abolir a propriedade privada dos meios de produção. Também consolidou seu próprio domínio sobre quase todo o território, na Europa e na Ásia, antes submetido aos czares da Rússia, um território até então encarado pelos europeus, marxistas ou não, como "atrasado" e "asiático".

A época, o lugar e a substância do triunfo comunista na União das Repúblicas Socialistas Soviéticas, antes o Império Russo, conferiu uma inclinação peculiar e ímpar ao que ocorreu no mundo nos 75 anos seguintes. É portanto adequado iniciar a história do século XX com o surgimento do socialismo marxista soviético e terminá-la entre 1989 e 1992, quando, por ação oficial, a ex-União das Repúblicas Socialistas Soviéticas transformou-se na Comunidade dos Estados Independentes. As implicações dessa mudança não foram animadoras para o marxismo, e para o comunismo foram calamitosas. Assim, o século XX mais curto foi o Século Marxista. Durante 75 anos a União Soviética, da qual Marx e Lenin eram os ícones oficiais, apresentou à humanidade a primeira "encenação" de socialismo no cenário mundial. Em momentos isolados desse século a Grã-Bretanha, os Estados Unidos, a Alemanha nazista, o Japão e a China maoísta juntaram-se à União Soviética no centro do palco. A União Soviética, primeira grande sociedade explicitamente fundada em princípios e preceitos marxistas, esteve no entanto, desde seu início, constantemente em um dos pólos da visão corrente que a humanidade tinha do mundo tal como ele era e deveria ser.

Para pessoas moderadamente observadoras, durante as três primeiras décadas do século XX parecia que no mais rigoroso teste humano para uma pretensão científica, o teste da experiência, o marxismo havia feito valer a sua afirmativa de que era a verdadeira ciência da sociedade humana, ou pelo menos o local onde essa pretensão estava sendo experimentalmente testada. As primeiras previsões marxistas sobre o colapso iminente do capitalismo estavam sendo confirmadas pelos acontecimentos no mundo inteiro. Na Europa, a Guerra de Trinta Anos entre culturas imperialistas, chacais capitalistas e hienas fascistas parecia estar rumando para uma conclusão de destruição mútua garantida.

Durante quase todo o século XX a Revolução Comunista e o sucesso ou sobrevivência da União Soviética foram os eventos decisivos no avivamento da imaginação dos historiadores profissionais, não apenas na Rússia, mas em todo o mundo. Foi esse o caso não apenas com historiadores explicitamente marxistas, mas também com historiadores descompromissados, os quais, inibidamente ou não, encaravam a história como uma das ciências da política, visando a melhoria do ser humano. Para eles, ela era potencialmente uma fonte de informações cientificamente verificada que apontava para o rumo correto das ações sociais, econômicas e políticas. Tiveram de ponderar se a União Soviética estava marcando infalivelmente o caminho que outras sociedades deviam seguir ou um caminho ao qual deveriam resistir e que precisariam reverter. Mesmo nos poucos países onde até 1945 a vocação dos historiadores não esteve sujeita a uma orientação irresistível por parte do acima mencionado, muitos historiadores sentiram-se atraídos pelo poder exercido na União Soviética em nome da ciência. Outros ficaram hipnotizados pela complexidade intelectual e pela grandiosidade abrangente que o marxismo atingiu em suas missões simultâneas de abarcar o mundo e promover a quadratura do círculo.

Seria possível levantar boa quantidade de provas históricas sérias adaptáveis a formas congruentes com o marxismo. O mesmo aconteceu com o populoso cinturão da terra, do Elba ao Adriático, em sua fronteira ocidental, seguindo até o oceano Pacífico e sul do mar da China, na fronteira oriental. O fascínio teórico juntou-se a um triunfo político que tudo indicava ser iminente. Isso deu à visão histórica de Marx um sabor picante particular para intelectuais das poucas democracias livres sobreviventes. Muitos dos mais articulados desses intelectuais inclinaram-se, com graus variados de agudeza, ao marxismo. Os que não se sentiram inclinados, mais do aqueles que se sentiram, vieram a descobrir que o ônus da prova, nada invejável, estava caindo em seus ombros. Alguns deles despenderam muita energia, talvez energia demais, na demonstração dos seus motivos para não serem marxistas. Isso implicou afirmar que, do ponto onde se encontravam, não viam a inevitável Aurora Vermelha — ou, aliás, qualquer outra nuança de aurora inevitável — de um novo dia para a humanidade, o que não era a mensagem que a humanidade achava mais animadora. Despenderam um esforço considerável insistindo na incapacidade dos marxistas e quase marxistas de enfrentar os dilemas, paradoxos e contradições inerentes ao marxismo desde o princípio. Esses historiadores criticaram em geral os pressupostos marxistas que punham de lado, arbitrariamente, como indignos de consideração ou secundários (não-básicos ou sem importância a longo prazo), eventos e processos para os quais o marxismo não era capaz de oferecer uma explicação científica adequada. Num mundo palpavelmente voltado para o mergulho no naufrágio e na ruína, a rejeição da esperança marxista nem sempre foi popular entre os intelectuais nem plausível para estes.

Agora, com a vantagem da visão retrospectiva, na aurora do século XXI, a preocupação dos historiadores do século anterior com uma visão da natureza e do destino do homem tão palpavelmente falha em seus fundamentos quanto a dos marxistas pode parecer misteriosa ou profundamente ridícula. Quando isso acontecer — como com toda certeza acontecerá —, os historiadores presentes e futuros devem tentar ver o mundo do início do século XX tal como os que nele viviam. Até 1989 ninguém — nem leigo, nem especialista — previu o fim do século XX tal como acabou acontecendo: a implosão da estrutura soviética de poder e, junto com ela, da ideologia com que ela estava comprometida. No momento em que este artigo está sendo escrito, ninguém ainda foi capaz de fazer uma estimativa plausível da devastação provocada pelo colapso interno das estruturas institucionais comunistas em boa parte do mundo, e de sua provável e iminente desarticulação na

China, a única área de grande vulto onde essas estruturas sobreviveram. Lá, elas são mantidas vivas apenas pelas manhas de um punhado de homens todos com oitenta e poucos anos; o que vai acontecer quando esses homens morrerem, o que ocorrerá em breve, não pode ser adivinhado.

Não é das menores ironias do século XX o fato de as catástrofes ao seu final terem sido catástrofes do marxismo, a estrutura intelectual que ganhou predomínio no início deste século, e das estruturas institucionais, as do comunismo soviético, através de cuja mediação esse domínio foi em grande parte mantido. O que esse vazio nas estruturas institucionais irá acarretar é algo que os historiadores podem começar a supor, pelo menos até o nível de imaginar uma série limitada de alternativas para elas e de realizar movimentos exploratórios visando a compreensão dessas alternativas.

Como revisar e substituir de forma eficaz a IDEOLOGIA predominante do século XX é algo que confronta os historiadores com um problema ainda mais desconcertante. Estruturas de idéias são muito mais duráveis do que estruturas institucionais, os seus guardiães são mais conservadores e têm interesses muito mais profundamente arraigados em preservá-las. A necessidade de uma rápida remoção de instituições que soltam emanações sufocantes e no final não produzem mais do que lixo, fraqueza, sofrimento e morte não é mais difícil de perceber, e a demolição tende a ser evidente para os que estão presos nas ruínas. Sendo intangíveis, as ideologias agarram-se com mais persistência e são mais difíceis de limpar. Para um historiador — como para qualquer intelectual que tenha investido sua vida na aquisição de uma especialidade cujo conteúdo o rumo dos acontecimentos, isto é, a mudança histórica, transformou num peixe invendável —, a disposição para registrar, mais ainda para anular, o valor final de uma vida de trabalho não é algo fácil. Já nos últimos 30 anos, à medida que o crédito e a credibilidade das experiências soviéticas iam afundando, historiadores que investiram a maioria de seus trunfos intelectuais no comunismo começavam a buscar meios de reduzir seus prejuízos. Era raro haver um historiador marxista que dissesse: "Desperdicei minha vida tentando abrir caminho num beco sem saída."

Leitura sugerida: Barraclough, G. 1964: *An Introduction to Contemporary History* • Braudel, F. 1977: *Écrits sur l'histoire* • Carr, E.H. 1961: *What is History?* • Collingwood, R.G. 1946: *The Idea of History* • Hexter, J.H. 1961: *Reappraisals in History* o 1971: *The History Primer* • Le Roy Ladurie, E. 1973: *Le territoire de l'historien.*

J.H. HEXTER

história econômica Descrita por um de seus primeiros praticantes como "não tanto o estudo de uma classe especial de fatos quanto o estudo de todos os fatos da história de uma nação, a partir de um ponto de vista especial" (W.J. Cunningham), a história econômica não tem fronteiras rigidamente definidas, espalhando-se pela história social e política, bem como pela economia. Suas maiores preocupações, no entanto, são a análise do crescimento do declínio econômico e a relação entre a transformação econômica e o bem-estar social.

Origens

Essa disciplina tem suas raízes no período em que a importância do fator econômico para a força política das nações foi pela primeira vez sinceramente percebido — o período do "mercantilismo". Essa nova preocupação criou sua nova literatura, escrita pelos chamados "aritméticos políticos", da qual o exemplo inglês mais conhecido foi *Natural and Political Observations on the State and Condition of England*, de Gregory King, publicado em 1688.

O Iluminismo, com sua crença de que os sistemas e as questões humanas seguiam as regras da natureza, fez surgir uma abordagem mais teórica. Nessa evolução, os textos dos "fisiocratas" (fisiocracia significando literalmente "governo da natureza"), na França, e dos participantes do "Iluminismo Escocês" se destacam em particular. Os primeiros deram prioridade à agricultura em sua teoria, afirmando que era ela a única fonte de "produto líquido" e classificando a indústria como uma "arte estéril". Suas figuras de proa foram François Quesnay (1694-1774) e A.R.J. Turgot (1727-81). O *Tableau économique*, de Quesnay, publicado em 1758, ajudou muito na difusão da idéia fisiocrática de que a economia funcionava de acordo com regras naturais. Turgot juntou os papéis de teórico econômico e de político, escrevendo uma obra, *Sobre a história universal*, em 1750-1, que introduzia uma nova base para a divisão da história em períodos determinados em termos de estágios econômicos, tendo chegado à posição de tesoureiro-geral em 1774, na qual tentou, sem sucesso, remodelar a economia francesa a partir de princípios fisiocráticos.

John Millar (1735-1801) e Adam Smith (1723-90) foram os dois participantes do Iluminismo escocês cuja obra teve maior relevância para o desenvolvimento da matéria. Smith, em *A riqueza das nações* (1776), reagiu contra o excessivo dedutivismo e a inclinação agrícola dos fisiocratas. Tal como eles, acreditava que havia um padrão natural ideal, segundo o qual uma economia se desenvolvia e no qual a agricultura tinha a primazia, mas seu conhecimento de história e suas observações na própria Escócia e em suas viagens lhe haviam demonstrado que esse padrão era raramente seguido.

Embora tradições nacionais distintas tenham sido detectadas no Iluminismo, sua característica dominante foi uma excepcional unidade internacional na prioridade que ela atribuiu à razão e em seu otimismo com respeito ao futuro. As substanciais divisões nas tradições intelectuais nacionais podem ser mais bem observadas, portanto, como tendo suas fontes nas duas revoluções ocorridas no período 1780-1815. Estas marcariam a história econômica tal como o fizeram com outras disciplinas acadêmicas. Primeiro, a Revolução Industrial destruiu alguns dos pressupostos básicos da teoria de Smith sobre o crescimento econômico, em particular a sua crença de que havia um teto natural para o processo, estabelecido pelos recursos naturais de uma sociedade. Também fez surgir, a curto prazo, um aumento na desigualdade econômica — com a Grã-Bretanha alcançando extraordinária liderança sobre o resto do mundo em torno de 1850 —, o que tornou um consenso internacional sobre teoria e história econômica muito mais difícil de ser alcançado.

Curiosamente, foi no país cuja história econômica era mais interessante que a matéria sofreu o seu mais sério revés. O próprio sucesso econômico da Inglaterra, combinado com o fato de a história haver-se transformado (diante do desafio do racionalismo da Revolução Francesa) no braço direito do conservadorismo, contribuiu para o desenvolvimento e a aceitação da economia dedutiva e a-histórica de David Ricardo (1772-1823) (Burrow, 1966, p.59-64). A abordagem histórica sofreu uma experiência inversa na França. O nível de ruptura social e política refletiu-se na história e gerou a preocupação de se estabelecer uma nova base para o consenso social. Foi essa a tarefa que o positivismo se atribuiu, visando reconciliar a abordagem científica com as exigências da ordem social. A história econômica desempenhou um papel nisso — Saint-Simon (1760-1825) desenvolveu as percepções iniciais de Turgot e Condorcet (1743-1794) numa teoria materialista da história, incorporando um elemento revolucionário e antecipando Marx —, mas seu papel foi subordinado. O papel de Saint-Simon, ao contrário do de Smith, não era basicamente fornecer um modelo para o crescimento econômico, mas sim para o político — o de induzir à aceitação de um novo tipo de sociedade dominada por industriais e cientistas.

O momento decisivo foi menos marcante na Alemanha, onde a ênfase de Herder (1744-1803) no "caráter nacional" já contrastava com o universalismo a-histórico dos autores do Iluminismo, mas por outro lado reforçou claramente a tendência então existente; a ênfase de Ranke (1795-1886) em encarar o passado a partir de dentro, em seus próprios termos, foi considerada como tendo fornecido a base para uma "revolução berlinense nos estudos históricos" (Marwick, 1970, p.34-40). A combinação dessa tradição histórica com o relativo atraso e a divisão política da Alemanha, que a levou a ter dificuldades em conseguir cedo a industrialização a partir de uma situação de livre comércio, fez surgir uma escola de "economia histórica", com ênfase na relação entre o estudo da economia e o desenvolvimento dos sistemas econômicos.

Os contextos nacionais não eram totalmente impermeáveis, mas eles efetivamente se tornaram as influências predominantes no desenvolvimento da história econômica até depois de 1945. É preciso, portanto, traçar várias trajetórias para a matéria, antes de se descrever o impacto do recente e mais intenso intercâmbio intelectual.

A tradição alemã

O precursor da "economia histórica" alemã foi Friedrich List (1798-1846), militante em favor da unidade nacional alemã e autor de *O sistema nacional de economia política,* publicado em 1841, que apresentou uma argumentação com base na "infância da indústria" contra a teoria do livre comércio. Seus primeiros praticantes foram Bruno Hildebrand (1812-78), Wilhelm Roscher (1817-49) e Karl Knies (1821-98); pode-se dizer que ela surgiu como uma "escola" específica sob a influência de Gustav von Schmoller (1838-1917) e seus discípulos, entre os quais se incluíam Werner Sombart (1863-1941) e Max Weber (1864-1920). Distinguia-se pelo engajamento político de seus membros com a reforma social, e rejeitava tanto a tradição comteana francesa quanto o compromisso inglês com o *laissez-faire*. Sua posição política era o conservadorismo social. Seus métodos eram ecléticos — valendo-se de toda a série de ciências sociais —, e ela promoveu uma extensa pesquisa histórica, particularmente em arquivos políticos. Na medida em que desenvolveu uma teoria econômica, esta foi de um tipo predominantemente pragmático, baseada na análise de exemplos históricos. Embora Schmoller viesse a publicar uma obra teórica de síntese, a relativa fraqueza desse lado teórico do trabalho da escola serviu de motivo ao METHODENSTREIT, durante a década de 1880. Essa disputa, porém, pouco conseguiu sacudir a hegemonia da economia histórica — Schmoller havia desenvolvido uma posição institucional impossível de contestar, dirigindo as principais séries de publicações sobre ciências sociais na Alemanha e intervindo na maioria das indicações para postos acadêmicos em economia. Isso deteve o desenvolvimento da teoria econômica na Alemanha, mas também, a longo prazo, contaminou a história econômica; depois da Primeira Guerra Mundial houve uma reação e a matéria tem sofrido muitos anos de ostracismo, a história limitando-se ao estudo do político (J.A. Schumpeter, 1954, p.501-10).

A tradição francesa

A tradição francesa veio a se desenvolver mais tarde ainda do que a alemã, teve maior duração e veio a exercer enorme influência. Sua origem reside numa reação ao conservadorismo da história, em termos de sua concentração puramente nos eventos políticos e em sua penetração por atitudes historicistas alemãs, tal como ela foi estudada na França durante a Terceira República. A principal influência intelectual por ela sofrida foi a do positivismo — o pensamento de Augusto Comte, com sua ênfase na semelhança das ciências humanas com as ciências naturais e daí na possibilidade de generalização e explicação; e, acima de tudo, o de Emile Durkheim, com sua rejeição das explicações psicológicas para a mudança social, em detrimento do estudo dos "fatos sociais", e sua crença de que a objetividade era alcançável através do tratamento destes como "coisas". Não era tanto a história econômica que se estava estabelecendo, mas uma nova definição da história como matéria, na qual o econômico, conjugado com o social e o cultural, recebia importância particular e o evento político ficava em segundo plano.

Em 1900 foi fundada a *Revue de Synthèse Historique,* e foi em suas páginas que Lucien Febvre (1878-1956) e Marc Bloch (1886-1944), os principais promotores da nova história, encontraram um primeiro veículo para suas idéias. A tese de Lucien Febvre, *Philippe II et le Franche-Comté,* de 1912, forneceu o primeiro exemplo de um aspecto dessa abordagem — a mudança rumo a uma "história total", na qual se revela não só a vida social, cultural e econômica de uma região, mas também sua vida política. *Les caractères originaux de l'histoire rurale française*, de Marc Bloch (1931), é ainda mais claramente durkheimiano, usando a mais concreta das provas, os padrões de campo tirados de velhos levantamentos cadastrais, bem como a fotografia aérea, como sua fonte principal. Em 1929 era fundado o periódico *Annales d'Histoire Économique et Sociale*, que viria a fornecer um nome para a nova abordagem — a escola dos ANNALES. Esse periódico foi rebatizado como *Annales: Economies, Sociétés, Civilisations*, em 1946, e a escola, que tivera origens em universidades de província, ganhou uma base de poder em 1947 com o estabelecimento da Sexta Seção da École Pratique des Hautes Études, um centro interdisciplinar para o ensino e a pesquisa em ciências sociais. A liderança dessa seção e, com isso, da "escola" foi assumida, na morte de Febvre, em 1956, por Fernand Braudel (1902-85). A tese de Braudel, *O Mediterrâneo e o mundo mediterrâneo na época de Filipe II* (1949), exerceu influência na promoção de uma forma de determinismo geográfico, pelo modo como diferenciava entre conceitos diversos de tempo e em sua atitude de rejeição aos eventos. Os melhores praticantes da abordagem dos *Annales* foram Emmanuel Le Roy Ladurie e Pierre Goubert, cujas formações como historiadores, como a de muitos dos *Annales,* residem na história regional, no caso a do Languedoc e a do Beauvaisis. Mais recentemente tem sofrido críticas, particularmente de François Furet, por sua falta de teoria e por sua negligência em relação à política (Iggers, 1975, p.43-79).

A tradição britânica

A força da reação à abordagem histórica foi tal que sua reintrodução a partir do continente se tornou necessária. Os principais agentes disso foram John Stuart Mill (1806-1873) e H.S. Maine (1822-1888), influenciados respectivamente pela visão progressista de Comte com respeito ao processo histórico e pela filosofia alemã (Collini et al., 1983, p.210-11). Foi o estabelecimento da história como matéria universitária que proporcionou as primeiras aberturas para a história econômica. Esta foi ensinada e examinada como parte das novas provas de história em Oxford, inicialmente junto com a economia política, mais tarde isoladamente. Recebeu o impulso adicional quando os próprios historiadores ampliaram sua abordagem para incluir questões econômicas, jurídicas e sociais (Harte, 1971, p.xviii-xix; Kadish, 1989, p.3-13). Uma vez estabelecida, seu progresso foi rápido. Pôde beneficiar-se de uma tradição de histórias industriais, bem como de uma compilação de dados estatísticos que nunca fora interrompida, e logo viria a experimentar uma crescente demanda popular por seus produtos, por parte de um público necessitado de qualificações profissionais para as quais o estudo da história econômica se mostrava particularmente adequado. Era evidentemente uma atividade prática e também relevante num país cuja história havia sido tão fortemente marcada pelo aspecto econômico. Essa identificação popular com o tema viria a permanecer como seu principal esteio (Harte, 1971, p.xxiii-xxiv).

A matéria subiu a uma posição proeminente em conseqüência de um "methodenstreit" inglês, no qual as situações eram o inverso das da Alemanha, com a economia teórica como a abordagem estabelecida e a abordagem histórica como a desafiante. Seus principais defensores foram Arnold Toynbee (1852-83), W.J. Ashley (1860-1927) e W.J. Cunningham (1849-1919). Todos foram influenciados pela escola alemã, usando sua técnica de realizar estudos históricos de diferentes épocas a fim de minar as pretensões da economia clássica à universalidade. Esse ataque, em última análise, fracassou principalmente devido ao fato de Alfred Marshall (1842-1924) ter reformulado de maneira brilhante a teoria econômica em seu *Principles of Economics* (1890), ampliando sua definição para incluir boa parte do que preocupava os economistas históricos (Collini et al., 1983, p.267-71). O fracasso com respeito a sua ambição maior, porém, favoreceu efetivamente o desenvolvimento da história econômica como disciplina, uma vez que seu estudo havia ganho suficiente ímpeto para lhe garantir uma posição como matéria universitária independente. O ensino da história econômica teve destaque na London School of Economics (fundada em 1895). Seu primeiro diretor, W.A.S. Hewins (1865-1931), era um historiador econômico, e a primeira função de palestras específicas sobre história econômica foi criada nessa mesma escola em 1904. A primeira cátedra da matéria foi estabelecida em Manchester no ano de 1910. Seguiram-se outras, em Londres, 1921, Cambridge, 1928, e Oxford, 1931. Outros marcos foram a fundação da Economic History Society e do periódico *The Economic History Review*, em 1926 (Harte, 1971, p.xxiv-xxx: Coleman, 1987, p.94).

Perfil da matéria

Uma quarta e importante tradição da matéria é a marxista. A crença de Marx em que estruturas econômicas herdadas eram a influência determinante sobre todos os níveis da existência humana, e que a competição entre classes sociais era o motor da história, evidentemente dava prioridade ao estudo da economia. A teoria de Marx, porém, era a única abordagem na qual a história econômica ganhava o status de matéria básica. Nas outras, conforme destacado acima, seu status era evidentemente subordinado, sendo seu desenvolvimento um subproduto de forças intelectuais ou políticas mais amplas, e seu perfil era caraterizado por isso. Assim, na Alemanha, a subordinação da matéria ao desejo de uma economia histórica e a ligação desta com o nacionalismo provocaram uma ênfase particular em diferentes formas de sistema econômico. Na França, seu desenvolvimento dentro de uma corrente positivista — opondo o papel dos indivíduos e os eventos políticos —, ao mesmo tempo em que lhe deu o status de possivelmente a mais importante instância causal em um processo histórico "total", fez com que ela negligenciasse o problema do desenvolvimento econômico em favor da ênfase nas continuidades — não surpreende que os melhores estudos dos *Annales* tenham sido sobre a economia pré-industrial. Finalmente, o foco central da abordagem inglesa tendeu a ser, de início, predominantemente parcial, voltado para destacar o que a matéria encarava como os abusos particulares do capitalismo de *laissez-faire*. Também nos Estados Unidos, onde a matéria havia surgido por volta do final do século XIX, ela se desenvolvia em conexão com questões de particular relevância nacional — Frederick Jackson Turner (1861-1932) desenvolveu a tese da fronteira como uma explicação de características específicas da sociedade norte-americana e Charles A. Beard (1874-1948) defendeu o caráter decisivo dos interesses econômicos para o perfil da constituição americana e da política do século XIX.

A partir dos anos 30 a história econômica nos Estados Unidos e na Grã-Bretanha utilizou ainda mais a teoria econômica. No caso inglês, J.H. Clapham (1873-1946) e T.S. Ashton (1889-1968) foram os principais arquitetos da mudança. A partir de meados dos anos 50 os laços haviam se tornado ainda mais estreitos, com o desenvolvimento da "nova história econômica", ou "cliométrica", nos Estados Unidos, onde a história econômica tendia a ser ensinada em departamentos de economia e se fazia campanha por uma utilização mais explícita da teoria econômica e de métodos quantitativos na matéria. Essa abordagem difundiu-se para a Inglaterra nos anos 60, e de forma ainda mais ampla, posteriormente (McCloskey, 1987, p.77-84).

Com a preocupação cada vez maior com o crescimento econômico desde 1945, bem como uma expansão geral na educação superior e no estudo das ciências sociais, a matéria tem crescido rapidamente nos últimos anos. Na década de 70 havia cerca de duas dúzias de professores catedráticos de história econômica e aproximadamente o mesmo número de departamentos de história econômica em universidades britânicas, e a filiação à Economic History Society havia subido para mais de 5 mil membros. A American Economic History Association teve uma taxa de crescimento semelhante depois de 1945, chegando a 3.600 membros em meados dos anos 70 (Harte, 1971, p.xxiv-xxx: Coleman, 1987, p.94). Além disso, a matéria difundiu-se internacionalmente com a fundação, em 1953, da *Scandinavian Economic History Review*, de uma outra, australiana, em 1967, e de um desenvolvimento particularmente rápido no Japão. O padrão ímpar de industrialização no Japão e sua preocupação em sair o mais rapidamente possível do atraso provocaram desde cedo o interesse pela matéria — havia quase mil estudiosos se especializando nela em meados dos anos 80 (Sin-Ichi Yonekawa, 1985, p.107).

A fundação da Associação Internacional de História Econômica, em 1960, criou uma organização especificamente comprometida com a difusão da matéria. Ela tem organizado conferências internacionais a intervalos quadrienais, e estas, bem como a intensificação geral nos contatos internacionais entre intelectuais e o estímulo comum de um recurso maior à economia, resultaram numa crescente interação entre as diferentes abordagens nacionais. Exemplos disso são a colaboração de Fernand Braudel com Immanuel Wallerstein, economista desenvolvimentista que passou a trabalhar com a história econômica do primeiro período moderno. Isso influenciou a abordagem de Braudel em seu *Civilization and Capitalism, 15th-18th Centuries* (3 vols., 1967, 1979, 1981-4) e deu origem à fundação do Fernand Braudel Center for the Study of Economies, Historical Systems, and Civilizations, na Universidade de Birmingham, em 1977. Influenciou também a introdução na Inglaterra de técnicas francesas de pesquisa demográfica, com a fundação do Cambridge Group for the Study of Population and Social Structure, nos anos 60. Além disso, várias publicações pioneiras sobre o tema têm contribuído para derrubar fronteiras. Entre estas estão *Stages of Economic Growth* (1960), de W.W. Rostow, uma teoria da história provocadora e rival da de Marx, e que, embora julgada errônea, deu origem à difusão geral de expressões como "auto-suficiência econômica" e "era de elevado consumo de massa", bem como a estudos imitativos; *Economic Backwardness in Historical Perspective* (1962), de A. Gerschenkron, que lançou a história econômica comparada através do desenvolvimento de um modelo que explica sistematicamente o caráter contrastante da industrialização em diferentes países; e *Peaceful Conquest: The Industrialization of Europe, 1760-1960* (1981), de Sidney Pollard, que minava as próprias fundações da abordagem nacional, afirmando que a industrialização européia foi um processo internacional em que a dinâmica do crescimento ocorreu no plano regional. É a extensão dessa abordagem comparativa que garantirá que as realizações da história econômica dentro de estruturas nacionais sejam consolidadas e sirvam de base para novos crescimentos, e que a matéria venha a ser útil em um mundo mais do que nunca necessitado de um ponto de vista histórico.

Leitura sugerida: Blaug, M. 1986: *Economic History and the History of Economics* • Burke, P. 1990: *The French Historical Revolution: the Annales School 1929-89* • Cannadine, D. 1984: "The past and the present in the English Industrial Revolution, 1880-1980". *Past and Present* 103,131-72 • Coleman, D.C. 1987: *History and the Economic Past: an Account of the Rise and Decline of Economic History in Britain* • Harte N., org. 1971: *The Study of Economic History: Collected Inaugural Lectures, 1893-1970* • Iggers, G. 1975: *New Directions in European Historiography* • Koot, G.M. 1987: *English Historical Economics, 1870-1926: the Rise of Economic History and Neomercantilism* • Schumpeter, J.A. 1954: *A History of Economic Analysis* • Tribe, K. 1988: *Governing Economy: the Reformation of German Economic Discourse 1750-1840* • Tuma, E.H. 1971: *Economic History and the Social Sciences: Problems of Methodology.*

J.K.J. THOMSON

história social Este ramo da história surgiu altamente fortalecido à medida que o estudo profissional da história foi se tornando mais especializado no século XX. Recebeu muitas e diferentes definições, desde "história com a política excluída" até "história econômica com a política incluída".

No início do século o conteúdo da história social costumava ser comparado, às vezes favoravelmente, outras vezes não, com o da história constitucional, política e militar. Ao contrário destas, afirmava-se que ela lidava, não com detentores do poder, nem com ações do estado, nem com batalhas, mas com as "pessoas comuns" e com seus modos de vida cotidianos. Para os críticos, o passado estava sendo trivializado: para os porta-vozes dessa abordagem da história, particularmente os historiadores britânicos que seguiam os passos de J.R. Green, era correto substituir tambores, trompetes e espadas por facas e garfos. O passado ganhava vida mais animada quando os historiadores se concentravam na história "do povo". Quando G.M. Trevelyan publicou seu famoso *Social History*, em plena guerra, no ano de 1942, estava mais interessado em descrever cenas, narrar, reviver climas e inspirar os leitores do que em explicar ou teorizar sobre o motivo por que a sociedade mudava. Essa abordagem continuou popular, particularmente nos países de língua inglesa, onde durante 20 anos "oficinas" e "laboratórios" de história exploraram o que E.P. Thompson e outros historiadores do século XX chamaram de "história a partir de baixo".

A história social está diretamente relacionada com a experiência e a percepção que dela se tem, do mesmo modo que com a comunicação. No entanto houve variedades óbvias de abordagem, à medida que a busca de provas se ampliava para incluir paisagens, construções, máquinas, artefatos e objetos efêmeros, além de documentos e literatura, e que a teoria era injetada na explicação. Alguns historiadores sociais concentraram-se em temas limitados, geralmente locais. Outros mostraram-se preparados para fazer comparações que atravessavam o espaço e o tempo. Havia, portanto, um contraste entre "micro" e "macro"-história.

Já no início do século XX ficaram claras diferentes tendências na prática da disciplina em diferentes países, e se fizeram tentativas ambiciosas de teorização e explicação. Karl Marx abordou "a ciência da sociedade" através da história. Isso estimulou uma visão da história social que a concebia, não em termos de ramos particulares da história, o que veio a ser encarado como crescente especialização como sub-histórias, mas sim como uma história sintetizante. Isso era macro-história, tendo como tema toda a história das sociedades, em diferentes estágios de desenvolvimento. Houve preocupação semelhante com o desenvolvimento histórico de vulto nos textos de Max Weber. As interpretações marxistas têm continuado influentes no final do século XX, não apenas em relação às lutas da classe operária, tal como Marx as identificava, mas também a análises mais gerais de estrutura social e de mudança social.

Nas abordagens tanto marxista quanto não-marxista da história social, a matéria era geralmente equiparada com a história econômica, e o estudo dos modos de vida com o dos padrões de vida. O modo como era equiparada, porém, era uma questão de discussão que se concentrava não apenas no conteúdo, mas na metodologia e na ideologia. A diferença entre infra-estrutura e superestrutura era básica para a história marxista, tal como a noção de luta através de fases. No entanto houve variedades de marxismo, e a influência do marxista italiano Antonio Gramsci foi considerável, conforme foi crescendo o interesse na relação entre história social e história cultural, incluindo a história da cultura popular. A metodologia não-marxista tornou-se mais quantitativa no mesmo período, com os desenvolvimentos da DEMOGRAFIA influenciando uma ampla variedade de estudos, da história da família à história das cidades.

Qualquer quer fosse a ideologia, a economia como matéria, marxista ou não-marxista, influenciou a história econômica mais do que a sociologia como matéria influenciou a história social. De fato, parte da discussão a respeito do papel acadêmico da história, particularmente na Alemanha, disse respeito ao relacionamento entre história e sociologia, a primeira sendo geralmente considerada "idiográfica", tratando do particular e do ímpar, e a última como "nomotética", tratando do geral e do repetitivo. A distinção era inútil, já que na prática os historiadores sociais costumavam generalizar, por exemplo, quando escreviam a respeito de "feudalismo", "capitalismo" ou "industrialismo", enquanto os sociólogos em geral tendiam à particularização. Outro tema da discussão dizia respeito ao uso de "tipos" e "modelos".

Traçar linhas divisórias entre a história social e a SOCIOLOGIA mostrou-se menos atraente para a maior parte dos historiadores sociais praticantes do que buscar uma parceria operante. É difícil distinguir entre sociologia histórica e história social. No entanto a parceria nunca foi simplesmente um caminho de mão dupla. Outras ciências sociais também foram incluídas no que se veio a encarar como uma abordagem científico-social da história. A antropologia e a psicologia, particularmente a primeira, têm exercido grande influência sobre as operações de um grande número de historiadores sociais desde os anos 60.

Na França, a geografia o fizera com freqüência no passado: a escola dos ANNALES, de historiadores sociais, formada em 1929 e assim chamada em homenagem ao seu influente periódico, desenvolveu uma história conscientemente nova. Esta voltava-se para as ciências sociais, tanto para conceitos quanto para técnicas, ampliando o repertório dos historiadores sociais ao se concentrarem em problemas, mais que em eventos e estados de espírito conforme expressos no comportamento humano. A história dos eventos foi separada do movimento da história a longo prazo, e foram feitos esforços, em especial por Fernand Braudel, para chegar a novas sínteses, aspirando a apresentar a "história total". Não obstante, para Marc Bloch, que explorou muitos períodos da história e se valeu dos mais variados tipos de provas, a história era uma pequena ciência conjectural.

Fora da França, houve exploradores ávidos do "passado inteiro", especialmente Gilberto Freire no Brasil, o qual integrou arte e literatura à sua história social das fazendas e da cidade, mas insistindo em que, "ao lidar com o passado humano, é preciso deixar espaço para a dúvida e até para o mistério".

Leitura sugerida: Abrams, P. 1982: *Historical Sociology* • Bloch, Marc 1954: *The Historian's Craft* • Braudel, F. 1977: *Écrits sur l'histoire* • Briggs, Asa 1966: "History and society". In *A Guide to the Social Sciences*, org. por Norman MacKenzie • Burke, Peter 1980: *Sociology and History*.

ASA BRIGGS

historicismo A ênfase na variabilidade histórica de sistemas de idéias e práticas, sua subordinação a processos de mudanças mais amplos, foi uma das principais características do pensamento do século XIX, em especial no mundo de língua germânica. A abordagem contextualizante do direito e da economia por parte das respectivas "escolas históricas" e sua crítica dos sistemas abstratos com pretensão à universalidade ocuparam o centro de importantes controvérsias históricas (ver METHODENSTREIT), que continuaram no início do século XX — quando as palavras *historismus* e *historizismus* entraram em uso geral. À medida que foi declinando a virulência dessas disputas e o historicismo foi eclipsado pelo surgimento do POSITIVISMO e da FENOMENOLOGIA, pensadores como Ernst Troeltsch (1865-1923) e Friedrich Meinecke (1862-1954) ofereceram avaliações críticas retrospectivas para o historicismo (para Troeltsch, ver 1922). O princípio de "relacionismo" de Karl Mannheim tentou fazer justiça a diferenças históricas e outras, em perspectiva, sem cair num completo RELATIVISMO.

Sempre houve uma corrente mais especulativa de pensamento historicista que compreendia a ênfase na mudança e no desenvolvimento, não como uma cautela contra a generalização, mas como um convite a construir grandes esquemas de desenvolvimento e progresso históricos (ver PROCESSOS EVOLUCIONÁRIOS NA SOCIEDADE). Karl Popper usou "historicismo" nesse sentido em sua crítica da "profecia" em teoria social, particularmente no MARXISMO. Essa utilização, que, como Popper reconheceu, se opõe diretamente à primeira, tornou-se predominante nas discussões de língua inglesa, levando muitos escritores, incluindo o tradutor do livro de Meinecke, a preferir a palavra "historismo". A crítica de Popper ao "historicismo" marxista, tal como a crítica posterior de Jean-François Lyotard às "grandes narrativas" (1979), deu origem a uma discussão considerável dentro da tradição marxista. Aqui, no entanto, a palavra também é usada para indicar uma ênfase no enraizamento histórico, e daí na mutabilidade, do próprio pensamento marxista, em oposição a versões mais científicas do marxismo, tais como a defendida durante algum tempo por Louis Althusser, o qual popularizou esse novo uso em sua crítica de marxistas como Lukács e Gramsci (Althusser, 1965).

O historicismo ou historismo, no sentido básico, tem sido um aspecto importante, ainda que não explícito, da filosofia e da teoria social das últimas décadas do século XX. Peter Winch (1958) enfatizou a necessidade de compreender culturas "estrangeiras" em seus próprios termos, tornando explícita a sua identificação com esse princípio historicista central, com uma citação de Nestroy na folha de rosto de seu livro. Quentin Skinner enfatizou a importância de compreender os textos de teoria política no contexto de suas tradições (ver Skinner, 1978, e também Tuloy, 1988), e essa preocupação histórica tem afinidades com as abordagens "contextualistas" na teoria política moderna, as quais apresentam argumentos em favor de uma abordagem holística das formas concretas de vidas e das tradições, mais que da implementação de princípios morais e políticos distintos. Uma valorização mais geral da diversidade ou "diferença" tem sido um tema muito difundido no recente pensamento ocidental, à medida que o legado do imperialismo dá lugar a uma consciência menos etnocêntrica e mais "multicultural". Mais recentemente o rótulo "novo historicismo" tem sido aplicado a estudos literários e culturais que, em oposição à teorização mais abstrata dos anos 70 e início dos anos 80, se envolvem estreitamente com textos históricos, mas com uma concentração nos modos como são produzidos e nas complexas mediações através das quais temos acesso a eles. Nesses modos variados e díspares, o legado do historicismo sobrevive, e o que era indicado pela palavra no século XIX e início do século XX passa a parecer, junto com abordagens mais sistematizantes e universalistas, e em oposição a elas, um permanente pólo de atração em filosofia e teoria social.

Leitura sugerida: Mannheim, Karl 1952: "Historicism". In *Essays on the Sociology of Knowledge* • Meinecke, Friedrich 1946 *(1972)*: *Historism: The Rise of a New Historical Outlook* • Popper, Karl 1957: *The Poverty of Historicism* • Schnädelbach, Herbert 1984: *Philosophy in Germany 1831-1933*, cap.2 • Veeser, H.A., org. 1989: *The New Historicism.*

WILLIAM OUTHWAITE

I

IA Ver INTELIGÊNCIA ARTIFICIAL.

idade Ver SENECTUDE.

identidade Derivada da raiz latina *idem*, que implica igualdade e continuidade, essa palavra tem uma longa história filosófica que examina a permanência em meio à mudança e a unidade em meio à diversidade, mas no período moderno está estreitamente ligada à ascensão do INDIVIDUALISMO, e considera-se que sua análise tem início com os textos de John Locke e David Hume. É só no século XX, porém, que ela entra em uso popular, reforçado especialmente desde os anos 50, na América do Norte, com a publicação de livros como *The Lonely Crowd* (Riesman et al., 1950) e *Identity and Anxiety* (Stein et al., 1960). Estes, ao lado de muitas outras obras de literatura e teatro, documentavam a crescente perda de significado na SOCIEDADE DE MASSA e a posterior busca de identidade; e, durante esse período, a palavra tornou-se amplamente utilizada em descrições dessa busca de determinar "quem a pessoa realmente é". Tratando inicialmente das crises enfrentadas por negros, judeus e minorias religiosas, ela foi, em última análise, generalizada para o todo da sociedade moderna. Nos anos 70 Robert Coles podia afirmar que a palavra era "o mais puro dos clichês" (Gleason, 1983 p.913).

Nas ciências sociais, as discussões sobre identidade assumem duas formas mais importantes, a psicodinâmica e a sociológica. A tradição psicodinâmica surge com a teoria de Sigmund Freud sobre a identificação, através da qual a criança vem a assimilar (ou introjetar) pessoas ou objetos externos (geralmente o superego de um dos genitores). A teoria psicodinâmica enfatiza o cerne de uma estrutura psíquica como tendo uma identidade contínua (embora, em geral, conflitante). Para Lichtenstein, essa continuidade é "a capacidade de permanecer a mesma em meio a uma mudança constante" (1977, p.135). Foi, porém, o psico-historiador Erik Erikson quem mais desenvolveu a idéia. Ele viu a identidade como "um processo 'localizado' no cerne do indivíduo e, contudo, também no cerne de sua cultura comunal, um processo que estabelece, na verdade, a identidade dessas duas identidades" (1968, p.22). Ele desenvolveu a expressão "crise de identidade" durante a Segunda Guerra Mundial com pacientes que haviam "perdido o senso de igualdade pessoal e de continuidade histórica" (p.17), e posteriormente generalizou-a para abranger todo um estágio de vida "como parte de seu modelo epigenético de estágio de vida — os oito estágios do homem". Aqui, a juventude é identificada como um período universal de crise, de potencial confusão de identidade, que pode, em última análise, ser resolvido através do engajamento em uma ideologia social mais ampla: existe "uma necessidade psicológica universal de um sistema de idéias que proporcione uma imagem do mundo convincente" (p.31). Crise pessoal e momento histórico estão aqui fortemente ligados. Posteriormente a expressão "crise de identidade" entrou para a linguagem comum, como de fato aconteceu com o conceito posterior de crise da meia-idade — cunhado nos anos 70 através dos trabalhos de Gail Sheehey (1976) e Daniel Levinson (1978).

A tradição sociológica da teoria da identidade está ligada ao INTERACIONISMO SIMBÓLICO e surge a partir da teoria pragmática do eu discutida por William James (1892, cap.3) e George Herbert Mead (1934). Para James, a identidade se revela quando podemos dizer: "*Este* é o verdadeiro eu!" (cit. in Erikson, 1968, p.19). O eu é uma capacidade caracteristicamente humana que permite às pessoas ponderar de forma reflexiva sobre sua natureza e sobre o mundo social através da comunicação e da linguagem. Tanto James quanto Mead encaram o eu como um processo com duas fases — o "Eu", que é sabedor, interior, subjetivo, criativo, determinante e inescrutável; e o "Eu Mesmo", que é a fase mais conhecida, exterior, determinada e social. Como diz Mead: "O 'Eu' é a reação do organismo à atitude de outros; o 'Eu Mesmo' é o conjunto de atitudes organizadas dos outros que a pessoa assume ela mesma" (Mead, 1934, p.175). É o "Eu Mesmo" que está mais ligado à identidade — ao modo pelo qual chegamos a nos tomar a nós mesmos como objeto através do ato de vermos a nós mesmos e aos outros. Identificação aqui é um processo de outorgação de nome, de nos colocarmos, nós mesmos, em categorias socialmente construídas, e a linguagem, nesse processo, torna-se crucial (Strauss, 1969). Nas obras tardias de Erving Goffmann e Peter Berger, a identidade é evidentemente encarada como "socialmente outorgada, socialmente sustentada e socialmente transformada" (Berger, 1966, p.116). As pessoas constroem suas identidades pessoais a partir da cultura em que vivem.

Tanto a abordagem sociológica quanto a abordagem psicodinâmica visam ligar o mundo interior com o exterior, mas suas ênfases diferem. Para ambas, no entanto, o esforço para definir o ego está ligado ao modo como uma comunidade constrói concepções das pessoas e da vida. No mundo moderno, ambas as perspectivas indicam que a comunidade bem dividida, compartilhada, em grande parte se dissolveu — deixando as pessoas modernas sem um claro senso de identidade (ver também ANOMIA). Esse dilema deu origem a uma enorme literatura, incluindo muitas peças e romances em que o tema básico é a "busca da identidade" ou o "colapso do eu". Essas narrativas têm versões tanto otimistas quanto pessimistas e podem gerar considerável ambivalência (Waterman, 1985). Para os otimistas, o mundo moderno trouxe consigo uma crescente individualidade, bem como um maior âmbito de escolhas de identidades. Assim, as pessoas têm maiores probabilidades de se "auto-atualizar" (Maslow, 1987); de descobrir um eu interior que não seja imposto artificialmente por tradição, cultura ou religião; de embarcar na busca de maior individualidade, autocompreensão, flexibilidade e diferença. É a "democratização da pessoa" (Clecak, 1983, p.179). Em contraste, os pessimistas retratam uma cultura de massa do estranhamento: a tradição psicodinâmica destaca a perda de fronteiras entre eu e cultura e a ascensão da personalidade narcísica, enquanto os sociólogos vêem uma tendência para a fragmentação, a falta de lar e a falta de significado, e lamentam a perda de autoridade no mundo público com o crescimento do autocentramento e do egoísmo (Lasch, 1978; Berger et al., 1973; Bellah et al., 1985). Tudo isso é captado de forma mais popular no rótulo atribuído aos anos 60 de "Década do Eu" (Wolfe, 1976). Qualquer que seja a análise feita, a maioria concorda em que houve um deslocamento profundo no eu moderno, tornando-o mais individualista e impulsivo do que em tempos anteriores.

À parte o modo como as idéias sobre identidade se formaram tendo por base um grande volume de prática terapêutica, elas também fizeram surgir uma forma característica de política. A política da identidade tornou-se cada vez mais proeminente dos anos 60 em diante, e está particularmente ligada a minorias étnicas e religiosas, bem como a movimentos feministas, lésbicos e gays. Ele usa tacitamente o modelo de Marx de consciência de classe, no qual um grupo subordinado desenvolve uma percepção autoconsciente de sua posição e se galvaniza para a ação política (a diferenciação de Marx entre uma classe em si e uma classe para si). Existe aqui um claro movimento, de uma política com base nas classes para um conjunto mais amplo de alianças. Experiências como as da opressão a negros, homossexuais ou mulheres ganham destaque como o foco central para se criar uma identidade grupal distinta — como a dos negros, dos gays ou das feministas. Em torno desta se desenvolve uma forte cultura de apoio e uma análise política começa a tomar forma. (Ver também CONTRACULTURA.) Existe, a partir daí, uma dialética de cultura, política e identidade que promove a mudança social (ver Weeks, 1985). Perto do final do século XX alguns comentaristas pós-modernistas têm percebido as políticas "de identidade" como um padrão para o futuro (ver MODERNISMO E PÓS-MODERNISMO). As tradicionais distinções "esquerda-direita" parecem estar se dissolvendo, à medida que novos alinhamentos vão sendo forjados.

Leitura sugerida: Baumeister, R.F. 1986: *Identity: Cultural Change and the Struggle for Self* • Erikson, E.H. 1968: *Identity: Youth and Crisis* • Lichtenstein, H. 1977: *The Dilemma of Human Identity* • Mead, G.H. 1934 *(1962)*: *Mind, Self and Society* • Riesman, D.,

Glazer, N. e Denny, R. 1950 *(1966)*: *The Lonely Crowd* • Strauss, A. 1969: *Mirrors and Masks: the Search for Identity* • Wiegert, A.J., Teitge. J.S. e Teitge, D. 1986: *Identity and Society*.

KEN PLUMMER

ideologia Referindo-se literalmente a uma ciência (ou *logos*) de idéias, a palavra foi usada nesse sentido pelo filósofo francês Destut de Tracy em seu livro *Eléments d'idéologie*, publicado em 1801. As idéias derivam exclusivamente de percepções sensoriais, acreditava ele. A inteligência humana é um aspecto da vida animal e "ideologia" é, portanto, parte da zoologia. Tracy e seus colegas achavam que, através dessa análise reducionista, no sentido de atividades mentais serem atribuídas a causas fisiológicas subjacentes, haviam chegado à verdade científica; e exigiram que se fizessem reformas educacionais com base nessa nova ciência (ver ILUMINISMO). Quando Napoleão era general, aceitara com orgulho sua indicação para membro do Institut National, formado pelas sociedades cultas, e — como os *idéologues* — visitava o salão filosófico de Mme. Helvétius. Mas, uma vez no poder, Napoleão quis defender a religião contra seus detratores. Daí, denunciou Tracy e seu círculo como "metafísicos nebulosos" e sua ciência de idéias como uma ideologia perigosa: esses inimigos do povo francês queriam basear uma legislação nas "causas primeiras" que alegavam haver descoberto e, daí, abolir as leis do coração humano e as lições da história. Desde então a palavra "ideologia" tornou-se inseparável da implicação pejorativa de que idéias estariam sendo usadas para obscurecer a verdade e manipular as pessoas através do engano (ver também PROPAGANDA). Nesse episódio histórico, encontram-se reunidos todos os significados associados a "ideologia": uma ciência de idéias, a noção de que as idéias se originam de alguma base fundamental, extra-ideacional (fisiologia, classe, luta pelo poder e assim por diante), a denúncia de idéias como visionárias e subversivas, e daí a associação de doutrinas ou mitos a algum grupo ou movimento inclinado a pôr em ação algum plano político ou cultural perigoso.

O significado pejorativo de ideologia tornou-se um recurso habitual nas lutas políticas durante o século XIX, quando a política dos notáveis deu lugar ao desenvolvimento de partidos políticos, com seus apelos às massas. As questões públicas eram até então preocupação de uns poucos privilegiados, que partiam do princípio de que sabiam o que era melhor para seus inferiores. A seus próprios olhos, o privilégio de sua posição social dispensava a necessidade de justificarem suas ações. Era típico que conservadores dessa facção acusassem seus oponentes de serem visionários ideológicos que subvertiam a ordem social através de maquinações abstratas, fora de contato com a realidade. Liberais e radicais, por outro lado, sustentavam que as questões públicas eram uma preocupação do povo e organizavam clubes ou partidos políticos para promoverem seus objetivos. Já por parte destes, era típico acusar os poucos privilegiados de explorarem o povo sob o falso pretexto da benevolência. No entanto liberais e radicais também se acusavam uns aos outros, pois cada grupo achava que seus oponentes escondiam objetivos sectários sob o disfarce de identificá-los com o bem público. A conseqüência foi que o uso pejorativo de ideologia se tornou universal, levando Thomas Carlyle a gracejar, dizendo que "ortodoxia é o meu credo, heterodoxia é o credo alheio". Era o velho paradoxo do mentiroso: um homem diz que todos os homens usam idéias para enganar; ele é homem, logo sua própria afirmação também é enganosa.

Eis aí um motivo para a enorme atração do MARXISMO, que só agora está diminuindo. Marx e Engels denunciaram seus oponentes como "ideólogos" e além disso elaboraram uma teoria da "verdade histórica" que afirmava que seus próprios pontos de vista eram científicos. A história é uma história de lutas de classe, afirmaram, brotando da organização da produção e afetando todos os aspectos da consciência. Marx diferencia sucessivas estruturas sociais, tais como feudalismo e capitalismo, em termo das classes e da consciência a que elas dão origem. E identifica a VERDADE com o papel histórico da classe que, pelo fato de ter sido subjugada no passado, tem o futuro progressista em suas mãos. O domínio reacionário de uma classe (a aristocracia no feudalismo, a burguesia no capitalismo recente) leva a defesas ideológicas do *status quo*; o papel progressista de uma classe (a burguesia no feudalismo, o proletariado no capitalismo) é a fonte da verdade no sentido do acesso à compreensão correta de toda a presente alienação e da emancipação humana no futuro.

No passado os filósofos apenas interpretaram o mundo e produziram reflexões ideológicas de relações de classe desumanizantes, por mais abstratamente que fosse. No presente e no futuro trata-se de destruir de uma vez por todas as condições desumanizantes. Isso só pode ser feito por uma unidade de teoria e prática tal que, na crise final do capitalismo (e devido a essa crise), os que se identificam com a classe operária poderão e irão compreender "teoricamente o movimento histórico como um todo". Na sociedade socialista do futuro, o véu místico da religião e todas as outras distorções ideológicas da real condição do homem irão finalmente desaparecer, porque "as relações práticas da vida cotidiana não oferecem ao homem senão relações perfeitamente inteligíveis e racionais com respeito a seus semelhantes e à natureza". Essas referências (*Teses sobre Feuerbach*, 1845; *O manifesto comunista*, 1848; *O capital*, 1867) mostram que, ao longo de sua carreira, Marx colocou sua própria obra no centro de sua distinção histórico-mundial entre ideologia e verdade. A idéia de estar do "lado certo", e portanto "científico", da história do mundo distingue o marxismo de todas as outras teorias sociais e políticas.

Desde Marx, várias outras concepções de ideologia foram desenvolvidas, embora freqüentemente em relação aos seus pontos de vista. Essa tendência persistente no pensamento ocidental deve-se ao pressuposto básico de que as idéias não podem nem devem ser tomadas pelo seu significado manifesto, mas analisadas em termos das "forças" que estão por trás delas. Entre elas estão as lutas de classe de Marx, a vontade de poder de Nietzsche, a constituição libidinal da natureza humana de Freud ou uma preferência geral por explicações genéticas. Não o que uma pessoa diz, mas o motivo por que ela o diz é que se tornou o principal centro de atenção, de forma que um "fim da ideologia" não se encontra à vista.

Leitura sugerida: Barrett, M. 1991: *The Politics of Truth* • Larrain, J. 1979: *The Concept of Ideology* • Thompson, J. 1984: *Studies in the Theory of Ideology*.

REINHARD BENDIX

idiográfico, método A diferença entre método idiográfico e método nomotético foi traçada pela primeira vez pelo filósofo Wilhelm Windelbrand (1848-1915). Uma abordagem idiográfica preocupa-se com os fenômenos isolados, como na biografia e grande parte da história, enquanto seu oposto, a abordagem nomotética, busca formular proposições ou "leis" (em grego: *nomos*) gerais. Wildelbrand e Heinrich Rickert distinguiram o método idiográfico da história e de outras "ciências culturais" da abordagem nomotética da economia e da sociologia, que classificaram como ciências naturais. Reconheceram, porém, que essas classificações têm de ser entendidas como tipos ideais (ver TIPO IDEAL). A biologia evolucionista, por exemplo, é em grande parte idiográfica, e uma abordagem idiográfica, historicamente específica, da economia e do direito foi defendida pelas "escolas históricas" correspondentes na Alemanha do final do século XIX (ver HISTORICISMO; METHODENSTREIT).

Na maior parte do século XX as abordagens idiográficas foram um tanto depreciadas, sob a influência do POSITIVISMO e do ESTRUTURALISMO, embora tenham continuado a predominar no campo de trabalho etnográfico (ver ANTROPOLOGIA) e sido formalizadas na metodologia da ciência social como o "método do estudo de caso". Estudos de casos "etnográficos" e históricos têm desempenhado recentemente um papel cada vez mais importante na sociologia — e em especial na SOCIOLOGIA DA CIÊNCIA e na sociologia da educação. Abordagens idiográficas ou de "história de vida" também estão atraindo considerável atenção.

Leitura sugerida: Bertaux, Daniel, org. 1981: *Biography and Society* • Hamel, Jacques, org. 1992: "The case study method". *Current Sociology* 40 • Rickert, Heinrich 1902 *(1986)*: *The Limits of Concept Formation in Natural Science*, ed. resumida.

WILLIAN OUTHWAITE

igualdade e desigualdade A crença de que as sociedades deveriam aspirar a tratar seus membros de maneira mais igualitária, no sentido tanto formal quanto material, ocupa uma posição central no pensamento desenvolvido no século XX. A idéia de que os seres humanos são fundamentalmente iguais entre si é, em contraste, muito antiga. Mas durante séculos essa idéia encontrou expressão basicamente na crença religiosa, na noção de que todos são iguais aos olhos de Deus. Foi só quando as hierarquias sociais relativamente rígidas do *ancien régime* desabaram, dando lugar a sociedades mais frouxas e fluidas, centradas na economia de mercado, que a igualdade tornou-se um ideal social com força prática. Nos séculos XVIII e XIX o ideal manifestou-se na exigência de direitos iguais diante da lei e direitos iguais de participação na política. No século XX esses tipos de igualdade já eram dados como certos (na teoria, ainda que nem sempre na prática) em todas as sociedades avançadas e a atenção se concentrou numa nova exigência: a igualdade social.

Por igualdade social entende-se a idéia de que as pessoas devem ser tratadas como iguais em todas as esferas institucionais que afetam suas oportunidades de vida: na educação, no trabalho, nas oportunidades de consumo, no acesso aos serviços sociais, nas relações domésticas e assim por diante. Mas que significa ser tratado com igualdade? Falando de maneira ampla, houve duas respostas a essa pergunta altamente controvertida, que podemos rotular, respectivamente, de *igualdade de oportunidades* e *igualdade de resultados*.

A igualdade de oportunidades sustenta que todos deveriam ter igual possibilidade de alcançar os vários benefícios e recompensas que uma sociedade torna disponíveis, que não deveria haver barreiras artificiais a algumas pessoas, nem privilégios especiais dando a outras uma vantagem injusta. A posição a que uma pessoa chega numa sociedade — o trabalho que essa pessoa tem, a renda que ela aufere, a pessoa com quem ela se casa — deveria depender apenas dos esforços, das capacidades e da livre escolha dessa pessoa. Isso, de saída, elimina a discriminação formal, tal como o impedimento do acesso de pessoas de determinado sexo, raça ou religião a carreiras ou cargos públicos. Mas muitos acham que a igualdade de acesso formal não basta para garantir uma genuína igualdade de oportunidades. As pessoas devem receber um ponto de partida igual, especialmente através de um sistema educacional comum que dê a cada criança igual oportunidade de desenvolver seus talentos. Além do mais, as barreiras podem assumir a forma de preconceitos tácitos e expectativas psicológicas, que impedem pessoas pertencentes a uma categoria particular de, por exemplo, concorrer a vagas numa universidade ou ingressar em alguma carreira. Uma questão que é objeto de um aceso debate é se as políticas de ação afirmativa, ou compensatória, que buscam estimular as mulheres e as minorias raciais a aproveitar tais oportunidades (e em alguns casos fazer pesar as exigências de acesso em seu favor), são incompatíveis com a igualdade de oportunidades ou são os melhores meios de alcançá-la. A igualdade de oportunidades nada diz diretamente a respeito de quão amplo ou estreito deveria ser o âmbito de resultados que as pessoas podem alcançar, embora radicais como R.H. Tawney tenham afirmado que isso é algo que não pode ser concebido adequadamente sem que haja antes maior igualdade de condições (Tawney, 1931).

Voltando-nos agora para a igualdade de resultados, existem três aspectos que precisam ser considerados. O primeiro é "igualdade de quê?" — se as pessoas devem tornar-se materialmente iguais, em que respeitos a sua situação deve ser igualada? O segundo é a questão de medida: como devemos julgar o quanto uma distribuição particular de benefícios é igualitária ou não? O terceiro é a questão ética: devemos valorizar a igualdade de resultados e, caso devamos, por quê? A maior parte da pesquisa empírica sobre igualdade tem-se concentrado na igualdade de ganhos e de riqueza, bem como na igualdade de acesso aos serviços sociais (ver, por exemplo, Atkinson, 1983; Le Grand, 1982). O objetivo é comparar sociedades diferentes quanto a isso e, em particular, observar até que ponto os programas governamentais têm tido sucesso em promover maior igualdade material (ver BEM-ESTAR SOCIAL). De um ponto de vista mais teórico, porém, esse enfoque está aberto a críticas: duas pessoas podem ter a mesma renda, mas se uma tem necessidades ou responsabilidades especiais que a outra não tem, serão elas realmente iguais no sentido que de fato conta? Isso indica que devemos procurar ver por trás dos recursos externos para saber se as pessoas desfrutam de igual bem-estar. Mas, fora os sérios problemas práticos que fazer comparações interpessoais de bem-estar implica, isso também está aberto a objeções: a igualdade de bem-estar exigiria que déssemos aos que cultivaram gostos dispendiosos recursos extras para satisfazer esses gostos (para uma exposição a respeito, ver Dworkin, 1981a, 1981b; Miller, 1990). Uma terceira indicação é de que as pessoas deveriam desfrutar de capacidades básicas iguais: os recursos seriam distribuídos de tal forma que cada pessoa seria capaz de exercer o mesmo conjunto de capacidades (por exemplo, ter mobilidade física, ser capaz de se alimentar e de se vestir) (Sen, 1982). Essa proposta tem a vantagem de ser sensível às diferenças de necessidades dos indivíduos, mas não aos seus gostos; não consegue, porém, oferecer uma concepção abrangente de igualdade no sentido de estabelecer um padrão mínimo que todos deveriam atingir, em vez de identificar uma distribuição geral.

Parece que não existe acordo quanto à resposta à pergunta: "Em que respeito as pessoas devem ser julgadas mais ou menos iguais?" O mesmo se aplica à questão da medida. Suponha-se que devamos escolher qual de duas distribuições de renda é a mais igualitária: que critério deveríamos usar? Deveríamos considerar o âmbito, a distribuição a partir da média etc.? (Para um exame do tema, ver Sen, 1973.) Em particular, em que medida, se é que alguma, essa mensuração deveria refletir a nossa preocupação com as implicações de bem-estar da desigualdade: deveríamos dar maior peso às desigualdades na extremidade inferior da distribuição do que às situadas na extremidade superior, com o motivo de as primeiras importarem mais que as últimas? Isso demonstra que a questão da medida não é meramente técnica, mas reflete discordância a respeito da idéia precisa de igualdade que qualquer medida proposta deva captar.

Embora a igualdade de oportunidades seja um ideal amplamente compartilhado no pensamento do século XX — as diferenças ocorrendo menos a respeito do ideal em si mesmo do que quanto às políticas necessárias para alcançá-lo —, a igualdade de renda, em qualquer de suas versões, é inerentemente controvertida. Os críticos conservadores alegam que a busca da igualdade é incompatível com a LIBERDADE, que ela destrói os incentivos sobre os quais se apóia a economia de mercado e que é, em última análise, fútil, uma vez que novas formas de desigualdade inevitavelmente surgirão para substituir as que foram suprimidas (ver Flew, 1981; Letwin, 1983). Os liberais dão maior peso à igualdade de oportunidades e, em geral, só endossam a igualdade de renda na forma de um nível mínimo de provisão ao qual cada pessoa tem direito (embora possa haver diferentes pontos de vista sobre os modos de estabelecer esse mínimo, ver POBREZA e PRIVAÇÃO RELATIVA). Foi só dentro da tradição socialista que a igualdade de renda se tornou um valor fundamental. Mas, mesmo aqui, é preciso haver cautela. Muitos socialistas têm argumentado em favor da *maior* igualdade de situação material, e muito poucos em favor da *completa* igualdade. Na verdade, essa última idéia é parte integrante do COMUNISMO.

Em sua forma mais amadurecida, as idéias comunistas só foram praticadas no século XX dentro de pequenas comunidades, e nunca no âmbito do estado-nação. Os exemplos mais conhecidos são os *kibutzim* de Israel, cuja organização interna é marcantemente igualitária: a renda é distribuída igualmente e os membros recebem todo um âmbito de bens e serviços em comum. Em contraste, mesmo as sociedades formalmente comprometidas com o comunismo como um objetivo a longo prazo, incluindo a ex-União Soviética e seus satélites, nunca buscaram, quer na prática, quer na teoria, eliminar todas as desigualdades materiais. Embora suas distribuições de renda não espelhassem exatamente as encontradas nas sociedades capitalistas ocidentais — tipos diferentes de trabalho atraíam pagamentos mais elevados —, o nível geral de desigualdade de renda era aproximadamente o mesmo. A justificativa apresentada para isso era que uma sociedade socialista devia recompensar as pessoas de acordo com o valor do seu trabalho; Stalin, por exemplo, em manifestação que se tornou famosa, descartou a igualdade como uma idéia "pequeno-burguesa".

Os socialistas das democracias ocidentais também têm sido um tanto cautelosos na sua defesa da igualdade. Seu objetivo tem sido restringir a distribuição de renda e de riqueza, em vez de nivelá-la completamente. Pode ser mais proveitoso encarar esse igualitarismo modesto como oriundo de duas fontes; por um lado ele surge de uma preocupação com a JUSTIÇA e da tentativa de evitar a EXPLORAÇÃO: os socialistas alegariam que um capitalismo sem reformas logo promove um conjunto de desigualdades que não podem ser justificadas em termos dos diferentes esforços e capacidades das pessoas. Por outro lado, brota de uma preocupação com a comunidade ou a fraternidade: uma sociedade marcada por amplas disparidades nos padrões de vida também é, inevitavelmente, uma sociedade em que as pessoas se encontram divididas entre si por barreiras de classe e impedidas de compreender e sentir solidariedade pela situação umas das outras. De acordo com essa leitura, a rigorosa igualdade de renda não é um valor fundamental sequer para os que têm uma perspectiva extremamente igualitária. Podem, em vez disso, sentir-se comprometidos com um ideal de igualdade social que tem os seguintes elementos: as diferentes recompensas que as pessoas recebem devem corresponder a reais diferenças de esforço e capacidade; ninguém deve ter um padrão de vida abaixo de um mínimo prescrito; e o âmbito da desigualdade não devc ser tão grande a ponto de dar origem a divisões de classe.

Continua a haver a questão de se até mesmo uma idéia moderada de igualdade desse tipo é viável em uma sociedade industrial avançada. Presumindo-se que o mercado continue a desempenhar um papel central na produção e distribuição de bens e serviços, parece inevitável que desigualdades substanciais continuem a surgir dos relativos sucessos e fracassos das pessoas na concorrência do mercado, e é muito difícil controlar diretamente tais desigualdades. A estratégia mais viável pode ser a indicada pela idéia de Michael Walzer de "igualdade complexa". Walzer (1983) afirma que uma sociedade moderna incorpora certo número de esferas de distribuição em que diferentes bens são alocados, cada qual de acordo com seu próprio critério independente. Contanto que as fronteiras entre as esferas sejam respeitadas, o destaque de uma pessoa na esfera, digamos, do dinheiro, pode ser compensado pelo prestígio social mais elevado de outra e pelo sucesso de uma terceira no exercício de um cargo político. Dessa forma, o pluralismo social pode levar a um tipo de igualdade em que nenhuma pessoa supere decisivamente qualquer outra. O problema prático aqui é conter a influência da posição econômica, a qual, nas sociedades atuais, exerce realmente uma influência marcante sobre a capacidade de uma pessoa obter os outros bens constantes do "catálogo" de Walzer, tais como reputação, poder político, educação e assistência de saúde (ver ESTRATIFICAÇÃO SOCIAL). Mas, se seguirmos a sugestão de Walzer, a causa da igualdade social pode ser hoje mais bem promovida, não por ataques diretos às desigualdades econômicas baseadas no mercado, mas reforçando-se as instituições, públicas e privadas, que alocam bens a partir de uma base diferente.

Leitura sugerida: Baker, J. 1987: *Arguing for Equality* • Berlin, I. 1978: "Equality". In *Concepts and Categories* • Gutmann, A. 1980: *Liberal Equality* • Le Grand, J. 1982: *The Strategy of Equality: Redistribution and the Social Services* • Letwin, W., org. 1983: *Against Equality* • Lukes, S. 1974: "Socialism and equality". In *The Socialist Idea*, org. por L. Kolakowski e S. Hampshire • Miller, D. 1990: "Equality". In *Philosophy and Politics*, org. por G.M.K. Hunt • Phelps Brown, H. 1988: *Egalitarianism and the Generation of Inequality* • Weale, A. 1979: *Equality and Social Policy*.

DAVID MILLER

Iluminismo Mais que um movimento, o Iluminismo foi um modo de pensar. Falando de maneira geral, foi uma conseqüência da "revolução científica" do final do século XVII, que havia transformado a concepção que a maior parte das pessoas instruídas tinha a respeito do mundo por elas habitado. Em primeiro lugar, achava-se que a Natureza era regulada por um sistema encadeado de leis universais, das quais a gravitação era um exemplo básico. Até então ela fora encarada como um conjunto de fenômenos não-relacionados, em geral produto da intervenção divina e, daí, como fonte de lições morais para o Homem. Em segundo lugar, o Homem, apesar de possuir uma alma imortal, em que a maioria dos autores do Iluminismo continuou a acreditar, era em todos os outros aspectos uma parte da Natureza. A sociedade humana era, portanto, regulada por leis gerais — como as da economia ou da sociologia — que correspondiam às leis científicas que controlavam o universo material. A compreensão, pelo Homem, de si mesmo e da sociedade só podia ser alcançada pelos métodos científicos da observação e da dedução, que lhe permitiam captar os princípios que governavam o comportamento da matéria. O Homem era reconhecidamente excepcional por possuir uma inteligência altamente desenvolvida que lhe permitia dedicar-se ao pensamento abstrato e até imaginar a respeito dele, mas, conforme John Locke alegava ter demonstrado, as idéias não eram produto de uma percepção especial ou da inspiração divina. Eram induzidas pela capacidade do Homem de processar a informação que recebia através dos sentidos.

O Iluminismo foi, portanto, tanto libertador quanto restritivo. Oferecia a perspectiva de expansão indefinida do conhecimento, ao mesmo tempo em que negava a metafísica. O que não se podia observar cientificamente só poderia ser objeto de especulação e conjectura. Uma suposição básica do Iluminismo era que o universo fora criado por uma Providência benéfica, que as leis científicas haviam sido criadas visando a felicidade humana. A ação racional, portanto, significava conformidade a um sistema que era moralmente autolegitimado. A "mão invisível" da Providência garantia que a busca individual de um auto-interesse iluminista conduziria sempre ao bem-estar da sociedade como um todo (ver também UTILITARISMO). A ciência que sustentava essas crenças era principalmente a física; em outras palavras, o estudo das forças que agiam num presente atemporal. A biologia, com sua ênfase no crescimento e na mudança, só começaria a fazer progressos substanciais na segunda metade do século XVIII. O pensamento do Iluminismo, conseqüentemente, tendeu a ser um tanto estático em sua preocupação com o modo como as coisas funcionavam, e não com o modo como haviam chegado a ser o que eram. O *Ensaio sobre o homem*, de Alexander Pope, publicado em 1733, oferece um sumário conveniente do conjunto de atitudes que eram seguidas pela maioria dos homens do Iluminismo.

Essas suposições comuns assumiram formas diferentes quando pensadores do Iluminismo abordaram os problemas das sociedades específicas em que viviam e nas quais eram bem recebidos ou de onde eram proscritos. Isso fica particularmente claro na questão da religião. Independentemente de qualquer outra coisa que ela pudesse implicar, o Iluminismo defendia a tolerância religiosa e a suposição de que qualquer coisa que conduzisse à felicidade humana estava também de acordo com a vontade de Deus. No todo, as igrejas protestantes assimilaram-se ao que então tendia a se tornar uma nova ortodoxia. Nesse processo, a concepção de Deus e do lugar do Homem no mundo sustentada pelo clero evoluiu de maneiras que tenderam a reduzir a distância entre o secular e o espiritual. Isso foi especialmente verdadeiro no caso da Alemanha luterana e da Inglaterra anglicana. Na Escócia, as atitudes iluministas do laicato instruído — e anglicizado — tiveram de travar uma luta mais difícil contra a doutrina calvinista. Na Europa católica, por outro lado, o Iluminismo entrou em choque com uma igreja mais dogmática e com regimes políticos mais inclinados a relacionar estabilidade política com uniformidade intelectual e religiosa.

Embora as atitudes iluministas indicassem algumas conclusões gerais — por exemplo, o liberalismo econômico e a crença de que o tipo de governo mais adequado a um estado em particular era determinado por seu tamanho, estrutura econômica e situação geográfica —, os proponentes do Iluminismo eram às vezes bem recebidos pelos seus governos, outras vezes encarados como ameaça a eles. Isso, por sua vez, afetou as conclusões políticas que tiravam de suas teorias. Montesquieu e Burke tinham muito em comum, mas o primeiro foi um dos oráculos da Revolução Francesa e o outro, um de seus principais oponentes intelectuais.

A crença de que era melhor deixar as questões econômicas nas mãos benéficas das leis da Providência inspirou a concepção quase universal de que o liberalismo econômico era uma lei científica. No que dizia respeito à política, não havia tal consenso. Em certa medida, isso se deveu a pontos de vista divergentes sobre a natureza humana que enfatizavam a racionalidade das pessoas ou o grau em que eram condicionadas pela sociedade em que cresciam. O Iluminismo podia optar pelo domínio autocrático de um governo dedicado à implementação de programas científicos, o que se assumiu ser o caso, na Prússia, de Frederico II, ou por fazer com que o poder político refletisse as opiniões e crenças da população como um todo, ou pelo menos dos proprietários de bens e terras, como se acredita ter acontecido na Grã-Bretanha.

Durante a segunda metade do século XVIII o Iluminismo foi contestado por uma repulsa ao que era visto como uma concepção mecanicista do universo, uma negação das verdades da percepção e da emoção e uma fuga ao conflito entre inclinação e dever. Jean-Jacques Rousseau, em particular, embora partilhasse alguns dos pressupostos do Iluminismo, baseou sua teoria da soberania popular em um conceito de regeneração moral do indivíduo pela sociedade que tirava o seu dinamismo da consciência e de uma moralidade intuitiva. Embora o Iluminismo não se tenha identificado em parte alguma com um programa de revolução política, ele contribuiu para a crença de que todos os problemas políticos admitiam soluções racionais. Os homens que se viram no controle da França em 1789, em sua esmagadora maioria, partilhavam dos seus pressupostos. A história posterior da Revolução Francesa, culminando no Reinado do Terror, foi amplamente, se não de forma totalmente lógica, tomada por seus oponentes como sendo o castigo à presunção humana. Como ortodoxia predominante, o Iluminismo expirou durante o período revolucionário e napoleônico, dando vez a concepções mais coletivistas das sociedades, socialistas ou idealistas, a um movimento romântico que substituiu as verdades da razão pelas da emoção e a uma retomada da religião tradicional.

Ver também RACIONALIDADE E RAZÃO.

Leitura sugerida: Becker, C.L. 1932: *The Heavenly City of the Eighteenth Century Philosophers* • Cassirer, E. 1951: *The Philosophy of the Enlightenment* • Gay, P. 1967, 1969: *The Enlightenment: an Interpretation*, 2 vols. • Hampson, N. 1968: *The Enlightenment* • Hazard, P. 1935 *(1953)*: *The European Mind* o 1946 *(1954)*: *European Thought in the Eighteenth Century* • Yolton, John W. et al., orgs. 1991: *Blackwell Companion to the Enlightenment.*

NORMAN HAMPSON

imigrantes Ver MIGRAÇÃO.

imperialismo O conceito de "imperialismo" foi introduzido no início do século XX com o objetivo de tratar, na teoria e na prática, do inesperado desenvolvimento da economia mundial capitalista. Tanto o pensamento liberal quanto o pensamento socialista do século XIX haviam suposto que a ordem mundial estabelecida, de livre comércio, sob a hegemonia britânica, na primeira metade do século, havia chegado para ficar e que, no decorrer do tempo, essa ordem iria reforçar a tendência à anulação das rivalidades entre estados por questões de território. Nas décadas finais do século ocorreu, em vez disso, um importante ressurgimento das lutas por território entre as grandes potências do sistema de estados que ameaçou destruir a própria unidade do mercado mundial.

O conceito de imperialismo foi introduzido pela primeira vez por um economista político liberal (Hobson, 1902), mas, com algumas notáveis exceções (por exemplo, Schumpeter, 1919), o pensamento social liberal quase sempre ignorou ou desprezou sua relevância. Os pensadores socialistas que trabalharam na tradição estabelecida por Marx, em contraste, alocaram esse conceito no centro de suas análises e debates. O motivo é bastante simples. O ressurgimento de rivalidades territoriais entre estados minou continuamente a solidariedade do proletariado mundial, jogando seu variados componentes em alinhamentos nacionais antagônicos, sob a hegemonia de suas respectivas classes dominantes. Confrontados com as alternativas igualmente desagradáveis de se agarrar aos princípios do internacionalismo proletário, porém perdendo o apoio de seus eleitorados, ou seguir as predisposições nacionalistas desses eleitorados e abandonar os princípios do internacionalismo proletário, os seguidores de Marx foram forçados a questionar a suposta predominância de um mercado mundial unificado sob a ação do estado e a se envolver em uma revisão de grande monta das teorias e doutrinas consagradas.

As teorias marxistas do imperialismo invariavelmente se concentraram na relação entre o ressurgimento de rivalidades territoriais entre estados e o desenvolvimento do capitalismo em escala mundial. Não obstante todas as suas diferenças, as teorias marxistas do imperialismo tinham uma tese/hipótese em comum: o imperialismo era o resultado do desenvolvimento capitalista e uma expressão da sua maturidade. As discordâncias diziam respeito à questão de como e por que o desenvolvimento capitalista havia gerado o imperialismo, se o imperialismo era o "último" ou o "penúltimo" estágio do desenvolvimento capitalista e que conclusões políticas deveriam ser tiradas da hipotética relação entre capitalismo e imperialismo. Mas, independente das divergências, havia o consenso subjacente de que o ressurgimento de rivalidades territoriais entre estados era uma conseqüência necessária da maturidade do capitalismo.

As duas principais variantes das teorias marxistas sobre o imperialismo foram as de Rudolf Hilferding (1910) e Rosa Luxemburgo (1913). Hilferding foi buscar as origens do imperialismo numa mutação fundamental nos processos de acumulação devido a três tendências inter-relacionadas: a crescente concentração e centralização do capital; a difusão de práticas monopolistas; e o domínio orgânico do capital financeiro sobre o capital industrial. Em certo estágio de seu desenvolvimento — afirmou-se —, essas tendências fizeram crescer as rivalidades territoriais entre estados. Não obstante, ao centralizar o controle do aparato industrial nas mãos de umas poucas instituições financeiras, também criaram as condições organizacionais para uma tomada "socialista" de economias nacionais.

Em contraste com essa teoria, Rosa Luxemburgo viu a incorporação à força de povos e territórios em processos de acumulação de capital como um aspecto constante da própria acumulação do capital, devido às tentativas dos agentes dessa acumulação de superar tendências crônicas à superprodução. À medida que o desenvolvimento capitalista se aprofundava e se ampliava, a pressão para incorporar sempre novos povos e territórios aumentou, mas a disponibilidade de povos e territórios ainda não incorporados diminuiu. O imperialismo foi, assim, concebido como "a expressão política da acumulação de capital em sua luta competitiva pelo que ainda resta disponível do meio ambiente não-capitalista" (Luxemburgo, 1913).

Os debates políticos do início do século XX, entre marxistas, sobre o que esperar e o que fazer nas circunstâncias sistêmico-mundiais criadas pelo ressurgimento de rivalidades territoriais entre estados, vieram a se concentrar em torno da teoria de Hilferding, dando pouca ou nenhuma atenção à de Rosa Luxemburgo. As posições assumidas por Karl Kautsky (1913-14) e Lenin (1916) nesses debates basearam-se na teoria de Hilferding. Para Kautsky, as tendências conjuntas à concentração de capital, a difusão das práticas monopolistas e a dominação orgânica do capital financeiro sobre o capital industrial levariam, no decorrer do tempo, à eliminação das rivalidades territoriais entre estados e ao desenvolvimento do que ele chamou de "ultra-imperialismo". Somente nesse estágio ultra-imperialista do capitalismo é que estariam ótimas as condições para a transformação socialista do mundo.

Para Lenin (1916), em contraste, *essas mesmas tendências* não se desdobravam num vácuo político. Em vez disso, desenvolviam-se "sob tal tensão, com tal ritmo, com tamanhas contradições, conflitos e convulsões — não apenas econômicos, mas também políticos, nacionais etc. etc. — que (...) antes que os respectivos capitais financeiros nacionais tenham formado uma união mundial do 'ultra-imperialismo' o imperialismo inevitavelmente explodirá, o capitalismo se transformará no seu oposto" (prefácio de Lenin, 1915, a *Imperialismo e economia mundial,* de Bukharin). Somente através de uma intervenção ativa nessas contradições, conflitos e convulsões, ao mesmo tempo sustentando os princípios do internacionalismo proletário, é que os partidos marxistas poderiam ter a esperança de conservar e expandir seus eleitorados nacionais e dar início à transformação socialista do mundo.

O sucesso das estratégias leninistas de revolução socialista entre 1917 e 1949 foi encarado de maneira geral pelos marxistas como forte indício em apoio à validade da teoria do imperialismo a que tais estratégias estavam associadas. Em certa medida, esse é um ponto de vista legítimo. Em particular, não pode haver muita dúvida de que no decorrer da primeira metade do século XX a reconceitualização da teoria de Hilferding sobre o imperialismo, feita por Lenin, proporcionou um guia de ação política muito melhor que qualquer uma das conceitualizações e teorizações rivais. No entanto isso não significa que a teoria do imperialismo de Hilferding-Lenin explicasse com precisão todas as conexões relevantes entre capitalismo e imperialismo, ou que conservasse toda a sua relevância e validade uma vez efetivamente aplicada na luta antiimperialista.

Ao contrário, a evolução da economia mundial capitalista desde a Segunda Guerra Mundial tem demonstrado as limitações históricas da teoria do imperialismo de Lenin-Hilferding e tornado todo o conjunto do pensamento marxista do início do século XX sobre esse assunto cada vez mais irrelevante para a compreensão, e ainda mais para a transformação deliberada, do atual SISTEMA-MUNDO. Ironicamente, essa crescente irrelevância das teorias marxistas do imperialismo na segunda metade do século XX foi, ao menos em parte, resultado de seu sucesso como guia para a política na primeira metade do século. Como Lenin previu, os conflitos interimperialistas criaram de fato oportunidades únicas para que movimentos socialistas e de libertação nacional assumissem poderes de estado por todo o planeta (ver também MOVIMENTO DE LIBERTAÇÃO COLONIAL), e nos anos imediatamente posteriores à Segunda Guerra Mundial o capitalismo mundial de fato parecia estar a ponto de se "transformar no seu oposto". É claro que a revolução socialista não conseguiu deitar raízes nos centros de desenvolvimento capitalistas mundiais, como era esperado de maneira geral por Lenin e a maioria dos marxistas no início do século XX. Mas, mesmo nesses centros, o poder e a influência de organizações das classes operárias no final da Segunda Guerra Mundial tiveram seu maior apogeu em todos os tempos.

Sob essas circunstâncias o capitalismo sobreviveu descartando-se de seus trajes imperialistas. A tendência a rivalidades territoriais entre estados, que havia inspirado a introdução do conceito de imperialismo, foi revertida numa onda de descolonização sem precedentes, acompanhada pela deslegitimação do expansionismo territorial e a reconstrução do mercado mundial. No decorrer do tempo ficou absolutamente claro que o capitalismo mundial podia sobreviver e expandir-se ainda mais sem estar associado ao tipo de rivalidade territorial entre os estados capitalistas mais importantes que os marxistas presumiam ser o resultado necessário do pleno desenvolvimento capitalista.

Essa capacidade do capitalismo de sobreviver ao imperialismo é o que todas as teorias marxistas não conseguiram prever. Até mesmo a previsão de Kautsky de um estágio ultra-imperialista do capitalismo mundial, que pode parecer ter chegado perto do que aconteceu depois da Segunda Guerra Mundial, não conseguiu, no mínimo tanto quanto outras previsões marxistas rivais, antecipar o curso da história capitalista no século XX. Por um lado, o que passou a existir depois da Segunda Guerra Mundial não foi o tipo de estrutura altamente centralizada, de monopólio mundial, imaginada pelo ultra-imperialismo de Kautsky, mas sim uma economia mundial altamente competitiva. Mais importante ainda, se ultra-imperialista ou não, a ordem mundial capitalista estabelecida sob a hegemonia dos Estados Unidos não foi o resultado de um desenvolvimento automático do acúmulo de capital. Em vez disso, foi o resultado de 30 anos de agudos conflitos e convulsões no sistema mundial, e da intervenção ativa nesses conflitos e convulsões das vanguardas revolucionárias socialistas, o que Kautsky não previu nem advogou.

A verdade da questão é que as teorias marxistas sobre o imperialismo, em geral, e a mais influente delas (isto é, a de Hilferding), em particular, baseavam-se todas na experiência histórica da Alemanha do final do século XIX e início do século XX, presumindo que essa experiência fosse prototípica do capitalismo tardio. Na realidade, porém, a relevância e a validade da análise exemplar de Hilferding sobre o capital financeiro e o imperialismo limitavam-se à Alemanha e outros estados da Europa continental no período de transição da hegemonia britânica para a americana. Nem mesmo a imaginação mais fértil poderia dizer que ela dava conta da relação entre capitalismo e expansionismo territorial, conforme evidenciada na experiência do poder hegemônico em declínio (o Reino Unido), ou do poder hegemônico em ascensão (os Estados Unidos).

Desse ponto de vista, a pioneira análise do imperialismo feita por J.A. Hobson era bem menos limitada que as de Hilferding e de Rosa Luxemburgo. Sua conceitualização era mais bem adequada para captar tendências de longo prazo, no plano do sistema, do que a de seus equivalentes marxistas. Ele definiu o imperialismo como uma de várias formas do expansionismo e fez remontar a forma particular que o expansionismo assumiu no final do século XIX às políticas e à estrutura social do poder hegemônico em declínio.

Ainda que Hobson tenha antecipado em muitos aspectos tanto Hilferding quanto Luxemburgo, ao fazer remontar o imperialismo ao desenvolvimento capitalista, ele teve o cuidado de eliminar qualquer conexão necessária entre capitalismo e o expansionismo territorial generalizado do final do século XIX. Em sua análise, a ligação era meramente contingente da distribuição de riqueza e poder entre os estados e dentro da potência mundial dominante. Daí, a ligação podia ser cortada através de maior democracia política e igualdade econômica no Reino Unido e/ou por uma mudança na liderança mundial do Reino Unido para um estado menos oligárquico.

O aparato conceitual de Hobson pode ser ampliado sem grandes distorções para abranger tanto os sérios conflitos entre estados, típicos da primeira metade do século XX, quanto a descolonização e recomposição de conflitos entre estados típicos da segunda metade deste século. Nessa estrutura hobsoniana ampliada, o imperialismo, tal como originalmente concebido pelo pensamento liberal e marxista, surge, não como o mais elevado/mais recente estágio do capitalismo, mas como uma fase de um longo ciclo de hegemonia mundial caracterizada por forte tendência evolutiva no sentido da eliminação do expansionismo territorial nas relações entre estados (Arrighi, 1983). Se essa caracterização for corroborada pelas futuras tendências da economia mundial capitalista, a tese de Schumpeter de que no prazo muito longo a correlação entre expansionismo territorial e capitalismo é negativa, mais do que positiva, pode vir a merecer maior crédito do que os marxistas se têm mostrado dispostos a admitir.

Até agora, porém, os marxistas vêm demonstrando pouca predisposição para um envolvimento em revisões importantes das teorias consagradas sobre o imperialismo. Sua principal reação à reversão do expansionismo territorial depois da Segunda Guerra Mundial foi redefinir o imperialismo a fim de incluir as formas de dominação capitalista mundial que foram ressuscitadas ou recriadas sob a hegemonia dos Estados Unidos. "Imperialismo", nos textos marxistas, passou portanto a designar o desenvolvimento do subdesenvolvimento e outros aspectos internacionais do capitalismo. O resultado foi uma confusão semântica e um impasse analítico (Sutcliffe, 1972, p.313-4) que nunca foram resolvidos.

As preocupações tradicionais das teorias sobre imperialismo foram assumidas nos últimos tempos pela análise do SISTEMA-MUNDO e pela economia política internacional. Dentro dessas perspectivas, a noção de imperialismo foi superada pelos conceitos de hegemonia e política mundial. Só se pode esperar que o que continua relevante e válido no antigo pensamento social sobre o imperialismo não se perca nesse processo.

Ver também COLONIALISMO; DIVISÃO INTERNACIONAL DO TRABALHO.

Leitura sugerida: Arrighi, G. 1983: *The Geometry of Imperalism* • Hilferding, Rudolf 1910 *(1981)*: *Finance Capital* • Hobson, J.A. 1902 *(1968)*: *Imperalism: a Study* • Kautsky, K. 1913-14: "Der Imperialismus". *Neue Zeit* 32, p.2.908-22 • Lenin, V.I. 1916 *(1964)*: *Imperalism: the Highest Stage of Capitalism* • Luxemburgo, Rosa 1913 *(1951)*: *The Accumulation of Capital* • Schumpeter, J.A. 1919 *(1951)*: "The sociology of imperalisms". In *Imperalism and Social Classes*, org. por Paul Sweezy • Sutcliffe, B. 1972: "Conclusion". In *Studies in the Theory of Imperialism*, org. por R. Owen e B. Sutcliffe.

GIOVANNI ARRIGHI

incerteza Ver DECISÃO, TEORIA DA.

inconsciente A noção de inconsciente tem uma longa história, envolvendo pensadores como G.W. Leibniz, Arthur Schopenhauer, Friedrich Nietzsche e Karl von Hartmann. Ela só ganha realmente destaque, no entanto, com a obra de Sigmund Freud (1856-1939). Este é geralmente saudado, se não como o descobridor absoluto da noção, pelo menos, e de qualquer forma, como o homem que a colocou no centro de uma técnica terapêutica e de uma teoria que era original e surpreendente e que rapidamente se tornou a base de uma nova visão dos seres humanos (ver PSICANÁLISE). A noção freudiana de inconsciente distingue-o do mero subconsciente, o qual possui conteúdos mentais que não estão presentes na consciência. O inconsciente tem um conteúdo que resiste sistematicamente a ser trazido à consciência. Acredita-se que essa repressão contínua do conteúdo do inconsciente desempenha um papel importante na organização interna do psiquismo e, em particular, na etiologia de boa parte das doenças mentais. O modelo popularizado por Freud é o de que a mente "reprime" certos conteúdos mentais no inconsciente, que alguns dos conteúdos assim reprimidos engendram perturbações mentais e que uma cura ou melhora pode ser provocada trazendo-se esse conteúdo à luz da consciência. Faz parte da noção freudiana de inconsciente o fato de seus conteúdos serem acumulados desde os primeiríssimos momentos da vida de um indivíduo. Em algumas versões propostas por membros do movimento mais amplo, esse acúmulo chega a preceder o nascimento. Os argumentos que Freud propôs em *Totem e tabu* também parecem implicar que alguns dos conteúdos são transmitidos de geração em geração, de forma que conteúdos adquiridos em uma geração são passados para as gerações posteriores. Freud foi criticado por essa visão implicitamente "lamarckiana" da hereditariedade, assim aplicada ao inconsciente, como incompatível com a genética moderna.

Deixando de lado a doutrina freudiana que deu destaque ao conceito, e partindo do sentido inerente à palavra, seria possível distinguir diferentes tipos de "inconsciente":

1. Qualquer *processo* que ocorra dentro da pessoa humana, mas não seja acessível à consciência. A maior parte dos processos psicológicos enquadra-se nesta categoria.
2. *Princípios* comandando práticas que só se tornam acessíveis à consciência em resultado de uma busca séria e possivelmente árdua. Por exemplo, a maioria dos seres humanos fala sem consciência da orientação gramatical, ou de outras regras, do seu discurso.
3. Um inconsciente coletivo, tal como foi proposto por C.G. Jung (1875-1961), parecido com o de Freud e historicamente influenciado por suas idéias, mas diferindo deste por ser partilhado por toda uma comunidade ou raça. Sendo assim, seus conteúdos devem, é claro, ter sido reunidos de maneira diferente da acumulação individual de um inconsciente freudiano

(com exceção, é claro, dos elementos "lamarckianos").

4. Um tipo diferente de inconsciente coletivo, reprimido não individualmente, nem racialmente, nem comunalmente, mas por uma unidade política: as regras da *novilíngua*, tais como descritas por George Orwell (1903-50) em *1984*, têm o objetivo de tornar certas idéias ou afirmações simplesmente inexprimíveis numa dada linguagem.

O inconsciente freudiano, que provavelmente constitui o sentido mais freqüentemente usado da palavra, difere destes pelo fato de os conteúdos do inconsciente serem perfeitamente acessíveis, em princípio, e não serem proscritos nem pela linguagem, nem pela autoridade política. Eles são, portanto, reprimidos *individualmente*, em reação a situações particulares do indivíduo, em geral com conseqüências patogênicas. Uma possível crítica à concepção freudiana do inconsciente é de que ele se inspira muito fielmente no modelo familiar da mente consciente (cuja gênese e funcionamento parecem ser tidos como não-problemáticos): a psicologia freudiana limita-se a acrescentar um parceiro oculto, mais desregrado, acompanhando-a e dominando-a, manifestando seus efeitos, de forma característica, em sonhos, "atos falhos" e sintomas neuróticos.

É importante também enfatizar que a noção freudiana do inconsciente desempenha um papel dominante no sistema freudiano total de idéias, terapia e organização da corporação psicanalítica. Esse papel ultrapassa em muito o mero acréscimo de um item importante ao inventário de nosso equipamento psíquico. Implícito na noção e no papel a ele atribuído, o inconsciente constitui barreira permanente a um julgamento sólido: a não ser que seus segredos sejam penetrados pela técnica ímpar prescrita pela teoria freudiana, as pretensões cognitivas de um dado indivíduo são suspeitas e, presumivelmente, pouco sólidas. Sendo assim, a noção do inconsciente desvaloriza implicitamente as pretensões cognitivas de seres humanos que não tenham sido liberados pelo *rite de passage* da psicanálise, da maneira aprovada pela corporação dos seus praticantes. Assim, indireta mas inescapavelmente, a noção, tal como ocorre dentro desse sistema, enquadra tanto os seres humanos quanto seus pontos de vista: ela constitui um programa social e heurístico implícito. Ela invalida não apenas qualquer teoria que se proponha criticar seus critérios, mas também todo o resto. Pois, na medida em que se diz que o inconsciente interfere com os indícios referentes à sua própria existência e às suas próprias práticas, somente a técnica singular pode contrapor-se a seus artifícios e se encontra em posição de decodificar e avaliar concretamente o indício. Dessa maneira, a teoria freudiana do inconsciente garante a sua própria verdade. Essa teoria propõe um mundo tal que, dentro dele, somente a própria teoria pode realmente pronunciar-se sobre o que é verdadeiro e o que é falso. Assim, a teoria freudiana do inconsciente fica aberta à suspeita de ser amplamente circular.

Leitura sugerida: MacIntyre, A.C. 1958: *The Unconscious.*

ERNEST GELLNER

individualismo Esta palavra abrange várias idéias, doutrinas e atitudes cujo fator comum é a atribuição de centralidade ao "indivíduo". Ela teve origem no início do século XIX, na França pós-revolucionária, onde significava a dissolução dos laços sociais, o abandono, pelos indivíduos, de suas obrigações e compromissos sociais. Em terras alemãs, seu significado era diferente: estava ligada ao romantismo e tendia a significar o culto do caráter singular e da originalidade do indivíduo, assim como o florescer da individualidade. Na Inglaterra, seu significado era mais uma vez distinto, contrastava com "coletivismo" e, de maneira típica, servia para se referir às virtudes da autoconfiança e da iniciativa celebradas por Samuel Smiles, na esfera moral, e estava associado ao LIBERALISMO nas esferas econômica e política. Outra influente utilização no século XIX foi a de Jacob Burckhardt, para quem o Renascimento italiano havia engendrado o individualismo, pelo que ele se referia (entre outras coisas) ao reconhecimento do caráter distinto de indivíduos singulares e ao cultivo da PRIVACIDADE (Burckhardt, 1860). Todos esses significados sobreviveram até a nossa época.

Talvez a maior influência sobre seu uso no século XX tenha sido a de Alexis de Tocqueville, o qual escreveu que se tratava de "uma nova expressão nascida a partir de uma nova idéia (...) um sentimento deliberado e pacífico que dispõe cada cidadão a se isolar de seus companheiros e a se apartar com sua família e amigos", abandonando "a sociedade mais ampla", primeiro minando "as virtudes da vida pública", em seguida atacando e destruindo todas as outras, acabando por ser "absorvido por um puro egoísmo" (Tocqueville, 1835-40, livro 2, parte 2, cap.2). Esse uso tem exercido influência entre os modernos teóricos das sociedades de massa e os críticos sociais e culturais norte-americanos. Ele contrasta com uma outra utilização, na qual a palavra foi um lema para a livre empresa, o governo limitado, a liberdade social e as atitudes, formas de comportamento e aspirações que se acredita sustentarem todas essas coisas. Essa utilização foi exemplificada no famoso discurso de campanha de Herbert Hoover, em 1928, louvando o "sistema norte-americano de forte individualismo".

Outras e variadas doutrinas têm um caráter mais abstrato. Uma delas é o *individualismo metodológico*. Trata-se de uma doutrina a respeito da explicação que afirma que nenhuma explicação em ciência social ou história pode ser adequada (ou, em outra versão, "minimamente possível") a não ser que se expresse em termos que enfatizem plenamente aspectos dos indivíduos — suas propriedades, objetivos, crenças e ações. As totalidades sociais, ou padrões agregados de comportamento, devem ser explicadas sempre, ou essencialmente, em termos de indivíduos. Essa doutrina assumiu muitas formas e nunca deixou de ser controversa, em geral de maneira apaixonada. Karl Popper e Friedrich von Hayek encararam a sua defesa como essencial à defesa liberal de uma sociedade livre. Outros, de Emile Durkheim em diante, encararam a sua rejeição como o primeiro degrau para a compreensão sociológica de realidades que são independentes e limitadoras dos indivíduos. No entanto outros encaram as controvérsias a respeito dessa doutrina como algo que combina advertências e perseguições úteis com exageros enganosos. Assim, seus defensores sensatamente previnem contra a hipóstase de entidades sociais e forças coletivas, e insistem sabiamente em que a macroexplicação exige microfundamentos, mas afirmam com freqüência que os fatos sociais são na realidade ficções e que as totalidades sociais são meras construções de indivíduos. Inversamente, seus oponentes afirmam, com justiça, que as estruturas impessoais e o comportamento de coletividades podem ter força explicatória independente, porém separam-nas com excessiva facilidade de uma teoria plausível da ação individual.

Uma outra doutrina diz respeito à deliberação prática: é às vezes chamada de *atomismo*. Afirma que os fins das ações são todos individuais e, assim, que os bens sociais não passam de concentrações de bens individuais. Dessa forma, não existem bens irredutivelmente sociais, constituídos em parte ou inteiramente por ações e significados comuns. O UTILITARISMO e o que hoje pode se chamar de "welfarismo" exemplificam esse ponto de vista, afirmando que a relativa boa qualidade de um estado de coisas deve basear-se exclusivamente nas várias utilidades individuais que ela contém e ser tida como função destas. Charles Taylor viu o atomismo como enraizado "nas tradições filosóficas (...) que começaram com a postulação de um sujeito sem extensão, epistemologicamente uma *tabula rasa* e politicamente um detentor de direitos sem pressupostos" (Taylor, 1985, p.210). Otto Gierke identificou-o com os pensadores da Lei Natural, de Hobbes a Kant, para os quais todas as formas de vida social eram "a criação de indivíduos" e meramente "o meio para se alcançarem objetivos individuais" (Gierke, 1868-1913, p.106, 111).

Fora estas, ainda podem ser mencionadas diversas outras variedades. O *individualismo epistemológico* coloca a fonte do conhecimento dentro do indivíduo. Ele foi afirmado, de modos diferentes, por Descartes e por várias versões do EMPIRISMO. O *individualismo ético* encara a moralidade como essencialmente orientada para o indivíduo — seja na forma do egoísmo ético (de acordo com o qual o único objeto moral da ação de um indivíduo é o seu próprio benefício) ou na de um outro e mais radical conjunto de idéias, de que descende o EXISTENCIALISMO, de acordo com o qual o indivíduo é a própria fonte dos princípios morais, o árbitro supremo dos valores morais e outros.

Finalmente, há um complexo de idéias que pode ser rotulado de *individualismo político*, o qual propõe várias conexões entre "o indivíduo" e o governo: primeiro, uma visão de governo tal como baseada no consenso de seus cidadãos, apresentado individualmente, sua autoridade derivando desse consenso; segundo, uma visão da representação política, não de ordens, estados, classes ou funções sociais, mas de interesses individuais; e, terceiro, uma visão dos propósitos do governo como limitados a possibilitar que os propósitos dos indivíduos sejam satisfeitos e que seus direitos sejam protegidos, permitindo-lhes um máximo de espaço de ação na busca de seus interesses. A primeira idéia tem raízes nas teorias do contrato social, mas, mesmo onde essas teorias são abandonadas, é o centro de justificação para a democracia liberal, embora anarquistas, desde Henry David Thoreau, dela tenham tirado conclusões mais subversivas. A segunda foi crucial para a elaboração da Constituição dos Estados Unidos e para as propostas dos utilitaristas de reforma política e de constitucionalismo moderno em geral. A terceira, que remonta a John Locke, fala fundo ao coração do liberalismo político.

Leitura sugerida: Hayer, F.A. 1948 *(1980)*: *Individualism and Economic Order* • Lukes, S. 1973: *Individualism* • O'Neill, J., org. 1973: *Modes of Individualism and Collectivism* • Taylor, C. 1985: "Atomism". In *Philosophical Papers*, v.2 • Tocqueville, A. de, 1835-40: *De la démocratie en Amérique*. Especialmente livro 2, parte 2, cap.2.

STEVEN LUKES

indivíduo, socialização do Ver SOCIALIZAÇÃO.

indústria Ver DEMOCRACIA INDUSTRIAL; ORGANIZAÇÃO INDUSTRIAL; RELAÇÕES INDUSTRIAIS; SOCIEDADE INDUSTRIAL; SOCIEDADE PÓS-INDUSTRIAL; DESINDUSTRIALIZAÇÃO.

industrialização Chama-se de industrialização o processo pelo qual as sociedades adquirem o equipamento, a organização e as capacitações necessárias para se dedicarem à produção em massa, utilizando tecnologia mecânica ou eletroeletrônica. Anteriormente, a expressão "revolução industrial" era em geral utilizada. Os cientistas sociais hoje em dia encaram essa expressão como enganosa, uma vez que ela implica uma descontinuidade abrupta. E o registro estatístico não apóia tal suposição. As economias pré-industriais, uma vez que a maior parte da sua produção tem origem na agricultura, têm poucas probabilidades de passar por um súbito ímpeto de crescimento; a inércia de seu setor predominante é grande demais; as descontinuidades ocorrerão, se ocorrerem, em setores como a manufatura, que são inicialmente muito menores. É a esses setores que se deveriam aplicar expressões como "decolagem" ou "surtos de crescimento".

A tendência moderna é pensar na industrialização como um modo de crescimento econômico, em vez de um evento ou um pequeno período de tempo. Sua característica essencial é o uso cada vez mais amplo da energia inanimada. Ela tem suas origens numa fase anterior de "proto-industrialização", ocorrendo em sociedades em que a agricultura e o comércio ainda predominam. O sucesso da industrialização sofre uma influência marcante das acumulações de capital que essa primeira fase de crescimento facilita, dos tipos de força de trabalho e de capacitações que ela faz surgir, dos lucros com comércio exterior que ela cria e dos valores culturais e estruturas políticas que ela propicia. Além disso, os cientistas sociais hoje em dia não presumem que a industrialização tenha um final definido no tempo. Expressões como DESINDUSTRIALIZAÇÃO ou "sociedade pós-industrial" referem-se à ascensão dos setores da sociedade baseados nos serviços e na informação; não implicam que os processos de industrialização se tenham encerrado.

Os historiadores datam convencionalmente o primeiro surgimento da industrialização em torno de meados do século XVIII; a maioria dos locais importantes ficava na Grã-Bretanha. O processo difundiu-se rapidamente depois disso, primeiro para regiões da Europa Ocidental, da América do Norte e da Rússia, mais tarde para outras partes do mundo. No século XX já se havia tornado quase que sinônimo de desenvolvimento econômico. Particularmente nos novos estados que conquistaram a independência nacional depois da Segunda Guerra Mundial, a propensão a padrões de vida mais elevados é essencialmente uma propensão à industrialização. Poucos desses estados estão dispostos a basear suas esperanças de autonomia política e de padrão mais elevado unicamente na produção de matérias-primas.

As tecnologias de crescimento industrial mudaram no decorrer do tempo e continuam mudando. Bem antes do século XVIII, a força do vento e da água era usada para suplementar a energia dos seres humanos e outros animais, mas o uso difundido do carvão para derreter o ferro e gerar energia a vapor aumentou imensamente o volume de energia utilizado. Um maior aporte de energia era fundamental para posteriores aumentos de produção. O carvão, a energia a vapor e o ferro já não desempenham o papel crítico que um dia tiveram no crescimento industrial, mas a essência do processo continua inalterada: a industrialização implica a exploração de fontes de energia inanimada numa escala sempre crescente. A energia humana passa a ser usada basicamente para fins de controle.

O uso crescente de recursos energéticos inanimados foi de importância crítica, pelo que isso significou para a produtividade homem/hora. Os lucros reais estão estreitamente ligados à produtividade, e a industrialização, devido ao uso da energia inanimada, é um meio garantido de aumentar a produtividade. Não é o único meio. A produtividade também pode ser aumentada através de melhores mercados, melhor informação, melhor organização e melhor divisão do trabalho. A industrialização, na verdade, exige melhorias nesses dispositivos sociais. Sérios erros de planejamento podem surgir da ênfase apenas na mudança tecnológica, quando se ignoram as mudanças institucionais que devem acompanhá-la. Não é possível alterar drasticamente o modo de produção sem, da mesma forma, transformar a estrutura social em que este ocorre e, em certo grau, a cultura em que ele está embutido.

Disso brotam muitos dos empecilhos a uma industrialização bem-sucedida. A resistência à industrialização tem origem, não na rejeição da sua perspectiva de padrões de vida material mais elevados, mas na oposição a seus custos sociais, culturais e políticos. Tal como se difundiu a industrialização, difundiu-se igualmente uma constante avaliação desses custos. Eles incluem, em primeiro lugar, uma atitude exploradora para com o mundo natural e uma propensão a desprezar os danos ecológicos e ambientais que o crescimento industrial pode provocar. Os custos que não aparecem nos livros de contabilidade das corporações ou nos gabinetes governamentais de onde se dirige o processo de industrialização tendem a ser ignorados, pois não incorrem sobre os que tomam as decisões. Em segundo lugar, no passado a industrialização esteve associada a uma atitude exploradora com relação ao trabalho. Sob um regime de capitalismo industrial, o trabalho passa a ser tratado como mercadoria e as atitudes que comandam a exploração de mercadorias são transferidas para os seres humanos. Disso brota um agravamento do conflito de classes que em geral ocorre durante as fases iniciais de industrialização — fases em que a infra-estrutura social de habitação urbana, educação e saúde pública é inadequada, em que a taxa de crescimento populacional entra em aceleração e em que os trabalhadores ainda estão aprendendo a influenciar os níveis salariais e as condições de trabalho. Em terceiro lugar, é típico ocorrer uma queda no senso de comunidade e uma ascensão da ALIENAÇÃO e da ANOMIA. A industrialização rompe formações sociais tradicionais, transforma papéis sociais tradicionais e mina fontes de autoridades tradicionais. Chamado às vezes de ascensão do individualismo, esse processo seria mais bem qualificado como de despersonalização, e nesse sentido ele é tão válido para as industrializações dirigidas pelo estado no século XX quanto para as industrializações marcadas pelo *laissez-faire* do século XIX. A tecnologia da industrialização é a tecnologia da padronização, da uniformidade e dos papéis intercambiáveis; isso em geral se aplica tanto a consumidores e operários quanto a processos e produtos.

Na esperança de superar esses obstáculos, a industrialização no final do século XX tem sido empreendida geralmente, não através da tomada de decisões por empresários privados, mas através da direção do estado. Os grupos empreendedores não são empresários e corporações privadas, mas políticos, funcionários públicos e tecnocratas. O impulso é entrar depressa na industrialização, dar o "salto de gigante" para a modernização em uma geração ou menos. Em parte, isso ocorre por questões de orgulho nacional. Em parte, na crença de que os obstáculos só podem ser superados com um "forte empurrão". E, em parte, na esperança de que o crescimento da produção venha a ultrapassar a previsível explosão populacional, na medida em que restrições tradicionais à formação da família vão cedendo.

Esses são os problemas com que hoje se defrontam muitas sociedades em processo de industrialização. Ao mesmo tempo muitas nações que fizeram mais cedo a transição para o crescimento industrial estão descobrindo que suas indústrias mais antigas enfrentam uma competição muito forte com sociedades de outras partes do globo que se industrializaram posteriormente. A tendência dessas economias "maduras" é empregar uma proporção crescente da força de trabalho no setor terciário ou "de serviços", em que os aumentos de produtividade são difíceis de conseguir, e uma proporção decrescente na produção primária, ou manufatureira, à qual as tecnologias mais antigas se aplicam mais prontamente. A produção dessas economias está se tornando concentrada na informação, em vez de nos recursos ou na mão-de-obra. Alguns analistas chamam a isso de ascensão da sociedade pós-industrial. Uma alternativa seria dizer que a base tecnológica da industrialização está mudando, como sempre esteve. No final do século XIX ela passou do complexo carvão, ferro e energia a vapor para o complexo combustíveis hidrocarbônicos, eletricidade, plásticos e ligas leves. Agora, no final do século XX, a base tecnológica para a nova industrialização parece encontrar-se nas indústrias da informação, baseadas na eletrônica e no computador (ver AUTOMAÇÃO; INFORMAÇÃO, TEORIA E TECNOLOGIA DA).

Leitura sugerida: Chenery, H.B., Robinson, S. e Syrquin, M. 1986: *Industrialization and Growth: a Comparative Study* • Kemp, Tom 1978: *Historical Patterns of Industrialization* • Kuznets, Simon 1966: *Modern Economic Growth: Rate, Structure, and Spread* • Landes, David S. 1969: *The Unbound Prometheus: Technological Change and Industrial Development in Western Europe from 1750 to the Present* • Mumford, Lewis 1934 *(1963)*: *Technics and Civilization* • Rostow, W. W. 1978: *The World Economy: History and Prospect.*

HUGH G. J. AITKEN

informação, teoria e tecnologia da Uma vez que se tornou possível a digitalização da informação através da linguagem comum do código binário, voz, dados e vídeo puderam tornar-se fluxos de informação digitalizada, capaz de ser armazenada, manipulada e transmitida de forma barata e em grande velocidade pelos computadores digitais. Ao mesmo tempo a indústria eletrônica da computação e a das telecomunicações convergiram para se tornarem uma indústria global de tecnologia de informação (TI), tendência observada mais de uma década atrás (Nora e Minc, 1978; Barron e Curnow, 1979).

Muitos autores encaram a TI como uma tecnologia "crucial" e difusa, pelo menos tão importante quanto a eletricidade ou a energia a vapor e, portanto, provavelmente, o mais importante desenvolvimento tecnológico deste século. A importância crucial da TI tem origem no fato de que — ao contrário de outras tecnologias — os decréscimos no custo do tamanho dos componentes eletrônicos foram acompanhados por *acréscimos* em sua potência, velocidade e sofisticação. Assim, computadores muito possantes hoje se acomodam com simplicidade em mesas de trabalho individuais, enquanto 25 anos atrás máquinas com a mesma potência de processamento enchiam uma sala imensa.

A palavra "revolução" é aplicada com freqüência à TI, e a "revolução da TI" costuma ser comparada, em relevância social, à Revolução Industrial de dois séculos atrás. As implicações econômicas, sociais e políticas da revolução da TI hoje em curso são tema de contínuas pesquisas e debates, mas evidentemente estão ocorrendo algumas mudanças muito importantes na sociedade, em especial no local de trabalho, para não mencionar os lares e escolas (Guile, 1985; Miles et al., 1988). Um trabalho recente, porém, lançou dúvidas sobre a importância "revolucionária" da TI, e alguns a encaram como parte da contínua evolução das tecnologias de controle que teve início no século passado (Beniger, 1986). A vantagem em produtividade da TI também está sendo seriamente questionada (Forester, 1989).

Alguns autores têm aproveitado a oportunidade para proclamar novos tipos de sociedade que estariam surgindo a partir da revolução da TI, com a "sociedade da informação" (Bell, 1979; Masuda, 1980) substituindo a "sociedade pós-industrial" na posição de vanguarda. Ambas as noções têm sido submetidas ao exame crítico (ver Lyon, 1988) e levantam questões importantes a respeito das mudanças de "paradigmas", do processo de desenvolvimento social, do determinismo tecnológico e da importância da indústria manufatureira em oposição ao setor de serviços (Cohen e Zysman, 1987).

Os comentadores da revolução da TI (tal como acontece com a questão da tecnologia e da sociedade em geral) tendem a se dividir amplamente em "otimistas" — Bell (1979), Toffler (1980) e Kranzberg — e "pessimistas" — Weizenbaum (1976), Roszak (1986) e Winner (1989) —, embora os três últimos possam ser chamados mais adequadamente de "hereges", pois se opõem fortemente ao ponto de vista ortodoxo de que a computadorização trará efeitos benéficos em geral para a sociedade.

Ver também INTELIGÊNCIA ARTIFICIAL.

Leitura sugerida: Forester, Tom, org. 1985: *The Information Technology Revolution* o 1987: *High-Tech Society: the Story of the IT Revolution* • Forester, Tom e

Morrison, Perry 1990: *Computer Ethics: Cautionary Tales and Ethical Dilemmas in Computing.*

TOM FORESTER

informática Ver INTELIGÊNCIA ARTIFICIAL.

intelectuais Esta palavra tem sido objeto de muitas discussões desde que surgiu, na França, no final do século XIX, durante os debates entre os defensores e os adversários do capitão Dreyfus no famoso Caso Dreyfus. Para muitos, os intelectuais são sonhadores pouco práticos, incapazes de se ajustar às realidades mundanas da sociedade e do estado. Para outros, são os defensores básicos dos valores e padrões morais e cognitivos que sustentam os sistemas políticos democráticos ou liberais.

Certos analistas eruditos tenderam a reunir sob o rótulo de "intelectual" todas as pessoas envolvidas na esfera da cultura, isto é, no mundo dos símbolos. Mas outros objetaram que essa seria uma definição demasiado ampla, pois incluiria em seu âmbito ganhadores do Prêmio Nobel, por um lado, e professores e jornalistas, por outro, toldando a necessária distinção entre os criadores de cultura e os que a distribuem ou aplicam. Além disso, cortaria as possibilidades de avaliar e calcular o status e a influência dos criadores de idéias em oposição a grupos ou estratos relacionados. Torna impossível determinar se os criadores de idéias têm um peso social diferente do atribuído a outras categorias de utilizadores de símbolos.

Sob essas circunstâncias, parece mais razoável definir os intelectuais de maneira mais restrita, e ver neles os homens e mulheres em dadas sociedades que, embora numericamente poucos, são ainda assim quantitativamente importantes como criadores de símbolos, que possuem atributos não encontráveis no grupo numericamente bem mais amplo de pessoas engajadas nas artes, nas ciências, nas profissões liberais e na religião. Acadêmicos ou membros das profissões liberais não são necessariamente intelectuais. O intelecto, diferentemente da inteligência exigida nas artes e nas ciências, presume uma capacidade de distanciamento das questões imediatamente pertinentes, uma mobilidade que ultrapassa as tarefas pragmáticas do momento e um compromisso com valores centrais que transcendem o envolvimento profissional ou ocupacional.

Enquanto a maior parte das pessoas envolvidas nas profissões liberais e em outras ocupações tende a se absorver na busca de respostas concretas a problemas específicos, os intelectuais, com maior probabilidade, se envolverão com esferas mais gerais de significado e de valores, com o cerne sagrado da cultura. Como tal, buscam proporcionar padrões morais e manter símbolos comuns significativos. Os intelectuais modernos são descendentes dos guardiães sacerdotais da tradição sagrada, tal como também se relacionam aos profetas bíblicos, cuja mensagem era muito distante dos valores morais e espirituais da corte e da sinagoga, criticando asperamente os senhores do poder pela malignidade de seus costumes.

Os que encaram os intelectuais dessa maneira irão contrapor também tratar-se de pessoas que jamais parecem satisfeitas com as coisas como elas são, nem com os hábitos e costumes predominantes, que questionam a verdade do momento em termos de uma verdade mais elevada: que eles se consideram os depositários especiais de idéias abstratas, tais como verdade ou justiça, e se encaram como guardiães dos padrões morais quando estes são alvo de ataque tanto no mercado quanto na sede do poder.

Os intelectuais não são apenas zeladores de idéias e mananciais de ideologias, mas, diferentemente dos eclesiásticos medievais ou dos modernos fanáticos políticos, tendem ao mesmo tempo a manter uma atitude crítica. São indivíduos que pensam de forma diferente e tendem a ser perturbadores da complacência e da acomodação.

Foi somente depois do declínio da Idade Média, depois de a Reforma e o Renascimento haverem fragmentado a visão unificada e monopolista de mundo da Igreja, que os intelectuais puderam começar a erguer uma voz independente; somente quando foram surgindo múltiplos poderes religiosos e seculares no cenário social, passando a disputar a adesão dos indivíduos, que pôde aparecer um estrato de homens e mulheres cujas idéias já não mais se prendiam à Igreja ou aos patronos seculares. Com o surgimento de toda uma variedade de centros de poder e influência, com o derretimento de uma cultura até então congelada, nasceram conflitos de idéias mantidos por porta-vozes independentes de correntes de pensamento e tendências doutrinárias diversas.

Alguns intelectuais ainda se encontravam, em parte, dependentes de patronos para poderem sustentar-se, até surgir, no século XVIII, um público letrado de amplo âmbito, mas eles tinham pelo menos a possibilidade de escolher os patronos. Do século XVIII em diante, porém, um contingente leigo começou a proporcionar um público receptivo aos homens de letras. A partir desse ponto, o estudo dos intelectuais precisa dar atenção cuidadosa à complicada rede de relações entre eles e o mercado de idéias, além de instituições como a universidade ou as academias nacionais. É preciso dar atenção aos dispositivos sociais como cafés, salões, periódicos, censura, burocracias governamentais, todos os quais invadem, seja de forma positiva ou negativa, a vida do espírito no mundo da modernidade. Os intelectuais no mundo moderno, seja no Oriente ou no Ocidente, têm assumido posições estratégicas cruciais. São em geral cortejados, mas também freqüentemente perseguidos pelos senhores do poder, bem como por interesses econômicos escusos. Em certas ocasiões sua posição parece razoavelmente bem firmada, em outras, porém, ainda parecem uma espécie ameaçada. No entanto, em última análise, são o que Ezra Pound um dia chamou de "as antenas da raça".

Ver também ILUMINISMO.

Leitura sugerida: Coser, Lewis A. 1965: *Men of Ideas: A Sociologist's View* • Hofstadter, Richard 1963: *Anti-intellectualism in American Life* • Mannheim, Karl 1929 *(1960)*: *Ideology and Utopia: an Introduction to the Sociology of Knowledge* • Shils, Edward 1972: *The Intellectuals and the Powers and Other Essays* • Znaniecki, Florian 1940: *The Social Role of the Man of Knowledge.*

LEWIS A. COSER

inteligência, teste de Tal como muitos conceitos em psicologia, o de inteligência pode ser mais fácil de reconhecer do que de definir ou medir. Santo Tomás de Aquino propôs que fosse "a capacidade de combinar e separar"; nos anos 20 Charles Spearman propôs "a capacidade de inferir relações e correlações". O problema é que a inteligência é inferida a partir do comportamento e o comportamento é sempre relacional. A inteligência, portanto, é mais bem considerada como uma propriedade emergente dos indivíduos em relação a contingências de seus ambientes natural e social. Isto é, um comportamento que é inteligente em determinado contexto pode ser totalmente inadequado em outro. Além disso, é essencial uma perspectiva desenvolvimentista. A inteligência de uma criança não é meramente a inteligência de um adulto em tamanho pequeno; o desenvolvimento não consiste em simplesmente "preencher" a criança até o nível adulto (a metáfora da jarra de um litro). Por exemplo, um bebê recém-nascido manifesta um reflexo enraizado por meio do qual ele suga o leite; à medida que a criança cresce, esse reflexo é substituído pelo de mastigar, transformação qualitativa de uma forma de comportamento adequado em outra. No entanto, uma forte tradição em psicologia, que remonta pelo menos a Francis Galton na década de 1860, encara a inteligência (ou, para Galton, a "capacidade mental") como uma propriedade individual fixa, que cresce linearmente, com a idade, até a vida adulta, e é expressiva de uma constituição em grande parte herdada.

Galton e seu *protégé* Karl Pearson lutaram para criar métodos de medir essa capacidade mental. Em 1904 o governo francês pediu a Alfred Binet que descobrisse meios de detectar crianças mentalmente deficientes. O resultado foi uma série de testes, consistindo em pequenos problemas concebidos para examinar a memória, a facilidade verbal e assim por diante. O resultado de uma criança nesses testes era usado para definir a sua idade mental, descobrindo-se a média de idade das crianças cujo resultado nos testes se equipara. Os testes foram levados para os Estados Unidos por Henry Goddard em 1908 e revistos por Lewis Terman, em Stanford, em 1912, para formar os testes Stanford-Binet, sobre os quais todas as versões posteriores se basearam. Terman popularizou a abreviatura QI, ou Quociente de Inteligência, significando a relação entre a idade mental de uma criança e sua idade cronológica vezes 100. O QI médio da população — de crianças de uma determinada idade ou, na versão adulta, de toda a população adulta — é 100. Os testes de QI, assim, operacionalizam a definição de inteligência, reduzindo-a a "o que medem os testes de QI". Originalmente destinados, nas mãos de Binet, a prever o desempenho escolar e identificar, para uma educação corretiva, crianças que estavam tendo um desempenho abaixo de sua "idade mental", esses testes, nos anos 20 e 30, nas mãos dos psicólogos norte-americanos e de seus colegas da Grã-Bretanha, em especial Cyril Burt, assumiram um caráter cada vez mais reificado. Spearman usou-os para deduzir que, subjacente a todo o desempenho nos testes, existia um "fator de inteligência geral" unitário, que ele chamou de "g", implicando com isso que esse fator tinha algo do caráter absoluto de uma constante nas ciências físicas. Outros estabeleceram uma distinção entre inteligência "fluida" e inteligência "cristalizada", a primeira encarada como a capacidade de novo aprendizado conceitual e a outra como conhecimento e habilidades adquiridos. Ao mesmo tempo se fizeram esforços para desenvolver testes que fossem "culturalmente justos", ou independentes de fatos e habilidades aprendidos. No entanto, como esses testes eram eles próprios padronizados de acordo com o Stanford-Binet, não podiam deixar de partilhar muitas de suas propriedades.

A aplicação em massa dos testes começou a ser feita nos recrutas do exército e pretendentes a imigrantes nos Estados Unidos e, mais tarde, em escolares no Reino Unido. Revelaram-se fortes tendenciosidades étnicas e de classes nos resultados dos testes; filhos da classe operária tendiam a ter resultados mais baixos que os da classe média, imigrantes e negros resultados mais baixos que os da população branca natural dos Estados Unidos. As diferenças de gênero, evidentes nas primeiras versões dos testes, foram eliminadas por meio de uma revisão das perguntas em que surgiam as diferenças de resultado, mas as diferenças étnicas e de classe foram amplamente encaradas como indicativas de "reais" diferenças de inteligência. Afirmações como as de Burt, ostensivamente baseadas na mensuração do QI em gêmeos idênticos criados separados (que nos anos 70 se revelaram ser totalmente fraudulentas), de que as variações de inteligência — ou pelo menos de resultado no teste de QI — eram, em grande parte, geneticamente determinadas, deram uma base racional para as preocupações eugênicas, amplamente difundidas, de que os diferenciais de imigração e de classe nas taxas de natalidade levariam a um declínio da "inteligência nacional". (Ver EUGENIA, CIÊNCIA DA.)

Depois de 1945 as diferenças de grupo nos resultados de QI passaram a ser atribuídas de forma geral a fatores ambientais e, com a difusão da oferta de educação abrangente a crianças de capacidades mistas, a confiança nos testes relacionados ao QI para fazer discriminação entre crianças e para limitar perspectivas educativas se reduziu. A questão do QI voltou a ganhar proeminência depois de 1969, quando Arthur Jensen, nos Estados Unidos, seguido por seu divulgador Hans Eysenck, na Grã-Bretanha, ressuscitou as pretensões à determinação genética das diferenças de QI, não apenas entre indivíduos, mas também entre grupos, em especial brancos e negros vivendo nos Estados Unidos. Seguiu-se um vigoroso debate no qual as bases empíricas e teóricas dessas pretensões foram intensamente discutidas. Nos anos 80 surgiram provas de que, no decorrer dos últimos 40 anos, houve um substancial aumento na média dos resultados de QI em grandes grupos de crianças no Japão, Nova Zelândia, Países Baixos e Reino Unido. Como tal aumento não pode ser explicado por meio de nenhum modelo genético conhecido, esse debate pode ser encarado como finalmente concluído. Os avanços nas ciências neurológicas significam que não se considera mais plausível falar de comportamento inteligente, ou sequer do resultado de uma pessoa num teste de QI como dependente de uma única propriedade fundamental e herdada; a dialética dos ambientes biológico, social e natural durante o desenvolvimento significa que propriedades complexas como a inteligência não podem, de uma forma que faça sentido, ser divididas em frações "genéticas" e "ambientais" distintas.

Ver também CIÊNCIAS COGNITIVAS.

Leitura sugerida: Blum, F.M. 1978: *Pseudoscience and Mental Ability* • Evans, B. e Waites, B. 1981: *IQ and Mental Testing: an Unnatural Science and its Social History* • Rose, Steven et al. 1984: *Not in our Genes.*

STEVEN P.R. ROSE

inteligência artificial Esta expressão descreve o que é realizado por uma máquina quando esta tenta imitar desempenhos humanos cognitivamente sofisticados. As calculadoras mecânicas (começando com os "relógios medidores" do século XVII) e até mesmo os robôs mecânicos dos séculos XVIII e XIX podiam ser encarados como exemplos dos primeiros veículos, mas foi na programação de computadores do século XX que a inteligência artificial começou a ser identificada como um campo de estudos (Pratt, 1987).

A expressão entrou em uso em seguida a sua utilização no título de uma conferência realizada em 1956 no Darmouth College, New Hampshire, apresentada por John McCarthy (MacCorduck, 1979). Ela serviu para definir um conjunto de projetos que tentavam explorar o potencial do computador eletrônico, que nascera na Segunda Guerra Mundial e, no início dos anos 50, estava surgindo no mundo civil.

Entre os principais projetos da época incluíram-se tentativas de fazer com que máquinas jogassem cartas e xadrez, resolvessem problemas de geometria e de lógica, reconhecessem padrões e "entendessem" o inglês comum (Feigenbaum e Feldman, 1963). Esses projetos refletiam dois tipos de interesse que se reuniram na formação do novo campo e que persistem até os dias de hoje. Um é o interesse nos processos psicológicos humanos, o outro, o de conseguir que as máquinas façam coisas cada vez mais sofisticadas (e portanto, para seus usuários humanos, mais convenientes). Alguns dos primeiros programas de Inteligência Artificial (IA) — por exemplo, os que criavam provas em lógica — foram concebidos como um meio de estudar a tomada de decisões pelos seres humanos. Outros, particularmente programas que jogavam xadrex e cartas, o foram como estudos de aprendizado. Ultimamente, a perspectiva que encara o cérebro como um "processador de informações" criou a *psicologia cognitiva* (não tanto um novo ramo de uma velha disciplina, mas uma proposta para substituí-la) e, a partir desse ponto de vista, a tentativa de conseguir imitar o comportamento ou desempenho humano através da programação da máquina constitui uma sólida técnica de pesquisa (Anderson, 1980).

Os estudos sobre reconhecimento de padrões começaram com a outra motivação — com os programadores querendo equipar suas máquinas com a capacidade de ler datilografia, de forma a que fosse possível alimentar programas no computador usando esse meio. Descobriram que, por exemplo, uma letra do alfabeto não deve ser definida por uma configuração coordenável-definível de pontos, mas que um número indefinido dessas configurações pode ser identificável pelo olho humano como a *mesma* letra; o que o computador tinha de ser levado a identificar era o *padrão* no qual se encaixam as diferentes configurações. Esse projeto em particular se concretizou e passou a ser utilizado (em mecanismos ópticos de reconhecimento de caracteres, de grande importância humana), mas o problema de reconhecimento de padrões em toda uma variedade de outros campos continua significativo e difícil (Fischler e Firscheim, 1987).

O projeto de ensinar ao computador o inglês (isto é, a linguagem natural) começou igualmente sua longa e até agora inconclusa carreira com uma tentativa de tornar a máquina mais vantajosa para o usuário e o programador. É um projeto cuja importância ganhou aceitação mesmo no momento em que sua dificuldade se fazia sentir sobre os que nele trabalhavam (Allen, 1987; Gazdar e Mellish, 1989). Existe uma concepção de que a percepção visual é mediada através dos conceitos da linguagem natural e é também bastante possível que o conhecimento seja articulado e memorizado utilizando-se estruturas lingüísticas (Winograd, 1983).

Num grau surpreendente, a maior parte desses projetos fundamentais tem continuado a absorver interesse e a desafiar uma solução completa. Novos projetos também têm sido adotados. Durante a segunda década de existência da IA, concentrou-se grande atenção nos robôs, com a tentativa de equipar aparelhos mecânicos com refinados controles motores e com a capacidade de utilizar dados visuais obtidos do ambiente em torno para lhes permitir movimentar-se nesses ambientes, manipular objetos ou ambas as coisas. Esse trabalho resultou nas linhas de montagem automatizadas que hoje se tornaram lugar comum (Engelberg, 1980).

Ultimamente, a grande preocupação da IA vem sendo compreender de que modo o conhecimento humano poderia ser armazenado na máquina, de tal forma a tornar facilmente acessível esse conhecimento, bem como quaisquer implicações que ele possa ter para a solução de problemas cotidianos. É o esforço para construir "sistemas especializados" que tomariam o lugar de especialistas humanos de vários tipos (professores, procuradores, consultores financeiros), ou pelo menos lhes dariam assistência.

O futuro provavelmente assistirá ao desenvolvimento de uma retomada do interesse no potencial de aprendizado das "redes nervosas", uma pluralidade de processadores ligados multiplamente entre si (Hinton e Anderson, 1981). Rompendo com a estrutura que se tornou a norma para o computador, a qual canaliza toda a ação através de um único processador, a alternativa da "rede nervosa" tenta chegar mais perto da estrutura do tecido nervoso orgânico (idéia perseguida sem sucesso por uma precursora da IA, a cibernética, nos anos 50). A atual esperança é de que as novas estruturas possam vir a proporcionar orientação quanto ao comportamento futuro de sistemas complexos, não elaborando as várias leis que comandam em conjunto, mas fazendo com que a rede capte o padrão de comportamento passado e o projete no futuro. "Ciência da conexão" é uma expressão às vezes usada para definir essa perspectiva (Rumelhart et al., 1986; Zeidenberg, 1989).

A idéia de uma "heurística", originalmente aplicada na esfera da busca de provas matemáticas, é uma noção importante que tem sido desenvolvida no decorrer de vários projetos de IA. As soluções para certos problemas podem ser descobertas, em princípio, repassando-se uma lista finita de possibilidades. Por exemplo, num jogo como o xadrez, existe em qualquer ponto um número finito de movimentos abertos a um jogador e, além disso, cada possível seqüência de movimentos resultará em algum ponto numa de três conclusões: a vitória para um ou para o outro jogador, ou o empate. Teoricamente, portanto, uma abordagem seria trabalhar com um conjunto completo de conjecturas do tipo "e se...?". Infelizmente (ou felizmente — o xadrez é um belo jogo), mesmo uma máquina que não levasse mais que 1/1.000.000 de segundo para calcular cada posição possível num jogo de 40 movimentos exigiria 10^{95} anos para descobrir um primeiro movimento (Shannon, 1954).

O que é necessário a um programa prático para um jogo de xadrez são meios de melhorar a geração sistemática, porém cega, de movimentos a serem executados, meios de eliminar sem consideração possibilidades improváveis, se não de positivamente escolher as prováveis. Seria possível, por exemplo, ignorar todos os movimentos rumo a casas desprotegidas. O mérito de gerar sistematicamente todas as possibilidades é que, com a suficiente perseverança, todas são abrangidas. É esse mérito que tais atalhos, ou tal "heurística", sacrificam: em lugar da certeza a longo prazo, consegue-se algo menos que a certeza dentro de um espaço de tempo mais aceitável.

Mesmo com a ajuda da heurística, a solução de problemas pela IA freqüentemente implica a conferência de grande número de possibilidades, e isso colocou em destaque a necessidade de se armazenar a informação de modo a maximizar a eficiência da busca. Uma estrutura de "árvore", ramificada, foi nesse caso um resultado influente. Outra técnica, não exatamente nova como a IA, mas que recebe no trabalho da IA a articulação precisa que a programação exige, é decompor o problema que deve ser solucionado em problemas com componentes mais simples, e estes por sua vez em problemas mais simples ainda — e assim por diante, até se atingir um nível em que seja possível encontrar as soluções (Newell e Simon, 1972).

A IA também concedeu, particularmente em seus primeiros anos, o substancial patrocínio à idéia de que conceitos e proposições devem ser tratados como listas de símbolos cujos membros possam ser tomados e manipulados. Uma linguagem de computador, a LISP (LISt Processor), foi inventada para facilitar a execução desses processos na máquina e acabou sendo útil de forma tão geral para os projetos a que se dedica a comunidade da IA que sua utilização quase que serve para definir o campo (McCarthy, 1963).

Desde os primeiros momentos os que trabalham com IA perceberam a relevância da LÓGICA para as suas preocupações. Ser capaz de raciocinar parece ser um aspecto da posse da inteligência, e um meio de se pensar a lógica é como a tentativa de articular as regras do raciocínio válido, as regras que nos permitem concluir, a partir de uma lista de coisas que temos como estabelecidas, que certas outras coisas também devem ser verdadeiras. Se a máquina pudesse ser levada a manipular proposições de acordo com essas regras (supondo-se que soubessem o que eram), isso não apenas eliminaria o papel do lógico e do matemático humanos (pois sua função é demonstrar que tal e tal proposição pode ser provada), mas também representaria uma ajuda considerável em todos os tipos de empreendimentos humanos em que o raciocínio a partir de um conhecimento estabelecido desempenha algum papel.

Para certo tipo de raciocínio, em resultado dos esforços dos lógicos ao longo dos séculos, as regras já foram determinadas (Prior, 1962). São fáceis de representar no computador e, portanto, representá-los foi um dos primeiríssimos projetos da IA. Aplicada ao domínio particular do conhecimento médico, por exemplo, a implementação dessa parte da lógica resultou em um programa capaz de oferecer um diagnóstico de condições médicas. O conhecimento médico é incorporado ao programa sob a forma de regras que expressam as ligações conhecidas entre sintomas e possíveis doenças.

O paciente é convidado a informar os sintomas de que está efetivamente sofrendo e o programa então utiliza as regras da lógica que lhe foram dadas para descobrir que diagnóstico está implícito (Shortliffe, 1976).

Sistemas desse tipo não deixam de ter valor prático, embora o fato de poderem simular um tipo restrito de raciocínio seja uma limitação grave. É o tipo formulado no que se conhece por *cálculo proposicional*, e a limitação é não poder representar o raciocínio que depende da *estrutura interna* das proposições. Por exemplo, o cálculo proposicional considera o raciocínio do médico "Se Fulano está com febre, deve estar doente" como tendo a forma "Se p então q", onde p representa a proposição "Tom está com febre" e q "deve estar doente". Mas há um grande volume de raciocínio que depende da estrutura interna das proposições (por exemplo: "Se todo número tem um sucessor, então não existe nenhum número que seja maior do que todos os outros números.")

Os lógicos, no entanto, também têm tido sucesso com esses outros tipos de raciocínio, inspirados pelo trabalho de Gottlob Frege, perto do final do século XIX, desenvolvendo o que se conhece como o *cálculo predicativo* (Kneale e Kneale, 1962). Por motivos revelados em famosa obra matemática por Kurt Gödel e outros (Davis, 1965), não pode haver certeza prévia de que uma representação mecânica do cálculo predicativo vá resultar na determinação de toda e qualquer indagação legítima a ele apresentada. Ao concluir, a máquina está dando a resposta "sim" à indagação feita (essencialmente, será que tal e tal proposição do cálculo predicativo se segue a partir da informação disponível?). Mas, *antes* que a tenha completado, o usuário não sabe se isso se dá porque a resposta é "não" ou porque a resposta nunca será determinada. Isso cria um grau indesejável de incerteza, mas se imaginaram meios de lidar com essa limitação que não obstante deixam as máquinas de cálculo predicativo com um bom volume de potencial utilitário (Shepherdson, 1983).

Um fruto deste trabalho foi a elaboração da linguagem de computador chamada PROLOG (de "programação em lógica"), que aplica as regras do cálculo predicativo para descobrir que proposições se seguem dos fatos apresentados ao sistema, consideradas em conjunto com a "base de conhecimento" com que o sistema foi previamente alimentado (Kowlski, 1979).

Outro foi a construção de uma nova geração de *expert system programs*, cuja promessa, porém, até o presente momento, ainda não foi concretizada.

Ver também CIÊNCIA COGNITIVA.

Leitura sugerida: Beardon, C. 1989: *Artificial Intelligence Terminology* • Boden, M.A. 1986: *Artificial Intelligence and Natural Man*, 2ª ed. • Michie, D. 1974: *On Machine Intelligence* • Minsky, M. 1967: *Computation: Finite and Infinite Machines* • O'Shea, T. e Eisenstadt, M., orgs. 1984: *Artificial Intelligence* • Shapiro, S., Eckroth, D. e Vallasi, G. 1987: *Encyclopedia of Artificial Intelligence* • Sharples, M., Hogg, D., Hutchison, C., Torrance, S. e Young, D. 1989: *Computers and Thought* • Simon, H.A. 1970: *The Sciences of the Artificial* • Turing, A.M. 1954: "Can a machine think?". In *The World of Mathematics*, vol.3, org. por J.R. Newman.

VERNON PRATT

interação Na linguagem cotidiana, interação significa atos, ações, atividades e movimentos inter-relacionados de dois ou mais indivíduos, mas também de animais e objetos, como as máquinas. Em geral, a palavra significa uma influência recíproca ativa. Nas ciências sociais e humanas o conceito de "interação" é usado de maneira não-uniforme, embora seja um dos temas centrais. Na literatura sociológica e psicológica, a palavra "interação" é usada nos seguintes contextos:

Interação social

O comportamento inter-relacionado de indivíduos que influenciam uns aos outros pela comunicação é chamado de interação social. Na literatura, interação e comunicação são usadas em geral como sinônimos. Watzlawick, Beavin e Jackson (1967) definem a interação como uma seqüência recíproca de comunicações (isto é, mensagens) entre dois ou mais indivíduos. A expressão "padrões de interação" existe para as unidades mais complexas da comunicação humana. A interação social é por vezes chamada de comunicação interativa. Segundo Hare, interação significa "todas as palavras, símbolos e gestos com que as pessoas reagem umas às outras" (1976, p.60). Na PSICOLOGIA SOCIAL recente, a comunicação não-verbal (expressões faciais, troca de olhares, movimento corporal, comportamento espacial, comportamento extralingüístico e assim por diante) é considerada de grande importância para a compreensão da interação social (Argyle, 1975; Weick, 1985).

As teorias sociológicas e psicológicas sobre a interação não serão tratadas aqui em detalhe. Deve ser suficiente mencionar a teoria do intercâmbio social e o INTERACIONISMO SIMBÓLICO. A teoria do intercâmbio (ver Thibaut e Kelley, 1959) explica a interação social em termos de recompensas e custos. A teoria dos resultados da interação de Thibaut-Kelley trata principalmente de relações entre duas pessoas. A interação entre duas pessoas (interação dual) forma o paradigma básico para a maior parte das teorias sobre a interação. Com respeito ao estudo empírico dos processos de interação de grupo, os métodos de observação até agora desenvolvidos começam na verdade com análises de interações entre duas pessoas. A teoria do interacionismo simbólico (ver Blumer, 1969) é uma influente teoria sociológica sobre a interação, relacionada principalmente ao filósofo e sociólogo George Herbert Mead. Faz-se referência a ela aqui porque essa teoria e a estratégia de pesquisa a ela relacionada têm passado por um certo ressurgimento na psicologia social no decorrer dos últimos anos. Os pressupostos básicos implicam que os indivíduos se comportam na base do "significado" que vem das interações sociais. O significado é constantemente modificado por um processo contínuo de interpretação dos indivíduos que participam da interação (Blumer, 1969). O eu é encarado como resultado da interação; o comportamento interativo só pode ser compreendido na base de atos recíprocos de interpretação entre os parceiros que interagem em um certo contexto histórico, cultural e situacional. Na psicologia social européia, dedica-se maior atenção à interação social entre membros de diferentes grupos (comportamento intergrupal; relações intergrupais); ver especialmente a teoria da identidade social (Tajfel, 1978), em que o papel da filiação ao grupo e da identidade social para comportamento intergrupal e o autoconceito constitui o tema central.

Análise de interação

Baseada na definição de interação acima apresentada, a análise de interação significa a coleta, o registro, a análise e a interpretação sistemáticos da COMUNICAÇÃO. Comunicação aqui não se refere apenas à comunicação verbal, mas também à não-verbal. Desenvolveu-se uma série de procedimentos de observação (ver Simon e Boyer, 1974) e mecanismos de registros (Krüger et al., 1988) para classificar a comunicação verbal e a não-verbal. De acordo com a orientação passada, esses procedimentos dizem respeito principalmente à codificação de interações verbais em grupos de duas pessoas ou pequenos grupos (ver Hare, 1976).

A Análise do Processo de Interação (API/IPA) desenvolvida por Bales (1950), um dos fundadores da pesquisa de pequenos grupos, é ainda considerada o protótipo de um sistema de codificação baseado na observação. Esse sistema consiste em 12 categorias e visa revelar padrões de interação em grupos de solução de problemas sem liderança, bem como descrever esses processos no decorrer do tempo (fases do desenvolvimento de grupo). As categorias seguem um modelo de seqüência de solução de problemas. A dupla central de uma categoria ilustra os problemas de coleta de informação na fase inicial (categoria 6: Dá Orientação; categoria 7: Pede Orientação). As categorias 5 (Dá Opinião) e 8 (Pede Opinião) referem-se à avaliação da informação; as categorias 4 (Dá Sugestão) e 9 (Pede Sugestão) referem-se ao problema do controle. As áreas de problemas seguintes são: tomada de decisões (categoria 3: Concorda; 10: Discorda), regulação da tensão (categoria 2: Demonstra Alívio de Tensão; 11: Demonstra Tensão) e, na fase final, enfrentar problemas sócio-emocionais (categoria 1: Parece Amistoso; 12: Parece Inamistoso). O desenvolvimento ulterior da abordagem da API, que levou ao mais recente sistema SYMLOG (Sistema para a Observação de Grupos em Múltiplos Níveis), ligou as categorias a um modelo espacial obtido através da análise de fator e do exame do conteúdo das mensagens (Bales e Cohen, 1979). A codificação SYMLOG da interação permite descrever os processos de comunicação em três níveis: o nível de comportamento verbal e não-verbal observável, o nível de imagens comunicadas e, finalmente, o nível de julgamento de valor que o agente comunica através das imagens que expressa. As imagens podem ser então distribuídas em seis níveis (Eu, Outros, Grupo, Situação, Sociedade, Fantasia). O comportamento demonstrado e o conteúdo expresso podem ser localizados e interpretados em um espaço tridimensional (dimensões: dominação versus submissão; positivo versus negativo; orientação para tarefas versus expressão de emoções). Os dados, que também podem ser processados com a ajuda de programas de computação, são apresentados graficamente como diagramas de campo.

Um sistema de codificação da interação de base teórica (TEMPO), que parece fácil de aprender e aplicável a um vasto âmbito de situações de desempenho de tarefas em grupo, foi recentemente introduzido por Futuron, Kelley e McGrath (1989). A maioria dos métodos de observação publicados é feita de sistemas de observação de salas de aula (como Flanders, 1969). Em psicodiagnóstico, há um duplo âmbito de conceitos e procedimentos que recebem o nome de diagnóstico de interação. Nesse quadro de referência, o comportamento interativo é provocado por meio de técnicas experimentais (testes, tarefas de provocação de problemas e conflitos, situações de desempenho de papel) e analisado com a ajuda de sistemas de codificação da interação (ver McReynolds e DeVoge, 1978).

Interação estatística

Em pesquisa estatística, a palavra interação está ligada ao método de pesquisa estatístico da "análise fatorial de variação". Nesse caso, refere-se a uma possível fonte de variação, a que se deve à ação conjunta (isto é, à interação) de duas ou mais variáveis independentes (ver Kerlinger, 1973).

Interacionismo

A palavra refere-se a um grupo de teorias que tratam de efeitos interativos, por exemplo, a relação entre corpo e mente, indivíduo e sociedade, organismo e meio ambiente. Isso pode ser ilustrado nos exemplos que daremos a seguir. Segundo Drever, o interacionismo é "uma teoria da relação entre a mente e o corpo que presume interação ou causalidade recíproca entre os dois — que a mente age sobre o corpo e o corpo sobre a mente — como solução para o problema psicofísico" (1964, p.142). No campo da psicologia diferencial e da psicologia da PERSONALIDADE, uma coletânea de artigos publicados por Enfler e Magnusson (1976) levou ao chamado debate pessoa-situação, durante o qual o interacionismo foi defendido como um modelo mais apropriado para a teoria e a pesquisa da personalidade. Esse ponto de vista presume que o comportamento efetivo é determinado por uma interação contínua e multidirecional entre variáveis de pessoa e variáveis de situação (ibid., 1976). Uma avaliação provisória e otimista desse persistente debate é apresentada por Kenrick & Funder (1988).

Leitura sugerida: Bales, R.F. 1968: "Interaction process analysis". In *International Encyclopedia of the Social Sciences*, vol.7, org. por D.L. Sills, p.465-7. • Danzinger, K. 1976: *Interpersonal Communication* • Duncan, S. e Fiske, W. 1977: *Face-to-Face Interaction* • Goffman, E. 1959: *The Presentation of Self in Everyday Life* • Homans, G.C. 1961 *(1974)*: *Social Behavior: its Elementary Forms*, ed. rev. • Jaffe, J. e Feldstein, S. 1970: *Rhythms of Dialogue* • Jones, E.E. e Gerard, H.B. 1967: *Foundations of Social Psychology* • Parsons, T. 1968: "Social interaction". In *International Encyclopedia of the Social Sciences*, vol.7, org. por D.L. Sills, p.429-41.

JOHANN F. SCHNEIDER

interacionismo simbólico Ramo da sociologia norte-americana, o interacionismo simbólico é um produto da ESCOLA SOCIOLÓGICA DE CHICAGO. Durante décadas foi uma "oposição leal" à teoria predominante de Talcott Parsons (ver FUNCIONALISMO) e às abordagens empíricas mais quantitativas. Nos anos 60 o interesse pelo interacionismo simbólico tornou-se quase moda e esteve ligado, de modo pouco claro, à abordagem fenomenológica e a outras. Hoje em dia essa teoria continua, por um lado, relativamente intacta, enquanto que, por outro lado, existem tendências, em primeiro lugar, a superar a concentração nos fenômenos microssociológicos e, em segundo lugar, conseguir uma compreensão histórica de si mesma.

A expressão "interação simbólica" foi cunhada por Herbert Blumer em 1937. Indica que esse ramo da sociologia e da psicologia social se concentra em processos de INTERAÇÃO — ação social imediata reciprocamente orientada — e tem um conceito básico de interação que lhe enfatiza o caráter simbolicamente mediado. Não se deve pensar aqui em relações sociais nas quais a ação seja mera concretização de regras preestabelecidas, mas naquelas em que definições comuns e recíprocas da relação são propostas e estabelecidas. As relações sociais, então, não surgem como determinadas de uma vez por todas, mas como abertas e dependendo de constante aprovação em comum. Esse princípio básico do interacionismo simbólico explica a sua afinidade metodológica com os chamados métodos qualitativos, particularmente a abordagem da observação participante e a utilização de dados biográficos. No nível do conteúdo, processos de interação familiar, processos de surgimento e definição de comportamento desviado e subcultural foram abertos como campos de pesquisa.

No entanto seria insuficiente descrever essa abordagem apenas através de uma vaga caracterização de seus pressupostos básicos. Acima de tudo, é preciso observar que o programa de Blumer é uma condensação mais ou menos simplificadora da complexa obra teórica de G.H. Mead, lida com um interesse psicológico-social. Sem utilizar a expressão, Mead elabora o conceito de interação simbolicamente mediada no quadro de uma teoria antropológica da comunicação — por exemplo, numa comparação de modos de comunicação e sociabilidade animais e humanos —, enfatizando o significado da autopercepção e da previsão do comportamento e demonstrando como essas coisas transformam meras expressões vocais em símbolos significativos. Sobre essa base, ele introduz uma visão transformada da estrutura da personalidade e um novo conceito de mente. A capacidade do indivíduo de indicar algo a si próprio e de interagir consigo mesmo é crucial em ambos os casos. Segue-se então uma análise da origem e evolução ontogenética e filogenética do eu, do pensamento reflexivo e da ação intencional. Mead considera a integração do comportamento individual na atividade de grupos através de meios de mútua previsão de comportamento, em vez de padrões biológicos fixos, como o aspecto característico da sociabilidade humana.

A crítica do interacionismo simbólico dirige-se principalmente ao programa metodológico de Blumer, afirmando (1) uma pretensa redução dos fenômenos sociais a formas de relação interpessoais imediatas; (2) desatenção aos aspectos de poder e dominação; (3) uma conceitualização de processos macrossociais em termos de meros horizontes para mundos da vida; (4) total descaso pela dominação humana sobre a natureza e pela crescente independência dos processos sociais em relação às intenções e orientações de agentes individuais e coletivos. Muitas dessas objeções ao programa de Blumer e a seus seguidores podem ser justificadas, pelo menos em parte, mas parecem estranhas quando se leva em conta o âmbito total das contribuições teóricas e empíricas dessa abordagem, por exemplo, incluindo a obra de Everett Hughes e sua escola com relação à sociologia do trabalho e das profissões liberais.

A importância e a potencialidade do interacionismo simbólico só podem ser compreendidas no contexto da velha Escola de Chicago, a que o interacionismo simbólico sucedeu, mas que também limitou. Num determinado sentido, ele marca o declínio da livre rede interdisciplinar de teóricos, pesquisadores sociais e reformadores da Universidade de Chicago, que possuíam certa unidade, embora a coerência íntima dos vários elementos nunca tenha sido elaborada — e sequer reconhecida durante longo tempo. Essa coerência tem de ser compreendida como resultado, primeiro, de uma concepção da ordem social guiada por idéias democráticas; segundo, da primazia da sociabilidade derivada de uma teoria da ação; e, terceiro, do conceito de ação desenvolvido pelo pragmatismo. Mas é preciso admitir que a análise de problemas sociais nos Estados Unidos, nessa época, produziu — por exemplo, na obra de R.E. Park — um dualismo de tipos de ordem social: uma dominada pela concorrência, a outra pela COMUNICAÇÃO.

É importante para reconstrução da história do interacionismo simbólico verificar se esse dualismo foi dissolvido ou meramente disfarçado, registringindo-se a pesquisa ao segundo tipo, a ordem social criada de forma comunicativa. A produtividade dessa tradição — para além dos fenômenos microssociológicos — foi demonstrada na análise da divisão do trabalho, no caso de organizações profissionais, e na análise do comportamento coletivo e de movimentos sociais. Isso já seria motivo suficiente para dar a essa abordagem sociológica, que durante décadas sofreu a falta de uma teoria, uma abordagem teórica e autocompreensiva coerente, que contribuiria para os atuais debates teóricos.

Leitura sugerida: Becker, H. 1963: *Outsiders: Study in the Sociology of Deviance* • Blumer, H. 1937: "Social psychology". In *Man and Society*, org. por E.P. Schmidt ○ 1969: *Symbolic Interactionism: Perspective and Method* • Glaser, B. e Strauss, A. 1967: *The Discovery of Grounded Theory: Strategies for Qualitative Research* • Hughes, E. 1971: *The Sociological Eye: Selected Papers* • Joas, H. 1985: *G.H. Mead: a Contemporary Re-examination of his Thought* • Mead, G.H. 1934 *(1962)*: *Mind, Self, Society*, org. por C.W. Morris ○ 1964: *Selected Writings*, org. por A.J. Reck • Park, R.E. 1967: *On Social Control and Collective Behavior: Selected Papers* • Thomas, W.I. e Znaniecki, F. 1918 *(1974)*: *The Polish Peasant in Europe and America*, 2 vols.

HANS JOAS

interesse, grupo de Um grupo de interesse é uma organização particular que busca reunir os valores e preferências que seus membros têm em comum e, articulando-os, tenta influenciar tanto a opinião pública quanto os planos governamentais.

A expressão genérica grupo de interesse abrange organizações que existem basicamente para representar os interesses econômicos de seus membros (como as associações de empregados) e as que buscam promover uma causa particular que reflete atitudes comuns de seus membros diante da vida. Enquanto os grupos de interesse econômicos são geralmente descritos como os que defendem interesses setoriais e até mesmo egoístas, os grupos promocionais são invariavelmente considerados como engajados na defesa desprendida de uma causa promovida no interesse de todos (por exemplo, os grupos ambientais). Embora os termos divirjam, a categorização dos grupos de interesse nesses dois tipos é característica da literatura acadêmica.

Embora se diferenciem dos partidos políticos por tentarem influenciar o governo, em vez de constituí-lo, grupos de interesse têm agido como geradores de partidos políticos (assim, o Partido Trabalhista britânico tem origem no movimento sindical). Além disso, a diferença entre grupos econômicos e defensores de causas nem sempre é muito clara, no mínimo porque os primeiros se identificam com causas mais abrangentes do que os interesses particularistas de seus membros.

No século XX a preocupação com os grupos de interesse como campo de estudo tem origem, em grande parte, nos Estados Unidos. Deita raízes numa tradição de textos sobre o sistema político norte-americano que sempre interpretou sua pletora de grupos como um testemunho tanto da energia de seu povo quanto da vitalidade de sua democracia.

Nos Estados Unidos (Truman, 1951; Latham, 1952) e um pouco mais tarde no Reino Unido (Mackenzie, 1955; Beer, 1956; Finer, 1958) e Europa Ocidental (Lapalombara, 1964), a adoção de uma abordagem centrada no grupo veio na esteira de Bentley (1908). Este havia proposto o estudo de grupos e suas interações com o governo como chave para a compreensão dos processos políticos mais amplos.

Embora libertasse os estudiosos da preocupação exclusiva com constituições e instituições políticas, a moda dos estudos de grupos foi criticada por alguns por negligenciar ou compreender erroneamente os motivos dos indivíduos (Olson, 1965), e por subordinar o papel de instituições políticas mais tradicionais (Crick, 1959). Outros (Bachrach e Baratz, 1962; Lukes, 1974) discordaram dos que, como Dahl (1961), interpretaram a existência tão difundida de grupos de interesse em competição aberta para influenciar planos de ação oficiais como indício da difusão do poder (ver também PLURALISMO). Contestaram essa análise pluralista afirmando que o poder se concentra nas mãos de relativamente poucos grupos, os quais se envolvem com o governo devido a seu papel econômico estratégico (Mills, 1956; Lindblom, 1977). O revigoramento do debate intelectual sobre o conceito de PODER é um resultado direto do estudo de grupos de interesse.

A literatura sobre grupos de interesse, especialmente em relação à elaboração de políticas públicas (Kimber e Richardson, 1974; Wilson, 1981; Marsh, 1983), levou a um conhecimento mais completo tanto da dinâmica quanto da substância das ações governamentais. Além disso, seu estudo colocou em destaque a necessidade de instituições mediadoras entre o cidadão e o governo, proporcionando aos indivíduos tanto a oportunidade quanto o motivo para uma representação e uma PARTICIPAÇÃO políticas através de outros meios que não os partidos políticos. Por esses motivos, e devido à questão de eles promoverem ou prejudicarem um governo democrático, os grupos de interesse tornaram-se um elemento integrante na análise dos sistemas políticos.

Ver também MOVIMENTO SOCIAL.

Leitura sugerida: Bentley, A.F. 1908 *(1967)*: *The Process of Government*, org. por P. Odergard • Berger, S.D., org. 1981: *Organizing Interests in Western Europe: Pluralism, Corporatism and the Transformation of Politics* • Dahl, R. 1961: *Who Governs? Democracy and Power in an American City* • Jordan, A.G. e Richardson, J.J. 1987: *Britsh Politics and the Policy Process* • Olson, M. 1965: *The Logic of Collective Action.*

R.A. WILFORD

interesses Dizer que uma ação, uma política ou um estado de coisas existe no interesse de um indivíduo ou da coletividade é indicar que isso promoveria seu bem-estar de alguma forma significativa. A atribuição de interesses pode servir a fins normativos ou explanatórios: num caso, é usada para recomendar ou justificar uma ação tomada em benefício de outrem, por exemplo, por governos, pais ou assistentes sociais; no outro, é usada para explicar ou prever comportamentos.

O uso normativo propõe questões sobre as condições físicas, psicológicas e sociais que contribuem para o bem-estar da coletividade ou do indivíduo em questão. Uma vez que há pontos de vista diferentes sobre quais poderiam ser essas condições, a atribuição de interesses geralmente fica aberta ao debate. Não há motivo para supor que indivíduos ou coletividades precisem estar cônscios dos interesses que supostamente têm. Antes, a questão é que sua situação social supostamente identifica um interesse *vis-à-vis* outras coletividades ou indivíduos relevantes: os interesses de uma criança, em contraste com os de seus pais, da classe operária em oposição aos da burguesia, de diferentes categorias de contribuintes do Imposto de Renda, da comunidade como um todo, em vez de interesses meramente setoriais, e assim por diante. A atribuição de interesses, nesse aspecto, implica pouco mais que um argumento plausível relacionando seu bem-estar a alguma política ou estado de coisas. Nada precisa dizer sobre o que está motivando o indivíduo ou coletividade em questão.

O uso explanatório propõe questões de ordem diferente. Jürgen Habermas apontou que a experiência humana se organiza em termos de interesses cognitivos a priori. No entanto a compreensão mais habitual dos interesses é como propriedades contingentes, mas relativamente estáveis, de indivíduos ou coletividades (diferente de vontades ou desejos transitórios), que lhes fornecem os motivos efetivos ou potenciais para a ação. Muitos autores concordariam com a afirmação de Connolly de que toda "teoria explanatória da política inclui (...) pressupostos sobre as pessoas e seus reais interesses" (1983, p.73). Os interesses já foram encarados como uma fonte elementar de conflito social e de diferenças nas filosofias ou visões políticas de diferentes classes, e como explicação de aspectos importantes da cultura e do conhecimento.

Tem havido muitas mudanças no modo como se pensa que os interesses se relacionam a outras fontes de motivação, mas no período moderno a busca de interesses é normalmente comparada com o comportamento não-motivado pelo auto-interesse. Max Weber, por exemplo, trata os interesses e valores "materiais" como fontes independentes de motivação, fornecendo motivos diferentes e às vezes conflitantes para a ação. O PLURALISMO norte-americano analisa a vida política como uma questão de interações de grupos organizados que se associam para a defesa ou promoção de seus interesses. Esse ponto de vista indica que as organizações aglutinam e expressam interesses existentes de forma independente, mas hoje se reconhece, de maneira geral, que as próprias organizações desempenham um papel importante na determinação dos interesses que são efetivamente representados na vida política.

Os interesses às vezes são encarados como passíveis de causar efeitos mesmo quando não são conscientes para os que agem motivados por eles. Uma manobra comum é desmascarar o que parece ser um comportamento desprendido de interesses afirmando revelar seus verdadeiros fundamentos em termos de interesses. Em *O 18 Brumário de Luís Bonaparte*, Marx insiste em afirmar que o que distinguia as facções legitimista e orleanista dentro do monarquismo francês "não era nenhum dos chamados princípios, mas suas condições materiais de existência, dois tipos diferentes de propriedade (...)" (1852, p.118). Aqui, as condições materiais dão origem a interesses que explicam as conseqüentes idéias e ações. Os interesses distintos das duas facções monarquistas explicam suas diferenças políticas, bem como as "convicções, os artigos de fé" e coisas do gênero que elas usam para justificar suas ações.

Os interesses em questão nessa manobra de desmascaramento são por vezes descritos como objetivos, significando que sua existência e eficácia não dependem necessariamente de nenhuma consciência subjetiva por parte dos que têm esses interesses. No uso normativo, não existe problema maior em tratar os interesses como objetivos nesse sentido. No entanto, se a atribuição de interesses deve servir a um propósito explanatório, esses interesses devem fornecer algum agente, ou agentes, com motivos para a ação. Essa condição cria várias dificuldades. Primeiro, interesses que são objetivos nesse sentido podem muito bem não ser reconhecidos pelos que se acredita agirem a partir deles. Nesse caso, sua significação explanatória é obscura, a não ser que se pressuponha que os interesses em questão são inconscientes.

Em segundo lugar, atribuem-se interesses objetivos a indivíduos ou coletividades em virtude de algum aspecto significativo de sua colocação social, como classe, etnia ou sexo. No exemplo acima, Marx nos reporta às formas de propriedade que distinguem os interesses de legitimistas e orleanistas. O conceito de interesse parece então fornecer um elo explanatório entre as colocações de indivíduos ou coletividades dentro de uma estrutura de relações sociais, por um lado, e suas ações, por outro: suas colocações lhes proporcionam interesses que, por sua vez, lhes fornecem motivos para a ação. Diferentes aspectos da estrutura social podem muito bem ser usados para especificar conjuntos diferentes, e às vezes conflitantes, de interesses. A análise desses interesses conflitantes e de seus efeitos tem sido um tema importante em várias tradições da análise política — por exemplo, na argumentação sobre o "operário afluente" dos anos 60 e em tratamentos mais recentes de contraditórias colocações de CLASSE.

Finalmente, o ponto de vista de que a localização social dá origem a interesses objetivos coloca um problema de explicação no caso dos que não agem a partir dos interesses que esse ponto de vista lhes atribui. O marxismo convencionalmente atribui à classe operária o interesse pelo socialismo, mas as classes operárias nas sociedades capitalistas avançadas, em sua maioria, não reconhecem tal interesse e nem agem a partir dele. O problema consiste então em explicar o fracasso do suposto elo entre localização e ação social, e com freqüência se dá uma resposta em termos de operação de poder, falsa consciência e ideologia.

Leitura sugerida: Barry, B. 1965: *Political Argument* • Berger, S.D., org. 1981: *Organizing Interests in Western Europe* • Braybrooke, D. 1987: *Meeting Needs* • Connolly, W.E. 1983: *The Terms of Political Discourse* • Habermas, Jürgen 1968 *(1971)*: *Knowledge and Human Interests* • Hirschman, A.O. 1977: *The Passions and the Interests* • Mannheim, K. 1929 *(1960)*: *Ideology and Utopia* • Moe, T.M. 1980: *The Organization of Interests: Incentives and the Internal Dynamics of Political Interest Groups.*

BARRY HINDESS

internacionalismo A insistência em que os problemas sociais e políticos devem ser considerados a partir de um ponto de vista que transcenda o de qualquer estado isolado não é novo. Hinsley (1963) começa sua história das teorias internacionalistas com o *De Monarchia*, de Dante, que se acredita datar de 1310. No século XX o internacionalismo tomou três caminhos diferentes, embora relacionados: a promoção da ação interfronteiras nacionais pelos que têm opiniões e INTERESSES semelhantes (o que é às vezes chamado de "transnacionalismo"); a oposição, na tradição de J. Bentham, a políticas de estado estreitamente nacionalistas, como o protecionismo; e o apoio à criação, sustentação e reforço de instituições internacionais.

Eticamente, a principal discussão se dá entre os que afirmam que "o estado é fundamentalmente um nexo de obrigação especial e geral" (Paskins, 1978, p.163) e os que afirmam que a sociedade internacional devia ser estruturada de forma a expressar os direitos e deveres que "cada membro da humanidade pode racionalmente pretender ter" com relação aos outros (Linklater, 1982, p.9) e encarar todos os "moralismos particularistas" como "formas de entendimento humano a serem superadas com o tempo, à medida que os homens apreendam a natureza de sua capacidade para a autodeterminação" (ibid., p.137).

O caminho transnacionalista é exemplificado pelo MARXISMO, o qual, em sua forma original, afirmava que o estado era mero instrumento da burguesia e que "o operário não tem pátria"; mas a própria ocorrência da Primeira Guerra Mundial demonstrou a insuficiência da solidariedade proletária internacional. Quando a Revolução de Outubro de 1917 na Rússia fracassou no intento de provocar uma insurreição de operários por todo o sistema capitalista, o internacionalismo da Segunda Internacional (fundada em 1889) e suas sucessoras se tornou pragmático, em vez de radical, e a representação direta dos operários (dentro de delegações nacionais) na Organização Internacional do Trabalho deu aos socialistas algum espaço para a cooperação transnacional. Em contraste, a Terceira Internacional, fundada por Lenin, tornou-se um canal através do qual a União Soviética controlava os partidos comunistas do resto do mundo, até que as intervenções soviéticas na Hungria (em 1956) e, mais escandalosamente, na Tcheco-Eslováquia (em 1968) liberaram a maioria dos marxistas ocidentais dessa subserviência. Entre as manifestações não-marxistas de transnacionalismo no final do século XX, incluem-se instituições beneficentes e movimentos como o Oxfam, o

Desarmamento Nuclear Europeu (END), a Anistia Internacional e o Greenpeace.

O segundo caminho, o "benthamista", viu-se cada vez mais contestado neste século e, no seu aspecto econômico, não só por parte de nacionalistas. Entre as duas guerras mundiais, os repetidos apelos, vindos de conferências da Liga das Nações, por reduções gerais de tarifas, exemplificou o "utopismo" denunciado por E.H. Carr (1939) (ver RELAÇÕES INTERNACIONAIS). Seguidores do KEYNESIANISMO também encaravam o livre comércio e o multilateralismo como equivocados, na ausência de uma economia internacional gerenciada, dotada de mecanismos adequados para sustentar uma demanda efetiva, ponto de vista nominalmente incorporado nas instituições criadas em Bretton Woods para gerir a economia internacional depois da Segunda Guerra Mundial, e que J.M. Keynes ajudou a negociar. Outro aspecto dessa forma de internacionalismo, o princípio da liberdade de movimento através de fronteiras, também tem precisado empreender uma ação de retaguarda contra controles da imigração cada vez mais restritivos e obstáculos cada vez maiores à concessão de asilo a refugiados.

Na primeira parte do século os que tomaram a via "institucional" para o internacionalismo (ver Angell, 1908; Woolf, 1916) em geral fizeram da paz o seu objetivo, embora, conforme assinalado acima, os organismos recém-criados comumente assumissem outras tarefas. Com a entrada de novos estados, quase todos subdesenvolvidos, nas Nações Unidas depois de 1950, os internacionalistas também buscaram esses organismos para promover "o desenvolvimento" e corrigir as pretensas idiossincrasias do sistema econômico vigente (ver também DESENVOLVIMENTO E SUBDESENVOLVIMENTO). Na parte final deste século o internacionalismo "institucional" acrescentou a suas preocupações a defesa mundial dos direitos humanos, a proteção do meio ambiente e o controle dos recursos do mar, encarados como "herança comum da humanidade".

Leitura sugerida: Carr, E.H. 1939 *(1964)*: *Twenty Years' Crisis* • Dower, N. 1983: *World Poverty* • Hinsley, F.H. 1963: *Power and the Pursuit of Peace* • Linklater, A. 1982: *Men and Citizens in the Theory of International Relations* • Paskins, B. 1978: "Obligation and the understanding of international relations". In *The Reason of States*, org. por M. Donelan.

RODERICK C. OGLEY

invenção A criação de novas estruturas, práticas ou objetos institucionais, bem como qualquer alteração significativa que estas sofram, é um aspecto permanente da história humana. Por inúmeros motivos, no entanto, no século XX invenção tem sido uma palavra amplamente reservada para descrever desenvolvimentos científicos e tecnológicos (ver MUDANÇA TECNOLÓGICA). Acrescente-se a isso que as teorias com base determinista (seja econômica, biológica, psicológica ou tecnológica) presumem que mudanças institucionais ou de atitude são funções de exigências sistêmicas. Mas uma teoria que atribui à própria invenção um caráter independente admite pressupostos mais prometéicos com respeito à capacidade das pessoas de alterarem radicalmente seu meio ambiente. De acordo com esse ponto de vista, o soneto e o botão foram ambos invenções, uma cultural e a outra tecnológica, ambas representando "tipos diferentes de criatividade" por parte dos indivíduos em reação a necessidades detectadas (White, 1963, p.114).

As teorias sobre a invenção, concentrando-se em atos criativos tanto tecnológicos quanto sociais, econômicos, culturais e políticos, enfocam ao mesmo tempo as origens e a natureza dos atos inventivos e dos padrões de difusão. Muitos autores enfatizam o fato de as invenções raramente resultarem de um único ato criativo, mas em geral de uma série de respostas inovadoras, por vezes no decorrer de muitos anos, à necessidade de se resolver um problema. Bell só pôde inventar o telefone devido à sua própria falta de especialização, uma vez que o inventor viu possibilidades para o instrumento como aparelho de transmissão da fala que os especialistas em telegrafia não conseguiram enxergar (Hounshell, 1975). A invenção arquitetônica resulta da inclusão lúdica de imagens e estilos culturais disparatados (Venturi et al., 1977). Alguns autores apontam que o desenvolvimento de certos tipos de invenções pode remontar ao *Weltanschauung* de diferentes períodos históricos. Robert Nisbet afirma que a Idade Média foi rica na criação de invenções sociais (a guilda, o mercado, o mosteiro, a universidade), enquanto no século XX há escassez de invenções sociais e preocupação com invenções tecnológicas (1975). Outros autores afirmam que a invenção ocorre mais freqüentemente em períodos de convulsão política, particularmente revoluções. Georges Sorel, referindo-se à "poesia social" da atividade revolucionária, discute a criação de mitos de uma sociedade futura como "expressões da vontade" (1906). Hannah Arendt afirma que as revoluções modernas produziram regularmente instituições representativas inventadas que, até agora, não conseguiram sobreviver (1965). O papel das fontes institucionais de invenção também tem sido examinado, como no caso do impacto dos laboratórios de pesquisa sobre a invenção tecnológica e no das estruturas ideológicas sobre as invenções políticas. Se importantes mudanças culturais, tecnológicas e políticas podem ser concebidas como invenções, surgem importantes questões adicionais quanto à natureza da interação entre invenções e sobre se é possível categorizar invenções em geral. Alguns autores afirmam que as recentes invenções na tecnologia eletrônica permitem a invenção de novas práticas democráticas (Barber, 1984). Outros afirmam que a invenção tecnológica atravanca outras formas inventivas pela dependência cultural em relação a um "jeito tecnológico" de resolver problemas. As próprias invenções têm sido categorizadas por seu impacto sobre a sociedade e de umas sobre as outras, ou em termos de sua propensão a gerar ou impedir a libertação humana.

Leitura sugerida: Abbott, Philip 1987: *Seeking New Inventions: The Idea of Community in America* • Hughes, Thomas 1989: *American Genesis: a Century of Invention and Technological Enthusiasm* • Illich, Ivan 1978: *Toward a History of Needs* • Nisbet, Robert 1976: *Sociology as an Art Form* • Pool, Ithiel de Sola, org. 1977: *The Social Impact of the Telephone.*

PHILIP ABBOTT

islamismo Religião monoteísta mundial, o islamismo combina lei divina, revelação profética e um texto sagrado para formar uma tradição religiosa detalhada e abrangente. Embora existam várias versões do islamismo, há também um cerne ortodoxo que ainda representa autoridade.

Do ponto de vista ortodoxo, o islamismo é atemporal. Como fé baseada na total submissão à vontade de Alá, o islã não tem princípio nem fim. O islamismo é auto-suficiente no sentido de não ter dependido de nenhuma outra religião, mas é também a última religião que aperfeiçoa todas as outras versões de monoteísmo. De um ponto de vista sociológico, o islamismo é uma religião abraâmica, que participa de muitas crenças e instituições do cristianismo (ver CRISTÃ, TEORIA SOCIAL) e do JUDAÍSMO, tais como um livro sagrado (o Corão), um profeta ético (Maomé), uma tradição normativa (a Suná), uma doutrina da salvação individual e uma visão do islã como uma comunidade social (a Umá), que é essencial para que os muçulmanos pratiquem plenamente sua religião. As diferenças principais, que representam controvérsia entre os eruditos, são que o islã tem um senso mais forte da natureza indivisível da lei e da religião, não tem sacerdote sacramental e seu cerne ortodoxo dá pouca atenção ao ritualismo sacramental. O islamismo ortodoxo não tem tradição de batismo, eucaristia ou confissão. Onde esse tipo de ritualismo se desenvolveu no islamismo foi associado a tradições mais populares, ou a dissidências, como o sufismo.

De uma perspectiva histórica, o islamismo surgiu na Arábia, no século VII, nas cidades de Medina e Meca, como conseqüência da pregação de Maomé (570-632). O profeta recebeu o Corão na forma de versos ou capítulos (*surat*) inspirados que conclamavam todas as pessoas a aceitarem Alá como o deus uno e único, renunciarem a todos os aspectos de suas religiões locais e se unirem em uma comunidade (a Nação Islâmica) a fim de praticarem corretamente sua religião. A partir dessas primeiras práticas, desenvolveu-se um núcleo de prática ortodoxa, chamado os Cinco Pilares do islã — a renúncia à heresia politeísta pela proclamação de que "há um só Deus (Alá) e Maomé é o seu Profeta" (Shahadá), o jejum durante o mês de Radamã, a peregrinação a Meca (Haji), a doação de esmolas (Zaká) e a prece diária (Salá).

O islã desenvolveu-se num nicho geopolítico entre dois impérios em declínio — o bizantino e o sassânida. Tendo superado com sucesso a oposição a suas prédicas, a simplicidade da mensagem de Maomé funcionou como importante elo social que, enquanto ele viveu, uniu as tribos nômades fissíparas. O islã difundiu-se rapidamente pelo Oriente Médio e o Norte da África. Houve muita controvérsia quanto às causas da conversão ao islamismo. As críticas enfatizam a importância da guerra santa (Jihad) e os benefícios econômicos tanto da conversão quanto da proteção. O islamismo é encarado, em geral, como uma religião guerreira que se difundiu pela força, mas é importante reconhecer que a expansão islâmica dependeu em grande parte da expansão do comércio e dos laços comerciais como as rotas ao longo das quais se disseminaram os missionários islâmicos. O islamismo é essencialmente uma religião urbana de mercadores, não uma fé de nômades do deserto.

Depois da morte do Profeta, o islamismo dividiu-se em uma maioria sunita e um movimento minoritário xiita. O sunismo tornou-se a ideologia oficial do califado (a instituição central da sociedade islâmica organizada). Em contraste, o xiismo, que até veio a se tornar a religião "oficial" da Pérsia, baseava-se na idéia de uma sucessão carismática de líderes religiosos (imãs), cuja legitimidade era determinada por descenderem do Profeta. Seu ethos religioso dava maior ênfase ao sofrimento e ao martírio; o sunismo continuou sendo uma prática mais sóbria e ascética. Esses dois ramos do islamismo acabaram por desenvolver diferentes características jurídicas e religiosas. O sunismo desenvolveu quatro "ritos" principais (hanafita, maliquita, xafiita e hanabalita). Uma vez a lei sagrada (xariá) plenamente desenvolvida por essas quatro escolas, afirmou-se que nenhuma outra ou nova interpretação dela era possível; a porta do julgamento (ijtihad) estava fechada.

Intelectualmente, o islamismo entrou então num longo período (do século X ao XIX) de fossilização oficial, durante o qual qualquer mudança nas doutrinas essenciais enfrentava uma oposição impiedosa. Embora o islamismo continuasse a se expandir, pela criação de novos centros culturais e políticos na Espanha, na Índia, na Pérsia e na Turquia, cientistas sociais afirmaram que o fato de ele não conseguir manter uma vantagem técnica e militar na Europa tem sua origem nessa rígida oposição à inovação. Depois de uma série de encruzilhadas decisivas para o islã — a perda da Espanha em 1492, as derrotas militares fora dos portões de Viena em 1529 e 1683, e a derrota da marinha otomana na batalha de Lepanto, em 1571 — o Ocidente capitalista adquiriu uma estratégica vantagem econômica e militar dentro do sistema mundial. Com a expansão do capitalismo e do COLONIALISMO ocidental pela África, Índia e Ásia, o território islâmico se viu cercado. Quando chegou o século XIX o islamismo estava decididamente na defensiva contra o imperialismo ocidental, na medida em que muitas sociedades muçulmanas vieram a ficar sob o controle europeu (e portanto cristão) direto ou indireto. Muitos líderes muçulmanos do século XX, como o coronel Muammar al-Kadafi, da Líbia, encaram a expansão territorial do século XIX como o último estágio das Cruzadas.

Entre a expedição egípcia de Napoleão e a Primeira Guerra Mundial, o islamismo passou por três importantes transformações sociais. A primeira foi o declínio político do Império Otomano em relação à expansão ocidental, resultando em seu desmembramento depois de 1918; em segundo lugar, as economias dos vários estados muçulmanos foram incorporadas ao capitalismo global em uma base de dependência; e, em terceiro lugar, houve importantes reações a esses desenvolvimentos seculares, sob a forma de movimentos religiosos. O movimento Wahabi, fundado por Muhammad ibn 'Abd al-Wahab (1703-87), buscava criar um retorno fundamentalista aos princípios islâmicos. Reações liberais por parte da *intelligentsia* urbana, particularmente no Egito, tentaram integrar uma reforma do islamismo com princípios ocidentais de democracia parlamentar e educação secular. A reação islâmica à penetração econômica e cultural do Ocidente foi, assim, intensamente ambígua, oscilando entre a aceitação pura e simples da ocidentalização secular e o violento nacionalismo anticolonialista.

No século XX esses dilemas sociais e culturais continuaram, apesar do bem-sucedido processo de descolonização que ocorreu depois da Segunda Guerra Mundial. Imediatamente depois da guerra, as sociedades islâmicas estavam sendo significativamente influenciadas por várias formas de NACIONALISMO secular, dos quais a mistura egípcia, criada por Nasser, de nacionalismo e PAN-ARABISMO constitui um exemplo significativo. Na Argélia, o movimento de libertação teve forte ligação tanto com o nacionalismo quanto com o SOCIALISMO marxista. Na Indonésia, a luta contra o colonialismo ocidental (especificamente o holandês) adotou uma mistura de universalismo islâmico, paganismo, nacionalismo e culto à personalidade de Sukarno. No Irã, o líder intelectual Ali Xariati (1933-77) criou uma mistura revolucionária de marxismo e xiismo a fim de inspirar o movimento de massa para o qual a palavra de Alá era a voz do povo.

Esses movimentos anticolonialistas radicais, que combinaram o nacionalismo secular com os princípios sociais islâmicos, têm sido lenta porém gradualmente desafiados, no final do século XX, por uma profunda ênfase no FUNDAMENTALISMO, que rejeita a MODERNIZAÇÃO (tanto capitalista como socialista) e a religiosidade popular tradicional das ordens sufitas. No Egito, Hassan al-Banna (1906-49) fundou a Ikhwan al-Muslimun (a Irmandade Muçulmana) para combater o imperialismo, promover a unidade islâmica e desafiar os governos islâmicos que colaborassem com o controle ocidental. A Ikhwan opunha-se aos aspectos secularistas do nasserismo, tentou obrigar Sadat a promover a total islamização da vida social egípcia e têm-se oposto renhidamente a qualquer processo de paz com os israelenses. Como a Ikhwan tem uma massa de adeptos e amplo apoio no exército, permanece como força de oposição significativa.

No Paquistão, Maulana Abul Ala Mawdudi (1903-79) criou em 1941 a Jamaat-i-Islami, que originalmente tinha objetivos estritamente religiosos. No entanto os textos de Mawdudi foram assumindo uma direção cada vez mais política, pois ele condenava o nacionalismo como uma idéia ocidental que dividia a comunidade muçulmana. Conclamou à criação de um estado islâmico que deveria basear-se em princípios exclusivamente religiosos. Nos anos 70 a Jamaat desempenhou papel importante na luta contra o secularismo do Partido do Povo do Paquistão, do presidente Bhutto, e exerceu pressão sobre o general Zia ul Haq para instaurar o Nizam-e-Mustafá (o sistema islâmico).

No Irã, a oposição à dinastia Pahlavi e às políticas econômicas ocidentais do xá Reza encontrou apoio considerável nos grupos fundamentalistas que acabaram se reunindo sob a liderança do aiatolá Ruholla Musavi Khomeini (1902-89). Khomeini contestou o governo de todos os países muçulmanos por não terem conseguido manter a Xariá, por aceitarem influências estrangeiras e por descuidarem dos direitos de seus cidadãos muçulmanos. A queda do xá (1978-79) resultou no triunfo dos juristas e do clero (os mulás) no que dizia respeito à regulamentação do cotidiano e à imposição de práticas e crenças religiosas, especialmente no retorno simbólico do véu ao vestuário feminino. As idéias de Khomeini continuam a ter muitos seguidores xiitas leais no Iraque, no Líbano e nos estados do Golfo.

Mudanças religiosas semelhantes, embora menos espetaculares, têm ocorrido por todo o mundo islâmico. Na Argélia, um levante ocorrido em 1988, no qual o fundamentalismo islâmico desempenhou seu papel, forçou o regime a adotar reformas sociais de inspiração religiosa e a legalizar o partido islâmico de oposição (a Frente Islâmica do Salut). No Sudão, um golpe militar contra Sadiq-al-Mahdi foi desfechado em 1989 por oficiais próximos à Ikhwan. Na Tunísia, grupos islâmicos de oposição conseguiram 17% dos votos populares em 1989. Nas áreas ocupadas da Palestina, as forças islâmicas têm sido influentes na luta de Intifada contra as forças israelenses.

As causas do fundamentalismo islâmico são complexas. Ele representa uma reação aos fracassos das tentativas capitalistas de elevar o padrão real de vida das massas, e também às tentativas políticas de se impor o comunismo secular. A mensagem igualitária islâmica de luta revolucionária tem tido sucesso na mobilização das massas rurais e urbanas contra governos que se mostram simpáticos a influências ocidentais, e contra outros que buscaram o apoio soviético. O protesto popular contra as elites urbanas encontrou uma liderança natural nos mulás, enquanto as mesquitas se tornaram pontos estratégicos de reunião da oposição que pouquíssimos governos têm ousado atacar.

Duas outras mudanças ocorridas no século XX foram cruciais. O desenvolvimento de um sistema de comunicação mundial permitiu à comunidade muçulmana em todo o mundo transformar-se numa força política global mais unida. A peregrinação a Meca tornou-se um aspecto crucial da globalização islâmica. Em segundo lugar, a presença do islã tornou-se uma força política na Europa (em parte como conseqüência da extensa migração para a Grã-Bretanha, a França e a Alemanha) e, em menor medida, no que era o bloco socialista soviético. Esses conflitos chegaram a uma crise no caso Salman Rushdie, que envolveu um protesto de massa, em 1989, contra o prosseguimento da publicação do livro *Os versículos satânicos*. Essa luta é um aspecto de uma campanha mais ampla por escolas muçulmanas, currículo islâmico, o direito de usar trajes muçulmanos em público e o reconhecimento da lei pessoal islâmica.

O islamismo, em resultado de sua ligação com os estados produtores de petróleo, também tem desempenhado um importante papel econômico no desenvolvimento de sociedades muçulmanas, especialmente no Terceiro Mundo. No entanto, a proibição islâmica da usura muitas vezes tem forçado líderes comerciais islâmicos a dependerem de intermediários ocidentais. Esse relacionamento teve algumas conseqüências desastrosas, como no caso da derrocada do BCCI em 1992.

Por fim, o aparente triunfo do fundamentalismo tem sido contestado, contudo, por inúmeros intelectuais liberais de destaque no islã, e existe considerável oposição por parte de mulheres muçulmanas radicais que rejeitam a tradicional reclusão das mulheres, o uso do véu e a prática dos casamentos combinados.

Leitura sugerida: Arkoun, M. 1984: *Pour une critique de la raison islamique* • Cragg, K. 1965: *Islamic Surveys: Counsels in Contemporary Islam* • Esposito, J.L., org. 1980: *Islam and Development: Religion and Sociopolitical Change* • Hodgson, Marshall G.S. 1974: *The Venture of Islam* • Hourani, A.H. 1962 *(1983)*: *Arabic Thought in the Liberal Age 1798-1939* • Roff, W.R., org. 1987: *Islam and the Political Economy of Meaning: Comparative Studies of Muslim Discourse* • Shariati, A. 1980: *On the Sociology of Islam* • Smith, W.C. 1957: *Islam in Modern History* • Turner, Bryan S. 1974: *Weber and Islam: a Critical Study* • Watt, W.M. 1988: *Islamic Fundamentalism and Modernity.*

BRYAN S. TURNER

J

jogos, teoria dos Um grupo de indivíduos está tomando parte em um jogo sempre que o destino de um deles depende não apenas de suas próprias ações, mas também das ações do restante do grupo. O xadrez é o exemplo típico. Se as brancas ganham, perdem ou empatam, isso depende não só dos movimentos feitos pelas brancas, mas também dos movimentos feitos pelas pretas. O bridge e o pôquer são outros exemplos, com o interesse adicional de que a falta de informações relevantes complica os problemas de decisão dos jogadores.

A palavra "jogo" é natural para os exemplos dados acima. Mas, para jogos realmente interessantes, não seria costumeiro usar a palavra "jogo" na linguagem comum. Considerem-se, por exemplo, a guerra, as discussões de um tratado internacional, a competição pela sobrevivência entre animais ou por status entre seres humanos, eleições, negociações salariais ou a operação de uma economia de mercado. Todas essas atividades se enquadram na nossa definição de "jogo". Esse uso não tem intenção de implicar que as guerras são divertidas, ou que a economia é uma boa distração. Simplesmente reflete a descoberta feita por John Von Neumann e Oskar Morgenstern em seu livro monumental *The Theory of Games and Economic Behavior* (1944) de que tanto os jogos de salão quanto os jogos da vida real colocam problemas semelhantes e que uma análise capaz de funcionar para aqueles pode, portanto, muito bem ser relevante para estes.

Isso não significa que os jogos de salão e os da vida real sejam semelhantes em todos os aspectos. A analogia observada por Von Neumann e Morgenstern, entre os jogos da vida real e os jogos de salão, reside unicamente em seus aspectos estratégicos. Seria inteligente, por parte de uma pessoa que desempenha o papel de jogador em um jogo da vida real, pensar em reduzir o problema com que se defronta aos seus fundamentos essenciais, descartando todo e qualquer detalhe que não seja de imediata relevância. Esses detalhes, na melhor das hipóteses, são uma distração e, na pior, podem obscurecer de tal forma as coisas que não se consiga fazer nenhum progresso.Uma vez afastados todos os detalhes irrelevantes, o jogador fica com um problema de decisão abstrato. A observação de Von Neumann e Morgenstern é que a estrutura básica desses problemas de decisão é a mesma, independente de ser derivada de jogos de salão ou de jogos da vida real.

O surgimento do livro de Von Neumann e Morgenstern despertou grandes esperanças que só viriam a ser concretizadas consideravelmente mais tarde. O livro introduziu duas abordagens do tema: uma *abordagem não-cooperativa* e uma *abordagem cooperativa*. A abordagem mais bem-sucedida e satisfatória é a primeira, uma vez que busca tirar suas conclusões da teoria sobre a tomada racional de decisões por parte de indivíduos agindo isoladamente. No entanto a análise não-cooperativa de Von Neumann e Morgenstern só se aplicava a jogos de duas pessoas, em que o total de perdas iguala o total de ganhos, e nos quais, não importa o que um jogador ganhe, o outro perde. Sua teoria *minimax* para esses jogos é merecidamente célebre. Não obstante, poucos jogos da vida real têm essa equivalência de perdas e ganhos. Sua abordagem cooperativa preocupava-se com a formação de *coalizões*. Eles formularam "axiomas" plausíveis sobre as estruturas de coalizão com possibilidades de sobreviver a um exame racional por parte de jogadores movidos por interesse próprio, e exploraram suas conseqüências.

Embora a abordagem cooperativa seja menos satisfatória, sustentou-se até período relativamente recente, uma vez que se mostrou muito difícil o progresso com a teoria não-cooperativa. No entanto, no decorrer dos últimos 15 anos, foram feitos grandes avanços na teoria não-cooperativa. Estes apoiaram-se na idéia de *equilíbrio Nash*, introduzida por Nash (1951). As estratégias usadas pelos jogadores constituem um equilíbrio Nash quando a estratégia de cada jogador é a melhor reação possível às estratégias dos outros.

Esses avanços revolucionaram a teoria econômica (ver CIÊNCIA ECONÔMICA). Também se avançou muito na teoria da concorrência imperfeita (Tirole, 1988), na teoria da negociação (Binmore e Dasgupta, 1987) e na economia da informação (Rasmusen, 1989). Houve progressos igualmente na biologia evolucionista (Maynard Smith, 1984). Em outras áreas das ciências sociais, a influência de novas idéias na teoria dos jogos foi mais tangencial. No entanto o estudo de como pode surgir a colaboração entre indivíduos movidos pelo auto-interesse é um tema que vem se mantendo em pauta (Axelrod, 1984). Hoje em dia é difícil sequer contemplar essa questão sem recorrer à teoria de jogos repetidos.

Ver também DECISÃO, TEORIA DA; ESCOLHA RACIONAL, TEORIA DA.

Leitura sugerida: Aumann, R.J. e Hart, S., orgs. 1992: *The Handbook of Game Theory* • Binmore, K. 1990: *Essays on the Foundations of Game Theory.*

KEN BINMORE

judaísmo Um sistema de crença que, em tempos remotos, surgiu com uma idéia única — o monoteísmo — e, no decorrer do tempo, elaborou essa idéia construindo imperativos éticos, primeiro para o Deus único e depois, através da aliança e da revelação, um conjunto de leis atemporais (a Torá), que o povo de Israel, exaltado através das experiências da libertação e do êxodo, endossou e em seguida ampliou para uma literatura eterna, a Bíblia. Com o Deus único e a Torá única, surgiu, simultânea e inseparavelmente, o senso de pertencer a um povo, de ser o povo eleito, ou melhor, o povo que elegia, e a identificação de uma região como a única, a prometida, a Terra Santa. Tempo e espaço, assim, validavam os sonhos efêmeros de nômades do deserto.

Em uma ingênua dialética de ambição humana e justiça social, sofisticação política e força bruta, aprendizado ascético e prazer sensual, as pessoas viam-se divididas por e entre o poder exterior e a luta interior, guiadas, censuradas e eventualmente consoladas por esse fenômeno exclusivamente judaico — o Profeta —, fervoroso, aterrador, intransigente, mas sempre proclamando uma ética racional, ensinando à humanidade (segundo Max Weber) os primeiros passos rumo ao desencanto do mundo. Em uma nação de dissidentes, onde até o ateísmo é resolvido através da lei, os conflitos de princípios, as contendas entre conceitos, as lutas a respeito de questões tendiam a ter precedência sobre as realidades terrenas e a disciplina política.

O preço que pagaram foi elevado. Isso deu a Israel sua primeira provação do exílio, mas deixou intacto o impulso criativo do povo. Na Babilônia, o templo foi substituído pela sinagoga e as preces diárias tomaram o lugar do culto sacrificial. Apesar de todo o papel central desempenhado pela história na visão de mundo judaica, ela não protegeu a iniciativa judaica de cair uma segunda vez na armadilha da derrota e da dispersão através da dissensão interna e do antagonismo entre irmãos, o que incluiu o surgimento de Jesus e o nascimento da cristandade. Não obstante, a unidade conceitual de Deus-Torá-Povo-Terra foi mantida e preservada, e os transmissores do judaísmo — os judeus — tornaram-se, de acordo com a previsão da Torá, "objeto de desprezo entre as nações".

A segunda dispersão, mais total e mais extensa do que a primeira, colocou o judaísmo em contato, ainda que limitado e muito mal tolerado, com uma série de outras religiões e sistemas de crença, resultando em muitas mudanças estruturais no judaísmo, freqüentemente devidas ao impacto catalisador das culturas hospedeiras. Sacerdotes e profetas deram lugar a um judaísmo rabínico — com os rabinos como professores e guardiães da lei judaica —, no qual as codificações de uma lei "oral", em oposição à lei "escrita" revelada, ofereciam uma fonte inesgotável de adaptação social e intelectual. Isso estabeleceu um contínuo de tradição e progresso que permitiu ao povo conciliar-se com praticamente todas as variantes sociais, econômicas ou políticas. Embora obstinadamente intolerante para com o ateísmo e todas as formas de culto pagão, o judaísmo teve mais facilidade em se acomodar às duas religiões predominantes na diáspora (países da dispersão) — o cristianismo e o islamismo —, do que estas tiveram em se acomodar à religião matriz. O judaísmo rabínico descobriu meios de incorporar problemas teológicos e filosóficos do Ocidente cristão e o pensamento científico e matemático do Oriente árabe sem, em ambos os casos, sacrificar sua orientação expressamente judaica. As freqüentes hostilidades manifestadas contra judeus foram utilizadas para criar comunidades isoladas e muito coesas, lideradas por rabinos com os pés bem firmes na terra e apoiadas pela autonomia espontânea que uma segregação imposta criava. Assim como a mensagem profética era deliberadamente racional, o mesmo acontecia com o ensino rabínico sobre questões práticas e metafísicas: a liberdade é uma precondição do judaísmo, mas só pode existir sob o domínio da lei; a igualdade não é meramente social e econômica, mas também espiritual — não pode haver fortes reverências eclesiásticas; a salvação é ela própria uma solução racional do conflito humano, do que resulta que o Messias não é esperado para a salvação individual, seu papel sendo nacional em primeira instância, mas só podendo ser nacional em um contexto universal. O judaísmo aceita, mas não convida, os prosélitos, os convertidos. Não tem nenhuma doutrina de verdade única — a não ser a da unidade de Deus — e insiste em que a virtude, a integridade, é uma aspiração humana, e não judaica.

Durante quase 2 mil anos os judeus viveram como minorias mais ou menos toleradas na Europa e na Ásia — da Escócia e Noruega, no Norte, até o Marrocos e a Espanha no Ocidente, e a Pérsia e o Iraque no Oriente. Viveram, durante a maior parte do tempo, em um mundo judaico cujas fronteiras externas raramente se estendiam além dos limites regulamentares e fiscais do país hospedeiro. Por mais problemática que possa ter sido a existência material do povo, o judaísmo desfrutou de um longo período de consolidação e de inovação criadora, que enriqueceu o livro de orações e intensificou o discurso interno, mas foi se deslocando cada vez mais no sentido de um intelectualismo racional que fez surgir os dois movimentos dissidentes em seu interior. O primeiro deles teve início na Palestina, onde os judeus, então representando uma minoria muito pequena e muito mal tolerada, buscaram consolo em uma abordagem de Deus mais profunda, secreta e menos formal. O misticismo judaico encontrou expressão na *Cabala* (a literatura da tradição mística) e deu início a uma nova perspectiva na tradição judaica. Um pouco mais tarde o mesmo racionalismo rigoroso, agora em marcante contraste com o misticismo emocionalmente mais satisfatório, fez surgir uma crescente alienação nos judeus social e economicamente desprivilegiados da Europa Oriental. Isso levou ao desenvolvimento do hassidismo, movimento de judeus fervorosamente religiosos, que colocavam o serviço de Deus antes do estudo de sua lei.

Embora a criação desses dois movimentos resultasse em considerável conflito e tensão comunitária, não representou um verdadeiro desafio às principais normas e valores do judaísmo estabelecido, nem alterou os padrões existentes da vida judaica. Foi diferente com o próximo grande ímpeto de mudança, que dessa vez veio de fora e ameaçou engolir todo o sistema judaico. A Revolução Francesa visava reestruturar toda a sociedade, em todos os níveis, no espírito das novas noções de igualdade social defendidas pelo Iluminismo. O judeu também deveria receber os direitos e privilégios da cidadania em uma Europa na qual a maior parte deles se encontrava confinada em guetos e limitada por restrições mesquinhas que lhes garantiam a subserviência. Havia uma expectativa de que, em troca dos direitos civis, eles desistiriam dos "maus hábitos" dos tempos antigos e se adaptariam às exigências da nova era. Nem os judeus, nem os povos dos países hospedeiros se mostraram ansiosos em aceitar essa mudança. Para os rabinos, era uma ameaça à sobrevivência dos judeus como judeus. Isso levou a divergentes escolas de pensamento, com aqueles que se agarravam ao judaísmo tradicional formando um movimento ortodoxo, enquanto os que viam a necessidade de se conformar aos padrões do meio gentio desenvolveram um movimento de reforma que se inspirava tanto no culto cristão quanto em suas raízes judaicas.

Para alguns judeus, a nova era exigia uma reação mais radical. Eles observaram a crescente secularização da sociedade, a hostilidade depressivamente constante das nações hospedeiras e o interesse cada vez maior em uma ou outra forma de socialismo por toda a Europa. De uma forma ou de outra, reagiram a um, dois ou todos os três fatores de maneiras variadas, abandonando totalmente o judaísmo, formando um judaísmo nacionalista e/ou socialista ou buscando preservar as antigas lealdades sob uma aparência moderna, através de um humanismo judaico. A revolta contra a emancipação dos judeus na Europa, que levou ao extermínio de 6 milhões deles (ver ANTI-SEMITISMO), consolidou as correntes tanto religiosa quanto secular do judaísmo. Isso levou ao retorno dos judeus à sua antiga terra natal, a uma forte polarização entre judeus religiosos e não-religiosos e, no espírito de uma Europa reformada, a um pluralismo judaico que pode ser um primeiro passo rumo à tão desejada era messiânica, e que também reflete a tolerância que a maior parte das nações hospedeiras hoje demonstra para com os transmissores da tradição judaica. Enquanto muitos de seus adeptos se assimilam a suas culturas hospedeiras, o judaísmo assimila ele próprio boa parte do que é melhor nessas culturas, ganhando assim uma vitalidade e uma flexibilidade que lhe têm permitido sobreviver em um mundo essencialmente hostil.

Leitura sugerida: Seleta de uma vasta literatura: Bulka, Reuven P. 1983: *Dimensions of Orthodox Judaism. Encyclopedia Judaica,* 1971, vol.10 • Fackenheim, Emil 1987: *What is Judaism? An Interprtetation for the Present Age* • Glatzer, N.N., org. 1968: *Martin Buber: Humanism* • Levin, Nora 1978: *Jewish Socialist Movements, 1871-1917* • Meyer, Michael A. 1988: *Response to Modernity: a History of the Reform Movement in Judaism* • Rabinowicz, H. 1970: *The World of Hasidism* • Scholem, Gershom G. 1961 *(1973)*: *Major Trends in Jewish Mysticism* • Spero, Shubert, 1983: *Morality, Halakha and the Jewish Tradition* • Urbach, E.E. 1975: *The Sages, their Concepts and Beliefs*, 2 vols.

JULIUS CARLEBACH

justiça As avaliações das instituições sociais e políticas básicas, particularmente com respeito às conseqüentes distribuições de benefícios e ônus, são expressas normalmente em termos de justiça ou injustiça. Em seu sentido mais geral, o conceito de justiça exige que cada indivíduo receba o que lhe é mais devido. Dentro dessa fórmula, podemos distinguir entre justiça formal e material.

A justiça formal exige distribuições que estejam de acordo com os critérios ou regras existentes ou aceitos. É geralmente identificada com a justiça jurídica ou individual. Isso implica padrões de justiça processual ("rigor processual" ou "justiça natural"), orientados para a eqüidade e a precisão na aplicação das regras. Acarreta a igualdade formal, caso se assuma que todas as pessoas em uma sociedade ou grupo devem ser tratadas de acordo com as mesmas regras.

A justiça material (ou substantiva) diz respeito à identificação dos critérios distributivos adequados (tais como direitos, merecimento, necessidade ou escolha) que constituem concepções rivais de justiça. A justiça material pode justificar desigualdades substantivas de renda ou redistribuição entre diferentes grupos sociais. É em geral identificada com a justiça social.

A justiça é tida em geral como o valor social prioritário, que supera todas as outras considerações normativas, tais como a utilidade, pelo menos no que diz respeito às instituições básicas de uma sociedade (Rawls, 1971, p.3). Isso torna a escolha dos critérios específicos da distribuição justa uma questão de controvérsia normativa (Miller, 1976, p.151ss). Se a prioridade normativa da justiça não é tida como certa, então a escolha de uma dessas concepções rivais de justiça é em grande parte uma questão de conveniência conceitual (Campbell, 1988, p.6ss). No entanto os critérios de justiça substantiva estão normalmente limitados a características ou propriedades dos indivíduos (Honore, 1970, p.63). De forma mais restritiva, pode-se dizer que os critérios de justiça, sempre ou principalmente, se referem de um modo ou de outro aos méritos dos que são afetados pela distribuição em questão (Sadurski, 1985, cap.5).

Críticos do conceito de justiça social afirmam que a idéia de distribuição de acordo com um padrão (um padrão tal que o grau e a natureza das posses de uma pessoa dependam do grau e da natureza das suas características) é equivocada porque alcançar tais padrões implica uma injustificável restrição às liberdades dos indivíduos. Um modelo de justiça alternativo, de "habilitação" (Nozick, 1974, parte 2), considera justas as posses se são resultado de comportamento legítimo. A justiça é, então, o resultado de aquisições e transações que não violam os preexistentes direitos morais dos indivíduos ou que corrigem as conseqüências de aquisições ou transferências ilegítimas do passado (ver DIREITOS E DEVERES).

A idéia de justiça socialista é controvertida no sentido de que a justiça, particularmente se associada a merecimento, pode ser encarada como um valor burguês baseado em idéias errôneas a respeito de responsabilidade individual. No entanto uma concepção de justiça radicalmente igualitária pode ser formulada em termos de distribuição de acordo com a necessidade, de forma que a justiça substantiva favorece resultados em que indivíduos ou grupos se encontram em posição de igualdade material (ver Buchanan, 1982).

A mais influente das teorias contemporâneas sobre justiça busca combinar vários critérios de justiça material sob a idéia geral de contrato. John Rawls (1971) afirma que os princípios para determinar as instituições básicas de uma sociedade que seriam escolhidas em uma situação processualmente justa ("a posição original") e que são endossadas por nossas mais firmes intuições reflexivas quanto àquilo que é justo são:

1. cada pessoa deve ter um direito igual ao mais abrangente sistema total de liberdades básicas compatível com um sistema semelhante de liberdade para todos (p.250); e
2. as desigualdades sociais e econômicas devem ser dispostas de tal forma que sejam ao mesmo tempo (a) para o maior benefício dos menos privilegiados e (b) ligadas a cargos e posições abertos a todos, sob condições de justa igualdade de oportunidades (p.83).

Recentes teorias "comunitárias" afirmam que os critérios de justiça dependem da "esfera" em que as distribuições estão sendo consideradas, de forma que, por exemplo, a justiça econômica e a justiça política são coisas distintas (Walzer, 1983, p.23-5), e os padrões de justiça são sempre relativos às compreensões e expectativas correntes em sociedades específicas.

Leitura sugerida: Ackerman, B.A. 1980: *Social Justice in the Liberal State* • Barry, B. 1989: *A Treatise on Social Justice*. Vol.1: *Theories of Justice* • Buchanan, A.E. 1982: *Marx and Justice* • Campbell, T.D. 1988: *Justice* • Honore, A. 1970: "Social justice". In *Essays in Legal Philosophy*, org. por R.S. Summers, p.61-94 • Nozick, R. 1974: *Anarchy, State and Utopia* • Rawls, John 1971: *A Theory of Justice* • Sadurski, W. 1985: *Giving Desert its Due: Social Justice and Legal Theory* • Sandel, M.J. 1982: *Liberalism and the Limits of Justice* • Walzer, M. 1983: *Spheres of Justice*.

TOM D. CAMPBELL

juventude Ver CULTURA DA JUVENTUDE; MOVIMENTO DA JUVENTUDE; MOVIMENTO ESTUDANTIL.

K

kantismo Ver NEOKANTISMO.

keynesianismo Em seu sentido mais amplo, o keynesianismo é uma abordagem das questões políticas, sociais e econômicas do capitalismo avançado que torna válido o estado assumir um papel de liderança na promoção do crescimento e do bem-estar material e na regulação da sociedade civil. O keynesianismo tem também um sentido mais preciso, como um corpo de teoria econômica que serve de base a políticas macroeconômicas. Ambos os conceitos de keynesianismo derivam dos textos de John Maynard Keynes no final dos anos 20 e dos programas que ele tentou implementar a partir do interior dos círculos oficiais britânicos nessa época, bem como durante a Segunda Guerra Mundial e a reconstrução do pós-guerra.

A idéia fundamental do pensamento keynesiano é que as economias capitalistas sistematicamente fracassam no que se refere a gerar crescimento estável ou utilizar plenamente os recursos humanos e físicos; os mercados, que são os principais mecanismos econômicos de auto-regulação e ajuste da sociedade civil, não conseguem eliminar as crises econômicas, o desemprego e nem, em versões posteriores, a inflação. No entanto o significado do keynesianismo, seja no sentido amplo ou estreito, encontra-se aberto a interpretações e é tema de contínua controvérsia, tal como sua validade.

Keynesianismo em sentido amplo

A idéia de que o estado tem um papel especial na promoção do crescimento e do bem-estar material antecede Keynes em muitos séculos, mas o keynesianismo forneceu uma base intelectual racional para um tipo de projeto de estado nunca antes tentado sob o capitalismo. Nesse projeto, o pleno emprego ganhava prioridade como um direito do cidadão que, uma vez que não se podia contar com a própria empresa privada, devia ser concedido pelo estado diretamente, pela promoção de investimentos, ou através do gerenciamento dos mercados a fim de induzir as empresas a investir.

Esse projeto ganhou ímpeto político e social a partir de um desemprego em massa aparentemente insolúvel nos anos 20, culminando na crise dos anos 30, que colocou em dúvida a legitimidade da ordem capitalista e pareceu ameaçá-la de cair no barbarismo ou dar lugar ao socialismo. O keynesianismo pareceu oferecer uma "terceira via" entre o capitalismo de LAISSEZ-FAIRE e o SOCIALISMO, a qual, transformando a sociedade capitalista, iria reforçá-la e preservá-la.

Os programas de "obras públicas" — investimento direto do estado em infra-estrutura —, que Keynes encarava como um meio de promover o pleno emprego, estavam na agenda do debate político e haviam sido, em parte, implementados no NEW DEAL de Franklin D. Roosevelt nos Estados Unidos antes de Keynes publicar sua principal obra teórica, *The General Theory of Employment, Interest and Money*. Eles ilustram a amplitude do keynesianismo, pois, em vez de as obras públicas serem apenas um recurso técnico de economia, a adoção desses programas exigia uma reconstrução das forças políticas. Nos Estados Unidos, isso incluiu a formação da duradoura coalizão do Partido Democrata com a classe operária industrial, as classes médias liberais, os grupos étnicos pobres e os interesses sulistas, e sua implementação implicou uma expansão das autarquias executivas com sede em Washington. Na Grã-Bretanha, a pressão por obras publicas financiadas através do crédito foi uma luta contra os interesses arraigados representados politicamente pelo "ponto de vista do Tesouro".

Os programas de obras públicas sofreram oposição geral por parte dos interesses bancários, tanto na América do Norte quanto na Grã-

Bretanha, e a adoção de outros elementos dos programas econômicos keynesianos, tais como baixas taxas de juros para estimular o investimento privado, exigiram igualmente uma reorientação política que reduzia o poder dos financistas. A construção de um estado corporativista liberal com laços institucionalizados entre sindicatos, organizações de empregados e autarquias estatais foi uma mudança política que parecia compatível com o keynesianismo; mas as obras públicas e a hostilidade à atividade bancária também podiam ser encontradas em estados fascistas construídos sobre um tipo radicalmente diverso de CORPORATIVISMO. Na Grã-Bretanha, os movimentos rumo a uma cooperação corporativista (dos quais as conversações Mond-Turner foram os mais famosos) estavam em fermentação nos anos que prepararam o caminho para a promulgação, por Keynes, de sua estratégia econômica, nas audiências de 1930 da Comissão Macmillan, mas não fizeram nenhum progresso significativo até a Segunda Guerra Mundial. Então, o crescimento de organizações operárias, social-democratas e comunistas criou a base para uma reconstrução do estado no pós-guerra, baseada nos direitos ao pleno emprego e à previdência social, no controle sobre as instituições e mercados financeiros, na posse e no investimento do setor público em indústrias de maior monta. Ao mesmo tempo foi construída uma ideologia política do keynesianismo, predominante, partilhada pelos principais partidos e mantida sem contestação efetiva durante três décadas.

Embora o pleno emprego, organizado por meio de gastos públicos e medidas para gerir o investimento privado, fosse o objetivo em torno do qual se construíram esse consenso e essas disposições corporativistas, sua quase consecução fez com que se desse renovada atenção ao controle da inflação, a qual, como M. Kalecki havia prevenido em 1943, seria usada como um argumento contra os programas de pleno emprego. Isso impulsionou o keynesianismo em uma nova direção. Na crença de que o pleno emprego havia sido irrevogavelmente atingido, seu dogma principal tornou-se a realização do crescimento nacional com baixa inflação, e as disposições corporativistas foram cada vez mais usadas para gerir o mercado de trabalho em tentativas de restringir a inflação salarial (através de "programas de rendimentos" e "contratos sociais", impostos ou combinados).

Embora o keynesianismo esteja mais estreitamente identificado com as agendas internas pós-1945 dos Estados Unidos e da Europa Ocidental, especialmente com O ESTADO DE BEM-ESTAR da Grã-Bretanha, ele alcançou uma forte dimensão internacional no Plano Marshall e na construção do sistema de Bretton Woods, em torno do Fundo Monetário Internacional e do Banco Mundial. Esse sistema baseou-se originalmente nas idéias keynesianas de gerência governamental das finanças internacionais e das taxas de câmbio e de controle sobre as operações dos banqueiros. A capacidade de Keynes como estadista na construção do sistema visava facilitar o gerenciamento interno das taxas de juros e das finanças do governo para promover programas de investimento no pleno emprego, mas politicamente representou um realinhamento internacional com o gerenciamento econômico norte-americano da ordem capitalista.

Keynesianismo em sentido restrito

A ampla agenda política do keynesianismo tinha raízes na revolução técnica que Keynes e seus seguidores acreditavam ter ele alcançado na teoria econômica. Embora várias idéias centrais estivessem contidas em seu *Treatise on Money*, publicado em 1930, a exposição definitiva de Keynes foi *The General Theory of Employment, Interest and Money*, publicado em 1936. Esse livro pretende demonstrar que, ao contrário do raciocínio ortodoxo da "teoria clássica", o sistema capitalista, deixado por sua própria conta, em geral não produzirá o pleno emprego. A chave para essa revolução teórica foi o desenvolvimento de dois conceitos, o de preferência pela liquidez e o de demanda efetiva.

Preferência pela liquidez é um modelo altamente simplificado do funcionamento dos mercados financeiros que forneceu uma base para a conclusão de que estes podem sistematicamente fazer com que as taxas de juros se encontrem em um nível alto que reduza o investimento das indústrias privadas. Sua apresentação formal como a idéia de que a demanda pela reserva de moeda depende da taxa de juros é hoje parte integrante de toda a economia moderna, embora a conclusão keynesiana daí derivada não o seja.

Demanda efetiva é a idéia de que a demanda agregada, e daí a poupança, depende da renda disponível; conseqüentemente, o pleno emprego pode ser insustentável porque seu nível de produção não é igualado pela demanda agregada. Isso contrasta com o ponto de vista "clássico", ou mais precisamente neoclássico, de que o mecanismo de preços se ajusta automaticamente para garantir a igualdade entre demanda e oferta, pois, em vez de a demanda reagir apenas aos preços, ela reage à venda.

Encaixando esses conceitos no arcabouço dos conceitos de renda e produção agregada que se tornaram então a base keynesiana para a moderna contabilização da Renda Nacional, o teorema keynesiano afirmava que os planos de investimento comercial agregados não igualarão, em geral, a poupança agregada na produção em pleno emprego. Em seu cerne encontra-se a incapacidade da taxa de juros de se ajustar automaticamente para restaurar a igualdade investimento-poupança, condição exigida para o equilíbrio. Conseqüentemente, com os planos de investimentos reduzidos, produção e renda têm de estar a um nível achatado (com o desemprego em massa como sintoma) para achatarem a poupança ao mesmo nível.

Embora tenha permanecido como o cerne do modelo keynesiano, esse modelo de equilíbrio do desemprego foi ampliado de várias maneiras. Aplicando-se o princípio da demanda efetiva e a idéia de que a taxa de juros não determina a reserva de capital desejada das empresas, Roy Harrod e Evsey Domar demonstraram que, em uma economia em crescimento, o pleno emprego não é o caso geral. Seu modelo tornou-se a base do planejamento de desenvolvimento para o Terceiro Mundo, ocupando posição de destaque até quatro décadas depois do surgimento da *General Theory*. No entanto, na macroeconomia ocidental, a ampliação mais significativa do modelo keynesiano ocorreu nos anos 60, quando foi acrescentada a idéia de uma relação entre o desemprego e a taxa de inflação (a Curva de Phillips). Dentro da teoria econômica, a Curva de Phillips prometia corrigir o silêncio do modelo central quanto ao modo como se determina o nível de preços, enquanto em uma perspectiva keynesiana mais ampla ela fornecia uma base para políticas de renda.

Divergências sobre o keynesianismo

A agenda keynesiana mais ampla tinha sido atacada desde os seus primeiros dias como socialista, embora seu papel confesso fosse a preservação do capitalismo; mas, em última análise, ela foi minada mais pela mudança de circunstâncias do que pelos ataques políticos que recebeu. A hegemonia keynesiana construída depois da Segunda Guerra Mundial perdeu sua coesão no final dos anos 70, quando a ordem internacional ancorada pelo dólar norte-americano deu lugar a uma finança internacional sem regulação e o consenso social de política interna em países capitalistas avançados foi fragmentado pelo fenômeno de uma inflação elevada coexistindo com alto desemprego. Foi derrubada como agenda oficial quando Margaret Thatcher subiu ao poder na Grã-Bretanha e Ronald Reagan nos Estados Unidos, embora porém elementos importantes tenham sobrevivido. Na Grã-Bretanha, a opinião da maioria manteve sua fidelidade ao cerne do estado de bem-estar keynesiano, enquanto os Estados Unidos viviam um longo período de expansão gerado pelo financiamento, de tipo keynesiano, do déficit de gastos do estado e na Europa Ocidental os tipos keynesianos de gerenciamento do estado promoviam o crescimento e a modernização. Não obstante, o objetivo que lhes era fundamental, de eliminar de forma permanente o desemprego em massa, se perdeu nesse período.

Na teoria econômica, a interpretação do modelo keynesiano que dominou as primeiras duas décadas e meia do pós-guerra foi fundamentalmente contestado, por um lado, pelos próprios teóricos keynesianos e, por outro, pelo MONETARISMO e pela "nova teoria clássica". A interpretação predominante da teoria de Keynes, a "síntese neoclássica" inaugurada por J.R. Hicks em 1937 e desenvolvida por A.C. Pigou, F. Modigliani e D. Patinkin, tentara basear suas conclusões na teoria neoclássica dos mercados, na qual os preços, mais que as quantidades (como renda e produção), eram os mecanismos de ajuste. Nessa interpretação, o funcionamento azeitado da economia era a norma e o desemprego surgia como um caso especial resultante da rigidez de salários, em contraste com a teoria geral de desemprego do próprio Keynes, na qual o pleno emprego era visto como exceção.

Uma escola crítica "neokeynesiana" surgiu nos anos 70, enfatizando a importância das quantidades sempre que quaisquer preços no sistema eram menos do que perfeitamente flexíveis e demonstrando que o desemprego é geralmente possível, enquanto o equilíbrio de pleno emprego é apenas uma de muitas possibilidades. Essa escola conserva, embora corrija, os fundamentos teóricos de escolha da síntese neoclássica. Em contraste, o PÓS-KEYNESIANISMO tenta retornar ao "verdadeiro Keynes", enfatizando os fenômenos complexos que minam esses fundamentos. Essa escola dá especial atenção ao papel das expectativas comerciais inquantificáveis, à falta de conexão entre a taxa de juros e a produtividade do capital, ao caráter endógeno do meio circulante — e não a seu controle pelo banco central —, à importância do crédito e de toda a estrutura das finanças, em vez do dinheiro, e à influência da distribuição de renda sobre desenvolvimentos macroeconômicos.

As críticas monetaristas exprimidas por Milton Friedman e sua escola durante muitos anos assumiram uma linha nova e vigorosa no final da década de 60, ao interpretar a teoria keynesiana como dependente da Curva de Phillips. Friedman deu a esta uma fundamentação neoclássica, introduzindo expectativas de inflação em um modelo de determinação de salários, e obteve o resultado antikeynesiano de que, a longo prazo, o desemprego, por mais alto que seja, se encontra em sua taxa natural, refletindo a escolha dos trabalhadores, em vez de ser involuntário, e não é influenciado por programas de gerenciamento de demanda keynesianos. Como o próprio modelo keynesiano predominante baseava-se em princípios neoclássicos, seus defensores foram incapazes de apresentar argumentos efetivos contra essa ampliação, apesar de sua conclusão antikeynesiana. Essa crítica do modelo keynesiano foi levada mais além pelos "novos autores clássicos", os quais demonstraram que, em um modelo em que as expectativas são "expectativas racionais", o desemprego é voluntário e está em sua "taxa natural" em todos os momentos, não penas no equilíbrio a longo prazo. Embora essa refutação das conclusões keynesianas confunda o bom senso e a experiência, a versão neoclássica sintética predominante da teoria keynesiana foi incapaz de apresentar uma alternativa importante da forma como Keynes tentou. Enquanto o desemprego nos níveis que antecederam a guerra retornava, a teoria keynesiana predominante aceitava o conceito de taxa natural de desemprego e se preocupava apenas com a velocidade com que a economia a alcançava.

Leitura sugerida: Keynes, J.M. 1936: *The General Theory of Employment, Interest, and Money* • Leijonhufvud, A. 1968: *On Keynesian Economics and the Economics of Keynes* • Moggridge, D.E. 1976: *Keynes.*

LAURENCE HARRIS

keynesianismo, pós- Ver PÓS-KEYNESIANISMO.

L

labelling Ver ROTULAÇÃO.

laissez-faire Esta expressão francesa significa "deixem fazer". A maioria das explicações atribui o slogan, carregado de conotações políticas, "*laissez-faire, laissez-passer*", que significa "deixem as pessoas fazerem tal como escolheram, deixem passar as mercadorias", a Vincent de Gournay. Esse slogan tornou-se a palavra de ordem entre os defensores do livre comércio, como Jacques Turgot e outros fisiocratas, e foi rapidamente sistematizado em *An Inquiry into the Nature and Causes of the Wealth of Nations*, de Adam Smith, como parte do "sistema óbvio e simples da liberdade natural" (Smith, 1776, livro 4, cap.9). Smith e outros economistas clássicos ampliaram a noção de *laissez-faire*, de um programa de livre comércio internacional para uma ampla filosofia social. Nas palavras de Smith:

> Todo homem, na medida em que não viole as leis da justiça, deve ter plena e perfeita liberdade para buscar seus próprios interesses, a seu próprio modo, e para concorrer, tanto com seu esforço quanto com seu capital, com os de qualquer outro homem, ou categoria de homens. O soberano fica totalmente dispensado de um dever se, na tentativa de executá-lo, é obrigado a estar sempre exposto a inúmeros enganos e se, para a adequada execução desse dever, nenhuma sabedoria ou conhecimento humanos jamais são suficientes; o dever de supervisionar a atividade de particulares e de direcioná-la para os empregos deve adequar-se ao interesse da sociedade. (Ibid.)

Os deveres do governo seriam então limitados à defesa nacional, à administração da justiça e à provisão de certos bens públicos.

O apelo liberal clássico por um sistema de MERCADO sem entraves e por um governo limitado nunca foi, contudo, realizado na prática. O estado capitalista não conseguiu reduzir-se. Na virada do século XX defensores contemporâneos do *laissez-faire*, como Herbert Spencer (1879-92), eram considerados adeptos ultrapassados de um INDIVIDUALISMO e um DARWINISMO SOCIAL toscos, e sua idéia de que mercados competitivos e sem restrições promoveriam o crescimento e a estabilidade da economia foi destroçada pela Grande Depressão dos anos 30.

Desde então têm surgido novas interpretações dos ciclos e depressões econômicos. Dada a ideologia da época, a da Era do Progresso, a Depressão foi considerada o resultado da inércia inerente do mercado. No entanto desde então estudiosos têm afirmado que a Grande Depressão pode ter tido origem na política monetária irresponsável do Federal Reserve System (o Tesouro Norte-Americano) (Friedman e Schwartz, 1963; Rothbard, 1972) (ver MONETARISMO). A alegação de que a intervenção governamental pode, em grande parte, explicar graves doenças sócio-econômicas, como a Grande Depressão, ajudou a reabilitar a posição do *laissez-faire* entre alguns círculos intelectuais e a NOVA DIREITA.

As redefinições contemporâneas da filosofia social do *laissez-faire* vão do neoconservadorismo de Milton Friedman (1962) e James Buchanan (1975), passando pelo libertarianismo de Robert Nozick (1974) e F.A. Hayek (1973, 1976, 1979), até o "anarco-capitalismo" de Murray Rothbard (1973). Embora idéias de *laissez-faire* tenham ajudado a colorir a retórica de políticos da Nova Direita no Ocidente, bem como de reformistas do mercado nos estados socialistas do Leste Europeu em transformação, ainda resta ver se governo mínimo e mercados desimpedidos são uma real alternativa política ao estatismo do século XX. Recentes críticas marxistas à intervenção do estado (como a de Claus Offe, 1984) sustentam que, ainda que o estado intervencionista do bem-estar quebre a ordem do mercado, desmontá-lo criaria uma desordem econômica e social ainda maior e, portanto, a intervenção do estado, por problemática que seja, é irreversível.

O debate sobre os limites práticos das ações do estado por certo continuará durante o próximo século.

Ver também COMPETIÇÃO; LIBERALISMO.

Leitura sugerida: Eatwell, John, Milgate, Murray e Newman, Peter, orgs. 1989: *The Invisible Hand* • Fusfeld, Daniel R. 1990: *The Age of the Economist*, 6ªed. • Hofstadter, Richard 1945: *Social Darwinism in American Thought, 1860-1915* • Lepage, Henri 1982: *Tomorrow, Capitalism: the Economics of Economic Freedom* • Prychitko, David 1900: "The welfare state: what is left?". *Critical Review* 4.

DAVID L. PRYCHITKO

lazer Ver ÓCIO.

legitimidade A "legalidade" de uma ordem social ou política, sua pretensão ao apoio, em vez da mera aquiescência, por parte dos que a ela estão sujeitos, é, evidentemente, um tema que impregna toda a teoria política, geralmente formalizado em teorias da "obrigação política". O pensamento social no século XX, além de dar continuidade a essa tradição normativa e prescritiva em relação à JUSTIÇA, liberdade, igualdade etc., preocupou-se muito com a legitimidade como conceito empírico ou comportamental, de acordo com o qual um regime é "legítimo" se a população interessada *acredita* que ele seja legítimo. Essa linha de pensamento, que relembra *O príncipe* (1513), de Maquiavel, o *Discurso sobre a servidão voluntária* (1575), de La Boétie, e, no século XX, as *Reflexões sobre a violência* (1906), de Georges Sorel, foi dominada durante todo o século pela distinção clássica de Max Weber (1921-2) entre "três tipos puros de autoridade legítima". Embora a dominação ou autoridade possa basear-se, diz Weber, no costume, no interesse, em motivos emocionais ou "racionais com relação a valor", uma ordem segura em geral se caracteriza por uma crença em sua legitimidade. Esta pode basear-se na tradição, no CARISMA do(s) governante(s) ou em uma aceitação "racional" da legalidade e da ordem. Como sempre ocorre com os tipos ideais de Weber, essas formas puras de legitimidade são encontradas em diferentes combinações, mas seria possível tomar a Arábia Saudita, a Alemanha nazista e a Suíça como ilustrativas dos respectivos tipos. Como em outras áreas da vida social, o carisma tende a se tornar rotinizado ou objetificado, transformando-se em domínio tradicional ou constitucional, ou em alguma combinação dessas duas formas.

O paradigma weberiano dominou a ciência política ocidental nas décadas centrais do século. Proporcionou um quadro útil para os estudos de CULTURA POLÍTICA, embora alguns críticos tenham atacado as implicações paradoxais e, conforme encaravam, cínicas de que a polícia secreta e a propaganda podiam contribuir para a "legitimidade", nesse sentido "livre de valores", de um regime (Schaar, 1969; Pitkin, 1972, p.280-6). Jürgen Habermas, em sua clássica obra programática (1973), apontou que as sociedades capitalistas avançadas sofriam de "crises de legitimação" resultantes do deslocamento de tendências à crise econômica para as esferas da política do estado e da motivação individual. A análise de Habermas, ao contrário da de Weber, fundamenta-se em uma concepção normativa em que a legitimidade de um regime depende de ele ser aquilo com que os interessados *teriam* concordado em resultado de uma discussão livre, plenamente informada e exaustiva (ver Habermas, 1981). A distinção entre a legitimidade e uma "lealdade de massa" com freqüência vista como manipulada tornou-se popular na teoria crítica (ver ESCOLA DE FRANKFURT) e de maneira mais geral. No extremo mais conservador do espectro político, um modelo de legitimação através de *procedimentos* constitucionais e de outros procedimentos formais (Luhmann, 1969) dá continuidade a um dos motivos centrais de Max Weber. Essa oposição entre as ênfases constitucional-processual e radical-democrática foi mitigada nos anos 90 em resultado de dois desdobramentos: a derrubada dos regimes socialistas estatais e sua substituição, em alguns países, por democracias constitucionais; e um novo interesse entre radicais e socialistas do Ocidente, em especial na Grã-Bretanha e na Alemanha, pela reforma constitucional.

O século XX tem assistido à consolidação de uma noção que, no início do século, era ainda bastante revolucionária, a de que a legitimidade de um regime depende de forma mais fundamental do apoio, expresso através do voto, da maioria de toda a população adulta — embora poucos partidos efetivamente atinjam esse ideal. Em sentido mais amplo, a idéia de que toda AUTORIDADE exercida sobre adultos sãos precisaria ser justificada em discussão e debate está ganhando mais destaque na prática cotidiana de muitos países — às vezes até em seus exércitos. Líderes políticos e outras figuras de autoridade estão achando mais difícil do que no passado evitar dar entrevistas à imprensa, coletivas ou exclusivas, para justificar seus programas de ação, embora os especialistas em relações públicas tenham se tornado correspondentemente hábeis na transformação desses "debates" em rituais manipulados e propagandísticos.

Ver também LEI; POSITIVISMO JURÍDICO.

Leitura sugerida: Connolly, William, org. 1984: *Legitimacy and the State* • Habermas, Jürgen 1973 (*1975*): *Legitimation Crisis* • Merquior, J.G. 1980: *Rousseau and Weber: a Study in the Theory of Legitimacy* • Schaar, John 1969: "Legitimacy in the modern state". In *Power and Community*, org. por P. Green e S. Levinson (também in Connolly, 1984, acima).

WILLIAM OUTHWAITE

lei O uso contemporâneo exige que a noção de "lei" receba uma dupla definição. Em seu sentido mais amplo, que deriva historicamente das tradições teológicas clássicas, mas é usado hoje em dia também na psicanálise, a palavra refere-se a qualquer forma de injunção absoluta: a lei é a lei do pai, seja ele o Deus-pai ou o mandado do inconsciente. Em termos mais pragmáticos, mas não obstante relacionados, a tradição legal secular em geral define a lei, de maneira técnica e em parte tautológica, como as normas emanadas da hierarquia legal existente ou por ela institucionalmente reconhecidas. Nessa última definição profissional, as regras da lei, ou normas legais, são os elementos substantivos de um sistema legal nacional, e sua autoridade ou validade legal deriva imediatamente dessa participação no sistema e só posteriormente da legitimidade constitucional de sua efetiva enunciação ou conteúdo. As duas definições apresentadas correspondem, em termos históricos, à diferença entre uma concepção de *lei natural*, a lei, dada externamente, de Deus, da natureza, da razão, do soberano ou de alguma outra fonte absoluta, e a concepção secular de *lei positiva*, de uma lei artificial criada pelos seres humanos. Este artigo traçará a complexa relação entre essas duas concepções de lei que competem historicamente, relação essa que afeta os debates contemporâneos quanto à natureza e à função da ordem legal.

A história do conceito de lei no século XX é a do aparente desaparecimento das concepções teológicas ou naturalistas da ordem legal em favor de uma ciência mundana da lei positiva. A repressão da tradição doutrinária mais antiga, tradição que até meados do século XIX simplesmente definia a lei comum como um desdobrar da razão (*semblable reason semblable ley*: o que parece ser racional parece ser lei), é a chave para qualquer compreensão das características tanto filosóficas quanto políticas dos sistemas legais contemporâneos. Quer no continente europeu, onde as tradições legais nacionais se baseiam em leis ou códigos escritos que têm seu modelo final na jurisprudência romana (Watson, 1981), quer na tradição legal anglo-americana, baseada historicamente na lei não-escrita ou direito consuetudinário estabelecido pelos tribunais (Goodrich, 1990), o século XIX foi, em termos legais, uma era de secularização. Impelidos de forma mais explícita pelo código napoleônico, ou *Code Civil*, de 1804, os sistemas legais da Europa transformaram sua formação histórica comum no texto universal do direito romano, o *Corpus Iuris Civilis*, e traduziram em vernáculo a tradição latina em códigos nacionais de direito. O código deveria agora representar o espírito do povo de uma forma escrita, abalizada e acessível, que submeteria seus administradores e juízes à vontade popular. Apesar das diferenças de tradição e de forma do direito comum anglo-americano, mais particularmente sua falta de referência explícita a fontes romanas e sua resistência à codificação, o século XIX foi também uma época de reforma e de lei escrita, em que os dispositivos estatutários passaram a predominar e os registros legais e a legislação foram traduzidos do direito latino e do direito francês para uma forma do vernáculo. Na parte final do século XIX o direito consuetudinário desenvolveu igualmente um sistema de interpretação também conhecido como precedente legal (*stare decisis*), de acordo com o qual decisões anteriores dos tribunais deveriam ser impostas a todos os futuros tribunais de jurisdição ampla ou local, e a partir daí buscou transformar a tradição particularista da lei estabelecida como precedente em um sistema de normas conhecidas e com força de obrigação.

Acompanhando a reescritura radical das disposições legais européias do século XIX, houve um movimento correspondente para elaborar os detalhes de uma disciplina plenamente científica a respeito do predomínio legal, da supremacia da lei em oposição à supremacia de indivíduos. Dentro da tradição continental, essa ciência foi baseada nas faculdades de direito das universidades e nelas desenvolvida, e seu propósito era, de maneira mais ampla, manter a tradição hermenêutica específica e a autoridade profissional da instituição jurídica em uma época secular e revolucionária. O estudo do direito deveria voltar-se mais uma vez para o estudo do texto, e nada além do texto, sendo o currículo inteiro dos estudos jurídicos uma iniciação complexa na designação e na interpretação abalizadas das leis escritas (Perelman, 1976). A autoridade da ciência jurídica reside em um conhecimento íntimo dos detalhes textuais, combinado com um conhecimento bem mais clássico das máximas de procedimento e de interpretação adequadas à construção e ao argumento legais. Em termos de doutrina, a letra da lei dominava todas as causas jurídicas e a ciência textual desse dispositivo literal era o legado de jurisprudência do século XIX, um legado mais bem expresso no POSITIVISMO JURÍDICO do século XX e na Teoria Pura do direito.

Dentro da tradição do direito consuetudinário, uma herança semelhante data da segunda metade do século XIX e de seu surgimento nas universidades, nas quais, até 1750, o estudo erudito do direito era o estudo do direito canônico e do direito romano. O movimento para se fundar uma ciência do direito consuetudinário fora das práticas educativas desordenadas da própria profissão tomou emprestados métodos do continente europeu e se formou sobre a tradição dos tratados institucionais (Cairns, 1984). A tradição que surgiu foi a de uma jurisprudência de manual, daquilo que era chamado de leis em “letras góticas”. O princípio subjacente a essa nova disciplina de estudo jurídico era basicamente o do empirismo. Para convencer as universidades de que o direito era um tema adequado para o estudo acadêmico, em oposição ao estudo vocacional, e simultaneamente convencer os membros da profissão de que, ao contrário da prática tradicional, o estudo jurídico acadêmico podia contribuir para a formação de advogados competentes, o direito substantivo existente tinha de ser formalizado de maneira incontroversa (Twining, 1986). O resultado foi uma tradição arcana, porém limitada, de escrita de tratados, na qual as divisões e categorias de prática jurídica existentes foram sistematizadas de forma exaustiva mas convencional, sem o desenvolvimento de uma teoria explícita sobre a lógica de classificações históricas tais como contrato, delito civil, direito público ou privado, isso sem mencionar os direitos, deveres, interesses ou políticas, que havia dominado de forma pragmática o desenvolvimento da tradição do direito consuetudinário (Samuel, 1990). O direito devia ser compreendido como o corpo existente de regras substantivas de lei, e nada mais, uma visão bem exposta na prática dos autores de tratados e posteriormente apresentada como jurisprudência positivista na obra de H.L.A. Hart (1961) e elaborada com algumas revisões por Ronald Dworkin (1978).

A principal conseqüência teórica da tradição do século XIX foi a aceitação pela jurisprudência de uma crença metafísica implícita na unidade ou homogeneidade da ordem jurídica como um sistema de regras, uma crença que evocava mais as antigas tradições do direito natural e da fé nas escrituras do que alguma ciência mais moderna (Kantorowicz, 1957). Definida basicamente em termos de sua fonte, fosse no Código ou nas diversas enunciações abalizadas do direito consuetudinário, a exposição doutrinária do sistema legal não seria unificada por um princípio mais convincente do que a referência à coletânea de textos, estatutos e relatórios jurídicos. De forma não muito diferente, a sociologia do direito tendeu a aceitar a definição profissional ou científica de direito e a traduzi-la em uma concepção igualmente unificada de prática social: em termos empíricos, o direito era simplesmente o que os advogados faziam, enquanto que, em termos teóricos, julgava-se que o sistema jurídico exprimia certos aspectos estruturais da ordem social, fossem estas relações de propriedade, produção de bens, racionalidade burocrática, hegemonia ideológica ou simplesmente controle social (ver Renner, 1904; Kamenka e Tay, 1980). Uma crença implícita na competência técnica e no conhecimento profissional deixou em seu lugar a definição doutrinária do direito como um sistema de regras sancionadas, unificadas por referência a fontes exclusivamente jurídicas. Se por um lado a teoria social podia esforçar-se por ligar as normas jurídicas a circunstâncias históricas ou políticas, por examinar os interesses sociais subjacentes a áreas específicas de regulamentação, por avaliar o impacto das normas jurídicas sobre a prática social ou por criticar os preconceitos de classe ou de gênero nas regras jurídicas, a auto-evidência de um sistema jurídico unitário raramente foi contestada (Hunt, 1978). Teorias sociológicas do direito mais recentes continuam timidamente a tentar descrever uma sistemática do direito firmada no conceito de um sistema jurídico auto-referencial ou autocriativo. Em suma, a noção de uma fonte absoluta do direito, herdada da tradição clássica e traduzida em teorias jurisprudentes sobre a soberania da legislatura ou do povo, permaneceu e, em certo grau, permanece no lugar: na teoria do direito, o rei ainda precisa ser decapitado (Foucault, 1975).

O rompimento do paradigma doutrinário do direito na teoria jurídica recente tem sido um produto da influência de tendências teóricas externas aos estudos jurídicos, mais especialmente na antropologia, na lingüística, na crítica literária, na semiótica e na filosofia. Dentro da tradição anglo-americana, essa influência teórica tem sido quase que exclusivamente uma tradução a partir de fontes do continente europeu. Em termos filosóficos, um ressurgimento do interesse pelo pragmatismo levou, das primeiras e limitadas obras dos realistas jurídicos norte-americanos, passando pelo ressurgimento da retórica jurídica no continente, a teses sobre a indeterminação de normas lingüísticas e jurísticas que se encontram atualmente associadas ao pós-estruturalismo e à desconstrução (ver MODERNISMO E PÓS-MODERNISMO). A primeira figura importante a exercer influência no sentido dessa mudança de paradigma foi, sem dúvida, Foucault, em seu importante estudo histórico *Vigiar e punir* (1975). O principal impacto dessa obra sobre a jurisprudência reside na perspicácia de conceitualizar o direito como parte integrante de um conjunto muito mais amplo de formas institucionais de normatização que abrangia o asilo, o hospital, a escola, a fábrica e a prisão como formas variantes de discurso disciplinar, ou, como ele mais tarde veio a chamar, de governamentalidade (Rose, 1989). Em termos mais literários, a obra gramatológica de Jacques Derrida e a dos feminismos franceses por ele influenciados, bem como, em particular a elaboração do conceito de desconstrução, levaram a um ceticismo mais amplo com respeito à construção profissional de um texto jurídico hermético, distinto do jogo de aspectos intertextuais. Para o movimento crítico dos estudos jurídicos, que teve origem no continente europeu nos anos 60 (como *critique du droit*) e na América do Norte no início dos anos 70 (como a conferência crítica de estudos jurídicos), a referência metafisicamente determinada dos termos jurídicos e as pretensões doutrinárias mais gerais quanto à objetividade da regulamentação textual e do conhecimento jurídico viriam a ser criticadas como componentes de um paradigma antiquado e hoje extinto da verdade jurídica.

No lugar da ciência positivista do direito ou de sistemáticas legais, a erudição jurídica contemporânea concentra-se em reconstruções históricas e particulares de áreas substantivas da regulamentação da lei e daquilo que se designa como direito informal, a saber, o exercício do controle normativo em áreas concebidas tradicionalmente como fora do domínio da regulamentação legal formal. No domínio da teoria, a jurisprudência se abriu, em grau considerável, ao esforço de investigação de outras disciplinas, em particular da antropologia, da história, da lingüística, da contabilidade, da geografia e da semiótica, como intrínsecas ao estudo de áreas substantivas da regulamentação jurídica. Assim também, outras disciplinas passaram a estudar o direito, tanto como regulamentação positiva quanto como a injunção derivada do lugar do pai. Em termos substantivos, o rompimento do paradigma unitário da ordem legal acompanha mudanças significativas nos domínios e nas formas de procedimento da regulamentação legal contemporânea. Ao mesmo tempo que seria impossível relacionar todos os parâmetros do crescimento e da correspondente fragmentação das áreas e formas substantivas de intervenção legal, certas observações gerais podem ser tomadas como indicativas.

A tendência principal da regulamentação legal nas jurisdições industrializadas tem sido o crescimento do direito público. O século passado foi a era do direito estatutário, e a principal característica substantiva desse direito era burocrática e reguladora. As novas áreas de direito público que se desenvolveram, em grande parte de maneira informal, em reação à intervenção do estado nos âmbitos público e privado do social, são imensas. Numa ordem conceitual frouxa, a primeira área dessa invenção jurídica foi o desenvolvimento do direito administrativo e da categoria jurídica da revisão judicial, através do que os tribunais criaram o poder de decidir judicialmente sobre a racionalidade de uma ação administrativa. Anterior ou simultaneamente a esse desenvolvimento houve toda uma série de inovações legislativas, criando uma variedade de regulamentações estatutárias e organismos de controle da segurança na fábrica, da remuneração dos operários, da saúde pública, da proteção ao meio ambiente, da escolaridade e do policiamento. Essa tendência à garantia social através do direito público assistiu mais tarde à emergência de organismos de controle estatutário de relações sexuais, relações raciais, promoção do bem-estar, relações industriais, lesões criminosas, danos à propriedade, indenizações por acidentes automobilísticos, serviços ou utilidades públicas, transporte aéreo, indústria de diversões, e ainda outras incursões ao direito privado, regulamentando relações contratuais, lesões não-criminosas, propriedade privada e padrões comerciais. Em certo sentido, essa nova forma reguladora do direito — evocada apenas ligeiramente na relação acima — era uma politização direta de padrões tradicionais de regulamentação legal. Não apenas os tribunais deviam julgar sobre a arbitrariedade ou não de praticamente todas as formas de relações individuais com o estado, como todos os mecanismos da lei que presidiam tais decisões eram, com maior freqüência, o produto de uma legislação delegada, o que significa regras criadas internamente por departamentos do governo ou organismos semigovernamentais.

Com o papel cada vez mais ativo dos tribunais numa ampla variedade de áreas controvertidas das relações sociais, foi-se tornando cada vez mais difícil manter a visão científica tradicional de que o direito estava, de certa forma, livre do discurso político ou de outras formas de discurso. Tendo em vista também o vasto âmbito dos domínios substantivos de intervenção legal — da negociação de um divórcio ao julgamento de litígios industriais — a noção de unidade formal do direito foi igualmente abstraída a partir da experiência da prática legal. O fato de que a teoria social devia agora explicar a regulamentação legal em termos de um amálgama de discursos normativos rivais e de funções amplamente político-administrativas, em determinado nível, simplesmente reflete o crescimento de um direito público substancialmente preocupado com o controle demográfico e atuarial das populações. Isso tem também a interessante conseqüência de que, mesmo dentro dos limites tradicionais da jurisprudência, as formas clássicas de discurso legal estão cada vez mais subordinadas a formas de especialização psicológica, médica, atuarial, política e econômica, sendo esses os discursos que influenciam diretamente os temas substantivos da intervenção legal (Ewald, 1986).

Resta concluir que essa inversão da ordem dos discursos tem colocado em jogo toda uma variedade de teorias sobre o fim do direito. Com toda a certeza, se por direito queremos referir-nos aos procedimentos tradicionais de classificação temática, de acordo com fontes legais de validade, então a forma de regulamentação jurídica, ou de supremacia da lei, característica do Iluminismo já morreu. A verdade sociológica é que toda uma variedade de tipos formais e informais de controle normativo e de solução de litígios é muito mais vantajosa e de maior significação social do que o recurso aos tribunais, que é desgastante, caro e consome um tempo infinito. O boicote econômico, por exemplo, é de significado prático bem maior, em termos das relações comerciais multinacionais, do que as leis de contratos jamais foram ou puderam ser. A crença no direito, para voltarmos ao nosso ponto de partida, deve ser compreendida hoje como crença na razão industrial e no dogmatismo da regulamentação econômica (Legendre, 1988). O que resta dos procedimentos classificatórios jurídicos tradicionais é uma série disparatada de formas pragmaticamente orientadas de intervenção legal em discursos e práticas nos quais o direito formal está subordinado a formas mais amplas de regulamentação e manipulação econômica, geopolítica e discursiva. Em outras palavras, o direito não mais reside em seus hábitos discursivos tradicionais. Se o direito é definido em termos de injunção absoluta, isto é, em termos da fidelidade das coisas ao seu lugar, então deverá ser encontrado naqueles discursos institucionais da verdade responsáveis pela política demográfica e pelo controle atuarial.

Leitura sugerida: Cairns, John 1984: "Blackstone, an English Institutist". *Oxford Journal of Legal Studies* 4, 318 • Dworkin, R. 1978: *Taking Rights Seriously* • Ewald, François 1986: *L'État Providence* • Foucault, Michel 1975: *Surveiller et punir* • Goodrich, Peter 1990: *Languages of Law: from Logics of Memory to Nomadic Masks* • Hart, H.L.A. 1961: *The Concept of Law* • Hunt, Alan 1978: *The Sociological Movement in*

Law • Kamenka, Eugene e Tay, Alice Erh-Soon 1980: "Socialism, anarchism and law". In *Law and Society: the Crisis in Legal Ideals*, org. por Kamenka et al. • Kantorowicz, Ernst 1957: *The King's Two Bodies* • Legendre, Pierre 1988: *Le désir politique de Dieu: étude sur les montages de l'état et du droit* • Perelman, Chaim 1976: *Logique juridique, nouvelle rhétorique* • Renner, Karl 1904 (*1949*): *The Institutions of Private Law and their Social Functions*, org. com introdução e notas de Otto Kahn-Freund • Rose, N. 1989: *Governance of the Soul* • Samuel, Geoffrey 1990: "Science, law and history". *Northern Ireland Legal Quarterly* 41, 1-21 • Twining, William 1986: *Legal Theory and Common Law* • Watson, Alan 1981: *The Civil Law Tradition*.

PETER GOODRICH

leninismo Essa expressão refere-se tanto às idéias de V.I. Lenin, fundador e teórico do bolchevismo russo, quanto às inúmeras organizações e grupos que têm pretendido possuir direito sobre elas e que têm sido por elas inspirados. Essa dupla referência marcou o leninismo com uma ambigüidade particular. Como o pensamento de um homem, foi um corpo de idéias e de obras em desenvolvimento, adaptável a diferentes circunstâncias e à luz de necessidades e preocupações políticas cambiantes. Como setor organizado do socialismo internacional, por outro lado, muitas vezes se enrijeceu na forma de uma doutrina sectária inflexível e de uma prática rígida. Isso tem acontecido especialmente onde ele se junta ao seu "ismo" paterno, na dupla "marxismo-leninismo" — significando geralmente uma continuidade que remonta a Lenin através do STALINISMO. Mas isso também tem sido válido, às vezes, para grupos politicamente opostos ao stalinismo (ver TROTSKISMO).

Em seu primeiro sentido, o leninismo se desenvolveu necessariamente através de um processo de permanente acréscimo, à medida que Lenin ia enfrentando os problemas do movimento socialista na Rússia. Desde um primeiro estágio seu nome ficou ligado a uma abordagem característica das questões de organização partidária e do relacionamento partido-classe. Isso logo se fundiu com a visão estratégica de uma projetada revolução russa, caracterizada por um certo paradoxo interno. Mais tarde, à beira da guerra mundial, Lenin propôs uma visão do capitalismo moderno que iria contribuir em 1917 para alterar aquela primeira e paradoxal concepção. Também delineou uma teoria do estado capitalista, do meio necessário da revolução socialista contra ele e do tipo de instituições de transição que concebia no caminho para uma sociedade sem classes.

O pensamento de Lenin sobre a organização revolucionária tomou forma nos primeiros anos do século, em conexão com a campanha do jornal *Iskra* para fundar um partido russo unificado e com a ruptura que então dividiu esse partido ainda nascente nas facções bolchevique e menchevique. A visão que Lenin tinha do tipo de partido necessário era de uma organização centralizada, tendo em seu núcleo um grupo de revolucionários profissionais e de tempo integral cuja formação teórica e treinamento político permitiriam ao partido agir como vanguarda da classe operária. Essa visão, elaborada em *Que fazer?* (1902) e *Um passo à frente, dois passos para trás* (1904), foi explicada e defendida em termos de quatro teses principais.

Primeiro, o partido devia ser guiado pela teoria mais "avançada", conforme Lenin escreveu: "Sem teoria revolucionária não pode haver movimento revolucionário." Segundo, os impulsos e esforços espontâneos das massas da classe operária não produziriam por si próprios uma consciência revolucionária de classe, devendo permanecer inevitavelmente confinados nos limites sindicais. Terceiro, a consciência socialista só podia ser trazida para a luta dos operários a partir de fora. Lenin deu a essa tese dois significados diferentes: a fonte da teoria socialista, afirmou, era um setor da *intelligentsia* burguesa; e o verdadeiro âmbito dessa teoria era muito mais amplo que a perspectiva do sindicalismo, implicando uma apreensão geral das relações da sociedade burguesa, particularmente como enfocadas através do estado. Quarto, a fim de realizar essa tarefa, o partido precisava ser centralizado e disciplinado. Os membros, individualmente, deviam estar submetidos às decisões democráticas da organização, e as seções locais e outros organismos coordenados pela liderança central, em alinhamento com um programa de ação convencionado. Essas normas vieram mais tarde ser conhecidas sob a rubrica do "centralismo democrático".

Não há dúvida de que algumas das ênfases de Lenin se deveram ao contexto político — e polêmico — particular. Ele próprio, posteriormente, reconheceu isso. A tese a respeito dos limites sindicais da espontaneidade proletária, e seus argumentos em favor de um partido mais estreito, clandestino, viriam a se modificar em tempos mais revolucionários. Esse conjunto de teses, de qualquer forma, fez surgir julgamentos grandemente diversos com respeito à significação do projeto leninista original. Seria simplesmente uma tentativa de fornecer um enfoque organizacional e uma direção ao axiomático objetivo marxista da auto-emancipação proletária — criando um efetivo partido *da* classe operária, sua própria ferramenta de análise, crítica e luta? Ou seria, antes, um projeto de tutelagem; o partido (aquilo em que tantos pretensos partidos leninistas viriam a se transformar) como o árbitro final da "verdade" marxista; e essa vanguarda da classe, na verdade, uma elite disposta a tomar o poder para si própria em nome da classe? Mais uma vez, seria o projeto — em uma interpretação intermediária — de ambição saudável, libertadora, mas portador também de potenciais mais negativos que acabariam prevalecendo? Tudo isso fez parte de uma discussão mais ampla ao longo do século XX: até que ponto o leninismo foi o responsável por Stalin e pelo stalinismo.

Com a visão leninista do partido, um dos dois principais pilares do início do bolchevismo estava colocado no lugar. O outro foi moldado durante o levante de 1905: a concepção da revolução russa defendida por Lenin em *Duas táticas de social-democracia na revolução democrática*. Em essência, essa revolução, segundo ele, viria a ser uma revolução burguesa executada pelo proletariado em aliança com o campesinato. Sua natureza burguesa era um pressuposto que ele tinha em comum com os mencheviques: as principais tarefas eram limpar o terreno para o livre desenvolvimento do capitalismo e criar um estado democrático, republicano. No entanto, contra os mencheviques, Lenin insistia em que o proletariado, e não as forças burguesas, teria de liderá-la — sendo a burguesia demasiado fraca e politicamente tímida para qualquer transformação radical, completa. Com base na mesma premissa, Leon Trotsky, por sua vez, chegou à tese da REVOLUÇÃO PERMANENTE: a idéia de que os operários russos ultrapassariam os objetivos burgueses da revolução e iniciariam a transição para o socialismo. Lenin resistiu a essa idéia. Nas condições russas, era impossível, ele pensava, passar do primeiro estágio revolucionário (burguês-democrático) para o segundo (proletário-socialista). Sua visão, portanto, em suma, era do proletariado tomando o poder político com o campesinato, somente para ter de entregá-lo, no devido tempo, à burguesia.

Em 1917 Lenin viria a abandonar essa concepção de dois estágios diferentes e, diante da oposição de muitos bolcheviques, a alegar enfaticamente que uma revolução proletária estava, afinal de contas, na ordem do dia. Seu próprio pensamento sobre essa questão veio a coincidir com o de Trotsky. Um fator que o levou a mudar de idéia foi, provavelmente, a análise do capitalismo mundial que ele se viu impelido a realizar pelo deflagrar da guerra. Em *Imperialismo, o último estágio do capitalismo* (1916), afirmou que a ordem capitalista contemporânea era marcada pelo domínio de grandes monopólios, a fusão do capital bancário e industrial e uma feroz competição territorial, entre as maiores potências capitalistas, por partes do globo, levadas pela necessidade de garantir um campo para a exportação de capital. Nessa perspectiva de um sistema internacional sacudido pela instabilidade competitiva, pela guerra e pela crise, a revolução russa era agora vista por Lenin como uma ruptura da corrente capitalista no seu elo mais fraco: a primeira de uma série de revoluções proletárias em uma luta global pelo socialismo. No entanto, onde o leninismo do próprio Lenin conseguiu acomodar uma mudança de idéia tão significativa, os marxismos-leninismos derivativos posteriores fizeram tudo que puderam para obscurecê-la. Preocupada em fazer com que Lenin estivesse certo a respeito de tudo, a tradição leninista stalinizada congelou os seus pontos de vista, incluindo os que ele havia deixado para trás, em uma unidade rígida — tal como ergueu estátuas do homem e até lhe embalsamou o cadáver.

A guerra mundial e a revolução na Rússia induziram a uma reconsideração mais geral por parte de Lenin. Isso implicou uma crítica ao marxismo "ortodoxo" de Karl Kaustsky, a qual simbolizou o racha histórico que então se abria entre a social-democracia e o movimento comunista mundial, em que o bolchevismo e seu apoio internacional logo se transformariam (ver COMUNISMO; SOCIALISMO). A crítica de Lenin concentrou-se em afirmações enfáticas a respeito da natureza do estado burguês e da ordem transicional — a "ditadura do proletariado" — que deveria substituí-lo. Uma efetiva estratégia socialista, afirmou ele em *Estado e revolução* (1917), não podia basear-se em uma simples tomada das instituições do estado burguês existente. Antes, estas deviam ser destruídas e algo radicalmente diferente ser criado em seu lugar. Pois o estado representativo-parlamentar e sua máquina executiva praticamente excluíam a classe operária da influência do poder, enquanto o socialismo, por sua própria natureza, exigia para a sua construção instituições muito mais diretamente democráticas, do tipo dos conselhos operários. Essa era a concepção de Lenin do governo proletário: a de um estado de um novo tipo, mais democrático que qualquer outro antes dele; uma democracia ativa, participativa, para as massas operárias.

Se seus pontos de vista sobre a organização do partido foram muitas vezes encarados como elitistas, a argumentação de *Estado e revolução*, em contraste, é às vezes tida como próxima de um tipo de anarquismo — embora Lenin mais tarde viesse a se opor vigorosamente, dentro da Internacional Comunista, à visão de estilo anarquista dos chamados comunistas "esquerdistas", segundo a qual a classe operária e suas organizações deviam abster-se totalmente da participação na política parlamentar, mesmo em circunstâncias não-revolucionárias.

De qualquer forma, o espírito democrático-participativo do panfleto de Lenin, escrito na véspera da revolução bolchevique, viu-se rapidamente submetido a todas as pressões com que se defrontava o novo regime no poder: da guerra civil, da intervenção estrangeira, do deslocamento econômico e social, da oposição política e do descontentamento. Nessa situação, o governo bolchevique, sob a orientação de Lenin, começou a se fechar em um monopólio autocrático do poder. Outros partidos foram banidos, alguns, mas não todos, em revolta aberta e violenta contra a nova ordem política. As facções dentro do próprio partido de Lenin foram então proibidas, o que nunca havia ocorrido até então. Se essas medidas eram apenas expedientes temporários e desesperados, ou se, em vez disso, estavam perfeitamente em harmonia com a lógica "substitucionista" do projeto leninista — isso, mais uma vez, faz parte da discussão de décadas a respeito da relação entre leninismo e stalinismo.

O fato de o leninismo no poder ter lançado algumas das bases para a ascensão de Stalin é algo que não se pode negar com facilidade. Ele o fez institucionalmente, ainda que sob intensa pressão, ao eliminar os possíveis espaços de um pluralismo político. E o fez também doutrinariamente — transformando a necessidade em virtude, como na famosa frase de Rosa Luxemburgo —, camuflando, em polêmica autojustificativa, a diferença entre governo proletário e do partido. Mas, igualmente, o fato de o próprio Lenin não ter sido capaz de continuar com isso, muito menos de presidir a isso, o que transpirou com o triunfo de Stalin, também ficou absolutamente claro. Pouco antes de morrer, Lenin ficou alarmado com as formas de poder arbitrário em processo de desenvolvimento à sua volta; buscou controlá-las e conseguir que Stalin, em particular, fosse removido da forte posição de influência que havia alcançado. O esforço veio tarde demais e foi em vão.

Hoje em dia as estátuas de Lenin estão sendo derrubadas naquilo que foram as terras do "marxismo-leninismo". Faz parte da complexa realidade que evoluiu sob o rótulo derivado de seu nome — e é uma ironia pouco observada nos comentários recentes — o fato de que o próprio Lenin só poderia ter aplaudido a sua derrubada: uma renúncia ao culto enrijecido e autoritário em que foram transformados o seu projeto revolucionário e a sua modesta pessoa individual. Qualquer que pudesse ser o seu julgamento a respeito dos eventos relacionados, o seu aplauso à derrubada dessas estátuas, pelo menos, parece uma certeza bastante razoável.

Leitura sugerida: Carr, E.H. 1950 (*1966*): *The Bolshevik Revolution, 1917-1923*, vol.1, p.15-111 • Colletti, L. 1972: *From Rousseau to Lenin*, p.219-27 • Harding, N. 1977, 1981 (*1982*): *Lenin's Political Thought*, 2 vols. reunidos • Lenin, V.I. (*1960-70*): *Collected Works* • Lewin, M. 1967: *Le dernier combat de Lénine* • Liebman, M. 1973: *Le léninisme sous Lénine* • Luxemburgo, R. 1970: "Organizational questions of Russian social democracy". In *Rosa Luxemburg Speaks*, org. por. M.A. Waters, p.114-30 o 1970: "The Russian revolution". In *Rosa Luxemburg Speaks*, org. por M.A. Waters, p.367-95 • Mandel, E. 1977: "The Leninist theory of organization". In *Revolution and Class Struggle: a Reader in Marxism Politics*, org. por R. Blackburn, p.78-135 • Meyer, A.G. 1962: *Leninism* • Miliband, R. 1983: *Class Power and State Power*, p.154-66.

NORMAN GERAS

liberalismo A doutrina política conhecida como liberalismo afirma que o propósito do estado como associação de indivíduos independentes é facilitar os projetos (ou a "felicidade") dos seus membros. Os estados não devem impor os seus próprios projetos. Tal como seu parceiro doutrinário, o CONSERVADORISMO, o liberalismo é uma versão da tradição política ocidental e ambos os termos são empregados, de forma um tanto confusa, em sentido tanto genérico quanto específico.

Em sentido genérico, "liberalismo" refere-se a toda a moderna tradição ocidental de pensamento e comportamento, em contraste com as tradicionais formas de ordem encontradas na Ásia e na África. Críticos do mundo ocidental moderno, como os marxistas, ou vários tipos de fundamentalistas religiosos, atacam o liberalismo como o aspecto doutrinário do capitalismo. Liberalismo, nesse sentido, refere-se à libertação dos desejos de um indivíduo e de muitas das restrições de uma ordem tradicional. Mas, dentro da efetiva política da Europa e da América, liberalismo refere-se a um conjunto *específico* de idéias, que, de tempos em tempos, destacam seus adeptos dos conservadores e dos socialistas. Exatamente o que constitui essa forma específica de liberalismo muda de uma geração para a seguinte. No século XIX, por exemplo, o liberalismo incorporou idéias como o livre comércio, a democracia e a autodeterminação nacional. Perto do final desse século, no entanto, surgiu um "novo liberalismo", enfatizando que o estado devia ser responsável por suprir as necessidades materiais dos pobres, de forma que estes pudessem exercer de maneira mais efetiva a liberdade de que deveriam desfrutar. Essa mediação rumo ao socialismo era evidentemente incompatível com o estado mínimo que muitos dos primeiros liberais haviam concebido como a única garantia de liberdade. Esse liberalismo clássico de meados do século XIX foi vigorosamente revivido durante os anos 70 e em geral encontrou abrigo em partidos que se autoclassificavam como "conservadores".

Deve ficar claro que qualquer tentativa de definir liberalismo é como buscar um alvo móvel. O significado de "liberalismo" muda não apenas com o seu nível de abstração e com o passar do tempo, mas também de país a país. O anticlericalismo, por exemplo, foi um importante componente do liberalismo francês do século XIX, enquanto que o sentimento anti-religioso foi, na melhor das hipóteses, intermitente na Grã-Bretanha e na América do Norte. Todas essas ênfases mudam constantemente.

A história das idéias liberais

A palavra "liberalismo" que hoje conhecemos entrou na política britânica, vinda da Espanha e da França, na década de 1830, quando se tornou corrente a maioria dos rótulos da política moderna. Ela descrevia o velho Partido Whig, cujas raízes remontavam ao republicanismo clássico do século XVII. A fluidez dessas idéias políticas pode ser ilustrada a partir do apelo de Edmund Burke, na década de 1790, dos "novos *whigs*", simpáticos às doutrinas francesas dos direitos naturais, aos "velhos *whigs*", que se pautavam, na visão de Burke, pela tradição do acordo de 1688. A fundamentação doutrinária de Burke para o pensamento conservador britânico revela bastante a respeito dos aspectos em que ele se distingue do liberalismo. Ele concordava em que a sociedade era um contrato, mas rapidamente dissolveu os efetivos contratos dos homens racionais no "grande contrato primevo da sociedade eterna", que deixava muito menos ao ativo arbítrio destes. Os liberais, em contraste, mostram-se mais dispostos a adotar as regras e disposições de uma associação civil, de forma a estar de acordo com o que atualmente se considera racional. Conforme as palavras de Tom Paine, crítico e contemporâneo de Burke, nenhuma geração tem o direito de comprometer suas sucessoras.

Em suas versões de CONTRATO SOCIAL, o liberalismo explorou toda uma esfera de escolhas privadas (incluindo a consciência, a opinião e a família) que os governos não devem invadir. Muitos desses temas tornaram-se explícitos na Reforma protestante do século XVI, e uma certa tensão entre liberalismo e catolicismo foi um aspecto reconhecido da vida política até as últimas décadas do século XX. Uma expressão clássica dessa atitude é a censura de John Milton, em *Areopagitica* (1644), ao domínio moral de seus rebanhos por parte dos padres católicos. Mas há muito ficou geralmente convencionado que os princípios essenciais do liberalismo foram expressos pela primeira vez no *Second Treatise of Government* (1690), de John Locke.

Nessa obra, Locke afirma que o governo é uma espécie de custódia estabelecida por indivíduos que se juntaram para formar uma sociedade, cujo sentido é garantir a ordem e proteger a propriedade. "Propriedade", para esses fins, inclui "vida, liberdade e posses", e seu gerenciamento é um dever a nós imposto por Deus. Os governos exercem sua prerrogativa de acordo com a lei, e os contornos mais amplos de seus deveres (e seus limites) são dados pelo que a razão nos diz a respeito da natureza humana e dos direitos naturais. A autoridade resulta da aquiescência do governado, e o povo tem o direito, como último recurso, de derrubar o governante que viole essas condições.

O *Second Treatise* de Locke foi uma obra altamente partidária, disfarçada de argumentação filosófica, e os historiadores das idéias hoje acreditam que identificá-la com a doutrina muito posterior do liberalismo é praticar história ao estilo dos *whigs*, no qual os personagens históricos são compreendidos como animados por idéias de liberdade que só emergiriam em um período posterior. Um problema ainda mais sério é que o lugar central designado à lei natural na argumentação de Locke limitava severamente o âmbito da divergência política possível. Mas é da essência de uma sociedade liberal caracterizar-se por uma divergência básica a respeito de todas as questões substantivas. A partir desse ponto de vista, o pensamento de Thomas Hobbes, descartado por muitos críticos posteriores como absolutista, na verdade virtualmente totalitário, começa a nos dizer um pouco mais a respeito do liberalismo.

A questão central é que o *Leviatã* (1651), de Hobbes, leva profundamente a sério o fato da divergência entre os membros de um estado moderno. Tal divergência ameaça as associações humanas de violência e rompimento, resultado que só pode ser evitado investindo-se autoridade em um soberano cujas decisões em questões de lei e negócios públicos, incluindo doutrina pública, devem ser encaradas como conclusivas. Em vez de basear o estado na razão, como fez Locke, Hobbes apoiou-se na autoridade. O súdito de um estado moderno está preso a regras que ele pode achar que não são racionais, nem desejáveis, e sua liberdade se encontra nas áreas (que Hobbes assume serem um continente imenso) a cujo respeito a lei se cala. O pensamento liberal posterior enfatizou o fato de que é o caráter lógico das regras — que são abstratas e hipotéticas — que facilita a liberdade. Tais modificações "adverbiais" de comportamento (para usar uma metáfora adequada, que tem origem em Michael Oakeshott) dão oportunidade para o engenho e a imaginação na busca dos desejos. As leis restringem as ações, mas não as impõem, nem as dominam. O segredo do dinamismo dos estados liberais modernos reside em um contínuo diálogo entre um governo legislador e uma cidadania receptiva, guiada por um conjunto de regras abstratas. O próprio Hobbes comparou as leis às cercas e aos muros que impedem as pessoas de vagar pela propriedade privada. Conforme observou Oakeshott, "sem ser ele próprio um liberal, [Hobbes] tinha em si mais da filosofia do liberalismo do que a maioria dos seu professos defensores".

A concepção liberal da vida política

A essência do liberalismo reside em seu reconhecimento do desejo individual como fato básico de uma associação civil moderna. Não há valores ou normas preponderantes a que o homem esteja completa e permanentemente obrigado. Mas essa forma é freqüentemente mal compreendida. Não se deve pensar, por exemplo, que um desejo é o mesmo que um impulso, uma inclinação ou um capricho. O "desejo" do pensamento liberal, tal como a "felicidade" dos teóricos utilitários (ver UTILITARISMO), é altamente racionalizado. A identidade da pessoa no pensamento liberal deve ser descoberta, não em algum aspecto natural (como raça ou classe), nem em algum relacionamento social (como status ou condição), mas em uma estrutura de desejos coerentes ou racionalizados. Somente uma pessoa assim pode ser considerada responsável por suas ações. Tais formulações indicam, é claro, que cada indivíduo em um estado liberal é um paradigma de autocriação. Todos os estados existentes, é claro, estão impregnados por uma tessitura viva de sentimentos patrióticos e ligações morais e religiosas herdadas do passado. O avanço do liberalismo, no entanto, reduziu a condição de autoridade das religiões e abriu as ligações patrióticas à concorrência das ligações universalistas e cosmopolitas. Essa dissolução de ligações herdadas (que, segundo os conservadores geralmente afirmam, no futuro irá mostrar-se fatal para as modernas sociedades ocidentais) baseou-se em grande parte no crescimento das sociedades modernas como economias, nas quais todos os membros (em vez dos tradicionais cabeças de família do passado) participam do que Adam Smith chamou de "troca, permuta e intercâmbio". De fato, uma das versões mais convincentes do liberalismo — a proposta por F.A. Hayek (1960) — consiste em uma alegação de que a economia deveria, em substância, estar fora do âmbito da interferência política.

Os críticos do liberalismo geralmente o acusam de falsear a realidade social e política. Tal crítica com freqüência se baseia em um equívoco. A ênfase individualista da teoria do contrato social, por exemplo, é amiúde atacada como uma forma de atomismo que não reconhece ser o homem um animal social. Quando o cidadão de um estado liberal é caracterizado como "burguês" (por exemplo, nas doutrinas marxistas), em geral é concebido como isolado e em conflito com seus companheiros. Na verdade, a teoria liberal não tem nenhuma dificuldade em reconhecer as relações sociais, e um dos aspectos das sociedades liberais que mais impressionam é a criatividade flexível e fluente de sua cooperação social — da qual a famosa pletora de associações voluntárias nas sociedades anglo-saxônicas é um bom exemplo. Mais uma vez, a semelhança entre o individualismo liberal e a teoria das relações econômicas racionais levou alguns críticos a concluir que o egoísmo e a ambição estão na base das sociedades liberais. Essa confusão entre o egoísmo (que é uma falha moral) e o auto-interesse (que é um critério formal de comportamento racional) é ao mesmo tempo comum e perniciosa. A melhor maneira de refutá-la é destacar o fato de que, tanto no nível individual quanto no governamental, as sociedades liberais sempre foram, entre todos os grupos da história, as mais espetacularmente inclinadas a fazer donativos aos menos afortunados.

As reais deficiências do pensamento liberal só surgem quando ele desemboca em uma espécie de racionalismo que presume terem todos os seres humanos o mesmo caráter racionalizante. Os autores do final do século XIX cujo liberalismo foi fermentado pelo vinho inebriante do progresso iriam descobrir que a natureza humana, no século XX, os decepcionaria terrivelmente. O zelo religioso ideológico levou a conflitos ferozes que muitos liberais acharam, e em geral ainda acham, difíceis de compreender.

Desdobramentos recentes

O liberalismo foi um dos maiores beneficiários da retomada do pensamento político normativo a partir dos anos 60. As duas idéias morais básicas em termos das quais o liberalismo é elucidado — a dos direitos e a da utilidade — foram engenhosamente desenvolvidas. A ênfase liberal na escolha racional (ver ESCOLHA RACIONAL, TEORIA DA) fez reviver a conhecida questão do contrato social: como podem tais criaturas gerar bens públicos? Como podem ser motivadas a se comportar de forma comunitária, se não é de seu interesse particular fazê-lo? Uma enorme literatura técnica nessa área tem se concentrado no dilema do prisioneiro e outras formas de teoria dos jogos. A idéia de escolher princípios sociais básicos por trás de um "véu de ignorância", em *A Theory of Justice*, de John Rawls (1971), tenta determinar uma estrutura de regras constitucionais independentemente da parcialidade que, ao que se presume, exibimos na efetiva vida social e política. Nesses termos, um estado liberal surge como o que é indiferente ou neutro entre os projetos e opiniões específicos preferidos por seus membros. Essa idéia "de procedimento" do liberalismo foi recentemente expressa em termos da prioridade do certo sobre o bom.

Os problemas explorados nessa literatura filosófica são acadêmicos no sentido de que as sociedades liberal-democráticas, para dizer a verdade, funcionam, e de fato funcionam muito bem. Mas os críticos geralmente afirmam que a liberdade e a neutralidade que os liberais alegam existir em seu estado são ilusórias. É por certo verdade que os crentes religiosos, inteiramente convencidos de que somente eles são os donos da verdade das coisas, podem muito bem achar o pluralismo de uma sociedade liberal intolerável, e na verdade a conseqüência de séculos de tal controvérsia na maioria das igrejas cristãs foi induzir a um ecumenismo tolerante que em geral abandona, no nível da crença revelada literal, a pretensão à verdade. É assim provável que a discussão acadêmica sobre o liberalismo conclua que no fim do caminho liberal o que se encontra é o niilismo, enquanto alguns sociólogos argumentaram que a ênfase liberal na liberdade é um ácido que dissolve os laços invisíveis por meio dos quais se mantém a ordem social. Daniel Bell (1979), por exemplo, afirmou que as sociedades capitalistas modernas exigem tanto uma ética protestante austera e parcimoniosa na área da produção quanto uma atitude hedonista para com o consumo — uma propensão tende a destruir a outra.

Essas explorações dos meandros do perigo, porém, podem muito bem ser consideradas como parte da riqueza de recursos das modernas sociedades liberais, que com certeza vivem perigosamente, mas até agora têm demonstrado uma capacidade considerável para fazer ajustes que as salvarão do desastre. É claro que não existe garantia de que tudo isso vá continuar. Mas esse perigo, do ponto de vista liberal, é um inevitável aspecto da aventura da modernidade.

Leitura sugerida: Barry, Norman P. 1980 (*1986*): *On Classical Liberalism and Libertarianism* • Bell, Daniel 1979: *The Cultural Contradictions of Capitalism* • Gray, John 1989: *Liberalism* • Haakonssen, Knud, org. 1988: *Traditions of Liberalism* • Hayek, F.A. 1960: *The Constitution of Liberty* • Hobbes, T. 1651 (*1973*): *Leviathan* • Locke, John 1690 (*1960*): *Two Treatises of Government*, org. por Peter Laslett • Mill, John Stuart 1859 (*1991*): *On Liberty and Other Essays*, org. por John Gray • Milton, John 1644 (*1925*): "Areopagitica". In *Milton's Prose: a Selection* • Nozick, R. 1974: *Anarchy, State and Utopia* • Oakeshott, Michael 1975 (*1991*): *On Human Conduct* o 1975: *Hobbes on Civil Association* • Rawls, John 1971: *A Theory of Justice* • Sandel, M. 1982: *Liberalism and the Limits of Justice.*

KENNETH R. MINOGUE

liberdade Este é um conceito que foi interpretado de diversas maneiras em doutrinas sociais extremamente variadas. Uma distinção inicial pode ser feita entre o que se chamou de concepções "negativa" e "positiva" de liberdade individual. Em seu sentido negativo, liberdade significa a ausência de "restrição desnecessária ou danos" (Lewis, 1832, p.154), ou, de maneira mais ampla, da "interferência deliberada de outros seres humanos em uma área em que, não fosse isso, eu poderia atuar" (Berlin, 1958, p.122), e disso se segue que a liberdade é maior onde existe menos restrição ou interferência. Esse é o sentido básico em que a liberdade (acima de tudo *vis à vis* os governos) foi compreendida por pensadores liberais como J.S. Mill e Alexis de Tocqueville, no século XIX, e por seus sucessores no século XX. Todos eles reconheceram, porém, que algumas restrições, estabelecidas principalmente pela lei, são necessárias no interesse da coesão, da justiça e de outros valores sociais, embora tenham divergido enormemente em seus pontos de vista a respeito de quanta restrição é necessária ou tolerável, e os atuais libertários (como Hayek, 1973-9) defendem vigorosamente uma severa redução da legislação restritiva e das atividades do governo.

O sentido positivo de liberdade foi defendido por Lewis (p.151-2) como significando a posse de "direitos cujo desfrute é benéfico para aquele que os possui", e essa formulação tem uma ressonância bastante moderna, pois discussões recentes sobre liberdade positiva têm invocado com freqüência a noção de CIDADANIA, implicando o estabelecimento de um amplo âmbito de direitos civis, políticos e sociais. O crescimento da liberdade é portanto concebido como uma evolução da cidadania. Subjacente a tal concepção encontra-se o ponto de vista de que, se a liberdade não deve ser meramente uma noção abstrata e vazia, então devem existir condições nas quais os indivíduos possam efetivamente exercer sua liberdade a fim de alcançarem o grau máximo de auto-realização e autocomando de que forem capazes.

Em relação a essas questões, existe ainda uma distinção a ser feita entre liberdade individual e o que pode ser chamado de liberdade coletiva. Os movimentos de libertação ou independência nacional, os movimentos de classe, os movimentos das mulheres e outros buscam garantir maior liberdade, em um sentido específico, para categorias inteiras de pessoas, embora isso, é claro, esteja relacionado à consecução de certos tipos de liberdade individual. Tais fenômenos tornam evidente o fato de que liberdade, em seu sentido mais universal, depende de um complexo de instituições sociais, o qual constitui um tipo particular de ordem social. Os seres humanos não "nascem livres"; nascem dentro de uma rede preexistente de relacionamentos sociais, como súditos de um império ou membros de uma tribo ou nação, de uma casta ou classe, de um gênero, de uma comunidade religiosa; e os limites de sua liberdade são condicionados por essas circunstâncias. Mas não são totalmente determinados por isso, pois indivíduos e grupos podem lutar e de fato lutam por maior liberdade, com mais sucesso na medida em que as forças produtivas humanas e a riqueza da sociedade aumentam. Nas sociedades modernas, e particularmente no século XX, houve, sem dúvida, apesar de inúmeros movimentos retrógrados, uma considerável ampliação da liberdade como resultado da aquisição de direitos civis, políticos e sociais em uma escala muito mais ampla. Esses ganhos são o resultado de muitas lutas coletivas, pelo sufrágio universal, pelos direitos econômicos e sociais das mulheres, pela libertação do domínio colonial e de várias formas de ditadura política.

Mas é possível também afirmar que a extensão dos direitos sociais, em particular, nos modernos estados democráticos de bem-estar foi atingida ao custo de uma intervenção e uma regulação governamental grandemente ampliadas, bem como do crescimento da burocracia, que constituem em si mesmos novas limitações à liberdade do indivíduo. Uma fonte principal para esses pontos de vista é a exposição feita por Max Weber dos processos de racionalização e burocratização da vida nas sociedades industriais modernas, que ele afirmou tenderem a minar a autonomia e a integridade do indivíduo (ver Löwith, 1932; Mommsen, 1974). Essas não são, porém, as únicas questões que surgem ao se considerar como mudanças sociais com intenção de promover a liberdade podem, ao mesmo tempo que inicialmente atingem seus objetivos em uma esfera, criar novas restrições em outras. Revoluções e reformas radicais concebidas como emancipatórias levaram com freqüência a regimes ditatoriais, enquanto que em sociedades democráticas existe sempre o perigo daquela tirania da maioria que Mill analisou.

De maneira mais geral, é evidente que a liberdade de indivíduos ou grupos sempre implica, ou tem a probabilidade de implicar, alguma limitação da liberdade de outros — sendo a expressão mais extrema dessa idéia a frase de Jean-Paul Sartre "O inferno são os outros". A vida humana é necessariamente social, e a liberdade pode ser mais bem concebida como um equilíbrio continuamente mutável entre as pretensões rivais de indivíduos e grupos dentro de uma sociedade inclusiva cujas fronteiras podem também se expandir na medida em que os direitos humanos sejam afirmados em escala global. Daí, uma análise conceitual de liberdade necessita ser realizada dentro da estrutura de teorias sociais mais amplas em que tanto o sentido negativo de liberdade — preocupado com as forças que restringem os indivíduos de modos e graus diferentes de acordo com sua posição social —, quanto seu sentido positivo — das possibilidades de auto-realização e autocomando, igualmente variáveis de acordo com as circunstâncias sociais —, sejam examinados criticamente.

Leitura sugerida: Berlin, I. 1958 (*1969*): "Two concepts of liberty". In *Four Essays on Liberty* • Hayek, F.A. 1973-9 (*1982*): *Law, Legislation and Liberty* • Mill, John Stuart 1859 (*1991*): "On Liberty". In *On Liberty and Other Essays* • Ryan, A., org. 1979: *The Idea of Freedom.*

TOM BOTTOMORE

libertação, teologia da Ver TEOLOGIA DA LIBERTAÇÃO.

libertarianismo Afirmando que a liberdade individual é o valor político básico e a PROPRIEDADE privada a sua mais importante salvaguarda institucional, essa palavra entrou em uso nos Estados Unidos da América depois da presidência de Franklin Delano Roosevelt (1933-45), cujos partidários se apropriaram da antiga palavra "liberalismo" para o seu ramo de intervencionismo político e econômico. Daí, aqueles entre os seus oponentes que também rejeitavam o conservadorismo começaram a se chamar de "libertários".

Encarando-se como os legítimos herdeiros da tradição liberal clássica de John Locke e Adam Smith, a maioria dos libertários acredita que a liberdade tem valor intrínseco; segundo eles, é um direito humano inalienável, uma exigência da razão, a condição natural do seres humanos. Alguns são inspirados pelo individualismo romântico do escritor Ayn Rand (1957); outros, na esteira de Locke, baseiam o direito à liberdade e à propriedade no princípio de que o indivíduo é dono de si próprio. Alguns libertários, porém, defendem a liberdade em termos das boas conseqüências que dela parecem fluir. (As duas posições não são mutuamente excludentes.) Acreditam que a liberdade é o único meio de enfrentar a diversidade de valores, pontos de vista e estilos de vida individuais: as pessoas podem concordar em discordar. Além disso, esses libertários (muitos dos quais são influenciados pela ESCOLA AUSTRÍACA DE ECONOMIA ou pela ESCOLA ECONÔMICA DE CHICAGO) contrapõem que a liberdade de experimentar, inovar e, inevitavelmente, cometer erros é um pré-requisito necessário do progresso.

Outra divisão dos libertários é indicada por seus pontos de vista a respeito do governo. Alguns, como Murray Rothbard (1973) e David Friedman (1989), são anarquistas, ou anarcocapitalistas, considerando o governo desnecessário (ver ANARQUISMO). Acreditam que os indivíduos podem, pelo menos em princípio, realizar através de colaboração voluntária todas as tarefas que são hoje exercidas pelo governo, mesmo a previsão e a proteção da lei e da ordem e do dinheiro. Apoiando-se na moderna teoria dos preços, economistas libertários produziram muitas e engenhosas soluções de livre-mercado para o problema dos bens públicos. Outros libertários, como Robert Nozick (1974), são minimarquistas. Segundo eles, um estado mínimo, limitado a proteger os direitos individuais, e sustentado por impostos, é necessário. Todos os libertários concordam, porém, na oposição à redistribuição compulsória da renda em nome da "justiça social".

Os libertários acham que a oposição à prosperidade privada em geral se origina de uma leitura equivocada da história. Afirmam que as condições das classes operárias não foram pioradas pelo CAPITALISMO no início do século XIX: ao contrário, o capitalismo permitiu que vivessem muito mais pessoas do que teriam, de outra forma, sobrevivido. Os libertários também acreditam que a Grande Depressão entre as duas guerras mundiais não é indício de nenhuma instabilidade inerente à ordem no mercado; ela foi causada, ou pelo menos grandemente agravada, por intervenção governamental. Os libertários assumem posições igualmente controvertidas a respeito de questões atuais; o monopólio (em geral mantido pelo governo) é exagerado pelos inimigos da ordem no mercado; os problemas ambientais às vezes podem ser resolvidos através do mecanismo de preços; não a ajuda ao desenvolvimento, mas o livre comércio e o fluxo irrestrito do capital permitirão às nações pobres fugir da prisão do subdesenvolvimento; e assim por diante.

Conservadores e liberais clássicos concordam com muitas dessas posições (ver CONSERVADORISMO e LIBERALISMO). Mas os liberais clássicos (como Friedrich A. Hayek e Milton Friedman) são capazes de conceber, além das funções tradicionais do estado mínimo, a imposição da segurança social, por exemplo, uma "rede de segurança" ou uma renda mínima garantida para os mais pobres. Os conservadores, por outro lado, se opõem à busca incessante de satisfação particular tolerada pelos libertários: será que adultos permissivos podem realmente fazer o que bem entenderem uns com (ou a) os outros, incluindo o tráfico de drogas e a prostituição, mediante apenas não violarem os direitos de outras pessoas nesse processo? Para os liberais clássicos, os libertários respondem enfatizando a natureza coerciva da caridade pública (diferentemente da particular), e algumas de suas conseqüências indesejáveis, porém involuntárias. No debate com os conservadores, enfatizam a diferença entre aceitação e tolerância.

Leitura sugerida: Barry Norman P. 1980 (*1986*): *On Classical Liberalism and Libertarianism* • Block, Walter 1976: *Defending the Undefendable* • Friedman, David 1989: *The Machinery of Freedom*, 3ªed. • Lepage, Henri 1982: *Tomorrow, Capitalism* • Nozick, Robert 1974: *Anarchy, State and Utopia* • Rand, Ayn 1957: *Atlas Shrugged* • Rothbard, Murray 1973 (*1978*): *For a New Liberty: the Libertarian Manifesto*, ed. rev.

HANNES H. GISSURARSON

liderança Esta palavra corriqueira pode ser definida de forma bastante simples como a qualidade que permite a uma pessoa comandar outras. Isso implica que a liderança é, acima de tudo, uma relação mútua entre líder e liderado, indivíduo e grupo. A palavra também indica ação. O líder e o grupo *fazem* alguma coisa juntos. Por fim, liderança é evidentemente uma relação baseada em aquiescência, não em coerção — o ladrão que aponta o revólver para as costas de uma pessoa não é líder desta. Segue-se então que uma investigação da liderança exige as percepções da teoria social e psicológica e é pré-requisito para uma plena apreciação dos modos pelos quais se detém, se legitima e se exerce o poder.

No entanto, apesar da aparente simplicidade e fertilidade do quadro básico de definição (ou talvez devido a isso), o estudo da liderança, embora volumoso, tem sido marcado por grande controvérsia e pouca concordância — tanto que um conhecido comentarista concluiu, com desânimo, que "o conceito de liderança, como o de inteligência geral, perdeu em grande parte o seu valor para as ciências sociais" (Gibb, 1968, p.91).

Não obstante, o tópico continua a fascinar os pensadores sociais e estimulou dois modos rivais de abordagem. Os estudos clássicos da liderança concentravam-se, basicamente, nas personalidades dos grandes homens, retratando-os como figuras singulares e heróicas, capazes de transformar seus discípulos através da pura força de vontade. Entre os exemplos desses gênios assoberbantes incluem-se o Grande Legislador de Jean-Jacques Rousseau, o Super-Homem de Friedrich Nietzsche, o Herói de Thomas Carlyle e o famoso "Tipo Ideal" do líder carismático (ver CARISMA) de Max Weber.

A idéia do líder carismático ativo dominando um público passivo permaneceu básica no final do século XIX e início do século XX nos textos de Gustave Le Bon, psicólogo das multidões francês, que forneceu conselhos pragmáticos para muitos detentores do poder posteriores, e na obra de seu companheiro teórico Gabriel Tarde, o fundador da moderna pesquisa de opinião pública e consulta política da mídia. Um conceito semelhante também animou o trabalho de Sigmund Freud sobre a psicologia de massa. Essencialmente, esses pensadores encaravam a sociedade como sonambulamente à espera da voz de um líder hipnótico que fosse capaz de manipular a profunda ânsia humana por autoridade e direção (ver SOCIEDADE DE MASSA). Mas, diferentemente de autores mais antigos, na tradição heróica, os líderes eram agora retratados, não de forma positiva, mas como figuras teatrais irracionais e carregadas de emoção, caracterizadas por uma auto-absorção monomaníaca.

Durante a Segunda Guerra Mundial, o debate entre os adoradores do herói e seus demonólogos, embora nunca resolvido, foi deixado de lado em favor da mera concentração pragmática nas necessidades e estruturas do grupo e do contexto situacional que o cercava, e na resultante dinâmica entre líderes e seguidores. Essa nova ênfase refletia tanto a preocupação militar prática de descobrir e treinar líderes efetivos para o combate quanto uma repulsa aos estilos de liderança carismáticos personalizados de Hitler e Mussolini.

De acordo com esse ponto de vista, é muito raro que líderes sejam intrinsecamente heróis ou extraordinários; em vez disso, como escreveu Cecil Gibb, "a liderança não é uma qualidade que um homem possua; é uma função interativa da personalidade e da situação social" (1951, p.284). Na verdade, alguns estudos indicam que os líderes, longe de serem incomuns, eram em geral membros dos grupos mais próximos da média estatística, cuja própria mediania lhes permitia fazer inovações (ver Hollander, 1958). Mas situações diferentes originavam tipos menos desejáveis de líderes, incluindo alguns que exibiam personalidades autoritárias (conforme documentado em Fiedler, 1964). Os pesquisadores, portanto, dedicaram-se a descobrir a inter-relação entre liderança e contexto, com o objetivo pragmático de desenvolver os organizadores de tarefas mais eficientes e de encorajar estilos de liderança democráticos. Mas, apesar dos sucessos empíricos da perspectiva interativa, a ênfase na mudança de circunstâncias e a negação de quaisquer características universais tanto nos grupos como nos líderes logo tornaram difícil dizer se os pesquisadores estavam falando a respeito de "liderança" ou simplesmente de "gerenciamento".

Além disso, logo se levantaram condições quanto ao efetivo propósito e caráter do grupo e às funções da autoridade. Por exemplo, Robert Bales (1953) afirmou que, ao mesmo tempo que alguns grupos fazem surgir líderes proficientes, cujas qualificações para o comando são habilidade e especialização, outros têm líderes que são basicamente expressivos, transmitindo aos membros um senso de participação emocional da comunidade. A "tarefa" do líder, nesse caso, é simplesmente manter o grupo *como* grupo. Ficou evidente também que mesmo os que obviamente estão no comando não são necessariamente líderes; alguns são "cabeças" cujo poder deriva unicamente de sua posição em uma hierarquia rígida.

Os seguidores também puderam ser discriminados de acordo com várias premissas: alguns eram ligados ao líder por causa de expectativas utilitárias de lucro, outros devido à crença nos valores do líder e outros por afeição pelo líder e pelo grupo. Boa parte da literatura de sociologia e psicologia social sobre liderança tornou-se, assim, um esforço para categorizar tipos de líderes e seguidores e para destacar as infinitas e problemáticas vicissitudes de suas inter-relações em variadas situações.

Parcialmente em resposta à natureza cada vez mais técnica dos estudos situacionais e interativos, houve um retorno à tradição heróica entre inúmeros autores de orientação psicológica e biográfica que aceitaram como um dado o comando pessoal do líder sobre seguidores passivos. Mas, na tradição de desencanto da psicologia de massa, a atração do líder é retratada nesses estudos não como marca de carisma, mas em vez disso como indício de distúrbio psicológico. O precursor dessa tradição é Harold Lasswell, o qual afirmou que os líderes, tipicamente, deslocam necessidades psíquicas frustradas para a arena política (1930). Versões mais sofisticadas podem ser encontradas nas obras altamente influentes de Erik Erikson sobre Gandhi (1969) e Lutero (1958), embora Erikson se curve à escola interacionista na tentativa de demonstrar por que o público devia achar esses deslocamentos neuróticos atraentes; mesmo assim, as massas permanecem essencialmente passivas — refletindo, em vez de agir.

Recentes estudos sobre liderança continuaram a seguir esses caminhos dicotômicos, concentrando-se ou na categorização de situações e em questões pragmáticas sobre a influência e a eficiência do líder, ou na psicologia e nas motivações deste; os esforços para conciliar essas tendências teóricas divergentes, lamentavelmente, continuam poucos e muito espaçados, embora haja indícios bem-vindos de uma síntese, por exemplo, nas obras de Kracke (1978), Willner (1984), Tucker (1981) e outros, que combinam uma percepção psicológica do caráter dos líderes e dos seguidores, uma consciência do contexto sociocultural em que surge a liderança e um quadro comparativo que tenta ir além do tipológico.

Ver também AUTORIDADE.

Leitura sugerida: Burns, J. 1979: *Leadership* • Carlyle, T. 1904 (*1966*): *On Heroes, Hero-Worship and the Heroic in History*, org. por C. Niemeyer • Freud, S. 1921 (*1959*): *Group Psychology and the Analysis of the Ego* • Friedrich, C. 1958: *Authority* • Gouldner, A. 1950: *Studies in Leadership: Leadership and Democratic Action* • Hook, S. 1943: *The Hero in History: a Study in Limitation and Possibility* • Le Bon, G. 1895 (*1975*): *Psychologie des Foules* • Nietzsche, F. 1901 (*1964*): *The Will to Power* • Paige, G. 1977: *The Scientific Study of Leadership* • Rousseau, J-J. 1762 (*1959*): *Du contrat social* • Tarde, G. 1903 (*1962*): *The Laws of Imitation* • Weber, Max *1968: On Charisma and Institution Building*, coletânea, org. por S.N. Eisenstadt.

CHARLES T. LINDHOLM

linguagem As implicações desse tema são de âmbito tão grande, e tão variadas, que é possível dizer que a linguagem tem sido ao mesmo tempo central e marginal no pensamento social durante o século XX. Central na medida em que concepções sobre a natureza da linguagem e as próprias linguagens forneceram idéias instigantes — ou pelo menos metáforas — para se pensar sobre a natureza da sociedade. (A idéia de que "a sociedade é como uma linguagem" tem tentado a muitos.) Marginal, na medida em que a sociologia da linguagem, como subdisciplina da sociologia, e a SOCIOLINGÜÍSTICA, como subdisciplina da lingüística, raramente foram uma preocupação capital de sociólogos ou lingüistas profissionais.

Três exemplos mostram como concepções da linguagem podem ser capitais para o pensamento social.

1. Entre os principais pensadores sociais deste século, apenas um teve uma educação na qual os estudos lingüísticos desempenharam papel importante, Antonio Gramsci (1891-1937). Ferrucio Lo Piparo (1979) afirmou de forma convincente que as concepções sobre HEGEMONIA de Gramsci, imensamente influentes, são em grande parte informadas pela compreensão que ele adquiriu como estudante da história do desenvolvimento do italiano como língua nacional. A lingüística que Gramsci estudou era ao mesmo tempo histórica e idealista em seu caráter. Ela enfatizava o papel ativo dos indivíduos — por exemplo, escritores criativos — em plasmar o desenvolvimento de uma linguagem, mas igualmente reconhecia que a hegemonia do italiano "padrão" como a linguagem de uma Itália unificada foi resultado de uma ação coletiva, do conflito e do exercício do poder político. O próprio Gramsci, na prisão, escreveu a respeito da "questão da linguagem" (ver Gramsci, 1985, p.164-95).

2. Mais comumente citada é a influência do ESTRUTURALISMO em lingüística sobre o desenvolvimento do pensamento social e, de fato, sua interseção com importantes correntes da teoria social. Pois não é como se a obra fundamental da lingüística estruturalista, o póstumo *Curso de lingüística geral*, de Ferdinand de Saussure, publicado em 1916 (ver também Culler, 1976), fosse intocado pelo vocabulário da teoria social. Está cheio deste, e tem sido uma questão bastante debatida saber se Saussure teria tirado seu vocabulário (ou seus conceitos) das *Regras do método sociológico* (1895) de Émile Durkheim. Qualquer que seja a gênese das idéias de Saussure, é verdade que no período pós-1945 ele e outros lingüistas estruturalistas (em especial, Roman Jakobson, 1895-1982) proporcionaram aos antropólogos e sociólogos concepções razoavelmente precisas de estrutura e convenção, e também distinções mais nítidas do que as até então disponíveis entre estados estruturais (sincrônicos) e processos e práticas históricos (diacrônicos). Nos anos 60 e 70 tornou-se efetivamente comum pensar que a sociedade está estruturada como linguagem e que toda a ação social é como um discurso, no sentido de uma prática conforme às regras ou violadora das regras, possibilitada pelos recursos que a estrutura social — como uma espécie de gramática — fornece. Para uma discussão crítica, ver Giddens (1979). Para uma análise filosoficamente profunda do conceito essencial de convenção, ver Lewis (1969), e para um

estudo posterior, o alentado *On Social Facts* (1989), de Margaret Gilbert.

3. Objeto de comentários bastante freqüentes, mas raramente desenvolvida, existe uma interseção entre a influente ênfase de Noam Chomsky na natureza — em oposição à convenção — como formadora das linguagens que usamos e a teoria social anarquista. Como lingüista, Chomsky — que é também anarquista — retrata a natureza humana como uma fonte tanto de ordem quanto de desordem lingüística. É pelo fato de os seres humanos dividirem uma herança biológica tão rica que suas linguagens são tão *semelhantes* — assim, a natureza é uma fonte de ordem, tal como no ANARQUISMO otimista. Mas, igualmente, a natureza é uma fonte de desordem, como no anarquismo pessimista. Pois, com um sistema de gramática universal suficientemente elaborado, é então verdadeiro que tanto um *input* limitado de linguagem basta para o desenvolvimento de capacidades lingüísticas individuais complexas e similares, quanto pequenas mudanças de *input* podem levar a, pelo menos superficialmente, mudanças radicais no sistema de linguagem resultante. A percepção aqui é basicamente a mesma recentemente generalizada nas teorias do caos ou da catástrofe, isto é, teorias de mudança descontínua originárias dos problemas dos meteorologistas com a previsão do tempo a longo prazo (embora o antecedente histórico seja o debate entre catastrofistas e uniformitaristas na geologia do século XIX). Para os temas de ordem e desordem na linguagem, ver Chomsky (1986) e Bickerton (1981); as idéias são recolhidas e em seguida aplicadas na teoria da ideologia em Pateman (1987).

Voltando-nos agora para a sociologia da linguagem, não seria injusto dizer que grande parte do trabalho feito é metodologicamente desinteressante, limitando-se a explicar a distribuição das linguagens (como o crescimento do inglês como linguagem mundial) como o resultado multideterminado de causas econômicas, políticas e culturais. Igualmente, existem trabalhos sobre a criação ou retomada de linguagens como elementos de uma identidade nacional — como acontece com o gaélico irlandês, o hebraico ou o *tok pisin* da Papua Nova Guiné. Um trabalho sociologicamente mais interessante é sobre o modo como programas de padronização e planejamento centralizado de linguagens são objeto freqüente de resistência, por exemplo, em cenários educacionais. Isso leva à percepção de que a linguagem tem um valor "simbólico", além do seu valor "real" — pode ser empregada como marca arbitrária de identidade em acréscimo a seu uso como um meio de comunicação. Tal abordagem é desenvolvida por Pierre Bourdieu dentro do quadro de sua teoria do capital cultural: ver, de sua autoria, *Language and Symbolic Power* (1991).

Alguns trabalhos de sociolingüística têm, na verdade, preocupações semelhantes, embora abordados de pontos de vista metodológicos bastante diferentes. Nesse caso, o estudo do discurso socialmente situado pode revelar como seu estilo ou registro varia sistematicamente com o cenário social ou o status social dos que falam e dos que ouvem. Às vezes, isso parece um reflexo "passivo" da operação das variáveis sociais "independentes"; outras vezes, parece um esforço ativo por parte dos agentes sociais para definir e reagir a situações sociais. Ver o primeiro dos muitos estudos sociolingüísticos influentes (e amplamente positivistas) de William Labov, *The Social Stratification of Language Use in New York City* (1966).

Na base de tal pesquisa, fica mais fácil compreender alguns dos fracassos dos programas de educação em linguagem. Nem todos os indivíduos de língua inglesa falam com a chamada Received Pronunciation (RP) [a pronúncia consagrada], ou escrevem o Standard English [o inglês padronizado], não porque sejam burras ou tenham tido professores incompetentes, mas porque se mostram ativas na definição de suas próprias identidades sociais e culturais e não desejam ser aquilo que são designadas para ser. As pessoas não são dependentes culturais. E nem precisam ser; conseguem comunicar-se precisamente bem — bem até demais —, com ou sem a RP ou o Standard English. Muitas das questões complexas nessa área da lingüística educacional são examinadas nos textos de Peter Trudgill, começando com *Accent, Dialect and the School* (1975).

Embora boa parte dos trabalhos sociolingüísticos, incluindo os de Labov e os de Trudgill, tenham sido positivistas na letra e no espírito, e portanto dúbios para o sociólogo teoricamente sofisticado, houve trabalhos não-positivistas sobre interação lingüística dentro das tradições da ETNOMETODOLOGIA, em grande parte inspirados pela obra do falecido Harvey Sacks (ver Sacks, 1992). Esta busca extrair e formalizar o conjunto completo das regras sincrônicas que governam as interações em determinado domínio, como as conversas telefônicas (ver também CONVERSACIONAL, ANÁLISE). Aqui se encontra, portanto, um elo com as tradições estruturalistas de análise, embora os etnometodologistas tenham em geral insistido no caráter em última análise *ad hoc* — o final aberto ou infinalização — da interação social. Esse é também um motivo dominante no atualmente influente "dialogismo" de Mikhail Bakhtin (1895-1975) e na lingüística de seu colega Valentin Volosinov (1895-1936) (ver, para introduções, Holquist, 1990; Morson e Emerson, 1990: Volosinov, 1929). Foge ao âmbito deste artigo entrar em diálogo com o dialogismo, mas, em todo caso, ver também Pateman (1989).

Leitura sugerida: Bickerton, D. 1981: *Roots of Language* • Chomsky, N. 1986: *Knowledge of Language: Its Nature, Origin and Use* • Saussure, F. 1916: *Cours de linguistique générale* • Volosinov, V.N. 1929 (*1973*): *Marxism and the Philosophy of Language.*

TREVOR PATEMAN

linguagem, filosofia da Ver FILOSOFIA DA LINGUAGEM.

lingüística No início do século XX, a "lingüística" poderia ser caracterizada como "o estudo da forma e da função da linguagem", deixando vaga a denotação de "linguagem". Isso podia incluir áreas como a teoria literária, aspectos filosóficos, psicológicos ou sociológicos da "linguagem" e até mesmo a comunicação animal. Em seu uso moderno, porém, "lingüística", *tout court*, passou a significar "o estudo das estruturas gramaticais das linguagens humanas". Para alguns, isso excluiria a pragmática (a interpretação de elocuções em contexto) e até mesmo a semântica. No entanto, estas são, em geral, incluídas na esfera da lingüística.

O tema sofreu imensas mudanças durante o século, resultando em um considerável grau de especialização e no perceptível aguçamento do enfoque das perguntas de pesquisa. Ao mesmo tempo, o espaço comum entre a lingüística e outras áreas das relações sociais e da cognição humana tornou-se sério objeto de indagação, assistindo ao desenvolvimento de disciplinas "hifenadas" como a sociolingüística, a psicolingüística e a neurolingüística, bem como a lingüística matemática e a lingüística computacional. A lingüística também teve uma interação frutífera com a lógica formal, a epistemologia, a psicologia cognitiva, a inteligência artificial e a "ciência cognitiva" em geral.

O principal interesse do século era o desenvolvimento histórico das linguagens, ou a lingüística diacrônica. Uma mudança de ênfase ocorreu em associação com Ferdinand de Saussure (1916). Ele distinguiu a lingüística diacrônica do estudo sincrônico, isto é, o estudo das estruturas de linguagem dos dias atuais. Encarando a linguagem como fenômeno essencialmente social, Saussure, em uma distinção que ficou famosa, diferenciou entre *langue*, o sistema abstrato subjacente à linguagem, e *parole*, o uso observado da linguagem (cf. a dicotomia psicológica de Noam Chomsky entre competência e desempenho). Capital para o pensamento de Saussure foi a noção estruturalista de que a essência da organização da linguagem está em conjuntos de diferenças entre termos abstratos em um sistema.

O estruturalismo floresceu na Europa e na América, particularmente nos campos da fonologia (estrutura do som) e da morfologia (estrutura da palavra), em que os conceitos de fonema e de morfema (o mínimo componente significativo de uma palavra) foram desenvolvidos. O conceito de fonema desempenhou um papel particularmente importante. Ele é um som da fala concebido abstratamente como membro de um conjunto de sons contrastantes. Assim, o som de "th" de "those" ("aqueles") é um fonema em inglês porque contrasta com outras consoantes, incluindo o "d" de "doze" ("soneca"). No entanto, em espanhol castelhano, o mesmo som resulta simplesmente em uma variante do fonema /d/, quando aparece entre duas vogais. Esse som em espanhol, portanto, não é um fonema em si mesmo.

No trabalho da escola de Praga, anterior à guerra, em especial no de Roman Jakobson e no do conde Nikolai Trubetzkoy (1939), a teoria fonológica tornou-se o estudo das diferenças fonéticas entre fonemas, isolados como aspectos distintivos. Por exemplo, o conjunto /lmr/ se distingue de /fns/ pelo aspecto isolado da articulação sonora. O padrão de sons de uma linguagem, portanto, baseava-se não em um inventário de fonemas, mas no conjunto universal, mais abstrato, dos aspectos característicos com regras particulares da linguagem para combiná-los em "feixes" representando sons individuais. Essa visão da fonologia continua a exercer grande influência, tendo sido incorporada à fonologia generativa (Chomsky e Halle, 1968).

Nos Estados Unidos, o estruturalismo foi dominado pelas opiniões de Bloomfield (1933), que defendeu uma abordagem comportamentalista da lingüística, evitando o apelo a sínteses mentais. O estruturalismo norte-americano desenvolveu a abordagem do *constituinte imediato* ou da *estrutura de frase* para a sintaxe, por meio da qual a estrutura da sentença é concebida como um conjunto de frases encaixadas, cada qual, em última análise, consistindo em palavras e em seguida em morfemas. Assim, as palavras da sentença *Gatos pretos caçam ratos peludos* podem ser agrupadas nas seguintes frases, ou constituintes: [gatos pretos], [ratos peludos] e [caçam ratos peludos], para dar [[gatos pretos] [caçam [ratos peludos]]].

Um aspecto do estruturalismo norte-americano posterior foi a preocupação com os "procedimentos de descoberta": a alegação era que a análise lingüística tinha de seguir mecanicamente da fonologia à morfologia, em seguida à sintaxe, sem qualquer "mistura" de níveis, de forma que, digamos, uma informação sobre estrutura sintática não pudesse influenciar decisões quanto à estrutura morfológica.

O estruturalismo foi rapidamente substituído, como a abordagem dominante da lingüística, pela teoria da gramática generativa, que teve início com Noam Chomsky. Chomsky (1957, 1965) rejeitou a preocupação com os "procedimentos de descoberta" como metodologicamente não-científica, e afirmou que o objetivo da teoria lingüística devia ser a caracterização explícita do conhecimento gramatical tácito do falante nativo (idealizado). Esse conhecimento é tecnicamente chamado de "competência", diferenciado do efetivo comportamento de linguagem — "desempenho" — tipificado por erros e imperfeições de vários tipos. Para caracterizar tal conhecimento é necessário construir uma gramática, ou um conjunto de regras, que, quando aplicadas algoritmicamente, exprimirão todas, e somente, as bem-formadas ("gramaticais") expressões da linguagem. Diz-se que tal gramática "gera" a (as expressões da) linguagem.

Chomsky (1957) proporcionou uma formalização matemática da abordagem do constituinte imediato para a sintaxe, desenvolvendo o conceito de uma gramática de estrutura da frase (gef). Uma gef é um conjunto de regras para a construção de frases, em geral visualizada como diagramas em árvore, representando as estruturas hierárquicas implícitas pelas frases encaixadas. Ele propôs teoremas demonstrando que uma gef é inadequada para descrever o inglês. Afirmou que a teoria sintática deveria ser capaz de caracterizar formalmente relações tais como a que existe entre a afirmação *O homem que é visto na foto é norte-americano* e a pergunta correspondente *É norte-americano o homem que é visto na foto?*. Isso exige um instrumento analítico mais poderoso, a transformação sintática. Em termos rudimentares, essa é uma regra gramatical que movimenta, apaga ou acrescenta partes de árvores sintáticas. No presente caso, uma transformação movimentaria o verbo ser ("*é*") para a frente da sentença. Uma gramática assim dotada chama-se gramática transformativa. O exemplo é digno de nota porque mostra que as transformações têm de apelar à estrutura, nesse caso o fato de a seqüência *o homem que é visto na foto* ser uma frase (funcionando como sujeito da sentença). A ocorrência do *é* no interior dessa frase não pode ser passada para a frente, mostrando que a transformação se opera sobre mais do que apenas uma seqüência de palavras. Em um refinamento posterior (Chomsky, 1965), uma gef gera estruturas básicas de períodos (chamadas "estruturas profundas", expressão freqüentemente confundida como se referindo à linguagem e não a períodos), que são em seguida modificadas por transformações.

A abordagem da linguagem de Chomsky é totalmente mentalista, como fica claro em sua famosa refutação do comportamentalismo skinneriano (Chomsky, 1959). Chomsky encara a lingüística como uma janela particularmente importante para a mente humana, afirmando que as linguagens humanas são singulares entre os sistemas de comunicação dos animais por permitirem um conjunto ilimitado de mensagens usando meios finitos (ou seja, um vocabulário finito e um conjunto finito de regras gramaticais). Ele distinguiu três tipos de "adequações": uma gramática é *adequada do ponto de vista da observação* se gera todos os dados certos e nenhum dado errado (onde "dado" significa simplesmente uma seqüência de palavras, morfemas ou fonemas); é *adequada de um ponto de vista descritivo* se gera as descrições estruturais apropriadas, isto é, estruturas que não são incompatíveis com o que se sabe sobre a organização da linguagem ou das linguagens em geral (tal como a estrutura de árvore "correta" para um período); é *adequada do ponto de vista explicativo* se incorpora uma explicação sobre como tais estruturas podem ser adquiridas pela criança que aprende a língua. A adequação do ponto de vista explicativo é o mais importante de todos esses objetivos, superando os outros como uma questão de fato metodológico pragmático (daí, uma gramática que parece explicativa mas capta erradamente alguns fatos não deveria ser necessariamente rejeitada, caso haja bons motivos para se supor que futuros progressos técnicos permitirão que esses fatos sejam devidamente explicados). Esse movimento coloca a aquisição da linguagem na linha de frente.

Uma questão básica de pesquisa para a lingüística é o *problema lógico da aquisição da linguagem*: como as crianças aprendem gramática rapidamente e sem esforço apesar da complexidade formal da tarefa. Uma questão relacionada é o motivo por que qualquer criança pode aprender qualquer língua com mais ou menos a mesma facilidade, apesar das diferenças gramaticais superficialmente ilimitadas entre as línguas. A abordagem padrão desse problema na gramática generativa é apelar para proposições universais, propriedades organizacionais altamente abstratas partilhadas por todas as linguagens humanas. Além disso, presume-se que essas proposições universais sejam inconsciente e inatamente conhecidas por todos os seres humanos, sendo em última análise parte do legado genético. A teoria lingüística, portanto, tem de formular essas proposições universais e dar conta de sua interação com propriedades particulares da linguagem.

Surge um problema com a antiga abordagem da gramática generativa, sob a qual o objeto a ser adquirido pela criança é um conjunto de regras (bastante complexo), pois resulta que tal sistema de regras tem propriedades formais (ou seja, matemáticas) que as tornam difíceis de aprender. Ultimamente (Chomsky, 1981, 1986), a ênfase nas regras foi deixada de lado e substituída por uma concepção da aquisição da linguagem como o crescimento de um tipo de "órgão mental", a faculdade da linguagem, com base na experiência ativadora obtida através das elocuções a que o aprendiz se vê exposto. A criança conhece de forma inata um conjunto de princípios universais que governam as gramáticas da linguagem humana, mas esses princípios estão sujeitos a uma variação sistemática, fazendo surgir as diferenças de estrutura gramatical encontradas nas linguagens do mundo, tais como a ordem básica das palavras, ou se a linguagem permite a omissão do sujeito da frase. Essa variação é chamada de "parametrização", e aprender uma gramática é uma questão de fixar valores para esses parâmetros.

As incursões mais significativas no estudo do significado da palavra foram motivadas por discussão filosófica sobre a natureza da VERDADE analítica e sintética e a natureza de "tipos naturais", propriedades essenciais e questões de DEFINIÇÃO. Em particular, Putnam (1962) afirma que, uma vez que os tigres não têm propriedades essenciais, uma palavra como "tigre" só pode referir-se a um estereótipo da condição de tigre; a palavra em si mesma escapa à definição.

A semântica dos períodos é geralmente estudada dentro do quadro criado por lógicos formais como G. Frege, Bertrand Russell, A. Tarski e R. Carnap. Os lingüistas foram especialmente influenciados pela abordagem teórica modelo de Richard Montague (1974). O objetivo principal desses modelos é especificar condições sob as quais as frases expressam proposições verdadeiras ou falsas. Um problema representativo diz respeito à noção da própria verdade, confrontada, digamos, com descrições definidas não-referenciais (tais como "o atual rei da França", de Russell). Afirmações a respeito de semelhante (não-)entidade podem ser verdadeiras ou falsas, ou temos de dizer que possuem algum valor de verdade intermediário? Dedicou-se um esforço considerável à semântica das palavras que exprimem quantidade, como *todos, alguns, muitos*.

As abordagens do significado baseadas na verdade têm dificuldade em lidar com aspectos funcionais da linguagem, tais como fazer perguntas ou dar ordens. Essas funções, ou atos de fala, são a província do campo em brotação da pragmática. Além disso, a pragmática lida com o modo como transmitimos conteúdo implícito em uma elocução. Por exemplo, em resposta à pergunta "Aceita uma xícara de café?", a réplica "Café sempre me tira o sono" poderia ser tomada implicitamente como recusa da oferta (ou aceitação, dependendo do contexto). Igualmente, uma afirmação como "Parece que caiu uma bomba no seu escritório" seria (de maneira habitual) literalmente falsa, mas em geral interpretada, não como mentira, mas como hipérbole. Na verdade, a maioria dos discursos se desvia dessas formas de estrita afirmação da verdade. Lingüistas e filósofos da linguagem, como J.L. Austin, John Searle e especialmente Paul Grice (1975), têm investigado essas questões em detalhe. Grice afirma que os falantes respeitam certas máximas conversacionais, tais como "fale aquilo que você acredita ser verdade", ou "seja relevante", mas que essas máximas podem ser transgredidas para efeito especial. Assim, uma afirmação aparentemente irrelevante a respeito de café zomba da máxima referente à relevância, mas, quando essa zombaria é interpretada pelo ouvinte como deliberada, pode ser usada para transmitir significado implícito. Mais recentemente, D. Sperber e D. Wilson (1986) afirmaram que a máxima da relevância, junto com outros pressupostos sobre o modo como se processa a informação, poderá explicar todos os casos reunidos no conjunto original de Grice, e com base nisso propõem uma explicação geral da interpretação e cognição do que se fala, a Teoria da Relevância.

Leitura sugerida: Anderson, S.R. 1985: *Phonology in the Twentieth Century* • Atkinson, R.M. 1992: *Children's Syntax* • Chomsky, N. 1980: *Rules and Representations* • Culler, J. 1976 (*1986*): *Sausurre* • Lyons, J. 1977: *Semantics*, 2 vols. • Newmeyer, F.J., org. 1988: *Linguistics: the Cambridge Survey*, 4 vols. • Partee, B.H., Meulen, A. e Wall, R. 1990: *Mathematical Methods in Linguistics* • Piatelli-Palmarini, M., org. 1980: *Language and Learning: the Debate between Jean Piaget and Noam Chomsky* • Robins, R.H. 1979: *A Short History of Linguistics.*

ANDREW SPENCER

literatura Todos os livros impressos constituem "literatura" no sentido irrestrito. Mas, em uso mais restrito, essa palavra se refere a um corpo circunscrito de textos escritos com imaginação, dentro de uma dada língua, nação, período de tempo, ou mais amplamente, como no conceito de "literatura mundial", que são considerados particularmente dignos de apreço por sua beleza formal, seu poder emocional ou pelas "verdades" que expressam.

Três tipos amplos de definição são sempre encontrados nos textos sobre literatura: em termos de certas qualidades distintivas do texto literário que o destacam de outros tipos de texto; em termos de uma reação estética por arte do leitor; e em termos de sua função social.

Os formalistas russos das primeiras décadas do século XX buscaram no texto o literário que é instantaneamente reconhecível por seu afastamento da linguagem cotidiana (ver FORMALISMO). A linguagem comum convida o leitor a enxergar, através das palavras, seus significados e referentes, enquanto a linguagem literária é auto-reflexiva, conduzindo a suas próprias qualidades formais *como* linguagem e, ao fazê-lo, deslocando, ou "tornando estranha", a compreensão cotidiana do mundo por parte do leitor. Por esse ponto de vista, o estudo apropriado da teoria literária é a estrutura da *forma* literária, sua organização e seus mecanismos (Matejka e Pomorska, 1971).

No entanto, a especificação da literatura em termos de qualidades intrínsecas ao texto literário foi considerada insuficiente devido a sua incapacidade de fornecer uma demarcação satisfatória entre literatura e outros tipos de texto. Até agora não se propôs nenhuma qualidade definidora que não tenha o efeito de excluir o que é normalmente incluído, e vice-versa. Assim, a ênfase formalista no jogo lingüístico e na reflexividade incluiria piadas e até mesmo palavras cruzadas, mas excluiria a literatura realista. Finalmente, a abordagem formalista não registra a dimensão avaliadora, seletiva do termo, que atravessa tipologias de forma literária para fazer juízos de bom e mau, separando os textos que merecem um lugar na história literária dos que serão excluídos, apesar de pertencerem a um gênero literário de texto. Mesmo nas abordagens que desprezam a avaliação crítica em favor da erudição, como a que prevaleceu na escola inglesa de Oxford (Bergonzi, 1990), existe um julgamento crítico embutido na determinação dos objetos dignos de estudo erudito.

A tentativa de encontrar a marca característica da literatura na reação estética provocada pelo texto no leitor, ou na adoção por este de uma atitude estética com relação ao texto, não se sai muito melhor. Pois a atitude estética pode ser tomada com relação a praticamente qualquer tipo de texto, além do que a reação estética pode nem sempre produzir-se em todos os leitores, e pode ser produzida em alguns deles por textos que não são normalmente identificados como literatura. Mas o papel desempenhado pelo leitor na determinação de significados textuais tem sido um tema recorrente na teoria literária do século XX, que também viu a autoridade do autor ser fundamentalmente contestada em várias abordagens da interpretação literária. Teóricos da receptividade, valendo-se da HERMENÊUTICA (Iser, 1978; Fish, 1980), deram primazia ao momento da leitura, destacando a pluralidade de significado em literatura: ênfase partilhada, de uma perspectiva teórica muito diferente, pela obra de Barthes (1970).

A literatura como prática social

O terceiro tipo de definição em termos de funções sociais indica a literatura como prática social institucionalizada e historicamente variável. Entre as instituições da literatura, incluem-se as do mercado literário — o trabalho editorial, a venda de livros, as resenhas, os periódicos especializados, os prêmios literários, as igrejinhas e assim por diante (Sutherland, 1978). Constitui o que foi chamado de mundo artístico (Becker, 1982), um mundo que foi obrigado a se posicionar em relação a uma outra prática institucional poderosa, a da educação. A academia tem desempenhado um papel mais vital em relação ao mundo artístico da literatura do século XX do que qualquer outra instituição, devido ao papel central que o ensino das literaturas nacionais veio a desempenhar no currículo (Mathieson, 1975).

A seleção de textos dignos de inclusão no currículo envolve um processo múltiplo de definição. Primeiro, a própria tradição literária é selecionada, definida e perpetuada. Nada fixa mais vigorosamente um texto dentro do cânone literário do que sua inclusão como objeto de estudo em um currículo educativo nacional. Na Grã-Bretanha, o texto nível-A e os textos estudados nos departamentos de literatura em instituições de ensino superior constituem, juntos, o núcleo do cânone literário. O aforisma de Roland Barthes, de que literatura é aquilo que é ensinado, tem ressonância nesse caso.

Em segundo lugar, como o processo seletivo é avaliador, ele define o bom gosto literário, que está sempre enraizado na classe social. A familiaridade com a literatura é parte do que o sociólogo francês Pierre Bourdieu chama de capital cultural (1979). Bourdieu afirma que os valores literários relacionados à classe social são transmitidos ao longo das gerações através do acesso seletivo à cultura literária dominante, à medida que se adquire uma série de referências literárias. Outros, como Raymond Williams (1977) e Georg Lukács (1970), situam a literatura em termos de classe, mas reconhecem funções e valores que transcendem essas origens. Existem tradições populares, também, que falaram aos interesses do leitor da classe operária: autores ingleses como Shakespeare, Milton, Bunyan, Dickens e Hardy. Essa literatura sempre foi gênero de primeira necessidade na educação dos adultos da classe operária. Finalmente, a seleção de uma literatura nacional através do processo de seleção do cânone literário desempenha um papel significativo na definição da nação (Doyle, 1989).

Teorias marxistas da literatura

Esse envolvimento da literatura na instituição educacional significa que ela é um agente de SOCIALIZAÇÃO e, dentro da terminologia marxista, IDEOLOGIA — a produção e reprodução de relações sociais de poder. Mas Williams afirma que a *redução* da literatura a suas funções ideológicas coloca tantos problemas quantos resolve: "a assimilação da 'literatura' à 'ideologia' (...) representou na prática pouco mais que chocar um conceito inadequado contra outro" (1977, p.52).

Na verdade, tem havido marcante resistência a esse reducionismo na história da crítica marxista. A crença romântica na literatura e na arte como redutos de oposição ao capitalismo industrial foi assumida por marxistas humanistas como Lukács, cuja estética do realismo tinha raízes no romantismo de esquerda pré-marxista. Ele situava na grande literatura um repositório de aspirações e valores humanos autênticos, criados durante o período da burguesia como classe histórica progressista, até 1848, mas que seria tarefa histórica do socialismo e da classe operária concretizar.

Para Lukács, a grande literatura em si mesma não tinha qualquer necessidade de transformação radical. Esse conservadorismo foi contestado por Bertolt Brecht (1938) e, em um registro diferente, pelos autores da ESCOLA DE FRANKFURT, para os quais uma arte capaz de dizer "não" ao capitalismo e de resistir aos seus poderes de cooptação tinha de ser intransigentemente radical, ao ponto da quase total inacessibilidade. Theodor Adorno buscou uma arte que fosse "não-afirmativa" na vanguarda, e isso mostrou-se mais atraente para os modernos teóricos literários marxistas do que a adesão de

Lukács ao realismo do século XIX (Adorno, 1967).

Mas era o estruturalismo que viria a transformar o marxismo de meados do século XX. A crítica estruturalista, valendo-se da lingüística moderna e do trabalho dos formalistas russos, analisava o significado de cada parte da obra em termos de seu lugar no todo. Estruturalistas como Roland Barthes, Tzvetan Todorov (1973) e Gérard Genette (1982) aspiravam a produzir uma "ciência do texto". Mas o apelo estruturalista à autoridade da ciência foi desaprovado por teóricos pós-estruturalistas e desconstrucionistas como Jacques Derrida (1967) e Michel Foucault (1969), que rejeitaram qualquer distinção entre discurso científico e ideológico (ver ESTRUTURALISMO; DISCURSO; DESCONSTRUÇÃO).

O desconstrucionismo pode ser compreendido como uma tentativa de viver com a vertigem estonteante que resulta de um relativismo tão completo. Sua estratégia é olhar para as margens: para aquilo que um texto recusa, disfarça ou acha impossível dizer. Não há dúvida de que essa abordagem tem sido extremamente produtiva em termos de análise textual. O desconstrucionista hábil produz leituras do texto inesperadas, "contra a corrente", e também um maior grau de consciência da forma em toda uma série de textos fora daquilo que é geralmente considerado literatura. Mas o sucesso do desconstrucionismo depende de nunca ficar parado o suficiente para poder ser, por sua vez, desconstruído: movimentar-se como uma borboleta, picar como uma abelha. O produtor literário sofisticado reage produzindo um texto intencionalmente feito para ser desconstruído. Segue-se um jogo sofisticado dentro das fronteiras da crítica literária acadêmica e, se por um lado, suas regras básicas são muito diferentes das de regimes críticos mais familiares, do New Criticism norte-americano (Lentricchia, 1978) e dos seguidores ingleses de F.R. Leavis (Mulhern, 1979), postos de lado por essas teorias mais recentes como "humanistas", por outro ela não é mais capaz de se colocar fora, acima e intocada pelo mundo social à sua volta do que foi o humanismo romântico.

A literatura engajada

Alguns desafios interessantes dentro da teoria e prática literária foram feitos por membros de grupos que se viram excluídos ou marginalizados, ou a cujos textos se negou reconhecimento como literatura. Como seria de se esperar, a historia da literatura foi vasculhada em busca de obras "perdidas" de membros de grupos marginais e, nesse processo, a tradição literária predominante viu-se questionada. Apresentaram-se alegações que ligam manifestações alternativas, como estratégias narrativas, estilos de texto etc., à situação e à identidade do grupo, e então esses estilos adquirem um valor moral e político. No passado, era o REALISMO que com mais freqüência se via assim valorizado, num apelo por imagens culturais "mais realistas" ou "positivas". Mas o realismo saiu de moda e muitos teóricos radicais desde o final dos anos 60 o identificaram *com* a cultura dominante, e alinharam os textos de grupos marginais com estilos de texto que desafiam e implodem o realismo. Hoje, quando se alega haver uma afinidade entre uma certa categoria marginalizada de escritor — lésbicas, por exemplo (Zimmerman, 1985), ou negros (Gates, 1984) — e um estilo característico de texto, o mais provável é que seja um estilo experimental (ver MODERNISMO E PÓS-MODERNISMO).

A literatura no século XX tem oscilado entre uma prática que se autocoloca à parte, e outra profundamente preocupada com seu próprio relacionamento com a sociedade e a política. Jean-Paul Sartre foi o mais famoso expoente do engajamento em literatura no século XX (Sartre, 1948). Ou, mais precisamente, em prosa: ele excluiu a poesia, que classificou junto com a música. Todo texto (em prosa), ele afirmou, era uma forma de "ação secundária", com efeitos reais. O homem de letras deve tomar partido, colocando conscientemente seu texto a serviço de uma liberdade que, para Satre, estava pressuposta no próprio ato de escrever e de ler. Somente em uma sociedade sem classes existiriam as condições perfeitas para escrever e ler em total liberdade. Na ausência disso, os graus de engajamento literário radical variam em diferentes épocas históricas. O distanciamento do escritor *fin de siècle* era impossível para a geração de Sartre porque esta foi profundamente "situada" pela experiência da guerra. Como o engajamento consciente do escritor deve ser sempre com a liberdade, o escritor engajado foi colocado do lado do operário, do súdito colonial, do grupo racialmente oprimido (ver EXISTENCIALISMO).

A literatura marginal

Sob o impacto de teorias que questionaram o *status* da literatura, o interesse voltou-se para um âmbito mais amplo de formas escritas, incluindo a autobiografia de classe operária (Vincent, 1981). Porém, fora do contexto da educação de adultos, o relacionamento da classe operária com o texto literário tem sido, em grande parte, de exclusão. René Balibar (1974) afirma que, na França, o nível educacional alcançado determina habilidades lingüísticas diferenciais. A familiaridade com o francês literário diferencia os níveis superiores, a que poucos filhos da classe operária têm acesso. Assim, o francês literário desempenha seu papel na reprodução das relações de classe, sociais e culturais.

A relação das mulheres (brancas e de classe média) com a literatura também tem sido analisada em termos das relações das mulheres com a linguagem e o texto. A "ginocrítica" norte-americana — o estudo dos textos das mulheres na tentativa de identificar uma estética "feminina" — tem enfatizado as dificuldades enfrentadas pelas mulheres quando tentaram a literatura na Inglaterra vitoriana e na América do Norte (Showalter, 1978; Gilbert e Gubar, 1979). É uma abordagem que caracteriza a cultura dominante como uma cultura que é produzida por homens e que nega às mulheres sua subjetividade, de forma que, ao se sentarem para escrever, as mulheres assumiram essas subjetividades culturais alheias.

A "ginocrítica" situa a separação das esferas pública e privada no período vitoriano como uma causa principal da dificuldade enfrentada pelas mulheres em assumir a identidade do escritor profissional, acima e além da marginalização do feminino na linguagem e na cultura. O novo feminismo francês, a partir dos anos 70, demonstra pouco interesse pelas circunstâncias sociais sob as quais as mulheres escrevem, mas participa da identificação da "ginocrítica" do feminino na linguagem e na cultura como marginal, embora a compreensão da linguagem seja mais rigorosa e teórica (Marks e Courtivron, 1980; Moi, 1987). Julia Kristeva, Luce Irigaray (1974) e Hélène Cixous valeram-se da reelaboração lacaniana da psicanálise de Freud (Lacan; Mitchell e Rose, orgs., 1982). Ao contrário das críticas norte-americanas, elas recusaram validade a qualquer busca da *identidade* das mulheres no texto. Para Cixous e Kristeva, "a mulher" não pode ser definida. A subjetividade humana é produzida na linguagem e na cultura, e está sempre *em processo*, nunca fixada (Cixous, 1975, 1976; Kristeva, 1986). A preocupação era menos com o texto das mulheres do que com o que Cixous chamou de *écriture feminine*: uma forma de escrever fluida, móvel, lúdica. A *écriture feminine*, como a "semiótica" de Kristeva, não é exclusiva das escritoras, e essas autoras recém-citadas, notoriamente, deram na verdade mais atenção a textos escritos por homens. O texto só é identificado como "feminino" na medida em que tanto "a semiótica" quanto o feminino são marginais à linguagem e à cultura.

Embora as críticas feministas norte-americana e francesa tenham tido raízes teóricas muito diferentes, a primeira mostrou-se aberta à influência desta de um modo paralelo à forma como o desconstrucionismo de Derrida atravessou o Atlântico (de Man, 1979), vindo a ocorrer uma síntese (Jardine, 1985). Curiosamente, a marginalidade da "mulher" e do feminino na linguagem e na cultura foi transformada em uma vantagem sob a influência do feminismo francês, por suas prestigiosas formas vanguardista, modernista e pós-modernista, reivindicadas como formas femininas.

O que está ausente de ambos os termos da síntese é a identificação e a localização da literatura dentro de um contexto material e historicamente específico. Para as feministas francesas, um texto que rompe as estruturas da linguagem "falocêntrica" é em si mesmo revolucionário, e gera-se uma associação entre tal texto de vanguarda e uma variedade de "outros" marginalizados dentro da sociedade e da cultura — mulheres, minorias étnicas, o Terceiro Mundo, a classe operária.

No entanto a relação das mulheres (brancas e de classe média) com a literatura e o texto é em geral muito diferente da relação entre homens e mulheres da classe operária. O gênero estrutura a relação com o texto e a leitura de forma diferente da classe. Na sala de aula, as meninas se sentiam em casa: "A escola primária exalta as qualidades que unem as mulheres; mas isso não coloca as meninas em desvantagem *educacional*. Na verdade, como fará qualquer confirmação do eu conhecido, isso efetivamente ajuda o processo de aprendizado" (Steedman, 1982, p.4). Habilidades verbais e literárias são tradicionalmente esperadas e recompensadas nas meninas e, assim, reforçadas. Então, o sexo *per se* não é uma barreira à escrita e à leitura do mesmo modo que a classe, e as mulheres foram e continuam a ser agentes fundamentais, mesmo que subordinados, no processo de transmissão da cultura literária (Lovell, 1987). Ellen Moers (1978) chamou a atenção para os modos como as mulheres, na qualidade de mães com a responsabilidade pelo cultivo das mentes dos filhos, ou como professoras e preceptoras, podiam escrever com considerável autoridade. Essa autoridade vinda de dentro da cultura dominante pode ser ligada à estreita associação das mulheres com a ascensão do romance como forma (Spencer, 1986; Armstrong, 1987).

A relação dos escritores negros com as instituições de produção e consumo literários acrescenta maior complexidade, uma vez que os textos dos negros são diferenciados por gênero, e vice-versa. O rótulo de "negro", como o de "Terceiro Mundo", reúne pessoas cujos únicos atributos culturais comuns podem derivar do racismo ou do domínio imperialista que sofrem conjunta e variadamente. Esse rótulo, não obstante, foi conscientemente escolhido em um ato político historicamente importante de solidariedade oposicionista nos Estados Unidos e outros centros (Gates, 1984; Spivak, 1988; Said, 1983).

A crítica negra e a crítica feminista têm paralelos e divergências interessantes. Mesmo antes do desenvolvimento de teorias que tornam a política de identidade tão problemática, havia menos probabilidade de a crítica negra escorregar para formas a-históricas de essencialismo. Críticos como Edwards (1984), que discerniram continuidades entre as literaturas africana, afro-americana e caribenha, mostraram claramente que essas continuidades são culturais, e que atributos comuns da literatura negra, variadamente identificados na figuração (Gates, 1984), na antifonia (Bowen, 1982) ou em "um topos de (in)denominação" (Benston, 1984), são uma função de posicionamento cultural e social. Esse posicionamento produziu, de forma típica, uma literatura de "dupla voz", assevera Gates, valendo-se de — e falando de dentro de — mais de uma tradição cultural. A crítica negra tem defendido o restabelecimento das tradições vernacular e oral negras, além das formas européias dominantes. Mas, como no caso do "texto das mulheres", o efeito do pós-estruturalismo e do desconstrucionismo foi direcionar a crítica negra para a consciência da diferença e da diversidade, em vez da identidade.

Leitura sugerida: Bennett, Tony 1979: *Formalism and Marxism* • Bloch, Ernst et al. 1977: *Aesthetics and Politics* • Eagleton, Terry 1983: *Literary Theory: an Introduction* • Gates, Henry Louis, Jr., org. 1984: *Black Literature and Literary Theory* • Jameson, Fredric 1972: *The Prision-House of Language* • Lodge, David, org. 1988: *Modern Criticism and Theory: a Reader* • Seldon, Raman 1989: *Practising Theory and Reading Literature: an Introduction* • Showalter, Elaine, org. 1986: *The New Feminist Criticism: Essays on Women, Literature and Theory* • Williams, Raymond 1983: *Writing and Society*.

TERRY LOVELL

lógica Esta é uma disciplina antiga. Tal como concebida por seu fundador, Aristóteles, no século IV a.C., a lógica não era uma ciência teórica, como a matemática ou a física, mas uma ciência criadora, um *organon*, ou um instrumento para a ciência, que estabeleceria os critérios para um pensamento científico adequado. Aristóteles também chamou de "lógica" a uma indagação mais restrita sobre a natureza dos argumentos dedutivos (onde as conclusões seguem-se "necessariamente" às premissas), a qual passou a ser conhecida como lógica propriamente dita, em oposição à idéia de "lógica" no sentido amplo de uma investigação sobre a natureza e o método do conhecimento em geral. Os argumentos que exibem essa característica, para Aristóteles, são silogísticos, envolvendo proposições afirmativas ou negativas da forma de sujeito e predicado, quantificadas com expressões como "todos" e "alguns". Silogística é o estudo sistemático desses argumentos e dos meios de provar suas formas válidas, através de variadas "figuras" e "modos", ou padrões de premissas e conclusões. A lógica tradicional, ou a lógica de termos, dominou o currículo durante a Idade Média e foi refinada através dos séculos, sem qualquer mudança de maior monta. O lugar da lógica na teoria do conhecimento (ver CONHECIMENTO, TEORIA DO) foi contestado a partir do século XVI, quando o advento da ciência moderna tornou dúbio o seu uso para a descoberta e a sistematização de verdades científicas. A renovação da disciplina ocorreu no século XIX, quando matemáticos como George Boole (em seu *Laws of Thought*, 1854) tentaram fazer derivar as leis da lógica silogística das leis da álgebra (tentativa prefigurada por Leibniz).

Mas o advento da lógica moderna data dos *Begriffsschrift* (1879), de G. Frege, em que pela primeira vez a tradicional forma sujeito-predicado da preposição foi substituída pela distinção matemática entre argumento e função, fornecendo uma nova análise de expressões de quantificação que podia explicar um número bem maior de inferências do que a lógica tradicional, e em particular a expressão de conceitos matemáticos, tal como o conceito de número. Frege e logo em seguida Bertrand Russell tentaram derivar conceitos matemáticos a partir de axiomas lógicos, de acordo com o ponto de vista conhecido como "logicismo", que foi codificado nos *Principia Mathematica* (1910-11) de Russell e Whitehead. O programa logicista, porém, mostrou-se difícil de ser executado: Russell descobriu uma contradição no sistema de Frege ("o paradoxo de Russell"), e sua própria teoria de "tipos lógicos", moldada para evitar a contradição, não foi suficiente para permitir que se derivasse a matemática a partir de leis puramente lógicas. Um dos principais aspectos da lógica de Frege e de Russell é que a lógica é "universal" (van Heijenoort, 1967): é uma "linguagem" que expressa tudo que existe, e não um "cálculo" no qual as relações entre o simbolismo e o mundo, ou as relações dentro do simbolismo, não podem ser explicitamente representadas. Ao contrário, os lógicos, a partir dos anos 20, colocaram questões metassistemáticas, e surgiu a distinção entre a teoria da prova e a semântica. David Hilbert e sua escola tentaram provar a consistência da aritmética caracterizando a lógica apenas em termos de axiomas e regras de inferências, ou "teoria da prova", sem usar noções semânticas como verdade e validade (essa visão é conhecida como "formalismo"). A principal noção da lógica moderna é a de um sistema formal, composto de um vocabulário de expressões primitivas, de um aparato dedutivo de axiomas e/ou regras de inferências e de uma semântica, estabelecendo as interpretações das expressões primitivas. A formulação precisa de uma semântica, como uma teoria de verdade para linguagens formais, foi dada por Tarski (1930). Em 1930 Gödel provou o caráter completo da parte principal da lógica moderna, a teoria da quantificação, estabelecendo a coincidência entre o conceito de dedução semântico e o teórico da prova. Em 1931 ele provou seu célebre teorema da incompletude para a teoria elementar dos números, de acordo com o qual a consistência da aritmética não pode ser demonstrada. Isso arruinou as esperanças do programa de Hilbert, mas abriu o caminho para novas evoluções na matemática e nos fundamentos da matemática, do ponto de vista tanto teórico da prova quanto semântico (teórico do modelo). Outra importante realização da lógica contemporânea é o estudo das funções recursivas e da computabilidade, o qual, com autores como Émile Post, Alonzo Church e Allan Turing, viria a fazer surgir nos anos 40 a teoria dos algoritmos e autômatos, e levaria ao nascimento da ciência da computação.

Embora a lógica moderna não pudesse cumprir sua promessa de servir de fundamentação para a matemática, os filósofos não demoraram a perceber sua relevância para a teoria do conhecimento e a FILOSOFIA DA CIÊNCIA, e tentaram tratar a lógica como um novo *organon*. Frege, Russell e mais tarde a escola vienense de positivismo mostraram como a lógica podia ajudar a reformular o programa kantiano da verdade *a priori*. O *Tractatus logico-philosophicus* (1921), de Ludwig Wittgenstein, assimilava verdades lógicas a tautologias, que nada dizem a respeito do mundo, em oposição a afirmações que descrevem fatos. Isso levou à formulação do critério empirista lógico de significado, de acordo com o qual uma afirmação só é significativa se for verdadeira a partir do significado dos seus termos apenas (analítica), ou se puder ser verificada por sua relação com a experiência, ou se puder ser deduzida a partir de afirmações empíricas apenas. Isso é conhecido como a teoria "lingüística" das verdades lógicas, pois afirmações lógicas, de acordo com esse ponto de vista, são verdadeiras apenas por convenções lingüísticas. De acordo com a filosofia positivista da ciência, de autores como Carnap, Schlick ou Reichenbach, a lógica serve não apenas para demarcar a ciência empírica da não-empírica, mas também para fornecer os critérios para a análise de teorias científicas (ver também POSITIVISMO). De acordo com a visão neopositivista clássica, uma teoria científica tem uma estrutura dual: compõe-se de um "vocabulário teórico" (parcialmente interpretado), consistindo em leis fundamentais que têm um status axiomático ou de postulação, a partir do qual se derivam teoremas ou previsões empíricas, e de um "vocabulário de observação", consistindo em termos verificáveis. As duas linguagens estão relacionadas por "regras de correspondência" que nos permitem interpretar empiricamente os axiomas ou postulados. Mas o ideal positivista da completa substituição da linguagem teórica por essa linguagem observacional pura de previsões empíricas a partir dos axiomas nunca pôde ser realizado, pois logo se admitiu que os termos teóricos não podiam ser eliminados através de qualquer procedimento lógico. O próprio Rudolf Carnap nunca renunciou ao seu projeto de fornecer uma análise puramente lógica da linguagem da ciência e de formular uma nítida distinção entre afirmações analíticas e sintéticas. Em seu *Logical Foundation of Probability* (1950), buscou definir a indução a partir de uma base puramente lógica. Mas essas esperanças positivistas se mostraram impossíveis de realizar. Por um lado, a distinção analítica/sintética e a teoria do significado sobre a qual ela se apóia vieram a se tornar dúbias através da crítica de W.V.O. Quine (1952), e a doutrina convencionalista da verdade lógica foi, assim, devidamente contestada. Por outro lado, a idéia de dar um algoritmo para o método científico, na forma de uma "lógica de confirmação" ou de indução, enfrenta dificuldades tão grandes (Goodman, 1955) que o programa parece virtualmente inviável.

A frustração das esperanças positivistas na teoria do conhecimento não implica, no entanto, que a lógica deixe de desempenhar um papel na formação de hipóteses a respeito da natureza, da racionalidade cognitiva ou da racionalidade da ação. Esse papel é principalmente normativo, no sentido de que a lógica estabelece certos padrões de interpretação do comportamento humano sem os quais esse comportamento não pode ser absolutamente interpretado. A principal questão é se essas normas podem ser absolutas ou se são principalmente relativas. Desde o início do século XX, os lógicos têm demonstrado um crescente interesse pela construção de uma lógica não-clássica, tal como lógica modal, a intuicionista, a do quantum, a da relevância, a trivalorizada e assim por diante, que se apóiam todas em vários pontos de partida dos princípios lógicos clássicos, tais como a bivalência, o meio excluído, ou a extencionalidade. De acordo com a doutrina conhecida como "absolutismo" (que era tipicamente a de Frege e Russell), existe apenas uma lógica, aplicável a todas as formas de discurso ou áreas de indagação, e as lógicas "desviantes" ou "não-clássicas" não são realmente *lógica*. De acordo com a doutrina oposta, conhecida como RELATIVISMO, existem tantas lógicas legítimas quanto são as áreas de discurso suscetíveis de serem estudadas a partir do ponto de vista das inferências que elas permitem.

Esse problema da variedade dos cânones de inferência passíveis de serem descritos como "lógica" manifesta-se, em muitos domínios, como a semântica lingüística, em que a complexidade da linguagem natural parece validar uma variedade de modelos de lógica formal aplicáveis a seus fragmentos (McCawley, 1981). Desempenham um papel central também na psicologia, em que se tem questionado se os seres humanos "seguem" as leis da lógica e, nesse sentido, são racionais. De acordo com a doutrina da "lógica mental", a capacidade lógica humana deve suas características a um meio inato (ou adquirido — Piaget e Inhelder, 1955), codificado no cérebro sob a forma de regras de inferência. Mas o fato de os seres humanos cometerem erros lógicos, e ainda por cima sistemáticos (Kahneman et al., 1982; Wason, 1968), torna dúbia essa doutrina. Alguns autores preferem renunciar à hipótese da lógica mental e tentar explicar o raciocínio sem regras moldadas de acordo com cálculos lógicos padrão (Johnson-Laird, 1983). A objeção comum ao caráter normativo da lógica é que a maior parte do raciocínio humano não se conforma aos padrões ideais de racionalidade estabelecidos pelas normas da lógica clássica comum. Alguns autores (Stich, 1985; Nisbett e Ross, 1980) preferem concluir que a avaliação da racionalidade dos seres humanos é uma questão empírica. Outros (Cohen, 1986) querem conservar o status normativo da lógica como teoria ideal da capacidade humana, que pode no entanto ser revista de acordo com um "método reflexivo de equilíbrio" comparável à concepção semelhante de John Rawls (1971) sobre a revisão dos padrões normativos morais. Problemas semelhantes podem ser encontrados em INTELIGÊNCIA ARTIFICIAL, uma vez que os sistemas de IA são construídos de acordo com certas regras de inferência lógica que só simulam os desempenhos inteligentes naturais até certo grau. A maioria dos pesquisadores de IA acha, nesse ponto, que a lógica dedutiva clássica é de pouca utilidade, fazendo amplo uso da lógica não-clássica (nesse particular, a lógica não-monotônica — Turner, 1984).

Nas ciências sociais, o papel normativo da lógica pode ser considerado a partir de dois pontos de observação. O primeiro é a formulação de hipóteses a respeito da racionalidade da ação, de acordo com os padrões das teorias dos jogos, da decisão e da utilidade (von Neumann e Morgenstern, 1944; Jeffrey, 1965). Em sua parte normativa, a lógica da decisão e a lógica da preferência estabelecem padrões de racionalidade ideal que foram utilizados em particular por economistas para definir modelos de otimização do comportamento racional. A adequação descritiva desses modelos foi contestada, tendo sido proposta uma teoria de racionalidade "limitada" ou "restrita" (Simon, 1957) para lidar com as situações mais "da vida real" de escolha individual e coletiva. Os notórios paradoxos da teoria da decisão (o dilema do prisioneiro, o problema de Newcomb) servem aqui como instrumentos para a formulação, o teste e as revisões da hipótese geral de racionalidade embutida nos modelos padrão. Nesse ponto, o papel de uma lógica da ação individual ou coletiva não é impor rígidos padrões ou esquemas de explicações, mas permitir o estudo dos pontos de partida que esses padrões podem proporcionar. Em particular, um estudo da irracionalidade no comportamento individual e coletivo pode decorrer da análise de diferentes critérios de racionalidade (Elster, 1983).

O segundo ponto de observação é o estudo antropológico dos significados das crenças culturais. Em antropologia, a atitude racionalista de autores como Lucien Lévy-Bruhl, que atribuiu às sociedades primitivas uma mentalidade "pré-lógica", foi amplamente contestada por um relativismo transcultural, segundo o qual a racionalidade e a logicidade são relativos apenas a esquemas de compreensão próprios de determinadas culturas. Para filósofos como Quine (1960), tais debates só podem ser avaliados no contexto de uma adequada teoria de tradução e significado. Mas o estudo de nossos critérios de tradução mostram que nem o pleno racionalismo nem o relativismo podem ser consistentemente mantidos: ao criar um ma nual de tradução para uma linguagem desconhecida, precisamos apoiar-nos na hipótese geral (o "princípio da benevolência") de que os que a falam são no todo racionais, coerentes e não sustentam crenças contraditórias. Nesse sentido, a "pré-logicidade é um traço infundido por maus tradutores" (Quine). Mas o relativismo (e em particular o relativismo lingüístico) também falha, pois a própria coerência da afirmação de que pode haver pessoas tendo "esquemas conceituais" radicalmente diferentes dos nossos próprios pressupõe que podemos impor um grupo de coordenadas comum (uma pressuposição geral de racionalidade e coerência) a fim de avaliar a divergência cultural (Davidson, 1974). Isso não significa que divergências culturais não possam ser avaliadas em termos psicológicos e sociológicos, mas que só podem ser avaliadas dentro de certos limites. Nesse sentido, também, a lógica estabelece certas restrições mínimas a uma teoria da racionalidade humana.

Ver também RACIONALIDADE E RAZÃO.

Leitura sugerida: Cohen, L.J. 1986: *The Claims of Reason* • Elster, J. 1983: *Sour Grapes: Studies in the Subversion of Rationality* • McCawley, J.D. 1981: *Everything that Linguists Have Always Wanted to Know about Logic* • Stich, S. 1985: "Is a man a rational animal? Notes on the epistemology of rationality". *Synthèse*, 64, 115-35.

PASCAL ENGEL

M

maoísmo Esta palavra refere-se ao pensamento e à prática revolucionários de Mao Tse-tung (1893-1976), que chefiou o triunfo, em 1949, de uma revolução comunista de base camponesa na China, resultando na criação da República Popular, e que em seguida orientou o desenvolvimento do novo estado durante a maior parte dos seus primeiros 25 anos de existência. O maoísmo, portanto, abrange dois aspectos: em primeiro lugar, a estratégia singular de Mao Tse-tung, da revolução prolongada em um país economicamente atrasado, dominado pelo imperialismo estrangeiro, apoiando-se em bases nas áreas rurais e no Exército Vermelho camponês, e, em segundo lugar, sua tentativa de promover uma "via chinesa para o socialismo", uma vez alcançado o poder político, depois de 1949. O primeiro aspecto serviu de inspiração para líderes radicais do TERCEIRO MUNDO, nos anos 50 e 60, que lutavam para alcançar a independência nacional de seus atuais ou antigos senhores coloniais, e a seus aliados internos (ver MOVIMENTO DE LIBERTAÇÃO COLONIAL); enquanto o último aspecto despertou a admiração dos radicais ocidentais, particularmente nos anos 60.

Mao Tse-tung, que vinha de uma próspera família camponesa e recebera educação secundária, foi um dos membros fundadores do Partido Comunista Chinês (PCC) em 1921. Entre 1923 e 1927, alinhado com a indicação de Moscou de que os partidos comunistas recém-criados no mundo colonizado deveriam forjar alianças com partidos nacionalistas burgueses, o PCC entrou para uma frente unida com o muito mais amplo Partido Nacionalista (Kuomintang) de Sun Yatsen, cujo objetivo era derrotar os militaristas e reunificar o campo. Foi durante esse período que Mao, em contraste com a maioria da liderança do PCC, começou a enfatizar a importância do campesinato na revolução. Ao afirmar que era do sistema "semifeudal" dos senhores de terras que dependiam os déspotas militares e o imperialismo estrangeiro, Mao tentou transferir o enfoque da revolução das cidades para o campo. Ele criticou a timidez da liderança do Partido por sua atitude negativa para com os "excessos" dos camponeses e insistiu em afirmar que um campesinato mobilizado (com ou sem liderança partidária) poderia varrer todas as forças reacionárias (Day, 1975, p.339-47).

Quando a Frente Unida se dissolveu, em 1927, e a liderança do PCC entrou para a clandestinidade em Xangai, Mao recuou para o campo e deu início a um processo de estabelecimento de uma base rural e da criação de um Exército Vermelho, recrutado entre camponeses pobres, trabalhadores agrícolas, andarilhos e até mesmo ex-bandoleiros. Refletindo o aspecto voluntarista de seu pensamento, Mao insistia em que tal Exército Vermelho, não obstante suas origens de classe, se tornaria "proletarizado" através do próprio ato da revolução. A liderança do partido, ainda assumindo que a revolução se ergueria entre as fileiras da classe operária urbana, criticou a "mentalidade camponesa" de Mao e seu "aventureirismo militar pequeno-burguês". O fracasso de uma série de ataques armados às cidades em 1927-30, porém, só fez convencer Mao de que a revolução precisaria ser prolongada, com as áreas rurais de base acabando por cercar as cidades.

Durante o início dos anos 30, no soviete rural que estabeleceu na província sulista de Xiang-xi, Mao formulou suas teorias sobre a guerra de GUERRILHA e sublinhou a necessidade de elos estreitos entre o exército e o povo; enfatizou o papel de liderança das associações de camponeses pobres nas aldeias, mas sublinhando ao mesmo tempo a necessidade de conquistar os camponeses médios (os que possuíam a terra que cultivavam) e de adotar uma atitude flexível para com os camponeses ricos; e exortou os quadros a se manterem em estreito contato com a opinião das bases, abordagem de liderança definida mais tarde, em 1943, como a "linha de massa".

Ao criticar a abordagem dogmática dos rivais treinados em Moscou, e ao afirmar sua liderança tanto ideológica quanto militar e política, Mao referiu-se à "sinificação do marxismo", a necessidade de adaptar o marxismo às condições chinesas. Esse conceito desempenhou um papel significativo na campanha de retificação que Mao lançou em 1942 para confirmar sua liderança ideológica no partido (além de refletir a determinação de Mao de afirmar a independência do PCC em relação a Moscou). A campanha também ilustrou a ênfase maoísta na remodelagem ideológica, um processo de pequenos grupos de estudo e de autocrítica para provocar mudanças nas atitudes subjetivas e no estilo de trabalho. O formalismo e o burocratismo excessivos foram condenados e os quadros partidários de nível superior receberam a enfática recomendação de "irem para o campo" (*xiafang*) a fim de trabalhar e viver entre os camponeses. Ao mesmo tempo, a campanha exigia maior disciplina central sobre os membros do partido. A iniciativa local deveria sempre ser contrabalançada pelo controle do centro, o que Mao chamou de "centralismo democrático". Dos escritores, também, esperava-se agora que se submetessem a uma supervisão mais minuciosa do partido, refletindo a ambivalência que Mao demonstrou durante toda a sua vida para com os intelectuais.

A fim de enfrentar a ameaça japonesa e combater o bloqueio econômico imposto à sua área de base de Yanan pelo Kuomintang (a segunda frente unida se rompera em 1940), Mao enfatizou a necessidade da independência de meios (que implicava iniciativa econômica local) e a necessidade de mobilizar a população inteira em uma genuína "guerra popular". Mao, em seus últimos anos, viria a evocar com melancolia o "espírito de Yanan", que para ele ficara ligado ao engajamento ideológico, aos ideais igualitários e aos elos estreitos forjados entre o partido e o povo.

A constituição do PCC de 1945 proclamou oficialmente o pensamento de Mao como guia de ação do partido. Isso foi acompanhado pelo desenvolvimento de um culto maoísta que buscou elevar sua personalidade e suas idéias acima das de seus colegas (Wylie, 1980). Com as forças comunistas do interior rural preparadas para tomar as cidades mantidas pelo Kuomintang na guerra civil do final dos anos 40, os líderes do PCC também exaltaram a estratégia maoísta da revolução rural prolongada como um modelo para as regiões colonizadas da Ásia e da África, implicando assim que a União Soviética não deveria ser encarada como a única fonte de orientação para os movimentos comunistas mundiais.

Muitos dos aspectos do maoísmo, tal como ele se desenvolvera até 1949, como a fé populista nas massas rurais (ver POPULISMO), a ênfase voluntarista na vontade humana, um antiburocratismo arraigado e uma suspeita em relação aos intelectuais, continuariam em evidência depois de 1949, quando Mao buscou desbravar a "via chinesa para o socialismo". Circunstâncias internas e externas, porém, levaram a República Popular a adotar inicialmente o modelo soviético de desenvolvimento. No início dos anos 50, portanto, deu-se ênfase à centralização do planejamento, à indústria pesada e à especialização técnica.

Tal como em 1940, Mao estava firmemente disposto a distinguir a revolução chinesa da soviética. Ele se referiu ao novo regime, em 1949, como uma Ditadura Democrática Popular, uma aliança de várias classes revolucionárias — operários, camponeses, pequena burguesia e burguesia nacional (isto é, aquela não-associada ao capital estrangeiro) —, lideradas pelo PCC, que exerceria a "ditadura" sobre as classes reacionárias dos remanescentes do Kuomintang, senhores de terras, contra-revolucionários e direitistas. Mao também pretendia realizar uma transição gradual para o socialismo. A reforma agrária (1950-2), por exemplo, ao mesmo tempo que eliminava os senhores de terras como classe sócio-econômica e redistribuía a terra aos camponeses pobres, permitia que os camponeses ricos conservassem a terra que cultivavam. Nas cidades, o setor privado continuou a existir até 1956.

Em meados da década de 50, estava claro que Mao não se encontrava satisfeito com o modelo soviético. O planejamento centralizado havia produzido ministérios econômicos poderosos e burocracias do estado e do partido cada vez mais diferenciadas, simbolizadas por elaboradas escalas de pagamento; a ênfase na especialização técnica diluiu o fervor ideológico e ameaçou criar uma elite técnica e gerencial divorciada das massas; e a prioridade dada ao desenvolvimento da indústria pesada levou ao esgotamento dos escassos recursos agrícolas, a fim de financiá-la. Seria no campo, porém, que o maoísmo, em seu contexto pós-1949, iria exercer o primeiro impacto. Preocupado com a crescente desigualdade nas aldeias e a influência preponderante dos camponeses ricos, Mao, em 1955, estimulou a aceleração do processo de coletivização. Rejeitou o argumento determinista (ver DETERMINISMO) dos planejadores do partido de que uma coletivização em escala integral tinha de esperar a prévia mecanização e o deslanche industrial (isto é, a ascensão das forças produtivas) e insistiu em que a transição para novas formas socialistas e um aumento da produção tinham de avançar juntos.

A segunda iniciativa que Mao tomou, passando por cima de seus colegas do partido, revelava o impulso antiburocrático do maoísmo. Na União Soviética, a denúncia de Stalin por Kruschev, em 1956, levantara a questão da relação entre partido e povo, e foi com a preocupação de que o PCC estava se tornando uma elite burocrática fortemente arrraigada que Mao, no mesmo ano, conclamou os intelectuais a expressarem suas críticas, no que se tornou conhecido como a Campanha das 100 Flores (derivada do slogan "Que 100 flores possam desabrochar, que 100 escolas de pensamento possam competir"). A falta de entusiasmo demonstrada por seus colegas de partido impeliu Mao, no início de 1957, a renovar seu apelo a uma "retificação a portas abertas" do partido, em um discurso feito fora dos canais partidários. Advertiu que contradições não-antagônicas em uma sociedade socialista, como as que ocorrem entre líderes e liderados, poderiam tornar-se antagônicas caso o partido não permitisse a crítica externa a seus equívocos. Um pressuposto maoísta capital, na base da campanha, era a idéia de que a luta de classes continuaria em uma sociedade socialista, embora viesse a ser uma luta de classes entre ideologias rivais e não entre classes sócio-econômicas. No ponto de vista de Mao, o elitismo do partido e seu afastamento das massas eram uma expressão da ideologia das velhas classes exploradoras. Somente expondo-se à crítica por parte do povo, que, presumia Mao, apoiava amplamente o socialismo, o Partido poderia ser retificado. Conforme acabou sucedendo, Mao e seus colegas tiveram de encerrar a campanha quando as críticas do intelectuais ultrapassaram os limites exigidos e começaram a questionar o próprio socialismo.

O rompimento definitivo com o modelo soviético ocorreu em 1958, quando Mao lançou uma campanha ambiciosa, a do Grande Salto para a Frente, a fim de acelerar a transição do SOCIALISMO para o COMUNISMO e promover o rápido progresso econômico. O fundamento racional dessa campanha era o conceito maoísta de REVOLUÇÃO PERMANENTE, a idéia de que a consecução do comunismo só poderia ocorrer através de ondas de luta incessante, nas quais o avanço ideológico radical acompanhava (ou mesmo era a precondição para) um aumento na produção econômica. No que foi descrito como uma abordagem "utópica" (Meisner, 1982), Mao também afirmou que o próprio atraso da China era uma vantagem muito positiva, uma vez que proporcionava mais âmbito para o entusiasmo e a iniciativa das massas, outra indicação da sua fé voluntarista na vontade humana. Tal entusiasmo, acreditava Mao, poderia ser mais bem canalizado utilizando-se incentivos morais (apelando às virtudes do desprendimento pessoal, do ascetismo e da preocupação com o bem-estar coletivo), em vez de incentivos materiais. O membro ideal dos quadros do partido deveria ser agora ao mesmo tempo "vermelho e especialista", combinando a correta perspectiva ideológica com a especialidade técnica ou administrativa. Ao mesmo tempo, as comunas estabelecidas durante o Grande Salto ajudariam a transpor o abismo entre cidade e campo através da promoção da industrialização rural e a expansão de instalações educacionais e de saúde no campo. O abismo igualmente iníquo, do ponto de vista de Mao, que separava o trabalho mental do manual, deveria ser eliminado fazendo-se com que os funcionários qualificados e os intelectuais fossem "mandados para o campo", por um lado, e, por outro, criando-se escolas e universidades em regime de metade trabalho, metade estudo, para permitir às massas, nas palavras de Mao, tornarem-se "mestres da tecnologia", em vez de permanecerem dependentes de uma elite tecnocrática.

O Grande Salto teve conseqüências desastrosas. Catástrofes naturais, um sistema de transportes ineficaz, a canalização do trabalho camponês para obras de irrigação em massa e projetos irrealistas de industrialização levaram a um declínio na produção agrícola e, em última análise, à fome em grande escala. Houve também hostilidade dos camponeses diante das tentativas de funcionários do partido de impor uma sociedade comunista através da instituição de um sistema de livre suprimento, da criação de refeitórios e creches comunais e do confisco de todos os bens particulares. No início dos anos 60, Mao foi obrigado a se retirar da liderança ativa, enquanto seus colegas de partido prosseguiam na modificação dos programas do Grande Salto. Restabeleceu-se o planejamento centralizado, reduziram-se as funções sócio-econômicas da comuna e restauraram-se a propriedade particular de terras e os mercados rurais livres; redirecionaram-se os recursos para as cidades e as escolas e clínicas rurais foram fechadas; ser especializado ganhou prioridade sobre ser "vermelho".

Mao criticou essas tendências como "revisionistas" e avisou que a restauração das classes reacionárias era uma possibilidade na sociedade socialista. Em 1965, frustrado em suas tentativas tanto de fazer reviver um espírito coletivista entre o povo e o partido quanto de desenraizar o revisionismo no campo cultural, Mao passou a alegar que indivíduos dentro da liderança do partido estavam tomando a "via capitalista". Foi nesse contexto que Mao lançou a Revolução Cultural, em 1966. Afirmando que a "ideologia burguesa" havia contaminado a superestrutura (ver BASE E SUPERESTRUTURA), Mao convocou as massas a investir contra todas as formas de autoridade. O principal alvo de Mao era o próprio partido, mas ele também atacou as autoridades acadêmicas e culturais, as quais, em seu ponto de vista, haviam favorecido um sistema educacional dividido que enfatizava os critérios acadêmicos sobre os políticos, além de encorajar idéias burguesas reacionárias (elitismo, especialização, neutralidade ideológica e redução da importância da luta de classes).

Em um sentido imediato, a Revolução Cultural foi o resultado de uma luta de liderança intrapartidária entre Mao e seus oponentes. O culto maoísta fanático que foi deliberadamente cultivado nessa ocasião (atribuindo ao pensamento de Mao um poder quase sobrenatural) era também a culminação grotesca de um processo iniciado nos anos 40, que buscava instalar uma sabedoria onisciente na pessoa do próprio Mao. Em um sentido mais amplo, a Revolução Cultural viria a ser um processo de autolibertação, com as massas confrontando e lutando contra estruturas hierárquicas, na tentativa de fazer reviver um *ethos* socialista e rejuvenescer a organização do partido. (Foi esse aspecto que atraiu intelectuais e estudantes radicais do Ocidente.) Mao, particularmente, representava um forte apelo para os jovens, uma vez que, em seu ponto de vista, estes eram mais receptivos a mudar o *status quo*; a experiência da luta também os qualificaria a se tornarem dignos "sucessores revolucionários". Estudantes secundários e universitários entraram para a Guarda Vermelha e foram estimulados a atacar todos os vestígios do passado, descritos como os "quatro velhos" (idéias, cultura, costumes e hábitos), bem como as influências burguesas "perniciosas" do presente. Como tal, não apenas líderes do partido, mas também escritores, intelectuais e professores, viram-se sujeitos a críticas e humilhações. Na esfera da cultura, a filosofia do CONFUCIONISMO e a arte ocidental foram igualmente condenadas.

A experiência de Mao na criação de uma nova cultura socialista terminou quando um caos e uma violência crescentes o obrigaram a convocar o exército (1967-8) para restaurar a ordem e supervisionar a reconstrução do partido. Desde a morte de Mao, em 1976, e especialmente desde 1980, seus sucessores têm rejeitado implicitamente muitos aspectos do maoísmo: a luta de classes é hoje oficialmente proclamada como concluída e a possibilidade de uma contradição antagônica vir a se desenvolver entre o partido e o povo é negada; a ênfase hoje coloca-se no desenvolvimento das forças produtivas (a economia), de uma forma que utiliza incentivos materiais e permite disparidades de riqueza entre indivíduos e entre regiões; a educação busca criar elites técnicas e gerenciais; e a independência de meios deu lugar a maiores laços econômicos com o mundo capitalista. Essa rejeição teve como paralelo uma crescente desilusão com o maoísmo no Ocidente.

É importante observar, porém, que o maoísmo foi, e ainda é, influente em outras partes do mundo. Nos anos 50, Ho Chi Minh no Vietnã, Frantz Fanon na Argélia e Amílcar Cabral na Guiné-Bissau, para citar apenas alguns, utilizaram as idéias maoístas de guerra popular, de apoio no campesinato e de uma abordagem voluntarista da revolução, enquanto o movimento do Sendero Luminoso, no Peru de hoje, se autoqualifica, explicitamente, como de orientação maoísta.

Leitura sugerida: Ch'en, J. 1970: *Mao Papers* • Compton, B. 1952: *Mao's China: Party Reform Documents, 1942-1944* • Mao Tse-tung 1986: *The Writings of Mao Zedong*, vol.1, org. por M. Kau e J. Leung • Meisner, M. 1982: *Marxism, Maoism and Utopianism* o 1986: *Mao's China and After* • Schram, S. 1969: *The Political Thought of Mao Tse-tung*, ed. rev. o 1989: *The Thought of Mao Tse-tung* o org. 1974: *Mao Tse-tung Unrehearsed* • Schwartz, B. 1979: *Chinese Communism and the Rise of Mao*, ed. rev. • Starr, J. 1979: *Continuing the Revolution* • Wylie, R. 1980: *The Emergence of Maoism*.

PAUL BAILEY

marginalista, escola econômica Ver ESCOLA ECONÔMICA MARGINALISTA.

marketing Ver CIÊNCIA DA ADMINISTRAÇÃO; REVOLUÇÃO GERENCIAL.

marxismo Corpo de teoria social e doutrina política derivado da obra de Karl Marx e de seu íntimo colaborador Friedrich Engels. Somente depois da morte de Marx é que o marxismo se desenvolveu como uma "visão do mundo" de amplo alcance e como a doutrina política característica de muitos partidos socialistas, inicialmente pelo trabalho de Engels, que expôs a "visão marxista do mundo" como a perspectiva da classe operária, comparando seu papel ao da filosofia clássica alemã em relação à burguesia (Engels, 1888), embora ao mesmo tempo tenha enfatizado seu caráter científico. Através de seus textos e de sua correspondência, Engels exerceu forte influência sobre a primeira geração de pensadores marxistas, e no final do século XIX o marxismo estava firmemente estabelecido, em grande parte fora das instituições acadêmicas, como teoria social e doutrina política de grande importância, assimilado em alguns casos a um sistema filosófico geral.

Na teoria social, é possível distinguir três elementos principais. Primeiro, uma análise dos principais tipos de sociedade humana e sua sucessão histórica, em que se dá lugar de destaque à estrutura econômica, ou "modo de produção", na determinação da forma completa da vida social: "O modo de produção da vida material determina o caráter geral dos processos sociais, políticos e espirituais da vida" (Marx, 1859, Prefácio). O próprio modo de produção é definido em termos de dois fatores: as forças produtivas (a tecnologia disponível) e as relações de produção (o modo como a produção é organizada e, em particular, a natureza dos grupos que possuem os instrumentos de produção ou simplesmente contribuem com seu trabalho para o processo produtivo). A partir dessa análise, surgiram duas idéias fundamentais da teoria marxista: uma periodização da história, concebida como um movimento progressivo através dos modos de produção antigo, asiático, feudal e capitalista moderno, e uma concepção do papel das classes sociais na constituição e transformação das estruturas sociais.

O segundo elemento é um esquema explanatório que abrange as mudanças de um tipo de sociedade para outro, no qual dois processos têm importância crucial. Por um aspecto, as mudanças são provocadas pelo progresso da tecnologia, e o próprio Marx enfatizou isso quando escreveu (1847, cap.2, seção 1) que "o moinho manual nos dá uma sociedade com senhores feudais, o moinho a vapor, uma sociedade com capitalistas industriais", ou novamente mais tarde, nos *Grundrisse* (1857-58, p.592-4), em que examinou mais amplamente as conseqüências do rápido avanço da ciência e da tecnologia para o futuro do capitalismo. Por um outro aspecto, porém, as transformações sociais são resultado de lutas de classe conscientes; mas os dois processos estão intimamente relacionados, uma vez que o desenvolvimento das forças produtivas está preso à ascensão de uma nova classe, e a classe dominante existente torna-se cada vez mais um obstáculo a um maior desenvolvimento.

O terceiro elemento é a análise do capitalismo moderno, à qual Marx e marxistas posteriores dedicaram a maior parte de sua atenção. O capitalismo é concebido como a forma final da sociedade de classes, em que o conflito entre burguesia e proletariado se intensifica continuamente junto com as contradições econômicas do capitalismo, que se manifesta em crises recorrentes, e o processo de SOCIALIZAÇÃO DA ECONOMIA é acelerado pelo desenvolvimento de cartéis e trustes. Essa análise e o crescimento de partidos socialistas de massa levaram necessariamente a uma preocupação com as formas que poderia assumir uma transição para o socialismo e à elaboração de uma doutrina política marxista que ajudaria a integrar e orientar o movimento da classe operária.

Desde um estágio inicial, no entanto, houve diversas interpretações do legado de Marx e desacordos quantos a seu ulterior desenvolvimento. Na Alemanha, em grande parte sob a influência de Karl Kautsky, o marxismo foi concebido basicamente como uma teoria científica da evolução social (sendo fortemente enfatizadas suas afinidades com o darwinismo), e seus aspectos mais deterministas pareciam ser confirmados pelo desenvolvimento do capitalismo e pelo rápido crescimento do movimento socialista. Na Rússia, por outro lado, onde o capitalismo mal havia começado a se desenvolver e não havia movimento socialista de massa, o marxismo foi uma doutrina exposta por pequenos grupos de revolucionários, e em especial por Plekhanov, como uma visão de mundo filosófica, a partir da qual Lenin desenvolveu a idéia de uma "consciência socialista" levada de fora para a classe operária; e esta posteriormente se tornou um elemento central na ideologia do partido bolchevique e do estado soviético.

Essa divisão entre interpretações mais deterministas e mais voluntaristas percorre toda a história posterior do marxismo, em incessantes revisões e reformulações da teoria social e da prática política que, pelo menos em parte, dela derivou. Na primeira década do século XX o marxismo foi também confrontado por uma crescente discussão crítica, tanto vinda de fora, nos textos, por exemplo, de Max Weber, Émile Durkheim e Benedetto Croce, quanto de dentro, em especial na exposição de Bernstein (1899) sobre os resultados de seu esforço para "deixar claro exatamente onde Marx está certo e onde está errado", que o levou a criticar vários aspectos da ortodoxia marxista, incluindo a visão de "colapso econômico" para o fim do capitalismo e a idéia de uma crescente polarização da sociedade entre burguesia e proletariado, e em textos posteriores a afirmar que o movimento socialista exigia uma doutrina ética tanto quanto uma teoria social (ver REVISIONISMO).

Entre os marxistas que reagiram às críticas feitas ao marxismo como ciência social, e de maneira mais geral a novas concepções em filosofia e economia, os austromarxistas ganharam uma nítida influência através de sua elaboração dos princípios de uma sociologia marxista e de sua pesquisa inovadora em novos campos de investigação, entre os quais se incluíram os estudos do nacionalismo, do direito, e do mais recente desenvolvimento do capitalismo em seu estágio imperialista (ver AUSTROMARXISMO). Lenin e os bolcheviques, porém, com a parcial exceção de Bukharin (1921), deram pouca atenção a teorias sociais alternativas e reagiram às críticas de Bernstein identificando o revisionismo com o REFORMISMO e com o abandono dos objetivos revolucionários. Suas versões do marxismo concentram-se em grande parte na criação de um partido revolucionário disciplinado, capaz de liderar a classe operária e seus aliados (especialmente, no caso russo, o campesinato) rumo a uma bem-sucedida conquista do poder. Desse modo, o marxismo foi convertido em uma doutrina que enfatizava a vontade política e a liderança do partido como os fatores cruciais para a mudança social.

A revolução russa, que instalou os bolcheviques no poder, criou condições inteiramente novas para o desenvolvimento do pensamento marxista. O leninismo e posteriormente o stalinismo estabeleceram-se como uma ideologia oficial dogmática que adquiriu grande influência internacional com a fundação de partidos comunistas dentro do modelo soviético em outros países, enquanto o Partido Social-Democrata alemão, profundamente dividido e enfraquecido em resultado da guerra e da derrota dos levantes revolucionários de 1918-19, perdeu sua antiga proeminência como centro de teoria e prática marxista. Nos anos do entre-guerras e por algum tempo depois da Segunda Guerra Mundial, o marxismo tornou-se amplamente identificado na mente do público com o marxismo soviético, embora tenha havido de fato uma profunda cisão no pensamento marxista, em parte coincidindo com a divisão do movimento internacional da classe operária entre a versão soviética e o que seria mais tarde chamado de "marxismo ocidental". Mas este último era ele próprio bastante diversificado. Em algumas de suas formas, e especialmente na obra dos austromarxistas, continuou a se desenvolver como um campo de investigação científica, analisando as mudanças na sociedade capitalista depois da Primeira Guerra Mundial, a ascensão do fascismo e o desenvolvimento de uma ditadura política e de uma economia estatal totalitária na União Soviética.

Outros marxistas ocidentais, porém, que se tornaram membros dos recém-formados partidos comunistas, rejeitaram a concepção do marxismo como sociologia científica e adotaram dele uma visão mais leninista, como uma consciência revolucionária incorporada em um partido da classe operária, embora tenham existido ou surgido diferenças consideráveis entre os principais expoentes desse ponto de vista, Korsch (1923), Lukács (1923) e Gramsci (1929-35). Korsch, mais tarde (1938), rejeitou toda essa perspectiva dizendo que "a principal tendência do materialismo histórico não é mais 'filosófica', mas sim a de um método científico empírico", e as análises de Gramsci do estado e da sociedade civil continham muitos elementos que poderiam ser, e foram, incorporados a uma teoria sociológica. Lukács também mudou suas idéias e, no prefácio a uma nova edição de sua antiga obra (1923 (*1971*)) referiu-se, de forma autocrítica, a seu "messianismo revolucionário, utópico" e expressou dúvidas quanto ao conteúdo e à validade metodológica do tipo de marxismo que ele havia então proposto. Os primeiros textos de Korsch e Lukács, porém, também ajudaram a promover outra forma do pensamento marxista, com a criação do Instituto de Pesquisa Social de Frankfurt, em 1923, que mais tarde (nos anos 60) floresceu de forma exuberante na teoria crítica da ESCOLA DE FRANKFURT.

Os problemas práticos de se construir uma sociedade socialista na Rússia pós-revolucionária, em um país principalmente agrário e devastado pela Primeira Guerra Mundial, pela guerra civil e pela intervenção estrangeira, criaram dificuldades de outro tipo para a teoria marxista. A maioria dos primeiros marxistas, como o próprio Marx, de qualquer maneira, pouca atenção dera à questão de como uma economia socialista e novas instituições sociais e políticas seriam efetivamente organizadas, limitando-se a descrições gerais, como "o modo associado de produção" ou "uma sociedade de produtores associados" — embora Kautsky (1902) e os austromarxistas tenham de fato examinado mais amplamente algumas das questões implícitas. Na União Soviética, as dificuldades do desenvolvimento socialista foram aumentadas pela necessidade urgente de restauração da economia destroçada e da promoção da rápida industrialização; e esse tornou-se o ponto central dos intensos debates dos anos 20 sobre as políticas e programas do "período de transição", debates que foram finalmente encerrados pela ditadura de Stalin e a imposição impiedosa da industrialização e da coletivização da agricultura.

Os marxistas ocidentais, no período do entre-guerras, tiveram de enfrentar uma série de problemas: o fracasso dos movimentos revolucionários nos países capitalistas avançados, a ascensão do fascismo, o caráter mais totalitário do regime soviético e ataques críticos a toda a idéia de uma economia socialista planejada, iniciados por von Mises (1920, 1922), que tiveram seqüência em uma alentada controvérsia entre economistas conservadores, como Hayek (1935) e, do lado do marxismo, especialmente Lange (Lange e Taylor, 1938). Não obstante, a influência do pensamento marxista, predominantemente em uma forma leninista-stalinista, cresceu durante os anos 30, em grande parte devido ao contraste entre o desenvolvimento bastante rápido e prolongado da economia soviética e as condições de crise econômica e depressão no mundo capitalista, bem como ao reconhecimento da União Soviética como grande oponente dos regimes fascistas. Mas entre os próprios marxistas a crítica ao socialismo totalitário continuou, e houve também dúvidas crescentes, mais vigorosamente expressas pelos pensadores da Escola de Frankfurt, a respeito do papel político revolucionário da classe operária na sociedade capitalista.

Esses temas continuaram a dominar o pensamento marxista depois de Segunda Guerra Mundial. A extensão do sistema soviético pela Europa Oriental, seguida por uma sucessão de levantes contra os novos regimes, dos anos 50 aos 80, produziu recentes críticas ao que era chamado de "socialismo real" e seus defensores ortodoxos, e a influência do marxismo soviético foi se reduzindo incessantemente. Ao mesmo tempo, a série variada de teorias e doutrinas conhecida como marxismo ocidental adquiriu influência bem maior, incluindo a exercida sobre movimentos dissidentes na Europa Oriental, mas em condições muito diversas das que predominaram nos anos do entre-guerras. Depois da Segunda Guerra Mundial, o capitalismo entrou em fase de crescimento econômico excepcionalmente acelerado e prolongado, acompanhado na Europa Ocidental, sob a influência de movimentos socialistas que estavam agora mais fortes do que nunca, por uma ampliação da propriedade pública, certo grau de planejamento econômico e o desenvolvimento do que veio a ser chamado de "estado de bem-estar". Na Europa Oriental, movimentos de revolta, especialmente na Hungria, em 1956, e na

Tchecoslováquia, em 1968, e o rumo inteiramente diverso tomado pela Iugoslávia, a partir de 1951, na construção de um sistema de autogestão operária, pareceram indicar que se acabaria alcançando, naquela parte da Europa, uma forma de sociedade socialista democrática. De qualquer forma, contribuíram para um notável reavivamento do pensamento marxista, que agora se tornava amplamente difundido em países ocidentais, não apenas na história, na sociologia e na ciência política, onde há muito tinha um tipo de presença, mas na economia e na antropologia, na filosofia e na estética. O marxismo, assim, tornou-se um ponto focal de importantes controvérsias que o colocaram em novo relacionamento com outras correntes do pensamento social.

Mas esse renascimento também aumentou a diversidade de concepções marxistas, influenciada também por uma difusão mais ampla de alguns dos textos menos conhecidos do próprio Marx, como os *Manuscritos econômicos e filosóficos* (1844) e os *Grundrisse* (1857-58). A Escola de Frankfurt, através dos textos de Theodor Adorno, Max Horkheimer e Herbert Marcuse, ganhou ampla influência como crítica cultural da sociedade burguesa, concebida como dominada pela "racionalidade tecnológica" e por uma correspondente orientação positivista/cientificista das ciências sociais, em vez de o ser por uma classe capitalista. Contra isso, o marxismo estruturalista de Louis Althusser, formado em parte pelo movimento estruturalista mais amplo (ver ESTRUTURALISMO), afirmou a importância de se analisarem as estruturas profundas das sociedades humanas, especialmente seus modos de produção, e retratou o marxismo como uma "nova ciência" dos diferentes níveis de prática social, da qual o sujeito humano, como ser autônomo ativo, foi eliminado. Em outra direção, o grupo *Praxis*, de filósofos e sociólogos iugoslavos, concentrou sua atenção nos problemas de alienação nas sociedades tanto capitalista quanto socialista estatal, bem como no desenvolvimento e nas perspectivas do socialismo autogestionário, autogerenciado, e seus textos exerceram um impacto particular nos intelectuais da Europa Oriental.

O pensamento marxista desse período dividiu-se não apenas entre um vigoroso marxismo ocidental e um moribundo marxismo soviético (como uma breve incursão do maoísmo como doutrina política que cativou alguns estudantes radicais), mas entre duas concepções alternativas que podem ser amplamente categorizadas como "humanista" e "científica" (Bottomore, 1988, "Introdução"). Os marxistas da primeira categoria enfatizaram o conteúdo humanista, democrático ou emancipatório da economia marxista, e as ações conscientes e intencionais de indivíduos e grupos sociais, enquanto os da segunda estavam basicamente preocupados com seu caráter científico, explanatório, e com o esquema conceitual e a teoria do conhecimento característicos que lhe estão subjacentes. Ambas as orientações envolveram pensadores marxistas em controvérsias muito mais amplas sobre todo o campo das ciências sociais, da história e da filosofia, a respeito de "estrutura" e "mediação humana" na vida social, da importância relativa de fatores culturais (ou ideológicos) e sociais no desenvolvimento da sociedade e de questões metodológicas fundamentais; e eles próprios deram contribuições substanciais a esses debates.

Embora o marxismo tenha conservado um lugar mais importante no pensamento social do que ocupara no início do século, tornou-se menos influente nos anos 80 do que na década anterior, e teve de enfrentar problemas importantes. Um destes é fornecer alguma análise convincente da estabilidade e crescimento do capitalismo no pós-guerra e, à luz dessa análise, reconsiderar a natureza, ou de fato a possibilidade, de uma transição para o socialismo como até agora concebido nos países industriais avançados, levando em conta especialmente o aparente declínio de políticas especificamente de classe operária e a ascensão de várias formas de políticas não-classistas nos novos tipos de MOVIMENTO SOCIAL. Problema ainda maior é representado pelas mudanças nos países de "socialismo real", que culminaram, no final dos anos 80, na derrubada dos regimes comunistas na maior parte da Europa Oriental e na aceleração de mudanças fundamentais na União Soviética, em direção a uma economia mais orientada para o mercado e a um sistema político multipartidário. Uma vez que a maioria dos países da Europa Oriental embarcou então em uma restauração do capitalismo, é evidente que a teoria marxista da história, que não previu semelhante transição inversa, do socialismo para o capitalismo, fica necessitando de uma revisão drástica, e é uma resposta singularmente inadequada dizer que os países envolvidos não eram *realmente* socialistas. O que se exige é uma análise muito mais fundamental do desenvolvimento do capitalismo e do socialismo no século XX, e uma reorientação da teoria marxista, se isso é possível, de ser básica ou até exclusivamente uma análise da ascensão, desenvolvimento e prevista superação do capitalismo para uma análise que dê igual ou maior destaque aos estudos do surgimento e desenvolvimento do socialismo e das contradições e crises que podem ocorrer dentro de uma economia e uma sociedade socialistas. Se essa reorientação de idéias virá a ser acomodada dentro de um esquema de pensamento que ainda seja reconhecivelmente uma forma de "marxismo clássico", ou se marca o início de uma era "pós-marxista", é algo que só o futuro dirá. É óbvio, pelo menos, que no decorrer das poucas últimas décadas o marxismo já se havia desenvolvido de tal modo que seu caráter era menos o de uma única e bem amarrada teoria, e mais o de um amplo, embora ainda característico, paradigma dentro do qual diversos tipos de explicação e interpretação são possíveis; e é evidente também que, nesse processo, seu papel como doutrina política, distinta da doutrina do socialismo em geral, foi grandemente atenuado, de forma que, no futuro, é muito provável que partidos "marxistas" venham a ser uma espécie de raridade.

Leitura sugerida: Avineri, Shlomo 1968: *The Social and Political Thought of Karl Marx* • Bottomore, Tom, org. 1983 (*1991*): *A Dictionary of Marxist Thought* • Kolakowski, L. 1978: *Main Currents of Marxism* • Lichtheim, George 1961: *Marxism: an Historical and Critical Study* • McLellan, David, org. 1983: *Marx: The First Hundred Years.*

TOM BOTTOMORE

marxismo, austro- Ver AUSTROMARXISMO.

marxismo ocidental Considera-se em geral que esta modalidade de teoria marxista abrange autores tão diversos quanto Georg Lukács, Ernst Bloch, Karl Korsch, Antonio Gramsci, membros da Escola de Frankfurt e pensadores franceses, de Jean-Paul Sartre em sua obra tardia a Louis Althusser e a primeira parte da obra, ainda em evolução, de Jürgen Habermas. Como tal, ela cobre todo um corpo teórico iniciado em torno de 1920 e encerrado por volta de 1970. Nunca significou simplesmente marxismo no Ocidente, ou marxismo vindo do Ocidente para se opor à ortodoxia marxista na União Soviética. Nem um teórico trotskista como Ernest Mandel, nem o famoso dissidente Rudolf Bahro são "marxistas ocidentais" no sentido filosófico. Por outro lado, muitos empreendimentos neomarxistas que se afirmaram a partir dos anos 60, como a história revisionista de Perry Anderson (1976), a economia de esquerda sraffiana (isto é, neo-ricardiana) da escola de Cambridge e o "marxismo analítico" de Jon Elster e John Roemer, deveriam ser incluídos sob a rubrica do marxismo ocidental.

Qual é, então, a *differentia specifica* do marxismo ocidental? O melhor meio de abordar a questão é examinar o contexto histórico de suas idéias. Ele foi, antes e acima de tudo, um repúdio ao marxismo da Segunda Internacional (Socialista). A teoria marxista, depois da morte de Marx, havia assumido uma posição cada vez mais determinista. A partir da década de 1890, surgiu a doutrina de que as leis econômicas objetivas eram a força motriz da história e que a consciência não passava de um reflexo da realidade física e social. Nos anos 20 essas idéias ainda eram sustentadas por teóricos influentes como Karl Kautsky e Nicolai Bukharin, tal como de fato o eram, em alguns contextos, pelo próprio Lenin. Mas esses foram apaixonadamente contestados por jovens leninistas do Ocidente: Lukács, Bloch, Korsch e Gramsci. Este último chegou ao ponto de saudar a ascensão do comunismo ao poder, em 1917, como "uma revolução contra *O capital*", com o que quis dizer que fora um triunfo da história sobre o determinismo histórico.

A expressão de Gramsci indicava a principal motivação da revolta do marxismo ocidental contra a Segunda Internacional: radicalismo impaciente, inflamado pela "luz de outubro" e ditado por esperanças messiânicas de redenção humana (e não apenas social) através da revolução. Politicamente falando, os fundadores do marxismo ocidental — o quarteto acima mencionado — partiram de variadas formas de esquerdismo extremo, tais como o anarco-sindicalismo ou o comunismo de conselho, para a disciplina leninista, a posição final tanto de Lukács quanto de Gramsci, ainda que diferentemente definida. A política leninista só seria abandonada bem mais tarde, na Escola de Frankfurt do pós-guerra, com seu principal herdeiro e reformador, Habermas.

Originalmente, o marxismo ocidental era o leninismo político sem o materialismo determinista rudimentar da filosofia leninista-stalinista. Não demorou a manifestar uma epistemologia humanista, insistindo no contraste (estranho igualmente a Marx, Engels, Kautsky e Lenin) entre a *critique* e a ciência (social). Já não concebia a análise marxista como uma crítica da economia burguesa, mas sim como uma *alternativa* ao ponto de vista científico — com orgulho de sua *dialética* plenamente desenvolvida. Tanto Kautsky quanto Bukharin haviam tacitamente remodelado o marxismo como uma sociologia histórica naturalista mais ligada ao evolucionismo do que à dialética, e daí mais próxima de Ernst Haeckel do que de Hegel. Mas os que iniciaram o marxismo ocidental eram todos neo-idealistas, tão baseados em Fichte e, acima de tudo, Hegel quanto os austromarxistas (ver AUSTROMARXISMO) em Kant, e sua inclinação filosófica lembrava vivamente o hegelianismo de esquerda das décadas de 1830 e 1840.

A redescoberta de fontes idealistas acompanhou empréstimos tomados da cultura burguesa e, enquanto o jovem Lukács devia muito a Georg Simmel, Wilhelm Dilthey e Max Weber, Gramsci era influenciado por Benedetto Croce e os teóricos italianos da elite, e os pensadores da Escola de Frankfurt combinavam o tema da alienação com elementos nietzschianos, perspectivas freudianas e motivos modernistas. Quanto ao marxismo francês, a enorme sombra de Heidegger assomava sempre ao fundo. Esse ecletismo funcionava em um espírito idealista, e o mais comum era que fosse aplicado à análise de problemas culturais em vez de político-econômicos (embora Gramsci se tenha especializado em cultura *política*). Tanto assim que é possível dizer da maior parte do marxismo ocidental que é um *marxismo da superestrutura* (ver BASE E SUPERESTRUTURA). Lukács, Walter Benjamin, Theodor Adorno e Sartre estão entre os críticos literários e estetas mais notáveis de nossa época. A conjunção de tema cultural e epistemologia humanista aproxima o marxismo ocidental da tradição hermenêutica como uma busca neo-idealista mais de significados do que de causas, e a maior parte dela é intencionalmente interpretativa e não explanatória.

Um último aspecto geral do marxismo ocidental (notavelmente ausente, porém, em Korsch, Gramsci ou Althusser) foi a *hostilidade à civilização moderna*. O jovem Lukács, Bloch e, mais especialmente, a Escola de Frankfurt injetaram no marxismo forte dose de *Kulturkritik*, uma recusa baseada em princípios morais, doutrinária e indiscriminada à cultura da MODERNIDADE. Sentiam-se profundamente constrangidos com o industrialismo, indiferentes à democracia liberal e bastante hostis à ciência e à ideologia. Essa síndrome ideológica não era de forma alguma predominante nas divergências anteriores, por mais arrojadas que fossem, do marxismo clássico, como no revisionismo *fin-de-siècle* de Eduard Bernstein ou, um pouco mais tarde, no pensamento de Georges Sorel ou nas pesquisas seminais dos austromarxistas. Ora, o próprio Marx — como Hegel — fora grande admirador da modernidade, de forma que o marxismo ocidental, a esse respeito, representa uma enorme inversão de perspectiva histórica dentro do campo marxista. A lógica da tese histórica, como o materialismo, foi por água abaixo.

O marxismo ocidental nasceu em forma de livro com os ensaios coligidos por Lukács em *História e consciência de classe* (como justificativa da revolução de Lenin) e em *Marxismo e filosofia*, de Korsch, ambos publicados em 1923. O herói conceitual de ambos os livros é um sujeito social, a consciência revolucionária do proletariado. A objetificação simplesmente reflete os hábitos do sujeito: assim, enquanto a reificação (má objetificação) reflete o mau sujeito, isto é, o capitalismo e a cultura burguesa, o paraíso revolucionário se instalará tão logo o proletariado atinja uma apreensão da totalidade. O "ponto de vista da totalidade" é para Lukács a própria essência do marxismo, muito mais importante que os "temas econômicos". O senso de totalidade é uma PRÁXIS consciente, e a totalidade como práxis é autovitalizante — é um sujeito histórico global. E o sentido fundamental do presente é revolucionário porque o trabalho alienado compreende diretamente a reificação, isto é, a desumanização, como a alma do capitalismo.

Na verdade, o proletariado pode ou não exibir consciência da totalidade; porém, se não o faz, não importa, pois Lukács achava que havia uma "vontade coletiva destinada a fazer surgir a real liberdade" — o Partido Comunista. Os primeiros trabalhos de Lukács haviam exposto uma mística ética como saída para a decadência e, ao abraçar o marxismo, ele preservou um moralismo messiânico. Max Weber, de quem ele se tornou amigo em Heidelberg, descreveu-o como um caso perfeito de "ética da convicção", muito longe do realismo responsável. A revolução foi quase separada das preocupações materiais, enquanto o comunismo era levado a personificar uma idéia elevada da cultura como o reino de uma vida significativa. Conforme o próprio Lukács mais velho reconheceu, a obra inteira estava permeada de um "anticapitalismo romântico".

O romance do marxismo com a *Kulturkritik* continuou com os herdeiros de Lukács, os filósofos de Frankfurt Max Horkheimer e Theodor Adorno. O livro que escreveram juntos, *Dialética do esclarecimento* (1947), tornou-se o segundo evangelho do marxismo ocidental. O programa de Horkheimer era "filosofia social": uma teorização da mentalidade empírica, embora diferente da ciência social "positivista" em seu compromisso lukácsiano com a "apreensão do todo". Mas os pensadores de Frankfurt deixaram de lado o utopismo de Lukács, bem como sua metafísica do sujeito e, com ela, o mito do proletariado revolucionário. Nos anos 40, estudaram o anti-semitismo em conexão com o fascismo e a "personalidade autoritária", e depois da guerra abstiveram-se da análise de classe, concentrando-se em uma condenação abrangente da cultura moderna como "traição da razão". A razão como instrumento (a ciência) foi acusada de trocar a emancipação pela repressão no sentido instintual, freudiano, e o papel da "teoria crítica" tornou-se uma espécie de resistência pessimista à cultura de massa, tanto ao capitalismo quanto ao socialismo. Posteriormente esses dois regimes seriam equacionados como formas repressivas, "unidimensionais" de sociedade por Herbert Marcuse. Nas mãos de Adorno, a dialética tornou-se a epítome de um marxismo arcano em seu livro *Dialética negativa* (1966). Surgiu um estranho "marxismo sem proletariado", desprovido de luta de classes e de otimismo histórico. O fim de Horkheimer foi um retorno a Schopenhauer e à religião.

O radicalismo marxista ocidental, no entanto, não havia morrido. Já o talentoso ensaísta Walter Benjamin combinava ou alternava uma política radical com uma epistemologia irracionalista e o mais profundo pessimismo histórico indisfarçado em suas "Teses sobre a filosofia da história" (1939-40, in Benjamin, 1955). Nos anos 60, enquanto Jean-Paul Sartre tentava uma fusão do existencialismo com o marxismo, Marcuse começava a flertar com a rebeldia estudantil e os movimentos da contracultura. Os exilados da Escola de Frankfurt haviam transformado o marxismo ocidental em mais um romantismo do desespero. Sartre e Marcuse estavam determinados a reanimá-lo como um romantismo da revolta.

A onda seguinte, a do marxismo estruturalista (ver ESTRUTURALISMO), liderada por Louis Althusser, reagiu asperamente ao primado da consciência em Lukács e Sartre, mas acabou produzindo um fundamentalismo altamente escolástico em torno do ideal da história como ciência. Duas evoluções neomarxistas — o debate anglo-francês sobre modos de produção e o anglo-germânico sobre a natureza do estado capitalista — começaram como derivações de categorias althusserianas. Politicamente falando, enquanto Sartre e Marcuse eram "esquerdistas", os althusserianos eram em geral maoístas e o próprio Althusser foi um dos últimos marxistas que renunciaram à ditadura do proletariado.

Gramsci era muito diferente, e seus *Cadernos do cárcere*, escritos de 1929 a 1935, contêm peças soberbas, ainda que necessariamente fragmentadas, de sociologia política, analisando de forma sutil a influência recíproca entre mudança política e estrutura de classe. As observações de Gramsci sobre hegemonia de classe e coligações de classe, sobre tipos de revolução e modernização e sobre o papel dos intelectuais são revigorantemente livres do rude determinismo econômico do marxismo vulgar, sem caírem na teorização árida de grande parte do marxismo ocidental. Ao mesmo tempo que participava de sua rejeição ao determinismo e ao historicismo, ele foi diferente dos pensadores alemães por estar isento do *pathos* da *Kulturkritik*; e, embora leninista, tentou seriamente orientar o comunismo em uma direção não-sectária, protodemocrática, misturando socialismo e cultura popular. Suas posições viriam a inspirar o eurocomunismo, meio século depois de sua morte em seguida a um longo período de cárcere nas mãos do regime fascista.

Tanto o espírito democrático quanto a eliminação da *Kulturkritik* também destacam os textos copiosos do principal pensador da Escola de Frankfurt, Jürgen Habermas. O âmago da sua reconstrução da teoria crítica é uma tentativa de garantir o conhecimento como emancipação através de uma ética comunicativa: "O paradigma não é mais a observação, mas o diálogo." A teoria crítica sofre uma "virada lingüística" similar à do último Wittgenstein ou à hermenêutica de Gadamer. Diferentemente desses autores, Habermas não é nenhum relativista — na verdade, ele é hoje em dia o principal contestador do pensamento arqui-relativista e cético de pensadores pós-estruturalistas como Foucault, Derrida e Lyotard. Em sua obra recente (1981), o marxismo ocidental, do abandonar os últimos vestígios da luta de classes, dilui-se em um neo-evolucionismo enciclopédico, centrado na macro-história da "ação comunicativa".

Leitura sugerida: Anderson, P. 1976: *Considerations on Western Marxism* • Geuss, Raymond 1981: *The Idea of a Critical Theory: Habermas and the Frankfurt School* • Held, D. 1980: *Introduction to Critical Theory: Horkheimer to Habermas* • Jacoby, Russell 1981: *Dialectic of Defeat: Contours of Western Marxism* • Jay, Martin 1973: *The Dialectical Imagination: a History of the Frankfurt School and the Institute of Social Research, 1923-50* • Merquior, J.G. 1986: *O marxismo ocidental.*

J.G. MERQUIOR

massa, cultura de Ver CULTURA DE MASSA.

massa, sociedade de Ver SOCIEDADE DE MASSA.

materialismo Em seu sentido mais amplo, o materialismo afirma que qualquer coisa que exista é apenas matéria, ou pelo menos depende dela. (Em sua forma mais geral, ele pretende que toda a realidade seja essencialmente material; em sua forma mais específica, que a realidade humana assim é.) Na tradição marxista, o materialismo normalmente é do tipo não-redutivo mais fraco. O materialismo pode ser encarado como uma "operação de contenção" contra formas de idealismo que afirmem a existência de entidades abstratas, tais como valores universais (a não ser que identificados como propriedades de coisas materiais), seres ou mentes sobrenaturais (a não ser que identificados com, ou pelo menos baseados em, processos corpóreos); e contra explicações que invoquem tais entidades. Os materialistas, assim, excluem a possibilidade da existência incorpórea e são metafisicamente orientados contra o dualismo. Neste artigo, considerarei primeiro o materialismo na esfera da filosofia da mente, antes de passar ao materialismo marxista.

Opondo-se ao cartesianismo clássico, o COMPORTAMENTALISMO de início e meados do século XX afirmava que a mente consiste em ações ou mesmo movimentos externos. No terceiro quartel do século, ficou claro que o comportamentalismo aproveitou-se, para dizer o mínimo, de uma confusão entre significado e fundamentos empíricos. A forma predominante de materialismo, o materialismo do estado central (MEC), defendido por D. Armstrong, U.T. Place e J.J.C. Smart, implicava três estágios: (1) a análise de afirmações mentais *prima facie*, tais como "estou pensando agora", como "topicamente neutras", isto é, nada dizendo a respeito da natureza do processo envolvido; (2) a definição de um estado mental, tanto em oposição à visão clássica como arena interna quanto ao comportamentalismo como ato externo, como um estado (real) de uma pessoa apta à produção de certos tipos de comportamento físico, de forma que a mente é vista como uma arena interna identificada por suas relações causais com o ato externo; e (3) a identificação especulativa desses processos internos com os procedimentos físico-químicos do cérebro ou, mais completamente, do sistema nervoso central. O MEC é mais plausivelmente interpretado como um princípio regulador ou programa de pesquisa, apoiado por comprovações neurofisiológicas. Mas a comprovação da redução implícita no estágio 3 é suspeita; e afirmou-se que o MEC enfrenta dificuldades insuperáveis de análise, bem como para sustentar a causalidade e a interação social (Bhaskar, 1979 (*1989*), cap.4, seções 4 e 5). O materialismo eliminatório (M El), possivelmente defendido de forma mais convincente por P. Churchland, investigando em maior profundidade os textos de P. Feyerabend, W.V.O. Quine e R. Rorty, rejeita a análise "topicamente neutra" (estágio 1), não oferecendo uma análise revisionista de termos mentalísticos *prima facie*, mas negando que as afirmações nas quais eles ocorrem possam ser verdadeiras. Mas não fica claro que o M El possa ser coerentemente expresso. Outros filósofos realistas, opondo-se às implicações deterministas e reducionistas tanto do MEC quanto do M El, contrapuseram a isso uma visão das mentes como formas de matéria causalmente (e taxonomicamente) irredutíveis, porém dependentes. Por exemplo, na posição do materialismo de poderes emergentes sincrônicos (MPES), apresentada por R. Bashkar, a mente é concebida, não como uma substância, seja material ou imaterial, mas como um complexo de forças. Isso tem analogias com o "funcionalismo" de H. Putnam.

As "teorias de duplo aspecto", revividas por P. Strawson, costumam ser encaradas como espécies de materialismo — devido a elas, mente e matéria são dois modos de uma única substância. Mas sofrem de um compromisso ontológico ambivalente. Se os atributos mentais são reais (irredutível e causalmente eficazes), então representam MPES; se não, MEC. Por outro lado, se a questão é evitada, então não existe nenhum critério não-subjetivo para a atribuição de quaisquer estados mentais. O epifenomenalismo, às vezes ainda apoiado, tem dificuldades em fazer justiça ao fenômeno de nossa *mediação*.

Foi isso que o primeiro Marx enfatizou ao elaborar seu *materialismo prático* (MP), afirmando o papel constitutivo da mediação transformadora humana na reprodução e transformação de formas sociais. O *materialismo histórico* (MH), afirmando a primazia causal do MODO DE PRODUÇÃO dos seres humanos e de seu ser natural (físico), ou do processo de trabalho de maneira mais geral, no desenvolvimento da história humana, consiste em uma elaboração substantiva do MP. Tem raízes no *materialismo ontológico* (MO), afirmando a dependência unilateral do ser social sobre o ser biológico (e mais geralmente físico), o surgimento do primeiro a partir do último e a subseqüente eficácia causal do primeiro sobre o último (cf. MPES). E pressupõe um materialismo realista científico, ou *materialismo epistemológico* (ME), afirmando a existência independente e a eficácia transfactual de pelo menos alguns dos objetos do pensamento científico.

Só podemos tratar aqui, com algum detalhamento, do MP. A "Primeira Tese sobre Feuerbach" (ver Marx, *Early Writings*, *1975*, p.421-2) implica uma distinção entre (α), objetividade ou externalidade como tal, e (β), objetificação como a produção de um sujeito ou, na terminologia do realismo científico moderno, entre os objetos intransitivos do conhecimento e a atividade transitiva da produção do conhecimento. A "Sexta Tese" (ibid., p.423) acarreta uma distinção entre (β), a atividade intencional humana, e (γ), a reprodução ou transformação das formas historicamente sociais e previamente existentes, dadas como condições e veículos dessa atividade, mas reproduzidas ou transformadas somente nela. Adequadamente, a incapacidade de distinguir (α) e (β) como dois aspectos da unidade de objetos conhecidos levou a tendências tanto ao idealismo epistemológico (redução de (α) a (β) de Georg Lukács e Antonio Gramsci a Leszek Kolakowski e Alfred Schmidt), quanto à reversão ao materialismo contemplativo tradicional (redução de (β) a (α) de Engels e Lenin a Della Volpe e os expoentes contemporâneos da "teoria da reflexão"). E, adequadamente, a incapacidade de distinguir (β) e (γ) como dois aspectos da unidade da atividade transformadora (ou como a dualidade de práxis e estrutura) resultou tanto em individualismo e voluntarismo sociológico (redução de (γ) a (β) como em, por exemplo, Jean-Paul Sartre) quanto em determinismo e reificação (redução de (β) a (γ) como em, por exemplo, Louis Althusser).

O marco da tradição materialista dialética (ver também MATERIALISMO DIALÉTICO) foi a combinação de uma dialética da natureza com uma teoria reflexionista do conhecimento. Ambas foram rejeitadas por Lukács no texto seminal do marxismo ocidental, *História e consciência de classe* (1923), em que também se afirmava que eram mutuamente incompatíveis. Em geral, quando o marxismo ocidental foi simpático a *motifs* dialéticos, foi hostil ao materialismo. Por outro lado, quando o marxismo ocidental apregoou seu materialismo, este era em geral de um tipo exclusivamente epistemológico, como em Althusser, Della Volpe e Lucio Colletti; e onde foram abordados tópicos ontológicos, como na reenfatização por S. Timpanaro do papel da natureza na vida social, a discussão era em geral comprometida por um irrefletido realismo empírico.

Em qualquer discussão do materialismo, espreita o problema de uma definição de matéria. Para o MP de Marx, que se restringe à esfera social (incluindo, é claro, a ciência natural) e no qual "materialismo" deve ser entendido como "prática social", não surge nenhuma dificuldade. Mas de Engels em diante o materialismo marxista teve pretensões mais globais, e surge então a dificuldade de que, se uma coisa material é encarada como um ocupante duradouro de espaço capaz de ser perceptivamente identificado e reidentificado, os muitos objetos do conhecimento científico, embora dependentes de coisas materiais para sua *identificação*, são imateriais. Fica claro que, quando se distingue entre ontologias científicas e filosóficas, tais considerações não necessitam, conforme viram tanto Bertrand Russell quanto Lenin, refutar o materialismo filosófico. Mas qual é, então, o seu conteúdo? Alguns "materialistas" aderiram à idéia da cognoscibilidade exaustiva do mundo pela ciência. Essa parece uma presunção extraordinariamente antropocêntrica — até mesmo idealista. Por outro lado, a suposição mais fraca de que qualquer coisa cognoscível deve ser cognoscível pela ciência, se não é tautológica, apenas desloca a verdade do materialismo para a viabilidade do NATURALISMO em domínios particulares.

Por tais motivos, seria possível sentir-se tentado a tratar o materialismo mais como *prise de position* do que como conjunto de teses quase descritivas, e mais especificamente como: (a) uma série de *negativas,* em grande parte (lembrando que Hegel pôde plausivelmente afirmar que a história da filosofia é a história do idealismo) de afirmativas da filosofia tradicional, com respeito à existência de Deus, almas, formas, idéias, dados sensoriais, deveres, o absoluto e assim por diante, ou a impossibilidade (ou status inferior) da ciência ou da felicidade terrena; e (b) como base indispensável para tais negativas, um compromisso com sua explicação científica como modos de consciência ou ideologia falsos ou inadequados. No entanto tal orientação ainda pressupõe alguma explicação *positiva* da ciência (ideologia etc.). Na verdade, pode ser mais fácil justificar o materialismo, como explicação da ciência e do cientificismo do que justificá-lo *per se*; e talvez apenas essa explicação e essa defesa específicas do materialismo sejam compatíveis com a crítica de Marx ao pensamento hipostasiado e abstrato (por exemplo, na "Segunda Tese sobre Feuerbach" (ibid., p.422)). É significativo, neste ponto, que uma explicação realista transcendental do materialismo seja congruente com uma emergente orientação naturalista para os poderes.

A importância dessa última consideração é que, desde Marx e Engels, o marxismo tem conduzido uma dupla polêmica: contra o idealismo e contra um materialismo vulgar, reducionista ou "não-dialético" — (isto é, materialismo contemplativo (Marx) ou mecânico (Engels). E o projeto de elaborar uma explicação ou crítica "materialista" satisfatória de algum tema, caracteristicamente louvado pelo idealismo, na prática tem significado, em geral, uma tentativa de evitar o *reducionismo* sem reverter ao *dualismo.* Isso normalmente provocou uma guerra de posições em duas frentes — contra variados tipos de "objetivismo" e contra variados tipos, formalmente contrapostos, mas efetivamente complementares ou interdependentes, de "subjetivismo" (Bhaskar, 1989, p.131-2). Seria então a intenção do materialismo marxista transformar a problemática comum, colocando dessa forma em destaque tanto os erros quanto as percepções parciais da velha simbiose.

Leitura sugerida: Armstrong, D. 1968: *A Materialist Theory of Mind* • Bhaskar, Roy 1979 (*1989*): *The Possibility of Naturalism*, 2ªed. • Churchland, P. 1979: *Scientific Realism and the Plasticity of Mind* • Labica, G. 1976: *Le statut marxiste de la philosophie* • Putnam, H. 1976: "The mental life of some machines". In *The Philosophy of Mind*, org. por J. Glover • Rorty, R. 1980: *Philosophy and the Mirror of Nature*, parte 1 • Soper, Kate 1981: *On Human Needs* • Timpanaro, S. 1976: *On Materialism.*

ROY BHASKAR

materialismo dialético Elaborada pela primeira vez por Lenin e G. Plekhanov, no contexto da luta revolucionária na Rússia, para designar a filosofia marxista, essa expressão é também usada para identificar as partes da filosofia marxista que lidam com a ontologia, a metafísica e a teoria do conhecimento, mas excluindo o "materialismo histórico" (filosofia social), a estética e a ética. Houve ainda uma utilização ritualística da expressão, como um selo afixado a textos aprovados pelas, ou pretendendo a aprovação das, autoridades na União Soviética, na República Popular da China e nos países "socialistas" do Leste Europeu (o que era "oficial" ou "aprovado" variava de país a país e no correr do tempo). Os dogmas básicos do materialismo dialético são o materialismo filosófico, a possibilidade do conhecimento, a aceitação do desenvolvimento (e, assim, a aceitação de propriedades emergentes e da irredutibilidade de algumas diferenças).

O "materialismo" presume que a matéria, ou corpo, tem "primazia" em relação à mente ou espírito. "Primazia" significa que as mentes não são capazes de existir sem corpos, enquanto estes podem existir sem serem continuamente dependentes das mentes como condição necessária a sua existência. Marx atribuiu o pensamento à categoria das atividades corpóreas (o pensamento sendo a atividade do cérebro, enquanto o caminhar envolve outras partes do corpo). As expressões "matéria" e "realidade objetiva" são plenamente intercambiáveis. Aceitam-se as relações de retroalimentação entre corpos e idéias. O materialismo é tido como um pressuposto básico da ciência moderna, e considera-se que o sucesso das utilizações tecnológicas das ciências naturais fornece motivos básicos para o apoio ao materialismo. A aceitação do primado da matéria sobre a mente é visto como resultado não apenas de uma prova, mas também de uma escolha pessoal que logicamente precede o raciocínio filosófico.

Os marxistas utilizam as palavras "agnosticismo" e "ceticismo" para designar filosofias que negam a possibilidade do conhecimento. Muitos marxistas ocidentais descrevem sua própria posição como uma variedade de realismo, enquanto filósofos soviéticos não aplicaram qualquer rótulo para descrever sua própria posição dentro da teoria do conhecimento (ver CONHECIMENTO, TEORIA DO). A posição da maioria era de que tudo pode ser conhecido em princípio, contanto que haja evidências disponíveis, mas o conhecimento absoluto é inatingível por indivíduos particulares. Considera-se que a prova dessa proposição é alcançável fora da esfera do pensamento. A capacidade humana de usar uma teoria para produzir alguma coisa prevista por essa teoria significa que alguns aspectos desta constituem conhecimento de seus objetos.

"Desenvolvimento" é em geral compreendido com a ajuda de conceitos dialéticos (chamados de "categorias de dialética"): diferença, oposição, conflito, contradição, qualidade e quantidade, essência e aparência, condição e causa, efetivo e possível, e assim por diante. O conjunto de categorias é um conjunto aberto. Geralmente se incluem conceitos discutidos por Aristóteles e Hegel, mas os filósofos estão constantemente tentando acrescentar novos conceitos. As categorias são encaradas como correspondentes a alguns aspectos da realidade; assim, fala-se de dialética objetiva (desenvolvimento no mundo real), dialética subjetiva (desenvolvimento de idéias) e dialética como "teoria" (um modo de entender o desenvolvimento). A palavra "metafísica" é às vezes usada como um nome para modos de pensamento que reduzem o desenvolvimento a mudança, ou não aceitam mudança alguma, ou não aceitam que as distinções estabelecidas pelo pensamento humano entre objetos do pensamento sejam ao mesmo tempo relativas e reais. O conceito de desenvolvimento não é necessariamente aplicado ao mundo como um todo e não há necessidade de se aceitar uma história unilinear do desenvolvimento.

Ninguém efctivamente conseguiu produzir uma teoria específica e sistemática que una, de maneira não trivial, dialética e materialismo. Georg Lukács, Della Volpe e muitos filósofos da União Soviética apresentaram razões hegelianas para tal teoria. M. Cornforth interpretou o materialismo dialético como um programa de pesquisa ou um conjunto de restrições e condições capacitantes paradigmáticas. Alguns marxistas britânicos e soviéticos opuseram-se à "dialética da natureza" e às vezes restringiram o materialismo dialético à filosofia social. Essas posições implicam que as filosofias podem ser dialéticas e materialistas, mas que não pode haver um materialismo dialético. Assim, algumas filosofias analíticas podem ser rotuladas como dialéticas e materialistas, enquanto outros textos analíticos podem ser dialéticos e idealistas (à parte os casos limítrofes e o ecletismo). Muitos tratados soviéticos sobre dialética restringiram-se a dar exemplos de aplicação para algum conceito dialético, embora esse uso seja publicamente condenado até pelos que o praticam.

Karl Marx tentou, em 1843-44, substituir o idealismo hegeliano por uma filosofia materialista. Por volta de 1845 ou 1846, começou a atribuir a filosofia à "ideologia", isto é, uma forma de pensamento usada para discutir questões reais como questões dentro daquela forma de pensamento (a substituição é feita inconscientemente). As formas ideológicas eram as únicas disponíveis à humanidade antes do capitalismo. Marx agora alegava que a ideologia tinha de ser substituída pela ciência empírica. Nem Marx nem seu principal colaborador, Engels, estavam interessados em construir uma teoria sistemática do conhecimento, e não achavam que esta fosse uma parte importante da filosofia.

Foram autores russos do final do século XIX e início do século XX (Plekhanov, A.M. Deborin, Lenin) que desenvolveram o materialismo dialético, e depois da revolução bolchevique passou a haver ocupações pagas para filósofos que aceitassem o materialismo dialético, de modo que seus textos se tornaram mais numerosos. Entre 1930 e 1955, as discussões filosóficas entre marxistas eram reprimidas, a publicação de livros e artigos tornou-se praticamente inexistente e o ensino da filosofia na União Soviética foi grandemente reduzido. A filosofia soviética reemergiu da obscuridade entre 1955 e 1970. A teoria do conhecimento tornou-se parte importante da filosofia e evoluiu para uma espécie de realismo pragmático, lidando com a ciência moderna. Outros temas importantes foram o status ontológico da mente, as relações mente-corpo e o significado e âmbito da dialética. Os autores soviéticos mais influentes foram Kedrov, Kopnin, Lektorski, Ilienkov. Filósofos poloneses e alemães orientais desempenharam papel importante nesses desdobramentos; Schaff e G. Klaus foram os mais notáveis do Leste Europeu. Textos italianos, franceses e ingleses desenvolveram-se desde 1945 (com algumas exceções, raramente eram conhecidos na União Soviética ou na Europa Oriental). Autores britânicos e norte-americanos tentaram produzir uma teoria analítica e materialista dialética do conhecimento (M.W. Wartofsky, R. Bhaskar, A. Callinicos).

O hegelianismo era forte na União Soviética, enquanto Bachelard e Michel Foucault são populares entre os que superaram a visão de que Hegel fornece o paradigma ideal de como se deve fazer filosofia. Na União Soviética e na Polônia, a teoria do conhecimento era em geral analítica, usando a lógica como instrumento mais importante. Houve numerosas críticas aos filósofos não-marxistas. Para os filósofos dos países "socialistas", essas críticas em geral proporcionavam um meio de substituir a filosofia supostamente sob crítica pelo materialismo dialético. O marxismo analítico ocidental tem tido um desenvolvimento importante desde os anos 70. Ele deixou de lado o essencialismo dialético e o apoio nos conceitos tradicionais de dialética. Só é dialético no sentido amplo em que toda a filosofia analítica moderna é dialética.

Leitura sugerida: Callinicos, A. 1983: *Marxism and Philosophy* • Cornforth, M. 1980: *Communism and Philosophy: Contemporary Dogmas and Revisions of Marxism* • Della Volpe, G. 1950 *(1980)*: *Logic as a Positive Science* • Graham, L.R. 1987: *Science, Philosophy and Human Behaviour in the Soviet Union* • Scanlan, J.P. 1985: *Marxism in the URSS: A Critical Study of Current Soviet Thought* • Wartofsky, M.W. 1979: *Models: Representation and the Scientific Understanding.*

EERO LOONE

mediação Ver AÇÃO E MEDIAÇÃO.

medicina Todas as sociedades têm meios de interpretar e compreender o fenômeno da doença. Fatores tão diversos quanto os astros, os pecados, o tempo e a constituição de uma pessoa foram usados no passado como base para arcabouços explanatórios; mas a explicação predominante, no século XX, no Ocidente — e cada vez mais em todo o mundo — baseia-se em uma teoria da doença que apareceu pela primeira vez no final do século XVIII nos hospitais parisienses (Ackerknecht, 1967).

Se, por um lado, a perspectiva médica anterior havia sustentado que uma característica importante da doença era o seu movimento, a nova medicina dos hospitais fazia a afirmação radical de que ela podia ser localizada em anomalias específicas de estruturas anatômicas — as chamadas lesões patológicas — dentro do corpo, e a elas atribuída. Essa análise, ao mesmo tempo, justificava a hospitalização do paciente (ou seja, colocação do corpo em um cenário neutro) para que médicos profissionais pudessem praticar suas recém-descobertas habilidades no exame clínico (a localização da lesão) e na autópsia (que permitia que a verdade sobre a lesão se revelasse aos olhos do médico) (Foucault, 1963).

Esse novo modelo de doença foi extraordinariamente bem-sucedido: sistemas rivais de medicina foram rapidamente eliminados, enquanto se construíam hospitais por toda a Europa e América do Norte, e a profissão médica organizava sistemas de credenciamento pelo estado para marginalizar e eliminar os "inqualificados" no tratamento dos doentes (Starr, 1982). Assim, no início do século XX uma forte biomedicina (como é geralmente chamada) com base na patologia estava firmemente estabelecida e em posição de se beneficiar do enorme aumento de recursos dedicados à assistência e saúde durante o resto do século, em particular através do empenho dos governos em programas públicos de assistência de saúde para suas populações (ver SAÚDE).

Apesar da continuidade e do predomínio de uma abordagem biomédica da doença por todo o século XX — com seu olhar estreito voltado para a lesão patológica bem no fundo do corpo —, surgiu um interesse paralelo pelo mundo social e psicológico do paciente (Armstrong, 1983). Durante meados do século XIX, o movimento de saúde pública havia obtido sucesso em melhorar as condições de vida da população através de medidas voltadas para a higiene ambiental, tais como saneamento, inspeção dos alimentos e descontaminação da água potável. De fato, chegou-se a afirmar que os progressos nas condições de saúde da população desde meados do século XIX são resultado desses programas de ação social, mais que das ações dos médicos tomadas isoladamente (McKeown, 1979). Depois de sua "idade de ouro", a saúde pública rotinizou-se e foi negligenciada; foi porém revivida nos primeiros anos do século XX com a descoberta do social como um novo espaço no qual a doença podia manifestar-se. O reconhecimento de um elo entre "fatores sociais" e enfermidades tais como a tuberculose e as doenças venéreas formou a base dessa nova medicina social. Em sua forma mais recente, geralmente chamada de "nova saúde pública", a ênfase é atribuída à regulação de estilos de vida através de atividades para a promoção da saúde, e há uma crença em que os indivíduos deveriam começar a assumir a responsabilidade pela manutenção de sua própria saúde (Martin e McQueen, 1989).

Paralelamente ao surgimento de preocupações com a saúde geral da população, a medicina clínica começou a reconhecer a importância do mundo psicossocial do paciente como indivíduo. Essa mudança pode ser observada particularmente na psiquiatria, que se afastou de sua preocupação exclusiva com a insanidade, conforme ocorria no século XIX, voltando-se para os problemas de superação das dificuldades cotidianas, como encontrados nos problemas clínicos da ansiedade e da depressão (ver PSIQUIATRIA E DOENÇA MENTAL; DEPRESSÃO CLÍNICA).

A ampliação da medicina para áreas da vida social, através tanto da medicina social quanto das preocupações de uma medicina clínica cada vez mais orientada para o psicossocial, provocou inúmeras reações. Uma delas foi a boa acolhida da mudança de ênfase como humanizante e libertadora. Em vez de objetificar os pacientes como nada além de corpos físicos, o reconhecimento dos aspectos psicossociais da doença significa que os pacientes têm sua autonomia e sua dignidade respeitadas; a identificação, no final do século XX, do paciente como consumidor é apenas um componente dessa visão mais orientada para o paciente.

Outros comentaristas têm se mostrado mais críticos. Se uma medicina dos corpos podia ser censurada por objetificar esses mesmos corpos, então uma medicina que monitora o funcionamento psicossocial do paciente tem efeitos análogos sobre a totalidade do paciente. Em suma, a medicina permanece acusada de medicalizar a vida social, reduzindo os sentimentos, as cognições e o comportamento a apenas outros "fatores" que necessitam de adequada orientação e tratamento (Arney e Bergen, 1984). Por um lado, diz-se que isso retira a responsabilidade dos pacientes autônomos, convencendo-os a buscar o conselho médico e a se tornarem dependentes deste para todos os aspectos da vida (Illich, 1978); e, por outro lado, a mudança no sentido de enfatizar a auto-responsabilidade pela saúde significa uma carga adicional de estigmatização quando as pessoas "fracassam" nessa tarefa (Crawford, 1977).

Uma terceira reação à expansão da esfera da medicina para o mundo psicossocial do paciente foi tratá-la como nem libertadora nem repressiva, mas como refletindo outra faceta da relação multíplice entre medicina e sociedade. Desde o significado das doenças médicas, tais como o câncer e a tuberculose, como metáforas no pensamento leigo (Sontag, 1979), até o impacto dos modelos orgânicos de equilíbrio na teoria social, as idéias médicas têm alimentado o social. As influências na direção oposta são mais sutis, porém mais profundas. Vão do reconhecimento de que grande parte do que passa por conhecimento esotérico e técnico na verdade se baseia no conhecimento leigo (Hughes, 1977), até a afirmação de que todo o conhecimento médico incorpora representações sociais. Assim, a categoria de doença que a medicina lê como fenômeno biológico é ela própria um artefato social: a diferença entre normal e anormal na medicina (fisiologia e patologia) precisa estar enraizada em afirmações normativas sobre como o corpo deve funcionar. Nesse sentido, todas as doenças, apesar de sua manifestação biológica, codificam avaliações sociais do que deve contar como normal em qualquer sociedade particular. Uma ampliação adicional dessa abordagem é o argumento de que não apenas a fronteira entre o normal e o anormal tem derivação social como o próprio conteúdo da patologia reflete um modo historicamente posicionado de ler a natureza do corpo (Armstrong, 1983) e da mente (Rose, 1990).

Durante o final do século XX, a medicina tem mantido uma ascendência sobre uma cada vez mais complexa divisão do trabalho pela saúde: de muitas maneiras, a mudança para as áreas psicossociais pode ser encarada como parte de uma estratégia de manutenção da hegemonia sobre a província da doença. Não obstante, já se vêem sinais de independência por parte de outros profissionais de assistência de saúde, como as enfermeiras, e uma utilização crescente, por parte do público, de médicos alternativos e complementares; ao mesmo tempo, a biomedicina está tendo de enfrentar desafios à sua efetividade e eficiência (Cochrane, 1972), bem como restrições importantes em seu futuro financiamento. Tomadas em conjunto, essas observações indicam um crescente desafio ao quadro predominante da medicina no qual a doença é conceitualizada.

Leitura sugerida: Armstrong, D. 1983: *The Political Anatomy of the Body: Medical Knowledge in Britain in the Twentieth Century* • Arney, W.R. e Bergen, B.J. 1984: *Medicine and the Management of Living: Taming the Last Great Beast* • Foucault, M. 1963: *Naissance de la clinique* • Illich, Ivan 1978: *Medical Nemesis: The Expropriation of Health* • Starr, P. 1982: *The Social Transformation of American Medicine*.

DAVID ARMSTRONG

meios de comunicação Ver COMUNICAÇÃO DE MASSA.

mensuração Afirmações tais como "A é mais X do que B" ou "A é n vezes mais X do que B" parecem fundamentadas quando se definem os procedimentos adequados de mensuração, graças aos quais um conjunto A, B, C... de objetos pode ser comparado com respeito a X. Assim, é possível dizer que uma vareta A é mais comprida que B uma vez definida uma medida de comprimento e aplicada a A e B. Da mesma forma, uma sociedade A será considerada socialmente mais móvel, uma vez definida uma medida de mobilidade social.

A mensuração é uma operação corrente nas ciências sociais, tanto quanto nas naturais. Sem mensuração, é impossível responder a perguntas sociológicas descritivas tão simples quanto: as taxas de suicídio são maiores hoje, no país A, do que 20 anos atrás? A desigualdade social está aumentando ou diminuindo na sociedade A? A desigualdade social é maior no país A do que no B? A mobilidade social intergerações vem aumentando ou decrescendo, no país A, na última década?

Enquanto essas perguntas demonstram que as ciências sociais não têm como evitar a mensuração, ilustram também as dificuldades de mensuração nessas ciências. Etnometodólogos e fenomenólogos têm afirmado com razão que medir, digamos, taxas de suicídio pode ser uma coisa sem sentido, uma vez que a definição social de suicídio varia no tempo e no espaço, e registrar uma morte como suicídio é uma decisão social influenciada por muitos fatores. Essas objeções, no entanto, deveriam ser relativizadas: se por um lado é verdade que medidas como as das taxas de suicídio não devem ser aceitas pelo que de imediato pareçam ser, podem proporcionar afirmações comparativas "fracas" confiáveis (como em: "as taxas de suicídio parecem aumentar do tempo 1 para o tempo 2"; "São maiores no país A do que no país B").

Uma segunda dificuldade metodológica é ainda mais crucial. Comprimentos podem ser medidos em polegadas ou centímetros: se uma vara parece tão comprida quanto outra em polegadas, será mais comprida também em centímetros. No entanto essa propriedade de medidas físicas alternativas (de acordo com a qual elas são *monotonicamente* relacionadas uma à outra) em geral se perde no caso das medidas usadas nas ciências sociais. Assim, a mobilidade social pode ser medida pelo chamado índice Glass, pelo índice Yasuda ou por muitos outros índices (Boudon, 1973). Da mesma forma, a igualdade/desigualdade de renda, a igualdade/desigualdade educacional, e assim por diante, podem ser medidas de várias maneiras. Ora, é teoricamente possível que, digamos, uma sociedade A pareça mais móvel ou mais igual do que B com respeito a alguma variável quando se usa uma medida, enquanto que o oposto será verdadeiro com outra medida.

Isso significa que conceitos como "mobilidade social" ou "desigualdade" são na verdade muito mais ambíguos do que "comprimento" ou "temperatura": os vários índices disponíveis correspondem, na verdade, a várias interpretações dessas noções. Na prática, porém, essas variadas medidas em geral parecem convergentes.

Ver também ESTATÍSTICA SOCIAL.

Leitura sugerida: Douglas, J. 1967 (*1970*): *The Social Meanings of Suicide* • Pawson, Ray 1989: *A Measure for Measures*.

RAYMOND BOUDON

mercado Como a instituição social na qual as pessoas trocam livremente mercadorias (bens, recursos e serviços), em geral usando como meio o dinheiro, o mercado pressupõe uma divisão social do trabalho (ver DIVISÃO SOCIAL DO TRABALHO) e (pelo menos *de facto*) a propriedade privada dos meios de produção. A natureza do sistema de mercado tem sido objeto de muitos debates no decorrer do século XX, com respeito tanto ao papel teórico do mercado na coordenação da atividade econômica quanto à possibilidade prática de melhorar o sistema de mercado através de políticas monetárias e fiscais do governo ou de planejamento econômico totalmente abrangente. Podemos identificar três escolas de pensamento a esse respeito.

O mercado como inerentemente dominado por crises

A idéia de que o sistema de mercado é fundamentalmente anárquico e essencialmente dominado por crises encontra sua expressão mais completa no MARXISMO. Os marxistas afirmam que a forma mercantil da troca em mercado, na qual bens são produzidos por trabalho assalariado e vendidos por capitalistas com intenção de garantir o lucro monetário, aliena os operários e promove o conflito de classes. Além do mais, uma vez que o dinheiro funciona como um nexo de pagamento que separa a produção de mercadorias de suas utilizações finais, as crises periódicas são inevitáveis. Os capitalistas, isoladamente, que não estejam plenamente informados a respeito das demandas do consumidor, podem ser forçados a vender seus bens a preços de mercado que estejam abaixo de seus valores. Conforme afirmou Karl Marx (1885), e explicou mais tarde Rudolf Hilferding (1910), isso pode levar a amplas desproporções entre oferta e demanda dentro de várias indústrias e a uma queda na taxa média de lucros (ver CICLO ECONÔMICO). As falências aumentarão e o número de desempregados crescerá. No decorrer do tempo, a crise se tornará mais grave e, acoplada com uma alienação e um conflito de classes crescentes, as condições acabarão propícias a uma revolução proletária.

De acordo com alguns teóricos marxistas, a intervenção governamental destinada a manipular e melhorar o sistema de mercado não será suficiente para impedir as recessões e depressões. Somente a abolição total da propriedade privada, da produção de mercadorias e do dinheiro — em suma, o abandono de todo o sistema de mercado — resolverá. Em vez de concorrência de mercado, as atividades econômicas serão coordenadas através de um planejamento econômico abrangente (ver PLANEJAMENTO ECONÔMICO NACIONAL).

O mercado como estado final

A escola de ECONOMIA NEOCLÁSSICA, principal escola de pensamento econômico do século XX, levanta a hipótese de que o sistema de mercado funciona como um mecanismo que tende a um equilíbrio econômico geral no qual todas as ofertas e demandas de bens e serviços escassos são perfeitamente coordenadas. Em vez de encarar o mercado como anárquico, cheio de conflitos e inerentemente sujeito a crises, os economistas neoclássicos tendem a explicar os mercados de forma estática, newtoniana, como se todos os participantes dele (produtores, consumidores, operários) dispusessem de plena e completa informação e fossem guiados por preços que igualam as ofertas de mercado com as demandas. O modelo de equilíbrio geral formal já não é considerado pelos principais economistas neoclássicos (como Frank Hahn, 1973) como uma descrição precisa dos mercados no mundo real, ou sequer como possibilidade prática. Em vez disso, a explicação neoclássica padrão para os mercados é hoje compreendida como uma construção imaginária de equilíbrio econômico como tal, não se referindo à efetiva operação de mercados que realmente existam.

A variante keynesiana da economia neoclássica (Keynes, 1936; Samuelson, 1976) difere no sentido de explicar o mercado através da interação de variáveis agregadas (macroeconômicas), em oposição a variáveis decompostas (microeconômicas) (ver KEYNESIANISMO). A abordagem keynesiana tenta explicar a falha macroeconômica do mercado, principalmente o fenômeno da depressão econômica, como uma falha da Lei de Say. A teoria keynesiana critica o argumento de Jean Baptiste Say (1803) de que a oferta cria a sua própria demanda em um sistema de mercado desimpedido. As expectativas dos participantes do mercado quanto aos futuros eventos econômicos, conforme mostradas através de decisões de poupança e investimento, não precisam sempre combinar. Devido à inflexibilidade institucional dos salários em dinheiro (particularmente a indisposição dos operários a aceitarem reduções no dinheiro dos salários), além do potencial dos indivíduos a entesourar dinheiro, os keynesianos afirmam que a demanda agregada pode vir a ser menor que a oferta agregada, e o mercado pode atolar-se na depressão, um "equilíbrio de desemprego", por assim dizer (a DEPRESSÃO ECONÔMICA dos anos 30 é considerada exemplar). Os keynesianos não vão tão longe quanto os marxistas no que diz respeito a programas de ação — eles receitam uma mistura de programas monetários e fiscais para afinar a economia de mercado, em vez de um planejamento abrangente.

O mercado como processo

Uma visão alternativa do mercado só veio a ganhar força a partir de meados do século XX. Basicamente ligada a Ludwig von Mises (1949) e F.A. Hayek (1948), a ESCOLA AUSTRÍACA DE ECONOMIA afirma que o mercado funciona como um processo competitivo de descoberta, processo que é posto em movimento pela miríade de planos e atividades de produtores e consumidores que colaboram e concorrem sob a divisão social do trabalho. O processo de mercado é o resultado de todas as atividades de seus participantes, mas não é produto nem do desígnio nem da deliberação de ninguém em particular. Em vez disso, a ordem do mercado é uma conseqüência involuntária da busca pelos indivíduos de seus próprios interesses. A noção de que o mercado é um processo não-deliberado e dinâmico difere marcantemente da idéia de ser ele um estado final de equilíbrio. A partir dessa perspectiva, a economia de mercado nem começa em equilíbrio geral, nem poderá jamais alcançá-lo. Em vez disso, provê espontaneamente uma ordem sempre em evolução, um padrão discernível de acontecimentos (ver PROCESSOS EVOLUCIONÁRIOS NA ECONOMIA). Como a complexidade da ordem do mercado está acima do que qualquer mente pode dominar, é impossível para qualquer pessoa conhecer todas as utilizações alternativas dos recursos. Os participantes do mercado, portanto, devem apoiar-se nos preços do mercado livre para expor mercados relativos e promover um ajuste dos planos de produção e consumo. De acordo com a explicação do processo de mercado, um sistema de mercado desimpedido dissemina o conhecimento a respeito da relativa escassez de bens e serviços entre os participantes do mercado, que usam cálculos econômicos monetários e contabilidade de partida dobrada para interpretar a informação embutida em preços competitivos (ver COMPETIÇÃO). Sem um sistema de mercado, a sociedade não seria capaz de calcular racionalmente os valores de bens escassos.

Os que propõem a visão de que o mercado é um processo espontâneo e ordenado admitem que o mercado é essencialmente anárquico no sentido não-pejorativo de que não se encontra sob o controle deliberado de ninguém. Em geral, explicam os colapsos no sistema de mercado, incluindo recessões e depressões, como conseqüências involuntárias de intervenção do governo (tais como controles de salários e preços, crescimento excessivo do meio circulante e políticas monetárias e fiscais keynesianas), que distorcem os preços relativos, em vez de serem um aspecto inerente do sistema de mercado como tal. Das três escolas de pensamento, a abordagem do processo de mercado tende a defender a instância extrema do LAISSEZ-FAIRE com respeito ao papel do governo na ordem do mercado.

Leitura sugerida: Buchanan, J.M. 1982: "Order defined in the process of its emergence". *Literature of Liberty* 5, 5 • Cowen, Tyler 1982: "Say's law and Keynesian economics". In *Supply-Side Economics: a Critical Appraisal*, org. por Richard H. Fink • Hayek, F.A. 1978: "Competition as a discovery procedure". In *New Studies in Philosophy, Politics, Economics and the History of Ideas*, org. por F.A. Hayek • Kirzner, I.M. 1973: *Competition and Entrepreneurship* • Lachmann, Ludwig M. 1986: *The Market as an Economic Process* • Lavoie, Don 1986: "The market as a procedure for discovery and conveyance of inarticulate knowledge". *Comparative Economic Studies*, 28, 1-19 • O'Driscoll, Jr. Gerald P. e Rizzo, Mario J. 1985: *The Economics of Time and Ignorance* • Offe, C. 1985: *Disorganized Capitalism*, org. por John Keane • Roberts, Paul Craig e Stephenson, Matthew A. 1971: *Marx's Theory of Exchange, Alienation, and Crisis* • Weintraub, Sidney, org. 1977: *Modern Economic Thought.*

DAVID L. PRYCHITKO

mercado, socialismo de Ver SOCIALISMO DE MERCADO.

mercado de trabalho Este é um conceito abstrato, usado para descrever os variados arranjos institucionais que comandam a alocação e os preços dos serviços de trabalho nas economias capitalistas. Os economistas em geral usam a analogia de um mercado de frutas para elaborar a estrutura e o funcionamento do mercado para o trabalho. Tal como maçãs e pêras, o trabalho é dado como comprado e vendido sob concorrência e seus salários estabelecidos pela interação de oferta e demanda. Simples de compreender e notavelmente duradoura como ponto de referência conceitual, essa abordagem, no entanto, esconde vários aspectos distintivos da transação de trabalho.

O mais crucial é que os salários são trocados pelas capacidades mentais e físicas do trabalhador, e não por uma quantidade e uma qualidade definidas de produto acabado. A produtividade do trabalho é socialmente determinada através de um processo de trabalho coletivo, depois que as capacidades humanas foram devidamente obtidas. Dizendo de outra maneira, a relação entre salários e trabalho é determinada, não no mercado, mas no local de trabalho, dentro de um conjunto específico de relações sociais que transcendem as forças de oferta e demanda. O mais comum é que a organização do local de trabalho seja hierarquicamente estruturada, com os empregadores exercendo controle e autoridade sobre seus trabalhadores.

As comparações com o mercado de frutas também tendem a obscurecer o fato de que as instituições do mercado de trabalho são historicamente específicas. Em sociedades pré-capitalistas, o comércio dos produtos do trabalho era bem estabelecido, mas o mercado para os serviços de trabalho só veio a surgir quando a ordem feudal e suas respectivas restrições à mobilidade do trabalho foram progressivamente desmontadas. O trabalho assalariado desenvolveu-se rapidamente, a partir do século XVI, nos crescentes centros rurais e industriais urbanos. Seu crescimento foi acelerado pelo movimento de contenção que negava ao grosso da população o acesso direto à terra e aos meios de subsistência, daí tornando-a dependente, para sua sobrevivência, do emprego pago dentro do sistema fabril emergente.

Esse desenvolvimento histórico dos mercados de trabalho tem sido condicionado pela interação de estado, trabalho e instituições empregadoras. Com as Factory Acts (Leis Fabris) em meados do século XIX, o estado, por exemplo, buscou regular os termos de acordo com os quais os empregadores contratavam e utilizavam trabalhadores restringindo o uso do trabalho infantil e feminino e a duração da jornada de trabalho. Entre outros e mais recentes exemplos de intervenção do estado nos mercados de trabalho incluem-se as tentativas de formar o processo de determinação de salários através de programas de renda, e as relações de poder entre trabalhadores e empregadores através da decretação de leis sobre o emprego e os sindicatos.

Um aspecto institucional vital da relação salário-trabalho no século XX foi o surgimento do mercado de trabalho interno. Descrição dos geralmente elaborados sistemas de emprego, salário e promoção comumente encontrados em grandes organizações, o mercado interno desenvolveu-se primeiro nas empresas dos Estados Unidos para impedir o crescimento do sindicalismo. Os empregados recebiam ofertas de carreira dentro de suas organizações e de melhoras constantes no pagamento e no status, em troca de um nível mais elevado de compromisso e lealdade. As funções essenciais do mercado de trabalho foram, em outras palavras, progressivamente internalizadas, resultando em uma redefinição das fronteiras entre o mercado e a organização hierárquica. A crescente significação do mercado de trabalho interno para os sistemas de emprego foi extensamente documentada na literatura de pesquisa e hoje forma o ponto de partida para a análise do DESEMPREGO, da desigualdade e da discriminação no mercado de trabalho e do gerenciamento e desenvolvimento de pessoal.

Leitura sugerida: Dobb, M. 1946: *Studies in the Development of Capitalism* • Doeringer, P. e Piore, M. 1971: *Internal Labor Markets and Manpower Analysis* • Williamson, O. 1975: *Markets and Hierarchies: Analysis and Anti-Trust Implications.*

PETER NOLAN

mercadoria, fetichismo da Uma característica da sociedade capitalista, identificada pela primeira vez por Marx. Em uma sociedade baseada na propriedade privada, na qual predominam as relações de mercado, os processos de produção são independentes uns dos outros, separados e privados. É somente no mercado que os trabalhos executados nesses processos são mensurados uns em relação aos outros, através da redução ao padrão comum do dinheiro — desse modo, o trabalho privado é tornado social. Mas a relação entre trabalho privado e social surge como propriedade objetiva da própria produção da mercadoria, como em uma frase do tipo "esta mercadoria vale 10 libras". As relações sociais, estabelecidas em processos historicamente específicos de produção de coisas, desaparecem de vista e ressurgem, em vez disso, como algo diferente, como relações entre indivíduos a-históricos aquisitivos e as mercadorias que eles buscam adquirir como consumidores. As relações de produção dissolvem-se em relações de mercado, as relações de classe dissolvem-se em um individualismo de maximização da utilidade e os produtos inanimados do trabalho parecem possuir as propriedades animadas dos que os produziram, bem como exercer domínio sobre eles. Marx interpretou isso como uma inversão do sujeito em objeto, produzida pela alienação, ou separação, dos produtores com relação aos produtos de seu trabalho na sociedade capitalista, e considerou qualquer análise que reproduzisse essa inversão, personificando coisas e objetificando pessoas, como algo que necessariamente apóia o capitalismo, em vez de criticá-lo.

O fato de o mundo social do capitalismo constituir-se de um conjunto de aparências que são diferentes da realidade subjacente é obviamente o fundamento para qualquer teoria da IDEOLOGIA. Conseqüentemente, o fato de a aparência ou forma ser diferente da essência ou substância implicava para Marx um esforço científico (através de um processo de abstração) para livrar a essência das impressões sensoriais produzidas pela aparência. Finalmente, ele considerou que, quando as relações de produção fossem socializadas de forma a não haver propriedade privada dos meios de produção, o contraste entre essência e aparência desapareceria; as relações sociais não seriam mais mediadas através das relações de mercado, mas imediatamente transparentes na coordenação democrática e consciente da atividade do trabalho.

O século XX viu isso ser questionado de três maneiras diferentes. Primeiro, os positivistas negaram a existência de qualquer distinção significativa entre essência e aparência. As aparências da realidade são exatamente aquilo que a realidade é, e as únicas ilusões ou equívocos que existem são ou invenções de teóricos sociais mal orientados ou confusões psicológicas do observador social. No entanto, baseando-se em premissas diferentes, essa crítica não se ajusta com o realismo filosófico do marxismo e daí a noção de diferença sistêmica, em vez de apenas perceptiva, entre essência e aparência.

Uma segunda abordagem também questiona se a realidade é constituída por um conjunto de aparências que podem ser removidas para revelar sua essência interior, mas a partir de um ponto de vista racionalista que insiste na distinção entre o objeto do conhecimento e o objeto real, e na apropriação cognitiva deste último pelo primeiro, através da prática. Mas, simultaneamente, os indivíduos que em um nível são apenas os portadores de estruturas sistêmicas também, subjetivamente, vivenciam e se relacionam com as suas condições de existência; fazem isso através de um sistema de representações, e esse processo os transforma em sujeitos. O contraste entre essência e aparência é assim negado e em seu lugar se coloca um contraste entre existência sistêmica e experiencial. No entanto esta última deve ser uma propriedade de qualquer sociedade, em contraste com a restrição da primeira à sociedade capitalista.

Uma abordagem bastante diversa surge da reflexão sobre a experiência soviética. Primeiro, e de fato, se lá os fenômenos de mercado têm formas e funções diferentes de suas contrapartidas na sociedade capitalista, várias gerações de experiência soviética pós-1917 não parecem ter erradicado a ALIENAÇÃO característica do fetichismo da mercadoria. Segundo, e em teoria, ao reformar o planejamento centralizado no sentido de alguma variante do socialismo de mercado, uma questão é se o fetichismo da mercadoria surgiria necessariamente como um produto de maior apoio nas forças de mercado. Em parte, isso depende de as relações de mercado poderem ser desligadas das relações de propriedade privada — isto é, se um mercado socializado faz sentido, no conceito ou na prática. Isso tem implicações óbvias para qualquer teorização sobre o que o socialismo pode significar, na medida em que o século XX chega ao fim.

Leitura sugerida: Geras, N. 1971: "Essence and appearence: aspects of fetishism in Marx's *Capital*". *New Left Review* 65, 69-86 • Marx, K. 1867 (*1976*): *Capital*, vol.1, especialmente caps. 1, 6, 19, 23, 24 • Rubin, I.I. 1928 (*1973*): *Essays on Marx's Theory of Value*.

SIMON MOHUN

messianismo Aguarda-se a vinda de um redentor que transformará a presente ordem, substituindo-a por um reino de harmonia e bem-aventurança universal. Essa idéia "messiânica" é crucial para o complexo cultural que surge da história mediterrânea. O messianismo, embora tendo origem na Mesopotâmia, assumiu diferentes formas nos contextos judaico, cristão e islâmico, e diferentes significados nos tempos modernos.

Os livros proféticos do Velho Testamento contêm os aspectos da expectativa messiânica: a centralidade da própria profecia; uma atitude ativa, em vez de contemplativa; a percepção das condições presentes como insuportáveis ("cativeiro" ou "exílio"); uma visão linear da história, em que o sofrimento presente olha para o passado em busca de harmonia e para o futuro em busca de redenção; a natureza visível e coletiva dessa transformação; a ampliação de seu âmbito para limites universais, envolvendo todas as pessoas, amigas ou inimigas, e toda a natureza, selvagem ou doméstica, terrena ou cósmica; a afinidade entre o messianismo e a literatura apocalíptica posterior, simbolizando as passagens traumáticas desta para a outra ordem de mundo; a redenção como um feito extraordinário que transcende as capacidades humanas em todos os sentidos; a natureza pessoal do significado extremo da realidade, enquadrado entre a soberania divina e a inquietação humana; a personalização da palavra e do ato da redenção, tornado real pela chegada do "Messias".

A tradição judaica projeta a Sua vinda para o fim dos tempos, quando todas as nações reconhecerão o Deus de Israel. Os cristãos acreditam que o Messias já esteve entre nós, e continua a conviver conosco através de meios sacramentais e carismáticos (ver também CARISMA). A humanidade está, portanto, eternamente dividida entre o reconhecimento e a ignorância, ou negação, de Sua presença, vivendo um tempo de transição entre Seus primeiro e segundo adventos, quando todas as divisões serão superadas.

O islã sublinha o elemento profético dessa tradição, incluindo e subordinando a memória judaica e cristã como parte de uma revelação que atinge seu ponto extremo com e após Maomé. O juízo universal, no final da história, é reafirmado e dramatizado nas lutas atuais (*Jihad*, Guerra Santa) entre os fiéis e os que não querem curvar-se ao único e verdadeiro Deus. O elemento messiânico comum à cultura islâmica é particularmente desenvolvido pelo ramo xiita.

O racionalismo moderno contestou a transcendência. O simbolismo religioso foi portanto traduzido em termos imanentes e supostamente conceituais. No entanto a expectativa messiânica não foi esquecida. Em vez disso, foi reinterpretada e reintegrada nas ideologias características da modernidade, formando o horizonte histórico de "nações", "raças" e "classes sociais".

A expansão planetária da cultura moderna generalizou esse horizonte, que se tornou refratado em uma grande variedade de tradições locais. Viajantes, missionários, mercadores e antropólogos deram notícias de "movimentos messiânicos" em outros povos, tais como o "culto da carga" da Melanésia, ou a "terra sem mal" dos guaranis na América do Sul. A idéia messiânica foi assim expandida para incluir crenças de uma dimensão trans-histórica e transcultural. Esse uso mais generalizado da palavra, contudo, ocorreu em um contexto discursivo, trazido por viajantes, carregado de lembranças e expectativas ocidentais.

Embora fundamental, o messianismo nunca dominou inteiramente a cultura da qual é parte. Lei e tradição, por um lado, contemplação e magia, por outro, sempre formaram contrapontos fundamentais à expectativa messiânica. Sacerdotes, legisladores, mercadores e filósofos tradicionalmente se mostram desconfiados da profecia. Mesmo hoje, a maior parte dos cientistas sociais estuda o messianismo como uma idiossincrasia polêmica, recordando os resultados catastróficos que podem advir das promessas radicais de redenção imediata. Esse tipo de crítica é tão antigo quanto o próprio messianismo.

Leitura sugerida: Cohn, Norman 1970: *The Pursuit of the Millennium*, ed. rev. e ampl. • Sachedina, A.A. 1980: *Islamic Messianism: The Idea of the Mahdi in Twelver Shi'ism*, ed. rev. e ampl. • Scholem, Gershom G. 1961 (*1973*): *Major Trends in Jewish Mysticism*, ed. rev. • Wallis, Wilson D. 1943: *Messiahs: their Role in Civilization* • Worsley, Peter 1957 (*1970*): *The Trumpet Shall Sound: a Study of 'Cargo' Cults in Melanesia.*

RUBEM CÉSAR FERNANDES

Methodenstreit Formalmente, a "discussão sobre o método" data da crítica de Carl Menger à economia histórica alemã, tal como exposta em seu *Untersuchungen über die Methode der*

Sozialwissenschaften (1883), e da resenha desse livro por Schmoller (1883), junto com *Einleitung in die Geisteswissenschaften*, de Dilthey, que foi publicado no mesmo ano (ver Dilthey, 1923). Menger chamou a atenção em seu livro para a ausência de uma apreciação metodológica sistemática da ECONOMIA POLÍTICA, especialmente na Alemanha. Parte importante de sua obra foi dedicada a críticas específicas da economia histórica alemã, e foi esse aspecto do livro que veio a caracterizar a natureza da discussão. A crítica de Menger e a rápida resposta de Schmoller deram início a uma discussão sobre a natureza e relação do conhecimento teórico e prático nas ciências sociais, discussão essa que se prolonga até hoje.

Menger afirmou no prefácio a sua crítica que a economia política contemporânea se caracterizava por uma pluralidade de métodos que era derivada da incapacidade de distinguir de forma consistente entre os preceitos da ECONOMIA teórica e os métodos a serem seguidos na investigação prática das formas econômicas. Como conseqüência, havia uma falta de clareza e de acordo com respeito à natureza e propósito da economia política que estava se tornando cada vez mais problemática. Seu tratado buscava corrigir isso através de uma crítica sistemática da concepção de que os princípios da economia podiam ser desenvolvidos com base em um estudo prático das economias nacionais — ou, como afirmara Wilhelm Roscher em 1843, que as leis da economia podiam ser reveladas através de um estudo da formação dos sistemas econômicos. Menger chamou a atenção para o fato de haver uma falta de simetria entre o método histórico, tal como praticado no direito, e o método tal como praticado na economia. Expoentes do primeiro eram capazes de identificar princípios claros que, persistentemente, escapavam a expoentes do último, como Schmoller, Roscher e Karl Knies. Em muitos aspectos, é claro, as linhas de sua argumentação recapitulam aspectos do debate metodológico desde o início do século, mas Menger não situa seu argumento por meio de referência aos debates francês e inglês sobre economia política "indutiva" *versus* "dedutiva", debates esses ligados aos nomes de David Ricardo, Thomas Malthus e Richard Jones.

Schmoller, em sua resenha, rejeitou a idéia de que uma *Nationalökonomie* teórica pudesse de fato aspirar à revelação de princípios econômicos gerais: "Os fenômenos econômicos são resultado de desejos econômicos individuais e devem, portanto, ser considerados a partir desse ponto de vista", afirmou. Esse enfoque de alto interesse era necessariamente um enfoque completo, identificado somente dentro do tecido da atividade social. Apenas nessa base prática, concreta e historicizante era possível avançar-se para princípios firmes que permitiriam então um grau de raciocínio dedutivo sobre as formas. Schmoller afirmou ainda que a reforma proposta por Menger devia muito à "lógica científica natural" de John Stuart Mill, apontando uma dimensão da controvérsia que viria a se desenvolver na década seguinte.

Uma dificuldade na avaliação das questões levantadas pelas contendas entre Menger e Schmoller é que o primeiro não se parece em nenhum aspecto com nossas idéias modernas preconcebidas de um economista abstrato, enquanto a "economia histórica" do último é altamente difusa. Além do mais, como autores posteriores destacaram, enquanto Roscher, como fundador da escola histórica alemã de economia, afirmou claramente sua crença na existência de leis de desenvolvimento econômico, Schmoller às vezes negou tal regularidade econômica. Menger foi capaz de montar uma crítica epistemológica precisa à maneira como "história" e "economia" se combinavam na obra de Schmoller, mas jamais Schmoller formulou uma defesa tão concisa do "método histórico". Se por um lado isso pode ser atribuído a uma falta de clareza do próprio Schmoller com respeito à natureza do método histórico econômico, por outro a defesa lógica do método histórico é uma tarefa formidável.

Max Weber confessou-se ele próprio membro da "escola histórica mais jovem" da economia alemã, no início da década de 1890, mas o princípio metodológico da VERSTEHEN que ele viria a desenvolver em seus textos deve mais aos princípios adotados por Menger do que a qualquer compreensão histórica da ação social. A atual falta de uma exposição detalhada da economia alemã no final do século XIX torna difícil apreciar os aspectos mais refinados da controvérsia, mas é possível julgar os seus efeitos tal como foram transmitidos através da obra de Weber, bem como pela existência de uma tradução da crítica original de Menger.

Leitura sugerida: Hasbach, W. 1895: "Zur Geschichte des Methodenstreites in der politischen Ökonomie". In *Jahrbuch für Gesetzgebung, Verwaltung und Volkswirtschaft* NF Jg. 19, 465-90, 751-808 • Hutchison, T.W.: 1981: "Carl Menger on philosophy and method". In *The Politics and Philosophy of Economics* • Menger, C. 1883 (*1985*): *Investigations in the Method of the Social Sciences with Special Reference to Economics* • Schmoller, G. 1883: "Zur Methodologie der Staats- und Sozial-Wissenschaften". In *Jahrbuch für Gesetzgebung, Verwaltung und Volkswirtschaft* NF Jg. 7, 975-94.

KEITH TRIBE

metodologia Esta noção, que descreve a atividade crítica dirigida pelos cientistas para os procedimentos, teorias, conceitos e/ou descobertas produzidos pela pesquisa científica, não deve ser confundida com "tecnologia", isto é, a atividade de lidar com as técnicas, dispositivos e fórmulas utilizados pela pesquisa científica.

A metodologia é importante por um simples motivo: nas ciências humanas e sociais, bem como nas ciências naturais, ela representa um caminho essencial (embora, é claro, não exclusivo) através do qual se efetua o progresso científico. É possível conseguir-se uma melhor compreensão do mundo, à maneira de Karl Popper, gerando teorias e tentando torná-las o mais compatíveis possível com dados da observação. Mas essa compreensão também pode ser obtida através de uma visão crítica reflexiva dirigida pelo cientista para a sua própria atividade. Assim, a teoria especial da relatividade provavelmente nasceu, em parte, do fracasso da experiência Michelson-Morley, mas também da análise crítica da noção de simultaneidade por Albert Einstein. Enquanto anteriormente a maioria das pessoas tratava essa noção como não-problemática, Einstein percebeu que ela só era clara e sem ambigüidades na medida em que não ocorressem eventos em corpos móveis afastando-se — ou aproximando-se — um dos outros a uma velocidade significativa em relação à velocidade da luz. Essa análise crítica de uma noção familiar produziu, como bem se sabe, uma revolução em nossa representação do mundo físico.

Entre os sociólogos clássicos, Max Weber, bem como Émile Durkheim, deu grande atenção à metodologia e dedicou textos importantes a esse campo. P. Lazarsfeld, entre os sociólogos modernos, insistiu com ênfase particular na importância da metodologia para o desenvolvimento das ciências sociais. Em diversas publicações, especialmente no volume que organizou em colaboração com M. Rosenberg, *The Language of Social Research*, ele tentou ilustrar e institucionalizar a metodologia. Infelizmente, a própria noção de metodologia é em geral mal compreendida: e isso pode ser prontamente confirmado pelo fato de em muitos lugares os cursos de metodologia serem na verdade cursos de tecnologia.

Uns poucos exemplos demonstrarão que a metodologia pode efetivamente exercer um impacto importante sobre as ciências sociais. Assim, o estudo do desenvolvimento sócio-econômico tomou novo rumo quando o significado das médias agregadas do chamado *produto nacional* foi criticado e esclarecido, e quando se percebeu que o PNB de um país cresceria tremendamente, dado o modo como essa quantidade é definida, se cada cidadão limpasse o carro do vizinho, em vez do seu próprio. Da mesma forma, mostrou-se que a desigualdade de renda pode ser medida de várias maneiras e que não há nenhuma garantia de que todas as medidas levem à mesma conclusão. Enquanto a vareta A será sempre mais longa do que a vareta B, independentemente do modo como as duas varetas são medidas, as rendas podem parecer mais *desigualmente* distribuídas na sociedade A do que na sociedade B quando se usa um dado índice, enquanto parecem mais *igualmente* distribuídas em A com relação a outro índice aceitável. Na medida em que não se percebe este aspecto, muitas conclusões mal fundamentadas podem ser tiradas das medidas de desigualdade (ver MENSURAÇÃO).

Uma das questões metodológicas desenvolvidas por Lazarsfeld tornou-se particularmente famosa: que uma correlação entre *x* e *y* pode ser espúria, isto é, não corresponder a nenhuma influência causal entre *x* e *y*. Na verdade, podem-se mencionar vários estudos importantes, cujo impacto deriva do fato de terem demonstrado o caráter espúrio de correlações que haviam sido interpretadas de maneira causal. Assim, a controvérsia pós-weberiana sobre *A ética protestante* demonstrou que, enquanto Weber via uma influência direta do *ethos* puritano sobre o desenvolvimento do espírito capitalista, essa correlação deveria ser antes interpretada como o produto de vários efeitos indiretos. Autores como H. Lüthy e H.R. Trevor Roper demonstraram, por exemplo, que os países que foram receptivos à nova fé foram também mais abertos aos negócios. O próprio Weber já havia reconhecido que os huguenotes franceses eram ativos nos negócios porque outras oportunidades profissionais, especialmente culturais ou políticas, lhes estavam fechadas, oficialmente ou na prática.

Como no caso da noção de simultaneidade em física, a metodologia pode em geral assumir a forma de uma análise crítica das noções atualmente usadas nas ciências sociais. Assim, Durkheim não estava satisfeito com a noção de "mentalidade primitiva" usada por Lévy-Bruhl para explicar as crenças na magia, provavelmente porque nela detectou um caráter *ad hoc* e circular. De qualquer forma, ele desenvolveu a sua própria teoria (próxima da de Weber), em que tentou demonstrar que a magia podia ser explicada por *bons motivos* sem se pressupor que o "primitivo" seguia regras lógicas e procedimentos mentais diferentes dos nossos. Essa crítica pode ser generalizada: muitos autores contemporâneos mostram-se críticos para com as visões irracionais, "supersocializadas" do homem, dos agentes sociais e do comportamento social, e propuseram, seguindo nesse aspecto a tradição weberiana, interpretar comportamento e crenças como inspirados por motivos, pelo menos na medida em que não se possa apresentar nenhuma prova em contrário. Na verdade, a importância da sociologia da religião de Weber é acima de tudo metodológica: sua principal inovação reside no fato de ela demonstrar, através de muitos exemplos, que até mesmo crenças aparentemente as mais estranhas podem ser explicadas como inspiradas por motivos. Assim, os funcionários públicos romanos tinham bons motivos para se sentirem atraídos pelo culto de Mitra: este incluía valores hierárquicos próximos da própria administração romana.

A metodologia pode assumir a forma de uma crítica sistemática das noções, conceitos, inferências a partir de dados estatísticos ou qualitativos, ou modelos de comportamento compostos pelas ciências sociais. Pode também discutir a própria natureza da explicação nas ciências sociais. Assim, para alguns autores, as ciências sociais deveriam considerar-se interpretativas, mais do que explanatórias (ver VERSTEHEN). Para outros, construir ou gerar modelos é uma importante atividade das ciências sociais, bem como das naturais, e define a própria noção de explicação.

Ver também FILOSOFIA DA CIÊNCIA; FILOSOFIA DA CIÊNCIA SOCIAL.

Leitura sugerida: Boudon, Raymond 1979: "Generating models as a research strategy". In *Qualitative and Quantitative Social Research*, org. por R. Merton et al. • Durkheim, Émile, 1895 (*1982*): *Les règles de la méthode sociologique* • Lazarsfeld, P.F. e Rosenberg, Morris 1955: *The Language of Social Research* • Pawson, Ray 1979: *A Measure for Measures* • Pellicani, Luciano 1988: "Weber and the myth of Calvinism". *Telos* 75 (primavera), 57-85 • Weber, Max, 1922 (*1968*): *Gesammelte Aufsätze zur Wissenschaftslehre.*

RAYMOND BOUDON

mídia Ver COMUNICAÇÃO DE MASSA.

migração Os movimentos de povos de um lugar para outro são um fenômeno extremamente antigo. Invasões, conquistas, êxodos, mudanças sazonais e estabelecimentos definitivos em outros territórios e em diferentes sociedades pontuam a história humana. Hoje em dia são muito poucas as sociedades que não foram formadas pela integração de grupos e culturas que vieram se agregando durante eras. As sociedades européias — a Espanha do século XVI, em seguida as sociedades industriais, com exceção notável da França — assistiram às primeiras migrações importantes para as "terras virgens" da América, da Austrália e dos impérios coloniais. Esses movimentos migratórios para novas terras foram explicados pelos mesmos motivos que se adequam hoje: a superpopulação e a privação que predominavam em certas regiões da Europa, como a Irlanda, a Escócia ou o Sul da Itália, e a desorganização das economias tradicionais devido a uma ampliação do mercado capitalista, principalmente na Grã-Bretanha. Ocasionalmente, as imigrações resultavam de causas políticas ou religiosas: minorias, oprimidas por motivos políticos, étnicos ou religiosos fogem dos regimes que as ameaçam. Para minorias de judeus e protestantes, para armênios, refugiados políticos e outros, os novos países são símbolo tanto de liberdade quanto de riqueza.

A sociologia das migrações dedica-se essencialmente à imigração, ao processo de integração e assimilação de uma comunidade estrangeira na sociedade que a recebe. Não surpreende que os Estados Unidos sejam o país no qual essa sociologia pela primeira vez se desenvolveu, uma vez que a imigração coincidiu com o próprio nascimento da sociedade norte-americana. Na Europa, desde meados deste século, a tendência migratória foi a inversa, com os países originais de emigração na Europa industrial primeiro recebendo trabalhadores, em seguida suas famílias, vindos do Sul da Europa, em seguida da África, das Antilhas, do Sudeste Asiático e da Indonésia, e das antigas colônias. Quando os fluxos migratórios começaram a se estabilizar e as populações a se estabelecer, as economias européias entraram em período de dificuldades, durante os anos 70, e os estudos econômicos, demográficos, culturais e políticos da imigração se expandiram.

Nos anos 20 os sociólogos da ESCOLA SOCIOLÓGICA DE CHICAGO trataram a imigração em termos de integração urbana, de mudança do modo de vida tradicional para o moderno. Como é que as comunidades migrantes vindas do Sul rural, a comunidade negra entre outras, ou de várias partes do mundo, se integram na cidade, de maneira espacial, e na modernidade, de um ponto de vista cultural? Robert Park e Ernest Burgess estudaram as trajetórias dos variados grupos no espaço urbano, isolando ciclos e processos regulares que vão da segregação à integração, através de um processo transicional de relações de progressiva reciprocidade com a sociedade que os recebe. Esses estudos provam que o padrão do cadinho de raças e culturas, a mistura na cultura norte-americana, admite exceções bastante numerosas: acontece de alguns imigrantes fracassarem em seus planos de se estabelecerem, e voltarem então a sua terra natal; outros não conseguem colocar um ponto final na segregação e no obstáculo do PRECONCEITO; outros ainda permanecem em um espaço comunitário fechado; e, finalmente, alguns se incorporam à cidade moderna. Com o passar dos anos, os sinais de segregação urbana nas cidades norte-americanas muito pouco mudaram, e a segregação dos variados grupos, principalmente entre os grupos negros e brancos, ainda é a regra padrão.

A imigração pode ser encarada como um processo de transformação cultural, como uma provação sofrida pelo agente que vê as normas, valores e identificações de seu grupo de origem desaparecendo, sem contudo adotar os padrões da sociedade que o recebe e sem se sentir aceito. O famoso estudo de Thomas e Znaniecki, *The Polish Peasant* (1918), sobre as histórias de vida de emigrantes poloneses que chegaram a Chicago no início do século, descreve os mecanismos de "aculturação" e de transformação cultural sofridos pelo migrante que tem de mudar de uma sociedade rural para uma sociedade urbana, de uma comunidade estruturada por seus valores religiosos para a diversidade da cidade, do reconhecimento para o anonimato. A ruptura violenta de laços tradicionais, o isolamento e as incertezas normativas podem transformar a imigração em uma experiência de desorganização social, levando aos comportamentos de desvio e marginalidade em geral associados à imigração.

Mas o migrante nem sempre está sozinho, uma vez que pode também pertencer a uma comunidade que ainda mantém coerência em seu novo lugar, é capaz de receber bem os recém-chegados, de lhes oferecer recursos, um senso de segurança e de continuidade na sua identidade, e de fazer com que a provação da mudança cultural seja mais fácil para ele. Na verdade, a assimilação total de um grupo à cultura hospedeira ainda na segunda ou terceira geração é coisa rara, e muitas sociedades revelam-se uma miscelânea de comunidades cujas relações de reciprocidade transformam pouco a pouco a cultura da sociedade hospedeira. A imigração deve ser encarada como um processo de progressiva assimilação, durante o qual as identidades dos agentes que se encontram presentes estão mudando e se misturando sem jamais fundir-se totalmente, e não faltam estudos históricos que revelam a natureza dinâmica e enriquecedora de todo esse "trabalho" cultural.

O processo de assimilação, no entanto, nem sempre se dá de modo mais ou menos harmônico. Grupos de migrantes, mesmo os que são hoje os mais bem assimilados e integrados, defrontaram-se praticamente todos com a hostilidade de movimentos racistas ou xenófobos, com variados graus de violência, dependendo de circunstâncias econômicas e políticas. Em tempos de dificuldade econômica, os imigrantes podem ser vistos como perigosos concorrentes econômicos que tomam empregos dos operários no país que os recebe, e grupos inseguros ou decadentes os usam como bodes expiatórios para suas próprias dificuldades, culpando-os por ameaçarem a unidade do país ou da "raça". As políticas de estado variam de forma notável de acordo com essas circunstâncias, indo de tentativas de atrair mão-de-obra ou de aumentar a população até severas restrições à imigração sob a pressão de grupos xenófobos. Nos Estados Unidos, desde o final do século passado, e na Europa, em anos recentes, as comunidades imigrantes tentaram aumentar sua capacidade de negociação política e participação social. De modo geral, surgem três estratégias entre os movimentos de imigrantes. Os imigrantes podem entrar para os movimentos sociais existentes e assim tomar parte na vida política do país, estratégia geralmente escolhida por operários imigrantes que participam do sindicalismo. Ou podem identificar-se com movimentos democráticos que defendem os direitos civis e lutam contra o racismo. Por outro lado, podem lutar para alcançar o reconhecimento e o respeito por suas identidades culturais e, em vez de enfatizarem sua semelhança com a sociedade que os recebe, enfatizam suas diferenças e sua ETNICIDADE, uma "etnia" graças à qual podem ser reconhecidos e tornar-se agentes políticos. No final, os grupos que são economicamente integrados, porém conservam laços comunitários com um empreendimento comercial ou uma cultura étnicos, podem formar *lobbies*, em especial nos Estados Unidos.

Antiga terra de emigração, a Europa Ocidental é hoje uma terra de imigração, devido ao desequilíbrio entre países ricos e pobres; assim, os países europeus tornam-se cada vez mais multiétnicos. Em uma época em que a economia e a cultura transcendem seus limites nacionais, os movimentos migratórios participam de uma notável transformação do padrão europeu, no qual o estado-nação definia uma cultura, um território e um quadro político. Conseqüentemente, o "problema dos imigrantes" é em geral um problema das sociedades que os recebem.

Leitura sugerida: Brubaker, W.R., org. 1989: *Immigration and the Politics of Citizenship in Europe and North America* • Castles, Stephen e Kosack, G. 1973: *Immigrant Workers and Class Structure in Western Europe* • Duchac, R. 1974: *La sociologie des migrations aux États Unis* • Eisenstadt, S.N. 1955: *The Absorption of Immigrants* • Miles, R. 1982: *Racism and Migrant Labour: a Critical Text* • Myrdal, G. 1944 (*1962*): *An American Dilemma* • Noiriel, G. 1988: *Le creuset français* • Park, Robert E. e Burgess, R.W. 1929: *Introduction to the Science of Sociology* • Rose, A.M. 1970: "Distance of migration and socio-economic status of migrants". In *Readings in the Sociology of Migration*, org. por C.J. Jansen • Thomas, W.I. e Znaniecki, F. 1918 (*1958, 1974*): *The Polish Peasant in Europe and America*.

FRANÇOIS DUBET

militares As definições dos militares são de âmbito bastante amplo. Biderman (1971) estipula que os militares são uma instituição especializada para a guarda e a segurança do valor extremo e mais sagrado da sociedade. Hackett (1983) concentra-se na função da profissão das armas — a aplicação ordenada da força na solução de um problema social. Em contraste, a definição de Lasswell, mais antiga, identifica os militares com a direção e o controle da violência (1941).

Convencionalmente, a análise dos militares está ligada a três temas principais; primeiro, o status dos militares como organização; segundo, seu papel como profissão; e, finalmente, sua relação com a sociedade a que pertencem. Essa divisão baseia-se em conceitos previamente postulados e cada área de interesse reflete facetas da teoria sociológica predominante (van Doorn, 1975).

A avaliação dos militares como organização reconhece que as forças armadas são uma estrutura altamente complexa e burocratizada. O quadro conceitual básico está ligado ao modelo do tipo ideal weberiano de BUROCRACIA. Bem de acordo com isso, uma permanente área de interesse é a estrutura dos militares. São identificados três modelos básicos: o exército de massa, o exército de cidadãos e a força exclusivamente de voluntários. No entanto, apesar das diferenças de formato institucional, dá-se considerável ênfase aos aspectos estruturais comuns de todas as organizações militares. Estes identificam a estabilidade, a continuidade e a homogeneidade de valores como sendo de importância crítica. Também enfatizam o grau de centralização de autoridade a ser encontrado entre os militares. O modelo é simples. A hierarquia apóia-se sobre uma ampla base de recrutas essencialmente sem especialização, sob o comando de um oficial, assistido por alguns suboficiais de confiança para supervisionar a execução de ordens. A cada sucessivo escalão ou grau, existe um oficial de patente mais elevada. Essa estrutura de patentes cria a tradicional pirâmide hierárquica que é uma característica definidora de todas as organizações burocratizadas. Um dos problemas secundários que a sua existência propõe, contudo, é a complexa questão da relação entre esses detentores de postos oficiais e a equipe de especialistas necessária para assisti-los no controle das unidades subordinadas.

Esses especialistas são, essencialmente, profissionais. Suas atividades refletem o papel dos militares como profissão plenamente desenvolvida que exibe três características identificadoras do modelo profissional de tipo ideal: especialização, espírito corporativo e responsabilidade (Huntington, 1957). Janowitz, ao tratar os militares como sistema social, enfatiza no entanto que essas características profissionais têm mudado no decorrer do tempo. O que é mais importante, enfatiza que o conceito de profissionalismo abrange normas e especializações que incluem, porém excedem, o papel básico dos militares — isto é, a direção e o controle da violência. Ao mesmo tempo que reconhece as características que fazem dos militares uma profissão — especialização, longa instrução, identidade de grupo, ética e padrões de desempenho —, ele identifica a profissão, não como um modelo estático, mas como uma instituição dinâmica que muda no decorrer do tempo em resposta a mudanças de condições. Essa visão reconhece até que ponto a forma das organizações militares existentes e dos quadros oficiais profissionalizados foi ditada pelo impacto de amplas transformações sociais desde a virada do século. Mais especificamente, implica que as forças armadas estão vivenciando uma transformação de longo prazo rumo à convergência com as estruturas e normas civis (Janowitz, 1960).

O significado dessas mudanças é reconhecido em inúmeros estudos. Moskos enfatiza que os militares estão hoje passando de um formato organizacional predominantemente *institucional* para outro formato que está se tornando cada vez mais *ocupacional* (1988). O primeiro é legitimado em termos de valores e normas, isto é, de um propósito que transcende o interesse próprio do indivíduo em favor de um pressuposto bem mais elevado. Os membros são encarados como seguidores de um chamado identificado com palavras como dever, honra, país (Harries-Jenkins, 1977). O modelo ocupacional, em contraste, está identificado com a economia e os princípios do mercado. A lei de oferta e demanda, mais que um valor normativo, é de suprema importância. A prioridade do interesse próprio substitui o conceito de serviço altruísta.

Não obstante a significação de tais mudanças, a importância dos militares na sociedade a que pertencem continua inalterada. Dotados praticamente do monopólio das armas, possuindo uma sofisticada rede de comunicações e construídos como uma organização altamente consciente de seu propósito, os militares continuam a ser um aspecto predominante na sociedade contemporânea. Dados o estado de espírito, a motivação e a disposição, os militares podem interferir no domínio do poder civil. De maneira mais geral, continuam a ser um importante usuário de recursos escassos, convidando com isso a discussões críticas sobre seu papel na sociedade contemporânea.

Ver também GUERRILHA.

Leitura sugerida: Abrahamsson, B. 1972: *Military Professionalization and Political Power* • Edmonds, M. 1988: *Armed Services and Society* • Finer, S.E. 1962: *The Man on Horseback: the Role of the Military in Politics* • Harries-Jenkins, G. e Moskos, C.C. 1981: "Armed forces and society". *Current Sociology* 29, 1-170 • Janowitz, M. 1975: *Military Conflict: Essays in the Institutional Analysis of War and Peace* o 1977: *Military Institutions and Coercion in the Developing Nations* o org. 1981: *Civil-Military Relations: Regional Perspectives* • Little, R.W., org. 1971: *Handbook of Military Institutions* • Moskos, C.C. 1976: "The military". *Annual Review of Sociology* 2, 55-77.

GWYN HARRIES-JENKINS

mito Narrativa sacra envolvendo seres sobrenaturais e incorporando a *conscience collective*, o mito é entretecido de crenças populares a respeito da humanidade e do mundo social, bem como da natureza e significado do universo. As teorias do mito no século XX podem ser divididas em psicológicas, funcionalistas, estruturalistas e políticas.

Os antropólogos do século XIX interessados na EVOLUÇÃO e difusão de culturas buscaram descobrir as origens dos mitos, interpretando-os como pensamento não-científico e registros incompletos de eventos históricos. As abordagens psicanalíticas desenvolvidas por Sigmund Freud (ver PSICANÁLISE), em vez disso, tenderam a buscar no mito temas de conflito psíquico universal (repressão, tabu do incesto, inveja dos irmãos, complexo de Édipo), ou imagens arquetípicas brotando do "inconsciente coletivo" (Jung, 1964).

A tradição antropológica funcionalista, mais bem representada por Malinowski, criticou essas teorias por abstraírem os mitos de seu contexto social. A partir de estudos empíricos dos ilhéus de Trobriand, Malinowski afirmou que "o mito preenche, na cultura primitiva, uma função indispensável": é produto de uma fé viva que serve para codificar e reforçar normas grupais, salvaguardar as regras e a moralidade e promover a coesão social (1948, p.79) (ver FUNCIONALISMO).

As abordagens contemporâneas, incluindo as de Leach (ver Leach e Aycock, 1983) e Barthes (1957), têm sido fortemente influenciadas pelo ESTRUTURALISMO e, em particular, por Lévi-Strauss (1964-72). Usando teorias desenvolvidas na psicanálise e na lingüística, Lévi-Strauss interpretou os mitos, não como guias de ação fornecendo explicações ou legitimação para disposições sociais existentes, mas como sistemas de signos — uma linguagem cujo sentido é codificado e se encontra sob a superfície narrativa. Os mitos são um expediente cognitivo usado para reflexão e resolução das contradições e princípios subjacentes em todas as sociedades humanas, cada mito sendo uma variação sobre temas universais, recombinando incessantemente os elementos simbólicos constituídos por grupos de oposições binárias (mãe/pai, natureza/cultura, fêmea/macho, cru/cozido), que supostamente refletem as categorias fundamentais da mente humana. As técnicas estruturalistas de Lévi-Strauss têm proporcionado percepções úteis dos motivos subjacentes aos mitos, mas os críticos alegam que essa abordagem é reducionista, uma espécie de "malabarismo verbal com uma fórmula generalizada" que "não nos pode mostrar a verdade" (Leach, 1970, p.82).

Em ciência política, o significado da palavra tem sido às vezes ampliado para a filosofia política, a IDEOLOGIA e a religião. O autor mais famoso nessa tradição foi Sorel, para quem os mitos (incluindo a Greve Geral e a Revolução Proletária) eram imagens capazes de invocar instintivamente todos os sentimentos que permitem a um povo, partido ou classe colocar em jogo suas energias para a ação política. Para Sorel (1906), todos os grandes movimentos sociais desenvolvem-se através da busca de um mito que fornece o idealismo necessário para reunir e unir as pessoas atrás de uma causa. A idéia do mito como elemento essencial urdido no tecido de uma ideologia geral teve eco na concepção mussoliniana do fascismo como uma fé viva. O mito político é um recurso mobilizador, uma celebração dos impulsos irracionais, cujo apelo aos fabricantes de mitos reside mais na visão lúcida e instigante de redenção e salvação do que em argumentos baseados em princípios abstratos (Tudor, 1972, p.130).

Crucial para a maior parte das teorias é a idéia de que os mitos não estão relacionados com o espaço e o tempo comuns, mas se encontram fora deles. "Era uma vez", a "Idade de Ouro", a "Aurora dos Tempos" ou o "fim da história", tudo isso implica eventos passados ou futuros que não estão diacronicamente ligados ao presente. Nesse aspecto, os mitos têm sido interpretados como "fenômenos liminares", contados em épocas ou lugares que ficam "em um grau intermediário" entre os estados normais do ser (Turner, 1968, p.578). Assim, segundo Eliade (1957, [*1968*, p.34]), os que participam do mito são transportados temporariamente do mundo cotidiano para um plano onde o tempo é considerado "sacro", "concentrado" e de "intensidade ampliada".

Leitura sugerida: Barthes, Roland 1957: *Mithologies* • Eliade, M. 1957: *Mythes, rêves et mystères* • Leach, E.R. 1970: *Lévi-Strauss* • Leach, E.R e Aycock, Alan 1983: *Structural Interpretations of Biblical Myth* • Lévi-Strauss, C. 1964-72 (*1970-78*): *Mythologiques*, 3 vols. • Malinowski, B. 1925 (*1948*): *Magic, Science and Religion and Other Essays* • Sorel, Georges 1906: *Reflexions sur la violence* • Tudor, H. 1972: *Political Myth* • Turner, Victor 1968: "Myth and symbol". In *International Encyclopedia of the Social Sciences*, org. por D. Sills, vols. 9-10.

CRIS SHORE

mobilidade social Os movimentos de pessoas que passam da condição de membros de uma categoria social para outra — os mais típicos são os movimentos entre classes sociais — têm sido estudados pelos sociólogos sob a rubrica da mobilidade social. Embora tenha havido um interesse anterior por esses movimentos, como uma faceta da análise de classes, particularmente em reação à proposta de Vilfredo Pareto de uma circulação de elites (Bottomore, 1964), foi a publicação de *Social Mobility*, de Sorokin, em 1927, que trouxe o primeiro tratamento conceitual sistemático. Sua visão ampla de um complexo de movimentos através de muitas e diferentes dimensões sociais foi depois reenfocada, de maneira mais restrita, na mobilidade através da educação e do emprego, através da obra fundamental empreendida pela London School of Economics (LSE) e publicada em 1954 como *Social Mobility in Britain* (Glass, 1954). Essa obra estabeleceu um paradigma para posteriores análises da mobilidade, estimulou estudos comparáveis em outras nações e proporcionou a prova empírica para subseqüentes avaliações das fronteiras de classe, da rigidez da hierarquia social e da mobilidade entre classes na Grã-Bretanha (ver também CLASSE; ESTRATIFICAÇÃO SOCIAL; ESTRUTURAÇÃO). Também promoveu o uso da expressão mobilidade social na linguagem popular e na retórica política. Levantamentos sociais de grande monta realizados na Grã-Bretanha nos anos 70 fizeram reviver o interesse por esse campo, introduzindo novas técnicas de pesquisa, gerando novos dados e estimulando a renovação do debate a respeito das causas, taxas, conseqüências e formas de mobilidade (ver Goldthorpe, 1980; Payne, 1987, 1989).

Glass e seus colegas tinham dois interesses principais. Primeiro, quais eram as características sociais dos funcionários públicos mais graduados que podiam ser encarados como uma poderosa elite na sociedade britânica? Segundo, até onde a reforma na educação (a Lei de Educação de 1944) e a crescente importância da qualificação educacional para a obtenção de empregos produzem a igualdade de oportunidades, permitindo com isso que os filhos da classe operária obtenham "melhores" empregos de classe média nos quais seus talentos sejam plenamente utilizados? Comparando as posições dos pais com as de seus filhos agora adultos, o estudo da LSE mostrou pouco movimento ascendente dos setores inferiores da hierarquia social, embora tenha havido considerável mobilidade de pequeno alcance. As descobertas implicavam que a classe média alta estava socialmente fechada aos de baixo, e que a reforma na educação levaria algum tempo para alterar as desigualdades sociais estruturadas existentes na Grã-Bretanha do pós-guerra.

No decorrer dos 25 anos seguintes, essa abordagem básica foi desenvolvida de três modos principais. A.H. Halsey, Jean Floud, John Westergaard e outros demonstraram que as reformas do sistema de bem-estar social beneficiaram tanto os filhos da classe média quanto os da classe operária, e que a mudança para o sistema de credenciais educativas em si mesma não igualou as oportunidades. Autores como Tom Bottomore, Ralph Miliband, Frank Parkin, Anthony Giddens e Westergaard usaram as evidências empíricas de Glass para elaborar modelos de uma estrutura de classes com bloqueios substanciais à ascensão social. No exterior, novos estudos acenderam o debate a respeito da abertura da sociedade americana e outras, bem como dos padrões de mobilidade associados à social-democracia e ao capitalismo liberal. Na Grã-Bretanha, praticamente não se coletou nenhum dado empírico novo; os resultados dos estudos Oxford e Aberdeen só se tornaram reconhecidos no final dos anos 70 (Payne, 1989).

Esses e outros estudos apontam taxas mais elevadas de mobilidade, incluindo movimentos do fundo para bem perto do topo da hierarquia profissional, lançando dúvidas sobre a confiabilidade dos dados originais de Glass. Uma simples contagem de pessoas em processo de mobilidade, por exemplo, mostra 28% em ascensão no estudo de Glass, 40% no estudo Oxford e 42% no estudo Essex de 1984. A classe média alta, ou "de serviços", tem 19%, 28% e 33% recrutados entre os filhos de trabalhadores manuais nesses mesmos três estudos (Payne, 1989, p.476-7).

No entanto seria enganador concluir, a partir desses dois exemplos entre as muitas mensurações disponíveis de mobilidade inter- e intrageracional, que um novo consenso considera mais aberta a sociedade britânica. Goldthorpe, em particular, afirmou que a medida importante de mobilidades não é o *número* de pessoas nesse processo ("mobilidade absoluta"), mas as *oportunidades "relativas"* de mobilidade para pessoas de origens diferentes. O motivo disso é que ele deseja examinar a mobilidade como um produto de relações de classe e reformas de bem-estar, enquanto as crescentes taxas absolutas de mobilidade devem mais à expansão estrutural dos novos empregos de colarinho branco, característica das sociedades pós-industriais.

Sua posição tem sido contestada pela Nova Direita. Saunders (1990) afirma que Goldthorpe minimiza as altas taxas absolutas de mobilidade devido a um desejo politicamente tendencioso de apoiar uma visão negativa do capitalismo. Afirma também que os padrões de vida cresceram; como resultado, uma comparação entre gerações mostrando imobilidade na classe operária pode significar melhora material até mesmo para os que não conseguem a ascensão social. Ao mesmo tempo que existem fallhas consideráveis na argumentação de Saunders, é possível mostrar que mesmo as taxas de mobilidade relativas estão mudando no sentido de maior igualdade de oportunidades: enquanto em 1972 os filhos de homens da classe de serviços tinham chances 3,5 vezes maiores de conseguir um emprego nessa mesma classe do que os filhos de trabalhadores manuais, 12 anos depois esse número caíra para 3.

Uma contestação mais substancial à visão de Goldthorpe tem vindo dos que desejam ampliar a definição de mobilidade, na tradição de Sorokin. Equipes de pesquisa em Cambridge, Essex, Surrey e Plymouth têm se apoiado nas idéias de MERCADO DE TRABALHO, grupo familiar, herança material, mudança ocupacional e estudos de gênero para questionar se é adequada a concepção da mobilidade como movimento em termos de uma idéia não-diferenciada de classe social. A ausência de uma relação estreita entre a experiência da mobilidade e o comportamento e as atitudes políticas ou de classe é considerada uma prova em apoio dessa visão. O surgimento de uma nova obra irá, em certa medida, retificar a outra limitação importante à compreensão da mobilidade social, a saber, a virtual ausência das mulheres nos relatórios dos estudos mais importantes (Payne e Abbott, 1991).

Leitura sugerida: Heath, A. 1981: *Social Mobility* • Marshall, G., Newby, H., Rose, D. e Vogler, C. 1988: *Social Class in Modern Britain* • Payne, G. 1987: *Employment and Opportunity* o 1991: "Competing views of contemporary social mobility and social divisions". In *Class and Consumption*, org. por R. Burrows e C. Marsh • Payne, G. e Abbott, P. 1991: *The Social Mobility of Women* • Westergaard, J. e Resler, H. 1975: *Class in a Capitalist Society*.

GEOFF PAYNE

modelo Interpretação de um sistema formal e/ou representação, normalmente por analogia (mas às vezes por metáfora ou mesmo metonímia), de uma coisa por alguma outra coisa (por exemplo, para fins heurísticos, explanatórios ou de teste). O século inaugurou-se com um ataque contundente de Pierre Duhem, em seu *La Théorie physique: son objet, sa structure* (ver Duhem, 1906), aos modelos mecânicos (e às mentes ilustrativas, "amplas porém superficiais") dos físicos ingleses, como James Clark Maxwell, lorde Kelvin e Oliver Lodge, em apoio a sua própria concepção cartesiana de ciência. A teoria deve amarrar as leis experimentais, mas qualquer modelo associado ao sistema de axiomas (parcialmente) interpretado é lógica e epistemologicamente redundante. Concordando com a posição de Duhem de que uma teoria consistia em uma estrutura dedutivamente organizada de leis empíricas, Norman Campbell não obstante afirmou, em seu *Physics, the Elements* (1920), que, para ser intelectualmente satisfatória ou capaz de crescer, uma teoria deve também implicar uma relação (não-dedutiva) de analogia com algum campo conhecido de fenômenos. Assim, do ponto de vista de Campbell, não é apenas a consideração de que a lei de Boyle, a lei de Charles e a lei de Graham eram todas conseqüências dedutivas da teoria cinética dos gases, mas é o modelo corpuscular associado a essa teoria — em virtude do qual se imagina que as moléculas de gás sejam, em certos aspectos (a analogia positiva), como bolas de bilhar ricocheteando umas nas outras e passando adiante seu impulso através do impacto — o que garante a nossa concordância intelectual com ela. Na teoria, o aspecto no qual as moléculas de gás são diferentes das bolas de bilhar, isto é, cor e tamanho (a analogia negativa), é simplesmente ignorado, enquanto os aspectos em que não sabemos se as moléculas de gás são ou não como as bolas de bilhar (a analogia neutra) são usados como fonte de "significado excedente (ou ilimitado)" para apontar maneiras pelas quais a teoria pode ser refinada.

No positivismo que caracterizou a FILOSOFIA DA CIÊNCIA até o final dos anos 60, a abordagem de Duhem foi triunfante. Além do mais, houve dificuldades substanciais com a posição do próprio Campbell. Assim, Braith afirmou que a natureza intelectualmente satisfatória dos modelos não podia justificar a escolha de qualquer modelo em particular. Além disso, a noção implícita de explicação — como redução do estranho ou desconhecido ao familiar — é suspeita. Pois revoluções científicas podem implicar transformações na nossa concepção do que é plausível. No cerne desses problemas encontra-se o contínuo REALISMO e dedutivismo empírico de Campbell, e em particular sua relutância em admitir os modelos, conforme insistiram Max Black, Mary Hesse, Rom Harré e Roy Bhaskar, como exposições possíveis ou hipotéticas de uma realidade desconhecida porém passível de ser conhecida, e em conseqüência ver a ciência como essencialmente em desenvolvimento. Assim, o realismo transcendental de Bhaskar encara a dedutibilidade como não sendo nem necessária nem suficiente para a explicação, e admite que no processo científico até mesmo a analogia positiva pode ser subvertida.

Qualquer modelo de um objeto possui uma fonte (que pode ser ela própria um modelo). Os modelos podem ser convencionalmente divididos entre aqueles em que o tópico é o mesmo que a fonte, os homeomorfos, e aqueles em que é diferente, os paramorfos. Uma boneca é o modelo de um bebê, modelado *a partir de* um bebê. Os homeomorfos podem ser classificados em modelos em escala, representantes de classe, idealizações e abstrações. Mas é claramente a construção paramórfica de modelo, isto é, a construção de um modelo utilizando recursos cognitivos anteriormente disponíveis (os "empréstimos científicos" de Bachelard) para um tópico desconhecido (cuja realidade pode acabar sendo empiricamente verificada), o que é extremamente importante na ciência criativa, ampliadora de conhecimentos. Tais modelos podem basear-se em uma, mais de uma, ou apenas em aspectos de uma fonte, isto é, paramorfos individualmente ligados, multiplamente ligados e semiligados, respectivamente, conforme exemplificado pelas teorias cinética, darwiniana e freudiana. Assim, Darwin trabalhou a teoria da seleção doméstica e a teoria de Malthus sobre a população junto com os fatos da variação natural, formando uma nova teoria sobre um novo tipo de processo: a seleção natural. Harré afirmou que paramorfos multiplamente ligados devem levar à postulação de novos tipos de entidades ou processos. Mas a construção imaginosa de modelos, tão essencial à ciência, está sempre sujeita a rigoroso teste empírico.

Leitura sugerida: Bhaskar, Roy 1975 (*1978*): *A Realist Theory of Science*, 2ªed., especialmente cap.3, seção 2 • Campbell, N.R. 1953: *What is Science?* • Duhem, P. 1906 (*1962*): *The Aim and Structure of Physical Theory* • Harré, R. 1970: *The Principles of Scientific Thinking*, especialmente cap.2 • Hesse, M.B. 1966: *Models and Analogies in Science* • Losee, J. 1980: *A Historical Introduction to the Philosophy of Science*, especialmente cap.9.

ROY BHASKAR

modernidade Este é um "conceito de contraste". Extrai seu significado tanto do que nega como do que afirma. Daí a palavra poder aparecer em diferentes épocas com significados amplamente diversos, dependendo do que está sendo negado e, em contraste, do que está sendo afirmado. Para Santo Agostinho, no século V d.C., a palavra latina tardia *modernus* expressava a rejeição do paganismo e a inauguração da nova era cristã. Os pensadores do Renascimento, recuperando o humanismo clássico, fundiram-na com cristandade para fazer a distinção entre estados e sociedades "antigos" e "modernos". O Iluminismo do século XVIII não apenas interpôs "medieval" entre "antigo" e "moderno" como fez a identificação crucial do moderno com o aqui e agora. Isso acrescentou nova fluidez ao conceito. Daí em diante a sociedade moderna era a *nossa* sociedade, o tipo de sociedades em que vivíamos, fosse no século XVIII ou no século XX. A sociedade ocidental, como fortemente contrastante com sociedades anteriores ou outras sociedades — as duas coisas passaram a parecer sinônimas —, tornou-se o emblema da modernidade. Essa evolução determinou os contornos da modernidade. Modernizar era ocidentalizar.

A sociedade moderna, portanto, carrega os marcos da sociedade ocidental desde o século XVIII. Foi industrial e foi científica. Sua forma política foi o estado-nação, legitimado por algumas espécies de soberania popular. Atribuiu um papel sem precedentes à economia e ao crescimento econômico. Suas filosofias de trabalho eram o racionalismo (ver RACIONALIDADE E RAZÃO) e o UTILITARISMO. Em todas essas formas, ela rejeitava não apenas o seu próprio passado, mas todas as outras culturas que não se mostravam à altura de sua autocompreensão. É errado dizer que a modernidade nega a história, na medida em que o contraste com o passado — uma entidade constantemente em mudança — permanece como um ponto de referência necessário. Mas é verdade que a modernidade sente que o passado não tem lições para ela; seu impulso é constantemente em direção ao futuro. Ao contrário de outras sociedades, a sociedade moderna recebe bem e promove a novidade. É possível dizer que ela inventou a "tradição do novo".

A modernidade — a moderna SOCIEDADE INDUSTRIAL — recebeu uma análise abrangente dos principais teóricos sociais do século XIX: Hegel, Marx, Tocqueville, Weber, Simmel e Durkheim. Suas análises permanecem relevantes em muitos aspectos para as sociedades dos dias atuais — Marx incluído, apesar do fracasso do socialismo de estado em várias partes do mundo. Mas o crescimento de certos aspectos em nosso tempo — a globalização da economia, o declínio do estado-nação, as grandes migrações populacionais — levaram alguns pensadores a postular o fim da modernidade tal como esta sempre foi em geral compreendida. Geoffrey Barraclough propôs "história contemporânea" como algo diferente de "história moderna"; outros foram mais além e anunciaram a "era pós-moderna".

Nenhuma dessas alegações transmite convicção. É possível demonstrar que quase todas as evoluções escolhidas têm suas raízes firmemente cravadas na modernidade clássica. Isso é particularmente válido para a renovada ênfase na transitoriedade, na fragmentação e na perda de um senso de significado do processo histórico. Pensadores como Baudelaire, Nietzsche e Burckhardt já haviam observado essas tendências em sua época. O "último homem" de Nietzsche já vivenciava as dificuldades e dilemas do homem "pós-moderno".

A modernidade nunca foi toda da mesma espécie, como Max Weber e Georg Simmel em particular se esforçaram por enfatizar. Seu dinamismo constantemente jogava suas partes em conflito umas com as outras — a sociedade politicamente organizada contra a economia, a cultura contra a racionalidade utilitária. Boa parte do que aparece como "pós-modernidade" encontrou sua primeira expressão na revolta cultural contra a modernidade que marcou o movimento do "modernismo" na virada do século (ver MODERNISMO E PÓS-MODERNISMO). O modernismo certamente fez eco à modernidade em sua ênfase no funcionalismo e na sofisticação tecnológica; mas da mesma forma, em corrente como o surrealismo e o dadaísmo, ele subverteu certos dogmas da modernidade, ao abraçar as alegações do "princípio do prazer" contra as do "princípio da realidade".

É inegável que a sociedade moderna de hoje, de várias maneiras, não é a sociedade moderna do tempo de Marx ou Weber. Mas a modernidade não é a sociedade ocidental em nenhuma de suas fases particulares. Ela é o princípio da sociedade ocidental como tal. O compromisso com o crescimento e a inovação contínuos exige que as formas existentes sejam encaradas como provisórias. É portanto inteiramente de se esperar que surjam novos aspectos. A questão importante é até que ponto o dinamismo essencial do industrialismo foi contido ou redirecionado. A difusão mundial do modo de vida industrial é um testemunho da continuidade de sua força. Ao mesmo tempo, o industrialismo está ameaçando os sistemas de apoio à vida do planeta. É nesse ponto que o industrialismo pode esbarrar em seus limites; e o repensamento e redirecionamento que isso implicaria pode muito bem desmontar algumas das correntes fundamentais da modernidade. Se isso nos levaria para "além da modernidade", é algo que ainda não podemos dizer.

Leitura sugerida: Berman, Marshall, 1983: *All that is Solid Melts into Air: the Experience of Modernity* • Bradbury, Malcolm e McFarlane, James, orgs. 1976: *Modernism 1890-1930* • Frisby, David, 1988: *Fragments of Modernity* • Giddens, A. 1990: *The Consequences of Modernity* • Habermas, Jürgen 1990: *The Philosophical Discourse of Modernity* • Kumar, K. 1988: *The Rise of Modern Society*.

KRISHAN KUMAR

modernismo e pós-modernismo Modernismo, como termo geral na história cultural, indica um conjunto ricamente variado de rupturas estéticas com a tradição realista européia de meados do século XIX em diante. O realismo tem suas premissas em uma identidade entre a obra de arte e a natureza ou a sociedade externa com a qual ela lida, identidade que é secretamente garantida pela metáfora do espelho que se encontra no próprio cerne da ESTÉTICA realista. A obra de arte realista propõe-se modestamente "refletir" a realidade que se coloca diante dela, não lhe acrescentando nem lhe subtraindo coisa alguma. A metáfora do "reflexo no espelho" busca garantir a objetividade e a impessoalidade da obra, evitando as distorções potenciais do capricho pessoal ou da tendência de classe por parte do autor.

Os artistas modernistas, a partir de toda uma variedade de posições, rejeitaram esses dogmas realistas básicos. A estética reflexionista, argumentaram, era inaceitavelmente passiva, reduzindo a obra de arte a um eco ou "fantasma" vazio de processos sociais mais fundamentais, exaurindo-a e ressecando-a de qualquer substância distintiva própria. Essa substância, em seu ponto de vista, residia não no conteúdo da obra, que necessariamente lhe vinha de outro ponto (história, natureza, psicologia), mas em sua *forma*, na rearrumação estilística ou técnica de suas matérias-primas. A forma é, portanto, a palavra central da estética modernista — com o FORMALISMO russo, muito adequadamente, sendo uma de suas principais escolas —, e é a ênfase prática e teórica na forma que garante a "autonomia" da obra de arte, aquela dimensão irredutivelmente estética que a impede de ser um mero documento histórico (romance realista) ou expressão emocional (poema lírico romântico).

Mas, assim que começamos a tentar datar as origens da "virada para a forma" modernista, vemos que esse não é um simples debate interno sobre teoria estética, mas em si mesmo uma complexa "reflexão" de ansiedades sociais profundas (ver também SOCIOLOGIA DA ARTE). Se Charles Baudelaire e Gustave Flaubert forem tomados como pioneiros, então as origens do modernismo podem ser atribuídas (como em geral têm sido por críticos marxistas) ao ano politicamente sangrento de 1848; a repressão brutal das revoluções daquele ano é vista como lançando o pretenso universalismo do texto clássico ou realista em uma crise terminal. Alternativamente, é possível buscar as origens em movimentos, em vez de indivíduos, e ver o modernismo como só se pondo verdadeiramente a caminho com a série acelerada de experimentalismos vanguardistas da década de 1880 em diante: naturalismo, simbolismo, cubismo, expressionismo, futurismo, surrealismo, construtivismo e outros. Os fatores sociais que formam a matriz desse grande carnaval de experiências estéticas incluiria então a ascensão da cultura de massa, a militância e a revolução da classe operária, a agitação política feminista, as novas tecnologias da segunda Revolução Industrial, a guerra imperialista entre 1914 e 1918 e — colocando tudo isso sob um intenso foco de experiência — o dinamismo e a alienação da vida nas grandes cidades européias: Paris, Londres, Berlim, Viena, São Petersburgo.

"A história é um pesadelo do qual estou tentando despertar", diz Stephen Dedalus em *Ulisses* de James Joyce (que data de 1922). Para a maior parte dos modernismos, a história contemporânea é, de uma forma ou de outra, horripilante como um pesadelo, ou (em outra categoria essencial da estética modernista) "inautêntica", e a obra de arte busca "despertar" dela para um modo de ser mais autêntico, ou até utópico. No entanto essas ênfases gerais podem ser postas a descoberto em detalhe de modos violentamente contraditórios. A história pode ser vista como sufocada pela mão morta da tradição, por um conservadorismo social e estético que pesa como um pesadelo sobre o cérebro dos vivos. A obra modernista deve então, através de imenso esforço de imaginação tecnológica, erguer-se dessa turba de estilos passados mortos, inautênticos, e purgá-los através do rigor impiedoso de seu "funcionalismo". Tal é a lógica estética da arquitetura modernista de Le Corbusier e do Estilo Internacional ou de Walter Gropius e sua Bauhaus. Alternativamente, o artista modernista pode buscar forças de dinamismo já em funcionamento dentro da sociedade e alinhar-se com elas na tentativa de liquidar as teias de aranha sufocantes do passado cultural e político. Tal é o projeto do futurismo italiano e russo que celebra as vastas energias da ciência e da produção contemporâneas: transatlânticos, aeroplanos, automóveis; fábricas e arranha-céus; metralhadoras e tanques. Essas prodigiosas "forças de produção", brandidas pela raça nova e dinâmica dos homens e mulheres modernos que a vida urbana estava gerando, liquidaria as "relações de produção" sociais claustrofóbicas que os restringiam na sociedade burguesa. Tal estética, é evidente, implica imediatamente uma política revolucionária, mas o futurismo (na pessoa de Filippo Marinetti) pôde servir à causa da contra-revolução fascista tão entusiasticamente quanto serviu (através de Vladimir Mayakovsky e outros) ao projeto socialista bolchevique.

Se, com o futurismo e a arquitetura do Estilo Internacional, é possível julgar o presente como "inautêntico" em nome do futuro, então isso também é possível em nome do passado longínquo. A história contemporânea, para essa outra ala do modernismo, é um pesadelo em seu cínico racionalismo e em sua crassa cultura de massa; e contra esse presente tão degradado a obra de arte deve, tanto no tema quanto na forma, reativar as forças da *memória*. Esse projeto assume muitas e variadas formas específicas. A obra pode apelar a um passado pessoal, um *temps perdu* proustiano, ou uma integralidade perdida, através da qual possa condenar um presente adulto desenraizado; ou pode, como no caso das representações das catedrais góticas medievais em alguns dos grandes textos do período, voltar o olhar para um passado *cultural* perdido, uma época de sensibilidade unificada e "comunidade orgânica", ou *Gemeinschaft*, antes da "queda" no individualismo burguês. De forma alternativa, pequenos focos de "memória" de um ser autêntico podem ainda existir residualmente no presente capitalista: em cantos geograficamente remotos da terra, em dimensões negligenciadas de nossa experiência física, ou em um inconsciente coletivo junguiano, informado pelo mito, a que a obra modernista, em virtude de seus deslocamentos da forma, pode recorrer.

A forma deslocada, perceptível, pode então representar tanto o dinamismo do futuro quanto o inquietante retorno do passado arcaico, mas a forma perceptível também caracteriza outra corrente do modernismo que repudia qualquer revestimento ideológico da inovação técnica. Para essa veia do modernismo, de Gustave Flaubert e Henry James em diante, a história é um fluxo caótico que deve ser redimido através das simetrias formais da obra de arte. Em virtude de seu intenso artesanato, sua busca obsessiva pelo *mot juste*, ou a complexidade consciente da trama, a obra transcende a história, construindo uma esfera de autonomia estética que não tem relação alguma com passado, presente ou futuro. Tal estética transcendental — às vezes chamada de "esteticismo" ou "automodernismo" — veio a contrastar com a "vanguarda histórica" (futurismo, surrealismo, dadaísmo) que busca romper esse reino hermético de valor estético e devolver a estética à vida cotidiana (ver Bürger, 1984).

Se o modernismo é mais um fenômeno múltiplo do que unitário, então o *pós*-modernismo do final dos anos 50 ou início dos anos 60 em diante não será menos polissemântico: sua força em qualquer contexto particular vai depender precisamente de *qual* versão do modernismo ele presume negar. O conceito de pós-modernismo surgiu em primeiro lugar na arquitetura, mas desde então se generalizou para praticamente todos os campos da cultura. A arquitetura pós-moderna é um ataque, acima de tudo ao Estilo Internacional. Se não repudia a ênfase na inovação tecnológica encontrada em Le Corbusier ou Walter Gropius, efetivamente problematiza alguns dos valores essenciais ligados ao avanço tecnológico na arquitetura modernista: universalismo, elitismo, formalismo. As fachadas brancas austeras e retilíneas, e os telhados planos, característicos do Estilo Internacional, pretendem ser formas arquitetônicas universais, aderindo aos cânones de uma razão pura, científica, independente das idiossincrasias de qualquer tempo ou lugar em particular. O pós-modernismo acha essas pretensões arrogantes ou até mesmo autoritárias e, em vez disso, investe pesadamente no localismo, no particularismo, no regionalismo, reinventando os estilos tradicionalistas e vernáculos e construindo com materiais que a estética modernista havia jogado na lata de lixo da história. As superfícies brancas e os telhados planos da Razão universal podem satisfazer o arquiteto de vanguarda, mas não são, objeta o pós-modernismo, nem um pouco agradáveis para mais ninguém, incluindo os que têm de viver neles. Alguns dos mais famosos manifestos pós-modernistas, incluindo *Learning from Las Vegas*, de Robert Venturi, nos anos 70, e *From Bauhaus to Our House*, de Tom Wolfe, publicado em 1982, lançam assim um ataque populista ao elitismo da arquitetura no Estilo Internacional; e esse ataque implica não apenas a defesa dos estilos tradicionalistas de construção dos quais por acaso as pessoas gostam, mas também o louvor ao espírito e à vitalidade dos estilos comerciais da cultura de massa. A obra pós-moderna, insiste Venturi, deve "aprender com" essas formas, incorporando-as com satisfação a sua própria substância em vez de negá-las com austeridade. Essa dissolução da rígida distinção modernista entre "cultura elevada" e CULTURA DE MASSA, que se manifestou pela primeira vez na arquitetura, encontra equivalência em muitos outros campos culturais, e é na verdade citada com freqüência como a característica central da cultura pós-moderna.

O elitismo da arte modernista reside na dificuldade de suas formas, aquela "violência organizada sobre a linguagem comum", ou sobre as convenções, que para Roman Jakobson definiam o modernismo como tal. Qualquer ataque a seu elitismo é, em conseqüência, necessariamente uma crítica a sua obsessão com a forma. Nesse sentido, a arte pós-moderna pode ser encarada como o "retorno do conteúdo", um conteúdo que era ou radicalmente subordinado pela preocupação modernista com a forma ou, ocasionalmente, por ela totalmente abolido. Tal modelo, extrapolado a partir das evoluções na arquitetura, é excelentemente desenvolvido por Linda Hutcheon em *A Poetics of Postmodernism* (1988). Ela definiu o romance pós-moderno, exemplificado por autores como Gabriel García Márquez, Günter Grass, John Fowles, E.L. Doctorow e outros, como "metaficção historiográfica". Esses romances voltam a questões de enredo, história e referência, que um dia pareceram ter explodido em função da preocupação da ficção moderna com a autonomia textual e a consciência de si mesma, mas sem simplesmente abandonar essas preocupações "metaficcionais". Esse modelo sugestivo pode ser prontamente ampliado para outras áreas, incluindo o retorno da representação e do corpo na pintura, e assim por diante.

O ataque ao universalismo, ao elitismo e ao formalismo modernistas constitui o que poderíamos chamar de momento atraentemente "ecológico" do pós-modernismo, sua abertura descentralista a estilos ou experiências reprimidos e à cultura do Outro, do Diferente (mulheres, gays, negros, Terceiro Mundo). No entanto construir um chalé com telhado de sapê ou narrar uma história de amor vitoriana em 1990 não é o mesmo que montar esses artefatos no século XVII, ou XIX. Trata-se, na verdade, de construir uma imagem ou simulacro de tais entidades; e esse é o ponto em que as reservas a respeito da cultura pós-moderna tendem a vir para o primeiro plano. A obsessão modernista com o tempo dá lugar, no pós-moderno, a uma preocupação com o espaço e a geografia, com as diferenças sincrônicas, em vez das diacrônicas. Existe nisso muita coisa que é liberadora, uma vez que a modernidade ocidental abandona sua arrogância imperialista para com as culturas "primitivas" que a cercam; mas também pode haver um "congelamento" da história, uma perda de imaginação e, assim, da possibilidade prática de mudança social radical. Os estilos do passado podem ser agradavelmente reinventados, mas talvez apenas como imagens unidimensionais na "indústria da herança" de um eterno presente. Em um mundo dominado pela comunicação de massa e pelas tecnologias da reprodução cultural, o sonho modernista de uma experiência utópica, "autêntica", para além da cultura de massa, desaparece. Saturados como estamos, desde o nascimento, pelas imagens, estereótipos e paradigmas narrativos de uma cultura de massa ubíqua, há muito tempo vivemos a "morte do sujeito" que o pós-estruturalismo recentemente articulou no plano da teoria. Mais uma vez, existem dimensões progressivas para esse desenvolvimento; juntamente com o sonho da autenticidade, o desprezo do modernismo pela gente comum também desapareceu. Mas, se não podemos mais apelar para a Natureza ou o inconsciente, para a autêntica sexualidade lawrenciana ou para redutos pré-capitalistas no Terceiro Mundo contra o Primeiro Mundo assolado de imagens no qual vivemos, *qual é*, então, a base da crítica política — acima de tudo na esteira do colapso de um projeto comunista que parece ter participado justamente do universalismo e elitismo da própria cultura modernista?

Tais ambivalências a respeito do valor da cultura pós-moderna também se infiltram em qualquer tentativa de esboçar a matriz social da qual ela emerge. Por consenso geral, o pós-modernismo começa a existir quando o capitalismo passa de seu momento fordista para o pós-fordista (ver FORDISMO E PÓS-FORDISMO), dos produtos padronizados das linhas de produção monolíticas em fábricas gigantescas para o uso descentralizado de uma tecnologia da informação sofisticada o suficiente para permitir uma "especialização flexível". Essa mudança do Um para o Muitos dentro do próprio capitalismo, portanto, coloca novas questões a respeito das tendências ao pluralismo e à diferença que observamos na cultura pós-moderna. Serão passos autênticos no sentido de uma democratização do absolutismo inaceitável de algumas formas de modernismo, ou serão antes, talvez, apenas os mais recentes ardis de um sistema econômico global que, tendo se livrado de seu antagonista comunista, agora nos tem em seu poder mais firmemente do que nunca?

Leitura sugerida: Berman, Marshall 1983: *All that is Solid Melts into Air: the Experience of Modernity* • Bradbury, Malcolm e McFarlane, James, orgs. 1976: *Modernism 1890-1930* • Bürger, Peter 1984: *Theory of the Avant-Garde* • Connor, Steven 1989: *Postmodernist Culture: an Introduction to Theories of the Contemporary* • Harvey, D. 1989: *The Condition of Postmodernity* • Jameson, Fredric 1991: *Postmodernism, or The Cultural Logic of Late Capitalism* • Lyotard, J.-F. 1979: *La condition postmoderne* • Williams, Raymond 1989: *The Politics of Modernism.*

TONY PINKNEY

modernização Processo de mudança econômica, política, social e cultural que ocorre em países subdesenvolvidos, na medida em que se direcionam para padrões mais avançados e complexos de organização social e política. Foi minuciosamente estudado e definido nas teorias sociológicas norte-americanas do pós-guerra que partem da referência implícita ou explícita a uma dicotomia entre dois tipos ideais: a sociedade tradicional (que em algumas versões também pode ser chamada de "rural", "atrasada" ou "subdesenvolvida") e a sociedade moderna (ou "urbana", "desenvolvida", "industrial"). Esses tipos de estrutura social estão, de certa forma, historicamente ligados por meio de um contínuo processo evolutivo que segue certas leis gerais. A idéia é que todas as sociedades seguem um caminho histórico semelhante, de crescente diferenciação e complexidade e de um tipo polar a outro.

Como algumas sociedades já se industrializaram, elas se tornam a base sobre a qual podem ser construídos o paradigma da sociedade moderna e o processo de transição típico ideal. Algumas teorias enfatizam a natureza endógena do processo de mudança (Rostow, 1960; Hoselitz, 1965; Parsons, 1951), enquanto outras enfatizam a importância de fatores hexógenos, tais como a difusão de valores, tecnologia, especializações e formas de organização de nações avançadas do Ocidente para nações pobres do Terceiro Mundo (Lerner, 1958). Mas, de qualquer forma, supõe-se que as sociedades tradicionais sigam o mesmo padrão de mudanças por que passaram antes as nações desenvolvidas. As teorias da modernização, portanto, buscam identificar na organização e/ou história dos países industriais as variáveis sociais e os fatores institucionais cuja mudança foi crucial para o seu processo de desenvolvimento a fim de facilitar esse processo nos países em desenvolvimento recente.

Uma classificação conveniente das teorias da modernização é a que distingue as versões sociológica, econômica e psicológica. As versões sociológicas dão destaque ao papel de uma ampla variedade de variáveis sociais e institucionais no processo de mudança. Assim, Germani (1965) descreve o processo em termos de mudanças, de ações prescritivas a ações eletivas, da institucionalização do tradicional para a institucionalização da mudança; e de uma conjunção de instituições relativamente indiferenciadas para sua crescente diferenciação e especialização. A maioria dessas versões foi influenciada por Max Weber, através da interpretação dada por Talcott Parsons a suas idéias, e usa as VARIÁVEIS PADRÃO para descrever a estrutura social típica ideal das sociedades "tradicionais" e "modernas": afetividade *versus* neutralidade afetiva, atribuição *versus* realização, difusão *versus* especificidade, particularismo *versus* universalismo e orientação para os interesses coletivos *versus* orientação para os interesses privados.

As versões psicológicas enfatizam fatores internos e motivos psicológicos como as forças motoras da transição. Assim, McClelland (1961) propõe a "necessidade de realização", um desejo de fazer bem, como motivação crucial que, difundindo-se entre os empresários de um país, leva ao desenvolvimento econômico. Essa motivação não é inata nem hereditária, e pode ser desenvolvida em um país em transição para a modernidade por meio da educação.

A versão econômica é bem representada por Rostow (1960) e sua teoria de estágios do crescimento econômico. Ele afirma que todas as sociedades passam por cinco estágios: sociedade tradicional, precondições para o desenvolvimento auto-sustentado, desenvolvimento auto-sustentado, o caminho para a maturidade e a era do elevado consumo de massa. Rostow acredita que o processo de desenvolvimento que ocorre no momento na Ásia, América Latina, África e Oriente Médio é análogo aos estágios de precondições e de desenvolvimento auto-sustentado vividos nas sociedades ocidentais no final do século XVIII e durante o século XIX.

As teorias da modernização têm sido criticadas de inúmeras maneiras. As mais importantes são as acusações de abstração e falta de perspectiva histórica. Primeiro, é um erro tratar o subdesenvolvimento como situação original universal, como falta de desenvolvimento em geral, como um estágio pelo qual todos os países desenvolvidos passaram um dia. Segundo, as análises da modernização tendem a assumir um caráter prescritivo e, em vez de estudar historicamente o contexto estrutural dos aspectos específicos das sociedades subdesenvolvidas, buscam apenas estabelecer se esses aspectos seguem ou partem do modelo ocidental ideal que supostamente é a norma. Terceiro, está implícita em todas as teorias da modernização a idéia de que os países em desenvolvimento dos tempos atuais deveriam passar pelos mesmos estágios e processos pelos quais os países desenvolvidos passaram anteriormente. Mesmo quando reconhecem a existência de algumas diferenças históricas (Germani, 1965, e Rostow, 1960, as reconhecem), recusam-se a aceitar que possam alterar essencialmente o padrão de mudança. A história pode ser repetida, os países em desenvolvimento podem industrializar-se do mesmo modo que países industriais mais antigos e em certo aspectos têm até mais vantagem em fazê-lo. Mal existe uma discussão sobre a ordem internacional como um sistema dominado e manipulado por certos países industriais em seu próprio interesse. As teorias da modernização assumem que o processo da modernização e industrialização é inevitável e que os países em desenvolvimento recente têm as mesmas, se não melhores, oportunidades de se industrializar. Conforme as palavras de Hoogvelt, transformaram a história abstraída e generalizada do desenvolvimento europeu em uma *lógica* (Hoogvelt, 1982, p.116).

Ver também DESENVOLVIMENTO E SUBDESENVOLVIMENTO.

Leitura sugerida: Eisenstadt, S.N. 1961: *Essays on Sociological Aspects of Political and Economic Development* • Frank, A.G. 1972: "Sociology of development and underdevelopment of sociology". In *Dependence and Underdevelopment*, org. por J.D. Cockcroft, A.G. Frank e D.L. Johnson • Larrain, J. 1989: *Theories of Development* • Smelser, N.J. 1964: "Toward a theory of modernization". In *Social Change*, org. por A. Etzioni e E. Etzioni.

JORGE LARRAIN

modo de produção De acordo com a maior parte das compreensões do MARXISMO no século XX, a história pode ser dividida em períodos, conforme diferentes modos de produção, cada qual com sua própria dialética interna de luta de classes. Essa "concepção materialista" da história foi esboçada em *A ideologia alemã* (Marx e Engels, 1845-6) e desenvolvida em obras posteriores, tanto por Marx quanto por Engels, embora eles nem sempre tenham usado o conceito de modo de produção dessa maneira. No século XX tornou-se o conceito central do que ficou conhecido como "materialismo dialético", e a adesão a alguma versão desse conceito continua a distinguir o pensamento marxista de outras formas de pensamento social (ver MATERIALISMO).

Segundo essa visão da história, a diferença fundamental entre tipos de sociedade ocorre no modo como se dá a produção. O "modo de produção" de qualquer sociedade consiste em dois elementos: suas forças produtivas e suas relações de produção. As forças produtivas referem-se às capacidades produtivas da sociedade, não apenas em sentido tecnológico, mas também em sentido social, e incluem não apenas os meios materiais de produção, mas também as capacidades humanas, tanto físicas quanto conceituais. As relações de produção referem-se às relações sociais sob as quais a produção é organizada: como os recursos e os trabalhos são alocados, como o processo de trabalho é organizado e como os produtos são distribuídos. É a combinação específica tanto das forças produtivas quanto das relações de produção que define o padrão de relações de classe em qualquer sociedade e, assim, sua dinâmica interna.

No marxismo, as classes são definidas por sua relação com o processo de produção, em particular com a produção de um sobreproduto. Um sobreproduto é produzido em qualquer modo de produção no qual nem todo o tempo de trabalho disponível é necessário para atender às necessidades diretas de consumo da população, e alguns membros da sociedade trabalham mais horas do que as necessárias para produzir seus próprios meios de subsistência. Se os produtores do sobreproduto e os que controlam o seu uso são diferentes, tais sociedades terão pelo menos duas classes. A classe dominante de qualquer modo de produção é aquela que tem o controle do sobreproduto, possuindo parte dele, mas também usando-o de outras maneiras para aumentar seu próprio poder e incrementar o seu processo de extração ou EXPLORAÇÃO.

O modo específico como o sobreproduto é extraído pela classe dominante é que define um modo de produção em particular. Por exemplo, no capitalismo, a propriedade dos meios de produção pela burguesia permite-lhe empregar operários por menos do que o valor do seu produto e, assim, extrair um sobreproduto sob a forma de lucro. Esse método de extração do sobreproduto é, portanto, puramente econômico, baseado em regras de troca aparentemente justas. Em outros modos de produção, como o feudalismo, o método de extração do sobreproduto, inicialmente o trabalho direto nas terras do senhor, mais tarde o pagamento de um aluguel, é devido ao direito consuetudinário, apoiado, quando necessário, no uso da força.

Todos os modos de produção de classe, ou criadores de sobreproduto, trazem dentro de si as sementes de sua própria destruição. Relações particulares de produção serão adequadas a um estágio particular de desenvolvimento das forças produtivas. Um modo de produção será relativamente estável quando suas forças produtivas e relações de produção são adequadas umas às outras, permitindo sua mútua reprodução. No entanto, através da existência de um sobreproduto e, assim, do potencial de mudança, as forças produtivas se desenvolverão em todos os modos de produção, por mais lentamente que seja. Em última análise, será alcançado um ponto no qual as relações de produção existentes se tornarão um obstáculo à ulterior expansão das forças produtivas, e o modo de produção será derrubado para dar lugar a um outro, novo, sob o qual essas últimas poderão continuar a se desenvolver.

O processo através do qual isso ocorre é a luta de classes. As classes, definidas no sentido marxista como existentes apenas onde existe um sobreproduto a ser disputado, são inerentemente antagônicas, e travam uma luta pelo nível e controle desse sobreproduto. Isso fornece a dinâmica interna dos meios de produção, uma dinâmica interna que acaba levando à revolução, quando uma classe anteriormente subordinada derruba as relações de produção existentes para se estabelecer como a nova classe dominante, baseada em um novo modo de produção mais adequado ao ulterior desenvolvimento das forças de produção. Assim, por exemplo, a classe capitalista em ascensão, porém subordinada, derrubou as relações feudais de produção quando suas restrições ao mercado de trabalho detiveram o desenvolvimento de métodos capitalistas mais eficientes de extração de sobreproduto.

A exposição acima, bastante determinista, da concepção materialista da história só se tornou moeda corrente no século XX. A Segunda Internacional, a organização internacional dos partidos social-democratas, que se desfez em estilhaços nacionalistas em 1914, promulgou um marxismo oficial que, influenciado pelas interpretações de Engels, tendeu ao economicismo. De acordo com essa visão oficial, o modo de produção formava uma "base" econômica, que determinava todos os outros aspectos "superestruturais" da sociedade (ver também BASE E SUPERESTRUTURA). Essa visão foi adotada também pela Terceira Internacional ou Comintern, fundada para unir os nascentes partidos comunistas, depois da Revolução Russa, e reafirmada por Stalin (1938) como a compreensão correta, tornando-se assim o fundamento do "Diamat" (de "materialismo dialético"). Embora haja evidências nos textos de Marx em apoio a essa leitura particular do processo histórico, sua própria utilização da expressão "modo de produção" era mais variada e sua exposição da história, menos rígida.

Existem vários problemas com a versão oficial. Primeiro, ela pode ser criticada por seu determinismo tecnológico. Embora mediado por uma consideração das relações de produção, e pela classe, o desenvolvimento das forças produtivas por si só constitui a força motriz definitiva da história, e parece que a revolução é não apenas possível, mas inevitável, no estágio apropriado do seu desenvolvimento. A história do início do século XX, com o sucesso da revolução em uma Rússia atrasada, mas com o seu fracasso na Alemanha avançada, deveria lançar dúvidas a esse respeito — embora os eventos na União Soviética mais perto do final do século possam ser interpretados como apoiando a visão de que a revolução em um país atrasado estaria, em última análise, condenada ao fracasso.

De forma mais fundamental, porém, a imprevisibilidade do processo revolucionário levou a um questionamento de todo o papel do econômico, isto é, das relações de produção e das forças produtivas, na exposição acima. Pois não pareceu possível mapear o processo de luta de classes no nível das mudanças no modo de produção de forma tão nítida quanto a analogia base/superestrutura implicaria. Em particular, parece que o papel da consciência foi às vezes crucial e que os fatores aparentemente "superestruturais" da ideologia e da política podem afetar o econômico a ponto de provocar ou impedir uma transformação do modo de produção.

Uma tentativa altamente influente de enfrentar esse problema foi feita nos anos 60 pelos marxistas estruturalistas franceses, Althusser e Balibar (1966, *1970*), que tentaram descobrir um meio de conservar a centralidade do conceito de modo de produção, ao mesmo tempo dispensando o modelo rudimentar de base/superestrutura. Em sua visão, uma "formação social" é reproduzida em certo número de níveis diferentes: ideológico e político, bem como econômico. Eles substituíram a noção de determinação pela de causalidade estrutural entre níveis, na qual os níveis não-econômicos são também necessários à reprodução da "formação social" inteira, incluindo o seu modo de produção. No entanto, no interior de tal totalidade estruturada interdependente, o econômico estabelece limites dentro dos quais os outros níveis podem ser apenas "relativamente autônomos", pois têm de funcionar de formas que reproduzem o modo de produção. A revolução ocorre quando esse processo se torna "sobredeterminado" — as contradições entre os níveis, mais do que no interior do econômico apenas, fornecem o motor da mudança.

Mas essa formulação foi criticada por lhe faltar o elemento dialético da concepção materialista da história de Marx, ao exagerar uma separação conceitual entre o modo de produção (o nível econômico) e as condições (não-econômicas) de sua reprodução (Clarke, 1980). Tornar os níveis relativamente "autônomos" não poderia resolver o problema do determinismo econômico porque todos os outros níveis permaneciam restritos a um nível econômico, privilegiado, e nem isso apreendia a idéia marxista da dialética como consistindo em elementos interconectados, pois os níveis eram desconectados.

Na noção de nível econômico de Althusser e Balibar, o modo de produção era definido como consistindo em dois conjuntos de relações, os da "real apropriação da natureza" (relações de produção) e os da "expropriação do produto" (as relações de propriedade e as de distribuição). Assim, nessa formulação, a produção é hipostasiada para consistir apenas em relações com a natureza, enquanto o âmbito das relações sociais é encontrado apenas no modo de expropriação do produto, as relações de propriedade e distribuição. Mas isso, de acordo com seus críticos, é não perceber o que Marx fundamentalmente percebeu: que não apenas as relações de distribuição são socialmente específicas, mas que o próprio processo de trabalho forma o cerne das relações sociais do modo de produção capitalista, e, na verdade, de uma forma diferente de qualquer outro modo de produção.

Leitura sugerida: Althusser, L. e Balibar, E. 1966: *Lire le Capital* • Banaji, J. 1977: "Modes of production in a materialist conception of history". *Capital and Class 2* • Bettelheim, C. 1974: *Les luttes de classes en URSS* • Brenner, Robert 1977: "The origins of capitalist development: a critique of neo-Smithian Marxism". *New Left Review* 104 • Clarke, Simon 1980: "Althusserian Marxism". In *One Dimensional Marxism: Althusser and the Politics of Culture* • Cohen, G.A. 1978: *Karl Marx's Theory of History: a Defence* • Colletti, L. 1972: *From Rousseau to Lenin.*

SUSAN F. HIMMELWEIT

monarquia Se monarquia é a instituição do governo de um estado pelo chefe de uma família hereditária, monarquismo é a doutrina que estabelece ser isso o melhor. Monarquia ou realeza é um dos mais antigos tipos de governo e, até este século, o mais comum. A mais antiga alegação de direito à AUTORIDADE é ou que o rei é descendente de um deus ou que o cargo é sagrado. Isso faz da obediência um direito natural. Mas o poder dos reis não era considerado absoluto ou soberano. Até o século XVII não havia nenhuma idéia nítida de soberania absoluta: pois se a monarquia era uma instituição divina, os próprios reis estavam obrigados a obedecer às leis de Deus. Os monarcas medievais na Europa eram encarados como administradores ou guardiães do reino em nome de Deus. A cristandade havia mesmo introduzido uma complicação potencialmente civilizada para as pretensões simples a uma autoridade absoluta: Cristo havia pregado que algumas coisas eram de César e outras, de Deus. A teologia era dualista: a Igreja arrogava-se um alto grau de autonomia, mas até leigos (se poderosos) podiam questionar se o poder secular estava sendo corretamente utilizado.

Sob a monarquia, havia sempre algumas justificativas para a rebelião e algumas ambigüidades quanto à sucessão. Tanto no mundo cristão quanto no muçulmano, um filho mais velho incompetente podia ser preterido em favor de outro membro da família imediata. No califado, a sucessão era em geral determinada por assassinato ou guerra limitada entre irmãos ou primos reais.

No século XVII tornou-se comum a idéia, formulada mais rigorosamente por Thomas Hobbes, de que, em benefício da paz e para evitar a guerra civil, uma entidade abstrata, chamada de ESTADO, deveria exercer todo o poder e ser o objeto exclusivo da lealdade. Não mais "obra em nome do rei!", mas "em nome do estado". A doutrina do "direito divino dos reis" foi uma tentativa tardia e em grande parte malsucedida de reclamar essa soberania para a pessoa do monarca. Luís XIV podia dizer que "*L'État c'est moi* ", mas se tratava de um paradoxo consciente. Pois a essa altura a monarquia, em toda parte, já começava a ser vista como um cargo a ser exercido mediante conselho e de maneira prudente, e não como a propriedade disponível de uma pessoa ou dinastia.

A lealdade a pessoas era a grande virtude pregada pelos apologistas da realeza, mas nos tempos modernos isso se mostrou mais fácil quando os poderes dessas pessoas foram limitados. Walter Bagehot (1867) fez uma distinção famosa entre os "poderes solenes" da rainha Vitória e seus "poderes efetivos", que ele acreditava serem poucos. Os poderes solenes, simbólicos ou rituais eram um foco de lealdade e continuidade para a nação, de resto difícil de situar em um sistema partidário competitivo, especialmente em um estado multinacional. Nos Estados Unidos, a própria Constituição é o símbolo da unidade, e não o presidente eleito.

Umas poucas monarquias constitucionais sobrevivem, nenhuma delas exercendo real poder político, mas algumas (como a britânica) servindo para legitimar uma ordem social hierárquica; outras, como na Holanda, Dinamarca e Noruega, buscam parecer mais democráticas em estilo, e são mais burguesas que aristocráticas. Os teóricos sociais modernos demonstram um interesse surpreendentemente pequeno em entender por que perduram esses aparentes anacronismos.

Leitura sugerida: Cannadine, D. 1983: "Context, performance and meaning of ritual: the British monarchy and the invention of tradition, *c*.1820-1977". In *The Invention of Tradition*, org. por E. Hobsbawm e T. Ranger • Martin, K. 1937: *The Magic of Monarchy* o 1962: *The Crown and the Establishment* • Nairn, T. 1988: *The Enchanted Glass: Britain and its Monarchy* • Shils, Edward e Young, M. 1953: "The meaning of the coronation". *Sociological Review* 1, 63-81.

BERNARD CRICK

monetarismo Este é o nome moderno, datando de 1968, para várias doutrinas econômicas antigas ligadas à "teoria quantitativa do dinheiro", bem como para o projeto político e social a elas associado.

A proposta básica do monetarismo é que a taxa de crescimento do meio circulante em uma economia determina a taxa de inflação dos preços; essa é a proposta da teoria quantitativa, cujas origens podem remontar pelo menos aos ensaios de David Hume de 1750-2. Posteriormente a idéia e seus fundamentos foram refinados e desenvolvidos, em especial nos primeiros 40 anos do século XIX (David Ricardo, através da escola da circulação), nos primeiros 30 anos do século XX (especialmente K. Wicksell, A.C. Pigou e I. Fisher) e no quarto de século a partir de 1956 (tendo início com Milton Friedman) (ver também ESCOLA ECONÔMICA DE CHICAGO).

Essa proposta da teoria quantitativa está ligada à idéia de que a quantidade de produção ou volume de atividade não varia em reação a aumentos do meio circulante, pois senão o efeito deste último aumentaria em parte o volume de bens produzidos, em vez de se fazer sentir completamente sobre os seus preços; a quantidade de bens pode ser tratada como se fosse sempre igual à quantidade produzida com pleno emprego do trabalho. Essa idéia (a Lei de Say) raramente foi sustentada em forma absoluta e, ao resgatar a teoria quantitativa da demolição da Lei de Say, feita por Keynes, a reexposição de Friedman, em 1956, deixou-a explicitamente de lado, afirmando que o meio circulante afeta ou a produção ou o nível de preços. No entanto um trabalho posterior de Friedman e seus sucessores utiliza a relação direta moeda-preço tão freqüentemente quanto a idéia mais geral de que a moeda afeta ou os preços ou a produção.

Essas idéias servem de base à concentração monetarista no controle da inflação através do controle do meio circulante, que é geralmente contraposta ao enfoque keynesiano de controle do desemprego através de uma política fiscal (orçamentária) (ver KEYNESIANISMO). Essa política característica leva o monetarismo a ser amplamente identificado com os programas deflacionários que induzem à recessão, mas os economistas monetaristas aplicam suas crenças em ambas as direções; por exemplo, estudos monetaristas seminais dos anos 30 concluíram que a depressão poderia ter sido evitada através de políticas voltadas para reverter uma queda na emissão do meio circulante.

Não obstante, em política o rótulo monetarista está ligado a governos de direita, cujos programas têm uma inclinação deflacionária — em geral, fortemente deflacionária. Sua ideologia de controle da inflação está ligada a uma crença na redução dos gastos e empréstimos do estado, que pretende ter duas bases intelectuais: primeiro, a idéia de que o controle dos empréstimos do estado produz controle do meio circulante; e, segundo, a idéia de que reduzir os gastos e empréstimos por parte do estado libera o dinamismo do capital privado em esferas expandidas.

Uma vez que o controle do meio circulante se mostrou uma quimera nas sociedades capitalistas avançadas, o projeto monetarista vem sendo cada vez mais definido em termos residuais como hostilidade aos gastos do estado, especialmente aos gastos do "estado de bem-estar", promoção do capital privado sem regulação e hostilidade às organizações trabalhistas. Dessas maneiras, o monetarismo tem definido os pontos de vista estratégicos de muitos governos e elites políticas, durante longos períodos, desde 1975. Não obstante, a base racional articulada para isso, especialmente pelo Fundo Monetário Internacional durante longo período, continua a depender do controle do meio circulante, apesar da impraticabilidade de tais controles em uma economia complexa e em crescimento.

Leitura sugerida: Friedman, M. 1968: "Quantity theory". In *International Encyclopedia of the Social Sciences*, vol.10, p.432-47 • Friedman, M. e Schwartz, A. 1963: *A Monetary History of the United States, 1867-1960* • Mayer, T., org. 1978: *The Structure of Monetarism*.

LAURENCE HARRIS

monopolista, capitalismo Ver CAPITALISMO MONOPOLISTA.

moralidade Em seu sentido prescritivo, a moralidade é aquela consideração, ou conjunto de considerações, que fornece os motivos mais fortes para se viver de certo modo especificado; em seu sentido descritivo, tal consideração ou conjunto de tais considerações que alguma pessoa ou grupo reconhece ou ao qual adere. (Ver também VALORES.)

Assim, se assumirmos que os Dez Mandamentos são uma interpretação correta das exigências da moralidade, a moralidade (prescritiva) exige de nós que vivamos sem matar uns aos outros, que observemos o dia de sábado e assim por diante; ao mesmo tempo que, mesmo se assumimos que o Decálogo é um equívoco, podemos descrevê-lo como constituindo a moralidade (descritiva) de qualquer pessoa que o reconheça, ou que viva por suas regras.

O trabalho a respeito da moralidade descritiva, neste século, tem-se concentrado no conteúdo e explicação das crenças morais. Os antropólogos continuaram a documentar os sistemas morais de outras culturas e subculturas. Um deles (Turnbull, 1973) descreveu a aparente ausência de moralidade entre o povo *Ik*. Os historiadores das idéias tentaram explicar de que modo ideologias morais particulares, como a da Alemanha nazista, puderam desenvolver-se, enquanto sociólogos tentaram explicar e analisar a moralidade em geral.

Durkheim (1925) afirma que existem três elementos na moralidade: um aspecto de caráter imperativo, a ligação a grupos sociais e a autonomia dos agentes morais (cf. a "ética da responsabilidade" de Max Weber). Como Durkheim, Westermarck (1906) buscou uma explicação não-individualista para a origem das crenças morais, sendo influenciado também por William Sumner, Ferdinand Tönnies e Vilfredo Pareto na ênfase atribuída à importância dos sentimentos. As idéias morais têm suas raízes no costume e se desenvolvem à luz da razão. Autores modernos têm-se concentrado na moralidade da modernidade; ver, por exemplo, a visão de P. Berger, B. Berger e H. Kellner (1973) de que a moralidade moderna deve ser compreendida em termos da pluralização de "mundos da vida".

Também se apresentaram explicações de por que os seres humanos tendem a desenvolver crenças morais. Freud (1923) afirmou que a moralidade consiste na internalização de ordens paternas na forma de demandas feitas pelo superego. Ele supôs um desenvolvimento, da mera obediência a essas ordens até a moralidade reflexiva do ideal do ego. Lévi-Strauss (1949) enfatizou a importância da reciprocidade e do intercâmbio no desenvolvimento de instituições como o casamento, que são parcialmente constituídas por expectativas e crenças morais. Defensores da teoria dos jogos colocaram no centro noções de cooperação: muitas instituições morais, como as promessas, podem ser encaradas como soluções sociais para problemas de coordenação e colaboração, tais como o Dilema do Prisioneiro (ver Elster, 1989).

O trabalho filosófico sobre a moralidade prescritiva pode ser categorizado, grosso modo, como de segunda ordem (metaético) ou de primeira ordem. (Ver ÉTICA.) A metaética tem se ocupado de três questões principais: o valor de veracidade dos julgamentos morais, a natureza da realidade moral e a epistemologia moral.

A.J. Ayer (1936) introduziu o positivismo lógico do círculo de Viena (ver VIENA, CÍRCULO DE) na corrente predominante da filosofia norte-americana. De acordo com sua posição emotivista, os julgamentos morais não têm valor algum como verdade, sendo meras expressões de atitudes (a "teoria da vaia e do aplauso").

Através dos textos de R.M. Hare (1981), o prescritivismo — a visão de que os julgamentos morais são essencialmente de natureza imperativa — ganhou influência. J.L. Mackie (1977) afirmou que todos os julgamentos morais são falsos, uma vez que não existe uma realidade moral objetiva que lhes sirva de referência.

A visão de Mackie demonstra a interligação dos três temas metaéticos mencionados. A discussão sobre a natureza da realidade moral girou em torno da chamada "distinção entre fato e valor". G.E. Moore (1903) afirmou que os fatos sujeitos a avaliação são diferentes dos fatos que constituem a matéria das ciências naturais. Certamente, ser uma boa coisa é uma propriedade não-natural da coisa. Um ponto de vista mais comum era que não havia fatos sujeitos a avaliação: o mundo é neutro do ponto de vista avaliativo e deve ser descrito em termos científicos. Essa visão, é claro, proporcionou o ímpeto para a consideração dos julgamentos morais como não sendo basicamente categóricos, como o emotivismo. Na América do norte houve um recente redespertar do naturalismo realista, de acordo com o qual os fatos morais são fatos naturais do mesmo tipo genérico, digamos, dos fatos químicos ou biológicos (ver Brink, 1989).

A discussão em epistemologia moral tem girado em torno da questão de como seria possível dizer que conhecemos fatos morais, bem como da natureza do conhecimento moral. O intuicionismo predominou depois de Moore. Considera-se que possuímos um "senso moral" que nos permite intuir o caráter correto ou bom de particulares concretos, ou de certos princípios morais fundamentais (ver Ross, 1939). Essa é uma forma de fundacionalismo moral. De acordo com o coerentismo, o conhecimento moral consiste no conjunto mais consistente e coerente de crenças morais (ver Brink, 1989).

Na ética de primeira ordem, foram levantadas questões sobre a natureza da moralidade com uma relação mais óbvia a como deveríamos viver. Uma questão central foi a do RELATIVISMO: existe uma moralidade autenticamente universal, ou serão as moralidades relativas, talvez, por se fundamentarem em práticas sociais (ou formas de vida) específicas? (Ver MacIntyre, 1981.) E também, que importância têm considerações morais especificamente concernentes a outros, em oposição a, digamos, considerações de interesse próprio ou de estética? (Williams, 1985.)

A moderna filosofia moral de primeira ordem foi dominada pelo desenvolvimento de teorias morais, segundo as quais a moralidade consiste em uma consideração pertinente ou em um pequeno número delas. De acordo com o utilitarismo, conforme abraçado, por exemplo, por Moore e Hare, a única consideração diretamente relevante à questão de como viver é a maximização geral do bem-estar.

As teorias não-utilitárias tenderam a se enraizar na obra de Kant. Tais teorias têm sido descritas como deontológicas (do grego *deon* "é preciso", "deve ser feito"). Um exemplo é o de Ross, o qual achava que devíamos, por exemplo, cumprir promessas por motivos independentes do bem-estar.

Desde a publicação do artigo "Modern moral philosophy", de Elizabeth Anscombe (1958), surgiu uma nova corrente na teoria moral, dando maior ênfase à natureza do caráter moral e às virtudes (ver French et al., 1988).

Devido ao predomínio da metaética, os filósofos da primeira metade deste século dedicaram pouca atenção acadêmica a problemas morais práticos de primeira ordem. Desde a Guerra do Vietnã isso tem mudado, e as discussões sobre temas como o aborto, a guerra e o meio ambiente são hoje amplamente difundidas (ver Singer, 1986).

Ver também JUSTIÇA; NORMA; DIREITOS E DEVERES.

Leitura sugerida: Anscombe, G.E.M. 1958: "Modern moral philosophy". *Philosophy* 33, 1-19 • Hare, R.M. 1981: *Moral Thinking* • MacIntyre, A. 1981: *After Virtue* • Mackie, J.L. 1977: *Ethics* • Moore, G.E. 1903: *Principia Ethica* • Ross, W.D. 1939: *Foundations of Ethics* • Singer, P., org. 1986: *Applied Ethics* • Westermarck, E. 1906: *The Origin and Development of the Moral Ideas* • Williams, B. 1985: *Ethics and the Limits of Philosophy*.

ROGER CRISP

movimento cooperativo Associações de pessoas trabalhando juntas para a produção e distribuições de bens, as cooperativas assumiram uma variedade de formas em diferentes contextos nacionais. A International Cooperative Alliance, representando quase 600 milhões de membros em todo o mundo, destacou seis princípios essenciais: filiação voluntária e aberta, controle democrático, rendimento limitado sobre o capital, ganhos excedentes pertencendo aos membros, educação e cooperação entre as cooperativas (Comissão da ICA, 1967). O controle democrático é a diferença essencial entre as formas de propriedade capitalista e cooperativa. Ao contrário da empresa acionária, cada membro tem os mesmos direitos de voto, independente do número de quotas que possua; a PARTICIPAÇÃO é poder, e não a posse individual do trabalho abstrato e fossilizado de outras pessoas.

Uma característica comum sempre foi o impulso ético, idealista. Desde o início, a cooperação foi encarada como um meio de construir uma alternativa ao capitalismo, de baixo para cima, substituindo o INDIVIDUALISMO burguês por uma sociedade baseada na reciprocidade e na solidariedade social. Um cooperativista inglês, em 1907, definiu o ideal da seguinte maneira: "Por meio da associação mútua, eliminar o atual sistema industrial e substituir o bem comum pela Cooperação mútua, como base de toda a sociedade humana" (Webb, 1904, p.2).

O movimento teve origem na Grã-Bretanha, durante o desenvolvimento do capitalismo industrial, no final do século XVIII; foram fundadas manufaturas cooperativas a partir da década de 1790, indício do confronto entre a "economia moral" dos trabalhadores pobres e a ideologia e prática do LAISSEZ-FAIRE (Thompson, 1991). O início do século XIX foi entremeado por ondas de experiência cooperativa; durante as agitações dos luddistas, em 1811-13, criaram-se cooperativas que tiveram curta duração; lojas owenistas e chartistas (cartistas) foram fundadas a partir da década de 1820 e durante toda a década de 1830. Embora o socialista utópico Robert Owen tenha sido geralmente encarado como o "pai" do movimento cooperativo, essas iniciativas não foram nem inspiradas, nem irrestritamente apoiadas pelo paternalista Owen, que preferia modos de transformação social impostos a partir de cima (Taylor, 1983, p.120).

Em 1844, tecelões de inspiração owenista formaram a Rochdale Society of Equitable Pioneers. Essa sociedade redistribuía o excedente comercial entre os membros de acordo com o valor de suas aquisições, o chamado "dividendo", embora o objetivo extremo ainda fosse a fundação de "uma colônia auto-suficiente de interesses unidos" (Webb, 1904, p.69). A sociedade expandiu-se a um ritmo fenomenal e demonstrou a utilidade dessa forma de associação da classe operária em uma época em que o confronto direto com o estado capitalista começava a se tornar menos factível. Mulheres operárias tiveram grande medida de controle sobre as estratégias de consumo e conseqüentemente conseguiram grande destaque dentro do movimento desde o início e no decorrer de sua história posterior.

A natureza "essencialmente contestadora" da cooperação tornou-se evidente desde essa fase inicial. Até cerca de 1848, "cooperação", "comunismo" e "socialismo" eram palavras intercambiáveis e carregavam uma ênfase anticapitalista semelhante (Bestor, 1948). Esses conceitos têm sido campos de batalhas complexas e prolongadas durante os dois últimos séculos. Reformadores burgueses em toda a Europa Ocidental tentaram separar "cooperação" do que era encarado como modos mais "revolucionários" de mudança social, especialmente depois das revoluções de 1848. Socialistas cristãos de classe média, como E.V. Neale e J.M. Ludlow, foram defensores fervorosos das cooperativas de produtores e da divisão de lucros, acreditando que essas formas "humanizariam" o operário e harmonizariam as relações capital/trabalho (Backstrom, 1974). Ludlow minutou a Lei das Sociedades Industriais e Previdenciais de 1852, que regulava (no sentido de proteção e contenção) as relações entre o estado e as cooperativas. Essa tentativa de ajustar o significado de cooperação foi contestada com eficácia pelos CWS ingleses e escoceses (estabelecidos em 1863 e 1868), que articularam uma ambição neo-owenista, baseada no princípio da cooperação de consumidores (Yeo, 1987, p.231). Essa estratégia, teorizada por Charles Gide na França, continha as suas próprias contradições, e a constante tensão entre os direitos e deveres de produtores e consumidores marcou a posterior ideologia e prática cooperativa na Grã-Bretanha e em outros centros.

Em 1914 a cooperação já se enraizara profundamente nas comunidades de classe operária, particularmente no Norte da Inglaterra. Uma contracultura, compreendendo um amplo repertório de formas educativas e recreativas, cresceu em torno do movimento; foi um equivalente da construção cultural que caracterizou o Partido Social-Democrata alemão antes da Primeira Guerra Mundial (Gurney, 1989). O "desmantelamento" dessa cultura faz parte daquela história social do século XX que nunca foi escrita. O movimento teve que lutar não apenas com o seu próprio projeto, mas também contra poderosas forças externas formadas contra ele. Mudanças no modo capitalista de consumo (Aglietta, 1976), em particular o desenvolvimento do "capitalismo de consumo" em seu sentido mais amplo, prejudicaram o progresso cooperativo na Grã-Bretanha e no Ocidente de maneira geral. O estado capitalista foi freqüentemente hostil e houve repetidas tentativas de taxar o "excedente" (para os críticos, lucros) cooperativo. Em 1933 associações mutualistas foram assimiladas a empresas acionárias e reservas cooperativas foram taxadas da mesma forma que as firmas capitalistas (Killingback, 1988). Essa hostilidade foi patente mesmo quando o poder político esteve nas mãos do Partido Trabalhista; o antagonismo entre diferentes alas do movimento trabalhista foi um constante fator incapacitante, resultado das identidades fragmentadas dos operários como produtores/consumidores, homens/mulheres, voluntaristas/estatistas.

O movimento britânico inspirou um desenvolvimento cooperativo através da Europa e América do Norte. Surgiram vigorosos movimentos nacionais na França, Alemanha, Áustria, Suécia, Dinamarca, Bélgica e Itália, cada qual com suas peculiaridades. As cooperativas de crédito desempenharam papel importante no movimento alemão, e seu fundador, Schulze-Delitsch, considerava a cooperação como um antídoto para a social-democracia marxista. O movimento francês, influenciado pelas idéias do socialista utópico Charles Fourier e mais tarde pelo anarquismo de Pierre Proudhon e o socialismo moderado de Louis Blanc, foi moldado pela experiência revolucionária de 1848 e 1871. As cooperativas agrícolas predominaram na Rússia e desempenharam um papel vital na Revolução de 1917, antes da coletivização sob Stalin (Carr, 1952).

Hoje em dia mais de 100 milhões de pessoas pertencem a cooperativas na Europa e América do norte. A experiência mais promissora desde a Segunda Guerra Mundial é o complexo de Mondragon, na região basca do Norte da Espanha. Fundado em 1958 por Arizmendi, um padre socialista, consiste atualmente em mais de 100 cooperativas empregando mais de 19 mil operários/proprietários, e provêem serviço bancário, habitação, educação, bem-estar social e bens de consumo — um exemplo vivo, ainda que isolado, da eficácia de uma "cultura cooperativa". Isso levou alguns comentaristas a descrever Mondragon como "um novo fenômeno na história cooperativa" (Thomas e Logan, 1982, p.76).

Os princípios de filiação voluntária e controle democrático servem amplamente para justificar que não se incluam nessa discussão formas de empreendimento coletivo desenvolvidas por estados socialistas e comunistas. Sua generalizada falta de sucesso indica a incompatibilidade entre a cooperação e as formas estatistas de transformação social. Isso fica bem ilustrado pelo *kolkhoz*, ou fazenda coletiva russa, que sofreu um fracasso espetacular na tentativa de resolver os problemas da produção agrícola na antiga União Soviética. O mesmo se pode dizer da aldeia de Ujamaa, na Tanzânia, imposta de cima por Julius Nyerere nos anos 60. No entanto, essa regra não deixa de ter a sua exceção: as iniciativas de AUTOGESTÃO de operários na ex-Iugoslávia e a comuna chinesa podem ser encaradas sob luz mais favorável. As comunas, formadas tanto nos distritos rurais quanto urbanos depois do Grande Salto para a Frente, em 1958, organizaram e regularam a produção, o consumo, a defesa e a educação. Alguns comentaristas as encararam como a realização parcial de uma utopia comunista (Melnyk, 1985, p.43). Os ganhos positivos representados por essas experiências correm o perigo de se perderem, na medida em que a Europa Oriental e a China buscam modos ocidentais de modernização capitalista.

Dois dos mais promissores movimentos atuais podem ser encontrados na Índia e no Japão. Existem cooperativas em praticamente todas as aldeias da Índia. Mais de 1/4 de milhão de sociedades, com 140 milhões de membros, têm alcançado grande sucesso, particularmente em granjas leiteiras e na produção de açúcar e fertilizantes. Fundado inicialmente pelos britânicos e usado para escorar o poder colonial no campo, o movimento continua a sofrer do seu legado de corrupção. Os partidos políticos têm interferido com freqüência nas questões cooperativas e indicado líderes contra os desejos dos associados. O resultado tem sido alienar o movimento de seus membros (Sharma, 1989). Em contraste, o movimento japonês, que teve origem no final do século XIX, desenvolveu uma forte estrutura democrática, com sua base centrada no "Han", ou grupo comunitário. Fundado no final dos anos 50, o Han é um pequeno grupo de consumidores (dez ou 12 famílias) que assina contrato com os fornecedores através da cooperativa dos consumidores locais e regula a qualidade e a distribuição. Essa forma garantiu alta participação dos membros e, junto com o *boom* econômico posterior à Segunda Guerra Mundial, ajuda a explicar o crescimento do movimento; o Japão tem hoje a maior organização cooperativa de consumidores do mundo, com mais de 11 milhões de membros, e um movimento próximo dos 13 milhões de dólares em 1986 (Hasselman, 1989).

Muitos defensores da cooperação continuam a encará-la como uma alternativa viável tanto ao socialismo de estado quanto ao capitalismo monopolista; daí a importância atribuída à regeneração do movimento russo pelo presidente Gorbachev, no final dos anos 80 (Gorbachev, 1988). O setor foi conseqüentemente revitalizado durante a *perestroika*, mas em conseqüência do fracasso desta iniciativa é improvável que ele venha a desempenhar o papel transformador um dia vislumbrado. A longo prazo, os problemas que hoje confrontam o sistema econômico mundial podem, de maneira geral, servir para destacar novamente a relevância das formas cooperativas sociais e econômicas.

Leitura sugerida: Bonner, A. 1961: *British Co-operation* • Cole, G.D.H. 1945: *A Century of Co-operation* • Desroche, H. 1964: *Coopération et développement: mouvements co-opératifs et strategie du développement* • Furlough, E. e Strikwerda, C., orgs. (no prelo): *Consumer Co-operation in Europa and America* • Jones, B. 1894: *Co-operative Production* • Laidlaw, A.F. 1981: *Co-operation in the Year 2000* • Sapelli, G., org. 1981: *Il movimento co-operativo in Italia* • Watkins, W.H. 1970: *The International Co-operative Alliance, 1895-1970* • Webb, C. 1927: *The Woman with the Basket.*

PETER GURNEY

movimento da juventude Envolvendo a tentativa organizada e consciente, por parte de jovens (entre o final da adolescência e o início da idade adulta), de promover mudanças sociais e políticas ou resistir a elas, o movimento da juventude pode surgir quando as instituições tradicionais não conseguem atender às necessidades de um grupo etário na sociedade, e quando um número crítico de jovens toma consciência de suas dificuldades comuns e sente que algo pode ser feito para aliviar seus problemas. A discrepância entre as necessidades ou aspirações individuais da geração mais jovem e as condições sociais, culturais e políticas existentes estão na raiz da inquietação juvenil (ver MOVIMENTO SOCIAL).

Os movimentos da juventude não são meramente formas aleatórias de comportamento coletivo, mas sim reações diretas a eventos e forças históricos. A atividade política juvenil tem mais probabilidade de ocorrer em países que passam por transformação rápida, onde, por toda uma variedade de motivos, a mistura particular de circunstâncias põe à prova a capacidade do sistema político de executar funções e serviços necessários. As sociedades que sofrem de instabilidade institucional juntamente com enfraquecimento da legitimidade e da eficácia proporcionam o ambiente ideal para um comportamento de protesto. Além dos protestos políticos, os movimentos da juventude podem assumir outras formas, incluindo movimentos estudantis, movimentos culturais (literários, artísticos, musicais), movimentos religiosos e de base étnica, movimentos ambientais, movimentos de paz/antibélicos e movimentos contraculturais (ver MOVIMENTO ESTUDANTIL; CULTURA DA JUVENTUDE; PAZ, MOVIMENTO PELA; CONTRACULTURA).

Se o problema da rebeldia dos jovens e de suas manifestações contra a sociedade adulta pode remontar à Antigüidade, os movimentos organizados da juventude — como forças conscientemente mobilizadas para a mudança — são um fenômeno relativamente recente na história moderna, que teve origem com a tendência ao nacionalismo. Desde o início do século XIX, houve cinco períodos destacáveis de extraordinária atividade de movimento da juventude: Jovem Europa (1815 a 1848, 1860 a 1890); Pós-Vitoriano (1890 a 1910): Grande Depressão (1930 a 1940); Geração 60 (1960 a 1970); e Geração 80 (1980 a 1990). O que começou como uma erupção sem precedentes de movimento da juventude quase dois séculos atrás, nos anos 60 já havia atingido uma escala global (Braungart e Braungart, 1990b; Esler, 1971).

Os movimentos da juventude são lutas de geração que incluem formas de conflito tanto inter- quanto intrageracionais. O conflito intergeracional implica dois processos dinâmicos. Primeiro, jovens denunciam instituições adultas por suas falhas e fraquezas. Em seguida, baseados em sua capacidade de mobilização, jovens autorizam sua própria geração a promover a mudança desejada. A existência do conflito intergeracional como força desestabilizadora na sociedade aumenta a probabilidade do conflito intrageracional, que ocorre quando unidades de geração dentro da mesma geração competem pelo poder e o controle (Mannheim, 1952). Essas unidades de geração rivais podem ser espontâneas (iniciadas pelos próprios jovens) ou promovidas por organizações adultas. As unidades de geração representam o espectro de orientações políticas, indo da esquerda à direita e de grupos moderados a grupos radicais (ver também NOVA ESQUERDA; NOVA DIREITA).

As explicações para os movimentos da juventude têm vindo de diferentes disciplinas. As explicações psicológicas sociais concentram-se nas características de desenvolvimento dos jovens que promovem conflitos com base etária e orientações políticas discrepantes, nas histórias familiares específicas e nos traços de personalidade de jovens ativistas políticos, bem como nas atitudes e comportamentos de participantes de um movimento da juventude. O motivo fundamental pelo qual os jovens são tão receptivos a formar movimentos da juventude e se engajar neles envolve as tendências de ciclo de vida do final da adolescência e início da idade adulta, particularmente os avanços no pensamento cognitivo, uma recém-adquirida consciência social e política, a busca de identidade, o desejo de autodeterminação e independência e a necessidade de coerência entre crença e comportamento (Erikson, 1968; Keniston, 1971).

As explicações sociológicas para os movimentos da juventude enfatizam a importância da socialização política (especialmente família, companheiros, escola e meios de comunicação), as experiências vividas em comum por um grupo de jovens crescendo juntos em uma sociedade em rápida transformação e as condições de sociedade e estruturas de oportunidade que facilitam a formação de movimentos da juventude (Heberle, 1951; Jenkins, 1987). De forma semelhante, as explicações históricas concentram-se na natureza única e eruptiva dos movimentos da juventude e identificam algumas de suas características cíclicas. Cientistas sociais e historiadores têm observado igualmente que os movimentos da juventude tendem a surgir quando um grupo de jovens relativamente grande sente que tem um conjunto de valores e experiências em comum que os tornam uma geração excepcional, e quando enfrentam certas descontinuidades históricas e têm oportunidade de mobilização (Esler, 1971; Moller, 1968). Um quadro interativo substancial para o estudo e comparação de movimentos da juventude inclui a considerações dos efeitos de ciclo de vida, grupo e período histórico, e o modo como essas forças se combinam (Braungart e Braungart, 1989).

Estudos empíricos dos movimentos da juventude e seus participantes ganharam a atenção mundial durante os anos 60, atenção que tem continuado desde então. Algumas das principais descobertas são que o desenvolvimento do curso de vida dos jovens — a direção de seus pontos de vista políticos e se são radicais ou mais moderados — é fortemente influenciado por experiências de socialização política em família. Além disso, os valores geracionais, os laços sociais e as orientações políticas expressas durante seus anos juvenis como ativistas têm probabilidades de continuar pela vida adulta, em vez de mudar ou desaparecer com o tempo (Braungart e Braungart, 1990a; Whalen e Flacks, 1989).

O estudo dos movimentos da juventude beneficia-se da abordagem interdisciplinar e interativa que tenta descobrir como os efeitos do curso de vida, do grupo e do período se combinam para produzir a atividade do movimento da juventude. A análise pode ser realizada em inúmeros níveis: histórico, internacional, nacional, local, grupal e individual. São adequadas tanto a metodologia quantitativa quanto a qualitativa e recomendadas as metodologias qualitativas. As investigações de pesquisa indicam que os movimentos da juventude surgem em parte devido à incapacidade dos regimes políticos e da sociedade adulta de resolver velhos problemas e de se adaptar a novas condições. O significado histórico e a difusão global dos movimentos da juventude são o testemunho da persistência dos jovens como força crítica e renovadora na história moderna.

Leitura sugerida: Altbach, P.G. 1989: *Student Political Activism: an International Reference Handbook* • Braungart, R.G. e Braungart, M.M. 1986: "Life-course and generational politics". *Annual Review of Sociology* 12, 205-31 o 1989: "Generational conflict and intergroup relations as the foundation for political generations". In *Advances in Group Process*, vol.6, org. por E.J. Lawler e B. Markovsky, p.179-203 • Eisenstadt,

S.N. 1956: *From Generation to Generation* • Feuer, Lewis S. 1969: *The Conflict of Generations* • Lipset, S.M. e Altbach, P.G., orgs. 1969: *Students in Revolt.*

RICHARD G. BRAUNGART E
MARGARET M. BRAUNGART

movimento de libertação colonial Em parte alguma o governo colonial proporcionou alguma reconstrução radical da sociedade. Os que estavam na base da pirâmide tenderam a afundar ainda mais, enquanto os benefícios da nova ordem iam para os que já se encontravam em melhor situação. Fundaram-se universidades, abrindo oportunidades para os que podiam entrar nelas, mas pouco se fez no campo da educação primária. Em todas as colônias, o analfabetismo continuou a ser o destino comum; as mulheres continuaram a ser, em grande parte, o "segundo sexo". Novas elites, ocupando o primeiro plano, derivavam em grande parte das antigas, embora — como no Japão em processo de modernização — não de suas camadas mais elevadas e fossilizadas.

Mesmo assim houve mudanças reais, afetando todas as classes. Novos meios de transporte e comunicação aceleraram a difusão de idéias. A educação ocidental abriu muitas janelas, ainda que a princípio apenas para uns poucos; os povos coloniais foram colocados em contato mais estreito uns com os outros, bem como com a Europa. Surgiram novos tipos de atividade comercial; novas profissões, como o direito ao estilo ocidental, a medicina e o jornalismo, fizeram surgir uma *intelligentsia* moderna. Dentro de suas fileiras, pôde nascer uma consciência nacional, inspirando interesse pela história, a língua e a cultura de uma nação. A Índia rapidamente demonstrou um gênio especial para o pensamento jurídico, uma demonstração de quanta capacidade mental jazia sem uso na Ásia, com culturas requintadas e vida política semibárbara. Os advogados viriam a desempenhar um papel imenso nos movimentos nacionais do tipo mais pacífico. Na Índia, Gandhi, Nehru e Jinnah eram todos formados em direito.

A idéia nacional teve origem na Europa Ocidental e daí por diante sempre houve — como ainda há — europeus lutando por uma independência nacional. Quando patriotas em terra distante começaram a examinar o seu próprio mundo, encontraram uma ideologia pronta para ser assumida e heróis para serem emulados, como Guilherme Tell ou Garibaldi. Alguns de seus países herdaram pelo menos um senso incipiente de nacionalidade, como fez o Vietnã com suas lembranças tenazes de ataques chineses repelidos muitos anos atrás. Outros, como a Índia e muitos países da África, tinham pouca ou nenhuma consciência desse tipo, embora a ocupação britânica da Índia tivesse sido obrigada a superar uma rígida resistência regional. O governo ocidental gerava descontentamentos por um lado, ambições por outro. Ambas as coisas podiam levar à convicção de que o que era necessário a um povo era transformar-se em nação e rumar para a liberdade.

Tal idéia só podia surgir, a princípio, em mentes com acesso à educação e ao exemplo estrangeiros; para reunir força, ela precisava expandir-se muito mais. Os líderes potenciais tinham que convencer seu povo de que o sofrimento de muitos de seus membros se devia à injustiça estrangeira. O que era conhecido nos círculos nacionalistas indianos no início deste século como a "teoria do sorvedouro" (criada em parte por simpatizantes britânicos) ensinava que a Índia era pobre devido ao tributo carregado ano após ano para a Grã-Bretanha. Esse argumento, e seus muitos paralelos em outros lugares, tinha base em fatos, bem como alguns exageros; disfarçava, o que era igualmente verdade, o fato de muitíssimos indianos, e outros, serem explorados por seus próprios conterrâneos. Se evidentemente esses conterrâneos tomavam o lado do estrangeiro quando de alguma luta decisiva, sua má conduta social e sua atitude impatriótica poderiam muito bem receber a devida ênfase.

Os ressentimentos assumiam muitas formas específicas, todas ampliadas pelo impacto psicológico do governo estrangeiro, da arrogância do homem branco e de sua indisfarçada crença na inferioridade dos que se encontravam sob sua por vezes áspera autoridade. Muitos dos que tinham qualificações modernas, maiores ou menores, tinham de competir por cargos no governo, que eram sempre muito poucos, à falta de outro tipo de emprego. Os mais qualificados queriam que colocações melhores, civis e militares, lhes fossem abertas, em vez de serem reservadas aos brancos. Desejavam uma participação no governo, a princípio bastante modesta. Conseguiam encontrar aliados entre os empresários de tipo mais novo, aprendendo os métodos dos negociantes e industriais estrangeiros, aspirando em seguida a com eles rivalizar, tal como fizeram nos anos 20 na indústria de juta em Bengala. Era uma queixa cada vez mais insistente a de que a indústria nativa não era protegida por tarifas, como acontecia nas nações industrializadas do Ocidente.

Em nível inferior, e freqüentemente irrompendo em pequenas revoltas ou distúrbios locais, em geral totalmente isoladas de qualquer movimento nacional organizado, havia protestos contra impostos rurais pagos por camponeses ou, em algumas colônias africanas, impostos individuais; a erosão dos direitos consuetudinários sobre as terras incultas ou nas florestas; o trabalho compulsório e, em alguns impérios, especialmente o francês, o recrutamento para os exércitos que todos os impérios formavam em suas colônias e geralmente usavam no exterior, até mesmo, durante as duas guerras mundiais, na Europa.

A decisão de modificar e por fim encerrar o domínio colonial podia seguir um caminho basicamente pacífico, "constitucional", ou recorrer à força. O caminho tomado dependia tanto da história, da estrutura social e da cultura de um país quanto da atitude da potência governante. As táticas de Gandhi, com seu colorido emocionalmente religioso, foram peculiares à Índia hindu; só seriam praticáveis sob um regime comparativamente liberal e moderado, como o britânico. Um vice-rei francês ou alemão em Déli teria dado ao Mahatma uma resposta bem mais rude. A oficialidade britânica tinha de procurar estar em harmonia com a corrente de opinião da Inglaterra, dando um pouco de tempo ao tempo. Já tinha havido deslizes graves antes: na Irlanda em 1798, na Índia em 1857-8, durante o Motim, na Jamaica em 1865. É preciso acrescentar que os ingleses estavam contaminados, mais que a maioria dos europeus, pelo preconceito racial. Mesmo assim, depois de 1858, só por uma vez, no Punjab, em 1919, em um caso de histeria de fim de guerra, os ingleses e a Índia tiveram uma confrontação feroz. O temperamento francês era mais militarista. A autoridade francesa na Indochina apoiava-se de modo demasiadamente pesado na Legião Estrangeira; no Norte da África, essa autoridade notoriamente pertencia mais ao exército de ocupação do que ao governo em Paris. Uma oposição séria só poderia assumir uma forma, a da insurreição.

A explosão de 1857 pertenceu mais a uma Índia antiga do que à nova e não conseguiu espalhar-se para além do vale do Ganges. Ela efetivamente reuniu muçulmanos e hindus e, neste século, foi encarada como o ponto de partida para o nacionalismo indiano. A maior parte das províncias, no entanto, permaneceu quieta durante longos períodos depois de sua conquista, de forma que o governo britânico pôde assumir um aspecto de naturalidade e permanência. Uma geração depois do Motim, agitava-se um sentimento de um novo tipo político, a princípio dentro de uma elite que recebera educação britânica, nutrida pelos anais históricos ingleses, de Hampden a Gladstone. Em 1885 fundou-se o Congresso Nacional Indiano, com algum estímulo britânico. A princípio não passava de uma associação de membros da pequena elite profissional, tomada de espírito público, com educação e idéias inglesas, que se reunia anualmente para discutir as necessidades do país; pouco a pouco essa pequena elite aprendeu a mobilizar um amplo apoio popular para suas propostas e cresceu, transformando-se em partido político regular, primeiro e maior da Índia. A reação oficial foi providenciar cautelosas válvulas de segurança. Uma delas foi a publicação de um jornal, tolerado, embora atentamente vigiado. Estabeleceram-se corpos governamentais locais, eleitos para um âmbito reduzido de atuação e aos quais mais tarde se concedeu maior margem operacional; estes proporcionaram a políticos, muitos deles advogados, sua primeira plataforma. Os ministros da Coroa foram deixando tácito, embora sem assumir compromisso algum, que a Índia estava sendo treinada para se autogovernar em algum futuro não especificado.

Esse reformismo moderado, respeitado por ambas as partes, do lado indiano foi acompanhado por manifestações eloqüentes e não-insinceras de lealdade à ligação com a Grã-Bretanha. Não obstante, a impaciência crescia. Todas as colônias britânicas de população branca já se autogovernavam: foi um processo paralelo à ampliação dos direitos de voto na Inglaterra, e a revolução norte-americana servira de aviso contra as postergações. Mas os indianos não podiam deixar de perguntar por que, nesse aspecto, tinham de ser preteridos aos africânderes, bem poucos anos depois da Guerra dos Bôeres, quando estes já haviam sido denunciados como piores do que bárbaros. Bengala, a mais antiga província britânica, foi a primeira a começar a se insurgir, nos anos anteriores a 1914, com um boicote às mercadorias britânicas e alguma atividade terrorista limitada. Nesse caso, a Irlanda foi o modelo. No período 1914-18, o Congresso Nacional tanto se expandiu quanto assumiu feição mais radical. Isso foi um reflexo das pressões do tempo de guerra sobre a Índia. Economicamente, houve um *boom*, que fortaleceu os setores comercial e industrial, ao mesmo tempo que os preços altos e a escassez infligiam graves sofrimentos ao povo. Politicamente, falava-se muito do lado aliado que aquela era uma guerra pela liberdade e o progresso; nacionalistas de muitos países, tão distantes até quanto a Coréia, imaginaram que o estabelecimento, ao final da guerra, da Liga das Nações era o arauto de uma nova era.

Gandhi era agora o espírito mobilizador no Congresso, com sua tática de mobilização de massas combinada à não-violência e à "desobediência civil". Essas táticas tiveram mais apelo junto às classes médias; operários e camponeses estavam se organizando dentro de linhas diferentes, com liderança parcialmente comunista, e os pontos críticos em suas lutas não coincidiam com os do movimento nacional. Para esse movimento, isso era uma fraqueza, mas ao mesmo tempo preservou o congresso da divisão de classes interna e da contaminação socialista. Empresários ricos, sempre avessos ao nacionalismo de esquerda, não tardaram, portanto, a oferecer apoio financeiro. Tinham muitas esperanças na independência. Outra deficiência do Congresso era que, permanecendo de vários modos como um organismo socialmente conservador, tinha uma ala direitista solidamente hindu e antimuçulmana. Jawaharlal Nehru, com suas simpatias socialistas, queria que o Congresso atraísse as massas muçulmanas, atendendo as suas queixas sociais e econômicas; isso era algo que o Congresso não podia fazer, pois essas queixas se dirigiam contra os hindus mais ricos, bem como contra os britânicos. A partir do final dos anos 30 os comunalistas muçulmanos que pregavam a separação começaram a ganhar terreno. Durante os anos da guerra, a Liga Muçulmana, encabeçada por Jinnah, teve plena liberdade para difundir sua propaganda, enquanto o Congresso ficava na oposição e seus líderes, depois da derrota do "Levante de Agosto" de 1942, estavam na prisão.

Depois da guerra a independência era inevitável, no mínimo porque a Inglaterra estava cansada e não podia mais contar com a lealdade das agora enormes forças armadas indianas. O governo trabalhista, eleito em 1945, teve sensibilidade suficiente para reconhecer esse fato, e a independência veio em 1947; mas vieram também as divisões e os massacres comunais em uma escala horrenda, o mergulho em um derramamento de sangue que a política gandhiana havia sido criada para impedir. Com a perda da Índia, seguiram-se necessariamente a Birmânia e o Ceilão. Os ministros trabalhistas demoraram a perceber que a África estava despertando, mas em 1960, quando a Nigéria foi libertada, os tóris ingleses também concordaram em que não havia alternativa. Fizeram uma exceção para as colônias onde ocorrera o estabelecimento de populações brancas. Na África Ocidental, o clima e as doenças haviam impedido que isso acontecesse. No Quênia e na Rodésia, travaram-se guerras de guerrilha.

Por toda parte no mundo colonial, os anos de colapso, em torno de 1930, foram uma época calamitosa e intensificaram o desagrado com relação ao domínio ocidental. Na Indonésia e na Indochina houve tentativas de levantes armados. Depois de 1945, os holandeses lutaram em vão para recuperar o controle da Indonésia, onde o partido nacionalista se havia ampliado, como na Birmânia, sob o patronato japonês. Desacreditado pela queda da França durante a guerra, o império francês não conseguiu restabelecer-se nem através de massacres na Argélia e em Madagascar, nem por meio da inauguração, em 1946, de uma "União Francesa", que do império só diferia no nome. No Vietnã, havia muitos motivos de descontentamento, entre eles a tomada da terra a ser transformada em plantações pelos colonos franceses e os maus-tratos impostos aos trabalhadores. A restauração do poder francês sofreu resistência imediata, no Norte, a iniciativa foi rapidamente tomada por Ho Chi Minh e os comunistas, os quais, tal como na Malaísia, haviam combatido os japoneses (enquanto os franceses se haviam submetido a eles). Eram recrutados principalmente entre o campesinato, mas, como em muitos países, receberam a adesão de estudantes e, de forma mais gradual, de boa parte da *intelligentsia*, desatualizada e predominantemente rural. Operações de guerrilha levaram, em estágios, à criação do exército que, em 1954, derrotou e capturou um exército francês em Dien-Bien-Phu.

Os franceses desistiram e se retiraram, mas seu lugar foi rapidamente tomado pelos norte-americanos, que até 1972 persistiram na tentativa terrivelmente destrutiva de esmagar o movimento nacional. Nesse intervalo, poucos meses depois de Dien-Bien-Phu, prorrompeu a revolta argelina, liderada pela FLN (Frente de Libertação Nacional). Os argelinos também haviam sido privados de grande parte de sua terra para dar lugar a fazendeiros franceses ou cosmopolitas. A Argélia era, na teoria ou na ficção legal, parte da França, não uma colônia, e os colonizadores, apoiados pelo exército, vetaram qualquer idéia de retirada. Em 1958 caiu a Quarta República do pós-guerra e De Gaulle voltou ao poder. Em 1961 ele, por sua vez, foi quase derrubado pelo exército, mas em 1962 estava suficientemente forte, além de suficientemente racional, para abandonar o conflito. A luta não havia ultrapassado o nível da guerrilha, mas já havia infligido um dano imenso ao povo argelino.

Em 1919 a Terceira Internacional, ou Internacional Comunista, foi estabelecida em Moscou, com um programa de atividade nas colônias, bem como no Ocidente. O socialismo, geralmente em sua forma comunista, tornou-se fator de agitação nacionalista praticamente por toda parte, especialmente quando havia luta envolvida. Era-lhe possível assumir o primeiro plano ou porque, como no Vietnã e na China, os partidos de classe média não conseguiam mostrar as qualidades necessárias, ou porque não existiam essas classes ou partidos, como na África portuguesa. Dentro de vários movimentos nacionalistas havia uma controvérsia crônica quanto a se a filiação ou colaboração comunista deveria ser aceita, e dentro dos partidos comunistas quanto a se deviam colaborar com "nacionalistas burgueses" ou se manter à parte e organizar a classe operária e o campesinato separadamente. Na Índia, os comunistas foram sempre encarados com suspeita pelos conservadores do Congresso e seus aliados capitalistas, bem como pelos zelotes religiosos, e eles próprios encaravam o Congresso e Gandhi, pessoalmente, como timidamente reformistas e conciliadores. Ficaram de fora do levante de 1942, quando o Congresso esteve mais perto de adotar táticas revolucionárias como as deles próprios, pois isso seria prejudicial ao esforço de guerra e, conseqüentemente, à União Soviética. Com isso, perderam boa parte do respeito do público.

Muito do valor dos movimentos de libertação colonial reside no efeito que tiveram sobre estruturas sociais arcaicas, sacudindo-as mais intensamente que o governo colonial — em alguns sentidos fossilizante — conseguira fazer. As mulheres, por exemplo, assumiram papel considerável nas atividades tanto políticas quanto militares. O esforço armado exigia que as energias populares fossem plenamente recrutadas. Onde ele triunfou, os colaboradores nativos do regime colonial foram varridos junto com o próprio regime — embora uma guerra tão devastadora quanto a do Vietnã possa deixar um país exaurido demais para qualquer espécie de recuperação rápida. Por outro lado, quanto mais superficial o esforço, mais probabilidades de o governo imperial ser trocado apenas por um governo neoliberal. As colônias que se viram sozinhas sem preparo algum, como as da África subsaariana, largadas por De Gaulle, ou o Congo, pela Bélgica, ficaram em estado de estagnação ou de caos. A Malaísia permaneceu sonolenta desde que os britânicos, depois de derrotarem um levante de guerrilha por parte da metade chinesa da população, confiaram o poder aos malaios nativos e a seus chefes cautelosamente conservadores.

Quando a Índia se tornou livre, o serviço público, treinado pelos ingleses, que se mostrara leal até o último momento aos antigos senhores, foi assumido inalterado por seus sucessores; mas sua inércia foi contrabalançada pela perspectiva radical de Nehru e da ala mais progressista do Congresso. A Índia permaneceu fiel ao modelo britânico de governo parlamentar. Depois de conflitos armados, como na China e em Cuba, o resultado mais provável era alguma forma de ditadura de esquerda. Onde não houve nenhuma luta popular significativa, como nas Filipinas, no Paquistão ou no Congo, o resultado foi uma ditadura de direita.

Ver também COLONIALISMO.

Leitura sugerida: Betts, Raymond F. 1985: *Uncertain Dimensions: Western Overseas Empires in the Twentieth Century* • Davidson, Basil 1955: *The African Awakening* • Fanon, Frantz 1961 (*1983*): *The Wretched of the Earth* • Gupta, Partha Sarathi 1975: *Imperialism and the British Labour Movement, 1914-64* • Hodgkin, Thomas 1981: *Vietnam: the Revolutionary Path* • Kiernan, V.G. 1982: *From Conquest to Collapse: European*

Empires from 1815 to 1960 • Mansfield, Peter 1971: *The British in Egypt* • Sarkar, Sunit 1989: *Modern India, 1885-1947* • Seal, Anil 1968: *The Emergence of Indian Nationalism* • Wolf, Eric R. 1971: *Peasant Wars of the Twentieth Century*.

V.G. KIERNAN

movimento de mulheres Evocando uma coletividade de mulheres que se mobilizam para protestar ou para sair em busca de objetivos em comum, essa descrição é usada, em geral, simultaneamente com movimento feminista, mas os movimentos de mulheres antecedem o FEMINISMO e podem ser diferentes dele. São movimentos sociais que exibem uma heterogeneidade de objetivos e formas de associação ou de organização (ver também MOVIMENTO SOCIAL).

Os movimentos de mulheres têm surgido em todas as regiões do mundo e são mencionados na maior parte da história documentada. O Corão refere-se a um levante de mulheres no Sul da Arábia, as quais, segundo os estudiosos, estavam protestando contra a proibição, por Maomé, de que as mulheres exercessem o comércio. A história da América Latina e da África coloniais contém exemplos de escravas e camponesas rebelando-se contra as leis ou práticas do estado imperial, ou mobilizando-se para defender seus interesses econômicos. Na Europa do século XVIII mulheres formaram suas próprias associações, algumas das quais participaram da Revolução Francesa. Mais tarde, no tumulto revolucionário da década de 1840, os movimentos de mulheres se desenvolveram, e foi fundado um jornal em defesa dos direitos das mulheres, *Les Voix des Femmes* (As Vozes das Mulheres). Embora houvesse comparativamente poucos desses primeiros movimentos, e eles tenham permanecido isolados e esporádicos, sua incidência, volume e ímpeto cresceram nos séculos XIX e XX, à medida que a sociedade civil se desenvolvia e que as restrições que inibiam as mulheres de entrar na vida social e política iam se enfraquecendo.

Foi no século XIX que mulheres de muitas regiões do mundo começaram a se organizar contra as desigualdades baseadas no sexo e a exigir reformas jurídicas visando remover os controles patriarcais na família e na sociedade em geral. Algumas dessas iniciativas foram tomadas por indivíduos ou grupos independentes, algumas elaboradas em associação com movimentos mais amplos por mudanças sociais, algumas com partidos políticos. As idéias de emancipação das mulheres eram particularmente atraentes àqueles inspirados pelas idéias do Iluminismo. Movimentos nacionalistas liberais, socialistas e modernizantes foram forças importantes em apoio a mudanças jurídicas e sociais na posição das mulheres, tendo atraído muitas ativistas para suas fileiras. Apesar de todas as suas diferenças ideológicas, elas tinham em comum um amplo compromisso com a construção de uma sociedade moderna na qual as estruturas tradicionais da sociedade patriarcal e as formas de estado associadas à opressão das mulheres seriam substituídas por uma forma de administração civil mais racional, justa e igualitária.

Embora idéias e textos feministas possam ser encontrados em muitos séculos anteriores, foi também no século XIX que o feminismo pela primeira vez surgiu como força ideológica e política influente. A palavra feminista foi usada por militantes pelos direitos das mulheres não apenas nos Estados Unidos e na Europa, mas também em países como Japão, Turquia, Rússia, Argentina, Filipinas e Índia. Embora abrigasse divergências em seus objetivos e estratégias e, portanto, estivesse aberto a uma variedade de interpretações, o feminismo, em diferentes contextos regionais e culturais, estava associado a um compromisso com o fim da desigualdade sexual e a emancipação das mulheres da opressão. Os primeiros movimentos feministas, como a Associação Feminista Filipina, fundada em 1905, ou o Seito (Meia Azul), estabelecido no Japão em 1911, fizeram campanha pelo voto e o acesso à educação, ao mesmo tempo em que se opunham à discriminação baseada no sexo e buscavam melhorar a situação jurídica das mulheres. Essas associações de mulheres buscavam seus objetivos a partir de uma variedade de diferentes pontos de vista. Alguns, como a Sociedade das Mulheres Persas, de 1911, enfrentaram atitudes e leis religiosas profundamente entranhadas; outros trabalharam dentro do contexto de estados liberais por maior igualdade jurídica e pelo voto; outros ainda ligaram sua luta por igualdade a uma revolução socialista. Em regiões menos desenvolvidas do mundo, como Turquia, Índia, China e Egito, as associações feministas viam seus interesses representados dentro do projeto de um nacionalismo modernizante, enquanto outras permaneciam independentes dos partidos políticos, comprometidas com uma interpretação mais radical da idéia de libertação das mulheres que ia além da igualdade dos direitos para abraçar questões de sexualidade e relações interpessoais.

A história do feminismo divide-se em dois períodos amplos. A "primeira onda", como às vezes é chamada, é a do período de 1860 a 1920. É representada acima de tudo por direitos iguais e movimentos reformistas, os maiores e mais bem-sucedidos dos quais foram os dos Estados Unidos e Grã-Bretanha. A primeira convenção pelos direitos das mulheres na América do Norte foi realizada em 19-20 de julho de 1848, em Seneca Falls, e é às vezes encarada como o momento fundador do feminismo ocidental. Na Grã-Bretanha, a primeira onda feminista alcançou sua mobilização mais significativa no início do século XX, com as lutas pelo sufrágio feminino, que culminaram com a vitória em 1918.

O segundo período de maior força organizacional do feminismo começou no final dos anos 60. Brotou do clima de radicalismo estudantil na Europa, e nos Estados Unidos fez parte do movimento pelos direitos civis. O feminismo da segunda onda ergueu-se a partir das percepções de algumas das primeiras teóricas, como Simone de Beauvoir, e gerou maior diversidade de abordagens teóricas, objetivos e estratégias do que seus predecessores. Os movimentos feministas desse período são convencionalmente divididos em duas correntes principais; uma, tipificada como movimento reformista, preocupava-se principalmente em obter direitos iguais e em eliminar a discriminação contra as mulheres; a outra, caracterizada como a tendência de libertação das mulheres, preocupava-se em realizar um programa mais radical de mudança social e continha correntes radicais e revolucionárias. Enquanto a primeira corrente, típica da tendência dominante nos Estados Unidos, estava ligada a uma maior integração e influência sobre o sistema político e à realização de uma série substancial de reformas jurídicas, a última, mais característica dos movimentos europeus, mostrava-se mais crítica quanto às medidas reformistas e defendia iniciativas de auto-ajuda local dentro de uma forma de associação antielitista e descentralizada. Ambas as variedades, porém, partilhavam uma perspectiva comum com relação a algumas questões e certos objetivos, e em ambos os casos a campanha pelo aborto voluntário se tornou uma questão mobilizadora tão importante quanto havia sido o sufrágio para a primeira onda feminista.

A segunda onda feminista foi um dos movimentos sociais mais importantes do período do pós-guerra, tendo sido capaz de mobilizar grande número de mulheres. Em 1985, nos Estados Unidos, a National Organization of Women (NOW), reformista, tinha em seu quadro 1/4 de milhão de associadas, enquanto que na Grã-Bretanha, Itália e França as manifestações de mulheres em campanhas por questões específicas podiam atingir 3/4 de milhão. Fora do mundo anglo-saxão, as feministas também começaram a se organizar a partir do início dos anos 70; surgiram grupos feministas na Iugoslávia, México, Peru, Índia e até na União Soviética. Algumas dessas iniciativas evoluíram para movimentos sociais significativos nos anos 80.

Foi só em tempos comparativamente recentes, em seguida ao advento da "segunda onda feminista", que os movimentos de mulheres começaram a receber a atenção dos estudiosos. Analistas de fenômenos políticos como movimentos sociais urbanos, revoluções e levantes populares tendiam a concentrar a atenção na dinâmica de classe e a ignorar de maneira geral o conflito quanto às linhas de gênero e etnia. Como resultado, raramente reconheciam a presença de mulheres nesses movimentos ou consideravam as características específicas conferidas por sua participação e pelos próprios esforços independentes de organização das mulheres. Historiadoras e cientistas sociais feministas encarregaram-se de reparar essa ausência a fim de recuperar o que, na expressão de Sheila Rowbotham, havia sido "escondido da história".

O crescente interesse pelos movimentos de mulheres tem gerado estudos dos vários tipos de ação coletiva feminina que têm ocorrido e isso vem revelando a amplitude de atividades políticas em que as mulheres se engajam. Essa atividade variou dos movimentos espontâneos de protesto de tipos variados até campanhas feministas por direitos iguais e, nos anos 80, mobilizações conservadoras ou fundamentalistas de mulheres nos Estados Unidos e no mundo islâmico. Tal variedade de mobilizações demonstra que as mulheres não apenas foram agentes políticos significativos, como também se mobilizaram coletivamente na busca de uma ampla variedade de objetivos: às vezes a prioridade era alcançar maior igualdade sexual; em outras ocasiões era dar apoio a objetivos políticos mais amplos; e em outras ainda era apoiar mudanças jurídicas que, por motivos religiosos, exigiam uma definição e, às vezes, como no caso dos movimentos antiaborto, uma restrição de seus direitos anteriores.

Esse trabalho de descoberta tem levado a uma reavaliação da participação política das mulheres e ajudado a minar a visão comumente aceita de que as mulheres não são agentes políticos e de que sua esfera adequada de influência é dentro do domínio natural da esfera privada. Se estudiosas feministas reconheceram a masculinização do espaço político e a exclusão histórica das mulheres desse espaço, também destacaram que o feminismo ampliou o significado da própria política, passando a incluir resistência e confronto com respeito a relações de poder tanto no âmbito privado quanto na sociedade como um todo. Em geral, a análise dos movimentos de mulheres tem levado alguns autores a propor que eles representam acima de tudo desafios informais à corrente política predominante. Tal como outros "novos movimentos sociais", o desafio representado pelos movimentos de mulheres se estende também às concepções ortodoxas sobre o conteúdo e domínio apropriado da política, contido no slogan feminista "O pessoal é político".

A variedade e o caráter do movimento de mulheres têm colocado várias questões analíticas ainda por resolver. A primeira diz respeito à necessidade de diferenciação entre os variados graus de ação social (coletiva), de tal forma que *movimento* significa um avanço qualitativo e quantitativo com respeito a formas de solidariedade ou de associação que podem ser pequenas em escala, dispersas e relativamente de pouco poder. Essas últimas formas, que poderiam surgir com base em uma acanhada "cultura de mulheres", incluem redes de comunicação, clubes e círculos literários. Se por um lado elas podem marcar o início de um movimento, ou formar uma parte dele, são analiticamente distintas dele com respeito a força numérica, poder organizacional e impacto social.

Uma segunda questão é se o feminismo pode ou deve gerar objetivos capazes de ter uma aplicação universal. Virginia Woolf escreveu: "Como mulher, não tenho pátria. Como mulher, não tenho necessidade de uma pátria." O slogan de Robin Morgan nos anos 70, "A irmandade é global", foi criticado por feministas negras e do Terceiro Mundo por presumir que mulheres de todas as classes e de todas as religiões necessariamente partilhavam interesses e laços de solidariedade comuns. Elas propunham uma visão mais diferenciada dos interesses das mulheres como sendo formados por fatores tais como classe e etnia, de modo que podiam levar a relações de dominação e subordinação entre mulheres. Seguiu-se que os objetivos do feminismo estariam sujeitos a alguma variação, e diferentes movimentos formularam suas prioridades de acordo com isso. Embora tal reconhecimento não precisasse negar que seria possível criar alguma base para a ação coletiva e objetivos comuns, significava que a solidariedade entre mulheres não era dada somente pelo fator do gênero.

Embora a diversidade de lutas feministas dentro de um dado país ou região do mundo torne enganosas as generalizações simples, certas diferenças têm destacado a variedade ocidental da maior parte das outras variedades de feminismo, incluindo seu maior compromisso com a auto-realização individual, dentro do qual questões de sexualidade, linguagem e cultura têm sido postas em destaque. Em contraste, muitas feministas das regiões pós-coloniais do mundo formularam seus objetivos dentro de uma estratégia geral que dá prioridade ao trabalho entre os pobres, à independência nacional e à mudança econômica e social.

Uma terceira questão, correlata, gira em torno dos objetivos que os movimentos de mulheres, em oposição aos confessadamente feministas, têm tendido a buscar. Historicamente e em uma perspectiva transcultural, uma forma recorrente de movimento de mulheres surgiu com base nos papéis das mulheres na família. Esses movimentos, tipicamente, implicam lutar pela provisão de necessidades básicas ou por direitos de CIDADANIA. Tais movimentos têm duas características principais. Estão estreitamente identificados com construções sociais particulares de feminilidade e maternidade, e estão ligados a essas identidades de modo importante. As mulheres que participam desses movimentos ou ações em geral encaram seu envolvimento político como uma extensão natural de seus papéis na família e como baseado em sentimentos primordiais, intrinsecamente femininos. Em segundo lugar, como função disso, as participantes dessas formas de luta tendem a formular o objetivos de suas ações em termos amplamente altruístas, e não em termos destinados a promover seus interesses pessoais como mulheres. Na maioria dos casos, seus interesses se identificam estreitamente com o lar, o bem-estar de seus membros e suas condições de existência na comunidade. Exemplos de tais movimentos "baseados no papel da mulher" são as mobilizações de mulheres nas grandes favelas da América Latina, exigindo comodidades básicas, e os movimentos "de mães" surgidos de forma atípica, porém não-exclusiva, em regiões onde a maternidade desfruta de um status social especial conferido pela religião e pela cultura. Movimentos "de mães", como as Madres de la Plaza de Mayo, na Argentina, ou iniciativas em favor da paz, como as "Mulheres de Luto", que surgiram em inúmeros países, incluindo Israel, são essencialmente movimentos de protesto contra a violência do estado, e seus membros tendem a ser arregimentados entre parentes (em geral, mães e avós) de vítimas da repressão ou da guerra. Tais movimentos de protestos têm surgido, em geral, em contextos onde a repressão ou violência de estado esmagou outras formas de oposição organizada.

Essas formas de mobilização feminina, anteriormente consideradas a antítese do feminismo autoconsciente, sofreram certa reavaliação nos anos 80. A pluralização dos pontos de vista a respeito de como caracterizar os interesses das mulheres foi acompanhada por um questionamento dos modelos de libertação das mulheres, visando eliminar diferenças entre os papéis sociais de mulheres e homens. Em vez de as mulheres se adaptarem aos papéis dos homens, algumas feministas defenderam a recolocação e a reavaliação da feminilidade e dos papéis tradicionais das mulheres dentro da família. Uma conseqüência foi o fortalecimento da convicção, dentro de algumas correntes do feminismo, de que algumas mulheres eram dotadas de atributos especiais (seja pela natureza ou pela "socialização"), e que estes estavam ligados à condição de mãe, atividade que predispunha as mulheres à criação e explicava suas preocupações políticas com questões como paz, vida social e democracia. Um dos indícios mais claros dessa tendência foi o Manifesto das Mães, emitido por uma sessão do Partido Verde alemão ocidental em 1987, que exigia o reconhecimento da importância política da condição de mãe e incluía exigências tais como a revisão do planejamento urbano, o pagamento de pensões para as que tomavam conta da casa, emprego flexível, maior tempo de lazer e facilitação da atividade política para as mães.

Embora se afirme às vezes que movimentos desse tipo com base no papel das mulheres são os exemplos extremos da política *de mulheres*, existe um recurso ao NATURALISMO em sua caracterização das mulheres como mais éticas que os homens, mais dispostas a conciliar, mais democráticas e mais amantes da paz. Essa abordagem tem sido criticada por idealizar e essencializar atributos de gênero; em geral também exclui uma consideração da construção social desses atributos e de outras formas de participação política feminina que não se conformam ao modelo comportamental o mesmo o contradizem plenamente.

Leitura sugerida: Jayawardena, Kumari 1986: *Feminism and Nationalism in the Third World* • Rowbotham, Sheila 1974: *Women, Resistance and Revolution.*

MAXINE MOLYNEUX

movimento ecológico Formada no final dos anos 70, a Aliança Política Alternativa alemã ocidental, ou "Partido Verde", foi amplamente saudada como um importante novo caminho na política européia. O movimento reuniu remanescentes das radicalizações estudantis dos anos 60, alguns elementos da esquerda marxista extraparlamentar, "iniciativas dos cidadãos" locais e "novos movimentos sociais", como o dos ativistas pelos direitos dos homossexuais, ecologistas, feministas e militantes antinucleares e pela paz, junto com elementos mais conservadores e libertários.

No final dos anos 80 havia partidos políticos verdes em praticamente todos os países europeus, incluindo o Reino Unido, onde o minúsculo Ecology Party mudou o nome para Green Party [Partido Verde] em 1985. Até agora, a conquista eleitoral mais destacada dos verdes britânicos foi seu resultado nas eleições de 1989 para o parlamento europeu, quando seus candidatos receberam um total de 3,25 milhões de votos.

Embora as manifestações mais visíveis do movimento verde sejam os partidos verdes e os grupos de pressão dos ambientalistas radicais, é importante ter em vista certa distinção entre o movimento e suas expressões políticas. Muitos verdes continuam desconfiados e até hostis com relação aos partidos políticos, mesmo nos casos em que o partido proclama ser um tipo de partido radicalmente novo. Também as concessões de estrutura e dos programas partidários, impostas pelas vicissitudes da política eleitoral, levaram alguns partidos verdes a se afastarem das concepções verdes radicais de muitos de seus membros e defensores mais "fundamentalistas". O tema unificador do movimento é uma inquietação profunda quanto às conseqüências ambientais do fornecimento de padrões de crescimento econômico em escala global. Diferentemente dos ambientalistas que buscam a reforma, os verdes não fazem fé em avanços tecnológicos nem em melhorias do gerenciamento ambiental. Para eles, a crise ambiental demanda nada mais nada menos que uma profunda transformação da vida política, social e econômica: a criação de uma sociedade sustentável. Existe muita coisa em comum entre os verdes, mas é questionável se determinado programa político decorre dessas preocupações, e é verdade que é possível encontrar partidos com pretensão o rótulo de "verde" abraçando programas tradicionalmente associados com a esquerda e a direita do espectro político.

O Partido Verde alemão tem sido um dos mais bem-sucedidos e também tem exercido muita influência como modelo para partidos verdes em outros países. Seu programa político relaciona uma transformação econômica ecologicamente necessária com questões de justiça social, direitos das mulheres, paz, autonomia regional e local, liberdades civis e democracia radical. Tentando combinar ação extraparlamentar com política eleitoral, os verdes estabeleceram-se como um partido político de âmbito federal na Alemanha Ocidental em 1980. Seus primeiros desempenhos nas urnas foram irregulares, refletindo diferenças locais em termos de consciência popular e do preexistente equilíbrio de forças, bem como divisões entre facções de esquerda e de direita dentro dos próprios verdes. Depois da saída dos principais grupamentos de direita, os verdes consolidaram e expandiram seu apoio eleitoral, rompendo a barreira dos 5% para entrar no parlamento federal nas eleições de 1983. Sua base eleitoral tem sido ampla, embora conseguida desproporcionalmente entre os setores mais jovens, mais bem instruídos, de classe média e profissionais liberais. Nas questões sociais e econômicas, os defensores do Partido Verde ficam em geral à esquerda do Partido Social-Democrata (SPD) e, se não são eleitores pela primeira vez, provavelmente têm uma história de apoio ao SPD. Refletindo os valores democráticos radicais dos membros do movimento verde, o Partido Verde partiu para ser um partido de "novo tipo", com uma constituição criada para manter um controle popular descentralizado sobre programas de ação, liderança, representantes parlamentares e alocação de recursos, e também para garantir plena participação por parte dos membros femininos.

Os programas dos verdes são uma conciliação entre as diferentes tradições políticas reunidas no movimento. No campo da defesa, a oposição às armas nucleares combina-se à visão de uma Europa não-alinhada, e ao rompimento dos principais blocos militares. O programa econômico dos verdes favorece a descentralização, a autogestão dos trabalhadores e uma reorientação da produção para atender a necessidades de acordo com os mecanismos auto-reguladores da natureza. O compromisso puramente quantitativo com o crescimento, mantido tanto pelo regime "socialista" de estado quanto pelo capitalista, é rejeitado em favor de uma abordagem seletiva ligada à necessidade, à sustentatibilidade e à qualidade da vida. Esses valores democráticos e igualitários são evidentes também no apoio dos verdes aos objetivos feministas, à ampliação das liberdades civis e aos movimentos de libertação do Terceiro Mundo.

Werner Hülsberg distinguiu quatro tendências principais dentro dos verdes da Alemanha Ocidental. Os "eco-socialistas" favorecem a consolidação dos verdes como força política à esquerda do SPD, insistem no apoio às lutas defensivas dos trabalhadores e defendem um socialismo de orientação ecológica, construído sobre uma nova base técnico-material. Os "fundamentalistas" defendem a necessidade de uma revolução "cultural" ou "espiritual" em que as falsas necessidades de consumo engendradas pelo capitalismo sejam abandonadas em favor de um modo de vida qualitativamente diferente. Comunidades pequenas, autogeridas e de grande sociabilidade seriam responsáveis pelo atendimento de suas próprias necessidades básicas, e a vida seria sustentada com um nível muito menor de consumo material. O pensador mais influente dessa tendência é Rudolf Bahro. Os "eco-libertários" são um grupamento diverso, que favorece as propostas em favor de uma "renda básica" não-relacionada com o trabalho e de uma economia "dual" que permitiria aos indivíduos mais liberdade para o autodesenvolvimento, o estudo e o trabalho autônomo. No decorrer dos anos 80 os verdes da Alemanha Ocidental serviram de modelo para os movimentos verdes que foram surgindo em toda a Europa Ocidental, e existem paralelos estreitos, bem como laços diretos, entre esses movimentos e os movimentos ambientais de protesto da Europa Oriental. Embora sejam até agora um fenômeno predominantemente europeu, existem movimentos verdes comparáveis nos Estados Unidos, Austrália, Nova Zelândia, Japão e em inúmeros países do Terceiro Mundo.

Ver também AMBIENTALISMO.

Leitura sugerida: Bahro, R. 1984: *From Red to Green* • Capra, F. e Spretnak, C. 1984: *Green Politics* • Hülsberg, W. 1988: *The German Greens* • Parkin, S. 1989: *Green Parties: an International Guide* • Porritt, J. 1984: *Seeing Green* • Ryle, M. 1988: *Ecology and Socialism.*

TED BENTON

movimento estudantil Se os recentes movimentos de base estudantil surgiram em estreita relação com problemas internos da universidade, logo se concentraram de maneira crítica em aspectos mais gerais da sociedade. Durante os anos 60 os movimentos estudantis tornaram-se um fenômeno social maciço. A campanha da Livre Expressão, em 1964, no campus de Berkeley, na Califórnia, deflagrou o movimento, e a inquietação e o ativismo estudantis se difundiram por universidades em todos os Estados Unidos, Europa. Extremo Oriente e América Latina. Os movimentos estudantis desenvolveram novas formas de protesto: sit-ins, piquetes em massa, greves de braços cruzados, *happenings* e reuniões de massa eram ocorrências quase que diárias. Os estudantes envolveram-se profundamente no movimento pelos direitos civis dos negros, organizaram reuniões-monstro em oposição à Guerra do Vietnã e se manifestaram em apoio a movimentos de libertação nacional do Terceiro Mundo. Na França, o governo de Charles de Gaulle foi substituído na esteira do movimento estudantil de maio de 1968. Em outros centros, Londres, Roma, Berlim Ocidental, Tóquio, o protesto estudantil em geral desempenhou um papel-chave na vida política e social, e corporificou formas importantes de renovação cultural. Os movimentos estudantis, porém, foram suprimidos ou desintegrados depois de uma década de protestos e desde essa ocasião não se impuseram sobre a sociedade de forma tão conspícua. Não obstante, lançaram as fundações sobre as quais os futuros movimentos dos anos 70 e 80 viriam parcialmente a se erguer (ver MOVIMENTO SOCIAL).

Tanto os teóricos sociais como os agentes estudantis têm apresentado diferentes interpretações para o protesto estudantil, concebido como expressão ao mesmo tempo de crise e de conflito.

A crise da universidade

A análises funcionalista buscou uma explicação para o emergente movimento estudantil basicamente em termos de uma crise institucional da universidade. A mudança de função das universidades, de instituições educacionais da elite para a produção em massa e o profissionalismo (Jencks e Riesman, 1968), acarretou problemas internos na universidade, disfunções e declínio da comunidade acadêmica, o que foi usado para explicar a inquietação estudantil. Os estudantes criticaram a instituição universitária por suas estruturas tecnocráticas em grande escala e suas burocracias impessoais — que dificilmente se mostravam inclinadas a satisfazer as preocupações de educação e pesquisa —, por seu mandarinato intelectual e suas atitudes antidemocráticas (Lipset e Wolin, 1965). No todo, a crise da universidade foi vista como algo provocado por um processo de modernização da educação superior.

O significado social do protesto estudantil

Nos anos 60 muitas discussões acaloradas, tanto entre estudantes quanto entre os teóricos sociais, relacionavam-se à questão do tipo de agentes sociais que eram os estudantes. Deviam ser considerados em termos de classe social? Seriam agentes revolucionários? Essas controvérsias marcaram profundamente a chamada Nova Esquerda no movimento estudantil. Para alguns, os estudantes eram vistos como aliados do *movimento operário*. Amplos setores do movimento estudantil obtiveram sua autoconsciência a partir das análises teóricas neomarxistas que os consideravam agentes revolucionários engajados em uma luta anticapitalista, antiestado e antiimperialista. O movimento estudantil não suplantou o movimento operário, mas agiu como sua vanguarda, tornando-se o guardião da consciência proletária, derivando sua significação social do fato de lutar em nome do proletariado, com vistas ao rompimento total com as instituições e a cultura burguesas. Outros viam os estudantes como um *elemento periférico potencialmente revolucionário*. O pressuposto da teoria crítica (ver ESCOLA DE FRANKFURT) era que, devido à ciência e à tecnologia, a desgraça social fora amplamente reduzida e as condições que de forma objetiva motivam uma revolução se esvaíram. Altamente integrada, manipulada e dominada por estruturas tecnocráticas em grande escala, a sociedade capitalista avançada permitia que seus críticos potenciais se originassem apenas nas periferias do sistema integrado. Estes podiam ser estudantes, hippies, minorias sexuais e outros grupos sociais marginais. Escapando em certa medida à dominação total, sua recusa subjetiva às estruturas e à dependência em relação a necessidades existentes os transformava em categorias potencialmente revolucionárias (Marcuse, 1964).

Criticando as interpretações acima, o movimento estudantil foi colocado, em vez disso, no reino do simbólico, no sentido de ser visto como criador de novas sensibilidades e ampliador do espaço público. O protesto estudantil foi compreendido como altamente significativo por motivos simbólicos, contanto que permanecesse não-violento e os ativistas estudantis não se confundissem como sendo agentes diretamente revolucionários (Habermas, 1969).

Finalmente, o protesto estudantil foi interpretado como um *movimento social*. Essa abordagem teórica afirmava que as sociedades modernas estavam entrando em um estágio pós-industrial em que não era mais a fábrica, e sim áreas culturais, como educação, saúde, comunicação de massa, informação, que se estavam tornando o ponto central do conflito social. Foi essa perspectiva que conferiu um significado social potencialmente crucial aos movimentos estudantis. O protesto estudantil foi portanto examinado para se descobrir nele a possível presença de um novo movimento social, vale dizer, perguntar se ele implicava conflito entre adversários sociais pelo controle de um campo cultural. Análises minuciosas de dados sobre o movimento de maio na França mostraram, no entanto, que o movimento estudantil conservava uma significação múltipla. Não satisfazia as condições de um movimento social na medida em que não designava a tecnocracia como seu principal componente, não desenvolvia uma visão clara de sua própria identidade e não considerava o conhecimento produzido em universidades como base principal do conflito (Touraine, 1968).

O movimento estudantil como crítica cultural

Vários teóricos consideraram o movimento estudantil como um protesto contracultural em oposição a certos aspectos culturais e estruturais das sociedades contemporâneas. Dessa forma, encarava-se uma nova cultura política como iniciada pelo movimento estudantil dos anos 60. A democracia direta tornou-se a palavra de ordem. Estar pessoalmente preocupado, engajar-se na participação popular eram mecanismos essenciais sobre os quais se baseava a nova cultura política. Por meio de formas de ação extra-institucional, como *sit-ins*, desobediência civil e solidariedade, os movimentos estudantis tentaram democratizar a vida social e política através da conquista da atenção do público. Estavam comprometidos com novos modos de fazer política fora dos canais institucionais.

A nova cultura política tinha uma relação estreita com o protesto cultural, denunciando atitudes autoritárias e estruturas sociais. O movimento estudantil tentou alterar as relações sociais existentes na vida cotidiana. As muitas críticas levantadas contra a natureza opressora das estruturas autoritárias de família, da repressão sexual, da subordinação das mulheres, dos valores do trabalho e da sociedade industrial tinham em geral um fundamento psicanalítico. O protesto antiautoritário pretendia romper com o modelo patriarcal de cultura que dava destaque aos valores masculinos de sociedade e a estruturas sociais hierárquicas.

Além disso, o movimento estudantil afirmava que as universidades tinham de reconhecer sua responsabilidade social e não deviam perder o interesse nas aplicações sociais do conhecimento científico; e criticava a apropriação ilegítima das universidades pelo estado, o *establishment* militar e as grandes organizações.

Leitura sugerida: Bergmann, O., Dutschke, R., Lefebvre, W. e Rabehl, B. 1968: *Rebellion der Studenten oder die neue Opposition* • Flacks, Richard 1967: "The liberated generation: an exploration of the roots of student protest". *Journal of Social Issues* 23,52-75 • Keniston, Kenneth 1965: *The Uncommitted Alienated Youth in American Society* • Morin, Edgar, Lefort, C. e Coudray, J.-M. 1968: *Mai 68: la brèche* • Touraine, Alain 1972 (*1974*): *The Academic System in American Society.*

KARIN D. RENON

movimento operário Ver SINDICATOS.

movimento social A maioria dos teóricos sociais concorda em que este modo de ação coletiva engloba um tipo específico de relação socialmente conflitiva. O tipo clássico é o movimento operário que marcou a sociedade industrial do século XIX ao início do século XX. Mais recentemente, nos anos 60, a maioria dos países do Ocidente vivenciou importantes movimentos sociais, tais como o MOVIMENTO ESTUDANTIL, os movimentos pelos direitos civis e os movimento pela paz, enquanto que em países do Terceiro Mundo surgiram movimentos de libertação nacional. Durante os anos 70 e início dos anos 80 um grande número de movimentos sociais proliferou através da América do Norte e da Europa — movimentos de mulheres, ecológicos, antinucleares e pela paz, bem como movimentos por autonomia regional. Em outras partes, surgiram movimentos fundamentalistas enfatizando a especificidade cultural. A China, em 1989, passou por um movimento de democratização que foi reprimido; e na Europa Oriental movimentos populares derrubaram os regimes comunistas. Muitos movimentos sociais desafiam estruturas institucionais, modos de vida e de pensar, normas e códigos morais. Na verdade, os movimentos sociais estão intimamente ligados à mudança social, e vários aspectos das sociedades contemporâneas são provavelmente conseqüências das ações dos movimentos sociais.

De um ponto de vista teórico, também os movimentos sociais se colocam no centro da discussão científica social. Herbert Blumer (1939) já havia afirmado que comportamento coletivo e movimentos sociais são conceitos centrais da teoria sociológica, tal como afirma hoje Alain Touraine. O fato de o uso atual da expressão ser bastante impreciso, mesmo na literatura profissional, pode dever-se em grande parte à excessiva variedade de fenômenos empíricos aos quais essa noção potencialmente se aplica. Poderão todos os diversos movimentos que acabamos de mencionar ser abrangidos pelo mesmo conceito? Empregar essa noção em nível descritivo é bastante conveniente, mas é de se recomendar um uso conceitual mais restritivo. Tal como a maioria das noções das ciências sociais, a de movimento social não descreve parte da realidade, mas é um elemento de um modo específico de construir a realidade social.

Os paradigmas teóricos dos movimentos sociais podem ser considerados sob diferentes rubricas. Além do paradigma neomarxista, as abordagens teóricas predominantes até o início dos anos 70 são a concepção *interacionista* do comportamento coletivo e dos movimentos sociais da Escola de Chicago e o modelo *estrutural-funcional*. Este último paradigma, com suas muitas variantes, foi a perspectiva mais amplamente adotada para os movimentos sociais naquela época. Nos anos 70 as teorias da *mobilização de recursos* propõem uma abordagem neo-utilitarista, racionalista, para o estudo dos movimentos sociais. São, porém, severamente criticadas por abordagens de orientação mais hermenêutica, que tentam conceitualizar o que é novo nos *novos movimentos sociais*. E a abordagem da *sociologia da ação* acrescenta uma perspectiva teórica abrangente ao estudo dos movimentos sociais.

Neomarxismo

A importante influência das abordagens marxista e neomarxista para o estudo dos movimentos sociais é bastante conhecida e será examinada aqui apenas resumidamente (ver MARXISMO; NOVA ESQUERDA). A teoria marxista afirma que, na sociedade industrial, os movimentos sociais e a revolução brotam da contradição estrutural central entre capital e trabalho. Os principais agentes dos movimentos sociais — classes sociais antagônicas — são definidos por essa contradição sistêmica fundamental. No entanto são também considerados agentes históricos e, como tal, devem tornar-se conscientes de seu papel e destino históricos. Por esse motivo, as pesquisas sociais são exigidas não apenas para se estudarem as condições objetivas, mas também para explicar processos mais subjetivos através dos quais surgem os movimentos sociais.

Interacionismo

Der Streit (o conflito) foi compreendido por Simmel (1908) como um processo de interação. Nos anos 20 teóricos do INTERACIONISMO SIM-

BÓLICO da Escola de Chicago adotaram uma abordagem semelhante para o estudo do comportamento coletivo e dos movimentos sociais. Partindo do pressuposto de que indivíduos e grupos de pessoas agem com base em compreensões e expectativas comuns, afirmaram que os movimentos sociais surgem em situações não-estruturadas. Estas são situações em que faltam linhas mestras culturais comuns, ou em que essas linhas mestras foram rompidas e devem ser novamente (re)definidas. Os movimentos sociais são a expressão de tais reconstruções coletivas de situações sociais, são "empreendimentos coletivos para estabelecer uma nova ordem de vida" (Blumer, 1939).

A abordagem interacionista simbólica para o estudo dos movimentos sociais sofre do fato de seu paradigma teórico permanecer insuficientemente desenvolvido. No total, essa abordagem ainda está recebendo crescente atenção, pois enfatiza aspectos sociopsicológicos da ação coletiva, tais como emoção, sentimentos de solidariedade, comportamento expressivo e comunicação, por um lado, enquanto, por outro, coloca o surgimento dos movimentos sociais dentro de um processo em desenvolvimento de relações e interações sociais.

Estrutural-funcionalismo

Três variantes podem ser distinguidas dentro do modelo estrutural-funcional de movimentos sociais. Embora muito diferentes em sua abordagem básica da lógica dos movimentos sociais baseada na interação, esse modelo não está, contudo, tão distante quanto pode parecer do marxismo, em seu modo analítico, ainda que proponha uma visão bastante diversa da vida social.

As *teorias de massa da sociedade* postulam o indivíduo atomizado (Kornhauser, 1959). Desenraizado pela rápida mudança social, a urbanização e a perda de elos tradicionais, isolado das relações de grupo e de grupos de referência normativa, o indivíduo na sociedade de massa está ao mesmo tempo livre e disposto a participar de novos tipos de grupos sociais, tais como movimentos sociais, que portanto encontram nas sociedades de massa um solo fértil para se desenvolver.

As *teorias da tensão estrutural* encontram o motivo principal para o surgimento de movimentos sociais no equilíbrio distorcido de sistemas sociais (Smelser, 1962). A não-correspondência entre os valores e as práticas efetivas da sociedade, o bloqueio do funcionamento institucional, elementos disfuncionais desafiando a sobrevivência do sistema, todos esses são aspectos que podem colocar o sistema social em desequilíbrio e provocar tensões estruturais que, por sua vez, deflagram movimentos sociais.

As *teorias da privação relativa* são uma espécie de variante sociopsicológicas das teorias da tensão. A tensão não é dada objetivamente por discrepâncias estruturais, mas é uma condição sentida subjetivamente: as pessoas sentem-se desprivilegiadas com relação às suas expectativas. Não há correspondência entre a satisfação de necessidades esperada e a que efetivamente ocorre. A melhora de condições econômicas e políticas, acarretando crescentes expectativas em alguns grupos, é particularmente favorável ao surgimento de movimentos sociais, quando a realidade parece não acompanhar as expectativas. A insatisfação e a frustração logo se seguem, levando à formação de movimentos sociais.

Apesar do fato de o modelo estrutural-funcional alegadamente proporcionar uma teoria causal sobre o surgimento de movimentos sociais, ele não dá nenhuma explicação precisa sobre como ocorre a passagem do isolamento, tensão e frustração para a ação do movimento. Não se pode presumir que essa passagem seja automática.

Mobilização de recursos

As abordagens neo-utilitaristas no estudo dos movimentos sociais surgiram nos anos 70 e desde então se expandiram rapidamente. Seu pressuposto básico é que os movimentos sociais se desenvolvem na esteira de uma atividade organizacional consciente — se conseguem mobilizar recursos materiais simbólicos que lhes estão disponíveis, tais como dinheiro, o tempo das pessoas e a legitimidade. Os movimentos sociais são, portanto, explicados em termos de oportunidades, estratégias, modos de comunicação, formas sofisticadas de organização e competição com grupos e autoridades que têm interesses opostos. Tal raciocínio acrescenta alguns indícios para a compreensão de como surgem os movimentos sociais, mas dificilmente consegue elucidar o significado que as mobilizações sociais coletivas podem ter.

As diferentes variantes (Olson, 1965; Oberschall, 1973; Tilly, 1978) dentro da perspectiva da mobilização de recursos têm uma lógica em comum: consideram que os movimentos sociais empregam um raciocínio estratégico-instrumental, cálculos de custos-benefícios e buscam seus objetivos e interesses racionalmente. Têm em comum ainda outro aspecto importante: para elas, os movimentos sociais não são ocorrências anormais, mas parte da vida social normal, que é encarada como cheia de conflitos potenciais. Por esse motivo, rejeitam a idéia de que a tensão ou o descontentamento possa explicar o surgimento de movimentos sociais; ao contrário, são os movimentos sociais que colocam em evidência a tensão e o descontentamento. Se o movimento será capaz de fazer isso, vai depender, porém, de suas capacidades organizacionais.

Novos movimentos sociais

Vários teóricos sociais atualmente usam a expressão "novos movimentos sociais" para se referir à grande variedade de movimentos de protesto durante os anos 70 e início dos anos 80 no Ocidente. Falando de maneira ampla, esses movimentos formam uma rede informal de contestação e de estilos de vida alternativos, mas também entraram na política oficial (ver MOVIMENTO ECOLÓGICO).

O que constitui a novidade dos novos movimentos sociais? A maioria dos teóricos os concebe em termos de comportamento coletivo conflitivo que abre espaços sociais e culturais. São encarados como instituições politizantes da sociedade civil, dessa forma redefinindo as fronteiras da política institucional (Claus Offe); oferecendo, através de sua própria existência, um modo diferente de designar o mundo e desafiar os códigos culturais predominantes sobre bases simbólicas (Alberto Melucci); criando novas identidades que compreendem exigências inegociáveis (Jean L. Chen); expressando processos de aprendizado coletivo evolutivo (Klaus Eder); constituindo novas articulações sociais que cristalizam novas experiências e problemas em comum, na esteira de uma desintegração geral da experiência baseada na classe econômica (Ulrich Beck). O significado geral que as formulações acima conferem aos novos movimentos sociais é que eles ganharam maior consciência de sua capacidade de produzir novos significados e novas formas de vida e ação social. Um esboço sistemático dessa crescente reflexividade dos movimentos sociais pode ser encontrado no paradigma da racionalidade comunicacional. O processo de racionalização comunicacional do mundo da vida é proposto aqui como um aspecto conspícuo da modernidade, correndo paralelo a processos de racionalização sistêmica (Habermas, 1981). Dentro dessa estrutura teórica, os movimentos sociais são colocados em dupla perspectiva. Como expressão de racionalização comunicacional, os novos movimentos sociais colocam em questão a validade dos padrões existentes do mundo da vida, tais como normas e legitimidade, e posteriormente ampliam o espaço público. Simultaneamente, como movimentos defensivos, oferecem resistência à intrusão patológica em um mundo de vida que está sendo colonizado por mecanismos sistêmicos de racionalização, econômicos e políticos, que anulam processos de comunicação.

Sociologia da ação

Uma perspectiva teórica elaborada e complexa sobre os movimentos sociais é proposta pela sociologia da ação, que busca integrar várias abordagens em uma representação geral da vida social definida como a autoprodução conflitiva (Touraine, 1973). Nessa visão, o próprio centro da vida social é a luta permanente pelo uso de novas tecnologias e pelo controle social das próprias capacidades de transformação da sociedade. Por esse motivo, os movimentos sociais, considerados agentes essenciais de conflito, são a importante preocupação dos cientistas sociais.

Daí, os movimentos sociais são conceitualizados como agentes sociais envolvidos em um conflito pelo controle social dos principais padrões sociais, que são conhecimento, investimento e ética. Três componente, I (identidade), O (oponente), T (totalidade), fornecem o paradigma que descreve analiticamente o campo de conflito, que é portanto compreendido em termos relacionais. Vale dizer que os adversários que se opõem entre si (I-O) partilham, não obstante, um campo cultural comum, consistindo no que está em jogo em seu conflito (T). Em outras palavras, o conflito social não deve ser separado das orientações culturais na análise de movimentos sociais.

Além do mais, é necessário diferenciar entre variados tipos de conflitos sociais e colocá-los em diferentes níveis de análise. Movimentos que defendem exigências econômicas agem em um nível organizacional: grupos de pressão política e movimentos em defesa de minorias agem em um nível político; o nível mais elevado é o de sistema de ação histórica, no qual os movimentos sociais agem tanto contestando quanto criando padrões culturais. A ação histórica, ou *historicidade*, é então a capacidade das sociedades de desenvolver e alterar suas próprias orientações, de gerar sua normatividade e seus objetivos por meio de um conflito social central, do qual os movimentos sociais são a principal expressão (Touraine, 1981). Um método específico de *intervenção sociológica* foi desenvolvido para avaliar esses diferentes significados que são sempre combinados em um movimento empírico concreto e para calcular até que ponto um dado movimento pode ser considerado um movimento social definido nos termos acima.

Leitura sugerida: Boschi, R. 1988: *A arte da associação* • Hobsbawm, E.J. 1959: *Primitive Rebels* • Nelkin, Dorothy e Pollak, Michael 1981: *The Atom Besieged* • Oberschall, Anthony 1973: *Social Conflict and Social Movements* • Scott, Alan 1990: *Ideology and the New Social Movements* • "Social movements". *Social Research* 52 (1985), 660-890 • Tilly, C. 1978: *From Mobilization to Revolution* • Touraine, Alain 1984: *Le retour de l'acteur* • Turner, R. H. e Killian, M. 1957: *Collective Behavior* • Zald, Mayer N. e McCarthy, John D., orgs. 1979: *The Dynamics of Social Movements.*

KARIN D. RENON

mudança social O século XX tem assistido a uma mudança social maciça e não surpreende descobrir que esse conceito vem denominando boa parte da moderna investigação social. Houve certa ambivalência no modo como a mudança foi encarada. No fundo das mentes da maioria dos teóricos, por um lado, estava a expansão prometéica de poder coletivo do século XIX, ocasionada pela Revolução Industrial; isso levou à suposição implícita de que mudança é "bom" e até natural, de tal forma que as ordens sociais que não a permitem são vistas como, de certa forma, "falhas". Mas houve por outro lado um número considerável de teóricos que duvidaram das virtudes da mudança, em grande parte porque a estabilidade bem-firmada é um valor igualmente apreciado e que também vale a pena defender. Esse ponto de vista teve um apelo particular para os membros da *intelligentsia* moderna que se sentiram deslocados com a chegada de uma era de alfabetização maciça: a perda de prestígio resultante estimulou aspirações românticas e ingênuas por vários tipos de estabilidade comunitária.

A maioria dos trabalhos na área de mudança social tem buscado explicar as causas, a natureza e o rumo da mudança social. É possível conseguir alguma indicação dos debates mais importantes, examinando-se primeiro os teóricos fundamentais do século XX, em seguida os avanços teóricos recentes e finalmente (e o mais crucial) a mudança social fora do mundo industrial avançado.

Muitos conceitos de mudança social têm sido apresentados durante o século XX: a atenção dirige-se, variadamente, à aculturação, à difusão, à inovação tecnológica, à DEMOGRAFIA e à MIGRAÇÃO como causas fundamentais de mudança social. Alguns desses elementos sem dúvida fazem sentido, sendo impossível, por exemplo, compreender a criação de Israel sem se considerar o fenômeno da migração, ou prever o seu futuro sem dar atenção às taxas diferenciais de fertilidade. Não obstante, o conceito de mudança social é mais bem abordado quando se examina, em ordem cronológica aproximada, um punhado de teorias gerais importantes.

O estudo da mudança social foi, e provavelmente continua sendo, dominado por pressupostos evolucionistas. Isso não é de surpreender, dado que boa parte do pensamento moderno ainda tem sua semente no Iluminismo. No liberalismo otimista de pensadores como L.T. Hobbhouse e J.A. Hobson, o curso da evolução social garantiria a paz, a prosperidade e a difusão da racionalidade. Essas esperanças foram gravemente contundidas pelos conflitos geopolíticos do período de 1914 a 1945. Em contraste, as idéias marxistas (que partilham grande parte das esperanças liberais, com a exceção crucial de presumir que paz e prosperidade só se seguem em conjunção com o modo socialista de produção) ganharam mais crédito durante a primeira metade do século XX, especialmente quando períodos de crise econômica pareciam indicar que a União Soviética podia ser capaz de promover uma prosperidade que escapava ao capitalismo. O marxismo, de qualquer forma, tem uma vantagem sobre a maioria das teorias evolucionistas, uma vez que pode especificar o mecanismo, o do conflito de classes, por meio do qual ocorre a mudança social. Os anos do entre-guerras também testemunharam o surgimento de outra grande força revolucionária, o fascismo. Em princípio, essa teoria, especialmente na obra de Oswald Spengler, opunha-se à mudança social — ou, mais precisamente, encarava toda mudança como meramente cíclica, sem contribuição desenvolvimentista. Na prática, no entanto, o fascismo era um modernismo reacionário, buscando combinar a certeza ideológica pré-industrial com a tecnologia moderna. Foi uma mistura poderosa e instável.

A vida intelectual depende de eventos geopolíticos. Depois de 1945, o estudo da mudança social foi dominado por categorias norte-americanas e marxistas. O pensamento norte-americano, conforme exemplificado por Talcott Parsons, dava espaço para a reforma incrementadora, mas tinha pouco a dizer a respeito da mudança social fundamental (embora muito a desaprovar quanto a ela). Isso levou ao surgimento de várias sociologias de conflito, muitas vezes influenciadas por Marx, porém, de maneira mais geral, em dívida com a obra de Max Weber. No entanto a estabilidade da era do pós-guerra significou não haver nenhum grande avanço no estudo da mudança social.

Hoje em dia estão sendo feitos avanços conceituais. O primeiro diz respeito ao impacto das forças políticas. A mudança social nem sempre, como presumem tanto os evolucionistas liberais quanto os marxistas, emana de condições sócio-econômicas: antes, os eventos políticos são capazes de forçar a sociedade a mudar. Assim, a derrota geopolítica na guerra levou à democratização tanto da Alemanha quanto do Japão. De maneira mais geral, estamos começando a compreender que o caráter dos movimentos sociais em geral resulta do regime com que estão em contato: existem poucas revoluções dentro do capitalismo, mas as que existem, seja em circunstâncias agrárias ou industriais, parecem causadas pela exclusão política. O segundo avanço diz respeito ao capitalismo. A maior parte do pensamento social foi produzida em oposição à economia política e buscou ultrapassá-la. Mas a velocidade da mudança dentro do capitalismo e a extensão do seu alcance social são sempre e cada vez mais surpreendentes. As relações entre sociedade capitalista e estado-nações — estes últimos, de forma crucial, tendo de descobrir um modo de viver dentro da sociedade mais ampla da primeira — constitui a agenda dos estudos de mudança social no presente momento.

A mudança social fora do continente europeu e seus rebentos culturais, isto é, a busca por parte de países do Terceiro Mundo, especialmente desde 1945, do desenvolvimento e da segurança, é de importância histórica mundial inquestionada. A fundação de tais países foi resultado do nacionalismo, provavelmente a mais notável força de mudança isolada no século XX, ainda que a notável manutenção das fronteiras estabelecidas em 1945 seja resultado tanto do impasse das superpotências quanto do acordo generalizado no tocante à norma de não-intervenção. Tem havido muitas discussões quanto a se as economias avançadas controlam o Terceiro Mundo através de meios econômicos informais. Que essa "teoria da dependência" não pode ser verdadeira em nenhum sentido completo é algo que fica claro dada a notável ascensão do industrialismo no Leste Asiático. Mas existe muita verdade nessa visão geral precisamente porque tão poucos países escaparam à DEPENDÊNCIA: as exceções, cujas extraordinárias credenciais sociais estão sendo agora investigadas, confirmam a regra. Não obstante, a fraqueza econômica da maior parte dos estados do Terceiro Mundo não significa que eles não venham a efetuar a mudança social em grande escala. Tais países em breve possuirão armas nucleares; isso fatalmente influenciará os arranjos econômicos.

Leitura sugerida: Collins, Randall 1975: *Conflict Sociology* • Gellner, E. 1983: *Nations and Nationalism* • Hoffer, E. 1963: *The Ordeal of Change* • Mann, M. 1986: *The Sources of Social Power*. Vol.1, *A History of Power from the Beginning to 1760 AD* • Smith, A.D. 1973: *The Concept of Social Change.*

JOHN A. HALL

mudança tecnológica A alteração experimental do meio ambiente através da solução científica de problemas sempre fez parte do esforço humano. Mas o âmbito, a taxa e a difusão de mudança tecnológica têm sido tão impressionantes no século XX (particularmente nas áreas do bem-estar, da engenharia civil, dos transportes, da comunicação e da medicina) que alguns autores propuseram teorias distintas para explicar e avaliar esse tipo particular de alteração. Um elemento predominante nessas teorias é o determinismo tecnológico. O determinismo tecnológico afirma que a mudança tecnológica explica mudanças na cultura, na política e na economia. Uma versão modificada dessa teoria é o interacionismo tecnológico, o qual afirma que há uma relação mútua entre mudança tecnológica e social. Thorstein Veblen, por exemplo, afirmou que a mudança tecnológica é modificada e restringida por crenças e estruturas sociais (defasagem cultural). Quando, porém, uma inovação ou invenção é introduzida em uma outra sociedade, ela se vê livre de restrições culturais e altera outras instituições e práticas (Veblen, 1914, p.135).

Os autores que aceitaram uma ou outra dessas teorias tendem a se dividir em dois grupos, na sua avaliação do mérito da mudança tecnológica. Uma posição questiona o valor dessas mudanças a partir de um padrão utilitário ou moral. Um dos críticos mais severos da mudança tecnológica foi o filósofo alemão Martin Heidegger, que traçou uma nítida distinção entre a natureza da mudança tecnológica antiga e medieval, por um lado, e a moderna, por outro. A característica central desta última era a transformação do mundo inteiro em um objeto de "reserva disponível" para manipulação, em que os seres humanos são eles próprios "enquadrados" em um sistema (Heidegger, 1954). Assim, para Heidegger, o Reno é transformado, sob imperativos tecnológicos modernos, de paisagem em fonte de energia. Outros autores também enfatizaram a natureza autônoma e isolada dos sistemas tecnológicos (como coleções de laboratórios de pesquisas públicos e privados), que criam incessantemente, mudança após mudança, sem levar em consideração as conseqüências. Os críticos, assim, enfatizam os efeitos inesperados da mudança tecnológica, especialmente em termos do meio ambiente natural, do dano negligenciado, por exemplo, das doenças iatrogênicas, do impacto psicológico e cultural de uma mudança rápida e constante, do uso da especialização tecnológica como fonte de isolamento da avaliação e do controle democráticos. Alguns pedem a dissolução dos sistemas tecnológicos, além de medidas para interromper a mudança tecnológica (Berry, 1977).

Avaliações mais positivas enfatizam a natureza racional da mudança tecnológica e seu impacto libertador. Livre das restrições da cultura e da tradição, a produção econômica pode ser organizada de forma mais racional e eficiente, aliviando assim a pobreza e proporcionando oportunidades mais amplos de lazer, além de assegurar a melhoria da saúde. A mudança tecnológica conhecida como progresso foi um pressuposto de pensadores do século XIX como Saint-Simon e Marx, e é um axioma para figuras tão diversas quanto V.I. Lenin, Frederick Taylor, Le Corbusier e B.F. Skinnner, no século XX. Um grupo um tanto diferente de defensores da mudança tecnológica enfatiza os aspectos positivos de algumas mudanças tecnológicas, chamadas variadamente de "tecnologia dos povos", "tecnologia *soft*" ou "tecnologia intermediária". Esses autores, entre os quais se incluem Marshall McLuhan, E.F. Schumacher e Buckminster Fuller, apóiam a introdução e o desenvolvimento de mudanças tecnológicas que permitam um uso pessoal e inesperadamente criativo (tais como rádios transistorizados e computadores pessoais), e afirmam que a mudança tecnológica adequadamente direcionada pode concretizar as visões democráticas e utópicas de Gandhi e Jefferson.

Ver também INFORMAÇÃO, TEORIA E TECNOLOGIA DA; INVENÇÃO; REVOLUÇÃO CIENTÍFICO-TECNOLÓGICA.

Leitura sugerida: Boorstin, Daniel 1978: *The Republic of Technology* • Ellul, Jacques 1954 (*1965*): *The Technological Society* • Hughes, Thomas A. 1989: *American Genesis: A Century of Invention and Technological Enthusiasm* • Mumford, Lewis 1934 (*1963*): *Technics and Civilization* o 1967: *The Myth of the Machine* • Teich, Albert H., org. 1977: *Technology and Man's Future.*

PHILLIP ABBOTT

mundo, sistema- Ver SISTEMA-MUNDO.

música Ao mesmo tempo em que a relação entre a música e a sociedade foi estudada por musicólogos, etnomusicólogos e sociólogos, o progresso nessas três abordagens foi, em maior ou menor extensão, fragmentário e caracterizado por problemas teóricos fundamentais.

A musicologia e a análise musical, concentrando-se no estudo da música erudita ocidental, foram orientadas para a explicação das propriedades formais inerentes à obra musical. Essa preocupação com a estrutura levou a uma concepção da obra musical como divorciada de seu contexto social ou cultural. Conseqüentemente, o pesquisador social deve estabelecer algum elo explicativo ou analítico entre as estruturas musicais e a sociedade ou redefinir e marginalizar, o conceito da música autônoma.

O estudo histórico da música tem sido influenciado pelo formalismo da musicologia. A música é apreendida através de um desenvolvimento estilístico, de tal forma que a obra de qualquer dado período é compreendida em termos de um estilo que está formalmente relacionado ao estilo do período anterior, o qual desenvolve logicamente. A referência à história social diz respeito apenas às condições ambientais em que ocorreu a criação musical, com pouca ou nenhuma consideração para com qualquer elo explicativo entre a sociedade e o produto musical. Só recentemente houve uma mudança significativa de ênfase, afastando-se do formalismo e voltando-se para a consideração da música dentro de uma "teia de cultura" (Tomlinson, 1984). A história social da música é encarada cada vez mais em termos do objetivo de recuperar o significado de uma dada peça musical por meio da consideração dos valores culturalmente específicos que lhe informaram a produção, o consumo e a disseminação. Se a análise formal não é abandonada, a ênfase muda para o reconhecimento dos valores e significados atribuídos à música em uma CULTURA específica.

A etnomusicologia divide-se entre inclinações mais ou menos explícitas pela musicologia, e como tal pela análise da estrutura inerente das músicas não-ocidentais, e pela antropologia, e assim pela consideração da música dentro de seu contexto cultural. Essa última abordagem levou a se desafiar a universalidade das concepções ocidentais da música. De uma preocupação inicial com a comparação de música de diferentes culturas, apresentaram-se explicações cada vez mais sofisticadas em termos dos usos a que a música é submetida por grupos, e das funções que exerce para a sociedade como um todo. Mais recentemente, e em harmonia com os desenvolvimentos na história social, a música tem sido interpretada como parte integrante de uma cultura simbolicamente expressa. Ampliou-se, portanto, o âmbito para a interpretação da música, em oposição à sua explicação causal ou funcional.

A sociologia da música tem se inclinado a se preocupar com uma documentação positivista das condições sociais da atividade musical. Nesse ponto, a definição formalista de música é mais ignorada do que contestada. No que tem de mais fraco, a preocupação se dá exclusivamente com os fenômenos sociais extramusicais que ocorrem na presença da música ou que determinam sua produção, consumo e distribuição. A música em si mesma não é nem explicada nem interpretada.

Um compromisso com o formalismo ocorre de forma mais profunda, embora não exclusiva, na obra de Max Weber e Theodor Adorno. Weber utilizou a música para ilustrar e explorar as limitações da RACIONALIZAÇÃO. O sistema musical de uma dada cultura é examinado em termos do grau em que ele manifesta uma racionalização dos fenômenos musicais naturais. Adorno, de forma semelhante, rompeu com a abordagem formalista, apontando que a música tanto é autônoma quanto é um fato social. O desenvolvimento aparentemente autônomo da música, mapeado pela história musical ortodoxa, é sociologicamente decodificado através do reconhecimento da base social dos materiais e formas de pensamento que a música utiliza, ainda que esta manifeste um desenvolvimento desse material autonomamente dos objetivos econômicos abrangentes da sociedade capitalista.

A FENOMENOLOGIA, a SEMIÓTICA e o ESTRUTURALISMO têm exercido uma crescente influência sobre a sociologia da música, permitindo análises mais sofisticadas do significado social, em termos de sua construção social dentro de situações específicas, e de sua determinação através de códigos culturalmente específicos.

Mais recentemente lançou-se um ataque mais organizado contra os pressupostos da musicologia tradicional. Direta ou indiretamente, a etnomusicologia e a sociologia levaram a um novo questionamento, dentro da musicologia, do pressuposto da autonomia estética da obra musical. A música é cada vez mais vista como produzida e definida dentro de um contexto social, indicando que as noções de "autonomia" não passam de construções ideológicas.

Leitura sugerida: Adorno, Theodor W. 1976: *Introduction to the Sociology of Music* • Frith, S. 1978: *The Sociology of Rock* • Leppert, R. e McClary. S., orgs. 1987: *Music and Society: the Politics of Composition, Performance and Reception* • Nattiez, J.J. 1983: *Chronologie et dialogue sur la musique* • Nettl, B. 1983: *The Study of Ethnomusicology* • Supicic, I. 1987: *Music in Society: a Guide to the Sociology of Music* • Weber, Max *1958: The Rational and Social Foundations of Music.*

ANDREW EDGAR

N

nação Não há, e provavelmente não pode haver, uma definição universalmente unânime, neutra, por assim dizer, para este termo. A natureza inerentemente contestada da definição é conseqüência da natureza complexa, complicada mesmo, da matéria-prima a que o termo se aplica. A humanidade subdivide-se em muitas e diversas culturas (grupos que se diferenciam por linguagem, costumes, fé e assim por diante), e em diversas unidades políticas (grupos comprometidos com a ajuda mútua, dividindo uma estrutura de autoridade e assim por diante). *Nem* as fronteiras culturais *nem* as políticas são em geral nítidas; traços culturais como linguagem, devoção religiosa ou costume popular freqüentemente se entrecruzam. As jurisdições políticas podem constituir-se em múltiplas camadas, de forma que a obediência a uma autoridade local em alguns contextos pode coexistir, para outros fins, com a submissão a uma autoridade superior mais geral. As fronteiras políticas e culturais raramente são convergentes.

É impossível aplicar o termo "nação" a todas as unidades que são cultural ou politicamente caracterizáveis, e existe muito pouco interesse em fazê-lo. Se fosse esse o caso, um número excessivo de nações e indivíduos em demasia teriam múltiplas identidades nacionais. A questão é: quais dos grupamentos cultural ou politicamente caracterizáveis são de fato plausivelmente chamados de "nações"?

A mera existência de uma unidade política não dá origem, na maioria dos casos, ao pressuposto de que suas fronteiras definem uma nação. É característico que muitas unidades políticas históricas sejam menores ou maiores do que aquilo que se chama normalmente de nações: os impérios são multinacionais; as cidades-estados ou segmentos tribais são menores do que uma nação. Não obstante, unidades políticas que são evidentemente desejadas e avalizadas por seus membros podem às vezes ser chamadas de nações, mesmo quando multiculturais: é natural falar da nação suíça, apesar das diferenças lingüístico-culturais dentro dela ou da presença, no interior da sociedade organizada, de subgrupos politicamente significativos, os "cantões".

Da mesma forma, não corresponderia à efetiva utilização que se faz aceitar que *qualquer* diferenciação cultural dada defina uma nação. Os dialetos árabes divergem ao ponto da ininteligibilidade mútua, mas isso, por si só, nem prejudica a idéia de uma nação árabe nem transforma automaticamente os que falam um dialeto caracterizável em uma nação. Qual é, então, a resposta?

Em tempos pré-modernos essa pergunta era não apenas desprovida de uma resposta geral, mas — o que é mais significativo — raramente feita. Os seres humanos eram membros de grupos de parentesco, ou de organizações locais, súditos de dinastias, adeptos de tipos de fé em geral ligados a uma legitimação política, membros de estratos sociais ritual ou juridicamente definidos, e assim por diante. A identificação cultural e a lealdade política eram complexas e variáveis. A pergunta sobre *a* nação raramente era feita, e só se torna difundida e insistente no contexto de um tipo especial de organização sociopolítica que, por sua vez, se tornou difundido a partir da virada do século XVIII para o XIX.

É característico desse tipo de sociedade a substituição de uma base econômica agrária por outra, industrial. As pessoas que trabalham a terra tornam-se minoria, às vezes muito pequena e, além disso, já não mais marcadamente diferenciável do restante da população. Boa parte do trabalho é semântico, envolvendo a manipulação de significados e pessoas, em vez de objetos físicos. A mobilidade ocupacional é a norma. Tanto a natureza do trabalho (implicando comunicação constante e anônima com muitas pessoas, principalmente estranhos) quanto a natureza de todo o contato social pressupõem a alfabetização quase universal e uma boa proporção de educação formal. Tal educação deixa de ser um privilégio e se torna, em vez disso, a precondição da efetividade, aceitabilidade e utilidade sociais. *Nessas* circunstâncias, uma cultura comum a todos e padronizada, baseada na educação, torna-se efetivamente o principal critério de identidade social; um dos principais papéis do estado é a manutenção e a proteção de tal cultura. Os seres humanos identificam-se com sua cultura erudita, e os estados protegem tais culturas. O estado, por sua vez, é legitimado ao dar proteção a uma cultura nacional, e os símbolos que ele basicamente emprega são mais nacionais do que dinásticos ou religiosos.

Nesse tipo de mundo, uma "nação" é uma população ampla, anônima, que tanto partilha uma CULTURA comum quanto tem, ou aspira a ter, seu próprio espaço político (ver também ESTADO). A identidade "nacional" torna-se preocupação geral *e* critério de legitimidade política. Tanto o critério exterior de uma cultura compartilhada quanto o critério subjetivo da vontade política estão presentes nessa definição, embora seu peso relativo possa variar. Os suíços, conforme já observado, definem-se mais por uma tendência compartilhada do que por uma cultura: o mesmo critério também transforma em escoceses os habitantes das Terras Altas da Escócia, de língua gaélica, não obstante sua peculiaridade lingüística.

As *aplicações* dessa definição continuam polêmicas. As discordâncias não são por falha da definição, mas inerentes à situação. A questão é que, no caminho para a fundação de estados-nações, cada qual proporcionando um espaço político isolado para uma cultura comum isolada, ocorrem conflitos, em geral de enorme gravidade, com respeito a exatamente *quais* culturas preexistentes devem ter direito a um estado, ou quais unidades políticas preexistentes devem ter direito a uma cultura como sua proteção e sua *raison d'être*. Se de um ponto de vista teórico é essencial distinguir entre "nações" modernas, por um lado, e "meras" tribos, castas, dialetos, minorias religiosas, por outro, isso não nos diz *quais* dessas múltiplas diferenciações pré-modernas devem ter permissão de se transformar em nação moderna. Somente o destino histórico, e não algum critério independente, pode resolver essa questão.

A palavra "nação" ocorre efetivamente em contextos pré-modernos, descrevendo, por exemplo, corporações de estudantes, com bases regionais, nas universidades medievais, ou a totalidade da pequena nobreza em uma dada unidade política (Polônia). Mas, no interesse da ordem lógica, é melhor restringir o termo ao fenômeno moderno de uma ampla população anônima *tanto* compartilhando uma cultura erudita *quanto* dotada da tendência de possuir uma única autoridade política (embora às vezes um ou outro desses dois elementos possa predominar). Essa definição não pode proporcionar-nos a capacidade de dizer, antes do fato, exatamente que grupamentos pré-modernos terão ou não sucesso em se tornar nações. Os nacionalistas, imbuídos de um forte senso da justiça de sua causa, tendem a achar que sua cultura *realmente*, "objetivamente", define uma nação (ver NACIONALISMO): mas essa idéia engendra a realidade histórica da nação, em vez de ser, como supõe o nacionalista, seu reflexo.

Leitura sugerida: Armstrong, John 1982: *Nations before Nationalism* • Bauer, Otto 1907 *(1924)*: *Die Nationalitätenfrage und die Sozialdemokratie*, 2ªed. ampl. com novo prefácio • Gellner, E. 1983: *Nations and Nationalism* • Smith, A.D. 1991: *National Identity*.

ERNEST GELLNER

nacionalismo Essa doutrina exige que o grupo político e o grupo étnico sejam congruentes. De forma mais específica e concreta, o nacionalismo sustenta que o estado nacional, identificado como uma cultura nacional e comprometido com a sua proteção, é a unidade política natural; e que é um escândalo que grandes números de membros da comunidade nacional sejam obrigados a viver fora das fronteiras do estado nacional. O nacionalismo também não se mostra muito bem-disposto para com a presença, dentro das fronteiras do estado-nação, de grandes números de não-nacionais. Mas a situação política que escandaliza de maneira muito especial os nacionalistas é aquela em que o estrato governante de uma unidade política pertence a um grupo étnico outro que não o da maioria da população (ver também NAÇÃO).

O princípio do nacionalismo, conforme aqui esboçado, é sustentado muito amplamente e, o que é ainda mais comum, dado como certo no mundo moderno. Para uma proporção muito grande de nossos contemporâneos, parece simplesmente óbvio e auto-evidente que as pessoas prefiram viver em unidades políticas com companheiros da mesma "nacionalidade" ou cultura e, acima de tudo, que achem o governo por parte de estrangeiros uma coisa afrontosa. A unidade nacional e política é aquela que representa e expressa a vontade da maioria de *uma* nação, protege seus interesses e garante a perpetuação de sua cultura.

Sob o impacto do nacionalismo, o mapa tanto etnográfico quanto político da Europa e, de forma diferente, o do resto do mundo vieram a ser redesenhados. Os princípios que haviam governado o traçado do mapa da Europa em 1815, depois das guerras napoleônicas, eram dinásticos ou religiosos: pouca atenção se dava, se é que se dava alguma, a harmonizar a nacionalidade de súditos e governantes. Em muitas partes da Europa, isso teria sido, de qualquer forma, impossível: o mapa étnico de boa parte do continente era extremamente complexo, e implementar os princípios nacionalistas para respeitá-lo teria exigido que o mapa político se parecesse com um quebra-cabeça de armar. Além do mais, era em geral impossível projetar as fronteiras étnicas em um mapa territorial: os grupos étnicos, culturais e religiosos estavam freqüentemente separados não por território, mas por sua posição em uma estrutura social. Em geral habitavam o mesmo território, mas o seu papel na sociedade era diferente.

É importante observar que os estilos de traçar fronteiras políticas que respeitavam elos dinásticos, religiosos ou de comunidade, mas que ignoravam o princípio da nacionalidade, eram naquela época e nas épocas anteriores considerados óbvios. Raramente eram contestados ou considerados afrontosos. Coloca-se a questão do motivo por que um princípio, antes amplamente ignorado ou fraco, veio, no decorrer dos séculos XIX e XX, a se tornar tão absolutamente forte e efetivo. Propuseram-se inúmeras respostas para essa pergunta importante e crucial:

1. Existe nos seres humanos um impulso instintivo atávico que os leva a querer estar perto de outros do mesmo "sangue" ou cultura (ou ambos) e a ocupar território juntos, e que também os leva a detestar os que consideram estranhos, a se ressentir de sua proximidade (especialmente em grandes números) e ainda mais fortemente do governo de estrangeiros. O redespertar desses impulsos pode ser atribuído a várias causas, tais como o declínio da fé religiosa, as desagregações da vida moderna ou uma tendência geral ao retorno a uma visão "naturalista" dos seres humanos.
2. O impacto do nacionalismo deve-se à formulação e disseminação da ideologia nacionalista, elaborada por vários pensadores na virada do século XVIII para o XIX, em seguida ainda mais elaborada e posteriormente disseminada. O principal proponente desta teoria é Elie Kedourie.
3. Uma teoria sustentada por muitos marxistas, no sentido de que o verdadeiro conflito subjacente à história ocorre entre classes, de forma que o conflito interétnico é uma irrelevância; apesar disso, ganha importância porque as classes dominantes estimulam o sentimento nacionalista a fim de distrair a atenção daqueles a quem dominam dos seus verdadeiros interesses. O nacionalismo é uma conspiração para impedir os oprimidos de combater seus reais inimigos. (Mas ver também Bauer, 1907.)
4. O nacionalismo surge no decorrer do "desenvolvimento" econômico, isto é, durante a difusão do industrialismo, interpretando-se essa palavra amplamente como uma economia baseada em uma tecnologia muito possante e de rápido crescimento. A difusão de tal economia leva a que áreas "atrasadas" e suas populações sejam incorporadas à economia industrial em termos desvantajosos para elas, tanto econômica quanto socialmente. A fim de se proteger, precisam organizar-se com vistas a criar suas próprias unidades políticas, unidades essas capazes de orientar seu desenvolvimento econômico, especialmente durante seus primeiros e mais frágeis estágios.
5. O nacionalismo é um subproduto de condições predominantes no mundo moderno, quando a maioria das pessoas não mais vive em comunidades aldeãs fechadas, quando o trabalho é semântico, e não físico, e exige a capacidade de se comunicar em um idioma e uma escrita co-

muns, razoavelmente livres de contexto, quando a estrutura empregatícia muda rapidamente e não pode tolerar com facilidade uma divisão étnica do trabalho, e quando o contato com grandes burocracias, tanto políticas quanto econômicas, e a dependência em relação a elas permeiam todos os aspectos da vida. Nessas condições, a alfabetização geral e o uso de códigos padronizados tornam-se a norma. O domínio de tal código por uma pessoa torna-se seu trunfo mais importante e também seu mais importante meio de acesso ao emprego, à participação social e política, à aceitabilidade e à dignidade. Somente o estado pode proteger e manter a homogeneidade cultural exigida, e o princípio *um estado, uma cultura* tende a entrar em funcionamento. Torna-se então de grande interesse para qualquer indivíduo que o estado em cujo território esse indivíduo reside use a mesma cultura em que o indivíduo em questão está engajado. Os indivíduos se esforçarão para que se alcance essa congruência, seja assimilando-se à cultura dominante, seja tentando transformar a *sua própria* cultura na cultura dominante. Hão de se esforçar por criar novos estados em torno dessa cultura preferida e/ou modificar as fronteiras políticas existentes.

Este autor inclina-se a acreditar que a verdade da questão pode ser encontrada em uma combinação das posições (4) e (5). A objeção à teoria "atávica" é que os obscuros impulsos instintivos dos seres humanos, por mais poderosos que sejam, não impediram no passado uma intensidade de ódio e homicídio entre membros do mesmo "sangue" ou do mesmos grupos culturais. Não há um bom motivo para se acreditar que o apelo do *Blut und Boden* ("sangue e terra") se tenha tornado mais possante em nossa época. A explicação "ideológica" não consegue explicar por que exatamente essas idéias, em uma época de superprodução de idéias, teriam mais apelo que suas rivais, estas últimas em geral difundidas por pensadores e autores mais zelosos e talentosos. Algumas teorias marxistas sobre o nacionalismo como manobra ardilosa das classes dominantes parecem ter pouco apoio nos fatos.

No entanto a questão não está de forma alguma fechada, e os indícios empíricos ou históricos são mais do que ambíguos. As teorias preferidas por este autor aplicam-se melhor à Europa do que a grande parte do Terceiro Mundo, onde o nacionalismo certamente levou a um forte movimento anticolonial (ver MOVIMENTO DE LIBERTAÇÃO COLONIAL; NACIONAL POPULAR, REGIME), mas onde posteriormente as fronteiras coloniais foram, em medida notável, perpetuadas e mantidas. Sociedades organizadas, plurais e multiétnicas também sobreviveram, tal como sobreviveu uma proliferação de estados partilhando a mesma cultura (estados árabes e hispano-americanos). A ligação da proeminência política da nacionalidade com a era industrial também foi contestada, por exemplo, por um dos mais ativos e sérios estudiosos do nacionalismo, Anthony Smith.

Leitura sugerida: Anderson, Benedict 1983: *Imagined Communities: Reflections on the Origin and Spread of Nationalism* • Armstrong, John 1982: *Nations before Nationalism* • Breuilly, J. 1982: *Nationalism and the State* • Deutsch, K.W. 1966: *Nationalism and Social Communication,* 2ªed. • Hobsbawm, E.J. 1990: *Nations and Nationalism since 1780* • Kedourie, Elie 1960: *Nationalism* • Kohn, H. 1962: *The Age of Nationalism* • Renan, Ernest 1945: "Qu'est-ce qu'une nation". In *Ernest Renan et l'Allemagne*, org. por Émile Bure • Seton-Watson, Hugh 1977: *Nations and States* • Smith, A.D. 1971: *Theories of Nationalism* o 1979: *Nationalist Movements in the Twentieth Century* o 1991: *National Identity.*

ERNEST GELLNER

nacionalização Ver SOCIALIZAÇÃO.

nacional popular, regime Um sistema de governo que extrai sua legitimidade de afirmações de apoio popular de massa e da defesa dos interesses nacionais, ao mesmo tempo que não segue com extrema rigidez as regras da democracia liberal, pode ser considerado um regime nacional popular. Países em processo de desenvolvimento, na maior parte da Ásia, África e América Latina, como também foi o caso da Europa Ocidental antes da Segunda Guerra Mundial, estão especialmente sujeitos a esse tipo de governo. Suas origens podem ser basicamente de dois tipos. Em alguns casos, sistemas políticos conservadores ou sob domínio estrangeiro são derrubados por um golpe violento promovido por setores alienados da elite — em geral, militares — que usam o aparelho de estado para reorientar as políticas de ação econômica e social e conquistam o apoio das massas. Em outros casos, os movimentos de massa são organizados a partir de baixo e somente depois de longo período de política oposicionista, seja reformista ou revolucionária, é que têm acesso ao poder.

No primeiro caso, isto é, quando o regime nacional popular foi instaurado a partir de cima, o resultado é em geral de tipo altamente autoritário, com um acréscimo de manifestações de massa oficialmente controladas. Muitos países do Oriente Médio vêm seguindo esse padrão desde a Segunda Guerra Mundial, o mesmo tendo acontecido, em menor extensão, com a Turquia desde os tempos de Mustafá Kemal Ataturk, nos anos 20. O componente de massa do regime geralmente assume a forma de partido único oficial. Na Turquia, porém, o regime acabou gerando um sistema de partidos competitivos, em um lento processo de liberalização marcado por constantes intervenções militares.

É difícil avaliar o grau de apoio popular obtido por regimes nacionais populares, uma vez que isso não é testado com veracidade em eleições livres. Em geral, esse apoio também está presente, em particular no início dos primeiros períodos de consolidação, como resultado de programas nacionalistas, revolucionários ou radicalmente reformistas e do monopólio ou quase monopólio da comunicação de massa. A opinião pública é em geral polarizada por esses programas de ação, e um amplo setor das classes anteriormente dominantes é atirado na oposição ou no exílio, enquanto se forma uma nova classe dominante, com base na democracia, nos militares e nos novos capitalistas.

No segundo caso considerado, isto é, quando um regime nacional popular tem origem em insurreições a partir de baixo, a política de massa assume um caráter um tanto diferente devido à natureza mais autêntica ou espontânea do partido que representa a revolução. No entanto restrições estruturais determinam uma convergência na natureza desses regimes com a dos que se originam a partir de cima. No México, onde se pode considerar que a revolução de 1910 gerou, depois de uns poucos anos de guerra civil, o primeiro regime nacional popular do século XX, a formação de um partido dominante levou quase duas décadas e foi compatível com a existência de partidos de oposição bem menores. O regime desenvolveu-se em uma direção claramente capitalista e o partido dominante foi se tornando cada vez mais conservador, enquanto a oposição, tanto de direita quanto de esquerda, foi crescendo e se tornando capaz de desafiar o regime. Como resultado, é possível observar tendências à consolidação de um sistema político mais competitivo e livre, a menos que um golpe militar interrompa esse processo.

Na Argélia, o regime estabelecido em 1962 baseou-se em uma bem-sucedida insurreição nacional que teve de travar prolongada luta contra o colonialismo francês. A conseqüente legitimidade dos combatentes pela liberdade deu-lhes amplo crédito por parte das massas e das novas elites e lhes permitiu estabelecer reformas importantes e elementos de uma economia socialista. No Irã, a revolução islâmica fundamentalista de 1979 entronizou uma versão religiosa e altamente belicosa de regime nacional popular, ao que tudo indica bastante capaz de receber apoio popular contínuo, ainda que arregimentado.

Os regimes nacionais populares, particularmente os que se originam a partir de baixo, podem evoluir em uma direção socialista ou, no mínimo, adotar uma fraseologia socialista, na tentativa de conservar o apoio das massas ou dos setores médios radicalizados e da *intelligentsia*. Alguns regimes socialistas revolucionários, como os de Cuba e, de 1979 a 1990, o da Nicarágua, subiram ao poder com um padrão complexo de apoio social e compartilham alguns traços dos regimes nacionais populares, incluindo o culto da personalidade e a preferência pelo sistema de partido único.

Alguns exemplos de regimes nacionais populares são uma mistura dos dois tipos polares antes considerados, os que se originam a partir de cima e os que se originam a partir de baixo. Na Argentina, o golpe militar de 1943, com Juan D. Perón como figura de proa, estabeleceu um regime com características nacionais populares. Forçado pela oposição a garantir eleições livres, o partido político formado por Perón revalidou suas credenciais de representante das massas. As conseqüentes presidências constitucionais de Perón (1946-55) assistiram a uma progressiva deterioração do sistema liberal democrático recentemente restabelecido, terminando em um golpe militar em 1955. O peronismo na oposição conservou seu caráter de partido de massa e desde então se tornou um aspecto permanente do sistema político argentino. Em outros países latino-americanos, da mesma forma, governos que tiveram origem a partir de cima, ou de uma combinação de forças civis e militares (como o de Vargas em 1930), evoluíram rumo a se tornarem a base de partidos populares capazes de manter a sua força em um regime democrático reconstituído.

Na Europa Oriental, entre as duas guerras mundiais, vários governos exibiram as características aqui atribuídas aos regimes nacionais populares, bem como as do fascismo. Os regimes nacionais populares ou seus partidos populistas associados foram rotulados com freqüência de fascistas. É verdade que em alguns deles os elementos fascistas estão presentes, mas as características dos dois sistemas são bem diversas. No entanto não é provável que seja coincidência o fato de os componentes fascistas dos regimes nacionais populares serem maiores em países relativamente mais desenvolvidos, tais como a Argentina, o Brasil e países da Europa Oriental. A presença de características autoritárias e de mobilização de massas não é suficiente para caracterizar um regime como fascista, uma vez que esses traços estão presentes também em países comunistas. Eles estabelecem na verdade um contraste com a democracia liberal, mas a experiência latino-americana demonstra que os herdeiros desses regimes podem tornar-se participantes permanentes de um processo político competitivo, no qual ocupam uma posição mais próxima da esquerda do que da direita.

Ver também POPULISMO; NACIONALISMO.

Leitura sugerida: Almond, Gabriel e Coleman, James S., orgs. 1960: *The Politics of Developing Areas* • Apter, D.E. 1965: *The Politics of Modernization* • Dahl, R.A., org. 1973: *Regimes and Oppositions* • Linz, Juan e Stepan, Alfred, orgs. 1978: *The Breakdown of Democratic Regimes* • O'Donnell, Guillermo, Schmitter, Phillipe e Whitehead, Lawrence, orgs. 1986: *Transitions from Authoritarian Rule: Prospects for Democracy.*

TORCUATO S. DI TELLA

nacional-socialismo A confiança inicial nas explicações gerais do nacional-socialismo — como movimento, ideologia e regime político — tem sido minada pelo progresso da pesquisa detalhada e o surgimento de paradigmas "pós-modernistas". As teorias do hitlerismo, do TOTALITARISMO, do FASCISMO ou o *Sonderweg* alemão (ver Grebing, 1986; Blackbourn e Eley, 1984) hoje parecem úteis apenas pela luz que lançam sobre aspectos particulares ou como incentivos a novas reflexões e análises. Parece problemático hoje em dia saber se o nacional-socialismo dos anos 20, tal como desenvolvido, sob a liderança de Adolf Hittler, na Alemanha capitalista-industrial, o qual estabeleceu uma ditadura (1933-45) que trouxe sofrimento a grande parte da humanidade através da Segunda Guerra Mundial e dos programas de extermínio em massa, pode ser classificado simplesmente sob a categoria geral de fascismo, mesmo estando historicamente associado a ele (ver Larsen et al., 1980).

Uma das raízes do nacional-socialismo na história européia pode ser encontrada nos esforços intelectuais e políticos, mesmo antes da virada do século, na França e na Europa Central, no sentido de unir um nacionalismo belicoso a uma política de massa na primeira fase de democratização, e também a concepções socialistas. Embora esse "novo nacionalismo" ainda não plenamente realizado por partidos tão diversos quanto o "Partido Social Cristão dos Operários", de Adolf Stoecker, em Berlim, ou os pan-germânicos de Georg von Schönerer, em Viena, seja em geral assimilado no pensamento político tradicional à extrema direita, ele na verdade, como o fascismo de maneira genérica, escapou a esse esquema de esquerda-direita (ver O'Sullivan, 1983, caps. 2 e 3). Essa atitude ambivalente também explica por que persistiu entre cientistas sociais e historiadores a controvérsia quanto a se o nacional-socialismo devia ser encarado como revolucionário ou reacionário, passadista ou modernizante (ver Prinz e Zitelmann, 1991), como uma tentativa de alcançar a estabilidade social por meios reacionários ou como uma modernização "involuntária" da economia e da sociedade obtida por uma revolução política "conservadora" (ver Schoenbaum, 1966).

Em contraste com o fascismo mediterrâneo e da Europa Ocidental, o nacional-socialismo começou a partir de uma cultura nacional que se caracterizava por concepções de uma ascendência mítica comum, de "sangue e terra", da "raça" e do "*Volk*". Outro elemento essencial foi o ANTI-SEMITISMO "moderno", baseado em tradições cristãs. Esses elementos uniram-se de modo característico na Alemanha desde a época da unificação nacional "a partir de cima", em 1871. A crença no "Volk" alemão, expressa através de monumentos nacionais, festivais públicos, romances e textos populares e das óperas de Wagner, estabeleceu-se como uma espécie de "religião secular" em muitos setores da sociedade alemã (ver Mosse, 1964). Essa "ideologia alemã" foi comunicada em símbolos e formas litúrgicas como uma "política teatral". Essa foi uma outra e ainda mais importante fonte do nacional-socialismo, e ao mesmo tempo uma precondição para sua difusão quando a sociedade alemã se viu sacudida pelas crises econômicas e sociais dos anos do entre-guerras.

Os precursores do nacional-socialismo, tanto no nome quanto na organização, surgiram antes de 1918, nas lutas nacionalistas na Boêmia alemã, dentro do império multinacional dos Habsburgo (1903 assistiu à fundação do Partido Operário Alemão), e depois da Primeira Guerra Mundial ressurgiram na Áustria, na Tchecoslováquia e na Alemanha. O movimento nacional-socialista foi a princípio apenas um partido dissidente dos operários "völkisch" na Munique do pós-guerra, mas logo encontrou em Hitler um notável propagandista e, afinal, um líder miticamente transfigurado. Como Partido Nacional-Socialista dos Trabalhadores Alemães (NSDAP), adotou, em 1920, um programa no qual pretensões nacionalistas e imperialistas radicais, bem como exigências de uma revisão da ordem internacional e doméstica do pós-guerra, se uniram a questões anti-semíticas de longo alcance e a exigências sociais e de classe média (tais como a nacionalização dos trustes, a participação no lucro das grandes empresas, a comunalização dos distribuidores atacadistas e a divisão das grandes propriedades de terra), agregadas sob a noção abrangente de uma "comunidade do povo" destituída de classes. O caráter heterogêneo desse programa foi de fato constantemente enfatizado por contemporâneos e por historiadores, e pouco significado se atribuiu a ele na prática política do nacional-socialismo. Não obstante, o programa permitiu ao NSDAP apresentar-se como não-engajado com grupos sociais específicos e, durante a crise econômica mundial, reagir a elementos contraditórios de insatisfação e protesto, unindo-os em um movimento de massa.

A visão de mundo de Hitler (exposta em 1925 em *Mein Kampf*), que se formou na Viena do final da monarquia Habsburgo e se refinou no clima contra-revolucionário da Munique do pós-guerra, serve em certa medida aos historiadores como a formulação principal da ideologia nacional-socialista. Seus princípios básicos são a luta pela existência (ver DARWINISMO SOCIAL), a crença na superioridade da "raça ariana" e uma visão elitista dos indivíduos. Os principais objetivos estabelecidos são a conquista de "espaço vital no Leste" e uma radical "remoção dos judeus" da sociedade, o que na prática se misturou à luta contra o "bolchevismo judeu". Diferentemente dos românticos rurais do nacional-socialismo, Richard Darré (1895-1953) e Heinrich Himmler (1900-45), Hitler, que aceitava a existência da propriedade privada, embora desejando-a subordinada a uma "comunidade do povo", concebeu a Alemanha futuramente transformada como uma sociedade altamente industrializada e tecnologicamente avançada (ver Zitelmann, 1987; Kershaw, 1991, cap.1 e conclusão).

Os princípios de uma liderança carismática, da violenta agitação antidemocrática e "antimarxista" e de uma política paramilitar (o "exército privado" das SA e mais tarde a "polícia particular" das SS) foram aperfeiçoados pelo NSDAP depois do fracassado *Putsch* da Cervejaria de Munique, em 1923, embora a liderança do partido contivesse muitas tendências combativas "revolucionárias" entre seus membros militantes e evitasse qualquer aparência de tentativa de tomada inconstitucional do poder. Os quadros do partido e os que o apoiavam nas urnas no início dos anos 30 davam a impressão de um partido do povo, moderno, ainda que assimétrico, muito mais que um partido de classe média ou pequeno-burguês, o que muitos marxistas e teóricos liberais do fascismo enfatizavam. Igualmente dúbias são as suposições quanto ao financiamento da ascensão do NSDAP, principalmente pelo "alto capital", mas a tomada e a consolidação do poder em 1933 dificilmente podem ser concebidas sem um apoio das elites nacionais e conservadoras da recentemente extinta República de Weimar (a aristocracia agrária prussiana, os líderes militares e os altos funcionários).

O estabelecimento do domínio nacional-socialista levanta questões fundamentais a respeito de sua estrutura e funcionamento. Em particular, os historiadores alemães debateram nos anos 80 se o "Terceiro Reich" dependia de fato da vontade de ver Hitler como líder onipotente, ou se era uma poliarquia de líderes e burocracias subordinados e rivais, a qual, em última análise, pode ser reduzida à dicotomia estrutural de fatores "de estado" e "de partido" na estrutura de poder da ditadura nazista ("estado dual") (ver Fraenkel, 1941, e Neumann, 1942). No mesmo contexto, diferentes respostas foram dadas à pergunta quanto a se, no regime nazista, é possível perceber uma realização direta do programa nacional-socialista ou do de Hitler, ou se a realidade brutal do "Terceiro Reich", à falta de adequada fundamentação em uma ideologia característica, foi conseqüência de um processo não-planejado de auto-radicalização, resultante de tendências latentes na sociedade alemã ou em qualquer sociedade moderna. Acima de tudo, ao explicar as origens da "solução final" para a questão judaica, esse debate deu margens a avaliações diametralmente opostas e politicamente diversas, às quais correspondem diferentes avaliações da realidade cotidiana do sistema nacional-socialista: como uma ditadura totalitária terrorista, à qual toda a população estava sujeita (Arendt, 1951), ou como um regime de consenso, parcial "resistência popular" e grau significativo de latitude na vida privada, que ficava de fora dos rituais públicos de consentimento e dos eventos horríveis de perseguição de oponentes políticos e judeus, bem como — durante longo tempo — dos efeitos da guerra.

Esses limites apontados à penetração "totalitária" da sociedade alemã pelo nacional-socialismo criaram a impressão, depois da derrota de 1945, de que mal houvesse existido nacional-socialistas convictos, mas apenas companheiros de viagem, oportunistas e indivíduos desiludidos. A "desnazificação" do pós-guerra, implementada pelos Aliados ocupantes, foi limitada na Alemanha Ocidental e superficial na Oriental, mas houve poucos ressurgimentos de idéias nacional-socialistas no sentido mais correto. As organizações e partidos neonazistas exerceram pouca influência, exceto por breve período no final dos anos 60, com o surgimento do Partido Nacional-Democrata Alemão (que não era neonazista em sentido pleno) e, mais recentemente, desde 1990, embora os "republicanos" sejam mais nacionalistas de direita do que neonazistas (ver Benz, 1989).

Leitura sugerida: Baldwin, Peter 1990: "Social interpretations of Nazism". *Journal of Contemporary History* 25, 5-37 • Bracher, K. D. 1970: *The German Dictatorship* • Broszat, Martin 1981: *The Hitler State* • Jäckel, Eberhard 1972: *Hitler's Weltanschauung* • Kershaw Ian 1989: *The Nazi Dictatorship*, 2ªed. • Mayer, Arno J. 1988: *Why Did the Heavens Not Darken?* • Mosse, George L. 1975: *The Nationalization of the Masses* • Noakes, Jeremy e Pridham, G., orgs. 1983-8: *Nazism 1919-1945: a Documentary Reader*, 3 vols.(vol.4 no prelo) • Peukert, Detlev (*1987*): *Inside Nazi Germany.*

GERHARD BOTZ

naturalismo No presente século, naturalismo indica usualmente três idéias afins:

1. a dependência em que a vida social e, mais genericamente, humana se encontra em relação à natureza, isto é, o materialismo;
2. a suscetibilidade dessas idéias a uma explicação formulada essencialmente do mesmo modo, isto é, em termos científicos;
3. o caráter cognato de enunciado de fato e de valor, e, em particular, a ausência de um abismo lógico intransponível entre eles, do gênero sustentado por David Hume, Max Weber e G.E. Moore, isto é, o naturalismo ético.

Este verbete está interessado principalmente no segundo sentido. Foi a questão dominante na filosofia, e uma questão controvertida na prática, das ciências humanas. Nesse sentido, cumpre distinguir o naturalismo de suas duas espécies extremas, a saber, o cientificismo, que se diz possuidor de uma completa unidade, e o reducionismo, que afirma uma identidade concreta de objeto de estudo entre as ciências naturais e sociais.

Três amplas posições podem ser delineadas: (a) um naturalismo mais ou menos irrestrito, usualmente associado ao POSITIVISMO, dominante na filosofia e prática das ciências sociais (pelo menos no mundo anglófono) até cerca de 1970; (b) o antinaturalismo, baseado em uma distinta concepção do caráter ímpar da realidade social, isto é, como dotada de um caráter pré-interpretado, conceptualizado e lingüístico — a HERMENÊUTICA, a "oposição oficial" ao positivismo, forte no mundo germânico e na prática das humanidades; e (c) mais recentemente, um naturalismo crítico limitado, fundamentado em uma concepção essencialmente realista de ciência e em uma concepção transformativa da atividade social, a qual começou a adquirir destaque no último quartel do século (ver REALISMO).

1. O estereótipo weberiano
"Voluntarismo"

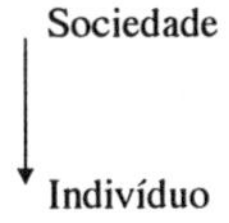

2. O estereótipo durkheimiano
"Reificação"

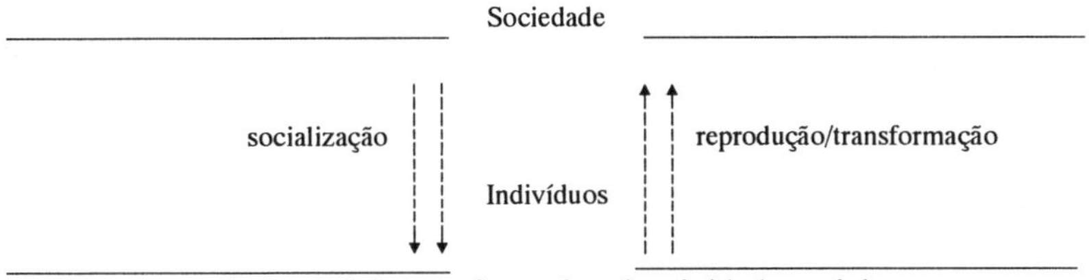

3. O modelo transformativo de atividade social

O positivismo encontra expressão na tradição sociológica durkheimiana e no behaviorismo, no funcionalismo e no estruturalismo. Seus antecedentes filosóficos imediatos situam-se na obra de David Hume, J.S. Mill, Ernst Mach e do Círculo de Viena, fornecendo a espinha dorsal da concepção ortodoxa de ciência. A ancestralidade filosófica imediata da hermenêutica deriva de Wilhelm Dilthey, Georg Simmel, Heinrich Rickert e Max Weber. Estes fundiram as distinções kantianas e hegelianas de modo a produzir um contraste entre o mundo fenomenal da natureza e o mundo inteligível da liberdade, fundamentando distinções entre explicação causal (*Erklären*) e entendimento interpretativo (*Verstehen*), o nomotético e o idiográfico (ver IDIOGRÁFICO, MÉTODO), o repetível e o único, os domínios da física e da história. Isso encontra expressão na tradição sociológica weberiana e nos estudos fenomenológicos, etnometodológicos e interpretativos em geral. Uma discriminação deve ser feita, dentro desse segundo campo, entre os que procuram sintetizar ou combinar princípios positivistas e hermenêuticos, como Weber ou Jürgen Habermas, e os dualistas que negam ao positivismo qualquer aplicabilidade na esfera humana, como H.G. Gadamer ou P. Winch. A terceira tradição naturalista crítica baseia-se imediatamente na filosofia realista da ciência desenvolvida por Rom Harré, E.H. Madden, Roy Bhaskar e outros, e na concepção de atividade social independentemente proposta por Pierre Bourdieu, Anthony Giddens e Bhaskar. Foi adotada e desenvolvida por numerosos autores, incluindo Russell Keat, Ted Benton, William Outhwaite e Peter Manicas. A maioria desses autores localiza uma primeira expressão sociológica dessa concepção em certos aspectos da obra de Marx e, mais recentemente, em uma teoria social (marxista e não-marxista) que visa aproximar as tradições estruturalista e "verstehende" de um modo geo-histórico e ecologicamente informado. Não é fácil caracterizar a obra de pensadores pós-estruturalistas e, mais geralmente, pós-modernistas. Em sua maioria, adotam uma perspectiva epistemológica nietzscheana sobre uma base ontológica humeana ou positivista.

Enquanto os positivistas basearam seu naturalismo em uma teoria epistemológica relativamente apriorística, os hermeneutas fundamentaram seu antinaturalismo em considerações ontológicas que dizem respeito, em particular, ao caráter significativo ou governado por regras da realidade social. Além disso, ao passo que os positivistas insistem em que as hipóteses acerca de tais características devem submeter-se aos procedimentos normais de qualquer ciência empírica, os hermeneutas, por seu lado, podem corretamente apontar para a completa ausência de leis e explicações em conformidade com o cânone positivista. Em resposta a isso, os positivistas alegam que o mundo social é muito mais complexo que o mundo natural, ou que as leis que o governam só podem ser identificadas em algum nível mais básico, por exemplo, o nível neurofisiológico. Positivistas e hermeneutas aceitaram uma descrição fundamentalmente positivista da ciência natural.

Se isso é falso, como afirmam os realistas, então os positivistas têm de formular argumentos especiais que justifiquem por que o positivismo deveria ser aplicável de modo singular (e sumamente implausível) no domínio humano; e os hermeneutas, por sua parte, têm de reavaliar seus contrastes. Assim, os dois principais argumentos de Winch são parasitas de uma ontologia positivista. Conjunções constantes de eventos não são necessárias nem suficientes para o entendimento científico natural ou para o social: ambos estão igualmente interessados na descoberta de conexões inteligíveis em seu objeto de estudo. O conceitual e o empírico tampouco esgotam conjuntamente o real. O realismo pode admitir que a conceitualidade é característica da vida social sem supor que a esgota. Além disso, os realistas afirmaram que os temas positivistas transpostos ingressam diretamente nas metateorias substantivas dos hermeneutas.

A defesa do naturalismo crítico gira em torno da extensão em que uma análise independente dos objetos de conhecimento social e psicológico é compatível com uma teoria realista da ciência. Assim, enquanto que na tradição weberiana os objetos sociais são vistos como resultados do (ou constituídos pelo) comportamento intencional ou significativo, inclinando-se para o voluntarismo (ver figura 1), e na tradição durkheimiana os objetos sociais são considerados detentores de vida própria, externos em relação ao indivíduo e coercivos para este, com tendência à reificação (ver figura 2), na concepção naturalista crítica, por seu turno, a sociedade é considerada não só uma condição preexistente e (transcendente e causalmente) necessária para a mediação intencional (intuição de Durkheim), mas que, além disso, tem existência e consistência unicamente em virtude dela (ver figura 3).

Nessa concepção, portanto, a sociedade é a condição e o resultado de mediação humana (a dualidade de estrutura), e a mediação humana produz e reproduz (ou transforma) a sociedade (a dualidade de estrutura). Nesse modelo, em contraste com a perspectiva hermenêutica, as explicações dos atores são corrigíveis e limitadas pela existência de condições irreconhecidas, conseqüências não-premeditadas, habilidades tácitas e motivações inconscientes; mas, em oposição ao ponto de vista dos positivistas, as exposições dos atores formam o indispensável ponto de partida da investigação social. O modelo transformativo assinala que a vida social possui um caráter recursivo e não-teleológico, uma vez que os agentes reproduzem e transformam as próprias estruturas que utilizam (e pelas quais são coagidos) em suas atividades substantivas. Também indica uma concepção relacional do objeto de estudo da ciência social, em contraste com as concepções metodológicas individualistas e coletivistas características das tradições utilitária (e weberiana) e durkheimiana de teoria social.

Certas características visíveis dos sistemas sociais que, na invocação de um critério causal para descrever a realidade, podem ser consideradas como limites *ontológicos* do naturalismo, são imediatamente deriváveis desse modelo. Podemos descrevê-las sumariamente como dependência de conceito, dependência de atividade e maior especificidade espaço-temporal de estruturas sociais. A interdependência causal entre a ciência social e seu objeto de estudo especifica um limite *relacional*, enquanto que a condição pela qual os sistemas sociais são intrinsecamente abertos — o importantíssimo limite *epistemológico* — explica a ausência de cruciais ou decisivas situações de teste em princípio, requerendo confiança em critérios exclusivamente explicativos (não-preditivos) para a avaliação racional da teoria. Embora sujeitas a essas restrições (e, poder-se-ia argumentar, justamente em virtude disso), as modalidades características de explicação teórica e prática que os realistas especificam (ver FILOSOFIA DA CIÊNCIA SOCIAL) mostram-se possíveis tanto na esfera social quanto na natural. No naturalismo crítico, portanto, as ciências sociais podem ser "ciências" exatamente no mesmo sentido que as naturais, mas de maneiras que são tão diferentes (e específicas) quanto os seus objetos de estudo.

Uma quarta diferença *crítica*, requerida pela consideração de que o objeto de estudo da ciência social inclui não só objetos sociais, mas também crenças acerca desses objetos, torna possível uma crítica explicativa da consciência (e do ser), a qual envolve juízos de valor e de ação sem paralelo no domínio das ciências naturais, justificando uma forma modificada de naturalismo ético substantivo, ou seja, o sentido (3) acima. Entretanto, parece vital ver tal crítica, e a ciência social de um modo geral, condicionada pela dependência dos seres humanos da ordem natural, que é materialismo ou naturalismo no sentido (1) acima.

Leitura sugerida: Benton, T. 1981 (*1985*): "Realism and social science". In *A Radical Philosophy Reader*, org. por R. Edgley e P. Osborne • Bhaskar, Roy 1989: *The Possibility of Naturalism*, 2ªed. • Giddens, A. 1976: *New Rules of Sociological Method* • Harré, R., e Secord, P. 1972: *The Explanation of Social Behaviour* • Keat, R. 1971: "Positivism, naturalism and anti-naturalism in the social sciences". *Journal for the Theory of Social Behaviour* 1.3 • Outhwaite, William 1983: *Concept Formation in Social Science*.

ROY BHASKAR

natureza humana Há muitas definições rivais desta noção. Cada definição não só assume determinada posição, mas também reivindica para si uma perspectiva excepcionalmente privilegiada que exclui todas as alternativas. Esse zelo nada tem de acidental, porquanto alguma noção de natureza humana é um componente indispensável do pensamento social. As mais significativas contribuições do século XX podem ser divididas em dois grupos principais: o "científico" e o "humanístico".

Interpretações científicas

Sociobiologia E.O. Wilson define a natureza humana como "uma miscelânea de adaptações genéticas em um meio ambiente largamente desaparecido, o mundo do caçador e coletor da Idade Glacial" (1978, p.196). Em SOCIOBIOLOGIA, a finalidade é estudar a natureza humana como uma área das ciências naturais mediante a criação de uma rede internamente coerente de explicação causal entre ciências biológicas e sociais. O ponto nodal dessa rede é a noção de regras epigenéticas. Toda a sociedade é governada por essas regras, as quais cobrem tudo, desde sua política econômica até seus princípios morais e suas práticas de puericultura (Wilson e Lumsden, 1981).

Etologia Os autores dessa escola, como K. Lorenz (1966) e I. Eibl-Eibesfeldt (1971), concentram-se no fato de o genótipo humano compartilhar 99% de sua história com o do chimpanzé. A aparente exigüidade dessa diferença significa que a espécie biológica *Homo sapiens* só recentemente surgiu no tempo evolutivo. Os etologistas sustentam que os padrões de comportamento dos primatas — agressividade, hierarquias e territorialidade, por exemplo — têm suas contrapartes na sociedade humana (ver ETOLOGIA).

Comportamentalismo Embora os autores dessa escola não questionem os princípios do neodarwinismo, seu enfoque recai diretamente sobre o comportamento humano. Esse comportamento, como qualquer outro fenômeno natural, tem causas antecedentes que determinam necessariamente certos efeitos. Na terminologia de B.F. Skinner (1971), o comportamento humano está sujeito ao condicionamento operante. Uma conseqüência disso, acredita Skinner, é que muitas instituições e práticas sociais correntes, como a punição para crimes, são obsoletas e deveriam ser substituídas por uma apropriada tecnologia do comportamento (ver COMPORTAMENTALISMO).

O que a posição de Skinner revela, e que também está presente nas outras duas escolas, é a convicção de que enunciados supostamente científicos têm significativas implicações tanto sociais quanto morais e políticas. Todas as três pressupõem que a natureza humana é um objeto apropriado de estudo "científico" e também que qualquer pensamento social que não seja compatível com as descobertas desses estudos é insustentável. Apesar do grande prestígio desfrutado pela ciência, a exatidão de todo esse conjunto de suposições tem sido severamente impugnada. No âmago dessas impugnações está a convicção contrária de que é a humanidade da natureza humana (e não a sua "natureza") que deveria ser o objeto de investigação.

Interpretações humanistas

Contextualismo De acordo com essa descrição, a natureza humana é especificada ou concretizada pelo contexto em que necessariamente se encontra. Fora desse contexto, só são possíveis generalizações abstratas e não-informativas (como o número de cromossomos). Nenhuma distinção significativa pode ser feita entre os seres humanos e suas culturas específicas, uma vez que, como escreveu Clifford Geertz, os seres humanos são "artefatos culturais" (1972, p.50).

Simbolismo Ernst Cassirer define o "homem" como *animal symbolicum* (1944, p.26). O modo de entender o que é essencialmente humano consiste em examinar o que é característico e o que está implícito no fato de só os seres humanos serem seres lingüísticos. A realidade humana não é a dos padrões de comportamento, mas a da ação simbólica manifesta em mitos, arte, religião etc.

Grandes questões estão envolvidas nas diferenças entre as várias concepções científicas e humanistas de natureza humana. É claro, nenhuma dessas posições nega o papel desempenhado pelas outras, e uma das explicações mais importantes e de maior alcance do século XX pode ser interpretada como um empreendimento para anular as diferenças. A premissa da explicação psicanalítica da natureza humana de Freud (1915-17, 1923) diz que os seus componentes básicos só podem ser revelados por uma descrição científica do modo como o Inconsciente funciona. Mas todo o esforço de Freud é no sentido de desvendar patologias nesse funcionamento e de fornecer remédios que melhorem a vida individual e social — a religião, por exemplo, é por ele considerada uma "relíquia neurótica" (1927, p.72) (ver PSICANÁLISE).

Todos os pontos de vista examinados até aqui aceitam que a natureza humana é um conceito significativo. Talvez o ponto de vista mais característico do século XX sobre este tópico tenha sido um ataque desfechado contra essa significação. A mais famosa versão é a do EXISTENCIALISMO de Sartre (1946). De acordo com Sartre, a natureza humana não existe porque nada há "fora" dela (como seja Deus) para lhe conferir uma "natureza" ou essência. Nos seres humanos, a existência precede a essência; ao contrário dos objetos naturais, que meramente existem, os seres humanos decidem existir. Outra crítica do conceito é que ele somente existe no interior de certos discursos historicamente específicos, de modo que M. Foucault (1966) está apto a afirmar que o conceito só surgiu no final do século XVIII e não é, por conseguinte, uma idéia trans-histórica universal.

No âmbito dos discursos do século XX, a natureza humana desempenha papel de destaque na argumentação ideológica. Por exemplo, um aspecto essencial no que se refere às diferenças entre as concepções socialista e liberal de "boa sociedade" é apurar o que é verdadeiramente central na natureza humana, se a cooperação ou a competição. De modo menos aberto, a diferença entre as explicações científica e humanista é analogamente polêmica. Por exemplo, a alegação científica de que o altruísmo é impossível porque o egoísmo é um fato inevitável da natureza humana é criticada por se tratar, antes, de uma defesa ideológica do *status quo*, uma vez que exclui futuros humanamente possíveis. Esses exemplos ilustram por que é impossível qualquer definição incontroversa.

Leitura sugerida: Benthall, J., org. 1973: *The Limits of Human Nature* • Berry, C.J. 1986: *Human Nature* • Forbes, I. e Smith, S., orgs. 1983: *Politics and Human Nature* • Hollis, M. 1977: *Models of Man* • Jaggar, A. 1983: *Feminist Politics and Human Nature* • Midgley, M. 1978: *Beast and Man* • Platt, J.R., org. 1965: *New Views of the Nature of Man* • Rothblatt, B. org. 1968: *Changing Perspectives on Man* • Stevenson, L. 1974: *Seven Theories of Human Nature* • Trigg, R. 1982: *The Shaping of Man.*

CHRISTOPHER J. BERRY

necessidades Termo para designar exigências humanas essenciais, requisitos indispensáveis à subsistência, as necessidades só se tornaram realmente objeto de teoria no século XX. Anteriormente os filósofos tinham argumentado que a necessidade era um conceito essencialmente contestado ou que não havia distinção essencial entre necessidades e carências. Pensadores tão antigos quanto Platão e Aristóteles postularam as necessidades humanas como a base da cidade (*polis*), agregado social cujo alicerce econômico era a troca no mercado. Mas tão indefinido era o conceito grego de necessidade, que se traduzia freqüentemente como "demanda". Autores estóicos e epicuristas do período helenístico usaram as necessidades como critério para distinguir entre vidas virtuosas e corruptas, promovendo o ideal do "homem de poucas necessidades". Pensadores como Epicteto e Sêneca provaram que as necessidades têm uma elasticidade tal que lhes permite proliferar se a vontade moral não intervier para refreá-las. Foi essa a linha de pensamento adotada por pensadores do Iluminismo como Jean-Jacques Rousseau que, nos seus Primeiro e Segundo Discursos, acompanha Sêneca ao afirmar que a análise do declínio da civilização gravita em torno da distinção entre necessidades "naturais" e "artificiais". Os psicólogos ambientalistas e os primeiros socialistas franceses do final do século XVIII e começos do XIX, como Helvétius, Holbach e La Mettrie, extraíram uma conclusão óbvia dessa distinção: que a boa sociedade depende da apropriada formação de necessidades no indivíduo (comparar com SOCIEDADE AFLUENTE).

A ruptura entre os antigos tratamentos moralistas e assistemáticos das necessidades e o uso do conceito de um modo quase técnico ocorreu com Hegel na *Filosofia do direito.* Influenciado, sem dúvida, pelos economistas políticos escoceses, Hegel definiu a sociedade civil como "um sistema de necessidades", referindo-se à função econômica da sociedade como provedora do necessário à subsistência através do mecanismo de trocas mercantis. Embora essa opinião remonte a Aristóteles, que na *Política* já fizera a distinção entre valor de uso e valor de troca, Hegel produziu uma concepção mais ampla da sociedade como um tecido de instituições e estruturas criadas no processo da satisfação de necessidades. Marx, que tanto devia a Hegel, ampliou essa noção no conceito de modo de produção, base da sociedade sobre a qual se erigem as superestruturas institucionais de acordo com o que as necessidades impõem. Entretanto Marx também deixou de definir as necessidades ou de lhes dar uma atenção específica. Nos *Manuscritos de 1844*, por exemplo, ele faz uma distinção rousseauniana entre necessidades humanas e não-humanas, ao passo que em *O capital* se refere às necessidades como indistinguíveis das demandas, acrescentando que não importa se são necessidades reais ou se brotam da imaginação em termos de seu efeito no sistema (Springborg, 1981, cap.6).

No século XX o enfoque das necessidades humanas foi instigado por duas considerações: problemas na teoria marxista e questões nas políticas públicas. Os marxistas clássicos tinham que explicar a inesperada longevidade do capitalismo, previsto para desmoronar em conseqüência da superprodução e do subconsumo. Alguns revisionistas marxistas, casando noções freudianas de desejos instintivos com observações acerca do papel da mídia por teóricos da sociedade de massas, propuseram uma explicação em termos de "falsas necessidades". Começando com Erich Fromm, que foi o primeiro a expor essa idéia nos anos 30, e incluindo Wilhelm Reich, Herbert Marcuse e membros da escola de Frankfurt, esses pensadores argumentaram que o capitalismo tem uma capacidade inigualável de introjetar na psique de seus súditos as necessidades que ele precisa que eles tenham a fim de que o sistema sobreviva.

Um segundo estímulo à discussão teórica das necessidades foi o desenvolvimento dos estudos de políticas públicas. Teóricos da educação, urbanistas, assistentes sociais e servidores públicos dedicam-se a políticas públicas "baseadas na necessidade". Os limiares das necessidades e os critérios para discriminar entre necessidades conflitantes impõem a atenção em suas teorias. A distinção entre verdadeiras e falsas necessidades, tal como formulada pelos neomarxistas, é hoje vista, de modo geral, como essencialmente moralista e não-científica, servindo de esteio à "ditadura sobre as necessidades" (Fehér et al., 1983) estabelecida pelas economias de comando dos países socialistas. Com a obra imaginativa de Michael Ignatieff (1984), os teóricos concentraram-se uma vez mais no problema das necessidades dos pobres, aqueles para quem as instituições de propriedade privada não deixam espaço público, espremidos pelo ônus da dívida criada pelo conluio das economias capitalistas do Primeiro Mundo com as ditaduras do Terceiro Mundo. O ESTADO DE BEM-ESTAR, cuja legitimidade assenta em sua afirmação de que garante a subsistência e a seguridade, não pode deixar de abordar os problemas criados pelo pobres e os sem-teto, cujas necessidades são desesperadoras.

Leitura sugerida: Heller, A. 1976: *The Theory of Need in Marx* • Ignatieff, M. 1984: *Needs of Strangers* • Leiss, W. 1976: *The Limits to Satisfaction: an Essay on the Problem of Needs and Commodities* • Soper, Kate 1981: *On Human Needs: Open and Closed Theories in a Marxist Perspective* • Springborg, P. 1981: *The Problem of Human Needs and the Critique of Civilization.*

PATRICIA SPRINGBORG

neoclássica, economia Ver ECONOMIA NEOCLÁSSICA.

neocolonialismo Ver COLONIALISMO.

neodarwinismo A teoria sintética da evolução (Huxley, 1974), combinando as idéias de Charles Darwin sobre SELEÇÃO NATURAL com as de Gregor Mendel sobre genética, constitui a base do neodarwinismo, o qual oferece, predominantemente através das técnicas estatísticas de genética de populações, uma descrição da adaptação de organismos a meios ambientes.

O neodarwinismo é um avanço sobre a própria teoria da evolução de Darwin, a qual dependia dos conceitos de variação e herança que, no seu tempo, eram sofrivelmente entendidos. Os resultados de Mendel forneceram uma base para distinguir entre a constituição de um organismo (genótipo) e seus traços fisiológicos e comportamentais (fenótipos), assim como para o nosso entendimento da recombinação genética durante a reprodução, hoje reconhecida como a fonte primária da variação transmissível, da qual dependem os processos seletivos.

Cumpre distinguir o neodarwinismo das teorias neolamarckistas de EVOLUÇÃO, efêmera e tragicamente dominantes na Rússia (Medvedev, 1969), de acordo com as quais a má adaptação do organismo ao meio ambiente provoca uma resposta pelo organismo que resulta em sua aquisição de um traço que se ajusta melhor ao seu meio ambiente e que será herdado por sua progênie. De acordo com essa descrição, o meio ambiente "instrui" o organismo. Essa idéia é repudiada no neodarwinismo, segundo o qual os processos de recombinação e mutação produzem aleatoriamente variantes de todos os tipos, melhores e *piores* do ponto de vista da adaptação, dentre as quais são "selecionadas" as que melhor ajustam o organismo ao meio ambiente (Maynard Smith, 1958, cap.2).

Três equívocos comuns da evolução foram elucidados pelo neodarwinismo.

Em primeiro lugar, a seleção natural não *otimiza* o ajustamento organismo-meio ambiente, mas tende meramente a melhorá-lo. Portanto, muito mais correto do que o grau ótimo de aptidão preconizado por Herbert Spencer seria a "sobrevivência dos mais aptos" expressa em termos comparativos. A evolução não alcança a otimização, em parte porque só pode selecionar a partir de variantes que ocorrem na realidade, as quais é improvável que incluam a variante otimamente adaptativa (Simon, 1983, cap.2).

Em segundo lugar, o neodarwinismo não afirma que *todos* os traços tenham sido selecionados por sua superioridade adaptativa. Traços distintos podem estar geneticamente "engatados", permitindo que traços neutros ou de adaptação defeituosa recebam "carona" de traços de valor adaptativo positivo (Gould, 1983, cap.3).

Em terceiro lugar, a evolução não é necessariamente uma "luta pela sobrevivência" envolvendo competição direta entre organismos; algumas espécies podem estabelecer ou ocupar nichos ambientais até então desocupados e evitar assim o conflito com outras (Hutchinson, 1965).

Questões importantes acerca do neodarwinismo incluem o seu status científico (Ruse, 1973, seção 3.2) e sua adequação, particularmente em relação à SOCIOBIOLOGIA, para explicar disposições geneticamente baseadas para o comportamento altruísta (Maynard Smith, 1975, cap.12).

Leitura sugerida: • Dawkins, R. 1986 (*1988*): *The Blind Watchmaker* • Simpson, G.G. 1949: *The Meaning of Evolution.*

FRED D'AGOSTINO

neokantismo O termo pode ser aplicado a qualquer filosofia ou teoria social que se interprete a si própria como desenvolvimento e revisão dos métodos analíticos propostos por Immanuel Kant (1724-1804) ou como resposta aos problemas, por exemplo de epistemologia e ética, por ele expostos. O termo é usado com extrema precisão em referência a um movimento no seio da filosofia alemã, anterior à Primeira Guerra Mundial. Esse movimento consistiu em duas principais escolas, sediadas em Marburgo e em Heidelberg, sendo esta última significativa por sua influência sobre Max Weber. Outros sociólogos, como Georg Simmel e Émile Durkheim, embora não se apresentassem explicitamente como neokantianos, podem ser considerados promotores de uma sociologia cujo desenvolvimento refletiu as tentativas de descobrir na sociedade as precondições para as regras a priori de Kant.

O retorno a Kant na década de 1860 foi uma resposta ao evidente fracasso das filosofias idealista e materialista pós-kantianas. Foi uma tentativa de reconstrução da filosofia, não através da imitação servil de Kant, mas procurando reinterpretá-lo à luz das gerações precedentes de críticos kantianos. As escolas neokantianas caracterizam-se tanto pelo que rejeitam quanto pelo que adotam em Kant.

Hermann Cohen (1842-1918) e Paul Natorp (1854-1924) foram as principais figuras da escola de Marburgo. Sua obra está centralmente interessada na epistemologia e especificamente na construção do domínio objetivo das distintas ciências naturais. Entretanto isso acarreta um movimento de distanciamento da análise transcendental de Kant, no sentido da formação de uma lógica geral. A investigação transcendental envolve a explicação das precondições necessárias à possibilidade de experiência. Para Kant, as regras a priori determinaram a síntese de sensações em objetos de experiência. Por conseguinte, só quando uma sensação subjetiva é legitimamente subordinada a particulares e categorias apriorísticas (de acordo com o que Kant designa por esquemas) ela passa a ser objetiva, e somente assim o sujeito adquire conhecimento da realidade objetiva. Portanto, a análise transcendental pressupõe que as regras a priori são necessariamente aplicadas na experiência. Mas a lógica formal ou geral que Cohen e Natorp procuraram desenvolver é explicada independentemente da experiência. Trata-se mais de metodologias para a conceitualização dos objetos de ciências particulares e, assim, não são aplicáveis à experiência em geral. Além disso, essa lógica é apresentada como um conjunto de regras a priori mais desejáveis do que necessárias. Isso leva à "tarefa interminável" de aperfeiçoar a constituição do domínio do objeto científico até que o pensamento conceitual passe a corresponder à coisa-em-si (*Ding an sich*).

Os principais representantes da escola de Heidelberg (ou Baden) são Wilhelm Windelband (1848-1915) e Heinrich Rickert (1863-1936). Ao conferirem primazia à *Crítica da razão prática* de Kant, eles ofereceram uma análise da constituição do conhecimento fundamentada em valores. Windelband afirmava que todos os juízos, em lógica, ética e estética, são guiados pela pressuposição do sujeito dos valores universais de verdade, bondade e beleza. Os próprios valores não podem ser aprovados, na medida em que estão, como sustentava Kant, para além da jurisdição da razão teórica. Portanto, o sujeito empírico não é visto como criador de valores, pois os valores são postulados por uma consciência transcendental para além de qualquer consciência empírica. É mantida a divisão kantiana entre razão prática e teórica, mas transformada na medida em que se faz dos valores a precondição transcendental da razão teórica.

A escola de Heidelberg concentrou-se na metodologia das ciências culturais. Rickert, em uma tentativa de superação do dualismo fato-valor inerente à filosofia de Windelband, postula um "terceiro domínio" da cultura, no qual estão contidos tanto o fato quanto o valor. Através do juízo prático, os sujeitos criam bens culturais. Isso significa que objetos sensíveis, e por conseguinte objetos acessíveis à razão teórica, são colocados em relação a valores e recebem assim uma dimensão axiológica. Por outro lado, o sujeito não cria valores, pois a cultura, como sistema de valores predominantes, é a precondição transcendental da possibilidade de apreender bens culturais. Rickert procura esclarecer a sua posição distinguindo entre os juízos de valor de um ator histórico e a atividade do historiador. O ator é guiado pelo que acredita que "deve ser". O historiador, contudo, só responde a valores na medida em que estes são realmente aceitos pelos atores. Isso serve, de fato, para abalar a natureza transcendental do argumento de Rickert. A comparação com a constituição da natureza fracassa, pois o sujeito histórico, assim como o teórico, cria ativamente valores. Desse modo, a constituição da cultura ocorre de modo empírico, não de modo transcendental.

Weber desenvolve os argumentos de Rickert, mas no contexto de uma sociologia empírica. Weber não aceita que o ator social apenas crie ativamente valores, mas vai além para afirmar que, no racionalizado e desencantado mundo moderno, os atores geram uma proliferação de valores concorrentes. Na medida em que a racionalização pode ser vista como o predomínio da razão teórica, deixam de existir os meios comumente aceitos de avaliação de valores concorrentes. A metodologia de Weber do TIPO IDEAL pode ser considerada um desenvolvimento da análise de Rickert da atividade do historiador. Um tipo ideal é heurístico e, portanto, sem significação transcendental. Ele "constitui", porém, o significado do fenômeno cultural para o teórico. O valor é dado ao fenômeno cultural somente através do reconhecimento dos valores que são realmente aceitos pelos atores.

Elementos neokantianos também podem ser vistos na obra de Simmel. Ele responde ao problema da constituição transcendental da sociedade com uma teoria de formas de socialização. Simmel reconhece que a unidade da sociedade é constituída pelos atores sociais e não meramente pelo teórico. O seu conceito de formas refere-se, portanto, à multidão de tipos gerais que os atores usam para constituir uma totalidade estruturada a partir da diversidade da vida social, e ao entendimento que o sociólogo adquire desses tipos como processos que originam a "consciência de socialização" dos atores. Entretanto a relação entre processos transcendentais e empíricos torna-se mais uma vez ambígua.

Finalmente, a sociologia de Durkheim, e em especial a sociologia da religião, é um exemplo da tentativa de alicerçar as categorias a priori de entendimento de Kant em algum substrato social. Durkheim, na esteira de Kant, aceita a realidade de categorias e valores, mas procura definir as condições de sua possibilidade na sociedade como uma realidade sui generis. Assim, a sociedade torna-se uma força moral, dotada de uma objetividade transcendental. Com essa abordagem, Durkheim pode descrever variações nas categorias de entendimento, mediante referência a variações concretas entre sociedades.

Leitura sugerida: Arato, A. 1974: "The neo-idealist defence of subjectivity". *Telos* 21, 108-61 • Coplestone, F. 1963: *A History of Philosophy*, 9 vols.,Vol.7: *Fichte to Nietzsche*, p.361-73 • Durkheim, É. 1912 (*1968*): *Les formes élémentaires de la vie religieuse* • Habermas, Jürgen 1968 (*1971*): *Knowledge and Human Interests* • Rickert, H. *1962*: *Science and History: a Critique of Positivist Epistemology* • Rose, G. 1981: *Hegel Contra Sociology* • Simmel, Georg 1959: *Georg Simmel 1858-1918: a Collection of Essays with Translations and a Bibliography*, org. por K.H. Wolff • Weber. M. 1904 (*1949*): *Methodology of the Social Sciences*, org. e trad. por E.A. Shils e H.A. Finch.

ANDREW EDGAR

New Deal Conjunto de medidas de política econômica tomadas nos Estados Unidos entre 1933 e 1940, sob a liderança do presidente Franklin Roosevelt, com a finalidade de produzir a recuperação da Grande Depressão e corrigir defeitos no sistema que se acreditava terem sido por ela revelados. Não há uma teoria única subjacente nas medidas tomadas. Todas as espécies de coisas foram experimentadas. Muitas medidas foram descartadas porque as condições a que se destinavam tinham sido ultrapassadas, por terem fracassado ou por se revelarem inconstitucionais. Entre as mais duradouras mudanças políticas estavam:

1. Substancial libertação da política monetária das restrições do padrão-ouro e maior aceitação da responsabilidade da política monetária para a estabilização da economia.
2. Crescente confiança na política orçamentária governamental para levar a cabo e manter altos níveis de emprego. Isso ocorreu primeiro pragmaticamente na forma de programas de obras públicas e outros programas de emergência e foi depois racionalizado em termos teóricos pela ciência econômica keynesiana (ver KEYNESIANISMO).
3. O começo do ESTADO DE BEM-ESTAR nos Estados Unidos, em nível federal. Os seus principais ingredientes foram:
   (a) o sistema de seguridade social, fornecendo benefícios de aposentadoria para trabalhadores;
   (b) o sistema de seguro-desemprego;
   (c) o fornecimento de auxílio financeiro a famílias pobres com filhos dependentes.
4. Intervenção do governo para controlar preços e produção na agricultura.
5. Promoção governamental da organização sindical.
6. Novo ou ampliado controle governamental de preços, tarifas ou outros aspectos dos transportes, energia, comunicações e indústria financeira.
7. Movimento no sentido de uma política mais liberal de comércio internacional.

As medidas fiscais e monetárias ajudaram a realizar a recuperação da economia norte-americana, embora as medidas fiscais fossem débeis e vacilantes. Algumas das outras medidas provavelmente retardaram a recuperação ao elevarem os custos e aumentarem a incerteza na comunidade empresarial. A recuperação ainda estava incompleta e o desemprego ainda era grande quando a Segunda Guerra Mundial se tornou um fator dominante na economia.

Todas as medidas do New Deal foram contestadas com veêmencia na época, principalmente com base em se tratar de interferências impróprias na liberdade econômica. Por outro lado, havia queixas de que o New Deal estava sustentando um sistema basicamente imperfeito que necessitava de reestruturação mais radical. Mas as medidas foram avassaladoramente populares, como evidenciado pelos êxitos eleitorais de Roosevelt.

Cinqüenta anos depois a política norte-americana foi muito além do New Deal em quase todos os aspectos — mais regulamentação, mais pagamentos de transferência para a seguridade social, seguro-desemprego e assistência médica, e uma política fiscal e monetária mais ativa. Mesmo os que estão sumamente preocupados com o crescente poder do governo na economia considerariam um retorno ao New

Deal como um retorno ao governo pequeno e limitado. Na perspectiva da década de 90, a queixa a respeito do New Deal, se é que significa uma queixa, não se refere às medidas tomadas na década de 30, mas ao caminho pelo qual o governo federal então enveredou.

Leitura sugerida: Lehergott, S. 1984: *The Americans: an Economic Record*, p.453-65 • Stein, H. 1969: *The Fiscal Revolution in America* o 1988: *Presidential Economics: the Making of Economic Policy from Roosevelt to Reagan and Beyond*, p.27-64.

HERBERT STEIN

New Left Ver NOVA ESQUERDA.

New Right Ver NOVA DIREITA.

nomenklatura Este sistema de nomes desempenhou um papel muito importante nos métodos de controle de socialismo tipo monolítico e stalinista (ver também TOTALITARISMO); sua revisão e mudança radical tornaram-se os principais problemas nos esforços para realizar reformas democráticas.

De acordo com as decisões de órgãos dirigentes, a nomenklatura incluía uma lista de cargos ou postos de diferentes órgãos nos quais as mudanças de pessoal (nomeações, processos disciplinares etc.) eram decididas pelo Partido em diferentes níveis (das instituições locais às de mais alto nível). Os mais importantes cargos cobertos pela nomenklatura eram os da cadeia funcional através da qual os líderes a serem eleitos pelos órgãos do Partido em níveis inferiores eram determinados pelo nível superior seguinte. Isso deu à democracia de partido único um caráter puramente formal, o qual, durante as crises políticas que precederam as mais recentes varreduras de regimes de partido único, provocou a revolta de alguns membros do Partido (Hungria em 1956 e 1988; Polônia em 1956 e 1980; Tchecoslováquia em 1968).

As nomeações para várias funções estatais e econômicas também eram decididas por órgãos do Partido. Com freqüência, requisitos racionais, habilitações e proficiência eram preteridos em favor da confiabilidade política. Na vida do Estado e na vida econômica, essa contra-seleção pelo aparelho reduziu a eficiência da economia. Assim, era natural que um objetivo das reformas econômicas fosse libertar a liderança econômica da pressão da nomenklatura.

Os líderes nomeados e eleitos das organizações de massa também pertenciam à nomenklatura, incluindo os dos sindicatos, organizações da juventude, associações de escritores e movimento oficial pela paz. Isso significava que os líderes dessas agremiações não dependiam de seus próprios movimentos ou organizações, mas de várias instituições partidárias. O renascimento da SOCIEDADE CIVIL que está ocorrendo nos países do Leste Europeu libertou os líderes dessas organizações da velha estrutura da nomenklatura e, desse modo, surge a oportunidade de os líderes serem eleitos democraticamente e de as organizações obterem sua própria independência.

A nomenklatura também desempenhou um papel altamente significativo na cultura e nos meios de comunicação de massa por causa do típico bloqueio de informação do sistema stalinista (ver também ELITES, TEORIA DAS). Isso era mais importante que os diferentes serviços de censura. Todos os líderes de instituições que formavam a opinião pública dependiam para sua existência de diferentes órgãos partidários, os quais impediam em grande parte a aspiração dos intelectuais à *glasnost*.

Arrojadas conclusões teóricas têm sido desenvolvidas a respeito da nomenklatura como importante componente do STALINISMO monolítico. De especial importância entre elas é a obra intitulada *Nomenklatura*, de Vozlensky, que considera os pertencentes à nomenklatura como a classe dominante dessas sociedades. Trata-se, na realidade, da concretização da teoria de Milovan Djilas da "nova classe" que se desenvolveu em tais sociedades.

Tais teorias, porém, ignoram as principais características dos detentores do poder, pelo que pode ser questionado o uso do termo "classe" para designar essas camadas. É precisamente a sua inclusão na nomenklatura que indica que a sua existência depende do órgão qualificado do partido, e se quem perde a confiança deste é destituído da situação de poder. Um desses contra-argumentos é que, em contraste com as classes dominantes em outras formações sócio-econômicas, a posição não pode ser passada à geração seguinte, embora os filhos dos que pertencem à nomenklatura comecem na vida com melhores oportunidades. Com freqüência, a tendência destes é evitar empregos pertencentes à nomenklatura. Em vez disso, escolhem profissões que proporcionem mais independência e maior renda.

Leitura sugerida: Deutscher, I. 1954: *The Prophet Armed: Trotsky, 1879-1921* • Djilas, M. 1957: *The New Class: an Analysis of the Communist System* • Lozovsky, S. 1925: *Lenin i professional 'noe dvizhenie* • Vozlensky, Michail 1985: *Nomenklatura*.

ANDRÁS HEGEDÜS

norma Em sua acepção mais geral, a idéia de norma é a de um modelo ou padrão. São duas as principais maneiras como essa idéia foi desenvolvida em teoria social, quando as normas sociais constituíram o foco de interesse. Em primeiro lugar, há a idéia de norma como modelo *real* de comportamento, como o que é "normal" no sentido de ser regular ou modelarmente feito por membros de uma população. (Os rótulos "hábitos sociais" e "uso" são empregados a respeito de alguns de tais modelos.) Em segundo lugar, há a idéia de norma como padrão *prescrito*, como o que é considerado ser, em uma dada população, a coisa a fazer. (Os rótulos "convenção", "regra social" e LEI são usados a respeito de certos padrões nessa categoria.)

As normas sociais são freqüentemente associadas a expectativas. Cumpre distinguir duas diferentes espécies de expectativa: as expectativas *preditivas* acerca do que será efetivamente feito por membros de uma população e as expectativas *normativas* ou *deônticas*. As normativas envolvem a crença em que o comportamento "esperado" *deve* ocorrer, em algum sentido mais do que meramente preditivo. Os padrões reais são suscetíveis de se associar a expectativas preditivas e os padrões prescritos, a expectativas normativas.

O próprio termo "norma" é relativamente recente no uso da teoria social corrente. Os termos mais estabelecidos, "costume", "tradição", "convenção", "lei" etc., tendem a ser usados para tipos específicos de normas. Todos têm sido definidos de variadas maneiras por diferentes autores em sociologia, filosofia e outras áreas. Em todo caso, podemos fazer muitas distinções entre normas. Por exemplo, há os padrões prescritos que são vistos como especiais para o grupo e o tipificam, como "o que fazemos" ou "o nosso modo" (costumes?), e os que são considerados típicos do grupo em virtude de uma longa história passada de submissão e conformidade (tradições?).

W.G. Sumner distinguiu e examinou uma ampla variedade de tipos de norma em *Folkways: A Study of the Sociological Importance of Usages, Manners, Customs, Mores and Morals* (1906). Sublinhou a variedade de conteúdos que as normas podem ter e a diferença em importância que pode ser atribuída a diferentes normas: assim, somente as *leis* recebem a "sanção específica do grupo quando politicamente organizado" (p.56).

As normas podem relacionar-se a qualquer área da vida humana, desde as saudações cotidianas e o vestuário até a conduta sexual e os processos políticos. Em *Les règles de la méthode sociologique* (1895), Durkheim assinalou a existência de uma continuidade entre as normas "fixas" da lei escrita e normas não-codificadas e até efêmeras, como as da etiqueta. Em *Le suicide* (1897), enfatizou a importância das normas como quadro de referência para a vida humana. Muitos têm sublinhado a necessidade de alguns padrões prescritos como um modo de produzir e manter a ordem social em um contexto em que os impulsos instintivos são insuficientemente restringidos (como em problemas de coordenação, ver adiante) ou quando os desejos das pessoas estão em conflito (como no tipo de situação do "dilema do prisioneiro"). Em *Le suicide*, Durkheim usou o termo ANOMIA para descrever um estado da sociedade em que havia relativamente poucas normas nítidas. Tal estado, conjecturou ele, pode causar um aumento na taxa de suicídios de uma sociedade. As normas são, pois, importantes para o bem-estar psicológico humano. Uma forma de reduzir a taxa de suicídios, apontou Durkheim, é fortalecer os vínculos do indivíduo com grupos menores, como a família conjugal e os grupos profissionais. As normas podem, é claro, caracterizar sociedades em grande escala e grupos pequenos, como o casal marital ou a guilda medieval.

Em *Les règles*, Durkheim propôs que, embora as normas sociais estejam associadas a sanções "externas" que vão desde a crítica informal e o ostracismo por outros até as penas legais por conduta desviante, um fator importante para produzir a submissão a normas é o processo de SOCIALIZAÇÃO, por meio do qual os indivíduos passam a internalizar normas: a obediência à norma converte-se em uma "segunda natureza" e as coações externas da sociedade só continuam atuando relativamente raras vezes.

Max Weber, embora diferindo de Durkheim em muitos aspectos da teoria social, também enfatizou a importância das normas em seu exame de conceitos sociológicos fundamentais (1921-2, p.29-36). Weber distinguiu "costumes" e "uso" de convenção, quando a submissão é considerada tão vinculatória para o indivíduo quanto no caso de uma lei. Com a convenção, qualquer membro da população pertinente pode aplicar sanções por conduta desviante. Com a lei, espera-se que um "quadro" limitado de pessoas administre as sanções, sejam elas físicas ou psicológicas. Mais recentemente Parsones defendeu o papel crucial das normas e valores em sociedade; em especial, habilitam as pessoas a predizer o que outras farão, o que se reveste de enorme importância prática.

Haverá numerosas normas sociais em qualquer grupo social. Durkheim, Parsons e outros enfatizaram a importância, para o funcionamento da sociedade, da harmonia ou integração entre essas normas.

Muitas questões podem ser suscitadas acerca das normas em geral e de tipos de norma em particular. As normas podem mudar e mudam com o decorrer do tempo, ou deixam de existir. Qualquer teoria da mudança social precisará explicar como isso ocorre. Por vezes (como no caso de algumas normas que regem os papéis do gênero), necessidades importantes de um grupo na sociedade podem ser negligenciadas ou ignoradas pelas normas vigentes. A consciência disso pode acarretar pressões por mudanças, as quais serão bem-sucedidas ou não. Os fatores envolvidos em tais processos de mudança serão complexos. Outros tópicos importantes incluem o desvio em relação às normas estabelecidas (com que freqüência ocorre, quem é desviante e por quê?), o conflito entre as normas e a gênese de normas.

Subsiste a questão da melhor maneira de compreender a noção de modelo ou padrão prescrito. Na filosofia, jurisprudência e ciência econômica recentes, tem se prestado cuidadosa atenção às questões afins de como analisar as noções cotidianas de convenção social e de regra social.

A abordagem teórica do jogo é exemplificada pela influente obra de Lewis (1969), que adota uma sugestão de Schelling (1960). Lewis concentra-se em um tipo especial de situação envolvendo mais de uma pessoa e afirma que, quando uma situação desse tipo se repete em uma população, pode-se esperar que daí resulte um efetivo padrão de comportamento. Aos padrões que surgem desse modo, o autor refere-se como "convenções". Ao tipo de situação em questão, chama Lewis um "problema de coordenação". Tais problemas são comuns na vida social humana. Um exemplo em pequena escala é o de duas pessoas cujo telefonema foi cortado. Quem deve voltar a ligar? Em tais situações, as pessoas podem chegar a um desfecho bem-sucedido por mero acaso, no começo, depois serão propensas a repetir o que funcionou da última vez ou a esperar que outros o façam. Assim, pode surgir um "sistema autoperpetuante" de expectativas de submissão, preferências para submissão e submissão por todos a uma certa regularidade (como voltar a ligar o que foi o autor da ligação original) (Lewis, p.42). Lewis aponta que uma crença geral em que essa regularidade *deve* ser obedecida é suscetível de surgir nesse caso (p.97). Entretanto, ele viu o aparecimento de um padrão de comportamento como o fenômeno básico — a prescrição geral de conformidade ou submissão é meramente uma conseqüência provável. Lewis não faz com que qualquer espécie de prescrição seja parte de sua definição de convenção.

Os críticos afirmaram que Lewis não captou o conceito vernáculo de convenção social, como havia esperado. Entre outras coisas, não parece que as convenções somente surjam no contexto de problemas anteriores de coordenação; a questão de etiologia não é antecipada por definição. Além disso, uma convenção parece envolver uma prescrição em seu âmago.

Que é para um grupo ter uma regra ou prescrição acerca da ação? De acordo com Hart (1961), os membros devem adotar certa "atitude reflexiva crítica" em relação a algum padrão de comportamento. Devem considerá-lo uma norma a que todos os membros se sujeitarão. Hart sublinha que a maioria dos membros deve acreditar pessoalmente que *tem o direito de se criticar* mutuamente por desvio da norma, e que *lhe cumpre exigir submissão* se houver ameaça de conduta desviante.

Apresenta-se então a questão de qual é a base para tal crença? Não seria obviamente justificada pelo simples fato de cada membro acreditar pessoalmente que todos os membros deviam sujeitar-se à norma, por exemplo. Por certo, o direito de chamar alguém à ordem por conduta desviante não decorre diretamente da norma ou da sua própria aceitação por alguém.

A descrição de Gilbert dos *princípios conjuntamente aceitos* (1989 a, especialmente p.373ss.) mostra como um tipo especial de aceitação de uma norma pode gerar diretamente o direito a criticar outros por desvios. A aceitação conjunta de uma norma ou princípio envolve um processo semelhante a um acordo, em virtude do qual os envolvidos se entendem mutuamente obrigados a manter a norma e, por conseguinte, submeter-se a ela. Quem se desvia da norma viola as suas obrigações para com outrem. Isso dá ao outro base para queixas ou críticas. Parece que o acordo explícito não é essencial para esse processo. O que é necessário é que as partes indiquem umas às outras estarem dispostas a se comprometer de um modo pertinente, ou seja, de um modo substancialmente análogo ao dos compromissos envolvidos em um acordo explícito. Uma forma de fazer isso é concordar com as críticas e exigências do tipo descrito por Hart. (Comparar com Williams, 1968, p.207). Um modo plausível de analisar a idéia de que um grupo tem uma regra é, portanto, em termos da aceitação conjunta dessa regra.

Gilbert (1990, ver também 1989b) afirmou que algo semelhante a um acordo é requerido para o surgimento de uma regularidade estável no comportamento entre os agentes puramente racionais da teoria clássica dos jogos quando existe um problema recorrente de coordenação. Os agentes que são levados à ação na base de razões para agir, em contraste com o instinto ou hábito, não podem recorrer à existência de um precedente bem-sucedido, nem à proeminência de uma dada solução, uma vez que estes não fornecem, por si mesmos, razões para a escolha da opção precedente ou proeminente. Na medida em que os seres humanos funcionam como agentes racionais, os princípios conjuntamente aceitos são passíveis de constituir, portanto, uma importante força na organização da vida deles em sociedade.

Ver também VALORES.

Leitura sugerida: Gibbs, J.P. 1965: "Norms: the problem of definition and classification" o *American Journal of Sociology* 70, 586-94 • Parsons, T. 1937: *The Structure of Social Action* • Raz, J. 1975: *Practical Reason and Norms* • Ullman-Margalit, E. 1977: *The Emergency of Norms*.

MARGARET GILBERT

Nova Direita (New Right) Esta expressão originalmente esquerdista foi adotada de maneira geral na década de 80 para assinalar uma vasta reação, entre intelectuais ocidentais, ao SOCIALISMO, ideologia que fora antes subscrita por muitos deles e que, em forma diluída, inspirou o consenso democrático no pós-guerra. A designação, porém, é enganadora, sobretudo na simetria que sugere com a NOVA ESQUERDA. Em primeiro lugar, a "Nova Direita" é ainda mais diversa que o socialismo como um todo. Em segundo lugar, embora com uma inclinação ideológica (característica a que deve o seu êxito intelectual), não é um "movimento" autoconsciente e está unido por poucos artigos de fé para além de uma antipatia comum pelo socialismo. Em terceiro lugar, poucos neodireitistas aceitariam esse título ou o considerariam útil (em contraste com a "Nova Esquerda", termo autoatribuído por seus adeptos). Finalmente, a maior parte do pensamento da Nova Direita não é nova nem particularmente "direitista".

Os rivais históricos do socialismo são o CONSERVADORISMO e o LIBERALISMO, e o pensamento da Nova Direita é usualmente um ou outro, ou uma mistura deles. Há quatro escolas principais.

Neoliberalismo (ou "liberal-conservadorismo")

De todas as doutrinas da Nova Direita, o neoliberalismo tem sido, de longe, a mais influente nos governos (mesmo em alguns governos socialistas e comunistas). Figuras eminentes incluem F.A. Hayek, Karl Popper e Milton Friedman (que também manifesta tendências libertarianistas: ver adiante). Todos apreciam a "ordem espontânea" supostamente exemplificada nos mercados livres, no direito consuetudinário e (os mais conservadores acrescentariam) na tradição, e deploram qualquer política (mormente o socialismo) que alegue um conhecimento definitivo das necessidades humanas. Tal conhecimento absoluto não é acessível a nenhum observador central e, por conseguinte, a nenhum governo. Não obstante, ele existe, mas somente difundido na miríade de transações imprevisíveis entre indivíduos que vivem em uma SOCIEDADE ABERTA ou livre. Portanto, o maior número possível de decisões deve ser transferido para o mercado, o qual, em uma opção maximizante, é a única democracia genuína. Quando insuficientemente restringida por lei ou disposições constitucionais, a democracia formal converte-se em um mercado *po-*

lítico, no qual os votos são negociados contra benefícios de bem-estar, subsídios, privilégios sindicais etc., e o custo, na forma de excessiva tributação ou inflação ou ambas, recai conjuntamente sobre os membros mais produtivos e os mais fracos e politicamente menos organizados da sociedade (Ver também ECONOMIA NEOCLÁSSICA).

Neoconservadorismo

Este título denota duas abordagens um tanto divergentes:

1. o conservadorismo representado no Reino Unido pela *Salisbury Review* (dirigida por Roger Scruton), a qual, não obstante, abre espaço para quase todos os matizes de opinião da Nova Direita, e nos Estados Unidos pela *National Review* (dirigida por William F. Buckley). Burkeano e antiindividualista, ele destaca, não os direitos ou a liberdade abstrata e irrestrita, mas o dever, a autoridade, a moralidade, a religião, a tradição, a cultura, a sociedade e a identidade nacional. Essas coisas resistem à tradução para conveniências de "mercado" e são, assim, objetos adequados de preocupação política, estando sob ameaça tanto por parte do capitalismo desenfreado e das doutrinas liberais que o promovem quanto do socialismo. Sobretudo nos Estados Unidos, alguns pensadores desse cunho (como Russell Kirk) idealizam a pequena COMUNIDADE agrária sob governo patrimonial ou aristocrático.
2. O *ethos* do jornal judaico *Commentary*, de Nova York, que é anticomunista, ferozmente patriótico, "falcão" em questões internacionais (sobretudo no que se refere a Israel) e geralmente liberal ou social-democrata em questões internas. Descendentes, com freqüência, de imigrantes desesperadamente pobres, os membros desse círculo têm compreensivelmente uma perspectiva urbana, escassa nostalgia pela tradição e grande respeito pelo capitalismo, em virtude da riqueza e mobilidade social que este gera.

Nos intervalos de seus experimentos econômicos (que têm sido predominantemente neoliberais), os recentes governos norte-americanos e britânicos têm recorrido até agora a muito da retórica neoconservadora, mas a pouco de sua orientação política.

Libertarianismo (ou "anarco-capitalismo")

Esta engenhosa doutrina está largamente confinada aos Estados Unidos. Exceto em ciência econômica, a sua influência sobre o governo tem sido mínima. Isso não surpreende, uma vez que os libertários consideram que a maior parte da ação do estado, salvo fazer respeitar os direitos de propriedade, é desnecessária ou ilegítima.

As seguintes prescrições são típicas: abolição de todas as restrições estatutárias referentes a planejamento, poluição, segurança industrial, drogas e sexo (a ação pertinente estará a cargo das partes interessadas); privatização de toda a propriedade e infra-estrutura pública (como as estradas); privatização da previdência social, lei e ordem e defesa (a serem fornecidas através de seguros privados e de agências de proteção). O libertarianismo é o INDIVIDUALISMO em sua forma extrema e sublinha eqüitativamente a liberdade e a responsabilidade pessoal pelas próprias ações. Seus santos padroeiros são John Locke e Ludwig von Mises, e seu princípio fundamental é o slogan do romancista-filósofo norte-americano Ayn Rand, "*Hands off!*" (Tirem as mãos!) (A máxima também se aplica à política externa libertária, que é isolacionista.) Outras figuras representativas são Murray Rothbard e Robert Nozick.

Anticomunismo francês e europeu oriental

Há numerosos elos entre essas duas concepções: (1) o existencialismo continental; (2) a experiência do marxismo (ou como antigos crentes ou como seus súditos); (3) a influência de Alexandre Soljenitsyn (especialmente *O arquipélago Gulag*). Os *nouveaux philosophes* franceses (como B-H. Lévy e A. Glucksmann) são, em sua maior parte, antigos estudantes radicais de 1968 que, ao rejeitarem Marx, Sartre e a tradição revolucionária francesa, aderiram um tanto ingenuamente a um misto do neoliberalismo e do neoconservadorismo descritos acima. A Nova Direita da Europa Oriental pode ser dividida entre os mais velhos ex-comunistas *emigrés* (como o filósofo polonês Leszek Kolakowski e o escritor Czeslaw Milosz), que hoje são, em sua maioria, neoliberais ou sociais-democratas, e os dissidentes mais jovens. Estes últimos são predominantemente neoconservadores de simpatias mais populares do que aristocráticas que, depois da derrocada do império soviético, obtiveram quase todos posições de considerável poder em seus diversos países. (Talvez o mais notável deles seja o dramaturgo Václav Havel, que se tornou presidente da Tchecoslováquia). Preocupados com questões culturais e religiosas, eles desconfiam visceralmente de toda a política instrumental dirigida para determinadas metas, embora seja duvidoso se as condições recém-democráticas em que vivem lhes permitirão continuar a fazê-lo por muito tempo. Para eles, a política dirigida para metas inclui não só o comunismo, mas também a sociedade de consumo ocidental e até o misticismo eslavófilo que Soljenitsyn (quanto ao mais uma figura admirada) promove contra ambos.

Essas várias doutrinas constituem o credo positivo de apenas uma minoria e ainda são, com muita freqüência, insultadas (especialmente por *littérateurs* não-familiarizados com os minuciosos argumentos usados para sustentá-las). No obstante, a Nova Direita, de momento, arrebatou completamente a iniciativa ao socialismo e logrou, por fim, esvaziar as suposições seculares e antes inexpugnáveis que constituíam parcela não pequena de seus atrativos. Mas, apesar de tudo isso, os fatores realmente cruciais no eclipse do socialismo foram os seus antecedentes históricos. A Nova Direita ainda tem que passar por esse teste, ou mesmo enfrentá-lo abertamente, apesar do fato de muitas de suas prescrições políticas já terem tido dramáticas (e discutíveis) conseqüências a curto prazo.

Leitura sugerida: Friedman, M. e Friedman, R. 1962: *Capitalism and Freedom* • Havel, Václav et al. 1967: *Václav Havel or Living in Truth*, org. por J. Vladislaw • Hayek, F.A. 1944 (*1962*): *The Road to Serfdom* o 1960: *The Constitution of Liberty* • Kirk, Russell, org. 1982: *The Portable Conservative Reader* • Nozick, R. 1974: *Anarchy, State and Utopia* • Oakeshott, Michael 1962 (*1974*): *Rationalism in Politics and Other Essays* • Popper, Karl R. 1945 (*1966*): *The Open Society and its Enemies* • Scruton, Roger 1980 (*1984*): *The Meaning of Conservatism* o org. 1988: *Conservative Thought. Essays from the Salisbury Review.*

ROBERT GRANT

nova economia clássica Na esteira da revolução marginalista da década de 1870, a estrutura da ortodoxia econômica constitui um conjunto de indivíduos com determinadas preferências, determinados dotes iniciais e acesso a determinada tecnologia, cada um dos quais otimizou seus objetivos (utilidade pública ou lucro) em mercados competitivos na base de preços paramétricos. Os próprios preços eram então determinados pela interação de todos os indivíduos em conjunto, ou seja, pela oferta e procura. Se os mercados são competitivos, se, portanto, oferta e procura não estão equilibradas, as flutuações nos preços levarão indivíduos otimizantes a alterar suas ações e, por conseguinte, ofertas e procuras. Somente quando a oferta e a procura estão equilibradas é que os preços deixam de flutuar; em tal situação, os preços são preços em "equilíbrio" e considera-se que "estabilizam" o mercado. A teoria econômica baseada em indivíduos otimizantes e preços de concorrência em estado de equilíbrio estacionário foi chamada, por J.M. Keynes de "economia clássica", para designar a concepção da qual ele estava tentando escapar na década de 30. Também é conhecida como teoria pré-keynesiana e teoria walrasiana.

Uma implicação desse corpo teórico é que produção, emprego e salários reais são determinados pelo mercado de trabalho. Um empresário que pretenda maximizar o lucro contratará mão-de-obra até o ponto em que a receita obtida com a venda do produto fabricado pela última pessoa contratada seja igual ao salário pago a essa pessoa (o produto marginal iguala o salário real); um indivíduo maximizando a utilidade fornecerá mão-de-obra até que sua taxa psicológica de câmbio entre lazer e horas trabalhadas corresponda exatamente ao que é ganho em termos de mercadorias pelo trabalho de uma hora extra (taxa marginal de substituição de lazer por consumo igual ao salário real). Em um mercado de trabalho competitivo, as flutuações no salário real ordenarão o mercado e o equilíbrio na demanda e oferta de mão-de-obra é então suficiente para determinar a produção agregada obtida. Finalmente, dadas as instituições e disposições monetárias vigentes, com a produção determinada no mercado de trabalho, a oferta de dinheiro serve para determinar o nível de preços e a taxa de juros iguala a oferta e procura de fundos emprestáveis. Esta é a dicotomia clássica: as variáveis reais são determinadas no mercado de trabalho e as variáveis monetárias, pela teoria quantitativa de moeda. E talvez a sua mais impressionante implicação seja que todo desemprego é necessariamente voluntário.

Keynes rejeitou essa análise na década de 30 e a substituiu por uma macroeconomia com mercados interdependentes em que as quantidades se ajustavam mais depressa do que os preços, e com intervenção governamental para impedir um equilíbrio com desemprego involuntário (ver também KEYNESIANISMO). Embora os detalhes teóricos continuem sendo objeto de contínua controvérsia, a era do pós-guerra foi de evidente sucesso keynesiano em administração macroeconômica. Entretanto o fim do *boom* do pós-guerra coincidiu com o fim desse sucesso, e as inovações keynesianas começaram a ser questionadas. Particularmente importante foi o divórcio entre a macroeconomia keynesiana convencional e qualquer fundamentação no comportamento de indivíduos no nível microeconômico. Este último foi crescentemente enfatizado no final da década de 60 e durante toda a década de 70.

Dois caminhos foram adotados para os fundamentos microeconômicos da macroeconomia. Ambos retiveram o ponto de partida de indivíduos otimizantes, mas um deles considerou esses indivíduos operando em mercados imperfeitamente competitivos nos quais os preços de mercado em equilíbrio estacionário não eram necessariamente estabelecidos, enquanto que o outro fez uma virtude dos pressupostos walrasianos clássicos de concorrência perfeita e nenhuma transação fora do equilíbrio, portanto, com ajustes instantâneos para o pleno equilíbrio. A essa última abordagem chama-se "nova macroeconomia clássica", macroeconomia walrasiana ou, por vezes, de forma ligeiramente equívoca, "macroeconomia de expectativas racionais" (ver também EXPECTATIVAS RACIONAIS, HIPÓTESE DAS), e está especialmente associada à obra de Robert E. Lucas e Thomas J. Sargent nos Estados Unidos.

A abordagem tem muitas e óbvias semelhanças com a teoria pré-keynesiana, mas é muito rigorosa e, com freqüência, matematicamente exigente em sua análise detalhada. Três proposições se destacam. A primeira é a crítica de Lucas à modelação econométrica (ver ECONOMETRIA). Se os indíviduos otimizam, então deve ser-lhes permitido levar em conta as mudanças na política do governo; e, assim, no novo equilíbrio conseqüente de uma mudança de política, o comportamento não será o que era antes da mudança. Por conseguinte, não se pode esperar que os parâmetros dos modelos macroecônomicos permaneçam invariantes quando a política muda e, assim, os modelos existentes não podem ser usados para avaliar os efeitos de tais mudanças. A influência dessa crítica alcança todas as escolas da macroeconomia contemporânea de base micro.

A segunda proposição é o resultado da invariância política. Como os indivíduos otimizam e se presume o pleno equilíbrio, as alterações previsíveis na oferta de dinheiro não podem ter efeito na produção ou emprego reais, cujo comportamento não é afetado por qualquer política contracíclica previsível das autoridades monetárias. Somente movimentos imprevistos no estoque monetário podem afetar a produção; eles criam flutuações aleatórias na produção em torno do nível de pleno emprego. A dicotomia clássica é assim reproduzida.

A terceira proposição refere-se ao modo como se entende o DESEMPREGO. Os indivíduos otimizantes formulam juízos sobre se as mudanças de preços percebidas são temporárias ou permanentes. No primeiro caso, existem oportunidades de arbitragem que serão exploradas. Logo, os indivíduos especulam intertemporalmente e assumem mais lazer quando o preço deste é inferior. O chamado desemprego involuntário é apenas uma substituição intertemporal maximizante da utilidade do trabalho pelo lazer.

A nova teoria clássica foi muito influente nas décadas de 70 e 80, em suas implicações de LAISSEZ-FAIRE e ênfases do lado da oferta predominantes nos países capitalistas avançados. Mas os resultados da nova economia clássica são crucialmente dependentes da suposição walrasiana de equilíbrio estacionário do mercado e do ponto de partida de indivíduos otimizantes. Os economistas de outras correntes dominantes rejeitam a primeira, e os economistas marxistas e de outras tendências radicais também rejeitam o segundo.

Leitura sugerida: Begg, D.K.H. 1982: *The Rational Expectations Revolution in Macroeconomis* • Blanchard, O.J., e Fischer, F. 1989: *Lectures on Macroeconomics* • Hahn, F.H. 1984: *Equilibrium and Macroeconomics*, caps.15/16 • Lucas, R.E. 1981: *Studies in Business Cycle Theory* • Sargent, T.J. 1987: *Macroeconomic Theory*, 2ªed. • Sheffrin, S.M. 1983: *Rational Expectations*.

SIMON MOHUN

Nova Esquerda (New Left) Expressão descritiva aplicado de modo mais ou menos impreciso a uma grande variedade de doutrinas políticas e movimentos sociais que surgiram no final da década de 50, depois da insurreição de 1956 na Hungria, em seguida registraram forte desenvolvimento durante a década de 60, sobretudo em oposição à intervenção norte-americana no Vietnã e à ocupação militar da Tchecoslováquia por países do Pacto de Varsóvia. A Nova Esquerda juntou em uma aliança irrequieta diversos movimentos sociais — estudantes radicais, setores do movimento pacifista e os primeiros movimentos feministas e ecológicos — com intelectuais de origens e orientações extremamente variadas, incluindo comunistas dissidentes, anarquistas, socialistas de esquerda e críticos culturais.

Uma grande riqueza de idéias floresceu nesses movimentos, entre elas duas que tinham um atrativo mais ou menos universal: "democracia participativa" e crítica radical do que era chamado "o sistema". Eram idéias estreitamente relacionadas, uma vez que a democracia participativa significava o pleno e contínuo envolvimento de todos os indivíduos na tomada de decisões que afetassem suas vidas, enquanto que o sistema que estava sendo contestado era elitista e excluía os que lhe estavam subordinados de qualquer papel efetivo no controle ou determinação de suas políticas. A universalidade dessas idéias era ilustrada de forma impressionante por sua difusão tanto nos países de "socialismo real" quanto em países capitalistas, refletindo o fato de em ambos os tipos de sociedade prevalecerem formas elitistas de dominação, quer a das grandes empresas e do "complexo militar-industrial", quer a dos funcionários e burocratas do Partido, com exclusão de qualquer participação genuína dos cidadãos comuns. Somente na Iugoslávia (e, por curto período, na China, onde as comunas agrícolas e a "revolução cultural" foram vistas por alguns como a materialização da política de envolvimento popular na tomada de decisões) seriam observados elementos de democracia participativa no sistema de autogestão, e a experiência iugoslava, tal como foi interpretada e discutida principalmente pelo grupo *Praxis* de filósofos e sociólogos (Markovic e Cohen, 1975), tornou-se importante influência em alguns setores da Nova Esquerda.

Ao mesmo tempo houve um renascimento geral do pensamento marxista em filosofia e ciências sociais, influenciado pelos primeiros escritos de Georg Lukács e Antonio Gramsci, agora redescobertos e amplamente lidos, pelo novo marxismo "estruturalista" de Louis Althusser e pelas idéias da ESCOLA DE FRANKFURT de teoria crítica. Estas últimas exerceram provavelmente a maior influência através dos escritos de Herbert Marcuse, nos Estados Unidos, Theodor Adorno, Max Horkheimer e (na segunda geração) Jürgen Habermas, na Alemanha. Suas obras ventilaram muitos dos mais agudos problemas enfrentados pelos movimentos radicais nos anos 60: o papel político da classe trabalhadora em relação aos novos movimentos sociais que não tinham por base uma classe; o poder da cultura e da ideologia de massa na sustentação das estruturas de dominação, e sua conexão com a orientação científica e tecnológica das sociedades modernas e a necessidade de uma análise crítica da base do socialismo autoritário-burocrático. Mas a própria crítica se tornou mais multiforme e, entre a geração mais velha de pensadores, cada vez mais pessimista e não-política, engajada em uma desesperada crítica cultural em que as esperanças de surgimento de uma "contracultura" eram cada vez mais tênues. Seja como for, o marxismo em suas formas revividas e diversamente reconstruídas foi apenas uma das influências intelectuais (sobretudo entre os estudantes) da Nova Esquerda, a par do anarquismo, do socialismo utópico e das novas idéias da ecologia e do feminismo.

A Nova Esquerda alcançou o apogeu de seu desenvolvimento nos Estados Unidos no final da década de 60, no movimento pelos direitos civis e na oposição à guerra do Vietnã, na Europa em 1968, com a generalização dos protestos estudantis, especialmente o "movimento de maio" na França, e com a "primavera de Praga" na Tchecoslováquia. Depois a sua influência diminuiu gradualmente, sendo o começo de seu declínio marcado pelo fracasso dos movimentos estudantis na França, Alemanha Ocidental e em outros países em levar a efeito substanciais mudanças sociais, e pela supressão do movimento de reforma tchecoslovaco em agosto de 1968, embora as suas idéias tenham contribuído para o êxito final dos movimentos de oposição na Europa Oriental em 1989. A sua ulterior desintegração nos países capitalistas ocidentais, durante a década de 80, teve como contrapartida um forte restabelecimento de doutrinas conservadoras na NOVA DIREITA. Não obstante, embora a Nova Esquerda como amplo movimento tivesse deixado de existir, alguns dos seus elementos componentes continuaram a se desenvolver sob outras formas, em particular através dos movimentos pacifistas, feministas e ecológicos, e a idéia central de "democracia participativa" está longe de ter esgotado a sua influência, sobretudo nos partidos verdes que cresceram rapidamente na Europa Ocidental durante a década passada e surgiram mais recentemente na Europa Oriental.

Leitura sugerida: Caute, David 1988: *Sixty-Eight: the Year of the Barricades* • Habermas, Jürgen 1968-9 (*1970*): *Toward a Rational Society* • Jacobs, Paul e Landau, Saul, orgs. 1966: *The New Radicals: a Report with Documents* • Marcuse, Herbert 1964: *One-Dimensional Man* • Markovic, Mihailo e Cohen, Robert S. 1975: *Yugoslavia: the Rise and Fall of Socialist Humanism* • Touraine, Alain 1968: *Le communisme utopique. Le mouvement de mai.*

TOM BOTTOMORE

O

observação participante Neste método, o investigador está envolvido no sistema de relações, na comunidade ou na organização que estuda. Os esforços do sociólogo para participar das experiências dos atores levam-no a se associar a eles em suas vidas cotidianas e, ocasionalmente, a se tornar um deles. A maioria dos estudos antropológicos recorre a esse método, visto ser importante que o pesquisador seja aceito e reconhecido pelos que são estudados e que pertencem a uma diferente cultura. Por vezes, é um membro do próprio grupo estudado que se torna um sociólogo. Na vasta esfera de influência da ESCOLA SOCIOLÓGICA DE CHICAGO, algumas importantes monografias de sociologia concederam um lugar de destaque à observação participante. Por exemplo, F.W. White pôde descrever e analisar a vida de gangues de adolescentes ao participar da vida dos habitantes de um subúrbio italiano pobre de uma cidade norte-americana. Além disso, tentou derivar alguns princípios gerais a partir desse método, como preferir poucos informantes regulares, não pretender a total assimilação e evitar qualquer intervenção direta nos assuntos do grupo. O método tem sido usado em vários campos. Os primeiros estudos de sociologia do trabalho na fábrica da Western Eletrics utilizaram esse método. Na década de 60, novos movimentos teóricos, empenhados em compreender a interação social e o processo de ROTULAÇÃO, insuflaram novo ímpeto no método de observação participante. H.S. Becker estudou alguns tipos de comportamento marginal compartilhando a experiência de certo número de grupos e Erving Goffman, principalmente, renovou a análise e descrição da interação e do "espetáculo" sociais quando se tornou um membro pleno na vida cotidiana das trocas.

O status metodológico da observação participante está longe de ser óbvio. Por um lado, a observação participante é essencial para o sociólogo, na medida em que o pesquisador tem que estar em contato com os objetos de estudos e compreender suas orientações e sensibilidades. Qualquer investigação dessa natureza envolve o pesquisador em uma relação com as pessoas ou a sociedade sob observação, e isso é também um relacionamento social. Por outro lado, a observação participante não fornece os meios para controlar as técnicas que o pesquisador usa ou as mudanças no objeto de estudo introduzidas pela própria presença do pesquisador. Este, com freqüência, tem status social superior ao dos atores estudados, e a busca de um relacionamento estreito não impede necessariamente os preconceitos etnocêntricos. Ou o sociólogo pode identificar-se como os atores e ser convertido em seu defensor e ideólogo, mais ou menos manipulado pelo grupo. A observação participante pode apresentar-se como uma fase necessária do estudo, mas sem ser um método idôneo para o todo, uma vez que não é independente da sociologia espontânea dos sujeitos e das distorções que isso introduz, que ela é incapaz de avaliar ou controlar.

Entretanto, apesar desses pontos fracos metodológicos, muitas das mais convincentes obras de sociologia usam esse método de pesquisa como base. Nesses casos, o sociólogo ou antropólogo empreendeu a análise e crítica de seus próprios valores e antecedentes culturais, e empregou o método com talento e, sobretudo, com o desejo de se considerar também a si próprio como o objeto da pesquisa.

Ver também ETNOMETODOLOGIA; ANTROPOLOGIA; SOCIOLOGIA.

Leitura sugerida: Becker, H.S. 1963: *Outsiders: Studies in the Sociology of Deviance* • Goffman, E. 1961: *Asylums: Essays on the Social Situation of Mental Patients and Other Inmates* o 1967: *Interaction Ritual. Essays in Face-to-Face Behavior* • Lewis, O. 1961: *The Children of Sanchez: Autobiography of a Mexican Family* • Roethlisberger, F.J., e Dickson, W.J. 1939

(*1961*): *Management and the Workers: an Account of a Research Program Conducted in the Western Eletrics Company, Hawthorne Works, Chicago* • Whyte, W.F. 1943 (*1965*): *Street Corner Society: the Social Structure of an Italian Slum* ○ 1951: "Observational field-work methods". In *Research Methods in Social Relations: with Special Reference to Prejudice*, org. por Jahoda, p.496-501.

FRANÇOIS DUBET

ócio Mesmo no pensamento grego, a noção de ócio estava articulada à de trabalho; para Aristóteles, o ócio era um assunto deveras sério: "Realizamos negócios a fim de poder desfrutar do ócio", escreveu ele. Nesse sentido, o ócio é um estado ideal a que o cidadão pode aspirar, no qual viver uma vida de ócio pressupõe reduzir ao mínimo as necessidades e assegurar o máximo possível de tempo livre (Barrett, 1989, p.14).

O TRABALHO, a partir do século XIV, estava ficando mais estritamente definido como tempo pago, como tarefa medida e contratada mediante salário, e as atividades de tempo ocioso eram vistas como as espécies de atividade a que uma pessoa poderia dedicar-se longe das obrigações de trabalho. Mas no decisivo período de transição que criou os alicerces da moderna sociedade industrial (na Grã-Bretanha, pelo menos) era evidente que a relação entre trabalho e ócio podia estar bem longe de ser harmoniosa e para muitos adeptos fervorosos da nova ordem industrial o ócio era um problema potencial. Se os novos trabalhadores industriais exibissem inicialmente os costumes recreativos e ociosos da cultura pré-industrial, as formas desejadas da nova disciplina de trabalho poderiam muito bem estar ameaçadas. Foi esse o motivo pelo qual a supressão e a marginalização das formas recreativas tradicionais foram um dos requisitos preliminares da nova ordem industrial (Thompson, 1967). Considerou-se que novas formas de trabalho e de existência cotidiana exigiam novas formas de ócio: para os trabalhadores, a recreação racional (formas respeitáveis e, com freqüência, edificantes de atividade não ligada ao trabalho) foi desenvolvida pelas classes reformadoras como uma resposta (Bailey, 1978): para a burguesia vitoriana emergente, havia possibilidades cada vez mais amplas no crescente mercado de consumo (Campbell, 1987). Entretanto a atividade ociosa no começo do período industrial moderno era, sem dúvida, uma esfera de luta social, cultural e política.

Os verdadeiramente "ociosos" eram os que não tinham necessidade de trabalhar: a elite privilegiada para quem uma vida de ócio era um sério projeto de vida e a faculdade de exercer uma atividade "quando lhe for mais conveniente" era sinal de status. Esse sentido de ócio como meio de consumo conspícuo informou o primeiro tratado genuinamente sociológico sobre ócio, a satírica obra de Thorstein Veblen *A teoria da classe ociosa* (1989).

O "problema" do ócio tem sido regularmente redescoberto, em geral durante períodos de agitação potencialmente disseminada ou DESEMPREGO. Na década de 20 uma gama fascinantemente ampla de autores norte-americanos esteve preocupada com o ócio. Hunnicutt (1988) descreve uma figura conservadora como a que considera o ócio "o mais sério problema educacional e social" da década de 20, e cita outro comentarista da época: "Alfred Lloyd, um sociólogo da Universidade de Michigan, pensou que o ócio era essencialmente um caminho para a cultura democrática" (p.104). Esses reformadores bem-intencionados enxertaram um idealismo humanista no modelo de recreação racional. Outros, como Hunnicutt também observa (1988, p.130), viram o ócio como criatividade: "A sociedade tinha que fornecer aos indívíduos a oportunidade de serem criativos e de encontrarem um modo prático de dirigir os impulsos sexuais para formas criativas. O ócio ofereceu essa oportunidade."

Na Grã-Bretanha, o movimento trabalhista nessa época viu o ócio mais em tensão com o dinheiro do que com os impulsos sexuais (Cross, 1986). Nos anos 20 os sindicalistas dos Correios perceberam a "distribuição de ócio e o aperfeiçoamento da vida" como "mais vitais que o dinheiro". Os gráficos adotaram o mesmo ponto de vista e os pintores defenderam um pacto tripartite: prolongada educação antes do ingresso no mercado de trabalho, semana de trabalho mais curta e férias pagas (Jones, 1986). No período que se seguiu ao fim da Primeira Guerra Mundial o sindicalismo obtivera para seus membros consideravelmente mais tempo livre e em 1920, 7 milhões de trabalhadores na Grã-Bretanha tinham conseguido uma redução de seis horas e meia na semana de trabalho, enquanto que a 1,5 milhão de trabalhadores era concedido o direito a férias pagas. A legislação sobre férias pagas foi promulgada em 1938.

O declaradamente desocupado sempre foi alvo de alguns reformadores sociais. O crescente desemprego na Grã-Bretanha na década de 80 provocou apreensões, e foram desenvolvidos programas de lazer que pudessem compensar a falta de trabalho e até promover formas de responsabilidade social e comunitária. Entretanto,

> raramente se concretizaram as esperanças de confiar a implementação de programas a líderes desempregados pagos ou voluntários. Os desempregados, segundo parece, têm coisas mais importantes a fazer com o seu tempo livre — ou levam umas vidas tão amorfas que se sentem incapazes de assumir qualquer espécie de compromisso. (Glyptis, 1989, p.157)

Na esfera educacional, os jovens da classe trabalhadora têm sido freqüentemente vistos como um problema potencial (Clark e Critcher, 1985, p.129):

> em resposta, para os dirigentes preocupados, a educação para o ócio tem como objetivo ampliar a mente dos jovens, apresentando-lhes oportunidades para um ócio construtivo, e fornecer as aptidões sociais necessárias para tirar proveito das possibilidades existentes.

A retórica do ócio tem sido freqüentemente individualista, mas, ironicamente, a preocupação com o ócio levou os comentaristas liberais a adotar com freqüência o tom paternalista do moralismo crítico. David Riesman apontou para "os melhores dos nossos estudantes universitários" como exemplos de um admirável uso do tempo de lazer — em seu "sério interesse por questões correntes, por leitura e companheirismo, e freqüentemente um forte interesse pela música, teatro, literatura e natureza" (Riesman, 1964, p.190-1).

Uma importante ênfase sociológica na relação trabalho-ócio incentivou considerável soma de debates e pesquisas (Parker, 1976; Roberts, 1981), e poucos especialistas discordariam da afirmação de que "o estudo do tempo de ócio deve (...) ser abordado dentro do contexto da redução da semana de trabalho, assim como das normas sociais que lhe estão associadas e do desejado equilíbrio entre trabalho, família e lazer" (Pronovost, 1989, p.57). Algumas das mais inovadoras análises sociais do ócio foram feitas desde um ponto de vista feminista, desafiando freqüentemente as próprias categorias empregadas por sociólogos do sexo masculino (McIntosh, 1981, p.93 ss.; Wimbush e Talbot, 1988); e de perspectivas críticas (Horne et al., 1987; Rojek, 1989).

Afirmou-se convincentemente que os teóricos sociais formativos da era moderna estavam preocupados não apenas com o capitalismo e o processo de trabalho, mas também, embora de forma implícita, com a natureza do ócio (Rojek, 1985). Os debates sobre pós-modernismo e globalização focalizam o ócio; o consumidor contemporâneo constrói o apropriado estilo ocioso de vida à sua moda fragmentadamente livre (Rojek, 1990) — no lar ou em qualquer parte do mapa turístico do mundo (Urry, 1990). As indústrias do lazer e da cultura são, na verdade, um grande negócio que desafia os cientistas sociais a reverem velhos modelos da dinâmica produção/consumo e, em particular, o processo de consumo (Tomlinson, 1990 e 1991; Warde, 1990). (Ver também SOCIEDADE DE CONSUMO; CULTURA DE MASSA.) Essas questões também cristalizam debates sobre liberdade e coerção, mediação e estrutura. Seria o ócio uma esfera em que temos liberdade de escolha? Caso não seja, qual é a natureza das coerções sobre as nossas escolhas? O estudo do ócio pode ser uma forma de análise tanto política quanto social, elucidando processos e relações de poder e privilégio. A ordem social não é mantida coesa, ameaçada ou negociada exclusivamente no local de trabalho, mas também no ócio (Elias e Dunning, 1986), em que novas identidades podem ser procuradas e a autonomia cultural local pode expressar-se (Finnegan, 1989; Bishop e Hoggett, 1986; Willis et al., 1990); em que podem ajustar-se transações entre interesses contestados e grupos contestadores; em que desigualdades podem ser reproduzidas e formas de autoridade reafirmadas.

Leitura sugerida: Barrett, Cyril 1989: "The concept of leisure: idea and ideal". In *The Philosophy of Leisure*, org. por Cyril Barrett e Tom Winnifrith • Clarke, John e Critcher, Chas 1985: *The Devil Makes Work: Leisure in Capitalist Britain* • Finnegan, Ruth 1989: *The Hidden Musicians: Music-making in an English Town* • Rojek, Chris, org. 1989: *Leisure for Leisure: Critical Essays* • Wimbush, Erica e Talbot, Margaret, orgs. 1988: *Relative Freedoms: Women and Leisure.*

ALAN TOMLINSON

oligarquia Tal como originalmente definido por Platão e Aristóteles, esse termo para designar o governo por poucos, baseado em geral na posse de riqueza, era contrastado com monarquia (governo por uma única pessoa) e democracia (governo pelo povo). No pensamento social moderno, o termo foi amplamente deslocado pelo de elite (ver ELITES, TEORIA DAS), embora referências a tendências oligárquicas ainda sejam feitas ao se analisar a estrutura de poder em organizações de vários tipos.

O uso mais conhecido do termo do pensamento social do século XX é por Robert Michels (1911), o que afirmou, a partir do seu estudo do Partido Social-Democrata alemão, que uma nítida distinção entre os principais dirigentes e a militância, resultando no governo por poucos, se desenvolveu necessariamente em todas das grandes organizações (inclusive socialistas). Esse ponto de vista, formulado como a "lei de ferro da oligarquia", está claramente relacionado com a proposição de Gaetano Mosca segundo a qual a "minoria organizada" sempre dominará a maioria desorganizada; e Michels passa depois a examinar as "causas técnicas e administrativas" que produziram tal dominação. A concepção de Michels foi amplamente derivada dos teóricos das elites e se desenvolveu depois em uma forma particularmente antidemocrática quando ele se tornou adepto de Mussolini e do movimento fascista, invocando a noção de Max Weber do "líder carismático" para explicar a sua nova adesão (Mommsen, 1981).

A lei de ferro da oligarquia tem sido contestada de várias maneiras pelos numerosos críticos das teorias das elites, com destaque para os pensadores marxistas cuja teoria das classes considera a criação final de uma "sociedade sem classes", e por outros que concebem a possibilidade de uma ampliação da democracia, ou mesmo de uma "democracia participativa" de grande extensão, a qual manteria em cheque as tendências elitistas e oligárquicas das grandes organizações. Entre os últimos, alguns comentadores da lei de Michels questionaram a opinião de que a organização se faz necessariamente acompanhar pela oligarquia, sobretudo no caso dos partidos socialistas (Beetham, 1981), e chamaram a atenção para a existência de forças contra-atuantes, de modo que é possível, em alguns casos, falar de uma "lei de ferro da democracia" e, de modo mais geral, de um fluxo e refluxo das tendências oligárquicas e democráticas em organizações políticas e outras (Brym, 1980, cap.3). É em relação com tais tendências antagônicas e, sobretudo, com as conseqüências do crescimento da administração burocrática que ocorreram os recentes estudos críticos da oligarquia e, mais freqüentemente, das elites.

Leitura sugerida: Beetham, David 1981: "Michels and his critics". *European Journal of sociology* 22.1, 81-99 • Brym, Robert J. 1980: *Intellectuals and Politics* • Michels, Robert 1911 (*1962*): *Political Parties: a Sociological Study of the Oligarchical Tendencies of Modern Democracy* • Mommsen, W.J. 1981: "Max Weber and Robert Michels: an asymmetrical partnership". *European Journal of Sociology* 22.1, 100-16.

TOM BOTTOMORE

ontologia Podem-se atribuir ao termo dois sentidos distintos: ou (1) o ramo da filosofia que trata da natureza da existência ou do ser como ser, independentemente de quaisquer objetos existentes (ontologia filosófica); ou (2) as entidades postuladas ou pressupostas por alguma teoria científica substantiva (ontologia científica). O sentido (2) está relativamente livre de problemas e pode ser generalizado para contextos extracientíficos. A ontologia filosófica tradicional refletiu-se sobre a natureza e as relações entre diferentes espécies de existentes — o sentido em que, por exemplo, se poderia dizer que números, mentes e qualidades existem. Immanuel Kant e David Hume criticaram tais investigações como tentativas necessariamente indecidíveis ou mesmo inexpressivas de transpor os limites da experiência possível e propuseram uma rejeição da ontologia não apenas nos estilos praticados por Leibniz ou John Locke, mas de um modo geral.

Na corrente predominante da filosofia analítica, a proibição imposta à ontologia tem sido geralmente sustentada ao longo do século XX. Mas, trabalhando no interior dessa tradição, Roy Bhaskar afirmou recentemente que a ontologia filosófica não precisa ser dogmática e transcendente, mas pode ser condicional e imanente, uma vez que adota como objeto de estudo não um mundo distinto daquele que a ciência investiga (um domínio noumênico platônico ou lockeano-leibnizeano), mas justamente esse mundo desde o ponto de vista do que pode ser estabelecido a seu respeito por a priori condicional ou argumento transcendental. Bhaskar afirmou, ademais, que qualquer teoria do conhecimento (ver CONHECIMENTO, TEORIA DO) pressupõe uma ontologia do que o mundo deve parecer para que o conhecimento, de acordo com as descrições que lhe são feitas pela teoria, seja possível. Assim, a teoria humeana de leis causais pressupõe, nas palavras de J.S. Mill, que "o que acontece uma vez acontecerá de novo, sob um suficiente grau de similaridade de circunstâncias", ou seja, que *existem* conjunções constantes ou casos paralelos na natureza.

Dessa perspectiva, o dogma pós-humeano de que os enunciados sobre o ser podem ser sempre analisados como declarações acerca do nosso conhecimento do ser é um equívoco — aquilo que Bhaskar chama a "*falácia epistêmica*". Trata-se, porém, de um equívoco com conseqüências. No primeiro caso, limita-se a comentar a criação de uma ontologia *implícita* — no dominante (no século XX) caso humeano, de eventos atomísticos e sistemas fechados — e a fortiori de um realismo implícito (nesse caso, de um realismo empírico). Em segundo lugar, esconde uma estranha inclinação antropocêntrica em filosofias da ciência não-(explicitamente) realistas, subjacentes às quais está o que podemos chamar a *falácia antropomórfica* — a análise do ser em termos do ser humano. Em terceiro lugar, coexiste com uma naturalização esotérica do conhecimento — por exemplo, no caso humano, através da reificação de fatos e do fetichismo de suas conjunções; ou seja, com a determinação compulsiva do ser pelo ser — na *falácia ôntica* recíproca. Finalmente, transposto para o domínio social e em tom hermenêutico, se não lingüistificado, o colapso do que os realistas críticos chamam a "dimensão intransitiva (ou ontológica)" assume a forma da análise do ser em termos de nosso discurso sobre o ser — a *falácia lingüística*. Com efeito, a falácia lingüística é a forma na qual, em linguagem comum ou FILOSOFIA DA LINGUAGEM por um lado, e no pensamento pós-estruturalista e, mais geralmente, pós-modernista (por exemplo, na "análise do discurso"), por outro, a falácia epistêmica é mais caracteristicamente cometida.

Em termos substantivos, na ontologia realista transcendental, o mundo apresenta-se como estruturado, diferenciado e cambiante. Aplicada ao domínio social, essa ontologia requer, como naturalismo crítico, uma elaboração adicional, por exemplo, incorporar o que foi denominado a dualidade de estrutura e práxis e uma concepção relacional do objeto de estudo da ciência social. No programa de pesquisa realista crítica, a ontologia transcendental está apenas em sua infância e muita coisa resta por fazer — em outras categorias tais como negação ou reflexividade, nos pressupostos teóricos de novas ciências e nos das práticas sociais além da ciência.

Fora da tradição analítica, *o* filósofo do ser foi Martin Heidegger. Em um de seus primeiros escritos, *Sein und Zeit* (1927) [O ser e o tempo], Heidegger argumentou que a ontologia fundamental ou a "ciência" do ser, como investigação do ser, era ela própria dependente do ser humano ou *Dasein*. As filosofias tradicionais esqueceram as características salientes do ser humano como ser-no-mundo — desde a nossa manipulação de ferramentas até a autenticidade a respeito da nossa finitude. Em suas obras subseqüentes, Heidegger transitou de um interesse pela ontologia para o que se poderia chamar uma metaontologia — por exemplo, por que é que existe ser em vez de nada? — e para uma meta-história das épocas do ser, começando com os meros vestígios de ser nos pré-socráticos e culminando na era contemporânea de niilismo e tecnologia. Nesse ponto, a sua crítica coincide em grande parte com as tradições teóricas lukácsianas e críticas do marxismo ocidental. Há aí interessantes conexões históricas. Heidegger conhecia a obra de Lukács e Jürgen Habermas iniciou a sua carreira filosófica fortemente influenciado por Heidegger, apesar de todo o seu ulterior desdém pela ontologia.

Leitura sugerida: Bhaskar, Roy 1975 (*1978*): *A Realist Theory of Science*, 2ªed. o 1989: *Reclaiming Reality* • Habermas, Jürgen 1971 (*1976*): *Theory and Practice* • Heidegger, Martim 1927 (*1962, 1970*): *Being and Time* o 1947 (*1971*): "Letter on humanism", In *Poetry, Language and Thought* • Lukács, G. 1923 (*1971*): *History and Class Consciousness*.

ROY BHASKAR

operacional, pesquisa Ver CIÊNCIA DA ADMINISTRAÇÃO.

operariado Ver CLASSE OPERÁRIA e SINDICATOS.

opinião Entre as muitas e diferentes definições, dois elementos são comumente encontrados: que as opiniões giram em torno de assuntos controversos ou discutíveis e que são capazes de justificação racional.

O primeiro aspecto crítico é que não se pode ter uma opinião acerca de um assunto de verdade ou falsidade demonstrável. Não se pode ter a "opinião" de que os três ângulos de um triângulo são iguais a dois ângulos retos, nem se pode legitimamente sustentar a opinião de que a Austrália não existe. Isso não é tão simples quanto possa parecer. Deparamo-nos regularmente com a natureza conjectural e probatória do conhecimento, porquanto o universo não é o lugar determinado e infalível que muitos supõem ser. Mesmo dentro de um contexto espaço-temporal específico, em que um conjunto de "fatos" estabelecidos não é seriamente contestado e, portanto, não constitui matéria de opinião, as circunstâncias mudam de tal modo que o que estava estabelecido pode tornar-se discutível. Muitos fatos outrora supostamente incontestáveis — por exemplo, a indivisibilidade do átomo — provaram estar errados. Pode muito bem desenvolver-se uma controvérsia sobre se uma questão antes indiscutível é agora controversa. Muitos que sustentam pontos de vista sobre matérias controversas negam firmemente a existência de qualquer coisa que seja sequer remotamente questionável ou discutível a respeito de suas convicções. É questão de opinião se um assunto é ou não questão de opinião. Em uma sociedade cada vez mais sofisticada, quando a mais antiga e mais homogênea ordem de coisas passa a ser desafiada, amplia-se consideravelmente a gama daquelas sobre as quais podemos ter opiniões. Todas as novas áreas de pensamento, todos os reexames de ortodoxia suscitam questões de opinião.

O segundo elemento propõe que as opiniões são os modos de ver capazes de serem aceitos como verdadeiros pela mente racional. Isso não significa indicar que cada opinião, proposta por cada indivíduo, tem um fundamento logicamente racional. As opiniões podem ser adquiridas de muitas maneiras, dentre as quais as deduções lógicas a partir de premissas objetivas ou observações empíricas constituem, por vezes, apenas um fator. Muitos sustentam suas opiniões por hábito, ou as aceitam com base na autoridade de outros. O requisito essencial é que em seu conteúdo interno elas sejam compatíveis com alguma interpretação defensável de dados públicos, e que possam ser obtidas pelos processos normais da razão.

Sejam formuladas ou adquiridas, as opiniões têm suas raízes no conceito afim de atitudes. Uma opinião pode, de fato, ser descrita como uma atitude expressa, talvez modificada pela necessidade de lhe dar um expressão irretorquível. A própria atitude é outra idéia complexa na qual certos elementos comuns participam de dezenas de definições detalhadas. O primeiro ponto é que atitudes são estados mentais internos, refletidos na inclinação a responder a estímulos externos de maneira favorável ou desfavorável. As atitudes consubstanciam uma avaliação básica do mundo — uma combinação de crenças acerca da "realidade", em conjunto com julgamentos morais de aprovação ou desaprovação, simpatias e aversões.

Não existe correlação exata entre o conjunto de atitudes de um indivíduo e a sua opinião expressa a respeito de uma situação específica. Isso porque a opinião pronunciada pode derivar de duas atitudes possivelmente conflitantes — uma em relação ao próprio estímulo e a outra às circunstâncias em que deve ser expressa.

Ver também IDEOLOGIA; PROPAGANDA.

Leitura sugerida: Childs, H.L. 1965: *Public Opinion: Nature, Formation and Role* • Lippmann, Walter 1922: *Public Opinion* • Petty, R.E. e Cacioppo, J.T. 1981: *Attitudes and Persuasion* • Qualter, T.H. 1985: *Opinion Control in the Democracies.*

TERENCE H. QUALTER

organização O ponto de partida para essa noção cada vez mais freqüentemente usada nas ciências sociais é a analogia entre organismos animados e sociedade. Em biologia, o organismo é uma entidade produtora de seres semelhantes a ele próprio, enquanto que em sociedade a organização apresenta-se como uma unidade de pessoas e grupos separados pela divisão de trabalho mas também cooperando mutuamente.

As organizações que emergem na sociedade podem ser classificadas de muitas maneiras diferentes, e a classificação a ser adotada pode ser decidida na base das exigências de uma abordagem de pesquisa específica. Ferdinand Tönnies estabeleceu uma diferenciação clássica entre dois tipos de organização social que ainda estão em uso: *Gemeinschaft*, que é caracterizado por se nascer em alguma coisa e nela se viver a vida, por exemplo, as comunidades aldeãs e as subculturas étnicas; e *Gesellschaft*, um tipo de organização que existe por vontade consciente dos participantes, onde a filiação é normalmente decidida pela livre decisão das pessoas interessadas (ver também ESTRUTURA SOCIAL). Uma característica essencial das sociedades modernas é a diversidade dessas organizações, as quais se propagam cada vez mais por toda a vida social. Também podem ser classificadas de numerosos pontos de vista, e isso constitui um tema importante da teoria da organização. As mais importantes diferenciações são as seguintes.

Organizações militares, uma forma de organização muito antiga na história, na qual se afirma uma estreita relação de liderança e subordinação, embora em tempos recentes a competência profissional esteja ganhando terreno e paralelamente com isso os elementos funcionais estejam sendo reforçados a par da cadeia linear de comando.

Organizações de trabalho, das quais um tipo principal é a empresa hierarquicamente estruturada (ver CIÊNCIA DA ADMINISTRAÇÃO). Esta forma é predominante na vida econômica e, como resultado de vários esforços reformistas, está assumindo um caráter cada vez mais humano, perdendo gradualmente sua rigidez original.

Partidos políticos e organizações políticas. Nas sociedades ocidentais, o parlamentarismo promoveu à categoria da mais importante organização das sociedades civis os partidos políticos, os quais, na base de eleições gerais, gozam de maior ou menor participação no poder. Alguns deles não têm a chance de adquirir poder efetivo mas, como instituições para manter o executivo sujeito à prestação de contas, podem ter um papel relevante na sociedade. Esse papel foi especialmente importante no processo de reforma dos países socialistas, onde a introdução do parlamentarismo se defrontou com obstáculos muito sérios na constelação do poder.

Organizações de proteção de interesse profissional, das quais a mais típica forma é a dos SINDICATOS organizados por profissão. Eles desempenham um importante papel não só na proteção dos interesses dos trabalhadores mas também como mediadores entre os detentores do poder e as massas. Na URSS, o stalinismo enfatizou somente o papel de mediador dos sindicatos, mas no decorrer de recentes reformas o papel de proteção de interesses está aumentando e contra a organização na base de setores econômicos adquire maior destaque o princípio de organização profissional.

Organizações de proteção de interesses locais, as quais estão freqüentemente ligadas à conservação de monumentos históricos na base do patriotismo local. Mais recentemente, entretanto, está crescendo nessas organizações o significado da proteção ambiental e a eliminação dos problemas causados pela crise ecológica (ver também SOCIEDADE CIVIL).

Organizações religiosas, as quais são organizadas em parte no seio das igrejas oficiais e em parte fora delas. Especialmente importantes entre as últimas são as comunidades de base, como indicadoras de um possível futuro da religião.

É claro, esta lista poderia prolongar-se e, dentro de cada categoria novas subcategorias poderiam distinguir-se. Em vez disso, é mais útil sublinhar aqui a significação de dois aspectos das organizações através dos quais elas podem ser classificadas e analisadas. Em primeiro lugar, o grau de burocratização da organização (ver também BUROCRACIA). Três grupos principais podem ser diferenciados: (a) a organização burocrática que é claramente governada por subordinação burocrática; (b) a organização dicotômica, onde os principais órgãos burocráticos são operados por pessoas leigas; (c) a organização totalmente administrada por pessoas leigas (autogerência). Em segundo lugar, o relacionamento entre a organização e o poder do Estado. Três tipos principais podem ser também diferenciados neste caso: (a) organização subordinada ao poder do Estado e identificada com ele; (b) organização em oposição ao poder do Estado; (c) organização neutra no tocante ao poder do Estado.

Ver também FORDISMO E PÓS-FORDISMO; ORGANIZAÇÃO INDUSTRIAL; COMPORTAMENTO ORGANIZACIONAL; ORGANIZACIONAL, TEORIA; SISTEMA, TEORIA DE.

Leitura sugerida: Simpson, R.L. 1959: "Vertical and horizontal communication in formal organizations". *Administrative Science Quarterly* 4 • Tönnies, Ferdinand, 1887 (*1955*): *Community and Association* • Whyte, W.H. 1960: *The Organization Man.*

ANDRÁS HEGEDÜS

organização industrial Esta denominação engloba a análise sistemática das empresas comerciais ou industriais e os agrupamentos de tais empresas. Essa análise inclui, grosso modo: (1) aquisição, organização e apresentação de dados; (2) teoria econômica, freqüentemente expressa em uma forma matemática ou elegantemente literária ou geométrica; e (3) análise estatística ou econométrica (ver ECONOMETRIA), envolvendo testes dessa teoria econômica sobre os dados requeridos. Um sinônimo comum para organização industrial é economia industrial, a qual deixa claro que o objeto de estudo é a indústria estudada do ponto de vista do economista.

O estudo de uma indústria envolve a busca de regularidades no comportamento tanto de cada empresa, em suas múltiplas formas, quanto do conjunto de tais empresas que constitui uma indústria. Ou seja, interessa-se pela firma no nível individual e pelas variedades de competição no nível de grupo. Tal análise não está confinada às economias industrializadas ou capitalistas, mas abrange também as economias central ou indicativamente planejadas em vários estágios do desenvolvimento econômico. O espectro das formas industriais examinadas é amplo, variando do tipo fortemente descentralizado, quase exclusivamente orientado pelo mercado, até o tipo altamente centralizado, predominantemente burocrático.

Dado o permanente interesse no controle e monitoração da indústria no âmbito da política econômica em todos os tipos de economia, os dados de organização industrial são, em geral, ricos e bem sustentados por órgãos governamentais. A classificação industrial padronizada (standard industrial classification) (SIC) é amplamente aceita no plano internacional e fornece uma abrangente divisão de indústrias, desde os vastos agrupamentos, como transporte e serviços, até os agrupamentos restritos de alta qualidade, baseados em limitadas gamas de produtos. Entretanto tais dados nem sempre estão em uma forma perfeita para testar teorias econômicas da indústria, e a coleta de dados de fontes primárias tem sido sempre uma importante atividade dos economistas industriais, sobretudo dos que são favoráveis à abordagem de estudo de casos (por exemplo, Fisher et al., 1983).

A teoria da organização industrial concentra-se na firma e na competição. Ao passo que nas formas mais abstratas de teoria econômica o tipo de firma pode não ser especificado, na teoria da organização social ele é crucial. Assim, a pequena firma dirigida por um empresário (ver EMPRESARIAL, FUNÇÃO) é analisada de modo diferente (cf. Reid e Jacobsen, 1988) de uma grande sociedade anônima (cf. Jensen e Meckling, 1976). A competição assume uma variedade imensa de formas na prática, mas na teoria da organização social ela é freqüentemente analisada de acordo com duas dimensões, a saber, o grau de diferenciação do produto (isto é, na medida em que os produtos produzidos são homogêneos ou se distinguem por pequenas variações de *design*, embalagem ou localização) e a extensão e natureza das interações entre firmas. Assim, a competição perfeita diz respeito a situação em que muitas firmas, todas produzindo um artigo homogêneo, não estão em interação significativa. O oligopólio heterogêneo diz respeito a situações em que poucas firmas, produzindo produtos diferençados, estão em interação significativa. Naturalmente, os métodos empregados para analisar a primeira são mais simples do que para o segundo, e o progresso da teoria da organização industrial do século XX ocorreu desde as mais antigas e rigorosas análises de competição perfeita, como em Knight (1921), Hicks (1939) e Debreu (1959), até as mais recentes e não menos rigorosas análises de oligopólio, como em Fellner (1960), Telser (1972) e Shubik (1984). Ao observarem as estruturas mais complexas dos oligopólios, onde surgem considerações estratégicas, os teóricos da organização industrial trabalharam extensamente com os instrumentos matemáticos da teoria dos jogos (ver JOGOS, TEORIA DOS).

A comprovação das teorias da organização industrial engloba muitos métodos que variam do estudo de caso a uma abordagem econométrica de sistema de equações. Durante todo o seu desenvolvimento a organização industrial deste século distinguiu-se de muitas áreas da investigação econômica por sua adesão a um método científico não-degenerado, o qual insistiu sempre em que a teoria deve ser cotejada com as provas. Um sistema básico e sumamente influente para o teste de teorias foi o de estrutura, conduta e desempenho (S/C/P), tal como desenvolvido por Mason (1939) e codificado por Scherer e outros (Scherer e Ross, 1990). Em sua forma mais simples, sustenta que a estrutura (como número de firmas, grau de diferenciação do produto) determina a conduta (como maximização do lucro, extensão do conluio), a qual, por sua vez, determina o desempenho (por exemplo, fornecimento de bens de qualidade e as quantidades determinadas por preferências do consumidor). Essa abordagem simples pode ser ampliada e modificada para abranger formas mais complexas de causalidade, incluindo feedback e efeitos bidirecionais, e uma grande variedade de tipos de estrutura, conduta e desempenho. A flexibilidade explica a sua durabilidade e, adequadamente modificada, pode aplicar-se às modernas teorias da indústria e da firma do final do século XX, incluindo as resultantes da teoria matemática dos jogos e da abordagem especialmente associada a Williamson (1985), a qual enfatiza os custos de transações. Entretanto, o quadro de referência S/C/P, embora largamente usado e respeitado, não exerce uma influência dogmática sobre a investigação empírica na organização industrial, cujo enfoque continua sendo eminentemente pluralista.

Leitura sugerida: Davies, S. et al., 1988: *Economics of Industrial Organization* • Krause, C.G. 1990: *Theory of Industrial Economics* • Reid, G.C. 1987: *Theories of Industrial Organization* • Scherer, F.M. e Ross, D. 1990: *Industrial Market Structure and Economic Performance*, 3ª ed. • Schmalensse, R. e Willig, R., orgs. 1989: *Handbook of Industrial Organization.*

GAVIN C. REID

organizacional, comportamento Ver COMPORTAMENTO ORGANIZACIONAL.

organizacional, teoria Agregado interdisciplinar de conhecimentas com estreitos vínculos com a sociologia, a psicologia, a ciência política e a ciência econômica. Originou-se principalmente nos Estados Unidos, França e Alemanha no período que se seguiu ao final da Primeira Guerra Mundial, em parte como resposta à necessidade de conhecimentos tanto práticos e profissionais quanto teóricos dos gerentes e administradores em setores públicos e privados. A contribuição americana concentrou-se em problemas de organização industrial e crescimento do estado administrativo depois de 1933, a francesa na organização industrial como área de problemas-chaves da divisão social de trabalho, na esteira da obra de Émile Durkheim, e a alemã no fenômeno da burocracia como a encarnação organizacional do que Max Weber chamou a autoridade "legal-racional" do estado e da grande empresa.

Essas três linhas de investigação, estudo e aconselhamento profissional a gerentes e administradores só começaram a se conjugar em uma forma relativamente coesa depois da Segunda Guerra Mundial, e alcançaram pleno reconhecimento como campo distinto de pesquisa, ensino e treinamento em meados da década de 50. A partir de 1970, a teoria organizacional fragmentou-se em certo número de diferentes áreas de estudo, incluindo COMPORTAMENTO ORGANIZACIONAL e estudos interpretativos e radicais da organização. Enquanto o comportamento organizacional é mais empírico e menos formal e prescritivo do que a teoria organizacional, os estudos interpretativos e radicais da organização focalizam, respectivamente, a construção da realidade do ponto de vista do ator e a organização como um *locus* de luta política, exploração do trabalho e dominação e controle de classe.

Tradicionalmente, a teoria organizacional tem se preocupado com o relacionamento ou "ajustamento" entre a personalidade individual, a estrutura da autoridade, a organização do trabalho e o papel da tecnologia, assim como com questões relacionadas com o pequeno grupo, metas, motivação, liderança, comunicação, tomada de decisões, sistemas organizacionais e suborganizacionais, e o "meio ambiente" das organizações. Presente em todas essas preocupações está a questão de apurar se a personalidade, o papel ou a capacidade decisória constitui a melhor base conceitual para levar a efeito a pesquisa e teoria no campo. Mais recentemente revistas importantes na área da teoria e do comportamento organizacionais começaram a tratar ambas as áreas como formas de teoria e pesquisa *social*, derrubando assim, em muito maior extensão do que ocorreu nos anos 50, as fronteiras entre a teoria organizacional e o estudo de problemas relacionados com as estruturas e processos sociais, econômicos e políticos.

Essa tendência intensificou-se a partir do final da década de 70 em conseqüência da ascensão do neoconservadorismo, da retirada do governo e do setor público de funções tradicionais e estabelecidas de serviços e atividade reguladora, e o conseqüente recrudescimento de estratégias de privatização de várias espécies, especialmente nos Estados Unidos, Grã-Bretanha e Austrália. Seja qual for a razão, essas tendências parecem constituir um retorno ao foco em que, desde o início, a França e a Alemanha foram pioneiras, pois em ambos os casos o estudo de organizações formais ou complexas estava intimamente relacionado a preocupações de natureza mais ampla no tocante à organização social, ao estado e à economia, como alienação, anomia, racionalidade, classe e conflito de classes, poder, autoridade e controle.

Nesse meio tempo, a teoria da administração, outrora parte central da teoria organizacional, continua constituindo um corpo distinto de conhecimento, apesar de lhe ter sido também requerido que se mostre sensível a preocupações sociais, políticas e econômicas relacionadas com a globalização, a responsabilidade social e a ética.

Ver também CIÊNCIA DA ADMINISTRAÇÃO.

Leitura sugerida: Burrel, Gibson e Morgan, Gareth 1979: *Sociological Paradigms and Organizational Analysis* • Etzioni, Amitai 1969: *A Sociological Reader on Complex Organizations* • Krupp, Sherman 1961: *Pattern of Organization Analysis* • March, James e Simon, Herbert 1958: *Organizations* • Perrow, Charles 1967: "A framework for the comparative analysis of organizations". *American Sociological Review* 32 • Thompson, James 1967: *Organizations in Action* • Thompson, Victor 1961: *Modern Organization.*

H.T. WILSON

orientalismo Termo que entrou recentemente em voga por causa da obra de Anouar Abdel-Malek (1963) e Edward Said (1978), "orientalismo" refere-se à perspectiva peculiar sobre o Leste de estudiosos do Oriente representando as antigas potências coloniais. A visão dos "orientalistas" clássicos era dirigida do "centro" para a "periferia"; uma visão do Oriente como o "outro", a caça e a presa do Ocidente triunfante e civilizador. Said (1978, p.222) mostrou muito bem como o Oriente era visto pelos orientalistas — usando esse termo tecnicamente para se referir aos estudiosos do Oriente — como um campo para o especialista cujo papel na sociedade era interpretá-lo para compatriotas. Uma extensa linha de pensamento, desde as histórias de viagens escritas por cavalheiros europeus até os eruditos tratados de missionários jesuítas e obras representativas do Iluminismo ocidental, contribuíram para essa imagem muito preconceituosa do Oriente. O que nada tem de surpreendente, porquanto o apogeu do orientalismo coincide com o poderio do COLONIALISMO no seu auge.

De fato, é possível mostrar que a noção do Oriente como terreno de caça do Ocidente e como o "outro" remonta à Antigüidade clássica, nos comentários de Aristóteles sobre os "servis asiáticos" (na *Política*) e nas especulações de filósofos e oradores gregos sobre o Grande Rei persa e o motivo por que ele governava os seus súditos como escravos. Embora fosse evidente que para os gregos a antiga Pérsia, o Egito, a Mesopotâmia e a Síria representavam culturas veneráveis e respeitadas, com as quais se viam competindo, não era incomum que eles reescrevessem a história de tal modo que, nas lutas entre os "gigantes" e os "bárbaros", eles eram sempre os vencedores. Por exemplo, Platão, no *Timeu* e no *Crítias*, que narram a história da lendária Atlântida, hoje identificada, ao que se presume, com Creta, cuja civilização foi destruída pela erupção do Tera, a que Platão se refere em termos alegóricos, inverte claramente o resultado da batalha entre os exércitos do egípcio Ramsés III e os gregos em favor destes últimos. Platão, que consta ter viajado para o Egito e lá ter permanecido, talvez, por três anos, faz ao mesmo tempo numerosas referências favoráveis àquele país como tendo inventado "número e cálculo, geometria e astronomia, para não falar do jogo de damas e de dados, e sobretudo a escrita" (*Fedro, 27c-d; Filebo 18b-d*), e por já mostrar 10 mil anos de continuidade em religião, arte e direito na época em que ele escreveu (*Leis*, 656-7). O Egito, de fato, afirma ele, preservou melhor os registros históricos gregos do que os próprios gregos, em virtude das devastações que se seguiram à erupção do Tera (*Timeu*, 22-3). Heródoto, a nossa principal autoridade antiga sobre Egito e Mesopotâmia, sustentou que a Grécia adquiriu seus deuses e práticas de culto do Egito como o repositório da sabedoria antiga (Heródoto, *Histórias*, 2.44-5). Embora a opinião de Heródoto fosse depois desacreditada por Plutarco, que se referiu depreciativamente a ele como "o pai das mentiras" ou "um amante de bárbaro" que atribui a não-gregos mais qualidades do que a qualquer grego; o próprio Plutarco, em seu *Ísis e Osíris* (*Moralia*, Livro 5) e outras obras, mostrou-se familiarizado com as culturas altamente desenvolvidas do Egito e da Pérsia, e revelou certa admiração por elas.

No período de restauração da cultura clássica, o Renascimento europeu dos séculos XIV e XV, não encontramos, como se poderia esperar, uma transferência das atitudes xenófobas gregas. Isso explica-se, em parte, porque o Renascimento italiano foi de inspiração mais romana do que grega, o que não surpreende, uma vez que se tratava também de um movimento nacionalista. O Oriente estava tão longe de ser estigmatizado como "despótico" no Renascimento europeu, período que mostrou fascínio pelo poder em todos os seus modos, que temos, de fato, numerosas indicações de que ele foi, pelo contrário, uma fonte de inspiração e de modelos políticos. Com efeito, o papel do Oriente em "regenerar o Ocidente" foi um conceito repetido que, com o tempo, se consolidou, até chegar a ser, por exemplo, um sonho do romancista Gustave Flaubert em seus últimos anos. Nicolau Maquiavel foi, segundo parece, representativo dos humanistas florentinos renascentistas em sua admiração pelos antigos impérios do Leste e pelos esforços de Alexandre, o Grande para os conquistar e depois reconstituir. O humanismo florentino do Quattrocento ficou devendo muito aos eruditos bizantinos responsáveis pela reintrodução da língua e dos textos clássicos gregos, alguns deles, em especial Gemistus Pletho, versado nos comentários árabes, tal como o humanismo medieval tinha devido aos árabes sua rica fonte de textos clássicos gregos.

A segunda fase na ascensão do "orientalismo" como fenômeno específico data, precisamente, do surgimento dos estados-mães ocidentais a partir do século XVI e da tradição da teoria republicana clássica em termos da qual eles se legitimavam. É peculiar façanha dessa tradição da teoria política ocidental ter conseguido caracterizar as grandes monarquias agrárias da Europa Ocidental como essencialmente "democráticas" e as políticas orientais, as quais tinham muito provavelmente sido pioneiras no estabelecimento de formas sociais republicanas — assembléia bicameral, votação por escrutínio e por sorteio, lista de magistraturas válidas por um ano, a liturgia e o sistema judicial baseado no direito consuetudinário e sujeito à jurisdição dos tribunais — como essencialmente "despóticas". Desde Thomas Hobbes, James Harrington e John Locke até Jean Bodin, Jean-Jacques Rousseau e Montesquieu, embora fosse muito diferente o conteúdo específico da obra de cada um desses teóricos políticos, o resultado líquido foi petrificar as fronteiras entre Ocidente e Oriente como sendo entre regimes representativos e despóticos, respectivamente (ver também DESPOTISMO ORIENTAL). A luta pelo manto da autoridade na pólis tornou-se a arena na qual se levou a efeito a formação do estado ocidental. Entre as condições propícias estava a circunstância fortuita de que a Igreja, ela própria uma instituição cujas fontes estavam no Oriente, e responsável pela função educacional no Ocidente, tinha alimentado as elites nativas com uma literatura exótica, desde a Grécia e Roma até o antigo Oriente Próximo. A literatura clássica constituiu o repertório de exemplos dos quais eram extraídos os modelos e, nessa base, as primeiras facções dinâmicas modernas nos estados da Europa Ocidental persuadiram os seus monarcas, alguns sob pressão, a converter os conselhos de clãs aristocráticos em assembléias representativas de acordo com os modelos grego e romano. O fato de terem êxito em fazê-lo deveu-se, em não pequena medida, às ameaças constantes dos muçulmanos, especialmente dos temidos mouros que, na batalha de Poitiers, foram rechaçados do próprio coração da Europa, e cujas tradições e instituições eram consideradas a própria antítese de tudo o que a Europa Ocidental defendia e simbolizava.

As alegações contra o Oriente são claramente apresentadas nos escritos de James Harrington e Edward Gibbon, que compararam a "indolente efeminação dos sírios e egípcios" à "feroz independência dos germanos e caledônios", recorrendo ao celebrado louvor de Tácito à probidade teutônica. Montesquieu, por sua parte, usa o turco como bicho-papão a fim de advertir a corte de Luís XIV contra os riscos do despotismo. Na maré montante de um etnocentrismo de base fisiológica que produziu o "modelo ariano" como o instrumento decisivo para a divisão entre gregos e bárbaros, essa antiga gigantomaquia atingiu novas alturas. Teorias climatológicas, teorias sobre os movimentos migratórios de povos e as origens da civilização na estepe iraniana combinaram-se para favorecer as culturas indo-européias em oposição às semíticas (Bernal, 1987). Aqui temos o contexto para o "orientalismo" como disposição acadêmica profissional em relação ao Oriente teorizada como o "modo de produção asiático" por pensadores do século XIX e começos do atual, tão influentes quanto James Mill em *The History of British India*, J.S. Mill em *Dissertations and Discussions*, Karl Marx e Antonio Gramsci. A crença em que as cidades orientais difeririam das cidades ocidentais antigas ou medievais por serem fundadas a partir do "acampamento militar", e em que à sociedade oriental, exemplificada pela Índia, faltava "história" em sua imutabilidade (Karl Marx, in *Grundrisse* e *O capital*), combinou idéias de atraso e imobilidade que favoreciam a sociedade ocidental em termos de darwinismo social, então em voga, legitimando os empreendimentos coloniais das potências do século XIX.

Não há dúvida de que os estereótipos orientalistas contaminaram boa parte da literatura do "desenvolvimento" que analisa as políticas do Terceiro Mundo em relação ao Primeiro Mundo, como se evidencia pelo próprio conceito de "subdesenvolvimento", disposição para atribuir traços de caráter nacional ao diagnóstico de fraquezas sistêmicas e para a transposição em bloco de instituições ocidentais como panacéias políticas e econômicas (ver também DESENVOLVIMENTO E SUBDESENVOLVIMENTO). O orientalismo é uma forma de racismo que nos séculos XIX e XX, tal como no apogeu do imperialismo romano, teve forte apoio institucional nas estruturas administrativas coloniais e neocoloniais. Assim, departamentos como o Ministério das Colônias, que outrora sustentaram o *White Man's Burden* [Fardo do Homem Branco], foram substuídos por organismos de ajuda internacional, fortemente comprometidos com uma "missão civilizadora" que inclui o "desenvolvimento", ou seja, a educação ocidental, o "crescimento" econômico e político, a difusão da cultura e dos valores ocidentais e a integração de economias não-ocidentais no mercado mundial.

Leitura sugerida: Abdel-Malek, Anouar 1963 (*1981*): *Civilization and Social Theory* • Bernal, Martin 1987: *Black Athena: the Afro-Asiatic Roots of Classical Civilization* • Said, E. 1978: *Orientalism* • Springborg, P. 1986: "Politics, primordialism and orientalism: Marx, Aristotle and the myth of *Gemeinschaft*". *American Political Science Review* 80, 185-211 o 1992: *Western Republicanism and the Oriental Prince* • Turner, Bryan 1978: *Marx and the End of Orientalism* o 1984: "Orientalism and the problem of civil society". In *Orientalism, Islam and Islamists*, org. por Asaf Hussain et al. • Wittfogel, K.A. 1957: *Oriental Despotism*.

PATRICIA SPRINGBORG

P

pacifismo O prolongado morticínio da Primeira Guerra Mundial deu renovado impulso à velha doutrina de que o recurso à guerra, mesmo em resposta a uma agressão, é sempre um erro. Os seus adeptos do século XX têm enfrentado, porém, dilemas particularmente agudos. Em face de ameaças, concretas ou potenciais, de regimes brutalmente ditatoriais, capazes, em alguns casos, de genocídio, surge a interrogação: como pode um estado que se priva de seu arsenal militar sobreviver ou cumprir suas obrigações para com seu próprio povo e os outros? E, se não sobrevive, como pode o seu povo preservar seus valores? No século XX a guerra tornou-se uma obscenidade moral, mas o mesmo pode ser dito, com freqüência, das alternativas a ela.

Salvo os que obedecem à injunção bíblica de "não guardar pensamentos para o dia seguinte", os pacifistas respondem a isso de duas maneiras. Em primeiro lugar, afirmam ser improvável que alguém ataque um estado manifestamente indefeso. Em segundo lugar, sustentam que, se tal ataque viesse a ocorrer, a população poderia preservar os valores de sua sociedade e, em última instância, induzir o invasor a se retirar por meio de uma resistência não-violenta organizada.

É possível citar casos em abono da primeira alegação. A Costa Rica sobrevive há muito tempo sem exército e a Áustria, embora por certo não seja pacifista, deve sua sobrevivência e segurança, desde o Tratado de 1955, mais ao seu reconhecido status de país neutro não-agressivo e construtivo do que à sua capacidade de se defender das alianças militares tanto da OTAN, no Ocidente, quanto do Pacto de Varsóvia, no Leste; mas, dado o destino da Dinamarca em 1940, da Tchecoslováquia em 1968 e de Granada em 1983, não se pode manter de forma convincente que o fato de não representar ameaça militar é suficiente para assegurar a imunidade.

Assim, a viabilidade do pacifismo depende muito da eficácia da não-violência. As campanhas de "desobediência civil" de Gandhi contra o domínio britânico na Índia nos anos entre as duas guerras mundiais, e os desafios organizados pela National Association for the Advancement of Colored Peoples, sob a liderança de Martin Luther King, contra a segregação e a privação dos direitos civis dos negros no sul dos Estados Unidos, pareceram mostrar que a não-violência pode, por vezes, conseguir mudar a mentalidade de adversários poderosos e freqüentemente brutais, embora outros fatores estivessem sem dúvida atuando e em cada caso os ativistas pudessem apelar para uma opinião pública democrática que, em última instância, exercia o controle sobre os seus opressores. Pessoalmente, Ghandi não era um pacifista, mas suas campanhas, que fizeram muito uso de greves de fome, renunciaram sistematicamente à violência e desautorizaram qualquer ato violento a que seus declarados adeptos recorressem. Seus ensinamentos baseavam-se sobretudo nos textos religiosos hindus. "O caminho do espírito (...) é o do desprendimento, da auto-abnegação, de ficar livre de todo o desejo" (ver Gandhi, 1951, p.26).

Gene Sharp (1971) relatou ter identificado 125 formas diferentes de não-violência, repartidas em três categorias principais: — protesto, não-cooperação e intervenção —, e distinguiu três mecanismos de mudança, — conversão, acomodação e coerção. Dado que os resistentes são capazes de explicar as razões de sua resistência, que Sharp vê como um *sine qua non*, a não-violência deles e o respeito que obtêm por sua disposição para sofrer, se necessário às suas convicções, farão com que os seus adversários, afirma o autor, se mostrem mais dispostos a reconsiderar sua política. Alternativamente, tal resistência pode induzir a acomodação em um adversário que, embora não convencido ainda na justiça da causa deles, está preparado para ceder às exigências dos ativistas porque "o problema não vale os inconvenientes e dissabores causados pela luta" (p.156). A COERÇÃO pode ser aplicada quando a resistência está suficientemente difundida e prolongada, de modo a "conseguir conter, direta ou indiretamente, as necessárias fontes do poder político do governante". Thomas Schelling (1971, p.179), que em seus escritos anteriores tinha analisado friamente a lógica da coerção violenta, admitiu que "o potencial de não-violência é enorme [com] implicações para a paz, a guerra, a estabilidade, o terror, a confiança e a política interna que ainda não são fáceis de avaliar".

O pacifismo nuclear, o qual sustenta que o uso de armas nucleares é sempre um erro, mesmo em retaliação, e exige, portanto, a sua renúncia, unilateralmente se necessário, oferece uma perspectiva menos drástica. Tais armas não voltaram a ser usadas desde a fase final da guerra contra o Japão, em 1945, e não se pode afirmar que estados que não estão habilitados a confiar em seu próprio potencial nuclear ou no de seus aliados, são impotentes. O Vietnã, por exemplo, não dispunha de tal potencial, mas isso não o impediu de derrotar a mais avançada potência nuclear do mundo. A oposição ao seu uso invoca hoje, com freqüência, a teoria da "guerra justa", por meio da qual, para que a força militar seja legítima, não só o objetivo deve ser bom (e alcançável), mas a violência deve ser restringida aos que estão realmente resistindo a essa força, ou seja, os combatentes.

Leitura sugerida: Bondurant, J.V., org. 1971: *Conflict: Violence and Non-Violence* • Ceadel, M. 1987: *Thinking about Peace and War* • Hinton, J. 1989: *Protests and Visions* • Roberts, A., org. 1967: *The Strategy of Civilian Defence* • Sharp, G. 1973: *The Politics of Non-Violent Action.*

RODERICK C. OGLEY

padrão, variáveis Ver VARIÁVEIS PADRÃO.

padrão de vida Ver QUALIDADE DE VIDA.

pan-africanismo Pode ser definido como um sentimento de solidariedade entre africanos e povos de ancestralidade africana. Essa consciência de identidade compartilhada foi, por vezes, intelectualizada em uma teoria ou traduzida para a ação política. Em seu grau mais ambicioso, o pan-africanismo procura criar um governo único para toda a África, combinado a fortes vínculos econômicos e políticos com pessoas de ascendência africana em outras partes do mundo.

O pan-africanismo pode adotar a forma de *emoções, idéias* ou *ações*. Quando afro-americanos irromperam no Conselho de Segurança das Nações Unidas, em 1961, interrompendo a sessão para protestar contra o assassinato do ex-premier Patrice Lumumba no Congo (hoje Zaire), esse irado protesto constituiu emoções pan-africanas traduzidas em ação política. Quando um ativista dos direitos civis, o reverendo Jesse Jackson, recomendou em 1989 que a expressão "negro americano" fosse substituída por "afro-americano", essa foi uma idéia pan-africana que não tardou a ser amplamente adotada como norma política por muitas instituições públicas nos Estados Unidos. Na própria África, as manifestações pan-africanas têm variado desde os protestos de estudantes nigerianos contra o assassinato do líder da consciência negra Steve Biko na África do Sul até experiências econômicas regionais como a extinta Comunidade do Leste Africano (EAC) e a mais recente Comunidade Econômica da África Ocidental (Ecowas). O pan-africanismo pode ser primordialmente *subsaariano* (concentrando-se principalmente nos africanos negros ao Sul do Saara, como quando, na década de 80, o presidente Mobutu Sese Seko, do Zaire, recomendou a criação de uma organização que contivesse somente estados africanos negros), ou *transaariano* (visando a união da África negra com a África árabe), ou *transatlântico* (solidariedade entre africanos e negros do hemisfério ocidental) ou *global* (sentimento de identidade compartilhada entre pessoas de ascendência africana em todo o mundo). Os descendentes de africanos que estão localizados fora da África constituem o que é freqüentemente chamado "a diáspora africana" ou "a diaspóra negra".

História do pan-africanismo

Na virada do século os povos negros estavam sofrendo opressão política, exploração econômica e degradação social sob o COLONIALISMO e a sistemática discriminação racial. Com exceção da Etiópia, do Haiti e da Libéria, governados por negros, as vidas de pessoas de origem africana estavam sob o controle de europeus. A dominação pan-européia promoveu a crença em que a libertação dos negros dependia de sua unidade política. Além disso, os movimentos "pan" estiveram em moda desde meados do século XIX até a eclosão da Segunda Guerra Mundial; dentre eles, destacaram-se o pan-eslavismo, o pan-germanismo, o pan-arabismo, o pan-turanismo, o pan-islamismo e o pan-asianismo (ver também NACIONALISMO).

Em 1900 teve lugar em Londres a primeira Conferência Pan-Africana, organizada pela African Association fundada por Henry Sylvester Williams. A sessão preparatória, em 1899, contou com a presença, entre outros, de Booker T. Washington. A conferência teve cerca de 60 participantes dos Estados Unidos, Caribe, Grã-Bretanha e África, incluindo W.E.B. Du Bois e o bispo Alexander Walters. As resoluções trataram de escravatura, trabalho forçado, segregação e outras violações dos direitos humanos. Em apelo às "nações do mundo", a conferência declarou:

> O problema do século XX é o problema da fronteira da cor, a questão de saber até que ponto as diferenças de raça (...) irão constituir (...) a base para negar a mais de metade do mundo o direito a compartilhar, até o limite de suas capacidades, das oportunidades e privilégios da humanidade moderna. (Geiss, 1974, p.190.)

Depois da Primeira Guerra Mundial começou o movimento do Congresso Pan-Africano. Deu origem a uma série de reuniões celebradas em 1919 (Paris), 1921 (Londres, Bruxelas e Paris), 1923 (Londres e Lisboa), 1927 (Nova York), 1945 (Manchester) e 1974 (Dar-es-Salaam). O instigador e principal organizador das conferências nos anos entre as duas guerras foi W.E.B. Du Bois. A mais importante delas foi o V Congresso Pan-Africano de Manchester em 1945; muitos dos que participaram (por exemplo, Obafemi Awolowo, Hastings Banda, Jomo Kenyatta e Kwame Nkrumah) tornaram-se importantes figuras políticas na África pós-independência. As resoluções de Manchester estabeleceram a agenda para a corrente principal do pensamento pan-africano daí em diante. As principais posições dos anteriores Congressos Pan-Africanos tinham sido: promover o bem-estar e a unidade dos povos de origem africana, exigir a sua autodeterminação, insistir na abolição da discriminação racial e condenar o capitalismo. O Congresso de Manchester também declarou: "A luta pelo poder político dos povos coloniais e subjugados é o primeiro passo e o necessário requisito preliminar para a completa emancipação social, econômica e política" (Legum, 1976, p.137). Essa mudança para o anticolonialismo foi particularmente importante para a África e o Caribe, que ainda estavam sob domínio imperial.

A obtenção da independência de Gana em 1957 reforçou essa dramática mudança para uma luta anticolonial e um enfoque continental no pensamento pan-africano. Como conseqüência, a All-African Peoples' Organization criada por Kwame Nkrumah, de Gana, a qual se reuniu pela primeira vez em Acra, em 1958, e depois teve reuniões em Túnis e no Cairo, limitou a participação plena a residentes da África. As All-African Peoples' Conferences não estavam restritas a governos, mas incluíam movimentos de libertação e sindicalistas. Suas resoluções propiciaram um novo avanço no pensamento pan-africano: tinha que haver a "personalidade africana" em questões internacionais e o "neocolonialismo" devia ser combatido.

A maior ambição do pan-africanismo continental era criar um supra-estado africano. A criação da Organização da Unidade Africana (OAU) em 1963 foi um modesto meio-termo porque, em parte, a sua carta inclui as seguintes estipulações: não-interferência nos assuntos internos dos estados-membros, assim como respeito pela soberania e integridade territorial de cada estado. Essa organização intergovernamental não realizou progressos significativos no rumo da criação dos Estados Unidos da África. Com efeito, no seio da OAU, existe a tensão adicional entre o pan-africanismo e o pan-arabismo.

Pode-se traçar uma distinção entre *pan-africanismo de libertação* e *pan-africanismo de integração*. O pan-africanismo de libertação é uma solidariedade em busca de liberdade e autodeterminação. O pan-africanismo de integração é uma solidariedade em busca de integração regional, econômica e política. O pan-africanismo de libertação é uma história de sucesso; uma voz africana unida pelo anticolonialismo e o anti-apartheid ajudou a mobilizar o resto do mundo. O pan-africanismo de integração ainda é, como assinalamos, um fracasso.

O pan-africanismo transatlântico declinou na segunda metade do século XX. Não obstante, W.E.B. Du Bois, dos Estados Unidos, e George Padmore, do Caribe, tornaram-se cidadãos ganenses depois da independência. Malcolm X e outros muçulmanos negros eram, com freqüência, pan-islamistas e pan-africanos. O movimento dos direitos civis nos Estados Unidos tinha vinculações com a política de descolonização na África. O movimento Rastafari na Jamaica identificou-se com a Etiópia como a Terra Prometida e Hailé Selassié como o Rei Divino. O pan-africanismo cultural na diáspora tem variado desde a adoção de rituais religiosos africanos até a popularidade do estilo de cabeleiras africanas, desde a adoção de nomes pessoais africanos até a proclamação de um substituto africano para o Natal (o festival afro-americano do Kwaanza, baseado em uma palavra suaíle que significa *o começo*). O pan-africanismo transatlântico incluiu, no campo das artes, os festivais periódicos de artes e culturas que têm sido realizados na África e na diáspora. O mais famoso desses eventos artísticos foi o Festac, realizado em Lagos, Nigéria, em 1976. Cantores, dançarinos, poetas, teatrólogos, percussionistas e outros convergiram para Lagos.

Depois de um interregno de quase 30 anos, uma "convocação para o VI Congresso Pan-Africano" foi divulgada por intelectuais radicais da diáspora que tinham ficado desencantados com o pan-africanismo continental. Mais de 500 delegados e observadores reuniram-se em Dar-es-Salaam em 1974. Foi o primeiro congresso realizado na África e, embora consistisse predominantemente em funcionários governamentais, incluiu também movimentos de libertação e destacados intelectuais africanos e da diáspora. Foi, assim, o mais abrangente de todos os Congressos Pan-Africanos. O congresso foi uma importante tentativa de atualização do pensamento pan-africano. Enquanto que o V Congresso Pan-Africano, em 1945, tinha resultado na *redução* do foco pan-africano ao continente africano (em vez do mundo negro como um todo), o VI Congresso, em 1974, *ampliou* o número de elementos participantes de modo a abranger os povos oprimidos de qualquer parte do mundo. Em Dar-es-Salaam, o pan-africanismo estava tentando converter-se na pedra angular do "pan-humanismo". Um debate central foi se *classe* era mais importante do que *raça* na luta global contra a opressão e a exploração.

Movimentos pan-africanos

O pan-africanismo raramente foi um movimento de *massa*; é principalmente um movimento de elites. A principal exceção a isso na diáspora foi o movimento de Marcus Garvey. Garvey era jamaicano; seus seguidores eram, principalmente, centenas de milhares de afro-americanos. Os objetivos do movimento eram pan-africanos, mas fora dos Estados Unidos não havia uma filiação maciça.

O pan-africanismo no sentido *continental* também não logrou tornar-se um movimento de massa. A inspiração do pan-africanismo, nesse sentido, não reside na solidariedade *nacional*, mas *continental*; entretanto, por essa mesma razão, o impacto do pan-africanismo continental foi contrariado pela diversidade cultural, econômica e política entre os vários estados africanos que se manifestou depois da independência. Para a maioria dos nigerianos, etíopes e zambianos, para mencionar apenas alguns, o pan-africanismo estava destinado a ser uma prioridade secundária em relação à "construção nacional" de cada estado. Isso, contudo, leva a um outro problema; o pan-africanismo e esse gênero de construção da nação conflitavam mutuamente. Como disse Nyerere:

> A verdade é que, à medida que cada um de nós desenvolve o seu próprio estado, erguemos um número cada vez maior de barreiras entre nós. Consolidamos diferenças que herdamos do período colonial e desenvolvemos outras novas. Sobretudo, desenvolvemos um orgulho nacional que poderá facilmente ser hostil ao desenvolvimento de um orgulho pela África. (Nyerere, 1968, p.211.)

O pan-africanismo nunca foi um movimento unificado, pois, além das divisões já mencionadas, sempre houve versões liberais e radicais, representando diferentes organizações. Há também a divisão diáspora/nativo. Sempre houve o divisor de águas negro/árabe e a divisão francófono/anglófono. Com exceção do VI Congresso Pan-Africano, realizado em Dar-es-Salaam em 1974, todas as outras tendências (incluindo as que culminaram na formação da OAU) têm manifestado essas tensões. Não obstante, inúmeras pessoas identificam-se com os ideais do pan-africanismo sem aderir a qualquer das organizações pan-africanas.

O pan-africanismo como ideologia

O pan-africanismo é menos que uma ideologia plena por não ser uma explicação sistemática de fenômenos políticos nem um programa específico para mudanças políticas. Nenhum teórico forneceu um conjunto de princípios e definições interligados que organize conceitualmente, de forma sistemática, a condição dos africanos e dos da diáspora. Nem sempre W.E.B. Du Bois, apesar de todos os seus escritos sobre o pan-africanismo, fornece tal ideologia. Também existe discordância sobre o que é o pan-africanismo. Alguns afirmaram que os seus conceitos constituintes são os seguintes: a África como verdadeira pátria de todas as pessoas de origem africana, onde quer que elas estejam agora; solidariedade entre pessoas de origem africana; crença em uma distinta "personalidade africana"; reabilitação do passado da África e respeito pela cultura africana; a África para os africanos em termos de soberania; e a esperança de uma África unida. Entretanto, com base nas resoluções dos Congressos Pan-Africanos, poder-se-ia justificadamente afirmar que existem apenas quatro componentes essenciais do pan-africanismo:

1. preocupação com os problemas comuns de todos os povos africanos, onde quer que estejam;
2. autodeterminação para todos os povos africanos;
3. orgulho de ser africano e pelas coisas africanas; e
4. insistência em que o sistema econômico que governa os povos africanos seja socialista.

Existe significativamente maior consenso em torno de 1, 2 e 3 do que de 4. Embora o pan-africanismo não seja ainda uma ideologia completa, constitui já um conjunto de idéias e valores interligados suficientemente abrangente para contribuir para uma cosmovisão em busca de um teórico.

Leitura sugerida: Ajala, A. 1973: *Pan-Africanism: Evolution, Progress and Prospects* • Du Bois, W.E.B. 1965: *The World and Africa: an Inquiry into the Part which Africa has Played in World History* • Geiss, I. 1974: *The Pan-African Movement: a History of Pan-Africanism in America, Europe and Africa* • Legun, C. 1976: *Pan-Africanism: a Short Political Guide* • Mazrui, A.A. 1977: *Africa's International Relations: the Diplomacy of Dependency and Change* • Nkrumah, K. 1963: *Africa Must Unite* • Nyerere, J. 1968: *Freedom and Socialism* • Padmore, G. 1972: *Pan-Africanism or Communism* • *Resolutions and Selected Speeches from the Sixth Pan-African Congress* 1976 • Thompson, V.B. 1969: *Africa and Unity: the Evolution of the Pan-Africanism.*

ALI A. MAZRUI e A. M. SHARAKIYA

pan-arabismo Como ideologia, o pan-arabismo é um desenvolvimento do NACIONALISMO árabe, o qual se manifestou inicialmente como fenômeno literário e político nas províncias árabes do Império Otomano em fins do século XIX. O próprio nacionalismo árabe surgiu, em parte, como conseqüência do movimento de renovação literária e lingüística conhecido como *nahda*, o qual começou na Grande Síria. Uma onda de redescobertas, compilação e publicação de textos árabes clássicos, assim como de atividade lexicográfica, encorajou os intelectuais árabes a refletir sobre a sua passada grandeza e sua presente fraqueza sob a dominação otomana.

No início do século XX a legitimidade do domínio otomano sobre as províncias árabes estava começando a ser contestada por muçulmanos e cristãos indistintamente. Certo número de escritores e pensadores muçulmanos, cada vez mais conscientes do relativo atraso do mundo islâmico e, mais especificamente, do Império Otomano em face da Europa, aferrou-se à noção de que o declínio e a decadência do ISLAMISMO se deviam à usurpação do califado pelos turcos. Para que o islã fosse revitalizado, pensavam alguns, o califado tinha que ser restituído aos árabes e, mais tarde, por extensão, as terras árabes deviam ser libertadas dos "grilhões do domínio turco". Por sua vez, certo número de intelectuais cristãos, na companhia de alguns muçulmanos de mentalidade mais secular, acreditava que os ideais de liberdade e igualdade, nos quais imaginavam basear-se a prosperidade e o progresso da Europa do seu tempo, eram francamente incompatíveis com o estilo e a substância do domínio otomano.

Na teoria e, em considerável grau, na prática, o Império Otomano era um estado islâmico teocrático, no qual o grupo majoritário, os muçulmanos sunitas, gozava de um status privilegiado difícil de ser contestado em face da ideologia religiosa do império. Se, em vez da religião, a linguagem, a etnicidade e a co-residência passassem a ser os critérios de associação, os árabes poderiam associar-se politicamente entre si em termos iguais, para além das fronteiras de religião e seita, e dar origem a uma sociedade secular na qual nenhum grupo teria superioridade intrínseca em relação a qualquer outro. Como previa uma sociedade em que não seriam inferiores em status a quem quer que fosse, essa noção era particularmente atraente para os cristãos árabes, sobretudo os ortodoxos gregos da Grande Síria, que se consideravam, em certo sentido, mais autenticamente árabes do que seus correligionários maronitas e católicos, uma vez que a intimidade da associação destes últimos com a França, como sua protetora, era vista como comprometendo sua independência e seu "arabismo".

Quando a Primeira Guerra Mundial se tornou iminente, ficou claro que alguns árabes estavam preparados para buscar a ajuda de potências ocidentais a fim de realizarem seu objetivo de independência dos otomanos; paradoxalmente, no Egito, que tinha estado sob ocupação britânica desde 1882, muitos nacionalistas tinham querido angariar a ajuda dos otomanos para obter a independência da Grã-Bretanha. Vale a pena mencionar aqui que, nessa fase, a noção de uma "nação árabe" estava geralmente circunscrita à Grande Síria: assim, a um egípcio que quis participar do primeiro Congresso Nacional Árabe, realizado em Paris em 1913, foi recusada a permissão a contribuir para os debates.

O Império Otomano desmoronou no final da Primeira Guerra Mundial, mas, embora muitos árabes tivessem lutado ao lado da Grã-Bretanha na Revolta Árabe contra os otomanos, supondo que ganhariam, em conseqüência disso, alguma independência política, esse objetivo não seria alcançado por várias décadas. Além disso, em vez de ser criada uma única entidade política nas antigas províncias árabes do Império Otomano, como alguns árabes esperavam que acontecesse, o acordo de paz deu origem aos estados que hoje são o Iraque, a Síria, o Líbano, Israel/Palestina e Transjordânia (hoje Jordânia). Esses territórios receberam a designação de mandatos e forma confiados à tutela da Grã-Bretanha e da França, sob a supervisão geral da Liga das Nações. Assim, com a exceção da Arábia Saudita e do Iêmen do Norte, todo o mundo árabe estava agora sob controle europeu: o Egito, embora não fosse um território sob mandato, era governado pela Grã-Bretanha de modo bastante semelhante, enquanto que a Líbia era colônia italiana desde 1910, o Marrocos e a Tunísia, protetorados franceses desde 1881 e 1912, e a Argélia fora anexada à França em 1848.

Somente a partir do período entre as guerras, predominantemente sob a influência dos escritos do pedagogo e publicista Sati' al-Husri (1882-1968), é que a idéia de "nação árabe", talvez o mais importante princípio da ideologia pan-árabe, começou a ganhar forma. É importante sublinhar isso, uma vez que certas características do pensamento nacionalista árabe foram implantadas nas mentes de gerações subseqüentes como se fossem verdades axiomáticas e quase eternas, de modo a obscurecer o caráter recente de sua origem. Conseqüentemente, o pan-arabismo, ao postular a existência a priori de uma só *nação* árabe, foi formulado precisamente no momento em que nasceu o sistema de estado *árabe* moderno.

Os princípios básicos do pan-arabismo são que o mundo árabe, do Atlântico ao golfo da Arábia, formam uma NAÇÃO; que essa nação foi artificialmente dividida, primeiro pelos otomanos e mais recentemente pelo imperialismo árabe. Na formulação de al-Husri, "os árabes" são definidos nos seguintes termos um tanto totalitários:

> Todas as pessoas que falam árabe são árabes. Todas as que estão intimamente relacionadas com essas pessoas são árabes. Se não sabem disso ou se não nutrem com desvelo o seu arabismo, então devemos estudar as razões que as levam a tal posição. Pode ser fruto da ignorância — nesse caso, devemos contar-lhes a verdade. Talvez seja porque não têm consciência disso ou foram iludidas — nesse caso, devemos despertá-las e tranqüilizá-las. Pode ser resultado do egoísmo — então devemos trabalhar para limitar o seu egoísmo.

Evidentemente, a noção de que os árabes constituem uma só nação é mais uma asserção do que a expressão de uma realidade histórica. Independentemente do fato de que "a nação" como idéia não antecede o último quartel do século XVIII, mesmo no apogeu do império árabe medieval, existe apenas uma acepção muito limitada em que essa região pôde ser considerada uma só entidade *política*. O mais superficial relance por um atlas histórico ou manual cronológico mostra a ascensão e queda de numerosas dinastias com base territorial em áreas tais como "o Maghreb", "Túnis", "Egito", "Síria" etc. É claro que, como têm indicado todos os analistas contemporâneos do nacionalismo, a historiografia nacionalista comprometida, nesse caso a historiografia nacionalista árabe, deve ser vista mais como contribuição à formação de um mito do que como parte de um discurso histórico objetivo.

Talvez as duas manifestações mais visíveis do pan-arabismo tenham sido o "nasserismo" e o "baathismo". Jamal Abd al-Nasir (Nasser), o líder dos Oficiais Livres que tomou o poder no Egito em 1952 e se tornou subseqüentemente o presidente do país até sua morte prematura em 1970, tinha profunda desconfiança dos partidos políticos e não estimulou a criação de quaisquer organizações pan-árabes formais, mas os fundadores do Partido Baath na Síria, na década de 40, viram a sua organização como genuinamente pan-árabe, e nas décadas de 50 e 60 sucursais do partido foram estabelecidas em cada país árabe, ou "região da nação árabe", no jargão do partido. O atrativo de Nasser foi provavelmente menos puro, do ponto de vista ideológico, na medida em que o apoio que atraiu provinha de suas façanhas como o primeiro líder árabe a apresentar um significativo desafio ao Ocidente; ele era, sobretudo, um populista-nacionalista, fundindo-se com a "nação", simultaneamente egípcio e árabe. A mais completa expressão política de pan-arabismo foi a República Árabe Unida do Egito e da Síria, que durou de 1958 a 1961; no início, criada precipitadamente como um desesperado expediente do Baath sírio, que temia o efeito da popularidade comunista na Síria sobre o seu próprio destino, a RAU converteu-se rapidamente em artifício usado pelo Egito para explorar economicamente o seu parceiro menor e, em conseqüência, tornou-se profundamente impopular na Síria.

Apesar do slogan baathista "Uma nação árabe com uma missão eterna", a realidade foi muito diferente. O Partido Baath cindiu-se em 1966 e suas duas facções têm estado no poder em Damasco desde então e em Bagdá desde 1968. As décadas de 70 e 80 caracterizaram-se por uma acirrada batalha em torno da legitimidade ideológica entre as duas facções rivais; em um importante sentido, a legitimidade de uma era definida em função da ilegitimidade da outra. De fato, o único destino lógico para os dois estados (em termos da ideologia que cada um professava) teria sido a fusão. Em ambos os casos, o poder político foi tomado por pequenas facções políticas bem organizadas, cujos membros compartilhavam elementos de uma ideologia comum, mas cuja preocupação principal era a conquista do poder. Assim que o conseguiram, tanto em Damasco quanto em Bagdá, apressaram-se em montar partidos políticos de massa a fim de se atribuírem legitimidade. A ideologia do pan-arabismo é suficientemente vaga para ter habilitado ambos os regimes a justificarem em seus termos uma grande variedade de ações políticas — a tal ponto que tanto a incursão da Síria no Líbano em 1976 como a invasão do Irã pelo Iraque em 1980 puderam ser caracterizadas como objetivando "preservar a integridade da nação árabe".

Em nível popular, a idéia de unidade árabe tem exercido considerável atração no mundo árabe, uma vez que a grande maioria da população fala o árabe, é muçulmana e compartilha uma vasta gama de pressupostos culturais e atitudes sociais comuns. Em termos práticos, entretanto, a fraqueza, a falta de legitimidade e a natureza profundamente antidemocrática ou não-democrática de quase todos os regimes árabes, conjugadas com o fato de os estados nacionais existentes se encontrarem em estágios muito diferentes de desenvolvimento sócio-econômico e político, significavam que, por mais imediatamente desejável que a idéia possa ser, a realização prática do pan-arabismo está hoje tão distante quanto estava nos anos 20, quando al-Husri a formulou pela primeira vez. Além disso, é provavelmente verdadeiro dizer que a busca, ou a desculpa, do pan-arabismo tem tido um efeito geralmente negativo no mundo árabe, uma vez que este se tem mostrado propenso a concentrar a atenção em um distante inimigo externo, e não nos flagrantes problemas de pobreza, desigualdade e ausência do domínio da lei dentro dos estados existentes.

Além disso, uma das características mais visíveis dos desenvolvimentos políticos na região nas últimas décadas — sublinhada pela crise do Golfo de 1990-91 — é a gradual adoção de políticas mais autônomas e mais autocentradas por parte de todos os regimes árabes, não obstante os sonoros protestos públicos em contrário. Os acontecimentos em um estado árabe já não assumem necessariamente o caráter de assuntos de fundamental preocupação para os outros estados árabes, a menos que estes considerem estar em jogo os seus próprios interesses vitais, com o resultado de que prioridades mais "nacionais" do que "árabes" passaram a ocupar a maior parte da arena política, indicando que os estados-nações "artificiais" do mundo árabe estão convertendo-se gradualmente em entidades distintas — como os estados sul-americanos — e cada vez mais separadas em vez de mais unidas. Somente a essa luz é que se pode compreender a debilidade da resposta "árabe" à invasão israelense do Líbano em 1982, as atitudes ambíguas dos estados árabes em relação à Palestina e aos palestinos, e as reações geralmente racionais e "políticas" dos vários estados árabes à invasão do Kuwait por Saddam Hussein.

Embora alguns escritores políticos árabes defendam o conceito de pan-arabismo, este deve ser encarado como uma força amplamente esgotada; a Liga Árabe, fundada em 1944, é mais um fórum para a discussão de assuntos de interesse comum do que um mecanismo para a integração árabe. O apogeu do pan-arabismo chegou ao fim em junho de 1967, quando o balão da retórica nacionalista foi maciçamente perfurado pela devastadora derrota imposta por Israel ao Egito, Jordânia e Síria. Talvez a Palestina seja o símbolo quintessencial do fracasso do pan-arabismo, no sentido de fornecer um constante lembrete da contínua incapacidade dos estados árabes em apresentar uma frente comum ou unida que pudesse colocar as questões no caminho de uma resolução. A razão desse fracasso não é difícil de apontar; por mais "artificiais" que fossem as fronteiras traçadas antes e depois da Primeira Guerra Mundial, elas já existem há cerca de 70 anos, e conjuntos de interesses egoístas avolumaram-se tanto em torno delas que fazem a manutenção da existência de um Líbano separado ou de uma Jordânia separada — para não mencionar um Kuwait separado — ter precedência sobre o esforço para dar expressão concreta à idéia de um vasto superestado. Se esse fenômeno é para ser deplorado ou aplaudido, é menos importante do que o fato de que deveria ser reconhecido como tendo lugar — ou, mais exatamente, como tendo tido lugar.

Leitura sugerida: Ajami, Fuad 1981: *The Arab Predicament: Arab Political Trought and Practice since 1967* • Antonius, G. 1938 (*1969*): *The Arab Awakening* • Haim, S. 1962 (*1976*): *Arab Nationalism: an Anthology* • Hourani, A.H. 1962 (*1983*): *Arabic Thought in the Liberal Age, 1798-1939* o 1991: *A History of the Arab Peoples* • Tibi, B. 1981: *Arab Nationalism: a Critical Enquiry* • Zubaida, S. 1988: *Islam: the People and the State.*

PETER SLUGLETT

papel social Assinalando seqüências de comportamento expressas por indivíduos que ocupam, ou procuram ocupar, determinada posição em uma situação social, o conceito de papel foi, é claro, adotado da literatura e, em séculos mais recentes, do teatro. Como tal, os indivíduos são vistos como intérpretes que orquestram seus gestos de acordo com um script no palco, diante de um público formado por outros que julgam e avaliam seu desempenho. Conforme examinado adiante, cada elemento desse retrato de papéis teatrais — atores assumindo personagens, orquestrando seus gestos em uma representação, seguindo um script, atuando em um palco e para uma platéia — tem sido um ponto de debate entre cientistas sociais. Expresso em termos mais positivos, cada um desses elementos tem sido alvo de considerável elaboração conceitual e investigação empírica, refinando assim o conceito muito além de suas conotações mais literárias e teatrais.

Qual é a natureza dos indivíduos que desempenham papéis? Numerosas tradições intelectuais — utilitarismo, COMPORTAMENTALISMO, pragmatismo, interacionismo e FENOMENOLOGIA — têm influenciado a conceituação das capacidades comportamentais dos indivíduos que são cruciais para desempenhar papéis. O retrato compósito que emerge produz uma imagem dos indivíduos como (1) possuidores de capacidades calculadoras, deliberativas e manipuladoras; (2) desejosos de recompensas e evitando custos; (3) tentando ajustar-se e adaptar-se a situações; (4) usando reservas implícitas de informação acerca de pessoas e situações para assim proceder; e (5) mantendo uma concepção de si próprios como certas espécies de indivíduos. Essas imagens apresentam-se em toda a teoria e pesquisa de papéis, embora alguns elementos sejam mais enfatizados do que outros por vários investigadores (J.H. Turner, 1991).

Qual é a natureza dos personagens que os indivíduos assumem? Essa pergunta envolve o problema da força ou forças que coagem os indivíduos a atuar de certas maneiras. Para alguns (Parsons, 1951; Liston, 1936, p.28), o indivíduo é visto como alguém que se comporta dos modos apropriados à incumbência em uma posição de status em um sistema de posições interligadas que constituem uma estrutura social — trabalhador, pai, professor, estudante etc. Para outros, os indivíduos são vistos como conduzindo-se ainda quando ocupam uma clara posição de status, de forma a obter recompensas, evitar custos e sustentar o próprio eu; e, por conseguinte, os indivíduos são conceituados mais como criadores ativos de um personagem do que como tendo meramente assumido um que lhes é atribuído em virtude de ocuparem determinada posição (R.H. Turner, 1974 e 1962; Strauss, 1978). Como o papel é tipicamente considerado o ponto de interface entre a pessoa individual e a estrutura social mais ampla, a postura assumida nessa questão subentende concepções muito diferentes sobre os seres humanos e a sociedade (Handel, 1979). Se o papel é o comportamento associado à incumbência (e ditado por ela) nas posições da estrutura social, então os seres humanos são menos espontâneos e criativos, ao passo que o poder da estrutura social é preoeminente. Em contrapartida, se o papel é o comportamento expresso em negocição com o eu, com as necessidades ou utilidades idiossincrásicas e as prescrições posicionais de outros, então os indivíduos são ontologicamente mais significativos do que a estrutura social.

Quais são as dinâmicas dos gestos? Foram os filosófos pragmatistas americanos que realizaram os importantes avanços iniciais nesse tópico. Em particular, George Herbert Mead (1934) reconheceu que os gestos assinalam disposições, sentimentos e prováveis rumos de ação das pessoas. Para Mead, portanto, um papel é uma seqüência de gestos que denotam e realçam as disposições e ações de um indivíduo. Mead apresentou o conceito de atribuição de papéis (*role-taking*) para enfatizar que, quando os seres humanos lêem os gestos uns dos outros, assumem a perspectiva de orientação recíproca e, por conseguinte, estão mais aptos a prever as ações mútuas. O fenomenólogo Alfred Schutz (1932) realizou observações semelhantes acerca da leitura mútua de sinais e gestos significativos de seres humanos para se obter um sentido de intersubjetividade. Mas, como reconheceram todas essas figuras das primeiras décadas do sculo XX, um indivíduo reage e interpreta os gestos de outro prisma do seu próprio eu, das necessidades e reservas de conhecimento acumulado. Por conseguinte, a adoção de papéis é sempre um tanto reflexiva.

Os indivíduos não só adotam e assumem papéis, mas, nos termos de Ralph H. Turner (1962), também os criam. Ou seja, orquestram gestos a fim de sustentar um papel em uma situação que satisfaz suas necessidades e afirma suas concepções sobre si próprios. Esse processo ocorre até em situações altamente estruturadas, em que indivíduos em posições de status tentarão criar para si mesmos um gênero particular de papel — o bom estudante, a mãe sensível, o trabalhador incansável etc. Tal capacidade de criação de papéis pressupõe que os indivíduos — os que criam e adotam papéis — possuem concepções de síndromes de gestos que marcam certos gêneros de papéis; e os indivíduos em INTERAÇÃO buscam reciprocamente descobrir o papel subjacente caracterizado pelos gestos de outros. Há certa discordância, porém, sobre se os papéis nesses inventários envolvem a compreensão de seqüências delicadamente harmonizadas de gestos ou optem por Gestalten mais livremente estruturadas de gestos que denotam significados mais genéricos e imprecisos a serem finalizados no decorrer da criação de papéis (ver J.H. Turner, 1988; R.H. Turner, 1962).

Qual é a natureza do script que guia o comportamento do papel? Alguns estudiosos do assunto (Parsons, 1951; Linton, 1936) afirmam haver normas (expectativas de comportamento apropriado) ligadas a cada posição de status em uma estrutura social; e assim os papéis são simplesmente o comportamento de pessoas em determinadas posições de acordo com um script normativo. Outros (R.H. Turner, 1962, Turner e Colomy, 1987; Handel, 1979) não contestariam a existência de normas guiando o comportamento, mas sustentariam que as normas são apenas amplos parâmetros dentro dos quais os indíviduos criam papéis que confirmam o eu e satisfazem suas necessidades. E, se há um script para a interação, é mais provável que se inspire nos inventários de papéis que os indivíduos levam consigo e usam na criação e adoção de papéis. Ainda outros (Blumer, 1969) iriam mais longe e veriam as normas como um dos muitos objetos em uma situação que os indivíduos podem ou não levar em conta quando planejam em detalhe uma linha de conduta.

Uma das últimas e importantes idéias teóricas de Erving Goffman (1974) foi a noção de "molduras", que são demarcações cognitivas (à semelhança do material físico que cerca uma pintura) usadas pelos indivíduos para delimitar o alcance e o tipo de respostas em seus papéis. A interação envolve, afirmou Goffman, a orientação e reorientação (isto é, o ordenamento e depois o reordenamento) de uma interação, mudando os papéis a serem desempenhados à medida que é mudada a moldura. Por exemplo, quando uma conversa passa de um diálogo polido e convencional para um nível pessoal mais íntimo, dá-se uma mudança de molduras que, por sua vez, reescreve o script para cada ator em seus respectivos papéis. Outros ampliaram as idéias de Goffman de maneiras que postulam certos tipos básicos de molduras e processos de orientação (J.H. Turner, 1988).

Qual é natureza do palco? A partir do exame do ritual religioso por Émile Durkheim no começo do século XX (1912), numerosos pensadores ampliaram a análise de como a co-presença, *per se*, influencia o curso da interação normal. Erving Goffman (1959, 1967) foi o primeiro a reconhecer que a distribuição de atores no espaço, seu posicionamento, seus movimentos nos palcos sociais e seu uso de acessórios físicos determinam que papéis as pessoas desempenham e como querem apresentar-se às outras. Mais recentemente Randall Collins (1988, p.223-6, e 1975) recorreu a Durkheim (1912) e Goffman (1959) para enfatizar que o comportamento ritual em cenários de interação normal é primordialmente influenciado pela densidade dos indivíduos co-presentes no palco e por padrões de desigualdade em seus respectivos recursos (por exemplo, quanto maiores a densidade e a desigualdade entre indivíduos, mais os rituais cotidianos são formais, explícitos, estereotipados e de curto prazo).

Qual é a natureza do público? Obviamente, os indivíduos co-presentes em uma situação constituem um público e, dependendo dos requisitos de montagem cênica, influenciam o comportamento do papel — adoção de papel, criação de papel, moldura, ritual e consciência de normas. Entretanto, em uma tendência convergente com a análise da consciência coletiva por Durkheim (1893), George Herbert Mead (1934) afirmou que os indivíduos representam papéis não só com outros que estão presentes em uma situação, mas também com outros que não estão presentes e, além disso, com comunidades de atitudes ou outros generalizados. Esses outros específicos que não estão fisicamente co-presentes e esses outros generalizados que personificam as perspectivas apropriadas a uma situação constituem parte importante do público para auto-avaliações dos indivíduos e representação de papéis no palco. Essas idéias promoveram uma grande tradição de pesquisa sobre grupos de referência, que são os tipos variáveis de agrupamentos que os indivíduos empregam como quadros de referência para a auto-avaliação e o planejamento detalhado de cursos de ação (Hyman e Singer, 1968).

Assim, o trabalho científico social sobre papéis tem acompanhado a analogia com a dramaturgia e o teatro — talvez mais do que freqüentemente se reconhece. Além desse trabalho sobre os processos do papel social normal, uma vasta tradição de pesquisa teórica examina os processos de papel social problemático e desviante. Os primeiros trabalhos (Goode, 1960; Merton, 1957) focalizaram situações problemáticas, sobretudo as que envolvem tensões do papel (dificuldades em satisfazer as expectativas do script para um papel) e conflito de papéis (exigências incompatíveis entre os vários papéis que os indivíduos representam). Outra grande tradição de pesquisa concentrou-se em papéis sociais desviantes (crime, doença mental e condutas sexuais, por exemplo) que violam normas institucionais gerais a respeito do comportamento apropriado. Algumas pesquisas nessa área enfatizam as forças estruturais e culturais que impelem os indivíduos para papéis desviantes (Merton, 1938; Quinney, 1979), enquanto outras obras examinam o modo como microinterações podem rotular e canalizar as pessoas para papéis desviantes (Lemert, 1951; Goffmam, 1961; Scheff, 1966).

Em suma, o conceito de papel é, pois, um dos construtos mais centrais na ciência social moderna. É considerado o ponto onde as estruturas sociais mais abrangentes incidem sobre os indivíduos e, reciprocamente, uma força central na construção de comportamentos que produzem, reproduzem ou mudam as estruturas sociais. O trabalho sobre os processos do papel social está presente em todas as áreas das ciências sociais, embora seja mais proeminente em pesquisas sociológicas e de psicologia social. Embora as conotações leigas de um conceito ainda influenciem o modo como os papéis são conceituados e investigados na ciência social, o conceito ampliou-se de forma considerável para além de seus usos literários e teatrais originais.

Ver também INTERACIONISMO SIMBÓLICO.

Leitura sugerida: Bandon, M. 1965: *Roles: an Introduction to the Study of Social Behavior* • Biddle, B.S. 1979: *Role Theory: Expectations, Identities and Behavior* • Heiss, J. 1981: "Social Roles". In *Social Psychology: Sociological Perspectives*, org. por M. Rosemberg e R.H. Turner • Stryker, S. 1980: *Symbolic Interactionism* • Turner, J.H. 1988: *A Theory of Social Interac-*

tion o 1991: *The Structure of Sociological Theory*, 5ªed., caps.18-23 • Turner, R.H. 1968: "Role: sociological aspects". In *International Encyclopedia of the Social Sciences*, vol.13, org. por David L. Sills o 1979: "Strategy for developing an integrated role theory". *Humboldt Journal of Social Relations* 7, 114-22.

JONATHAN H. TURNER

paradigma Definido geralmente como modelo, exemplar ou padrão, este conceito é importante para o pensamento social do século XX em dois contextos: (1) no desenvolvimento dos "argumentos baseados em casos paradigmáticos", como passaram a ser chamados; (2) por sua centralidade no livro imensamente influente de T.S. Kuhn intitulado *The Structure of Scientific Revolutions* (1962).

Os argumentos de casos paradigmáticos foram usados pela escola de Oxford de FILOSOFIA DA LINGUAGEM em meados do século e se pode sustentar que eles, ou parentes próximos deles, também se encontram na obra do último Wittgenstein. O argumento infere-se do fato de que uma palavra é ensinada por referência a casos claros paradigmáticos de que devem existir exemplos da coisa ou estado (tais como objetos materiais, livre-arbítrio) designado por essa palavra. Parece vulnerável à objeção óbvia de que o nosso jogo lingüístico pode estar baseado em mistificação ou ilusão, como no caso do uso da palavra "bruxa" no século XVII.

O uso por Kuhn da palavra "paradigma" em *The Structure of Scientific Revolutions* foi submetido a uma exaustiva análise por Margaret Masterman, que diferencia 21 sentidos do termo na primeira edição do livro. No seu pós-escrito para a segunda edição (*1970*), o próprio Kuhn distingue dois significados principais: (a) "a constelação inteira de crenças, valores, técnicas etc. compartilhados pelos membros de determinada comunidade", ou seja, uma matriz disciplinar; e (b) "uma espécie de elemento dessa constelação, as soluções concretas de quebra-cabeças que, empregadas como modelos ou exemplos, podem substituir regras explícitas como base para a solução dos restantes quebra-cabeças da ciência normal", ou seja, um exemplar. Exemplos desse último significado são os *Principia Mathematica* (1687), de Isaac Newton, e *New System of Chemical Philosophy* (1808), de John Dalton. Essas obras fornecem os paradigmas para o trabalho da ciência normal — recursos a serem explorados, não hipóteses a serem testadas — na elaboração e desenvolvimento da tradição disciplinar. Finalmente, quando aparecem suficientes anomalias, ocorre uma crise e se inicia então um período de ciência revolucionária até que se forma um novo paradigma em torno do qual a comunidade científica (ora mudada) poderá uma vez mais manter-se coesa. O relato de Kuhn gerou vasta literatura secundária, na qual se afirmou, *inter alia*, que a ciência normal estava longe de ser tão monolítica quanto Kuhn a descreveu, que as suas afirmações acerca da "incomensurabilidade" dos paradigmas eram exageradas, que as revoluções eram (ou, pelo menos, podiam ser) assuntos muito racionais, não conversões quase religiosas, e que sua obra sofria de um sistemático equívoco realista/superidealista.

Só disponho aqui de espaço para tratar das últimas duas questões. Kuhn usa em muitos lugares, de modo deliberadamente paradoxal, a metáfora dos cientistas que, depois de uma convulsão revolucionária, ficam trabalhando em "diferentes mundos". Ora, parece claro que, depois de uma convulsão revolucionária, faz sentido falar de cientistas trabalhando em um diferente mundo cognitivo ou social — na terminologia do realismo crítico moderno, na dimensão transitiva —, mas procurando ainda explicar para a maioria o mesmo mundo objetivo ou natural — ou seja, na dimensão intransitiva. O fato de Kuhn não ter efetuado essa distinção é que estava na origem do seu paradoxo. Em segundo lugar, Kuhn formula em vários lugares critérios para julgamento "ulterior" de um novo paradigma, incluindo o número de problemas solucionados, a exatidão das predições etc., mas se abstém de qualificá-lo de "melhor". Isso parece duplamente errado. Em primeiro lugar, ignora a possibilidade de regressão histórica. Em segundo lugar, passa por alto a consideração de que o relativismo epistêmico poderia conjugar-se, especialmente se associado ao realismo ontológico, com o racionalismo assertivo (conforme sustentado pelos realistas críticos). Os critérios de Kuhn para a ulterioridade histórica são de fato, pelo contrário, critérios (parciais) para a escolha racional.

Leitura sugerida: Austin, John 1961: *Philosophical Papers* • Bhaskar, Roy 1989: *Reclaiming Reality*, especialmente cap.3 • Gellner, E. 1959 (*1968*): *Words and Things* • Kuhn, Thomas S. 1962 (*1970*): *The Structure of Scientific Revolutions* • Lakatos, I. 1970: "Falsification and the methodology of scientific research programmes". In *Criticism and the Growth of*

Knowledge, org. por I. Lakatos e A. Musgrave • Masterman, M. 1970: "The nature of a paradigm". In *Criticism and the Growth of Knowledge*, org. por I. Lakatos e A. Musgrave.

ROY BHASKAR

parentesco Um interesse predominante dos antropólogos desde o final do século XIX, o parentesco continua sendo uma pedra angular para a compreensão das sociedades e um instrumento através do qual é possível examinar questões teóricas tais como a evolução humana, a organização social e o pensamento "primitivo". Também é um tópico de interesse em outros campos, incluindo a psicologia, a sociologia e a história econômica e social.

O final do século XIX

A importância do parentesco no final do século XIX estava relacionada com o seu significado para a teoria da evolução social. Um dos primeiros debates desenrolou-se em torno da precedência histórica da organização social patrilinear (descendência através dos homens) *versus* matrilinear (descendência através das mulheres). Alguns autores do século XIX apresentaram argumentos favoráveis à primazia da descendência patrilinear, tal como é encontrada, por exemplo, na antiga Roma, na fundação da sociedade. Outros afirmaram que o casamento no grupo e a organização social matrilinear — e até matriarcal (com a autoridade nas mãos das mulheres) — precederam o desenvolvimento de grupos patrilineares e as regras de herança. Entre os principais pensadores que sustentaram esse ponto de vista estavam John F. McLennan e Lewis Henry Morgan. A versão de McLennan (1865) da teoria baseava-se na suposição de que as pessoas conheciam seu relacionamento com as respectivas mães antes de entender o papel desempenhado pelos pais na concepção. Isso, argumentou ele, levou à poliandria (o casamento de uma mulher com mais de um homem), depois à captura da noiva e, finalmente, à exogamia (casamento fora do grupo). Morgan concordava com McLennan sobre a precedência da descendência matrilinear, mas apontou erros na linha de raciocínio de McLennan. Preferiu sustentar que a melhor prova para as formas primitivas de organização social será encontrada através do estudo da classificação de parentes (Morgan, 1871 e 1877). A sua suposição era de que as terminologias de relacionamento são conservadoras e refletem formas de estrutura social que se extinguiram. Propõe a sua tese com uma vasta coleção de dados etnográficos coligidos no mundo inteiro, por instigação sua, e a partir do seu próprio conhecimento em profundidade do iroquês, povo matrilinear nativo do Estado de Nova York.

As idéias de McLennan sobre exogamia ressurgiram no século XX como fundamento da teoria da aliança (ver adiante). As idéias de Morgan e, em especial, o seu interesse pelas terminologias de relacionamento permaneceram importantes nos estudos de parentesco durante todo o século seguinte. Entretanto adquiriram um significado mais amplo porque ele considera o desenvolvimento da propriedade privada a mais importante causa da evolução social, principalmente na mudança da descendência matrilinear para a patrilinear. Isso interessou a Karl Marx e Friedrich Engels, que ajudaram a popularizar as idéias de Morgan fora do domínio dos estudos de parentesco (ver, em especial, Engels, 1884).

Teoria da descendência

No século XX os interesses voltaram-se para a compreensão de determinados sistemas de parentesco. O evolucionismo declinou entre os antropólogos quando a nova geração se empenhou diretamente na pesquisa de campo, prática seguida por poucos pensadores do século XIX. Esse fato, somado ao impacto das abordagens sincrônicas, a-históricas, que estavam ganhando destaque tanto em lingüística e sociologia quanto em antropologia, levou ao desenvolvimento da idéia do parentesco como o alicerce da organização social e até mesmo do pensamento indígena dos povos que os antropólogos estudaram. Nas tradições americana e britânica, as idéias teóricas básicas que informaram a geração seguinte de estudos do parentesco originaram-se com a escola funcionalista.

A idéia central dessa escola, especialmente o seu ramo estrutural-funcionalista, era a de que uma sociedade se compunha de "sistemas": econômico, político, religioso e de parentesco (por exemplo, Radcliffe-Brown, 1952, p.49-89, 178-87). Os sistemas de parentesco passaram a ser considerados essenciais para o funcionamento da sociedade em geral, na medida em que as instituições sociais no interior do sistema de parentesco afetavam a estrutura das que estavam fora desse domínio. Por exemplo, o preço da noiva (pagamento, usualmente em gado, feito por um noivo à família da noiva) tem implicações para as relações políticas no seio de — e entre — grupos de parentes que trocam bens e pessoas em casamento.

O tema dominante que resultou dos estudos nessa tradição passou a ser conhecido mais tarde como a teoria da descendência, em oposição à teoria da aliança, a qual se desenvolveu nas décadas seguintes ao fim da Segunda Guerra Mundial. Os teóricos da descendência estavam primordialmente interessados nas relações dentro dos grupos de parentesco. Sublinharam a idéia dos grupos como unidades autônomas ou proprietárias de bens. Tal "propriedade" podia assumir várias formas: bens móveis, terras, locais sagrados, status rituais ou simplesmente um nome de grupo e sua exclusiva identidade. A filiação do grupo podia derivar da descendência através do pai, da mãe, de ambos ou de um outro (acarretando neste último caso um elemento de escolha individual). As pessoas poderiam ser incorporadas ao grupo ou permanecer membros de seus grupos natais, segundo o costume. Os grupos podiam ser localizados ou largamente dispersos. Essas variações foram de grande importância para os pesquisadores de campo desde a década de 20 até começos dos anos 60. Isso era especialmente verdadeiro para os que, na tradição britânica, realizavam suas pesquisas entre povos patrilineares do continente africano (por exemplo, Fortes, 1949; Evans-Printchard, 1951).

Teoria da aliança

Enquanto a teoria da descendência dominava o pensamento antropológico sobre parentesco na Grã-Bretanha e países na Comunidade, a teoria da aliança estava se desenvolvendo na França e, em certa medida, na Holanda, onde os *scholars* tinham antevisto a tendência através de estudos em profundidade dos sistemas de parentesco das Índias Orientais. Na França, Claude Lévi-Strauss era pensador de maior projeção, principalmente através do seu influente livro *Les Structures élémentaires de la parenté* (1949). Lévi-Strauss e seus discípulos estruturalistas sublinharam o significado da aliança marital, dando-lhe preferência sobre a formação de grupos de descendência. A própria palavra aliança tem simplesmente o significado de "casamento". Na teoria da aliança, é aceito inferir relações através do casamento, entre grupos e categorias, e as implicações dessas relações para o ordenamento das estruturas sociais e cosmológicas. Na raiz da aliança estão o tabu do incesto e a idéia de exogamia.

As sociedades de especial significação para os teóricos da aliança eram aquelas em que de fato a aliança ordena, em grande medida, tais relações. Incluem as da Austrália aborígene, América do Sul e partes da Índia, onde se requer dos indivíduos que se casem com parentes e uma categoria especificada que inclui membros de ambos os lados da família (ver, por exemplo, Dumont, 1975). Essa categoria é geralmente a do primo cruzado (filho do irmão da mãe ou da irmã do pai) e de equivalentes terminológicos mais distantes (como primos em segundo grau). Em algumas dessas sociedades, por exemplo, as da Austrália aborígene, a aliança marital é freqüentemente parte de um sistema de ordem mundial mais vasto, definido em termos indígenas, no qual se considera que as relações entre grupos aparentados duplicam as relações entre animais, seres míticos e elementos do cosmo, tais como o sol e a lua (Maddock, 1973).

Outras sociedades de interesse para os teóricos da aliança encontram-se em regiões do Sul e Sudeste Asiáticos, onde se exige dos indivíduos que se casem com parentes de um determinado lado da família. A forma típica é uma em que um homem se casa com um membro da categoria classificatória que influi a filha do irmão da mãe. Tal sistema é propício à geração e manutenção da hierarquia social, na medida em que define relações absolutas entre grupos aparentados como "tomadores de esposas" e "doadores de esposas" a respeito um do outro. Nas sociedades hindus, os "tomadores de esposas são considerados inferiores. Em outras sociedades, os "doadores de esposas" são frenqüentemente vistos como superiores. Quando o preço da noiva é pago, acumula-se nas mãos dos grupos de parentes que dão suas irmãs em casamento em troca dessa riqueza (por exemplo, Leach, 1961, p.54-104, 114-23).

Uma terceira possibilidade lógica envolveria o casamento de um homem com um membro da categoria da filha do irmão de seu pai. Essa possibilidade não foi amplamente testada na literatura etnográfica, em parte porque lhe falta a lógica do sistema simétrico de casamento de primos cruzados, que promove o igualitarismo, e a do sistema assimétrico de casamento da filha do irmão da mãe, que promove as relações hierárquicas. Por motivos formais, o repetido casamento da filha da irmã do pai resultaria em relações assimétricas dentro de qualquer nível genealógico dado, mas em relações simétricas entre quaisquer dois grupos ao longo do tempo (Needham, 1962, p.101-26). Entretanto mereceu o interesse dos teóricos (sobretudo de Lévi-Strauss) precisamente por ser uma possibilidade lógica e não prática.

Um interesse mais recente dos teóricos da aliança incidiu sobre os sistemas, incluindo a maior parte deles no mundo, que definem as categorias com que um indivíduo *não* deve casar-se (por exemplo, a de parentes próximos). Esses sistemas mais "complexos" são vistos em oposição aos "elementares", onde existe menos escolha (Héritier, 1981, p.137-67). Finalmente, sistemas conhecidos como "semicomplexos" ou "Crow-Omaha" (do nome de duas tribos norte-americanas) envolvem proibições tão extensas que foram descritos como constituindo um tipo intermedário (Héritier, 1981, p.73-136). Ironicamente, a existência de sistemas semicomplexos na América do Norte e na África facilitou o pedido de Lévi-Strauss (1966) de reconhecimento de todos os sistemas reais de parentesco como sendo apenas aproximações dos seus tipos ideais. Isso precipitou um áspero confronto entre ele e os empiristas que, nas décadas de 50 e 60, adotaram a abordagem da teoria de aliança.

Terminologias de relacionamento

Nos Estados Unidos, o interesse dominante no século XX não foi a descendência nem a aliança, mas o estudo de terminologias de parentesco ou relacionamento. Não obstante, houve ausência de acordo quanto à natureza das estruturas da terminologia de relacionamento. A.L. Kroeber (1909) afirmou que elas representam, não a "sociologia", mas a "psicologia", com o que quis referir-se às propriedades formais do pensamento humano. Nesse sentido e em certa medida, ele antecedeu Lévi-Strauss. Entretanto os seus mais diretos descendentes intelectuais eram os praticantes da análise componencial e transformacional das décadas de 50 e 60. Os analistas componenciais (como Goodenough, 1956) basearam-se em idéias da lingüística para desenvolver métodos com que analisar os componentes semânticos de termos de relacionamento. A palavra *uncle* em inglês, por exemplo, compreende os componentes "masculino" (o que distingue *uncle*, tio, de *aunt*, tia), "colateral" (o que distingue *uncle*, tio, de *father*, pai) e "primeira geração ascendente" (o que distingue *uncle*, tio, de *cousin*, primo, e *nephew*, sobrinho). Analistas transformacionais (como Scheffer e Lounsbury, 1971) adotaram abordagem muito diferente. Caracterizada pela premissa de que alguns pontos genealógicos de referência são mais fundamentais do que outros para a definição de uma categoria. Por exemplo, nos sistemas "Crow-Omaha" do tipo "Crow", a irmã do pai, a filha da irmã do pai, e a filha da filha da irmã do pai (todas membros do grupo matrilinear da irmã do pai) podem ser designadas por um único termo de parentesco. Esse termo pode ser simplesmente rotulado como "irmã do pai" pelo analista, que deve então explicar com lógica pseudomatemática o mecanismo pelo qual o termo é "ampliado". Para os que adotam essas abordagens, o lugar da estrutura social na determinação da classificação de parentes era uma questão discutível ou, em alguns casos, considerada simplesmente irrelevante.

Outros antropólogos norte-americanos sublinharam a variedade de formas de classificação acima de suas propriedades formais. O principal deles foi George Peter Murdock, que, tal como Morgan antes dele, viu nas teorias de relacionamento um reflexo da evolução social. Murdock (1949) identificou seis tipos de estrutura de terminologia de relacionamento. Denominou-os de acordo com entidades tribais ou geográficas, em alguns casos não muito acuradamente, mas a sua intenção, em todo caso, era que os nomes fossem considerados mais como exemplares do que como totalmente abrangentes. Por exemplo, a estrutura "havaiana" classifica todos os irmãos do mesmo sexo e todos os primos do mesmo sexo por um dado termo único, diferentemente, digamos, da estrutura "esquimó" (tanto a da língua inglesa quanto a das línguas inuit ou esquimó), a qual distingue *irmão* e *irmã* de *primo* e *prima*. O tipo "havaiano", estruturalmente o mais simples, é encontrado não só no Havaí, mas também, por exemplo, na África Ocidental. Para Murdock e seus seguidores, cada tipo representava uma estrutura terminológica que podia refletir determinado estágio ou estágios da evolução humana, mas não implicava necessariamente uma origem lingüística ou cultural comum de todos os povos que a possuem.

Desenvolvimentos recentes

No final do século XX a tendência tem sido para sínteses das abordagens do passado e para o refinamento de idéias teóricas com os paradigmas de descendência, aliança e terminologia. Os teóricos da aliança, em particular, tentaram atacar o problema da relação entre os modelos altamente teóricos apresentados por Lévi-Strauss e os dados etnográficos (por exemplo, Needham, 1973 e 1986; Good, 1981).

Outros desenvolvimentos incluíram o interesse nas implicações sociais da fertilização *in vitro* por doador, mãe de aluguel e adoção (ver FAMÍLIA). Todas essas preocupações de natureza prática refletem um interesse teórico em explicar a variação transcultural no conceito de "parentesco" e em compreender a área cinzenta que separa a natureza da cultura (ver Héritier-Augé, 1985).

Ver também ANTROPOLOGIA.

Leitura sugerida: Barnard, A. e Good, A. 1984: *Research Practices in the Study of Kinship* • Bohannan, P. e Middleton, J., orgs. 1968: *Kinship and Social Organization* • Dumont, L. 1971: *Introduction à deux théories d'anthropologie sociale* • Fox, R. 1967: *Kinship and Marriage: an Anthropological Perspective* • Goody, J.R., org. 1971: *Kinship: Selected Readings* o org. 1973: *The Character of Kinship* • Graburn, N., org. 1971: *Reading in Kinship and Social Structure* • Needham, R., org. 1971: *Rethinking Kinship and Marriage* • Schneider, D.M. 1984: *A Critique of the Study of Kinship*.

ALAN BARNARD

participação Conceito ambíguo nas ciências sociais, participação pode ter um significado forte e fraco. No primeiro, significa que, em virtude das dimensões e da complexidade das sociedades de massa contemporâneas, da centralização do poder político, do crescimento da burocracia e da concentração do poder econômico, as garantias tradicionais da democracia precisam ser fortalecidas, protegidas e ampliadas a fim de contrabalançar a tendência para um número cada vez maior de decisões a serem tomadas por pequenos grupos e que afetam a vida das pessoas; esses grupos são freqüentemente remotos e não facilmente identificáveis ou responsabilizados, uma vez que atuam em nome do estado, de uma autoridade local ou de alguma grande empresa comercial ou industrial. (Ver também PARTICIPAÇÃO POLÍTICA.)

Nesse sentido, e no que diz respeito à política, o princípio da participação é tão antigo quanto a própria democracia, mas se tornou imensamente mais difícil em conseqüência da escala e abrangência do governo moderno, bem como pela necessidade de decisões precisas e rápidas — cuja omissão é motivo de protesto por parte dos que exigem maior participação. No período do pós-guerra a tendência foi para estender a participação a outros campos além do político — por exemplo, à educação superior, onde era a principal exigência de todos os protestos estudantis no final da década de 60 e de novo no final dos anos 80; e, de muito maior importância e alcance, à indústria, à atividade comercial e, a partir do final da década de 70, aos governos locais. Foi nessa fase que o "significado fraco" de participação começou a se desenvolver. A prática pela qual os empregados assumem uma participação maior nas decisões administrativas foi introduzida na década de 50 pelo governo federal na Alemanha Ocidental; ela propagou-se, sob várias formas, a outros países da Europa Ocidental (uma decisão semelhante na Itália data do começo dos anos 70 e na França, do final dos anos 80) e foi adotada como um objetivo, ainda não inteiramente alcançado, pela Comunidade Européia a fim de expressar o que esta chama de "imperativo democrático", definido como o princípio segundo o qual "os que serão substancialmente afetados por decisões tomadas por instituições sociais e políticas dever ser envolvidos na formulação dessas decisões". No Reino Unido, o muito influente Relatório Bullock sobre DEMOCRACIA INDUSTRIAL, propondo uma variante do sistema alemão do *Mitbestimmung*, foi rejeitado pelos empregadores. Desde então os sindicatos têm fracassado redondamente nos esforços para se chegar a uma política comum. Outras formas de participação, por exemplo, o recrudescimento do interesse em cooperativas e em programas de participação nos lucros e de propriedade compartilhada superaram a iniciativa da Comunidade Européia. Dentro da CEE, o conceito de "parceiros sociais" tentou fornecer uma plataforma para a participação em todos os níveis.

Mais recentemente uma participação mais ampla dos trabalhadores na mudança tecnológica apresentou-se como solução realista para os numerosos conflitos que estavam sendo gerados pela vasta adoção de "tecnologias de informação". A fim de prevenir ou reduzir a importância do conflito, desenvolveram-se "métodos participativos" de mudança tecnológica, variando de acordo com as diferentes condições sócio-econômicas e com a força dos sindicatos na Europa, Estados Unidos e Japão; assim, "esquema participativo" e "participação em escolhas tecnológicas" converteram-se em expressões cabalísticas largamente usadas, mas de conteúdo e significado extremamente vagos para a grande maioria. As soluções propostas para evitar as esperadas conseqüências da mudança tecnológica podem dividir-se em duas categorias: processuais e substantivas. As primeiras são mais um conjunto normativo de regulamentações baseadas em legislação, normas e regras, defendidas sobretudo pelos sindicatos e preocupadas com os métodos de introdução de novas tecnologias. As questões substantivas relacionam-se mais com as condições operacionais, uma vez implementadas as mudanças tecnológicas. O objetivo fundamental dos métodos participativos é estabelecer um forte consenso em torno da mudança tecnológica; para tanto, promete-se a elaboração de um processo mais democrático de tomada de decisões e o fornecimento de informação aos sindicatos, em uma etapa inicial do processo, muito antes de ser tomada a decisão final e enquanto ainda for possível influenciar a escolha; criam-se câmaras setoriais em que sindicatos e patrões discutem, negociam e fiscalizam as mudanças, com a possibilidade de consultar especialistas independentes; e estimula-se o envolvimento dos usuários no planejamento da futura organização e, em parte, no uso da tecnologia.

As questões substantivas são orientadas para a proteção do status, do salário e das qualificações existentes, e para garantir que o mesmo nível de emprego será mantido; os deslocamentos internos só serão permitidos se associados a programas substanciais de treinamento e reciclagem.

Apesar de resultados significativos, em especial a redução do número e da intensidade de conflitos sociais concretos e visíveis, evidencia-se que os "métodos participativos" revelaram alguns problemas novos, de solução mais difícil.

Leitura sugerida: Pateman, Carole 1970: *Participation and Democratic Theory* • Poole, Michael 1978: *Worker's Participation in Industry*.

MARCO DIANI

participação política Significa o número e a intensidade de indivíduos e grupos envolvidos na tomada de decisões. Desde o tempo dos antigos gregos, consistiu idealmente no encontro de cidadãos livres debatendo publicamente e votando sobre decisões de governo. A teoria mais simples sempre foi que o bom governo depende de altos níveis de participação. Mas isso é difícil de conseguir fora de pequenas unidades, pelo que a participação ocorre em modos indiretos — a distinção entre DEMOCRACIA representativa e direta — e em modos mínimos, como a votação simples em eleições ocasionais. A grande maioria das decisões dos governos é tomada independentemente dos desejos dos seus cidadãos. Para tentar superar esse gigantesco abismo entre o poder do estado e a autenticidade do indivíduo, Jean-Jacques Rousseau propôs a sua famosa doutrina da Vontade Geral: uma pessoa só pode ser verdadeiramente um cidadão (com todos os direitos e deveres pertinentes) quando quer o bem geral, não o seu bem particular. Embora essa doutrina seja democrática no sentido de que qualquer ser humano, por mais ignorante que seja, pode expressar a vontade geral, ela não faz a virtude constar da prova.

Os teóricos liberais do século XIX fizeram da educação o teste de competência para a participação; no século XX o poder democrático tem requerido simplesmente a instrução primária e secundária compulsória. Embora a crescente participação popular fosse vista como a força do governo representativo, alguns preocupavam-se com o fato de tal participação das massas estar cada vez mais vulnerável à manipulação pelas elites (ver ELITES, TEORIA DAS). A antiga autocracia seguiu o adágio ou teoria de governo, "deixem quieto o cão adormecido" — nada mais era necessário além da obediência passiva; mas os líderes políticos modernos, tanto de esquerda quanto de direita, exigiram entusiasmo positivo, "mobilizando as massas" para criar um poder sem precedentes com vistas à transformação social. Assim, as teorias da participação adotaram formas totalitárias e formas democráticas.

Robert Michels (1911) postulou uma "lei de ferro da oligarquia": acima de toda a base democrática situava-se uma hierarquia burocrática. Outros afirmavam que isso não é necessariamente antidemocrático, desde que essas elites sejam competitivas, circulem ou sejam penetráveis. Sindicalistas, socialistas corporativos, anarquistas e pluralistas, todos eles, entretanto, negaram a premissa de que as sociedades são simples hierarquias de líderes e massas, vendo-as mais como uma pluralidade de grupos que constituem comunidades participativas e parcialmente sobrepostas.

Alguns pensadores (especialmente os da tradição federalista americana) sustentam que a participação deve ser limitada por controles institucionais, que só as normas legais e uma estrutura constitucional criam uma SOCIEDADE CIVIL justa. Outros (especialmente os da tradição revolucionária francesa) defendem que a sociedade civil nada mais é que uma evolução desembaraçada da participação popular.

A necessidade de uma classe trabalhadora qualificada e instruída nas modernas sociedades industriais força as classes governantes a tolerar, e até a encorajar, altos níveis de participação, seja ela controlada por um movimento de massa de partido único ou por movimentos abertos, voluntários e habituais. Alguns ainda afirmam, porém, que altos níveis de apatia política denotam estabilidade social; mas essa idéia é duvidosa e as estatísticas que pretendem prová-la medem usualmente a participação através dos partidos políticos formais, e não em toda a gama de grupos sociais em que as taxas de participação são mais elevadas.

Ver também AUTOGESTÃO; PARTICIPAÇÃO.

Leitura sugerida: Keane, J., org. 1988: *Democracy and Civil Society* • Kornhauser, W. 1959: *The Politics of Mass Society* • Michels, Robert 1911 (*1962*): *Political Parties* • Pateman, Carole 1970: *Participation and Democratic Theory* • Schumpeter, J.A. 1942 (*1987*): *Capitalism, Socialism and Democracy*.

BERNARD CRICK

partido político Para cumprir seus objetivos de conquistar o poder ou de impedir que outros o tomem, os partidos políticos montam tipicamente grandes organizações com ramificações por todo o país, adotam programas que são propostos ou impostos à população e recrutam futuras gerações de políticos.

Os partidos políticos constituem, essencialmente, uma inovação do século XIX. Existiram antes espasmodicamente, mas em certos tipos de comunidades politicamente organizadas, como a República romana, as cidades do Renascimento italiano ou a Inglaterra dos Stuart e dos Hanover. Sua expansão na Europa Ocidental e América do Norte oitocentistas coincidiu com o surgimento de sistemas políticos baseados na soberania popular, quando era necessário um vínculo entre governantes e governados. Quando a política tem lugar exclusivamente no âmbito de uma elite fechada que não é responsável perante o restante da população, os partidos não existem; onde, pelo contrário, existe alguma forma de representação, mesmo que muito limitada ou reprimida, surgem os partidos. Eles desenvolvem-se plenamente, porém, quando se preenchem três condições, as quais tendem a estar presentes por quase toda parte no mundo contemporâneo. A primeira condição é a existência de segmentações sociais (étnicas, religiosas ou baseadas em classe, por exemplo) — pois caso contrário os partidos tendem a ser *coteries* pessoais e caudilhescas; a segunda condição é que o governo se baseie no apoio popular, mesmo que este se dê mais por palavras do que por atos; e a terceira é que precisa haver a crença em que a vitória só será obtida se a massa da população, ou pelo menos uma substancial proporção dela, estiver organizada — pequenas conspirações, portanto, são tidas por inadequadas.

Essas três condições não foram preenchidas na maior parte da Europa Ocidental na primeira parte do século XIX. Por isso, a tendência dos partidos era para serem dominados por pequenas facções ou por membros da antiga elite social; eram partidos de *cadre*. Sob a pressão da ampliação do sufrágio, as organizações partidárias começaram a se expandir, adquiriram filiados e nomearam substanciais contingentes de funcionários, recrutados cada vez mais nas fileiras da classe média comum e até da classe trabalhadora; tornaram-se partidos de "massa", dos quais os melhores exemplos foram os partidos trabalhistas ou sociais-democratas fundados no final do século XIX. Eram ostensivamente democráticos na medida em que seus programas de ação política eram oficialmente decididos por congressos que representavam os filiados; na prática, os líderes exerciam considerável poder e eram freqüentemente acusados de praticar um controle burocrático. A fim de combater com eficácia os seus novos adversários, os partidos da direita e do centro adotaram gradualmente muitas das características de organização dos seus concorrentes. A era do partido de massa parecia ter chegado com o século XX.

Ao mesmo tempo, contudo, outro tipo de partido político, com finalidade um tanto diferente, começou a ganhar raízes, primeiro na Europa Oriental e Central e, depois de 1945, em muitos estados recém-independentes do Terceiro Mundo. Esse tipo de partido foi criado para servir de esteio a governos que queriam impor seu domínio autoritário, ou mesmo totalitário, quer de direita (sendo o fascismo e o nazismo os casos mais claros), quer de esquerda (o comunismo, mas também as várias formas de "populismo" do Terceiro Mundo). Nesses regimes, o partido único era o instrumento da ditadura, porquanto fornecia um meio de divulgação da mensagem dos governantes por todo o país. A finalidade era, essencialmente, mobilizar a população e controlá-la, embora esses esforços precisassem, tipicamente, ser combinados com a popularidade de um líder "carismático" (ver CARISMA). Entretanto, mesmo nesses casos, o sucesso do partido único foi freqüentemente efêmero e raras vezes verdadeiramente duradouro: a queda dos regimes comunistas na Europa Oriental e União Soviética, depois de muitas décadas de poder aparentemente inabalável, mostrou a fraqueza intrínseca do sistema de partido único.

Os sistemas de partidos competitivos parecem mais estáveis, de modo geral, pelo menos na Europa Ocidental e na América do Norte. Alastraram-se para outras partes do mundo, com variáveis graus de sucesso, tendo a América Latina, em particular, conhecido intermitentemente períodos de política competitiva seguidos de períodos de governo militar. Com efeito, mesmo na Europa Ocidental os sistemas de partidos competitivos têm sido objeto de importantes críticas e reavaliações. Está em questão a estabilidade do partido de massa, com o declínio da "identificação" partidária e o crescimento da "independência" do eleitorado. Os programas partidários perderam muito de sua clareza quando começaram a levar cada vez mais em conta as exigências feitas por grupos que apresentam novas questões "pós-modernas", sobretudo a respeito do meio ambiente.

Esses desenvolvimentos têm redundado no questionamento do papel dos partidos. Sua função programática parece estar encolhendo; eles são às vezes postos de lado por apelos diretos às pessoas através de referendos; a personalização de líderes, instigada pela mídia, em particular pela televisão, significa que as elites partidárias intermédias e as estruturas partidárias em geral estão ficando redundantes. Enquanto isso está ocorrendo no Ocidente, o colapso de muitos sistemas de partido único e, em especial, da maioria dos sistemas de partido único comunista constitui um severo golpe no prestígio dos partidos como organizações mobilizadoras.

Entretanto não existem substitutos reais para os partidos no mundo contemporâneo, quer nos países industriais, quer nos países em desenvolvimento. Algum relacionamento entre o povo e o governo tem que existir, ainda que os vínculos estejam ficando menos apertados; também tem que haver um lugar onde programas e políticas sejam formalmente adotados e divulgados, e onde as exigências de grupos possam ser apresentadas e discutidas; e tem que haver um canal através do qual futuros políticos possam ser recrutados. Por todas essas razões, os partidos continuarão desempenhando um importante papel na vida política de nossas sociedades, mesmo que o entusiasmo que caracterizou os primeiros tempos de seu desenvolvimento tenha cedido lugar a um apoio carente de entusiasmo e até a contínuas críticas.

Leitura sugerida: Castles, F.C., org. 1982: *The Impact of Parties* • Duverger, M. 1951: *Les partis politiques* • Janda, K. 1980: *Political Parties: a Cross-National Survey* • Michels, Robert 1911 (*1949*): *Political Parties* • Randall, V., org. 1988: *Political Parties in the Third World* • Sartori, G. 1976: *Parties and Party Systems* • Wolinetz, S., org. 1988: *Parties and Party Systems in Liberal Democracies.*

J. BLONDEL

patriarquia As mulheres são sistematicamente prejudicadas na sociedade do século XX na maioria das arenas da vida social. A patriarquia é um sistema social em que os homens dominam, oprimem e exploram as mulheres. É um conceito que enfatiza a inter-relação entre os vários modos em que os homens têm PODER sobre as mulheres. Considera-se que as relações sociais através das quais os homens dominam as mulheres incluem a reprodução, a violência, a sexualidade, o trabalho, a cultura e o estado (Walby, 1990). Outros preferem considerar que o conceito de patriarquia não é a melhor forma de teorizar sobre a desigualdade de GÊNERO.

A abordagem tradicional da patriarquia caracterizava-a como baseada na posição do homem como dono da casa e chefe de família. Um uso mais recente inclinou-se, embora não exclusivamente, para a ampliação do significado de patriarquia, de modo que essa abordagem em termos de família é meramente vista como um dos aspectos ou formas do sistema. Todas as teorias da patriarquia consideram existir uma fundamental divisão de interesses entre a maioria dos homens e a maioria das mulheres como resultado da estruturação social das relações de gênero. Algumas delas fazem referência aos aspectos biológicos da reprodução (por exemplo, Firestone, 1970), mas isso é incomum, principalmente em escritos mais recentes. Uma característica mais freqüente de tais análises é o controle das mulheres através da sexualidade, com referência à instituição da heterossexualidade (Rich, 1980) e a fenômenos tais como a pornografia (Dworkin, 1981). A violência masculina como base do controle da mulher pelo homem é o enfoque adotado por algumas análises da patriarquia (Brownmiller, 1976; Daly, 1978). Outras análises têm uma ênfase mais materialista, com o exame do modo como os homens se beneficiam da mão-de-obra feminina, como trabalho doméstico não-remunerado e mão-de-obra mal paga no mercado de trabalho. Essas análises são freqüentemente integradas com outras estruturas de desigualdade social, como o capitalismo, em um estudo abrangente da patriarquia (Hartmann, 1979).

O conceito de patriarquia é controvertido. Alguns críticos, por exemplo, apontavam que ele leva a uma depreciação de outras formas de desigualdade social, como classe e "raça". Isso é rebatido por autores como Hartmann, que combina uma análise da patriarquia com a do capitalismo em uma teoria de sistemas mistos.

Essencialismo, falso universalismo e a-historicismo são outras críticas a indicar que o termo não permite uma apreciação adequada da variedade de formas das relações de gênero entre culturas, grupos étnicos e diferentes períodos históricos. Em resposta, desenvolveram-se estudos que analisam a variedade das formas de patriarquia e como elas mudam com o passar do tempo.

A utilidade do conceito está em fornecer um foco para teorizar as relações de gênero que leva em conta a interligação dos diferentes aspectos da opressão das mulheres pelos homens.

Leitura sugerida: Daly, Mary 1978: *Gyn/Ecology: The Metaethics of Radical Feminism* • Mies, Maria 1986: *Patriarchy and Accumulation on a World Scale: Women in the International Division of Labour* • Rich, Adrienne 1980: "Compulsory heterosexuality and lesbian existence". *Signs* 5.4, 631-60 • Walby, S. 1990: *Theorizing Patriarchy*.

SYLVIA WALBY

paz Uma estrita concepção de paz, como a antítese de GUERRA, a "transformação de espadas em relhas de arados", é intelectualmente mais fecunda do que uma que dilate o seu significado ao ponto de fazê-la sinônimo de utopia.

Grande parte do pensamento do século XX sobre a paz assumiu a forma de receitas para a criação ou transformação de instituições internacionais em resposta às duas guerras mundiais. Inis Claude (1956) relacionou seis abordagens da paz através da organização internacional: solução pacífica de disputas, segurança coletiva, desarmamento, o "solene debate", curadoria e funcionalismo. Mais tarde, na terceira edição do seu livro, ele acrescentou uma sétima abordagem, a diplomacia preventiva. A solução pacífica envolve a tarefa de persuadir os estados a adiarem respostas violentas a situações de alta tensão para que se possam esfriar as paixões, investigar imparcialmente os fatos e ponderar as soluções alternativas. A segurança coletiva, mais ambiciosamente, sublinha a "indivisibilidade da paz", prometendo dissuadir os atos de agressão, donde quer que provenham, mediante o compromisso de todos os estados de que resistirão a eles. O desarmamento pressupõe que as corridas armamentistas ameaçam a paz na medida em que nutrem e favorecem a beligerância e (em uma era nuclear) tornam mais provável uma guerra não-premeditada. Claude é cético quanto a essas três abordagens, as quais remontam todas à criação da Liga das Nações e até antes. Ele vê mais potencial nas outras. O valor do "solene debate", sintetizado pelas atas da Assembléia Geral das Nações Unidas, reside em dotar os estados de *feedback* acerca dos modos como suas ações políticas são vistas pelos outros, induzindo assim a ajustamentos e concessões mútuas. A curadoria, tal como Claude a define, inclui todas as tentativas, desde a Liga em diante, de supervisão internacional do domínio colonial. A sua avaliação das notavelmente bem-sucedidas pressões das Nações Unidas em prol da descolonização como "possivelmente a última oportunidade ao alcance da civilização européia de expiar o seu passado sombrio no trato com povos não-europeus" parece agora excessivamente otimista. A descolonização não trouxe, por certo, a paz em sua esteira. O funcionalismo, exposto por David Mitrany (1946), sustenta que, se for permitido a especialistas de várias nacionalidades, livres da interferência dos responsáveis pela política externa dos governos, colaborarem na solução de problemas econômicos e sociais internacionais, entre outros, eles estabelecerão, mais cedo ou mais tarde, as fundações de uma paz mais duradoura, gerando novas lealdades internacionais nas populações pertinentes para substituir a tendência dissentânea das antigas lealdades nacionais. Finalmente, a diplomacia preventiva representa a inovadora resposta da ONU a crises, através do envio de forças, missões e representantes e a intervenção ativa do secretário-geral, depois do dramático precedente criado durante a crise de Suez em 1956.

Diferentemente de federalistas mundiais como Emery Reeves (1945), Claude acredita claramente que a paz é possível sem a tentativa de criação de um estado mundial. Esse ponto de vista recebeu o forte apoio de um estudo realizado por Karl Deutsch e seus colegas (1957) que examina o crescimento e a desintegração de comunidades na "área do Atlântico Norte" desde a Idade Média. Eles procuram identificar "comunidades de segurança" caracterizadas pela capacidade de garantir, por um "extenso" período, expectativas fidedignas de que os problemas sociais serão resolvidos sem se recorrer à força física em grande escala, e mostram que a fusão (incluindo a federação) não é necessária nem suficiente para o estabelecimento de tais comunidades. Assim, o Canadá e os Estados Unidos formam uma "comunidade de segurança pluralista" e os países escandinavos (e talvez agora a maior parte da Europa Ocidental, incluindo não-membros da Comunidade Européia), uma outra. Os elementos cruciais são redes de comunicação, múltiplos pontos de contato e "instituições e práticas" que sejam confiáveis e flexíveis.

Outros teóricos da paz têm se dedicado aos processos pelos quais ela pode ser instaurada em situações internacionais (e intercomunais) extremamente tensas. O recurso de John Burton da "comunicação controlada", bem articulado por Mitchell (1981), aborda o conflito humano "como fenômeno essencialmente subjetivo" e, portanto, dinâmico e maleável. Os representantes das partes em um conflito específico são reunidos em particular e cada um deles informalmente encorajado a expressar as suas próprias alegações, escutar o que a outra parte tem a dizer e, finalmente, formular sugestões, não para um "compromisso", mas para uma "resolução". Essa ênfase sobre uma negociação "integrativa" promove uma abordagem criativa para a solução de conflitos, mas seria uma noção desnecessariamente rigorosa desta última a que negasse qualquer papel à negociação "distributiva" no processo de pacificação.

Ver também PACIFISMO; RELAÇÕES INTERNACIONAIS.

Leitura sugerida: Claude, I.L. 1956 (*1964*): *Swords into Plowshares*, 3ªed. • Curle, A. 1971: *Making Peace* • Deutsch, K.W., Burrell, S.A., Kann, R.A., Lee, M., Lichterman, M., Lindgren, R.E., Loewenheim, F.L., e Van Wagenen, R.W. 1957: *Political Community and the North Atlantic Area* • Hinsley, F.H. 1963: *Power and the Pursuit of Peace* • Mitchell, C.R. 1981: *Peacemaking and the Consultant's Role* • Mitrany, D. 1946: *A Working Peace System.*

RODERICK C. OGLEY

paz, movimento pela Algo que pode ser identificado como um movimento pela paz existe na Europa há, pelo menos, dois séculos, se não mais. Entretanto, ao contrário de outros movimentos, como o movimento trabalhista, por exemplo, ou o liberalismo, o movimento pela paz não tem memória coletiva (ver também AÇÃO COLETIVA). Baseou-se sempre nas energias de voluntários e, com a respeitável exceção dos quacres, nunca teve instituições permanentes. Cada novo surto de protestos pacifistas teve que descobrir para si mesmo suas idéias, métodos e slogans. Há muito pouca coisa em termos de uma tradição pacifista contínua.

O surgimento do movimento pacifista coincidiu com a ascenção do capitalismo e a construção de um sistema de estados europeus. Assim como a ciência econômica e a política passaram a ser esferas de atividades distintas, também durante esse período o conceito de paz se tornou nitidamente diferenciável do conceito de guerra. A guerra passou a ser uma atividade social distinta em dois aspectos. Em primeiro lugar, tornou-se uma atividade externa dirigida contra outros estados. Foi um período em que se eliminaram os exércitos particulares, restringiu-se cada vez mais a violência nas relações sociais internas e as forças armadas foram profissionalizadas e monopolizadas pelos estados. Em segundo lugar, a guerra transformou-se em atividade temporária, exceção, estado de coisas anormal. Com o aumento de toda a espécie de relações e tratados, regulamentos aceitos, congressos etc. entre os estados europeus — o que se tornou conhecido como o "direito público da Europa" —, as guerras foram se tornando menos freqüentes, alternando-se com longos períodos de PAZ. Foi a partir dessa experiência de paz, internamente e por períodos prolongados, que uma série de atividades, discussões e campanhas que poderiam ser chamadas de movimento pela paz se conjugaram para trabalhar pelo que Kant chamou a "paz perpétua".

Entretanto, embora seja possível identificar um interesse comum em evitar a guerra em geral, ou guerras particulares, a expressão "movimento pela paz" engloba vasta gama de opiniões, tendências, teorias e até assuntos. De modo geral, podem-se distinguir duas linhas de pensamento no movimento pela paz. Uma delas relaciona-se com a política governamental, projetos, planos ou normas a serem executados ou seguidos por governos a fim de se desenvolverem mecanismos pacíficos para regular as relações entre os estados. Essa abordagem remonta à época dos projetos de paz internacional do fim do século XVIII e início do século XIX apresentados por pensadores como Immanuel Kant, Abbé St. Pierre, Emeric Crucé ou Jeremy Bentham, para mencionar apenas alguns; todos eles contemplavam a ampliação da sociedade civil e do governo da lei à arena internacional. O estabelecimento da Liga das Nações depois da Primeira Guerra Mundial e das Nações Unidas depois da Segunda deve muito a essas propostas.

Durante o século XX essa linha de pensamento pacifista concentrou-se cada vez mais no desarmamento. A expansão (quase) infinita da capacidade de destruição, em conseqüência da aplicação da ciência e da tecnologia a fins militares, concentrou as atenções dos que se opõem à guerra nas corridas armamentistas e na natureza ameaçadora do potencial de destruição. O crescimento da pesquisa pacifista depois da Segunda Guerra Mundial foi amplamente dedicado ao estudo de armamentos e métodos para limitá-los.

A segunda linha de pensamento do movimento pela paz preocupou-se muito mais com o que se poderia descrever como cultura pacifista, a noção de que, por mais engenhosos ou ambiciosos que sejam, os projetos de paz internacional não podem ser implementados a menos que os seres humanos, como indivíduos e animais sociais, adquiram uma mentalidade mais apreciadora da paz. A partir dessa perspectiva, a construção da paz, seja no interior das nações ou em nível internacional, não é tanto conseqüência do estabelecimento de alguma espécie de autoridade governamental ou intergovernamental responsável por assegurar a paz e a segurança — tem muito mais a ver com valores individuais e relações sociais.

Essa linha de pensamento inclui a tradição do PACIFISMO absoluto, ou seja, o compromisso individual com a não-violência, que vamos encontrar nos cristãos primitivos, nos quacres, cujo movimento foi fundado durante a Guerra Civil inglesa, nos objetores de consciência e em organizações como a War Resisters International, e foi apresentada por autores como Lev Tolstoi e Mahatma Gandhi. Também inclui vasta gama de teorias ou crenças que põem em foco as causas sociais da guerra e o militarismo.

No início do século XIX o movimento pela paz era freqüentemente sinônimo do movimento de livre comércio. Era uma proposição largamente sustentada que a eliminação dos vestígios de feudalismo, as classes guerreiras, eliminaria também a guerra. Viagens, comércio e democracia erradicariam as causas dos desentendimentos internacionais. Entretanto a ascensão do nacionalismo e do militarismo no final do século XIX questionou essas suposições. Antimilitaristas de tendência socialista, autores como Rosa Luxemburgo ou Karl Liebknecht, atribuíram as guerras e as corridas armamentistas às rivalidades capitalistas e à corrida por mercados e fontes de matérias-primas. Esperava-se que a vitória das classes operárias garantisse a paz. "Sabem o que é proletariado?", perguntou o socialista francês Jean Jaurés em 1912. "Massas de homens que coletivamente amam a paz e abominam a guerra".

O surgimento do movimento das mulheres pela paz, no século XX, introduziu outro elemento nessa linha de pensamento do movimento pacifista: a noção de que as causas da guerra tinham raízes na divisão de gêneros da sociedade moderna e, em particular, de que podiam estar ligadas à violência doméstica, isto é, encontrar-se no seio da família.

O chamado novo movimento pela paz, que surgiu na Europa Ocidental e, em menor extensão, na América do Norte, Japão e Australásia durante a década de 80, talvez não tivesse precendentes em sua escala e natureza transnacional. (Embora valha a pena notar que o movimento pela paz sempre foi internacional; congressos europeus regulares foram realizados em meados do século XIX.) Cerca de 5 milhões de pessoas protestaram contra a introdução de uma nova geração de armas nucleares na Europa no outono de 1981 e de novo em 1983. Um movimento pela paz desenvolveu-se também na Europa Oriental e iria desempenhar importante papel nas revoluções pacíficas de 1989 que derrubaram os regimes comunistas e marcaram o fim da Guerra Fria.

Mas o movimento pela paz no Ocidente foi muito diferente do movimento pela paz no Leste. O primeiro era, principalmente, um movimento pró-desarmamento, um movimento antinuclear. Pertencia à primeira linha acima citada de pensamento do movimento pela paz e seu interesse primordial estava voltado para a ação política em nível internacional. Talvez se possa dizer que, durante o período do pós-guerra, a separação entre guerra e paz tornou-se rígida. A sociedade ocidental apresentava-se abertamente menos militarizada, havia menos ênfase no patriotismo, na disciplina ou na educação militar. As bases de mísseis eram escondidas bem longe no campo. A guerra tornou-se remota e abstrata — em parte porque a guerra na Europa era impensável e em parte porque a guerra na Terceiro Mundo, algo concreto e onipresente, tornou-se uma espécie de espetáculo para ser visto na televisão e difícil de distinguir de um filme de ficção. Os ativistas ocidentais pela paz estavam protestando contra uma realidade externa, a qual não era, obviamente, de importância imediata para a vida cotidiana. Isso não quer dizer que não houvesse interesse no desenvolvimento de uma cultura da paz, mas sob a rubrica do antinuclearismo. De especial importância era o papel desempenhado por mulheres que instalaram um acampamento a longo prazo fora da base de mísseis em Greenham Common; elas foram pioneiras de uma nova forma de protesto.

Em contraste, os movimentos que surgiram na Europa Oriental, como "Espadas em Arados" na Alemanha Oriental, "Liberdade e Paz" na Polônia, o grupo "Diálogo" na Hungria e a Associação Independente pela Paz na Tchecoslováquia, estavam muito mais interessados em questões internas imediatas — o militarismo imperante em suas sociedades (educação militar-patriótica, serviço militar obrigatório, brinquedos e jogos de guerra), a não-violência e o vínculo entre paz e democracia. Para eles, a preocupação com a guerra nuclear tinha todo o aspecto de um luxo abstrato; tinham menos receio de morrer do que de viver sob o totalitarismo, que consideravam inseparável da guerra e do militarismo. Criticavam os movimentos pacifistas ocidentais pela excessiva preocupação com sintomas, como os armamentos, e não com as causas. Nesse sentido, podia-se dizer que os movimentos do Leste Europeu tinham redescoberto algumas das tradições do movimento pela paz do século XIX.

No final da década de 80 o diálogo entre setores dos movimentos pela paz no Leste e no Oeste culminou em algumas abordagens comuns. Por um lado, parcelas do movimento ocidental pela paz deram ênfase crescente à "*détente* de baixo para cima", ao diálogo entre os movimentos de cidadãos do Leste e no Oeste e à necessidade de apoiar os movimentos democráticos como forma de terminar a Guerra Fria e iniciar um processo de desarmamento. Por outro lado, os movimentos pela paz e partes dos movimentos pela democracia no Leste, com destaque para a Carta 77 na Tchecoslováquia, interessaram-se por abordagens alternativas para a segurança européia, pelo conceito de "segurança comum" e pelas propostas para fortalecer a Conferência sobre Segurança e Cooperação na Europa, mais conhecida como o Processo de Helsinque. Isso porque os projetos de paz européia desse tipo ofereciam potencialmente um quadro de referência no qual os esforços para transformar a sociedade e lutar pela democracia podiam ser protegidos de uma reação militar punitiva.

No rescaldo da Guerra Fria, as energias em prol da paz ficaram exauridas. Entretanto, apesar do fim do confronto Leste-Oeste e do começo de um processo de desarmamento, a paz perpétua não brotou nem mesmo na Europa. A ascensão do nacionalismo, do populismo e do fundamentalismo, a guerra de 1991 no Golfo e os conflitos na Iugoslávia parecem anunciar uma era turbulenta. Será que podemos esperar uma fusão das idéias de paz, como resultado da abertura da Europa Oriental, que seja capaz de fornecer uma base conceitual para futuros protestos? Ou as idéias da década de 80 serão esquecidas uma vez mais?

Leitura sugerida: Brock, P. 1968: *Pacifism in the United States* • Carter, April 1992: *Peace Movements: International Protest and World Politics since 1945* • Gallie, W.B. 1978: *Philosophers of War and Peace* • Hinton, J. 1989: *Protests and Visions: Peace Politics in Twentieth Century Britain.*

MARY KALDOR

penal, instituição Ver PUNIÇÃO.

personalidade "Há muito pouca diferença entre um homem e outro homem", disse William James no começo deste século, "mas, apesar de pouca, é muito importante." Esse aspecto muito importante é a personalidade. Compõe-se de atributos e processos biológicos e psicológicos, cada um deles, quanto tomado isoladamente, compartilhado com todos ou apenas com alguns outros seres humanos, mas singular no indivíduo em sua configuração global. Os teóricos da personalidade deparam-se, portanto, com uma vasta gama de abordagens: podem concentrar-se na estrutura da configuração ou selecionar, da enorme quantidade possível de atributos e processos, os que consideram significativos para a compreensão de diferenças individuais. O fato de eles terem aproveitado plenamente essa liberdade de escolha foi documentado por Gordon Allport (1937), que identificou quase 50 concepções diferentes de personalidade então em uso.

Há, porém, uma abordagem que tem dominado o pensamento sobre a personalidade ao longo de todo o século: a de Sigmund Freud (1923, por exemplo). Não que tenha sido uma abordagem universalmente aceita; pelo contrário, poder-se-ia defender a tese de que sua duradoura influência se deve tanto aos seus detratores (como Eysenck, 1947, 1982) quanto aos seus proponentes. Impregnou as humanidades e, freqüentemente em forma vulgarizada, toda a cultura. Em todo caso, dificilmente se encontrará uma abordagem sistemática do pensamento sobre personalidade que não se refira, positiva ou negativamente, à concepção global de Freud. A essência dessa abordagem reside em sua noção de uma tríplice estrutura da personalidade, a qual é uma classificação abrangente de processos psicológicos continuamente interatuantes: processos do ego, ou seja, transações com o mundo real, incluindo percepção, aprendizagem, memória, pensamento e desempenho, assim como mecanismos de defesa inconscientes; processos do id, incluindo as necessidades biológicas, busca do prazer e experiências reprimidas, todas inconscientes; e processos do superego, ou seja, a aplicação a si mesmo de padrões morais interiorizados. Essa concepção da estrutura da personalidade é uma reminiscência da classificação de Aristóteles dos objetivos básicos nas ações humanas como proveito, prazer e moralidade. Em sua interação dinâmica, os três tipos de processos podem impulsionar em direções diferentes e explicar assim a experiência de conflito interior, bem como os distúrbios de personalidade.

As idéias básicas de Freud sobre estrutura da personalidade foram elaboradas e modificadas parcialmente por ele próprio, mas também, em grande parte, por seus seguidores, incluindo sua filha Anna, que identificou mecanismos de defesa adicionais, por Heinz Hartmann, que postulou a autonomia dos processos do ego, e por Erik Erikson, que colocou o desenvolvimento do ego em seu contexto social e descreveu as suas fases ao longo do ciclo de vida.

Alfred Adler e Carl Jung, dois dos primeiros seguidores mas depois críticos de Freud, desenvolveram seus próprios conceitos de personalidade. Adler, pai da expressão "complexo de inferioridade", entendeu a personalidade como a maneira habitual adquirida desde muito cedo pela criança a fim de superar o seu inevitável sentimento de inferioridade, experiência que tende a se repetir em face de novos encontros sociais e exigências externas. Em contraste com o pessimismo de Freud, Adler considerava o impulso para conquistar uma posição de superioridade, a vontade de poder, como a raiz de todos os progressos nos assuntos humanos.

Jung desviou-se um pouco menos que Adler no conceito básico de Freud, embora o seu novo e imaginativo vocabulário para os processos psicológicos, matizado com idéias místicas, conseguisse disfarçar as semelhanças. Adicionou ao modelo de Freud a noção de um inconsciente coletivo transmitido dos nossos ancestrais, compartilhado por todos e contendo os arquétipos do pensamento e da emoção. Também introduziu os termos "extroversão" e "introversão" na psicologia da personalidade, os quais começaram mais tarde a desempenhar um importante papel em uma abordagem muito diferente.

Muitas outras modificações do modelo psicodinâmico foram e ainda estão sendo propostas. Não obstante as diferenças e, com freqüência, os antagonismos entre eles, os seus proponentes participam de algumas características e suposições comuns: tratam da pessoa como um todo, não de aspectos isolados; admitem que a personalidade tem mais profundidade do que parece; desenvolvem suas idéias depois de prolongado contato com os indivíduos; a maior parte deles enfatiza o componente social na constituição da personalidade; são terapeutas praticantes e funcionam à margem das instituições acadêmicas.

A oposição intelectual ao modelo psicodinâmico cresceu dentro e fora da psicologia e dentro e fora do establishment acadêmico, baseada em dois principais argumentos: objeções ao determinismo desde a mais tenra infância e aos processos inconscientes, por um lado; e objeções aos métodos "não-científicos" da psicanálise, por outro.

As primeiras deram origem à psicologia humanista, considerada por algum tempo a terceira força em psicologia entre a PSICANÁLISE e O COMPORTAMENTALISMO. Sob a influência do existencialismo de Jean-Paul Sartre e da fenomenologia de Martin Heidegger, a idéia de inconsciente foi rejeitada em favor da admissão do livre-arbítrio, da mediação, do ser-no-mundo e do vir-a-ser como aspectos centrais da personalidade. Ludwig Binswanger na Suíça, Carl Rogers e Abraham Maslow nos Estados Unidos e Ronald Laing na Grã-Bretanha foram os principais expoentes dessa concepção; se ela sobreviverá à morte deles, é uma questão em aberto.

Objetar às concepções psicodinâmicas por serem "não-científicas" pressupõe a adesão a uma idéia particular de ciência que exclui o pensamento sistemático, a menos que este leve a hipóteses que possam ser experimentalmente testadas. Embora não haja dúvida, é claro, de que a experimentação oferece um rigoroso teste de idéias (na prática, algumas das idéias de Freud foram testadas em centenas de experimentos), as abordagens básicas são notoriamente difíceis, quando não impossíveis, de testar experimentalmente.

Henry Murray (1959) e Gordon Allport (1961) deram significativas contribuições aos pressupostos básicos acerca da estrutura da personalidade, e também aos métodos. Ambos centraram-se em pessoas normais no seu habitat natural, com seus interesses e preocupações naturais; ambos consideraram a motivação o centro em torno do qual a personalidade é organizada. Murray, reconhecendo influências de Freud e Jung, rejeitou dois motivos básicos de Freud — as pulsões de vida e de morte — como excessivamente limitados. Propôs cerca de 20 necessidades com origens no cérebro, as quais interatuam com "premências", isto é, propriedades do meio ambiente social que realçam ou estorvam a satisfação de necessidades. Allport foi muito mais crítico do modelo freudiano. Considerou a personalidade motivada por traços relativamente duradouros e intenções racionais a cuja organização combinada chamou o "*proprium*", com o que quis significar um sistema psicofísico que tende para a autonomia funcional de motivos (independente da motivação infantil).

Ambos os teóricos da personalidade construíram métodos engenhosos para coletar provas empíricas. A contribuição de Murray nessa área foi, sobretudo, o Teste de Apercepção Temática (TAT) e a de Allport, a defesa e prática de métodos ideográficos, embora ele também fosse inventivo na criação de métodos nomotéticos.

A influência desses dois teóricos da personalidade sobre os seus estudantes foi profunda, mas suas idéias a respeito da estrutura da personalidade não foram mais desenvolvidas. Em vez disso, construíram-se e padronizaram-se inventários e escalas de personalidade em grande número. Existem hoje instrumentos para muitos atributos de personalidade, como extroversão/introversão, ansiedade, depressão, maquiavelismo, anomia, julgamento moral, valores, preconceito e outros mais. São amplamente usados para comparações entre grupos, com menos freqüência para comparações durante um certo período de tempo, embora possam ajudar a esclarecer idéias sobre a natureza duradoura ou flexível de tais disposições.

Os que postulam um grande componente hereditário na personalidade satisfazem-se, é claro, com uma medida definitiva; a ênfase por eles atribuída à determinação biológica do tipo de personalidade tomou diferentes rumos. William Sheldon (1942) viu a personalidade como determinada pela estrutura do corpo; Hans Eysenck (1982), pelo sistema nervoso.

Seguindo uma tradição que remonta a Hipócrates, Sheldon considerou o temperamento a essência da personalidade, postulou a sua dependência em relação ao tipo somático de uma pessoa e encontrou, de fato, correlações muito grandes entre essas duas variáveis. Para Eysenck, a essência da personalidade é determinada por processos cerebrais ainda não muito bem entendidos, cujo resultado pode, contudo, ser medido por quatro dimensões contínuas que são mutuamente independentes. São elas: extroversão/introversão, neuroticismo, psicoticismo e inteligência. As escalas de Eysenck para três dessas dimensões são hoje largamente usadas em pesquisa, mesmo pelos que não compartilham sua abordagem geral.

O principal compêndio sobre teorias da personalidade (Hall et al., 1985) apresenta muitos outros colaboradores, incluindo vários teóricos, da aprendizagem, entre os quais se destaca B.F. Skinner. É discutível, porém, se ele e outros behavioristas deram uma contribuição ao pensamento sobre personalidade, por mais importante que ela tenha sido em outros contextos; eles certamente não têm pretensões a isso. Supor uma organização interna que explique a interpretação do mundo externo, como cumpre aos teóricos da personalidade, parece contradizer toda a forma de pensar de Skinner.

No final do século XX não existe, portanto, uma abordagem geralmente aceita para compreender a personalidade. A principal divisão é entre os modelos psicodinâmicos, com sua suposição de eventos mentais inconscientes, e os outros modelos, embora haja controvérsia também dentro de cada lado. Esforços para superar o grande hiato foram periodicamente envidados ao longo do século; fracassaram. O mais recente esforço nessa direção (Westen, 1985) é uma demonstração da compatibilidade dos resultados da rigorosa pesquisa empírica com as idéias psicodinâmicas realizada por uma pessoa que é qualificada em ambas as áreas. Se será mais bem-sucedido do que os seus precursores é o que ainda resta ver.

Leitura sugerida: Hall, C., Lindzey, G., Loehlin, J.C., e Manosevitz, M. 1985: *Introduction to Theories of Personality* • Westen, D. 1985: *Self and Society*.

MARIE JAHODA

planejamento econômico Ver PLANEJAMENTO ECONÔMICO NACIONAL.

planejamento econômico nacional Os economistas clássicos no passado e os economistas neoclássicos em termos modernos interessaram-se principalmente pelo comportamento e as interações de dois grupos de protagonistas econômicos: as empresas e as famílias. Presumia-se tipicamente que os protagonistas procurariam maximizar benefícios privados, lucros e serviços públicos, respectivamente. Eles interatuam negociando bens e serviços privados em termos determinados em mercados competitivos (macroeconômicos ou internacionais).

Básico para a defesa tradicional do planejamento econômico nacional é o reconhecimento de que, independentemente dos bens privados, interesses privados e preferências individuais, também existem, e em qualquer sociedade moderna ainda com mais motivos, bens não-privados, interesses comuns e preferências sociais. Os mercados para tais bens ou não existem ou podem ser de flagrante ineficiência. As decisões acerca dos recursos econômicos necessários para satisfazer esses interesses comuns devem, portanto, ser tomadas de modo diferente. Os responsáveis pelo planejamento nacional são, ou se supõe que sejam, os representantes de tais interesses, atuando em nome da sociedade como um todo. Esses representantes formam o terceiro grupo de protagonistas econômicos. Eles são ou deveriam ser os representantes eleitos da sociedade, atuando em seus papéis de alocação de recursos através das várias agências do governo nacional. Essas agências burocráticas e o processo de negociação que os planejadores nacionais iniciam e presidem constituem as contrapartes, respectivamente, das instituições do mercado e da competição de mercado. As regulamentações e as decisões de alocação direta de recursos das agências são o que se pode chamar a mão visível da burocracia, ou o mecanismo de coordenação burocrática, a contraparte da mão invisível do mecanismo de preção de Adam Smith, ou o mecanismo de coordenação do mercado (Kornai, 1980).

Ao longo do século XX, excetuando-se a década de 80 e provavelmente a de 90, a tendência mundial foi no sentido de os governos dedicarem uma crescente proporção dos recursos nacionais ao fornecimento de bens públicos, tais como a defesa nacional, o transporte público, lei e ordem, e ao suprimento de bens de qualidade, como saúde, educação e habitação. Os planos nacionais, embora de tipo limitado, são necessários para o fim de se chegar a decisões sobre o tamanho e a composição das verbas correntes e para investimentos nessas áreas no decorrer do tempo.

Entretanto, um avanço verdadeiramente espetacular do planejamento econômico nacional ocorreu nos países socialistas com economias centralmente administradas e, em menor grau, em países recém-industrializados com economias baseadas no mercado. As origens desse avanço podem ser atribuídas, em grande parte, à propagação da doutrina socialista durante o século XX, promovendo a propriedade não-privada como socialmente superior e defendendo o novo papel das autoridades estatais como empresários ecléticos ou paralelamente aos empresários privados, ou em sua substituição, ou na ausência deles (Gomulka, 1986, cap.1). O planejamento nacional nesses países tornou-se também macroeconômico, preocupado não apenas com setores ou regiões individuais, mas com o desenvolvimento da economia em seu todo, levando em conta as mútuas relações intersetoriais e intertemporais. Os planejadores socialistas nacionais tenderam a considerar que os mercados fracassaram na mobilização de adequadas poupanças financeiras e de recursos humanos para o desenvolvimento, e favorecendo um comportamento míope e errático dos investidores, redundando em subinvestimentos potencialmente sérios, sobretudo em atividades em que os benefícios sociais excedem os lucros privados. Um importante impulso para a expansão do planejamento nacional em economias de mercado foi dado também pela Grande Depressão da década de 30 e pelo envolvimento direto e bem-sucedido dos governos do lado da oferta das economias durante a Segunda Guerra Mundial.

Nos países onde prevalece a propriedade do estado, o âmbito, os fins e os instrumentos do planejamento nacional dependem predominantemente da autonomia do poder decisório das empresas estatais e da extensão em que as preferências da comunidade, na verdade preferências dos planejadores, predominam sobre as preferências dos consumidores individuais na determinação das demandas de uma economia aberta. Sob o tradicional sistema do tipo soviético (a União Soviética entre 1928 e 1990), grande parte da atividade de produção e investimento era planejada e administrada a partir do centro, enquanto que a soberania dos consumidores e a autonomia das empresas sofriam fortes restrições. Em contraste com as economias de mercado, em que ofertas e demandas estão intimamente relacionadas, em qualquer economia centralmente administrada (ECA) a direção de causalidade tende a fluir dos recursos para as ofertas e daí para as demandas. Em particular, as ofertas ao consumidor refletiriam as preferências dos planejadores e poderiam desviar-se consideravelmente dos níveis em que existiriam se fossem livremente determinadas pelo mercado. Subsídios e preços administrados teriam sido usados para colocar os níveis de demanda de consumo mais próximos dos de oferta (Kuchnirsky, 1982).

Os planos nacionais em uma ECA variam em função dos períodos de tempo que cobrem e em função do grau de agregação. Os planos anuais são os mais operacionais e os mais desagregados. Esses planos eram subdivididos em trimestrais e mensais. Os planos a médio prazo, usualmente para períodos de cinco anos, eram mais agregados e, com freqüência, mais indicativos do que obrigatórios. Puramente indicativos e sumamente agregados eram os planos nacionais a longo prazo. Para facilitar a tarefa de formulação do plano e sua subseqüente implementação, as empresas estatais que produzem bens semelhantes agrupavam-se tipicamente para formar uma associação de produção, várias associações formavam um departamento, chefiado por um ministro, e as atividades das indústrias eram coordenadas pela autoridade de planejamento central. Essas empresas negociavam com suas autoridades superiores os planos de produção que especificavam as metas mínimas de produção (*output*) e as quotas máximas de investimento (*input*), incluindo novas inversões de capital. Esses planos específicos por empresas são elaborados em função de um limitado número de produtos, variando no total entre 5 mil e 50 mil no nível da associação e entre 200 e 2 mil no nível central. A maioria desses "produtos" é formada por grandes grupos de artigos similares, usualmente expressos nos termos físicos (toneladas, metros quadrados etc.) e de valor. O objetivo imediato dos planejadores centrais é selecionar, de um conjunto de alternativas exeqüíveis, os volumes de demandas e ofertas específicas de tais produtos por empresa, de um modo que assegure o equilíbrio no nível da economia aberta para cada um dos produtos. O objetivo adicional e mais exigente é obter o equilíbrio nacional de modo a que os *outputs* finais ou líquidos da economia maximizem algum tipo de índice do bem-estar nacional ou, de qualquer forma, que esses *outputs* satisfaçam os objetivos dos planejadores de maneira considerada satisfatória (Manove, 1971; Heal, 1973; Ellman, 1979).

Crucial para o funcionamento eficiente de tal economia planejada é o comportamento das empresas. Uma vez que as metas de produção e as quotas de investimento são tipicamente grandes agregados, um plano específico para a empresa, imposto de cima, pode ser visto como representativo de um conjunto de restrições (de recursos, de demanda e financeiras) que definem o conjunto de opções ainda acessível à empresa. A escolha de seu próprio plano de empresa (agente) depende, por sua vez, do sistema de incentivos imposto pelo centro (diretor), sobretudo da credibilidade de suas ameaças disciplinadoras (Schaffer, 1989). Os termos do plano imposto e do sistema de incentivo são específicos para cada empresa e, portanto, abertos à barganha entre a empresa e o centro. O trunfo nas mãos da empresa para a negociação está no limitado acesso à informação sobre as suas verdadeiras possibilidades de produção por parte do centro. Portanto, no processo de barganha, as empresas estão em uma posição que lhes permite desejar maiores quotas de investimento do que lhes é necessário e metas de produção mais baixas do que lhes é possível atingir. Também estão tipicamente mais bem situadas pelo fato de não revelarem possibilidades concretas de produção, uma vez que essa informação pode ser usada pelo centro para aumentar as futuras metas de produção. Essa prática de planejamento pela qual os níveis alcançados de desempenho são usados como ponto de partida para determinar novas metas é conhecida como a aplicação do "princípio de catraca" (Berliner, 1976; Cave e Harem, 1981).

Quando muitos bens dessemelhantes são incluídos em metas compósitas de produção, essas metas têm que se expressar em termos de valor. O produtor tem interesse, nesse caso, dado o princípio de custo-mais da formação de preço, em usar inversões dispendiosas a fim de minimizar o esforço necessário para implementar um dado plano. Isso leva a uma propensão nas ECAs a fabricar produtos com elevado emprego de material (ver Gomulka e Rostowski, 1988, para uma estimativa da propensão). A maioria dos preços de produtos nas ECAs era rígida e imposta pelo estado, reagindo pouco aos desequilíbrios do mercado. Tais preços *ad hoc* são passíveis de diferir substancialmente do custo social marginal de produção. Para reduzir o seu papel alocativo e como resposta ao comportamento das empresas de minimizar o esforço, os planejadores centrais fixavam tipicamente elevadas metas de produção e baixas quotas de investimento, de modo a que o leque de opções de uma empresa fosse pequeno. Essa prática de "planejamento rígido" tenta pôr em evidência o papel alocativo das quantidades, que para os planejadores são significativas e diminuem o papel dos preços. Entretanto preços inflexíveis acarretam persistentes e generalizados desequilíbrios microeconômicos, e isso gera, por sua vez, o fenômeno da "substituição forçada" (de artigos escassos por artigos excedentes). Dada a pobre qualidade dos preços, não se podia confiar nos lucros como medida de desempenho. Essa característica das ECAs levou à prática de tolerar a produção de perdas. Essa tolerância ajudou a desenvolver (e foi ela própria instigada por) "atitudes paternalistas" do centro em relação às empresas (Kornaim 1980).

Apesar da presença generalizada de desequilíbrios e ineficiência microeconômicos, os planejadores centrais socialistas eram, de forma geral, capazes de manter o controle macroeconômico. Mantiveram os salários baixos e isso garantiu que as margens de lucro fossem excepcionalmente altas pelos padrões internacionais. Esses lucros eram usados para financiar uma grande atividade de investimento e assegurar fundos para as despesas correntes do orçamento do estado, uma considerável proporção das quais era representada por subsídios ao consumo. Exceto na Iugoslávia, os planejadores centrais também puderam controlar bem o crescimento dos salários e outras rendas, e desse modo limitar a inflação de preços a taxas tipicamente inferiores a 10% ao ano (Wiles, 1980). Entretanto, em alguns países e em certos períodos, esse controle foi seriamente erodido ou quase perdido (Polônia em 1950-1, 1980-1 e 1988-9, União Soviética 1989-91), redundando em surtos do que Kolodko e McMahon (1987) chamam "inflação de escassez" (*shortageflation*). Tentativas politicamente motivadas de manter os preços controlados pelo estado abaixo dos níveis de compensação do mercado levaram, por seu turno, ao recrudescimento dos mercados negros e ao fenômeno da "poupança forçada".

Os primeiros reformadores das ECAs, na busca da combinação de eficiência econômica com princípios socialistas, não advogaram a redução da propriedade do estado nem o planejamento central, mas meramente a abolição de planos específicos para cada empresa. Por conseguinte, as empresas seriam independentes do ponto de vista financeiro e gerencial. Para obter melhor desempenho, era vital que elas funcionassem também em um ambiente de mercado competitivo. Entretanto, de acordo com os reformadores, os preços-chaves, os critérios de desempenho e os incentivos seriam fixados pelo centro para induzir as empresas a produzir, embora não mais individualmente, mas em conjunto, o que o centro queria que produzissem. Nessa "economia socialista planejada com um mercado regulado" (Brus, 1961), a intenção era usar o mecanismo de mercado competitivo como instrumento para implementar os planos centrais (Malinvaud, 1967, propôs uma possível implementação dessa idéia em um modelo matemático inteiramente desenvolvido; para um levantamento de possíveis implementações, ver Heal, 1973). Essa idéia de planejamento central indireto ou paramétrico estava no âmago da reforma húngara entre 1958 e 1990, da reforma polonesa de 1982 a 1989 e da reforma chinesa iniciada em 1982. Sob a égide dessas reformas, os problemas de escassez foram reduzidos e a flexibilidade de preços aumentou. Entretanto, os mercados competitivos não foram estabelecidos, persistindo paternalistas e intervencionistas as atitudes do estado proprietário em relação às empresas e, em resultado de antigas deficiências, inalterados a ineficácia particularmente elevada e o baixo índice de inovação. Esse fracasso das reformas no interior do sistema levou ulteriormente, na Europa Oriental e na antiga União Soviética, a um ataque frontal contra os pilares gêmeos do próprio sistema: o planejamento central e a propriedade do estado. Na Europa Oriental e na ex-União Soviética, o planejamento central foi abandonado no período 1989-92. Os argumentos originais de von Mises (1935) contra a viabilidade do cálculo econômico racional na "Comunidade Socialista" parecem ter sido justificados (ver Lavoie, 1985, para uma recente crítica desses argumentos).

Houve uma mudança paralela nas economias de mercado desenvolvidas da Europa Ocidental e do Japão, assim como na maioria dos países em desenvolvimento recém-industrializados do mundo inteiro, distanciando-se do ativo e extensivo planejamento central "indicativo" (Brada e Estrin, 1990). Em muitos países, a política de privatização reduziu também o tamanho do setor público. Entretanto o papel econômico mais tradicional das autoridades centrais no fornecimento de bens públicos e de mérito, assim como a administração, as regulamentações e a execução da estabilização macroeconômica, permanecem amplamente intactos tanto no Leste quanto no Oeste.

Ver também SOCIALISTA, TEORIA ECONÔMICA; SOCIALIZAÇÃO DA ECONOMIA.

Leitura sugerida: Cave, J. e Hare, P. 1981: *Alternative Approaches to Economic Planning* • Ellman, M. 1979: *Socialist Planning* • Gomulka, S. 1986: *Growth, Innovation and Reform in Eastern Europe* • Heal, G.M. 1973: *The Theory of Economic Planning* • Johansen, L. 1978: *Lectures on Macroeconomic Planning*, vols.1 e 2 • Kuchinsky, F.I. 1982: *Soviet Economic Planning, 1965-80*.

STANISLAW GOMULKA

planejamento social Existem muitas interpretações do planejamento em geral e do planejamento social em particular. Na abordagem mais simples, planejamento social é planejamento aplicado a instituições e recursos sociais. Pode referir-se a objetivos globais ou parciais. Pode abranger o planejamento para todo um sistema social ou referir apenas ao planejamento de aspectos específicos de um projeto em uma agência de serviço social. O próprio planejamento tem que ser descrito com maiores detalhes para evitar a circularidade nessa definição. De acordo com H.J. Gans:

> Em seu sentido genérico, planejamento é um método de tomada de decisões que propõe ou identifica metas ou fins e determina os meios ou programas que realizam ou se pensa que realizam esses fins, o que ocorre mediante a aplicação de técnicas analíticas para descobrir a adequação entre os fins e os meios e as conseqüências da implementação de fins e meios alternativos. (Gans, 1968b, p.129.)

A racionalidade é uma das características do planejamento (ver também ESCOLHA RACIONAL, TEORIA DA). Na abordagem do planejamento, racionalidade e cálculo são de primordial importância. A elaboração sensível de políticas e planejamento significa "projetar um sistema pelo qual a sociedade pode *ponderar racionalmente os custos e benefícios da[s] alternativa[s]*(...) " (Owen e Schultze, 1976, p.10). Em uma perspectiva sociológica, a racionalidade do planejamento depende, porém, da natureza do alvo e da sociedade em que o plano funciona. A tomada de decisões em matérias sociais constitui um processo político em que os valores e interesses dos participantes desempenham um papel predominante, se bem que nem sempre ostensivo. Além disso, a realização do plano é um processo social que raras vezes é totalmente guiado, se é que alguma vez o foi, pelas *intenções* dos planejadores. Vários atores sociais operando em outros níveis de intencionalidade participam desses processos. O resultado, portanto, dependerá do vigor e da solidez das ações não planejadas e as chamadas conseqüências não-premeditadas ocorrerão inevitavelmente. Da perspectiva do planejador, elas podem ser vistas como espontâneas. A divergência entre plano e resultado depende de certo número de fatores. Alguns dos mais importantes são a complexidade do sistema-alvo, as contradições internas e os conflitos entre componentes do sistema-alvo, o impacto de forças exteriores (como as naturais) ou a natureza estocástica dos vínculos intra-sistêmicos em uma sociedade (Sztompka, 1981).

Níveis e atores do planejamento

Teoricamente, todos os atores sociais podem tomar decisões mais ou menos racionais acerca de sua própria ação e conduta futura. Assim, planos podem ser feitos por famílias, firmas e outras organizações, comunidades locais e unidades dotadas de governo próprio, até o corpo central dos responsáveis pelas decisões. Estamos interessados aqui no planejamento que vai além das fronteiras de uma unidade autônoma, auto-suficiente, como uma família ou firma, e em especial no planejamento em nível global, implicando a sociedade como um todo.

Nas sociedades de mercado, o planejamento surgiu como resposta a vários fracassos do mercado. Por um largo período de tempo, manteve-se parcial ou orientado para programas específicos, como é ilustrado pelo planejamento urbano, que apareceu em alguns países no final do século XIX. Os planos em níveis macro — quatro ou cinco anos — originaram-se depois da crise mundial de 1929 em algumas sociedades capitalistas, principalmente não-democráticas, como a Alemanha nazista em 1933 (Madge, 1968). Um planejamento mais abrangente foi desenvolvido depois da Segunda Guerra Mundial. Uma tendência descrita pela primeira vez por Chandler (1977) é a crescente coordenação entre as grandes companhias (*corporations*), de tal modo que a sua "produção e distribuição, hoje em dia, são cada vez mais determinadas, não por forças do mercado, mas pelo planejamento e a coordenação administrativa" (Himmelstrand, 1981, p.201). A outra tendência foi o surgimento do planejamento estatal funcionando em nível macro (Kahn, 1969).

Nas (antigas) sociedades de socialismo de estado, a tendência foi invertida. Os planos globais, em níveis macro, elaborados pelos órgãos centrais, predominaram desde o início (ver também PLANEJAMENTO ECONÔMICO NACIONAL). Planos parciais iniciados de baixo para cima foram inexistentes. Em conformidade com princípios ideológicos, o mercado foi abruptamente substituído pelo planejamento central (o primeiro plano qüinqüenal teve início em 1928 na União Soviética). O planejamento propôs-se eliminar a operação espontânea do mercado e substituir pela "racionalidade central" todas as outras iniciativas e racionalidades em todos os campos da vida social. O papel exclusivo do planejamento central foi questionado por várias vezes por reformadores econômicos desde o início da década de 20, mas sem sucesso duradouro. O colapso final do socialismo de estado em 1989-90 pode ser atribuído, em grande medida, ao planejamento central, que impôs racionalidade exclusivamente política em todos os subsistemas sociais e assim prejudicou a racionalidade e a eficiência, os princípios básicos da democracia política etc.

Tipos de planejamento

Existem formas de planejamento mais rigorosas e mais moderadas, mais "imperativas" ou mais "liberais" (Rostow, 1962, p.22). Na prática do socialismo de estado, o *planejamento por ordens diretas* foi predominante por largo período de tempo. Nesse caso, *inputs, outputs* e todas as condições de atividade de todas as unidades eram centralmente fixados. Nos últimos 20 anos apareceu o *planejamento indireto.* Este ainda significa metas centralmente definidas, mas as ordens diretas foram substituídas por reguladores fiscais e outros. Esse método foi seguido por países que tinham aceito, como a Hungria de 1968 em diante, o "mercado regulado pelo plano" (Brus, 1961). Na realidade, sob as condições políticas dadas, o mercado continuou sendo um mercado "simulado" e não poderia produzir o resultado esperado. A mudança do sistema político traz a promessa de libertação dos subsistemas sociais, incluindo aí o mercado. Como reação às práticas anteriores, todas as formas de planejamento tornaram-se ilegítimas nessas sociedades. Nas sociedades (de mercado) capitalistas, o estado pode aceitar alguma forma de *planejamento indicativo*, sublinhando metas sem insistir em meios específicos (por exemplo, a França), ou adotar apenas "objetivos amplos e políticas vagamente definidas, que os encaminharão, segundo se espera, na direção geral desejada" (Kahn, 1969, p.44).

Técnicas de planejamento

As etapas de planejamento podem ser definidas como o desenvolvimento de uma política, a implementação dessa política e sua avaliação (Rein, 1968). Em todas as etapas, é de suma importância um adequado conhecimento das condições e relações afetadas pelo plano, bem como uma fluxo contínuo de informação. Desde o começo da década de 70 o aperfeiçoamento da administração e a avaliação de projetos atraíram considerável atenção e grande soma de verbas (Meyers, 1981). Uma das técnicas é o sistema planejamento-programação-provisão orçamentária (sppp), o qual serve simultaneamente para a fixação e a avaliação de metas (Kahn, 1969, p.43). Os *estudos de avaliação* tornaram-se um ramo praticamente autônomo da pesquisa social. A partir de finais da década de 70, análise de *custos-benefícios*, método baseado na lógica da teoria econômica do bem-estar (ver também BEM-ESTAR, TEORIA ECONÔMICA DO), é cada vez mais usada em decisões acerca de projetos sociais e na avaliação de seus resultados. Todos esses instrumentos parecem ser úteis no caso de projetos parciais que estão bem circunscritos, mas não se adaptam tão bem aos programas abrangentes de nível macro. Cumpre lembrar também que esses métodos não podem resolver o problema político de conflitos de valor e interesses divergentes. As decisões sobre os fatores a incluir em várias análises, ou a excluir destas, continuam sendo influenciadas por considerações sociais e políticas.

Planejamento social

Quando o planejamento social se caracteriza por suas vastas ambições, pode ser denominado planejamento "societal": "O planejamento societal ocupa-se da avaliação de metas sociais e do desenvolvimento em linhas gerais dos tipos de programas adequados à realização das metas escolhidas" (Gans, 1968b, p.129). Planejamento parcial, planejamento urbano ou comunitário, planejamento de projetos de bem-estar, têm sido de há muito as principais formas de planejamento social em sociedades de mercado. Esse tipo de planejamento tem sido freqüentemente discutido, incluindo-se os problemas de coordenação, a concorrência para a obtenção de verbas e a maquinaria de planejamento (Gans, 1968a; Rein, 1968; Kahn, 1969).

O surgimento do ESTADO DE BEM-ESTAR e, ainda mais, a idéia de uma *sociedade de bem-estar* colocaram em pauta questões mais abrangentes. Nesse caso, o planejamento social pode ou deve tornar-se o processo de desenvolvimento, implementação e avaliação de políticas sociais, sendo a sua essência a determinação de prioridades sociais. Em outras palavras, o planejamento social tem que se ocupar da "distribuição de bem-estar e da formação de relações estruturais" (Walker, 1984, p.3). Essa questão é, do ponto de vista social, bastante controvertida, de modo que, pelo menos para parcelas da *intelligentsia* e da oposição, o planejamento social se converteu em um campo de luta ideológica por meio da qual "tentaram descobrir os meios de superar as desigualdades promovidas pelo desenvolvimento econômico" (Jobert, 1981, p.238).

Nas antigas sociedades socialistas, o planejamento econômico estatal costumava ser predominante. O pressuposto ideológico era que o desenvolvimento econômico acarretaria automaticamente o progresso social e a realização de objetivos socialistas como a elevação do nível de bem-estar do povo, a melhoria do estilo e da qualidade de vida, a redução da diferenciação entre classes e grupos, o aperfeiçoamento das relações sociais e, finalmente, a criação das condições necessárias para o desenvolvimento pessoal multiforme oferecido a todos os cidadãos (Zalavskaya, 1981, p.192).

Apesar das metas sociais ambiciosas e freqüentemente radicais, em ambos os tipos de sociedade o planejamento social se manteve não raras vezes estreitamente burocrático, centralizado, insensível às reais necessidades e subordinado à política e ao planejamento econômicos (Walker, 1984). O abismo entre metas e realidade costumava ser particularmente profundo na maioria das sociedades de socialismo de estado. Essa falha tinha muitas razões. A razão técnica era que, no caso do planejamento direto, as metas tinham que ser numérica e exatamente definidas. Portanto, o planejamento social estava restrito a metas que pudessem ser definidas desse modo, como o número de leitos hospitalares ou de vagas nos jardins de infância, desprezando a qualidade dos serviços oferecidos. A razão ideológica era a ênfase no desenvolvimento econômico, que se supunha acarretar automaticamente o desenvolvimento social. A principal razão política ou estrutural era, porém, o próprio sistema político. O planejamento bem-sucedido para mudanças e o planejamento para necessidades têm que se basear na participação democrática do planejamento e no seu controle, ou seja, em direitos sociais e econômicos. O necessário — mesmo que não seja o suficiente — requisito prévio desses direitos é a existência de direitos civis e políticos. Como estes são subdesenvolvidos ou ausentes nos sistemas totalitários, o planejamento representou, de fato, uma "ditadura sobre as necessidades". A ausência de democracia política retirava toda a legitimidade do planejamento e de seus resultados, mesmo que o padrão de vida ou os seus componentes tivessem objetivamente melhorado.

De modo mais amplo, desde a crise do socialismo no Leste Europeu e a propagação do neoliberalismo, o planejamento em geral e o planejamento social em particular perderam grande parte de sua legitimidade e atração anteriores (Johnson, 1987). A negação do planejamento pode, contudo, intensificar as deficiências de mecanismos sociais "automáticos", como o mercado. As mudanças tecnológicas, por exemplo, parecem acarretar desemprego em grande escala, com graves conseqüências para a distribuição de renda. Em geral, as estruturas sociais hierárquicas e desiguais, se deixadas a si mesmas, reproduzem-se de modo automático e espontâneo, usualmente com o aumento das desigualdades, o fortalecimento das hierarquias e o agravamento da situação dos grupos mais fracos da sociedade. Isso é verdadeiro até mesmo em nível internacional. As recentes tendências mundiais parecem acentuar as desigualdades de desenvolvimento entre os três mundos.

As conseqüências espontâneas tinham de ser enfrentadas para se evitar o recudrescimento das tensões em nível tanto nacional quanto internacional. Nas condições políticas correntes, é muito pouco provável que isso ocorra. Os planos sociais são ainda mais discutíveis que o planejamento econômico, em parte porque as intervenções em questões sociais são especialmente suspeitas de "dirigismo" e, em parte, porque os riscos são grandes: os resultados podem afetar diretamente muitos indivíduos sociais. A eficácia dos planos sociais dependerá de as sociedades poderem encontrar formas de democratizar e descentralizar os processos de planejamento e implementação, de poderem envolver os cidadãos nesses processos — poderem, em suma, construir um sistema de planejamento de baixo para cima.

Leitura sugerida: Balogh, T. 1965: *Planning for Progress: a Strategy for Labour* • Booth, T.A., org. 1979: *Planning for Welfare* • Gans, H.J. 1968a: *People and Plans* • Hall, P. 1981: *Great Planning Disasters* • Himmelstrand, U., org. 1981: *Spontaneity and Planning in Social Development* • Kahn, A.J. 1969: *Theory and Practice of Social Planning* • Marris, P. 1982: *Community Planning and Conceptions of Change* • Mayer, R.H. 1972: *Social Planning and Social Change* • Paris, C., org. 1982: *Critical Readings in Planning Theory* • Walker, A. 1984: *Social Planning*.

ZSUZSA FERGE

pluralismo A mesma palavra designa três grupos muito diferentes de idéias nas ciências sociais. Um deles pode ser tratado de forma bastante breve: o pluralismo nessa primeira acepção refere-se a um padrão institucional em uma sociedade pré-industrial não-ocidental, sob domínio colonial ou pós-colonial. Sociedade plural é um conceito proposto por J.S. Furnivall (1948) e ulteriormente desenvolvido por L. Kuper e M.G. Smith (1969). Em tal sociedade, grupos sociais auto-regulados e fechados vivem lado a lado, mas cada um tem uma existência comunitária distinta. Esses grupos estão externamente ligados pelo estado e pelo mercado. Tal padrão de pluralismo não subentende igualdade de influência ou importância entre os grupos; pelo contrário, são típicas as relações de hierarquia ou dominação. Relações comunalistas desse gênero são um obstáculo ao desenvolvimento do moderno estado-nação ou da moderna economia integrada.

Pluralismo norte-americano

O segundo sentido de pluralismo é, sem dúvida, o mais influente e o que melhor se conhece, uma vez que as referências à "abordagem pluralista" ou ao "pluralismo" significam, quase invariavelmente, a teoria pluralista norte-americana da democracia política. Essa teoria pretende desenvolver os insights proporcionados por certo número de fontes pré-modernas do pensamento político. *The Federalist Papers* de 1787-88 são freqüentemente citados, mas o mais importante precursor é Alexis de Tocqueville, o qual afirmou em *De la démocratie en Amérique* (1835-40) que um governo democrático é sustentado por uma sociedade em que as condições de influência política plural estejam asseguradas e perpetuadas. Ou seja, a democracia, no sentido de oportunidades amplas e compartilhadas de modo relativamente uniforme para influenciar a opinião pública e a tomada de decisões governamentais, depende menos de mecanismos constitucionais formais, como eleições representativas, do que da existência de uma pluraridade de associações secundárias na SOCIEDADE CIVIL, separadas do estado e não controladas por este. Tal dispersão social de opinião e influência, tais organizações rivais de cidadãos impedem a democracia majoritária de se tornar tirânica ou o estado de exercer o controle exclusivo das vidas e lealdades dos cidadãos. As idéias de Tocqueville estão em direta oposição às de Jean-Jacques Rousseau, o qual sustentou que todas as organizações que intervieram entre o estado e o cidadão individual perverteram a democracia majoritária e asseguraram o domínio de facções movidas por interesses egoístas. Que a Revolução Francesa e o Terror tinham interferido é claramente um fato de extrema relevância. Tocqueville viu que, se a sociedade política for composta de *minorias* competindo entre si, nenhuma delas apta a prevalecer em toda e qualquer questão sobre as demais, ela estará relativamente segura contra a tirania.

Esses pontos de vista foram desenvolvidos mais formalmente por cientistas políticos norte-americanos, sobretudo a partir da década de 40. Notáveis teóricos pluralistas foram Talcott Parsons (1969) e David Truman (1951). A formulação mais rigorosa é a de R.A. Dahl em *A Preface to Democratic Theory* (1956). Nas mãos de Dahl, o pluralismo torna-se uma teoria da competição política estável e relativamente aberta e das condições institucionais e normativas que a sustentam. Poder e influência só se dispersam sob condições sociais e políticas definidas: a participação política deve incluir, pelo menos potencialmente, todos os cidadãos adultos que gozem dos mesmos direitos formais; a formação de grupos de interesses e partidos concorrentes, independentes do controle do estado, não deve ser sistematicamente monopolizada por um grupo minoritário. Além disso, a maioria dos grupos concorrentes que almejam controlar ou influenciar a tomada de decisões deve subscrever as normas de uma cultura política democrática, ou seja, aceitar a alternância de poder, o direito de outros grupos à existência e os limites dos métodos de competição política (ver INTERESSE, GRUPO DE). As modernas sociedades industriais ocidentais e alguns países do Terceiro Mundo, como a Índia, tendem a satisfazer essas condições em grau suficiente para que possam ser classificadas como exemplos de uma "poliarquia" funcionando satisfatoriamente. É pouco provável que algum estado logre cumprir todas as condições ideais típicas de uma democracia funcionando plenamente. A democracia existe sob condições modernas na forma de "poliarquia", ou seja, a influência plural e sucessiva de grupos de interesse. As democracias modernas são formadas por constelações concorrentes de tais grupos, não o governo formal dos representantes das opiniões de uma maioria de cidadãos individuais. O pluralismo é o governo das minorias. No mínimo, cada uma dessas minorias tem alguma influência sobre as questões que lhe interessam. Na medida em que isso é verdadeiro, que os grupos consideram que a disputa por influência é suficientemente aberta para valer a pena competir e que nenhum deles busca ou adquire um monopólio de influência, então o sistema é pluralista. O pluralismo não requer a absoluta igualdade de influência para todos os grupos nem supõe que a política seja isenta de conflitos; tenta provar que a desigualdade e o conflito têm que ser confinados abaixo de um limiar definido para que o sistema seja poliárquico. Portanto, é perfeitamente possível a um sistema pluralista fracassar na dimensão da inclusividade, quando passa então a ser um sistema oligárquico, ou na dimensão da competição, quando se converte em uma "hegemonia inclusiva", ou seja, o poder é monopolizado por um grupo minoritário específico.

Dahl é o mais explícito dos pluralistas, no sentido de construir um modelo teórico das condições que uma comunidade política deve satisfazer para garantir um mínimo de competição democrática para influência e exercício de funções. O papel desse modelo consiste em mostrar o grau em que as sociedades concretas se aproximam das condições típicas de uma poliarquia. O pluralismo, e a obra de Dahl em particular, tem sido alvo de muitas críticas hostis por parte de radicais como C. Wright Mills (1956) e de marxistas como R. Miliband (1969). Afirmam eles que o pluralismo é uma apologia sistemática das sociedades capitalistas ocidentais, que os pluralistas proclamam erradamente que o poder e a influência estão amplamente distribuídos e cometem grave equívoco ao sustentar que não existe desigualdade sistemática no acesso à competição política. Mills e Miliband afirmam que o poder está, de fato, monopolizado e que uma minoria está apta a controlar todas as decisões importantes que influam em seus interesses. Bachrach e Baratz (1962) sustentam que o grupo dominante é suficientemente poderoso para poder definir a agenda política, de tal modo que questões importantes para outros grupos simplesmente nunca chegam a ser máterias formais de decisão política.

De fato, que nos seja permitido discordar dos críticos, tudo que os pluralistas precisam afirmar é que uma poliarquia existe se grupos menos bem-sucedidos ainda considerarem valer a pena competir e que, com o passar do tempo, o sistema mostra uma tendência a se tornar mais inclusivo e mais abertamente competitivo. Dahl aponta que, em ambos os aspectos, as sociedades ocidentais se mostram minimamente pluralistas. Cita o crescimento da influência dos partidos e movimentos trabalhistas na Europa — tendo sido previamente excluídos, concorreram e chegaram ao poder e passaram a exercer influência — e, nos Estados Unidos, a inclusão dos negros no sistema político e a destruição do sistema de segregação no Sul. De modo geral, tem faltado aos críticos radicais e marxistas a sofisticação metodológica necessária para construir um sério teste empírico do modelo pluralista, enquanto que Dahl, em especial, apresentara poderosas críticas ao modelo de Mills de uma elite do poder (Dahl, 1958), assim como às abordagens marxistas da democracia (1948). A sabedoria convencional dos radicais da década de 60 dizia que o pluralismo era uma ideologia obsoleta; pelo contrário, o pluralismo sobreviveu até os anos 80 e se conservou melhor do que as idéias de seus críticos.

A crítica radical e marxista do pluralismo é compreensível no contexto da Guerra Fria. O pluralismo era freqüentemente usado com complacência como apologia e endosso das democracias ocidentais. A exploração ideológica de uma teoria pode claramente comprometer o seu valor explicativo. Rigorosamente especificada, a teoria pluralista permite-nos ver até que ponto muitas democracias ocidentais estão distantes de uma poliarquia em pleno funcionamento. Cumpre dizer que, com a exceção das mais recentes obras de Dahl (1982; 1985), ela raramente foi usada dessa maneira. Quando usado em comparações com a União Soviética, o pluralismo pôde mostrar que as democracias ocidentais têm exibido incomparavelmente maior influência política e competitividade política aberta. Entretanto isso encorajou e criou um alvo fácil para os críticos hostis, todos eles por demais conhecedores dos limites do funcionamento democrático do Ocidente.

Acrescente-se que o pluralismo é rigoroso somente como teoria específica da competição política, e no como abordagem geral da ciência política. Possui, de fato, importantes limitações explicativas, sendo a principal delas a de tender a tratar o estado e órgãos governamentais como se nada mais fossem do que um veículo através do qual grupos influentes são capazes de concretizar seus objetivos. Assim, o estado é uma rede intermediária através da qual grupos concorrentes lutam por influenciar a ação política e a tomada de decisões, refletindo ele em suas ações os objetivos do interesse organizado predominante em qualquer questão. Isso poderia ser chamado, de modo um tanto irreverente, a teoria do estado como central telefônica. É extremamente difícil acomodar na teoria pluralista as proposições de que o estado é uma instituição sumamente exclusiva e de que os grupos e agências dentro dele têm distintos interesses e objetivos próprios. Entretanto a teoria da classe dominante ou a teoria marxista da classe dominante não é, em absoluto, um substitutivo eficaz, uma vez que se trata de teorias generalizantes que, por sua vez, subestimam o papel da competição política e da influência política plural. Elas, por sua vez, consideram o estado impermeável e homogêneo demais, bem como subserviente demais em relação ao grupo social minoritário dominante: o complexo industrial-militar ou a classe capitalista. Embora o pluralismo desafie corretamente a concepção de soma-zero do poder como quantidade fixa, tende a ignorar a rigidez institucional do governo que impede que a influência seja infinitamente prolongável.

Uma importante área de pesquisa empírica pluralista foi a análise do poder da comunidade. Pluralistas e neo-elitistas argumentaram pró e contra a proposição de que o poder em regiões e cidades americanas está largamente difundido, sendo de Dahl (1961) a declaração pluralista clássica e de Floyd Hunter (1953) a declaração clássica da monopolização do poder. Para um levantamento geral desse debate, ver Nelson W. Polsby (1963) e Arnold M. Rose (1967).

Pluralismo político inglês

O terceiro sentido de pluralismo é o do pluralismo político inglês. Essa corrente em teoria política foi muito influente na Grã-Bretanha e internacionalmente no primeiro quartel deste século, após o que sofreu um rápido e radical eclipse. O pluralismo nesse sentido é menos uma doutrina da competição política, como a norte-americana, do que uma crítica da estrutura do estado e da base da autoridade deste. Os pluralistas ingleses desafiaram a teoria da ilimitada soberania do estado e a concepção de um estado unitário centralizado corporificando tal poder soberano em uma hierarquia de autoridade exclusivamente controlada. Os pluralistas ingleses atribuíram um papel central a associações voluntariamente formadas de cidadãos na sociedade civil, mas seu propósito básico a esse respeito era normativo, ou seja, sustentar que o estado soberano restringiu e inibiu o crescimento e a liberdade de tais associações, que o estado era um obstáculo à existência de associações plurais autônomas e, portanto, devia ele próprio ser "pluralizado" a fim de corresponder mais de perto às necessidades das associações livres em uma sociedade livre. O pluralismo americano, pelo contrário, sustenta que a difusão de poder é um fato e presta pouca atenção à estrutura do estado.

Os principais pensadores pluralistas ingleses foram o historiador do direito F.W. Maitland, seu colaborador o ministro da igreja anglicana John Figgis e os intelectuais socialistas G.D.H. Cole e Harold J. Laski. Maitland e Figgis foram diretamente influenciados pelo teórico alemão do direito Otto von Gierke e sua teoria das associações (1900). Eles desafiaram a "ficção" teórica da personalidade jurídica e a concepção concessionista do direito legal de associações. Tais concepções promanaram da opinião de que as últimas organizações legítimas na sociedade são o estado, representando a vontade do povo, e os indivíduos como portadores de direito. A concessão de personalidade jurídica é dependente do estado e a classe assim formada é limitada em seu poder por seus artigos de associação. Figgis, em sua principal obra, *Churches in the Modern State* (1913), sustentou vigorosamente que esse ponto de vista deve inibir o livre desenvolvimento dos indivíduos e a democracia interna das associações. Afirmam que os indivíduos só podem esforçar-se por concretizar algumas de suas mais importantes liberdades e desfrutar delas em associação com outros, e que o ponto de vista concessionista inibiu a autonomia de associações com governo próprio, como igrejas e sindicatos.

A noção de soberania do estado foi desafiada por todos os pluralistas. Por "soberania" entenderam eles que uma determinada corporação política, tipicamente uma legislatura, reivindicava para si mesma a plenitude do poder e o direito a exercer o controle e a promulgar leis para todas as pessoas, agências e circunstâncias dentro de um território definido. Soberania é um conceito defectivo, visto que nenhuma corporação pode realmente possuir tal plenitude de poder e que, ao pretender reinvidicá-la, a sua tendência era no sentido de atacar as fontes plurais de poder, influência e administração em uma sociedade. Laski (1921) resumiu bem essa oposição ao sustentar que, nas sociedades modernas, todo poder e toda organização são necessariamente e *de facto* federativos. O estado deve, pois, conceder autonomia e independência às agências e associações mais apropriadas ao desempenho de determinada tarefa — afirmou aquele autor que, como "as estradas de ferro são tão reais quanto o Lancashire", deveria ser-lhes consentido que conduzissem seus próprios negócios pelo menos da mesma forma que se permite ao condado cuidar dos dele. Cole e Laski defenderam com veemência a participação dos trabalhadores na gestão de suas indústrias e a criação por estas, em moldes federativos, de padrões de co-determinação e colaboração mútua que fossem reputados necessários e apropriados. Cole ligou explicitamente a pluralização da autoridade do estado à administração da indústria pela Guilda Socialista em *Guild Socialism Re-stated* (1920).

Os pluralistas acreditavam na dispersão do poder do estado em domínios de autoridade distintos e funcionalmente autônomos. Por causa disso, opuseram-se fortemente à legitimação democrática representativa do estado centralizado, à pretensão de que somente tal organização poderia representar a vontade do povo, sendo outras organizações parciais e egocêntricas. Cole, em especial, desafiou veementemente esse ponto de vista, afirmando ser impossível a representação das vontades reais de tão multiforme e diversa massa de cidadãos. Os pluralistas negaram que a sociedade pudesse dar origem a uma vontade geral, afirmando, pelo contrário, que os interesses dos cidadãos eram específicos e diversos. Embora todos os pluralistas acreditassem que o poder do estado centralizado deveria ser disperso e que as associações deveriam gozar da maior medida de liberdade compatível com a liberdade de outros, não concordavam sobre a natureza do poder público restante em tal sistema. Cole, em particular, favoreceu claramente a substituição do sistema de democracia representativa por um sistema de democracia funcional baseado nas guildas industriais. Laski era favorável a uma combinação do sistema territorial representativo com o autogoverno funcional.

O pluralismo declinou depois de meados da década de 20. O colapso financeiro de 1929 desferiu-lhe o golpe de misericórdia, quando os radicais advogaram mais uma vez de menos ação estatal central para revitalizar a economia — Cole e Laski entre eles. Está retornando à proeminência intelectual agora, quando a centralização está perdendo apoio e a devolução de poder parece mais atraente nos países ocidentais. Para uma excelente exposição sobre o pluralismo inglês, ver Nicholls (1975).

Leitura sugerida: Dahl, R.A. 1956 (*1966*): *A Preface to Democratic Theory* • Hirst, P.Q., org. 1989: *The Pluralist Theory of the States: Selected Writings of G.D.H. Cole, J.N. Figgs and H.J. Laski* • Hunter, F. 1953: *Community Power Structure* • Kuper, L. e Smith, M.G., orgs. 1969: *Pluralism in Africa* • Nicolls, D. 1975: *The Pluralist State* • Polsby, N.W. 1980: *Community Power and Political Theory*, 2ªed. • Rose, A.M. 1967: *The Power Structure*.

PAUL QUENTIN HIRST

pobreza O uso deste conceito, em vez de diminuir, cresceu com o passar dos anos. É um dos conceitos organizadores para declarações sobre "a condição social" — quer se aplique a sociedades ricas ou pobres, e neste final do século XX a coerência de significado em todas as sociedades tornou-se uma questão científica crítica. Os livros sobre a pobreza no Terceiro Mundo durante esse período foram mais críticos e teoricamente mais radicais do que os escritos a respeito da pobreza no Primeiro Mundo. As divergências de significado produziram, ou refletiram, divergências na metodologia, nos modos de explicação e nas estratégias de melhoramento.

O conceito tem atraído interesse intelectual e político durante muitos séculos (ver Himmelfarb, 1984; Woolf, 1987), na medida em que os governos e as classes dominantes acabaram, ainda que relutantemente, sentindo-se obrigados a definir as necessidades dos pobres em relação à renda destes. Assim, na Grã-Bretanha e boa parte da Europa os responsáveis por pequenas áreas, como paróquias, desenvolveram formas de auxílio a indigentes, em asilos ou fora deles, muito antes da Revolução Industrial, mas as economias recém-baseadas na indústria manufatureira e no sistema de incentivo salarial criaram novos problemas de regulação dos montantes a serem recebidos pelo pobres tanto fora quanto dentro das instituições de assistência social. Os custos de manutenção das instituições e de seus internados tinham causado preocupações aos grupos dominantes e, na formulação de um novo programa para administrar a pobreza a partir de 1834 na Grã-Bretanha, por exemplo, o princípio de "menos elegibilidade" desempenhou um papel crucial no pensamento dos políticos e dos responsáveis por investigações científicas. (*Report...of the Poor Laws*, 1834, p.228).

Havia pressão para definir as necessidades *mínimas* dos internados institucionais e dos pobres fisicamente capazes fora de instituições, e os primeiros trabalhos de nutricionistas na Alemanha, Estados Unidos e Grã-Bretanha foram dedicados a tais questões. (Para a Alemanha, ver, por exemplo, Leibfried, 1982; Leibfried e Tennstedt, 1985; para os Estados Unidos, Aronson, 1984.)

Durante o século XX, três concepções alternativas de pobreza foram desenvolvidas como base para um trabalho internacional e comparativo. Elas dependem principalmente das idéias de *subsistência, necessidades básicas e privação relativa.* Na Grã-Bretanha, o padrão de "subsistência" veio à luz em duas etapas, primeiro em conjunção com pesquisas levadas a efeito por empresários como Rowntree (1901 e 1918) e depois nos anos de guerra, 1939-45, por meio de um relatório sobre segurança social redigido por Beveridge (1942). Como resultado de um trabalho incentivado por nutricionistas, as famílias foram então definidas em situação de pobreza quando suas rendas não eram "suficientes para a manutenção da mera eficiência física" (Rowntree, 1901, p.86). Uma família era tratada como pobre se a sua renda menos aluguel ficasse abaixo da linha de pobreza. Embora se fizesse um abatimento na renda para vestuário, combustível e alguns outros itens, esse abatimento era muito pequeno e a alimentação era responsável pela maior parcela da subsistência.

A formulação de Rowtree, A.L. Bowley e outros durante a década de 1890 e as primeiras décadas do século XX teve poderosa influência tanto sobre a prática científica quanto sobre as políticas nacionais, e internacionais, sendo exemplos disso as medidas estatísticas adotadas para descrever as condições sociais em cada país e, mais tarde, utilizadas por organismos internacionais como o Banco Mundial. A interpretação pessoal de Beveridge de "subsistência" foi mantida depois de 1945 como forma de justificar os baixos índices de assistência nacional e seguridade nacional então adotados. A idéia de subsistência também foi livremente exportada para estados-membros do antigo Império Britânico (Pillay, 1973; Maasdorp e Humphreys, 1975). Nos Estados Unidos, "subsistência" continua sendo a palavra-chave das medidas governamentais em relação à pobreza (U.S. Departament of Health, Education and Welfare, 1976). O uso de "subsistência" para definir a pobreza tem sido maciçamente criticado (Rein, 1970; Townsend, 1979), sobretudo com base no fato de as necessidades humanas serem interpretadas como sendo predominantemente necessidades físicas — isto é, de alimento, moradia e vestuário —, em vez de necessidades sociais.

Uma segunda formulação — a de "necessidades básicas" — foi adotada na década de 70, embora estritamente a idéia tivesse uma história mais extensa (Drewnowski e Scott, 1966). Considerou-se que as necessidades básicas incluem dois elementos:

> Em primeiro lugar, incluem certas exigências mínimas de uma família no tocante ao consumo privado: alimentação, moradia e vestuário adequados, assim como certo mobiliário e utensílios domésticos. Em segundo lugar, incluem serviços essenciais fornecidos pela e para a comunidade em geral, como água potável, saneamento, transporte público e serviços de saúde, educacionais e culturais. (Organização Internacional do Trabalho, 1976, p.24-5; ver também ibid., 1977.)

Esse conceito tem desempenhado um papel proeminente em uma sucessão de planos nacionais (Ghai et al., 1977; Ghai e Lisk, 1979) e em relatórios internacionais (Unesco, 1978; Brandt, 1980). A expressão é claramente uma ampliação do conceito de subsistência. A ênfase recai sobre os serviços mínimos requeridos por comunidades locais como um todo, e não apenas necessidades individuais e familiares para a sobrevivência e a eficiência físicas. Entretanto os proponentes do conceito tiveram grande dificuldade em produzir critérios aceitáveis para a escolha e definição dos itens incluídos. Um dos atrativos do conceito de "subsistência" para alguns pensadores foi o seu âmbito limitado e, portanto, suas limitadas implicações para a reforma das estruturas sociais, bem como sua mais fácil conciliação com a forte ênfase atribuída ao individualismo dentro do pluralismo liberal. Um dos atrativos intelectuais do conceito de "necessidades básicas", por outro lado, foi a sua ênfase no estabelecimento de, pelo menos, algumas das condições prévias para a sobrevivência e a prosperidade das comunidades em todos os países.

Por tais razões, alguns cientistas sociais voltaram-se para uma terceira formulação *social*, mais abrangente e rigorosa, do significado de pobreza — a de PRIVAÇÃO RELATIVA (Townsend, 1979, 1985 e 1992; Chow, 1982; Bokor, 1984; Mack e Lansley, 1984; Ferge e Miller, 1987; Desai e Shah, 1988; Luttgens e Perelman, 1988; Listner, 1991). As sociedades passam por mudanças tão rápidas que qualquer padrão criado em alguma data histórica no passado dificilmente se justifica em novas condições. As pessoas estão sujeitas a novas leis e obrigações, e consomem diferentes bens e serviços. Portanto, as rendas não podem ser ajustadas por um índice de preços. A pobreza pode ser mais bem entendida como referente não apenas aos que são vítimas da má distribuição de recursos, porém, mais exatamente, àqueles cujos recursos não permitem, em primeiro lugar, satisfazer as refinadas exigências e normas sociais impostas aos cidadãos dessa sociedade. Esse é um critério que se presta a observações, medições e análises científicas.

A motivação que impulsionou a apresentação da pobreza como "privação relativa" poderia considerar-se científica e internacional. Há aspectos em que o conceito de "subsistência" minimiza a amplitude e a profundidade da necessidade humana, tal como o conceito de "necessidades básicas" está basicamente restrito aos serviços de utilidade pública das comunidades do Terceiro Mundo. As pessoas sofrem uma privação relativa se não podem obter regime alimentar, confortos, padrões e serviços — que lhes permitam desempenhar os papéis, participar das relações e ter o comportamento habitual que se espera delas como membros da sociedade. As pessoas podem sofrer privações em qualquer ou em todas as principais esferas da vida — no trabalho, onde são ganhos os meios que determinam predominantemente as posições ocupadas em outras esferas; no lar, na família e na comunidade; nas viagens; em uma gama de atividades sociais e individuais fora do trabalho, do lar ou da comunidade, no desempenho de uma variedade de papéis em cumprimento de obrigações sociais.

Tal como em qualquer formulação, há problemas na definição da pobreza em termos operacionais. Sob o enfoque da "privação relativa", concebe-se um limiar de renda, de acordo com o tamanho e o tipo de família, abaixo do qual a retirada ou exclusão da participação ativa na sociedade torna-se desproporcionalmente acentuada. Se esse limiar existe, depende das provas científicas que podem ser reunidas em seu favor (para uma apresentação da controvérsia, ver Townsend 1979, cap.6; Desai e Shah, 1988; Desai, 1986; Sen, 1983 e 1985; e Townsend, 1985). Uma detalhada e abrangente observação científica é necessária para demonstrar a extensão e a severidade da não-participação entre as pessoas de baixa renda e que sofrem de escassez, pois os indivíduos desempenham diferentes papéis durante suas vidas e podem ter complexos padrões de associação.

Estamos em uma etapa relativamente precoce do reconhecimento das necessidades *sociais* dos indivíduos, e os efeitos sociais plenos da baixa renda ainda estão por ser sistematicamente descritos e cientificamente investigados, mas essa não é uma etapa desconhecida na evolução da definição e da teoria científicas.

Ver também ESTADO DE BEM-ESTAR; ESTATÍSTICA SOCIAL; NECESSIDADES.

Leitura sugerida: Atkinson, A. 1989: *Poverty and Social Security* • George, V. 1988: *Wealth, Poverty and Starvation* • Sen, A. 1981: *Poverty and Famines: An Essay in Entitlement and Deprivation* • Townsend, P. 1979: *Poverty in the United Kingdom* o 1992: *The International Analysis of Poverty*.

PETER TOWNSEND

poder Em seu significado mais genérico, poder é a capacidade de produzir ou contribuir para resultados — fazer com que ocorra algo que faz diferença para o mundo. Na vida social, podemos dizer que poder é a capacidade de fazer isso através de relações sociais: é a capacidade de produzir ou contribuir para resultados que afetem significativamente um outro ou outros. Essas amplas definições gerais oferecem um quadro de referência para caracterizar algumas das principais diferenças no modo como o poder tem sido visto em debates no século XX. Focalizando o poder social, podemos formular várias questões.

Em primeiro lugar, quem ou o que possui poder? Muitos viram o poder como uma capacidade de agentes, individuais ou coletivos, embora haja quem o considere uma propriedade impessoal: a capacidade dos sistemas sociais de realizar objetivos coletivamente vinculatórios (Talcott Parsons) ou de reduzir a complexidade (Niklas Luhman), ou dos mecanismos sociais de "disciplinar" indivíduos, modelando seu discurso, seus desejos, a bem dizer, a sua própria "subjetividade" (Michel Foucault). Mas é desnecessário falar de tais estruturas impessoais como "tendo poder": todas essas concepções "estruturalistas" são reformuláveis como enunciados de várias condições que facilitam ou reduzem o poder de agentes para atuar, seja como indivíduo, seja coletivamente (ver AÇÃO E MEDIAÇÃO).

Em segundo lugar, que resultados contam como efeitos do poder? Muitos concordam com Bertrand Russel e Max Weber, que insistiram em que os resultados sejam intencionais. Para Russell, poder é "a produção de efeitos pretendidos" (1938, p.25); para Weber, é "a probabilidade de que um ator em uma relação social esteja em posição de levar a efeito a sua vontade, independentemente da base em que essa probabilidade assenta" (1921-2). Mas a intenção é *suficiente*? Que dizer se, à semelhança dos estóicos, quero somente o que posso obter, ou, à semelhança de um conformista, somente o que os outros querem, ou, à semelhança de um sicofante, somente o que (penso eu) os outros querem que eu queira? Sou poderoso em oposição a você se os efeitos que posso intencionalmente produzir são produzidos porque você me ameaçou ou induziu, ou porque previ que você faria isso, ou se posso apenas produzi-los a um enorme custo (digamos, sacrificando a minha vida ou o que lhe dá valor), ou se nada posso produzir além de efeitos triviais? E as intenções são reais ou hipotéticas? O poder não é também a capacidade de realizar o que poderia, mas realmente não quero? E a intenção é *necessária*? Todos os efeitos do poder devem ser intencionais? Será que o poder pode não ser exercido de forma rotineira ou irrefletida, como quando, ao tomar decisões de investimento, privo pessoas desconhecidas de trabalho ou o proporciono a elas? Talvez, mais exatamente, os resultados do poder devam ser identificados como os que afetam os *interesses* dos poderosos e daqueles que o poder destes afeta. Que os primeiros só são promovidos à custa dos segundos é uma suposição injustificadamente restritiva encontrada em grande parte da literatura existente sobre poder, embora essa seja claramente uma possibilidade apenas.

Em terceiro lugar, que distingue as relações de poder? De que maneiras podem os poderosos afetar significativamente outros para produzir ou contribuir para resultados? Alguns, ainda como Weber, concentraram-se nas relações de dominação — no *poder sobre* um outro ou outros, na garantia de submissão por meios que podem ir desde a VIOLÊNCIA e a força, passando pela manipulação, até a AUTORIDADE e a persuasão racional (embora seja discutível se esta última é uma forma de poder e dependa de você pensar ou não que, ao me persuadir, minha mente foi alterada por você ou pelas razões que me ofereceu). Outros, como Hannah Arendt, vêem as relações de poder como essencialmente cooperativas, definindo o poder como "a capacidade humana de atuar em harmonia", em contraste com a violência e a força, e com "a relação comando-obediência": o poder, nessa concepção, "pertence a um grupo e continua existindo somente enquanto o grupo se mantiver coeso" (1970, p.44, 40). Outros tentam combinar ambos os aspectos em uma concepção mais abrangente, sublinhando tanto a necessidade dos poderosos de atrair a cooperação e formar coalizões quanto a de evitar ou superar a oposição.

Em quarto lugar, como é concebida a capacidade em questão? O "poder" identifica o que um agente pode fazer sob várias condições ou somente nas condições realmente existentes? Na primeira hipótese, são poderosos os que podem produzir os resultados apropriados em uma vasta gama de circunstâncias possíveis; na segunda, só se as circunstâncias vigentes lhes permitirem assim proceder (por exemplo, uma determinada configuração de preferências de voto habilita a pessoa a decidir o resultado). A primeira alternativa identifica uma capacidade que pode ser desenvolvida em uma série de contextos, ao passo que na segunda é identificado o que pode ser feito em um tempo e lugar específicos. Uma concepção adicional (comum entre sociólogos adeptos da estratificação) incluiria como parte do poder o acesso a, ou a capacidade de controlar, resultados desejados (como recursos ou privilégios), seja o que for que o agente faça. Nessa concepção, o poder pode ser visto como a capacidade de obter vantagens sem esforço. Mas outros consideram que é preferível conceber isso mais como questão de sorte do que de poder.

Finalmente, em quinto lugar, como é possível identificar ou medir o poder? Robert Dahl e seus seguidores analisaram o que prevalece em uma tomada de decisões quando há interesses conflitantes; Peter Bachrach e Morton Baratz recomendaram um enfoque adicional na composição da agenda (1970); e Steven Lukes apontou ainda que o poder pode envolver a formação de crenças e desejos, os quais, por seu turno, podem não ser deliberados (1974). Alguns concentraram-se na posse de recursos como um "índice de poder", outros na capacidade de criar uma diferença decisiva, como um "pivô", nas deliberações por voto, outros na medição dos custos de oportunidade da tentativa de assegurar submissão, em contraste com os custos do fracasso dessa tentativa. Simplesmente, a resposta a essa última questão depende de como respondemos todas as outras.

Leitura sugerida: Arendt, Hannah 1970: *On Violence* • Dahl, R.A. 1961: *Who governs? Democracy and Power in an American City* • Lukes, S. 1974: *Power: a Radical View* • Morris, P. 1987: *Power: a Philosophical Analysis* • Weber, Max 1921-2 (*1978*): *Economy and Society*, trad. e org. por G. Roth e C. Wittich, esp. cap.10.

STEVEN LUKES

polícia Quer em referência à função de manter o controle social na sociedade (policiamento) ou à instituição estabelecida para executar essa função (a polícia), estamos lidando com uma questão complexa, controversa e sumamente emocional. Embora sejamos todos policiados de algum modo (a sociedade requer, para persistir, um mínimo de organização e conformidade), a questão de quem é policiado, por quem, de que maneira(s) e com que justificação (ou justificações) está no cerne dos debates acerca dos processos sociais e políticos (ver ESTADO; PODER; SOCIEDADE) O policiamento pode ser: formal ou informal, público ou privado, aberto ou secreto, local ou centralmente controlado, reativo ou proativo, pacífico ou violento, baseado na comunidade ou paramilitar, por consentimento ou a despeito de oposição e resistência. Tradicionalmente, o policiamento foi legitimado (ver LEGITIMIDADE) pela necessidade de controlar a criminalidade e prender o transgressor da lei. Entretanto muito trabalho policial não está relacionado com o crime, e a polícia também desempenha um papel central na manutenção da ordem pública e no controle da dissidência política.

Histórica e transculturalmente, existem variações em termos de estruturas, poderes e desempenho policiais. Nas sociedades pré-industriais, o controle da criminalidade tendia a ser executado por toda a comunidade, sem uma força policial organizada. Com a crescente diferenciação (ver INDUSTRIALIZAÇÃO), funcionários específicos são nomeados para manter a ordem, o que redunda na proliferação de forças especialistas. Como acontece com qualquer grupo detentor de considerável poder, há o perigo onipresente de corrupção, violência e racismo, e isso forma um importante foco de debates sobre o policiamento. A tendência do policiamento é de gerar culturas reacionárias, defensivas e centrífugas, resistindo à crítica e à reforma. Tipicamente, a polícia é uma força armada, uniformizada e masculina.

Não chega a surpreender que as teorias sobre a polícia estejam intimamente relacionadas com ideologias políticas mais amplas (ver IDEOLOGIA). Podemos distinguir três abordagens: (a) uma visão conservadora focaliza a polícia como formada de combatentes contra o crime, enfatizando e (implicitamente) apoiando o papel integrativo que ela desempenha na promoção da harmonia social; (b) uma visão radical (como o marxismo) encara a polícia como uma agência repressora do estado, funcionando necessariamente nos interesses da classe dominante no controle da resistência da classe trabalhadora contra a exploração, ou seja, a polícia é vista como um inimigo a ser abolido; (c) uma abordagem orientada para um programa de ação política (que surgiu mais recentemente) aceita a necessidade do policiamento e examina vários estilos e métodos de policiamento de modo mais empírico, utilizando critérios como eficiência, eficácia e aceitação pelo público (Morgan e Smith, 1989).

Dois desenvolvimentos em curso indicam possíveis fontes de mudança. Em primeiro lugar, os valores masculinos predominantes na polícia, enfatizando a rudeza, a agressão, o machismo, a bebida, o brio etc., estão sendo agora desafiados por feministas que destacam que os interesses e as preocupações das mulheres na polícia e em serem policiadas são vergonhosamente negligenciados. Entretanto, com mais mulheres alistando-se na polícia, permanece em aberto a questão de se "a imagem do policial tradicional estará prestes a mudar fundamentalmente" (Chassyne, 1989, p.20), ou se as mulheres simplesmente se integrarão à "cultura machista dos tiras" que se encontra arraigada no mundo todo. Em segundo lugar, recentes mudanças radicais na organização social e política na Europa Oriental podem muito bem ter aberto o caminho para um estilo mais democrático e responsável de policiamento em países até aqui dominados pela repressão. Isso pode desafiar pressupostos convencionais sobre a relativa abertura do policiamento no Ocidente e acrescentar um novo e interessante rumo aos debates sobre poderes, responsabilidade e aceitabilidade.

Ver também CRIME E TRANSGRESSÃO.

Leitura sugerida: Benyon, J. e Burne, C., orgs. 1986: *The Police: Powers, Procedures and Proprieties* • Dunhill, C., org. 1989: *The Boys in Blue: Women's Challenge to the Police* • Hanmer, J., Radford, J., e Stanko, E.A., orgs. 1989: *Women, Policing and Male Violence: International Perspectives* • Morgan, R. e Smith, D.J., orgs. 1989: *Coming to Terms with Policing* • Reiner, R. 1985: *The Politics of the Police* • Roach, J. e Thomaneck, J., orgs. 1985: *Police and Public Order in Europe.*

CHARLES R. M. WILSON

política Ver CIÊNCIA POLÍTICA; CULTURA POLÍTICA; ECONOMIA POLÍTICA; SOCIOLOGIA POLÍTICA; TEORIA POLÍTICA.

política, participação Ver PARTICIPAÇÃO POLÍTICA; PARTIDO POLÍTICO.

política científica No plano da formulação de programas de ação política, a política científica é usualmente definida como o conjunto de medidas projetadas para influenciar a alocação de recursos destinados às atividades de natureza científica e técnica, a comprovação da eficácia de tais alocações e suas conseqüências sociais. No que diz respeito à pesquisa acadêmica, pode ser definida como o estudo dessas atividades, apoiado na história, na ciência econômica, na sociologia e na filosofia da ciência, assim como na observação e análise contemporânea do processo de formulação de políticas. Não há coerência de uso no tocante à tecnologia. Alguns autores (e alguns governos) limitam a expressão "política científica" exclusivamente à ciência stricto sensu. Outros usam-na englobando toda a política pública nos campos da ciência e da tecnologia. É nesse último sentido que a expressão é aqui usada. Tentativas frustradas foram feitas em várias épocas para introduzir outras designações, como "ciência da ciência" (Goldsmith e Mackay, 1964), mas em geral elas caíram em desuso. A maioria dos envolvidos, quer na análise teórica, quer na formulação prática de planos de ação, não se sente à vontade com expressões que possam veicular uma impressão demasiado forte de certeza e coerência em uma área de tanta incerteza e controvérsia.

O surgimento da política científica como área distingüível e significativa da formulação de programas e de interesse acadêmico relacionou-se intimamente com a profissionalização e o crescimento de várias atividades científicas e técnicas, especialmente a pesquisa e desenvolvimento (P & D). Já nos séculos XVII e XVIII havia, é claro, organizações como a Royal Society, academias de ciência e outras sociedades e revistas científicas florescentes (Price, 1963). Algumas delas eram reconhecidas como de importância nacional e havia formas embrionárias de patrocínio e de assistência governamental mesmo antes do século XVII. A promoção de invenções através da legislação sobre patentes e as tentativas de limitação da transferência de know-how técnico também remontam a muitos séculos. Mas foi na parte final do século XIX que a profissionalização das atividades de P & D e seu rápido crescimento levaram à pressão por um processo mais consistente e metódico de formulação de políticas nos principais países industriais, sobretudo na Alemanha e na Grã-Bretanha. Poole e Andrews (1972) documentaram esse crescimento do envolvimento governamental no período de 1875 a 1939 de um modo particularmente esclarecedor, usando material original colhido em fontes selecionadas. De especial interesse é o 8º Relatório da Royal Commission on Scientific Instruction and Advancement of Science que, em 1875, recomendou o estabelecimento de um Ministério da Ciência e fez várias outras propostas que tiveram de esperar entre 30 e 90 anos antes de sua implementação.

Entretanto, o envolvimento governamental com a ciência continou aumentando antes, durante e depois da Primeira Guerra Mundial, instigado pela concorrência industrial e pela rivalidade militar. O estabelecimento de laboratórios de P & D privados, primeiro na indústria química alemã na década de 1870, mas depois disso em muitas outras empresas industriais, intensificou a competição tecnológica e acelerou o crescimento do profissionalismo em uma vasta gama de atividades científicas e técnicas. Ao mesmo tempo os departamentos de ciências das universidades e as escolas técnicas tornaram-se objetos de crescente interesse industrial e governamental, em função de seu duplo papel como promotores de pesquisas e fonte de técnicos e profissionais científicos preparados.

Esse novo complexo, em rápido crescimento, de atividades científicas governamentais, industriais e universitárias é que foi o tema do livro pioneiro de J.D. Bernal, Social Function of Science (1939). Sem dúvida, foi esse o mais influente livro sobre política científica na primeira metade do século XX. O livro está dividido em duas partes que combinaram os interesses científicos do autor e o seu compromisso, como marxista, com a ação política: "O que a ciência faz" e "O que a ciência poderia fazer". Na primeira parte, Bernal realizou uma tentativa de medição da escala de todas as atividades de P & D na Grã-Bretanha nessa época. Somente na década de 50 é que os governos estabeleceram as primeiras medidas oficiais de P & D, as quais se tornaram desde então uma característica regular das estatísticas sociais e um importante instrumento de análise em grande parte da pesquisa sobre política científica. Na segunda parte, o autor propôs um aumento maciço na escala de P & D e atividades científicas afins, e um redirecionamento dos recursos, transferindo-os da área militar para objetivos de bem-estar e humanísticos. As suas propostas para aumentar a escala de P & D em, pelo menos, uma ordem de grandeza, embora na época parecessem ambiciosas e inviáveis, foram de fato implementadas na maioria dos países industriais depois da Segunda Guerra Mundial. As suas propostas fundamentais para a reorientação e reorganização das atividades científicas ainda aguardam implementação e continuam sendo tema de profunda controvérsia, indo das metas de P & D industrial em grandes empresas até o planejamento da ciência e os perigos da tecnocracia, passando pela responsabilidade social dos cientistas.

As idéias de Bernal foram fortemente criticadas (ver, por exemplo, Baker, 1942) por causa da sua defesa do planejamento e sua admiração incondicional pela política soviética para a ciência. Entretanto a sua insistência na necessidade de o governo desempenhar um importante papel na política científica e sua visão um tanto utópica da enorme contribuição potencial da ciência para derrotar a pobreza e o subdesenvolvimento permaneceram como influência duradoura na pesquisa sobre política científica. As pavorosas realizações da pesquisa científica durante a Segunda Guerra Mundial marcaram o reconhecimento universal de que a ciência era agora uma das mais poderosas influências na sociedade, de modo geral, e levaram à aceitação de um papel altamente ampliado da política científica, papel esse que teria sido muito difícil de conseguir no clima de idéias predominante na maioria dos países antes da guerra.

Conselhos e comissões de assessoria e consultoria proliferaram nas décadas de 50 e 60, e não tardou muito para que ministérios "da Ciência", de "Educação e Ciência" ou de "Ciência e Tecnologia" passassem a ser uma característica bastante normal dos governos. Organizações internacionais, como a Unesco e mais ainda a Organização para a Cooperação e Desenvolvimento Econômico (OCDE), desempenharam um papel muito importante na padronização das estatísticas (OCDE, 1963a), no estímulo à pesquisa sobre programas de ação política visando o progresso científico e no intercâmbio de experiências em reuniões governamentais (ver, por exemplo, OCDE, 1963b). Também organizaram um reexame periódico da política científica de vários países-membros, conduzido por "especialistas" de fora (formuladores de políticas governamentais e investigadores acadêmicos), conferindo assim a essa política parte da atenção normalmente dedicada às políticas econômica, social e externa dos governos.

O recrudescimento da pesquisa sobre política científica acompanhou e interagiu com esse rápido crescimento da P & D e das instituições dedicadas à política para essa área. Esse esforço foi e é realizado por *scholars* de várias disciplinas (por exemplo, Merton, 1973: Nelson, 1987; Price, 1963) e cada vez mais por grupos de pesquisa multidisciplinar em universidades e outras instituições (ver, por exemplo, Spiegel-Rösing e Price, 1977). Enquanto que boa parte do impulso inicial proveio de físicos como J.D. Bernal ou biólogos como Julian Huxley, os cientistas sociais têm se envolvido, cada vez mais freqüentemente, em grupos de pesquisa multidisciplinar, como a Science Policy Research Unit, estabelecida na Universidade de Sussex em 1965, ou em instituições similares em Manchester, Lund, Heidelberg, Karlsruhe, no MIT, em Limburg, Tóquio e outros centros.

Entre as muitas correntes de pesquisa que floresceram nas décadas de 70 e 80, registram-se as crescentes tentativas de usar os chamados "indicadores de *output*" de ciência e tecnologia, incluindo indicadores bibliométricos de publicação e citação, estatísticas de patentes e citações de patentes, medidas de inovação e difusão. Obviamente, tais indicadores são suscetíveis de muitos abusos e interpretações equivocadas, ao mesmo tempo em que fornecem pistas valiosas para ajudar na formulação de políticas. Portanto, uma grande soma de pesquisa é dedicada à avaliação crítica e ao desenvolvimento desses indicadores (ver, por exemplo, *Research*

Policy, 1987). Com o seu amadurecimento, a pesquisa sobre política científica também começou a ter maior influência recíproca sobre outras disciplinas, como, por exemplo, na reformulação da teoria econômica através dos fatores econômicos da mudança técnica (Dosi e outros, 1988).

Ver também PLANEJAMENTO SOCIAL; REVOLUÇÃO CIENTÍFICO-TECNOLÓGICA.

Leitura sugerida: Annerstedt, J. e Jamieson, A. 1988: *From Research Policy to Social Intelligence: Essays for Stevan Dedijer* • Bernal, J.D. 1939: *The Social Function of Science* • Dickson, D. 1984: *The New Politics of Science* • Freeman, C. 1987: *Technology Policy and Economic Performance: Lessons from Japan* • Krauch, H. 1970: *Prioritäten für die Forschungspolitik* • Lakoff, S.A. 1966: *Knowledge and Power: Essays on Science and Government* • Mowery, D.C. e Rosenberg, N. 1989: *Technology and the Pursuit of Economic Growth* • Nelson, R.H. 1987: *Understanding Technical Change as an Evolutionary Process* • Poole, J.B. e Andrews, K. 1972: *The Government of Science in Britain* • Ravetz, J. 1971: *Scientific Knowledge and its Social Problems* • Spiegel-Rösing, I. e Price, D. de Solla 1977: *Science, Technology and Society: a Cross-Disciplinary Perspective*.

CHRISTOPHER FREEMAN

política e terrorismo Cumpre distinguir dois tipos principais de comportamento terrorista. Em primeiro lugar, o terrorismo pode ser uma método de ação que um agente usa para realizar objetivos precisos. Nesse caso, a violência é pragmática, mais ou menos sob controle do agente, que pode, se as circunstâncias mudarem, abandonar esse método e recorrer a outras estratégias, não necessariamente violentas. O terrorismo como método de ação é um fenômeno especificamente político situado no interior de uma fronteira que pode circunscrever um país ou delimitar um espaço internacional, geopolítico. Pode ser obra de grupos ou movimentos, mas também de governos.

Em segundo lugar, o terrorismo pode ser uma lógica de ação — não mais o último ou conjuntural meio de ação de um agente político, mas uma combinação política e ideológica de pensamento e ação, um fenômeno no qual a "classe dos letrados" tem um papel concreto na organização de ações terroristas. Nesse caso, a violência inverte os meios e os fins, e o agente parece ser colhido em uma reação em cadeia que é interminável, a menos que seja detido por repressão, prisão ou morte. Esse agente nasceu em um espaço politicamente limitado, mas o abandona depois de um processo de "inversão" (Wieviorka, 1988, p.95-118) envolvendo a sua ideologia e o seu relacionamento com aqueles de quem pretende ser parte. As ideologias terroristas não prolongam diretamente uma ideologia anterior; alteram-na consideravelmente, como pode ser visto nos numerosos grupos em todo o mundo que, desde a década de 60, pretendem ser marxistas-leninistas, mas romperam com o pensamento de Lenin ou mesmo com as do comunismo clássico. A comunidade a que tais terroristas se referem é um paraíso artificial, a própria referência é um sonho, como se pode observar em certos casos de terrorismo nacionalista que perdeu todas as raízes — e todo público significativo — na comunidade de referência. Isso também é válido a respeito de um terrorismo de extrema esquerda que usualmente deixou a classe trabalhadora (se é que essa classe, em defesa da qual as ações são executadas, realmente existe) indiferente, quando não hostil.

De acordo com uma tese corrente inspirada no funcionalismo, o terrorismo surge quando existe uma crise, sobretudo uma crise política. Numerosos autores propuseram-se explicar o surgimento de um processo terrorista pela crise de um estado esfacelado (citando o Líbano), corrupto (citando a Itália) ou excessivamente repressivo (citando a Alemanha Ocidental). Outros formularam argumentos baseados na observação de que o sistema político está bloqueado (como aconteceu na Itália durante a década de 70, em virtude do "compromisso histórico" entre os Partidos Democrata Cristão e Comunista). Essas explicações devem ser consideradas mais seriamente do que aquelas que, sem provas evidentes, consideram o terrorismo o resultado de manipulações conduzidas por potências distantes. Têm a vantagem de explicar as condições propícias ao surgimento de lógicas terroristas de ação, mas deixam de lado um importante aspecto, qual seja, o trabalho de intenção gestora que os agentes políticos ou intelectuais desempenham com referência a uma realidade social ou comunitária que é, de fato, indefinível.

O terrorismo afeta o sistema político, e seus efeitos são ainda mais espetaculares sempre que ataca uma democracia. Seja interno ou internacional, o terrorismo altera o equilíbrio dentro de cada um dos três ramos (executivo, legislativo e judiciário) de governo, e também causa tensão entre eles. Em especial, torna mais difícil para cada um dos poderes manter a autonomia. A menos que ocorra uma crise geral do estado, a principal conseqüência do terrorismo é reforçar o poder do executivo à custa, principalmente, do judiciário, que pode ser forçado a assumir uma posição muito subordinada. Por essa razão, o terrorismo é um desafio para as democracias (Dror, 1983).

Como pode um governo reagir? Essa questão quase não foi explorada ainda pela ciência social ou pela ciência política. Fazer cumprir a lei é o meio essencial para lidar com ameaças internas da extrema esquerda, da extrema direita ou de grupos separatistas. Apóia-se em numerosos métodos de comprovada eficiência, alguns dos quais são universais (infiltração policial e fichário de suspeitos), enquanto outros podem não ser aceitos em certas culturas políticas. Por exemplo, o que na Alemanha Ocidental se considera uma ação cívica (a participação da população em descobrir e denunciar suspeitos) é tido na França como coisa de "alcagüete" ou "dedo-duro". Medidas econômicas, sociais e políticas também podem ser úteis para privar os terroristas de uma base popular ou das possibilidades de manipulação das condições que geram a VIOLÊNCIA.

Em resposta ao terrorismo internacional, os governos têm se mostrado espontaneamente propensos, desde longa data, a assumir uma posição aparentemente firme aos olhos da opinião pública internacional, mas tíbia nos bastidores. Em anos recentes desenvolveu-se considerável esforço no sentido de reforçar a cooperação internacional, e alguns países (sobretudo Estados Unidos e Grã-Bretanha) têm pressionado seriamente os governos acusados de encorajar e até mesmo praticar o terrorismo.

O terrorismo desencadeia-se esporadicamente e o próprio evento pode precipitar uma crise geral em um país. Se isso ocorre, uma variedade de atores — autoridades políticas, funcionários da justiça e polícia, mas também partidos políticos, opinião pública e mídia — é afetada. Suas complexas interações são determinadas, sobretudo, pela capacidade do governo de controlar a situação. Quanto menos o governo consegue fazer, mais a mídia amplia o evento, mais autônoma a polícia se torna, mais rígida e tomada de pânico se mostra a opinião pública, e cada vez menos compatíveis são as exigências formuladas pelas forças políticas (Wieviorka e Wolton, 1987).

Todos esses problemas definem um considerável campo de pesquisa nas ciências sociais. Entretanto poucos investigadores têm se debruçado sobre esse tema e a maioria das pesquisas tem sido de caráter jornalístico com base principalmente na informação policial ou nos depoimentos de antigos terroristas e líderes políticos.

Leitura sugerida: Crenshaw, M., org. 1983: *Terrorism, Legitimacy and Power* • Della Porta, D. e Pasquino, G. 1983: *Terrorismo e violenza politica* • Fetscher, I. e Rohrmoser, G. 1981: *Ideologien und Strategien: Analysen zum Terrorismus*, vol.1 • Hacker, F. 1976: *Crusaders, Criminals, Crazies: Terror and Terrorism in our Time* • Laqueur, W. 1977: *Terrorism* • O'Sullivan, N., org. 1986: *Terrorism, Ideology and Revolution* • Wieviorka, M. 1988: *Sociétés et terrorisme* • Wieviorka, M e Wolton, D. 1987: *Terrorisme à la une.*

MICHEL WIEVIORKA

política social Não existe uma definição universalmente aceita de política social. As descrições baseadas na prática e no âmbito historicamente variáveis das políticas sociais podem completar-se e complementar-se mutuamente. As explicações com pensamento ideológico podem oferecer enunciados conflitantes. As próprias abordagens podem ser agrupadas de diferentes modos.

Abordagens pragmáticas

A política social pode ser concebida como um campo de ação que consiste em instituições e atividades que afetam positivamente o bem-estar dos indivíduos. O âmbito da ação é usualmente limitado a serviços de bem-estar publicamente fornecidos, isto é, à intervenção do estado no domínio da distribuição ou redistribuição. De acordo com T.H. Marshall, por exemplo, a política social é "a política de governos relativa à ação que tem um impacto direto no bem-estar dos cidadãos ao dotá-los de serviços ou renda" (Marshall, 1967, p.6). Inclui em geral o "fornecimento pelo estado de seguridade social, moradia, saúde, serviços sociais pessoais e educação" (Walker, 1984, p.15). A esses setores, considerados o âmago da política social, alguns outros acrescentam os serviços de emprego e outros ainda o tratamento do crime. Equiparar a política social com a divisão administrativa formal dos serviços do estado é a tradição predominante na administração social britânica, freqüentemente qualificada como a "definição de compêndio" de política social.

A abordagem descritiva pode ser útil na análise do funcionamento de uma lógica administrativa e pode promover a análise em profundidade de várias instituições. Entretanto é possível criticá-la em muitos terrenos, como sublinharam Titmuss (1958) e Townsend (1975). Assim, é modelada pela tradição e, portanto, insensível a novos desenvolvimentos (como, por exemplo, a crescente importância de serviços jurídicos gratuitos). Não revela o seu próprio fundamento lógico subjacente. Não explica, por exemplo, por que deixa de fora a intervenção indireta do estado na distribuição de recursos por meio da política fiscal, ou por que se concentra no bem-estar individual, deixando de fora todas as atividades centrais ou locais no estado que afetam a qualidade de vida das comunidades, como todos os serviços comunitários, desde a construção de estradas até o fornecimento de água ou, mais recentemente, a política ambiental. Não esclarece por que ignora todos os esforços não-estatais para influir no bem-estar dos cidadãos ou de suas comunidades, desde o bem-estar ocupacional até as atividades de agências voluntárias.

A abordagem funcionalista

Os proponentes desta abordagem concentram-se nos problemas que, em qualquer momento dado, têm perturbado a reprodução regular de sistemas sociais, sobretudo depois do advento do capitalismo. Segundo George e Wilding (1976, p.7), "mudanças no sistema industrial perturbam o equilíbrio existente entre as várias partes do sistema social e econômico, daí resultando que medidas de política social se tornam necessárias para restabelecer a estabilidade e o equilíbrio". O defeito nessa abordagem é a suposição subjacente de que o estado normal de coisas é o equilíbrio social, e que a instabilidade e os desequilíbrios são sinais de desorganização e desvio sociais (ibid.). É útil, no entanto, na medida em que vê a política social como um elemento sistêmico que opera no contexto da reprodução social e econômica, e em que prova que todas as sociedades tiveram "problemas sociais" e, por conseguinte, possuíram todas alguma espécie de política social. Além disso, a ênfase na mudança favorece a análise da política social em perspectiva histórica, identificando as variações na natureza dos problemas sociais e nas respostas que lhes foram dadas. Podem ser assim identificadas as diferentes etapas da evolução da política social.

Períodos históricos

A política social das sociedades pré-capitalistas não tem sido sistematicamente estudada, mas existem muitas análises úteis das diferentes instituições de assistência social, como a Igreja Católica (ver Troeltsch, 1912) ou instituições feudais (ver Bloch, 1940) ou de tratamento da pobreza em geral (Mollat, 1978). Um quadro de referência teórico para uma possível tipologia é oferecida pelos "padrões de integração" de Karl Polányi (1944), os quais nos ajudam a compreender o acesso à satisfação de necessidades em sociedades primitivas em função de reciprocidade, ou redistribuição ou produção para o próprio uso de cada um.

Há mais concordância sobre as etapas de desenvolvimento depois do advento da sociedade de mercado. De um modo geral, concorda-se em que o estado passou a intervir depois da desintegração das redes feudais e locais, e que a sua intervenção serviu simultaneamente a fins de policiamento e de ajuda, "dissuasão e terapia" (Pinker, 1971). Nesse primeiro período, a ação estatal concentrou-se unicamente nos pobres e se manteve fragmentária, marginal e, com muita freqüência, desumana. Essa política da POBREZA foi, de modo geral, predominante até meados do século XIX.

A rápida industrialização acarretou o surgimento da classe trabalhadora, e seus movimentos políticos e sociais pressionaram o estado para que agisse contra novas formas de miséria e infelicidade e novas incertezas. Além disso, o funcionamento aceitável do novo sistema tornou necessário, pelo menos, algum nível de saúde pública, educação pública, moradia pública etc. A mais importante instituição de bem-estar criada nesse período foi — com toda probabilidade — o seguro social ou seguridade social. Os dispositivos de política social propagaram-se consideravelmente, dando cobertura na maioria dos países europeus a uma percentagem entre um terço e metade de toda a população.

A Segunda Guerra Mundial criou uma Europa dividida. O ESTADO DE BEM-ESTAR desenvolveu-se nas economias de mercado ocidentais, graças ao efeito de certo número de fatores. A guerra forjou novas solidariedades. O desafio do bloco socialista no Leste deflagrou a competição no campo do bem-estar. Os partidos socialistas ou trabalhistas aumentaram sua influência na política, por vezes como maioria parlamentar. E, da maior importância, as economias passaram por um período de crescimento econômico sem precedente durante os "gloriosos 30 anos" entre o fim da guerra e o primeiro choque do petróleo. O estado de bem-estar transformou muitos dos anteriores dispositivos assistenciais de natureza seletiva ou corporativa em serviços universais. Sistemas de saúde pública e redes de educação pública substituíram amplamente as soluções de mercado ou de comprovação de carência de meios de sustento. As sociedades aceitaram em grande escala o "direito à existência", ou seja, o direito viável a um mínimo social. Em meados da década de 70 os países do Ocidente industrializados gastaram de 15 a 30% de seu Produto Interno Bruto em bem-estar social estatal (OCDE, 1988). A partir da crise do petróleo, registrou-se uma diferenciação entre os países ocidentais. Em alguns deles, a crise de legitimidade do bem-estar tornou-se aguda e o neoliberalismo se converteu na ideologia dominante. Em outros, as novas ideologias ainda não acarretaram qualquer mudança significativa. Em apenas alguns deles, a idéia de uma "sociedade do bem-estar" desenvolveu-se caracterizada por uma combinação de descentralização, participação, "pluralismo de bem-estar" (Johnson, 1987) e compromisso do estado com as medidas de bem-estar (Wiman, 1987).

Nos países socialistas da Europa Oriental, a política social foi largamente inserida no funcionamento da economia por meio do pleno emprego formal, dos preços subsidiados etc. Os dispositivos sociais também foram aí consideravelmente expandidos, se bem que, na maioria dos países, com a defasagem que sempre existiu entre as promessas ideológicas e a realidade. Com o colapso do socialismo, ficou evidente que as práticas totalitárias retiraram ao sistema toda a legitimidade e praticamente anularam todas as suas realizações. Novas soluções têm de ser agora encontradas. Um importante elemento das mudanças esperadas é a emancipação das políticas econômica e social do domínio da política, e a criação de uma esfera autônoma de política social a par de um mercado autônomo.

Construções ideológicas e teóricas

Existem profundas divisões na percepção do papel da política social que são formadas por valores e ideologias conflitantes. George e Wilding (1976) distinguem os "anticoletivistas", que rejeitam toda a interferência no mercado em nome da liberdade e da eficiência; os "coletivistas relutantes", que se apercebem da impossibilidade de um mercado auto-regulador e aceitam alguma intervenção estatal na redução das principais injustiças e ineficiências; os socialistas (fabianos) que estão comprometidos com os três valores socialistas centrais — igualdade, liberdade e solidariedade — e atribuem um papel positivo ao estado na otimização de sua ação recíproca de um modo democrático e gradual; e alguns marxistas que participam dos valores socialistas, mas rejeitam a possibilidade de uma reforma pacífica da sociedade.

De outra perspectiva, há a distinção feita por Wilensky e Lebeaux entre "duas concepções do bem-estar social(...) a residual e a institucional. A primeira sustenta que as instituições de bem-estar social só deveriam intervir ante a falência das estruturas normais de oferta. A segunda, em contraste, considera os serviços de bem-estar funções normais, de 'primeira linha' da moderna sociedade industrial" (1965, p.138).

Um dos importantes debates interessa-se pela relação entre a política social e a economia. A política social pode ser diferenciada da economia ou estar mais ou menos integrada com ela (Mishra, 1981). Em outro enfoque, o interesse econômico pode dominar o interesse social; ou pode adquirir, de forma geral, uma posição de igualdade se houver suficiente apoio social para limitar a extensão do mercado ou os interesses no lucro. O predomínio do interesse social sobre a economia tem se mantido até hoje apenas como possibilidade teórica, pressupondo a substituição da racionalidade econômica formal por uma economia guiada pelos mais elevados valores humanos, ou economia substantiva, preocupada essencialmente com a satisfação de necessidades (Polányi, 1944: Fournier e Questiaux, 1979).

Abordagens estruturais

As abordagens pragmática e funcionalista não têm considerado, em grande parte, os processos sociais que deflagram as mudanças na política social. As tensões e os conflitos sociais sempre desempenharam importante papel nos processos de definição das necessidades a serem cobertas por procedimentos alheios ao mercado e, em especial, na enfatização da importância de que se reserva à redução das desigualdades sociais. Em conseqüência dessas lutas, a caridade foi transformada em direitos. A existência de direitos civis e políticos ajudou a formular os "direitos sociais", os direitos a rendas, habitação, saúde e cultura decentes (Marshall, 1965). Os direitos sociais relacionam-se com as necessidades dos consumidores e podem ser satisfeitos pela intervenção na esfera da distribuição. Os "direitos econômicos" expressam as necessidades dos produtores não só de um trabalho socialmente aceitável, mas também de participar na vida econômica no nível da firma (a chamada democracia industrial) ou no nível macro (democracia econômica). Mas essa extensão do campo de elementos não-mercadológicos na política social de reprodução social e econômica é convertida em política societal ou estrutural (Ferge, 1979). Todas essas lutas podem ser vistas como tendo por objetivo a descomodificação (decommodification) das necessidades (Esping-Anderson, 1985).

A política social descrita em termos estruturais significa que: "As políticas sociais são as que determinam a distribuição de recursos, status e poder entre diferentes grupos" (Walker, 1984, p.39). A natureza dual e contraditória da política social também se torna evidente se forem levadas em conta as forças estruturais: "a política social é não só um dos meios da ordem social vigente. É também o locus onde tensões e injustiças relacionadas com essa ordem são reveladas da maneira mais evidente" (Jobert, 1981).

Ver também PLANEJAMENTO SOCIAL.

Leitura sugerida: Beveridge, W.H. 1942: *Social Insurance and Allied Services*. Cmnd 6404 • Evers, A. e Wintersberger, H. 1988: *Shifts in the Welfare Mix* • George, V., e Wilding, P. 1984: *The Impact of Social Policy* • Greffe, X. 1975: *La politique du social* • Klein, R. e O'Higgins, M. 1985: *The Future of Welfare* • Miller, S.M. e Riessman, F. 1968: *Social Class and Social Policy* • Piven, F.F. e Cloward, R.A. 1971: *Regulating the Poor* • Rein, M. 1979: *Social Policy* • Rimlinger, G.V. 1971: *Welfare Policy and Industrialization in Europe, America and Russia* • Titmuss, R.M. 1968: *Commitment to Welfare*.

ZSUZSA FERGE

população A transformação da questão dos números humanos de um elemento exógeno para um endógeno, nos sistemas de pensamento social, caracteriza a maioria dos novos insights relacionados com a população neste século. As influências sociais na população e as influências demográficas na sociedade (ver também DEMOGRAFIA) repartem-se entre três subcategorias gerais, concentradas em nascimentos, mortes e MIGRAÇÃO.

Influências sociais sobre a população

As forças sociais que formam as taxas de mortalidade constituem a mais antiga dimensão do pensamento social sobre determinantes populacionais, datando da obra de John Graunt (1662), há mais de três séculos. No século XX essa herança teórica foi ampliada e aplicada a uma gama cada vez mais ampla de tendências e diferenciais específicos de mortalidade. A teoria da transição epidemiológica (Omran, 1971) ilustra essa integração da mortalidade em uma perspectiva teórica social. Prossegue também a busca de um entendimento mais claro das raízes sociais dos diferenciais de mortalidade entre sexos, raças, grupos profissionais, denominações religiosas, residentes urbanos e rurais, regiões geográficas dentro de nações, e diferentes nações do mundo.

O século XX mudou fundamentalmente o lugar da migração humana no pensamento social, não tanto a partir de novos insights ou debates teóricos quanto de mudanças no próprio fenômeno demográfico. O início do século XX separa mais ou menos as eras de migração livre e controlada. Fronteiras fechadas, controladas por uma multiplicidade de estados-nações, reduzem o volume de migração e mudam o seu caráter para um pinga-pinga de dois extremos: refugiados e mão-de-obra qualificada. Essa mudança reforça a direção característica do pensamento social no século XX no que diz respeito à população, enfatizando o controle da sociedade sobre os fluxos migratórios.

O entendimento socialmente baseado da reprodução é, sem dúvida, a maior mudança e contribuição para as teorias da população no século XX. Para Thomas Malthus (1798), assim como para Johann Süssmilch (1761-62) antes dele e para Karl Marx (1867) depois, a fertilidade humana era um fato da natureza. As conseqüências de um contínuo caudal de bebês podiam ser louvadas ou lamentadas, mas o caudal em si fluía de um inconteste manancial situado em algum ponto para além do domínio das interações sociais. Kingsley Davis e Judith Blake (1956) forneceram a mais sucinta revisão dessa deficiência no pensamento social feita no século XX. As altas taxas de natalidade, assim como as baixas, devem ser agora explicadas como resultados sociais, como produtos de diferentes constelações de forças sociais.

Influências demográficas sobre a sociedade

As conseqüências das baixas taxas de mortalidade (sobretudo as taxas de mortalidade infantil) figuram de maneira proeminente no pensamento social do século XX. Philippe Ariès (1960, *1962*) atribuiu assim um papel crucial ao declínio da mortalidade na transformação da instituição da família. O declínio da mortalidade em conjunto com a fertilidade inalterada gera um rápido crescimento populacional e uma estrutura etária mais jovem. Esses dois resultados assumem lugar de destaque nas teorias da modernização, da mudança social e da estabilidade das sociedades.

A migração e os migrantes figuram no pensamento social do século XX em duas interpretações muito diferentes. Robert Park (1928) considerou a posição social marginal dos migrantes como uma fonte de inovações potenciais, de transformação e progresso nas sociedades. Outros *scholars* levam mais adiante essa visão basicamente positiva dos migrantes como catalisadores de transformação societal. Por outro lado, Oscar Handlin (1951) e outros apresentam um quadro de migrantes e migração como fontes de desorganização social, desvio, anomia, crime e doença mental. Ambas as tradições sublinham o papel marginal dos migrantes, mas traçam conclusões diferentes sobre o impacto dessa marginalidade sobre a sociedade como um todo e sobre os próprios migrantes.

Para grande parte do mundo, o crescimento populacional devido às taxas de natalidade continuamente elevadas e às taxas declinantes de mortalidade cria um sério problema social. As teorias sociais enfatizam geralmente os resultados positivos esperados de taxas de natalidade mais baixas: menor consumo por jovens dependentes, menos dependentes por adulto produtivo, menos restrição às atividades das mulheres e crescimento populacional mais lento. Para além dessa perspectiva predominante, contudo, outro debate teórico de longa data diz respeito às conseqüências para a sociedade do envelhecimento demográfico devido a baixas taxas de natalidade. Alguns estudiosos temem uma possível ausência de flexibilidade (seja em termos de idéias, de mobilidade de mão-de-obra ou outros) em sociedades em processo de envelhecimento (ver também SENECTUDE), e consideram as baixas taxas de natalidade e o envelhecimento da população problemas sociais que necessitam de remédios.

A população como ameaça ou patrimônio?

Em todas as suas manifestações, a população continua figurando no pensamento social em duas interpretações contrastantes. Um ponto de vista sustenta, com Jean Bodin, que “só nos homens existe riqueza e força”, e defende o crescimento populacional como um meio para vários fins que se congregam sob a designação geral de progresso. O outro ponto de vista sustenta, com Malthus, que o crescimento populacional constitui um obstáculo ao progresso, provocando dificuldades que “devem necessariamente ser sentidas com severidade por vasta parcela da humanidade”. Ambas as abordagens tratam a população (seu tamanho, dispersão ou concentração, estrutura etária etc.), não como um fim em si, mas um parâmetro a ser manipulado com vistas a outras metas. Em certa medida, essas duas concepções de população também refletem a distinção clássica do filósofo francês Auguste Comte entre estática social e dinâmica social.

A opinião de que o progresso é mais bem servido restringindo-se a população ganhou popularidade em todo o mundo durante o século XX. Esse elemento restritivo no pensamento social refere-se principalmente aos aspectos dinâmicos da população, ao sustentar que taxas elevadas de crescimento populacional geram numerosos problemas.

O outro ponto de vista sublinha as vantagens de uma população numerosa, como maior divisão de trabalho, mercados econômicos mais vastos ou até maior potencial humano para fins militares. Essa visão estática da população não está usualmente interessada nos papéis que culminam em grandes agregações de pessoas, mas o crescimento populacional também foi postulado por alguns teóricos do século XX como um motor de transformação social (Boserup, 1965; Clark, 1968).

O equilíbrio entre essas duas orientações em face da população depende da posição de cada um na sociedade e da estrutura dessa sociedade. Os governantes absolutos e as elites dominantes, isolados de suas populações súditas, ressaltam mais freqüentemente os aspectos positivos dos grandes contingentes populacionais e ignoram os custos sociais do rápido crescimento populacional. Na medida em que tais elites isoladas são substituídas por estruturas sociais mais abertas, pluralistas ou democráticas, o pensamento social passa a dar maior atenção aos custos do crescimento populacional e menor apoio à maximização das quantidades de pessoas. Esse deslocamento do equilíbrio fornece uma chave para a compreensão de boa parte da retórica cambiante a respeito de população no século XX.

Leitura sugerida: Ariès, P. 1960: *Histoire sociale de l'enfant et de la famille* ● Boserup, Ester 1965: *The Conditions of Agricultural Growth* ● Davis, Kingsley e Blake, Judith 1956: "Social Structure and fertility: an analytic framework". *Economic Development and Cultural Change* 4, 211-3 ● Handlin, Oscar 1951: *The Uprooted* ● Malthus, Thomas 1798 (*1970*): *An Essay on the Principle of Population* ● Omran, A. 1971: "The epidemiologic transition: a theory of the epidemiology of population change". *Milbank Memorial Fund Quarterly* 49, 509-38 ● Park, Robert 1928: "Human migration and the marginal man". *American Journal of Sociology* 33, 881-93 ● Süssmilch, Johann 1761-2: *Die göttlich Ordnung in den Veränderungen des menschlichen Geschlechts aus der Geburt, dem Tode, und der Fortpflanzung desselben Erwiesen*, 2ªed.

ELWOOD CARLSON

populismo Os movimentos políticos com alta capacidade de obter apoio popular, mas sem os traços típicos do socialismo europeu, receberam o nome de populistas, especialmente na América Latina durante o século XX. O que eles têm em comum é o seguinte:

1. a presença de uma massa socialmente mobilizada com pouca ou nenhuma organização autônoma de classe;
2. uma liderança predominantemente oriunda de setores da classe alta ou média;
3. um tipo carismático de ligação entre líderes e adeptos.

As alterações demográficas resultantes da rápida expansão urbana, adiantando-se com folga ao crescimento industrial, e os efeitos da "revolução das expectativas crescentes", colidindo com a mentalidade das elites, fizeram com que esse tipo de expressão política se tornasse altamente provável em países no estágio de desenvolvimento usualmente encontrado na América Latina. Na Ásia e na África, o populismo como forma de organização política livre e competitiva é menos comum que na América Latina, embora alguns traços sejam encontrados em um regime nacional popular (ver NACIONAL POPULAR, REGIME).

A revolução mexicana, iniciada em 1910, foi um dos primeiros exemplos de rebelião com extensa massa de seguidores e apoio de várias classes, acompanhada por uma ideologia eclética que incluía elementos de liberalismo, nacionalismo e socialismo. O Partido Aprista peruano, fundado por Victor Raúl Haya de la Torre no exílio em 1924, foi parcialmente inspirado pela experiência mexicana e é usualmente considerado um dos principais exemplos de populismo. Em oposição a Lenin, Haya argumentou que, em países tipicamente do Terceiro Mundo, o imperialismo é o primeiro e não o último estágio do capitalismo; por conseguinte, uma estratégia peculiar tem que ser usada a fim de utilizar as potencialidades econômicas deste, ao mesmo tempo em que se impedem as suas tentativas de dominação política. Propôs-se uma aliança explícita entre as classes médias, o campesinato e os trabalhadores manuais, em contradição, uma vez mais, com a fórmula marxista para os países desenvolvidos, que enfatizava o papel do protelariado urbano. O ramo peruano do que se esperava que fosse uma Internacional Latino-Americana foi fundado em 1930 e não tardou a adquirir um importante contingente de seguidores entre sindicalistas e comunidades indígenas, embora sua espinha dorsal fosse formada pelas empobrecidas classes médias provincianas. Depois das tentativas de violenta derrubada dos regimes autoritários — freqüentemente militaristas — em vários países, o "aprismo" tornou-se mais moderado depois da Segunda Guerra Mundial e em 1985 alcançou a presidência no Peru. Outros partidos com características similares ao aprismo são a Acción Democrática da Venezuela, a Liberación Nacional da Costa Rica, o Revolucionario Dominicano da República Dominica e, um pouco mais distante, o Movimiento Nacionalista Revolucionario da Bolívia.

No Brasil, em 1930, um movimento civil-militar levou Getúlio Vargas ao poder, onde permaneceu durante 15 anos. Tinha sido um governador pragmático de um dos estados do regime anterior, eminentemente federativo, e pragmático continuou. Obteve o apoio de um importante grupo de jovens oficiais conhecidos como "os tenentes", empenhados em reformas, com uma mistura de convicções ideológicas que iam do liberalismo ao nacionalismo e versões locais do fascismo, considerado um regime desenvolvimentista adequado para países em processo de transição de uma sociedade predominantemente rural para uma sociedade urbana e industrial. Vargas governou o país com mão de ferro, promulgando em 1937 uma constituição inspirada no CORPORATIVISMO de Mussolini. Nos anos finais da Segunda Guerra Mundial o Brasil conheceu um importante avanço em sua industrialização e Vargas aproveitou a oportunidade para apelar à massa de novos participantes da força de trabalho urbana, iniciando a fase populista de seu governo. Isso redundou em uma reação conservadora-militar contra ele, em 1945, mas depois de cinco anos Vargas retornou ao poder em eleições livres. Com Vargas, os sindicatos obtiveram legislação favorável e apoio do estado, embora à custa do controle administrativo e de se verem submetidos a uma liderança corrupta.

Na Argentina, o populismo expressa-se no peronismo, um movimento político lançado pelo então coronel Juan D. Perón, enquanto ministro do Trabalho no regime militar nacionalista de 1943-46. Teve êxito em forjar uma aliança entre militares, alguns setores industriais e as classes populares, entre as quais grandes contingentes de novos migrantes do interior rural que tinham chegado às grandes cidades, embora obtivesse também a adesão de alguns antigos líderes sindicais. O peronismo combinou elementos ideológicos da *intelligentsia* católica e da direita nacionalista, incluindo alguns com simpatias claramente fascistas, em conjunto com elementos socialistas pragmáticos ou tradicionais, e alguns políticos centristas oriundos do Partido Radical. O movimento passou por um período de radicalização e violência na década de 70, gerando em seu próprio seio uma formação guerrilheira, os Montoneros, finalmente expulsos em 1974. Em 1989, depois de muitos anos de mudanças internas e de democratização, o peronismo recuperou-se do impacto causado pela morte de seu líder e chegou à presidência, com um programa de reforma moderada e respeito às liberdades civis.

No Chile, o movimento da classe trabalhadora provou ser razoavelmente imune ao populismo. Desde os seus primeiros dias, organizou-se em partidos marxistas, baseados na atividade da militância e com pouca ou nenhuma burocracia. A esquerda no Chile é, pois, claramente associacionista em vez de mobilizacionista, mas em outros países latino-americanos o socialismo, sobretudo o de credo leninista, pode assumir também formas populistas, como em Cuba sob o comando de Fidel Castro.

Em alguns países da área, o populismo tem perdido considerável parcela de sua ascendência sobre a classe trabalhadora, permitindo que uma esquerda marxista cresça em seus flancos. Por outro lado, com a aculturação em modos de vida urbanos e industriais, padrões sociais-democráticos de organização e ideologia tendem a se desenvolver no seio dos partidos populistas.

Leitura sugerida: Di Tella, Torquato S. 1989: *Latin American Politics: a Theoretical Approach* • Germani, Gino 1978: *Authoritarianism, Fascism and National Populism* • Ionescu, Ghita e Gellner, Ernest, orgs. 1969: *Populism: its Meaning and National Characteristics* • Laclau, Ernesto 1977 (*1979*): *Política e ideologia na teoria marxista* • Murmis, Miguel e Portantiero, Juan Carlos 1971: *Estudios sobre los orígenes del peronismo* • Weffort, Francisco 1978: *O populismo na política brasileira.*

TORCUATO S. DI TELLA

pós-industrial, sociedade Ver SOCIEDADE PÓS-INDUSTRIAL.

positivismo De um modo muito parecido com o conceito de ideologia, que também começou tendo amplo curso e aceitação mais ou menos no mesmo período, a noção de positivismo vangloria-se de uma controversa e irônica trajetória. Originando-se como autodesignação positiva nos escritos de Auguste Comte, oferecido como uma "filosofia para acabar com todas as filosofias" pelo círculo de Viena (ver VIENA, CÍRCULO DE) e equiparada à ciência *tout court* pelos defensores do FUNCIONALISMO e do COMPORTAMENTALISMO nos Estados Unidos do pós-guerra, o positivismo tornou-se um termo de acusação polêmica, quando não insultuoso, na ciência social contemporânea — muito poucos sociológos reivindicariam ou acolheriam com agrado o rótulo de positivistas. E, tal como a ideologia, assumiu uma multiplicidade de significados, de modo que existem quase tantas definições de positivismo quantas as críticas de que é alvo; Halfpenny (1982), por exemplo, distingue nada menos que 12 subespécies. A dispersão e a inversão da carga semântica da palavra são indicativas das mudanças que transformaram a FILOSOFIA DA CIÊNCIA desde a década de 60 e desafiaram a longa hegemonia do positivismo na investigação social ao suscitar uma vez mais a questão do "dualismo das ciências naturais e culturais" (Habermas, 1967).

Em seu mais amplo sentido filosófico, o positivismo refere-se à teoria do conhecimento proposta por Francis Bacon, John Locke e Isaac Newton, a qual afirma a primazia da observação e a busca da explicação causal por meio da generalização indutiva (Kolakowski, 1966). Nas ciências sociais, ficou associado a três princípios afins: o princípio ontológico do *fenomenalismo*, de acordo com o qual o conhecimento só pode fundamentar-se na experiência (beirando a fetichização dos "fatos" como imediatamente acessíveis à percepção sensorial); o princípio metodológico da *unidade do método científico*, o qual proclama que os procedimentos da ciência natural são diretamente aplicáveis ao mundo social com o objetivo de estabelecer leis invariantes ou generalizações semelhantes a leis sobre fenômenos sociais; e o princípo axiológico da *neutralidade*, que se recusa a conceder aos enunciados normativos o status de conhecimento e mantém uma rígida separação entre fatos e valores.

Três amplas tradições sucessivas do positivismo podem ser esquematicamente distinguidas: a francesa, a alemã e a americana. A linhagem francesa origina-se com Auguste Comte e o seu mentor Saint-Simon (que, por sua vez, era devedor de Condorcet), e está exemplificada, da melhor maneira, pela sociologia de Émile Durkheim. A ambição de Comte era fundar uma ciência naturalista da sociedade capaz de explicar o passado da espécie humana e predizer o seu futuro aplicando os mesmos métodos de investigação que tinham provado ser tão bem-sucedidos no estudo da natureza, a saber, observação, experimentação e comparação. No seu *Cours de philosophie positive* (Comte, 6 vols., 1830-42), ele sustentou que o espírito humano tinha evoluído através de três fases necessárias. Na fase "teológica ou fictícia", os fenômenos são explicados pela intervenção de entidades sobrenaturais; na fase "metafísica ou abstrata", mediante referência a abstrações; na fase "científica ou positiva", a busca das causas últimas dos fatos é abandonada em favor do estabelecimento de suas "leis", ou seja, as "relações invariáveis de sucessão e semelhança" que os ligam. Comte criou o termo "sociologia" para designar a ciência que sintetizaria todo o conhecimento possível, desvendaria os mistérios da estática e da dinâmica da sociedade, e orientaria a formação do governo positivo.

Durkheim abandonou a substância da filosofia de Comte, mas reteve o seu método, insistindo na continuidade lógica entre as ciências sociais e naturais e na aplicação à sociedade do princípio de causalidade natural. "O nosso principal objetivo", escreveu ele em *Les règles de la méthode sociologique* (Durkheim, 1895), seu manifesto revolucionário em prol da explicação sociológica científica, "é estender o racionalismo científico à conduta humana(...). Aquilo a que chamam o nosso positivismo nada mais é que uma conseqüência desse racionalismo." Para estabelecer a independência definitiva da sociologia de toda a filosofia e, assim, a sua autonomia como campo científico distinto, Durkheim propôs uma concepção da sociedade como uma realidade objetiva sui generis cujos componentes, estrutura e funcionamento, obedecem a regularidades que se impõem aos indivíduos como "necessidades inelutáveis", independentes de sua volição e consciência. Também propôs um conjunto de princípios metodológicos condensados na famosa recomendação de "tratar os fatos sociais como coisas": rejeitar as preconcepções comuns em favor de definições objetivas, explicar um fato social somente por outro fato social, distinguir a causa eficiente da função e os estados sociais normais dos patológicos etc. Esses princípios foram convincentemente ilustrados em *Le suicide*, modelo inegável do positivismo francês, no qual Durkheim (1897) se absteve de analisar o significado do suicídio em favor da revelação de seus tipos e causas sociais via uma análise estatística dos correlatos e variações de seu grupo.

A tradição germano-austríaca de positivismo encontra suas raízes no METHODENSTREIT ("conflito sobre método"), o qual envolveu economistas neoclássicos e históricos e filósofos neokantianos desde a década de 1880 em torno da questão de apurar se a vida social é passível de explicação causal ou apenas de entendimento interpretativo, como na filosofia da VER-

STEHEN. O grupo de filósofos, matemáticos e cientistas analíticos (entre eles, Moritz Schlick, Ernest Mach, Rudolf Carnap, Carl Hempel e Otto Neurath) que se tornou conhecido como o Círculo de Viena nos anos de 1923-36 tomou o partido da explicação e unidade da ciência. Sua finalidade era efetuar uma síntese de empirismo humano, positivismo comteano e análise lógica que livrasse para sempre a filosofia das ocas especulações da metafísica ao fundamentar firmemente todo o conhecimento na experiência (Ayer, 1959). De acordo com esse *positivismo lógico*, o conhecimento científico assenta em uma sólida base de fatos formulada por meio de "sentenças protocolares" (Mach) que fornecem um registro genuíno porque imediato da experiência sensorial, ou elaborada através de "regras de correspondência" (Carnap), formando uma ponte entre a linguagem teórica e a linguagem da observação. À parte as proposições analíticas da lógica, os únicos enunciados significativos são os que podem estar sujeitos ao "princípio de verificação", ou seja, ser comprovados por observação. Em oposição frontal à idéia de *Geisteswissenschaften*, pressuposta em um cisma entre as ciências da natureza e as culturais, o Círculo de Viena afirmou que a explicação científica em sociologia ou história obedece à mesma "lei explanatória" ou modelo "dedutivo-nomológico" que as ciências naturais (Hempel, 1965), em que um *explanandum* é deduzido de uma combinação de condições iniciais e de uma lei e explicação universais sinônimas de previsão.

Nos Estados Unidos, uma compreensão semelhante da ciência social evoluiu para o que Bryant (1985) chama o *positivismo instrumental*, tradição incrementalista, naturalista, da pesquisa social empenhada em atingir padrões de rigor comparáveis aos da física ou biologia. Baseada em uma concepção nominalista e voluntarista da sociedade como mero agregado de indivíduos, essa tradição reinou absoluta desde a década de 30 até a de 60, englobando uma variedade de orientações teóricas, e continua impregnando a sociologia norte-americana. Distingue-se por sua preocupação com questões de método e de mensuração, incluindo o refinamento de técnicas estatísticas, a ênfase na operacionalização e na verificação (Zetterberg, 1954) e a prioridade que confere a projetos experimentais, levantamentos quantitativos e pesquisas por equipe. É "instrumental" na medida em que os instrumentos de investigação determinam as questões formuladas, a definição de conceitos (através da construção de indicadores empíricos) e, assim, o conhecimento produzido, com a testabilidade, a replicabilidade e a viabilidade técnica suplantando a teoria como guias idôneos da prática e da avaliação científicas.

O positivismo instrumental foi inicialmente articulado por George Lundberg, que adaptou da física a doutrina de "operacionalismo" de P.W. Bridgman (a qual sustenta que o significado de uma variável é definido pelas operações necessárias para medi-la), e por William F. Ogburn (1930), que equiparou a sociologia científica à verificação e acumulação quantitativas de "pequenos fragmentos e peças de novo conhecimento" e orgulhosamente vaticinou que todos os sociólogos seriam um dia estatísticos. Mas coube a um *scholar* vienense no exílio, Paul Lazarsfeld, institucionalizar o positivismo na universidade americana. Lazarsfeld não só introduziu na sociologia uma série de inovações metodológicas (análise multivariada, amostragem em bola de neve e análise de estrutura latente, entre outras) e técnicas adotadas da pesquisa de mercado, como os estudos de painel, mas inventou o veículo organizacional que promoveria a profissionalização, burocratização e comercialização da pesquisa social positivista nos Estados Unidos e seus países satélites: o "escritório de pesquisa aplicada" (Pollack, 1979).

A ascensão e o domínio do positivismo enfrentaram críticas e oposição de duas espécies: a antipositivista e a pós-positivista. Os dissidentes *antipositivistas* sustentaram há muito que as ciências naturais e humanas são ontológicas e logicamente discrepantes e que a própria idéia de uma ciência explicativa da sociedade é insustentável (Winch, 1958). Os proponentes da HERMENÊUTICA e da sociologia "interpretativa" — recentemente reforçados pelos defensores do pós-modernismo e da DESCONSTRUÇÃO — sustentam que descrições causais do comportamento social não podem ser construídas porque as práticas, instituições e crenças humanas são inerentemente significativas, ou melhor, constituídas pelos entendimentos que os participantes têm delas (Taylor, 197). Portanto, a tarefa dos "estudos humanos" não pode ser a especificação de leis invariantes do comportamento humano, mas fazer com que esse comportamento seja inteligível mediante a sua interpretação em relação com intenções subjetivas. Para Gadamer (1960), além disso, todas essas interpretações envolvem uma projeção de preconceitos culturais baseados em uma rede ou "horizonte" de expectativas e suposições constitutivas de uma tradição cultural. Segue-se que a meta da sociologia interpretativa não pode se duplicar ou confirmar pesquisas prévias, mas rever preconceitos pela elucidação de novas dimensões de um fenômeno.

As críticas feministas do positivismo que proliferaram na década de 80 aderem a esse ataque, mas por uma razão diferente. Afirmando que a ciência é uma instituição afetada pelo gênero que reflete o ponto de vista truncado e opressivo dos homens, as feministas evoluíram de uma perspectiva reformista que procurava realizar a paridade de gêneros no campo científico para uma postura revolucionária que visava proceder a uma revisão geral dos próprios alicerces da ciência a fim de erradicar o seu "androcentrismo" constitutivo (Harding, 1984). Essas críticas percorrem toda uma gama que vai do empirismo feminista (para o qual o sexismo pode ser corrigido pela imposição mais rigorosa dos ditames metodológicos padronizados da investigação científica) ao ponto de vista epistemológico (o qual sustenta que a subjugação das mulheres as coloca em situação privilegiada para produzir o verdadeiro conhecimento) e ao feminismo pós-moderno, que questiona as próprias noções de universalidade e razão que servem de base à ciência. Para Sandra Harding, os princípios aceitos de imparcialidade, neutralidade dos valores e objetividade são instrumentos de controle social que estão a serviço dos homens em seu projeto de fazer da ciência uma prerrogativa masculina. A genuína objetividade, sustenta ela, não decorre da adesão à idéia "patriarcal" da unidade do método científico, mas de um compromisso com os "valores participantes" do anti-racismo, do anticlassismo e do anti-sexismo. Portanto, não é a ciência, mas a discussão moral e política que fornece um paradigma para a investigação racional.

Em vez de o rejeitar abertamente, os expoentes do *pós-positivismo* procuraram reformar o entendimento recebido de ciência. Os ataques de W.V.O. Quine, Karl Popper, Thomas Kuhn, Paul Feyerabend e Imre Lakatos convergiram para abalar as próprias fundações da filosofia positiva da ciência natural (Chalmers, 1982) ao demonstrarem que as teorias científicas não são construídas indutivamente nem testadas individualmente na base exclusiva da evidência fenomenal, pois se há coisa que não existe é a observação teoricamente neutra. Nem é o seu julgamento formulado estritamente em bases racionais, na medida em que teorias rivais são sempre "escoradas" por dados e participam geralmente de "paradigmas" ou amplos quadros de referência científicos cujos critérios de avaliação são incomensuráveis (Giddens, 1978). O REALISMO de Bhaskar (1975) também repudia o fenomenalismo e o verificacionismo, diferenciando três níveis de realidade (o real, o efetivo e o empírico) e afirmando a existência de estruturas e mecanismos ocultos que podem funcionar independentemente do nosso conhecimento deles, mas cujos poderes e responsabilidades são, não obstante, empiricamente investigáveis. O "racionalismo aplicado" de Pierre Bourdieu — resultante da importação pela sociologia da epistemologia historicista de A. Koyré, G. Bachelard e C. Canguilhem — derruba também a estrutura epistemológica do positivismo ao postular que os fatos científicos são "conquistados, construídos e constatados" (Bourdieu et al., 1968) através da ruptura com o senso comum de leigos e eruditos, a aplicação sistemática de conceitos relacionais e o confronto metódico do modelo construído com as provas geradas por diferentes metodologias. A teoria crítica da ESCOLA DE FRANKFURT combina elementos das críticas antipositivista e pós-positivista na rejeição do CIENTIFICISMO (a idéia de que somente a ciência produz conhecimento), na fusão de explicação com previsão por meio de leis universais e na dicotomização de fatos e valores, ao mesmo tempo em que combate, porém, o idealismo da hermenêutica e se recusa a abandonar as pretensões à VERDADE científica. Assim, Habermas (1968) afirma que, para não se tornar cúmplice da racionalidade que sustenta o positivismo e o converte em outro instrumento ideológico de dominação, a ciência social não pode ater-se a uma análise das relações causais externas. Sendo o universo social um mundo "pré-interpretado", cabe-lhes explicar *também* as relações internas de significado e propósito e, portanto, reconstruir o conceito de objetividade legado pelas ciências naturais de um modo que recupere a dimensão crítica da ciência como instrumento para a emancipação.

Eclipse não é morte: o positivismo pode ter sido desacreditado como filosofia da ciência, mas ainda informa ativamente e, pode-se até dizer, domina os projetos e a implementação de pesquisas sociais empíricas. E promete sobreviver, se não prosperar, como um contraste e uma sub-reptícia epistemologia operante enquanto o projeto de Max Weber de colocar a interpretação e a explicação "sob um só teto" não for plenamente realizado na prática cotidiana dos cientistas sociais.

Leitura sugerida: Adorno, T., Albert, H., Dahrendorf, R., Habermas, J., Pilot, H., e Popper, K.R. 1969 (*1976*): *The Positivist Dispute in German Sociology* • Alexander, J.C. 1982: *Theoretical Logic in Sociology*, vol.1: *Positivism, Presuppositions, and Current Controversies* • Apel, K.O. 1979 (*1984*): *Understanding and Explanation: a Transcendental-Pragmatic Perspective* • Fuller, Steve 1988: *Social Epistemology* • Giddens, A. org. 1974: *Positivism and Sociology* • Harding, Sandra e Hintinkka, Merrill, orgs. 1983: *Discovering Reality: Feminist Perspective on Epistemology, Methodology and Philosophy of Science* • Keat, R. e Urry, J. 1978: *Social Theory as Science* • Outhwaite, William 1987: *New Philosophies of Social Science: Realism, Hermeneutics, and Critical Theory* • Philips, D.C. 1987: *Philosophy, Science and Social Inquiry* • Simon, Walter M. 1963: *European Positivism in the Nineteenth Century*.

LOÏC J.D. WACQUANT

positivismo jurídico O termo refere-se a qualquer filosofia do direito dirigida para a descrição, isenta de valor, das instituições jurídicas ocidentais em termos de um sistema distinto de regras sociais (ver LEI). Em sua definição mais ampla, o positivismo jurídico está associado à crença na possibilidade de uma ciência do direito, classicamente uma geometria da ordem jurídica, e a uma correspondente adesão à separação metodológica de questões de fato e questões de valor, da lei e da moralidade.

As raízes dessa filosofia doutrinal do direito residem na distinção medieval entre direito divino ou natural e direito secular ou positivo, sendo este último denominado *ius positum*, direito por posição ou, mais pragmaticamente, direito estabelecido por um soberano humano. Nessa descrição genérica, a ordem do direito positivo é identificada como um sistema distinto de regras por referência à sua fonte suprema: o direito positivo era direito que emanava do monarca, do Leviatã, da comunidade ou, mais recentemente, da legislatura.

Em sua definição inicial, o positivismo jurídico está associado na tradição inglesa aos escritos de Thomas Hobbes e, mais tarde, dos filósofos do direito do século XIX, Jeremy Bentham e John Austin. O positivismo desses pensadores consistia em definir a lei muito simplesmente como a ordem do soberano e, uma vez isolada essa única fonte ou oráculo do direito nacional, podiam sustentar que a tarefa ou província da jurisprudência era a determinação científica da linhagem e coerência lógica da ordem jurídica estabelecida. A filosofia positivista do direito era, assim, um discurso sistematizador; um discurso que considerava o conteúdo da lei como "dado" ou axiomático e estava meramente interessado em organizar as fontes e instituições do sistema jurídico em uma ordem normativa formalmente definida, ou "domínio da lei".

Na jurisprudência européia continental, uma tradição igualmente dogmática de filosofia positivista do direito remonta à assimilação do direito romano — *Corpus Iuris Civilis* — na Europa do final do século XI. Para a tradição continental ou "civil", havia um só direito e uma só fonte de direito para toda a Europa, a saber, a coleção das leis codificadas no início do século XI pelo imperador Justiniano. Admitida tal fonte unitária e universal do direito, a tradição civilista da jurisprudência dogmática podia facilmente adotar uma filosofia jurídica positivista ao sustentar a coincidência do direito e da razão nos textos — a razão escrita (*ratio scripta*) — do código. As ulteriores codificações européias dos séculos XVIII e XIX assistiram, em geral, a um ressurgimento do positivismo jurídico, da crença na disponibilidade de todo o direito no código, no mundo lógico e distinto do Texto.

O positivismo jurídico moderno apresenta uma versão freqüentemente simplificada e consideravelmente mais abstrata da filosofia dos advogados tradicionais do direito secular. O seu principal proponente filosófico no continente europeu (embora ulteriormente domiciliado nos Estados Unidos) foi um filósofo neokantiano do direito, o austríaco Hans Kelsen. Em uma série de obras altamente influentes, Kelsen tentou construir uma "teoria pura do direito" ou ciência estrutural da ordem jurídica. Substituindo a única e soberana fonte do direito pelo pressuposto lógico da "norma básica" ou *Grundnorm* como fundação unitária de qualquer sistema jurídico, Kelsen postulou as condições de qualquer ciência jurídica positivista em função do estudo exclusivo da coerência interna da ordem normativa. Os problemas jurídicos deviam ser estudados como problemas normativos, como questões estruturais de ordem, e desse modo a ciência jurídica podia ser separada das disciplinas "pré-científicas", como a sociologia, a psicologia, a história a economia ou a ética, que combinavam o estudo de regras jurídicas com o estudo de valores, questões do que "é" com questões do que "deve ser". Uma ciência do direito propriamente positivista estudaria a linhagem da "autorização formal" da norma jurídica ou, em termos mais pragmáticos, estudaria o texto da lei, mas simplesmente em função de sua participação no sistema.

No mundo do direito consuetudinário, o positivismo jurídico moderno baseia-se na obra de Kelsnen, mas está principalmente associado à obra do filósofo do direito analítico e jurista Herbert Hart e seu livro *The Concept of Law*, publicado em 1961. Em um trabalho amplamente sintético, Hart elaborou uma filosofia jurídica positivista em termos do estudo do direito como o estudo de um sistema distinto de regras primárias e secundárias. A separação da ordem jurídica de outros sistemas normativos é, na versão de Hart do positivismo jurídico, atribuída a uma "regra de reconhecimento" por meio da qual os funcionários do sistema jurídico identificam e aceitam a fonte e as características distintas das regras jurídicas. Essas regras são estudadas como conhecimento oficial ou profissional, e podem ser formalmente identificadas e analiticamente descritas sem refêrencia a quaisquer considerações de avaliação contextual, não-normativa ou outras. A existência da lei, para o positivista jurídico, é uma coisa, seu mérito ou demérito é algo inteiramente distinto.

Em termos críticos, o positivismo jurídico pode ser descrito como a filosofia inata, ou de senso comum, da profissão jurídica. Nesse sentido, é uma fisolofia dogmática, que procura legitimar um conhecimento profissional na base da auto-representação da profissão. Cumpre assinalar, a esse respeito, que o positivismo jurídico procura isolar o direito de seus contextos políticos e administrativos. Estuda o direito como atividade à parte dos outros fenômenos sociais e como um discurso incomparavelmente livre de quaisquer características subjetivas ou intertextuais que possam ameaçar o valor supremo do "domínio da lei".

Ver também POSITIVISMO.

Leitura sugerida: Austin, John 1885 (*1955*): *The Province of Jurisprudence Determined and the Uses of the Study of Jurisprudence* • Bentham, Jeremy *c.*1780-82 (*1970*): *Of Laws in General* • Goodrich, Peter 1986: *Reading the Law* • Hart, H.L.A. 1961: *The Concept of Law* • Hobbes, T. 1651 (*1973*): *Leviathan* • Kairys, David, org. 1982: *The Politics of Law* • Legendre, Pierre 1983: *L'empire de la vérité* • Moles, Robert 1987: *Definition and Rule in Legal Theory*.

PETER GOODRICH

pós-keynesianismo Termo que engloba uma variedade de tentativas de construir uma alternativa à microeconomia e à macroeconomia ortodoxas, o pós-keynesianismo não é uma escola unificada de pensamento, mas um amálgama de elementos extraídos de diferentes tradições em economia política, com seus proponentes freqüentemente divergindo sobre que elementos destacar.

Comuns a todos os proponentes são a rejeição da análise de equilíbrio em favor de considerações de crescimento desequilibrado e, por conseguinte, uma postura política mais intervencionista do que de LAISSEZ-FAIRE; e uma rejeição das explicações microeconômicas de determinação de preço em termos de oferta e demanda. Portanto, a teoria ortodoxa da distribuição (funcional) de renda (determinada por programas de oferta e demanda criados por decisões de otimização individuais e, por conseguinte, envolvendo geralmente considerações de produtividade marginal) é rejeitada em favor de uma teoria macroeconômica da distribuição de renda relacionada com o crescimento da demanda agregada e do produto nacional: aforisticamente, os trabalhadores gastam o que ganham e os capitalistas ganham o que eles (os capitalistas) gastam. Do mesmo modo, qualquer entendimento do mercado de trabalho em termos de análise de oferta e demanda é rejeitado, pelo que se explica o nível de desemprego, não em função da mão-de-obra forçar uma alta de salários que a coloca fora do mercado, mas em relação com o volume macroeconômico de produção; e sua incidência é explicada em termos de uma força de trabalho que está segmentada pela estrutura industrial de um núcleo oligopolístico e, portanto, protegido, e de uma periferia competitiva e, portanto, exposta. No âmbito de tal estrutura, os preços são determinados pela remarcação oligopolística para cima, estando o tamanho da remarcação relacionado com a necessidade de obter lucros suficientes para financiar futuros investimentos em um mundo de inerente incerteza. Finalmente, a ortodoxia é criticada por sua abordagem do sistema econômico em termos de escambo; os pós-keynesianos consideram essencial integrar a moeda na teoria do funcionamento da economia desde o começo. No nível macro, a oferta de moeda é considerada endógena, ajustando-se passivamente a qualquer nível que seja necessário para sustentar os níveis correntes de produção. A inflação não é, pois, interpretada como o resultado de uma excessiva expansão da oferta de dinheiro, mas é vista, antes, como o resultado da luta entre classes contendoras em torno da divisão do produto nacional em salários e lucros.

Grande parte do pós-keynesianismo remonta sua ancestralidade a J.M. Keynes, mas enfatizando o enfoque de Keynes da incerteza e instabilidade como o ponto de partida de sua análise. A ulterior ciência econômica keynesiana (ver KEYNESIANISMO) tendeu a desprezar esse ponto de partida e por essa razão, de acordo com os pós-keynesianos, interpretou erroneamente a importância da análise de Keynes. Essa ênfase em um futuro incerto alia-se, portanto, a uma análise de investimento e lucratividade adotada, em grande parte, da obra de M. Kalecki: o investimento corrente determina a taxa de crescimento, enquanto que o futuro investimento é determinado pelos lucros que as firmas antevêem através da apropriada remarcação de preços acima de seus custos. Acrescente-se a isso uma explicação sociológica de conflito de classes inspirada na tradição marxista, mas reduzida a um conflito em torno de salários e lucros como uma luta que tem por fulcro a distribuição do que é excedente em relação aos requisitos de uma exata reprodução da economia em estado estacionário.

O pós-keynesianismo não é, pois, uma abordagem singular e rigorosa, mas uma coleção de temas que os proponentes consideram enfatizar a esterilidade e a irrelevância da ciência econômica ortodoxa, em contraste com o realismo e a aplicabilidade das alternativas pós-keynesianas. Mas o próprio ecletismo destas últimas é também uma importante fraqueza, porquanto é duvidoso se os interesses marxistas e keynesianos podem ser aliados com tanta facilidade, a menos que os divorciemos das estruturas teóricas em que estão implantados e das quais derivam seu significado.

Leitura sugerida: Eichner, A.S., org. 1979: *A Guide to Post-Keynesian Economics* • Harcourt, G.C. 1982: "Post-Keynesianism: quite wrong and/or nothing new?". *Thames Papers in Political Economy*, verão • Kalecki, M. 1971: *Selected Essays on the Dynamics of the Capitalist Economy* • Minsky, H. 1975: *John Maynard Keynes*.

SIMON MOHUN

pós-modernismo Ver MODERNISMO E PÓS-MODERNISMO.

pragmatismo É este o nome usualmente atribuído ao movimento filosófico clássico nos Estados Unidos. Surgiu nas últimas décadas do século XIX e alcançou certa hegemonia na vida intelectual do país durante e imediatamente após a chamada Era Progressiva (1896-1914). A partir da década de 30, e ainda mais depois de 1945, foi largamente suplantado por outras correntes de pensamento em filosofia, nas ciências sociais e no discurso político público. O pragmatismo americano também atraiu considerável atenção na Europa, especialmente em torno de 1910, embora a exposição e a discussão crítica do pragmatismo mostrassem o predomínio de interpretações equivocadas e a tendência a depreciá-lo, reduzindo-o a uma expressão de alegadas características nacionais norte-americanas.

O sentido cotidiano do termo "pragmático" certamente contribuiu para esses equívocos, sugerindo uma espécie de "confusão bem-sucedida" que é orientada para a satisfação de necessidades imediatas, ignora princípios teóricos ou morais e trata as características dadas da situação simplesmente como parte de um cálculo. O termo pragmatismo tem a mesma raiz grega de PRÁXIS, prático etc. O fundador do pragmatismo, Charles Sanders Peirce (1839-1914), criou o termo em conseqüência de suas reflexões sobre o uso por Kant dos adjetivos "pragmático" e "prático". As conferências e os escritos de Peirce, por volta de 1878, são hoje considerados os documentos originais do pragmatismo. No começo ficaram conhecidos apenas por um estreito círculo de intelectuais de Cambridge, Massachusetts, e só obtiveram maior notoriedade uns 20 anos depois, quando William James (1842-1910) realizou conferências sobre o "Pragmatismo". Peirce acabou distanciando-se do pragmatismo de James e deu à sua própria filosofia o nome de "pragmaticismo".

A par de Peirce e James, o núcleo central do pragmatismo inclui usualmente John Dewey (1859-1952) e George Herbert Mead (1863-1931). As diferenças entre todos esses pensadores eram tão evidentes, pelo menos para os próprios "pragmatistas", que a sua reunião em uma única escola ou movimento tem sido constantemente questionada. O ponto de vista mais amplamente aceito, contudo, é que, apesar das diferenças, existe um núcleo de idéias comuns suficiente para justificar que se fale do "pragmatismo" como uma orientação filosófica distinta.

Quais são os temas básicos do pragmatismo? A abordagem de Peirce começa com sua crítica do princípio metodológico da dúvida radical de Descartes e do programa resultante de fazer da certeza de si mesmo do ego pensante o sólido alicerce de uma nova filosofia. O pragmatista questiona a significação da dúvida cartesiana, não a fim de defender as autoridades indiscutíveis contra a pretensão emancipadora do ego pensante, mas para argumentar em favor de uma dúvida mais substancial, ou seja, o assentamento da cognição em situações problemáticas reais. No pragmatismo, a idéia-guia do ego dubitativo é substituída pela idéia de uma busca cooperativa da VERDADE para superar os reais problemas da ação (ver AÇÃO E MEDIAÇÃO). A dúvida real ocorre na ação, concebida como uma sucessão cíclica de fases. Assim, toda e qualquer percepção do mundo e toda e qualquer ação nele realizada estão radicadas em uma crença irrefletida nas condições auto-evidentes e nos hábitos bem-sucedidos. Mas esses modos habituais de atuar defrontam-se constantemente com a resistência do mundo, que é considerada a fonte da destruição das expectativas irrefletidas.

A fase resultante de dúvida real leva a uma reconstrução do contexto interrompido. A percepção deve apreender aspectos novos ou diferentes da realidade; a ação deve ligar-se a outros elementos do mundo ou reorganizar a sua própria estrutura. Essa reconstrução é uma realização criativa do ator. Se tiver êxito, através de uma mudança na percepção, de uma atuação diferente, e retomar, assim, a iniciativa, então algo de novo ocorreu no mundo: uma nova maneira de atuar que pode ser institucionalizada e se converte em uma rotina seguida de forma irrefletida. Assim, os pragmatistas vêem toda a ação humana na oposição entre hábitos de ação irrefletidos e realizações criativas. Isso significa também que a criatividade é vista, nesse caso, como o que caracteriza realizações em situações que exigem uma solução, mais do que como a criação irrestrita de algo novo sem um *background* constitutivo em hábitos irrefletidos.

Desse modelo básico de pragmatismo, no qual ação e cognição se combinam de um modo particular, podemos derivar as outras reivindicações centrais do pragmatismo. Na metafísica do pragmatismo, a realidade não é determinística; pelo contrário, permite e exige uma ação criativa. Na epistemologia do pragmatismo, o conhecimento não é a reprodução da realidade, mas um instrumento para tratá-la com êxito. A semântica do pragmatismo localiza o significado de conceitos nas conseqüências práticas para a ação resultantes de seu uso ou de sua diferença em relação a outros conceitos. Assim, na teoria da verdade do pragmatismo, a veracidade de sentenças só pode ser determinada por meio de um processo de concordância sobre o êxito da ação nelas baseada e não, digamos, na sua correspondência com uma realidade não-interpretada. A incompreensão do pragmatismo quando o consideram um movimento que visa principalmente a destruição do ideal de conhecimento verdadeiro resultou, sobretudo, do isolamento de certas sentenças, como os enunciados de William James acerca da verdade, de todo o complexo de pensamento pragmatista.

Os principais representantes do pragmatismo contribuíram para diferentes campos de investigação. Peirce estava principalmente interessado no desenvolvimento de uma teoria geral do conhecimento científico e em uma teoria amplamente concebida dos signos ou SEMIÓTICA. Sua obra multifacetada, que é difícil de resumir, inclui importantes pensamentos sobre o uso intersubjetivo de signos e sobre a produção criativa de hipóteses ("abdução"). Essa teoria dos signos, especialmente em sua ênfase no "discurso" dos cientistas em uma comunidade experimental, foi de importância decisiva para o "discurso ético" desenvolvido por Karl-Otto Apel e Jürgen Habermas (ver DISCURSO; ÉTICA) e para a "teoria da ação comunicativa" de Habermas.

William James trabalhou principalmente na área da psicologia, na qual viu a perspectiva de uma saída do dilema entre a crença, de base religiosa, no livre-arbítrio do agente moral e a imagem científica do mundo como um universo governado por processos causais. A solução, para James, reside na funcionalidade para a sobrevivência do organismo humano em seu meio ambiente, que ele viu na capacidade humana de prestar atenção deliberada a impressões perceptivas e escolher entre cursos alternativos de ação. Uma psicologia "funcionalista" (ver FUNCIONALISMO) podia avançar pelo entendimento de todas as realizações mentais em termos de sua função para o domínio ativo pelo organismo do seu meio ambiente.

John Dewey, cujo pensamento de início se desenvolveu independentemente dos primeiros pragmatistas, abandonou sua anterior abordagem neo-hegeliana e procurou cada vez mais ligar-se aos aspectos epistemológicos e psicológicos do pragmatismo, tal como foram desenvolvidos por Peirce e James. Seu intuito era construir uma filosofia que estendesse as idéias centrais do pragmatismo a todos os domínios tradicionais da filosofia (metafísica, lógica, ética e estética), e em particular ao campo da filosofia social e política. Deu ênfase mais explícita do que os outros a uma versão radical de democracia como núcleo normativo do pragmatismo.

George Herbert Mead, amigo de Dewey, empenhou-se ao máximo em desenvolver a estratégia de James na tradução de temas pragmatistas para o programa de uma ciência social empírica de base biológica. A sua contribuição decisiva para o teoria social consiste em sua teoria das características específicas da comunicação humana e, como sua decorrência, na tentativa de tematizar a constituição das estruturas da personalidade na dinâmica das relações interpessoais. Mead atacou a suposição de um eu (*self*) substancial pré-social e a substituiu por uma teoria da gênese do eu em que até a interação de uma pessoa consigo mesma é conceituada como o resultado de estruturas sociais. Mead também explorou essa linha de pensamento na direção dos problemas do desenvolvimento cognitivo, tais como a constituição de objetos permanentes na experiência e a constituição de estruturas de tempo.

Alguns dos conceitos e modelos de Mead formaram a base da escola de INTERACIONISMO SIMBÓLICO em sociologia. A influência dos outros pragmatistas sobre a sociologia, fora da escola de Chicago e do interacionismo simbólico, tem sido até agora relativamente escassa, apesar de algumas exceções espetaculares, como C. Wright Mills e Jürgen Habermas. O inequívoco renascimento do pragmatismo em filosofia não tem, até o momento, paralelos igualmente impressionantes em sociologia.

Leitura sugerida: Joas, H. 1985: *G.H. Mead: a Contemporary Re-examination of his Thought* o 1993: *Pragmatism and Social Theory* • Mead, G.H. 1934: *Mind, Self and Society* • Smith, John E. 1978: *Purpose and Thought: the Meaning of Pragmatism* • Thayer, Horace S. 1981: *Meaning and Action: a Critical History of Pragmatism*, 2ª ed.

HANS JOAS

práxis A definição (1), em Aristóteles, é a de atos desempenhados como um fim em si mesmos, no interesse deles próprios; distingue-se de *poiesis*, que significa a atividade produtiva dedicada à realização de fins, bem como de *theoria* ou contemplação. São essas as três atividades ou ocupações básicas dos seres humanos (Lobkowicz, 1967). O significado (2) em Marx e nos escritos de numerosos filósofos no âmbito do MARXISMO OCIDENTAL é: (a) um tipo de atividade prática criativa peculiar dos seres humanos, por meio da qual eles constroem seu mundo, uma idéia básica no modelo de Marx de NATUREZA HUMANA; (b) uma categoria epistemológica que descreve a atividade prática, constitutiva do objeto, dos indivíduos humanos em seu confronto com a natureza, que Marx denominou a "atividade prática do senso humano" (Marx, 1845, p.83); e (c) como práxis "revolucionária" (Marx, ibid.), o suposto ponto de transição social fundamental de acordo com o qual se diz que, na prática, as circunstâncias sociais objetivas do proletariado coincidem com o completo entendimento delas.

Embora os três sentidos marxistas distintos tenham ficado estabelecidos no moderno pensamento social, o conceito permanece, de modo geral, impreciso, obscuro e elástico em sua aplicação. Em parte, isso é porque ele foi associado aos slogans da NOVA ESQUERDA em tempos recentes e, também em parte, porque as suas origens se situam nas obscuridade da filosofia da ação elaborada pelos Jovens Hegelianos da década de 1840, como Arnold Ruge, August von Cieszkowski, Moses Hess e o próprio Marx

(Stepelevich, 1983). Além disso, os primeiros escritos de Marx sobre esse assunto foram, predominantemente, rascunhos não-publicados, e uma série de importantes passagens sobre o tópico está sujeita a interpretação.

Por vezes, afirma-se que a expressão "a unidade de teoria e prática" é o significado do conceito de práxis e ela parece, de fato, apreender — ainda que de forma imprecisa — o significado especulativo 2(c). Com efeito, a expressão é empregada no MARXISMO ortodoxo e se refere às seqüências concorrentes da teoria política organizada, do marxismo-leninismo na antiga União Soviética. A idéia de práxis, por outro lado, sobretudo no sentido 2(a), foi proeminente nos países socialistas da Europa Oriental, como parte do arsenal ideológico das críticas dos dissidentes desses regimes (Marković, 1974).

O uso (2a) relaciona-se com a imagem dos seres humanos ou modelo da natureza humana que encontramos em Marx: "a atividade livre e consciente é a qualidade característica da espécie humana" e "Ao criar um mundo objetivo por sua atividade prática (...) o homem prova que é um ser consciente de sua espécie" (Marx, 1844, p.171). A práxis, nesse sentido, está vinculada à ALIENAÇÃO como um processo histórico geral em que os seres humanos, em sua criação da história e da sociedade humanas, se tornaram sucessivamente divorciados da natureza e dos produtos objetivos de sua práxis de trabalho.

A categoria da práxis (2b) como ação humana constituinte do objeto nos primeiros escritos de Marx (em especial, 1844, 1845 e 1845-6) pode ser interpretada, em uma visão a posteriori, como contribuição à epistemologia (ver CONHECIMENTO, TEORIA DO); em especial, para a superação do idealismo e materialismo e para uma abordagem sociológica (Kilminster, 1982). Marx viu que o materialismo tradicional era implicitamente individualista e subentendia uma visão passiva dos seres humanos, ao passo que o idealismo de Hegel sublinhava a dimensão ativa, histórica e cultural do saber humano, mas restringia essa atividade ao domínio da consciência. A versão social do materialismo em Marx realizou uma nova síntese. Os seres humanos são parte integrante da natureza e a objetividade do seu mundo social é resultado de sua atividade prática, dotada de sentido coletivo, na apropriação da natureza não-humana através do trabalho produtivo ao longo de muitas gerações. Ao trabalharmos a natureza a fim de satisfazer nossas necessidades, acabamos por conhecê-la, mas somente em uma forma "humanizada". Assim, a natureza adquiriu um cunho social e, ao mesmo tempo, tem um papel autônomo nos assuntos humanos (Kolakowski, 1971).

A teoria social científica do conhecimento que Marx desenvolveu a partir dessas reflexões abstratas foi o modelo de BASE e SUPERESTRUTURA da consciência social. Apesar de suas primeiras ambições, esse modelo está viciado por uma ONTOLOGIA dualista e também sofre em virtude da excessiva ênfase nas relações econômicas; e Marx também projetou no COMUNISMO não só a superação das principais antinomias epistemológicas, mas também soluções práticas para todos os outros problemas teóricos (Marx, 1844, p.95, 102, 114). Não obstante, foi esse um esforço pioneiro. Ao transferir o problema do conhecimento para o campo da atividade social prática, estruturada, retirando-o do individualismo da tradicional epistemologia sujeito-objeto, Marx contribuiu para a crescente compreensão da natureza social do processo de conhecimento (ver SOCIOLOGIA DO CONHECIMENTO).

A práxis revolucionária (2c) constitui a dimensão mais especulativa, envolvendo não só o conhecimento, mas também a ÉTICA. A teoria de Marx sobreviveu em sua forma não-corrigida e mais mitológica nos extravagantes floreios milenaristas de marxistas posteriores, como György Lukács, Karl Korsch e Antonio Gramsci na década de 20 (Kilminster, 1979). Para eles, em várias versões, a consciência da classe proletária derruba a objetividade da própria sociedade. Também identificaram (erroneamente) toda a ciência social com o POSITIVISMO, concebido como a articulação da experiência social dominante em uma sociedade capitalista e alienada. Portanto, as leis sociais podiam ser falsificadas pela ação de massa ou por mudanças culturais e políticas cumulativas.

Existe alguma evidência de que a idéia da Esquerda Hegeliana de "realizações da filosofia na prática" foi um importante motivo na formação das idéias de Marx. Os radicais hegelianos compararam a realidade social tal *como é* com o que idealmente *deve ser*, mas Marx pensava que isso era um radicalismo verbal infrutífero que não mudava coisa alguma e recomendou, em seu lugar, uma "atividade prática-crítica", ou seja, o projeto de trazer a realidade para o que ela deve ser *na prática*:

> Para nós, o comunismo não é um estado de coisas que tem de ser estabelecido, um ideal ao qual a própria realidade terá que se ajustar. Chamamos comunismo ao movimento real que suprime o presente estado de coisas. (Marx e Engels, 1845-46, p.48.)

O comunismo seria efetivamente uma sociedade que não precisaria mais de ética porque deixaria de haver, na realidade das vidas das pessoas, qualquer discrepância significativa entre o modo como viviam e o modo como pensavam que poderiam idealmente viver. Na versão materialista de Marx da filosofia da história de Hegel, não havia necessidade de desenvolver uma justificativa ética distinta para o socialismo ou o comunismo. A teoria econômica científica que descreve os estágios históricos do desenvolvimento humano e a conveniência moral do estágio final do comunismo são essencialmente a mesma coisa. Só os direitos e a moralidade burgueses é que eram ideológicos (Lukes, 1985).

Mais tarde a teoria de Marx prestou-se a sustentar o poder das elites burocráticas na antiga União Soviética e na Europa Oriental, onde as dissidências eram sufocadas proclamando-se que essas elites não só tinham sua política baseada em uma correta análise científica marxista, mas também estavam, por definição, *moralmente* corretas. Em oposição a essas pretensões, o modelo de Marx de homem-como-práxis foi enfatizado como a consubstanciação da "autêntica" visão marxista da vida humana.

A morte da idéia da inevitabilidade histórica do socialismo, somada à experiência do TOTALITARISMO no século XX, teve importantes conseqüências. O fundamento das questões morais não podia continuar sendo descartado pela inclusão de sua futura solução em um necessário movimento histórico ou, antes disso, na infalibilidade científica, política e moral do Partido. Essa compreensão constitui o ponto de partida para o projeto neomarxista de teoria crítica (Habermas, 1974) e, depois do colapso do comunismo na Europa Oriental em 1989 e da fragmentação da União Soviética, a questão da boa sociedade volta a figurar em posição de destaque na ordem do dia.

Leitura sugerida: Habermas, Jürgen 1971 (*1976*): *Theory and Practice* • Kilminster, Richard 1979: *Praxis and Method: a Sociological Dialogue with Lukács, Gramsci and the Early Frankfurt School* o 1982: "Theory and Practice in Marx and Marxism". In *Marx and Marxisms*, org. por G.H.R. Parkinson • Kolakowski, L. 1971: "Karl Marx and the classical definition of truth". In *Marxism and Beyond* • Lobkowicz, Nicholas 1967: *Theory and Practice: History of a Concept from Aristotle to Marx* • Lukes, S. 1985: *Marxism and Morality* • Markovic, Mihailo 1974: *From Affluence to Praxis: Philosophy and Social Criticism* • Rotenstreich, Nathan 1965: *Basic Problems of Marx's Philosophy* • Stepelevich, Lawrence S., org. 1983: *The Young Hegelians: an Anthology*.

RICHARD KILMINSTER

preconceito Definido aqui como um julgamento prévio rígido e negativo sobre um indivíduo ou grupo, o conceito deriva do latim *prejudicium*, que designa um julgamento ou decisão anterior, um precedente ou um prejuízo. As conotações básicas incluem inclinação, parcialidade, predisposição, prevenção. No uso moderno, o termo veicula muitos significados variantes. Comuns à maioria deles, contudo, são as noções de julgamento prévio desfavorável, efetuado antes de um exame ponderado e completo, e mantido rigidamente mesmo em face de provas que o contradizem.

Por causa de seu amplo alcance e de suas conotações complexas na linguagem comum, o termo deve ser sempre interpretado no contexto específico em que é usado (ver Williams, 1964, p.28-9). Na ciência social moderna, o uso típico refere-se a julgamentos categóricos antecipados que têm componentes cognitivos (crenças, estereótipos), componentes afetivos (antipatia, aversão) e aspectos avaliatórios ou volitivos (como as disposições para políticas públicas) (ver Blalok, 1967, p.7; Klineberg, 1968, p.439).

As definições de preconceito são necessariamente definições com certo limite de variação, selecionadas de um leque mais amplo de outras características. Por exemplo, algumas autoridades especificam que os preconceitos são não apenas desfavoráveis e categóricos, mas também inflexíveis, rígidos e baseados em conhecimento inadequado ou falso juízo. Assim, Allport (1967, p.515-6) sustenta que os preconceitos são atitudes supergeneralizadas e errôneas — concepções equivocadas que não se revertem em função de novos conhecimentos. Por outro lado, Klineberg (1968, p.440) afirma que a reversibilidade devido a novos conhecimentos não é um critério apropriado de preconceito. Assim, parece preferível considerar a reversibilidade como um correlato para estudo empírico, e não como parte de uma definição formal do conceito.

Numerosos dados de pesquisas mostram que as atitudes usualmente rotuladas como preconceitos na fala comum podem ser específicas para um grupo ou generalizadas para muitos; podem ser primordialmente cognitivas, afetivas ou avaliatórias; podem referir-se unicamente a interações sociais pessoais ou dirigir-se a amplas políticas públicas; e podem ser importantes ou periféricas para o ator individual. Diante dessas variações, a pesquisa de ciência social concentrou-se, de modo geral, em orientações desfavoráveis dirigidas a grupos ou categorias, deixando outras características correlatas para serem investigadas com fins particulares (Williams, 1964, p.22-77); Klineberg, 1968, p.439). As provas acumuladas por pesquisas estabeleceram um grande número de generalizações empíricas referentes ao preconceito nesse sentido. Entre as mais importantes conclusões estão as seguintes:

1. Tais preconceitos negativos, embora generalizados, não são universais.
2. O preconceito não é monopólio desta ou daquela sociedade, desta ou daquela cultura.
3. O preconceito não é inato, mas deve ser aprendido.
4. Os preconceitos em relação a diferentes grupos tendem a andar juntos: as pessoas que manifestam preconceito para com um grupo étnico mostram tipicamente atitudes semelhantes para com outros "grupos de fora".
5. Os indivíduos variam imensamente na intensidade e espécie de seus preconceitos.
6. Os preconceitos encorajam os comportamentos discriminatórios e as orientações dadas às políticas públicas, e são por eles gerados.
7. Preconceitos e comportamento não precisam ser congruentes; situações específicas podem afetar consideravelmente a conduta, apesar de atitudes generalizadas (ver também Pettigrew, 1976, p.525).

Etnocentrismo

Um conceito estreitamente relacionado com o preconceito é o etnocentrismo. Em suas formas menos intensas, o etnocentrismo pode significar tão-somente uma atitude positiva em relação ao próprio grupo a que se pertence e às suas formas de conduta. De modo geral, porém, o termo também implica alguns sentimentos de superioridade do grupo em comparação com outros grupos a que não se pertença. Nos dois casos, o etnocentrismo varia muito em intensidade e em especificidade (Levine e Campbell, 1972). Não obstante, há uma acentuada tendência empírica para que o etnocentrismo se torne generalizado — no caso extremo, o nosso próprio grupo é superior a todos os outros em todos os aspectos importantes (ver Williams, 1964, p.22-8). Em geral, os estudos históricos e comparativos indicam que, quanto mais preponderantes e intensas em uma sociedade são as crenças na superioridade do grupo a que se pertence, maior será a probabilidade de se responsabilizar os membros de outros grupos por quaisquer condições ou acontecimentos indesejáveis. Quanto mais o etnocentrismo se torna rígido, incondicional e emocionalmente intenso, maior é a possibilidade de conflito com outros grupos; tais conflitos, por sua vez, reforçam e acentuam o etnocentrismo. Desse modo, o etnocentrismo difuso converte-se freqüentemente em forte preconceito.

Os objetos do etnocentrismo e do preconceito

As categorias étnicas e raciais são construções sociais (ver também ETNICIDADE; RACISMO). Desenvolvem-se reciprocamente com a diferenciação social e a interação entre pessoas que, segundo se presume, se tornaram inicialmente distintas por parentesco, comunidade geográfica ou modos de subsistência. As interações entre pessoas ligadas por redes de parentesco e casamento, e vivendo em estreita proximidade, produzem inevitavelmente características culturais distintas. Quando tais grupos entram em contato com outros que diferem deles de maneiras evidentes, está lançada a base para as relações étnicas. Quando o comércio a grande distância, as conquistas militares, as migrações e outros movimentos populacionais se desenvolvem, a gama de diferenças socioculturais potencialmente evidentes se amplia e, quando as populações que entram em contato diferem em cultura e em características físicas óbvias, há a possibilidade de que as relações étnicas se definam como "raciais". Assim, as chamadas relações raciais modernas são decorrência da expansão mundial do comércio e das interações políticas depois das "viagens de descobrimento" dos séculos XV e XVI (Williams, 1977).

Fontes de preconceito

Quando grupos étnicos e raciais distintos entraram em contato, a COMPETIÇÃO econômica estimulou o preconceito. Do mesmo modo, as fronteiras entre grupos e as atitudes negativas são acentuadas por lutas pelo poder político ou pela conquista de prestígio e deferência sociais. Portanto, as ameaças a interesses egoístas em valores tão escassos são potentes estímulos para o conflito entre grupos. Numerosas pesquisas revelaram processos psicológicos (frustração, deslocamento, racionalização, entre eles) que são importantes no desenvolvimento e manutenção do preconceito em indivíduos (LeVine e Campbell, 1972; Simpson e Yinger, 1952). Mas, deixando de lado as fontes psicológicas, que condições sociais afetam a extensão e a intensidade dos preconceitos categóricos?

O preconceito negativo e a discriminação reforçam-se mutuamente. Sejam quais forem as causas, o aumento das hostilidades, os estereótipos negativos e as atitudes de distanciamento social levam ao recrudescimento da discriminação, incluindo a exclusão e a segregação imposta. Na seqüência recíproca, o aumento da discriminação leva a um preconceito mais profundo e mais intenso. A experiência nos Estados Unidos tem sido que a discriminação reduzida contra pessoas negras (principalmente através de ações jurídicas e políticas) é freqüentemente seguida por reduzido preconceito. Em suma, a discriminação gera e reforça o preconceito; o preconceito cria uma base para a discriminação e sua racionalização (ver também IDEOLOGIA).

Uma vez formado, determinado preconceito étnico, como um complexo conjunto de crenças, valores e sentimentos, pode difundir-se e tornar-se normativo em uma população através dos processos comuns de SOCIALIZAÇÃO e conformismo. Através da doutrinação e do exemplo, as crianças aprendem preconceitos como parte do repertório cultural total absorvido em família e em outros grupos a que pertencem. Quando tais preconceitos passam a ser normativos, as expectativas e exigências encadeadas de autoridades e de pares criam pressões e induções ao conformismo. Dessa forma, uma "tradição" cultural de preconceito pode adquirir grande força e persistência.

Leitura sugerida: Blalock, H.M. Jr. 1982: *Race and Ethnic Relations* • Ehrlich, H.J. 1973: *The Social Psychology of Prejudice* • Francis, E.K. 1976: *Interethnic Relations: an Essay in Sociological Theory* • Rex, J. 1983: *Race Relations in Sociological Theory* • Van der Berghe, Pierre Louis 1981: *The Ethnic Phenomenon* • Williams, R.M. 1977: *Mutual Accomodation: Ethnic Conflict and Cooperation.*

ROBIN M. WILLIAMS, JR.

pré-história Ver ARQUEOLOGIA E PRÉ-HISTÓRIA.

pressão, grupo de Ver INTERESSE, GRUPO DE.

previsão Como a determinação dos estudos futuros de um sistema físico ou social, a previsão é uma importante questão epistemológica porque a capacidade de produzir previsões acuradas e idôneas é considerada, com freqüência, o critério definitivo pelo qual a ciência deve distinguir-se de outros tipos de atividade intelectual.

É inegável que previsões podem ser e freqüentemente são feitas com êxito nas ciências sociais: assim, previsões a curto ou médio prazo de emprego, de taxas de natalidade ou mortalidade, ou de oportunidades educacionais são, na maioria das vezes, fidedignas (ver também ESTATÍSTICA SOCIAL). De modo geral, as ciências sociais desenvolveram com êxito uma dimensão atuarial. A distinção crucial entre previsão e profecia, contudo, nem sempre é feita com clareza pelas ciências sociais. No começo deste século W. Sombart previu que um poderoso movimento socialista se desenvolveria nos Estados Unidos. Em meados da década de 80, muitos sociólogos e cientistas políticos previram longa vida para os regimes comunistas nos países do Leste Europeu. Como Anthony Giddens (1990) mostrou muito bem, as previsões de Karl Marx e Max Weber sobre sociedades modernas devem ser seriamente relativizadas.

No passado recente os cientistas sociais adquiriram uma consciência cada vez maior das dificuldades com que se defronta a previsão nas ciências sociais. Isso pode ser visto no fato de os "futurólogos" já não pretenderem dizer-nos que são capazes de prever com precisão mudanças sociais e optarem, em vez disso, por desenvolver plausíveis "roteiros" alternativos sobre futuros estágios de sistemas sociais. Essa atitude mais modesta em relação à possibilidade de previsão deve-se principalmente ao declínio do positivismo nas ciências sociais e ao progresso da idéia de que os fatos sociais são o produto de ações, comportamentos e (ou) crenças individuais. Enquanto que alguns sistemas de interação são tão previsíveis quanto os sistemas físicos, outros não o serão. Assim, os "jogos de cooperação" são exatamente previsíveis, ao passo que as estruturas de interação do "repetido dilema do prisioneiro" ou da do "jogo da galinha" (*chiken game*) são altamente imprevisíveis (Boudon, 1986; Boudon e Bourricaud, 1989). Por outro lado, a investigação sobre mudança social levou à noção de que fatores contingentes não podem ser ignorados. Além disso, muitas profecias apresentam-se como essencialmente autodestrutivas: se é feita a previsão de que alguma catástrofe social é iminente, algo será provavelmente feito para evitá-la, de modo que ela talvez não venha a ocorrer. De modo geral, a antiga tendência a definir a ciência por sua capacidade de previsão é hoje considerada ingênua; o objetivo da ciência é, principalmente, adquirir conhecimento e compreensão do mundo, e só secundariamente prever seus estados futuros. É importante saber, digamos, que uma dada estrutura de interação é imprevisível ou que o curso de determinado processo pode ser afetado por contingências, embora esse conhecimento torne impossível a previsão.

Ver também CAUSALIDADE; MENSURAÇÃO.

Leitura sugerida: Boudon, Raymond 1986: *Theories of Social Change* • Ferkiss, Victor, 1977: *Futurology* • Giddens, A. 1990: *The Consequences of Modernity.*

RAYMOND BOUDON

privação relativa Este conceito adquiriu destaque primeiro em termos subjetivos e, mais tarde, objetivos — com significados alternativos, mas muito distintos. As pessoas podem *sentir-se* privadas em relação a outras e também em relação às suas condições ou situações observadas. Alternativamente, as pessoas podem *ser* privadas em relação a outras: suas condições são comprovadamente piores que as de outras. Em primeiro lugar, os sentimentos das pessoas, ou o seu comportamento decorrente desses sentimentos, podem provocar surpresas e até parecer irracionais. "Privação relativa" é uma expressão que foi originalmente criada para ajudar a explicar por que motivo alguns soldados objetivamente em boa situação no exército americano estavam descontentes (Stouffer et al., 1949, p.125). A expressão foi aproveitada por psicólogos sociais, sociólogos e cientistas políticos (Merton, 1949, é um exemplo) a fim de chamar a atenção para as diferenças de sentimento entre grupos e para as diferenças entre sentimento e realidade. Sentimentos de privação relativa diante de alguma condição ou situação percebida como atingível ou realizável, independentemente das condições ou da situação real das pessoas, eram claramente importantes para grande parte da vida social. A distinção ajudou a explicar variações de opinião, mas também protestos espontâneos e a organização de ações coletivas. Runciman (1966, p.10, e 1989, especialmente p.36 e 97) aplicou o termo rigorosamente aos problemas de estrutura de classe, status de minorias e variação entre culturas.

Em segundo lugar, surgiu subseqüentemente a necessidade de se usar o termo em um sentido objetivo, e não apenas em um sentido individual ou coletivamente subjetivo. A pesquisa sobre hierarquia social, classe, mobilidade social, distribuição de renda, pobreza e padrões de doença na população dirigiu as atenções para a importância de medir, por exemplo, a distância social, as condições materiais e sociais de diferentes grupos e classes na população e a disjunção entre necessidades satisfeitas e não-satisfeitas. Nesse processo, o próprio significado de "privação" foi alvo de uma investigação mais minuciosa. Ela foi diferenciada de idéias como POBREZA, sendo aplicada mais diretamente às inadequações materiais e sociais do que indiretamente às baixas rendas que podem ou não estar na base dessas inadequações. Alguns autores distinguiram entre formas objetivas de privação *material* e *social*, assim como entre formas subjetivas de privação *individual* e *coletiva* (por exemplo, Townsend, 1979, p.46-53, e 1987).

Deve-se elucidar contexto social ou estrutura de referência objetiva para a determinação e compreensão de queixas e ressentimentos individuais e grupais da espécie preferida pelos estudos dos sentimentos de privação. Assim, um grupo de trabalhadores manuais qualificados pode sentir-se destituído em relação a um grupo de funcionários administrativos. Antes de se concluir precipitadamente que os estados subjetivos e objetivos são discordantes, devem-se coletar detalhadas informações a respeito de salários, mas também de muitas outras características sumamente importantes na vida de trabalho e social. E isso pode envolver uma investigação muito mais ampla das condições de trabalho, segurança de emprego, perspectivas de promoção, benefícios adicionais e posição social do que podem sugerir as descobertas originais sobre sentimentos de privação. A análise da história do conceito mostra que a importância da privação subjetiva ou coletiva como variável explicativa não pode ser avaliada independentemente da privação real.

Leitura sugerida: Runcinam, W.G. 1989: *A Treatise on Social Theory*, vol.2: *Substantive Social Theory* • Townsend, P. 1979: *Poverty in the United Kingdom*.

PETER TOWNSEND

privacidade Um modo de entender este conceito é como o laboratório de um alquimista alojando os minúsculos processos criativos que marcam o COTIDIANO, os quais contribuem para a "diversão" do eu e para a manutenção de um sentido de IDENTIDADE sem o qual a resilição e a resistência pessoais seriam impossíveis. Esse fenômeno ressalta claramente de uma pesquisa realizada com jovens. Ao analisar a chamada "emigração interna", a pesquisa pôs em relevo o modo como indivíduos buscam "nichos" no tempo que lhes permitam períodos diários de afastamento do mundo à sua volta (Duvignaud, 1975, p.233). Poder-se-ia ampliar essa análise mostrando como, ainda que suas manifestações não sejam previsíveis em detalhe, esses nichos privados são uma constante em todas as estruturas sociais. Subjacente na tradição de *smucke dei heim* ("decore o seu lar") dos países nórdicos, nos jardins de trabalhadores ou na predileção pelo *Kitsch*, que foram extensamente estudados, para não mencionar o gosto por velhos casarões rurais convertidos, pode-se perceber a mesma busca, inclusive no refúgio uterino do "reino noturno" (G. Durand), de uma privacidade que persiste apesar de (ou em desafio a) qualquer espécie de mitologia progressista. (Ver também MODERNISMO E PÓS-MODERNISMO.)

Essa regeneradora retirada do mundo, é bom lembrar, está ligada ao que poderia chamar-se "a volta à floresta" (Ernst Jünger), a qual apresenta uma ilustre linhagem que vai desde "Robin Hood" até os muitos grupos de resistência clandestina da história moderna e culmina nas guerrilhas urbanas dos dias atuais. Essas formas extremas de comportamento social colocam em relevo a verdade sobre muitas outras mais comuns. Exibem um mecanismo por meio do qual indivíduos que se retiraram para uma concha particular de inércia são capazes de se reunir e realizar uma identidade coletiva com o objetivo de enfrentar as múltiplas invasões promovidas pela realidade externa. É dentro da trama da vida cotidiana, imune à esfera da política, com todos os seus slogans e jogos de poder, que se localiza a soberania social. Poder-se-ia até afirmar que ela deriva todo o seu vigor do fato de permanecer escondida, de ser uma força oculta que nada tem a ver com a aparência de poder.

Outro exemplo de privacidade pode ser visto na "cultura do pobre", descrita com tanta perspicácia por Richard Hoggarth (1957). O vasto repertório de chistes, provérbios, máximas, adágios e gírias, teatro satírico ou literatura popular, tem sido corretamente apresentado por muitos observadores como um espaço social que preserva uma efetiva tradição de resistência (ver também CULTURA DE MASSA). Acrescente-se que tal resistência funciona precisamente porque os seus gestos de desafio só podem ser executados com alguma significação em um nível simbólico, onde atuam como fatores de socialização. São as senhas através das quais se dá o reconhecimento mútuo. Reconhecimento de si mesmo via reconhecimento pelo grupo. Trata-se, de fato, de uma antiga realidade antropológica; os etnólogos documentaram o que o *shalako* dos índios Zuni, o candomblé (Bahia), o Kula (Melanésia), para mencionar apenas alguns exemplos, representam em suas respectivas estruturações sociais.

Existe, no uso da palavra por Gaston Bachelard, uma "poética" da privacidade que, embora nunca tenha sido oficialmente reconhecida, sancionada ou canonizada, continua sendo um valioso gerador de socialização. Tal "poética" é composta de todas aquelas triviais atividades sociais, viagens para visitar alguém, conversas de botequim, "faça você mesmo", cozinhar, passear, sair para comprar roupas etc., através das quais os indivíduos se reconhecem como pertencentes a um dado grupo social. Esse reconhecimento ou sentimento de identidade, longe de ser homogêneo e estável, está em constante fluxo, mas, não obstante, constitui, para além da pluralidade de suas expressões, uma densa trama, tão variada em textura e colorido quanto os fios que, em suas múltiplas urdiduras, formam o resistente tecido da realidade familiar cotidiana. Em *A alma e as formas* (1910), Lukács, na tentativa de inventariar essa volátil mas intensa comunidade, fala de uma "socialidade interna" que se manifesta no lirismo das relações humanas.

O lirismo encontrado nas canções pop, na ficção escapista e nas estórias das revistas para adolescentes é muito esclarecedor a esse respeito. Não é o conteúdo de tal lirismo que conta, mas o seu significante. O que está sendo dito não é tão importante, desde que seja algo que possa dar estrutura à comunidade, uma forma de estruturação para o qual o "discreto" nicho uterino da pequena comunidade local ou da aldeia é particularmente propício.

Assim, pode-se perceber que o recurso à privacidade é extremamente comum e representa a renovação dos vínculos com a comunidade que pode ser assinalada ao longo de toda a história humana e sem a qual não poderia ocorrer nenhuma das cristalizações específicas da vida social (tais como as civilizações, os costumes, as instituições e os governos). Mas enquanto que essas cristalizações deram origem a uma historiografia capaz de as articular, a privacidade que as alicerça não tem outra garantia de sobrevivência além de sua própria persistência. É a força do abismo, o reino das sombras, a *via negativa*, a tenebrosa noite da alma, o buraco negro da astrofísica. Seja qual for o nome que lhe é dado por diferentes séculos e mitologias, esse substrato constantemente reprimido da vida social continua fazendo com que pensadores lúcidos e exigentes se defrontem com novas metamorfoses que são, simplesmente, tão poderosas quanto sempre foram. Hoje em dia parece que estamos presenciando uma outra e vigorosa ressurreição do "privado", fato que não pode deixar o sociólogo indiferente.

Ver também ESFERA PÚBLICA; SOCIEDADE CIVIL.

Leitura sugerida: Durand, G. 1969: *Les structures anthropologiques de l'imaginaire* • Duvignaud, J. 1975: *La planète des jeunes* • Hoggart, R. 1957: *The Uses of Literacy* • Lukács, G. 1910 (*1974*): *The Soul and the Forms* • Maffesoli, M. 1976: *Logique de la domination.*

MICHEL MAFFESOLI

problema social Pode ser definido como uma condição danosa identificada por um número significativo de pessoas e reconhecida politicamente como necessitando de melhoria. O dano ocorre em muitas formas: os interesses econômicos das pessoas, seus interesses políticos, seus valores morais, o meio ambiente e um incontável número de outros fenômenos podem ser afetados. Em todo caso, para ser expresso como um problema social, o dano deve consistir em uma situação factual cujas dimensões internacionais, históricas, psicossociais e outras possam ser observadas de modo sistemático e objetivo. Os fatos são importantes porque fornecem uma base realista para a ação. Além disso, a ignorância pode ser custosa, visto que o que as pessoas não sabem pode ainda ser-lhes nocivo (Merton, 1961). Não obstante, mostrar meramente a natureza danosa de um fenômeno não é suficiente, em si mesmo, para identificar um problema social. Condições que envolvem pouco dano, como as mortes por uso de drogas (cerca de 4 mil por ano nos Estados Unidos), são freqüentemente definidas como problemas sociais, ao passo que condições envolvendo grandes danos, como as mortes em acidentes de automóvel (cerca de 50 mil por ano), não são assim definidas.

Além do dano, um número significativo de pessoas deve identificar um problema social e debatê-lo politicamente (Spector e Kitsuse, 1987). Embora tenha havido uma controvérsia sobre quanto seria "significativo", essa questão pode ser resolvida notando-se o feedback entre o número de pessoas que afirmam que uma dada condição é prejudicial e a sua localização na sociedade. Por vezes, uma situação é identificada como danosa por grupos de cidadãos, por vítimas ou por indivíduos influentes, e outros respondem tratando a questão politicamente. De modo distinto, por vezes a pesquisa revela uma condição que suscita clamor público e a causa é assumida por defensores politicamente significativos. Para fins de identificação de um problema social, não importa por que razão uma questão é considerada prejudicial ou quem origina a preocupação a seu respeito: as pessoas podem ser motivadas por valores morais, interesses econômicos ou outros fatores.

Entretanto, os motivos das pessoas são importantes, uma vez que não existem critérios científicos para decidir que uma condição danosa é um problema social, mas uma outra não é. A vida pública, pelo menos em sociedades democráticas, é um processo competitivo em que indivíduos e grupos rivalizam para atrair a atenção dos líderes políticos e dos cidadãos comuns. A tarefa envolve a transformação dos dilemas prejudiciais vivenciados por indivíduos como dissabores privados em questões públicas em problemas sociais que podem ser melhorados (Mills, 1959). Esse processo político significa que os problemas sociais mudam com o tempo, freqüentemente sem referência a mudanças na extensão do dano. Por vezes, uma condição conhecida aceita em determinado ponto torna-se posteriormente inaceitável e, por conseguinte, um problema social. Por exemplo, a desigualdade que é intrínseca em casamentos tradicionais passou recentemente a ser um problema social. Às vezes uma condição conhecida definida como prejudicial em um momento dado torna-se mais tarde aceitável; por exemplo, o uso da maconha. Finalmente, uma condição prejudicial previamente desconhecida ganha notoriedade em virtude de novos dados científicos e se converte por isso em um problema social, como o aquecimento global. Os exemplos apontam o dinamismo subentendido na identificação de problemas sociais.

Essa contínua atividade reflete uma crença na possibilidade de aperfeiçoamento. Na cultura ocidental, as pessoas tendem a ser otimistas, a alimentar o sentimento de que suas vidas e a sociedade em geral podem melhorar e a crença em que esse progresso ocorreu (Nisbet, 1969). A ciência social pode ser imensamente útil nesse contexto, pois pode fornecer análises razoavelmente objetivas das dimensões de uma condição danosa, avaliar as conseqüências potenciais, para os indivíduos e as sociedades, das várias estratégias para resolver o problema e indicar os possíveis efeitos colaterais de uma redução concreta do dano. A sabedoria, contudo, não se segue necessariamente ao conhecimento e nenhuma garantia existe de que as análises científicas sociais conduzam à melhoria de um problema social (Rule, 1978). Em parte, isso acontece porque muitas condições danosas são resultados involuntários, não premeditados, do progresso histórico e proporcionam benefícios a certos segmentos da população. Por conseguinte, as pessoas discordam sobre o que significa "melhoria" e, dependendo de seus interesses econômicos ou valores morais, a solução de uma pessoa é, com freqüência, o problema de outra (Merton, 1961).

Um problema social pode ser estudado de, pelo menos, três ângulos. O primeiro é a SOCIOLOGIA DO CONHECIMENTO, o processo pelo qual a realidade é socialmente construída (Berger e Luckmann, 1966). Nesse caso, a tarefa consiste em entender como e por que uma condição danosa e não outra é identificada como problema social. Spector e Kitsuse (1987) propuseram um modelo para o estudo desse processo que se concentra nas reclamações que as pessoas fazem a respeito dos danos causados por alguma condição e no debate político que se segue. A segunda perspectiva é a da PSICOLOGIA SOCIAL, o modo como as pessoas interagem, como influenciam os grupos a que pertencem e são influenciadas por grupos. Assim, é possível especificar como os pais e amigos de indivíduos, e outros que são importantes para eles, os influenciam para ficarem pobres, usarem drogas, conseguirem um aborto ou praticarem qualquer ação identificada como problema social. A terceira abordagem é em termos da ESTRUTURA SOCIAL, o modo como a organização social influencia os índices de comportamento. Por exemplo, a elevada taxa de pobreza nos Estados Unidos reflete o impacto da estrutura do processo eleitoral, a política macroeconômica e outros fatores que têm pouco a ver com os motivos pelos quais os indivíduos empobrecem (Beeghley, 1989). De modo mais geral, é possível mostrar como a estrutura social influencia a taxa de uso de drogas, de abortos ou de qualquer outra questão definida como problema social. Uma abordagem estrutural de um problema social é útil como meio de descobrir suas dimensões ocultas, especialmente a distribuição de interesses e benefícios conflitantes em uma sociedade (Merton, 1949). Quando se reúnem os insights oriundos de todos os três ângulos de visão, surge um quadro relativamente completo de um problema social.

Leitura sugerida: Beeghley, L. 1989: *The Structure of Social Stratification in the United States* • Merton, R.K. 1949 (*1968*): "Manifest and latent functions". In *Social Theory and Social Structure*, org. por R.K. Merton • Mills, C.W. 1959: *The Sociological Imagination* • Spector, M. e Kitsuse, J.I. 1987: *Constructing Social Problems.*

LEONARD BEEGHLEY

problemática O conceito refere-se à configuração de conceitos teóricos pressupostos em um texto ou discurso. A problemática define o "campo" de questões que podem ser formuladas e as formas que as respostas devem adotar. Também *exclui* a apresentação de certas questões, torna alguns problemas impensáveis e alguns objetos "invisíveis". O conceito surgiu no final da década de 40 na obra do historiador e filósofo da ciência francês Gaston Bachelard. Nela, o conceito foi usado em oposição ao ponto de vista dos conceitos científicos e seus referentes no mundo real. Sustentava-se que os conceitos científicos adquirem seu significado específico a partir do lugar que ocupam dentro de um todo teórico estruturado, assumindo os avanços científicos a forma de reorganizações fundamentais de problemáticas teóricas.

O conceito obteve ampla circulação nos debates sociais e teóricos das décadas de 60 e 70 através de sua utilização pelo filósofo marxista francês Louis Althusser, que fez uso das afinidades entre o conceito de problemática e as abordagens estruturalistas então em voga na lingüística e na psicanálise (ver ESTRUTURALISMO). Na obra de Althusser, o uso primordial do conceito é para realizar uma periodização dos escritos de Marx em termos de transformações subjacentes em suas problemáticas. Central nessa periodização é o contraste entre as problemáticas "humanistas" dos primeiros escritos de Marx e a problemática "científica" do materialismo histórico que foi constituída de 1845 em diante. Correspondências verbais entre os primeiros e os últimos textos podem ser conciliadas com essa tese de um "corte epistemológico", na condição de que seja empregada uma "leitura sintomal": a "superfície empírica" de um texto não expõe imediatamente a sua problemática. A obra teórica (tendo por modelo uma investigação psicanalítica) tem que ser realizada para expor as determinantes teóricas, freqüentemente contraditórias, subjacentes nos textos. Althusser e seus colegas também empregaram o conceito de problemática como forma de representar a estrutura lógica da própria crítica de Marx, em *O capital*, à economia política clássica.

Leitura sugerida: Althusser, Louis 1965: *Pour Marx*, especialmente o verbete do glossário.

TED BENTON

processos evolucionários na economia O surgimento e a destruição de relações econômicas podem ser descritos como evolucionários se forem resultantes da retenção seletiva de inovações. Modelos evolucionários inspirados na biologia começam a atrair a atenção de economistas como alternativas viáveis às abstrações nada realistas dos modelos de equilíbrio. Estes últimos sustentam que, a um certo preço, a oferta e a demanda se equilibrarão, mas não podem explicar como acontecem realmente os preços de equilíbrio. A possibilidade de preços de equilíbrio depende de muitos pressupostos que, com freqüência, só são implicitamente formulados: todos os participantes da economia devem ter perfeito conhecimento e completa antevisão das circunstâncias futuras, precisam maximizar lucros e vantagens, e tem que haver uma competição ilimitada. Quando os modelos de equilíbrio foram assentes em uma rigorosa base matemática e esses pressupostos implícitos se tornaram explícitos, a aplicação de tais modelos a sistemas econômicos concretos resultou menos esclarecedora do que a maioria dos economistas tinha esperado (Hahn, 1981). As precondições um tanto improváveis para a existência de um equilíbrio econômico impõem severas limitações a uma aplicação significativa de modelos de equilíbrio.

Ao inverter todo o quadro de referência teórico, os modelos evolucionários abordam de outro modo o problema básico da ordem econômica. Eles incorporam a informação incompleta e a antevisão incerta como axiomas e prescindem da idéia clássica do homem econômico como agente maximizante de lucro e vantagens. Em artigo pioneiro (1950), A.A. Alchian esboçou os princípios básicos de um modelo evolucionário. Ele identifica as contrapartes econômicas dos mecanismos biológicos da evolução — mutação, seleção natural e hereditariedade genética — como inovação, realização de lucros positivos e imitação. Alchian concentra-se no mecanismo seletivo da economia como um sistema social em que as motivações individuais deixaram de ser essenciais. Seja qual for a natureza da motivação individual e mesmo que as decisões econômicas sejam completamente aleatórias, só os participantes que realizarem lucros positivos continuarão no processo econômico. Enquanto tal comportamento econômico for considerado aleatório ou fruto de tentativa e erro, não poderá explicar mais do que variações cegas. Que variação acabará sendo, por fim, uma inovação, seja ela deliberadamente obtida ou não, só pode ser descoberto quando ela tiver sido bem-sucedida. As inovações só podem ser identificadas a posteriori, depois de terem sido selecionadas. Trabalhando com variação e seleção, Alchian incorporou a esse modelo mais um mecanismo a fim de explicar a uniformidade observada entre as variações selecionadas e bem-sucedidas na economia. Esse mecanismo pode ser considerado o adequado para a retenção. Funciona na base da imitação. A imitação dos padrões de ação associados a êxitos pretéritos parece servir como boa estratégia para os atores que enfrentam um meio ambiente incerto e demasiado complexo.

Em uma veia semelhante, H.C. White (1981) apontou que a diferenciação de mercados pode ser entendida em termos da observação e imitação do comportamento bem-sucedido. Essa espécie de orientação gera "panelinhas" de firmas auto-reprodutoras. Um mercado deixa então de ser entendido e definido como um conjunto de compradores, mas pode ser visto como uma estrutura historicamente formada de papéis distribuídos entre um conjunto estável de firmas produtoras, ou como uma "ecologia de nichos em meio a uma multidão de organismos concorrentes" (White, 1981, p.526). Qualquer inovação dentro de tal contexto destruirá, pelo menos em parte, a ecologia de nichos existente e lhe dará novo formato. As inovações tornam-se bem-sucedidas através de um processo evolucionário de "destruição criativa" (Schumpeter, 1942). Os processos evolucionários em economia são processos de deriva que formam sua própria história mediante a seleção de variações aleatórias. Não pode haver garantia antecipada de que algumas delas não redundem em desastre. Entretanto, embora sejam construídos nos terrenos precários do aleatório, esses processos fornecem, não obstante, estruturas temporariamente estáveis e idôneas que podem orientar o comportamento econômico.

Observar a economia como um sistema estruturado por processos evolucionários tem a vantagem de uma apreensão mais completa dos aspectos cruciais da vida econômica do que a maioria dos outros modelos de equilíbrio poderia manipular. Até recentemente essa vantagem só podia ser obtida ao preço da imprecisão verbal, mas isso é agora compensado em grau crescente pela construção e teste de modelos de computador que visam simular os processos estocásticos da evolução econômica.

Ver também CRESCIMENTO ECONÔMICO; ESCOLHA RACIONAL, TEORIA DA; EVOLUÇÃO; DIVISÃO DO TRABALHO.

Leitura sugerida: Nelson, Richard R. e Winter, Sidney G. 1981: *An Evolutionary Theory of Economic Change.*

KAY JUNGE

processos evolucionários na sociedade

São as mudanças causadas no interior da estrutura social por uma retenção seletiva de variações aleatórias desviantes. A explicação dos processos evolucionários passou a ser um empreendimento interdisciplinar muito abrangente na ciência moderna. Nas ciências sociais, só recentemente se libertou de uma noção providencialista, unilinear, da história humana que dominou o pensamento social do século XIX (Auguste Comte, Karl Marx, Herbert Spencer). Essa espécie de evolucionismo tinha a ambição, por vezes manifesta, de vir a ser uma nova forma de religião secular. Ainda hoje o termo "evolução" é usado, embora com menos freqüência, em seu sentido pré-darwiniano, como sinônimo de desenvolvimento e progresso, e quase todos os críticos pensam em tais abordagens como sendo seu alvo (Nisbet, 1986). Para evitar semelhantes críticas, as mais recentes tentativas pós-darwinianas concebem um processo evolucionário que se desenrola de modo mais limitado e operacionalmente especificado (Toulmin, 1972, p.319-56). Para observar um processo evolucionário, cumpre distinguir entre um mecanismo de variação cega e um mecanismo de retenção seletiva. Só essa distinção nos permite reconhecer o caráter evolucionário de um processo social e não meramente algum tipo de desenvolvimento auto-expansivo.

A maioria dos sociólogos restringe-se hoje a sistemas de significado e à sua realização comunicativa. Eles mostram-se extremamente cautelosos a respeito da mais ampla interação possível entre a evolução biológica e a social, e consideram essas matérias irrelevantes para a análise da sociedade. Entretanto, isso foi certamente diferente durante os mais recuados estágios da evolução humana, e alguns biólogos e antropólogos começaram a focalizar em maior detalhe a co-evolução e a conjugação estrutural entre os sistemas de herança ou níveis de seleção genética e cultural (Boyd e Richerson, 1985).

Os processos evolucionários, em um certo — mas freqüentemente subestimado — grau, não podem ser calculados de antemão. Qualquer teoria sociológica que tente observá-los, pode, no máximo, avaliar o âmbito de futuras possibilidades e tipos de avanços decisivos potenciais, enquanto que o desfecho definitivo será necessariamente uma questão de acaso. Eles podem criar uma nova ordem temporariamente estável baseada na seleção de tais variações aleatórias, enquanto essa nova ordem muda de novo e talvez aumente a probabilidade de uma seleção de eventos que, antes dessa ordem existir, tinha que ser considerada inteiramente impossível. Toda a seleção de uma nova variação condiciona a gama de futuras possibilidades admissíveis. Um processo evolucionário não é necessariamente direcional e nunca é unidirecional. A evolução não subentende a inevitável seleção do mais complexo (Axelrod, 1984) nem tende para a adaptação ambiental. Não existe controle de padrões pelos quais ela possa ser aferida de antemão, embora tais padrões possam existir nos olhos do observador ou ser sobrepostos aos dados *ex post facto* (Weick, 1979; Luhmann, 1982).

A evolução acelerada da sociedade no mundo moderno pode ser avaliada considerando-se a crescente diferenciação entre os mecanismos básicos da própria evolução, ou seja, a separação de variação, seleção e retenção (Luhmann, 1982). Essa evolução da evolução dentro da sociedade, isto é, dentro de um sistema de comunicação, não pode ser adequadamente entendida contando-se com pessoas (ver DARWINISMO SOCIAL) ou idéias como os elementos de seleção. Uma variação no processo de comunicação deve ser uma diferença que tem importância no contexto de novas comunicações. Pode ser identificada como uma comunicação desviante, isto é, que não obedece ao padrão de expectativas vigente. Esses atos podem ser caracterizados como cegos ou aleatórios porque a sua justificação sempre ocorre somente depois de terem sido gerados e testados (Weick, 1979), p.123). Usualmente, tais atos serão punidos, mas a experiência de atos desviantes de comunicação também poderia causar uma mudança na estrutura de expectativas e ser finalmente incorporada a ela.

Toda e qualquer comunicação pode ser negada, e uma comunicação desviante, em especial, corre o risco de ser rejeitada. A aceitabilidade de comunicações desviantes, ou seja, a sua seleção para serem integradas no padrão geral de expectativas, é altamente improvável em uma estrutura social que esteja limitada pelas restrições da interação face a face. Essas limitações dissolveram-se historicamente com a expansão das possibilidades comunicativas para além do âmbito de tal interação, como resultado da invenção da escrita, dos sistemas de escrita fonética ou seus equivalentes, da imprensa e, em grau ainda não observável, da invenção da mídia eletrônica. Esses recursos tornaram possível um desligamento do mecanismo evolucionário de variação e estimularam a evolução de meios de comunicação simbolicamente generalizados com novos mecanismos de seleção. Esses meios, por exemplo, dinheiro, poder simbólico, verdade científica ou amor romântico, tornaram a comunicação desviante aceitável desde que adira aos padrões específicos de comportamento definidos por um dos diferentes códigos desses meios. Sendo assim, pode-se então esperar que, por exemplo, o código monetário venha a ter êxito, apesar de costumes locais e advertências morais, que o poder político estabeleça os seus próprios padrões éticos independentemente de preocupações religiosas, que a verdade científica se liberte da influência política imediata, que o amor triunfe a despeito das obrigações de status etc. Tais códigos facilitam a autonomia de subsistemas específicos da sociedade na medida em que impõem sua reprodução recursiva. Esses subsistemas adquirem novos graus de liberdade que lhes eram inacessíveis antes da ocorrência desse processo de desligamento evolucionário. A diferenciação da sociedade em vários subsistemas mais ou menos autônomos estabiliza os procedimentos seletivos de seus diferentes meios e os adota, desse modo, com um mecanismo de retenção.

Desde o seu desligamento evolucionário, os muitos subsistemas da sociedade no mundo moderno tornaram-se cada vez mais autônomos e imprevisíveis, não só em relação uns aos outros mas até para eles mesmos. Os processos evolucionários em sociedade diferenciam-se e aceleram-se, e, com essa evolução da evolução a sociedade moderna perde um centro e se torna cada vez menos conservadora. O que uma teoria da evolução social tem a oferecer é um melhor entendimento desses processos evolucionários que formam a sociedade do mundo moderno. Ela pode demonstrar a improbabilidade de sua deriva evolucionária e refletir os numerosos riscos de distinções diferentes que poderiam funcionar como diretrizes para a autodescrição da sociedade. Entretanto a evolução prosseguirá como um processo indirigível.

Ver também DIFERENCIAÇÃO SOCIAL; EVOLUÇÃO; HISTORICISMO; SOCIEDADE ABERTA.

Leitura sugerida: Luhmann, N. 1982: "The differentiation of society". In *The Differentiation of Society*, p.229-54 • Schmid, Michael e Wuketits, Franz, orgs. 1987: *Evolutionary Theory in Social Science*.

KAY JUNGE

profissões liberais Não existe uma única definição geralmente aceita de profissão liberal. Na verdade, há uma considerável literatura — freqüentemente citada como a perspectiva de "traço" ou de "atribuição" — que consiste na tentativa, em grande parte estéril, de identificar os elementos comuns a todas essas ocupações (Greenwood, 1957; Millerson, 1964). A despeito das dificuldades envolvidas em se chegar a um acordo sobre o que é uma profissão liberal, reconhece-se geralmente que o século XX foi marcado por um grande aumento no número de profissões que reivindicam o status de liberais, desejando assegurar-se monopólios jurídicos de título e exercício e tentando criar sistemas de controle de colegas sobre a admissão e o treinamento. Também se concorda que esse processo de profissionalização vem adquirindo impulso, desde o começo do século XIX, em associação com a crescente complexidade da DIVISÃO DO TRABALHO. A literatura está, porém, profundamente dividida em torno da questão do poder profissional. Há os que, como Daniel Bell (1974), identificaram os profissionais liberais com os novos e poderosos detentores de conhecimentos da sociedade pós-industrial, enquanto outros (Haug, 1973) assinalaram o declínio em status e poder dos profissionais liberais em uma era cada vez mais burocrática e cética.

Duas questões têm caracteristicamente regido o pensamento social a respeito das profissões liberais modernas. Em primeiro lugar, em que medida as profissões liberais constituem um produto ímpar da divisão do trabalho? Weber (1921-22), por exemplo, viu a profissionalização como um processo crucial para o surgimento da sociedade moderna, com a ascensão de profissões caracterizadas por critérios "racionais" de recrutamento e desempenho. Essa questão está inserida também na abordagem de "traço" da análise das profissões. A segunda e fértil questão apresentou o problema: as profissões liberais desempenham um papel ou função especial na sociedade moderna? As implicações gerais dessa questão foram exploradas por Émile Durkheim (1950), o qual afirmou que, em sociedades em processo de industrialização, cada vez mais fragmentadas por uma divisão "forçada" do trabalho, a "corporação profissional" era a única instituição social capaz de gerar uma nova ordem moral, mediando entre a regulamentação burocrática do estado moderno e o indivíduo anômico. Uma vez mais, porém, essa questão viu-se freqüentemente reduzida à busca de alguma qualidade essencial compartilhada por todos os profissionais liberais, com seu altruísmo coletivo ou sua orientação para o serviço (Parsons, 1951). Essa perspectiva indica que os níveis relativamente elevados de status e poder de que desfrutam os profissionais liberais explicam-se por sua autoridade e competência, e que o reconhecimento dessa superioridade de saber torna o cliente vulnerável e explorável. Do mesmo modo, o altruísmo coletivo de uma profissão liberal pode ser observado no fato de o cliente estar protegido, a comunidade servida e os privilégios do profissional justificados, em última análise, pelos códigos de ética de conduta impostos pelos colegas.

A visão "altruísta" ou "funcional" das profissões (ver FUNCIONALISMO) tem raízes na obra de Durkheim sobre a divisão do trabalho (1893) e em *The Professions*, de Carr-Saunders e Wilson, publicado em 1933, mesmo ano em que saía a primeira edição em inglês de *De la division du travail social*, de Durkheim (com o título de *The Division of Labour in Society*). Durkheim procurou encorajar o desenvolvimento de associações profissionais em todas as áreas de trabalho fragmentado e especializado, substituindo assim o parentesco como a principal fonte de solidariedade social. Carr-Saunders e Wilson consideraram as profissões liberais inglesas igualmente fundamentais para o bem-estar da sociedade democrática, identificando em seus códigos de ética e suas formas de autoridade corporativa — em contraste com a burocrática — a melhor defesa contra as "forças grosseiras que ameaçam a constante e pacífica evolução da sociedade", a saber, o estado e os "exploradores" da opinião pública.

Esses temas "funcionalistas" foram ainda mais desenvolvidos no período posterior à Segunda Guerra Mundial por sociólogos norte-americanos que enfatizaram as funções positivas desempenhadas por associações de colegas profissionais para assegurar que os sistemas de conhecimento que exerceram um "poderoso controle sobre a natureza e a sociedade" (Barber, 1963, p.672) fossem mobilizados no interesse da comunidade e do indivíduo. Também se sustentou que, como só os profissionais liberais entendiam plenamente as implicações de sua própria prática, também era natural que lhes fosse atribuído um papel predominante no controle do seu exercício e os recompensassem generosamente em termos materiais e de status por assim procederem.

Entretanto, a partir de meados da década de 60, tem havido uma perda de fé no altruísmo profissional, um crescente foco sobre o poder profissional monopolístico como força de exploração e um ceticismo quanto aos efeitos benéficos do profissionalismo como estratégia para o avanço ou mobilidade ocupacional coletiva. Essa perspectiva "radical" tem se concentrado nos efeitos disfuncionais do profissionalismo como mecanismo de dominação do mercado e como produto de um relacionamento conspiratório entre o estado e o profissional liberal, gerando estruturas de controle social (Gilb, 1966, Navarro, 1976). Uma fonte influente dessa tradição alternativa é o liberalismo clássico de Adam Smith, com sua hostilidade a todos os clubes, corporações, "igrejinhas", "cabalas" e cartéis que ameaçavam o livre funcionamento do mercado; uma tradição expressa nos escritos de economistas como Milton Friedman (1962), assim como na política da década de 80 associada ao thatcherismo no Reino Unido e ao reaganismo nos Estados Unidos.

O ceticismo também tem caracterizado o pensamento sociológico mais recente, sobretudo com o surgimento do que se designou como teoria da "dominação" ou do "monopólio". Essa literatura identifica o profissionalismo como uma estratégia coletivista para o controle monopolístico de jurisdições profissionais (Larson, 1977) e um sistema de práticas excludentes, mais significativas na formação da divisão do trabalho do que um produto dela — parte do processo mais amplo de formação de classes (Parkin, 1979).

Embora os teóricos do "monopólio" concordem geralmente com os "funcionalistas" em que uma estratégia de profissionalismo bem-sucedida está associada a uma reivindicação ocupacional de conhecimentos e qualificações especiais, exigindo muito anos de estudo e treinamento, eles tendem a discordar quanto à direção do vínculo causal. Ou seja, enquanto os "funcionalistas" sustentam que conhecimento esotérico e escassa eficiência prática são as condições primárias para garantir o privilégio profissional, os teóricos do "monopólio" invertem a asserção, sustentando que o poder profissional de controlar o mercado — freqüentemente com apoio do estado — levou à aceitação pública do conhecimento básico e à legitimação de qualificações jurisdicionais (Abbott, 1988). As implicações de tal perspectiva levaram a uma focalização no egoísmo inerente à estratégia de profissionalização, assim como no potencial para uma relação de exploração entre o profissional liberal e o cliente.

Em face de discordâncias tão fundamentais, a ausência de uma definição unanimemente aceita de profissão liberal não causa surpresa. A tentativa mais bem-sucedida de superar as aparentes contradições encontra-se na obra de Eliot Freidson, que, em sua análise da profissão médica norte-americana, afirma ser possível a uma profissão liberal permanecer autônoma mesmo quando se submete à "custódia protetora" do estado (1970, p.24), pois os estados modernos, sejam quais forem as suas inclinações ideológicas, deixam uniformemente nas mãos dos profissionais liberais o controle dos aspectos técnicos de seu trabalho (ver também TECNOCRACIA). Por conseguinte, a intervenção estatal em medicina não abala a autonomia do julgamento profissional.

Entretanto, embora a maioria dos analistas aceite que a medicina e o direito são profissões autônomas "clássicas", na acepção de Freidson, há pouca unanimidade para além desse ponto. As dificuldades são encontradas quando se pretende equiparar o profissionalismo liberal "verdadeiro" com o *ethos comercial* do farmacêutico, os locais de trabalho *burocrático* do contabilista, a submissão do arquiteto ao *patrocínio* do seu cliente ou o papel de *funcionário público* do servidor civil. Por conseguinte, desenvolveu-se toda uma gama de conceitos para lidar com o problema das "semiprofissões", das profissões "marginais" e "burocráticas", das "subprofissões" e das "pseudoprofissões". Tais termos têm sido aplicados à maioria das ocupações híbridas que têm reivindicado o status de profissão liberal ao longo do século XX. Os teóricos do "monopólio" reagiram afirmando que a identificação de uma ocupação como profissão liberal tem menos a ver com a realidade de uma divisão do trabalho em que uma associação de classe controla efetivamente as suas próprias práticas profissionais do que com a estratégia coletiva de profissionalismo como meio de promoção ocupacional (Johnson, 1984).

Leitura sugerida: Abbott, Andrew 1988: *The System of Profession: an Essay on the Division of Expert Labor* • Bell D. 1974: *The Coming of Post-industrial Society: a Venture in Social Forecasting* • Carr-Saunders, A.M. e Wilson, P.A. 1933 (*1964*): *The Professions* • Durkheim, Émile 1950: *Leçons de sociologie. Physique des moeurs et du droit* • Freidson, Eliot 1970: *Profession of Medicine: a Study in the Sociology of Applied Knowledge* • Greenwood, E. 1957: "Attributes of a profession". *Social Work* 3, 44-55 • Haug, M.R. 1973: "Deprofessionalization: an alternative hypothesis for the future". *Sociological Review Monograph* 20, 195-211 • Johnson, Terry 1972: *Professions and Power* • Karson, Magali Sarfatti 1977: *The Rise of Professionalism: a Sociological Analysis* • Parsons, J. 1949: "The professions and social structure". In *Essays in Sociological Theory Pure and Applied.*

TERRY JOHNSON

progresso Saltos à frente têm ocorrido ao longo de toda a experiência humana. Mesmo na Idade Média, que por muito tempo se pensou ter sido um período de quase estagnação, foram realizados importantes avanços em tecnologia. Houve, por exemplo, os grandes progressos na arquitetura e engenharia requeridos para construir as catedrais góticas. Francis Bacon citou três deles ocorridos antes do seu tempo: as invenções da bússola, da pólvora e da imprensa. Mas ocorreram, por assim dizer, inconscientemente. Nenhum deles foi pensado como "progresso" — eram simplesmente engenhosos expedientes criados por pessoas, na maior parte anônimas, para satisfazer necessidades imediatas. A filosofia, o raciocínio acerca das leis da natureza, não tinha qualquer participação, e os seus criadores eram artesãos ou mecânicos.

Faltava a *idéia* de progresso, por exemplo, a idéia de que o esforço intencional, concentrado, freqüentemente de um grupo organizado, guiado pelo conhecimento crescente da natureza, pudesse realizar metas definidas de melhoria da "condição humana" de forma objetivamente mensurável — e de que tal esforço é de grande valor moral e espiritual. Essa idéia, a par das instituições de governo representativo baseadas no sufrágio universal, tem sido a força de mais duradoura influência no mundo moderno.

O progresso, como idéia e ideal, surgiu de súbito no século XVII, na Inglaterra, e seu formulador clássico foi sir Francis Bacon que, em *A nova Atlântida* (obra publicada de 1627), exigiu um grande empreendimento, mobilizando oficinas, laboratórios etc., que propiciasse à espécie humana um conhecimento da natureza altamente ampliado e corrigido, e pusesse fim à estagnação de muitos séculos. Então, a infeliz humanidade, como uma herdeira por largo tempo rejeitada, ganharia seu próprio rumo e sua independência: "poder e domínio absoluto da humanidade em geral sobre o universo inteiro". A solução para tudo está concentrada em uma operação coerentemente planejada e dirigida. Um corolário significativo é que esses empreendedores, diferentemente de seus humildes predecessores de eras passadas, tornar-se-iam com efeito heróis culturais.

Bacon, enfaticamente, não considerou esse grande empreendimento como parte de qualquer padrão de história, em movimento ascendente, fosse ocorrido no passado ou em direção ao futuro. Postulou ciclos, altos e baixos, tanto para as nações quanto para os indivíduos; mas, diferentemente da noção medieval de fortuna, a sua teoria supôs que os ciclos podiam ser controlados por esforço consciente. Não podia haver qualquer garantia de que a grande mudança por ele entrevista duraria para sempre; somente a vigilância constante pode impedir o retrocesso. Por outro lado, a sua investigação da natureza não é o que chamaríamos ciência pura. Com efeito, os filósofos naturais da Idade Média, com uma atitude aristocrática em relação a seus estudos e limitados pela autoridade paralisante de Aristóteles, tinham sido excessivamente "puros", mantendo-se isolados das preocupações práticas da sociedade. O teste do esforço científico é pragmático: "o que é mais útil em funcionamento, esse é o conhecimento mais verdadeiro". Essa visão das possibilidades do progresso humano, obtida por intermédio de Thomas Hobbes, tornou-se a inspiração da

Royal Society (fundada em 1660). Foi predominante no Iluminismo, que na verdade contribuiu muito para criá-la. A idéia de progresso representa uma das grandes mudanças na consciência humana em todos os tempos; entretanto teria sido inconcebível em qualquer lugar, em qualquer época, antes da Grã-Bretanha seiscentista. E o seu domínio em nações "desenvolvidas" é a mais importante diferença entre elas e as outras.

Os imensos benefícios que essa idéia proporcionou indiretamente são tão evidentes que os problemas que ela também originou tendem a ser obscurecidos; entretanto, situam-se entre os mais importantes do final do século XX. O "progresso" tornou-se o ideal que expulsa todos os outros, como a espiritualidade e o aprimoramento pessoal. O fato de que deve ser determinado por padrões objetivos, inevitavelmente quase quantitativos, é de extrema importância. Produziu um culto da mudança (ver também MUDANÇA SOCIAL; MUDANÇA TECNOLÓGICA), importante fonte de alienação entre as nações ocidentais e outras para as quais a preservação de herança, de um modo de vida divinamente revelado, é o objetivo primordial. A invocação do mundo mágico contém a sua própria justificação: assim, partidos políticos apropriaram-se da palavra "progressista", pois sua presença nos nomes deles era garantia automática da excelência e legitimidade de seus programas e metas de governo. A sua preponderância acarretou o desprezo, até mesmo a rejeição do passado. Tal atitude estendeu-se, inclusive, a campos em que a mudança e os padrões objetivos de "avanço" não são os critérios principais — como progresso em poesia, progresso em religião.

Essa idéia de progresso promovida pelo Iluminismo deveria distinguir-se claramente de outro conceito de progresso, com o qual é usualmente confundida — a noção de um inevitável progresso através da história ou mesmo do cosmo, rumo a uma utopia terminal. O mestre-escola Deasey, no *Ulisses* de James Joyce, proclama que "toda a história humana caminha para uma grande meta, a manifestação de Deus". Essa idéia é também "moderna"; teria sido inconcebível em qualquer época anterior aos tempos recentes. A sua raiz não está na idéia baconiana de progresso como possibilidade apenas, mas nos padrões apocalípticos da história. O Livro do Apocalipse, que supostamente prevê o futuro com base na autoridade divina, tem sido o mais influente de todos os livros da Bíblia na maior parte da cristandade. Pensou-se que predizia o constante recrudescimento do mal e o declínio geral até a intervenção divina com o julgamento, após o que a história cessaria e a Terra seria transformada. Esse modelo linear da história do mundo substituiu o modelo clássico de uma interminável sucessão de ciclos e mudanças sem significado. O padrão linear apocalíptico foi substituído, depois da Reforma, por outro modelo linear, dessa vez na direção oposta: que Deus está julgando e guiando os eventos históricos em uma progressiva eliminação dos males, até que se estabeleça, enfim, uma era milenar de paz, prosperidade e justiça. A Reforma e a Guerra Civil americana foram interpretadas por muitos protestantes como dois grandes exemplos da ação de Deus na história.

Esquemas de interpretação histórica que são não-religiosos, ou até opostos à religião — como o comtismo, o hegelianismo e o marxismo —, devem dois elementos essenciais a essa mudança de interpretação histórica. Em primeiro lugar, a história é vista como linear, seguindo um rumo ascendente. Em segundo lugar, as teorias apocalípticas consideram os grandes acontecimentos predeterminados, cabendo ao indivíduo a obrigação de desempenhar o papel que lhe foi destinado no grande drama. Conflitos de várias espécies, como as grandes batalhas do Apocalipse, são os motores desse progresso universal. (Ver também HISTORICISMO.)

Por fim, a idéia de progresso propriamente dito tampouco deve ser confundida com progresso através da EVOLUÇÃO. Assim, Erasmus Darwin, na *Zoonomia*, escrita em 1794-96, delineou um determinado movimento evolutivo ascendente ao longo da Grande Cadeia do Ser. Embora seu neto Charles abalasse de maneira eficaz essa visão de otimismo com a sua teoria da seleção natural, a idéia de evolução progressiva perdurou, culminando na filosofia de Teilhard de Chardin, que vê o universo caminhando para um Ponto Ômega, a fusão da consciência do indivíduo com a do Cristo. Entretanto, por diferentes que sejam essas concepções de "progresso", elas têm em comum a atmosfera de otimismo que emergiu no século XVII, com a fé no valor supremo da mudança.

As duas idéias de progresso acima definidas dominaram a história do século XX. A limitada, baconiana, foi empregada, com efeito, inúmeras vezes, produzindo imensos avanços em áreas que vão da medicina à guerra. Pode ser uma das razões principais do grande sucesso tecnológico nas nações da Europa Ocidental e nos Estados Unidos, em contraste com outras que só recentemente depararam com essa idéia.

A fé no progresso teleológico histórico teve, em contraste, uma influência determinante e geralmente negativa na história do século. Está no âmago das grandes ideologias — Destino Manifesto, comunismos nacionais, nazismo —, todas baseadas em alguma noção de movimento predeterminado rumo a uma UTOPIA, por muito que as concepções dessa utopia possam variar. Essas metanarrativas, dominando e determinando todos os aspectos da sociedade e da cultura, são em essência variantes do original padrão apocalíptico, como, por exemplo, o Reich nazista, feito "para durar mil anos", é uma versão do Milênio. Essas ideologias contemplam o padrão fixo de ações, destinadas inevitavelmente ao sucesso, mas suscetíveis de serem estorvadas e retardadas por pessoas ou grupos "malévolos", como os judeus na Alemanha, os "burgueses" e a religião nos países comunistas etc. Tais indivíduos e grupos devem ser eliminados, pois estão impedindo a realização da gloriosa culminação da história, com suas infinitas vantagens para todos. A profunda desilusão do pós-modernismo com a "narrativa grandiloqüente" é, em grande parte, uma rejeição aos esquemas tirânicos do "progresso" (ver MODERNISMO E PÓS-MODERNISMO).

A influência do progresso teleológico histórico em um país democrático é demonstrada pelo fato de ele ter sido incorporado ao direito constitucional estadunidense. Em decisão recente, a Suprema Corte dos Estados Unidos mencionou "a evolução dos padrões de decência que marcam o progresso de uma sociedade em amadurecimento" (*Hudson v. McMillan*, 1992). Assim, parece pressupor-se que o progresso moral acompanha o envelhecimento de uma sociedade, representando cada fase um refinamento da sensibilidade em relação às antecedentes — pressuposto que é passível de questionamento, como a história da Alemanha neste século indicaria.

O colapso da ideologia do progresso inevitável deixou um enorme vazio cujo preenchimento talvez seja a principal tarefa do próximo século.

Leitura sugerida: Bury, J.B. 1923: *The Idea of Progress* • Giuberg, Achsch 1986: *The Map of Time: Seventeenth Century English Literature and Ideas of Patterns in History* • Jones, Richard Foster 1961 (*1982*): *Ancients and Moderns: a Study in the Rise of the Scientific Movement in Seventeenth Century England* • Kumar, K. 1987: *Utopia and Anti-Utopia in Modern Times* • Nisbet, Robert 1980: *History of the Idea of Progress* • Rossi, Paolo 1968: *Francis Bacon: from Magic to Science* • Tuveson, Ernest Lee 1949 (*1964*): *Millennium and Utopia: a Study in the Background of the Idea of Progress* o 1968: *Redeemer Nation: the Idea of America's Millennial Role* • Webster, Charles 1975: *The Great Instauration.*

ERNEST TUVESON

propaganda Pode ser definida como a tentativa deliberada de uns poucos de influenciar as atitudes e o comportamento de muitos pela manipulação da comunicação simbólica. Em inglês, em maior grau do que em outras línguas européias, a palavra "propaganda" tem uma conotação pejorativa que torna a sua análise objetiva extremamente difícil.

Suas origens, na organização seiscentista da Igreja Católica Romana responsável pelas atividades missionárias no Novo Mundo e pela defesa da fé no Velho Mundo, foram predominantemente neutras. Mas na Inglaterra protestante a promoção do catolicismo tinha matizes sinistros. Assim, quando a propaganda começou a atrair a atenção durante a Primeira Guerra Mundial, tanto como atividade institucionalizada, em grande escala, quanto como tema de estudo acadêmico, foi fácil concentrar o foco sobre suas associações sombrias. Embora a Grã-Bretanha tivesse, durante algum tempo, um Departamento para Propaganda em Países Inimigos, não se tardou em adotar a política de conceder ao inimigo o uso exclusivo do termo. Contra a "propaganda" dele, disseminaríamos "informação e verdade". Hoje, a propaganda ainda é amplamente considerada um expediente para abalar a credibilidade dos adversários. Seus argumentos, desacreditados pelo rótulo de propaganda, não merecem refutação racional. Podem ser simplesmente desprezados, por definição, como desonestos e inválidos. Quando somos acusados de propagandistas, passamos logo à defensiva, tentando refutar essa alegação.

Outra dificuldade resulta da permanente imagem idealista da política democrática liberal, a qual combina a liberdade para persuadir com o receio de ser persuadido. Apesar das provas evidentes fornecidas pela conduta de todas as campanhas eleitorais, em todas as democracias liberais, pelo menos nos últimos 100 anos, os inocentes ainda sonham com um mundo político perfeito, no qual as escolhas são decididas pela avaliação racional da informação objetiva, isenta de pressões.

As definições mais populares concentramse na tentativa de distinguir a "verdade" que sustentamos das "falsidades" ou propaganda do outro lado. É invariavelmente um exercício fútil, pois verdade e falsidade não são as dicotomias objetivas que muitos acreditam serem. Em sua maior parte, as asserções de fato oferecidas em toda a boa fé são asserções de opiniões ou crenças sobre fatos que outros, igualmente de boa fé, poderiam discutir. Além disso, "os fatos" raramente são o mesmo que "a verdade". Muito depende dos conhecimentos de quem fala e de quem ouve. Uma afirmação incorreta feita por alguém que acredita sinceramente ser essa a verdade não é uma mentira. Uma declaração objetivamente verdadeira, feita com a intenção de enganar, por alguém que a julgava falsa, pode muito bem sê-lo. Há ainda uma outra dificuldade: uma pessoa pode aderir estritamente aos fatos e ser mesmo assim mentirosa. Ao apresentar apenas alguns dos fatos, ignorar os contra-fatos incômodos, exagerar ou minimizar o significado dos fatos ou afirmar como atributos exclusivos de um lado fatos que são comuns a ambos, a pessoa pode distorcer ou enganar totalmente, embora não diga nada que seja, na realidade, inverídico. Dois elementos parecem ser necessários para uma mentira: deve-se acreditar que a declaração é falsa à luz dos conhecimentos correntemente disponíveis e ela deve ser feita com a intenção de enganar. Essas condições fazem com que seja extremamente difícil determinar se um locutor é mentiroso ou não. O mesmo gênero de objeções pode ser feito às tentativas de descrever a propaganda em função de declarações irracionais, controversas ou disfuncionais.

Uma séria conseqüência da tentativa de identificar a propaganda por algum elemento do seu conteúdo — uma mentira, um expediente capcioso ou um exagero — é a suposição de que se pode torná-la ineficaz expondo os seus ardis. Mas a propaganda envolve muito mais que o conteúdo da mensagem. É uma comunicação persuasiva situada em determinado contexto. O efeito da propaganda decorre da interação de uma comunicação e de um público, através de um veículo específico, em determinado ambiente cultural e ideológico, em um tempo e um lugar determinados.

Parece haver cinco elementos-chaves que são comuns a toda a propaganda, seja qual for a sua inclinação ideológica ou a causa defendida, seja qual for a tática ou os níveis de honestidade, duplicidade ou irracionalidade envolvidos, e independentemente da nobreza ou torpeza de seus objetivos. É, primeiro, algo consciente ou deliberadamente feito para atingir determinadas metas. Todos os propagandistas estão tentando influenciar um público. Nenhum deles tem o monopólio de qualquer técnica ou virtude especial. Qualquer ato de promoção pode ser propaganda, e será propaganda na medida em que for parte de uma campanha deliberada para influenciar o comportamento. Em segundo lugar, a propaganda tenta afetar o comportamento através da modificação de atitudes, em vez de recorrer ao emprego direto da força, à intimidação ou ao suborno. Busca a aparente complacência de seus ouvintes. E presume que, embora cada indivíduo possa ter um conjunto singular de atitudes que lhe são próprias, o *background* nacional, cultural, social ou econômico comum fará com que ele compartilhe suficientes atitudes coletivas para responder de forma significativa a estímulos orientados para o grupo. Em terceiro lugar, é o comportamento que constitui a principal preocupação. Atitudes e opiniões só são importantes porque se presume estarem na raiz da ação. É o que as pessoas fazem, não o que elas pensam, o que importa em última instância. Em quarto lugar, a propaganda é de interesse político e sociológico por ser, essencialmente, um fenômeno elitista. É a tentativa de uns poucos que têm acesso à mídia como disseminadores de influenciar os muitos que só têm acesso a ela como público ouvinte. Finalmente, o vínculo entre o propagandista e o público se estabelece através de símbolos: objetos que podem ser percebidos pelos sentidos para além de sua própria existência física; significados que lhes são atribuídos por seus usuários. Os símbolos incluem todas as formas de linguagem, todas as representações gráficas, música, exposições, arte e, de modo geral, tudo que pode ser percebido. O emprego deliberado de símbolos com o propósito de se obter algum efeito pretendido pode ser chamado a manipulação de símbolos. Todos esses elementos estão contidos na definição que encabeça o presente verbete.

Ver também OPINIÃO.

Leitura sugerida: Altheide, D.L. e Johnson, J.M. 1980: *Bureaucratic Propaganda* • Chandler, R.W. 1981: *War of Ideas: the U.S. Propaganda Campaign in Vietnam* • Choukas, M. 1965: *Propaganda Comes of Age* • Ellul, Jacques, 1965: *Propaganda: the Formation of Men's Attitudes* • Jowett, G.S. e O'Donnell, V. 1986: *Propaganda and Persuasion* • Qualter, T.H. 1962: *Propaganda and Psychological Warfare* o 1985: *Opinion Control in the Democracies.*

TERENCE H. QUALTER

propriedade Como instituição social, regulamentada pelo direito e/ou pelo costume, a propriedade tem assumido formas muito diversas em diferentes tipos de sociedade. De acordo com Hobhouse (1913, p.6), a propriedade "deve ser concebida em termos do controle do homem sobre coisas", um controle que é reconhecido pela sociedade, mais ou menos permanente e exclusivo; e pode ser propriedade privada (individual ou coletiva) ou comum (pública). Em todas as sociedades existe alguma propriedade privada *pessoal* e, como observou Lowie (1950, cap.6) em um estudo em que usou material comparativo de sociedades tribais e de sociedades mais recentes organizadas em estados, a propriedade pessoal entre as primeiras pode incluir coisas como nomes, danças, mitos, insígnias cerimoniais, presentes, armas e utensílios domésticos. Por outro lado, os principais recursos econômicos (e em especial a terra) são propriedade comum em muitas sociedades tribais, mas, com o desenvolvimento da agricultura e ainda mais, em tempos modernos, com o crescimento da indústria e o surgimento do capitalismo, a propriedade privada passa a predominar.

A distinção entre propriedade pessoal (que, nas sociedades industriais avançadas no final do século XX, pode ser considerável para grande parcela da população) e propriedade privada dos meios de produção por uma pequena minoria de pessoas tem sido central nas doutrinas dos partidos socialistas e na controvérsia política desde o século XIX, influenciando profundamente o pensamento e a política sociais. Os sistemas de propriedade anteriores, mostrou Hobhouse (1913), diziam respeito principalmente à propriedade para o uso e, mesmo onde a propriedade privada estava muito desenvolvida, subsistia um grau significativo de controle e responsabilidade comunitários; ao passo que a propriedade para o poder e a ilimitada aquisição de riqueza individual atingiram o auge na Europa e na América do Norte capitalistas do século XIX. Durante o século XX, contudo, novas restrições e limitações foram impostas à propriedade privada, e de várias maneiras.

Uma delas é através do desenvolvimento da cidadania democrática e a expansão dos direitos sociais que dotam a população toda com um mínimo básico de controle sobre os recursos para consumo pessoal. Outra é a redistribuição de recursos através da tributação progressiva e da transferência de alguns meios de produção importantes da propriedade privada para a pública (ver SOCIALIZAÇÃO DA ECONOMIA). Acompanhando essas mudanças, houve um envolvimento geralmente crescente do estado (em nível local, regional e nacional) na regulamentação da economia para realizar vários objetivos políticos, entre eles a limitação da desigualdade econômica. As economias industriais modernas e os movimentos políticos a que deram origem transformaram o contexto no qual a idéia de propriedade era debatida e, como apontou um historiador (Schlatter, 1951, p.273):

> Os direitos de propriedade não podem continuar sendo definidos como uma relação entre o indivíduo e os objetos materiais que ele criou; devem ser definidos como direitos sociais que determinam as relações dos vários grupos de proprietários e não-proprietários com o sistema de produção e prescrevem qual será a participação de cada grupo no produto social.

Não obstante, apesar das medidas de redistribuição e do recrudescimento dos serviços de bem-estar social, tem persistido e, sob alguns aspectos, aumentado a grande desigualdade na distribuição de propriedade nas sociedades industriais. Há uma concentração maciça de capital produtivo em grandes companhias, e grande parte desse capital é detido ou controlado por um pequeno número de indivíduos e famílias possuidores de grandes fortunas; a propriedade da terra continua muito desigual em alguns países (e de maneira notória na Grã-Bretanha); e ser ou não ser proprietário ainda determina grandes diferenças nos padrões de vida (ver IGUALDADE E DESIGUALDADE). Assim, no pensamento social do século XX, as controvérsias sobre propriedade têm envolvido sobretudo um confronto entre CAPITALISMO e SOCIALISMO como formas alternativas de organização econômica e social, e esse confronto ficou mais intenso quando se estabeleceram sociedades socialistas, primeiro na Rússia e, depois de 1945, em outros países do Leste Europeu, na China e alhures. Mas essas sociedades desenvolveram-se subseqüentemente na base de métodos — envolvendo ditadura e repressão políticas, planejamento autoritário (e, com freqüência, ineficiente) e formação de novos grupos privilegiados e dominantes — que suscitaram generalizada oposição popular, culminando finalmente, na Europa Oriental, no colapso de tais regimes; e, como conseqüência, concepções mais individualistas de direitos de propriedade, enfatizando a liberdade de mercado e a iniciativa privada, têm sido vigorosamente reafirmadas a partir da década de 80.

Portanto, na década final do século XX, os termos em que os direitos de propriedade são analisados e debatidos alteraram-se de forma significativa. De acordo com alguns pensadores, a propriedade pública mostrou ser um fracasso, não só econômica mas também socialmente, na medida em que engendra novas (e por vezes mais onerosas) estruturas de poder; mas outros sustentam que, em sistemas políticos democráticos, certo grau de propriedade pública e de investimento público em serviços infra-estruturais básicos tem obtido resultados manifestamente benéficos, e que uma sociedade tecnologicamente avançada de fato depende, de modo substancial, de um alto nível de fornecimento de tais serviços, muito especialmente no campo da educação. As questões apresentadas em recentes discussões sobre a propriedade envolvem, pois, a natureza de um desejável e efetivo equilíbrio entre propriedade pública e privada em alguma forma de "economia mista"; o grau tolerável de desigualdades de riqueza e poder em uma sociedade democrática; e, sobretudo na década passada, a necessidade de maior regulamentação pública do uso da propriedade produtiva a fim de salvaguardar o meio ambiente natural.

Leitura sugerida: Hegedüs, A. 1976: *Socialism and Bureaucracy*, cap.6 • Hobhouse, L.T. 1913: "The historical evolution of property, in fact and in idea". In *Property: its Duties and Rights*, org. por Charles Gore (bispo de Oxford) • Ryan, A. 1984: *The Political Theory of Property* • Schlatter, Richard 1951: *Private Property: the History of an Idea* • Scott, John 1982: *The Upper Classes: Property and Privilege in Britain.*

TOM BOTTOMORE

psicanálise Como um dos movimentos intelectuais mais significativos do século XX, é defensável a tese de que a psicanálise é superada somente pelo marxismo na amplitude do seu impacto sobre o pensamento e a linguagem do mundo ocidental. A elaboração e formulação das idéias desse movimento foram, em grande parte, obra de um homem, Sigmund Freud (1856-1939). Embora o freudismo, diferentemente do marxismo, nunca se tornasse o credo oficial de nenhum estado, é concebível que a sua influência possa sobreviver à do marxismo.

Os ancestrais intelectuais de Freud, que prenunciaram suas idéias gerais, foram Arthur Schopenhauer (1788-1860) e Friedrich Nietzsche (1844-1900). Se Freud realmente os estudou e foi diretamente influenciado por seus escritos, ou se, como ele próprio afirmou, se manteve deliberadamente distante deles (o que não impediria uma influência indireta através do "clima" intelectual), eis uma questão que nunca ficou bem esclarecida. Schopenhauer ensinou que a realidade subjacente do mundo, a coisa-em-si-mesma sobre cuja natureza o seu predecessor Kant indicou ser agnóstica, era uma Vontade sombria, cega, inacessível à razão e que nunca recebe qualquer satisfação real. Por vezes a Vontade gravita em torno de si mesma, mas não se pode esperar salvação alguma, quer cedendo ou se opondo a ela. O pessimismo de Schopenhauer combinava elementos extraídos da biologia, da filosofia indiana, da teoria kantiana do conhecimento e do esteticismo ocidental.

Nietzsche aceitou o quadro geral de Schopenhauer mas inverteu a avaliação: se a Vontade era tudo, por que não endossá-la em vez de a condenar? Nietzsche relacionou o tema da Vontade que gravita em torno de si mesma com uma descrição mais histórica do surgimento dos princípios morais da resignação e da submissão, que ele viu no cristianismo primitivo e no que considerou ser a sua moderna continuação secular, os ideais humanitários socialistas. Toda a tradição de Schopenhauer e Nietzsche ofereceu, sobretudo, uma sensibilidade para a natureza irracional, dominada pelo instinto e atormentada por conflitos, e para a superficialidade e inadequação das visões complacentes e otimistas que prometem contentamento na base da razão, fraternidade ou prosperidade.

A imagem freudiana ou psicanalítica dos seres humanos abalou de vez qualquer otimismo mais fácil e perpetuou esse reconhecimento sombrio de realidades implacáveis; mas também os dotou de uma nova e inconfundível direção, a qual lhes propiciou um público incomparavelmente mais vasto. Schopenhauer e Nietzsche eram meramente escritores e filósofos; mas Sigmund Freud era médico e professor de medicina, e adotava, além disso, uma visão bastante materialista, positivista ou científica do mundo. Ademais, suas idéias não eram apresentadas em termos abstratos, mas no contexto de uma técnica terapêutica definida, visando o tratamento e a cura de distúrbios neuróticos específicos. Freud não disse meramente que os seres humanos eram vítimas de impulsos violentos, poderosos e inconscientes; ele descreveu os alegados mecanismos dessas operações, e a técnica de exploração era, ao mesmo tempo, apresentada como a técnica da cura.

Freud descobriu uma nova técnica que pretendia penetrar nas defesas da esfera do INCONSCIENTE, no interior do qual se forja nosso destino psíquico, e oferecer um acesso aos seus segredos, garantindo assim a obtenção de resultados terapêuticos; o paciente executa a "livre associação" sem ter que enfrentar, idealmente, constrangimentos ou embaraços de qualquer espécie, na presença do analista-terapeuta que, depois de certo tempo, lhe propõe interpretações a título probatório. Quando essas interpretações, ou algumas delas, recebem finalmente a concordância e a aceitação por parte do analisando, está a caminho uma cura. O processo é intensivo e demorado: uma hora cinco vezes por semana, estendendo-se por cinco anos, é considerado bastante normal. Acrescente-se que, durante os primeiros anos do movimento, as análises-iniciações eram, com freqüência, muito mais breves; que nenhuma data terminal pode ser dada antes da conclusão; e que tanto na teoria quanto na prática se verifica freqüentemente que a psicanálise não tem conclusão.

Freud não se limitou a inventar uma nova técnica investigativa e terapêutica (que é o que *psicanálise* principalmente significa); também criou, de fato, uma nova e importante organização em torno dela, a qual constitui, efetivamente, a corporação de psicanalistas profissionais, como tal qualificados e reconhecidos. A mais significativa e interessante característica dessa corporação é a maneira como se impõe a iniciação. Embora métodos pedagógicos convencionais estejam presentes no treinamento de um analista — seminários, conferências, leituras —, é indiscutível que o lugar central e crucial é ocupado pela "análise didática", a análise a que o candidato se submete com um analista mais antigo. O pressuposto inerente na doutrina é que o que faz um analista não é a informação fria e abstrata adquirida, mas a transformação de sua própria psique, obtida por sua própria e bem-sucedida análise. Tendo penetrado em seu próprio Inconsciente, e não mais vítima das ilusões que ele impunha, o analista adequadamente treinado é agora capaz de evitar erros auto-induzidos e de ajudar os seus pacientes, por seu turno, a alcançarem finalmente um esclarecimento análogo. Indiscutivelmente pressuposto em psicanálise, embora nunca declarado ou defendido formalmente, é o fato de existir nela uma teoria do conhecimento muito clara, a saber: a aquisição da verdade não é, basicamente, problemática (pelo menos nas esferas psíquicas), *desde que* não haja interferência dos ardis e estratagemas do Inconsciente. A remoção desses obstáculos leva ao reconhecimento da verdade, e a verdade liberta a psique do sofrimento desnecessário. Por conseguinte, o segredo é evitar esses erros intimamente impostos, e o resto será, daí por diante, pura bonança.

Essa excêntrica teoria do conhecimento pode ser também apresentada como uma nova versão da abordagem socrática, adaptada não mais a uma visão racionalista do homem, mas a uma visão irracional e mais plausível sob múltiplos aspectos. O método socrático de perguntas e respostas baseava-se na suposição de que a verdade não será obtida por uma investigação externa, mas extraída do íntimo de cada um; as perguntas e respostas, por assim dizer, trazem à luz, mediante um partejo lógico, os conceitos que sempre estiveram presentes. A variante freudiana do partejo não faz surgir a verdade mediante um interrogatório preciso, mas pela livre associação irrestrita, um antinomismo cognitivo, mais adequado a um Inconsciente que é apaixonado e indisciplinado. Os sinais característicos da verdade finalmente desvendada são o reconhecimento emocional e o êxito terapêutico, em vez da irrefutabilidade lógica.

Seja qual for a eficácia terapêutica ou investigativa desse método (matéria sumamente controversa), não pode haver dúvidas quanto à verdade de uma doutrina psicanalítica específica, a saber, a da "transferência". A técnica terapêutica descrita produziria um poderoso vínculo emocional entre os dois parceiros nela envolvidos. Em uma vasta proporção de casos, parece ser isso o que realmente ocorre. Tudo indica que a "transferência" assim produzida também seria, portanto, o vínculo social da organização produzida por Freud. Entretanto sustenta-se (plausivelmente) que a transferência pode ser positiva e negativa, tanto em sucessão quanto simultaneamente. O movimento psicanalítico é marcado, correspondentemente, não só pela poderosa coesão, mas também por uma série de cisões igualmente características, acompanhadas de mútuas denúncias. O fato de a teoria fazer a verdade depender, não de critérios externos e públicos, mas da posse de uma psique pura e esclarecida, por assim dizer, significa que as críticas mútuas tendem a ser construídas mais em função dos defeitos e imperfeições íntimos dos adversários do que recorrendo à lógica ou às provas evidentes. As cisões que ocorreram no movimento foram de duas espécies: ou redundaram no permanente divórcio da seita dissidente (secessão de Carl Jung e de Alfred Adler) ou em um sectarismo mais ameno contido no interior de uma igreja mais vasta (por exemplo, a existência de um grupo freudiano ortodoxo, um grupo kleiniano e um grupo "intermediário" dentro da corporação psicanalítica britânica, continuando a trabalhar no seio da mesma organização na base do entendimento de que nenhum dos três segmentos será o dominante). As várias guildas nacionais (pelo menos um país, os Estados Unidos, tem mais de uma) estão vagamente ligadas em uma associação internacional. Uma das questões práticas que dividem o movimento é se os analistas devem ser médicos ou é possível permitir a existência de "analistas leigos".

À parte as corporações psicanalíticas razoavelmente disciplinadas e bem-organizadas, esforçando-se (nem sempre com êxito) por reter o monopólio do título de "psicanalista", há também um mundo enorme, volátil, fluido, mal-definido e ainda largamente desconhecido de psicoterapeutas e "conselheiros", organizados em vários agrupamentos, grandes ou pequenos, por vezes independentes e misturando a doutrina em várias formas e proporções com outros sistemas de idéias (existencialismo, fenomenologia, religião convencional etc.). As idéias e técnicas centrais, contudo, permanecem devedoras da inspiração freudiana, mesmo quando a modificam de vários modos. Não pode haver dúvida de que esses movimentos encamparam uma parte deveras importante do que poderia ser chamada a missão pastoral em uma sociedade industrial instável e agnóstica. A influência das idéias é ainda mais penetrante na literatura, na linguagem corrente, nas humanidades e nas ciências sociais. É correto afirmar que a terminologia freudiana se tornou a linguagem na qual as pessoas discutem suas psiques e relações pessoais.

Não existe um modo simples de avaliar as asserções da doutrina psicanalítica e a prática terapêutica. Sua capacidade de persuasão não é a mesma em todas as esferas e talvez seja melhor examinar separadamente vários aspectos:

Idioma A psicanálise não conquistou meramente a nossa linguagem, mas, se poderia dizer, fê-lo corretamente. O reconhecimento simultâneo da importância das pulsões instintivas e da complexidade e tortuosidade das formas semânticas em que elas se apresentam na consciência parece fazer jus à verdade.

Teorias específicas As doutrinas mais específicas encontradas dentro da psicanálise são difíceis de avaliar por causa da superdotação do sistema com práticas evasivas quando se defronta com evidente falsificação. A vaga e até destacável operacionalização de seus conceitos, a pronta e eficaz acessibilidade de evasões *ad hoc* fazem com que essas teorias sobrevivam com grande desenvoltura a refutações evidentes.

Sucesso terapêutico Pesquisas realizadas não corroboram, de fato, a idéia de que a técnica é terapeuticamente eficaz, ou mesmo de que seja preferível a "nenhum tratamento". Embora o impacto inicial da psicanálise estivesse relacionado com seu envolvimento clínico e sua plausível promessa terapêutica, as pretensões nessa esfera estão agora mudas e cuidadosamente confinadas.

Teoria do conhecimento e método Estão não só em discrepância com os padrões consagrados em outras esferas da investigação científica, mas são excessivamente estranhos e pouquíssimo defensáveis quando submetidos a uma investigação imparcial.

Ontologia A imagem subjacente dos seres humanos, sublinhando a importância das pulsões instintivas e a extrema complexidade, tortuosidade e simulação de sua expressão consciente, pode ser considerada muito mais convincente do que os seus modelos rivais disponíveis, como a psicologia "associacionista". Não está claro se esse modelo é também uma boa base para uma psicologia mais genuinamente explanatória.

Utilidade pastoral Em uma sociedade competitiva, fluida, atomizada, em que as relações pessoais são extremamente importantes, não sendo fornecidas ou preparadas de antemão nem prescritas por uma estrutura social estável, e onde são objeto de grande ansiedade, a técnica psicanalítica de encorajar as pessoas a falar livremente para um atento ouvinte profissional, na expectativa de que a interação proporcione esclarecimento e uma direção de propósito interiormente sancionada, parece mais atraente ou, de qualquer modo, ter um atrativo mais amplo que qualquer alternativa existente.

Leitura sugerida: Gellner, Ernest 1985: *The Psychoanalytic Movement* • Jones, Ernest 1963: *The Life and Work of Sigmund Freud*, ed. condensada, org. por Lionel Trilling e Steven Marcus • MacIntyre, A.C. 1958: *The Unconscious* • Magee, Bryan 1983: *The Philosophy of Schopenhauer* • Malcolm, Janet 1982: *Psychoanalysis: the Impossible Profession* • Rycroft, Charles 1966: *Psychoanalysis Observed* • Sulloway, Frank J. 1980: *Freud: Biologist of the Mind.*

ERNEST GELLNER

psicologia O termo é usado para descrever tanto uma disciplina acadêmica quanto uma atividade profissional. Os psicólogos acadêmicos dedicam-se ao estudo do comportamento e/ou da vida mental. Têm usado grande variedade de teorias e metodologias para esse fim. Embora a maioria dos psicólogos acadêmicos tenha procurado conferir um status científico à sua disciplina, têm ocorrido discordâncias fundamentais sobre a natureza da investigação psicológica. Os psicólogos profissionais têm estado envolvidos em diferentes atividades, desde o diagnóstico e tratamento de problemas mentais ou comportamentais até a seleção de indivíduos para fins industriais e educacionais. Tipicamente, os psicólogos profissionais estudaram psicologia acadêmica; possuem normalmente outras qualificações profissionais que os habilitam a trabalhar, por exemplo, como psicólogos clínicos ou educacionais. A maioria dos psicólogos acadêmicos não foi treinada para a prática profissional.

A psicologia, como disciplina acadêmica e como atividade profissional, estabeleceu-se firmemente durante o século XX. Hoje em dia a maior parte das universidades do mundo ocidental oferece cursos de graduação em psicologia; no entanto, no começo do século, havia pouco ensino formal da matéria. O número de pessoas que se intitulavam "psicólogos" aumentou consideravelmente. Por exemplo, a American Psychological Society, fundada em 1892, cresceu de uma pequena "sociedade erudita" para uma organização que conta atualmente com mais de 55 mil filiados; em concordância com a natureza dual da psicologia, esses membros incluem tanto os que exercem a atividade na área acadêmica como os que a adotam como profissão na vida prática. Também há pessoas sem as qualificações oficiais concedidas pelas organizações profissionais, mas que se intitulam psicólogos e oferecem serviços ao público contra pagamento.

Na primeira parte deste século os psicólogos acadêmicos estiveram empenhados em criar uma disciplina independente que fosse separada da filosofia. Os psicólogos proclamaram estar examinando cientificamente matérias que até então haviam sido objeto apenas de especulação filosófica. Apesar da concordância em que a ciência empírica deveria substituir o filosofar, havia escasso acordo quanto ao perfil da nova ciência. Nessa época a psicologia acadêmica caracterizava-se pelas profundas divisões entre escolas concorrentes, tais como o associacionismo, o comportamentalismo, a eugenia/psicometria e a psicanálise. Cada uma dessas escolas afirmava ter descoberto os princípios básicos da psicologia, mas havia profunda discordância acerca de tais princípios. Em suma, elas possuíam diferentes filosofias da psicologia.

Associacionismo

Dominante na Alemanha no começo do século, o associacionismo concentrou-se na análise do conteúdo da vida mental. Usando técnicas de laboratório, os psicólogos associacionistas estavam interessados em investigar as imagens e os estados mentais observados sob diferentes condições experimentais. Estavam especialmente empenhados em descobrir os elementos da experiência e, sobretudo, em decompor a experiência perceptiva em seus componentes básicos. Os pressupostos teóricos dos associacionistas foram vigorosamente questionados pelos psicólogos gestaltistas. Estes, embora concordassem quanto à importância do estudo da experiência, especialmente através de experimentos de laboratório, sublinharam a necessidade de considerar o padrão total de percepção, em vez de decompor a experiência em seus elementos individuais (ver GESTALT, PSICOLOGIA DA).

Comportamentalismo

Em reação ao associacionismo, os comportamentalistas negaram a validade do estudo da experiência. Afirmaram que os psicólogos científicos deveriam interessar-se apenas pelo comportamento exteriormente observável e rejeitaram o estudo da experiência interior como intrinsecamente não-científica. Todos os conceitos mentalísticos seriam rigidamente excluídos do vocabulário do psicólogo comportamentalista. Nos Estados Unidos, essa posição foi defendida primeiro por John B. Watson (1878-1958) e mais tarde por B.F. Skinner (n.1904). Um programa não-mentalista similar foi desenvolvido na União Soviética por Ivan Pavlov (1849-1936). Ambos os programas atribuíam grande ênfase ao estudo experimental da aprendizagem, com Watson, mais que Pavlov, destacando o papel das recompensas e punições. Comportamentalismo e pavlovianismo afirmaram ter descoberto, através de cuidadosa experimentação, os princípios fundamentais para se modificar o comportamento. Afirmou-se que esses princípios forneciam a base não só para a psicologia científica, mas também para a solução de problemas sociais: se os princípios da aprendizagem fossem descobertos, então haveria possibilidades ilimitadas de mudar o comportamento mediante a alteração do meio ambiente (ver COMPORTAMENTALISMO).

Eugenia/psicometria

Essa escola de pensamento ficou devendo muito à obra pioneira de Francis Galton (1822-1911) e teve grande impacto no desenvolvimento da psicologia britânica. Diferentemente do comportamentalismo, partiu do princípio de que as possibilidades de mudança de comportamento estavam estritamente limitadas pela herança genética. Não só se pressupunha que as características psicológicas eram herdadas, mas se pensava também que eram mensuráveis. Atribuiu-se grande ênfase à "psicometria", ou construção de testes para medir diferenças individuais na personalidade, inteligência, aptidões vocacionais etc. Com base nos resultados de testes, psicólogos como Charles Spearman afirmaram que o QI ("quociente de inteligência") era predominantemente herdado, e Raymond Cattell produziu argumentos semelhantes para os traços de personalidade. Além do argumento de que alguns indivíduos eram constitucionalmente mais inteligentes do que outros, havia também temas raciais: alegou-se haver algumas "raças" mais ou menos inteligentes do que outras. Essa escola de psicologia foi menos otimista que o comportamentalismo em sua abordagem de questões sociais: presumindo-se que as características psicológicas eram, em sua maior parte, geneticamente fixadas, os problemas sociais não seriam solucionados mudando-se o meio ambiente. Alguns psicólogos defenderam a eugenia, sugerindo políticas que restringissem os padrões de procriação dos "menos aptos" e encorajassem os "mais aptos" a se reproduzirem. Esses temas, em conjunto com os de diferenças raciais e individuais, foram adotados na década de 30 pelos políticos fascistas (ver EUGENIA, CIÊNCIA DA; INTELIGÊNCIA, TESTE DE).

Psicanálise

Esta escola de psicologia está associada à obra de Sigmund Freud (1856-1939), que, em Viena na virada do século, formulou uma teoria da mente e uma prática terapêutica. Tal como o associacionismo, a psicanálise interessou-se mais pela vida mental dos indivíduos do que pelos padrões manifestos e mensuráveis do comportamento. Entretanto os psicanalistas sustentaram que os elementos mais importantes da vida mental eram os inconscientes. De acordo com a teoria psicanalítica, a mente está fundamentalmente dividida: o inconsciente, a parte instintiva da mente (o "id") está em perpétuo conflito com o "ego" (os elementos conscientes, racionais) e com o "superego" (o sentimento de consciência). Distúrbios psicológicos como neuroses e lapsos de memória podem ser atribuídos ao conflito entre as forças instintivas inconscientes, principalmente a sexualidade, e as do ego e do superego. A terapia psicanalítica visa dar ao paciente um insight sobre a sua vida mental inconsciente. Freud também propôs uma psicologia social psicanalítica, a qual tentou explicar o crescimento da civilização em função dos sentimentos reprimidos da criança em relação aos pais. (Ver PSICANÁLISE.)

Essas quatro escolas de pensamento representaram visões concorrentes do que a psicologia deveria ser. Embora concordassem em que a psicologia devia ser uma ciência, propuseram métodos muito diferentes para a condução da pesquisa psicológica. Além disso, cada uma indicou que os psicólogos deveriam estudar fenômenos diferentes: experiência consciente, comportamento, aptidões genéticas, sentimentos inconscientes. Propuseram ainda tipos muito diferentes de treinamento para psicólogos profissionais e consideraram papéis dessemelhantes para eles no seio da sociedade.

No mundo da psicologia acadêmica, o período de 1930 a 1960 testemunhou o contínuo triunfo da escola comportamentalista, especialmente nos Estados Unidos. As principais revistas de psicologia refletiram uma crescente preocupação com a experimentação comportamental e com os processos de aprendizagem. A análise da experiência era considerada cada vez mais obsoleta, até pré-científica, quando o que os psicólogos queriam era descobrir experimentalmente as respostas comportamentais aos estímulos. Uma vez que o objetivo era construir uma psicologia geral estímulo-resposta, pouco importava se os sujeitos experimentais eram humanos ou não. Houve um considerável incremento da experimentação animal, com os psicólogos acumulando vastas quantidades de dados laboratoriais sobre a freqüência com que ratos famintos acionavam alavancas em busca de alimento.

O triunfo do comportamentalismo não foi, de maneira alguma, absoluto ou universal. A tradição psicométrica permaneceu forte, especialmente na Grã-Bretanha e em partes dos Estados Unidos, onde A.R. Jensen continuou sustentando que os afro-americanos eram geneticamente menos inteligentes que os brancos. Os testes psicométricos tinham grande procura por parte de educadores, industriais e autoridades militares, que queriam dispor de procedimentos convenientes e cientificamente garantidos para classificar grande quantidades de pessoas. Além disso, esse período assistiu à publicação de algumas obras clássicas da psicologia da Gestalt, as quais analisaram diretamente a experiência e criticaram a filosofia do comportamentalismo.

Durante o apogeu comportamentalista, a psicanálise era um interesse predominantemente periférico dentro das universidades. Entretanto a propensão dos psicanalistas era para ganhar a vida mais como terapeutas do que como professores universitários, e eles estabeleceram suas próprias organizações profissionais. Durante a década de 30 o movimento psicanalítico americano foi consideravelmente aumentado com a chegada de grande número de eminentes refugiados judeus, escapando às perseguições nazistas na Alemanha e na Áustria. Apesar de preconceitos intelectuais e outros, esses refugiados lograram transferir o principal foco da psicanálise da Europa para os Estados Unidos.

O crescimento da psicologia comportamentalista coincidiu com outro desenvolvimento na psicologia, o qual assegurou que, a longo prazo, nenhum sistema, nem o comportamentalismo nem qualquer outro, obteria a completa hegemonia. Houve um crescimento e uma separação de especialidades. Estas incluíam a psicologia fisiológica, apoiando-se nos novos progressos da neurologia e da bioquímica, e procurando identificar os mecanismos fisiológicos subjacentes nos processos psicológicos; o desenvolvimento infantil, que teve como pioneiro o psicólogo suíço Jean Piaget (1896-1980), cuja obra foi predominantemente dedicada à análise das etapas do desenvolvimento mental das crianças; e a psicologia social, intelectualmente mais próxima das ciências sociais que das ciências biológicas. Novas revistas foram lançadas para essas subdisciplinas e se desenvolveram vocabulários técnicos. Deixou de ser possível a um só indivíduo tomar conhecimento e familiarizar-se com todos os desenvolvimentos em psicologia, muito menos entendê-los. À medida que a psicologia se tornava mais difusa, as probabilidades de criação de uma disciplina integrada, unificada em torno de uma única perspectiva teórica, tornaram-se mais remotas.

Algumas das especialidades em desenvolvimento foram diretamente influenciadas por idéias não-comportamentalistas. Havia uma pronunciada influência gestaltista na psicologia social, porquanto os investigadores procuravam descobrir a estrutura e função de atitudes, valores e papéis (ver PSICOLOGIA SOCIAL). Foi mais a lingüística do que a teoria psicológica tradicional que forneceu boa parte do impulso para o estudo da linguagem que se desenvolveu na década de 60, e a ênfase incidia mais sobre o estudo dos processos mentais do que sobre o comportamento manifesto (Miller, 1981). Não obstante, a maioria das novas especialidades compartilhava um compromisso com a metodologia experimental, e os estilos comportamentalistas de investigação eram freqüentemente retidos. Nesse sentido, havia mais unidade metodológica na disciplina da psicologia acadêmica do que unidade teórica.

A partir dos anos 60 esse compromisso metodológico com o experimento de laboratório se enfraqueceu. Houve certo número de ataques diretos. Os psicólogos "humanistas" queixaram-se de que a abordagem experimental redundara na trivialização da psicologia e na desumanização do seu objeto de estudo (Shotter, 1975). Alguns psicólogos sociais e do desenvolvimento também reagiram ao compromisso com a experimentação laboratorial. Insistiam em que o comportamento devia ser estudado em seu contexto social (Harré e Secord, 1972), com especial atenção ao estudo da conversação natural (Potter e Wetherell, 1987).

O maior enfraquecimento da tradição comportamentalista não foi provocado por críticos às margens da disciplina, mas por uma mudança central de interesse. Os últimos 15 anos assistiram ao desenvolvimento da psicologia cognitiva, dedicada ao estudo dos processos de pensamento (Neisser, 1976). Muitos termos mentalistas, que os comportamentalistas tinham desejado erradicar do vocabulário psicológico, são hoje lugar-comum, e foram até incorporados aos seus escritos pelos "neocomportamentalistas". O crescimento da psicologia cognitiva foi estimulado pelos desenvolvimentos na tecnologia da informação. Construíram-se modelos de pensamento, sendo o cérebro humano visto como uma forma de processamento de informação em computador, embora um computador muitíssimo mais complexo do que qualquer um criado por mãos humanas (Newell e Simon, 1972; Marr, 1982). Um número significativo de psicólogos cognitivos preferiu projetar e criar modelos computadorizados de pensamento em vez de realizar os tradicionais experimentos de laboratório (Winograd, 1972). É questão controvertida se tais modelos revelam os processos mentais que realmente ocorrem quando as pessoas pensam, ou se o valor principal deles é auxiliar na construção de máquinas que possam reconhecer padrões ou "ler" documentos (ver INTELIGÊNCIA ARTIFICIAL).

A influência direta das idéias psicológicas sobre a teoria social não tem sido tão grande quanto se poderia esperar. Embora alguns teóricos sociais de esquerda tenham adotado noções psicanalíticas (ver ESCOLA DE FRANKFURT), outros sociólogos preferiram criar sua própria psicologia social em vez de recorrer em massa às obras de psicólogos (ver INTERACIONISMO SIMBÓLICO). Por outro lado, a influência das idéias piagetianas sobre a teoria e a prática educacionais foi muito ampla. Além disso, a psicologia tem tido grande influência na sociedade como um todo, através das atividades dos profissionais dessa área e do treinamento de educadores, gerentes de pessoal e publicitários. Acima de tais influências diretas, houve o impacto mais difuso de noções psicológicas nas formas correntes, não-especialistas, de pensar. Esse impacto é ilustrado pela maneira como frases e expressões técnicas entraram para o vocabulário leigo: extrovertido, QI, neurótico, ato falho etc. Tais conceitos podem não ser elementos na espécie de teoria científica unificada em que os primeiros psicólogos tinham posto suas esperanças; mas agora pertencem ao senso comum do século XX e isso demonstra por si só o significado social da psicologia.

Leitura sugerida: Ash, M.G. e Woodward, W.R., orgs. 1987: *Psychology in Twentieth Century Thought and Society* • Freud, S. 1933 (*1964*): "New Introductory Lectures on Psycho-Analysis". In *Standard Edition of the Complete Psychological Works of Sigmund Freud*, vol.22, org. por J. Strachey • Hearnshaw, L.S. 1987: *The Shaping of Modern Psychology* • Köhler, W. 1947: *Gestalt Psychology* • Norman, D.A., org. 1981: *Perspectives on Cognitive Science* • Pavlov, Ivan 1932 (*1958*): *Experimental Psychology and Other Essays* • Piaget, J. e Inhelder, B. 1955: *Le développement des quantités physiques chez l'enfant* • Skinner, B.F. 1953: *Science and Human Behaviour* • Spearman, C.E. 1927: *The Abilities of Man.*

MICHAEL BILLIG

psicologia da Gestalt Ver GESTALT, PSICOLOGIA DA.

psicologia social Em termos gerais, a tarefa central da psicologia social é o estudo sistemático da relação entre fenômenos individuais e coletivos. Essa impressionante tarefa coincide em parte com a de outras ciências sociais, em particular a SOCIOLOGIA. Entretanto, a corrente dominante da psicologia social mostra claramente sua origem na psicologia. Tal como a sua disciplina-mãe, encara a ciência como um empreendimento hipotético-dedutivo; interpreta a sua tarefa central psicologicamente como o estudo de indivíduos sob a influência da presença real, implícita ou imaginada, de outros. Seu fenomenal incremento em produtividade começou na década de 30, quando o centro geográfico de toda a psicologia se transferiu da Europa para os Estados Unidos. Lá, a concentração nos indivíduos foi ainda mais fortalecida pelo individualismo ideológico da cultura americana.

Desde os seus começos, a corrente principal da psicologia social adotou uma orientação cognitiva. O conceito central da disciplina é a "atitude", já reconhecida em 1935 como indispensável para o pensamento sócio-psicológico (Allport, 1935). A atitude é definida como uma combinação de crenças, sentimentos e interações de agir em face de aspectos do mundo externo ou do próprio eu. Embora todas as ciências sociais usem esse conceito, foi a psicologia social que o esclareceu e o tornou mensurável e estudado por si mesmo, não como complemento de outros interesses.

Como as atitudes em relação a grupos minoritários, sobretudo o preconceito de cor e o anti-semitismo, eram uma característica tão perturbadora da cena social não só nos Estados Unidos, mas também nos regimes totalitários da Europa, o seu estudo tornou-se, e continua sendo, um dos principais focos da pesquisa sócio-psicológica. A estrutura das atitudes, sua origem, influência sobre o comportamento, propensão e relutância para mudar foram exaustivamente documentadas. A mais conhecida contribuição substantiva ao estudo de atitudes imbuídas de preconceito é *The Authoritarian Personality* (Adorno et al., 1950). Essa obra influente, mas também muito criticada, concebeu as atitudes autoritárias como manifestações de personalidade — e não apenas como opiniões superficiais —, não inatas, mas inculcadas em famílias autoritárias que, por sua vez, refletem aspectos da cena social.

O pensamento corrente nesse campo ampliou a abordagem em duas direções: há uma crescente percepção de que aspectos da estrutura social em cujo seio se mantêm tais atitudes devem formar parte de sua explicação (Hewstone e Brown, 1986). Em segundo lugar, a identificação com o grupo a que um indivíduo pertence e, por conseguinte, o favoritismo em relação aos interesses e atitudes do próprio grupo foram colocados em uma base mais ampla. Henri Tajfel (1981) postulou ser essa uma predisposição cognitiva universal, sejam quais forem os atributos definidores do grupo a que se pertence ou dos membros dos outros grupos. (Ver também GRUPO.)

Uma segunda linha de interesses desenvolveu-se sob a poderosa influência de Kurt Lewin: o estudo de pequenos grupos. A dinâmica de grupo investigou a influência de estilos de liderança sobre a produtividade e a coesão de grupos, identificou padrões de comunicação, comparou juízos individuais com decisões de grupo, documentou o surgimento regular de papéis informais na continuidade de grupos e outros aspectos estruturais. A repetida demonstração experimental de que a pressão do grupo pode induzir indivíduos a negarem a evidência fornecida pelos seus próprios sentidos (Asch, 1952) fez do conformismo um tema muito estudado. Durante certo tempo, o interesse pelo estudo experimental do funcionamento do grupo declinou, embora a aplicação de tudo o que tinha sido aprendido frutificasse em áreas como o treinamento e a terapia de grupo. O interesse ressurgiu agora no estudo de liderança e em duas questões antes negligenciadas: a polarização de opiniões em um grupo (em contraste com a ênfase anterior no consenso grupal); e o poder de uma minoria determinada de influenciar a maioria.

Em virtude do compromisso da corrente principal da psicologia social com os procedimentos hipotético-dedutivos, o trabalho sobre essas linhas principais e muitas linhas secundárias é guiado, em geral, por teorias de alcance médio, formuladas especificamente para tópicos da psicologia social, embora as principais teorias da PSICOLOGIA geral — comportamentalismo, teorias da aprendizagem, psicologia da Gestalt e psicanálise — também tenham fornecido hipóteses. As teorias predominantes na psicologia social têm duas características comuns: seu objeto de estudo é a busca de equilíbrio quando diante de informação discordante; e, em segundo lugar, a sua origem comum reside na obra fecunda de Fritz Heider (1958), que analisou a psicologia do senso comum e nela descobriu uma tendência a evitar contradições e relações assimétricas. Existem numerosos modelos de busca de coerência, equilíbrio, conformidade e trocas simétricas, os quais diferem uns dos outros mais em terminologia do que em substância. As teorias da dissonância e da atribuição criaram um dos mais volumosos conjuntos de trabalho experimental.

A teoria da dissonância cognitiva (Festinger, 1957) propõe que, quando se defrontam com duas informações mutuamente contraditórias, as pessoas sentem-se constrangidas, inquietas e procuram, por conseguinte, eliminar tais sentimentos desconsiderando uma das informações ou minimizando o seu significado. Numerosos experimentos engenhosamente planejados demonstram ser isso o que de fato ocorre com a maior parte dos sujeitos experimentais.

A teoria da atribuição (Kelley, 1967) refere-se à maneira como as pessoas analisam eventos sociais e lhes atribuem razões ou causas. Essa é a abordagem teórica atualmente predominante; está em contínuo desenvolvimento e é usada na investigação de uma grande variedade de tópicos. Deve a sua posição no campo ao nível relativamente elevado de abstração em que está formulada. Teorias mais específicas, como a da "sociedade justa", que explica a tendência a culpar a vítima, ou a teoria do "desvalimento aprendido", podem facilmente ser incluídas na atribuição de causas ou razões para qualquer estado de coisas dado.

O progressivo refinamento da teoria da atribuição foi estimulado, em parte, por vozes dissidentes no seio da disciplina que se ergueram não só nos Estados Unidos, mas também na Europa. Depois de meados do século, essas vozes ganharam ímpeto e iniciaram um auto-exame crítico em ambos os continentes. A corrente dominante da psicologia social enfatizou-se nesse amplo debate, tinha sublinhado de forma preponderante os processos cognitivos individuais e negligenciara o contexto social; apoiara-se quase que exclusivamente em experimentos realizados em ambiente de laboratório, restringindo assim o lado social da disciplina, e tinha pressuposto a universalidade cultural e temporal de suas descobertas. Os eventos que tiveram lugar na maioria das universidades durante os últimos anos da década de 60 deram força à exigência de reorientação e a corroboraram.

De modo geral, essa autocrítica foi salutar. A corrente principal da psicologia social tornou-se muito mais pertinente para a compreensão da vida cotidiana e ampliou seu repertório de métodos. As matérias substantivas agora se baseiam menos em situações sociais hipotéticas e são mais freqüentemente estudadas onde são, na realidade, vivenciadas. A teoria da atribuição orienta agora a pesquisa em uma vasta gama de circunstâncias com pessoas oriundas de muitas profissões e condições de vida. A distinção entre o conceito biológico de "sexo" e o conceito sócio-psicológico de "gênero" está produzindo um corretivo necessário nos resultados das pesquisas. Algumas áreas de investigação que sempre tinham sido estudadas em seu ambiente natural, como a psicologia social da doença e da saúde, ou do emprego e desemprego, receberam novo impulso.

Paralelamente a essa florescente corrente principal, está hoje ganhando destaque um novo e radical pensamento acerca de algumas questões fundamentais da psicologia social. Embora a maioria dessas abordagens contemporâneas ainda tenha que provar seu valor contribuindo com conhecimentos substantivos acerca da interação em mão dupla entre indivíduos e o mundo social, as idéias que elas propõem encontram adeptos, sobretudo na Europa, mas também nos Estados Unidos, e dão origem a muita discussão e controvérsia. Em geral, afastam-se da corrente dominante da psicologia social e passam às formulações programáticas.

Kenneth Gergen (1973) sustenta que a corrente dominante é insensível à passagem do tempo; as teorias são formuladas como se apontassem para regularidades eternas, mas as observações empíricas que as sustentam estão inevitavelmente vinculadas ao tempo da investigação e não podem reivindicar validade trans-histórica. Segundo Gergen, a psicologia social é, portanto, uma disciplina histórica e não-científica. Isso está em nítido contraste com a disciplina-mãe, a qual se propõe descobrir universais no funcionamento de organismos humanos e animais.

Tal como ocorre com a despreocupação com o tempo, afirmam outros, também a despreocupação com a cultura necessita de correção; a psicologia social americana, em particular, é freqüentemente acusada de um provincianismo que se identifica, de forma equivocada, com uma conduta à margem da cultura. Uma vez mais, é questão de saber se os psicólogos sociais podem aspirar à descoberta de universais ou terão que "arranjar-se" com específicos.

De diversas áreas chega o pedido de que se mude a maneira de teorizar na disciplina. Originando-se na Escola de Frankfurt, está sendo defendida a construção de uma teoria crítica (denominada "gerativa" nos Estados Unidos), ou seja, uma teoria, não sobre o que é, mas sobre o que poderia ser; na versão de Frankfurt, para todas as ciências sociais, na formulação americana, por e para psicólogos sociais.

A relativa negligência, largamente reconhecida, do contexto social na corrente principal da psicologia social está sendo agora desafiada de várias maneiras. Alguns psicólogos sociais estão finalmente eliminando a distância entre os ramos psicológicos e sociológicos da disciplina. O estudo das representações sociais, ou seja, idéias, valores e regras compartilhados por um grupo ou cultura que são a tal ponto poderosos que os indivíduos os consideram incontestáveis, tornou-se centro de uma nova abordagem. Talvez as representações sociais mais largamente compartilhadas estejam condensadas em uma linguagem comum; estudos modernos demonstraram que os hábitos lingüísticos, gramaticais e semânticos podem explicar alguns fenômenos psicológicos.

Outra abordagem do estudo das influências sociais sobre as atitudes e o comportamento distingue níveis de explicação, cada um deles legítimo por sua autoridade própria, mas só produzindo pleno entendimento quando se consideram todos os níveis. Os fenômenos psicológicos podem ser explicados em, pelo menos, quatro níveis: por atributos pessoais, pela situação real em que o fenômeno psicológico é estudado, por referência à posição social das pessoas e pelas ideologias ou sistemas de crenças a que elas aderem. O modo como a complementaridade, em vez do conflito, entre as explicações nesses níveis pode ser conseguida em trabalho empírico é ainda uma questão em aberto.

Embora esses e outros desenvolvimentos recentes não sejam necessariamente compatíveis entre si, todos eles possuem características e funções comuns. Todos eles transcendem uma definição estreita de psicologia social; todos requerem que seus proponentes sejam versados em uma ou mais disciplinas vizinhas, sobretudo a sociologia e a psicologia cognitiva, mas também a ANTROPOLOGIA, a ciência política, a filosofia ou a lingüística; todas elas contribuem para a vitalidade intelectual do campo, em todos os seus ramos. Se o debate entre elas levará a uma psicologia social mais unificada ou a maior separação, somente o tempo nos dirá.

Leitura sugerida: Brown, R. 1986: *Social Psychology*, 2ªed. • Israel, J. e Tajfel, H. 1972: *The Context of Social Psychology*.

MARIE JAHODA

psicológica, depressão Ver DEPRESSÃO CLÍNICA.

psiquiatria e doença mental A psiquiatria, uma forma de definir e de tratar a doença mental, tem conhecido importantes mudanças, desde a Segunda Guerra Mundial, em sua prática e em suas raízes intelectuais. Isso inclui um papel consideravelmente reduzido para o pensamento psicanalítico (ver PSICANÁLISE), sobretudo nos Estados Unidos, onde ele fora uma influência dominante. Com isso, assistiu-se a um interesse crescente pelas origens biológicas da ampla gama de distúrbios que constituem a prática psiquiátrica. Durante os últimos 20 anos voltou a complexa tarefa de sua classificação, em conjunto com a sua perspectiva biológica, ao centro das atenções psiquiátricas, como se viu na altamente influente terceira edição, em 1980, do *Diagnostic and Statistical Manual of Mental Disorders* (DSM-III), da American Psychiatric Association. A conjunção de nosologia (classificação de doenças) com biologia foi parcialmente estimulada, sem a menor dúvida, pelo êxito de tratamentos farmacológicos e a esperança de que provassem ser específicos para certos diagnósticos. O DSM-III reflete amplamente mais a experiência clínica do que os dados obtidos em pesquisas, e é possível encontrar nele descritos estados bem-reconhecidos como graves doenças mentais (psicoses), mormente a esquizofrenia e a psicose maníaco-depressiva, as neuroses e perturbações emocionais menos graves, os distúrbios psicossomáticos, os estados orgânicos de demência, o retardamento mental e as anomalias de comportamento, como os vícios. Mas existem complexidades em todos os pontos. Os estados neuróticos, por exemplo, podem na prática gerar sérios inconvenientes e desvantagens durante um longo período, ao passo que a esquizofrenia pode representar um episódio passageiro de "loucura" com uma completa recuperação. Há também uma inquietante preocupação essencialista no pensamento do DSM-III. Por exemplo, a sua definição de esquizofrenia requer sinais contínuos de distúrbio durante, pelo menos, seis meses, mas isso elimina a possibilidade de estabelecer possíveis fatores ambientais que redundem em um episódio breve. Além disso, pressupõe que algo tenha sido realmente estabelecido acerca da natureza da entidade patológica envolvida. Isso não é certamente o que se verifica, embora haja uma razoável soma de conhecimentos a respeito do grupo um tanto díspar de condições correntemente classificadas como esquizofrênicas.

Mas deixando de lado essas questões técnicas de definição, os distúrbios psicóticos envolvem, em sua maioria, formas particularmente desagradáveis de sofrimento e, na medida em que podem ser encarados como um exagero das reações comuns de natureza afetiva e emocional às experiências da vida, representam uma importante via para a compreensão da sociedade em geral — algo, é claro, reconhecido por Émile Durkheim em seu clássico estudo *O suicídio*, publicado no final do século XIX. Entretanto essa continua constituindo uma área de controvérsia, não sendo uma das menores causas o fato de as provas que evidenciam influências psicossociais tenderem inevitavelmente para distanciar um pouco a psiquiatria do seu tradicional papel médico. É significativo que os psiquiatras se qualifiquem primeiro em medicina e passem considerável parte do seu treinamento subseqüente envolvidos na assistência e tratamento de estados graves em um ambiente de hospital psiquiátrico. Embora a etiologia de estados nucleares como a esquizofrenia e a depressão maníaca permaneça um tanto indefinida, a sua peculiar gravidade encoraja uma perspectiva biológica. O fato de sintomas similares poderem ser produzidos por drogas, tumores, epilepsia e mudanças metabólicas e hormonais só estimula os apetites médicos para mais do que os freqüentemente excitantes desenvolvimentos em neurociência e tratamento físico. A expressão "modelo médico", nesse contexto, é usada com maior freqüência por cientistas sociais do que por médicos, uma vez que o agrupamento de sintomas e indícios em síndromes que podem então ser correlacionadas com presumidos distúrbios biológicos é a tal ponto intrínseco na prática clínica que raras vezes é explicado.

Entretanto, os pacientes vistos por psiquiatras vêm mudando muito e é bem maior o número dos que são examinados em clínicas ambulatoriais — muitos dos quais nunca teriam tido contato com um psiquiatra nem mesmo uns 40 anos atrás. Isso, somado ao reconhecimento de que há ainda mais pacientes potenciais na clínica geral particular e na medicina geral hospitalar, deixou claro que os pacientes de hospitais psiquiátricos formam apenas uma pequena minoria dos que poderiam ser classificados como portadores de distúrbio psiquiátrico clinicamente pertinente — em especial, a depressão ou a ansiedade. Essa variedade diagnóstica e o fato de cada psiquiatra poder ter a experiência de apenas uma amostra selecionada de pacientes potenciais permitiram o surgimento de idéias muito diversas acerca da etiologia — embora a maioria delas possa ser formulada em termos biológicos ou psicodinâmicos. Uma perspectiva social sobre esses assuntos nunca foi central em psiquiatria, mas os desenvolvimentos ocorridos desde o final da Segunda Guerra Mundial tornaram mais difícil ignorá-lo. Os primeiros esforços consistiram, predominantemente, em especulações de autores de orientação psicodinâmica, as quais, embora influentes, por vezes careciam de base empírica. A noção de "mãe esquizofrenicogênica", por exemplo (considerada por alguns, nas décadas de 40 e 50, fundamental na etiologia da esquizofrenia), não sobreviveu a uma verificação sistemática. Felizmente, tem havido desenvolvimentos um pouco mais sólidos.

Um deles teve origem nas óbvias deficiências dos grandes hospitais psiquiátricos. A crescente população dos hospitais psiquiátricos, seguindo-se ao declínio nas taxas de mortalidade por infecções supervenientes em meados do século, provocou uma superlotação, envolvendo em especial a internação a longo prazo de pacientes esquizofrênicos, e as terríveis revelações sobre os campos de concentração europeus talvez tenham provocado um certo impacto na opinião pública. Na década de 50 alguns superintendentes médicos no Reino Unido iniciaram uma política de alta antecipada e começaram a desenvolver idéias de como o hospital poderia ser uma comunidade genuinamente terapêutica. Com a introdução das mais importantes drogas tranqüilizantes em meados da década de 50, essas mudanças propagaram-se a outros hospitais psiquiátricos. (O movimento iniciou-se muito mais tarde nos Estados Unidos.) Nesse clima, o movimento antipsiquiátrico liderado por figuras como R.D. Laing teve um importante impacto sobre a opinião pública em geral e sobre a acadêmica em particular. Entretanto, suas excessivas pretensões e a quase total ausência de preocupação com provas acarretaram um impacto limitado sobre a própria psiquiatria. Não obstante, tudo ponderado, é possível perceber que uma mensagem foi importante — que mesmo aqueles com as mais graves doenças mentais ainda continuam sendo seres humanos, e responder a essa humanidade pode influenciar de maneira importante o curso de suas enfermidades. Com efeito, é uma experiência extraordinária ver um paciente que antes era uma pessoa gravemente incapacitada agindo agora com confiança e algum discernimento, apesar de contínuas "vozes" e delírios, em um ambiente dedicado a encorajar a independência, o orgulho e as atividades vocacionais. Não obstante, a preocupação, durante esse período, de muitos nas ciências sociais em pôr em dúvida a pertinência de rótulos diagnósticos e em demonstrar o seu provável efeito pernicioso contrariou totalmente a crescente preocupação de psiquiatras em melhorar e sistematizar o seu uso diagnóstico. Lamentavelmente, um dos efeitos foi aumentar a distância entre a corrente dominante da ciência social e a psiquiatria.

Outro desenvolvimento do pós-guerra foi o interesse em registrar as taxas de distúrbio psiquiátrico em amostras da população geral. Surpreendentemente, as primeiras pesquisas indicaram elevadas taxas, sobretudo entre populações da classe trabalhadora. Apesar de boa dose de ceticismo dentro da psiquiatria, o interesse persistiu. Introduziram-se novas entrevistas do tipo clínico (em vez de questionários), as quais podiam ser usadas na população geral em conjunto com medidas mais refinadas para investigar o papel de fatores sociais. Quanto às últimas, houve interesse em tratar do significado da experiência, algo que era ignorado pela epidemiologia tradicional, e isso acarretou maior sensibilidade para a medição do estresse.

Os estudos realizados em hospitais mentais concentraram-se na questão do impacto da organização sobre o curso da doença, e os estudos realizados fora (sobretudo sobre o papel da família) consideraram os fatores que influenciavam a deflagração e o curso. Duas coisas se destacaram. Primeiro, que condições que são, quase com certeza, essencialmente biológicas, como a esquizofrenia, sofrem importantes influências do ambiente externo e, em particular, da qualidade dos vínculos interpessoais nucleares. (A questão da crise original permanece mais obscura.) A importância de considerar os fatores sociais em função do curso da doença foi confirmada por estudos transculturais em que o resultado a longo prazo da esquizofrenia parece ser mais favorável nos países em desenvolvimento. Dada a eficácia um tanto aleatória dos tratamentos físicos (incluindo-se os efeitos iatrogênicos a longo prazo), a significação dessas conclusões tem sido cada vez mais reconhecida, bem como a necessidade de utilizar tal conhecimento na prática clínica cotidiana. Uma segunda conclusão que surgiu é que os distúrbios afetivos (que constituem a grande maioria das condições psiquiátricas) são comuns na população geral, e fatores sociais, incluindo experiências adversas na infância e adolescência, desempenham provavelmente um papel importante na deflagração e no curso da patologia. Também há, com freqüência, uma ligação com a classe social baixa: por exemplo, nas áreas centrais de Londres, quase 1/5 das mulheres de classe operária com filhos em casa parece sofrer de um distúrbio psiquiátrico clinicamente importante dentro do espaço de um ano e a maioria delas tem um significativo componente depressivo (ver DEPRESSÃO CLÍNICA).

Embora alguns discutam determinados aspectos de tais afirmações, já existe uma concordância bastante ampla, dentro da psiquiatria, acerca da importância do mundo social e da necessidade de uma perspectiva genuinamente biopsicossocial. Alguns deprimidos por motivos sociais podem ainda responder à terapia farmacológica e não há razão, em tais circunstâncias, para que as probabilidades de início (e de um curso deteriorante) não sejam também influenciadas por fatores biológicos subjacentes. O impulso em prol de uma perspectiva biopsicossocial foi sublinhado pelas idéias de John Bowlby sobre a importância do sistema de apego na gênese dos distúrbios afetivos e de como o sistema, embora muito influenciado pela experiência pretérita, tem essencialmente uma base evolutiva e biológica. Ficou claro que os sistemas biológico e social servem para criar significado e freqüentemente o fazem em mútua dependência. Somada a essa conjugação de perspectivas díspares, há uma crescente percepção de que é possível adquirir de maneiras muito diferentes o que, na verdade, constitui o mesmo distúrbio.

É claro que tais desenvolvimentos têm implicações para a prática clínica. Se as alegações correntes sobre o papel das influências psicossociais forem comprovadamente corretas, de modo geral, os métodos de intervenção baseados na população estarão muito além dos limites da psiquiatria propriamente dita. Também ficou claro que a tão debatida política de "assistência comunitária" foi, predominantemente, um assunto de conversa. Com exceção de meia dúzia de impressionantes iniciativas locais, os procedimentos para enfrentar a decadência dos hospitais psiquiátricos têm sido *ad hoc* e sem o menor planejamento — resultado de pressões por uma reforma liberal, mudança dos regimes de tratamento e decisões mal coordenadas no tocante a um plano de ação de nível superior. Isso teve sérias conseqüências para os portadores de deficiências a longo prazo. Ainda carecemos de serviços baseados em princípios razoavelmente bem-fundamentados, focalizando as vulnerabilidades de determinadas classes de pacientes, e serviços que sejam capazes de permanecer em contato com indivíduos, se necessário, por longos períodos de tempo. Estamos ainda mais distantes de quaisquer meios efetivos de ajuda a grandes quantidades de pessoas sofredoras na população geral, sobretudo as submetidas a estados crônicos, muito poucas das quais recorrem a psiquiatras e provavelmente metade das quais é reconhecida por um médico como psiquiatricamente perturbada.

A psiquiatria requer, sem dúvida, o apoio da ciência social; felizmente, essa colaboração está fadada a ser útil à própria ciência social. É difícil levar a efeito investigações etiológicas nessa área sem enfrentar rapidamente questões teóricas fundamentais — digamos, acerca da natureza do apoio social ou da pertinência de conceitos tradicionais como integração ou alienação. É duvidoso se a extrema ênfase atual sobre a base biológica da psiquiatria se manterá por muito tempo, uma vez que uma parte especialmente importante dela proveio de um determinado clima político nos Estados Unidos. Os processos biológicos de possível relevância estão se revelando de extraordinária complexidade, e benefícios importantes são mais prováveis a longo do que a curto prazo. Os resultados da pesquisa social corrente, embora modestos em termos do que precisa ser conhecido, são suficientemente seguros para formar uma base propícia à expansão, e há também alguns indícios de que o enfoque limitado e o paroquialismo das disciplinas pertinentes da ciência social poderiam declinar. Há uma percepção crescente de que cada uma tem que fazer mais do que desenvolver sedutoras e estimulantes idéias para consumo pelos seus próprios estudantes. As idéias precisam ser testadas no contexto da prática psiquiátrica. Até agora, sempre que isso foi feito, provou ser difícil sustentar idéias unilaterais que foram tão populares em disciplinas individuais (como a ênfase, em sociologia, no papel-chave da rotulação em produzir distúrbios mentais). Entretanto cumpre reconhecer que existe considerável inércia, se não oposição, no tocante à espécie de tendências integrativas que foram descritas em linhas gerais, e é muito possível que se tenha atribuído um peso excessivo ao provável impacto sobre o pensamento e a prática psiquiátricas de generalizações empíricas razoavelmente bem-estabelecidas. A atração da receita de um remédio para um médico muito atarefado continuará sendo considerável. Mas, ao mesmo tempo, a psiquiatria, ao longo de toda a sua história, tem sido a mais aberta das especialidades médicas às idéias sociais e, por hora, não existem razões para um pessimismo declarado sobre o desenvolvimento de uma perspectiva social efetiva no âmbito da psiquiatria.

Leitura sugerida: Bebbington, P. e McGuffin, P. 1988: *Schizophrenia: the Major Issues* • Gelder, M., Gath, D. e Mayou, R. 1986: *Oxford Textbook of Psychiatry* • Newton, J. 1988: *Preventing Mental Illness*

GEORGE W. BROWN

pública, escolha Ver ESCOLHA PÚBLICA.

pública, esfera Ver ESFERA PÚBLICA.

punição Punir é impor uma pena em resposta à violação de uma regra ou em condenação de quem assim procedeu. O processo de punição é, pois, a imposição deliberada de alguma forma de tratamento duro, inflexível, e a estigmatização de um agente responsável pela violação de uma norma. As penas a que falta qualquer elemento de condenação — como no caso das multas — não são, *stricto sensu*, punições. Nem medidas como a "detenção preventiva", impostas com base mais na previsão da conduta futura do que em delitos passados. O status das medidas compulsórias de assistência e tratamento, quando estas são impostas em resposta a uma conduta desviante — por exemplo, por um juizado de menores —, é ambíguo. Tais medidas podem ser experimentadas como punitivas e estigmatizantes por causa do seu contexto ou uso, embora se proponham fornecer ajuda ou terapia ao receptor.

A punição ocorre em uma variedade de contextos sociais e, de um modo ou de outro, é provavelmente uma propriedade intrínseca de todas as formas estabelecidas de associação humana. Famílias, escolas, locais de trabalho, círculos de amizade ou até estados-nações, todos punem seus membros desviantes de tempos em tempos, usando sanções que podem ir de uma reprimenda moderada a uma ofensiva militar em grande escala. Entretanto o processo central de punição na sociedade moderna é a punição judicial — o processo jurídico pelo qual os violadores do direito penal recebem sanções de acordo com regras e procedimentos jurídicos especificados em códigos, e se submetem a uma punição administrada por funcionários do estado. Assim, a punição judicial é que constituiu o foco de atenção da maior parte do pensamento moderno sobre punição, embora os efeitos benéficos da punição em outros contextos fossem objeto de muita pesquisa psicológica.

A filosofia da punição

Como a punição judicial acarreta a deliberada cominação de danos por funcionários do estado a cidadãos individuais, é uma prática social suscetível de críticas e que necessita de legitimação. Copiosa literatura filosófica desenvolveu-se em torno dessa questão, expondo argumentos justificativos em favor da instituição, identificando circunstâncias em que o poder penal deve ser exercido e descrevendo os propósitos apropriados que as punições devem almejar. Neste ponto, o principal debate tende a ser entre as abordagens utilitária e deontológica do problema. A primeira sustenta que a punição é em si mesma um mal e só se justifica quando e na medida em que pode produzir efeitos úteis — como a defesa social ou a prevenção de futuros crimes (ver também CRIME E TRANSGRESSÃO). Coibição, incapacitação, reforma e denúncia são, pois, objetivos aceitáveis nessa concepção e devem ser usados na medida em que se possa mostrar a sua eficácia. Contra isso, a posição rival sustenta que a punição é justificada como a resposta adequada a certos malefícios, pois a justiça, ou o direito natural, ou o contrato social, exige que os crimes sejam vingados e que se imponha o devido castigo. Portanto, a finalidade da punição deve ser assegurar o apropriado ou "merecido castigo", sendo tais medidas retaliatórias moralmente imperativas, quer se possa ou não provar que são instrumentalmente proveitosas.

Na prática, medidas e instituições penais pretendem usualmente atingir muitos desses objetivos simultaneamente, embora as investigações empíricas indiquem que somente os propósitos mais negativos (retaliação, denúncia, incapacitação) podem ser perseguidos com alguma probabilidade de êxito. As tentativas de alcançar fins reformativos por meio de sanções penais só têm tido êxito em uma pequena minoria de casos. De modo análogo, embora a existência de um sistema penal que faz respeitar as normas sociais produza um básico efeito dissuasivo (em comparação com a sua inobservância), os efeitos dissuasivos de sanções específicas, ou níveis específicos de punição, parecem deveras limitados. Os delinqüentes racionais, calculistas, que acreditam na possibilidade de serem detidos e punidos, e para quem esse risco é inaceitável, são os melhores alvos para a dissuasão.

A prática da punição

Durante boa parte do século XX os sistemas penais adotaram, em maior ou menor grau, a ideologia da "reabilitação", a qual insistia em que os delinqüentes deveriam ser tratados de modo positivo, com propósitos de reforma, adaptando medidas de tratamento e treinamento às necessidades individuais e pondo de lado preocupações punitivas. De modo característico, houve a introdução de modalidades mais refinadas de avaliação e classificação de delinqüentes, um repertório ampliado de instituições especializadas, legislação para permitir o julgamento com sentença indeterminada e o emprego de peritos em pontos-chaves do sistema. Essa abordagem de "bem-estar penal" nunca desalojou completamente preocupações mais antigas com punições e castigos merecidos, nem mesmo na esfera da justiça juvenil, onde as filosofias de tratamento estavam mais consolidadas. A partir de 1960 verificou-se um acentuado afastamento da abordagem da reabilitação e um ressurgimento do interesse explícito pelos métodos de retaliação e dissuasão por parte de legisladores, políticos e criminologistas. (Ver também CRIMINOLOGIA.)

Os sistemas contemporâneos de punição utilizam uma gama diversificada de sanções, fornecendo uma hierarquia de medidas que permite uma escala de severidade em conjunto com uma série horizontal de alternativas adaptadas a diferentes tipos de delinqüentes. Esses sistemas incluem multas, prestação de serviços à comunidade e várias formas de supervisão (as quais podem ser orientadas para o aconselhamento e apoio ou para a vigilância e controle), ordens psiquiátricas, sentenças custodiais de um tipo de ou de outro e, em algumas jurisdições, a execução judicial. Há grande diversidade nos padrões de sanção e níveis de punição vigentes em países que, em outros aspectos (incluindo as taxas de criminalidade), são muito semelhantes. As taxas de prisão, por exemplo, estão sujeitas a enorme variação entre estados e dentro da mesma jurisdição no transcurso do tempo. Do mesmo modo, os níveis de punição considerados apropriados para determinados delitos podem variar de forma acentuada de um país para o outro.

A sociologia da punição

A pesquisa sociológica e histórica tem-se empenhado em explicar essas variações nos padrões penais, examinando usualmente as funções sociais e determinantes da punição e os modos como as instituições penais estão relacionadas com configurações sociais mais amplas. Émile Durkheim sustentou que a punição representa uma resposta coletiva a atos que transgridem os sentimentos e valores compartilhados pela sociedade. É uma reação veemente que expressa sentimentos coletivos e, ao mesmo tempo, reafirma a força de costumes e práticas sociais. Os rituais de punição constituem, pois, um meio pelo qual se sustenta a ordem moral, se reforça a solidariedade social e se retraça a fronteira entre conduta aceitável e inaceitável (embora, como sublinhou G.H. Mead, essa forma de solidariedade se baseie na hostilidade e possa promover a intolerância). Na opinião de Durkheim, a punição constitui um importante elemento no âmbito moral da sociedade, e a forma e intensidade das sanções penais serão determinadas pelo caráter da vida moral da sociedade. As sociedades avançadas, caracterizando-se por uma extensa divisão do trabalho, códigos morais diversificados e um compromisso com os valores do individualismo liberal, são assim mais propensas a desenvolver sistemas de punição mais clementes, organizados em torno da privação da liberdade individual.

Em contraste, as interpretações marxistas retratam a punição como um instrumento de controle pelo estado, funcionando repressiva e ideologicamente a fim de preservar o domínio da classe governante e sendo configurada primordialmente pelo MODO DE PRODUÇÃO. A centralidade da multa na penalidade moderna; a ênfase no trabalho nas prisões; o princípio de "menos aceitabilidade", o qual insiste em que as condições prisionais devem ser fixadas abaixo das classes mais pobres da sociedade; a própria idéia de que os delitos devem ser "cambiados" por uma pena equivalente, medida em unidades abstratas de tempo — todas essas características são citadas como provas evidentes de que a punição é modelada tanto pela estrutura da sociedade de mercado quanto pelas exigências de controle do crime.

A mais recente interpretação de punição — desenvolvida por Michel Foucault — enfatiza os aspectos "disciplinares" e "normalizadores" dos modernos métodos penais, e salienta os modos pelos quais um aparelho penal cada vez mais sagaz está apto a exercer modalidades mais profundas e mais positivas de controle sobre os que são apanhados pelo sistema. A punição, nesse caso, é vista como uma forma de poder e autoridade, atuando por meio de princípios detalhados de vigilância, inspeção e individuação, em que a preocupação é menos "punir" delinqüentes do que moldar-lhes o comportamento e dominar os riscos que eles coletivamente representam. O regime "panóptico" da prisão moderna — o qual submete os reclusos à vigilância contínua a fim de identificar e corrigir qualquer desvio das normas institucionais — é considerado representativo de um modelo das espécies de relações de "poder-conhecimento" que preponderam na sociedade contemporânea.

É amplamente reconhecido que, como técnica de controle, a punição tem sérias limitações. Os psicólogos sublinham que os reforços positivos são, com freqüência, meios mais eficazes de modelar a conduta, que os efeitos da punição são freqüentemente efêmeros e que os punidos tendem a desenvolver uma resistência à punição. Na mesma linha, os criminologistas sustentam que a capacidade do sistema penal de transformar indivíduos ou reduzir taxas de criminalidade está seriamente restrita. Os críticos da punição afirmam que a justiça penal devia confiar menos em uma resposta punitiva e mais em métodos alternativos de lidar com os conflitos sociais e os indivíduos inconvenientes, como a mediação, a reparação e a prevenção do crime. O fato de tais críticas terem tido tão pouco impacto nos modernos sistemas penais é uma das razões pelas quais tanta atenção está sendo dada atualmente à dinâmica social subjacente na instituição da punição.

Leitura sugerida: Christie, N. 1982: *Limits to Pain* • Cohen, S. 1985: *Visions of Social Control* • Durkheim, É. 1893: *De la division du travail social* • Foucault, M. 1975: *Surveiller et punir* • Garland, D. 1980: *Punishment and Modern Society* • Mead, G.H. 1918: "The psychology of punitive justice". *American Journal of Sociology*, 23, 577-602 • Rusche, G., e Kirchheimer, O. 1968: *Punishment and Social Structure* • Sharpe, J.A. 1990: *Judicial Punishment in England* • Walker, N. 1980: *Punishment, Danger and Stigma.*

DAVID GARLAND

Q

Q.I. Ver INTELIGÊNCIA, TESTE DE.

qualidade de vida Supõe-se geralmente que a justificativa para atividades que visam ao desenvolvimento econômico é a melhoria do bem-estar da população. Por seu turno, o desenvolvimento econômico é avaliado por meios como o Produto Nacional Bruto (PNB), e a comparação dos níveis de PNB ou de PNB per capita tornou-se prática estabelecida como base primária para uma estimativa do desempenho e do progresso comparativo dos países ao longo do tempo. Entretanto o PNB é uma medida de atividade da economia formal (assalariada) e não foi originalmente construído como medida de bem-estar. Não trata da IGUALDADE E DESIGUALDADE social, da produção econômica informal, da sustentabilidade ambiental, nem de uma série de outros aspectos igualmente importantes do bem-estar.

Os conceitos de "nível de vida" e "qualidade de vida" referem-se às condições de populações e subgrupos de populações, e estão refletidos em estatísticas que procuram indexá-las diretamente em vez de inferi-las da atividade econômica. Tais ESTATÍSTICAS SOCIAIS são tipicamente obtidas por investigação direta através de pesquisas de porta em porta e de censos. Convencionalmente, interessam-se por questões como renda familiar, condições de moradia (por exemplo, se existe acesso a um banheiro e, no caso afirmativo, se este se localiza dentro ou fora de casa), posses materiais (como a propriedade de equipamentos domésticos) e práticas de consumo (incluindo os alimentos que estão sendo consumidos). É prática comum que muitas estatísticas de tal natureza sejam rotineiras e freqüentemente produzidas na maioria dos países industrializados, não sendo esse o caso, porém, nas regiões mais pobres do mundo. (Também nos países menos industrializados as questões específicas formuladas podem ser um tanto diferentes — por exemplo, o acesso à água corrente e potável pode ser um problema para grande parte da população, e a composição precisa da cesta básica alimentar pode ser menos importante que a distância a que se encontram os indivíduos de um padrão nutricional básico.)

A "qualidade de vida" é comumente usada em referência às reais condições de vida, embora em meados da década de 50 uma comissão de especialistas das Nações Unidas recomendasse o uso, para esse fim, de "nível de vida". Qualidade de vida referir-se-ia, portanto, às aspirações ou expectativas das pessoas no tocante às suas condições de vida. A literatura técnica às vezes aceita essa distinção, mas a sua omissão é muito mais freqüente; entretanto estudos estatísticos por vezes colocam em contraste os níveis reais de renda com os requeridos para satisfazer determinadas exigências de alimentação, habitação etc., e os níveis de consumo são freqüentemente contrastados com um dado padrão (tipicamente, um nível mínimo, se bem que, por vezes, o nível médio ou a situação em um grupo social ou país de referência).

O foco central de tais dados pode ser considerado ainda excessivamente economístico e não têm faltado as tentativas de desenvolver conjuntos de indicadores que englobem aspectos mais amplos das condições de vida — como o acesso à educação e aos serviços de saúde, a expectativa de vida, a mobilidade e até as oportunidades culturais. Entretanto, o mais comum é que a "qualidade de vida" se restrinja ao padrão de bem-estar material e seja indexada em termos de posse de bens e de acesso a confortos básicos.

Vários outros termos foram introduzidos no esforço para ir além desses índices, sobretudo nestas últimas décadas do presente século, de modo a incluir dimensões ambientais das condições de vida, como a exposição a várias formas de poluição e degradação do meio ambiente — substâncias químicas, radiação, lixos, ruído etc. O termo "qualidade de vida" é facilmente o mais usado. É freqüentemente contraposto a "padrão de vida" com o intuito explícito de sublinhar que existe na vida muito mais que a mera acumulação de bens materiais. Nesse papel, o seu significado positivo, em oposição às críticas dos limites da perspectiva econômica, permanece muito aberto e sem restrições previamente estabelecidas. Em alguns países, o termo foi associado a certos movimentos políticos (por exemplo, as campanhas contra os excessos da SOCIEDADE DE CONSUMO), em outros significa a ênfase de grupos religiosos em questões espirituais etc. Apesar desse campo propício ao equívoco e ao mal-entendido, tem havido um trabalho substancial no desenvolvimento de conjuntos mais amplos de indicadores sociais e ambientais que possam captar uma visão abrangente das maneiras de viver das pessoas. As questões que preocupam os estudos convencionais do padrão de vida ainda estão representadas em tais compilações, porquanto não diminuiu a importância fundamental do bem-estar material em nossas vidas. Algumas das preocupações mais novas — como os danos do meio ambiente — também podem muito bem ter um impacto sobre o bem-estar material a longo prazo; e muitas delas podem levar-nos a repensar uma leitura simplista dos dados quantitativos, a qual indica que ter mais de uma mercadoria (por exemplo, vários automóveis) é necessariamente melhor.

Leitura sugerida: Ekins, P. e Marx-Neef M., orgs. 1992: *Real-Life Economics* • Miles, I. 1985: *Social Indicators for Human Development* • Moll, Peter 1991: *From Scarcity to Sustainability: Future Studies and the Environment*.

IAN D. MILES

R

raça Este conceito, tal como tem sido popularmente usado em política, teve profundos efeitos na história mundial recente. Os nacional-socialistas na Alemanha acreditavam na existência de uma raça superior ariana, assim como na existência de raças inferiores. Também consideravam os judeus uma raça e se empenharam na tentativa de exterminá-los. Na África do Sul, em tempos recentes, o domínio político dos brancos era justificado em termos de uma doutrina de superioridade racial deles sobre os negros. Em muitos outros países houve evoluções semelhantes, ainda que menos dramáticas, em que a luta entre grupos étnicos propiciou o surgimento de teorias segundo as quais esses grupos são raças. A implicação do uso do termo "raça" em todos esses casos é que as desigualdades efetivas existentes entre grupos são inevitáveis porque são naturalmente dadas. Tais concepções, contudo, estão em conflito com o conhecimento científico.

Em 1950 a Unesco convocou uma reunião de especialistas a fim de proceder a uma recapitulação de tudo o que era cientificamente conhecido sobre raças e indicar como o termo "raça" deveria ser usado de modo científico (ver Montagu, 1972). Essa comissão de "especialistas" chegou às seguintes conclusões:

1. Todos os seres humanos pertencem à mesma espécie, *Homo sapiens*; também são provavelmente originários do mesmo tronco. As diferenças que existem entre grupos de seres humanos se devem ao "isolamento, à deriva e à fixação aleatória de partículas materiais que controlam a hereditariedade (os genes), a mudanças na estrutura dessas partículas, à hibridização e à seleção natural.
2. O *Homo sapiens* é constituído por certo número de populações, cada uma das quais diferindo das outras na freqüência da ocorrência de um ou mais genes.
3. As maiores populações distinguíveis foram designadas como raças e há razoável concordância entre os antropólogos em que a humanidade pode ser dividida em três grupos principais: (a) o mongolóide, (b) o negróide e (c) o caucasóide. Os mongolóides têm cabelo escorrido e pêlos corporais relativamente ralos. A pele tem um tom amarelado e, na maioria dos casos, há uma dobra de pele (dobra epicântica) acima da abertura do olho. Os negróides têm pele castanho-escura. O cabelo é do tipo crespo e densamente encaracolado. Possuem bem poucos pêlos corporais. Suas cabeças tendem a ser oblongas, o nariz é freqüentemente achatado com narinas largas, os lábios são usualmente espessos e revirados e há uma ligeira projeção para diante do maxilar superior. Os caucasóides têm grande variedade de formas capilares. Os pêlos no rosto e por todo o corpo são bem-desenvolvidos. A cor da pele varia do branco ao castanho-claro. O nariz é estreito e os lábios delgados.
4. Dentro desses grupos principais podem distinguir-se muitos subgrupos, mas há muito menos concordância entre os antropólogos sobre as suas características específicas.
5. Ao estabelecerem essas classificações, as únicas características que os antropólogos usam como base para a classificação são físicas e fisiológicas. De acordo com os conhecimentos atuais, não há prova de que os grupos humanos difiram em suas características mentais inatas, tanto no que se refere à inteligência quanto no que diz respeito ao temperamento.
6. As diferenças sociais e culturais entre os grupos não são geneticamente determinadas, e os desenvolvimentos sociais e

culturais são independentes de mudanças na constituição inata.

7. Os diferentes grupos raciais são capazes de cruzamentos entre si e de produzir proles férteis. Além disso, não há provas de que os cruzamentos inter-raciais produzam resultados adversos do ponto de vista biológico.

Entretanto, a conclusão final e de suma importância é enunciada nos seguintes termos:

Todos os seres humanos normais são capazes de aprender a participar de uma vida comum, de entender a natureza do serviço mútuo e da reciprocidade, e de respeitar obrigações e contratos sociais. As diferenças biológicas existentes entre membros de diferentes grupos étnicos não têm a menor relevância para os problemas de organização social e política, vida moral e comunicação entre os seres humanos. (in Montagu, 1972)

Está muito claro, portanto, que não existe justificação alguma na ciência biológica para o uso popular do termo "raça". Não devemos falar de alemães, franceses e britânicos, ou de árabes e judeus, ou de protestantes, muçulmanos ou israelitas como raças. Trata-se, de fato, de grupos nacionais, étnicos ou religiosos (ver ETNICIDADE) ligados pela organização política e a cultura comum.

Não obstante, mesmo que não tenha justificação, a existência do uso popular do termo "raça" suscita problemas para o sociólogo. Há uma diferença entre as situações em que grupos étnicos e nacionais simplesmente interatuam uns com outros e aquelas em que essa interação é vista como racial. Nessas últimas situações está presente um elemento de RACISMO.

Numerosos sociólogos têm procurado explicar o uso popular do termo "raça" e a existência de racismo definindo "relações raciais" ou situações de relacionamento racial. O primeiro deles é van den Berghe (1978), que vê as relações raciais como uma das bases em que os sistemas sociais fazem "distinções odiosas" entre indivíduos. Essas distinções odiosas e injustas levam ao surgimento dos sistemas de status. As relações raciais existem onde as distinções odiosas se baseiam em diferenças de fenótipo (aparência física).

Rex (1983, 1986), por outro lado, aponta que uma situação de relações raciais pode ocorrer não apenas entre grupos que se distinguem pelo fenótipo, mas entre quaisquer grupos em certas situações de conflito, se as diferenças forem explicadas em função de teorias racistas. Assim, ele sustenta que uma situação de relações raciais tem três aspectos:

1. a situação é de acirrada competição, exploração, opressão ou discriminação, indo muito além da que se observa em situações de livre mercado (sendo os livres mercados vistos aqui como produtores de situações de relacionamento mais de classe do que de raça);
2. as relações que existem são entre grupos fechados e é impossível ou, pelos menos, muito difícil para um indivíduo mudar sua filiação de um grupo para outro;
3. todo o sistema é justificado por grupos dominantes em termos de algum gênero de teoria determinística, usualmente de natureza biológica.

Assinale-se neste ponto que, tanto na definição das espécies de grupos envolvidos quanto nas teorias a que se refere na terceira parte, Rex não se restringe aos fatores genotípicos ou mesmo biológicos. O que ele procura fazer é enfatizar que as teorias "determinísticas" e, em especial, as teorias racistas do gênero biológico surgem quando o relacionamento do grupo básico é seriamente conflitante. Isso chama a atenção para um importante aspecto do uso popular do termo "raça", a saber, que ele surge em situações de conflito e é usado para justificar o domínio exercido por um determinado grupo.

Essa definição de uma situação de relações raciais envolve, contudo, uma ênfase deliberadamente exagerada a fim de reunir todas as numerosas espécies de situação que popularmente se pensa estarem baseadas em raça. Inclui a situação dos judeus na Alemanha antes da guerra e a que prevalece entre católicos e protestantes na Irlanda do Norte, não por aceitar que os grupos envolvidos sejam raças, na acepção científica, mas porque eles são popularmente descritos, por vezes, como raças (no último caso, na própria Irlanda do Norte), e as situações conflitantes entre grupos distinguidos pelo fenótipo.

Esclarecido este aspecto, porém, e com o reconhecimento de que as situações de relacionamento racial envolvem sempre séria "competição, conflito, exploração, opressão ou discriminação", a questão poderia, não obstante, ficar ainda mais clara se fosse reconhecido que podem estar envolvidos dois tipos de grupos, um que se distingue por características culturais. O aspecto essencial sublinhado por Rex foi que as "situações de relacionamento social" sempre se referiam mais a situações de conflito do que de cooperação harmoniosa. O ponto de vista geral entre os sociólogos, porém, seria que é proveitoso distinguir as situações em que o fenótipo está envolvido como as verdadeiras relações raciais e reconhecer uma categoria distinta de situações de conflito étnico.

Mas, dito isso, deve-se ainda mencionar que tanto as situações de relacionamento racial quanto as situações de relacionamento étnico podem ser justificadas por grupos dominantes em termos de teorias determinísticas, incluindo as raciais. O que o uso popular do termo "raça" faz é precisamente ampliar esse uso para incluir situações baseadas em diferenças culturais. De um ponto de vista sociológico, é importante reconhecer a existência de um grupo de situações conflitantes que é marcado pelo racismo. São situações de relacionamento racial, embora os grupos envolvidos não sejam, em um sentido científico, raças.

Em uma reunião mais recente de especialistas convocada pela Unesco foi reconhecido que um dos principais tipos de situação propiciadora de definições racistas é o que deriva do colonialismo (as duas declarações da Unesco, de 1953 e de 1967, in Montagu, 1972). Tais definições são particularmente evidentes no que Furnivall (1939) e Smith (1963) denominaram sociedades plurais. Tais sociedades, de acordo com Furnivall, envolvem grupos culturalmente distintos que só se reúnem no campo dos negócios, de modo que, enquanto as relações entre indivíduos dentro de qualquer grupo são harmoniosas e cooperativas, as relações entre os grupos são brutais e opressivas. Por outro lado, segundo Smith, cada grupo tem um quase completo sistema institucional em si mesmo, mas a instituição política liga todos eles sob o domínio de um grupo. São os gêneros de situações a que Rex se refere como sendo marcadas por severa competição, conflito, exploração, opressão e discriminação, e quase sempre dão origem a definições racistas que produzem situações de relacionamento racista.

Se o colonialismo é peculiarmente produtor de racismo, não é, porém a única circunstância sob a qual ele pode ocorrer. Outra situação comum tem lugar quando sociedades com sistemas vigentes de classes e conflito de classes atraem imigrantes que ingressam na sociedade em condições menos favoráveis do que a mais baixa classe nativa. Esses imigrantes podem então formar o que é, por vezes, chamado uma subclasse e ser submetidos a uma exploração e opressão mais severas do que a sofrida no mercado de trabalho pelos trabalhadores do próprio país (ver MIGRAÇÃO). Com muita freqüência nessas circunstâncias, os imigrantes podem ser definidos como racialmente diferentes pelos grupos dominantes. Tais distinções podem basear-se no reconhecimento de diferenças físicas, mas também ocorrem quando as distinções são culturais, assentes na falsa suposição de que as características mentais e culturais são biologicamente herdadas. Finalmente, há outras situações em que um grupo racial ou étnico não é uma subclasse, mas desempenha um papel de pária impopular na sociedade, como no caso clássico dos judeus na Europa medieval e dos comerciantes secundários indianos ou libaneses em sociedades coloniais. Em épocas de tensão política, econômica e social, um desses grupos pode converter-se em bode expiatório para os males da sociedade. Se isso ocorrer, mesmo que se trate de um grupo étnico e não de uma população racialmente distinta, ele poderá ficar sujeito a uma definição racista e a situação de bode expiatório se converte em uma situação de relacionamento racial, conforme foi acima definido. Foi isso que aconteceu no caso dos judeus europeus na Alemanha nazista.

Em suma, o que se pode ser dito para a definição do termo "raça" é que, corretamente usado em um sentido científico, é um termo taxonômico de limitada utilidade. É irrelevante para a explicação de diferenças políticas entre seres humanos. O uso popular de terminologia racista significa, porém, que existem muitas situações em que grupos física e culturalmente distinguíveis são definidos como raças, e quando tais definições são adotadas temos o que se pode chamar situações de relacionamento racial, mesmo que os grupos envolvidos não sejam raça em um sentido científico.

Leitura sugerida: Furnivall, John Sydenham 1939: *Netherlands India: a Study of Plural Economy* • Montagu, Ashley 1972: *Statement on Race* • Rex, J. 1983: *Rare Relations in Sociological Theory* o 1986: *Race and Ethnicity* • Smith, Michael Garfield 1963: *The Plural Society in the British West Indies* • van den Berghe, Pierre Louis 1978: *Race and Racism: a Comparative Perspective*.

JOHN REX

racionalidade e razão Os pensadores do Iluminismo declararam que a mente e a sociedade humanas são tão racionais quanto as outras operações da natureza e tão sujeitas quanto estas à razão científica. A história das ciências sociais poderia ser escrita como um interminável debate em torno da verdade dessa conjectura. Definições de "racionalidade" e de "razão" seriam parte do debate e, portanto, não podem ser proveitosamente apresentadas no início deste verbete.

A conjectura é "racionalista" em três sentidos muito diferentes. Em primeiro lugar, envolve uma ampla asserção, a de que a natureza é um sistema racional (no sentido de ordenado) de causas e efeitos, regido por leis que um método científico (Razão) pode descobrir. Seja qual for o processo exato pelo qual essa causalidade é construída, ele exclui o significado e o propósito das operações da natureza, e absolve a ciência de pensar nesses termos mais antigos acerca dos desígnios de Deus. Também exclui o acaso; mas há campo para um relutante meio-termo através da teoria da probabilidade, a qual permite um elemento limitado de imprevisibilidade. O "positivismo", como o termo é usado nas ciências sociais, aplica essa ampla filosofia da natureza e da ciência ao mundo social.

Aos filósofos, porém, "positivismo" sugere "positivismo lógico", uma forma bem-definida de empirismo e, por conseguinte, oposta ao racionalismo. Nesse segundo sentido, os racionalistas pensam as leis causais em termos de forças e necessidades ocultas, no espírito dos sistemas cartesiano e newtoniano do século XVII. A razão é o poder da mente de penetrar no véu da percepção e o seu modelo é a matemática. Os empiristas replicam que a observação, o experimento e as generalizações estatísticas fornecem as únicas garantias da ciência e, por conseguinte, as "leis" causais são projeções da experiência sustentadas pela experiência. Essa disputa prossegue nas ciências sociais, com, em termos gerais, as abordagens sistêmicas, estruturais e fortemente funcionais do lado racionalista e os enfoques comportamentais e estatísticos do lado empirista. Analise-se, porém, ser possível discordar de ambas as partes. Por exemplo, Quine (ver, a título ilustrativo, 1951) afirmou que a experiência não pode ser descrita sem invocar uma teoria prévia e que o modo como a teia teórica é tecida é uma questão de convenção. A afirmação de Kuhn (1962) de que o pensamento científico é governado por "paradigmas" sugere um tema semelhante para uma sociologia do conhecimento.

Em terceiro lugar, há um racionalismo que se baseia na suposição de que o comportamento humano é racional. O principal exemplo é o da microeconomia, em que os agentes são racionais, na medida em que calculam sempre o modo mais eficaz de satisfazer suas preferências. Eles são os maximizadores da utilidade na teoria da decisão, na teoria da escolha racional e na teoria dos jogos, agentes cuja racionalidade é de uma espécie instrumental, meios-para-dados-fins. Agir racionalmente é maximizar uma função objetiva sujeita a coações. A suposição de racionalidade é freqüentemente interpretada como se indicasse que os agentes são egoístas, preocupados com seus interesses pessoais. Entretanto isso apenas significa, estritamente, que eles buscam realizar seus próprios objetivos de um modo maximizador (ou satisfatório) sistemático, deixando em aberto se são ou não egoístas (ver ESCOLHA RACIONAL, TEORIA DA).

O poder e a elegância das teorias econômicas baseadas em pressupostos de racionalidade têm atraído outras ciências sociais. Existem teorias "econômicas", por exemplo, da democracia, das relações internacionais, das relações raciais, da doação de presentes, da amizade e do casamento, todas tratadas como transações entre negociantes racionais. Essas teorias são individualistas e, em seu nível mais ambicioso, tentam explicar o surgimento das instituições em cujo seio ocorrem as transações. O mais impressionante exemplo é a teoria do contrato social, rejuvenescida recentemente por Rawls (1971), a qual analisa o próprio ser da sociedade como normas que, para os indivíduos, é racional criar ou aceitar para sua vantagem mútua.

Alternativamente, porém, o comportamento humano pode ser considerado racional no sentido diferente de se submeter às regras e procedimentos institucionais. Foi assim que Max Weber viu os sistemas racionais-jurídicos do mundo moderno e, em especial, as atividades dos burocratas. Também suscita a sugestão relativista de que toda cultura ou instituição é racional em seus próprios termos e deve, portanto, ser entendida mediante a identificação de suas regras de dentro para fora. Discussões sobre se se deve tomar a ação racional como instrumental ou governada por regras, ou se se deve dar campo ou não para ambas as leituras, estão notavelmente vivas em antropologia, mas também se encontram em outras áreas, mesmo na ciência econômica.

Sustenta-se usualmente que a leitura "econômica" é coerente com o positivismo, e, por conseguinte, permite o comportamento intencional nos seres humanos sem ameaçar a unidade do método científico. A outra leitura inicia uma disputa entre positivismo e hermenêutica (ou "interpretação" como chave para o entendimento da ação), a qual desafia o alcance da explicação causal no mundo social. Pode-se perceber um corte entre "natureza" e "cultura" e, concomitantemente, entre as ciências naturais e as sociais. Assim sendo, a "razão" tem que estar vinculada à "interpretação" para a compreensão social. Para um ponto de partida, ver Weber (1921-22) sobre a adequação no nível do significado e a adequação causal.

As questões de método científico são distintas das questões historicamente específicas sobre as formas e os limites da racionalidade humana, tal como foram tratadas no século XX, por exemplo, pela psicanálise freudiana, o comportamentalismo de B.F. Skinner, a lingüística chomskyana ou os modelos computacionais da mente. Talvez o mais vasto de todos seja o problema de Weber da modernidade e se a expansão da ordem racional-jurídica, necessária ao capitalismo, pode sustentar-se em um mundo totalmente secular. Pode ser que apurar se a mente e a sociedade humanas são tão racionais quanto as outras operações da natureza dependa de os seres humanos as fazerem ou não assim — um pensamento perturbador que coloca a discussão abstrata das definições de "racionalidade" e "razão" abruptamente no terreno das realidades práticas.

Leitura sugerida: Chomsky, N. 1966: *Cartesian Linguistics: a Chapter in the History of Rationalist Thought* • Hollis, M. e Lukes., S., orgs. 1982: *Rationalism and Relativism* • Kuhn, Thomas S. 1962 (*1970*): *The Structure of Scientific Revolutions* • Quine, W.V.O. 1951 (*1963*): "Two dogmas of empiricism. In *From a Logical Point of View* • Rawls, John 1971: *A Theory of Justice* • Weber, M. 1921-22 (*1979*): *Economy and Society* • Wilson, B.R., org. 1970: *Rationality*.

MARTIN HOLLIS

racionalização É um conceito fartamente ambíguo, englobando "todo um mundo de coisas diferentes" (Weber, 1904-05). A sua ambigüidade equipara-se à dos conceitos afins de razão, racionalidade e racionalismo, da qual é reflexo (ver RACIONALIDADE E RAZÃO). Por causa dessa ambigüidade, é impossível dar uma definição geral de racionalização. Dois grupos de significado podem, contudo, ser identificados, refletindo o que chamaríamos as concepções *especial* e *geral* de racionalização. (Uma terceira concepção de racionalização, sem vínculos com as duas primeiras, não será aqui tratada: a racionalização como explicação ou justificação falsa ou egoísta das crenças ou práticas de um indivíduo ou grupo.)

A concepção especial de racionalização, restrita ao domínio econômico, desenvolveu-se na Alemanha no final da década de 20. "Racionalização" tornou-se palavra de ordem muito popular durante esses anos de recuperação e reorganização econômicas espetaculares, usada para caracterizar — e promover — o desenvolvimento de novas instâncias de coordenação, integração, padronização e planejamento interfirmas, por um lado, e a sistemática exploração institucionalizada da pesquisa, conhecimentos, técnicas, métodos e atitudes científicos na produção, administração, distribuição e finanças, por outro. Logo ficou claro, porém, que o que era racional de um ponto de vista poderia ser irracional de outro. A racionalização técnica podia ser economicamente irracional; a racionalidade administrativa do planejamento coordenado podia ser irracional do ponto de vista da eficiência do mercado; a racionalização organizacional para reprimir a capacidade excessiva podia ser socialmente irracional. Talvez por causa dessa inevitável ambigüidade, passou rapidamente a voga da "racionalização" como ponto de convergência programática. O termo foi adotado em outros países, mas nunca teve a mesma aceitação de que desfrutava na Alemanha. Em inglês, o termo tem tido, geralmente, um significado mais estreito, referindo-se sobretudo a mudanças organizacionais que visam reduzir a ineficiência, o desperdício ou o excesso de capacidade.

A concepção geral de racionalização tem um quadro de referência mais amplo. As forças de racionalização — ciência e tecnologia, mercados e burocracias, disciplina e autodisciplina — são entendidas como algo que impregna todas as esferas da vida: a cultura, a sexualidade e a própria personalidade, tanto quanto a produção, a guerra, o direito e a administração. Essa ampla concepção civilizatória da racionalização deve quase tudo a Weber, cuja obra pode ser toda lida como uma tentativa de caracterizar e explicar em perspectiva histórica mundial o "racionalismo específico e peculiar" da moderna civilização ocidental (1904-5). Como Weber demonstrou em detalhe, modos extremamente variados de racionalização têm existido em todas as esferas da vida e em todas as grandes civilizações. Além disso, em qualquer domínio que se aborde, observam-se modos concorrentes de racionalização, orientados para diferentes fins e valores. Por exemplo, Weber sublinhou o racionalismo do confucionismo e do protestantismo, mas assinalou que o primeiro impunha o "ajustamento racional ao mundo" e o segundo, o "domínio racional do mundo" (Weber, 1951, p.248).

O interesse de Weber, portanto, não era contrapor a racionalização no Ocidente à sua ausência alhures, mas especificar e explicar o caráter distinto do modelo ocidental de racionalização. Esse modelo distinto envolve seis processos sociais e culturais fundamentais e largamente ramificados:

1. o desencanto e a intelectualização do mundo, e a resultante tendência a ver o mundo como um mecanismo causal sujeito, em princípio, ao controle racional;
2. o surgimento de um *ethos* de realização secular impessoal, historicamente alicerçado na ética puritana da vocação;
3. a crescente importância do conhecimento técnico especializado em economia, administração e educação;
4. a objetificação e despersonalização do direito, da economia e da organização política do estado, e o conseqüente recrudescimento da regularidade e da calculabilidade da ação nesses domínios;
5. o progressivo desenvolvimento dos meios tecnicamente racionais de controle sobre o homem e a natureza; e
6. a tendência ao deslocamento da orientação da ação tradicional e assente em valores racionais (*wertrational*) para a ação puramente instrumental (*zweckrational*).

Apesar de suas diferentes raízes históricas, esses processos estão ligados pelo fato de todos eles favorecerem mais a racionalidade *formal* do que a *substantiva*. Ou seja, eles estimulam a calculabilidade da ação enquanto permanecem indiferentes aos seus fins ou valores informativos. O que é "específico e peculiar" no modelo ocidental de racionalização é, portanto, o fato de o "fim" em função do qual a ordem social é racionalizada — calculabilidade máxima — não ser realmente um fim, mas um *meio generalizado* que facilita indiscriminadamente a busca deliberada de todos os fins substantivos.

Em suas investigações do racionalismo e da racionalização, Weber reformula em termos sociológicos um problema pertencente originalmente à filosofia da história. Assim fazendo, ele rompeu decisivamente com a fé do Iluminismo — e com a de Hegel — na realização da razão na história. O sonho da razão, apontou Weber, poderia redundar em pesadelo: a racionalização poderia engendrar um mundo sem significado, sem *caritas*, sem liberdade, dominado por poderosas burocracias e pela "jaula de ferro" da economia capitalista. É esse estado de espírito de pessimismo cultural — representando, por certo, apenas um aspecto da resposta profundamente ambivalente de Weber ao moderno racionalismo ocidental — que vai imbuir o subseqüente desenvolvimento da concepção geral de racionalização na obra de Max Horkheimer e Theodor Adorno. Mais recentemente Jürgen Habermas empreendeu uma reconstrução sistemática das noções de racionalidade e racionalização, visando ligar a preocupação filosófica normativa com a razão e a preocupação histórico-sociológica empírica com a racionalização. Baseando essa reconstrução na distinção entre racionalidade cognitivo-instrumental e racionalidade comunicativa, Habermas chega a uma avaliação mais diferenciada e menos pessimista do curso da racionalização ocidental do que a dos teóricos da ESCOLA DE FRANKFURT, embora retendo e ampliando a crítica por eles feita à razão instrumental.

Ver também MODERNIZAÇÃO; REVOLUÇÃO CIENTÍFICO-TECNOLÓGICA.

Leitura sugerida: Brandy, R. 1933: *The Rationalization Movement in German Industry* • Brubaker, R. 1984: *The Limits of Rationality: an Essay on the Social and Moral Thouhgt of Max Weber* • Habermas, J. 1981 (*1984, 1989*): *The Theory of Communicative Action*, 2 vols. • Horkheimer, Max 1947: *The Eclipse of Reason* • Levine, D.N. 1985: "Rationality and freedom, inveterate multivolcals". In *The Fight from Ambiguity: Essays in Social and Cultural Theory* • Weber, Max 1921-22 (*1978*): *Economy and Society*, org. por G. Roth e C. Wittich o 1920 (*1946*): *From Max Weber: Essays in Sociology*.

WILLIAM ROGERS BRUBAKER

racismo Qualquer conjunto de crenças que classifique a humanidade em coletividades distintas, definidas em função de atributos naturais e/ou culturais, e que organize esses atributos em uma hierarquia de superioridade e inferioridade, pode ser descrita como racista. Sob condições sociais e políticas que lhes sejam favoráveis, essas crenças são associadas a conjuntos de práticas e instituições discriminatórias que favorecem determinada coletividade em detrimento de outra, de acordo com a suposta diferença e superioridade.

O "racismo" é uma noção européia que entrou em uso na década de 30 para designar as crenças e práticas do regime nazista da Alemanha, baseadas na suposta superioridade da raça "ariana", na importância da "pureza" racial e na conseqüente política de "purificação" que culminou nos horrores do Holocausto (ver ANTI-SEMITISMO; NACIONAL-SOCIALISMO). Nesse caso, o racismo era dirigido principalmente (mas não exclusivamente) contra os judeus. As idéias subentendidas nessa hostilidade formaram um sistema de classificação de "raças" na base de constituições biológicas supostamente distintas, as quais, por sua vez, estavam ligadas a distintas qualidades morais e culturais. Subseqüentemente, o "racismo" foi generalizado para designar outras idéias sobre diferenças sistemáticas de superioridade/inferioridade entre grupos, mais comumente as que dizem respeito às relações entre brancos e negros na África do Sul, Estados Unidos e Europa Ocidental.

O "racismo", é claro, está ligado à noção de RAÇA como princípio de classificação da humanidade. Essa noção tem sido altamente variável em conteúdo, de acordo com os contextos políticos e culturais de seu uso. Nos períodos mais antigos da história européia, anteriores ao século XVIII, "raça" referia-se geralmente à "estirpe" nacional, digamos, os franceses distintos dos ingleses, uns e outros tendo atributos, costumes e tradições próprios. Só se pode falar de "racismo" nesse contexto em termos gerais e vagos de "orgulho nacional". Sobrepondo-se a essa diferenciação entre nações européias havia a distinção, na base da religião, entre o cristão e o pagão. O principal adversário não-cristão era o mundo do islã. Como tal, os estereótipos negativos de outros eram formulados na base da diferença religiosa e dos pressupostos de superioridade e inferioridade moral e cultural resultantes dessa diferença.

Entretanto, a principal noção moderna de raça desenvolveu-se nos séculos XVII e XIX, baseada na idéia de tipos de humanidade biologicamente distintos. Os exploradores geográficos e europeus e, depois, a expansão colonial aumentaram a curiosidade e o interesse por povos diferentes. O período ulterior dessa expansão coincidiu com a intensificação da atividade científica e o crescente prestígio da ciência. Sistemas de classificação e, mais tarde, teorias da evolução marcaram as ciências biológicas. A classificação de raças humanas foi vista como uma extensão desse esforço científico. Com base nos critérios de classificação, desenvolveram-se categorias ordenadas em uma escala de superioridade/inferioridade, em que os europeus, naturalmente, se viam como superiores. As classificações, porém, não pararam por aí e acabaram se estendendo ao interior das diferentes nações européias. Por exemplo, o estereótipo negativo do irlandês na Inglaterra do século XIX foi incorporado nessa classificação racista de diferença e atribuição de inferioridade.

Foi essa idéia biológica de hierarquia racial que animou o ímpeto racista do nazismo e do fascismo na Europa, nas décadas de 20 e 30. As atrocidades cometidas por esses regimes de acordo com a orientação de suas ideologias racistas alertaram o mundo liberal para os perigos dessas crenças e, como vimos, levaram à formulação do próprio conceito de "racismo". Depois da derrota nazista, a opinião do mundo liberal preocupou-se em garantir que esses conceitos nunca mais voltariam a ser empregados para fins políticos. Com esse propósito, durante as décadas de 50 e 60 a Unesco tomou a iniciativa de realizar quatro reuniões de cientistas eminentes (da biologia e ciências sociais) para que se pronunciassem sobre o status científico do conceito de "raça". As suas conclusões foram pela inexistência de base científica para as teorias raciais. Essa posição foi facilitada pelos desenvolvimentos da ciência biológica, especialmente da genética, em função dos quais as classificações baseadas em características "fenotípicas", como a cor da pele, são arbitrárias (Montagu, 1972).

As reações aos horrores nazistas converteram o "racismo" em um estigma de reprovação moral e política. O quase consenso da opinião científica sobre a invalidade do conceito de "raça" abalou a credibilidade assim como a respeitabilidade das teorias e crenças racistas. Para alguns autores que trataram do tema, isso significou o fim do racismo biológico e, portanto, do racismo como tal, mas não do "etnocentrismo" (Banton, 1970, p.31-2). Outros discordaram dessa conclusão (Miles, 1989, p.42-8). Em primeiro lugar, a extinção de classificações biológicas nos níveis intelectual e oficial não acarretou seu desaparecimento nos níveis da cultura popular e dos conhecimentos ditados pelo "senso comum". Em segundo lugar, o racismo biológico não é a única forma possível: existem muitas crenças e ideologias no mundo moderno que classificam pessoas e as avaliam na base de diferenças culturais e "étnicas". Sustenta-se que essas crenças funcionam de maneiras semelhantes às crenças biológicas: se a hostilidade aos judeus e aos negros se baseia na crença em sua inferioridade biológica ou em sua inferioridade étnico-cultural, pouca diferença faz. Com efeito, os termos "raça" e "relações raciais" continuam gozando de ampla aceitação. Por outro lado, afirmou-se que esse uso mais amplo de "racismo" não o distingue de "etnocentrismo" ou até mesmo de nacionalismo. A discussão gravita, pois, em torno de uma escolha de definições, bem como da necessidade de se distinguir entre conceitos estreitamente relacionados, e, em todo caso, fluidos.

Um importante contexto sociopolítico para a atuação de idéias racistas é constituído atualmente pelas sociedades da Europa Ocidental que contêm comunidades afro-antilhanas, asiáticas, norte-africanas e do Sul da Europa originadas pelas ondas de mão-de-obra migrante na história recente. Conflitos políticos e tensões comunitárias em torno desse fenômeno expuseram uma vasta gama de idéias racistas. Dadas as conotações política e moralmente negativas do racismo, apenas alguns grupos de extrema direita geralmente desacreditados reconheceriam ser "racistas". A maioria das formas de hostilidade ou discriminação contra esses "grupos étnicos" são disfarçadas ou encobertas, sobretudo quando praticadas por governos e organismos oficiais. Um bom exemplo são os controles britânicos de imigração, notoriamente considerados racistas em seus efeitos, mas que, não obstante, não usam categorias raciais ou étnicas explícitas em suas especificações legais ou administrativas. Sem embargo, uma nova forma de idéias explícitas sobre "relações raciais", que alguns consideram racistas, está sendo cada vez mais expressa por setores respeitáveis da "Nova Direita". Essas idéias afirmam a propensão comum das pessoas a preferir o intercurso com as de "sua própria espécie", o que é definido em termos culturais e nacionais. Segue-se que é desejável segregar cultural e etnicamente diferentes populações nos interesses da paz e da harmonia. Os proponentes dessas idéias negariam peremptoriamente que são racistas: classificam diferenças de humanidade, mas sem afirmar a superioridade ou inferioridade de diferentes categorias, meramente a conveniência de sua segregação. Foram essas, contudo, as justificativas explícitas para o apartheid na África do Sul, hoje universalmente condenado.

Explicações do racismo

Por que sentimentos e ações hostis são dirigidos contra certos grupos, sob condições particulares, com base em sua suposta inferioridade ou nocividade natural ou cultural? Várias explicações têm sido propostas.

Explicações psicológicas Estas são estruturadas em função de padrões de reações emocionais por determinados tipos de personalidade, qualificados em um conjunto de estudos da década de 50 como a "personalidade autoritária" (Adorno et al, 1950), com efeito um tipo de psicopatologia gerado por certos padrões de experiências infantis. Sejam quais forem os méritos dessa explicação, ela não pode explicar situações, como a da Alemanha nazista, em que toda uma cultura política, a qual deve incluir muitos tipos diferentes de personalidade, é orientada para levar a efeito violentas campanhas racistas.

Explicações em termos de tensões sociais Neste caso, a idéia é que o racismo deriva de determinados conflitos e tensões sociais que geram a necessidade de "bodes expiatórios". As frustrações sociais levam à agressão generalizada, a qual não pode ser dirigida contra as fontes de frustração porque estas são poderosas demais ou não são claramente identificáveis. A agressão é então dirigida contra grupos minoritários vulneráveis, acusados de responsáveis por males econômicos e sociais.

Explicações estruturais Se certos grupos minoritários estão regularmente sob ataque em toda uma gama de diferentes situações, então, afirma-se, devem existir processos sociais sistemáticos que ativem e institucionalizem esses sentimentos e ações. A inferiorização de comunidades negras e asiáticas nos Estados Unidos e na Europa Ocidental, sublinha-se, é o produto de uma longa história de dominação européia, primeiro em situações coloniais em que as populações nativas eram exploradas, depois nos próprios países metropolitanos para onde elas foram importadas como conveniente mão-de-obra, por vezes como escravos e, mais recentemente, como mão-de-obra migrante barata. A frágil posição econômica e política dessas minorias torna-as vulneráveis à categorização racial e à situação de "bodes expiatórios". Isso serviria, portanto, para legitimar sua exploração e desvantagem na sociedade dominante. Os críticos dessa linha de pensamento enfatizaram que os grupos em questão não constituem categorias econômicas ou sociais uniformes, mas ocupam posições variadas que vão desde os trabalhadores mal pagos até prósperos homens de negócios que são, por vezes, os patrões e senhorios dos indivíduos mais pobres. Uma análise mais complexa do racismo, combinando "classe" com fatores comunitários, é advogada por alguns autores (para uma exposição dessas questões, ver Miles, 1982, 1989).

Um exame da ampla e variada gama de situações históricas e modernas do racismo indicaria que não se trata de um fenômeno uniforme, suscetível de uma explicação comum. Existem muitos e diferentes fenômenos de racismo, caracterizados pelos fatores sócio-econômicos e culturais dos quais formam uma parte. As explicações do racismo devem resultar da análise de cada situação.

Leitura sugerida: Adam, Heribert 1971: *Modernizing Racial Domination* • Banton, M. 1987: *Racial Theories* • Benedict, R. 1983: *Race and Racism* • Castles, S., Booth, H. e Wallace, T. 1984: *Here for Good: Western Europe's New Ethnic Minorities* • Fanon, Frantz 1961 (*1983*): *The Wretched of the Earth* • Husband, C., org. 1982: "Race". In *Britain: Continuity and Change* • Miles, R. 1982: *Racism and Migrant Labour: a Critical Text* o 1989: *Racism* • Mosse, George L. 1978: *Toward the Final Solution: a History of European Racism* • Rex, J. 1983: *Race Relations in Sociological Theory* • Zubaida, S. 1970: *Race and Racialism.*

SAMI ZUBAIDA

radicalismo A palavra é de origem latina e significa literalmente "de ou pertencente a uma raiz, ou a raízes". Não surpreende que o seu significado tenha sido ampliado para aludir ao que é central, essencial, fundamental, primário, ou à fonte e origem de qualquer fenômeno. Coerentemente com essa ampla conotação, a palavra adquiriu significados técnicos em matemática, geometria, filologia, música, botânica e química.

A palavra e seus derivados passaram a ser aplicados também em política ao que era percebido como reformas de grande alcance e de natureza fundamental, aos que as desejavam e à sua defesa como sistema de crenças mais ou menos ordenado. Esse uso originou-se na política inglesa em fins do século XVIII e começos de XIX, durante a efervescência provocada pela Revolução Francesa, e se tornou mais tarde proeminente também na França. No início o radicalismo referia-se unicamente à esquerda política, ou seja, a propostas, programas e ideologias que defendiam mudanças nas instituições e práticas vigentes (a própria distinção esquerda-direita teve origem na política da Revolução Francesa).

"Radical" pode ser usado para caracterizar o *conteúdo* das mudanças desejadas, ou os *métodos* recomendados para realizá-las, métodos que se considera irem muito além das normas convencionais que regulam o conflito político, ou ambas as coisas em combinação contemplando uma transformação "totalística" da ordem política ou social a ser obtida através da luta armada ou a REVOLUÇÃO violenta. Nesse sentido, "radical" distingue-se de "moderado", "convencional" e até de "legal", termos que também podem ser aplicados aos fins e aos meios adotados por um movimento político. Portanto, falta ao radicalismo um conteúdo substantivo específico. Descreve uma propriedade abstrata de uma crença ou programa, a de se opor e desejar substituir características de uma origem vigente que são vistas como centrais e até definitivas.

"Radicalismo" assemelha-se a rótulos políticos como "esquerda", "direita", "conservador", "progressista", na medida em que identifica um ponto de vista político somente por sua atitude em face de mudanças ou sua relação com outras posições políticas. Radicalismo indica um compromisso mais extremo, absoluto e intransigente; além disso, é abrangente, englobando grande número de questões concretas na órbita de sua condenação ou adesão. Assim entendido, o "radicalismo" situa-se em contraste com rótulos como "liberalismo", "socialismo", "comunismo", ou "anarquismo", os quais possuem um conteúdo definido apontando para concepções substantivas de uma ordem política ou social desejável, por mais distorcidas e ambíguas que essas concepções possam ter ficado no decorrer de quase dois séculos de contestação política a respeito do seu significado. Uma vez que radical como rótulo é vazio, não transmitindo qualquer imagem concreta da ordem institucional que procura instaurar, enquanto que, simultaneamente, indica a rejeição extrema da ordem existente, seja ela qual for, raramente foi adotado como nome auto-suficiente por partidos e movimentos desejosos de poder. Nisso difere de outros rótulos para todos os fins, igualmente não-específicos, como "progressista", "populista", ou "democrático", o primeiro indicando não mais que uma predisposição geral para a mudança, os outros dois meramente refletindo a vontade do povo ou de uma maioria. Esses termos são, com freqüência, os favoritos de partidos em busca de votos na política democrática, precisamente por causa de sua vacuidade e capacidade de significar todas as coisas para todas as pessoas, ao passo que nuanças tanto de extremismo quanto de elitismo aderem inevitavelmente ao radicalismo, exceto, talvez, em tempos de crise social aguda.

Não obstante, o Partido Radical (mais tarde Partido Socialista Radical) foi o principal partido político da Terceira República francesa e sobreviveu até a Quarta República. Partidos semelhantes, com o mesmo nome e o mesmo ponto de vista, existiram em muitos países europeus menores na primeira metade do presente século. Os radicais franceses reivindicaram para si a herança jacobina do REPUBLICANISMO. Eram fortemente anticlericais, opostos às elites conservadoras tradicionais e também ao capitalismo em grande escala e ao coletivismo socialista. Embora constituíssem basicamente um partido conservador na década de 20, os radicais franceses participaram do governo de esquerda da Frente Popular em 1936/7.

Apesar de sua restrição original à esquerda, certas tendências políticas que não são, em sentido algum, esquerdistas foram também descritas como radicais em reconhecimento da verdade da sentença segundo a qual "*les extrèmes se touchent*" — os extremos se tocam. Movimentos reacionários ou de direita assemelharam-se ocasionalmente à esquerda revolucionária em sua vigorosa rejeição do *status quo*, sua disposição de favorecer novos métodos de avanço político, até mesmo extralegais, e sua inclinação para ver os seus projetos políticos como expressões de ideologias ou *Weltanschauungen* universais que se propõem explicar a natureza, a sociedade e a história humanas. Os movimentos fascistas do entre-guerras foram chamados radicais, o que não surpreende, uma vez que adotaram por modelo, em grande parte, os movimentos de massa da esquerda radical e foram freqüentemente liderados por renegados esquerdistas. O termo "direita radical" entrou em uso na década de 50, quando foi aplicado por numerosos e bem-conhecidos sociólogos políticos e intelectuais americanos ao macartismo — a exploração indiscriminada pela ala conservadora e isolacionista do Partido Republicano do sentimento anticomunista como arma contra os democratas no poder e contra a esquerda em geral.

Quando foi citada por Seymour Martin Lipset, a expressão "direita radical" possuía a ressonância de um oxímoro. Ela refletia, porém, o sentimento geral, antes e imediatamente depois da Segunda Guerra Mundial, de que movimentos como o fascismo e o comunismo, e até reflexos mais pálidos deles, como a tendência macartista nos Estados Unidos, tinham traços comuns que transcendiam as "normais" divisões de interesses esquerda-direita da política democrática. Portanto, o radicalismo passou a simbolizar certo estilo de política que se caracteriza por imagens extremas e conspiratórias do inimigo e pela disposição de recorrer a métodos não-democráticos de conflito político e a outros de discutível legalidade.

Depois da década de 50 as mais antigas implicações, basicamente esquerdistas, do "radicalismo" foram restabelecidas. Com efeito, era o objetivo dos movimentos da NOVA ESQUERDA nas principais democracias ocidentais reintegrar a divisão esquerda-direita como o eixo principal do conflito político e expurgar o rótulo "radical" das implicações totalitárias que ele adquirira na era fascista e no início da Guerra Fria. No final da década de 80, contudo, o colapso do comunismo voltou, uma vez mais, a dar ao termo um caráter ambíguo, pois alguns dos adversários do domínio comunista na

União Soviética e na Europa Central foram freqüentemente descritos — e se descreveram — como "radicais" ou "esquerdistas", embora desejassem estabelecer em seus próprios países governos democráticos e economias de mercado capitalistas, de acordo com o modelo ocidental.

Apesar de sua natureza abstrata e formal, a tendência do radicalismo foi sempre a de adquirir certa coloração ideológica proveniente dos principais eventos históricos de um período. O seu significado em uso, por conseguinte, sempre foi propenso a ser altamente relativo e dependente do contexto.

Leitura sugerida: Bell, Daniel, org. 1963: *The Radical Right* • Lasky, M.J. 1976: *Utopia and Revolution* • Lipset, S.M. 1960 (*1981*): *Political Man*, ed. ampliada • Mannheim, Karl 1929 (*1960*): *Ideology and Utopia*.

DENNIS H. WRONG

razão Ver RACIONALIDADE E RAZÃO.

realismo De modo geral, o "realismo" em filosofia afirma a existência de alguma espécie controvertida de entidade (como universais, objetos materiais, leis causais; proposições, números, probabilidades; estrutura social, fatos morais). Mas os três tipos historicamente mais importantes de realismo são:

1. *realismo predicativo*, afirmando a existência de universais independentemente (Platão) ou como propriedades (Aristóteles) de certas coisas materiais;
2. *realismo perceptivo*, afirmando a existência de objetos materiais no espaço e no tempo, independentemente de sua percepção; e
3. *realismo científico*, afirmando a existência e a operação de objetos de investigação científica absoluta (em sua maioria na ciência natural) ou relativamente (em sua maior parte na ciência social) independentes da investigação ou, de modo mais geral, da atividade humana.

O moderno realismo científico (final do século XX) acarreta, mas é irredutível a, posições realistas em (1) e (2). Este verbete estará interessado principalmente em (3) e na FILOSOFIA DA CIÊNCIA em geral. (Mas ver também FILOSOFIA DA CIÊNCIA SOCIAL; NATURALISMO.) Mas na primeira metade do século atual era (2) que estava em primeiro plano no debate filosófico.

Assim, a virada do século assistiu ao início de uma reação aos idealismos reinantes — na Grã-Bretanha, especialmente na obra de G.E. Moore e (por algum tempo) Bertrand Russell, e nos Estados Unidos, na de William James. Moore, ao defender o realismo do senso comum, prefigurou o devastador ataque ao fenomenalismo fornecido em meados de século pelo último Wittgenstein e pela Escola de Oxford de FILOSOFIA DA LINGUAGEM, liderada principalmente por J. Austin, G. Ryle e F. Waismann. Mas a forma teoricamente dominante de realismo perceptivo na primeira metade do século era o "realismo representativo", o qual postulava uma cadeia causal entre objeto e produto mental da percepção, mediada pela sensação ou *sensa*, em virtude da qual alguns produtos mentais da percepção (*percepts*) eram como os seus objetos. Isso sofria do defeito de ser inverificável, uma vez que, no realismo representativo, não havia como objeto e produto mental da percepção poderem ser diretamente comparados. Por essa razão, a epistemologia dominante, o POSITIVISMO, era normalmente formulada em termos fenomenalistas (ou seja, os objetos materiais eram analisados como dados sensoriais reais ou possíveis) — embora recebesse ocasionalmente declinações fisicalistas (por exemplo, por O. Neurath) ou operacionalistas (por exemplo, por P.W. Bridgman). O fenomenalismo, contudo, era pelo menos tão insustentável quanto o realismo representativo, pois não havia outro modo de definir os dados sensoriais a não ser em termos de objeto material. ("Parece-me estar vendo" — ou "Estou percebendo" — "agora um elefante cor-de-rosa".) Uma saída para esse impasse parecia ter sido fornecida, no entender de muitos realistas do final do século, pela teoria da percepção ecológica de J.J. Gibson e sua escola. De acordo com essa teoria, os seres humanos eram organismos que procuravam ativamente invariantes — como recursos proporcionados (por exemplo, este queijo como comestível) em seu meio ambiente. Muitos saudaram isso como um revolução darwiniana em (2).

O moderno realismo científico separa-se da crítica do positivismo lógico dos anos 20 e 30 que constituiu a base da noção admitida de ciência até o final dos anos 60. Um dos primeiros ataques decisivos contra isso foi desencadeado por W.V.O. Quine, que criticou as distinções canônicas analítico/empírico e teoria/fato para uma concepção holística do conhecimento como, com efeito, "um campo de força cujas condições limítrofes são a experiência". Apoiando-se nisso, Mary Hesse e outros afirmavam que a linguagem científica deve ser vista como um sistema dinâmico em constante crescimento por força da extensão metafórica da linguagem natural. Os predicados observacionais não são isomorfos de objetos (físicos, sensuais ou instrumentais), mas "nós" que prendem a rede ao mundo objetal de maneira mutável e dependente da teoria.

Isso foi poderosamente reforçado por uma crescente consciência, induzida pela obra de Karl Popper, T.S. Kuhn, I. Lakatos, P.K. Feyerabend e, na França, G. Bachelard e A. Koyré, da realidade da mudança científica. As teorias eram construções sociais, oferecendo descrições e explicações rivais de um mundo independente da teoria. Rom Harré, invocando a tradição de W. Whewell e N.R. Campbell, chamou a atenção para o papel de modelos no crescimento da teoria. Entidades e processos teóricos, inicialmente postulados, de modo imaginativo, como explicações plausíveis de fenômenos observados, puderam vir a ser estabelecidos como reais através da construção de equipamentos de extensão sensorial ou de instrumentos de detecção dos efeitos dos fenômenos teóricos (nesse último caso, invocando um critério causal para atribuição de realidade). Tudo isso apontou fortemente um realismo "*teórico*" vertical, o qual veio a ser corroborado pelas teses lingüísticas de Saul Kripke e H. Putnam, segundo as quais o uso de termos de espécie natural, como "ouro" e "água", pressupõe que essas substâncias tenham essências reais, embora não necessariamente do nosso conhecimento.

Pouco depois Roy Bhaskar apresentou, em seu sistema de realismo transcendental ou crítico, um argumento favorável a um realismo "transfactual" ou nômico horizontal, a par do realismo teórico já estabelecido. Sustentou ele que é uma condição da possibilidade de atividade experimental e aplicada que os objetos de investigação científica (leis causais, mecanismos gerativos, coisas estruturadas) não só existam, mas atuem independentemente dessa atividade — transfactualmente, sem distinção alguma entre sistemas abertos e sistemas experimentalmente (ou de algum outro modo) fechados. Tanto o realismo teórico quanto o transfactual envolvem o que um autor recente chamou, na esteira de Mandelbaum, de "transdição", isto é, a inferência para (na prática e em princípio) o inobservável (Manicas, 1987, p.10). muitos saudaram isso como uma revolução copernicana em (3).

Os argumentos para (3) podem ser divididos em três tipos gerais: (a) argumentos transcendentais decorrentes da possibilidade de práticas sociais especificadas (como as de Bhaskar); (b) argumentos indutivos decorrentes dos êxitos das ciências; e (c) *reductiones ad absurdum* de posições irrealistas (não-realistas). Um exemplo de (b) é o argumento de Putnam e Boyd de que o caráter cumulativo do crescimento científico indica fortemente que as teorias são tentativas (falíveis) de descrever estados e estruturas reais tal como se sucedem umas às outras a fim de fornecer melhores (mais completas) descrições de uma realidade independente da teoria. (Putnam [1978, p.25] rejeita agora esse argumento baseando-se na possibilidade de uma "desastrosa meta-indução" resultante da falta de referência em alguns casos reais, por exemplo, o flogisto. Hesse também o criticou com o fundamento de que a história da ciência não revela convergência.) Outro exemplo é o argumento de Harré e Aronson decorrente do resultado determinado de buscas de seres presumidos por hipótese para um realismo de orientação pragmática. Exemplos de (c) são os paradoxos, antinomias e aporias em que caem as filosofias irrealistas, como é o caso do problema da indução (ver CONHECIMENTO, TEORIA DO). Um tipo de problema pode ser especificamente mencionado. Se o realismo é transcendental e axiologicamente necessário, isso significa que as explicações irrealistas pressupõem-se na prática alguma ontologia e, por conseguinte, um ou outro tipo de realismo (por exemplo, um realismo empírico ou um realismo conceitual subjetivo ou objetivo). Além disso, se é necessária uma forma particular de realismo, como o realismo transcendental, isso indica que filosofias realmente geradas e historicamente eficazes adotarão sempre a forma de formações de compromisso internamente inconsistentes. Nesse ponto, a filosofia, ao empreender sua crítica, deve aliar-se à sociologia do conhecimento empiricamente fundamentada.

Até data muito recente a maioria dos debates sobre realismo girou mais em torno da questão epistemológica da verdade do nosso conhecimento do que da questão ontológica da realidade de estruturas e coisas (conforme foi definida no início deste verbete). Mas os realistas críticos sustentaram que o realismo ontológico é compatível com o relativismo epistemológico (e que este último não acarreta o relativismo judicativo). Conhecemos o mesmo mundo, mas sob descrições irredutivelmente históricas (e melhores ou piores).

Uma palavra final sobre objetos sociais. Bhaskar (1989, p.47) afirmou que, embora os processos do desenvolvimento do conhecimento e seus objetos sejam causalmente interdependentes, os últimos devem ainda ser vistos como existencialmente intransitivos, pelo que o realismo, nessa acepção modificada, se apresenta como condição *a priori* de qualquer investigação, independentemente do domínio. (Assim, ele aplica-se, por exemplo, até à "dúvida cartesiana", ibid., p.92-2.)

Leitura sugerida: Bhaskar, Roy 1986: *Scientific Realism and Human Emancipation* • Gibson, J.J. 1966: *The Senses Considered as Percentual Systems* • Harré, Rom 1986: *Varieties of Realism* • Hesse, M. 1974: *The Structure of Scientific Inference* • Isaac, J. 1900: "Realism and reality: some realistic considerations". *Journal for the Theory of Social Behaviour* 20.1 • Outhwaite, William 1900: "Realism, naturalism and social behaviour". *Journal for the Theory of Social Behaviour* 20.4 • Putnam, H. 1983: *Philosophical Papers*, vol.3 • Quine, W.V.O. 1952 (*1963*): *From a Logical Point of View*.

ROY BHASKAR

reformismo Inicialmente um debate no seio do SOCIALISMO ocidental em fins do século XIX e começos do atual acerca dos métodos mais apropriados e desejáveis para se efetuar a transformação do CAPITALISMO e a transição para o socialismo, o reformismo adotou a idéia de um roteiro pacífico.

Como Karl Marx (1818-83) não tinha deixado uma teoria clara ou peremptória explicando os processos sociais pelos quais o socialismo substitui o capitalismo, foi inevitável a controvérsia política. Entretanto havia, em linhas gerais, dois pontos de vista opostos. Os marxistas ortodoxos, como Rosa Luxemburgo (1871-1919) e Karl Kautsky (1854-1938), afirmavam que o capitalismo só poderia ser finalmente destruído por métodos revolucionários violentos. A revolução era necessária para o estabelecimento da ditadura do proletariado, a destruição do estado capitalista e o fim do direito burguês. Luxemburgo apoiou a estratégia da greve de massa para desenvolver uma consciência revolucionária. Os que adotaram o reformismo, como Eduard Bernstein (1850-1932), afirmavam que a transição para o socialismo podia ser conseguida por meios pacíficos, por exemplo, pela vitória eleitoral da classe operária organizada no seio da democracia liberal.

Depois da morte de Marx, o MARXISMO tornou-se a ideologia oficial do Partido Social-Democrata (SPD), o qual representava a classe operária alemã. Sob a influência de Bernstein, a ala reformista do SPD aceitou gradualmente a posição de que uma crise da economia capitalista deixara de ser eminente ou inevitável, e que poderia haver uma reforma evolutiva do capitalismo resultando no socialismo. Bernstein publicou uma série de importantes artigos em *Die Neue Zeit*, *Sozialdemokrat* e *Justice*, na década de 1890, abordando os problemas gerais do socialismo. Assinalou que, como o capitalismo se tornava um sistema social mais complexo e diferenciado, as divisões de classe social tinham ficado igualmente complexas. Por conseguinte, a probabilidade de uma violenta luta de classes entre capitalistas e trabalhadores se tornara mais remota. As classes médias estavam prosperando, o padrão de vida dos operários tinha melhorado e a classe dominante aceitava relutantemente o papel de uma oposição socialista no sistema parlamentar. Bernstein sustentou que o marxismo era um conjunto de guias úteis mas probatórios para a ação e, em vez de desempenhar um papel científico, o socialismo tinha de fornecer liderança moral para neutralizar os efeitos negativos das condições de fábrica sobre as vidas da classe operária. Em suma, o programa de Bernstein para a reforma social do sistema capitalista estava também associado ao REVISIONISMO, pois rejeitava o determinismo econômico.

A questão do reformismo que dominou os debates socialistas no período de 1890-1918 não está em absoluto resolvida. Questões análogas ressurgiram depois da Segunda Guerra Mundial na social-democracia e no eurocomunismo. A integração política e econômica da Europa produziu uma importante elevação nas rendas reais, tornando assim cada vez mais remotas as possibilidades de insurreição armada contra o estado capitalista. Em uma democracia liberal, o comunismo só podia ganhar votos adotando uma estratégia mais reformista, legalista e, por conseguinte, deslocando-se para uma posição mais central. Muitos cientistas sociais passaram a acreditar que o ABURGUESAMENTO dos trabalhadores os afastaria cada vez mais do socialismo. O ESTADO DE BEM-ESTAR era uma alternativa à revolução, pois transformava as relações de exploração entre capital e trabalho; o operário já não se via diante da escolha entre fome e emprego.

A gradual desestalinização da Europa Oriental, as crises da Hungria e da Tchecoslováquia, a cisão entre as versões chinesa e russa de socialismo, e os problemas contínuos do planejamento econômico centralizado na década de 60 contribuíram para o surgimento da NOVA ESQUERDA, a qual rejeitou a tradição da violência política revolucionária, pela qual à classe operária caberia a responsabilidade exclusiva de destruir o capitalismo através de um ataque direto. A reforma progressiva do capitalismo exigiria, de fato, a participação de todos os grupos sociais oprimidos — negros, mulheres e estudantes —, e não apenas dos trabalhadores militantes.

O evidente colapso das economias de comando do bloco soviético, a erosão da legitimidade do Partido Comunista e a restauração da democracia multipartidária em 1989-90 transformaram uma vez mais o caráter do debate político. A idéia de que o capitalismo poderia ser destruído pela violência revolucionária deixou de estar em pauta. Os reformadores sociais da Europa Oriental preferiram retornar à tarefa de recuperação da vitalidade da sociedade civil, enquanto que no capitalismo ocidental as tentativas de reforma da sociedade são freqüentemente enunciadas em termos de uma revitalização dos princípios liberais de CIDADANIA como fundamento essencial dos direitos ao bem-estar; tais reformas deixaram de ser percebidas como passos necessários no rumo do socialismo. Entretanto os críticos do capitalismo ainda continuam afirmando que as reformas fundamentais da sociedade (em termos de saúde, educação e bem-estar) não podem ser realizadas sem um ataque radical à desigualdade subjacente de propriedade e poder que caracteriza o sistema de livre mercado. Os críticos radicais afirmam que a expansão da cidadania e do bem-estar é meramente uma cooptação da discordância e do não-conformismo radical e que, portanto, o estado do bem-estar não é, de fato, uma importante reforma da economia do *laissez-faire*. Embora essas críticas sejam obviamente contestadas, é importante comparar diferentes modelos de reforma social, pois há, dentro do capitalismo, consideráveis diferenças entre, por exemplo, a Suécia, a Grã-Bretanha, o Japão e os Estados Unidos em termos da relação entre desigualdade, crescimento econômico e gastos com o bem-estar.

Leitura sugerida: Anderson, P. 1976: *Considerations on Western Marxism* • Mann, M. 1988: "Ruling class strategies and citizenship". *Sociology* 21, 339-54 • Maravall, J.M. 1979: "The limits of reformism: parliamentary socialism and the Marxist theory of the state". *British Journal of Sociology* 30, 267-90 • Marshall, T.H. 1981: *The Right to Welfare and Other Essays* • Schram, S.G. e Turbett, J.P. 1983: "Civil disorder and the welfare explosion: a two-step process". *American Sociological Review* 48, 408-14 • Tudor, H. e Tudor, J.M., orgs. 1988: *Marxism and Social Democracy: the Revisionist Debate 1896-1898* • Turner, Bryan S. 1986: *Citizenship and Capitalism: the Debate over Reformism.*

BRYAN S. TURNER

regionalismo Este termo é usado para indicar um movimento sociopolítico inspirado pela cultura de determinada região e que tem por objetivo impedir que a identidade local venha a submergir na homogeneidade nacional, assim como tornar a região mais independente do governo central.

O regionalismo é um fenômeno particularmente forte e recorrente nos países em que a formação do estado-nação (Tilly, 1975) não obliterou diversas identidades culturais regionais, mas, antes, alimentou estratégias do governo centralizado de reprimir ou subordinar essas identidades aos padrões nacionais uniformes e unificados. Os movimentos regionalistas são ampliados pelo relativo isolamento geográfico, como no caso de grandes ilhas como a Córsega e a Sardenha, ou distritos montanhosos como a Savóia ou o vale de Aosta, ou por específicos fatores religiosos — Irlanda do Norte, Kossovo, Azerbaijão — socioculturais ou sócio-étnicos — Catalunha, o País Basco, Quebec — ou étnico-nacionais — os movimentos dos curdos ou armênios em vários países do Oriente Médio. Em muitos casos em que há uma acumulação de condições de diversidade regional, é difícil distinguir entre a identidade regional e um movimento nacional separatista, sobretudo em nações que historicamente englobaram regiões com diferentes tradições religiosas, lingüísticas e culturais; são exemplos o País Basco e, sobretudo, a maioria dos estados locais que formavam antes as repúblicas federais da Iugoslávia e da União Soviética. Recentes acontecimentos nestas últimas mostram como é difícil traçar uma linha divisória entre o regionalismo e o separatismo, à parte os desenvolvimentos históricos concretos que testemunharam, pelo menos nas repúblicas bálticas, uma rápida transição do regionalismo para os movimentos separatistas nacionais.

Quando o conflito entre regionalismo e governos nacionais não adquire implicações separatistas, as organizações políticas regionalistas reivindicam como seu objetivo a devolução de amplos poderes governamentais a um nível intermediário entre o nível nacional, de um lado, e os níveis provincial e municipal de outro (ver Rousseau e Zariski, 1987).

Os movimentos regionais são, com freqüência, ampliados também por acentuados desequilíbrios resultantes do desenvolvimento econômico (ver Holland, 1967). Isso aplica-se tanto a regiões menos desenvolvidas, como a Itália meridional, quanto às que são afetadas por forte crescimento econômico e acabam vendo o centralismo nacional como um limite às suas próprias perspectivas de desenvolvimento, como no caso da Eslovênia. Períodos ou tendências altamente desequilibradas de desenvolvimento regional podem dar origem a casos de regionalismo até mesmo em contextos em que a heterogeneidade cultural é limitada, como na França, ou em que é forte a autonomia regional federativa, como nos Estados Unidos (ver também FEDERALISMO).

Embora esse fenômeno traga mais freqüentemente à idéia os países industrializados, também é verificado em muitos países subdesenvolvidos, sobretudo na Ásia e na África. Neles, a formação de estados-nações sob a dominante influência do colonialismo levou à agregação de entidades locais extremamente diversas em frágeis estados centralizados, continuamente assediados por dificuldades econômicas; veja-se, por exemplo, a Índia, o Paquistão ou as Filipinas, onde o mapa regional coincide com profundas divisões étnicas, religiosas, lingüísticas e culturais.

Leitura sugerida: Holland, Stuart 1976: *Capital versus the Regions* • Rousseau, Mark O. e Zariski, Raphael 1987: *Regionalism and Regional Devolution in Comparative Perspective* • Tilly, C., org. 1975: *The Formation of National States in Western Europe*.

ENZO MINGIONE

regulação A "perspectiva da regulação" para a análise do capitalismo contemporâneo deriva de um grupo díspar de marxistas franceses que escreveram em finais da década de 70 e começo da dc 80. As economias são analisadas como combinações estruturais mais ou menos coesas de sistemas produtivos bissetoriais (meios de produção e meios de consumo), uma relação salarial, uma relação monetária e uma estrutura bancária, e uma relação estatal, tudo isso envolvido por uma divisão internacional do trabalho de produção e finança.

Primordialmente, a teoria da regulação identifica os "regimes de acumulação" como extensivos ou intensivos, e as "formas de regulação" como competitivas ou monopolísticas. Essas distinções têm interpretações mais estreitas ou mais amplas. Assim, em uma interpretação estreita, um regime extensivo de acumulação é aquele em que a acumulação não altera a tecnologia de produção (pelo menos no setor de bens de consumo) e em que o crescimento da produtividade é lento, ao passo que um regime intensivo altera continuamente as organizações técnica e social do trabalho em busca de um rápido crescimento da produtividade. E ainda em uma interpretação estreita, as formas de regulação referem-se às práticas predominantes de formação de preços: a livre flutuação de preços administrados são características da forma monopolística de regulação. Interpretações mais amplas desses termos também são usadas para descrever a estrutura social como um todo.

Nessa base, a história capitalista é periodizada, com especial ênfase nas mudanças que ocorrem na organização do trabalho e no modo como o sistema de salários facilita a realização de produtos de atividade laboral. Assim, desde meados do século XIX até 1914 temos um regime extensivo de acumulação com regulação competitiva. O período entre as guerras é uma fase de transição na qual uma organização do trabalho conhecida como "administração científica" ou taylorismo é generalizada nos Estados Unidos e parcialmente adotada na Europa. Além disso, acontece a incorporação, de forma embrionária, de princípios tayloristas aos sistemas automáticos de produção, conhecidos como fordismo. Mas as rápidas taxas de crescimento da produtividade engendradas desse modo não foram estendidas ao poder de compra do salário, cujo crescimento era comparativamente modesto. Daí as crises econômicas que caracterizaram o capitalismo mundial depois de 1929 não serem vistas em termos do convencional ciclo de negócios, mas antes como um colapso estrutural: o desenvolvimento do regime intensivo de acumulação não pôde estabelecer-se apropriadamente na base da regulação competitiva, mas exigiu uma política de regulação ativa da própria relação salarial. Isso foi realizado pela reconstrução pós-1945 e pelo prolongado *boom* subseqüente: os métodos fordistas de produção de massa puderam estabelecer-se como a organização de trabalho preponderante devido ao consumo de massa concedido à classe operária pela variedade de formas institucionais que constituem coletivamente a regulação monopolística. Particularmente importantes nesse ponto foram os acordos salariais coletivos, apoiados pelas disposições atinentes à seguridade social e ao seguro-desemprego do ESTADO DE BEM-ESTAR e pelo gigantesco recrudescimento das intervenções econômicas do estado (consideradas não tanto em termos de política de gastos públicos keynesiana, mas sobretudo do gerenciamento monetário e da reprodução da força de trabalho). Assim, a acumulação intensiva (a generalização do fordismo na produção) e a regulação monopolística (a administração do consumo de massa através do estabelecimento do estado de bem-estar e da incorporação parcial dos sindicatos à gerência econômica) caracterizam a "idade de ouro" do capitalismo nas décadas de 50 e 60. Finalmente, os problemas da década de 70 são vistos como o colapso dessa época dourada; o fordismo está em processo de ceder à especialização flexível do pós-fordismo. Isso requer uma organização do consumo que está em curso de elaboração nas décadas de 80-90, através da alteração do papel econômico do estado, da privatização, do desemprego em massa e da reestruturação da força de trabalho, assim como da alteração da estrutura legislativa que define a atividade sindical e os limites e esfera de ação do estado de bem-estar.

Há também uma dimensão internacional. A era pré-1914 está caracterizada pela hegemonia britânica e a era de transição entre as guerras pela rivalidade internacional e o isolacionismo norte-americano; a idade de ouro até 1970 é dominada pelos Estados Unidos e, na era de transição pós-1970, nem os Estados Unidos, nem a Comunidade Européia, nem o Japão são capazes de regular sem ambigüidade a economia mundial através do domínio econômico internacional que exercem.

A teoria da regulação é totalmente abrangente. É mais forte na descrição do que na análise, pois é difícil conceber uma única descrição analítica da ampla variedade de diferentes experiências nacionais e suas formas institucionais. Portanto, é mais bem entendida como agenda indicativa ou sugestiva de pesquisa do que como teoria polida e acabada. Cabe à pesquisa detalhada confirmar ou invalidar as premissas e conclusões da teoria da regulação, e essa tarefa ainda está em sua infância.

Leitura sugerida: Aglietta, M. 1976 (*1979*): *A Theory of Capitalist Regulations: the U.S. Experience* o 1982: "World capitalism in the eighties". *New Left Review* 136, 5-42 • Boyer, R. 1979: "Wage formation in historical perspective: the French experience". *Cambridge Journal of Economics* 3.2, 99-118 • De Vroey, M. 1984: "A regulation approach interpretation of contemporary crisis". *Capital & Class* 23, 45-66 • Lipietz, A. 1986: "Behind the crisis: the exhaustion of a regime of accumulation: a 'regulation school' perspective on some French empirical works". *Review of Radical Political Economics* 18. 1-12, 13-32.

SIMON MOHUN

reificação Este termo refere-se ao processo pelo qual os produtos da ação subjetiva de seres humanos passam a se apresentar como objetivos e, portanto, autônomos em relação à humanidade. Entretanto podem ser identificados dois amplos usos do termo. Na tradição marxista, o termo é usado criticamente para descrever um processo que é específico do capitalismo e que serve para manter as desigualdades de uma sociedade capitalista mediante a ocultação dos processos reais de exploração. Na tradição não-marxista e, em especial, nas abordagens fenomenológicas (ver FENOMENOLOGIA), a reificação é apresentada como característica inevitável de todas as sociedades, como parte da construção social da realidade.

Dentro do marxismo, o termo "reificação" ocorre como a tradução normal do alemão *Verdinglichung*, que foi introduzido por Lukács (1923, p.83-222) e não ocorre nos escritos de Marx. A teoria de reificação de Lukács é uma generalização da teoria de Marx do fetichismo da mercadoria (ver MERCADORIA, FETICHISMO

DA). Para Marx, o processo de troca dos produtos do trabalho humano em um mercado de mercadorias faz com que as relações sociais entre pessoas se pareçam com uma relação entre coisas (Marx, 1867, p.163-5). Lucáks tenta ampliar a análise econômica de Marx, estendendo-a à vida total da sociedade. Consegue fazê-la através da referência à análise de Weber do crescimento da racionalidade. A racionalidade instrumental é essencial ao desenvolvimento da economia capitalista e reflete, além disso, o processo de troca de mercadorias, na medida em que facilita a equiparação de diferentes objetos. Para Lukács, essa equiparação só funciona ao se enfatizarem as características quantitativas do objeto à custa das qualitativas. Lukács sugere que esses aspectos qualitativos são as propriedades incomparavelmente humanas do objeto e daí serem sistematicamente escondidas pela reificação.

Embora a reificação seja amplamente referida em escritos marxistas, a teoria foi desenvolvida com extrema precisão por Theodor Adorno. A reificação converte-se em uma teoria da determinação social da linguagem e do pensamento. Isso enfatiza a relação entre conceitos e os objetos a que eles se referem. Na medida em que os conceitos são produtos de processos sociais, não se pode pressupor que correspondam totalmente aos seus objetos. Sob a reificação, os conceitos servem ou para atribuir propriedades ao objeto que estão ausentes (como, por exemplo, o conceito de "liberdade") ou para esconder ou distorcer propriedades existentes, de modo a que pareçam mais objetivas do que subjetivas (Adorno, 1966, p.183-92).

Enquanto que a tradição marxista vê a reificação como um fenômeno historicamente específico que é de imediato indesejável, mas potencialmente aberto a mudanças, a tradição não-marxista usa o termo para se referir a um processo mais geral pelo qual os seres humanos chegam a esquecer a autoria humana do mundo social. Como tal, a reificação não está unicamente situada em relação à teoria de Marx do fetichismo da mercadoria. Pelo contrário, afirma-se que toda a realidade social é construída por atores sociais e que a reificação é meramente "um passo extremo no processo de objetificação" (Berger e Luckmann, 1967, p.89). Além disso, pode-se afirmar que somente na medida em que os seres humanos esquecem que a realidade social é construída é que essa realidade consegue atingir alguma permanência. Assim, a reificação torna-se uma característica necessária da sociedade, em vez de ser algo indesejável.

Leitura sugerida: Adorno, Theodor W. 1966 (*1973*): *Negative Dialectics* • Berger, P.L. e Luckmann, Thomas 1961: *The Social Construction of Reality: a Treatise in the Sociology of Knowledge* • Lukács, G. 1923 (*1971*): *History and Class Consciousness: Studies in Marxist Dialetics* • Rose, G. 1978: *The Melancholy Science: an Introduction to the Thought of Theodor W. Adorno* • Thomason, Burke C. 1982: *Making Sense of Reification: Alfred Schutz and Constructionist Theory.*

ANDREW EDGAR

relações industriais A expressão deriva principalmente da obra de um grupo de investigadores norte-americanos, Clark Kerr, John T. Dunlop, Frederick Harbison e Charles A. Myers; na década de 50 eles empreenderam, com o apoio financeiro da Fundação Ford, um vasto programa de pesquisas sobre relações de trabalho, "The Inter-University Study of Labor Problems in Economic Development".

A importância dessa abordagem tem que ser entendida através da pesquisa da escola de relações humanas, levada a efeito por Elton Mayo e seus colegas, com experimentos e observações em grande escala sobre a Western Electric Company a partir de 1927. Entre os seus principais resultados, esses pesquisadores sublinharam a importância das relações entre operários e supervisores. Mayo e seus colegas também descobriram que os operários eram propensos a restringir a produção mesmo que seus salários fossem baseados no nível de produção: o grupo, de modo informal, fixava a produção para cada operário e construía um sistema de controle social. Esse sistema, protegendo os operários de fora para dentro e de dentro para fora, funcionava como um poder informal contra o poder formal dos gerentes (Mayo, 1933 e 1945). Esses dados diferem consideravelmente da idéia de F.W. Taylor de "administração científica", de acordo com a qual a principal motivação dos operários era a maximização da renda. Os estudos da escola de relações humanas, contudo, suscitaram muitos comentários e críticas.

Em comparação com a escola de relações humanas, os investigadores de relações industriais estão orientados para o efeito do meio ambiente extraorganizacional sobre as atitudes de operários e patrões. Para eles, as condições do negócio têm uma influência direta sobre matérias como rotatividade, absenteísmo e exigências trabalhistas. A abordagem de relações industriais considera os operários não só como membros de grupos de trabalho, tal como a abordagem de relações humanas, mas também como membros de outros grupos sociais, mormente os grupos profissionais, as famílias e os grupos econômicos ou políticos. Esse sistema de relações tem efeito sobre as atitudes dos operários em relação ao seu trabalho, em relação aos gerentes ou à organização.

Os teóricos das relações industriais criticam a concepção da empresa como sistema social global, proposta pela escola de relações humanas. Na opinião deles, isso ignora o conflito e glorifica uma estrutura monolítica na qual se presume que a indústria forneça aos indivíduos uma ordem social integrada (Kerr e Fischer, 1957).

J. Dunlop assinala as inter-relações dos atores no sistema social e mostra que as características tecnológicas do local de trabalho são freqüentemente comuns a indústrias inteiras, a setores econômicos inteiros, por vezes para além de fronteiras nacionais, características que se revestem de primordial importância. Para esse autor, a distribuição de poder na sociedade contribui para a estruturação das próprias relações industriais. Dunlop concebe os sindicatos como uma espécie de equivalente das firmas, com líderes sindicais que têm de se adaptar ao mercado de trabalho a fim de maximizar melhor os ganhos dos operários (Dunlop, 1950 e 1958; Dunlop e Whyte, 1950).

Os estudos de relações industriais mostram que as atitudes dos operários dependem de fatores muito além do controle dos empregadores e que os protestos dos operários têm um impacto positivo no processo de industrialização (Kerr et al., 1960). Eles discordam da concepção de um movimento trabalhista como resposta ao capitalismo e consideram esse movimento como um todo, oferecendo uma análise muito mais ampla que os seus predecessores. Analisam-no como uma resposta à INDUSTRIALIZAÇÃO, em suas dimensões econômicas e sociais. Assim, os meios de ação e organização dos movimentos trabalhistas têm de ser entendidos em função de diferentes aspectos da industrialização, como o mercado de trabalho, as fontes de investimentos, o ritmo de desenvolvimento ou os tipos de governantes.

Os estudos de C. Kerr e seus colegas deram origem à teoria da convergência, na qual o mundo era percebido como ingressando na "era da industrialização total".

As obras de E. Mayo deram lugar a outras críticas e desenvolvimentos teóricos. Por um lado, a sociologia das organizações é uma tentativa de explicar as relações complexas entre estrutura organizacional e informal (por exemplo, Gouldner, 1954; Etzioni, 1961, Crozier, 1964). Por outro lado, há a *sociologie du travail* (sociologia do trabalho) francesa, na qual o trabalho passa a ser uma manifestação das relações sociais (Friedmann e Naville, 1961-2). Em uma análise mais ampla, o conflito converte-se em um dos principais temas, com os atores sociais lutando pelo controle do desenvolvimento social: o campo aberto para a negociação é ilimitado (Touraine, 1965).

Ver também COMPORTAMENTO ORGANIZACIONAL.

Leitura sugerida: Dunlop, John T. 1958*: Industrial Relations Systems* • Etzioni, Amitai 1961: *A Comparative Analysis of Complex Organizations: On Power, Involvement and their Correlates* • Gouldner, A.W. 1954: *Patterns of Industrial Bureaucracy* • Kerr, Clark, Dunlop, John T., Harbison, Frederick e Myers, Charles A. 1960 (*1973*): *Industrialism and Industrial Man: the Problems of Labour and Management in Economic Growth* • Mayo, Elton 1933 (*1946*): *The Human Problems of an Industrial Civilization* 2ªed. o 1945: *The Social Problems of an Industrial Civilization.*

SYLVAINE TRINH

relações internacionais Todos os fenômenos sociais não confinados em um único estado — as relações mútuas entre estados, as ações de entidades não estatais, como organizações internacionais, empresas multinacionais e movimentos religiosos, e o impacto de abstrações como a economia internacional — enquadram-se no âmbito das relações internacionais. O seu estudo foi estimulado, no presente século, por acontecimentos como as duas guerras mundiais, a Revolução Russa e suas repercussões globais, o colapso econômico de 1931, a invenção de armas nucleares em 1945 e seu aparentemente interminável refinamento, a descolonização da Ásia, África e outros lugares, o subseqüente confronto entre Norte e Sul, e a multiplicação de novas formas de organização internacional, global e regional, incluindo a Comunidade Européia.

Durante e após a Primeira Guerra Mundial, as relações internacionais, como objeto de estudo, foram freqüentemente vistas como servidoras do INTERNACIONALISMO, encarregado de ajudar os estados a civilizarem a conduta de suas relações mútuas e a evitarem guerras futuras. Nessa perspectiva, que veio a ser conhecida como "racionalismo" ou "utopismo", conferia-se muita ênfase à necessidade de sustentar e ampliar as regras e procedimentos da Liga das Nações. Com a eclosão da Segunda Guerra Mundial e, pouco depois, da Guerra da Coréia, em que 16 estados, sob a bandeira das Nações Unidas, se alinharam à República da Coréia (Coréia do Sul), o "racionalismo" viu-se alvo de fulminantes ataques desfechados pelos "realistas" e, em particular, por E.H. Carr e Hans Morgenthau.

Carr vinha insistindo há muito em que as regras de conduta política e econômica da Liga refletiam não a harmonia subjacente de interesses entre estados, mas simplesmente as dos que eram mais fortes e "satisfeitos" desde o início. Quando os que antes eram fracos adquiriram força, passaram naturalmente a desafiar essas regras. Para os "satisfeitos", a sabedoria estava, não em tratar todo e qualquer desafio como um crime, mas em decidir a quem resistir e com quem acomodar-se; "uma política externa bem-sucedida deve oscilar entre os pólos evidentemente opostos da força e do apaziguamento" (1939, cap.13). Para Hans Morgenthau (1951), a "necessidade política" e o "dever moral" ditavam que o único guia para a política externa devia ser o interesse nacional. Na Guerra da Coréia, seduzidos pela noção de agressão norte-coreana e da suposta obrigação de resistir a ela, os Estados Unidos, sustentou Morgenthau, tinham posto de lado essa verdade central.

Assim, os realistas promoveram a ênfase mais nos estados do que nas organizações internacionais ou em outros atores não-estatais; mais nos interesses daqueles do que nas suas doutrinas ou as crenças dos seus líderes; na normalidade da força e, por conseguinte, na importância de considerações estratégicas; na distribuição de poder no sistema internacional e na necessidade de obter ou manter um "equilíbrio". Nas décadas que se seguiram todas essas facetas do realismo foram vigorosamente desafiadas.

Inicialmente, porém, o debate em torno da substância foi ofuscado por outro sobre o método. Em vez de substituírem um conjunto de dogmas e prescrições por outro, afirmou-se, os especialistas deveria investigar a realidade das relações internacionais aplicando as técnicas e a filosofia da ciência, de acordo com as quais as teorias se mantêm ou caem de acordo com o peso das evidências empíricas pró ou contra elas, e os conceitos são definidos tão rigorosamente que, antes de se iniciar uma investigação, já está claro que conclusões se consideram favoráveis a uma dada teoria ou hipótese e quais lhe são contrárias, de modo que outros possam reproduzir a investigação. As relações internacionais também foram amplamente consideradas como nada mais que um caso especial de relações humanas, ao qual deviam aplicar-se as conclusões adequadamente modificadas de outras ciências sociais, com destaque para a ciência econômica, a sociologia e a psicologia. A abordagem científica faz muito uso de modelos, ou seja, tentativas de retratar o processo causal subentendido em uma teoria de forma abstrata e, com freqüência, matemática, e assim pôr em foco os pressupostos empíricos em que se assenta.

A obra de Lewis Fry Richardson sobre a GUERRA foi uma precursora desse modo de investigação e sua publicação póstuma em forma de livro coincidiu com o aparecimento de muitas obras novas e importantes nessa mesma linha (Kaplan, 1957; Rapoport, 1960; Boulding, 1962). Na subseqüente controvérsia metodológica, cujo tom é bem captado em Knorr e Rousseau (1969), o estudo de Hedley Bull "International theory: the case for a classical approach" (publicado naquele volume) foi um manifesto ponto de reagrupamento para os tradicionalistas. Em conjunto, os cientistas venceram, pelo menos na medida em que os méritos de suas contribuições sobre o assunto foram reconhecidos e aceitos.

Um notável campo para isso foi o dos "sistemas" internacionais, em cujo funcionamento, a estabilidade ou instabilidade, os teóricos detectaram os efeitos de atributos holísticos derivados das tendências comportamentais das unidades que os compõem (tal como os economistas vêem o "mercado" para uma dada mercadoria como um fato holístico derivado mediante a agregação das reações prováveis dos clientes da mercadoria). Kaplan (1957) especificou o que, em sua concepção, eram as diferenças cruciais entre o sistema de "equilíbrio de forças" do século XIX e o "impreciso sistema bipolar" pós-1945, e examinou mais quatro sistemas que poderiam concebivelmente surgir. Deutsch e Singer (1964) afirmaram que, em geral, os sistemas multipolares tinham maiores possibilidades de serem estáveis e pacíficos do que os bipolares; Waltz (1979, cap.8) sustentou o inverso. Embora difícil, é possível e instrutivo descrever os diferentes pressupostos que levam a tais conclusões diametralmente opostas.

A substância do realismo foi alvo de ataques provenientes de quatro áreas principais. Primeiro, as teorias da sociedade internacional, entre elas a de Bull (1977), afirmaram existir mais nas relações entre estados do que uma incessante luta pelo poder. Bull, seguindo uma classificação que Martin Wight tinha usado em suas aulas na London School of Economics, delineou três tradições de pensamento acerca de relações internacionais: a hobbesiana, correspondente ao realismo; a kantiana, uma concepção "revolucionária" baseada na centralidade dos vínculos transacionais que tornam os povos, como povos, parte da comunidade humana; e a grociana (do jurista do século XVII Hugo Grotius), afirmando a existência de uma sociedade de estados ligada por um conjunto de normas manifestas no direito internacional e na diplomacia. Embora reconhecendo que elementos de todas as três tradições eram discerníveis no mundo contemporâneo, Bull considerou que a concepção grociana era a predominante. De uma perspectiva um tanto diferente, Keohane e Nye (1977) reforçaram essa crítica do realismo ao mostrar que os "regimes" internacionais — as regras aceitas como aplicáveis a um dado conjunto de questões internacionais — não refletiram simplesmente as preferências dos mais poderosos.

Um segundo alvo foi a asserção de que os estados são e, no futuro previsível, continuarão sendo os atores centrais das relações internacionais. Para atacá-la, Herz (1959) usou um axioma realista, na verdade hobbesiano, que diz que as lealdades políticas somente são dadas em troca de segurança. Uma vez que a guerra econômica, a penetração ideológica, o bombardeio aéreo e, finalmente, a invenção de armas nucleares tinham tornado o estado vulnerável e indefensável, Herz proclamou a sua extinção. Como ele próprio admitiu mais tarde, esse obituário foi prematuro. De fato, os estados tinham se tornado vulneráveis a movimentos separatistas violentos e ao terrorismo transnacional, mas, em grande medida, sobreviveram, não porque fossem defensáveis, mas, em parte porque as redes organizacionais que os sustentavam permaneciam em plena atividade, capazes de cortar as asas da maioria dos atores alternativos, e, também em parte, em função daquilo que os cidadãos da maioria dos estados têm em comum — cultura, religião, língua, raça ou até um senso puramente subjetivo de identidade comum. O defeito está na premissa hobbesiana.

Não obstante, embora a substituição de estados territoriais por um governo mundial não esteja nem remotamente à vista, eles passaram a dividir seus poderes, em significativa medida, com outros organismos. Enquanto que outrora os tratados só podiam ser concluídos entre estados, a Lei da Convenção Marítima das Nações Unidas, por exemplo, teve que ser franqueada para assinatura não apenas por membros da Comunidade Européia, mas também pela própria Comunidade, em função das Normas de Direito de Pesca em Águas Internacionais, que eram centralmente administradas pela última. Também quase todas as partes signatárias da Convenção Européia sobre Direitos Humanos, no que uma geração antes teria parecido um cerceamento inconcebível de sua soberania, aceitaram o direito de seus cidadãos de apelar para um organismo internacional capaz de derrubar decisões dos supremos tribunais de seus respectivos países e até mesmo de anular legislações nacionais incompatíveis com a Convenção.

O "interesse nacional" foi o alvo do terceiro desafio ao realismo. A abordagem cibernética de Karl Deutsch (1963) tentou uma explicação mais fundamental da política estatal. À semelhança de outros atores, os estados, quando reagem a circunstâncias em constante mudança, necessitam manifestamente de combinar a receptividade a novos interesses e a novos valores com a fidelidade aos antigos. O seu desempenho, como o dos motoristas, depende substancialmente das redes de comunicação à disposição dos detentores do poder decisório: de até onde podem enxergar à sua frente ("direção"), com que rapidez suas decisões são implementadas ("defasagem"), quanto dados concorrem para atrair sua atenção ("carga"), com que eles podem ser empregados na direção desejada ("ganho" — uma forma refinada de poder) e com que rapidez e precisão podem avaliar os resultados de suas decisões (feedback). O estado que não pode enfrentar o seu meio ambiente é o que apresenta maiores probabilidades de recorrer à força em sua forma mais rudimentar, "a capacidade de não ter que aprender". Inversamente, os estados cujos cidadãos estão ligados entre si em uma grande variedade de redes compactas, oficiais c não-oficiais, podem criar "comunidades de segurança" no interior das quais a PAZ esteja assegurada.

Os estados retêm enormes arsenais militares, mas são menos preponderantes do que eram, ou do que o realismo postulava. Suas funções e seu poder estão sendo crescentemente circunscritos por outras camadas de autoridade, intragovernamentais, não-governamentais e locais, freqüentemente em um relacionamento desordenado. Bull advertiu que, se o padrão grociano de uma sociedade de estados fosse assim posto de lado, o que pensava ser improvável, isso poderia dar origem à condição possivelmente mais violenta de um "novo medievalismo".

O quarto ataque ao realismo partiu dos marxistas, que procuraram retratar a sociedade humana, incluindo a sociedade global, da perspectiva dos pobres e dos fracos, na qual as unidades básicas são as classes, não os estados ou nações. Os acontecimentos, porém, não corroboraram algumas asserções marxistas fundamentais, especialmente sobre a guerra, e as explicações do imperialismo e outros aspectos da política externa em função dos interesses econômicos não foram, de modo geral, convincentes, mas a profecia marxista da crescente concentração do poder econômico sob o capitalismo foi confirmada pela aparente falta de limite natural para o tamanho das empresas, e é difícil imaginar que tal poder não acarrete um crescente poder político, sobretudo no Terceiro Mundo.

Tem-se verificado, assim, que o realismo simplificou excessivamente a complexidade das relações internacionais; mas o mesmo ocorre com a maioria das abordagens alternativas. A mais fértil contraparte para isso talvez prove ser a cibernética, a qual nos ensina a avaliar os sistemas políticos e outros em função de sua capacidade de identificar problemas globais e responder-lhes de modo adequado. Qualquer lista de tais problemas, a qual incluiria fomes, epidemias, riscos ambientais, a exaustão de recursos e os constantes perigos de guerra "convencional" ou mesmo nuclear, é inevitavelmente incompleta, o que sublinha a insistência de Deutsch em que o primeiro requisito preliminar de tais sistemas é a "transparência".

Leitura sugerida: Aron, Raymond 1962: *Paix et guerre entre les nations* • Bull, H. 1977: *The Anarchical Society* • Carr, E.H. 1939 (*1964*): *Twenty Years' Crisis* • Claude, I.L. 1962: *Power in International Relations* • Deutsch, K.W. 1963: *The Nerves of Government* • Kaplan, M.A. 1957: *System and Process in International Politics* • Keohane, R.O. e Nye, J.S. 1977: *Power and Independence* • Knorr, K. e Resenau J.N., orgs. 1969: *Contending Approaches to International Politics* • Linklater, A. 1982: *Men and Citizens in the Theory of International Relations* • Wight, M. 1979: *Power Politics.*

RODERICK C. OGLEY

relativismo Se a crença verdadeira é definida como uma crença que condiz com uma realidade independente, o relativismo nega que as crenças possam ser, ou possam ser conhecidas como sendo, verdadeiras nesse sentido. "O que é verdade de um lado dos Pireneus é erro do outro lado", observou Pascal secamente em seus *Pensamentos* (V294), ao comentar a diversidade das crenças morais. O apotegma serve também para captar um relativismo mais amplo, o qual afirma a relatividade de toda a cognição. No entanto, vale a pena começar pelas alegações em defesa do relativismo moral. A verdade ética dentro das sociedades e entre elas é um fato inegável que, embora não prove a inexistência de uma verdade absoluta ou objetiva na ética, tende a sugeri-la. A ascensão da ciência acarretou uma nítida distinção fato/valor, a qual parece resultar na frustração das crenças morais. As ciências sociais oferecem modos de explicar sua variedade como função de sistemas sociais correspondentemente variados. A filosofia pôs em dúvida a própria idéia de conhecimento moral em termos depreciativos por Nietzsche ou analíticos pelo emotivismo. Em suma, as tradicionais pretensões à verdade em ética foram vítimas naturais da "modernidade", com a Razão abalando agora o que antes costumava apoiar.

Entretanto, mesmo na ética o relativismo nem sempre teve o intuito de subverter toda a objetividade. Tal como no caso dos utilitaristas, ele pode pedir apenas que as preferências locais sejam respeitadas, quando se está decidindo o que é certo fazer. Assim, cumpre distinguir um relativismo limitado, o qual, com efeito, injeta um elemento de perspectiva no que pretende continuar sendo um ponto de vista objetivo, de um ceticismo mais radical, o qual contextualiza todo e qualquer ponto de vista a fim de negar que exista seja o que for de objetivo ou universal sob o sol. O primeiro é sintomático do pensamento social no espírito do Iluminismo, o qual trata as crenças e relações humanas como objetivos de estudo científico. O segundo, atraente para os críticos do racionalismo iluminista (ver RACIONALIDADE E RAZÃO), não será meramente destrutivo se abrir caminho para a hermenêutica ou para várias formas de "pós-modernismo". A questão crucial é se um relativismo limitado pode encontrar um lugar defensável de contenção.

A tese da relatividade de toda cognição é mais bem examinada em três estágios. O primeiro é o *relativismo conceitual*, que parte da enorme diversidade de esquemas classificatórios e explicativos. Os fatos da experiência nunca determinam plenamente o que é racional acreditar a respeito da ordem na (ou subjacente à) experiência. Classificar ou explicar é aplicar os conceitos em uso local. Assim, o conceito de "yakt" dos Karam agrupa os morcegos com a minoria dos pássaros, mas exclui os casuares (Bulmer, 1967); a física emprega conceitos como "éter" ou "flogisto" em dado momento e os abandona em outro. Cada esquema de classificação impõe uma grade, escorada por conceitos teóricos que, em última instância, se baseiam em conceitos categóricos como tempo, deidade, causação de mediação. Esse não é um pensamento subversivo, desde que a ciência possa ser distinguida e se demonstre que ela é progressiva. O pensamento subversivo diz que os conceitos categóricos são essencialmente contestáveis dentro do seu próprio esquema conceitual, e que os esquemas conceituais são incomensuráveis, por exemplo, porque se apóiam em "pressupostos absolutos" (Collingwood, 1940) ou "paradigmas" (Kuhn, 1962), os quais têm o status de mitos.

A existência de quaisquer fatos de experiência dados é negada, em segundo lugar, pelo *relativismo perceptivo*. Quine (1960) sustenta que "algo como notícias puras, sem adornos, é coisa que não existe". Mesmo para descrever, temos que interpretar com a ajuda de teorias e em uma linguagem impregnada de teoria. Assim, segundo parece, "o 'mundo real' é, em grande medida, construído com base nos hábitos de linguagem do grupo" (Sapir, 1929), subentendendo-se, talvez, que os que têm teorias ou linguagens profundamente diferentes habitam "mundos diferentes" (Kuhn, 1962; cf. Winch, 1958).

Em terceiro lugar, um irrefreável *relativismo epistêmico* contextualiza até os critérios de verdade e lógica. Se podem existir lógicas fundamentalmente alternativas, então os princípios básicos da lógica aristotélica perdem seu título de serem "as leis do pensamento". Se a verdade é, em última instância, "um exército móvel de metáforas, metonímias e antropomorfismos" e "as verdades são ilusões a cujo respeito esquecemos que isso é que elas são" (Nietzsche, 1873), então é impossível a existência de acessórios cognitivos básicos. A questão é encorajada tanto por disputas filosóficas acerca da verdade, as quais perturbam assim a possibilidade de um critério neutro, quanto pelas provas antropológicas de que, poderíamos dizer ecoando Pascal, o que é uma boa razão (para qualquer crença ou ação) de um lado dos Pireneus é uma péssima razão em qualquer outro lado. Sendo assim, toda cognição é, ao fim e ao cabo, sustentada por si mesma, sem ajuda alguma de fora.

Ao contextualizar ou internalizar o pensamento, estamos tornando-o relativo a quê? As respostas dividem-se, de modo geral, em materialistas e idealistas. As primeiras relacionam a cognição a algo exterior a ela — condicionamento comportamental ou neural, talvez, ou estrutura ou relações sociais, construídas independentemente de quaisquer crenças que elas determinem. As segundas relacionam a cognição com ela própria à maneira de uma rede, internalizando com efeito as relações sociais, ou até mesmo a natureza, também para a rede. Talvez diferentes linguagens sejam, em última análise, diferentes redes. Talvez "o que tem de ser aceito, o dado, seja, por assim dizer, *formas de vida*" (Wittgenstein, 1953). As respostas materialistas envolvem um lugar para pausa, para que o observador científico possa estabelecer aí uma perspectiva relativista, presumivelmente uma que isente o pensamento propriamente científico da contextualização. As respostas idealistas tendem a recusar isenções e, assim, conduzem facilmente, por exemplo, à substituição de toda objetividade tradicional por uma "conversação de humanidade" pós-moderna (Rorty, 1980).

Por um lado, se existe sob o sol alguma coisa universal, isso está longe de ser óbvio. Por outro, a variedade nunca é, em si mesma, uma prova de que todos os pontos de vista são igualmente válidos e, se o fossem, um relativismo global não seria mais válido do que a sua negação. As disputas continuam proliferando, uma vez que uma distinção entre o cognitivo e o social, com o propósito de explicar um em termos do outro, não é fácil de traçar nem de defender.

Leitura sugerida: Bernstein, R. 1983: *Beyond Objectivism and Relativism* • Bulmer, R. 1967: "Why is the cassowary not a bird?". *Man*, NS, 2 • Collingwood, R.G. 1940: *An Essay on Metaphysics* • Hollis, M. e Lukes, S., orgs. 1982: *Rationality and Relativism* • Kuhn, Thomas S. 1962 (*1970*): *Structure of Scientific Revolution* • Nietzsche, F. 1873 (*1954*): "On truth and lie in an extra-moral sense". In *The Portable Nietzsche*, org. por W. Kaufman • Quine, W.V.O. 1960: *Word and Object* • Rorty, R. 1980: *Philosophy and the Mirror of Nature* • Sapir, E. 1929: "The status of linguistics as a science". *Language* 5 • Winch, Peter 1958 (*1976*): *The Idea of a Social Science* • Wittgenstein, Ludwig 1953: *Philosophical Investigations*.

MARTIN HOLLIS

religião Ao se referir a experiências, sentimentos e idéias que indicam a possibilidade de existir uma dimensão cotidiana ou terrena, a religião interessa-se, de modo inconfundível, por questões de significação fundamental, como o sentido da vida, do sofrimento e da morte, e os meios adequados para se manter a esperança em um futuro melhor. Essa outra dimensão, ou dimensão "adicionada", adota formas amplamente diferentes em diferentes culturas e está sujeita, é claro, a diferentes sensibilidades e interpretações dos indivíduos. Não são menores as variações nas formas sociais em que a dimensão religiosa se concretiza. A sedimentação desses significados, adicionados em formas culturais, vivenciais e sociais, durante longos períodos de tempo, ajudou a estabelecer a religião como instituição poderosa e duradoura em virtualmente todas as sociedades conhecidas, embora não seja necessário que os indivíduos a compreendam e aceitem. Em outras palavras, a religião é uma qualidade potencial da experiência humana para a qual nenhum limite pode ser fixado por definição. Pelo contrário, tem lógica pensar a seu respeito em função de graus variáveis de coisas tais como inteligibilidade, significação, formalidade, possibilidade, alcance, proeminência, aplicabilidade, coerência, consistência, sistematização, emocionalidade e integração com outros fenômenos sociais.

Judaísmo, cristianismo e islamismo tendem a dicotomizar o religioso e o secular, tratando-os como domínios categoricamente distintos. Mas o hinduísmo, o budismo, o xintoísmo e numerosas culturas tribais ou populares consideram a religião uma qualidade imanente de toda a existência. Não obstante, todas as religiões simbolizam e "administram" os pontos de disjunção ou continuidade entre os registros secular e religioso do significado por meio de mito, símbolo, ritual, texto sagrado e conceitos de espaço sagrado, tempo, comunidade e ser.

Se for objetado que esse modo abrangente e relativista de conceituar a religião corre o risco de confundir a experiência religiosa com outras espécies de experiências intensas ou profundas, a resposta será que a atribuição de significado religioso é, ela própria, uma variável cultural e, por conseguinte, irá variar com a extensão em que os significados religiosos tenham sido identificados, simbolizados e codificados em qualquer cultura particular. Assim, os significados religiosos de, por exemplo, dar à luz um filho ou ir para a guerra não são fixados, mas, dependendo do contexto, podem ser mais ou menos salientes, sistemáticos ou característicos. Isso quer dizer que não há justificação para confinar o termo "religião" a determinadas crenças ou experiências, se bem que, em coerência com o cânone do agnosticismo metodológico, se deva admitir a possibilidade de que poderes ou agentes não-humanos afetem diretamente os significados atribuídos a eventos humanos.

Uma das principais contribuições do século XX ao entendimento da religião é o reconhecimento de que uma única definição do fenômeno não pode se adequada para todos os fins. Em contraste com as presunçosas caracterizações da religião produzidas por muitos pensadores ocidentais do final do século XIX, tem havido no século atual uma tendência a preferir definições mais nuançadas e mais sensíveis ao crescente volume de conhecimento adquirido sobre culturas que não são as dominadas pelo cristianismo, o judaísmo ou islamismo, e sobre as variedades de expressão religiosa em diferentes níveis de cultura. Assim, enquanto as gerações fundadoras da antropologia e da sociologia pareceram contentar-se em reduzir a religião a uma questão de "teoria geral do mundo" (Karl

Marx), "crença em seres espirituais" (E. Taylor) ou propiciação ou conciliação de poderes superiores aos humanos (J. Frazer), é hoje comum entre os cientistas sociais a adoção de uma abordagem mais relativista e menos intelectualista.

A força do pensamento evolucionista, racionalista e organicista declinou lentamente neste século, mas não existe unanimidade entre os pensadores do século XX. O pensamento corrente enquadra-se, de modo geral, em duas categorias. Por um lado, há pensadores que insistem na necessidade de conceber a religião em termos *substantivos* de crença em certas espécies de espíritos, divindades ou outras formas transcendentes. A definição de Robertson é representativa dessa abordagem:

> Cultura religiosa é o conjunto de crenças e símbolos (e valores que derivam diretamente daí) pertinentes à distinção entre uma realidade empírica e uma superempírica, transcendente, os assuntos do ser transcendente sendo subordinados ao não-empírico (1970, p.47).

Por outro lado, há uma longa tradição de pensamento sobre a religião em termos de suas pretensas *funções* ou propósitos. Exemplo influente dessa abordagem é a afirmação de que "a religião é um sistema de crenças e práticas por meio das quais um grupo de pessoas enfrenta os problemas essenciais da vida humana (Yinger, 1957, p.9).

Embora a abordagem substantiva ofereça a vantagem de parecer ater-se estritamente ao que muitas pessoas relatam sobre religião, também é vulnerável à crítica de que enfatiza arbitrariamente a crença ou o conhecimento, cria uma fronteira artificial entre religião e magia e é insensível às diferenças transculturais entre religiões. Em contraste, a abordagem funcionalista beneficia-se de sua aplicabilidade transcultural e de sua abstração do nível de detalhe empírico, mas também incorre em custos que, segundo os seus críticos, anulam seus benefícios. Em particular, tende a atrair críticas por atribuir teleologia a disposições de caráter social e cultural, por reduzir o significado da religião às suas conseqüências e por dar a entender que tudo que existe deve, somente por essa razão, preencher uma função. As forças e fraquezas relativas dessas abordagens básicas são analisadas em Spiro (1966), Berger (1974) e Bellah (1970).

O século XX presenciou a fruição de disciplinas acadêmicas que representaram a religião de maneiras muito distintas. As disciplinas mais antigas, como história das religiões, teologia e religião comparada, tendem a conceder prioridade aos aspectos filológicos, históricos, filosóficos e doutrinários. Mas a crescente influência do pensamento fenomenológico na década de 30 inspirou estudos mais intuitivos da experiência religiosa, do sagrado ritual e da santidade (ver Otto, 1950; van der Leeuw, 1938; Wach, 1958; Eliade, 1958; Sharpe, 1975). Nesse meio tempo, as abordagens psicológicas e psicanalíticas viram-se favorecidas, mormente entre os especialistas dessas áreas envolvidos no treinamento de profissionais religiosos para funções litúrgicas, de aconselhamento e de assistência social (ver Rieff, 1966). A influência do pensamento sociológico aumentou espetacularmente na década de 60, quando denominações liberais americanas estavam no caminho de perder parte de sua popularidade (Berger, 1961) e quando, inesperadamente, igrejas conservadoras e novos movimentos começaram a crescer em tamanho e impacto público (Kelley, 1972; Wilson, 1976). Mas foi a voga do estruturalismo nas ciências humanas o que deu, provavelmente, um destaque superlativo ao estudo da religião nas formas de mito, ritual, simbolismo e processos de sacralização. Finalmente, os estudos religiosos, como abordagem deliberadamente interdisciplinar, começaram a proliferar na década de 70 e promoveram, em especial, uma atitude mais crítica em relação a questões metodológicas, assim como uma postura orientada mais para os aspectos políticos no contexto cada vez mais multicultural e etnicamente diversificado das sociedades industriais avançadas e para a redescoberta pelas ex-colônias de sua herança religiosa.

Quanto às contribuições que as religiões deram às principais correntes de pensamento do século XX, cumpre reconhecer que elas não estão, provavelmente, entre as influências mais formativas. Quer no nível das ideologias que deram forma a estados-nações e a conflitos internacionais (como o fascismo clerical, a democracia cristã, o nacionalismo hindu ou japonês e o antiimperialismo islâmico), quer no nível das modas cambiantes em filosofia (como a fenomenologia católica, o existencialismo cristão ou as teologias da libertação), as contribuições das idéias e sentimentos religiosos foram, em alguns casos, importantes, mas raramente decisivas. E, pelo menos no mundo ocidental, os temas religiosos têm inspirado relativamente poucas realizações artísticas de notório mérito no século XX.

Esses desenvolvimentos harmonizam-se com as interpretações dominantes da modernidade, a saber, que a religião deixou de servir como o "pálio sagrado" para a existência moderna (Berger, 1967), como o principal instrumento de integração cultural e social (Wilson, 1982) ou como a forma de o sistema social elaborar reflexões sobre a sua própria integridade (Luhmann, 1977). Por outro lado, a religião que não é orientada por uma igreja pode estar ainda implícita em processos básicos de socialização (Luckmann, 1967), e pode funcionar como uma metalinguagem que transcende o domínio dos fatos objetivos (Bellah, 1989) ou que permite que coisas "sérias" sejam ditas de "modo direto" (Fenn, 1981).

Com efeito, quando o século se avizinha do seu fim, há indícios de que o pensamento e o sentimento religiosos podem estar reafirmando-se em relação à possibilidade de comunicação *e* destruição genuinamente globais (Robertson, 1985), e de que temas religiosos estejam voltando à superfície em movimentos sociais preocupados com questões de escala global como a paz, os direitos humanos, o genocídio e a proteção do meio ambiente natural (Beckford, 1989, p.143-65). A religião também está provando ser um veículo notavelmente duradouro e eficaz para o cultivo e a expressão de identidades étnicas e nacionais em países tão diferentes quanto a Polônia, a Nicarágua, o Irã e o Sri Lanka. Dependendo das circunstâncias históricas, os resultados podem ser integradores ou desintegradores.

Ver também CRISTÃ, TEORIA SOCIAL; TEOLOGIA; TEOLOGIA DA LIBERTAÇÃO.

Leitura sugerida: Berger, P.L. 1967: *The Sacred Canopy: Elements of s Sociological Theory of Religion* • Bowker, J. 1973: *The Sense of God* • Durkheim, Émile 1912 (*1968*): *Les formes élémentaires de la vie religieuse* • Glock, C.Y. e Hammond, P.E., orgs. 1973: *Beyond the Classics? Essays in the Scientific Study of Religion* • Smart, N. 1973: *The Science of Religion and the Sociology of Knowledge* • Waardenburg, J., org. 1973-74: *Classical Approaches to the Study of Religion: Aims, Methods and Theories of Research*, 2 vols. • Wilson, B.R. 1982: *Religion in Sociological Perspective*.

JAMES A. BECKFORD

republicanismo A expressão romana *res publica* subentende que as coisas que são públicas devem ser de interesse público: quem deve gerir o estado são os cidadãos ativos, não os reis, as oligarquias aristocráticas ou mesmo um partido. Os cidadãos tratam-se mutuamente como iguais. A cultura pública da política é muito diferente da tomada particular de desisões em autocracias. Mas o corpo de cidadãos, até o presente século, sempre excluiu as mulheres e os escravos, e usualmente excluiu os devedores, os criados e os analfabetos. O republicanismo não é necessariamente democrático, mas é mais participativo no espírito do que o liberalismo individualista.

Maquiavel forneceu a teoria clássica do republicanismo em seus *Dircorsi* (ed. inglesa Crick, *Discourses*, 1970). Um estado é mais forte se pode confiar armas a uma classe de cidadãos. Liberdade significa tolerar conflitos sociais, mas o conflito, se bem administrado, se conduzido mediante concessões mútuas, pode ser uma fonte de energia e de poder; confere vigor à vida política. Essa reformulação realista de um quadro renascentista idealizado da república romana foi imensamente influente, sobretudo na República holandesa, na Suécia, Inglaterra e Escócia das guerras civis, nas colônias britânicas da América do Norte e, sobretudo, na Revolução Francesa. Antonio Gramsci produziu uma variante comunista, em parte para refutar a obsessão de Lenin com o estado *e* o partido, sustentando que a cooperação participativa do trabalhador industrial qualificado era agora a chave para a ascensão e queda das sociedades, em lugar dos cidadãos armados de Maquiavel.

O republicanismo era muito forte no início dos Estados Unidos, onde a ideologia da democracia jeffersoniana se baseava no culto da CIDADANIA ativa, fazendo com que a simplicidade de maneiras, a fala despretensiosa e clara e as virtudes da sinceridade se universalizassem pelo exemplo pessoal. O nome do moderno Partido Republicano nos Estados Unidos é enganoso, como é também o caso do "IRA" (Exército Republicano Irlandês), exceto no sentido estrito de se oporem à Coroa Britânica. Em uma Monarquia o termo tem essa conotação mais estreita. Mas o republicanismo não é necessariamente antimonárquico; é essencialmente aristocrático. O "republicanismo vermelho", na tradição jacobina, é ferozmente igualitário e populista no espírito, em deliberado contraste com o republicanismo burguês, que cuida menos da "soberania popular" e mais do "domínio da lei" e da "constituição". Mas nenhum deles desenvolveu, como o socialismo, uma teoria econômica distributiva; ambos aceitaram a ciência econômica liberal, porque, historicamente, ela tinha substituído a política mercantilista aristocrática.

O republicanismo é compatível com o socialismo democrático e o liberalismo radical, mas é mais bem entendido por contraste com o gênero de liberalismo que vê o estado como garantia dos direitos do indivíduo a levar uma vida privada protegida por salvaguardas jurídicas tanto do próprio estado quanto de terceiros. O espírito republicano diz que essas leis devem ser feitas e mudadas por cidadãos ativos trabalhando em harmonia; o preço da liberdade não é simplesmente a eterna vigilância, mas também a perpétua atividade cívica. Entre o estado e o indivíduo existe o criativo tumulto da SOCIEDADE CIVIL.

Leitura sugerida: Bock, G., Skinner, Q. e Viroli, M., orgs. 1990: *Machiavelli and Republicanism* • Crick, B.R. 1992: *In Defense of Politics*. 3ªed. • Keane, J., org. 1988: *Democracy and Civil Society* • McWilliams, W.C. 1973. *The Idea of Fraternity in America* • Pocock, J.G.A. 1975: • *The Machiavellian Moment: Florentine Political Thought and the Atlantic Republic Tradition* • Williams, G.A. 1989: *Artisans and Sans-Cullotes: Popular Movements in France and Britain during the French Revolution*, 2ªed.

BERNARD CRICK

revisionismo Termo que foi introduzido no pensamento marxista no final do século XIX em referência às reavaliações e reformulações críticas das idéias de Marx e, em particular, das que diziam respeito ao desenvolvimento do capitalismo e à natureza de uma transição para o socialismo. Obteve grande voga no debate revisionista iniciado pelos artigos de Eduard Bernstein (escritos entre 1896 e 1898), depois ampliados em livro (1899), sobre os problemas do socialismo, nos quais ele tentou "tornar claro simplesmente onde Marx está certo e onde está errado". Os principais alvos das críticas de Bernstein eram a teoria do fim do capitalismo pelo "colapso econômico" e a idéia de uma crescente polarização da sociedade entre burguesia e proletariado, acompanhada pela intensificação do conflito de classes. Contra essas doutrinas, que tinham passado a ser parte integrante da ortodoxia marxista, ele afirmou que, a par da concentração de capital em grandes companhias, havia um surto de novas empresas de pequeno e médio porte, o aumento da difusão da propriedade de bens de raiz, a elevação do nível geral de vida, o aumento de número de membros da classe média, o surgimento de um sistema mais complexo e diferenciado de estratificação na sociedade capitalista e a diminuição na escala e intensidade das crises econômicas.

No decorrer desse debate, o revisionismo acabou identificado com o REFORMISMO e com o abandono das metas revolucionárias, ou mesmo de qualquer compromisso forte com a realização do socialismo. Mas os adversários do revisionismo também estavam eles próprios divididos, com Kautsky e os austromarxistas tentando incorporar vários fenômenos novos à visão marxista ortodoxa de desenvolvimento do capitalismo, enquanto Rosa Luxemburgo e Lenin expunham uma doutrina política revolucionária em cujos termos alguns outros críticos do revisionismo eram igualmente tratados, eles próprios, como revisionistas.

A denúncia do revisionismo como contra-revolucionário atingiu o auge com a eclosão da Primeira Guerra Mundial em 1914 e o colapso da Segunda Internacional, e esse uso do termo como injúria foi perpetuado pela consolidação do bolchevismo como nova ortodoxia na União Soviética e logo, depois de 1945, na Europa Oriental. Em finais da década de 80, contudo, era a própria ortodoxia bolchevista que entrava, por sua vez, em colapso, totalmente em sua forma stalinista e em grande medida na forma leninista; e, em perspectiva histórica, o revisionismo pode ser visto agora como uma sucessão de modificações da teoria da sociedade de Marx e de suas implicações para a prática política, resultante de importantes mudanças nas sociedades capitalista e socialista, de determinadas circunstâncias históricas e de alterações nos conhecimentos e nas idéias. O que outrora era chamado revisionismo é hoje mais bem descrito como o desenvolvimento de numerosas e diversas escolas de pensamento marxista (e, de modo mais geral, de pensamento socialista) em resposta a várias mudanças de condições; ou seja, como característica normal no interminável esforço para compreender, através de conceitos de teoria social, uma realidade histórica em permanente mudança.

Leitura sugerida: Bernstein, Eduard 1899 (*1961*): *Evolutionary Socialism* • Gay, Peter 1952: *The Dilemma of Democratic Socialism* • Kolakowski, L. 1978: *Main Currents of Marxism*, vol.2, cap.4 • Labedz, L., org. 1962: *Revisionism.*

TOM BOTTOMORE

revivalismo A idéia de que as tradições religiosas tendem para a entropia, a menos que sejam periodicamente revitalizadas, seja pelo retorno a verdades primitivas ou pela injeção de novas verdades, é central para muitos significados de revivalismo, especialmente em culturas afetadas pelo cristianismo. As renovações, como buscas coletivas de um mundo radicalmente melhor, provêm, portanto, de razões religiosas para a insatisfação comum com o atual estado de coisas. Podem adotar formas tão variadas quanto os movimentos milenaristas, messiânicos, proféticos, nacionalistas, evangélicos ou carismáticos, mas em cada caso a ênfase incide sobre os processos por meio dos quais a vitalidade e a criatividade são instiladas em uma tradição supostamente declinante ou ameaçada. Também foi dito que os movimentos religiosos revivalistas anunciam períodos de reformas sociais de grande alcance e, no caso dos Great Awakenings [Grandes Despertares] americanos, prolongados ciclos de renovação espiritual e reconstrução social (McLoughlin, 1978).

Na elaboração dessas idéias, Barkun (1974) interpretou os movimentos milenaristas como respostas a desastres, enquanto Lanternari (1963) e Worsley (1957) sustentaram que as renovações quiliásticas em sociedades pré-industriais são respostas criativas à exploração e à opressão sócio-econômicas. Outras teorias sublinharam a privação relativa, a busca de caminhos mais curtos para se alcançar rapidamente o poder mágico e curativo, a psicologia do "verdadeiro crente", a dissonância cognitiva e a paranóia coletiva. Entretanto parece haver concordância entre essas interpretações concorrentes em que a renovação bem-sucedida requer o enfraquecimento de velhos significados e compromissos antes de ocorrer a transição para novos valores e identidades (Burridge, 1969). Exceto em sociedades tribais de pequena escala, o revivalismo religioso raramente transforma uma sociedade inteira, sendo mais provável que fique confinado a determinados movimentos, ordens, seitas ou igrejas. Exemplos disso incluem as renovações metodistas na Grã-Bretanha do século XVIII e a série de movimentos revivalistas que transformaram várias igrejas protestantes do Estado de Nova York na primeira metade do século XIX (Cross, 1950).

Nas sociedades industriais avançadas onde o cristianismo tem sido a forma dominante de religião, o revivalismo do século XX tem se limitado a movimentos ocasionais de elevada emoção, sentimentos intensificados de culpa e expressões espontâneas de fé pessoal no poder de Jesus Cristo de redimir o pecado e curar mentes e corpos. Pregadores itinerantes, reuniões campais e arautos das chamas do inferno para os pecadores foram todos precursores do moderno revivalismo protestante, e as inovações atuais incluem a renovação carismática, o televangelismo e a Maioria Moral. A Igreja Católica teve renovações lideradas pelos beneditinos e os cistercienses, e Dolan (1978) documentou a forma especificamente católica de revivalismo nos Estados Unidos do século XIX.

Estudos de atuais campanhas para reafirmar o poder do islã em alguns países também mostram que os ativistas tendem a ter *recuperado*, em vez de adquirido pela primeira vez, suas fortes convicções religiosas. Além disso, os efeitos transformadores do moderno revivalismo tendem a ser efêmeros. Não obstante, e diferentemente da maioria das expectativas a respeito da modernização, as renovações coletivas do fervor islâmico têm desenvolvimentos sociais e políticos poderosamente configurados, por exemplo, no Irã, no Sudão, no Paquistão e na Malásia em um passado recente (Esposito, 1980). O revivalismo hindu também se tornou fator importante na política indiana, e as renovações budistas marcaram a história de muitas nações na Ásia Meridional.

Ver também FUNDAMENTALISMO.

Leitura sugerida: Barkun, M. 1974: *Disaster and the Millennium* • Burridge, K. 1969: *New Heaven, New Earth* • McLoughlin, W. 1959: *Modern Revivalism* o 1978: *Revivals, Awakenings and Reform.*

JAMES A. BECKFORD

revolução No pensamento político, o termo refere-se à tomada ilegal, usualmente violenta, do poder que produz uma mudança fundamental nas instituições de governo. Entretanto o conceito de revolução tem sido usado de muitas maneiras, com algumas variações de significado. "Revolução" usa-se, por vezes, para descrever *qualquer* mudança fundamental, quer seja ou não violenta ou súbita. Nesse sentido, falamos de "Revolução Industrial" ou de "revolução científica". Mudanças fundamentais do governo que ocorrem através de eleições, em lugar de conquistas violentas do poder, também são por vezes descritas como revoluções, por exemplo, a "revolução nazista" na Alemanha em seguida à vitória eleitoral de Hitler em 1933.

Na maioria das revoluções, a tomada do poder depende de sublevações por multidões urbanas ou por camponeses concentrados em áreas rurais. É a essas insurreições a que nos referimos quando mencionamos "revoluções". Em alguns casos, contudo, os grupos populares fazem muito pouco, ao passo que um indivíduo ou um pequeno grupo da elite toma o poder e implementa amplas mudanças políticas (como na revolução turca liderada por Atatürk em 1921, ou na revolução egípcia sob a liderança de Nasser em 1952). Tais eventos são freqüentemente descritos como "revoluções das elites" ou "revoluções de cima para baixo" (Trimberger, 1978).

As revoluções variam em sua amplitude. As que mudam somente as instituições governamentais são denominadas, por vezes, "revoluções políticas". As que também mudam a distribuição da riqueza e do status em uma sociedade — por exemplo, destruindo as vantagens de uma nobreza — são freqüentemente chamadas de "revoluções sociais" ou "grandes revoluções". Quando grupos que pretendem realizar mudanças fundamentais tentam a tomada do poder, mas essa tentativa fracassa, falamos de "revoluções frustradas" como no caso da revolução de 1848 na Alemanha. (Um ataque a um governo com o único objetivo de mudar os governantes ou a política dominante, mas sem tentar qualquer mudança fundamental nas instituições, é usualmente considerado uma "rebelião" em vez de "revolução".)

A revolução é, propriamente falando, mais um processo do que um evento. Há um período inicial em que se avolumam as críticas ao estado e em que os adversários do governo se esforçam por obter o máximo de apoio. Segue-se então um período de confronto entre o governo e seus adversários; isso pode acarretar uma prolongada guerra de guerrilhas ou redundar em uma súbita explosão de tumultos populares. Se o governo fracassa, segue-se um período em que os líderes revolucionários disputam o poder entre si e com os adeptos do antigo regime; esse período inclui comumente guerras civis e internacionais, e com freqüência um período de "terror" interno contra os inimigos da revolução. Uma revolução vitoriosa leva então à consolidação do poder e à construção de novas instituições políticas. Como esse processo pode levar décadas, a datação das revoluções é freqüentemente imprecisa. Entretanto, por questão de comodidade, as revoluções são tipicamente datadas do ano em que cai o antigo regime — portanto, a Revolução Francesa de 1789, a revolução comunista chinesa de 1949 —, muito embora as lutas revolucionárias e a reconstrução do estado possam continuar ainda por várias décadas depois dessas datas.

O conceito de revolução como mudança fundamental é estritamente um desenvolvimento moderno. Da Grécia antiga ao Renascimento, "revolução" significou um movimento cíclico, como a revolução ou rotação dos planetas. Em política, o termo "revolução" também subentendia, portanto, um padrão cíclico, um movimento da aristocracia rumo à democracia e à tirania e de volta, em um círculo interminável. Somente no século XVIII, sobretudo depois da Revolução Francesa de 1789, é que o termo "revolução" passou a se referir a uma mudança permanente e fundamental, em vez de cíclica.

Avaliações morais

O conceito de revolução é freqüentemente usado com implicações tanto morais como descritivas. Muitos pensadores, sobretudo os inspirados em Karl Marx, usam o termo "revolução" para assinalar uma mudança que seja valiosa e progressiva. Em política, isso significa usualmente reduzir a desigualdade e proporcionar maior justiça; em outros campos, quer simplesmente dizer progresso no conhecimento ou na produtividade — como nos casos de "revolução agrícola" ou "revolução da informática". Esses pensadores consideram as revoluções necessárias para se realizar o progresso social; com efeito, sustentam freqüentemente que a revolução é o único caminho para derrubar idéias ou instituições estabelecidas.

Outros, porém, usam o termo para indicar um período de caos, de luta desenfreada pelo poder com conseqüências destrutivas. Vêem a revolução como um violento e perigoso afastamento do curso normal da vida política. Esses pensadores consideram que as revoluções são algo a ser evitado; advogam que a desejada mudança social deve ser conseguida através de uma reforma gradual.

Essa discussão vem de longa data e está longe de ser decidida. Diferentes autores continuam vendo as revoluções com otimismo ou pessimismo, dependendo de sua avaliação individual sobre se os benefícios resultantes da mudança revolucionária compensam os custos. Debates adicionais sobre a natureza das revoluções têm se concentrado em duas questões: por que ocorrem revoluções? O que foi que elas realizaram?

Causas de revolução

Pensar sobre as causas de revolução tornou-se mais refinado ao longo do século XX. Os primeiros pensadores concentraram-se principalmente nas multidões, considerando a revolução o produto de um incontrolado e espontâneo entusiasmo popular. Essa ação da multidão podia ser deflagrada por um surto de penúria econômica ou por um ato particularmente flagrante de corrupção ou opressão governamental.

Nas décadas de 50 e 60 havia grande preocupação com a possibilidade de que revoluções fossem desencadeadas em países que estavam mudando de padrões mais tradicionais para outros mais modernos de vida econômica e política. As populações apanhadas "no meio", entre os velhos estilos de vida e os recém-implantados, eram consideradas incomumente vulneráveis à frustração e ao entusiasmo populares em função da rápida mudança. Havia também preocupação em torno de ideologias — como o comunismo — que pudessem levar multidões a adotar um comportamento extremista e violento. As raízes da revolução eram apontadas na modernização e na subversão ideológica.

Mas na década de 70, sobretudo em resultado da obra de Charles Tilly (1978), os estudiosos da matéria tinham adquirido consciência de que o comportamento da multidão revolucionária não era simplesmente espontâneo ou emocional. Pelo contrário, constatou-se que a atividade revolucionária requeria liderança, organização e mobilização na luta pela realização de objetivos políticos. Esse conceito de "mobilização de recursos" levou os *scholars* a procurarem as causas das revoluções em mudanças de recursos entre grupos politicamente ativos.

Além disso, Theda Skocpol (1979) e Jack Goldstone (1990) chamaram a atenção dos estudiosos para os recursos do estado. Sublinharam que os próprios recursos do estado poderiam ser exauridos pelos custos da guerra ou do desenvolvimento econômico, debilitando o estado e criando oportunidades para os seus opositores. Além disso, assinalaram que os conflitos no seio da elite política e econômica eram freqüentemente cruciais na redução da eficácia do estado em se defender e no fornecimento da liderança para grupos adversários.

A noção que predomina atualmente sobre as causas da revolução está consubstanciada na teoria "estrutural". Essa propõe uma atenção combinada à mobilização de recursos e aos recursos do estado. De acordo com essa concepção, as revoluções só ocorreriam quando uma *combinação* de fatores criasse uma "situação estrutural" favorável à revolução. Tal situação inclui um governo enfraquecido, elites internamente divididas e alienadas, e uma oposição dotada de liderança, recursos (incluindo o apoio popular) e organização. Considera-se que as ideologias revolucionárias — as quais poderiam incluir o comunismo, o liberalismo ou o fundamentalismo islâmico — só são capazes de obter ampla adesão quando surge uma situação estrutural que favorece a revolução.

Conseqüências da revolução

O pensamento sobre as conseqüências da revolução está menos avançado que pensamentos sobre suas causas. Apenas duas conclusões parecem bem estabelecidas. Primeiro, as revoluções produzem geralmente um recrudescimento do poder do estado, porquanto a tendência dos regimes pós-revolucionários é de atacar o problema da fraqueza do estado dotando-o com um exército e uma burocracia muito maiores que no regime pré-revolucionário. Segundo, as revoluções aumentam geralmente a probabilidade de guerras internacionais, uma vez que a mudança de regime em geral resulta na mudança de alianças internacionais. Isso leva com freqüência a testes para avaliar a força e a solidez do novo regime ou das novas alianças, através de uma agressão internacional que pode ser iniciada tanto pelo novo regime quanto por seus adversários.

Sobre um grande número de outras questões importantes, tais como, se as revoluções podem criar democracias estáveis, reduzir a desigualdade ou incentivar o desenvolvimento econômico, as indicações são sumamente ambíguas.

O estudo sistemático dessas matérias está apenas começando.

As metas no tocante às conseqüências são o que diferencia as "rebeliões" das "revoluções". Nas rebeliões, as metas dos adversários do estado não vão usualmente muito além da retificação de um determinado motivo de queixa, ou de forçar uma mudança do pessoal ou da política do estado. Nas revoluções, porém, os opositores do estado são motivados por uma ideologia que descreve as instituições vigentes como fundamentalmente defeituosas ou perversas, necessitando de total substituição ou reconstrução. Embora as causas da rebelião e da revolução possam ser semelhantes — fraqueza do estado, divisões na elite e mobilização popular —, o impacto da ideologia revolucionária sobre a promoção de metas e conseqüências radicais torna as revoluções distintas.

Perspectivas futuras de revolução

Do início até meados do século XX, quando as revoluções eram consideradas o produto de uma reação emocional popular às tensões geradas pela modernização, esperava-se que as revoluções se tornassem menos comuns à medida que o mundo fosse ficando mais racional e desenvolvido. Entretanto a percepção de que as revoluções estão baseadas na busca racional de realização de objetivos políticos, e surgem quando ocorrem transferências de poder entre estados, elites e grupos populares, alterou essa expectativa. As mudanças em tecnologia, política internacional e economia mundial colocam novos recursos nas mãos de vários grupos, ao mesmo tempo em que fortalecem alguns estados e enfraquecem outros. Tais mudanças foram particularmente acentuadas nos países seriamente envolvidos na competição estratégica entre os Estados Unidos e a União Soviética. Assim, revoluções (e tentativas de revolução) têm sido freqüentes no final do século XX — no Irã, Nicarágua, Afeganistão, Polônia, Filipinas — e provavelmente continuarão a ser uma característica recorrente da política mundial.

Ver também AÇÃO COLETIVA; MARXISMO; REVOLUÇÃO PERMANENTE.

Leitura sugerida: Dix, R. 1983: "Varieties of revolution". *Comparative Politics* 15, 281-93 • Eckstein, S. 1982: "The impact of revolution on social welfare in Latin America". *Theory and Society* II, 33-94 • Goldstone, J.A., Gurr, T.R. e Moshiri, F., orgs. 1990: *Revolutions of the Late 20th Century* • Paige, J. 1975: *Agrarian Revolution* • Walton, J. 1984: *Reluctant Rebels.*

JACK A. GOLDSTONE

revolução científico-tecnológica Uma das transformações mais significativas da era moderna foi a revolução na ciência e tecnologia no século XX. Representa uma transformação fundamental na ciência, na ligação entre ciência e tecnologia e nas relações entre ciência e sociedade. As diferenças em relação a épocas anteriores incluem os mecanismos sociais de apoio à pesquisa, os ambientes em que os pesquisadores trabalham, os métodos pelos quais se procede ao seu recrutamento, a organização da pesquisa científico/tecnológica, a maneira como os problemas são formulados, escolhidos ou designados, e as estruturas de recompensa que orientam, em grande parte, a busca de conhecimentos. Em essência, as relações entre ciência e sociedade foram substancialmente alteradas neste século, e um aspecto disso está nos crescentes esforços para ligar a ciência mais estreitamente à tecnologia, na tentativa de realizar metas econômicas ou outros objetivos nacionais.

Como ocorre com a maioria das transformações que afetam a esfera intelectual, transcorrerá ainda algum tempo antes que toda a importância e todo o significado da revolução sejam reconhecidos e interpretados. Entretanto, mesmo antes que ela tenha concluído seu curso, é evidente que não só a ciência e a tecnologia foram afetadas, mas também todo o processo pelo qual o pensamento social adquire forma e — na verdade — talvez a própria substância do futuro pensamento social.

A revolução científica anterior, no começo da era moderna, fornece uma útil base de comparação. A revolução dos séculos XVI e XVII foi uma revolução cognitiva. Transformaram-se os modos de pensar sobre a natureza, os tipos de perguntas formuladas e os métodos de buscar respostas (válidas). Antes dos cientistas dessa era, a escolástica reinava como senhora absoluta — com seu culto do pensamento clássico antigo e seu desdém pelo trabalho empírico. Com essa revolução científica veio a formulação de teorias (idealmente expressas em termos matemáticos) testáveis por observações empíricas (obtidas, onde possível, a partir de experimentos). A obra de Galileu, no século XVII, foi uma contribuição pioneira que estimulou, materializou e definiu essa revolução científica. Mudanças políticas acompanharam essa revolução cognitiva e, em última instância, a ciência ganhou alguma independência em relação à supervisão do estado (na época, da Igreja).

Depois surgiram ou amadureceram ciências mais novas, mas, embora pudessem ter variado de perspectiva ou abordagem em relação às ciências anteriormente estabelecidas, cada uma delas era formada em conformidade com o padrão de teoria-observação, cada uma delas era um produto da revolução anterior. Exemplos incluem a epidemiologia, a ciência médica e a ecologia. O mesmo pode ser dito da aplicação de métodos científicos ao estudo da sociedade, incluindo o uso de experimentos deliberadamente planejados de natureza social ou econômica. Nesse caso, são feitas suposições simplificadoras acerca da natureza dos atores sociais, e o pressuposto é que a pesquisa social orientada por padrão teoria-observação adequadamente adaptado pode levar a um melhor entendimento da ação social — em média — e da sociedade.

Em contraste, a recente revolução científica e tecnológica teve um caráter inteiramente diferente. Sob o confuso frenesi de descobertas e invenções aparentemente infindáveis, houve uma revolução na organização. O que mudou mais radicalmente neste século foi a organização social da ciência, e é isso o que constitui uma transformação fundamental. Muitas das tendências que culminaram na atual revolução — como a maior especialização, a ligação mais estreita entre ciência e estado — vinham sendo visíveis há algum tempo. No século atual, porém, mudanças interligadas de natureza cumulativa produziram um efeito de limiar — uma revolução em ciência e tecnologia.

Em sua forma geral, essa nova revolução foi conseqüência do impulso pela racionalidade que foi uma força motivadora da ascensão do Ocidente, em especial desde a Reforma protestante (ver também ÉTICA PROTESTANTE, TESE DA). Os métodos de contabilidade que tornaram possível a empresa capitalista foram ampliados e aplicados inicialmente à tecnologia e depois à ciência. Conceitos que antes se pensava pertencerem ao mundo dos negócios — contratos, orçamentos de tempo e gerência de tempo, produtividade, fluxos de produção, propriedade etc. — passaram a figurar com destaque na administração (agora gerência) da ciência e da tecnologia. Além disso, em muitas sociedades, a relevância — especialmente a relevância para a prosperidade econômica dos que contribuem para o financiamento de pesquisas através de seus impostos, cujo grau de satisfação pode determinar o destino dos governos em sociedades democráticas — tornou-se um critério de alguma importância na avaliação da ciência.

A incansável busca de racionalidade econômica em parte alguma foi mais evidente do que na burocratização da pesquisa. Para os cientistas, no plano individual, isso significou uma transformação de exploradores independentes em empregados bem-posicionados na escala hierárquica de carreiras em grandes organizações, de profissionais ecléticos de amplo espectro em especialistas cada vez mais restritos e de participantes pessoais em comunidades autoreguladoras em membros anônimos de grandes associações. (Ver também BUROCRACIA.)

Historicamente, numerosos fatores têm ajudado a alimentar essa revolução. Por exemplo, o reconhecimento — sobretudo a partir do começo do século XX — de que a tecnologia e a ciência podiam ser utilizadas para a produção de armas forneceu um estímulo à revolução e, em considerável medida, orientou o seu curso subseqüente. Quando cientistas ou engenheiros, estudando a natureza da matéria ou de materiais, puderam fornecer um *expertise* útil para projetar e criar armas vencedoras de guerras, tornou-se necessário pouco esforço para convencer governos a prover a amplo financiamento. Além disso, a crença de que a ciência e a tecnologia podiam elevar consideravelmente o bem-estar das nações, definido em termos materiais e medido com indicadores econômicos, serviu de estímulo adicional para a transformação da ciência e da tecnologia. (Ver também CRESCIMENTO ECONÔMICO.)

O resultado foi que a ciência e a tecnologia têm recebido mais apoio financeiro do que nunca e que a pesquisa tem sido executada em laboratórios industriais ou governamentais em uma extensão muito maior do que antes, freqüentemente com sua direção determinada de antemão por decisões organizacionais ou em cumprimento de obrigações contratuais. A pesquisa, dentro e fora das universidades, converteu-se em grande parte em pesquisa de equipe, e o empreendimento científico-tecnológico justificou-se em termos de produção... de patentes, de publicações, de pessoal. O foco da pesquisa transferiu-se do problema científico para o artigo ou ensaio publicado ou para a patente. Enquanto que em tempos passados um cientista ou tecnólogo — um pensador independente — podia debater-se com um único problema durante alguns anos, as exigências de prestação de contas impostas às organizações (e aos seus empregados) e as aspirações de carreira dos homens e mulheres de ciência e tecnologia combinaram-se para assegurar a ampla aceitação dos números de publicações ou patentes (e/ou contagem do total de páginas, ou pedidos de bolsas bem-sucedidos, ou contratos, ou citações, ou estudantes) por ano como indicadores válidos de adequadas taxas de produção.

Qualquer consideração da revolução científico-tecnológica do século XX deve reconhecer uma de suas principais características: seu evidente sucesso. Quer os problemas tenham sido indicados por grandes empresas capitalistas ou pelo estado, ou escolhidos por sua pertinência para os interesses do momento, disciplinares ou sociais, a ciência e a tecnologia têm se mostrado, no seu todo, notavelmente capacitadas a oferecer soluções aceitas pela grande maioria.

Uma questão crítica, porém, é se essa organização social presente permitirá as espécies de transformações no pensamento científico e social associadas a cientistas pioneiros da estirpe de Copérnico, Kepler, Galileu, Newton, Faraday, Snow, Darwin, Mendel, Pasteur e Einstein, ou a Adam Smith, Marx, Durkheim, Weber e outros fecundos cientistas sociais.

Como está claro que a organização social da ciência e da tecnologia usualmente não estimula — na verdade, desencoraja com freqüência — o trabalho realmente inovador, uma tese sombria vem à tona. Em termos simples: como a população humana — crescendo em números e em consumo material — exerce uma pressão cada vez maior sobre os limites da capacidade do ecossistema planetário, surgem problemas sérios e aumenta a pressão para que a ciência e a tecnologia produzam soluções. Como resultado da revolução científico-tecnológica do século XX, mecanismos traduzem essa pressão em exigências de maior racionalidade econômica — mais responsabilidade, mais eficiência, mais produtividade — no uso de recursos alocados pela sociedade para pesquisa. Podem resultar níveis mais elevados de produtividade científica-tecnológica, quando medidos por indicadores contemporâneos de desempenho, mas também resultariam inevitavelmente taxas inferiores de descobertas científicas e inovações tecnológicas significativas. Ao fim e ao cabo, acompanhando a transformação de sua organização social, a ciência e a tecnologia não podem produzir suficientes obras de qualidade para sustentar a sociedade industrial. Em essência, a sociedade moderna contém em seus valores fundamentais as sementes de sua própria extinção.

Encarada historicamente, a mesma racionalidade que possibilitou a Revolução Industrial no Ocidente propagou-se de seu foco inicial — predominantemente comercial — para todas as outras áreas da sociedade. Nenhuma área escapou à sua influência. Entretanto, levada ao seu extremo, a racionalidade econômica conduz ao consumo — sem possibilidade de renovação — dos próprios recursos que possibilitaram a sociedade moderna: as contribuições de cientistas, engenheiros, pensadores independentes impelidos por irrefreável curiosidade, por um interesse em idéias motivado pelo simples amor às idéias, por uma paixão por compreender... ou por outras motivações "irracionais" semelhantes. as pessoas com tais motivações não desapareceram, mas a revolução do século XX na organização social — afetando laboratórios empresariais e governamentais, institutos de pesquisa e universidades — define a maioria das pessoas com esses tipos de motivações como improdutivas, não merecedoras de séria consideração ou de apoio financeiro e — na melhor das hipóteses — as marginaliza.

Em última análise, a questão consiste em saber se a organização social da ciência e tecnologia — e da criação de conhecimento, de modo mais geral, permitirá qualquer contribuição efetiva para a revolução no pensamento social e nos valores da sociedade que será requerida com vistas à sobrevivência a longo prazo da espécie humana, com uma razoável qualidade de vida, dentro de seu meio ambiente natural. Como a ciência e tecnologia estão cada vez mais solidamente submetidas à maquinaria de produção do capitalismo atual, como as capacidades críticas de cientistas, engenheiros e — de modo mais geral — intelectuais estão cada vez mais anestesiadas (muitas vezes por suas próprias ambições pessoais de êxito, ou necessidades de sobrevivência, dentro do atual sistema), como as sociedades em todo o planeta se esforçam ao máximo por imitar os modelos de consumo de massa do Ocidente materialista, assim se fecham as janelas de oportunidade possivelmente restantes.

Ver também MUDANÇA TECNOLÓGICA; RACIONALIZAÇÃO; SOCIOLOGIA DA CIÊNCIA; TECNOCRACIA.

Leitura sugerida: Bernard, C. 1865 (*1961*): *An Introduction to the Study of Experimental Medicine* • Harré, R. 1981: *Great Scientific Experiments: Twenty Experiments that Changed our View of the World* • International Sociological Association 1977: *Scientific-Technological Revolution: Social Aspects* • Kanigel, R. 1986: *Appendice to Genius: The Making of a Scientific Dynasty* • Kuhn, Thomas S. 1961: *The Structure of Scientific Revolutions* • Latour, Bruno e Woogar, Steve 1979: *Laboratory Life, The Construction of Scientific Facts* • Lemaine, G., Darmon, G. e Nemer, S. 1982: *Noopolis: les laboratoires de recherche fondamentale: de l'atelier à l'usine* • Martin, B.M., Baker, C.M.A., Manwell, C. e Pugh, C. 1986: *Intellectual Suppression: Australian Case Histories, Analysis and Responses* • Merton, R.K. 1973: *The Sociology of Science: Theorical and Empirical Investigations* • Pirsig, R. 1974: *Zen and the Art of Motorcycle Maintenance: an Inquiry into Values* • Szent-Gyorgyi, A. 1971: "Lookin back". *Perspectives in Biology and Medicine* 15, 1-5.

ALDEN S. KLOVDAHL

revolução gerencial A expressão refere-se, *lato sensu*, ao processo pelo qual a propriedade e o controle da indústria teriam passado, em tese, de empresários e famílias para gerentes profissionais assalariados; também tem sido usada em referência a mudanças na base do domínio político em termos de classes. Nessa última acepção, designa o processo pelo qual uma classe capitalista dominante é substituída por uma nova classe dominante de gerentes financeiros e técnicos.

A mais antiga formulação da tese geral da revolução gerencial na indústria pode ser encontrada na obra de Berle e Means (1912). Esse livro nasceu de uma preocupação nos círculos liberais norte-americanos a respeito do poder industrial exercido por banqueiros de Nova York. Tal preocupação expressou-se na idéia de um "truste monetário" através do qual financistas como J.P. Morgan estavam controlando a indústria na base de grandes participações acionárias, empréstimos e diretorias interligadas. Adolf Berle, advogado independente, e Gardiner Means, economista, foram mais otimistas a esse respeito, considerando que era apenas uma fase no movimento de afastamento do tradicional controle pelo dono e de encaminhamento para um sistema de "controle gerencial" em que as atividades de negócios poderiam ser mais facilmente submetidas ao interesse público. Em 1933, Roosevelt iniciou o New Deal, a sua política econômica e social destinada a superar os problemas econômicos precipitados pelo colapso financeiro de 1929. Berle foi recrutado para o *brain trust* — grupo organizado pelo presidente para realizar estudos e solucionar problemas e que apresentou numerosas idéias e políticas aproveitadas por Roosevelt. desse modo, a tese da revolução gerencial passou a ter um significativo impacto no pensamento oficial e empresarial nos Estados Unidos.

Berle e Means sustentaram que a escala crescente da empresa comercial e industrial significava que as companhias teriam que recorrer a *pools* mais vastos de capital para financiar suas atividades. Por conseguinte, a propriedade das ações das companhias ficaria cada vez mais dispersa. Os donos de uma companhia possuiriam uma percentagem decrescente das ações e deixariam de poder exercer a espécie de controle que era possível quando detinham a propriedade pessoal do empreendimento como um todo. Eles poderiam exercer inicialmente o "controle majoritário", mas, quando sua participação acionária ficasse abaixo de 50%, passariam a exercer somente um "controle minoritário". Finalmente, seus valores mobiliários se tornariam tão diminutos que eles desapareceriam na massa de pequenos acionistas. Nessa situação, o capital é subscrito por um grande número de indivíduos, cada qual com uma percentagem muito pequena do total, e nenhum acionista possui suficientes ações para exercer o controle da companhia. Os diretores e principais executivos — a "gerência" — deixam de ser coagidos pelos interesses dos seus acionistas e é concretizado o "controle gerencial".

A obra de James Burnham (1941) deu uma inclinação mais radical a essa tese, ao considerá-la a base da ascensão ao poder de uma nova classe dominante. Burnham afirmou que o crescimento da empresa era mais que uma simples questão de escala. Havia também uma crescente complexidade técnica dos meios de produção, e o autor sustentou que o controle sobre a indústria estava se transferindo dos grupos dependentes da estrutura da propriedade e lucratividade privadas (acionistas e financistas) para os que possuem as necessárias qualificações e os conhecimentos indispensáveis para dirigir os novos meios de produção. Qualificações organizacionais e conhecimentos técnicos constituíam a base do poder gerencial. Burnham considerou que a base de conhecimento dos gerentes está expressa na nova CIÊNCIA DA ADMINISTRAÇÃO. O poder dos gerentes na indústria confere-lhes um papel de destaque na sociedade como agentes de um sistema de propriedade estatal em evolução — o seu poder na indústria corresponde ao crescente poder dos "gerentes" no estado. As vastas e complexas burocracias do estado moderno, sustentou ele, exigiam administradores altamente qualificados que suplantassem cada vez mais os políticos eleitos no preenchimento de cargos. Portanto, a revolução gerencial foi o processo pelo qual os gerentes na indústria e no estado consolidaram seu poder e se tornaram uma nova classe governante. Burnham, escrevendo na década de 40, percebeu que isso tinha sido realizado na União Soviética, na Itália fascista e na Alemanha nazista. A Grã-Bretanha e os Estados Unidos, afirmou ele, caminhariam em breve na mesma direção.

No período do pós-guerra a tese de Burnham foi especialmente influente entre os analistas dos estados comunistas emergentes, encontrando sua expressão em várias noções de "totalitarismo" e na conceituação por Djilas (1957) da nova classe burocrática da Europa Oriental. Entre os autores sobre o capitalismo ocidental, contudo, foi a formulação de Berle e Means a mais influente de todas. Essa concepção estava associada, porém, à afirmação de que a revolução gerencial estava transformando a sociedade industrial e criando uma nova sociedade em que não haveria divisões de classe. Os gerentes, na opinião de autores tão diversos quanto Bell (1961) e Galbraith (1967), eram meramente os ocupantes atuais de posições em um sistema aberto e meritocrático. Elevadas taxas de mobilidade social asseguravam que eles não formariam uma classe social fechada, e seu isolamento das exigências de propriedade e lucro garantiam que iriam atuar no interesse social geral. Essa concepção da SOCIEDADE PÓS-INDUSTRIAL tornou-se, na maior parte das décadas de 50 e 60, a principal perspectiva sociológica sobre a sociedade moderna.

A tese da revolução gerencial, conforme expressa nas teorias da sociedade pós-industrial, tem sido alvo de consideráveis críticas nos últimos 20 anos. Provou-se que era infundada a crença em que a participação acionária estava se tornando irrelevante para o controle. A situação observada por Berle e Means no início da década de 30 foi, na melhor das hipóteses, um período transitório. Desde essa época tem se registrado um maciço crescimento das carteiras acionárias de instituições financeiras — bancos, companhias de seguro e fundos de pensões. A posse de ações tornou-se mais concentrada, não mais disseminada. Isso aumentou o poder de diretores das principais instituições financeiras, que compreendem um "círculo restrito" de líderes empresariais (Zeitlin, 1989; Useem, 1984). As pesquisas também indicaram que o evolucionismo e a inevitabilidade da posição gerencialista devem ser questionadas e se deve dar mais atenção às variações entre países em suas respectivas experiências de desenvolvimento da administração empresarial (Scott, 1985).

Leitura sugerida: Berle, A.A. e Means, G.C. 1932: *The Modern Cooperative and Private Property* • Burnham, J. 1941: *The Managerial Revolution* • Florence, P.S. 1951: *Ownership, Control and Success in Large Companies* • Gordon D. 1945: *Business Leadership in Large Corporations* • Herman, E.O. 1981: *Corporate Control, Corporate Power* • Mintz, B. e Schwartz, M. 1985: *The Power Structure of American Business* • Scott, John 1985: *Corporations, Classes, and Capitalism*, 2ªed. o 1986: *Capitalist Property and Financial Power* • Useem, M. 1984: *The Inner Circle* • Zeitlin, M.R. 1989: *The Large Corporation and Contemporary Classes.*

JOHN SCOTT

revolução permanente Esta expressão passou a representar a conjunção, em um processo contínuo, de dois tipos de transformação revolucionária. De origem obscura, foi introduzida no pensamento marxista pelo próprio Karl Marx. Mas a teoria completa da revolução permanente está associada ao nome de Leon Trotsky que, desde 1905 até sua morte em 1940, desenvolveu, defendeu e sistematizou a idéia dessa transformação revolucionária dupla para países em estágio inicial de desenvolvimento capitalista.

A própria expressão não é inteiramente adequada para o significado que adquiriu, parecendo apontar, antes, uma perspectiva de interminável convulsão política e social ou de mudança radical. Exceto quando caricaturada por adversários, contudo, a expressão não foi proposta com esse sentido. O exame por Marx das perspectivas da Alemanha em meados do século XIX indica os temas principais. Uma REVOLUÇÃO meramente democrática, ou "democrático-burguesa" — ou seja, uma revolução dirigida contra a autocracia política e as relações econômicas pré-capitalistas — era, pensava ele, problemática naquele país, uma vez que ao principal beneficiário de tal revolução parcial, a burguesia, faltava a vontade política para levá-la adiante, por causa do medo que sentia da classe abaixo dela, o proletariado. Este último, como a única classe verdadeiramente radical, podia e devia tomar a iniciativa: lutar embora não apenas pela revolução democrática que era necessária para uma Alemanha ainda atrasada libertar-se da herança da Idade Média, mas para uma emancipação mais completa, envolvendo a abolição da propriedade privada e das classes. Foi a junção dessas duas etapas revolucionárias — a democrático-burguesa e a socialista — em um processo mais ou menos ininterrupto que constituía a "permanência" da revolução. Marx também previu que os esforços políticos do operariado alemão seriam ajudados por uma vitória do proletariado na França.

Apesar da presença desses temas na obra de Marx, foi um ponto de vista diferente, que também pode ser nela encontrado, que veio a definir a "ortodoxia" marxista e, concomitantemente, a expectativa comum dos marxistas russos nos primeiro anos do século XX. Esse ponto de vista dizia que, antes de as relações econômicas existentes poderem ser substituídas por outras mais avançadas, já deviam ter amadurecido as forças e condições materiais apropriadas. O socialismo deve basear-se em um alto nível de progresso capitalista. Assim, as duas principais correntes no interior do movimento socialista russo, embora discordassem acerca do papel do proletariado em uma futura revolução russa — os bolcheviques vendo-o em um papel de liderança, os mencheviques em um papel meramente coadjuvante —, estavam unidas em pensar que essa revolução só podia ser democrático-burguesa no conteúdo: seus objetivos, em um país atrasado e predominantemente agrário, tinham que ser a democracia política e um período de desenvolvimento econômico e social capitalista, como uma etapa distinta anterior a qualquer revolução socialista.

Nessa relativa harmonia, uma única voz projetou uma nota discordante. O que para Marx fora apenas uma linha ocasional de pensamento recebia agora uma base independente fornecida pelo jovem Trotsky; a resultante teoria da revolução permanente serviu-lhe como diretriz para o resto da vida. Formulada inicialmente depois da derrotada revolução russa de 1905, seu ponto de partida foi o que Trotsky chamaria mais tarde a "lei do desenvolvimento combinado e desigual". O grau e o ritmo desiguais do desenvolvimento capitalista em países diferentes, em conjunto com a tendência do capitalismo a transpor fronteiras nacionais, levando consigo seus produtos, seus métodos, sua tecnologia e suas comunicações, tinham o efeito, em regiões economicamente menos desenvolvidas, sustentou ele, de produzir uma distinta "combinação" histórica: de arcaicas estruturas sociais e políticas pré-capitalistas, por um lado, com um relativamente avançado, embora pequeno, setor de indústria capitalista, por outro. A Rússia estava nesse caso: lá o capitalismo tinha sido promovido pelo próprio estado e acelerado pelo investimento estrangeiro que ele encorajava. Os mais modernos métodos de produção tinham sido projetados subitamente em um meio economicamente atrasado, em vez de se desenvolverem organicamente com a evolução mais gradual de uma classe empresarial nacional. Por conseguinte, a burguesia e o liberalismo russos eram fracos e temerosos de uma revolução popular, enquanto que a classe operária estava altamente concentrada, era politicamente militante e autoconfiante. Embora pequena, essa classe teria, sustentava Trotsky, que liderar os camponeses contra o czarismo; o campesinato era extremamente heterogêneo e estava geograficamente disperso demais para poder ele próprio assumir a liderança.

Foi a partir dessa hipótese da liderança política proletária na Rússia que Trotsky derivou a então heterodoxa projeção de que a primeira revolução anticapitalista poderia muito bem ocorrer fora do mundo capitalista avançado. Pois se os representantes da classe operária chegassem ao poder através da revolução, eles não poderiam limitar-se a realizar os objetivos de um programa democrático-burguês. A dinâmica da luta de classes oporia importantes forças burguesas até mesmo a esse programa "mínimo", compelindo a classe operária a atacar as próprias bases da riqueza e do poder capitalistas, se a revolução não quisesse fracassar em seus mais elementares objetivos. Não haveria, portanto, qualquer divisão estrita entre as etapas democrático-burguesa e socialista. O conteúdo das duas revoluções iria fundir-se em um só.

Se a Rússia, contudo, podia iniciar a transição para o socialismo, não poderia completá-la sozinha. Nesse ponto, Trotsky sustentou a tese marxista ortodoxa de que o socialismo requer uma estrutura internacional e um alto nível de desenvolvimento das forças produtivas. A menos que a revolução na Rússia fosse logo seguida — como ele confiantemente esperava que ocorresse — de revoluções em outros países-chaves europeus, produzindo conjuntamente um projeto internacional de transição socialista, o novo estado dos trabalhadores na Rússia estaria condenado ao fracasso em curto espaço de tempo. Esse era o segundo componente da teoria da revolução permanente: a insistência na urgência de vitórias socialistas em outros países. Menos saliente antes de 1917 do que a discussão em torno da fusão das etapas revolucionárias, tornou-se nas décadas de 20 e 30 um dos temas principais na oposição à defesa por Stalin do "socialismo em um só país".

Apesar de alguns paralelos entre suas próprias concepções sobre a Rússia e as de outros pensadores (Rosa Luxemburgo, por exemplo), acerca da questão crucial da dinâmica anticapitalista da iminente revolução russa, Trotsky permaneceu sozinho entre os marxistas durante mais de uma década. Rejeitando a sua teoria até 1917, Lenin e o Partido Bolchevista que o apoiava adotaram então uma perspectiva idêntica, em todos os aspectos essenciais, à de Trotsky, como o programa da Revolução de Outubro. Isso tem sido negado freqüentemente pelos apologistas do stalinismo e, de modo geral, na tradição do COMUNISMO ortodoxo; mas a negação carece de credibilidade intelectual.

A perspectiva de revolução permanente foi, em um aspecto, notavelmente presciente, antecipando em linhas gerais o que estava realmente para acontecer na Rússia, em face de uma forte e rígida ortodoxia que teria parecido absurdo prever. Nessa perspectiva, ao mesmo tempo — como no marxismo clássico, em termos genéricos —, a facilidade e a rapidez com que a revolução socialista poderia propagar-se de uma arena nacional para outras foram claramente superestimadas. Trotsky, por outro lado, subestimou a capacidade de um regime pós-revolucionário na Rússia sobreviver isolado; tendo preconizado inicialmente a sua queda iminente, viria mais tarde a se referir, em relação ao governo de Stalin, à prolongada degeneração do regime. Mas se a ausência de revoluções socialistas no mundo capitalista avançado deixa, de certo modo, um ponto de interrogação geral sobre a teoria da revolução permanente (como, na verdade, sobre uma expectativa marxista clássica central), os acontecimentos que se desenrolam agora na ex-União Soviética e na Europa Oriental podem, de outra maneira, confirmar tardiamente a teoria, se levarem ao pleno restabelecimento do capitalismo nesses países.

Ver também TROTSKISMO.

Leitura sugerida: Deutscher, I. 1954: *The Prophet Armed; Trotsky; 1879-1921* • Geras, N. 1976: *The Legacy of Rosa Luxemburg* • Knei-Paz, B. 1978: *The Social and Political Thought of Leon Trotsky* • Löwy, M. 1981: *The Politics of Combined and Uneven Development* • Marx, K. 1843 (*1975*): "Contribution to the critique of Hegel's philosophy of law: introduction". In K. Marx e F. Engels, *Collected Works*, vol.3, p.175-87 • Trotsky, L. 1906, 1930 (*1962*): *The Permanent Revolution and Results and Prospects* o 1922 (*1972*): *1905* o 1932 (*1977*): *History of the Russian Revolution.*

NORMAN GERAS

riqueza No moderno pensamento social, o conceito econômico de riqueza — qualquer PROPRIEDADE que tenha um valor negociável ou valor de troca — tem sido normalmente tratado como uma dimensão importante e fundamental da desigualdade social ou econômica, e freqüentemente discutido ou empregado por críticos esquerdistas do capitalismo ou da ordem social existente. Para os marxistas, as concentrações privadas de posses de riquezas são parte integrante do processo de controle pela classe burguesa dos meios de produção, distribuição e troca, e eles em geral têm considerado a questão da posse de riquezas no contexto da propriedade do capital produtivo por uma classe, minimizando a importância de outras formas de patrimônio. Radicais não-marxistas como R.H. Tawney (1880-1962) e Anthony Crosland (1918-77) conferiram maior ênfase ao papel da posse de riquezas, especialmente as concentrações significativas de riqueza herdada, na manutenção da desigualdade política e social das modernas sociedades capitalistas. Uma terceira corrente, representada por cientistas sociais como Thorstein Veblen (1857-1929), Joseph Schumpeter (1882-1950) e C. Wright Mills (1916-62), examinou a categoria social das pessoas ricas, especialmente aquelas com substancial patrimônio herdado. Veblen foi o primeiro a pôr em relevo a exibição vulgar de "consumo conspícuo" entre os ricos; Schumpeter examinou os efeitos pretensamente deletérios da riqueza herdada sobre a capacidade empresarial entre os herdeiros de *self-made men*; Mills formulou o conceito de "elite do poder" para englobar a superposição de pessoal entre o grande empresariado, o governo, os militares e outros elementos que discerniu na América pós-1945.

Economistas e outros, trabalhando a partir de um quadro de referência neoclássico ou keynesiano, têm se dedicado cada vez mais a examinar questões de concentração e distribuição de renda e riqueza sob aspectos de relevância para a teoria social. Na década de 50 Simon Kuznets expôs a teoria — verificada, ao que tudo indica, por pesquisadores subseqüentes como Lee Soltow, Jeffrey Williamson e Peter Lindert — de que a concentração de renda (e, por implicação, de riqueza) em mãos particulares se torna mais desigual durante e imediatamente após o período de industrialização de uma nação e, em seguida, cada vez mais igualizada (em contraste com a teoria marxista clássica). No tocante à Grã-Bretanha, a pesquisa empírica revelou que a má distribuição de renda atingiu o seu ponto máximo no período entre 1870 e 1914, e que a renda foi ficando progressivamente distribuída de forma menos desigual desde o final da Primeira Guerra Mundial. O grau de concentração de posse de riqueza (medida pelo registro de sucessões) acompanhou o de rendas em se tornar mais igual, depois, obviamente, do intervalo de uma geração. Não está esclarecido se isso ocorreu por causa de processos econômicos "naturais" — a criação de uma sociedade afluente de consumo de massa — ou especificamente em função de medidas tributárias redistribucionistas e atividades sindicais.

Os historiadores sociais também têm examinado com crescente freqüência os ricos como categoria social, assim como a evolução da posse de riqueza em sociedades modernas, principalmente por meio dos registros de sucessões e outros dados tributários que permitem adquirir-se o conhecimento da identidade e nível de riqueza de pessoas falecidas. O debate em torno da "ascensão da pequena nobreza rural, a *gentry*", no período inicial da Inglaterra moderna, levado a efeito por R.H. Tawney, Lawrence Stone, J.H. Hexter, Hugh Trevor-Roper e outros, examinou com detalhes as fortunas econômicas da aristocracia e da *gentry* na Grã-Bretanha desde 1800, empreendido por W.D. Rubinstein, mostrou que, na mais importante área industrial da Grã-Bretanha, se adquiria muito mais riquezas nas finanças e no comércio, especialmente na City de Londres, do que em manufaturas; isso ocasionou um debate sobre as implicações do "capitalismo dividido" pela geografia na Grã-Bretanha. Outros estudos das classes médias inglesas, empregando fontes patrimoniais semelhantes, foram publicados por Leonore Davidoff, Catherine Hall e Robert Morris, ao lado de uma literatura em constante aumento sobre os ricos nos Estados Unidos, França, Alemanha e outros países.

Leitura sugerida: Daumard, Adeline 1973: *Les fortunes françaises au XIXe siècle* • Davidoff, Leonore e Hall, Catherine 1986: *Family Fortunes* • Lundberg, Ferdinand 1968: *The Rich and the Super-Rich* • Mills, C.W. 1956: *The Power Elite* • Pessen, Edward 1973: *Riches, Class and Power before the Civil War* o org. 1974: *Three Centuries of Social Mobility in America* o org. 1980: *Wealth and the Wealthy in the Modern World* • Rubinstein, W.D. 1986: *Wealth and Inequality in Britain* • Schumpeter, J.A. 1942 (*1987*): *Capitalism, Socialism and Democracy* • Stone, Lawrence e Stone, Jeanne Fawtier 1984: *An Open Elite? England 1540-1880* • Veblen, Thorstein, 1899 (*1953*): *The Theory of the Leisure Class.*

W.D. RUBINSTEIN

ritual político Como atividade formal ou padronizada tipicamente desempenhada em certos momentos e locais específicos, o ritual difere dos hábitos e costumes por ser simbólico e, com freqüência, dramático, expressando e comunicando não só idéias, mas também poderosos sentimentos. Isso é feito através de cenas, atos e palavras simbólicas que reúnem idéias diversas. Um único símbolo pode freqüentemente representar muitas idéias, e a interpretação do simbolismo ritual é muitas vezes ambígua. Os rituais políticos ocorrem tipicamente diante do público; o que eles expressam e comunicam diz respeito ou ajuda a configurar interesses centrais dos que neles participam e dos que os observam. Desse modo, podem contribuir para determinar o que é politicamente significativo em uma comunidade, representando o seu passado e o seu futuro, bem como as relações sociais dentro dela. (Ver também CULTURA POLÍTICA.)

Os efeitos do ritual político são difíceis de avaliar, mas é provável que sejam cognitivos e emocionais, veiculando certa imagem estereotipada do mundo social e político e das identidades dos que o habitam, por um lado, e, por outro, fortes sentimentos associados a essa imagem, induzindo ou reforçando freqüentemente sólidas lealdades e, por vezes, hostilidades. (Ver também IDENTIDADE.) O resultado pode ser socialmente coesivo ou divisivo. Os rituais políticos podem ser integrativos, um meio de legitimação, inculcando e consolidando uma religião civil como, digamos, se presume que ocorra em cerimônias de coroação ou no Memorial Day, quando os americanos comemoram os seus mortos em guerras (ver Warner, 1959), ou conflitantes, como quando, por exemplo, os Apprentice Boys protestantes desfilam em áreas católicas da Irlanda do Norte ou os estudantes chineses erguem uma Estátua da Liberdade na Praça Tienannen; podem ainda servir para marcar e, assim, reforçar divisões em uma sociedade plural, como nos desfiles étnicos ou nos desfiles comemorativos do 1º de Maio em sociedades capitalistas.

Dizer que os rituais políticos são expressivos não é negar que possam ser instrumental ou estrategicamente usados, seja para consolidar o poder ou resistir a ele, ou a fim de expressar uma oposição limitada à ordem social existente. Além disso, a sua interpretação é, com freqüência, motivo de contestação, até mesmo de luta. Tampouco se suponha que ritual político é "meramente ritual, uma ilusão essencialmente irrelevante para as questões "concretas" da política. Tanto ditadores quanto revolucionários têm acreditado claramente no grande poder de seus efeitos — até mesmo os líderes racionalistas da Revolução Francesa pensaram ser importante estabelecer requintados rituais da Razão, obliterando assim o simbolismo do passado católico (ver o capítulo de L. Hunter in Alexander, 1988).

Os rituais políticos podem ser ocasiões tanto solenes como festivas, como coroações ou desfiles. Podem ser atividades de aparência não-ritual, como as eleições, que são interpretadas então como rituais políticos. E podem ser considerados *aspectos* de atividades políticas ordinárias, como quando se observa, digamos, um aspecto ritual no processo orçamentário.

Leitura sugerida: Edelman, M. 1971: *Politics as Symbolic Action* • Kertzer, D.I. 1988: *Ritual Politics and Power* • Moore, S.E. e Myerhoff, B.G., orgs. 1977: *Secular Ritual.*

STEVEN LUKES

rotulação Em um contexto sociológico ou criminológico, a palavra deveria ser usualmente lida como referência a um conjunto especial de idéias sobre a interação entre linguagem e o eu-mesmo (*self*) na formação da identidade, em particular da identidade desviante. Cumpre ainda assinalar que os mais destacados teóricos da "rotulação" não manifestam realmente grande apreço pelo termo e o associam às simplificações criadas por seus críticos.

A própria teoria da rotulação pode ser tratada como um elemento da sociologia interacionista e fenomenológica simbólica (ver FENOMENOLOGIA; INTERACIONISMO SIMBÓLICO) que foi inserido nas análises de desvio e controle em 1938 por *Crime and the Comunity*, de Tannenbaum, em 1951 por *Social Pathology*, de Lemert, e em 1963 por *Outsiders*, o livro sumamente importante de Becker. É fruto da preocupação interacionista com o eu-mesmo que resultou de uma resposta filosófica a Hegel formulada por C.S. Peirce, J. Dewey, W. James e G.H. Mead (ver PRAGMATISMO).

O eu-mesmo, sustentam os interacionistas, é um processo reflexivo na consciência, uma divisão da subjetividade em fases ligadas, um voltar-se a mente para si mesma de modo a que se torne simultaneamente observadora e observada, "Eu" e "a mim". Manifesta-se na conduta. As pessoas falam sobre si mesmas e sobre as atividades em que estão envolvidas. Podem recordar e rever-se como eram no passado, projetar-se em novas situações, apurar algo de modo a que outros as vejam, ensaiar suas próprias respostas a esses outros e antever o que estes, por sua vez, podem voltar a lhes dizer. Serão definidas por outros, e "assumir o papel do outro" é uma atividade substitutiva que permite uma perspectiva sobre as identidades socialmente situadas de cada um. As pessoas tornam-se sociais nesse processo, entrelaçando-se na ação projetada de outros, incorporando as perspectivas dos outros nas suas próprias. No que foi chamado o "gesto significativo", elas podem assumir múltiplas identidades interatuantes que são encenadas ao longo do tempo; elas mesmas e os outros estão contracenando em um ato que se desenrola por toda parte. Assim, os eus-mesmos criam outros eus-mesmos e por eles são criados, são construídos de modo cooperativo com "outros importantes" que ajudam a definir quem e o que cada um é em um dado momento.

Os eus-mesmos são objetos simbólicos e o principal veículo de objetificação é a linguagem. A linguagem separa, classifica, generaliza, anonimiza, registra e preserva. Permite aos usuários desligarem-se de sua própria subjetividade, coisificando-a. Permite à pessoa reagir a si mesma como reagiria a uma outra. O caráter de um eu-mesmo é fixado pela linguagem; observou Peirce: "A minha linguagem é a soma total de mim". A pessoa pode adotar tantas posturas em relação a si mesma quantos nomes existam, e assumir um novo nome induzirá na pessoa uma transformação de si mesma. O bebedor pode tornar-se um alcoólatra; o magro, um anoréxico; o comedor, um glutão. Os títulos dão forma ao eu-mesmo; contudo, a mera oferta de um título não obriga ninguém a aceitá-lo: uma pessoa é repetidamente bombardeada com ofertas de identidade por parte de associações, partidos, ocupações, críticos e amigos, e não aceita todas elas. O que conta é possuir um senso dos limites, da plausabilidade e das possibilidades dos caracteres que se apresentam, tanto em nós mesmos quanto nos outros; são os efeitos que a mudança pôde operar no mundo social de cada um, a vinculação de cada um à pessoa ou grupo que faz a oferta e a capacidade de cada um de resistir ou se modificar a si-mesmo.

Existe outro modo em que a organização de um eu-mesmo espelha a linguagem. Os interacionistas adotaram a conversação como modelo de sua própria lógica de explicação (ver CONVERSACIONAL, ANÁLISE). A conversação avança à medida que vai produzindo indicações que captam, criam e ordenam a vida social, reage a essas indicações, apóia-se nelas, funde-se, dilui-se nelas e fabrica a sua própria e distinta realidade simbólica. A fala de diferentes pessoas pode combinar-se ao longo do tempo, tornando-se uma forma de propriedade coletiva. Pode reportar-se e responder a si mesma, constituindo-se reflexivamente. Por sua vez, o interacionismo descreve a vida social como sendo ativamente mediada por processos conversacionais que são interativos, dialéticos e emergentes. Examina a interação dentro de si mesmo, entre o "eu" e o "a mim", analisa-a como diálogo. Uma pessoa pode ser ouvida interrogando-se a si mesma, elogiando-se, mostrando-se em comunhão consigo mesma de modo conversacional. É uma pessoa falando com outras.

Como em todas as conversações, uma pessoa raramente recebe uma resposta completa: o conhecimento de si mesma é incompleto, mediado e situado. Está sendo interminavelmente descoberto. A pessoa tenta estabelecer quem é e o que está fazendo captando um relance de seus próprios gestos e as reações que os outros têm a eles. O eu-mesmo é uma inferência, uma questão de conjectura baseada em uma rápida suposição ou suspeita e em uma rudimentar descrição operacional. E, como qualquer outra inferência, não necessita ser "correta", "verídica" ou penetrante. A compreensão que uma pessoa tem de si mesma e dos outros é freqüentemente fornecida por categorias que possuem mais de caricatura e estereótipo do que de detalhe ou nuança. O "a mim" é uma reificação confrontando-se e trabalhando com outros que foram analogamente reificados. Um relacionamento social não pode ser um encontro entre pessoas reveladas em toda a plenitude de seus "verdadeiros" eus. Ele é mediado por interpretações que se desenvolvem e interatuam, e que ostentam as marcas dos participantes. De modo geral, faltam às pessoas o tempo e a curiosidade para aprofundar muito a sua própria história e as dos outros, seus motivos e ambições. Há uma tendência a fornecer tão-somente os detalhes suficientes para manter viva a interação. A vida está baseada em rótulos rudimentares e prontos.

A teoria da rotulação é, na realidade, pouco mais que uma extensão dessa idéia do eu-mesmo à arena da violação de regras e do controle social (ver também CRIME E TRANSGRESSÃO). Tornar-se transgressor é um processo transformativo que gravita em torno da aquisição de nomes, significados, motivos e perspectivas. É mediado pela linguagem e pelas identidades e interpretações que a linguagem confere. É assistido e, por vezes, forçado pelos outros significativos que povoam os ambientes onde se movimenta o transgressor emergente. O transgressor, em suma, está profundamente implicado em definições negociadas de pessoas e comportamentos. As reações à transgressão dão-lhe organização simbólica e identidade pública. No enunciado central de sua tese, Becker (1963) disse:

> Os grupos sociais criam a transgressão ao formularem regras cuja infração constitui transgressão e ao aplicar essas regras a determinadas pessoas que passam a ser rotuladas como marginais. Desse ponto de vista, a transgressão *não* é uma qualidade do ato que a pessoa comete, mas antes uma conseqüência da aplicação, por outros, de regras e sanções a um "infrator". O transgressor é alguém a quem esse rótulo foi aplicado com êxito; comportamento transgressor é comportamento que as pessoas assim rotularam.

O que torna singular a transgressão é que se trata de um status moralmente desvalorizado, acompanhado pela imposição real ou ameaçada de sanções. Importantes instituições são dedicadas à descoberta, policiamento, investigação e punição de transgressores. Os que se tornam delinqüentes podem muito bem desejar escapar à pena tornando-se foragidos.

A maioria dos transgressores consegue escapar às atenções. Contudo, mesmo quando passam despercebidos ou são tolerados, ainda farão conjecturas acerca do significado de suas ações e de si mesmos, recorrendo a tipificações públicas mais amplas de conduta e formulando intenções em trocas com cúmplices, amigos, parentes e vítimas. A transgressão foi comparada ao comportamento cujo roteiro foi elaborado em interação.

Quando os transgressores não escapam, a rotulação pode ser insinuada publicamente a fim de operar importantes transformações de identidade. Tribunais, polícia e prisões são investidos de um terrível simbolismo: eles "dramatizam o mal", na frase de Tannenbaum. Tornar-se publicamente um transgressor pode ser deveras funesto. No mínimo, imporá a necessidade de fazer uma acomodação com a reação pública suscitada pela violação das regras, embora a acomodação possa assumir diferentes formas e nem todas as reações ampliem o conflito. De fato, alguns rótulos têm realmente o efeito irônico de preservar o amor-próprio do transgressor: as mães solteiras descritas por Rains (1971) eram encorajadas a se imaginarem como mulheres virtuosas que tinham sucumbido, e é útil aos credores fazer com que seus devedores acreditem que ainda são honestos. Alguns transgressores tornam-se penitentes ou aceitam um papel de doente, no qual se mostram temporariamente inválidos.

As identidades desprezadas também podem mudar seus eus. O rótulo formal de transgressor tende a ser indesejável; reifica e "supercategoriza" os seus sujeitos; as características singulares de uma pessoa ou fenômeno ficarão toldadas ou perdidas e materiais putativos serão adicionados. As pessoas poderão resistir, preferindo descrever-se por outros nomes; e a suposição de identidade desviante será freqüentemente forçada e, por conseqüência, teatral, acarretando o que Harold Garfinkel chamou uma "cerimônia de degradação de status", a qual culmina na recomposição coercitiva do eu-mesmo. De modo muito típico, a transgressão torna-se ainda mais pronunciada em tal obra dramatúrgica, adquirindo centralidade simbólica, tornando-se exagerada em sua denúncia, constituindo o "status dominante" de uma pessoa e fechando o acesso a outros eus e papéis.

Muitas características desviantes podem realmente ser explicadas pela forma e conteúdo do processo de rotulação. Assim, Schur (1971) sustentou que a identidade dos usuários de drogas é formada tanto pelo controle social quanto pelas qualidades "intrínsecas" das próprias drogas ilícitas; Goffman (1961) descreveu a loucura como um papel que recebe definição nas estratégias de administração dos manicômios; e Scott (1969) escreveu sobre a cegueira como incapacidade aprendida. Não é suficiente descrever as características do transgressor e o ato desviante *per se*; os interacionistas manteriam ser imprescindível também o reconhecimento dos componentes e conseqüências simbólicos da experiência de transgressão.

Leitura sugerida: Becker, H. 1963: *Outsiders* o org. 1964: *The Other Side* • Goffman, E. 1961: *Asylums* • Lemert, E. 1951: *Social Psychology* • Plumer, K. 1979: "Misunderstanding labelling perspectives". In *Deviant Interpretations*, org. por D. Downes e P. Rock • Rains, P. 1971: *Becoming an Unwed Mother* • Schur, E. 1971: *Labelling Deviant Behaviour* • Scott, R. 1969: *The Making of Blind Men* • Tannenbaum, F. 1938: *Crime and the Community*.

PAUL ROCK

S

saúde Em 1948 a Organização Mundial da Saúde promulgou uma definição da saúde como "estado de completo bem-estar físico, mental e social, não meramente a ausência de doença ou enfermidade". Essa definição amplamente usada, embora muitas vezes criticada como superabrangente e de difícil realização, chama a atenção para a importante mudança que teve lugar na segunda metade do século XX: a substituição de um modelo estritamente biomédico de saúde por um conceito mais holístico e social.

Isso não é novo, sendo como é um eco do clássico modelo platônico de saúde como harmonia ou do conceito de Galeno de doença como perturbação do equilíbrio. Algumas razões para o seu reaparecimento em países desenvolvidos durante este século, contudo, seriam a maior importância da doença crônica em populações "idosas", a erradicação de muitas doenças "calamitosas" e a melhoria geral das condições de vida, o que dá mais ênfase à QUALIDADE DE VIDA do que à simples sobrevivência. O movimento da ecologia humana também é relevante, encorajando o foco sobre a saúde como um estado de equilíbrio entre os seres humanos e seu meio ambiente. Outro elemento no desenvolvimento de conceitos holísticos foi o crescente conhecimento das ligações mente-corpo: no começo enfatizava-se o lugar de fatores psicossociais na causa de doença; mais recentemente conceitos de estresse, integração social, capacidade de enfrentamento, "sentido de coerência" (Antonovsky, 1987) ou "suscetibilidade generalizada" (Marmot, Shipley e Rose, 1984) foram considerados não só como causas de saúde precária, mas como partes integrantes do conceito de saúde social. Assim, a saúde é hoje concebida, de modo geral, como multidimensional, englobando a ausência de doença, mas não se confinando a esta.

Doença

Os próprios conceitos de doença mudaram, com um desafio às suposições principais — a definição de doença como desvio da normalidade, a doutrina da etiologia específica, a universalidade da taxonomia da doença, a neutralidade científica da ciência médica — que tinham dado forma à medicina moderna durante o século XIX (Dubos, 1961). A convicção de que o universo da doença é finito e de que para toda doença existem uma causa única e uma cura a ser encontrada foi abalada pelo advento de novas doenças (como a Aids) e pelo reconhecimento das causas múltiplas e interativas de muitas formas de enfermidade. Além disso, aponta-se que a definição e a categorização da doença constituem um processo tanto social quanto científico, e que a normalidade pode ser apenas um conceito relativo. A influência de Michel Foucault, argumentando contra a ingênua aceitação dos modelos teóricos da "ciência do homem", foi muito forte na criação da concepção segundo a qual o conhecimento médico (não menos que a prática médica) é socialmente construído e vinculado aos mais amplos desenvolvimentos do pensamento social: ele não pode simplesmente ser aceito como um dado incontestável.

Enfermidade

Do mesmo modo, a experiência da enfermidade envolve significados culturais e relações sociais. Uma importante questão, abordada em considerável número de pesquisas nas áreas da antropologia social e da sociologia médica nos últimos 30 ou 40 anos, diz respeito à percepção e ao significado de saúde e enfermidade entre os que as conhecem por experiência própria. Estados e mudanças corporais são interpretados de modos diferentes em culturas e períodos diferentes: como observou Mary Douglas (1970), o corpo social condiciona o modo como o corpo físico é percebido. Muitos estudos, na esteira da obra pioneira de Claudine Herzlich (1973), têm mapeado o conceito de saúde alimentado por pessoas leigas. Foram vários os que apuraram uma divisão tripla: saúde como aptidão positiva ou bem-estar, como "reserva" ou "equilíbrio" ("saúde como ter"); saúde como capacidade de funcionar ou desempenhar papéis sociais ("saúde como fazer"); e saúde simplesmente como ausência de sintomas de enfermidade ("saúde como ser"). O conceito mais positivo de saúde encontra-se geralmente associado a melhor educação ou circunstâncias sociais mais favoráveis. Uma característica de todos esses estudos é o forte significado moral comprovadamente associado ao conceito de saúde.

Promoção da saúde e comportamento saudável

Crescentes expectativas públicas têm sido associadas a uma acentuada tendência nas sociedades ocidentais a enfatizar os aspectos positivos da saúde e da promoção da saúde. A partir de meados do século a pesquisa tem envolvido fortemente comportamentos pessoais — fumo, dieta, falta de exercício — como agentes na causa de doenças crônicas. Conjugando-se com a profunda noção de saúde como questão moral, promoveram-se novos conceitos de doença como "auto-infligida" e de saúde como "responsabilidade pessoal". A medicina "marginal" e alternativa e os movimentos de auto-ajuda prosperam nesse ambiente, assim como a comercialização da promoção da saúde. As críticas à "medicalização" da sociedade (Illich, 1975) alimentaram essa tendência, o mesmo ocorrendo, de diferentes perspectivas, com as críticas à eficácia da medicina (Cochrane, 1972; McKeown, 1976). Nas décadas de 70 e 80 houve, porém, alguma reação ao modelo de promoção da saúde que enfatiza unicamente a mudança de estilo de vida e o comportamento voluntário. O movimento de responsabilidade pessoal, afirmou-se, pode conferir poderes ao indivíduo, mas também pode reforçar a culpa e favorecer a censura à vítima (Crawford, 1977).

Assim, a pesquisa recomeçou a enfatizar as limitações sociais e ambientais em função das quais o comportamento saudável é determinado. O conceito de "desigualdade social" em saúde ressurgiu com força na Grã-Bretanha e em outros países da Europa (DHSS, 1980). Em certo sentido, isso representa uma volta ao movimento de "saúde pública" dos primeiros anos do século, com sua ênfase em causas específicas de enfermidades no meio ambiente físico e social, mas agora informado pelas teorias mais complexas dos modelos holísticos.

Ver também PSIQUIATRIA E DOENÇA MENTAL.

Leitura sugerida: Armstrong, D. 1983: *The Political Anatomy of the Body* • Bury, M.R. 1986: "Social constructionism and the development of medical sociology". *Sociology of Health and Illness* 8, 137-69 • Foucault, Michel 1963: *Naissance de la clinique* • Fox, J., org. 1989: *Health Inequalities of European Countries* • Sontag, S. 1979: *Illness as Metaphor.*

MILDRED BLAXTER

secularismo A doutrina pode ser definida como a tentativa de estabelecimento de um conjunto de princípios relativos ao comportamento humano baseados mais no conhecimento e na experiência racionais do que na TEOLOGIA ou no sobrenatural. Procura essencialmente melhorar a condição humana apenas por meios materiais e registrou o seu maior triunfo na Grã-Bretanha do século XIX, depois da promulgação do Reform Bill de 1832. Foi um movimento de protesto, adotando uma teoria positivista do conhecimento vinculada a uma filosofia utilitarista e reagindo contra a hegemonia da riqueza e da religião institucionalizada que prevaleceu nos anos intermédios do século. O seu principal proponente foi G.J. Holyoake (1817-1906), que, embora criado em uma família religiosa de artesãos, tornou-se um "missionário social" owenista e agnóstico confesso, com estreitas ligações com o Movimento Cooperativo (Waterhouse, 1920).

Como doutrina, o secularismo não era ateísta, embora parte do seu êxito ulterior se devesse às suas associações com os movimentos anti-religiosos do final do século XIX, através da obra de Charles Bradlaugh. Em certos aspectos, é preferível considerá-lo como parte da tese de desoficialização proveniente da Reforma. Há estreitas semelhanças com o conceito francês da laicização resultante do Iluminismo e da Revolução Francesa (Bosworth, 1962). Igreja e estado tornaram-se claramente entidades distintas, com o estado mantendo uma posição de neutralidade religiosa, em vez de promover uma filosofia anti-religiosa.

Na França, a separação constitucional da Igreja e do ESTADO só se completou no início do século atual. A instrução religiosa em escolas do estado tinha sido abolida em 1882, substituída pela instrução moral. Ocorrências semelhantes tiveram lugar em outros países, incluindo alguns do "terceiro mundo" (Smith, 1971), a Turquia (Beckes, 1964), o Japão (Bellah, 1970) e, é claro, os Estados Unidos (Parsons, 1958). O secularismo visto como laicização é concebido, portanto, como uma doutrina de completa liberdade e não-interferência das religiões.

Em outros lugares, contudo, o secularismo estava mais intimamente associado a tentativas deliberadas de substituição da religião pela confiança nos ditames da razão e da experiência humanas. Isso pode ser comprovado, por exemplo, na obra de Saint-Simon e Auguste Comte, em fins do século XIX, que desenvolveram uma nova religião da humanidade e viram a sociedade reorganizada segundo princípios racionais positivistas. Max Weber considerou que o desenvolvimento tecnológico estava transformando não só o mundo físico do espaço e da matéria, mas os próprios seres humanos. Esse desencanto do mundo significa que os indivíduos passaram a dominar o seu meio ambiente sem recorrer ao sobrenatural. Tal processo de racionalização é anti-religioso, parte inexorável do desenvolvimento de uma sociedade enraizada na tradição judaico-cristã.

A sociedade atual ainda possui os seus descrentes, os seus céticos, que não querem experimentar o sagrado nem se sentir submetidos à autoridade deste. Em que medida eles são um fruto direto do movimento secularista do século anterior é uma questão mais difícil de apurar. Movimentos seculares como o comunismo têm sido citados como exemplos de manifestações modernas de secularismo (Glock, 1971; Campbell, 1971). Entretanto a semelhança funcional entre tais exemplos e a religião de que são uma forma secularizada torna mais difícil decidir se a irreligião e a descrença são verdadeiramente as herdeiras do legado de Holyoake.

Ver também RACIONALIZAÇÃO; SECULARIZAÇÃO.

Leitura sugerida: Campbell, C. 1971: *Towards a Sociology of Irreligion* • Caporale, R. e Grumelli, A., orgs. 1971: *The Culture of Unbelief* • Holyoake, G.J. 1986: *The Origin and Nature of Secularism*.

PETER S. GLASNER

secularização Este conceito, tal como é convencionalmente definido, descreve os processos através dos quais o pensamento, a prática e as instituições religiosas perdem seu significado social (Wilson, 1966). Essa definição pressupõe a existência de um ponto na história em que tais aspectos desempenharam um papel significativo na vida social. Também subentende não ser mais esse o caso. Muitos autores, sobretudo os sociólogos da religião, têm comentado a respeito das dificuldades de se usar tal conceito, uma vez que ele está necessária e intimamente relacionado com as definições de religião e de mudança religiosa, em torno das quais há muita divergência. De fato, a secularização passou a ser vista como um conceito multidimensional que engloba a grande variedade de formas do envolvimento religioso na sociedade em uma estrutura classificatória unificada (Dobbelaere, 1981).

A maioria das definições de religião enquadra-se em uma de três categorias — institucional, normativa ou cognitiva —, as quais fornecem uma base para se analisar a variedade de significados incluídos no processo de secularização. Assim, um exemplo de religião definida em termos basicamente institucionais é o localizado na tradição judaico-cristã e designado como igreja. Muitas das religiões místicas do Oriente, por outro lado, baseiam-se em regras normativas de comportamento. As definições cognitivas de religião permitem que conceitos como o de sagrado forneçam a base para organizações religiosas. Os processos de secularização relacionados com essas três diferentes concepções de religião também irão variar, proporcionando uma base para as alegações apresentadas desde longa data no sentido de se prescindir totalmente do conceito por causa das confusões que ele gera (Martin, 1969). Outra alegação diz respeito aos duvidosos suportes metodológicos do conceito: idealização do passado, pressupostos sobre a homogeneidade religiosa dentro da sociedade e uma preocupação com as categorias históricas da experiência religiosa (Glasner, 1977).

Numerosas formas de secularização provêem de uma definição de religião em termos primordialmente institucionais, incluindo a convencional definição de declínio acima mencionada. As principais variáveis usadas para discutir o processo incluem normalmente as práticas religiosas formais, o denominacionismo, o ecumenismo e o movimento litúrgico. Entende-se por prática religiosa a que inclui aspectos do cristianismo convencional como batismo, crisma, casamento, freqüência à escola de catequese, comunhão pascal, filiação e freqüência regular à igreja. Esses aspectos são usados como indicadores para se elaborar o quadro do declínio geral da prática religiosa a partir da Revolução Industrial. O denominacionismo, se bem que possivelmente constituísse um sinal de revitalização religiosa no seu começo, fornece, pelo menos na Grã-Bretanha, um exemplo do processo de secularização iniciado com a Reforma. Como as organizações fracas, não as fortes, são as que buscam a fusão, o movimento ecumênico é mais um exemplo do processo de secularização, combinado com o apelo pela volta aos padrões profissionais tradicionais de culto exemplificados no movimento litúrgico.

Outra forma de secularização, baseada na religião institucionalmente definida, relaciona-se com a dicotomia de igreja e SEITA, examinada pela primeira vez por Max Weber (1904-05) e Ernst Troeltsch (1931). A igreja é definida no caso limite como parte integrante da ordem social vigente. Isso é tipicamente rejeitado pela organização sectária, a qual objeta com veemência à necessária rotinização que a organização eclesiástica subentende. Autores mais recentes ampliaram essa tipologia para apontar que as seitas são as menos secularizadas e as igrejas e denominações, as mais secularizadas formas de organização religiosa (Herberg, 1955).

Uma visão mais evolucionista do processo de secularização considera que esta é uma forma de diferenciação à medida que a sociedade se desenvolve e se torna mais complexa. Afirma-se que, quando a sociedade se moderniza, a organização religiosa fica menos hierárquica, o simbolismo fica mais variado, o individualismo mais significativo e, por conseguinte, a religião institucional acaba se atrofiando (Bellah, 1964). Subjacente a esse exame da evolução da sociedade estava a idéia de que as comunidades social e religiosa, outrora idênticas, tornaram-se diferenciadas, de modo que os aspectos seculares da vida se apresentam com uma nova ordem de legitimação religiosa.

Um ponto de vista semelhante cobre o processo de secularização, desenvolvido a partir de uma definição de religião com raízes na esfera normativa, concentra-se mais na ampliada generalidade da dimensão religiosa na sociedade do que em sua diferenciação institucional. Assim, diz-se que as normas e valores religiosos exercem prescrições específicas de baixo nível a respeito do comportamento social em sociedades tradicionais, quando quase tudo, desde os detalhes dos cosméticos até o vestuário usado por pessoas comuns, era julgado em termos religiosos. Em sociedades modernas, secularizadas, é mais apropriado um sistema generalizado, abrangente e integrativo que reconheça a diferenciação e a diversidade. Assim, uma igreja universal, unificada, é substituída por uma religião civil (Bellah, 1967) ou, nos Estados Unidos, por um sistema tri-fé protestante-católico-judeu (Herbert, 1955).

Outras formas de sistemas normativos abrangentes têm sido usadas para ilustrar um processo de secularização baseado na transformação de valores religiosos, alicerçados no poder divino, em valores especificamente mundanos. A emancipação do capitalismo do controle ético é apenas um exemplo, quando a força propulsora da ética puritana deu origem a uma vida sóbria e metódica, dedicada à acumulação e ao investimento de riqueza (ver ÉTICA PROTESTANTE, TESE DA). A ênfase protestante na liberdade individual e na independência de pensamento transforma a autoridade religiosa sobre aspectos da vida como a educação, a moralidade e o trabalho em um estado secular (Troeltsch, 1912).

A secularização que se origina de definições de religião com base cognitiva é um processo de mudança que usa, talvez, a mais elaborada distinção nessa área do pensamento social: a sociedade é vista como deixando de ser basicamente sagrada no seu caráter, com elementos associados de ritualismo, tradição, participação em interesses comuns e harmonia, para ser primordialmente secular ou profana, passando a reinar a individualidade, a racionalidade e a especificidade. Essa distinção está ligada a um contínuo de *Gemeinschaft* para *Gesellschaft* (Tönnies, 1887), de vínculos de solidariedade mecânica para orgânica (Durkheim, 1912) e de sociedade tradicional para urbana (Redfield, 1947). Entretanto, nenhuma sociedade exibe um tipo polar com exclusão de todos os outros, de modo que diferentes equilíbrios e misturas dão origem à diversidade empírica observada na história do mundo.

É claro, portanto, que a secularização não é, em absoluto, um conceito unitário no pensamento social do século XX. Suas várias manifestações decorrem de seu relacionamento com as diferentes definições de religião e das limitações metodológicas apresentadas pela tentativa de operacionalizá-la. O cuidadoso uso do termo de um modo genérico, baseado em um amplo sistema de classificação, poderia fornecer, contudo, a base para a sua inclusão permanente por cientistas sociais em seu arsenal conceitual.

Ver também PROCESSOS EVOLUCIONÁRIOS NA SOCIEDADE; RACIONALIZAÇÃO; SECULARISMO.

Leitura sugerida: Bellah, R.N. 1970: *Beyond Belief: Essays on Religion in a Post-Tradicional World* • Dobbelaere, K. 1981: "Secularization: a multi-dimensional concept". *Current Sociology* 29.2 • Fenn, R.K. 1978: *Toward a Theory of Secularization* • Glasner, P.E. 1977: *The Sociology of Secularization: a Critique of a Concept* • Luckmann, T. 1967: *The Invisible Religion: the Problem of Religion in Modern Society* • Martin, David A. 1978: *A General Theory of Secularization* • Wilson, B.R. 1976: *Contemporary Transformations of Religion*.

PETER E. GLASNER

seita Na raiz da maioria dos usos do termo "seita" no século XX está a noção de uma coletividade voluntária que se separou da corrente principal de idéias religiosas ou políticas e que ciosamente preserva a sua exclusividade social, cultural e ideológica. O contraste implícito é usualmente com a posição mais extensa, abrangente e universalista do tipo igreja, com a "denominação" representando um ponto intermediário entre seita e igreja. Igreja, seita e denominação, com refinamentos tais como a seita e o culto institucionalizados, formaram o quadro de referência conceitual para numerosos estudos da dinâmica organizacional e ideológica dos grupos religiosos.

Max Weber (1864-1920) salientou o fato de que a filiação a uma seita era não só voluntária, mas também condicionada à exibição de qualificações específicas. O papel dos líderes carismáticos em algumas seitas religiosas também formou uma ponte para a sua teorização acerca do funcionamento de todas as organizações sociais. E, em combinação com os seus procedimentos rigorosos para preservar a pureza, Weber (1920) creditou o tipo seita de organização protestante com a capacidade de instilar o gênero de ascetismo secular que tinha forte afinidade com o espírito do capitalismo em geral e com a ética dos pequenos negócios americanos em particular. Ernst Troeltsch, colega de Weber, preferiu enfatizar a capacidade do tipo sectário de coletividade religiosa em promover certas espécies de "doutrinas sociais" (1912) que eram distintas das do tipo igreja e do misticismo. Esse foco na interação entre os aspectos sociológico, doutrinal e ético de coletividades religiosas inspirou subseqüentemente muitos estudos das relações entre o exclusivismo das seitas religiosas e o *background* social, os gostos culturais e as disposições políticas de seus membros (ver, por exemplo, Niebuhr, 1929; Wilson, 1961; Beckford, 1975). Também houve tentativas de explicar a permanente popularidade de seitas como Testemunhas de Jeová e Adventistas do Sétimo Dia, não só na Europa Ocidental e na América do Norte, mas também na América Latina, no Japão e na África ao sul do Saara, em função de suas ofertas de certeza ética e doutrinária em uma época de ampla indiferença religiosa (Wilson, 1976), ou em função de suas formas fortemente comunitárias de organização e atividade (Lalive d'Epinay, 1969).

Por extensão, O'Toole (1977) tentou explicar a dinâmica interna e as relações externas de algumas organizações políticas extremistas em função de suas características sectárias; e Jones (1984) observou tendências sectárias em alguns grupos psicoterapêuticos. Assim, embora o contraste implícito com o tipo igreja e com o misticismo tenha perdido muito de sua pertinência em sociedades secularizantes, o conceito de seita ainda pode servir como útil ponto de referência em estudos de organizações religiosas, políticas e ideológicas exclusivistas. A utilidade do conceito foi ainda mais ressaltada pela especificação de Wilson (1970) de nada menos de sete subtipos de seitas e pelas tentativas de compreensão dos processos pelos quais apenas alguns tipos de seita parecem perder seu exclusivismo e tornar-se suficientemente pluralistas e tolerantes para justificar o rótulo de denominação (Yinger, 1970). Entretanto, a partir da década de 70, notou-se uma tendência a aplicar os termos "culto" e "novo movimento religioso" a grupos que se afastam da corrente religiosa principal sem exibirem necessariamente elevados graus de exclusivismo social, doutrinário ou ético (ver, por exemplo, Wallis, 1975 e 1976; Westley, 1983). Não obstante, nas sociedades industriais avançadas em que a religião organizada perdeu muito do seu antigo poder, as atividades de grupos sectários dinâmicos e, em alguns casos, intolerantes têm provocado reações hostis e vigorosos esforços para os controlar. As atenções sociológicas têm se concentrado, em particular, nas formas como a mídia retrata os movimentos de natureza sectária e nos dilemas com que se defrontam os órgãos de estados supostamente seculares que intervêm em controvérsias religiosas (Wallis, 1976; Beckford, 1985). Esse novo enfoque para estudos do tipo seita enfraquece os vínculos conceituais com a teologia e com a ética.

O conceito de seita também tem sido aplicado a outras formas de religião além do cristianismo, mas os resultados são imprecisos. Por um lado, os conceitos podem servir como úteis sínteses de complicadas configurações de doutrinas, éticas e formas de organização. Mas, por outro lado, introduzem ilicitamente pressupostos cristãos na análise de culturas que assentam, na realidade, em bases muito diferentes. Assim, embora existam, sem dúvida, características sectárias (como o separatismo e o exclusivismo) em alguns movimentos de reforma no hinduísmo (Bhatt, 1968) e no budismo (Ling, 1980), seria enganoso esperar que eles se ajustassem em outros aspectos ao tipo ideal de uma seita cristã.

Ver também RELIGIÃO; REVIVALISMO.

Leitura sugerida: Beckford, J.A. 1975: *The Trumpet of Prophecy: a Sociological Study of Jehovah's Witnesses* o 1985: *Cult Controversies: the Societal Response to the New Religious Movements* • Wallis, R. 1976: *The Road to Total Freedom: a Sociological Analysis of Scientology* o org. 1975: *Sectarianism* • Wilson, B.R. 1970: *Religious Sects* o 1976: *Contemporary Transformations of Religion* o org. 1967: *Patterns of Sectarianism.*

JAMES A. BECKFORD

seleção natural De acordo com o NEODARWINISMO, a seleção natural é o mecanismo primário em função do qual se explica a adaptação dos organismos ao seu meio ambiente. Depende de três mecanismos subsidiários: variação, herança e COMPETIÇÃO. Os organismos individuais variam em muitos de seus traços, estando algumas variantes mais adaptadas no meio ambiente do que outras. Dada a competição por recursos escassos, os indivíduos mais adaptados prevalecerão sobre os menos adaptados e, se a variante superior for transmissível, passará a ser mais comum em gerações sucessoras, e a espécie a estar mais adaptada ao seu meio ambiente.

Alguns desenvolvimentos notáveis no pensamento social recente mostram sinais da influência da idéia de seleção natural. A ecologia cultural explora, antropologicamente, a adaptação ao meio ambiente da ideologia e de outros aspectos da cultura (Sahlins e Service, 1960) e tira partido, analogicamente, da idéia de seleção, como no caso da teoria de Talcott Parsons (1966), associada ao seu funcionalismo, a qual descreve a promoção a um nível superior de adaptação via diferenciação (ver PROCESSOS EVOLUCIONÁRIOS NA SOCIEDADE).

A idéia de adaptação via variação e seleção forneceu um modelo para o COMPORTAMENTALISMO, como B.F. Skinner reconhece (1971, cap.1), e é citada por F.A. Hayek (1973) para explicar o desenvolvimento do mercado (ver PROCESSOS EVOLUCIONÁRIOS NA ECONOMIA) e justificar a SOCIEDADE ABERTA. Essa idéia, que também forneceu inspiração para a epistemologia evolucionista de Karl Popper (1972), tinha anteriormente servido de base ao PRAGMATISMO de John Dewey (1938) e, no domínio biológico, proporcionou as fundações teóricas para a SOCIOBIOLOGIA e a ETOLOGIA.

Idéias sobre adaptação através da seleção foram invocadas pelos defensores do DARWINISMO SOCIAL para sustentar as desigualdades geradas pela competição econômica irrestrita, e pelos defensores da eugenia para justificar programas de reprodução restritiva.

A mais importante influência a longo prazo da idéia de seleção natural talvez seja sua contribuição para o processo de SECULARIZAÇÃO. Com efeito, para a explicação da adaptação de organismos ao seu meio ambiente e uns aos outros, a seleção fornece uma alternativa ao criacionismo associado ao fundamentalismo religioso.

Cumpre assinalar um equívoco comum a respeito da seleção natural. Os processos de evolução impulsionados pela seleção não estão orientados para uma meta final e não necessitam gerar qualquer seqüência fixada de estágios no qual o PROGRESSO seja manifesto. Assim, a teoria da seleção natural opõe-se ao HISTORICISMO, com o qual é freqüentemente identificada.

Leitura sugerida: Darwin, Charles 1859: *The Origin of Species* • Gould, S.J. 1980: *Ever Since Darwin* • Maynard Smith, J. 1958 (*1975*): *The Theory of Evolution.*

FRED D'AGOSTINO

semiótica O termo foi cunhado por John Locke a fim de captar uma longa tradição do pensamento ocidental sobre significação que remonta à filosofia grega. No pensamento moderno, a semiótica refere-se especificamente às teorias do século XX de signos e sistemas de signos, bem como ao seu papel na COMUNICAÇÃO. Embora alguns autores incluam na semiótica o estudo dos sinais naturais — zoossemiótica para a comunicação animal e até fitossemiótica para redes de plantas e animais de ligação (ver Sebeok, 1976; Krampen, 1981; discussão em Deely, 1990, caps.5 e 6) —, a semiótica concentra-se usualmente no estudo dos sistemas de comunicação *humana*. A esse respeito, a semiótica confere prioridade à linguagem ou ao código lingüístico, o qual é usado como paradigma para outros signos não-lingüísticos de microfenômenos e macrofenômenos culturais, largamente diferentes, de natureza específica ou geral. Assim, transpõe as fronteiras entre as artes e as ciências sociais, criando um quadro de referência abrangente para o estudo de sistemas de signos que, à parte a lingüística, também incluem, por exemplo, a "linguagem" dos gestos, da dança, da moda, da música, do cinema, dos sinais de trânsito, da arquitetura, das rinhas, dos sistemas de parentesco etc. (ver, por exemplo, as diferentes análises semióticas de Roland Barthes, Umberto Eco, Claude Lévi-Strauss, Clifford Geertz e outros). Eco (1976) diferencia entre semiótica específica e geral. A semiótica específica propõe-se produzir "a gramática de um sistema específico de signos", "um dado campo de fenômenos de comunicação, regido por um sistema de significação". A semiótica geral, em contraste, procuraria apurar leis sistemáticas comuns para todas as semióticas específicas. "Uma semiótica geral é simplesmente uma filosofia da linguagem que sublinha a abordagem comparativa e sistemática das linguagens explorando os resultados de investigações mais locais" (Eco, 1976, Introdução).

Existem atualmente três principais tendências na semiótica, com parcela considerável de superposição, em especial entre as duas primeiras. A *semiótica*, na tradição do filósofo norte-americano C.S. Peirce, é parte integrante da lógica e da filosofia (ver PRAGMATISMO). Peirce e Morris (Morris, 1971) postulam um triângulo semiótico de signo, objeto e interpretante. Os signos são diferençados como símbolo (= uma convenção para um tipo, como uma expressão verbal), índice (por exemplo, fumaça como índice de fogo) ou ícone (um mapa ou diagrama que tem semelhança estrutural com o objeto que representa). Como sistema total, a semiótica ligaria os signos "naturais" e os "artificiais".

A *semiologia* refere-se usualmente a uma tradição européia baseada na obra do lingüista suíço Saussure (ver LINGÜÍSTICA; ESTRUTURALISMO). Saussure postulou, embora não a desenvolvesse ele próprio, uma nova ciência da semiologia que estudaria os sistemas de signos em sociedade. (Ver a edição de 1974 de Saussure baseada em suas lições de 1906 a 1911). Para Saussure, a semiologia era parte, portanto, da psicologia social.

Os termos semiótica e semiologia são freqüentemente usados de forma intercambiável; ambas as palavras se baseiam no vocábulo grego para "signo", *semeion*, embora difiram no papel prioritário que Saussure, mais do que Peirce, confere ao paradigma lingüístico na formulação de leis comuns. O signo lingüístico de Saussure divide-se em duas partes: o *signifiant* (usualmente traduzido como significante/som-imagem/expressão) e o *signifié* (traduzido como significado/conceito/conteúdo). Os signos são arbitrários, isto é, a conexão entre significante e significado não é motivada e se baseia em convenção, não em uma ligação natural entre forma e significação (ver FORMALISMO).

A crítica da suposta independência do signo lingüístico em relação ao seu contexto parte especialmente da *semiótica social*, um desenvolvimento anglo-australiano baseado na lingüística hallidaiana (ver, por exemplo, Halliday, 1978; Hodge e Kress, 1988). A semiótica social explora mais fortemente o papel do contexto, a interconexão entre o sistema social e o modo como é realizado em linguagem (= texto) ou outros signos semióticos.

> Uma realidade social (ou cultura) é ela própria um edifício de significações — uma construção semiótica. Nessa perspectiva, a linguagem é um dos sistemas semióticos que constituem uma cultura; um sistema que é distinto na medida em que também serve como sistema codificador para muitos dos outros (embora nem todos) (...) a "linguagem como semiótica social" (...) significa interpretar a linguagem dentro de um contexto sociocultural, no qual a própria cultura é interpretada em termos semióticos — como um sistema de informação (Halliday, 1978, p.2).

A semiótica social descreve a correspondência entre sistema social e discurso/texto, em que este último é visto como a realização sistemática de um "significado potencial" (ver DISCURSO). Em anos recentes a semiótica social foi influenciada pela obra de V. Volosinov e sua crítica do "objetivismo abstrato" (isto é, estruturalismo), a qual data de 1929 mas só se tornou acessível em inglês em 1973; ele insiste, pelo contrário, na natureza ideológica do signo (Hodge e Kress, 1988).

Leitura sugerida: Deely, J. 1990: *Basics of Semiotics* • Eco, U. 1976 (*1984*): *A Theory of Semiotics* • Halliday, M.A.K. 1978: *Language as Social Semiotic* • Peirce, C.S. 1931-58: *Collected Papers* • Saussure, F. de 1906-11 (*1974*): *Cours de linguistique générale* • Volosinov, V.N. 1929 (*1973*): *Marxism and the Philosophy of Language.*

ULRIKE MEINHOF

senectude Como a pesquisa antropológica tem demonstrado, cada sociedade divide a duração da vida em certo número de fases inseridas na cultura. Atribui um significado a essas fases e define, para os indivíduos, as condições de transição de uma fase para a seguinte durante o curso da vida, ou seja, a duração da vida socialmente organizada. A senectude designa a última fase e, assim, tem que ser entendida como uma construção social continuamente reajustada. Não pode ser reduzida a uma realidade biológica de decrepitude e invalidez resultante do envelhecimento. Durante cada época de sua história uma sociedade reinterpreta as diferenças cronológicas e biológicas entre os indivíduos de modo a organizar o curso da vida e atribuir status e papéis sociais específicos a cada grupo etário (Balandier, 1974). Os historiadores mostraram como os papéis e o status dos idosos têm flutuado (Laslett, 1976; Minois, 1987). Aos idosos em sociedades pré-industriais não se atribuía sistematicamente um status prestigioso, nem um valor estava sempre ligado à sua sabedoria e à experiência. Embora a industrialização mostrasse uma tendência a reduzir o status social dos idosos, isso não é igualmente verdadeiro para todas as classes sociais. Por exemplo, ficar velho em nossa sociedade, processo caracterizado pelo ingresso na população economicamente inativa, assim como pela perda do papel parental e de vínculos sociais, ocorre em diferentes idades cronológicas, dependendo da classe social. Menor integração social, papéis reduzidos e até "morte social" podem ocorrer mais cedo na classe trabalhadora do que nas classes superiores, uma vez que as pessoas destas últimas podem tirar proveito de seus recursos sociais (contatos, educação etc.) a fim de prolongar os papéis e funções que assumiram na maturidade (Guillemard, 1982).

A par do crescimento da sociedade industrial, os sistemas de pensão foram estabelecidos e ampliados, com a conseqüência de que a idade de aposentadoria se tornou um limiar significativo para o ingresso na senectude. A aposentadoria configura, assim, essa última fase da vida, a qual foi gradualmente dividida em velhice e senectude extrema — categorias que refletem tanto a consideravelmente mais longa duração da vida (na França, a expectativa de vida aos 60 anos de idade é de cerca de 20 anos) quanto o fato de a velhice ser considerada um problema social e não apenas um assunto privado, familiar. As intervenções crescentes do ESTADO DE BEM-ESTAR e da sociedade em favor dos idosos acarretaram a distinção entre uma velhice dependente de instituições sociais e médicas e uma velhice autônoma e apoiada por programas de serviço social que visam a integração (Guillemard, 1983). As políticas sociais têm parte ativa na redefinição do curso da vida e da velhice. Medidas que provêem uma retirada mais cedo da força de trabalho, as quais foram adotadas na maioria dos países industriais durante a última década, estão transformando a velhice e abaixando o seu limiar pela construção de uma categoria de "velhice ocupacional" que começa antes da idade de aposentadoria (e, com freqüência, já aos 55 anos) (Kohli e outros, 1991). Por conseguinte, a senectude está sendo cada vez mais "socialmente definida" como uma época de inutilidade social, quando os idosos podem tornar-se tutelados dependentes e proscritos sociais (Guillemard, 1986a, 1986b).

Leitura sugerida: Balandier, Georges 1974: *Anthropo-logiques* • Guillemard, Anne-Marie 1982: "Old age, retirement and the social class structure: toward an analysis of the structural dynamics of the later stage of life". In *Ageing and the Life Course*, org. por T. Hareven o 1986a: *Le déclin du social: formation et crise des politiques de la vieilesse* o 1986b: "State, society and old-age policy in France from 1945 to the current crisis". *Social Science ad Medicine*, 23, 1319-26 o org. 1983: *Old Age and the Welfare State* • Kohli, Rein et al. 1991: *Time for Retirement: Comparative Studies of*

Early Exit from the Labor Force • Laslett, Peter 1976: "Societal development and ageing". In *Handbook of Ageing and the Social Sciences*, org. por R. Binstock e D. Shanas • Minois, Georges 1987 (*1989*): *History of Old Age: From Antiquity to the Renaissance*.

ANNE-MARIE GUILLEMARD

sexo O termo refere-se a sexualidade, reações, motivos e comportamentos erotossexuais e suas representações culturais (ver também GÊNERO). No século XIX era concebido como um impulso instintivo cujas raízes mergulhavam na biologia reprodutiva e só externamente era regulado por normas sociais e culturais. A sexologia contemporânea é, porém, um campo multidisciplinar, uma espécie de triângulo eqüilátero que une perspectivas médico-biológicas, socioculturais e psicológicas. Diferentes disciplinas enfatizam aspectos específicos do sexo: fisiológicos, evolutivos, antropológicos, etológicos, socionormativos, cognitivos, motivacionais, semióticos etc. Essas abordagens são complementares, apesar da velha oposição entre o reducionismo biológico e o construtivismo sociológico.

A sexualidade humana não é um simples dado biológico que pode ser explicado em termos de biologia reprodutiva. Mesmo entre os animais superiores, o sexo é um comportamento multifuncional, pressupondo alguma espécie de socialização, aprendizagem social, etiqueta. Até algumas reações sexuais elementares, como a ereção ou a exibição do pênis, podem servir a fins não-sexuais, significando relações de poder, agressão, amizade etc. A sexualidade humana é uma espécie de construto histórico e sociocultural. Suas formas e seu conteúdo significativo só são compreensíveis ao contexto de uma cultura socionormativa como um todo, incluindo a estratificação de gênero, os estereótipos de masculinidade e feminilidade, a linguagem das emoções, as representações do corpo e as regras de decência verbal. A distinção entre motivos e ações erotossexuais e não-sexuais, em nível tanto individual quanto social, é convencional, dependendo dos valores gerais de uma sociedade. A oposição rígida de atrações sexuais e não-sexuais ou de amor e amizade é, em considerável grau, função de uma tradicional atitude anti-sexual, tentativa de isolar os "ignóbeis" sentimentos e experiências eróticos tabus dos outros aspectos da vida. Não só a sexualidade pode apresentar-se sob disfarce não-sexual, como "é tão plausível examinar o comportamento sexual por sua capacidade de expressar e servir a motivos não-sexuais quanto o inverso" (Gagnon e Simon, 1973, p.17).

Todas as sociedades estabelecem alguma espécie de diferença entre o tipo "certo" e o "errado" de sexo. Essas prescrições normativas são freqüentemente formuladas em linguagem médico-biológica, de modo que a conduta ou orientação moral ou socialmente desaprovada é rotulada de "anormal" e "patológica". Mas alguns padrões de comportamento que são obviamente disfuncionais ou incorretos em um contexto, por exemplo, o contexto de reprodução ou de manutenção das relações de família, podem ser inteiramente funcionais e úteis em outro contexto (digamos, proporcionar satisfação emocional, sensação de bem-estar). Por trás de quaisquer definições normativas de sexualidade "certa" e "errada" estão sempre ocultas relações de poder, tais como o controle social dos homens sobre as mulheres, dos pais sobre os filhos, do estado sobre os indivíduos. A luta em torno dessas regras e definições é o cerne de toda a história da sexualidade.

Essa luta está sendo particularmente acerba nos dias atuais. A "revolução sexual" da segunda metade do século XX é resultado de várias tendências macrossociais, incluindo o colapso de um sistema tradicional de estratificação dos gêneros baseado no domínio masculino; mudanças nos estereótipos de masculinidade/feminilidade e nas correspondentes prescrições e expectativas do papel sexual; maior instabilidade e psicologização das relações conjugais; novas atitudes liberais em relação ao corpo e às emoções; um aumento geral da tolerância social a diferenças e ao inconformismo individuais; o enfraquecimento do controle parental, escolar e do grupo de pares sobre a sexualidade adolescente; o amadurecimento sexual mais precoce dos adolescentes; o progresso das técnicas anticoncepcionais, especialmente a invenção da pílula de controle da natalidade, libertando a mulher do temor da gravidez indesejada; o progresso da pesquisa e da educação sexuais.

Todas essas tendências têm uma profunda influência sobre as atitudes e o comportamento sexuais. Em todos os países industrializados, os jovens estão começando agora sua vida sexual mais cedo do que as gerações mais velhas. As atitudes em relação à sexualidade pré-marital passaram a ser mais tolerantes e, na maioria dos casos, tais relações são consideradas social e moralmente aceitáveis. A satisfação sexual tornou-se um dos mais importantes fatores no êxito e na estabilidade conjugais. As técnicas sexuais estão ficando mais sofisticadas e diversificadas; as pessoas mostram-se mais exigentes e têm maiores expectativas e preocupações acerca da qualidade de sua vida sexual.

As mudanças na sexualidade das mulheres são especialmente importantes. As diferenças de idade no começo da vida sexual de rapazes e moças foram consideravelmente reduzidas ou desapareceram por completo. As mulheres condenam com veemência o "duplo padrão" de moralidade sexual. Em resultado de atitudes sociais mais liberais, verifica-se um contínuo declínio nas taxas de frigidez sexual e de anorgasmia feminina. A sexualidade está se tornando um importante aspecto da nova identidade social e pessoal feminina.

A nova tolerância está gradualmente mudando o status social das minorias sexuais. A homossexualidade, em vez de ser tratada como vício moral ou, mais recentemente, como doença incurável, é agora considerada, sobretudo, um estilo de vida específico e, seja qual for a causa dessa orientação sexual, não deve ser usada como razão para discriminação social ou moral, nem para instauração de processo jurídico. Na maioria dos países europeus, as leis contra homossexuais foram revogadas e surgiram organizações de gays e lésbicas lutando por seus direitos humanos.

Considerado no seu todo, esse processo significa a individualização e a personalização da sexualidade, bem como a passagem do controle social externo para o autocontrole moral interno. Mas essas mudanças não são unilaterais e são muito contraditórias. Os roteiros sexuais têm importantes variações genéricas, étnicas, culturais e de grupo, entre outras. O enfraquecimento da regulamentação social da sexualidade, combinado com informações e conhecimentos inadequados, tem muitas conseqüências sociais e psicológicas indesejáveis: o recrudescimento em alguns países da taxa de gravidez adolescente e de aborto, o abuso sexual e epidemias de doenças sexualmente transmissíveis. A erótica comercializada ajuda a manipular a sexualidade humana, e extensos contatos sem amor nem envolvimento emocional estão transformando a liberdade sexual em alienação sexual. Os perigos do sexo irrestrito são fortemente enfatizados pela epidemia de Aids, a qual revitalizou muitos dos antigos temores e ansiedades sexuais, provocando uma situação de pânico moral. As pessoas conservadoras consideram a libertação sexual um estado de desorganização moral que leva à autodestruição da cultura e da sociedade. A alternativa para esses temores é o desenvolvimento da auto-regulamentação moral e a promoção de uma adequada educação sexual.

Leitura sugerida: Foucault, Michel 1976: *Histoire de la sexualité*, vol.1: *La volonté de savoir* • Freud, S. 1905 (*1949*): *Three Essays on the Theory of Sexuality* • Geer, J.H. e O'Donohue, W.T., orgs. 1987: *Theories of Human Sexuality* • Kon, I. 1985: *Einführung un die Sexologie* • Money, J. e Masaph, H., orgs. 1977: *Handbook of Sexology* • Reiss, I.L. 1986: *Journey into Sexuality: an Exploratory Voyage* • Weeks, J. 1985: *Sexuality and its Discontents*.

I.S. KON

sindicalismo Era característico dos sindicalistas subordinarem a teoria à ação; celebravam a espontaneidade e, com freqüência, eram ostensivamente antiintelectuais. As origens doutrinárias do sindicalismo foram ecléticas e sua dinâmica central era tipicamente *negativa*: uma reação às deficiências percebidas da corrente principal do movimento trabalhista, um protesto contra as novas formas de alienação e privação que afligiam a classe trabalhadora. Assim como as forças precipitantes diferiam de país para país, também o próprio sindicalismo era internacionalmente variável.

Na França, o *syndicalisme révolutionnaire* designava comumente os princípios e objetivos expostos por Fernand Pelloutier (1867-1901), secretário da Fédération des Bourses du Travail, e a política adotada pela Confédération Générale du Travail (CGT) depois da fusão das duas organizações sindicais em 1902.

Se é possível extrair um pensamento coerente do programa da CGT, ele envolve a insistência em que os sindicatos se mantenham distantes de qualquer envolvimento com partidos políticos, encorajem a iniciativa localizada das suas bases e desafiem o capitalismo através de uma crescente e aguerrida militância (incluindo atos de sabotagem). A espontaneidade e a violência (tendo como ponta-de-lança uma minoria combativa), somadas ao "mito" de uma greve geral revolucionária, foram celebradas nos escritos de Georges Sorel (1847-1922) — embora a sua ligação com o movimento sindicalista não fosse estreita nem duradoura. Seus escritos influenciaram especialmente a esquerda italiana, alguns de cujos membros — com destaque para Mussolini — depois se voltariam para o fascismo (ver Roberts, 1979).

O apogeu do sindicalismo como conjunto de idéias internacionalmente influentes foi nos anos que antecederam de imediato a eclosão da guerra em 1914. Isso coincidiu com transformações sociais e econômicas em muitos países, envolvendo o deslocamento das tradicionais relações de produção de camponeses e artesãos, a imposição das novas disciplinas do trabalho fabril em grande escala e a ascensão de gigantescos trustes e cartéis capitalistas com íntimas vinculações com o estado. Ao mesmo tempo, o próprio êxito obtido por sindicatos e partidos sociais-democratas parecia, com freqüência, significar a burocratização e a perda de sua dinâmica radical (Beetham, 1987).

O sindicalismo parecia fornecer uma alternativa à classe trabalhadora, variando o seu significado de acordo com as circunstâncias locais. Envolveu freqüentemente uma forte orientação *ouvriériste*: uma hostilidade para com o que era visto como a influência maligna de intelectuais burgueses dentro do movimento trabalhista — atitude vigorosamente expressa por Victor Griffuelhes (1874-1923), secretário da CGT de 1902 a 1908. Ligava-se a isso a rejeição do parlamentarismo — considerado fonte de carreirismo e acomodamento — e dos partidos políticos (ou, pelo menos, daqueles primordialmente comprometidos com a ação parlamentar). Em vez disso, os sindicalistas enfatizavam a luta em defesa dos interesses da classe trabalhadora, ao mesmo tempo em que denunciavam a disseminação dos pacíficos convênios coletivos (ver SINDICATOS); para eles, a militância industrial era essencial para a defesa dos interesses econômicos dos trabalhadores, enquanto estimulavam a confiança destes na preparação de um desafio planejado ao capitalismo através da greve geral revolucionária. O próprio SOCIALISMO era concebido mais em termos de controle dos trabalhadores do que de administração por um estado centralizado. Finalmente, a maioria dos sindicalistas opunha-se radicalmente ao militarismo e ao nacionalismo.

Em 1914 o sindicalismo revolucionário tornara-se a posição oficial de setores significativos do movimento sindical, principalmente em países com tradições de ANARQUISMO (Joll, 1964; Woodcock, 1963), com substancial base artesanal e poucos antecedentes de negociação coletiva institucionalizada. Assim como a CGT na França, exemplos notáveis foram a Confederación Nacional de Trabajo na Espanha (Payne, 1970) e a Unione Sindicale Italiana. Onde os sindicalistas estavam em minoria, eles lideraram freqüentemente a oposição à política e às práticas sindicais oficiais. Na Grã-Bretanha, a Industrial Syndicalist Education League foi formada em 1910 por ativistas como Tom Mann (1856-1941); eles rejeitavam a negociação coletiva centralizada e proclamavam os slogans da solidariedade e da ação direta. Nos Estados Unidos, o termo *syndicalism* foi raramente usado, mas o Industrial Workers of the World (IWW) mostrou muitos paralelos com o sindicalismo revolucionário da Europa (Dubofsky, 1969).

Em grande parte da Europa Setentrional, o significado predominante do sindicalismo era a rejeição da necessidade de um partido socialista. A social-democracia tornara-se burocrática, corrompida pelo parlamentarismo, disposta a transigir com o estado burguês; a classe trabalhadora devia retornar ao campo de batalha industrial. Uma posição intermediária era expressa pela facção do IWW liderada por Daniel de Leon (1852-1914), por seus seguidores britânicos e, com destaque, pelo irlandês James Connolly (1870-1916). Embora insistindo em que a luta industrial era de primordial importância, deram-se conta de que havia um papel para um partido revolucionário, e também aceitavam a necessidade de uma organização centralizada (condensada no ideal de "grande união").

Em 1913 a tentativa de formação de uma Internacional Sindicalista abortou (Westergard-Thorpe, 1978); com a eclosão da guerra, muitos antigos sindicalistas abandonaram seu anterior antipatriotismo. Os que mantiveram uma posição antiguerra estiveram freqüentemente na liderança das lutas industriais nos tempos de guerra, em alguns casos ajudando a desenvolver as teorias de uma indústria socialista baseadas no princípio do CONSELHO DE TRABALHADORES. Mas a revolução na Rússia provocou nova crise no movimento. Já em 1907 Lenin tinha atacado o sindicalismo por perpetuar a política "economicista" que ele denunciara anteriormente: O modelo bolchevique de organização revolucionária e produção socialista contradizia o sindicalismo em muitos princípios básicos; e depois de 1917 muitos sindicalistas eminentes mostraram sua adesão ao exemplo russo, repudiando a antiga orientação "infantil". Algumas finalidades específicas do sindicalismo de antes e durante a guerra — organização no nível da fábrica, unionismo industrial, ação direta — foram, na verdade, transferidas para os novos partidos comunistas. Mas as teorias subjacentes de socialismo de baixo para cima e de gestão pelos trabalhadores (expressas na própria Rússia pela Oposição de Trabalhadores) foram sistematicamente erradicadas.

Os sindicalistas que se recusaram a aderir, ou que romperam com a posição do Comintern, tenderam a rejeitar o modelo de Moscou de estado dos trabalhadores, assim como a concepção leninista do partido. O ANARCO-SINDICALISMO passou a dominar cada vez mais os movimentos sindicalistas sobreviventes, os quais se associaram em uma Internacional Sindicalista em 1922. Mas, com as múltiplas derrotas da classe operária na década de 20, o sindicalismo deixou de ser um sério rival (pelo menos fora da Espanha, Portugal e América Latina) das ortodoxias socialista, comunista e trabalhista. É possível apontar algumas continuidades entre as idéias sindicalistas iniciais e as mais recentes teorias de controle dos trabalhadores. Mas até na esquerda o próprio "sindicalismo" passou a ser pouco mais que um termo injurioso. Será que o colapso do comunismo ortodoxo pode acarretar agora uma atenção renovada à tradição sindicalista?

Leitura sugerida: Cole, G.D.H. 1956 (*1967*): *A History of Socialist Thought*, vol.3 • Geary, Dick 1981: *European Labour Protest* • Holton, R.J. 1976: *British Syndicalism 1900-1914* • Ridley, F.F. 1970: *Revolutionary Syndicalism in France* • Stearns, Peter 1971: *Revolutionary Syndicalism and French Labour.*

RICHARD HYMAN

sindicalismo, anarco- Ver ANARCO-SINDICALISMO.

sindicatos Organizações coletivas de trabalhadores existentes na Grã-Bretanha desde o final do século XVIII e conhecidas como *trade societies* ou *unions*. Sidney e Beatrice Webb, em uma definição clássica (1920, p.1), declararam que "uma *trade union*, tal como entendemos o termo, é uma associação contínua de assalariados com o fim de manter ou melhorar as condições de suas vidas de trabalho".

A ortodoxia econômica, com seu paradigma de transações individuais, considerou o sindicalismo trade-unionista incompreensível (e freqüentemente inconveniente). A sociologia teve dificuldade em conceituar a combinação de organização formal das *trade unions* com a coletividade mais informal e espontânea. As mais extensas tentativas de aplicação da análise social ao sindicalismo foram desenvolvidas por partidários e, em particular, no âmbito da tradição marxista. Uma preocupação central consistiu em apurar em que medida, e sob que condições, os sindicatos promovem (ou, inversamente, inibem) a causa da revolução proletária. As obras de Marx e Engels não fornecem uma teoria sistemática ou consistente dos sindicatos, e os marxistas do século XX elaboraram muitas perspectivas conflitantes.

Uma abordagem deriva do opúsculo de Lenin *Que fazer?* (1902). Em parte influenciado pela leitura da obra de Webb, Lenin afirmou que a "luta econômica" travada pelos sindicatos nunca poderia converter-se espontaneamente em um movimento político abrangente; para isso, a "consciência sindicalista" requeria a direção de um partido revolucionário. A proposição de que os sindicatos podem ser agências efetivas de resistência às relações sociais capitalistas na esfera do emprego, mas só podem contribuir para uma transformação social mais radical sob a liderança do partido, tornou-se central para a ortodoxia comunista.

Outro argumento conhecido (e, por vezes, complementar) sustenta que os sindicatos, como instituições formais, desenvolvem características inerentemente conservadoras, exibindo o que Robert Michels (1911) qualificou como "lei de ferro da oligarquia". Em diferentes variantes desse tema, líderes e altos funcionários desenvolveram interesses pessoais em conflito com os das bases; enredaram-se em acordos barganhados com os patrões e, por conseguinte, comprometeram-se na defesa da "legalidade industrial" (Gramsci, 1910-20); ou resistiram à militância sindical através da excessiva preocupação com a estabilidade organizacional do sindicato.

Várias estratégias foram sugeridas para superar essa tendência. Sindicalistas intimaram sindicatos a rechaçar acordos com empregadores e a se esforçar por realizar uma greve geral revolucionária (ver Ridley, 1970); antes de 1914 as possibilidades de greve em massa também foram encaradas com otimismo por marxistas mais ortodoxos, como Rosa Luxemburgo (1906). Outros tentaram reconstruir sindicatos trade-unionistas como órgãos industriais abrangentes, aptos a assumir o controle do funcionamento da indústria; o exemplo mais notável foi o Industrial Workers of the World (ou "Wobblies"), formado nos Estados Unidos em 1905 sob a influência das teorias de De Leon (ver Dubofsky, 1969). Durante o período de 1914-18 outro modelo alternativo foi fornecido pela formação, na maioria dos países beligerantes, de organizações do local de trabalho, (relativamente) independentes da estrutura sindical formal e capazes de questionar e disputar o controle da produção — modelo esse que foi analisado com extrema sensibilidade por Gramsci e desenvolvido por outros, como Pannekoek, como base para uma teoria do "comunismo de conselho" (Smart, 1978). Depois da formação da Internacional Comunista, um importante elemento na estratégia esquerdista foi a criação de "movimentos de base" de oposição dentro dos sindicatos oficiais. Mais recentemente essa tática tem sido adotada por vários grupos trotskistas.

Desde a revolução soviética o papel dos sindicatos na sociedade socialista tem provocado discussões entre os marxistas. No famoso "debate sindical" de 1920-1, Trotsky sustentou que os sindicatos deviam ficar formalmente subordinados ao estado, enquanto que a Oposição dos Trabalhadores insistia em que deveriam manter-se como força independente dentro da esfera econômica. Lenin levou a melhor: embora formalmente independentes, os sindicatos tinham que obedecer à liderança do partido, como "correias de transmissão entre o Partido Comunista e as massas". Ironicamente, durante o regime de Stalin, o modelo de controle estatal de Trotsky foi efetivamente implementado (ver Deutscher, 1950), e depois de 1945 se estendeu aos novos regimes comunistas na Europa Oriental. Muito mais tarde surgiram pressões em favor de maior autonomia sindical. O colapso do comunismo no bloco oriental foi precedido, na maioria dos países, pela asserção de independência pelos antigos sindicatos oficiais e, em muitos casos, pela ascensão de movimentos de oposição — com destaque para o Solidariedade na Polônia. Hoje em dia o modelo de "correia de transmissão" foi abandonado até nos países em que o regime comunista subsiste.

No Ocidente industrializado, os sindicatos têm procurado freqüentemente escapar aos partidos políticos. Em grande parte da Europa continental, o sindicalismo de massa foi o produto da ascensão da social-democracia na virada do século, mas os líderes sindicais não tardaram em insistir no desenvolvimento de suas próprias prioridades estratégicas. (Na Europa Meridional, onde os vínculos sindicato-partido têm sido de grande importância na era do pós-guerra, tendências semelhantes mostraram-se evidentes em anos recentes.) Nos Estados Unidos, a maioria dos sindicatos rechaçou tradicionalmente os vínculos políticos comuns na Europa, posição agressivamente defendida no final do século XIX pelo presidente da American Federation of Labor (AFL), Samuel Gompers, com sua filosofia de "sindicalismo puro e simples". Essa concepção obteve depois o apoio intelectual do escritor Selig Perlman (1918), o qual afirmou que os sindicatos confinariam naturalmente suas atividades a matérias relacionadas com o trabalho, a menos que seduzidos pela intervenção de intelectuais. Argumentos semelhantes foram recentemente desenvolvidos por escritores norte-americanos (Lester, 1958; Ross e Hartman, 1960; Kerr et al., 1960), que insistiram, todos eles, em que os sindicatos "maduros" abandonam tipicamente os objetivos políticos radicais e se concentram na negociação de convênios coletivos.

Uma terceira concepção das relações entre sindicatos e política foi oferecida pelos teóricos do "corporativismo" (ver Goldthorpe, 1984). O uso moderno dessa noção alude aos sistemas fascistas (em especial, ao italiano e ao espanhol) de organização dirigida pelo estado, envolvendo empregadores e empregados em uma retórica de unidade funcional. Nas sociedades ocidentais modernas, afirma-se, o estado é cada vez mais um ator central nas relações econômicas e industriais; e isso forneceu o desenvolvimento de acordos tripartites, integrando com freqüência os sindicatos institucionalmente na maquinaria do planejamento e administração da economia nacional. Para alguns autores, o "neocorporativismo" serve para subordinar os sindicatos às exigências de um estado capitalista, convertendo-os em agências voltadas para disciplinar seus membros em troca de vantagens nominais e organizacionais. Outros, porém, identificam um sistema de "permuta política" pelo qual os sindicatos obtêm reais benefícios materiais para os seus filiados moderando a sua militância econômica em troca da influência no tocante a decisões de política macroeconômica; a Áustria e a Suécia do pós-guerra são freqüentemente citadas como exemplos. A lógica de ambas as interpretações é que o simples "sindicalismo de resultados", como o modelo americano é muitas vezes chamado, deixou de ser viável — pelo menos em muitos contextos nacionais.

Ainda outra concepção de sindicalismo é como movimento social. Essa concepção derivou, com freqüência, do pensamento social católico, que mudou no começo do século do anti-sindicalismo, derivado do anti-socialismo, para uma visão mais positiva dos sindicatos como meio de promover a coesão e a harmonia sociais. O anticomunismo forneceu subseqüentemente um poderoso motivo para a intervenção católica no sindicalismo, inspirando por vezes a formação de sindicatos "cristãos" separados. Em alguns países do Terceiro Mundo, contudo, a "teologia da libertação" encorajou o apoio ao sindicalismo populista radical em sua mobilização contra o capital multinacional e os regimes políticos repressivos. Isso pode ser visto como reflexo de uma lógica situacional: onde o estado é poderoso e a "sociedade civil" relativamente subdesenvolvida, os sindicatos são uma das poucas organizações capazes de coordenar uma ação social independente em escala nacional. Ao mesmo tempo os sindicatos que são incapazes de concretizar relações estáveis de negociação de convênios coletivos ou de adquirir uma substancial filiação formal desejam provavelmente mobilizar e representar um contingente de trabalhadores muito maior do que essa filiação por si só.

Está claro que o significado social do sindicalismo é um foco de disputa e emulação dentro e entre os próprios sindicatos, e o seu papel é igualmente controverso para governos e movimentos de oposição política. É possível que o fim da Guerra Fria e a internacionalização do capital e das práticas de emprego levem a uma maior homogeneidade das características dos sindicatos.

Ver também SINDICALISMO.

Leitura sugerida: Banks, J.A. 1974: *Trade Unionism* • Clegg, Hugh 1976: *Trade Unions under Collective Bargaining* • Crouch, Colin 1982: *Trade Unions* • Flanders, Allan 1952: *Trade Unions* • Hyman, R. 1972: *Marxism and the Sociology of Trade Unionism* o 1989: *The Political Economy of Industrial Relations* • McCarthy, W.E.J. 1985: *Trade Unions*, 2ªed. • Martin, Ross 1989: *Trade Unionism* • Mills, C.W. 1948: *The New Men of Power* • Munck, Ronaldo 1988: *The New International Labour Studies* • Sturmthal, Adolf 1972: *Comparative Labor Movements* • Webb, Sidney e Webb, Beatrice 1897: *Industrial Democracy*.

RICHARD HYMAN

sistema-mundo Trata-se de um conceito relativamente novo. Sem dúvida, a expressão foi usada de tempos em tempos no passado em sentidos diversos e não muito precisos. Mas o seu uso corrente, hifenizado para indicar que é um "conceito", deve ser relacionado com a invenção do termo *économie-monde* por Fernand Braudel. O próprio Braudel diz que o tomou do uso particular feito por Fritz Rörig, em 1933, da palavra *Weltwirtschaft*, mas foi principalmente via Braudel, sem dúvida, que o conceito se tornou conhecido.

A língua francesa (e outras línguas neolatinas) permite uma distinção em formas lingüísticas que é impossível em alemão e difícil em inglês. Os economistas falam desde longa data de uma economia mundial, termo que eles são propensos a usar como sinônimo de economia internacional. Refere-se primordialmente à estrutura dos fluxos comerciais e financeiros entre estados soberanos, fluxos que se refletem no nível estatal em certos indicadores padronizados, como os termos de comércio ou o balanço de pagamentos. Nesse uso, a palavra internacional refere-se aos fluxos entre nações (ou seja, estados soberanos) e o termo "mundial" alude ao fato de os economistas estarem analisando fluxos no globo inteiro.

Em francês, a tradução comum de *world economy* é *économie mondiale*. Braudel, contudo, inventou um termo diferente para o que desejava descrever. Usou *économie-monde*. Quis indicar com esse termo, em primeiro lugar, que não estava referindo-se *ao* mundo, mas a *um* mundo; e, em segundo lugar, que não se referia às relações econômicas *entre* unidades políticas constituídas dentro desse mundo, mas aos processos econômicos *dentro* desse mundo em sua totalidade.

Fui eu quem tentou estabelecer essa distinção em tradução inglesa entre *économie mondiale* e *économie-monde* mediante o uso do hífen. Como *world economy* já estava em uso corrente como o equivalente de *économie mondiale*, usei *world-economy* (com o hífen) como o equivalente de *économie-monde*. Uma economia-mundial foi definida inicialmente como a entidade dentro de cujas fronteiras havia uma única e abrangente divisão de trabalho, mas que, de fato, incluía certo número de estruturas estatais distintas.

Pensando bem, era evidente que tinham existido historicamente outras grandes entidades sobre as quais se poderia afirmar que tinham tido uma única divisão de trabalho, mas não contiveram, dentro de suas fronteiras, estruturas estatais distintas. Tal parecia ser o caso dos antigos impérios como, digamos, o de Roma ou o da China. Por paralelismo lingüístico com *world-economy*, criou-se o termo *world-empire* a fim de caracterizar esse último caso, sendo ambos considerados variedades de uma entidade chamada *world-system* (sistema-mundo).

Desde o início da década de 70, quando se completou esse exercício conceitual preliminar, considerável soma de trabalhos empíricos e teóricos foi empreendida a respeito de sistemas-mundo. A maior parte desse trabalho tem se relacionado com o estudo de um sistema-mundo particular, o "sistema-mundo moderno", também conhecido como "economia-mundial capitalista". Além disso, porém, alguns arqueólogos tentavam utilizar o conceito de sistema-mundo para analisar as várias situações pré-modernas em que eles têm estado sobremodo interessados, indicando que suas reconstituições a partir dos dados deveriam levar à observação de zonas espaciais mais vastas do que era previamente feito, e que essas zonas mais vastas eram, de fato, "sistemas-mundo". Recentemente se registrou, ademais, o início do interesse no estudo comparativo de diferentes espécies de sistemas-mundo.

Todo e qualquer conceito, especialmente quando novo, é um exercício de polêmica. É importante sublinhar contra que conceitos alternativos estava dirigido o conceito de sistema-mundo. Três importantes elementos estavam envolvidos na polêmica. O primeiro dizia respeito à unidade de análise. Sustentar que o mundo moderno devia ser pensado em termos de um sistema-mundo ou de uma economia-mundo capitalista é sustentar que a unidade primária significativa de coerção social e de poder decisório social é mais esse sistema-mundo do que as unidades de estados-nações que têm sido tradicionalmente usadas como unidades de análise.

Dessa primeira premissa decorre naturalmente a segunda. As unidades que se "desenvolvem" ao longo do tempo *não* eram consideradas os chamados estados-nações, mas antes o sistema-mundo como um único sistema-mundo. Isso era um argumento contra o "desenvolvimentismo", ou teoria da MODERNIZAÇÃO, o qual supunha a existência de estados-nações paralelos, cada qual realizando esforços paralelos de desenvolvimento linear, embora com sucesso desigual até a data. Além disso, a teoria da modernização tendia a ser uma teoria da homogeneização final; a tendência da análise, a partir de uma perspectiva de sistema-mundo, é enfatizar a polarização da estrutura sistêmico-mundial ao longo do tempo.

O terceiro elemento da polêmica envolveu, portanto, o modo de análise, ou a postura adotada a respeito de questões epistemológicas tradicionais. As análises que usavam o estado-nação como unidade de análise e teorizavam a partir de uma perspectiva desenvolvimentista tendiam a ser nomotéticas, buscando enunciados apropriados, semelhantes a leis, que pudessem explicar os processos observados. A epistemologia de uma "perspectiva de sistemas-mundo" baseava-se na noção de que os sistemas-mundo são "sistemas históricos". Os sistemas históricos são simultaneamente sistêmicos, com estruturas que determinam processos em curso, predominantemente cíclicos, e históricos, ou seja, desenvolvem-se ao longo do tempo, têm início e fim. Isso levou a análise dos sistemas-mundo a duas importantes conclusões epistemológicas. Uma delas foi uma postura de rejeição das metodologias nomotéticas e idiográficas, em favor de uma análise dos conjuntos particulares de regras gerais que governam determinados tipos de sistemas-mundo. A segunda foi uma simpatia pela teorização nas ciências que rejeita a dinâmica linear newtoniana e favorece um modelo de processos não-lineares que subseqüentemente se bifurcam.

O conceito de "sistema-mundo" é um dos que se prestam à controvérsia no pensamento do século XX. Tende a ser contrário aos pontos de vista da corrente dominante, definida quantitativa e socialmente. Evidentemente, despido de sua bagagem polêmica, esse conceito poderia ser facilmente incluído em quase toda teorização típica sobre comportamento social, mas, assim despido, estaria viciado e dificilmente acrescentaria algum *insight* significativo.

Ver também GLOBALIZAÇÃO; DIVISÃO INTERNACIONAL DO TRABALHO; RELAÇÕES INTERNACIONAIS.

Leitura sugerida: Braudel, Fernand 1967: *Civilisation matérielle, économie et capitalisme (XV-XVIIIs.)*, 3 vols. • Wallerstein, Immanuel 1974-89: *The Modern World-System*, 3 vols. ○ 1991: *Unthinking Social Science*.

IMMANUEL WALLERSTEIN

sistemas, teoria de O termo sistemas inclui máquinas, organismos e sistemas sociais e psicológicos, em contraste com ações e peças individuais. Os sistemas são complexos de elementos e relações, separados por fronteiras dos seus respectivos meios ambientes, os quais são sempre mais complexos que os próprios sistemas (ver Hall e Fagen, 1968; Allport, 1968). Para Niklas Luhmann, "essa diferença de complexidade" entre o sistema e o meio ambiente em que ele está localizado é "o problema fundamental para a teoria de sistemas, o ponto final de referência de qualquer análise funcional" (Luhmann, 1970-90, vol.2, p.210; ver também FUNCIONALISMO).

Os sistemas sociais podem ser interações, organizações ou sociedades inteiras. Os sistemas sociais, à semelhança dos sistemas psicológicos, podem caracterizar-se pelo seu uso do *significado*. Seus elementos, porém, não são pessoas, seres humanos ou sujeitos, mas ações intersubjetivas ou comunicativas (ver COMUNICAÇÃO). Os sistemas sociais coordenam ações. Não são, contudo, mundos vitais nem formas socioculturais de vida, caracterizados pelo fato de coordenarem as intenções dos atores de tal maneira que estas se apresentam, na perspectiva dos próprios atores (a perspectiva participante), como um contexto significativo e interpretável. Os sistemas sociais não são, como tais, compreensíveis nem incompreensíveis, nem a expressão de um consenso antecedente nem a implementação de um consenso consciente. Os sistemas sociais coordenam as *conseqüências* de ações, as quais constituem um todo funcional a partir da perspectiva de um observador ou de um sistema observante.

Os atos econômicos, por exemplo, que são significativos e, portanto, interpretáveis de uma perspectiva participante, são combinados pelos mercados em um sistema em que eles se sucedem uns aos outros. O que determina o elo e a seqüência de ações no espaço e no tempo é, contudo, não a intenção significativa, mas tão-somente se o comprador tem dinheiro ou não e se o gasta ou não. O mecanismo monetário é cego a intenções e a quaisquer crenças, programas, idéias e interesses. Tudo o que conta são as conseqüências das decisões de comprar. O sistema da ciência opera de modo semelhante: não são os programas concretos de pesquisa nem as multiformes implicações das pesquisas, como o seu valor social, que são decisivos, mas sim se o que é produzido é verdadeiro ou falso. O sistema da ciência, como tal, é cego a tudo mais, em especial à complexa e significativa relação entre ciência e mundo. O mais importante efeito da diferenciação funcional é que "os soldados marcham, os escritores escrevem e os ministros governam, quer isso lhes interesse ou não em uma dada situação" (Luhmann, 1970-90, vol.2). A sociologia anterior tinha uma descrição unilateral desse progresso como um processo de burocratização, baseado no modelo de ação racional-intencional. A teoria de sistemas é propensa a tratar o mesmo processo tão unilateralmente quanto um ganho de liberdade resultante da remoção do fardo da responsabilidade individual (cf. Luhmann, 1976, p.287ss.).

Fazer uma abstração das perspectivas e orientações dos atores tem importantes conseqüências para o status metodológico da teoria de sistemas. Como teoria, ela está interessada na explicação, não na compreensão. Não pode, porém, formular qualquer pretensão — ou, na melhor das hipóteses, só o pode de forma muito limitada — a oferecer explicações causais. A teoria sociológica de sistemas pelo menos reconciliou-se com a sua virtual incapacidade de fornecer explicações causais, a par de conceitos fortemente empíricos, observabilidade etc. Entretanto explica a imprecisão e a circularidade de suas explicações funcionais, não pela peculiaridade ontológica do seu domínio do objeto simbolicamente estruturado ou, como a sociologia *Verstehende*, pela impossibilidade de escapar do círculo hermenêutico, mas pela complexidade e opacidade das estruturas do sistema, as quais, em princípio, não são passíveis de análise causal. Os sistemas autopoiéticos (autoformantes) alteram-se quando descobrem estruturas completamente novas de maneira imprevisível. A própria teoria de sistemas, contudo, adere agora, cada vez mais, ao seu próprio método e explica os limites de seu poder explicativo causal por sua função social e pelas condições funcionais de sua própria auto-reprodução como teoria científica (Maturana, 1982; Schmidt, 1987; Luhmann, 1988).

A interpretação de complexos de significado, tal como praticada por W. Dilthey ou Max Weber, não é rejeitada pela teoria de sistemas; pelo contrário, é pressuposta por ela. Niklas Luhmann, tal como Talcott Parsons, parte do fato de que, por exemplo, nas culturas protestantes a ação econômica foi estruturada por diferentes significados e visões de mundo em relação ao católico ortodoxo ou às regiões fundamentalistas islâmicas. Somente onde a ação forma um mundo inteligível é que um sistema econômico moderno pode coordenar ações exclusivamente por meio dos efeitos de fluxos monetários sobre as conseqüências da ação. Nessa medida, as sociedades são sempre "complexos sistemicamente estabilizados de ação de grupos socialmente integrados" (Habermas, 1981, vol.2).

Entretanto, em uma sociedade moderna, funcionalmente diferençada, já não importa mais *de onde alguém vem*. Comunidade, religião e consciência coletiva, origem histórica, status social e lugar na hierarquia tradicional, laços de família e obrigações de parentesco são irrelevantes, embora se pressuponha ainda sua força socialmente integradora. A única coisa que conta em um sistema de mercado juridicamente institucionalizado, livre e de igual acesso é se alguém pode pagar ou não. Através de sua institucionalização jurídica, os mercados livres desligaram-se dos laços de parentesco e das ordens de privilégio, da família e da estratificação, assim como da esfera política. Como Marx já reconheceu, a ordem dos estratos e classes sociais perdeu sua antiga autonomia e se tornou quase totalmente dependente da auto-organização autopoiética do sistema econômico.

Apoiando-se principalmente na teoria de Max Weber das esferas de valor, Talcott Parsons (1966, 1971) desenvolveu uma teoria de MODERNIDADE em termos de diferenciação funcional. Esse processo converte os componentes individuais da ação — valores constitutivos latentes, normas integradoras, motivos deliberados, recursos adaptativos —, que estão integrados na ação comunicativa, em performances especializadas de sistemas funcionais diferençados. Tanto no nível do "sistema de ação geral" quanto no do "sistema social" e do subsistema integrador de sistema de ação, os sistemas que assumem as tarefas *internas* do processamento de informação, inovação e reprodução simbólico-comunicativa de valores e normas distinguem-se inteiramente dos que asseguram a adaptação do sistema de ação e do sistema social aos ambientes *externos*.

O processo de mudança evolutiva (ver PROCESSOS EVOLUCIONÁRIOS NA SOCIEDADE) que levou ao desenvolvimento do sistema das sociedades modernas pode então ser explicado pela mudança de estratificação social para diferenciação funcional. A ascensão de instituições culturais autônomas possibilitou, por intermédio da generalização de valores, a legitimação de normas concretas que são obrigatórias para a comunidade social. Sistema educacional pós-tradicional, a economia auto-organizada, arte autônoma e religião individualizada (a ética protestante) são os mais importantes exemplos históricos. Mediante uma influência generalizada, a integração social pode ser organizada como a formação inclusiva e aberta à participação irrestrita de associações livres em um sistema de comunidades sociais. A "comunidade societal" de Parsons, juridicamente institucionalizada na CIDADANIA, é o lugar da liberdade associativa, tal como foi entendida por Tocqueville. Poderíamos também descrever a auto-organização da comunidade social como a "união sócio-reflexiva, de nível superior, das uniões sociais" descrita por John Rawls. Na permuta intersistemas, isso fornece ao sistema político um apoio leal, através de sua influência sobre os cidadãos, enquanto o sistema político-administrativo dota a comunidade social do necessário poder através da sanção jurídica da liberdade de associação em uma base igualitária.

O desligamento do poder político da influência da ação comunicativa em associações sociais dá, portanto, à esfera política a liberdade necessária para impor a diferenciação funcional e implementar, de maneira intencional-racional, as estruturas jurídica e administrativa correspondentes; estas são necessárias, por exemplo, para separar a moderna organização de trabalho do *oïkos*, a residência difusamente funcional da família camponesa, mas também para, por exemplo, proteger a função socializante da família da mobilização econômica de seus membros individuais. Um sistema econômico, liberto por maciça intervenção política de todos os compromissos de valor, restrições normativas e tarefas políticas, pode concentrar-se na maximização do desempenho e desenvolver as forças produtivas sem as quais faltaria ao sistema das sociedades modernas toda a sua força motriz.

Esse modelo de diferenciação funcional sofre de uma dificuldade básica. Para Parsons, toda e qualquer espécie de formação de sistema por meio de diferenciação funcional apresenta-se como uma destinação que, de modo geral, não é problemática do sistema nem do mundo — não é problemática apenas porque ele só concebe o mundo em termos de tradicionalismo, particularismo, prolixidade e coletivismo afetivo. Para Parsons, diferenciação funcional é a emancipação dos limites da natureza e das formas tradicionais de sociação. Assim, por exemplo, ele pôde descrever o desenvolvimento da União Soviética, mesmo no final da década de 60, como uma progressiva modernização rumo ao sistema ocidental de sociedades modernas, atrasada apenas em certos domínios. Essa interpretação unilateralmente otimista do desenvolvimento soviético, sem base em qualquer preconceito ideológico a favor do comunismo, deveu-se a uma cegueira categorial. O conceito de diferenciação funcional permite uma análise adequada da transformação moderna e da dissolução de formas tradicionais de socialização, mas não se pode apresentar sequer a questão de existirem processos de modernização (como o terror stalinista) que destroem não só as formas tradicionais de socialização, mas a própria possibilidade desta. Sendo assim, a teoria do sistema funcionalista não pode escapar à acusação de consubstanciar uma filosofia oculta da história. Pelo menos, é como se as teorias de sistemas fossem aparentemente forçadas por suas categorias a uma certa cegueira às possíveis *patologias da modernização.* As angústias de Habermas vão nessa direção, e as polêmicas análises do discurso propostas por Michel Foucault adquirem considerável força como um corretivo para o otimismo unilateral da visão de modernidade apresentada pela teoria de sistemas.

Leitura sugerida: Habermas, J. 1981 (*1984, 1989*): *The Theory of Communicative Action*, vol.2 • Parsons, T. 1951: *The Social System* o 1966: *Societies: Evolutionary and Comparative Perspectives.*

HAUKE BRUNKHORST

social-democracia As doutrinas e ações políticas cobertas por este termo podem ser esclarecidas se considerarmos o que a social-democracia é e o que não é. Alemanha, França, Grã-Bretanha, Áustria, Nova Zelândia, Austrália, Bélgica, Holanda, Espanha, Suécia e os outros países escandinavos, todos têm fortes tradições e partidos sociais-democratas (que podem chamar-se partidos socialistas, sociais-democratas ou trabalhistas; ver SOCIALISMO), e alguns desses partidos têm constituído governos em várias épocas, sobretudo depois da Segunda Guerra Mundial. Diversas gerações de programas de bem-estar e reformas sociais legisladas deixaram marcas permanentes, afetando não só a formação do estado, mas também as atitudes predominantes acerca da responsabilidade social. A Rússia também teve um importante movimento social-democrata no começo deste século, depois suprimido pelos bolcheviques, e a social-democracia foi influente em menor medida em países tão diversos quanto a Argentina, o Canadá, a Irlanda do Norte (o Partido Social-Democrata e Trabalhista), a Índia e o Japão (onde continua forte, apesar do virtual monopólio do poder pelo Partido Liberal, e recebe considerável apoio das mulheres, assim como dos agricultores e da classe média).

Originalmente socialista, sindicalista e anticapitalista, a social-democracia compartilha uma origem comum com outros movimentos da classe trabalhadora no século XIX que lutavam contra diferentes versões da repressão estatal — bismarckiana, militarista, bonapartista, anti-Dreyfusard (ver adiante), clerical (católica e protestante) ou outras (ver MARXISMO OCIDENTAL). Quanto mais êxito obtiveram nas eleições e mais organizados se mostravam como partidos políticos, e na medida em que algumas das mudanças sociais pelas quais se bateram foram realizadas no ESTADO DE BEM-ESTAR, mais os sociais-democratas tenderam a se deslocar da esquerda para o centro-esquerda. Tal flexibilidade é, em parte, resultado do caráter híbrido da social-democracia como doutrina política. Faltando-lhe um único fundador (um John Locke, um Adam Smith ou um Karl Marx), a sua linhagem inclui o marxismo, o socialismo utópico e a forma de revisionismo inspirada pela intuição de Engels (na década de 1890) de que a ação política evolucionária, apoiando-se no direito de voto e no parlamentarismo, era mais suscetível de favorecer as lutas da classe trabalhadora do que os meios revolucionários.

Os primeiros sociais-democratas participaram de um compromisso comum com o proletariado como a classe do futuro, diferindo de jacobinos e revolucionários mais em função de método do que de princípio. Acreditavam que o proletariado como classe tomaria o poder econômico e político por meios como o sufrágio universal, a democracia parlamentar e o controle sobre o ramo executivo do governo. Uma vez o proletariado no poder, a nacionalização e o planejamento eliminariam o ciclo de alternância de períodos de prosperidade e depressão econômica, a guerra seria abolida e o colonialismo acabaria. Com algumas variações doutrinárias, os sociais-democratas compartilham uma visão igualitária, secular e científica, uma versão socialmente responsável da tradição do Iluminismo.

Os sociais-democratas ainda favorecem um forte estado democrático, em nítido contraste com o minimalismo político dos liberais. Ainda rejeitam o mercado como único árbitro da justiça e continuam situando a esfera pública acima da particular. Mas distanciaram-se do socialismo revolucionário, e virtualmente todos os partidos sociais-democratas romperam decisivamente com o comunismo depois de 1919. Desde a Segunda Guerra Mundial muitos deles acabaram aceitando, ou mesmo favorecendo, os mercados acima do planejamento, a empresa privada acima da pública e uma política do tipo "cresça primeiro e redistribua depois".

Hoje em dia, como principal alternativa do bem-estar social, a social-democracia compartilha com esta crença no pluralismo, cujo modelo poderia ser denominado a política de um "equilíbrio móvel", somada à política de gestão responsável, de controles reguladores, eleições e leis, e o relacionamento interativo entre o público e o particular; mas enfatiza o contínuo reequilíbrio entre o econômico e o político, no âmbito de um duplo mercado. Na teoria social-democrata, o mundo econômico é menos uma questão de propriedade do que de um mecanismo fornecedor de *informações* com base nas quais consumidores e produtores realizam escolhas e opções acerca de necessidades e carências materiais. Por sua vez, o domínio político funciona para fornecer *informações* com base nas quais os líderes podem ser selecionados de acordo com prioridades de ação, com decisões tomadas de acordo com programas e preferências. Como individualmente os cidadãos são, ao mesmo tempo, consumidores e eleitores, o ponto importante de tal modelo é que as desigualdades observadas na primeira esfera podem ser compensadas na segunda, servindo o setor privado para impedir concentrações de poder no setor público e servindo este para evitar concentrações de riqueza naquele.

O que distingue os sociais-democratas dos proponentes do estado de bem-estar (ver BEM-ESTAR SOCIAL) é uma ênfase maior na igualdade e nas disposições institucionais que facilitam esse objetivo. Para eles, uma deficiência do estado de bem-estar é que ele resulta em combinações *ad hoc*, de natureza temporária, consistindo em estratégias improvisadas e práticas legislativas de caráter tão contrafeito, tão relutante, que o seu desfecho mais provável é o fracasso. Em suma, os sociais-democratas vêem as reformas de bem-estar social como enxertos no estado liberal que objetivam melhorar os piores efeitos das desigualdades em vez de eliminar radicalmente as suas causas. Em contrapartida, o programa social-democrata propõe-se, em um grau ou em outro, alterar ou reduzir substancialmente as concentrações de riqueza privada, indústria e capital. Com efeito, de acordo com os sociais-democratas, elas são tão poderosas e o papel dos negócios é tão privilegiado que, quando programas compensatórios e de reforma são estabelecidos em um estado de bem-estar, eles impedem que o duplo mercado econômico funcione muito bem.

Portanto, os sociais-democratas assumem uma forte posição em favor do igualitarismo e da necessidade de eliminar as causas das desigualdades sociais. Também acreditam que o "equilíbrio" não será obtido sem a intervenção do estado em favor dos que são penalizados ou especialmente desfavorecidos, incluindo minorias (étnicas, religiosas, raciais, lingüísticas) e classes. Em anos recentes, porém, a experiência mostrou que a intervenção pode burocratizar o estado, tornando-o politicamente mais insensível. Assim, os sociais-democratas passaram a se interessar por experiências com formas múltiplas e pluralistas de representação, democracia no local de trabalho e autogestão, esperando, através de tais mecanismos, suplantar o conflito entre grupos competitivos e transformá-lo em cooperação. A moderna teoria pluralista e, em especial, as teorias de democracia participativa e poliarquia desenvolveram o lado político da social-democracia nos últimos 30 anos (ver, por exemplo, Dahl, 1956, 1961; Polsby, 1963; Bachrach, 1967; Pateman, 1970; Lukes, 1974; Gould, 1988). Ao mesmo tempo, os sociais-democratas reconheceram que as reivindicações de eqüidade precisam ser contrapostas às necessidades de desenvolvimento, e os sociais-democratas holandeses, austríacos, alemães, neozelandeses e escandinavos deram mostras de considerável inventiva em suas políticas de habitação de baixo custo, conselhos de trabalhadores e modernos programas educacionais.

Os sociais-democratas têm estado próximos dos partidos verdes em questões ambientais (sobretudo na Alemanha), embora divididos em matéria de energia nuclear e armamento (ver MOVIMENTO ECOLÓGICO). Hoje em dia, quando a filiação e as clientelas eleitorais passaram a ser mais de classe média, alguns partidos também passaram a moderar seus programas de propriedade pública e a enfatizar mais a reforma do que a circunscrição das responsabilidades do estado no tocante ao bem-estar (Hindess, 1971). À semelhança do estado de bem-estar, a social-democracia foi muito influenciada pelo KEYNESIANISMO, embora favorecendo os que mostravam uma propensão maior a consumir do que a poupar. De modo geral, os sociais-democratas são favoráveis à *coletivização do risco*, ao passo que os defensores do estado de bem-estar favorecem a *individualização do risco*. Para alguns sociais-democratas, o estado atua como um estabilizador econômico e político, estimulando o crescimento e impedindo a recessão, como uma forma de gerenciamento de crises (Offe, 1984, p.148).

O modo como funcionam esses princípios talvez possa ser mais bem ilustrado por alguns exemplos. Embora não exista uma teoria social-democrata definitiva nem um estado social-democrata exemplar, Alemanha, Áustria, Suécia, Holanda e alguns outros países, como a Austrália, podem servir de modelos. O caso alemão ilustra particularmente bem a transformação da social-democracia de uma doutrina esquerdista em uma doutrina de centro-esquerda. No início da década de 1860 operários de inspiração liberal, associações educacionais e corporações profissionais começaram a angariar apoio para a reforma constitucional, a unificação nacional, o sufrágio universal masculino, a educação profissionalizante, as instituições de poupança, programas cooperativos e cooperativas de produtores. O liberalismo inicial logo cedeu o lugar ao socialismo e duas importantes associações operárias surgiram na década de 1860: a Associação Geral de Trabalhadores Alemães, inspirada e liderada por Ferdinand Lassalle, e o Partido dos Trabalhadores Sociais-Democratas, liderado por August Bebel e Wilhelm Liebknecht, que tinham estreitos vínculos com Marx e Engels (Guttsman, 1981, cap.1).

Um período de radicalização ocorreu no rescaldo da Guerra Franco-Prussiana. Os dois partidos existentes foram unidos em 1875 como o Partido Social-Democrata da Alemanha (SPD), o qual, no prazo de dois anos, já contava com 12 deputados no Reichstag e recebia mais de meio milhão de votos. Tal como outros partidos socialistas e sociais-democratas, na França e em outros países, o SPD afirmava a prioridade da solidariedade da classe trabalhadora sobre as filiações nacionais, e em 1878 as organizações de trabalhadores foram proibidas pela Lei Anti-Socialista. Quando a lei expirou, em 1890, o SPD desenvolveu-se rapidamente (Kocka, 1986, p.278-351), obteve cerca de 1,5 milhão de votos nas eleições desse ano e mandou 35 deputados para o Reichstag (Braunthal, 1961, p.200-1). Seu programa incluía o corporativismo lassalliano (tal como encarnado no Programa Gotha de 1875), para enfatizar o socialismo de estado, os meios políticos legais, as liberdades civis e a democracia; mas, como conseqüência direta da legislação bismarckiana repressiva contra as organizações da classe trabalhadora, também incluía agora um apelo à ação proletária radical, uma tendência marxista e revolucionária anunciada em seu programa Erfurt de 1891. Entretanto, sua doutrina marxista tinha diversos componentes, que se estendiam desde o marxismo revolucionário de Rosa Luxemburgo e Karl Liebknecht, através do "centrismo" de Karl Kautsky, até o REVISIONISMO de Eduard Bernstein.

Todos os partidos sociais-democratas reunidos na Internacional Socialista opuseram-se firmemente à guerra, mas, apesar dessa oposição, regularmente reafirmada em seus congressos, os socialistas franceses na Câmara dos Deputados e o SPD alemão no Reichstag votaram a favor de créditos de guerra em 1914, montando o cenário para uma divisão decisiva entre socialistas e sociais-democratas, e entre socialismo revolucionário e bolchevismo (Braunthal, 1961, cap.21). O marxismo revolucionário continuou sendo uma força poderosa no SPD até 1920, quando a ala esquerda do partido se separou para formar o Partido Comunista (KPD). As relações entre o SPD, predominantemente revisionista, e o KPD tornaram-se cada vez mais ásperas com a ascensão do nacional-socialismo e a transformação do KPD em partido stalinista (ver COMUNISMO). Durante o período nazista membros de ambos os partidos foram perseguidos e muitos de seus adeptos acabaram sendo mortos ou encarcerados. Reconstituído depois da Segunda Guerra Mundial, o rejuvenescido SPD abandonou oficialmente até mesmo uma versão diluída do marxismo em seu congresso de Bad Godesberg, em 1959, aceitando um liberalizado sistema de mercado. Hoje em dia o SPD defende essencialmente a livre concorrência econômica, mas em uma economia de "mercado social", e rejeita, de modo geral, a propriedade dos meios de produção pelo estado (Lipset, 1990).

Um dos problemas ao se examinar a social-democracia é que a maioria dos partidos sociais-democratas usa rótulos socialistas. Na França, por exemplo, os socialistas realizaram esforços determinados para evitar a social-democracia, preferindo a ascendência revolucionária e a retórica de uma original herança jacobina. Sua tendência "esquerdista" derivou do marxismo revolucionário de Jules Guesde, o qual se opunha ao programa de Paul Brousse, mais reformista ou "possibilista". Onde os sociais-democratas alemães favoreciam os meios eleitorais para se chegar ao socialismo, alguns socialistas franceses eram favoráveis à greve geral, considerada uma arma de reforma pacífica em contraste com a ação revolucionária. Proudhonistas, marxistas, blanquistas, guesdeístas, sorelianos em sua origem, o caso Dreyfus de 1894 ajudou a reunir todos esses grupos socialistas sob a liderança de Jean Jaurès, de modo que em 1903 os socialistas receberam 600 mil votos, elegeram mais de 50 deputados para o Parlamento e possibilitaram a Alexandre Millerand tornar-se o primeiro ministro socialista. Os guesdeístas dedicaram especial atenção à reforma municipal e obtiveram cadeiras em numerosos conselhos municipais. Depois se deu a inevitável cisão entre sociais-democratas e comunistas no Congresso de Tours, em 1919. Léon Blum, Jean Longuet e Paul Faure restabeleceram o Partido Socialista em torno do jornal de Longuet, *Le Populaire*, enquanto os comunistas se organizaram em torno do diário de Jean Jaurès, *L'humanité*. A social-democracia, associada ao efêmero governo da Frente Popular do premier Léon Blum, em 1936, declinou daí por diante até a década de 70, quando começou a reviver, em grande parte à custa do Partido Comunista. Mas continuou fora do poder até a presidência de François Mitterand, em 1981.

A Suécia, é claro, tem sido considerada desde longa data um estado social-democrata exemplar, representando a "terceira" via, ou a do meio, fundada em 1899 sob a liderança de Hjalmar Branting (um marxista razoavelmente ortodoxo que se tornou o primeiro premier socialista), o Partido Social-Democrata consolidou-se rapidamente como importante força política. À semelhança da social-democracia alemã, a sua posição original era a extrema esquerda, mas foi o principal responsável pelo estabelecimento do neutralismo permanente da Suécia. Apesar de ter sido favoravelmente influenciado pela Revolução Russa, sucessivos governos sociais-democratas (sofrendo apenas breves interrupções a partir da década de 30) preferiram o pragmatismo à ideologia e o crescimento à igualdade (uma posição muito forte sobre essa questão foi adotada na famosa conferência de Zimmerwald, em 1915). Uma conseqüência é que, embora a Suécia possua de há muito os melhores programas de bem-estar social de qualquer estado moderno, tem o mais baixo imposto de renda de pessoa jurídica de todos os países da OCDE (Organização para Cooperação e Desenvolvimento Econômico), mas também taxas muito elevadas de imposto de renda da pessoa física, seguridade social e imposto sobre valor adicionado (Lipset, 1990). Continua favorecendo programas voltados para a participação de operários na tomada de decisões industriais, embora estes tenham provado ser menos bem-sucedidos do que originalmente se previa (Tingsten, 1973; Meidnerm 1978; Olsen, 1992).

O Partido Social-Democrata austríaco talvez tenha sido mais doutrinário. Formado em 1888, tinha recebido em um período de 10 anos 1/3 dos votos depositados e estava com 87 membros no parlamento; e o AUSTROMARXISMO representou uma alternativa significativa ao LENINISMO. Durante a Primeira Guerra Mundial o partido dividiu-se entre Victor Adler, o líder partidário que favorecia mais o proletariado austríaco do que o apoio ao proletariado internacional, e seu filho Friedrich, que assumiu uma ativa posição antiguerra. Depois da guerra, os sociais-democratas chegaram ao poder em várias cidades importantes e Viena, em especial, tornou-se uma vitrine de programas extremamente bem-sucedidos em educação, saúde pública, fornecimento de instalações para atividades recreativas e novos projetos habitacionais para a classe operária. Na década de 20, era o maior partido de oposição e, depois da Segunda Guerra Mundial, tornou-se o mais poderoso partido nacional.

A União Social-Democrata holandesa foi formada em 1878 sob a liderança de Romela Nieuwenhuis que, em 1888, foi eleita para os Estados Gerais. O partido registrou um constante sucesso, com a filiação que galgou de 13 mil votantes e três representantes parlamentares em 1897 para 144 mil votantes e 19 representantes parlamentares um ano depois, mas o partido se recusou a integrar um governo de coalizão alegando que isso significaria um compromisso com o capitalismo. Depois da Segunda Guerra Mundial a social-democracia holandesa foi responsável por tão requintados programas de bem-estar social e se preocupou a tal ponto com os menos favorecidos que hoje em dia a Holanda (mais que a Suécia) poderia ser considerada o estado social-democrata prototípico.

O Partido Trabalhista britânico é um caso diferente e um pouco mais complicado. Suas origens diferem substancialmente das dos partidos sociais-democratas europeus. Alguns às vêem no autêntico radicalismo evangélico do século XVII (os Levellers, ou niveladores, os Diggers, ou cavadores), outros nos movimentos owenista, cartista e capelista. Sua organização mais nitidamente de classe trabalhadora foi o Partido Trabalhista Independente, sob a liderança de Keir Hardie, que teve nos mineiros de carvão a maior parte do seu apoio original. Em um sentido concreto, contudo, a moderna social-democracia britânica está mais bem consubstanciada na Sociedade Fabiana. Fundada em 1883 e não filiada oficialmente a partido algum, seus membros desempenharam um papel político sem paralelo. Os documentos programáticos que publicaram em considerável número basearam-se em extensa pesquisa empírica sobre condições fabris, administração local, finanças públicas, política habitacional, situação dos pobres, educação, colonialismo e outras matérias similares (ver SOCIALISMO FABIANO). Influenciaram de modo significativo a política do Partido Trabalhista, e o programa sobre Trabalhismo e Nova Ordem Social, publicado logo após o término da Primeira Guerra Mundial, forneceu um quadro de referência básico que se manteve fundamentalmente inalterado até data relativamente recente. Grande parte desse programa foi convertido em lei, incluindo o salário mínimo nacional, a nacionalização das minas, estradas de ferro, serviços de utilidade pública e seguros, a redistribuição de excedentes para o bem comum e um imposto de renda acentuadamente progressivo.

Linhas menos significativas incluíram a Liga Socialista de William Morris, semi-anarquista, e a Federação Social-Democrata de H.M. Hyndman, organização marxista fundada em 1885 cujo objetivo era a propriedade coletiva dos meios de produção, um estado democrático e a igualdade social e econômica entre os sexos; entre os seus membros estava Eleanor, a filha de Karl Marx (Beer, 1948).

Desde a sua primeira coalizão parlamentar de 1906 com os liberais, a "Lib-Lab", o Partido Trabalhista foi, comparado com os sociais-democratas europeus, eminentemente prático e pragmático, em vez de doutrinário e ideológico. Teve um desempenho um tanto melancólico antes da Segunda Guerra Mundial, tendo chegado pela primeira vez ao poder com Ramsay MacDonald na "eleição cáqui" de 1924. Mas depois da guerra a social-democracia consolidou-se com tanto êxito que sucessivos governos conservadores foram incapazes de alterar a situação, até a implantação do programa de privatização e devolução do governo Thatcher, na década de 80. De 1975 em diante, a polarização política entre esquerda e direta intensificou-se no seio do Partido Trabalhista, culminando em 1981 em um dissidente Partido Social-Democrata que formou aliança com o Partido Liberal. Depois de alguns êxitos iniciais, contudo, esse partido declinou sem ter estabelecido uma nítida base de poder, tornando-se mais um partido da mídia do que qualquer outra coisa (Pridham, 1988, p.229-56).

Alguns antigos partidos comunistas na Europa Oriental seguiram o exemplo dos comunistas italianos e espanhóis que, depois de se terem tornado eurocomunistas, aderiram à social-democracia. Em nítido contraste com os Estados Unidos, onde declinou constantemente depois de 1912 (Weinstein, 1967), a social-democracia tem sido extremamente importante na Austrália e no Canadá ocidental. Na Rússia, depois de ser a principal influência radical antes da divisão entre bolcheviques e mencheviques, a social-democracia foi eliminada depois de 1922. Que futuro a aguarda no atual caos da Europa Oriental e da ex-União Soviética é algo difícil de prever.

Embora não haja uma experiência social-democrática *definitiva*, com o seu movimento em direção ao centro do espectro político, a social-democracia, produto de uma longa evolução política no radicalismo europeu, universalizou-se agora como a principal alternativa ao Estado de Bem-Estar.

Leitura sugerida: Braunthal, J. 1961, 1963 (*1966, 1967*): *History of the International 1864-1914*, 2 vols. • Gould, C.C. 1980: *Rethinking Democracy: Freedom and Social Cooperation in Politics, Economy, and Society* • Guttsman, W.L. 1981: *The German Social Democratic Party, 1875-1933* • Harrington, M. 1989: *The New Left: the History of the Future* • Judt, T. 1986: *Marxism and the French Left* • Lindblom, C.E. 1977: *Politics and Markets* • Meidner, Rudolf 1978: *Employee Investment Funds: an Approach to Collective Capital Formation* • Miliband, R. 1989: *Divided Societies: Class Struggle in Contemporary Capitalism* • Offe, C. 1976: *Industry and Inequality* • Olsen, Greg 1992: *The Struggle for Economic Democracy in Sweden* • Panitch, L. 1976: *Social Democracy and Industrial Militancy* • Pelinka, A. 1983: *Social Democratic Parties in Europe* • Ross, G., Hoffman, S. e Malzacher, S. 1987: *The Mitterand Experiment* • Schumpeter, J. 1942 (*1987*): *Capitalism, Socialism and Democracy* • Tingsten, Herbert 1973: *The Swedish Social Democrats* • Weinstein, James 1967: *The Decline of Socialism in America, 1912-1925.*

DAVID E. APTER

socialismo As idéias socialistas, em várias formas, expressaram-se em séculos anteriores, mas o socialismo como doutrina e movimento característicos só apareceu na década de 1830, quando o próprio termo entrou em uso corrente. Logo se propagou rapidamente pela Europa, sobretudo depois das revoluções de 1848, e no final do século grandes partidos socialistas já se tinham desenvolvido em numerosos países, mormente na Alemanha e na Áustria, ao mesmo tempo em que o pensamento socialista era largamente difundido em todo o mundo.

Na Europa continental, o MARXISMO era o principal alicerce intelectual do socialismo, combinando uma teoria da sociedade que explicava o desenvolvimento do CAPITALISMO moderno, a divisão da sociedade em duas classes principais e o surgimento e crescimento do próprio movimento socialista com uma doutrina sociopolítica a respeito da organização, objetivos e táticas dos partidos socialistas. Em outros lugares, porém, e em especial na Grã-Bretanha e nos Estados Unidos, o marxismo teve menos influência, e concepções alternativas de socialismo foram formuladas, por exemplo, pela Sociedade Fabiana (1889, ver Shaw, org., 1931). Não obstante, havia elementos comuns em todas as versões do pensamento socialista: oposição ao individualismo capitalista, consubstanciada na própria palavra "socialista", a qual enfatizava a comunidade e o bem-estar da sociedade como um todo; um compromisso com a igualdade e com a idéia de uma futura "sociedade sem classes"; e uma confirmação do caráter do movimento socialista como continuação do movimento democrático dos séculos XVIII e XIX. Com efeito, todos os partidos europeus estiveram particularmente ativos nas campanhas pelo sufrágio universal, para cuja conquista colaboraram de forma decisiva, e alguns deles adotaram o nome "social-democrata" a fim de expressar seu propósito de ir além da democracia social para estabelecer a democracia econômica e industrial.

No começo do século XX, contudo, com o desenvolvimento contínuo do capitalismo, manifestara-se uma diversidade maior de idéias socialistas em vários países. Nos partidos marxistas europeus, deflagrou-se uma viva controvérsia em torno do REVISIONISMO, em decorrência da publicação do estudo de Bernstein (1899) em que este sustentava que o desenvolvimento recente do capitalismo tornava necessária uma reavaliação da teoria de Marx no tocante às crises econômicas, à polarização de classes e à intensidade do conflito de classes, levando especialmente em conta o crescimento das classes médias e a elevação geral do padrão de vida. A divisão de opinião sobre essas questões resultou, no devido tempo, em uma diferenciação de duas tendências principais, rotuladas de "reformista" e "revolucionária" (se bem que houvesse também alguns "centristas", representados sobretudo por Kautsky e os austromarxistas), as quais ficaram anda mais claramente marcadas depois do surgimento do bolchevismo como tendência distinta no Segundo Congresso do Partido Social-Democrata Trabalhista russo em 1903. Na Grã-Bretanha, prevaleceu uma doutrina socialista principalmente reformista e gradualista, fortemente influenciada por idéias fabianas, quando o Partido Trabalhista (que no começo se denominava Comitê de Representação Trabalhista) foi fundado em 1900, ao passo que nos Estados Unidos o movimento socialista nunca se estabeleceu como força política importante (Sombart, 1906), atingindo o seu ponto culminante com a votação obtida pelo Partido Socialista da América na eleição presidencial de 1912 e declinando continuamente daí por diante (Weinstein, 1967; Laslett e Lipset, 1974).

A Primeira Guerra Mundial teve um efeito profundo sobre o movimento socialista como um todo. O internacionalismo tinha sido uma característica central da doutrina socialista, sobretudo depois de fundada a Primeira Internacional (Associação Internacional de Trabalhadores) em 1864, e no final do século, diante da crescente ameaça de guerra entre as maiores potências imperialistas, os partidos socialistas se haviam tornado também antimilitaristas. Quando eclodiu a guerra, contudo, a maioria dos partidos europeus foi engolfada pela onda avassaladora de fervor nacionalista, estimulada por seus respectivos governos, embora pequenos grupos minoritários mantivessem uma postura antiguerra. Lenin e os bolcheviques, por outro lado, foram vigorosos adversários da guerra desde o começo e, depois da Revolução Russa de 1917, tornaram-se a principal força em um movimento socialista revolucionário alternativo. A divisão entre esse movimento e os antigos partidos sociais-democratas da Segunda Internacional consolidou-se então de forma organizacional com a fundação da Terceira Internacional (Comunista) em 1919 e a criação de partidos comunistas distintos em muitos países.

A partir desse ponto, o desenvolvimento de idéias e movimentos socialistas foi dominado pela divisão e o antagonismo entre bolchevismo e SOCIAL-DEMOCRACIA, que passaram por várias fases e geraram muitos problemas novos. A tentativa de estabelecer uma sociedade socialista na Rússia ocorreu em circunstâncias nunca imaginadas por Marx, pela maioria dos marxistas subseqüentes (incluindo Lenin e outros líderes bolcheviques que tinham sérias dúvidas sobre se essa sociedade poderia ter êxito sem uma revolução em um ou mais dos países capitalistas desenvolvidos) ou pelos socialistas de modo geral: um país primordialmente agrário com uma classe trabalhadora industrial muito pequena e um vasto campesinato; devastado pela guerra, por uma prolongada guerra civil e pela intervenção estrangeira; carente de uma burocracia eficiente ou da experiência de instituições democráticas; e cercado de estados hostis. A necessidade mais imperiosa era de reconstrução econômica e rápida industrialização, que veio a ser identificada com socialismo. Essas condições, somadas a algumas tradições do Partido Bolchevique, forneceram campo fértil para o surgimento de uma ditadura e de um sistema totalitário, que Stalin finalmente implementou em uma forma extrema.

O desenvolvimento ulterior de uma economia socialista na União Soviética, com planificação altamente centralizada e ampla propriedade pública, também suscitou questões, que os socialistas haviam em grande parte negligenciado, sobre se tal economia poderia, na realidade, funcionar eficazmente na prática; e essas questões foram centrais no debate sobre cálculo socialista (ver SOCIALISTA, CÁLCULO) nas décadas de 20 e 30. Durante os anos 30, contudo, a controvérsia acabou sendo ofuscada pela industrialização da União Soviética, em grande parte bem-sucedida, o que se refletiu em elevadas taxas de crescimento econômico em uma época em que o mundo capitalista estava sofrendo severa depressão; e pela ascensão do fascismo, que constituiu um novo perigo tanto para a União Soviética quanto para os países capitalistas democráticos. A própria Segunda Guerra Mundial criou uma atitude mais simpática para com a União Soviética como um aliado e importante contribuinte, à custa de imensos sacrifícios, para a derrota da Alemanha nazista; e os partidos comunistas do Ocidente beneficiaram-se dessas mudanças de percepção.

No final da guerra a União Soviética emergiu como a segunda superpotência industrial e militar, capaz de impor um sistema totalitário nos países da Europa Oriental e de aumentar substancialmente a sua influência na política mundial. Em parte como conseqüência dessa influência soviética, o socialismo também se tornou uma força importante em alguns países recém-independentes e em desenvolvimento:

na Índia e em muitos países africanos, em uma forma principalmente social-democrata; na China, em uma forma comunista, mas com suas próprias e distintas variações, incluindo a introdução ao longo da década passada de um sistema econômico mais liberal que tem evitado alguns dos problemas da economia soviética, embora resistindo ainda à democratização do sistema político.

Na Europa Ocidental, a influência dos partidos socialistas e, em alguns países, dos partidos comunistas também aumentou imensamente, e na Grã-Bretanha o governo trabalhista eleito em 1945 com ampla maioria iniciou a construção de um ESTADO DE BEM-ESTAR, ampliando a propriedade pública e continuando, ao mesmo tempo, com alguns elementos do planejamento do tempo de guerra. Em graus variáveis, tais mudanças ocorreram por toda a Europa Ocidental, dando origem a um novo tipo de capitalismo de bem-estar social, o qual foi bem-sucedido durante mais de duas décadas em realizar taxas excepcionalmente elevadas de crescimento econômico, pleno emprego e padrões de vida em constante ascensão.

Essas mudanças do pós-guerra não superaram, contudo, a divisão no movimento socialista entre bolcheviques e socialistas democráticos. Pelo contrário, embora os regimes bolcheviques se tornassem lentamente menos duros e terroristas depois da morte de Stalin, em 1953, o monopólio do poder pelos partidos comunistas e as características básicas de TOTALITARISMO prosseguiram, provocando uma série de insurreições populares nas décadas de 50 e 60, e movimentos de oposição em grande escala nos anos 80. Os socialistas sociais-democratas continuaram manifestando suas críticas a esses regimes, reafirmando seus pontos de vista de que o socialismo é inseparável da democracia e de que só pode ser alcançado através de um democrático e gradual processo de mudança, no qual a criação de um estado de bem-estar representa uma nova fase na ampliação de uma vasta gama de direitos sociais a todos os cidadãos. Essas críticas aos regimes do Leste europeu e à sua ideologia monolítica adotaram uma forma característica na ampla corrente de pensamento que passou a ser conhecida como MARXISMO OCIDENTAL, boa parte do qual foi assimilado, em certa medida, pelos movimentos de oposição interna.

O colapso dos regimes bolcheviques a partir de 1990 apagou do mapa político e intelectual uma forma de pensamento e prática socialista que por mais de 70 anos dividiu profundamente o movimento socialista e, na opinião da maioria dos socialistas, distorceu, de forma a deixá-las irreconhecíveis, muitas das idéias fundamentais do socialismo. Mas esse mesmo colapso propôs muitas questões novas ao pensamento socialista. Como os regimes bolcheviques eram identificados com a ampla propriedade do estado (como forma específica de propriedade social) e a planificação central, que a maioria dos regimes sucessores vem abandonando em favor de alguma forma de economia capitalista (embora sacrificando ao mesmo tempo alguns dos importantes direitos sociais que eram uma realização sumamente positiva de seus predecessores), a discussão sobre os princípios básicos de uma economia socialista viável (Nove, 1983; Breitenbach et al., 1990) tornou-se mais intensa. As críticas anteriores, formuladas no debate sobre o "cálculo socialista", foram renovadas (Lavoie, 1985), enquanto que as idéias do SOCIALISMO DE MERCADO — envolvendo alguma combinação de planejamento e mercados e uma economia mista de empresas privadas e públicas —, que despertaram tanto interesse e apoio nas décadas de 70 e 80 na Europa Ocidental e Oriental, têm sido submetidas a uma investigação mais crítica (Brus e Laski, 1989).

O pensamento socialista atual é assediado, pois, por considerável soma de incertezas. Para alguns pensadores, as antigas idéias socialistas de uma sociedade igualitária, coletivamente planificada e autodirigida são incrivelmente utópicas — um belo sonho, mas ainda e apenas um sonho —, na medida em que ignoram as limitações da natureza humana e realidades como a burocracia, a ânsia de poder e a corrupção. As reais possibilidades do socialismo estão reduzidas, portanto, à implementação de um tipo mais avançado de estado de bem-estar, dentro de uma economia basicamente capitalista. Esses pensadores também observam que o crescimento econômico do pós-guerra nos países capitalistas criou mais prósperas sociedades de consumo de massa e uma estrutura de classes muito diferente, na qual os anteriores conflitos e antagonismos de classes diminuíram substancialmente (ver CLASSE), em um processo para o qual Bernstein (1899) talvez só tenha atraído prematuramente a atenção. Contra esses pontos de vista, outros afirmam que os problemas e deficiências fundamentais do capitalismo — o caráter cíclico do desenvolvimento econômico, com fases de expansão seguidas de depressão e desemprego em grande escala, maciças desigualdades de riqueza e renda, instabilidade e incerteza gerais — ainda persistem e continuarão gerando concepções de uma ordem econômica e social alternativa na qual tudo isso possa ser superado. Resta ver se as atuais discordâncias dentro do pensamento e dos movimentos socialistas serão finalmente resolvidas em alguma nova e coerente formulação do socialismo para o século XXI.

Ver também LENINISMO.

Leitura sugerida: Brus, Wlodzimicrz e Laski, Kazimicrz 1989: *From Marx to the Market: Socialism in Search of an Economic System* • Cole, G.D.H. 1953-60: *A History of Social Thought*, 5 vols. • Kolakowski, L. e Hampshire, S. orgs. 1974: *The Socialist Idea: a Reappraisal* • Schumpeter, S.A. 1942 (*1987*): *Capitalism, Socialism and Democracy*, 6ªed.

TOM BOTTOMORE

socialismo de mercado Em seu sentido primário, trata-se de um conceito teórico (modelo) de um sistema econômico em que os meios de produção (capital) são de propriedade pública ou coletiva e a alocação de recursos obedece às regras do mercado (produto, trabalho e mercados de capital). Ao mesmo tempo o termo tem sido aplicado, de um modo menos preciso, para cobrir os projetos de reforma do sistema econômico nos países de "socialismo real" (países comunistas), afastando-se do planejamento de comando (ver PLANEJAMENTO ECONÔMICO NACIONAL) na direção da regulamentação de mercado (Iugoslávia em meados da década de 50, Hungria depois de 1968, China, Polônia, União Soviética e Bulgária na década de 80). Por motivos ideológicos, a designação "socialismo de mercado" foi, porém, largamente evitada em alguns dos países em questão, com preferência pela fórmula de "mercado socialista", que se pensou ser mais aceitável para os marxistas.

A economia política de Marx tinha sido interpretada por muito tempo como sustentando que o socialismo era incompatível com o mercado. O socialismo torna o mercado redundante e supera suas deficiências como mecanismo de alocação ao expor a natureza social do trabalho, atribuindo-lhe diretamente *ex ante* um determinado papel no processo econômico através da "mão visível" do planejamento, a qual assegura a plena utilização de recursos, especialmente recursos humanos, livres de flutuações cíclicas.

Depois da Revolução Russa de 1917, qualquer aplicação do mecanismo de mercado era apresentada nos documentos programáticos comunistas como apenas uma concessão temporária ao subdesenvolvimento (*Programa da Internacional Comunista*, 1929, cap.4). Ao mesmo tempo, porém, a ala social-democrata do marxismo começou a reconhecer a relevância do mercado em uma economia socialista (Kautsky, 1922).

Os debates teóricos sobre o socialismo de mercado adquiriram nova dimensão no período do entre-guerras, especialmente depois da reedição por F.A. Hayek (1935) de um artigo de L. von Mises publicado originalmente em 1920 em que este negava de forma categórica a possibilidade de cálculo econômico racional no socialismo, pois as relações de troca entre os bens de produção e, por conseguinte, os seus preços só poderiam ser estabelecidos na base da propriedade privada. Entre as muitas tentativas de refutação desse ponto de vista (Taylor, 1929; Dickinson, 1933; Landauer, 1931; Heimann, 1932), provavelmente a mais conhecida é a de Oskar Lange (1936-37). Idéias semelhantes tinham sido desenvolvidas no mesmo período por Abba Lerner (1934, 1936, 1937), daí ser freqüentemente usada a designação de "solução Lange-Lerner".

Lange não só negou a validade puramente teórica da posição de Mises, assinalando a demonstração de Barone (1908) da possibilidade de tratar a questão através de um sistema de equações simultâneas, mas tentou apresentar uma solução positiva. Esta consistia em um procedimento por "tentativa e erro" no qual um órgão de planejamento central desempenha as funções do mercado onde não existe mercado, no sentido institucional da palavra. Nessa capacidade, o órgão de planejamento fixa preços, assim como salários e taxas de juros, de modo a equilibrar oferta e demanda (por mudanças apropriadas em caso de desequilíbrio), e instrui os gerentes a seguirem duas regras: (1) minimizar o custo médio de produção pelo uso de uma combinação de fatores que igualariam a produtividade marginal do seu valor em unidade monetária; (2) determinar a escala de produção em um ponto de igualização do custo marginal e do preço fixado pelo órgão de planejamento central.

A maioria dos relatos subseqüentes do debate do entre-guerras reconheceu a validade do argumento teórico apresentado por Lange e aceitou que Hayek retrocedesse à posição de afirmar a impossibilidade prática de conciliar o socialismo com o cálculo econômico racional. Isso pode ser verdadeiro quando se segue — como Lange parece ter feito — o tipo de modelo de equilíbrio geral estático conforme desenvolvido por Walras (1954). Entretanto o aspecto sublinhado de modo cada vez mais convincente por novos estudiosos do debate do entre-guerras (como Lavoie, 1985) é que o desafio Mises/Hayek é oriundo das posições da ESCOLA AUSTRÍACA DE ECONOMIA, com a ênfase nas propriedades dinâmicas do processo de competição, cuja figura central é o empresário. Isso deixa sem resposta a questão de os atores econômicos que não são empresários operando por sua própria conta e risco, mas agentes empregados por um órgão público, serem realmente capazes de ter um comportamento empresarial.

Assim, a "solução competitiva" de Lange tinha o mérito de apresentar a idéia de uma alternativa ao planejamento de comando, bem como de mostrar a indispensabilidade de preços de escassez para a alocação racional de recursos sob o socialismo. Ao mesmo tempo, contudo, não pôde fornecer uma base teórica adequada para a mudança quando reformas orientadas para o mercado foram colocadas na agenda prática em países de "socialismo real".

A primeira tentativa de aplicar na prática as idéias de socialismo de mercado aconteceu no começo da década de 50 na Iugoslávia, depois do rompimento Stalin-Tito. O Partido Comunista iugoslavo buscava maior eficácia econômica e, simultaneamente, legitimidade ideológica em face do stalinismo. Esta última foi encontrada na autogestão e, como as unidades econômicas autogeridas devem ser autônomas, isso provocou o processo de substituição do sistema de comando pela coordenação do mercado, embora esta não fosse conduzida de modo consistente.

Nos países do bloco soviético, o principal motivo para o impulso de reforma foi a insatisfação com o desempenho da economia de comando quando esta passou a ser abertamente discutida depois da morte de Stalin. Na Polônia, um plano relativamente abrangente de mudanças sistêmicas foi elaborado em 1956-57; idéias semelhantes na Hungria foram reprimidas em conseqüência da supressão da insurreição popular de 1956.

A partir de então uma longa série de tentativas de reformas econômicas — com diversos graus de consistência, mas todas orientadas na mesma direção de aumento do papel do mercado — ocorreu na Europa Oriental: a Tchecoslováquia em 1958 e em 1967-68; o Novo Sistema Econômico na República Democrática da Alemanha em 1963; a chamada "reforma Kossiguin" de 1965 na União Soviética e sua imitação búlgara; o Novo Mecanismo Econômico (NME) húngaro, introduzido em 1968; repetidas tentativas de reforma na Polônia. No começo da década de 80, porém, de todas essas tentativas, somente o NME húngaro se mantinha basicamente operante; nos demais casos, o que aconteceu foram meras modificações secundárias dentro da estrutura do sistema de comando. Por outro lado, a tendência a mudanças na direção do mercado persistiu, sob a clara pressão de uma progressiva deterioração do desempenho econômico, a qual atingiu proporções de crise na maioria dos países comunistas na década de 80. Em 1978-79, a China juntou-se às fileiras reformistas e, a partir de 1985, a "reforma econômica radical" converteu-se em um dos elementos fundamentais da *perestroika* de Gorbachev na União Soviética.

As razões das dificuldades em executar reformas econômicas orientadas para o mercado são vistas (Brus, 1979) como: (1) resistência política da elite dominante; (2) interesses egoístas do aparelho administrativo, assim como de alguns setores dos trabalhadores, que podem sentir-se ameaçados na segurança de seus empregos; (3) obstáculos substantivos para enxertar um mecanismo de mercado nas estruturas existentes de planificação e gerência, direitos de propriedade e monopólio do poder do partido comunista. Disso resulta que países que fizeram alguns progressos no processo de reforma (Iugoslávia, Polônia, Hungria) encontram-se não só em dificuldades econômicas piores do que as daqueles (Tchecoslováquia, Alemanha Oriental) que não abandonaram o antigo sistema (embora fatores não-sistêmicos devem ser levados em conta em quaisquer comparações), mas também não conseguiram, em realidade, transpor o limiar entre coordenação administrativa e coordenação de mercado da economia.

A esse respeito, o exame do NME húngaro levou à conclusão de que, apesar da abolição das metas obrigatórias de produção e alocação física de bens de produtos, o efeito global da reforma, em meados da década de 80, consistiu meramente na mudança da "coordenação burocrática" direta para indireta (Kornai, 1986).

A experiência parece ter comprovado a inadequação dos anteriores modelos de reforma, baseados na idéia de combinar a planificação central com um "mercado regulamentado" que limitava a regulamentação principalmente ao mercado de produto (Brus, 1961), assim como na aceitação da posição dominante da propriedade pelo estado dos meios de produção. No decorrer da década de 80 os projetos de mudança orientada para o mercado em países comunistas sofreu acentuada radicalização: a necessidade de um mercado de capitais, na forma tanto de bancos comerciais quanto de negociação de títulos, foi amplamente reconhecida (Tardos, 1986; Lipowski, 1988), assim como a necessidade de um mercado de trabalho, embora, por vezes, não abertamente com esse nome. Além disso, o sucesso de uma reforma econômica orientada para o mercado tornou-se estreitamente vinculado à transformação fundamental da estrutura de propriedade (Abalkin, 1988). Um dos fatores que evidentemente contribuíram para a reconsideração da questão da propriedade foi a experiência de resultados muito mais favoráveis de reformas sistêmicas fora do setor estatal (cooperativas, empresa privada) na Hungria e, em especial, o espetacular sucesso inicial da "responsabilidade de produção familiar" na agricultura chinesa. O reconhecimento da necessidade de uma mudança profunda na estrutura da propriedade refletiu-se, no final da década de 80, em uma série de medidas jurídicas em vários países comunistas. Na União Soviética, houve a legislação acerca de *arenda* (arrendamento) de terras, edifícios e equipamentos com a intenção de manter a posição do estado como proprietário livre e alodial, mas abrindo o caminho para o empresariado a coletividade de trabalhadores, parcerias ou até indivíduos. Em alguns outros países (Polônia, Hungria), foi adotado o princípio de uma economia mista, com a intenção de que empresas estatais, cooperativas e empresas privadas (estas últimas sem limitações de tamanho e emprego) concorressem em termos iguais.

Esse desenvolvimento conceitual e, em certa medida, prático apresentou com renovada força a questão da ligação entre transformações econômicas e políticas. Por um lado, a mercadização, ao envolver maior liberdade de iniciativa, sobretudo quando acompanhada por mudanças de propriedade, aumentou as aspirações políticas das pessoas, que se sentiram menos subjugadas ao onipresente e tentacular estado. Por outro lado, em vista da resistência das elites dominantes e suas camadas de sustentação, o pluralismo político tornou-se instrumento indispensável para efetuar a transição do antigo para o novo sistema econômico, assim como para preservar a existência deste último. Uma negação dessa ligação, baseada em exemplos de economias de mercado bem-sucedidas com regimes políticos autoritários (como alguns dos "países recém-industrializados" da Ásia), foi rejeitada pelos reformadores em países comunistas por não reconhecer a verdadeira natureza dos problemas que estavam enfrentando.

A busca sistemática do socialismo de mercado — mercados de capital e de trabalho, reestruturação da propriedade, pluralismo político — pode ser considerada uma forma de encobrir as habituais distinções entre capitalismo e socialismo e, por conseguinte, de negar ao socialismo o caráter de um sistema obrigatoriamente sucessor do capitalismo (Brus e Laski, 1989). Isso não equivale necessariamente ao abandono dos objetivos políticos básicos do socialismo — pleno emprego, igualdade de oportunidade, assistência social —, como tampouco da intervenção do governo como método para realizá-los. O que parece subentender, porém, é o abandono do conceito de socialismo como um grandioso projeto que requer a total substituição do quadro de referência institucional do passado. Em outras palavras: abandono da filosofia da ruptura revolucionária em favor da continuidade da mudança. Desse ponto de vista, pode-se dizer que o socialismo de mercado como objetivo de transformação consistente dos países de "socialismo real" possui certas características comuns com o socialismo de mercado tal como percebido por alguns partidos sociais-democratas ocidentais (ver também SOCIAL-DEMOCRACIA), incluindo o Partido Trabalhista britânico (Sociedade Fabiana, 1986, e ver SOCIALISMO FABIANO); mas qualquer analogia deve ser conjectural, reconhecendo as diferenças na posição inicial e as condições profundamente diferentes de luta para se alcançar o objetivo desejado, assim como as implicações ideológicas.

Leitura sugerida: Brus, W. 1961 (*1972*): *The Market in a Socialist Economy* o 1979: "East European economic reforms: what happened to them?". *Soviet Studies* 31.2 • Brus, Wlodzimierz e Laski, Kazimierz 1989: *From Marx to the Market: Socialism in Search of an Economic System* • Fabian Society 1986: *Market Socialism: Whose Choice? A Debate*, panfleto 516 • Hayek, F.A., org. 1935: *Collectivist Economic Planning* • Kornai, J. 1986: "The Hungarian reform process: vision, hopes and reality". *Journal of Economic Literature*, dezembro • Lange, Oskar e Taylor, F.M. 1938 (*1964*): *On the Economic Theory of Socialism* • Lavoie, D. 1985: *Rivalry and Central Planning: the Socialist Calculation Debate Reconsidered.*

W. BRUS

socialismo fabiano Esta expressão identifica uma defesa não tanto da conveniência moral do socialismo quanto de seu status como a seqüência lógica e histórica dos princípios já visíveis na direção existente de governo e política. O socialismo viria a ser uma extensão da democracia, da esfera política para as esferas social e econômica, e foi assim resumido na expressão SOCIAL-DEMOCRACIA. Essa visão do socialismo foi desenvolvida pela Fabian Society (Sociedade Fabiana) e, em particular, por seus três membros principais, Beatrice Webb, Sidney Webb e George Bernard Shaw, entre 1884 e a deflagração da Segunda Guerra Mundial.

A sociedade deveria ser organizada de forma coletiva, para o bem geral, pelo estado, em âmbito nacional e local, agindo em benefício de um povo com plena franquia. A expectativa e o método fabianos característicos eram resumidos na expressão "a inevitabilidade do gradualismo". Críticos do fabianismo ativeram-se à segunda parte da expressão, mas a primeira era igualmente importante. Trabalho árduo, persuasão e pesquisa, em vez de guerra de classes, iriam, lenta mas inevitavelmente, dar continuidade ao movimento da sociedade numa direção socialista. No estado fabiano ideal, a inteligência instruída desempenharia um papel essencial, e seu reconhecimento e uso em um serviço público meritocrático seria uma das características que diferenciaram o socialismo do capitalismo. Longe de as hierarquias do capitalismo serem substituídas pela igualdade de poder, elas seriam refinadas por um sistema de elites democraticamente responsáveis, compostas pelos mais capazes, enquanto que as elites do capitalismo foram compostas apenas pelos mais ricos. Costumava haver aqui um elevado tom moral, louvando a dedicação ascética do profissional e desprezando com ares condescendentes o "homem de senso mediano". A alta responsabilidade atribuída à inteligência instruída na política nacional seria exportada, no fabianismo, para se tornar uma defesa do direito e dever das nações industriais avançadas da Europa Ocidental de administrar as partes menos desenvolvidas do mundo e trazê-las para as mesmas alturas socialistas que deveriam ser atingidas no plano doméstico.

O fabianismo encarava a democracia como o exercício da função política do povo como um todo, em sua categoria universal de consumidores. Dentro dessa estrutura, os indivíduos participariam em seus variados papéis como cidadãos, operários e assim por diante, contribuindo, através de seus esforços, para o bem comum, do qual se beneficiariam. Formas de poder popular direto, tais como plebiscitos ou iniciativas legislativas, eram condenadas como promotoras da descontinuidade e da irracionalidade, e o que era considerado como o autogoverno setorial e potencialmente egoísta de grupos organizados na base da produção, em variadas formas de controle operário, foi contestado como incompatível com a democracia. A ênfase do fabianismo no coletivo e no público levou-o a ignorar problemas como a natureza do trabalho ou as divisões de gênero.

Leitura sugerida: McBriar, A.M. 1966: *Fabian Socialism and English Politics 1884-1914* • McKenzie, N. e McKenzie, J. 1977: *The First Fabians* • Pimlott, B., org. 1984: *Fabian Essays in Socialist Thought* • Shaw, G.B., org. 1889 (*1931, 1962*): *Fabian Essays in Socialism* • Webb, Sidney e Webb, Beatrice 1920: *A Constitution for the Socialist Commonwealth of Great Britain.*

RODNEY BARKER

socialista, cálculo Expressão usada em referência às controvérsias das décadas de 20 e 30 sobre se, em uma economia caracterizada por extensa propriedade pública e planificação central, tal como a que estava sendo construída na União Soviética, seria possível o cálculo econômico racional. O debate foi iniciado por Ludwig von Mises (1920) ao afirmar que, em uma economia desenvolvida e complexa, tal cálculo requer um mercado livre que estabeleça o valor de troca de todos os bens. A autoridade planificadora em um estado socialista, afirmou ele, pode determinar quais bens de consumo são mais urgentemente necessários, mas não pode estabelecer uma avaliação precisa dos meios de produção, pelo que as decisões de investimento dependem, quando muito, de "vagas estimativas"; e conclui sucintamente que "onde não existe mercado livre não existe mecanismo de fixação de preços; sem um mecanismo de fixação de preços, não existe cálculo econômico". O argumento foi explorado depois por F.A. Hayek (1935) em um volume de ensaios que incluiu o artigo de von Mises e outros.

A principal resposta a essa crítica proveio de Oskar Lange, com colaborações de Abba Lerner e Fred M. Taylor (Lange e Taylor, 1938). Dessa vez, Lange defendeu uma forma de SOCIALISMO DE MERCADO em que haveria um mercado propriamente dito para bens de consumo e serviços laborais, mas nenhum mercado para bens de capital e recursos produtivos, com exceção da mão-de-obra, cujos preços seriam simplesmente indicadores de alternativas existentes, fixados para fins contábeis. Depois o debate se esgotou no final da década de 30, com ambos os lados em condições de reivindicar certo grau de sucesso. Hayek concedeu que o cálculo econômico racional em uma economia socialista planificada não era, em princípio, impossível, pelo uso de "preços contábeis", mas manteve que isso era uma impossibilidade prática em função da grande massa (em constante mudança) de dados envolvidos; ao que Lange respondeu expondo um método de estabelecimento de tais preços por "tentativa e erro". Entretanto Hayek (1940) afirmaria mais tarde que o que ele chamava a "solução competitiva" para a organização de uma economia socialista havia abandonado "boa parte da pretensão original de superioridade da planificação" na medida em que a sociedade planificada confiaria agora em grande medida na competição para a direção de suas indústrias.

Esse debate, ou pelo menos um aspecto dele, foi reanimado vigorosamente na década de 80, sobretudo na Grã-Bretanha e nos Estados Unidos, como importante elemento nas doutrinas sociais e políticas da NOVA DIREITA de exaltação das virtudes da iniciativa privada e dos mercados livres. O próprio debate original foi reinterpretado (Lavoie, 1985) em termos da noção de "rivalidade econômica", a qual dá preponderância ao estar atento a novas oportunidades, à futuridade e à dispersão do conhecimento, e concebe a função da rivalidade como sendo dispersar a informação descentralizada e depois ordená-la, através de preços de mercado, para realizar a coordenação global da economia.

O colapso dos regimes comunistas do Leste Europeu, no final de 1989, e os problemas econômicos da antiga União Soviética (os quais também foram fortemente afetados, porém, por vários fatores não-econômicos), bem como, em outra direção, as dificuldades econômicas da Grã-Bretanha e dos Estados Unidos, em particular, conferiram nova importância às questões levantadas por esse debate, especialmente a respeito do papel do PLANEJAMENTO ECONÔMICO NACIONAL, do MERCADO e da COMPETIÇÃO na promoção do desenvolvimento econômico e na difusão de seus custos e benefícios.

Leitura sugerida: Bottomore, Tom 1990: *The Socialist Economy. Theory and Practice* • Brus, Wlodzimierz e Laski, Kazimiers 1989: *From Marx to the Market: Socialism in Search of an Economic System* • Hayek, F.A., org. 1935: *Collectivist Economic Planning: Critical Studies on the Possibilities of Socialism* o 1940 (*1948*): "The competitive solution". In *Individualism and Economic Order* • Lange, Oskar e Taylor, F.M. 1938 (*1964*): *On the Economic Theory of Socialism* • Lavoie, D. 1985: *Rivalry and Central Planning: the Socialist Calculation Debate Reconsidered* • von Mises, Ludwig 1920 (*1935*): "Economic calculation in the socialist commonwealth". In *Collectivist Economic Planning*, org. por F.A. Hayek.

TOM BOTTOMORE

socialista, teoria econômica No século XIX havia duas principais escolas de pensamento a respeito de como funcionaria uma economia socialista. Uma era a dos "socialistas utópicos", como Robert Owen e William Morris, que tentaram construir elementos detalhados do aspecto que poderia ter uma nova sociedade, recorrendo à razão e ao princípio socialista. A outra era a dos "comunistas", como Karl Marx e Friedrich Engels, que evitaram, de modo geral, tais construções e favoreceram um exame do capitalismo do seu tempo. Ambas as escolas entendiam que uma economia socialista era a que se caracterizava pela propriedade e o controle sociais, e não privados, dos meios de produção. Dado que no século XIX tal economia só existia na teoria e não na prática, a teoria econômica socialista era basicamente especulativa, e Marx chamou de "idealistas utópicos" os que tentaram construir projetos para o socialismo, afirmando que este só poderia desenvolver-se a partir de circunstâncias históricas precisas, as quais não podiam ser vaticinadas de antemão. Os seus comentários pessoais acerca do socialismo limitaram-se geralmente, primeiro, a polêmicas que visavam o que ele via como falsas idéias de outros programas políticos; e, segundo, observações feitas no decorrer de sua análise do capitalismo, as quais enfatizavam sua transitoriedade histórica, em conjunto com as potencialidades expostas para um desenvolvimento maior das forças produtivas caso as relações privatizadas da produção fossem socializadas.

Com a revolução bolchevique de 1917 na Rússia, tais abordagens deixaram de ser suficientes. Mas, enquanto a organização de uma economia socialista passou a ser uma questão de importância prática, as abordagens para teorizar a base de tal organização diferiam de acordo com o maior ou menor grau de simpatia pelo projeto socialista e com o maior ou menor grau de identificação deste com a organização da economia soviética depois de 1917.

Isso ficou particularmente caracterizado em um importante debate iniciado em 1920 por Ludwig von Mises. Sustentou ele que, se os meios de produção deixassem de ser propriedade privada, passando a ser detidos e controlados coletivamente em algum sentido, então não poderia haver mercados em que negociá-los, visto que, sem uma atribuição de direitos de propriedade a indivíduos, comprar e vender se tornaria impossível. Por conseguinte, não poderia haver preços para meios de produção. Isso, por sua vez, significaria que os custos de produção não poderiam ser calculados, e von Mises concluiu que, nessas circunstâncias, seria impossível o cálculo econômico racional. O projeto socialista estava, em princípio, condenado em função da inevitável falta de critérios econômicos para uso racional dos meios de produção, e von Mises interpretou o caos da guerra civil na Rússia, nos anos que se seguiram imediatamente à Revolução, como testemunho em favor do seu argumento.

Que von Mises estava errado está implícito nos primeiros escritos de Vilfredo Pareto e Enrico Barone, mas só em meados dos anos 30 é que a teoria que serve de sustentação a esses escritos foi explicitamente usada para refutar os seus argumentos. Isso foi feito por Oskar Lange (1936-37), partindo do princípio de que as pessoas podiam exercer livre escolha no consumo e na profissão, pelo que os mercados de bens de consumo e os mercados de trabalho funcionariam livremente. Quanto aos meios de produção, Lange desenvolveu um algoritmo interativo de determinação de preços da seguinte maneira: os gerentes das unidades de produção seriam instruídos para escolherem a combinação de insumos que minimizasse o custo médio de qualquer produto dado e para produzirem a quantidade de produto em que o custo marginal (a edição aos custos de se produzir uma unidade a mais) igualasse o preço (a edição à receita de se produzir uma unidade a mais). A minimização do custo é o critério da eficiência técnica na produção. A formação do preço de custo marginal maximiza o lucro e, na medida em que os preços medem com precisão os custos de oportunidade (os custos do melhor uso alternativo dos recursos em questão), a formação do preço de custo marginal é socialmente eficiente no sentido de que nenhum outro uso dos recursos poderia gerar um resultado mais desejável. Os preços que formam a base desses cálculos seriam determinados pelo mercado no caso dos insumos de mão-de-obra (*labour inputs*) e dos bens de consumo produzidos (*consumer goods outputs*), e por um órgão de planejamento central (CPB) no caso dos meios de produção, seja como *input* ou como *output*. Ou seja, o CPB anunciaria um conjunto de preços, os vários cálculos seriam executados e as quantidades de insumos (*inputs*) e produtos (*outputs*) determinadas e comunicadas ao CBP. Então, o CBP elevaria (baixaria) os preços de bens em excesso de demanda (oferta), anunciaria um novo conjunto de preços e o procedimento continuaria até serem encontrados os preços em que a demanda igualasse a oferta para cada artigo. Assim, o argumento de von Mises estava errado, confundindo a determinação do preço por mercados com a determinação de preço (sombra) implícita nas permutas que estão embutidas em qualquer conjunto de preferências de consumo e tecnologias de produção. Como o CPB imita o (perfeitamente competitivo) mecanismo de mercado, a abordagem de Lange tornou-se conhecida como a "solução competitiva". Mas Lange reivindicou vantagens para a sua abordagem sobre a economia livremente competitiva. Em primeiro lugar, a taxa de investimento e, portanto, de crescimento seria determinada socialmente, em lugar da busca anárquica de lucro privado, eliminando assim uma importante causa de ciclos alternados de prosperidade e depressão no comércio e na indústria. Em segundo lugar, a distribuição de renda não estaria vinculada à desigualdade inerente na propriedade (ou exclusão) dos meios de produção, como no capitalismo, mas estaria baseada na justiça social determinada pelo trabalho executado, mais um dividendo social. Em terceiro lugar, os preços refletiriam verdadeiramente os custos de oportunidade, permitindo desse modo uma solução dos problemas ambientais que os preços de mercado, ao refletirem unicamente custos privados, não podiam administrar. E, em quarto lugar, seriam evitados os desperdícios da competição imperfeita e do monopólio inerentes ao capitalismo.

O modelo de Lange de SOCIALISMO DE MERCADO não tardou muito a ser criticado tanto pela "direita" quanto pela "esquerda", se bem que em alguns aspectos as críticas tivessem um tema comum. Pois enquanto o modelo socialista de mercado se baseava na clássica teoria microeconômica da alocação ótima de recursos, boa parte das críticas concentrava-se em apurar se qualquer descrição razoável da dinâmica poderia ser incorporada nesse quadro de referência estático.

Pela esquerda, Dobb (1939) pôs em dúvida se a alocação descentralizada de recursos de investimento era compatível com a realização de qualquer taxa de crescimento desejada. Suponha-se que a oferta de fundos de investimento fosse determinada pela lucratividade da produção de bens de consumo. Então, quando as indústrias de bens de investimento se expandem, a oferta de bens de consumo cai, o que empurra seu preço para cima (uma vez que a demanda não caiu), o que os torna mais lucrativos, aumentando a taxa de investimento; o processo cumulativo que se segue tornaria impossível igualar a demanda e a oferta de fundos de investimento à taxa de juros previamente adotada. A única saída seria tributar os lucros excessivos das indústrias de bens de consumo; mas isso exigiria uma diferenciação muito precisa de impostos entre diferentes unidades de produção, o que seria, com efeito, muito complicado para administrar com o requerido grau de precisão. Dobb concluiu que, em vez de tentar a influência indireta sobre os gerentes de produção via taxa de juros e impostos (e subsídios, visto que o processo cumulativo também pode funcionar em sentido inverso), seria preferível a alocação direta de fundos de investimento pelo CPB. Isso, porém, é frontalmente contrário ao modelo de descentralização de Lange. Tal dinâmica fazia parte de um argumento mais geral exposto por Dobb (ao refletir sobre a experiência soviética), segundo o qual uma estática alocação ótima de recursos conflitará geralmente com os típicos esforços pós-revolucionários para transformar a estrutura sócio-econômica e realizar aumentos no crescimento. Além disso, o fundamento lógico para se usar um mecanismo descentralizado, como no modelo de Lange, é reduzir o peso das responsabilidades do CPB, que de outro modo se defrontaria com uma quantidade enorme de alternativas complicadas; mas Dobb afirmou que essa era uma descrição deturpada da situação. O CPB não enfrentaria tipicamente um número insuportavelmente grande de pequenos problemas; pelo contrário, teria de escolher entre um pequeno número de alternativas tecnológicas envolvendo requisitos de insumos que não estavam sujeitos à variação marginal. Especialmente em sociedades que requerem importantes transformações estruturais em que o crescimento econômico tem prioridade, Dobb concluiu que um mecanismo de planificação centralizada era provavelmente superior a qualquer variante descentralizada.

As mais importantes críticas vindas da direita foram feitas por F.A. Hayek (1940, 1945). Elas gravitam em torno das questões de estrutura institucional, carga de informação, dinâmica e compatibilidade do incentivo. Em primeiro lugar, Hayek questionou se as unidades de produção poderiam manter qualquer espécie de independência em relação ao centro se houvesse fortes preferências centrais (por exemplo, pela maximização do crescimento) para que elas atuassem de um modo determinado. E identificou outro problema institucional na falta de especificidade quanto a quem assumiria a responsabilidade pelas conseqüências que se apresentassem inesperadamente. Em segundo lugar, se o CPB se comportasse como um mercado perfeito, teria que solucionar milhões de equações com milhões de incógnitas, tarefa computacional tão pesada e exigindo tantas informações precisas que o planejamento econômico racional — embora possível em princípio — seria impossível na prática. Com o rápido desenvolvimento recente dos computadores, a força desse argumento a respeito da tarefa computacional é hoje muito menor, obviamente, do que era em meados do século XX, e o foco das críticas transferiu-se para as dificuldades em obter as informações requeridas como base para os cálculos. Por isso, em terceiro lugar, Hayek assinalou a ausência de incentivos para reduzir os custos de produção no nível de fábrica e para introduzir inovações tecnológicas. E, no que se refere ao centro, pôs em dúvida se qualquer CPB poderia reagir às mudanças de condições com a rapidez e a precisão exigidas para que o mecanismo funcionasse. Esses argumentos acerca da ineficiência econômica do socialismo estavam embutidos em termos mais gerais a respeito da incompatibilidade de qualquer espécie de planejamento com liberdade individual. Mas houve um argumento econômico que adquiriu crescente importância com o passar do tempo: no modelo de Lange, nada existia para motivar os gerentes de produção a obedecerem às regras do jogo interativo (preço-sombra) que é proposto.

Enquanto a "controvérsia socialista" era debatida no Ocidente, a União Soviética, depois de 1929, estava desenvolvendo um sistema de comando hierárquico de planificação altamente centralizado (ver PLANEJAMENTO ECONÔMICO NACIONAL). Isso foi interpretado pelos adeptos e também por alguns adversários como uma tentativa (em condições reconhecidamente adversas) de pôr em prática princípios marxistas clássicos. Assim, a divisão de trabalho foi regulamentada *ex ante*; os coeficientes de *input* foram determinados diretamente; oferta e demanda foram igualadas em unidades físicas; poupanças e decisões de investimento foram centralizadas; e a distribuição foi determinada de acordo com índices salariais centralmente determinados em conjunto com um dividendo social em espécie (baixo custo de moradia, educação, assistência médica etc.). Entretanto, isso era uma caricatura grosseira do marxismo clássico. O sistema implantado por Stalin e sua burocracia administrou um processo de industrialização que transformou implacavelmente a mão-de-obra camponesa em operários fabris na base de uma réplica maciça do equipamento de capital norte-americano e alemão importado no início da década de 30. Foram impostas as tradicionais divisões de trabalho industrial, estabelecidas as desigualdades de acesso a bens de consumo individual e coletivo, abolidas as tradicionais liberdades burguesas (de associação, expressão, publicação e organização) e instalado um vasto aparelho estatal repressivo, com uma ideologia de emancipação e uma prática de cultivo da opressão. Com as tradicionais aspirações socialistas convertidas assim em uma piada cruel, a oposição ao *status quo* inspirou-se geralmente nos Estados Unidos ou no czarismo pré-revolucionário, sendo por isso fácil representá-la como contra-revolucionária. Mas o sistema econômico estabelecido era extremamente ineficiente. A produtividade era baixa em relação a outras economias em níveis semelhantes de desenvolvimento; a formação de filas era uma forma largamente difundida de racionamento de bens de consumo em perpétua escassez, limitado sortimento e sofrível qualidade; moradia, educação e assistência à saúde eram de um nível medíocre quando aferidas pelos padrões internacionais; as taxas de inovação eram baixas, com longos períodos de gestação para os projetos de investimento, de tal modo que os equipamentos já eram freqüentemente obsoletos na época em que eram instalados; e havia predisposições comuns e ridículas em quantidade e qualidade de produção, de acordo com as unidades de medição usadas no plano.

A partir de 1962 permitiu-se que propostas de reforma fossem abertamente discutidas na União Soviética. De modo geral, elas envolveram ou métodos mais sofisticados de coleta e processamento de dados ou a descentralização de áreas significativas da tomada de decisão para a unidade de produção. Mas poucas reformas foram realmente postas em prática, visto que grande número de grupos, dentro da burocracia, tinha interesse especial em defender o *status quo*. Em particular, qualquer descentralização parcial tendia a opor as unidades de produção aos planificadores centrais, desse modo encorajando a adoção de medidas de recentralização por parte dos planificadores, ansiosos por recuperar o controle que as reformas os tinham forçado a ceder. No início da década de 80, o desempenho da economia soviética tinha piorado acentuadamente, a tal ponto que existia o reconhecimento geral de que o sistema vigente não poderia continuar, conjugado com o escasso consenso sobre o que fazer. A *intelligentsia* estava advogando a descentralização virtualmente completa para uma economia de mercado, quer de acordo com o quadro de referência de Lange, quer de acordo com a orientação da social-democracia escandinava; os burocratas stalinistas estavam relutantes em considerar o desmantelamento de sua própria razão de ser; os trabalhadores opunham-se à ampliação dos diferenciais salariais implícitos em uma dependência maior em relação às forças do mercado; mas todos estavam de acordo sobre a necessidade de melhorar os padrões de vida. Considerações derivadas do marxismo clássico praticamente desapareceram no que parecia ser uma triunfante justificação de tudo o que os críticos do socialismo vinham dizendo o tempo todo.

A única discordância partiu dos que, à esquerda, sempre se haviam oposto ao stalinismo, sobretudo os de tradição trotskista. A revolução socialista em uma economia tão atrasada quanto a Rússia de 1917 só poderia ser considerada um projeto viável, de acordo com os cânones clássicos do materialismo histórico, se a revolução fosse internacionalizada. Com o fracasso desta última em 1923, não havia maneira como uma economia isolada em um ambiente hostil pudesse atingir níveis de produtividade que suplantassem os realizados em uma ordem capitalista internacional. O fato de a ditadura burocrática ter resultado do isolamento da União Soviética fora trágico (e fatal para milhões), mas não viciara o projeto socialista. O que se requeria para a implementação deste último era a espécie de democratização revolucionária analisada por Marx em suas reflexões sobre a Comuna de Paris de 1871 e endossada por Lenin em 1917 em seu *Estado e revolução*, juntamente com a sua extensão internacional. Mas isso era um anátema tanto para a burocracia soviética quanto para o capitalismo ocidental.

Anátema ou não, uma influente polêmica iniciada por Alec Nove (1983) também afirmou que essa combinação de planejamento central e ampla democracia não podia funcionar. As razões aduzidas por Nove eram os problemas comuns de informação e incentivos. Além disso, ele enfatizou que as ligações econômicas em um sistema centralmente planejado eram necessariamente verticais e hierárquicas; somente as ligações horizontais estabelecidas por relações de mercado (qualquer que fosse a maneira como fossem regulamentadas) eram compatíveis com a democracia. Embora isso fosse negado por Mandel (1986, 1988), por exemplo, outros socialistas encararam de maneira diferente o desafio apresentado pelas reflexões de Nove sobre a experiência soviética. Apoiando-se em elementos do modelo de Lange, Devine (1988) procurou preservar a visão socialista através de procedimentos de coordenação administrada entre diferentes níveis democratizados da hierarquia de planejamento, sendo as decisões implementadas pelo uso do mecanismo de mercado. E Elson (1988) começou a teorizar sobre como o próprio mercado podia ser socializado libertando a força de trabalho do status de mercadoria. As duas tentativas foram motivadas pelo entendimento de que o socialismo de mercado de Lange fornecia poucos dos benefícios de planejamento que os socialistas tinham tradicionalmente defendido. Embora permaneça o desafio de inserir esses benefícios em um quadro de democracia socialista autêntica, o colapso do stalinismo no final da década de 80 e começos da de 90 forneceu o impulso para um pensamento mais criativo do que o que existiu nessa área durante o meio século precedente.

Ver também SOCIALISTA, CÁLCULO.

Leitura sugerida: Bergson, A. 1966: "Socialist economics". In *Essays in Normative Economics*, cap.9 ○ 1967: "Market socialism revisited". *Journal of Political Economy* 75, 655-73 • Devine, P. 1988: *Democracy and Economic Planning* • Elson, D. 1988: "Socialization of the market". *New Left Review* 172, 3-44 • Gregory, P.R. e Stuart, R.C. 1986: *Soviet Economic Structure and Performance*, 3ª ed. • Hayek, F.A. 1940: "Socialist calculation: the competitive solution". *Economics*, nova série, 7, 125-49 ○ 1945: "The use of knowledge in society". *American Economic Review* 35, 519-30 • Lange, O. 1936-7 (*1964*): "On the economic theory of socialism". In *On the Economic Theory of Socialism*, org. por B.E. Lippincott • Mandel, E. 1986: "In defence of socialist planning". *New Left Review* 159, 5-38 ○ 1988: "The myth of market socialism". *New Left Review* 169, 108-21 • Nove, A. 1983: *The Economics of Feasible Socialism* ○ 1987: "Markets and socialism". *New Left Review* 161, 98-104 • Nove, A. e Nuti, D.M., orgs. 1972: *Socialist Economics* • Trotsky, L. 1937 (*1972*): *The Revolution Betrayed* • Von Mises, Ludwig 1920 (*1972*): "Economic calculation in the socialist commonwealth". In *Socialist Economics*, org. por A. Nove e D.M. Nuti.

SIMON MOHUN

socialização Os processos pelos quais os seres humanos são induzidos a adotar os padrões de comportamento, normas, regras e valores do seu mundo social são denominados socialização. Começam na infância e prosseguem ao longo da vida. A socialização é um processo de aprendizagem que se apóia, em parte, no ensino explícito e, também em parte, na aprendizagem latente — ou seja, na absorção inadvertida de formas consideradas evidentes de relacionamento com os outros. Embora estejamos todos expostos a influências socializantes, os indivíduos variam consideravelmente em sua abertura deliberada ou involuntária a elas, desde a mudança camaleônica em resposta a toda e qualquer situação nova até a completa inflexibilidade.

No início do século, o estudo sistemático desses processos concentrou-se na infância e na puberdade. Psicólogos, antropólogos sociais e sociólogos foram forçados pela natureza do processo a recorrer a conceitos e abordagens uns dos outros, mas conservaram seus pontos de vista específicos. Os psicólogos enfatizaram os processos de interação, em particular as relações mãe-filho; os antropólogos sociais concentraram-se na transmissão da cultura em sociedades pequenas e relativamente homogêneas; e os sociólogos estudaram instituições e subculturas em sociedades complexas como agentes de socialização. As diferentes tradições intelectuais dessas disciplinas constituem uma das razões pelas quais não existe uma teoria unitária da socialização, embora muitos estudos realizados sob cada rótulo disciplinar fossem, até meados do século, muito influenciados pela teoria psicanalítica. Mais recentemente os estudos da socialização expandiram-se para incluir processos na idade adulta e são guiados por teorias menos globais que utilizam grande variedade de abordagens. Outra razão para a ausência de uma teoria unificadora é a própria amplitude do termo, o qual abrange processos tão diversos quanto a puericultura, a escolaridade (ver também EDUCAÇÃO E TEORIA SOCIAL), a aquisição de um *ethos* ocupacional ou profissional, propaganda e lavagem cerebral.

A preponderância inicial do pensamento psicanalítico levou a uma certa concordância sobre o grande poder da socialização primária na família. Em culturas pequenas e isoladas e em sociedades grandes e complexas, os padrões de criação dos filhos são investigados e usados como explicação para semelhanças no comportamento social entre pessoas expostas às mesmas práticas. Existe na Universidade de Yale um arquivo de culturas que contém, entre outros assuntos, descrições de práticas de puericultura em cerca de 300 culturas. Estudos baseados nesse material (como Whitting e Child, 1953) estabeleceram relações sistemáticas entre essas práticas e os sistemas projetivos (religião, cosmologia) dessas culturas; também assinalaram as semelhanças no funcionamento psicológico (por exemplo, a disposição para assumir responsabilidade). Em sociedades complexas, existe considerável variedade na socialização primária em várias subculturas, especialmente as classes sociais; isso está vinculado a variações sistemáticas entre elas, por exemplo, a tolerância específica de uma classe à frustração, ou diferenças nas perspectivas temporais.

Esses estudos demonstram que a socialização primária está inextricavelmente unida à formação da personalidade, embora se trate de processos conceitualmente distintos: a primeira está interessada na aquisição de padrões comuns, a segunda nas diferenças individuais. A combinação dos dois processos levou, a certa altura, à elaboração de explicações, hoje rejeitadas, de diferenças nacionais inteiramente em termos de socialização primária.

Em meados do século a influente mas controvertida abordagem da socialização de Talcott Parsons manteve essa distinção em mente ao definir a socialização como o processo pelo qual as pessoas aprendem a cumprir os papéis que lhes são prescritos pelo sistema social. Um componente normativo está implícito no pensamento desse autor: a socialização realizada em um dado sistema social é sempre positivamente avaliada (Parsons et al., 1955). A esse respeito, Robert K. Merton (1949) foi além de Parsons em sua análise da ANOMIA: a socialização para os objetivos de sucesso dominantes em uma sociedade é disfuncional para a parcela da população a que se negam os meios institucionais adequados para a obtenção desses mesmos objetivos.

A dificuldade em distinguir entre formação da personalidade e socialização deixa sem resposta a questão seguinte: em que medida os resultados da socialização primária podem ser desfeitos ou revertidos? Nos casos em que as primeiras influências resultaram em comportamento individual ou socialmente destrutivo, as profissões assistenciais aplicaram sua gama de métodos com resultados muito variáveis, em esforços para reverter hábitos precocemente adquiridos (ver CRIME E TRANSGRESSÃO). Não há dúvida, porém, de que influências ulteriores podem aumentar o repertório de comportamento social de uma pessoa.

Depois da família, as principais agências socializantes nas sociedades ocidentais são: a escola e os grupos de pares, o ingresso na vida econômica, a exposição aos veículos de comunicação de massa, o estabelecimento de uma família e o casamento, a participação na vida comunitária organizada e, finalmente, as condições de aposentadoria. Uma vasta quantidade de estudos tratou da influência de cada uma dessas agências. Outros estudos partiram do produto final da socialização, por exemplo, a motivação para a realização pessoal em uma sociedade competitiva (McClelland, 1961) ou a identidade de gênero, e procuraram descobrir as agências medidoras que pudessem produzir tais resultados. Ainda outros estudos observaram os receptores de pressões de socialização como agentes ativos que efetuam escolhas deliberadas. Willis (1977), por exemplo, demonstrou que a resistência ativa, inteligente e racional às metas da socialização escolar levou um grupo de escolares subprivilegiados a contribuir ativamente para a sua socialização em empregos não-especializados e insatisfatórios.

Esse estudo e sua interpretação por Anthony Giddens (1984) exemplificam as tendências correntes nos estudos de socialização: ocupam-se predominantemente de adultos e são, com freqüência, realizados em situações de trabalho. A noção outrora largamente aceita de um processo todo-poderoso resultante no "homem organização" é agora substituída por estudos de processo de interação e conflito entre necessidades individuais e pressões externas, com a finalidade de identificar possíveis mudanças na agência socializante, em vez de em indivíduos (ver Balyn, 1989).

O estudo da socialização e das agências socializantes relaciona-se com questões controversas tão importantes nas ciências sociais quanto a natureza da natureza humana, o debate natureza/aprendizagem e o lugar dos valores na pesquisa social. Nenhuma soma de provas empíricas pode resolver, em última instância, essas perenes questões; mas as provas podem elucidar — e elucidam — a variedade dos processos que induzem as pessoas a compartilhar regras e normas com algumas, mas não com outras. A socialização é um conceito básico no entendimento da vasta diversidade do mundo social.

Leitura sugerida: Giddens, A. 1984: *The Constitution of Society* • Graumann, G.F., org. 1972: *Handbuch der Psychologie*, vol.7, p.661-1106.

MARIE JAHODA

socialização da economia Esta concepção do desenvolvimento do capitalismo foi delineada em primeiro lugar por Karl Marx nos manuscritos dos *Grundrisse* (1857-58) e no terceiro volume de *O capital* (1861-79, publicado em 1894). Nos *Grundrisse*, Marx relacionou a socialização com o rápido progresso da ciência e da tecnologia e com o advento da produção automatizada, afirmando que a criação de riqueza real tinha passado a depender, não do tempo de trabalho físico, mas da aplicação da ciência à produção, e que nessa transformação reside

> a compreensão da natureza pelo ser humano e o domínio deste sobre ela em virtude de sua existência como entidade social — em uma palavra, o desenvolvimento do indivíduo social — que se apresenta agora como o grande alicerce da produção e da riqueza.

Nesse processo, "o conhecimento social geral tornou-se uma força direta de produção" e "as condições do processo de vida social foram submetidas ao controle do intelecto geral" (1857-8, p.704-6). Em *O capital* (vol.3, caps. 23 e 27), Marx enfatizou outro aspecto em sua observação de que o "capital monetário assume um caráter social com o crescimento do crédito", enquanto o "mero gerente desempenha todas as funções reais do capitalista investidor como tal", e concluiu que isso é "a abolição do modo de produção capitalista dentro da própria produção capitalista" (ver também MODO DE PRODUÇÃO).

A concepção de Marx foi mais tarde desenvolvida por Rudolf Hilferding (1910, p.366), o qual afirmou que

> o capital financeiro põe cada vez mais o controle da produção social nas mãos de um reduzido número de grandes associações capitalistas, separa a gerência de produção da propriedade e socializa a produção na medida em que isso é possível sob o capitalismo.

Subseqüentemente (1927) ele analisou o "capitalismo organizado" do período que se seguiu ao final da Primeira Guerra Mundial como uma "economia planejada e intencionalmente dirigida", a qual "favorece em muito maior grau a possibilidade da ação consciente da sociedade" através do estado. Entretanto não foram somente os pensadores marxistas que adotaram essa concepção. J.A. Schumpeter (1942, p.219), indubitavelmente influenciado por Hilferding, assim como por Marx, observou que grande parte de sua tese sobre o desenvolvimento do capitalismo "pode resumir-se na proposição marxista de que o processo econômico tende a socializar a si mesmo".

Depois da Segunda Guerra Mundial a idéia de uma socialização gradual da economia recebeu novo impulso com o acelerado crescimento das grandes empresas, o papel destacado das instituições financeiras, uma internacionalização mais completa da economia capitalista e uma nova onda de inovação científica e tecnológica, tudo isso acompanhado pelo mais extenso envolvimento do estado na economia, incluindo várias formas de planejamento econômico e um nível muito mais elevado de gastos sociais nos novos "estados de bem-estar". Em grau inteiramente desconhecido em períodos anteriores, os padrões de vida e o bem-estar geral passaram a depender de verbas públicas e a ser matéria de debate e de políticas públicos. Esses desenvolvimentos podiam ser vistos, como o foram por Schumpeter, como tendentes a uma economia socialista, e também eram compatíveis com concepções mais amplas do que Touraine (1973) chamou a "autoprodução de sociedade" — quer dizer, o reconhecimento consciente de que as sociedades são "o produto de suas relações de trabalho e sociais".

Mas a socialização da própria economia pode ter resultados muito diferentes, dependendo do contexto de relações sociais e de ação política em que ela tem lugar. Hilferding sustentou que o capitalismo organizado prepara o caminho para uma economia socialista em que as principais decisões econômicas seriam tomadas pelo estado democrático, enquanto que Schumpeter, ao analisar a "obsolescência do empresário" quando as funções de inovação e decisão estão sendo cada vez mais assumidas por uma forma racionalizada e burocrática de gestão, vaticinou o provável surgimento de um sistema socialista em que o controle dos meios de produção e o processo de produção estariam nas mãos de uma autoridade central. Durante o século XX, contudo, o crescimento das grandes empresas, a intervenção do estado e as tentativas de criação de economias socialistas centralmente planificadas produziram tipos muito diversos de sistemas econômicos. Estão entre eles o que se pode descrever como o "corporativismo" (Panitch, 1980), caracterizado por um misto de produção privada e pública, regulado por negociação e acordo entre o estado, as grandes empresas capitalistas e os sindicatos; uma economia de estado totalitária, como a que se implantou na União Soviética e nos países do Leste Europeu; um novo gênero de capitalismo em que o papel do estado na gestão econômica se limita, tanto quanto possível, à manutenção das condições favoráveis à iniciativa privada, ao mesmo tempo em que assegura um nível básico de bem-estar social; e, em pequena escala, tentativas (como na Iugoslávia) de combinar a planificação central com a autogestão de empresas.

Assumindo diferentes formas e concebida de diversos modos no pensamento social, a idéia de uma progressiva socialização da economia também tem sido rejeitada, ou excluída de consideração, pelos que enfatizam a ação individual e a evolução não-planejada da sociedade através da experiência acumulada (Hayek, 1973-9). O que é evidente, em todo o caso, é que nenhum processo de socialização criou até agora, em grande escala, uma consciência pública da economia como empreendimento *social*, nem formas de ação que correspondam a tal consciência, embora talvez isso esteja mudando em conseqüência da crescente preocupação com o meio ambiente humano.

Leitura sugerida: Habermas, Jürgen 1973 (*1976*): *Legitimation Crisis* • Hilferding, Rudolf 1927 (*1978*): "Die Aufgaben der Sozialdemokratie in der Republik". Trad. ingl. em *Austro-Marxism*, org. por Tom Bottomore e Patrick Goode • Panitch, L. 1980: "Recent theorizations of corporatism". *British Journal Sociology* 31.

TOM BOTTOMORE

sociedade Provavelmente o mais freqüente uso da palavra é, nos dias de hoje, em referência à totalidade dos seres humanos na terra, em conjunto com suas culturas, instituições, capacidades, idéias e valores. Mas uma considerável diversidade de usos chegou até o século XX. Por exemplo, sociedade animal, sociedade primitiva, sociedade civil, sociedade nacional, sociedade política, Sociedade Protetora dos Animais, alta sociedade e assim por diante. Há também o uso comum cujo intuito é sublinhar a oposição entre indivíduo e sociedade, o que se reduz, com freqüência, ao conflito entre o genético e o social ou cultural. O denominador comum da maioria dos usos da palavra sociedade é o fato da associação, animal ou humana. Existe uma sociedade de amebas, mas não uma sociedade de rochas.

No pensamento social do século XX distinguem-se dois usos da palavra. Em um deles, sociedade tem um matiz negativo, até pejorativo; no outro, laudatório. No primeiro, sociedade é contrastada depreciativamente com COMUNIDADE. No segundo, sociedade é contraposta ao poder soberano do estado político.

O livro de Ferdinand Tönnies *Gemeinschaft und Gesellschaft*, de 1887, traduzido comumente como *Comunidade e sociedade*, baseou-se no primeiro uso. Comunidade representa relações estreitas e coesas, enraizadas na família, no lugar e na tradição. Sociedade, por outro lado, subentende relações de caráter preponderantemente econômico e contratual, indeterminadas, impessoais, geralmente urbanas, dotadas de mobilidade, mas também individualistas. A distinção entre comunidade e sociedade, tal como feita por Tönnies e outros, é mais que classificatória; é também a base de uma tipologia histórica e do desenvolvimento. Tönnies, sir Henry Maine, Fustel de Coulanges, Graham Wallas, John Dewey e Walter Lippman apresentaram todos a sociedade ocidental em termos da crise envolvida na ampla substituição dos antigos e tradicionais vínculos comunitários pelos novos, mais impessoais e segmentados vínculos da democracia de massa, industrial e urbana, e pelo individualismo secular. Em *The Great Society* (livro dedicado por seu autor, Graham Wallas, ao jovem americano Walter Lippman), fez-se um contraste odioso entre a comunidade e a "grande sociedade", indicando-se que a última continha as sementes do colapso ou erosão social por causa de sua falta de vínculos sociais profunda e intimamente sentidos.

Nos Estados Unidos, John Dewey, em *The Public and its Problems* (1927), na esteira de Wallas, escreveu: "O nosso interesse, neste momento, é expor o modo como a idade da máquina, ao desenvolver a Grande Sociedade, invadiu e parcialmente desintegrou as pequenas comunidades de épocas passadas sem gerar uma Grande Comunidade." Esse foi o poderoso tema em obras literárias e filosóficas do século XX, começando com especial vigor imediatamente depois da Primeira Guerra Mundial. O pensamento utópico do século XX adotou de forma irresistível o caminho da celebração das coesões e mutualidades interpessoais da sociedade familiar, em contraste com as relações mais vastas, impessoais e heterogêneas da cidade, da fábrica e de outros laços característicos da Grande Sociedade moderna. A busca de comunidade que encontramos em tão grande parte do pensamento político e social do século tem a "sociedade" como sua adversária.

A par do significado pejorativo de "sociedade", deparamo-nos com um outro no pensamento do século XX que focaliza a diferenciação entre ESTADO e sociedade, bem como a necessidade vital de manter esta última tão livre quanto possível das invasões pelo estado, no interesse da liberdade tanto do indivíduo quanto do grupo social. Nos escritos dos pluralistas, desde Johannes Althusius até Maitland e J.N. Figgis, o problema da liberdade tem sido formulado, em primeiro lugar, em termos das relações entre estado e sociedade — em que esta última palavra consubstancia especialmente as associações e os grupos menores na ordem social — e só secundariamente em termos do indivíduo contra o estado. Escreveu Figgis em 1911: "Está cada vez mais claro que a mera liberdade do indivíduo contra um Estado onipotente pode não ser muito melhor do que escravatura; é cada vez mais evidente que a verdadeira questão da liberdade em nossos dias é o problema da vida de uniões menores dentro do Estado."

Quando o totalitarismo irrompeu estrepitosamente em cena no século XX, desafiando expressões mais antigas de despotismo, monarquia ou ditadura, autores como Ortega y Gasset, Hermann Rauschning, Emil Lederer e, um pouco mais tarde, e de modo definitivo, Hannah Arendt, enxergaram a essência do estado total na absorção pelo estado político, em seu próprio poder soberano, de todas as autoridades que compõem a sociedade, como família, igreja, comunidade local, sindicato etc. Vale destacar que Edmund Burke, em certa medida, e Alexis de Tocqueville, de modo mais abrangente, anteviram quase nesses mesmos termos as potencialidades despóticas da democracia popular; ou seja, a progressiva absorção pelo estado da sociedade em suas formas tradicionais. Talvez o mais famoso capítulo de *A democracia na América*, de Tocqueville, seja "Que espécie de despotismo as nações democráticas têm que temer?" A sua resposta: a lenta e implacável burocratização da existência humana através da substituição do estado e, depois, assimilação de todas as autoridades sociais.

No momento atual, quando o totalitarismo comunista deu provas de inexorável recuo na antiga União Soviética e em países do Leste Europeu como Polônia, Hungria, ex-Alemanha Oriental e Tchecoslováquia, a idéia de sociedade, ou de sociedade civil, ganhou evidência. São nações em que, sob os auspícios do socialismo ou do comunismo, a sociedade — incluindo economia, educação, igreja, família e outras unidades componentes — foi calculadamente enfraquecida, ou até destruída por vezes. A pergunta do momento é esta: podem os países da Europa Oriental e os da antiga União Soviética despojar-se a tal ponto do poder político tentacular e burocratizado que se torne possível uma volta à sociedade civil e seus mecanismos e autoridades inerentes? Se o estado e o partido ficarem privados dos poderes e funções que detiveram de maneira despótica por tantas décadas, para que entidades serão estes transferidos? Pelo restante do século, será este o drama central: os processos pelos quais se efetuará a transferência do estado para a sociedade, sem um colapso paralisante no qual nenhuma espécie de ordem poderá reinar.

Ver também SOCIEDADE CIVIL.

Leitura sugerida: Hayek, F.A. 1960: *The Constitution of Liberty* • Jouvenel, Bertrand de 1948: *Du pouvoir: histoire naturelle de la croissance* • Maine, Henry 1961: *Ancient Society* • Mertz, J.T. 1914: *History of European Thought in the Nineteenth Century*, 4 vols. Vol.4: *On Society* • Nisbet, Robert 1953: *The Quest for Community* • Polanyi, K. 1944: *The Great Transformation* • Tönnies, Ferdinand 1887 (*1955*): *Community and Association* • Tocqueville, A. de 1854 (*1955*): *L'Ancien Régime et la révolution*. In *Oeuvres Complètes*.

ROBERT NISBET

sociedade, processos evolucionários na
Ver PROCESSOS EVOLUCIONÁRIOS NA SOCIEDADE.

sociedade aberta Esta expressão entrou no vocabulário da ciência política, sendo correntemente empregada por escritores e políticos eminentes, embora raras vezes seja ouvida na boca de pessoas comuns. É usualmente usada para assinalar uma sociedade em que nenhuma ideologia ou religião goza de monopólio, em que existe um interesse crítico por novas idéias, seja qual for a sua origem, em que os processos políticos estão abertos ao exame e à crítica públicos, em que há liberdade para viajar, em que as restrições ao comércio com outros países são mínimas e em que a finalidade da educação é transmitir conhecimentos em vez de imbuir doutrinas sectárias. Durante muito tempo a União Soviética sintetizou a antítese de uma sociedade aberta, mas, sob a política de *glasnost*, os países que a substituíram parecem estar se afastando desse extremo negativo.

O termo "sociedade aberta" (assim como o seu antônimo, "sociedade fechada") obteve ampla aceitação por causa de um famoso livro de Karl Popper [*A sociedade aberta e seus inimigos*] (1945). Como ele próprio reconheceu, esse par de vocábulos tinha sido apresentado antes por Henri Bergson (1932). As concepções desses dois pensadores de uma sociedade fechada tinham muito em comum. Ambas a viram como uma comunidade pequena, compacta, de relacionamento face a face. Segundo Bergson, é uma sociedade centralizada, estática, não-progressista; sua religião é autoritária, sua moralidade absolutista e seus costumes rígidos. Popper sublinhou sua perspectiva anticientífica, mágica, tribalista. Um aspecto assinalado por Bergson, mas não por Popper, foi que a guerra com as sociedades vizinhas será usualmente considerada pela liderança de uma sociedade fechada como uma forma desejável de promover a lealdade tribal e a unidade coletiva.

Entretanto suas concepções de sociedade aberta divergiram consideravelmente. Para Bergson, uma sociedade aberta só surgirá quando a multiplicidade de sociedades fechadas der finalmente lugar a uma sociedade mundial em que o progresso e a diversidade sejam encorajados, e o dogma religioso e a moralidade autoritária dêem lugar à intuição mística e à espontaneidade.

Para Popper, em contrapartida, a característica essencial de uma sociedade aberta não é a intuição mística, mas o uso irrestrito da razão crítica. E essa sociedade pode ser muito pequena; deu como exemplo a sociedade ateniense ao tempo de Péricles (quando os escravos não eram considerados parte integrante dela). E a realização da sociedade aberta não é uma meta situada em um futuro distante. Com efeito, afirmou Popper, lances bem-sucedidos no passado em direção a maior abertura, sobretudo no Ocidente, geraram entre alguns pensadores influentes, com destaque para Platão na antiga Grécia, um veemente desejo de regresso a uma sociedade fechada. Pois a vida em uma sociedade aberta pode ser árdua e as pessoas não são necessariamente mais felizes do que seriam em uma sociedade fechada. Elas poderão sofrer do que Popper chamou "a tensão da civilização". Algumas pessoas renunciariam com satisfação ao peso da responsabilidade individual, trocando-o pelo calor e a segurança imaginados de uma sociedade fechada.

Popper, contudo, concordou com Bergson quanto à prioridade temporal de uma sociedade fechada em relação a uma sociedade aberta; segundo Popper, a primeira ocorreu, por assim dizer, naturalmente, ao passo que sempre se teve que lutar para conseguir a segunda. Ele apresentou duas razões para isso.

(1) Para ser aberta, uma sociedade também tem que ser, em considerável grau, o que ele chamou de "sociedade abstrata"; nesta, as relações cara a cara com pessoas conhecidas dão lugar ao trato impessoal com indivíduos anônimos que desempenham papéis. E a transição para tal sociedade será um desenvolvimento tardio.

(2) É natural que as pessoas encarem os tabus e costumes rígidos de uma sociedade fechada como naturais e inalteráveis, como se fossem leis da natureza. Assim, a passagem para uma sociedade aberta requer também o reconhecimento revolucionário do caráter artificial e convencional das instituições sociais, outro desenvolvimento tardio.

Em seu livro, Popper (1945) atacou várias doutrinas que são hostis à idéia de uma sociedade aberta. Uma delas era o sonho de organização utópica, sintetizada na idéia de Platão de que o filósofo-rei deveria começar por *limpar a sua tela*. Isso é um sonho impossível, que mais não seja pelo fato de o limpador da tela e o instrumento para limpar serem parte do quadro a ser apagado. Quanto mais uma liderança política revolucionária se aproximar desse ideal impossível, mais destruição causará. (Ver também TOTALITARISMO.) A alternativa é a *organização gradual*: esta permite reformas em larga escala, mas requer que elas se processem passo a passo, tornando assim possível monitorar o processo e verificar as hipóteses sociológicas a que se recorreu. Um erro pode ter acontecido nestas, daí resultando que o objetivo pretendido não seja alcançado ou então seja acompanhado de conseqüências que não eram as esperadas e que são indesejáveis. A vigilância crítica torna-se impossível quando um grande número de reformas está em curso na mesma área. (Ver também SOCIAL-DEMOCRACIA.)

Uma idéia afim de Popper (1945) é o *utilitarismo negativo*; isso quer dizer que os governos devem ter como alvo, não aumentar diretamente a felicidade global, mas reduzir o sofrimento conhecido.

Outra doutrina que Popper considerou hostil à sociedade aberta foi o HISTORICISMO e a doutrina afim do *futurismo moral* (O que *será* está certo). Popper recomendou uma metodologia individualista (ver INDIVIDUALISMO).

Alguns críticos têm posto em dúvida se as mais remotas sociedades humanas seriam fechadas. Charles Darwin (1871) enfatizou como a capacidade inventiva e imitativa foi importante para ajudar os seres humanos primitivos a adquirir ascendência sobre os outros primatas. Isso depõe a favor de uma abertura para a novidade que era estranha à inclinação mental característica de uma sociedade fechada.

Ver também LIBERDADE.

Leitura sugerida: Levinson, Ronald B. 1953: *In Defense of Plato* • Magee, Bryan 1973: *Popper*, caps. 6 e 7 • O'Hear, Anthony 1980: *Karl Popper*, cap.8 • Popper, Karl 1976: *Unended Quest*, cap.24 • Schilpp, Paul Arthur, org. 1974: *The Philosophy of Karl Popper*, 2 vols., p.820-924.

J.W.N. WATKINS

sociedade afluente Sociedade onde existe suficiente riqueza para garantir a contínua satisfação das necessidades básicas particularmente atendidas da maioria da população (como alimento e vestuário), com o resultado de que indivíduos empregam suas rendas disponíveis para satisfazer necessidades efêmeras e insaciáveis, ao mesmo tempo em que verbas insuficientes podem ser dirigidas para a satisfação de necessidades publicamente assistidas (como saúde e educação).

A expressão ficou famosa com a publicação por Kenneth Galbraith do seu livro *The Affluent Society* em 1958. Trata-se de uma poderosa crítica do modelo de alocação de recursos então vigente nos Estados Unidos (e, por extensão, a algumas economias nacionais da Europa Ocidental), e envolve três asserções principais. Em primeiro lugar, que os aumentos de capacidade e eficiência produtivas resultaram em uma economia capaz de fornecer uma grande abundância (*affluence*) sem precedentes à grande maioria das pessoas. Como observa Galbraith, nos Estados Unidos contemporâneos grande número de mercadorias é "comparativamente abundante", aspecto que ele ilustra assinalando o fato de mais pessoas morrerem a cada ano por comer demais do que por comer de menos (p.102).

Em segundo lugar, o autor afirma que a sabedoria econômica convencional não levou em conta esse desenvolvimento, continuando a se identificar com a antiga e anacrônica suposição de que novos aumentos anuais de produção devem ser necessariamente desejados. O que, em especial, está superado é a prioridade concedida à produção sempre crescente de bens no setor privado, o que leva a uma situação em que a "abundância privada" é contraposta à "miséria pública". O "grande e abrangente contraste entre a solicitude e o estímulo prodigalizados à produção de bens privados e as severas restrições que são impostas aos que devem surgir do setor público" é o que constitui, para Galbraith, "a mais singular característica da sociedade afluente" (p.155).

Em terceiro e último lugar, a estimulação de necessidades artificiais através da publicidade, conjugada com um excessivo suprimento de crédito, é indispensável para manter um alto nível de demanda, agora que deixaram de existir quaisquer necessidades urgentes a serem satisfeitas.

O termo introduzido por Galbraith ainda é largamente encontrado, uma vez que se consolidou no uso popular. Entretanto a crítica do pensamento econômico convencional está habitualmente ausente nesse uso, bem como o contraste implícito entre abundância privada e miséria pública, enquanto que o clima econômico mais duro dos anos 80 resultou também em a expressão ser usada de um modo mais irônico do que o pretendido por Galbraith. O cerne do significado que permanece é, portanto, a idéia de que os cidadãos de uma tal sociedade experimentam um estado de abundância generalizada e sem precedentes, com a conseqüência de que os recursos econômicos são predominantemente empregados na gratificação perdulária de necessidades triviais, em vez da satisfação imprescindível de necessidades fundamentais.

As teses de Galbraith foram largamente criticadas. A sua terceira tese, em especial, foi ferozmente atacada com base em que desacredita a escolha de consumo, não distingue entre o condicionamento cultural geral da necessidade e da influência específica exercida pelos produtores, e ignora as provas empíricas referentes aos efeitos da publicidade (Hayek, 1967; Riesman, 1980). O seu famoso contraste entre abundância privada e miséria pública também foi criticado, predominantemente com base em que a sua abordagem envolve uma compreensão errônea da declinante utilidade marginal dos bens, ao mesmo tempo em que subestima a natural prodigalidade dos governos (Rothbard, 1970). Apesar disso, até os seus mais veementes críticos tendem a aceitar que é correto descrever os modernos países da América do Norte e da Europa Ocidental como sociedades afluentes (Friedman, 1977, p.13). Por conseguinte, pode-se dizer que a tese central de Galbraith encontrou aceitação geral e exerceu importante influência sobre o moderno pensamento social e econômico. A esse respeito, também é especialmente importante assinalar que a sua denúncia da natureza pretensamente incontestável da sabedoria da busca de níveis sempre crescentes de produção e o seu ataque à noção convencional de que se deve conceder supremacia aos valores de mercado participaram, sem dúvida, do subseqüente surgimento das críticas ambientalistas e anticrescimento da sociedade moderna.

Ver também SOCIEDADE DE CONSUMO; CRESCIMENTO ECONÔMICO.

Leitura sugerida: Beckerman, W. 1974: *In Defence of Economic Growth* • Hession, C.H. 1972: *John Kenneth Galbraith and his Critics* • Riesmann, David 1980: *Galbraith and Market Capitalism* • Sharpe, Myron E. 1973: *John Kenneth Galbraith and the Lower Economics*.

COLIN CAMPBELL

sociedade civil Trata-se de uma expressão antiga, comum no pensamento político europeu até o século XVIII. Nesse uso tradicional, era uma tradução mais ou menos literal do romano *societas civilis* e, por trás dela, do grego *knoinonia politiké*. Ou seja, era sinônimo de estado ou "sociedade política". Quando Locke falava de "governo civil" ou Kant de *bürgerliche Gesellschaft* ou Rousseau de *état civil*, todos eles se referiam simplesmente ao estado, visto como englobando — à semelhança da pólis grega — todo o domínio do político. A sociedade civil era a arena do cidadão politicamente ativo. Também comportava o sentido de uma sociedade "civilizada", uma sociedade que ordenava suas relações de acordo com um sistema de leis em vez dos caprichos autocráticos de um déspota.

A ligação de CIDADANIA com sociedade civil nunca se perdeu por completo. Forma parte da associação que empresta seu atrativo às mais recentes restaurações do conceito. Mas houve uma inovação decisiva na segunda metade do século XVIII que rompeu a equação histórica da sociedade civil e com o ESTADO. O pensamento social britânico foi especialmente influente nesse capítulo. Nos escritos de John Locke e Tom Paine, Adam Smith e Adam Ferguson, estava elaborada a idéia de uma esfera da sociedade distinta do estado e dotada de formas e princípios próprios. O crescimento da nova ciência da economia política — também uma realização predominantemente britânica — foi sobremaneira importante para o estabelecimento dessa decisão. A maioria desses autores continuou usando a expressão "sociedade civil" em seu sentido clássico, como no *Essay on the History of Civil Society* (1767) de Adam Ferguson; mas o que eles estavam efetivamente fazendo era estabelecer a distinção analítica que não tardaria a transformar o significado do conceito.

É a Hegel que devemos o moderno significado do conceito de sociedade civil. Na *Filosofia do direito* (1821), a sociedade civil é a esfera da vida ética interposta entre a família e o estado. Na esteira dos economistas britânicos, Hegel vê o conteúdo da sociedade civil largamente determinado pelo livre jogo de forças econômicas e indivíduos egoístas. Mas a sociedade civil também inclui instituições sociais e cívicas que inibem e regulam a vida econômica, levando por um processo inevitável de educação à vida racional do estado. Assim, a particularidade da sociedade civil transfere-se para a universalidade do estado.

Marx, embora reconhecendo sua dívida para com Hegel, estreitou o conceito de sociedade civil para torná-la equivalente, simplesmente, do domínio autônomo da propriedade privada e das relações de mercado. "A anatomia da sociedade civil", disse ele, "deve ser procurada na economia política." Essa restrição ameaçou a sua utilidade. Que necessidade havia do conceito de sociedade civil quando a economia ou, simplesmente, a "sociedade" — vista como o conteúdo efetivo do estado e da vida política em geral — fornecia os seus principais termos? Em seus escritos ulteriores, o próprio Marx abandonou a expressão, preferindo, em seu lugar, a simples dicotomia "sociedade-estado". Também outros autores, e não só os influenciados por Marx, encontraram cada vez menos razões para reter o conceito de sociedade civil. A "sociedade civil" em *A democracia na América* (1835-40), de Alexis de Tocqueville, reviveu o sentido anterior de sociedade civil como educação para a cidadania, mas o exemplo de Tocqueville pouco fez para restaurar o prestígio de um termo que era cada vez mais considerado obsoleto. Na segunda metade do século XIX "sociedade civil" caiu em desuso.

Coube a Antonio Gramsci, nos escritos compilados como *Cadernos do cárcere* (1929-35), resgatar o conceito na primeira parte deste século. Gramsci, embora retendo uma orientação basicamente marxista, retornou a Hegel para revitalizar o conceito. Na verdade, foi mais longe do que Hegel ao desligar a sociedade civil do econômico e ao enquadrá-la no estado. A sociedade civil é a parte do estado que se preocupa com a elaboração do consentimento, não com a coerção ou o domínio formal. É a esfera da "política cultural". As instituições da sociedade civil são igreja, escolas, sindicatos e outras organizações através das quais a classe dominante exerce sua "hegemonia" sobre a sociedade. Também é, pela mesma ordem de idéias, a arena onde essa hegemonia é passível de contestação. Nas décadas radicais de 60 e 70, foi o conceito de sociedade civil de Gramsci o favorito dos que tentaram opor-se às estruturas dominantes da sociedade, não pelo confronto político direto, mas travando uma espécie de guerra de guerrilha cultural. Cultura e educação eram as esferas onde a hegemonia seria contestada e extinta.

Nova vida foi também insuflada no conceito pelas céleres mudanças registradas na Europa Central e Oriental desde finais da década de 70 e ao longo da de 80. Os dissidentes da região acudiram ao conceito de sociedade civil como uma arma contra as pretensões globalizantes do estado totalitário. O exemplo do movimento Solidariedade na Polônia indicou um modelo de oposição e regeneração que evitou o confronto suicida com o estado através da formação de instituições da sociedade civil como uma "sociedade paralela". Na esteira das revoluções vitoriosas de 1989 em toda a região, o conceito de sociedade civil ganhou imensamente em popularidade. Para muitos intelectuais, continha a promessa de um caminho privilegiado para a sociedade pós-comunista, pluralista (ver PLURALISMO), embora eles não fossem muito precisos quanto aos detalhes. Também os intelectuais ocidentais voltaram a se entusiasmar com o conceito. Para eles, indicava uma nova perspectiva sobre velhas questões de democracia e participação em sociedades onde essas práticas pareciam ter ficado moribundas.

A sociedade civil, é claro, renovou o seu atrativo. Tal como no século XVIII, parecemos sentir uma vez mais a necessidade de definir e distinguir uma esfera da sociedade que esteja separada do estado. A cidadania parece depender, para o seu exercício, da participação ativa em instituições não-estatais com a base necessária para a participação em instituições políticas formais. Foi essa a posição de Tocqueville a respeito da democracia americana; é uma lição que o resto do mundo parece estar agora muito ansioso por levar a sério.

Leitura sugerida: Arato, Andrew e Cohen, Jean 1992: *Civil Society and Democratic Theory* • Gellner, E. 1991: "Civil Society in historical context". *International Social Science Journal* 43, 495-510 • Gouldner, A. 1980: "Civil society in capitalism and socialism". In *The Two Marxisms* • Keane, J., org. 1988: *Civil Society and the State: New European Perspectives* • Lewis, Paul, org. 1992: *Democracy and Civil Society in Eastern Europe* • Riedel, M. 1984: "'State' and 'civil society': linguistic context and historical origin". In *Between Tradition and Revolution: The Hegelian Transformation of Political Philosophy*.

KRISHAN KUMAR

sociedade corporativa Ver CORPORATIVISMO.

sociedade de consumo Ao caracterizar uma sociedade organizada mais em torno do consumo do que da produção de bens e serviços, essa expressão entrou em uso geral ao longo da última década. É comumente empregada para designar um conjunto interligado de tendências sócio-econômicas e culturais que se considera característico das sociedades industriais avançadas da América do Norte, Europa Ocidental e Orla do Pacífico, e parece distingui-las das anteriores sociedades "producionistas" do século XIX, assim como das nações em desenvolvimento do Terceiro Mundo. O uso popular contém freqüentemente a inferência de que os membros de tais sociedades identificam altos níveis de consumo com sucesso social e felicidade pessoal, e por conseguinte escolhem o consumo como seu objetivo de vida preponderante. Como tal, a expressão está freqüentemente associada a uma crítica da busca de status, do materialismo e hedonismo que se pressupõe serem os valores predominantes em tais sociedades. O uso acadêmico tem buscado cada vez mais rechaçar essas implicações avaliatórias, embora retendo o *insight* de que a chave para a compreensão da modernidade reside no reconhecimento da centralidade das atividades de consumo e suas atitudes e valores associados. A expressão "sociedade de consumo" é empregada para condensar esse ponto de vista e subentende usualmente uma economia que está orientada para satisfazer novas carências e não meramente as necessidades recorrentes dos consumidores.

A idéia de que as mudanças sociais e culturais que ocorrem nas economias mais avançadas da América do Norte e da Europa Ocidental devem ser entendidas como primordialmente associadas a uma transferência de foco da produção para o consumo foi apresentada pela primeira vez na década de 50 por David Riesman, Nathan Glazer e Reuel Denny em *The Lonely Crowd* (1950), e desde então tem sido retomada por outros e mais recentes intérpretes da sociedade moderna, como Daniel Bell (1976), Bernice Martin (1981) e Colin Campbell (1987). Nessas obras, a transição de uma sociedade de produção para uma sociedade de consumo não é considerada um simples fruto do surgimento de um mercado de massa para artigos de luxo, mas é vista como concomitante de uma mudança fundamental em termos de valores e crenças. Por conseguinte, a análise da natureza e origem da sociedade de consumo está ligada às tentativas de explicação do declínio da ética do trabalho protestante e seu deslocamento por um *ethos* "expressivo", "hedonístico" ou "romântico" (ver ÉTICA PROTESTANTE, TESE DA). Essa preocupação com a análise da mudança cultural significou que o exame da sociedade de consumo se cruza com outros debates em torno da natureza da sociedade contemporânea (ver COMUNICAÇÃO DE MASSA; MODERNISMO E PÓS-MODERNISMO).

Entretanto, a suposição de que existe um claro divisor de águas no passado recente separando as sociedades modeladas pelas forças de produção das que são determinadas pelas forças de consumo tem sido cada vez mais questionada por historiadores e sociólogos. Fernand Braudel (1949, *1973*) afirmou que o entendimento do desenvolvimento da modernidade no Ocidente requer uma apreciação de como as mudanças no comportamento de consumo no período pré-moderno levou a um aumento da demanda de bens, enquanto McKendrick, Brewer e Plumb (1982) identificam a "revolução do consumo" que anunciou o advento da sociedade de consumo como tendo ocorrido na Inglaterra na segunda metade do século XVIII. Outros autores buscaram suas origens na Europa dos séculos XV e XVI (Mukerji, 1983) e na França de meados do século XIX (M.B. Miller, 1981; Williams, 1982).

Todas essas pesquisas imprimiram novo impulso ao debate sobre a melhor maneira de entender a atividade de consumo. Nesse contexto, a negligência do consumo, dentro da ciência econômica neoclássica, e o "viés producionista" manifesto nos escritos de Karl Marx e Max Weber são freqüentemente apontados como uma acentuada deficiência no âmbito do pensamento social ocidental. A teoria do consumo conspícuo de Thornstein Veblen (1899) é a mais comumente citada no esforço para preencher esse vazio, embora a reelaboração por Pierre Bourdieu (1979) dos tradicionais temas veblenescos de gosto e esnobismo social esteja sendo cada vez mais mencionada como importante fonte de inspiração teórica. Outras tentativas recentes de desenvolver uma teoria de consumo característica que possa servir de base a uma teoria da sociedade de consumo incluiriam as de Appadurai (1986), Campbell (1987) e Daniel Miller (1987).

Ver também SOCIEDADE AFLUENTE.

Leitura sugerida: Campbell, Colin 1987: *The Romantic Ethic and the Spirit of Modern Consumerism* • McCracken, Grant 1988: *Culture and Consumption: New Approaches to the Symbolic Character of Consumer Goods and Activities* • McKendrick, N., Brewer, J. e Plumb, J.H. 1982: *The Birth of a Consumer Society: the Commercialization of Eighteenth-Century England.*

COLIN CAMPBELL

sociedade de massa Termo usado para descrever a condição das sociedades modernas em que formas tradicionais de associação como comunidade, classe, etnicidade e religião declinaram, e em que a organização social é predominantemente de grande escala e burocratizada, pelo que as relações sociais são relativamente impessoais. Em formulações mais extremas, a "sociedade de massa" é retratada como uma sociedade em que a população é uma massa indiferenciada, sem raízes na comunidade, na tradição e na moralidade consuetudinária, incapaz de discriminação em matéria de gosto cultural e de política, e por conseguinte sujeita a ondas de emoção e moda, fácil presa de manipulações por parte de inescrupulosos líderes carismáticos.

A teoria da sociedade de massa foi particularmente influente no segundo quartel do século XX como diagnóstico dos males culturais e políticos que produziram O FASCISMO e o bolchevismo, e nas décadas de 50 e 60 como crítica de uma sociedade americana que era vista como conformista e politicamente desmoralizada. Em anos recentes tornou-se impopular porque o seu pessimismo cultural elitista parece injustificado à luz das provas de um continuado e possivelmente crescente pluralismo social e cultural, e também porque foi associada a uma política conservadora que não entendeu a mudança que, desde meados da década e 60, vinha ocorrendo na natureza da PARTICIPAÇÃO POLÍTICA.

Entretanto, a perspectiva da sociedade de massa não é, em absoluto, uma novidade do século XX. A ameaça que as massas urbanas sem cultura, decadentes ou desesperadas representam para as elites de talento ou virtude tem sido um tema recorrente em filosofia política desde a Antigüidade clássica, mas foram acontecimentos do final do século XVIII e começos do XIX que intensificaram essas preocupações e criaram as bases para o moderno conceito de sociedade de massa. A Revolução Francesa varreu de forma tão precipitada os regimes aristocráticos tradicionais de um extremo a outro da Europa que até pensadores que nada tinham de reacionários, como J.S. Mill, temeram que a democratização equivalesse à incorporação política de pessoas insuficientemente instruídas para assumir de modo responsável as obrigações da cidadania. Assim, a democracia poderia significar um nivelamento por baixo, em que as paixões da massa se sobrepusessem à razão da elite educada e levassem à intolerância da dissidência e do inconformismo.

O outro fator importante nesse processo foi a transformação de sociedades predominantemente agrárias pelos processos interligados de

INDUSTRIALIZAÇÃO, burocratização e urbanização. A teoria da sociedade de massa apóia-se substancialmente nas obras dos teóricos do século XIX (sobretudo Alexis de Tocqueville, Ferdinand Tönnies, Émile Durkheim e Max Weber) que identificaram essas mudanças e que, ao mesmo tempo, se preocuparam com as suas implicações para a coesão social e a ordem política. Assim como as relações características da sociedade pré-industrial foram transformadas pela industrialização, também a ordem política foi ameaçada pelo colapso da ordem moral antecedente e pelo relaxamento das coerções mecânicas que tinham até então ajudado a manter as sociedades coesas.

Mas os sociólogos clássicos, diferentemente dos teóricos da sociedade de massa que depois se apoiariam em sua obra, não supuseram o caráter absoluto das tendências que identificaram. As várias versões da polaridade "comunidade-sociedade" pretendiam ser projetos heurísticos e eram consideradas mais como dimensões de processos sociais em curso do que como estados finais. Durkheim, em particular, percebeu que, se o desenvolvimento social acarretava a destruição de formas tradicionais de comunidade e moralidade, também havia, não obstante, possibilidades de inovação. O equívoco dos teóricos da sociedade de massa estava no fato de a nostalgia os cegar a ponto de não enxergarem o desenvolvimento de novas formas de comunidade e moralidade, mesmo em sociedades dominadas por modernas formas de associação.

É como contribuição à sociologia política que a perspectiva da sociedade de massa atinge a sua mais clara especificação teórica. Kornhauser (1959) sublinha o impacto desintegrador da rápida mudança social, econômica e política, mas atribui posição central às associações secundárias do pensamento de Tocqueville, tão importantes para a saúde e a estabilidade da democracia liberal. Na ausência de tais associações intermédias, a massa sofrivelmente integrada da população era suscetível de mobilização por elites políticas, enquanto que as próprias elites eram perigosamente vulneráveis às pressões da opinião da massa. O resultado era a vulnerabilidade à volatilidade e ao extremismo políticos.

O livro de Kornhauser pode ser lido como uma tentativa de generalização a partir das explicações da ascensão de movimentos extremistas e sociedades totalitárias nas décadas de 20 e 30 (especialmente as apresentadas por Emil Lederer, Hannah Arendt e Franz Neumann). A maior atenção concentrou-se, compreensivelmente, na Alemanha nazista. O colapso da Alemanha no nazismo foi atribuído ao caráter recente e à rapidez da transformação da Alemanha em uma sociedade democrática de massa. Tão rápida foi essa mudança que as antigas associações de comunidade, classe e religião tinham desmoronado, deixando massas anômicas e desenraizadas à mercê das manipulações de políticos que dispunham de meios caracteristicamente modernos de organização e comunicação.

Embora plausível como explicação da ascensão do nazismo, a teoria da sociedade de massa foi prejudicada pelas fortes provas que contradizem a sua proposição central. Com efeito, a Alemanha era uma sociedade que sofrera rápida e desarticuladora mudança, mas essa mudança fora mais política do que primordialmente social e, antes da subida dos nazistas ao poder, não era uma sociedade em que a organização social intermédia fosse fraca; pelo contrário, era mais forte do que em sociedades como a França, onde a sedução do fascismo foi relativamente limitada.

A teoria da sociedade de massa atingiu o seu ponto mais baixo quando aplicada aos novos movimentos sociais das décadas de 60 e 70, pois no caso de tais movimentos havia abundância de provas de que não se tratava de indivíduos anômicos, socialmente pulverizados, os que eram mais propensos a adotar uma ação política radical, mas, pelo contrário, pessoas que estavam relativamente bem integradas, no plano social, e mais do que usualmente motivadas por seu compromisso com sólidos princípios morais. Na verdade, são essas provas as que têm efeitos mais nocivos para a teoria da sociedade de massa. Apesar de essa rápida mudança ser perturbadora e, com freqüência, politicamente desestabilizadora, não são usualmente as pessoas mais perturbadas pela rápida mudança as que se mostram mais propensas a assumir uma ação política radical e, para as que a assumem, o caráter do seu envolvimento político parece quase sempre ser mais um reflexo dos valores com que estavam previamente socializadas do que uma reação impulsiva às novas circunstâncias.

Ver também COMUNICAÇÃO; AÇÃO COLETIVA.

Leitura sugerida: Giner, S. 1976: *Mass Society* • Halebsky, S. 1976: *Mass Society and Political Conflict* • Kornhauser, W. 1959: *The Politics of Mass Society*.

C.A. ROOTES

sociedade industrial As características mais freqüentemente usadas para definir a sociedade industrial são:

1. Uma mudança na natureza da economia de tal forma que um setor primário muito pequeno pode alimentar uma população envolvida nos setores secundário e terciário;
2. A preponderância da produção mecânica nas fábricas;
3. A urbanização da sociedade (ver URBANISMO);
4. O crescimento da alfabetização de massa;
5. A aplicação do conhecimento científico à produção;
6. O recrudescimento da regulamentação burocrática de todos os aspectos da vida social.

Outras características são ocasionalmente citadas. Isso é compreensível: a teoria social tentou entender o capitalismo e o industrialismo, e não chega a surpreender que algumas características do primeiro fossem atribuídas ao segundo. Uma coisa, porém, está absolutamente clara: o surgimento da sociedade industrial assinala uma mudança profunda nos assuntos humanos. O maciço, prometéico aumento dos poderes humanos em resultado de todo esse processo significou que os seres humanos já não estavam mais à mercê da natureza — na verdade, talvez a natureza esteja agora muito mais à mercê dos seres humanos do que deveria.

Os primeiros teóricos da sociedade industrial estavam conscientes de que eram testemunhas do nascimento de um novo mundo. As raízes do conceito encontram-se no pensamento iluminista de Turgot e Condorcet. Mas a formulação mais notável da idéia veio no começo do século XIX pelas penas de Henri de Saint-Simon e de Auguste Comte. Saint-Simon acreditava que a indústria mudaria a tal ponto a vida social que a tradicional luta política poderia ser inteiramente deslocada: em lugar de haver escolhas entre diferentes fins na vida, o que teria muito maior importância seria a administração da máquina industrial. As idéias de Saint-Simon tiveram considerável impacto prático sobre a sociedade francesa, sobretudo em suas profissões de natureza técnica. Mas o pensamento de Comte provou ser ainda mais importante, com destaque para a sociologia, cujo próprio nome foi criação dele. Comte era um pensador tão antipolítico quanto Saint-Simon, mas adicionou duas importantes glosas à sua obra de professor. Em primeiro lugar, afirmou que a criação de abundância acarretaria o fim das guerras entre nações. Em segundo lugar, acreditava que a idade industrial, uma vez que as falsas idéias incutidas pela religião tivessem sido destruídas pela ciência, possuiria as suas próprias crenças "positivas" — a que ele deu o nome de "religião da humanidade". (Ver também SECULARIZAÇÃO.)

O otimismo de Comte sobre esse último assunto não foi mantido pela maioria dos teóricos sociais dos séculos XIX e XX. Os romancistas investiram contra o materialismo crasso e a vacuidade moral da vida moderna, e autores mais acadêmicos fizeram eco a essas caracterizações. Assim, Karl Marx atacou a alienação causada pelo capitalismo industrial; em termos um tanto semelhantes, Émile Durkheim afirmou que a falta "anômica" de integração moral da vida moderna era responsável pelo aumento do número de suicídios, o que dificilmente se pode considerar um indício de alguma espécie de progresso universal. Não deixa de ser interessante o fato de Marx e Durkheim pensarem, embora por caminhos muito diferentes, que a moderna sociedade industrial podia combinar-se com preceitos e regras morais; ou seja, ambos escreveram, em última análise, no espírito de Comte. Isso não ocorreu com Max Weber, o maior de todos os teóricos da sociedade industrial. O motivo não foi apenas ter ele corretamente previsto, contra Marx, que a versão socialista de estado da sociedade industrial seria mais burocrática do que o modelo capitalista. Weber insistiu, além disso, em que haveria na sociedade industrial custos de oportunidade a que seria impossível escapar. O conhecimento pode acarretar abundância, em sua opinião, mas os princípios que inspiram o trabalho da ciência chocam-se inteiramente com a certeza moral; assim, a abundância é adquirida à custa de uma certa medida de "desencanto", ou seja, com a perda de anteriores diretrizes morais estabelecidas pela crença religiosa. É importante assinalar, contudo, que o seu trágico pessimismo sobre esse tema não foi endossado por muitos outros pensadores. Heidegger, por exemplo, procurou caminhos nos quais se podia criar certa moralidade "real", de tal modo que a "mera" tecnologia fosse devidamente mantida no seu lugar.

O conceito de sociedade industrial recebeu uma reformulação fundamental nas duas décadas subseqüentes ao final da Segunda Guerra Mundial. O conceito sustentou o otimismo de Talcott Parsons e estava subentendido na insistência de muitos pensadores — sendo Clark Kerr o mais importante deles — em que o desenvolvimento se tornava a questão fundamental desta era. Na pior das hipóteses, essa reformulação do conceito levou à crença um tanto simplista de que as idéias e instituições do socialismo de estado e do capitalismo liberal acabariam simplesmente por convergir. Mas era possível ser muito mais sofisticado do que isso, e foi a grande proeza de Raymond Aron produzir uma síntese judiciosa da teoria da sociedade industrial. Essa síntese foi notável por prestar atenção adequada ao político, ou seja, por se recusar a aceitar que todas as mudanças resultaram de variáveis sócio-econômicas. Isso foi visto com particular clareza em seus vários volumes sobre a lógica autônoma do conflito geopolítico e em sua obra-prima, *Democracy and Totalitarianism*, a qual descreveu os diferentes sistemas políticos pelos quais os sistemas industriais podiam ser administrados.

Podemos entender melhor as forças e fraquezas do conceito de sociedade industrial considerando quatro áreas de debate que ele ocasionou.

Origens

Tem havido muita discussão, primeiramente, em torno das origens da sociedade industrial e do grau em que podemos estar agora transitando para uma nova era. A sociedade capitalista chegou antes, é claro, do surgimento da sociedade industrial, e temos algum conhecimento do caráter singular da Europa — um padrão histórico de famílias nucleares, a destruição das extensas redes de parentesco, um sistema estatal multipolar, agricultura de chuva, as heranças da Antigüidade — que facilitou a sua ascensão. O industrialismo apareceu primeiro na base desses antecedentes comerciais de um modo gradual. Exatamente por que esse processo ocorreu na Inglaterra em vez de, digamos, na Holanda, continua sendo motivo de muita discussão, com a mais recente explicação de Wrigley salientando a importância das reservas de carvão e de um alto nível de demanda resultante da revolução agrária anterior. O que é certo é que a industrialização ou desenvolvimento do Terceiro Mundo não pode acontecer hoje dessa mesma forma gradual. As vantagens e a necessidade geopolítica da industrialização fizeram desta algo que as elites do estado desejam realizar o mais depressa possível; isso tende a encorajar o autoritarismo dos regimes políticos. Tudo isso quer dizer que muita coisa ainda está por se explicar para que se obtenha uma compreensão cabal da história da ascensão da sociedade industrial. Em contrapartida, o conceito de SOCIEDADE PÓS-INDUSTRIAL proposto por Daniel Bell (1974) e Touraine (1968) tem pouco a recomendá-lo, como foi convincentemente demonstrado por Kumar (1978). Embora seja verdade que o conhecimento é sempre mais importante na sociedade moderna, isso equivale mais a intensificar do que a substituir os princípios básicos que presidem o funcionamento da sociedade moderna. Não significa, porém, que não tenha acontecido nenhuma mudança socialmente significativa durante a era industrial. A diminuição do tamanho da classe trabalhadora manual é certamente um fator importante, assim como também o é a crescente relevância política da mão-de-obra recentemente instruída.

Capitalismo e industrialismo

Uma segunda área geral de discussão diz respeito às respectivas virtudes do conceito de CAPITALISMO em contraste com o de industrialização. Os marxistas têm certamente muito a seu favor quando insistem no maior poder cognitivo do primeiro conceito. Os teóricos da sociedade industrial tendem a ver a estratificação social em termos funcionais, até meritocráticos. Os marxistas estão certos em sublinhar que as oportunidades na vida são determinadas, de fato, pela posição dos pais de um indivíduo no sistema de classes. Isso não significa, porém, que o paradigma marxista seja em tudo superior ao conceito de sociedade industrial. Assim, embora a classe operária certamente exista, não dá sinais de desempenhar o papel histórico que lhe foi atribuído pelo marxismo; mais importante ainda, a caracterização pelo marxismo da natureza da sociedade industrial socialista de estado está longe de ser tão plausível quanto a oferecida pelos teóricos da sociedade industrial. Vale a pena assinalar, *en passant*, que o conceito de capitalismo é, porém, em um aspecto pouco reconhecido, nitidamente superior ao de industrialismo. Os teóricos da sociedade industrial apontavam que, uma vez alcançada a abundância, tudo o que restava fazer era relaxar e desfrutar dela; sob esse prisma, foram até discutidos os benefícios de uma sociedade de crescimento zero. De fato, é impossível permanecer imóvel dentro da economia do mundo porque ela está organizada de acordo com diretrizes capitalistas: parar, ficar inativo, significa o declínio se outros insistirem em realizar maiores lucros. A sociedade capitalista internacional mantém-se agitada, irrequieta e anárquica de um modo que é estranho ao espírito da teoria da sociedade industrial.

Industrialismo e guerra

Este tema geral pode ser elucidado levando-se em conta um terceiro debate. A esperança de que a era de abundância reduzisse a guerra mostrou ser ilusória, como duas guerras mundiais tragicamente provaram. Grande parte desse conflito pode ser entendido em termos tradicionais, ou seja, como resultado de ação racional por parte de estados no âmbito da "sociedade associal" de concorrência entre estados. Isso é extremamente importante. Significa que vivemos em estados-nações que têm de sobrenadar tanto dentro da sociedade mais vasta da competição entre estados quanto na sociedade capitalista internacional. A geopolítica afetou a natureza da mudança social tanto quanto o capitalismo; com efeito, é a interação entre ambos, ainda não adequadamente entendida, que proporciona o dinamismo para a moderna mudança social. Posto em termos negativos, não entendemos corretamente a nossa posição se dizemos simplesmente que vivemos dentro da sociedade industrial. Isso não significa, porém, que classe e nação não tenham sido afetadas pela era industrial. O fato de não ter havido guerras entre as maiores potências mundiais desde 1945 é a conseqüência do equilíbrio de terror que resultou da aplicação de princípios industriais à condução da guerra.

Modernidade e ideologia

Se a sociedade industrial não trouxe a paz em sua esteira, a quarta área de discussão refere-se à muito debatida questão sobre se ela poderia dar origem a uma era livre de grandes ideologias. Estaria certo Max Weber ao apontar que a disseminação da ciência era incompatível com a retenção de sistemas de crenças, antigos ou modernos, que procuravam fornecer diretrizes para a vida social? Na década de 30 a sua asserção pareceu decididamente improvável, dado que o ritmo da vida política era fixado pelo bolchevismo e pelo fascismo; a renovação islâmica no mundo atual representa igualmente uma tentativa de inserir a tecnologia da modernidade em um sistema de crenças abrangente e total. Mas esses credos são atraentes, tal como a força visceral do nacionalismo, para sociedades em transição da era agrária para a industrial. A verdadeira questão é se a ideologia pode manter sua proeminência ao longo do tempo em regimes que se fundaram em uma pretensão de conhecimento da verdade. A evolução da União Soviética com Gorbachev indica que a asserção de Weber pode conter certa dose de verdade; mas o assunto é extremamente complexo em seu todo, e é preferível dizer que a história ainda não pronunciou seu veredicto sobre a matéria.

Conclusão

A título de conclusão, pode-se oferecer um resumo das forças e fraquezas do conceito de sociedade industrial. Não há dúvida, para começar por sublinhar a utilidade do conceito, de que o surgimento do industrialismo marca uma mudança qualitativa nos assuntos humanos: é nada menos que um momento de evolução social. As nossas vidas são determinadas por esse modo de produção. Entretanto o motor da mudança dentro da ordem do mundo moderno não pode ser derivado simplesmente de alguma espécie de "lógica" do industrialismo. A dinâmica do mundo moderno continua sendo aquela criada pela interação de nação e capital. O industrialismo criou barreiras dentro dessa interação, mas não a substituiu.

Leitura sugerida: Aron, Raymond 1962: *Paix et guerre entre les nations* o 1965: *Démocratie et totalitarisme* • Bell, D. 1974: *The Coming of Post-Industrial Society* • Gellner, E. 1974: *Legitimation of Belief* • Kerr, C., Dunlop, J.T., Harbison, F.H., e Myers, C.A. 1960 (*1973*): *Industrialism and Industrial Man* • Kumar, K. 1978: *Prophecy and Progress* • Polanyi, K. 1944: *The Great Transformation* • Saint-Simon, H. 1953: *Selected Writings*, org. por F.M.H. Markham • Wrigley, A.M. 1988: *Continuity, Chance and Change: the Character of the Industrial Revolution in England.*

JOHN A. HALL

sociedade pós-industrial O termo sociedade pós-industrial parece ter-se originado com Arthur Penty, membro da Liga Socialista britânica e seguidor de William Morris, no começo do século. Penty preconizava a criação de um "estado pós-industrial" baseado na pequena oficina artesanal e em unidades descentralizadas de governo. O conceito só viria a ser adotado de forma significativa no final da década de 60, quando lhe foram atribuídas características inteiramente novas. Em seu significado atual, o termo foi criado quase simultaneamente nos escritos de Daniel Bell e Alain Touraine a fim de descrever as novas estruturas e movimentos sociais que marcam a evolução das sociedades industriais na parte final do século XX. Em anos mais recentes, muitos dos usos mais comuns do termo pós-industrial também incluíram, ou foram definidos lado a lado, com um conceito de sociedade contemporânea como sociedade pós-moderna, por exemplo, por Jean-François Lyotard (ver MODERNIDADE; MODERNISMO E PÓS-MODERNISMO). Economicamente, a sociedade pós-industrial é marcada pela mudança de uma economia produtora de bens para uma economia de serviços; no plano ocupacional, pela proeminência da classe de profissionais liberais e de técnicos; e na tomada de decisões, pela difusão muito ampla da "tecnologia intelectual".

Bell, especialmente em *The Coming of Post-Industrial Society* (1974), definiu o "princípio axial" da sociedade pós-industrial como sendo a centralidade do conhecimento teórico como a fonte de inovação e de elaboração de políticas para a sociedade. Afirmou que esse tipo de sociedade difere tanto da SOCIEDADE INDUSTRIAL clássica quanto esta da sociedade pré-industrial, agrária. Está principalmente interessada na produção mais de serviços do que de bens, a maioria de sua força de trabalho está em profissões de colarinho branco em vez de manuais e muitos de seus trabalhadores são profissionais de nível superior, empregados em funções executivas, gerenciais ou técnicas. A antiga CLASSE OPERÁRIA está desaparecendo e, com ela, muitas das características e dos conflitos da sociedade industrial. Novos alinhamentos, baseados em status e consumo, estão suplantando os que tinham por alicerce o trabalho e a produção. A sociedade pós-industrial, sustentaram Bell e Touraine, é também uma sociedade altamente instruída, e a idéia-chave de uma sociedade de conhecimento é central para todas as várias versões teóricas. Se a sociedade industrial funcionou na base do conhecimento material e prático, a sociedade pós-industrial depende muito mais de conhecimentos imateriais e teóricos, tais como os desenvolvidos em universidades, centros de pesquisa e novos tipos de locais de trabalho. Não só conta com o conhecimento teórico para muitas de suas indústrias características, como as indústrias de computadores, química e aerospacial, mas também aplica uma parte crescente dos recursos nacionais no desenvolvimento desse conhecimento, financiando a educação superior, a pesquisa e as atividades ligadas ao desenvolvimento. Essa mudança de ênfase reflete-se no aumento da importância de uma "classe caracterizada pelo saber", composta de cientistas, profissionais de nível superior e "instituições eruditas".

É evidente que o exame da sociedade pós-industrial tem representado nos últimos 20 anos uma importante e radical renovação do pensamento social a respeito da mudança em grande escala nas sociedades modernas; Kumar (1976, p.441) e outros afirmaram que, "no mínimo, a teorização pós-industrial marca uma bem-vinda renovação de um dos princípios centrais do período formativo da sociologia, o de que o estudo do ser e o do vir-a-ser estão indissoluvelmente ligados". O advento da sociedade pós-industrial deflagrou, com efeito, uma "guerra terminológica" muito especial, a qual reflete algumas confusões ou, pelo menos, os diferentes vislumbres a obter da abordagem do assunto da sociedade pós-industrial desde o ponto de vista das novas classes e dos novos conflitos que surgem ou se desenvolvem paralelamente. Três definições principais podem distinguir-se. *Trabalhadores de colarinho branco* são aqueles cujo trabalho é agora executado em condições e circunstâncias vizinhas das condições de fábrica e que obedecem a padrões de trabalho altamente estruturados. *Funcionários de escritório* são os que, com o incremento da automação e da inteligência artificial em ambientes comerciais e administrativos, necessitam de maior soma de conhecimentos para operar e interatuar com tais equipamentos; nesse sentido, o termo não abrange apenas, em absoluto, as pessoas que trabalham em condições de escritório. Como termo, *trabalhadores da informação/conhecimento* suplanta a rigidez dos censos e das classificações estatísticas, mas, no uso prático, está impregnado de implicações otimistas que impedem, com freqüência, a melhor compreensão das mudanças na natureza do trabalho e na estrutura das organizações.

Touraine (1968, *1971*) e Bell estão de inteiro acordo sobre a importância central das universidades, da pesquisa e do papel da "classe conhecedora" para a engrenagem geral produtiva e gerencial da nova sociedade. Mas diferem no tocante aos seus resultados previsíveis. Enquanto Bell vê a promessa de maior integração social e de harmonia política e institucional, Touraine — mais alarmado por seu potencial de manipulação e claramente sensibilizado pelas idéias de maio de 1968 e pela generalização dos movimentos sociais na Europa — antevê o aprofundamento do conflito entre aqueles (professores e estudantes) que defendem os valores humanistas da educação liberal e uma casta diferente de seus pares que guarnecem a maquinaria tecnocrática, dedicada ao objetivo do crescimento econômico. Nesse sentido, o conceito de sociedade pós-industrial tem sido amplamente usado por outros pensadores sociais que enfatizam diferentes características, por exemplo, a busca pelos jovens de um mundo para além do materialismo, ou o deslocamento da classe operária, em conseqüência da MUDANÇA TECNOLÓGICA, do papel que os marxistas lhe atribuíram como agente histórico de mudança na sociedade moderna.

Embora as sociedades industrial e pós-industrial não estejam simplesmente ligadas pelas mudanças fundamentais na natureza do TRABALHO, da tecnologia e das classes sociais, cinco áreas problemáticas podem ser indicadas, as quais constituem o desafio central para todos os atores sociais envolvidos; cientistas e produtores, especialistas ergonômicos e usuários, todos se defrontam com a "arquitetura da complexidade" de mudanças fundamentais e novidades sem precedentes que vão além dos métodos e ferramentas teóricas convencionais da sociedade industrial. Eles estiveram no âmago de todos os debates teóricos acerca da sociedade pós-industrial e, mais recentemente, pós-moderna.

(1) Símbolos sem decisão

A tecnologia da informação e a INTELIGÊNCIA ARTIFICIAL tornam cada vez maior a possibilidade de formalizar o conhecimento e favorecer a integração de um programa que possa comandar uma máquina ou uma série de máquinas. Por conseguinte, quanto mais atividades são planejadas de antemão e contidas em processos de informação, menos necessidade existe de um sistema de decisão em cada um dos níveis de trabalho, seja em sua formalização, seja em sua execução. (Ver também INFORMAÇÃO, TEORIA E TECNOLOGIA DA.) Além disso, o uso de máquinas de informação acarreta um aumento de novos símbolos, os quais não só são difíceis de aprender, mas também exigem um esforço especial a ser corretamente atribuído ao que eles convencionalmente designam. O problema reside no fato de que, de momento, possuímos apenas novos símbolos, mas não uma nova linguagem; esta poderia acontecer somente se, ao criar máquinas de informação, levássemos em consideração novos padrões de comportamento e novas culturas coletivas. Portanto, o trabalho pós-industrial, apesar de suas possibilidades tecnológicas, torna-se uma atividade de tipo binário, com reações a estímulos e regras de informação a pôr em prática, as quais já estão contidas no programa de informação. Em todos os níveis de poder, responsabilidade e integração do sistema de trabalho, gerentes, técnicos e empregados vêem-se ocupados com o controle de trabalho em que a tomada de decisões está cada vez menos em evidência.

(2) Abstração e solidão

A tecnologia de informação torna abstrata e "imaterial" a maioria das operações e gestos no trabalho. Assim, símbolos, números e linguagens de uma "natureza variada" tornam-se o fator mediador essencial entre trabalhadores, trabalho, conhecimento prévio e comunidade de trabalho. Assim, além de distinções de categoria e diferenças de salário, status da companhia ou carreira, o centro de gravidade está se transferindo para uma série de funções que exigem intensa atividade mental, a mediação cognitiva do trabalho e de seu contexto social e organizacional. Além disso, a imagem estereotipada de uma atividade inteligente, criativa e gratificante, por um lado, e de uma tarefa repetitiva e intelectualmente enfadonha, por outro, está dando lugar agora a uma visão que é o produto hídrido da revolução da informação: apesar do status ocupacional e das diferenças culturais, existe hoje em dia uma série de tarefas que são marcadas pelos mesmos padrões, que usam a mesma mediação simbólica e que criam o mesmo sentido de perda de identidade ao lidar com os processos inteligentes da máquina.

(3) A recomposição involuntária e paradoxal do trabalho

Não se trata apenas de os procedimentos relativos à máquina e ao trabalho exigirem certa soma de empenho mental, que pode variar com a complexidade das máquinas e os conhecimentos e experiência do operador, mas na sociedade pós-industrial um novo componente é adicionado: a "carga organizacional", ou seja, o componente que trata dos efeitos das variáveis que definem a organização das relações sociais e do trabalho no local de trabalho. No centro de um número cada vez maior de atividades na sociedade pós-industrial encontramos o processamento, a verificação e, por vezes, a análise dos dados simbólicos e da informação mediadora produzidos por sistemas baseados na informação. A linha fronteiriça entre ocupações e suas respectivas culturas fica enevoada, dando lugar a um grupo muito mais vasto de atividades em que o trabalho é executado em condições semelhantes, com processos da mesma espécie, conteúdo e inteligibilidade, e sobretudo em contextos organizacionais similares. Essa "recomposição do trabalho" acarreta, contudo, pelo menos uma conseqüência importante: as condições de trabalho e o peso da organização — uma vez que o seu lado "mecânico" e material desaparece — perdem-se de vista, enquanto que a abstração inerente às novas condições de trabalho muda o sentido psicológico que o indivíduo possui do próprio trabalho. Com as novas tecnologias da informação, o trabalho pode, de fato, recompor-se, mas o significado de cada atividade torna-se mais sombrio e inacessível para os indivíduos e para a organização.

(4) Pressão cognitiva e ritmos acelerantes

Ao contrário da crença geral, esse processo de abstração simbólica e mediação do trabalho não é uma "conseqüência inesperada", mas um elemento intrínseco da tecnologia da informação. A alteração da experiência, conteúdo e finalidade de uma ocupação ocorre independentemente do modo como o tipo pós-industrial de trabalho é concebido, planejado e apresentado. Talvez o exemplo mais espetacular seja a rapidez de acesso à informação e a velocidade de seu processamento, o que possibilita um considerável incremento no número de operações e leva a uma intensificação dos ritmos de trabalho.

(5) Modificações na vida social dos locais de trabalho

A sociedade pós-industrial introduziu profundas mudanças na vida social do local de trabalho, na medida em quc afeta a identidade de indivíduos e grupos. Uma das bases fundamentais da ideologia do trabalho poderia reduzir-se, portanto, a nada mais que um mito vazio: a comunidade, o grupo de trabalho, que era central e absolutamente necessária para o funcionamento eficiente da sociedade industrial, está sendo separada da base tecnológica em que todo local de trabalho assenta. A forma de organização coletiva herdada da sociedade industrial, baseada na necessidade de reunir gerência, máquinas e trabalhadores no mesmo espaço, estava agora basicamente comprometida pela possibilidade de automação. Que acontecerá no local de trabalho, portanto, se os empregados, por exemplo, não precisarem mais ou não tiverem a oportunidade de se misturar no lugar de trabalho, ou se não tiverem mais qualquer controle do significado mais profundo do trabalho individual e coletivo? Em tal contexto, os novos problemas transferiram-se dos mitos positivos ou negativos da automação e se concentraram em como planejar e gerir uma organização e um trabalho que se tornaram abstratos para todos os três níveis mais importantes: o individual-cognitivo, o social e o gerencial.

Se algumas das principais características das novas tecnologias que distinguem a sociedade pós-industrial são a sua penetração e adaptabilidade, então o trabalho de "escritório" torna-se a forma estrutural de trabalho predominante. A rápida mudança tecnológica do trabalho mediado pelo homem ou pela máquina para o trabalho mediado pelo computador leva a mudanças no modo como os trabalhadores se adaptam ao seu ambiente específico de trabalho. Em paralelo com essas mudanças tecnológicas, temos as transformações sociais e culturais, refletindo as mudanças de uma sociedade baseada na manufatura e produção de bens materiais para uma sociedade baseada em uma economia de serviços.

Nessas novas condições, o estudo da sociedade pós-industrial torna-se uma operação mais complexa e multidisciplinar do que no passado recente, resultando da pesquisa interdisciplinar, com contribuições provenientes de muitas disciplinas diferentes, incluindo engenharia, informática, psicologia e sociologia industrial, ergonomia, avaliação tecnológica, ciência da administração, ciência econômica, ciência dos sistemas, história social e econômica, ciência política e ainda outras, provavelmente. A tarefa consiste em administrar a arquitetura de complexidade que é o elemento mais importante e vulnerável de uma sociedade dominada pelo trabalho mediado por computador.

Leitura sugerida: Bell, D. 1974: *The Coming of Post-Industrial Society: a Venture in Social Forecasting* • Diani, Marco 1992: *The Immaterial Society: Design, Culture and Technology in the Postmodern World* • Kumar, K. 1976: "Industrialism and post-industrialism: reflections on a putative transition". *Sociological Review* 24.3, agosto, 439-78 o 1978: *Prophecy and Progress: the Sociology of Industrial and Post-industrial Society* • Lyotard, J.F. 1979: *La condition post-moderne* • Rose, Margaret A. 1991: *The Post-modern and the Post-industrial: a Critical Analysis.* • Touraine, Alain 1968 (*1971*): *The Post-Industrial Society.*

MARCO DIANI

sociobiologia Uma importante mudança de ênfase na biologia comportamental ocorreu em meados da década de 70. Essa mudança foi assinalada de modo sumamente óbvio pela publicação do livro de E.O. Wilson, *Sociobiology: The New Synthesis* (1975), o qual reuniu os *insights* derivados da ecologia e da biologia da população com os obtidos da ETOLOGIA e da psicologia comparada. Na década anterior os frutos de numerosos estudos de campo de animais tinham começado a apontar explicações coerentes para as formas como o comportamento social poderia estar relacionado com as condições ecológicas. Com o uso cada vez mais poderoso da teoria evolucionista de Charles Darwin, um grande volume de provas aparentemente sem qualquer relação entre si e até contraditórias adquiriu um sentido e o objeto de estudo pareceu excepcionalmente promissor.

O termo "sociobiologia" vem sendo usado desde o final da década de 40; com efeito, a atual Animal Behavior Society dos Estados Unidos resultou do desenvolvimento considerável registrado por uma seção da Ecological Society of America denominada "Animal Behavior and Sociobiology". Entretanto a mais importante influência no nascimento da moderna sociobiologia em 1975 foi provavelmente a publicação, uma década antes, de uma elegante teoria de W.D. Hamilton (1964). Esta explicava a evolução do comportamento altruísta e, de modo mais geral, a concessão de benefícios a outros parentes que não a sua própria prole, a um custo pessoal para o doador. Hamilton formalizou as condições em que um gene que era necessário para tal padrão de comportamento podia propagar-se, deixando de ser incomum para ser muito difundido. Quando as condições são satisfeitas, qualquer caráter que melhore as probabilidades de sobrevivência da família pode aumentar em freqüência porque os parentes são suscetíveis de conter os genes necessários à expressão desse caráter.

As idéias de Hamilton foram importantes porque repararam o que parecia ser um defeito na teoria evolucionista de Darwin. Este propôs um processo que envolvia alguns indivíduos sobrevivendo e procriando mais facilmente do que outros. Se os que sobreviveram e procriaram mais facilmente fossem portadores de uma certa versão do caráter, este seria mais fortemente representado em gerações futuras. A teoria da seleção familiar de Hamilton explicou como o desfecho do processo evolutivo competitivo é, com freqüência, a cooperação social. Na verdade, foi uma extensão do fato intuitivamente óbvio de que os animais muitas vezes correm riscos e fazem coisas que são ruins para a sua saúde na produção e nos cuidados com a prole.

Outra explicação evolucionista da cooperação, desenvolvida por sociobiólogos modernos, é que todos os participantes se beneficiam diretamente. Os indivíduos cooperativos não são necessariamente aparentados, mas cada um deles tem maiores probabilidades de sobreviver e de se reproduzir se trabalhar com outros. Em muitas espécies, os indivíduos limpam-se uns aos outros. A ajuda mútua pode ser oferecida na caça, de modo que todos obtenham mais para comer; por exemplo, os membros cooperativos de uma alcatéia dividem-se entre os que espantam as renas e as obrigam a correr espavoridas e os que se mantêm de tocaia para interceptá-las. Os pingüins imperadores amontoam-se em tropel para conservar o calor. O gado comprime-se entre si para reduzir a superfície exposta às mordidas de insetos. Robert Trivers (1971) apontou que, em animais altamente complexos, a ajuda pode ser retribuída em uma ocasião subseqüente. Com efeito, se um babuíno macho ajuda um outro a rechaçar os competidores por uma fêmea em certo dia, esse favor será retribuído em outra oportunidade. Ambos os machos se beneficiam do trabalho em colaboração.

A ênfase nas necessárias condições genéticas para a expressão do comportamento social, explícita na obra de Hamilton, deu origem à mais famosa parábola da biologia moderna, a saber, a do gene egoísta. Na obra de Richard Dawkins (1976), a evolução foi pensada em termos de genes com intenções de conseguir o melhor para si mesmos. Sem dúvida, esse modo de abordar a evolução ajudou um grande número de pessoas a entender a complexa dinâmica desse processo.

A ênfase genética também está subentendida em muitas das outras propostas clássicas que foram feitas pelos que passaram a ser conhecidos como sociobiólogos. Robert Trivers (1972) propôs que, em espécies que se reproduzem sexualmente, a composição genética de um filhote não é idêntica à de nenhum de seus pais, os quais também são geneticamente diferentes um do outro. Nessa base, não se esperaria que os filhotes harmonizassem seu comportamento com o de seus pais, uma vez que os filhotes só colhem benefícios da continuada e solícita assistência parental, ao passo que os pais podem estar em posição de maximizar seu êxito reprodutivo poupando esforços para atender aos filhos subseqüentes. Por essa razão, os pais poderiam começar a retirar sua assistência a um filho em uma época em que este ainda se beneficiaria de tais cuidados. As modernas provas empíricas obtidas com mamíferos indicam que os conflitos comportamentais em torno do desmame são menos pronunciados do que seria de esperar com base na teoria dos interesses conflitantes. Isso se explicaria por que é crucial para o seu próprio desenvolvimento que os filhos acompanhem cuidadosamente o estado de quem zela por eles.

Trivers (1974) desenvolveu argumentos análogos aos usados em sua teoria do conflito pais-filhos para explicar as diferenças de sexo no comportamento parental. Poder-se-ia esperar que o pai e a mãe empregassem métodos diferentes para maximizar seu sucesso reprodutivo, de modo que, enquanto um ainda estava dispensando intensos cuidados à sua prole, o outro buscaria oportunidades de se acasalar de novo. Uma vez mais, foi apresentada a idéia explícita de uma permuta entre exigências conflitantes de cuidar dos filhos existentes e de produzir mais, sendo diferente para os dois sexos a conduta tida como ótima. Mesmo com base nesse argumento, contudo, pode-se estabelecer um equilíbrio entre egoísmo esclarecido e egoísmo nu e cru. Em muitas espécies de pássaros, nas quais ambos os sexos cuidam normalmente dos seus filhotes e um dos pais morre ou desaparece, o pai remanescente aumenta o tempo e a energia que devota para dar assistência aos filhotes. Isso sugere que cada pássaro estabelece um equilíbrio ótimo que maximiza o seu próprio sucesso reprodutivo. A cooperação observada quando ambos os pais estão presentes é mais bem explicada, em termos sociobiológicos, como egoísmo esclarecido.

Os argumentos da otimização desempenharam um papel central em muitos outros desenvolvimentos da sociobiologia. Um deles foi a introdução da teoria dos jogos para explicar, por exemplo, a mistura aparentemente incompatível de comportamento agressivo, de falcão, e comportamento dócil, de pombo. Os modelos simples mostraram ser possível formar combinações estáveis de estratégias evolutivas estáveis. Se um tipo de comportamento se tornou mais freqüente que o ótimo por acaso, o outro tipo estaria em vantagem e, no decorrer da evolução ulterior, retornaria à sua anterior proporção no ótimo. John Maynard Smith foi a mais destacada figura nesses desenvolvimentos teóricos. Esses modelos formularam pressupostos simplificadores muito substanciais, tais como a reprodução assexuada e distintos repertórios comportamentais ou/ou, mas ajudaram a esclarecer o pensamento sobre os modos como o comportamento poderia ter evoluído.

A busca de soluções ótimas para a atividade forrageira tem sido uma das principais preocupações da ECOLOGIA comportamental, assunto que passou a estar intimamente associado à sociobiologia. Por exemplo, que deve fazer um animal depois de ter comido regularmente em um lugar, quando o alimento nessa área começa a se esgotar? Em que ponto o provável benefício de sair em busca de uma área muito mais abastecida supera o benefício em constante declínio de permanecer onde se está? A natureza bem-focalizada do problema acarretou uma abundância de modelos matemáticos. Os modelos tinham a grande virtude de proporcionar expectativas precisas a respeito do que os animais fariam. Esses modelos podiam então ser testados em cotejo com o que os animais fazem na prática. Realizar um bom trabalho em termos de planejamento técnico depende de o animal ter acesso a informações apropriadas acerca do seu meio ambiente, da sua capacidade de realizar os cálculos e do tempo disponível para executar os cálculos necessários. Os modelos também pressupõem, é claro, que a função biológica do comportamento seja conhecida.

É perfeitamente possível que modelos de caráter muito diferente gerem o mesmo resultado. Assim, embora os cientistas possam pensar que especificaram os requisitos para um projeto correto, o comportamento do animal pode muito bem estar adaptado para uma atividade muito diferente. O modelo menos plausível em termos biológicos pode ser o mais adequado em termos matemáticos. A longo prazo, não haverá realmente nenhum substituto para uma boa intuição biológica e os teóricos terão que trabalhar de mãos dadas com pessoas que são boas observadoras de animais.

O comportamento sexual, como sempre, continua sendo um assunto de absorvente interesse. Que é que os animais procuram quando escolhem parceiros para se acasalarem? Que é que a escolha de parceiros tem a ver com a dinâmica da evolução? Por que ter sexos, de qualquer modo? Eis algumas interrogações evolutivas que continuam excitando e provocando as pessoas, sendo muito provável que assim prossigam no próximo século. Faltam usualmente provas diretas para o comportamento fornecidas pela história, pelo que os biólogos começam tipicamente com tentativas de distinguir entre hipóteses acerca do uso corrente. Se uma resposta será ou não um substituto para a história é um ponto discutível, uma vez que um sistema comportamental adaptado a algum outro uso poderia ser cooptado para a sua atual função. Não obstante, as deduções acerca do uso corrente fornecem um modo indireto de extrair conclusões acerca do papel modelador dos processos evolutivos darwinianos sobre o comportamento no passado. Outra abordagem indireta foi usar o conhecimento comparativo de muitas espécies diferentes e de seus habitats para analisar a forma como diferentes caracteres evoluíram, a ordem em que surgiram e o significado funcional da mudança evolutiva.

No livro que deu à moderna sociobiologia o seu nome e o seu caráter, E.O. Wilson tentou incorporar um vasto campo de pesquisas em biologia comportamental sob uma única bandeira. As imaginações foram empolgadas pela revitalização da grande teoria evolucionista de Darwin e pelo modo como os estudos do comportamento tinham sido conjugados, de forma atraente, com a biologia da população. Mesmo assim, o novo objeto de estudo nasceu em ambiente de controvérsia, em parte porque o estudo do desenvolvimento e da integração do comportamento, que tinha sido de interesse central para a etologia e a psicologia comparada, era considerado irrelevante ou destituído de interesse para a nova abordagem. As opiniões estavam polarizadas, sobretudo, pela tentativa de injetar uma determinada classe de biologia nas ciências sociais e na filosofia moral. As lacerações resultantes do conflito acadêmico e político que se seguiu levaram muito tempo para sarar e, durante anos, "Sociobiologia!" foi um grito de guerra ou um termo de desaforo. As reivindicações foram gradualmente moderadas e as disputas esmoreceram. Quando isso aconteceu, a agenda da sociobiologia fundiu-se com a ecologia comportamental e pouco difere hoje dos objetos de estudo que se presumia terem sido por ela deslocados.

Leitura sugerida: Dawkins, R. 1976: *The Selfish Gene* • Hamilton, W.D. 1964: "The genetical evolution of social behaviour" I, II. *Journal of Theoretical Biology* 7, 1-52 • Trivers, B.L. 1971: "The evolution of reciprocal altruism". *Quarterly Review of Biology* 46, 35-57 ○ 1972: "Parental investment and sexual selection". In *Sexual Selection and the Descent of Man, 1871-1971*, org. por B.G. Campbell ○ 1974: "Parent-offspring conflict". *American Zoologist* 14, 249-64 ○ 1985: *Social Evolution* • Wilson, E.O. 1975: *Sociobiology: the New Synthesis*.

PATRICK BATESON

sociolingüística Como o seu nome dá a entender, refere-se às áreas de estudo que ligam a linguagem à sociedade. Como interface entre esses dois enormes campos de investigação, com interesses teóricos e metodológicos oriundos de uma vasta gama de disciplinas, incluindo a lingüística, a sociologia e a antropologia, a sociolingüística ainda não pode ser definida de qualquer modo estritamente teórico. Tampouco existe muita concordância quanto às várias linhas de demarcação entre diferentes expoentes das teorias e metodologias sociolingüísticas. A incerteza a respeito de sua natureza precisa e a discordância acerca do seu status teórico não diminuíram, porém, a sua popularidade como objeto de estudo acadêmico. Publicações que se referem diretamente ou em seus subtítulos à "sociolingüística" têm sido abundantes nas duas últimas décadas, com substanciais diferenças de conteúdo, segundo o ponto de vista adotado pelo autor quanto à natureza da disciplina. As referências que apresentaremos a seguir são apenas pequenas seleções da extensa gama de compêndios e monografias introdutórios (cf. Hymes, 1974; Trudgill, 1974; Dittmar, 1976; Hudson, 1980; Downes, 1984; Fasold, 1984 e 1990), coletâneas de ensaios (cf. Giglioli, 1972; Pride e Holmes, 1972; Gumperz e Hymes, 1972), estudos sociolingüísticos de determinadas comunidades lingüísticas (cf. Labov, 1970; Trudgill, 1978) e/ou das variações dentro de uma linguagem "clássica" (para a sociolingüística do alemão, ver, por exemplo, Barbour e Stevenson, 1990; Clyne, 1984).

Alguns autores traçam uma linha divisória entre "duas grandes subdivisões no campo" da sociolingüística, reservando uma para a LINGÜÍSTICA e a outra para a sociologia. Nesse contexto, a primeira das subdivisões "começa com a linguagem, considerando que forças sociais a influenciam e contribuem para a sua compreensão", enquanto que a segunda "adota a sociedade como o ponto de partida básico e a linguagem como um problema e recurso social" (Fasold, 1984, Introdução). Semelhante divisão reflete o que outros autores veriam como uma separação entre a sociolingüística propriamente dita, com objetivos predominantemente lingüísticos, e uma "sociologia da linguagem" (Fishman, 1968), com objetivos amplamente sociológicos. A primeira compreenderia centralmente a obra de (e no estilo de) uma das figuras-chaves no desenvolvimento da sociolingüística, William Labov, que demonstrou como a variação no sistema lingüístico em uma determinada comunidade de fala está funcionalmente relacionada com a ESTRATIFICAÇÃO SOCIAL desse mesmo grupo. O isolamento de variáveis "sociolingüísticas" como, por exemplo, a estratificação de classe do (r) final ou pré-consonantal na fala dos adultos naturais de Nova York (cf. Labov, 1966 ou 1970), o que é visto como prestigioso nessa comunidade, permite predições, formuladas como regras variáveis, acerca da provável ocorrência dessa forma de acordo com a atenção que os locutores prestam à sua fala. Existe, pois, diferenciação social e estilística: quanto mais atenção um locutor presta à fala (como, por exemplo, na leitura de listas de palavras em vez da fala espontânea), mais provável é a ocorrência da variável de prestígio. Labov infere disso uma interdependência de "variedades funcionais" da fala e "níveis culturais" como a percepção da norma (Labov, 1970, p.190). Ele também admite como prova de uma mudança consciente em curso a existência de variações de estilo entre formas mais ou menos prestigiosas e as concomitantes "hipercorreções" dos locutores de classe inferior ao tentarem ajustar-se à forma mais prestigiosa (Aitchison, 1981, cap.4). Esse exemplo deixa claro por que até mesmo no nível mais microlingüístico da sociolingüística se deve apagar a separação dos interesses macrolingüísticos de uma "sociologia da linguagem", dado que esta última envolve crucialmente as atitudes do locutor em relação às variedades de linguagem e como isso influencia a escolha da linguagem, sua perda ou manutenção, e seu planejamento, embora neste último caso a ênfase resida mais em um nível social. Além de classe e região, outras importantes variáveis sociolingüísticas incluem gênero, raça e idade, com os investigadores apontando, com freqüência, controvérsias na interpretação da correlação entre a categoria lingüística e a sociológica (para excelentes discussões disso a respeito de gênero, ver Cameron, 1985; Coates, 1986).

Óbvias preocupações sociolingüísticas em nível macro incluem, entre outras: (1) a categorização de sociedades ou nações como bilíngües ou multilíngües, de acordo com o número de diferentes línguas faladas dentro de suas fronteiras, independentemente do reconhecimento oficial dessas línguas como idiomas nacionais; (2) o papel político e social de línguas minoritárias; (3) o estudo da "diglossia", que se refere à estrita diferenciação funcional de variedades lingüísticas dentro de uma comunidade de fala de acordo com uma alta (A) ou baixa (B) variedade que usualmente corresponde a domínios públicos (A) e privados (B); exemplos famosos incluem a diglossia entre o árabe clássico e o vernáculo, entre o alemão corrente e o alemão da Suíça, mas também a mudança entre o espanhol (A) e o guarani (B) no Paraguai (ver Ferguson, 1959; Fishman, 1967; para um resumo, Fasold, 1984, cap.2); (4) a definição e o estudo de "línguas francas" (*pidgins*) e "crioulas" (Fasold, 1990, cap.7; Barbour e Stevenson, 1990, cap.7).

A análise e a descrição da situação sociolingüística em determinada comunidade, sociedade ou nação, no tocante à sua fala, dependem do modo como são definidas certas categorias cruciais. Por exemplo, há discordância sobre se a variedade comum de uma língua conta como um dialeto no mesmo nível de outras variedades sociais e regionais igualmente sistemáticas e governadas por regras, e sobre se uma simples divisão em língua clássica e dialeto é suficiente para cobrir os muitos e diferentes níveis de variação regional e social em diferentes países (ver Trudgill, 1974; Barbour e Stevenson, 1990, cap.5). A definição de uma "língua" como a entidade abrangente que contém dialetos mutuamente compreensíveis também é problemática se considerarmos a compreensibilidade mútua entre locutores de "diferentes línguas" como o norueguês e o dinamarquês, ou os locutores de dialetos locais na fronteira holandesa/alemã (Trudgill, 1974), em contraste com a ausência de tal compreensibilidade entre os locutores dos numerosos dialetos alemães. As controvérsias também cercam as generalizações de Labov na base da abstração empiricamente inidônea de uma "comunidade de fala" (Romaine, 1982).

Além dessas preocupações com a definição de seu próprio objeto de estudo, a sociolingüística está centralmente interessada na metodologia. Em contraste com o trabalho em lingüística, o qual aceita a intuição do locutor ou pesquisador, e freqüentemente confia nela, sobre questões de gramaticalidade de determinada forma ou frase, a sociolingüística baseia-se firmemente no comportamento da fala concreta, de preferência espontânea. Grande parte da metodologia sociolingüística interessa-se, pois, em superar dificuldades na obtenção de tais dados. Isso não é verdadeiro apenas para o trabalho relacionado com variáveis sociolingüísticas, como a famosa evocação de Labov dos (r)s nas lojas de departamentos de Nova York, quando fez os balconistas incluírem "*fourth floor*" (quarto andar) em suas respostas. É também aplicável ao trabalho substancial sobre atitudes lingüísticas, quando já não se considera suficiente perguntar às pessoas se gostam ou não de determinado dialeto, sotaque ou variante de fala, mas cumpre descobrir tais preferências através de métodos indiretos, como as diferentes variações de "formas combinadas". Notem-se, por exemplo, os engenhosos métodos que Giles e Bourhis empregaram para descrever atitudes de ingleses com sotaque de Birmingham e, num outro estudo, com sotaque galês, em contraste com a pronúncia recebida (PR), medindo como os ouvintes responderam a comentários e pedidos feitos em diferentes sotaques (Giles e Bourhis, 1976; Bourhis e Giles, 1976; excelente resumo em Fasold, 1984, cap.6).

À luz das amplas áreas de interesse na inter-relação de linguagem e sociedade, assim como da gama de métodos empregados, alguns autores preferem ver a sociolingüística tal como é definida *post hoc* pelos tópicos e áreas de investigação abordados por lingüistas, antropólogos, sociólogos e psicólogos sociais nas várias interseções entre linguagem e sociedade (Fasold, 1990, Introdução). Isso priva a sociolingüística, de momento, de uma rigorosa teoria própria, mas tem a vantagem de não restringir a gama de linhas fecundas de investigação a um certo conjunto de métodos. Não impede que Hymes descreva a sua concepção da sociolingüística como "uma tentativa de repensar as categorias e pressupostos percebidos em relação às bases do trabalho lingüístico e ao lugar da linguagem na vida humana" (Hymes, 1974, p.vii), mas ela poderia ser vista, em vez disso, como um degrau para se chegar a essa teoria. Uma abordagem alternativa com vistas a uma teoria unificada do lugar da linguagem na vida social e no processo social, teoria essa que não poderia continuar sendo parte de um sub-ramo "hifenizado" da lingüística, com sua ênfase no comportamento regido por leis, ou de um subconjunto da sociologia, pode ser encontrada na obra de Halliday sobre gramática sistêmica (Halliday, 1978, 1985, 1987), embutida em uma semiótica social geral.

Ver também DISCURSO.

Leitura sugerida: Barbour, S. e Stevenson, P. 1990: *Variation in German* • Fasold, R. 1984: *The Sociolinguistics of Society* o 1990: *The Sociolinguistics of Language* • Giglioli, P.P., org. 1972: *Language and Social Context* • Pride, J.B. e Holmes, J., orgs. 1972: *Sociolinguistics* • Trudgill, P. 1974: *Sociolinguistics*.

ULRIKE MEINHOF

sociologia Uma retardatária entre as ciências sociais acadêmicas, a sociologia, não obstante, teve suas origens no século XVIII, nas filosofias da história, nas primeiras pesquisas sociais e nas idéias gerais do Iluminismo. Em suas fases iniciais e mormente nos escritos de Auguste

Comte, que foi quem deu nome à nova ciência, a sociologia tinha uma orientação geralmente evolucionista e positivista. Essas características persistiram durante a maior parte do século XIX nas obras de Herbert Spencer e, de modo muito diferente, nas de Karl Marx, ligando a disciplina de várias maneiras à teoria darwiniana (ver DARWINISMO SOCIAL), às teorias do progresso e aos projetos de reforma ou revolução social. No final do século, contudo, a sociologia assumiu uma forma diferente e lentamente se estabeleceu como disciplina acadêmica, através das obras de dois importantes pensadores, Max Weber e Émile Durkheim, que podem ser considerados, em conjunto com Marx, cuja obra deu origem a uma característica sociologia marxista (ver MARXISMO), os fundadores da disciplina em sua concepção moderna. Embora fossem profundamente diferentes em suas idéias e abordagens, esses pensadores tinham em comum uma nova e mais precisa concepção da "sociedade" como objeto de estudo a ser claramente distinguido do domínio do estado e do político, de uma vaga história universal da humanidade e das histórias particulares de "povos", "estados" ou "civilizações"; e dispuseram-se a definir e demonstrar os princípios e métodos dessa nova "ciência da sociedade". Também concentraram primordialmente suas atenções nos problemas específicos da estrutura e desenvolvimento do moderno capitalismo ocidental, respondendo às profundas mudanças na vida social que ele provocou, ao crescimento do movimento da classe operária e à propagação das idéias socialistas. A análise de Marx da economia capitalista e da estrutura de classes teve uma influência profunda em Durkheim e Weber, especialmente no último, cujos conceitos e interpretações foram elaborados, em grande medida, em oposição crítica ao marxismo (Löwith, 1932). De modo mais geral, uma considerável parte do pensamento sociológico europeu nas primeiras décadas do século XX veio a se centrar em um confronto entre a teoria marxista e todas as outras.

Ao mesmo tempo, porém, a sociologia também tinha acentuadas características nacionais e regionais. Em primeiro lugar, estava largamente confinada à Europa Ocidental e à América do Norte, isto é, às regiões onde o capitalismo industrial se desenvolvera com maior rapidez; mas, dentro dessas regiões, adquiriu características diferentes em determinados países. Nos Estados Unidos, alguns dos primeiros sociólogos, especialmente W.G. Sumner, foram fortemente influenciados pelas idéias de Spencer sobre individualismo, *laissez-faire* e sobrevivência dos mais aptos (Hofstadter, 1955), mas um ponto de vista oposto e uma reorientação do pensamento social saíram a lume na virada do século (White, 1957): sociólogos como Lester F. Ward, E.A. Ross, Albion Small e Thorstein Veblen, influenciados em certa medida por idéias marxistas, reafirmaram a associação da disciplina com os movimentos de reforma social e advogaram um aumento da intervenção do estado, perspectiva que era especialmente evidente no trabalho do Departamento de Sociologia da Universidade de Chicago, criado por Small, o qual dominou a sociologia norte-americana durante duas décadas, até meados dos anos 30 (ver ESCOLA SOCIOLÓGICA DE CHICAGO). Na Grã-Bretanha, a teoria evolucionista de Spencer foi remodelada por L.T. Hobhouse em um esquema de pensamento mais coletivista e orientado para a reforma, associado a uma teoria do progresso (Collini, 1979), a qual continuou a dominar a matéria até depois da Segunda Guerra Mundial, em grande parte através da obra de Morris Ginsberg. A sociologia, contudo, ocupava um lugar muito secundário nas universidades britânicas, embora a influência do marxismo como teoria econômica ou sociológica também fosse mínima, e apenas na segunda metade do século é que a disciplina ficou firmemente estabelecida, em formas que foram muito influenciadas por idéias americanas e européias.

A situação em alguns países do continente europeu era bem diferente. Na Alemanha e na Áustria, a teoria social marxista, que no começo se desenvolveu principalmente à margem das universidades, reteve um lugar importante desde o começo do século até os primeiros anos da década de 30 e exerceu grande influência na obra de outros sociólogos. Os principais temas da sociologia de Weber — as origens do capitalismo moderno, os problemas de interpretação histórica, economia e sociedade, classe e status, poder político — foram todos decorrência direta do seu encontro com o pensamento marxista. Mas durante a sua reflexão sobre o marxismo, e influenciado por debates mais amplos sobre a natureza da análise e explicação social, Weber também suscitou questões mais gerais a respeito da explicação histórica, dos problemas da objetividade em relação a orientações de valor e do papel da explicação causal, em contraste com o entendimento interpretativo, em sociologia e outras ciências sociais (Outhwaite, 1975). Não só os escritos metodológicos de Weber, mas também a sua crítica do marxismo e, sobretudo, a sua conceitualização do desenvolvimento da sociedade moderna como um processo de racionalização do mundo (Brubaker, 1984) tiveram profunda influência na sociologia subseqüente. Raymond Aron e C. Wright Mills adotaram, embora no contexto de diferentes orientações políticas, a distinção de Weber entre estrutura de classe e sistema de poder político, e Aron, em particular, elaborou um esquema de pensamento em que o papel das elites (ver ELITES, TEORIA DAS) foi analisado em relação à estratificação social e empreendeu comparações entre a pluralidade de elites nas sociedades ocidentais e a elite unificada na União Soviética (Aron, 1950). De modo geral, ele desenvolveu uma sociologia histórica que devia muito a Weber, em sua concepção do surgimento da sociedade industrial moderna como fenômeno ímpar, inicialmente ocidental, que marcou uma ruptura radical na evolução das sociedades humanas (Aron, 1966 [*1967*]). Mais recentemente o tema central de Weber, a racionalização, foi reexaminado em termos críticos por Habermas (1981) em um estudo abrangente de diferentes abordagens teóricas do assunto, que ele concluiu distinguindo dois tipos principais de sociedade racionalizada no mundo atual: o capitalismo organizado e o socialismo burocrático.

Na França, a sociologia de Durkheim foi também desenvolvida, em parte, em oposição à teoria marxista, na sua descrição da divisão do trabalho e das relações de classe (1893), em suas aulas sobre o socialismo (1928) e na rejeição do materialismo histórico em seu estudo das causas e funções sociais da religião (1912), mas recebeu igualmente grande influência das concepções positivistas e neokantianas de ciência e de sua visão crítica da filosofia evolucionista de Comte. Mas Durkheim, tal como Weber, também ventilou questões mais amplas acerca do âmbito e do alcance da teoria sociológica (Lukes, 1973; Nisbet, 1974), expostas de forma sumamente sistemática no seu livro sobre o método sociológico (1895), em que traçou um esquema de análise causal e funcional e procedeu à importante distinção, com notável acuidade, entre explicação sociológica e explicação psicológica. As suas concepções sociológicas foram amplamente difundidas na França no período entre as duas guerras mundiais através da revista por ele fundada, *L'Année Sociologique*, em torno da qual se criou uma ESCOLA SOCIOLÓGICA DE DURKHEIM; essas concepções também se tornaram influentes em outros países, mormente na antropologia social britânica e, de forma diferente, na sociologia norte-americana, como fator importante no desenvolvimento da escola funcionalista, a qual adotou como principal objetivo da sociologia a análise das formas como instituições e grupos diferenciados contribuem para a integração e a persistência de toda uma sociedade (ver FUNCIONALISMO).

Outras contribuições européias de grande influência foram feitas por Vilfredo Pareto (1916-19) e Gaetano Mosca (1896), sobretudo em suas teorias das elites, desenvolvidas em oposição à teoria marxista das classes, as quais deram origem a continuadas controvérsias sobre elites e democracia e a relação entre elites e classes (Bottomore, 1964). A obra de Pareto também teve uma influência mais geral através da distinção por ele traçada entre ação "lógica" e "não-lógica" (tratando de algumas das mesmas questões abordadas por Weber em sua análise dos tipos de ação social) e da sua tese de que a maior parte da ação humana é decididamente não-lógica, resultado de impulsos e sentimentos a que chamou "resíduos", freqüentemente camuflados em doutrinas e sistemas teóricos denominados "derivações" (ver IDEOLOGIA; SOCIOLOGIA DO CONHECIMENTO). Também na Rússia, nos primeiros tempos, houve interesse pela sociologia e, depois da Revolução, Bukharin (1921) expôs um "sistema de sociologia" marxista, mas a subida de Stalin ao poder pôs fim a tais desenvolvimentos e a sociologia foi substituída por uma doutrina oficial de materialismo histórico, apresentada em sua maior parte na forma de uma rudimentar teoria evolucionista isolada de qualquer espécie de reflexão crítica ou comprovação empírica.

Na década de 30 a sociologia estava consolidada sob diversas formas em muitos dos principais países industriais. Nos Estados Unidos, onde a disciplina era mais amplamente ensinada nas universidades, ela tinha um caráter predominantemente empírico e orientado para a reforma, exemplificado na obra da ESCOLA SOCIOLÓGICA DE CHICAGO, mas recebeu uma crescente influência das teorias européias, as quais forneceram o ponto de partida para a importante obra teórica de Talcott Parsons (1937), embora a teoria da ação social por ele exposta viesse a ter sua maior influência depois da guerra. Na Alemanha e na Áustria, a sociologia foi fortemente influenciada por Weber, mas também pela obra de Georg Simmel (1908), cuja concepção da disciplina como uma nova abordagem que envolvia a análise da sociação ou interação como "formas" distintas do conteúdo histórico foi elaborada por Leopold von Wiese (1933) em uma "sociologia sistemática" geral, e ainda por uma sociologia marxista formulada em termos sumamente rigorosos no AUSTROMARXISMO. Mas esse variado e vigoroso desenvolvimento foi sufocado depois de 1933 pelo regime nacional-socialista. Na França, a disciplina era dominada por concepções durkheimianas, embora estas fossem desafiadas por críticos marxistas e alguns seguidores de Durkheim — Halbwachs (1938) em seus estudos de classes sociais e Simiand (1932) em sua sociologia econômica — se aproximassem mais da sociologia marxista ao enfatizar a importância primordial dos fenômenos econômicos.

Só depois da Segunda Guerra Mundial, porém, e sobretudo na década de 60, teve lugar uma rápida expansão da sociologia e a matéria se estabeleceu como importante ciência social acadêmica, pela primeira vez em escala verdadeiramente internacional. Inicialmente, a influência da sociologia americana, por causa da escala da disciplina nos Estados Unidos, do nível de desenvolvimento da investigação empírica e da disponibilidade de verbas para pesquisa, foi de suprema importância na revitalização da sociologia na Europa Ocidental e na sua propagação a outras regiões do mundo, e isso se manifestou em duas direções diferentes: no rápido crescimento de pesquisas empíricas mais sofisticadas, e também comparativas e transnacionais, e no impacto da teoria da ação de Parsons sobre o pensamento sociológico, tanto maior na medida em que Parsons se apoiava extensamente na construção de sua própria teoria, em concepções anteriores, na obra de Pareto, Durkheim e Weber. Essa teoria, em sua versão original, levantou, entre outras questões, e tentou resolver a antiga controvérsia em torno da relação entre a ação individual, ou mediação humana, e a estrutura social abrangente, conforme tinha sido postulada por Simmel e Weber; mas na obra ulterior de Parsons a ênfase passou a incidir sobre a análise da estrutura social, ou do "sistema social" (1951), e dos processos de evolução social (1966), e a sua teoria madura foi considerada por alguns críticos como claramente pertencente à categoria de uma sociologia (determinística) de sistemas sociais, oposta a uma sociologia da ação social que destacaria a construção do mundo social por seus membros como seres ativos, decididos e criativos (Dawe, 1978).

Durante duas décadas, contudo, a teoria dos sistemas de Parsons (também conhecida como estrutural-funcionalismo), modificada de várias maneiras por R.K. Merton (1949), forneceu em certa medida, e mais particularmente na sociologia americana, um paradigma dominante para a teoria sociológica. Mas foi sempre contestada a partir de outras perspectivas, não só pelos que atribuíram maior importância à mediação humana, mas também por sociólogos de mentalidade mais histórica, marxistas ou weberianos, por muitos que continuaram trabalhando em um quadro de referência positivista-empirista e por pensadores radicais que criticavam o que entendiam como o conservadorismo político implícito nesse paradigma.

O declínio do paradigma funcionalista começou na década de 60, quando ocorreu uma grande transformação da sociologia. Conflitos internacionais, em especial a Guerra do Vietnã, o aparecimento de novos movimentos sociais, o crescimento da dissidência e da oposição nos países ocidentais e na Europa Oriental, a ampliação da distância entre nações ricas e pobres, tudo isso provocou uma reorientação radical do pensamento social. Mudança e conflito social, em vez de integração e regulação da vida social mediante normas compartilhadas ou um suposto "sistema de valores comuns", passaram agora a ser questões centrais para análise. Como Weber tinha escrito em seu ensaio sobre a objetividade (1904): "Chega um tempo em que a atmosfera muda (...) A luz dos grandes problemas culturais seguiu em frente. Também a ciência se prepara, então, para mudar o seu ponto de vista e o seu aparelhamento conceitual." A sociologia floresceu nesse novo clima intelectual, enquanto a influência do pensamento marxista ocidental (ver MARXISMO OCIDENTAL) aumentava rapidamente, chegando a se alastrar de modo significativo na Europa Oriental à medida que a ortodoxia stalinista se desintegrava.

Essa reorientação e essa expansão da disciplina foram acompanhadas da crescente especialização e da proliferação de áreas novas ou redefinidas de pesquisa — por exemplo, no contexto social do crescimento econômico, novas formas de imperialismo, o papel da força na vida social, gênero, grupos étnicos e movimentos sociais —, muitas das quais colocaram a sociologia em uma relação mais estreita com outras ciências sociais, especialmente a ciência econômica, a antropologia e a ciência política. Ao mesmo tempo, porém, a multiplicidade de paradigmas também tendia a aumentar, e a divisão da disciplina em escolas concorrentes de pensamento, que sempre existiu, tornou-se mais pronunciada. O pensamento marxista, que se poderia ter presumido ser capaz, durante o período de sua maior influência, de promover certo grau de unificação teórica, tornou-se ele próprio mais diferenciado em conseqüência de múltiplas reinterpretações e reconstruções das idéias de Marx, sendo as posições extremas representadas pelo marxismo estruturalista de Louis Althusser (ver ESTRUTURALISMO) e pela teoria crítica da ESCOLA DE FRANKFURT.

Existem, é claro, controvérsias que resistem ao tempo em todas as ciências sociais acerca de abordagens teóricas fundamentais, mas na sociologia, que pretendia e, com maior ou menor convicção, ainda pretende formular os princípios de uma ciência social geral, elas sempre foram excepcionalmente agudas e nitidamente expressas. Estão envolvidas três questões principais. A primeira diz respeito à relativa importância na vida social da estrutura social — padrões estabelecidos de comportamento, instituições formais — e das ações conscientes, intencionais, de indivíduos ou grupos de indivíduos: se, e em que medida, a sociedade deve ser concebida como resultante dessas ações ou se, pelo contrário, as intenções e possibilidades de ação de indivíduos e grupos devem ser vistas como produto da sociedade. O problema tem sido apresentado e debatido desde as origens da disciplina até o momento presente: por Marx (1852), em sua observação de que "os seres humanos fazem a sua própria história, mas não a fazem simplesmente a seu bel-prazer"; por Simmel (1908), em sua formulação de "duas caracterizações logicamente contraditórias" do ser humano como "produto e conteúdo da sociedade" e como "ser autônomo"; por Berger e Luckmann (1966) em seu enunciado de três aspectos fundamentais da vida social ("A Sociedade é um produto humano. A Sociedade é uma realidade objetiva. O Homem é um produto social"); e por muitos sociólogos recentes que estão comprometidos com o determinismo social em versões estruturalistas ou outras, ou, pelo contrário, com concepções de ação individual (em especial, ação racional; ver ESCOLHA RACIONAL, TEORIA DA) e com a interpretação da interação entre indivíduos na vida cotidiana (Wolff, 1978; ver também FENOMENOLOGIA), ou que tentam transcender essa oposição através de concepções como "desestruturação" e "reestruturação (Gurvitch, 1958; ver ESTRUTURAÇÃO), ou a "autoprodução da sociedade" (Touraine, 1973).

Uma segunda e importante questão é a que se refere à relação entre estrutura social e mudança histórica. A espécie de estruturalismo introduzido na antropologia social por Lévi-Strauss (1958) e depois difundido em sociologia, em parte em uma versão marxista, era geralmente não-histórico e, com freqüência, rejeitou completamente a possibilidade ou importância da explicação histórica, entrando assim em conflito com as teorias sociológicas da mudança e desenvolvimento social, quer fossem weberianas, marxistas ou evolucionistas. No caso da teoria marxista, o problema talvez pudesse ser resolvido invocando-se a idéia de "contradições estruturais" (Godelier, 1966), mas a tendência geral do pensamento estruturalista era questionar o valor das explicações históricas e considerá-las construções ideológicas mais ou menos arbitrárias. Goldmann (1970), contudo, descreveu em linhas gerais um "estruturalismo genético" e sustentou que, desse ponto de vista, as estruturas que constituem o comportamento humano não são "fatos universalmente dados", mas "fenômenos resultantes de uma gênese passada" cuja transformação prenuncia "uma evolução futura" (ver também Piaget, 1968).

A terceira questão importante, que coincide em parte com as outras duas, diz respeito à natureza geral da explicação sociológica e, em particular, à noção de CAUSALIDADE na vida social. Existe, nesse caso, uma clara divisão entre os adeptos da explicação causal, em formas positivistas ou realistas (ver POSITIVISMO; REALISMO), os comprometidos com uma explicação em termos de estados finais (funcionalismo) e os que, distinguindo com nitidez entre ciências naturais e ciências sociais, rejeitam a idéia de uma explicação causal dos processos sociais em favor de interpretações do significado da ação humana (ver HERMENÊUTICA). Todos os principais sociólogos têm se debruçado sobre essa questão: Marx, em cuja obra alguns discerniram um "positivismo latente" (Wellmer, 1969), outros um método realista ou dialético (ver DIALÉTICA) ou fenomenológico; Weber, cuja visão complexa da natureza da sociologia justapôs a explicação causal e a compreensão do significado, sendo ambas necessárias para o pleno entendimento da vida social; e Durskheim, que defendeu a explicação causal e a funcional, embora a última predominasse em seus estudos.

Apesar desses problemas e discordâncias fundamentais, a sociologia tem tido uma influência profunda no pensamento social moderno; com efeito, em parte por causa dessa preocupação com a natureza e os primeiros princípios de uma ciência social, ela tornou-se um ponto focal para debates que, se não resolveram os problemas, elucidaram indubitavelmente, de muitas maneiras, as dificuldades específicas da generalização e explicação no domínio dos eventos e processos sociais (Outhwaite, 1987). Mas o pensamento sociológico também tem sido influente em outros aspectos ao incutir em disciplinas mais especializadas uma percepção do contexto social mais amplo. Muitos dos estudos sociológicos mais interessantes foram realizados em conjunto com outras disciplinas, por exemplo, na sociologia econômica, em que uma antiga tradição de economia política foi revivida e investigações como as de Weber (1921) e Schumpeter (1942) foram reavaliadas como ponto de partida para novos estudos; na sociologia política, em que as descrições de instituições políticas formais foram grandemente ampliadas por estudos de partidos, eleições, grupos de pressão e movimentos sociais, assim como por análises de conceitos como democracia, burocracia e cidadania; na considerável expansão da pesquisa em história social, concebida em alguns acasos como uma história de estruturas sociais (Burke, 1980); e em numerosos estudos de desenvolvimento do Terceiro Mundo, nos quais sociólogos, antropólogos, economistas e cientistas políticos participaram e, por vezes, cooperaram. Em outro domínio, a sociologia também teve algum impacto sobre a POLÍTICA SOCIAL e econômica do pós-guerra, através da pesquisa sobre o desenvolvimento do estado de bem-estar em países industriais (Marshall, 1970) e, subseqüentemente, em países recém-independentes em processo de industrialização, e sobre a natureza dos problemas sociais e a eficácia das medidas para enfrentá-los (Wootton, 1959; Merton e Nisbert, 1961).

As realizações da sociologia nessas diferentes esferas são reais e substanciais, ao ampliarem a gama de conhecimentos sistematicamente ordenados da vida social e ao proporcionarem, em certa medida, uma base empírica e racional para a formulação de políticas públicas. Não obstante, há um profundo descontentamento com as contínuas divisões e fragmentações no seio de uma disciplina que parece espraiar-se à vontade em um vasto campo, desde a filosofia da ciência até a detalhadíssima investigação microscópica de alguma forma bizarra de atividade humana que pode elucidar ou não a condição humana geral. É questão em aberto se acabará por surgir finalmente uma disciplina mais unificada e intelectualmente coerente, satisfazendo parte da esperança e promessa originais de uma só ciência paradigmática da sociedade, ou se a crescente especialização será acompanhada de nova proliferação de modelos e disputas intensificadas entre os proponentes de teorias alternativas. Para o futuro previsível, a segunda alternativa parece mais provável, mas as conseqüências não devem, em absoluto, ser deploradas; a controvérsia ajudará, pelo menos, a assegurar que a sociologia continua sendo uma disciplina viva e crítica, não uma celebração do *status quo*, e que novas idéias surgirão, as quais terão um impacto revigorante sobre o pensamento social e sobre as formas de vida social.

Ver também EDUCAÇÃO E TEORIA SOCIAL; HINDUÍSMO E TEORIA SOCIAL HINDU; CRISTÃ, TEORIA SOCIAL.

Leitura sugerida: Abercrombie, N., Hill, S. e Turner, B.S., orgs. 1984: *The Penguin Dictionary of Sociology* • Aron, Raymond 1965, 1968: *Main Currents in Sociological Thought*, 2 vols. • Bottomore, Tom e Nisbet, Robert, orgs. 1978: *A History of Sociological Analysis* • Giddens, A. 1971: *Capitalism and Modern Social Theory* • Nisbet, Robert 1966 (*1967*): *The Sociological Tradition*.

TOM BOTTOMORE

sociologia comparada O adjetivo "comparado"/"comparada" tem sido acrescentado a quase todas as ciências sociais (ou campos estreitamente afins): antropologia, (estudo de) civilizações, história, direito, lingüística, política, psicologia, sociologia. Entretanto ele sempre desempenhou um papel secundário dentro da organização do conhecimento. O que não deixa de ser motivo de surpresa.

Existe uma razão simples, freqüentemente observada. Toda a pesquisa social envolve necessariamente uma comparação entre casos de algumas variáveis, explícita ou implicitamente. Por conseguinte, toda pesquisa social é comparada, o que torna o adjetivo redundante. Entretanto, apesar desse óbvio truísmo, vários intelectuais têm repetidamente defendido o uso do método "comparativo" em pesquisa social. Mas sempre que grupos de intelectuais pareciam coligar-se para apoiar o método "comparativo" em determinados campos de trabalho, acabaram por abandonar, algum tempo depois, o termo "comparado", com o argumento de que sua obra realmente era, em certo sentido, uma contribuição para a teorização "geral" sobre este ou aquele campo.

A explicação dessa aparente anomalia é que o conceito de pesquisa social comparada como subcampo especial não é intrínseco à lógica das ciências sociais, mas constitui um recurso heurístico para superar problemas organizacionais no âmbito das ciências sociais. A sociologia comparada (assim como a antropologia comparada etc.) tende a se referir ao estudo das diferenças em estruturas e processos entre unidades de *macro*nível, como quer que sejam definidas. Em outras palavras, quando certos intelectuais ficam desconfiados de hipóteses baseadas em trabalhos empíricos usando como fundamento que o *locus* desses trabalhos empíricos seria uma zona espaço-cultural específica, freqüentemente afirmam que observar as relações de x e y nos contextos de unidades macro a e b forneceria provas sobre se a correlação percebida de x e y é, de fato, "universal" ou se é específica para a unidade macro na qual foi originalmente observada. Isso converte-se em um apelo a "comparar" as unidades macro.

O problema organizacional que a demanda periódica por estudos comparativos reflete consiste no fato de a maioria das pesquisas sociais empíricas entre meados do século XIX e meados do século XX — com, por certo, algumas notáveis (e freqüentemente citadas) exceções — ter sido realizada no âmbito de uma única unidade macro. Os que trabalharam nas chamadas disciplinas nomotéticas — ciência econômica, sociologia, ciência política (direito) — mostraram-se propensos a efetuar seu trabalho empírico dentro das fronteiras de seu próprio país. Isso foi justificado, em grande parte, sob a alegação do universalismo. As relações de variáveis se sustentariam "universalmente" e, portanto, não seria urgente variar os locais onde elas eram coletadas. Na prática, esses locais resumiam-se a alguns países da Europa Ocidental e aos Estados Unidos. De tempos em tempos, céticos defendiam o estudo comparativo desses países.

Os intelectuais que se intitulavam historiadores tendiam a realizar seu trabalho nesses mesmos países e nos seus próprios. Isso era justificado, porém, com a alegação oposta de particularismo. Uma vez que cada situação histórica era particular e complexa, seu estudo exigia devoção total por parte do intelectual, que procedia com extrema proficiência para obter os necessários conhecimentos sobre um país e dificilmente se mostrava capaz de dominar o estudo de dois países. Evidentemente, alguns intelectuais estudaram a história de países que não eram os deles (como no caso de um investigador inglês da história alemã), mas nesses casos a tendência era de restringirem seu trabalho unicamente a esse outro país. As convocações a uma "história comparada" (como as feitas por Marc Bloch) caíam em ouvidos ainda mais surdos do que os apelos em prol da "sociologia comparada".

Os intelectuais que eram orientalistas foram igualmente envolvidos pela crença no particularismo, o que lhes tornava difícil adquirir de forma proficiente uma sabedoria que superasse os limites desse particularismo e os fazia resistentes, portanto, ao estudo comparado de "civilizações". Houve, sem dúvida, ousadias tanto por parte de "intrusos" como Max Weber quanto dos que estavam "por dentro", como Max Müller, sobretudo na comparação de religiões mundiais, mas a maioria dos orientalistas limitou-se à esfera de sua competência e não se atreveu a ir além dela.

Os antropólogos eram os mais afetados por essa questão. Na medida em que eram impelidos em uma direção etnográfica, ou seja, ideográfica, tendiam a se especializar em uma "tribo" pelas mesmas razões pelas quais os historiadores se especializavam em uma nação (ocidental): as dificuldades em adquirir um saber profundo em termos universais. Mas na medida em que alimentavam pretensões nomotéticas, não podiam dar o salto lógico de um economista que usa dados extraídos do seu próprio país (ocidental) e os considera representativos de uma boa amostra do universo. Os antropólogos só podiam validar suas pretensões nomotéticas através do que se passou a designar como estudos "transculturais".

É impressionante, porém, como esse gênero de comparação de unidades do nível macro era raro antes de meados do século XX. A era pós-1945 veio a fornecer, contudo, um importante estímulo aos trabalhos comparativos, sobretudo em sociologia e ciência política. A causa foi o ingresso na consciência pública e na percepção esclarecida dos intelectuais do que passou a ser chamado de Terceiro Mundo. Uma resposta institucional foi o crescimento de estudos de área, o que levou no mínimo ao estudo comparativo de diferentes países na mesma área (como a América Latina, o Oriente Médio) e, no máximo, ao "estudo comparativo de novas nações". Depois do 20º Congresso do Partido Comunista da União Soviética, em 1956, o processo subseqüente de "desestalinização" no que fora anteriormente considerado nos países ocidentais um bloco monolítico redundou no "estudo comparado do comunismo". A maior parte desse trabalho foi realizado dentro do quadro de referência da teoria da MODERNIZAÇÃO, a qual pressupunha estágios paralelos de desenvolvimento para estados-nações e, por conseguinte, a possibilidade de uma comparação sistemática.

Na era pós-1968, a teoria da modernização entrou em eclipse como parte do abalo geral sofrido pela legitimidade do que tinha sido a corrente principal da ciência social na era pós-1945. Uma das maiores críticas desfechadas contra a teoria da modernização foi a de que ela era "a-histórica". A década de 70 assistiu, em conseqüência, a um considerável florescimento da "sociologia histórica". Entretanto, como essa obra pretendia ser "sociologia" e não meramente "histórica", sua concepção nada tinha de ideográfica. Assim, implicitamente e, com muita freqüência, em termos francamente explícitos, a obra "histórica" era, ao mesmo tempo, "comparativa". Com efeito, no âmbito da sociologia, os dois termos eram freqüentemente combinados, na década de 80, como "sociologia histórica comparada".

Assim, a sociologia comparada sempre representou simultaneamente um certo número de vetores: antietnocentrismo (ver também SISTEMA-MUNDO), interesse nos níveis macro e em estruturas complexas, logo, interesse no detalhe histórico. A sociologia comparada não é um campo, mas uma crítica de tudo o que parece estreito e reducionista em sociologia. O desaparecimento do termo significará ou o grande sucesso ou o grande fracasso dessa crítica.

IMMANUEL WALLERSTEIN

sociologia da arte Constitui a tentativa de entendimento da produção e consumo de arte como o efeito, reflexo ou representação de um processo social geral. Sem ser uma disciplina claramente definida ou ter uma metodologia unitária, a sociologia da arte é vista, de preferência, como instrumento de certo número de disciplinas e áreas de investigação, entre as quais está dispersa. Nelas se incluem a historiografia e a história da arte, a antropologia social e o estudo de subculturas, o estudo histórico e sociológico de classes e grupos sociais, a SOCIOLOGIA DO CONHECIMENTO, a lingüística e a crítica de arte. Embora essas ligações possam ser consideradas controversas (Wolff, 1981), a sociologia e a história da arte praticadas como forma de história social serão aqui agrupadas. Com efeito, um dos pioneiros indiscutíveis de ambas, Pierre Francastel, reuniu-as na década de 40. Ele também argumentou (Francastel, 1965, p.16) que o tema, em si mesmo, é característico do período moderno do pensamento historicista autoconsciente e não teria um desenvolvimento muito além do que cumpria a uma "função de valores exaustos".

A expressão "sociologia da arte" articula dois termos com histórias completamente distintas. Se a palavra "sociologia" surgiu no século passado como o nome para vários métodos de investigação da sociedade humana, "arte", pelo contrário, é usada desde a Antigüidade. No transcurso de todo esse período, designou ou qualificou vasta gama de fenômenos, desde as habilidades práticas, conceituais ou eróticas até a pintura de cavalete, desde a "arte de galeria" até o estilo de vida. A definição moderna de "arte", que o senso comum reconhece estar presente na pintura, na escultura, na impressão etc., aceita a arte como sendo uma forma não-artesanal de produção que combina a arte manual com o valor ético e estético, e é realizada por um tipo especialmente dotado de pessoa (Wittkower e Wittkower, 1963).

Essa categoria "arte", tal como consolidada e reproduzida através das práticas dos entendidos (*connoisseurs*), curadores e historiadores de arte, entre outros, funciona retrospectivamente. Agrupa para venda, exibição ou crítica formal materiais de origens que são temporal, geográfica ou socialmente díspares e descontínuas. Importantes museus, galerias nacionais ou coleções do tipo configurado no século passado ou desde então, como o Louvre em Paris, incluem na rubrica de arte muitos objetos que não eram reconhecidos como tais na época ou lugar de sua produção. Por implicação, portanto, a sociologia da arte é passível de estar lidando com um objeto de conhecimento que necessita ser constantemente problematizado à luz de uma série complexa de especificidades históricas. Tal sociologia tende, em princípio, a se opor à aceitação de um ideal kantiano de arte como o objeto de qualquer julgamento estético desinteressado e categórico, assim como está mais comprometida em explicar do que em concordar com a idéia de transcendência das condições sociais por parte da criatividade e personalidade artísticas. Ambas devem ser vistas como manifestações específicas do social, sendo por esse motivo que, nas palavras de Pierre Bourdieu (1980, p.207), "a sociologia e a arte não combinam muito bem".

É proveitoso, portanto, pensar em termos de uma linha de desenvolvimento que leva das reflexões de Marx e Engels (1845-6) sobre a economia política da cultura até a crítica de Bourdieu do julgamento kantiano, à desconstrução feminista da criatividade como categoria historicamente engendrada ou a rejeição pós-colonial dos valores artísticos "ocidentais" (Bourdieu, 1979; Nochlin, 1989; Pollock, 1988; Said, 1978; Tickner, 1988). Um importante aspecto da sociologia da arte tem sido o seu relacionamento antagônico com o que ela considera uma ESTÉTICA conservadora, quer seja articulada através do racionalismo filosófico ou das exigências do mercado de arte. Trabalhando a partir de um complexo e altamente diferenciado terreno político, a sociologia da arte está empenhada em mostrar que a "arte", como categoria, é sempre e de muitas maneiras superdeterminada. Ao mesmo tempo continuou a estar interessada no problema (ou a reservar o problema da) especificidade da arte e das questões que isso apresenta para qualquer explicação totalizadora dos significados da arte (Wolff, 1981; Francastel, 1965; Duvignaud, 1967; Raphael, 1968).

O caráter fraturado do objeto é ainda mais enfatizado se for admitido que a *arte* inclui MÚSICA e LITERATURA. Ora, considera-se que a base paradigmática para a sociologia da arte é inseparável da problemática mais geral de como teorizar o conjunto das modernas formas culturais. Os comentários e teorias sobre a moderna formação cultural, desde o poeta Charles Baudelaire no século XIX até os escritos de Kracauer (1937), Bloch (1985) e Adorno (1963), têm focalizado a forma musical como um modelo de discurso artístico. A obra de Lukács (1970) e Goldmann (1967) forneceu métodos para a estruturação e a análise contextual da literatura, de que a sociologia da arte derivou muitos dos seus princípios básicos. Assim, um historiador da arte como T.J. Clark (1973), que, em sua influente obra sobre Manet e Courbet, colocou a teoria crítica como prioridade no programa da história da arte baseia-se em um campo teórico em que as artes visuais têm sido amplamente marginais.

A concepção de "arte" é também estratificada por noções tais como "arte popular", "arte para o povo", "arte tradicional" ou "arte étnica", para não mencionar a "arte política" ou a "arte feminina". Entender todas ou quaisquer dessas "artes" e as relações entre elas pode exigir uma variedade de métodos de investigação que combinaria a etnologia, a psicologia ou a psicanálise com diferentes aspectos do método sociológico. A "arte" como elemento ritual no trabalho de campo, ou práticas religiosas de *longue durée*, na obra de historiadores sociais é um objeto de análise diferente da "arte" que forma o ponto de acesso aos valores sociais ou de exclusão deles na sociologia de grupo de Bourdieu (1979) e Moulin (1967). Com efeito, é bastante difícil conceber uma forma artística tradicional, como o ex-voto (uma imagem oferecida como prova de gratidão) do século XVIII na França (Cousin, 1980), como pertencente à mesma formação cultural que a arte de *salon* sua contemporânea, já para não pensar nela nos mesmos termos que a pintura moderna de vanguarda. De modo significativo, porém, devemos supor que o estudo sociológico de qualquer dessas formas tratará o valor estético como parte do sistema de crenças que enquadra a obra individual.

Na obra dos historiadores sociais da arte Antal (1948) e Klingender (1968), entender a arte exigiu uma radical e sutil diferenciação de público, mecenato e condições de produção para diferentes obras ou tipos de arte. *Florentine Painting*, de Antal, e *Art and the Industrial Revolution*, de Klingender, indicam tanto uma nova forma de história social quanto uma história da arte — uma em que a arte desempenha um papel mais de significante do que de ilustração. As práticas artísticas na Florença do século XIV ou na Grã-Bretanha do século XIX tornaram-se prova primordial de processos de formação e representação social.

Com Baxandall (1980), em sua obra sobre a escultura alemã do século XV, até a função de autor passa a ser vista como um efeito das complexas e irregulares condições de produção e do conflito de interesses entre artista e cliente a que elas deram origem. O escultor assina a obra para estabelecer a sua posição em uma relação desigual com o cliente, que é quem detém os meios de produção. A assinatura significa mais uma tentativa de apropriação de poder do que o *locus* de criatividade. A obra de Baxandall aponta, assim, as formas como as proposições teóricas de Foucault (1969) podem ser repensadas através de um processo histórico a longo prazo. Mas também indica que a crítica histórica e sociológica da idéia do "artista" requer uma variedade de técnicas de investigação cuidadosamente inflectidas. Um escultor quatrocentista não pode ser enquadrado nos mesmos termos que um "gênio louco" do final do século XIX, como Vincent van Gogh. Mesmo que ambos venham a ser inseridos em um sistema moderno de crenças acerca da arte, as especificidades de suas respectivas histórias, assim como as desse mesmo sistema, precisam ser cuidadosamente diferençadas.

Também se pode afirmar que um interesse amplamente sociológico pela arte precedeu o aparecimento da palavra sociologia e da moderna idéia do artista. Essa pré-história pode ser exemplificada nas discussões da Academia Real francesa, onde era comum, no século XVIII, explicar a supremacia da antiga arte grega pela representação de Atenas como uma sociedade saudável e próspera. Argumentos acadêmicos que recorriam a categorias extraestéticas, como o clima, a coesão da ordem social e a sabedoria do mecenato, para explicar e definir a qualidade artística floresceram a par do relativismo e do materialismo culturais em Montesquieu ou Diderot. No final do século o apologista teocrático Louis de Bonald também pôde apontar uma explicação da mudança artística que era, por seu turno, apropriada como justificação de uma necessidade de continuidade social (Reedy, 1986).

Na década de 1840, quando a idéia do artista individual, expressivo, estava prestes a se tornar corrente, cada obra de arte passou a ser interpretada como socialmente sintomática, quer como redenção, quer como crítica. Proudhon, com *Du principe de l'art et de sa destination sociale* (1865), destacou-se como construtor de uma história da arte moderna em que a sua interpretação da obra de artistas como Jacques-Louis David e Gustave Courbet articulou uma teoria social e política geral. Em meados do século, na França e na Grã-Bretanha, podiam ser comumente lidas histórias da arte, críticas de arte ou ensaios sobre arte popular, assim como discussões em torno do progresso industrial ou das Exposições Universais, que desenvolveram algum sistema de referência social na compreensão da arte como sinal do seu tempo. É discutível que um conceito de arte como inerentemente social estivesse, com efeito, largamente difundido por volta da década de 1850: "Não representam as próprias artes as tradições históricas, a vida real dos povos?"

Cumpre destacar, porém, que muitos textos que explicam a arte em termos sociológicos, de modo geral, não têm a elaboração de uma sociologia da arte como objetivo primordial ou mesmo consciente. Assim, a obra de Champfleury (1869) sobre a arte popular francesa ou a de Wagner (1849) sobre as origens do sentimento e da expressão artísticos gravitam em torno do problema de definição de uma CULTURA nacional. A preocupação com a arte como parte da formação da consciência nacional surge uma vez mais de ambos os lados do campo político nas décadas de 20 e 30 deste século. Na Itália, Gramsci (*1985*) entendeu o consumo popular de novelas de mistério e de ópera como indicativo de uma fraqueza na formação da classe proletária, enquanto que na Alemanha a idéia de arte moderna foi elaborada como sintoma de decadência. Em qualquer ponto do seu desenvolvimento, a sociologia da arte é sobredeterminada por uma variedade de discursos a respeito da sociabilidade da arte.

De modo geral, entende-se que uma sociologia da arte potencialmente sistemática é apresentada nos escritos de Marx e Engels, assim como nas histórias da arte e da literatura de Hyppolite Taine. Embora Taine conquistasse a notoriedade com sua fórmula determinística "ambiente, raça e momento" (Taine, 1853) e seus ecos do século anterior, sua influência na sociologia profissional ou na história social foi menos significativa que a do marxismo. Em *A ideologia alemã*, Marx e Engels procuram explicar o poder e a significação de um artista do Renascimento como Rafael em função de um complexo processo histórico que por si mesmo possibilitaria a sua pintura:

> Rafael, tanto quanto qualquer outro artista, era determinado pelos avanços técnicos feitos na arte antes dele, pela organização da sociedade e pela divisão do trabalho em sua localidade e, finalmente, pela divisão do trabalho em todos os países com os quais a sua localidade tinha relações mútuas.

Marx e Engels estavam aí argumentando contra a idéia de um indivíduo "único", tal como propusera Max Stirner; mas, ao fazê-lo, começaram a organizar em detalhes um quadro de referência composto de relações sociais e econômicas que formam parte das estruturas conceituais da sociologia da arte até o nosso próprio tempo.

Também tentaram definir a arte como específica para o seu modo de produção, apontando o surto de vendas da imprensa capitalista das décadas de 1830 e 1840 como a condição para o aparecimento do folhetim. Em *Teorias da mais-valia*, em que essa análise é desenvolvida, eles expuseram mais dois parâmetros duradouros. Um deles é a preocupação com o artista como um tipo particular de operário que é, essencialmente, um "trabalhador improdutivo". O outro é a preocupação com a conversão da própria arte em mercadoria e a sua transformação pelo capitalismo do seu anterior status histórico em nada mais que um item de valor de troca, quer essa noção seja interpretada como monetária ou como ideológica (Marx e Engels, 1976). Eis aqui, uma vez mais, um ponto de partida para discussões como as de György Lukács, Theodor Adorno, Walter Benjamin ou Pierre Bourdieu. A sociologia da arte pode acabar por se encontrar no centro do marxismo do século XX. Mas o conceito de alienação alimentará a disposição de Benjamin para aceitar o popular e a definição de Adorno de arte como necessariamente a negação das forças sociais que a produzem.

Recentemente, na obra de Jacques Rancière, a negatividade de Adorno foi usada para reavaliar a estética kantiana. Se o transcendente e o negativo podem ser lidos através um do outro, então o desejo de arte deve ser entendido em função da negação da estrutura social (Rancière, 1983). Desse ponto de vista, a elaboração de Bourdieu da produção e consumo de arte como a confirmação e reprodução de status social resulta ser um enquadramento totalmente inadequado das complexidades da identidade social, a sociologia da arte um empreendimento oco. Analogamente, os discursos feminista e pós-colonial estruturam o social de forma a apontar que boa parte do que foi aceito como uma sociologia adequada e, por implicação, uma sociologia da arte precisa ser radicalmente repensado. A construção da arte como forma de dominação ou como meio de acesso ao valor social é polimorfa e inexaurível, sempre constrangida e continuamente reelaborada em condições historicamente específicas.

Em seu ensaio de 1923, "On the interpretation of *Weltanschuung*", Karl Mannheim delineou prescientemente essas problemáticas em uma sociologia da cultura (in Mannheim, 1952). Rejeitando um procedimento redutivo da análise cultural derivado do modelo da ciência natural, ele tentou demonstrar como um entendimento dos significados "objetivo", "expressivo" e "documental" de um objeto cultural levaria a um complexo levantamento das relações paralelas, mas não necessariamente causais, de uma totalidade sociocultural. É sustentável a tese de que o fluxo e o entrelaçamento de métodos na exposição de Mannheim de um todo cultural requer os mesmos gêneros de habilidade que as análises iconológicas da escola de Warburgo de História da Arte. O estudo de uma pintura de Botticelli (Wind, 1958), por exemplo, requer um conhecimento da sociabilidade de diferentes níveis e cultura, desde os fenômenos banais e cotidianos até os comentários humanistas sobre textos clássicos. A obra de arte excepcional torna-se um ponto no qual formas díspares de conhecimento e prática cultural encontram uma articulação relativamente total.

Mas, apesar do valor de abordagens que deduzem o significado de uma obra de arte a partir de dados sociais ou induzem a tessitura do social a partir da leitura da obra de arte, a noção de objetos culturais como expressivos de uma totalidade ou como "fatos sociais totais" caiu em descrédito. A obra de arte pode pertencer a qualquer um ou a mais de um de uma série de saberes. Assim, a construção do público para uma pintura pode ser como uma da categoria psicanalítica de *voyeur*, implicada nos modos de escopofilia, sem uma consideração primária pela estratificação social. Ou pode ser como um grupo social com acesso ao mercado da arte e atento à avaliação do seu próprio prestígio através da compra. Dois pintores contemporâneos podem repartir uma posição em uma linguagem histórica comumente aceita de sinais visuais e, no entanto, pertencer a lugares muito diferentes no desenvolvimento da educação artística e nos sistemas de produção e distribuição. A crítica de arte tanto pode ser lida em termos de sua relação com o discurso literário e político quanto em função do seu objeto declarado de atenção. A configuração e o desenvolvimento a futuros da história social e da sociologia da arte dependerão necessariamente do reconhecimento dessa diversidade, bem como dos problemas que ela apresenta. Para ser verdadeiramente fecundo, o trabalho interdisciplinar pode perfeitamente ter que aceitar que a diferença é mais estruturada do que a totalidade.

Leitura sugerida: Adorno, Theodor 1963: *Quasi una fantasia* • Bourdieu, Pierre 1979: *La distinction* • Clark, T.J. 1973: *The Absolute Bourgeois: Artists and Politics in France 1848-1851* • Duvignaud, J. 1967: *Sociologie de l'art* • Francastel, Pierre 1965: Oeuvres II, *La Réalité figurative, éléments structurels de sociologie de l'art* • Hauser, Arnold 1959: *The Philosophy of Art History* • Mannheim, K. 1952: *Essays on the Sociology of Knowledge*, org. por Paul Kecskemeti • Marx, K., e Engels, F. 1845-46 (*1970*): *The German Ideology* • Moulin, Raymonde 1967: *Le marché de la peinture en France* • Proudhon, P.J. 1865: *Du principe de l'art et de sa destination sociale* • Wolff, Janet 1981: *The Social Production of Art.*

ADRIAN D. ROFKIN

sociologia da ciência Este ramo de estudo explora o caráter social da ciência, com especial referência à produção social do conhecimento científico (ver SOCIOLOGIA DO CONHECIMENTO). Na sociedade hodierna, o termo "ciência" possui grande potência. "Ciência" não só é mais ou menos equivalente a "conhecimento válido", mas também se funde com "tecnologia", ou seja, a aplicação útil do conhecimento (ver REVOLUÇÃO CIENTÍFICO-TECNOLÓGICA). Por conseguinte, as pessoas conhecidas como "cientistas" são geralmente consideradas fornecedoras de um gênero superior de saber que representa o mundo real com um grau de precisão e confiabilidade que possibilita o amplo controle sobre os seus processos naturais. Em tal contexto, ser considerado "não-científico" é, no domínio das idéias, ser tachado de intelectualmente inepto e também de irrelevante para o mundo superior dos assuntos práticos. A própria sociologia surgiu e se desenvolveu como uma pequena parte do movimento científico na sociedade moderna. Apesar de muitas reservas e diferenças de opinião entre seus praticantes, a sociologia adotou geralmente a concepção de conhecimento que passou a estar associada às ciências físicas e biológicas "avançadas". Por conseguinte, a sociologia da ciência tem necessariamente um elemento auto-referencial, isto é, a prática da sociologia insere-se no seu campo de ação e as suas conclusões gerais a respeito do processo social de produção de conhecimento devem ser acolhidas como aplicáveis também à sociologia. A sociologia da ciência é, portanto, uma área crítica de análise, não só por lidar com a forma dominante de conhecimento em nossa sociedade, mas também porque as suas descobertas podem ter importantes implicações para a sua própria disciplina e para outros domínios de investigação social.

Durante as duas últimas décadas os sociólogos têm examinado com profundidade cada vez maior a produção e aplicação social do conhecimento científico. Concentraram-se inicialmente nas ciências físicas mais avançadas, como a física e a radioastronomia. Depois se prestou muita atenção às ciências biológicas. Essas disciplinas inequivocamente científicas foram escolhidas para estudo, em parte, porque pareciam ser as menos acessíveis a uma análise sociológica plenamente desenvolvida. Desde longa data se aceita, é claro, que muitos aspectos da ciência são de caráter obviamente social: por exemplo, sua forma de organização, seus padrões de comunicação, sua hierarquia interna e sua atribuição de recompensas simbólicas, com sua ênfase no compromisso coletivo dos cientistas em relação a determinados quadros de referência intelectuais. Mas a própria aceitação pelos sociólogos da crença de que a ciência é uma forma privilegiada de conhecimento levou-nos a excluir os produtos intelectuais da ciência de suas investigações. Quando os sociólogos aceitaram finalmente o desafio de tentar fazer uma análise sociológica do conteúdo do saber científico, pareceu aconselhável começar pelos que pareciam ser os casos mais difíceis. Pois se as ciências mais avançadas provassem admiti-la, todas as outras disciplinas as seguiriam automaticamente.

A análise sociológica do conhecimento científico recebeu grande parte do seu impulso inicial de fora da disciplina. A tese histórica de Thomas Kuhn (1962) a respeito da ocorrência de convulsões revolucionárias na ciência (ver Merton, 1973) foi especialmente importante para libertar os sociólogos da tradicional suposição de que o conhecimento científico é, em sua maior parte, independente de influências sociais. A análise de Kuhn habilitou os sociólogos a considerarem a possibilidade de fornecer uma interpretação social da mudança cognitiva em ciência. Além disso, do final da década de 60 em diante, tem havido uma afluência de investigadores cientificamente treinados que se mostram aptos a enfrentar as grandes exigências intelectuais da cultura técnica da ciência. Esses migrantes intelectuais contribuíram de forma significativa para a série de estudos detalhados de áreas específicas da ciência natural, concluídos durante a década de 70, usando entrevistas e fontes documentais. Esses estudos de casos foram seguidos por uma onda de investigações antropológicas sobre as minúcias das práticas laboratoriais dos cientistas, baseadas em extensos períodos de observação participante.

Como resultado desse conjunto de pesquisas, o tradicional modelo sociológico de conhecimento científico e de METODOLOGIA da ciência foi radicalmente revisto. Considerou-se que o conhecimento científico não derivava da aplicação imparcial de claros critérios técnicos de adequação, mas de fatores tais como os recursos retóricos dos praticantes e suas adesões socialmente negociadas. A observação cuidadosa de cientistas trabalhando parecia mostrar que o conhecimento científico não é uma representação objetiva e imparcial de um mundo natural independente, mas, pelo contrário, uma criação ativa e comprometida desse mundo no transcorrer da interação social. As conclusões da ciência são formulações socialmente contingentes que foram consideradas adequadas por grupos específicos em determinadas situações culturais e sociais.

Na década de 80 tornou-se claro que o fracasso anterior em compreender os processos sociais da ciência estava ligado ao uso flexível da linguagem dos cientistas. Em ambientes acessíveis ao público, os cientistas tendem a usar formas de discurso que descrevem suas ações e crenças como um veículo neutro através do qual as realidades do mundo são evidenciadas. Em contextos mais privados, contudo, os quais só recentemente se tornaram visíveis, eles empregam com muita freqüência repertórios que lhes permitem fornecer descrições muito mais social e pessoalmente contingentes das atividades da ciência. Nestes últimos anos alguns atores têm tentado examinar as implicações de tais descobrimentos para a prática textual da sociologia. Sustentam que os textos unívocos das ciências sociais, modelados nas formas convencionais da literatura científica, são inadequados para expressar a diversidade interpretativa do mundo social. Afirmam que a linguagem unitária da análise sociológica encobre a contingência social e a dependência contextual de suas próprias representações do mundo, e que essa espécie de subterfúgio textual é imprópria em uma disciplina comprometida com uma perspectiva totalmente sociológica. Começaram a criar agora formatos novos, multivocais, que se propõem dar maior voz à multiplicidade interpretativa do mundo social e colocar os sociólogos em diálogo ativo com seus objetos de estudo. Essa nova forma de análise é uma tentativa de descobrir uma linguagem alternativa com que escapar às restrições da *Weltanschauung* dominante da ciência em nossas abordagens do domínio social.

Leitura sugerida: Ashmore, M. 1989: *The Reflexive Thesis: Wrighting the Sociology of Scientific Knowledge* • Knorr-Cetina, K.D. 1981: *The Manufacture of Knowledge: an Essay on the Constructivist and Contextual Nature of Science* • Latour, Bruno 1987: *Science in Action* • Mulkay, M. 1985: *The Word and the World: Explorations in the Form of Sociological Analysis* • Woolgar, S., org. 1988: *Knowledge and Reflexivity: New Frontiers in the Sociology of Knowledge.*

MICHAEL MULKAY

sociologia do conhecimento A natureza do conhecimento tem sido um problema central da filosofia desde, pelo menos, os tempos greco-romanos. Platão, por exemplo, no *Teeteto*, adota uma abordagem científica do conhecimento e da cognição, e sua ontologia dualística assenta em bases epistemológicas. Os filósofos dos Iluminismos francês e escocês reconheceram, por sua vez, que todas as diferenças sociais tinham origens sociais e eram, pois, o resultado de fatores submetidos ao controle humano. Sabiam que uma vasta gama de fatores sociais, econômicos e políticos dava forma à gênese, estrutura e conteúdo da consciência humana, antecipando assim uma das principais proposições da sociologia do conhecimento propriamente dita.

De modo geral, porém, os filósofos procuraram antes demonstrar que uma sociologia do conhecimento não era possível nem desejável. Assim, Kant sustentou que, embora não possa existir percepção sem concepção, os componentes constitutivos da cognição permanecem *a priori*. Analogamente, empiristas de várias persuasões afirmaram que o conhecimento (científico) é justificado pela experiência direta não afetada por condições sociais. No máximo, esses filósofos concedem que fatores extrateóricos influenciam a gênese das idéias, mas não a estrutura e o conteúdo do pensamento. Sob outros aspectos, filosofias do pensamento muito diferentes compartilharam uma rejeição freqüentemente explícita do RELATIVISMO sociológico e tentaram superar dúvidas colocando o conhecimento em uma base sólida, mesmo que se situe fora do domínio da experiência sócio-histórica.

A sociologia do conhecimento, em contraste, investiga as interligações entre categorias de pensamento, reivindicações do conhecimento e realidade social — a *Seinsverbundenheit* (solidariedade existencial) do pensamento (Karl Mannheim). Marx foi um significativo precursor do campo, com a sua teoria de que, pelo menos em certas condições históricas, as realidades econômicas determinam, em última instância, a "superestrutura" ideológica por meio de vários processos sócio-econômicos. Essa concepção continua sendo uma questão central na sociologia do conhecimento, e inspirou diretamente algumas análises exemplares de problemas de produção cultural, por exemplo, nas obras de György Lukács.

Émile Durkheim é também um importante pioneiro da sociologia do conhecimento, embora não desenvolvesse um modelo geral do processo classificatório. Sustentou ele, especialmente em *Les formes élémentaires de la vie réligieuse* (1912) e em "De quelques formes primitives de classification" (1903, com Marcel Mauss), que as categorias básicas que ordenam a percepção e a experiência (espaço, tempo, causalidade, direção) derivam da estrutura social, pelo menos em sociedades mais simples. Durkheim, Mauss e também Lucien Lévy-Bruhl examinaram as formas de classificação lógica de sociedades "primitivas" e concluíram que as categorias básicas da cognição têm origens sociais. Mas não estavam preparados para estender esse gênero de análise a sociedades mais complexas. Seus pressupostos básicos foram maciçamente criticados, mas muitos trabalhos sociológicos continuam adotando como ponto de partida a proposição durkheimiana de que a classificação de coisas reproduz a classificação de pessoas.

A sociologia do conhecimento deve o seu desenvolvimento decisivo à obra de Max Scheler e Karl Mannheim na década de 20. Isso pode ser interpretado como a expressão intelectual sintomática de uma época de crise, e o reconhecimento de sua própria radicação na estrutura social e de sua determinação por fatores sociais talvez seja o seu traço mais característico. O estado de espírito das ciências sociais e históricas na Alemanha durante o período em que a sociologia do conhecimento se desenvolveu naquele país pode ser descrito como de "consciência trágica". A visão de Georg Simmel da "tragédia da cultura", assim como a asserção de Max Weber de que um inevitável processo de racionalização leva ao desencanto do mundo e a novas formas de servidão, constituem expressões sintomáticas de um período em que historiadores, filósofos e, em especial, cientistas sociais discutiram intensamente a respeito de questões suscitadas pelo historicismo, pelo relativismo, pelo ceticismo filosófico e pela profunda desconfiança do *Geist*.

É nesse período que a sociologia do conhecimento surge como análise das regularidades dos processos e estruturas sociais que pertencem à vida intelectual e aos modos de conhecimento (Scheler), e como teoria da solidariedade existencial do pensamento (Mannheim). Ambas as orientações distanciam-se da crítica marxista da ideologia, a qual vê as ideologias como representações mistificadoras da realidade social e como disfarces dos interesses de grupos poderosos na sociedade. A sociologia do conhecimento, em contraste, interessa-se pelas estruturas intelectuais e espirituais como inevitavelmente formadas de modo diferente em ambientes sociais e históricos distintos (Mannheim).

Foi Max Scheler quem usou pela primeira vez o termo *Wissenssoziologie* (sociologia do conhecimento) no começo da década de 20 e, em *Problemas de uma sociologia do conhecimento* (1926), forneceu uma primeira apresentação sistemática. Ampliou a noção marxista de infra-estrutura (ver BASE E SUPERESTRUTURA) mediante a identificação de diferentes "fatores reais" (*Realfaktoren*) que, acreditava ele, condicionam o pensamento em diferentes períodos históricos e em vários sistemas sociais e culturais de modo específico. Esses "fatores reais" foram, por vezes, vistos como forças instintivas institucionalizadas e como representando um conceito a-histórico de infra-estrutura. A insistência de Scheler na existência de um domínio de valores e idéias eternos limita a utilidade da sua noção de "fatores reais" para a explicação da mudança social e cultural.

Foi Karl Mannheim quem forneceu a mais elaborada e ambiciosa base programática para uma análise sociológica da cognição. Tal como Scheler, ele ampliou o conceito de infra-estrutura, sugerindo que fatores biológicos, elementos psicológicos e fenômenos espirituais poderiam tomar o lugar de relações econômicas primárias na infra-estrutura, mas (justamente como a teoria dominante da ciência) não pensou que o conhecimento científico e técnico pudesse estar sujeito à análise sociológica. Conduziu pesquisas sobre as condições sociais associadas a diferentes formas de conhecimento, e alguns dos seus estudos ainda são considerados exemplos de primeira categoria do gênero de análise de que é capaz a sociologia do conhecimento. Além de *Ideologia e utopia* (1929; ed. brasileira, 1967), cumpre incluir ainda os seus estudos da competição como forma cultural, do pensamento conservador, do problema das gerações e da ambição econômica.

Mannheim acreditava que a sociologia do conhecimento estava destinada a desempenhar importante papel na vida intelectual e política, sobretudo em uma época de crise, dissolução e conflito, mediante um exame sociológico das condições que deram origem a idéias, filosofias políticas, ideologias e diversos produtos culturais concorrentes. Explorou de modo persistente a idéia de que a sociologia do conhecimento é, de qualquer forma, central a toda estratégia que pretenda criar uma aproximação entre política e razão, e essa busca é o denominador comum que liga os seus vários ensaios na sociologia do conhecimento. Mannheim acreditava plenamente que tal sociologia exerce um importante efeito transformador sobre os seus praticantes: a sociologia do conhecimento convoca os intelectuais a cumprirem sua vocação maior, que é a realização de síntese. Muda o relacionamento deles com as partes conflitantes na sociedade, na medida em que lhes propicia distanciamento e visão de conjunto. Mas a concepção de Mannheim dos modos específicos como tal sociologia poderia afetar o estado de conhecimento político flutuou e mudou. Existem três versões principais:

1. A sociologia do conhecimento como um modo pedagógico, mas também político, de enfrentar as outras forças que compõem o mundo político e agir sobre elas;
2. A sociologia do conhecimento, como instrumento de esclarecimento relacionado com o processo dual de RACIONALIZAÇÃO e individuação identificado por Max Weber, e comparável à psicanálise, age para emancipar homens e mulheres a fim de que realizem escolhas racionais e responsáveis, libertando-os da subserviência a forças ocultas que eles não podem controlar.
3. A sociologia do conhecimento como arma contra os mitos predominantes e como método para eliminar inclinações da ciência social, para que ela possa dominar os problemas públicos fundamentais da época e guiar uma conduta política apropriada.

A sociologia do conhecimento passou recentemente por uma reorientação na direção de uma análise da vida cotidiana e do conhecimento científico e técnico natural (ambas negligenciadas pela sociologia clássica do conhecimento). A construção social da realidade (1966), de Peter Berger e Thomas Luckmann, escrito na tradição da FENOMENOLOGIA de Alfred Schutz e da antropologia filosófica de Arnold Gehlen, representa um claro afastamento da preocupação da sociologia clássica do conhecimento com questões de epistemologia e metodologia. Tudo o que é considerado conhecimento na sociedade é agora aceito como legítimo objeto de estudo para investigação sociológica.

Inspirada por desenvolvimentos na história da ciência, a sociologia do conhecimento encaminhou-se também na direção de análises empíricas da construção social de fatos científicos, freqüentemente por meio de estudos etnográficos de vida de laboratório. Tal pesquisa sobre a "manufatura" do conhecimento natural-científico levou a uma reavaliação de pressupostos tradicionais acerca da racionalidade ímpar do conhecimento científico. Visto através das lentes do "programa forte" da sociologia do conhecimento, o conhecimento científico e o conhecimento cotidiano são, de fato, extraordinariamente semelhantes em certos aspectos (ver SOCIOLOGIA DA CIÊNCIA).

Não há a menor dúvida de que o conhecimento sempre desempenhou um papel significativo na vida humana. A ação humana, em maior ou menor grau, sempre foi orientada pelo conhecimento. O poder, por exemplo, nunca foi exclusivamente baseado na força física bruta, mas também, com freqüência, nas vantagens decorrentes do saber. Hoje, porém, o conhecimento está adquirindo um significado maior do que nunca. As sociedades industriais avançadas podem ser até consideradas "sociedades do conhecimento". A completa cientifização de todas as esferas da vida e da ação humanas, a transformação das estruturas tradicionais de dominação e da economia, assim como o crescente impacto e influência de especialistas, tudo isso é indicação do rápido incremento do papel do conhecimento na organização das sociedades modernas.

Leitura sugerida: Berger, P.L. e Luckmann, Thomas 1966: *The Social Construction of Reality* • Latour, Bruno e Woolgar, Steve 1979: *Laboratory Life* • Mannheim, K. 1929 (*1936*): *Ideology and Utopia* • Meja, Volker e Stehr, Nico, orgs. 1990: *Knowledge and Politics: the Sociology of Knowledge Dispute* • Stehr, Nico e Meja, Volker, orgs. 1984: *Society and Knowledge: Contemporary Perspectives in the Sociology of Knowledge* • Woolgar, S., org. 1988: *Knowledge and Reflexivity: New Frontiers in the Sociology of Knowledge.*

VOLKER MEJA e NICO STEHR

sociologia do corpo Em um breve artigo sobre jeans, Umberto Eco demonstra a dialética entre profundidade e superfície que dita essencialmente o estilo de vida em um dado momento da história. Resumindo o seu argumento: usado como um tipo de armadura, o vestuário influencia o comportamento, logo, a moralidade externa da civilização (Eco, 1983). Além disso, os exemplos que ele cita mostram que a moralidade *per se* — por outras palavras, os costumes — é determinada pelo modo como o corpo se cobre.

Detenhamo-nos em dois aspectos importantes da análise de Eco: a "autoconsciência epidérmica", por um lado (ver também IDENTIDADE), e o conceito do corpo como "máquina de comunicação", por outro. Não é este o lugar adequado para aprofundar o papel crucial que Eco atribui ao fator de agregação, ou seja, o modo como diversos tipos de uniformes vieram a ser adotados por pessoas que vivem em uma civilização urbana. O que é certo é que a estrutura antropológica constituída pelo corpo é causa e efeito da intensificação da atividade social.

A preocupação com a imagem do corpo que se expressa na moda, na modelação corporal etc. não é simplesmente um exibicionismo gratuito ou superficial, mas faz parte de um vasto jogo simbólico e expressa os modos como podemos tocar-nos mutuamente, formar relações e "socializar", isto é, criar sociedade. É essa a lição que a sociologia do corpo extrai da moda no vestuário e das várias maneiras de dotar o corpo de valor e significação. Em conjunto, criam o "corpo social" e constituem, na mais simples acepção do termo, a sua economia específica. Mostram como figura, forma e imagem, apesar de suas conotações estáticas, também desempenham um importante papel na evolução social.

Assim, o "frívolo" (moda, design, estilo, tudo o que expressa a "corporalidade" ambiente) prova, em um exame mais minucioso, ter profundidades insuspeitadas, pois no ato de se exibir o corpo é sempre causa e efeito da sociabilidade dinâmica. Ao mesmo tempo é uma manifestação clara e preeminente de estética, no sentido etimológico da palavra: o de participar das mesmas emoções, do mesmo ambiente, dos mesmos valores, para que os indivíduos possam finalmente absorver-se em uma teatralidade envolvente.

No âmago dessa abordagem do tópico encontra-se um fato banal que ainda é importante não perder de vista, a saber: que a "unidade psicofísica" que forma a nossa individualidade é também um corpo. É como um invólucro que, por sua vez, está envolvido pelo mundo externo. Muitas análises filosóficas, psicológicas e sociológicas insistem, muito justamente, nas profundas conseqüências etimológicas dessa banalidade. Equivale a dizer que o corpo não pode ser identificado, a menos que esteja delimitado e situado. Uma coisa é certa: essa abordagem situacional e, para criar um termo, o "involucrismo" que lhe é correlato permitem-nos avaliar a profusão de *práticas centradas no corpo* observada pelos sociólogos de hoje (modelação do corpo, cuidados com este, dietética, cosmética, teatralidade...). De modo particular, o "corporalismo" permite-nos entender que todos os vários tipos de aparência pertencem a um vasto sistema simbólico cujos efeitos sociais estão longe de ser desprezíveis. Pode-se até ser tentado a sugerir que o papel cada vez mais dominante desempenhado pela COMUNICAÇÃO na sociedade contemporânea nada mais é que a versão atual desse sistema simbólico. Esse *insight* poderia projetar uma nova luz sobre todos os períodos da história geralmente concebidos como simplistas e crédulos, mas que sobreviveram intensamente à carga simbólico-comunicacional do "involucrismo" específico do próprio corpo — ou do corpo social. Poder-se-ia acrescentar que a preocupação e o cuidado com o corpo, hoje tão evidentes, as máscaras e as modas de vestuário que formam uma constante antropológica podem ser analisados como ainda outro modo de os seres humanos se relacionarem entre si. Considerado nesse contexto, o corpo torna-se causa e efeito de comunicação — em outras palavras, da própria sociedade.

Ver também COTIDIANO.

Leitura sugerida: Berthelot, J.M. 1985: "Les sociologies et le corps". *Current Sociology* 33.2 • Eco, U. 1983 (*1986*): *Faith in Fakes* • Guyau, M. 1911: *Les problèmes de l'esthétique contemporaine* • Maffesoli, M. 1982 (*1985*): *L'ombre de Dionysos*, 2ªed. • Mauss, M. 1935 (*1973*): "Les techniques du corps". Trad. ing. em *Economy and Society* 2.1, p.70-88 • Turner, J.H. 1986: *The Body and Society.*

MICHEL MAFFESOLI

sociologia política Esta disciplina tem se interessado primordialmente pelo estudo de partidos, sistemas eleitorais e comportamento do eleitor ao votar, movimentos sociais, liderança política e elites, burocracia, nacionalismo e formação de estados-nações, tipos de sistemas políticos e mudança política. Muitos estudos de partidos têm se concentrado em suas bases de classe e, em particular, na oposição entre partidos burgueses e partidos da classe operária; mas, em outra direção, a divisão dentro de todos os tipos de partidos entre os líderes e a massa de seus membros foi enfatizada e formulada em um estudo clássico (Michels, 1911) como a "lei de ferro da oligarquia". A liderança política também foi uma questão saliente na obra de Mosca (1896), Pareto (1915-19) e Max Weber (1918, 1929), escrevendo da perspectiva da teoria das elites (ver ELITES, TEORIA DAS). Relacionado com tais questões está o crescimento da BUROCRACIA em sociedades modernas, que Weber, no contexto das condições na Alemanha Imperial, considerou responsável pela produção de uma supremacia burocrática, assim como de uma racionalização geral da vida social. O papel da burocracia em sociedades socialistas também tem sido uma preocupação dominante, embora avaliado de maneiras muito diferentes por Weber e Schumpeter (1942).

As diferenças de classe social têm sido destacadas em análises do comportamento de voto, ao passo que os próprios sistemas eleitorais começaram a ser estudados em maiores detalhes em trabalhos recentes, especialmente a respeito da representação proporcional, a qual é considerada, com freqüência, a que expressa mais adequadamente a diversidade de opiniões políticas em democracias modernas.

Em décadas recentes tem se registrado um interesse crescente por movimentos sociais (Scott, 1990), inspirado em parte pelo surto de movimentos radicais da década de 60, embora movimentos nacionalistas e neofascistas também tenham voltado agora a se destacar. Esses movimentos são vistos como importantes formas alternativas de ação política, a par dos movimentos de classe previamente dominantes. Os vários movimentos podem, contudo, coincidir em certa medida, e também podem dar origem a novos partidos, o que freqüentemente acontece.

O NACIONALISMO e a criação de estados-nações têm sido intensamente estudados por cientistas sociais de diferentes correntes de opinião que enfatizaram a sua ligação com a ascensão da burguesia (Bauer, 1907) e o subseqüente surgimento do imperialismo, com as lutas pela democracia (Kohn, 1967) ou com a industrialização e a modernização (Gellner, 1983). As questões assim ventiladas retêm toda a sua importância no final do século XX, quando voltaram a se generalizar os movimentos pela independência nacional no interior de estados existentes.

Os sociólogos políticos também têm prestado muita atenção às diferenças entre sistemas políticos e, na segunda metade do século XX, esse interesse se concentra predominantemente no contraste entre regimes democráticos e totalitários (Aron, 1965) e nos novos sistemas políticos que surgiram em países em desenvolvimento pós-colonial. Estes últimos estudos estavam intimamente relacionados com teorias de mudança e conflito político, englobando também questões tão amplas quanto as origens e o desenvolvimento do capitalismo moderno (as quais podem ser concebidas em termos marxistas, weberianos ou schumpeterianos) ou, ainda mais amplamente, do moderno sistema-mundo. O conflito político envolve o choque de opiniões, doutrinas e ideologias, e muitas pesquisas têm se interessado pelos processos de formação das opiniões políticas, assim como pelo papel dos intelectuais e da mídia nesses processos.

No período do pós-guerra o âmbito da sociologia política foi muito ampliado, de modo que hoje cobre virtualmente o mesmo território que a CIÊNCIA POLÍTICA. As diferenças remanescentes parecem derivar principalmente de preocupações tradicionais, por um lado, com a "maquinaria formal de governo" e, por outro, com o contexto social de todo o pensamento e ação políticos, mas essas diferenças também têm sido muito atenuadas, especialmente na medida em que a própria ciência política se tornou mais sociológica.

Leitura sugerida Avineri, Shlomo 1968: *The Social and Political Thought of Karl Marx* • Barry, Brian 1970: *Sociologists, Economists and Democracy* • Bottomore 1979: *Political Sociology* • Brym, Robert J. 1980: *Intellectuals and Politics* • Mommsen, Wolfgang J. 1974: *The Age of Bureaucracy: Perspectives on the Political Sociology of Max Weber* • Runciman, W.G. 1969: *Social Science and Political Theory* • Scott, Alan 1990: *Ideology and the New Social Movements.*

TOM BOTTOMORE

soviete Ver CONSELHO DE TRABALHADORES.

stalinismo Iosif Vissarionovich Stalin (nome verdadeiro Djugashvili) (1879-1953) foi um político implacável, que presidiu à transformação da Rússia campesina em uma superpotência industrial, aos horrores da fome e dos expurgos na década de 30 e à resistência russa à invasão nazista de 1941-45. É freqüentemente retratado como homem de intelecto medíocre, mas a sua ideologia difusa, que ficou conhecida como "stalinismo", desempenhou importante papel na formação do regime soviético e no movimento comunista mundial durante sua vida e ainda por algumas décadas subseqüentes.

Já em 1924, ano da morte de Lenin, a doutrina política de Stalin começara a revelar características distintas. Ele insistiu em que o LENINISMO não era meramente uma versão do marxismo aplicável a um país camponês, mas tinha validade mundial na "era do imperialismo e da ditadura do proletariado", e salientou as características autoritárias de um partido político leninista. No mesmo ano declarou, contra a ferrenha oposição de Trotsky, que era possível completar a construção do SOCIALISMO na União Soviética sem uma revolução socialista em outros países (ver TROTSKISMO).

Quando a União Soviética encetou à força a industrialização e a coletivização da agricultura, no final da década de 20, Stalin modificou a doutrina leninista em importantes aspectos. Em 1928 sustentou que a luta de classes não se extinguiria, mas, pelo contrário, iria intensificar-se durante a transição para o socialismo e, dois anos depois, declarou que, em virtude do cerco capitalista à União Soviética, o estado não desapareceria, mas se tornaria mais forte durante essa transição.

No início da década de 30, a definição soviética de "socialismo" também foi mudada. Os bolcheviques, seguindo Marx, tinham presumido que o socialismo seria uma economia sem moeda, mercadorias ou comércio; mas a partir de meados dos anos 30, os marxistas soviéticos passaram a sustentar que o lote de terra pessoal do agricultor coletivo, o mercado livre para alguns produtos agrícolas e um sistema igualitário de salários na indústria faziam todos parte da economia socialista, que devia continuar sendo uma economia monetária.

Por conseguinte, Stalin enunciou em dezembro de 1936 que o socialismo estava estabelecido "em princípio" na União Soviética. Nessa época, também desenvolveu sua doutrina de que não havia contradições antagônicas dentro da sociedade socialista, pelo que todas as ações e crenças contrárias (o que, na prática, significava toda a crítica a Stalin) eram devidas à influência do hostil mundo capitalista. Isso forneceu uma justificativa ideológica para as repressões de 1936-38. Nos últimos anos que antecederam sua morte, ele admitiu, contudo, que mesmo no seio da sociedade socialista poderiam desenvolver-se certas contradições, e sublinhou o valor do "choque de opiniões"; mas essa mudança doutrinária não levou a qualquer abrandamento do seu rigoroso e despótico governo.

Em 1956 Kruschev deflagrou seu ataque ao "culto da personalidade" e rejeitou a doutrina de Stalin da intensificação da luta de classes durante a transição para o socialismo. Mas a definição soviética de socialismo continuou sacrossanta, assim como o princípio de que o sistema devia ser controlado por um partido único.

Depois da nomeação de Gorbachev para secretário-geral do Partido em 1985, a existência de uma distinta ideologia do "stalinismo" foi oficialmente admitida na União Soviética pela primeira vez, e o stalinismo foi submetido a profundas críticas como uma distorção ou traição do socialismo. Características do stalinismo vigorosamente condenadas como errôneas ou obsoletas incluíram sua ênfase no poder do estado e na propriedade deste como a forma suprema de propriedade social, a substituição da democracia pela burocracia e o estabelecimento do que Gorbachev designou como "um sistema de comando administrativo de gestão do país pelo partido-estado". Depois do colapso do comunismo soviético em agosto de 1991, os colaboradores mais íntimos de Ieltsin afirmaram que o stalinismo era essencialmente uma continuação do leninismo e até do marxismo, e rejeitaram todo o curso do desenvolvimento soviético desde outubro de 1917.

Leitura sugerida: Carr, E.H. 1958: "Stalin". In *Socialism in One Country, 1924-1926*, vol.I • Davies, R.W. 1989: *Soviet History in the Gorbachev Revolution*, caps.3-8 • Lewin, M. 1985: *La formation du système soviétique: essais sur l'histoire sociale de la Russie dans le entre-deux-guerres.*, espec. caps.11 e 12 • Rigby, T.H. org. 1966: *Stalin* • Stalin, Joseph. V. 1952-55: *Works*, vols.1-13, 1972: *The Essencial Stalin: Major Theoretical Writings*, org. por B. Franklin • Tucker, R.C. 1973: *Stalin as Revolucionary, 1879-1929: Study in Personality and History* o 1991: *Stalin in Power: the Revolution from Above, 1928-41.*

R.W. DAVIES

subdesenvolvimento Ver DESENVOLVIMENTO E SUBDESENVOLVIMENTO.

subúrbio Nesta espécie de povoação, situada nos arredores de uma cidade, composta principalmente de moradias e lojas de comércio, e separada das zonas industriais, não existe a concentração e a mistura de vários usos do território que é típica das cidades na era industrial. Além disso, os subúrbios são geralmente habitados por grupos sociais homogêneos que são, principalmente, da classe operária ou da classe média.

Esses tipos de povoações já existiam em tempos pré-industriais, como indica o vocábulo francês banlieue; refere-se ao espaço para além das muralhas da cidade medieval, mas sob a jurisdição (*ban*) da cidade. Subseqüentemente a onda de urbanização industrial e o desenvolvimento das redes de transporte e comunicação estimularam uma vasta expansão dos subúrbios, um processo de "suburbanização" (Walker, 1981).

As primeiras povoações suburbanas sistematicamente construídas remontam à segunda metade do século XIX na Inglaterra (*suburbia*, com a variação de "cidades-jardins") e nos Estados Unidos (Mumford, 1966). Trata-se de povoações destinadas às classes médias e que representaram um compromisso entre a necessidade de viver perto da cidade industrial, do local de trabalho e dos serviços de alta qualidade, e uma cultura arcádica aspirando à reprodução de certos aspectos da vida rural e bucólica: moradias unifamiliares rodeadas de jardins particulares e parques públicos, bem longe do caos urbano. Como assinalou Ruth Glass (1955), o desenvolvimento desses subúrbios está ligado à influência sobre os estilos de vida e o planejamento urbano da cultura antiurbana inglesa e americana.

Neste século, a urbanização (ver URBANISMO) alterou substancialmente o subúrbio original. Bairros para operários e grupos de média e baixa renda têm proliferado sobretudo na Europa continental, onde os grupos de alta renda, com suas fortes tradições urbanas, permaneceram principalmente nos antigos centros das grandes cidades. Uma exceção a esse modelo de suburbanização são os bairros residenciais para jovens famílias abastadas com filhos pequenos no período de máxima influência do estilo de vida americano entre 1945 e 1970.

Esses desenvolvimentos mudaram radicalmente o modo de vida suburbano, sobretudo nas periferias ocupadas pela classe operária, as quais são "dormitórios" densamente povoados, carentes de serviços e de espaços verdes.

Em muitos países industrializados, os subúrbios de classe operária contêm principalmente os chamados bairros econômicos, cuja construção foi planejada pelo estado com dinheiro público, enquanto que em outros, sobretudo nos Estados Unidos, tem predominado a construção privada (ver Ball et al, 1988). Apesar dessa e de outras diferenças, e do fato de, na Inglaterra e nos Estados Unidos, a cultura antiurbana também ter influenciado o tipo de moradia nos subúrbios ao desencorajar os grandes condomínios multirresidenciais (com algumas exceções, como as famosas "torres" no Bronx em Nova York), os bairros suburbanos de classe operária, construídos nos arredores de grandes metrópoles industriais durante os anos do pós-guerra, são muito semelhantes no gênero e apresentam os mesmos problemas. A *banlieue* de Paris, os novos bairros na periferia de Moscou, Nova York e sul de Londres, exibem todos as conseqüências da construção barata de alta densidade, a falta e a inadequação dos serviços e, de modo geral, uma vida social e familiar marcada por todas as formas de privação urbana. Estas vão desde o anonimato e a dificuldade de socialização até os elevados custos, o congestionamento e a poluição, e não são compensadas pela usual vantagem de viver muito perto dos centros de serviços de qualidade e do poder econômico, financeiro e político. Pode-se acrescentar a isso o fato de que as privações envolvidas na mudança para subúrbios aumentaram à medida que as cidades cresceram em tamanho, uma vez que os sistemas de transporte público não foram modernizados e o trânsito se tornou seriamente congestionado. Daí que a palavra subúrbio, originalmente positiva em seu significado, acabou adquirindo agora uma conotação decididamente negativa.

As mais recentes tendências à descentralização de fábricas e escritórios, o acentuado declínio do emprego na indústria manufatureira (Mingione, 1991), a reestruturação econômica e tecnológica (Castells, 1989), assim como o impacto de todas essas tendências sobre os sistemas urbanos (Scott, 1988; Soja, 1989), estão modificando, por sua vez, o significado da suburbanização, mas em direções que ainda são demasiado controversas para permitir uma interpretação clara.

Leitura sugerida: Ball, M. Harloe, M. e Maartens, H. 1988: *Housing and Social Change in Europe and the USA* • Castells, Manuel 1989: *The Informational City* • Glass, Ruth 1955 (*1989*): "Urban sociology in Great Britain". In *Clichés of Urban Doom* • Mingione, Enzo 1991: *Fragmented Societies* • Mumford, Lewis 1966: *The City in History* • Scott, Allen J. 1988: *Metropolis: From the Division of Labor to Urban Form* • Soja, Edward W. 1989: *Postmodern Geographies: the Reassertion of Space in Critical Social Theory* • Walker, Richard 1981: "A theory of suburbanization". In *Urbanization and Urban Planning in Capitalist Society*, org. por M.J. Dear e A.G. Scott.

ENZO MINGIONE

suicídio A obra de Émile Durkheim (1897) continua sendo a mais completa, abrangente e influente das teorias sociais sobre o suicídio. Sustentou ele que a consistência das taxas de suicídio era um fato social, explicado pelo grau em que os indivíduos eram integrados e regulados pelas forças morais coagentes da vida coletiva. O suicídio egoísta e altruísta resultava, respectivamente, da subintegração e da superintegração do indivíduo pela sociedade, enquanto que a anomia e o suicídio fatalista eram causados pela sub-regulação e pela super-regulação. Durkheim usou correlações entre o suicídio e várias taxas de associação externa para demonstrar a validade dos seus conceitos fundamentais. Por exemplo, as populações católicas tinham taxas de suicídios inferiores às protestantes porque a sociedade católica vincula o indivíduo mais rigorosamente à coletividade. Segundo Durkheim, o egoísmo e a ANOMIA crescentes estavam causando as taxas de suicídio invariavelmente ascendentes das sociedades ocidentais. Entretanto, o egoísmo não é uma conseqüência necessária da sociedade industrial. Iga (1986) mostrou como a grande maioria dos suicídios no Japão moderno resulta da vergonha dos indivíduos por fracassarem na realização dos objetivos que o grupo impõe a seus membros.

Obras sociológicas pós-durkheimianas, embora aprovando os esforços pioneiros de Durkheim na definição da taxa de suicídios como objeto de investigação e correlacionando-a com uma gama de variáveis sociais, mostraram-se predominantemente céticas diante da sua tentativa de explicação de ambas em termos de forças morais "reais mas invisíveis" que inclinam os indivíduos ao suicídio. Para esses sociólogos de orientação empirista, a noção de Durkheim de uma ciência dos fenômenos morais era uma impossibilidade. Assim, a maior parte das obras sociológicas subseqüentes, embora parecendo apoiar as "descobertas" de Durkheim, limitaram-se à relação entre taxas de suicídios e fatores sociais *externos*. Dessa perspectiva, alguns dos estudos mais conhecidos ligaram positivamente o suicídio, por exemplo, à urbanização e ao isolamento (Halbwachs, 1933; Sainsbury, 1955; Cavari, 1965), à falta de integração de status (Gibbs e Martin, 1964), à falta de restrição externa (Henry e Short, 1954; Maris, 1969) e à limitação em decorrência da cobertura da mídia (Phillips e Carstensen, 1988).

Abordagens fenomenológicas ou subjetivas tendem a examinar o modo como indivíduos chegam a construir intenções "suicidas" para si mesmos ou para outros. Esse último interesse foi desenvolvido e convertido em uma crítica de dados oficiais que vai além do interesse tradicional pela "exatidão" das estatísticas. Douglas (1967) afirmou que as idéias alimentadas por diferentes culturas e subculturas a respeito de suicídios determinam o que as autoridades finalmente classificam como "suicídio". Desenvolvendo as idéias de Douglas, Atkinson (1978) e Taylor (1982), mostraram que um veredicto de suicídio só será pronunciado se as autoridades puderem encontrar provas compatíveis com as idéias culturais aceitas sobre os motivos que levam as pessoas a se matar e o modo como tratam de fazer isso. Assim, tanto a regularidade das taxas de suicídios quanto a sua correlação sistemática com fatores tais como isolamento e perda podem ser funções do modo como se coletam os dados.

Os subjetivistas afirmam que as tentativas de compreender o suicídio devem basear-se nos significados que os suicidas oferecem para justificar suas próprias ações (Douglas, 1967; Baechler, 1979). Douglas, por exemplo, ao rejeitar os dados estatísticos em favor dos etnográficos, refere-se a estes últimos como "concretos e observáveis". Entretanto, ao pressupor alguma espécie de acesso direto ao mundo através da observação, ele aproximou-se muito da tradição positivista que está criticando.

A teoria psicanalítica sobre o suicídio, estimulada inicialmente por Wilhelm Stekel e Alfred Adler, concentrou-se na agressão deslocada como motivo inconsciente para esse ato. Freud (1917), comparando luto e melancolia, afirmou que, na segunda, a libido livre retira-se para o ego, que estabelece uma identificação com o objeto perdido. Se a animosidade para com a parte do ego com a qual o objeto perdido está identificado é bastante grande, o ego age no sentido de destruir essa identificação e, por conseguinte, destrói-se a si mesmo. A hipótese formulada mais tarde por Freud em *Para além do princípio do prazer*, a de que o suicídio representa uma vitória precoce do instinto de morte, tem sido menos influente, mesmo entre psicanalistas. Entretanto, a idéia foi desenvolvida em um célebre livro de Menninger (1938), que interpretou uma série de comportamentos prejudiciais e potencialmente prejudiciais como suicídios parciais ou crônicos. Para o suicídio total, o indivíduo tinha que ter não só o desejo de morrer, mas também o desejo de matar e ser morto.

As teorias durkheimianas e freudianas têm muito mais em comum do que freqüentemente se percebe. Umas e outras usam a análise teórica para tentar revelar as causas subjacentes da ação humana; umas e outras explicam o suicídio em termos do desenvolvimento normal dos indivíduos e sociedades; umas e outras exploram as tensões resultantes das precárias relações nas pessoas entre o "animal" e o "ser social". Em contraste, a moderna "suicidologia" (agora uma disciplina nos Estados Unidos, com sua própria associação e revista) tende a ser informada por uma epistemologia empirista, com "teorias" sobre tendências particulares no suicídio "emergindo" dos dados.

As teorias psicológicas e biológicas do suicídio tendem a averiguar que "fatores" caracterizam o indivíduo propenso ao suicídio ou são mais salientes nele. A psicologia cognitiva, por exemplo, apontou que os suicidas são caracterizados por processos de pensamento mais polarizados, menos imaginativos e mais estreitos (Neuringer, 1976). Uma série de estudos de psicologia social identificou indivíduos suicidas por suas pontuações mais altas em escalas de, por exemplo, "desesperança", "hostilidade" e baixa auto-estima. Entretanto a falta de consistência e as dificuldades para estabelecer comparações decorrem do fato de tais escalas não serem "medidas" em qualquer sentido objetivo.

Fatores biológicos e genéticos oferecem potencialmente indicadores mais objetivos. Por exemplo, numerosos estudos encontraram ligações entre o comportamento suicida e baixos níveis de ácido 5-hidróxi-indoleacético (5-HIAA) metabólito de serotonina no líquido cérebro-espinhal (Brown et al, 1982). Entretanto as tentativas de *explicar* essas relações, em vez de meramente documentá-las, defrontam-se com o problema de relacionar medidas biológicas cada vez mais refinadas com escalas psicométricas rudimentares. Korn et al. (1990) afirmam que, sem se melhorar a "medição" de funções psicológicas, "a revolução biológica em psiquiatria pode, na verdade, parecer caótica".

Definir suicídio não tem sido geralmente visto como um problema. O suicídio é um autocídio intencional. Mas a pesquisa sobre a natureza de atos suicidas, fatais ou não-fatais, tem desafiado a noção convencional de que todas as mortes de suicidas "autênticos" têm por objetivo a morte e podem assim distinguir-se de uma variedade de atos de "falsos" suicidas, tais como os "gritos por socorro", quando a intenção é viver. Stengel foi um dos primeiros a mostrar que a maioria dos atos suicidas, incluindo a maior parte dos que terminam em morte, são manifestações de comportamento de aceitação de riscos, empreendidas com um intuito ambivalente e caracterizadas pela incerteza quanto ao desfecho (Stengel e Cook, 1958). Alguns pesquisadores têm usado o termo "parassuicídio" a fim de descrever o comportamento que, embora se situe aquém de uma tentativa real de suicídio, é mais, porém, do que um mero gesto manipulativo. Essas observações têm implicações para definir e teorizar acerca do suicídio. Stengel (1973) definiu o suicídio como "qualquer ato deliberado de dano cometido por uma pessoa contra si própria e no qual ela não pode estar certa de sobreviver". Talvez a questão fundamental para a pesquisa corrente não seja por que as pessoas se matam, mas por que tantas mais (possivelmente 100 mil por ano na Inglaterra e no País de Gales) arriscam suas vidas no que Stengel comparou a um ordálio medieval.

A ética do suicídio tende a não continuar dirigindo o seu foco para a culpabilidade moral de quem atenta contra a própria vida. O pensamento do século XX tem compaixão pelo suicídio, mas fica intrigado com o mistério do que impele indivíduos a desejarem desligar-se da boa sociedade. No século XXI, com uma população envelhecendo e recursos em declínio, o ressurgimento do suicídio como responsabilidade social, até como dever, não pode ser desprezado.

Ver também DEPRESSÃO CLÍNICA; PSIQUIATRIA E DOENÇA MENTAL.

Leitura sugerida: Douglas, J. 1967: *The Social Meanings of Suicide* • Durkheim, E. 1897 (*1969*): *Le suicide, étude de sociologie* • Freud, S. 1917 (*1957*): *Mourning and Melancholia* • Lester, D. org. 1990: *Current Concepts of Suicide* • Menninger, K. 1938: *Man Against Himself* • Stengel, E. 1973: *Suicide and Attempted Suicide.*

STEVE TAYLOR

superestrutura Ver BASE E SUPERESTRUTURA.

surrealismo Movimento sócio-artístico revolucionário que se propôs nada menos que efetuar uma mudança na sociedade através da revelação do maravilhoso oculto sob o cotidiano e da exploração metódica dos recursos do inconsciente. O poeta Guillaume Apollinaire descreveu a sua peça *Les mamelles de Tiresias* (de 1917) como um "drama surrealista", e a palavra foi adotada por certo número de poetas mais jovens associados à revista *Littérature*, com destaque para André Breton, Philippe Soupault, Louis Aragon e Paul Eluard, de 1922 em diante. Breton tornou-se o indiscutível líder e teórico do grupo, o qual, com o tempo, adquiriu o mecanismo de um partido político, como filiados, julgamentos, expulsões e heresias, e até com seu próprio dicionário.

Derivando inicialmente das atitudes niilistas e antiartísticas do movimento Dada, o surrealismo herdou dele as manifestações, os manifestos, as táticas de choque e o desejo de *épater les bourgeois*, e adicionou a tudo isso um profundo interesse pelas descobertas de Sigmund Freud. Os surrealistas foram buscar suas preocupações com o acaso — *hasard objetif* — nas elegantes e filosóficas obras de antiarte de Marcel, membro do grupo Dada, e seu método estético em uma frase muito citada de *Les chants de Maldoror* (de 1869) por Isidore Ducasse, conde de Lautréamont: "tão belo quanto o inesperado encontro, em uma mesa de dissecação, de uma máquina de costura com um guarda-chuva". Essa justaposição de realidades contrastantes ou contraditórias para atingir um novo estado, surreal, foi associada por Breton à DIALÉTICA de Hegel e facilitada, em particular, pela relativamente nova idéia de *collage*, a colagem de elementos impressos ou fotográficos formando um conjunto.

A natureza "faça você mesmo" dessa técnica combinava com outra máxima de Lautréamont: "a poesia deve ser feita por todos". A *collage*, o uso sério de jogos de papel de crianças, como o de "conseqüências" (conhecido como *cadavres exquis*, por causa das duas primeiras palavras obtidas por esse método), o emprego de material de sonhos e transes e de escrita automática, e mais tarde a descoberta de "objetos encontrados" propiciaram um movimento teoricamente democrático. Novos veículos como a fotografia (com Man Ray) e o cinema (com Luis Buñuel) pareciam adaptar-se perfeitamente à produção de realidades contrastantes. A arte primitiva e *naïve*, as novelas de sensacionalismo barato e os primeiros filmes de Hollywood foram descobertos e aplaudidos. É irônico, em vista de tudo isso, que os surrealistas sejam agora percebidos predominantemente como um grupo de elite constituído de poetas e pintores.

Durante seus anos de máxima atividade na década de 30, à época da Frente Popular e da atividade antifascista em geral, eles tentaram persistentemente aliar-se ao Partido Comunista francês, com resultados previsivelmente tragicômicos; tais espíritos livres, por mais sinceros que fossem, não tinham lugar em uma rígida hierarquia partidária.

Embora eles se considerassem tudo menos um movimento artístico, também é irônico que o surrealismo seja mais conhecido hoje em dia como o viveiro de uma série de excepcionais pintores: Max Ernst, André Masson, René Magritte, Salvador Dali; suas várias nacionalidades testemunham a difusão internacional do movimento.

Amor — *l'amour fou* — e Mulher forneceram a inspiração. Violentamente anticlericais, é como se os surrealistas adotassem a metafísica e nela substituíssem o amor divino pelo amor físico. Um considerável número de suas "musas" tornou-se artista por seu talento pessoal, como Elsa Triolet, Lee Miller, Meret Oppenheim e outras que se descobriram através do movimento. O surrealismo alcançou o seu apogeu nas grandes exposições de Londres (1936) e Paris (1938), embora se mantivesse até a morte de Breton, em 1966, e tenha tido uma influência contínua, sobretudo na Pop Art dos anos 60.

Ver também SOCIOLOGIA DA ARTE.

Leitura sugerida: Alquié, F. 1965: *The Philosophy of Surrealism* • Cardinal, Roger e Short, Robert Sheart 1970: *Surrealism: Permanent Revelation* • Jean, Marcel 1970: *Autobiographie du surréalisme* • Nadeau, Maurice 1968: *Histoire du surréalisme*.

ADRIAN HENRI

T

teatro O teatro moderno começa exatamente em 1889, tomando en consideração alguns importantes precursores. O principal impulso que serviu de esteio ao novo teatro foi o estabelecimento do poder da burguesia mercantil e industrial, mas as direções que o teatro adotou foram principalmente expressões de oposição aos valores materialistas dessa classe. Começando com o Naturalismo e o Théâtre Libre de Antoine em Paris, um movimento reformista passou a documentar os males do capitalismo e a exigir alguma forma de reparação. O teórico desse movimento foi Émile Zola; o seu precursor foi Henrik Ibsen. Vinculado a esse desenvolvimento estava o interesse crescente em examinar o mundo cientificamente, e o Naturalismo não tardou a ampliar o seu campo de investigação para além do imediatismo do mundo material, adentrando as esferas sociológica e psicológica.

No decurso dessa investigação, a forma estabelecida dominante de teatro, a peça dramática, começou a ser vista como inadequada. O teatro dramático é baseado em cenas do tipo aqui-e-agora compostas de diálogos em que os personagens se defrontam mutuamente e se imagina terem o poder de chegar a alguma forma de solução de seus conflitos ou dificuldades. Os novos dramaturgos enfrentaram certos problemas: para Ibsen, o presente era percebido como condicionado pelo passado, o qual se intrometia no diálogo aqui-e-agora, ao passo que, para Strindberg, os conflitos tinham sede na psique individual, a qual não podia ser dramatizada de acordo com métodos tradicionais. A peça dramática estabelecera-se durante a ascensão da burguesia ao representar os valores e as lutas dessa classe no palco, mas, assim que lhe asseguraram a ascendência, a situação mudou. Tchecov dramatizou o declínio da burguesia rural, enquanto outros abraçavam a causa da classe trabalhadora, embora as tentativas de dramaturgos da classe média de apresentar a vida de trabalhadores raramente fossem bem-sucedidas, talvez porque se esquivassem de retratar conclusões revolucionárias.

A segunda linha de oposição começou pela criação de um teatro estético que não precisava de qualquer justificação social. Os simbolistas criaram mundos imaginários, sensoriais, em torno de monodramas hierofânticos. Adolph Appia criou formas fluidas de encenação (para as óperas de Wagner) que complementariam as qualidades estimuladoras de emoção da música e Gordon Craig apresentou a idéia de um teatro governado por um artista e poeta supremo: o diretor.

A partir desses experimentos e teorias, desenvolveram-se três importantes enfoques de performance. Craig, com o seu conceito de *Übermarionette*, estabeleceu uma forma impessoal de atuar, na qual um ator atlético, altamente treinado, estava apto a representar com grande habilidade expressiva a pedido e comando do diretor, cuja vontade e visão poética determinavam a natureza da apresentação. Isadora Duncan afirmou a primazia da expressão pessoal autêntica do artista/dançarino, resultante do que chamou os "estados da alma", que ela localizou no plexo solar. Stanislavsky começou por investigar os processos psicofísicos através dos quais o ator trabalha e acabou por apresentar o primeiro estudo científico do ator.

Outros avanços importantes registrados nesse período foram a fundação de teatros nacionais como um importante instrumento de hegemonia cultural burguesa e o movimento em prol da formação de algum gênero de teatro "popular". (Ver também SOCIOLOGIA DA ARTE.) Na França e na Alemanha, em particular, na virada do século, houve movimentos para democratizar os teatros, os quais exerceram poderosa influência sobre futuros desenvolvimentos. Na França, sob a tutela de Romain Rolland, registrou-se uma campanha em favor da instauração de subsídio do governo para o estabelecimento de teatros nos subúrbios parisienses da classe operária, os quais acabariam por se ampliar ao restante da França. Em várias etapas, essa idéia converteu-se na política de descentralização do teatro que serviu de base para a política do pós-guerra na França através dos Théâtres Populaires, dos Centres Dramatiques e das Maisons de Culture. Merece ser assinalado que o estatuto do Arts Council da Grã-Bretanha aponta como seu objetivo primordial a criação do mais amplo acesso possível para todas as camadas representativas em um corte transversal da população. Na Alemanha, o movimento do Volksbühne (Teatro Popular) começou a formar, em 1891, um vasto contingente de associados, o que lhe possibilitou a compra de representações que seriam encenadas nas épocas e a preços que os sócios, predominantemente da classe trabalhadora, julgassem convenientes. A partir daí, o movimento progrediu ao ponto de financiar as suas próprias produções e de construir e administrar os seus próprios teatros. Esse princípio de financiamento de um teatro mediante a compra antecipada de lugares, em bloco, por organizações representativas de trabalhadores, predominantemente sindicatos, tornou-se política estatal dos antigos estados socialistas na Europa Central e Oriental. Isso assegurou que em toda a Europa o teatro fosse visto como um serviço social, digno de receber verbas do estado — desde que se responsabilizasse por promulgar a hegemonia da classe dominante ou a ideologia do estado.

Dentro do movimento Volksbühne, desde o começo suscitaram-se questões acerca do relacionamento entre o teatro e seu público. Deve o público ser politicamente educado através do teatro, ou culturalmente através da participação no teatro, como público? Houve duas divisões cruciais. A segunda delas foi ocasionada por Erwin Piscator em meados da década de 20. Piscator percebeu que todo o movimento no sentido da democratização do teatro se baseava no conceito de Teatro do Povo, um conjunto de idéais tomadas do pensamento em torno da Revolução Francesa; mas no final do século XIX a questão de quem era o "povo" ou a "nação" se mostrava muito controversa. Piscator rejeitou aquelas tendências à reconciliação das classes antagônicas e apresentou o conceito de um teatro politicamente engajado, cuja finalidade seria servir aos objetivos dos setores mais avançados do proletariado. Pouco depois da Primeira Guerra Mundial, Piscator estabeleceu o Teatro Proletário, que percorreu as salas de reuniões de trabalhadores de Berlim até ser interditado pela polícia. Em uma série de produções para o Volksbühne, para o Staatstheater e em duas revistas para o Partido Comunista, ele desenvolveu um repertório de técnicas voltadas para assegurar a significação política de qualquer obra teatral. A sua arbitrariedade final forçou o Volksbühne a repudiá-lo e a declarar categoricamente que não tinha filiação ou intenções políticas declaradas. Piscator prosseguiu em seu caminho para definir e ampliar suas idéias no Teatro Político, no que foi acompanhado de perto por Bertolt Brecht.

O próprio Piscator foi cada vez mais seduzido pelas inovações técnicas que ele próprio havia introduzido, mas algumas delas tinham um valor significativo. Especialmente o seu uso do filme para trazer a realidade ao palco ou para estabelecer o contexto global dentro do qual ocorrem as ações mais domésticas. (Ver também CINEMA.) Ele proclamou a morte do teatro dramático, articulada mais tarde por Brecht como decorrente da pura impossibilidade de encontrar protagonistas cuja experiência fosse representativa de qualquer grande grupo ou classe, e a morte do teatrólogo individual, pois nenhum indivíduo possuía a necessária gama de aptidões para compreender todos os fatores complexos que influenciaram o mundo contemporâneo. Ele estabeleceu cooperativas dramatúrgicas, as quais incluíram economistas e ativistas políticos, assim como escritores.

Brecht, que era um membro da cooperativa, encontrou um modo de envolver colaboradores, embora retendo ele próprio o controle geral. Ele seguiu Piscator ao rejeitar como moribundo o teatro dramático e ao estabelecer o teatro épico como a única forma capaz de articular o século XX. Os métodos teatrais de Brecht foram planejados para colocar o público em uma disposição de espírito mais questionadora do que passiva, e ele tentou interpor mecanismos de estranhamento entre a ação no palco e o público, a fim de bloquear sentimentos de empatia e despertar atitudes críticas. Brecht viu que, ao crescerem, os dois braços do movimento modernista se haviam distanciado muito e concebeu a sua própria obra como uma união das funções didáticas e de entretenimento do teatro. Seu teatro foi sempre político, mas utilizou todos os recursos formais e espetaculares que os teatros de arte haviam desenvolvido.

Como base na obra de Piscator, com o Teatro Proletário, e em um movimento paralelo na União Soviética, os "Blusas Azuis", a forma predominante de teatro político converteu-se em *propaganda de agitação*, sendo a função do teatro educar o público quanto às realidades políticas e despertá-lo para a ação. Uma visita dos Blusas Azuis à Alemanha, por ocasião do 10º aniversário da Revolução Russa, inspirou movimentos políticos no mundo inteiro a adotarem *agit-prop* como estilo teatral. Por ironia, isso aconteceu precisamente na época em que Stalin desmantelou o movimento dos Blusas Azuis e estabelecu a política da União Soviética como o realismo socialista, a apresentação de figuras típicas em um ambiente típico.

A desintegração da União Soviética e dos outros estados socialistas na Europa tornou largamente redundante qualquer forma de teatro político baseado no princípio de contribuição para o fim do sistema capitalista e sua substituição pelo socialismo. Entretanto, as técnicas do *agit-prop* e dos Blusas Azuis foram consideravelmente refinadas e desenvolvidas em várias partes do mundo em desenvolvimento, onde as condições e necessidades políticas e sociais gerais são diferentes. O teatro tem sido usado para promover a alfabetização, o controle populacional, a reforma agrária e a resistência política. Nessas campanhas, o teatro tem sido usado por governos para manter o *status quo* e por grupos de oposição para o abalar. O principal desenvolvimento nesse campo foi através da obra de Augusto Boal, apoiada nas teorias educacionais de Paulo Freire, e sua concepção do Teatro do Oprimido. Embora o Teatro do Oprimido não possa ser reduzido a qualquer processo singular, existe em seu cerne a idéia de que os povos oprimidos se libertam após ou durante um processo de conscientização através do qual são levados a objetivar sua opressão e exploração e a elaborar modos de alterar seu pensamento e sua ação para criar novas realidades. Esse gênero de teatro requer que mesmo a obra de Brecht seja rejeitada e que as barreiras entre ator e público sejam derrubadas em uma série de etapas que colocam o participante dentro da ação e em posição de "ensaiar" as possibilidades de mudança revolucionária. Com base em uma afinidade de propósitos com a TEOLOGIA DA LIBERTAÇÃO, esse teatro é freqüentemente mencionado como Teatro de Libertação.

O segundo braço do movimento modernista, no qual Brecht foi buscar suas idéias de espetáculo e entretenimento, nunca esteve inteiramente separado do braço reformista. De Strindberg em diante, através do Expressionismo, os sentimentos de ANOMIA não eram fáceis de dramatizar sem recurso a formas não-realistas de encenação. Realizaram-se experimentos com idéias surrealistas e deles surgiu a obra de Antonin Artaud, rejeitada pelos surrealistas mais destacados mas formulando um Teatro da Crueldade que eliminaria as restrições do texto literário e os polidos refinamentos e inibições da sociedade moderna a fim de criar um teatro elementar trabalhando com imagens para restabelecer o sentido de mistério e a dimensão metafísica que se perdera. Artaud não estava sozinho em suas preocupações — Craig, Vassily Kandinsky e Alexandre Scriabin tinham-no precedido —, mas iniciou um envolvimento com o teatro oriental que retorna uma e outra vez como fonte de nutrição para um teatro ocidental em perigo de perder sua potência.

A aplicação de métodos científicos a técnicas teatrais continuou durante todo o século XX, sobretudo no campo do movimento e da DANÇA. As idéias de Frederick Winslow Taylor foram uma importante influência no conceito de Meyerhold de biomecânica, e tem havido uma corrente constante de novas abordagens e métodos para o treinamento físico de atores. A obra de Rudolf von Laban refletiu a preocupação de Isadora Duncan em querer distinguir entre impulsos autênticos e inautênticos para o movimento e a dança, e ele também estabeleceu a primeira categorização científica dos movimentos em torno de tempo, espaço e gravidade, assim como inventou o primeiro sistema de notação de movimentos. Oriundos do movimento expressionista, Oskar Kokoschka e Kandinsky trabalharam para criar um teatro formalista que complementasse as inovações nas artes gráficas. A Bauhaus realizou experimentos com esses princípios estéticos e, quando essa obra chegou aos Estados Unidos, na década de 30, e foi adotada por John Cage e, mais tarde, Merce Cunningham, começaram a ser postuladas idéias sobre formas teatrais que utilizariam o acaso e nas quais os elementos constituintes não seriam coerentes, mas contrastariam de maneira aleatória. Paradoxalmente, uma vez que Brecht já tinha estabelecido que a imagem não precisa ilustrar o texto ou a ação, mas pode servir-lhes de contraste ou de comentário, estava aberto o caminho para libertar a imagem em uma grande variedade de maneiras. Tem havido uma corrente constante de novos desenvolvimentos que não condizem com os padrões tradicionais da dramaturgia, mas utilizam o próprio corpo e padrões de comportamento de cada artista, bem como montagens puramente formais de imagens e ações. Estas converteram-se na dança pós-moderna (e, recentemente, no teatro pós-moderno, na arte performática, nos *happenings* e em toda uma série de cruzamentos). A obra de Robert Wilson é a mais complexa e, juntamente com a de Heiner Müller, a mais conhecida.

O conceito que surgiu mais recentemente foi o de Terceiro Teatro, que se relaciona com companhias no mundo inteiro; teve sua origem na obra do Living Theatre e de Jerry Grotowski. Uma companhia do Terceiro Teatro não é pelo *status quo* nem se opõe a este, uma vez que a oposição define a obra da companhia tão seguramente quanto a aceitação. Tampouco se trata de companhias experimentais de vanguarda, embora seu trabalho seja experimental e inovador. Elas vivem e trabalham no mundo criando dentro de si mesmas o teatro como um modo de vida. Buscam, portanto, modos de ganhar a vida, mas não se permite que isso determine a natureza de seu trabalho ou lhe imponha restrições. O principal teórico desse movimento é Eugenio Barba, do Odin Theater, que expôs o conceito das Ilhas Flutuantes. Se cada um desses grupos está em contato com os outros, eles criam o seu próprio sistema de apoio e, à semelhança dos esbulhados incas, que vivem em tapetes de junco flutuando no lago Titicaca, acabarão criando sua própria identidade global e sua própria realidade política.

Na década de 60, houve um surto de interesse pela sociologia do teatro. Erving Goffman começou a usar a linguagem do teatro para descrever relações em público e para descrever a interação social em termos de estratégias dramatúrgicas. Ao mesmo tempo o próprio teatro foi submetido a minuciosa análise como instituição da sociedade e seus processos foram investigados de vários ângulos, como os processos de COMUNICAÇÃO, as relações com o ritual e outras considerações antropológicas. Victor Turner, Richard Schechner e Eugenio Barba interessaram-se todos pela antropologia teatral. Schechner procurou ampliar a disciplina dos estudos teatrais de modo a incluir os estudos da performance, dos quais o desempenho teatral é apenas um pequeno constituinte. Barba empreendeu um estudo de comparações e conexões transculturais em técnicas performáticas. A obra de Jean Duvignaud sobre sociologia do teatro e depois sobre a sociologia do ator despertou interesse imediato. Também foram iniciados estudos sobre a psicologia e, recentemente, a biologia do ator. Os estilos e formas mais tradicionais de performance foram investigados a partir de pontos de vista estruturalistas e pós-estruturalistas para estabelecer a SEMIÓTICA teatral. Muito se fez nesse campo, mas, em última análise, ele ofereceu muito pouco que seja suscetível de produzir qualquer avanço no teatro. A abordagem semiótica funciona melhor quando a performance se baseia em um sólido texto literário, que a própria abordagem tenta suplantar a fim de analisar as estruturas performáticas do teatro.

Em face de tudo isso, seria possível afirmar que a longa história do teatro como serviço social está agora agindo contra o seu desenvolvimento. O "Novo Realismo" rejeita esse conceito e o teatro tem pouco mais em que se apoiar. Em nenhuma época existiu tanto interesse e atividade no estudo e análise dos processos teatrais, enquanto que o próprio teatro como instituição parece correr o perigo de desaparecer. Contra isso, o surgimento de companhias do Terceiro Teatro e do Teatro em Desenvolvimento, que não igualam atividade teatral com subsídio, é portador das melhores esperanças para o futuro. Há indícios de contra-argumentos favoráveis ao teatro como forma de arte e não como serviço, e uma crescente reação do teatro didático ou político em favor de um ato de celebração.

Leitura sugerida: Barba, Eugenio 1986: *Beyond the Floating Islands* • Boal, Augusto 1967: *Teatro do Oprimido* • Bradley, D. e McCormick, J. 1978: *People's Theatre* • Brecht, Bertolt 1964 (*1978*): *Brecht on Theatre*, org. por John Willett • Epsepskamp, C.P. 1988: *Theatre in Search of Social Change* • Schechner, Richard 1988: *Performance Theory*.

CLIVE BARKER

tecnocracia A palavra subentende comando ou governo exercido por gerentes administrativos (depois de a propriedade legal ter sido separada do controle efetivo) que superintendem e dirigem o pessoal mais jovem da carreira burocrática com treinamento técnico mais recente. Ao mesmo tempo o trabalho desses gerentes é altamente "político", quer seja executado em organizações do setor público ou privado. O termo também se refere ao efêmero movimento nos Estados Unidos entre 1931 e 1933 (ver Layton, 1956) baseado na tentativa de aplicar o pensamento de Thorstein Veblen, especialmente o seu livro de ensaios, *The Engineers and the Price System* (1919). A palavra foi usada pela primeira vez em 1914 por W.H. Smyth, um seguidor de Veblen, depois de ter lido alguns ensaios que seriam publicados nesse livro. Smyth definiu-a como "a organização da ordem social baseada em princípios estabelecidos por especialistas técnicos", ecoando a longa tradição de pensamento positivista francês que começa com Saint-Simon e inclui François-Charles Fourier, Auguste Comte, Prosper Enfantin e a École Polytechnique no período entre 1815 e 1860.

Um importante pressuposto da tecnocracia, que a definição de Smyth apenas serve para sublinhar, é a existência de um fenômeno chamado conhecimento "objetivo", o qual pode ser apreendido e aplicado diretamente a problemas sociais e econômicos, assim como técnicos, e a capacidade dos tecnocratas de combinar esse conhecimento com as aptidões organizacionais e gerenciais, o que faz deles as pessoas em quem mais se pode confiar para realizar e manter esse tipo de ordem social. (Ver também RACIONALIDADE E RAZÃO.) No plano organizacional, ignora as sérias e constantes tensões entre subordinados e dirigentes, entre funcionários com conhecimentos gerais e especialistas, que é possível encontrar em todas as estruturas burocráticas estabelecidas, seja em sociedades supostamente "capitalistas" ou "socialistas", ou em organizações do setor público ou privado. A tecnocracia (e os que endossam seus objetivos e métodos) tende também a minimizar ou ignorar as conseqüências de tal pensamento — e a prática que se presume resultar dele — para os interesses legítimos acerca da responsabilidade de funcionários não eleitos em face dos eleitos, e da responsabilidade de funcionários eleitos para com os seus eleitores nas democracias representativas que funcionam sob o império da lei.

O que decorre com excessiva freqüência dos pressupostos e preferências tecnocráticos é a noção de que os problemas políticos são realmente de natureza administrativa e gerencial, *ou que idealmente deveriam ser reduzidos a isso* a fim de manter a continuidade e resistir às tendências "desestabilizadoras" ocasionadas pelos partidos políticos, pelas campanhas e pelas eleições. Os tecnocratas preferem infreqüentes eleições plebiscitárias caracterizadas por curtas campanhas em que pelo menos uma outra equipe esteja a postos para assumir as posições simbólicas associadas ao governo democrático na eventualidade de o grupo de políticos existente ser derrotado. A ordem social é compreendida, no caso ideal, como uma máquina (ou "sistema") que pode operar de várias maneiras, desde a máxima eficiência em um extremo até a crassa ineficiência no outro. Além disso, é uma máquina (ou sistema) que, uma vez estabelecida de acordo com os critérios preferidos, só vai requerendo, ao que se presume, pequenos ajustes graduais para se manter.

A idéia de controlar o poder discricionário de funcionários não-eleitos está irrecuperavelmente comprometida com o predomínio crescente da noção — favorecida por programas de treinamento empresarial e administrativo na América do Norte, Europa Ocidental e Comunidade Britânica — de que existe um conhecimento objetivo, de que os especialistas podem apreendê-lo e de que é possível aplicá-lo diretamente a problemas sociais, políticos e econômicos pela combinação adequada de "habilidades" técnicas, gerenciais e políticas. Embora se pensasse inicialmente que o movimento desenvolvido nos Estados Unidos era de teor radical, suas verdadeiras cores conservadoras rapidamente se manifestaram — em linha com a tradição que vem de Saint-Simon e dos que o ensinaram, inspirados como foram por Edmund Burke. Assim, a tecnocracia tem sérias conseqüências não só para a democracia representativa e para o domínio da lei que ela pressupõe, mas também para as propensões mais "liberais" das burocracias estabelecidas nesses países. É por isso que os tecnocratas preferem partidos conservadores no poder e programas políticos conservadores, pois estes favorecem a estabilidade, a ordem, a eficiência, a privatização, a desregulamentação e a despolitização.

Ver também BUROCRACIA; CIÊNCIA DA ADMINISTRAÇÃO; REVOLUÇÃO CIENTÍFICO-TECNOLÓGICA.

Leitura sugerida: Crozier, Michael 1963: *Le phénomène bureaucratique* • Giddens, A. 1973: *The Class Structure of the Advanced Societies* • Gurvitch, G. 1949: *Industrialization et technocratie* • Habermas, Jürgen 1968-9: "Technology and science as ideology". In *Toward a Rational Society* • Hodges, Donald 1980: *The Bureaucratization of Socialism* • Layton, Edwin 1956: "The American engineering profession and the idea of social responsability". Tese de doutorado não publicada • Mannheim, K. 1940: *Man and Society in an Age of Reconstrution* • Meynaud, Jean 1965: *Tecnocracy* • Phillips, Derek 1979: *The Credential Society* • Thompson, Victor 1961: *Modern Organization* • Wilensky, H.L. 1967: *Organizational Intelligence* • Wilson, H.T. 1977: *The American Ideology: Science, Technology and Organization as Modes of Rationality in Advanced Industrial Societies* • Young, Michael 1958: *The Rise of the Meritocracy.*

H.T. WILSON

tecnologia Ver MUDANÇA TECNOLÓGICA; REVOLUÇÃO CIENTÍFICO-TECNOLÓGICA.

teleologia A palavra deriva do grego *telos*, que significa *finalidade*. O uso especulativo desse termo, decorrente da filosofia hegeliana e de outras filosofias da história e atribuindo uma finalidade ou objetivo a toda a história humana, perdeu crédito, de modo geral, ao longo do século XX e foi atacado por autores como Popper (1957) e Lyotard (1979) (ver HISTORICISMO). A EXPLICAÇÃO teleológica do comportamento dos seres humanos e de outros animais superiores em termos de metas percebidas tornou-se, porém, mais amplamente aceita. Enquanto o POSITIVISMO e o COMPORTAMENTALISMO confiam essencialmente em explicações mecânicas em função de causas antecedentes, a HERMENÊUTICA, a teoria da escolha racional (ver ESCOLHA RACIONAL, TEORIA DA) e abordagens afins (Sartre, 1960; Taylor, 1964) ressuscitaram a idéia de que a explicação das ações humanas deve incluir a referência a intenções e finalidades humanas e/ou a práticas culturais estabelecidas. Quanto ao REALISMO, os modelos de CAUSALIDADE que se concentram nos poderes causais de entidades também colocaram em relação mais estreita as explicações de eventos naturais e de ações humanas (Bhaskar, 1979).

Esses desenvolvimentos enfraqueceram o sentido de uma oposição global entre explicação causal ou genética e explicação teleológica que impregnou a filosofia e o pensamento social do século XIX e começo do século atual, sobretudo na Europa Central (Adler, 1904; Lukács, 1973). Subsiste a controvérsia, porém, em torno do visível esteio do FUNCIONALISMO em uma forma teleológica de explicação que atribui finalidades, como a estabilidade social ou o desenvolvimento das forças produtivas, a entidades supra-individuais como os sistemas sociais ou a espécie humana, invocando às vezes duvidosas analogias biológicas.

Leitura sugerida: Taylor, C. 1964: *The Explanation of Behaviour.*

WILLIAM OUTHWAITE

teologia A expressão, incluindo a teologia natural conforme praticada, digamos, por Aristóteles, pode ser traduzida literalmente como "discurso sobre Deus". Essa é uma ampla descrição, como Santo Tomás de Aquino sublinha na *Summa*, onde escreve: "a teologia incluída na doutrina sagrada difere em espécie da teologia que é parte da filosofia". Esse sentido lato incluiria também, nos dias de hoje, uma reflexão sobre as descobertas da sociologia sobre a RELIGIÃO comum ou popular.

Em uma acepção mais estrita, a teologia pode ser definida como a reflexão metódica sobre a revelação divina, a qual pode ser passada adiante, usada em discurso racional e defendida. Nessa forma, é o estudo do conteúdo de textos que são tratados como definitivos. Em seu sentido mais estrito, e foi esse o estilo dos manuais de teologia até meados deste século, a teologia era um conjunto de correlações metodicamente unificadas acerca da revelação divina, concatenadas a partir de uma harmonizadora exegese bíblica e de uma versão de história doutrinal baseada em Denziger. (*Enchiridion Symbolorum*, de H. Denziger, "manual das decisões doutrinárias da Igreja", simboliza a teologia neo-escolástica que foi a chave para a estrutura da dogmática da Igreja Católica tradicional.) Nessas definições mais estritas, a teologia é um exercício de esvaziamento do conteúdo de doutrinas sagradas, e, embora seja esse um significado legítimo, não é o comumente indicado pela teologia hodierna. Em geral se busca uma definição mais ampla.

Pluralismo

Uma definição ampla é usada hoje em dia a fim de acomodar o pluralismo teológico que passou a ser moda nos últimos 20 anos. A filosofia, a antropologia e a sociologia existencialistas, por seu turno, levaram os teólogos a reconhecer fatores não-teológicos em ação na definição de ortodoxia. A definição de teologia torna-se, pois, mais ampla, não só para incluir uma reflexão sobre elementos proposicionais contidos em escritos sagrados, mas também interpretações de autocompreensão apreendidas direta ou historicamente por crentes. Uma geração mais antiga de teólogos teria reivindicado duas fontes de teologia: as escrituras e a tradição. Schillebeeckx (1977), por exemplo, retém os dois esquemas originais, mas diz que eles são

> ...por um lado(...), toda a tradição experiencial do grande movimento judaico-cristão; e, por outro(...), as experiências humanas hodiernas compartilhadas por cristãos e não-cristãos(...). A experiência interpretativa é parte essencial do conceito de revelação.

Essa abordagem experiencial pode culminar no pólo extremo do pluralismo, ou seja, na extremidade oposta da definição mais estrita a que já nos referimos, que é a constituída pelas versões privatizadas e voluntaristas de crença. Exemplo notável desse gênero de literatura teológica é a recente obra de Hans Küng, *Theology for the Third Millenium*, na qual ele enuncia a tese de que "a primeira constante, o primeiro pólo de uma teologia ecumênica crítica é o nosso atual mundo de experiência, com toda a sua ambivalência, contingência e mutabilidade" (1988, p.166). Se isso quer dizer que tudo é compatível com a teologia cristã, então fica difícil ver que significado inteligível pode ser atribuído à teologia.

O pluralismo e as novas formas de ecumenismo abrangem também as teologias de outros credos e religiões mundiais, como a religião hinduísta (baseada nas escrituras reveladas dos videntes védicos) (ver também HINDUÍSMO E TEORIA SOCIAL HINDU), o BUDISMO (baseado na "roda dos ensinamentos" do buda [o darma] que se apossa da "comunidade" [a *sangha*]), o ISLAMISMO (baseado no Corão revelado a Maomé) e a religião judaica (baseado na Tora) (ver JUDAÍSMO). A teologia islâmica afirma a existência e a unicidade de Deus, a missão profética de Maomé e a necessidade de obedecer aos mandamentos básicos conhecidos como "os pilares do islã". As estruturas dogmáticas erguidas sobre esses três princípios não sofreram virtualmente mudança alguma desde o século VIII. A teologia judaica baseia-se também no monoteísmo, na forma, por certo, de um monoteísmo ético relacionado com o sentido judaico de seu destino histórico. Pode ser descrito, em certo sentido, como uma teologia da lei, uma vez que a tradição rabínica preocupou-se com discussões sutis e freqüentemente não resolvidas sobre a lei do Antigo Testamento e sua significação para a vida humana. Mas esses enunciados gerais não fazem jus à rica tradição da teologia judaica, a qual, fundamentalmente influenciada pelo holocausto, começou a desenvolver formas significativas de teologia da libertação.

Estilos teológicos

O pluralismo em teologia também existe na forma aceitável de diferentes sistemas de teologia, ou, no idioma contemporâneo, em diferentes estilos de teologização. Em *Logic of Theology* (1986), Ritsch identificou dois tipos básicos: o primeiro é o "monotemático", no qual a teologia está organizada em torno de um único tema central; o segundo é o "conglomerado", no qual uma gama de tópicos apropriados e necessários, ao lado de temas parciais, são reunidos num *corpus* teológico coerente. Típicos do primeiro estilo de teologia são Martinho Lutero (justificação somente pela fé), as teologias da libertação (liberdade da opressão como assunto de importância religiosa universal), Küng (o ecumenismo, que deixou de ver em todas as outras teologias e igrejas outros tantos antagonistas para as ver agora como parceiras), as teologias pós-modernas (o problema político é central para o empreendimento teológico), Karl Barth (a soberania de Deus), Karl Rahner (uma epistemologia em que a interpretação da autocompreensão é apreendida direta e historicamente no ato de existência).

O estilo "conglomerado" abrange a maior parte da teologia desde as *Sentenças* de Pedro Lombardo até a *Summa* de Santo Tomás de Aquino e a maioria dos escritos teológicos, católicos e protestantes, desde o século XVI até inícios do século XX e, no caso da teologia católica, até meados deste século.

Entretanto ambos os estilos de teologia estão sujeitos à objeção de que se trata de sistemas fechados, dificilmente capazes de acomodar desenvolvimentos históricos, mudanças paradigmáticas ou intervenções proféticas.

Teologia como ciência

A teologia pode ser, e freqüentemente é, definida como a "ciência da fé", se entendermos por fé uma reflexão metodológica de acordo com as diretrizes adequadas ao objeto de estudo de qualquer disciplina. A tarefa da teologia é a exploração disciplinada do que está contido na revelação divina. Isso inclui o exame detalhado de seu objeto especial de estudo, o qual inclui as Escrituras e a Tradição, assim como a experiência cristã. O compromisso total requerido é compatível com a reflexão crítica. Assim, a teologia do final do século XX reivindica ser científica em sua metodologia e ter sobrevivido (a par de outras ciências humanas) à crítica positivista de que nada mais é senão uma combinação de alegações morais e avaliatórias que expressam apenas opiniões e preferências. Seria difícil imaginar uma instituição acadêmica contemporânea que excluísse o discurso teológico, como a Royal Society, no século XVII, excluiu a teologia e a política sob o argumento de não serem axiologicamente neutras.

A teologia e as outras ciências

Até o século XX a FILOSOFIA era a única mediadora entre a autocompreensão humana e a teologia. Agora existe grande número de ciências humanas antropologicamente significativas que estão influenciando o empreendimento teológico. A própria antropologia insiste em que as intuições teológicas, supostamente divorciadas das experiências humanas, estão condicionadas pela cultura e pelas estruturas de pensamento em que são apreendidas (Pallin, 1990). A sociologia criticou o individualismo da teologia ocidental clássica. Para corrigir essa fraqueza, duas influências se destacaram: em primeiro lugar, a teologia política alemã, definida por Metz como um corretivo crítico à tendência da teologia contemporânea a se concentrar no indivíduo privado, encorajou o desenvolvimento do sentimento cristão de responsabilidade no tocante às questões públicas; e a TEOLOGIA DA LIBERTAÇÃO incentivou a recuperação do significado social das Escrituras pelos cristãos latino-americanos que estão engajados na luta por justiça. Essas ciências são agora parceiras em diálogo com a teologia, e cumpre reconhecê-las como influências fecundas. Elas já começaram, por exemplo, a indicar modos em que a ciência da fé é uma "ciência prática", e introduziram termos como "ortopráxis" a fim de indicar a significação parcial do ato de fé e de compromisso, caso definido apenas em termos de ortodoxia.

A teologia do futuro, influenciada pelos desenvolvimentos atuais na filosofia e nas ciências sociais, será certamente modificada pelos estudos pós-modernos e feministas (Milbank, 1990; Rose, 1992).

Leitura sugerida: Küng, Hans 1988: *Theology for the Third Millennium* • Milbank, J. 1990: *Theology and Social Theory: Beyond Secular Reason* • Pallin, D.A. 1990: *The Anthropological Character of Theology* • Ritsch, A. 1986: *Logic of Theory* • Rose, G. 1992: *The Broken Middle* • Schillebeeckx, E. 1977: *Interim Report.*

FRANCIS P. MCHUGH

teologia da libertação Primeira construção teórica da fé cristã elaborada no Terceiro Mundo, a teologia da libertação tem o objetivo de apresentar a liberdade com relação à opressão como assunto de importância religiosa universal. De origem latino-americana e datando da década de 60, a teologia da libertação combina conceitos oriundos das ciências sociais com idéias bíblicas e teológicas. Em particular, no seu uso da teoria social marxista e não-marxista, pode ser superficialmente lida por teólogos pouco perspicazes e sociólogos condescendentes como uma forma de teoria social radical que incorpora uma ética secular de justiça. Com efeito, uma recente resposta oficial da Igreja Católica à teologia da libertação questiona o status epistemológico de uma teologia que integra elementos de teoria marxista (Congregação para a Doutrina da Fé, 1984).

A forma híbrida da teologia da libertação cria um obstáculo inicial à definição. Seria possível ir ainda mais longe e dizer que induz em erro o uso do substantivo no singular, "teologia", para descrever o *corpus* da literatura da libertação, como se fosse de qualquer modo comparável à teologia sistemática clássica. Existem várias teologias da libertação: teologia da libertação negra (Cone, 1969); teologia judaica da libertação (Ellis, 1987); teologia da libertação asiática (Suh Kwang-sun, 1983) e teologia da libertação latino-americana (Haight, 1985). Além dessas, há a chamada teologia política, influenciada pela escola de Frankfurt de sociologia crítica, a qual pode ser descrita como uma teologia da libertação para a sociedade capitalista ocidental (Metz, 1969). Em outras palavras, é mais correto falar de "teologias da libertação" do que de "teologia da libertação".

Mesmo que ainda não se disponha de uma descrição unívoca, essas teologias podem ser reunidas sob um só título porque compartilham pressupostos sobre a necessidade de a teologia contemporânea ser orientada por três valores: primeiro, a análise da opressão e sua correspondente forma de libertação; segundo, o emprego da análise e da teoria sociais como um corretivo para o modo "privatizado" da teologia tradicional; e terceiro, o uso do paradigma da libertação do Livro do Êxodo.

Opressão e libertação

A forma distinta de teologização desenvolvida na teologia da libertação resultou da combinação da detalhada análise empírica de formas de opressão e da análise sociológica e política dessas formas. Na América Latina, as teorias educacionais de Paulo Freire (1970) estimularam descrições da pobreza e da impotência da massa da população. Percebeu-se depois que a análise socioeconômica de Marx era eficiente na identificação dessas formas de opressão como inevitáveis conseqüências da aliança da riqueza e do poder específica do capitalismo. Os teólogos que estavam refletindo com o povo a respeito da experiência de pobreza começaram a falar de "estruturas de opressão" e, interpretando teologicamente a situação, adotaram o termo "estruturas de pecado".

Não está claro se os teólogos da libertação estabeleceram ligações textuais entre o seu próprio estilo de teologização e o usado por Marx na *Crítica da filosofia do direito de Hegel*, mas as semelhanças são impressionantes. Marx identifica a classe opressora por sua "encarnação de uma limitação (...) que ofende de modo geral (em termos de teologia da libertação, essa poderia ser a estrutura pecaminosa que cria e propaga a pobreza) ou pela deficiência de uma determinada esfera que se converte no "notório crime de toda uma sociedade" (o que poderia descrever o lugar que o holocausto nazista ocupa na teologia judaica de libertação) (ver Marx, *1975*, p.254).

A progressão de um entendimento pessoal e psicológico dos alicerces da teologia para uma interpretação sociológica da realidade é típica da teologia da libertação. Por exemplo, a recomendação da Igreja Católica de um estilo de vida subjetivo de pobreza foi substituída na teologia da libertação por uma "objetiva opção pelos pobres". Como a Igreja tinha estado comprometida com a classe opressora, detentora da riqueza, tinha de se identificar agora com os pobres na luta pela libertação. Essa recomendação de "uma opção fundamental pelos pobres" reflete a idéia de Marx de que, "se uma classe é a classe da libertação por excelência, então uma outra deve ser a classe da opressão" (ibid.).

A conclusão de Marx (com os seus próprios e estranhos ecos teológicos) de que a opressão social desse gênero significa "a perda total de humanidade, a qual, portanto, só pode redimir-se através da total redenção da humanidade" (ibid., p.256), apresenta em forma secular o tema escatológico da luta pelo estabelecimento do Reino Universal de Deus (com suas conseqüências sociais e políticas) que está no âmago da teologia da libertação.

Teoria social radical: desprivatização da mensagem cristã

O desenvolvimento e a natureza da teoria da libertação não podem ser entendidos sem que ela seja vista, em parte, como uma reação, primeiro, ao individualismo da teologia ocidental clássica e, segundo, à abordagem teórica consensual do pensamento social católico tradicional. Duas influências atuaram para corrigir a primeira fraqueza: a teologia política alemã, definida por Metz como "um corretivo crítico à tendência da teologia contemporânea a se concentrar no indivíduo privado" (1968, p.3); e, o outro corretivo, a recuperação do significado social dos Evangelhos pelos cristãos latino-americanos engajados na luta por justiça. A teoria da libertação tentou corrigir a segunda fraqueza apoiando-se em contribuições marxistas para demonstrar que a análise da opressão social acarreta uma teoria de conflito e da ação. Procurou ser seletiva no uso de *insights* marxistas — em outras palavras, tratou de evitar a aceitação do sistema marxista; mas muitos comentadores cristãos têm sérias dúvidas sobre se a análise pode ser usada sem que se aceite também a interpretação materialista da história.

O que distingue a abordagem da teoria da libertação de formas precedentes e, o que é mais importante ainda, o que constitui a sua epistemologia característica está resumido em seu uso do termo "práxis". Os teólogos ocidentais estavam treinados em uma tradição que deu primazia ao conhecimento teórico: primeiro veio a verdade e depois a sua aplicação. Os teólogos da libertação questionam essa ordem. Eles dão primazia à ação; a práxis vem antes da teoria; a ortopráxis vem antes da ortodoxia. Sem se negar a utilidade dessa abordagem para a teologia, pode-se perguntar se esse uso da práxis não será idêntico ao de Aristóteles quando descreveu as matérias que se relacionam com a vida na pólis, enquanto que em Marx "práxis" faz referência específica à ação que se liga às relações de produção. Uma vez mais, as conexões íntimas entre a noção de práxis no marxismo e a interpretação materialista da realidade devem criar dificuldades para a interpretação teológica da história.

O paradigma do Êxodo

Seria um equívoco, contudo, expor a teoria da libertação como se a sua coerência dependesse exclusivamente da correspondência exata com um marxismo definitivo, especialmente em uma época em que o marxismo se vê cada vez mais incapaz de manter contato com a natureza universalista de suas proposições econômicas. Neste ponto, o marxismo pode ter algo a aprender com a teologia da libertação.

Em 1921 Ernst Bloch, em sua original e independente interpretação do marxismo, sustentou, contra Engels e outros, que a linguagem usada por Thomas Münzer na Guerra Camponesa de 1542 não disfarçava objetivos políticos seculares, mas constituía uma expressão de experiências religiosas profundamente sentidas, as quais também favoreciam o compromisso político. Na teologia da libertação, o Livro do Êxodo ocupa um lugar central e paradigmático na promoção do esforço cristão para quebrar os grilhões da opressão. Na história do Êxodo, fé e política estão juntas; o fato político e o evento teológico caminham unidos. Encarado do ponto de vista do próprio processo de libertação, o Livro do Êxodo identifica dois momentos: libertação da opressão do faraó e libertação para a Terra Prometida. É esse paradigma que orienta grande parte da teologia da libertação. Já em 1968 a Conferência dos Bispos da América Latina, em seu famoso documento de Medellín (o qual inaugurou oficialmente a temática da libertação), fez referência à força revolucionária da reflexão sobre libertação no Êxodo; e Gutierrez observa que ele "continua vital e contemporâneo em virtude de experiências históricas semelhantes por que passou o povo de Deus" (1973, p.159).

Ver também CRISTÃ, TEORIA SOCIAL.

Leitura sugerida: Boff, L. 1983: *Igreja, carisma e poder* • Boff, L. e Boff, C. 1986: *Como fazer teologia da libertação* • Bonino, J. 1983: *Towards a Christian Political Ethics, Concilium*, 1987, parte 1, p.83-106 • Gutierrez, G. 1983: *A Theology of Liberation, Politics and Salvation* • Institute of Jewish Affaire 1988: *Christian Jewish Relations* 21.1 (monografia) • Lane, D. 1984: *Foundations for a Social Theology* • Segundo, J.-L. 1973: *The Community Called Church* • Sobrino, J. 1978: *Spirituality of Liberation.*

FRANCIS P. MCHUGH

teoria crítica Ver ESCOLA DE FRANKFURT.

teoria política Esta pode ser sucintamente definida como a reflexão sistemática sobre a natureza e os objetivos do governo, envolvendo caracteristicamente uma compreensão das instituições políticas existentes e uma perspectiva sobre o modo como elas deveriam (se é que deveriam) ser mudadas. Trata-se de uma atividade intelectual com uma extensa genealogia que remonta pelo menos à Grécia antiga e está consubstanciada em uma série de obras clássicas, desde a *República* de Platão até as *Considerações sobre o governo representativo* de John Stuart Mill. Pode-se dizer que, de modo geral, ela não prosperou no século XX, e podemos começar indagando por quê. Duas tendências têm conspirado para desacreditar a teoria política, sendo uma delas o determinismo social e a outra o positivismo. Ambas as tendências, contudo, enfraqueceram-se à medida que o século avançava e os últimos vinte anos têm testemunhado uma revitalização do assunto, sobretudo nos Estados Unidos, mas também, em menor grau, nas democracias européias.

O determinismo social, cujas raízes mergulham fundo no pensamento oitocentista, abalou a teoria política de um modo óbvio. Se a forma das instituições sociais e políticas era governada por fatores à margem do controle humano, então a especulação intelectual sobre a melhor forma de sociedade ou governo era manifestamente uma atividade desprovida de propósito. Esboçaram-se vários modelos de determinismo social, cada qual apontando um fator diferente como base das leis que governaram a evolução da sociedade humana: a mudança tecnológica, a propriedade dos meios de produção, as forças no interior da psique humana, a evolução genética e outras. Em cada caso, a implicação foi que o curso de desenvolvimento da sociedade estava predeterminado, de modo que o pensamento racional só podia registrar (e, em alguns casos, prever) esse curso, embora fosse impotente para intervir caso fosse necessária uma mudança de sua direção.

Tais teorias, porém, raramente são postuladas hoje em dia nas vigorosas formas que outrora prevaleceram. Isso pode ser observado no caso da mais influente de todas as filosofias deterministas, O MARXISMO. O século XX assistiu a um constante recuo dos marxistas que os distanciou cada vez mais da tese segundo a qual a estrutura econômica de uma sociedade exerce uma influência predominante sobre todos os outros componentes, especialmente o seu sistema político e a sua ideologia. O mais influente pensador, nesse capítulo, foi o marxista italiano Antonio Gramsci, que reconheceu que a cultura e a política de qualquer sociedade dada desenvolviam-se de modos que não estavam diretamente governados por fatores econômicos. Idéias semelhantes foram expostas pelos membros da ESCOLA DE FRANKFURT na Alemanha e pelos estruturalistas franceses liderados por Althusser (ver ESTRUTURALISMO). Se as instituições políticas e outras desfrutaram de tal medida de autonomia relativa, então se poderia indagar de novo quais instituições eram "progressistas", em termos de necessidades e interesses humanos, em qualquer momento histórico. (Fazia sentido, por exemplo, organizar uma defesa da democracia liberal contra o fascismo.) Assim, os marxistas viram-se envolvidos com questões tradicionais de teoria política, embora cumpra acrescentar que o próprio marxismo carece de recursos para oferecer quaisquer respostas esclarecedoras a tais questões.

Outras versões de determinismo — como a teoria freudiana, que em um dado ponto ameaçou reduzir todo o comportamento político ao jogo de instintos não-racionais — declinaram de maneira análoga. Entretanto a tentativa de descobrir leis gerais de desenvolvimento social e, em particular, de explicar fenômenos políticos em termos de fatores mais rudimentares imprimiu sua marca no pensamento político, muito especialmente em uma forte tendência a ligar questões políticas, *stricto sensu*, a questões sociais mais amplas. A linha de demarcação entre teoria social e teoria política foi erodida: questões sobre a forma e a função do estado são agora tratadas normalmente em conjunto com questões sobre economia, divisões de classes e étnicas etc. O pressuposto é que não faz mais sentido especular sobre a forma ideal de governo em isolamento do meio ambiente social, psicológico e cultural em que esse governo tem que funcionar.

O POSITIVISMO foi a segunda força que ameaçou desviar a teoria política do seu rumo ao lhe destruir as credenciais intelectuais. Por positivismo entendo a noção de que as únicas formas autênticas de conhecimento são o conhecimento empírico e o conhecimento formal; o conhecimento consubstanciado nas ciências empíricas, derivado essencialmente por indução a partir de dados observacionais, e o conhecimento englobado na lógica e na matemática, derivado por raciocínio dedutivo. Isso teve a implicação imediata de que todos os juízos prescritivos e de valor, incluindo os juízos sobre diferentes formas de sociedade e de governo oferecidos pela teoria política, eram de caráter subjetivo; na versão mais extrema, eram considerados simplesmente expressões de sentimento pessoal da pessoa que os formulava. O positivismo exerceu poderosa influência sobre a filosofia e a ciência social em meados do século e levou a dois desenvolvimentos paralelos: os filósofos desviaram sua atenção dos problemas de ética e teoria política para se concentrar na lógica, na epistemologia, na filosofia da ciência e (mais tarde) na filosofia da linguagem, enquanto que os cientistas sociais procuraram desenvolver uma ciência puramente empírica do comportamento social, livre de todos os elementos de avaliação. Este último desenvolvimento foi especialmente acentuado na ciência política, em que os anos do pós-guerra presenciaram a chamada "revolução do comportamento", a aplicação de métodos quantitativos a fenômenos políticos tais como o comportamento eleitoral com a finalidade de criar uma ciência da política de acordo com uma orientação positivista. O efeito combinado desses dois desenvolvimentos foi colocar em dúvida a viabilidade permanente da teoria política como empreendimento intelectual, preocupação resumida no título de um ensaio de Isaiah Berlin, "Does political theory still exist?" [A teoria política ainda existe?] (1964).

Por motivos que eram em parte intelectuais e em parte políticos, o domínio do positivismo se enfraqueceu constantemente durante a década de 60, abrindo o caminho para uma importante recuperação da teoria política no final da década. No mundo anglo-saxão, o mais importante evento foi a publicação de *A Theory of Justice* (1971), de John Rawls, saudado por alguns comentaristas como a obra de pensamento político mais significativa desde John Stuart Mill. Mais ou menos à mesma época, Jürgen Habermas (1968) desencadeou um ataque frontal ao modelo positivista e preparou o terreno (sobretudo na Alemanha) para o renascimento da teoria crítica.

À semelhança do determinismo social, contudo, o positivismo deixou uma herança para a teoria política, na forma de uma persistente incerteza acerca dos critérios de validade: em última instância, como poderiam ser testadas as pretensões de uma teoria política? Os teóricos subseqüentes podem ser divididos, *grosso modo*, em fundacionalistas, que mantêm ser possível encontrar bases objetivas e universais para aceitar ou rejeitar uma teoria, e convencionalistas, que argumentam que uma teoria só pode ser testada em relação às crenças e atitudes predominantes em determinada cultura e não pode pretender acudir a bases mais profundas do que essas. Entre os fundacionalistas há, por sua vez, uma ampla divisão entre neo-aristotélicos, que procuram avançar das observações gerais sobre a natureza humana para asserções sobre o bem humano e daí para especificações da estrutura institucional mais adequada à promoção desse bem, e os neokantianos, que começam com afirmações mínimas a respeito da racionalidade e prosseguem sustentando que apenas certas instituições e práticas poderiam fazer jus ao apoio de toda e qualquer pessoa racional em uma situação de livre escolha.

Habermas e Rawls são neokantianos. Procuram derivar princípios políticos válidos recorrendo a um cenário artificialmente construído no qual só a razão funcionaria. Habermas afirma que normas legítimas são as que surgiriam consensualmente de uma "situação de discurso ideal", do qual a coerção e a dominação estariam ausentes e em que os participantes teriam que se persuadir mutuamente pela força exclusiva dos argumentos. Rawls recorre a uma "posição original" em que se imagina que as pessoas ignoram por completo suas características, gostos, posições pessoais etc. na sociedade; princípios válidos de justiça são os que seriam escolhidos por indivíduos racionais colocados em tal posição. A questão que ambos devem enfrentar é se quaisquer resultados determinados podem ser derivados de tais experimentos intelectuais. Neste ponto, é significativo que Habermas e Rawls tenham recentemente recuado de suas audaciosas asserções originais. Agora ambos admitem que seus eleitores ideais devem ser concebidos como portadores de certos traços culturalmente específicos para que surjam conclusões políticas substantivas da "situação de discurso ideal" ou da "posição original".

Isso equivale a uma redução da diferença entre fundacionalistas e convencionalistas. Estes últimos afirmam que a teoria política só pode proceder descrevendo e explicitando as crenças e ideais de determinada cultura; não existe um ponto de observação externo a partir do qual essas crenças e ideais possam ser avaliados. Dentre os teóricos recentes dessa categoria incluem-se Alasdair MacIntyre (1981, 1988) e Michael Walzer (1983). MacIntyre tentou diagnosticar a condição das modernas sociedades liberais — onde a discussão em torno de princípios de justiça distributiva, por exemplo, parece interminável — contrastando-as com sociedades mais antigas, dotadas de práticas e tradições bem estabelecidas, onde a justiça e outros valores possuíam critérios estáveis de aplicação. Walzer sustenta que as sociedades modernas encarnam, de fato, uma concepção relativamente coesa de justiça mas radicalmente pluralista. Elas incluem certo número de "esferas" distintas, no interior das quais diferentes espécies de bens são distribuídos de acordo com diferentes critérios (bem-estar na base de necessidade, emprego na base de igualdade de oportunidade etc.). O significado dos bens e seus critérios distributivos são socialmente constituídos, e as críticas às práticas distributivas de uma sociedade devem ocorrer do interior desse conjunto de entendimentos.

Para os que aspiram à grandiosa tradição da teoria política, essas tentativas de erguer uma estrutura de argumento político sobre o que é reconhecido como uma base convencional podem ser rejeitadas como puro e simples paroquialismo — sucumbindo às ilusões da época, como Marx teria dito. Não obstante, dado que o século XX não produziu uma obra de pensamento político que se situe de forma inequívoca nessa tradição, e dado o modo como os aspirantes a fundacionalistas foram forçados a recuar de suas mais afoitas pretensões, podemos ter de concluir que alguma forma de convencionalismo é a única opção viável para a teoria política no final do século XX.

Voltando nossa atenção das questões de método para as de substância, a principal característica do pensamento político do século XX tem sido o predomínio do LIBERALISMO em seus vários aspectos. Das principais ideologias do século XIX, tanto o conservadorismo quanto o socialismo ou o anarquismo não geraram qualquer novo enunciado teórico importante em nosso período, e a única ideologia indiscutivelmente nova — o fascismo — era inerentemente hostil à reflexão teórica. (Mais adiante, vou referir-me sucintamente ao feminismo.) Assim, as principais linhas de debate foram desenvolvidas no seio do liberalismo, concebido *lato sensu*: nele, podemos distinguir, em termos gerais, elementos de direita, centro e esquerda.

O liberalismo conservador, de centro-direita, recorre fundamentalmente a argumentos céticos que recomendam a limitação do poder dos governos com base na incompetência destes. Nas décadas de 30 e 40 isso assumiu freqüentemente a forma de um ceticismo em relação às instituições democráticas: citavam-se as provas oriundas da psicologia das massas a fim de mostrar que as pessoas comuns eram incapazes de chegar a decisões políticas racionais, razão pela qual o âmbito do poder decisório democrático deveria ser severamente limitado (ver SOCIEDADE DE MASSA). A obra mais influente nessa categoria foi a de Joseph Schumpeter (1942), o qual afirmou que o papel do povo deve confinar-se à escolha entre elites concorrentes, sendo então a equipe vitoriosa responsável por todas as decisões políticas no período seguinte.

Uma abordagem alternativa sustentou que os governos de qualquer matiz de opinião carecem de capacidade cognitiva para reformar a sociedade de maneiras radicalmente novas. Isso adquiriu a forma de um ataque ao racionalismo, entendido como a doutrina segundo a qual os processos sociais podiam ser entendidos cientificamente e transformados através de um ato de vontade política. Destacaram-se nesse movimento, no período do pós-guerra, Karl Popper (1945, 1957), que atacou a idéia de leis históricas e de "engenharia social utópica"; F.A. Hayek (1944,1960), que argumentou contra o planejamento central e a favor do livre mercado, com base em que o conhecimento necessário para tomar decisões econômicas era sempre disperso e local; e Michael Oakeshott (1962), que sustentou ser o conhecimento político um tipo de conhecimento prático consubstanciado na tradição e incapaz de ser vazado em forma científica.

Finalmente, cumpre mencionar aqui as tentativas no sentido de modelar a política em termos econômicos como o resultado não-premeditado de atores empenhados em concretizar seus próprios interesses particulares, financeiros ou outros. Esse é o domínio da teoria da ESCOLHA PÚBLICA, cujo principal expoente foi o economista político americano James Buchanan. O resultado da abordagem da escolha pública é que o governo não pode ser visto como o representante desinteressado da vontade coletiva; por conseguinte, é inútil fixar-lhe tarefas como a de promover a justiça social. Todas as correntes do liberalismo conservador convergem nas três proposições seguintes: (1) que o papel econômico do governo seja estritamente limitado, com a maioria das tarefas deixadas à economia de mercado; (2) que não se pode esperar dos procedimentos democráticos a realização de uma vontade popular autêntica; (3) e que, a essa luz, os poderes do governo devem ser limitados por uma constituição formal que o incapacite de assumir tarefas para cuja execução ele é inerentemente inadequado.

O liberalismo centrista vê a sua tarefa como a de identificar o conjunto de instituições sociais e políticas que melhor promovem a LIBERDADE pessoal; prevê um papel mais positivo para o governo do que o liberalismo de direita, especialmente na forma de regulamentação do mercado e de disposições atinentes à política de bem-estar social. Uma vez mais, diferentes caminhos podem conduzir a conclusões bastante semelhantes. Começa-se com uma definição de liberdade que amplia a definição clássica: a liberdade não é meramente a ausência de restrições externas à ação, mas a capacidade positiva de realizar objetivos valiosos. Neste capítulo, existe uma linhagem que vai desde a idéia da liberdade positiva usada por liberais do começo do século XX, como L.T. Hobhouse (1911), até os argumentos recentes sobre as condições para a autonomia pessoal, como os expostos por Joseph Raz (1986) e Stanley Benn (1988). O que todos esses teóricos afirmam é que, embora seja essencial para cada indivíduo possuir uma ampla esfera de arbítrio na vida pessoal e econômica, o estado é responsável pelas garantias que condicionam previamente a escolha efetiva. Isso significa, entre outras coisas, fornecer educação, oportunidades culturais e segurança econômica.

Uma segunda linha de argumentação revive a idéia de um contrato social. Indaga o que os indivíduos querem que o seu governo faça, antes de saberem precisamente de que modo seriam afetados por suas operações. A abordagem do contrato tem sido usada para defender o liberalismo de direita e de esquerda, mas o seu principal expoente é John Rawls (1971), cujas conclusões são centristas. Rawls sustenta que, a par dos conhecidos princípios liberais de igual liberdade e igualdade de oportunidade para todos, pessoas colocadas em um ambiente contratual adequadamente definido (a "posição original") escolheriam o princípio da diferença, o qual permite desigualdades sociais e econômicas somente na medida em que atuem em benefício dos membros menos favorecidos da sociedade. Isso, portanto, permite a tributação progressiva, as medidas de bem-estar social, a gerência econômica e medidas similares: a tarefa do estado é cuidar de que os seus membros menos afortunados tenham a melhor vida que seja possível proporcionar-lhes. Na prática, o liberalismo centrista converge com a DEMOCRACIA SOCIAL tal como esta passou a ser entendida no período do pós-guerra.

O liberalismo de esquerda é uma tradição mais recente e menos desenvolvida. Sua tese principal é de que a liberdade deve ser distribuída igualmente para todos e a ênfase que isso atribui ao componente igualitário do liberalismo leva-o, na prática, a conclusões muito radicais. Por exemplo, os liberais de esquerda sustentarão, muito provavelmente, que a propriedade capitalista dos meios de produção constitui uma barreira efetiva à liberdade de todos os que não são proprietários, e isso exige um remédio mais forte do que a clássica prescrição liberal de proteção econômica aos empregados; por exemplo, isso pode levar à defesa de uma forma de SOCIALISMO DE MERCADO, no qual todas as empresas são de propriedade dos que nelas trabalham e por estes administradas. De modo ainda mais radical, pode-se questionar o pressuposto liberal de que cada pessoa tem o direito de saborear os frutos de seus talentos. A tese, neste caso, é de que as nossas dotações genéticas e outras dotações naturais são características pelas quais não podemos reivindicar nenhum crédito nem merecemos, portanto, receber qualquer recompensa ou prêmio. Os liberais igualitários são levados, pois, a procurar instituições que possam servir para anular os efeitos das vantagens naturais, embora permitindo ainda que os indivíduos suportem as conseqüências de suas escolhas. De modo geral, isso aponta para algum esquema de distribuição igualitária dos recursos da sociedade, com compensação para os que foram menos favorecidos na loteria genética.

Um desenvolvimento diferente (embora não incompatível) da posição liberal de esquerda acentua a liberdade política e a exigência de que ela seja igualmente acessível a todos. Isso aponta para uma forma de democracia participativa na qual as instituições existentes são reestruturadas de tal modo que cada membro da sociedade tem a oportunidade de contribuir para a tomada de decisões públicas, por exemplo, através de um sistema de assembléias primárias em cada localidade. Subjacente a essa concepção está a afirmação anteriormente feita por Jean-Jacques Rousseau e John Stuart Mill de que a participação política é uma condição prévia essencial da autodeterminação individual. Teóricos recentes são notáveis, principalmente, por seu engenho em apontar métodos em que essa mesma afirmação pode ser aplicada às circunstâncias de uma sociedade industrial avançada.

A hegemonia do liberalismo em suas várias facetas não deveria surpreender-nos, dado que o pensamento político do século XX adquiriu forma em sociedades que são móveis e pluralistas, e nas quais a liberdade pessoal adquiriu status supremo como valor. É também nesse contexto que devemos considerar a ascensão do pensamento feminista no período iniciado em 1970. Embora o FEMINISMO esteja convencionalmente dividido em versões liberal, radical e socialista, sua noção central é que a exclusão das mulheres das liberdades, direitos e oportunidades de que gozam os homens é a última grande anomalia da sociedade liberal; as versões concorrentes devem ser interpretadas, de preferência, como outras tantas ofertas de explicações sobre as condições em que se poderia converter em realidade e reivindicação das mulheres de igual tratamento entre os sexos. O feminismo gerou até agora certo número de obras pioneiras (ver Millett, 1970, Mitchell,

1974; Pateman, 1988), algumas de natureza acentuadamente especulativa. Estamos ingressando agora em um período de consolidação, mas é prematuro afirmar se ele é propício à criação de importantes obras de teoria política que conquistem um lugar na tradição clássica.

Leitura sugerida: Barry, B. 1965: *Political Argument* • Barry, Norman 1981: *An Introduction to Modern Political Theory* • Dunn, J. 1979: *Western Political Theory in the Face of the Future* • Gamble, A. 1981: *An Introduction to Modern Social and Political Thought* • Goodwin, B. 1987: *Using Political Ideas* • Kymlicka, W. 1990: *Contemporary Political Philosophy* • Muller, D. e Siedentop, L. orgs. 1983: *The Nature of Political Theory* • Parekh, B. 1982: *Contemporary Political Thinkers* • Plant, R. 1991: *Modern Political Thought* • Runciman, W.C. 1969: *Social Science and Political Theory* • Skinner, Q., org. 1985: *The Return of Grand Theory in the Human Sciences.*

DAVID MILLER

terceiro mundo A expressão *tiers monde* foi usada pela primeira vez em agosto de 1952 pelo demógrafo francês Alfred Sauvy em um artigo do jornal parisiense *L'Observateur* intitulado "Trois mondes, une planète". Em um mundo do pós-guerra dividido em dois "campos", cada qual liderado por uma das duas superpotências, as colônias que obtiveram sua independência depois de 1945 pareciam assemelhar-se ao *tiers ètat* da França pré-revolucionária, um estado que não dispunha dos privilégios dos outros dois, a nobreza e o clero.

Na França, o termo agradou tanto a socialistas quanto a gaullistas, que estavam procurando, embora por caminhos muito diferentes, uma "terceira via" entre Washington e Moscou. A doutrina do "neutralismo positivo" — um neutralismo que não aspirava simplesmente a se manter fora das guerras, mas estava comprometido com a libertação nacional e o "humanismo socialista" — também se manifestou em outros países da Europa Ocidental. Em 1949, quando a Iugoslávia se retirou do bloco soviético, o princípio de não-alinhamento propagou-se ao mundo comunista.

A noção de um Terceiro Mundo adquiriu, porém, significação global quando foi adotada na década de 50 por alguns países ex-coloniais importantes — mormente a Índia de Nehru, o Egito de Nasser e a Indonésia de Sukarno. Na Europa, a esquerda os via como "nações proletárias" que assumiriam o papel da classe proletária no mundo avançado como os coveiros do capitalismo. Mas os novos estados impuseram-se uma tarefa diferente: a formação de um agrupamento não-alinhado — não um bloco — de países afro-asiáticos, ao qual se juntaram os movimentos de libertação nas restantes colônias. A Conferência de Bandung de 1955 assinalou a chegada desse novo agrupamento ao palco mundial. Como ex-colônias, a sua primeira preocupação foi com a resistência a qualquer tentativa de preservar ou reimpor o controle político ocidental. Entretanto, a independência desses países era tão recente e frágil que mesmo os novos (e numerosos) regimes que se intitulavam "socialistas" temiam igualmente cair nas garras da superpotência comunista.

O internacionalismo dos novos estados manifestou-se na rejeição não só do controle político e da hegemonia cultural da potência colonial que os tinha governado, mas também do colonialismo *tout court*. Portanto, os novos estados apoiaram as lutas nas colônias remanescentes e contra os regimes racistas, mormente na África do Sul. Pan-africanistas como Nkrumah também alimentavam a esperança de superar a balcanização do continente produzida por rivalidades coloniais durante o período imperialista (ver PAN-AFRICANISMO).

Na década de 70, embora o mundo capitalista sofresse importantes defecções revolucionárias, notadamente o Vietnã, a maioria dos regimes não-alinhados mais radicais tinha desaparecido por via da "desestabilização", vítimas de golpes internos ou tornados impotentes em função da debilidade econômica. A preocupação dominante da (originalmente) denominada, de forma significativa, Organização da Unidade Africana passou a ser, pois, a preservação das fronteiras estabelecidas durante o período colonial, uma vez que os novos estados continham comunidades étnicas culturalmente heterogêneas com constituições pré-coloniais politicamente variadas, enquanto que outros grupos étnicos estavam divididos e separados por fronteiras estatais. O perigo de disputas de fronteiras e de movimentos de secessão interna, bem como da manipulação dessas divisões por potências de fora, era muito real, portanto, como mostrou a guerra de Biafra. A "construção da nação" — a criação de uma nova espécie de identidade cívica para neutralizar o que era designado por "tribalismo" — tornou-se, portanto, um projeto importante dos governantes dos novos estados (ver também NACIONAL POPULAR, REGIME).

A organização "não-alinhada" desenvolveu-se através de uma sucessão de conferências, no Cairo, Lusaka, Argel, Sri Lanka, Havana etc., assim como em outros fóruns das Nações Unidas, como o movimento "tricontinental" patrocinado por Cuba. Mas, de modo crescente, os problemas que eles tinham de enfrentar eram mais econômicos do que políticos: não apenas o poderio dos estados ocidentais, ou das cada vez mais diversas formas de comunismo, mas seus interesses econômicos comuns como países pobres, agrários, em um mundo dominado pelas empresas multinacionais e pelas instituições financeiras. (Ver DESENVOLVIMENTO E SUBDESENVOLVIMENTO.)

Alguns êxitos foram conseguidos: 77 países subdesenvolvidos ganharam o apoio da ONU para a primeira Conferência Mundial sobre Comércio e Desenvolvimento em 1962. De 1974 em diante, também a ação conjunta do grupo de produtores de petróleo, a OPEP, para controlar a produção e os preços mundiais teve poderosos efeitos, mesmo no Ocidente rico.

Em alguns países, além disso — incluindo os "quatro pequenos tigres" da Ásia Oriental (Coréia do Sul, Taiwan, Hong Kong e Singapura) —, tem havido maciços investimentos estrangeiros e a conseqüente industrialização. Alguns concluíram que o Terceiro Mundo seguirá cada vez mais esse caminho. Em seu todo, porém, os países subdesenvolvidos têm sido incapazes de escapar à dependência em relação ao Ocidente, e até mesmo países em "processo de industrialização recente", como o Brasil e o México, estão sobrecarregados com onerosas e maciças dívidas externas. A África Negra sofreu um real declínio na produção. A designação de Frantz Fanon do Terceiro Mundo como "os condenados da Terra" ainda parece, portanto, bastante válida.

O termo não tem sido isento de críticas: na época da Guerra Fria, a União Soviética denunciou-o como tentativa de evasão em face da inevitável escolha entre capitalismo e comunismo. A noção de que a culpa pela situação subdesenvolvida e "deserdada" desses países podia ser atribuída ao Ocidente — de que o desenvolvimento deles havia sido *contido* — não convenceu muita gente, que preferiu vê-los como nações "jovens" (por vezes inerentemente imaturas, irracionais ou mesmo inferiores). Embora lentamente, estavam "desenvolvendo-se" e acabariam por realizar novos progressos ou, se isso não ocorresse, teriam que culpar unicamente suas próprias deficiências *internas* — desde instituições sociais "tradicionais" (ver TRADIÇÃO E TRADICIONALISMO) e heranças culturais até regimes ditatoriais. Alguns economistas e teóricos do SISTEMA-MUNDO têm afirmado que de fato se pode estabelecer uma ordem entre os países, dos mais ricos aos paupérrimos, mas que existe um só mundo com países ricos e pobres, não um distinto e separado "mundo" pobre. E as organizações de caridade ocidentais reforçam freqüentemente, mesmo que não tenham essa intenção, a popular noção de que as ondas de fome que devastam países tropicais são conseqüência de desastres naturais e não provocadas pelo próprio homem.

Críticos no interior do próprio Terceiro Mundo preferem o qualificativo "não-alinhado", de vez que a palavra "Terceiro" parece, aos olhos deles, uma categoria residual, subentendendo alguma espécie de inferioridade em relação ao "Primeiro" e ao "Segundo" Mundos. O termo, contudo, entrou em uso geral.

Leitura sugerida: Fanon, Frantz 1961 (*1983*): *The Wretched of the Earth* • Singham, A.W. e Hune, S. 1986: *Non-Alignment in an Age of Alignments* • Worsley, Peter 1964: *The Third World* o 1984: *The Three Worlds.*

PETER WORSLEY

terrorismo Ver POLÍTICA E TERRORISMO.

TI Ver INFORMAÇÃO, TEORIA E TECNOLOGIA DA.

tipo ideal A classificação de fenômenos em tipos é um aspecto comum do trabalho científico, assim como da vida corrente, e muitos conceitos científicos envolvem um elemento de abstração da realidade concreta, ou a idealização em um sentido não-moral: por exemplo, os conceitos de movimento sem atrito ou de mercado perfeitamente competitivo. Max Weber adotou (do historiador político Georg Jellinek) o termo *Idealtypus* (tipo ideal) para distinguir os conceitos analíticos da história e de outras ciências sociais dos conceitos meramente classificatórios. O termo "troca", por exemplo, pode ser usado simplesmente para se referir a um conjunto de fenômenos semelhantes, com o que Wittgenstein chamaria mais tarde de "semelhanças familiares" entre eles, ou como um conceito analítico relacionado com julgamentos acerca da racionalidade econômica, utilidade marginal etc. Neste último caso, afirma Weber, o conceito é ideal típico no sentido de que "se afasta da realidade empírica, a qual só pode ser *comparada* ou relacionada com ele" (Weber, 1904, p.102, cf. p.93-4). Por conseguinte, os tipos ideais não podem ser diretamente falsificados se a realidade empírica parece não se ajustar a eles sequer aproximadamente.

A descrição de Weber do tipo ideal é um aspecto de seu modelo mais amplo das relações entre as ciências sociais e os VALORES ou, mais precisamente, a referência de valor: "*Não existe* uma análise científica absolutamente 'objetiva' da cultura — ou (...) de 'fenômenos sociais' *independente* de pontos de vista especiais e 'unilaterais' de acordo com os quais — expressa ou tacitamente, consciente ou inconscientemente — eles são selecionados, analisados e organizados para fins expositivos" (1904, p.72).

As críticas à descrição de Weber integram-se, de modo geral, em duas categorias: a positivista e a hermenêutica. Os positivistas têm sido propensos a assimilar os tipos ideais à classe geral dos conceitos teóricos, destacando a possibilidade de medir até que ponto os fenômenos empíricos divergem do tipo puro e de proceder ao mapeamento de um contínuo entre tipos opostos. A ciência, afirma-se, avança de uma fase classificatória e tipológica um tanto primitiva, pela qual Weber se interessava, para um conjunto mais preciso de conceitos operacionalizados e concatenados em leis. A crítica hermenêutica inaugurada por Alfred Schutz (1932) sublinha que a construção de tipos executada pelo cientista social é parasitária de processos anteriores de tipificação realizados no mundo da vida. Weber apressou-se demais em substituir as tipificações do significado de fenômenos sociais pelos seus próprios tipos ideais, sem se interessar suficientemente pelo ajustamento entre eles — o que Schutz chama de "adequação".

Ambas as críticas compartilham o sentimento de que os tipos ideais, tal como Weber os apresenta, são excessivamente arbitrários; as decisões para os construir ou abandonar são deixadas ao critério, a que Weber chama o "tato", de cada teórico. Essa suspeita de convencionalismo implícito na filosofia da ciência de Max Weber (ver NEOKANTISMO) levou racionalistas e realistas a sustentarem uma concepção mais ambiciosa de DEFINIÇÃO real — que Weber, contudo, teria provavelmente acusado de essencialismo. O atual estado de espírito na ciência social parece um tanto cético em relação, ao mesmo tempo, ao ideal positivista de precisão em mensuração e à contribuição radicalmente característica da forma "fenomenológica" e outras formas de teoria hermenêutica, e assim o conceito de Weber do tipo ideal permanece atraente.

Leitura sugerida: Burger, Thomas 1976: *Max Weber's Theory of Concept Formation: History, Laws, and Ideal Types* • Outhwaite, William 1983: *Concept Formation in Social Science* • Papineau, David 1976: "Ideal types and empirical theories". *British Journal for the Philosophy of Science* 27.2 • Schutz, Alfred 1932 (*1972*): *The Phenomenology of the Social World* • Weber, Max 1904 (*1949*): "'Objectivity' in social science and social policy". In *The Methodology of the Social Sciences.*

WILLIAM OUTHWAITE

totalitarismo Como termo taxonômico dentro das ciências sociais, totalitarismo tem desfrutado de considerável voga como modo de caracterizar um aspecto básico dos modernos regimes de partido único sob o domínio de ditadores pessoais ou oligarquias autocráticas. O aspecto que é posto em relevo consiste em que, em acentuado contraste com os estados *ancien régime*, tais regimes buscam deliberadamente fabricar o CONSENSO em favor de uma pequena elite governante pela criação de organizações de arregimentação de massas, pela monopolização de todos os meios de produção cultural (especialmente os veículos de comunicação de massa) e pelo recurso a vários mecanismos de CONTROLE SOCIAL. Estes incluem a PROPAGANDA, uma política ritualista a fim de impor um requintado culto ao líder e à nação (ver Kertzer, 1988), e várias técnicas de COERÇÃO que vão desde as restrições legais às liberdades básicas até o terror sistemático.

O objetivo declarado de tal estado é canalizar todas as energias sociais, políticas, econômicas e criativas para a realização da utopia identificada por dogmas oficiais, embora os meios empregados para atingir essa meta criem inevitavelmente uma distopia. A Rússia stalinista, a Alemanha nazista, e, em menor grau, a Itália fascista têm sido freqüentemente tratadas como paradigmáticas do totalitarismo nessa acepção mais estrita (por exemplo, Friedrich e Brzezinski, 1956; Arendt, 1958), e estudos de novos casos em suas variantes, e nas barbaridades burocratizadas e atrocidades humanas que ele tende a gerar, foram fornecidos pelo Camboja de Pol Pot, a Romênia de Ceausescu e o Iraque de Saddam Hussein.

Como um "tipo ideal", até mesmo esse uso especializado do termo "totalitarismo" tem sido, naturalmente, motivo de controvérsia, e alguns especialistas têm questionado a sua utilidade (ver Menze, 1981), sobretudo se tivermos em vista o modo como a Guerra Fria o reduziu a pouco mais que uma forma de vaiar as sociedades consideradas "fechadas" em vez de "abertas" (ver Popper, 1945), e às quais se negava, por conseguinte, participação no "mundo livre". Uma vez que o termo seja despojado de estritas conotações anticomunistas, o totalitarismo pode ser atribuído a qualquer sistema sociopolítico se sua política e suas instituições tiverem tido o efeito combinado de esmagar de modo abrangente o que a tradição do Iluminismo considera como liberdades humanas fundamentais. De fato, seria possível alegar a existência de um propósito totalitário em muitos regimes que, ao longo dos tempos, oprimiram seus súditos (como a China Imperial) ou subjugaram implacavelmente culturas indígenas (como a Espanha imperialista), assim como no profundo conluio das modernas democracias liberais (capitalistas) com a colonização e a extensa apregoação de normas patriarcais ou capitalistas que resultam na profunda ALIENAÇÃO de seus cidadãos (ver, por exemplo, Marcuse, 1964).

Apesar da tendência a se tornar sumamente impregnado de valor, o termo "totalitário" ainda retém considerável utilidade heurística para a investigação dos aspectos estruturais-funcionais das muitas ditaduras pessoais, militares e partidárias modernas disseminadas por todo o mundo e que se esforçam por criar em seus povos uma ilusão do dinamismo, eficiência e popularidade de suas lideranças (ver DITADURA). Há, porém, muitas advertências a ter em mente sempre que o termo é usado como ferramenta de análise acadêmica. Em primeiro lugar, podem existir diferenças ideológicas e estruturais entre duas sociedades descritas como totalitárias (tais como a Alemanha de Hitler e a Rússia de Stalin), pelo que o semelhante raras vezes é comparado com o semelhante. Em particular, o grau em que tais regimes recorrem sistematicamente à coerção, ao terror e ao massacre a fim de suprimir a dissidência pode variar de maneira considerável. Em segundo lugar, não se deve esquecer que o sonho totalitário de centralização abrangente do poder e controle sobre todos os aspectos da sociedade é uma quimera, por mais impressionante que seja a sua fachada. Qualquer regime manifestamente totalitário prova, a um exame mais minucioso, ser policrático, corrupto e ineficiente. Em especial, seus esforços para supostamente mobilizar e insuflar energia nas massas redundam na extensa *despolitização* e desmoralização destas, ao passo que muitos dos que se instalaram no "*sanctum sanctorum*" do verdadeiro poder serão oportunistas e carreiristas, em vez de autênticos ideólogos. É por essa razão que o pluralismo, o individualismo e a criatividade florescem rapidamente sempre que a engrenagem estatal de doutrinação e repressão é finalmente desmantelada. Em suma, o abismo entre as pretensões propagadas aos quatro ventos por um regime totalitário e as realidades a que ele preside é pouco menos que total.

Gregor (1969) demonstrou, para o caso do regime fascista (que se vangloriava de ser o primeiro *stato totalitario*), que uma considerável soma de sofisticação ideológica pode ser reunida no esteio doutrinário de um pretenso estado totalitário por seus apologistas oficiais e autonomeados teóricos. Entretanto a marca distintiva de tal estado em seu aspecto público ou exotérico é a negação axiomática do diálogo autêntico e, por conseguinte, de todo pensamento social autêntico. Talvez as mais penetrantes exposições dos eufemismos e pensamentos deliberadamente perversos que caracterizam os regimes totalitários, através dos quais estes procuram legitimar-se ideologicamente, assim como dos pensamentos e emoções retorcidos que inspiram naqueles a quem procuram subjugar ou doutrinar, sejam encontrados, não nas análises de cientistas sociais, mas em obras de ficção: romances como *Admirável mundo novo*, de Aldous Huxley, *Trevas ao meio-dia*, de Arthur Koestler, *1984*, de George Orwell, *A peste*, de Albert Camus, *Yawning Heights*, de A. Zinoviev, e o filme *Brazil*, de Terry Gilliam.

Leitura sugerida: Popper, Karl 1945 (*1966*): *The Open Society and its Enemies*, 2 vols., 5ªed. • Shapiro, L. 1972: *Totalitarism* • Talmon, J.L. 1952: *The Rise of Totalitarism Democracy*.

ROGER GRIFFIN

trabalhadora, classe Ver CLASSE OPERÁRIA.

trabalhadores, conselho de Ver CONSELHO DE TRABALHADORES.

trabalho O conceito é ambíguo e disputado, indicando diferentes atividades em diferentes sociedades e contextos históricos. Em seu sentido mais amplo, trabalho é o esforço humano dotado de um propósito e envolve a transformação da natureza através do dispêndio de capacidades mentais e físicas. Tal interpretação, contudo, conflita com o significado e a experiência mais limitados do trabalho nas atuais sociedades capitalistas. Para milhões de pessoas, trabalho é sinônimo de emprego remunerado, e muitas atividades que se qualificariam como trabalho na definição mais ampla são descritas e vivenciadas como ocupações em horas de lazer, como algo que não significa verdadeiramente trabalho.

O TRABALHO DOMÉSTICO particular é um excelente exemplo. Embora essencial à sobrevivência, saúde e perpetuação da população humana, o trabalho doméstico (cozinhar, limpar, cuidar dos filhos pequenos etc.) tem baixo status social, é preponderantemente executado por mulheres e não é remunerado. Que as mesmas atividades podem ser desempenhadas como trabalho pago em hotéis e firmas de *catering*, por exemplo, sublinha o fato de a fronteira entre trabalho remunerado e não-remunerado (ou trabalho e o chamado ÓCIO) ser extremamente vaga. Como ela é determinada?

Dentro das ciências sociais, existem numerosas explicações concorrentes. A ciência econômica — pelo menos o paradigma neoclássico dominante — sustenta que os valores relativos atribuídos a diferentes atividades produtivas e serviços, e por conseguinte as recompensas e o status que resultam para os seus fornecedores, são governados pelo efeito recíproco das forças de oferta e demanda no mercado. O fato de muitas mulheres se especializarem no trabalho doméstico particular não-remunerado é considerado uma resposta racional à estrutura predominante de recompensas relativas. O trabalho doméstico produz um nível relativamente elevado de satisfação para os seus consumidores (a família), mas faz jus a um baixo salário se fornecido como serviço através do mercado. Por conseguinte, mulheres e homens escolhem especializar-se em diferentes atividades, de modo a maximizar a renda familiar (satisfação), com os homens optando por empregos com salários relativamente mais elevados e as mulheres preferindo especializar-se em tarefas domésticas.

O espaço impede uma crítica detalhada dessa abordagem, mas é claro que a argumentação é tautológica: em particular, supõe-se uma preexistente DIVISÃO DO TRABALHO por sexos, a qual é usada depois para "explicar" a resultante divisão do trabalho entre homens e mulheres (e entre trabalho remunerado e mão-de-obra não-remunerada) em função dos preços relativos correntes. Não se explica por que razão diferentes espécies de trabalho atraem diferentes tabelas de remuneração, como tampouco se explicam, de modo decisivo, as origens do sistema de mão-de-obra assalariada.

A abordagem da sociologia industrial é muito diferente. Sustenta-se que as definições de trabalho são historicamente específicas e refletem os valores, pressupostos e relações de poder dominantes na sociedade. Assim, o emprego remunerado ocupa uma posição especial dentro da divisão de trabalho no capitalismo em função da natureza e estrutura específicas das relações de produção nesse sistema. Uma característica definidora do capitalismo é que o trabalho é realizado, não a fim de satisfazer as necessidades imediatas dos produtores diretos e de suas famílias, mas, antes, para produzir mercadorias para troca no mercado.

A análise marxista, que tem exercido profunda influência sobre o estudo do trabalho e das relações no trabalho, desenvolve esse *insight* básico. O trabalho, de acordo com a perspectiva marxista, está subordinado ao propósito de reproduzir e expandir o domínio material e político da classe capitalista. A massa da população está separada dos meios de produção e subsistência e, por conseguinte, é compelida a ingressar no trabalho assalariado a fim de sobreviver. Através do sistema de trabalho assalariado, os trabalhadores estão submetidos à exploração sistemática: os salários são adiantados para capacidades humanas e não para alguma quantidade determinada de trabalho realizado. Dentro do processo de produção, eles são encorajados e ardilosamente induzidos a trabalhar por certo período de tempo e com certo nível de intensidade, de modo a assegurar que o valor com que contribuem exceda o valor de seus salários. A diferença, a mais-valia, forma a base do lucro capitalista.

Embora nem todos os sociólogos aceitem o ponto de vista marxista de que o capitalismo é um sistema explorador que degrada a experiência de trabalho, assim como as vidas dos trabalhadores, a maioria aceitaria, por certo, a opinião de Wright Mills de que o trabalho pode "ser mera fonte de sustento ou a parte mais significativa da vida interior de um ser humano; pode ser vivenciado como expiação ou como exuberante expressão da própria personalidade; como inelutável dever ou como desenvolvimento da natureza universal do homem" (Mills, 1951, p.215). De forma crucial, o que importa são as relações sociais que regem o desempenho e a experiência de trabalho.

Mais recentemente, o debate e a controvérsia centraram-se na questão de apurar se, sob novos imperativos tecnológicos e econômicos, a organização do trabalho e as relações de trabalho estão sendo fundamentalmente transformadas. Alguns (ver Piore e Sabel, 1984) afirmam que novas formas de padrões democráticos de trabalho estão suplantando os sistemas autoritários e hierárquicos que governaram o desenvolvimento do sistema de produção em massa em países tanto capitalistas quanto socialistas. Os roteiros pessimistas da década de 70, que se seguiram à publicação da sumamente influente exposição marxista de Braverman das tendências desumanizantes do processo de trabalho capitalista (Braverman, 1974), deram assim lugar, em alguns meios, a uma descrição mais otimista dos aspectos potencialmente emancipadores das novas e flexíveis organizações de trabalho. Os trabalhadores, afirma-se, estão sendo reabilitados no local de trabalho na medida em que os empregadores desejam aproveitar as suas capacidades criativas, em sua busca de maior flexibilidade e eficiência de produção.

As avaliações das evidências existentes — as quais ainda se apresentam gradualmente e fragmentadas — estão divididas. Os novos otimistas ainda têm que demonstrar suas teses, mas é indubitavelmente verdade que, ao se avizinhar o século XXI, os padrões de organização da produção e as estruturas de controle do local de trabalho estão se tornando mais diversificados.

Ver também CLASSE OPERÁRIA; REVOLUÇÃO CIENTÍFICO-TECNOLÓGICA.

Leitura sugerida: Braverman, H. 1974: *Labor and Monopoly Capital* • Handy, C.B. 1984: *The Future of Work: a Guide to Changing Society* • Piore, M. e Sabel, C. 1984: *The Second Industrial Divide.*

PETER NOLAN

trabalho, divisão do Ver DIVISÃO DO TRABALHO; DIVISÃO INTERNACIONAL DO TRABALHO.

trabalho, mercado de Ver MERCADO DE TRABALHO.

trabalho, processo de Como definição geral, a expressão refere-se aos métodos e procedimentos pelos quais o trabalho humano, utilizando ferramentas ou instrumentos de produção, transforma as matérias-primas em produtos úteis; mas, embora qualquer tipo de atividade laboral (contemporânea ou histórica) seja um processo de trabalho, o termo deriva seu interesse de sua centralidade para a análise de Marx do capitalismo e dos modos como ela tem sido aplicada e desenvolvida na análise do trabalho no século XX, de modo primordial, mas não exclusivo, na sociedade capitalista.

A análise de Marx enfatizou a subordinação do trabalho ao capital em processos de produção (ver EXPLORAÇÃO), que estavam sujeitos a transformações contínuas na busca de ganhos de produtividade. Em tais transformações, a mecanização fragmenta a atividade laboral em uma tarefa simples, uniforme e repetitiva sob a rigorosa disciplina da fábrica, as habilidades artesanais desaparecem e novas hierarquias de trabalho mental e manual são construídas com base no controle do capital sobre o trabalho. Marx forneceu extensas ilustrações empíricas dessas teses, extraídas principalmente de documentos oficiais de meados do século XIX.

Esses desenvolvimentos no âmbito dos processos de produção não foram notados apenas por Marx. Eles informaram a tentativa de Frederick Taylor, na virada do século, de construir uma teoria da gerência científica. O objetivo de Taylor era submeter as ações físicas dos trabalhadores aos mesmos princípios de otimização que governavam os fatores inanimados do processo de produção. Para que a atividade dos trabalhadores se tornasse mecânica desse modo, a gerência tinha que renunciar ao conhecimento e à atividade discricionária que haviam caracterizado tradicionalmente as especializações artesanais. Assim, a ênfase de Taylor nessa extensão da divisão do trabalho recaía sobre o alcance do controle gerencial, tanto no nível dos movimentos individuais quanto no do processo de produção como um todo. Quando combinado com as tecnologias de manipulação e transferência em pleno desenvolvimento no período, o taylorismo provou ser uma poderosa ideologia para a administração das indústrias de bens duráveis de consumo no tipo de mercado de massa baseado na produção em linha de montagem que teve como pioneira a Ford Motor Company.

Depois de 1945 a mecanização ampliou-se cada vez mais, da manipulação e transferência ao próprio processo de controle, culminando até a data nas tecnologias de microprocessamento e suas amplas aplicações, especialmente em processos de produção em pequenos grupos (não-padronizados) e em indústrias que se especializam no manuseio e recuperação de informação. (Sustenta-se por vezes que isso caracteriza a transição da era fordista para o neofordista; ver FORDISMO E PÓS-FORDISMO; CICLOS DE LONGO PRAZO; REGULAÇÃO.) Dentro de um quadro de referência marxista, a análise de Braverman (1974) provou ser especialmente influente ao enfatizar a importância no século XX da teoria de Marx para o entendimento das origens e desenvolvimento da hierarquia no local de trabalho, para a evolução da composição das qualificações da força de trabalho e da fragmentação do trabalho, e para as formas como a ciência e a tecnologia são usadas em processos de produção cada vez mais mecanizados. Em seu foco sobre as contínuas reorganizações do processo de trabalho pelo capital e seus ataques a áreas de especialização e discricionariedade operária, que impedem o detalhado controle capitalista, Braverman também focalizou o lado oposto: a crescente degradação do trabalho tal como vivenciada no processo laboral e a alienação associada que desse modo se engendra. As críticas a Braverman tendem a se concentrar na sua falha por não levar em conta os processos em que a resistência do trabalhador na ponta da produção pode dar forma a desenvolvimentos no processo laboral e no seu fracasso em explorar os diferentes mecanismos de controle capitalista.

Em contraste com a abordagem marxista, na qual a luta de classes determina o desenvolvimento da tecnologia e, de fato, a própria noção de eficiência técnica, essa é uma abordagem que vê o desenvolvimento da tecnologia como a força propulsora e a redução de custo atribuível às economias de produção em grande escala como determinantes do desenvolvimento da produção fabril. (Ver também MUDANÇA TECNOLÓGICA.) O controle hierárquico sobre o trabalho é analogamente atribuído às reduções de custos e às dificuldades incentivadoras dos processos de trabalho cooperativo. As questões da "naturalidade" da tecnologia e da eficiência técnica, e sua relação com a organização do processo de trabalho, fazem parte da contínua linha divisória entre as análises baseadas em uma abordagem de classe e as baseadas em um cálculo de maximização individual.

Leitura sugerida: Braverman, H. 1974: *Labor and Monopoly Capital: the Degradation of Work in the Twentieth Century* • Edwards, R. 1979: *Contested Terrain: the Transformation of the Workplace in the Twentieth Century* • Landes, D. 1986: "What do bosses really do?". *Journal of Economic History* 46.3, 585-623 • Marglin, S.A. 1974-75: "What do bosses do? The origins and function of hierarchy in capitalist production". *Review of Radical Political Economics* 6.2, 60-112; 7.1, 20-37 • Nichols, T. org. 1980: *Capital and Labour: Studies in the Capitalist Labour Process* • Stone, K. 1974: "The origins of job structures in the steel industry". *Review of Radical Political Economics* 6.2, 113-73 • Thompson, P. 1983. *The Nature of Work: an Introduction to Debates on the Labour Process* • Williamson, O.E. 1980: "The organization of work". *Journal of Economic Behaviour and Organization* 1.1, 5-38.

SIMON MOHUN

trabalho doméstico O feminismo moderno e o desenvolvimento dos estudos relacionados com os sexos é que tornaram visível a atividade humana de trabalhos domésticos no âmbito do pensamento social. Ela foi inicialmente realçada por marxistas influenciados pelo feminismo que desejaram desvendar a base material da opressão das mulheres no capitalismo. A anterior análise marxista das divisões por sexos, ou a Questão da Mulher, como ficou conhecida, era propensa a localizar a opressão das mulheres puramente em seu lugar desvantajoso no mercado de trabalho, o que poderia explicar-se pelas responsabilidades primordiais das mulheres no lar. Entretanto tais relações domésticas tendiam a ser vistas como superestruturais, com efeitos principalmente ideológicos, e não, portanto, tão fundamentais quanto as relações de classe que derivaram do modo de produção e formaram, assim, parte integrante da base econômica (ver MODO DE PRODUÇÃO; MATERIALISMO).

Ao analisar o trabalho doméstico como um conjunto de relações de produção localizadas dentro da base econômica, esperava-se dar à opressão das mulheres um status comparável, no âmbito do marxismo, à exploração de classe. Boa parte do debate girou em torno de qual das categorias de Marx usadas para a análise do trabalho assalariado era também aplicável ao trabalho doméstico. Assim, por exemplo, alguns protagonistas sustentaram que o trabalho doméstico era outra forma de produção de mercadoria, pois seu produto era a mercadoria força de trabalho. Outros, porém, afirmaram que o trabalho doméstico não produzia mercadoria alguma; seus produtos eram valores de uso que nunca chegavam ao mercado e entravam diretamente no consumo familiar, só indiretamente ajudando na reprodução da força de trabalho.

Todos concordaram em que o trabalho doméstico não estava sujeito às mesmas relações de produção que a produção de mercadorias. Em particular, as formas de controle do trabalho doméstico eram diferentes; em vez da lei do valor, que se aplica à produção capitalista de mercadorias, de acordo com a qual mercadorias semelhantes têm que ser produzidas em tempos comparáveis a fim de que permaneçam lucrativas para os firmas que as produzem, os padrões e as quantidades de tempo consumidas no trabalho doméstico podem variar amplamente. A forma de controle é mais indireta — as donas-de-casa estão no controle cotidiano de seu próprio processo de trabalho, mas têm que organizar seu trabalho para se ajustar às necessidades dos outros membros da família e às exigências de outras instituições sociais, cujos padrões estão disseminados em uma variedade de modos indiretos, através da ideologia familiar, por exemplo. A situação contratual também é diferente; em vez de ser regulado por um contrato especificado de trabalho assalariado que é concluído com relativa facilidade, a alocação de trabalho dentro do lar é regida pelos papéis rotineiramente atribuídos aos dois sexos e, embora o contrato matrimonial já tenha deixado de ser visto como vinculatório para a vida inteira, ele ainda é relativamente difícil de mudar. Isso aplica-se também à forma de remuneração: aos trabalhadores assalariados se paga um salário que foi previamente estabelecido, ao passo que no caso do trabalho doméstico nenhum salário é especificado e as donas-de-casa têm que tirar a sua própria subsistência da renda monetária fornecida à família como um todo pelo seu próprio trabalho assalariado ou de outros membros de sua família. Isso também tem efeitos sobre a organização do tempo de trabalho: enquanto o assalariado trabalha em períodos de tempo claramente especificados e usualmente em um local distinto do seu lugar de lazer, o trabalho da dona-de-casa, literalmente, "nunca está feito" e ela não tem separação física ou temporal entre o trabalho e o tempo de lazer. Além disso, diferentemente da produção capitalista de mercadorias, o trabalho doméstico tende a ser feito em isolamento, com pouca ou nenhuma especialização ou cooperação.

Outra área de debate dizia respeito ao papel que o trabalho doméstico desempenhou na reprodução das relações de produção capitalista. Teria ele produzido a sua própria mais-valia para que esta fosse apropriada pelo marido de uma dona-de-casa ou pelo patrão deste? Ou teria contribuído para a produção de mais-valia indiretamente ao diminuir o salário com que os membros da família precisavam ser remunerados a fim de manter seu padrão de vida habitual? Ou o seu papel na reprodução de relações capitalistas seria ainda mais indireto, fornecendo os confortos no lar que tornavam suportável o trabalho nas condições capitalistas e absorvendo as áreas de produção de valor de uso, como cuidar dos filhos pequenos, que por alguma razão não podiam ser inseridas na produção capitalista? Teria o trabalho doméstico tornado um modo de produção distinto articulado com o modo capitalista ou a definição do modo capitalista de produção deveria ser ampliada para incluir as relações de produção domésticas? (Himmelweit e Mohun, 1977, efetuam um levantamento desses debates.)

A par desses debates no interior do marxismo, foram realizados numerosos estudos empíricos de donas-de-casa e trabalhos domésticos (ver, por exemplo, Oakley, 1974). Fizeram-se estudos históricos do desenvolvimento do trabalho doméstico e da tecnologia doméstica, os quais compararam provisões de tempo para mostrar que, embora o conteúdo do trabalho doméstico tenha mudado significativamente ao longo do último século, o advento de dispositivos destinados a economizar trabalho não havia reduzido em quase nada o montante de tempo nele consumido; isso indicou que as explicações marxistas menos economicistas sobre a persistência do trabalho doméstico podiam ter mais conteúdo do que as que viam o seu papel puramente em termos de sua contribuição para a produção de mais-valia (ver Bose, 1979).

Como parte do projeto teórico marxista de explicar a base material da opressão das mulheres, o debate sobre o trabalho doméstico deve ser considerado um fracasso. As relações de produção específicas do trabalho doméstico foram analisadas através do debate e isso, em conjunto com o subseqüente trabalho empírico, tornou o trabalho doméstico e outras modalidades de trabalho informal não só mais visíveis dentro da ciência social mas também mais reconhecidos no seio da sociedade; por exemplo, as companhias de seguros quantificam agora o valor do trabalho de uma dona-de-casa na avaliação de sua vida produtiva. Entretanto o debate não conseguiu explicar por que são predominantemente as mulheres que trabalham sob essas relações de produção. Em outras palavras, é reconhecido que a sociedade capitalista depende de uma divisão do trabalho entre produção remunerada de mercadorias e trabalho doméstico não-remunerado, mas não se explicou por que essa divisão coincidiu com uma divisão sexual do trabalho. Isso não é surpreendente, dado o fracasso em incorporar à análise outros conceitos além dos desenvolvidos por Marx para a análise do trabalho assalariado, a qual era inteiramente alheia ao sexo. Embora extensões tenham sido ulteriormente apontadas e nelas se tenham incorporado noções de patriarcado, isso significa apenas adicionar outra estrutura que necessita ela mesma de explicação. Sem reconhecer que o trabalho doméstico é mais que apenas outra forma de trabalho, possuindo uma conexão específica com a reprodução humana em que, é claro, as diferenças entre os sexos são cruciais, o estudo do trabalho doméstico nunca poderá fornecer uma análise completa da opressão sexual.

Leitura sugerida: Fox, B. org. 1980: *Hidden in the Household: Women's Domestic Labour under Capitalism* • Himmelweit, S. e Mohun, S. 1977: "Domestic labour and capital". *Cambridge Journal of Economics* 1 • Molyneux, M. 1979: "Beyond the domestic labour debate". *New Left Review* 116, 3-28 • Oakley, A. 1974: *The Sociology of Housework* • Seccombe, W. 1974: "The housewife and her labour under capitalism". *New Left Review* 83, 3-24

SUSAN F. HIMMELWEIT

tradição e tradicionalismo Detendo um lugar especial entre os costumes, convenções, idiossincrasias e estilos que são os pilares das culturas humanas, a tradição é comumente reservada aos costumes que possuem considerável profundidade no passado e uma aura de sagrado. A palavra tradição vem do verbo latino *tradere*, que significa entregar, transmitir, legar à geração seguinte. Embora o verbo pudesse referir-se à transmissão de coisas triviais, passou a ser gradualmente reservado para as mais importantes, para os "depósitos" do passado que conservavam um valor incomum para o presente e, presumivelmente, para o futuro.

As tradições, por longo uso, pertencem às mais importantes esferas da vida humana, como O PARENTESCO, a religião, a comunidade organizada, e aos níveis superiores da cultura, como a literatura e a arte. Falamos do cristianismo na Europa e da monarquia, do patriarcalismo, do constitucionalismo e da arte dos velhos mestres como tradicionais. Para coisas menores é mais provável usarmos "costumes" ou "folclore".

É um erro pensar nas tradições como inerentemente estáticas e sempre inclinadas à imobilidade. Migrações, guerras e revoluções têm freqüentemente atrás delas na HISTÓRIA os desejos de grupos de defender, proteger ou até disseminar tradições tidas em grande estima. Revoluções e importantes movimentos de reforma nascem não só da percepção pragmática da injustiça reinante, mas também do sentimento histórico de que antigas tradições estão sendo violadas. Poder sustentar que práticas correntes representam um abandono de tradições respeitáveis no governo e na lei é acrescentar considerável profundidade à posição que a pessoa está assumindo. Como aponta a história do marxismo, os partidários da esquerda são tão desenvoltos quanto os da direita em falar do Marx "real", do "verdadeiro", em controvérsias doutrinárias, e embora possam não usar a palavra "tradição", a substância está freqüentemente à vista de todos. O mesmo pode ser dito, em grande parte, da religião. A história do cristianismo, a partir da Reforma, é preponderantemente uma história de seitas e cismas. De modo quase invariável, os autores e profetas de novas seitas insistem em que, por mais radical que possa ser o cisma, ele está baseado no desejo de voltar "àquela religião dos velhos tempos" ou, dito com mais elegância, à "pura tradição de Jesus Cristo".

É difícil separar a história recente da idéia de tradição das correntes intelectuais agitadas na Europa Ocidental pelos que, durante e após a Revolução Francesa, intitulavam a si próprios "tradicionalistas". Refiro-me especialmente a Louis Gabriel de Bonald e Joseph de Maistre. O uso de "conservador" como termo político só começa a ser corrente a partir da década de 1820, tanto na França como na Inglaterra. Mas o tradicionalismo como filosofia política e como rótulo aparece em cena por volta de 1790. Mais que qualquer outra figura, Edmund Burke foi o responsável por isso. Curiosamente, ele parece não ter usado "tradição" nem "tradicionalismo" em suas *Reflections on the Revolution in France*, mas empregou, com afoiteza, a palavra "preconceitos", e o seu argumento em favor do "preconceito, com a razão envolvida", é um dos mais eloqüentes textos até hoje escritos em prol da tradição e do tradicionalismo.

O que Burke e todos os tradicionalistas do começo do século XIX estavam atacando era a Revolução Francesa e suas idéias, geradas pelo Iluminismo, de razão, individualismo, liberdade e igualdade, acolhidas para que toda a Europa as visse na legislação que sucessivos governos revolucionários promulgaram. Ao divulgar essas idéias, a Revolução foi quase necessariamente obrigada a investir contra as instituições do Antigo Regime: monarquia, aristocracia, Igreja, corporações, comunidades aldeãs etc.

O que a Revolução atacou, os autodeclarados tradicionalistas converteram em objetos de veneração. Eram essencialmente valores e estruturas medievais; não é por acidente que o medievalismo e o tradicionalismo registraram um surto simultâneo no século XIX. Vemos isso nas artes e nas ciências sociais. No primeiro campo, destacam-se figuras como Augustus Pugin, William Morris e John Ruskin; nas ciências sociais, Friedrich Karl von Savigny e Hegel na Alemanha, Auguste Comte e Pierre Le Play na França. Alguns deles, embora de modos diferentes, foram pródigos nos elogios à Idade Média e vigorosos na adoção de instituições tradicionais como a família patriarcal, a comunidade aldeã, a guilda e um sistema de classes sociais. Foram igualmente condenatórios das forças do mundo moderno, como o industrialismo e a tecnologia, e também, em alguns casos, a democracia de massa e o igualitarismo, que pareciam ser os agentes destruidores dos alicerces do tradicional. É lícito dizer que o contraste entre Tradicional e Moderno, tal como o encontramos desde o começo do século XIX até o presente momento na literatura ocidental, é apenas uma variante dos temas análogos de *Gemeinschaft* e *Gesellschaft*, status e contrato, e dos tipos de solidariedade que Émile Durkheim apresentou em *De la division du travail social* (1893). A distinção de Max Weber entre Tradicional e Racional também é pertinente.

Finalmente, cumpre sublinhar que tradicionalismo, CONSERVADORISMO e direita política estão muito longe de ser a mesma coisa; pelo menos desde o começo do século XIX, quando as três palavras adquiriram suas atuais conotações. Os tradicionalistas, por definição, mantêm-se fiéis ao antigo e ao consagrado. Entretanto isso não os faz necessariamente conservadores, dado o caráter predominante do conservadorismo na política ocidental contemporânea, nem o tradicionalistmo pende obrigatoriamente para a direita em política. Assim, a reverência do tradicionalista pelo parentesco, a religião, a classe social e o sagrado não se harmoniza, necessariamente, com a preferência do conservador contemporâneo pelo alto grau de individualismo, o mercado livre, o libertarismo, a propriedade privada, e o lucro irrestritos. No tocante às relações com a direita política, basta pensar em alguns dos grupos profunda e fanaticamente tradicionalistas do mundo moderno cuja fidelidade absoluta a uma ou mais tradições os coloca, por vezes, mais próximos da esquerda revolucionária do que de qualquer coisa propriamente indicável como direita ou conservadora. O Exército Republicano Irlandês (IRA) e os bascos são talvez ilustração suficiente, mas no momento presente é provável que se pense primeiro no Oriente Médio e em certos rebeldes islâmicos eminentemente tradicionalistas.

Ver também CULTURA.

Leitura sugerida: Kuhn, Thomas S. 1962 (*1970*): *The Structure of Scientific Revolutions*, 2ªed. • Lerner, David 1958: *The Passing of Traditional Society* • Lippman, Walter 1929: *A Preface to Morals* • Lowes, John Livingston 1922: *Convention an Revolt in Poetry* • Nisbet, Robert 1986: *Conservatism* • Radin, Max 1936: "Tradition". In *Encyclopedia of the Social Sciences*, vol.15, p.62-7 • Shils, Edward 1981: *Tradition*.

ROBERT NISBET

transgressão Ver CRIME E TRANSGRESSÃO.

troca social, teoria da Essa teoria, que se ocupa das intenções recíprocas envolvendo grupos e pessoas que trocam itens de valor social e simbólico dos quais se beneficiam, desenvolveu-se originalmente a partir das preocupações de sociólogos franceses com as fontes de solidariedade social; na ciência anglo-americana, foi também elaborada como fundamento para a diferenciação de poder em relações sociais.

Origens na sociologia francesa

Em uma crítica da sociologia francesa no século XIX, Durkheim (1900) atribuiu o ressurgimento da disciplina a partir de então à crise que se seguiu à derrota da França na Guerra Franco-Prussiana de 1870. Isso levou os sociólogos a procurar soluções na ordem social, "tendo acabado de ruir a fachada (...) do sistema [do estado] imperial" (p.12). Durkheim e seus discípulos ampliaram o seu leque de pesquisas a sociedades não-industriais que estavam sendo franqueadas ao estudo pelo imperalismo europeu, na crença metodológica de que os princípios ganhos pela descoberta de como tais sociedades simples se mantinham unidas poderiam elucidar os mais complexos problemas de valor no Ocidente (Durkheim, 1912; Durkheim e Mauss, 1903). A perspectiva de mudança social surgiu como uma teoria fundamentada de solidariedade social em resultado dessas investigações. (Ver também ESCOLA SOCIOLÓGICA DE DURKHEIM.)

Usando dados etnográficos provenientes de várias sociedades não-ocidentais, incluindo especialmente a documentação de troca dos Kula nas ilhas Trobriand coletada por Malinowski (1922), Mauss (1925) efetuou um minucioso levantamento de evidências a respeito das tradições de dádivas e trocas que o habilitassem a "estabelecer conclusões de natureza moral sobre alguns dos problemas com que nos defrontamos em nossa atual crise econômica" (p.2). Prosseguindo na mesma linha de pesquisa, Lévi-Strauss (1949) descobriu uma conexão entre as práticas de troca e a solidariedade social em seus estudos comparativos de regras de parentesco e casamento: a troca direta (ou restrita), na qual dois grupos dão e recebem um do outro (A ↔ B), gera a solidariedade mecânica; ao passo que a troca indireta (ou generalizada), envolvendo uma rede de numerosos parceiros de troca que não dão àqueles de quem recebem (por exemplo, A → B → C → D → A), promove a solidariedade orgânica (ver Ekeh, 1974, p.37-77). Nesses estudos, o indivíduo singular é insignificante; são os grupos, não os indivíduos, que formam as parcerias de troca.

Reações americanas: individualismo e troca social

Rejeitando a subordinação do indivíduo às necessidades sociais na teoria de Lévi-Strauss (Homans e Schneider, 1955), Homans (1961) propôs uma teoria da troca social individualista em que as interações estão limitadas a reciprocidades diretas. Essa versão da teoria da troca social sublinha o significado do indivíduo único mediante o emprego de conceitos-chaves em economia e psicologia como recompensas, custos, punição, lucros e investimentos, assim como os construtos emparelhados estímulo e resposta, oferta e demanda. A teoria de Homans proporcionou o ponto de crescimento para a teoria da troca social nos Estados Unidos. Enquanto Blau (1964) desenvolveu os seus aspectos econômicos, em enunciados que valorizaram as relações macroestruturais emergentes (embora ele viesse mais tarde a duvidar da validade de tais generalizações, ver Blau, 1987), os pontos de vista psicológicos foram elaborados por comportamentalistas que os ligaram à psicologia skinneriana (Burgess e Bushell, 1969; Chadwick-Jones, 1976).

Nos Estados Unidos a teoria da troca social tem tido sua principal aplicação na interpretação do PODER. Embora isso possa ser atribuído à preocupação de Homans com as diferenças de status em interações sociais, a extrapolação de Blau do poder de grupos pequenos e as extensões do fecundo ensaio de Emerson (1962) sobre relações de poder-dependência à situação de troca, têm sido dominantes em recentes discussões americanas sobre o assunto (ver Cook, 1987). Sua asserção central é que poder e dependência resultam de relações de troca, com o maior doador sendo compensado com o poder e o menor contribuinte reprimido com a dependência. Essa noção de poder tem sido atacada por sociólogos políticos (como Birnbaum, 1976) e filósofos políticos (como Lively, 1976), os quais sustentam que o poder tem uma base mais ampla em valores sociais e não pode ser derivado do imediatismo da situação de troca social.

Outros usos

A versatilidade da teoria da troca social habilitou-a a ser usada com perspectivas teóricas similares na interpretação de outras características várias do relacionamento social. Os dois usos seguintes são particularmente dignos de menção.

Troca social e escolha racional. A escolha racional revela ações motivadas por ganhos pessoais no decorrer de atividades econômicas que coagem os atores a realizar escolhas a partir de recursos escassos. Desde os seus começos, a espécie anglo-americana de teoria da troca social usou argumentos de escolha racional, inspirados na ciência econômica e na teoria dos jogos, a fim de conceituar os comportamentos de troca social em sociedades ocidentais e não-ocidentais (Heath, 1976; Sahlins, 1965; ver também ESCOLHA RACIONAL, TEORIA DA). Embora refletindo o predomínio da argumentação econômica nos Estados Unidos e na Grã-Bretanha, tal redução da vida social à motivação econômica contrasta nitidamente com a concepção extraeconômica da troca social na sociologia francesa.

Troca social e justiça. Os parceiros na troca social formulam juízos sobre as suas contribuições para os grupos em que participam e sobre os benefícios que deles colhem. Também comparam seus custos e benefícios com os de outras pessoas com quem interatuam (ver Thibaut e Kelley, 1959). Esses atributos fazem da JUSTIÇA uma idéia de unidade central da teoria da troca social. As considerações de justiça na troca social podem expressar-se de acordo com suas duas principais variantes, identificadas por Barry (1989): a *justiça como imparcialidade*, enfatizando a distribuição de benefícios em bases comuns e assim não levando em conta o status privilegiado como margem de negociação, e a *justiça como vantagem mútua*, sublinhando os benefícios repartidos entre os parceiros de troca. Entretanto, de acordo com as formulações iniciais de Homans (1961, p.71-5), os teóricos da troca social, conservadoramente, têm aceito o status como principal critério de justiça. A teoria da troca social também pode ajudar a explicar a justiça de cidadania, definida como a troca de deveres por direitos no relacionamento do indivíduo com o estado (Marshall, 1950).

Conclusões

Como aponta o ensaio de Gouldner (1960) sobre reciprocidade, a perspectiva da troca social deriva a sua significação de um impulso humano básico para dar e receber em interações sociais, com comportamentos contrários tendendo a desestabilizar as relações sociais. Esse pressuposto é amplamente compartilhado pelas ciências sociais e comportamentais, tornando a teoria da troca social atraente para numerosas disciplinas (Gergen et al., 1980). Suas variantes francesa e anglo-americana também ajudam a elucidar as premissas de valor que separam o pensamento social coletivista, predominante na França, das perspectivas individualistas que têm a primazia na ciência social anglo-americana.

Leitura sugerida: Chadwick-Jones, J.K. 1976: *Social Exchange Theory: its Structure and Influence in Social Psychology* • Cook, K.S., org. 1987: *Social Exchange Theory* • Ekeh, P.P. 1974: *Social Exchange Theory: the Two Traditions* • Emerson, R.M. 1962: "Power-dependency relations". *American Sociological Review* 27, 31-41 • Gergen, J.G., Greenberg, M.S., e Willis, R.H., orgs. 1980: *Social Exchange: Advances in Theory and Research* • Gouldner, A.W. 1960: "The norm of reciprocity: a preliminary statement". *American Sociological Review* 25, 161-79 • Heath, A. 1976: *Rational Choice and Social Exchange: a Critique of Exchange Theory.*

PETER P. EKEH

trotskismo Referindo-se a uma ampla corrente de pensamento, assim como a um pequeno e organizado movimento dentro do socialismo internacional, o termo deriva do nome de Leon Trotsky (1879-1940) e da influência histórica de suas idéias. Em sua significação mais antiga — antes de 1917 — não representava mais que uma concepção heterodoxa da iminente Revolução Russa. Mas a partir de meados da década de 20 o trotskismo, como a principal oposição marxista e crítica ao regime de Stalin na Rússia e, internacionalmente, ao movimento comunista stalinizado, acabou adotando um conjunto mais amplo de teses, procurando defender os valores do marxismo clássico contra o que ele considerava ser sua apropriação indébita. O rótulo cobriu certa diversidade de concepção teórica e prática política.

Do ponto de vista intelectual, a linha primordial baseava-se na teoria da REVOLUÇÃO PERMANENTE. Em primeiro lugar, uma antevisão da possibilidade de que a atrasada Rússia pudesse enveredar pelo caminho da revolução socialista antes dos países capitalistas mais avançados. A teoria também enfatizava — e com insistência tanto maior, uma vez que a revolução bolchevique não tivera nenhuma seqüência imediata em qualquer outro país — a necessidade de revoluções complementares no Ocidente para que o esforço da própria Rússia não redundasse em fracasso. Era uma ênfase oposta ao projeto de Stalin de "socialismo em um país" nacionalmente auto-suficiente, como sendo uma ambição falaciosa.

Uma análise do tipo de sociedade que tinha, de fato, surgido na União Soviética com a vitória política de Stalin formou um argumento complementar. Não sendo mais capitalista, uma vez que os principais meios de produção eram agora propriedade do estado, tampouco o país era ainda socialista, de acordo com Trotsky. Era uma sociedade de transição, na qual a burocracia governante tinha usurpado o papel político da classe trabalhadora, presidindo e beneficiando-se de vastas e injustificáveis desigualdades. Embora não fosse uma classe econômica dominante no sentido marxista, não dispondo de propriedade direta dos recursos produtivos, essa burocracia era uma camada privilegiada e teria que ser derrubada por uma revolução política se a Rússia pretendesse finalmente cumprir a sua transição para o socialismo — apoiada por transformações socialistas no Ocidente. Se isso falhasse, a burocracia ameaçava converter-se em veículo para a restauração do capitalismo na Rússia.

O próprio Trotsky, embora fosse o seu crítico veemente, não considerava que o regime da burocracia soviética fosse uma nova forma de domínio de classe ou capitalista. Esta foi a corrente principal do trotskismo nos 50 anos transcorridos desde a morte de Trotsky: que, embora o regime stalinista fosse autoritário, "degenerado" e, na verdade, freqüentemente criminoso, preservou de certa forma a principal realização da Revolução de Outubro, a saber, a derrubada da propriedade capitalista. Outras correntes que tiveram origem na tradição trotskista sustentavam, pelo contrário, que o grupo dominante soviético era, de fato, um novo tipo de classe — capitalista de estado ou burocrática — detentora, efetivamente, dos meios de produção através do controle do estado. Nesse ponto de vista, a União Soviética não era, em sentido algum, intermediária entre capitalismo e socialismo.

Devido à sua perspectiva teórica quase fundamentalista — a revolução permanente —, a tradição trotskista tem sido fortemente internacionalista, constituindo um dos seus importantes centros a Quarta Internacional, fundada em 1938. A tradição principal também tem defendido um conceito intransigentemente revolucionário de estratégia socialista. Para alguns trotskistas, a idéia de um "programa de transição", tentando construir uma ponte entre exigências limitadas, imediatas, e metas revolucionárias mais ambiciosas, tem sido central. O movimento trotskista considera-se herdeiro direto do LENINISMO. Nos piores casos, foi associado a uma mentalidade impregnada de sectarismo bizantino, por vezes utópico. Mas, nos melhores casos, alicerçou-se na realidade histórica do relacionamento singular e inconstante — ora crítico, ora convicto, nunca reverente — de Trotsky com a pessoa e a política de Lenin a fim de patrocinar a síntese de uma teoria política socialista simultaneamente revolucionária e comprometida com a democracia e o pluralismo. Para além do mundo das organizações trotskistas como tais, o trotskismo tem tido uma difusa influência criativa sobre o debate intelectual e o saber marxistas.

Leitura sugerida: Deutscher, I. 1959: *The Prophet Unarmed. Trotsky: 1921-1929* o 1963: *The Prophet Outcast. Trotsky: 1929-1940* • Frank, P. 1979: *The Fourth International: The Long March of the Trotskysts* • Geras, N. 1986: *Literature of Revolution* • Mandel, E. 1979: *Revolutionary Marxism Today* • Trotsky, L. 1937 (*1972*): *The Revolution Betrayed* o 1938 (*1973*): *The Transitional Program for Socialist Revolution.*

NORMAN GERAS

U

urbanismo Usado geralmente como sinônimo de urbanização, este termo refere-se em particular aos efeitos socioculturais de uma parte crescente da população que vive em cidades, especialmente nas grandes metrópoles. Também é usado para indicar os traços específicos da vida urbana em contraste com os que caracterizam a vida rural. Nos Estados Unidos, o mesmo termo é freqüentemente empregado como sinônimo de planejamento urbano (*town planning*, tal como a palavra francesa *urbanisme*).

Urbanização em países industrializados

A urbanização tem sido um dos mais importantes fenômenos da idade industrial, não só porque envolve o deslocamento de milhões de indivíduos, mas também por significar radicais mudanças qualitativas nos modos e problemas da vida social. Em linguagem técnica, a urbanização é o efeito de dois fenômenos distintos: movimento para as cidades, ou seja, migração das áreas rurais para as urbanas, e taxas mais elevadas de crescimento demográfico natural entre a população urbana do que entre a população rural. Enquanto nos países industrializados a urbanização foi quase exclusivamente impulsionada pela migração para as cidades, em países subdesenvolvidos, sobretudo na África e na Ásia, a diferença nas tendências demográficas também desempenha seu papel.

Nos países industrializados, uma primeira e substancial onda de urbanização e crescimento urbano teve lugar no século XIX (A. Weber, 1899; Mumford, 1966). No Reino Unido, a população urbana subiu de 24% da total em 1800 para 77% em 1900. Manchester era uma aldeia com menos de 10 mil habitantes no começo do século XVIII; em 1801 havia um pouco mais de 70 mil e em 1851, mais de 300 mil. Londres já era uma metrópole em 1900, com 5 milhões de habitantes e uma população extremamente heterogênea em termos de origem étnica e nacional. Entretanto também na Alemanha, França e Estados Unidos a urbanização e o crescimento das grandes cidades no século XIX foram assombrosos. Por exemplo, a população de Berlim elevou-se de cerca de 200 mil habitantes no início do século para 1,5 milhão em 1890; a de Paris, de pouco mais de 500 mil em 1800 para 2,5 milhões no final do século. Não obstante, somente no século atual o urbanismo se converteu em uma experiência de escala mundial e atraiu a atenção crescente dos cientistas sociais. Em países industrializados, ¾ da população vivem agora em cidades com mais de 100 mil habitantes ou nas áreas suburbanas de grandes metrópoles de muitos milhões de pessoas, enquanto se calcula que no final do século a maioria da população do mundo estará vivendo em áreas urbanas (Hauser e Schnore, 1965; Davis, 1967).

A migração para cidades envolveu primeiro a população rural das regiões circunvizinhas e depois, com o crescimento dos modernos sistemas de transportes e comunicações, adquiriu proporções nacionais e internacionais. Concomitantemente, o aumento de tamanho das grandes cidades alterou radicalmente os problemas qualitativos da vida social (ver também SUBÚRBIO), comparados com as situações pré-industriais baseadas em comunidades estáveis, relativamente homogêneas e compactas.

Urbanismo e qualidade de vida social

A escola de sociologia de Chicago (ver ESCOLA SOCIOLÓGICA DE CHICAGO) (Park e outros, 1925), de caráter socioecológico, formulou uma interpretação baseada na experiência americana. Não só sublinhou a diferença entre o modo de vida urbano e o rural, mas também, no primeiro, salientou a distinção entre, por um lado, os bairros centrais densamente povoados, caracterizados pela mobilidade populacional, a heterogeneidade social e a relativa deterioração das condições de vida das camadas de baixa renda, e, por outro lado, os subúrbios mais homogêneos e estáveis, privilégio das camadas de renda mais elevada. A interpretação da Escola de Chicago foi ainda mais desenvolvida por Wirth, que concentrou sua atenção em fatores ambientais como a matriz fundamental para as diferenças entre a qualidade de vida urbana e rural e para as diferenças existentes entre várias espécies de cidades.

> Podemos esperar que as características mais salientes da cena social urbana variem de acordo com tamanho, densidade e diferenças no tipo funcional de cidade (...) Para fins sociológicos, uma cidade pode ser definida como uma povoação relativamente grande, densa e permanente formada por indivíduos socialmente heterogêneos. (Wirth, 1938, p.7-8.)

As características fundamentais da vida social urbana são identificadas como anonimato, impessoalidade e superficialidade, atribuídas mais à natureza do meio ambiente urbano do que às características sociais.

O surgimento de irrefutáveis provas empíricas estimulou um vigoroso reexame da interpretação da Escola de Chicago. A experiência de cidades européias e o desenvolvimento de formas de suburbanização da classe trabalhadora também em cidades americanas lançam dúvidas sobre o levantamento socioecológico da Escola de Chicago. Além disso, a atenção está concentrada em variáveis sociológicas, contrapondo-se às variáves ambientais identificadas por Wirth. Por exemplo, Gans sustenta que, "sob condições de transitoriedade e heterogeneidade, as pessoas só interatuam em termos dos papéis segmentares necessários para a obtenção de serviços locais. Assim, suas relações sociais exibem anonimato, impessoalidade e superficialidade" (1968, p.103). Dado que a instabilidade residencial não é exclusivamente uma característica típica da cidade ou de algumas cidades e está distribuída de forma desigual em várias áreas urbanas, as diferenças de modos de vida e comportamento social são interpretadas utilizando-se variáveis sociais clássicas, tais como classes sociais, ciclos vitais, estruturas de família e emprego etc. A partir dessas recentíssimas interpretações, formuladas pela nova sociologia urbana (Saunders, 1981; Lebas, 1982; Mingione, 1986), considera-se que o urbanismo está refletido em profundas mudanças sociais, nas quais, porém, o meio ambiente atua meramente como indispensável pano de fundo para a mudança nas relações sociais e estratégias de vida. O problema crucial nessa transformação é o progressivo enfraquecimento e adaptação de contextos e recursos recíprocos em conjunto com a expansão da economia de mercado e a concentração de seções cada vez maiores da população em áreas urbanas, ao lado do concomitante crescimento contraditório e desigual em recursos monetários e contextos associativos entre classes e grupos de interesses. Esses fatores estão originando novas e importantes eclosões de conflito social, desigualdade e áreas sociais que são penalizadas e marginalizadas pelos novos métodos de distribuição de recursos sociais e de organização da representação de interesses políticos. A persistência da "questão habitacional" ou das áreas de pobreza e marginalização, o surgimento de crescentes problemas ecológicos, as dificuldades cada vez maiores em controlar, dirigir e adaptar sistemas socialmente complexos de serviços e transportes cada vez mais dispendiosos que abrangem áreas territoriais progressivamente mais vastas são apenas outros tantos aspectos dessa transformação, mais evidentes do que outros aspectos nas cidades contemporâneas, mas que não podem ser principalmente, ou apenas atribuídos a diferenças ambientais.

Urbanismo e desenvolvimento industrial

Uma das questões básicas mais amplamente debatidas do urbanismo em países industrializados é o grau em que esse fenômeno é um efeito praticamente exclusivo, inevitável e progressivo do desenvolvimento industrial. O pressuposto implícito do "industrialismo" é que o desenvolvimento industrial ocasiona economias de escala continuamente crescentes através da progressiva concentração em grandes cidades. A razão disso é que as últimas atraem recursos econômicos e mão-de-obra para promover o crescimento da produção industrial e, por seu turno, o recrudescimento da população e da atividade econômica da cidade atua como base para atrair novos recursos e incentivar níveis cada vez mais elevados de crescimento e concentração. Esse pressuposto é agora o alvo de toda uma série de críticas. Observou-se que, em muitos casos, as características do urbanismo dependem de condições e fatores históricos preexistentes ao desenvolvimento industrial, como é o caso na maioria das cidades da

Europa continental, e de elementos amplamente independentes de concentração industrial e crescimento de emprego na manufatura — o caso de cidades capitais. Em seguida, é claro que existe toda uma série de limites técnicos, sociais e econômicos à idéia de uma interligação progressiva entre a INDUSTRIALIZAÇÃO e o crescimento das grandes cidades. Esses limites, que variam consideravelmente em diferentes contextos e épocas, são o custo e o tempo necessários para construir a rede de transportes, a dificuldade de solucionar a congestão urbana e os problemas ambientais em cidades já superpovoadas.

Por todas essas razões, o desenvolvimento industrial pode ser considerado a mais importante fonte para a difusão do urbanismo, mas sob condições variáveis e descontínuas e em conjunto com outros fatores. Entre estes, é importante considerar as políticas de bem-estar, sobretudo as que se relacionam com habitação e transporte, mas também a maior ou menor concentração de serviços em geral e a variabilidade no tempo e no espaço de combinações socioeconômicas específicas; depois há a persistência de pequenas e médias empresas em contraste com as grandes concentrações industriais e financeiras, a diversificação da economia urbana em contraste com a presença de indústrias que, pelo alto nível de especialização, se mantêm únicas no mercado, o impacto de estratégias de economia de mão-de-obra e descentralização econômica em contraste com as economias de escala, assim como o possível papel de condições ambientais como poluição, tráfico, congestão, o elevado custo de moradia e de vida em geral.

Ao adotar abordagens mais requintadas que a do "industrialismo", é possível explicar as características que o urbanismo vem adquirindo nestas últimas décadas e a experiência de países sob o "socialismo real". No primeiro caso, foi apresentada a idéia de contra-urbanização (Berry, 1976, Perry et al., 1986), uma vez que, nas duas últimas décadas, a população das áreas metropolitanas centrais esteve declinando ou aumentando mais lentamente do que nas cidades de pequeno e médio porte e no interior. Acredita-se que esse fenômeno seja resultado da reestruturação industrial, do declínio no sistema de grandes indústrias manufatureiras e da nova fase de terceirização, em que trabalhadores autônomos e pequenas firmas dotados de tecnologia atualizada, mas também potencialmente emancipados da necessidade de se localizarem em grandes áreas urbanas, estão adquirindo crescente importância (Castells, 1989). Na realidade, o declínio na importância e atração das grandes áreas metropolitanas não foi além de uma queda no emprego industrial e da descentralização de algumas indústrias para cidades menores e países em processo de industrialização. Em contrapartida, a fisionomia das cidades globais (Sassen, 1991), centros nervosos para o controle das atividades políticas e econômico-financeiras, está se tornando o padrão predominante. Onde isso ocorre, o custo dos terrenos nos centros das cidades aumenta continuamente, porquanto estes constituem o ponto focal para a competição entre os vários usos reivindicados pela localização administrativa, o setor terciário avançado e a homogeneização residencial em termos de classe social, o estabelecimento de atividades econômicas e de supervisão avançadas e a presença de oportunidades de trabalho tanto de elevada quanto de baixa renda, assim como informais. Nesse sentido, a desurbanização é o efeito da expulsão das camadas de renda média ou baixa dos centros metropolitanos para a periferia e outras áreas menos dispendiosas, e a crescente dificuldade com que se defrontam para sobreviver e resistir a essas forças nas áreas metropolitanas centrais. Isso é contrabalançado, contudo, pelo fato de as grandes cidades estarem mantendo sua importância e ampliando sua influência a uma área cada vez mais vasta.

Quanto aos países de "socialismo real", falava-se muito de síndrome de sub-urbanização (Konrád e Szelényi, 1977), desencadeada pela política redistributiva que favorecia o investimento destinado à expansão industrial em detrimento de custosos programas de habitação e infra-estrutura urbana. Assim, uma parcela importante da população empregada nas novas indústrias e no setor terciário urbano foi incapaz de encontrar moradia e serviços nas grandes cidades e se viu forçada a viajar diariamente entre o local de trabalho e suas residências em pequenas cidades-satélites, que podiam estar situadas a uma boa distância, a inscrever seus nomes em extensas listas de espera em razão da insuficiente oferta de moradia nos bairros econômicos ou encontrar outras soluções insatisfatórias que refletiam cada vez mais as desigualdades sociais (Szelényi, 1983).

Urbanização e urbanismo em países subdesenvolvidos

No século XX a urbanização e o gigantismo urbano assaltaram irresistivelmente quase todos os países subdesenvolvidos, onde hoje se localizam vastas áreas metropolitanas que ainda crescem de forma incontrolável (Breese, 1969; Abu-Lughod e Hay, 1977; Gilbert e Gugler, 1982). Nesses países, além da irreprimível migração para as cidades de gigantescas massas expelidas do campo pela agricultura extensiva de *plantation*, a concorrência internacional e a crescente pressão pela racionalização da lavoura, há ainda o efeito de elevadas taxas de natalidade urbana e das condições de higiene e saúde geral nas cidades, as quais, embora muito inferiores aos níveis médios dos países desenvolvidos, são superiores às do campo e se refletem nos acentuados aumentos em termos de probabilidades e expectativas de vida.

O urbanismo em países subdesenvolvidos é caracterizado por dois fenômenos muito salientes. O primeiro consiste na acentuada e incontrolável polarização entre um número limitado de camadas de média e alta renda, que desfrutam de condições de vida semelhantes às das camadas mais abastadas dos países industrializados e de serviços fornecidos por uma população disponível para trabalho muito mal pago, e uma enorme e heterogênea população com renda monetária extremamente baixa. O segundo fenômeno é formado pelas estratégias de sobrevivência deste segundo grupo, vivendo em sua grande maioria em condições miseráveis, barracos e cortiços, em terrenos ocupados ilegalmente e trabalhando no chamado setor informal: um misto de serviços, artesanato e camelotagem, mão-de-obra não-qualificada para a construção civil, trabalhos domésticos e outras atividades legais e ilegais (Hart, 1973; Gerry, 1987; Mingione, 1991). Seu estilo de vida urbano também leva para as grandes cidades do Terceiro Mundo numerosos elementos de estratégias de subsistência rural, desde a criação de animais domésticos até a importância do parentesco, das redes étnicas e comunitárias, e de uma solidariedade entre amigos e vizinhos que é indispensável à sobrevivência onde a renda individual é extremamente baixa.

Leitura sugerida: Abu-Lughod, J.L. e Hay, R., orgs. 1977: *Third World Urbanization* • Ball, M., Harloe, M. e Maartens, H. 1988: *Housing and Social Change in Europe and the USA* • Berry, B.J.L., org. 1976: *Urbanization and Counterurbanization* • Bookchin, Murray 1987: *The Rise of Urbanization and the Decline of Citizenship* • Breese, Gerald, org. 1969: *The City in Newly Developing Countries* • Castells, Manuel 1989: *The Informal City* • Davis, K. 1967: "The urbanization of the human population". In *Cities* • Gans, H. 1968: "Urbanism and suburbanism as ways of life". In *Readings in Urban Sociology*, org. por R. Pahl • Gilbert, Alan e Gugler, Josef 1981: *Cities, Poverty and Development* • Hauser, Philip M. e Schnor, Leo F., orgs. 1965: *The Study of Urbanization* • Mingione, Enzo 1986: "Urban sociology". In *The Social Reproduction of Organization and Culture*, org. por Ulf Himmelstrand o 1991: *Fragmented Societies* • Mumford, Lewis 1966: *The City in History* • Park, R.C., Burgess, E.W. e McKenzie, R.T. 1925: *The City* • Perry, R., Dean, K. e Brown, B. 1986: *Counterurbanization* • Sassen, Saskia 1991: *The Global City* • Saunders, P. 1981: *Social Theory and the Urban Question* • Szelényi, Ivan 1983: *Urban Inequalities under State Socialism* • Weber, Alfred 1899: *The Growth of Cities in the Nineteenth Century: a Study in Statistics* • Wirth, L. 1938: "Urbanism as a way of life". *American Journal of Sociology* 44, 1-24.

ENZO MINGIONE

utilitarismo A tradição em teoria moral, política e social que avalia a retidão de atos, escolhas, decisões e políticas por suas conseqüências em relação ao bem-estar humano (e possivelmente animal) tem sido especialmente influente. Associada há muito tempo aos nomes de Jeremy Bentham e John Stuart Mill, ainda tem eminentes adeptos entre filósofos, economistas e cientistas sociais, e ocupa um lugar central na teorização moral, política e social. Mas talvez o maior testemunho do impacto do utilitarismo esteja no extraordinário número de críticos que tentaram, e continuam tentando, e de todas as maneiras possíveis, refutá-lo ou, de alguma forma, livrar-se dele.

A versão clássica de utilitarismo, tal como exposta em Bentham e Mill, era uma forma de utilitarismo do ato (*act utilitarianism*), de acordo com a qual um ato é correto se produz as melhores conseqüências, ou seja, conseqüências para o bem-estar humano que sejam, pelo menos, tão boas quanto as de qualquer alternativa. Embora os críticos, com freqüência, ainda se concentrem nessa versão de utilitarismo, outras versões têm sido dela distinguidas, como o utilitarismo da regra (*rule utilitarianism*), a generalização utilitária, o utilitarismo de motivo e o utilitarismo cooperativo. Até que ponto algumas dessas versões são realmente distintas do utilitarismo do ato e até que ponto todas elas estão livres de dificuldades ainda é matéria de controvérsia.

De fato, "utilitarismo" é o nome de um grupo de teorias que constituem variações sobre um tema, do qual podemos distinguir três componentes.

Componente conseqüência

De acordo com o componente conseqüência, a retidão está vinculada de algum modo à produção de boas conseqüências. À noção de que só as conseqüências tornam os atos certos ou errados dá-se o nome de conseqüencialismo; é o componente conseqüência do utilitarismo do ato e pode, neste contexto, ser tratado como a noção de que um ato é correto se acarreta melhores conseqüências. O conseqüencialismo tem sido muito criticado pelos que favorecem diferentes explicações do que faz com que sejam certos os atos certos. Por exemplo, alguns sustentam que o conseqüencialismo evoca uma mente corrupta, na medida em que não pode proscrever certos atos (por exemplo, mentir) independentemente de suas conseqüências. Se as conseqüências é que fazem dos atos certos ou errados, então até mesmo o mais repreensível dos atos poderia, em certas circunstâncias, resultar correto. Afirmam outros que uma preocupação em produzir as melhores conseqüências em cada ocasião pode deixar de produzir as melhores conseqüências globais e, portanto, ser contraproducente. Ainda outros sustentam que uma explicação impessoal de retidão, como as melhores conseqüências, pode não ser compatível com a realização pelo indivíduo de seus projetos, compromissos e relações, e assim, em certa medida, pode afastá-lo de sua própria integridade. Em termos mais gerais, as descrições impessoais de retidão são acusadas de não considerar seriamente a distinção entre pessoas, ou seja, de não tratar as pessoas como indivíduos autônomos, com suas individualidades, projetos e méritos próprios. Discute-se até que ponto essa acusação procede — é, por exemplo, vigorosamente refutada por R.M. Hare —, mas ela instigou o recente desenvolvimento de esquemas de direitos morais individuais para a proteção de pessoas.

Componente de valor

De acordo com o componente de valor, o caráter benévolo ou malévolo das conseqüências será avaliado por algum padrão de bondade intrínseca, cuja presença no mundo tem que ser maximizada. Esse bem, no caso do utilitarismo do ato, foi o bem-estar humano; em que deve exatamente consistir o bem-estar humano, contudo, tem provado ser uma questão controversa Por exemplo, os primeiros utilitaristas eram hedonistas; os mais recentes, como G.E. Moore, têm sustentado que outras coisas, além do prazer e/ou da felicidade, são boas em si mesmas.

Uma tendência recente tem sido o afastamento dos padrões de bondade que fazem referência a estados mentais e a preferência pelas concepções de bem-estar humano que se baseiam na satisfação de desejos e predileções. Um problema, neste caso, consiste em isolar os desejos em que temos de nos concentrar. A reflexão sobre as dificuldades em torno do que fazer com desejos atuais ou futuros forçou os teóricos na direção do seu esclarecimento, isto é, dos desejos que teríamos se estivéssemos plenamente esclarecidos, despreocupados, livres das pressões do momento etc. O pressuposto parece ser que, sob condições apropriadas, os desejos informados tornam-se reais, ao passo que aqueles de nossos desejos que não são aceitos como informados são abandonados (ou, pelo menos, não são corretamente materializados). Mesmo sem introduzir problemas relacionados com a fraqueza da vontade, os detalhes dessa troca de desejos, em termos de psicologia moral individual, permanecem um pouco obscuros.

Os críticos da teoria de valor utilitarista são inúmeros, e certamente essa continua sendo uma área de imensa controvérsia, não só quanto à natureza das coisas que aceitamos como dotadas de valor intrínseco, mas até no que se refere à possibilidade de existirem VALORES impessoais ou mediadores neutros. Os valores, sustenta-se cada vez mais, são subjetivos, no sentido de serem relativos ao agente; são os valores dos agentes. Entretanto o utilitarismo requer que os desejos sejam agregados, ponderados e equilibrados em termos de algum princípio mediador neutro relacionado, por exemplo, com o bem-estar geral, ainda que reste a esclarecer por que um agente qualquer tem razões para valorizar a busca do bem-estar geral. Se uma pessoa é abastada, pode adquirir tal razão; mas se lhe for requerido que, não sendo abastada, realize profundos e sistemáticos sacrifícios para maximizar o bem-estar geral?

Componente de alcance

De acordo com o componente de alcance, o que tem de ser levado em conta na determinação da retidão são as conseqüências de atos que afetam a todos. A menos que as conseqüências de um ato possam ser suprimidas, a classe de todos os afetados pelo ato, uma vez que as conseqüências se prolongam no futuro, parece expandir-se constantemente, com possível efeito sobre a retidão. Mas o principal problema que o componente de alcance apresentou aos utilitaristas foi a exigência de, para o êxito do utilitarismo, sermos capazes de realizar comparações interpessoais de prazeres e dores ou desejar satisfações. Só seremos capazes de maximizar a satisfação do desejo em todos os afetados pelo ato se pudermos comparar o efeito desse ato sobre os conjuntos de desejos de cada um dos envolvidos, avaliar a extensão e a força desse efeito e comparar os diferentes resultados. Os primeiros utilitaristas pensaram que poderíamos somar prazeres e dores em diferentes pessoas, mas essa idéia já deixou há muito de ser levada a sério. Quanto à satisfação de desejo ou de preferência, muitos economistas e cientistas sociais escrevem como se as comparações interpessoais nada tivessem de problemáticas; os críticos, porém, insistirão em que se faça o exame detalhado de suas teorias e de seus argumentos em apoio da bitola específica que lhes permite comparações de satisfação de desejo em diferentes pessoas.

Utilitarismos indiretos

Finalmente, uma inovação recente foi o desenvolvimento de utilitarismos indiretos. Por exemplo, R.M. Hare desenvolveu uma explicação em dois níveis do pensamento moral, que é utilitarista de regra no plano da prática, mas utilitarista de ato do domínio da teoria (ou domínio de definições institucionais ou de normas). O pensamento utilitarista de ato no campo da teoria selecionará os guias no plano da prática cuja aceitação geral nos dará a melhor oportunidade de produzir as melhores conseqüências. Assim, Hare afirma que a sua explicação em dois níveis lhe permite evitar muitos dos problemas que os críticos dizem assediar o utilitarismo de ato em termos da prática. Outros teóricos dos dois níveis, cumpre assinalar, consideram estar desenvolvendo uma forma plausível de utilitarismo e não montando novas alegações em defesa do utilitarismo de ato, a cujo destino são indiferentes.

Ver também ÉTICA; BEM-ESTAR SOCIAL.

Leitura sugerida: Bentham, J. 1793 (*1948*): *An Introduction to the Principles of Morals and Legislation*, org. por J. Harrison • Brandt, R.B. 1979: *A Theory of the Good and the Right* • Hampshire, S., org. 1978: *Public and Private Morality* • Hare, R.M. 1981: *Moral Thinking* • Mill, John Stuart 1863 (*1957*): *Utilitarianism* • Moore, G.E. 1903 (*1959*): *Principia Ethica* • Regan, D.H. 1980: *Utilitarianism and Co-operation* • Scheffler, S. 1982: *The Rejection of Consequentialism* • Sen, A. e Williams, B., orgs. 1972: *Utilitarianism and Beyond* • Smart, J.J.C. e Williams, B., orgs. 1973: *Utilitarianism: For and Against.*

R.G. FREY

utopia A palavra descreve uma comunidade ideal, livre de conflitos, que incorpora um conjunto claro de valores e permite a completa satisfação das necessidades humanas. As utopias envolvem normalmente um retrato sistemático da vida na sociedade imaginada ou, por vezes, a sua descrição em um romance. No século atual o ritmo da mudança social, política e tecnológica e as divisões políticas entre capitalismo e socialismo levaram a novos temas no pensamento utópico em que os proponentes de utopias se defrontaram, por vezes, com antiutopias projetadas para desacreditar seus esquemas de aperfeiçoamento social.

O termo utopia, do grego designando "nenhum lugar", foi inventado por *sir* Thomas More (1516). Entretanto muitas formas de pensamento possuem um elemento utópico. Descrições de uma "idade de ouro" remontam aos gregos, se bem que, diferentemente das utopias, elas sejam localizadas no passado. A noção cristã do milênio também apresenta um aspecto utópico, enquanto que numerosos teóricos políticos têm delineado constituições ideais. De fato, o pensamento contendo elementos utópicos é muito mais comum do que a descrição coerente da própria utopia.

A análise sistemática da utopia como modo de pensamento começou com a publicação de *Ideologia e utopia* (Mannheim, 1929). Karl Mannheim estabeleceu uma distinção entre o pensamento ideológico, que descreve uma versão idealizada da realidade corrente, e o pensamento utópico, que almeja uma nova espécie de sociedade. Entretanto o termo "utopia" vem sendo geralmente usado hoje em dia para abranger esses dois significados.

O pensamento utópico parece florescer em épocas de insegurança social e colapso da autoridade estabelecida. As utopias refletem freqüentemente as fronteiras de possibilidade estabelecidas por uma sociedade existente, incluindo sua capacidade produtiva, sua concepção do grau de maleabilidade da natureza humana e a ênfase relativa atribuída à ESFERA PÚBLICA em contraste com a particular. As utopias também refletem a localização social do estrato cujo ideal está sendo representado. Assim, a utopia das autoridades é, geralmente, uma utopia da ordem enquanto que a do povo é, com freqüência, a de uma terra de abundância e prazer.

O pensamento utópico do século XX tem se baseado na idéia de progresso que o século XIX incorporou à utopia ao lado da ciência. A mais característica forma de utopia do século XX foi a idéia de socialismo, embora o liberalismo também tenha uma dimensão utópica. Apesar de seus protestos em contrário, o pensamento de Marx e Engels é profundamente utópico (Ollman, 1977). A tradição utópica socialista foi desenvolvida no século XX, em estilo fabiano, nos numerosos livros de H.G. Wells, que também ajudou a estabelecer a ficção científica como elemento importante do moderno pensamento utópico (Hillegas, 1967). Outro aspecto importante do pensamento utópico do século XX pode ser encontrado na área da arquitetura e do planejamento urbano, embora isso possa levar-nos de volta ao ideal cristão da cidade celestial (Fishman, 1977).

Antiutopia

No século XX antiutópicos como George Orwell têm exercido considerável influência. Eles descrevem sociedades de modos que espelham o pensamento utópico ao refletirem uma imagem execrável dos efeitos de experimentos utópicos empreendidos em um nível dessas sociedades. Projetam um pesadelo em que grupos governantes estabelecidos perderam o controle do poder e foram substituídos por agentes bárbaros de uma nova ordem. Em parte, as antiutopias são uma resposta à ameaça do socialismo e aos imperfeitos experimentos socialistas do século atual. O antiutopismo também tem se apoiado em pontos de vista que enfatizam as raízes biológicas do comportamento, tais como o freudismo, que sublinha o papel dos fatores instintivos. A SOCIOBIOLOGIA é a corrente mais recente de um gênero similar.

A utopia hoje

Modelos gerais de funcionamento sociológico, político e econômico contêm, com freqüência, elementos utópicos, uma vez que retratam a implementação abrangente de princípios fundamentais. Os exemplos incluem o modelo funcionalista plenamente integrado do sistema social, vários modelos de democracia, como o que foi desenvolvido pela escola pluralista, e o modelo de mercado inteiramente autoregulador desenvolvido pela ciência econômica neoclássica (Ver FUNCIONALISMO; PLURALISMO, MERCADO).

O período do pós-guerra no Ocidente deu origem a um novo surto de pensamento utópico. O prolongado *boom* econômico e o ritmo do avanço tecnológico serviram de esteio a uma nova versão da utopia "científica" na forma de SOCIEDADE PÓS-INDUSTRIAL (Kumar, 1978). Essas utopias antevêem uma transformação iminente da sociedade em conseqüência do avanço científico e, cada vez mais, do desenvolvimento da informática (ver INFORMAÇÃO, TECNOLOGIA E TEORIA DA). A disciplina da FUTUROLOGIA também possui uma dimensão utópica.

O desenvolvimento da crise cultural do Ocidente nas décadas de 60 e 70 também originou um ressurgimento de elementos utópicos no pensamento. Experiências utópicas como o movimento de "comunas" nos anos 60 foram uma resposta (ver CONTRACULTURA). Outra que ainda está em desenvolvimento é a "ecotopia": uma sociedade onde o homem e a natureza poderiam, finalmente, viver em harmonia (ver ECOLOGIA). Esta continua a tradição da utopia baseada no conhecimento científico, se bem que, agora, na forma de tecnologia "alternativa" ou "utópica". Uma dimensão utópica também está presente no seio do FEMINISMO (Kumar, 1981), ligada à crença em que "o pessoal é político" e à preocupação com o "prefigurativo". Isso descreve a idéia de que elementos de uma melhor sociedade podem ser estabelecidos aqui e agora para formar um modelo de relacionamento e de instituições no futuro.

Tem sido apontado que a utopia está agora ao nosso alcance. Pode tomar a forma de uma solução puramente interior para as tensões da sociedade, envolvendo o uso de drogas psicotrópicas, conforme descrito por Aldous Huxley em sua última obra. A questão da utopia pode até ser dissolvida, como na obra de Nozick

(1974), que indica já estar realizada a utopia do direito libertário. Nessa utopia, não existe uma só comunidade ou modo de vida que seja prescrito: a utopia consiste simplesmente em uma sociedade onde cada um tem o direito de estabelecer a forma de comunidade que escolheu, seja ela qual for.

Leitura sugerida: Bauman, Z. 1976: *Socialism: the Active Utopia* • Dickson, D. 1974: *Alternativa Technology* • Fishman, R. 1977: *Urban Utopias in the Twentieth Century* • Hillegas, M.R. 1967: *The Future as Nightmare: H.G. Wells and the Anti-Utopians* • Kumar, K. 1978: *Prophecy and Progress* o 1981: "Primitivism in feminist utopias". *Alternative Futures (USA)* 4, 61-7. o 1987: *Utopia and Anti-Utopia in Modern Times* • Mannheim, K. 1929 (*1960*): *Ideology and Utopia* • More, Thomas 1516 (*1965*): *Utopia* • Nozick, R. 1974: *Anarchy, State and Utopia* • Ollman, B. 1977: "Marx's vision of communism: a reconstruction". *Critique* 8,4-41.

TOM BURDEN

V

valor No século XVIII e início do XIX, a teoria econômica estabeleceu a distinção entre valor de troca e valor de uso, e tentou utilizar o primeiro para explicar as relações de troca, ou preços relativos, de mercadorias no MERCADO. O fato de todas as mercadorias terem valor de troca era atribuído à substância criadora de valor comum a todas elas, a qual consistia no trabalho diretamente envolvido em sua produção; e o fato de as mercadorias terem, tipicamente, diferentes valores de troca era explicado pela facilidade ou dificuldade relativa de sua produção. Essa teoria do valor-trabalho enunciou, portanto, que todo valor de troca podia ser atribuído ao trabalho, quer empregado diretamente na produção ou indiretamente no fornecimento de matérias-primas e ferramentas com que a mão-de-obra trabalha. Essa teoria atingiu o apogeu na obra de David Ricardo nos anos posteriores a 1815 (ver Ricardo, 1817).

Mas a teoria provou ser insatisfatória como teoria lógica do preço relativo por subentender que, se os preços eram determinados por valores de trabalho, então diferentes mercadorias ganhariam diferentes taxas de lucro, e se as forças de competição igualassem a taxa de lucro, então os preços não poderiam ser explicados por valores de trabalho. Depois de Ricardo, a teoria econômica fragmentou-se em diferentes teorias de valor de acordo com o modo como essa dificuldade foi reconhecida e resolvida.

A abordagem que acabou sendo predominante na teoria econômica (denominada ECONOMIA NEOCLÁSSICA) negava qualquer significado à distinção entre valor e preço, e procurava a explicação dos preços relativos em termos da quantidade de um bem que um indivíduo estaria preparado para sacrificar a fim de obter uma unidade de outro bem. Em vez da ênfase recair em diferentes condições de produção, a teoria pressupôs indivíduos otimizantes, coagidos por suas dotações iniciais, e as transações que estavam preparados para realizar. A teoria era, assim, orientada pela demanda, uma teoria "subjetivista" de valor (preço). Com o aditamento da produção, o preço é então determinado pela interação de demanda para saídas (*outputs*) e oferta de entradas (*inputs*), derivadas de decisões de agentes maximizadores de utilidade, coagidos por dotações e renda, e a oferta de saídas (*outputs*) e demanda de entradas (*inputs*), derivadas das decisões de agentes maximizadores de lucro, coagidos por tecnologia e recursos iniciais.

Essa metodologia foi amplamente estabelecida na década de 1870; nas décadas de 30 e 40 deste século John R. Hicks (1939) e, em especial, P.A. Samuelson (1947) mostraram como diferentes ramos da teoria tinham uma estrutura matemática subjacente comum; e na década de 50 o trabalho realizado por certo número de economistas matemáticos, culminando em um célebre livro de Gerard Debreu (1959), logrou formalizar muitas das intuições de equilíbrio geral da "mão invisível" de Adam Smith. O preço que iguala demanda e oferta é chamado o preço de "equilíbrio". As questões então formuladas dizem respeito à identificação das circunstâncias em que um preço de equilíbrio existe em todos e em cada um dos mercados simultaneamente, se tal conjunto de preços de equilíbrio é único e se é estável no sentido de ser restabelecido caso seja perturbado. O foco incide, pois, sobre os indivíduos otimizantes que tomam decisões quantitativas na base de preços paramétricos e sobre a interação dessas decisões para determinar preços de equilíbrio. A pesquisa corrente inclui a investigação de modelos agregativos e desagregativos em que os preços não são paramétricos, os participantes do mercado têm acesso a diferentes somas de informação pertinente e as transações ocorrem a preços que não são de equilíbrio.

Uma abordagem muito diferente foi adotada por Karl Marx nas décadas de 1850 e 1860. Ele manteve a distinção entre valor e preço, mas reformulou a teoria de valor da força de trabalho de tal modo que ela compreendia duas proposições: primeiro, que a força de trabalho abstrata é a fonte de todo valor; e, segundo, que o valor adquire uma forma independente de existência como uma soma de DINHEIRO. O modo como um conteúdo produz sua forma de aparência é, portanto, uma questão imediata. Marx adotou uma abordagem dialética, na qual o desenvolvimento dos conceitos em sua análise apresenta contradições que são superadas somente para serem reapresentadas de uma forma que para ele refletia as contradições de um mundo dividido em classes. O preço é, portanto, a forma de aparência na troca do valor criado na produção (Marx, 1898); a forma como isso é realmente calculado por Marx e por autores subseqüentes na mesma tradição é matéria de considerável controvérsia.

As duas teorias de valor são incompatíveis entre si. A teoria neoclássica de valor começa com a otimização por indivíduos atomísticos, não vê diferença alguma entre valor e preço, e se concentra em situações de equilíbrio. A teoria marxista de valor começa com classes, distingue o valor do preço e reflete um mundo contraditório em que o antagonismo de classes está sendo continuamente produzido e reproduzido.

Ver também VALORES.

Leitura sugerida: Arrow, K.J. e Hahn, F.H. 1971: *General Competitive Analysis* • Fine, B. 1989: *Marx's Capital*, 3ª ed. • Foley, D.K. 1986: *Understanding Capital* • Koopmans, T.C. 1957: *Three Essays on the State of Economic Science* • Marglin, S.A. 1984: *Growth, Distribution and Prices* • Rowthorn, R. 1974: "Neo-Classicism, neo-Ricardianism and Marxism". *New Left Review* 86, 63-87 • Rubin, I.I. 1928 (*1973*): *Essays on Marx's Theory of Value* • Sweezy, P.M., org. 1940: *Karl Marx and the Close of his System by Eugen von Böhm-Bawerk* [1896] *and Böhm-Bawerk's Criticism by Marx, by Rudolf Hilferding* [1904].

SIMON MOHUN

valores Na acepção de princípios morais e outras matérias de interesse, os valores constituem um foco de discussão em três níveis principais da teoria social. Em primeiro lugar, apresentam-se como objeto de investigação, como nas recentes discussões de troca de valor dos valores materialistas para os pós-materialistas entre as populações de sociedades capitalistas avançadas. Em segundo lugar, constituem uma categoria central para algumas perspectivas teóricas em sociologia, mormente o estrutural-funcionalismo. Em terceiro lugar, a teoria social trata o problema filosófico da relação entre enunciados factuais e avaliatórios em reflexões metodológicas que suscitam questões fundamentais em torno das relações entre teoria social sistemática e orientações e compromissos normativos de várias espécies.

O estudo sistemático de valores como objetos depende de um sentido de diversidade animado pela pesquisa sociológica e especialmente antropológica, bem como pela desconstrução filosófica de sua alegada universalidade. Na Europa do final do século XIX, Nietzsche era, evidentemente, a figura central nesse desenvolvimento, mas outros pensadores, com destaque para R.H. Lotze (1817-81), foram também centrais para o surgimento de uma explicação da subjetividade de valores que se desenvolveu paralelamente às explicações subjetivistas de VALOR econômico.

Émile Durkheim continua sendo o exemplo paradigmático do estudo científico de valores como "fatos morais"; o que ele chamou a *conscience collective* implica a consciência e a percepção do que se passa à nossa volta, e esse duplo significado indica a centralidade que ele atribuiu aos valores na integração social. Através, sobretudo, da influência de *Structure of Social Action* (1937), de Talcott Parsons, assim como da do conceito de *estatuto* social, a idéia de que a integração é assegurada primordialmente por um sistema de valor compartilhado tornou-se um lugar-comum do funcionalismo norte-americano. Parsons passou suavemente de uma "orientação normativa de ação", no sentido trivial de que os atores têm de escolher entre fins alternativos, e uma concepção em que, para a ordem social ser assegurada (o "problema hobbesiano"), as ações devem ser predominantemente orientadas para um sistema comum de valores normativos. Seria possível, conceber, é claro, a ocorrência da integração social de um modo mais automático, sem referência ao consenso de valores, como demonstrou o artigo clássico de David Lockwood (1964), e o que esse autor chamou de integração social, distinguindo-a do mero processo mecânico de "integração sistêmica", poderia ser entendido como envolvendo mais argumentação e a formação de consenso (Jürgen Habermas) do que a aceitação indiscriminada de um sistema de valores trivial, desprovido de toda originalidade.

Na prática, porém, o FUNCIONALISMO se manteve e caiu baseado no postulado do consenso de valor como mecanismo central de integração. A sua queda substancial começou com a demostração da variação subcultural em termos de valores na sociologia da transgressão e da juventude, e foi completada com a ascensão, na década de 60, das subculturas em movimentos de oposição política radical e do cultivo de estilos de vida alternativos. Forçado a admitir a diversidade de valores, o estrutural-funcionalismo esteve em recesso por algum tempo; seu ressurgimento, primeiro na Alemanha (Ocidental) e agora, de forma crescente, nos Estados Unidos, dá-se em termos de modelos sistêmicos e cognitivistas mais sofisticados. Entrementes, a teoria social marxista-leninista oficial nas sociedades socialistas estatais acolheu o tema de um sistema de valores comum, ao mesmo tempo em que rejeitava, é claro, a teoria funcionalista e a ênfase "idealista" na primazia de valores.

Esse contexto teórico formou o *background* para os numerosos estudos sociológicos e sociopsicológicos de sistemas de valores, cujo enfoque em dados subjetivos era perfeitamente adequado aos instrumentos da pesquisa exploratória. Mas na sociologia e na ciência política as generalidades sobre sistemas de valores, por um lado, e o registro detalhado de opiniões particulares, por outro, deixaram como que um hiato em que se poderia ter esperado encontrar uma autêntica sociologia de orientações éticas ou políticas. Parte do atrativo da obra de Michel Foucault estava, talvez, no fato de que ele acabou preenchendo esse hiato com seus estudos de punição e sexualidade; e Pierre Bourdieu, oriundo de uma tradição antropológica que sempre fora mais sensível a essas questões, também deu uma importante contribuição ao reviver a noção do "habitus", um modo semi-obrigatório de atuar ou de se comportar.

Um aspecto do estudo empírico de valores que merece menção especial é a tese desenvolvida por R.F. Inglehart de que as modernas sociedades avançadas, e em especial os jovens membros dessas sociedades, estão ficando mais atraídos para os valores pós-materialistas, como a livre expressão e a qualidade de vida, à custa de questões mais tradicionais e prosaicas como crescimento econômico, pleno emprego e progresso material. Embora essa tese fosse muito discutida em seus detalhes, parece apontar para uma diferença de valores políticos entre os movimentos da velha e da nova esquerda, entre socialistas de classe média e de classe trabalhadora e entre socialistas e verdes. De modo mais ambicioso, Ulrich Beck e outros apostaram que os conflitos distributivos característicos das sociedades industriais e sintetizados no conflito sistêmico entre trabalhadores e capital tendem a ser deslocados pelo complexo e mutável produto do interesse individual e do perigo compartilhado (ambiental).

Quanto ao papel metodológico dos valores no pensamento social e na ciência social, o século XX assistiu a uma continuação das posições fixadas no final do século XIX. De um modo geral, pode-se distinguir uma tradição comteana-positivista (ver POSITIVISMO) levada adiante por Durkheim, na qual a ciência objetiva pode dizer-nos o que é normal ou patológico em nossas sociedades e como seus órgãos reguladores remediariam quaisquer defeitos; uma tradição weberiana que sustenta em teoria e ambiciona alcançar na prática científica uma nítida distinção entre enunciados factuais e avaliatórios (embora reconhecendo o papel dos valores na orientação da investigação científica); e uma ênfase marxista na unidade de análise e prescrição na crítica.

A posição positivista original sempre padeceu da dificuldade de tornar plausíveis os seus diagnósticos; na prática, as intervenções tecnocráticas foram mais freqüentemente justificadas por uma versão simplificada da distinção fato-valor que considera os juízos de valor estranhos à ciência e trata os valores como fatos a serem documentados e explicados, em um cálculo descomplicado dos benefícios de resultados políticos alternativos.

A posição de Max Weber era bem mais complicada. Ele aceitou a noção de Heinrich Rickert de que o que caracteriza os fenômenos das ciências "culturais" em oposição às "naturais" é mais a sua relação com os nossos valores do que com um conjunto de leis naturais. Embora modificasse consideravelmente a herança rickertiana ao longo de sua carreira e, com o passar do tempo, mudasse a sua visão da sociologia, Weber reteve uma distinção entre conceitos ou usos de conceitos meramente classificatórios e ideal-típicos. O tipo ideal não era ideal em algum sentido avaliatório, mas representava uma acentuação de fenômenos na realidade em relação com um ângulo específico (e determinado pelo valor) do interesse nesses fenômenos. Apesar (ou por causa) disso, afirmou Weber, ainda era possível distinguir entre enunciados científicos e expressões de valor que não têm lugar na ciência. A ciência não pode dizer-nos o que devemos querer, mas apenas (talvez) o que queremos e como poderíamos obtê-lo, e a que custo. Se o custo vale a pena ser pago é também uma questão para a nossa própria decisão. Acreditar em outra coisa é não só contaminar a ciência com valores, mas, ainda mais importante, abdicar da responsabilidade moral que cada indivíduo tem de escolher entre deuses e demônios alternativos, os sistemas de valor alternativos com que os seres humanos se defrontam no mundo moderno. E devemos realizar essas opções: liberdade de valores não significa indiferença moral.

A posição de Weber, em uma forma adequadamente simplificada, talvez tenha sido a ortodoxia dominante da ciência social do século XX — embora seja mais fácil, é claro, proclamar que a ciência está livre de valores do que implantar essa liberdade na prática, como as teorias da IDEOLOGIA deixam claro. Até os cientistas sociais mais comprometidos, como o austromarxista Max Adler, aceitaram a necessidade de separar fatos e valores (ver AUSTROMARXISMO). De um modo geral, porém, os marxistas (deixando de lado os que aceitam incondicionalmente um princípio de partidarismo) têm sido atraídos pela noção de uma unidade de ciência e (propostas para) a prática transformadora consubstanciada na noção de Marx de crítica. *O capital*, por exemplo, era ao mesmo tempo uma obra científica de economia política, uma crítica da economia política como um todo, e uma crítica da economia e sociedade do capitalismo que acarretou *ceteris paribus* a busca de um melhor sistema.

A teoria crítica da ESCOLA DE FRANKFURT desenvolveu essa linha de argumentação, sublinhando, tal como fez Marx, a inserção da atividade científica na esfera geral da prática humana e a impossibilidade, assim como a indesejabilidade, de a separar artificialmente desse contexto no que Habermas chamou um "racionalismo positivamente bisseccionado". A linha mais especificamente cognitiva de argumentação recebeu de Roy Edgley e Roy Bhaskar um desenvolvimento recente, apontando que se pode passar da demonstração da falsidade de um conjunto de crenças sobre a sociedade para uma crítica das circunstâncias sociais que sustentam essas falsas crenças.

Quando o século se avizinha do seu término, a discussão de valores parece sujeita a três influências que se contrariam. Por um lado, a possibilidade de se realizar uma rígida separação de enunciados factuais e avaliatórios, sobretudo no pensamento social, parece menos promissora do que foi nas áreas do mundo fortemente influenciadas pelo positivismo lógico e suas conseqüências. Por outro lado, o marxismo e outras fontes de convicção e adesão política parecem estar em eclipse, e um relativismo pós-moderno atualmente em voga trata a discussão de valores como algo deselegante. Entretanto, dada a magnitude das crises com que a humanidade se defronta no final do século XX, isso tem boas possibilidade de não passar de um fenômeno temporário. Mais promissora é uma terceira tendência para a GLOBALIZAÇÃO de valores; é quase impossível encontrar no mundo contemporâneo qualquer governo que se atreva a não tecer louvores, mesmo que hipócritas, à democracia, ao domínio da lei e à preservação dos direitos humanos. A erosão das ditaduras socialistas estatais por valores que eram, talvez, mais "modernos" do que claramente democráticos, capitalistas ou qualquer outra coisa é um sinal dessa tendência globalizante. Tal é, reconhecidamente, o caso do fundamentalismo antimoderno em muitas partes do mundo, mas isso talvez prove ser também um fenômeno relativamente efêmero. O abandono das esperanças de estabelecer valores universais não impede a tentativa mais modesta de encorajar a generalização dos que parecem válidos.

Ver também ÉTICA; MORALIDADE; NORMA.

Leitura sugerida: Beck, Ulrich 1992: *Risk Society* • Bhaskar, Roy 1986: *Scientific Realism and Human Emancipation* • Inglehart, R.F. 1977: *The Silent Revolution: Changing Values and Political Styles among the Western Mass Publics* • Oakes, Guy 1988: *Weber and Rickert: Concept Formation in the Cultural Sciences* • Ossowska, Maria 1971: *Social Determinants of Moral Ideas* • Rose, G. 1981: *Hegel Contra Sociology*, cap.1 • Weber, Max 1904 (*1949*): *The Methodology of the Social Sciences.*

WILLIAM OUTHWAITE

vanguarda Derivado do francês *avant-garde*, o termo significa literalmente a guarda avançada ou parte frontal de um exército. Seu uso metafórico data de inícios do século XX, embora a idéia, a de LIDERANÇA política ou cultural por parte de uma elite esclarecida, autodesignada, é em certo sentido pelo menos um século mais velha e, em outro sentido, tão antiga quanto a raça humana. No uso anglo-americano, o termo "vanguarda" é geralmente reservado à liderança política (como o "partido de vanguarda", no leninismo) e o francês *avant-garde*, à liderança cultural e artística (que é o aspecto que nos interessa aqui). Assim, esta última expressão pressupõe ou subentende o seguinte:

1. Uma condição de permanente revolução cultural ou estética, a ser iniciada, articulada ou dirigida por uma minoria "avançada", usualmente de acordo com algum processo histórico pretensamente imanente (cf. PROGRESSO);
2. Relutância por parte dos "liderados" (sejam eles as "massas" proletárias ou os "filisteus" burgueses) em se submeter a esses "líderes" (ver CULTURA DE MASSA);
3. Um direito não-outorgado da vanguarda para os "liderar" ou, pelo menos, os instigar, insultar ou irritar ao se oferecer para exercer esse papel;
4. Esse direito seria justificado (se é que o seria) pelas pretensões da vanguarda a representar, de bom ou de mau grado, as aspirações íntimas, não-reconhecidas, dos excluídos dela (cf. a doutrina marxista de "falsa consciência", para o efeito de que, sob arranjos sociais imperfeitos, os não-instruídos são mantidos na ignorância de suas "reais" necessidades e desejos, que somente a "vanguarda" pode perceber.

Uma vanguarda não é constituída por determinantes convencionais de status, como riqueza, nascimento ou função administrativa, mas unicamente por mérito pessoal ou talento estético (avaliado *per se*). Em relação à cultura circundante, situa-se na posição ambígua de dependência e ALIENAÇÃO simultâneas.

Embora tenham raízes no ILUMINISMO e no Romantismo (cf. a concepção de Shelley dos poetas como "legisladores não-reconhecidos"), as vanguardas são essencialmente um fenômeno modernista, o qual coincide em grande parte com um outro, o dos INTELECTUAIS. Mesmo quando cultural e politicamente conservadoras (como no caso de T.S. Eliot e muitos outros modernistas), as vanguardas são radicais em suas expressões técnicas, as quais serão deliberadamente obscuras, afetadas, irônicas, eruditas, alusivas ou mesmo (como no movimento dadaísta de Tristan Tzara e outros, no começo do século XX) intencionalmente vazias de significado.

Tal como o modernismo, de modo geral, as vanguardas são, em parte, uma reação à democracia burguesa, um aristocratismo dos *déclassés*. Por conseguinte, elas têm dependido com freqüência da aristocracia tradicional para se sustentar. Entretanto sua principal clientela hoje em dia (especialmente em Londres e Nova York) é a burguesia ávida de status, fato que está provando ser fatal para a sua credibilidade. Com efeito, no momento em que escrevo estas linhas, as vanguardas parecem estar em declínio por toda parte, ao passo que o pós-modernismo e um tradicionalismo revivido florescem, sobretudo, na mais pública de todas as artes, a arquitetura (ver MODERNISMO E PÓS-MODERNISMO).

Leitura sugerida: Butler, Christopher 1980: *After the Wake: the Contemporary Avant-Garde* • Kermode, Frank 1971: *Modern Essays* • Ortega y Gasset, José 1964 (*1972*): *The Dehumanization of Art, and Other Writings on Art and Culture and Literature* • Poggioli, Renato 1968: *The Theory of the Avant-Garde.*

ROBERT GRANT

variáveis padrão São tipos de orientação para a ação, papéis ou relações sociais que apresentam algumas escolhas dicotômicas específicas antes que a situação tenha uma significação determinada (Parsons e Shils, 1962, p.76-77). Foram originalmente propostas por Parsons (1951, p.58-67), que sistematizou, refinou e ampliou a abordagem ideal-típica weberiana à sociedade, sustentando que as ações e os papéis sociais podem ser classificados em termos de cinco dimensões básicas que apresentam alternativas polares. Podem ser usadas para comparar culturas ou subsistemas e grupos dentro de uma sociedade; mas uma de suas mais importantes e freqüentes aplicações tem sido a descrição da estrutura social ideal-típica de sociedades "tradicionais" e "modernas" (ver MODERNIZAÇÃO). Particularismo versus universalismo é uma dessas variáveis padrão. As ações particularísticas são executadas para ocupantes específicos de papéis em função de sua situação particular, a qual não pode ser transferida (amizade, relações de família). As ações universalísticas podem ser definidas para uma categoria mais geral de pessoas, de acordo com critérios objetivos (relação vendedor-freguês). Uma segunda variável padrão é difusividade versus especificidade. Algumas relações são funcionalmente difusas, na medida em que abrangem uma série de dimensões não-especificadas (amizade, papéis de família). Outras são funcionalmente específicas, na medida em que seu conteúdo é claramente definível e delimitado (papéis burocráticos).

Uma terceira variável padrão opõe adscrição a desempenho. Alguns papéis são acessíveis e conferem status de acordo com o desempenho (e dele dependendo). Outros advêm naturalmente aos atores e lhes proporcionam status de acordo com seus atributos físicos e sociais não-vinculados ao desempenho (classe, sexo, idade, família etc.). A quarta consiste em afetividade versus neutralidade afetiva. Alguns papéis fornecem satisfação imediata no próprio desempenho de suas atividades esperadas, ao passo que outros adiam a satisfação e se tornam puramente instrumentais para um objetivo ulterior. Finalmente, há a orientação no sentido de interesses coletivos versus orientação no sentido de interesses individuais. Alguns papéis são exclusivamente orientados para o interesse coletivo (servidor público); alguns outros acarretam a busca do interesse privado (empresários). Parsons (1951, p.176-77) afirma que, em sociedades tradicionais, os papéis tendem a ser adscritivos, difusos, particularistas e afetivos. Em sociedades industriais, pelo contrário, predominam os papéis orientados para o desempenho, universalistas, afetivamente neutros e específicos. A transição da sociedade tradicional para a sociedade industrial subentende, de um modo geral, a progressiva expansão da esfera de aplicação do segundo tipo de papéis e uma contração da esfera de aplicação do primeiro. Parsons deixa de fora a última variável padrão, provavelmente por causa de algumas dificuldades em formular uma argumentação muito clara em uma direção ou outra. Hoselitz (1965, p.40) assinalou que, em sociedades subdesenvolvidas, a orientação para o interesse pessoal prevalece entre as elites dominantes, ao passo que em sociedades avançadas, é predominante a orientação para a coletividade. Mas se pode igualmente sustentar que os ocupantes de papéis em sociedades subdesenvolvidas tendem a se orientar mais para os interesses coletivos do que os ocupantes de papéis em sociedades industriais individualistas, que tendem a buscar a realização de seus interesses privados.

Leitura sugerida: Hoogvelt, A.M.M. 1976: *The Sociology of Developing Societies* • Parsons T. 1967: "Pattern variables revisited: a response to Robert Dubin". In *Sociological Theory and Modern Society*.

JORGE LARRAIN

verdade Este parece ser, de imediato, o mais simples e o mais difícil dos conceitos. Afirmar que uma proposição é "verdadeira" é dar-lhe o nosso assentimento — essa é a sua função primordial, da qual as teorias de "redundância" e "performáticas" da verdade derivam seu poder. Mas fica-se assim comprometido com uma asserção *sobre* o mundo — para o efeito, *grosso modo*, de que é assim que as coisas são — a partir da qual, desde os tempos de Aristóteles, as teorias de correspondência da verdade obtiveram sua aceitação. Essa asserção contém a força normativa de "acredite em mim... aja de acordo com isso", da qual as teorias pragmáticas ganharam sua autoridade e influência (ver PRAGMATISMO). Ao mesmo tempo essa asserção, se desafiada, precisa ser *fundamentada*, exigência que parece apontar na direção das teorias de coerência. Assim, um julgamento de verdade tipicamente contém ou subentende uma quádrupla dimensionalidade, na medida em que possui aspectos expressivamente verazes, descritivos, evidenciais e imperativamente fiduciários. Se o seu básico significado de expressão do mundo é simples (o seu aspecto descritivo — "isto é como as coisas são no mundo"), é igualmente fácil ver que a fala verdadeira satisfaz uma *necessidade* transcendental-axiológica, agindo como um mecanismo de direção para os usuários de uma linguagem encontrarem seu caminho no mundo.

Mas "verdade" é também o mais difícil dos conceitos: dificilmente se encontra uma teoria que não contenha alguma cilada ardilosa, mas na qual seja igualmente difícil não descortinar alguma verdade ou plausibilidade. Isso tem ramificações para teorias de significado, referência, percepção, causalidade, mediação, experimento e comunicação (e assim, de modo geral, para a sociologia filosófica e a ONTOLOGIA). Uma distinção básica é entre teorias de *significado* e *critérios* para a verdade. *Prima facie*, seria de esperar que os critérios para afirmações de verdade fossem tão variados quanto os contextos em que elas são formuladas.

As mais importante teorias históricas de verdade no século XX foram as teorias de correspondência, coerência, pragmáticas, de redundância, performáticas, de consenso e hegelianas. As teorias marxistas foram distribuídas ao longo desse espectro — com o marxismo ocidental vendo tipicamente a verdade como a expressão prática de um sujeito, em vez de uma representação teoricamente adequada de um objeto, quer isso tenha sido na forma coerentista (como em György Lukács), pragmatista (como em Karl Korch) ou consensualista (como em Antonio Gramsci) (ver Bhaskar, 1991).

As teorias de correspondência tiveram seu apogeu durante a supremacia, em meados do século, do POSITIVISMO lógico, embora fossem também sustentadas por alguns críticos deste, como J.L. Austin. As mais influentes teorias de correspondência foram a teoria da representação, "quadro" ou "pintura" do primeiro Wittgenstein, a teoria semântica de A. Tarski e a teoria de Karl Popper da ciência como reveladora da crescente verossimilhança ou parecença da verdade. Para os críticos das teorias de correspondência, a objeção básica sempre foi que parece não haver um ponto de observação arquimediano a partir do qual se possa fazer uma comparação dos itens correspondentes.

As teorias de coerência, em voga no começo do século sob o impacto residual do idealismo absoluto, mas recentemente defendidas com vigor por N. Rescher e alguns outros, parecem mais plausíveis como explicação de um critério do que como o significado de verdade. As teorias hegelianas podem ser consideradas um caso especial das teorias de coerência, em que o que define a verdade é a conformidade de um objeto à sua noção (em última análise, à totalidade ou ao todo), e não o inverso. Mas, quer nas declinações hegelianas ou nas mais tipicamente anglo-saxônicas, as teorias de coerência parecem pressupor algo como uma explicação de "correção" inspirada na teoria de correspondência.

No essencial, as duas espécies mais influentes de pragmatismo derivam, respectivamente, da tradição americana de C.S. Peirce, William James e John Dewey e do perspectivismo nietzschiano. A primeira foi recentemente popularizada por Richard Rorty, para quem o único conceito viável de verdade é a assertividade justificada (e, neste ponto, o pragmatismo harmoniza-se com as teorias construtivistas e intuicionistas das matemáticas). Isso, é claro, é vulnerável à objeção de que uma proposição pode mostrar-se justificadamente suscetível de asserção e ser, no entanto, falsa. Para a tradição nietzcheana, que informa o pós-estruturalismo contemporâneo, a verdade é, em última análise, um "exército móvel de metáforas", uma expressão arbitrária da vontade de poder, que deve ser pensada simultaneamente como necessária e impossível, "sob rasura". É difícil ver essa posição, quer em suas roupagens derrideanas ou foucaultianas, sob qualquer outro prisma que não o da auto-anulação.

As outras teorias devem ser tratadas de modo mais breve. A teoria da redundância, formulada inicialmente por F.P. Ramsey, parece introduzir sub-repticiamente a verdade pela porta dos fundos ou então negar a necessidade axiológica do predicado de verdade. As teorias performáticas do tipo defendido por P.F. Strawson, R.M. Hare e John Searle parecem mais satisfatórias a esse respeito, mas não dão o devido relevo à extensão em que o predicado de verdade necessita estar fundamentado, fato recentemente acentuado por Kripke. As teorias de consenso, embora capazes de formulações ideais-típicas, parecem vulneráveis à objeção óbvia de que 20 milhões de franceses *podem* estar errados.

Bhaskar, desenvolvendo o seu realismo crítico, esboçou recentemente uma tetracomposição da verdade e uma dialética associada da verdade em que ela é vista como um conceito de muitas camadas. O primeiro momento ou componente da tetracomposição vê a verdade como guia da ação (*action guiding*) e social, como normativa-fiduciária. O segundo componente a vê como adequante (*adequating*) (justificadamente sustentável) e, na dimensão transitiva do discurso, como relativa. O terceiro componente vê a verdade como expressiva-referencial (*expressive-referential*), como dualidade epistêmico-ôntica, e as asserções de verdade como absolutas (dizer como as coisas são no mundo). O quarto componente vê a verdade como aléctica, como genuinamente ontológica (e, portanto, objetiva), como, na dimensão intransitiva, as razões para as coisas e os fenômenos do mundo.

Neste ponto, estamos interessados na verdade (natureza, propósito, realização) das coisas (incluindo pessoas), não simplesmente das palavras. E na dialética da ciência descrita pelo realismo crítico passamos da *certeza subjetiva* por parte de um grupo de cientistas a respeito de alguma proposição (ou teoria) à aceitação, pela comunidade científica, da *faticidade intersubjetiva* (*intersubjective facthood*) da proposição em questão. A comunidade procura agora exumar e trazer à luz a razão, tipicamente em um nível mais profundo da estrutura ou em uma totalidade mais vasta, do fenômeno descrito por essa proposição. Quando isso é feito, atingimos o nível da *verdade objetiva* ou aléctica, em que a verdade representa agora a descoberta ou revelação da razão para o fenômeno. Na vida social, uma forma de conhecimento mais vasta ou mais profunda pode freqüentemente criticar, *ceteris paribus*, uma forma menos desenvolvida, como é amplamente demonstrado pela extensa tradição da teoria crítica, desde Marx até Habermas.

O compromisso do realismo crítico com o realismo moral abre novas possibilidades na teoria da verdade que não podem ser aqui exploradas, exceto para dizer que Bhaskar sustentou recentemente, em uma linha paralela ao argumento de Habermas, que todo e qualquer enunciado expressivamente verídico implica, em última instância, um compromisso com o projeto de emancipação humana universal. Isso, pode-se igualmente afirmar, é como a liberdade e o bem-estar, uma condição para qualquer verdade subjetiva ou intersubjetiva.

Leitura sugerida: Bhaskar, Roy 1992: *Dialetic* • Pitcher, G. 1964: *Truth* • Popper, Karl 1972: *Objective Knowledge* • Ramsey, F.P. 1931: *The Foundation of Mathematics* • Rescher, N. 1973: *The Coherence Theory of Truth* • Rorty, R. 1980: *Philosophy and the Mirror of Nature* • Tarski, A. 1956: *Logic, Semantics and Mathematics*.

ROY BHASKAR

verde Ver MOVIMENTO ECOLÓGICO.

Verstehen A palavra alemã para "entendimento" passou a ser usada em um sentido mais limitado para se referir à compreensão de textos e outras realizações humanas, tais como ações e fenômenos sociais e culturais, quando a compreensão desses fenômenos é freqüentemente vista como sendo, de algum modo, semelhante ao entendimento de um texto escrito. Usada originalmente no século XIX para designar a penetração imaginativa de textos religiosos e outros textos históricos (ver HISTORICISMO), a palavra foi usada pelo filósofo da história Johann Gustav Droysen (1838-1908) em seu ataque à concepção positivista de que a história deveria ter por objetivo descobrir leis como as das ciências naturais (ver NATURALISMO). Podemos entender o espírito (*Geist*) de um modo diferente da natureza; possuímos o que Droysen chamou "uma compreensão imediata e subjetivamente certa das questões humanas", mas isso deve adquirir maior precisão e "objetividade" graças aos métodos da pesquisa histórica. Essas idéias receberam um desenvolvimento ainda maior com o filósofo Wilhelm Dilthey (1833-1911), em sua tentativa de estabelecer as fundações filosóficas das ciências humanas, ou *Geisteswissenschaften*. A obra de Dilthey exibe uma mudança de ênfase do entendimento do significado subjetivamente intencional do escritor ou ator para uma abordagem mais estrutural em que o significado é antes o produto de um sistema mais vasto, como uma linguagem natural ou um conjunto de convenções culturais, e essa distinção entre significado subjetivamente intencional e "objetivo" tendeu a dominar a discussão subseqüente.

As figuras centrais na sociologia *verstehende* são Georg Simmel e Max Weber. Primeiro, Simmel tratou sistematicamente essas questões em *Die Probleme der Geschichtsphilosophie* (1892) [*Os problemas da filosofia da história*]. Weber (1903-6) elogiou Simmel por distinguir claramente entre o entendimento objetivo do significado de uma expressão e o entendimento subjetivo ou interpretação dos motivos da pessoa que a proferiu. No exemplo de Simmel, um soldado que recebe uma ordem verbalmente ambígua pode formular uma hipótese sobre os motivos da pessoa que emitiu a ordem. Este último processo, insiste Weber, é uma forma de conhecimento causal. As explicações nas ciências sociais devem ter em vista a adequação significativa e causal. No caso da muito conhecida exposição de Weber da ética protestante e do espírito do capitalismo (1904-05), a explicação das origens religiosas da inovação econômica protestante nos primórdios da Europa moderna deve fazer sentido em termos do que sabemos acerca da motivação humana, e deve existir alguma demonstração de que essas idéias influenciaram, de fato, a conduta de empresários e trabalhadores protestantes. A sociologia de Weber tende a enfatizar o significado subjetivamente pretendido, ou um TIPO IDEAL de tal intenção, sustentando que os significados objetivos ou corretos são do interesse de outras disciplinas, como a filosofia ou o direito. A sua categoria de entendimento "direto" ou "imediato" (*aktuelles Verstehen*), contudo, está perto do que tem sido usualmente entendido como significado objetivo.

Alfred Schutz inaugurou o que veio a ser conhecido como "sociologia fenomenológica" com o livro traduzido para o inglês como *The Phenomenology of the Social World* (1932). Schutz sublinhou a dimensão "cotidiana" e de "senso comum" do entendimento e a construção de tipos ideais, e a ETNOMETODOLOGIA continua nessa direção, que por sua vez tem sido crescentemente assimilada à tendência dominante da teoria social, na obra de Anthony Giddens e outros.

Em uma linha de desenvolvimento muito distinta, os racionalistas têm sustentado que "a ação racional é a sua própria explicação" (Hollis, 1977, p.21) (ver RACIONALIDADE E RAZÃO). Enquanto a HERMENÊUTICA sublinha a reconstrução imaginativa do que Wittgenstein chamou de "formas de vida" (ver Winch, 1958 e 1964), os teóricos da ação racional em economia, psicologia e mesmo em sociologia e antropologia tendem a operar com uma explicação universalista da motivação humana e a prestar relativamente pouca atenção às "autocompreensões" dos atores — ao seu próprio senso do que estão fazendo e por quê.

Na última década do século XX, as oposições originais que Max Weber tentou superar entre *Verstehen* e explicação (*Erklären*), ou entre EXPLICAÇÃO causal e teleológica, passaram para segundo plano, assim como as oposições afins entre teorias estruturalistas e individualistas, ou materialistas e idealistas. A Teoria Crítica (ver ESCOLA DE FRANKFURT) é apenas uma das maneiras como os teóricos sociais tentaram realizar uma síntese dessas oposições. A mais saliente oposição é entre a teoria da ação racional individualista, em ciência econômica e outras ciências sociais, e as abordagens que combinam princípios estruturalistas e culturalistas em uma continuação da tradição da *Verstehen*.

Leitura sugerida: Apel, K.O. 1979 (*1984*): *Understanding and Explanation: a Transcendental-Pragmatic Perspective* • Dallmayr, F. e McCarthy, T., orgs. 1977: *Understanding and Social Inquiry* • Hollis, M. 1977: *Models of Man* • Muller-Doohm, Stefan, org. 1992: *Verstehen und Methoden* • Outhwaite, William 1975 (*1986*): *Understanding Social Life*, 2ªed., • Winch, Peter 1958: *The Idea of a Social Science and its Relation to Philosophy* o 1964: "Understanding a primitive society". *American Philosophical Quarterly* 1.4, 307-24 • Wright, G.H. von 1971: *Explanation and Understanding*.

WILLIAM OUTHWAITE

vício O estado de imoderada fixação ou exagerada inclinação refere-se usualmente a uma droga como o álcool ou a heroína, embora o conceito tenha sido ampliado a outras condutas viciosas, como os jogos de azar e a gula. Uma descrição alternativa preferiu freqüentemente o termo "dependência". A Organização Mundial de Saúde (1981) propôs as seguintes características do viciado em drogas:

— compulsão subjetiva a ingerir uma droga;

— desejo de suspender o consumo embora a ingestão continue;

— padrão estereotipado, inflexível, de ingestão;

— adaptação dos sistemas nervosos afetados pela droga, levando à tolerância dos seus efeitos e sintomas de supressão quando a droga é suspensa;

— prioridade do comportamento de busca da droga sobre todas as outras atividades;

— rápido restabelecimento da síndrome quando se quebra um período de abstinência.

Nem todas as características são mostradas por todas as drogas ou todas as pessoas afetadas.

No que diz respeito às causas, a herança é um bode expiatório de escassa importância para a dependência do álcool. As mais poderosas forças causadoras são, potencialmente, as mais capazes de remédio: fatores socioeconômicos que determinam a aceitabilidade e acessibilidade de compostos psicoativos. Tais influências, incluindo o custo do álcool, explicam as diferenças na preponderância de vícios entre países, raças, religiões, sexos e épocas. As interações geradoras de dependência entre as drogas e o cérebro são mais bem entendidas no caso dos opiáceos, os quais exercem efeitos semelhantes aos das endorfinas, substâncias endógenas que atuam como neurotransmissores. A dependência é ainda mais promovida por reações assimiladas de resposta a estímulos externos e internos pelo desejo incontrolável e a ingestão da droga.

O mais comum — e o mais letal — dos vícios é o fumo. A dependência, que é mantida pelo conteúdo de nicotina, está diminuindo nas nações mais ricas e mais bem informadas, mas aumentando nos países mais pobres. A dependência do álcool (alcoolismo) entrou em um ciclo decrescente nos países mais prósperos, mas com o recrudescimento no *marketing* internacional de bebidas alcoólicas vem registrando expansão em regiões menos ricas. O uso ilícito de drogas, sobretudo de heroína, cocaína e anfetaminas, gera preocupações crescentes por suas implicações sociais, criminosas e para a saúde. O uso do fumo é mais freqüente nas camadas de baixa renda e o uso de drogas ilegais, em áreas urbanas desfavorecidas.

As conseqüências sociais do vício resultam em parte da intoxicação e da embriaguez — com relações interpessoais perturbadas, acidentes, declínio no desempenho profissional — e, por vezes, de atividades ilícitas para financiar o consumo de drogas (ver também CRIME E TRANSGRESSÃO). Os danos físicos são mais salientes em conseqüência do fumo (câncer de pulmão, enfisema pulmonar, distúrbios cardiovasculares) e do álcool (incluindo danos cerebrais e hepáticos). Injeções de drogas contaminadas produzem infecções, mormente com os organismos da hepatite virótica e da Aids. As complicações psicológicas do vício incluem depressão, com risco de suicídio, ansiedade e psicoses transitórias.

O ponto de vista de que o vício representa uma deficiência moral tem cruzado lanças ao longo dos séculos com o conceito de doença (ver também MEDICINA). O modelo médico impôs-se a partir da década de 30 e passou a ser desafiado, por sua vez, pela tese de que o vício é um estado condicionado, suscetível de descondicionamento através de técnicas psicológicas. Os argumentos são em parte semânticos (o que é uma doença?), em parte determinados por lutas de poder entre profissões. Biologia, medicina, psicologia, sociologia, antropologia, economia e religião, todas contribuem para um entendimento da conduta viciosa e, com freqüência, do seu tratamento e prevenção.

Os vícios possuem uma proporção espontânea de remissões, de modo que as dificuldades de avaliação conduzem ao debate sobre os méritos desta ou daquela terapia. O aconselhamento breve pode ajudar pessoas no começo da dependência alcoólica e auxilia bastante gente com o vício do fumo a extrair o maior benefício da intervenção de seus médicos. Outras pessoas necessitam de ajuda mais prolongada. Organizações voluntárias ganham cada vez maior destaque. Alcoólicos Anônimos, fundada em 1936, é o paradigma para grupos de auto-ajuda nos comportamentos viciosos, assim como em outras áreas de sofrimento e angústia.

Os meios preventivos estão divididos entre redução da oferta e redução da demanda de drogas. A redução da oferta envolve o controle legal sobre a produção e distribuição de substâncias psicoativas lícitas e ilícitas. Os adversários do cumprimento da lei a todo custo apontam o seu fracasso em impedir o narcotráfico. Os adeptos assinalam que as restrições nacionais e internacionais limitam o mau uso e a dependência de drogas, e podem citar êxitos resultantes de medidas legais.

A redução da demanda inclui o reconhecimento precoce e o tratamento de viciados, a área menos tangível das melhorias nas condições sociais e a educação. Embora os métodos de educação e até o seu valor sejam discutidos, a redução do vício e dos danos do álcool e do fumo em numerosos países acompanhou o aumento da consciência pública.

Leitura sugerida: Ghodse, H. e Maxwell, G. orgs. 1990: *Substance Abuse and Dependence: an Introduction for the Caring Professions* • Jellinek, E.M. 1960: *The Disease Concept of Alcoholism* • Marlatt, A. e Gordon J. 1985: *Relapse Prevention* • Oxford, J. 1985: *Excessive Appetites: a Psychological View of Addiction* • Royal College of Psychiatrists 1986: *Alcohol. Our Favourite Drug* o 1987: *Drug Scenes.*

JOHN SPENCER MADDEN

Viena, círculo de Grupo de filósofos e cientistas que, nas décadas de 20 e 30, desempenhou papel crucial na formação do movimento filosófico conhecido como positivismo lógico ou empirismo lógico. Deu continuidade a uma tradição de pensamento empirista em Viena cujo principal representante era o filósofo-cientista Ernst Mach, nomeado em 1895 para a recém-fundada cátedra de filosofia das ciências indutivas na Universidade de Viena e que defendeu vigorosamente um positivismo radicalmente antimetafísico. Em 1922, Moritz Schlick, também filósofo-cientista, foi nomeado para essa cátedra, e foi de um seminário liderado por Schlick que, em 1923, surgiu o círculo de Viena.

Além de Schlick, os mais importantes membros do círculo, em termos de seu desenvolvimento filosófico, foram Rudolf Carnap e o economista Otto Neurath. Carnap, tal como Schlick, tinha formação em filosofia e em física, mas também estava profundamente familiarizado com os modernos desenvolvimentos em lógica. Mudou-se para Viena em 1926 e se tornou *Dozent* (instrutor) de filosofia na universidade; virou rapidamente uma figura proeminente nas discussões do círculo e se firmou como o mais notável expositor das idéias do positivismo lógico. Ludwig Wittgenstein, embora não fosse membro do círculo de Viena, influenciou-o profundamente através do seu *Tractatus Logico-philosophicus* (1921), que foi intensamente discutido no círculo; com efeito, Wittgenstein era considerado pelos positivistas vienenses um dos três mais notáveis pioneiros da "concepção científica do mundo" que eles próprios sustentavam, sendo os outros dois Albert Einstein e Bertrand Russell.

No final da década de 20, o círculo de Viena apresentou-se ao público como um novo movimento com uma finalidade científica e educacional abrangente. Foi especialmente Neurath, socialista ativo e hábil organizador, quem insistiu em que o grupo deveria atuar à maneira de um partido a fim de promover o esclarecimento oferecido pela concepção científica do mundo e, por conseguinte, servir ao desenvolvimento da sociedade. Com esse objetivo foi fundada a Sociedade Ernst Mach. No ano seguinte, em 1929, divulgou-se em Viena o manifesto *Wissenchaftliche Weltauffassung: Der Wiener Kreis* [A concecpção científica do mundo: o Círculo de Viena] (Carnap et al., 1929) no qual a rigorosa eliminação da metafísica do domínio do pensamento racional e o estabelecimento da ciência unificada (*Einheitswissenschaft*) por meio da redução lógica da ciência aos termos da experiência imediata foram anunciados como os objetivos básicos do novo movimento. No mesmo ano o círculo organizou, em conjunto com a Sociedade para a Filosofia Empírica (grupo de Berlim com pontos de vista semelhantes, unido em torno de Hans Reichenbach), um congresso realizado em Praga. Seguiram-se outros congressos e foi estabelecida a cooperação com outros grupos e indivíduos que se dedicavam a propósitos afins. Assim, foi principalmente em virtude das atividades do círculo de Viena que, na década de 30, nasceu uma comunidade internacional de filosofia científica. Em 1930 começou a ser publicada a revista *Erkenntnis*, principal órgão do movimento. O círculo também publicou várias séries de monografias, tais como *Schriften zur wissenschaftlichen Weltauffassung* (Estudos sobre a concepção científica do mundo) e *Einheitswissenschaft* (Unidade da ciência).

O ataque dos positivistas vienenses à metafísica, pelo qual ganharam notoriedade, baseou-se na moderna lógica matemática, tal como desenvolvida, em especial, na obra de Bertrand Russel e Alfred North Whitehead, *Principia Mathematica* (1910-11), e no princípio de verificabilidade, o qual estabelece que o significado de uma proposição factual reside no método de sua verificação experiencial, que eles derivaram de Wittgenstein. A lógica moderna havia mostrado, para satisfação deles, que a matemática é parte da lógica, e eles interpretaram as proposições da lógica, uma vez mais na esteira de Wittgenstein, como tautologias vazias perfeitamente compatíveis com o princípio empirista central de que todo conhecimento genuíno (isto é, factual) deriva da experiência: assim, todas as proposições sólidas são tautologias ou então enunciados empíricos. Por outro lado, asserções metafísicas como "Deus existe" ou "Existem valores absolutos", uma vez que não são tautológicas nem empíricas, mas pretendem veicular informação factual independentemente da experiência, constituem na realidade pseudoproposições desprovidas de significado (embora possam ter significação emotiva); com efeito, as declarações metafísicas podem ser ainda mais radicalmente infundadas, porquanto são capazes de violar até as regras da gramática lógica, aspecto enfatizado em especial por Carnap desde *A Estrutura lógica do mundo* e *Pseudoproblemas em filosofia* (ambos in Carnap, 1928).

Essa crítica, contudo, não se limitou à metafísica tradicional (incluindo, na opinião do círculo, o apriorismo kantiano), mas se aplicou também à teoria tradicional do conhecimento, que discutiu tópicos como a realidade do mundo externo, isto é, a questão de saber se o verdadeiro é idealismo subjetivo ou o realismo. Em sua *Allgemeine Erkenntnislehre* [Teoria geral do conhecimento] (1918), Schlick rejeitou a metafísica tradicional, mas, ao defender refinadamente o realismo, ainda se movimentava dentro dos limites da teoria do conhecimento tradicional. Nas obras de Carnap de 1928, porém, a questão idealismo-realismo é exposta como mais um pseudoproblema em filosofia, ponto de vista que foi então adotado também pelo próprio Schlick (1932).

A rejeição da metafísica, que veio a ser formulada com minúcia extrema por Carnap (1932 (*1950*)), seria complementada e reforçada pela exposição da unidade da ciência. Neurath, em particular, que tinha fortes inclinações marxistas, opunha-se radicalmente à divisão das ciências, comum no mundo acadêmico alemão, em ciências naturais e ciências culturais (*Geistes* ou *Kulturwissenschaften*) como um foco gerador de metafísica. A *Estrutura lógica do mundo*, de Carnap, foi o primeiro esforço sistemático, dentro do círculo de Viena, para dar conteúdo à tese da unidade da ciência, ao tentar mostrar como todos os conceitos científicos podem ser reduzidos à corrente de experiência própria de cada indivíduo, ou construídos a partir desta. Esse era, portanto, o quadro que o círculo de Viena, no final da década de 20, apresentava ao mundo à sua volta: todos os enunciados empíricos, como os únicos enunciados factuais significativos, tinham que ser reconstruídos como enunciados cujos termos se referiam à experiência imediata sem implicar, assim, a pretensão metafísica de que somente tais experiências são reais e, de modo correspondente, se presumia que eles eram verificáveis (ou falsificáveis) de forma conclusiva por enunciados primitivos expressando experiências imediatas, enunciados esses que, nesse terreno, se considerava fornecerem uma incorrigível e sólida base de conhecimento.

Logo, porém, ocorreram consideráveis mudanças e desenvolvimentos doutrinários, quando o quadro descrito em linhas gerais deu origem a certo número de problemas sérios. Em primeiro lugar, o princípio de verificabilidade ameaçava colocar a ciência no mesmo nível da metafísica, uma vez que as leis naturais não podem ser verificadas de forma conclusiva. Schlick (1931) propôs, portanto, que estas não fossem consideradas como enunciados, mas tão-somente como regras que nos permitem inferir enunciados singulares verificáveis. Mas essa iniciativa para salvar o princípio de verificabilidade não foi bem-sucedida, pois, como sublinhou Carnap (1932 (*1934*)), os enunciados singulares da ciência são tão inverificáveis por meio de experiências quanto as leis gerais. Assim, a verificabilidade como critério para o conteúdo empírico de um enunciado foi subseqüentemente substituída pela noção mais tênue de confirmabilidade; de fato, já em 1932 Carnap falava de verificação apenas no sentido de uma tênue verificação, isto é, de confirmação (Carnap, 1932 *(1987)*).

Outra dificuldade dizia respeito à natureza das proposições da filosofia científica. Wittgenstein, no *Tractatus*, admitira que os seus próprios enunciados acerca da estrutura do mundo e de como a linguagem se relaciona com este, embora sejam "elucidações" que ajudam nosso entendimento, não são proposições realmente significativas, pois não afirmam coisa alguma. Enquanto Schlick (1930) aceitava a conclusão de Wittgenstein de que a filosofia não produz verdade alguma, sendo apenas a atividade de esclarecimento de proposições, Neurath (1932a) protestava, afirmando que a ciência unificada não tem a menor necessidade de uma metafísica de elucidações. Carnap enfrentou o problema estabelecendo a distinção entre o modo material e o formal (sintático) de discurso (Carnap, 1932 *(1934)*). A filosofia, explicou ele em *The Logical Syntax of Language* (1934), é investigação lógica da estrutura sintática da linguagem (das linguagens). Assim, apresentar a tese ontológica de que os números são uma categoria fundamental de entidades, ou de que eles constituem certas classes, é expressar no enganador modo material impregnado de contrasenso metafísico o que equivale, no correto modo formal, a formular a asserção sintática de que, em uma linguagem, as palavras-números são primitivas e, em outra, são construídas como certas palavras-classes. As discussões filosóficas do gênero indicado (discussões de categoria) reduzem-se, portanto, a propor diferentes liguagens e, como não há uma questão teórica envolvida em tais propostas, elas devem ser tratadas, apontou Carnap, no espírito convencionalista do que ele chamou o princípio de tolerância.

Além disso, Neurath foi desde o início crítico da concepção da ciência como sendo algo, em última análise, que se ocupa essencialmente de experiências privadas. Sustentou persistentemente que a única forma de linguagem que se ajusta à intersubjetividade da ciência é a linguagem fisicalista intersubjetiva: portanto, o fisicalismo tinha que ser a moldura apropriada para a ciência unificada, a qual abrangeria as ciências sociais na forma de um "comportamentalismo social". Neurath acrescentou que os verificadores (ou confirmadores) da ciência, a que ele deu o nome de declarações protocolares, também devem ser parte da linguagem fisicalista, caso pretendam ter alguma significação para a ciência intersubjetiva. De compatível com isso, negou que as declarações protocolares fossem incorrigíveis e, em conjunto com a idéia de um fundamento absoluto do conhecimento, rejeitou como destituída de sentido a noção de comparar uma declaração com a realidade; segundo ele, as declarações só são comparáveis com outras declarações e, nesse ponto, convergiu para a abordagem sintática elaborada por Carnap. Esse fisicalismo radical (conforme exposto in Neurath, 1932a e 1932b) impressionou profundamente Carnap, que aceitou, com modificações, suas teses principais e abandonou a idéia de que as declarações protocolares são declarações incorrigíveis calcadas na experiência imediata. É claro que a aceitação do fisicalismo era, para ele, uma questão não de asserção, mas apenas de preferência por certa forma de linguagem e, na mesma ordem de idéias, ele afirmou que a questão da forma apropriada das declarações protocolares será resolvida por convenção (Carnap, 1932 (1987)).

A explicação do conhecimento de Neurath-Carnap alarmou Schlick, que viu nela uma ameaça à própria essência do EMPIRISMO; com efeito, a afirmação de que declarações só podem ser comparadas com declarações parecia reativar a teoria de coerência da verdade, o que, acreditava ele, nos forçaria a considerar verdadeira qualquer fábula arquitetada de modo coerente. Por conseguinte, Schlick insistiu em manter um vínculo entre linguagem e realidade, que ele considerou ser fornecido por relatos simultâneos de experiências imediatas que têm a forma de "Aqui agora azul": é nesses enunciados de observação ou "afirmações" (*Konstatierungen*) que linguagem e realidade se tangenciam. Por causa de seu imediatismo, as afirmações não podem ser motivo de dúvida, mas, pela mesma razão, tampouco servem de base, como as declarações protocolares, para a construção de hipóteses científicas. Assim, elas não se apresentam no início do conhecimento, como Schlick se expressou, mas antes no seu término, na medida em que completam os nossos atos de confirmação e, por conseguinte, impedem que a nossa estrutura de conhecimentos desmorone e se reduza a mero "coerencismo" (Schlick, 1934).

Assim, dentro do círculo de Viena (que na realidade nunca foi tão monolítico quanto indicou, por exemplo, o manifesto de 1920), tinham amadurecido diferenças profundas: o absolutismo "conservador" defendido por Schlick chocava-se frontalmente com a linha "radical" de pensamento de Carnap-Neurath. A reação de Schlick a esta última provocou uma série de artigos em *Erkenntnis* e na recém-fundada revista britânica *Analysis*. Mas, enquanto prosseguia esse debate sobre os fundamentos do conhecimento, o círculo de Viena já estava se desintegrando como grupo. Em 1931 Herbert Feigl, discípulo de Schlick e membro do círculo desde o começo, tinha ido para os Estados Unidos, onde se tornaria um eminente representante do empirismo lógico. Em 1934 faleceu o matemático Hans Hahn, também um dos membros fundadores. Carnap, que em 1931 se mudara para Praga, foi em 1935 para os Estados Unidos. Além disso, o clima político era cada vez mais hostil às aspirações do círculo. Em 1934 o chamado regime clérico-fascista na Áustria, no decurso da supressão do Partido Social-Democrata, dissolveu a Sociedade Ernst Mach como clube de livre-pensadores, e Neurath emigrou para a Holanda. Em 1936 Schlick foi assassinado por um estudante tresloucado, acontecimento que a imprensa governamental apresentou como um destino não inteiramente imerecido para um positivista. Finalmente, a ocupação nazista da Áustria em 1938 forçou a maioria dos membros remanescentes a optar pelo exílio; Neurath fugiu em 1940 para a Inglaterra.

O círculo de Viena havia deixado de existir, mas a sua herança filosófica e os seus antigos membros, que prosseguiram com sua obra no mundo anglo-saxão, continuaram a exercer profunda influência sobre o desenvolvimento subseqüente do Empirismo Lógico e da filosofia científica em geral.

Ver também POSITIVISMO; FILOSOFIA DA CIÊNCIA; CONHECIMENTO, TEORIA DO.

Leitura sugerida: Ayer, A.J., org. 1959: *Logical Positivism* • Carnap, R. 1934 *(1937)*: *The Logical Syntax of Language* ○ 1963: "Intelectual autobiography". In *The Philosophy of Rudolf Carnap*, org. por P.A. Schilpp ○

1928 (*1967*): *The Logical Structure of the World and Pseudo-Problems in Philosophy* • Carnap, R. Hahn, H. e Neurath, O. 1929 (*1973*): "Wissenschaftliche Weltauffassung: Der Wiener Kreis". In O. Neurath, *Empiricism and Sociology*, org. por M. Neurath e R.S. Cohen • Haller, R. 1988: *Questions on Wittgenstein* • Hanfling, O. 1981: *Logical Positivism* o org. 1981: *Essencial Readings in Logical Positivism* • Joergensen, J. 1951 (*1970*): "The development of logical empiricism". In *Foundations of the Unity of Science*, vol.2, org. por O. Neurath, R. Carnap e C. Morris, nova edição. • Schlick, M. 1918 (*1974*): *General Theory of Knowledge*, introd. de A.E. Blumberg e H. Feigl o 1925-36 (*1979*): *Philosophical Papers*, vol.2: *1925-1936*, org. por H.L. Mulder e B.F.B. van der Velde-Schlick • Uebel, T.E., org. 1991: *Rediscovering the Forgotten Vienna Circle*.

WERNER SAUER

violência Não existe uma definição consensual ou incontroversa de violência. O termo é potente demais para que isso seja possível. Não obstante, um entendimento do termo ditado pelo senso comum é, *grosso modo*, que a violência classifica qualquer agressão física contra seres humanos, cometida com a intenção de lhes causar dano, dor ou sofrimento. Agressões similares contra outros seres vivos são também consideradas, com freqüência, atos de violência. E é comum falar-se também de violência contra certa categoria de coisas, sobretudo a propriedade privada.

A concepção ditada pelo senso comum não está, em absoluto, isenta de problemas. Considere-se, em primeiro lugar, a questão da intenção. A ênfase na intenção é importante, uma vez que a cirurgia e a odontologia podem causar dor e há a probabilidade de envolverem a perda de partes do corpo — mas o único propósito dessas inflições é o bem-estar do paciente. A tortura, por outro lado, *é* uma forma de violência, uma vez que o sofrimento é deliberadamente infligido, na melhor das hipóteses, para benefício de alguém ou alguma coisa em detrimento da vítima. Mas seria errôneo fazer da intenção o fator crucial para a definição; embora os condutores de veículos raramente pretendam matar ou mutilar alguém, um acidente de trânsito poderia muito bem ser descrito como um ato ou, pelo menos, um incidente de violência, sobretudo se causado por negligência ou irresponsabilidade culposa. De modo mais fundamental, os responsáveis pela colocação e o lançamento de bombas são capazes de afirmar que sua intenção ou propósito é apenas destruir propriedades, usualmente alvos militares de alguma espécie. Mas, como é freqüentemente inevitável que pessoas também sejam mortas e feridas por esses ataques, seria implausível sugerir que esses *não* constituem atos de violência contra seres humanos, simplesmente porque seu propósito ou intuito declarado é atacar coisas. Se o sofrimento humano é uma inevitável concomitante e conseqüência desses ataques, então os seus responsáveis são conscientemente responsáveis por atos de violência.

Em segundo lugar, alguns comentadores sustentariam que a definição ou descrição acima oferecida é decididamente inadequada, uma vez que só as agressões ilegais ou não autorizadas contra pessoas é que devem ser descritas como atos de violência. Tais agressões, quando executadas por, digamos, policiais no decorrer e em cumprimento de seus normais e necessários deveres, ou durante uma guerra reconhecida, são apropriadamente descritas como atos de força, não de violência. Assim, o *Oxford English Dictionary* define violência como o "uso ilegítimo da força".

Mas a questão da legitimidade, moral ou legal, de uma ação é algo diferente da natureza do próprio ato. A violência justificada — e todos, exceto os pacifistas totais, aceitam que a violência pode, por vezes, ser o menor de dois males — ainda é violência. Em todo caso, não existe concordância no tocante a que estados ou outras organizações gozem da legitimidade que se presume converter a violência em uma força de ressonâncias menos ásperas.

Somente, talvez, no caso da propriedade é que a legitimidade ou legalidade é um elemento necessário na definição de violência. Se decido destruir minha própria estufa para cultivo de plantas, isso não seria qualificado como um ato de violência. Mas se outros a destruírem, contra a minha vontade e sem a minha permissão, isso poderá ser perfeitamente descrito como um ato de violência contra a propriedade. Por outro lado, se em um acesso de fúria, eu retalhar em pedaços uma valiosa pintura de que sou o proprietário, as pessoas poderão descrever isso como um ato de violência, apesar do meu direito legal a destruir minha própria propriedade.

Um terceiro problema é suscitado pela noção de "agressão física". É sobejamente sabido que algumas das mais requintadas formas de tortura moderna, as quais produzem uma completa desorientação dos sentidos e podem causar danos duradouros na mente e no cérebro, não envolvem qualquer agressão física direta às vítimas. De modo um tanto semelhante, o bombardeio aéreo não envolve a agressão direta por indivíduos a outros. Não deixa de ser um tanto estranho descrever o ato de apertar um botão que solta uma bomba ou um míssil como um ato de violência.

Mas o que essas dificuldades assinalam é, simplesmente, a extensão em que a moderna violência está mecanizada e industrializada, enquanto que nossa maneira típica de imaginar a violência ou de pensar a seu respeito é traduzida em termos de confrontos diretos entre indivíduos ou pequenos grupos. Tais confrontos ainda ocorrem, é claro, mas respondem apenas por uma proporção minúscula das mortes e prejuízos causados por ataques deliberados a seres humanos — cuja maioria é levada a efeito mais por estados do que por organizações independentes ou ilegais e por indivíduos agressivos.

Por conseguinte, a busca das raízes da violência na psicologia individual é largamente equivocada, exceto, talvez, no caso do assassino que age por conta própria. A distância física entre os que infligem a morte, a dor, e o sofrimento e os que são as suas vítimas significa que o que o morticínio e a crueldade organizados em grande escala requerem geralmente não são quadros de sádicos e bandidos, mas, pelo contrário, pessoas treinadas em hábitos de obediência à autoridade estabelecida, que não se sentem pessoalmente responsáveis pelas próprias ações. Esse conformismo isento de culpa é uma mentalidade que pode estender-se até bem perto do topo das organizações responsáveis, como foi revelado, entre outros casos, pelo julgamento de Eichmann.

Se a violência não envolve necessariamente uma agressão física no confronto direto de algumas pessoas com outras, então a distinção entre violência e outras formas coercivas de infligir danos, dor e morte fica enevoada. Uma política que deliberada ou conscientemente conduza à morte de pessoas pela fome ou doenças pode ser qualificada de violenta. Essa é uma razão por que slogans como "pobreza é violência" ou "exploração é violência" não constituem meras hipérboles. Eles levantam a questão de saber se podemos plausivelmente distinguir entre os modos de infligir sofrimento e danos que são convencionalmente chamados violentos e aqueles que não são.

Também suscitam a questão da avaliação da violência. Em termos convencionais, a violência é considerada um dos piores males, senão *o* pior de todos. Uma vez que, por definição, envolve a inflição de dano ou sofrimento, deve ser sempre um mal. Mas se igual ou pior dano ou sofrimento pode ser deliberada ou conscientemente infligido por outros meios, usualmente considerados não-violentos, por que razão deve a violência ser vista como muito pior do que esses outros males?

Ver também COERÇÃO.

Leitura sugerida: Ackroyd, C., Margolis, K., Rosenhead, J. e Shallice, T. 1977: *The Technology of Political Control* • Arblaster, Anthony 1975: "What Is Violence?". In *The Socialist Register 1975*, org. por Ralph Miliband e John Saville • Arendt, Hannah 1970: *On Violence* o 1977: *Eichmann in Jerusalem* • Honderich, Ted 1980: *Violence for Equality* • Milgram, Stanley 1974: *Obedience to Authority* • Moore Jr., Barrington 1972: *Reflections on the Causes of Human Misery* • Sorel, Georges 1906: *Réflexions sur la Violence* • Trotsky, L., Dewey, J. e Novack, G. 1973: *Their Morals and Ours.*

ANTHONY ARBLASTER

visão de mundo Ver WELTANSCHAUUNG.

W

Weltanschauung Em alemão, a palavra refere-se literalmente a uma "visão" (*Anschauung*) intuitiva do "mundo" (*Welt*), por conseguinte, a "visões do mundo" ou aos valores ou princípios culturais subjacentes que definem a filosofia da vida ou a concepção do universo de uma sociedade ou grupo. Popularmente, o conceito tem sido usado para fazer referência a qualquer sistema geral de crença (cristão, liberal, pagão etc.). Embora as visões do mundo assim identificadas sejam, de modo sumamente característico, não-racionais em sua origem e ligadas às experiências comuns de um grupo, o termo também tem sido empregado em referência a perspectivas científicas generalizadas (por exemplo, darwinianas ou marxistas). Em contextos científicos, o uso do conceito tem sido influenciado desde a década de 20 pela SOCIOLOGIA DO CONHECIMENTO, que procura explicar as origens das visões do mundo em relação às localizações e interesses sociais dos atores. Mas em seu contexto alemão original, do final do século XIX, a noção de uma "teoria das visões do mundo" (*Weltanschauungslehre*) foi identificada com uma teoria das "ciências humanas", a qual rejeitava a redução dos fenômenos culturais às suas causas sociais. Hoje em dia, o termo *Weltanschauung* mantém-se útil como designação mais ou menos vaga para concepções gerais do mundo, mas já não desempenha um papel significativo em discussões técnicas nas esferas da filosofia ou da sociologia da cultura; não obstante, a problemática a que ele se refere envolve muitas das questões-chaves da teoria cultural contemporânea.

A teoria da *Weltanschauung* está associada à tradição do HISTORICISMO do final do século XIX, especialmente à teoria das ciências humanas de Wilhelm Dilthey (*Geisteswissenschaften*) (ver Dilthey, 1931, p.133-54). Baseada em uma concepção essencialmente empática da interpretação ou VERSTEHEN (a qual influenciou a sociologia através de Max Weber e a psiquiatria pela obra de Karl Jaspers), a teoria hermenêutica (ver HERMENÊUTICA) de totalidades culturais de Dilthey sublinhou as origens não-racionais das visões do mundo em impulsos estéticos e religiosos mais profundos na "vida" e se opôs assim a qualquer explicação redutora e materialista de sua gênese social. Ele também tentou, sem êxito, superar as implicações relativistas (ver RELATIVISMO) da pluralidade de visões do mundo concorrentes.

Desde a virada do século a ascensão da sociologia na Alemanha desafiou a abordagem das ciências humanas de Dilthey, ao apontar que as visões do mundo não podiam ser interpretadas independentemente de suas origens sociais. Na década de 20 Karl Mannheim (1952) redefiniu o debate em termos metodológicos ao propor uma sociologia hermenêutica do conhecimento que criticava a teoria das visões do mundo a partir da perspectiva de uma concepção geral de IDEOLOGIA, que evitava o dogmatismo do marxismo ortodoxo, embora permanecesse relativista em suas implicações. Na França, na década de 50, Lucien Goldmann (1956) desenvolveu uma sociologia da literatura em que visões do mundo (*visions du monde*) foram analisadas a partir da perspectiva de sua relação homóloga com as estruturas de classe.

Mais recentemente Jürgen Habermas (1968) atribuiu o fracasso da abordagem de Dilthey a uma hermenêutica objetivista com raízes em um vitalismo insustentável e irracional. A versão da teoria crítica do próprio Habermas (ver ESCOLA DE FRANKFURT) representa a mais ambiciosa tentativa de resolver o problema histórico do relativismo. Sua argumentação, influenciada pela psicologia do desenvolvimento e pelo estruturalismo, baseia-se em parte em uma análise da evolução do que foi traduzido como "visões do mundo" (1976, p.95-129), embora no original alemão se faça referência às "imagens do mundo" (*Weltbilder*), evidentemente para evitar qualquer associação com a abordagem de Dilthey.

Leitura sugerida: Hekman, S.J. 1986: *Hermeneutics and the Sociology of Knowledge* • Jay, Martin 1984: *Marxism and Totality* • Makkreel, R.A. 1975: *Dilthey: Philosopher of the Human Studies* • Mannheim, K. 1929 (*1960*): *Ideology and Utopia* • Outhwaite, William 1975 (*1986*): *Understanding Social Life: The Method Called Verstehen*, 2ªed. • Rickman, H.P. 1988: *Dilthey Today: a Critical Appraisal of the Contemporary Relevance of His Work* • Simonds, A.P. 1978: *Karl Mannheim's Sociology of Knowledge.*

RAYMOND A. MORROW

Apêndice Biográfico

Adorno, Theodor Wiesengrund (*n.*1903, Frankfurt; *m.*1969, Visp, Suíça). Filósofo e musicólogo alemão, estudou em Frankfurt e Viena. Foi membro do Instituto de Pesquisa Social de Frankfurt (a origem da ESCOLA DE FRANKFURT de teoria crítica), no qual ingressou em 1931. Estudou composição e piano em Viena com Alban Berg e foi vigoroso defensor de Schönberg. Deixou a Alemanha em 1934, indo residir primeiro na Inglaterra e depois se juntando ao Instituto em exílio nos Estados Unidos. De regresso a Frankfurt em 1950, tornou-se diretor do Instituto em 1958. Suas obras incluem *Dialektik der Aufklärung* (1947, com Max Horkheimer), *Philosophie der neuen Musik* (1949), *The Authoritarian Personality* (1950), *Negative Dialectics* (1966) e colaboração em *Der Positivismusstreit in der deutschen Soziologie: Einleitung* (1969).

Althusser, Louis (*n.*1918, Birmandreis, Argélia; *m.*1990, Yvelines, perto de Paris). Comunista e filósofo francês, estudou na École Normale Supérieure em Paris. Influenciado pelo racionalismo e o estruturalismo franceses, identificou um corte radical entre os escritos de Marx quando jovem e os de sua maturidade e, a favor do último, sustentou o marxismo como ciência, enfatizando o seu anti-humanismo. Suas obras *Pour Marx* (1965) e, com Étienne Balibar, *Lire le Capital* (1966) granjearam-lhe um público vasto, embora freqüentemente crítico.

Arendt, Hannah (*n.*1906, Hanover; *m.*1975, Nova York). Filósofa germano-americana, estudou nas Universidades de Königsberg, Marburgo, Freiburg e Heidelberg, tendo completado seu doutorado sob a orientação de Karl Jaspers. Em 1933 fugiu para Paris e daí, em 1941, foi para os Estados Unidos, onde trabalhou na área editorial até 1963 e foi figura de destaque em organizações judaicas, por exemplo como diretora de pesquisa da Conferência sobre Relações Judaicas, Nova York (1944-46). Em 1963 tornou-se professora da Comissão sobre Pensamento Social e de 1967 até sua morte foi professora da *New School of Social Research.* Suas principais publicações incluem *The Origins of Totalitarianism* (1958), *The Human Condition* (1958), *On Revolution* (1965) e *On Violence* (1970).

Bakhtin, Mikhail Mikailovitch (*n.* 1895, Orel, ao sul de Moscou; *m.*1975, Moscou). Filósofo e teórico literário russo. Estudou nas Universidades de Odessa (Faculdade de Filologia) e São Petersburgo. Trabalhou durante 30 anos no Cazaquistão, em Saransk e em Moscou em relativa obscuridade. Em 1957 foi nomeado diretor do Departamento de Literatura Russa e Estrangeira da Universidade de Moscou, cargo que ocupou até sua aposentadoria em 1961. Publicou numerosos livros sob nomes de amigos seus: *O método formal na erudição literária* foi atribuído a P.N. Medvedev (1928) e *Marxismo e filosofia da linguagem* a V.N. Volosinov (1929). Isso tem sido motivo de controvérsia, mas em geral se acredita que Bakhtin foi o autor dessas obras. Em 1929 publicou *Problemas da poética de Dostoyevsky* e em 1966, *Rabelais e seu mundo.* Sua obra influenciou Julia Kristeva e o Grupo Tel Quel.

Barthes, Roland Gérard (*n.*1915, Cherbourg; *m.*1980, Paris). Escritor e crítico francês. Estudou na Sorbonne e ocupou numerosos cargos na Hungria antes de iniciar sua carreira na França, onde foi diretor de Estudos e professor de sociologia dos signos, símbolos e representações coletivas (1962-76) na École Pratique des Hautes Études, de Paris, e professor de semiologia literária no Collège de France. Em 1953 ajudou a fundar a revista *Théâtre Populaire* e no mesmo ano publicou *Le degré zéro de l'écriture* que, ao lado de *Mythologies* (1957), o estabeleceu como um teórico pós-saussureano. Suas outras obras incluem *Le plaisir du texte*

(1973) e o autobiográfico *Roland Barthes par Roland Barthes* (1975). Ver SEMIÓTICA.

Beauvoir, Simone de (*n.*1908, Paris; *m.*1986, Paris). Filósofa e romancista francesa. Educada na École Normale Supérieure, lecionou filosofia em liceus de Marselha, Rouen e Paris. Figura de proa do EXISTENCIALISMO e do FEMINISMO, Simone de Beauvoir foi companheira de toda a vida de Sartre, a quem conheceu em 1929 e com quem fundou e editou *Les Temps Modernes* (1944). Criticou a excessiva ênfase atribuída por Sartre à liberdade do indivíduo em face das normas sociais. Em *Le deuxième sexe* (1949), desenvolveu essas idéias com referência à subordinação das mulheres. Além de suas obras filosóficas, escreveu numerosos romances, três volumes de autobiografia e uma memória de Sartre.

Benjamin, Walter (*n.*1892, Berlim; *m.*1940, Port Bou, França). Teórico e crítico literário. Estudou em Freiburg, Berlim, Munique e Berna. Teve negado um cargo acadêmico quando sua tese foi rejeitada em Frankfurt no ano de 1925, embora fosse publicada em 1928 como *Ursprung des deutschen Trauerspiels*. Amigo de Lukács, Adorno, Brecht e Bloch, Benjamin voltou-se para o marxismo (ver ESCOLA DE FRANKFURT). Em 1933 emigrou para Paris, onde estudou Baudelaire. Quando a França foi derrotada e parcialmente ocupada em 1940, Benjamin fugiu para o Sul, mas foi detido na fronteira franco-espanhola onde, ante a perspectiva de ser entregue aos nazistas, preferiu pôr fim à própria vida. Alguns de seus últimos escritos foram reunidos em *Illuminationen* (1961).

Bergson, Henri Louis (*n.*1859, Paris; *m.*1941, Paris). Filósofo francês. Estudou na École Normale Supérieure (1877-81). De 1881 a 1897, lecionou em liceus e escreveu *Essai sur les donnéses immédiates de la conscience* (1889), obra que consubstanciou a sua distinção crucial entre o tempo como duração contínua na vida cotidiana e o tempo tal como é representado pela ciência — mecânico e descontínuo. Em 1897 lecionou na École Normale Supérieure e, subseqüentemente, no Collège de France (1900-14). Entre 1912 e 1918 Bergson realizou missões diplomáticas na América e na Espanha, e em 1927 foi agraciado com o Prêmio Nobel de Literatura. Suas principais obras incluem *L'évolution créatrice* (1907), na qual rejeitou as explicações mecânicas, deterministas, e *Les deux sources de la morale et de la religion* (1932).

Bernstein, Eduard (*n.*1850, Berlim; *m.*1932, Berlim). Político e cientista político alemão. Aderiu ao Partido Social-Democrata dos Trabalhadores (*Eisenachers*) em 1871 — vindo a editar o órgão do partido, *Der Sozialdemokrat* (1881-90) — tornou-se marxista; mas durante seu exílio em Londres (1880-1901) foi também influenciado pelos fabianos, ao mesmo tempo que se tornava amigo íntimo de Engels. Baseada em artigos publicados em *Die Neue Zeit* (1896-98), sua principal obra revisionista, *Die Voraussetzungen des Sozialismus*, foi publicada em 1899 (ver REVISIONISMO). Essencialmente, favoreceu um enfoque gradualista para assegurar os direitos econômicos e sociais e, finalmente, o poder político para a classe trabalhadora, em vez de "esperar pela revolução".

Bloch, Ernst (*n.*1885, Ludwigshaven; *m.*1977, Tübingen). Filósofo alemão. Estudou em Munique e Würzburg. Foi influenciado pelo marxismo, o idealismo alemão e a teologia cristã e judaica. Enquanto esteve na Suíça, escreveu seu primeiro livro, *Geist der Utopie* (1918), em que considerava a arte, a poesia e a música como materializações do potencial de realização humano. Como escritor *free-lancer* em Berlim na década de 20, fez amizade com Brecht, Weill, Benjamin e Lukács, e se filiou ao Partido Comunista. Em 1933 deixou a Alemanha, instalando-se nos Estados Unidos em 1938. De regresso à Alemanha Oriental em 1949, exerceu a cátedra de filosofia na Universidade de Leipzig, mas caiu no desagrado das autoridades e se mudou para a Alemanha Ocidental como professor de Filosofia em Tübingen.

Brecht, Bertolt (*n.*1898, Augsburgo; *m.*1956, Berlim Oriental). Dramaturgo e poeta alemão, estudou medicina na Universidade de Munique e trabalhou por algum tempo em um hospital de Augsburgo. Veemente adversário da Primeira Guerra Mundial, Brecht recebeu a influência do marxismo e do TEATRO político de Piscator. Suas peças refletiram essa influência e foram mais tarde colocadas na lista negra dos nazistas. Em 1933 fugiu para a Suíça e finalmente viajou para os Estados Unidos, onde foi citado pela Comissão de Investigação de Atos Antiamericanos durante a caça às bruxas liderada por McCarthy. Em 1949 voltou a Berlim Oriental, onde fundou o *Berliner*

Ensemble. As obras de Brecht incluem *Baal* (1918), *Mann ist Mann* (1926), *Die Dreigroschenoper* (1928) e *Mutter Courage und ihre Kinder* (1939).

Bukharin, Nikolai Ivanovich (*n*.1888, Moscou; *m*.1938, Moscou). Revolucionário e teórico marxista russo, aderiu ao Partido Social-Democrata russo em 1906 e liderou os bolcheviques em Moscou no ano de 1908. Detido e enviado ao exílio interno, escapou em 1911 para Viena, onde assistiu às conferências de Böhm-Bawerk, familiarizando-se com os austromarxistas; escreveu uma crítica do marginalismo austríaco (*Teoria econômica da classe ociosa*, 1914) e um estudo do imperialismo (*Imperialismo e economia mundial*, 1917-18). Regressou a Moscou em 1917 e foi eleito para o Comitê Central dos Bolcheviques, tornando-se também editor do *Pravda*. Depois de 1922, Bukharin, em contraste com Preobrajensky, passou a defender concessões aos camponeses e o equilíbrio de crescimento econômico entre os setores agrícola e industrial. Em 1928 opôs-se a Stalin a respeito da coletivização e foi exonerado de seus cargos no *Pravda* e no Politburo. Editou o *Izvestia* (1934-37), mas foi expulso do Partido Comunista em 1937, julgado por traição e executado em 1938.

Carnap, Rudolf (*n*.1891, Renânia-Westfália; *m*.1970, Califórnia). Filósofo germano-americano. Estudou em Freiburg e Jena, obtendo formação em física e matemática. Convidado a Viena por Schlick em 1926, tornou-se figura destacada no CÍRCULO DE VIENA de positivismo lógico. Em *Der logische Aufbau der Welt* (1928), sustentou que os conceitos científicos podiam ser construídos a partir de um pequeno número de conceitos básicos, os quais estão todos diretamente relacionados com a experiência dos sentidos. Em 1930 fundou com Reichenbach a revista *Erkenntnis*, órgão oficial do positivismo lógico. Como professor de filosofia natural na Universidade Alemã de Praga, a partir de 1931, publicou *Der Logische Syntax der Sprache* (1934). Em 1935 emigrou para os Estados Unidos, onde lecionou na Universidade de Chicago a partir de 1936 e, posteriormente, no Institute for Advanced Study, Princeton (1952-54) e na UCLA (1954-61).

Chomsky, Avram Noam (*n*.1928, Filadélfia). Lingüista, filósofo e ativista político norte-americano. Estudou na Universidade da Pensilvânia. Leciona no Massachusetts Institute of Technology (MIT) desde 1955. Tem escrito extensamente sobre LINGÜÍSTICA, formulando uma nova concepção da estrutura gramatical como inata em vez de aprendida, e sobre teoria social, área em que tem sido um crítico contundente da política externa norte-americana (por exemplo, *American Power and the New Mandarins*, 1969). Deixou claro que esses dois domínios de sua obra dever ser tratados separadamente.

Croce, Benedetto (*n*.1866, Percasseroli; *m*.1952, Nápoles). Filósofo idealista italiano, Croce foi um *scholar* independente que nunca exerceu um cargo acadêmico, mas foi ministro da Educação do governo italiano em 1920-1 e de novo depois da Segunda Guerra Mundial. Fortemente influenciado por Hegel, desenvolveu uma filosofia do espírito que contém quatro tipos de experiência: experiência cognitiva do particular e do universal (o domínio da estética e da lógica, respectivamente); e experiência prática do particular e do universal (o domínio da economia e da ética). A história é a descrição da atividade do espírito nesses domínios; a filosofia é uma explicação da metodologia da história, da qual é inseparável. Croce também escreveu sobre a obra de outros pensadores, incluindo Hegel, Marx e Vico.

Derrida, Jacques (*n*.1930, El Biar, Argélia). Filósofo e teórico literário francês. Estudou na École Normale Supérieure, Paris, e Harvard. Lecionou na Sorbonne (1960-64) e está na École Normale Supérieure desde 1965. Em 1962 conquistou o Prêmio Cavaillès por sua tradução de *A origem da geometria*, de Husserl, para a qual escreveu uma extensa introdução. Seu estudo de Husserl faz parte de sua crítica de metafísica ocidental, que desenvolveu em *La voix et le phénomène* (1967), *L'écriture et la différence* (1967) e *De la gramatologie* (1967). A crítica de Derrida é dirigida contra a filosofia da *presença*, dominante na filosofia ocidental desde Platão, à qual opõe uma estratégia estrutural conhecida como DESCONSTRUÇÃO.

Dewey, John (*n*.1859, Vermont; *m*.1952, Nova York). Filósofo pragmatista norte-americano. Estudou na Universidade de Vermont e na Johns Hopkins. Lecionou em Michigan (1884-94), Chicago (1894-1904) e na Universidade de Columbia (1904-29). Conheceu George Herbert Mead e ajudou a criar a "Escola de Chicago" (ver ESCOLA SOCIOLÓGICA DE CHICAGO. O aspecto central no PRAGMATISMO de Dewey era que a filosofia devia interessar-se pelos problemas e raciocínios associados ao cotidiano, e também exercer uma crítica do mundo cotidiano, não se limitando a uma atividade meramente contemplativa. Mais tarde aplicou sua filosofia aos problemas morais, os quais, sustentou ele, podiam ser julgados de modo prático, segundo a maior ou menor eficácia que as máximas morais tivessem para resolver problemas humanos.

Dilthey, Wilhelm (*n.*1833, Hesse; *m.*1911, Tirol do Sul, Áustria). Filósofo hermeneuta alemão. Estudou em Heidelberg e Berlim. Lecionou em Basiléia (1866), Kiel (1868) e Breslau (1871), e foi professor de história e filosofia em Berlim (1882). Dilthey é mais conhecido por sua radical distinção entre análise científica natural e social, a primeira tratando de eventos que podem ser incluídos em leis, ao passo que a segunda se ocupa de fenômenos que só são compreensíveis em função das intenções dos agentes (*Einleitung in die Geisteswissenschaften*) (1883). Essa posição antinaturalista manifestou-se originalmente como psicologismo científico social, posição da qual Dilthey divergiu mais tarde.

Durkheim, Émile (*n.*1858, Epinal; *m.*1917, Paris). Sociólogo francês. Estudou na École Normale Supérieure. Lecionou na Universidade de Bordéus até 1902, quando foi nomeado para uma cátedra na Sorbonne. Suas principais publicações abordaram os métodos sociológicos, as formas de solidariedade social e as funções sociais da religião. Depois da fundação da influente revista *L'Année Sociologique* (1898), Durkheim tornou-se particularmente interessado no estudo de sociedades arcaicas, bem como da religião e da organização social primitivas. O tema dominante em toda a sua obra foi que a sociedade possui uma realidade acima da dos indivíduos que a compõem, sendo estes compelidos por "fatos sociais" transcendentes na forma de crenças e sentimentos comuns. Durkheim foi um dos fundadores da sociologia moderna e, em particular, da teoria funcionalista. Suas principais obras incluem *De la division du travail social* (1893), *Les règles de la méthode sociologique* (1895), *Le suicide* (1897) e *Les formes élémentaires de la vie religieuse* (1912).

Einstein, Albert (*n.*1879, Ulm; *m.*1955, Princeton). Filósofo natural e físico teórico alemão. Estudou matemática e física na Psicotécnica Federal Suíça, em Zurique. Influenciado por Hume e Mach, Einstein deu contribuições fundamentais para a física teórica, especialmente em sua teoria da relatividade (1916). Sua obra veio a desafiar a crença no empirismo que dominava a filosofia da física na primeira parte deste século. Em seus últimos anos esteve ativo nos movimentos para limitar o desenvolvimento e a propagação de armas nucleares.

Elias, Norbert (*n.*1897, Breslau; *m.*1990, Amsterdã). Sociólogo alemão. Formou-se em medicina, filosofia e psicologia nas universidades de Breslau e Heidelberg, após o que trabalhou com Karl Mannheim em Frankfurt. Elias fugiu da Alemanha nazista em 1933, indo primeiro para a França e depois para a Grã-Bretanha, onde foi professor de sociologia na Universidade de Leicester (1945-62); exerceu funções docentes na Universidade de Gana (1962-4) e depois trabalhou no Zentrum für Interdisziplinäre Forschung em Bielefeld (Alemanha). Desenvolveu uma abordagem a que deu o nome de "sociologia figuracional", a qual examina o surgimento de configurações sociais como conseqüências não-premeditadas da interação social e foi descrita em seu livro *O que é sociologia?* (1970). Sua obra mais conhecida é o *O processo civilizador* (2 vols., 1939), que analisa os efeitos da formação dos estados na Europa sobre os estilos de vida individuais, a personalidade e as moralidades.

Engels, Friedrich (*n.*1820, Barmen; *m.*1895, Londres). Filósofo social e homem de negócios alemão, Engels foi, com Marx, um dos fundadores do comunismo moderno. Convencido de que a classe trabalhadora emergente da Revolução Industrial seria o instrumento da transformação revolucionária, seu livro *A situação da classe operária na Inglaterra* (1845) atraiu as atenções gerais. Publicou numerosas obras em colaboração com Marx, incluindo o *Manifesto do Partido Comunista* (1848), e, depois da morte deste, trabalhou na organização, a partir dos manuscritos deixados por Marx, e publicação do segundo e terceiro volumes de *O capital* em 1885 e 1894. Embora minimizasse seu próprio papel, sua obra em economia política e no desenvolvimento da consciência de classe foram contribuições significativas para o marxismo e, antes de 1914, era ele, mais do que Marx, o principal responsável pela difusão das idéias marxistas.

Fanon, Frantz (*n.*1925, Martinica; *m.*1962, Washington). Psiquiatra e filósofo social francês. Formado em medicina e psiquiatria na Universidade de Lyon, na década de 50, Fanon foi para a

Argélia, onde dirigiu o departamento psiquiátrico do Hospital Blida-Joinville (1953-56) e se tornou simpatizante dos rebeldes argelinos, dando seu apoio à luta armada. *Pele negra, máscaras brancas* (1952) é uma descrição da degradação psicológica dos argelinos e dos colonos franceses em conseqüência do domínio colonial. Em 1960 foi nomeado embaixador em Gana pelo Governo Provisório da Argélia, mas teve de viajar para a União Soviética e depois Washington a fim de se tratar de leucemia. Fanon defendeu a revolução em todo o Terceiro Mundo em *Os condenados da terra* (1961).

Foucault, Michel (*n.*1926, Poitiers; *m.*1984, Paris). Filósofo e historiador das idéias francês. Estudou na École Normale Supérieure a partir de 1946 e mais tarde desempenhou funções acadêmicas em várias instituições européias, culminando com sua eleição para o Collège de France em 1969. Ofereceu novas perspectivas para a análise de uma série de disciplinas, como psicologia, psiquiatria, medicina e filosofia, e suas numerosas publicações refletem a ampla gama de suas investigações. Estava particularmente interessado no modo como os vários discursos do "poder-saber" — tais como medicina, psiquiatria, penalogia e sexualidade — operam sobre o indivíduo. Suas obras incluem *Histoire de la folie à l'âge classique* (1961, nova ed. 1972), *Les mots et les choses* (1966) e *L'archéologie du savoir* (1969).

Freud, Sigmund (*n.*1856, Freiberg; *m.*1939, Londres). Psicólogo austríaco, fundador da psicanálise. Formado em medicina em Viena, especializou-se em neurologia (1874-79) e em 1885-6 estudou com Jean Charcot em Paris. Trabalhou no Hospital Geral de Viena (1882-85) e se tornou professor na universidade em 1885, estabelecendo no ano seguinte a sua clínica privada. Em 1902 fundou a Sociedade Psicanalítica de Viena e, em 1910, a Associação Internacional de Psicanálise. Também fundou duas revistas: *Zeitschrift für Psychanalyse und Imago* e *Jahrbuch der Psychoanalyse*. Em 1938 foi para a Grã-Bretanha como refugiado do nazismo. Seus escritos estão coligidos na *Standard Edition of the Complete Works of Sigmund Freud* (org. por J. Strachey, 24 vols., 1953-74).

Fromm, Erich (*n.*1900, Frankfurt; *m.*1980, Locarno). Psicólogo germano-americano. Estudou na década de 20 nas Universidades de Heidelberg e Munique e no Instituto da Sociedade Psicanalítica Alemã. Lecionou psicanálise no Instituto de Pesquisa Social (Frankfurt, 1929-32), onde trabalhou com outros membros da ESCOLA DE FRANKFURT e se dedicou a estabelecer uma relação entre psicanálise e marxismo. Continuou sua associação com o Instituto, no exílio, na Universidade Columbia (1934-38). Subseqüentemente, foi professor de psicanálise na Universidade Nacional Autônoma do México, a partir de 1951, e em seus últimos anos dedicou grande parte do seu tempo ao estudo da agressão (*The Anatomy of Human Destructiveness*, 1973), assim como ao apoio ao movimento pacifista e aos socialistas democráticos dissidentes da Europa Oriental.

Gadamer, Hans-Georg (*n.*1900, Marburgo). Filósofo hermeneuta alemão. Estudou em Munique e Marburgo, e foi amigo e discípulo de Heidegger. Foi professor de filosofia em Marburg (1937-9), Leipzig (1939-47), Frankfurt (1947-9) e Heidelberg (1949-68), após o que se aposentou. Sua principal obra é *Wahrheit und Methode* (1961), em que descreve a sua abordagem da hermenêutica como um processo ativo, criativo, não meramente passivo, mediado pela tradição cultural do intérprete. Ver HERMENÊUTICA.

Gandhi, Mahatma [Mohandas Karamchand] (*n.*1869, Porbandar; *m.*1948, Délhi). Líder nacionalista e espiritual indiano. Estudou na Índia e na Grã-Bretanha, diplomando-se como advogado em Londres. A partir de 1920 dominou o Congresso Nacional Indiano, convertendo-o em um movimento de massa. Famoso por sua defesa da "resistência não-violenta", Gandhi liderou os nacionalistas indianos em uma série de confrontações com o domínio colonial britânico, optando pela força da verdade e da não-violência na luta contra o mal. Ver HINDUÍSMO E TEORIA SOCIAL HINDU.

Gramsci, Antonio (*n.*1891, Ales, Sardenha; *m.*1937, Roma). Ativista e teórico político marxista. Em 1911, ganhou um bolsa de estudos para a Universidade de Turim e aderiu ao Partido Socialista Italiano (PSI), mas abandonou os estudos sem se diplomar e se dedicou a ajudar na publicação dos jornais socialistas *Avanti!* e *Il Grido del Popolo*. Em maio de 1919 ajudou no lançamento de um semanário, *L'Ordine Nuovo*, sendo seu editor em 1919-20 e também o principal organizador dos conselhos de fábrica em Turim. Um dos membros fundadores do Partido Comunista Italiano (PCI), tornou-se seu líder em 1924. Detido em 1926, dois anos depois foi condenado à prisão, onde passou os nove anos seguintes; lá começou a escrever os *Cadernos do cárcere*, sobre temas que vão da arte e da cultura à estratégia política e que influenciaram profundamente o pensamento marxista subseqüente. Ver HEGEMONIA.

Habermas, Jürgen (*n.*1929, Düsseldorf). Filósofo social e sociólogo alemão. Estudou em Göttingen e Frankfurt, lecionou em Heidelberg e Frankfurt, e foi diretor do Instituto Max Planck, em Starnberg (1971-82). Desenvolveu uma crítica da consciência tecnocrática que invade o "mundo" nas sociedades capitalistas tardias. Sua teoria crítica visa gerar uma consciência da dupla natureza da racionalidade, como instrumental e comunicativa (*The Theory of Communicative Action*, 1981). Mais recentemente tem sido um crítico contundente do pós-modernismo (*The Philosophical Discourse of Modernity*, 1985). Ver ESCOLA DE FRANKFURT.

Hayek, Friedrich August von (*n.*1899, Viena; *m.*1992). Economista austríaco. Estudou na Universidade de Viena. Foi o primeiro diretor do Instituto de Pesquisa Econômica da Áustria (1927-31). De 1931 a 1950, foi professor de ciência econômica da London School of Economics. Durante esse período desenvolveu em numerosos livros (por exemplo, *Prices and Production*, 1931) a chamada ESCOLA AUSTRÍACA DE ECONOMIA. As obras de Hayek no pós-guerra tenderam à diversificação em filosofia política, direito e epistemologia. Sua análise da natureza do conhecimento na sociedade (em *Individualism and Economic Order*, 1949) constitui um elemento crucial em sua crítica do planejamento central. Também desenvolveu uma crítica do POSITIVISMO (*The Counter-Revolution of Science*, 1952) e deu importantes contribuições para a filosofia política liberal (*Law Legislation and Liberty*, 1973-79). Dividiu com Gunnar Myrdal o Prêmio Nobel de Economia em 1974.

Heidegger, Martin (*n.*1889, Messkirch; *m.*1976, Messkirch). Filósofo alemão. Estudou em Freiburg (aluno de Husserl) e lecionou em Marburgo (1923-28) antes de ser nomeado reitor da Universidade de Freiburg, quando declarou sua adesão a Hitler. Foi afastado do ensino, depois da Segunda Guerra Mundial, pelas forças de ocupação, mas continuou exercendo grande influência sobre a filosofia. Sua obra magna é *Sein und Zeit* (1927), a qual fixou um programa para toda a obra subseqüente a que dedicou sua vida: o exame do ser humano — *Dasein* — em seu caráter temporal. Embora seu nome esteja associado ao EXISTENCIALISMO, que recebeu sua influência, Heidegger não se via nesses termos.

Hilferding, Rudolf (*n.*1877, Viena; *m.*1941, Paris). Economista marxista. Estudou medicina em Viena e exerceu clínica médica até 1906, mas dedicou a maior parte do seu tempo ao estudo da economia política. Ficou conhecido por suas freqüentes colaborações sobre assuntos econômicos para *Die Neue Zeit* e por sua réplica (publicada em 1904) à crítica de Böhm-Bawerk da teoria econômica de Marx. Em 1920, depois de se tornar cidadão prussiano, foi nomeado para o Conselho Econômico do Reich, foi membro do Reichstag de 1924 a 1933 e ministro das Finanças em dois governos (1923 e 1928-29). Depois da tomada do poder pelos nazistas, foi para o exílio, mas, em 1941 cometeu suicídio ao cair em poder da Gestapo. Celebrizou-se com seu livro *O capital financeiro* (1910), no qual analisou os mais recentes desenvolvimentos do capitalismo, sobretudo o papel dos bancos, o imperialismo e o perigo de guerra. Ver AUSTROMARXISMO.

Husserl, Edmund Gustav Albrecht (*n.* 1859, Prossnitz, Morávia austríaca; *m.*1938, Freiburg). Filósofo alemão, fundador da FENOMENOLOGIA. Formado em matemática em Leipzig, Viena e Berlim, procurou estabelecer os fundamentos da matemática e da lógica, e depois das ciências, tentando identificar as estruturas fundamentais da consciência. A fenomenologia (uma ciência das aparências) mantém em suspenso questões sobre o status existencial dos objetos de consciência a fim de intuir as essências tal como são constituídas pelo ego transcendental (*Logische Untersuchungen*, 1900-01). Husserl lecionou em Halle, Göttingen e Freiburg (onde Heidegger foi seu aluno e o sucedeu). A herança judaica de Husserl (que ele tinha rejeitado em favor do protestantismo) resultou em sua perseguição pelos nazistas.

James, William (*n.*1842, Nova York; *m.*1910, New Hampshire). Psicólogo e filósofo norte-americano. Estudou em Harvard (medicina), onde veio a ser depois professor de filosofia e psicologia. Era irmão do romancista Henry James. Começou publicando obras na área da psicologia, mas também escreveu sobre religião (*The Varieties of Religious Experience*, 1902). É um dos fundadores do PRAGMATISMO, sob o argumento de que as idéias são instrumentos que devem ter "valor monetário" em termos de suas conseqüências para que possam ser consideradas de algum mérito. Sua obra influenciou George Herbert Mead.

Jaspers, Karl Theodor (*n.*1883, Oldenburg; *m.*1969, Basiléia). Filósofo suíço-alemão. Formado em direito em Heidelberg e Munique, e em medicina em Berlim (onde recebeu o doutorado). Sua primeira obra foi de psicologia (*Psychologie der Weltanschauungen*, 1919). Foi filósofo existencialista e professor de filosofia em Heidelberg, depois proibido de lecionar e de fazer conferências por Hitler, bem como privado do seu título de professor em 1937. Crucial em sua filosofia é a distinção entre *Dasein* e *Existenz*.

Jung, Carl Gustav (*n.*1865, Kesswil; *m.*1961, Lucerna). Psiquiatra suíço. Estudou em Basiléia (1895-1900), trabalhou na Clínica Psiquiátrica Burghölzli, em Zurique (1905-13), e iniciou sua clínica privada em 1909. Professor de psicologia na Universidade Politécnica Federal de Zurique (1933-41) e de psicologia médica a partir de 1944, trabalhou com Freud, cuja obra *A interpretação dos sonhos* (1900) tinha muito em comum com seu trabalho; mas depois de 1913 Jung se tornou cada vez mais crítico de Freud, acreditando que este último atribuía uma ênfase excessiva à repressão e aos traumas sexuais em seu esquema explicativo. Os escritos de Jung foram publicados como *The Collected Works of C.G. Jung* (org. por H. Read, 19 vols., 1953-79). Ver PSICANÁLISE.

Keynes, John Maynard Lord (*n.* 1883, Cambridge; *m.*1946, Tilton, Sussex). Economista inglês. Tendo estudado em Eton e no King's College, em Cambridge, Keynes permaneceu nessa cidade depois de formado a fim de estudar ciência econômica com Alfred Marshall. Depois de breve período no serviço público, voltou a Cambridge para lecionar ciência econômica e se tornou editor do *Economic Journal* em 1911. Durante a Primeira Guerra Mundial trabalhou no Tesouro e foi o seu principal representante em Versalhes. Na Segunda Guerra Mundial, Keynes foi responsável pela negociação com os Estados Unidos do acordo de Empréstimo e Arrendamento e participou do acordo de Bretton Woods que estabeleceu o Fundo Monetário Internacional. É especialmente conhecido por seus escritos sobre economia, com destaque para *The General Theory of Employment, Interest and Money* (1936). Ver KEYNESIANISMO.

Kristeva, Julia (*n.*1941, Bulgária). Teórica literária e cultural, lingüista e psicanalista. Influenciada pelo FORMALISMO russo (especialmente pela obra de Bakhtin), mas também pelo marxismo e pela psicanálise, Kristeva emigrou para a França em 1966 e agora leciona na Universidade de Paris VII. Em *A revolução da linguagem poética* (1974), desenvolveu uma teoria da "semiótica" — domínio da criança pré-lingüística —, que fica envolvida e reprimida pela linguagem e a racionalidade impostas na vida subseqüente. Está engajada desde então em um feminismo de inspiração psicanalítica.

Kropotkin, Piotr Alexeievitch (*n.*1842, Moscou; *m.*1921, Moscou). Teórico anarquista. Estudou em uma instituição de elite, o Corpo de Pajens, em São Petersburgo. Abandonou uma carreira científica em 1871 para se dedicar à atividade revolucionária. Preso em 1874, evadiu-se em 1875 para o Ocidente, permanecendo no exílio até 1917, quando voltou à Rússia. Kropotkin construiu uma teoria "científica" da sociedade: a ajuda mútua, não a competição darwiniana, era a lei fundamental da evolução na natureza e na sociedade. Em vários livros, criticou o estado centralizado pela produção em grande escala, a divisão do trabalho e os poderes coercitivos, acreditando que ele seria varrido por uma revolução. Defendia uma sociedade de pequenas comunidades baseadas na cooperação voluntária, o que permitiria o desenvolvimento das capacidades do indivíduo. Ver ANARQUISMO.

Kuhn, Thomas Samuel (*n.*1922, Cincinatti). Filósofo e historiador da ciência norte-americano. Formado em física, Kuhn voltou suas atenções para a história da ciência a fim de escrever um livro amplamente citado e controverso, *The Structure of Scientific Revolutions* (1962), no qual contrastou o desenvolvimento histórico da ciência com a noção trivial de ciência como empreendimento puramente racional. A prática científica, sustentou ele, é usualmente governada por um paradigma, uma visão do mundo sancionada pela comunidade científica, mas quando as anomalias se acumulam essa "ciência normal" pode ser derrubada por uma "revolução" em que o paradigma reinante é substituído por um novo. Essa tese suscitou muito debate depois de sua publicação, e desenvolvimentos posteriores da obra de Kuhn têm se encaminhado freqüentemente em direções relativistas. Ver SOCIOLOGIA DA CIÊNCIA.

Lenin, Vladimir Ilyich [Vladimir Ilyich Ulyanov] (*n.*1870, Simbirsk; *m.*1924, Gorki). Estadista revolucionário e teórico político russo. Estudou por pouco tempo na Universidade de Kazan e depois se dedicou inteiramente às atividades revolucionárias. Regressou do exílio com o deflagrar da Revolução Russa e liderou a segunda fase desta (bolchevique), tornando-se presidente do Conselho de Comissários do Povo. Em obras como *Que fazer?* (1902) e *Estado e revolução* (1917), descreveu a natureza do estado socialista e imprimiu uma ênfase diferente à teoria da revolução de Marx ao sublinhar a centralidade da luta de classes liderada por um partido rigorosamente organizado, e, em *O imperialismo, fase superior do capitalismo* (1916), elaborou uma teoria do imperialismo como etapa final do capitalismo. Através da Internacional Comunista, que ele inspirou, suas idéias foram divulgadas no mundo inteiro. Foi o mais influente líder político e teórico do marxismo no início do século XX, mas a atração do LENINISMO declinou no transcorrer do século.

Lévi-Strauss, Claude (*n.*1908, Bruxelas). Antropólogo francês. Estudou na Faculdade de Direito, em Paris, e na Sorbonne. Influenciado pelas abordagens de Saussure, Trubetzkoy, Jakobson e Mauss, desenvolveu o que se tornou conhecido como "antropologia estrutural"; suas principais publicações incluem *As estruturas elementares do parentesco* (1949), *Tristes trópicos* (1955), *O pensamento selvagem* (1962) e *Mytologiques* (1964-72). Sua obra também teve considerável impacto sobre outras ciências sociais e sobre algumas formas de pensamento marxista. Ver ANTROPOLOGIA; ESTRUTURALISMO.

Lorenz, Konrad Zacharius (*n.*1903, Viena). Etologista austríaco. Fundador da etologia moderna, formou-se na Universidade Columbia e em Viena (onde estudou medicina). Lecionou em Viena (1937-40) e Königsberg (1940-42), criou um departamento de etologia comparada no Instituto Max Planck, em Bulden, e dirigiu o Departamento de Sociologia Animal do Instituto de Etologia Comparada da Academia de Ciências Austríaca (1973). Entre suas principais obras estão *Zur Naturgeschichte der Aggression* (1963) e *Begründungen der Ethologie* (1978).

Lukács, György [Georg] (*n.*1885, Budapeste; *m.*1971, Budapeste). Filósofo e crítico literário. Estudou na Universidade de Budapeste, onde obteve o doutorado em 1906. Também tomou aulas particulares com Heinrich Rickert em Heidelberg (1912-15). Autor de muitos livros e ensaios, sua obra teórica mais conhecida (e também uma de suas primeiras) foi *Geshichte und Klassenbewusstsein* (1923), na qual desenvolveu a sua teoria da consciência de classe e reavaliou a significação de Hegel para o marxismo; elaborou uma teoria da alienação e da reificação muito antes de terem sido publicados os primeiros manuscritos de Marx sobre o assunto. Líder do movimento comunista húngaro, esteve politicamente ativo na Comuna húngara de 1919 e de novo no êfemero governo instalado depois da revolta de 1956.

Luxemburgo, Rosa (*n.*1871, Zamošc, Polônia; *m.*1919, Berlim). Socialista revolucionária polonesa. Estudou matemática, ciências naturais e economia política na Universidade de Zurique, ajudou a criar o Partido Social-Democrata da Polônia e em seguida se mudou para a Alemanha. Luxemburgo defendeu a causa da revolução e expôs sua oposição ao REFORMISMO em *Reforma social ou revolução* (1899). Em *Greve de massas, partido político e sindicatos* (1906), propôs a greve de massas, não a vanguarda organizada defendida por Lenin, como o mais importante instrumento da revolução proletária. E em sua principal obra teórica, *A acumulação de capital* (1913), identificou o IMPERIALISMO como uma luta competitiva entre nações capitalistas que culminará no colapso do sistema capitalista. Fundou com Karl Liebknecht a Liga dos Espartaquistas, e ambos foram brutalmente assassinados na prisão por oficiais da extrema direita em 1919, depois da supressão de um malogrado levante em Berlim.

Malinowski, Bronislaw (*n.*1884, Cracóvia; *m.*1942, New Haven, Connecticut). Antropólogo social. Estudou na Inglaterra, onde iniciou sua carreira. Contribuiu para a transformação da ANTROPOLOGIA do século XIX em uma ciência moderna, baseada no trabalho de campo, e para o estabelecimento de uma escola britânica de antropologia social. Autor de numerosas obras, como *Magic, Science and Religion* (1925), empreendeu extensos estudos de pequenas sociedades não-letradas e foi um dos originadores da abordagem funcionalista para o estudo da cultura. Ver FUNCIONALISMO.

Mannheim, Karl (*n.*1893, Budapeste; *m.*1947, Londres). Sociólogo húngaro. Estudou nas Universidades de Berlim, Budapeste, Paris e Freiburg. Foi companheiro de Lukács na Comuna húngara de 1919, quando se viu obrigado a fugir para a Alemanha em 1919 e de novo, agora da Alemanha para a Inglaterra, em 1933. Lecionou em Heidelberg, em Frankfurt, na London School of Economics e no Instituto de Educação (Universidade de Londres). Foi o fundador da chamada SOCIOLOGIA DO CONHECIMENTO, que se propôs mostrar as raízes sociais do conhecimento (*Ideologie und Utopie*, 1929, e *Essays on the Sociology of Knowledge*, 1952), e estava interessado primordialmente na possibilidade de transcender os pontos de vista parciais de várias facções sociais e políticas a fim de se produzir um certo grau de consenso através da obra de intelectuais "socialmente não-comprometidos".

Mao Tse-tung [Mao Zedong] (*n.*1893, Xaochan; *m.*1976, Pequim). Revolucionário e estadista chinês, foi o líder da Revolução Chinesa de 1949 e o arquiteto da nova China comunista. Depositava grande fé no potencial revolucionário e na capacidade criativa do campesinato e das massas em geral, mas é grande o debate quanto à natureza e à originalidade de sua contribuição teórica para o marxismo. Sua oposição à burocracia inspirou a "Revolução Cultural" de 1966-76, que causou uma década de caos e convulsão política na China. Ver MAOÍSMO.

Marcuse, Herbert (*n.*1898, Berlim; *m.*1979, Munique). Teórico social e político. Estudou filosofia em Berlim e Freiburg, e ingressou no Instituto de Pesquisa Social de Frankfurt em 1933, tornando-se posteriormente uma figura-chave na ESCOLA DE FRANKFURT. Foi um proeminente porta-voz da NOVA ESQUERDA na década de 60 e início dos anos 70, e crítico da natureza da sociedade contemporânea (*Ideologia da sociedade industrial*, 1964). Sua teoria social recorreu a numerosas fontes, em especial ao Jovem Marx, a Hegel, Heidegger e Freud, e sua natureza eclética está refletida em obras como *Razão e revolução* (1941), sobre Hegel, e *Eros e civilização* (1955), sobre Freud.

Marshall, Alfred (*n.*1842, Londres; *m.*1924, Cambridge). Economista inglês. Estudou na Merchant Taylor's School e no St. John's College, de Cambridge, diplomando-se em matemática. Em 1868 lecionou ciência moral em Cambridge, período durante o qual iniciou seu estudo de ciência econômica. Voltou a Cambridge (depois de ensinar em Bristol) como professor de economia política em 1885 e se estabeleceu como a força dominante na ciência econômica britânica com a publicação de *Principles of Economics* (1890). A intervenção de Marshall foi fundamental para o estabelecimento, em 1903, de um novo exame de economia e política na Universidade de Cambridge, para a obtenção do título com distinção, tendo ele próprio que o financiar em parte. Ver CIÊNCIA ECONÔMICA; ESCOLA ECONÔMICA MARGINALISTA.

Marx, Karl Heinrich (*n.*1818, Trier; *m.*1883, Londres). Filósofo social e revolucionário alemão. Formado nas Universidades de Bonn e Berlim, Marx desenvolveu uma concepção materialista da história (*A ideologia alemã*, escrita com Engels, 1845-6) e anteviu uma revolução global como a culminação do conflito entre os capitalistas e o proletariado, a ser seguida pela construção de uma sociedade sem classes, comunista. O *Manifesto comunista* (escrito com Engels, 1848) foi um dos mais influentes panfletos políticos de todos os tempos, e os três volumes de *O capital* (1867, 1885 e 1894) apresentaram uma profunda análise do processo capitalista de produção. Politicamente ativo, Marx foi uma figura decisiva no estabelecimento da Associação Internacional dos Trabalhadores em 1864, tornando-se finalmente o seu líder. É a mais importante figura na história do pensamento socialista e suas idéias mudaram profundamente a vida social e as ciências sociais no século XX. Ver MARXISMO.

Mauss, Marcel (*n.*1872, Epinal-en-Lorraine; *m.*1950, Paris). Sociólogo e antropólogo francês. Estudou filosofia em Bordéus e história da religião na École Pratique des Hautes Études. Durante toda a sua carreira, esteve profundamente envolvido em trabalho de colaboração com Durkheim — a noção de "fatos sociais totais" é atribuída a Mauss — e outros, e desempenhou importante papel na edição da revista *L'Année Sociologique*. Suas contribuições teóricas provêm principalmente de ter aplicado e refinado a sociologia durkheimiana (ver ANTROPOLOGIA; ESCOLA SOCIOLÓGICA DE DURKHEIM); e seus estudos, como *Le don* (1925), muito influenciaram os antropológos franceses subseqüentes, entre eles Lévi-Strauss.

Mead, George Herbert (*n.*1863, Massachusetts; *m.*1931, Chicago). Filósofo e sociólogo norte-americano. Estudou no Oberlin College, em Harvard (onde foi aluno de William James), Leipzig e Berlim. Passou a maior parte de sua vida ativa na Universidade de Chicago (a partir de 1894), onde desempenhou um papel decisivo na formação da "Escola de Chicago" do PRAGMATISMO, a qual teve grande impacto no desenvolvimento do INTERACIONISMO SIMBÓLICO. Mead sustentava que o desenvolvimento do Eu era um processo que só ocorria em interação social (*Mind, Self and Society*, 1934).

Mead, Margaret (*n.*1901, Filadélfia; *m.*1978, Nova York). Antropóloga e crítica cultural norte-americana. Estudou no Barnard College, Nova York, e na Universidade Columbia. Ao longo de toda a sua carreira, seus estudos antropológicos foram preponderantemente orientados para desafiar convenções aceitas, sobretudo em termos de papéis de GÊNERO; e, no debate natureza-cultura, ela favorecia claramente a segunda (*Male and Female*, 1949). Além de sua obra antropológica, também comentou sobre desarmamento, feminismo e cultura da juventude. Ver ANTROPOLOGIA.

Merleau-Ponty, Maurice (*n.*1908, Rochefort-sur-Mer; *m.*1961, Paris). Filósofo existencialista francês. Formado na École Normale Supérieure, lecionou em numerosos liceus e subseqüentemente na Universidade de Lyon (1945-48), na Sorbonne (1949-52) e no Collège de France (1952-61). Fundou e co-editou com Sartre e Simone de Beauvoir a revista *Les Temps Modernes* (1944). Influenciado por Husserl, Merleau-Ponty tentou, não obstante, afirmar a existência de um mundo que transcende a consciência, mas só é acessível através da percepção (*La phénoménologie de la perception*, 1945). Tinha simpatia pelo marxismo, mas era crítico dele, e em *Les aventures de la dialectique* (1955) criticou o marxismo "vulgar" que impregnava o movimento comunista e refutou as idéias de determinismo histórico. Também foi crítico das teses de Sartre sobre a autonomia suprema do indivíduo. Ver EXISTENCIALISMO; FENOMENOLOGIA.

Pareto, Vilfredo Federico Damaso (*n.*1848, Paris; *m.*1923, Genebra). Economista e sociólogo italiano. Formado no Instituto Politécnico de Turim e na Universidade de Turim, onde estudou ciências matemáticas. Trabalhou na indústria de engenharia mecânica durante 20 anos e só abraçou a carreira de economista na década de 1890. Em 1893 foi nomeado professor de economia política na Universidade de Lausanne. Seu *Cours d'economie politique* (1897) e o *Manuale di economia politica* (1906) são abundantes em metáforas mecanicistas de ciência natural, e nesses textos muito abstratos faz sua primeira aparição o *Homo oeconomicus*. Pareto voltou então as suas atenções, cada vez mais, para a sociologia, afirmando que os homens, "em geral, agem de um modo não-lógico", pelo que o mundo ideal do *Homo oeconomicus* não era esclarecedor ao descrever o mundo real. No *Trattado di sociologia generale* (1916-19), elaborou a categoria da ação não-lógica e também uma influente teoria das elites.

Parsons, Talcott (*n.*1902, Colorado Springs; *m.*1979, Munique). Sociólogo norte-americano. Estudou no Amherst College, na London School of Economics e na Universidade de Heidelberg. O tema comum de suas principais obras (*The Structure of Social Action*, 1937, *The Social System*, 1951) é a sua crença em uma teoria funcionalista, de acordo com a qual a vida social é regulada por normas e valores comuns. Foi essa uma perspectiva teórica dominante na sociologia americana durante as décadas de 40 e 50, e Parsons foi o sociólogo dominante desse período.

Piaget, Jean (*n.*1896, Neuchâtel; *m.*1980, Genebra). Psicólogo, biólogo e filósofo suíço. Treinado como biólogo, interessou-se durante toda a sua carreira pelas origens e condições do conhecimento. Estudou psicologia em Zurique (1918) e na Sorbonne (1919). Sua obra mais conhecida é sobre a psicologia do desenvolvimento da inteligência em crianças. Exposta em livros como *A gênese das estruturas lógicas elementares* (1950, com Bärbel Inhelder) e *A psicologia da criança* (1966), tem exercido uma influência maciça na psicologia do desenvolvimento cognitivo desde o começo dos anos 60. Mas também escreveu, de modo mais geral, sobre epistemologia e ESTRUTURALISMO.

Popper, sir Karl Raimund (*n.*1902, Viena; *m.*1994, Inglaterra). Filósofo da ciência. Formado em matemática, física e filosofia em Viena, tinha contato com o CÍRCULO DE VIENA, mas não foi um de seus membros. Em seu primeiro livro, *Logik der Forschung* (1934), Popper pretendeu resolver o problema de indução de Hume substituindo o critério do Círculo de Viena para a cientificidade (o princípio de verificação) pelo seu famoso princípio de falsificação. Depois da guerra Popper mudou-se para a Inglaterra e lecionou na London School of Economics. Voltou suas atenções para o estudo da filosofia social e política, desenvolvendo uma crítica aos inimigos da SOCIEDADE ABERTA (em particular, Platão, Hegel e Marx) e ao HISTORICISMO, que ele definiu como a crença em que existem leis da história suscetíveis de serem descobertas (*A sociedade aberta e seus inimigos*, 1945, *A pobreza do historicismo*, 1957).

Poulantzas, Nicos (*n.*1936, Atenas; *m.*1979, Paris). Teórico político e social grego. Formado em uma escola experimental ligada à Universidade de Atenas e depois em um Institut Français, Poulantzas ingressou então na Universidade de Atenas para estudar direito, quando aderiu ao Partido Comunista Grego. Depois de cumprir o serviço militar obrigatório, foi estudar na Alemanha, mas logo se mudou para a França, onde lecionou subseqüentemente na Sorbonne e na Universidade de Vincennes. O seu primeiro livro, *Pouvoir politique et classes sociales* (1968), revelou tendências althusserianas, ao sustentar que o estado estava estruturado de tal modo que, independentemente de seu quadro de pessoal, agiria no interesse da burguesia. Sua obras posteriores incluem *Les classes sociales dans le capitalisme d'aujourd'hui* (1974) e *L'État, le pouvoir, le socialisme* (1978).

Radcliffe-Brown, Alfred Reginald (*n.*1881, Birmingham; *m.*1955, Londres). Antropólogo britânico, formado no Trinity College, Cambridge, onde foi o primeiro aluno do antropólogo W.H.R. Rivers, Radcliffe-Brown recebeu a influência de Durkheim e desenvolveu uma abordagem funcionalista da antropologia (ver FUNCIONALISMO). Foi *Fellow* do Trinity College (1908-14) e depois lecionou nas Universidades de Londres (1909-10), Cidade do Cabo (1921-25), Sydney (1925-31), Chicago (1931-37), Oxford (1937-41 e 1945-46) e São Paulo (1942-44). Suas principais obras incluem *The Andaman Islanders* (1922, *1948*), *Structure and Function in Primitive Society* (1952) e *A Natural Science of Society* (1957).

Rawls, John Boardley (*n.*1921, Baltimore). Filósofo moral norte-americano. Formado em Princeton, exerceu funções docentes nessa Universidade (1950-52), bem como em Cornell (1953-62) e Harvard (desde 1962). É o autor de *A Theory of Justice* (1971), plano geral de inspiração kantiana (e, por conseguinte, antiutilitarista) de uma filosofia moral contemporânea na tradição contratariana, e provavelmente a mais conhecida obra de filosofia moral desde a Segunda Guerra Mundial.

Russell, Bertrand Arthur William (*n.*1872, Gwent; *m.*1970, Gwynedd). Filósofo britânico. Estudou no Trinity College, Cambridge, onde se formou com distinção em matemática e filosofia moral. Lecionou no Trinity (1895-1916), onde Wittgenstein foi seu aluno, tendo sido exonerado de suas funções por se opor à entrada dos britânicos na Primeira Guerra Mundial. Ingressou na No-Conscription Fellowship (organização contrária ao serviço militar obrigatório) em 1915 e foi multado e preso. Foi para os Estados Unidos depois da guerra, mas se viu impedido de ensinar em Nova York por suas idéias extremamente liberais sobre sexo, educação e guerra. Atuou no movimento pacifista depois da Segunda Guerra Mundial; foi presidente da Campanha pelo Desarmamento Nuclear (1958-60), criou a Bertrand Russell Peace Foundation (1963) e foi um dos organizadores do Tribunal Internacional para Crimes de Guerra (1966), do qual participou também Sartre, entre outros. Sua principal obra filosófica tratou de lógica e epistemologia (*Principia Mathematica*, com Alfred North Whitehead, 1910-13; *Human Knowledge*, 1948), mas também escreveu muito sobre questões sociais e políticas. Ver FILOSOFIA.

Sartre, Jean-Paul (*n.*1905, Paris; *m.*1980, Paris). Filósofo, romancista e teatrólogo. Estudou na École Normale Supérieure e em Freiburg. Evitou a vida acadêmica convencional, embora lecionasse por muitos anos em vários liceus. Influenciado por Husserl e Heidegger, Sartre expôs o seu EXISTENCIALISMO em *L'être et le néant* (1943). Serviu no exército francês durante a guerra, foi capturado em Padoux em 1940, mas fugiu em 1941, e depois da guerra se dedicou a escrever. Fundou (com Simone de Beauvoir e Merleau-Ponty) a revista *Les Temps Modernes* e aderiu ao marxismo, que considerava compatível com sua filosofia existencialista (*Critique de la raison dialectique*, 1960). Mas criticou vigorosamente o Partido Comunista Francês, com o qual rompeu depois de 1968. Sua filosofia existencialista de esquerda modelou profundamente a cultura francesa por mais de uma década depois da guerra.

Saussure, Ferdinand de (*n.*1857, Genebra; *m.*1913, perto de Genebra). Fundador da lingüística moderna. Estudou línguas indo-européias nas Universidades de Leipzig e Berlim. O seu *Cours de linguistique géneral* (1916) é em geral considerado a mais significativa obra de lingüística escrita neste século. A influência de Saussure é também evidente no ESTRUTURALISMO da década de 60, essencialmente uma tentativa de aplicação da teoria lingüística saussureana a outros temas e atividades além da própria linguagem. Ver LINGÜÍSTICA; SEMIÓTICA.

Scheler, Max (*n.*1874, Munique; *m.*1928, Frankfurt). Filósofo e sociólogo alemão. Estudou medicina e filosofia nas Universidades de Berlim,

Munique e Iena. Embora não fosse um fenomenologista "ortodoxo", grande parte de sua filosofia estava em concordância com a obra de Franz Brentano e Edmund Husserl (ver FENOMENOLOGIA) e, na realidade, foi além de Husserl, que o criticou por isso. Seu período fenomenológico durou até 1920; em 1920-24, depois de sua conversão ao catolicismo, esteve interessado em filosofia religiosa seguindo-se um "período metafísico" (1924-28) caracterizado pelo vitalismo e pelo panteísmo. Suas principais contribuições para o pensamento social situam-se no domínio da psicologia social e da SOCIOLOGIA DO CONHECIMENTO.

Schumacher, Ernst Fritz (*n.*1911, Bonn; *m.*1977, Suíça). Economista alemão. Formado em Oxford, foi um dos primeiros Rhodes Scholars alemães depois da Primeira Guerra Mundial. Passou a maior parte da década de 30 na Inglaterra e nos Estados Unidos. Em 1943 defendeu um sistema de pagamentos internacionais semelhante ao de Keynes que se tornou uma parte central do sistema instaurado em Bretton Woods. Foi conselheiro da Comissão Britânica de Controle na Alemanha (1946-50) e da Comissão do Carvão britânica (1950-70), considerando o uso da energia nuclear extremamente hostil ao meio ambiente. Em 1955 visitou a Birmânia, onde se converteu ao budismo e escreveu *Small is Beautiful* (1973), escarnecendo dos padrões de vida ocidentais por terem sido alcançados à custa de uma cultura aviltada. Ver AMBIENTALISMO.

Schumpeter, Joseph Alois (*n.*1883, Triesch, Morávia; *m.*1950, Connecticut). Economista austríaco. Formado na Universidade de Viena, começou a lecionar na Universidade de Graz em 1911. Foi ministro das Finanças do governo austríaco em 1919-20, antes de recomeçar o ensino em Bonn (1925-32) e Harvard (1932-50). Manifestou simpatia pelo marxismo, pelo qual se interessou ainda quando estudante em Viena ao assistir aos debates entre economistas austríacos (Böhn-Bawerke e von Mises) e os austromarxistas (Hilferding e Bauer). Adquiriu renome internacional pela sua *Teoria do desenvolvimento econômico* (1911), por seus estudos dos ciclos econômicos, utilizando a concepção de Kondratiev de "ciclos de longo prazo", por seu livro *Ciclos econômicos* (1939) e por sua análise do provável declínio do capitalismo em *Capitalismo, socialismo e democracia* (1942). Ver AUSTROMARXISMO.

Schutz, Alfred (*n.*1899, Viena; *m.*1959, Nova York). Sociólogo austríaco. Formado em direito e ciências sociais na Universidade de Viena, onde foi aluno de von Mises. Mudou-se em 1939 para Nova York, onde se juntou à New School of Social Research, mas também assumiu um emprego como bancário para aliviar provações financeiras. Schutz usou conceitos husserlianos para ampliar a análise de Weber da ação social e investigou a constituição do "mundo" e a intersubjetividade em uma obra que influenciou consideravelmente a etnometodologia. Seu principal quadro de referência analítica está apresentado em *A fenomenologia do mundo social* (1932).

Simmel, Georg (*n.*1858, Berlim; *m.*1918, Estrasburgo). Filósofo e sociólogo alemão. Estudou história, psicologia, antropologia e filosofia na Universidade de Berlim. Empregou a metodologia de uma variedade de disciplinas para estudar fenômenos culturais como a religião, a economia monetária, a ascensão da moralidade e a autopreservação de grupos. Provavelmente, sua mais conhecida aplicação dessa abordagem está no livro *Philosophie des Geldes* (1900), onde estudou o impacto da economia monetária sobre as relações sociais humanas.

Sorel, Georges Eugène (*n.*1847, Cherburg; *m.*1922, Boulogne-sur-Seine, Paris). Filósofo social francês. Estudou na École Polytechnique de Paris, onde se distinguiu na matemática e se diplomou como engenheiro. Exerceu a profissão até 1892, quando a abandonou para se concentrar no estudo de questões sociais e políticas. Embora seu nome fosse freqüentemente associado aos de Mosca e Pareto, Sorel é muito mais conhecido como inovador em teoria marxista e metodologia das ciências sociais; rejeitando as pretensões universalistas das concepções positivistas de ciência, favoreceu o pluralismo intelectual e metodológico. A partir de 1896 iniciou uma reinterpretação do marxismo, identificando os seus princípios centrais como "mitos" — mormente o da greve geral — capazes de inspirar a classe trabalhadora para ação fora da estrutura da democracia parlamentar (*Réflexions sur la violence*, 1906).

Spencer, Herbert (*n.*1820, Derby; *m.*1903, Brighton). Filósofo e sociólogo britânico, nunca freqüentou a escola secundária nem a universidade. Iniciou sua carreira como maquinista de trens, antes de se dedicar a escrever e a estudar filosofia, publicando o seu primeiro livro, *Social*

Statistics, em 1851. Era um evolucionista antes de Darwin e foi ele quem criou a expressão "sobrevivência dos mais aptos". Procurou traçar os princípios da evolução em todos os ramos do conhecimento em sua obra de vários volumes *A System of Synthetic Philosophy*, cujo volume III, *Principles of Sociology* (1896), foi o mais influente. Em seu livro *The Man Versus the State* (1873), defendeu uma posição de *laissez-faire*, atacando todas as formas de interferência do estado que violam a liberdade individual. O que o tornou mais célebre talvez tenha sido a sua crença otimista no progresso humano através da evolução. Ver PROCESSOS EVOLUCIONÁRIOS NA SOCIEDADE.

Teilhard de Chardin, Pierre (*n.*1881, Sarcenat, França; *m.*1955, Nova York). Teólogo e paleontólogo francês. Educado como jesuíta na França e na Inglaterra (1893-1911), foi ordenado padre da Companhia de Jesus. Em 1912-22 estudou geologia no Institut Catholique (onde subseqüentemente lecionou, 1920-3) e paleontologia no Museu de História Natural. De 1923 a 1946 foi designado para um Colégio Jesuíta de Altos Estudos na China. Seus interesses eram tanto a teologia quanto a ciência, mas seus escritos científicos tiveram sua publicação proibida por seus superiores jesuítas enquanto ele viveu. Em *Le phénomene humain* (1955) sustentou que, tendo passado por uma fase divergente em que surgiram culturas de grande variedade, a evolução humana ingressará em uma fase convergente em que culturas díspares se reunirão em unanimidade.

Tönnies, Ferdinand Julius (*n.*1855, Eiderstedt, Schleswig-Holstein; *m.*1936, Kiel, Schleswig-Holstein). Teórico social e filósofo alemão. Estudou numerosas disciplinas em várias universidades, até obter o doutorado em filologia clássica em Tübingen no ano de 1877. Lecionou na Universidade de Kiel de 1881 a 1933, quando foi demitido pelos nazistas. Sua principal obra, *Gemeinschaft und Gesellschaft* (1887), é um dos clássicos da sociologia, e Tönnies adquiriu renome, de fato, ao introduzir os termos *Gemeinschaft* (COMUNIDADE) — uma forma social caracterizada por relações pessoais, intenso espírito emocional, constituída por cooperação, costume e religião, e encontrada na família, na aldeia e em pequenas comunidades urbanas; e *Gesellschaft* (sociedade) — uma organização de grande escala, como cidade, estado ou nação, baseada em relações impessoais, interesses particulares, direito e opinião pública.

Toynbee, Arnold Joseph (*n.*1889, Londres; *m.*1975, Londres). Historiador inglês. Estudou no Balliol College, Oxford (1907-11), e na Escola Arqueológica Britânica de Atenas (1911-12). Foi professor de língua, literatura e história bizantinas e gregas na Universidade de Londres desde 1919, e também diretor de estudos do Royal Institute of International Affairs, Londres (1925-55). Conquistou renome com a publicação de *A Study of History* (vols.I-III, 1934; IV-VI, 1939; VII-X, 1954 e XI-XII, 1961), o qual examinou 21 civilizações que, segundo ele, manifestam padrões semelhantes de crescimento e decadência.

Trotsky, Leon [Lev Bronstein] (*n.*1879, Yanovka, Ucrânia; *m.*1940, Coyoacán, México). Líder militar e revolucionário comunista russo. Em 1917 Trotsky aderiu aos bolcheviques, tornando-se um dos principais organizadores da vitoriosa Revolução de Outubro. No primeiro governo soviético, foi Comissário do Povo para as Relações Exteriores e negociou a Paz de Brest-Litovsk (1918), pela qual a Rússia se retirou da Primeira Guerra Mundial. Como Comissário do Povo para a Guerra (1918-24), formou o Exército Vermelho, e sua direção durante a guerra civil russa salvou a revolução bolchevique. Foi expulso do partido em 1927 e se exilou. Pouco depois de fundar a Quarta Internacional (1937) para se opor ao stalinismo, foi assassinado no México. Era um internacionalista, dedicado à revolução mundial, e adversário do "socialismo em um país" de Stalin. Sua principal contribuição para o pensamento marxista foi a teoria do "desenvolvimento desigual e combinado", e a doutrina derivada da "revolução permanente". Ver TROTSKYSMO.

Veblen, Thorstein (*n.*1857, Manitowas County, Wisconsin; *m.*1929, Menlo Park, Califórnia). Economista institucional e pensador social radical norte-americano. Estudou nas universidades Johns Hopkins e Yale, e se tornou uma figura iconoclasta em ciência econômica, criticando a ortodoxia neoclássica por negligenciar questões sociais e culturais mais amplas pertinentes à economia. Em livros como *The Theory of the Leisure Class* (1899) e *The Theory of Business Enterprise* (1904), parcialmente influenciado por suas leituras de autores socialistas e marxistas, introduziu conceitos como os de "consumo conspícuo" e "desperdício ostensivo", que se tornaram familiares. Lecionou em várias universidades, mas seu excêntrico estilo de vida, sua originalidade e sua descrição das universidades americanas em *The Higher Learning in America* (1918) alienaram-no da corrente acadêmica predominante.

von Mises, Ludwig Edler (*n.*1881, Lemberg, Áustria-Hungria; *m.*1973, Nova York). Economista austríaco. Estudou na Universidade de Viena, onde participou dos seminários do grupo de Böhm-Bawerk. Foi economista da Câmara de Comércio de Viena (1909-34), professor universitário e conselheiro do governo austríaco. Deu contribuições teóricas para a teoria monetária (*A teoria da moeda e do crédito*, 1912) e iniciou o debate sobre o CÁLCULO SOCIALISTA ao sustentar que nenhum governo podia calcular suficientemente bem para planejar uma economia (*Planejamento econômico coletivista*, org. por Hayek, 1935). Em *Ação humana* (1949), forneceu um resumo clássico do subjetivismo austríaco em economia. Ver ESCOLA AUSTRÍACA DE ECONOMIA.

Weber, Max (*n.*1864, Erfurt; *m.*1929, Munique). Sociólogo e economista alemão. Formado em Heidelberg, Estrasburgo, Göttingen e Berlim, onde estudou direito, ciência econômica, história e filosofia. Exerceu as cátedras de economia política em Freiburg e Heidelberg, mas se retirou do ensino em 1898 depois de sofrer um colapso nervoso. Foi o maior responsável pelo estabelecimento da sociologia como disciplina acadêmica na Alemanha e, a partir de 1904, editou uma importante revista de ciência social, *Archiv für Sozialwissenschaft und Sozialpolitik*. Escreveu sobre uma vasta gama de questões, tomando como temas centrais o desenvolvimento do capitalismo e a RACIONALIZAÇÃO, mormente em obras como *A ética protestante e o espírito do capitalismo* (1904-5), *História econômica geral* (1923) e *Economia e sociedade* (1921). Também contribuiu substancialmente para discussões metodológicas a respeito da "interpretação" (*Verstehen*) e da explicação causal, valores e objetividade (*A metodologia das ciências sociais*, (1904).

Webb, Beatrice [*née* Potter] (*n.*1858, Gloucester; *m.*1943, Passfield Corner, Hampshire). Reformadora social e historiadora. Educada no lar por governantas, investigou pessoalmente as condições sociais e industriais; contribuiu para *Life and Labour of the People of London* (1892-97), de Charles Booth. Publicou *The Co-operative Movement in Great-Britain* (1891).

Webb, Sidney James, barão de Passfield (*n.*1859, Londres; *m.*, Passfield Corner, Hampshire). Reformador social e historiador. Estudou na Suíça e em Mecklenburg-Schwerin, no Birkbeck Institute e no City of London College. Ingressou na Sociedade Fabiana em 1885 e escreveu numerosos folhetos de propaganda fabiana — *Facts for Socialists* (1887), *Facts for Londoners* (1889) —, e deu uma contribuição significativa para *Fabian Essays in Socialism* (1889). Eleito membro do Conselho do Condado de Londres para Deptford (1892-1910). Fundador da London School of Economics. Autor de muitos livros com Beatrice Webb, "a firma dos Webb", como esta a chamava, e foi a seu lado uma figura eminente do movimento socialista. Suas obras conjuntas incluem *The History of Trade Unionism* (1894, *1920*), *Industrial Democracy* (1927) e *Soviet Comunism: A New Civilization?* (1935).

Wittgenstein, Ludwig Josef Johann (*n.*1889, Viena; *m.*1951, Cambridge). Estudou em Berlim-Charlottenburg, Manchester e Trinity College, Cambridge (onde foi aluno de Bertrand Russell). Feito prisioneiro na Itália durante a Primeira Guerra Mundial, enviou a Russell um rascunho do *Tractatus Logico-Philosophicus* (1921). Depois da guerra, abandonou a filosofia acadêmica e se tornou mestre-escola na Áustria, mas permaneceu em contato com os desenvolvimentos em filosofia através do CÍRCULO DE VIENA. Em 1929 voltou a Cambridge e em 1939 sucedeu a G.E. Moore como professor de filosofia. Durante a Segunda Guerra Mundial trabalhou no Guy's Hospital como porteiro e foi ajudante no Laboratório de Pesquisa Clínica em Newcastle. Suas cambiantes concepções filosóficas durante as décadas de 30 e 40 foram predominantemente veiculadas em seminários e discussões, e os manuscritos e notas desse período foram publicados depois de sua morte (por exemplo, *Philosophical Investigations*, 1953). Wittgenstein foi a principal fonte da FILOSOFIA DA LINGUAGEM que floresceu na Grã-Bretanha nas primeiras décadas do pós-guerra.

Este apêndice foi elaborado por:
PAUL HOPPER,
Universidade de Sussex
MARK PEACOCK
Wolfson College, Universidade de Cambridge

BIBLIOGRAFIA

Nota: A convenção 1910 (*1987*) indica um trabalho, originalmente publicado em 1910, porém mais facilmente acessível em uma tradução em edição de 1987, à qual se referem os detalhes de publicação.

Abbott, Andrew 1988: *The System of Profession: an Essay on the Division of Expert Labor.* Chicago: University of Chicago Press.

Abbot, Philip 1987: *Seeking New Inventions: The Idea of Community in America.* Nashville: University of Tennessee Press.

Abdel-Malek, Anouar 1963 (*1981*): *Civilization and Social Theory.* Londres: Macmillan.

Abercrombie, N. e Urry, J. 1983: *Capital, Labour and the Middle Classes.* Londres: Allen & Unwin.

Abercrombie, N. et al. orgs. 1984: *The Penguin Dictionary of Sociology.* Londres: Allen Lane.

Abercrombie, N. et al. 1980: *The Dominant Ideology Thesis.* Londres: Allen & Unwin.

Abrahamsson, B. 1972: *Military Professionalization and Political Power.* Beverly Hills, CA: Sage.

Abrams, P. 1968: *The Origins of British Sociology.* Chicago: University of Chicago Press.

Abrams, P. 1982: *Historical Sociology.* County of Somerset: Open Books.

Abu-Lughod, J.L. e Hay, R. orgs. 1977: *Third World Urbanization.* Chicago: Maaroufa.

Ackerknecht, E. 1967: *Medicine at the Paris Hospital 1774-1848.* Baltimore: Johns Hopkins University Press.

Ackerman, B.A. 1980: *Social Justice in the Liberal State.* New Haven, CT: Yale University Press.

Ackroyd, Carol et al. 1977: *The Technology of Political Control.* Harmondsworth: Penguin.

Adam, G. e Reynaud, J.-D. 1978: *Conflits du travail et changement social.* Paris: PUF.

Adam, Heribert 1971: *Modernizing Racial Domination.* Berkeley: University of California Press.

Adams, J. 1951: *The American Revolution: Sources and Documents.* 2ª ed., Oxford: Oxford University Press.

Adizes, Ichak 1971: *Industrial Democracy Yugoslav Style: the Effect of Decentralization on Organizational Behaviour.* Nova York: Free Press.

Adler, F. et al. orgs. 1986: *Automation and Industrial Workers: a Fifteen Nation Study*, vol. 2. Oxford: Pergamon.

Adler, Max 1904: *Kausalität und Teleologie im Streite um die Wissenschaft.* Viena: Wiener Volksbuchhandlung Ignaz Brand.

Adler, Max 1922: *Die Staatsauffassung des Marxismus: ein Beitrag zur Unterscheidung von soziologischer und juristischer Methode.* Viena: Wiener Volksbuchhandlung.

Adler, Max 1925: *Kant und der Marxismus.* Berlim: E. Laub'sche.

Adler, Max 1930 (*1964*): *Soziologie des Marxismus.* Viena: Europa.

Adler, Max 1933: "Wandlung der Arbeiterklasse?". Trad. ing.: in *Austro-Marxism,* org. por Tom Bottomore e Patrick Goode. Oxford: Clarendon.

Adorno, Theodor W. 1963: *Quasi una fantasia.* Frankfurt am Main: Suhrkamp.

Adorno, Theodor W. 1966 (*1973*): *Negative Dialectics.* Londres: Routledge & Kegan Paul.

Adorno, Theodor W. 1967: *Prisms.* Londres: Spearman.

Adorno, Theodor W. 1973: *Gesammelte Schriften.* Frankfurt am Main: Suhrkamp.

Adorno, Theodor W. 1976: *Introduction to the Sociology of Music.* Nova York: Seabury.

Adorno, Theodor W. 1984: *Aesthetics Theory.* Londres: Routledge & Kegan Paul.

Adorno, Theodor W. et al. 1950: *The Authoritarian Personality.* Nova York: Harper & Row.

Adorno, Theodor W. et al. 1969 (*1976*): *The Positivist Dispute in German Sociology.* Londres: Heinemann.

Agarwal, B. org. 1988: *Structures of Patriarchy.* Londres: Zed.

Aglietta, M. 1976 (*1979*): *A Theory of Capitalist Regulation: the US Experience.* Londres: Verso.

Aglietta, M. 1982: "World capitalism in the eighties". *New Left Review* 136, 5-42.

Aglietta, M. e Orlean, A. 1982: *La violence de la monnaie.* Paris: PUF.

Aigner, D. e Zellner, A. orgs. 1988: "Causality". *Journal of Econometrics* 39, 1-2.

Aitchison, J. 1981: *Language Change: Progress or Decay.* Londres: Fontana.

Ajala, A. 1973: *Pan-Africanism: Evolution, Progress and Prospects.* Nova York: St Martin's.

Ajami, Fuad 1981: *The Arab Predicament: Arab Political Thought and Practice since 1967.* Cambridge: Cambridge University Press.

Akerlof, G. 1970: "The market for 'lemons': qualitative uncertainty and the market mechanism". *Quarterly Journal of Economics* 84, 488-500.

Akin, William 1977: *Technocracy and the American Dream.* Berkeley: University of California Press.

Albanese, L. et al. 1973: *I consigli di fabbrica.* Roma: Riuniti.

Albertoni, Ettore A. 1987: *Mosca and the Theory of Elitism.* Oxford: Blackwell.

Albrow, M. e King, E. orgs. 1990: *Globalization, Knowledge and Society.* Londres: Sage.

Alchian, Armen A. 1950 (*1977*): "Uncertainty, evolution and economic theory". In *Economic Forces at Work.* Indianapolis: Liberty.

Alcock, J. 1989: *Animal Behaviour*, 4ª ed., Alemanha, República Federal da 1972; *German Works Council Act 1972.* Chicago: Commerce Clearing House.

Alexander, J.C. 1982: *Theoretical Logic in Sociology*, vol. 1: *Positivism, Presuppositions, and Current Controversies.* Berkeley: University of California Press.

Alexander, J.C. org. 1988: *Durkheimian Sociology Cultural Studies.* Cambridge: Cambridge University Press.

Allen, J. 1987: *Natural Language Understanding.* Menlo Park, CA: Benjamin/Cummins.

Allport, G.W. 1935: "Attitudes". In *A Handbook of Social Psychology,* org. por C. Murchison. Worcester, MA: Clark University Press.

Allport, G.W. 1937: *Personality: a Psychological Interpretation.* Nova York: Holt, Rinehart & Winston.

Allport, G.W. 1961: *Patterns and Growth in Personality.* Nova York: Holt, Rinehart & Winston.

Allport, G.W. 1968: "The open system in personality theory". In *Modern System Research for Behavioural Science*, org. por W. Buckley. Nova York: Raven.

Allport. G.W. 1976: "Prejudice and the individual". In *The Black American Reference Book,* org. por M.M. Smythe. Englewood Cliffs, NJ: Prentice-Hall.

Almond, G.A. 1956: "Comparative political systems". *Journal of Politics* 18, 391-409.

Almond, G.A. e Powell, G.B. 1976: *Comparative Politics.* Boston: Little, Brown / (*1980*): *Uma teoria de política comparada.* 2ª ed., Rio de Janeiro: Zahar.

Almond, G.A. e Verba, S. 1963: *The Civic Culture.* Princeton, NJ: Princeton University Press.

Almond, G.A. e Coleman, James S. orgs. 1960: *The Politics of Developing Areas.* Princeton, NJ: Princeton University Press.

Alquié, F. 1965: *The Philosophy of Surrealism.* Ann Arbor: University of Michigan Press.

Altbach, P.G. 1989: *Student Political Activism: an International Reference Handbook.* Westport, CT: Greenwood Press.

Altheide, D.L. e Johnson, J.M. 1980: *Bureaucratic Propaganda.* Boston: Allyn & Bacon.

Althusser, Louis 1965: *Pour Marx.* Paris: Maspero / (*1969*): *For Marx.* Londres: Allen & Unwin; Nova York: Pantheon (*1979*): *A favor de Marx.* 2ª ed., Rio de Janeiro: Zahar.

Althusser, Louis 1970: "Idéologie et appareils idéologiques d'état". In *La Pensée* 151, junho / (*1971*): "Ideology and ideological state apparatuses". In *Lenin and Philosophy and Other Essays.* Londres: New Left / (*1980*): "Aparelhos ideológicos de estado". In *Posições-2*. Rio de Janeiro: Graal.

Althusser, L. e Balibar, E. 1966: *Lire le Capital.* Paris: Maspero / (*1970*): *Reading 'Capital'.* Londres: New Left; Nova York: Pantheon / (*1979-80*): *Ler o Capital*, 2 vols. Rio de Janeiro: Zahar.

American Center for the Quality of Working Life 1978: *Industrial Democracy in Europe: a 1977 Survey.* Washington, DC: German Marshall Fund.

Amin, Samir 1970: *L'accumulation à l'échelle mondiale*. Paris: Anthropos / (*1974*): *Accumulation on a World Scale*. Nova York: Monthly Review Press.

Anderson, Benedict 1983: *Imagined Communities: Reflections on the Origin and Spread of Nationalism*. Londres: Verso.

Anderson, J.R. 1980: *Cognitive Psychology and its Implications*. São Francisco: W.H. Freeman.

Anderson, Perry 1964: "Origins of the present crisis". *New Left Review* 23.

Anderson, Perry 1976: *Considerations on Western Marxism.* Londres: New Left Books.

Anderson, Perry 1976-7: "The antinomies of Antonio Gramsci". *New Left Review* 100.

Anderson, S.R. 1985: *Phonology in the Twentieth Century*. Chicago: University of Chicago Press.

Andrew, J.D. 1976: *The Major Film Theories.* Nova York: Oxford University Press / (*1989*): *As principais teorias do cinema*. Rio de Janeiro: Jorge Zahar.

Angell, N. 1908 (*1971*): *The Great Illusion.* Nova York: Garland.

Annerstedt, J. e Jamieson, A. 1988: *From Research Policy to Social Intelligence: Essays for Stevan Dedijer*. Londres: Macmillan.

Anscombe, G.E.M. 1958: "Modern moral philosophy". *Philosophy* 33, 1-19.

Anscombe, G.E.M. 1971: *Causality and Determination.* Cambridge: Cambridge University Press.

Antal, Frederic 1948: *Florentine Painting and its Social Background: the Bourgeois Republic before Cosimo de' Medici's Advent to Power: XIV and Early XV Centuries.* Londres: Routledge & Kegan Paul.

Anthias, F. e Yuval-Davis, N. 1983: "Contextualising feminism: gender, ethnic and class divisions". *Feminist Review* 15.

Antonius, G. 1938 (*1969*): *The Arab Awakening*. Nova York/Beirute.

Antonovsky, A. 1987: *Unraveling the Mystery of Health.* São Francisco: Jossey-Bass.

Anweiler, Oskar 1958 (*1974*): *The Soviets: the Russian Workers', Peasants' and Soldiers' Councils.* Nova York: Pantheon.

Apel, K.O. 1973 (*1980*): *Toward a Transformation of Philosophy.* Londres: Routledge & Kegan Paul.

Apel, K.O. 1979 (*1984*): *Understanding and Explanation: a Transcendental-Pragmatic Perspective*. Ed. resum., Cambridge, MA: MIT Press.

Appadurai, Arjun org. 1986: *The Social Life of Things: Commodities in Cultural Perspective.* Cambridge: Cambridge University Press.

Apter, D.E. 1965: *The Politics of Modernization*. Chicago: University of Chicago Press.

Apter, D.E. 1968: "Nkrumah, charisma, and the coup". *Daedalus* 97, 757-92.

Apter, D.E. e Joll, J. orgs. 1971: *Anarchism Today*. Londres: Macmillan.

Arato, A. 1974: "The neo-idealist defence of subjectivity". *Telos* 21, 108-61.

Arato, A. e Gebhardt, E. orgs. 1978: *The Essential Frankfurt School Reader*. Oxford: Blackwell.

Arato, Andrew e Cohen, Jean 1992: *Civil Society and Democratic Theory*. Cambridge, MA: MIT Press.

Arblaster, Anthony 1975: "What is violence?". In *The Socialist Register 1975*, org. por Ralph Miliband e John Saville. Londres: Merlin.

Archibuggi, D. 1989: "Peace and democracy: why such an unhappy marriage?". In *Studies in the History of European Peace Ideas*, org. por Vilho Harle. Tampere: Peace Research Institute.

Arendt, Hannah 1958 (*1966*): *The Origins of Totalitarianism.* Londres: Allen & Unwin / (*1989*): *Origens do totalitarismo*. São Paulo: Companhia das Letras.

Arendt, Hannah 1960: "What is authority?". In *Between Past and Future: Eight Exercises in Political Thought*. Nova York: Viking.

Arendt, Hannah 1965: *On Revolution*. Nova York: Viking / (*1988*): *Da revolução*. São Paulo: Ática.

Arendt, Hannah 1970: *On Violence*. Londres: Allen Lane; Nova York: Harcourt, Brace / (*1970*): "Sobre a violência". In *Crises da República*: São Paulo: Perspectiva.

Arendt, Hannah 1977: *Eichmann in Jerusalem*. Harmondsworth: Penguin.

Argyle, M. 1975: *Bodily Communication*. Londres: Methuen.

Ariès, Philippe 1960: *Historie sociale de l'enfant et de la famille*. Paris: Seuil / (*1962*): *Centuries of Childhood: a Social History of Family Life*. Nova York: Knopf / (*1980*): *História social da criança e da família*. 2ª ed., Rio de Janeiro: Zahar/Guanabara.

Arkoun, M. 1984: *Pour une critique de la raison islamique*. Paris: Maisonneuve.

Armentano, D.T. 1982: *Antitrust and Monopoly*. Nova York: Wiley.

Armstrong, D. 1968: *A Materialist Theory of Mind*. Londres: Routledge & Kegan Paul.

Armstrong, D. 1983: *The Political Anatomy of the Body. Medical Knowledge in Britain in the Twentieth Century*. Cambridge: Cambridge University Press.

Armstrong, John 1982: *Nations before Nationalism*. Chapel Hill: University of North Carolina Press.

Armstrong, Nancy 1987: *Desire and Domestic Fiction*. Nova York e Oxford: Oxford University Press.

Arney, W.R. e Bergen, B.J. 1984: *Medicine and the Management of Living: Taming the Last Great Beast*. Chicago: University of Chicago Press.

Arnold, Thurman W. 1935: *The Symbols of Government*. New Haven, CT: Yale University Press.

Aron, Raymond 1950 (*1988*): "Social structure and the ruling class". In *Power, Modernity and Sociology*. Aldershot: Edward Elgar.

Aron, Raymond 1962: *Paix et guerre entre les nations*. Paris: Calmann-Lévy / (*1966*): *Peace and War*. Londres: Weidenfeld & Nicolson / (*1986*): *Paz e guerra entre as nações*. Brasília: Ed. da UNB.

Aron, Raymond 1964: *La lutte de classes*. Paris: Gallimard.

Aron, Raymond 1965: *Démocratie et totalitarisme*. Paris: Gallimard / (*1968*): *Democracy and Totalitarianism*. Londres: Weidenfeld & Nicolson.

Aron, Raymond 1965, 1968: *Main Currents in Sociological Thought*, 2 vols. Londres: Weidenfeld & Nicolson / (*1967*): *Les étapes de la pensée sociologique*. Paris: Gallimard.

Aron, Raymond 1966: *Trois essais sur l'âge industriel*. Paris: Plon / (*1967*): *The Industrial Society: Three Essays on Ideology and Development*. Londres: Weidenfeld & Nicolson.

Aronson, N. 1984: *Relativism and the Rhetoric of Subsistence*. Evanston, IL: Northwestern University.

Arrighi, G. 1983: *The Geometry of Imperialism*. 2ª ed., Londres: Verso.

Arrow, K. 1951 (*1963*): *Social Choice and Individual Values*, ed. rev. New Haven, CT: Yale University Press.

Arrow, K.J. e Hahn, F.H. 1971: *General Competitive Analysis*. São Francisco: Holden Day; Edimburgo: Oliver & Boyd.

Asch, S.E. 1952: *Social Psychology*. Nova York: Prentice-Hall.

Ash, M.G. e Woodward, W.R. orgs. 1987: *Psychology in Twentieth-Century Thought and Society*. Cambridge: Cambridge University Press.

Ash, T.G. 1989: "Refolution" [*sic*]. In *The Uses of Adversity*. Cambridge: Granta.

Ashmore, M. 1989: *The Reflexive Thesis: Wrighting the Sociology of Scientific Knowledge*. Chicago e Londres: University of Chicago Press.

Atkinson, A. 1989: *Poverty and Social Security*. Londres: Wheatsheaf.

Atkinson, A.B. 1983: *The Economics of Inequality*. 2ª ed., Oxford: Clarendon.

Atkinson, A.B. 1983: *Social Justice and Public Policy*. Brighton: Wheatsheaf; Cambridge, MA: MIT Press.

Atkinson, J.M. 1978: *Discovering Suicide: Studies in the Social Organization of Sudden Death*. Londres: Macmillan.

Atkinson, J.M. e Drew, P. 1979: *Order in Court: the Organisation of Verbal Interaction in Judicial Settings*. Londres: Macmillan.

Atkinson, J.M. e Heritage, J.C. orgs. 1984: *Structures of Social Action: Studies in Conversation Analysis*. Cambridge: Cambridge University Press.

Atkinson, M. 1984: *Our Masters' Voices*. Londres: Methuen.

Atkinson, R.M. 1992: *Children's Syntax*. Oxford: Blackwell.

Attfield, C.L.F. et al. 1985: *Rational Expectations in Macroeconomics*. Oxford: Blackwell.

Aumann, R.J. e Hart, S. orgs. 1992: *Handbook of Game Theory with Economic Applications*. Amsterdam: North-Holland.

Austin, J.L. 1962: *Sense and Sensibilia: How To Do Things with Words*. Cambridge, MA: Harvard University Press.

Austin, John 1885 (*1955*): *The Province of Jurisprudence Determined and the Uses of the Study of Jurisprudence*. Londres: Weidenfeld & Nicolson.

Austin, John 1961 (*1970*): "A plea for excuses". In *Philosophical Papers*. Oxford: Oxford University Press.

Avineri, Shlomo 1968: *The Social and Political Thought of Karl Marx*. Cambridge: Cambridge University Press.

Axelos, Kostas 1976: *Alienation, Praxis and Techne in the Thought of Karl Marx*. Londres: University of Texas Press.

Axelrod, R. 1984: *The Evolution of Cooperation*. Nova York: Basic Books.

Ayer, A.J. 1936 (*1946*): *Language, Truth and Logic*. 2ª ed., Londres: Victor Gollancz.

Ayer, A.J. org. 1959: *Logical Positivism*. Glencoe, IL: Free Press.

Bacchi, Carol Lee 1990: *Same Difference: Feminism and Sexual Difference*. Sydney: Allen & Unwin.

Bacharach, M.O.L. e Hurley, S.L. orgs. 1991: *Foundations of Decision Theory: Issues and Advances*. Oxford: Blackwell.

Bachelard, Gaston 1934: *Le nouvel esprit scientifique*. Paris: PUF (1987) / (*1984*): *The New Scientific Spirit*. Boston: Beacon Press / (*1988*): *O novo espírito científico*. São Paulo: Nova Cultural.

Bachrach. P. e Baratz, M.S. 1962: "The two faces of power". *American Political Science Review* 56, 947-52.

Bachrach, P. e Baratz, M.S. 1970: *Power and Poverty: Theory and Practice*. Nova York: Oxford University Press.

Bachrach, P. 1967: *The Theory of Democratic Elitism*. Boston: Little, Brown.

Backhaus, H.-G. 1969 (*1980*): "On the dialectics of the value-form". *Thesis XI* 1, 94-120.

Backstrom, P. 1974: *Christian Socialism and Cooperation in Victorian England*. Londres: Croom Helm.

Baechler, J. 1979: *Suicides*. Oxford: Blackwell.

Baehr, P. 1987: "Accounting for Caesarism", *Economy and Society* 16, 341-56.

Baehr, P. 1988: "Max Weber as a critic of Bismarck". *European Journal of Sociology* 29, 149-64.

Baehr, P. 1989: "Weber and Weimar: the 'Reich President' proposals". *Politics* 9, 20-5.

Baehr, P. 1990: "The 'masses' in Weber's political sociology". *Economy and Society* 19, 242-65.

Bagehot, W. 1867 (*1963*): *The English Constitution*. Londres: Collins.

Bahro, R. 1982: *Socialism and Survival*. Londres: Heretic.

Bahro, R. 1984: *From Red to Green*. Londres: Verso.

Bailey, A.M. e Llobera, J.R. 1974-5: "The Asiatic mode of production". *Critique of Anthropology* 2, 95-103; 4-5, 165-76.

Bailey, A.M. e Llobera, J.R. 1979: "Karl Wittfogel and the Asiatic mode of production: a reppraisal". *Sociological Review* 27, 541-59.

Bailey, Peter 1978: *Leisure and Class in Victorian England*. Londres: Routledge & Kegan Paul.

Bailyn, L. 1989: "Toward the perfect workplace?". *Communications of the ACM* [Association of Computer Manufacturers] 32.4.

Baker, J. 1987: *Arguing for Equality*. Londres: Verso.

Baker, J.R. 1942: *The Scientific Life*. Londres: Allen & Unwin.

Bakhtin, M. 1934-5 (*1981*): *The Dialogic Imagination: Four Essays*, org. por M. Holquist. Austin: University of Texas Press.

Balandier, Georges 1974: *Anthropo-logiques*. Paris: Presses Universitaires de France.

Baldwin, Peter 1990: "Social interpretations of Nazism". *Journal of Contemporary History*. 25, 5-37.

Baldwin, Thomas 1986: "Sartre, *Existentialism and Humanism*. In *Philosophers Ancient and Modern*, org. por G. Vesey. Cambridge: Cambridge University Press.

Bales, R.F. 1950: *Interaction Process Analysis: a Method for the Study of Small Groups*. Cambridge, MA: Addison-Wesley.

Bales, R.F. 1953: "The equilibrium problem in small groups". In *Working Papers in the Theory of Action*, org. por T. Parsons. Glencoe, IL: Free Press.

Bales, R.F. 1968: "Interaction process analysis". In *International Encyclopedia of the Social Sciences*, vol.7, org. por D.L. Sills. Nova York: Macmillan e Free Press.

Bales, R.F. e Cohen, S.P. 1979: *SYMLOG: a System for the Multiple Level Observation of Groups*. Nova York: Free Press.

Balibar, René 1974: *Les Français fictifs: le rapport des styles litteraires au Français National.* Paris: Hachette.

Ball, M. et al. 1988: *Housing and Social Change in Europe and the USA*. Londres e Nova York: Routledge.

Ball, Stephen J. org. 1990: *Foucault and Education*. Londres: Routledge.

Balogh, T. 1965: *Planning for Progress: a Strategy for Labour*. Londres: Fabian Society.

Banaji, J. 1977: "Modes of production in a materialist conception of history". *Capital and Class 2*.

Bandon, M. 1965: *Roles: an Introduction to the Study of Social Behavior*. Londres: Basic Books.

Bandura, A. 1973: *Aggression: a Social Learning Analysis.* Englewood Cliffs, NJ: Prentice-Hall.

Banks, J.A. 1974: *Trade Unionism*. Londres: Collier-Macmillan.

Bann, S. e Boult, J.E. orgs. 1973: *Russian Formalism*. Edimburgo: Scottish Academic Press.

Banton, M. 1970: "The concept of racism". In *Race and Racialism,* org. por S. Zubaida. Londres: Tavistock.

Banton, M. 1983: *Racial and Ethnic Competition.* Cambridge: Cambridge University Press.

Banton, M. 1987: *Racial Theories*. Cambridge: Cambridge University Press.

Baran, Paul 1957 (*1973*): *The Political Economy of Growth*. Harmondsworth: Penguin / (*1977*): *A economia política do desenvolvimento.* 4ª ed., Rio de Janeiro: Zahar.

Baran, Paul e Sweezy, Paul 1966: *Monopoly Capitalism*. Nova York: Monthly Review Press / (*1978*): *Capitalismo monopolista*. 3ª ed., Rio de Janeiro: Zahar.

Barba, Eugenio 1986: *Beyond the Floating Islands*. Nova York: PAJ Publications.

Barber, B. 1983: *The Logic and Limits of Trust*. New Brunswick, NJ: Rutgers University Press.

Barber, Benjamin R. 1984: *Strong Democracy: Participatory Politics for a New Age*. Berkeley: University of California Press.

Barber, Bernard 1963: "Some problems in the sociology of the professions". *Daedalus,* outono, 669-88.

Barber, Bernard 1968: "Social stratification". In *International Encyclopedia of the Social Sciences,* org. por D.L. Sills. Nova York: Macmillan.

Barbour, S. e Stevenson, P. 1990: *Variation in German*. Cambridge: Cambridge University Press.

Barker, E. 1947: *Social Contract*. Londres: Oxford University Press.

Barkun, M. 1974: *Disaster and the Millennium*. New Haven, CT: Yale University Press.

Barnard, A. e Good, A. 1984: *Research Practices in the Study of Kinship*. Londres e Orlando, FL: Academic Press.

Barnard, Chester 1938: *Functions of the Executive*. Cambridge, MA: Harvard University Press.

Barraclough, G. 1964: *An Introduction to Contemporary History*. Londres: Watts / (*1983*): *Introdução à história contemporânea*. 5ª ed., Rio de Janeiro: Zahar.

Barrett, Cyril, org. 1965: *Collected Papers on Aesthetics*. Oxford: Blackwell.

Barrett, Cyril 1989: "The concept of leisure: idea and ideal". In *The Philosophy of Leisure*, org. por Cyril Barrett e Tom Winnifrith. Londres: Macmillan.

Barrett, M. 1980 (*1988*): *Women's Oppression Today: The Marxist/Feminist Encounter*. 2ª ed., Londres: Verso.

Barrett, M. 1991: *The Politics of Truth*. Cambridge: Polity.

Barrett, M. 1992: "Words and things: materialism and method in contemporary feminist analysis". In *Destabilizing Theory: Contemporary Feminist Debates,* org. por M. Barrett e A. Phillips. Cambridge: Polity.

Barrett, M. e Phillips, A. orgs. 1992: *Destabilizing Theory: Contemporary Feminist Debates*. Cambridge: Polity.

Barrett, William 1958 (*1962*): *Irrational Man: a Study in Existential Philosophy*.

Barron, Iann e Curnow, Ray 1979: *The Future with Microelectronics.* Londres: Frances Pinter.

Barry, B. 1965: *Political Argument.* Londres: Routledge & Kegan Paul.

Barry, B. 1989: *A Treatise on Social Justice,* vol. 1: *Theories of Justice.* Berkeley: University of California Press; Londres: Harvester Wheatsheaf.

Barry, B. e Hardin, R. orgs. 1982: *Rational Man and Irrational Society.* Beverly Hills e Londres: Sage.

Barry, Brian 1970: *Sociologists, Economists and Democracy.* Londres: Collier-Macmillan.

Barry Norman P. (1980) (*1986*): *On Classical Liberalism and Libertarianism.* Londres: Macmillan.

Barry, Norman P. 1981: *An Introduction to Modern Political Theory.* Londres: Macmillan.

Barry, Norman P. 1991: *Welfare.* Londres: Tavistock.

Barth, Frederick 1969: *Ethnic Groups and Boundaries.* Londres: Allen & Unwin.

Barthes, Roland 1957: *Mithologies.* Paris: Seuil / (*1973*): *Mythologies.* St. Albans: Granada / (*1978*): *Mitologias.* Rio de Janeiro: Difel.

Barthes, Roland 1964: *Éléments de semiologie.* Paris: Seuil / (*1967*): *Elements of Semiology.* Nova York: Hill & Wang / (*1983*): *Elementos de semiologia.* São Paulo: Cultrix.

Barthes, Roland 1967: *Le système de la mode.* Paris: Seuil / (*1983*): *The Fashion System.* Nova York: Hill & Wang.

Barthes, Roland 1970: *S/Z.* Paris: Seuil / (*1975*): *S/Z.* Londres: Cape / (*1992*): *S/Z: uma análise de novela Sarrasine de Honoré de Balzac.* Rio de Janeiro: Nova Fronteira.

Bartholomew, D.J. 1988: "Social statistics". In *Encyclopaedia of Statistical Sciences,* vol. 8, org. por S. Kotz et al. Wiley-Interscience.

Bartra, R. et al. 1976: *Modos de producción en América Latina.* Lima: Delva.

Basham, A.L. 1954: *The Wonder that was India.* Londres: Collins.

Bateson, P.P.G. 1986: "Sociobiology and human politics". In *Science and Beyond,* org. por S. Rose e L. Appignanesi. Oxford: Blackwell.

Bateson P.P.G. e Klopfer, P.H. orgs. 1989: *Perspectives in Ethology,* vol. 8: *Whither Ethology?* Nova York: Plenum.

Bauer, Otto 1907 (1924): Die Nationalitätenfrage und die Sozialdemokratie. 2ª ed., Viena: Wiener Volksbuchhandlung.

Bauer, Otto 1923 (1925, 1970): "The Austrian Revolution". Ed. resum., Nova York: Burt Franklin.

Bauer, Otto 1927 (*1978*): "What is Austro-Marxism?". In *Austro-Marxism,* org. por Tom Bottomore e Patrick Goode. Oxford: Clarendon Press.

Bauer, Otto 1936: *Zwischen zwei Weltkriegen?* Bratislava: Eugen Prager.

Bauman, Z. 1976: *Socialism: the Active Utopia.* Londres: Allen & Unwin.

Bauman, Z. 1978: *Hermeneutics and Social Science.* Londres: Hutchinson.

Baumeister, R.F. 1986: *Identity: Cultural Change and the Struggle for Self.* Oxford: Oxford University Press.

Baumol, W.J. 1968: "Entrepreneurship in economic theory". *American Economic Review* 58.

Baxandall, Michael 1980: *Limewood Sculptors of Renaissance Germany.* New Haven, CT: Yale University Press.

Baylis, John et al. 1987: *Contemporary Strategy,* 2 vols. Londres: Croom Helm.

Beardon, C. 1989: *Artificial Intelligence Terminology.* Chichester: Ellis Horwood.

Beardsley, Monroe 1958: *Aesthetics: Problems in the Philosophy of Criticism.* Nova York: Harcourt, Brace.

Beaufre, André 1972: *La guerre révolutionnaire: les forces nouvelles de la guerre.* Paris: Fayard.

Beaugrande, R. de e Dressler, W. 1981: *Introduction to Textlinguistics.* Londres: Longman.

Beauvoir, Simone de 1949: *Le deuxième sexe.* Paris: Gallimard / (*1962*): *The Second Sex.* Londres: New English Library / (*1988*): *O segundo sexo.* 6ª ed., Rio de Janeiro: Nova Fronteira.

Bebbington, P. e McGuffin, P. 1988: *Schizophrenia: the Major Issues.* Londres: Heinemann.

Beck, Ulrich 1986 (1992): *Risk Society.* Londres: Sage.

Becker, C.L. 1932: *The Heavenly City of the Eighteenth-Century Philosophers.* New Haven, CT: Yale University Press.

Becker, H. 1963: *Outsiders: Studies in the Sociology of Deviance.* Nova York: Free Press; Londres: Macmillan.

Becker, H. org. 1964: *The Other Side.* Nova York: Free Press.

Becker, Howard S. 1982: *Art Worlds.* Berkeley e Londres: University of California Press.

Beckerman, W. 1974: *In Defence of Economic Growth.* Londres: Jonathan Cape.

Beckford, J.A. 1975: *The Trumpet of Prophecy: a Sociological Study of Jehovah's Witnesses.* Oxford: Blackwell.

Beckford, J.A. 1985: *Cult Controversies: the Societal Response to the New Religious Movements.* Londres: Tavistock.

Beckford, J.A. 1989: *Religion and Advanced Industrial Societies.* Londres: Unwin-Hyman.

Beechey, V. 1977: "Some notes on female wage labour in capitalist production". *Capital and Class* 3, 45-66.

Beechey, V. 1987: *Unequal Work.* Londres: Verso.

Beeghley, L. 1989: *The Structure of Social Stratification in the United States.* Nova York: Allyn & Bacon.

Beer, S. 1956: "Pressure groups and parties in Britain". *American Political Science Review* 50, 1-23.

Beer, S.M. 1948: *A History of British Socialism.* Londres: Allen & Unwin.

Beetham, David 1981: "Michels and his critics". *European Journal of Sociology* 22.1, 81-99.

Beetham, David 1987: "Reformism and the 'bourgeoisification' of the labour movement". In *Socialism and the Intelligentsia,* org. por Carl Levy. Londres: Routledge.

Begg, D.K.H. 1982: *The Rational Expectations Revolution in Macroeconomics.* Oxford: Philip Allan.

Bell, Colin e Newby, Howard 1971: *Community Studies.* Londres: Allen & Unwin.

Bell, D. 1961: *The End of Ideology.* Nova York: Collier Books.

Bell, D. 1974: *The Coming of Post-Industrial Society: a Venture in Social Forecasting.* Nova York: Basic Books; Londres: Heinemann.

Bell, Daniel org. 1963: *The Radical Right.* Nova York: Doubleday.

Bell, Daniel 1968: "Socialism". In *International Encyclopedia of the Social Sciences,* org. por David L. Sills, vols. 13-14. Nova York: Macmillan e Free Press.

Bell, Daniel 1976 (*1979*): *The Cultural Contradictions of Capitalism.* 2ª ed., Londres: Heinemann.

Bell, Daniel 1979: "The social framework of the information society". In *The Computer Age: a Twenty-Year View,* org. por Michael L. Dertouzos e Joel Moses. Cambridge, MA: MIT Press.

Bell, Quentin 1972: *Virginia Woolf: a Biography,* 2 vols. Londres: Hogarth Press / (*1988*): *Virginia Woolf, uma biografia.* Rio de Janeiro: Guanabara.

Bellah, R.N. 1964: "Religious evolution". *American Sociological Review* 29.

Bellah, R.N. 1967: "Civil religion in America". *Daedalus* 96.

Bellah, R.N. 1970: *Beyond Belief: Essays on Religion in a Post-Traditional World.* Nova York: Harper & Row.

Bellah, R.N. 1970: "Christianity and symbolic realism". *Journal for the Scientific Study of Religion* 9, 89-96.

Bellah, R.N. 1989: "Christian faithfulness in a pluralist world". In *Postmodern Theology,* org. por F.B. Burnham. Nova York: Harper & Row.

Bellah, R.N. et al. 1985: *Habits of the Heart: Individualism and Commitment in American Life.* Berkeley: University of California Press.

Bendix, R. 1966: *Max Weber: an Intellectual Portrait.* Londres: Methuen.

Bendix, R. 1971: "Charismatic leadership". In *Scholarship and Partisanship: Essays on Max Weber,* org. por R. Bendix e G. Roth. Berkeley: University of California Press.

Bendix, Reinhard e Lipset, Seymour M. orgs. 1966: *Class, Status and Power.* Nova York: Free Press.

Benedict, R. 1983: *Race and Racism.* Londres: Routledge.

Benhabib, S. 1986: *Critique, Norm and Utopia.* Nova York: Columbia University Press.

Benhabib, S. e Dallmayr, F. orgs. 1990: *The Communicative Ethics Controversy.* Cambridge, MA: MIT Press.

Beniger, James R. 1986: *The Control Revolution: Technological and Economic Origins of the Information Society.* Cambridge, MA: Harvard University Press.

Benjamin, Walter 1974: "Über den Begriff der Geschichte". In *Gesammelte Schriften,* vol. 1. Frankfurt am Main: Suhrkamp.

Benn, S.I. 1988: *A Theory of Freedom*. Cambridge: Cambridge University Press.

Bennett, Tony 1979: *Formalism and Marxism*. Londres: Methuen.

Bennington, Geoffrey e Derrida, Jacques 1991: *Jacques Derrida*. Paris: Seuil / (*1991*): *Jacques Derrida*. Chicago: University of Chicago Press / (*1996*): *Jacques Derrida*. Rio de Janeiro: Jorge Zahar.

Bensman, J. e Givant, M. 1975: "Charisma and modernity: the use and abuse of a concept". *Social Research* 42, 570-614.

Benston, Kimberly W. 1984: "I yam what I am: the topos of un(naming) in Afro-American literature". In *Black Literature and Literary Theory,* org. por Henry Gates. Nova York e Londres: Methuen.

Benthall, J. org. 1973: *The Limits of Human Nature*. Londres: Allen & Unwin.

Bentham, Jeremy 1776 (*1988*): *A Fragment on Government*. Cambridge: Cambridge University Press.

Bentham, Jeremy *c.*1780-2 (*1970*): *Of Laws in General*. Londres: Athlone.

Bentham, Jeremy 1793 (*1948*): *An Introduction to the Principles of Morals and Legislation,* org. por J. Harrison. Oxford: Blackwell.

Bentley, A.F. 1908 *(1967): The Process of Government*. Cambridge, MA: Harvard University Press.

Benton, T. 1977: *Philosophical Foundations of the Three Sociologies*. Nova York: Routledge.

Benton, T. 1981 (*1985*): "Realism and social science". In *A Radical Philosophy Reader*, org. por R. Edgley e P. Osborne. Nova York: Routledge.

Benyon, J. e Burne, C. orgs. 1986: *The Police: Powers, Procedures and Proprieties*. Oxford: Pergamon.

Benz, Wolfgang org. 1989: *Rechtsextremismus in der Bundesrepublik*. Frankfurt am Main: Fischer.

Berger, P.L. 1961: *The Noise of Solemn Assemblies*. Garden City, NY: Doubleday.

Berger, P.L. 1963: "Charisma and religious innovation: the social location of Israelite prophecy". *American Sociological Review* 28, 940-50.

Berger, P.L. 1966: *Invitation to Sociology: a Humanistic Perspective*. Harmondsworth: Penguin / (*1995*): *Perspectivas sociológicas: uma visão humorística*. 14ª ed., Petrópolis: Vozes.

Berger, P.L. 1967: *The Sacred Canopy: Elements of a Sociological Theory of Religion*. Garden City, NY: Doubleday.

Berger, P.L. 1973: *The Homeless Mind*. Harmondsworth: Penguin.

Berger, P.L. 1974: "Some second thoughts on substantive versus functional definitions of religion". *Journal for the Scientific Study of Religion* 13, 125-33.

Berger, P.L. e Luckmann, Thomas 1961: *The Social Construction of Reality: a Treatise in the Sociology of Knowledge*. Nova York: Doubleday; Londres: Allen Lane / (*1995*): *A construção social da realidade.* 12ª ed., Petrópolis: Vozes.

Berger, S.D. org. 1981: *Organizing Interests in Western Europe. Pluralism, Corporatism and the Transformation of Politics*. Cambridge: Cambridge University Press.

Berghe, P.L. van den 1981: *The Ethnic Phenomenon*. Nova York e Oxford: Elsevier.

Bergmann, Uwe et al. 1968: *Rebellion der Studenten oder die neue Opposition.* Reinbek: Rowohlt.

Bergonzi, Bernard 1990: *Exploding English*. Oxford: Clarendon Press.

Bergson, A. 1938: "A reformulation of certain aspects of welfare economics". *Quarterly Journal of Economics* 52, 310-34.

Bergson, A. 1966: "Socialist economics". In *Essays in Normative Economics*. Cambridge, MA: Harvard University Press.

Bergson, A. 1967: "Market socialism revisited". *Journal of Political Economy* 75, 655-73.

Bergson, Henri 1932 (*1990*): *Les deux sources de la morale et de la religion*. Paris: PUF/ (*1935*): *The Two Sources of Morality and Religion*. Londres: Macmillan / (*1978*): *As duas fontes da moral e de religião*. Rio de Janeiro: Zahar.

Berkes, N. 1964: *The Development of Secularism in Turkey*. Montreal: McGill University Press.

Berkowitz, L. 1962: *Aggression: a Social Psychological Analysis*. Nova York: McGraw Hill.

Berle, A.A. e Means, G.C. 1932: *The Modern Cooperative and Private Property*. Nova York: Macmillan.

Berlin, I. 1939 (*1968*): *Karl Marx: his Life and Environment*. Nova York: Oxford University Press.

Berlin, I. 1958 (*1969*): "Two concepts of liberty". In *Four Essays on Liberty*. Oxford: Oxford University Press.

Berlin, I. 1964: "Does political theory still exist?". In *Philosophy, Politics and Society*, série II, org. por P. Laslett e W.G. Runciman. Oxford: Blackwell.

Berlin, I. 1978: "Equality". In *Concepts and Categories*. Londres: Hogarth Press.

Berliner, J. 1976: *The Innovation Decision*. Cambridge, MA: MIT Press.

Berman, Marshall 1983: *All that is Solid Melts into Air: the Experience of Modernity*. Londres: Verso / (*1987*): *Tudo que é sólido desmancha no ar*. São Paulo: Companhia das Letras.

Berman, Chaim e Weitzman, Michael 1979: *Ebla*. Londres: Weidenfeld & Nicolson.

Bernal, J.D. 1939: *The Social Function of Science*. Londres: Routledge & Kegan Paul.

Bernal, Martin 1987: *Black Athena: the Afro-Asiatic Roots of Classical Civilization*. Londres: Free Association Books.

Bernard, C. 1865 (*1961*): *An Introduction to the Study of Experimental Medicine*. Nova York: Collier.

Bernard, J. org. 1961: "Teen-age culture". *Annals of the American Academy of Political and Social Science* 338.

Bernard, J. 1972: *The Future of Marriage*. Nova York: World.

Bernoulli, D. 1738 (*1954*): "Exposition of a new theory on the measurement of risk". *Econometrica* 22, 23-36.

Bernstein, Eduard 1899 (*1961*): *Evolutionary Socialism*. Nova York: Schocken.

Bernstein, M.A. 1987: *The Great Depression: Delayed Recovery and Economic Change in America, 1929-1939*. Cambridge: Cambridge University Press.

Bernstein, R. 1983: *Beyond Objectivism and Relativism*. Oxford: Blackwell.

Berry, B.J.L. org. 1976: *Urbanization and Counter-urbanization*. Londres: Arnold.

Berry, C.J. 1986: *Human Nature*. Londres: Macmillan.

Berry, Wendell 1977: *The Unsettling of America*. São Francisco: Sierra.

Bertalanffy, L. 1968: *General System Theory: Foundations, Developments, Applications*. Nova York: Brazillier.

Bertaux, Daniel org. 1981: *Biography and Society*. CA: Sage.

Berthelot, J.M. org. 1985: "Les sociologies et le corps". *Current Sociology* 33.2.

Besnard, P. org. 1983: *The Sociological Domain: the Durkheimians and the Founding of French Sociology*. Cambridge: Cambridge University Press.

Besnard, P. 1987: *L'anomie: ses usages et ses fonctions dans la discipline sociologique depuis Durkheim*. Paris: Presses Universitaires de France.

Bestor, A.E. 1948: "The evolution of the socialist vocabulary". *Journal of the History of Ideas* 9.

Beteille, A. 1966: *Caste, Class and Power: Changing Patterns of Stratification in a Tanjore Village*. Cambridge: Cambridge University Press.

Bettelheim, C. 1974: *Le luttes de classes en URSS*, 2 vols. Paris: Maspero/Seuil / (*1978*): *Class Struggles in the USSR*. Nova York: Monthly Review Press / (*1976*): *A luta de classes na União Soviética*, 2 vols. Rio de Janeiro: Paz e Terra.

Betti, E. 1955: *Teoria generale della interpretazione*. Trad. alemã: *Allgemeine Auslegungslehre als Methodik der Geisteswissenschaften*. Tübingen: J.C.B. Mohr.

Betts, Raymond F. 1985: *Uncertain Dimensions: Western Overseas Empires in the Twentieth Century*. Oxford: Oxford University Press.

Beveridge, W.H. 1942: *Social Insurance and Allied Services*. Londres: HMSO (Cmnd 6404).

Beveridge, W.H. 1943: *The Pillars of Security*. Londres: Allen & Unwin.

Beveridge, W.H. 1944: *Full Employment in a Free Society*. Londres: Allen & Unwin.

Bhaskar, Roy 1975 *(1978): A Realist Theory of Science*. 2ª ed., Hemel Hempstead: Harvester Press.

Bhaskar, Roy 1979 *(1989): The Possibility of Naturalism*. 2ª ed., Hemel Hempstead: Harvester-Wheatsheaf.

Bhaskar, Roy 1986: *Scientific Realism and Human Emancipation*. Londres: Verso.

Bhaskar, Roy 1989: *Reclaiming Reality*. Nova York: Verso.

Bhaskar, Roy 1991: "Truth". In *A Dictionary of Marxist Thought*, org. por Tom Bottomore. Oxford: Blackwell / (*1988*): "Verdade". In *Dicionário do pensamento marxista*. Rio de Janeiro: Jorge Zahar.

Bhaskar, Roy 1991: *Philosophy and the Idea of Freedom*. UT: Blackwell.

Bhaskar, Roy 1992: *Dialectic*. Londres: Verso.

Bhatt, G.S. 1968: "Brahmo Samaj, Arya Samaj, and the church-sect typology". *Review of Religious Research* 10, 23-32.

Bickerton, D. 1981: *Roots of Language*. Ann Arbor, MI: Karoma.

Biddle, B.S. 1979: *Role Theory: Expectations, Identities and Behavior*. Nova York: Academic Press.

Biderman, A.D. 1971: "Towards redefining the military". *Teachers College Record* 73, 47-58.

Bietak, Manfred 1979: "Urban archaeology and the 'town' problem". In *Egyptology and the Social Sciences,* org. por Kent R. Weeks. Cairo: American University in Cairo Press.

Billig, M.G. 1978: *Fascists: a Social Psychological View of the National Front*. Londres: Academic Press.

Binford, L.R. 1983: In *Pursuit of the Past*. Londres: Thames & Hudson.

Binkley, Timothy 1977: "Piece: contra aesthetics". *Journal of Aesthetics and Criticism,* 265-77.

Binmore, K. 1990: *Essays on the Foundations of Game Theory*. Oxford: Blackwell.

Binmore, K. e Dasgupta, P. orgs. 1986: *Economic Organizations as Games*. Oxford: Blackwell.

Binmore, K. e Dasgupta, P. 1987: *Economics of Bargaining*. Oxford: Blackwell.

Birch, A.H. 1964: *Representative and Responsible Government: an Essay on the British Constitution*. Londres: Allen & Unwin.

Birch, R.C. 1974: *The Shaping of the Welfare State*. Londres: Longman.

Birnbaum, P. 1976: "Power divorced from its sources: a critique of the exchange theory of power". In *Power and Political Theory: Some European Perspectives,* org. por B. Barry. Londres: Wiley.

Bishop, Jeff e Hoggett, Paul 1986: *Organizing around Enthusiasms: Patterns of Mutual Aid in Leisure*. Londres: Comedia.

Black, D. 1958: *The Theory of Committees and Elections*. Cambridge: Cambridge University Press.

Blackaby, F. org. 1979: *De-industrialisation*. Londres: Heinemann.

Blackbourn, Davis e Eley, Geoff 1984: *The Peculiarities of German History*. Oxford: Oxford University Press.

Blainey, G. 1971: *The Causes of War*. Londres: Macmillan.

Blalock, H.M. Jr. 1967: *Toward a Theory of Minority-Group Relations*. Nova York: Wiley.

Blalock, H.M. Jr. 1982: *Race and Ethnic Relations*. Englewood Cliffs, NJ: Prentice-Hall.

Blanchard, O.J. e Fischer, F. 1989: *Lectures on Macroeconomics*. Cambridge, MA e Londres: MIT Press.

Blau, P.M. 1964: *Exchange and Power in Social Life*. Nova York: Wiley.

Blau, P.M. 1987: "Microprocess and macrostructure". In *Social Exchange Theory,* org. por K.S. Cook. Newbury Park: Sage.

Blaug, M. 1962 *(1985): Economic Theory in Retrospect*. 4ª ed., Cambridge: Cambridge University Press.

Blaug, M. 1986: *Economic History and the History of Economics*. Londres.

Blauner, Robert 1964: *Alienation and Freedom*. Londres: University of Chicago Press.

Bleicher, J. 1980: *Contemporary Hermeneutics*. Londres: Routledge & Kegan Paul.

Bleicher, J. 1982: *The Hermeneutic Imagination*. Londres: Routledge & Kegan Paul.

Bloch, Ernst 1985: *Essays on the Philosophy of Music*. Cambridge: Cambridge University Press.

Bloch, Ernst et al. 1977: *Aesthetics and Politics*. Londres: New Left Books.

Bloch, Marc 1940: *La société féodale*. Paris: Albin Michel / (*1961*): *Feudal Society: Social Classes and Political Organization*. Londres: Routledge & Kegan Paul; Chicago: University of Chicago Press.

Bloch, Marc 1954: *The Historian's Craft*. Manchester: Manchester University Press.

Bloch, Marc 1974: "The rise of dependent cultivation and seignorial institutions". In *Cambridge Economic History of Europe,* vol. 1. Cambridge: Cambridge University Press.

Bloch, Maurice org. 1975: *Marxist Analyses and Social Anthropology*. Londres: Malaby.

Bloch, Maurice 1985: *Marxism and Anthropology*. Oxford: Oxford University Press.

Block, Walter 1976: *Defending the Undefendable*. Nova York: Fleet.

Blondel, J. 1981: *The Discipline of Politics*. Londres: Butterworths.

Bloomfield, L. 1933: *Language*. Nova York: Holt, Rinehart & Winston.

Bloor, David 1976: *Knowledge and Social Imagery*. Londres: Routledge & Kegan Paul.

Bluché, F. 1980: *Le Bonapartisme*. Paris: Nouvelles Editions Latines.

Blum, F.M. 1978: *Pseudoscience and Mental Ability*. Nova York: Monthly Review Press.

Blumer, H. 1937: "Social psychology". In *Man and Society,* org. por E.P. Schmidt. Nova York: Prentice-Hall.

Blumer, H. 1939 (*1951*): "Collective behavior". In *Principles of Sociology,* org. por Alfred McClung Lee. Nova York: Barnes & Noble.

Blumer, H. 1969: *Symbolic Interactionism: Perspective and Method.* Englewood Cliffs, NJ: Prentice-Hall.

Blumer, Martin 1984: *The Chicago School of Sociology: Institutionalization, Diversity, and the Rise of Sociological Research*. Chicago: University of Chicago Press.

Boal, Augusto 1967: *Teatro do Oprimido e outras poéticas políticas.* Rio de Janeiro: Civilização Brasileira / (*1988*): *Theatre of the Oppressed*. Londres: Pluto.

Boas, Franz 1911 (*1963*): *The Mind of Primitive Man*. Nova York: Collier.

Boaz, Franziska org. 1972: *The Function of Dance in Human Society*. Nova York: Dance Horizons.

Bobbio, N. 1989: *Democracy and Dictatorship: the Nature and Limits of State Power*. Cambridge: Polity.

Bock, G. et al. orgs. 1990: *Machiavelli and Republicanism*. Cambridge: Cambridge University Press.

Bocock, R. 1986: *Hegemony*. Londres: Tavistock.

Boden, D. (em prep.): *The Business of Talk.* Cambridge: Polity.

Boden, D. e Zimmerman, D.H. 1991: *Talk and Social Structure*. Cambridge: Polity.

Boden, M.A. 1986: *Artificial Intelligence and Natural Man*. 2ª ed., Brighton: Harvester Basic.

Boff, L. 1983: *Igreja, carisma e poder*. Petrópolis: Vozes / (*1985*): *Church, Charism and Power*. Londres: SCM Press.

Boff, L. e Boff, C. 1986: *Como fazer teologia da libertação*. Petrópolis: Vozes / (*1987*): *Introducing Liberation Theology.* Tunbridge Wells: Burns & Oates.

Bohannan, P. e Middleton, J. orgs. 1968: *Kinship and Social Organization*. Garden City, NY: Natural History Press.

Böhmer, J.F. 1868: *Leben, Briefe und kleinere Schriften,* 3 vols. Vol. I, org. por J.J. Janssen. Freiburg: Herder.

Bokor, A. 1984: "Deprivation: dimensions and indices". In *Stratification and Inequality,* org. por R. Andor e T. Kolosi. Budapeste: Institute for Social Sciences.

Boland, L.A. 1985: *The Foundations of Economic Method.* Londres: Allen & Unwin.

Bondurant, J.V. org. 1971: *Conflict: Violence and Non-Violence*. Chicago: Aldine Atherton.

Bonino, J. 1983: *Towards a Christian Political Ethics*. Londres: SCM Press; Minneapolis: Augsburg Fortress.

Bonner, A. 1961: *British Co-operation*. Manchester: Co-operative Union.

Bookchin, M. 1982: *The Ecology of Freedom*. Palo Alto, CA: Cheshire.

Bookchin, Murray 1987: *The Rise of Urbanization and the Decline of Citizenship*. São Francisco: Sierra Club Books.

Boole, G. 1854 (*1954*): *An Investigation of the Laws of Thought*. Nova York: Dover.

Boorstin, Daniel 1978: *The Republic of Technology*. Nova York: Harper & Row.

Booth, C. 1892-7 (*1902-3*): *Life and Labour of the People of London,* 17 vols. Londres: Macmillan.

Booth, T.A. org. 1979: *Planning for Welfare*. Oxford: Blackwell e Martin Robertson.

Bordwell, D. et al. 1985: *The Classical Hollywood Cinema*. Londres: Routledge & Kegan Paul.

Bosanquet, B. 1951: *The Philosophical Theory of the State*. Londres: Macmillan.

Boschi, R. 1988: *A arte da associação*. São Paulo: Vértice/Iuperj.

Bose, C. 1979: "Technology and changes in the division of labour in the American home". *Women's Studies International Quarterly* 2, 295-304.

Boserup, Ester 1965: *The Conditions of Agricultural Growth*. Chicago: Aldine.

Boswell, J. 1990: *Community and the Economy: a Theory of Public Co-operation*. Londres: Routledge.

Bosworth, W. 1962: *Catholicism and Crisis in Modern France: French Catholic Groups at the Threshold of the Fifth Republic*. Princeton, NJ: Princeton University Press.

Bottomley, K. e Pease, K. 1986: *Crime and Punishment: Interpreting the Data*. Milton Keynes: Open University Press.

Bottomore, Tom. 1964 (*1993*): *Elites and Society*. 2ª ed., Londres: Routledge / (*1974*): *As elites e a sociedade*. 2ª ed., Rio de Janeiro: Zahar.

Bottomore, Tom 1965 (*1991*): *Classes in Modern Society*. Londres: Routledge / (*1978*): *As classes na sociedade moderna*. 2ª ed., Rio de Janeiro: Zahar.

Bottomore, Tom 1979 (*1992*): *Political Sociology*. Londres: Pluto Press / (*1981*): *Sociologia política*. Rio de Janeiro: Zahar.

Bottomore, Tom 1981: "Introduction to Rudolf Hilferding, *Finance Capital*." Londres: Routledge & Kegan Paul.

Bottomore, Tom org. 1983 (*1991*): *A Dictionary of Marxist Thought*. Oxford: Blackwell / (*1988*): *Dicionário do pensamento marxista*. Rio de Janeiro: Jorge Zahar.

Bottomore, Tom 1984: *The Frankfurt School*. Chichester: Ellis Horwood.

Bottomore, Tom 1985: *Theories of Modern Capitalism*. Londres: Routledge.

Bottomore, Tom org. 1988: *Interpretations of Marx*. Oxford: Blackwell.

Bottomore, Tom 1989: "Austro-Marxist conceptions of the transition from capitalism to socialism". *International Journal of Comparative Sociology* 30, 1-2.

Bottomore, Tom 1990: *The Socialist Economy: Theory and Practice*. Hemel Hempstead: Harvester Wheatsheaf.

Bottomore, Tom e Brym, Robert J. orgs. 1989: *The Capitalist Class: an International Study*. Hemel Hempstead: Harvester Wheatsheaf.

Bottomore, Tom e Goode, Patrick orgs. 1978: *Austro-Marxism*. Oxford: Clarendon Press.

Bottomore, Tom e Nisbet, Robert orgs. 1978: *A History of Sociological Analysis*. Nova York: Basic Books / (*1980*): *História da análise sociológica*. Rio de Janeiro: Zahar.

Bottoms, A.E. e Light, R. 1987: *Problems of Long-Term Imprisonment*. Aldershot: Gower.

Boudon, Raymond 1973: *Mathematical Structures of Social Mobility*. Amsderdam: Elsevier.

Boudon, Raymond 1979: "Generating models as a research strategy". In *Qualitative and Quantitative Social Research*, org. por R. Merton et al. Londres: Macmillan.

Boudon, Raymond 1986: *Theories of Social Change*. Cambridge: Polity.

Boudon, Raymond e Bourricaud, François 1982: *Dictionnaire critique de la sociologie*. Paris: PUF / (*1989*): *A Critical Dictionary of Sociology*. Londres: Routledge & Kegan Paul.

Bouglé, C. 1980 (*1971*): *Essays on the Caste System*. Cambridge: Cambridge University Press.

Boulding, K. 1962: *Conflict and Defense*. Nova York: Harper & Row.

Bourdet, Yvon 1970: *La Délivrance de Prométhée: pour une théorie politique de l'autogestion*. Paris: Anthropos.

Bourdieu, Pierre 1966: *L'amour de l'art*. Paris: Minuit / 1978 (*1990*): *The Love of Art*. Cambridge: Polity.

Bourdieu, Pierre 1977: "L'économie des échanges linguistiques". *Langue française* 34, maio / "The economics of linguistic exchanges". *Social Sciences Information* 16, 6 / (*1983*): "A economia das trocas lingüísticas". In *Sociologia*, org. por R. Ortiz. São Paulo: Ática.

Bourdieu, Pierre 1979: *La distinction*. Paris: Minuit / (*1984*): *Distinction: a Social Critique of the Judgement of Taste*. Londres: Routledge & Kegan Paul; Cambridge, MA: Harvard University Press.

Bourdieu, Pierre 1980: *Questions de sociologie*. Paris: Minuit / (*1983*): *Questões de sociologia*. Rio de Janeiro: Marco Zero.

Bourdieu, Pierre 1987: "The historical genesis of a pure aesthetics". *Journal of Aesthetics and Art Criticism*, edição especial sobre estética analítica, 201-10.

Bourdieu, Pierre 1987: "What makes a social class? On the theoretical and practical existence of groups". *Berkeley Journal of Sociology* 32, 1-17.

Bourdieu, Pierre 1991: *Language and Symbolic Power*. Cambridge: Polity.

Bourdieu, Pierre et al. 1968: *Le métier de sociologie*. Paris e Haia: Mouton / 1973 (*1991*): *The Craft of Sociology: Epistemological Preliminaries*. Berlim e Nova York: De Gruyter.

Bournis, R. e Giles, H. 1976: "The language of cooperation in Wales". *Language Sciences* 42, 13-16.

Bouvier, Pierre 1980: *Travail et expression ouvrière: pouvoirs et contraintes des comités d'entreprise*. Paris: Galilée.

Bouvier, Pierre e Passeron, J.C. 1970: *La reproduction: éléments pour une théorie du systéme d'enseignement*. Paris: Minuit / (*1977*): *Reproduction in Education, Society and Culture*. Londres: Sage / (*1975*): *A reprodução: elementos para uma teoria do sistema de ensino*. Rio de Janeiro: Francisco Alves.

Bowen, Barbara E. 1982: "Untroubled voice: call and response in Cane". *Black American Literary Forum* 16, 1.

Bowker, J. 1973: *The Sense of God*. Oxford: Clarendon Press.

Bowler, P.J. 1987: *Theories of Human Evolution: a Century of Debate*. Oxford: Blackwell.

Bowles, S. e Edwards, R. 1985: *Understanding Capitalism: Competition, Command and Change in the US Economy*. Nova York: Harper & Row.

Bowles, Samuel e Gintis, Herbert 1976: *Schooling in Capitalist America*. Londres: Routledge.

Bowley, A.L. e Bennett-Hurst, A. 1915: *Livelihood and Poverty*. Londres: Bell.

Box, S. 1981: *Deviance, Reality and Society*. Nova York: Holt, Rinehart & Winston.

Boyd, Robert e Richerson, Peter J. 1985: *Culture and the Evolutionary Process*. Chicago: University of Chicago Press.

Boyer, R. 1979: "Wage formation in historical perspective: the French experience". *Cambridge Journal of Economics* 3.2, 99-118.

Bracher, K.D. 1971: *The German Dictatorship: the Origins, Structure and Effects of National Socialism*. Londres: Weidenfeld & Nicolson.

Brada, J.C. e Estrin, S. orgs. 1990: "Advances in indicative planning". *Journal of Comparative Economics* 14. 4, número especial.

Bradbury, Malcolm e McFarlane, James orgs. 1976: *Modernism 1890-1930*. Harmondsworth: Penguin.

Bradley, D. e McCormick, J. 1978: *People's Theatre*. Londres: Croom Helm.

Brady, R. 1933: *The Rationalization Movement in German Industry*. Berkeley: University of California Press.

Brain, P. org. 1986: *Alcohol and Aggression*. Londres: Tavistock.

Brake, M. 1985: *Comparative Youth Culture*. Londres: Routledge & Kegan Paul.

Bramwell, A. 1989: *Ecology in the 20th Century: a History*. New Haven, CT, e Londres: Yale University Press.

Brandt, R.B. 1979: *A Theory of the Good and the Right*. Oxford: Clarendon Press.

Brandt, W. 1980: *North-South: a Programme for Survival*. Londres: Pan.

Brantlinger, P. 1983: *Bread and Circuses: Theories of Mass Culture as Social Decay*. Ithaca, NY: Cornell University Press.

Braudel, F. 1977: *Écrits sur l'histoire*. Paris: Flammarion / (*1980*): *On History*. Londres: Weidenfeld & Nicolson.

Braudel, Fernand 1949: *La Mediterranée et le monde mediterranéen à l'époque de Phillippe II*. Paris: Colin / (*1973*): *The Mediterranean and the Mediterranean World in the Age of Philip II*. Nova York: Harper & Row / *O Mediterrâneo e o mundo mediterrâneo na época de Filipe II*. São Paulo: Martins Fontes.

Braudel, Fernand 1958: "Histoire et sciences sociales: la longue durée". Paris: *Annales ESC* / (*1972*): "History and the social sciences: the longue durée". In *Economy and Society in Early Modern Europe,* org. por Peter Burke. Nova York: Harper & Row; Londres: Routledge & Kegan Paul.

Braudel, Fernand 1967 (*1979*): *Civilization matérielle, économie et capitalisme, (XV-XVIIIs.),* 3 vols. Paris: Armand Colin / (*1981-4*): *Civilization and Capitalism, 15th-18th Century,* 3 vols. Nova York: Harper & Row.

Braungart, M.M. e Braungart, R.G. 1990: "The Life-course development of left- and right-wing youth activist leaders from the 1960s". *Political Psychology* 11, 243-82.

Braungart, R.G. e Braungart, M.M. 1986: "Life-course and generational politics". *Anual Review of Sociology* 12, 205-31.

Braungart, R.G. e Braungart, M.M. 1986: "Youth problems and politics in the 1980s: some multinational comparisons". *International Sociology* 1, 359-80.

Braungart, R.G. e Braungart, M.M. 1989: "Generational conflict and intergroup relations as the foundation for political generations". In *Advances in Group Processes,* vol. 6, org. por E.J. Lawler e B. Markovsky. Greenwich, CT: JAI Press.

Braungart, R.G. e Braungart, M.M. 1989: "Political generations". In *Research in Political Sociology,* vol. 4. Greenwich, CT: JAI Press.

Braungart, R.G. e Braungart, M.M. 1990: "Youth movements in the 1980s: a global perspective". *International Sociology* 5, 157-81.

Braunthal, J. 1961, 1963 (*1966, 1967*): *History of the International 1864-1914,* 2 vols. Nova York: Praeger.

Braverman, H. 1974: *Labor and Monopoly Capital: the Degradation of Work in the Twentieth Century.* Nova York: Monthly Review Press / (*1981*): *Trabalho e capital monopolista: a degradação do trabalho no século XX.* 3ª ed., Rio de Janeiro: Zahar/Guanabara.

Bray, M. 1985: "Rational expectations, information and asset pricing". *Oxford Economic Papers* 37, 161-95.

Braybrooke, D. 1987: *Meeting Needs.* Princeton: Princeton University Press.

Brecht, Bertolt 1938 (*1977*): "Against George Lukács". In *Aesthetics and Politics,* org. por Ernst Bloch et al. Londres: New Left Books.

Brecht, Bertolt 1964 (*1978*): *Brecht on Theatre,* org. por John Willett. Nova York: Hill & Wang.

Breese, Gerald org. 1969: *The City in Newly Developing Countries.* Englewood Cliffs, NJ: Prentice-Hall.

Breger, P. e Luckmann, T. 1966: *The Social Construction of Reality: an Essay in the Sociology of Knowledge.* Garden City, NY: Doubleday.

Breiger, Ronald L. 1981: "The social class structure of occupational mobility". *American Journal of Sociology* 87, 578-611.

Breitenbach, Hans et al. 1990: *Features of a Viable Socialism.* Hemel Hempstead: Harvester-Wheatsheaf.

Brenan, G. 1950: *The Spanish Labyrinth.* 2ª ed., Cambridge: Cambridge University Press.

Brenner, Robert 1977: "The origins of capitalist development: a critique of neo-Smithian Marxism". *New Left Review* 104.

Brett, E.A. 1985: *The World Economy since the War.*

Breuilly, J. 1982: *Nationalism and the State.* Manchester: Manchester University Press.

Briffault, R. e Malinowski, B. 1957: *Marriage: Past and Present.* Boston: Porter Sargent.

Briggs, Asa 1966: "History and society". In *A Guide to the Social Sciences,* org. por Norman MacKenzie. Londres: Weidenfeld & Nicolson.

Brink, D. 1989: *Moral Realism and the Foundations of Ethics.* Cambridge: Cambridge University Press.

Brinson, Peter 1983: "Scholastic tasks of a sociology of dance". *Dance Research Journal* 1, 100-7; 2, 59-68.

Brock, P. 1968: *Pacifism in the United States.* Princeton, NJ: Princeton University Press.

Bronfenbrenner, M. org. 1969: *Is the Business Cycle Obsolete?* Nova York e Londres: Wiley-Interscience.

Broszat, Martin 1981: *The Hitler State: The Foundation and Development of the Internal Structure of the Third Reich.* Nova York: Longman.

Brown, G. et al. 1982: "Aggression, suicide and serotonin: relationships to CSF amine metabolites". *American Journal of Psychiatry* 139, 741-6.

Brown, Geoff 1977: *Sabotage.* Nottingham: Spokesman.

Brown, R. 1986: *Social Psychology.* 2ª ed., Nova York: Free Press; Londres: Collier-Macmillan.

Brownmiller, Susan 1976: *Against our Will: Men, Women and Rape.* Harmondsworth: Penguin.

Brozen, Y. 1982: *Concentration, Mergers and Public Policy.* Nova York: Macmillan.

Brubaker, Rogers 1984: *The Limits of Rationality: an Essay on the Social and Moral Thought of Max Weber.* Londres: Allen & Unwin.

Brubaker, W. Rogers org. 1989: *Immigration and the Politics of Citizenship in Europe and North America.* Lanham, NY, e Londres: University Press of America.

Brubaker, W. Rogers 1992: *Citizenship and Nationhood in France and Germany.* Cambridge, MA: Harvard University Press.

Bruce, S. 1986: "'*God Save Ulster!' The Religion and Politics of Paisleyism*". Oxford: Clarendon Press.
Bruce, S. 1990: *Pray TV: the Sociology of Televangelism*. Londres: Routledge & Kegan Paul.
Bruce, S. 1990. *A House Divided: Protestantism, Schism and Secularization.*
Bruegmann, W.G. 1981: "Target is industrial democracy: thirty years of co-determination in the Federal Republic of Germany". *Sozial-Report* 10, 1-23.
Brunner, K., org. 1981: *The Great Depression Revisited*. Boston: Martinus Nijhoff.
Brunt, P.A. e Moore, J.M. orgs. 1967: *Res Gestae Divi Augusti*. Oxford: Oxford University Press.
Brus, W. 1961 (*1972*): *The Market in a Socialist Economy*. Londres: Routledge & Kegan Paul.
Brus, W. 1979: "East European economic reforms: what happened to them?". *Soviet Studies* 31.2.
Brus, Wlodzimierz e Laski, Kazimiers 1989: *From Marx to the Market: Socialism in Search of an Economic System.* Oxford: Clarendon Press.
Bryant, C.G.A. 1985: *Positivism in Social Theory and Research.* Londres: Macmillan.
Bryant, C.G.A. e Jary, D. 1990: *Anthony Giddens*. Londres: Routledge & Kegan Paul.
Brym, Robert J. 1980: *Intellectuals and Politics*. Londres: Allen & Unwin.
Buchanan, A.E. 1982: *Marx and Justice*. Londres: Methuen.
Buchanan, J.M. 1975: *The Limits of Liberty: Between Anarchy and Leviathan*. Chicago: University of Chicago Press.
Buchanan, J.M. 1979: *What Should Economists Do?* Indianapolis: Liberty Press.
Buchanan, J.M. 1982: "Order defined in the process of its emergence". *Literature of Liberty* 5, 5.
Buchanan, J.M. 1986: *Liberty, Market and the State*. Brighton: Wheatsheaf.
Buchanan, J.M. e Tullock, G. 1962: *The Calculus of Consent*. Ann Arbor: University of Michigan Press.
Buchanan, J.M. e Wagner, R. 1977: *Democracy in Deficit: The Political Legacy of Lord Keynes*. Nova York: Academic Press.
Buci-Glucksmann, C. 1982: "Hegemony and consent". In *Approaches to Gramsci,* org. por A.S. Sassoon. Londres: Writers and Readers Publishing Cooperative.
Buckley, W. 1967: *Sociology and Modern Systems Theory*. Englewood Cliffs, NJ: Prentice-Hall.
Buck-Morss, S. 1977: *The Origin of Negative Dialetics. Theodor W. Adorno, Walter Benjamin and the Frankfurt Institute*. Nova York: Free Press.
Bukharin, N. 1917-8 (*1972*): *Imperialism and World Economy*. Londres: Merlin; Nova York: Monthly Review Press (1973) / (*1969*): *O imperialismo e a economia mundial*. Rio de Janeiro: Laemmert.
Bukharin, N. 1921 (*1925*): *Historical Materialism: a System of Sociology.* Nova York: International Publishers / (*1970*): *Tratado de materialismo histórico*: Rio de Janeiro: Laemmert.
Bukharin, N. 1982: *Selected Writings on the State and the Transition to Socialism,* org. por R. Day. Nova York: M.E. Sharpe.
Bulka, Reuven P. 1983: *Dimensions of Orthodox Judaism*. NJ: Ktav.
Bull, H. 1969: "International theory: the case for a classical approach". In *Contending Approaches to International Politics,* org. por K. Knoor e J.N. Rosenau. Princeton, NJ: Princeton University Press.
Bull, H. 1977: *The Anarchical Society*. Londres: Macmillan.
Bull, Hedley e Watson, Adam orgs. 1984: *The Expansion of Internacional Society*. Oxford: Clarendon Press.
Bullock, 1977: *Report of a Commitee of Inquiry on Industrial Democracy*. Londres: HMSO, Cmd. 6706.
Bullough, Edward 1957: *Aesthetics*. Palo Alto, CA: Stanford University Press.
Bulmer, M. org. 1985: *Essays on the History of British Sociological Research.* Cambridge: Cambridge University Press.
Bulmer, R. 1967: "Why is the cassowary not a bird?". *Man,* NS, 2.
Burckhardt, J. 1860 (*1955*): *The Civilisation of the Renaissance in Italy*. Londres: Phaidon / (*1991*): *A cultura do renascimento na Itália*. Brasília: Ed. da UNB.
Bürger, Peter 1984: *Theory of the Avant-Garde*. Manchester: Manchester University Press.
Burger, Thomas 1976: *Max Weber's Theory of Concept Formation: History, Laws, and Ideal Types*. NC: Duke University Press.

Burgess, R.L. e Bushell, D. Jr. 1969: *Behavioral Sociology: the Experimental Analysis of Social Process*. Nova York: Columbia University Press.

Burke, E. 1790 (*1968*): *Reflections on the Revolution in France*. Harmondsworth: Penguin.

Burke, Peter 1980: *Sociology and History*. Londres: Allen & Unwin.

Burke, Peter 1990: *The French Historical Revolution*. Cambridge: Polity / (*1991*): *A Revolução francesa da historiografia*. São Paulo: Unesp.

Burke, Peter 1992: *History and Social Theory*. Cambridge: Polity.

Burkitt, Ian 1991: *Social Selves: Theories of the Social Formation of Personality*. Londres: Sage.

Burnham, J. 1941: *The Managerial Revolution*. Nova York: John Day.

Burnier, Michel 1980: *FIAT: conseils ouvriers et syndicats*. Paris: Éditions Ouvrières.

Burns, A.F. e Mitchell, W.C. 1946: *Measuring Business Cycles*. Nova York: National Bureau of Economic Research.

Burns, J. 1979: *Leadership*. Nova York: Harper & Row.

Burns, T. e Stalker, G.M. 1961: *The Management of Innovation*. Londres: Tavistock.

Burrell, Gibson e Morgan, Gareth 1979: *Sociological Paradigms and Organizational Analysis*. Londres: Heinemann.

Burridge, K. 1969: *New Heaven, New Earth*. Oxford: Blackwell.

Burrow, J. 1966: *Evolution and Society: a Study in Victorian Social Theory*. Cambridge.

Bury, J.B. 1923: *The Idea of Progress*. Londres: Macmillan.

Bury, M.R. 1986: "Social constructionism and the development of medical sociology". *Sociology of Health and Illness* 8, 137-69.

Bush, Michael 1983: *Noble Privilege*. Manchester: Manchester University Press.

Bush, Michael 1988: *Rich Noble, Poor Noble*. Manchester: Manchester University Press.

Butler, Christopher 1980: *After the Wake: the Contemporary Avant-Garde*. Oxford: Clarendon Press.

Button, G. e Lee, J.R.E. orgs. 1987: *Talk and Social Organisation*. Clevedon: Multilingual Matters.

Caillois, Roger 1962: *Esthétique généralisée*. Paris: NRF.

Cairns, John 1984: "Blackstone, an English institutist". *Oxford Journal of Legal Studies* 4, 318.

Callinicos, A. 1983: *Marxism and Philosophy*. Oxford: Clarendon Press.

Callinicos, A. 1990: *Against Postmodernism*.

Calvert, P. 1982: *The Concept of Class*. Londres: Hutchinson.

Calvin, M. 1969: *Chemical Evolution: Molecular Evolution towards the Origin of Living Systems on the Earth*. Nova York: Oxford University Press.

Cameron, D. 1985: *Feminism and Linguistic Theory*. Londres: Macmillan.

Campbell, A. 1982: "Female aggression". In *Aggression and Violence*, org. por P. Marsh e A. Campbell. Oxford: Blackwell.

Campbell, Colin 1987: *The Romantic Ethic and the Spirit of Modern Consumerism*. Oxford: Blackwell.

Campbell, C. 1971: *Towards a Sociology of Irreligion*. Londres: Macmillan.

Campbell, N.R. 1953: *What is Science?* Nova York: Dover.

Campbell, T.D. 1988: *Justice*. Londres: Macmillan.

Camus, Albert 1951: *L'Homme revolté*. Paris: Gallimard / (*1956*): *The Rebel*. Nova York: Vintage.

Cannadine, D. 1983: "Context, performance and meaning of ritual: the British monarchy and the invention of tradition, *c*.1820-1977". In *The Invention of Tradition*, org. por E. Hobsbawm e T. Ranger. Cambridge: Cambridge University Press.

Cannadine, D. 1984: "The past and the present in the English industrial revolution, 1880-1980". *Past and Present* 103,131-72.

Canovan, M.C. 1981: *Populism*. Londres: Junction Books.

Caporale, R. e Grumelli, A. orgs. 1971: *The Culture of Unbelief*. Berkeley: University of California Press.

Capra, F. e Spretnak, C. 1984: *Green Politics*. Londres: Hutchinson.

Cardinal, Roger e Short, Robert Stuart 1970: *Surrealism: Permanent Revelation*. Londres: Studio Vista.

Cardoso, Fernando Henrique e Faletto, Enzo 1969: *Dependência e desenvolvimento na América Latina*. Rio de Janeiro: Zahar/Guanabara / (*1979*): *Dependency and Develop-*

ment in Latin America. Los Angeles: University of California Press.

Carlyle, T. 1904 (*1966*): *On Heroes, Hero-Worship and the Heroic in History,* org. por C. Niemeyer. Lincoln: University of Nebraska Press.

Carnap, R. 1928 (*1967*): *The Logical Structure of the World and Pseudo-Problems in Philosophy*. Berkeley: University of California Press; Londres: Routledge & Kegan Paul.

Carnap, R. 1932 (*1987*): "On protocol sentences". *Nous* 21, 457-70.

Carnap, R. 1932 (*1959*): "The elimination of metaphysics through logical analysis of language". In *Logical Positivism,* org. por A.J. Ayer. Glencoe, IL: Free Press.

Carnap, R. 1932 (*1934*): *The Unity of Science*. Londres: Kegan Paul.

Carnap, R. 1934 (*1937*): *The Logical Syntax of Language*. Londres: Kegan Paul; Nova York: Harcourt.

Carnap, R. 1936: "Testability and meaning". In *Readings in the Philosophy of Science,* org. por H. Feigl e M. Brodbeck. Nova York: Appleton-Century-Crofts.

Carnap, R. 1950: *The Logical Foundations of Probability.* Chicago: University of Chicago Press.

Carnap, R. 1956: "Methodological character of theoretical concepts". In *Minnesota Studies in the Philosophy of Science,* org. por H. Feigl e M. Scriven. Minneapolis: University of Minnesota Press.

Carnap, R. 1963: "Intelectual autobiography". In *The Philosophy of Rudolf Carnap,* org. por P.A. Schilpp. La Salle, IL: Open Court; Londres: Cambridge University Press.

Carnap, R. et al. 1929 (*1973*): "The scientific conception of the world: the Vienna circle." In *Empiricism and Sociology,* org. por M. Neurath e R.S. Cohen. Dordrecht: Reidel.

Carnoy, Martin e Shearer, Derek 1980: *Economic Democracy: the Challenge of the 1980s.* White Plains, NY: Sharpe.

Carr, E.H. 1939 (*1964*): *Twenty Years' Crisis*. Londres: Macmillan; Nova York: Harper Torchbook.

Carr, E.H. 1950-2 (*1966*): *The Bolshevik Revolution, 1917-1923,* 3 vols. Harmondsworth: Penguin / (*1981*): *A Revolução Russa de Lenin a Stalin, 1917-1923*. Rio de Janeiro: Zahar (trad. da ed. inglesa resumida pelo autor).

Carr, E.H. 1958: "Stalin". In *Socialism in One Country, 1924-1926,* vol I. Londres: Macmillan.

Carr, E.H. 1961: *What is History?* Harmondsworth: Penguin.

Carr-Saunders, A.M. e Wilson, P.A. 1933 (*1964*): *The Professions*. Londres: Frank Cass.

Carrithers, S. et al. 1985: *The Category of the Person: Anthropology, Philosophy, History.* Cambridge: Cambridge University Press.

Carson, R. 1972: *Silent Spring*. Harmondsworth: Penguin.

Carter, April 1992: *Peace Movements: International Protest and World Politics since 1945.*

Carter, B. 1985: *Capitalism. Class Conflict and the New Middle Class*. Londres: Routledge & Kegan Paul.

Cashdan, Asher e Jordan, Martin 1987: *Studies in Communication*. Oxford: Blackwell.

Cassirer, E. 1944: *An Essay on Man*. New Haven, CT: Yale University Press.

Cassirer, E. 1951: *The Philosophy of the Enlightenment*. Princeton, NJ: Princeton University Press.

Cassirer, Ernst 1923: *Substance and Function and Einstein's Theory of Relativity*. Chicago: Open Court.

Castells, Manuel 1989: *The Informational City*. Oxford: Blackwell.

Castles, F.C. org. 1982: *The Impact of Parties*. Londres e Los Angeles: Sage.

Castles, Stephen e Kosack, G. 1973: *Immigrant Workers and Class Structure in Western Europe*. Londres: Oxford University Press.

Castles, S. et al. 1984: *Here for Good: Western Europe's New Ethnic Minorities*. Londres: Pluto Press.

Caton, Charles, E. org. 1963: *Philosophy and Ordinary Language*.

Caute, David 1988: *Sixty-Eight: the Year of the Barricades*. Londres: Hamish Hamilton.

Cavan, R. 1965: *Suicide*. Nova York: Russel & Russel.

Cave, J. e Hare, P. 1981: *Alternative Approaches to Economic Planning*. Londres: Macmillan.

Cawson, A. org. 1985: *Organized Interests and the State: Studies in Meso-Corporatism*. Londres: Sage.

Cawson, A. 1986: *Corporatism and Political Theory*. Oxford: Blackwell.

Cawson, A. e Saunders, P. 1983: "Corporatism, competitive politics and class struggle". In *Capital and Politics*. Londres: Routledge & Kegan Paul.

Ceadel, M. 1987: *Thinking about Peace and War*. Oxford: Oxford University Press.

Centers, R. 1949: *The Psychology of Social Classes*. Princeton, NJ: Princeton University Press.

Chadwick-Jones, J.K. 1976: *Social Exchange Theory: its Structure and Influence in Social Psychology*. Nova York: Academic Press.

Chaliand, Gérad 1979 (*1984*): *Stratégies de la guérilla*. Paris: Gallimard.

Chalk, F. e Jonassohn, K. 1990: *The History and Sociology of Genocide*. New Haven, CT: Yale University Press.

Chalmers, Alan F. 1982: *What is Science? An Assessment of the Status and Nature of Science and its Methods*. St. Lucia: University of Queensland Press.

Chambliss, W. e Mankoff, M. 1976: *Whose Law? What Order?* Nova York: Wiley.

Champfleury [J.-F.-F. Husson] 1869: *Histoire de l'imagerie populaire*. Paris.

Chandler, A.D. 1977: *The Visible Hand*. Cambridge, MA: Harvard University Press.

Chandler, R.W. 1981: *War of Ideas: the US Propaganda Campaign in Vietnam*. Boulder, CO: Westview.

Charny, I.W. org. 1988: *Genocide: a Critical Bibliographic Review*. Nova York: Facts on File.

Chayanov, A.V. 1987: *The Theory of Peasant Economy*. Madison: Wisconsin University Press.

Chayanov, A.V. 1986: *The Theory of Peasant Cooperatives*. WI: University of Wiscomsim Press.

Chazel, F. 1985: "Les ruptures révolutionnaires". In *Traité de science politique,* org. por J. Leca e M.Grawitz. Paris: Presses Universitaires de France.

Ch'en, J. 1970: *Mao Papers*. Londres: Oxford University Press.

Chenery, H.B. et al. 1986: *Industrialization and Growth: a Comparative Study*. Nova York: Oxford University Press.

Cherlin, Andrew 1982: *Marriage, Divorce, Remarriage*. Cambridge, MA: Harvard University Press.

Chessyne, R. 1989: "Softly, softly". *New Statesman and Society,* 24 de novembro, 20-1.

Chevalier, L. 1973: *Labouring Classes and Dangerous Classes*. Londres: Routledge & Kegan Paul.

Childs, H.L. 1965: *Public Opinion: Nature, Formation and Role*. Princeton, NJ: Van Nostrand.

Chodorow, Nancy 1978: *The Reproduction of Mothering: Psychoanalysis and the Sociology of Gender*. Berkeley: University of California Press.

Chomsky, N. 1957: *Syntactic Structures*. Haia: Mouton.

Chomsky, N. 1959: "Review of B.F. Skinner's *Verbal Behaviour*". *Language* 35, 26-58.

Chomsky, M. 1965: *Aspects of the Theory of Syntax*. Cambridge, MA: MIT Press.

Chomsky, N. 1966: *Cartesian Linguistics: a Chapter in the History of Rationalist Thought*. Nova York.

Chomsky, N. 1980: *Rules and Representations*. Oxford: Blackwell / (*1981*): *Regras e representações*. Rio de Janeiro: Zahar.

Chomsky, N. 1981: *Lectures on Government and Binding*. Dordrecht: Foris.

Chomsky, N. 1986: *Barriers*. Cambridge, MA: MIT Press.

Chomsky, N. 1986: *Knowledge of Language: its Nature, Origin and Use*. Nova York: Praeger.

Chomsky, N. e Halle, M. 1968: *The Sound Pattern of English*. Nova York: Harper & Row.

Choukas, M. 1965: *Propaganda Comes of Age*. Washington, DC: Public Affairs Press.

Chow, N.W.S. 1982: *Poverty in an Affluent City: a Report of a Survey of Low Income Families in Hong Kong*. Hong Kong: Chinese University of Hong Kong.

Christie, N. 1982: *Limits to Pain*. Oxford: Martin Robertson.

Churchland, P. 1979: *Scientific Realism and the Plasticity of Mind*. Cambridge: Cambridge University Press.

Cícero 1958. *Pro Sestio and In Vatinium*. Londres: Heinemann.

Cicourel, A.V. 1968: *The Social Organization of Juvenile Justice*. Nova York: Wiley.

Cixous, Hélène 1975 (*1976*): "The laugh of the medusa". *Signs* 1, 875-99.

Cixous, Hélène 1976 (*1981*): "Castration or decapitation". *Signs* 7.1, 41-55.

Clark, A. 1989: *Microcognition: Philosophy, Cognitive Science, and Parallel Distributed*

Processing. Cambridge, MA: Bradford/MIT Press.

Clark, Colin 1968: Population Growth and Land Use. Londres: Macmillan.

Clark, J. et al. orgs. 1990: Anthony Giddens: Consensus and Controversy. Londres e Nova York: Falmer Press.

Clark, T.J. 1973: *The Absolute Bourgeois: Artists and Politics in France 1848-1851*. Londres: Thames & Hudson.

Clarke, J. et al. orgs. 1987: *Ideologies of Welfare: From Dreams to Disillusion*. Londres: Hutchinson.

Clarke, John e Critcher, Chas 1985: *The Devil Makes Work: Leisure in Capitalist Britain*. Londres: Macmillan.

Clarke, M. 1981: *Fallen Idols*. Londres: Junction Books.

Clarke, P. 1978: *Liberals and Social Democrats*. Nova York: Cambridge University Press.

Clarke, Simon 1980: "Althusserian Marxism". In *One Dimensional Marxism: Althusser and the Politics of Culture*, org. por Simon Clarke et al. Londres: Alison & Busby.

Clarke, Simon 1982 (*1991*): *Marx, Marginalism and Modern Sociology*. Londres: Macmillan; Atlantic Highlands, NJ: Humanities.

Clarke, Simon 1988: *Keynesianism, Monetarism and the Crisis of the State*. Aldershot: Edward Elgar.

Claude, I.L. 1956 (*1964*): *Swords into Plowshares*. 3ª ed., Nova York: Random House.

Claude, I.L. 1962: *Power in International Relations*. Nova York: Random House.

Clausewitz, Carl von 1832 (*1976*): *On War*. Princeton, NJ: Princeton University Press.

Clecak, P. 1983: *America's Quest for the Ideal Self: Dissent and Fulfillment in the 60's and 70's*. Nova York: Oxford University Press.

Clegg, Hugh 1976: *Trade Unions under Collective Bargaining*. Oxford: Blackwell.

Clegg, Stewart 1980: *Organization, Class and Control*. Londres: Routledge & Kegan Paul.

Clegg, Stewart 1990: *Organization Theory and Class Analysis*. Berlim: De Gruyter.

Cleland, J. e Wilson, C. 1987: "Demand theories of the fertility transition: an iconoclastic view". *Population Studies* 41, 5-30.

Clinard, M. 1963: *Sociology of Deviant Behaviour*. Nova York: Holt.

Clogg, C.C. 1992: "The impact of sociological methodology on statistical methodology". *Statistical Science* 7.

Clyne, M. 1984: *Language and Society in the German-speaking Countries*. Cambridge: Cambridge University Press.

Coale, A.J. 1972: *The Growth and Structure of Human Populations*. Princeton, NJ: Princeton University Press.

Coates, J. 1986: *Women, Men and Language*. Londres: Longman.

Coates, J.F. e Jarrat, J. orgs., 1992: *The Future: Trends into the Twenty-First Century*. Número especial de *Annals of the American Academy of Political and Social Science* 552, julho.

Coates, Ken and Topham, Tony 1975: *Industrial Democracy in Great Britain*, 3 vols. Nottingham: Spokesman.

Cobban, A. 1939: *Dictatorship: its History and Theory*. Londres: Jonathan Cape.

Cochetti, Stefano 1985: *Mythos und "Dialektik der Aufklärung"*. Königstein: Athenäum.

Cochrane, A.L. 1972: *Effectiveness and Efficiency*. Londres: Nuffield Provincial Hospitals Trust.

Cockburn, C. 1983: *Brothers*. Londres: Pluto Press.

Coffield, F. et al. 1980: *A Cycle of Deprivation?* Londres: Heinemann.

Cohen, A. 1966: *Deviance and Control*. Londres: Prentice-Hall.

Cohen, A. 1974: *Two-Dimensional Man*. Berkeley: University of California Press / (*1978*): *O homem bidimensional*. Rio de Janeiro: Zahar.

Cohen, Anthony 1985: *The Symbolic Construction of Community*. Londres: Routledge.

Cohen, G.A. 1978: *Karl Marx's Theory of History: a Defence*. Oxford: Clarendon Press; Princeton, NJ: Princeton University Press.

Cohen, Ira J. 1989: *Structuration Theory: Anthony Giddens and the Constitution of Social Life*. Londres: Macmillan; Nova York: St. Martin's Press.

Cohen, L.J. 1986: *The Claims of Reason*. Oxford: Oxford University Press.

Cohen, S. org. 1971: *Images of Deviance*. Harmondsworth: Penguin.

Cohen, S. 1985: *Visions of Social Control*. Cambridge: Polity.

Cohen, S. e Scull, A. orgs. 1983 (*1985*): *Social Control and the State*. Oxford: Blackwell.

Cohen, Stephen S. e Zysman, John: *Manufacturing Matters: the Myth of the Post-Industrial Economy.* Nova York: Basic Books.

Cohen, Ted e Guyer, Paul orgs. 1982: *Essays in Kant's Aesthetics.* Chicago: Chicago University Press.

Cohn, Norman 1970: *The Pursuit of the Millennium.* Ed. rev., Nova York: Oxford University Press.

Cole, G.D.H. 1913: *The World of Labour.* Londres: Bell.

Cole, G.D.H. 1917 (*1972*): *Self Government in Industry.* Londres: Hutchinson.

Cole, G.D.H. 1920: *Guild Socialism Re-stated.* Londres: Leonard Parsons.

Cole, G.D.H. 1945: *A Century of Co-operation.* Manchester: Co-operative Union.

Cole, G.D.H. 1953-60: *A History of Social Thought,* 5 vols. Londres: Macmillan.

Cole, L.C. 1958 (*1971*): "The ecosphere". In *Man and the Ecosphere,* org. por P.R. Ehrlich et al. São Francisco: Freeman.

Coleman, D.C. 1987: *History and the Economic Past: an Account of the Rise and Decline of Economic History in Britain.* Oxford: Oxford University Press.

Colletti, Lucio 1972: *From Rousseau to Lenin.* Londres: New Left Books; Nova York: Monthly Review Press.

Colletti, Lucio 1975: "Marxism and the dialectic". *New Left Review* 93.

Collingwood, R.G. 1938: *The Principles of Art.* Oxford: Clarendon Press.

Collingwood, R.G. 1940: *An Essay on Metaphysics.* Oxford: Clarendon Press.

Collingwood, R.G. 1946: *The Idea of History.* Oxford: Oxford University Press.

Collini, S. et al. 1983: *That Noble Science of Politics: a Study in Nineteenth-Century Intellectual History.* Cambridge.

Collini, Stefan 1979: *Liberalism and Sociology: L.T. Hobhouse and Political Argument in England 1880-1914.* Cambridge: Cambridge University Press.

Collins, H. 1982: *Marxism and Law.* Oxford: Clarendon Press.

Collins, R. 1988: *Theoretical Sociology.* San Diego: Harcourt Brace Jovanovich.

Collins, Randall 1975: *Conflict Sociology: Toward an Explanatory Science.* Nova York: Academic Press.

Compton, B. 1952: *Mao's China: Party Reform Documents, 1942-1944.* Seattle: University of Washington Press.

Comte, Auguste 1830-42 (*1970*): *Introduction to Positive Philosophy.* Indianapolis: Bobbs-Merrill.

Comte, Auguste 1830-42: *Cours de philosophie positive,* 6 vols. Paris: Florence Knodose / (*1896*): *The Positive Philosophy of Auguste Comte.* Londres: Bell.

Comte, Auguste 1974: *The Essential Comte,* org. por Stanislav Andreski. Londres: Croom Helm.

Cone, J. 1969: *Black Theology and Black Power.* Nova York: Seabury.

Conger, J.A. 1989: *The Charismatic Leader: Beyond the Mystique of Exceptional Leadership.* São Francisco: Jossey-Bass.

Conger, J.A. e Kanungo, R.N. orgs. 1988: *Charismatic Leadership: the Elusive Factor in Organisational Effectiveness.* São Francisco: Josey-Bass.

Congregação para a Doutrina da Fé 1984: *Instruction of Certain Aspects of the Theology of Liberation.* Roma: Vatican Press/(*1986*): *Instrução sobre a liberdade cristã e a libertação,* 2ª ed, Petrópolis: Vozes.

Connolly, W.E. 1983: *The Terms of Political Discourse.* Oxford: Martin Robertson.

Connolly, William org. 1984: *Legitimacy and the State.* Oxford: Blackwell.

Connor, Steven 1989: *Postmodernist Culture: an Introduction to Theories of the Contemporary.* Oxford: Blackwell.

Conquest, R. 1971: *The Great Terror: Stalin's Purge of the Thirties.* Harmondsworth: Penguin.

Converse, J.M. 1987: *Survey Research in the United States: Roots and Emergence, 1890-1960.* Berkeley: University of California Press.

Cook, K.S. org. 1987: Social Exchange Theory. Newbury Park: Sage.

Cooley, C.H. 1909 (1962): *Social Organization.* Nova York: Schocken.

Cooper, David E. 1990: *Existentialism: a Reconstruction.* Oxford: Blackwell.

Coplestone, F. 1963: *A History of Philosophy,* 9 vols. Vol. 1: *Fichte to Nietzsche.* Londres: Burns & Oates.

Corbin, Alain 1982: *Le miasme et la jonquille.* Paris: Aubier / (*1986*): *The Foul and the*

Fragrant. Cambridge, MA: Harvard University Press.

Cornforth, M. 1980: *Communism and Philosophy: Contemporary Dogmas and Revisions of Marxism*. Londres: Lawrence & Wishart.

Coser, Lewis A. 1956: *The Functions of Social Conflict*. Nova York: Free Press.

Coser, Lewis A. 1965: *Men of Ideas: A Sociologist's View*. Nova York: Free Press.

Coser, Lewis A. 1967: *Continuities in the Study of Social Conflict*. Nova York: Free Press.

Coser, Lewis A. 1988: "The functions of dissent". In *A Handful of Thistles: Collected Papers in Moral Conviction*. New Brunswick, NJ: Transaction Books.

Cosgrove, D. 1985: *Social Formation and Symbolic Landscape*. Totowa, NJ: Barnes & Noble.

Cotgrove, S. 1982: *Catastrophe or Cornucopia: the Environment, Politics and the Future*. Chichester: Wiley.

Couthard, M. e Montgomery, M. orgs. 1979: *Studies in Discourse Analysis*. Londres: Routledge & Kegan Paul.

Court, W.H.B. 1970: *Scarcity and Choice in History*. Londres.

Cousin, Bernard 1980: "Longue durée et temps court: l'impact de la Révolution Française sur l'ex-voto peint". *Annales Historiques de la Révolution Française* 240, 280-93.

Cowen, Tyler, 1982: "Say's law and Keynesian economics". In *Supply-Side Economics: a Critical Appraisal*, org. por Richard H. Fink. Frederick, MD: University Publications of America.

Cragg, K. 1965: *Islamic Surveys: Counsels in Contemporary Islam*. Edimburgo: Edinburgh University Press.

Cranston, M. 1953: *Freedom: a New Analysis*. Londres: Longmans, Green.

Crawford, R. 1977: "You are dangerous to your health: the ideology and politics of victim blaming". *International Journal of Health Services* 7, 665-80.

Crenshaw, M. org. 1983: *Terrorism, Legitimacy and Power*. Middletown, CT: Wesleyan University Press.

Crick, B. 1959: *The American Science of Politics*. Londres: Routledge & Kegan Paul.

Crick, B.R. 1992: *In Defence of Politics*. 3ª ed., Londres: Weidenfeld & Nicolson.

Croce, Benedetto 1922: *Aesthetics as Science of Expression and General Linguistic*, trad. por D. Ainslie. Londres: Macmillan.

Croix, G. de Ste 1981: *The Class Struggle in the Ancient Greek World*. Londres: Duckworth.

Crone, Patricia 1989: *Pre-Industrial Societies*. Oxford: Blackwell.

Cross, Gary 1986: "The political economy of leisure in retrospect: Britain, France and the origins of the eigth-hour day". *Leisure Studies* 5.

Cross, W.R.: *The Burned-over District: the Social and Intellectual History of Enthusiastic Religion in Western New York State 1800-1850*. Ithaca, NY: Cornell University Press.

Crossmann, R.H.S. 1963: "Introduction". In W. Bagehot: *The English Constitution*. Londres: Fontana.

Crouch, Colin 1982: *Trade Unions*. Londres: Fontana.

Crozier, Michael 1963: *Le phénomène bureaucratique*. Paris: Seuil / (*1964*): *The Bureaucratic Phenomenon*. Chicago: University of Chicago Press / (*1981*): *O fenômeno burocrático*. Brasília: Ed. da UNB.

Crusius, Reinhard org. 1978: *Die Betriebsräte in der Weimarer Republik: von der Selbstverwaltung zur Mitbestimmung*, 2 vols. Berlim: Olle & Wolter.

Crystal, D. 1985: *A Dictionary of Linguistics and Phonetics*. Oxford: Blackwell / (*1988*): *Dicionário de lingüística e fonética*. Rio de Janeiro: Jorge Zahar.

Culler, J. 1976 (*1986*): *Sausurre*. Londres: Fontana.

Culler, J. 1982: *On Deconstruction: Theory and Criticism after Structuralism*. Ithaca: Cornell University Press.

Cumont, Franz 1911 (*1956*): *The Oriental Religions in Roman Paganism*. Nova York: Dover.

Curle, A. 1971: *Making Peace*. Londres: Tavistock.

Curran, James e Seaton, Jean 1988 (*1991*): *Power without Responsability*. 3ª ed., Londres: Routledge.

Curtis, D. 1973: *Dartmoor to Cambridge*. Londres: Hodder & Stoughton.

Curtis, Michael org. 1986: *Antisemitism in the Contemporary World*. Londres: Westview Press.

Dahl, R.A. 1948: "Marxism and free parties". *Journal of Politics*.

Dahl, R.A. 1956 (*1966*): *A Preface to Democratic Theory.* New Haven, CT: Yale University Press / (*1989*): *Um prefácio à teoria democrática*. Rio de Janeiro: Jorge Zahar.

Dahl, R.A. 1958: "A critique of the rulling elite model". *American Political Science Review* 52.

Dahl, R.A. 1961: *Who Governs? Democracy and Power in an American City.* New Haven, CT, e Londres: Yale University Press.

Dahl, R.A. 1963: *Modern Political Analysis.* Englewood Cliffs, NJ: Prentice-Hall.

Dahl, R.A. org. 1973: *Regimes and Oppositions.* New Haven, CT: Yale University Press.

Dahl, R.A. 1982: *Dilemmas of Liberal Democracies*. New Haven, CT: Yale University Press.

Dahl, R.A. 1985: *A Preface to Economic Democracy.* Cambridge: Polity; New Haven, CT: Yale University Press / (*1990*): *Um prefácio à democracia econômica*. Rio de Janeiro: Jorge Zahar.

Dahl, R.A. 1989: *Democracy and its Critics.* New Haven, CT, e Londres: Yale University Press.

Dahrendorf, R. 1957 (*1959*): *Class and Class Conflict in Industrial Society.* Stanford, CA: Stanford University Press.

Dahrendorf, R. et al. 1977: *Scientific-Technological Revolution: Social Aspects.* Londres: Sage.

Dallmayr, F. e McCarthy, T. orgs. 1977: *Understanding and Social Inquiry.* Notre Dame, IN: University of Notre Dame Press.

Daly, Mary 1978: *Gyn/Ecology: The Metaethics of Radical Feminism.* Londres: Women's Press.

Daniel, G. e Renfrew, A.C. 1988: *The Idea of Prehistory.* Edimburgo: Edinburgh University Press.

Danziger, K. 1976: *Interpersonal Communication.* Nova York: Pergamon.

Darwin, Charles 1859 (*1959*): *On the Origin of Species by Means of Natural Selection,* org. por Morse Peckham. Filadélfia: University of Philadelphia Press.

Darwin, Charles 1871 (*1874*): *The Descent of Man*. 2ª ed., Londres: John Murray.

Dasgupta, P. 1988: "Trust as a commodity". In *Trust: Making and Breaking Cooperative Relations,* org. por D. Gambetta. Oxford: Blackwell.

Daumard, Adeline 1973: *Les fortunes françaises au XIXe siècle.* Paris: Mouton.

Davidoff, Leonore e Hall, Catherine 1986: *Family Fortunes: Men and Women of the English Middle Class, 1780-1850.* Londres: Hutchinson.

Davidoff, R. 1979: "The separation of home from work". In *Fit Work for Women,* org. por S. Burnham. Londres: Croom Helm.

Davidson, Basil 1955: *The African Awakening.* Londres: Jonathan Cape.

Davidson, D. 1974 (*1984*): "On the very idea of a conceptual scheme". In *Inquiries into Truth and Interpretation.* Oxford: Clarendon Press.

Davidson, D. 1980: *Essays on Actions and Events.* Oxford: Oxford University Press.

Davidson, Donald 1977: "Handeln". In *Analytische Handlungstheorie,* vol.1, org. por Georg Meggle. Frankfurt.

Davies, R.W. 1989: *Soviet History in the Gorbachev Revolution.* Londres: Macmillan.

Davies, S. et al. 1988: *Economics of Industrial Organisation.* Harlow: Longman.

Davis, K. 1945: "The world demographic transition." *Annals of the American Academy of Political and Social Science* 273, 1-11.

Davis, K. 1967: "The urbanization of the human population". In *Cities.* Harmondsworth: Penguin.

Davis, Kingsley 1949: *Human Society.* Nova York: Macmillan.

Davis, Kingsley 1953: "Reply [a 'Some principles of stratification: a critical analysis' de Melvyn M. Tumin]". *American Sociological Review* 18, 394-7.

Davis, Kingsley e Blake, Judith 1956: "Social structure and fertility: an analytic framework". *Economic Development and Cultural Change* 4, 211-35.

Davis, Kingsley e Moore, Wilbert E. 1945: "Some principles of stratification". *American Sociological Review* 10, 242-9.

Davis, M. org. 1965: *The Undecidable.* Nova York: Raven Press.

Dawe, Alan 1978: "Theories of social action". In *A History of Sociological Analysis,* org. por Tom Bottomore e Robert Nisbet. Nova York: Basic Books.

Dawkins, R. 1976: *The Selfish Gene.* Oxford: Oxford University Press.

Dawkins, R. 1986 (*1988*): *The Blind Watchmaker*. Harmondsworth: Penguin.

Day, M.H. 1975: *Mao Zedong 1917-1925: Documents*. Estocolmo.

Day, R.D. 1976: "The theory of long waves: Kondratiev, Trotsky, Mandel". *New Left Review* 99, 67-82.

Debreu, G. 1959: *Theory of Value: an Axiomatic Analysis of Economic Equilibrium*. New Haven, CT: John Wiley.

Deely, J. 1990: *Basics of Semiotics*. Bloomington: Indiana University Press.

Della Porta, D. e Pasquino, G. 1983: *Terrorismo e violenza politica*. Bolonha: Il Mulino.

Della Volpe, G. 1950 (*1980*): *Logic as a Positive Science*. Londres: New Left Books.

Delphy, C. 1984: *Close to Home: a Materialist Analysis of Women's Oppression*. Londres: Hutchinson.

De Man, Paul 1979 (*1983*): *Blindness and Insight: Essays in the Rhetoric of Contemporary Criticism*. Londres: Methuen.

Demeny, P. 1972: "Early fertility decline in Austria-Hungary: a lesson in demographic transition." In *Population and Social Change*, org. por D.V. Glass e R. Revelle. Londres: Edward Arnold.

Demerath, N.J. e Peterson, R.A. orgs. 1967: *System, Change and Conflict*. Nova York: Free Press.

Demsetz, H. 1982: "Barriers to entry". *American Economic Review* 72, 47-57.

Derber, Milton 1970: *The American Idea of Industrial Democracy: 1865-1965*. Urbana: University of Illinois Press.

Derrida, Jacques 1967: *De la grammatologie*. Paris: Minuit / (*1976*): *Of Grammatology*. Baltimore: Johns Hopkins University Press / (*1973*) *Gramatologia*. São Paulo: Perspectiva/Edusp.

Derrida, Jacques 1967: *L'écriture et la différence*. Paris: Seuil / (*1978*): *Writing and Difference*. Londres: Routledge; Chicago: University of Chicago Press / (*1971*): *A escritura e a diferença*. São Paulo: Perspectiva.

Derrida, Jacques 1972: *Positions*. Paris: Minuit / (*1981*): *Positions*. Londres: Athlone.

Desai, M. 1986: "On defining the poverty thereshold". In *Excluding the Poor*. Londres: Child Poverty Action Group.

Desai, M. e Shah, A. 1988: "An econometric approach to the measurement of poverty". *Oxford Economic Papers* 40, 505-22.

Desroche, H. 1964: *Co-opération et développement: mouvements co-opératifs et stratégie du développement*. Paris: Presses Universitaires de France.

Dessoir, Max 1906 (*1970*): *Aesthetics and Theory of Art*. Detroit: Wayne State University Press.

Deutsch, K.W. 1963: *The Nerves of Government*. Nova York: Free Press.

Deutsch, K.W. 1966: *Nationalism and Social Communication*. 2ª ed., Cambridge, MA: MIT Press.

Deutsch, K.W. e Singer, J.D. 1964: "Multipolar systems and international stability". *World Politics* 16, 390-406.

Deutsch, K.W. et al. 1957: *Political Community and the North Atlantic Area*. Princeton, NJ: Princeton University Press.

Deutscher, I. 1950: *Soviet Trade Unions*. Londres: RIIA.

Deutscher, I. 1954: *The Prophet Armed: Trotsky, 1879-1921*. Londres: Oxford University Press / (*1984*): *Trotski: O profeta armado*. Rio de Janeiro: Civilização Brasileira.

Deutscher, I. 1959: *The Prophet Unarmed. Trotsky: 1921-1929*. Londres: Oxford University Press / (*1984*): *Troski: o profeta desarmado*. Rio de Janeiro: Civilização Brasileira.

Deutscher, I. 1963: *The Prophet Outcast. Trotsky: 1929-1940*. Londres: Oxford University Press / (*1984*) *Trotski: O profeta banido*. Rio de Janeiro: Civilização Brasileira.

Devine, P. 1988: *Democracy and Economic Planning*. Cambridge: Polity.

Devos, T. 1981: *US Multinationals and Worker Participation in Management: the American Experience in the European Community*. Londres: Aldwych.

De Vroey, M. 1984: "A regulation approach interpretation of contemporary crisis". *Capital & Class* 23, 45-66.

Dewey, J. 1938: *Logic: the Theory of Inquiry*. Nova York: Holt.

Dewey, John 1917 (*1976*): "The need for a recovery of philosophy". In *John Dewey: Middle Works, 1898-1924,* vol. 10. Carbondale: Southern Illinois Press.

Dewey, John 1927 (*1981*): "The public and its problems". In *John Dewey: Later Works, 1925-1953,* vol. 2. Carbondale: Southern Illinois Press.

Dewey, John 1966: *Selected Educational Writings,* org. por F.W. Garforth. Londres: Heinemann.

Dews, Peter 1987: *Logics of Desintegration.* Nova York: Verso.

Dharmasiri, Gunapala 1989: *Fundamentals of Buddhist Ethics.* Antioch, CA: Golden Leaves.

DHSS 1980: *Inequalities in Health: the Black Report.* Londres: Department of Health and Social Security.

Di Tella, Torcuato S. 1989: *Latin American Politics: a Theoretical Approach.* Austin: Texas University Press.

Diakonoff, Igor M. 1974: *Structure of Society and State in Early Dynastic Sumer.* Los Angeles: Undena Press.

Diani, Marco 1992: *The Immaterial Society: Design, Culture and Technology in the Postmodern World.* Englewood Cliffs, NJ: Prentice-Hall.

Dickie, George 1962: "Is psychology relevant to aesthetics?". *Philosophical Review* 71, 285-302.

Dickie, George 1971: *Aesthetics: an Introduction.* Nova York: Bobbs-Merrill.

Dickson, D. 1974: *Alternative Technology.* Glasgow: Fontana/Collins.

Dickson, D. 1984: *The New Politics of Science.* Nova York: Panther.

Diffey, T.J. 1984: "The sociological challenge to aesthetics". *British Journal of Aesthetics* 24, 168-71.

Dilthey, W. 1927 (*1958*): *Gesammelte Schriften,* 18 vols. Vol. 7: *Der Aufbau der geschichtlichen Welt in den Geisteswissenschaften.* Leipzig e Berlim: B.G. Teubner.

Dilthey, W. 1931 (*1976*): *Dilthey: Selected Writings,* org. por H.P. Rickman. Cambridge: Cambridge University Press.

Dirlik, A. 1989: *The Origins of Chinese Communism.* Nova York: Oxford University Press.

Dittmar, N. 1976: *Sociolinguistics.* Londres: Arnold.

Dix, R. 1983: "Varieties of revolution". *Comparative Politics,* 15, 281-93.

Djilas, M. 1957: *The New Class: an Analysis of the Communist System.* Londres: Unwin; Nova York: Praeger.

Dobb, M. 1946: *Studies in the Development of Capitalism.* Londres: Routledge / (*1983*) *A evolução do capitalismo.* 9ª ed., Rio de Janeiro: Zahar/Guanabara.

Dobb, M.H. 1939 (*1955*): "A note on saving and investment in a socialist economy". In *On Economic Theory and Socialism.* Londres: Routledge & Kegan Paul.

Dobbelaere, K. 1981: "Secularization: a multidimensional concept". *Current Sociology* 29.2.

Döbert, R. e Nunner-Winkler, G. 1978: "Performanzbestimmende Aspekte moralischen Bewusstseins". In *Sozialisation und Moral,* org. por G. Portele. Weinheim.

Dobzhansky, T. 1962: *Mankind Evolving: the Evolution of the Human Species.* New Haven, CT: Yale University Press.

Doeringer, P. e Piore, M. 1971: *Internal Labor Markets and Manpower Analysis.* Heath Publishers.

Dolan, J.P. 1978: *Catholic Revivalism: the American Experience 1830-1900.* Notre Dame, IN: University of Notre Dame Press.

Domar, E. 1946: "Capital expansion, rate of growth, and employment". *Econometrica* 14, 137-47.

Donagan, A. 1966: "The Popper-Hempel theory reconsidered". In *Philosophical Analysis in History.* Nova York: Harper & Row.

Donajgrodzki, A.P. org. 1977: *Social Control in Nineteenth-Century Britain.* Londres: Croom Helm.

Donzelot, Jacques 1977: *La police de families.* Paris: Minuit / (*1980*): *The Policing of Families.* Londres: Hutchinson.

Donzelot, Jacques 1984: *L'invention du social.* Paris: Fayard.

Dornbusch, S. 1989: "The sociology of adolescence". *Annual Review of Sociology* 15, 233-89.

Dosi, G. et al. 1988: *Technical Change and Economic Theory.* Londres: Pinter.

Douglas, J. 1967 (*1970*): *The Social Meanings of Suicide.* Princeton, NJ: Princeton University Press.

Douglas, J. e Scott R. 1972: *Theoretical Perspectives on Deviance.* Nova York: Basic Books.

Douglas, J.D. 1970: *Youth in Turmoil.* Washington, DC: US Government Printing Office.

Douglas, M. 1970: *Natural Symbols: Explorations in Cosmology.* Nova York: Pantheon.

Dowding, K.M. 1991: *Rational Choice and Political Power.* Aldershot: Edward Elgar.

Dower, N. 1983: *World Poverty*. York: Ebor Press.

Downes, D. e Rock, P. 1979: *Deviant Interpretations*. Oxford: Martin Robertson.

Downes, D. e Rock, P. 1988: *Understanding Deviance*. Oxford: Oxford University Press.

Downes, W. 1984: *Language and Society*. Londres: Fontana.

Downs, A. 1957: *An Economic Theory of Democracy*. Nova York: Harper & Row.

Doyle, Brian 1989: *English and Englishness*. Londres e Nova York: Routledge.

Doyle, M.W. 1983; "Kant, liberal legacies, and foreign affairs". *Philosophy and Public Affairs* 12, 205-34, 323-52.

Drake, Duran et al. 1920 (*1941*): *Essays in Critical Realism*. Nova York: P. Smith.

Draper, H. 1977: *Karl Marx's Theory of Revolution,* 2 vols. Vol. 1: *State and Bureaucracy*. Nova York: Monthly Review Press.

Drever, J. 1964: *A Dictionary of Psychology*. Ed. rev., Harmondsworth: Penguin.

Drew, P. e Heritage J.C. orgs. 1991: *Talk at Work*. Cambridge: Cambridge University Press.

Drewnowski, J. e Scott, W. 1966: *The Level of Living Index: Report No. 4*. Genebra: Research Institute of Social Development.

Drèze, J. e Sen A. 1989: *Hunger and Public Action*. Oxford: Clarendon Press.

Driver, Godfrey Rolles e Miles, John C. orgs. 1952-5: *The Babylonian Laws*. Oxford: Clarendon Press.

Dror, Y. 1983: "Terrorism as a challenge to governments". In *Terrorism, Legitimacy and Power,* org. por M. Crenshaw. Middletown, CT: Wesleyan University Press.

Drucker, Peter F. 1979: "The first technological revolution and its lessons". In *Technology and Change,* org. por John G. Burke e Marshall C. Eakin. São Francisco: Boyd & Fraser.

Dubiel, Helmut 1978 (*1985*): *Theory and Politics: Studies in the Development of Critical Theory*. Cambridge, MA: MIT Press.

Dubofsky, Melvyn 1969: *We Shall Be All: a History of the IWW*. Chicago: Quadrangle.

Du Bois, W.E.B. 1965: *The World and Africa: an Inquiry into the Part which Africa has Played in World History*. Nova York: International.

Dubos, R. 1961: *Mirage of Health*. Nova York: Andor.

Dubos, R. 1968: *So Human an Animal*. Nova York: Scribner's.

Duby, Georges 1973: *Guerriers et paysans: essai sur la première croissance économique de l'Europe*. Paris: Gallimard / (*1974*): *The Early Growth of the European Economy: Warriors ans Peasants from the Seventh to the Twelfth Century*. Ithaca, NY: Cornell University Press / (*1980*): *Guerreiros e camponeses*. Lisboa: Estampa.

Duchac, R. 1974: *La sociologie des migrations aux États Unis*. Paris e Haia: Mouton.

Duhem, Pierre 1906 (*1954*): *The Aim and Structure of Scientific Theory*. Princeton, NJ: Princeton University Press.

Duijn, J.J. van 1982: *The Long Wave in Economic Life*. Nova York: Unwih.

Dumont, L. 1967: *Homo hierarchicus*. Paris: Gallimard / (*1970*): *Homo Hierarchicus*. Londres: Weidenfeld & Nicolson.

Dumont, L. 1971: *Introduction à deux théories d'anthropologie sociale*. Paris e Haia: Mouton.

Dumont, L. 1975: *Dravidien et Kariera: l'alliance de mariage dans l'Inde du Sud et en Australie*. Paris e Haia: Mouton.

Dumont, L. e Pocock, D. orgs. 1957-69: *Contributions to Indian Sociology,* 9 vols. Paris e Haia: Mouton.

Dumoulin, Heinrich org. 1976: *Buddhism in the Modern World*. Nova York: Collier.

Duncan, S. e Fiske, W. 1977; *Face-to-Face Interaction*. Hillsdale: Erlbaum.

Dunhill, C. org. 1989: *The Boys in Blue: Women's Challenge to the Police*. Londres: Virago.

Dunlop, John e Whyte, William F. 1950: "Framework for the analysis of industrial relations: two views". *Industrial and Labor Relations Review* 3, 383-401.

Dunlop, John T. 1950: *Wage Determination under Trade Unions*. Nova York: Augustus M. Kelley.

Dunlop, John T. 1958: *Industrial Relations Systems*. Nova York: Henry Holt.

Dunn, J. 1979: *Western Political Theory in the Face of the Future*. Cambridge: Cambridge University Press.

Dunn, J. 1984: "The concept of trust in the politics of John Locke". In *Philosophy in History,* org. por R. Rorty et al. Cambridge: Cambridge University Press.

Dunn, John 1984: *The Politics of Socialism*. Cambridge: Cambridge University Press.

Durand, G. 1969: *Les structures anthropologiques de l'imaginaire*. Paris: Bordas.

Durand, G. 1979: *Figures mythiques et visages de l'oeuvre*. Paris: Berg.

Durkheim, Émile 1893: *De la division du travail social*. Paris: Félix Alcan / (*1984*): *The Division of Labor in Society*. Londres: Macmillan; Nova York: Free Press / (*1978*): *Da divisão do trabalho social*. São Paulo: Abril Cultural.

Durkheim, Émile 1895: *Les règles de la méthode sociologique*. Paris: Félix Alcan / (*1982*): *The Rules of the Sociological Method*. Londres: Macmillan; Nova York: Free Press.

Durkheim, Émile 1897 (*1969*): *Le suicide, étude de sociologie*. Paris: Félix Alcan; PUF / (*1963*): *Suicide: a Sociological Study*. Nova York: Free Press; Londres: Routledge & Kegan Paul / (*1982*): *O suicídio*. Rio de Janeiro: Zahar.

Durkheim, Émile 1900 (*1973*): "Sociology in France in the nineteenth century". In *Émile Durkheim on Morality and Society: Selected Writings*, org. por R.N. Bellah. Chicago: University of Chicago Press.

Durkheim, Émile 1925: *L'éducation moral*. Paris: Alcan.

Durkheim, Émile 1928 (*1962*): *Socialism*. Nova York: Collier.

Durkheim, Émile 1912 (*1968*): *Les formes élémentaires de la vie religieuse*. Paris: Félix Alcan / (*1976*): *The Elementary Forms of the Relious Life: a Study in Religious Sociology*. Nova York: Free Press; Londres: Allen & Unwin / (*1973*): *As formas elementares da vida religiosa*. São Paulo: Abril Cultural.

Durkheim, Émile 1950: *Leçons de sociologie. Physique des moeurs et du droit*. Paris: PUF / (*1957*): *Professional Ethics and Civic Morals*. Londres: Routledge & Kegan Paul.

Durkheim, Émile 1960: *Émile Durkheim 1858-1917: a Collection of Essays, with Translations and Bibliography*, org. por K. Wolf. Columbus: Ohio State University Press.

Durkheim, Émile e Mauss, M. 1903: "De quelques formes primitives de classification". In *Textes*. Paris: Minuit / (*1963*): *Primitive Classification*, org. por R. Needham. Londres: Cohen & West; Chicago: University of Chicago Press.

Duster, T. 1970: *The Legislation of Morality*. Nova York: Free Press.

Duverger, M. 1951: *Les partis politiques*. Paris: Armand Colin (*1955*): *Political Parties*. Londres: Methuen / (*1980*): *Os partidos políticos*. 2ª ed., Rio de Janeiro e Brasília: Zahar/UNB.

Duvignaud, J. 1967: *Sociologie de l'art*. Paris: PUF / (*1972*): *The Sociology of Art*. Londres: Paladin / (*1970*) *Sociologia da arte*. Rio de Janeiro: Forense.

Duvignaud, J. 1975: *La planète des jeunes*. Paris.

Dworkin, Andrea 1981: *Pornography: Men Possessing Women*. Londres: Women's Press.

Dworkin, R. 1978: *Taking Rights Seriously*. Londres: Duckworth.

Dworkin, R. 1981a: "Equality of welfare". *Philosophy and Public Affairs* 10, 185-246.

Dworkin, R. 1981b: "Equality of resources". *Philosophy and Public Affairs* 10, 283-345.

Eagleton, Terry 1983: *Literary Theory: an Introduction*. Oxford: Blackwell.

Easton, D. 1953: *The Political System*. Nova York: Knopf.

Eatwell, John et al. 1989: *The Invisible Hand*. Nova York: Norton.

Eckstein, S. 1982: "The impact of revolution on social welfare in Latin America". *Theory and Society* II, 33-94.

Eco, U. 1976 (*1984*): *A Theory of Semiotics*. Londres: Macmillan.

Eco, U. 1983 (*1986*): *Faith in Fakes*. Londres: Secker.

Edelman, M. 1971: *Politics as Symbolic Action*. Chicago: Markham.

Eder, K. 1985: *Geschichte als Lernprozess?* Frankfurt am Main: Suhrkamp.

Edmonds, M. 1988: *Armed Services and Society*. Leicester: Leicester University Press.

Edwards, C. 1985: *The Fragmented World*. Londres: Routledge.

Edwards, Jay 1984: "Structural analysis of the Afro-American trickster tale". In *Black Literature and Literary Theory*, org. por Henry Gates. Nova York e Londres: Methuen.

Edwards, R. 1979: *Contested Terrain: the Transformation of the Workplace in the Twentieth Century*. Nova York: Basic Books; Londres: Heinemann.

Edwards, R.C. et al. 1978: *The Capitalist System*. 2ª ed., Englewood Cliffs, NJ: Prentice-Hall.

Ehrenreich, B. e Ehrenreich, J. 1979: "The professional-managerial class". In *Between Labour and Capital,* org. por P. Walker. Nova York: Monthly Review Press.

Ehrlich, H.J. 1973: *The Social Psychology of Prejudice*. Nova York: Wiley.

Eibl-Eibesfeldt, I. 1971: *Love and Hate*. Nova York: Holt, Rinehart & Winston.

Eichner, A.S. org. 1979: *A Guide to Post-Keynesian Economics*. Nova York: M.E. Sharpe; Londres: Macmillan.

Eisenstadt, S.N. 1955: *The Absorption of Immigrants*. Glencoe, IL: Free Press.

Eisenstadt, S.N. 1956: *From Generation to Generation*. Nova York: Free Press.

Eisenstadt, S.N. 1961: *Essays on Sociological Aspects of Political and Economic Development*. Haia: Mouton.

Eisenstein, Elizabeth L. 1979 (*1993*): *The Printing Press as an Agent of Change*. Port Chester, NY: Cambridge University Press.

Eisenstein, Elizabeth L. 1983: *The Printing Revolution in Early Modern Europe*. Cambridge: Cambridge University Press.

Eisenstein, H. 1984: *Contemporary Feminist Thought*. Londres: Unwin.

Ekeh, P.P. 1974: *Social Exchange Theory: the Two Traditions*. Cambridge, MA: Harvard University Press.

Ekins, P. e Mex-Neef, M. orgs. 1992: *Real-life Economics*. Londres: Routledge.

Eldridge, J.E.T. org. 1972: *Max Weber*. Londres: Nelson.

Eley, G. 1984: "The British model and the German road: rethinking the course of German history before 1914". In *The Peculiarities of German History,* org. por D. Blackbourn e G. Eley. Oxford: Oxford University Press.

Eliade, M. 1957: *Mythes, rêves et mystères*. Paris: Gallimard / (*1968*) *Myths, Dreams and Mysteries*. Londres: Collins.

Eliade, M. 1958: *Patterns in Comparative Religion*. Nova York: Sheed & Ward.

Elias, Norbert 1939 (1978-82): *The Civilizing Process,* 2 vols. Oxford: Blackwell; Nova York: Pantheon / (1990-3): *O processo civilizador*, 2 vols. Rio de Janeiro: Jorge Zahar.

Elias, Norbert 1970: *What is Sociology?* Londres: Hutchinson.

Elias, Norbert 1974: "Towards a theory of communities". In *The Sociology of Community,* org. por C. Bell e H. Newby. Londres: Cass.

Elias, Norbert 1991: *The Society of Individuals,* org. por Michael Schröter. Oxford: Blackwell / (*1994*): *A sociedade dos indivíduos*. Rio de Janeiro: Jorge Zahar.

Elias, Norbert e Dunning, Eric 1986: *Quest for Excitement*. Oxford: Blackwell.

Eliot, T.S. 1939: *The Idea of a Christian Society*. Londres: Faber.

Eliot, T.S. 1948: *Notes Towards the Definition of Culture*. Londres: Faber.

Ellis, H. 1912: *The Task of Social Hygiene*. Boston e Nova York: Houghton Mifflin.

Ellis, John 1975: *A Short History of Guerrilla Warfare*. Londres: Ian Allen.

Ellis, M.H. 1987: *Towards a Jewish Theology of Liberation*. Nova York: Orbis.

Ellis, W.D. org. 1938: *A Sourcebook of Gestalt Psychology*. Londres: Routledge & Kegan Paul.

Elliston, Frederick e McCormick, Peter orgs. 1977: *Husserl: Expositions and Appraisals*. Notre Dame, IN, e Londres: University of Notre Dame Press.

Ellman, M. 1979: *Socialist Planning*. Cambridge: Cambridge University Press / (*1980*): *Planejamento socialista*. Rio de Janeiro: Zahar.

Ellul, Jacques 1954 (*1965*): *The Technological Society,* trad. por John Wilkinson. Nova York: Knopf.

Ellul, Jacques 1965: *Propaganda: the Formation of Men's Attitudes*. Nova York: Knopf.

Elmer, M.C. 1917: *Technique of Social Surveys*. Los Angeles: Miller.

Elshtain, J. 1981: *Public Man, Private Woman*. Princeton, NJ: Princeton University Press.

Elson, D. 1988: "Socialization of the market". *New Left Review* 172, 3-44.

Elson, D. org. 1991: *Male Bias in the Development Process*. Manchester: Manchester University Press.

Elster, J. 1978: *Logic and Society*. Chichester: Wiley.

Elster, J. 1983: *Sour Grapes: Studies in the Subversion of Rationality*. Cambridge: Cambridge University Press.

Elster, J. 1985: Making Sense of Marx. Cambridge: Cambridge University Press.

Elster, J. org. 1986: Rational Choice. Oxford: Blackwell.

Elster, J. 1989: *The Cement of Society*. Cambridge: Cambridge University Press.

Elster, J. 1989: *Nuts and Bolts for the Social Sciences*. Cambridge: Cambridge University Press.

Elster, J. e Moene, K. orgs. 1988: *Alternatives to Capitalism*. Cambridge: Cambridge University Press.

Elton, William org. 1954: *Aesthetics and Language*. Oxford: Blackwell.

Emerson, R.M. 1962: "Power-dependency relations". *American Sociological Review* 27, 31-41.

Emery, F.E. e Thorsrud, Einar 1969: *Form and Content in Industrial Democracy: Some Experiences from Norway and Other European Countries*. Londres: Tavistock; Assem: Van Gorcum.

Emery, F.E. e Trist, E.L.: "Socio-technical systems". In *Management Science, Models and Techniques,* vol. 2, org. por C.W. Churchman e M. Verhulst. Oxford: Pergamon.

Encyclopedia Judaica, 1971. Jerusalém.

Endler, N.S. e Magnusson, D. orgs. 1976: *Interactional Psychology and Personality*. Washington, DC: Hemisphere.

Engelberger, J.F. 1980: *Robotics in Practice*. Londres: Kogan Page.

Engels, Friedrich 1847 (*1914*): "Principles of communism". Publicado originalmente em *Vorwärts,* Berlim: Eduard Bernstein / (*1980*): *Princípios do comunismo*. São Paulo: Global.

Engels, Friedrich 1871 (*1968*): "Introduction to Karl Marx, *'The civil war in France'*". In *Marx and Engels: Selected Works in One Volume*. Londres: Lawrence & Wishart.

Engels, Friedrich 1884 (*1972*): *The Origin of the Family, Private Property and the State,* org. por E. Leacock. Londres: Lawrence & Wishart / (*1979*): *A origem da família, da propriedade privada e do estado*. Rio de Janeiro: Civilização Brasileira.

Engels, Friedrich 1888: *Ludwig Feuerbach and the End of Classical German Philosophy* / (*1980*): *Ludwig Feuerbach e o fim da filosofia clássica alemã*. In. K. Marx e F. Engels, *Obras escolhidas*. São Paulo: Alfa-Omega.

Engels, Friedrich 1888 (*1967*): *Nota acrescentada à edição em inglês do* Manifesto Comunista. Nova York: Vintage.

Engels, Friedrich 1894 (*1934*): "Engels to Starkenburg". In K. Marx e F. Engels, *Correspondence, 1846-1895*. Londres: Martin Lawrence.

Entwistle, Harold 1979: *Antonio Gramsci: Conservative Schooling for Radical Politics*. Londres: Routledge.

Enzenberger, H.M. 1988: "A critique of political ecology". In *Dreamers of the Absolute*. Londres: Hutchinson/Radius.

Epsepskamp, C.P. 1988: *Theatre in Search of Social Change*. Nova York: Routledge.

Erikson, E. 1958: *Young Man Luther*. Nova York: Norton.

Erikson, E. 1969: *Gandhi's Truth*. Nova York: Norton.

Erikson, E.H. 1968: *Identity: Youth and Crisis*. Londres: Faber & Faber; Nova York: Norton / (1976): *Identidade: juventude e crise*. 2ª ed., Rio de Janeiro: Zahar/Guanabara.

Erikson, Kai T. 1966: *Wayward Puritans: a Study in the Sociology of Deviance*. Nova York: Wiley.

Esler, A. 1971: *Bombs, Beards, and Barricades: 150 Years of Youth in Revolt*. Nova York: Stein & Day.

Esping-Anderson, G. 1985: *Politics Against the Market*. Princeton, NJ: Princeton University Press.

Esposito, J.L. org. 1980: *Islam and Development: Religion and Sociopolitical Change*. Syracuse, NY: Syracuse University Press.

Etherington, Norman 1984: *Theories of Imperialism: War, Conquest and Capital*. Londres: Croom Helm.

Etzioni, Amitai 1961: *A Comparative Analisys of Complex Organizations: On Power, Involvement and their Correlates*. Nova York: Free Press / (*1974*): *Análise comparativa de organizações complexas*. Rio de Janeiro: Zahar.

Etzioni, Amitai 1961: *Complex Organizations: a Sociological Reader*. Nova York: Holt, Rinehart & Winston.

Etzioni, Amitai 1969: *A Sociological Reader on Complex Organizations: a Sociological Reader*. Nova York: Holt, Rinehart & Winston.

Etzioni, Amitai 1969 (*1980*): *A Sociological Reader on Complex Organizations*. Fort Worth, TX: Holt Rinehart & Winston.

Evans, B. e Waites, B. 1981: *IQ and Mental Testing: an Unnatural Science and its Social History*. Londres: Macmillan.

Evans-Pritchard, E.E. 1951: *Kinship and Marriage among the Nuer*. Oxford: Clarendon Press.

Evers, A. e Wintersberger, H. 1988: *Shifts in the Welfare Mix*. Viena: Centro Europeu de Treinamento e Pesquisa em Bem Estar Social.

Ewald, François 1986: *L'état providence*. Paris: Grasset.

Eysenck, H.J. 1947: *Dimensions of Personality*. Londres: Routlegde & Kegan Paul.

Eysenck, H.J. 1982. *Personality, Genetics and Behaviour*. Nova York: Springer.

Fabian Society 1986: *Market Socialism: Whose Choice? A Debate*, panfleto 516.

Fackenheim, Emil 1987: *What is Judaism? An Interpretation for the Present Age*. Nova York: Summit Books.

Fanon, Frantz 1961 (*1983*): *The Wretched of the Earth*. Harmondsworth: Penguin / (*1980*): *Os condenados da terra*. Rio de Janeiro: Civilização Brasileira.

Farber, Marvin 1943 (*1967*): *Foundations of Phenomenology*. Ithaca, NY: State University of NY Press.

Faris, Robert E.L. 1967: *Chicago Sociology: 1920-1932*. Chicago: University of Chicago Press.

Fasold, R. 1984: *The Sociolinguistics of Society*. Oxford: Blackwell.

Fasold, R. 1990: *The Sociolinguistics of Language*. Oxford: Blackwell.

Fayol, H. 1916 (*1949*): *General and Industrial Management*. Londres: Pitman.

Feagin, J.R. 1970 (*1989*): *Racial and Ethnic Relations*. 3ª ed., Englewood Cliffs, NJ: Prentice-Hall.

Fearon, P. 1987: *War, Prosperity and Depression: the US Economy 1917-45*. Oxford: Philip Allan.

Featherstone, M. org. 1990: *Global Culture: Nationalism, Globalization and Modernity*. Londres: Sage.

Febvre, Lucien 1950: "Un livre qui grandit: la Méditerranée et le monde méditerranéen à l'époque de Philippe II". *Revue Historique* 203, 2, 224.

Febvre, Lucien 1953: "Avant-propos". In *Combats pour l'histoire*. Paris: SEVPEN.

Federer, W.T. 1991: *Statistics and Society*. 2ª ed., Nova York: Marcel Dekker.

Fehér, F. et al. 1983: *Dictatorship over Needs: an Analysis of Soviet Societies*. Oxford: Blackwell.

Feigenbaum, E.A. e Feldman. J. orgs. 1963: *Computers and Thought*. Nova York: McGraw Hill.

Fein, H. 1979: *Accouting for Genocide*. Nova York: Free Press.

Fein, H. 1990: "Genocide: a sociological perspective". *Current Sociology* 38,1.

Fellner, W.: *Competition Among the Few*. Nova York: Kelley.

Femia, J.V. 1979: "Elites, participation, and the democratic creed". *Political Studies* 27, 1-20.

Femia, J.V. 1981: *Gramsci's Political Thought: Hegemony, Consciousness and the Revolutionary Process*. Oxford: Oxford University Press.

Fenn, R.K. 1978: *Toward a Theory of Secularization*. Storrs, CT: Society for the Scientific Study of Religion.

Fenn, R.K. 1981: *Liturgies and Trials*. Oxford: Blackwell.

Ferge, Zsuzsa 1979: *A Society in the Making*. Harmondsworth: Penguin.

Ferge, Zsuzsa e Miller, S.M. orgs. 1987: *The Dynamics of Deprivation: a Cross-National Study*. Londres: Gower Press.

Ferguson, C. 1959: "Diglossia". *Word* 15, 325-40.

Ferkiss, Victor 1977: *Futurology*. Londres: Sage.

Ferro, Marc 1980: *Des soviets au communisme bureaucratique: les mécanismes d'une subversion*. Paris: Gallimard/Julliard.

Festinger, L. 1957: *A Theory of Cognitive Dissonance*. Stanford, CA: Stanford University Press / (*1975*): *Teoria da dissonância cognitiva*. Rio de Janeiro: Zahar.

Fetscher, I. e Rohrmoser, G. 1981: *Ideologien und Strategien: Analysen zum Terrorismus*, vol. 1. Opladen: Westdeutscher Verlag.

Feuer, Lewis S. 1969: *The Conflict of Generations: the Character and Significance of Student Movements*. Nova York: Basic Books.

Feyerabend, Paul K. 1971: *Against Method*. Londres: New Left Books / (*1985*): *Contra o método*. Rio de Janeiro: Francisco Alves.

Fiedler, F.A. 1964: "Contingency model of leadership". In *Advances in Experimental So-*

cial Psychology, org. por L. Berkowitz. Nova York: Academic Press.

Fiedler, F.E. 1967: *A Theory of Leadership Effectiveness*. Nova York: McGraw-Hill.

Fieldhouse, D.K. 1966: *The Colonial Empires: a Comparative Survey from the Eighteenth Century*. Londres: Weidenfeld & Nicolson.

Figgis, J.N. 1913: *Churches in the Modern State*. Londres: Longmans.

Fine, B. 1989: *Marx's Capital*. 3ª ed., Londres: Macmillan.

Fine, B. and Harris, L. 1979: *Rereading Capital*. Londres: Macmillan / (*1981*): *Para reler O capital*. Rio de Janeiro: Zahar.

Finer, S.E. 1958: *Anonymous Empire*. Londres: Pall Mall Press.

Finer, S.E. 1962: *The Man on Horseback: The Role of the Military in Politics*. Londres: Pall Mall Press.

Finnegan, Ruth 1989: *The Hidden Musicians: Music-making in an English Town*. Cambridge: Cambridge University Press.

Firestone, Shulamith 1970 (*1979*): *The Dialectic of Sex*. Nova York: Bantam.

Fischler, M.A. e Firscheim, O. orgs. 1987: *Readings in Computer Vision: Issues, Problems, Principles and Paradigms*. Los Altos, CA: Kaufman.

Fischoff, E. 1944: "The Protestant ethic and the spirit of capitalism: the history of a controversy". *Social Research* 11, 61-77.

Fish, Stanley 1980: *Is There a Text in this Class? The Authority of Interpretive Communities*. Cambridge, MA: Harvard University Press.

Fischer, F. et al. 1983: *Folded, Spindled and Mutilated: Economic Analysis and US vs. IBM*. Cambridge, MA: MIT Press.

Fischer, H.A.L. 1928: *Bonapartism: Six Lectures*. Londres: Oxford University Press.

Fishman, J. 1965 (*1972*): "The relationship between micro- and macro-sociolinguistics in the study of who speaks what language to whom and when". In *Sociolinguistics,* org. por J.B. Pride e J. Holmes. Harmondsworth: Penguin.

Fishman, J. 1967: "Bilingualism with or without diglossia: diglossia with or without bilingualism". *Journal of Social Issues* 32, 29-38.

Fishman, J. org. 1968: *Advances in the Sociology of Language,* vol. I. Haia: Mouton.

Fishman, R. 1977: *Urban Utopias in the Twentieth Century*. Nova York: Basic Books.

Flacks, Richard 1967: "The liberated generation: an exploration of the roots of student protest". *Journal of Social Issues* 23, 52-75.

Flanders, Allan 1952: *Trade Unions*. Londres: Hutchinson.

Flanders, N.A. 1969: *Analyzing Teacher Behavior*. Reading, MA: Addison-Wesley.

Flew, A. 1981: *The Politics of Procrustes*. Londres: Temple Smith.

Florence, P.S. 1951: *Ownership, Control and Success of Large Companies*. Londres: Sweet & Maxwell.

Flower, Elizabeth e Murphey, Murray, G. 1987: *A History of Philosophy in America,* vol. 2.

Foley, D.K. 1986: *Understanding Capital*. Cambridge, MA, e Londres: Harvard University Press.

Foot, P. 1978: *Virtues and Vices*. Oxford: Blackwell.

Forbes, I. e Smith, S. orgs. 1983: *Politics and Human Nature*. Londres: Pinter.

Fondazione Istituto Gramsci 1990: *Bibliografia gramsciana*.

Forester, Tom org. 1985: *The Information Technology Revolution*. Oxford: Blackwell.

Forester, Tom 1987: *High-Tech Society: the Story of the IT Revolution*. Oxford: Blackwell.

Forester, Tom org. 1989: *Computers in the Human Context: Information Technology, Productivity and People*. Oxford: Blackwell.

Forester, Tom e Morrison, Perry 1990: *Computer Ethics: Cautionary Tales and Ethical Dilemmas in Computing*. Oxford: Blackwell.

Forslin, J. et al. orgs. 1979: *Automation and Industrial Workers: a Fifteen Nation Study,* vol. 1. Oxford: Pergamon.

Forster, E.M. 1947: *Howards End*. Londres: Arnold.

Forsyth, M. 1989: *Federalism and Nationalism*. Leicester: Leicester University Press.

Fortes, M. 1949: *The Web of Kinship among the Tallensi*. Oxford: Oxford University Press.

Foucault, Michel 1963: *Naissance de la clinique*. Paris: PUF / (*1976*): *The Birth of the Clinic*. Londres: Tavistock / (*1977*): *O nascimento da clínica*. Rio de Janeiro: Forense Universitária.

Foucault, Michel 1966: *Les mots et les choses*. Paris: Gallimard / (*1973*): *The Order of*

Things. Londres: Tavistock / (*1988*): *As palavras e as coisas*. São Paulo: Martins Fontes.

Foucault, Michel 1969: *L'archeólogie du savoir*. Paris: Gallimard / (*1974*): *The Archaeology of Knowledge*: Londres: Tavistock / (*1995*): *A arqueologia do saber*. 4ª ed., Rio de Janeiro: Forense Universitária.

Foucault, Michel 1969: "Qu'est-ce qu'un auteur?". *Bulletin de la Société Française de Philosophie* 63.3 / (*1979*): "What is an author?". *Screen* 20.1.

Foucault, Michel 1975: *Surveiller et punir*. Paris: Gallimard / (*1977*): *Discipline and Punish*. Londres: Allen Lane / (*1977*): *Vigiar e punir*. Petrópolis: Vozes.

Foucault, Michel 1976: *Histoire de la sexualité*, vol. 1, *La volonté de savoir*. Paris: Gallimard / (*1981*): *The History of Sexuality*, vol. 1, *An Introduction*. Harmondsworth: Penguin / (*1977*): *História da sexualidade*, vol. 1, *A vontade de saber*. Rio de Janeiro: Graal.

Foucault, Michel 1976: *Power/Knowledge: Selected Interviews and Other Writings 1972-77*, org. por C. Gordon. Nova York: Random House.

Foucault, Michel 1986: *The Foucault Reader*, org. por Paul Rabinow. Harmondsworth: Penguin.

Fournier, J. e Questiaux, N. 1979: *Le pouvoir du social*. Paris: PUF.

Fowles, J. org. 1978: *Handbook of Futures Research*. Dorsey, IL: Greenwood Press.

Fox, B. org. 1980. *Hidden in the Household: Women's Domestic Labour under Capitalism*. Toronto: Women's Press.

Fox, J. org. 1989: *Health Inequalities in European Countries*. Aldershot: Gower and European Science Foundation.

Fox, R. 1967: *Kinship and Marriage: an Anthropological Perspective*. Harmondsworth: Penguin.

Fox, Robin 1968: *Encounter with Anthropology*. Harcourt: Brace Jovanovich.

Fox-Piven, F. e Cloward, R.A. 1988: *Why Americans Don't Vote*. Nova York: Pantheon.

Fraenkel, Ernst 1941 (*1969*): *The Dual State*. Nova York: Octagon Books.

Francastel, Pierre 1965: Œuvres II, *La réalité figurative, éléments structurels de sociologie de l'art*. Paris: Denöel/Gonthier.

Francis, E.K. 1976: *Interethnic Relations: an Essay in Sociological Theory*. Nova York: Elsevier.

Frank, André Gunder 1969 (*1971*): *Capitalism and Underdevelopment in Latin America: Historical Studies of Chile and Brazil*. Harmondsworth: Penguin.

Frank, André Gunder 1969: *Latin America: Underdevelopment or Revolution*. Nova York: Monthly Review Press.

Frank, André Gunder 1972: "Sociology of development and underdevelopment of sociology". In *Dependence and Underdevelopment*, org. por J.D. Cockcroft et al. Nova York: Anchor.

Frank, P. 1961: *Modern Science and its Philosophy*. Nova ed., Nova York: Collier.

Frank, P. 1979: *The Fourth International: The Long March of the Trotskyists*. Londres: Ink Links.

Franklin, M.N. 1985: *The Decline of Class Voting in Britain*. Oxford: Clarendon Press.

Fraser, Ronald 1988: *1968: a Student Generation in Revolt*. Nova York: Pantheon.

Freedman, Lawrence 1989: *The Evolution of Nuclear Strategy*. 2ª ed., Londres: Macmillan.

Freedman, R. 1982: "Fertility decline". In *International Encyclopaedia of Population*, org. por J.A. Ross. Nova York: Free Press.

Freeman, C. org. 1984: *Long Waves in the World Economy*. Londres: Frances Pinter.

Freeman, C. 1987: *Technology Policy and Economic Performance: Lessons from Japan*. Londres: Frances Pinter.

Freeman, J. e Sebba, L. orgs. 1989: *International Review of Victimology*, vol. 1. Londres: Academic.

Frege, G. 1879 (*1971*): "Begriffsschrift: eine der arithmetischen nachgebildete Formelsprache des reinen Denkens". In *From Frege to Gödel: a Source Book in Mathematical Logic*, org. por J. van Heijenoort. 2ª ed., Cambridge, MA: Harvard University Press.

Freidson, Eliot 1970: *Profession of Medicine: a Study in the Sociology of Applied Knowledge*. Nova York: Dodd, Mead.

Freire, P. 1970: *Pedagogia do oprimido*. Rio de Janeiro: Paz e Terra / (*1970*): *Pedagogy of the Oppressed*. Nova York: Herder & Herder.

French, P.A. et al. orgs. 1988: *Ethical Theory: Character and Virtue*. Notre Dame, IN: University of Notre Dame Press.

Freud, S. 1905 (*1949*): *Three Essays on the Theory of Sexuality*. Londres: Imago / (*1970-80*): *Três ensaios sobre a teoria da sexualidade,* ESB, vol. 7. Rio de Janeiro: Imago.

Freud, S. 1915-7 (*1922*): *Introductory Lectures on Psycho-Analysis*. Londres: Allen & Unwin / (*1970-80*): *Conferências introdutórias sobre psicanálise,* ESB, vol. 15. Rio de Janeiro: Imago.

Freud, S. 1917 (*1957*): *Mourning and Melancholia*. Londres: Hogarth Press / (*1970-80*): *Luto e melancolia,* ESB, vol. 14. Rio de Janeiro: Imago.

Freud, S. 1920 (*1961*): *Beyond the pleasure principle*. In *Standard Edition of the Complete Psychological Works od Sigmund Freud,* vol. 18, org. por J. Strachey. Londres: Hogarth Press; Nova York: Norton / (*1970-80*): *Além do princípio do prazer,* ESB, vol. 18. Rio de Janeiro: Imago.

Freud, S. 1921 (*1959*): *Group Psychology and the Analysis of the Ego*. Nova York: Norton / (*1970-80*): *A psicologia de grupo e a análise do ego,* ESB, vol. 18. Rio de Janeiro: Imago.

Freud, S. 1923 (*1961*): "The ego and the id". In *Standard Edition of the Complete Psychological Works of Sigmund Freud,* vol. 19, org. por J. Strachey. Londres: Hogarth Press; Nova York: Norton / (*1970-80*): *O ego e o id*. ESB, vol. 19. Rio de Janeiro: Imago.

Freud, S. 1927 (*1964*): *The Future of an Illusion*. Garden City, NY: Anchor / (*1970-80*): *O futuro de uma ilusão,* ESB, vol. 21. Rio de Janeiro: Imago.

Freud, S. 1930 (*1963*): "Civilization and its discontents". In *Standard Edition of the Complete Psychological Works of Sigmund Freud,* vol. 21, org. por J. Strachey. Londres: Hogarth Press; Nova York: Norton / (*1970-80*): *O mal-estar na civilização,* ESB, vol. 21. Rio de Janeiro: Imago.

Freud, S. 1933 (*1964*): "New introductory lectures on psycho-analysis". In *Standard Edition of the Complete Psychological Works of Sigmund Freud,* vol. 22, org. por J. Strachey. Londres: Hogarth Press; Nova York: Norton / (*1970-80*): *Novas conferências introdutórias sobre psicanálise,* ESB, vol. 22. Rio de Janeiro: Imago.

Freund, J. 1984: *La décadence*. Paris.

Friedland, W.H. 1964: "For a sociological concept of charisma". *Social Forces* 43, 18-26.

Friedman, David 1989: *The Machinery of Freedom*. 3ª ed., La Salle, IL: Open Court.

Friedman, M. 1953: *Essays in Positive Economics*. Chicago: University of Chicago Press.

Friedman, M. 1968. "The role of monetary policy". *American Economic Review* 58, 1-17.

Friedman, M. 1977: *From Galbraith to Economic Freedom*. Londres: Institute of Economic Affairs.

Friedman, M. 1977: *Inflation and Unemployment: the New Dimension of Politics*. Londres: Institute of Economic Affairs.

Friedman, M. e Friedman, R. 1962: *Capitalism and Freedom*. Chicago: University of Chicago Press.

Friedman, M. e Friedman, R. 1980. *Free to Choose*. Londres: Secker & Warburg.

Friedman, M. e Schwartz, A. 1963: *A Monetary History of the United States, 1867-1960*. Princeton, NJ: Princeton University Press.

Friedman, G. 1955 (*1961*): *The Anatomy of Work*. Londres: Heinemann.

Friedmann, Georges e Naville, Pierre 1961-2: *Traité de sociologie du travail,* 2 vols. Paris: A. Colin.

Friedrich, C. 1958: *Authority*. Cambridge, MA: Harvard University Press.

Friedrich, C.J. e Brzezinski, Z.K. 1956: *Totalitarianism, Dictatorship and Autocracy*. Cambridge, MA: Harvard University Press.

Frisby, David 1988: *Fragments of Modernity*. Cambridge: Polity.

Frith, S. 1978: *The Sociology of Rock*. Londres: Constable.

Frith, S. 1984: *The Sociology of Youth*. Condado de Lancashire: Causeway Books.

Fromm, Erich 1973: *The Anatomy of Human Destructiveness*. Nova York: Holt / (1979): *Anatomia da destrutividade humana*. 2ª ed., Rio de Janeiro: Zahar.

Früchtl, J. 1986: *Mimesis-Konstellation eines Leitbegrifs bei Adorno*. Würzburg: Königshausen & Neumann.

Fry, Roger 1920: *Vision and Design*. Londres: Chatto & Windus.

Frydman, R. e Phelps, E.S. 1983: *Individual Forecasting and Aggregate Outcomes*. Cambridge: Cambridge University Press.

Fuller, Steve 1988: *Social Epistemology*. Bloomington: Indiana University Press.

Furlough, E. 1991: *The Politics of Consumption: the Consumer Co-operative Movement in France, 1834-1930*. Ithaca: Cornell University Press.

Furlough, E. e Strikwerda, C. orgs. (no prelo): *Consumer Co-operation in Europe and America*. Ithaca: Cornell University Press.

Furnivall, John Sydenham 1939: *Netherlands India: a Study of Plural Economy*. Cambridge: Cambridge University Press.

Furnivall, J.S. 1948: *Colonial Policy and Practice*. Londres.

Furtado, Celso 1964: *Dialética do desenvolvimento*. Rio de Janeiro: Fundo de Cultura / (*1971*): *Development and Underdevelopment*. Berkeley: University of California Press.

Fusfeld, Daniel R. 1990: *The Age of the Economist*. 6ª ed., Glenview, IL, e Londres: Scott Foresman.

Futoran, G.C. et al. 1989: "TEMPO: a time-based system for analysis of group interaction process". *Basic and Applied Social Psychology* 10, 211-32.

Gadamer, Hans-Georg 1960 (*1975*): *Truth and Method*. Londres: Sheed & Ward; Nova York: Seabury.

Gagnon, J.H. e Simon, W. 1973: *Sexual Conduct: the Social Sources of Human Sexuality*. Chicago: Aldine.

Galbraith, J.K. 1977: *The Affluent Society*. 3ª ed. rev., Londres: André Deutsch / (*1987*): *A sociedade afluente*. São Paulo: Pioneira.

Galbraith, J.K. 1967: *The New Industrial State*. Londres: Hamish Hamilton; Boston: Houghton Mifflin / (*1968*): *O novo estado industrial*. Rio de Janeiro: Civilização Brasileira.

Galeski, B. 1972: *Basic Concepts of Rural Sociology*. Manchester: Manchester University Press.

Gallie, Duncan 1955-6: "Essentially contested concepts". *Proceedings of the Aristotelian Society*, NS, 56.

Gallie, W.B. 1978: *Philosophers of War and Peace*. Cambridge: Cambridge University Press.

Galton, F. 1883 (*1907*): *Inquiries into Human Faculty and its Development*. Nova York: Dutton.

Gambetta, D. org. 1988: *Trust: Making and Breaking Cooperative Relations*. Oxford: Blackwell.

Gamble, A. 1981: *An Introduction to Modern Social and Political Thought*. Londres: Macmillan.

Gamboni, Dario 1983: "Méprises et mépris: éléments pour une étude de l'iconoclasme contemporain". *Actes de la Recherche en Sciences Sociales* 49, 2-28.

Gandhi, Mohandas Karamchand (Mahatma) 1951 (*1971*): *Selected Writings of Mahatma Gandhi*, org. por R. Duncan. Londres: Collins.

Gane, M. 1984: "Institutional socialism and the sociological critique of communism". *Economy and Society* 13.3.

Gans, H.J. 1968a: *People and Plans*. Nova York: Basic Books.

Gans, H.J. 1968b: "Regional and urban planning". In *International Encyclopedia of the Social Sciences*, vol. 12. Nova York: Macmillan e Free Press.

Gans, H. 1968: "Urbanism and suburbanism as ways of life". In *Readings in Urban Sociology*, org. por R. Pahl. Oxford: Pergamon.

Gans, Herbert 1974: *Popular Culture and High Culture: an Analysis and Evaluation of Taste*. Nova York: Basic Books.

Ganssmann, H. 1988: "Money: a symbolically generalized medium of communication?". *Economy and Society* 17.3, 285-316.

Gardenförs, P. e Sahlin, N.-E. orgs. 1988: *Decision, Probability and Utility*. Cambridge: Cambridge University Press.

Gardner, H. 1985: *The Mind's New Science*. Nova York: Basic Books.

Garfinkel, H. 1967: *Studies in Ethnomethodology*. Englewood Cliffs, NJ: Prentice-Hall.

Garland, D. 1990: *Punishment and Modern Society*. Oxford: Oxford University Press.

Garson, G. David org. 1977: *Worker Self-Management in Industry — the West European Experience*. Nova York e Londres: Praeger.

Gasché, Rodolphe 1986: *The Tain of the Mirror: Deconstruction and the Philosophy of Reflection*. Cambridge, MA: Harvard University Press.

Gates, Henry org. 1984: *Black Literature and Literary Theory*. Nova York e Londres: Methuen.

Gauthier, D. 1977: "The social contract as ideology". *Philosophy and Public Affairs* 6, 13-164.

Gauthier, D. 1986: *Morals by Agreement*. Oxford: Clarendon Press.

Gay, Peter 1952: *The Dilemma of Democratic Socialism*. Nova York: Columbia University Press.

Gay, P. 1967, 1969: *The Enlightenment: an Interpretation*, 2 vols. Nova York: Knopf.

Gazdar, G. e Mellish, C. 1989: *Natural Language Processing in Prolog: an Introduction to Computational Linguistics*. Reading, MA: Addison-Wesley.

Geary, Dick 1981: *European Labour Protest*. Londres: Methuen.

Geen, R.G. e Donnerstein, E.I. orgs. 1983: *Aggression: Theoretical and Empirical Reviews*, vol. 2: *Issues in Research*. Nova York: Academic Press.

Geer, J.H. e O'Donohue, W.T. orgs. 1987: *Theories of Human Sexuality*. Nova York e Londres: Plenum Press.

Geertz, Clifford 1963: *Old Societies and New States: the Quest for Modernity in Asia and Africa*. Glencoe, IL: Free Press.

Geertz, C. 1972: *The Interpretation of Cultures*. Nova York: Basic Books / (*1978*): *A interpretação das culturas*. Rio de Janeiro: Zahar/Guanabara.

Geertz, G. 1980: *Negara: The Theatre State in Nineteenth-Century Bali*. Princeton, NJ: Princeton University Press.

Geiger, T. 1949: *Die Klassengesellschaft im Schmelztiegel*. Colônia: Kipeuheur & Wisch.

Geiss, I. 1974: *The Pan-African Movement: a History of Pan-Africanism in America, Europe and Africa*, trad. por A. Keep. Nova York: Africana.

Gelder, M. et al. 1986: *Oxford Textbook of Psychiatry*. Oxford: Oxford University Press.

Gellner, E. 1959: *Words and Things*. Londres: Gollancz.

Gellner, E., 1973: *Cause and Meaning in the Social Sciences*. Londres: Routledge & Kegan Paul.

Gellner, E. 1974: *Legitimation of Belief*. Cambridge: Cambridge University Press.

Gellner, E. 1979: *Spectacles and Predicaments*. Cambridge: Cambridge University Press.

Gellner, E. 1983: *Nations and Nationalism*. Oxford: Blackwell.

Gellner, E. 1985: *The Psychoanalytic Movement or The Cunning of Unreason*. Londres: Paladin / (*1988*): *O movimento psicanalítico*. Rio de Janeiro: Jorge Zahar.

Gellner, E. 1991: "Civil society in historical context". *International Social Science Journal* 43, 495-510.

Gelzer, M. 1969: *Caesar: Politician and Statesman*, trad. por P. Needham. Oxford: Blackwell.

Genette, Gérard 1982: *Narrative Discourse*. Oxford: Blackwell.

George, V. 1988: *Wealth, Poverty and Starvation*. Londres: Wheatsheaf.

George, V. e Wilding, P. 1976: *Ideology and Social Welfare*. Londres: Routledge & Kegan Paul.

George, V. e Wilding, P. 1984: *The Impact of Social Policy*. Londres: Routledge & Kegan Paul.

Geras, N. 1971: "Essence and appearence: aspects of fetishism in Marx's *Capital*". *New Left Review* 65, 69-86.

Geras, N. 1976: *The Legacy of Rosa Luxemburg*. Londres: New Left Books.

Geras, N. 1985: "The controversy about Marx and justice". *New Left Review* 150.

Geras, N. 1986: *Literature of Revolution*. Londres: Verso.

Gergen, J.G. et al. orgs. 1980: *Social Exchange: Advances in Theory and Research*. Londres: Plenum Press.

Gergen, K.J. 1973: "Social psychology as history". *Journal of Personality and Social Psychology* 26, 309-20.

Germani, G. 1965: *Politica y sociedad en una epoca de transición*. Buenos Aires: Paidos.

Germani, Gino 1978: *Authoritarianism, Fascism and National Populism*. New Brunswick, NJ: Transaction Books.

Gerry, C. 1987: "Developing economies and the informal sector in historical perspective". In *The Informal Economy: the Annals of the American Academy of Political and Social Science*, vol. 493. Londres e Beverly Hills, CA: Sage.

Gerschenkron, A. 1962: "Economic backwardness in historical perspective". In *The Progress of Underdeveloped Areas*, org. por

B.F. Hoselitz. Chicago: University of Chicago Press.

Gershuny, J. 1978: *After Industrial Society*. Londres: Macmillan.

Gershuny, J. 1983: *Social Innovation and the Division ofLabour*. Oxford: Oxford University Press.

Gershuny, R. e Rowthorn, R. orgs. 1986: *The Geography of Deindustrialisation*. Dobbs Ferry: Sheridan.

Gerstel, Naomi e Gross, Harriet orgs. 1987: *Families and Work*. Filadélfia: Temple University Press.

Gerth, H. e Mills, C.W.: *Character and Social Structure*. Londres: Routledge & Kegan Paul.

Geuss, Raymond 1981: *The Idea of a Critical Theory: Habermas and the Frankfurt School*. Cambridge: Cambridge University Press.

Gewirth, A. 1984: "Are there any absolute rights:" In *Theories of Rights,* org. por J. Waldron. Oxford: Oxford University Press.

Ghai, D. et al. 1979: *Planning for Basic Needs in Kenya*. Genebra: Organização Internacional do Trabalho.

Ghai, D. et al. 1977. *The Basic Needs Approach to Development: Some Issues Regarding Concepts and Methodology*. Genebra: Organização Internacional do Trabalho.

Ghodse, H. e Maxwell, G. orgs. 1990: *Substance Abuse and Dependence: an Introduction for the Caring Professions*. Londres: Macmillan.

Gianotti, José Artur 1966: *Origens da dialética do trabalho*. São Paulo: Difel/(*1971*): *Origines de la dialectique du travail*. Paris: Aubier.

Gibb, C. 1951: "The principles and traits of leadership". *Journal of Abnormal and Social Psychology* 42, 267-84.

Gibb, C. 1968: *Leadership: psychological aspects*. In *International Encyclopedia of the Social Sciences,* vol. 9.

Gibbs, J. e Martin, W. 1964: *Status Integration and Suicide: a Sociological Study*. Eugene: University of Oregon Press.

Gibbs, J.P. 1965: "Norms: the problem of definition and classification". *American Journal of Sociology* 70, 586-94.

Gibson, J.J. 1966: *The Senses Considered as Perceptual Systems*. Westminster, MD: Random.

Giddens, A. 1971: *Capitalism and Modern Social Theory*. Cambridge: Cambridge University Press.

Giddens, A. 1973: *The Class Structure of the Advanced Societies*. Londres: Hutchinson / (*1975*): *A estrutura de classe das sociedades avançadas*. Rio de Janeiro: Zahar.

Giddens, A. org. 1974: *Positivism and Sociology*. Londres: Heinemann.

Giddens, A. 1976: *New Rules of Sociological Method: a Positive Critique of Interpretive Sociologies*. Londres: Hutchinson; Nova York: Basic Books / (*1978*): *Novas regras do método sociológico*. Rio de Janeiro: Zahar.

Giddens, A. 1977: "Functionalism: après la lutte". In *Studies in Social and Political Theory*. Londres: Hutchinson.

Giddens, A. 1977: *Studies in Social and Political Theory*. Londres: Hutchinson. Nova York: Basic Books.

Giddens, A. 1978: "Positivism and its critics." In *A History of Sociological Analysis,* org. por Tom Bottomore e Robert Nisbet. Nova York: Basic Books.

Giddens, A. 1979: *Central Problems of Social Theory: Structure and Contradiction in Social Analysis*. Londres: Macmillan; Berkeley: University of California Press.

Giddens, A. 1981: *A Contemporary Critique of Historical Materialism*. Vol. 1, *Power, Property, and the State*. Londres: Macmillan; Berkeley: University of California Press.

Giddens, A. 1984: *The Constitution of Society: an Outline of the Theory of Structuration*. Cambridge: Polity; Berkeley: University of California Press.

Giddens, A. 1985: *The Nation-state and Violence*. Vol. 2 de *A Contemporary Critique of Historical Materialism*. Cambridge: Polity; Berkeley: University of California Press.

Giddens, A. 1987: *Social Theory and Modern Sociology*. Cambridge: Polity; Stanford, CA: Stanford University Press.

Giddens, A. 1990: *The Consequences of Modernity*. Cambridge: Polity; Stanford, CA: Stanford University Press / (*1991*): *As conseqüências da modernidade*. São Paulo: Unesp.

Giddens, A. e Mackenzie, G. orgs. 1982: *Social Class and the Division of Labour*. Cambridge: Cambridge University Press.

Gierke, O. von 1900: Introdução a F.W. Maitland, *Political Theories of the Middle Ages*. Cambridge: Cambridge University Press.

Gierke. O. von 1957: *Natural Law and the Theory of Society: 1500-1800*. Boston: Beacon.

Giglioli, P.P. org. 1972: *Language and Social Context*. Harmondsworth. Penguin.

Gilb, C. L. 1966: *Hidden Hierarchies: the Professions and Government*. Nova York: Harper & Row.

Gilbert, Alan e Gugler, Josef 1981: *Cities, Poverty and Development*. Oxford: Oxford University Press.

Gilbert, M. 1989: *On Social Facts*. Londres: Routledge.

Gilbert, M. 1990: "Rationality, coordination, and convention". *Synthese* 84, 1-21.

Gilbert, Sandra M. e Gubar, Susan 1979: *The Madwoman in the Attic*. New Haven, CT, e Londres: Yale University Press.

Giles, H. e Bournis, R. 1976: "Methodological issues in dialect perception: some social psychological perspectives". *Anthropological Linguistics* 187, 294-304.

Gilligan, C. 1982: *In a Different Voice. Cambridge,* MA: Harvard University Press.

Gillis, J.R. 1974: *Youth and History*. Nova York: Academic Press.

Gilpin, R. 1981: *War and Change in World Politics*. Cambridge e Nova York: Cambridge University Press.

Giner, S. 1976: *Mass Society*. Londres: Martin Robertson.

Gitlin, Todd 1987: *The Sixties: Years of Hope, Days of Rage*. Nova York: Bantam.

Giuberg, Achsch 1986: *The Map of Time: Seventeenth Century English Literature and Ideas of Patterns in History*. Urbana: University of Illinois Press.

Glaser, B. e Strauss, A. 1967: *The Discovery of Grounded Theory: Strategies for Qualitative Research*. Nova York: Sociology Press.

Glasner, P.E. 1977: *The Sociology of Secularization: a Critique of a Concept*. Londres: Routledge & Kegan Paul.

Glass, D.V. 1954: *Social Mobility in Britain*. Londres: Routledge & Kegan Paul.

Glass, D.V. 1956: "Some aspects of the development of demography". *Journal of the Royal Society of Arts* 104, 854-68.

Glass, Ruth 1955 (*1989*): "Urban sociology in Great Britain". In *Clichés of Urban Doom*. Oxford: Blackwell.

Glatzer, N.N. org. 1968 (*1992*): *Martin Buber: Humanism*. Nova York: Schoken Books.

Gleason, P. 1983: "Identifying identity: a semantic history". *Journal of American History* 69, 910-31.

Glock, C.Y. 1971: "The study of unbelief: perspectives and research". In *The Culture of Unbelief,* org. por R. Caporale e A. Grumelli, Berkeley: University of California Press.

Glock, C.Y. e Hammond, P.E. orgs. 1973: *Beyond the Classics? Essays in the Scientific Study of Religion*. Nova York: Harper & Row.

Glover, J. 1990: *Utilitarianism and its Critics*. Nova York: Macmillan.

Glover, J. et al. 1989: *Fertility and the Family: the Glover Report on Reproductive Technologies to the European Commission*. Londres: Fourth Estate.

Gluckman, M. 1965 (*1994*): *The Ideas in Barotse Jurisprudence*. Harndon, VA: Berg.

Gluckman, Max 1956: *Custom and Conflict in Africa*. Oxford: Blackwell.

Glyptis, Sue 1989: *Leisure and Unemployment*. Milton Keynes: Open University Press.

Godelier, Maurice 1966: *Rationalité et irracionalité en economie*. Paris: Maspero / (*1972*): *Rationality and Irrationality in Economics*. Londres: New Left Books / (s/d): *Racionalidade e irracionalidade na economia*. Rio de Janeiro: Tempo Brasileiro.

Godelier, Maurice 1966: *Système, structure et contradiction dans Le Capital*. In *Les Temps Modernes,* novembro / (*1972*) "Structure and contradiction in *Capital*". In *Ideology in Social Science.* org. por Robin Blackburn. Londres: Fontana.

Godelier, Maurice 1973: *Horizon, trajects marxistes en anthropologie*. Paris: Maspero / (*1977*): *Perspectives in Marxist Anthropology*. Cambridge: Cambridge University Press.

Godwin, W. 1793 (*1963*): *Enquiry Concerning Political Justice*. Harmondsworth: Penguin.

Goffman, E. 1959: *The Presentation of Self in Everyday Life*. Garden City, NY: Doubledays / (*1995*): *A representação de eu na vida cotidiana*. 6ª ed., Petrópolis: Vozes.

Goffman, E. 1961: *Asylums: Essays on the Social Situation of Mental Patients and Other Inmates*. Garden City, NY: Anchor.

Goffman, E. 1967: *Interaction Ritual: Essays in Face-to-Face Behavior*. Chicago: Aldine.

Goffman, E. 1968: *Asylums*. Harmondsworth: Penguin.

Goffman, E. 1974: *Frame Analysis*. Nova York: Harper & Row.

Goitein, Sholomo D. 1967-83: *A Mediterranean Society: the Jewish Communities of the Arab World as Portrayed in the Documents of the Cairo Geniza,* 4 vols. Berkeley: University of California Press.

Goldberg, D. e Huxley, P. 1992: *Common Mental Disorders: a Biosocial Model*. Londres: Tavistock/Routledge.

Golding, Peter 1974: *The Mass Media*. Harlow: Longman.

Goldmann, Lucien 1956: *Le dieu caché*. Paris: Gallimard / (*1964*): *The Hidden God*. Londres: Routledge & Kegan Paul.

Goldmann, Lucien 1967: "Sociology of literature: status and problems of method". *International Social Science Journal* 19.4.

Goldmann, Lucien 1970: *Marxisme et sciences humaines*. Paris: Gallimard.

Goldschmidt, W. 1959: *Man's Way: a Preface to the Understanding of Human Society*. Nova York: Holt, Rinehart & Winston.

Goldsmith, M. e Mackay, A. 1964: *The Science of Science*. Londres: Souvenir Press.

Goldstone, J.A. 1990: *State Breakdown: Revolution and Rebellion in the Early Modern World 1640-1848:* Berkeley: University of California Press.

Goldstone, J.A. et al. orgs. 1990: *Revolutions of the Late 20th Century*. Boulder, CO: Westview Press.

Goldthorpe, J. 1980 (*1987*): *Social Mobility and Class Structure in Modern Britain*. 2ª ed., Oxford: Clarendon Press.

Goldthorpe, J. org. 1984: *Order and Conflict in Contemporary Capitalism: Studies in the Political Economy of Western European Nations*. Oxford: Oxford University Press.

Goldthorpe, J. et al. 1969: *The Affluent Worker in the Class Structure*. Cambridge: Cambridge University Press.

Gollwitzer, H. 1987: "The Caesarism of Napoleon III as seen by public opinion in Germany", trad. por G.C. Wells. *Economy and Society* 16, 357-404.

Gombrich, E.H. 1963: *Meditations on a Hobby Horse and other Essays on the Theory of Art*. Londres: Phaidon.

Gomulka, S. 1986: *Growth, Innovation and Reform in Eastern Europe*. Madison: University of Wisconsin Press.

Gomulka, S. e Rostowski, J. 1988: "An international comparison of material intensity". *Journal of Comparative Economics,* dezembro.

Good, A. 1981: "Prescription, preference and practice: marriage patterns among the Kondaiyankottai Maravar of South India". *Man,* NS 16, 108-29.

Goode, W.J. 1960: "A theory of role strain". *American Sociological Review* 25, 483-96.

Goodenough, W. 1956: "Componential analysis and the study of meaning". *Language* 32, 195-216.

Goodin, Robert F. 1992: *Green Political Theory*. Cambridge: Polity.

Goodman, N. 1955 (*1973*): *Fact, Fiction and Forecast*. 3ª ed., Nova York: Bobbs Merril.

Goodman, Nelson 1947: "A query on confirmation". *Journal of Philosophy* 83.

Goodpaster, K. 1978: "On being morally considerable". *Journal of Philosophy* 75.

Goodrich, Peter 1986: *Reading the Law*. Oxford: Blackwell.

Goodrich, Peter 1990: *Languages of Law: from Logics of Memory to Nomadic Masks*. Londres: Weidenfeld & Nicolson.

Goodwin, B. 1987: *Using Political Ideas*. Chichester: Wiley.

Goodwin, C. 1981: *Conversational Organisation: Interaction between Speakers and Hearers*. Nova York: Academic Press.

Goody, J.R. org. 1971: Kinship: *Selected Readings*. Harmondsworth: Penguin.

Goody, J.R. org. 1973: *The Character of Kinship*. Cambridge e Nova York: Cambridge University Press.

Gopal, S. 1965: *British Policy in India 1858-1905*. Cambridge: Cambridge University Press.

Gorbachev, M. 1988: *Using the Potential of Cooperatives for Furthering Perestroika*. Moscou: Novosti Press.

Gordon, D. 1945: *Business Leadership in Large Corporations*. Washington, DC: Brookings Institution.

Gordon, R.J. org. 1986: *The American Business Cycle*. Chicago: University of Chicago Press.

Gordon, R.J. 1986: "Introduction: continuity and change in theory, behavior and methodology". In *The American Business Cycle*. Chicago: University of Chicago Press.

Gorer, G. et al. 1966: *Psychoanalysis Observed*. Londres: Constable.

Gorz, A. org. 1973: *Critique de la division du travail*. Paris: Seuil / (*1976*): *The Division of Labour: the Labour Process and Class Struggle in Modern Capitalism*. Hassocks: Harvester / (*1980*): *Crítica da divisão do trabalho*. São Paulo: Martins Fontes.

Gorz, A. 1980: *Ecology as Politics*. Londres: Pluto.

Gorz, A. 1980: *Adieux au prolétariat* / (*1982*): *Farewell to the Working Class*, trad. por M. Sonenscher. Londres: Pluto Press / (*1982*): *Adeus ao proletariado*. Rio de Janeiro: Forense.

Gorz, A. 1984: *Paths to Paradise*. Londres: Pluto.

Gostin, L. org. 1988: *Civil Liberties in Conflict*. Londres: Routledge.

Gottschalch, Wildried org. 1968: *Parlamentarismus und Rätedemokratie*. Berlim: Wagenbach.

Gould, C.C. 1980: *Rethinking Democracy: Freedom and Social Cooperation in Politics, Economy, and Society*. Cambridge: Cambridge University Press.

Gould, S.J. 1980: *Ever since Darwin*. Harmondsworth: Penguin.

Gould, S.J. 1983: *The Panda's Thumb*. Harmondsworth: Penguin.

Gouldner, A. 1950: *Studies in Leadership: Leadership and Democratic Action*. Nova York: Harper & Row.

Gouldner, A. 1954: *Patterns of Industrial Bureaucracy*. Glencoe, IL: Free Press.

Gouldner, A. 1959: "Organizational analysis". In *Sociology Today*, org. por Robert Merton et al. Nova York: Basic Books.

Gouldner, A. 1960: "The norm of reciprocity: a preliminary statement". *American Sociological Review* 25, 161-79.

Gouldner, A. 1962: "Introduction". In Émile Durkheim, *Socialism*. Nova York: Collier-Macmillan.

Gouldner, A. 1964: "Anti-minotaur: the myth of value-free sociology". In *The New Sociology*, org. por I. Horowitz. Nova York: Oxford University Press.

Gouldner, A. 1979: *The Future of Intellectuals and the Rise of the New Class*. Nova York: Seabury Press.

Gouldner, A. 1980: "Civil society in capitalism and socialism". In *The Two Marxisms*. Londres: Macmillan.

Graaf, J. de V. 1957: *Theoretical Welfare Economics*. Cambridge. Cambridge University Press.

Graburn, N. org. 1971: *Reading in Kinship and Social Structure*. Nova York: Harper & Row.

Graham, L.R. 1987: *Science, Philosophy and Human Behaviour in the Soviet Union*. Nova York: Columbia University Press.

Gramsci, A. 1910-20 (*1977*): *Selections from Political Writings*, vol. 1: *1910-1920*. Londres: Lawrence & Wishart; Nova York: International Publishers.

Gramsci, A. 1921-6 (*1978*): *Selections from Political Writings*, vol. 2: *1921-1926*. Londres: Lawrence & Wishart.

Gramsci, A. 1929-35 (*1971*): *Selections from the Prison Notebooks*, org. por Q. Hoare e G. Nowell Smith. Londres: Lawrence & Wishart; Nova York: International.

Gramsci, A. 1985: *Selections from Cultured Writings*. Londres: Lawrence & Wishart.

Granet, M. 1922 (*1975*): *The Religion of the Chinese People*, trad. por M. Freedman. Oxford: Blackwell.

Granovetter, M. e Tilly, C. 1988: "Inequality and labor process". In *Handbook of Sociology*, org. por N. Smelser. Londres e Nova Delhi: Sage.

Grant, W. org. 1985: *The Political Economy of Corporatism*. Londres: Macmillan.

Graumann, G.F. org. 1972: *Handbuch der Psychologie*, vol. 7. Göttingen: Verlag für Psychologie.

Graunt, John 1662 (*1939*): *Natural and Political Observations Made upon the Bills of Mortality*. Baltimore: Johns Hopkins University Press.

Gravelle, H. e Rees, R. 1981: *Microeconomics*. Londres e Nova York: Longman.

Gray, Alexander 1946: *The Socialist Tradition*. Londres, Nova York e Toronto: Longman, Green.

Gray, John 1989: *Liberalism*. Londres: Routledge.

Grebing, Helga 1986: *Der 'deutsche Sonderweg' in Europa 1806-1945*. Stuttgart: Kohlhammer.

Green, F. e Sutcliffe, B. 1987: *The Profit System*. Harmondsworth: Penguin.

Green, R.W. org. 1959: *Protestantism and Capitalism: the Weber Thesis and its Critics*. Boston: Heath.

Green, T.H. 1941: *Lectures on the Principles of Political Obligation*. Londres: Longman, Green.

Greenwood, E. 1957: "Attributes of a profession". *Social Work* 3, 44-55.

Greer, Germaine 1970 (*1981*): *The Female Eunuch*. Nova York: Bantam.

Greffe, X. 1975: *La politique du social*. Paris: Presses Universitaires de France.

Gregor, A.J. 1969: *The Ideology of Fascism: the Rationale of Totalitarianism*. Nova York: Free Press.

Gregory, D. e Urry, J. orgs. 1985: *Social Relations and Spatial Structures*. Londres: Macmillan.

Gregory, D. e Walford, R. orgs. 1989: *Horizons in Human Geography*. Londres: Macmillan.

Gregory, P.R. e Stuart, R.C. 1986: *Soviet Economic Structure and Performance*. 3ª ed., Nova York: Harper & Row.

Grice, H.P. 1975: "Logic and conversation". In *Syntax and Semantics,* vol. 3: *Speech Acts,* org. por P. Cole e J. Morgan. Nova York: Academic Press.

Griffin, R.D. 1991 (*1995*): *The Nature of Fascism*. Cary, NC: Oxford University Press.

Groh, D. 1972: "Cäsarismus, Napoleonismus, Bonapartismus, Führer, Chef, Imperialismus". In *Geschichtliche Grundbegriffe,* 7 vols. Vol. 1, org. por O. Brunner et al. Stuttgart: Ernst Klett.

Groves, E.R. 1928: *The Marriage Crisis*. Nova York: Longman.

Grubel, H.G. 1981 (*1989*): *International Economics*. Vancouver, ON: Fraser.

Gubrum, Jaber F. e Holstein, James, A. 1990: *What is Family?* Mount View, CA: Mayfield.

Guérin, D. 1970: *Anarchism*. Nova York: Monthly Review Press.

Guile, Bruce R. org. 1985: *Information Technologies and Social Transformation*. Washington, DC: National Academy Press.

Guillemard, Anne-Marie 1982: "Old age, retirement and the social class structure: toward an analysis of the structural dynamics of the later stage of life". In *Ageing and the Life Course,* org. por T. Hareven. Nova York: Guilford Press.

Guillemard, Anne-Marie org. 1983: *Old Age and the Welfare State*. Londres: Sage.

Guillemard, Anne-Marie 1986a: *Le déclin du social: formation et crise des politiques de la vieillesse*. Paris: Presses Universitaires de France.

Guillemard, Anne-Marie 1986b: "State, society and old-age policy in France from 1945 to the current crisis". *Social Science and Medicine* 23, 1319-26.

Gumperz, J. 1982: *Discourse Strategies*. Cambridge: Cambridge University Press.

Gumperz, J. e Hymes, D. orgs. 1972 (*1986*): *Directions in Sociolinguistcs*. Oxford: Blackwell.

Gunder Frank, André *ver* Frank, André Gunder.

Gupta, Partha Sarathi 1975: *Imperialism and the British Labour Movement, 1914-1964*. Londres: Macmillan.

Gurney, P.J. 1989: *The Making of Co-operative Culture in England, 1870-1918*. Dissertação de doutorado, University of Sussex.

Gurr, T. e Scarrit, J. 1989: "Minorities at risk: a global survey". *Human Rights Quarterly* 11, 375-405.

Gurr, T.R. 1970: *Why Men Rebel*. Princeton, NJ: Princeton University Press.

Gurvitch, G. 1949: *Industrialisation et technocratie*. Paris: Collin.

Gurvitch, G. 1955: *Determinismes sociaux et liberté humaine*. Paris: Presses Universitaires de France.

Gurvitch, G. org. 1958 (*1962*): *Traité de sociologie*. Paris: Presses Universitaires de France.

Gutmann, A. 1980: *Liberal Equality*. Cambridge: Cambridge University Press.

Gutierrez, G. 1973: *A Theology of Liberation: History, Politics and Salvation*. Nova York: Orbis.

Guttsman, W.L. 1981: *The German Social Democratic Party, 1875-1933*. Londres: Allen & Unwin.

Guyau, M. 1911: *Les problèmes de l'esthétique contemporaine*. Paris: Alcan.

Haakonssen, Knud org. 1988: *Traditions of Liberalism*. Sydney: Centre for Independent Studies.

Haberler, G. 1937 (*1958*): *Prosperity and Depression*. Londres: Allen & Unwin.

Habermas, Jürgen 1962 (*1989*): *The Structural Transformation of the Public Sphere*. Cambridge: Polity / (*1984*): *Mudança estrutural na esfera pública*. Rio de Janeiro: Tempo Brasileiro.

Habermas, Jürgen 1967 (*1988*): *On the Logic of the Social Sciences*. Londres: Heinemann; Cambridge, MA: MIT Press.

Habermas, Jürgen 1968 (*1971*): *Knowledge and Human Interests*. Boston: Beacon Press / (*1982*): *Conhecimento e interesse*. Rio de Janeiro: Zahar.

Habermas, Jürgen 1968-9 (*1970*): *Toward a Rational Society*. Boston: Beacon Press.

Habermas, Jürgen 1969 (*1970*): *Protestbewegung und Hochschulreform*. Frankfurt am Main: Suhrkamp; trad. parc. in *Toward a Rational Society*. Boston: Beacon Press.

Habermas, Jürgen 1971 (*1976*): *Theory and Practice*. Boston: Beacon Press.

Habermas, Jürgen 1971: "Vorbereitende Bemerkungen zu einer Theorie der kommunikativen Kompetenz". In *Theorie der Gesellschaft oder Sozialtechnologie,* org. por J. Habermas e N. Luhmann. Frankfurt am Main: Suhrkamp.

Habermas, Jürgen 1973 (*1976*): *Legitimation Crisis*. Londres: Heinemann; Boston: Beacon Press / (*1979*): *Crise de legitimação do capitalismo tardio*. Rio de Janeiro: Tempo Brasileiro.

Habermas, Jürgen 1976 (*1979*): *Communication and the Evolution of Society*. Boston: Beacon Press.

Habermas, Jürgen 1981 (*1984, 1989*): *The Theory of Communicative Action,* 2 vols. Boston: Beacon Press; Cambridge: Polity.

Habermas, Jürgen 1983 (*1990*): *Moral Consciousness and Communicative Action*. Cambridge: Polity Press / (*1989*): *Consciência moral e agir comunicativo*. Rio de Janeiro: Tempo Brasileiro.

Habermas, Jürgen 1984: *Autonomy and Solidarity,* org. por P. Dews. Londres: Verso.

Habermas, Jürgen 1985 (*1988*): *The Philosophical Discourse of Modernity*. Cambridge: Polity; Cambridge, MA: MIT Press.

Habermas, Jürgen 1988: *Nachmetaphysisches Denken*. Frankfurt am Main: Suhrkamp / (*1990*): *Pensamento pós-metafísico: estudos filosóficos*. Rio de Janeiro: Tempo Brasileiro.

Habermas, Jürgen 1989: *Philosophical-Political Profiles*. Cambridge: Polity.

Hacker, F. 1976: *Crusaders, Criminals, Crazies: Terror and Terrorism in our Time*. Nova York: N.W. Horton.

Hackett, sir John 1983: *The Profession of Arms*. Londres: Sidgwick & Jackson.

Hacking, I. 1983: *Representing and Intervening*. Port Chester, NY: Cambridge University Press.

Hagopian, M.N. 1975: *The Phenomenon of Revolution*. Nova York: Dodd, Mead.

Hahn, F. 1973: *On the Notion of Equilibrium in Economics*. Cambridge e Nova York. Cambridge University Press.

Hahn, F. 1980: *Money and Inflation*. Oxford: Blackwell.

Hahn, F. 1981: "General equilibrium theory". In *The Crisis in Economic Theory,* org. por Daniel Bell e Irving Kristol. Nova York: Basic Books.

Hahn, F. 1984: *Equilibrium and Macroeconomics*. Oxford: Blackwell.

Haight, R. 1985: *An Alternative Vision, an Interpretation of Liberation Theology*. Mahwah, NJ: Paulist Press.

Hailsham, Lord: *Electrive Dictatorship*. Londres: *BBC*.

Haim, S. 1962 (*1976*): *Arab Nationalism: an Anthology*. Berkeley: University of California Press.

Halbwachs, M. 1933: *Les causes du suicide*. Paris: Alcan.

Halbwachs, M. 1938 (*1958*): *The Psychology of Social Classes*. Londres: Heinemann.

Halbwachs, M. 1980: *The Collective Memory*. Nova York: Harper & Row.

Halebsky, S. 1976: *Mass Society and Political Conflict*. Cambridge: Cambridge University Press.

Haley, P. 1980: "Rudolph Sohm on charisma". *Journal of Religion* 60, 185-97.

Halfpenny, P. 1982: *Positivism and Sociology: Explaining Social Life*. Londres: Allen & Unwin.

Hall, A.D. e Fagen, R.E. 1968: "Definition of systems". In *Modern System Research for the Behavioral Scientist,* org. por W. Buckley. Chicago.

Hall, C. et al. 1985: *Introduction to Theories of Personality*. Nova York: Wiley.

Hall, J. e Ikenberry, J. 1989: *The State*. Milton Keynes: Open University.

Hall, P. 1981: *Great Planning Disasters*. Harmondsworth: Penguin.

Hall, S. 1983: "The 'little Caesars' of social democracy". In *The Politics of Thatcherism*, org. por S. Hall e M. Jacques. Londres: Lawrence & Wishart.

Hall, S. e Jacques, M. orgs. 1991: *The Changing Face of Politics in the 1990s*. Londres: Lawrence & Wishart.

Haller, M. 1963: *Eugenics: Hereditarian Attitudes in American Thought*. New Brunswick, NJ: Rutgers University Press.

Haller, R. 1986: *Fragen zu Wittgenstein und Aufsätze zur österreichischen Philosophie*. Amsterdam: Rodopi.

Haller, R. 1988: *Questions on Wittgenstein*. Londres: Routledge; Lincoln: University of Nebraska Press.

Halliday, F. 1983: *The Making of the Second Cold War*. Londres: Verso.

Halliday, M.A.K. 1978: *Language as Social Semiotic*. Londres: Arnold.

Halliday, M.A.K. 1985: *An Introduction to Functional Grammar*. Londres: Arnold.

Halliday, M.A.K. org. 1987: *New Developments in Systemic Linguistics*. Londres: Pinter.

Halliday, M.A.K. e Hasan, R. 1976: *Cohesion in English*. Londres: Longman.

Halsey, A.H. et al. 1980: *Origins and Destinations: Family, Class and Education in Modern Britain*. Oxford: Oxford University Press.

Haltiwanger, J. e Waldman, M. 1985: "Rational expectations and the limits of rationality". *American Economic Review* 75, 326-40.

Hamel, Jacques org. 1992: "The case study method". *Current Sociology* 40.

Hamilton, A. e Madison, J. 1787-8 (*1937*): *The Federalist Papers*. Nova York: Modern Library.

Hamilton, W.D. 1964: "The genetical evolution of social behaviour", I, II. *Journal of Theoretical Biology* 7, 1-52.

Hamlin, A. 1986: *Ethics, Economics and the State*. Brighton: Wheatsheaf.

Hammer, K. e Hartmann, P.C. 1977: *Der Bonapartismus: historisches Phänomen und politischer Mythos*. Munique: Artemis.

Hammond, Michael et al. 1991: *Phenomenology*. Oxford: Blackwell.

Hampshire, S. org. 1978: *Public and Private Morality*. Cambridge: Cambridge University Press.

Hampson, N. 1968: *The Enlightenment*. Harmondsworth: Penguin.

Handel, W. 1979: "Normative expectations and the emergence of meaning as solutions to problems: convergence of structural and interactionist views". *American Journal of Sociology* 84, 855-81.

Handlin, Oscar 1951: *The Uprooted*. Boston: Little, Brown.

Handy, C.B. 1984: *The Future of Work: a Guide to Changing Society*. Oxford: Blackwell.

Hanfling, O. org. 1981: *Essential Readings in Logical Positivism*. Oxford: Blackwell.

Hanmer, J. e Saunders, S. 1984: *Well-Founded Fear: a Community Study of Violence to Women*. Londres: Hutchinson.

Hanmer, J. et al. org. 1989: *Women, Policing and Male Violence: International Perspectives*. Londres e Nova York: Routledge.

Hansen, M. 1991: *Babel and Babylon: Spectatorship in American Silent Film*. Cambridge, MA: Harvard University Press.

Hanson, N.R. 1958. *Patterns of Discovery*. Cambridge: Cambridge University Press.

Harcourt, G.C. 1982: "Post-Keynesianism: quite wrong and/or nothing new?". *Thames Papers in Political Economy*, verão.

Hardach, G. e Karras, D. 1978: *A Short History of Socialist Economic Thought*. Londres: Edward Arnold.

Hardin, R. 1982: *Collective Action*. Baltimore: Johns Hopkins University Press.

Harding, N. 1977 (*1981*): *Lenin's Political Thought*. Londres: Macmillan.

Harding, Sandra 1984: *The Science Question in Feminism*. Ithaca, NY: Cornell University Press.

Harding, Sandra e Hintinkka, Merrill orgs. 1983: *Discovering Reality: Feminist Perspectives on Epistemology, Methodology and Philosophy of Science*. Dordrecht: Reidel: Peace Politics in Twentieth Century Britain, 264.

Hare, A.R. 1976: *Handbook of Small Group Research*. 2ª ed., Nova York: Free Press.

Hare, R.M. 1981: *Moral Thinking*. Oxford: Clarendon Press.

Harff, B. e Gurr, T. 1990: "Victims of the state: genocides, politicides and group repression since 1945". *International Review of Victimology* 1, 1-19.

Hargreaves Heap, S.P. 1989: *Rationality in Economics*. Oxford: Blackwell.

Harré, R. 1970: *The Principles of Scientific Thinking*. Londres: Macmillan; Chicago: University of Chicago Press.

Harré, R. 1979 (*1993*): *Social Being*. Williston, VT: Blackwell.

Harré, R. 1981: *Great Scientific Experiments: Twenty Experiments that Changed our View of the World*. Oxford: Oxford University Press.

Harré, R. 1986 (*1995*): *Varieties of Realism*. Peru, IL: Open Court.

Harré, R. e Madden, E.H. 1975: *Causal Powers: a Theory of Natural Necessity*. Oxford: Blackwell.

Harré, R. e Secord, P.F. 1972: *The Explanation of Social Behaviour*. Oxford: Blackwell.

Harrel, Jean 1972: "Aesthetics as philosophy". *Personalist* 53, 115-26.

Harries-Jenkins, G. 1977: *The Army in Victorian Society*. Londres: Routledge & Kegan Paul.

Harries-Jenkins, G. e Moskos, C.C. 1981: "Armed forces and society". *Current Sociology* 29, 1-170.

Harrington, M. 1989: *The Next Left: the History of the Future*. Nova York: Henry Holt.

Harris, J. 1982: *Unemployement and Politics: a Study in English Social Policy, 1886-1914*. Oxford: Oxford University Press.

Harris, M. 1968: *The Rise of Anthropological Theory: a History of Theories of Culture*. Nova York: Thomas Crowell.

Harris, Nigel 1986: *The End of the Third World: Newly Industrializing Countries and the Decline of an Ideology*. Harmondsworth: Penguin.

Harrison, G. A. et al. 1988: *Human Biology: an Introduction to Human Evolution, Variation, Growth and Adaptability*. Oxford: Oxford University Press.

Harrison, R.P. 1992: *Forests: The Shadow of Civilization*. Chicago: Chicago University Press.

Harriss, J. org. 1982: *Rural Development*. Londres: Hutchinson.

Harrod, R.F. 1939: "An essay in dynamic theory". *Economic Journal* 49, 14-33.

Harrod, R.F. 1951: *The Life of John Maynard Keynes*. Londres: Macmillan.

Harrop, M. e Miller, W.L. 1987: *Elections and Voters*. Londres: Macmillan.

Harsanyi, J.C. 1955: "Cardinal welfare, individualistic ethics and interpersonal comparisons of welfare". *Journal of Political Economy* 63, 309-21.

Hart, H.L.A. 1955: "Are there any natural rights?". *Philosophical Review* 64, 175-91.

Hart, H.L.A. 1961: *The Concept of Law*. Oxford: Clarendon Press.

Hart, K. 1973: "Informal income opportunities and urban employment in Ghana". *Journal of Modern African Studies* 11, 61-89.

Harte N. org. 1971 (*1996*): *The Study of Economic History: Collected Inaugural Lectures, 1893-1970*. Nova York: Manchester University Press.

Hartmann, E. von 1931: *The Philosophy of the Unconscious*. Londres: Kegan Paul, Trench, Trubner.

Hartmann, H. 1979: "Capitalism, patriarchy and job segregation by sex". In *Capitalist Patriarchy*. Nova York: Monthly Review Press.

Hartmann, Heidi 1981: "The unhappy marriage of Marxism and feminism: towards a more progressive union". In *Women and Revolution*. org. por Lydia Sargent. Londres: Pluto Press.

Harvey, D. 1982: *The Limits to Capital*. Chicago: University of Chicago Press.

Harvey, D. 1985: *Consciousness and the Urban Experience*. Baltimore: Johns Hopkins University Press.

Harvey, D. 1989: *The Condition of Postmodernity: an Enquiry into the Origins of Cultural Change*. Oxford: Blackwell.

Hasbach, W. 1895: "Zur Geschichte des Methodestreites in der politischen Ökonomie". In *Jahrbuch für Gesetzgebung, Verwaltung und Volkswirtschaft*, NF Jg. 19, 465-90, 751-808.

Hasselman, E. 1989: "Japan's consumer movement". *Review of International Co-operation* 82, 1.

Hatzfeld, H. 1971: *Du paupérisme à la sécurité sociale*. Paris: Armand Colin.

Haug, M.R. 1973: "Deprofessionalization: an alternative hypothesis for the future". *Sociological Review Monograph* 20, 195-211.

Hauser, Arnold 1954: *The Philosophy of Art History*. Londres: Routledge & Kegan Paul.

Hauser, Philip M. e Schnore, Leo F. orgs 1965: *The Study of Urbanization*. Nova York: Wiley.

Havel, Václav et al. 1967: *Václav Havel or Living in Truth,* org. por J. Vadislav. Londres: Faber.

Hawkins, K. 1984: *Unemployment*. Harmondsworth: Penguin.

Hawthorn, G. 1987: *Enlightenment and Despair: a History of Social Theory*. 2ª ed., Port Chester, NY: Cambridge University Press.

Hayek, F.A. org. 1935: *Collectivist Economic Planning: Critical Studies on the Possibilities of Socialism*. Londres: Routledge.

Hayek, F.A. 1940 (*1948*): "The competitive solution". In *Individualism and Economic Order.* Chicago: University of Chicago Press.

Hayek, F.A. 1940: "Socialist calculation: the competitive solution". *Economics,* nova série, 7, 125-49.

Hayek, F.A. 1944 (*1962*): *The Road to Serfdom*. 2ª ed., Londres: Routledge & Kegan Paul.

Hayek, F.A. 1945: "The use of knowledge in society". *American Economic Review* 35, 519-30.

Hayer, F.A. 1948 (*1980*): *Individualism and Economic Order.* Chicago: University of Chicago Press.

Hayek, F.A. 1948: "The meaning of competition". In *Individualism and Economic Order.* Chicago: University of Chicago Press.

Hayek, F.A. 1960: *The Constitution of Liberty*. Londres: Routledge & Kegan Paul.

Hayek, F.A. 1967: "The non sequitur of the 'dependence effect'". In *Studies in Philosophy, Politics and Economics*. Londres: Routledge & Kegan Paul.

Hayek, F.A. 1973-9 (*1982*): *Law, Legislation and Liberty*. Vol. 1: *Rules and Order* (1973); vol. 2: *The Mirage of Social Justice* (1976); vol. 3: *The Political Order of a Free People* (1979). Reunidos em um único volume com prefácio revisto. Londres: Routledge & Kegan Paul.

Hayek, F.A. 1978: "Competition as a discovery procedure". In *New Studies in Philosophy, Politics, Economics and the History of Ideas.* Chicago: University of Chicago Press.

Hayek, F.A. 1983: *Knowledge, Evolution and Society*. Londres: Adam Smith Institute.

Hazard, P. 1935 (*1953*): *The European Mind.* Londres: Hollis & Carter.

Hazard, P. 1946 (*1954*): *European Thought in the Eighteenth Century*. Londres: Hollis & Carter.

Heal, G.M. 1973: *The Theory of Economic Planning*. Amsterdam: North Holland.

Hearnshaw, L.S. 1987: *The Shaping of Modern Psychology*. Londres: Routledge & Kegan Paul.

Heath, A. 1976: *Rational Choice and Social Exchange: a Critique of Exchange Theory*. Cambridge: Cambridge University Press.

Heath, A. 1981: *Social Mobility*. Londres: Fontana.

Heath, C. 1986: *Body Movement and Speech in Medical Interaction*. Cambridge: Cambridge University Press.

Hebb, D.O. 1949: *The Organization of Behaviour*. Nova York: Wiley.

Heberle, R. 1951: *Social Movements*. Nova York: Appleton-Century-Crofts.

Hechter, Michael 1975: *Internal Colonialism*. Londres: Routledge.

Hedborg, Anna e Meidner, Rudolf 1986: *The Concept of the Swedish Model*. Estocolmo: LO.

Hegedüs, A. 1976: *Socialism and Bureaucracy*. Londres: Allison & Busby; Nova York: St. Martin's Press.

Heidegger, Martin 1927 (*1949, 1962*): *Being and Time,* trad. por J. MacQuarrie e E. Robinson. Londres: SCM Press / (*1989*): *Ser e tempo*, 2 vols. Petrópolis: Vozes.

Heidegger, Martin 1947 (*1971*): "Letter on Humanism". In *Poetry, Language and Thought* / (*1967*): *Sobre o humanismo*. Rio de Janeiro: Tempo Brasileiro.

Heidegger, Martin 1977: *The Question Concerning Technology and Other Essays,* trad. por William Lovitt. Nova York: Garland.

Heider, F. 1958: *The Psychology of Interpersonal Relations*. Nova York: Wiley.

Heiss, J. 1981: "Social roles". In *Social Psychology: Sociological Perspectives,* org. por M. Rosenberg e R.H. Turner. Nova York: Basic Books.

Hekman, S.J. 1986: *Hermeneutics and the Sociology of Knowledge*. Cambridge: Polity; Notre Dame, IN: Notre Dame University Press.

Hekman, S.J. 1990: *Gender and Knowledge.* Cambridge: Polity.

Held, D. 1980: *Introduction to Critical Theory: Horkheimer to Habermas*. Berkeley: University of California Press; Londres: Hutchinson.

Held, D. 1987: *Models of Democracy*. Cambridge: Polity.

Held, D. e Thompson, J. org. 1990: *Social Theory of Modern Societies: Anthony Giddens and his Critics*. Cambridge: Cambridge University Press.

Heller, A. 1970 (*1984*): *Everyday Life*. Londres: Routledge & Kegan Paul.

Heller, A. 1976: *The Theory of Need in Marx*. Londres: Allison & Busby.

Hempel, C.G. 1958: "The theoretician's dilemma". In *Minnesota Studies in the Philosophy of Science*, vol. 2, org. por H. Feigl et al. Minneapolis: University of Minnesota Press.

Hempel, C.G. 1965: *Aspects of scientific explanation*. In *Aspects of Scientific Explanation*. Nova York: Free Press.

Hempel, C.G. e Oppenheim, P. 1948: "Studies in the logic of explanation". *Philosophy of Science* 15, 135-75.

Hendry, D.F. 1987: "Econometrics methodology: a personal perspective". In *Advances in Econometrics Fifth World Congress,* vol. 2, org. por T.F. Bewley. Cambridge: Cambridge University Press.

Henle, M. 1986: *1879 and All That: Essays in the Theory and History of Psychology*. Nova York: Columbia University Press.

Hennis, W. 1988: *Max Weber: Essays in Reconstruction,* trad. por K. Tribe. Londres: Allen & Unwin.

Henry, A. e Short, J. 1954: *Suicide and Homicide*. Glencoe, IL: Free Press.

Herberg, W. 1955: *Protestant-Catholic-Jew: an Essay in American Religious Sociology*. Nova York: Doubleday.

Herbst, K. e Paykel, E. 1989: *Depression: an Integrative Approach*. Londres: Heinemann.

Heritage, J. 1984: *Garfinkel and Ethnomethodology*. Cambridge: Polity.

Heritage, J. 1989: "Current developments in conversation analysis". In *Interdisciplinary. Approaches to Interpersonal Communication,* org. por D. Roger e P. Bull. Clevedon: Multilingual Matters.

Héritier-Augé, F. 1981: *L'exercice de la parenté*. Paris: Gallimard.

Héritier-Augé, F. 1985: "La cuisse de Jupiter: réflexions sur les nouveaux modes de procréation". *L'Homme* 94, 5-22.

Herman, E.O. 1981: *Corporate Control, Corporate Power*. Cambridge: Cambridge University Press.

Hermeren, Göran 1983: *Aspects of Aesthetics*. Lund: CWK Gleerup.

Heródoto 1972: *The Histories,* org. por Aubrey de Sélincourt, rev. com notas por A.R. Burn. Harmondsworth: Penguin / (*1985*): *História*. Brasília: Ed. da UNB.

Hertz, Heinrich 1894: *Die Prinzipien der Mechanik*. Leipzig: J.A. Barth.

Hertz, R. 1907 (*1960*): "Contribution à une étude sur la représentation collective de la mort". In *Death and the Right Hand,* trad. por R. Needham e C. Needham. Londres: Cohen & West.

Hertz, R. 1909 (*1960*): "La préeminence de la main droite". In *Death and the Right Hand,* trad. por R. Needham e C. Needham. Londres: Cohen & West.

Herz, J.H. 1959: *International Politics in the Atomic Age*. Nova York: Columbia University Press.

Herzlich, C. 1973: *Health and Illness: a Social Psychological Analysis*. Londres: Academic Press.

Hesse, M. 1966: *Models and Analogies in Science*. Chicago, IL: University of Notre Dame Press.

Hesse, M. 1974: *The Structure of Scientific Inference*. Ewing, NJ: University of California Press.

Hession, C.H. 1972: *John Kenneth Galbraith and his Critics*. Nova York: New American Library.

Hewstone, M. e Brown, R. 1986: *Contact and Conflict in Intergroup Encounters*. Oxford: Blackwell.

Hexter, J.H. 1961: *Reappraisals in History*. Londres: Longmans.

Hexter, J.H. 1971: *The History Primer*. Nova York: Basic Books.

Hey, J. e Winch, D. orgs. 1990: *A Century of Economics*. Oxford: Blackwell.

Hicks, J.R. 1931: *Value and Capital: an Inquiry into Some Fundamental Principles of Economic Theory*. Oxford: Clarendon Press.

Hicks, J.R. 1937: "Mr Keynes and the 'classics': a suggested interpretation". *Econometrica* 5.

Hicks, J.R. 1939: "The foundations of welfare economics". *Economic Journal* 49.

Hicks, J.R. 1939: *Value and Capital: an Inquiry into some Fundamental Principles of Economic Theory*. 2ª ed., Oxford: Oxford University Press.

Hicks, J.R. 1946: *Value and Capital*. 2ª ed., Oxford: Oxford University Press.

Hilferding, Rudolf 1904 (*1949*): *Bohm Bawerk's Criticism of Marx*. Nova York: Augustus M. Kelley.

Hilferding, Rudolf 1910 (*1981*): *Finance Capital: a Study of the Latest Phase of Capitalist Development,* trad. por Morris Watnick e Sam Gordon, org. por Tom Bottomore. Londres e Boston: Routledge & Kegan Paul / (*1985*): *O capital financeiro*. São Paulo: Nova Cultural.

Hilferding, Rudolf 1927 (*1978*): "Die Aufgaben der Sozialdemokratie in der Republik". Trad. ingl. in *Austro-Marxism,* org. por Tom Bottomore e Patrick Goode. Oxford: Clarendon Press.

Hilferding, Rudolf 1941 (*1954*): *Das historische Problem*. Publ. orig. in *Zeitschrift für Politik* 1.

Hill, Christopher 1975: *The World Turned Upside Down: Radical Ideas During the English Revolution*. Harmondsworth: Penguin.

Hillegas, M.R. 1967: *The Future as Nightmare: H.G. Wells and the Anti-Utopians*. Nova York: Oxford University Press.

Hillier, F. S. e Lieberman, G.J. 1986: *Introduction to Operation Research*.

Hilsberg, W. 1988: *The German Greens*. Londres e Nova York: Verso.

Himes, Joseph S. 1980: *Conflict and Conflict Management*. Athens: University of Georgia Press.

Himmelfarb, G. 1984: *The Idea of Poverty: England in the Early Industrial Age*. Londres: Faber & Faber.

Himmelstrand, U. 1981a: Introduction to *Spontaneity and Planning in Social Development.* Beverly Hills, CA: Sage.

Himmelstrand, U. 1981b: "Spontaneity and planning in mixed economies and under self-managing labour". In *Spontaneity and Planning in Social Development.* Beverly Hills, CA: Sage.

Himmelweit, S. e Mohun, S. 1977: "Domestic labour and capital". *Cambridge Journal of Economics* 1.

Hinde, R.A. 1982: *Ethology: its Nature and Relations with Other Sciences*. Oxford: Oxford University Press.

Hindess, B. 1971: *The Decline of Working Class Politics*. Londres: Merlin.

Hindess, B. e Hirst, P. 1975: *Pre-Capitalist Modes of Production*. Londres: Routledge & Kegan Paul / (*1976*): *Modos de produção pré-capitalistas*. Rio de Janeiro: Zahar.

Hindess, B. 1988: *Choice, Rationality and Social Theory*. Londres: Unwin Hyman.

Hinsley, F.H. 1963: *Power and the Pursuit of Peace*. Cambridge: Cambridge University Press.

Hinton G.E. e Anderson, J.A. 1981: *Parallel Models of Associative Memory*. Hillsdale, NJ: Lawrence Erlbaum.

Hinton, J. 1989: *Protests and Visions*. Londres: Hutchinson.

Hintze, O. 1975: "The origins of the modern ministerial system: a comparative study". In *The Historical Essays of Otto Hintze,* org. por F. Gilbert. Nova York: Oxford University Press.

Hirsch, F. 1976: *Social Limits to Growth*. Cambridge: Harvard University Press / (*1979*): *Limites sociais do crescimento.* Rio de Janeiro: Zahar.

Hirsch, M. e Keller, Evelyn Fox orgs. 1990: *Conflicts in Feminism*. Nova York: Routledge.

Hirschman, A.O. 1977: *The Passions and the Interests*. Princeton, NJ: Princeton University Press.

Hirschmann, A.O. 1984: "Against parsimony: three easy ways of complicating some categories of economic discourse". *American Economic Review Proceedings* 74, 88-96.

Hirst, P. 1989: *After Thatcher*. Londres: Collins.

Hirst, P.Q. 1990: *The Pluralist Theory of the State*. Nova York: Routledge.

Hobbes, T. 1651 (*1968*): *Leviathan*. Harmondsworth: Penguin / (*1983*): *Leviatã*. São Paulo: Abril Cultural.

Hobhouse, L.T. 1911: *Liberalism*. Londres: Williams & Norgate.

Hobhouse, L.T. 1913: "The historical evolution of property, in fact and in idea". In *Property: its Duties and Rights,* org. por Charles Gore. Londres: Macmillan.

Hobsbawm, E. J. 1959: *Primitive Rebels*. Manchester: Manchester University Press /

(*1978*): *Rebeldes primitivos*. 2ª ed., Rio de Janeiro: Zahar.

Hobsbawm, E.J. 1964: Introdução a K. Marx, *Pre-Capitalist Economic Formations,* org. por E.J. Hobsbawm. Londres: Lawrence & Wishart / (*1977*): "Introdução". In K. Marx, *Formas econômicas pré-capitalistas*. Rio de Janeiro: Paz e Terra.

Hobsbawm, E.J. 1977: "Civilians versus military in twentieth-century politics". In *Revolutionaries.* Londres: Quartet / (*1982*): *Os revolucionários*. Rio de Janeiro: Paz e Terra.

Hobsbawm, E.J. 1987: *The Age of Empire 1875-1914*. Londres: Weidenfeld & Nicolson / (*1988*): *A era dos impérios, 1875-1914*. Rio de Janeiro: Paz e Terra.

Hobsbawm, E.J. 1990: *Nations and Nationalism since 1780: Programme, Myth, Reality*. Cambridge: Cambridge University Press / (*1992*): *Nações e nacionalismo desde 1870*. Rio de Janeiro: Paz e Terra.

Hobson, J.A. 1902 (*1968*): *Imperialism: a Study*. Londres: Allen & Unwin.

Hobson, J.A. 1909: *The Crisis of Liberalism. New Issues of Democracy*. Londres: P.S. King & Son.

Hodder, I. 1990: *Reading the Past*. Cambridge: Cambridge University Press.

Hodge, B. e Kress, G. 1988: *Social Semiotics*. Cambridge: Polity.

Hodges, Donald 1980: *The Bureaucratization of Socialism*. Amherst: University of Massachusetts Press.

Hodgkin, Thomas 1981: *Vietnam: the Revolutionary Path*. Londres: Macmillan.

Hodgson, D. 1988: "Orthodoxy and revisionism in American demography". *Population and Development Review* 14, 541-69.

Hodgson, Derek 1984: *The Profits of Crime and Their Recovery*. Londres: Heinemann.

Hodgson, Marshall G.S. 1974: *The Venture of Islam*. Chicago e Londres: University of Chicago Press.

Hoffer, E. 1963: *The Ordeal of Change*. Nova York: Harper & Row.

Hofstadter, Richard 1945 (*1955*): *Social Darwinism in American Thought, 1860-1915*. Filadélfia: University of Pennsylvania Press.

Hofstadter, Richard 1963: *Anti-intellectualism in American Life*. Nova York: Alfred A. Knopf.

Hofstede, G. 1980: *Culture's Consequences*. Londres: Sage.

Hoggart, Richard 1957: *The Uses of Literacy*. Londres: Chatto & Windus.

Hoggart, Richard 1970: *La culture du pauvre*. Paris.

Holbrook, D. 1987: *Evolution and the Humanities*. Aldershot: Gower.

Holden, B. 1974: *The Nature of Democracy*. Londres: Nelson.

Holden, B. 1988: *Understanding Liberal Democray*. Oxford: Philip Allan.

Holland, H. 1984: *The Chemical Evolution of the Atmosphere and Oceans*. Princeton, NJ: Princeton University Press.

Holland, Stuart 1976: *Capital Versus the Regions*. Londres: Macmillan.

Hollander, E. 1958: "Conformity, status and idiosyncrasy credit". *Psychology Review* 65, 117-27.

Hollis, M. 1977: *Models of Man*. Cambridge: Cambridge University Press.

Hollis, M. 1987: *The Ruse of Reason*. Cambridge: Cambridge University Press.

Hollis, M. e Lukes, S. orgs. 1982: *Rationality and Relativism*. Oxford: Blackwell.

Holquist, M. 1990: *Dialogism*. Londres: Methuen.

Holt, E.B. 1912: *The New Realism: Cooperative Studies in Philosophy*. Nova York: Macmillan.

Holton, R.J. 1976: *British Syndicalism 1900-1914*. Londres: Pluto.

Holton, R.J. 1986: *Cities, Capitalism and Civilization*. Londres: Allen & Unwin.

Holyoake, G.J. 1986: *The Origin and Nature of Secularism*. Londres.

Homans, G.C. 1948: *The Human Group*. Nova York: Harcourt Brace.

Homans, G.C. 1961 (*1974*): *Social Behavior: its Elementary Forms,* ed. rev. Nova York: Harcourt, Brace, Jovanovich.

Homans, G.C. e Schneider, D.M. 1955: *Marriage, Authority, and Final Causes: a Study of Unilateral Cross-Cousin Marriage*. Nova York: Free Press.

Honderich, Ted 1980: *Violence for Equality*. Harmondsworth: Penguin.

Honneth, Axel 1985: *Critique of Power: Stages of Reflection of a Critical Theory of Society,* trad. por Ken Baynes. Cambridge, MA: MIT Press.

Honneth, Axel 1987: "Critical theory". In *Social Theory Today,* org. por A. Giddens e J. Turner. Cambridge: Polity.

Honneth, Axel e Joas, Hans orgs. 1991: *Communicative Action.* Cambridge: Polity.

Honneth, Axel e Wellmer, Albrecht orgs. 1986: *Die Frankfurter Schule und die Folgen.* Berlim e Nova York: De Gruyter.

Honore, A. 1970: "Social justice". In *Essays in Legal Philosophy,* org. por R.S. Summers. Oxford: Blackwell.

Hoogvelt, A.M.M. 1976: *The Sociology of Developing Societies.* Londres: Macmillan.

Hoogvelt, A.M.M. 1982: *The Third World in Global Development.* Londres: Macmillan.

Hook, S. 1943: *The Hero in History: A Study in Limitation and Possibility.* Boston: Beacon Press.

Hooks, B. 1984: *Feminist Theory: From Margin to Center.* Boston: South End Press.

Horkheimer, Max 1932. "Geschichte und Psychologie". *Zeitschrift für Sozialforschung* 1.

Horkheimer, Max 1941a: "The end of reason". *Zeitschrift für Sozialforschung* 9, 366-88.

Horkheimer, Max 1941b: "Art and mass culture". *Zeitschrift für Sozialforschung* 9, 290-304.

Horkheimer, Max 1947: *The Eclipse of Reason.* Nova York: Oxford University Press / (*1976*): *Eclipse da razão.* Rio de Janeiro: Labor.

Horkheimer, Max 1968: *Kritische Theorie,* org. por Alfred Schmidt, 2 vols. Frankfurt am Main: Fischer / (*1990*): *Teoria crítica: uma documentação.* São Paulo: Perspectiva/ Edusp.

Horkheimer, Max 1972: "Die gegenwärtige Lage der Sozialphilosophie und die Aufgaben eines Instituts für Sozialforschung". In Sozialphilosophische Studien, org. por Werner Brede. Frankfurt am Main: Fischer.

Horkheimer, Max 1974: *Notizen 1950 bis 1969 und Dämmerung.* Frankfurt am Main: Fischer.

Horkheimer, Max 1985: *Gesammelte Schriften,* org. por Alfred Schmidt e Gunzelin Schmid Noerr. Frankfurt am Main: Fischer.

Horkheimer, Max e Adorno, Theodor W. 1947 (*1972, 1979*): *The Dialetic of Enlightenment.* Londres: Verso / (*1985*): *Dialética do Esclarecimento.* Rio de Janeiro: Jorge Zahar.

Horne, John et al. orgs. 1987: *Sport, Leisure and Social Relations.* Londres: Routledge & Kegan Paul.

Horton, J. 1964: "The dehumanization of alienation and anomie: a problem in the ideology of sociology". *British Journal of Sociology* 15, 283-300.

Horvat, B. et al. 1975: *Self-Governing Socialism,* 2 vols. Nova York: International Arts and Sciences Press.

Hoselitz, B.F. 1965: *Sociological Aspects of Economic Growth.* Nova York: Free Press.

Houndshell, David A. 1975: "Elisha Grey and the telephone: on the disadvantage of being an expert". *Technology and Culture* 16.

Hourani, A.H. 1962 (*1983*): *Arabic Thought in the Liberal Age, 1798-1939.* Cambridge: Cambridge University Press.

Hourani, A.H. 1991: *A History of the Arab Peoples.* Londres e Cambridge, MA: Faber & Faber.

Howard, Dick 1977: *The Marxian Legacy.* Londres: Macmillan.

Howey, R.S. 1960: *The Rise of the Marginal Utility School 1870-1889.* Lawrence: University of Kansas Press.

Hoy, D.C. 1982: *The Critical Circle: Literature, History and Philosophical Hermeneutics.* Berkeley: University of California Press.

Hroch, M. 1985: *Social Preconditions of National Revival in Europe: a Comparative Analysis of the Social Composition of Patriotic Groups among the Smaller European Nations,* trad. por Ben Fowkes. Cambridge: Cambridge University Press.

Huaco, George A. 1966: "The functionalist theory of stratification: two decades of controversy". *Inquiry* 9, 215-40.

Hubert, H. e Mauss, M. 1899 (*1964*): *Sacrifice: its Nature and Function,* trad. por W.D. Hall. Londres: Cohen & West.

Hudson, R.A. 1980: *Sociolinguistics.* Cambridge: Cambridge University Press.

Huebner, J.W. 1981: *Worker Participation: a Comparative Study Between the Systems of the Netherlands, the Federal Republic of Germany and the United States.* Leiden: University of Leiden.

Huff, D. 1954 (*1973*): *How to Lie with Statistics.* Harmondsworth: Penguin.

Hughes, D. 1977: "Everyday and medical knowledge in categorising patients". In *Health Care and Health Knowledge,* org.

por R. Dingwall et al. Londres: Croom Helm.
Hughes, E. 1971: *The Sociological Eye: Selected Papers*. Chicago: University of Chicago Press.
Hughes, Thomas A. 1989: *American Genesis: a Century of Invention and Technological Enthusiasm*. Nova York: Viking.
Hull, Clark L. 1943: *Principles of Behaviour*. Nova York.
Hülsberg, W. 1988: *The German Greens*. Londres e Nova York: Verso.
Hume, D. 1748 (*1975*): *An Enquiry Concerning Human Understanding*, org. por L.A. Selby Bigge. Oxford: Clarendon Press / (*1984*): *Tratado sobre os princípios do conhecimento humano*. São Paulo: Abril Cultural.
Hume, D. 1752 (*1955*): "Essays". In *Writings on Economics*. Londres e Nova York: Nelson; Nova York: Books for Libraries (*1972*) / (*1988*): *Escritos sobre economia*. São Paulo: Nova Cultural.
Hunnicutt, Benjamin Kline 1988: *Work Without End: Abandoning Shorter Hours for the Right to Work*. Filadélfia: Temple University Press.
Hunt, Alan 1977: *The Sociological Movement in Law*. Londres: Macmillan.
Hunter, F. 1953: *Community Power Structure*. Chapel Hill: University of North Carolina Press.
Hunter, J. 1983: *American Evangelicalism and the Quandary of Modernity*. New Brunswick, NJ: Rutgers University Press.
Huntington, S.P. 1957: *The Soldier and the State: the Theory and Politics of Civil-Military Relations*. Cambridge, MA: Harvard University Press.
Huntington, S.P. 1968: *Political Order in Changing Societies*. New Haven, CT: Yale University Press.
Husband, C. org. 1982: "Race". In *Britain: Continuity and Change*. Londres: Hutchinson.
Husserl, Edmund 1900 (*1970*): *Logical Investigations*, trad. por J.N. Findlay. Londres: Routledge & Kegan Paul / (*1985*): *Investigações lógicas*. São Paulo: Abril Cultural.
Husserl, Edmund 1931 (*1962*): *Ideas*, trad. por W.R. Boyce Gibson. Nova York: Collier.
Husserl, Edmund 1931 (*1977*): *Cartesian Meditations*, trad. por Dorion Cairns. Haia: Martinus Nijhoff.
Husserl, Edmund 1938 (*1970*): *The Crisis of the European Sciences and Transcendental Phenomenology*, trad. por David Carr. Evanston, IL: Northwestern University Press.
Hutcheon, Linda 1988. A Poetics of Postmodernism. Londres: Routledge.
Hutchinson, G.E. 1965: *The Ecological Theater and the Evolutionary Play*. New Haven, CT: Yale University Press.
Hutchinson, T.W. 1953: *A Review of Economics Doctrines 1870-1929*. Oxford: Clarendon Press.
Hutchinson, T.W. 1981: "Carl Menger on philosophy and method". In *The Politics and Philosophy of Economics*. Oxford: Blackwell.
Huxley, J.S. 1974: *Evolution: the Modern Synthesis*. 3ª ed., Londres: Allen & Unwin.
Hyman, H. e Singer, E. orgs. 1968: *Readings in Reference Group Behavior*. Nova York: Free Press.
Hyman, R. 1972: *Marxism and the Sociology of Trade Unionism*. Londres: Pluto.
Hyman, R. 1983: "André Gorz and his dis-appearing proletariat". In *The Socialist Register 1983*, org. por R. Miliband e J. Saville. Londres: Merlin.
Hyman, R. 1989: *The Political Economy of Industrial Relations*. Londres: Macmillan.
Hyman, R. e Price, R. orgs. 1983: *The New Working Class? White Collar Workers and their Organizations: a Reader*. Londres: Macmillan.
Hyman, R. e Streeck W. orgs. 1988: *New Technology and Industrial Relations*. Oxford: Blackwell.
Hymes, D. 1974 (*1977*): *Foundations in Sociolinguistics*. Londres: Tavistock.
Ibn Khaldun 1377 (*1967*): *The Muqaddimah: an Introduction to History*, trad. por F. Rosenthal. Princeton, NJ: Princeton University Press.
IDE 1981: *Industrial Democracy in Europe*. Oxford: Oxford University Press; Nova York: Pantheon.
Iga, M. 1986: *The Thorn in the Chrysanthemum*. Berkeley: University of California Press.
Iggers, G. 1975 (*1984*): *New Directions in European Historiography*. Middletown, CT: Wesleyan University Press.
Ignatieff, M. 1984: *Needs of Strangers*. Londres: Chatto & Windus.

Illich, Ivan 1971: *Deschooling Society*. Londres: Calder & Boyars.

Illich, Ivan 1975: *Medical Nemesis: the Expropriation of Health*. Nova York: Pantheon.

Illich, Ivan 1978: *Toward a History of Needs*. Nova York: Pantheon.

Immelmann, K. e Beer, C. 1989: *A Dictionary of Ethology*. Cambridge, MA: Harvard University Press.

Industrial Democracy in Europe International Ressearch Group 1981: *Industrial Democracy in Europe*. Oxford: Oxford University Press.

Ingarden, Roman 1985: *Selected Papers in Aesthetics*. Washington, DC: Catholic University of America Press.

Inglehart, R.F. 1977 (*1993*): *The Silent Revolution. Changing Values and Political Styles among the Western Mass Publics*. North Stratdford, NH: Irvington.

Innis, Harold A. 1950: *Empire and Communications*. Londres: Oxford University Press.

Innis, Harold A. 1951: *The Bias of Communication*. Toronto: University of Toronto Press.

Institute of Jewish Affairs 1988: *Christian Jewish Relations* 21.1: Londres: Institute of Jewish Affairs.

Institute of Social Studies and Indian Institute of Management 1981: *Industrial Democracy and Development: Building on Experience*. Haia: IISS.

International Handbook of Participation in Organizations, 1989-92, 4 vols. Oxford: Oxford University Press.

International Sociological Association 1977: *Scientific-Technological Revolution: Social Aspects*.

Ionescu, Ghita e Gellner, Ernest orgs. 1969: *Populism: its Meaning and National Characteristics*. Nova York: Macmillan.

Irele, Abiola 1981: *The African Experience in Literature and Ideology*. Londres: Heinemann.

Irigaray, Luce 1974 (*1985*): *Speculum of the Other Woman,* trad. por G.C. Gill. Ithaca, NY: Cornell University Press.

Irigaray, Luce 1985: *This Sex Which is Not One*. Ithaca: Cornell University Press.

Irvine, J. et al. orgs. 1979: *Demystifying Social Statistics*. Londres: Pluto.

Isaac, J. 1990: "Realism and reality: some realistic considerations". *Journal for the Theory of Social Behaviour* 20.1.

Iser, Wolfgang 1978: The Implied Reader. Londres e Henley: Routledge.

Israel, J. e Tajfel, H. 1972: *The Context of Social Psychology*. Londres e Nova York: Academic Press.

Jäckel, Eberhard 1972: *Hitler's Weltanschauung*. Middletown, CT: Wesleyan University Press.

Jackson, J. Hampden 1957: *Marx, Proudhon and European Socialism*. Londres: English Universities Press / (*1963*): *Marx, Proudhon e o socialismo europeu*. Rio de Janeiro: Zahar.

Jacobs, Paul e Landau, Saul orgs. 1966: *The New Radicals: a Report with Documents*. Nova York: Random House.

Jacobsen, Thorkild 1976: *The Treasures of Darkness: a History of Mesopotamian Religion*. New Haven, CT: Yale University Press.

Jacoby, Russell 1981: *Dialectic of Defeat*. Cambridge: Cambridge University Press.

Jaffe, J. e Feldstein, S. 1970: *Rhythms of Dialogue*. Nova York: Academic Press.

Jaggar, A. 1983: *Feminist Politics and Human Nature*. Brighton: Harvester.

Jaggar, A. e Rothenberg, P.S. orgs. 1978 (*1984*): *Feminist Framework.* 2ª ed., Nova York: McGraw Hill.

Jaguaribe, Hélio 1973: *Political Development: a General Theory and a Latin American Case Study*. Nova York: Harper & Row.

Jahoda, M. 1982: *Employment and Unemployment: A Social-Psychological Analysis*. Londres: Cambridge University Press.

Jahoda, M. et al. 1972: *Marienthal: the Sociography of an Unemployed Community*. Londres: Tavistock.

Jain, Hem Chand e Giles, Anthony 1985: "Worker's participation in Western Europe: implications for North America". *Relations Industrielles* 40, 747-74.

Jallade, J.P. org. 1988: *The Crisis of Redistribution in European Welfare States*. Stoke-on-Trent: Trentham Brooks.

James, P. 1988: *Crisis and War*. Kingston e Montreal: McGill & Queen's University Press.

James, William 1878 (*1978*): "The sentiment of rationality". *Works of William James: Es-*

says in Philosophy. Cambridge, MA: Harvard University Press.

James, William 1892 (*1961*): *Psychology: the Briefer Course*. Nova York: Harper & Row.

James, William 1908 (*1975*): "Pragmatism". *Works of William James: Essays in Philosophy*. Cambridge, MA: Harvard University Press.

Jameson, Fredric 1972: *The Prison-House of Language*. Princeton, NJ: Princeton University Press.

Jameson, Fredric 1991: *Postmodernism, or, The Cultural Logic of Late Capitalism*. Londres: Verso.

Janda, K. 1980: *Political Parties: a Cross-National Survey*. Nova York: Free Press.

Janowitz, M. 1960 (*1971*): *The Professional Soldier*. Ed. rev., Nova York: Free Press.

Janowitz, M. 1975: *Military Conflict: Essays in the Institutional Analysis of War and Peace*. Beverly Hills, CA: Sage.

Janowitz, M. 1977: *Military Institutions and Coercion in the Developing Nations*. Chicago: University of Chicago Press.

Janowitz, M. org. 1981: *Civil-Military Relations: Regional Perspectives*. Beverly Hills, CA: Sage.

Jaques, E. 1976: *A General Theory of Bureaucracy*. Londres: Heinemann.

Jardine, Alice 1985: *Gynesis: Configurations of Women and Modernity*. Ithaca, NY: Cornell University Press.

Jaspers, Karl 1932 (*1969-71*): *Philosophy,* 3 vols., trad. por E.B. Ashton. Chicago: University of Chicago Press.

Jay, Martin 1973: *The Dialectical Imagination: a History of the Frankfurt School and the Institute of Social Research 1923-50*. Londres: Heinemann.

Jay, Martim 1984: *Marxism and Totality*. Berkeley e Los Angeles: University of California Press.

Jayawardena, Kumari 1986: *Feminism and Nationalism in the Third World*. Londres: Zed Books.

Jaynes, J. 1969: "The historical origins of 'ethology' and 'comparative psychology'". *Animal Behaviour* 17, 601-6.

Jean, Marcel 1970: *Autobiographie du surréalisme*. Paris: Seuil / (*1970*): *The History of Surrealist Painting*. Londres: Weidenfeld & Nicolson.

Jeffrey, R.C. 1965 (*1983*): *The Logic of Decision*. 2ª ed., Chicago: University of Chicago Press.

Jellinek, E.M. 1960: *The Disease Concept of Alcoholism*. New Haven, CT: Hillhouse Press.

Jencks, Christopher e Riesman, David 1968. *The Academic Revolution*. Nova York: Doubleday.

Jenkins, David 1973: *Job Power*. Harmondsworth: Penguin.

Jenkins, J.C. 1987: "Interpreting the stormy 1960s: three theories in search of a political age". In *Research in Political Sociology,* vol. 3, org. por R.G. Braungart e M.M. Braungart. Greenwich, CT: JAI Press.

Jensen, M.C. e Meckling, W. 1976: "Theory of the firm: managerial behaviour, agency costs and ownership structure". *Journal of Financial Economics* 3, 304-60.

Joas, H. 1985: *G.H. Mead: a Contemporary Reexamination of his Thought*. Cambridge: Polity.

Joas, H. 1993: *Pragmatism and Social Theory*. Chicago: University of Chicago Press.

Jobert, Bruno 1981: *Le social en plan*. Paris: Éditions Ouvrières.

Joergensen, J. 1970: "The development of logical empiricism". In *Foundations of the Unity of Science*, vol. 2, org. por O. Neurath et al. Nova ed., Chicago e Londres: University of Chicago Press.

Johansen, L. 1978: *Lectures on Macroeconomic Planning*, 2 vols. Amsterdã: North Holland.

Johnson, Norman 1987: *The Welfare State in Transition*. Brighton: Wheatsheaf.

Johnson, Terry 1972: *Professions and Power*. Londres: Macmillan.

Johnson, Terry 1984: "Professionalism: occupation or ideology?". In *Education for the Professions: Quis Custodiet...?,* org. por Sinclair Goodlad. Guildford: Society for Research into Higher Education & NFER-Nelson.

Johnson-Laird, P.N. 1983: *Mental Models*. Cambridge: Cambridge University Press.

Johnson-Laird, P.N. 1988: *The Computer and the Mind*. Londres: Fontana.

Johnstone, J.K. 1954: *The Bloomsbury Group*. Londres: Secker & Warburg.

Joll, James 1964: *The Anarchists*. Londres: Eyre & Spottiswoode.

Jolowicz, H. F. 1967: *Historical Introduction to the Study of Roman Law*. Cambridge: Cambridge University Press.

Jones, B. 1894: *Co-operative Production*. Oxford: Oxford University Press.

Jones, E.E. e Gerard, H.B. 1967: *Foundations of Social Psychology*. Nova York: Wiley.

Jones, Ernest 1963: *The Life and Work of Sigmund Freud*, ed. condensada, org. por Lionel Trilling e Steven Marcus. Londres: Hogarth Press / (*1979*): *Vida e Obra de Sigmund Freud*. Rio de Janeiro: Zahar.

Jones, G. 1980: *Social Darwinism and English Thought*. Brighton: Harvester.

Jones, R.K. 1984: *Ideological Groups: Similarities of Structure and Organization*. Aldershot: Gower.

Jones, Richard Foster 1961 (*1982*): *Ancients and Moderns: a Study in the Rise of the Scientific Movement in Seventeenth Century England*. Nova York: Doubleday.

Jones, Stephen G. 1986: *Workers at Play: a Social and Economic History of Leisure 1918-1939*. Londres: Routledge & Kegan Paul.

Jordan, A.G. e Richardson, J.J. 1987: *British Politics and the Policy Process*. Londres: Unwin Hyman.

Journal of Business 59 (1986), 4, Parte 2: "The behavioural foundations of economics theory".

Jouvenel, Bertrand de 1948: *Du pouvoir: histoire naturelle de la croissance*. Paris: Hachette / (*1993*): *On Power*. Indianapolis, IN: Liberty Found.

Jouvenel, Bertrand de 1947: *De la souveraineté: à la recherche du bien pratique*. Paris: Litec / (*1957*): *Sovereignty: an Inquiry into the Political Good*, trad. por J.F. Huntington. Chicago: University of Chicago Press.

Jowett, G.S. e O'Donnell, V. 1986: *Propaganda and Persuasion*. Beverly Hills, CA: Sage.

Judt, T. 1986: *Marxism and the French Left*. Nova York: Oxford University Press.

Juergensmeyer, M. 1982: *Religion as Social Vision*. Berkeley: University of California Press.

Jumar, Krishan 1987: *Utopia and Anti-Utopia in Modern Times*. Oxford: Blackwell.

Jung, C. org. 1964: *Man and his Symbols*. Londres: Aldus / (*1987*): *O homem e seus símbolos*. Rio de Janeiro: Nova Fronteira.

Justice, 1980: *Breaking the Rules*. Londres: Justice (seção britânica da Comissão Internacional de Juristas).

Kadish, A. 1989 (*1991*): *Historians, Economists and Economic History*. Nova York: Routledge.

Kahn, A.J. 1969: *Theory and Practice of Social Planning*. Nova York: Russel Sage Foundation.

Kahneman, D. e Tversky, A. 1979: "Prospect theory: an analysis of decision under risk". *Econometrica* 47, 263-91.

Kahneman, D. et al. orgs. 1982: *Judgment under Uncertainty Heuristics and Biases*. Cambridge: Cambridge University Press.

Kairys, David org. 1982: *The Politics of Law*. Nova York: Pantheon.

Kaldor, N. 1939: "Welfare comparisons of economics and interpersonal comparisons of utility". *Economic Journal* 49.

Kaldor, N. 1955-6. "Alternative theories of distribution". *Review of Economic Studies* 23, 94-100.

Kalecki, M. 1971: *Selected Essays on the Dynamics of the Capitalist Economy*. Cambridge: Cambridge University Press / (*1977*): *Crescimento e ciclo das economias capitalistas*. Trad. parcial, São Paulo: Hucitec.

Kamenka, Eugene org. 1983: *The Portable Karl Marx*. Nova York: Viking Penguin.

Kamenka, Eugene e Tay, Alice Erh-Soon 1980: "Socialism, anarchism and law". In *Law and Society: the Crisis in Legal Ideals*, org. por Kamenka et al. Londres: Edward Arnold; Nova York: St. Martins.

Kamminga, H. 1990: "Understanding chaos". *New Left Review* 181.

Kanigel, R. 1986: *Apprentice to Genius: the Making of a Scientific Dynasty*. Nova York: Macmillan.

Kant, I. 1790 (*1952*): *Critique of Judgement*, trad. por J.C. Meredith. Oxford: Oxford University Press.

Kant, I. *1977*: *Kant's Political Writings*, org. por H. Reiss. Cambridge: Cambridge University Press.

Kantorowicz, Ernst 1957: *The King's Two Bodies*. Princeton, NJ: Princeton University Press.

Kaplan, M.A. 1957: *System and Process in International Politics*. Nova York: Wiley.

Kardelj, Edvard 1978: *Development Trends in the Political System of Socialist Self-Management*. 2ª ed., Belgrado: Komunist.

Karson, Magali Sarfatti 1977: *The Rise of Professionalism: a Sociological Analysis*.

Katz, Jacob 1980: *From Prejudice to Destruction: Antisemitism 1700-1933*. Cambridge, MA: Harvard University Press.

Katz, Ruth 1973: "The egalitarian waltz". *Comparative Studies in Society and History* 15, 3.

Katzenstein, P. 1985: *Small States in World Markets*. Ithaca, NY: Cornell University Press.

Kau, M. e Leung. J. orgs. 1986: *The Writings of Mao Zedong*, vol. 1. Nova York: M.E. Sharpe.

Kautsky, K. 1899 (*1987*): *The Agrarian Question*. Madison: Wisconsin University Press / (*1990*): *La question agraire*. Paris: Girard et Brière; Maspero (*1970*) / (*1968*): *A questão agrária*. Rio de Janeiro: Laemmert.

Kautsky, K. 1902 (*1916*): *The Social Revolution*. Chicago: Charles H. Kerr.

Kautsky, K. 1913-4: "Der Imperialismus". *Neue Zeit* 32.2, 908-22.

Kavanagh, D. 1972: *Political Culture*. Londres: Macmillan.

Kay, C. 1989: *Latin American Theories of Development and Underdevelopment*. Londres: Routledge.

Keane, J. 1984: *Public Life and Late Capitalism*. Cambridge: Cambridge University Press.

Keane, J. org. 1988: *Democracy and Civil Society*. Londres: Verso.

Keane, J. org. 1988: *Civil Society and the State: New European Perspectives*. Londres: Verso.

Keane, J. e Owens, J. 1986: *After Full Employment*. Londres: Hutchinson.

Keat, R. 1971: "Positivism, naturalism and antinaturalism in the social sciences". *Journal for the Theory of Social Behaviour* 1.3.

Keat, R. e Urry, J. 1981: *Social Theory as Science*. Londres: Routledge & Kegan Paul.

Kedouri, Elie 1960: *Nationalism*. Londres: Hutchinson.

Keiss, W. 1976: *The Limits of Satisfaction: an Essay on the Problem of Needs and Commodities*.

Kelley, D. 1972: *Why Conservative Churches are Growing*. Nova York: Harper & Row.

Kelley, H.H. 1967: "Attribution theory in social psychology". In *Nebraska Symposium on Motivation*, vol. 15, org. por D. Levine. Lincoln: University of Nebraska Press.

Kelly, L. 1988: *Surviving Sexual Violence*. Cambridge: Polity.

Kelly, Michael 1982: *Modern French Marxism*. Oxford: Blackwell.

Kelsen, Hans 1976: *Pure Theory of Law*. Berkeley: University of California Press.

Kelvin, P. e Jarrett, J. 1985: *Unemployment: its Social Psychological Effects*. Cambridge: Cambridge University Press.

Kemp, Barry J. 1983: "Old kingdom, new kingdom and second intermediate period c. 2686-1552 BC". In *Ancient Egypt: a Social History*, org. por Brian J, Trigger e Barry Kemp. Cambridge: Cambridge University Press.

Kemp, Tom 1978: *Historical Patterns of Industrialization*. Londres: Longman.

Keniston, K. 1971: *Youth and Dissent*. Nova York: Harcourt, Brace Jovanovich.

Keniston, Kenneth 1965: *The Uncommitted Alienated Youth in American Society*. Nova York: Harcourt, Brace & World.

Kennan, George F. 1968: *Democracy and the Student Left*. Boston: Little, Brown.

Kennick, W.E. 1958: "Does traditional aesthetics rest on mistake?". *Mind* 47, 317-34.

Kenrick, D.T. e Funder, D.C. 1988: "Profiting from controversy: lessons from the person-situation debate". *American Psychologist* 43, 23-34.

Keohane, R.O. e Nye, J.S. 1977: *Power and Interdependence*. Boston: Little, Brown.

Kerlinger, F.N. 1973: *Foundations of Behavioral Research*. 2ª ed., Nova York: Holt, Rinehart & Winston.

Kermode, Frank 1971: *Modern Essays*. Londres: Collins Fontana.

Kern, Horst e Schumann, Michael 1984 (*1989*): *The End of the Division of Labour?*. Londres.

Kerr, Clark e Fischer, Lloyd H. 1957: "Plant sociology: the elite and the aborigines". In *Common Frontiers of the Social Science*, org. por Mira Komarovsky. Nova York: Free Press.

Kerr, Clark et al. 1960 (*1973*): *Industrialism and Industrial Man: the Problems of Labour and Management in Economic Growth*. Harmondsworth: Penguin.

Kershaw, Ian 1989: *The Nazi Dictatorship*. 2ª ed., Londres: Edward Arnold.

Kershaw, Ian 1991: *Hitler*. Londres: Longman / (*1993*): *Hitler*. Rio de Janeiro: Jorge Zahar.

Kertzer, D.I. 1988: *Ritual Politics and Power*. New Haven, CT: Yale University Press.

Kesselring, T. 1978: *Entwicklung und Widerspruch*. Frankfurt am Main: Suhrkamp.

Kesselring, T. 1984: *Die Produktivität der Antinomie*. Frankfurt am Main: Suhrkamp.

Kevles, D.J. 1985: *In The Name of Eugenics: Genetics and the Use of Human Heredity*. Nova York: Knopf.

Key, E. 1911 (*1949*): *Love and Marriage*, trad. por G. Chater. Nova York e Londres: Free Press.

Key, Jr., V.O. 1961: *Public Opinion and American Democracy*. Nova York: Alfred A. Knopf.

Keyes, Charles F. 1989: "Buddhist politics and their revolutionary origins in Thailand". *International Political Science Review* 10, 121-42.

Keynes, J.M. 1930: *Treatise on Money*, 2 vols. Londres: Macmillan; Nova York: St. Martin's Press.

Keynes, J.M. 1936 (*1964, 1973*): *The General Theory of Employment, Interest and Money*. Londres: Macmillan / (*1983*): *A teoria geral do emprego, do juro e da moeda*. São Paulo: Abril Cultural.

Keynes, J.M. 1949: *Two Memoirs*. Londres: Hart-Davis.

Kiernan, V.G. 1982: *From Conquest to Collapse: European Empires from 1815 to 1960*. Glasgow: Collins; Nova York: Pantheon.

Kiessling, B. 1988: *Kritik der giddensschen Sozialtheorie: ein Beitrag zur theoretisch-methodischen Grundlegung der Sozialwissenschaften*. Frankfurt am Main: Peter Lang.

Killingback, N. 1988: "Limits to mutuality: economic and political attacks on co-operation during the 1920s and 1930s". In New Views of Cooperation, org. por S. Yeo. Londres: Routledge & Kegan Paul.

Kilminster, Richard 1979: *Praxis and Method: a Sociological Dialogue with Lukács, Gramsci and the Early Frankfurt School*. Londres: Routledge & Kegan Paul.

Kilminster, Richard 1982: "Theory and practice in Marx and Marxism". In *Marx and Marxisms*, org. por G.H.R. Parkinson. Cambridge: Cambridge University Press.

Kilminster, Richard 1989: "The limits of transcendental sociology". *Theory, Culture and Society* 6, 655-63.

Kimber, R. e Richardson, J.J. orgs. 1974: *Pressure Groups in Britain*. Londres: Dent.

Kin, I. 1985: *Einfuerung in die Sexuologie*. Berlim: VEB Deutscher Verlag der Wissenschaften.

Kindratieff, N. 1926. "Die langen Wellen der Konjunktur". *Archiv für Sozialwissenschaft und Sozialpolitik* 56, 573-609.

King, A. 1990: *Global Cities: Post-imperialism and the Internationalization of London*. Londres: Routledge.

King, Ambrose Yeo-Chi 1991: "Kuan-hsi and network building: a sociological interpretation". In *The Living Tree: the Changing Meaning of Being Chinese Today*, número especial de *Daedalus* 120, 63-84.

King, Charles D. e Vall, Mark van de 1978: *Models of Industrial Democracy: Consultation, Co-Determination and Workers' Management*. Haia: Mouton.

King, D. 1987: *The New Right: Politics, Markets and Citizenship*. Londres: Macmillan.

King, David A. 1978: "Islamic mathematics and astronomy". *Journal for the History of Astronomy* 9, 212-28.

King, David A. 1980: "The exact sciences in medieval Islam: some remarks on the present state of research". *Middle East Studies Association of North America, Bulletin* 14, 10-26.

King, P. 1982: *Federalism and Federation*. Londres e Camberra: Croom Helm.

King's College Sociobiology Group, org. 1982: *Current Problems of Sociobiology*. Cambridge: Cambridge University Press.

Kinsey, A.C. et al. 1948: *Sexual Behavior in the Human Male*. Filadélfia: W.B. Saunders.

Kirby, Michael 1969: *The Art of Time: Essays on the Avant-Garde*. Nova York: Dutton.

Kirchheimer, Otto 1976: *Von der Weimarer Republik zum Faschismus: die Auflösung der demokratischen Rechtsordnung*, org. por W. Luthardt. Frankfurt am Main: Suhrkamp.

Kirchhoff, G.R. 1874 (*1877*): *Vorlesung über mathematische Physik, Mechanik*, 2 vols. Leipzig: B.G. Tuebner.

Kirk, Russell org. 1982: *The Portable Conservative Reader.* Harmondsworth e Nova York: Viking Penguin.

Kirk, Russell 1954 (*1986*): *The Conservative Mind.* 7ª ed., Washington, DC: Regnery.

Kirzner, I. 1973: *Competition and Entrepreneurship.* Chicago: University of Chicago Press.

Kirzner, I. 1979: *Perception, Opportunity and Profit.* Chicago: University of Chicago Press.

Kirzner, I. 1985: Discovery and the Capitalist Process. Chicago: University of Chicago Press.

Kitay, E. e Meyers, D. orgs. 1987: *Women and Moral Theory.* Totowa, NJ: Rowman & Littlefield.

Kitchen, M. 1974: "August Thalheimer's theory of fascism". *Journal of the History of Ideas* 34, 67-78.

Kitchen, M. 1976: *Fascism.* Londres: Macmillan.

Klein, L. e Goldberger, A. 1955: *An Econometric Model of the United States.* Amsterdã: North Holland.

Klein, R. e O'Higgins, M. 1985: *The Future of Welfare.* Oxford: Blackwell.

Klineberg, O. 1957: *The Human Dimension in International Relations.* Nova York: Holt, Rinehart and Winston.

Klineberg, O. 1968: "Prejudice: the concept". In *International Encyclopedia of the Social Sciences,* vol. 12, org. por D. Sills. Nova York: Macmillan & Free Press.

Klingender, Francis D. 1968: *Art and the Industrial Revolution,* org. e rev. por Arthur Elton. Londres: Evelyn, Adams & Mackay.

Kluckhon, Clyde 1944: *Navaho Witchcraft.* Cambridge, MA: Peabody Museum.

Knapp, G.F. 1905 (*1924*): *The State Theory of Money.* Ed. resum., Londres: Macmillan; Nova York: Kelley.

Kneale, W. e Kneale, M. 1962: *The Development of Logic.* Oxford: Clarendon Press.

Knei-Paz, B. 1978: *The Social and Political Thought of Leon Trotsky.* Oxford: Oxford University Press.

Knight, F.H. 1921: *Risk, Uncertainty and Profit.* Nova York: Houghton Mifflin.

Knight, F.H. 1935: *The Ethics of Competition.* Londres: Allen & Unwin.

Knorr, K. e Rosenau, J.N. orgs. 1969: *Contending Approaches to International Politics.* Princeton, NJ: Priceton University Press.

Knorr-Cetina, K.D. 1981: *The Manufacture of Knowledge: an Essay on the Constructivist and Contextual Nature of Science.* Oxford: Pergamon Press.

Kocka, Jurgen 1986: "Problems of working-class formation in Germany: the early years, 1800-1875". In *Working Class Formation,* org. por Ira Katznelson e Aristide R. Zolberg. Princeton, NJ: Princeton University Press.

Koebner, R e Schmidt, H.D. 1965: *Imperialism: the Story and Significance of a Political Word, 1840-1960.* Cambridge: Cambridge University Press.

Koffka, K. 1935: *Principles of Gestalt Psychology.* Nova York: Harcourt, Brace.

Kohler, W. 1925: *The Mentality of Apes.* Londres: Kegan Paul, Trench & Trubner.

Köhler, W. 1947: *Gestalt Psychology.* Nova York: Liverlight.

Kohler, W. 1967: *The Task of Gestalt Psychology.* Princeton, NJ: Princeton University Press.

Kohli, Rein et al. 1991: *Time for Retirement: Comparative Studies of Early Exit from the Labour Force.* Nova York: Cambridge University Press.

Kohn, Hans 1962: *The Age of Nationalism.* Nova York: Harper & Row.

Kohn, Hans 1967: *The Idea of Nationalism.* Nova York: Collier.

Kohn, M.L. 1969: *Class and Conformity.* Homewood, IL: Dorsey Press.

Kohn, M.L. et al. 1990: "Position in the class structure and psychological functioning: a comparative analysis of the United States, Japan, and Poland". *American Journal of Sociology* 95.

Kojève, A. 1947: *Introduction à la lecture de Hegel.* Paris: Gallimard / (*1980*): *Introduction to the Reading of Hegel.* Ithaca: Cornell University Press.

Kolakowski, L. 1966 (*1972*): *Positivist Philosophy: From Hume to the Vienna Circle.* Harmomdsworth: Penguin.

Kolakowski, L 1971: "Karl Marx and the classical definition of truth". In *Marxism and Beyond.* Londres: Paladin.

Kolakowski, L. 1978: *Main Currents of Marxism,* 3 vols. Oxford e Nova York: Oxford University Press.

Kolakowski, L. e Hampshire, S. orgs. 1974: *The Socialist Idea: a Reappraisal.* Londres: Weidenfeld & Nicolson.

Kolodko, G.W. e McMahon, W.W. 1988. "Stagflation and shortageflation a comparative approach". *Kyklos* 40.2.

Kon, I. 1985: *Einführung in die Sexologie.* Berlim: VEB Deutscher Verlag der Wissenschaften.

Kondratieff, N. 1935: "The long waves in economic life". *Review of Economic Statistics* 17, 105-15.

Konrad, G. e Szélenyi, I. 1977. "Social conflicts of underurbanization". In *Captive Cities,* org. por M. Harloe. Nova York: Wiley.

Koopmans, T.C. 1947 (*1965*): "Measurement without theory". In *Readings in Business Cycles,* org. por R.A. Gordon e L. Klein. Homewood, IL: Richard D. Irwin.

Koopmans, T.C. 1957: *Three Essays on the State of Economic Science.* Nova York e Londres: McGraw-Hill.

Koot, G.M. 1980. "English historical economics and the emergence of economic history in England". *History of Political Economy* 12, 174-205.

Koot, G.M. 1987 (*1988*): *English Historical Economics, 1870-1926: the Rise of Economic History and Neomercantilism.* Port Chester, NY: Cambridge University Press.

Korn, M. et al. 1990: "Serotonin and suicide: a functional/dimensional viewpoint". In *Current Concepts of Suicide,* org. por D. Lester, Filadélfia: Charles Press.

Kornai, J. 1980: *Economics of Shortage.* Amsterdã: North Holland.

Kornai, J. 1986: "The Hungarian reform process: vision, hopes and reality". *Journal of Economic Literature,* dezembro.

Kornhauser, W. 1959: *The Politics of Mass Society.* Glencoe, IL: Free Press.

Korsch, Karl 1922 (*1968*): *Arbeitsrecht für Betriebsräte.* Frankfurt am Main: EVA.

Korsch, Karl 1923 (*1970*): *Marxism and Philosophy.* Londres: New Left Books.

Korsch, Karl 1938 (*1967*): *Karl Marx.* Londres: Chapman & Hall; ed. alemã rev., Frankfurt: Europäische Verlaganstalt.

Korthals, Michael 1985: "Die kritische Gesellschaftsheorie des frühen Horkheimer". *Zeitschrift für Soziologie* 14, 315.

Koselleck, R. 1973 (*1987*): *Critique and Crisis.* Leamington Spa: Berg.

Kosellek, R. 1976: "Krise". In *Historisches Wörterbuch der Philosophie,* vol. 4. Darmstadt: Wissenschaftliche Buchgesellschaft.

Kotz, S. et al. orgs. 1988: *Encyclopaedia of Statistical Sciences,* 9 vols. Wiley-Interscience.

Kowalski, R. 1979: *Logic for Problem Solving.* Amsterdã: North Holland.

Kracauer, Siegfried 1937 (*1938*): *Orpheus in Paris: Offenbach and the Paris of his Time.* Nova York: Knopf.

Kracke, W. 1978: *Force and Persuasion: Leadership in an Amazonian Tribe.* Chicago: University of Chicago Press.

Krader, L. 1975: *The Asiatic Mode of Production.* Assen: Van Gorcum.

Kraft, V. 1953: *The Vienna Circle: the Origin of Neo-Positivism,* trad. por A. Pap. Nova York: Philosophical Library.

Kramer, Samuel Noah 1963: *The Sumerians.* Chicago: University of Chicago Press.

Krampen, M. 1981: "Phytosemiotics". *Semiotica* 36. 3/4, 187-209.

Kranzberg, Melvin 1985: "The information age: evolution or revolution?". In *Informations Technologies and Social Transformation,* org. por Bruce R. Guile. Washington, DC: National Academy Press.

Krauch, H. 1970: *Prioritäten für die Forschungspolitik.* Munique: Carl Hanser.

Krause, C.G. 1990: *Theory of Industrial Economics.* Oxford: Blackwell.

Krebs, J.R. e Davis, N.B. 1981: *An Introduction to Behavioural Ecology.* Oxford: Blackwell.

Kriesberg, Louis 1982: *Social Conflicts.* 2ª ed., Englewood Cliffs, NJ: Prentice-Hall.

Kripke, Saul 1981: "Wittgenstein on rules and private language". In *Perspectives on the Philosophy of Wittgenstein,* org. por I. Block. Cambridge, NC: MIT Press.

Kristeva, Julia 1986: *The Kristeva Reader,* org. por Toril Moi. Oxford: Blackwell.

Kroeber, A.L. 1909: "Classificatory systems of relationship". *Journal of the Royal Anthropological Institute* 39, 77-84.

Krüger, H.-P. et al. 1988: "Stability and variability in interactive behavior as measured by methods of 'Speech Chronemics'". *International Journal of Small Group Research* 4, 95-121.

Krupp, Sherman 1961: *Pattern in Organization Analysis.* Nova York: Holt, Rinehart & Winston.

Kuchinsky, F.I. 1982: *Soviet Economic Planning, 1965-80.*

Kuhn, Thomas S. 1962 (*1970*): *The Structure of Scientific Revolutions.* 2ª ed., Chicago: University of Chicago Press / (*1975, 1978*): *A estrutura das revoluções científicas.* São Paulo: Perspectiva.

Kuipers, S.K. e Lanjouw, G.J. orgs. 1980: *Prospects of Economic Growth.* Amsterdã.

Kumar, K. 1976: "Industrialism and post-industrialism: reflections on a putative transition". *Sociological Review* 24.3, agosto, 439-78.

Kumar, K. 1978: *Prophecy and Progress.* Harmondsworth: Penguin.

Kumar, K. 1981: "Primitivism in feminist utopias". *Alternative Futures (USA),* 4, 61-7.

Kumar, K. 1984: "Unemployment as a problem in the development of industrial societies: the English experience". *Sociological Review* 32, 185-233.

Kumar, K. 1987: *Utopia and Anti-Utopia in Modern Times.* Oxford: Blackwell.

Kumar, K. 1988: *The Rise of Modern Society.* Oxford: Blackwell.

Küng, Hans 1988: *Theology for the Third Millennium.* Londres: Anchor Books.

Kuper, A. 1982: *Anthropology and Anthropologists.* Londres: Routledge & Kegan Paul.

Kuper, L. e Smith, M.G. orgs. 1969: *Pluralism in Africa.* Berkeley: University of California Press.

Kuper, Leo 1981: *Genocide: its Political Use in the Twentieth Century.* New Haven, CT: Yale University Press.

Kurtz, Lester R. 1984: *Evaluating Chicago Sociology: a Guide to the Literature, with an Annotated Bibliography.* Chicago: University of Chicago Press.

Kushnirsky, F.I. 1982: *Societ Economic Planing, 1965-80.* Boulder, CO, e Londres: Westview Press.

Kuznets, Simon 1966: *Modern Economic Growth: Rate, Structure, and Spread.* New Haven, CT. Yale University Press / (*1974*): *Teoria do crescimento econômico moderno.* Rio de Janeiro: Zahar.

Kymlicka, W. 1990: *Contemporary Political Philosophy.* Oxford. Clarendon.

Labedz, L. org. 1962: *Revisionism.* Londres: Allen & Unwin.

Labica, G. 1976: *Le statut marxiste de la philosophie.* Bruxelas: Complexe / (*1980*): *Marxism and the Status of Philosophy.* Brighton: Harvester Press.

La Boétie, Étienne de (*1983*): *Discours de la servitude volontaire.* Paris: Flammarion / (*1975*): *Discourse on Voluntary Servitude* / (*1982*): *Discurso da servidão voluntária.* São Paulo: Brasiliense.

Labov, W. 1966: *The Social Stratification.* Washington, DC: Center for Applied Linguistics.

Labov, W. 1970 (*1972*): "The study of language in its social context". In *Sociolinguistics,* org. por J.B. Pride e J. Holmes. Harmondsworth: Penguin.

Labov, W. e Fanshel, D. 1977: *Therapeutic Discourse: Psychotherapy as Conversation.* Nova York: Academic Press.

Lacan, Jacques 1982: *Feminine Sexuality: Jacques Lacan and the École Freudienne,* org. por Juliet Mitchell e Jacqueline Rose. Londres: Macmillan.

Lacey, Colin 1970: *Hightown Grammar.* Manchester: Manchester University Press.

Lachmann, Ludwig M. 1986: *The Market as an Economic Process.* Oxford e Nova York: Blackwell.

Laclau, Ernesto 1977 (*1979*): *Politics and Ideology in Marxist Theory: Capitalism, Fascism and Populism.* Londres: Verso / (*1979*): *Política e ideologia na teoria marxista.* Rio de Janeiro: Paz e Terra.

Ladurie, E. Le Roy *ver* Le Roy Ladurie, E.

Laidlaw, A.F. 1981: *Co-operation in the Year 2000.* Ottawa: Co-operative Union of Canada.

Lakatos, I. 1970: "Falsification and the methodology of scientific research programmes". In *Criticism and the Growth of Knowledge,* org. por I. Lakatos e A. Musgrave.

Lakoff, S.A. 1966: *Knowledge and Power: Essays on Science and Government.* Nova York: Free Press.

Lal, Deepak 1983 (*1985*): *The Poverty of 'Development Economics'.* Cambridge, MA: Harvard University Press.

Lalive d'Epinay, C. 1969: *Haven of the Masses.* Londres: Lutterworth.

Lamain, Jorge 1979: *The Concept of Ideology.* Londres: Hutchinson.

Lamain, Jorge 1989: *Theories of Development.* Cambridge: Polity.

La Nauze, J.A. 1953: "The conception of Jevons; utility theory". *Econometrica* 20.

Landes, D. 1986: "What do bosses really do?". *Journal of Economic History* 46, 585-623.

Landes, David S. 1969: *The Unbound Prometheus: Technological Change and Industrial Development in Western Europe from 1750 to the Present.* Londres: Cambridge University Press.

Landgrebe, Ludwig 1966: *Major Problems in Contemporary European Philosophy, from Dilthey to Heidegger.* Nova York: Frederick Ungar.

Landis, P.A. 1956: *Social Control: Social Organisation and Disorganisation in Process.* Chicago: University of Chicago Press.

Lane, C. 1981: *The Rites of Rulers.* Cambridge: Cambridge University Press.

Lane, D. 1984: *Foundations for a Social Theology.* Dublin: Gill & Macmillan.

Lane, Robert 1966: "The decline of politics and ideology in a knowledge society". *American Sociological Review* 31. 5, 647-62.

Lang, Berel 1968. "The form of aesthetics". *Journal of Aesthetics and Art Criticism* 27, 35-47.

Lange, Oskar e Taylor, F.M. 1938 (*1964*): *On the Economic Theory of Socialism.* Minneapolis: University of Minnesota Press.

Lannoy, R. 1971: *The Speaking Tree: a Study of Indian Culture and Society.* Oxford: Oxford University Press.

Lanternari, V. 1963: *The Religions of the Oppressed: a Study of Modern Messianic Cults.* trad. por L. Sergio. Nova York: Knopf.

Lapalombara, J. 1964: *Interest Groups in Italian Politics.* Princeton, NJ: Princeton University Press.

Laqueur, W. 1977: *Terrorism.* Londres: Weidenfeld & Nicolson.

Laqueur, W. 1977: *Guerrillas: a Historical and Critical Study.* Londres: Weidenfeld & Nicolson.

Laqueur, W. org. 1979: *Fascism: a Reader's Guide.* Carry, NC: Oxford University Press.

Larrain, Jorge 1979: *The Concept of Ideology.* Londres: Hutchinson.

Larrain, Jorge 1989: *Theories of Development.* Cambridge: Polity.

Larsen, Stein et al. orgs. 1980: *Who Were the Fascists?* Bergen: Universitetsforlaget.

Larson, Magali Sarfatti 1977: *The Rise of Professionalism: a Sociological Analysis.* Londres: University of California Press.

Lasch, S. e Urry, J. 1984: "The new Marxism of collective action: a critical analysis". *Sociology* 18, 33-50.

Laski, H.J. 1921: "The problem of administrative areas". In *The Foundations of Sovereignty and Other Essays.* Londres: Allen & Unwin.

Laski, H.J. 1948: "Authority as federal". In *A Grammar of Politics.* 5ª ed., Londres: Allen & Unwin.

Lasky, M.J. 1976: *Utopia and Revolution.* Chicago: University of Chicago Press.

Laslett, John H.M. e Lipset, Seymour M. orgs. 1974: *Failure of a Dream? Essays in the History of American Socialism.* Ed. rev., Berkeley: University of California Press.

Laslett, Peter 1976: "Societal development and ageing". In *Handbook of Ageing and the Social Sciences,* org. por R. Binstock e E. Shanas. Nova York: Van Nostrand Reinhold.

Lasswell, H.D. 1930: *Psychopathology and Politics.* Chicago: University of Chicago Press.

Lasswell, H.D. 1941: "The garrison state". *American Journal of Sociology* 46, 455-68.

Laszlo, E. 1987: *Evolution: the Grand Synthesis.* Boston e Londres: New Science Library.

Latham, E. 1952: *The Group Basis of Politics.* Ithaca, NY: Cornell University Press.

Latour, B. 1987: *Science in Action.* Milton Keynes: Open University Press.

Latour, Bruno e Woolgar, Steve 1979: *Laboratory Life.* Beverly Hills, CA: Sage.

Lauck, W. Jeff 1926: *Political and Industrial Democracy 1776-1926.* Nova York: Funk & Wagnalls.

Lavoie, D. 1985: *Rivalry and Central Planning: the Socialist Calculation Debate Reconsidered.* Cambridge: Cambridge University Press.

Lavoie, D. 1986: "The market as a procedure for discovery and conveyance of inarticulate knowledge". *Comparative Economic Studies* 28, 1-19.

Laycock, G. e Heal, K. orgs. 1986: *Situational Crime Prevention.* Londres: HMSO.

Layton, Edwin 1956: "The American engineering profession and the idea of social responsability". Tese de doutorado não publicada, Depto. de História da Universidade da Califórnia em Los Angeles.

Lazarsfeld, P.F. 1961: "Notes on the history of quantification in sociology: trends, sources and problems". *Isis* 52, 277-333.

Lazarsfeld, P.F. e Rosenberg, Morris 1955: *The Language of Social Research.* Glencoe, IL: Free Press.

Leach, E.R. 1961: *Rethinking Anthropology.* Londres: Athlone.

Leach, E.R. org. 1967: *The Structural Study of Myth and Totemism.*

Leach, E.R. 1968: "Social structure: the history of the concept". In *International Encyclopaedia of the Social Sciences,* org. por D.L. Sills, vol. 14. Nova York: Macmillan.

Leach, E.R. 1970: *Lévi-Strauss.* Londres: Fontana/Collins.

Leach, E.R. 1982: *Social Anthropology.* Londres: Fontana.

Leach, E.R e Aycock, Alan, 1983: *Structural Interpretations of Biblical Myth.* Cambridge: Cambrigde University Press.

Leacock, E., 1970. *The Culture of Poverty: Review and Critique.* Nova York: Simon & Schuster.

Leamer, E.E. 1987: "Econometric metaphors". In *Advances in Econometrics Fifth World Congress,* vol. 2, org. por T.F. Bewley. Cambridge: Cambridge University Press.

Lebas, Elizabeth: "Urban and regional sociology in advanced industrial societies: a decade of Marxist and critical perspectives". *Current Sociology* 30, 1-271.

Lebedoff, David 1983: *The New Elite: the Death of Democracy.* Chicago: Contemporary Books.

Le Bon, G. 1895 (*1975*): *Psychologie des foules.* Paris: Retz / (*1952*): *The Crowd: a Study of the Popular Mind.* Londres: Ernest Benn.

Lebowitz, M. 1988: "Analytical Marxism". *Science and Society* 52.2.

Lefebvre, H. 1968: *La vie quotidienne dans le monde moderne.* Paris: Gallimard.

Legendre, Pierre 1983: *L'Empire de la vérité.* Paris: Fayard.

Legendre, Pierre 1988: *Le désir politique de Dieu: étude sur les montages de l'état et du droit.* Paris: Fayard.

Le Grand, J. 1982: *The Strategy of Equality: Redistribution and the Social Services.* Londres: Allen & Unwin.

Legum, C. 1976: *Pan-Africanism: a Short Political Guide.* Westport, CT: Greenwood Press.

Lehergott, S. 1984: *The Americans: an Economic Record.* Nova York: Norton.

Leibfried, S. 1982: "Existenzminimum und Fürsorge-Richtsatze in der Weimarer Republik". *Jahrbuch der Sozialarbeit* 4.

Leibfried, S. e Tennstedt, F. orgs. 1985: *Regulating Poverty and the Splitting of the German Welfare State.* Frankfurt am Main: Suhrkamp.

Leijonhufvud, A. 1968: *On Keynesian Economics and the Economics of Keynes.* Oxford: Oxford University Press.

Leiss, W. 1976: *The Limits to Satisfaction: an Essay on the Problem of Needs and Commodities.* Toronto: University of Toronto Press.

Lemaine, G. et al. 1982: *Noopolis: les laboratoires de recherche fondamentale: de l'atelier à l'usine.* Paris: Centre Nationale de la Recherche Scientifique.

Lemert, E. 1951: *Social Pathology.* Nova York: McGraw-Hill.

Lemkin, R. 1944: *Axis Rule in Occupied Europe.* Washington, DC: Carnegie Endowment for International Peace.

Lemon, L.T. e Reis, M.J. orgs. 1965: *Russian Formalist Criticism: Four Essays.* Lincoln: University of Nebraska Press.

Lenin, V.I. 1902 (*1961*): "What is to be done?". In *Collected Works,* vol. 5. Moscou: Progress / (*1978*): *Que fazer*? São Paulo: Hucitec.

Lenin, V.I. 1908 (*1970*): *Materialism and Empirio-Criticism.* Moscou: Progress / (*1975*): *Materialismo e empírio-criticismo.* Lisboa: Estampa.

Lenin, V.I. 1916 (*1948, 1964*): *Imperialism: the Highest Stage of Capitalism.* Moscou: Progress / (*1979*): "O imperialismo, fase superior do capitalismo". *Obras escolhidas,* vol.1. São Paulo: Alfa-Ômega.

Lenin, V.I. 1917 (*1969*): *State and Revolution.* In *Collected Works,* vol. 25. Londres: Lawrence & Wishart / (*1980*): "O estado e a revolução". *Obras escolhidas*, vol. 2. São Paulo: Alfa-Ômega.

Lenin, V.I. (*1960-70*): *Collected Works.* Moscou: Foreign Languages Publishing Houses / (*1979*): *Obras escolhidas*, 3 vols. São Paulo: Alfa-Ômega.

Lenin, V.I. 1964a: "The beginning of Bonapartism". In *Collected Works,* vol. 25. Moscou: Progress Publishers.

Lenin, V.I. 1964b: "They do not see the wood for the trees". In *Collected Works,* vol. 25. Moscou: Progress Publishers.

Lenin, V.I. 1967: "The proletarian revolution and the renegade Kautsky". In *Selected Works.* 3 vols; vol. 3. Moscou: Progress / (*1980*): "A revolução proletária e o renegado Kautsky". *Obras escolhidas,* vol. 3. São Paulo: Alfa-Ômega.

Lenski, G. 1966: *Power and Privilege: a Theory of Stratification.* Nova York: McGraw-Hill.

Lenski, G. e Lenski, J. 1987: *Human Societies: an Introduction to Macrosociology.* 5ª ed., Nova York: McGraw-Hill.

Lentricchia, Frank 1978: *After the New Criticism.* Londres: Athlone Press.

Lepage, Henri 1982: *Tomorrow, Capitalism: the Economics of Economic Freedom,* trad. por Sheilagh Ogilvie. La Salle, IL, e Londres: Open Court.

Leppert, R. e McClary. S. orgs. 1987: *Music and Society: the Politics of Composition, Performance and Reception.* Cambridge: Cambridge University Press.

Lequin, Y. 1977: *Les ouvriers de la région lyonnaise, 1848-1914.* Lyon: PUL.

Lerner, David 1958: *The Passing of Traditional Society.* Glencoe, IL: Free Press.

Le Roy Ladurie, E. 1973: *Le territoire de l'historien.* Paris: Gallimard / (*1979*): *The Territory of the Historian.* Brighton: Harvester.

Le Roy Ladurie, E. 1980: "Peasants". In *The Cambridge Modern History,* vol. 13. Cambridge: Cambridge University Press.

Leser, Norbert 1966: "Austro-Marxism: a reappraisal". *Journal of Contemporary History,* 1, 2.

Leser, Norbert 1968 (*1985*): *Zwischen Reformismus und Bolchewismus. Der Austromarxismus als Theorie und Praxis.* 2ª ed., resumida, Viena: Europa Verlag.

Lessnoff, M. 1986: *Social Contract.* Londres: Macmillan.

Lester, D. org. 1990: *Current Concepts of Suicide.* Filadélfia: Charles Press.

Lester, Richard A. 1958: *As Unions Mature.* Princeton, NJ: Princeton University Press.

Letwin, W. org. 1983: *Against Equality.* Londres: Macmillan.

Levenson, Joseph R. 1958-65: *Confucian China and its Modern Fate,* 3 vols. Berkeley: University of California Press.

Levin, Nora 1978 (*1985*): *Jewish Socialist Movements, 1871-1917.* Carry, NC: Oxford University Press.

Levine, D.N. 1985: "Rationality and freedom, inveterate multivocals". In *The Flight from Ambiguity: Essays in Social and Cultural Theory.* Chicago: University of Chicago Press.

Levine, Lawrence W. 1988: *Highbrow/Lowbrow: the Emergence of Cultural Hierarchy in America.* Cambridge, MA: Harvard University Press.

LeVine, R.A. e Campbell, D.T. 1972: *Ethnocentrism: Theories of Conflict, Ethnic Attitudes and Group Behavior.* Nova York: Wiley.

Levinson, D.J. et al. 1978: *The Seasons of a Man's Life.* Nova York: Knopf.

Levinson, Ronald B. 1953: *In Defense of Plato.* Cambridge, MA: Harvard University Press.

Levinson, S.C. 1983: *Pragmatics.* Cambridge: Cambridge University Press.

Lévi-Strauss, C. 1949: *Les structures élémentaires de la parenté.* Paris: Plon / (*1969*): *The Elementary Structures of Kinship,* trad. por J.H. Bell et al., org. por R. Needham. 2ª ed., Boston: Beacon Press; Londres: Eyre & Spottiswoode / (*1976*): *As estruturas elementares do parentesco.* Petrópolis: Vozes/Edusp.

Lévi-Strauss, C. 1958: *Anthropologie structurale.* Paris: Plon / (*1963*): *Structural Anthropology.* Nova York: Basic Books / (*1975*): *Antropologia estrutural.* Rio de Janeiro: Tempo Brasileiro.

Lévi-Strauss, C. 1962: *La pensée sauvage.* Paris: Plon / (*1966*): *The Savage Mind.* Londres: Weidenfeld & Nicolson / (*1989*): *O pensamento selvagem.* Campinas: Papyrus.

Lévi-Strauss, C. 1964-72: *Mythologiques,* 3 vols. Paris: Plon.

Lévi-Strauss, C. 1966: "The future of kinship studies". *Proceedings of the Royal Anthropological Institute for 1965.*

Lewin, K. et al. 1939: "Patterns of aggressive behavior in experimentally created 'social climates'". *Journal of Social Psychology* 10, 271-99.

Lewin, M. 1967: *Le dernier combat de Lénine.* Paris: Minuit / (*1973*): *Lenin's Last Struggle.* Londres: Wildwood House.

Lewin, M. 1985: *La formation du système soviétique: essais sur l'histoire sociale de la Russie dans le entre-deux-guerres.* Paris: Gallimard / (*1985*): *The Making of the Soviet System: Essay in the Social History of Interwar Russia.* Londres: Methuen.

Lewis, D. 1969: *Convention*. Cambridge, MA: Harvard University Press.

Lewis, D.K. 1983: "Radical interpretation". *Synthese* 23, 331-44.

Lewis, G. Cornewall 1832 (*1898*): *Remarks on the Use and Abuse of Some Political Terms.* Oxford: Clarendon Press.

Lewis, O. 1961: *The Children of Sanchez: Autobiography of a Mexican Family.* Nova York: Random House.

Lewis, O. 1967: *La Vida*. Nova York: Panther.

Lewis, Paul org. 1992: *Democracy and Civil Society in Eastern Europe.* Londres: Macmillan.

Lewis, W. 1954: "Economic development with unlimited supplies of labour". *Manchester School of Economic and Social Studies* 22, 139-91.

Lewontin, R.C. 1968: "The concept of evolution". In *International Encyclopaedia of the Social Sciences,* org. por D.L. Sills, vol. 5. Nova York: Macmillan e Free Press.

Lichtenstein, H. 1977: *The Dilemma of Human Identity.* Nova York: Jason Aronson.

Lichtheim, George 1961: *Marxism: an Historical and Critical Study.* Londres: Routledge & Kegan Paul; Nova York: Praeger.

Lichtheim, George 1969: *The Origins of Socialism.* Nova York: Praeger.

Lichtheim, George 1970: *A Short History of Socialism.* Londres: Weidenfeld & Nicolson; Nova York: Praeger.

Liddell Hart, B.H. 1967: *Strategy: the Indirect Approach.* Londres: Faber & Faber.

Lieberman, E.J. 1964: "Threat and assurance in the conduct of conflict". In *International Conflict and Behavioural Science,* org. por R. Fisher. Nova York: Basic Books.

Liebman, M. 1973: *Le léninisme sous Lénine,* 2 vols. Paris: Seuil / (*1975*): *Leninism under Lenin.* Londres: Jonathan Cape / (*1976*): *O leninismo sob Lenine*, 4 vols. Lisboa: Iniciativas Editoriais.

Lindbeck, A. 1977: *The Political Economy of the New Left: An Outsider's View.* 2ª ed., Nova York: Harper & Row.

Lindblom, C.E. 1959: "The science of muddling through". *Public. Administration Review* 19, 79-88.

Lindblom, C.E. 1977: *Politics and Markets.* Nova York: Basic Books / (*1979*): *Políticas e mercados.* Rio de Janeiro: Zahar.

Lindholm, C. 1990: *Charisma.* Oxford: Blackwell / (*1993*): *Carisma.* Rio de Janeiro: Jorge Zahar.

Ling, T. 1980: *Buddhist Revival in India.* Nova York: St. Martin's Press.

Linklater, A. 1982: *Men and Citizens in the Theory of International Relations.* Londres: Macmillan.

Linton, R. 1936: *The Study of Man.* Nova York: Appleton-Century-Crofts.

Linz, Juan e Stepan, Alfred orgs. 1978: *The Breakdown of Democratic Regimes.* Baltimore: Johns Hopkins University Press.

Lipietz, A. 1986: "Behind the crisis: the exhaustion of a regime of accumulation: a 'regulation school' perspective on some French empirical works". *Review of Radical Political Economics* 18, 1-12, 13-32.

Lipietz, A. 1987: *Mirages and Miracles: the Crises of Global Fordism.* Londres: Verso.

Lipietz, A. 1992: *Choosing Audacy: an Alternative for the XXIst Century.* Cambridge: Polity.

Lippmann, Walter 1922: *Public Opinion.* Londres: Allen & Unwin.

Lippman, Walter 1929: *A Preface to Morals.* Nova York.

Lipset, S.M. 1960: *Political Man: the Social Bases of Politics.* Garden City, NY: Doubleday / (*1967*): *O homem político.* Rio de Janeiro: Zahar.

Lipset, S.M. org. 1986: *Unions in Transition: Entering the Second Century.* São Francisco: ICS Press.

Lipset, S.M. 1990: "No third way: a comparative perspective on the left". *National Interest* 20.

Lipset, S.M. e Altbach, P.G. orgs. 1969: *Students in Revolt.* Boston: Houghton Mifflin.

Lipset, S.M. e Wolin, Sheldon S. orgs. 1965: *The Berkeley Student Revolt.* Nova York: Anchor.

Lipset, S.M. e Zetterberg, H. 1966: "A theory of social mobility". In *Class, Status and Power,* org. por R. Bendix e S.M. Lipset. Nova York: Free Press.

List, F. 1841 (*1904*): *The National System of Political Economy.* Londres: Longman.

Lister, R. 1990: *The Exclusive Society: Citizenship and the Poor.* Londres: Child Poverty Action Group.

Lister, R. 1991: "Concepts of poverty". *Social Studies Review* 6, 192-5.

Little, R.W. org. 1971: *Handbook of Military Institutions.* Beverly Hills, CA: Sage.

Littlechild, Stephen org. 1990: *Austrian Economics,* 3 vols. Aldershot: Edward Elgar; Brookfield, VT: Gower.

Littler, C. e Salaman, G. 1984: *Class at Work: the Design, Allocation and Control of Jobs.* Londres: Batsford.

Litwak, Eugene 1965: "Extended family relations in an industrial society". In *Social Structure and the Family: Generational Relations,* org. por E. Shanas e G. Strieb. Princeton, NJ: Princeton University Press.

Lively, J. 1976: "The limits of exchange theory". In *Power and Political Theory: Some European Perspectives,* org. por B. Barry. Londres: Wiley.

Livergood, Norman 1967: *Activity in Marx's Philosophy.* Haia: Martinus Nijhoff.

Llewellyn, K. e Hoebel, E. 1941 (*1983*): *The Cheyenne Way.* Norman, OK: University of Oklahoma Press.

Lloyd, Alan B. 1983: "The late period, 664-323 BC". In *Ancient Egypt: a Social History,* org. por B.J. Trigger e B. Kemp. Cambridge: Cambridge University Press.

Lloyd, P. 1979: *Slums of Hope?* Harmondsworth: Penguin.

Lobkowicź, Nicholas 1967: *Theory and Practice: History of a Concept from Aristotle to Marx.* Notre Dame, IN: University of Notre Dame Press.

Locke, John 1690: *An Essay Concerning Human Understanding.* Londres: Bassett / (*1988*): *Ensaio acerca do entendimento humano.* São Paulo: Nova Cultural.

Locke, John 1690 (*1960*): *Two Treatises of Government,* org. por Peter Laslett. Cambridge: Cambridge University Press.

Locke, John 1812: *Works,* vol. 5. Londres: W. Otridge & Son.

Lockwood, D. 1958. *The Blackcoated Worker: A Study in Class Consciousness.* Londres: Allen & Unwin.

Lockwood, D. 1964: "Social integration and system integration". In *Explorations in Social Change,* org. por Z. Zollschau e W. Hirsch. Londres: Routledge & Kegan Paul.

Lodge, David org. 1988: *Modern Criticism and Theory: a Reader.* Londres e Nova York: Longman.

Lofland, J. 1969: *Deviance and Identity.*

Lo Piparo, F. 1979: *Lingua intellettuali egemonia in Gramsci.* Roma e Bári: Laterza.

Lorenz, K. 1966: *On Aggression.* Londres: Methuen.

Losee, J. 1980: *A Historical Introduction to the Philosophy of Science,* espec. cap. 9.

Lotka, A. 1939: *Théorie analytique des associations biologiques.* Paris: Hermann.

Lovell, Terry 1987: *Consuming Fiction.* Londres: Verso.

Lovibond, Sabina 1983: *Realism and Imagination in Ethics.* Oxford: Blackwell.

Low, S. 1904: *The Governance of England.* Londres: T. Fisher Unwin.

Löw-Beer, Martin 1990: *Selbsttäuschung.* Freiburg.

Lowe, P.D. e Rudig, W. 1986: "Political ecology and the social sciences: the state of the art". *British Journal of Political Science* 16, 513-50.

Lowes, John Livingston 1922: *Convention and Revolt in Poetry.* Nova York.

Lowie, R.H 1950: *Social Organization.* Londres: Routledge & Kegan Paul.

Löwith, K. 1932 (*1982*): *Max Weber and Karl Marx.* Londres e Boston: Allen & Unwin.

Löwy, M. 1981: *The Politics of Combined and Uneven Development.* Londres: Verso.

Lozovsky, S. 1925: *Lenin i professional'noe dvizhenie.* Moscou.

Lucas, R.E. 1981: *Studies in Business Cycle Theory.* Oxford: Blackwell.

Lucas, R.E. Jr. 1977: "Understanding business cycles". In *Stabilization of the Domestic and International Economy,* org. por K. Brunner e A.H. Meltzer. Nova York e Oxford: North-Holland, Carnegie-Rochester Conference Series on Public Policy, vol. 5.

Luce, R.D. e Raiffa, H. 1957: *Games and Decisions: Introduction and Critical Survey.* Nova York: Wiley.

Luckmann, T. 1967: *The Invisible Religion: the Problem of Religion in Modern Society.* Nova York: Macmillan.

Luckmann, T. org. 1978: *Phenomenology and Sociology.* Harmondsworth: Penguin.

Luckmann, T. 1983: *Lifeworld and Social Realities.* Londres: Heinemann.

Ludmerer, K.M. 1972: *Genetics and American Society: a Historical Appraisal.* Baltimore: Johns Hopkins University Press.

Luhmann, N. 1969 (*1975*): *Legitimation durch Verfahren.* 2ª ed., Neuwied: Luchterhand.

Luhmann, N. 1970-90: *Soziologische Aufklärung,* vols. 1-5. Opladen: Westdeutscher Verlag.

Luhmann, N. 1972: "Einfache Sozialsysteme". *Zeitschrift für Soziologie* 1, 51.

Luhmann, N. 1976: "Die Legeshierarchie und die Trennung von Staat und Gesellschaft". In *Staat und Gesellschaft,* org. por E. Böckenförde. Darmstadt: Wissenschaftliches Buchgesellschaft.

Luhmann, N. 1977: *Die Funktion der Religion.* Frankfurt am Main: Suhrkamp.

Luhmann, N. 1979: *Trust and Power.* Chichester: Wiley.

Luhmann, N. 1981: *Gesellschaftsstruktur und Semantik.* Frankfurt am Main.

Luhmann, N. 1982: "Systems theory, evolution theory, and communication theory". In *The Differentiation of Society.* Nova York: Columbia University Press.

Luhmann, N. 1982: "The differentiation of society". In *The Differentiation of Society,* Nova York: Columbia University Press, p.229-54.

Luhmann, N. 1983: "Das sind Preise: ein soziologisch-systemtheoretischer Klärungsversuch". *Soziale Welt* 34.2, 153-70.

Luhmann, N. 1984: "Die Wirtschaft der Gesellschaft als autopoietisches System". *Zeitschrift für Soziologie* 13.4, 308-27.

Luhmann, N. 1988: *Erkenntnis als Konstruktion.* Berna.

Luhmann, N. 1988: "Familiarity, confidence and trust: problems and alternatives". In *Trust: Making and Breaking Cooperative Relations,* org. por D. Gambetta. Oxford: Blackwell.

Luk, M. 1990: *The Origins of Chinese Bolshevism.* Hong Kong: Oxford University Press.

Lukács, György 1910 (*1974*): *The Soul and the Forms.* Londres: Merlin; Cambridge, MA: MIT Press.

Lukács, György 1923 (*1971*): *History and Class Consciousness.* Londres: Merlin Press / (*1974*): *História e consciência de classe.* São Paulo: Martins Fontes.

Lukács, György 1970: *Writer and Critic and Other Essays,* org. por A. Kahn. Londres: Merlin / (*1973*): *O escritor e o crítico.* Lisboa: Dom Quixote.

Lukes, S. 1967: "Alienation and anomie". In *Philosophy, Politics and Society,* org. por P. Laslett e W.G. Runciman. Oxford: Blackwell.

Lukes, S. 1973: *Émile Durkheim.* Londres: Allen Lane.

Lukes, S. 1973: *Individualism.* Oxford: Blackwell.

Lukes, S. 1974: *Power: a Radical View.* Londres: Macmillan.

Lukes, S. 1974: "Socialism and equality". In *The Socialist Idea,* org. por L. Kolakowski e S. Hampshire. Londres: Weidenfeld & Nicolson.

Lukes, S. 1978: "Power and authority". In *A History of Sociological Analysis,* org. por T. Bottomore e R. Nisbet. Nova York: Basic Books.

Lukes, S. 1985: *Marxism and Morality.* Oxford: Oxford University Press.

Lundberg, Ferdinand 1968: *The Rich and the Super-Rich.* Nova York: Bantam.

Luttgens, A. e Perelman, S. 1988: *Comparing Measures of Poverty and Relative Deprivation: an Example for Belgium.* Mannheim: University of Mannheim.

Luttwak, E. 1969: *Coup d'État: a Practical Handbook.* Nova York: Knopf.

Luxemburgo, Rosa 1899 (*1937*): *Reform or Revolution.* Nova York: Three Arrows / (*1946*): *Reforma ou revolução?* São Paulo: Flama.

Luxemburgo, Rosa, 1906 (*1925*): *The Mass Strike, the Political Party and Trade Unions.* Detroit: Marxian Educational Society.

Luxemburgo, Rosa 1913 (*1951*): *The Accumulation of Capital.* Londres: Routledge & Kegan Paul / (*1983*): *A acumulação do capital.* Rio de Janeiro: Zahar.

Luxemburgo, Rosa 1970: "Organizational questions of Russian social democracy". In *Rosa Luxemburg Speaks,* org. por. M.A. Waters, Nova York: Pathfinder / (*1991*): "Questões de organização da sociodemocracia russa". In *A Revolução Russa.* Petrópolis: Vozes.

Luxemburgo, Rosa 1970: "The Russian revolution". In *Rosa Luxemburg Speaks,* org. por M.A.Waters. Nova York: Pathfinder / (*1991*): "A Revolução Russa". In *A Revolução Russa.* Petrópolis: Vozes.

Luxemburgo, Rosa 1970: *Rosa Luxemburg Speaks.* Nova York: Pathfinder.

Lycan, W. 1990: *Mind and Cognition: a Reader.* Oxford: Blackwell.

Lyhmann, N. 1979: *Trust and Power.* Chichester: Wyley.

Lynch, M. 1985: *Art and Artifact in Laboratory Science.* Londres: Routledge.

Lyon, Bruce 1972: *The Origins of the Middle Ages: Pirenne's Challenge to Gibbon.* Nova York: Norton.

Lyon, David 1988: *The Information Society: Issues and Illusions.* Cambridge: Polity.

Lyons, J. 1970 (*1978*): *Chomsky.* Bergenfield, NJ: Penguin USA.

Lyons, J. 1977: *Semantics,* 2 vols. Cambridge: Cambridge University Press.

Lyotard, J.F. 1979: *La condition postmoderne.* Paris: Minuit / (*1984*): *The Postmodern Condition.* Minneapolis: University of Minnesota Press / (*1986*): *O pós-moderno.* Rio de Janeiro: José Olympio.

Maasdorp, G. e Humphreys, A.S.V. orgs. 1975: *From Shanty Town to Township: an Economic Study of African Poverty and Rehousing in a South African City.* Cidade do Cabo: Juta.

Mabbott, J.D. 1948 (*1958*): *The State and the Citizen.* Londres: Grey Arrow / (*1968*): *O estado e o cidadão.* Rio de Janeiro: Zahar.

McBriar, A.M. 1966: *Fabian Socialism and English Politics, 1884-1914.* Cambridge: Cambridge University Press.

McCarthy, J. 1963: "A basis for a mathematical theory of computation". In *Computer Programming and Formal Systems,* org. por P. Braffort e D. Hirschberg. Amsderdã: North Holland.

McCarthy, W.E.J. 1985: *Trade Unions.* 2ª ed., Harmondsworth: Penguin.

McCawley, J.D. 1981: *Everything that Linguists Have Always Wanted to Know about Logic.* Chicago: University of Chicago Press.

McClelland, D. 1961: *The Achieving Society.* Princeton, NJ: Van Nostrand.

McCorduck, P. 1979: *Machines Who Think.* São Francisco: W.H. Freeman.

MacCorquodale, K. e Meehl, P.E. 1948: "On a distinction between hypothetical constructs and intervening variable". *Psychological Review* 85, 95-107.

McCracken, Grant 1988: *Culture and Consumption: New Approaches to the Symbolic Character of Consumer Goods and Activities.* Bloomington: Indiana University Press.

MacDonald, M. 1947-8: "Natural rights". *Proceedings of the Aristotelian Society,* 35-55.

McFarland, D. 1985 (*1993*): *Animal Behaviour.* White Plains, NY: Longman.

Mach, Ernst 1886 (*1959*): *The Analysis of Sensations, and the Relation of the Physical to the Psychical.* Nova York: Dover.

Mach, Ernst 1894 (*1986*): *Popular Scientific Lectures.* Peru, IL: Open Court.

Machajski, J.W. 1904 (*1937*): "Fragments (on the expropriation of the capitalist class)". In *Making of Society: an Outline of Sociology,* org. por V.F.Calverton. Nova York: Random House.

Macherey, Pierre 1970: *Pour une théorie de la production littéraire.* Paris: Maspero / (*1978*): *A Theory of Literary Production.* Londres e Boston: Routledge.

Machiavelli, N. *ver* Maquiavel.

McIntosh, M. 1978: "The state and the oppression of women". In *Feminism and Materialism,* org. por A. Kuhn e A.M. Wolpe. Londres: Routledge.

McIntosh, Susan 1981: "Leisure studies and women". In *Leisure and Social Control,* org. por Alan Tomlinson. Eastbourne: Leisure Studies Association.

MacIntyre, A. 1981 (*1985*): *After Virtue.* 2ª ed., Londres: Duckworth.

MacIntyre, A. 1988: *Whose Justice? Which Rationality?* Londres: Duckworth.

MacIntyre, A.C. 1958: *The Unconscious.* Londres: Routledge & Kegan Paul.

Mack, J. e Lansley, S. 1984: *Poor Britain.* Londres: Allen & Unwin.

McKendrick, Neil et al. 1982: *The Birth of a Consumer Society: the Commercialization of Eighteenth-Century England.* Londres: Europa.

McKenzie, N. e McKenzie, J. 1977: *The First Fabians.* Londres: Weidenfeld & Nicolson.

Mackenzie, W.J.M. 1955: "Pressure groups in British Government". *British Journal of Sociology* 6, 133-48.

McKeown, T. 1976 (*1979*): *The Role of Medicine.* Oxford: Blackwell.

Mackie, J.L. 1965: "Causes and conditions". *American Philosophical Quarterly* 2, 245-64.

Mackie, J.L. 1974: *The Cement of the Universe.* Oxford: Oxford University Press.

Mackie, J.L. 1977: *Ethics.* Harmondsworth: Penguin.

McLellan, David 1980: *The Thought of Karl Marx.* 2ª ed., Londres: Macmillan.

McLellan, David org. 1983: *Marx: The First Hundred Years.* Londres: Fontana.

McLennan, J.F. 1865 (*1970*): *Primitive Marriage: an Inquiry into the Origin of the Form of Capture in Marriage Ceremonies,* org. por P. Rivière. Chicago: University of Chicago Press.

McLoughlin, W. 1959: *Modern Revivalism.* Nova York: Ronald Press.

McLoughlin, W. 1978: *Revivals, Awakenings and Reform.* Chicago: University of Chicago Press.

McLuhan, M. 1962: *The Gutenberg Galaxy.* Londres: Routledge.

McLuhan, M. 1964: *Understanding Media.* Londres: Routledge & Kegan Paul.

McNaulty, P. 1967: "A note on the history of perfect competition". *Journal of Political Economy* 75, 395-9.

McNaulty, P. 1968: "Economic theory and the meaning of competition". *Quarterly Journal of Economics* 82, 639-56.

McNees, S.K. 1988: "How accurate are macroeconomic forecasts?". *New England Economic Review,* julho-agosto, 15-36.

Macpherson, C.B. 1962: *The Political Theory of Possessive Individualism.* Oxford: Oxford University Press / (*1979*): *A teoria política do individualismo possessivo: de Hobbes a Locke.* Rio de Janeiro: Paz e Terra.

Macpherson, C.B. 1966: *The Real World of Democracy.* Oxford: Clarendon Press.

Macpherson, C.B. 1977: *The Life and Times of Liberal Democracy.* Oxford: Oxford University Press / (*1978*): *A democracia liberal (origens e evolução).* Rio de Janeiro: Zahar.

McQuail, Denis 1987: *Mass Communication Theory.* Londres: Sage.

McReynolds, P. e DeVoge, S. 1978: "Use of improvisational techniques in assessment". In *Advances in Psychological Assessment,* vol. 4, org. por P. McReynolds. São Francisco: Jossey-Bass.

McWilliams, W.C. 1973: *The Idea of Fraternity in America.* Berkeley: University of California Press.

Maddison, A. 1982: *Phases of Capitalist Development.* Oxford: Oxford University Press.

Maddison, A. 1991: *Dynamic Forces in Capitalist Development.* Oxford: Oxford University Press.

Maddock, K. 1973: *The Australian Aborigines: a Portrait of their Society.* Londres: Allen Lane.

Madge, C. 1968: Introdução a *International Encyclopedia of the Social Sciences,* vol. 12. Nova York: Macmillan e Free Press.

Maffesoli, M. 1976: *Logique de la domination.* Paris: Presses Universitaires de France / (*1978*): *Lógica da dominação.* Rio de Janeiro: Zahar.

Maffesoli, M. 1979: *La conquête du présent: pour une sociologie de la vie quotidienne.* Paris: Presses Universitaires de France.

Maffesoli, M. 1982 (*1985*): *L'ombre de Dionysus.* 2ª ed., Paris: Méridiens / (*1985*): *A sombra de Dionísio.* Rio de Janeiro: Graal.

Maffesoli, M. 1985: *La connaissance ordinaire: précis de sociologie compréhensive.* Paris: Méridiens / (*1988*): *Ao conhecimento comum, compêndio de sociologia compreensiva.* São Paulo: Brasiliense.

Maffesoli, M. 1989: "The sociology of everyday life". *Current Sociology* 37.1.

Mage, Bryan 1971: *Modern British Philosophy.* Londres: Secker & Warburg.

Magee, Bryan 1973: *Popper.* Londres: Fontana.

Magee, Bryan 1983: *The Philosophy of Schopenhauer.* Oxford: Clarendon Press.

Magnus, Philip 1958 (*1968*): *Kitchener, Portrait of an Imperialist.* Harmondsworth: Penguin.

Magraw, R. 1983: *France, 1815-1914: the Bourgeois Century.* Londres: Fontana.

Mahar, J.M. org. 1972: *The Untouchables in Contemporary India.* Tucson: University of Arizona Press.

Maier, C. 1988: *In Search of Stability.* Cambridge e Nova York: Cambridge University Press.

Mailer, Norman 1968: *Miami and the Siege of Chicago.* Nova York: Donald I. Fine.

Maine, Henry 1961: *Ancient Society.* Londres: Everyman.

Makkreel, R.A. 1975: *Dilthey: Philosopher of the Human Studies.* Princeton, NJ: Princeton University Press.

Malcolm, Janet 1982: *Psychoanalysis: the Impossible Profession.* Londres: Picador / (*1983*): *Psicanálise: a profissão impossível.* Rio de Janeiro: Zahar.

Malinowski, B. 1922: *Argonauts of the Western Pacific.* Londres: Routledge & Kegan Paul

/ (*1984*): *Argonautas do Pacífico Ocidental.* São Paulo: Abril Cultural.

Malinowski, B. 1925 (*1948*): *Magic, Science and Religion and Other Essays.* Glencoe, IL: Free Press.

Malinowski, B. 1932: *Crime and Custom in Savage Society*. Londres: Paul Trench, Trubner.

Malinowski, B. 1944: "The functional theory". In *A Scientific Theory of Culture and Other Essays*. Chapel Hill: University of North Carolina Press / (*1983*): *Uma teoria científica da cultura*. Rio de Janeiro: Zahar.

Malinvaud, E. 1967: "Decentralised procedures for planning." In *Activity Analysis in the Theory of Growth and Planning,* org. por E. Malinvaud e M.O.L. Bacharach. Londres: Macmillan.

Mallet, Serge 1963: *La nouvelle classe ouvrière.* Paris: Seuil / (*1975*): *The New Working Class*. Nottingham: Spokesman.

Malloy, J. org. 1977: *Authoritarianism and Corporatism in Latin America.* Pittsburgh: Pittsburgh University Press.

Maloney, J. 1976: "Marshall, Cunningham and the emerging economics profession". *Economic History Review* 29, 440-51.

Malthus, Thomas 1798 (*1970*): *An Essay on the Principle of Population.* Harmondsworth: Penguin / (*1983*): *Princípios de economia política e considerações sobre sua aplicação prática*. São Paulo: Abril Cultural.

Mandel, E. 1970: *Contrôle ouvrier, conseils ouvriers, autogestion,* 3 vols. Paris: Maspero / (*1973*): *Workers' Control Workers' Councils and Self-Management,* 3 vols. Londres.

Mandel, E. 1975: *Late Capitalism.* Londres: New Left Books / (*1985*). *O capitalismo tardio.* São Paulo: Nova Cultural.

Mandel, E. 1977: "The Leninist theory of organization". In *Revolution and Class Struggle: a Reader in Marxist Politics,* org. por R. Blackburn. Glasgow: Fontana.

Mandel, E. 1979: *Revolutionary Marxism Today*. Londres: New Left Books / (*1980*): *Marxismo revolucionário atual.* Rio de Janeiro: Zahar.

Mandel, E. 1980: *Long Waves of Capitalist Development: the Marxist Interpretation.* Cambridge: Cambridge University Press.

Mandel, E. 1986: "In defence of socialist planning". *New Left Review* 159, 5-38.

Mandel, E. 1988: "The myth of market socialism". *New Left Review* 169, 108-21.

Manicas, Peter 1987: *A History and Philosophy of the Social Sciences.* Oxford: Blackwell.

Mann, M. 1973: *Consciousness and Action among the Western Working Class.* Londres: Macmillan.

Mann, M. 1986: *Sources of Social Power,* vol. 1: *A History of Power from the Beginning to AD 1760*. Cambridge: Cambridge University Press.

Mann, M. 1988: "Ruling class strategies and citizenship". *Sociology* 21, 339-54.

Mann, M. 1988: *States, War and Capitalism.* Oxford: Blackwell.

Mannheim, K. 1929 (*1936, 1960*): *Ideology and Utopia: an Introduction to the Sociology of Knowledge*. Londres: Routledge / (*1982*): *Ideologia e utopia*. Rio de Janeiro: Zahar.

Mannheim, K. 1940: *Man and Society in an Age of Reconstruction.* Londres: Routledge & Kegan Paul.

Mannheim, K. 1952: *Essays on the Sociology of Knowledge,* org. por P. Kecskemeti. Londres: Routledge & Kegan Paul.

Mannheim, K. 1956: *Essays on the Sociology of Culture.* Londres: Routledge & Kegan Paul.

Manning, A. e Dawkins, M. 1992: *An Introduction to Animal Behaviour.* Port Chester, NY: Cambridge University Press.

Manove, M. 1971: "A model of Soviet-type economic planning". *American Economic Review,* junho.

Mansfield, Peter 1971: *The British in Egypt.* Londres: Weidenfeld & Nicolson.

Mao Tse-tung [Zedong] 1986: *The Writings of Mao Zedong,* vol. 1, org. por M. Kau e J. Leung. Nova York: M.E. Sharpe / (*1979*): *O pensamento de Mao Tse-tung*. Rio de Janeiro: Paz e Terra.

Maquiavel, N. 1513 (*1965*): *The Prince. Selections from the Discourses and Other Writings,* org. por J. Plamenatz. Londres: Fontana / (*1995*): *O príncipe*. São Paulo: Martins Fontes.

Maquiavel, N. 1970: *The Discourses*. Harmondsworth: Penguin.

Maravall, J.M. 1979: "The limits of reformism: parliamentary socialism and the Marxist theory of the state". *British Journal of Sociology* 30, 267-90.

March, J.G. 1976: "The technology of foolishness". In *Ambiguity and Choice in Organizations,* org. por J.G. March e J.P. Olsen. Bergen: Universitetsforlaget.

March, James e Simon, Herbert 1958: *Organizations.* Nova York: John Wiley.

Marcuse, Herbert 1937: "Philosophie und kritische Theorie". *Zeitschrift für Sozialforschung* 6, 632-47.

Marcuse, Herbert 1941 (*1955*): *Reason and Revolution: Hegel and the Rise of Social Theory.* Nova York: Oxford University Press / (*1978*): *Razão e revolução.* Rio de Janeiro: Paz e Terra.

Marcuse, Herbert 1955: *Eros and Civilization: a Philosophical Inquiry into Freud.* Boston: Beacon Press / (*1981*): *Eros e civilização.* Rio de Janeiro: Zahar.

Marcuse, Herbert 1964: *One-Dimensional Man: the Ideology of Industrial Society.* Londres: Routledge & Kegan Paul; Boston: Beacon Press / (*1982*): *Ideologia da sociedade industrial.* Rio de Janeiro: Zahar.

Marcuse, Herbert 1969: *An Essay on Liberation.* Boston: Beacon Press.

Marcuse, Herbert 1978: *Schriften.* Frankfurt am Main: Suhrkamp.

Marglin, S.A. 1974-5: "What do bosses do? The origins and function of hierarchy in capitalist production". *Review of Radical Political Economics* 6.2, 60-112; 7.1, 20-37 / (*1976*): "Origem e funções do parcelamento das tarefas". In A. Gorz et al., *Divisão social do trabalho e modo de produção capitalista.* Porto: Escorpião.

Marglin, S.A. 1984: *Growth, Distribution and Prices.* Cambridge, MA e Londres: Harvard University Press.

Margolis, Joseph 1980: *Art and Philosophy: Conceptual Issues in Aesthetics.* Atlantic Highlands, NJ: Humanities Press.

Margolis, Joseph org. 1987: *Philosophy Looks at the Arts.* Filadélfia: Temple University Press.

Maris, R. 1969: *Social Forces in Urban Suicide.* State of Illinois: Dorsey Press.

Marković, Mihailo 1974: *From Affluence to Praxis: Philosophy and Social Criticism.* Ann Arbor: University of Michigan Press.

Marković, Mihailo e Cohen, Robert S. 1975: *Yugoslavia: the Rise and Fall of Socialist Humanism.* Nottingham: Spokesman.

Marks, Elaine e Courtivron, Isabelle de orgs. 1980: *New French Feminisms.* Brighton: Harvester.

Marlatt, A. e Gordon, J. 1985: *Relapse Prevention.* Nova York: Guilford Press.

Marmot, M.G. et al. 1984: "Inequalities in death: specific explanations of a general pattern?". *Lancet* I, 1003-6.

Marr, D. 1982: *Vision.* Oxford: Freeman.

Marris, P. 1982: *Community Planning and Conceptions of Change.* Londres: Routledge & Kegan Paul.

Marsden, George 1982: *Fundamentalism and American Culture: the Shaping of Twentieth-century Evangelicalism, 1870-1925.* Carry, NC: Oxford University Press.

Marsh, C. 1982: *The Survey Method: the Contribution of Surveys to Sociological Explanation.* Londres: Allen & Unwin.

Marsh, D. org. 1983: *Pressure Politics: Interest Groups in Britain.* Londres: Junction Books.

Marsh, P. 1978: *Aggro: the Illusion of Violence.* Londres: Dent.

Marsh, P. 1982: "Rhetorics of violence". In *Aggression and Violence,* org. por P. Marsh e A. Campbell. Oxford: Blackwell.

Marshall, A. 1890 (*1920*): *Principles of Economics.* 8ª ed., Londres: Macmillan.

Marshall, G. 1982: *In Search of the Spirit of Capitalism: an Essay on Max Weber's Protestant Ethic Thesis.* Londres: Hutchinson.

Marshall, G. et al. 1988: *Social Class in Modern Britain.* Londres: Unwin Hyman.

Marshall, T.H. 1938: *Class Conflict and Stratification.* Londres: The Play House.

Marshall, T.H. 1965: *Class, Citizenship and Social Development.* Golden City, NY: Anchor.

Marshall, T.H. 1967: *Social Policy in the Twentieth Century.* 2ª ed., Londres: Hutchinson.

Marshall, T.H. 1970 (*1985*): *Social Policy.* Londres: Hutchinson.

Marshall, T.H. 1981: *The Right to Welfare and Other Essays.* Londres: Heinemann.

Marshall, T.H. e Bottomore, Tom 1950 (*1992*): *Citizenship and Social Class.* Londres: Pluto Press / (*1967*): *Cidadania, classe social e status.* Rio de Janeiro: Zahar.

Martin, B.M. et al. 1986: *Intellectual Suppression: Australian Case Histories, Analysis and Responses.* Sydney e Londres: Angus & Robertson.

Martin, Bernice 1981: *A Sociology of Contemporary Cultural Change.* Oxford: Blackwell.

Martin, C.J. e McQueen, D.V. 1989: *Readings for a New Public Health.* Edimburgo: Edinburgh University Press.

Martin, David A. 1969: *The Religious and the Secular: Studies in Secularization.* Londres: Routledge & Kegan Paul.

Martin, David A. 1978: *A General Theory of Secularization.* Oxford: Blackwell.

Martin, David A. 1990 (*1993*): *Tongues of Fire: the Explosion of Conservative Protestantism in Latin America.* Williston, VT: Blackwell.

Martin, K. 1937: *The Magic of Monarchy.* Londres: Nelson.

Martin, K. 1962: *The Crown and the Establishment.* Londres: Hutchinson.

Martin, P. e Bateson, P. 1986: *Measuring Behaviour.* Cambridge: Cambridge University Press.

Martin, R. e Rowthorn, R. orgs. 1986: *The Geography of De-industrialisation.* Londres: Macmillan.

Martin, Ross 1989: *Trade Unionism.* Oxford: Clarendon Press.

Marx, K. 1843 (*1975*): "Contribution to the critique of Hegel's philosophy of law: introduction". In K. Marx e F. Engels, *Collected Works,* vol. 3. Londres: Lawrence & Wishart / (*1977*): "Crítica da filosofia do direito de Hegel: introdução". *Temas de Ciências Humanas.* São Paulo: LECM.

Marx, K. 1844 (*1967*): *Economic and Philosophical (Paris) Manuscripts.* Moscou: Progress / (*1985*): *Manuscritos econômico-filosóficos e outros textos escolhidos.* São Paulo: Abril Cultural.

Marx, K. 1845 (*1967*): "Theses on Feuerbach". In Karl Marx: *Selected Writings in Sociology and Social Philosophy,* org. por Tom Bottomore e Maximilien Rubel. Harmondsworth: Penguin / (*1980*): *Teses sobre Feuerbach.* São Paulo: Alfa-Ômega.

Marx, K. 1847: *The Poverty of Philosophy.* Paris: A. Franck / (*1985*): *A miséria da filosofia.* São Paulo: Global.

Marx, K. 1850 (*1973*): "The class struggles in France", 1848-50". In *Surveys from Exile.* Harmondsworth: Penguin / (*1986*): *As lutas de classe na França.* São Paulo: Global.

Marx, K. 1852 (*1973*) "The eighteenth brumaire of Louis Bonaparte". In *Surveys from Exile.* Harmondsworth: Penguin / (*1986*): *O 18 Brumário.* Rio de Janeiro: Paz e Terra.

Marx, K. 1857-8 (*1973*): *Grundrisse.* Harmondsworth: Penguin.

Marx, K. 1859 (*1971*): *A Contribution to the Critique of Political Economy.* Londres: Lawrence & Wishart / (*1982*): *Para a crítica da economia política.* São Paulo: Abril Cultural.

Marx, K. 1861-79 (*1905-10*): *Theories of Surplus Value,* org. por Karl Kautsky. Stuttgart: J.H.W. Dietz Nacht / (*1983*): *Teorias da mais-valia.* São Paulo: Difel.

Marx, K. 1867 (*1976*): *Capital,* vol. 1. Harmondsworth: Penguin / (*1974*): *O capital, crítica da economia política.* Rio de Janeiro: Civilização Brasileira.

Marx, K. 1871 (*1968*): "The civil war in France". In *Marx and Engels: Selected Works in One Volume.* Londres: Lawrence & Wishart / (*1986*): *A guerra civil na França.* São Paulo: Global.

Marx, K. 1885 (*1933*): *Capital,* vol. 2, *The Process of Circulation of Capital,* org. por F. Engels. Chicago: Charles H. Kerr / (*1974*): *O processo de circulação do capital.* Rio de Janeiro: Civilização Brasileira.

Marx, 1894 (*1972*): *Capital,* vol. 3, *The Process of Capitalist Production as a Whole.* Londres: Lawrence & Wishart / (*1974*): *O processo global de produção capitalista.* Rio de Janeiro: Civilização Brasileira.

Marx, K. 1898 (*1950*): "Wages, price and profit". In K. Marx e F. Engels, *Selected Works in Two Volumes.* Londres: Lawrence & Wishart / (*1984*): *Salário, preço e lucro.* São Paulo: Global.

Marx, K. 1975: *Early Writings.* Harmondsworth: Penguin.

Marx, K. 1964: *Pre-capitalist Economic Formations,* org. por E.J. Hobsbawm. Londres: Lawrence & Wishart / (*1979-81*): *Formações econômicas pré-capitalistas.* Rio de Janeiro: Paz e Terra.

Marx, K. e Engels, F. 1845-6 (*1970*): *The German Ideology.* Londres: Lawrence & Wishart / (*1986*): *A ideologia alemã.* São Paulo: Hucitec.

Marx, K. e Engels, F. 1848 (*1967*): *The Communist Manifesto.* Harmondsworth: Penguin / (*1981*): *Manifesto do partido comunista*. São Paulo: Global.

Marx, K. e Engels, F. 1850 (*1975*): "Address of the Central Authority to the League, March 1850". In *Collected Works,* vol. 10. Londres: Lawrence & Wishart.

Marx, K. e Engels, F. 1969: *Selected Works in Three Volumes*. Moscou: *Progress* / (*1980*): *Obras escolhidas,* 3 vols., São Paulo: Alfa-Ômega.

Marx, K. e Engels, F. 1975: *Marx-Engels Selected Correspondence.* Moscou: Progress.

Maslow, A.H. 1968: *Toward a Psychology of Being.* Nova York: Van Nostrand.

Maslow, A.H. 1987: *Motivation and Personality.* 3ª ed., Nova York: Harper & Row.

Mason, E.S. 1939: "Price and production policies of large-scale enterprise". *American Economic Review (Papers and Proceedings)* 29, 61-74.

Massey, D. 1984: *Spatial Divisions of Labour: Social Structures and the Geography of Production.* Londres: Methuen.

Massing, Paul W. 1967: *Rehearsal for Destruction.* Nova York: Howard Fertig.

Masterman, M. 1970: "The nature of a paradigm". In *Criticism and the Growth of Knowledge,* org. por I. Lakatos e A. Musgrave. Carry, NC: Oxford University Press.

Masters, W.H. et al. 1982: *Masters and Johnson on Sex and Human Loving.* Boston e Toronto: Little, Brown.

Masuda, Yoneji 1980 (*1981*): *The Information Society as Post-Industrial Society.* Bethesda, MD: World Future Society.

Matejka, L. e Pomorska, K. orgs. 1971: *Readings in Russian Poetics*: Cambridge, MA: MIT Press.

Mathieson, Margaret 1975: *The Preachers of Culture.* Londres: Allen & Unwin.

Matthews, Fred H. 1977: *Quest for an American Sociology: Robert E. Park and the Chicago School.* Montreal e Londres: McGill-Queens University Press.

Matthews, R.C.O. 1968: "Why has Britain had full employment since the war?". *Economic Journal* 88, 555-69.

Matthiae, Paolo 1980: *Elba: an Empire Rediscovered.* Londres: Hodder & Stoughton.

Mattick, Paul 1975: *Spontaneität und Organisation.* Frankfurt am Main: Suhrkamp.

Maturana, U. 1982: *Erkennen.* Braunschweig.

Matza, D. 1966: "The disreputable poor". In *Class, Status and Power,* org. por R. Bendix e S.M. Lipset. Londres: Routledge & Kegan Paul.

Matza, D. 1969: *Becoming Deviant.* Englewood Cliffs, NJ: Prentice-Hall.

Mauss, M. 1925: *Essai sur le don.* Paris: Minuit / (*1954*): *The Gift*. Londres: Cohen & West.

Mauss, M. 1935 (*1973*): "Les techniques du corps". Trad. ingl. em *Economy and Society* 2.1, p.70-88.

Mauss, M. e Beuchat, H. 1906: "Essai sur les variations saisonnières des sociétés eskimos: étude de morphologie sociale". *L'Année Sociologique* / (*1979*): *Seasonal Variations of the Eskimo: a Study in Social Morphology*. Londres: Routledge & Kegan Paul.

Mauss, M. e Hubert, H. 1904 (*1972*): *A General Theory of Magic.* Londres: Routledge & Kegan Paul.

Mayer, Arno J. 1988: *Why Did the Heavens Not Darken?* Nova York: Pantheon.

Mayer, Kurt B. e Buckley, Walter 1970: *Class and Society.* Nova York: Random House.

Mayer, R.H. 1972: *Social Planning and Social Change.* Englewood Cliffs, NJ: Prentice-Hall.

Mayer, T. org. 1978: *The Structure of Monetarism.* Nova York: Norton.

Mayhew, H. 1851-62 (*1986*): *London Labour and the London Poor.* Bergenfield, NJ: Penguin USA.

Mayhew, P. et al. 1989: *The 1988 British Crime Survey.* Londres: HMSO.

Maynard Smith, J. 1958 (*1975*): *The Theory of Evolution.* 3ª ed., Harmondsworth: Penguin.

Maynard Smith, J. 1984: *Evolution and the Theory of Games.* Cambridge: Cambridge University Press.

Mayo, Elton 1933 (*1946*): *The Human Problems of an Industrial Civilization.* 2ª ed., Cambridge, MA: Harvard University Press.

Mayo, Elton 1945: *The Social Problems of an Industrial Civilization.* Cambridge, MA: Harvard University Press.

Mayr, E. 1982: *The Growth of Biological Thought.* Cambridge, MA: Harvard University Press.

Mazrui, A.A. 1977: *Africa's International Relations: the Diplomacy of Dependency and Change.* Londres: Heinemann.

Mead, G.H. 1918: "The psychology of punitive justice". *American Journal of Sociology* 23, 577-602.

Mead, G.H. 1934 (*1962*): *Mind, Self and Society,* org. por Charles W. Morris. Chicago: University of Chicago Press.

Mead, G.H. 1964: *Selected Writings,* org. por A.J. Reck. Indianapolis: Bobbs-Merrill.

Meadows, D.H. et al. 1972: *Limits to Growth: a Report for the Club of Rome's Project on the Predicament of Mankind.* Nova York: Universe Books; Londres: Earth Island.

Medvedev, R. 1981: "The dictatorship of the proletariat". In *Leninism and Western Socialism*. Londres: Verso.

Medvedev, Z.A. 1969: *The Rise and Fall of T.D. Lysenko.* Nova York: Columbia University Press.

Meidner, Rudolf 1978: *Employee Investment Funds: an Approach to Collective Capital Formation.* Londres: Allen & Unwin.

Meier, C. 1983 (*1990*): *The Greek Discovery of Politics.* Cambridge, MA: Harvard University Press.

Meillassoux, C. 1975: *Femmes, greniers et capitaux.* Paris: Maspero / (*1981*): *Maidens, Meal and Money*. Cambridge: Cambridge University Press / (*1977*): *Mulheres, celeiros e capitais*. Porto: Afrontamento.

Meinecke, Friedrich 1946 (*1972*): *Historicism: the Rise of a New Historical Outlook.* Londres: Routledge & Kegan Paul.

Meisner, M. 1977: *Mao's China.* Nova York: Free Press.

Meisner, M. 1982: *Marxism, Maoism and Utopianism.* Madison: University of Wisconsin Press.

Meisner, M. 1986: *Mao's China and After.* Nova York: Free Press.

Meja, Volker e Stehr, Nico orgs. 1990: *Knowledge and Politics: the Sociology of Knowledge Dispute.* Londres: Routledge.

Melden, A.I. 1959: *Rights and Right Conduct.* Oxford: Blackwell.

Melden, A.I. 1961: *Free Action.* Londres: Routledge & Kegan Paul.

Melden, A.I. 1977: *Rights and Persons.* Oxford: Blackwell.

Mellor, D.H. org. 1990: *Ways of Communicating.* Cambridge: Cambridge University Press.

Melnyk, G. 1985: *The Search for Community: From Utopia to a Co-operative Society.* Montreal: Black Rose Books.

Menger, C. 1883 (*1985*): *Investigations in the Method of the Social Sciences with Special Reference to Economics.* Nova York: Nova York University Press.

Menninger, K. 1938: *Man Against Himself.* Nova York: Harcourt, Brace.

Menze, E.A. org. 1981: *Totalitarianism Reconsidered.* Londres: Kennikat Press.

Merchant, C. 1980: *The Death of Nature: Women, Ecology and the Scientific Revolution.* Nova York: Harper & Row.

Merleau-Ponty, Maurice 1945: *La phénoménologie de la perception.* Paris: Gallimard / (*1962*): *Phenomenology of Perception*. Londres: Routledge & Kegan Paul / (*1971*): *A fenomenologia da percepção.* Rio de Janeiro: Freitas Bastos.

Merleau-Ponty, Maurice 1955: *Les aventures de la dialectique*. Paris: Gallimard / (*1973*): *Adventures of the Dialectic*. Evanston, IL: Nortwestern University Press.

Merquior, J.G. 1975: *The Politics of Obedience: the Discourse of Voluntary Servitude*. Montreal: Black Rose Books.

Merquior, J.G. 1986: *Western Marxism.* Londres: Paladin / (*1987*): *O marxismo ocidental*. Rio de Janeiro: Nova Fronteira.

Merquior, J.G. 1980: *Rousseau and Weber: a Study in the Theory of Legitimacy.* Londres: Routledge & Kegan Paul / (*1990*): *Rousseau e Weber: dois estudos sobre a teoria da legimitidade*. Rio de Janeiro: Guanabara.

Merrington, J. e Marazzi, C. 1977: "Notes on money, crisis and the state". *CSE Conference Papers*. Londres.

Merton, R.K. 1938: "Social structure and anomie". *American Sociological Review* 8, 672-82.

Merton, R.K. 1949 (*1968*): *Social Theory and Social Structure*. Ed. rev., Nova York: Free Press.

Merton, R.K. 1957: "Role-set: problems in sociological theory". *British Journal of Sociology* 8, 106-20.

Merton, R.K. 1961 (*1976*): "Introduction". In *Contemporary Social Problems,* org. por R.K. Merton e R.A. Nisbet. Nova York: Harcourt, Brace Jovanovich.

Merton, R.K. 1973: *The Sociology of Science: Theorical and Empirical Investigations.*

Chicago e Londres: University of Chicago Press.

Merton, Robert K. e Nisbet, Robert orgs. 1961 (*1976*): *Contemporary Social Problems*. 4ª ed., Nova York: Harcourt, Brace Jovanovich.

Mertz, J.T. 1914: *History of European, Thought in the Nineteenth Century,* 4 vols, vol. 4: *On Society*. Londres.

Mészáros, István 1970: *Marx's Theory of Alienation.* Londres: Merlin Press / (*1981*): *Marx: A teoria da alienação*. Rio de Janeiro: Zahar.

Metz, J.-B. 1968: "The church's social function in the light of political theology". *Concilium* 6.4, 3.

Metz, J.-B. 1969: *Theology of the World.* Nova York: Herder & Herder.

Meyer, A.G. 1962: *Leninism.* Nova York: Praeger.

Meyer, Michael A. 1988 (*1995*): *Response to Modernity: a History of the Reform Movement in Judaism*. Detroit, MI: Wayne State University Press.

Meyers, William R. 1981: *The Evaluation Enterprise*. São Francisco: Jossey-Bass.

Meynaud, Jean 1965: *Tecnocracy.* Londres: Faber & Faber.

Meyrowitz, Joshua 1985: *No Sense of Place*. Nova York: Oxford University Press.

Michels, Robert 1911 (*1949, 1962*): *Political Parties: a Sociological Study of the Oligarchical Tendencies of Modern Democracy*. Nova York: Free Press.

Michie, D. 1974: *On Machine Intelligence.* Edimburgo: Edinburgh University Press.

Midgley, M. 1978: *Beast and Man.* Brighton: Harvester.

Mies, Maria 1986: *Patriarchy and Accumulation on a World Scale: Women in the International Division of Labour.* Londres: Zed Books.

Milbank, J. 1990: *Theology and Social Theory: Beyond Secular Reason.* Oxford: Blackwell.

Miles, I. 1985: *Social Indicators for Human Development.* Londres: Frances Pinter.

Miles, Ian et al. 1988: *IT Horizons: the Long-Term Social Implications of New Information Technology.* Aldershot: Edward Elgar.

Miles, R. 1982: *Racism and Migrant Labour: a Critical Text.* Londres: Routledge.

Miles, R. 1989: *Racism.* Londres: Routledge.

Milgram, Stanley 1974: *Obedience to Authority.* Londres: Tavistock.

Miliband, R. 1969: *The State in Capitalist Society.* Londres: Weidenfeld & Nicolson / (*1982*): *O estado na sociedade capitalista*. Rio de Janeiro: Zahar.

Miliband, R. 1983: *Class Power and State Power.* Londres: Verso.

Miliband, R. 1989: *Divided Societies: Class Struggle in Contemporary Capitalism.* Oxford: Clarendon Press.

Mill, James 1972: *The History of British India.* Londres e Nova Delhi: Associated Publishing House.

Mill, John Stuart 1859 (*1991*): *On Liberty and Other Essays.* Oxford: World's Classics.

Mill, John Stuart 1863 (*1957*): *Utilitarianism.* Indianapolis: Bobbs-Merrill.

Mill, J.S. 1900 (*1994*): *Principles of Political Economy,* livro 3, cap. 17. Carry, NC: Oxford University Press.

Miller, D. 1984: *Anarchism.* Londres: Dent.

Miller, D. 1990: "Equality". In *Philosophy and Politics,* org. por G.M.K. Hunt. Cambridge: Cambridge University Press.

Miller, D. e Siedentop, L. orgs. 1983: *The Nature of Political Theory.* Oxford: Clarendon Press.

Miller, Daniel, 1987: *Material Culture and Mass Consumption.* Oxford: Blackwell.

Miller, David 1976: *Social Justice.* Oxford: Clarendon.

Miller, G.A. 1981: *Language and Speech.* Oxford: Freeman.

Miller, James 1987: *Democracy is in the Streets: from Port Huron to the Siege of Chicago.* Nova York: Simon & Schuster.

Miller, Michael B. 1981: *The Bon Marché: Bourgeois Culture and the Department Store, 1869-1920.* Princeton, NJ: Princeton University Press.

Miller, S.M. e Riessman, F. 1968: *Social Class and Social Policy.* Nova York: Basic Books.

Millerson, G. 1964: *The Qualifying Associations: a Study in Professionalization.* Londres: Routledge & Kegan Paul.

Millett, Kate 1970: *Sexual Politics.* Londres: Sphere.

Mills, C.W. 1948: *The New Men of Power.* Nova York: Harcourt, Brace / (*1981*): *A elite do poder*. Rio de Janeiro: Zahar.

Mills, C.W. 1951: *White Collar.* Nova York: Oxford University Press / (*1980*): *A nova classe média*. Rio de Janeiro: Zahar.

Mills, C.W. 1956: *The Power Elite.* Nova York e Oxford: Oxford University Press / (*1981*): *A elite do poder*. Rio de Janeiro: Zahar.

Mills, C.W. 1959: *The Sociological Imagination.* Nova York: Oxford University Press / (*1982*): *A imaginação sociológica.* Rio de Janeiro: Zahar.

Milne, A.J.M. 1968: *Freedom and Rights.* Londres: Allen & Unwin.

Milton, John 1925: "Areopagitica". In *Milton's Prose: a Selection.* Oxford: Oxford University Press.

Milton, John 1981: "The origins and development of the concept 'law of nature'". *European Journal of Sociology* 23.

Mingione, Enzo 1986: "Urban sociology". In *The Social Reproduction of Organization and Culture,* org. por Ulf Himmelstrand. Londres: Sage.

Mingione, Enzo 1991: *Fragmented Societies.* Oxford: Blackwell.

Minois, Georges 1987 (*1989*): *History of Old Age: From Antiquity to the Renaissance.* Cambridge: Polity.

Minsky, H. 1975: *John Maynard Keynes.* Nova York: Columbia University Press.

Minsky, M. 1967: *Computation: Finite and Infinite Machines.* Englewood Cliffs, NJ: Prentice-Hall.

Mintz, B. e Schwartz, M. 1985: *The Power Structure of American Business.* Chicago: University of Chicago Press.

Mishan, E. 1967: *The Costs of Economic Growth.* Londres: Staples Press.

Mishra, R. 1981: *Society and Social Policy*. 2ª ed., Londres: Macmillan.

Mishra, R. 1984: *The Welfare State in Crisis: Social Thought and Action.* Brighton: Wheatsheaf.

Mitchell, A. 1977: "Bonapartism as a model for Bismarckian politics". *Journal of Modern History* 49, 181-99.

Mitchell, C.R. 1981: *Peacemaking and the Consultant's Role.* Farnborough e Nova York: Gower.

Mitchell, J. 1974 (*1984*): *Women's Estates*. Harmondsworth: Penguin.

Mitchell, J. 1974 (*1984*): *Women: the Longest Revolution.* Harmondsworth: Penguin.

Mitchell, J. 1975: *Psychoanalysis and Feminism.* Harmondsworth: Penguin.

Mitchell, W. 1973: "The hydraulic hypothesis: a reappraisal". *Current Anthropology* 14, 532-4.

Mitrany, D. 1946: *A Working Peace System.* Londres: Chatham House.

Mitterauer, Michael e Sieder, Reinhard 1982: *The European Family.* Chicago: University of Chicago Press.

Moe, T.M. 1980: *The Organization of Interests: Incentives and the Internal Dynamics of Political Interest Groups.* Chicago: University of Chicago Press.

Moers, Ellen 1978: *Literary Women.* Londres: Women's Press.

Moggridge, D.E. 1976: *Keynes.* Glasgow: Fontana.

Moi, Toril 1985: *Sexual/Textual Politics.* Londres e Nova York: Methuen.

Moi, Toril org. 1987: *French Feminist Thought: a Reader.* Oxford: Blackwell.

Moles, Robert 1987: *Definition and Rule in Legal Theory.* Oxford: Blackwell.

Moll, Peter 1991: *From Scarcity to Sustainability: Future Studies and the Environment.* Frankfurt am Main e Nova York: Peter Lang.

Mollat, M. 1978: *Les pauvres au Moyen Age.* Paris: Hachette.

Moller, H. 1968: "Youth as a force in the modern world". *Comparative Studies in Society and History* 10, 237-60.

Molyneux, M. 1979: "Beyond the domestic labour debate". *New Left Review* 116, 3-38.

Momigliano, A. 1956: "Per un riesame della storia dell'idea di Cesarismo". In *Cesare nel bimillenario della morte,* org. pela Radio Italiana. Turim: Radio Italiana.

Momigliano, A. 1962: "J. Burckhardt e la parola 'Cesarismo'". *Rivista storica italiana* 74, 369-71.

Mommsen, T. 1901: *The History of Rome,* 5 vols. Londres: Everyman.

Mommsen, Wolfgang J. 1974: *The Age of Bureaucracy: Perspectives on the Political Sociology of Max Weber.* Oxford: Blackwell.

Mommsen, Wolfgang J. 1977: "Max Weber as critic of Marxism". *Canadian Journal of Sociology* 2, 373-98.

Mommsen, Wolfgang J. org. 1981: *The Emergence of the Welfare State in Britain and Germany.* Londres: Croom Helm.

Mommsen, W.J. 1981: "Max Weber and Robert Michels: an asymmetrical partnership". *European Journal of Sociology* 22.1, 100-16.

Mommsen, Wolfgang J. e Osterhammel, Jürgen orgs. 1986: *Imperialism and After: Continuities and Discontinuities.* Londres: Allen & Unwin.

Monat, Jacques e Sarfate, Hedva 1986: *Workers' Participation: a Voice in Decisions, 1981-85.* Genebra: ILO.

Money, J. e Musaph, H. orgs. 1977: *Handbook of Sexology.* Nova York: Elsevier North-Holland.

Montagu, Ashley 1972: *Statement on Race.* Oxford: Oxford University Press.

Montague, R. 1974: *Formal Philosophy.* New Haven, CT: Yale University Press.

Montesquieu, C. 1749: *De l'esprit des lois.* Paris: Flammarion / (*1962*): *The Spirit of the Laws,* 2 vols. Londres: Hafner / (*1993*): *O espírito das leis.* São Paulo: Martins Fontes.

Moore Jr., Barring 1967: *Social Origins of Dictatorship and Democracy.* Harmondsworth: Penguin.

Moore Jr., Barrington 1972: *Reflections of the Causes of Human Misery.* Londres: Allen Lane / (*1974*): *Reflexões sobre as causas da miséria humana.* Rio de Janeiro: Zahar.

Moore, G.E. 1903a: "The refutation of idealism". *Mind* 12.

Moore, G.E. 1903b: *Principia Ethica.* Cambridge: Cambridge University Press.

Moore, G.E. 1925 (*1959*): "A defence of common-sense". In *Contemporary British Philosophical Papers,* org. por J.H. Muirhead. Londres: Allen & Unwin.

Moore, G.H. 1983: *Business Cycles, Inflation and Forecasting.* 2ª ed., Cambridge, MA: Ballinger.

Moore, S. 1980: *Marx on the Choice between Socialism and Communism.* Cambridge, MA: Harvard University Press.

Moore, S.F. e Myerhoff, B.G. orgs. 1977: *Secular Ritual.* Assen: Van Gorcum.

Moore, W.E. 1963: "But some are more equal than others". *American Sociological Review* 28, 13-28.

Moore, W.E. 1963: *Social Change.* Englewood Cliffs, NJ: Prentice-Hall.

Morawski, Stefan 1973: *O przedmiocie i metodzie estetyki.* Varsóvia: Ksigzka i Wiedze.

Morawski, Stefan 1987: "Czy zmierzch estetyki?". In *Zmierzch estetyki: rzekomy czy autentyczny?* Varsóvia: Czytelnik.

More, Thomas 1516 (*1965*): *Utopia.* Harmondsworth: Penguin / (*1988*): *A utopia.* Brasília: Ed. da UNB.

Moreno, J.L. 1934 (*1953*): *Who Shall Survive?* Beacon, NY: Beacon House.

Morgan, G. 1986: *Images of Organization.* Londres: Sage.

Morgan, L.H. 1871: *Systems of Consanguinity and Affinity of the Human Family.* Washington, DC: Smithsonian Institution.

Morgan, L.H. 1877 (*1963*): *Ancient Society: Researches in the Lines of Human Progress from Savagery through Barbarism to Civilization,* org. por E.B. Leacock. Cleveland e Nova York: World / (*1973*): *A sociedade primitiva.* Lisboa: Presença.

Morgan, Robin 1984: *Sisterhood is Global: the International Women's Movement Anthology.* Nova York: Anchor.

Morgan, R. e Smith, D.J. orgs. 1989: *Coming to Terms with Policing.* Londres e Nova York: Routledge.

Morgenthau, H.J. 1951 (*1952*): *American Foreign Policy.* Londres: Methuen.

Morgenthau, H.J. 1968: *Politics among Nations.* Nova York: Knopf.

Morin, Edgar et al. 1968: *Mai 68: la brèche.* Paris: Fayard.

Morison, Samuel Eliot et al. 1970: *Dissent in Three American Wars.* Cambridge, MA: Harvard University Press.

Morris, A. 1987: *Women, Crime and Criminal Justice.* Oxford: Blackwell.

Morris, C. 1971: *Writings on the General Theory of Signs.* Haia: Mouton.

Morriss, P. 1987: *Power: a Philosophical Analysis.* Manchester: Manchester University Press.

Morson, G. e Emerson, C. 1990: *Mikhail Bakhtin: Creation of a Prosaics.* Stanford, CA: Stanford University Press.

Mosca, G. 1896 (*1939*): *The Ruling Class,* org. por Arthur Livingston. Nova York: McGraw-Hill.

Moseley, K.P. e Wallerstein, I. 1978: "Precapitalist social structures". *Annual Review of Sociology* 4, 259-90.

Moser, C.A. e Kalton, G. 1971: *Survey Methods in Social Investigation.* Londres: Heinemann.

Mosetič, Gerald 1987: *Die Gesellschaftstheorie des Austromarxismus.* Darmstadt: Wissenschaftlische Buchgesellschaft.

Moskos, C.C. 1976: "The military". *Annual Review of Sociology* 2, 55-77.

Moskos, C.C. 1988: "Institutional and occupational trends in armed forces". In *The Military: More than Just a Job,* org. por C.C. Moskos e F.R. Wood. Washington, DC: Pergamon-Brassey's.

Mosse, George L. 1971: "Caesarism, circuses and monuments". *Journal of Contemporary History* 6, 167-82.

Mosse, George L. 1975: *The Nationalization of the Masses.* Nova York: Howard Fertig.

Mosse, George L. 1978: *Toward the Final Solution: a History of European Racism.* Londres: Dent.

Mosse, George L. org. 1979 (*1980*): *International Fascism: New Thoughts and Approaches.* Newbury Park, CA: Sage.

Mouffe, C. 1979: "Hegemony and ideology in Gramsci". In *Gramsci and Marxist Theory.* Londres: Routledge & Kegan Paul.

Moulin, Raimonde 1967: *Le marché de la peinture en France.* Paris: Minuit.

Mouzelis, N.P. 1967: *Organisation and Bureaucracy.* Hawthorne, NY: de Gruyter.

Mouzelis, N.P. 1986: *Politics in the Semi-Periphery: Early Parliamentarism and Late Industrialisation in the Balkans and Latin America.* Londres: Macmillan.

Mowery, D.C. e Rosenberg, N. 1989: *Technology and the Pursuit of Economic Growth.* Cambridge: Cambridge University Press.

Mukerji, Chandra 1983: *From Graven Images: Patterns of Modern Materialism.* Nova York: Columbia University Press.

Mulhern, Francis 1979: *The Moment of 'Scrutiny'.* Londres: Verso.

Mulkay, M. 1979: *Science and the Sociology of Knowledge.* Londres: Allen & Unwin.

Mulkay, M. 1985: *The Word and the World: Explorations in the Form of Sociological Analysis.* Londres: Allen & Unwin.

Müller-Doohm, Stefan org. 1992: *Verstehen und Methoden.* Frankfurt am Main: Suhrkamp.

Müller-Jentsch, Walther 1990: "Works council". In *Concise Encyclopedia of Participation and Co-Management,* org. por Györgys Szell. Berlim e Nova York: de Gruyter.

Mumford, Lewis 1934 (*1963*): *Technics and Civilization.* Nova York: Harcourt, Brace, World.

Mumford, Lewis 1966: *The City in History.* Harmondsworth: Penguin.

Mumford, Lewis 1967: *The Myth of the Machine.* Nova York: Harcourt, Brace, Jovanovich.

Munck, Ronaldo 1988: *The New International Labour Studies.* Londres: Zed.

Munro, Thomas 1956: *Towards Science in Aesthetics.* Nova York: Liberal Art Press.

Murdock, G.P. 1949: *Social Structure.* Nova York e Londres: Macmillan.

Murdock, George 1950: "Family stability in non-European cultures". *Annals of the American Academy of Political and Social Science* 5.227, 195-201.

Murdock, George 1967: *Ethnografic Atlas.* Pittsburgh: University of Pittsburgh Press.

Murmis, Miguel e Portantiero, Juan Carlos 1971: *Estudios sobre los orígenes del peronismo.* Buenos Aires: Siglo Veintiunto.

Murray, H.A. 1959: "Preparations for the scaffolding of a comprehensive system". In *Psychology: a Study of a Science,* org. por S. Koch. Nova York: McGraw-Hill.

Muth, J.F. 1961: "Rational expectations and the theory of price movements". *Econometrica* 29, 315-35.

Myers, L.H. 1935: (*1984*): *The Root and the Flower.* Londres: Secker & Warburg.

Myrdal, G. 1944 (*1962*): *An American Dilemma.* Nova York: Harper & Brothers.

Myrdal, G. 1953: *The Political Element in the Development of Economic Theory.* Londres: Routledge & Kegan Paul.

Nadeau, Maurice 1968: *Histoire du surréalisme.* Paris: Seuil / *The History of Surrealism.* Londres: Jonathan Cape.

Naess, A. 1973: "The shallow and the deep, long-range ecology movement: a summary". *Inquiry* 16.

Naess, A. 1989: *Ecology, Community and Lifestyle,* org. por D. Rothenburg. Cambridge: Cambridge University Press.

Nagel, E. 1961 (*1979*): *The Structure of Science.* Indianapolis, IL: Hackett.

Nairn, T. 1988: *The Enchanted Glass: Britain and its Monarchy.* Londres: Radius.

Namier, L. 1958: "The first mountebank dictator". In *Vanished Supremaces.* Londres: Hamish Hamilton.

Naphtali, Fritz 1928 (*1977*): *Wirtschaftsdemokratie.* 4ª ed., Frankfurt am Main: EVA.

Nash, J. 1951: "Non-cooperative games". *Annals of Mathematics* 54, 286-95.

Nash, R. 1982: *Wilderness and the American Mind.* New Haven: Yale University Press.

Nash, R. 1989: *The Rights of Nature.* New Haven: Yale University Press.

Natanson, Maurice org. 1970: *Phenomenology and Social Reality: Essays in Memory of Alfred Schutz.* Haia: Martinus Nijhoff.

Nattiez, J.J. 1983: *Chronologie et dialogue sur la musique.* Paris: Bourgois / (*1990*): *Music and Discourse: Toward a Semiology of Music,* trad. por C. Sabbate. Princeton, NJ: Princeton University Press.

Navarro, Vincente 1976: *Medicine under Capitalism.* Londres: Croom Helm.

Needham, R. 1962: *Structure and Sentiment: a Test Case in Social Anthropology.* Chicago e Londres: University of Chicago Press.

Needham, R. 1973: "Prescription". *Oceania* 42, 166-81.

Needham, R. org. 1971: *Rethinking Kinship and Marriage.* Londres: Tavistock.

Needham, R. 1986: "Alliance". *Oceania* 56, 165-80.

Negri, A. 1972: *Cristi dello stato-piano.* Florença: Clusf.

Negri, A. 1979 (*1984*): *Marx Beyond Marx,* trad. por A. Negri. MA: Bergin & Gervey.

Neisser, U. 1976: *Cognition and Reality.* São Francisco: Freeman.

Nelkin, Dorothy e Pollak, Michael 1981: *The Atom Besieged.* Cambridge, MA: MIT Press.

Nell, E.J. org. 1980: *Growth, Profits and Property: Essays in the Revival of Political Economy.* Cambridge: Cambridge University Press.

Nelson, R.R. 1987: *Understanding Technical Change as an Evolutionary Process.* Amsterdã: North Holland.

Nelson, Richard R. e Winter, Sidney G. 1981: *An Evolutionary Theory of Economic Change.* Cambridge, MA: Harvard University Press.

Nesbitt, E.M. 1991: *'My Dad's Hindu, My Mum's Side are Sikhs': Issues in Religious Identity.* Charlbury: National Foundation for Arts Education.

Nettl, B. 1983: *The Study of Ethnomusicology.* Urbana: University of Illinois Press.

Neumann, Franz 1942 (*1944*): *Behemoth.* Nova York: Oxford University Press.

Neumann, Franz 1957: "Notes on the theory of dictatorship". In *The Democratic and the Authoritarian State,* org. por H. Marcuse. Nova York: Free Press / (*1970*): *Estado democrático e estado autoritário.* Rio de Janeiro: Zahar.

Neumann, Franz 1978: *Wirtschaft, Staat, Demokratie: Aufsätze 1930-1954,* org. por Alfons Söllner. Frankfurt am Main: Suhrkamp.

Neurath, O. 1932a (*1959*): "Sociology and physicalism". In *Logical Positivism,* org. por A.J. Ayer. Glencoe, IL: Free Press.

Neurath, O. 1932b (*1959*): "Protocol sentences". In *Logical Positivism,* org. por A.J. Ayer. Glencoe, IL: Free Press.

Neuringer, C. 1976: "Current developments in the study of suicidal thinking". In *Suicidology: Contemporary Developments,* org. por E. Schneidman. Londres: Grune & Stratton.

Newell, A. e Simon, H. 1972: *Human Problem Solving.* Nova York: Prentice-Hall.

Newell, A. e Simon, H. 1976 (*1981*): "Computer science as an empirical enquiry". In *Mind Design,* org. por J. Haugeland. Cambridge, MA: MIT Press.

Newfield, Jack 1967: *A Prophetic Minority.* Nova York: New American Library.

Newman, G. 1976: *Comparative Deviance.* Elsevier.

Newman, K.S. 1983: *Law and Economic Organization: a Comparative Study of Preindustrial Societies.* Cambridge: Cambridge University Press.

Newmeyer, F.J. org. 1988: *Linguistics: the Cambridge Survey,* 4 vols. Cambridge: Cambridge University Press.

Newton, J. 1988: *Preventing Mental Illness.* Londres: Routledge & Kegan Paul.

Nicolls, D. 1975: *The Pluralist State.* Londres: Macmillan.

Nichols, T. org. 1980: *Capital and Labour: Studies in the Capitalist Labour Process.* Londres: Fontana.

Niebuhr, H.R. 1929 (*1957*): *The Social Sources of Denominationalism.* Cleveland: World.

Nielsen, K. e Patten, S. orgs. 1981: "Marx and morality". *Canadian Journal of Philosophy,* Supl. vol. 7.

Nielsen, K. e Pedersen, O.K. 1988: "The negotiated economy: ideal and history". *Scandinavian Political Studies* 2, 79-101.

Nietzsche, F. 1873 (*1954*): "On truth and lie in an extra-moral sense". In *The Portable Nietzsche,* org. por W. Kaufman. Nova York: Viking.

Nietzsche, F. 1901 (*1964*): *The Will to Power.* Nova York: Russell & Russell / (*1986*): *Vontade de potência*. Rio de Janeiro: Ediouro.

Nisbet, Robert 1953: *The Quest for Community.* Nova York: Oxford University Press.

Nisbet, Robert 1966: *The Sociological Tradition.* Nova York: Basic Books; Londres: Heinemann (*1967*).

Nisbet, Robert 1969: *Social Change and History.* Nova York: Oxford University Press.

Nisbet, Robert 1974: *The Sociology of Émile Durkheim.* Nova York: Oxford University Press.

Nisbet, Robert 1975: *The Twilight of Authority.* Nova York: Oxford University Press.

Nisbet, Robert 1976: *Sociology as an Art Form.* Nova York: Oxford University Press.

Nisbet, Robert, 1980: *History of the Idea of Progress.* Nova York: Basic Books.

Nisbet, Robert 1986: *Conservatism: Dream and Reality.* Minneapolis: University of Minnesota Press.

Nisbet, Robert 1986: "Developmentalism: a critical analysis". In *The Making of Modern Society*. Brighton: Wheatsheaf.

Nisbet, R. e Ross, L. 1980: *Human Inference.* Englewood Cliffs, NJ: Prentice-Hall.

Nissel, M. 1987: *People Count: a History of the General Register Office.* Londres: HMSO.

Nkrumah, K. 1963: *Africa Must Unite.* Nova York: Praeger.

Noakes, Jeremy e Pridham, G. orgs. 1983-8: *Nazism 1919-1945: a Documentary Reader,* 3 vols. (vol. 4 no prelo).

Nochlin, Linda 1989: *Women, Art, and Power and Other Essays.* Londres: Thames & Hudson.

Noiriel 1988: *Le creuset français.* Paris: Seuil.

Nora, Simon e Minc, Alain 1978: *L'informatisation de la societé*. Paris: Seuil / (*1980*): *A informatização da sociedade.* Rio de Janeiro: FGV.

Nordlinger, E. 1967: *The Working-Class Tories: Authority, Deference, and Stable Democracy.* Londres: MacGibbon and Kee.

Norman, D.A. org. 1981: *Perspectives on Cognitive Science.* Estado de Nova Jersey: Erlbaum.

North, C.C. 1926: *Social Differentiation.* Chapel Hill: University of North Carolina Press.

Notestein, F.W. 1945: "Population: the Long-view". In *Food for the World,* org. por T.W. Schultz. Chicago: University of Chicago Press.

Nove, A. 1964: *Was Stalin Really Necessary?* Londres: Allen & Unwin.

Nove, A. 1977: *The Soviet Economic System.* Londres: Allen & Unwin.

Nove, A. 1983: *The Economics of Feasible Socialism.* Londres: Allen & Unwin.

Nove, A. 1987: "Markets and socialism". *New Left Review* 161, 98-104.

Nove, A. e Nuti, D.M. orgs. 1972: *Socialist Economics.* Harmondsworth: Penguin.

Novikov, I.D. 1983: *Evolution of the Universe.* Cambridge: Cambridge University Press.

Nowak, L. 1983: *Property and Power: Towards a Non-Marxian Historical Materialism.* Dordrecht: Reidel.

Nozick, R. 1969: "Newcomb's problem and two principles of choice". In *Essays in Honor of Carl Hempel,* org. por N. Rescher. Dordrecht: Reidel.

Nozick, R. 1974: *Anarchy, State and Utopia.* Nova York: Basic Books; Oxford: Blackwell / (*1991*): *Anarquia, estado e utopia.* Rio de Janeiro: Jorge Zahar.

Nwodo, Christopher 1984: "Philosophy of art versus aesthetics". *British Journal of Aesthetics* 24, 195-205.

Nyerere, J. 1968: *Freedom and Socialism.* Dar-es-Salaam: Oxford University Press.

Oakes, Guy 1988: *Weber and Rickert: Concept Formation in the Cultural Sciences.* Cambridge, MA, e Londres: MIT Press.

Oakeshott, Michael 1962 (*1974*): *Rationalism in Politics and Other Essays.* 2ª ed., Londres: Methuen.

Oakeshott, Michael 1975: *Hobbes on Civil Association.* Oxford: Blackwell.

Oakeshott, Michael 1975 (*1991*): *On Human Conduct.* Oxford: Clarendon Press.

Oakley, A. 1974: *The Sociology of Housework.* Oxford: Martin Robertson.

Oakley, A. 1985: *Subject Woman.* Harmondsworth: Penguin.

Oberschall, A. org. 1972: *The Establishment of Empirical Sociology: Studies in Continuity, Discontinuity and Institutionalisation.* Nova York: Harper & Row.

Oberschall, Anthony 1973: *Social Conflict and Social Movements.* Englewood Cliffs, NJ: Prentice-Hall.

OCDE 1963: *The Measurement of Scientific and Technical Activities.* Paris: OCDE.

OCDE 1963: *Report of Inter-Ministerial Meeting on Sciences.* Paris: OCDE.

OCDE 1963: *Science, Economic Growth and Government Policy.* Paris: OCDE.

OCDE 1988: *The Future of Social Protection.* Paris: OCDE.

O'Connor, J. 1973: *The Fiscal Crisis of the State.* Nova York: St. Martin's Press / (*1977*): *USA: a crise do estado capitalista.* Rio de Janeiro: Paz e Terra.

O'Donnell, Guillermo 1973: *Modernization and Bureaucratic Authoritarianism: Studies in South American Politics.* Berkeley: University of California Press.

O'Donnell, Guillermo et al. orgs. 1986: *Transitions from Authoritarian Rule: Prospects for Democracy.* Baltimore: Johns Hopkins University Press.

O'Driscoll Jr., Gerald P. e Rizzo, Mario J. 1985: *The Economics of Time and Ignorance.* Oxford: Blackwell.

Oertzen, Peter V. 1963 (*1976*): *Betriebsräte in der Novemberrevolution.* 2ª ed., Berlim: Dietz.

Offe, C. 1976: *Industry and Inequality.* Nova York: St. Martin's Press.

Offe, C. 1984: *Contradictions of the Welfare State,* org. por John Keane. Cambridge, MA: MIT Press.

Offe, C. 1985: *Disorganized Capitalism,* org. por John Keane. Cambridge, MA: MIT Press.

Offe, C. e Wiesenthal, H. 1980: "Two logics of collective action: theoretical notes on social class and organizational form". *Political Power and Social Theory* 1, 67-115.

Ogburn, William Fielding 1930: "Three obstacles to the development of a scientific sociology". *Social Forces* 8.3, 347-50.

Ogley, R.C. 1991: *Conflict under the Microscope.* Aldershot: Avebury.

O'Hear, Anthony 1980: *Karl Popper.* Londres: Routledge & Kegan Paul.

Okamoto, Hermann 1981: *Collective Bargaining and Industrial Democracy in Western Europe, North America and Japan.* Tóquio: Hosei University Press.

Okun, A. 1980: "Rational-expectations-with-misperceptions as a theory of the business cycle". *Journal of Money, Credit and Banking* 12, 817-25.

Ollman, B. 1977: "Marx's vision of communism: a reconstruction". *Critique* 8, 4-41.

Olsen, Greg 1992: *The Struggle for Economic Democracy in Sweden.* Aldershot: Avebury.

Olson, M. 1965: *The Logic of Collective Action.* Cambridge, MA: Harvard University Press.

Olsson, G. 1980: *Birds in Egg, Eggs in Bird.* Londres: Pion.

O'Maoláin, C. 1987: *The Radical Right.* Harlow: Longman.

Omran, A. 1971: "The epidemiologic transition: a theory of the epidemiology of population change". *Milbank Memorial Fund Quarterly* 49, 509-38.

O'Neill, J. org. 1973: *Modes of Individualism and Collectivism.* Londres: Heinemann.

O'Neill, William L. 1971: *Coming Apart: an Informal History of America in the 1960s.* Chicago: Quadrangle.

Oppenheim, Adolf L. 1969: "Mesopotamia: land of many cities". In *Middle Eastern Cities: A Symposium on Ancient Islamic and Contemporary Middle Eastern Urbanism.* Berkeley: University of California Press.

Orford, J. 1985: *Excessive Appetites: a Psychological View of Addiction.* Chichester: Wiley.

Organização Internacional do Trabalho 1976: *Growth and Basic Needs: a One-World Problem.* Genebra: OIT.

Organização Internacional do Trabalho 1977: *Meeting Basic Needs: Strategies for Eradicating Mass Poverty and Unemployment.* Genebra: OIT.

Organização Internacional do Trabalho 1981: *Worker's Participation in Decision Within Undertakings.* Genebra: OIT.

Organização Mundial da Saúde 1948: "The Constitution of Health Organization". *Official Records* (OMS) 2, 100.

Organização Mundial da Saúde 1981: "Nomenclature and classification of drug-and-alcohol related problems". *Bulletin of the World Health Organization* 59, 225-42.

O'Riordan, T. 1981: *Environmentalism.* 2ª ed., Londres: Pion.

Orru, M 1987: *Anomie: History and Meanings.* Boston: Allen & Unwin.

Ortega y Gasset, José 1941: *History as a System.* Nova York: Norton / (*1982*): *História como sistema*. Brasília: Ed. da UNB.

Ortega y Gasset, José 1972: *The Dehumanization of Art, and Other Writings on Art, Culture and Literature.* Princeton, NJ: Princeton University Press / (*1991*): *A desumanização da arte*. São Paulo: Cortez.

Osborn, F. 1951: *Preface to Eugenics.* Nova York: Harper.

Osborne, Harold org. 1968: *Aeshetics in the Modern World.* Nova York: Weybright & Talley.

Osborne, Harold 1970: *Aesthetics and Art Theory: an Historical Introduction.* Nova York: Dutton.

Osborne, Harold org. 1972: *Aesthetics.* Oxford: Oxford University Press.

O'Sullivan, N. 1983: *Fascism.* Londres: Dent.

O'Sullivan, N. org. 1986: *Terrorism, Ideology and Revolution.* Brighton: Wheatsheaf.

O'Shea, T. e Eisenstadt, M. orgs. 1984: *Artificial Intelligence.* Nova York: Harper & Row.

Ossowska, Maria 1971: *Social Determinants of Moral Ideas.* Londres: Routledge & Kegan Paul.

Ossowski, S. 1957 (*1963*): *Class Structure in the Social Consciousness.* Nova York: Free Press; Londres: Routledge & Kegan Paul / (*1976*): *Estrutura de classes na consciência social.* Rio de Janeiro: Zahar.

Ossowski, S. 1978: *The Foundations of Aesthetics.* Dordrecht: Reidel; Varsóvia: PWN.

Ostergaard, G. 1982: *Nonviolent Revolution in India.* Nova Delhi: Gandhi Peace Foundation.

Ostrogorski, M. 1902: *Democracy and the Organisation of Political Parties,* vol. 1. Londres: Macmillan.

O'Toole, R. 1977: *The Precipitous Path: Studies in Political Sects.* Toronto: PMA.

Otto, R. 1917 (*1950*): *The Holy.* Harmondsworth: Penguin.

Outhwaite, William 1975 (*1986*): *Understanding Social Life: The Method Called Verstehen.* 2ª ed., Lewes: Jean Stroud.

Outhwaite, William 1982: *Concept Formation in Social Science.* Nova York: Routledge.

Outhwaite, William 1987a: *New Philosophies of Social Science. Realism, Hermeneutics, and Critical Theory.* Londres: Macmillan; Nova York: St. Martin's Press.

Outhwaite, William 1987b: "Laws and explanations in sociology". In *Classic Disputes in Sociology,* org. por R.J. Anderson et al. Londres: Allen & Unwin.

Outhwaite, William 1900: "Realism, naturalism and social behaviour". *Journal for the Theory of Social Behaviour* 20.4.

Oxford, J. 1985: *Excessive Appetites: a Psycological View of Addiction.*

Owen, H. e Schultze, C.L. orgs. 1976: *Setting National Priorities.* Washinton, DC: Brookings Institution.

Owen, Robert 1812-6 (*1963*): *A New View of Society and Other Writings,* org. e introd. por G.D.H. Cole. Londres.

Ozga, John e Lawn, M. 1981: *Teachers, Professionalism and Class.* Barcombe: Falmer Press.

Padmore, G. 1972: *Pan-Africanism or Communism.* Garden City, NY: Doubleday.

Pagden, A. 1988: "The destruction of trust and its economic consequences in the case of eighteenth-century Naples". In *Trust: Making and Breaking Cooperative Relations,* org. por D. Gambetta. Oxford: Blackwell.

Pahl, R.E. 1984: *Divisions of Labour.* Oxford: Blackwell.

Paige, G. 1977: *The Scientific Study of Leadership.* Nova York: Free Press.

Paige, J. 1975: *Agrarian Revolution.* Nova York: Free Press.

Paine, T. 1791-2 (*1937*): *Rights of Man.* Londres: Watts.

Pallin, D.A. 1990: *The Anthropological Character of Theology.* Cambridge: Cambridge University Press.

Panitch, L. 1976: *Social Democracy and Industrial Militancy.* Cambridge: Cambridge University Press.

Panitch, L. 1980: "Recent theorizations of corporatism". *British Journal of Sociology* 31.

Pankratowa, Anna 1923 (*1976*): *Fabrikäte in Rubland: der Kampf um die sozialistische Fabrik.* Frankfurt am Main: Fischer.

Pannekoek, Anton 1950: *Workers' Councils.* Melbourne.

Pannenberg, W. 1976: *Theology and the Philosophy of Science.* Londres: Darton, Longman & Todd.

Papineau, David 1976: "Ideal types and empirical theories". *British Journal for the Philosophy of Science* 27.2.

Parekh, B. 1982: *Contemporary Political Thinkers.* Oxford: Martin Robertson.

Paret, Peter org. 1986: *Makers of Modern Strategy: from Machiavelli to the Nuclear Age.* Princeton, NJ: Princeton University Press.

Pareto, V. 1897: *Cours d'économie politique.* Lausanne: Rouge.

Pareto, V. 1916-9 (*1963*): *The Mind and Society: a Treatise on General Sociology.* Nova York: Dover.

Paris, C. org. 1982: *Critical Readings in Planning Theory.* Oxford: Pergamon Press.

Park, R.C. et al. 1925: *The City.* Chicago: University of Chicago Press.

Park, R.E. 1967: *On Social Control and Collective Behavior: Selected Papers.* Chicago: University of Chicago Press.

Park, Robert 1928: "Human migration and the marginal man". *American Journal of Sociology* 33, 881-93.

Park, Robert E. e Burgess, R.W. 1929: *Introduction to the Science of Sociology.* Chicago: University of Chicago Press.

Parker, Stanley 1976: *The Sociology of Leisure.* Londres: Allen & Unwin / (*1978*): *A sociologia do lazer.* Rio de Janeiro: Zahar.

Parkin, Frank 1979: *Marxism and Class Theory: A Bourgeois Critique.* Nova York: Columbia University Press; Londres: Tavistock.

Parkin, S. 1989: *Green Parties: an International Guide.* Londres: Heretic.

Parsons, T. 1937: *The Structure of Social Action.* Nova York: McGraw-Hill.

Parsons, T. 1949: "The professions and social structure". In *Essays in Sociological Theory Pure and Applied.* Glencoe, IL: Free Press.

Parsons, T. 1951: *The Social System.* Glencoe, IL: Free Press; Londres: Routledge & Kegan Paul.

Parsons, T. 1958: "The pattern of religious organizations in the United States." *Daedalus* 87.

Parsons, T. 1964: *Social Structure and Personality.* Nova York: Free Press.

Parsons, T. 1966: *Societies: Evolutionary and Comparative Perpectives.* Englewood Clifs, NJ: Prentice-Hall.

Parsons, T. 1967: "On the concept of political power". In *Sociological Theory and Modern Society.* Nova York: Free Press; Londres: Collier-Macmillan.

Parsons, T. 1967: "Pattern variables revisited: a response to Robert Dublin". In *Sociological Theory and Modern Society.* Nova York: Free Press.

Parsons, T. 1968: "Social interaction". In *International Encyclopedia of the Social Sciences,* vol. 7, org. por D.L.Sills. Nova York: Macmillan e Free Press.

Parsons, T. 1969: *Politics and Social Structure.* Nova York: Free Press.

Parsons, T. 1971: *The System of Modern Societies.* Englewood Cliffs, NJ: Prentice-Hall.

Parsons, T. e Shils, E. 1951 (*1962*): "Values, motives and systems of action". In *Toward a General Theory of Action.* Nova York: Harper & Row.

Parsons, T. e Bales, R. 1955: *Family Socialization and Interaction Patterns.* Glencoe, IL: Free Press.

Partee, B.H. et al. 1990: *Mathematical Methods in Linguistics.* Dordrecht: Kluwer.

Pasinetti, L. 1961-2: "Rate of profit and income distribution in relation to the rate of economic growth". *Review of Economic Studies* 29, 267-79.

Paskins, B. 1978: "Obligation and the understanding of international relations". In *The Reason of States,* org. por M. Donelan. Londres: Allen & Unwin.

Passmore, J. 1974: *Man's Responsability for Nature.* Londres: Duckworth.

Passmore, John 1957 (*1968*): *A Hundred Years of Philosophy.* Harmondsworth: Penguin.

Pateman, Carole 1970: *Participation and Democratic Theory.* Cambridge: Cambridge University Press.

Pateman, Carole 1988: *The Sexual Contract.* Cambridge: Polity.

Pateman, T. 1987: *Language in Mind and Language in Society.* Oxford: Oxford University Press.

Pateman, T. 1989: "Bakhtin/Volosinov: pragmatics in semiotics". *Journal of Literary Semantics* 18.3, 203-16.

Patinkin, D. 1981: *Essays on and in the Chicago Tradition.* Durham, NC: Duke University Press.

Patnaik, P. org. 1986: *Lenin and Imperialism.* Hyderabad: Orient Longman.

Patnaik, U. org. 1990: *Agrarian Regulations and Accumulation.* Delhi: Oxford University Press.

Pavlov, Ivan 1927 (*1983*): *Lectures on Conditioned Reflexes.* Herndon, VA: Pinter. (*1972*): *Reflexos condicionados e inibições.* Rio de Janeiro: Zahar.

Pavlov, Ivan 1932 (*1958*): *Experimental Psychology and Other Essays.* Moscou: Foreign Language Press; Londres: Peter Owen; Nova York: Philosophical Library.

Pawson, Ray 1989: *A Measure for Measures.* Londres: Routledge & Kegan Paul.

Payne, G. 1987: *Employment and Opportunity.* Londres: Macmillan.

Payne, G. 1987: *Mobility and Change in Modern Society.* Londres: Macmillan.

Payne, G. 1989: "Social mobility". *British Journal of Sociology* 40, 471-92.

Payne, G. 1991: "Competing views of contemporary social mobility and social divisions". In *Class and Consumption,* org. por R. Burrows e C. Marsh. Londres: Macmillan.

Payne, G. e Abbott, P. 1991: *The Social Mobility of Women.* Londres: Falmer Press.

Payne, Stanley 1970: *The Spanish Revolution.* Londres: Weidenfeld & Nicolson.

Payne, S.G. 1980: *Fascism: Comparison and Definition.*

Pearce, D.W. e Turner, R.K. 1990: *The Economics of Natural Resources and the Environment.* Londres: Harvester-Wheatsheaf.

Pearce, F. 1989: *The Radical Durkheim.* Londres: Unwin Hyman.

Pearson, E.S. org. 1978: *The History of Statistics in the 17th and 18th Centuries.* Londres e High Wycombe: Charles Griffin.

Pearson, Karl 1892: *Grammar of Science.* Londres: Walter Scott.

Peel, J.D.Y. 1971: *Herbert Spencer.* Londres: Heinemann.

Peet, R. e Thrift, N. orgs. 1989: *New Models in Geography: the Political-Economy Perspective,* 2 vols. Londres: Unwin Hyman.

Peirce, C.S. 1877 (*1931*): "The fixation of belief". In *Collected Papers of Charles Sanders Peirce,* vol. 1. Cambridge, MA: Harvard University Press.

Peirce, C.S. 1878 (*1931*): "How to make our ideas clear". In *Collected Papers of Charles Sanders Peirce,* vol. 1. Cambridge, MA: Harvard University Press.

Peirce, C.S. *1931-58*: *Collected Papers.* Cambridge, MA: Harvard University Press.

Pelinka, A. 1983: *Social Democratic Parties in Europe.* Nova York: Praeger.

Pellicani, Luciano 1988: "Weber and the myth of calvinism". *Telos* 75, 57-85.

Penley, C. org. 1988: *Feminism and Film Theory.* Londres: BFI; Nova York: Routledge.

Pennock, J.R. 1979: *Democratic Political Theory.* Princeton, NJ: Princeton University Press.

Pennock, J.R. e Chapman, J.W. orgs. 1972: *Coercion.* Chicago: Aldine Atherton.

Pennock, J.R. e Chapman, J.W. orgs. 1978: *Anarchism.* Nova York: New York University Press.

Pepper, D. 1986: *The Roots of Modern Environmentalism.* Londres e Nova York: Routledge.

Perelman, Chaim 1976: *Logique juridique, nouvelle rhétorique.* Paris: Dalloz.

Perez-Diaz, V.M. 1978: *State, Bureaucracy and Civil Society: a Critical Discussion of the Political Theory of Karl Marx.* Londres: Macmillan.

Perlman, Selig 1928: *The Theory of the Labor Movement.* Nova York: Macmillan.

Perrow, Charles 1967: "A framework for the comparative analysis of organizations". *American Sociological Review* 32, 194-208.

Perrow, Charles 1972: *Complex Organizations.* Nova York: McGraw Hill.

Perry, R. et al. 1986: *Counterurbanization.* Norwick: Geo Books.

Pesaran, M.H. 1987: *The Limits to Rational Expectations.* Oxford: Blackwell.

Pessen, Edward 1973: *Riches, Class and Power before the Civil War.* Nova York: D.H. Heath.

Pessen, Edward org. 1974: *Three Centuries of Social Mobility in America.* Lexington, MA: D.H. Heath.

Pestman, Pieter W. 1983: "Some aspects of Egyptian law in Graeco-Roman Egypt". In *Egypt and the Hellenistic World,* org. por E. van't Dack et al. Leuven: Lovanii.

Peters, R. 1967: "Authority". In *Political Philosophy,* org. por A. Quinton. Oxford: Oxford University Press.

Peters, R.S. 1958: *The Concept of Motivation.* Londres: Routlege & Kegan Paul.

Pettigrew, T.F. 1971: *Racially Separate or Together?* Nova York: McGraw-Hill.

Pettigrew, T.F. 1976: "Prejudice and the situation". In *The Black American Reference Book,* org. por M.M. Smythe. Englewood Cliffs, NJ: Prentice-Hall.

Petty, R.E. e Cacioppo, J.T. 1981: *Attitudes and Persuasion.* Dubuque, IA: W.C. Brown.

Peukert, Detlev (*1987*): *Inside Nazi Germany.* Harmondsworth: Penguin.

Phan, P.C. 1984: *Social Thought: Message of the Fathers of the Church.* Collegeville, MN: Liturgical Press.

Phelps Brown, H. 1988: *Egalitarianism and the Generation of Inequality.* Oxford: Clarendon.

Philips, D.C. 1987: *Philosophy, Science and Social Inquiry.* Oxford: Pergamon.

Phillips, Anne org. 1987: *Women and Equality.* Oxford: Blackwell.

Phillips, D. e Carstensen, I. 1988: "The effect of suicide on various demographic groups". *Suicide and Life Threatening Behaviour* 18, 100-14.

Phillips, Derek 1979: *The Credential Society.* Nova York: Academic Press.

Phizacklea, A. org. 1983: *One Way Ticket: Migration and Female Labour.* Londres: Routledge & Kegan Paul.

Piaget, Jean 1968: *Structuralisme.* Paris: PUF / (*1970*): *Structuralism.* Nova York: Basic Books.

Piaget, J. e Inhelder, B. 1955: *Le développement des quantités physiques chez l'enfant*: Paris: Delachaux et Niestlé / (*1958*): *The Growth of Logical Thinking from Childhood to Adolescence.* Londres: Routledge & Kegan Paul / (*1983*): *O desenvolvimento das quantidades físicas na criança.* Rio de Janeiro: Zahar.

Piatelli-Palmarini, M. org. 1980: *Language and Learning: the Debate between Jean Piaget and Noam Chomsky.* Londres: Routledge & Kegan Paul.

Pickens, D.K. 1968: *Eugenics and the Progressives.* Nashville: Vanderbilt University Press.

Pike, Chris org. 1979: *The Futurists, the Formalists and the Marxist Critique.* Atlantic Highlands, NJ: Humanities.

Pilgrim, Trust 1938: *Men Without Work.* Cambridge: Cambridge University Press.

Pillay, P.N. 1973: *A Poverty Datum Line Study among Africans in Durban.* Universidade do Nepal.

Pimlott, B. org. 1984: *Fabian Essays in Socialist Thought.* Londres: Heinemann.

Pine, Frances 1982: "Family structure and the division of labor: female roles in urban Ghana". In *Introduction to the Sociology of Developing Societies,* org. por Hamza Alavi e Teodor Shanin. Nova York: Monthly Review.

Pinker, R. 1971: *Social Theory and Social Policy.* Londres: Heinemann.

Piore, M. e Sabel, C. 1984: *The Second Industrial Divide: Possibilities for Prosperity.* Nova York: Basic Books.

Pirenne, Henri 1925: *Medieval Cities.* Princeton, NJ: Princeton University Press.

Pirsig, R. 1974: *Zen and the Art of Motorcycle Maintenance: an Inquiry into Values.* Londres: Bodley Had / (*1991*) *Zen e a arte da manutenção de motocicletas.* 9ª ed., Rio de Janeiro: Paz e Terra.

Pitcher, G. 1964: *Truth.* Englewood Cliffs, NJ: Prentice-Hall.

Pitkin, H.L. 1967: *The Concept of Representation.* Berkeley: University of California Press; Cambridge: Cambridge University Press.

Pitkin, Hanna 1972: *Wittgenstein and Justice.* Berkeley: University of California Press.

Pio XI 1933: *Casti Connubii.* Vaticano.

Pivcevic, Edo 1970: *Husserl and Phenomenology.* Londres: Hutchinson.

Piven, F.F. e Cloward, R.A. 1971: *Regulating the Poor.* Nova York: Vintage Books.

Pizzorno, A. 1974-8: *Lotte operaie e sindicato in Italia, 1968-1978.* Bolonha: Il Mulino.

Plamenatz, J. 1954: *German Marxism and Russian Communism.* Londres, Nova York e Toronto: Longmans, Green & Co.

Plant, R. 1991: *Modern Political Thought.* Oxford: Blackwell.

Platão *1961*: "Timaeus, Critias, Phaedrus, Philebus, Laws". In *Collected Dialogues,* org. por Edith Hamilton e Huntington Cairns. Princeton, NJ: Bollingen.

Platt, J.R. org. 1965: *New Views of the Nature of Man.* Chicago: University of Chicago Press.

Plekhanov, G.V. 1895 (*1975*): "The development of the monist view of history". In *Selected Philosophical Works in Five Volumes* (1961-81), vol. 1. Moscou: Progress; Londres: Lawrence & Wishart / (*1980*): *A concepção materialista da história.* Rio de Janeiro: Paz e Terra.

Plummer, K. 1979: "Misunderstanding labelling perpectives". In *Deviant Interpreta-*

tions, org. por D. Downes e P. Rock. Oxford: Martin Robertson.

Plutarco *1928*: "Isis and Osiris". In *Moralia,* bk 5, Londres: Heinemann.

Pocock, J.G.A. 1975: *The Machiavellian Moment: Florentine Political Thought and the Atlantic Republican Tradition.* Princeton, NJ: Princeton University Press.

Poggi, G. 1978: *The Development of the Modern State.* Londres: Hutchinson / (*1981*): *A evolução do estado moderno.* Rio de Janeiro: Zahar.

Poggi, G. 1983: *Calvinism and the Capitalist Spirit.* Londres: Macmillan.

Poggioli, Renato 1968: *The Theory of the Avant-Garde.* Cambridge, MA: Harvard University Press.

Poincaré, Henri 1902: *La science et l'hypothèse.* Paris: Flammarion / (*1952*): *Science and Hypothesis.* Nova York: Dover / (*1984*): *A ciência e a hipótese.* Brasília: Ed. da UNB.

Polanyi, K. 1944: *The Great Transformation: the Political and Economic Origin of our Time.* Boston: Beacon Press.

Polanyi, M. 1967: *The Tacit Dimension.* Londres: Routledge & Kegan Paul.

Poliakov, Leon 1965-85: *History of Antisemitism,* 4 vols. Oxford: Oxford University Press.

Pollak, Michael 1979: "Paul Lazarsfeld, fondateur d'une multinationale scientifique". *Actes de la Recherche en Sciences Sociales* 25, 45-59.

Pollard, Sidney 1981: *Peaceful Conquest: the Industrialization of Europe, 1760-1960.* Oxford: Oxford University Press.

Pollner, M. 1987: *Mundane Reason: Reality in Everyday and Sociological Discourse.* Cambridge: Cambridge University Press.

Pollock, Griselda 1988: *Vision and Difference: Feminity, Feminism and the Histories of Art.* Londres: Routledge.

Pollock, Griselda 1992: "Painting, feminism, history". In *Destabilizing Theory: Contemporary Feminist Debates,* org. por M. Barrett e A. Phillips. Cambridge: Polity.

Polsby, N.W. 1963 (*1980*): *Community, Power and Political Theory.* 2ª ed., New Haven. CT: Yale University Press.

Pomeroy, W.J. 1970: *American Neo-Colonialism: its Emergence in the Philippines and Asia.* Nova York: International Publishers.

Pool, Ithiel de Sola org. 1977: *The Social Impact of the Telephone.* Cambridge, MA: MIT Press.

Poole, J.B. e Andrews, K. 1972: *The Government of Science in Britain.* Londres: Weidenfeld & Nicolson.

Poole, Michael 1978: *Worker's Participation in Industry.* Londres: Sage.

Poponoe, D. 1988: *Disturbing the Nest: Family Change and Decline in Modern Societies.* Nova York: Aldine de Gruyter.

Popper, Karl 1934 (*1959*): *Logic of Scientific Discovery.* Londres: Hutchinson / (*1985*): *A lógica da pesquisa científica.* São Paulo: Cultrix.

Popper, Karl 1945 (*1966*): *The Open Society and its Enemies,* 2 vols. 5ª ed., Londres: Routledge & Kegan Paul / (*1987*): *A sociedade aberta e seus inimigos.* São Paulo: Edusp-Itatiaia.

Popper, Karl 1957: *The Poverty of Historicism.* Londres: Routledge & Kegan Paul.

Popper, Karl 1959 (*1992*): *Conjectures and Refutations.* Nova York: Routledge.

Popper, Karl 1972: *Objective Knowledge.* Oxford: Clarendon Press.

Popper, Karl 1976: *Unended Quest.* Londres: Fontana / (*1986*): *Autobiografia intelectual.* São Paulo: Cultrix.

Porritt, J. 1984: *Seeing Green.* Oxford: Blackwell.

Posner, M. 1989: *Foundations of Cognitive Science.* Cambridge, MA: Bradford/MIT Press.

Post, K. e Wright, P. 1989: *Socialism and Underdevelopment.* Londres: Routledge.

Poster, Mark 1975 (*1977*): *Existential Marxism in Postwar France: from Sartre to Althusser.* Ewing, NJ: Princeton University Press.

Poster, Mark 1990: *The Mode of Information.* Cambridge: Polity.

Potter, J. e Wetherell, M. 1987: *Discourse and Social Psychology.* Londres: Sage.

Poulantzas, N. 1974: *Les classes sociales dans le capitalisme aujord'hui.* Paris: Seuil / (*1975*): *Classes in Contemporary Capitalism.* Londres: Verso / (*1978*): *As classes sociais no capitalismo de hoje.* Rio de Janeiro: Zahar.

Poulantzas, N. 1970: *Fascisme et dictature.* Paris: Maspero / (*1974*): *Fascism and Dictatorship.* Londres: New Left Books /

(*1978*): *Fascismo e ditadura*. São Paulo: Martins Fontes.

Poulantzas, N. 1976: *The Crisis of the Dictatorships.* Londres: New Left Books.

Powis, J. 1984: *Aristocracy.* Oxford: Blackwell.

Pratt, V. 1987: *Thinking Machines.* Oxford: Blackwell.

Pred, A. 1990: *Making Histories and Producing Human Geographies: the Local Transformation of Practice, Power Relations and Consciousness.* Boulder, CO: Westview.

Preobrazhensky, E. 1926 (*1965*): *The New Economics.* Oxford: Oxford University Press.

Pressat, R. 1985: *The Dictionary of Demography,* org. por C. Wilson. Oxford e Nova York: Blackwell.

Presthus, Robert 1962 (*1978*): *The Organizational Society*. Ed. rev., Nova York: St. Martin's Press.

Price, D. de Solla 1963: *Little Science, Big Science.* Nova York: Yale University Press.

Pride, J.B. e Holmes, J. orgs. 1972: *Sociolinguistics.* Harmondsworth: Penguin.

Pridham, Geoffrey 1988: "The Social Democratic Party in Britain: protest or new political tendency?". In *When Parties Fail,* org. por Kay Lawson and Peter H. Merkl. Princeton, NJ: Princeton University Press.

Prinz, Michael e Zitelmann, Rainer orgs. 1991: *Nationalsozialismus und Modernisierung.* Darmstadt: Wissenschaftliche Buchgemeinschaft.

Prior, A.N. 1962: *Formal Logic.* Oxford: Oxford University Press.

Pronovost, Giles 1989: "The sociology of time". *Current Sociology* 37.

Proudhon, P.-J. 1840 (*1967*): "Qu'est-ce que la propriété". In *Oeuvres choisies*. Paris: Gallimard.

Proudhon, P.-J. 1865 (*1967*): "Du principe de l'art et de sa destination sociale". In *Oeuvres choisies*. Paris: Gallimard.

Prychitko, David 1900: "The welfare state: what is left?". *Critical Review* 4.

Pugh, D.S. 1966: "Modern organization theory: a psychological and sociological study". *Psychological Bulletin* 66.

Pugh, D.S. 1990: "Introdução". In *Organization Theory: Selected Readings*. 3ª ed., Harmondsworth: Penguin.

Pugh, D.S. e Hickson, D.J. 1976: *Organization Structure in its Context.* Farnborough: Gower Press.

Pugh, D.S. e Hickson, D.J. 1989: *Writers on Organizations.* 4ª ed., Harmondsworth: Penguin.

Putnam, H. 1962: "It ain't necessarily so". *Journal of Philosophy* 59, 658-71.

Putnam, H. 1976: "The mental life of some machines". In *The Philosophy of Mind,* org. por J. Glover. Oxford: Oxford University Press.

Putnam, H. 1978: *Meaning and the Moral Sciences.* Londres: Routledge & Kegan Paul.

Putnam, H. 1983 (*1985*): *Philosophical Papers,* vol. 3. Port Chester, NY: Cambridge University Press.

Pye, L. e Verba, S. orgs. 1965: *Political Culture and Political Development.* Princeton, NJ: Princeton University Press.

Qualter, T.H. 1962: *Propaganda and Psychological Warfare.* Nova York: Random House.

Qualter, T.H. 1985: *Opinion Control in the Democracies.* Londres: Macmillan.

Quine, W.V.O. 1951 (*1963*): "Two dogmas of empiricism". In *From a Logical Point of View.* Nova York: Harper & Row.

Quine, W.V.O. 1952 (*1963*): *From a Logical Point of View.* Nova York: Harper & Row / (*1972*): *Filosofia da lógica*. Rio de Janeiro: Zahar.

Quine, W.V.O. 1960: *Word and Object.* Cambridge, MA: MIT Press.

Quinney, R. 1979: *Criminology: Analysis and Critique of Crime in America.* Boston: Little Brown.

Quinton, A. org. 1967: *Political Philosophy.* Oxford: Oxford University Press.

Rabinowicz, H. 1970: *New World Hasidism.* Ithaca, NY: State University of New York Press.

Radcliffe-Brown, A.R. 1922 (*1948*): *The Andaman Islanders.* Nova York: Free Press.

Radcliffe-Brown, A.R. 1952 (*1965*): *Structure and Function in Primitive Society.* Nova York: Free Press.

Radhakrishnan, S. 1927: *The Hindu View of Life.* Londres: Allen & Unwin.

Radin, Max 1936: "Tradition". In *Encyclopedia of the Social Sciences,* vol. 15. Nova York: Macmillan e Free Press.

Radzinowicz, Leon e Hood, R.G. 1986: *The Emergence of Penal Policy.* Londres: Stevens.

Rains, P. 1971: *Becoming an Unwed Mother.* Chicago: Aldine.

Ramsey, F.P. 1926 (*1988*): "Truth and probability". In *Decision, Probability and Utility,* org. por P. Gardenförs e N.E. Sahlin. Cambridge: Cambridge University Press.

Ramsey, F.P. 1931: *The Foundations of Mathematics.* Londres: Routledge & Kegan Paul.

Rancière, Jacques 1983: *Le philosophe et ses pauvres.* Paris: Fayard.

Rand, Ayn 1957: *Atlas Shrugged.* Nova York: Random House.

Randall, V. org. 1988: *Political Parties in the Third World.* Londres e Los Angeles: Sage.

Raphael, Max 1968: *The Demands of Art: Towards an Empirical Theory of Art.* Londres: Routledge & Kegan Paul.

Rapoport, A. 1960: *Fights, Games and Debates.* Ann Arbor: University of Michigan Press.

Rapoport, A. org. 1968: *Clausewitz: On War.* Harmondsworth: Penguin.

Rapp, Rayna 1978: "Family and class in contemporary America: notes toward an understanding of ideology". *Science and Society* 42, 278-300.

Rasmusen, E. 1989: *Games and Information.* Oxford: Blackwell.

Rattansi, A. 1982: *Marx and the Division of Labour.* Londres: Macmillan.

Ravetz, J. 1971: *Scientific Knowledge and its Social Problems.* Oxford: Oxford University Press.

Rawls, John 1971: *A Theory of Justice.* Cambridge, MA: Harvard University Press; Oxford: Oxford University Press.

Ray, L.J. 1987: "The Protestant ethic debate". In *Classic Disputes in Sociology,* org. por R.J. Anderson et al. Londres: Allen & Unwin.

Raz, J. 1975: *Practical Reason and Norms.* Londres: Hutchinson.

Raz, J. 1986: *The Morality of Freedom.* Oxford: Clarendon Press.

Reckless, W. 1940: *Criminal Behaviour.* Nova York e Londres: McGraw-Hill.

Reder, M.W. 1987: "Chicago School". In *The New Palgrave Dictionary of Economics,* vol. 1, org. por J. Eatwell et al. Londres: Macmillan.

Redfield, R. 1947: "The Folk Society". *American Journal of Sociology* 52.

Redfield, R. 1955: *The Little Community.* Chicago: University of Chicago Press.

Reedy, W. Jay 1986: "Art for society's sake: Louis de Bonald's sociology of aesthetic and theocratic ideology". *Proceedings of the American Philosophical Society* 130, 1, 101-29.

Regan, D.H. 1980: *Utilitarianism and Co-operation.* Oxford: Clarendon Press.

Reichenbach, H. 1951: *The Rise of Scientific Philosophy.* Berkeley e Los Angeles: University of California Press.

Reid, G.C. 1987: *Theories of Industrial Organization.* Oxford: Blackwell.

Reid, G.C. e Jacobsen, L.R. 1988: *The Small Entrepreneurial Firm.* Aberdeen. Aberdeen University Press.

Rein, M. 1968: "Welfare planning". In *International Encyclopedia of the Social Sciences,* vol. 12. Nova York: Macmillan e Free Press.

Rein, M. 1970: "Problems in the definition and measurement of poverty". In *The Concept of Poverty,* org. por P. Townsend. Londres: Heinemann.

Rein, M. 1979: *Social Policy.* Nova York: Random House.

Reiner, R. 1985: *The Politics of the Police.* Brighton: Harvester.

Reiss, I.L. 1986: *Journey into Sexuality: an Exploratory Voyage.* Englewood Cliffs, NJ: Prentice-Hall.

Rémond, R. 1966: *Les droites en France.* Paris: Aubier-Montaigne / (*1966*): *The Right Wing in France: from 1815 to De Gaulle.* Filadélfia: University of Pennsylvania Press.

Renan, Ernest 1945: "Qu'est-ce qu'une nation?". In *Ernest Renan et l'Allemagne,* org. por Émile Bure. Nova York.

Renner, Karl 1899: *Staat und Nation.* Viena: Josef Dietl.

Renner, Karl 1902: *Der Kampf der österreichischen Nationen um den Staat.* Leipzig e Viena: Franz Deuticke.

Renner, Karl 1904 (*1949*): *The Institutions of Private Law and their Social Functions,* org. por Otto Kahn-Freund. Londres: Routledge & Kegan Paul / (*1981*): "As funções econômicas e sociais das instituições legais". In *Karl Marx,* org. por Tom Bottomore. Rio de Janeiro: Zahar.

Renner, Karl 1916: "Probleme des Marxismus". *Der Kampf* 9.

Renner, Karl 1953: *Wandlungen der modernen Gesellschaft: zwei Abhandlungen über die Probleme der Nachkriegszeit.* Viena: Wiener Volksbuchhandlung.

Rescher, N. 1973: *The Coherence Theory of Truth.* Oxford: Oxford University Press.

Research Policy 1987: 16.2-4, número especial em homenagem a Yvann Fabian.

Resolutions and Selected Speeches from the Sixth Pan-African Congress 1976. Dar es Salaam: Tanzania Publishing House.

Reves, E. 1945: *The Anatomy of Peace.* Nova York: Harper & Bros.

Review 1.3-4, 1978. Nova York: *Fernand Braudel Centre,* Binghamton University.

Rex, J. 1961: *Key Problems of Sociological Theory.* Londres: Routledge & Kegan Paul / (*1973*): *Problemas fundamentais da teoria sociológica.* Rio de Janeiro: Zahar.

Rex, J. 1983: *Race Relations in Sociological Theory.* Londres: Routledge & Kegan Paul.

Rex, J. 1986: *Race and Ethnicity.* Milton Keynes: Open University Press.

Rex, P.-P. 1976: *Les alliances de classes.* Paris: François Maspéro.

Reznik, M. 1987: *Choices: an Introduction to Decision Theory.* Minneapolis: University of Minnesota Press.

Ricardo, D. 1817 (*1951*): *Principles of Political Economy.* Cambridge: Cambridge University Press / (*1974*): *Princípios de economia política e tributação,* col. Os Pensadores, vol. XXVIII. São Paulo: Abril Cultural.

Rich, Adrienne 1980: "Compulsory heterosexuality and lesbian existence". *Signs* 5, 631-60.

Richards, V. 1983: *Lessons of the Spanish Revolution.* 3ª ed., Londres: Freedom Press.

Richardson, L.F. 1960a: *Arms and Insecurity.* Pittsburgh: Boxwood Press; Chicago: Quadrangle.

Richardson, L.F. 1960b: *Statistics of Deadly Quarrels.* Pittsburgh: Boxwood Press; Chicago: Quadrangle.

Richter, M. 1981: "Modernity and its distinctive threats to liberty: Montesquieu and Tocqueville on new forms of illegitimate domination." In *Alexis de Tocqueville: zur Politik in der Demokratie,* org. por M. Hereth e J. Hoffken. Baden-Baden: Nomos.

Richter, M. 1982: "Toward a concept of political illegitimacy: Bonapartist dictatorship and democratic legitimacy". *Political Theory* 10, 185-214.

Richter, M. 1988: "Tocqueville, Napoleon and Bonapartism". In *Reconsidering Tocqueville's Democracy in America,* org. por A.S. Eisenstadt. Nova Brunswick, NJ: Rutgers University Press.

Rickert, H. 1899 (*1962*): *Science and History: a Critique of Positivist Epistemology.* Nova York: Van Nostrand.

Rickert, Heinrich 1902 (*1986*): *The Limits of Concept Formation in Natural Science.* Ed. resum., Cambridge: Cambridge University Press.

Rickman, H.P. 1988: *Dilthey Today: a Critical Appraisal of the Contemporary Relevance of His Work.* Nova York: Greenwood Press.

Ricoeur, P. 1969: *Le conflit des interprétations. Essais d'herméneutique.* Paris: Seuil / (*1974*): *The Conflict of Interpretations: Essay in Hermeneutics.* Evanston, IL: Northwestern University Press.

Ridley, F.F. 1970: *Revolutionary Syndicalism in France.* Cambridge: Cambridge University Press.

Riedel, M. 1975: "Bürger, Staatsbürger, Bürgertum". In *Geschichtliche Grundbegriffe,* vol. 1. Stuttgart: Klett Cotta.

Riedel, M. 1984: "'State' and 'civil society': linguistic context and historical origin". In *Between Tradition and Revolution: The Hegelian Transformation of Political Philosophy.* Cambridge: Cambridge University Press.

Rieff, P. 1966: *The Triumph of the Therapeutic.* Londres: Chatto & Windus.

Riencourt, A. de 1958: *The Coming Caesars.* Londres: Jonathan Cape.

Riesman, David 1964: *Abundance for What? and Other Essays.* Londres: Chatto & Windus.

Riesman, David 1980: *Galbraith and Market Capitalism.* Londres: Macmillan.

Riesman, David et al. 1950 (*1966*): *The Lonely Crowd: a Study in the Changing American Character.* Nova York: Doubleday Anchor.

Rigby, T.H. org. 1966: *Stalin.* Englewood Cliffs, NJ: Prentice-Hall.

Riker, W.H. 1982: *Liberalism against Populism.* São Francisco: W.H. Freeman.

Riley, Denise 1988: *Am I That Name? Feminism and the Category of "Woman" in History.* Londres: Macmillan.

Rimlinger, G.V. 1971: *Welfare Policy and Industrialization in Europe, America and Russia.* Nova York: Wiley.

Ritsch, A. 1986: *Logic of Theory.* Londres.

Ritter, A. 1980: *Anarchism.* Cambridge: Cambridge University Press.

Rizzi, B. 1985: *The Bureaucratization of the World.* Londres: Tavistock.

Roach, J. e Thomaneck, J. orgs. 1985: *Police and Public Order in Europe.* Beckenham: Croom Helm.

Robert, P. 1966: *Dictionnaire alphabétique et analogique de la langue française.* Paris: Robert.

Roberts, A. org. 1967: *The Strategy of Civilian Defence.* Londres: Faber & Faber.

Roberts, David 1979: *The Syndicalist Tradition and Italian Fascism.* Manchester: Manchester University Press.

Roberts, Kenneth 1981: *Leisure.* 2ª ed., Londres: Longman.

Roberts, Paul Craig e Stephenson, Matthew A. 1971: *Marx's Theory of Exchange, Alienation, and Crisis.* Stanford, CA: Hoover Institution Press.

Robertson, R. 1970: *The Sociological Interpretation of Religion.* Oxford: Blackwell.

Robertson, R. 1985: "The sacred in the world-system". In *The Sacred in a Secular Age,* org. por P.E. Hammond. Berkeley: University of California Press.

Robertson, R. 1990: "Mapping the global condition: globalization as the central concept". In *Global Culture: Nationalism, Globalization and Modernity,* org. por M. Featherstone. Londres: Sage.

Robey, David org. 1973: *Structuralism: An Introduction.*

Robins, R.H. 1979: *A Short History of Linguistics.* Londres: Longman.

Robinson, J. 1956: *The Accumulation of Capital.* Londres: Macmillan.

Robinson, J. 1961: "Prelude to a critique of economic theory". *Oxford Economic Papers* 13.

Rocker, R. 1989: *Anarcho-Syndicalism.* Londres: Pluto Press.

Roemer, J. 1982: *A General Theory of Exploitation and Class.* Cambridge: Cambridge University Press.

Roemer, J. org. 1986: *Analytical Marxism.* Cambridge: Cambridge University Press.

Roemer, J. 1988: *Free to Lose: an Introduction to Marxist Economic Philosophy.* Londres: Radius.

Roethlisberger, F.J. e Dickson, W.J. 1939 (*1961*): *Management and the Workers: an Account of a Research Program Conducted by the Western Eletric Company, Hawthorne Works, Chicago.* Cambridge, MA: Harvard University Press.

Roff, W.R. org. 1987: *Islam and the Political Economy of Meaning: Comparative Studies of Muslim Discourse.* Berkeley e Los Angeles: University of California Press.

Rojek, Chris 1985: *Capitalism and Leisure Theory.* Londres: Tavistock.

Rojek, Chris org. 1989: *Leisure for Leisure: Critical Essays.* Londres: Macmillan.

Rojeck, Cris 1990: "Baudrillard and leisure". *Leisure Studies* 9.1.

Romaine, S. org. 1982: *Sociolinguistic Variation in Speech Communities.* Londres: Arnold.

Romieu, M.A. 1850: *L'Ère des Césars.* Paris: Ledoyen.

Rorty, R. 1980: *Philosophy and the Mirror of Nature.* Oxford: Blackwell; Princeton, NJ: Princeton University Press.

Rorty, R. et al. orgs. 1984: *Philosophy in History.* Cambridge: Cambridge University Press.

Rose, A.M. 1967: *The Power Structure.* Nova York: Oxford University Press.

Rose, A.M. 1970: "Distance of migration and socio-economic status of migrants". In *Readings in the Sociology of Migration,* org. por C.J. Jansen. Oxford: Pergamon Press.

Rose, G. 1978: *The Melancholy Science: an Introduction to the Thought of Theodor W. Adorno.* Londres: Macmillan.

Rose, G. 1981: *Hegel Contra Sociology.* Londres: Athlone Press.

Rose, G. 1992: *The Broken Middle.* Oxford: Blackwell.

Rose, Margaret A. 1991: *The Post-modern and the Post-industrial: a Critical Analysis.* Cambridge: Cambridge University Press.

Rose, N. 1989: *Governance of the Soul.* Londres: Routledge.

Rose, N. 1990: *Governing the Soul: the Shaping of the Private Self.* Londres: Routledge.

Rose, Steven et al. 1984: *Not in our Genes.* Harmondsworth: Penguin.

Rosen, Michael 1982: *Hegel's Dialectic and its Criticism.* Cambridge: Cambridge University Press.

Rosen, P. org. 1986: *Narrative, Apparatus, Ideology.* Nova York: Columbia University Press.

Rosen, S. 1970: "A model of war and alliance". In *Alliance in International Politics,* org. por J.R. Friedman et al. Boston: Allyn & Bacon.

Rosenbaum, W.A. 1975: *Political Culture.* Londres: Thomas Nelson.

Rosenberg, N. e Frischtak, C.R. 1984: "Technological innovation and long waves". *Cambridge Journal of Economics* 8, 7-24.

Rosner, M. 1976: *The Kibbutz as a Way of Life.* Estado da Califórnia: Institute for Cooperative Communities.

Ross, Arthur M. e Hartman, Paul T. 1960: *Changing Patterns of Industrial Conflict.* Nova York: Wiley.

Ross, E.A. 1929: *Social Control: a Survey of the Foundations of Order.* Londres: Macmillan.

Ross, G. et al. 1987: *The Mitterand Experiment.* Nova York: Oxford University Press.

Ross, J.A. org. 1982: *International Encyclopaedia of Population.* Nova York: Free Press.

Ross, W.D. 1939: *Foundations of Ethics.* Oxford: Clarendon Press.

Rossi, P. et al. orgs. 1983: *Handbook of Survey Research.* Nova York: Academic Press.

Rossi, Paolo 1968: *Francis Bacon: from Magic to Science.* Chicago: University of Chicago Press.

Rossiter, C.L. 1948: *Constitutional Dictatorship: Crisis Government in the Modern Democracies.* Princeton, NJ: Princeton University Press.

Rostow, E.V. 1962: *Planning for Freedom.* New Haven, CT: Yale University Press.

Rostow, W.W. 1960 (*1985*): *The Stages of Economic Growth: a Non-communist Manifesto.* Cambridge: Cambridge University Press / (*1979*): *Etapas do desenvolvimento econômico: um manifesto não-comunista*. Rio de Janeiro: Zahar.

Rostow, W.W. 1978: *The World Economy: History and Prospect.* Austin e Londres: University of Texas Press.

Roszak, Theodore 1969: *The Making of a Counter-Culture.* Nova York: Anchor.

Roszak, Theodore 1986: *The Cult of Information.* Nova York: Pantheon.

Rotenstreich, Nathan 1965: *Basic Problems of Marx's Philosophy.* Nova York: Bobbs-Merrill.

Roth, G. 1979: "Charisma and the counterculture". In *Max Weber's Vision of History: Ethics and Methods,* org. por G. Roth e W. Schluchter. Berkeley: University of California Press.

Rothbard, Murray N. 1970: "Professor Galbraith and the sin of affluence". In *Man, Economy and State,* vol. 2. Los Angeles: Nash.

Rothbard, Murray N. 1972: *America's Great Depression.* Los Angeles: Nash.

Rothbard, Murray N. 1973 (*1978*): *For a New Liberty: the Libertarian Manifesto.* Ed. rev., Nova York: Collier.

Rothblatt, B. org. 1968: *Changing Perspectives on Man.* Chicago: University of Chicago Press.

Rothman, Stanley e Lichter, S. Robert 1982: *Roots of Radicalism: Jews, Christians and the New Left.* Nova York: Oxford University Press.

Rousseau, J.J. 1762 (*1959*): *Du contrat social.* Paris: Gallimard / (*1973*): *The Social Contract and Discourses.* Londres: Dent / (*1983*): *O contrato social e outros escritos.* São Paulo: Cultrix.

Rousseau, Mark O. e Zariski, Raphael 1987: *Regionalism and Regional Devolution in Comparative Perspective.* Londres: Praeger.

Routh, G. 1975: *The Origin of Economic Ideas.* Londres: Macmillan.

Routley, R. e Routley, V. 1979: Against the inevitability of human chauvinism. In *Ethics and Problems of the 21st Century,* org. por K. Goodpaster e K. Sayre. Notre Dame, IN: University of Notre Dame Press.

Rowbotham, Sheila 1973: *Hidden from History.* Londres: Pluto.

Rowbotham, Sheila 1974: *Women, Resistance and Revolution.* Harmondsworth: Penguin; Nova York: Pantheon.

Rowntree, B.S. 1901: *Poverty: a Study of Town Life.* Londres: Macmillan.

Rowntree, B.S. 1918 (*1937*): *The Human Needs of Labour.* Londres: Longmans.

Rowntree, B.S. 1941: *Poverty and Progress: a Second Survey of York.* Londres: Longmans.

Rowthorn, R. 1974: "Neo-classicism, neo-Ricardianism and Marxism". *New Left Review* 86, 63-87.

Royal College of Psychiatrists 1986: *Alcohol: our Favourite Drug.* Londres e Nova York: Tavistock.

Royal College of Psychiatrists 1987: *Drug Scenes.* Londres: Royal College of Psychiatrists.

Rozman, Gilbert org. 1991: *The East Asian Region: Confucian Heritage and its Modern Adaptation.* Princeton, NJ: Princeton University Press.

Rubel, M. 1960: *Karl Marx devant le Bonapartisme.* Paris: Mouton.

Rubin, I.I. 1928 (*1973*): *Essays on Marx's Theory of Value.* Detroit: Black and Red; Montreal: Black Rose Books / (*1980*): *A teoria marxista do valor*. São Paulo: Brasiliense.

Rubinstein, W.D. org. 1980: *Wealth and the Wealthy in the Modern World.* Londres: Croom Helm.

Rubinstein, W.D. 1986: *Wealth and Inequality in Britain.* Londres: Faber.

Rueschemeyer, D. 1986: *Power and the Division of Labour.* Cambridge: Polity.

Rule, J.B. 1978: *Insight and Social Betterment.* Nova York: Oxford University Press.

Rumelhart, D.E. et al. 1986: *Parallel Distributed Processing: Explorations in the Microstructure of Cognition,* 2 vols. Cambridge, MA: Bradford/MIT Press.

Runciman, W.G. 1966 (*1972*): *Relative Deprivation and Social Justice*. Harmondsworth: Penguin.

Runciman, W.G. 1969: *Social Science and Political Theory.* Cambridge: Cambridge University Press / (*1967*): *Ciência social e teoria política*. Rio de Janeiro: Zahar.

Runciman, W.G. 1974: "Towards a theory of social stratification". In *The Social Analysis of Class Structure,* org. por Frank Parkin. Londres: Tavistock.

Runciman, W.G. 1989: *A Treatise on Social Theory,* vol. 2: *Substantive Social Theory*. Cambridge: Cambridge University Press.

Rusche, G. e Kirchheimer, O. 1968: *Punishment and Social Structure*. Nova York: Russell & Russell.

Ruse, M. 1973: *The Philosophy of Biology*. Londres: Hutchinson.

Ruse, M. 1985: *Sociobiology*. 2ª ed., Dordrecht: Reidel.

Russell, Bertrand 1914a: "Logic as the essence of philosophy". In *Our Knowledge of the External World*. Londres: Allen & Unwin.

Russell, Bertrand 1914b (*1957*): "Relation of sense-data to physics". In *Mysticism and Logic*. Nova York: Doubleday.

Russell, Bertrand 1917 (*1929*): *Mysticism and Logic*. 2ª ed., Londres: Allen & Unwin / (*1977*): *Misticismo e lógica*. Rio de Janeiro: Zahar.

Russell, Bertrand 1918 (*1971*): "The philosophy of logical atomism". In *Logic and Knowledge,* org. por R.C. Marsh. Nova York: Capricorn.

Russell, Bertrand 1938 (*1975*): *Power: a New Social Analysis.* Londres: Allen & Unwin / (*1979*): *O poder (uma nova análise social)*. Rio de Janeiro: Zahar.

Russell, Bertrand e Whitehead, A.N. 1910-1: *Principia Mathematica,* 3 vols. Cambridge: Cambridge University Press.

Rust, Frances 1969: *Dance in Society.* Londres: Routledge & Kegan Paul.

Rutter, M. e Giller, H. 1983: *Juvenile Delinquency.* Harmondsworth: Penguin.

Rutter, M. e Madge, N. 1976: *Cycles of Disadvantage.* Londres: Heinemann.

Ryan, A. org. 1979: *The Idea of Freedom.* Oxford: Oxford University Press.

Ryan, A. 1984: *The Political Theory of Property.* Oxford: Blackwell.

Rycroft, Charles 1966: *Psychoanalysis Observed.*

Ryder, N.B. 1968: "Cohort analysis". In *International Encyclopaedia of the Social Sciences,* org. por D.E. Sills. Nova York: Macmillan & Free Press.

Ryle, Gilbert 1949 (*1963*): *The Concept of Mind.* Londres: Hutchinson.

Ryle, M. 1988: *Ecology and Socialism.* Londres: Hutchinson/Radius.

Sachedina, A.A. 1980: *Islamic Messianism: the Idea of the Mahdi in Twelver Shi'ism.* Albany, NY: State University of New York Press.

Sacks, H. et al. 1974: "A simplest systematics for the organisation of turn-taking in conversations". *Language* 50.4, 696-735.

Sacks, Harvey 1964-72 (*1992*): *Lectures on Conversation,* 2 vols., org. por G. Jefferson. Oxford: Blackwell.

Sadurski, W. 1985: *Giving Desert its Due: Social Justice and Legal Theory.* Dordrecht: Reidel.

Sahlins, M.D. 1965: "On the sociology of primitive exchange". In *The Relevance of Models for Social Anthropology,* org. pela Association of Social Anthropologists of the Commonwealth. Londres: Tavistock.

Sahlins, M.D. e Service, E.R. orgs. 1960: *Evolution and Culture.* Ann Arbor: University of Michigan Press.

Said, E. 1978: *Orientalism.* Londres: Routledge & Kegan Paul.

Said, E. 1983: *The World, the Text, and the Critic.* Cambridge, MA: Harvard University Press.

Said, K.A.M. et al. orgs. 1990: *Modelling the Mind.* Oxford: Oxford University Press.

Sainsbury, P. 1955: *Suicide in London.* Londres: Chapman & Hall.

Saint-Simon, H. de 1951: *Textes choisis.* Paris: Messidor-Éd. Sociales / (*1953*): *Selected Writings,* org. por F.M.H. Markham. Oxford: Blackwell.

Saint-Simon, H. de 1964: *Social Organization, The Science of Man, and Other Writings.* Nova York: Harper.

Samuel, Geoffrey 1990: "Science, law and history". *Northern Ireland Legal Quarterly* 41, 1.

Samuelson, P.A. 1947: *Foundations of Economic Analysis.* Cambridge, MA: Harvard University Press / (*1988*): *Fundamentos da análise econômica.* São Paulo: Nova Cultural.

Samuelson, P.A. 1976: *Economics.* 10ª ed., Nova York e Londres: McGraw-Hill.

Sandel, M. 1982: *Liberalism and the Limits of Justice.* Nova York e Cambridge: Cambridge University Press.

Santos, Theotonio dos 1970: "The structure of dependence". *American Economic Review* 60, maio.

Santos, Wanderley Guilherme dos 1989: "Modelos endógenos de decadência liberal". In *Paradoxos do liberalismo: teoria e história.* São Paulo: Vértice.

Santos, W.G. dos 1989: *Paradoxos do liberalismo: teoria e história.* São Paulo: Vértice.

Sapelli, G. org. 1981: *Il movimento co-operativo in Italia.* Turim: Einaudi.

Sapir, E. 1929: "The status of linguistics as a science". *Language* 5.

Sargent, T.J. 1987: *Macroeconomic Theory.* 2ª ed., Orlando e Londres: Academic Press.

Sarkar, Sunit 1989: *Modern India, 1885-1947.* Londres: Macmillan.

Sarkissian, Sam S. org. 1975: *Revolutionary Guerrilla Warfare.* Chicago: Precedent.

Sartori, G. 1969: "From the sociology of politics to political sociology." *Government and Opposition* 4, 195-214.

Sartori, G. 1976: *Parties and Party Systems.* Cambridge: Cambridge University Press / (*1982*): *Partidos e sistemas partidários.* Rio de Janeiro: Zahar.

Sartori, G. 1987: *The Theory of Democracy Revisited.* Chatham, NJ: Chatham House.

Sartre, Jean-Paul 1936-7: *La transcendance de l'ego.* Paris: Vrin / (*1957*): *The Transcendence of the Ego.* Nova York: Noonday Press.

Sartre, Jean-Paul 1938: *La nausée.* Paris: Gallimard / (*1965*): *Nausea.* Harmondsworth: Penguin / (*1988*): *A náusea.* Rio de Janeiro: Nova Fronteira.

Sartre, Jean-Paul 1943: *L'être et le néant.* Paris: Gallimard / (*1956*): *Being and Nothingness: an Essay on Phenomenological Ontology.* Londres: Methuen.

Sartre, Jean-Paul 1946: *L'existencialisme est un humanisme.* Paris: Nagel / (*1973*): *Existentialism and Humanism.* Londres: Methuen / (*1978*): *O existencialismo é um humanismo.* São Paulo: Abril Cultural.

Sartre, Jean-Paul 1947 (*1976*): *Huis clos.* Paris: Gallimard.

Sartre, Jean-Paul 1947: *Situations.* Paris: Gallimard / (*1965*): *Situations.* Nova York: Braziller.

Sartre, Jean-Paul 1948: *Qu'est ce que la littérature?* Paris: Gallimard / (*1950*): *What is Literature?* Londres: Methuen.

Sartre, Jean-Paul 1960: *Critique de la raison dialectique.* Paris: Gallimard / (*1976*): *Critique of Dialectical Reason.* Londres: New Left Books.

Sartre, Jean-Paul 1983: *Cahiers pour une morale.* Paris: Gallimard.

Sassen, Saskia 1991: *The Global City.* Princeton, NJ: Princeton University Press.

Sassoon, A.S. 1980 (*1987*): *Gramsci's Politics.* 2ª ed., Londres: Hutchinson.

Saunders, P. 1981: *Social Theory and the Urban Question.* Londres: Hutchinson.

Saunders, P. 1990: *Social Class and Stratification.* Londres: Routledge.

Saussure, F. de 1916: *Cours de linguistique générale.* Paris: Payot / (*1983*): *Course in General Linguistics*. Londres: Duckworth / (*1984*): *Curso de lingüística geral*. São Paulo: Cultrix.

Savage, L.J. 1954: *The Foundations of Statistics.* Nova York: Wiley.

Say, Jean Baptiste 1803 (*1971*): *A Treatise on Political Economy.* Nova York: Augustus M. Kelley.

Sayer, A. 1984 (*1992*): *Method and Social Science.* 2ª ed., Londres: Hutchinson.

Sayer, D. 1979: *Marx's Method.* Atlantic Highlanders, NJ: Humanities.

Scanlan, J.P. 1985: *Marxism in the USSR: a Critical Study of Current Soviet Thought.* Ithaca, NY: Cornell University Press.

Scanlon, T.M. 1982: "Contractualism and utilitarianism". In *Utilitarianism and Beyond,* org. por A. Sen e B. Williams. Cambridge: Cambridge University Press.

Scarre, C. org. 1988: *Past Worlds: the Times Atlas of World Archaeology.* Londres: Times Books.

Schaar, John, 1969: "Legitimacy in the modern state". In *Power and Community,* org. por P. Green e S. Levinson. Nova York: Random House.

Schaff, Adam 1974: *Structuralisme et marxisme.*

Schaffer, M.E. 1989: "The credible-commitment problem in the center-enterprise relationship". *Journal of Comparative Economics* 13.3.

Schechner, Richard 1988: *Performance Theory.* Nova York: Routledge.

Scheff, T.J. 1966: *Being Mentally Ill: a Sociological Theory:* Chicago: Aldine.

Scheffler, H.W. e Lounsbury, F.G. 1971: *A Study in Structural Semantics: the Sirione Kinship System.* Englewood Cliffs, NJ: Prentice-Hall.

Scheffler, S. 1982: *The Rejection of Consequentialism.* Oxford: Clarendon Press.

Scheler, Max 1926 (*1980*): *Problems of a Sociology of Knowledge.* Londres: Routledge & Kegan Paul.

Schelling, T. 1971: "Some questions on civilian defence". In *Conflict: Violence and Non-Violence,* org. por J.V. Bondurant. Chicago: Aldine Atherton.

Schelling, T.C. 1960: *The Strategy of Conflict.* Cambridge, MA: Harvard University Press.

Schenkein, J. org. 1978: *Studies in the Organisation of Conversational Interaction.* Nova York: Academic Press.

Scherer, F.M. e Ross, D. 1990: *Industrial Market Structure and Economic Performance.* 3ª ed., Dallas: Houghton Mifflin.

Schillebeeckx, E. 1977: *Interim Report.* Freiburg.

Schilpp, Paul Arthur org. 1974: *The Philosophy of Karl Popper,* 2 vols. La Salle, IL: Open Court.

Schlatter, Richard 1951: *Private Property: the History of an Idea.* Londres: Allen & Unwin.

Schlick, M. 1918 (*1974*): *General Theory of Knowledge,* introd. por A.E. Blumberg e H. Feigl. Viena e Nova York: Springer.

Schlick, M. 1930 (*1979*): "The turning-point in philosophy". In *Philosophical Papers,* vol. 2, (*1925-36*), org. por H.L. Mulder e B.F.B. van der Velde-Schlick. Dordrecht: Reidel.

Schlick, M. 1931 (*1979*): "Causality in contemporary physics". In *Philosophical Papers,* vol. 2, (*1925-36*), org. por H.L. Mulder e B.F.B. van de Velde-Schlick. Dordrecht: Reidel.

Schick, M. 1932 (*1979*). "Positivism and realism". In *Philosophical Papers,* vol. 2, (*1925-36*), org. por H.L. Mulder e B.F.B. van de Velde-Schlick. Dordrecht: Reidel.

Schlick, M. 1934 (*1979*): "On the foundation of knowledge". In *Philosophical Papers,* vol. 2, (*1925-36*), org. por por H.L. Mulder e B.F.B. van de Velde-Schlick. Dordrecht: Reidel.

Schluchter, W. 1981: *The Rise of Western Rationalism: Max Weber's Developmental History.* Berkeley: University of California Press.

Schmalensee, R. e Willig, R. orgs. 1989: *Handbook of Industrial Organization.* Amsterdã: Elsevier.

Schmid, Michael e Wuketits, Franz orgs. 1987: *Evolutionary Theory in Social Science.* Dordrecht: Reidel.

Schmidt, Alfred 1974: *Zur Idee der kritischen Theorie: Elemente der Philosophie Max Horkheimers.* Munique: Hanser.

Schmidt, Alfred 1976: *Die kritische Theorie ald Geschichtsphilosophie.* Munique: Hanser.

Schmidt, Alfred and Altwicker, Norbert orgs. 1986: *Max Horkheimer heute: Werk und Wirkung*. Frankfurt am Main: Fischer.

Schmidt, S.J. org. 1987: *Der Diskurs des radikalen Konstruktivismus.* Frankfurt am Main: Suhrkamp.

Schmitt, C. 1928: *Die Diktatur.* Munique e Leipzig: Duncker & Humblot.

Schmitter, P.C. 1974: "Still the century of corporatism?". *Review of Politics* 36, 85-131.

Schmitter, P.C. e Lehmbruch, G. orgs. 1979: *Trends Toward Corporatist Intermediation.* Beverly Hills e Londres: Sage.

Schmoller, G. 1883: "Zur Methodologie der Staats- und Sozial-Wissenschaften". In *Jahrbuch für Gesetzgebung, Verwaltung und Volkswirtschaft,* NF Jg. 7, 975-94.

Schnädelbach, Herbert 1984: *Philosophy in Germany 1831-1933,* cap. 2. Port Chester, NY: Cambridge University Press.

Schneider, D.M. 1984: *A Critique of the Study of Kinship.* Ann Arbor: University of Michigan Press.

Schoenbaum, David 1966: *Hitler's Social Revolution.* Londres: Weidenfeld & Nicolson.

Scholem, Gershom G. 1961 (*1973*): *Major Trends in Jewish Mysticism.* Ed. rev., Nova York: Schocken.

Schram, S. 1967: *Mao Tse-tung.* Harmondsworth: Penguin.

Schram, S. 1967: "Mao Tse-tung as a charismatic leader". *Asian Survey* 7, 383-4.

Schram, S. 1969: *The Political Thought of Mao Tse-tung.* Ed. rev., Nova York: Praeger.

Schram, S. org. 1974: *Mao Tse-tung Unrehearsed.* Harmondsworth: Penguin.

Schram, S. 1989: *The Thought of Mao Tse-tung.* Cambridge: Cambridge University Press.

Schram, S.G. e Turbett, J.P. 1983: "Civil disorder and the welfare explosion: a two-step process". *American Sociological Review* 48, 408-14.

Schumpeter, J.A. 1911 (*1961*): *The Theory of Economic Development.* Nova York: Oxford University Press.

Schumpeter, J.A. 1919 (*1951*): "The sociology of imperialisms". In *Imperialism and Social Classes,* org. por Paul Sweezy. Nova York: Augustus M. Kelley.

Schumpeter, J.A. 1939: *Business Cycles: a Theoretical, Historical and Statistical Analysis of the Capitalist Process.* Nova York: McGraw-Hill.

Schumpeter, J.A. 1942: (*1987*): *Capitalism, Socialism and Democracy.* 5ª ed., Londres: Allen & Unwin / (*1983*): *Capitalismo, socialismo e democracia.* Rio de Janeiro: Zahar.

Schumpeter, J.A. 1946 (*1951*): "Capitalism". In *Essays on Economic Topics.* Port Washington, NY: Kennikat Press.

Schumpeter, J.A. 1954: *A History of Economic Analysis.* Nova York: Oxford University Press.

Schur, E. 1971: *Labelling Deviant Behaviour.* Londres: Harper & Row.

Schusterman, Richard org. 1989: *Analytic Aesthetics.* Oxford: Blackwell.

Schutz, Alfred 1932 (*1972*): *The Phenomenology of the Social World.* Londres: Heinemann / (*1979*): *Fenomenologia e relações sociais.* Rio de Janeiro: Zahar.

Schutz, Alfred 1940 (*1968*): "Phenomenology and the social sciences". In *Philosophical Essays in Memory of Edmund Husserl,* org. por Marvin Farber. Londres: Greenwood Press.

Schutz, Alfred 1962-6: *Collected Papers,* 3 vols. Haia: Martinus Nijhoff.

Schutz, Alfred e Luckmann, Thomas 1974: *The Structures of the Lifeworld.* Londres: Heinemann.

Schwartz, B. 1979: *Chinese Communism and the Rise of Mao.* Ed. rev., Cambridge, MA: Harvard University Press.

Schwartz, B. 1985: "Conservatism and 'caesarism', 1903-22". In *Crises in the British State 1880-1930,* org. por M. Langen e B. Schwarz. Londres: Hutchinson.

Schwartz, B.M. org. 1967: *Caste in Overseas Indian Communities.* São Francisco: Chandler.

Schweitzer, A. 1984: *The Age of Charisma.* Chicago: Nelson-Hall.

Schwendinger, H. e Schwendinger, J. 1975: "Defenders of order or guardians of human rights". In *Critical Criminology,* org. por I. Taylor et al. Londres: Routledge & Kegan Paul.

Scott, A.J. e Storper, M. orgs. 1986: *Production, Work, Territory: the Geographical Anatomy of Industrial Capitalism.* Boston: Allen & Unwin.

Scott, Alan 1990: *Ideology and the New Social Movements.* Londres: Unwin Hyman.

Scott, Allen J. 1988: *Metropolis: from the Division of Labor to Urban Form.* Berkeley, Los Angeles e Londres: University of California Press.

Scott, J. 1986: *The Weapons of the Weak.* New Haven, CT: Yale University Press.

Scott, Joan W. 1990. "Deconstructing equality-versus-difference: or, the uses of poststructuralist theory for feminism". In *Conflicts in Feminism,* org. por Marianne Hirsch e Evelyn Fox Keller. Londres: Routledge.

Scott, John 1982: *The Upper Classes: Property and Privilege in Britain.* Londres: Macmillan.

Scott, John, 1985: *Corporations, Classes, and Capitalism.* 2ª ed., Londres: Hutchinson.

Scott, John 1986: *Capitalist Property and Financial Power.* Brighton: Wheatsheaf.

Scott, R. 1969: *The Making of Blind Men.* Nova York: Russell Sage Foundation.

Scott, Willian G. 1967: *Organization Theory.* Homewood, IL: Dorsey Press.

Scriven, M. 1962: "Explanation, prediction and laws". In *Minnesota Studies in the Philosophy of Science,* vol. 3, org. por H. Feigl e G. Maxwell. Minneapolis: University of Minnesota Press.

Scriven, Michael 1958: "A study of radical behaviourism". In *Minnesota Studies in the Philosophy of Science,* org. por H. Feigl e M. Scriven. Minneapolis: University of Minnesota Press.

Scruton, Roger 1980 (*1984*): *The Meaning of Conservatism.* 2ª ed., Londres: Macmillan.

Scruton, Roger org. 1988: *Conservative Thinkers.* Londres: Claridge Press.

Scruton, Roger org. 1988: *Conservative Thoughts: Essay from the Salisbury Review.* Londres: Claridge Press.

Seal, Anil 1968: *The Emergence of Indian Nationalism.* Cambridge: Cambridge University Press.

Searle, G.R. 1976: *Eugenics and Politics in Britain 1900-1914.* Leyden: Noordhoff.

Sebeok, T.A. 1976: *Contributions to the Doctrine of Signs.* Bloomington: Indiana University Press.

Seccombe, W. 1974: "The housewife and her labour under capitalism". *New Left Review* 83, 3-24.

Seddon, David org. 1978: *Relations of Production: Marxist Approaches to Economic Anthropology.* Londres: Frank Carr.

Segundo, J.-L. 1973: *The Community Called Church.* Nova York: Orbis.

Seldon, Raman 1989: *Practising Theory and Reading Literature: an Introduction.* Nova York e Londres: Harvester Wheatsheaf.

Sellin, T. 1938: *Culture, Conflict and Crime.* Londres: Social Science Research Council.

Sen, A. 1970 (*1979*): *Collective Choice and Social Welfare.* Amsterdã: North Holland.

Sen, A. 1970: *Growth Economics.* Harmondsworth: Penguin.

Sen, A. 1973: *On Economic Inequality.* Oxford: Clarendom.

Sen, A. 1977: "Social choice theory: a re-examination". *Econometrica* 45, 58-89.

Sen, A. 1981: *Poverty and Famines: an Essay in Entitlement and Deprivation.* Oxford: Clarendon Press.

Sen, A. 1982: *Choice, Welfare and Measurement.* Oxford: Blackwell.

Sen, A. 1983: "Poor relatively speaking". *Oxford Economic Pappers* 35, 153-69.

Sen, A. 1985: "A reply". *Oxford Economic Papers* 37, 669-76.

Sen, A. 1986: "Social choice theory". In *Handbook of Mathematical Economics,* vol. 3, org. por K. J. Arrow e M. Intriligator. Amsterdã: North-Holland.

Sen, A. 1987: *On Ethics and Economics.* Oxford: Blackwell.

Sen, A. 1987: "Social choice". In *The New Palgrave: a Dictionary of Economics,* vol.4, org. por John Eatwell et al. Londres: Macmillan.

Sen, A. e Williams, B. orgs. 1972: *Utilitarianism and Beyond.* Cambridge: Cambridge University Press.

Sennett, Richard 1978: *The Fall of Public Man.* Nova York: Vintage.

Service, E. 1975: *The Origins of the State and Civilization.* Nova York: Norton.

Seton-Watson, Hugh 1977: *Nations and States.* Londres: Methuen.

Shanin, T. org. 1987: *Peasants and Peasant Societies.* 2ª ed., Oxford: Blackwell.

Shanin, T. 1990: *Defining Peasants.* Oxford: Blackwell.

Shapiro, Kenneth Joel 1985: *Bodily Reflective Modes: a Phenomenological Method for Psychology.* Durham, NC: Duke University Press.

Shapiro, L. 1972: *Totalitarianism.* Londres: Macmillan.

Shapiro, S. et al. 1987: *Encyclopaedia of Artificial Intelligence.* Nova York: Wiley.

Shariati, A. 1980: *On the Sociology of Islam.* Berkeley, CA: Mizan Press.

Sharma, G.K. 1989: "The Indian co-operative movement: present situation and future prospects". *Review of International Co-operation* 82, 2.

Sharp, G. 1971: "The technique of non-violent action". In *Conflict: Violence and Non-Violence,* org. por J.V. Bondurant. Chicago: Aldine Atherton.

Sharp, G. 1973: *The Politics of Non-Violent Action.* Boston: Porter Sargent.

Sharpe, E.J. 1975: *Comparative Religion: a History.* Londres: Duckworth.

Sharpe, J. 1988: "The history of crime in England". In *A History of British Criminology,* org. por P. Rock. Oxford: Oxford University Press.

Sharpe, J.A. 1990: *Judicial Punishment in England.* Londres: Faber & Faber.

Sharpe, Myron E. 1973: *John Kenneth Galbraith and the Lower Economics.* White Plains, NY: International Arts and Sciences Press.

Sharples, M. et al. 1989: *Computers and Thought.* Cambridge, MA: MIT Press.

Shaw, G.B. org. 1889 (*1931, 1962*): *Fabian Essays in Socialism.* Londres: Allen & Unwin.

Shaw, M. e Miles, I. 1979: "The social roots of statistical knowledge". In *Demystifying Social Statistics,* org. por J. Irvine et al. Londres: Pluto.

Sheehy, G. 1976: *Passages: Predictable Crises of Adult Life.* Nova York: E.P. Dutton/Bantam.

Sheffrin, S.M. 1983: *Rational Expectations.* Cambridge: Cambridge University Press.

Sheldon, W.H. e Stevens, S.S. 1942: *The Varieties of Temperament: a Psychology of Constitutional Differences.* Nova York: Harper.

Shepherdson, J.C. 1983: "Calculus of reasoning". In *Intelligent Systems,* org. por J.E. Hayes e D. Michie. Chichester: Ellis Horwood.

Sherratt, A.G. org. 1980: *The Cambridge Encyclopedia of Archaeology.* Cambridge: Cambridge University Press.

Shils, Edward 1965: "Charisma, order and status". *American Sociological Review* 30, 199-213.

Shils, Edward 1972: *The Intellectuals and the Powers and Other Essays.* Chicago: University of Chicago Press.

Shils, Edward 1975: *"Consensus" in Center and Periphery: Essays in Macrosociology.* Chicago: University of Chicago Press.

Shils, Edward 1981: *Tradition.* Londres: Faber.

Shils, Edward e Young, M. 1953: "The meaning of the coronation". *Sociological Review* 1, 63-81.

Shklar, J.N. 1985: *Ordinary Vices.* Cambridge, MA: Harvard University Press.

Shorter, E. e Tilly, C. 1974: *Strikes in France.* Cambridge: Cambridge University Press.

Shortliffe, E. 1976: *Computer-based Medical Consultations.* Nova York: Elsevier.

Shotter, J. 1975: *Images of Man in Psychological Research.* Londres: Methuen.

Showalter, Elaine 1978: *A Literature of their Own.* Londres: Virago.

Showalter, Elaine org. 1986: *The New Feminist Criticism: Essays on Women, Literature and Theory.* Londres: Virago.

Shryock, H.S. e Siegal, J.S. 1976: *The Methods and Materials of Demography,* org. por E.G. Stockwell. Londres e Nova York: Academic Press.

Shubik, M. 1988: *A Game Theoretic Approach to Political Economy.* Cambridge, MA: MIT Press.

Shusterman, Richard org. 1989: *Analytic Aesthetics.* Oxford: Blackwell.

Sian, G. 1985: *Accounting for Aggression.* Londres: Allen & Unwin.

Siltanen, Janet e Stanworth, Michelle 1984: *Women and the Public Sphere.* Londres: Hutchinson.

Silverman, David 1970: *The Theory of Organizations.* Londres: Heinemann.

Silvers, Anita 1988. "Letting the sun shine in: has analytic aesthetics made aesthetics clear?". *Journal of Aesthetics and Art Criticism* 46, 137-49.

Simiand, F. 1907: *Le salaire des ouvriers des mines de charbon en France.* Paris: Société Nouvelle de Librairie et d'Édition.

Simiand, F. 1932: *Le salaire, l'évolution et la monnaie.* Paris: Alcan.

Simmel, Georg 1890: *Über soziale Differenzierung: soziologische und psychologische Un-*

tersuchungen. Leipzig: Duncker & Humblot.

Simmel, Georg 1892: *Die Probleme der Geschichtsphilosophie.* Leipzig: Duncker & Humblot.

Simmel, Georg 1902: "The number of members as determining the sociological form of the group". *American Journal of Sociology* 8.

Simmel, Georg 1903 (*1957*): "The metropolis and mental life". In *Cities and Society,* org. por P.K. Hatt e A.J. Reiss. Glencoe, IL: Free Press.

Simmel, Georg 1907 (*1978*): *The Philosophy of Money.* Londres e Boston: Routledge & Kegan Paul.

Simmel, Georg 1908 (*1955*): *Conflict and the Web of Group Affiliations.* Nova York: Free Press; Londres: Collier-Macmillan.

Simmel, Georg 1908 (*1959*): "The problem of sociology, and How is society possible?". In *Georg Simmel 1858-1918,* org. por Kurt H. Wolff. Columbus: Ohio State University Press.

Simmel, Georg 1959: *Georg Simmel 1858-1918: a Collection of Essays with Translations and a Bibliography,* org. por K.H. Wolff. Columbus: Ohio University Press.

Simon, A. e Boyer, E.G. orgs. 1974: *Mirrors for Behavior III: an Anthology of Observation Instruments.* Wyncote, PA: Communication Materials Center.

Simon, H.A. 1947 (*1957*): *Administrative Behaviour.* 2ª ed., Nova York: Free Press & Macmillan.

Simon, H.A. 1957: *Models of Man.* Nova York: Wiley.

Simon, H.A. 1970: *The Sciences of the Artificial.* Cambridge, MA: MIT Press.

Simon, H.A. 1983: *Reason in Human Affairs.* Oxford: Blackwell.

Simon, H.A. 1986: "Rationality in psychology and economics". *Journal of Business* 59, S209-25.

Simon, Walter M. 1963: *European Positivism in the Nineteenth Century.* Ithaca: Cornell University Press.

Simonds, A.P. 1978: *Karl Mannheim's Sociology of Knowledge.* Oxford: Clarendon Press.

Simons, H.C. 1948: *Economic Policy for a Free Society.* Chicago: University of Chicago Press.

Simpson, G.G. 1949: *The Meaning of Evolution: a Study of the History of Life and of its Significance for Man.* New Haven, CT: Yale University Press.

Simpson, G.S. e Yinger, J.M. 1953 (*1985*): *Racial and Cultural Minorities.* 5ª ed., Nova York: Harper & Row.

Simpson, R.L. 1959: "Vertical and horizontal communication in formal organizations". *Administrative Science Quarterly* 4.

Sims, C.A. 1987: "Making economics credible". In *Advances in Econometrics, Fifth World Congress,* vol. 2, org. por T.F. Bewley. Cambridge: Cambridge University Press.

Sinclair, R.K. 1988: *Democracy and Participation in Athens.* Cambridge: Cambridge University Press.

Singer, J.D. 1981: "Accouting for international war: the state of the discipline". *Journal of Peace Research* 18, 1-18.

Singer, J.D. e Small, M. 1972: *The Wages of War.* Nova York: Wiley.

Singer, P. 1977. *Animal Liberation.* St. Albans: Paladin.

Singer, P. org. 1986: *Applied Ethics.* Oxford: Oxford University Press.

Singh, A. 1977: "UK industry and the world economy: a case of de-industrialisation?". *Cambridge Journal of Economics* 1. 2, 113-16.

Singham, A.W. e Hune, Shirley 1986: *Non-Alignment in an Age of Alignments.* Londres: Zed Press.

Sitney, P.A. 1974: *Visionary Film: the American Avant-Garde Film.* Nova York: Oxford University Press.

Skillen, A. 1977: *Ruling Illusions.* Hassocks: Harvester Press.

Skinner, B.F. 1938: *The Behaviour of Organisms.* Nova York: Appleton Century.

Skinner, B.F. 1953: *Science and Human Behaviour.* Nova York: Macmillan.

Skinner, B.F. 1959: *Verbal Behaviour.* Londres: Methuen.

Skinner, B.F. 1971: *Beyond Freedom and Dignity.* Harmondsworth: Penguin / (*1983*): *O mito da liberdade*. São Paulo: Summus Editorial.

Skinner, Q. org 1985: *The Return of Grand Theory in the Human Sciences.* Cambridge: Cambridge University Press.

Sklair, L. 1991: *Sociology of the Global System.* Hemel Hempstead: Harvester Wheatsheaf.

Skocpol, T. 1979: *States and Social Revolutions.* Cambridge e Nova York: Cambridge University Press.

Slater, P.J.B. 1985 (*1986*): *An Introduction to Ethology*. Port Chester, NY: Cambridge University Press.

Slater, P.J.B. org. 1986 (*1987*): *The Collins Encyclopedia of Animal Behaviour.* Nova York: Facts on File.

Slater, Philip e Bennis, Warren G. 1964: "Democracy is inevitable". *Harvard Business Review* 42, 51-9.

Slattery, M. 1986: *Official Statistics.* Londres: Tavistock.

Smart, David A. 1978: *Pannekoek and Gorter's Marxism.* Londres: Pluto Press.

Smart, J.J.C. e Williams, B. orgs 1973: *Utilitarianism: For and Against.* Cambridge: Cambridge University Press.

Smart, N. 1973: *The Science of Religion and the Sociology of Knowledge.* Princeton, NJ: Princeton University Press.

Smelser, N.J. 1964: "Toward a theory of modernization". In *Social Change,* org. por A. Etzioni e E. Etzioni. Nova York: Basic Books.

Smelser, N.J. 1988: "Social structure". In *Handbook of Sociology*. Newbury Park, CA: Sage.

Smith, Adam 1776 (*1976*): *An Inquiry into the Nature and Causes of the Wealth of Nations,* org. por R.H. Campbell et al. Oxford e Nova York: Oxford University Press / (*1985*): *Uma investigação sobre a natureza e causas da riqueza das nações*. São Paulo: Abril Cultural.

Smith, A. D. 1971 (*1983*): *Theories of Nationalism.* 2ª ed., Londres: Duckworth.

Smith, A.D. 1973: *The Concept of Social Change*. Londres: Routledge & Kegan Paul.

Smith, A.D. 1979: *Nationalist Movements in the 20th Century.* Londres: Macmillan.

Smith, A.D. 1991: *National Identity.* Harmondsworth: Penguin.

Smith, D.E. 1971: *Religion, Politics and Social Change in the Third World.* Nova York: Free Press.

Smith, D.M. 1985: "Perceived peer and parental influences on youths' social world". *Youth and Society* 17, 131-56.

Smith, John E. 1978: *Purpose and Thought: the Meaning of Pragmatism.* New Haven, CT: Yale University Press.

Smith, Michael Garfield 1963: *The Plural Society in the British West Indies.* Berkeley: University of California Press.

Smith, Michael Garfield 1974: *Corporations and Society.* Londres: Duckworth.

Smith, W.C. 1957: *Islam in Modern History.* Princeton, NJ: Princeton University Press.

Smolensky, P. 1988: "On the proper treatment of connectionism". *Behavioural and Brain Sciences* 11, 1-74.

Snipp, C. Matthew 1985: "Occupational mobility and social class: insights from men's career mobility". *American Sociological Review* 50, 475-93.

Snow, E. 1968: *Red Star over China.* Ed. rev., Nova York: Grove Press.

Snyder, B.G. 1971: *The Hidden Curriculum.* Nova York: Knopf.

Sobrino, J. 1978: *Spirituality of Liberation.* Nova York: Orbis.

"Social movements". *Social Research* 52 (1985), 660-890.

Sohn-Rethel, A. 1978: *Intellectual and Manual Labour*. Londres: Macmillan.

Soja, Edward W. 1989: *Postmodern Geographies: the Reassertion of Space in Critical Social Theory.* Londres e Nova York: Verso / (*1994*): *Geografias pós-modernas*. Rio de Janeiro: Jorge Zahar.

Söllner, Alfons 1979: *Geschichte und Herrschaft: Studien zur materialistischen Sozialwissenschaft 1929-1942.* Frankfurt am Main: Suhrkamp.

Solow, R. 1956: "A contribution to the theory of economic growth". *Quarterly Journal of Economics* 70, 65-94.

Sombart, W. 1906 (*1976*): *Why is there no Socialism in the United States?* Londres: Macmillan.

Sombart, W. 1913 (*1967*): *Der Bourgeois*: *The Quintessence of Capitalism.* Nova York: Howard Fertig.

Sontag, S. 1979: *Illness as Metaphor.* Londres: Allen Lane / (*1984*): *A doença como metáfora.* Rio de Janeiro: Graal.

Soper, Kate 1981: *On Human Needs: Open and Closed Theories in a Marxist Perspective.* Brighton: Harvester.

Sorel, Georges, 1906: *Refléxions sur la violence.* Paris: Marcel Rivière / (*1972*): *Reflections on Violence*. Nova York e Londres: Macmillan.

Sorokin, P.A. 1927: *Social Mobility.* Nova York: Harper.

Sorokin, P.A. 1937-41: *Social and Cultural Dynamics,* 4 vols. Englewood Cliffs, NJ: Bedminster Press.

Sorokin, P.A. et al. orgs. 1965: *Systematic Source Book in Rural Sociology.* Russell & Russell.

Sosa, E. org. 1975: *Causation and Conditionals.* Oxford: Oxford University Press.

Sparshott, Francis 1963: *The Structure of Aesthetics.* Toronto: University of Toronto Press.

Spearman, C.E. 1927: *The Abilities of Man.* Londres: Macmillan.

Spector, M. e Kitsuse, J.I. 1987: *Constructing Social Problems.* Nova York: Aldine de Gruyter.

Spence, Kenneth 1956: *Behaviour Theory and Conditioning.* New Haven, CT: Yale University Press.

Spencer, F. org. 1982: *A History of American Physical Anthropology.* Nova York: Academic Press.

Spencer, H.R. 1963: "Coup d'état". In *Encyclopaedia of the Social Sciences,* org. por Edwin R.A. Seligman e Alvin Johnson, vols. 3-4. Nova York: Macmillan.

Spencer, Herbert 1858 (*1966*): "Prospectus of a system of philosophy issued by Herbert Spencer in 1858". In *Herbert Spencer's Sociology: a Study in the History of Social Theory,* org. por J. Rumney. Nova York: Atherton.

Spencer, Herbert 1876-96 (*1925-9*): *The Principles of Sociology,* 3 vols. Nova York: Appleton.

Spencer, Herbert 1879-92 (*1978*): *The Principles of Ethics.* Indianapolis: Liberty Classics.

Spencer, Jane 1986: *The Rise of the Woman Novelist.* Oxford: Blackwell.

Spencer, M.E. 1973: "What is charisma?". *British Journal of Sociology* 24, 341-54.

Spencer, Paul org. 1985: *Society and the Dance.* Cambridge: Cambridge University Press.

Spender, D. 1983: *Women of Ideas.* Londres: Ark.

Spengler, O. 1918-22 (*1926-8*): *The Decline of the West,* 2 vols. Nova York: Knopf / (*1982*): *A decadência do Ocidente.* Rio de Janeiro: Zahar.

Sperber, D e Wilson, D. 1986: *Relevance.* Oxford: Blackwell.

Spero, Shubert 1983: *Morality, Halakha and the Jewish Tradition.* Hoboken, NJ: Ktav.

Spiegel-Rösing, I. e Price, D. de Solla 1977: *Science, Technology and Society: a Cross-Disciplinary Perspective.* Londres: Sage.

Spiegelberg, Herbert 1982: *The Phenomenological Movement,* 2 vols. 3ª ed., Haia: Martinus Nijhoff.

Spiro, M. 1966: "Religion: problems of definition and explanation". In *Anthropological Approaches to the Study of Religion,* org. por M. Banton. Londres: Tavistock.

Spitz, E. 1984: *Majority Rule.* Chatham, NJ: Chatham House.

Spivak, Gayatri Chakravorty 1988: In *Other Worlds: Essays in Cultural Politics.* Nova York e Londres: Routledge.

Sprent, P. 1988: *Taking Risks: the Science of Uncertainty.* Harmondsworth: Penguin.

Sprent, P. 1988: *Understanding Data.* Harmondsworth: Penguin.

Sprigge, T.L.S. 1984: *Theories of Existence.* Harmondsworth: Penguin.

Springborg, P. 1981: *The Problem of Human Needs and the Critique of Civilization.* Londres: Allen & Unwin.

Springborg, P. 1986: "Politics, primordialism and orientalism: Marx, Aristotle and the myth of *Gemeinschaft*". *American Political Science Review* 80, 185-211.

Springborg, P. 1992: *Western Republicanism and the Oriental Prince.* Austin, TX: University of Texas Press.

Sprinzak, E. 1972: "Weber's thesis as an historical explanation". *History and Theory* 11, 294-320.

Sraffa, P. 1960: *Production of Commodities by Means of Commodities.* Londres: Cambridge University Press / (*1977*): *Produção de mercadorias por meio de mercadorias.* Rio de Janeiro: Zahar.

Srinivas, M.N. 1962: *Caste in Modern India.* Bombaim: Asia Publishing House.

Srinivas, M.N. 1967: *Social Change in Modern India.* Berkeley: University of California Press.

Stacey, M. 1981: "The division of labour revisited or overcoming the two Adams". In *Practice and Progress: British Sociology 1950-1980,* org. por P. Abrams et al. Londres: Allen & Unwin.

Stack, Carol 1974: *All our Kin.* Nova York: Harper & Row.

Stalin, J.V. 1940: *Dialectical and Historical Materialism.* Londres: Lawrence & Wishart; Nova York: International / (*1982*): *O materialismo histórico e o materialismo dialético.* São Paulo: Global.

Stalin, J.V. 1952-5: *Works,* vols. 1-13. Londres: Lawrence & Wishart.

Stalin, J.V. 1972: *The Essential Stalin: Major Theoretical Writings,* org. por B. Franklin. Garden City, NY: Anchor.

Staniszkis, J. 1981: *The Self-Limiting Revolution.* Cambridge: Cambridge University Press.

Stanworth, M. 1983: *Gender and Schooling.* Londres: Hutchinson.

Stanworth, M. org. 1986: *Reproductive Technologies.* Cambridge: Polity.

Starr, J. 1979: *Continuing the Revolution.* Princeton, NJ: Princeton University Press.

Starr, P. 1982: *The Social Transformation of American Medicine.* Nova York: Basic Books.

Staub, E. 1989: *The Roots of Evil.* Cambridge: Cambridge University Press.

Stavenhagen, Rodolfo 1968: "Seven fallacies about Latin America". In *Latin America: Reform or Revolution,* org. por J. Petras e M. Zeitlin. Greenwich, CT: Fawcett.

Stearns, Peter 1971: *Revolutionary Syndicalism and French Labour.* New Brunswick, NJ: Rutgers University Press.

Stedman Jones, Gareth 1973: "Engels and the end of classic German philosophy". *New Left Review* 79.

Stedman Jones, Gareth 1983 (*1985*): "Class expression versus social control? A critique of recent trends in the social history of 'leisure'". In *Social Control and the State,* org. por S. Cohen e A. Scull. Oxford: Blackwell.

Steedman, Carolyn 1982: *The Tidy House.* Londres: Virago.

Stehr, Nico e Meja, Volker orgs. 1984: *Society and Knowledge: Contemporary Perspectives in the Sociology of Knowledge.* New Brunswick, NJ, e Londres: Transaction.

Stein, H. 1969: *The Fiscal Revolution in America.* Chicago: University of Chicago Press.

Stein, H. 1988: *Presidential Economics: the Making of Economic Policy from Roosevelt to Reagan and Beyond.* Washington, DC: American Enterprise Institute for Public Policy Research.

Stein, M.R. et al. orgs. 1960: *Identity and Anxiety: Survival ot the Person in Mass Society.* Glencoe, IL: Free Press.

Stengel, E. 1973: *Suicide and Attempted Suicide.* Harmondsworth: Penguin.

Stengel, E. e Cook, N. 1958: *Attempted Suicide.* Oxford: Oxford University Press.

Stepelevich, Lawrence S. org. 1983: *The Young Hegelians: an Anthology.* Cambridge: Cambridge University Press.

Stephenson, Carl 1969: *Medieval Feudalism.* Ithaca, NY: Cornell University Press.

Stevenson, L. 1974: *Seven Theories of Human Nature.* Oxford: Clarendon Press.

Steward, J. 1977: *Evolution and Ecology.* Urbana, IL: Urbana University Press.

Stewart, M. 1967: *Keynes and After.* Harmondsworth: Penguin.

Stich, S. 1985: "Is man a rational animal? Notes on the epistemology of rationality". *Synthese,* 64, 115-35.

Stigler, G.J. 1941: *Production and Distribution Theories: the Formative Period.* Nova York: Macmillan.

Stigler, G.J. 1965: *Essays in the History of Economics.* Chicago: University of Chicago Press.

Stigler, G.J. 1968: *The Organization of Industry.* Chicago: University of Chicago Press.

Stigler, G.J. 1988: *Memories of an Unregulated Economist.* Nova York: Basic Books.

Stigler, George J. e Becker, Gary S. 1977: "De gustibus non est disputandum". *American Economic Review* 67, 76-90.

Stigler, S.M. 1986: *The History of Statistics: the Measurement of Uncertainty Before 1900.* Cambridge, MA: Harvard University Press.

Stillings, N.A. et al. 1987: *Cognitive Science: an Introduction.* Cambridge, MA: Bradford/MIT Press.

Stinchcombe, Arthur L. 1968: *Constructing Social Theories.* Nova York: Harcourt, Brace, and World.

Stirner, M. 1845 (*1912*): *The Ego and his Own,* trad. por S.T. Byington. Londres: Fifield.

Stocking, G.W. 1968: *Race, Culture and Evolution.* Londres: Collier-Macmillan.

Stokes, C. 1962: "A theory of slums". *Land Economics* 8.3.

Stolnitz, Jerome 1960: *Aesthetics and Philosophy of Art Criticism.* Boston: Houghton Mifflin.

Stone, K. 1974: "The origins of job structures in the steel industry". *Review of Radical Political Economics* 6.2, 113-73.

Stone, Lawrence 1977: *The Family, Sex and Marriage.* Nova York: Harper & Row.

Stone, Lawrence e Stone, Jeanne Fawtier 1984: *An Open Elite? England 1540-1880.* Oxford: Clarendon.

Storper, M. e Walker, R. 1989: *The Capitalist Imperative: Territory, Technology and Industrial Growth.* Oxford: Blackwell.

Stouffer, S.A. et al. 1949: *The American Soldier. Adjustments during Army Life.* Princeton, NJ: Princeton University Press.

Stouffer, S.A. et al. 1949-50: *The American Soldier.* Princeton, NJ: Princeton University Press.

Strachey, G. Lytton 1948: *Eminent Victorians.* Londres: Chatto & Windus.

Strachey, J. 1935: *The Nature of Capitalist Crisis.* Londres: Gollancz.

Strachey, Ray 1928 (*1978*): *The Cause.* Londres: Virago.

Strauss, A. 1969: *Mirrors and Masks: the Search for Identity.* Estado da Califórnia: Sociology Press.

Strauss, A. 1978: *Negotiations: Varieties, Contexts, Processes, and Social Order.* São Francisco: Jossey-Bass.

Strauss, L. 1949: *Natural Right and History.* Chicago: University of Chicago Press.

Strayer, Joseph R. 1971: "The two levels of feudalism". In *Medieval Statecraft and the Perspectives of History.* Princeton, NJ: Princeton University Press.

Streeck, W. e Schmitter, P.C. orgs. 1985: *Private Interest Government: Beyond Market and State.* Londres: Sage.

Stryker, S. 1980: *Symbolic Interactionism.* Menlo Park, CA: Benjamin-Cummings.

Sturmthal, Adolf 1964: *Workers' Councils: a Study of Workplace Democratization on Both Sides of the Iron Curtain.* Cambridge, MA: Harvard University Press.

Sturmthal, Adolf 1972: *Comparative Labor Movements.* Belmont: Wadsworth.

Sugden, R. 1981: *The Political Economy of Public Choice.* Oxford: Martin Robertson.

Sugden, R. 1986: *The Economics of Rights, Cooperation and Welfare.* Oxford: Blackwell.

Suh Kwang-sun, D. 1983: "A biographical sketch of an Asian theology". In *Minjung Theology: People as the Subjects of History,* org. pela Commission on Theological Concerns of the Christian Conference of Asia. Nova York: Orbis.

Sulloway, Frank J. 1980: *Freud: Biologist of the Mind.* Londres: Fontana.

Supicic, I. 1987: *Music in Society: a Guide to the Sociology of Music.* Stuyvesant, NY: Pendragon Press.

Suppe, Frederick org. 1974 (*1979*): *The Structure of Scientific Theories.* Baltimore, MD: University of Illinois Press.

Süssmilch, Johann 1761-2: *Die göttliche Ordnung in den Veränderungen des menschlichen Geschlechts aus der Geburt, dem Tode, und der Fortpflanzung desselben Erwiesen.* 2ª ed., Berlim.

Sutcliffe, B. 1972: "Conclusion". In *Studies in the Theory of Imperialism,* org. por R. Owen e B. Sutcliffe. Londres: Longman.

Sutherland, E. e Cressey, D. 1974: *Principles of Criminology.* Filadélfia: J.B. Lippincott.

Sutherland, E.H. 1937: *The Professional Thief.* Chicago: Phoenix Press.

Sutherland, John 1978: *Fiction and the Fiction Industry.* Londres: Athlone Press.

Svalastoga, Kaare 1965: *Social Differentiation.* Nova York: David McKay.

Swan, T. 1956: "Economic growth and capital accumulation". *Economic Record* 32.

Swearer, Donald K. 1981: *Buddhism and Society in Southeast Asia.* Chambersburg, PA: Anima Books.

Sweezy, P.M. org. 1949: *Karl Marx and the Close of his System, by Eugen von Böhm-Bawerk* [1896], *and Böhm-Bawerk's Criticism of Marx, by Rudolf Hilferding* [1904]. Nova York: Augustus M. Kelley.

Swingewood, A. 1977: *The Myth of Mass Culture.* Londres: Macmillan.

Szelényi, Ivan 1983: *Urban Inequalities under State Socialism.* Oxford: Oxford University Press.

Széll, György 1988: *Participation, Workers' Control and Self-Management.* Londres: Sage.

Széll, György org. 1992: *Concise Encyclopedia of Participation and Co-management.* Berlim e Nova York: de Gruyter.

Szent -Gyorgyi, A. 1971: "Looking back". *Perspectives in Biology and Medicine* 15, 1-5.

Sztompka, P. 1981: "The dialectics of spontaneity and planning in sociological theory". In *Spontaneity and Planning in Social Development,* org. por U. Himmelstrand. Beverly Hills, CA: Sage.

Taine, Hyppolite 1853: *La Fontaine et ses fables.* Paris.

Tajfel, H. org. 1978: *Differentiation between Social Groups.* Londres: Academic Press.

Tajfel, H. 1981: *Human Group and Social Categories.* Cambridge: Cambridge University Press.

Talmon, J.L. 1952: *The Rise of Totalitarism Democracy.* Boston: Beacon Press.

Tannenbaum, F. 1938: *Crime and the Community.* Nova York: Columbia University Press.

Tarde, G. 1903 (*1962*): *The Laws of Imitation.* Gloucester: Peter Smith.

Tarski, A. 1930 (*1982*): "The concept of truth in formalized language". In *Logic, Semantics and Matemathematics.* org. por J. Woodger. Indianapolis: Hackett.

Tatarkiewicz, W. 1970-4: *History of Aesthetics,* 3 vols. Varsóvia: PWN; Haia: Mouton.

Tatarkiewicz, W. 1980: *A History of Six Ideas: an Essay in Aesthetics.* Varsóvia: PWN; Haia: M. Nijhoff.

Tawney, R.H. 1931: *Equality.* Londres: Allen & Unwin.

Tawney, R.H. (*1975*): *Religion and the Rise of Capitalism.* Harmondsworth: Penguin.

Tax, S. org. 1960: *Evolution After Darwin: the University of Chicago Centennial,* vols. 1 e 2. Chicago: University of Chicago Press.

Tax, S. e Callender, C. orgs. 1960: *Evolution after Darwin: the University of Chicago Centennial,* vol. 3. Chicago: University of Chicago Press.

Taylor, B. 1983: *Eve and the New Jerusalem.* Londres: Virago.

Taylor, Charles 1964: *The Explanation of Behaviour.* Londres: Routledge & Kegan Paul.

Taylor, Charles 1975: *Hegel.* Cambridge: Cambridge University Press.

Taylor, Charles 1977: "Interpretation and the sciences of man". In *Understanding and Social Inquiry,* org. por Fred Dallmayr e Thomas McCarthy. Notre Dame: University of Indiana Press.

Taylor, Charles 1985: "Atomism". In *Philosophical Papers,* vol. 2. Cambridge: Cambridge University Press.

Taylor, Charles 1989: *Sources of the Self.* Cambridge, MA: Harvard University Press.

Taylor, F.W. 1947 (*1964*): *Scientific Management.* Nova York: Harper & Row.

Taylor, L.R. 1949: *Party Politics in the Age of Caesar.* Berkeley: University of California Press.

Taylor, M. 1982: *Community, Anarchy and Liberty.* Cambridge: Cambridge University Press.

Taylor, M. 1987: *The Possibility of Cooperation.* Cambridge: Cambridge University Press.

Taylor, S. 1982: *Durkheim and the Study of Suicide.* Londres: Macmillan.

Teger, A.I. 1980: *Too Much Invested to Quit.* Nova York: Pergamon.

Teich, Albert H. org. 1977: *Technology and Man's Future.* Nova York: St. Martin's Press.

Teilhard de Chardin, Pierre 1955: *Le phénomène humain.* Paris: Seuil / (*1959*): *The Phenomenon of Man.* Londres: Collins / (*1988*): *O fenômeno humano.* São Paulo: Cultrix.

Telser, L.G. 1972: *Competition, Collusion and Game Theory.* Chicago: Aldine-Atherton.

Ten, C.L. 1988: *Crime, Guilt and Punishment.* Oxford: Oxford University Press.

Tench, D. 1981: *Towards a Middle System of Law.*

Thayer, Horace S. 1981: *Meaning and Action: a Critical History of Pragmatism.* 2ª ed., Indianapolis: Hackett.

Therborn, G. 1980: *What Does the Ruling Class Do When it Rules? State Apparatuses and State Power under Feudalism, Capitalism and Socialism.* Londres: Verso.

Thibaut, J.W. e Kelley, H.H. 1959: *The Social Psychology of Groups.* Nova York: Wiley.

Thody, P. 1989: *French Caesarism: from Napoleon I to Charles de Gaulle.* Londres: Macmillan.

Thoenes, P. 1962 (*1966*): *The Elite in the Welfare State.* Londres: Faber & Faber.

Thomas, H. e Logan, C. 1982: *Mondragon: an Economic Analysis.* Londres: Allen & Unwin.

Thomas, W.I. e Znaniecki, F. 1918 (*1958, 1974*): *The Polish Peasant in Europe and America,* 2 vols. Nova York: Octagon.

Thomason, Burke C. 1982: *Making Sense of Reification: Alfred Schutz and Constructivist Theory.* Londres: Macmillan.

Thompson, E.P. 1963: *The Making of the English Working Class.* Londres: Gollancz.

Thompson, E.P. 1967: "Time, work discipline and industrial capitalism". *Past and Present* 38.

Thompson, E.P. 1991: *Customs in Common.* Londres: Merlin.

Thompson, F.M.L. 1981: "Social control in Victorian Britain". *Economic History Review,* 2ª série, 34.2.

Thompson, James 1967: *Organizations in Action.* Nova York: McGraw-Hill.

Thompson, John B. 1984: *Studies in the Theory of Ideology.* Cambridge: Polity.

Thompson, John B. 1990: *Ideology and Modern Culture.* Cambridge: Polity.

Thompson, P. 1983: *The Nature of Work: An Introduction to Debates on the Labour Process.* Londres: Macmillan.

Thompson, V.B. 1969: *Africa and Unity: the Evolution of the Pan-Africanism.* Londres: Longmans.

Thompson, Victor 1961: *Modern Organization.* Nova York: Alfred Knopf.

Thorne, Barrie e Yalom, Marilyn orgs. 1982: *Rethinking the Family.* Nova York: Longman.

Thornton, A.P. 1978: *Imperialism in the Twentieth Century.* Londres: Macmillan.

Thrift, N. 1983: "On the determination of social action in space and time". *Society and Space* 1, 23-57.

Tibi, B. 1981: *Arab Nationalism: a Critical Enquiry.* Londres: Macmillan.

Tickner, Lisa 1988: "Feminism, art history and sexual difference". *Genders* 3.

Tiles, J.E. 1988 (*1992*): *John Dewey Critical Assessments.* Nova York: Routledge.

Tiles, Mary 1991: *Mathematics and the Image of Reason.* Nova York: Routledge.

Tilly, C. org. 1975: *The Formation of National States in Western Europe.* Princeton, NJ: Princeton University Press.

Tilly, C. 1978: *From Mobilization to Revolution.* Reading, MA: Addison-Wesley.

Timpanaro, S. 1976: *On Materialism.* Londres: New Left Books.

Tinbergen, J. 1939: *Statistical Testing of Business Cycle Theories,* 2 vols. Genebra: Liga das Nações.

Tinbergen, N. 1963: "On aims and methods of ethology". *Zeitschrift für Tierpsychologie* 20.

Tingsten, Herbert 1973: *The Swedish Social Democracts.* Towota, NJ: Bedminster Press.

Tirole, J. 1988: *Theory of Industrial Organization.* Cambridge, MA: MIT Press.

Titmuss, R.M. 1958: *Essays on the Welfare State.* Londres: Allen & Unwin.

Titmuss, R.M. 1968: *Commitment to Welfare.* Londres: Allen & Unwin.

Tocqueville, A. de 1835-40: *De la démocratie en Amérique.* In *Oeuvres complètes,* Paris: Gallimard / (*1966*): *Democracy in America.* Nova York: Harper / (*1987*): *A democracia na América.* Belo Horizonte: Itatiaia; São Paulo: Edusp.

Tocqueville, A. de 1854: *L'ancien régime et la révolution.* In *Oeuvres complètes.* Paris: Gallimard / (*1955*): *The Old Regime and the French Revolution.* Nova York: Doubleday / (*1979*): *O antigo regime e a revolução.* Brasília: Ed. da UNB.

Todorov, Tzvetan 1973: *Introduction à la littérature fantastique.* Paris: Seuil / (*1973*): *The Fantastic.* Ithaca, NY: Cornell University Press.

Toffler, Alvin 1980: *The Third Wave.* Londres: Collins / (*1982*): *A terceira onda.* Rio de Janeiro: Record.

Tolman, E.C. 1958: *Behaviour and Psychological Man.* Berkeley: University of California Press.

Tomlinson, Alan org. 1990: *Consumption, Identity and Style: Marketing, Meanings and the Packaging of Pleasure.* Londres: Routledge.

Tomlinson, Alan 1991: "Leisure as consumer culture". In *Ideology, Leisure Policy and Practice,* org. por David Botterill e Alan Tomlinson. Eastbourne: Leisure Studies Association.

Tomlinson, G. 1984: "The web of culture: a context for musicology". *19th-Century Music* 7, 350-62.

Tönnies, Ferdinand 1887: *Gemeinschaft und Gesellschaft* / (*1955*): *Community and Association.* Londres: Routledge & Kegan Paul; East Lancing, MI: University Press.

Tönnies, Ferdinand 1899-1900: "Philosophical terminology". *Mind* 8 e 9.
Tönnies, Ferdinand 1917: *Der englische Staat und der deutsche Staat.* Berlim: Karl Curtius.
Tonry, M. e Morris, N. 1979: *Crime and Justice.* Chicago: University of Chicago Press.
Toulmin, Stephen 1972: *Human Understanding: the Colletive Use and Evolution of Concepts.* Princeton, NJ: Princeton University Press.
Toulmin, S. e Janik, A. 1973: *Wittgenstein's Vienna.*
Touraine, Alain 1965: *La conscience ouvrière.* Paris: Seuil.
Touraine, Alain 1965: *Sociologie de l'action.* Paris: Seuil.
Touraine, Alain 1968: *Le communisme utopique. Le mouvement de mai.* Paris: Seuil / (*1971*): *The May Movement.* Nova York: Random House.
Touraine, Alain 1968 (*1971*): *The Post-Industrial Society.* Nova York: Random House.
Touraine, Alain 1972 (*1974*): *The Academic System in American Society.* Nova York: McGraw Hill.
Touraine, Alain 1973: *Production de la société.* Paris: Seuil / (*1977*): *The Self-production of Society*. Chicago: University of Chicago Press.
Touraine, Alain 1978: *La voix et le regard.* Paris: Seuil / (*1981*): *The Voice and the Eye.* Nova York: Cambridge University Press.
Touraine, Alain 1984: *Le retour de l'acteur.* Paris: Fayard.
Touraine, Alain, 1988: *La parole et le sang.* Paris: Odile Jacob.
Touraine, Alain 1993: *Towards a New Economic Order.* Cambridge: Polity.
Touraine, Alain et al. 1982: *Solidarité, analyse d'un mouvement social: Pologne 1980-81.* Paris: Fayard.
Touraine, Alain et al. 1984: *Le mouvement ouvrier.* Paris: Fayard / (*1987*): *The Workers' Movement*. Cambridge: Cambridge University Press.
Townsend, P. 1975: *Sociology and Social Policy.* Londres: Allen Lane.
Townsend, P. 1979: *Poverty in the United Kingdom.* Londres: Allen Lane.
Townsend, P. 1985: "A sociological approach to the measurement of poverty: a rejoinder to Professor Amartya Sen". *Oxford Economic Papers* 37, 659-68.
Townsend, P. 1987: "Deprivation". *Journal of Social Policy* 16, 125-46.
Townsend, P. 1992: *The International Analysis of Poverty.* Londres e Nova York: Simon & Schuster.
Toye, J. 1987: *Dilemmas of Development: Reflections on the Counter-revolution in Development Theory and Policy.* Oxford: Blackwell.
Toynbee, Arnold 1934-61: *A Study of History,* 12 vols. Oxford e Nova York: Oxford University Press.
Tribe, K. 1988: *Governing Economy: the Reformation of German Economic Discourse 1750-1840.* Port Chester, NY: Cambridge University Press.
Trice, H.M. e Beyer, J.M. 1986: "Charisma and its routinisation in two social movement organisations". *Research in Organisational Behaviour* 8, 113-64.
Trigg, R. 1982: *The Shaping of Man.* Oxford: Blackwell.
Trigger, Brian J. 1983: "The rise of Egyptian civilization". In *Ancient Egypt: a Social History,* org. por B.J. Trigger e B. Kemp. Cambridge: Cambridge University Press.
Trimberger, E.K. 1978. *Revolution from Above.* New Brunswick, NJ: Transaction Books.
Trivers, R. 1971: "The evolution of reciprocal altruism". *Quarterly Review of Biology* 46, 35-47.
Trivers, R. 1972: "Parental investment and sexual selection". In *Sexual Selection and the Descent of Man, 1871-1972,* org. por B.G. Campbell.
Trivers, R. 1974: "Parent-offspring conflict". *American Zoologist* 14, 249-64.
Trivers, R. 1985: *Social Evolution.* Menlo Park, CA: Benjamin/Cummins.
Troeltsch, E. 1911 (*1931, 1981*): *The Social Teaching of the Christian Churches.* Chicago: University of Chicago Press.
Troeltsch, E. 1912 (*1955*): *Protestantism and Progress: an Historical Study of the Relation of Protestantism to the Modern World.* Londres: Pitman's.
Troeltsch, E. 1922: "Der Historismus und seine Probleme". In *Gesammelte Schriften,* vol. 3. Tübingen: J.C.B. Mohr.
Trotsky, L. 1906, 1930 (*1962*): *The Permanent Revolution and Results and Prospects.* Lon-

dres: New Park / (*1979*): *A revolução permanente*. São Paulo: LECH.
Trotsky, L. 1922 (*1972*): *1905*. Londres: Allen Lane.
Trotsky, L. 1932 (*1977*): *History of the Russian Revolution.* Ann Arbor: University of Michigan Press; Londres: Pluto / (*1978*): *História da revolução,* 3 vols. Rio de Janeiro: Paz e Terra.
Trotsky, L. 1932 (*1975*): *The Struggle Against Fascism in Germany.* Harmondsworth: Penguin.
Trotsky, L. 1937 (*1972*): *The Revolution Betrayed.* 5ª ed., Nova York: Pathfinder / (*1980*): *A revolução traída*. São Paulo: Global.
Trotsky, L. 1938 (*1973*): *The Transitional Program for Socialist Revolution.* Nova York: Pathfinder / (s/d) *Programa de transição para o socialismo*. Porto Alegre: Combate Socialista.
Trotsky, L. et al. 1973: *Their Morals and Ours.* Nova York: Pathfinder / (*1980*): *A nossa moral e a deles.* In L. Trotsky, *Moral e revolução,* Rio de Janeiro: Paz e Terra.
Trubetzkoy, N.S. 1939 (*1969*): *Principles of Phonology.* Berkeley: University of California Press.
Trudgill, P. 1974: *Sociolinguistics.* Harmondsworth: Penguin.
Trudgill, P. 1975: *Accent, Dialect and the School.* Londres: Edward Arnold.
Trudgill, P. org. 1978: *Sociolinguistic Patterns in British English.* Londres: Arnold.
Truman, D.B. 1951: *The Governmental Process.* Nova York: Alfred Knopf.
Tucker, R.C. 1968: "The theory of charismatic leadership". *Daedalus* 97, 731-56.
Tucker, R.C. 1973: "Culture, political culture, and communist society". *Political Science Quarterly* 88, 173-190.
Tucker, R.C. 1973: *Stalin as Revolutionary, 1879-1929: a Study of Personality and History.* Nova York: Norton.
Tucker, R.C. 1981: *Politics as Leadership.* Columbia: University of Missouri Press.
Tucker, R.C. 1991: *Stalin in Power: the Revolution from Above, 1928-1941.* Londres: W.W. Norton.
Tudor, H. 1972: *Political Myth.* Londres: Pall Mall.
Tudor, H. e Tudor, J.M. orgs. 1988: *Marxism and Social Democracy: the Revisionist Debate 1896-1898.* Cambridge: Cambridge University Press.
Tugendhat, E. 1979: *Self-consciousness and self-determination.* Cambridge, MA: MIT Press.
Tullock, G. 1965: *The Politics of Bureaucracy.* Washington, DC: Public Affairs Press.
Tully, James org. 1988: *Meaning and Context: Quentin Skinner and his Critics.* Cambridge: Polity.
Tuma, E.H. 1971: *Economic History and the Social Sciences: Problems of Methodology.* Berkeley: University of California Press.
Turing, A.M. 1954: "Can a machine think?". In *The World of Mathematics,* vol. 3, org. por J.R. Newman. Nova York: Simon & Schuster.
Turnbull, C. 1971: *The Mountain People.* Londres: Jonathan Cape.
Turner, Bryan S. 1974: *Weber and Islam: a Critical Study.* Londres: Routledge & Kegan Paul.
Turner, Bryan 1978: *Marx and the End of Orientalism.* Londres: Allen & Unwin.
Turner, Bryan S. 1984: "Orientalism and the problem of civil society". In *Orientalism, Islam and Islamists,* org. por Asaf Hussain et al. Brattleboro, VT: Amana Press.
Turner, Bryan S. 1986: *Citizenship and Capitalism: the Debate over Reformism.* Londres: Allen & Unwin.
Turner, J.F.C. 1967: "Barriers and channels for housing development in modernizing countries". *Journal of the American Institute of Planners* 32, 167-81.
Turner, J.H. 1986: *The Body and Society.* Oxford: Blackwell.
Turner, J.H. 1988: *A Theory of Social Interaction.* Stanford, CA: Stanford University Press.
Turner, J.H. 1991: *The Structure of Sociological Theory*. 5ª ed., Belmont, CA: Wadsworth.
Turner, R. 1984: *Logics for Artificial Intelligence.* Chichester: Ellis Horwood.
Turner, R.H. 1962: "Role taking: process versus conformity". In *Human Behavior and Social Processes,* org. por A. Rose. Boston: Houghton Mifflin.
Turner, R.H. 1968: "Role: sociological aspects". In *International Encyclopaedia of the Social Sciences,* org. por David L. Sills. Nova York: Macmillan.

Turner, R.H. 1974: "Rule learning and role learning: what an interactive theory of roles adds to the theory of social norms". *International Journal of Critical Sociology* 1, 52-73.

Turner, R.H. 1979: "Strategy for developing an integrated role theory". *Humboldt Journal of Social Relations* 7, 114-22.

Turner, R.H. e Colomy, P. 1987: "Role differentiation: orienting principles". *Advances in Group Processes* 7, 40-69.

Turner, R.H. e Killian, M. 1957: *Collective Behavior.* Englewood Clifs, NJ: Prentice-Hall.

Turner, Victor 1968: "Myth and symbol". In *International Encyclopaedia of the Social Sciences,* org. por D.L. Sills, vols. 9-10. Londres e Chicago: Macmillan e Free Press.

Tuveson, Ernest Lee 1964: *Millennium and Utopia: a Study in the Background of the Idea of Progress.* Nova York: Harper & Row.

Tuveson, Ernest Lee 1968: *Redeemer Nation: the Idea of America's Millennial Role.* Chicago: University of Chicago Press.

Tu Wei-ming 1984: *Confucian Ethics Today: the Singapore Challenge.* Cingapura: Federal.

Tu Wei-ming 1985: *Confucian Thought: Selfhood as Creative Transformation.* Albany: State University of New York Press.

Tu Wei-ming 1991: "The search for roots in industrial East Asia: the case of the Confucian revival". In *Fundamentalisms Observed,* org. por Martin E. Marty e R. Scott Appleby. Chicago: University of Chicago Press.

Twining, William 1986: *Legal Theory and Common Law.* Oxford: Blackwell.

Udy, S.H. 1968: "Social structure: social structural analysis". In *International Encyclopaedia of the Social Sciences,* org. por D.L. Sills, vol. 14. Nova York: Macmillan.

Uebel, T.E. org. 1991: *Rediscovering the Forgotten Vienna Circle.* Austrian Studies on Otto Neurath and the Vienna Circle. Dordrecht: Kluwer.

Ullman-Margalit, E. 1977: *The Emergency of Norms.* Oxford: Oxford University Press.

Unesco 1978: *Study in Depth on the Concept of Basic Human Needs in Relation to Various Ways of Life and its Possible Implications for the Action of the Organisations.* Paris: Unesco.

Unesco 1984: "Industrial democracy: participation, labour relations and motivation". *International Social Science Journal* 36, 196-402.

Unesco 1986: *Participate in Development.* Paris: Unesco.

United States Department of Health, Education and Welfare 1976: *The Measure of Poverty: a Report to Congress as Mandated by the Education Amendments of 1974.* Washington, DC: Government Printer.

Uno, K. 1980: *Principles of Political Economy: Theory of a Purely Capitalist Economy.* Brighton: Harvester.

Urbach, E.E. 1975: *The Sages, their Concepts and Beliefs,* 2 vols. Jerusalém.

Urmson, J.O. 1956: *Philosophical Analysis: its Development between the Two World Wars.* Carry, NC: Oxford University Press.

Urry, John 1990: *The Tourist Gaze: Leisure and Travel in Contemporary Societies.* Londres: Sage.

Useem, M. 1984: *The Inner Circle.* Nova York: Oxford University Press.

Utitz, Emil 1914-20: *Grundlegung der allgemeinen Kunstwissenschaft,* 2 vols. Stuttgart.

Uzawa, H. 1961: "On a two sector model of economic growth." *Review of Economic Studies* 29.

Van den Berghe, Pierre Louis 1978: *Race and Racism: a Comparative Perspective.* Nova York: Wiley.

Van den Berghe, Pierre Louis 1981 (*1987*): *The Ethnic Phenomenon.* Westport, CT: Praeger.

Van der Leeuw, G. 1938: *Religion in Essence and Manifestation.* Londres: Allen & Unwin.

Van Dijk, T. e Kintsch, W. 1983: *Strategics of Discourse Comprehension.*

Van Doorn, J.A. 1975: *The Soldier and Social Change.* Beverly Hills, CA: Sage.

Van Duijn, J.J. 1983: *The Long Wave in Economic Life.* Londres: Allen & Unwin.

Van Heijenoort, J. 1967 (*1985*): "Logic as calculus and logic as language". *Synthese* 17, 324-30 (*1967*). Também in *Selected Essays,* Nápoles: Bibliopolis (*1985*).

Van Heijenoort, J. org. 1967 (*1971*): *From Frege to Gödel: a Source Book on Mathematical Logic.* 2ª ed., Cambridge, MA: Harvard University Press.

Van Parijs, P. 1981: *Evolutionary Explanation in the Social Sciences.* Londres: Tavistock.

Veblen, Thorstein, 1899 (*1953*): *The Theory of the Leisure Class: an Economic Study of Institutions*. Ed. rev., Nova York: New American Library.

Veblen, Thorstein 1904: *The Theory of Business Enterprise.* Nova York: Scribner.

Veblen, Thorstein 1914: *The Instinct of Workmanship and the State of the Industrial Arts.* Nova York: Viking.

Veblen, Thorstein 1918 (*1957*): *The Higher Learning in America.* Nova York: Sagsmore Press.

Veblen, Thorstein 1919: *The Engineers and the Price System.* Boston: Huebsch.

Veeser, H.A. org. 1989: *The New Historicism.* Londres: Routledge.

Velez-Ibanez, G. 1983: *Bonds of Mutual Trust.* New Brunswick, NJ: Rutgers University Press.

Venturi, Lionello 1936: *History of Art Criticism.* Nova York: Dutton.

Venturi, Robert et al. 1977: *Learning from Las Vegas.* Ed. rev., Cambridge, MA: MIT Press.

Vile, M.J.C. 1967: *Constitutionalism and the Separation of Powers.* Oxford: Clarendon Press.

Vincent, David 1981: *Bread, Knowledge and Freedom: a Study of Nineteenth-Century Working-Class Autobiography*. Londres: Methuen.

Viner, J. 1978: *Religious Thought and Economic Society.* Durham, NC: Duke University Press.

Voegelin, E. 1952: *The New Science of Politics.* Chicago e Londres: University of Chicago Press.

Volosinov, V.N. 1926 (*1983*): "Discourse in life and discourse in poetry". In *Bakhtin School Papers: Russian Poetics in Translation,* vol. 10, org. por Ann Shukman. Oxford.

Volosinov, V.N. 1929 (*1973*): *Marxism and the Philosophy of Language.* Nova York: Seminar Press.

Von Mises, Ludwig 1912 (*1934*): *The Theory of Money and Credit.* Londres: Jonathan Cape.

Von Mises, Ludwig 1920 (*1972*): "Economic calculation in the socialist commonwealth". In *Socialist Economics,* org. por A. Nove e D.M. Nuti. Harmondsworth: Penguin.

Von Mises, Ludwig 1922 (*1936*): *Socialism: an Economic and Sociological Analysis.* Londres: Jonathan Cape.

Von Mises, Ludwig 1949 (*1966*): *Human Action: a Treatise on Economics.* 3ª ed., Chicago: Contemporary Books.

Von Neumann, J. e Morgenstern, O. 1944: *The Theory of Games and Economic Behavior.* Princeton, NJ: Princeton University Press.

Vozlensky, Michail 1985: *Nomenklatura. The Ruling Class of USSR.* Londres: Overseas Publishing House.

Waardenburg, J. org. 1973-4: *Classical Approaches to the Study of Religion: Aims, Methods and Theories of Research,* 2 vols. Haia: Mouton.

Wach, J. 1958: *The Comparative Study of Religions.* Nova York: Columbia University Press.

Wachterhauser, B.R. 1986: *Hermeneutics and Modern Philosophy.* Nova York: State University of New York Press.

Wagner, Richard 1849 (*1994*): *The Art-work of the Future and Other Works.* Lincoln, NE: University of Nebraska Press.

Waismann, F. 1967: *Ludwig Wittgenstein and the Vienna Circle,* org. por B.F. MacGuinness. Oxford: Blackwell.

Walby, S. 1986: *Patriarchy at Work.* Cambridge: Polity.

Walby, S. 1990: *Theorizing Patriarchy.* Oxford: Blackwell.

Waldo, Dwight 1961: "Organization theory: an elephantine problem". *Public Administration Review* 21.4, 216-27.

Waldo, Dwight 1963: *Theory of Organization: Status and Problems.* Comunicação apresentada no Encontro Anual da American Political Science Association, Nova York.

Waldron, J. org. 1984: *Theories of Rights.* Oxford: Oxford University Press.

Walker, A. 1984: *Social Planning: a Strategy for Socialist Welfare.* Oxford: Blackwell e Martin Robertson.

Walker, N. 1977: *Behaviour and Misbehaviour.* Oxford: Blackwell.

Walker, N. 1980: *Punishment, Danger and Stigma.* Oxford: Blackwell.

Walker, N. 1988: *Crime and Criminology.* Oxford: Oxford University Press.

Walker, Richard 1981: "A theory of suburbanization". In *Urbanization and Urban Planning in Capitalist Society,* org por M.J. Dear e A.G. Scott. Londres e Nova York: Methuen.

Wallerstein, Immanuel 1974: *The Modern World-System. Capitalist Agriculture and the Origins of European World Economy in the Sixteenth Century*. Nova York: Academic Press.

Wallerstein, Immanuel 1974, 1980, 1989: *The Modern World-System,* 3 vols. Nova York e San Diego: Academic Press.

Wallerstein, Immanuel 1979: *The Capitalist World Economy.* Cambridge: Cambridge University Press.

Wallerstein, Immanuel 1991: "Beyond Annales?". *Radical History Review* 49, 7-15.

Wallerstein, Immanuel 1991: *Unthinking Social Science.* Cambridge: Polity Press.

Wallis, R. org. 1975: *Sectarianism.* Londres: Peter Owen.

Wallis, R. 1976: *The Road to Total Freedom: a Sociological Analysis of Scientology.* Londres: Heinemann.

Wallis, R. 1982: "Charisma, commitment and control in a new religious movement". In *Millennialism and Charisma.* Belfast: Queen's University Press.

Wallis, Wilson D. 1943: *Messiahs: their Role in Civilization.* Washington, DC: American Council on Public Affairs.

Walton, J. 1984: *Reluctant Rebels.* Nova York: Columbia University Press.

Waltz, K. 1959: *Man, the State and War.* Nova York: Columbia University Press.

Waltz, K.N. 1979: *Theory of International Politics.* Reading, MA: Addison-Wesley.

Walzer, M. 1983: *Spheres of Justice.* Oxford: Martin Robertson.

Ward, C. 1982: *Anarchy in Action.* Londres: Freedom Press.

Warde, Alan 1990: "Introduction to the sociology of consumption". *Sociology* 24.1.

Warner, W.L. 1936: "American class and caste". *American Journal of Sociology* 42, 234.

Warner, W.L. 1959: *The Living and the Dead: a Study of the Symbolic Life of Americans.* New Haven, CT: Yale University Press.

Warnke, G. 1987: *Gadamer: Hermeneutics, Tradition and Reason.* Cambridge: Polity.

Warnock, Mary 1970: *Existentialism.* Oxford: Oxford University Press.

Warr, P. 1987: *Work, Unemployment and Mental Health.* Oxford: Clarendon Press.

Warren, B. 1980: *Imperialism: Pioneer of Capitalism.* Londres: New Left Review.

Wartofsky, M.W. 1979: *Models: Representation and the Scientific Understanding.* Dordrecht, Boston e Londres: Reidel.

Wartofsky, M.W. 1988: "The liveliness of aesthetics". *Journal of Aesthetics and Art Criticism* 46, 211-18.

Wason, P. 1968: "Reasoning about a rule". *Quarterly Journal of Experimental Psychology* 20, 273-81.

Waterhouse, E.S. 1920: "Secularism". In *Encyclopaedia of Religion and Ethics,* org. por J. Hastings, vol. 2. Edimburgo: T. & T. Clark.

Waterman, A.S. org. 1985: *The Psychology of Individualism.* Londres: Praeger.

Waterston, A. 1965: *Development Planning: Lessons of Experience.* Baltimore: Johns Hopkins University Press.

Watkins, W.H. 1970: *The International Co-operative Alliance, 1895-1970.* Manchester: Co-operative Union.

Watson, Alan 1981: *The Civil Law Tradition.* Cambridge, MA: Harvard University Press.

Watson, J.B. 1924: *Behaviourism.* Chicago: University of Chicago Press.

Watt, W.M. 1988: *Islamic Fundamentalism and Modernity.* Londres: Routledge.

Watts, M.J. 1985: *Silent Violence: Food, Famine and Peasantry in Northern Nigeria.* Berkeley: University of California Press.

Watzlawick, P. et al. 1967: *Pragmatics of Human Communication: a Study of Interactional Patterns, Pathologies and Paradoxes.* Nova York: Norton.

Waxman, C.I. 1977: *The Stigma of Poverty.* Nova York: Pergamon.

Weale, A. 1979: *Equality and Social Policy.* Londres: Routledge & Kegan Paul.

Webb, Beatrice 1891: *The Co-operative Movement in Great Britain.* Londres: Sonnenschein.

Webb, C. org. 1904 (*1907*): *Industrial Co-operation: the Story of a Peaceful Revolution.* 3ª ed., Manchester: Co-operative Union.

Webb, C. 1927: *The Woman with the Basket.* Manchester: Co-operative Union.

Webb, Sidney 1935 (*1937*): *Soviet Communism: a New Civilisation?* Londres: Gollancz.

Webb, Sidney e Webb, Beatrice 1894 (*1920*): *The History of Trade Unionism, 1666-1920.* 2ª ed., Londres: Longmans.

Webb, Sidney e Webb, Beatrice 1897: *Industrial Democracy,* 2 vols. Londres, Nova York e Bombaim: Longmans, Green.

Webb, Sidney e Webb, Beatrice 1920: *A Constitution for the Socialist Commonwealth of Great Britain.* Londres: edição dos autores.

Webber, Carolyn e Wildavsky, Aaron 1986: "Finance in private governments of medieval Europe: poor kings". In *A History of Taxation and Expenditure in the Western World.* Nova York: Simon & Schuster.

Weber, Alfred 1899: *The Growth of Cities in the Nineteenth Century: a Study in Statistics.* Nova York: Cornell University Press.

Weber, Max 1903-6 (*1975*): *Roscher and Knies.* Nova York: Free Press.

Weber, Max 1904 (*1949*): *The Methodology of the Social Sciences.* Glencoe, IL: Free Press.

Weber, Max 1904 (*1949*): "'Objectivity' in social science and social policy". In *The Methodology of the Social Sciences.* Glencoe, Il: Free Press "A 'objetividade' na ciência social e na política social". In *Max Weber.* São Paulo: Ática, col. Grandes Cientistas Sociais.

Weber, Max, 1904-5 (*1930, 1974*): *The Protestant Ethic and the Spirit of Capitalism.* Londres: Allen & Unwin / (*1967*): *A ética protestante e o espírito do capitalismo.* São Paulo: Pioneira.

Weber, Max 1906 (*1985*): "Churches and sects in North America". *Sociological Theory* 3, 7-13.

Weber, Max 1910 (*1968, 1978*): "Antikritisches Schlusswort zum 'Geist des Kapitalismus'". In *Max Weber, Die protestantische Ethik II: Kritiken und Antikritiken,* org. por J. Winckelmann. Munique: Siebenstern (1968). Trad. parcial: "Anticritical last word on 'the spirit of capitalism'". *American Journal of Sociology* 83, 1105-31 (*1978*).

Weber, Max 1918 (*1967*): "Parliament and government in a reconstructed Germany". In *Economy and Society.* Nova York: Bedminster Press / (*1993*): *Parlamento e governo na Alemanha reordenada.* Petrópolis: Vozes.

Weber, Max 1918 (*1970*): "Socialism". In *Max Weber: the Interpretation of Social Reality.* org. por J.E.T. Eldridge. Londres: Michael Joseph.

Weber, Max 1920 (*1946, 1970*): *From Max Weber: Essays in Sociology,* org. por H.H. Gerth e C.W. Mills. Nova York: Oxford University Press (*1946*); Londres: Routledge & Kegan Paul (*1970*) / (*1982*): *Ensaios de sociologia.* Rio de Janeiro: Zahar.

Weber, Max 1921-2 (*1967, 1978*): *Economy and Society: an Outline of Interpretative Sociology,* ed. em 3 vols., Nova York: Bedminster Press (1967); eds. em 2 e 3 vols., Berkeley: University of California Press (1978).

Weber, Max 1922 (*1947*): *The Theory of Social and Economic Organization.* Nova York: Oxford University Press.

Weber, Max 1923 (*1961, 1981*): *General Economic History,* org. por I.J. Cohen. Nova York: Collier (*1961*): New Brunswick, NJ: Transaction (*1981*).

Weber, Max 1946: "Bureaucracy". In *From Max Weber: Essays in Sociology.* org. por H.H. Gerth e C.W. Mills. Nova York: Oxford University Press.

Weber, Max 1946: "Class, status and party". In *From Max Weber: Essays in Sociology,* org. por H.H. Gerth e C.W. Mills. Nova York: Oxford University Press.

Weber, Max 1951: *The Religion of China.* Glencoe, IL: Free Press.

Weber, Max 1958: *The Rational and Social Foundations of Music.* Carbondale, IL: Southern Illinois University Press.

Weber, Max 1965: *Essai sur la théorie de la science.* Paris.

Weber, Max 1968: *On Charisma and Institution Building,* coletânea, org. por S.N. Eisenstadt. Chicago: University of Chicago Press.

Webster, Charles 1975: *The Great Instauration.* Londres: Duckworth.

Weedon, C. 1987: *Feminist Practice and Poststructuralist Theory.* Oxford: Blackwell.

Weeks, J. 1985: *Sexuality and its Discontents.* Londres e Nova York: Routledge & Kegan Paul.

Weffort, Francisco 1978: *O populismo na política brasileira.* Rio de Janeiro: Paz e Terra.

Wehler, H.-U. 1970: "Bismarck's imperialism 1862-1890". *Past and Present* 48, 119-55.

Wehler, H.-U. 1972: *Bismarck und der Imperialismus.* Colônia: Kiepenheuer & Witsch.

Wehler, H.-U. 1985: *The German Empire 1871-1918.* Leamington Spa: Berg.

Weick, Karl E. 1979: *The Social Psychology of Organizing.* 2ª ed., Nova York: Random House.

Weick, Karl E. 1985: "Systematic observational methods". In *Handbook of Social Psychology,* vol. 1, *Theory and Method,* org. por G. Lindzey e E. Aronson. 3ª ed., Nova York: Random House.

Weinberg, Meyer 1986: *Because They Were Jews: a History of Antisemitism.* Nova York: Greenwood Press.

Weinstein, James 1967: *The Decline of Socialism in America, 1912-1925.* Nova York: Monthly Review Press.

Weintraub, Sidney org. 1977: *Modern Economic Thought.* Filadélfia: University of Pennsylvania Press.

Weitz, Morris 1956: "The role of theory in aesthetics". *Journal of Aesthetics and Art Criticism* 15, 27-35.

Weitz, Morris org. 1959: *Problems in Aesthetics.* Nova York: Macmillan.

Weizenbaum, Joseph 1976: *Computer Power and Human Reason.* São Francisco: W.H. Freeman.

Welch, Holmes 1968: *The Buddhist Revival in China.* Cambridge, MA: Harvard University Press.

Wellmer, Albrecht 1969 (*1974*): *Critical Theory of Society.* Nova York: Seabury.

Wellmer, Albrecht 1979: "G.H.V. Wright über 'Erklären' und Verstehen'." *Philosophische Rundschau* 1.2, 3.

Wenke, R. 1989: *Pattern of the Past.* Nova York: Oxford University Press.

Wenzel, Bernice M. 1968: "Taste and smell". In *International Encyclopaedia of the Social Sciences,* org. por David L. Sills. Nova York: Macmillan e Free Press.

Werckmeister, Otto 1971: *Ende der Ästhetik.* Frankfurt am Main: Reihe Fisher.

Weselowski, W. 1966 (*1979*): *Classes, Strata and Power.* Londres: Routledge & Kegan Paul.

Westen, D. 1985: *Self and Society.* Cambridge: Cambridge University Press.

Westergaard, J. e Resler, H. 1975: *Class in a Capitalist Society.* Harmondsworth: Penguin.

Westergaard-Thorpe, W. 1978: "Towards a syndicalist international: the 1913 London Congress". *International Review of Social History* 23.

Westermarck, E. 1906: *The Origin and Development of the Moral Ideas.* Londres: Macmillan.

Westermarck, E. 1936: *The Future of Marriage in Western Civilisation.* Nova York: Macmillan.

Westley, F. 1983: *The Complex Forms of the New Religious Life.* Chico, CA: Scholars Press.

Westwood, S. e Bhachu, P. orgs. 1988: *Enterprising Women: Ethnicity, Economy and Gender Relations.* Londres: Routledge & Kegan Paul.

Whalen, J. e Flacks, R. 1989: *Beyond the Barricades: the Sixties Generation Grows Up.* Filadélfia: Temple University Press.

White, Harrison C. 1981: "Where do markets come from?". *American Journal of Sociology* 87, 517-47.

White, Lynn T. 1963: "The act of invention: causes, contexts, continuities and consequences". In *The Technological Order,* org. por Carl F. Stoner. Detroit: Wayne State University Press.

White, Morton 1957: *Social Thought in America: the Revolt against Formalism.* Boston: Beacon Press.

White, S. 1979: *Political Culture and Soviet Politics.* Londres: Macmillan.

Whitehead, A.N. 1925: *Science and the Modern World.* Nova York: Macmillan.

Whiting, J.W. e Child. I.L. 1953: *Child Training and Personality: a Cross-Cultural Study.* New Haven, CT: Yale University Press.

Whyte, L.L. 1962: *The Unconscious before Freud.* Londres: Tavistock.

Whyte, Martin Kin 1978: *The Status of Women in Preindustrial Societies.* Ewing, NJ: Princeton University Press.

Whyte, W.F. 1943 (*1965*): *Street Corner Society: the Social Structure of an Italian Slum.* Chicago: University of Chicago Press.

Whyte, W.F. 1951: "Observational field-work methods". In *Research Methods in Social Relations: with Special Reference to Prejudice,* org. por M. Jahoda. Nova York: Dryden Press.

Whyte, W.H. 1960 (1995): *The Organization Man.* Old Tappan, NJ: Simon and Schuster.

Wicksteed, P.H. 1933: *The Common Sense of Political Economy and Selected Papers and Reviews on Economic Theory,* org. por Lionel Robbins. Londres: Routledge.

Wieder, D.L. 1974: *Language and Social Reality.* Haia: Mouton.

Wiegert, A.J. et al. 1986: *Identity and Society.* Cambridge: Cambridge University Press.

Wiese, Leopold von 1933: *System der Soziologie als Lehre von den sozialen Prozessen und den sozialen Gebilden der Menschen (Beziehungsehre).* Munique: Duncker & Humblot.

Wieviorka, M. 1988: *Sociétés et terrorisme.* Paris: Fayard.

Wieviorka, M e Wolton, D. 1987: *Terrorisme à la une.* Paris: Gallimard.

Wiggerhaus, Rolf 1986: *Die Frankfurter Schule: Geschichte, theoretische Entwicklung, politische Bedeutung.* Munique: Hanser.

Wight, M. 1979: *Power Politics.* Harmondsworth: Penguin.

Wilensky, H.L. e Lebeaux, C.N. 1965: *Industrial Society and Social Welfare.* Nova York: Free Press.

Wilensky, H.L. 1967: *Organizational Intelligence.* Nova York: Basic Books.

Wiles, P. 1980: *Economic Institutions Compared.* Oxford: Blackwell.

Williams, B. 1985: *Ethics and the Limits of Philosophy.* Londres: Collins.

Williams, B.A.O. 1988: "Formal structures and social reality". In *Trust: Making and Breaking Cooperative Relations,* org. por D. Gambetta. Oxford: Blackwell.

Williams, G.A. 1975: *Proletarian Order: Antonio Gramsci, Factory Councils and the Origins of Italian Communism, 1911-1921.* Londres: Pluto.

Williams, G.A. 1989: *Artisans and Sans-Cullotes: Popular Movements in France and Britain during the French Revolution.* 2ª ed., Londres: Libris.

Williams Jr., R.M. 1964: "Prejudice and society". In *The Black American Reference Book,* org. por M.M. Smythe. Englewood Cliffs, NJ: Prentice-Hall.

Williams Jr., R.M. 1964: *Strangers Next Door.* Englewood Cliffs, NJ: Prentice-Hall.

Williams Jr., R.M. 1968: "The concept of norms". In *International Encyclopedia of the Social Sciences,* org. por D.L. Sills, vol. 16. Nova York: Macmillan e Free Press.

Williams, Jr., R.M. 1977: *Mutual Accomodation: Ethnic Conflict and Cooperation.* Minneapolis: University of Minnesota Press.

Williams, Raymond 1976 (*1983*): *Keywords: a Vocabulary of Culture and Society*. Londres: Fontana/Flamingo.

Williams, Raymond 1977: *Marxism and Literature.* Oxford e Nova York: Oxford University Press / (*1979*): *Marxismo e literatura.* Rio de Janeiro: Zahar.

Williams, Raymond 1983: *Writing and Society.* Londres: Verso.

Williams, Raymond 1989: *The Politics of Modernism. Against the New Conformists*. Londres: Verso.

Williams, Rosalind H. 1982: *Dream Worlds: Mass Consumption in Late Nineteenth Century France*. Berkeley: University of California Press.

Williamson, O.E. 1975: *Markets and Hierarchies: Analysis and Anti-Trust Implications.* Glencoe, IL: Free Press.

Williamson, O.E. 1980: "The organization of work". *Journal of Economic Behaviour and Organization* 1.1, 5-38.

Williamson, O.E. 1985: *The Economic Institutions of Capitalism*. Nova York: Free Press.

Williamson, P. 1989: *Corporatism in Perspective.* Londres: Sage.

Willis, Paul 1977: *Learning to Labour.* Farnborough: Saxon House.

Willis, Paul et al. 1990: *Common Culture: Symbolic Work at Play in the Common Cultures of the Young.* Milton Keynes: Open University Press.

Willner, A.R. 1984: *The Spellbinders: Charismatic Political Leadership.* New Haven, CT: Yale University Press.

Wilson, B.R. 1961: *Sects and Society.* Londres: Heinemann.

Wilson, B.R. 1966: *Religion in Secular Society: a Sociological Comment.* Londres: Watts.

Wilson, B.R. org.1967: *Patterns of Sectarianism.* Londres: Heinemann.

Wilson, B.R. org. 1970: *Rationality.* Oxford: Blackwell.

Wilson, B.R. 1970: *Religious Sects.* Londres: Weidenfeld & Nicolson.

Wilson, B.R. 1976: *Contemporary Transformations of Religion.* Londres: Oxford University Press.

Wilson, B.R. 1982: *Religion in Sociological Perspective.* Oxford: Oxford University Press.

Wilson, E.O. 1975: *Sociobiology: the New Synthesis.* Cambridge, MA: Harvard University Press.

Wilson, E.O. 1978: *On Human Nature.* Cambridge, MA: Harvard University Press.

Wilson E.O. e Lumsden, C.J. 1981: *Genes, Mind and Culture.* Cambridge, MA: Harvard University Press.

Wilson, G.K. 1981: *Interest Groups in the United States.* Oxford: Clarendon Press.

Wilson, H.T. 1971: "The dismal science of organization reconsidered". *Canadian Public Administration* 14.1, 82-99.

Wilson, H.T. 1973: "Rationality and decision in administrative science". *Canadian Journal of Political Science* 6.3, 271-94.

Wilson, H.T. 1977: *The American Ideology: Science, Technology and Organization as Modes of Rationality in Advanced Industrial Societies.* Londres: Routledge.

Wilson, J.Q. e Herrnstein, R.J. 1985: *Crime and Human Nature.* Nova York: Simon & Schuster.

Wilson, Michael 1982: *Das Institut für Sozialforschung und seine Faschismusanalysen.* Frankfurt am Main e Nova York: Campus.

Wilson, W. 1980: *The Declining Significance of Race: Blacks and Changing American Institutions.* 2ª ed., Chicago: University of Chicago Press.

Wilson, W. 1987: *The Truly Disadvantaged.* Chicago: University of Chicago Press.

Wiman, R. 1987: *From the Welfare State to a Welfare Society.* Helsinque: National Board of Social Welfare.

Wimbush, Erica e Talbot, Margaret orgs. 1988: *Relative Freedoms: Women and Leisure.* Milton Keynes: Open University Press.

Winch, D. 1969: *Economics and Policy: a Historical Study.* Londres: Hodder & Stoughton.

Winch, Peter 1958 (*1976*): *The Idea of a Social Science and its Relation to Philosophy.* Londres: Routledge & Kegan Paul.

Winch, Peter 1964: "Understanding a primitive society". *American Philosophical Quarterly* 1.4, 307-24.

Winch, Peter 1967: "Authority". In *Political Philosophy,* org. por A. Quinton. Oxford: Oxford University Press.

Winckelmann, J. org. 1968: *Max Weber, Die protestantische Ethik II: Kritiken und Antikritiken.* Munique: Siebenstern.

Wind, Edgar 1958: *Pagan Mysteries in the Renaissance.* Londres: Faber.

Winnner, Langdon 1989: "Mythinformation in the high-tech era". In *Computers in the Human Context: Information Technology. Productivity and People,* org. por Tom Forester. Oxford: Blackwell.

Winograd, T. 1972: *Understanding Natural Language.* Edimburgo: Edinburgh University Press.

Winograd, T. 1983: *Language as a Cognitive Process.* Reading, MA: Academic Press.

Winograd, T. e Flores, F. 1986: *Understanding Computers and Cognition.* Norwood, NJ: Ablex.

Winzeler, R. 1976: "Ecology, culture, social organization and state formation in Southeast Asia". *Current Anthropology* 17, 623-40.

Wippermann, W. 1983: *Die Bonapartismustheorie von Marx und Engels.* Stuttgart: Klett-Cotta.

Wirth, L. 1938: "Urbanism as a way of life". *American Journal of Sociology* 44, 1-24.

Wistrich, Robert 1991: *Anti-semitism: the Longest Hatred.* Londres: Methuen.

Wittfogel, K. 1957: *Oriental Despotism: a Comparative Study of Total Power.* New Haven, CT: Yale University Press.

Wittgenstein, Ludwig 1921 (*1972*): *Tractatus Logico-Philosophicus.* Londres: Routledge & Kegan Paul / (*1968*): *Tractatus Logico-philosophicus.* São Paulo: Cia Editora Nacional.

Wittgenstein, Ludwig 1953 (*1967*): *Philosophical Investigations.* Oxford: Blackwell / (*1974*): *Investigações filosóficas.* 3ª ed., São Paulo: Abril Cultural.

Wittgenstein, Ludwig (s/d): *Lectures and Conversations on Aesthetics. Psychology and Religious Belief.* Berkeley: University of California Press / (*1970*): *Estética, psicologia e religião: palestras e conversações.* São Paulo: Cultrix.

Wittkower, Rudolf e Wittkower, Margot 1963: *Born under Saturn: the Character and Conduct of Artists: a Documentary History from Antiquity to the French Revolution.* Londres: Weidenfeld & Nicolson.

Wolf, E.R. 1966: *Peasants.* Englewood Cliffs, NJ: Prentice-Hall.

Wolf, E.R. 1971: *Peasant Wars of the Twentieth Century.* Londres: Faber & Faber.

Wolf, Leonard org. 1968: *Voices from the Love Generation*. Boston: Little, Brown.
Wolfe, Tom 1976: "The 'me' decade and the third great awakening". *New York*, 23 de agosto, 26-40.
Wolfe, Tom 1968: *The Purple Decade: a Reader.* Nova York: Berkeley.
Wolfe, Tom 1975: *The Painted World.* Nova York: Farrar, Straus & Giroux.
Wolff, J. 1975: *Hermeneutic Philosophy and the Sociology of Art.* Londres: Routledge & Kegan Paul.
Wolff, Janet 1981: *The Social Production of Art.* Londres: Macmillan / (*1982*): *A produção social da arte*. Rio de Janeiro: Zahar.
Wolff, Janet 1983: *Aesthetics and the Sociology of Art.* Londres: Allen & Unwin.
Wolff, Kurt H. 1978: "Phenomenology and sociology". In *A History of Sociological Analysis,* org. por Tom Bottomore e Robert Nisbet. Nova York: Basic Books.
Wolff, R.P. 1970 (*1976*): In *Defense of Anarchism.* 2ª ed., Nova York: Harper & Row.
Wolfgang, M.E. 1958: *Patterns in Criminal Homicide.* Filadélfia: Pennsylvania University Press.
Wolfgang, M.E. e Weiner, N.A. 1982: *Criminal Violence*. Beverly Hills: Sage.
Wolinetz, S. org. 1988: *Parties and Party Systems in Liberal Democracies.* Londres: Routledge & Kegan Paul.
Wollstonecraft, Mary 1792 (*1989*): *A Vindication of the Rights of Woman.* In *A Wollstonecraft Anthology,* org. por Janet Todd. Cambridge: Polity.
Wolpe, H. org. 1980: *The Articulation of Modes of Production.* Londres: Routledge.
Womack, B. 1982: *The Foundations of Mao Tse-tungs's Political Thought.* Honolulu: University Press of Hawaii.
Woodcock, G. 1963 (*1986*): *Anarchism*. 2ª ed., Harmondsworth: Penguin.
Woods, R. 1979: *Population Analysis in Geography.* Londres: Longman.
Woodworth, Warner et al. orgs. 1985: *Industrial Democracy: Strategies for Community Revitalization.* Londres e Beverly Hills, CA: Sage.
Woolf, L.S. 1916 (*1971*): *International Government.* Nova York: Garland.
Woolf, S. 1986: *The Poor in Western Europe in the Eighteenth and Nineteenth Centuries.* Londres e Nova York: Methuen.
Woolf, Virginia 1927 (*1977*): *To the Lighthouse.* Londres: Grafton / (*1986*): *Passeio ao farol.* São Paulo: Círculo do Livro.
Woolf, Virginia 1938: *Three Guineas*. Londres: Hogarth Press.
Woolf, Virginia 1966: *Collected Essays,* 4 vols. Londres: Hogarth Press.
Woolgar, S. org. 1988: *Knowledge and Reflexivity: New Frontiers in the Sociology of Knowledge.* Londres e Beverly Hills, CA: Sage.
Wootton, Barbara 1959: *Social Science and Social Pathology.* Londres: Allen & Unwin.
Worsley, Peter 1957 (*1970*): *The Trumpet Shall Sound: a Study of "Cargo" Cults in Melanesia*. Londres: McGibbon & Kee.
Worsley, Peter 1964: *The Third World.* Londres: Weidenfeld & Nicolson; Chicago: University of Chicago Press.
Worsley, Peter 1984: *The Three Worlds.* Londres: Weidenfeld & Nicolson; Chicago: University of Chicago Press.
Wright, E.O. 1978: *Class, Crisis and the State.* Londres: New Left Books / (*1981*): *Classe, crise e estado*. Rio de Janeiro: Zahar.
Wright, E.O. 1985: *Classes.* Londres: Verso.
Wright, G.H. von 1971: *Explanation and Understanding.* Londres: Routledge & Kegan Paul.
Wright, Q. 1942: *A Study of War.* Chicago: University of Chicago Press.
Wright Mills, C. *ver* Mills, C.W.
Wrigley, A.M. 1988: *Continuity, Chance and Change: the Character of the Industrial Revolution in England.* Cambridge: Cambridge University Press.
Wrong, D. 1977: "The oversocialized conception of man in modern sociology". In *Skeptical Sociology*. Londres: Heinemann.
Wrong, Dennis H. 1959: "The functional theory of stratification: some neglected considerations". *American Sociological Review* 24, 772-82.
Wylie, R. 1980: *The Emergence of Maoism.* Stanford, CA: Stanford University Press; Honolulu: University Press of Hawaii.
Yavetz, Z. 1983: *Julius Caesar and his Public Image.* Londres: Thames & Hudson.
Yeo, S. 1987: "Notes on three socialisms — collectivism, statism and associationism — mainly in late-nineteenth- and early-twentieth-century Britain". In *Socialism and the*

Intelligentsia 1880-1914, org. por C. Levy. Londres: Routledge & Kegan Paul.

Yinger, J.M. 1957: *Religion, Society, and the Individual.* Nova York: Macmillan.

Yinger, J.M. 1970: *The Scientific Study of Religion.* Nova York: Macmillan.

Yinger, J.M. 1982: *Countercultures: the Promise and Peril of a World Turned Upside Down.* Nova York: Free Press.

Yolton, John W. et al. orgs. 1991: *Blackwell Companion to the Enlightenment.* Oxford: Blackwell.

Young, Michael 1958: *The Rise of the Meritocracy.* Harmondsworth: Penguin.

Zald, Mayer N. e McCarthy, John D. orgs. 1979: *The Dynamics of Social Movements.* Cambridge, MA: Winthrop.

Zarnowitz, V. 1985: "Recent work on business cycles in historical perspective: a review of theories and evidence". *Journal of Economic Literature* 23, 523-80.

Zaslavskaya, T.I. 1981: "Spontaneity versus planning in social development". In *Spontaneity and Planning in Social Development,* org. por U. Himmelstrand. Beverly Hills, CA: Sage.

Zeidenberg, M. 1989: *Neural Network Models of Artificial Intelligence and Cognition.* Chichester: Ellis Horwood.

Zeitlin, M.R. 1989: *The Large Corporation and Contemporary Classes.* Cambridge: Polity.

Zeldin, T. 1958: *The Political System of Napoleon III.* Londres: St. Martin's Press.

Zeldin, T. 1979: *France 1848-1945: Politics and Anger.* Oxford: Oxford University Press.

Zellner, A. 1983: "Statistical theory and econometrics". In *Handbook of Econometrics,* vol. 1, org. por Z. Griliches e M.D. Intriligator. Amsterdã: North Holland.

Zetterberg, Hans L. 1954: *On Theory and Verification in Sociology.* Totowa, NJ: Bedminster Press.

Zimmerman, Bonnie 1985: "What never has been: an overview of lesbian feminist criticism". In *Making a Difference: Feminist Literary Criticism*, org. por Gayle Greene e Coppelia Kahn. Londres e Nova York: Methuen.

Zitelman, Rainer 1987 (*1990*): *Hitler: Selbstverständnis eines Revolutionärs.* Darmstadt: Wissenschaftliche Burchgesellschaft.

Znaniecki, Florian 1940: *The Social Role of the Man of Knowledge.* Nova York: Columbia University Press.

Zubaida, S. 1970: *Race and Racialism.* Londres: Tavistock.

Zubaida, S. 1988 (1993): *Islam: the People and the State.* Londres: J.B. Tauris.

ÍNDICE DE NOMES E ASSUNTOS

Nota: Os números em **negrito** indicam as páginas em que o respectivo nome ou assunto são tratados mais extensamente. Sempre que nomes de colaboradores do *Dicionário* figuram no Índice, as referências são a citações em verbetes que não os de sua própria autoria.

Este livro foi composto pela
Textos & Formas, em Times
New Roman, e impresso por
Geográfica e Editora.